Textsammlung
Europäisches Privatrecht

Schnellübersicht I*

Alphabetische Ordnung

---

*   Siehe auch die Schnellübersicht II am Ende dieser Sammlung (S. 919 f.) mit einer Ordnung
nach Art und Nummer der Rechtsakte.

Textsammlung Europäisches Privatrecht

Vertrags- und Schuldrecht, Arbeitsrecht, Gesellschaftsrecht

2., erweiterte Auflage

Herausgegeben von

Stefan Grundmann
Karl Riesenhuber

De Gruyter

ISBN 978-3-11-026761-7
e-ISBN 978-3-11-026774-7

Bibliografische Information der Deutschen Nationalbibliothek

Die Deutsche Nationalbibliothek verzeichnet diese Publikation in der Deutschen
Nationalbibliografie; detaillierte bibliografische Daten sind im Internet
über http://dnb.d-nb.de abrufbar.

© 2012 Walter de Gruyter GmbH, Berlin/Boston

Druck: Hubert & Co., Göttingen
Satz: jürgen ullrich typosatz, Nördlingen

♾ Gedruckt auf säurefreiem Papier

Printed in Germany

www.degruyter.com

MIX
Papier aus verantwor-
tungsvollen Quellen
FSC
www.fsc.org
FSC® C016439

Inhaltsübersicht

V

Inhalt

Umstrukturierung

Supranationale Rechtsformen

5.   Internationales Privat- und Prozessrecht

Einleitung

*Stefan Grundmann/Karl Riesenhuber**

Diese Sammlung enthält den gesamten Europäischen Normenbestand in den privatrechtlichen Kernbereichen: Vertragsrecht (2), Arbeitsrecht (3) und Gesellschaftsrecht (4), ergänzt um die Grundlagen (1) und die wichtigsten diesbezüglichen verfahrensrechtlichen Rechtsakte (5). Insbesondere das Vertragsrecht wird dabei breit verstanden und umfasst auch die Teile des wirtschaftsrechtlichen Bestandes mit Relevanz für Verträge und annexweise auch die Produkthaftungs-Richtlinie, ähnlich das Gesellschaftsrecht, das ohne Kapitalmarktrecht nicht sein kann. Damit eignet sich die Sammlung für jede Diskussion und Veranstaltung zum Deutschen und Europäischen Vertrags-, Schuld-, Arbeits-, Gesellschafts-, aber auch Bank- und Kapitalmarktrecht, mithin das gesamte Privatrecht, soweit es erheblich gemeinschaftsrechtlich beeinflusst ist; selbst für wichtige Teile des Wettbewerbsrechts wird man fündig.

Für jede Beschäftigung und Veranstaltung zu den Parallelgebieten im nationalen, etwa im deutschen oder österreichischen Recht, ist die Sammlung jedoch heute ab einem gewissen Kenntnis- und Professionalisierungsgrad gleichermaßen unverzichtbar. Soweit es um Verordnungen geht, etwa im IPR oder IZPR oder auch bei den immer wichtiger werdenden supranationalen Rechtsformen, insbesondere der SE, vielleicht zukünftig dem GEK oder der SPE, ist das selbstverständlich. Hier gibt es auch im nationalen Recht nur noch – unmittelbar anwendbares – Europäisches Recht. Doch gerade auch für den ungleich größeren Bestand an EU-Richtlinienrecht gilt: Wer die nationale Umsetzungsnorm regelgerecht beurteilen will, muss auf die Richtlinie schauen (I.). Nach der sich zunehmend verdichtenden EuGH-Rechtsprechung gibt ihre Auslegung auch in (fast) allen Fällen im Privatrecht – im sog. Horizontalverhältnis zwischen Privatrechtssubjekten – und nicht die Auslegung des nationalen Umsetzungsrechtsakts im Zweifelsfalle den Ausschlag. Das (Europäische) Original gilt letztentscheidend! Für das Vertragsrecht bedeutet dies etwa, dass praktisch das gesamte Leistungsstörungsrecht (potentiell) nach der Kaufgewährleistungs-Richtlinie (2.9) auszulegen ist. Die Sammlung soll zugleich helfen, die Breite, Prinzipienausrichtung und Systematik des Europäischen und Europäisierten Privatrechtsbestandes zu erfassen (II. und III.-V.).

I. Instrumente der Einwirkung im nationalen Recht

1. Rechtsquellen

a) Zu den Rechtsquellen des Europäischen Privatrechts gehört zuerst das Primärrecht. Von den Vorschriften des Vertrags über die Europäische Union (EUV) ist die Grundrechtsbestimmung des Art. 6 EUV hervorzuheben, aus dem Vertrag über die Arbeitsweise der Eu-

---

*   Die Herausgeber danken den Mitarbeitern an ihren Lehrstühlen in Berlin und Bochum, besonders den wissenschaftlichen Mitarbeitern *Dr. Martin Schmidt* und *Stefan Wichary* und den studentischen Hilfskräften *Fernanda Bremenkamp* und *Hans Schimmeck,* für ihre umsichtige und gedankenreiche Mitwirkung an der Gestaltung und der Redaktion des Bandes bis in die zweite Auflage.

Einleitung

ropäischen Union (AEUV, ehemals EGV) neben Grundlagenbestimmungen vor allem die Grundfreiheiten, die Wettbewerbsvorschriften der Art. 101-109 AEUV und das Verbot der Geschlechtsdiskriminierung in Art. 157 AEUV. Primärrechtlichen Rang haben auch einige der vom EuGH hervorgehobenen Allgemeinen Rechtsgrundsätze wie z.B. der Grundsatz der Berufsfreiheit (Vertragsfreiheit), die auch im Privatrecht grundlegende Bedeutung haben können. Diese ergibt sich heute auch aus Art. 15 der Grundrechtscharta, die durch den Verweis in Art. 6 Abs. 1 UAbs. 3 EUV zu einer unmittelbaren Quelle des Primärrechts geworden ist.

b) Für das auf der Grundlage des Primärrechts, insbesondere des AEU-Vertrags, erlassene sogenannte Sekundärrecht sieht Art. 288 AEUV verschiedene rechtliche Formen vor. Davon sind die Verordnung und die Richtlinie für das Privatrecht die wichtigsten.

„Die Verordnung hat allgemeine Geltung. Sie ist in allen ihren Teilen verbindlich und gilt unmittelbar in jedem Mitgliedstaat.", Art. 288 Abs. 2 AEUV. Die Verordnung wirkt daher ebenso wie ein nationales Gesetz. Auf eine privatrechtliche Verordnung wie auf die Zahlungsentgelte-Verordnung (2.17) oder die SE-Verordnung (4.18) kann sich der einzelne auch im Verhältnis zu einem anderen Privaten unmittelbar berufen. Auch das geplante Gemeinsame Europäischen Kaufrecht (2.18) soll in Form einer Verordnung erlassen und so unmittelbar anwendbares Recht in allen Mitgliedstaaten werden.

Das Gros der privatrechtlichen Regelungen wurde bisher hingegen in Richtlinienform erlassen. Die Richtlinie ist ein besonderer Rechtsakt des Gemeinschaftsrechts. Sie „ist für jeden Mitgliedstaat, an den sie gerichtet wird, hinsichtlich des zu erreichenden Ziels verbindlich, überlässt jedoch den innerstaatlichen Stellen die Wahl der Form und der Mittel", Art. 288 Abs. 3 AEUV. Aus dieser „gestuften Rechtsetzung" ergeben sich eine Reihe rechtsetzungstechnischer und methodischer Fragen.

Als weitere Rechtsakte erwähnt Art. 288 AEUV Entscheidungen, Empfehlungen und Stellungnahmen. Im Europäischen Privatrecht haben sie eine untergeordnete Bedeutung.

2. Auslegung und Rechtsfortbildung

Die Auslegung des Europäischen Privatrechts folgt im Ansatz weithin den aus dem nationalen Recht bekannten Methoden, doch stellen sich teilweise auch spezielle Fragen. Eine gemeinschaftsrechtsspezifische Vorfrage ist, ob ein auszulegender Begriff gemeinschaftsautonom oder, als Verweisung auf das mitgliedstaatliche Recht, mitgliedstaatlich-autonom auszulegen ist. Der Gerichtshof geht regelmäßig von der Vermutung aus, dass die in einem Gemeinschaftsrechtsakt enthaltenen Begriffe auch gemeinschaftsautonom auszulegen sind.

Soweit es um gemeinschaftsrechtlich-autonome Begriffe geht, ist auch im Europäischen Recht der Wortlaut Ausgangspunkt für die Auslegung. Zu berücksichtigen ist allerdings, dass alle Sprachfassungen Europäischer Rechtsakte gleichwertig sind. Diese Mehrsprachigkeit bietet einerseits die Chance, ein Wortverständnis in anderen Sprachfassungen zu bestätigen. Nicht selten begründen allerdings gerade die unterschiedlichen Sprachfassungen

Auslegungszweifel. Oft wird den Arbeitssprachen – Französisch, Englisch, Deutsch – besonderes Gewicht beigelegt. Hier kam in der Sechser-Gemeinschaft dem Französischen eine hervorragende Bedeutung zu, das auch Arbeitssprache am EuGH ist, mit dem Beitritt Englands und den zunehmenden Erweiterungen hat offenbar das Englische eine gewisse Vorherrschaft erlangt. Methodische Folgerungen lassen sich aus diesen empirischen Befunden indes praktisch nicht ableiten. Können Wortlautdiskrepanzen nur Auslegungszweifel begründen, so können im Sekundärrecht (weniger im Primärrecht) die Materialien, v.a. die Begründung des Kommissionsvorschlags, Aufschluss über das Gemeinte geben. Entscheidende Bedeutung misst der Gerichtshof indes dem Zweck der Regelung bei, den er mitunter durch das Gebot der praktischen Wirksamkeit (effet utile) noch zusätzlich verstärkt.

Im Europäischen Recht gehört wie im nationalen Recht die Rechtsfortbildung zu den anerkannten Aufgaben der Gerichte. Analogie und teleologische Reduktion gehören auch hier zum methodischen Handwerkszeug. Der zunehmend dichte Regelungsbestand bietet dabei heute ein festes Fundament für eine systematisch-teleologische Rechtsfortbildung. Wiederum ist allerdings zu beachten, dass das Gemeinschaftsrecht nicht für sich allein steht, sondern zumal das Sekundärrecht – in allen hier abgedruckten Materien – das mitgliedstaatliche Recht nur in einzelnen Hinsichten ergänzt. Stellt man daher eine Regelungslücke fest, so ist hier die Vorfrage, ob es sich um eine interne Lücke des Gemeinschaftsrechts handelt, die auch auf der Ebene des Gemeinschaftsrechts zu schließen ist, oder um eine aus Sicht des Gemeinschaftsrechts externe Lücke, die vom mitgliedstaatlichen Recht zu schließen ist.

3. Nicht-spezifizierte Rechtsfolgen

Eine Besonderheit des Europäischen Privatrechts liegt darin, dass es bisher oft nur Rechte und Pflichten, nicht aber die Rechtsfolgen einer Pflichtverletzung vorgibt (anders freilich in einem künftigen Gemeinsamen Europäischen Kaufrecht, 2.12). Das hat besonders bei Richtlinien Bedeutung, aber auch darüber hinaus. Diese mangelnde Spezifizierung von Rechtsfolgen ist im Grundsatz keineswegs zu beanstanden, sondern entspricht dem Gebot einer schonenden und rücksichtsvollen Rechtsetzung, denn gerade die Bestimmung der Rechtsfolgen ist für die systematische Einpassung von Richtlinienvorgaben in das mitgliedstaatliche Recht wichtig. Gibt das Gemeinschaftsrecht allerdings die Rechtsfolgen nicht spezifisch vor, so bedeutet das keineswegs eine völlige Freiheit der Mitgliedstaaten. Nach Art. 288 Abs. 3 AEUV sind sie vielmehr zur Umsetzung der Richtlinienvorgaben verpflichtet, und dazu gehört auch, gemeinschaftsrechtlich begründete Rechte effektiv zu bewehren. Der Gerichtshof hat diese Umsetzungspflichten durch zwei Gebote konkretisiert, das Äquivalenzgebot und das Effektivitätsgebot. Das Äquivalenzgebot bedeutet, dass gemeinschaftsrechtlich determinierte Rechte äquivalent, d.h. gleichwertig ebenso zu bewehren sind wie entsprechende Rechte nationaler Provenienz. Das Äquivalenzgebot hat zum einen den Vorzug, dass es den Mitgliedstaaten nur eine systemgerechte Einpassung in das nationale Recht abverlangt. Allein dadurch ist im Regelfall auch eine effektive Umsetzung gesichert. Zudem wird die äquivalente Umsetzung für die Rechtsunterworfenen regelmäßig gut erkennbar sein. Nach dem Effektivitätsgebot dürfen die gemeinschaftsrechtlich determinierten Rechte nicht praktisch leerlaufen. Damit wird in Ergänzung zu dem relativen Maßstab des Äquivalenzgebots als äußerste Grenze ein absoluter Maßstab angelegt.

4. Das Zusammenwirken von Europäischem und mitgliedstaatlichem Recht

a) Für die Grundfreiheiten ist anerkannt, dass sie mit Ablauf der Übergangszeit unmittelbar geltende Rechte der einzelnen Bürger der Mitgliedstaaten darstellen. Der Einzelne kann sich daher auch vor den mitgliedstaatlichen Gerichten unmittelbar auf die Grundfreiheiten berufen. Umstritten ist, ob sie darüber hinaus eine unmittelbare Drittwirkung gegenüber Privaten entfalten. Der Gerichtshof hat das in einzelnen Entscheidungen bejaht, namentlich für die Dienstleistungsfreiheit und für die Arbeitnehmerfreizügigkeit. Auch das Diskriminierungsverbot des Art. 157 AEUV stellt nach der Rechtsprechung des EuGH unmittelbar anwendbares Recht dar. Der einzelne Arbeitnehmer kann sich auch im Privatrechtsverhältnis zu einem Arbeitgeber darauf berufen.

b) Über die Wirkung von sekundärrechtlichen Verordnungen ist weniger zu sagen. Sie haben allgemeine Geltung (oben, I. 1. b)), sind in allen ihren Teilen verbindlich und gelten unmittelbar in jedem Mitgliedstaat, so wie ein nationales Gesetz.

c) Dagegen verdienen einige Besonderheiten der Wirkungen von Richtlinien Hervorhebung, die ein Instrument eines zweistufigen Rechtsetzungsverfahrens sind. Als Zielvorgabe für die Mitgliedstaaten muss die Richtlinie in das mitgliedstaatliche Recht umgesetzt werden. Für die Umsetzung haben die Mitgliedstaaten eine in der Richtlinie bestimmte Frist. Grundsätzlich entfalten Richtlinien vorher keine Rechtswirkungen. Allerdings ergibt sich schon aus den Umsetzungspflichten ein „Frustrations-" oder Vereitelungsverbot, das die Mitgliedstaaten bindet, vor Ablauf der Umsetzungsfrist keine Tatsachen zu schaffen, die einer fristgerechten Umsetzung entgegenstehen. Insofern entfalten Richtlinien eine gewisse Vorwirkung.

Als eine an die Mitgliedstaaten gerichtete Regelung, die den Adressaten die Wahl der Form und der Mittel zur Umsetzung überlässt, ist die Richtlinie grundsätzlich nicht unmittelbar anwendbar. Wenn indes ein Mitgliedstaat seine Umsetzungspflicht nicht (rechtzeitig oder vollständig) erfüllt, die Richtlinienregelung aber darauf gerichtet ist, Rechte gegen den Mitgliedstaat zu begründen, erschiene es nicht richtig, wenn er sich auf den Umsetzungsmangel berufen dürfte. Daher hat der Gerichtshof für diesen Fall eine unmittelbare Anwendbarkeit anerkannt, vorausgesetzt dass die Richtlinienvorgaben hinreichend bestimmt und unbedingt sind. Zu Lasten Privater kann die Richtlinienregelung indes in keinem Fall unmittelbare Wirkung entfalten, und zwar weder im Horizontalverhältnis zwischen Privaten noch im Vertikalverhältnis zwischen einem Privaten und einem Mitgliedstaat. Das gilt auch für den Fall, dass der Private sich gegenüber dem Mitgliedstaat auf die (nicht oder nicht vollständig) umgesetzte Richtlinie beruft.

Schon die unmittelbare Anwendung der Richtlinie gegen den Staat setzt voraus, dass mit den „Mitgliedstaaten" alle staatliche Gewalt Adressat der Richtlinie ist, nämlich auch die

Verwaltung. Aber auch die Judikative ist als Bestandteil der mitgliedstaatlichen Gewalt Adressat der Richtlinie und als solcher an die Umsetzungspflichten gebunden. Daraus folgt, in den Worten des Gerichtshofs, „dass das nationale Gericht (...) [das] nationale Recht im Lichte des Wortlauts und des Zwecks der Richtlinie auszulegen hat, um das in Art. 249 Absatz 3 (heute Art. 288 Abs. 3 AEUV) genannte Ziel zu erreichen". – Mit Ablauf der Umsetzungsfrist trifft die mitgliedstaatlichen Gerichte m.a.W. eine Pflicht zur richtlinienkonformen Auslegung und Rechtsfortbildung. Diese Bindung gilt auch keineswegs nur, soweit es um die gerichtliche Geltendmachung von Pflichten des Staates geht, sondern sie findet auch bei Rechtsstreitigkeiten zwischen Privaten Anwendung. Umstritten sind die Grenzen der Pflicht zur richtlinienkonformen Rechtsfindung. Der Gerichtshof deutet sie an, wenn er sagt, das Gericht habe seine Auslegung soweit wie möglich am Wortlaut und Zweck der Richtlinie auszurichten. Damit ist einerseits die hervorragende Bedeutung ausgedrückt, die der Durchsetzung der Richtlinienziele zukommt. Andererseits weist die Beschränkung auf das „Mögliche" auf die Grenzen hin, die jedes mitgliedstaatliche Gericht in seinem nationalen Methodenrecht und der nationalen Methodenlehre findet. Ob die gemeinschaftsrechtliche Verpflichtung zur richtlinienkonformen Rechtsfindung daher auch eine Rechtsfindung contra legem fordert, hängt davon ab, ob diese auch sonst im nationalen Recht (in Ausnahmefällen) zulässig ist. In Deutschland ist die Rechtsfindung contra legem keineswegs vollständig ausgeschlossen. Zudem ist zu bedenken, dass auch die Richtlinie „Recht" i.S.v. Art. 20 Abs. 3 GG darstellt. Daher ist eine richtlinienkonforme Rechtsfindung contra legem jedenfalls nicht von vornherein ausgeschlossen. In der Tat hat der BGH für die Regeln der Schuldrechtsmodernisierung eine richtlinienkonforme Auslegung weitgehend auch contra legem angenommen.

Ungeachtet der Möglichkeit einer unmittelbaren Anwendung von Richtlinien gegen die Mitgliedstaaten und der Bindung mitgliedstaatlicher Gerichte zur richtlinienkonformen Auslegung gibt es (eher seltene) Fälle, in denen Mitgliedstaaten die Richtlinienvorgaben nicht vollständig erfüllen. Soweit die Richtlinie dazu bestimmt war, Rechte des Einzelnen zu begründen, stellt sich dann die Frage, ob der Mitgliedstaat dem Geschützten für das Versäumnis einstehen muss. Die Frage einer Staatshaftung kommt zwar auch in anderen Bereichen in Betracht, sie spielt aber hier eine besondere Rolle. Auf der Grundlage von Art. 10 EG, dessen Regelungsgehalt heute in Art. 4 Abs. 3 EUV fortbesteht, und dem Gedanken des effet utile hat der Gerichtshof eine „unmittelbar im Gemeinschaftsrecht begründete" Staatshaftung der Mitgliedstaaten anerkannt. Voraussetzungen dieser Staatshaftung sind: (1) Verletzung einer Richtlinienbestimmung, die die Verleihung von Rechten an Einzelne bezweckt; (2) hinreichend qualifizierte Verletzung der Umsetzungspflicht (stets bei unterlassener/verspäteter Umsetzung); (3) unmittelbare Kausalität der Pflichtverletzung für den dem Geschädigten entstandenen Schaden. Eine Verletzung von Richtlinienbestimmungen liegt zum einen vor, wenn der Gesetzgeber die Vorgaben nicht vollständig und richtig oder nur verspätet umsetzt, zum anderen aber auch, wenn Gerichte und Verwaltung der Mitgliedstaaten im Rahmen ihrer Zuständigkeiten das Gebot der richtlinienkonformen Rechtsfindung nicht beachten. Im Hinblick auf Defizite bei der Richtlinienumsetzung erweist sich dabei die Voraussetzung eines hinreichend qualifizierten Pflichtverstoßes als erhebliche Hürde: Hier hat das mitgliedstaatliche Gericht, das über den Anspruch entscheidet, eine Reihe von Faktoren zu berücksichtigen, nämlich das Maß an Klarheit und Genauigkeit der verletzten Vorschrift, den Umfang des Ermessensspielraums, den die ver-

Einleitung

letzte Vorschrift den Mitgliedstaaten belässt; ob die Pflichtverletzung schuldhaft erfolgte; ob sie auf einem (entschuldbaren oder unentschuldbaren) Rechtsirrtum beruht; und ob Verhaltensweisen eines Gemeinschaftsorgans die Pflichtverletzung veranlasst haben. Wegen ihrer bloßen Zielverbindlichkeit belassen Richtlinien den mitgliedstaatlichen Gesetzgebern aber öfter Ermessensspielräume oder Umsetzungsoptionen. Ein richterlicher Verstoß gegen die Umsetzungspflichten ist sogar nur dann hinreichend qualifiziert, wenn die Entscheidung offenkundig mit den Richtlinienvorgaben unvereinbar ist, z.b. die einschlägige Rechtsprechung des Gerichtshofs offenkundig verkennt.

d) Nicht selten entscheidet sich der nationale Gesetzgeber, Richtlinienvorgaben überschießend umzusetzen. Das ist z.b. dann der Fall, wenn er Vorgaben für das Verbrauchervertragsrecht darüber hinausgehend auch für das allgemeine Vertragsrecht übernimmt. Dann stellen sich zwei Fragen. Methodisch ist zu prüfen, ob das „überschießende" Recht mit Rücksicht auf die europarechtlichen Richtlinien auszulegen ist. Und prozessual stellt sich die Frage, ob ein nationales Gericht dem EuGH auch wegen der überschießenden nationalen Rechtsetzung im Verfahren nach Art. 267 AEUV vorlegen kann (oder sogar muss).

Eine Bindung zur richtlinienkonformen Auslegung des nationalen Rechts auch im überschießenden Bereich könnte sich aus dem Gemeinschaftsrecht oder aus dem nationalen Recht ergeben. Eine gemeinschaftsrechtliche Pflicht zur richtlinienkonformen Auslegung besteht in diesem Bereich indes nicht. Da sich die fragliche Bestimmung insoweit außerhalb des Anwendungsbereichs des Gemeinschaftsrechts befindet, kann es grundsätzlich auch keine gemeinschaftsrechtliche Bindung ergeben. Anderes kann im Einzelfall nach nationalem Recht begründet sein, soweit sich ein entsprechender Wille des nationalen Gesetzgebers ermitteln lässt. Die Bindung zur richtlinienkonformen Auslegung ist dann ein Anwendungsfall der subjektiv-teleologischen Auslegung. Teilweise wird eine Art Vermutung zugunsten der einheitlichen – im Gegensatz zur „gespaltenen" – Auslegung angenommen: im Zweifel wolle der (deutsche) Gesetzgeber entsprechend dem Systemgedanken eine einheitliche Auslegung.

Die Frage der Vorlagefähigkeit überlässt der EuGH, von klaren Missbrauchsfällen abgesehen, weitgehend der Einschätzung des vorlegenden Gerichts. Der Gerichtshof beantwortet eine Vorlagefrage auch dann, wenn der streitgegenständliche Fall nicht in den Anwendungsbereich des Gemeinschaftsrechts fällt, die Auslegung des Gemeinschaftsrechts dafür aber nach Einschätzung des vorlegenden Gerichts eine Rolle spielt. Dabei räumt er dem vorlegenden Gericht eine weitgehende Prärogative ein, einzuschätzen, ob die Vorlage für seine Entscheidung erforderlich ist.

II. Allgemeine Grundlagen und Politiken

In der 1. Abteilung der Sammlung ist der Normenbestand zu den allgemeinen Grundlagen und Politiken vereint. Dies sind diejenigen Teile des EU- und des AEU-Vertrags (1.1., 1.2.), die materielles Recht setzen und nicht nur die institutionellen Arrangements betreffen, sowie die Grundrechte-Charta (1.3), die auf Grund der verfassungs- und privatrechtlichen Rechtsprechung in wichtigen Mitgliedstaaten und in der Union sowohl als privatrechtliche

Grundordnung fungiert als auch auf Rechtsbeziehungen zwischen Privatrechtssubjekten direkt oder indirekt ausstrahlen kann.

Abgedruckt sind insbesondere auch die Regeln zu den Grundfreiheiten sowie die Regeln zur Wettbewerbsordnung, der einzigen allgemein geltenden Politik, die in der Europäischen Gemeinschaft seit Anbeginn ausgeformt war, umgekehrt jedoch auch die Regeln zu den sozialen Dimensionen Europas. Insgesamt geht es nämlich im Europäischen Privatrecht mit seinen verfassungsrechtlichen Grundlagen um das Großthema des Privatrechts unserer Zeit: um die Verbindung eines freiheitsermöglichenden Privatrechts, das etwa den Parteien eine („Reserve-")Vertragsordnung zur Verfügung stellt, die ihrer Gestaltung offen ist, mit einem Ordnungsrahmen, der Schwächen von Marktmechanismen und Organisationsgestaltung entgegen wirkt. Paradigmatisch deutlich wurde dieses Grundanliegen schon von Anbeginn an im Wettbewerbsrecht, das Austausch auf Märkten und freien Wettbewerb, also Verwirklichung von Privatautonomie zum Ziel hat, und die zu diesem Zwecke nötigen Instrumente voraussetzt, zugleich jedoch darauf ausgerichtet ist, diese zu erhalten gegen Eingriffe seitens privater Macht. Eine der fundamentalen Besonderheiten des AEU-Vertrags (etwa im Vergleich zu nationalem, auch marktordnendem Recht) liegt darin, dass dieser Ansatz systematisch auch gegenüber Eingriffen seitens öffentlicher Macht verfolgt wird, namentlich durch die Beihilfenregelung, die Regelung über das öffentliche Auftragswesen und vor allem durch die Grundfreiheiten. Gegenstand ist ein Ordnungsrahmen, der schützt, indem er darauf abzielt, materiale, nicht nur formale Freiheitsausübung (möglichst weitgehend) zu erhalten.

Die vorliegende Sammlung hat, weil sie den Gesamtbestand abbildet, immer wieder Regeln zum Gegenstand, die im Zeichen dieses Gleichgewichts und einer Suche nach ihm stehen. Angesichts des immensen Umfangs der ordnenden Teile – im Wettbewerbsrecht, im Aufsichtsrecht, aber auch in Sonderwirtschaftsrechten – steht jedoch das Privatrecht in seinem ermöglichenden Teil im Vordergrund, das Privatrecht ist vollständig erfasst. Umgekehrt sind das Wirtschaftsrecht – und genereller: der Ordnungsrahmen – zwar konzeptionell mitgedacht und in vielen Bereichen Teil der jeweiligen Rechtsakte – namentlich im Kapitalgesellschafts- und im Kapitalmarktrecht. Vollständigkeit im Wirtschaftsrecht im engen Sinne war jedoch im Rahmen der vorliegenden Sammlung und ihres akzeptierten Umfangs unmöglich zu erzielen.

III. Vertragsrecht

1. Bestand

Der vertragsrechtliche Bestand ist in drei Gruppen geordnet.

a) Die erste gilt dem allgemeinen Vertragsrecht. Den Auftakt machen die Rechtsakte zum Vertragsabschluss, die spezielle Absatztechniken zum Gegenstand haben. Zu nennen ist hier die Verbraucherrechterichtlinie (2.1), die die bisherigen Richtlinien zum Haustürwiderruf und zum Fernabsatz ersetzt. Bestand hat daneben auch heute noch eine eigene Richtlinie für den Fernabsatz im Bereich der Finanzdienstleistungen (2.2). Hauptinhalte

Einleitung

dieser Rechtsakte sind Informationsregeln, die die speziell bei diesen Absatztechniken besonders hohen Informationsprobleme, etwa -asymmetrien, abzubauen helfen sollen, sowie Widerrufsrechte, die es, weil sie grundlos ausgeübt werden können, dem Kunden (Verbraucher) ermöglichen, die fehlende Vergleichsinformation noch einzuholen und/oder nochmals frei von fremd geschaffenem Druck über den Vertragsschluss zu entscheiden. Noch etwas weitergehende Inhalte finden sich in der E-Commerce-Richtlinie, vor allem zur Frage, wie der Vertragsschluss erfolgt, und zur grundsätzlich alleinigen Anwendbarkeit des Herkunftslandrechts (2.3). Den Vertragsschluss und seine Vorbereitung betreffen auch die Rechtsakte zu (unlauteren) Geschäftspraktiken und, als besonders wichtige und früh geregelte Unterkategorie, zu Werbepraktiken (2.4 und 2.5). Kernstück der Regelung ist eine Bindung an – so die Generalklausel – den Standard der „Erfordernisse der beruflichen Sorgfaltspflicht". Traditionell wird dieser Teil nicht als Vertragsrecht gesehen (so denn auch Begründungserwägung 9 der Geschäftspraktiken-Richtlinie). Phänomene wie etwa die Zusendung unbestellter Ware oder auch die Bindung des Verkäufers an Tatsachen in Werbeaussagen zeigen jedoch, dass die Grenzen verschwimmen und neu diskutiert werden müssen. Funktional handelt es sich um Rechtsakte, die den Vertragsschluss, teils sogar den -inhalt, mit prägen. Es handelt sich damit auch um einen ersten Komplex, in dem Ordnungsrahmen und klassisches „Bürgerliches Recht" des Vertragsschlusses zusammenwirken.

Noch allgemeiner als der genannte erste Regelkomplex wirken die Richtlinien zur Gleichbehandlung. Das Antidiskriminierungsrecht nimmt im Europäischen Recht primär seinen Ausgangspunkt bei dem Verbot, nach der Staatsangehörigkeit zu diskriminieren, so in den Grundfreiheiten und in Art. 18 AEUV. Bereits in den Römischen Verträgen, also von Anbeginn an, tritt daneben jedoch auch ein Verbot, nach dem Geschlecht zu diskriminieren, freilich nur für den Zugang zu abhängiger Arbeit und den Lohn (Art. 119 EWGV; s. heute Art. 10, 157 AEUV). Auf das Vertragsrecht erstreckt wird die von einer umfangreichen EuGH-Rechtsprechung und umfangreicher arbeitsrechtlicher Harmonisierungstätigkeit getragene Entwicklung durch zwei EU-Richtlinien. Sie statuieren ein Verbot, nach Geschlecht (2.6) bzw. nach Rasse oder Herkunft (2.7) zu diskriminieren, und gestalten es bis hin zu Fragen der Beweislast aus. Entscheidend ist, dass es sich um Verträge von einer gewissen Öffentlichkeit handeln muss. Im Anwendungsbereich handelt es sich um die wohl breitesten Teile des allgemeinen Vertragsrechts im Gemeinschaftsrecht, weil sogar schon die Verweigerung des Vertragsschlusses, natürlich aber auch der Vertragsschluss und dann der Vertragsinhalt betroffen sind.

Eine nochmals weitere Untergruppe betrifft Vertragsinhalt und Vertragsdurchführung, hier vor allem Leistungsstörungen – teils sehr punktuell, wie die Zahlungsverzugs-Richtlinie (2.11). Den ersten Rechtsakt, der auf diese Weise über den Vertragsschluss hinaus ging und in dem die Inhaltskontrolle im Vordergrund steht, bildet die AGB- oder Klausel-Richtlinie (2.8), die freilich mit dem stark in den Vordergrund gerückten Transparenzgebot durchaus auch Bezüge zur schon vorher stark dominierenden Informationsausrichtung des Europäischen Vertragsrechts hat. Nicht mehr wirklich zum allgemeinen Vertragsrecht zu gehören scheint die Kaufgewährleistungs-Richtlinie (2.9), nach deutschem Verständnis natürlich ein spezieller Vertragstyp. International, im UN-Kaufrecht, wurde Harmonisierung bzw. Vereinheitlichung in diesem Bereich jedoch als modellbildend für das ganze Vertragsrecht verstanden – ebenso auch in der Kaufgewährleistungs-Richtlinie. Beide prägten denn auch alle Prinzipienkataloge, namentlich die Principles of European Contract Law (PECL). Und beide bilden auch ein insofern einheitliches Modell, als im Kern inhaltsgleiche Regeln für Verbraucherkauf und Kauf zu beruflichen Zwecken niedergelegt wurden. Die Kaufgewährleistungs-Richtlinie gilt zudem allgemein für den Warenverkehr, nicht sektorenspezifisch. Weder als allgemein, noch als Vertragsrecht erscheint der Gehalt der Produkthaftungs-Richtlinie (2.10). Mit der Kaufgewährleistungs-Richtlinie teilt dieser Rechtsakt jedoch das Ansetzen am fehlerhaften Produkt – bei freilich abweichenden Kriterien zur Fehlerbestimmung. Vor allem jedoch handelt es sich bei der Produkthaftung um den Teil des Deliktsrechts, der in besonderem Maße Absatz und planbare Zahlen zum Gegenstand hat und insofern durchaus Vertragsrecht und -denken benachbart erscheint. Zudem handelt es sich (neben dem Umwelthaftungsrecht) um den einzigen wichtigen harmonisierten Teil des Deliktsrechts, also den Rechtsakt, der das gemeinschaftsrechtlich verfasste „Schuldrecht" komplettiert.

Jüngster Meilenstein im Zuge der Europäisierung der nationalen Rechtssysteme ist der Vorschlag der Kommission über eine Verordnung über ein Gemeinsames Europäisches Kaufrecht aus dem Jahre 2011 (2.12). Ziel dieses auf dem Gemeinsamen Referenzrahmen fußenden Rechtsaktes ist es, ein „28. Regime" zu schaffen, das – in der gesamten Union anwendbar – neben die nationalen Kaufrechtsregelungen träte. Der persönliche Anwendungsbereich umfasst dabei solche Verträge, die zwischen einem Unternehmen und einem Verbaucher geschlossen wurden, sowie solche, die Unternehmen untereinander eingehen, sofern eines davon ein kleines oder mittleres Unternehmen (KMU) ist. Sachlich werden neben dem Kauf von Waren auch die Bereitstellung digitaler Inhalte und die Erbringung (bestimmter) verbundener Dienstleistungen erfasst.

b) In der zweiten Gruppe sind Regelungen zum besonderen Vertragsrecht zusammengefasst, die jeweils ganz spezielle Sektoren betreffen. Am Übergang steht der Handelsvertretervertrag (2.13), einerseits in allen Sektoren verwendbar, andererseits jedoch ein spezieller Vertragstyp. Die Ingmar-Entscheidung des EuGH legt es nahe, ihn sogar in der Nähe abhängiger Stellungen, namentlich abhängiger Arbeit zu sehen. Die Richtlinie selbst regelt sowohl einen Vertragstyp mit klassischen Vertragspflichten als auch die besondere Abhängigkeitslage, besonders bei Vertragsbeendigung. Ansonsten betreffen die Richtlinien drei Sektoren, die insgesamt fast 1/3 des Bruttosozialprodukts europaweit ausmachen: Den ersten bilden Verträge im Zusammenhang mit dem Tourismus. Dabei stellt die Pauschalreise-Richtlinie (2.14) ein besonders weit durchgestaltetes Modell vieler Fragen dar, gerade auch im Hinblick auf die Vertragsdurchführung und -anpassung. Die Timesharing-Richtlinie (2.15) betrifft hingegen eher einen Sonderfall, in dem die Freiheit beim Vertragsschluss ähnlich problematisch gesehen wird wie im Falle der oben genannten besonderen Absatztechniken (wiederum mit Widerrufsrecht). Den zweiten Sektor bildet das Kreditwesen. Dabei sind zwei der drei klassischen Hauptbankgeschäfte inzwischen sehr dicht harmonisiert: der Zahlungsverkehr mit allen wichtigen Zahlungsverkehrsinstrumenten in der Zahlungsdienste-Richtlinie (2.16, ergänzt um eine Verordnung zu den Entgelten, 2.17), ebenso der Wertpapierhandel und damit das Effektengeschäft mit der Finanzmarkt-Richtlinie (2.19). Charakteristisch ist hier, dass nicht nur das Vertragsrecht, sondern umfangreich auch das jeweilige Bankaufsichtsrecht geregelt ist, weil nicht nur klassische Kreditinstitute

Einleitung

zu diesen Geschäften zugelassen werden, deren Beaufsichtigung in anderen Rechtsakten ausführlich harmonisiert war, sondern weitere Institute, die an vergleichbare Aufsichtsstandards zu binden waren. Im Vertragsrecht ist, da diese Richtlinien bereits die zweite Generation darstellen, eine im Wesentlichen flächendeckende Durchgestaltung zu konstatieren, im Falle der Zahlungsdienste-Richtlinie auch eindeutig als reiner Vollharmonisierungsansatz. Hinzu kommt die Verbraucherkredit-Richtlinie (2.18), jüngst ebenfalls sehr grundlegend reformiert, die noch begrenzter im Anwendungsbereich erscheint: Der berufliche Kredit und der grundpfandrechtlich gesicherte sind (weitgehend) ausgeschlossen. Ein dritter Sektor ist noch „spezieller" (und in dieser Auflage aus Platzgründen nicht mehr abgedruckt): das Versicherungswesen und –vertragsrecht.

c) Die dritte Gruppe fand nur rudimentär, exemplarisch Aufnahme in die Sammlung. Sie gilt dem Marktordnungsrecht, das teils so stark vertragsprägend wirkt, dass die jeweilige Vertragsgestaltung von ihm weitgehend abhängig ist, und das praktisch sehr wichtig ist. So macht etwa das öffentliche Auftragswesen ca. 15 % des Bruttosozialprodukts aus. Umgekehrt wird diese Gruppe jedoch traditionell nicht (auch) als Teil des Vertragsrechts verstanden, sondern beispielsweise im Fall der Gruppenfreistellungsverordnungen als Teil des Wettbewerbsrechts, dem die fraglichen Rechtsakte in der Tat primär angehören. Auf Grund der funktionalen Bezüge schien es angemessen, Teile dieses Rechtsbereichs jedenfalls exemplarisch und in Auszügen aufzunehmen. Auf Grund der primären Zugehörigkeit zum genuinen Wirtschaftsrecht und, um nicht den Rahmen zu sprengen, sollte und musste es hierbei freilich auch bleiben. Ausgewählt wurde einerseits der wichtigste Rechtsakt zum öffentlichen Auftragswesen, die Richtlinie zu öffentlichen Bau-, Liefer- und Dienstleistungsaufträgen (2.21), neben die eine zu den speziellen Sektoren Wasser, Energie, Verkehrsversorgung und Postdienste tritt (hier nicht abgedruckt). Auch die allgemeine Richtlinie wird nur in den wichtigsten, besonders stark vertragsrechtlich gestalteten Teilen wiedergegeben. Ausgewählt wurde andererseits auch eine Gruppenfreistellungsverordnung, von denen es eine ganze Reihe gibt, und mit denen jeweils das grundsätzliche Kartellverbot für unanwendbar erklärt wird, wenn bestimmte Bedingungen erfüllt sind, die insbesondere auch die Ausgestaltung des Kartells, d.h. die dort zu findenden Absprachen und Klauseln, betreffen. Besonders wichtig sind eine Gruppenfreistellungsverordnung zu vertikalen Absprachen (unterschiedlicher Produktions- bzw. Vertriebsstufen), eine speziell für den Kfz-Sektor (i.d.R. ebenfalls vertikale Absprachen) und eine zum Versicherungssektor (i.d.R. horizontal, unter Konkurrenten). Als besonders exemplarisch ausgewählt wurde die Gruppenfreistellungsverordnungen für Vertikalvereinbarungen (2.20). Überwiegend gar nur im öffentlichen Recht wirkt sich zuletzt die (allgemeine) Dienstleistungs-Richtlinie (2.22) aus, die ungerechtfertigte administrative Hindernisse im Dienstleistungsbereich ausräumen soll, dabei jedoch auch einige Regeln zu Vertragspflichten enthält (diese Auszüge sind abgedruckt). Für die Durchsetzung ist daran zu erinnern, dass die Unterlassungsklage-Richtlinie (wenn auch in dieser Auflage nicht mehr mit abgedruckt) für viele richtliniendeterminierte Rechte jedenfalls eine Verbraucherklage vorsieht.

2. System

So fragmentarisch dieser Bestand ist, die Behauptung von und der Ruf nach Systembildung zeitigten seit Ende der 90er Jahre des letzten Jahrhunderts reiche Wirkung. Die inzwischen erlassene Verbraucherrechte-Richtlinie, der Entwurf eines Gemeinsamen Referenzrahmens und der jüngst daraus entwickelte Entwurf eines Gemeinsamen Europäischen Kaufrechts sind Früchte dieser Tendenz und dieses Petitums. Charakteristisch erscheinen als Systemprinzipien unter anderem: Es wird, erstens, sehr intensiv auf Informationsregeln gesetzt, also auf Regeln, die einerseits zwar zwingend sind, sich umgekehrt jedoch von herkömmlichen inhaltlich zwingenden Regeln dadurch diametral unterscheiden, dass sie den Vertragsparteien ihre Freiheit bei der inhaltlichen Ausgestaltung durchaus belassen, ja gerade eine Gestaltung mit möglichst viel „Richtigkeitsgewähr" unterstützen sollen. Der EuGH geht daher gar von einem Primat von Informations- vor inhaltlich zwingenden Regeln aus (Cassis de Dijon). Es wird, zweitens, im Europäischen Vertragsrecht an das Unternehmen angesetzt, also Unternehmensaußenrecht geschaffen. Das ist etwas anderes als Verbraucherrecht, obwohl viele Rechtsakte auf der anderen Seite in der Tat einen Verbraucher voraussetzen. Lange war dies im allgemeinen Vertragsrecht sogar allgemein so (heute nicht mehr bei der Zahlungsverzugs-, bei der Geschäftspraktiken- und bei den Gleichbehandlungs-Richtlinien), im besonderen Teil jedoch immer schon nur sehr vereinzelt (etwa Verbraucherkredit-Richtlinie). Wichtiger ist jedoch, dass alle Rechtsakte auf der Anbieterseite die Unternehmereigenschaft (berufliche Tätigkeit) fordern. Diese Unternehmereigenschaft ist also der einzige Generalnenner, und zwar auch inhaltlich, denn zentral geht es um die Frage der überlegenen Organisations- und Informationsmacht von Unternehmen, um Überlegenheit, deren Auswirkungen zu regeln sind. Das Europäische Vertragsrecht kann, drittens, auch als ein Recht gesehen werden, das moderne Phänomene des Vertragsrechts besonders stark in den Blick nimmt, weil es praxis-, teils auch skandalorientiert ist. Stichworte sind Informationsgesellschaft, Vertragsnetze oder auch die Verschränkung von klassischem Vertragsrecht und Regulierung. Und viertens ist unübersehbar, dass zunehmend ein modernes Leistungsstörungsrecht entsteht, bisher mit der Kaufgewährleistungs-Richtlinie (2.9) in Zukunft vielleicht sogar in Verordnungsform durch das Gemeinsame Europäische Kaufrecht (2.12). Charakteristisch für beide ist der einheitliche Pflichtenverstoßtatbestand, auch eine zunehmende Reduktion der Rechtsbehelfe, vielleicht sogar eine Tendenz dahin gehend, diese sämtlich (weitestgehend möglich) verschuldensunabhängig auszugestalten.

IV. Arbeitsrecht

1. Bestand

Im Arbeitsrecht kann man ebenfalls drei Regelungsgruppen unterscheiden, sie betreffen Binnenmarkt, Arbeitsverhältnis und den Bereich von Arbeitnehmer und Organisation.

a) Historischer und systematischer Ausgangspunkt sind die Binnenmarktregeln. Dem liberalen Ansatz der Gründungsverträge entsprechend standen sie bis in die 1970er Jahre ganz im Vordergrund. Man erwartete sich vom Binnenmarkt einen wirtschaftlichen Fortschritt, der insbesondere auch Verbrauchern und Arbeitnehmern zugute kommen würde. Dementsprechend beschränkte sich das Europäische Arbeitsrecht lange Zeit auf Regelungen zur Effektuierung der Arbeitnehmerfreizügigkeit (vgl. 1.1) in der Arbeitnehmerfreizügigkeitsverordnung (in dieser Auflage nicht abgedruckt). Dieses Grundmodell wurde indes zu-

Einleitung

nehmend in Frage gestellt und führte im Anschluss an den Pariser Gipfel von 1972 zu dem sozialpolitischen Aktionsprogramm von 1974, das in den Folgejahren in mehreren Phasen umgesetzt wurde. Sozialer Fortschritt sollte zunehmend durch Angleichung der mitgliedstaatlichen Arbeitnehmerschutzvorschriften durch Mindeststandards erreicht werden. Ein ganz anderer Ansatz mit erheblicher Sprengkraft entfaltete sich im Anschluss an den Beitritt Spaniens und Portugals (1986). Nachdem zunächst der EuGH in einem obiter dictum die Erstreckung von Arbeitnehmerschutzvorschriften auf entsandte Arbeitnehmer anerkannt hatte, erließ die Gemeinschaft schließlich die Arbeitnehmerentsenderichtlinie (3.1), um die Entwicklung immerhin in gewisse Bahnen zu lenken. Beide Bereiche, Arbeitnehmerfreizügigkeit und Arbeitnehmerentsendung, stehen freilich in engem Zusammenhang mit dem Arbeitskollisionsrecht, dessen Bestand sich aus den Rom I- und Rom II-Verordnungen ergibt (5.1, 5.2).

b) Die größte Gruppe der arbeitsrechtlichen Richtlinien betrifft das Arbeitsverhältnis, von ihnen konnten nur die wichtigsten in dieser Sammlung Aufnahme finden. Vorschriften zum Vertragsschluss als solchem fehlen in diesen Richtlinien. Ebenso wie im Vertragsrecht kommt auch hier den Diskriminierungsverboten überragende Bedeutung zu, und zwar für alle Phasen des Arbeitsverhältnisses, von der Ausschreibung über den Vertragsschluss und die Arbeitsbedingungen bis zur Vertragsbeendigung. Die arbeitsrechtlichen Diskriminierungsverbote waren Ausgangspunkt und Motor der Entwicklung des Antidiskriminierungsrechts, an ihrem Beispiel hat der Gerichtshof grundlegende Konzepte entwickelt – z.B. das der mittelbaren Diskriminierung, der Beweiserleichterung und des Benachteiligungsverbots. Die Umsetzung der richtliniendeterminierten Diskriminierungsverbote war aber auch Anlass für grundlegende Entscheidungen zu Umsetzungspflichten, insbesondere den Sanktionen, und zur richtlinienkonformen Auslegung. Am Anfang stand das Verbot der Entgeltdiskriminierung wegen des Geschlechts, das 1957 Eingang in den EWG-Vertrag gefunden hatte, weil Frankreich einen Wettbewerbsnachteil besorgte. Die ersten Richtlinien stammen aus den 1970er Jahren und betreffen das Verbot der Geschlechtsdiskriminierung im Arbeitsleben; sie sind 2006 in einer kodifizierten Zusammenfassung in der Geschlechtsdiskriminierungsrichtlinie aufgegangen (3.2). Nachdem der Amsterdamer Vertrag 1997 mit Art. 13 EG (heute Art. 19 AEUV) eine besondere Rechtsetzungskompetenz einführte, erweiterte der Europäische Gesetzgeber 2000 die Liste der verbotenen Differenzierungsmerkmale (Rasse, ethnische Herkunft, Religion, Weltanschauung, Behinderung, Alter und sexuelle Ausrichtung) (3.3).

Ein einzelner Rechtsakt betrifft Information und Transparenz im Arbeitsverhältnis. Die Nachweisrichtlinie (3.4) statuiert eine vertragliche (nicht vorvertragliche!) Informationspflicht des Arbeitgebers, der dem Arbeitnehmer schriftlich Auskunft über die vereinbarten Arbeitsbedingungen zu geben hat. Der Gesetzgeber wollte damit einer zunehmenden Differenzierung der Arbeitsverhältnisse Rechnung tragen. Insofern steht die Nachweisrichtlinie in engem Verhältnis zu den Regelungen über atypische Arbeitsverhältnisse, von denen hier exemplarisch die Mutterschutzrichtlinie aufgenommen wurde (3.10).

Den wohl größten Einzelkomplex bilden die Arbeitsschutzvorschriften. Sie können in der Sammlung ebenfalls nur exemplarisch abgebildet werden. Die Arbeitsschutzrahmenrichtlinie (3.5) bildet indes nicht nur, wie gesagt wird, das „Grundgesetz" des Europäischen Arbeitsschutzes, sie ist zugleich Grundlage für den Erlass von Einzelrichtlinien und enthält die grundlegenden Schutzkonzepte: die Verantwortlichkeit des Arbeitgebers, die Pflicht zur Gefahrerfassung und den Vorrang der Gefahrvermeidung. Eng mit dem Arbeitsschutz verbunden ist die Arbeitszeitrichtlinie (3.6), die maßgebend mit Erwägungen des Gesundheitsschutzes begründet wurde. Sie regelt die tägliche und wöchentliche Höchstarbeitszeit sowie Ruhezeiten ebenso wie den Jahresurlaub. Die Arbeitszeitrichtlinie ist zudem ein andauernder rechtspolitischer Streitpunkt, vor allem seit der EuGH in einer Reihe von Entscheidungen den Bereitschaftsdienst als Arbeitszeit qualifiziert hatte. Nachdem eine längst überfällige Reform Ende 2008 zum Greifen nah erschien, letztlich aber doch an den weitergehenden Schutzvorstellungen des Parlaments scheiterte, hat die Kommission 2010 nach Art. 154 Abs. 2 AEUV ein Konsultationsverfahren in Gang gesetzt. Auf Anregung der Kommission leiteten die Sozialpartner dann im Dezember 2011 Verhandlungen nach Art. 155 AEUV ein. Hauptstreitpunkte sind weiterhin die Behandlung von Bereitschaftsdienst und die Regelung von Ausgleichsruhezeiten.

Einen vorläufigen Abschluss hat dagegen 2008 die Regelung des Rechts der atypischen Arbeitsverhältnisse gefunden. Nachdem von den Rechtsetzungsvorhaben aus den 1980er Jahren zunächst nur die Zeitarbeit-Gesundheitsschutzrichtlinie verabschiedet wurde (in dieser Auflage nicht mehr abgedruckt) konnten in der Folge im Wege des sozialen Dialogs die Teilzeit- und die Befristungsrichtlinie realisiert und mit ihnen entsprechende Rahmenvereinbarungen umgesetzt werden (3.7, 3.8). Der soziale Dialog über eine Regelung der Leiharbeit scheiterte indes und erst 2008 konnte eine Richtlinie verabschiedet werden (3.9). Während die Richtlinie zum Gesundheitsschutz auf den Konzepten der Arbeitsschutzrahmenrichtlinie aufbaut, verwenden die abgedruckten Richtlinien vor allem das Verbot der Diskriminierung im Verhältnis zum Normalarbeitnehmer und den Pro-rata-temporis Grundsatz als Schutzinstrumente; weitere Schutzvorschriften sind nur weich ausgestaltet und haben eher Appellcharakter.

Der Gemeinschaftsgesetzgeber hat darüber hinaus Richtlinien zum Schutz besonderer Arbeitnehmergruppen wie etwa Mütter, Eltern oder Jugendliche erlassen. Diese enthalten vor allem Ergänzungen zum Arbeits- und Gesundheitsschutz, auch im Hinblick auf die Arbeitszeit. Die hier exemplarisch abgedruckte Mutterschutzrichtlinie begründet mit der Entgeltsicherung darüber hinaus aber auch einen Schutz wirtschaftlicher Interessen (3.10).

c) Unter dem Gesichtspunkt von Arbeitnehmer und Organisation zusammengefasst sind in dieser Sammlung die Regelungen über Umstrukturierung und Insolvenz sowie über die betriebliche und unternehmerische Arbeitnehmermitwirkung. Die Regelungsbereiche sind auf mehreren Ebenen verbunden. Sie hängen teils genetisch, teils inhaltlich zusammen und betreffen die Einbindung des Arbeitnehmers in die Betriebs- und Unternehmensorganisation. Eine gewisse Sonderstellung nimmt dabei freilich die Insolvenzschutzrichtlinie ein (in dieser Auflage nicht mehr mit abgedruckt).

Die erste Untergruppe dieser Vorschriften stammt aus der Frühzeit des Europäischen Arbeitsrechts. Massenentlassungsrichtlinie und Betriebsübergangsrichtlinie (3.11 und 3.12) setzen zusammen mit der Insolvenzschutzrichtlinie zentrale Regelungsziele des sozialpolitischen Aktionsprogramms von 1974 um. Wichtigster Schutzmechanismus der Betriebs-

Einleitung

übergangsrichtlinie ist, das Arbeitsverhältnis mit dem Betrieb auf den Erwerber zu übertragen. So wie die Massenentlassungsrichtlinie setzt aber auch die Betriebsübergangsrichtlinie auf prozedurale Schutzmechanismen durch Information und Konsultation; in den Richtlinien ist damit zugleich der Keim des Europäischen Betriebsverfassungsrechts mit angelegt. Die Insolvenzschutzrichtlinie trägt hingegen den unzureichenden Möglichkeiten des Arbeitnehmers Rechnung, seine offenen Vergütungsforderungen abzusichern; dies übernimmt in einem Mindestmaß eine Garantieeinrichtung.

Das Recht der Arbeitnehmermitwirkung in Betrieb und Unternehmen war zuerst in den Vorschlägen der Europäischen Aktiengesellschaft (vgl. 4.18) angelegt, die freilich erst 2001 – in stark veränderter Form – umgesetzt werden konnten. Nachdem Einzelrichtlinien zu Massenentlassungen, Betriebsübergang, aber auch zum Arbeitsschutz bereits Mitwirkungsrechte der Arbeitnehmervertreter begründet hatten, entstand mit der Unterrichtungsrahmenrichtlinie eine Querschnittsregelung (3.13). Sie begründet Unterrichtungs- und Anhörungsrechte, setzt aber vor allem bei deren Ausgestaltung auf ein Konzept der „Prävention und Antizipation" durch andauernden Dialog. Zeitlich vorangegangen war die Europäische Betriebsrat-Richtlinie (3.14). Sie sieht die Einrichtung eines Europäischen Betriebsrats (EBR) oder eines besonderen Unterrichtungs- und Anhörungsverfahrens für grenzüberschreitend tätige Unternehmer bestimmter Größe vor und macht für deren Ausgestaltung nähere Vorgaben. Was die Richtlinie über ihren Anwendungsbereich hinaus hervorhebt, ist, dass der Gesetzgeber mit ihr von einem inhaltlichen zu einem prozeduralen Regulierungsmechanismus übergegangen ist. Die Ausgestaltung der Arbeitnehmermitwirkung wird nicht primärrechtlich vorgegeben, sondern der autonomen Vereinbarung der Betriebspartner überlassen, die im Rahmen eines strukturierten Verfahrens verhandeln, freilich im Schatten einer subsidiär anwendbaren Auffanglösung. Dieses Regulierungskonzept einer contract governance erwies sich auch für die Arbeitnehmermitwirkung in der SE (4.19) als prägend: Mit seiner Hilfe konnte der „dreißigjährige Krieg" um die Mitbestimmung beendet werden.

2. System

Auch im Europäischen Arbeitsrecht zeichnet sich damit eine gewisse Systembildung ab. Sind die Einzelregelungen auch in mehreren Phasen und auf der Grundlage unterschiedlicher Regulierungskonzepte entstanden, so erscheinen sie heute doch als ein weithin geordnetes Ganzes. Das anfänglich verfolgte liberale Konzept hat einem stärker regulierenden Ansatz Platz gemacht. Kernbereiche sind neben der Arbeitnehmerfreizügigkeit die Diskriminierungsverbote, der Arbeitsschutz, Schutz bei Umstrukturierung und Insolvenz sowie die Arbeitnehmermitwirkung in Betrieb und Unternehmen. In einzelnen Bereichen ist eine Konsolidierung erkennbar, Gesetzgebung und Rechtsprechung bilden zunehmend allgemeine Lehren aus; so vor allem im Antidiskriminierungsrecht, im Arbeitsschutzrecht, im Recht der atypischen Arbeitsverhältnisse und im Recht der Arbeitnehmermitwirkung. Einzelne Regelungen bleiben freilich gerade auch in ihrer Konkretisierung durch die Rechtsprechung unbefriedigend. Vor allem im Recht des Betriebsübergangs ist dem Gesetzgeber 2001 keine überzeugende Kodifikation gelungen und bleibt die Rechtsprechung des EuGH sehr kasuistisch.

Einleitung

Eine für die Systembildung zentrale Regelung bleibt indes umstritten und wirkt als andauernder Irritant: die Beurteilung der Arbeitnehmerentsendung auf der Grundlage der Dienstleistungsfreiheit und die darauf aufbauende Entsenderichtlinie. Wenn danach die Aufnahmestaaten ihre Arbeitnehmerschutzregelungen auch im harmonisierten Bereich (z.b. Urlaub) weitgehend auf entsandte Arbeitnehmer erstrecken können, so erscheint das nicht nur binnenmarktpolitisch und ökonomisch fragwürdig, sondern stellt es ein zentrales Ziel der Rechtsangleichung in Frage.

V. Gesellschaftsrecht (mit Kapitalmarktrecht)

1. Bestand

Der gesellschaftsrechtliche Bestand ist in vier Gruppen geordnet.

a) Die erste gilt der Einzelgesellschaft. Den Kernbestand bilden die Publizitäts-Richtlinie (1. Richtlinie) (4.1), die Kapital-Richtlinie (2. Richtlinie) (4.2) und heute die Aktionärsrechte-Richtlinie (4.3), die ursprünglich, ungleich breiter, als sog. Struktur-Richtlinie (5. Richtlinie) geplant war. Sie zählen also alle zum ursprünglichen „Masterplan" der ersten fünf gesellschaftsrechtlichen Richtlinien. In ihnen geht es zunächst um das Außenverhältnis aller Kapitalgesellschaften – nur dieser, weil diese volumenmäßig für Binnenmarkttransaktionen ungleich wichtiger sind als Personenhandelsgesellschaften, vor allem jedoch weil nur bei den Kapitalgesellschaften angesichts der beschränkten Haftung ein gesteigertes Schutzproblem für Gläubiger – aus ganz Europa! – besteht. Mit anderen Worten: Die Gläubigerabsicherung musste europaweit in den zentralen Koordinaten gleich sein, wenn diese Gesellschaften im gesamten Binnenmarkt frei agieren können sollten. Die zentralen Koordinaten sind dann die Begrenzung der Nichtigkeit dieser Gesellschaften (allein nach Gerichtsurteil und nur, wenn registermäßig ausgewiesen), die umfassende Vertretungsmacht von Organen, die als vertretungsberechtigt aus dem Handelsregister hervorgehen, und die allgemeine Publizität: Alle wichtigen Verhältnisse der Gesellschaft müssen aus einem Gesellschafts- oder Handelsregister ersichtlich sein und diese Eintragungen dann auch Wirkungen des öffentlichen Glaubens zeitigen. Ergänzt wird diese Publizität vor allem durch die speziell geregelte Rechnungslegungspublizität (vor allem 4. Richtlinie, dazu sogleich). Während solchermaßen die 1. Richtlinie verbürgen sollte, dass der Gläubiger überhaupt einen Schuldner hat (keine Nichtigkeit, kein Fehlen der Vertretungsmacht), sollte die Kapital-Richtlinie (2. Richtlinie) inhaltlich eine Mindestausstattung dieses Schuldners verbürgen. Durchgesetzt wurde dies – vor allem wegen des Eintritts des Vereinigten Königreichs – freilich nur für die Aktiengesellschaft. Die umfangreiche Regelung von Kapitalaufbringung, -erhaltung und -maßnahmen ist heute in der Tat auch als Schutz der Mitgesellschafter, der Aktionäre, zu verstehen (vgl. unten 2.). Schließlich war von Anfang an die Harmonisierung der inneren Struktur der Aktiengesellschaft geplant (Entwurf einer 5. Richtlinie). Denn die frei und potentiell in großen Anlegerkreisen in ganz Europa zirkulierende Aktie sollte auch vergleichbare Rechte verbürgen, Aktien verschiedener Länder sollten solchermaßen „vergleichbar" erscheinen. Diese Sicht hat sich überholt. Kapitalmärkte funktionieren auch ohne diese Harmonisierung, Unterschiede werden eingepreist. Heute findet statt Vereinheitlichung des Produkts „Aktie" ein Wettbewerb der (Aktien- und Kapital-)Gesellschafts-

Einleitung

rechtssetzer statt. Nur in einem Kernbereich, bei der Stimmrechtsausübung der Aktionäre, und auch nur in den kapitalmarktorientierten Aktiengesellschaften, setzte sich jüngst die Überzeugung durch, dass (fokussierte) Harmonisierung hilfreich wäre: zum Abbau derjenigen Hindernisse, die ausländischen Anlegern eine Mitwirkung auf der Hauptversammlung bisher faktisch unmöglich machten. Die Harmonisierung ordnet sich jetzt in die Bemühungen um gute Governance in den Gesellschaften ein. Daneben treten zwei eher flankierende Rechtsakte: Mit der Zweigniederlassungs-Richtlinie (4.4) wird das Publizitätsregime der 1. Richtlinie auf unselbständige Zweigniederlassungen im Ausland erstreckt (Information auch bei der Zweigniederlassung vor Ort und angepasst an die dortigen Verhältnisse). Mit der Ein-Mann-GmbH-Richtlinie (4.5) wurde ein Rechtsakt erlassen, der auch Einzelpersonen ein Instrument der beschränkten Haftung – europaweit wirkend und verbürgt! – an die Hand gibt; das ist primär als Mittel zur Förderung von KMU zu verstehen.

b) Die zweite Gruppe gilt der Rechnungslegung und Finanzierung an Kapitalmärkten. Beides sind eigenständige Rechtsmaterien, sie hängen jedoch eng zusammen. Bei beidem handelt es sich um den mit Abstand am dichtesten regulierten Bereich im Europäischen Gesellschaftsrecht, die Regelungen sind letztlich so flächendeckend zu allen Problemen und so detailliert, dass sie einer Kodifikation des Gesamtbereichs – auf Europäischer Ebene! – nahe kommen.

Die Bedeutung des Rechnungslegungsrechts hat stetig zugenommen – paradigmatisch deutlich wird dies in der Corporate Governance Diskussion sowie eben im Kapitalmarktrecht. Jahresabschlüsse ebenso wie Quartalsberichte prägen das öffentliche Bild von (großen) Gesellschaften so wie kaum ein anderes Datum. Und in der Corporate Governance Diskussion zählen Audit Committee und Abschlussprüfer zu den Spielern, die – jenseits von Vorstand und Aufsichtsrat (Board) sowie (abwanderungswilligem) Aktionär, also den Eignern und Organen selbst – am meisten diskutiert werden. Die Hauptrechtsakte sind Teil des ursprünglichen Masterplans: Bereits die Publizitäts-Richtlinie (1. Richtlinie) (4.1) räumt der Rechnungslegung eine ganz zentrale Stelle ein, die dann ausgefüllt und hinreichend ausgestaltet wird in der Bilanz-Richtlinie (4. Richtlinie) (4.6). Sie war wegen der Komplexität der Fragen als eigenständiges Instrument notwendig, zählte jedoch auch selbst zu den – schon in den 70er Jahren verabschiedeten – Kernrechtsakten. Von Beginn an war ihre Ergänzung durch zwei Rechtsakte geplant: einerseits die Konzernbilanz-Richtlinie (7. Richtlinie) (4.7), mit der die Vorgaben der Bilanz-Richtlinie für die ergänzende Konzernbilanz fortgeschrieben und auf die Besonderheiten von Konzernen im Rechungslegungsrecht adaptiert wurden; und andererseits die Abschlussprüfer-Richtlinie (ursprünglich 8. Richtlinie) (4.8), weil die veröffentlichungspflichtige Rechnungslegung für das Publikum als Informationsquelle ungleich verlässlicher ist, wenn sie professionell von einem unabhängigen Dritten geprüft wurde. Dass Konzerne die Lebenswirklichkeit bilden und dass diese Kerninformation möglichst verlässlich für alle Betroffenen sein muss, steht hinter diesen beiden Ausweitungen. Dabei kann Rechnungslegung vor allem als Bericht an die Gläubiger oder als Rechenschaft gegenüber den Anteilseignern gesehen werden. Lange wurde insoweit ein Kompromiss gesucht, insgesamt jedoch kann man in der Tendenz eine immer stärkere Hinwendung zur angloamerikanischen Bilanzierungsphilosophie nach dem sog. „true and fair view" feststellen. Zentrale Bedeutung hat insoweit die IFRS-VO (4.9), weil sie jedenfalls für die Konzernbilanz, wenn auch nur eine Konzerngesellschaft kapitalmarktorientiert ist, zwingend eine Rechnungslegung nach IFRS/IAS vorsieht, und weil die Mitgliedstaaten für alle anderen Bilanzen dieses Regime immerhin wählen dürfen (an der Stelle des sonstigen Richtlinienregimes).

Besonders dicht ist die Harmonisierung des Kapitalmarktrechts. Drei Richtlinien regeln heute den sog. Primärmarkt, die erstmalige Einführung von Effekten in Märkte (Emission), etwa die erstmalige Börsennotierung oder die erstmalige Platzierung bei einem offenen Publikum, zwei Richtlinien den sog. Sekundär- oder Zirkulationsmarkt, den Handel mit solchermaßen platzierten oder emittierten Effekten. Dabei ist der Zirkulationsmarkt grds. weniger weitgehend gefasst, nicht alle zentralen Pflichten gelten für jeden öffentlichen Markt, die wichtigsten vielmehr nur für sog. (staatlich) „geregelte (und überwachte) Märkte", d.h. für (Handel mit) Effekten, die an solchen zugelassen sind. Besonders dicht ist die Harmonisierung, weil in allen Fällen bereits die zweite Richtliniengeneration gilt (teils auch mit Umgliederungen im Laufe der Geschichte) und nicht zuletzt auch deswegen, weil eine Verfeinerung durch das sog. Komitologieverfahren vorgesehen ist, d.h. die weitere Ausfüllung durch die EU-Kommission und die European Securities and Markets Authority (ESMA, früher CESR) (jenseits des Europäischen Gesetzgebers und in dichterer Folge). Die Basisrichtlinie im Primärmarktrecht bildet die Prospekt-Richtlinie (4.10). Mit dem Basisinstrument, dem Prospekt, fußt sie zentral in der Rechnungslegung, die (für die letzten drei Jahre) als Hauptinformationspunkt des Prospektes fungiert, zugleich jedoch zusätzlich, von den Emissionsbanken, „zertifiziert" wird. Der Prospekt hat ein umfassendes Bild des Emittenten (und der emittierten Papiere/Instrumente) zu geben und dies für den kundigen, professionellen Anleger. Wichtig an dieser Basisrichtlinie ist, dass der Prospekt allgemein für jede öffentliche Emission von Effekten vorgeschrieben wird (gleich in welchem Marktsegment), diese Ausgangsinformation also immer zu geben ist. Daran schließt sich zweierlei an: Einerseits eine gesteigerte Zugangskontrolle auf engeren Marktsegmenten, in der Börsen-Richtlinie (4.12) für die amtliche Börsennotierung geregelt; andererseits eine Reihe von Folgepflichten, die wiederum nur in engeren Marktsegmenten, hier nun freilich neben der amtlichen Börsennotierung an allen (staatlich) geregelten und überwachten Märkten, gelten und dauerhaft eingreifen. Dabei handelt es sich vor allem um eine dichtere Berichterstattung (zwischen der jährlichen Rechnungslegung), die sog. Quartalsberichterstattung, um eine Veröffentlichungspflicht von wichtigen Änderungen im Eignerbestand (Beteiligungstransparenz) und allgemeiner von allen erheblich kursbeeinflussenden, nicht öffentlich bekannten Tatsachen (Ad-hoc-Publizität). Da diese Pflichten zunehmend für alle geregelten Märkte gelten, ist ihre Regelung entsprechend aus der Börsen-Richtlinie herausgenommen worden, die inzwischen trotz ihrer Konsolidierung in 2001 sehr „zerfleddert" wirkt. Die Regelungskomplexe sind dann teils in die Transparenz-Richtlinie (4.11), teils auch in die Marktmissbrauchs-Richtlinie (4.13). verschoben worden. Die eigentliche Basisrichtlinie für den Sekundär- oder Zirkulationsmarkt bildet die Finanzmarkt-Richtlinie (2.19), die freilich zugleich das Vertragsregime für den insoweit zentralen Wertpapierhandel enthält und daher (auch) vertragsrechtlich eingeordnet wurde. (Auch) Sie bildet bereits die zweite Generation (nach der Wertpapierhandels-Richtlinie von 1993). Diese Richtlinie regelt vor allem die sog. Wohlverhaltensregeln (Informations- und Beratungsgebote, Gebote, Interessenkonflikte zurückzudrängen, und auftragsrechtliche Interessenwahrungspflicht), daneben jedoch auch Spezialtatbestände, etwa die möglichst kundenfreundliche

Einleitung

Orderausführung (Best Execution), und interne Organisationsregeln für Wertpapierdienstleister sowie zuletzt auch Regeln über Wettbewerb zwischen und Gestaltung der verschiedenen Arten von Finanzmärkten (Börsen, geregelte Märkte, multilaterale Handelssysteme, systematische Internalisierer, inzwischen auch allgemein organisierte Handelsfazilitäten). Zentral ist die Informations- und Beratungspflicht, auf Grund derer nämlich der jeweils eingeschaltete Intermediär (Wertpapierdienstleister) verpflichtet wird, dem Kunden, abgeschwächt auch Professionellen, die hochkomplexe Information aus dem Primärmarktrecht zusammengefasst und kundengerechter zu präsentieren (Transformationsfunktion). Eher nur außergewöhnliche Sachverhalte – Missbräuche – regelt demgegenüber die lange Zeit sogar noch prominentere Marktmissbrauchs-Richtlinie (4.13), deren Einführung 1989 (ursprünglich als Insiderhandels-Richtlinie) vielleicht den eigentlichen Durchbruch für ein starkes Kapitalmarktrecht in Europa bildete. Die Richtlinie enthält heute das Verbot von Insiderhandel und vorgelagerten Weitergaben von Insiderinformation, das Gebot einer unverzüglichen allgemeinen Veröffentlichung von Insiderinformationen sowie – besonders offen – ein Verbot von Marktmanipulation.

c) Die dritte Gruppe regelt Umstrukturierungsmaßnahmen im weiten Sinne. In diesem Bereich ist eine umfangreiche Rechtsprechung des EuGH zur Niederlassungsfreiheit (Art. 49, 54 AEUV), die für alle Gesellschaftsformen gilt, und diejenige zur Kapitalverkehrsfreiheit (Art. 63 AEUV) mitzudenken. Diese Rechtsprechung führt dazu, dass auf Grund der erstgenannten Grundfreiheit die grenzüberschreitende Verschmelzung und der grenzüberschreitende Zuzug grds. umfassend gewährleistet sein müssen, der Wegzug nach der Cartesio-Entscheidung nur geringfügig weniger weitgehend und dass außerdem auf Grund der zweitgenannten Grundfreiheit (nationale) Regeln, die faktisch Übernahmen behindern, einer Rechtfertigung durch zwingende Gründe des Allgemeininteresses bedürfen. Zumindest zum Teil wird dadurch in Binnenmarktsachverhalten die kollisionsrechtliche Sitztheorie durch die Gründungstheorie abgelöst, ohne dass das insoweit geltende nationale Kollisionsrecht formal durch Europäisches Kollisionsrecht ersetzt worden wäre. Rechtssicherheit in diesen Fragen verbürgen dann materiellrechtliche Harmonisierungsakte, soweit sie existieren. Dies gilt vor allem für die zwei Umstrukturierungsformen, die externes Wachstum ermöglichen: Bei der Verschmelzung folgte auf die allein die innerstaatliche Verschmelzung regelnde Fusions-Richtlinie (3. Richtlinie) (4.14), die für Aktiengesellschaften ein durchaus schutzadäquates Verfahren bereitstellte und die für einen Spezialfall durch die Spaltungs-Richtlinie ergänzt wurde (6. Richtlinie) (4.15), in jüngerer Zeit die Internationale Fusions-Richtlinie (10. Richtlinie) (4.16). Interessant ist, dass diese nun alle Gesellschaftsformen erfasst. Das Regime der Fusions-Richtlinie hatte auch jenseits der Aktiengesellschaften zu genügend verlässlichen Strukturen geführt, um diesen – aus dem Gedanken der Niederlassungsfreiheit heraus nahe liegenden – Schritt zu tun. Die Alternativform, bei deren Wahl beide beteiligten Gesellschaften erhalten bleiben (und nicht verschmelzen) und nur Konzernabhängigkeit entsteht, die sog. Übernahme, regelte dann die Übernahme-Richtlinie (4.17). Sie erfasst innerstaatliche wie grenzüberschreitende Sachverhalte gleichermaßen, freilich nur für kapitalmarktorientierte Gesellschaften, bei denen auch feindliche Übernahmen möglich sind und bei denen das Instrument auch aus Governance-Gesichtspunkten besonders wichtig erscheint. Gerade diese Regelung blieb bei der Ausräumung von Übernahmehindernissen jedoch hinter dem ursprünglich geplanten Standard zurück, so dass die angesprochene Grundfreiheitenrechtsprechung vielleicht noch Wirkung entfalten wird. Ergänzt wird das Regime durch zwei (schon früher verabschiedete) steuerrechtliche Rechtsakte, die für grenzüberschreitende Fusion, Übernahme und Konzerverbund weitgehend Steuerneutralität verbürgen sollen (in dieser Auflage nicht mehr abgedruckt). Umgekehrt ist für andere Strukturmaßnahmen noch immer keine Harmonisierung erfolgt, auch nicht im Zivilrecht, namentlich nicht für die verschiedenen Formen der Sitzverlegung (Satzungssitz, Verwaltungssitz, Zuzug, Wegzug).

d) Die vierte Gruppe betrifft die supranationalen Rechtsformen: Während die EWIV – die Europäische Personenhandelsgesellschaft (nicht abgegedruckt) – unbedeutend blieb, kann schon heute Gleiches für die viel jüngere SE – die Europäische Aktiengesellschaft – nicht mehr gesagt werden. Sie wurde möglich, nachdem ein über 400 Artikel langer früher Vorschlag über mehrere Etappen zunehmend verknappt worden war, vor allem jedoch im Jahre 2000 eine Lösung für die Mitbestimmungsfrage gefunden wurde: Heute enthält die SE-VO (4.18) fast nur noch eine ausführliche Regelung der Gründung der SE und einige wenige Eckpunkte für die laufende Organisation (etwa zur Struktur des Leitungsorgans oder Mehrheiten bei Satzungsänderung). Für die Gründung ist charakteristisch, dass sie nur aus bereits bestehenden Gesellschaften erfolgen kann (nicht „auf der grünen Wiese") und in diesen insgesamt ein grenzüberschreitendes Element angelegt sein muss. Für den Rest der Fragen wird auf das nationale Sitzrecht verwiesen, weshalb auch teils von einer Europäischen Aktiengesellschaft nationaler Prägung gesprochen wird. Die nationalen Sitzrechte divergieren freilich wegen der Harmonisierungserfolge weniger, als dies zur Zeit des ursprünglichen Vorschlags der Fall gewesen wäre. Hinzu tritt die SE-Mitbestimmungs-Richtlinie (4.19), deren Grundidee dahin geht, dass Arbeitnehmer- und Unternehmensseite eine Lösung aushandeln können, mangels Einigung aber eine Auffanglösung eingreift, nach der im Wesentlichen der höchste Mitbestimmungsbestand in den beteiligten Gesellschaften allgemein erhalten bleibt. Vorgesehen ist – wiederum basierend auf EU-Recht und nationalem Sitzrecht – auch eine Europäische GmbH, eine Privatgesellschaft zu schaffen. Einen diesbezüglichen Verordnungsentwurf (4.20) hat die Kommission schon 2008 vorgelegt, er konnte jedoch nicht wie geplant 2010 in Kraft treten. Hier bleibt die weitere Entwicklung abzuwarten.

2. System

Im Gesellschaftsrecht wurde der Bestand von Anfang an eher als systematisch geordnet gesehen (wenn auch rudimentär), nicht so fragmentarisch und zufällig wie von den meisten noch in den 90er Jahren im Vertragsrecht. Dennoch tat und tut auch hier Systembildung Not. Vor allem die Verknüpfung von Gesellschafts- und Kapitalmarktrecht, die in der Lebenswirklichkeit so zentral ist, muss hier gedacht, erforscht und dargestellt werden. Charakteristisch erscheinen als Systemprinzipien unter anderem: Ausgangspunkt ist, erstens, die starke Binnenmarktorientierung. Das Europäische Gesellschaftsrecht entwickelte sich von Anfang an „planender" als das Europäische Vertragsrecht, das anfangs eher „skandalgetrieben" erschien, nicht so klar fokussiert auf die Notwendigkeiten des Binnenmarkts. Dieser Binnenmarktsbezug im Europäischen Gesellschaftsrecht prägt vor allem seinen Zuschnitt: Zunächst ist dieses nach dem Gesagten ganz auf Kapitalgesellschaften bezogen (außer bei Niederlassungsfragen wie Sitzverlegung und sonstiger Umstrukturierung). Dies erklärt sich nach dem Gesagten aus der größeren Binnenmarktrelevanz, jedoch auch aus der intensiveren Gefährdung, die europaweit für die Gläubigerschaft von Kapitalgesellschaften ausgeht. Vergleichbar ist dann der zweite Schritt: Wo immer nicht primär der Gläubigerschutz im Mittelpunkt stand, sondern der Anleger- und Gesellschafterschutz, wurde die Harmonisierung gezielt auf Aktiengesellschaften beschränkt (4.2, auch 4.14/4.15), weil nur diese von ihrer Struktur her europaweit Anleger und Gesellschafter haben können, die nur investieren und diese Gesellschaft nicht (mit-)unternehmerisch betreiben. Zuletzt wird sogar zunehmend der letzte Schritt getan und die Harmonisierung zielgenau auf kapitalmarktbezogene Aktiengesellschaften beschränkt (4.3). Das wirkt sich dann aus bis hin ins Rechnungslegungsrecht (4.6 bis 4.9), wo Anteilseigner andere Bedürfnisse haben als Gläubiger, oder bis hin ins Übernahmerecht (4.17). Damit ist das Europäische Gesellschaftsrecht, zweitens, sehr stark auf das Außenverhältnis bezogen – so selbstverständlich, soweit Gläubigerschutz geregelt wird; so allerdings auch, soweit Anteilseignerschutz im Vordergrund steht, denn geschützt wird vor allem der (nur) investierende Anleger in seiner Schwäche und seiner „Apathie" wird entgegen gewirkt. Ein ganzes Teilgebiet, das Kapitalmarktrecht, widmet sich denn auch allein seiner Investitions- und Desinvestitionsentscheidung. Bei all dem – und vor allem im Rechnungslegungs- und im Kapitalmarktrecht – steht, drittens, ein Informationsmodell im Vordergrund: Wie im Vertragsrecht wird primär versucht, den Schutz durch Informationsweitergabe zu gewährleisten und ansonsten auf die privatautonomen Gestaltungskräfte in Markt und Organisation zu setzen. Kapitalmarkt und Hauptversammlung, der viele Kompetenzen europarechtlich verbürgt werden, sind hier die zentralen Schauplätze. Im Gesellschafts- und vor allem Kapitalmarktrecht mit den vielen professionellen Informationsverarbeitern, denen auch der Privatanleger folgen kann, scheint das Modell vielleicht sogar noch vielversprechender als im Vertragsrecht. Ist hierin bereits ein liberales Modell angelegt, so gilt das auch für das vierte Strukturmerkmal: Die Grundfreiheitenrechtsprechung sowie die Einführung supranationaler Rechtsformen haben zu einem Mobilitätsschub und – als Folge – zu einem verschärften Wettbewerb zwischen Gesellschaftsrechten und -rechtssetzern geführt. Europäisches Gesellschaftsrecht hat also viel mit Modernisierungsdruck in Gebieten zu tun, die, wie das Aktienrecht, über eine Reihe von Jahrzehnten eher „ewig verfasst" erschienen. Der starke Bezug zur „Privatautonomie" im Europäischen Gesellschaftsrecht zeigt sich nicht zuletzt zunehmend auch darin, dass private Regelsetzer den öffentlichen tatsächlich Konkurrenz machen (Rechnungslegung, Corporate Governance).

VI. Internationales Privat- und Verfahrensrecht

Sehr maßgeblich für die Binnenmarkttauglichkeit aller genannten Materien ist die Vereinheitlichung von Internationalem Privat- und Verfahrensrecht.

Einheitliches Kollisionsrecht (Internationales Privatrecht) gilt im gesamten Schuldvertragsrecht: mit der Rom-I-VO für die vertraglichen, auch die arbeitsvertraglichen, und mit der Rom-II-VO für die außervertraglichen Schuldverhältnisse (5.1, 5.2). (Jedenfalls) Das anwendbare Recht wird also einheitlich in allen Mitgliedstaaten bestimmt – soweit nicht ohnehin einheitliches Europäisches Recht gilt. Wie sehr der EU-Harmonisierungsbestand bereits als eine eigene „Rechtsordnung" verstanden wird, zeigt Art. 3 Abs. 3 der Rom-I-VO, nach dem ein Sachverhalt, der in mehreren Mitgliedstaaten, nicht jedoch außerhalb der EU „situiert" ist, für Fragen der Anwendbarkeit harmonisierten Rechts als reiner „Inlandsfall" verstanden wird – mit der Folge, dass eine Abwahl dieses Rechts im Wege der kollisionsrechtlichen Rechtswahl (Parteiautonomie) nicht mehr zulässig ist. Darauf, dass auch im Gesellschaftsrecht die Grundfreiheitenrechtsprechung ein Stück EU-Kollisionsrecht geschaffen hat, wurde hingewiesen; einen Rechtsakt gibt es (außer für die Fusion und supranationale Rechtsformen, 4.14, 4.18 bis 4.20) hingegen nicht.

Breit vereinheitlicht ist auch das Internationale Verfahrensrecht, das teils sogar ganz am Anfang stand. Abgesehen von einzelnen speziell auf das Vertragsrecht zugeschnittenen Rechtsakten, etwa der Unterlassungsklagen-RL (in dieser Auflage nicht mehr abgedruckt), handelt es sich dabei um allgemeine Akte zum internationalen Verfahrensrecht, die gekennzeichnet sind von der praktisch unbeschränkten Zirkulationsfähigkeit von gerichtlichen Maßnahmen und Entscheidungen (keine Anerkennungsnotwenigkeit), i.d.R. auf der Grundlage einer einheitlichen Ordnung der Zuständigkeit: Grundakt ist die EuGVVO (5.3) – Nachfolgerin einiger Übereinkommen aus relativ alter Zeit. Sie regelt vor allem die internationale Zuständigkeit und freie Zirkulationsfähigkeit sowie dann die EU-weite Vollstreckbarkeit von gerichtlichen Entscheidungen. Für Insolvenzverfahren gewährleistet Vergleichbares die InsolvenzVO (in dieser Auflage nicht mehr abgedruckt), die – freilich mit großen Ausnahmebereichen – auch das anwendbare Recht in solchen Verfahren regelt (Kollisionsrecht).

In der Neuauflage ist vor allem der Entwurf für ein Gemeinsames Europäisches Kaufrecht hinzugekommen, der jetzt dringend breit diskutiert werden muss. An anderen Stellen waren daher Kürzungen erforderlich, auch damit das Buch seine Handlichkeit und Handhabbarkeit nicht verliert. Wir haben bei den gebotenen Streichungen zum einen versucht, immerhin die Regelungen in der Sammlung zu behalten, die exemplarisch für Regelungsbereiche und -modelle stehen. Zudem haben wir den Fokus auf die materiellen Regeln des Vertrags-, Schuld-, Arbeits- und Gesellschaftsrechts gelegt; insbesondere die aufsichtsrechtlichen Abschnitte – einschließlich der zugehörigen Begründungserwägungen – haben wir demgegenüber weithin nicht mit abgedruckt. Die Sammlung ist auf dem Stand vom 1. August 2012.

1.1 Vertrag über die Europäische Union [EU-Vertrag]

ABl. 2010 C 83/13

Titel I – Gemeinsame Bestimmungen

[...]

Art. 2 [**Werte der Union**] Die Werte, auf die sich die Union gründet, sind die Achtung der Menschenwürde, Freiheit, Demokratie, Gleichheit, Rechtsstaatlichkeit und die Wahrung der Menschenrechte einschließlich der Rechte der Personen, die Minderheiten angehören. Diese Werte sind allen Mitgliedstaaten in einer Gesellschaft gemeinsam, die sich durch Pluralismus, Nichtdiskriminierung, Toleranz, Gerechtigkeit, Solidarität und die Gleichheit von Frauen und Männern auszeichnet.

Art. 3 (**ex-Art. 2 EUV a.f.**) [**Ziele der Union**] (1) Ziel der Union ist es, den Frieden, ihre Werte und das Wohlergehen ihrer Völker zu fördern.
(2) Die Union bietet ihren Bürgerinnen und Bürgern einen Raum der Freiheit, der Sicherheit und des Rechts ohne Binnengrenzen, in dem – in Verbindung mit geeigneten Maßnahmen in Bezug auf die Kontrollen an den Außengrenzen, das Asyl, die Einwanderung sowie die Verhütung und Bekämpfung der Kriminalität – der freie Personenverkehr gewährleistet ist.
(3) Die Union errichtet einen Binnenmarkt. Sie wirkt auf die nachhaltige Entwicklung Europas auf der Grundlage eines ausgewogenen Wirtschaftswachstums und von Preisstabilität, eine in hohem Maße wettbewerbsfähige soziale Marktwirtschaft, die auf Vollbeschäftigung und sozialen Fortschritt abzielt, sowie ein hohes Maß an Umweltschutz und Verbesserung der Umweltqualität hin. Sie fördert den wissenschaftlichen und technischen Fortschritt.
Sie bekämpft soziale Ausgrenzung und Diskriminierungen und fördert soziale Gerechtigkeit und sozialen Schutz, die Gleichstellung von Frauen und Männern, die Solidarität zwischen den Generationen und den Schutz der Rechte des Kindes.
Sie fördert den wirtschaftlichen, sozialen und territorialen Zusammenhalt und die Solidarität zwischen den Mitgliedstaaten.
Sie wahrt den Reichtum ihrer kulturellen und sprachlichen Vielfalt und sorgt für den Schutz und die Entwicklung des kulturellen Erbes Europas.
(4) Die Union errichtet eine Wirtschafts- und Währungsunion, deren Währung der Euro ist.
(5) In ihren Beziehungen zur übrigen Welt schützt und fördert die Union ihre Werte und Interessen und trägt zum Schutz ihrer Bürgerinnen und Bürger bei. Sie leistet einen Beitrag zu Frieden, Sicherheit, globaler nachhaltiger Entwicklung, Solidarität und gegenseitiger Achtung unter den Völkern, zu freiem und gerechtem Handel, zur Beseitigung der Armut und zum Schutz der Menschenrechte, insbesondere der Rechte des Kindes, sowie zur strikten Einhaltung und Weiterentwicklung des Völkerrechts, insbesondere zur Wahrung der Grundsätze der Charta der Vereinten Nationen.
(6) Die Union verfolgt ihre Ziele mit geeigneten Mitteln entsprechend den Zuständigkeiten, die ihr in den Verträgen übertragen sind.

Art. 4 [**Beziehungen zwischen Union und Mitgliedstaaten**] (1) Alle der Union nicht in den Verträgen übertragenen Zuständigkeiten verbleiben gemäß Artikel 5 bei den Mitgliedstaaten.

1.1 EU-Vertrag

(2) Die Union achtet die Gleichheit der Mitgliedstaaten vor den Verträgen und ihre jeweilige nationale Identität, die in ihren grundlegenden politischen und verfassungsmäßigen Strukturen einschließlich der regionalen und lokalen Selbstverwaltung zum Ausdruck kommt. Sie achtet die grundlegenden Funktionen des Staates, insbesondere die Wahrung der territorialen Unversehrtheit, die Aufrechterhaltung der öffentlichen Ordnung und den Schutz der nationalen Sicherheit. Insbesondere die nationale Sicherheit fällt weiterhin in die alleinige Verantwortung der einzelnen Mitgliedstaaten.

(3) Nach dem Grundsatz der loyalen Zusammenarbeit achten und unterstützen sich die Union und die Mitgliedstaaten gegenseitig bei der Erfüllung der Aufgaben, die sich aus den Verträgen ergeben.

Die Mitgliedstaaten ergreifen alle geeigneten Maßnahmen allgemeiner oder besonderer Art zur Erfüllung der Verpflichtungen, die sich aus den Verträgen oder den Handlungen der Organe der Union ergeben.

Die Mitgliedstaaten unterstützen die Union bei der Erfüllung ihrer Aufgabe und unterlassen alle Maßnahmen, die die Verwirklichung der Ziele der Union gefährden könnten.

Art. 5 (ex-Art. 5 EGV) [Einzelermächtigung, Subsidiarität und Verhältnismäßigkeit]
(1) Für die Abgrenzung der Zuständigkeiten der Union gilt der Grundsatz der begrenzten Einzelermächtigung. Für die Ausübung der Zuständigkeiten der Union gelten die Grundsätze der Subsidiarität und der Verhältnismäßigkeit.

(2) Nach dem Grundsatz der begrenzten Einzelermächtigung wird die Union nur innerhalb der Grenzen der Zuständigkeiten tätig, die die Mitgliedstaaten ihr in den Verträgen zur Verwirklichung der darin niedergelegten Ziele übertragen haben. Alle der Union nicht in den Verträgen übertragenen Zuständigkeiten verbleiben bei den Mitgliedstaaten.

(3) Nach dem Subsidiaritätsprinzip wird die Union in den Bereichen, die nicht in ihre ausschließliche Zuständigkeit fallen, nur tätig, sofern und soweit die Ziele der in Betracht gezogenen Maßnahmen von den Mitgliedstaaten weder auf zentraler noch auf regionaler oder lokaler Ebene ausreichend verwirklicht werden können, sondern vielmehr wegen ihres Umfangs oder ihrer Wirkungen auf Unionsebene besser zu verwirklichen sind.

Die Organe der Union wenden das Subsidiaritätsprinzip nach dem Protokoll über die Anwendung der Grundsätze der Subsidiarität und der Verhältnismäßigkeit an. Die nationalen Parlamente achten auf die Einhaltung des Subsidiaritätsprinzips nach dem in jenem Protokoll vorgesehenen Verfahren.

(4) Nach dem Grundsatz der Verhältnismäßigkeit gehen die Maßnahmen der Union inhaltlich wie formal nicht über das zur Erreichung der Ziele der Verträge erforderliche Maß hinaus.

Die Organe der Union wenden den Grundsatz der Verhältnismäßigkeit nach dem Protokoll über die Anwendung der Grundsätze der Subsidiarität und der Verhältnismäßigkeit an.

Art. 6 (ex-Art. 6 EUV a.F.) [Grundrechte] (1) Die Union erkennt die Rechte, Freiheiten und Grundsätze an, die in der Charta der Grundrechte der Europäischen Union vom 7. Dezember 2000 in der am 12. Dezember 2007 in Straßburg angepassten Fassung[1] niedergelegt sind; die Charta der Grundrechte und die Verträge sind rechtlich gleichrangig.

Durch die Bestimmungen der Charta werden die in den Verträgen festgelegten Zuständigkeiten der Union in keiner Weise erweitert.

---

1   [Grundrechte-Charta, in dieser Sammlung Nr. 1.3.]

2

Die in der Charta niedergelegten Rechte, Freiheiten und Grundsätze werden gemäß den allgemeinen Bestimmungen des Titels VII der Charta, der ihre Auslegung und Anwendung regelt, und unter gebührender Berücksichtigung der in der Charta angeführten Erläuterungen, in denen die Quellen dieser Bestimmungen angegeben sind, ausgelegt.

(2) Die Union tritt der Europäischen Konvention zum Schutz der Menschenrechte und Grundfreiheiten bei. Dieser Beitritt ändert nicht die in den Verträgen festgelegten Zuständigkeiten der Union.

(3) Die Grundrechte, wie sie in der Europäischen Konvention zum Schutz der Menschenrechte und Grundfreiheiten gewährleistet sind und wie sie sich aus den gemeinsamen Verfassungsüberlieferungen der Mitgliedstaaten ergeben, sind als allgemeine Grundsätze Teil des Unionsrechts.

[...]

1.2 Vertrag über die Arbeitsweise der Europäischen Union [AEU-Vertrag]

ABl. 2010 C 83/47

Erster Teil – Grundsätze

Art. 1 [**Regelungsbereich**] (1) Dieser Vertrag regelt die Arbeitsweise der Union und legt die Bereiche, die Abgrenzung und die Einzelheiten der Ausübung ihrer Zuständigkeiten fest.

(2) Dieser Vertrag und der Vertrag über die Europäische Union bilden die Verträge, auf die sich die Union gründet. Diese beiden Verträge, die rechtlich gleichrangig sind, werden als „die Verträge" bezeichnet.

Titel I – Arten und Bereiche der Zuständigkeit der Union

Art. 2 [**Arten von Zuständigkeiten**] (1) Übertragen die Verträge der Union für einen bestimmten Bereich eine ausschließliche Zuständigkeit, so kann nur die Union gesetzgeberisch tätig werden und verbindliche Rechtsakte erlassen; die Mitgliedstaaten dürfen in einem solchen Fall nur tätig werden, wenn sie von der Union hierzu ermächtigt werden, oder um Rechtsakte der Union durchzuführen.

(2) Übertragen die Verträge der Union für einen bestimmten Bereich eine mit den Mitgliedstaaten geteilte Zuständigkeit, so können die Union und die Mitgliedstaaten in diesem Bereich gesetzgeberisch tätig werden und verbindliche Rechtsakte erlassen. Die Mitgliedstaaten nehmen ihre Zuständigkeit wahr, sofern und soweit die Union ihre Zuständigkeit nicht ausgeübt hat. Die Mitgliedstaaten nehmen ihre Zuständigkeit erneut wahr, sofern und soweit die Union entschieden hat, ihre Zuständigkeit nicht mehr auszuüben.

(3) Die Mitgliedstaaten koordinieren ihre Wirtschafts- und Beschäftigungspolitik im Rahmen von Regelungen nach Maßgabe dieses Vertrags, für deren Festlegung die Union zuständig ist.

(4) Die Union ist nach Maßgabe des Vertrags über die Europäische Union dafür zuständig, eine gemeinsame Außen- und Sicherheitspolitik einschließlich der schrittweisen Festlegung einer gemeinsamen Verteidigungspolitik zu erarbeiten und zu verwirklichen.

(5) In bestimmten Bereichen ist die Union nach Maßgabe der Verträge dafür zuständig, Maßnahmen zur Unterstützung, Koordinierung oder Ergänzung der Maßnahmen der Mitgliedstaaten durchzuführen, ohne dass dadurch die Zuständigkeit der Union für diese Bereiche an die Stelle der Zuständigkeit der Mitgliedstaaten tritt.

Die verbindlichen Rechtsakte der Union, die aufgrund der diese Bereiche betreffenden Bestimmungen der Verträge erlassen werden, dürfen keine Harmonisierung der Rechtsvorschriften der Mitgliedstaaten beinhalten.

(6) Der Umfang der Zuständigkeiten der Union und die Einzelheiten ihrer Ausübung ergeben sich aus den Bestimmungen der Verträge zu den einzelnen Bereichen.

Art. 3 [**Ausschließliche Zuständigkeit**] (1) Die Union hat ausschließliche Zuständigkeit in folgenden Bereichen:

a)   Zollunion,

b) Festlegung der für das Funktionieren des Binnenmarkts erforderlichen Wettbewerbsregeln,
c) Währungspolitik für die Mitgliedstaaten, deren Währung der Euro ist,
d) Erhaltung der biologischen Meeresschätze im Rahmen der gemeinsamen Fischereipolitik,
e) gemeinsame Handelspolitik.

(2) Die Union hat ferner die ausschließliche Zuständigkeit für den Abschluss internationaler Übereinkünfte, wenn der Abschluss einer solchen Übereinkunft in einem Gesetzgebungsakt der Union vorgesehen ist, wenn er notwendig ist, damit sie ihre interne Zuständigkeit ausüben kann, oder soweit er gemeinsame Regeln beeinträchtigen oder deren Tragweite verändern könnte.

Art. 4 [Geteilte Zuständigkeit] (1) Die Union teilt ihre Zuständigkeit mit den Mitgliedstaaten, wenn ihr die Verträge außerhalb der in den Artikeln 3 und 6 genannten Bereiche eine Zuständigkeit übertragen.

(2) Die von der Union mit den Mitgliedstaaten geteilte Zuständigkeit erstreckt sich auf die folgenden Hauptbereiche:
a) Binnenmarkt,
b) Sozialpolitik hinsichtlich der in diesem Vertrag genannten Aspekte,
c) wirtschaftlicher, sozialer und territorialer Zusammenhalt,
d) Landwirtschaft und Fischerei, ausgenommen die Erhaltung der biologischen Meeresschätze,
e) Umwelt,
f) Verbraucherschutz,
g) Verkehr,
h) transeuropäische Netze,
i) Energie,
j) Raum der Freiheit, der Sicherheit und des Rechts,
k) gemeinsame Sicherheitsanliegen im Bereich der öffentlichen Gesundheit hinsichtlich der in diesem Vertrag genannten Aspekte.

(3) In den Bereichen Forschung, technologische Entwicklung und Raumfahrt erstreckt sich die Zuständigkeit der Union darauf, Maßnahmen zu treffen, insbesondere Programme zu erstellen und durchzuführen, ohne dass die Ausübung dieser Zuständigkeit die Mitgliedstaaten hindert, ihre Zuständigkeit auszuüben.

(4) In den Bereichen Entwicklungszusammenarbeit und humanitäre Hilfe erstreckt sich die Zuständigkeit der Union darauf, Maßnahmen zu treffen und eine gemeinsame Politik zu verfolgen, ohne dass die Ausübung dieser Zuständigkeit die Mitgliedstaaten hindert, ihre Zuständigkeit auszuüben.

Art. 5 [Koordinierung der Wirtschafts-, Beschäftigungs- und Sozialpolitik] (1) Die Mitgliedstaaten koordinieren ihre Wirtschaftspolitik innerhalb der Union. Zu diesem Zweck erlässt der Rat Maßnahmen; insbesondere beschließt er die Grundzüge dieser Politik. Für die Mitgliedstaaten, deren Währung der Euro ist, gelten besondere Regelungen.

(2) Die Union trifft Maßnahmen zur Koordinierung der Beschäftigungspolitik der Mitgliedstaaten, insbesondere durch die Festlegung von Leitlinien für diese Politik.

(3) Die Union kann Initiativen zur Koordinierung der Sozialpolitik der Mitgliedstaaten ergreifen.

Art. 6 [Unterstützungs-, Koordinierungs- und Ergänzungsmaßnahmen] Die Union ist für die Durchführung von Maßnahmen zur Unterstützung, Koordinierung oder Ergänzung der Maßnahmen der Mitgliedstaaten zuständig. Diese Maßnahmen mit europäischer Zielsetzung können in folgenden Bereichen getroffen werden:
a) Schutz und Verbesserung der menschlichen Gesundheit,
b) Industrie,
c) Kultur,
d) Tourismus,
e) allgemeine und berufliche Bildung, Jugend und Sport,
f) Katastrophenschutz,
g) Verwaltungszusammenarbeit.

Titel II – Allgemein geltende Bestimmungen

Art. 7 [Kohärenzgebot] Die Union achtet auf die Kohärenz zwischen ihrer Politik und ihren Maßnahmen in den verschiedenen Bereichen und trägt dabei unter Einhaltung des Grundsatzes der begrenzten Einzelermächtigung ihren Zielen in ihrer Gesamtheit Rechnung.

Art. 8 (ex-Art. 3 Abs. 2 EGV) [Gleichstellungsgebot] Bei allen ihren Tätigkeiten wirkt die Union darauf hin, Ungleichheiten zu beseitigen und die Gleichstellung von Männern und Frauen zu fördern.

Art. 9 [Sozialklausel] Bei der Festlegung und Durchführung ihrer Politik und ihrer Maßnahmen trägt die Union den Erfordernissen im Zusammenhang mit der Förderung eines hohen Beschäftigungsniveaus, mit der Gewährleistung eines angemessenen sozialen Schutzes, mit der Bekämpfung der sozialen Ausgrenzung sowie mit einem hohen Niveau der allgemeinen und beruflichen Bildung und des Gesundheitsschutzes Rechnung.

Art. 10 [Antidiskriminierung] Bei der Festlegung und Durchführung ihrer Politik und ihrer Maßnahmen zielt die Union darauf ab, Diskriminierungen aus Gründen des Geschlechts, der Rasse, der ethnischen Herkunft, der Religion oder der Weltanschauung, einer Behinderung, des Alters oder der sexuellen Ausrichtung zu bekämpfen.

[...]

Art. 12 (ex-Art. 153 Abs. 2 EGV) [Verbraucherschutz] Den Erfordernissen des Verbraucherschutzes wird bei der Festlegung und Durchführung der anderen Unionspolitiken und -maßnahmen Rechnung getragen.

[...]

Zweiter Teil – Nichtdiskriminierung und Unionsbürgerschaft

Art. 18 (ex-Art. 12 EGV) [Verbot der Diskriminierung aus Gründen der Staatsangehörigkeit] Unbeschadet besonderer Bestimmungen der Verträge ist in ihrem Anwendungsbereich jede Diskriminierung aus Gründen der Staatsangehörigkeit verboten.
Das Europäische Parlament und der Rat können gemäß dem ordentlichen Gesetzgebungsverfahren Regelungen für das Verbot solcher Diskriminierungen treffen.

Art. 19 (ex-Art. 13 EGV) [Antidiskriminierungsmaßnahmen] (1) Unbeschadet der sonstigen Bestimmungen der Verträge kann der Rat im Rahmen der durch die Verträge auf die Union übertragenen Zuständigkeiten gemäß einem besonderen Gesetzgebungsverfahren und nach Zustimmung des Europäischen Parlaments einstimmig geeignete Vorkehrungen treffen, um Diskriminierungen aus Gründen des Geschlechts, der Rasse, der ethnischen Herkunft, der Religion oder der Weltanschauung, einer Behinderung, des Alters oder der sexuellen Ausrichtung zu bekämpfen.

(2) Abweichend von Absatz 1 können das Europäische Parlament und der Rat gemäß dem ordentlichen Gesetzgebungsverfahren die Grundprinzipien für Fördermaßnahmen der Union unter Ausschluss jeglicher Harmonisierung der Rechts- und Verwaltungsvorschriften der Mitgliedstaaten zur Unterstützung der Maßnahmen festlegen, die die Mitgliedstaaten treffen, um zur Verwirklichung der in Absatz 1 genannten Ziele beizutragen.

Art. 20 (ex-Art. 17 EGV) [Unionsbürgerschaft] (1) Es wird eine Unionsbürgerschaft eingeführt. Unionsbürger ist, wer die Staatsangehörigkeit eines Mitgliedstaats besitzt. Die Unionsbürgerschaft tritt zur nationalen Staatsbürgerschaft hinzu, ersetzt sie aber nicht.

(2) Die Unionsbürgerinnen und Unionsbürger haben die in den Verträgen vorgesehenen Rechte und Pflichten. Sie haben unter anderem

a) das Recht, sich im Hoheitsgebiet der Mitgliedstaaten frei zu bewegen und aufzuhalten;

b) in dem Mitgliedstaat, in dem sie ihren Wohnsitz haben, das aktive und passive Wahlrecht bei den Wahlen zum Europäischen Parlament und bei den Kommunalwahlen, wobei für sie dieselben Bedingungen gelten wie für die Angehörigen des betreffenden Mitgliedstaats;

c) im Hoheitsgebiet eines Drittlands, in dem der Mitgliedstaat, dessen Staatsangehörigkeit sie besitzen, nicht vertreten ist, Recht auf Schutz durch die diplomatischen und konsularischen Behörden eines jeden Mitgliedstaats unter denselben Bedingungen wie Staatsangehörige dieses Staates;

d) das Recht, Petitionen an das Europäische Parlament zu richten und sich an den Europäischen Bürgerbeauftragten zu wenden, sowie das Recht, sich in einer der Sprachen der Verträge an die Organe und die beratenden Einrichtungen der Union zu wenden und eine Antwort in derselben Sprache zu erhalten.

Diese Rechte werden unter den Bedingungen und innerhalb der Grenzen ausgeübt, die in den Verträgen und durch die in Anwendung der Verträge erlassenen Maßnahmen festgelegt sind.

Art. 21 (ex-Art. 18 EGV) [Unionsbürgerliche Freizügigkeit] (1) Jeder Unionsbürger hat das Recht, sich im Hoheitsgebiet der Mitgliedstaaten vorbehaltlich der in den Verträgen und in den Durchführungsvorschriften vorgesehenen Beschränkungen und Bedingungen frei zu bewegen und aufzuhalten.

(2) Erscheint zur Erreichung dieses Ziels ein Tätigwerden der Union erforderlich und sehen die Verträge hierfür keine Befugnisse vor, so können das Europäische Parlament und der Rat gemäß dem ordentlichen Gesetzgebungsverfahren Vorschriften erlassen, mit denen die Ausübung der Rechte nach Absatz 1 erleichtert wird.

(3) Zu den gleichen wie den in Absatz 1 genannten Zwecken kann der Rat, sofern die Verträge hierfür keine Befugnisse vorsehen, gemäß einem besonderen Gesetzgebungsverfah-

ren Maßnahmen erlassen, die die soziale Sicherheit oder den sozialen Schutz betreffen. Der Rat beschließt einstimmig nach Anhörung des Europäischen Parlaments.

[...]

Dritter Teil – Die internen Politiken und Maßnahmen

Titel I – Der Binnenmarkt

Art. 26 (ex-Art. 14 EGV) [Binnenmarktziel] (1) Die Union erlässt die erforderlichen Maßnahmen, um nach Maßgabe der einschlägigen Bestimmungen der Verträge den Binnenmarkt zu verwirklichen beziehungsweise dessen Funktionieren zu gewährleisten.

(2) Der Binnenmarkt umfasst einen Raum ohne Binnengrenzen, in dem der freie Verkehr von Waren, Personen, Dienstleistungen und Kapital gemäß den Bestimmungen der Verträge gewährleistet ist.

(3) Der Rat legt auf Vorschlag der Kommission die Leitlinien und Bedingungen fest, die erforderlich sind, um in allen betroffenen Sektoren einen ausgewogenen Fortschritt zu gewährleisten.

[...]

Titel II – Der freie Warenverkehr

[...]

Kapitel 3 – Verbot von mengenmäßigen Beschränkungen zwischen den Mitgliedstaaten

Art. 34 (ex-Art. 28 EGV) [Verbot mengenmäßiger Einfuhrbeschränkungen] Mengenmäßige Einfuhrbeschränkungen sowie alle Maßnahmen gleicher Wirkung sind zwischen den Mitgliedstaaten verboten.

Art. 35 (ex-Art. 29 EGV) [Verbot mengenmäßiger Ausfuhrbeschränkungen] Mengenmäßige Ausfuhrbeschränkungen sowie alle Maßnahmen gleicher Wirkung sind zwischen den Mitgliedstaaten verboten.

Art. 36 (ex-Art. 30 EGV) [Ausnahmen] Die Bestimmungen der Artikel 34 und 35 stehen Einfuhr-, Ausfuhr- und Durchfuhrverboten oder -beschränkungen nicht entgegen, die aus Gründen der öffentlichen Sittlichkeit, Ordnung und Sicherheit, zum Schutze der Gesundheit und des Lebens von Menschen, Tieren oder Pflanzen, des nationalen Kulturguts von künstlerischem, geschichtlichem oder archäologischem Wert oder des gewerblichen und kommerziellen Eigentums gerechtfertigt sind. Diese Verbote oder Beschränkungen dürfen jedoch weder ein Mittel zur willkürlichen Diskriminierung noch eine verschleierte Beschränkung des Handels zwischen den Mitgliedstaaten darstellen.

Art. 37 (ex-Art. 31 EGV) [Staatliche Handelsmonopole] (1) Die Mitgliedstaaten formen ihre staatlichen Handelsmonopole derart um, dass jede Diskriminierung in den Versorgungs- und Absatzbedingungen zwischen den Angehörigen der Mitgliedstaaten ausgeschlossen ist.

Dieser Artikel gilt für alle Einrichtungen, durch die ein Mitgliedstaat unmittelbar oder mittelbar die Einfuhr oder die Ausfuhr zwischen den Mitgliedstaaten rechtlich oder tatsächlich kontrolliert, lenkt oder merklich beeinflusst. Er gilt auch für die von einem Staat auf andere Rechtsträger übertragenen Monopole.

(2) Die Mitgliedstaaten unterlassen jede neue Maßnahme, die den in Absatz 1 genannten Grundsätzen widerspricht oder die Tragweite der Artikel über das Verbot von Zöllen und mengenmäßigen Beschränkungen zwischen den Mitgliedstaaten einengt.

(3) Ist mit einem staatlichen Handelsmonopol eine Regelung zur Erleichterung des Absatzes oder der Verwertung landwirtschaftlicher Erzeugnisse verbunden, so sollen bei der Anwendung dieses Artikels gleichwertige Sicherheiten für die Beschäftigung und Lebenshaltung der betreffenden Erzeuger gewährleistet werden.

[...]

Titel IV – Die Freizügigkeit, der freie Dienstleistungs- und Kapitalverkehr

Kapitel 1 – Die Arbeitskräfte

Art. 45 (ex-Art. 39 EGV) [Arbeitnehmerfreizügigkeit] (1) Innerhalb der Gemeinschaft ist die Freizügigkeit der Arbeitnehmer gewährleistet.

(2) Sie umfasst die Abschaffung jeder auf der Staatsangehörigkeit beruhenden unterschiedlichen Behandlung der Arbeitnehmer der Mitgliedstaaten in Bezug auf Beschäftigung, Entlohnung und sonstige Arbeitsbedingungen.

(3) Sie gibt – vorbehaltlich der aus Gründen der öffentlichen Ordnung, Sicherheit und Gesundheit gerechtfertigten Beschränkungen – den Arbeitnehmern das Recht,

a) sich um tatsächlich angebotene Stellen zu bewerben;

b) sich zu diesem Zweck im Hoheitsgebiet der Mitgliedstaaten frei zu bewegen;

c) sich in einem Mitgliedstaat aufzuhalten, um dort nach den für die Arbeitnehmer dieses Staates geltenden Rechts- und Verwaltungsvorschriften eine Beschäftigung auszuüben;

d) nach Beendigung einer Beschäftigung im Hoheitsgebiet eines Mitgliedstaats unter Bedingungen zu verbleiben, welche die Kommission durch Verordnungen festlegt.

(4) Dieser Artikel findet keine Anwendung auf die Beschäftigung in der öffentlichen Verwaltung.

Art. 46 (ex-Art. 40 EGV) [Maßnahmen zur Herstellung der Freizügigkeit] Das Europäische Parlament und der Rat treffen gemäß dem ordentlichen Gesetzgebungsverfahren und nach Anhörung des Wirtschafts- und Sozialausschusses durch Richtlinien oder Verordnungen alle erforderlichen Maßnahmen, um die Freizügigkeit der Arbeitnehmer im Sinne des Artikels 45 herzustellen, insbesondere

a) durch Sicherstellung einer engen Zusammenarbeit zwischen den einzelstaatlichen Arbeitsverwaltungen;

b) durch die Beseitigung der Verwaltungsverfahren und -praktiken sowie der für den Zugang zu verfügbaren Arbeitsplätzen vorgeschriebenen Fristen, die sich aus innerstaatlichen Rechtsvorschriften oder vorher zwischen den Mitgliedstaaten geschlossenen

Übereinkünften ergeben und deren Beibehaltung die Herstellung der Freizügigkeit der Arbeitnehmer hindert;

c) durch die Beseitigung aller Fristen und sonstigen Beschränkungen, die in innerstaatlichen Rechtsvorschriften oder vorher zwischen den Mitgliedstaaten geschlossenen Übereinkünften vorgesehen sind und die den Arbeitnehmern der anderen Mitgliedstaaten für die freie Wahl des Arbeitsplatzes andere Bedingungen als den inländischen Arbeitnehmern auferlegen;

d) durch die Schaffung geeigneter Verfahren für die Zusammenführung und den Ausgleich von Angebot und Nachfrage auf dem Arbeitsmarkt zu Bedingungen, die eine ernstliche Gefährdung der Lebenshaltung und des Beschäftigungsstands in einzelnen Gebieten und Industrien ausschließen.

Art. 47 (ex-Art. 41 EGV) [Austausch junger Arbeitskräfte] Die Mitgliedstaaten fördern den Austausch junger Arbeitskräfte im Rahmen eines gemeinsamen Programms.

Art. 48 (ex-Art. 42 EGV) [System zur Sicherung von Ansprüchen und Leistungen] Das Europäische Parlament und der Rat beschließen gemäß dem ordentlichen Gesetzgebungsverfahren die auf dem Gebiet der sozialen Sicherheit für die Herstellung der Freizügigkeit der Arbeitnehmer notwendigen Maßnahmen; zu diesem Zweck führen sie insbesondere ein System ein, das zu- und abwandernden Arbeitnehmern und Selbstständigen sowie deren anspruchsberechtigten Angehörigen Folgendes sichert:

a) die Zusammenrechnung aller nach den verschiedenen innerstaatlichen Rechtsvorschriften berücksichtigten Zeiten für den Erwerb und die Aufrechterhaltung des Leistungsanspruchs sowie für die Berechnung der Leistungen;

b) die Zahlung der Leistungen an Personen, die in den Hoheitsgebieten der Mitgliedstaaten wohnen.

Erklärt ein Mitglied des Rates, dass ein Entwurf eines Gesetzgebungsakts nach Absatz 1 wichtige Aspekte seines Systems der sozialen Sicherheit, insbesondere dessen Geltungsbereich, Kosten oder Finanzstruktur, verletzen oder dessen finanzielles Gleichgewicht beeinträchtigen würde, so kann es beantragen, dass der Europäische Rat befasst wird. In diesem Fall wird das ordentliche Gesetzgebungsverfahren ausgesetzt. Nach einer Aussprache geht der Europäische Rat binnen vier Monaten nach Aussetzung des Verfahrens wie folgt vor:

a) er verweist den Entwurf an den Rat zurück, wodurch die Aussetzung des ordentlichen Gesetzgebungsverfahrens beendet wird, oder

b) er sieht von einem Tätigwerden ab, oder aber er ersucht die Kommission um Vorlage eines neuen Vorschlags; in diesem Fall gilt der ursprünglich vorgeschlagene Rechtsakt als nicht erlassen.

Kapitel 2 – Das Niederlassungsrecht

Art. 49 (ex-Art. 43 EGV) [Niederlassungsfreiheit] Die Beschränkungen der freien Niederlassung von Staatsangehörigen eines Mitgliedstaats im Hoheitsgebiet eines anderen Mitgliedstaats sind nach Maßgabe der folgenden Bestimmungen verboten. Das Gleiche gilt für Beschränkungen der Gründung von Agenturen, Zweigniederlassungen oder Tochtergesellschaften durch Angehörige eines Mitgliedstaats, die im Hoheitsgebiet eines Mitgliedstaats ansässig sind.

Vorbehaltlich des Kapitels über den Kapitalverkehr umfasst die Niederlassungsfreiheit die Aufnahme und Ausübung selbstständiger Erwerbstätigkeiten sowie die Gründung und Leitung von Unternehmen, insbesondere von Gesellschaften im Sinne des Artikels 54 Absatz 2, nach den Bestimmungen des Aufnahmestaats für seine eigenen Angehörigen.

Art. 50 (ex-Art. 44 EGV) [Richtlinien zur Verwirklichung der Niederlassungsfreiheit] (1) Das Europäische Parlament und der Rat erlassen gemäß dem ordentlichen Gesetzgebungsverfahren und nach Anhörung des Wirtschafts- und Sozialausschusses Richtlinien zur Verwirklichung der Niederlassungsfreiheit für eine bestimmte Tätigkeit.

(2) Das Europäische Parlament, der Rat und die Kommission erfüllen die Aufgaben, die ihnen aufgrund der obigen Bestimmungen übertragen sind, indem sie insbesondere

a) im Allgemeinen diejenigen Tätigkeiten mit Vorrang behandeln, bei denen die Niederlassungsfreiheit die Entwicklung der Produktion und des Handels in besonderer Weise fördert;

b) eine enge Zusammenarbeit zwischen den zuständigen Verwaltungen der Mitgliedstaaten sicherstellen, um sich über die besondere Lage auf den verschiedenen Tätigkeitsgebieten innerhalb der Union zu unterrichten;

c) die aus innerstaatlichen Rechtsvorschriften oder vorher zwischen den Mitgliedstaaten geschlossenen Übereinkünften abgeleiteten Verwaltungsverfahren und -praktiken ausschalten, deren Beibehaltung der Niederlassungsfreiheit entgegensteht;

d) dafür Sorge tragen, dass Arbeitnehmer eines Mitgliedstaats, die im Hoheitsgebiet eines anderen Mitgliedstaats beschäftigt sind, dort verbleiben und eine selbstständige Tätigkeit unter denselben Voraussetzungen ausüben können, die sie erfüllen müssten, wenn sie in diesen Staat erst zu dem Zeitpunkt einreisen würden, in dem sie diese Tätigkeit aufzunehmen beabsichtigen;

e) den Erwerb und die Nutzung von Grundbesitz im Hoheitsgebiet eines Mitgliedstaats durch Angehörige eines anderen Mitgliedstaats ermöglichen, soweit hierdurch die Grundsätze des Artikels 39 Absatz 2 nicht beeinträchtigt werden;

f) veranlassen, dass bei jedem in Betracht kommenden Wirtschaftszweig die Beschränkungen der Niederlassungsfreiheit in Bezug auf die Voraussetzungen für die Errichtung von Agenturen, Zweigniederlassungen und Tochtergesellschaften im Hoheitsgebiet eines Mitgliedstaats sowie für den Eintritt des Personals der Hauptniederlassung in ihre Leitungs- oder Überwachungsorgane schrittweise aufgehoben werden;

g) soweit erforderlich, die Schutzbestimmungen koordinieren, die in den Mitgliedstaaten den Gesellschaften im Sinne des Artikels 54 Absatz 2 im Interesse der Gesellschafter sowie Dritter vorgeschrieben sind, um diese Bestimmungen gleichwertig zu gestalten;

h) sicherstellen, dass die Bedingungen für die Niederlassung nicht durch Beihilfen der Mitgliedstaaten verfälscht werden.

Art. 51 (ex-Art. 45 EGV) [Ausübung öffentlicher Gewalt] Auf Tätigkeiten, die in einem Mitgliedstaat dauernd oder zeitweise mit der Ausübung öffentlicher Gewalt verbunden sind, findet dieses Kapitel in dem betreffenden Mitgliedstaat keine Anwendung.

Das Europäische Parlament und der Rat können gemäß dem ordentlichen Gesetzgebungsverfahren beschließen, dass dieses Kapitel auf bestimmte Tätigkeiten keine Anwendung findet.

1.2 AEU-Vertrag

Art. 52 (ex-Art. 46 EGV) [Öffentliche Ordnung, Sicherheit und Gesundheit] (1) Dieses Kapitel und die aufgrund desselben getroffenen Maßnahmen beeinträchtigen nicht die Anwendbarkeit der Rechts- und Verwaltungsvorschriften, die eine Sonderregelung für Ausländer vorsehen und aus Gründen der öffentlichen Ordnung, Sicherheit oder Gesundheit gerechtfertigt sind.

(2) Das Europäische Parlament und der Rat erlassen gemäß dem ordentlichen Gesetzgebungsverfahren Richtlinien für die Koordinierung der genannten Vorschriften.

Art. 53 (ex-Art. 47 EGV) [Richtlinien zur gegenseitigen Anerkennung von Diplomen, Prüfungszeugnissen und Befähigungsnachweisen] (1) Um die Aufnahme und Ausübung selbstständiger Tätigkeiten zu erleichtern, erlassen das Europäische Parlament und der Rat gemäß dem ordentlichen Gesetzgebungsverfahren Richtlinien für die gegenseitige Anerkennung der Diplome, Prüfungszeugnisse und sonstigen Befähigungsnachweise sowie für die Koordinierung der Rechts- und Verwaltungsvorschriften der Mitgliedstaaten über die Aufnahme und Ausübung selbstständiger Tätigkeiten.

(2) Die schrittweise Aufhebung der Beschränkungen für die ärztlichen, arztähnlichen und pharmazeutischen Berufe setzt die Koordinierung der Bedingungen für die Ausübung dieser Berufe in den einzelnen Mitgliedstaaten voraus.

Art. 54 (ex-Art. 48 EGV) [Gleichstellung der Gesellschaften] Für die Anwendung dieses Kapitels stehen die nach den Rechtsvorschriften eines Mitgliedstaats gegründeten Gesellschaften, die ihren satzungsmäßigen Sitz, ihre Hauptverwaltung oder ihre Hauptniederlassung innerhalb der Union haben, den natürlichen Personen gleich, die Angehörige der Mitgliedstaaten sind.

Als Gesellschaften gelten die Gesellschaften des bürgerlichen Rechts und des Handelsrechts einschließlich der Genossenschaften und die sonstigen juristischen Personen des öffentlichen und privaten Rechts mit Ausnahme derjenigen, die keinen Erwerbszweck verfolgen.

Art. 55 (ex-Art. 294 EGV) [Gleichstellung bei Kapitalbeteiligungen] Unbeschadet der sonstigen Bestimmungen der Verträge stellen die Mitgliedstaaten die Staatsangehörigen der anderen Mitgliedstaaten hinsichtlich ihrer Beteiligung am Kapital von Gesellschaften im Sinne des Artikels 54 den eigenen Staatsangehörigen gleich.

Kapitel 3 – Dienstleistungen

Art. 56 (ex-Art. 49 EGV) [Dienstleistungsfreiheit] Die Beschränkungen des freien Dienstleistungsverkehrs innerhalb der Union für Angehörige der Mitgliedstaaten, die in einem anderen Mitgliedstaat als demjenigen des Leistungsempfängers ansässig sind, sind nach Maßgabe der folgenden Bestimmungen verboten.

Das Europäische Parlament und der Rat können gemäß dem ordentlichen Gesetzgebungsverfahren beschließen, dass dieses Kapitel auch auf Erbringer von Dienstleistungen Anwendung findet, welche die Staatsangehörigkeit eines dritten Landes besitzen und innerhalb der Union ansässig sind.

Art. 57 (ex-Art. 50 EGV) [Dienstleistungen] Dienstleistungen im Sinne der Verträge sind Leistungen, die in der Regel gegen Entgelt erbracht werden, soweit sie nicht den Vorschriften über den freien Waren- und Kapitalverkehr und über die Freizügigkeit der Personen unterliegen.

Als Dienstleistungen gelten insbesondere:
a) gewerbliche Tätigkeiten,
b) kaufmännische Tätigkeiten,
c) handwerkliche Tätigkeiten,
d) freiberufliche Tätigkeiten.

Unbeschadet des Kapitels über die Niederlassungsfreiheit kann der Leistende zwecks Erbringung seiner Leistungen seine Tätigkeit vorübergehend in dem Mitgliedstaat ausüben, in dem die Leistung erbracht wird, und zwar unter den Voraussetzungen, welche dieser Mitgliedstaat für seine eigenen Angehörigen vorschreibt.

Art. 58 (ex-Art. 51 EGV) [Dienstleistungen im Verkehr und Kapitalverkehr] (1) Für den freien Dienstleistungsverkehr auf dem Gebiet des Verkehrs gelten die Bestimmungen des Titels über den Verkehr.

(2) Die Liberalisierung der mit dem Kapitalverkehr verbundenen Dienstleistungen der Banken und Versicherungen wird im Einklang mit der Liberalisierung des Kapitalverkehrs durchgeführt.

Art. 59 (ex-Art. 52 EGV) [Richtlinien zur Liberalisierung] (1) Das Europäische Parlament und der Rat erlassen gemäß dem ordentlichen Gesetzgebungsverfahren und nach Anhörung des Wirtschafts- und Sozialausschusses Richtlinien zur Liberalisierung einer bestimmten Dienstleistung.

(2) Bei den in Absatz 1 genannten Richtlinien sind im Allgemeinen mit Vorrang diejenigen Dienstleistungen zu berücksichtigen, welche die Produktionskosten unmittelbar beeinflussen oder deren Liberalisierung zur Förderung des Warenverkehrs beiträgt.

Art. 60 (ex-Art. 53 EGV) [Weitergehende Liberalisierung] Die Mitgliedstaaten bemühen sich, über das Ausmaß der Liberalisierung der Dienstleistungen, zu dem sie aufgrund der Richtlinien gemäß Artikel 59 Absatz 1 verpflichtet sind, hinauszugehen, falls ihre wirtschaftliche Gesamtlage und die Lage des betreffenden Wirtschaftszweigs dies zulassen.

Die Kommission richtet entsprechende Empfehlungen an die betreffenden Staaten.

Art. 61 (ex-Art. 54 EGV) [Übergangsregelung; Diskriminierungsverbot] Solange die Beschränkungen des freien Dienstleistungsverkehrs nicht aufgehoben sind, wendet sie jeder Mitgliedstaat ohne Unterscheidung nach Staatsangehörigkeit oder Aufenthaltsort auf alle in Artikel 56 Absatz 1 bezeichneten Erbringer von Dienstleistungen an.

Art. 62 (ex-Art. 55 EGV) [Anwendung des Niederlassungsrechts] Die Bestimmungen der Artikel 51 bis 54 finden auf das in diesem Kapitel geregelte Sachgebiet Anwendung.

Kapitel 4 – Der Kapital- und Zahlungsverkehr

Art. 63 (ex-Art. 56 EGV) [Kapital- und Zahlungsverkehrsfreiheit] (1) Im Rahmen der Bestimmungen dieses Kapitels sind alle Beschränkungen des Kapitalverkehrs zwischen den Mitgliedstaaten sowie zwischen den Mitgliedstaaten und dritten Ländern verboten.

(2) Im Rahmen der Bestimmungen dieses Kapitels sind alle Beschränkungen des Zahlungsverkehrs zwischen den Mitgliedstaaten sowie zwischen den Mitgliedstaaten und dritten Ländern verboten.

13

1.2 AEU-Vertrag

Art. 64 (ex-Art. 57 EGV) [Vorbehalt für den Kapitalverkehr mit Drittländern] (1) Artikel 63 berührt nicht die Anwendung derjenigen Beschränkungen auf dritte Länder, die am 31. Dezember 1993 aufgrund einzelstaatlicher Rechtsvorschriften oder aufgrund von Rechtsvorschriften der Union für den Kapitalverkehr mit dritten Ländern im Zusammenhang mit Direktinvestitionen einschließlich Anlagen in Immobilien, mit der Niederlassung, der Erbringung von Finanzdienstleistungen oder der Zulassung von Wertpapieren zu den Kapitalmärkten bestehen. Für in Bulgarien, Estland und Ungarn bestehende Beschränkungen nach innerstaatlichem Recht ist der maßgebliche Zeitpunkt der 31. Dezember 1999.

(2) Unbeschadet der anderen Kapitel der Verträge sowie ihrer Bemühungen um eine möglichst weit gehende Verwirklichung des Zieles eines freien Kapitalverkehrs zwischen den Mitgliedstaaten und dritten Ländern beschließen das Europäische Parlament und der Rat gemäß dem ordentlichen Gesetzgebungsverfahren Maßnahmen für den Kapitalverkehr mit dritten Ländern im Zusammenhang mit Direktinvestitionen einschließlich Anlagen in Immobilien, mit der Niederlassung, der Erbringung von Finanzdienstleistungen oder der Zulassung von Wertpapieren zu den Kapitalmärkten.

(3) Abweichend von Absatz 2 kann nur der Rat gemäß einem besonderen Gesetzgebungsverfahren und nach Anhörung des Europäischen Parlaments Maßnahmen einstimmig beschließen, die im Rahmen des Unionsrechts für die Liberalisierung des Kapitalverkehrs mit Drittländern einen Rückschritt darstellen.

Art. 65 (ex-Art. 58 EGV) [Vorbehalt mitgliedstaatlicher Beschränkungen] (1) Artikel 63 berührt nicht das Recht der Mitgliedstaaten,

a) die einschlägigen Vorschriften ihres Steuerrechts anzuwenden, die Steuerpflichtige mit unterschiedlichem Wohnort oder Kapitalanlageort unterschiedlich behandeln,

b) die unerlässlichen Maßnahmen zu treffen, um Zuwiderhandlungen gegen innerstaatliche Rechts- und Verwaltungsvorschriften, insbesondere auf dem Gebiet des Steuerrechts und der Aufsicht über Finanzinstitute, zu verhindern, sowie Meldeverfahren für den Kapitalverkehr zwecks administrativer oder statistischer Information vorzusehen oder Maßnahmen zu ergreifen, die aus Gründen der öffentlichen Ordnung oder Sicherheit gerechtfertigt sind.

(2) Dieses Kapitel berührt nicht die Anwendbarkeit von Beschränkungen des Niederlassungsrechts, die mit den Verträgen vereinbar sind.

(3) Die in den Absätzen 1 und 2 genannten Maßnahmen und Verfahren dürfen weder ein Mittel zur willkürlichen Diskriminierung noch eine verschleierte Beschränkung des freien Kapital- und Zahlungsverkehrs im Sinne des Artikels 63 darstellen.

(4) Sind keine Maßnahmen nach Artikel 64 Absatz 3 erlassen worden, so kann die Kommission oder, wenn diese binnen drei Monaten nach der Vorlage eines entsprechenden Antrags des betreffenden Mitgliedstaats keinen Beschluss erlassen hat, der Rat einen Beschluss erlassen, mit dem festgelegt wird, dass die von einem Mitgliedstaat in Bezug auf ein oder mehrere Drittländer getroffenen restriktiven steuerlichen Maßnahmen insofern als mit den Verträgen vereinbar anzusehen sind, als sie durch eines der Ziele der Union gerechtfertigt und mit dem ordnungsgemäßen Funktionieren des Binnenmarkts vereinbar sind. Der Rat beschließt einstimmig auf Antrag eines Mitgliedstaats.

[...]

Titel V – Der Raum der Freiheit, der Sicherheit und des Rechts

Kapitel 1 – Allgemeine Bestimmungen

Art. 67 (ex-Art. 61 EGV und ex-Art. 29 EUV a.f.) [Grundsätze] (1) Die Union bildet einen Raum der Freiheit, der Sicherheit und des Rechts, in dem die Grundrechte und die verschiedenen Rechtsordnungen und -traditionen der Mitgliedstaaten geachtet werden.

(2) Sie stellt sicher, dass Personen an den Binnengrenzen nicht kontrolliert werden, und entwickelt eine gemeinsame Politik in den Bereichen Asyl, Einwanderung und Kontrollen an den Außengrenzen, die sich auf die Solidarität der Mitgliedstaaten gründet und gegenüber Drittstaatsangehörigen angemessen ist. Für die Zwecke dieses Titels werden Staatenlose den Drittstaatsangehörigen gleichgestellt.

(3) Die Union wirkt darauf hin, durch Maßnahmen zur Verhütung und Bekämpfung von Kriminalität sowie von Rassismus und Fremdenfeindlichkeit, zur Koordinierung und Zusammenarbeit von Polizeibehörden und Organen der Strafrechtspflege und den anderen zuständigen Behörden sowie durch die gegenseitige Anerkennung strafrechtlicher Entscheidungen und erforderlichenfalls durch die Angleichung der strafrechtlichen Rechtsvorschriften ein hohes Maß an Sicherheit zu gewährleisten.

(4) Die Union erleichtert den Zugang zum Recht, insbesondere durch den Grundsatz der gegenseitigen Anerkennung gerichtlicher und außergerichtlicher Entscheidungen in Zivilsachen.

Art. 68 [Strategische Leitlinien] Der Europäische Rat legt die strategischen Leitlinien für die gesetzgeberische und operative Programmplanung im Raum der Freiheit, der Sicherheit und des Rechts fest.

[...]

Kapitel 3 – Justizielle Zusammenarbeit in Zivilsachen

Art. 81 (ex-Art. 65 EGV) [Justizielle Zusammenarbeit in Zivilsachen] (1) Die Union entwickelt eine justizielle Zusammenarbeit in Zivilsachen mit grenzüberschreitendem Bezug, die auf dem Grundsatz der gegenseitigen Anerkennung gerichtlicher und außergerichtlicher Entscheidungen beruht. Diese Zusammenarbeit kann den Erlass von Maßnahmen zur Angleichung der Rechtsvorschriften der Mitgliedstaaten umfassen.

(2) Für die Zwecke des Absatzes 1 erlassen das Europäische Parlament und der Rat, insbesondere wenn dies für das reibungslose Funktionieren des Binnenmarkts erforderlich ist, gemäß dem ordentlichen Gesetzgebungsverfahren Maßnahmen, die Folgendes sicherstellen sollen:

a) die gegenseitige Anerkennung und die Vollstreckung gerichtlicher und außergerichtlicher Entscheidungen zwischen den Mitgliedstaaten;

b) die grenzüberschreitende Zustellung gerichtlicher und außergerichtlicher Schriftstücke;

c) die Vereinbarkeit der in den Mitgliedstaaten geltenden Kollisionsnormen und Vorschriften zur Vermeidung von Kompetenzkonflikten;

d) die Zusammenarbeit bei der Erhebung von Beweismitteln;

e) einen effektiven Zugang zum Recht;

f) die Beseitigung von Hindernissen für die reibungslose Abwicklung von Zivilverfahren, erforderlichenfalls durch Förderung der Vereinbarkeit der in den Mitgliedstaaten geltenden zivilrechtlichen Verfahrensvorschriften;

g) die Entwicklung von alternativen Methoden für die Beilegung von Streitigkeiten;

h) die Förderung der Weiterbildung von Richtern und Justizbediensteten.

(3) Abweichend von Absatz 2 werden Maßnahmen zum Familienrecht mit grenzüberschreitendem Bezug vom Rat gemäß einem besonderen Gesetzgebungsverfahren festgelegt. Dieser beschließt einstimmig nach Anhörung des Europäischen Parlaments.

Der Rat kann auf Vorschlag der Kommission einen Beschluss erlassen, durch den die Aspekte des Familienrechts mit grenzüberschreitendem Bezug bestimmt werden, die Gegenstand von Rechtsakten sein können, die gemäß dem ordentlichen Gesetzgebungsverfahren erlassen werden. Der Rat beschließt einstimmig nach Anhörung des Europäischen Parlaments.

Der in Unterabsatz 2 genannte Vorschlag wird den nationalen Parlamenten übermittelt. Wird dieser Vorschlag innerhalb von sechs Monaten nach der Übermittlung von einem nationalen Parlament abgelehnt, so wird der Beschluss nicht erlassen. Wird der Vorschlag nicht abgelehnt, so kann der Rat den Beschluss erlassen.

[...]

Titel VII – Gemeinsame Regeln betreffend Wettbewerb, Steuerfragen und Angleichung der Rechtsvorschriften

Kapitel 1 – Wettbewerbsregeln

Abschnitt 1 – Vorschriften für Unternehmen

Art. 101 (ex-Art. 81 EGV) [Verbot wettbewerbsbeschränkender Vereinbarungen und Verhaltensweisen] (1) Mit dem Binnenmarkt unvereinbar und verboten sind alle Vereinbarungen zwischen Unternehmen, Beschlüsse von Unternehmensvereinigungen und aufeinander abgestimmte Verhaltensweisen, welche den Handel zwischen Mitgliedstaaten zu beeinträchtigen geeignet sind und eine Verhinderung, Einschränkung oder Verfälschung des Wettbewerbs innerhalb des Binnenmarkts bezwecken oder bewirken, insbesondere

a) die unmittelbare oder mittelbare Festsetzung der An- oder Verkaufspreise oder sonstiger Geschäftsbedingungen;

b) die Einschränkung oder Kontrolle der Erzeugung, des Absatzes, der technischen Entwicklung oder der Investitionen;

c) die Aufteilung der Märkte oder Versorgungsquellen;

d) die Anwendung unterschiedlicher Bedingungen bei gleichwertigen Leistungen gegenüber Handelspartnern, wodurch diese im Wettbewerb benachteiligt werden;

e) die an den Abschluss von Verträgen geknüpfte Bedingung, dass die Vertragspartner zusätzliche Leistungen annehmen, die weder sachlich noch nach Handelsbrauch in Beziehung zum Vertragsgegenstand stehen.

(2) Die nach diesem Artikel verbotenen Vereinbarungen oder Beschlüsse sind nichtig.

(3) Die Bestimmungen des Absatzes 1 können für nicht anwendbar erklärt werden auf

– Vereinbarungen oder Gruppen von Vereinbarungen zwischen Unternehmen,

- Beschlüsse oder Gruppen von Beschlüssen von Unternehmensvereinigungen,
- aufeinander abgestimmte Verhaltensweisen oder Gruppen von solchen,

die unter angemessener Beteiligung der Verbraucher an dem entstehenden Gewinn zur Verbesserung der Warenerzeugung oder -verteilung oder zur Förderung des technischen oder wirtschaftlichen Fortschritts beitragen, ohne dass den beteiligten Unternehmen

a) Beschränkungen auferlegt werden, die für die Verwirklichung dieser Ziele nicht unerlässlich sind, oder

b) Möglichkeiten eröffnet werden, für einen wesentlichen Teil der betreffenden Waren den Wettbewerb auszuschalten.

Art. 102 (ex-Art. 82 EGV) [Verbot missbräuchlicher Ausnutzung marktbeherrschender Stellung] Mit dem Binnenmarkt unvereinbar und verboten ist die missbräuchliche Ausnutzung einer beherrschenden Stellung auf dem Binnenmarkt oder auf einem wesentlichen Teil desselben durch ein oder mehrere Unternehmen, soweit dies dazu führen kann, den Handel zwischen Mitgliedstaaten zu beeinträchtigen.

Dieser Missbrauch kann insbesondere in Folgendem bestehen:

a) der unmittelbaren oder mittelbaren Erzwingung von unangemessenen Einkaufs- oder Verkaufspreisen oder sonstigen Geschäftsbedingungen;

b) der Einschränkung der Erzeugung, des Absatzes oder der technischen Entwicklung zum Schaden der Verbraucher;

c) der Anwendung unterschiedlicher Bedingungen bei gleichwertigen Leistungen gegenüber Handelspartnern, wodurch diese im Wettbewerb benachteiligt werden;

d) der an den Abschluss von Verträgen geknüpften Bedingung, dass die Vertragspartner zusätzliche Leistungen annehmen, die weder sachlich noch nach Handelsbrauch in Beziehung zum Vertragsgegenstand stehen.

Art. 103 (ex-Art. 83 EGV) [Verordnungen und Richtlinien zur Durchsetzung der Wettbewerbsregeln] (1) Die zweckdienlichen Verordnungen oder Richtlinien zur Verwirklichung der in den Artikeln 101 und 102 niedergelegten Grundsätze werden vom Rat auf Vorschlag der Kommission und nach Anhörung des Europäischen Parlaments beschlossen.

(2) Die in Absatz 1 vorgesehenen Vorschriften bezwecken insbesondere,

a) die Beachtung der in Artikel 101 Absatz 1 und Artikel 102 genannten Verbote durch die Einführung von Geldbußen und Zwangsgeldern zu gewährleisten;

b) die Einzelheiten der Anwendung des Artikels 101 Absatz 3 festzulegen; dabei ist dem Erfordernis einer wirksamen Überwachung bei möglichst einfacher Verwaltungskontrolle Rechnung zu tragen;

c) gegebenenfalls den Anwendungsbereich der Artikel 101 und 102 für die einzelnen Wirtschaftszweige näher zu bestimmen;

d) die Aufgaben der Kommission und des Gerichtshofs der Europäischen Union bei der Anwendung der in diesem Absatz vorgesehenen Vorschriften gegeneinander abzugrenzen;

e) das Verhältnis zwischen den innerstaatlichen Rechtsvorschriften einerseits und den in diesem Abschnitt enthaltenen oder aufgrund dieses Artikels getroffenen Bestimmungen andererseits festzulegen.

Art. 104 (ex-Art. 84 EGV) [Übergangsregelung] Bis zum Inkrafttreten der gemäß Artikel 103 erlassenen Vorschriften entscheiden die Behörden der Mitgliedstaaten im Einklang mit ihren eigenen Rechtsvorschriften und den Bestimmungen der Artikel 101, insbesondere Absatz 3, und 102 über die Zulässigkeit von Vereinbarungen, Beschlüssen und aufeinander abgestimmten Verhaltensweisen sowie über die missbräuchliche Ausnutzung einer beherrschenden Stellung auf dem Binnenmarkt.

Art. 105 (ex-Art. 85 EGV) [Wettbewerbsaufsicht durch die Kommission] (1) Unbeschadet des Artikels 104 achtet die Kommission auf die Verwirklichung der in den Artikeln 101 und 102 niedergelegten Grundsätze. Sie untersucht auf Antrag eines Mitgliedstaats oder von Amts wegen in Verbindung mit den zuständigen Behörden der Mitgliedstaaten, die ihr Amtshilfe zu leisten haben, die Fälle, in denen Zuwiderhandlungen gegen diese Grundsätze vermutet werden. Stellt sie eine Zuwiderhandlung fest, so schlägt sie geeignete Mittel vor, um diese abzustellen.

(2) Wird die Zuwiderhandlung nicht abgestellt, so trifft die Kommission in einem mit Gründen versehenen Beschluss die Feststellung, dass eine derartige Zuwiderhandlung vorliegt. Sie kann den Beschluss veröffentlichen und die Mitgliedstaaten ermächtigen, die erforderlichen Abhilfemaßnahmen zu treffen, deren Bedingungen und Einzelheiten sie festlegt.

(3) Die Kommission kann Verordnungen zu den Gruppen von Vereinbarungen erlassen, zu denen der Rat nach Artikel 103 Absatz 2 Buchstabe b eine Verordnung oder Richtlinie erlassen hat.

Art. 106 (ex-Art. 86 EGV) [Öffentliche Unternehmen; Dienstleistungen von allgemeinem wirtschaftlichen Interesse] (1) Die Mitgliedstaaten werden in Bezug auf öffentliche Unternehmen und auf Unternehmen, denen sie besondere oder ausschließliche Rechte gewähren, keine den Verträgen und insbesondere den Artikeln 18 und 101 bis 109 widersprechende Maßnahmen treffen oder beibehalten.

(2) Für Unternehmen, die mit Dienstleistungen von allgemeinem wirtschaftlichem Interesse betraut sind oder den Charakter eines Finanzmonopols haben, gelten die Vorschriften der Verträge, insbesondere die Wettbewerbsregeln, soweit die Anwendung dieser Vorschriften nicht die Erfüllung der ihnen übertragenen besonderen Aufgabe rechtlich oder tatsächlich verhindert. Die Entwicklung des Handelsverkehrs darf nicht in einem Ausmaß beeinträchtigt werden, das dem Interesse der Union zuwiderläuft.

(3) Die Kommission achtet auf die Anwendung dieses Artikels und richtet erforderlichenfalls geeignete Richtlinien oder Beschlüsse an die Mitgliedstaaten.

Abschnitt 2 – Staatliche Beihilfen

Art. 107 (ex-Art. 87 EGV) [Beihilfeverbot; Ausnahmen] (1) Soweit in den Verträgen nicht etwas anderes bestimmt ist, sind staatliche oder aus staatlichen Mitteln gewährte Beihilfen gleich welcher Art, die durch die Begünstigung bestimmter Unternehmen oder Produktionszweige den Wettbewerb verfälschen oder zu verfälschen drohen, mit dem Binnenmarkt unvereinbar, soweit sie den Handel zwischen Mitgliedstaaten beeinträchtigen.

(2) Mit dem Binnenmarkt vereinbar sind:

a) Beihilfen sozialer Art an einzelne Verbraucher, wenn sie ohne Diskriminierung nach der Herkunft der Waren gewährt werden;

b) Beihilfen zur Beseitigung von Schäden, die durch Naturkatastrophen oder sonstige außergewöhnliche Ereignisse entstanden sind;

c) Beihilfen für die Wirtschaft bestimmter, durch die Teilung Deutschlands betroffener Gebiete der Bundesrepublik Deutschland, soweit sie zum Ausgleich der durch die Teilung verursachten wirtschaftlichen Nachteile erforderlich sind. Der Rat kann fünf Jahre nach dem Inkrafttreten des Vertrags von Lissabon auf Vorschlag der Kommission einen Beschluss erlassen, mit dem dieser Buchstabe aufgehoben wird.

(3) Als mit dem Binnenmarkt vereinbar können angesehen werden:

a) Beihilfen zur Förderung der wirtschaftlichen Entwicklung von Gebieten, in denen die Lebenshaltung außergewöhnlich niedrig ist oder eine erhebliche Unterbeschäftigung herrscht, sowie der in Artikel 349 genannten Gebiete unter Berücksichtigung ihrer strukturellen, wirtschaftlichen und sozialen Lage;

b) Beihilfen zur Förderung wichtiger Vorhaben von gemeinsamem europäischem Interesse oder zur Behebung einer beträchtlichen Störung im Wirtschaftsleben eines Mitgliedstaats;

c) Beihilfen zur Förderung der Entwicklung gewisser Wirtschaftszweige oder Wirtschaftsgebiete, soweit sie die Handelsbedingungen nicht in einer Weise verändern, die dem gemeinsamen Interesse zuwiderläuft;

d) Beihilfen zur Förderung der Kultur und der Erhaltung des kulturellen Erbes, soweit sie die Handels- und Wettbewerbsbedingungen in der Union nicht in einem Maß beeinträchtigen, das dem gemeinsamen Interesse zuwiderläuft;

e) sonstige Arten von Beihilfen, die der Rat durch einen Beschluss auf Vorschlag der Kommission bestimmt.

Art. 108 (ex-Art. 88 EGV) [Beihilfeaufsicht durch die Kommission] (1) Die Kommission überprüft fortlaufend in Zusammenarbeit mit den Mitgliedstaaten die in diesen bestehenden Beihilferegelungen. Sie schlägt ihnen die zweckdienlichen Maßnahmen vor, welche die fortschreitende Entwicklung und das Funktionieren des Binnenmarkts erfordern.

(2) Stellt die Kommission fest, nachdem sie den Beteiligten eine Frist zur Äußerung gesetzt hat, dass eine von einem Staat oder aus staatlichen Mitteln gewährte Beihilfe mit dem Binnenmarkt nach Artikel 107 unvereinbar ist oder dass sie missbräuchlich angewandt wird, so beschließt sie, dass der betreffende Staat sie binnen einer von ihr bestimmten Frist aufzuheben oder umzugestalten hat.

Kommt der betreffende Staat diesem Beschluss innerhalb der festgesetzten Frist nicht nach, so kann die Kommission oder jeder betroffene Staat in Abweichung von den Artikeln 258 und 259 den Gerichtshof der Europäischen Union unmittelbar anrufen.

Der Rat kann einstimmig auf Antrag eines Mitgliedstaats beschließen, dass eine von diesem Staat gewährte oder geplante Beihilfe in Abweichung von Artikel 107 oder von den nach Artikel 109 erlassenen Verordnungen als mit dem Binnenmarkt vereinbar gilt, wenn außergewöhnliche Umstände einen solchen Beschluss rechtfertigen. Hat die Kommission bezüglich dieser Beihilfe das in Unterabsatz 1 dieses Absatzes vorgesehene Verfahren bereits eingeleitet, so bewirkt der Antrag des betreffenden Staates an den Rat die Aussetzung dieses Verfahrens, bis der Rat sich geäußert hat.

Äußert sich der Rat nicht binnen drei Monaten nach Antragstellung, so beschließt die Kommission.

(3) Die Kommission wird von jeder beabsichtigten Einführung oder Umgestaltung von Beihilfen so rechtzeitig unterrichtet, dass sie sich dazu äußern kann. Ist sie der Auffassung, dass ein derartiges Vorhaben nach Artikel 107 mit dem Binnenmarkt unvereinbar ist, so leitet sie unverzüglich das in Absatz 2 vorgesehene Verfahren ein. Der betreffende Mitglied-

staat darf die beabsichtigte Maßnahme nicht durchführen, bevor die Kommission einen abschließenden Beschluss erlassen hat.

(4) Die Kommission kann Verordnungen zu den Arten von staatlichen Beihilfen erlassen, für die der Rat nach Artikel 109 festgelegt hat, dass sie von dem Verfahren nach Absatz 3 ausgenommen werden können.

Art. 109 (ex-Art. 89 EGV) [Durchführungsverordnungen] Der Rat kann auf Vorschlag der Kommission und nach Anhörung des Europäischen Parlaments alle zweckdienlichen Durchführungsverordnungen zu den Artikeln 107 und 108 erlassen und insbesondere die Bedingungen für die Anwendung des Artikels 108 Absatz 3 sowie diejenigen Arten von Beihilfen festlegen, die von diesem Verfahren ausgenommen sind.

[...]

Kapitel 3 – Angleichung der Rechtsvorschriften

Art. 114 (ex-Art. 95 EGV) [Rechtsangleichung im Binnenmarkt] (1) Soweit in den Verträgen nichts anderes bestimmt ist, gilt für die Verwirklichung der Ziele des Artikels 26 die nachstehende Regelung. Das Europäische Parlament und der Rat erlassen gemäß dem ordentlichen Gesetzgebungsverfahren und nach Anhörung des Wirtschafts- und Sozialausschusses die Maßnahmen zur Angleichung der Rechts- und Verwaltungsvorschriften der Mitgliedstaaten, welche die Errichtung und das Funktionieren des Binnenmarkts zum Gegenstand haben.

(2) Absatz 1 gilt nicht für die Bestimmungen über die Steuern, die Bestimmungen über die Freizügigkeit und die Bestimmungen über die Rechte und Interessen der Arbeitnehmer.

(3) Die Kommission geht in ihren Vorschlägen nach Absatz 1 in den Bereichen Gesundheit, Sicherheit, Umweltschutz und Verbraucherschutz von einem hohen Schutzniveau aus und berücksichtigt dabei insbesondere alle auf wissenschaftliche Ergebnisse gestützten neuen Entwicklungen. Im Rahmen ihrer jeweiligen Befugnisse streben das Europäische Parlament und der Rat dieses Ziel ebenfalls an.

(4) Hält es ein Mitgliedstaat nach dem Erlass einer Harmonisierungsmaßnahme durch das Europäische Parlament und den Rat beziehungsweise durch den Rat oder die Kommission für erforderlich, einzelstaatliche Bestimmungen beizubehalten, die durch wichtige Erfordernisse im Sinne des Artikels 36 oder in Bezug auf den Schutz der Arbeitsumwelt oder den Umweltschutz gerechtfertigt sind, so teilt er diese Bestimmungen sowie die Gründe für ihre Beibehaltung der Kommission mit.

(5) Unbeschadet des Absatzes 4 teilt ferner ein Mitgliedstaat, der es nach dem Erlass einer Harmonisierungsmaßnahme durch das Europäische Parlament und den Rat beziehungsweise durch den Rat oder die Kommission für erforderlich hält, auf neue wissenschaftliche Erkenntnisse gestützte einzelstaatliche Bestimmungen zum Schutz der Umwelt oder der Arbeitsumwelt aufgrund eines spezifischen Problems für diesen Mitgliedstaat, das sich nach dem Erlass der Harmonisierungsmaßnahme ergibt, einzuführen, die in Aussicht genommenen Bestimmungen sowie die Gründe für ihre Einführung der Kommission mit.

(6) Die Kommission beschließt binnen sechs Monaten nach den Mitteilungen nach den Absätzen 4 und 5, die betreffenden einzelstaatlichen Bestimmungen zu billigen oder abzulehnen, nachdem sie geprüft hat, ob sie ein Mittel zur willkürlichen Diskriminierung und

eine verschleierte Beschränkung des Handels zwischen den Mitgliedstaaten darstellen und ob sie das Funktionieren des Binnenmarkts behindern.

Erlässt die Kommission innerhalb dieses Zeitraums keinen Beschluss, so gelten die in den Absätzen 4 und 5 genannten einzelstaatlichen Bestimmungen als gebilligt.

Die Kommission kann, sofern dies aufgrund des schwierigen Sachverhalts gerechtfertigt ist und keine Gefahr für die menschliche Gesundheit besteht, dem betreffenden Mitgliedstaat mitteilen, dass der in diesem Absatz genannte Zeitraum gegebenenfalls um einen weiteren Zeitraum von bis zu sechs Monaten verlängert wird.

(7) Wird es einem Mitgliedstaat nach Absatz 6 gestattet, von der Harmonisierungsmaßnahme abweichende einzelstaatliche Bestimmungen beizubehalten oder einzuführen, so prüft die Kommission unverzüglich, ob sie eine Anpassung dieser Maßnahme vorschlägt.

(8) Wirft ein Mitgliedstaat in einem Bereich, der zuvor bereits Gegenstand von Harmonisierungsmaßnahmen war, ein spezielles Gesundheitsproblem auf, so teilt er dies der Kommission mit, die dann umgehend prüft, ob sie dem Rat entsprechende Maßnahmen vorschlägt.

(9) In Abweichung von dem Verfahren der Artikel 258 und 259 kann die Kommission oder ein Mitgliedstaat den Gerichtshof der Europäischen Union unmittelbar anrufen, wenn die Kommission oder der Staat der Auffassung ist, dass ein anderer Mitgliedstaat die in diesem Artikel vorgesehenen Befugnisse missbraucht.

(10) Die vorgenannten Harmonisierungsmaßnahmen sind in geeigneten Fällen mit einer Schutzklausel verbunden, welche die Mitgliedstaaten ermächtigt, aus einem oder mehreren der in Artikel 36 genannten nicht wirtschaftlichen Gründe vorläufige Maßnahmen zu treffen, die einem Kontrollverfahren der Union unterliegen.

Art. 115 (ex-Art. Art. 94 EGV) [Angleichung nationalen Rechts mit unmittelbarer Auswirkung auf den Binnenmarkt] Unbeschadet des Artikels 114 erlässt der Rat gemäß einem besonderen Gesetzgebungsverfahren einstimmig und nach Anhörung des Europäischen Parlaments und des Wirtschafts- und Sozialausschusses Richtlinien für die Angleichung derjenigen Rechts- und Verwaltungsvorschriften der Mitgliedstaaten, die sich unmittelbar auf die Errichtung oder das Funktionieren des Binnenmarkts auswirken.

[...]

Art. 118 [Rechtstitel zum Schutz geistigen Eigentums] Im Rahmen der Verwirklichung oder des Funktionierens des Binnenmarkts erlassen das Europäische Parlament und der Rat gemäß dem ordentlichen Gesetzgebungsverfahren Maßnahmen zur Schaffung europäischer Rechtstitel über einen einheitlichen Schutz der Rechte des geistigen Eigentums in der Union sowie zur Einführung von zentralisierten Zulassungs-, Koordinierungs- und Kontrollregelungen auf Unionsebene.

Der Rat legt gemäß einem besonderen Gesetzgebungsverfahren durch Verordnungen die Sprachenregelungen für die europäischen Rechtstitel fest. Der Rat beschließt einstimmig nach Anhörung des Europäischen Parlaments.

[...]

Titel X – Sozialpolitik

Art. 151 (ex-Art. 136 EGV) [Ziele und Mittel der Sozialpolitik] Die Union und die Mitgliedstaaten verfolgen eingedenk der sozialen Grundrechte, wie sie in der am 18. Oktober 1961 in Turin unterzeichneten Europäischen Sozialcharta und in der Gemeinschaftscharta der sozialen Grundrechte der Arbeitnehmer von 1989 festgelegt sind, folgende Ziele: die Förderung der Beschäftigung, die Verbesserung der Lebens- und Arbeitsbedingungen, um dadurch auf dem Wege des Fortschritts ihre Angleichung zu ermöglichen, einen angemessenen sozialen Schutz, den sozialen Dialog, die Entwicklung des Arbeitskräftepotenzials im Hinblick auf ein dauerhaft hohes Beschäftigungsniveau und die Bekämpfung von Ausgrenzungen.

Zu diesem Zweck führen die Union und die Mitgliedstaaten Maßnahmen durch, die der Vielfalt der einzelstaatlichen Gepflogenheiten, insbesondere in den vertraglichen Beziehungen, sowie der Notwendigkeit, die Wettbewerbsfähigkeit der Wirtschaft der Union zu erhalten, Rechnung tragen.

Sie sind der Auffassung, dass sich eine solche Entwicklung sowohl aus dem eine Abstimmung der Sozialordnungen begünstigenden Wirken des Binnenmarkts als auch aus den in den Verträgen vorgesehenen Verfahren sowie aus der Angleichung ihrer Rechts- und Verwaltungsvorschriften ergeben wird.

Art. 152 [Einbeziehung der Sozialpartner; sozialer Dialog] Die Union anerkennt und fördert die Rolle der Sozialpartner auf Ebene der Union unter Berücksichtigung der Unterschiedlichkeit der nationalen Systeme. Sie fördert den sozialen Dialog und achtet dabei die Autonomie der Sozialpartner.

Der Dreigliedrige Sozialgipfel für Wachstum und Beschäftigung trägt zum sozialen Dialog bei.

Art. 153 (ex-Art. 137 EGV) [Kompetenzen der Union] (1) Zur Verwirklichung der Ziele des Artikels 151 unterstützt und ergänzt die Union die Tätigkeit der Mitgliedstaaten auf folgenden Gebieten:

a) Verbesserung insbesondere der Arbeitsumwelt zum Schutz der Gesundheit und der Sicherheit der Arbeitnehmer,

b) Arbeitsbedingungen,

c) soziale Sicherheit und sozialer Schutz der Arbeitnehmer,

d) Schutz der Arbeitnehmer bei Beendigung des Arbeitsvertrags,

e) Unterrichtung und Anhörung der Arbeitnehmer,

f) Vertretung und kollektive Wahrnehmung der Arbeitnehmer- und Arbeitgeberinteressen, einschließlich der Mitbestimmung, vorbehaltlich des Absatzes 5,

g) Beschäftigungsbedingungen der Staatsangehörigen dritter Länder, die sich rechtmäßig im Gebiet der Union aufhalten,

h) berufliche Eingliederung der aus dem Arbeitsmarkt ausgegrenzten Personen, unbeschadet des Artikels 166,

i) Chancengleichheit von Männern und Frauen auf dem Arbeitsmarkt und Gleichbehandlung am Arbeitsplatz,

j) Bekämpfung der sozialen Ausgrenzung,

k) Modernisierung der Systeme des sozialen Schutzes, unbeschadet des Buchstabens c.

(2) Zu diesem Zweck können das Europäische Parlament und der Rat

a) unter Ausschluss jeglicher Harmonisierung der Rechts- und Verwaltungsvorschriften der Mitgliedstaaten Maßnahmen annehmen, die dazu bestimmt sind, die Zusammenarbeit zwischen den Mitgliedstaaten durch Initiativen zu fördern, die die Verbesserung des Wissensstands, die Entwicklung des Austauschs von Informationen und bewährten Verfahren, die Förderung innovativer Ansätze und die Bewertung von Erfahrungen zum Ziel haben;

b) in den in Absatz 1 Buchstaben a bis i genannten Bereichen unter Berücksichtigung der in den einzelnen Mitgliedstaaten bestehenden Bedingungen und technischen Regelungen durch Richtlinien Mindestvorschriften erlassen, die schrittweise anzuwenden sind. Diese Richtlinien sollen keine verwaltungsmäßigen, finanziellen oder rechtlichen Auflagen vorschreiben, die der Gründung und Entwicklung von kleinen und mittleren Unternehmen entgegenstehen.

Das Europäische Parlament und der Rat beschließen gemäß dem ordentlichen Gesetzgebungsverfahren nach Anhörung des Wirtschafts- und Sozialausschusses und des Ausschusses der Regionen.

In den in Absatz 1 Buchstaben c, d, f und g genannten Bereichen beschließt der Rat einstimmig gemäß einem besonderen Gesetzgebungsverfahren nach Anhörung des Europäischen Parlaments und der genannten Ausschüsse.

Der Rat kann einstimmig auf Vorschlag der Kommission nach Anhörung des Europäischen Parlaments beschließen, dass das ordentliche Gesetzgebungsverfahren auf Absatz 1 Buchstaben d, f und g angewandt wird.

(3) Ein Mitgliedstaat kann den Sozialpartnern auf deren gemeinsamen Antrag die Durchführung von aufgrund des Absatzes 2 angenommenen Richtlinien oder gegebenenfalls die Durchführung eines nach Artikel 155 erlassenen Beschlusses des Rates übertragen.

In diesem Fall vergewissert sich der Mitgliedstaat, dass die Sozialpartner spätestens zu dem Zeitpunkt, zu dem eine Richtlinie umgesetzt oder ein Beschluss durchgeführt sein muss, im Wege einer Vereinbarung die erforderlichen Vorkehrungen getroffen haben; dabei hat der Mitgliedstaat alle erforderlichen Maßnahmen zu treffen, um jederzeit gewährleisten zu können, dass die durch diese Richtlinie oder diesen Beschluss vorgeschriebenen Ergebnisse erzielt werden.

(4) Die aufgrund dieses Artikels erlassenen Bestimmungen

–   berühren nicht die anerkannte Befugnis der Mitgliedstaaten, die Grundprinzipien ihres Systems der sozialen Sicherheit festzulegen, und dürfen das finanzielle Gleichgewicht dieser Systeme nicht erheblich beeinträchtigen;

–   hindern die Mitgliedstaaten nicht daran, strengere Schutzmaßnahmen beizubehalten oder zu treffen, die mit den Verträgen vereinbar sind.

(5) Dieser Artikel gilt nicht für das Arbeitsentgelt, das Koalitionsrecht, das Streikrecht sowie das Aussperrungsrecht.

Art. 154 (ex-Art. 138 EGV) [Anhörung der Sozialpartner] (1) Die Kommission hat die Aufgabe, die Anhörung der Sozialpartner auf Unionsebene zu fördern, und erlässt alle zweckdienlichen Maßnahmen, um den Dialog zwischen den Sozialpartnern zu erleichtern, wobei sie für Ausgewogenheit bei der Unterstützung der Parteien sorgt.

(2) Zu diesem Zweck hört die Kommission vor Unterbreitung von Vorschlägen im Bereich der Sozialpolitik die Sozialpartner zu der Frage, wie eine Unionsaktion gegebenenfalls ausgerichtet werden sollte.

(3) Hält die Kommission nach dieser Anhörung eine Unionsmaßnahme für zweckmäßig, so hört sie die Sozialpartner zum Inhalt des in Aussicht genommenen Vorschlags. Die Sozialpartner übermitteln der Kommission eine Stellungnahme oder gegebenenfalls eine Empfehlung.

(4) Bei den Anhörungen nach den Absätzen 2 und 3 können die Sozialpartner der Kommission mitteilen, dass sie den Prozess nach Artikel 155 in Gang setzen wollen. Die Dauer dieses Prozesses darf höchstens neun Monate betragen, sofern die betroffenen Sozialpartner und die Kommission nicht gemeinsam eine Verlängerung beschließen.

Art. 155 (ex-Art. 139 EGV) [Sozialer Dialog] (1) Der Dialog zwischen den Sozialpartnern auf Unionsebene kann, falls sie es wünschen, zur Herstellung vertraglicher Beziehungen einschließlich des Abschlusses von Vereinbarungen führen.

(2) Die Durchführung der auf Unionsebene geschlossenen Vereinbarungen erfolgt entweder nach den jeweiligen Verfahren und Gepflogenheiten der Sozialpartner und der Mitgliedstaaten oder – in den durch Artikel 153 erfassten Bereichen – auf gemeinsamen Antrag der Unterzeichnerparteien durch einen Beschluss des Rates auf Vorschlag der Kommission. Das Europäische Parlament wird unterrichtet.

Der Rat beschließt einstimmig, sofern die betreffende Vereinbarung eine oder mehrere Bestimmungen betreffend einen der Bereiche enthält, für die nach Artikel 153 Absatz 2 Einstimmigkeit erforderlich ist.

Art. 156 (ex-Art. 140 EGV) [Fördermaßnahmen der Kommission] Unbeschadet der sonstigen Bestimmungen der Verträge fördert die Kommission im Hinblick auf die Erreichung der Ziele des Artikels 151 die Zusammenarbeit zwischen den Mitgliedstaaten und erleichtert die Abstimmung ihres Vorgehens in allen unter dieses Kapitel fallenden Bereichen der Sozialpolitik, insbesondere auf dem Gebiet

– der Beschäftigung,
– des Arbeitsrechts und der Arbeitsbedingungen,
– der beruflichen Ausbildung und Fortbildung,
– der sozialen Sicherheit,
– der Verhütung von Berufsunfällen und Berufskrankheiten,
– des Gesundheitsschutzes bei der Arbeit,
– des Koalitionsrechts und der Kollektivverhandlungen zwischen Arbeitgebern und Arbeitnehmern.

Zu diesem Zweck wird die Kommission in enger Verbindung mit den Mitgliedstaaten durch Untersuchungen, Stellungnahmen und die Durchführung von Konsultationen in Bezug auf innerstaatlich oder in den internationalen Organisationen zu behandelnde Fragen tätig, und zwar insbesondere im Wege von Initiativen, die darauf abzielen, Leitlinien und Indikatoren festzulegen, den Austausch bewährter Verfahren durchzuführen und die erforderlichen Elemente für eine regelmäßige Überwachung und Bewertung auszuarbeiten. Das Europäische Parlament wird in vollem Umfang unterrichtet.

Vor Abgabe der in diesem Artikel vorgesehenen Stellungnahmen hört die Kommission den Wirtschafts- und Sozialausschuss.

Art. 157 (ex-Art. 141 EGV) [Gleiches Entgelt für Männer und Frauen] (1) Jeder Mitgliedstaat stellt die Anwendung des Grundsatzes des gleichen Entgelts für Männer und Frauen bei gleicher oder gleichwertiger Arbeit sicher.

(2) Unter „Entgelt" im Sinne dieses Artikels sind die üblichen Grund- oder Mindestlöhne und -gehälter sowie alle sonstigen Vergütungen zu verstehen, die der Arbeitgeber aufgrund des Dienstverhältnisses dem Arbeitnehmer unmittelbar oder mittelbar in bar oder in Sachleistungen zahlt.

Gleichheit des Arbeitsentgelts ohne Diskriminierung aufgrund des Geschlechts bedeutet,

a) dass das Entgelt für eine gleiche nach Akkord bezahlte Arbeit aufgrund der gleichen Maßeinheit festgesetzt wird,

b) dass für eine nach Zeit bezahlte Arbeit das Entgelt bei gleichem Arbeitsplatz gleich ist.

(3) Das Europäische Parlament und der Rat beschließen gemäß dem ordentlichen Gesetzgebungsverfahren und nach Anhörung des Wirtschafts- und Sozialausschusses Maßnahmen zur Gewährleistung der Anwendung des Grundsatzes der Chancengleichheit und der Gleichbehandlung von Männern und Frauen in Arbeits- und Beschäftigungsfragen, einschließlich des Grundsatzes des gleichen Entgelts bei gleicher oder gleichwertiger Arbeit.

(4) Im Hinblick auf die effektive Gewährleistung der vollen Gleichstellung von Männern und Frauen im Arbeitsleben hindert der Grundsatz der Gleichbehandlung die Mitgliedstaaten nicht daran, zur Erleichterung der Berufstätigkeit des unterrepräsentierten Geschlechts oder zur Verhinderung bzw. zum Ausgleich von Benachteiligungen in der beruflichen Laufbahn spezifische Vergünstigungen beizubehalten oder zu beschließen.

[...]

Titel XV – Verbraucherschutz

Art. 169 (ex-Art. 153 EGV) [Beitrag der Union zum Verbraucherschutz] (1) Zur Förderung der Interessen der Verbraucher und zur Gewährleistung eines hohen Verbraucherschutzniveaus leistet die Union einen Beitrag zum Schutz der Gesundheit, der Sicherheit und der wirtschaftlichen Interessen der Verbraucher sowie zur Förderung ihres Rechtes auf Information, Erziehung und Bildung von Vereinigungen zur Wahrung ihrer Interessen.

(2) Die Union leistet einen Beitrag zur Erreichung der in Absatz 1 genannten Ziele durch

a) Maßnahmen, die sie im Rahmen der Verwirklichung des Binnenmarkts nach Artikel 114 erlässt;

b) Maßnahmen zur Unterstützung, Ergänzung und Überwachung der Politik der Mitgliedstaaten.

(3) Das Europäische Parlament und der Rat beschließen gemäß dem ordentlichen Gesetzgebungsverfahren und nach Anhörung des Wirtschafts- und Sozialausschusses die Maßnahmen nach Absatz 2 Buchstabe b.

(4) Die nach Absatz 3 beschlossenen Maßnahmen hindern die einzelnen Mitgliedstaaten nicht daran, strengere Schutzmaßnahmen beizubehalten oder zu ergreifen. Diese Maßnahmen müssen mit den Verträgen vereinbar sein. Sie werden der Kommission mitgeteilt.

[...]

Sechster Teil – Institutionelle Bestimmungen und Finanzvorschriften

Titel I – Vorschriften über die Organe

Kapitel 1 – Die Organe

[...]

Abschnitt 5 – Der Gerichtshof der Europäischen Union

[...]

Art. 267 (ex-Art. 234 EGV) [Vorabentscheidung] Der Gerichtshof der Europäischen Union entscheidet im Wege der Vorabentscheidung
a) über die Auslegung der Verträge,
b) über die Gültigkeit und die Auslegung der Handlungen der Organe, Einrichtungen oder sonstigen Stellen der Union,
Wird eine derartige Frage einem Gericht eines Mitgliedstaats gestellt und hält dieses Gericht eine Entscheidung darüber zum Erlass seines Urteils für erforderlich, so kann es diese Frage dem Gerichtshof zur Entscheidung vorlegen.
Wird eine derartige Frage in einem schwebenden Verfahren bei einem einzelstaatlichen Gericht gestellt, dessen Entscheidungen selbst nicht mehr mit Rechtsmitteln des innerstaatlichen Rechts angefochten werden können, so ist dieses Gericht zur Anrufung des Gerichtshofs verpflichtet.
Wird eine derartige Frage in einem schwebenden Verfahren, das eine inhaftierte Person betrifft, bei einem einzelstaatlichen Gericht gestellt, so entscheidet der Gerichtshof innerhalb kürzester Zeit.

[...]

Kapitel 2 – Rechtsakte der Union, Annahmeverfahren und sonstige Vorschriften

Art. 288 (ex-Art. 249 EGV) [Rechtsakte der Union] Für die Ausübung der Zuständigkeiten der Union nehmen die Organe Verordnungen, Richtlinien, Beschlüsse, Empfehlungen und Stellungnahmen an.
Die Verordnung hat allgemeine Geltung. Sie ist in allen ihren Teilen verbindlich und gilt unmittelbar in jedem Mitgliedstaat.
Die Richtlinie ist für jeden Mitgliedstaat, an den sie gerichtet wird, hinsichtlich des zu erreichenden Ziels verbindlich, überlässt jedoch den innerstaatlichen Stellen die Wahl der Form und der Mittel.
Beschlüsse sind in allen ihren Teilen verbindlich. Sind sie an bestimmte Adressaten gerichtet, so sind sie nur für diese verbindlich.
Die Empfehlungen und Stellungnahmen sind nicht verbindlich.

Art. 289 [**Gesetzgebungsverfahren**] (1) Das ordentliche Gesetzgebungsverfahren besteht in der gemeinsamen Annahme einer Verordnung, einer Richtlinie oder eines Beschlusses durch das Europäische Parlament und den Rat auf Vorschlag der Kommission. Dieses Verfahren ist in Artikel 294 festgelegt.

(2) In bestimmten, in den Verträgen vorgesehenen Fällen erfolgt als besonderes Gesetzgebungsverfahren die Annahme einer Verordnung, einer Richtlinie oder eines Beschlusses durch das Europäische Parlament mit Beteiligung des Rates oder durch den Rat mit Beteiligung des Europäischen Parlaments.

(3) Rechtsakte, die gemäß einem Gesetzgebungsverfahren angenommen werden, sind Gesetzgebungsakte.

(4) In bestimmten, in den Verträgen vorgesehenen Fällen können Gesetzgebungsakte auf Initiative einer Gruppe von Mitgliedstaaten oder des Europäischen Parlaments, auf Empfehlung der Europäischen Zentralbank oder auf Antrag des Gerichtshofs oder der Europäischen Investitionsbank erlassen werden.

Art. 290 [**Delegierte Rechtsakte**] (1) In Gesetzgebungsakten kann der Kommission die Befugnis übertragen werden, Rechtsakte ohne Gesetzescharakter mit allgemeiner Geltung zur Ergänzung oder Änderung bestimmter nicht wesentlicher Vorschriften des betreffenden Gesetzgebungsaktes zu erlassen.In den betreffenden Gesetzgebungsakten werden Ziele, Inhalt, Geltungsbereich und Dauer der Befugnisübertragung ausdrücklich festgelegt. Die wesentlichen Aspekte eines Bereichs sind dem Gesetzgebungsakt vorbehalten und eine Befugnisübertragung ist für sie deshalb ausgeschlossen.

(2) Die Bedingungen, unter denen die Übertragung erfolgt, werden in Gesetzgebungsakten ausdrücklich festgelegt, wobei folgende Möglichkeiten bestehen:

a) Das Europäische Parlament oder der Rat kann beschließen, die Übertragung zu widerrufen.

b) Der delegierte Rechtsakt kann nur in Kraft treten, wenn das Europäische Parlament oder der Rat innerhalb der im Gesetzgebungsakt festgelegten Frist keine Einwände erhebt.

Für die Zwecke der Buchstaben a und b beschließt das Europäische Parlament mit der Mehrheit seiner Mitglieder und der Rat mit qualifizierter Mehrheit.

(3) In den Titel der delegierten Rechtsakte wird das Wort „delegiert" eingefügt.

Art. 291 [**Durchführung in den Mitgliedstaaten; Durchführungsrechtsakte**] (1) Die Mitgliedstaaten ergreifen alle zur Durchführung der verbindlichen Rechtsakte der Union erforderlichen Maßnahmen nach innerstaatlichem Recht.

(2) Bedarf es einheitlicher Bedingungen für die Durchführung der verbindlichen Rechtsakte der Union, so werden mit diesen Rechtsakten der Kommission oder, in entsprechend begründeten Sonderfällen und in den in den Artikeln 24 und 26 des Vertrags über die Europäische Union vorgesehenen Fällen, dem Rat Durchführungsbefugnisse übertragen.

(3) Für die Zwecke des Absatzes 2 legen das Europäische Parlament und der Rat gemäß dem ordentlichen Gesetzgebungsverfahren durch Verordnungen im Voraus allgemeine Regeln und Grundsätze fest, nach denen die Mitgliedstaaten die Wahrnehmung der Durchführungsbefugnisse durch die Kommission kontrollieren.

(4) In den Titel der Durchführungsrechtsakte wird der Wortteil „Durchführungs-" eingefügt.

1.2 AEU-Vertrag

Art. 292 [Empfehlungen] Der Rat gibt Empfehlungen ab. Er beschließt auf Vorschlag der Kommission in allen Fällen, in denen er nach Maßgabe der Verträge Rechtsakte auf Vorschlag der Kommission erlässt. In den Bereichen, in denen für den Erlass eines Rechtsakts der Union Einstimmigkeit vorgesehen ist, beschließt er einstimmig. Die Kommission und, in bestimmten in den Verträgen vorgesehenen Fällen, die Europäische Zentralbank geben Empfehlungen ab.

[...]

1.3 Charta der Grundrechte der Europäischen Union [Grundrechte-Charta]

ABl. 2010 C 83/391

Das Europäische Parlament, der Rat und die Kommission proklamieren feierlich den nachstehenden Text als Charta der Grundrechte der Europäischen Union:

Präambel

Die Völker Europas sind entschlossen, auf der Grundlage gemeinsamer Werte eine friedliche Zukunft zu teilen, indem sie sich zu einer immer engeren Union verbinden.

In dem Bewusstsein ihres geistig-religiösen und sittlichen Erbes gründet sich die Union auf die unteilbaren und universellen Werte der Würde des Menschen, der Freiheit, der Gleichheit und der Solidarität. Sie beruht auf den Grundsätzen der Demokratie und der Rechtsstaatlichkeit. Sie stellt den Menschen in den Mittelpunkt ihres Handelns, indem sie die Unionsbürgerschaft und einen Raum der Freiheit, der Sicherheit und des Rechts begründet.

Die Union trägt zur Erhaltung und zur Entwicklung dieser gemeinsamen Werte unter Achtung der Vielfalt der Kulturen und Traditionen der Völker Europas sowie der nationalen Identität der Mitgliedstaaten und der Organisation ihrer staatlichen Gewalt auf nationaler, regionaler und lokaler Ebene bei.

Sie ist bestrebt, eine ausgewogene und nachhaltige Entwicklung zu fördern und stellt den freien Personen-, Dienstleistungs-, Waren- und Kapitalverkehr sowie die Niederlassungsfreiheit sicher.

Zu diesem Zweck ist es notwendig, angesichts der Weiterentwicklung der Gesellschaft, des sozialen Fortschritts und der wissenschaftlichen und technologischen Entwicklungen den Schutz der Grundrechte zu stärken, indem sie in einer Charta sichtbarer gemacht werden.

Diese Charta bekräftigt unter Achtung der Zuständigkeiten und Aufgaben der Union und des Subsidiaritätsprinzips die Rechte, die sich vor allem aus den gemeinsamen Verfassungstraditionen und den gemeinsamen internationalen Verpflichtungen der Mitgliedstaaten, aus der Europäischen Konvention zum Schutz der Menschenrechte und Grundfreiheiten, aus den von der Union und dem Europarat beschlossenen Sozialchartas sowie aus der Rechtsprechung des Gerichtshofs der Europäischen Union und des Europäischen Gerichtshofs für Menschenrechte ergeben. In diesem Zusammenhang erfolgt die Auslegung der Charta durch die Gerichte der Union und der Mitgliedstaaten unter gebührender Berücksichtigung der Erläuterungen, die unter der Leitung des Präsidiums des Konvents zur Ausarbeitung der Charta formuliert und unter der Verantwortung des Präsidiums des Europäischen Konvents aktualisiert wurden.

Die Ausübung dieser Rechte ist mit Verantwortung und mit Pflichten sowohl gegenüber den Mitmenschen als auch gegenüber der menschlichen Gemeinschaft und den künftigen Generationen verbunden.

Daher erkennt die Union die nachstehend aufgeführten Rechte, Freiheiten und Grundsätze an.

Titel I – Würde des Menschen

Art. 1 Würde des Menschen Die Würde des Menschen ist unantastbar. Sie ist zu achten und zu schützen.

Art. 2 Recht auf Leben (1) Jeder Mensch hat das Recht auf Leben.

(2) Niemand darf zur Todesstrafe verurteilt oder hingerichtet werden.

Art. 3 Recht auf Unversehrtheit (1) Jeder Mensch hat das Recht auf körperliche und geistige Unversehrtheit.

(2) Im Rahmen der Medizin und der Biologie muss insbesondere Folgendes beachtet werden:

a) die freie Einwilligung des Betroffenen nach vorheriger Aufklärung entsprechend den gesetzlich festgelegten Einzelheiten,

b) das Verbot eugenischer Praktiken, insbesondere derjenigen, welche die Selektion von Menschen zum Ziel haben,

c) das Verbot, den menschlichen Körper und Teile davon als solche zur Erzielung von Gewinnen zu nutzen,
d) das Verbot des reproduktiven Klonens von Menschen.

Art. 4 Verbot der Folter und unmenschlicher oder erniedrigender Strafe oder Behandlung Niemand darf der Folter oder unmenschlicher oder erniedrigender Strafe oder Behandlung unterworfen werden.

Art. 5 Verbot der Sklaverei und der Zwangsarbeit (1) Niemand darf in Sklaverei oder Leibeigenschaft gehalten werden.
(2) Niemand darf gezwungen werden, Zwangs- oder Pflichtarbeit zu verrichten.
(3) Menschenhandel ist verboten.

Titel II – Freiheiten

Art. 6 Recht auf Freiheit und Sicherheit Jeder Mensch hat das Recht auf Freiheit und Sicherheit.

Art. 7 Achtung des Privat- und Familienlebens Jede Person hat das Recht auf Achtung ihres Privat- und Familienlebens, ihrer Wohnung sowie ihrer Kommunikation.

Art. 8 Schutz personenbezogener Daten (1) Jede Person hat das Recht auf Schutz der sie betreffenden personenbezogenen Daten.
(2) Diese Daten dürfen nur nach Treu und Glauben für festgelegte Zwecke und mit Einwilligung der betroffenen Person oder auf einer sonstigen gesetzlich geregelten legitimen Grundlage verarbeitet werden. Jede Person hat das Recht, Auskunft über die sie betreffenden erhobenen Daten zu erhalten und die Berichtigung der Daten zu erwirken.
(3) Die Einhaltung dieser Vorschriften wird von einer unabhängigen Stelle überwacht.

Art. 9 Recht, eine Ehe einzugehen und eine Familie zu gründen Das Recht, eine Ehe einzugehen, und das Recht, eine Familie zu gründen, werden nach den einzelstaatlichen Gesetzen gewährleistet, welche die Ausübung dieser Rechte regeln.

Art. 10 Gedanken-, Gewissens- und Religionsfreiheit (1) Jede Person hat das Recht auf Gedanken-, Gewissens- und Religionsfreiheit. Dieses Recht umfasst die Freiheit, die Religion oder Weltanschauung zu wechseln, und die Freiheit, seine Religion oder Weltanschauung einzeln oder gemeinsam mit anderen öffentlich oder privat durch Gottesdienst, Unterricht, Bräuche und Riten zu bekennen.
(2) Das Recht auf Wehrdienstverweigerung aus Gewissensgründen wird nach den einzelstaatlichen Gesetzen anerkannt, welche die Ausübung dieses Rechts regeln.

Art. 11 Freiheit der Meinungsäußerung und Informationsfreiheit (1) Jede Person hat das Recht auf freie Meinungsäußerung. Dieses Recht schließt die Meinungsfreiheit und die Freiheit ein, Informationen und Ideen ohne behördliche Eingriffe und ohne Rücksicht auf Staatsgrenzen zu empfangen und weiterzugeben.
(2) Die Freiheit der Medien und ihre Pluralität werden geachtet.

Art. 12 Versammlungs- und Vereinigungsfreiheit (1) Jede Person hat das Recht, sich insbesondere im politischen, gewerkschaftlichen und zivilgesellschaftlichen Bereich auf allen Ebenen frei und friedlich mit anderen zu versammeln und frei mit anderen zusammenzuschließen, was das Recht jeder Person umfasst, zum Schutz ihrer Interessen Gewerkschaften zu gründen und Gewerkschaften beizutreten.

(2) Politische Parteien auf der Ebene der Union tragen dazu bei, den politischen Willen der Unionsbürgerinnen und Unionsbürger zum Ausdruck zu bringen.

Art. 13 Freiheit der Kunst und der Wissenschaft Kunst und Forschung sind frei. Die akademische Freiheit wird geachtet.

Art. 14 Recht auf Bildung (1) Jede Person hat das Recht auf Bildung sowie auf Zugang zur beruflichen Ausbildung und Weiterbildung.

(2) Dieses Recht umfasst die Möglichkeit, unentgeltlich am Pflichtschulunterricht teilzunehmen.

(3) Die Freiheit zur Gründung von Lehranstalten unter Achtung der demokratischen Grundsätze sowie das Recht der Eltern, die Erziehung und den Unterricht ihrer Kinder entsprechend ihren eigenen religiösen, weltanschaulichen und erzieherischen Überzeugungen sicherzustellen, werden nach den einzelstaatlichen Gesetzen geachtet, welche ihre Ausübung regeln.

Art. 15 Berufsfreiheit und Recht zu arbeiten (1) Jede Person hat das Recht, zu arbeiten und einen frei gewählten oder angenommenen Beruf auszuüben.

(2) Alle Unionsbürgerinnen und Unionsbürger haben die Freiheit, in jedem Mitgliedstaat Arbeit zu suchen, zu arbeiten, sich niederzulassen oder Dienstleistungen zu erbringen.

(3) Die Staatsangehörigen dritter Länder, die im Hoheitsgebiet der Mitgliedstaaten arbeiten dürfen, haben Anspruch auf Arbeitsbedingungen, die denen der Unionsbürgerinnen und Unionsbürger entsprechen.

Art. 16 Unternehmerische Freiheit Die unternehmerische Freiheit wird nach dem Unionsrecht und den einzelstaatlichen Rechtsvorschriften und Gepflogenheiten anerkannt.

Art. 17 Eigentumsrecht (1) Jede Person hat das Recht, ihr rechtmäßig erworbenes Eigentum zu besitzen, zu nutzen, darüber zu verfügen und es zu vererben. Niemandem darf sein Eigentum entzogen werden, es sei denn aus Gründen des öffentlichen Interesses in den Fällen und unter den Bedingungen, die in einem Gesetz vorgesehen sind, sowie gegen eine rechtzeitige angemessene Entschädigung für den Verlust des Eigentums. Die Nutzung des Eigentums kann gesetzlich geregelt werden, soweit dies für das Wohl der Allgemeinheit erforderlich ist.

(2) Geistiges Eigentum wird geschützt.

Art. 18 Asylrecht Das Recht auf Asyl wird nach Maßgabe des Genfer Abkommens vom 28. Juli 1951 und des Protokolls vom 31. Januar 1967 über die Rechtsstellung der Flüchtlinge sowie nach Maßgabe des Vertrags über die Europäische Union und des Vertrags über die Arbeitsweise der Europäischen Union (im Folgenden „die Verträge") gewährleistet.

Art. 19 Schutz bei Abschiebung, Ausweisung und Auslieferung (1) Kollektivausweisungen sind nicht zulässig.

(2) Niemand darf in einen Staat abgeschoben oder ausgewiesen oder an einen Staat ausgeliefert werden, in dem für sie oder ihn das ernsthafte Risiko der Todesstrafe, der Folter oder einer anderen unmenschlichen oder erniedrigenden Strafe oder Behandlung besteht.

Titel III – Gleichheit

Art. 20 Gleichheit vor dem Gesetz Alle Personen sind vor dem Gesetz gleich.

Art. 21 Nichtdiskriminierung (1) Diskriminierungen insbesondere wegen des Geschlechts, der Rasse, der Hautfarbe, der ethnischen oder sozialen Herkunft, der genetischen Merkmale, der Sprache, der Religion oder der Weltanschauung, der politischen oder sonstigen Anschauung, der Zugehörigkeit zu einer nationalen Minderheit, des Vermögens, der Geburt, einer Behinderung, des Alters oder der sexuellen Ausrichtung sind verboten.
(2) Unbeschadet besonderer Bestimmungen der Verträge ist in ihrem Anwendungsbereich jede Diskriminierung aus Gründen der Staatsangehörigkeit verboten.

Art. 22 Vielfalt der Kulturen, Religionen und Sprachen Die Union achtet die Vielfalt der Kulturen, Religionen und Sprachen.

Art. 23 Gleichheit von Frauen und Männern Die Gleichheit von Frauen und Männern ist in allen Bereichen, einschließlich der Beschäftigung, der Arbeit und des Arbeitsentgelts, sicherzustellen.
Der Grundsatz der Gleichheit steht der Beibehaltung oder der Einführung spezifischer Vergünstigungen für das unterrepräsentierte Geschlecht nicht entgegen.

Art. 24 Rechte des Kindes (1) Kinder haben Anspruch auf den Schutz und die Fürsorge, die für ihr Wohlergehen notwendig sind. Sie können ihre Meinung frei äußern. Ihre Meinung wird in den Angelegenheiten, die sie betreffen, in einer ihrem Alter und ihrem Reifegrad entsprechenden Weise berücksichtigt.
(2) Bei allen Kinder betreffenden Maßnahmen öffentlicher Stellen oder privater Einrichtungen muss das Wohl des Kindes eine vorrangige Erwägung sein.
(3) Jedes Kind hat Anspruch auf regelmäßige persönliche Beziehungen und direkte Kontakte zu beiden Elternteilen, es sei denn, dies steht seinem Wohl entgegen.

Art. 25 Rechte älterer Menschen Die Union anerkennt und achtet das Recht älterer Menschen auf ein würdiges und unabhängiges Leben und auf Teilnahme am sozialen und kulturellen Leben.

Art. 26 Integration von Menschen mit Behinderung Die Union anerkennt und achtet den Anspruch von Menschen mit Behinderung auf Maßnahmen zur Gewährleistung ihrer Eigenständigkeit, ihrer sozialen und beruflichen Eingliederung und ihrer Teilnahme am Leben der Gemeinschaft.

Titel IV – Solidarität

Art. 27 Recht auf Unterrichtung und Anhörung der Arbeitnehmerinnen und Arbeitnehmer im Unternehmen Für die Arbeitnehmerinnen und Arbeitnehmer oder ihre Vertreter muss auf den geeigneten Ebenen eine rechtzeitige Unterrichtung und Anhörung in den Fällen und unter den Voraussetzungen gewährleistet sein, die nach dem Unionsrecht und den einzelstaatlichen Rechtsvorschriften und Gepflogenheiten vorgesehen sind.

Art. 28 Recht auf Kollektivverhandlungen und Kollektivmaßnahmen Die Arbeitnehmerinnen und Arbeitnehmer sowie die Arbeitgeberinnen und Arbeitgeber oder ihre jeweiligen Organisationen haben nach dem Unionsrecht und den einzelstaatlichen Rechtsvorschriften und Gepflogenheiten das Recht, Tarifverträge auf den geeigneten Ebenen auszuhandeln und zu schließen sowie bei Interessenkonflikten kollektive Maßnahmen zur Verteidigung ihrer Interessen, einschließlich Streiks, zu ergreifen.

Art. 29 Recht auf Zugang zu einem Arbeitsvermittlungsdienst Jeder Mensch hat das Recht auf Zugang zu einem unentgeltlichen Arbeitsvermittlungsdienst.

Art. 30 Schutz bei ungerechtfertigter Entlassung Jede Arbeitnehmerin und jeder Arbeitnehmer hat nach dem Unionsrecht und den einzelstaatlichen Rechtsvorschriften und Gepflogenheiten Anspruch auf Schutz vor ungerechtfertigter Entlassung.

Art. 31 Gerechte und angemessene Arbeitsbedingungen (1) Jede Arbeitnehmerin und jeder Arbeitnehmer hat das Recht auf gesunde, sichere und würdige Arbeitsbedingungen.
(2) Jede Arbeitnehmerin und jeder Arbeitnehmer hat das Recht auf eine Begrenzung der Höchstarbeitszeit, auf tägliche und wöchentliche Ruhezeiten sowie auf bezahlten Jahresurlaub.

Art. 32 Verbot der Kinderarbeit und Schutz der Jugendlichen am Arbeitsplatz Kinderarbeit ist verboten. Unbeschadet günstigerer Vorschriften für Jugendliche und abgesehen von begrenzten Ausnahmen darf das Mindestalter für den Eintritt in das Arbeitsleben das Alter, in dem die Schulpflicht endet, nicht unterschreiten.
Zur Arbeit zugelassene Jugendliche müssen ihrem Alter angepasste Arbeitsbedingungen erhalten und vor wirtschaftlicher Ausbeutung und vor jeder Arbeit geschützt werden, die ihre Sicherheit, ihre Gesundheit, ihre körperliche, geistige, sittliche oder soziale Entwicklung beeinträchtigen oder ihre Erziehung gefährden könnte.

Art. 33 Familien- und Berufsleben (1) Der rechtliche, wirtschaftliche und soziale Schutz der Familie wird gewährleistet.
(2) Um Familien- und Berufsleben miteinander in Einklang bringen zu können, hat jeder Mensch das Recht auf Schutz vor Entlassung aus einem mit der Mutterschaft zusammenhängenden Grund sowie den Anspruch auf einen bezahlten Mutterschaftsurlaub und auf einen Elternurlaub nach der Geburt oder Adoption eines Kindes.

Art. 34 Soziale Sicherheit und soziale Unterstützung (1) Die Union anerkennt und achtet das Recht auf Zugang zu den Leistungen der sozialen Sicherheit und zu den sozialen Diensten, die in Fällen wie Mutterschaft, Krankheit, Arbeitsunfall, Pflegebedürftigkeit oder im Alter sowie bei Verlust des Arbeitsplatzes Schutz gewährleisten, nach Maßgabe des Unionsrechts und der einzelstaatlichen Rechtsvorschriften und Gepflogenheiten.
(2) Jeder Mensch, der in der Union seinen rechtmäßigen Wohnsitz hat und seinen Aufenthalt rechtmäßig wechselt, hat Anspruch auf die Leistungen der sozialen Sicherheit und die sozialen Vergünstigungen nach dem Unionsrecht und den einzelstaatlichen Rechtsvorschriften und Gepflogenheiten.
(3) Um die soziale Ausgrenzung und die Armut zu bekämpfen, anerkennt und achtet die Union das Recht auf eine soziale Unterstützung und eine Unterstützung für die Wohnung, die allen, die nicht über ausreichende Mittel verfügen, ein menschenwürdiges Dasein sicherstellen sollen, nach Maßgabe des Unionsrechts und der einzelstaatlichen Rechtsvorschriften und Gepflogenheiten.

Art. 35 Gesundheitsschutz Jeder Mensch hat das Recht auf Zugang zur Gesundheitsvorsorge und auf ärztliche Versorgung nach Maßgabe der einzelstaatlichen Rechtsvorschriften und Gepflogenheiten. Bei der Festlegung und Durchführung der Politik und Maßnahmen der Union in allen Bereichen wird ein hohes Gesundheitsschutzniveau sichergestellt.

Art. 36 Zugang zu Dienstleistungen von allgemeinem wirtschaftlichen Interesse Die Union anerkennt und achtet den Zugang zu Dienstleistungen von allgemeinem wirtschaftlichen Interesse, wie er durch die einzelstaatlichen Rechtsvorschriften und Gepflogenheiten im Einklang mit den Verträgen geregelt ist, um den sozialen und territorialen Zusammenhalt der Union zu fördern.

Art. 37 Umweltschutz Ein hohes Umweltschutzniveau und die Verbesserung der Umweltqualität müssen in die Politik der Union einbezogen und nach dem Grundsatz der nachhaltigen Entwicklung sichergestellt werden.

Art. 38 Verbraucherschutz Die Politik der Union stellt ein hohes Verbraucherschutzniveau sicher.

Titel V – Bürgerrechte

Art. 39 Aktives und passives Wahlrecht bei den Wahlen zum Europäischen Parlament
(1) Die Unionsbürgerinnen und Unionsbürger besitzen in dem Mitgliedstaat, in dem sie ihren Wohnsitz haben, das aktive und passive Wahlrecht bei den Wahlen zum Europäischen Parlament unter denselben Bedingungen wie die Angehörigen des betreffenden Mitgliedstaats.
(2) Die Mitglieder des Europäischen Parlaments werden in allgemeiner, unmittelbarer, freier und geheimer Wahl gewählt.

Art. 40 Aktives und passives Wahlrecht bei den Kommunalwahlen Die Unionsbürgerinnen und Unionsbürger besitzen in dem Mitgliedstaat, in dem sie ihren Wohnsitz haben, das aktive und passive Wahlrecht bei Kommunalwahlen unter denselben Bedingungen wie die Angehörigen des betreffenden Mitgliedstaats.

Art. 41 Recht auf eine gute Verwaltung (1) Jede Person hat ein Recht darauf, dass ihre Angelegenheiten von den Organen, Einrichtungen und sonstigen Stellen der Union unparteiisch, gerecht und innerhalb einer angemessenen Frist behandelt werden.
(2) Dieses Recht umfasst insbesondere
a) das Recht jeder Person, gehört zu werden, bevor ihr gegenüber eine für sie nachteilige individuelle Maßnahme getroffen wird,
b) das Recht jeder Person auf Zugang zu den sie betreffenden Akten unter Wahrung des berechtigten Interesses der Vertraulichkeit sowie des Berufs- und Geschäftsgeheimnisses,
c) die Verpflichtung der Verwaltung, ihre Entscheidungen zu begründen.
(3) Jede Person hat Anspruch darauf, dass die Union den durch ihre Organe oder Bediensteten in Ausübung ihrer Amtstätigkeit verursachten Schaden nach den allgemeinen Rechtsgrundsätzen ersetzt, die den Rechtsordnungen der Mitgliedstaaten gemeinsam sind.
(4) Jede Person kann sich in einer der Sprachen der Verträge an die Organe der Union wenden und muss eine Antwort in derselben Sprache erhalten.

Art. 42 Recht auf Zugang zu Dokumenten Die Unionsbürgerinnen und Unionsbürger sowie jede natürliche oder juristische Person mit Wohnsitz oder satzungsmäßigem Sitz in einem Mitgliedstaat haben das Recht auf Zugang zu den Dokumenten der Organe, Einrichtungen und sonstigen Stellen der Union, unabhängig von der Form der für diese Dokumente verwendeten Träger.

Art. 43 Der Europäische Bürgerbeauftragte Die Unionsbürgerinnen und Unionsbürger sowie jede natürliche oder juristische Person mit Wohnsitz oder satzungsmäßigem Sitz in einem Mitgliedstaat haben das Recht, den Europäischen Bürgerbeauftragten im Falle von Missständen bei der Tätigkeit der Organe, Einrichtungen und sonstigen Stellen der Union, mit Ausnahme des Gerichtshofs der Europäischen Union in Ausübung seiner Rechtsprechungsbefugnisse, zu befassen.

Art. 44 Petitionsrecht Die Unionsbürgerinnen und Unionsbürger sowie jede natürliche oder juristische Person mit Wohnsitz oder satzungsmäßigem Sitz in einem Mitgliedstaat haben das Recht, eine Petition an das Europäische Parlament zu richten.

Art. 45 Freizügigkeit und Aufenthaltsfreiheit (1) Die Unionsbürgerinnen und Unionsbürger haben das Recht, sich im Hoheitsgebiet der Mitgliedstaaten frei zu bewegen und aufzuhalten.
(2) Staatsangehörigen von Drittländern, die sich rechtmäßig im Hoheitsgebiet eines Mitgliedstaats aufhalten, kann nach Maßgabe der Verträge Freizügigkeit und Aufenthaltsfreiheit gewährt werden.

Art. 46 Diplomatischer und konsularischer Schutz Die Unionsbürgerinnen und Unionsbürger genießen im Hoheitsgebiet eines Drittlands, in dem der Mitgliedstaat, dessen Staatsangehörigkeit sie besitzen, nicht vertreten ist, den Schutz durch die diplomatischen und konsularischen Behörden eines jeden Mitgliedstaats unter denselben Bedingungen wie Staatsangehörige dieses Staates.

Titel VI – Justizielle Rechte

Art. 47 Recht auf einen wirksamen Rechtsbehelf und ein unparteiisches Gericht Jede Person, deren durch das Recht der Union garantierte Rechte oder Freiheiten verletzt worden sind, hat das Recht, nach Maßgabe der in diesem Artikel vorgesehenen Bedingungen bei einem Gericht einen wirksamen Rechtsbehelf einzulegen.
Jede Person hat ein Recht darauf, dass ihre Sache von einem unabhängigen, unparteiischen und zuvor durch Gesetz errichteten Gericht in einem fairen Verfahren, öffentlich und innerhalb angemessener Frist verhandelt wird. Jede Person kann sich beraten, verteidigen und vertreten lassen.
Personen, die nicht über ausreichende Mittel verfügen, wird Prozesskostenhilfe bewilligt, soweit diese Hilfe erforderlich ist, um den Zugang zu den Gerichten wirksam zu gewährleisten.

Art. 48 Unschuldsvermutung und Verteidigungsrechte (1) Jeder Angeklagte gilt bis zum rechtsförmlich erbrachten Beweis seiner Schuld als unschuldig.
(2) Jedem Angeklagten wird die Achtung der Verteidigungsrechte gewährleistet.

Art. 49 Grundsätze der Gesetzmäßigkeit und der Verhältnismäßigkeit im Zusammenhang mit Straftaten und Strafen (1) Niemand darf wegen einer Handlung oder Unterlassung verurteilt werden, die zur Zeit ihrer Begehung nach innerstaatlichem oder internationalem Recht nicht strafbar war. Es darf auch keine schwerere Strafe als die zur Zeit der Begehung angedrohte Strafe verhängt werden. Wird nach Begehung einer Straftat durch Gesetz eine mildere Strafe eingeführt, so ist diese zu verhängen.

(2) Dieser Artikel schließt nicht aus, dass eine Person wegen einer Handlung oder Unterlassung verurteilt oder bestraft wird, die zur Zeit ihrer Begehung nach den allgemeinen, von der Gesamtheit der Nationen anerkannten Grundsätzen strafbar war.

(3) Das Strafmaß darf zur Straftat nicht unverhältnismäßig sein.

Art. 50 Recht, wegen derselben Straftat nicht zweimal strafrechtlich verfolgt oder bestraft zu werden Niemand darf wegen einer Straftat, derentwegen er bereits in der Union nach dem Gesetz rechtskräftig verurteilt oder freigesprochen worden ist, in einem Strafverfahren erneut verfolgt oder bestraft werden.

Titel VII – Allgemeine Bestimmungen über die Auslegung und Anwendung der Charta

Art. 51 Anwendungsbereich (1) Diese Charta gilt für die Organe, Einrichtungen und sonstigen Stellen der Union unter Wahrung des Subsidiaritätsprinzips und für die Mitgliedstaaten ausschließlich bei der Durchführung des Rechts der Union. Dementsprechend achten sie die Rechte, halten sie sich an die Grundsätze und fördern sie deren Anwendung entsprechend ihren jeweiligen Zuständigkeiten und unter Achtung der Grenzen der Zuständigkeiten, die der Union in den Verträgen übertragen werden.

(2) Diese Charta dehnt den Geltungsbereich des Unionsrechts nicht über die Zuständigkeiten der Union hinaus aus und begründet weder neue Zuständigkeiten noch neue Aufgaben für die Union, noch ändert sie die in den Verträgen festgelegten Zuständigkeiten und Aufgaben.

Art. 52 Tragweite und Auslegung der Rechte und Grundsätze (1) Jede Einschränkung der Ausübung der in dieser Charta anerkannten Rechte und Freiheiten muss gesetzlich vorgesehen sein und den Wesensgehalt dieser Rechte und Freiheiten achten. Unter Wahrung des Grundsatzes der Verhältnismäßigkeit dürfen Einschränkungen nur vorgenommen werden, wenn sie erforderlich sind und den von der Union anerkannten dem Gemeinwohl dienenden Zielsetzungen oder den Erfordernissen des Schutzes der Rechte und Freiheiten anderer tatsächlich entsprechen.

(2) Die Ausübung der durch diese Charta anerkannten Rechte, die in den Verträgen geregelt sind, erfolgt im Rahmen der in den Verträgen festgelegten Bedingungen und Grenzen.

(3) Soweit diese Charta Rechte enthält, die den durch die Europäische Konvention zum Schutz der Menschenrechte und Grundfreiheiten garantierten Rechten entsprechen, haben sie die gleiche Bedeutung und Tragweite, wie sie ihnen in der genannten Konvention verliehen wird. Diese Bestimmung steht dem nicht entgegen, dass das Recht der Union einen weiter gehenden Schutz gewährt.

(4) Soweit in dieser Charta Grundrechte anerkannt werden, wie sie sich aus den gemeinsamen Verfassungsüberlieferungen der Mitgliedstaaten ergeben, werden sie im Einklang mit diesen Überlieferungen ausgelegt.

(5) Die Bestimmungen dieser Charta, in denen Grundsätze festgelegt sind, können durch Akte der Gesetzgebung und der Ausführung der Organe, Einrichtungen und sonstigen Stellen der Union sowie durch Akte der Mitgliedstaaten zur Durchführung des Rechts der Union in Ausübung ihrer jeweiligen Zuständigkeiten umgesetzt werden. Sie können vor Gericht nur bei der Auslegung dieser Akte und bei Entscheidungen über deren Rechtmäßigkeit herangezogen werden.

(6) Den einzelstaatlichen Rechtsvorschriften und Gepflogenheiten ist, wie es in dieser Charta bestimmt ist, in vollem Umfang Rechnung zu tragen.

(7) Die Erläuterungen, die als Anleitung für die Auslegung dieser Charta verfasst wurden, sind von den Gerichten der Union und der Mitgliedstaaten gebührend zu berücksichtigen.

Art. 53 Schutzniveau Keine Bestimmung dieser Charta ist als eine Einschränkung oder Verletzung der Menschenrechte und Grundfreiheiten auszulegen, die in dem jeweiligen Anwendungsbereich durch das Recht der Union und das Völkerrecht sowie durch die internationalen Übereinkünfte, bei denen die Union oder alle Mitgliedstaaten Vertragsparteien sind, darunter insbesondere die Europäische Konvention zum Schutz der Menschenrechte und Grundfreiheiten, sowie durch die Verfassungen der Mitgliedstaaten anerkannt werden.

Art. 54 Verbot des Missbrauchs der Rechte Keine Bestimmung dieser Charta ist so auszulegen, als begründe sie das Recht, eine Tätigkeit auszuüben oder eine Handlung vorzunehmen, die darauf abzielt, die in der Charta anerkannten Rechte und Freiheiten abzuschaffen oder sie stärker einzuschränken, als dies in der Charta vorgesehen ist.

2.1 Richtlinie 2011/83/EU des Europäischen Parlaments und des Rates vom 25. Oktober 2011 über die Rechte der Verbraucher, zur Abänderung der Richtlinie 93/13/EWG des Rates und der Richtlinie 1999/44/EG des Europäischen Parlaments und des Rates sowie zur Aufhebung der Richtlinie 85/577/EWG des Rates und der Richtlinie 97/7/EG des Europäischen Parlaments und des Rates [Verbraucherrechte-RL]

ABl. 2011 L 304/64

DAS EUROPÄISCHE PARLAMENT UND DER RAT DER EUROPÄISCHEN UNION –
gestützt auf den Vertrag über die Arbeitsweise der Europäischen Union, insbesondere auf Artikel 114,
auf Vorschlag der Europäischen Kommission,
nach Stellungnahme des Europäischen Wirtschafts- und Sozialausschusses[1],
nach Stellungnahme des Ausschusses der Regionen[2],
gemäß dem ordentlichen Gesetzgebungsverfahren[3],
in Erwägung nachstehender Gründe:

(1)   In der Richtlinie 85/577/EWG des Rates vom 20. Dezember 1985 betreffend den Verbraucherschutz im Falle von außerhalb von Geschäftsräumen geschlossenen Verträgen[4] und der Richtlinie 97/7/EG des Europäischen Parlaments und des Rates vom 20. Mai 1997 über den Verbraucherschutz bei Vertragsabschlüssen im Fernabsatz[5] sind eine Reihe von vertraglichen Rechten der Verbraucher verankert.

(2)   Diese Richtlinien wurden im Lichte der gesammelten Erfahrungen im Hinblick darauf überprüft, ob die geltenden Rechtsvorschriften durch Beseitigung von Unstimmigkeiten und Regelungslücken vereinfacht und aktualisiert werden können. Diese Überprüfung hat ergeben, dass es sinnvoll ist, die beiden genannten Richtlinien durch eine einzige Richtlinie zu ersetzen. Daher sollten in dieser Richtlinie allgemeine Vorschriften für die gemeinsamen Aspekte von Fernabsatz- und außerhalb von Geschäftsräumen geschlossenen Verträgen festgelegt werden; dabei sollte der den älteren Richtlinien zugrunde liegende Mindestharmonisierungsansatz aufgegeben werden, wobei dennoch den Mitgliedstaaten gestattet werden sollte, innerstaatliche Rechtsvorschriften in Bezug auf bestimmte Aspekte beizubehalten oder einzuführen.

(3)   Artikel 169 Absatz 1 und Artikel 169 Absatz 2 Buchstabe a des Vertrags über die Arbeitsweise der Europäischen Union (AEUV) sehen vor, dass die Union durch Maßnahmen, die sie nach Artikel 114 erlässt, einen Beitrag zur Gewährleistung eines hohen Verbraucherschutzniveaus leistet.

(4)   Gemäß Artikel 26 Absatz 2 AEUV umfasst der Binnenmarkt einen Raum ohne Binnengrenzen, in dem der freie Verkehr von Waren und Dienstleistungen sowie die Niederlassungsfreiheit gewährleistet sind. Die Harmonisierung bestimmter Aspekte von im Fernabsatz und außerhalb von Geschäftsräumen geschlossenen Verbraucherverträgen ist unabdingbar, wenn ein echter Binnenmarkt für Verbraucher gefördert werden soll, in dem ein möglichst ausgewogenes Verhältnis zwischen einem hohen Verbraucherschutzniveau und der Wettbewerbsfähigkeit der Unternehmen bei gleichzeitiger Wahrung des Subsidiaritätsprinzips gewährleistet ist.

(5)   Das grenzüberschreitende Potenzial des Versandhandels, das zu den wichtigsten greifbaren Ergebnissen des Binnenmarkts gehören sollte, wird nicht in vollem Umfang ausgeschöpft. Im Vergleich zu dem erheblichen Wachstum, das in den letzten Jahren im inländischen Versandhandel verzeichnet werden konnte, gab es im grenzüberschreitenden Versandhandel nur ein geringes Wachstum. Diese Diskrepanz zeigt sich besonders deutlich beim Internethandel, bei dem das weitere Wachs-

---

1   ABl. C 317 vom 23.12.2009, S. 54.
2   ABl. C 200 vom 25.8.2009, S. 76.
3   Standpunkt des Europäischen Parlaments vom 23. Juni 2011 (noch nicht im Amtsblatt veröffentlicht) und Beschluss des Rates vom 10. Oktober 2011.
4   ABl. L 372 vom 31.12.1985, S. 31.
5   ABl. L 144 vom 4.6.1997, S. 19.

tumspotenzial groß ist. Das grenzüberschreitende Potenzial von Verträgen, die außerhalb von Geschäftsräumen abgeschlossen werden (Direktvertrieb) wird durch eine Reihe von Faktoren eingeschränkt, darunter auch unterschiedliche Verbraucherschutzvorschriften der Mitgliedstaaten, an die sich die Wirtschaft halten muss. Im Vergleich zum Wachstum des inländischen Direktvertriebs in den letzten Jahren, vor allem im Dienstleistungssektor (z. B. in der Versorgungswirtschaft), hat die Zahl der Verbraucher, die solche Kanäle grenzüberschreitend zum Einkauf nutzen, nicht zugenommen. Angesichts der besseren Geschäftsmöglichkeiten, die sich in vielen Mitgliedstaaten bieten, sollten kleine und mittlere Unternehmen (auch einzelne Unternehmer) oder Vertreter von Unternehmen, die im Direktvertrieb tätig sind, in stärkerem Maße bereit sein, in anderen Mitgliedstaaten, insbesondere in Grenzregionen, nach neuen Geschäftsmöglichkeiten Ausschau zu halten. Deshalb dürfte die vollständige Harmonisierung der Verbraucherinformation und des Widerrufsrechts in Verträgen, die im Fernabsatz oder außerhalb von Geschäftsräumen geschlossen werden, zu einem hohen Verbraucherschutzniveau und zum besseren Funktionieren des Binnenmarkts für Geschäfte zwischen Unternehmen und Verbrauchern beitragen.

(6)	Bestimmte Unterschiede schaffen erhebliche Hindernisse für den Binnenmarkt, von denen die Unternehmer und die Verbraucher betroffen sind. Aufgrund dieser Unterschiede müssen Unternehmer, die ihre Waren oder Dienstleistungen grenzüberschreitend anbieten wollen, höhere Kosten für die Einhaltung der Rechtsvorschriften aufwenden. Die unangemessene Rechtszersplitterung untergräbt auch das Vertrauen der Verbraucher in den Binnenmarkt.

(7)	Die vollständige Harmonisierung einiger wesentlicher Aspekte der einschlägigen Regelungen sollte die Rechtssicherheit für Verbraucher wie Unternehmer erheblich erhöhen. Sowohl die Verbraucher als auch die Unternehmer sollten sich auf einen einheitlichen Rechtsrahmen stützen können, der auf eindeutig definierten Rechtskonzepten basiert und bestimmte Aspekte von Verträgen zwischen Unternehmen und Verbrauchern unionsweit regelt. Durch eine solche Harmonisierung sollte es zur Beseitigung der sich aus der Rechtszersplitterung ergebenden Hindernisse und zur Vollendung des Binnenmarkts auf diesem Gebiet kommen. Die betreffenden Hindernisse lassen sich nur durch die Einführung einheitlicher Rechtsvorschriften auf Unionsebene abbauen. Darüber hinaus sollten die Verbraucher in den Genuss eines hohen, einheitlichen Verbraucherschutzniveaus in der gesamten Union kommen.

(8)	Die zu harmonisierenden Aspekte der Regelungen sollten nur Verträge zwischen Unternehmern und Verbrauchern betreffen. Deshalb sollte diese Richtlinie die innerstaatlichen Rechtsvorschriften über Arbeitsverträge und Verträge auf dem Gebiet des Erb-, Familien- und Gesellschaftsrechts unberührt lassen.

(9)	Diese Richtlinie enthält Bestimmungen über Informationen, die bei Fernabsatzverträgen, außerhalb von Geschäftsräumen geschlossenen Verträgen sowie anderen Verträgen als Fernabsatzverträgen und außerhalb von Geschäftsräumen geschlossenen Verträgen bereitgestellt werden müssen. Diese Richtlinie regelt auch das Widerrufsrecht bei Verträgen, die im Fernabsatz oder außerhalb von Geschäftsräumen abgeschlossen werden, und harmonisiert bestimmte Vorschriften in Bezug auf die Erfüllung und einige andere Aspekte von Verträgen zwischen Unternehmen und Verbrauchern.

(10)	Diese Richtlinie sollte die Verordnung (EG) Nr. 593/2008 des Europäischen Parlaments und des Rates vom 17. Juni 2008 über das auf vertragliche Schuldverhältnisse anzuwendende Recht (Rom I)[6] unberührt lassen.

(11)	Diese Richtlinie sollte die Vorschriften der Union zu spezifischen Bereichen, beispielsweise Humanarzneimittel, Medizinprodukte, Datenschutz bei der elektronischen Kommunikation, Patientenrechte in der grenzüberschreitenden Gesundheitsversorgung, Lebensmittelkennzeichnung und den Elektrizitäts- und Erdgasbinnenmarkt, unberührt lassen.

(12)	Die in dieser Richtlinie vorgesehenen Informationspflichten sollten die Informationspflichten nach der Richtlinie 2006/123/EG des Europäischen Parlaments und des Rates vom 12. Dezember 2006 über Dienstleistungen im Binnenmarkt[7] und nach der Richtlinie 2000/31/EG des Europäischen Parlaments und des Rates vom 8. Juni 2000 über bestimmte rechtliche Aspekte der Dienste der Informationsgesellschaft, insbesondere des elektronischen Geschäftsverkehrs, im Binnenmarkt („Richtlinie über den elektronischen Geschäftsverkehr")[8] ergänzen. Die Mitgliedstaaten sollten weiterhin die Möglichkeit haben, den in ihrem Hoheitsgebiet niedergelassenen Dienstleistungserbringern zusätzliche Informationspflichten aufzuerlegen.

(13)	Die Mitgliedstaaten sollten im Einklang mit dem Unionsrecht weiterhin befugt sein, diese Richtlinie auf Bereiche anzuwenden, die nicht in deren Anwendungsbereich fallen. Die Mitgliedstaaten

---

6	ABl. L 177 vom 4.7.2008, S. 6. [Rom I-VO, in dieser Sammlung Nr. 5.1.]
7	ABl. L 376 vom 27.12.2006, S. 36. [Dienstleistungs-RL, in dieser Sammlung Nr. 2.22.]
8	ABl. L 178 vom 17.7.2000, S. 1. [E-Commerce-RL, in dieser Sammlung Nr. 2.3.]

können daher den Bestimmungen oder einigen Bestimmungen dieser Richtlinie entsprechende nationale Rechtsvorschriften für Verträge, die nicht in den Geltungsbereich dieser Richtlinie fallen, beibehalten oder einführen. So können die Mitgliedstaaten beispielsweise beschließen, die Anwendung dieser Richtlinie auf juristische oder natürliche Personen auszudehnen, die keine „Verbraucher" im Sinne dieser Richtlinie sind, beispielsweise Nichtregierungsorganisationen, neu gegründete oder kleine und mittlere Unternehmen. Desgleichen können Mitgliedstaaten die Vorschriften dieser Richtlinie auf Verträge anwenden, die keine „Fernabsatzverträge" im Sinne dieser Richtlinie sind, etwa weil sie nicht im Rahmen eines für den Fernabsatz organisierten Vertriebs- bzw. Dienstleistungssystems abgeschlossen werden. Darüber hinaus können die Mitgliedstaaten auch nationale Rechtsvorschriften zu Themen beibehalten oder einführen, die in dieser Richtlinie nicht speziell behandelt werden, beispielsweise zusätzliche Vorschriften über Kaufverträge, auch im Hinblick auf die Lieferung von Waren oder auf Anforderungen bezüglich der Bereitstellung von Informationen während der Laufzeit eines Vertrags.

(14) Diese Richtlinie sollte das innerstaatliche Vertragsrecht unberührt lassen, soweit vertragsrechtliche Aspekte durch diese Richtlinie nicht geregelt werden. Deshalb sollte diese Richtlinie keine Wirkung auf nationale Rechtsvorschriften haben, die beispielsweise den Abschluss oder die Gültigkeit von Verträgen (zum Beispiel im Fall einer fehlenden Einigung) betreffen. Desgleichen sollte diese Richtlinie nationale Rechtsvorschriften in Bezug auf die allgemeinen vertraglichen Rechtsbehelfe, die Vorschriften des allgemeinen Wirtschaftsrechts (beispielsweise Vorschriften über überhöhte Preise oder Wucherpreise) und die Vorschriften über sittenwidrige Rechtsgeschäfte unberührt lassen.

(15) Durch diese Richtlinie sollten die sprachlichen Anforderungen für Verbraucherverträge nicht harmonisiert werden. Die Mitgliedstaaten können daher sprachliche Anforderungen in Bezug auf die Vertragsinformationen und die Vertragsklauseln in ihrem nationalen Recht beibehalten oder einführen.

(16) Diese Richtlinie sollte die nationalen Rechtsvorschriften über die gesetzliche Vertretung, wie z. B. die Vorschriften zu der Person, die im Namen des Unternehmers oder auf dessen Rechnung handelt (beispielsweise ein Handelsvertreter oder ein Treuhänder), unberührt lassen. Auf diesem Gebiet sollten die Mitgliedstaaten zuständig bleiben. Diese Richtlinie sollte für alle Unternehmer im öffentlich-rechtlichen und im privaten Sektor gelten.

(17) Die Definition des Verbrauchers sollte natürliche Personen, die außerhalb ihrer gewerblichen, geschäftlichen, handwerklichen oder beruflichen Tätigkeit handeln, umfassen. Wird der Vertrag jedoch teilweise für gewerbliche und teilweise für nichtgewerbliche Zwecke abgeschlossen (Verträge mit doppeltem Zweck) und ist der gewerbliche Zweck im Gesamtzusammenhang des Vertrags nicht überwiegend, so sollte diese Person auch als Verbraucher betrachtet werden.

(18) Diese Richtlinie berührt nicht das Recht der Mitgliedstaaten, im Einklang mit dem Unionsrecht festzulegen, welche Leistungen sie als von allgemeinem wirtschaftlichem Interesse erachten, wie diese Dienstleistungen unter Beachtung der Vorschriften über staatliche Beihilfen organisiert und finanziert werden sollten und welchen spezifischen Verpflichtungen sie unterliegen sollten.

(19) „Digitale Inhalte" bezeichnet Daten, die in digitaler Form hergestellt und bereitgestellt werden, wie etwa Computerprogramme, Anwendungen (Apps), Spiele, Musik, Videos oder Texte, unabhängig davon, ob auf sie durch Herunterladen oder Herunterladen in Echtzeit (Streaming), von einem körperlichen Datenträger oder in sonstiger Weise zugegriffen wird. Verträge über die Bereitstellung von digitalen Inhalten sollten in den Geltungsbereich dieser Richtlinie fallen. Werden digitale Inhalte auf einem körperlichen Datenträger wie einer CD oder DVD bereitgestellt, sollten diese als Waren im Sinne dieser Richtlinie betrachtet werden. Vergleichbar mit Verträgen über die Lieferung von Wasser, Gas oder Strom, wenn sie nicht in einem begrenzten Volumen oder in einer bestimmten Menge zum Verkauf angeboten werden, oder über die Lieferung von Fernwärme, sollten Verträge über digitale Inhalte, die nicht auf einem körperlichen Datenträger bereitgestellt werden, für die Zwecke dieser Richtlinie weder als Kaufverträge noch als Dienstleistungsverträge betrachtet werden. Für derartige Verträge sollte der Verbraucher ein Widerrufsrecht haben, es sei denn, er hat während der Widerrufsfrist dem Beginn der Vertragserfüllung zugestimmt und zur Kenntnis genommen, dass er infolgedessen sein Widerrufsrecht verliert. Über die allgemeinen Informationspflichten hinaus sollte der Unternehmer den Verbraucher über die Funktionsweise und – soweit wesentlich – die Interoperabilität digitaler Inhalte informieren. Der Begriff der Funktionsweise sollte sich darauf beziehen, wie digitale Inhalte verwendet werden können, etwa für die Nachverfolgung des Verhaltens des Verbrauchers; er sollte sich auch auf das Vorhandensein bzw. Nichtvorhandensein von technischen Beschränkungen wie den Schutz mittels digitaler Rechteverwaltung oder Regionalcodierung beziehen. Der Begriff der wesentlichen Interoperabilität beschreibt die Information in Bezug auf die standardmäßige Umgebung an Hard- und Software, mit der die digitalen Inhalte kompatibel sind, etwa das Betriebssystem, die notwendige Version und bestimmte Ei-

genschaften der Hardware. Die Kommission sollte prüfen, inwieweit für digitale Inhalte eine weitere Harmonisierung der Bestimmungen erforderlich ist, und gegebenenfalls einen entsprechenden Gesetzgebungsvorschlag vorlegen.

(20) Die Begriffsbestimmung von Fernabsatzverträgen sollte alle Fälle erfassen, in denen ein Vertrag zwischen einem Unternehmer und einem Verbraucher im Rahmen eines für die Lieferung im Fernvertrieb organisierten Verkaufs- oder Dienstleistungserbringungssystems geschlossen wird, wobei bis einschließlich zum Zeitpunkt des Vertragsabschlusses ausschließlich ein oder mehrere Fernkommunikationsmittel verwendet wird/werden (z.B. Bestellung per Post, Internet, Telefon oder Fax). Diese Begriffsbestimmung sollte auch Situationen erfassen, in denen der Verbraucher die Geschäftsräume lediglich zum Zwecke der Information über die Waren oder Dienstleistungen aufsucht und anschließend den Vertrag aus der Ferne verhandelt und abschließt. Im Gegensatz dazu sollte ein Vertrag, der in den Geschäftsräumen eines Unternehmers verhandelt und letztendlich über ein Fernkommunikationsmittel geschlossen wird, nicht als Fernabsatzvertrag gelten. Desgleichen sollte ein Vertrag, der über ein Fernkommunikationsmittel angebahnt und letztendlich in den Geschäftsräumen des Unternehmers geschlossen wird, nicht als Fernabsatzvertrag gelten. Desgleichen sollte der Begriff des Fernabsatzvertrags auch keine Reservierungen eines Verbrauchers über ein Fernkommunikationsmittel im Hinblick auf die Dienstleistung eines Fachmanns, wie beispielsweise im Fall eines Telefonanrufs eines Verbrauchers zur Terminvereinbarung mit einem Friseur, einschließen. Der Begriff eines für die Lieferung im Fernabsatz organisierten Vertriebs- bzw. Dienstleistungserbringungssystems sollte von einem Dritten angebotene Fernabsatz- oder Dienstleistungssysteme erfassen, die von Unternehmern verwendet werden, wie etwa eine Online-Plattform. Der Begriff sollte jedoch nicht Fälle erfassen, in denen Webseiten lediglich Informationen über den Unternehmer, seine Waren und/oder Dienstleistungen und seine Kontaktdaten anbieten.

(21) Ein außerhalb von Geschäftsräumen geschlossener Vertrag sollte definiert werden als ein Vertrag, der bei gleichzeitiger körperlicher Anwesenheit des Unternehmers und des Verbrauchers an einem Ort, der nicht zu den Geschäftsräumen des Unternehmers gehört, geschlossen wird, also beispielsweise in der Wohnung oder am Arbeitsplatz des Verbrauchers. Außerhalb von Geschäftsräumen steht der Verbraucher möglicherweise psychisch unter Druck oder ist einem Überraschungsmoment ausgesetzt, wobei es keine Rolle spielt, ob der Verbraucher den Besuch des Unternehmers herbeigeführt hat oder nicht. Die Begriffsbestimmung für außerhalb von Geschäftsräumen geschlossene Verträge sollte auch Situationen einschließen, in denen der Verbraucher außerhalb von Geschäftsräumen persönlich und individuell angesprochen wird, der Vertrag aber unmittelbar danach in den Geschäftsräumen des Unternehmers oder über Fernkommunikationsmittel geschlossen wird. Die Begriffsbestimmung für außerhalb von Geschäftsräumen geschlossene Verträge sollte nicht Situationen umfassen, in denen der Unternehmer zunächst in die Wohnung des Verbrauchers kommt, um ohne jede Verpflichtung des Verbrauchers lediglich Maße aufzunehmen oder eine Schätzung vorzunehmen, und der Vertrag danach erst zu einem späteren Zeitpunkt in den Geschäftsräumen des Unternehmers oder mittels Fernkommunikationsmittel auf der Grundlage der Schätzung des Unternehmers abgeschlossen wird. In diesen Fällen ist nicht davon auszugehen, dass der Vertrag unmittelbar, nachdem der Unternehmer den Verbraucher angesprochen hat, geschlossen worden ist, wenn der Verbraucher Zeit gehabt hatte, vor Vertragsabschluss über die Schätzung des Unternehmers nachzudenken. Käufe während eines vom Unternehmer organisierten Ausflugs, in dessen Verlauf die erworbenen Erzeugnisse beworben und zum Verkauf angeboten werden, sollten als außerhalb von Geschäftsräumen geschlossene Verträge gelten.

(22) Als Geschäftsräume sollten alle Arten von Räumlichkeiten (wie Geschäfte, Stände oder Lastwagen) gelten, an denen der Unternehmer sein Gewerbe ständig oder gewöhnlich ausübt. Markt- und Messestände sollten als Geschäftsräume behandelt werden, wenn sie diese Bedingung erfüllen. Verkaufsstätten, in denen der Unternehmer seine Tätigkeit saisonal ausübt, beispielsweise während der Fremdenverkehrssaison an einem Skiort oder Seebadeort, sollten als Geschäftsräume angesehen werden, wenn der Unternehmer seine Tätigkeit in diesen Geschäftsräumen für gewöhnlich ausübt. Der Öffentlichkeit zugängliche Orte wie Straßen, Einkaufszentren, Strände, Sportanlagen und öffentliche Verkehrsmittel, die der Unternehmer ausnahmsweise für seine Geschäftstätigkeiten nutzt, sowie Privatwohnungen oder Arbeitsplätze sollten nicht als Geschäftsräume gelten. Die Geschäftsräume einer Person, die im Namen oder für Rechnung des Unternehmers gemäß dieser Richtlinie handelt, sollten als Geschäftsräume im Sinne dieser Richtlinie gelten.

(23) Dauerhafte Datenträger sollten es dem Verbraucher ermöglichen, Informationen so lange zu speichern, wie es für den Schutz seiner Interessen in den Beziehungen zum Unternehmer erforderlich ist. Zu diesen dauerhaften Datenträgern sollten insbesondere Papier, USB-Sticks, CD-ROMs, DVDs, Speicherkarten oder die Festplatten von Computern sowie E-Mails gehören.

(24) Bei einer öffentlichen Versteigerung sind Unternehmer und Verbraucher persönlich anwesend oder erhalten die Möglichkeit, bei ihr persönlich anwesend zu sein. Die Waren oder Dienstleistungen

41

2.1 Verbraucherrechte-RL

werden dem Verbraucher vom Unternehmer im Rahmen eines in einigen Mitgliedstaaten gesetzlich zugelassenen Bieterverfahrens öffentlich zum Kauf angeboten. Die Person, die den Zuschlag erhält, ist zum Erwerb der Waren oder Dienstleistungen verpflichtet. Die Verwendung von Online-Plattformen, die Verbrauchern und Unternehmern zu Versteigerungszwecken zur Verfügung stehen, sollte nicht als öffentliche Versteigerung im Sinne dieser Richtlinie gelten.

(25) Verträge im Zusammenhang mit Fernwärme sollten in den Geltungsbereich dieser Richtlinie fallen, ähnlich wie Verträge über die Lieferung von Wasser, Gas oder Strom. Fernwärme ist in einer zentralen Anlage erzeugte Wärme, unter anderem in Form von Dampf oder Heißwasser, die über ein Rohrleitungs- und Verteilungsnetz einer Vielzahl von Wärmeverbrauchern zu Heizzwecken zugeführt wird.

(26) Verträge über die Übertragung von Immobilien oder von Rechten an Immobilien oder die Begründung oder den Erwerb solcher Immobilien oder Rechte, Verträge über den Bau von neuen Gebäuden oder über erhebliche Umbaumaßnahmen an bestehenden Gebäuden sowie über die Vermietung von Wohnraum sind bereits Gegenstand einer Reihe spezifischer einzelstaatlicher Rechtsvorschriften. Zu diesen Verträgen gehören beispielsweise der Verkauf noch zu bebauender Liegenschaften und der Mietkauf. Die in dieser Richtlinie enthaltenen Bestimmungen eignen sich nicht für diese Verträge, welche daher vom Geltungsbereich dieser Richtlinie ausgenommen werden sollten. Erhebliche Umbaumaßnahmen sind solche, die dem Bau eines neuen Gebäudes vergleichbar sind, beispielsweise Baumaßnahmen, bei denen nur die Fassade eines alten Gebäudes erhalten bleibt. Dienstleistungsverträge insbesondere im Zusammenhang mit der Errichtung von Anbauten an Gebäude (z. B. dem Anbau einer Garage oder eines Wintergartens) und im Zusammenhang mit der Instandsetzung und Renovierung von Gebäuden, die keine erheblichen Umbauarbeiten darstellen, sowie auch Verträge über Dienstleistungen von Immobilienmaklern und über die Vermietung von Räumen für andere als Wohnzwecke sollten unter diese Richtlinie fallen.

(27) Beförderungsdienstleistungen schließen die Beförderung von Personen und die Beförderung von Gütern ein. Die Beförderung von Personen sollte vom Geltungsbereich dieser Richtlinie ausgenommen sein, weil sie bereits im Rahmen anderer Unionsvorschriften geregelt wird, beziehungsweise, was den öffentlichen Verkehr und Taxis betrifft, auf nationaler Ebene geregelt ist. Die in dieser Richtlinie enthaltenen Vorschriften zum Schutz des Verbrauchers gegen überhöhte Entgelte für die Verwendung bestimmter Zahlungsmittel oder gegen versteckte Kosten sollten jedoch auch auf Personenbeförderungsverträge Anwendung finden. In Bezug auf die Beförderung von Gütern und die Vermietung von Kraftfahrzeugen, sofern diese Dienstleistungen darstellen, sollten Verbraucher mit Ausnahme des Widerrufsrechts durch diese Richtlinie geschützt werden.

(28) Um Verwaltungsaufwand für Unternehmer zu vermeiden, können die Mitgliedstaaten beschließen, diese Richtlinie nicht auf Fälle anzuwenden, in denen Waren oder Dienstleistungen von geringem Wert außerhalb von Geschäftsräumen verkauft werden. Der Schwellenbetrag sollte so niedrig festgesetzt werden, dass nur Geschäfte von geringer Bedeutung ausgeschlossen werden. Den Mitgliedstaaten sollte es gestattet sein, diesen Schwellenwert in ihrem nationalen Recht festzusetzen; er darf aber 50 EUR nicht überschreiten. Werden zwei oder mehr Verträge, die in Bezug auf ihren Gegenstand zusammenhängen, vom Verbraucher gleichzeitig geschlossen, so sollten deren Gesamtkosten für diesen Schwellenwert maßgebend sein.

(29) Sozialdienstleistungen haben grundlegend unterschiedliche Merkmale, die in sektorspezifischer Gesetzgebung, zum Teil auf Unionsebene und zum Teil auf einzelstaatlicher Ebene, ihren Niederschlag finden. Zu den Sozialdienstleistungen gehören zum einen Dienstleistungen für besonders benachteiligte oder einkommensschwache Personen sowie Dienstleistungen für Personen und Familien, die bei routinemäßigen Handlungen und alltäglichen Verrichtungen auf Hilfe angewiesen sind, und zum anderen Dienstleistungen für alle Menschen, die in einer besonderen Phase ihres Lebens Hilfe, Unterstützung, Schutz oder Zuspruch benötigen. Zu den Sozialdienstleistungen gehören unter anderem Dienstleistungen für Kinder und Jugendliche, Dienstleistungen zur Unterstützung von Familien, Alleinerziehenden und älteren Menschen sowie Dienstleistungen für Migranten. Sozialdienstleistungen schließen sowohl Dienstleistungen der Kurzzeit- als auch der Langzeitpflege ein, die beispielsweise von häuslichen Pflegediensten, im Rahmen von betreuten Wohnformen und in Wohnheimen oder -stätten („Pflegeheimen") erbracht werden. Zu den Sozialdienstleistungen zählen nicht nur staatliche Sozialdienstleistungen, die auf nationaler, regionaler oder lokaler Ebene durch staatlich beauftragte Dienstleister oder staatlich anerkannte Wohlfahrtsorganisationen geleistet werden, sondern auch Sozialdienstleistungen privater Anbieter. Die Bestimmungen dieser Richtlinie eignen sich nicht für Sozialdienstleistungen; diese sollten daher vom Geltungsbereich dieser Richtlinie ausgenommen werden.

(30) Für die Gesundheitsversorgung sind wegen ihrer technischen Komplexität, ihrer Bedeutung als Dienst von allgemeinem Interesse und ihrer weitgehenden öffentlichen Finanzierung besondere Regelungen erforderlich. Die Gesundheitsversorgung ist in der Richtlinie 2011/24/EU des Euro-

päischen Parlaments und des Rates vom 9. März 2011 über die Ausübung der Patientenrechte in der grenzüberschreitenden Gesundheitsversorgung[9] definiert als „Gesundheitsdienstleistungen, die von Angehörigen der Gesundheitsberufe gegenüber Patienten erbracht werden, um deren Gesundheitszustand zu beurteilen, zu erhalten oder wiederherzustellen, einschließlich der Verschreibung, Abgabe und Bereitstellung von Arzneimitteln und Medizinprodukten". Ein Angehöriger der Gesundheitsberufe ist in dieser Richtlinie definiert als ein Arzt, eine Krankenschwester oder ein Krankenpfleger für allgemeine Pflege, ein Zahnarzt, eine Hebamme oder ein Apotheker im Sinne der Richtlinie 2005/36/EG des Europäischen Parlaments und des Rates vom 7. September 2005 über die Anerkennung von Berufsqualifikationen[10] oder eine andere Fachkraft, die im Gesundheitsbereich Tätigkeiten ausübt, die einem reglementierten Beruf im Sinne von Artikel 3 Absatz 1 Buchstabe a der Richtlinie 2005/36/EG vorbehalten sind, oder eine Person, die nach den Rechtsvorschriften des Behandlungsmitgliedstaats als Angehöriger der Gesundheitsberufe gilt. Die Bestimmungen dieser Richtlinie eignen sich nicht für die Gesundheitsversorgung; diese sollte daher vom Geltungsbereich dieser Richtlinie ausgenommen werden.

(31) Glücksspiele sollten vom Geltungsbereich dieser Richtlinie ausgenommen werden. Glücksspiele sind Spiele, bei denen ein geldwerter Einsatz verlangt wird, einschließlich Lotterien, Glücksspiele in Spielkasinos und Wetten. Mitgliedstaaten sollten andere, auch strengere Verbraucherschutzmaßnahmen in Bezug auf diese Tätigkeiten einführen können.

(32) Das geltende Unionsrecht unter anderem über Finanzdienstleistungen für Verbraucher, Pauschalreisen und Teilzeitnutzungsverträge enthält zahlreiche Verbraucherschutzbestimmungen. Deshalb sollte diese Richtlinie für Verträge in diesen Bereichen nicht gelten. Was Finanzdienstleistungen betrifft, sollten die Mitgliedstaaten ermutigt werden, sich bei der Schaffung von neuen Rechtsvorschriften in nicht auf Unionsebene geregelten Bereichen von den maßgeblichen bestehenden Rechtsvorschriften der Union in diesem Bereich anregen zu lassen, so dass gleiche Ausgangsbedingungen für alle Verbraucher und alle Verträge über Finanzdienstleistungen gewährleistet sind.

(33) Der Unternehmer sollte verpflichtet sein, den Verbraucher im Voraus über etwaige Geschäftsmodalitäten zu informieren, die dazu führen, dass der Verbraucher dem Unternehmer eine Kaution zahlt; dazu gehören auch Modalitäten, bei denen ein Betrag auf der Kredit- oder Debitkarte des Verbrauchers gesperrt wird.

(34) Bevor der Verbraucher durch einen Fernabsatzvertrag oder einen außerhalb von Geschäftsräumen geschlossenen Vertrag, durch einen anderen als einen Fernabsatzvertrag oder außerhalb von Geschäftsräumen geschlossenen Vertrag oder ein entsprechendes Vertragsangebot gebunden ist, sollte der Unternehmer den Verbraucher in klarer und verständlicher Weise informieren. Bei der Bereitstellung dieser Informationen sollte der Unternehmer den besonderen Bedürfnissen von Verbrauchern Rechnung tragen, die aufgrund ihrer geistigen oder körperlichen Behinderung, ihrer psychischen Labilität, ihres Alters oder ihrer Leichtgläubigkeit in einer Weise besonders schutzbedürftig sind, die für den Unternehmer vernünftigerweise erkennbar ist. Die Berücksichtigung dieser besonderen Bedürfnisse sollte jedoch nicht zu unterschiedlichen Verbraucherschutzniveaus führen.

(35) Die dem Verbraucher vom Unternehmer zur Verfügung zu stellenden Informationen sollten obligatorisch sein und sollten nicht geändert werden. Dennoch sollten die Vertragsparteien eine ausdrückliche Vereinbarung über die Änderung des Inhalts des anschließend abgeschlossenen Vertrags, etwa hinsichtlich der Lieferbedingungen, abschließen können.

(36) Bei Fernabsatzverträgen sollten die Informationspflichten so angepasst werden, dass den technischen Beschränkungen, denen bestimmte Medien unterworfen sind, Rechnung getragen werden kann, wie zum Beispiel der beschränkten Anzahl der Zeichen auf bestimmten Displays von Mobiltelefonen oder dem Zeitrahmen für Werbespots im Fernsehen. In diesen Fällen sollte sich der Unternehmer an Mindestanforderungen hinsichtlich der Information halten und den Verbraucher an eine andere Informationsquelle verweisen, beispielsweise durch Angabe einer gebührenfreien Telefonnummer oder eines Hypertext-Links zu einer Webseite des Unternehmers, auf der die einschlägigen Informationen unmittelbar abrufbar und leicht zugänglich sind. Die Pflicht zur Information darüber, dass der Verbraucher die Kosten für die Rücksendung der Waren zu tragen hat, wenn die Waren aufgrund ihrer Beschaffenheit nicht auf dem normalen Postweg zurückgesendet werden können, gilt als erfüllt, wenn der Unternehmer etwa einen Beförderer (beispielsweise den, den er mit der Warenlieferung beauftragt hat) und einen Preis für die Rücksendung der Waren angibt. In den Fällen, in denen die Kosten für die Rücksendung der Waren vom Unternehmer vernünftigerweise nicht im Voraus berechnet werden können, beispielsweise weil der Unternehmer nicht anbietet, die Rücksendung der Waren selbst zu organisieren, sollte der Unternehmer erklären, dass Kos-

---

9 ABl. L 88 vom 4.4.2011, S. 45.
10 ABl. L 255 vom 30.9.2005, S. 22.

ten zu entrichten sind und diese Kosten hoch sein können, einschließlich einer vernünftigen Schätzung der Höchstkosten, die auf den Kosten der Lieferung an den Verbraucher basieren könnte.

(37) Da der Verbraucher im Versandhandel die Waren nicht sehen kann, bevor er den Vertrag abschließt, sollte ihm ein Widerrufsrecht zustehen. Aus demselben Grunde sollte dem Verbraucher gestattet werden, die Waren, die er gekauft hat, zu prüfen und zu untersuchen, um die Beschaffenheit, die Eigenschaften und die Funktionsweise der Waren festzustellen. Bei außerhalb von Geschäftsräumen geschlossenen Verträgen sollte dem Verbraucher aufgrund des möglichen Überraschungsmoments und/ oder psychologischen Drucks das Recht auf Widerruf zustehen. Der Widerruf des Vertrags sollte die Verpflichtung der Parteien beenden, den Vertrag zu erfüllen.

(38) Auf den Webseiten für den elektronischen Geschäftsverkehr sollte spätestens bei Beginn des Bestellvorgangs klar und deutlich angegeben werden, ob Lieferbeschränkungen bestehen und welche Zahlungsarten akzeptiert werden.

(39) Es ist wichtig, dass sichergestellt wird, dass die Verbraucher bei Fernabsatzverträgen, die über Webseiten abgeschlossen werden, in der Lage sind, die Hauptbestandteile des Vertrags vor Abgabe ihrer Bestellung vollständig zu lesen und zu verstehen. Zu diesem Zweck sollte in dieser Richtlinie dafür Sorge getragen werden, dass diese Vertragsbestandteile in unmittelbarer Nähe der für die Abgabe der Bestellung erforderlichen Bestätigung angezeigt werden. Es ist außerdem wichtig, in Situationen dieser Art sicherzustellen, dass die Verbraucher den Zeitpunkt erkennen, zu dem sie gegenüber dem Unternehmer eine Zahlungsverpflichtung eingehen. Aus diesem Grunde sollte die Aufmerksamkeit der Verbraucher durch eine unmissverständliche Formulierung auf die Tatsache gelenkt werden, dass die Abgabe der Bestellung eine Zahlungsverpflichtung gegenüber dem Unternehmer zur Folge hat.

(40) Der Umstand, dass die Widerrufsfristen derzeit sowohl zwischen verschiedenen Mitgliedstaaten als auch zwischen Verträgen im Fernabsatz und außerhalb von Geschäftsräumen geschlossenen Verträgen unterschiedlich lang sind, verursacht Rechtsunsicherheit und Kosten. Die Widerrufsfrist sollte deshalb für sämtliche im Fernabsatz und außerhalb von Geschäftsräumen geschlossene Verträge dieselbe sein. Bei Dienstleistungsverträgen sollte die Widerrufsfrist 14 Tage nach dem Vertragsabschluss enden. Bei Kaufverträgen sollte die Widerrufsfrist 14 Tage nach dem Tag enden, an dem der Verbraucher oder ein von ihm benannter Dritter, der nicht der Beförderer ist, in den Besitz der Waren gelangt. Zudem sollte der Verbraucher das Widerrufsrecht ausüben können, bevor die Waren physisch in Empfang genommen werden. Wenn der Verbraucher mehrere Waren in einer Bestellung bestellt, diese dann jedoch getrennt geliefert werden, sollte die Widerrufsfrist 14 Tage nach dem Tag enden, an dem der Verbraucher in den Besitz der zuletzt gelieferten Ware gelangt. Werden Waren in mehreren Partien oder Teilen geliefert, so sollte die Widerrufsfrist 14 Tage nach dem Tag enden, an dem der Verbraucher den Besitz an der letzten Partie oder dem letzten Teil erlangt.

(41) Zur Gewährleistung der Rechtssicherheit ist es zweckmäßig, die Verordnung (EWG, Euratom) Nr. 1182/71 des Rates vom 3. Juni 1971 zur Festlegung der Regeln für die Fristen, Daten und Termine[11] auf die Berechnung der in dieser Richtlinie genannten Fristen anzuwenden. Deshalb sollten alle in dieser Richtlinie genannten Fristen als in Kalendertagen ausgedrückt zu verstehen sein. Ist für den Anfang einer nach Tagen bemessenen Frist der Zeitpunkt maßgebend, zu dem ein Ereignis eintritt oder eine Handlung vorgenommen wird, so sollte bei der Berechnung dieser Frist der Tag nicht mitgerechnet werden, auf den das Ereignis oder die Handlung fällt.

(42) Die Bestimmungen zum Widerrufsrecht sollten die Rechts- und Verwaltungsvorschriften der Mitgliedstaaten über die Beendigung oder die Unwirksamkeit eines Vertrags oder die Möglichkeit eines Verbrauchers, seine vertraglichen Verpflichtungen vor der in dem Vertrag festgesetzten Frist zu erfüllen, unberührt lassen.

(43) Wurde der Verbraucher vor dem Abschluss eines Fernabsatzvertrags oder außerhalb von Geschäftsräumen geschlossenen Vertrags vom Unternehmer nicht angemessen informiert, so sollte sich die Widerrufsfrist verlängern. Damit jedoch Rechtssicherheit bezüglich der Dauer der Widerrufsfrist gewährleistet ist, sollte eine Begrenzung der Frist auf zwölf Monate eingeführt werden.

(44) Durch Unterschiede in der Art und Weise der Ausübung des Widerrufsrechts in den Mitgliedstaaten sind den im grenzüberschreitenden Handel tätigen Unternehmern Kosten entstanden. Die Einführung eines harmonisierten Musterformulars für den Widerruf, das der Verbraucher benutzen kann, sollte das Widerrufsverfahren vereinfachen und für Rechtssicherheit sorgen. Aus diesen Gründen sollten die Mitgliedstaaten über das unionsweit einheitliche Musterformular hinaus keine weiteren Anforderungen an die optische Gestaltung des Widerrufs – etwa in Bezug auf die Schriftgröße – stellen. Dem Verbraucher sollte es jedoch nach wie vor freistehen, den Vertrag mit seinen

---

11   ABl. L 124 vom 8.6.1971, S. 1.

eigenen Worten zu widerrufen, vorausgesetzt, seine an den Unternehmer gerichtete Erklärung, aus der seine Widerrufsentscheidung hervorgeht, ist unmissverständlich. Diese Anforderung könnte durch einen Brief, einen Telefonanruf oder durch die Rücksendung der Waren, begleitet von einer deutlichen Erklärung, erfüllt sein; die Beweislast, dass der Widerruf innerhalb der in der Richtlinie festgelegten Fristen erfolgt ist, sollte jedoch dem Verbraucher obliegen. Aus diesem Grund ist es im Interesse des Verbrauchers, für die Mitteilung des Widerrufs an den Unternehmer einen dauerhaften Datenträger zu verwenden.

(45) Da erfahrungsgemäß viele Verbraucher und Unternehmer die Kommunikation über die Webseite des Unternehmers vorziehen, sollte Letzterer die Möglichkeit haben, den Verbrauchern ein Web-Musterformular für den Widerruf zur Verfügung zu stellen. In diesem Fall sollte der Unternehmer den Eingang des Widerrufs unverzüglich bestätigen, beispielsweise per E-Mail.

(46) Falls der Verbraucher den Vertrag widerruft, sollte der Unternehmer alle Zahlungen, die er vom Verbraucher erhalten hat, erstatten; hierzu gehören auch Zahlungen für Aufwendungen des Unternehmers im Zusammenhang mit der Lieferung der Waren an den Verbraucher. Die Erstattung sollte nicht in Form eines Gutscheins erfolgen, es sei denn, der Verbraucher hat für die ursprüngliche Transaktion Gutscheine verwendet oder diese ausdrücklich akzeptiert. Wenn der Verbraucher ausdrücklich eine bestimmte Art der Lieferung gewählt hat (zum Beispiel eine Expresslieferung innerhalb von 24 Stunden), obwohl der Unternehmer eine normale und allgemein akzeptable Art der Lieferung angeboten hatte, die geringere Lieferkosten verursacht hätte, sollte der Verbraucher den Kostenunterschied zwischen diesen beiden Arten der Lieferung tragen.

(47) Manche Verbraucher üben ihr Widerrufsrecht aus, nachdem sie die Waren in einem größeren Maß genutzt haben, als zur Feststellung ihrer Beschaffenheit, ihrer Eigenschaften und ihrer Funktionsweise nötig gewesen wäre. In diesem Fall sollte der Verbraucher das Widerrufsrecht nicht verlieren, sollte aber für einen etwaigen Wertverlust der Waren haften. Wenn er Beschaffenheit, Eigenschaften und Funktionsweise der Waren feststellen will, sollte der Verbraucher mit ihnen nur so umgehen und sie nur so in Augenschein nehmen, wie er das in einem Geschäft tun dürfte. So sollte der Verbraucher beispielsweise ein Kleidungsstück nur anprobieren, nicht jedoch tragen dürfen. Der Verbraucher sollte die Waren daher während der Widerrufsfrist mit der gebührenden Sorgfalt behandeln und in Augenschein nehmen. Die Verpflichtungen des Verbrauchers im Falle des Widerrufs sollten den Verbraucher nicht davon abhalten, sein Widerrufsrecht auszuüben.

(48) Der Verbraucher sollte verpflichtet sein, die Waren spätestens 14 Tage nach dem Tag zurückzusenden, an dem er den Unternehmer über seinen Widerruf informiert hat. Erfüllt der Unternehmer oder der Verbraucher die Verpflichtungen im Zusammenhang mit der Ausübung des Widerrufsrechts nicht, so sollten Sanktionen, die gemäß dieser Richtlinie in innerstaatlichen Vorschriften festgelegt sind, sowie vertragsrechtliche Bestimmungen zur Anwendung gelangen.

(49) Es sollten sowohl für Fernabsatzverträge als auch für außerhalb von Geschäftsräumen geschlossene Verträge bestimmte Ausnahmen vom Widerrufsrecht gelten. Ein Widerrufsrecht könnte beispielsweise in Anbetracht der Beschaffenheit bestimmter Waren oder Dienstleistungen unzweckmäßig sein. Dies gilt beispielsweise für Verträge über Wein, der erst lange nach Abschluss eines Vertrags spekulativer Art geliefert wird; der Wert des Weins hängt dabei von den Schwankungen der Marktpreise ab („vin en primeur"). Das Widerrufsrecht sollte weder bei Waren, die nach Kundenspezifikationen angefertigt werden oder eindeutig auf die persönlichen Bedürfnisse zugeschnitten sind, wie beispielsweise nach Maß gefertigte Vorhänge, noch beispielsweise bei der Lieferung von Brennstoff, der aufgrund seiner Beschaffenheit nach der Lieferung untrennbar mit anderen Gütern verbunden ist, Anwendung finden. Die Einräumung eines Widerrufsrechts für den Verbraucher könnte auch im Fall bestimmter Dienstleistungen unangebracht sein, bei denen der Vertragsabschluss die Bereitstellung von Kapazitäten mit sich bringt, die der Unternehmer im Fall der Ausübung des Widerrufsrechts möglicherweise nicht mehr anderweitig nutzen kann. Dies wäre beispielsweise bei Reservierungen in Hotels, für Ferienhäuser oder Kultur- oder Sportveranstaltungen der Fall.

(50) Der Verbraucher sollte auf der einen Seite sein Widerrufsrecht auch dann ausüben können, wenn er die Erbringung von Dienstleistungen vor Ende der Widerrufsfrist gewünscht hat. Auf der anderen Seite sollte der Unternehmer sichergehen können, dass er für die von ihm erbrachte Leistung angemessen bezahlt wird, wenn der Verbraucher sein Widerrufsrecht ausübt. Der anteilige Betrag sollte ausgehend vom vertraglich vereinbarten Gesamtpreis berechnet werden; falls der Verbraucher jedoch nachweist, dass der Gesamtpreis selbst unverhältnismäßig ist, wird der zu zahlende Betrag auf der Grundlage des Marktwertes der erbrachten Dienstleistung berechnet. Der Marktwert sollte festgelegt werden, indem der Preis einer zum Zeitpunkt des Vertragsabschlusses von anderen Unternehmern erbrachten gleichwertigen Dienstleistung zum Vergleich herangezogen wird. Wünscht der Verbraucher, dass die Dienstleistung vor Ende der Widerrufsfrist erbracht wird, so sollte er dies von daher ausdrücklich und, bei außerhalb von Geschäftsräumen geschlossenen Verträgen, auf einem dauerhaften Datenträger verlangen. Ebenso sollte der Unternehmer den Verbrau-

cher auf einem dauerhaften Datenträger über eine etwaige Verpflichtung informieren, die Kosten entsprechend dem Anteil der bereits erbrachten Dienstleistung zu zahlen. Bei Verträgen, die sowohl Waren als auch Dienstleistungen zum Gegenstand haben, sollten hinsichtlich der Waren die Vorschriften dieser Richtlinie über die Rücksendung von Waren und hinsichtlich der Dienstleistungen die Regelungen über die Abgeltung von Dienstleistungen gelten.

(51) Die Hauptschwierigkeiten für die Verbraucher und eine der Hauptquellen für Konflikte mit Unternehmern betreffen die Lieferung von Waren, etwa wenn Waren beim Transport verloren gehen oder beschädigt werden oder zu spät oder unvollständig geliefert werden. Es ist deshalb zweckmäßig, die innerstaatlichen Vorschriften darüber, wann die Lieferung erfolgen sollte, zu klären und zu harmonisieren. Der Ort und die Modalitäten der Lieferung und die Regeln für die Bestimmung der Bedingungen und des Zeitpunkts des Übergangs des Eigentums an den Waren sollten weiterhin dem einzelstaatlichen Recht unterliegen und daher von dieser Richtlinie nicht berührt werden. Die in dieser Richtlinie enthaltenen Lieferregeln sollten die Möglichkeit für den Verbraucher enthalten, einem Dritten zu gestatten, in seinem Namen den Besitz an den Waren oder die Kontrolle über die Waren zu erlangen. Es sollte davon ausgegangen werden, dass der Verbraucher die Kontrolle über die Waren hat, wenn er oder ein von ihm angegebener Dritter Zugang zu den Waren zum Zwecke ihrer Nutzung als Eigentümer oder die Möglichkeit zu ihrer Weiterveräußerung hat (beispielsweise wenn er die Schlüssel erhalten hat oder im Besitz der Eigentumsdokumente ist).

(52) Bei Kaufverträgen kann die Lieferung von Waren auf unterschiedliche Weise und entweder unverzüglich oder zu einem späteren Zeitpunkt erfolgen. Haben die Vertragsparteien keinen bestimmten Liefertermin vereinbart, so sollte der Unternehmer die Waren so bald wie möglich und in jedem Fall spätestens binnen 30 Tagen nach Abschluss des Vertrags liefern. Bei den Vorschriften über verspätete Lieferung sollte auch berücksichtigt werden, dass Waren, die speziell für den Verbraucher hergestellt oder erworben werden müssen, vom Unternehmer nicht ohne erheblichen Verlust anderweitig verwendet werden können. Daher sollte in dieser Richtlinie eine Vorschrift vorgesehen werden, mit der dem Unternehmer unter bestimmten Umständen eine zusätzliche angemessene Frist gewährt wird. Hat der Unternehmer die Waren nicht in der mit dem Verbraucher vereinbarten Frist geliefert, so sollte der Verbraucher, bevor er vom Vertrag zurücktreten kann, den Unternehmer auffordern, die Lieferung innerhalb einer angemessenen zusätzlichen Frist vorzunehmen, und er sollte das Recht haben, vom Vertrag zurückzutreten, wenn der Unternehmer die Waren auch innerhalb dieser zusätzlichen Frist nicht liefert. Diese Vorschrift sollte jedoch nicht gelten, wenn sich der Unternehmer in einer unmissverständlichen Erklärung geweigert hat, die Waren zu liefern. Sie sollte auch nicht gelten, wenn bestimmte Umstände vorliegen, unter denen die Lieferfrist wesentlich ist, wie beispielsweise im Falle eines Hochzeitskleids, das vor der Hochzeit geliefert werden sollte. Sie sollte außerdem nicht gelten, wenn Umstände vorliegen, unter denen der Verbraucher den Unternehmer davon in Kenntnis setzt, dass die Lieferung an einem bestimmten Datum wesentlich ist. Zu diesem Zweck kann der Verbraucher die gemäß dieser Richtlinie angegebenen Kontaktinformationen verwenden. In diesen speziellen Fällen sollte der Verbraucher berechtigt sein, nach Ablauf der ursprünglich vereinbarten Lieferfrist sofort von dem Vertrag zurückzutreten, wenn der Unternehmer die Waren nicht fristgerecht geliefert hat. Diese Richtlinie sollte nationale Bestimmungen über die Art und Weise, wie der Verbraucher dem Unternehmer seinen Willen zum Rücktritt vom Vertrag mitteilen sollte, nicht berühren.

(53) Neben dem Recht des Verbrauchers, vom Vertrag zurückzutreten, wenn der Unternehmer seiner Pflicht zur Lieferung der Waren gemäß dieser Richtlinie nicht nachkommt, kann der Verbraucher gemäß den geltenden einzelstaatlichen Rechtsvorschriften andere Rechtsbehelfe in Anspruch nehmen, beispielsweise dem Unternehmer eine zusätzliche Lieferfrist gestatten, die Erfüllung des Vertrags durchsetzen, Zahlungen zurückhalten und Schadensersatz verlangen.

(54) Nach Artikel 52 Absatz 3 der Richtlinie 2007/64/EG des Europäischen Parlaments und des Rates vom 13. November 2007 über Zahlungsdienste im Binnenmarkt[12] sollten die Mitgliedstaaten in der Lage sein, im Hinblick auf das Bedürfnis, den Wettbewerb anzukurbeln und die Nutzung effizienter Zahlungsmittel zu fördern, dem Unternehmer zu verbieten bzw. dessen Recht einzuschränken, vom Verbraucher Entgelte zu verlangen. In jedem Falle sollte es Unternehmern untersagt werden, von Verbrauchern Entgelte zu verlangen, die über die dem Unternehmer für die Nutzung eines bestimmten Zahlungsmittels entstehenden Kosten hinausgehen.

(55) Werden die Waren vom Unternehmer an den Verbraucher gesendet, so können sich im Falle eines Verlusts oder einer Beschädigung hinsichtlich des Zeitpunkts des Risikoübergangs Streitigkeiten ergeben. Daher sollte diese Richtlinie vorsehen, dass der Verbraucher, bevor er in den Besitz der Waren gelangt ist, vor dem Risiko eines Verlusts oder einer Beschädigung der Waren geschützt ist. Der Ver-

---

12   ABl. L 319 vom 5.12.2007, S. 1. [Zahlungsdienste-RL, in dieser Sammlung Nr. 2.16.]

braucher sollte während eines vom Unternehmer organisierten oder durchgeführten Transports geschützt sein, auch wenn der Verbraucher eine bestimmte Lieferart aus einer Reihe von Optionen, die der Unternehmer anbietet, ausgewählt hat. Allerdings sollte diese Bestimmung nicht für Verträge gelten, bei denen es Sache des Verbrauchers ist, die Waren selbst abzuholen oder einen Beförderer mit der Lieferung zu beauftragen. Was den Zeitpunkt des Risikoübergangs betrifft, so sollte davon ausgegangen werden, dass ein Verbraucher in den Besitz der Waren gelangt ist, wenn er sie erhalten hat.

(56) Personen oder Organisationen, die nach dem nationalen Recht ein berechtigtes Interesse daran haben, die vertraglichen Rechte der Verbraucher zu schützen, sollten das Recht erhalten, sich an ein Gericht oder eine Verwaltungsbehörde, die über Beschwerden entscheiden oder geeignete gerichtliche Schritte einleiten kann, zu wenden.

(57) Es ist notwendig, dass die Mitgliedstaaten Sanktionen für Verstöße gegen diese Richtlinie festlegen und für deren Durchsetzung sorgen. Die Sanktionen sollten wirksam, verhältnismäßig und abschreckend sein.

(58) Den Verbrauchern sollte der mit dieser Richtlinie gewährte Schutz nicht entzogen werden können. Ist auf den Vertrag das Recht eines Drittstaats anwendbar, so sollte sich die Beurteilung der Frage, ob der Verbraucher weiterhin von dieser Richtlinie geschützt wird, nach der Verordnung (EG) Nr. 593/2008 richten.

(59) Die Kommission sollte nach Konsultation der Mitgliedstaaten und der betroffenen Akteure untersuchen, wie am besten dafür gesorgt werden kann, dass alle Verbraucher an der Verkaufsstelle auf ihre Rechte hingewiesen werden.

(60) Da die Richtlinie 2005/29/EG des Europäischen Parlaments und des Rates vom 11. Mai 2005 über unlautere Geschäftspraktiken im binnenmarktinternen Geschäftsverkehr zwischen Unternehmen und Verbrauchern (Richtlinie über unlautere Geschäftspraktiken)[13] die Lieferung von Waren oder die Erbringung von Dienstleistungen, die der Verbraucher nicht bestellt hat, verbietet, jedoch für diesen Fall keinen vertraglichen Rechtsbehelf vorsieht, ist es erforderlich, nunmehr in dieser Richtlinie als vertraglichen Rechtsbehelf vorzusehen, dass der Verbraucher von der Verpflichtung zur Erbringung der Gegenleistung für derartige unbestellte Lieferungen oder Erbringungen befreit ist.

(61) Die Richtlinie 2002/58/EG des Europäischen Parlaments und des Rates vom 12. Juli 2002 über die Verarbeitung personenbezogener Daten und den Schutz der Privatsphäre in der elektronischen Kommunikation (Datenschutzrichtlinie für elektronische Kommunikation)[14] enthält bereits eine Regelung für unerbetene Nachrichten und sieht ein hohes Verbraucherschutzniveau vor. An den entsprechenden Bestimmungen in der Richtlinie 97/7/EG besteht daher kein Bedarf.

(62) Es ist zweckmäßig, dass die Kommission diese Richtlinie für den Fall überprüft, dass Binnenmarkthindernisse festgestellt werden. Die Kommission sollte bei ihrer Überprüfung besonderes Augenmerk auf die den Mitgliedstaaten eingeräumten Möglichkeiten legen, spezifische nationale Bestimmungen beizubehalten oder einzuführen, einschließlich in bestimmten Bereichen der Richtlinie 93/13/EWG des Rates vom 5. April 1993 über missbräuchliche Klauseln in Verbraucherverträgen[15] und der Richtlinie 1999/44/EG des Europäischen Parlaments und des Rates vom 25. Mai 1999 zu bestimmten Aspekten des Verbrauchsgüterkaufs und der Garantien für Verbrauchsgüter[16]. Diese Überprüfung könnte dazu führen, dass die Kommission einen Vorschlag zur Änderung dieser Richtlinie vorlegt; dieser Vorschlag kann auch Änderungen an anderen Rechtsvorschriften zum Schutz der Verbraucher umfassen und sich aus der von der Kommission in ihrer verbraucherpolitischen Strategie eingegangenen Verpflichtung ergeben, den Besitzstand der Union mit Blick auf die Gewährleistung eines hohen, einheitlichen Verbraucherschutzniveaus zu überprüfen.

(63) Die Richtlinien 93/13/EWG und 1999/44/EG sollten abgeändert werden, um die Mitgliedstaaten dazu zu verpflichten, die Kommission über die Annahme spezifischer innerstaatlicher Vorschriften in bestimmten Bereichen zu informieren.

(64) Die Richtlinien 85/577/EWG und 97/7/EG sollten aufgehoben werden.

(65) Da das Ziel dieser Richtlinie, durch Erreichen eines hohen Verbraucherschutzniveaus zum ordnungsgemäßen Funktionieren des Binnenmarktes beizutragen, auf Ebene der Mitgliedstaaten nicht ausreichend erreicht werden kann und daher besser auf Unionsebene zu erreichen ist, kann die Union im Einklang mit dem in Artikel 5 des Vertrags über die Europäische Union niedergelegten Subsidiaritätsprinzip tätig werden. Entsprechend dem in demselben Artikel genannten Verhältnismäßigkeitsprinzip geht diese Richtlinie nicht über das zum Erreichen dieses Ziels erforderliche Maß hinaus.

---

13   ABl. L 149 vom 11.6.2005, S. 22. [Geschäftspraktiken-RL, in dieser Sammlung Nr. 2.5.]
14   ABl. L 201 vom 31.7.2002, S. 37.
15   ABl. L 95 vom 21.4.1993, S. 29. [Klausel-RL, in dieser Sammlung Nr. 2.8.]
16   ABl. L 171 vom 7.7.1999, S. 12. [Kaufgewährleistungs-RL, in dieser Sammlung Nr. 2.9.]

2.1 Verbraucherrechte-RL

(66) Diese Richtlinie steht im Einklang mit den Grundrechten und Grundsätzen, wie sie insbesondere mit der Charta der Grundrechte der Europäischen Union anerkannt wurden.

(67) Nach Nummer 34 der Interinstitutionellen Vereinbarung „Bessere Rechtsetzung"[17] sind die Mitgliedstaaten aufgefordert, für ihre eigenen Zwecke und im Interesse der Union eigene Tabellen aufzustellen, aus denen im Rahmen des Möglichen die Entsprechungen zwischen dieser Richtlinie und den Umsetzungsmaßnahmen zu entnehmen sind, und diese zu veröffentlichen –

HABEN FOLGENDE RICHTLINIE ERLASSEN:

Kapitel I – Gegenstand, Begriffsbestimmungen und Geltungsbereich

Art. 1 Gegenstand Zweck dieser Richtlinie ist es, durch Angleichung bestimmter Aspekte der Rechts- und Verwaltungsvorschriften der Mitgliedstaaten in Bezug auf Verträge, die zwischen Verbrauchern und Unternehmern geschlossen werden, ein hohes Verbraucherschutzniveau zu erreichen und damit zum ordnungsgemäßen Funktionieren des Binnenmarkts beizutragen.

Art. 2 Begriffsbestimmungen Im Sinne dieser Richtlinie bezeichnen die Ausdrücke

1. „Verbraucher" jede natürliche Person, die bei von dieser Richtlinie erfassten Verträgen zu Zwecken handelt, die außerhalb ihrer gewerblichen, geschäftlichen, handwerklichen oder beruflichen Tätigkeit liegen;

2. „Unternehmer" jede natürliche oder juristische Person, unabhängig davon, ob letztere öffentlicher oder privater Natur ist, die bei von dieser Richtlinie erfassten Verträgen selbst oder durch eine andere Person, die in ihrem Namen oder Auftrag handelt, zu Zwecken tätig wird, die ihrer gewerblichen, geschäftlichen, handwerklichen oder beruflichen Tätigkeit zugerechnet werden können;

3. „Waren" bewegliche körperliche Gegenstände mit Ausnahme von Gegenständen, die aufgrund von Zwangsvollstreckungsmaßnahmen oder anderen gerichtlichen Maßnahmen verkauft werden; als Waren im Sinne dieser Richtlinie gelten auch Wasser, Gas und Strom, wenn sie in einem begrenzten Volumen oder in einer bestimmten Menge zum Verkauf angeboten werden;

4. „nach Verbraucherspezifikation angefertigte Waren" Waren, die nicht vorgefertigt sind und für deren Herstellung eine individuelle Auswahl oder Entscheidung durch den Verbraucher maßgeblich ist;

5. „Kaufvertrag" jeden Vertrag, durch den der Unternehmer das Eigentum an Waren an den Verbraucher überträgt oder deren Übertragung zusagt und der Verbraucher hierfür den Preis zahlt oder dessen Zahlung zusagt, einschließlich von Verträgen, die sowohl Waren als auch Dienstleistungen zum Gegenstand haben;

6. „Dienstleistungsvertrag" jeden Vertrag, der kein Kaufvertrag ist und nach dem der Unternehmer eine Dienstleistung für den Verbraucher erbringt oder deren Erbringung zusagt und der Verbraucher hierfür den Preis zahlt oder dessen Zahlung zusagt;

7. „Fernabsatzvertrag" jeden Vertrag, der zwischen dem Unternehmer und dem Verbraucher ohne gleichzeitige körperliche Anwesenheit des Unternehmers und des Verbrauchers im Rahmen eines für den Fernabsatz organisierten Vertriebs- bzw. Dienstleistungssystems geschlossen wird, wobei bis einschließlich zum Zeitpunkt des Vertragsabschlusses ausschließlich ein oder mehrere Fernkommunikationsmittel verwendet wird/werden;

---

17 ABl. C 321 vom 31.12.2003, S. 1.

8. „außerhalb von Geschäftsräumen abgeschlossener Vertrag" jeden Vertrag zwischen dem Unternehmer und dem Verbraucher,

   a) der bei gleichzeitiger körperlicher Anwesenheit des Unternehmers und des Verbrauchers an einem Ort geschlossen wird, der kein Geschäftsraum des Unternehmers ist;

   b) für den der Verbraucher unter den unter Buchstabe a genannten Umständen ein Angebot gemacht hat;

   c) der in den Geschäftsräumen des Unternehmers oder durch Fernkommunikationsmittel geschlossen wird, unmittelbar nachdem der Verbraucher an einem anderen Ort als den Geschäftsräumen des Unternehmers bei gleichzeitiger körperlicher Anwesenheit des Unternehmers und des Verbrauchers persönlich und individuell angesprochen wurde; oder

   d) der auf einem Ausflug geschlossen wird, der von dem Unternehmer in der Absicht oder mit dem Ergebnis organisiert wurde, dass er für den Verkauf von Waren oder die Erbringung von Dienstleistungen beim Verbraucher wirbt und entsprechende Verträge mit dem Verbraucher abschließt;

9. „Geschäftsräume"

   a) unbewegliche Gewerberäume, in denen der Unternehmer seine Tätigkeit dauerhaft ausübt, oder

   b) bewegliche Gewerberäume, in denen der Unternehmer seine Tätigkeit für gewöhnlich ausübt;

10. „dauerhafter Datenträger" jedes Medium, das es dem Verbraucher oder dem Unternehmer gestattet, an ihn persönlich gerichtete Informationen derart zu speichern, dass er sie in der Folge für eine für die Zwecke der Informationen angemessene Dauer einsehen kann, und das die unveränderte Wiedergabe der gespeicherten Informationen ermöglicht;

11. „digitale Inhalte" Daten, die in digitaler Form hergestellt und bereitgestellt werden;

12. „Finanzdienstleistung" jede Bankdienstleistung sowie jede Dienstleistung im Zusammenhang mit einer Kreditgewährung, Versicherung, Altersversorgung von Einzelpersonen, Geldanlage oder Zahlung;

13. „öffentliche Versteigerung" eine Verkaufsmethode, bei der der Unternehmer Verbrauchern, die bei der Versteigerung persönlich anwesend sind oder denen diese Möglichkeit gewährt wird, Waren oder Dienstleistungen anbietet, und zwar in einem vom Versteigerer durchgeführten, auf konkurrierenden Geboten basierenden transparenten Verfahren, bei dem der Bieter, der den Zuschlag erhalten hat, zum Erwerb der Waren oder Dienstleistungen verpflichtet ist;

14. „gewerbliche Garantie" jede dem Verbraucher gegenüber zusätzlich zur gesetzlichen Gewährleistung eingegangene Verpflichtung des Unternehmers oder eines Herstellers (Garantiegebers), den Kaufpreis zu erstatten oder die Waren auszutauschen oder nachzubessern oder Dienstleistungen für sie zu erbringen, falls sie nicht diejenigen Eigenschaften aufweisen oder andere als die Mängelfreiheit betreffende Anforderungen nicht erfüllen, die in der Garantieerklärung oder der einschlägigen Werbung, wie sie bei oder vor dem Abschluss des Vertrags verfügbar war, beschrieben sind;

15. „akzessorischer Vertrag" einen Vertrag, mit dem der Verbraucher Waren oder Dienstleistungen erwirbt, die im Zusammenhang mit einem Fernabsatzvertrag oder einem außerhalb von Geschäftsräumen geschlossenen Vertrag stehen und bei dem diese Wa-

ren oder Dienstleistungen von dem Unternehmer oder einem Dritten auf der Grundlage einer Vereinbarung zwischen diesem Dritten und dem Unternehmer geliefert oder erbracht werden.

Art. 3 Geltungsbereich (1) Diese Richtlinie gilt unter den Bedingungen und in dem Umfang, wie sie in ihren Bestimmungen festgelegt sind, für jegliche Verträge, die zwischen einem Unternehmer und einem Verbraucher geschlossen werden. Sie gilt auch für Verträge über die Lieferung von Wasser, Gas, Strom oder Fernwärme, einschließlich durch öffentliche Anbieter, sofern diese Güter auf vertraglicher Basis geliefert werden.

(2) Kollidiert eine Bestimmung dieser Richtlinie mit einer Bestimmung eines anderen Unionsrechtsakts, der spezifische Sektoren regelt, so hat die Bestimmung dieses anderen Unionsrechtsakts Vorrang und findet auf diese spezifischen Sektoren Anwendung.

(3) Diese Richtlinie gilt nicht für Verträge

a) über soziale Dienstleistungen, einschließlich der Bereitstellung und Vermietung von Sozialwohnungen, der Kinderbetreuung oder der Unterstützung von dauerhaft oder vorübergehend hilfsbedürftigen Familien oder Personen, einschließlich Langzeitpflege;

b) über Gesundheitsdienstleistungen gemäß Artikel 3 Buchstabe a der Richtlinie 2011/24/EU, unabhängig davon, ob sie von einer Einrichtung des Gesundheitswesens erbracht werden;

c) über Glücksspiele, die einen geldwerten Einsatz verlangen, einschließlich Lotterien, Glücksspiele in Spielkasinos und Wetten;

d) über Finanzdienstleistungen;

e) über die Begründung, den Erwerb oder die Übertragung von Eigentum oder anderen Rechten an Immobilien;

f) über den Bau von neuen Gebäuden, erhebliche Umbaumaßnahmen an bestehenden Gebäuden oder die Vermietung von Wohnraum;

g) die in den Geltungsbereich der Richtlinie 90/314/EWG des Rates vom 13. Juni 1990 über Pauschalreisen[18] fallen;

h) die in den Geltungsbereich der Richtlinie 2008/122/EG des Europäischen Parlaments und des Rates vom 14. Januar 2009 über den Schutz der Verbraucher im Hinblick auf bestimmte Aspekte von Teilzeitnutzungsverträgen, Verträgen über langfristige Urlaubsprodukte sowie Wiederverkaufs- und Tauschverträgen[19] fallen;

i) die nach dem Recht der Mitgliedstaaten vor einem öffentlichen Amtsträger geschlossen werden, der gesetzlich zur Unabhängigkeit und Unparteilichkeit verpflichtet ist und durch umfassende rechtliche Aufklärung sicherzustellen hat, dass der Verbraucher den Vertrag nur aufgrund gründlicher rechtlicher Prüfung und in Kenntnis seiner rechtlichen Tragweite abschließt;

j) über die Lieferung von Lebensmitteln, Getränken oder sonstigen Haushaltsgegenständen des täglichen Bedarfs, die am Wohnsitz, am Aufenthaltsort oder am Arbeitsplatz eines Verbrauchers von einem Unternehmer im Rahmen häufiger und regelmäßiger Fahrten geliefert werden;

k) über die Beförderung von Personen mit Ausnahme des Artikels 8 Absatz 2 und der Artikel 19 und 22;

---

18   ABl. L 158 vom 23.6.1990, S. 59. [Pauschalreise-RL, in dieser Sammlung Nr. 2.14.]
19   ABl. L 33 vom 3.2.2009, S. 10. [Timesharing-RL, in dieser Sammlung Nr. 2.15.]

l) die unter Verwendung von Warenautomaten oder automatisierten Geschäftsräumen geschlossen werden;

m) die mit Betreibern von Telekommunikationsmitteln mit Hilfe öffentlicher Fernsprecher zu deren Nutzung geschlossen werden oder die zur Nutzung einer einzelnen von einem Verbraucher hergestellten Telefon-, Internet- oder Faxverbindung geschlossen werden.

(4) Die Mitgliedstaaten können beschließen, diese Richtlinie auf außerhalb von Geschäftsräumen geschlossene Verträge, bei denen die vom Verbraucher zu zahlende Gegenleistung 50 EUR nicht überschreitet, nicht anzuwenden und keine entsprechenden nationalen Bestimmungen aufrechtzuerhalten oder einzuführen. Die Mitgliedstaaten können in den nationalen Rechtsvorschriften einen niedrigeren Schwellenwert festsetzen.

(5) Diese Richtlinie lässt das allgemeine innerstaatliche Vertragsrecht wie die Bestimmungen über die Wirksamkeit, das Zustandekommen oder die Wirkungen eines Vertrags, soweit Aspekte des allgemeinen Vertragsrechts in dieser Richtlinie nicht geregelt werden, unberührt.

(6) Diese Richtlinie hindert Unternehmer nicht daran, Verbrauchern Vertragsbedingungen anzubieten, die über den in dieser Richtlinie vorgesehenen Schutz hinausgehen.

Art. 4 Grad der Harmonisierung Sofern diese Richtlinie nichts anderes bestimmt, erhalten die Mitgliedstaaten weder von den Bestimmungen dieser Richtlinie abweichende innerstaatliche Rechtsvorschriften aufrecht noch führen sie solche ein; dies gilt auch für strengere oder weniger strenge Rechtsvorschriften zur Gewährleistung eines anderen Verbraucherschutzniveaus.

Kapitel II – Information der Verbraucher bei anderen als Fernabsatzverträgen oder außerhalb von Geschäftsräumen geschlossenen Verträgen

Art. 5 Informationspflichten bei anderen als Fernabsatzverträgen oder außerhalb von Geschäftsräumen geschlossenen Verträgen (1) Bevor der Verbraucher durch einen anderen als einen Fernabsatzvertrag oder einen außerhalb von Geschäftsräumen geschlossenen Vertrag oder ein entsprechendes Vertragsangebot gebunden ist, informiert der Unternehmer den Verbraucher in klarer und verständlicher Weise über Folgendes, sofern sich diese Informationen nicht bereits unmittelbar aus den Umständen ergeben:

a) die wesentlichen Eigenschaften der Waren oder Dienstleistungen in dem für den Datenträger und die Waren oder Dienstleistungen angemessenen Umfang;

b) die Identität des Unternehmers, beispielsweise seinen Handelsnamen und die Anschrift des Ortes, an dem er niedergelassen ist, sowie seine Telefonnummer;

c) den Gesamtpreis der Waren oder Dienstleistungen einschließlich aller Steuern und Abgaben oder in den Fällen, in denen der Preis aufgrund der Beschaffenheit der Ware oder der Dienstleistung vernünftigerweise nicht im Voraus berechnet werden kann, die Art der Preisberechnung sowie gegebenenfalls alle zusätzlichen Fracht-, Liefer- oder Versandkosten oder in den Fällen, in denen diese Kosten vernünftigerweise nicht im Voraus berechnet werden können, die Tatsache, dass solche zusätzlichen Kosten anfallen können;

d) gegebenenfalls die Zahlungs-, Liefer- und Leistungsbedingungen, den Termin, bis zu dem die Waren zu liefern oder die Dienstleistung zu erbringen zu der Unternehmer sich verpflichtet hat, sowie das Verfahren des Unternehmers zum Umgang mit Beschwerden;

e) zusätzlich zu dem Hinweis auf das Bestehen eines gesetzlichen Gewährleistungsrechts für die Waren gegebenenfalls das Bestehen und die Bedingungen von Kundendienstleistungen nach dem Verkauf und gewerblichen Garantien;

f) gegebenenfalls die Laufzeit des Vertrags oder die Bedingungen der Kündigung unbefristeter Verträge oder sich automatisch verlängernder Verträge;

g) gegebenenfalls die Funktionsweise digitaler Inhalte, einschließlich anwendbarer technischer Schutzmaßnahmen für solche Inhalte;

h) gegebenenfalls – soweit wesentlich – die Interoperabilität digitaler Inhalte mit Hard- und Software, soweit diese dem Unternehmer bekannt ist oder vernünftigerweise bekannt sein muss;

(2) Absatz 1 gilt auch dann für Verträge über die Lieferung von Wasser, Gas oder Strom, wenn sie nicht in einem begrenzten Volumen oder in einer bestimmten Menge zum Verkauf angeboten werden, von Fernwärme oder von digitalen Inhalten, die nicht auf einem körperlichen Datenträger geliefert werden.

(3) Die Mitgliedstaaten sind nicht dazu verpflichtet, Absatz 1 auf Verträge anzuwenden, die Geschäfte des täglichen Lebens zum Gegenstand haben und zum Zeitpunkt des Vertragsabschlusses sofort erfüllt werden.

(4) Die Mitgliedstaaten können für Verträge, auf die dieser Artikel anwendbar ist, zusätzliche vorvertragliche Informationspflichten einführen oder aufrechterhalten.

Kapitel III – Information der Verbraucher und Widerrufsrecht bei Fernabsatz- und außerhalb von Geschäftsräumen geschlossenen Verträgen

Art. 6 Informationspflichten bei Fernabsatz- und außerhalb von Geschäftsräumen geschlossenen Verträgen (1) Bevor der Verbraucher durch einen Vertrag im Fernabsatz oder einen außerhalb von Geschäftsräumen geschlossenen Vertrag oder ein entsprechendes Vertragsangebot gebunden ist, informiert der Unternehmer den Verbraucher in klarer und verständlicher Weise über Folgendes:

a) die wesentlichen Eigenschaften der Waren oder Dienstleistungen, in dem für das Kommunikationsmittel und die Waren oder Dienstleistungen angemessenen Umfang;

b) die Identität des Unternehmers, beispielsweise seinen Handelsnamen;

c) die Anschrift des Ortes, an dem der Unternehmer niedergelassen ist, und gegebenenfalls seine Telefonnummer, Faxnummer und E-Mail-Adresse, damit der Verbraucher schnell Kontakt zu ihm aufnehmen und effizient mit ihm kommunizieren kann, sowie gegebenenfalls die Anschrift und die Identität des Unternehmers, in dessen Auftrag er handelt;

d) falls diese von der gemäß Buchstabe c angegebenen Anschrift abweicht, die Geschäftsanschrift des Unternehmers und gegebenenfalls die Geschäftsanschrift des Unternehmers, in dessen Auftrag er handelt, an die sich der Verbraucher mit jeder Beschwerde wenden kann;

e) den Gesamtpreis der Waren oder Dienstleistungen einschließlich aller Steuern und Abgaben, oder in den Fällen, in denen der Preis aufgrund der Beschaffenheit der Waren oder Dienstleistungen vernünftigerweise nicht im Voraus berechnet werden kann, die Art der Preisberechnung sowie gegebenenfalls alle zusätzlichen Fracht-, Liefer-

oder Versandkosten und alle sonstigen Kosten, oder in den Fällen, in denen diese Kosten vernünftigerweise nicht im Voraus berechnet werden können, die Tatsache, dass solche zusätzliche Kosten anfallen können. Im Falle eines unbefristeten Vertrags oder eines Abonnement-Vertrags umfasst der Gesamtpreis die pro Abrechnungszeitraum anfallenden Gesamtkosten. Wenn für einen solchen Vertrag Festbeträge in Rechnung gestellt werden, umfasst der Gesamtpreis ebenfalls die monatlichen Gesamtkosten. Wenn die Gesamtkosten vernünftigerweise nicht im Voraus berechnet werden können, ist die Art der Preisberechnung anzugeben;

f) die Kosten für den Einsatz der für den Vertragsabschluss genutzten Fernkommunikationstechnik, sofern diese nicht nach dem Grundtarif berechnet werden;

g) die Zahlungs-, Liefer- und Leistungsbedingungen, den Termin, bis zu dem sich der Unternehmer verpflichtet, die Waren zu liefern oder die Dienstleistung zu erbringen, und gegebenenfalls das Verfahren des Unternehmers zum Umgang mit Beschwerden;

h) im Falle des Bestehens eines Widerrufsrechts die Bedingungen, Fristen und Verfahren für die Ausübung dieses Rechts gemäß Artikel 11 Absatz 1 sowie das Muster-Widerrufsformular gemäß Anhang I Teil B;

i) gegebenenfalls den Hinweis, dass der Verbraucher im Widerrufsfall die Kosten für die Rücksendung der Waren zu tragen hat und bei Fernabsatzverträgen die Kosten für die Rücksendung der Waren, wenn die Waren aufgrund ihrer Beschaffenheit nicht auf dem normalen Postweg zurückgesendet werden können;

j) den Hinweis, dass, falls der Verbraucher das Widerrufsrecht nach Erklärung eines Verlangens gemäß Artikel 7 Absatz 3 oder Artikel 8 Absatz 8 ausübt, der Verbraucher verpflichtet ist, dem Unternehmer einen angemessenen Betrag gemäß Artikel 14 Absatz 3 zu leisten;

k) in Fällen, in denen gemäß Artikel 16 kein Widerrufsrecht besteht, den Hinweis, dass der Verbraucher nicht über ein Widerrufsrecht verfügt, oder gegebenenfalls die Umstände, unter denen der Verbraucher sein Widerrufsrecht verliert;

l) den Hinweis auf das Bestehen eines gesetzlichen Gewährleistungsrechts für die Waren;

m) gegebenenfalls den Hinweis auf das Bestehen und die Bedingungen von Kundendienst, Kundendienstleistungen und gewerblichen Garantien;

n) gegebenenfalls den Hinweis auf bestehende einschlägige Verhaltenskodizes gemäß Artikel 2 Buchstabe f der Richtlinie 2005/29/EG und darauf, wie Exemplare davon erhalten werden können;

o) gegebenenfalls die Laufzeit des Vertrags oder die Bedingungen der Kündigung unbefristeter Verträge oder sich automatisch verlängernder Verträge;

p) gegebenenfalls die Mindestdauer der Verpflichtungen, die der Verbraucher mit dem Vertrag eingeht;

q) gegebenenfalls den Hinweis auf die Tatsache, dass der Unternehmer vom Verbraucher die Stellung einer Kaution oder die Leistung anderer finanzieller Sicherheiten verlangen kann, sowie deren Bedingungen;

r) gegebenenfalls die Funktionsweise digitaler Inhalte, einschließlich anwendbarer technischer Schutzmaßnahmen für solche Inhalte;

s) gegebenenfalls – soweit wesentlich – die Interoperabilität digitaler Inhalte mit Hard- und Software, soweit diese dem Unternehmer bekannt ist oder vernünftigerweise bekannt sein dürfte;

t) gegebenenfalls die Möglichkeit des Zugangs zu einem außergerichtlichen Beschwerde-
und Rechtsbehelfsverfahren, dem der Unternehmer unterworfen ist, und die Voraussetzungen für diesen Zugang.

(2) Absatz 1 gilt auch dann für Verträge über die Lieferung von Wasser, Gas oder Strom,
wenn sie nicht in einem begrenzten Volumen oder in einer bestimmten Menge zum Verkauf angeboten werden, von Fernwärme oder von digitalen Inhalten, die nicht auf einem
körperlichen Datenträger geliefert werden.

(3) Im Falle einer öffentlichen Versteigerung können anstelle der in Absatz 1 Buchstaben b,
c und d genannten Informationen die entsprechenden Angaben des Versteigerers übermittelt werden.

(4) Die Informationen nach Absatz 1 Buchstaben h, i und j können mittels der Muster-
Widerrufsbelehrung gemäß Anhang I Teil A gegeben werden. Die Informationspflicht des
Unternehmers gemäß Absatz 1 Buchstaben h, i und j ist erfüllt, wenn der Unternehmer die-
ses Informationsformular zutreffend ausgefüllt dem Verbraucher übermittelt hat.

(5) Die Informationen nach Absatz 1 sind fester Bestandteil des Fernabsatzvertrags oder
des außerhalb von Geschäftsräumen abgeschlossenen Vertrags und dürfen nicht geändert
werden, es sei denn, die Vertragsparteien vereinbaren ausdrücklich etwas anderes.

(6) Ist der Unternehmer seiner Pflicht zur Information über die zusätzlichen und sonstigen
Kosten gemäß Absatz 1 Buchstabe e oder über die Kosten für die Rücksendung der Waren
gemäß Absatz 1 Buchstabe i nicht nachgekommen, so hat der Verbraucher die zusätzlichen
und sonstigen Kosten nicht zu tragen.

(7) Die Mitgliedstaaten können sprachliche Anforderungen in Bezug auf die Vertragsinformationen in ihrem nationalen Recht aufrechterhalten oder einführen, um damit sicherzustellen, dass diese Angaben vom Verbraucher ohne Weiteres verstanden werden.

(8) Die in dieser Richtlinie festgelegten Informationspflichten gelten zusätzlich zu den Informationspflichten nach der Richtlinie 2006/123/EG und der Richtlinie 2000/31/EG und
hindern die Mitgliedstaaten nicht daran, zusätzliche Informationspflichten im Einklang mit
jenen Richtlinien vorzusehen.

Unbeschadet des Unterabsatzes 1 hat bei Kollisionen zwischen einer Bestimmung der
Richtlinie 2006/123/EG oder der Richtlinie 2000/31/EG betreffend den Inhalt der Information und die Art und Weise, wie die Information bereitzustellen ist, und einer Bestimmung
dieser Richtlinie die Bestimmung dieser Richtlinie Vorrang.

(9) Die Beweislast für die Erfüllung der in diesem Kapitel genannten Informationspflichten
obliegt dem Unternehmer.

**Art. 7 Formale Anforderungen für außerhalb von Geschäftsräumen geschlossene Ver-
träge** (1) Bei Verträgen, die außerhalb von Geschäftsräumen geschlossen werden, stellt der
Unternehmer die in Artikel 6 Absatz 1 vorgeschriebenen Informationen dem Verbraucher
auf Papier oder, sofern der Verbraucher dem zustimmt, auf einem anderen dauerhaften Datenträger bereit. Diese Informationen müssen lesbar und in klarer und verständlicher Sprache abgefasst sein.

(2) Der Unternehmer stellt dem Verbraucher eine Kopie des unterzeichneten Vertragsdoku-
ments oder die Bestätigung des geschlossenen Vertrags auf Papier oder, sofern der Verbraucher dem zustimmt, auf einem anderen dauerhaften Datenträger zur Verfügung, wobei diese
Kopie gegebenenfalls auch die Bestätigung der vorher ausdrücklich erklärten Zustimmung
und der Kenntnisnahme des Verbrauchers gemäß Artikel 16 Buchstabe m umfasst.

(3) Möchte ein Verbraucher, dass die Dienstleistung oder die Lieferung von Wasser, Gas oder Strom, wenn sie nicht in einem begrenzten Volumen oder in einer bestimmten Menge zum Verkauf angeboten werden, oder von Fernwärme während der Widerrufsfrist gemäß Artikel 9 Absatz 2 beginnt, so fordert der Unternehmer den Verbraucher dazu auf, ein entsprechendes ausdrückliches Verlangen auf einem dauerhaften Datenträger zu erklären.

(4) Wenn der Verbraucher bei Verträgen, die außerhalb von Geschäftsräumen geschlossen werden, ausdrücklich die Dienste des Unternehmers zur Ausführung von Reparatur- oder Instandhaltungsarbeiten angefordert hat, der Unternehmer und der Verbraucher ihre vertraglichen Verpflichtungen sofort erfüllen und das vom Verbraucher zu zahlende Entgelt 200 EUR nicht übersteigt, gilt:

a)   Der Unternehmer stellt dem Verbraucher die in Artikel 6 Absatz 1 Buchstaben b und c genannten Informationen sowie Informationen über die Höhe des Preises oder die Art der Preisberechnung zusammen mit einem Kostenvoranschlag über die Gesamtkosten auf Papier oder, wenn der Verbraucher dem zustimmt, einem anderen dauerhaften Datenträger zur Verfügung. Der Unternehmer stellt die in Artikel 6 Absatz 1 Buchstaben a, h und k genannten Informationen zur Verfügung, kann jedoch davon absehen, diese auf Papier oder einem anderen dauerhaften Datenträger bereitzustellen, wenn der Verbraucher sich damit ausdrücklich einverstanden erklärt.

b)   Die gemäß Absatz 2 dieses Artikels bereitgestellte Bestätigung des Vertrags muss die in Artikel 6 Absatz 1 genannten Informationen beinhalten.

Die Mitgliedstaaten können beschließen, diesen Absatz nicht anzuwenden.

(5) Die Mitgliedstaaten legen hinsichtlich der Erfüllung der in dieser Richtlinie festgelegten Informationspflichten keine weiteren formellen vorvertraglichen Informationsanforderungen fest.

Art. 8 Formale Anforderungen bei Fernabsatzverträgen (1) Bei Fernabsatzverträgen erteilt der Unternehmer die in Artikel 6 Absatz 1 vorgeschriebenen Informationen dem Verbraucher in klarer und verständlicher Sprache in einer den benutzten Fernkommunikationsmitteln angepassten Weise bzw. stellt diese Informationen entsprechend zur Verfügung. Soweit diese Informationen auf einem dauerhaften Datenträger bereitgestellt werden, müssen sie lesbar sein.

(2) Wenn ein auf elektronischem Wege geschlossener Fernabsatzvertrag den Verbraucher zur Zahlung verpflichtet, weist der Unternehmer den Verbraucher klar und in hervorgehobener Weise, und unmittelbar bevor dieser seine Bestellung tätigt, auf die in Artikel 6 Absatz 1 Buchstaben a, e, o und p genannten Informationen hin.

Der Unternehmer sorgt dafür, dass der Verbraucher bei der Bestellung ausdrücklich bestätigt, dass die Bestellung mit einer Zahlungsverpflichtung verbunden ist. Wenn der Bestellvorgang die Aktivierung einer Schaltfläche oder eine ähnliche Funktion umfasst, ist diese Schaltfläche oder entsprechende Funktion gut lesbar ausschließlich mit den Worten „zahlungspflichtig bestellen" oder einer entsprechenden eindeutigen Formulierung zu kennzeichnen, die den Verbraucher darauf hinweist, dass die Bestellung mit einer Zahlungsverpflichtung gegenüber dem Unternehmer verbunden ist. Wenn der Unternehmer diesen Unterabsatz nicht einhält, ist der Verbraucher durch den Vertrag oder die Bestellung nicht gebunden.

(3) Auf Webseiten für den elektronischen Geschäftsverkehr wird spätestens bei Beginn des Bestellvorgangs klar und deutlich angegeben, ob Lieferbeschränkungen bestehen und welche Zahlungsmittel akzeptiert werden.

2.1 Verbraucherrechte-RL

(4) Wird der Vertrag mittels eines Fernkommunikationsmittels geschlossen, auf dem für die Darstellung der Informationen nur begrenzter Raum bzw. begrenzte Zeit zur Verfügung steht, so hat der Unternehmer über das jeweilige Fernkommunikationsmittel vor dem Abschluss des Vertrags zumindest diejenigen vorvertraglichen Informationen zu erteilen, die die in Artikel 6 Absatz 1 Buchstaben a, b, e, h und o genannten wesentlichen Merkmale der Waren oder Dienstleistungen, die Identität des Unternehmers, den Gesamtpreis, das Widerrufsrecht, die Vertragslaufzeit und die Bedingungen der Kündigung unbefristeter Verträge betreffen. Die anderen in Artikel 6 Absatz 1 genannten Informationen hat der Unternehmer dem Verbraucher in geeigneter Weise im Einklang mit Absatz 1 dieses Artikels zu erteilen.

(5) Ruft der Unternehmer den Verbraucher im Hinblick auf den Abschluss eines Fernabsatzvertrags an, so hat er unbeschadet des Absatzes 4 zu Beginn des Gesprächs mit dem Verbraucher seine Identität und gegebenenfalls die Identität der Person, in deren Auftrag er anruft, sowie den geschäftlichen Zweck des Anrufs offenzulegen.

(6) Für Fernabsatzverträge, die telefonisch geschlossen werden, können die Mitgliedstaaten vorsehen, dass der Unternehmer dem Verbraucher das Angebot bestätigen muss und der Verbraucher erst dann gebunden ist, wenn er das Angebot unterzeichnet oder sein schriftliches Einverständnis übermittelt hat. Die Mitgliedstaaten können ferner vorsehen, dass solche Bestätigungen auf einem dauerhaften Datenträger erfolgen müssen.

(7) Der Unternehmer stellt dem Verbraucher die Bestätigung des geschlossenen Vertrags innerhalb einer angemessenen Frist nach dem Abschluss des Fernabsatzvertrags auf einem dauerhaften Datenträger zur Verfügung, und zwar spätestens bei der Lieferung der Waren oder bevor die Ausführung der Dienstleistung beginnt. Diese Bestätigung enthält:

a) alle in Artikel 6 Absatz 1 genannten Informationen, es sei denn, der Unternehmer hat dem Verbraucher diese Informationen bereits vor dem Abschluss des Fernabsatzvertrags auf einem dauerhaften Datenträger zukommen lassen, und

b) gegebenenfalls die Bestätigung der vorherigen ausdrücklichen Zustimmung und der Kenntnisnahme des Verbrauchers gemäß Artikel 16 Buchstabe m.

(8) Möchte ein Verbraucher, dass die Dienstleistung oder die Lieferung von Wasser, Gas oder Strom, wenn sie nicht in einem begrenzten Volumen oder in einer bestimmten Menge zum Verkauf angeboten werden, oder von Fernwärme während der Widerrufsfrist gemäß Artikel 9 Absatz 2 beginnt, so fordert der Unternehmer den Verbraucher dazu auf, ein entsprechendes ausdrückliches Verlangen zu erklären.

(9) Dieser Artikel berührt nicht die Bestimmungen über den Abschluss von elektronischen Verträgen und Bestellungen gemäß den Artikeln 9 und 11 der Richtlinie 2000/31/EG.

(10) Die Mitgliedstaaten legen hinsichtlich der Erfüllung der in dieser Richtlinie festgelegten Informationspflichten keine weiteren formellen vorvertraglichen Informationsanforderungen fest.

Art. 9 Widerrufsrecht (1) Sofern nicht eine der Ausnahmen gemäß Artikel 16 Anwendung findet, steht dem Verbraucher eine Frist von 14 Tagen zu, in der er einen Fernabsatz- oder einen außerhalb von Geschäftsräumen geschlossenen Vertrag ohne Angabe von Gründen und ohne andere Kosten als in Artikel 13 Absatz 2 und Artikel 14 vorgesehen widerrufen kann.

(2) Unbeschadet des Artikels 10 endet die in Absatz 1 dieses Artikels vorgesehene Widerrufsfrist

a) bei Dienstleistungsverträgen 14 Tage ab dem Tag des Vertragsabschlusses,

b) bei Kaufverträgen 14 Tage ab dem Tag, an dem der Verbraucher oder ein vom Verbraucher benannter Dritter, der nicht der Beförderer ist, in den physischen Besitz der Waren gelangt, oder

i) wenn der Verbraucher mehrere Waren im Rahmen einer einheitlichen Bestellung bestellt hat, die getrennt geliefert werden, ab dem Tag, an dem der Verbraucher oder ein vom Verbraucher benannter Dritter, der nicht der Beförderer ist, in den physischen Besitz der letzten Ware gelangt,

ii) bei Lieferung einer Ware in mehreren Teilsendungen oder Stücken ab dem Tag, an dem der Verbraucher oder ein vom Verbraucher benannter Dritter, der nicht der Beförderer ist, in den physischen Besitz der letzten Teilsendung oder des letzten Stücks gelangt,

iii) bei Verträgen zur regelmäßigen Lieferung von Waren über einen festgelegten Zeitraum hinweg ab dem Tag, an dem der Verbraucher oder ein vom Verbraucher benannter Dritter, der nicht der Beförderer ist, in den physischen Besitz der ersten Ware gelangt,

c) bei Verträgen über die Lieferung von Wasser, Gas oder Strom, wenn sie nicht in einem begrenzten Volumen oder in einer bestimmten Menge zum Verkauf angeboten werden, von Fernwärme oder von digitalen Inhalten, die nicht auf einem körperlichen Datenträger geliefert werden, 14 Tage ab dem Tag des Vertragsabschlusses.

(3) Die Mitgliedstaaten verbieten den Vertragsparteien eine Erfüllung ihrer vertraglichen Verpflichtungen während der Widerrufsfrist nicht. Die Mitgliedstaaten können jedoch bei außerhalb von Geschäftsräumen geschlossenen Verträgen innerstaatliche Rechtsvorschriften aufrechterhalten, die dem Unternehmer verbieten, innerhalb eines bestimmten Zeitraums nach Vertragsabschluss Zahlung vom Verbraucher zu fordern und entgegenzunehmen.

Art. 10 Nichtaufklärung über das Widerrufsrecht (1) Hat der Unternehmer den Verbraucher nicht gemäß Artikel 6 Absatz 1 Buchstabe h über sein Widerrufsrecht belehrt, so läuft die Widerrufsfrist 12 Monate nach Ablauf der ursprünglichen Widerrufsfrist gemäß Artikel 9 Absatz 2 ab.

(2) Hat der Unternehmer dem Verbraucher die in Absatz 1 genannten Informationen binnen 12 Monaten ab dem in Artikel 9 Absatz 2 genannten Tag erteilt, so endet die Widerrufsfrist 14 Tage nach dem Tag, an dem der Verbraucher diese Informationen erhalten hat.

Art. 11 Ausübung des Widerrufsrechts (1) Der Verbraucher informiert den Unternehmer vor Ablauf der Widerrufsfrist über seinen Entschluss, den Vertrag zu widerrufen. Der Verbraucher kann zu diesem Zweck entweder

a) das Muster-Widerrufsformular des Anhangs I Teil B verwenden oder

b) eine entsprechende Erklärung in beliebiger anderer Form abgeben, aus der sein Entschluss zum Widerruf des Vertrags eindeutig hervorgeht.

Die Mitgliedstaaten legen für das Muster-Widerrufsformular keine weiteren Formvorschriften außer den in Anhang I Teil B genannten fest.

(2) Die in Artikel 9 Absatz 2 und in Artikel 10 genannte Widerrufsfrist ist gewahrt, wenn der Verbraucher die Mitteilung über die Ausübung des Widerrufsrechts vor Ablauf der Widerrufsfrist absendet.

(3) Der Unternehmer kann dem Verbraucher zusätzlich zu den in Absatz 1 genannten Möglichkeiten auch die Wahl einräumen, entweder das Muster-Widerrufsformular des

2.1 Verbraucherrechte-RL

Anhangs I Teil B oder eine entsprechende eindeutige Erklärung in beliebiger anderer Form auf der Webseite des Unternehmers elektronisch auszufüllen und abzuschicken. In diesen Fällen hat der Unternehmer dem Verbraucher unverzüglich auf einem dauerhaften Datenträger eine Bestätigung über den Eingang eines solchen Widerrufs zu übermitteln.

(4) Die Beweislast für die Ausübung des Widerrufsrechts nach diesem Artikel obliegt dem Verbraucher.

Art. 12 Wirkungen des Widerrufs Mit der Ausübung des Widerrufsrechts enden die Verpflichtungen der Vertragsparteien

a)   zur Erfüllung des Fernabsatz- oder außerhalb von Geschäftsräumen geschlossenen Vertrags oder

b)   zum Abschluss des Fernabsatz- oder außerhalb von Geschäftsräumen abgeschlossenen Vertrags, sofern der Verbraucher dazu ein Angebot abgegeben hat.

Art. 13 Pflichten des Unternehmers im Widerrufsfall (1) Der Unternehmer hat alle Zahlungen, die er vom Verbraucher erhalten hat, gegebenenfalls einschließlich der Lieferkosten, unverzüglich und in jedem Fall spätestens binnen 14 Tagen ab dem Tag zurückzuzahlen, an dem er gemäß Artikel 11 über den Entschluss des Verbrauchers informiert wird, den Vertrag zu widerrufen.

Der Unternehmer nimmt die Rückzahlung gemäß Unterabsatz 1 unter Verwendung desselben Zahlungsmittels vor, das vom Verbraucher bei der ursprünglichen Transaktion eingesetzt wurde, es sei denn, mit dem Verbraucher wurde ausdrücklich etwas anderes vereinbart, und vorausgesetzt, für den Verbraucher fallen infolge einer solchen Rückzahlung keine Kosten an.

(2) Unbeschadet des Absatzes 1 ist der Unternehmer nicht verpflichtet, zusätzliche Kosten zu erstatten, wenn sich der Verbraucher ausdrücklich für eine andere Art der Lieferung als die vom Unternehmer angebotene, günstigste Standardlieferung entschieden hat.

(3) Bei Kaufverträgen kann der Unternehmer die Rückzahlung verweigern, bis er die Waren wieder zurückerhalten hat oder bis der Verbraucher den Nachweis erbracht hat, dass er die Waren zurückgeschickt hat, je nachdem, welches der frühere Zeitpunkt ist, es sei denn, der Unternehmer hat angeboten, die Waren selbst abzuholen.

Art. 14 Pflichten des Verbrauchers im Widerrufsfall (1) Der Verbraucher hat die Waren unverzüglich und in jedem Fall spätestens nach 14 Tagen ab dem Tag, an dem er dem Unternehmer gemäß Artikel 11 seinen Entschluss mitgeteilt hat, den Vertrag zu widerrufen, an den Unternehmer oder eine von diesem zur Entgegennahme der Waren ermächtigte Person zurückzusenden oder zu übergeben, es sei denn, der Unternehmer hat angeboten, die Waren selbst abzuholen. Die Frist ist gewahrt, wenn der Verbraucher die Waren vor Ablauf der Frist von 14 Tagen absendet.

Der Verbraucher hat nur die unmittelbaren Kosten der Rücksendung der Waren zu tragen, es sei denn, der Unternehmer hat sich bereit erklärt, diese Kosten zu tragen oder der Unternehmer hat es unterlassen, den Verbraucher darüber zu unterrichten, dass er diese Kosten zu tragen hat.

Im Falle von außerhalb von Geschäftsräumen geschlossenen Verträgen, bei denen die Waren zum Zeitpunkt des Vertragsabschlusses zur Wohnung des Verbrauchers geliefert worden sind, holt der Unternehmer die Waren auf eigene Kosten ab, wenn die Waren so beschaffen sind, dass sie normalerweise nicht per Post zurückgesandt werden können.

(2) Der Verbraucher haftet für einen etwaigen Wertverlust der Waren nur, wenn dieser Wertverlust auf einen zur Prüfung der Beschaffenheit, Eigenschaften und Funktionsweise der Waren nicht notwendigen Umgang mit den Waren zurückzuführen ist. Der Verbraucher haftet in keinem Fall für den Wertverlust der Waren, wenn er vom Unternehmer nicht gemäß Artikel 6 Absatz 1 Buchstabe h über sein Widerrufsrecht belehrt wurde.

(3) Übt ein Verbraucher das Widerrufsrecht aus, nachdem er ein Verlangen gemäß Artikel 7 Absatz 3 oder Artikel 8 Absatz 8 erklärt hat, so zahlt er dem Unternehmer einen Betrag, der verhältnismäßig dem entspricht, was bis zu dem Zeitpunkt, zu dem der Verbraucher den Unternehmer von der Ausübung des Widerrufsrechts unterrichtet, im Vergleich zum Gesamtumfang der vertraglich vereinbarten Leistungen geleistet worden ist. Der anteilige Betrag, den der Verbraucher an den Unternehmer zu zahlen hat, wird auf der Grundlage des vertraglich vereinbarten Gesamtpreises berechnet. Ist der Gesamtpreis überhöht, so wird der anteilige Betrag auf der Grundlage des Marktwerts der erbrachten Leistung berechnet.

(4) Der Verbraucher hat nicht aufzukommen für:

a) Dienstleistungen, die Lieferung von Wasser, Gas oder Strom, wenn sie nicht in einem begrenzten Volumen oder in einer bestimmten Menge zum Verkauf angeboten werden, oder von Fernwärme, die während der Widerrufsfrist ganz oder teilweise erbracht wurden, wenn

    i) der Unternehmer es unterlassen hat, die Informationen gemäß Artikel 6 Absatz 1 Buchstaben h oder j bereitzustellen oder

    ii) der Verbraucher nicht ausdrücklich gemäß Artikel 7 Absatz 3 und Artikel 8 Absatz 8 verlangt hat, dass die Erbringung der Leistung während der Widerrufsfrist beginnen soll, oder

b) die vollständige oder teilweise Bereitstellung von digitalen Inhalten, die nicht auf einem körperlichen Datenträger geliefert werden, wenn

    i) der Verbraucher sich nicht zuvor ausdrücklich damit einverstanden erklärt hat, dass die Erfüllung des Vertrags vor Ablauf der Frist von 14 Tagen gemäß Artikel 9 beginnt, oder

    ii) der Verbraucher nicht zur Kenntnis genommen hat, dass er mit seiner Zustimmung sein Widerrufsrecht verliert, oder

    iii) der Unternehmer es unterlassen hat, eine Bestätigung gemäß Artikel 7 Absatz 2 oder Artikel 8 Absatz 7 zur Verfügung zu stellen.

(5) Sofern in Artikel 13 Absatz 2 und diesem Artikel nichts anderes vorgesehen ist, kann der Verbraucher aufgrund der Ausübung seines Widerrufsrechts nicht in Anspruch genommen werden.

Art. 15 Wirkungen der Ausübung des Widerrufsrechts auf akzessorische Verträge
(1) Unbeschadet des Artikels 15 der Richtlinie 2008/48/EG des Europäischen Parlaments und des Rates vom 23. April 2008 über Verbraucherkreditverträge[20] werden, wenn der Verbraucher sein Recht auf Widerruf eines im Fernabsatz oder außerhalb von Geschäftsräumen geschlossenen Vertrags gemäß den Artikeln 9 bis 14 dieser Richtlinie ausübt, auch alle akzessorischen Verträge automatisch beendet, ohne dass dem Verbraucher dafür Kosten entstehen dürfen, außer solchen, die gemäß Artikel 13 Absatz 2 und Artikel 14 dieser Richtlinie vorgesehen sind.

---

20 ABl. L 133 vom 22.5.2008, S. 66. [Verbraucherkredit-RL, in dieser Sammlung Nr. 2.18.]

2.1 Verbraucherrechte-RL

(2) Die Mitgliedstaaten legen die Einzelheiten bezüglich der Beendigung dieser Verträge fest.

Art. 16 Ausnahmen vom Widerrufsrecht Die Mitgliedstaaten sehen bei Fernabsatzverträgen und außerhalb von Geschäftsräumen geschlossenen Verträgen kein Widerrufsrecht nach den Artikeln 9 bis 15 vor, wenn

a) bei Dienstleistungsverträgen die Dienstleistung vollständig erbracht worden ist, wenn der Unternehmer die Erbringung mit der vorherigen ausdrücklichen Zustimmung des Verbrauchers und dessen Kenntnisnahme, dass er sein Widerrufsrecht bei vollständiger Vertragserfüllung durch den Unternehmer verliert, begonnen hatte;

b) Waren oder Dienstleistungen geliefert werden, deren Preis von Schwankungen auf dem Finanzmarkt abhängt, auf die der Unternehmer keinen Einfluss hat und die innerhalb der Widerrufsfrist auftreten können;

c) Waren geliefert werden, die nach Kundenspezifikation angefertigt werden oder eindeutig auf die persönlichen Bedürfnisse zugeschnitten sind;

d) Waren geliefert werden, die schnell verderben können oder deren Verfallsdatum schnell überschritten würde;

e) versiegelte Waren geliefert werden, die aus Gründen des Gesundheitsschutzes oder aus Hygienegründen nicht zur Rückgabe geeignet sind und deren Versiegelung nach der Lieferung entfernt wurde;

f) Waren geliefert werden, die nach der Lieferung aufgrund ihrer Beschaffenheit untrennbar mit anderen Gütern vermischt wurden;

g) alkoholische Getränke geliefert werden, deren Preis beim Abschluss des Kaufvertrags vereinbart wurde, deren Lieferung aber erst nach 30 Tagen erfolgen kann und deren aktueller Wert von Schwankungen auf dem Markt abhängt, auf die der Unternehmer keinen Einfluss hat;

h) es sich um Verträge handelt, bei denen der Verbraucher den Unternehmer ausdrücklich zu einem Besuch aufgefordert hat, um dringende Reparatur- oder Instandhaltungsarbeiten vorzunehmen; erbringt der Unternehmer bei einem solchen Besuch weitere Dienstleistungen, die der Verbraucher nicht ausdrücklich verlangt hat, oder liefert er Waren, die bei der Instandhaltung oder Reparatur nicht unbedingt als Ersatzteile benötigt werden, so steht dem Verbraucher in Bezug auf diese zusätzlichen Dienstleistungen oder Waren ein Widerrufsrecht zu;

i) Ton- oder Videoaufnahmen oder Computersoftware in einer versiegelten Packung geliefert wurden und die Versiegelung nach der Lieferung entfernt wurde;

j) Zeitungen, Zeitschriften oder Illustrierte geliefert werden, mit Ausnahme von Abonnement-Verträgen über die Lieferung solcher Publikationen;

k) Verträge auf einer öffentlichen Versteigerung geschlossen werden;

l) Dienstleistungen in den Bereichen Beherbergung zu anderen Zwecken als zu Wohnzwecken, Beförderung von Waren, Mietwagen, Lieferung von Speisen und Getränken sowie Dienstleistungen im Zusammenhang mit Freizeitbetätigungen erbracht werden und der Vertrag für die Erbringung einen spezifischen Termin oder Zeitraum vorsieht;

m) digitale Inhalte geliefert werden, die nicht auf einem körperlichen Datenträger geliefert werden, wenn die Ausführung mit vorheriger ausdrücklicher Zustimmung des Verbrauchers und seiner Kenntnisnahme, dass er hierdurch sein Widerrufsrecht verliert, begonnen hat.

Kapitel IV – Sonstige Verbraucherrechte

Art. 17 Geltungsbereich (1) Die Artikel 18 und 20 gelten für Kaufverträge. Diese Artikel gelten nicht für Verträge über die Lieferung von Wasser, Gas oder Strom, wenn sie nicht in einem begrenzten Volumen oder in einer bestimmten Menge zum Verkauf angeboten werden, von Fernwärme oder von digitalen Inhalten, die nicht auf einem körperlichen Datenträger geliefert werden.

(2) Die Artikel 19, 21 und 22 finden auf Kauf- und Dienstleistungsverträge und Verträge über die Lieferung von Wasser, Gas, Strom, Fernwärme oder digitalen Inhalten Anwendung.

Art. 18 Lieferung (1) Sofern die Vertragsparteien hinsichtlich des Zeitpunkts der Lieferung nichts anderes vereinbart haben, liefert der Unternehmer die Waren, indem er den physischen Besitz an den Waren oder die Kontrolle über die Waren dem Verbraucher unverzüglich, jedoch nicht später als dreißig Tage nach Vertragsabschluss, überträgt.

(2) Ist der Unternehmer seiner Pflicht zur Lieferung der Waren zu dem mit dem Verbraucher vereinbarten Zeitpunkt oder innerhalb der in Absatz 1 genannten Frist nicht nachgekommen, so fordert ihn der Verbraucher auf, die Lieferung innerhalb einer den Umständen angemessenen zusätzlichen Frist vorzunehmen. Liefert der Unternehmer die Waren nicht innerhalb dieser zusätzlichen Frist, so ist der Verbraucher berechtigt, vom Vertrag zurückzutreten.

Unterabsatz 1 gilt nicht für Kaufverträge, wenn sich der Unternehmer geweigert hat, die Waren zu liefern, oder wenn die Lieferung innerhalb der vereinbarten Frist unter Berücksichtigung aller den Vertragsabschluss begleitenden Umstände wesentlich ist oder wenn der Verbraucher dem Unternehmer vor Vertragsabschluss mitteilt, dass die Lieferung bis zu einem bestimmten Datum oder an einem bestimmten Tag wesentlich ist. In diesen Fällen ist der Verbraucher berechtigt, sofort vom Vertrag zurückzutreten, wenn der Unternehmer die Waren nicht zu dem mit dem Verbraucher vereinbarten Zeitpunkt oder innerhalb der Frist gemäß Absatz 1 liefert.

(3) Im Fall des Rücktritts hat der Unternehmer unverzüglich alle gemäß dem Vertrag gezahlten Beträge zurückzuerstatten.

(4) Zusätzlich zum Rücktrittsrecht gemäß Absatz 2 können dem Verbraucher andere, nach dem einzelstaatlichen Recht vorgesehene Rechtsbehelfe zur Verfügung stehen.

Art. 19 Entgelte für die Verwendung bestimmter Zahlungsmittel Die Mitgliedstaaten verbieten Unternehmern, von Verbrauchern für die Nutzung von Zahlungsmitteln Entgelte zu verlangen, die über die Kosten hinausgehen, die dem Unternehmer für die Nutzung solcher Zahlungsmittel entstehen.

Art. 20 Risikoübergang Bei Verträgen, bei denen der Unternehmer die Waren an den Verbraucher versendet, geht das Risiko für einen Verlust oder eine Beschädigung der Waren auf den Verbraucher über, wenn er oder ein vom Verbraucher benannter Dritter, der nicht der Beförderer ist, die Waren in Besitz genommen hat. Unbeschadet der Rechte des Verbrauchers gegenüber dem Beförderer geht das Risiko mit der Übergabe an den Beförderer jedoch auf den Verbraucher über, wenn der Beförderer vom Verbraucher mit der Beförderung der Waren beauftragt wurde und diese Option nicht vom Unternehmer angeboten wurde.

2.1 Verbraucherrechte-RL

Art. 21 Telefonische Kommunikation Die Mitgliedstaaten sorgen dafür, dass der Verbraucher nicht verpflichtet ist, bei einer telefonischen Kontaktaufnahme mit dem Unternehmer mehr als den Grundtarif zu zahlen, wenn der Unternehmer eine Telefonleitung eingerichtet hat, um mit ihm im Zusammenhang mit dem geschlossenen Vertrag telefonisch Kontakt aufzunehmen.

Das Recht von Anbietern von Telekommunikationsdiensten, Entgelte für solche Anrufe zu berechnen, bleibt von Unterabsatz 1 unberührt.

Art. 22 Zusätzliche Zahlungen Bevor der Verbraucher durch den Vertrag oder das Angebot gebunden ist, hat der Unternehmer die ausdrückliche Zustimmung des Verbrauchers zu jeder Extrazahlung einzuholen, die über das vereinbarte Entgelt für die Hauptleistungspflicht des Unternehmers hinausgeht. Hat der Unternehmer vom Verbraucher keine ausdrückliche Zustimmung eingeholt, sondern sie dadurch herbeigeführt, dass er Voreinstellungen verwendet hat, die vom Verbraucher abgelehnt werden müssen, wenn er die zusätzliche Zahlung vermeiden will, so hat der Verbraucher Anspruch auf Erstattung dieser Zahlung.

Kapitel V – Allgemeine Vorschriften

Art. 23 Rechtsdurchsetzung (1) Die Mitgliedstaaten sorgen dafür, dass angemessene und wirksame Mittel vorhanden sind, mit denen die Einhaltung dieser Richtlinie sichergestellt wird.

(2) Die in Absatz 1 genannten Mittel schließen Rechtsvorschriften ein, nach denen eine oder mehrere der folgenden nach den innerstaatlichen Rechtsvorschriften bestimmten Einrichtungen gemäß dem jeweiligen innerstaatlichen Recht die Gerichte oder die zuständigen Verwaltungsbehörden anrufen kann bzw. können, um die Anwendung der innerstaatlichen Vorschriften zur Umsetzung dieser Richtlinie sicherzustellen:

a)   öffentliche Einrichtungen oder ihre Vertreter;

b)   Verbraucherverbände, die ein berechtigtes Interesse am Schutz der Verbraucher haben;

c)   Berufsverbände, die ein berechtigtes Interesse daran haben, tätig zu werden.

Art. 24 Sanktionen (1) Die Mitgliedstaaten legen für Verstöße gegen die aufgrund dieser Richtlinie erlassenen innerstaatlichen Vorschriften Sanktionen fest und treffen die zu ihrer Anwendung erforderlichen Maßnahmen. Die Sanktionen müssen wirksam, angemessen und abschreckend sein.

(2) Die Mitgliedstaaten teilen der Kommission diese Vorschriften bis zum 13. Dezember 2013 mit und unterrichten sie unverzüglich über etwaige spätere Änderungen dieser Vorschriften.

Art. 25 Unabdingbarkeit der Richtlinie Ist auf den Vertrag das Recht eines Mitgliedstaats anwendbar, so können Verbraucher auf die Rechte, die ihnen mit den einzelstaatlichen Maßnahmen zur Umsetzung dieser Richtlinie eingeräumt werden, nicht verzichten.

Vertragsklauseln, die einen Verzicht auf die sich aus dieser Richtlinie ergebenden Rechte oder deren Einschränkung unmittelbar oder mittelbar bewirken, sind für den Verbraucher nicht bindend.

Art. 26 Information Die Mitgliedstaaten treffen angemessene Maßnahmen zur Information der Verbraucher und der Unternehmer über die innerstaatlichen Rechtsvorschriften zur Umsetzung dieser Richtlinie und legen gegebenenfalls den Unternehmern sowie den Urhebern eines Kodex im Sinne des Artikels 2 Buchstabe g der Richtlinie 2005/29/EG nahe, die Verbraucher über ihre Verhaltenskodizes zu informieren.

Art. 27 Unbestellte Waren und Dienstleistungen Werden unter Verstoß gegen Artikel 5 Absatz 5 und Anhang I Nummer 29 der Richtlinie 2005/29/EG unbestellte Waren, Wasser, Gas, Strom, Fernwärme oder digitaler Inhalt geliefert oder unbestellte Dienstleistungen erbracht, so ist der Verbraucher von der Pflicht zur Erbringung der Gegenleistung befreit. In diesen Fällen gilt das Ausbleiben einer Antwort des Verbrauchers auf eine solche unbestellte Lieferung oder Erbringung nicht als Zustimmung.

Art. 28 Umsetzung (1) Die Mitgliedstaaten erlassen und veröffentlichen bis zum 13. Dezember 2013 die Rechts- und Verwaltungsvorschriften, die erforderlich sind, um dieser Richtlinie nachzukommen. Sie teilen der Kommission unverzüglich den Wortlaut dieser Maßnahmen in Form von Dokumenten mit. Die Kommission bedient sich für die Zwecke des in Artikel 30 genannten Berichts dieser Dokumente.
Sie wenden diese Maßnahmen ab dem 13. Juni 2014 an.
Bei Erlass dieser Maßnahmen nehmen die Mitgliedstaaten in den Vorschriften selbst oder durch einen Hinweis bei der amtlichen Veröffentlichung auf diese Richtlinie Bezug. Die Mitgliedstaaten regeln die Einzelheiten der Bezugnahme.
(2) Diese Richtlinie gilt für Verträge, die nach dem 13. Juni 2014 geschlossen werden.

Art. 29 Berichtspflichten (1) Macht ein Mitgliedstaat von einer Regelungsmöglichkeit nach Artikel 3 Absatz 4, Artikel 6 Absätze 7 und 8, Artikel 7 Absatz 4, Artikel 8 Absatz 6 sowie Artikel 9 Absatz 3 Gebrauch, so setzt er die Kommission bis zum 13. Dezember 2013 hiervon sowie von allen nachfolgenden Änderungen in Kenntnis.
(2) Die Kommission stellt sicher, dass die in Absatz 1 genannten Informationen den Verbrauchern und den Unternehmern leicht zugänglich sind, u. a. auf einer speziellen Webseite.
(3) Die Kommission leitet die in Absatz 1 genannten Informationen an die anderen Mitgliedstaaten und das Europäische Parlament weiter. Die Kommission hört die Beteiligten zu diesen Informationen an.

Art. 30 Berichterstattung durch die Kommission und Überprüfung Bis 13. Dezember 2016 legt die Kommission dem Europäischen Parlament und dem Rat einen Bericht über die Anwendung dieser Richtlinie vor. Dieser Bericht enthält insbesondere eine Bewertung der Bestimmungen dieser Richtlinie über digitale Inhalte, einschließlich des Widerrufsrechts. Diesem Bericht werden erforderlichenfalls Gesetzgebungsvorschläge zur Anpassung dieser Richtlinie an Entwicklungen auf dem Gebiet der Verbraucherrechte beigefügt.

Kapitel VI – Schlussbestimmungen

Art. 31 Aufhebung von Rechtsakten Die Richtlinien 85/577/EWG und 97/7/EG in der Fassung der Richtlinie 2002/65/EG des Europäischen Parlaments und des Rates vom 23. September 2002 über den Fernabsatz von Finanzdienstleistungen an Verbraucher[21] und

---

21 ABl. L 271 vom 9.10.2002, S. 16. [Finanzdienstleistungs-Fernabsatz-RL, in dieser Sammlung Nr. 2.2.]

der Richtlinien 2005/29/EG und 2007/64/EG werden mit Wirkung vom 13. Juni 2014 aufgehoben.
Verweise auf die aufgehobenen Richtlinien gelten als Verweise auf die vorliegende Richtlinie nach der Entsprechungstabelle im Anhang II.

Art. 32 Änderung der Richtlinie 93/13/EWG In die Richtlinie 93/13/EWG wird folgender Artikel eingefügt:
„Artikel 8a
(1) Erlässt ein Mitgliedstaat Vorschriften nach Artikel 8, so setzt er die Kommission hiervon sowie von allen nachfolgenden Änderungen in Kenntnis, insbesondere wenn diese Vorschriften:
– die Missbräuchlichkeitsprüfung auf individuell ausgehandelte Vertragsklauseln oder auf die Angemessenheit des Preises oder des Entgelts ausdehnen;
– Listen mit Vertragsklauseln, die als missbräuchlich gelten, enthalten.
(2) Die Kommission stellt sicher, dass die in Absatz 1 genannten Informationen den Verbrauchern und den Unternehmern leicht zugänglich sind, u. a. auf einer speziellen Webseite.
(3) Die Kommission leitet die in Absatz 1 genannten Informationen an die anderen Mitgliedstaaten und das Europäische Parlament weiter. Die Kommission hört die Beteiligten zu diesen Informationen an.“

Art. 33 Änderung der Richtlinie 1999/44/EG In die Richtlinie 1999/44/EG wird folgender Artikel eingefügt:
„Artikel 8a
Berichtspflichten
(1) Erlässt ein Mitgliedstaat gemäß Artikel 8 Absatz 2 strengere Verbraucherschutzvorschriften als die in Artikel 5 Absätzen 1 bis 3 und Artikel 7 Absatz 1 vorgesehen, so setzt er die Kommission hiervon sowie von allen nachfolgenden Änderungen in Kenntnis.
(2) Die Kommission stellt sicher, dass die in Absatz 1 genannten Informationen den Verbrauchern und den Unternehmern leicht zugänglich sind, u. a. auf einer speziellen Webseite.
(3) Die Kommission leitet die in Absatz 1 genannten Informationen an die anderen Mitgliedstaaten und das Europäische Parlament weiter. Die Kommission hört die Beteiligten zu diesen Informationen an.“

Art. 34 Inkrafttreten Diese Richtlinie tritt am zwanzigsten Tag nach ihrer Veröffentlichung im Amtsblatt der Europäischen Union in Kraft.

Art. 35 Adressaten Diese Richtlinie ist an die Mitgliedstaaten gerichtet.

Anhang I – Informationen zur Ausübung des Widerrufsrechts

A. Muster-Widerrufsbelehrung
Widerrufsrecht
Sie haben das Recht, binnen vierzehn Tagen ohne Angabe von Gründen diesen Vertrag zu widerrufen.
Die Widerrufsfrist beträgt vierzehn Tage ab dem Tag ⊡.

Um Ihr Widerrufsrecht auszuüben, müssen Sie uns ([2]) mittels einer eindeutigen Erklärung (z.b. ein mit der Post versandter Brief, Telefax oder E-Mail) über Ihren Entschluss, diesen Vertrag zu widerrufen, informieren. Sie können dafür das beigefügte Muster-Widerrufsformular verwenden, das jedoch nicht vorgeschrieben ist.[3] Zur Wahrung der Widerrufsfrist reicht es aus, dass Sie die Mitteilung über die Ausübung des Widerrufsrechts vor Ablauf der Widerrufsfrist absenden.

Folgen des Widerrufs

Wenn Sie diesen Vertrag widerrufen, haben wir Ihnen alle Zahlungen, die wir von Ihnen erhalten haben, einschließlich der Lieferkosten (mit Ausnahme der zusätzlichen Kosten, die sich daraus ergeben, dass Sie eine andere Art der Lieferung als die von uns angebotene, günstigste Standardlieferung gewählt haben), unverzüglich und spätestens binnen vierzehn Tagen ab dem Tag zurückzuzahlen, an dem die Mitteilung über Ihren Widerruf dieses Vertrags bei uns eingegangen ist. Für diese Rückzahlung verwenden wir dasselbe Zahlungsmittel, das Sie bei der ursprünglichen Transaktion eingesetzt haben, es sei denn, mit Ihnen wurde ausdrücklich etwas anderes vereinbart; in keinem Fall werden Ihnen wegen dieser Rückzahlung Entgelte berechnet.[4]

[5]

[6]

Gestaltungshinweise:

[1] Fügen Sie einen der folgenden in Anführungszeichen gesetzten Textbausteine ein:

a) im Falle eines Dienstleistungsvertrags oder eines Vertrags über die Lieferung von Wasser, Gas oder Strom, wenn sie nicht in einem begrenzten Volumen oder in einer bestimmten Menge zum Verkauf angeboten werden, von Fernwärme oder von digitalen Inhalten, die nicht auf einem körperlichen Datenträger geliefert werden: „des Vertragsabschlusses.";

b) im Falle eines Kaufvertrags: „, an dem Sie oder ein von Ihnen benannter Dritter, der nicht der Beförderer ist, die Waren in Besitz genommen haben bzw. hat.";

c) im Falle eines Vertrags über mehrere Waren, die der Verbraucher im Rahmen einer einheitlichen Bestellung bestellt hat und die getrennt geliefert werden: „, an dem Sie oder ein von Ihnen benannter Dritter, der nicht der Beförderer ist, die letzte Ware in Besitz genommen haben bzw. hat.";

d) im Falle eines Vertrags über die Lieferung einer Ware in mehreren Teilsendungen oder Stücken: „, an dem Sie oder ein von Ihnen benannter Dritter, der nicht der Beförderer ist, die letzte Teilsendung oder das letzte Stück in Besitz genommen haben bzw. hat.";

e) im Falle eines Vertrags zur regelmäßigen Lieferung von Waren über einen festgelegten Zeitraum hinweg: „, an dem Sie oder ein von Ihnen benannter Dritter, der nicht der Beförderer ist, die erste Ware in Besitz genommen haben bzw. hat."

[2] Fügen Sie Ihren Namen, Ihre Anschrift und, soweit verfügbar, Ihre Telefonnummer, Faxnummer und E-Mail-Adresse ein.

[3] Wenn Sie dem Verbraucher die Wahl einräumen, die Information über seinen Widerruf des Vertrags auf Ihrer Webseite elektronisch auszufüllen und zu übermitteln, fügen Sie Folgendes ein: „Sie können das Muster-Widerrufsformular oder eine andere eindeutige Erklärung auch auf unserer Webseite [Internet-Adresse einfügen] elektronisch ausfüllen und übermitteln. Machen Sie von dieser Möglichkeit Gebrauch, so werden

wir Ihnen unverzüglich (z. B. per E-Mail) eine Bestätigung über den Eingang eines solchen Widerrufs übermitteln."

[4] Im Falle von Kaufverträgen, in denen Sie nicht angeboten haben, im Fall des Widerrufs die Waren selbst abzuholen, fügen Sie Folgendes ein: „Wir können die Rückzahlung verweigern, bis wir die Waren wieder zurückerhalten haben oder bis Sie den Nachweis erbracht haben, dass Sie die Waren zurückgesandt haben, je nachdem, welches der frühere Zeitpunkt ist."

[5] Wenn der Verbraucher Waren im Zusammenhang mit dem Vertrag erhalten hat:
  a) Fügen Sie ein:
     - „Wir holen die Waren ab." oder
     - „Sie haben die Waren unverzüglich und in jedem Fall spätestens binnen vierzehn Tagen ab dem Tag, an dem Sie uns über den Widerruf dieses Vertrags unterrichten, an ... uns oder an [hier sind gegebenenfalls der Name und die Anschrift der von Ihnen zur Entgegennahme der Waren ermächtigten Person einzufügen] zurückzusenden oder zu übergeben. Die Frist ist gewahrt, wenn Sie die Waren vor Ablauf der Frist von vierzehn Tagen absenden."
  b) Fügen Sie ein:
     - „Wir tragen die Kosten der Rücksendung der Waren.";
     - „Sie tragen die unmittelbaren Kosten der Rücksendung der Waren.";
     - Wenn Sie bei einem Fernabsatzvertrag nicht anbieten, die Kosten der Rücksendung der Waren zu tragen und die Waren aufgrund ihrer Beschaffenheit nicht normal mit der Post zurückgesandt werden können: „Sie tragen die unmittelbaren Kosten der Rücksendung der Waren in Höhe von ... EUR [Betrag einfügen].", oder wenn die Kosten vernünftigerweise nicht im Voraus berechnet werden können: „Sie tragen die unmittelbaren Kosten der Rücksendung der Waren. Die Kosten werden auf höchstens etwa ... EUR [Betrag einfügen] geschätzt." oder
     - wenn die Waren bei einem außerhalb von Geschäftsräumen geschlossenen Vertrag aufgrund ihrer Beschaffenheit nicht normal mit der Post zurückgesandt werden können und zum Zeitpunkt des Vertragsschlusses zur Wohnung des Verbrauchers geliefert worden sind: „Wir holen die Waren auf unsere Kosten ab." und
  c) Fügen Sie ein: „Sie müssen für einen etwaigen Wertverlust der Waren nur aufkommen, wenn dieser Wertverlust auf einen zur Prüfung der Beschaffenheit, Eigenschaften und Funktionsweise der Waren nicht notwendigen Umgang mit ihnen zurückzuführen ist."

[6] Im Falle eines Vertrags zur Erbringung von Dienstleistungen oder der Lieferung von Wasser, Gas oder Strom, wenn sie nicht in einem begrenzten Volumen oder in einer bestimmten Menge zum Verkauf angeboten werden, oder von Fernwärme fügen Sie Folgendes ein: „Haben Sie verlangt, dass die Dienstleistungen oder Lieferung von Wasser/Gas/ Strom/Fernwärme [Unzutreffendes streichen] während der Widerrufsfrist beginnen soll, so haben Sie uns einen angemessenen Betrag zu zahlen, der dem Anteil der bis zu dem Zeitpunkt, zu dem Sie uns von der Ausübung des Widerrufsrechts hinsichtlich dieses Vertrags unterrichten, bereits erbrachten Dienstleistungen im Vergleich zum Gesamtumfang der im Vertrag vorgesehenen Dienstleistungen entspricht."

B. Muster-Widerrufsformular

(Wenn Sie den Vertrag widerrufen wollen, dann füllen Sie bitte dieses Formular aus und senden Sie es zurück)

- An [hier ist der Name, die Anschrift und gegebenenfalls die Faxnummer und E-Mail-Adresse des Unternehmers durch den Unternehmer einzufügen]:
- Hiermit widerrufe(n) ich/wir (*) den von mir/uns (*) abgeschlossenen Vertrag über den Kauf der folgenden Waren (*)/ die Erbringung der folgenden Dienstleistung (*)
- Bestellt am (*)/erhalten am (*)
- Name des/der Verbraucher(s)
- Anschrift des/der Verbraucher(s)
- Unterschrift des/der Verbraucher(s) (nur bei Mitteilung auf Papier)
- Datum

(*) Unzutreffendes streichen.

Anhang II Entsprechungstabelle Richtlinie 85/577/EWG – *nicht abgedruckt.*

2.2 Richtlinie 2002/65/EG des Europäischen Parlaments und des Rates vom 23. September 2002 über den Fernabsatz von Finanzdienstleistungen an Verbraucher und zur Änderung der Richtlinie 90/619/EWG des Rates und der Richtlinien 97/7/EG und 98/27/EG [Finanzdienstleistungs-Fernabsatz-RL]

ABl. 2002 L 271/16

DAS EUROPÄISCHE PARLAMENT UND DER RAT DER EUROPÄISCHEN UNION –
gestützt auf den Vertrag zur Gründung der Europäischen Gemeinschaft, insbesondere auf Artikel 47 Absatz 2, Artikel 55 und Artikel 95,
auf Vorschlag der Kommission[1],
nach Stellungnahme des Wirtschafts- und Sozialausschusses[2],
gemäß dem Verfahren des Artikels 251 des Vertrags[3],
in Erwägung nachstehender Gründe:

(1) Im Rahmen der Verwirklichung der Ziele des Binnenmarkts sind Maßnahmen zu dessen schrittweiser Festigung zu ergreifen; diese Maßnahmen müssen gemäß den Artikeln 95 und 153 des Vertrags zur Erreichung eines hohen Verbraucherschutzniveaus beitragen.

(2) Für die Verbraucher wie auch für die Anbieter von Finanzdienstleistungen gehört der Fernabsatz von Finanzdienstleistungen zu den wichtigsten greifbaren Ergebnissen des vollendeten Binnenmarkts.

(3) Im Rahmen des Binnenmarkts liegt es im Interesse der Verbraucher, gleichen Zugang zum breitestmöglichen Angebot an Finanzdienstleistungen zu haben, die in der Gemeinschaft verfügbar sind, damit sie sich für die Leistungen entscheiden können, die ihren Bedürfnissen am meisten entsprechen. Um den Verbrauchern die Freiheit der Wahl zu gewährleisten, die für sie ein wesentliches Recht darstellt, ist ein hohes Verbraucherschutzniveau erforderlich, damit das Vertrauen des Verbrauchers in den Fernabsatz wächst.

(4) Für das reibungslose Funktionieren des Binnenmarkts ist es wesentlich, dass die Verbraucher mit Anbietern in einem anderen Mitgliedstaat Verträge aushandeln und schließen können, und zwar unabhängig davon, ob der Anbieter auch in dem Mitgliedstaat über eine Niederlassung verfügt, in dem der Verbraucher ansässig ist.

(5) Aufgrund ihrer immateriellen Beschaffenheit eignen sich Finanzdienstleistungen ganz besonders für Transaktionen im Fernabsatz; auch dürfte die Schaffung eines rechtlichen Rahmens für den Fernabsatz von Finanzdienstleistungen das Vertrauen der Verbraucher in die Nutzung der neuen Fernabsatztechniken für Finanzdienstleistungen wie beispielsweise des elektronischen Geschäftsverkehrs stärken.

(6) Diese Richtlinie sollte im Einklang mit dem Vertrag und dem abgeleiteten Recht, einschließlich der Richtlinie 2000/31/EG über den elektronischen Geschäftsverkehr[4], angewandt werden, wobei die genannte Richtlinie nur für die von ihr erfassten Transaktionen gilt.

(7) Mit dieser Richtlinie sollen die vorgenannten Ziele erreicht werden, ohne dass davon gemeinschaftliche oder nationale Vorschriften betreffend den freien Dienstleistungsverkehr oder gegebenenfalls die Kontrolle durch den Aufnahmemitgliedstaat und/oder die Zulassungs- oder Aufsichtsregelungen der Mitgliedstaaten berührt werden, soweit dies mit den Rechtsvorschriften der Gemeinschaft vereinbar ist.

(8) Außerdem berühren diese Richtlinie und insbesondere ihre Bestimmungen betreffend Informationen über Vertragsklauseln über das auf den Vertrag anwendbare Recht und/oder die zuständige Gerichtsbarkeit nicht die Anwendbarkeit der Verordnung (EG) Nr. 44/2001 des Rates vom 22. Dezember 2000 über die gerichtliche Zuständigkeit und die Anerkennung und Vollstreckung von Ent-

---

1   ABl. C 385 vom 11.12.1998, S. 10, und ABl. C 177 E vom 27.6.2000, S. 21.
2   ABl. C 169 vom 16.6.1999, S. 43.
3   Stellungnahme des Europäischen Parlaments vom 5.5.1999 (ABl. C 279 vom 1.10.1999, S. 207), Gemeinsamer Standpunkt des Rates vom 19.12.2001 (ABl. C 58 E vom 5.3.2002, S. 32) und Beschluss des Europäischen Parlaments vom 14.5.2002 (ABl. C 180 E vom 31.7.2003, S. 108). Beschluss des Rates vom 26.6.2002.
4   ABl. L 178 vom 17.7.2000, S. 1. [E-Commerce-RL, in dieser Sammlung Nr. 2.3.]

scheidungen in Zivil- und Handelssachen[5] sowie des Übereinkommens von Rom von 1980 über das auf vertragliche Schuldverhältnisse anzuwendende Recht auf den Fernabsatz von Finanzdienstleistungen.

(9) Zur Verwirklichung der Ziele des Aktionsplans für Finanzdienstleistungen ist in bestimmten Bereichen ein noch höheres Verbraucherschutzniveau erforderlich. Dies setzt eine größere Konvergenz, insbesondere bei nicht harmonisierten Investmentfonds, Verhaltensregeln für Investitionsdienstleistungen und Verbraucherkrediten voraus. Bis diese Konvergenz erreicht ist, ist ein hohes Verbraucherschutzniveau aufrechtzuerhalten.

(10) Die Richtlinie 97/7/EG des Europäischen Parlaments und des Rates vom 20. Mai 1997 über den Verbraucherschutz bei Vertragsabschlüssen im Fernabsatz[6] enthält die wesentlichen Bestimmungen über Verträge zwischen einem Anbieter und einem Verbraucher über den Fernabsatz von Waren und Dienstleistungen. Aus dieser Richtlinie sind Finanzdienstleistungen jedoch ausgeklammert.

(11) Im Rahmen ihrer Untersuchung zur Feststellung des Bedarfs an spezifischen Maßnahmen im Bereich der Finanzdienstleistungen hat die Kommission insbesondere anlässlich der Erstellung ihres Grünbuchs „Finanzdienstleistungen – Wahrung der Verbraucherinteressen" alle betroffenen Kreise um Stellungnahme gebeten. Diese Konsultierung hat gezeigt, dass eine Stärkung des Verbraucherschutzes in diesem Bereich erforderlich ist. Demzufolge hat die Kommission beschlossen, einen spezifischen Vorschlag zum Fernabsatz von Finanzdienstleistungen vorzulegen.

(12) Gegensätzliche oder voneinander abweichende Verbraucherschutzbestimmungen der Mitgliedstaaten im Bereich Fernabsatz von Finanzdienstleistungen an Verbraucher könnten negative Auswirkungen auf den Binnenmarkt und den Wettbewerb der Unternehmen im Binnenmarkt zur Folge haben. Es ist daher geboten, auf Gemeinschaftsebene gemeinsame Regeln für diesen Bereich einzuführen, wobei am allgemeinen Verbraucherschutz in den Mitgliedstaaten keine Abstriche vorgenommen werden dürfen.

(13) Mit der vorliegenden Richtlinie soll ein hohes Verbraucherschutzniveau gewährleistet werden, um den freien Verkehr von Finanzdienstleistungen sicherzustellen. Die Mitgliedstaaten sollten in den durch diese Richtlinie harmonisierten Bereichen keine anderen als die darin festgelegten Bestimmungen vorsehen dürfen, es sei denn, die Richtlinie sieht dies ausdrücklich vor.

(14) Diese Richtlinie erfasst Finanzdienstleistungen jeder Art, die im Fernabsatz erbracht werden können. Für bestimmte Finanzdienstleistungen gelten jedoch besondere gemeinschaftsrechtliche Bestimmungen, die auch weiterhin auf diese Finanzdienstleistungen anwendbar sind. Dennoch sollten Grundsätze für den Fernabsatz solcher Dienstleistungen festgelegt werden.

(15) Der Vertragsabschluss im Fernabsatz setzt den Einsatz von Fernkommunikationsmitteln voraus, die im Rahmen eines für den Fernabsatz von Waren und Dienstleistungen organisierten Vertriebssystems eingesetzt werden, bei dem Anbieter und Verbraucher nicht gleichzeitig anwesend sind. Aufgrund der ständigen Weiterentwicklung dieser Techniken müssen Grundsätze formuliert werden, die auch für die noch wenig verbreiteten unter ihnen Gültigkeit haben. Fernabsatzverträge sind daher alle Verträge, bei denen das Angebot, die Verhandlung und der Abschluss selbst an getrennten Orten erfolgen.

(16) Ein einzelner Vertrag, der aufeinander folgende oder getrennte Vorgänge der gleichen Art umfasst, die in einem zeitlichen Zusammenhang stehen, kann je nach Mitgliedstaat in rechtlicher Hinsicht unterschiedlich ausgestaltet sein; die vorliegende Richtlinie muss aber in allen Mitgliedstaaten gleichermaßen anwendbar sein. Daher sollte diese Richtlinie für den ersten einer Reihe von aufeinander folgenden oder getrennten Vorgängen der gleichen Art gelten, die in einem zeitlichen Zusammenhang stehen und als ein Gesamtvorgang betrachtet werden können, und zwar unabhängig davon, ob dieser Vorgang oder diese Reihe von Vorgängen Gegenstand eines einzigen Vertrags oder mehrerer aufeinander folgender Verträge ist.

(17) Als „erste Dienstleistungsvereinbarung" gelten beispielsweise eine Kontoeröffnung, der Erwerb einer Kreditkarte oder der Abschluss eines Portfolioverwaltungsvertrags; als „Vorgänge" gelten beispielsweise Einzahlungen auf das eigene Konto oder Abhebungen vom eigenen Konto, Zahlungen per Kreditkarte oder Transaktionen im Rahmen eines Portfolioverwaltungsvertrags. Die Erweiterung einer ersten Vereinbarung um neue Komponenten, z.B. um die Möglichkeit, ein elektronisches Zahlungsinstrument zusammen mit dem vorhandenen Bankkonto zu benutzen, ist nicht ein „Vorgang", sondern ein Zusatzvertrag, auf den diese Richtlinie Anwendung findet. Zeichnungen neuer Anteile desselben Investmentfonds gelten als „aufeinander folgende Vorgänge der gleichen Art".

(18) Unter die Richtlinie fällt die organisierte Bereitstellung von Dienstleistungen durch den Anbieter von Finanzdienstleistungen, nicht jedoch die Bereitstellung von Dienstleistungen auf gelegentli-

---

5 ABl. L 12 vom 16.1.2001, S. 1. [EuGVVO, in dieser Sammlung Nr. 5.3.]
6 ABl. L 144 vom 4.6.1997, S. 19.

2.2 Fernabs-RL (Finanz)

cher Basis und außerhalb einer Absatzstruktur, deren Zweck der Abschluss von Fernabsatzverträgen ist.

(19) Als Anbieter gilt die Person, die Leistungen auf Distanz erbringt. Die Richtlinie sollte aber gleichermaßen Anwendung finden, wenn sich eine der Absatzphasen unter Mitwirkung eines Vermittlers vollzieht. Mit Rücksicht auf die Art und den Umfang dieser Mitwirkung sollten die einschlägigen Bestimmungen dieser Richtlinie unabhängig von der Rechtsstellung des Vermittlers auf diesen anwendbar sein.

(20) Zu den dauerhaften Datenträgern gehören insbesondere Disketten, CD-ROMs, DVDs und die Festplatte des Computers des Verbrauchers, auf der die elektronische Post gespeichert wird, jedoch nicht Internet-Websites, es sei denn, sie erfüllen die in der Definition des Begriffs „dauerhaftes Medium" enthaltenen Kriterien.

(21) Der Einsatz eines Fernkommunikationsmittels darf nicht zu einer ungerechtfertigten Einschränkung der dem Verbraucher vermittelten Information führen. Aus Transparenzgründen werden in dieser Richtlinie Anforderungen festgelegt, die eine angemessene Verbraucherinformation vor und nach Abschluss eines Vertrags gewährleisten. Vor Abschluss eines Vertrags sollten dem Verbraucher die erforderlichen Vorabinformationen zugehen, damit er die ihm angebotene Finanzdienstleistung entsprechend beurteilen und folglich seine Entscheidung in Kenntnis aller Umstände treffen kann. Der Anbieter sollte ausdrücklich angeben, wie lange sein etwaiges Angebot gültig ist.

(22) Die in dieser Richtlinie aufgeführten Informationselemente betreffen Informationen allgemeiner Art, die für alle Arten von Finanzdienstleistungen gelten. Die sonstigen Informationspflichten in Bezug auf die Merkmale einer bestimmten Dienstleistung, wie der Versicherungsschutz einer Versicherungspolice, sind nicht nur in dieser Richtlinie angegeben. Derartige Informationen sollten gegebenenfalls im Einklang mit den einschlägigen gemeinschaftlichen Rechtsvorschriften oder den gemäß diesen erlassenen nationalen Rechtsvorschriften erteilt werden.

(23) Um einen optimalen Schutz des Verbrauchers zu gewährleisten, muss dieser hinlänglich über die Bestimmungen dieser Richtlinie und die auf diesem Gebiet gegebenenfalls bestehenden Verhaltensmaßregeln informiert werden, und ihm sollte ein Recht auf Widerruf eingeräumt werden.

(24) Besteht das Widerrufsrecht nicht, weil der Verbraucher die Erfüllung eines Vertrags ausdrücklich verlangt hat, dann sollte der Anbieter den Verbraucher davon unterrichten.

(25) Der Verbraucher muss vor unaufgefordert erbrachten Dienstleistungen geschützt werden. In diesen Fällen sollte er von jeder Verpflichtung befreit sein; dabei darf das Ausbleiben einer Reaktion nicht als Zustimmung seinerseits verstanden werden. Diese Regel sollte jedoch nicht die stillschweigende Verlängerung wirksamer Verträge zwischen den Parteien berühren, wenn das Recht der Mitgliedstaaten eine solche stillschweigende Verlängerung zulässt.

(26) Die Mitgliedstaaten sollten die geeigneten Maßnahmen ergreifen, um die Verbraucher, die keine Kontaktaufnahme durch bestimmte Kommunikationsmittel oder zu bestimmten Zeiten wünschen, auf wirksame Weise vor derartigen Kontakten zu schützen. Von dieser Richtlinie sollten die zusätzlichen Garantien unberührt bleiben, die dem Verbraucher aufgrund gemeinschaftlicher Regelungen über den Schutz der Privatsphäre und personenbezogener Daten zustehen.

(27) Um die Verbraucher zu schützen, muss es in den Mitgliedstaaten angemessene und wirksame Beschwerde- und Rechtsbehelfsverfahren zur Beilegung etwaiger Streitigkeiten zwischen Anbietern und Verbrauchern geben; dabei sollten gegebenenfalls bestehende Verfahren genutzt werden.

(28) Die Mitgliedstaaten sollten die bestehenden öffentlichen oder privaten Einrichtungen, denen die außergerichtliche Beilegung von Rechtsstreitigkeiten obliegt, zur Kooperation bei der Beilegung grenzüberschreitender Streitfälle anhalten. Diese Kooperation könnte insbesondere dazu dienen, dem Verbraucher die Möglichkeit zu geben, bei den außergerichtlichen Instanzen in dem Mitgliedstaat seines Wohnsitzes bestehen, Beschwerde gegen Anbieter zu erheben, die in einem anderen Mitgliedstaat ansässig sind. Mit der Schaffung von FIN-NET wird Verbrauchern umfassendere Unterstützung gewährt, wenn sie grenzüberschreitende Dienste in Anspruch nehmen.

(29) Diese Richtlinie hindert die Mitgliedstaaten nicht daran, im Einklang mit den gemeinschaftlichen Rechtsvorschriften den Schutz dieser Richtlinie auf gemeinnützige Organisationen oder Personen auszuweiten, die Finanzdienstleistungen in Anspruch nehmen, um Unternehmer zu werden.

(30) Die Richtlinie sollte auch für Fälle gelten, in denen die einzelstaatlichen Rechtsvorschriften die Abgabe einer verbindlichen vertraglichen Erklärung durch den Verbraucher vorsehen.

(31) Die Bestimmungen in dieser Richtlinie betreffend die Wahl der Sprache durch den Anbieter sollten unbeschadet der Bestimmungen der einzelstaatlichen, im Einklang mit den Rechtsvorschriften der Gemeinschaft erlassenen Rechtsvorschriften über die Wahl der Sprache gelten.

(32) Im Rahmen des Allgemeinen Übereinkommens über den Handel mit Dienstleistungen (GATS) sind die Gemeinschaft und die Mitgliedstaaten Verpflichtungen hinsichtlich der Möglichkeit für Verbraucher, im Ausland Bank- und Investmentdienstleistungen zu erwerben, eingegangen. Nach dem GATS können die Mitgliedstaaten aus aufsichtsrechtlichen Gründen, unter anderem zum

Schutz der Anleger, der Einleger, der Versicherungsnehmer und der Personen, denen der Anbieter einer Finanzdienstleistung eine solche Finanzdienstleistung schuldet, Maßnahmen erlassen. Mit derartigen Maßnahmen sollten keine Einschränkungen auferlegt werden dürfen, die über das zur Gewährleistung des Verbraucherschutzes erforderliche Maß hinausgehen.

(33) Im Hinblick auf die Annahme dieser Richtlinie ist es erforderlich, den Anwendungsbereich der Richtlinie 97/7/EG und der Richtlinie 98/27/EG des Europäischen Parlaments und des Rates vom 19. Mai 1998 über Unterlassungsklagen zum Schutz der Verbraucherinteressen[7] und den Anwendungsbereich der Widerrufsfrist der Richtlinie 90/619/EWG des Rates vom 8. November 1990 zur Koordinierung der Rechts- und Verwaltungsvorschriften für die Direktversicherung (Lebensversicherung) und zur Erleichterung der tatsächlichen Ausübung des freien Dienstleistungsverkehrs[8] anzupassen.

(34) Da das Ziel dieser Richtlinie, nämlich die Aufstellung gemeinschaftlicher Regelungen über den Fernabsatz von Dienstleistungen an Verbraucher, auf Ebene der Mitgliedstaaten nicht ausreichend erreicht werden kann und daher besser auf Gemeinschaftsebene zu erreichen ist, kann die Gemeinschaft im Einklang mit dem in Artikel 5 des Vertrags niedergelegten Subsidiaritätsgrundsatz tätig werden. Entsprechend dem Verhältnismäßigkeitsgrundsatz nach demselben Artikel geht diese Richtlinie nicht über das zur Erreichung dieses Ziels erforderliche Maß hinaus –
HABEN FOLGENDE RICHTLINIE ERLASSEN:

Art. 1 Gegenstand und Anwendungsbereich (1) Gegenstand dieser Richtlinie ist die Angleichung der Rechts- und Verwaltungsvorschriften der Mitgliedstaaten über den Fernabsatz von Finanzdienstleistungen an Verbraucher.

(2) Bei Verträgen über Finanzdienstleistungen, die eine erstmalige Dienstleistungsvereinbarung mit daran anschließenden aufeinander folgenden Vorgängen oder einer daran anschließenden Reihe von Vorgängen der gleichen Art umfassen, die in einem zeitlichen Zusammenhang stehen, gelten die Bestimmungen dieser Richtlinie nur für die erste Vereinbarung. Falls es keine erstmalige Dienstleistungsvereinbarung gibt, aber die aufeinander folgenden oder getrennten Vorgänge der gleichen Art, die in einem zeitlichen Zusammenhang stehen, zwischen den gleichen Vertragsparteien abgewickelt werden, gelten die Artikel 3 und 4 nur für den ersten Vorgang. Findet jedoch länger als ein Jahr kein Vorgang der gleichen Art mehr statt, so gilt der nächste Vorgang als der erste einer neuen Reihe von Vorgängen, so dass die Artikel 3 und 4 Anwendung finden.

Art. 2 Begriffsbestimmungen Im Sinne dieser Richtlinie bezeichnet der Ausdruck

a) „Fernabsatzvertrag" jeden zwischen einem Anbieter und einem Verbraucher geschlossenen, Finanzdienstleistungen betreffenden Vertrag, der im Rahmen eines für den Fernabsatz organisierten Vertriebs- bzw. Dienstleistungssystems des Anbieters geschlossen wird, wobei dieser für den Vertrag bis zu und einschließlich dessen Abschlusses ausschließlich ein oder mehrere Fernkommunikationsmittel verwendet;

b) „Finanzdienstleistung" jede Bankdienstleistung sowie jede Dienstleistung im Zusammenhang mit einer Kreditgewährung, Versicherung, Altersversorgung von Einzelpersonen, Geldanlage oder Zahlung;

c) „Anbieter" jede natürliche oder juristische Person des öffentlichen oder privaten Rechts, die im Rahmen ihrer gewerblichen oder beruflichen Tätigkeit Dienstleistungen aufgrund von Fernabsatzverträgen erbringt;

d) „Verbraucher" jede natürliche Person, die bei Fernabsatzverträgen zu Zwecken handelt, die nicht ihrer gewerblichen oder beruflichen Tätigkeit zugerechnet werden können;

---

7   ABl. L 166 vom 11.6.1998, S. 51. Richtlinie zuletzt geändert durch die Richtlinie 2000/31/EG (ABl. L 178 vom 17.7.2000, S. 1).
8   ABl. L 330 vom 29.11.1990 S. 50. Richtlinie zuletzt geändert durch die Richtlinie 92/96/EWG (ABl. L 360 vom 9.12. 1992, S. 1).

e)   „Fernkommunikationsmittel" jedes Kommunikationsmittel, das ohne gleichzeitige körperliche Anwesenheit des Anbieters und des Verbrauchers für den Fernabsatz einer Dienstleistung zwischen diesen Parteien eingesetzt werden kann;

f)   „dauerhafter Datenträger" jedes Medium, das es dem Verbraucher gestattet, an ihn persönlich gerichtete Informationen derart zu speichern, dass er sie in der Folge für eine für die Zwecke der Informationen angemessene Dauer einsehen kann, und das die unveränderte Wiedergabe der gespeicherten Informationen ermöglicht;

g)   „Betreiber oder Anbieter eines Fernkommunikationsmittels" jede natürliche oder juristische Person des öffentlichen oder privaten Rechts, deren gewerbliche oder berufliche Tätigkeit darin besteht, den Anbietern eine oder mehrere Fernkommunikationsmittel zur Verfügung zu stellen.

Art. 3 Unterrichtung des Verbrauchers vor Abschluss des Fernabsatzvertrags (1) Rechtzeitig bevor der Verbraucher durch einen Fernabsatzvertrag oder durch ein Angebot gebunden ist, sind ihm folgende Informationen zur Verfügung zu stellen:

1. betreffend den Anbieter

a)   die Identität und Hauptgeschäftstätigkeit des Anbieters, die Anschrift seiner Niederlassung und jede andere Anschrift, die für die Geschäftsbeziehung zwischen dem Verbraucher und dem Anbieter maßgeblich ist;

b)   die Identität des Vertreters des Anbieters in dem Mitgliedstaat, in dem der Verbraucher seinen Wohnsitz hat, und die Anschrift, die für die Geschäftsbeziehung zwischen dem Verbraucher und dem Vertreter maßgeblich ist, wenn es einen Vertreter gibt;

c)   wenn der Verbraucher mit einer anderen gewerblich tätigen Person als dem Anbieter geschäftlich zu tun hat, die Identität dieser Person, die Eigenschaft, in der sie gegenüber dem Verbraucher tätig wird, und die Anschrift, die für die Geschäftsbeziehung zwischen dem Verbraucher und dieser Person maßgeblich ist;

d)   wenn der Anbieter in ein Handelsregister oder ein vergleichbares öffentliches Register eingetragen ist, das Handelsregister, in das er eingetragen ist, und seine Handelsregisternummer oder eine gleichwertige in diesem Register verwendete Kennung;

e)   soweit für die Tätigkeit des Anbieters eine Zulassung erforderlich ist, die Angaben zur zuständigen Aufsichtsbehörde;

2. betreffend die Finanzdienstleistung

a)   eine Beschreibung der wesentlichen Merkmale der Finanzdienstleistung;

b)   den Gesamtpreis, den der Verbraucher dem Anbieter für die Finanzdienstleistung schuldet, einschließlich aller damit verbundenen Provisionen, Gebühren und Abgaben sowie aller über den Anbieter abgeführten Steuern, oder, wenn kein genauer Preis angegeben werden kann, die Grundlage für seine Berechnung, die dem Verbraucher eine Überprüfung des Preises ermöglicht;

c)   gegebenenfalls einen Hinweis darauf, dass sich die Finanzdienstleistung auf Finanzinstrumente bezieht, die wegen ihrer spezifischen Merkmale oder der durchzuführenden Vorgänge mit speziellen Risiken behaftet sind oder deren Preis Schwankungen auf dem Finanzmarkt unterliegt, auf die der Anbieter keinen Einfluss hat, und einen Hinweis darauf, dass in der Vergangenheit erwirtschaftete Erträge kein Indikator für künftige Erträge sind;

d) einen Hinweis auf mögliche weitere Steuern und/oder Kosten, die nicht über den Anbieter abgeführt oder von ihm in Rechnung gestellt werden;

e) Angaben zu einer etwaigen Beschränkung des Zeitraums, während dessen die zur Verfügung gestellten Informationen gültig sind;

f) Einzelheiten hinsichtlich der Zahlung und der Erfüllung;

g) alle spezifischen zusätzlichen Kosten, die der Verbraucher für die Benutzung des Fernkommunikationsmittels zu tragen hat, wenn solche zusätzlichen Kosten in Rechnung gestellt werden;

3. betreffend den Fernabsatzvertrag

a) Bestehen oder Nichtbestehen eines Widerrufsrechts gemäß Artikel 6 sowie für den Fall, dass ein solches Recht besteht, die Widerrufsfrist und Modalitäten für dessen Ausübung, einschließlich des Betrags, den der Verbraucher gegebenenfalls gemäß Artikel 7 Absatz 1 zu entrichten hat, sowie die Folgen der Nichtausübung dieses Rechts;

b) die Mindestlaufzeit des Fernabsatzvertrags, wenn dieser die Erbringung einer dauernden oder regelmäßig wiederkehrenden Finanzdienstleistung zum Inhalt hat;

c) Angaben zum Recht der Parteien, den Fernabsatzvertrag vorzeitig oder einseitig aufgrund der Vertragsbedingungen zu kündigen, einschließlich aller Vertragsstrafen, die in einem solchen Fall auferlegt werden;

d) praktische Hinweise zur Ausübung des Widerrufsrechts, darunter Angabe der Anschrift, an die die Mitteilung über den Widerruf zu senden ist;

e) den oder die Mitgliedstaaten, dessen bzw. deren Recht der Anbieter der Aufnahme von Beziehungen zum Verbraucher vor Abschluss des Fernabsatzvertrags zugrunde legt;

f) Vertragsklausel über das auf den Fernabsatzvertrag anwendbare Recht und/oder über das zuständige Gericht;

g) Angaben darüber, in welcher Sprache oder in welchen Sprachen die Vertragsbedingungen und die in diesem Artikel genannten Vorabinformationen mitgeteilt werden, sowie darüber, in welcher Sprache oder in welchen Sprachen sich der Anbieter verpflichtet, mit Zustimmung des Verbrauchers die Kommunikation während der Laufzeit dieses Vertrags zu führen;

4. betreffend den Rechtsbehelf

a) Angaben darüber, ob der Verbraucher, der Vertragspartei ist, Zugang zu einem außergerichtlichen Beschwerde- und Rechtsbehelfsverfahren hat, und gegebenenfalls die Voraussetzungen für diesen Zugang;

b) Angaben über das Bestehen eines Garantiefonds oder anderer Entschädigungsregelungen, die nicht unter die Richtlinie 94/19/EG des Europäischen Parlaments und des Rates vom 30. Mai 1994 über Einlagensicherungssysteme[9] und die Richtlinie 97/9/EG des Europäischen Parlaments und des Rates vom 3. März 1997 über Systeme für die Entschädigung der Anleger[10] fallen.

(2) Die in Absatz 1 genannten Informationen, deren geschäftlicher Zweck unmissverständlich zu erkennen sein muss, sind auf klare und verständliche Weise in einer dem benutzten Fernkommunikationsmittel angepassten Weise zu erteilen; dabei ist insbesondere der

---

9   ABl. L 135 vom 31.5.1994, S. 5.
10   ABl. L 84 vom 26.3.1997, S. 22.

2.2 Fernabs-RL (Finanz)

Grundsatz von Treu und Glauben im Geschäftsverkehr sowie der Grundsatz des Schutzes der Personen, die nach dem Recht der Mitgliedstaaten nicht geschäftsfähig sind, wie zum Beispiel Minderjährige, zu wahren.

(3) Bei fernmündlicher Kommunikation

a) wird die Identität des Anbieters und der geschäftliche Zweck des vom Anbieter initiierten Anrufs zu Beginn eines jeden Gesprächs mit dem Verbraucher offen gelegt;

b) brauchen – vorbehaltlich der ausdrücklichen Zustimmung des Verbrauchers – nur folgende Informationen übermittelt zu werden:

- Identität der Kontaktperson des Verbrauchers und deren Verbindung zum Anbieter;
- Beschreibung der Hauptmerkmale der Finanzdienstleistung;
- Gesamtpreis, den der Verbraucher dem Anbieter für die Finanzdienstleistung schuldet, einschließlich aller über den Anbieter abgeführten Steuern, oder, wenn kein genauer Preis angegeben werden kann, die Grundlage für die Berechnung des Preises, die dem Verbraucher eine Überprüfung des Preises ermöglicht;
- Hinweis auf mögliche weitere Steuern und/oder Kosten, die nicht über den Anbieter abgeführt oder von ihm in Rechnung gestellt werden;
- Bestehen oder Nichtbestehen eines Widerrufsrechts gemäß Artikel 6 sowie für den Fall, dass ein Widerrufsrecht besteht, die Widerrufsfrist und Modalitäten für dessen Ausübung, einschließlich des Betrags, den der Verbraucher gegebenenfalls gemäß Artikel 7 Absatz 1 zu entrichten hat.

Der Anbieter informiert den Verbraucher darüber, dass auf Wunsch weitere Informationen übermittelt werden können, und welcher Art diese Informationen sind. Der Anbieter erteilt auf jeden Fall sämtliche Informationen, wenn er seinen Verpflichtungen nach Artikel 5 nachkommt.

(4) Informationen über vertragliche Verpflichtungen, die dem Verbraucher im Vorfeld des Vertragsabschlusses mitzuteilen sind, müssen im Einklang mit den vertraglichen Verpflichtungen stehen, die sich aufgrund des Rechts ergeben würden, dessen Anwendbarkeit auf den Fernabsatzvertrag im Falle seines Abschlusses angenommen wird.

Art. 4 Zusätzliche Auskunftspflichten (1) Enthalten die gemeinschaftlichen Rechtsvorschriften über Finanzdienstleistungen Bestimmungen mit zusätzlichen Anforderungen an eine vorherige Auskunftserteilung, die über die in Artikel 3 Absatz 1 genannten hinausgehen, so gelten diese Anforderungen weiterhin.

(2) Bis zu einer weiteren Harmonisierung können die Mitgliedstaaten strengere Bestimmungen über die Anforderungen an eine vorherige Auskunftserteilung aufrechterhalten oder erlassen, wenn diese Bestimmungen mit dem Gemeinschaftsrecht im Einklang stehen.

(3) Die Mitgliedstaaten teilen der Kommission die einzelstaatlichen Bestimmungen über die Anforderungen an eine vorherige Auskunftserteilung im Sinne der Absätze 1 und 2 mit, wenn es sich dabei um Anforderungen handelt, die zu den in Artikel 3 Absatz 1 genannten hinzukommen. Die Kommission berücksichtigt die mitgeteilten einzelstaatlichen Bestimmungen bei der Erstellung des Berichts gemäß Artikel 20 Absatz 2.

(4) Um durch alle geeigneten Mittel ein hohes Maß an Transparenz zu schaffen, trägt die Kommission dafür Sorge, dass die ihr mitgeteilten einzelstaatlichen Bestimmungen auch Verbrauchern und Anbietern zur Verfügung stehen.

(5) In den Fällen, in denen auch die Richtlinie 2007/64/EG des Europäischen Parlaments und des Rates vom 13. November 2007 über Zahlungsdienste im Binnenmarkt[11] Anwendung findet, werden die Bestimmungen über die Unterrichtung des Artikels 3 Absatz 1 mit Ausnahme von Nummer 2 Buchstaben c bis g, Nummer 3 Buchstaben a, d und e sowie Nummer 4 Buchstabe b durch die Artikel 36, 37, 41 und 42 jener Richtlinie ersetzt.

Art. 5 Übermittlung der Vertragsbedingungen und Vorabinformationen (1) Rechtzeitig bevor der Verbraucher durch einen Fernabsatzvertrag oder durch ein Angebot gebunden ist, übermittelt der Anbieter dem Verbraucher alle Vertragsbedingungen sowie die in Artikel 3 Absatz 1 und Artikel 4 genannten Informationen in Papierform oder auf einem anderen dauerhaften Datenträger, der dem Verbraucher zur Verfügung steht und zu dem er Zugang hat.

(2) Der Anbieter kommt der Verpflichtung gemäß Absatz 1 unverzüglich nach Abschluss des Fernabsatzvertrags nach, wenn der Vertrag auf Ersuchen des Verbrauchers mittels eines Fernkommunikationsmittels geschlossen wurde, das die Vorlage der Vertragsbedingungen sowie der entsprechenden Informationen gemäß Absatz 1 nicht gestattet.

(3) Zu jedem Zeitpunkt des Vertragsverhältnisses kann der Verbraucher die Vorlage der Vertragsbedingungen in Papierform verlangen. Außerdem ist der Verbraucher berechtigt, ein anderes Fernkommunikationsmittel zu verwenden, es sei denn, dass dies mit dem geschlossenen Fernabsatzvertrag oder der Art der erbrachten Finanzdienstleistung unvereinbar ist.

Art. 6 Widerrufsrecht (1) Die Mitgliedstaaten tragen dafür Sorge, dass der Verbraucher innerhalb einer Frist von 14 Kalendertagen den Vertrag widerrufen kann, ohne Gründe nennen oder eine Vertragsstrafe zahlen zu müssen. Bei Fernabsatzverträgen über Lebensversicherungen, die unter die Richtlinie 90/619/EWG fallen, und bei Fernabsatzverträgen über die Altersversorgung von Einzelpersonen wird diese Frist jedoch auf 30 Kalendertage verlängert. Die Widerrufsfrist beginnt zu laufen:
- am Tag des Abschlusses des Fernabsatzvertrags, außer bei den genannten Lebensversicherungen; bei diesen beginnt die Frist mit dem Zeitpunkt, zu dem der Verbraucher über den Abschluss des Fernabsatzvertrags informiert wird;
- oder an dem Tag, an dem der Verbraucher die Vertragsbedingungen und Informationen gemäß Artikel 5 Absatz 1 oder 2 erhält, wenn dieser Zeitpunkt später als der im ersten Gedankenstrich genannte liegt.

Die Mitgliedstaaten können zusätzlich zum Widerrufsrecht vorsehen, dass die Wirksamkeit von Fernabsatzverträgen über Geldanlagedienstleistungen für die Dauer der in diesem Absatz vorgesehenen Frist ausgesetzt wird.

(2) Das Widerrufsrecht ist ausgeschlossen bei
a) Finanzdienstleistungen, deren Preis auf dem Finanzmarkt Schwankungen unterliegt, auf die der Anbieter keinen Einfluss hat und die innerhalb der Widerrufsfrist auftreten können, wie z. B. Dienstleistungen im Zusammenhang mit
  - Devisen,
  - Geldmarktinstrumenten,
  - handelbaren Wertpapieren,
  - Anteilen an Anlagegesellschaften,

---

11 ABl. L 319 vom 5.12.2007, S. 1. [Zahlungsdienste-RL, in dieser Sammlung Nr. 2.16.]

- Finanztermingeschäften (Futures) einschließlich gleichwertiger Instrumente mit Barzahlung,
- Zinstermingeschäften (FRA),
- Zins- und Devisenswaps sowie Swaps auf Aktien- oder Aktienindexbasis („equity swaps"),
- Kauf- oder Verkaufsoptionen auf alle in diesem Buchstaben genannten Instrumente einschließlich gleichwertiger Instrumente mit Barzahlung. Zu dieser Kategorie gehören insbesondere die Devisen- und die Zinsoptionen;

b) Reise- und Gepäckversicherungspolicen oder bei ähnlichen kurzfristigen Versicherungspolicen mit einer Laufzeit von weniger als einem Monat;

c) Verträgen, die auf ausdrücklichen Wunsch des Verbrauchers von beiden Seiten bereits voll erfüllt sind, bevor der Verbraucher sein Widerrufsrecht ausübt.

(3) Die Mitgliedstaaten können bestimmen, dass das Widerrufsrecht in folgenden Fällen ausgeschlossen ist:

a) bei einem Kredit, der überwiegend für den Erwerb oder die Erhaltung von Eigentumsrechten an einem Grundstück oder einem bestehenden oder geplanten Gebäude oder zur Renovierung oder Aufwertung eines Gebäudes bestimmt ist; oder

b) bei einem Kredit, der entweder durch eine Hypothek auf einen unbeweglichen Vermögensgegenstand oder durch ein Recht an einem unbeweglichen Vermögensgegenstand gesichert ist; oder

c) bei Erklärungen von Verbrauchern, die unter Mitwirkung eines Amtsträgers abgegeben werden, unter der Voraussetzung, dass der Amtsträger bestätigt, dass die Rechte des Verbrauchers gemäß Artikel 5 Absatz 1 gewahrt wurden.

Das Recht auf eine Bedenkzeit zugunsten der Verbraucher mit Wohnsitz in einem Mitgliedstaat, in dem ein solches Recht zum Zeitpunkt der Annahme dieser Richtlinie besteht, bleibt von diesem Absatz unberührt.

(4) Die Mitgliedstaaten, die von der in Absatz 3 vorgesehenen Möglichkeit Gebrauch machen, teilen dies der Kommission mit.

(5) Die Kommission leitet die von den Mitgliedstaaten übermittelten Informationen an das Europäische Parlament und den Rat weiter und stellt sicher, dass diese auf Wunsch auch den Verbrauchern und Anbietern zur Verfügung stehen.

(6) Übt der Verbraucher sein Widerrufsrecht aus, so teilt er dies vor Fristablauf unter Beachtung der ihm gemäß Artikel 3 Absatz 1 Nummer 3 Buchstabe d) gegebenen praktischen Hinweise in einer Weise mit, die einen Nachweis entsprechend den einzelstaatlichen Rechtsvorschriften ermöglicht. Die Frist gilt als gewahrt, wenn die Mitteilung, sofern sie in Papierform oder auf einem anderen dauerhaften dem Empfänger zur Verfügung stehenden und ihm zugänglichen Datenträger erfolgt, vor Fristablauf abgesandt wird.

(7) Dieser Artikel gilt nicht für Kreditverträge, die gemäß Artikel 6 Absatz 4 der Richtlinie 97/7/EG oder Artikel 7 der Richtlinie 94/47/EG des Europäischen Parlaments und des Rates vom 26. Oktober 1994 zum Schutz der Erwerber im Hinblick auf bestimmte Aspekte von Verträgen über den Erwerb von Teilzeitnutzungsrechten an Immobilien[12] widerrufen wurden. Wurde einem Fernabsatzvertrag über eine bestimmte Finanzdienstleistung ein anderer Fernabsatzvertrag hinzugefügt, der Dienstleistungen des Anbieters oder eines Dritten auf der Grundlage einer Vereinbarung zwischen dem Dritten und dem Anbieter betrifft, so

---

12   ABl. L 280 vom 29.10.1994, S. 83. [Ersetzt durch neue Timesharing-RL, in dieser Sammlung Nr. 2.15.]

wird dieser Zusatzvertrag ohne Vertragsstrafe aufgelöst, wenn der Verbraucher sein Widerrufsrecht nach Artikel 6 Absatz 1 ausübt.

(8) Dieser Artikel berührt nicht die Rechts- und Verwaltungsvorschriften der Mitgliedstaaten über die Kündigung, die Auflösung oder die Unwirksamkeit eines Fernabsatzvertrags oder das Recht eines Verbrauchers, seine vertraglichen Verpflichtungen vor der in dem Fernabsatzvertrag festgesetzten Frist zu erfüllen. Dies gilt ungeachtet der Bedingungen für eine Aufhebung des Fernabsatzvertrags und deren rechtlicher Wirkungen.

Art. 7 Zahlung für eine vor Widerruf des Vertrags erbrachte Dienstleistung (1) Übt der Verbraucher sein Widerrufsrecht gemäß Artikel 6 Absatz 1 aus, so darf von ihm lediglich die unverzügliche Zahlung für die vom Anbieter gemäß dem Fernabsatzvertrag tatsächlich erbrachte Dienstleistung verlangt werden. Mit der Erfüllung des Vertrags darf erst nach Zustimmung des Verbrauchers begonnen werden. Der zu zahlende Betrag darf

– einen Betrag nicht überschreiten, der dem Anteil der bereits erbrachten Dienstleistungen im Vergleich zum Gesamtumfang der im Fernabsatzvertrag vorgesehenen Dienstleistungen entspricht;

– nicht so bemessen sein, dass er als Vertragsstrafe ausgelegt werden kann.

(2) Die Mitgliedstaaten können bestimmen, dass der Verbraucher keinen Betrag schuldet, wenn er eine Versicherungspolice kündigt.

(3) Der Anbieter darf vom Verbraucher eine Zahlung gemäß Absatz 1 nur verlangen, wenn er nachweisen kann, dass der Verbraucher über den zu zahlenden Betrag gemäß Artikel 3 Absatz 1 Nummer 3 Buchstabe a) ordnungsgemäß unterrichtet worden ist. Er kann eine solche Zahlung jedoch nicht verlangen, wenn er vor Ende der Widerrufsfrist gemäß Artikel 6 Absatz 1 ohne ausdrückliche Zustimmung des Verbrauchers mit der Vertragsausführung begonnen hat.

(4) Der Anbieter erstattet dem Verbraucher unverzüglich und spätestens binnen 30 Kalendertagen jeden Betrag, den er von diesem gemäß dem Fernabsatzvertrag erhalten hat; hiervon ausgenommen ist der in Absatz 1 genannte Betrag. Diese Frist beginnt an dem Tag, an dem der Anbieter die Mitteilung über den Widerruf erhält.

(5) Der Verbraucher gibt unverzüglich und nicht später als binnen 30 Kalendertagen vom Anbieter erhaltene Geldbeträge und/oder Gegenstände an den Anbieter zurück. Diese Frist beginnt an dem Tag, an dem der Verbraucher die Mitteilung über den Widerruf abschickt.

Art. 8 Zahlung mittels Karte – *[gestrichen]*

Art. 9 [Unbestellte Dienstleistungen und Waren] Angesichts des in der Richtlinie 2005/29/EG des Europäischen Parlaments und des Rates vom 11. Mai 2005 über unlautere Geschäftspraktiken im binnenmarktinternen Geschäftsverkehr zwischen Unternehmen und Verbrauchern[13] festgelegten Verbots von Praktiken bezüglich unbestellter Waren oder Dienstleistungen und unbeschadet der Rechtsvorschriften der Mitgliedstaaten über die stillschweigende Verlängerung von Fernabsatzverträgen, soweit danach eine stillschweigende Verlängerung möglich ist, treffen die Mitgliedstaaten Maßnahmen, um die Verbraucher für den Fall, dass unbestellte Waren geliefert oder unbestellte Dienstleistungen erbracht wurden, von jeder Verpflichtung zu befreien, wobei das Ausbleiben einer Antwort nicht als Zustimmung gilt.

---

13   ABl. L 149 vom 11.6.2005, S. 22. [Geschäftspraktiken-RL, in dieser Sammlung Nr. 2.5.]

2.2 Fernabs-RL (Finanz)

Art. 10 Unerwünschte Mitteilungen (1) Die Verwendung folgender Fernkommunikationsmittel durch einen Anbieter bedarf der vorherigen Einwilligung des Verbrauchers:
a) telefonische Kommunikation mit einem Anrufautomaten (Voice-Mail-System);
b) Telefax.
(2) Die Mitgliedstaaten tragen dafür Sorge, dass andere Fernkommunikationsmittel als die in Absatz 1 genannten, die eine individuelle Kommunikation erlauben,
a) ohne die Zustimmung des betreffenden Verbrauchers nicht zulässig sind, oder
b) nur benutzt werden dürfen, wenn der Verbraucher keine deutlichen Einwände dagegen erhebt.
(3) Die Maßnahmen nach den Absätzen 1 und 2 dürfen dem Verbraucher keine Kosten verursachen.

Art. 11 Sanktionen Die Mitgliedstaaten sehen angemessene Sanktionen zur Ahndung von Verstößen des Anbieters gegen in Umsetzung dieser Richtlinie erlassene einzelstaatliche Vorschriften vor. Zu diesem Zweck können sie insbesondere vorsehen, dass der Verbraucher den Vertrag jederzeit kündigen kann, ohne dass ihm daraus Kosten entstehen oder er eine Vertragsstrafe zahlen muss. Diese Sanktionen müssen wirksam, verhältnismäßig und abschreckend sein.

Art. 12 Unabdingbarkeit der Bestimmungen dieser Richtlinie (1) Der Verbraucher kann auf die Rechte, die ihm durch diese Richtlinie eingeräumt werden, nicht verzichten.
(2) Die Mitgliedstaaten treffen die erforderlichen Maßnahmen um sicherzustellen, dass der Verbraucher den durch diese Richtlinie gewährten Schutz nicht dadurch verliert, dass das Recht eines Drittstaates als das auf den Vertrag anzuwendende Recht gewählt wird, wenn der Vertrag eine enge Verbindung mit dem Hoheitsgebiet eines oder mehrerer Mitgliedstaaten aufweist.

Art. 13 Rechtsbehelfe vor Gericht oder bei den Verwaltungsbehörden (1) Die Mitgliedstaaten sorgen für angemessene und wirksame Mittel, mit denen die Einhaltung dieser Richtlinie im Interesse der Verbraucher sichergestellt wird.
(2) Die in Absatz 1 genannten Mittel schließen Rechtsvorschriften ein, nach denen eine oder mehrere der folgenden nach den innerstaatlichen Rechtsvorschriften bestimmten Einrichtungen gemäß dem jeweiligen innerstaatlichen Recht die Gerichte oder die zuständigen Verwaltungsbehörden anrufen kann bzw. können, um die Anwendung der innerstaatlichen Vorschriften zur Umsetzung dieser Richtlinie sicherzustellen:
a) öffentliche Einrichtungen oder ihre Vertreter;
b) Verbraucherverbände, die ein berechtigtes Interesse am Schutz der Verbraucher haben;
c) Berufsverbände, die ein Rechtsschutzinteresse haben.
(3) Die Mitgliedstaaten treffen die erforderlichen Maßnahmen, damit die Betreiber und Anbieter von Fernkommunikationsmitteln, sofern sie hierzu in der Lage sind, Praktiken einstellen, die durch eine ihnen zugestellte Entscheidung eines Gerichts, einer Verwaltungsbehörde oder einer Aufsichtsbehörde für nicht mit dieser Richtlinie vereinbar befunden worden sind.

Art. 14 Außergerichtliche Rechtsbehelfe (1) Die Mitgliedstaaten fördern die Einrichtung oder die Weiterentwicklung angemessener und wirksamer außergerichtlicher Beschwerde und Rechtsbehelfsverfahren für die Beilegung von Verbraucherrechtsstreitigkeiten über Finanzdienstleistungen im Fernabsatz.

(2) Die Mitgliedstaaten halten insbesondere die für die außergerichtliche Beilegung von Rechtsstreitigkeiten zuständigen Einrichtungen dazu an, bei der Beilegung grenzüberschreitender Rechtsstreitigkeiten über Finanzdienstleistungen im Fernabsatz zusammenzuarbeiten.

Art. 15 Beweislast Unbeschadet von Artikel 7 Absatz 3 können die Mitgliedstaaten bestimmen, dass die Beweislast für die Erfüllung der Verpflichtungen des Anbieters zur Unterrichtung des Verbrauchers und für die Zustimmung des Verbrauchers zum Abschluss des Vertrags sowie gegebenenfalls zur Durchführung des Vertrags beim Anbieter liegt. Eine Vertragsbedingung, nach der die Beweislast für die Erfüllung aller oder eines Teils der Verpflichtungen des Anbieters, die diesem aufgrund dieser Richtlinie obliegen, beim Verbraucher liegt, gilt als missbräuchlich im Sinne der Richtlinie 93/13/EWG des Rates vom 5. April 1993 über missbräuchliche Klauseln in Verbraucherverträgen[14].

Art. 16 Übergangsmaßnahmen Die Mitgliedstaaten können auf Anbieter, die in einem Mitgliedstaat niedergelassen sind, der diese Richtlinie noch nicht umgesetzt hat und nach dessen Recht keine den Verpflichtungen dieser Richtlinie entsprechenden Verpflichtungen bestehen, nationale Bestimmungen anwenden, die den Bestimmungen dieser Richtlinie entsprechen.

Art. 17-23 *Änderungen anderer Richtlinien (dort berücksichtigt), Überprüfung, Umsetzungsfrist und Inkrafttreten – nicht abgedruckt.*

---

14   ABl. L 95 vom 21.4.1993, S. 29. [Klausel-RL, in dieser Sammlung Nr. 2.8.]

2.3 Richtlinie 2000/31/EG des Europäischen Parlaments und des Rates vom 8. Juni 2000 über bestimmte rechtliche Aspekte der Dienste der Informationsgesellschaft, insbesondere des elektronischen Geschäftsverkehrs, im Binnenmarkt („Richtlinie über den elektronischen Geschäftsverkehr") [E-Commerce-RL]

ABl. 2000 L 178/1

DAS EUROPÄISCHE PARLAMENT UND DER RAT DER EUROPÄISCHEN UNION –
gestützt auf den Vertrag zur Gründung der Europäischen Gemeinschaft, insbesondere auf Artikel 47 Absatz 2 und die Artikel 55 und 95,
auf Vorschlag der Kommission[1],
nach Stellungnahme des Wirtschafts- und Sozialausschusses[2],
gemäß dem Verfahren des Artikels 251 des Vertrags[3]
in Erwägung nachstehender Gründe:

(1) Ziel der Europäischen Union ist es, einen immer engeren Zusammenschluß der europäischen Staaten und Völker zu schaffen, um den wirtschaftlichen und sozialen Fortschritt zu sichern. Der Binnenmarkt umfaßt nach Artikel 14 Absatz 2 des Vertrags einen Raum ohne Binnengrenzen, in dem der freie Verkehr von Waren und Dienstleistungen sowie die Niederlassungsfreiheit gewährleistet sind. Die Weiterentwicklung der Dienste der Informationsgesellschaft in dem Raum ohne Binnengrenzen ist ein wichtiges Mittel, um die Schranken, die die europäischen Völker trennen, zu beseitigen.

(2) Die Entwicklung des elektronischen Geschäftsverkehrs in der Informationsgesellschaft bietet erhebliche Beschäftigungsmöglichkeiten in der Gemeinschaft, insbesondere in kleinen und mittleren Unternehmen, und wird das Wirtschaftswachstum sowie die Investitionen in Innovationen der europäischen Unternehmen anregen; diese Entwicklung kann auch die Wettbewerbsfähigkeit der europäischen Wirtschaft stärken, vorausgesetzt, daß das Internet allen zugänglich ist.

(3) Das Gemeinschaftsrecht und die charakteristischen Merkmale der gemeinschaftlichen Rechtsordnung sind ein wichtiges Instrument, damit die europäischen Bürger und Unternehmen uneingeschränkt und ohne Behinderung durch Grenzen Nutzen aus den Möglichkeiten des elektronischen Geschäftsverkehrs ziehen können. Diese Richtlinie zielt daher darauf ab, ein hohes Niveau der rechtlichen Integration in der Gemeinschaft sicherzustellen, um einen wirklichen Raum ohne Binnengrenzen für die Dienste der Informationsgesellschaft zu verwirklichen.

(4) Es ist wichtig zu gewährleisten, daß der elektronische Geschäftsverkehr die Chancen des Binnenmarktes voll nutzen kann und daß somit ebenso wie mit der Richtlinie 89/552/EWG des Rates vom 3. Oktober 1989 zur Koordinierung bestimmter Rechts- und Verwaltungsvorschriften der Mitgliedstaaten über die Ausübung der Fernsehtätigkeit[4] ein hohes Niveau der gemeinschaftlichen Integration erzielt wird.

(5) Die Weiterentwicklung der Dienste der Informationsgesellschaft in der Gemeinschaft wird durch eine Reihe von rechtlichen Hemmnissen für das reibungslose Funktionieren des Binnenmarktes behindert, die die Niederlassungsfreiheit und den freien Dienstleistungsverkehrs weniger attraktiv machen. Die Hemmnisse bestehen in Unterschieden der innerstaatlichen Rechtsvorschriften sowie in der Rechtsunsicherheit hinsichtlich auf Dienste der Informationsgesellschaft jeweils anzuwendenden nationalen Regelungen. Solange die innerstaatlichen Rechtsvorschriften in den betreffenden Bereichen nicht koordiniert und angepaßt sind, können diese Hemmnisse gemäß der Rechtsprechung des Gerichtshofes der Europäischen Gemeinschaften gerechtfertigt sein.

---

1 ABl. C 30 vom 5.2.1999, S. 4.
2 ABl. C 169 vom 16.6.1999, S. 36.
3 Stellungnahme des Europäischen Parlaments vom 6.5.1999 (ABl. C 279 vom 1.10.1999, S. 389). Gemeinsamer Standpunkt des Rates vom 28.2.2000 (ABl. C 128 vom 8.5.2000, S. 32) und Beschluß des Europäischen Parlaments vom 4.5.2000 (ABl. C 41 vom 7.2.2001, S. 38).
4 ABl. L 298 vom 17.10.1989, S. 23.

Rechtsunsicherheit besteht im Hinblick darauf, in welchem Ausmaß die Mitgliedstaaten über Dienste aus einem anderen Mitgliedstaat Kontrolle ausüben dürfen.

(6) In Anbetracht der Ziele der Gemeinschaft, der Artikel 43 und 49 des Vertrags und des abgeleiteten Gemeinschaftsrechts gilt es, die genannten Hemmnisse durch Koordinierung bestimmter innerstaatlicher Rechtsvorschriften und durch Klarstellung von Rechtsbegriffen auf Gemeinschaftsebene zu beseitigen, soweit dies für das reibungslose Funktionieren des Binnenmarktes erforderlich ist. Diese Richtlinie befaßt sich nur mit bestimmten Fragen, die Probleme für das Funktionieren des Binnenmarktes aufwerfen, und wird damit in jeder Hinsicht dem Subsidiaritätsgebot gemäß Artikel 5 des Vertrags gerecht.

(7) Um Rechtssicherheit zu erreichen und das Vertrauen der Verbraucher zu gewinnen, muß diese Richtlinie einen klaren allgemeinen Rahmen für den Binnenmarkt bezüglich bestimmter rechtlicher Aspekte des elektronischen Geschäftsverkehrs festlegen.

(8) Ziel dieser Richtlinie ist es, einen rechtlichen Rahmen zur Sicherstellung des freien Verkehrs von Diensten der Informationsgesellschaft zwischen den Mitgliedstaaten zu schaffen, nicht aber, den Bereich des Strafrechts als solchen zu harmonisieren.

(9) In vieler Hinsicht kann der freie Verkehr von Diensten der Informationsgesellschaft die besondere gemeinschaftsrechtliche Ausprägung eines allgemeineren Grundsatzes darstellen, nämlich des Rechts auf freie Meinungsäußerung im Sinne des Artikels 10 Absatz 1 der von allen Mitgliedstaaten ratifizierten Konvention zum Schutze der Menschenrechte und Grundfreiheiten. Richtlinien, die das Angebot von Diensten der Informationsgesellschaft betreffen, müssen daher sicherstellen, daß diese Tätigkeit gemäß jenem Artikel frei ausgeübt werden kann und nur den Einschränkungen unterliegt, die in Absatz 2 des genannten Artikel und in Artikel 46 Absatz 1 des Vertrages niedergelegt sind. Die grundlegenden Regeln und Prinzipien des einzelstaatlichen Rechts, die die freie Meinungsäußerung betreffen, sollen von dieser Richtlinie unberührt bleiben.

(10) Gemäß dem Grundsatz der Verhältnismäßigkeit sind in dieser Richtlinie nur diejenigen Maßnahmen vorgesehen, die zur Gewährleistung des reibungslosen Funktionierens des Binnenmarktes unerläßlich sind. Damit der Binnenmarkt wirklich zu einem Raum ohne Binnengrenzen für den elektronischen Geschäftsverkehr wird, muß diese Richtlinie in den Bereichen, in denen ein Handeln auf Gemeinschaftsebene geboten ist, ein hohes Schutzniveau für die dem Allgemeininteresse dienenden Ziele, insbesondere für den Jugendschutz, den Schutz der Menschenwürde, den Verbraucherschutz und den Schutz der öffentlichen Gesundheit, gewährleisten. Nach Artikel 152 des Vertrags ist der Schutz der öffentlichen Gesundheit ein wesentlicher Bestandteil anderer Gemeinschaftspolitiken.

(11) Diese Richtlinie läßt das durch Gemeinschaftsrechtsakte eingeführte Schutzniveau, insbesondere für öffentliche Gesundheit und den Verbraucherschutz, unberührt. Unter anderem bilden die Richtlinie 93/13/EWG des Rates vom 5. April 1993 über mißbräuchliche Klauseln in Verbraucherverträgen[5] und die Richtlinie 97/7/EG des Europäischen Parlaments und des Rates vom 20. Mai 1997 über den Verbraucherschutz bei Vertragsabschlüssen im Fernabsatz[6] wichtige Errungenschaften für den Verbraucherschutz im Bereich des Vertragsrechts. Jene Richtlinien gelten voll und ganz auch für die Dienste der Informationsgesellschaft. Zum Rechtsstand auf Gemeinschaftsebene, der uneingeschränkt für die Dienste der Informationsgesellschaft gilt, gehören insbesondere auch die Richtlinien 84/450/EWG des Rates vom 10. September 1984 über irreführende und vergleichende Werbung[7], die Richtlinie 87/102/EWG des Rates vom 22. Dezember 1986 zur Angleichung der Rechts- und Verwaltungsvorschriften der Mitgliedstaaten über den Verbraucherkredit[8], die Richtlinie 93/22/EWG des Rates vom 10. Mai 1993 über Wertpapierdienstleistungen[9], die Richtlinie 90/314/EWG des Rates vom 13. Juni 1990 über Pauschalreisen[10], die Richtlinie 98/6/EG des Europäischen Parlaments und des Rates vom 16. Februar 1998 über den Schutz der Verbraucher bei der

---

5 ABl. L 95 vom 21.4.1993, S. 29 [Klausel-RL, in dieser Sammlung Nr. 2.8.]
6 ABl. L 144 vom 4.6.1997, S. 19.
7 ABl. L 250 vom 19.9.1984, S. 17. Richtlinie geändert durch die Richtlinie 97/55/EG des Europäischen Parlaments und des Rates (ABl. L 290 vom 23.10.1997, S. 18). [Ersetzt durch neue Werbe-RL, in dieser Sammlung Nr. 2.4.]
8 ABl. L 42 vom 12.2.1987, S. 48. Richtlinie zuletzt geändert durch die Richtlinie 98/7/EG des Europäischen Parlaments und des Rates (ABl. L 101 vom 1.4.1998, S. 17). [Ersetzt durch neue Verbraucherkredit-RL, in dieser Sammlung Nr. 2.16.]
9 ABl. L 141 vom 11.6.1993, S. 27. Richtlinie zuletzt geändert durch die Richtlinie 97/9/EG des Europäischen Parlaments und des Rates (ABl. L 84 vom 26.3.1997, S. 22). [Ersetzt durch Finanzmarkt-RL, in dieser Sammlung Nr. 2.19.]
10 ABl. L 158 vom 23.6.1990, S. 59. [Pauschalreise-RL, in dieser Sammlung Nr. 2.14.]

Angabe der Preise der ihnen angebotenen Erzeugnisse[11], die Richtlinie 92/59/EWG des Rates vom 29. Juni 1992 über die allgemeine Produktsicherheit[12], die Richtlinie 94/47/EG des Europäischen Parlaments und des Rates vom 26. Oktober 1994 zum Schutz der Erwerber im Hinblick auf bestimmte Aspekte von Verträgen über den Erwerb von Teilzeitnutzungsrechten an Immobilien[13], die Richtlinie 98/27/EG des Europäischen Parlaments und des Rates vom 19. Mai 1998 über Unterlassungsklagen zum Schutz der Verbraucherinteressen[14], die Richtlinie 85/374/EWG des Rates vom 25. Juli 1985 zur Angleichung der Rechts- und Verwaltungsvorschriften der Mitgliedstaaten über die Haftung für fehlerhafte Produkte[15], die Richtlinie 1999/44/EG des Europäischen Parlaments und des Rates vom 25. Mai 1999 zu bestimmten Aspekten des Verbrauchsgüterkaufs und der Garantien für Verbrauchsgüter[16], die künftige Richtlinie des Europäischen Parlaments und des Rates über den Fernabsatz von Finanzdienstleistungen an Verbraucher[17], und die Richtlinie 92/28/EWG des Rates vom 31. März 1992 über die Werbung für Humanarzneimittel[18]. Die vorliegende Richtlinie soll die im Rahmen des Binnenmarktes angenommene Richtlinie 98/43/EG des Europäischen Parlaments und des Rates vom 6. Juli 1998 zur Angleichung der Rechts- und Verwaltungsvorschriften der Mitgliedstaaten über Werbung und Sponsoring zugunsten von Tabakerzeugnissen[19] und die Richtlinien über den Gesundheitsschutz unberührt lassen. Diese Richtlinie ergänzt die Informationserfordernisse, die durch die vorstehend genannten Richtlinien und insbesondere durch die Richtlinie 97/7/EG eingeführt wurden.

(12) Bestimmte Tätigkeiten müssen aus dem Geltungsbereich dieser Richtlinie ausgenommen werden, da gegenwärtig in diesen Bereichen der freie Dienstleistungsverkehr aufgrund der Bestimmungen des Vertrags bzw. des abgeleiteten Gemeinschaftsrechts nicht sicherzustellen ist. Dieser Ausschluß darf Maßnahmen, die zur Gewährleistung des reibungslosen Funktionierens des Binnenmarkts erforderlich sein könnten, nicht berühren. Das Steuerwesen, insbesondere die Mehrwertsteuer, die auf eine große Zahl von Diensten erhoben wird, die in den Anwendungsbereich dieser Richtlinie fallen, muß von ihrem Anwendungsbereich ausgenommen werden.

(13) Mit dieser Richtlinie sollen weder Regelungen über steuerliche Verpflichtungen festgelegt werden, noch greift sie der Ausarbeitung von Gemeinschaftsrechtsakten zu den steuerlichen Aspekten des elektronischen Geschäftsverkehrs vor.

(14) Der Schutz natürlicher Personen bei der Verarbeitung personenbezogener Daten ist ausschließlich Gegenstand der Richtlinie 95/46/EG des Europäischen Parlaments und des Rates vom 24. Oktober 1995 zum Schutz natürlicher Personen bei der Verarbeitung personenbezogener Daten und zum freien Datenverkehr[20] und der Richtlinie 97/66/EG des Europäischen Parlaments und des Rates vom 15. Dezember 1997 über die Verarbeitung personenbezogener Daten und den Schutz der Privatsphäre im Bereich der Telekommunikation[21], beide Richtlinien sind uneingeschränkt auf die Dienste der Informationsgesellschaft anwendbar. Jene Richtlinien begründen bereits einen gemeinschaftsrechtlichen Rahmen für den Bereich personenbezogener Daten, so daß diese Frage in der vorliegenden Richtlinie nicht geregelt werden muß, um das reibungslose Funktionieren des Binnenmarkts und insbesondere den freien Fluß personenbezogener Daten zwischen den Mitgliedstaaten zu gewährleisten. Die Grundsätze des Schutzes personenbezogener Daten sind bei der Umsetzung und Anwendung dieser Richtlinie uneingeschränkt zu beachten, insbesondere in bezug auf nicht angeforderte kommerzielle Kommunikation und die Verantwortlichkeit von Vermittlern. Die anonyme Nutzung offener Netze wie des Internets kann diese Richtlinie nicht unterbinden.

(15) Die Vertraulichkeit der Kommunikation ist durch Artikel 5 der Richtlinie 97/66/EG gewährleistet. Gemäß jener Richtlinie untersagen die Mitgliedstaaten jede Art des Abfangens oder Überwachens

---

11 ABl. L 80 vom 18.3.1998, S. 27.
12 ABl. L 228 vom 11.8.1992, S. 24.
13 ABl. L 280 vom 29.10.1994, S. 83. [Ersetzt durch neue Timesharing-RL, in dieser Sammlung Nr. 2.15.]
14 ABl. L 166 vom 11.6.1998, S. 51. Richtlinie geändert durch die Richtlinie 1999/44/EG (ABl. L 171 vom 7.7.1999, S. 12).
15 ABl. L 210 vom 7.8.1985, S. 29. Richtlinie geändert durch die Richtlinie 1999/34/EG (ABl. L 141 vom 4.6.1999, S. 20). [Produkthaftungs-RL, in dieser Sammlung Nr. 2.10.]
16 ABl. L 171 vom 7.7.1999, S. 12. [Kaufgewährleistungs-RL, in dieser Sammlung Nr. 2.9.]
17 ABl. L 113 vom 30.4.1992, S. 13. [Finanzdienstleistungs-Fernabsatz-RL, in dieser Sammlung Nr. 2.2.]
18 ABl. L 113 vom 30.4.1992, S. 13.
19 ABl. L 213 vom 30.7.1998, S. 9.
20 ABl. L 281 vom 23.11.1995, S. 31.
21 ABl. L 24 vom 30.1.1998, S. 1.

dieser Kommunikation durch andere Personen als Sender und Empfänger, es sei denn, diese Personen sind gesetzlich dazu ermächtigt.

(16) Die Ausklammerung von Gewinnspielen aus dem Anwendungsbereich dieser Richtlinie betrifft nur Glücksspiele, Lotterien und Wetten mit einem einen Geldwert darstellenden Einsatz. Preisausschreiben und Gewinnspiele, mit denen der Verkauf von Waren oder Dienstleistungen gefördert werden soll und bei denen etwaige Zahlungen nur dem Erwerb der angebotenen Waren oder Dienstleistungen dienen, werden hiervon nicht erfaßt.

(17) Das Gemeinschaftsrecht enthält in der Richtlinie 98/34/EG des Europäischen Parlaments und des Rates vom 22. Juni 1998 über ein Informationsverfahren auf dem Gebiet der Normen und technischen Vorschriften und der Vorschriften für die Dienste der Informationsgesellschaft[22] sowie in der Richtlinie 98/84/EG des Europäischen Parlaments und des Rates vom 20. November 1998 über den rechtlichen Schutz von zugangskontrollierten Diensten und von Zugangskontrolldiensten[23] bereits eine Definition der Dienste der Informationsgesellschaft. Diese Definition umfaßt alle Dienstleistungen, die in der Regel gegen Entgelt im Fernabsatz mittels Geräten für die elektronische Verarbeitung (einschließlich digitaler Kompression) und Speicherung von Daten auf individuellen Abruf eines Empfängers erbracht werden. Nicht unter diese Definition fallen die Dienstleistungen, auf die in der Liste von Beispielen in Anhang V der Richtlinie 98/34/EG Bezug genommen wird und die ohne Verarbeitung und Speicherung von Daten erbracht werden.

(18) Die Dienste der Informationsgesellschaft umfassen einen weiten Bereich von wirtschaftlichen Tätigkeiten, die online vonstatten gehen. Diese Tätigkeiten können insbesondere im Online-Verkauf von Waren bestehen. Tätigkeiten wie die Auslieferung von Waren als solche oder die Erbringung von Offline-Diensten werden nicht erfaßt. Die Dienste der Informationsgesellschaft beschränken sich nicht nur auf Dienste, bei denen online Verträge geschlossen werden können, sondern erstrecken sich, soweit es sich überhaupt um eine wirtschaftliche Tätigkeit handelt, auch auf Dienste, die nicht von denjenigen vergütet werden, die sie empfangen, wie etwa Online-Informationsdienste, kommerzielle Kommunikation oder Dienste, die Instrumente zur Datensuche, zum Zugang zu Daten und zur Datenabfrage bereitstellen. Zu den Diensten der Informationsgesellschaft zählen auch Dienste, die Informationen über ein Kommunikationsnetz übermitteln, Zugang zu einem Kommunikationsnetz anbieten oder Informationen, von einem Nutzer des Dienstes stammen, speichern. Fernsehsendungen im Sinne der Richtlinie 89/552/EWG und Radiosendungen sind keine Dienste der Informationsgesellschaft, da sie nicht auf individuellen Abruf erbracht werden. Dagegen sind Dienste, die von Punkt zu Punkt erbracht werden, wie Video auf Abruf oder die Verbreitung kommerzieller Kommunikationen mit elektronischer Post, Dienste der Informationsgesellschaft. Die Verwendung der elektronischen Post oder gleichwertiger individueller Kommunikationen zum Beispiel durch natürliche Personen außerhalb ihrer gewerblichen, geschäftlichen oder beruflichen Tätigkeit, einschließlich ihrer Verwendung für den Abschluß von Verträgen zwischen derartigen Personen, ist kein Dienst der Informationsgesellschaft. Die vertragliche Beziehung zwischen einem Arbeitnehmer und seinem Arbeitgeber ist kein Dienst der Informationsgesellschaft. Tätigkeiten, die ihrer Art nach nicht aus der Ferne und auf elektronischem Wege ausgeübt werden können, wie die gesetzliche Abschlußprüfung von Unternehmen oder ärzt-licher Rat mit einer erforderlichen körperlichen Untersuchung eines Patienten, sind keine Dienste der Informationsgesellschaft.

(19) Die Bestimmung des Ortes der Niederlassung des Anbieters hat gemäß den in der Rechtsprechung des Gerichtshofs entwickelten Kriterien zu erfolgen, nach denen der Niederlassungsbegriff die tatsächliche Ausübung einer wirtschaftlichen Tätigkeit mittels einer festen Einrichtung auf unbestimmte Zeit umfaßt. Diese Bedingung ist auch erfüllt, wenn ein Unternehmen für einen festgelegten Zeitraum gegründet wird. Erbringt ein Unternehmen Dienstleistungen über eine Web-Site des Internets, so ist es weder dort niedergelassen, wo sich die technischen Mittel befinden, die diese Web-Site beherbergen, noch dort, wo die Web-Site zugänglich ist, sondern an dem Ort, an dem es seine Wirtschaftstätigkeit ausübt. In Fällen, in denen ein Anbieter an mehreren Orten niedergelassen ist, ist es wichtig zu bestimmen, von welchem Niederlassungsort aus der betreffende Dienst erbracht wird. Ist im Falle mehrerer Niederlassungsorte schwierig zu bestimmen, von welchem Ort aus ein bestimmter Dienst erbracht wird, so gilt als solcher der Ort, an dem sich der Mittelpunkt der Tätigkeiten des Anbieters in bezug auf diesen bestimmten Dienst befindet.

(20) Die Definition des Begriffs des Nutzers eines Dienstes umfaßt alle Arten der Inanspruchnahme von Diensten der Informationsgesellschaft sowohl durch Personen, die Informationen in offenen Net-

---

22 ABl. L 204 vom 21.7.1998, S. 37. Richtlinie geändert durch die Richtlinie 98/48/EG (ABl. L 217 vom 5.8.1998, S. 18).

23 ABl. L 320 vom 28.11.1998, S. 54.

zen wie dem Internet anbieten, als auch durch Personen, die im Internet Informationen für private oder berufliche Zwecke suchen.

(21) Eine künftige gemeinschaftliche Harmonisierung auf dem Gebiet der Dienste der Informationsgesellschaft und künftige Rechtsvorschriften, die auf einzelstaatlicher Ebene in Einklang mit dem Gemeinschaftsrecht erlassen werden, bleiben vom Geltungsbereich des koordinierten Bereichs unberührt. Der koordinierte Bereich umfaßt nur Anforderungen betreffend Online-Tätigkeiten, beispielsweise Online-Informationsdienste, Online-Werbung, Online-Verkauf und Online-Vertragsabschluß; er betrifft keine rechtlichen Anforderungen der Mitgliedstaaten bezüglich Waren, beispielsweise Sicherheitsnormen, Kennzeichnungspflichten oder Haftung für Waren, und auch keine Anforderungen der Mitgliedstaaten bezüglich der Lieferung oder Beförderung von Waren, einschließlich der Lieferung von Humanarzneimitteln. Der koordinierte Bereich umfaßt nicht die Wahrnehmung des Vorkaufsrechts durch öffentliche Behörden in bezug auf bestimmte Güter wie beispielsweise Kunstwerke.

(22) Die Aufsicht über Dienste der Informationsgesellschaft hat am Herkunftsort zu erfolgen, um einen wirksamen Schutz der Ziele des Allgemeininteresses zu gewährleisten. Deshalb muß dafür gesorgt werden, daß die zuständige Behörde diesen Schutz nicht allein für die Bürger ihres Landes, sondern für alle Bürger der Gemeinschaft sichert. Um das gegenseitige Vertrauen der Mitgliedstaaten zu fördern, muß die Verantwortlichkeit des Mitgliedstaates des Herkunftsortes der Dienste klar herausgestellt werden. Um den freien Dienstleistungsverkehr und die Rechtssicherheit für Anbieter und Nutzer wirksam zu gewährleisten, sollten die Dienste der Informationsgesellschaft zudem grundsätzlich dem Rechtssystem desjenigen Mitgliedstaates unterworfen werden, in dem der Anbieter niedergelassen ist.

(23) Diese Richtlinie zielt weder darauf ab, zusätzliche Regeln im Bereich des internationalen Privatrechts hinsichtlich des anwendbaren Rechts zu schaffen, noch befaßt sie sich mit der Zuständigkeit der Gerichte; Vorschriften des anwendbaren Rechts, die durch Regeln des Internationalen Privatrechts bestimmt sind, dürfen die Freiheit zur Erbringung von Diensten der Informationsgesellschaft im Sinne dieser Richtlinie nicht einschränken.

(24) Unbeschadet der Regel, daß Dienste der Informationsgesellschaft an der Quelle zu beaufsichtigen sind, ist es im Zusammenhang mit dieser Richtlinie gerechtfertigt, daß die Mitgliedstaaten unter den in dieser Richtlinie festgelegten Bedingungen Maßnahmen ergreifen dürfen, um den freien Verkehr für Dienste der Informationsgesellschaft einzuschränken.

(25) Nationale Gerichte, einschließlich Zivilgerichte, die mit privatrechtlichen Streitigkeiten befaßt sind, können im Einklang mit den in dieser Richtlinie festgelegten Bedingungen Maßnahmen ergreifen, die von der Freiheit der Erbringung von Diensten der Informationsgesellschaft abweichen.

(26) Die Mitgliedstaaten können im Einklang mit den in dieser Richtlinie festgelegten Bedingungen ihre nationalen strafrechtlichen Vorschriften und Strafprozeßvorschriften anwenden, um Ermittlungs- und andere Maßnahmen zu ergreifen, die zur Aufklärung und Verfolgung von Straftaten erforderlich sind, ohne diese Maßnahmen der Kommission mitteilen zu müssen.

(27) Diese Richtlinie trägt zusammen mit der künftigen Richtlinie des Europäischen Parlaments und des Rates über den Fernabsatz von Finanzdienstleistungen an Verbraucher dazu bei, einen rechtlichen Rahmen für die Online-Erbringung von Finanzdienstleistungen zu schaffen. Diese Richtlinie greift künftigen Initiativen im Bereich der Finanzdienstleistungen, insbesondere in bezug auf die Harmonisierung der Verhaltensregeln für diesen Bereich, nicht vor. Die durch diese Richtlinie geschaffene Möglichkeit für die Mitgliedstaaten, die Freiheit der Erbringung von Diensten der Informationsgesellschaft unter bestimmten Umständen zum Schutz der Verbraucher einzuschränken, erstreckt sich auch auf Maßnahmen im Bereich der Finanzdienstleistungen, insbesondere Maßnahmen zum Schutz von Anlegen.

(28) Die Verpflichtung der Mitgliedstaaten, den Zugang zur Tätigkeit eines Anbieters von Diensten der Informationsgesellschaft keiner Zulassung zu unterwerfen, gilt nicht für Postdienste, die unter die Richtlinie 97/67/EG des Europäischen Parlaments und des Rates vom 15. Dezember 1997 über gemeinsame Vorschriften für die Entwicklung des Binnenmarktes der Postdienste der Gemeinschaft und die Verbesserung der Dienstequalität[24] fallen und in der materiellen Auslieferung ausgedruckter Mitteilungen der elektronischen Post bestehen; freiwillige Akkreditierungssysteme, insbesondere für Anbieter von Diensten für die Zertifizierung elektronischer Signaturen, sind hiervon ebenfalls nicht betroffen.

(29) Kommerzielle Kommunikationen sind von entscheidender Bedeutung für die Finanzierung der Dienste der Informationsgesellschaft und die Entwicklung vielfältiger neuer und unentgeltlicher Dienste. Im Interesse des Verbraucherschutzes und der Lauterkeit des Geschäftsverkehrs müssen

---

24 ABl. L 15 vom 21.1.1998, S. 14.

die verschiedenen Formen kommerzieller Kommunikation, darunter Preisnachlässe, Sonderange-
bote, Preisausschreiben und Gewinnspiele, bestimmten Transparenzerfordernissen genügen. Diese
Transparenzerfordernisse lassen die Richtlinie 97/7/EG unberührt. Diese Richtlinie ist ferner ohne
Auswirkung auf die Richtlinien, die bereits im Bereich der kommerziellen Kommunikationen bestehen, insbesondere die Richtlinie 98/43/EG.

(30) Die Zusendung nicht angeforderter kommerzieller Kommunikationen durch elektronische Post
kann für Verbraucher und Anbieter von Diensten der Informationsgesellschaft unerwünscht sein
und das reibungslose Funktionieren interaktiver Netze beeinträchtigen. Die Frage der Zustimmung
der Empfänger bestimmter Formen der nicht angeforderten kommerziellen Kommunikation ist
nicht Gegenstand dieser Richtlinie, sondern ist, insbesondere in den Richtlinien 97/7/EG und 97/
66/EG, bereits geregelt. In Mitgliedstaaten, die nicht angeforderte kommerzielle Kommunikationen
über elektronische Post zulassen, sollten geeignete Initiativen der Branche zum Herausfiltern entsprechender Mitteilungen gefördert und erleichtert werden. Darüber hinaus müssen nicht angeforderte kommerzielle Kommunikationen auf jeden Fall klar als solche erkennbar sein, um die Transparenz zu verbessern und die Funktionsfähigkeit derartiger Filtersysteme der Branche zu fördern.
Durch elektronische Post zugesandte nicht angeforderte kommerzielle Kommunikationen dürfen
keine zusätzlichen Kommunikationskosten für den Empfänger verursachen.

(31) Mitgliedstaaten, die in ihrem Hoheitsgebiet niedergelassenen Diensteanbietern die Versendung
nicht angeforderter kommerzieller Kommunikation mit elektronischer Post ohne vorherige Zustimmung des Empfängers gestatten, müssen dafür Sorge tragen, daß die Diensteanbieter regelmäßig sog. Robinson-Listen konsultieren, in die sich natürliche Personen eintragen können, die keine
derartigen Informationen zu erhalten wünschen, und daß die Diensteanbieter diese Listen beachten.

(32) Um Hindernisse für die Entwicklung grenzüberschreitender Dienste innerhalb der Gemeinschaft
zu beseitigen, die Angehörige der reglementierten Berufe im Internet anbieten könnten, muß die
Wahrung berufsrechtlicher Regeln, insbesondere der Regeln zum Schutz der Verbraucher oder der
öffentlichen Gesundheit, auf Gemeinschaftsebene gewährleistet sein. Zur Festlegung der für kommerzielle Kommunikation geltenden Berufsregeln sind vorzugsweise gemeinschaftsweit geltende
Verhaltenskodizes geeignet. Die Erstellung oder gegebenenfalls die Anpassung solcher Regeln sollte
unbeschadet der Autonomie von Berufsvereinigungen und -organisationen gefördert werden.

(33) Diese Richtlinie ergänzt gemeinschaftliche und einzelstaatliche Rechtsvorschriften für reglementierte Berufe, wobei in diesem Bereich ein kohärenter Bestand anwendbarer Regeln beibehalten wird.

(34) Jeder Mitgliedstaat hat seine Rechtsvorschriften zu ändern, in denen Bestimmungen festgelegt sind,
die die Verwendung elektronisch geschlossener Verträge behindern könnten; dies gilt insbesondere
für Formerfordernisse. Die Prüfung anpassungsbedürftiger Rechtsvorschriften sollte systematisch
erfolgen und sämtliche Phasen bis zum Vertragsabschluß umfassen, einschließlich der Archivie-
rung des Vertrages. Diese Änderung sollte bewirken, daß es möglich ist, elektronisch geschlossene
Verträge zu verwenden. Die rechtliche Wirksamkeit elektronischer Signaturen ist bereits Gegenstand der Richtlinie 1999/93/EG des Europäischen Parlaments und des Rates vom 13. Dezember
1999 über gemeinschaftliche Rahmenbedingungen für elektronische Signaturen[25]. Die Empfangsbestätigung durch den Diensteanbieter kann darin bestehen, daß dieser die bezahlte Dienstleistung
online erbringt.

(35) Diese Richtlinie läßt die Möglichkeit der Mitgliedstaaten unberührt, allgemeine oder spezifische
rechtliche Anforderungen für Verträge, die auf elektronischem Wege erfüllt werden können, insbesondere Anforderungen für sichere elektronische Signaturen, aufrechtzuerhalten oder festzulegen.

(36) Die Mitgliedstaaten können Beschränkungen für die Verwendung elektronisch geschlossener Verträge in bezug auf Verträge beibehalten, bei denen die Mitwirkung von Gerichten, Behörden oder
öffentliche Befugnisse ausübenden Berufen gesetzlich vorgeschrieben ist. Diese Möglichkeit gilt
auch für Verträge, bei denen die Mitwirkung von Gerichten, Behörden oder öffentliche Befugnisse
ausübenden Berufen erforderlich ist, damit sie gegenüber Dritten wirksam sind, und für Verträge,
bei denen eine notarielle Beurkundung oder Beglaubigung gesetzlich vorgeschrieben ist.

(37) Die Verpflichtung der Mitgliedstaaten, Hindernisse für die Verwendung elektronisch geschlossener
Verträge zu beseitigen, betrifft nur Hindernisse, die sich aus rechtlichen Anforderungen ergeben,
nicht jedoch praktische Hindernisse, die dadurch entstehen, daß in bestimmten Fällen elektronische Mittel nicht genutzt werden können.

(38) Die Verpflichtung der Mitgliedstaaten, Hindernisse für die Verwendung elektronisch geschlossener
Verträge zu beseitigen, ist im Einklang mit den im Gemeinschaftsrecht niedergelegten rechtlichen
Anforderungen an Verträge zu erfüllen.

---

25 ABl. L 13 vom 19.1.2000, S. 12.

(39) Die in dieser Richtlinie in bezug auf die bereitzustellenden Informationen und die Abgabe von Bestellungen vorgesehenen Ausnahmen von den Vorschriften für Verträge, die ausschließlich durch den Austausch von elektronischer Post oder durch damit vergleichbare individuelle Kommunikation geschlossen werden, sollten nicht dazu führen, daß Anbieter von Diensten der Informationsgesellschaft diese Vorschriften umgehen können.

(40)–(48) *zu Verantwortlichkeitsbeschränkung bei reiner Durchleitung, Caching und Hosting – nicht abgedruckt.*

(49) Die Mitgliedstaaten und die Kommission haben zur Ausarbeitung von Verhaltenskodizes zu ermutigen. Dies beeinträchtigt nicht die Freiwilligkeit dieser Kodizes und die Möglichkeit der Beteiligten, sich nach freiem Ermessen einem solchen Kodex zu unterwerfen.

(50)–(53) *zu den Materien, deren Regelung im Textteil der Richtlinie nicht abgedruckt wurde.*

(54) Die in dieser Richtlinie vorgesehenen Sanktionen lassen andere nach einzelstaatlichem Recht vorgesehene Sanktionen oder Rechtsbehelfe unberührt. Die Mitgliedstaaten sind nicht verpflichtet, strafrechtliche Sanktionen für Zuwiderhandlungen gegen innerstaatliche Rechtsvorschriften, die aufgrund dieser Richtlinie erlassen wurden, vorzusehen.

(55) Diese Richtlinie läßt das Recht unberührt, das für die sich aus Verbraucherverträgen ergebenden vertraglichen Schuldverhältnisse gilt. Dementsprechend kann diese Richtlinie nicht dazu führen, daß dem Verbraucher der Schutz entzogen wird, der ihm von den zwingenden Vorschriften für vertragliche Verpflichtungen nach dem Recht des Mitgliedstaates, in dem er seinen gewöhnlichen Wohnsitz hat, gewährt wird.

(56) Im Hinblick auf die in dieser Richtlinie vorgesehene Ausnahme für vertragliche Schuldverhältnisse in bezug auf Verbraucherverträge ist zu beachten, daß diese Schuldverhältnisse auch Informationen zu den wesentlichen Elementen des Vertrags erfassen; dazu gehören auch die Verbraucherrechte, die einen bestimmenden Einfluß auf die Entscheidung zum Vertragschluß haben.

(57)–(65) *zu den Materien, deren Regelung im Textteil der Richtlinie nicht abgedruckt wurde. –*
HABEN FOLGENDE RICHTLINIE ERLASSEN:

Kapitel I – Allgemeine Bestimmungen

Art. 1 Zielsetzung und Anwendungsbereich (1) Diese Richtlinie soll einen Beitrag zum einwandfreien Funktionieren des Binnenmarktes leisten, indem sie den freien Verkehr von Diensten der Informationsgesellschaft zwischen den Mitgliedstaaten sicherstellt.

(2) Diese Richtlinie sorgt, soweit dies für die Erreichung des in Absatz 1 genannten Ziels erforderlich ist, für eine Angleichung bestimmter für die Dienste der Informationsgesellschaft geltender innerstaatlicher Regelungen, die den Binnenmarkt, die Niederlassung der Diensteanbieter, kommerzielle Kommunikationen, elektronische Verträge, die Verantwortlichkeit von Vermittlern, Verhaltenskodizes, Systeme zur außergerichtlichen Beilegung von Streitigkeiten, Klagemöglichkeiten sowie die Zusammenarbeit zwischen den Mitgliedstaaten betreffen.

(3) Diese Richtlinie ergänzt das auf die Dienste der Informationsgesellschaft anwendbare Gemeinschaftsrecht und läßt dabei das Schutzniveau insbesondere für die öffentliche Gesundheit und den Verbraucherschutz, wie es sich aus Gemeinschaftsrechtsakten und einzelstaatlichen Rechtsvorschriften zu deren Umsetzung ergibt, unberührt, soweit die Freiheit, Dienste der Informationsgesellschaft anzubieten, dadurch nicht eingeschränkt wird.

(4) Diese Richtlinie schafft weder zusätzliche Regeln im Bereich des internationalen Privatrechts, noch befaßt sie sich mit der Zuständigkeit der Gerichte.

(5) Diese Richtlinie findet keine Anwendung auf

a)   den Bereich der Besteuerung,

b)   Fragen betreffend die Dienste der Informationsgesellschaft, die von den Richtlinien 95/46/EG und 97/66/EG erfaßt werden,

c)   Fragen betreffend Vereinbarungen oder Verhaltensweisen, die dem Kartellrecht unterliegen,

d)   die folgenden Tätigkeiten der Dienste der Informationsgesellschaft:

- Tätigkeiten von Notaren oder Angehörigen gleichwertiger Berufe, soweit diese eine unmittelbare und besondere Verbindung zur Ausübung öffentlicher Befugnisse aufweisen;
- Vertretung eines Mandanten und Verteidigung seiner Interessen vor Gericht;
- Gewinnspiele mit einem einen Geldwert darstellenden Einsatz bei Glücksspielen, einschließlich Lotterien und Wetten.

(6) Maßnahmen auf gemeinschaftlicher oder einzelstaatlicher Ebene, die unter Wahrung des Gemeinschaftsrechts der Förderung der kulturellen und sprachlichen Vielfalt und dem Schutz des Pluralismus dienen, bleiben von dieser Richtlinie unberührt.

Art. 2 Begriffsbestimmungen Im Sinne dieser Richtlinie bezeichnet der Ausdruck

a) „Dienste der Informationsgesellschaft" Dienste im Sinne von Artikel 1 Nummer 2 der Richtlinie 98/34/EG in der Fassung der Richtlinie 98/48/EG;

b) „Diensteanbieter" jede natürliche oder juristische Person, die einen Dienst der Informationsgesellschaft anbietet;

c) „niedergelassener Diensteanbieter" ein Anbieter, der mittels einer festen Einrichtung auf unbestimmte Zeit eine Wirtschaftstätigkeit tatsächlich ausübt; Vorhandensein und Nutzung technischer Mittel und Technologien, die zum Anbieten des Dienstes erforderlich sind, begründen allein keine Niederlassung des Anbieters;

d) „Nutzer" jede natürliche oder juristische Person, die zu beruflichen oder sonstigen Zwecken einen Dienst der Informationsgesellschaft in Anspruch nimmt, insbesondere um Informationen zu erlangen oder zugänglich zu machen;

e) „Verbraucher" jede natürliche Person, die zu Zwecken handelt, die nicht zu ihren gewerblichen, geschäftlichen oder beruflichen Tätigkeiten gehören;

f) „kommerzielle Kommunikation" alle Formen der Kommunikation, die der unmittelbaren oder mittelbaren Förderung des Absatzes von Waren und Dienstleistungen oder des Erscheinungsbilds eines Unternehmens, einer Organisation oder einer natürlichen Person dienen, die eine Tätigkeit in Handel, Gewerbe oder Handwerk oder einen reglementierten Beruf ausübt; die folgenden Angaben stellen als solche keine Form der kommerziellen Kommunikation dar:
- Angaben, die direkten Zugang zur Tätigkeit des Unternehmens bzw. der Organisation oder Person ermöglichen, wie insbesondere ein Domain-Name oder eine Adresse der elektronischen Post;
- Angaben in bezug auf Waren und Dienstleistungen oder das Erscheinungsbild eines Unternehmens, einer Organisation oder Person, die unabhängig und insbesondere ohne finanzielle Gegenleistung gemacht werden;

g) „reglementierter Beruf" alle Berufe im Sinne von Artikel 1 Buchstabe d) der Richtlinie 89/48/EWG des Rates vom 21. Dezember 1988 über eine allgemeine Regelung zur Anerkennung der Hochschuldiplome, die eine mindestens dreijährige Berufsausbildung abschließen[26], oder im Sinne von Artikel 1 Buchstabe f) der Richtlinie 92/51/EWG des Rates vom 18. Juni 1992 über eine zweite allgemeine Regelung zur Anerkennung beruflicher Befähigungsnachweise in Ergänzung zur Richtlinie 89/48/EWG[27];

h) „koordinierter Bereich" die für die Anbieter von Diensten der Informationsgesellschaft und die Dienste der Informationsgesellschaft in den Rechtssystemen der Mitgliedstaa-

---

26 ABl. L 19 vom 24.1.1989, S. 16.
27 ABl. L 209 vom 24.7.1992, S. 25.

ten festgelegten Anforderungen, ungeachtet der Frage, ob sie allgemeiner Art oder speziell für sie bestimmt sind.

i) Der koordinierte Bereich betrifft vom Diensteanbieter zu erfüllende Anforderungen in bezug auf
    – die Aufnahme der Tätigkeit eines Dienstes der Informationsgesellschaft, beispielsweise Anforderungen betreffend Qualifikationen, Genehmigung oder Anmeldung;
    – die Ausübung der Tätigkeit eines Dienstes der Informationsgesellschaft, beispielsweise Anforderungen betreffend das Verhalten des Diensteanbieters, Anforderungen betreffend Qualität oder Inhalt des Dienstes, einschließlich der auf Werbung und Verträge anwendbaren Anforderungen, sowie Anforderungen betreffend die Verantwortlichkeit des Diensteanbieters.

ii) Der koordinierte Bereich umfaßt keine Anforderungen wie
    – Anforderungen betreffend die Waren als solche;
    – Anforderungen betreffend die Lieferung von Waren;
    – Anforderungen betreffend Dienste, die nicht auf elektronischem Wege erbracht werden.

Art. 3 Binnenmarkt (1) Jeder Mitgliedstaat trägt dafür Sorge, daß die Dienste der Informationsgesellschaft, die von einem in seinem Hoheitsgebiet niedergelassenen Diensteanbieter erbracht werden, den in diesem Mitgliedstaat geltenden innerstaatlichen Vorschriften entsprechen, die in den koordinierten Bereich fallen.

(2) Die Mitgliedstaaten dürfen den freien Verkehr von Diensten der Informationsgesellschaft aus einem anderen Mitgliedstaat nicht aus Gründen einschränken, die in den koordinierten Bereich fallen.

(3) Die Absätze 1 und 2 finden keine Anwendung auf die im Anhang genannten Bereiche.

(4) Die Mitgliedstaaten können Maßnahmen ergreifen, die im Hinblick auf einen bestimmten Dienst der Informationsgesellschaft von Absatz 2 abweichen, wenn die folgenden Bedingungen erfüllt sind:

a) Die Maßnahmen
    i) sind aus einem der folgenden Gründe erforderlich:
        – Schutz der öffentlichen Ordnung, insbesondere Verhütung, Ermittlung, Aufklärung und Verfolgung von Straftaten, einschließlich des Jugendschutzes und der Bekämpfung der Hetze aus Gründen der Rasse, des Geschlechts, des Glaubens oder der Nationalität, sowie von Verletzungen der Menschenwürde einzelner Personen,
        – Schutz der öffentlichen Gesundheit,
        – Schutz der öffentlichen Sicherheit, einschließlich der Wahrung nationaler Sicherheits- und Verteidigungsinteressen,
        – Schutz der Verbraucher, einschließlich des Schutzes von Anlegern;
    ii) betreffen einen bestimmten Dienst der Informationsgesellschaft, der die unter Ziffer i) genannten Schutzziele beeinträchtigt oder eine ernsthafte und schwerwiegende Gefahr einer Beeinträchtigung dieser Ziele darstellt;
    iii) stehen in einem angemessenen Verhältnis zu diesen Schutzzielen.

b) Der Mitgliedstaat hat vor Ergreifen der betreffenden Maßnahmen unbeschadet etwaiger Gerichtsverfahren, einschließlich Vorverfahren und Schritten im Rahmen einer strafrechtlichen Ermittlung,

- den in Absatz 1 genannten Mitgliedstaat aufgefordert, Maßnahmen zu ergreifen, und dieser hat dem nicht Folge geleistet oder die von ihm getroffenen Maßnahmen sind unzulänglich;
- die Kommission und den in Absatz 1 genannten Mitgliedstaat über seine Absicht, derartige Maßnahmen zu ergreifen, unterrichtet.

(5) Die Mitgliedstaaten können in dringlichen Fällen von den in Absatz 4 Buchstabe b) genannten Bedingungen abweichen. In diesem Fall müssen die Maßnahmen so bald wie möglich und unter Angabe der Gründe, aus denen der Mitgliedstaat der Auffassung ist; daß es sich um einen dringlichen Fall handelt, der Kommission und dem in Absatz 1 genannten Mitgliedstaat mitgeteilt werden.

(6) Unbeschadet der Möglichkeit des Mitgliedstaates, die betreffenden Maßnahmen durchzuführen, muß die Kommission innerhalb kürzestmöglicher Zeit prüfen, ob die mitgeteilten Maßnahmen mit dem Gemeinschaftsrecht vereinbar sind; gelangt sie zu dem Schluß, daß die Maßnahme nicht mit dem Gemeinschaftsrecht vereinbar ist, so fordert sie den betreffenden Mitgliedstaat auf, davon Abstand zu nehmen, die geplanten Maßnahmen zu ergreifen, bzw. bereits ergriffene Maßnahmen unverzüglich einzustellen.

Kapitel II – Grundsätze

Abschnitt 1 – Niederlassung und Informationspflichten

Art. 4 Grundsatz der Zulassungsfreiheit (1) Die Mitgliedstaaten stellen sicher, daß die Aufnahme und die Ausübung der Tätigkeit eines Anbieters von Diensten der Informationsgesellschaft nicht zulassungspflichtig ist und keiner sonstigen Anforderung gleicher Wirkung unterliegt.

(2) Absatz 1 gilt unbeschadet der Zulassungsverfahren, die nicht speziell und ausschließlich Dienste der Informationsgesellschaft betreffen oder die in den Anwendungsbereich der Richtlinie 97/13/EG des Europäischen Parlaments und des Rates vom 10. April 1997 über einen gemeinsamen Rahmen für Allgemein- und Einzelgenehmigungen für Telekommunikationsdienste[28] fallen.

Art. 5 Allgemeine Informationspflichten (1) Zusätzlich zu den sonstigen Informationsanforderungen nach dem Gemeinschaftsrecht stellen die Mitgliedstaaten sicher, daß der Diensteanbieter den Nutzern des Dienstes und den zuständigen Behörden zumindest die nachstehend aufgeführten Informationen leicht, unmittelbar und ständig verfügbar macht:

a) den Namen des Diensteanbieters;

b) die geographische Anschrift, unter der der Diensteanbieter niedergelassen ist;

c) Angaben, die es ermöglichen, schnell mit dem Diensteanbieter Kontakt aufzunehmen und unmittelbar und effizient mit ihm zu kommunizieren, einschließlich seiner Adresse der elektronischen Post;

d) wenn der Diensteanbieter in ein Handelsregister oder ein vergleichbares öffentliches Register eingetragen ist, das Handelsregister, in das der Diensteanbieter eingetragen ist, und seine Handelsregisternummer oder eine gleichwertige in diesem Register verwendete Kennung;

e) soweit für die Tätigkeit eine Zulassung erforderlich ist, die Angaben zur zuständigen Aufsichtsbehörde;

---

28   ABl. L 117 vom 7.5.1997, S. 15.

f) hinsichtlich reglementierter Berufe:
    -   gegebenenfalls der Berufsverband, die Kammer oder eine ähnliche Einrichtung, dem oder der der Diensteanbieter angehört,
    -   die Berufsbezeichnung und der Mitgliedstaat, in der sie verliehen worden ist;
    -   eine Verweisung auf die im Mitgliedstaat der Niederlassung anwendbaren berufsrechtlichen Regeln und Angaben dazu, wie sie zugänglich sind;
g) in Fällen, in denen der Diensteanbieter Tätigkeiten ausübt, die der Mehrwertsteuer unterliegen, die Identifikationsnummer gemäß Artikel 22 Absatz 1 der Sechsten Richtlinie 77/388/EWG des Rates vom 17. Mai 1977 zur Harmonisierung der Rechtsvorschriften der Mitgliedstaaten über die Umsatzsteuer – Gemeinsames Mehrwertsteuersystem: einheitliche steuerpflichtige Bemessungsgrundlage[29].

(2) Zusätzlich zu den sonstigen Informationsanforderungen nach dem Gemeinschaftsrecht tragen die Mitgliedstaaten zumindest dafür Sorge, daß, soweit Dienste der Informationsgesellschaft auf Preise Bezug nehmen, diese klar und unzweideutig ausgewiesen werden und insbesondere angegeben wird, ob Steuern und Versandkosten in den Preisen enthalten sind.

Abschnitt 2 – Kommerzielle Kommunikationen

Art. 6 Informationspflichten Zusätzlich zu den sonstigen Informationsanforderungen nach dem Gemeinschaftsrecht stellen die Mitgliedstaaten sicher, daß kommerzielle Kommunikationen, die Bestandteil eines Dienstes der Informationsgesellschaft sind oder einen solchen Dienst darstellen, zumindest folgende Bedingungen erfüllen:

a) Kommerzielle Kommunikationen müssen klar als solche zu erkennen sein;
b) die natürliche oder juristische Person, in deren Auftrag kommerzielle Kommunikationen erfolgen, muß klar identifizierbar sein;
c) soweit Angebote zur Verkaufsförderung wie Preisnachlässe, Zugaben und Geschenke im Mitgliedstaat der Niederlassung des Diensteanbieters zulässig sind, müssen sie klar als solche erkennbar sein, und die Bedingungen für ihre Inanspruchnahme müssen leicht zugänglich sein sowie klar und unzweideutig angegeben werden;
d) soweit Preisausschreiben oder Gewinnspiele im Mitgliedstaat der Niederlassung des Diensteanbieters zulässig sind, müssen sie klar als solche erkennbar sein, und die Teilnahmebedingungen müssen leicht zugänglich sein sowie klar und unzweideutig angegeben werden.

Art. 7 Nicht angeforderte kommerzielle Kommunikation (1) Zusätzlich zu den sonstigen Anforderungen des Gemeinschaftsrechts stellen Mitgliedstaaten, die nicht angeforderte kommerzielle Kommunikation mittels elektronischer Post zulassen, sicher, daß solche kommerziellen Kommunikationen eines in ihrem Hoheitsgebiet niedergelassenen Diensteanbieters bei Eingang beim Nutzer klar und unzweideutig als solche erkennbar sind.

(2) Unbeschadet der Richtlinien 97/7/EG und 97/66/EG ergreifen die Mitgliedstaaten Maßnahmen um sicherzustellen, daß Diensteanbieter, die nicht angeforderte kommerzielle Kommunikation durch elektronische Post übermitteln, regelmäßig sog. Robinson-Listen konsultieren, in die sich natürliche Personen eintragen können, die keine derartigen kom-

---

29 ABl. L 145 vom 13.6.1977, S. 1. Richtlinie zuletzt geändert durch die Richtlinie 1999/85/EG (ABl. L 277 vom 28.10.1999, S. 34).

merziellen Kommunikationen zu erhalten wünschen, und daß die Diensteanbieter diese Listen beachten.

Art. 8 Reglementierte Berufe (1) Die Mitgliedstaaten stellen sicher, daß die Verwendung kommerzieller Kommunikationen, die Bestandteil eines von einem Angehörigen eines reglementierten Berufs angebotenen Dienstes der Informationsgesellschaft sind oder einen solchen Dienst darstellen, gestattet ist, soweit die berufsrechtlichen Regeln, insbesondere zur Wahrung von Unabhängigkeit, Würde und Ehre des Berufs, des Berufsgeheimnisses und eines lauteren Verhaltens gegenüber Kunden und Berufskollegen, eingehalten werden.

(2) Unbeschadet der Autonomie von Berufsvereinigungen und -organisationen ermutigen die Mitgliedstaaten und die Kommission die Berufsvereinigungen und -organisationen dazu, Verhaltenskodizes auf Gemeinschaftsebene aufzustellen, um zu bestimmen, welche Arten von Informationen im Einklang mit den in Absatz 1 genannten Regeln zum Zwecke der kommerziellen Kommunikation erteilt werden können.

(3) Bei der Ausarbeitung von Vorschlägen für Gemeinschaftsinitiativen, die erforderlich werden könnten, um das Funktionieren des Binnenmarktes im Hinblick auf die in Absatz 2 genannten Informationen zu gewährleisten, trägt die Kommission den auf Gemeinschaftsebene geltenden Verhaltenskodizes gebührend Rechnung und handelt in enger Zusammenarbeit mit den einschlägigen Berufsvereinigungen und -organisationen.

(4) Diese Richtlinie findet zusätzlich zu den Gemeinschaftsrichtlinien betreffend den Zugang zu und die Ausübung von Tätigkeiten im Rahmen der reglementierten Berufe Anwendung.

Abschnitt 3 – Abschluß von Verträgen auf elektronischem Weg

Art. 9 Behandlung von Verträgen (1) Die Mitgliedstaaten stellen sicher, daß ihr Rechtssystem den Abschluß von Verträgen auf elektronischem Wege ermöglicht. Die Mitgliedstaaten stellen insbesondere sicher, daß ihre für den Vertragsabschluß geltenden Rechtsvorschriften weder Hindernisse für die Verwendung elektronischer Verträge bilden noch dazu führen, daß diese Verträge aufgrund des Umstandes, daß sie auf elektronischem Wege zustande gekommen sind, keine rechtliche Wirksamkeit oder Gültigkeit haben.

(2) Die Mitgliedstaaten können vorsehen, daß Absatz 1 auf alle oder bestimmte Verträge einer der folgenden Kategorien keine Anwendung findet:

a) Verträge, die Rechte an Immobilien mit Ausnahme von Mietrechten begründen oder übertragen;

b) Verträge, bei denen die Mitwirkung von Gerichten, Behörden oder öffentliche Befugnisse ausübenden Berufen gesetzlich vorgeschrieben ist;

c) Bürgschaftsverträge und Verträge über Sicherheiten, die von Personen außerhalb ihrer gewerblichen, geschäftlichen oder beruflichen Tätigkeit eingegangen werden;

d) Verträge im Bereich des Familienrechts oder des Erbrechts.

(3) Die Mitgliedstaaten teilen der Kommission mit, für welche der in Absatz 2 genannten Kategorien sie Absatz 1 nicht anwenden. Die Mitgliedstaaten übermitteln der Kommission alle fünf Jahre einen Bericht über die Anwendung des Absatzes 2, aus dem hervorgeht, aus welchen Gründen es ihres Erachtens weiterhin gerechtfertigt ist, auf die unter Absatz 2 Buchstabe b) fallende Kategorie Absatz 1 nicht anzuwenden.

Art. 10 Informationspflichten (1) Zusätzlich zu den sonstigen Informationspflichten aufgrund des Gemeinschaftsrechts stellen die Mitgliedstaaten sicher, daß – außer im Fall abweichender Vereinbarungen zwischen Parteien, die nicht Verbraucher sind – vom Diensteanbieter zumindest folgende Informationen klar, verständlich und unzweideutig erteilt werden, bevor des Nutzer des Dienstes die Bestellung abgibt:

a) die einzelnen technischen Schritte, die zu einem Vertragsabschluß führen;

b) Angaben dazu, ob der Vertragstext nach Vertragsabschluß vom Diensteanbieter gespeichert wird und ob er zugänglich sein wird;

c) die technischen Mittel zur Erkennung und Korrektur von Eingabefehlern vor Abgabe der Bestellung;

d) die für den Vertragsabschluß zur Verfügung stehenden Sprachen.

(2) Die Mitgliedstaaten stellen sicher, daß – außer im Fall abweichender Vereinbarungen zwischen Parteien, die nicht Verbraucher sind – der Diensteanbieter alle einschlägigen Verhaltenskodizes angibt, denen er sich unterwirft, einschließlich Informationen darüber, wie diese Kodizes auf elektronischem Wege zugänglich sind.

(3) Die Vertragsbestimmungen und die allgemeinen Geschäftsbedingungen müssen dem Nutzer so zur Verfügung gestellt werden, daß er sie speichern und reproduzieren kann.

(4) Die Absätze 1 und 2 gelten nicht für Verträge, die ausschließlich durch den Austausch von elektronischer Post oder durch damit vergleichbare individuelle Kommunikation geschlossen werden.

Art. 11 Abgabe einer Bestellung (1) Die Mitgliedstaaten stellen sicher, daß – außer im Fall abweichender Vereinbarungen zwischen Parteien, die nicht Verbraucher sind – im Fall einer Bestellung durch einen Nutzer auf elektronischem Wege folgende Grundsätze gelten:

– Der Diensteanbieter hat den Eingang der Bestellung des Nutzers unverzüglich auf elektronischem Wege zu bestätigen;

– Bestellung und Empfangsbestätigung gelten als eingegangen, wenn die Parteien, für die sie bestimmt sind, sie abrufen können.

(2) Die Mitgliedstaaten stellen sicher, daß – außer im Fall abweichender Vereinbarungen zwischen Parteien, die nicht Verbraucher sind – der Diensteanbieter dem Nutzer angemessene, wirksame und zugängliche technische Mittel zur Verfügung stellt, mit denen er Eingabefehler vor Abgabe der Bestellung erkennen und korrigieren kann.

(3) Absatz 1 erster Gedankenstrich und Absatz 2 gelten nicht für Verträge, die ausschließlich durch den Austausch von elektronischer Post oder durch vergleichbare individuelle Kommunikation geschlossen werden.

Abschnitt 4 – Verantwortlichkeit der Vermittler

Art. 12 -15 *Verantwortlichkeitsbeschränkung bei reiner Durchleitung, Caching und Hosting – nicht abgedruckt.*

Kapitel III – Umsetzung

Art. 16 Verhaltenskodizes (1) Die Mitgliedstaaten und die Kommission ermutigen

a) die Handels-, Berufs- und Verbraucherverbände und -organisationen, auf Gemeinschaftsebene Verhaltenkodizes aufzustellen, die zur sachgemäßen Anwendung der Artikel 5 bis 15 beitragen;

b) zur freiwilligen Übermittlung der Entwürfe für Verhaltenskodizes auf der Ebene der Mitgliedstaaten oder der Gemeinschaft an die Kommission;

c) zur elektronischen Abrufbarkeit der Verhaltenskodizes in den Sprachen der Gemeinschaft;

d) die Handels-, Berufs- und Verbraucherverbände und -organisationen, die Mitgliedstaaten und die Kommission darüber zu unterrichten, zu welchen Ergebnissen sie bei der Bewertung der Anwendung ihrer Verhaltenskodizes und von deren Auswirkungen auf die Praktiken und Gepflogenheiten des elektronischen Geschäftsverkehrs gelangen;

e) zur Aufstellung von Verhaltenskodizes zum Zwecke des Jugendschutzes und des Schutzes der Menschenwürde.

(2) Die Mitgliedstaaten und die Kommission ermutigen dazu, die Verbraucherverbände und -organisationen bei der Ausarbeitung und Anwendung von ihre Interessen berührenden Verhaltenskodizes im Sinne von Absatz 1 Buchstabe a) zu beteiligen. Gegebenenfalls sind Vereinigungen zur Vertretung von Sehbehinderten und allgemein von Behinderten zu hören, um deren besonderen Bedürfnissen Rechnung zu tragen.

Art. 17-19 *Außergerichtliche Streitbeilegung, Klagemöglichkeiten und Zusammenarbeit bei der Aufsicht – nicht abgedruckt*

Art. 20 Sanktionen Die Mitgliedstaaten legen die Sanktionen fest, die bei Verstößen gegen die einzelstaatlichen Vorschriften zur Umsetzung dieser Richtlinie anzuwenden sind, und treffen alle geeigneten Maßnahmen, um ihre Durchsetzung sicherzustellen. Die Sanktionen müssen wirksam, verhältnismäßig und abschreckend sein.

Kapitel IV – Schlussbestimmungen

Art. 21-24 *Umsetzungsfrist, Adressaten, Überprüfung – nicht abgedruckt.*

Anhang – Ausnahmen im Rahmen von Artikel 3

Bereiche gemäß Artikel 3 Absatz 3, auf die Artikel 3 Absätze 1 und 2 keine Anwendung findet:

– Urheberrecht, verwandte Schutzrechte, Rechte im Sinne der Richtlinie 87/54/EWG[30] und der Richtlinie 96/9/EG[31] sowie gewerbliche Schutzrechte;

– Ausgabe elektronischen Geldes durch Institute, auf die die Mitgliedstaaten eine der in Artikel 8 Absatz 1 der Richtlinie 2000/46/EG[32] vorgesehenen Ausnahmen angewendet haben;

– Artikel 44 Absatz 2 der Richtlinie 85/611/EWG[33];

– Artikel 30 und Titel IV der Richtlinie 92/49/EWG[34], Titel IV der Richtlinie 92/96/EWG[35] sowie die Artikel 7 und 8 der Richtlinie 88/357/EWG[36] und Artikel 4 der Richtlinie 90/619/EWG[37];

---

30 ABl. L 24 vom 27.1.1987, S. 36.
31 ABl. L 77 vom 27.3.1996, S. 20.
32 [ABl. L 275 vom 27.10.2000, S. 39.]
33 ABl. L 375 vom 31.12.1985, S. 3. [Ersetzt durch Richtlinie 2009/65/EG (ABl. L 302 vom 17.11.2009, S. 32).]
34 ABl. L 228 vom 11.8.1992, S. 1. [Zum 31.10.2012 ersetzt durch Richtlinie 2009/138/EG (ABl. L 335 vom 17.12.2009, S. 1).]
35 ABl. L 360 vom 9.12.1992, S. 1. Richtlinie zuletzt geändert durch die Richtlinie 95/26/EG.
36 ABl. L 172 vom 4.7.1988, S. 1. [Zum 31.10.2012 ersetzt durch Richtlinie 2009/138/EG (ABl. L 335 vom 17.12.2009, S. 1).]
37 ABl. L 330 vom 29.11.1990, S. 50. Richtlinie zuletzt geändert durch die Richtlinie 92/96/EG.

2.3 E-Commerce-RL

- Freiheit der Rechtswahl für Vertragsparteien;
- vertragliche Schuldverhältnisse in bezug auf Verbraucherverträge;
- formale Gültigkeit von Verträgen, die Rechte an Immobilien begründen oder übertragen, sofern diese Verträge nach dem Recht des Mitgliedstaates, in dem sich die Immobilie befindet, zwingenden Formvorschriften unterliegen;
- Zulässigkeit nicht angeforderter kommerzieller Kommunikation mittels elektronischer Post.

2.4 Richtlinie 2006/114/EG des Europäischen Parlaments und des Rates vom 12. Dezember 2006 über irreführende und vergleichende Werbung [Werbe-RL]

ABl. 2006 L 376/21

DAS EUROPÄISCHE PARLAMENT UND DER RAT DER EUROPÄISCHEN UNION —
gestützt auf den Vertrag zur Gründung der Europäischen Gemeinschaft, insbesondere auf Artikel 95,
auf Vorschlag der Kommission[1],
nach Stellungnahme des Europäischen Wirtschafts- und Sozialausschusses[2],
gemäß dem Verfahren des Artikels 251 des Vertrags[3],
in Erwägung nachstehender Gründe:

(1) Die Richtlinie 84/450/EWG des Rates vom 10. September 1984 über irreführende und vergleichende Werbung[4] ist mehrfach und in wesentlichen Punkten geändert worden[5]. Aus Gründen der Übersichtlichkeit und Klarheit empfiehlt es sich, sie zu kodifizieren.

(2) Die in den Mitgliedstaaten geltenden Vorschriften gegen irreführende Werbung weichen stark voneinander ab. Da die Werbung über die Grenzen der einzelnen Mitgliedstaaten hinausreicht, wirkt sie sich unmittelbar auf das reibungslose Funktionieren des Binnenmarktes aus.

(3) Irreführende und unzulässige vergleichende Werbung ist geeignet, zur Verfälschung des Wettbewerbs im Binnenmarkt zu führen.

(4) Die Werbung berührt unabhängig davon, ob sie zum Abschluss eines Vertrags führt, die wirtschaftlichen Interessen der Verbraucher und der Gewerbetreibenden.

(5) Die Unterschiede zwischen den einzelstaatlichen Rechtsvorschriften über Werbung, die für Unternehmen irreführend ist, behindern die Durchführung von Werbekampagnen, die die Grenzen eines Staates überschreiten, und beeinflussen so den freien Verkehr von Waren und Dienstleistungen.

(6) Mit der Vollendung des Binnenmarktes ist das Angebot vielfältig. Da die Verbraucher und Gewerbetreibenden aus dem Binnenmarkt den größtmöglichen Vorteil ziehen können und sollen, und da die Werbung ein sehr wichtiges Instrument ist, mit dem überall in der Gemeinschaft wirksam Märkte für Erzeugnisse und Dienstleistungen erschlossen werden können, sollten die wesentlichen Vorschriften für Form und Inhalt der Werbung einheitlich sein und die Bedingungen für vergleichende Werbung in den Mitgliedstaaten harmonisiert werden. Unter diesen Umständen sollte dies dazu beitragen, die Vorteile der verschiedenen vergleichbaren Erzeugnisse objektiv herauszustellen. Vergleichende Werbung kann ferner den Wettbewerb zwischen den Anbietern von Waren und Dienstleistungen im Interesse der Verbraucher fördern.

(7) Es sollten objektive Mindestkriterien aufgestellt werden, nach denen beurteilt werden kann, ob eine Werbung irreführend ist.

(8) Vergleichende Werbung kann, wenn sie wesentliche, relevante, nachprüfbare und typische Eigenschaften vergleicht und nicht irreführend ist, ein zulässiges Mittel zur Unterrichtung der Verbraucher über ihre Vorteile darstellen. Der Begriff „vergleichende Werbung" sollte breit gefasst werden, so dass alle Arten der vergleichenden Werbung abgedeckt werden.

(9) Es sollten Bedingungen für zulässige vergleichende Werbung vorgesehen werden, soweit der vergleichende Aspekt betroffen ist, mit denen festgelegt wird, welche Praktiken der vergleichenden Werbung den Wettbewerb verzerren, die Mitbewerber schädigen und die Entscheidung der Verbraucher negativ beeinflussen können. Diese Bedingungen für zulässige vergleichende Werbung sollten Kriterien beinhalten, die einen objektiven Vergleich der Eigenschaften von Waren und Dienstleistungen ermöglichen.

(10) Werden in der vergleichenden Werbung die Ergebnisse der von Dritten durchgeführten vergleichenden Tests angeführt oder wiedergegeben, so sollten die internationalen Vereinbarungen zum Urheberrecht und die innerstaatlichen Bestimmungen über vertragliche und außervertragliche Haftung gelten.

---

1 [KOM(2006) 222 endg.]
2 [ABl. C 324 vom 30.12.2006, S. 10.]
3 Stellungnahme des Europäischen Parlaments vom 12. Oktober 2006 [ABl. C 308E vom 16.12.2006, S. 85] und Beschluss des Rates vom 30. November 2006.
4 ABl. L 250 vom 19.9.1984, S. 17. Zuletzt geändert durch die Richtlinie 2005/29/EG des Europäischen Parlaments und des Rates (ABl. L 149 vom 11.6.2005, S. 22).
5 Siehe Anhang I Teil A [nicht abgedruckt].

(11) Die Bedingungen für vergleichende Werbung sollten kumulativ sein und uneingeschränkt eingehalten werden. Die Wahl der Form und der Mittel für die Umsetzung dieser Bedingungen sollte gemäß dem Vertrag den Mitgliedstaaten überlassen bleiben, sofern Form und Mittel noch nicht durch diese Richtlinie festgelegt sind.

(12) Zu diesen Bedingungen sollte insbesondere die Einhaltung der Vorschriften gehören, die sich aus der Verordnung (EG) Nr. 510/2006 des Rates vom 20. März 2006 zum Schutz von geographischen Angaben und Ursprungsbezeichnungen für Agrarerzeugnisse und Lebensmittel[6], insbesondere aus Artikel 13 dieser Verordnung, und den übrigen Gemeinschaftsvorschriften im Bereich der Landwirtschaft ergeben.

(13) Gemäß Artikel 5 der Ersten Richtlinie 89/104/EWG des Rates vom 21. Dezember 1988 zur Angleichung der Rechtsvorschriften der Mitgliedstaaten über die Marken[7] steht dem Inhaber einer eingetragenen Marke ein Ausschließlichkeitsrecht zu, das insbesondere das Recht einschließt, Dritten im geschäftlichen Verkehr die Benutzung eines identischen oder ähnlichen Zeichens für identische Produkte oder Dienstleistungen, gegebenenfalls sogar für andere Produkte, zu untersagen.

(14) Indessen kann es für eine wirksame vergleichende Werbung unerlässlich sein, Waren oder Dienstleistungen eines Mitbewerbers dadurch erkennbar zu machen, dass auf eine ihm gehörende Marke oder auf seinen Handelsnamen Bezug genommen wird.

(15) Eine solche Benutzung von Marken, Handelsnamen oder anderen Unterscheidungszeichen eines Mitbewerbers verletzt nicht das Ausschließlichkeitsrecht Dritter, wenn sie unter Beachtung der in dieser Richtlinie aufgestellten Bedingungen erfolgt und nur eine Unterscheidung bezweckt, durch die Unterschiede objektiv herausgestellt werden sollen.

(16) Personen oder Organisationen, die nach dem nationalen Recht ein berechtigtes Interesse an der Angelegenheit haben, sollten die Möglichkeit besitzen, vor Gericht oder bei einer Verwaltungsbehörde, die über Beschwerden entscheiden oder geeignete gerichtliche Schritte einleiten kann, gegen irreführende und unzulässige vergleichende Werbung vorzugehen.

(17) Die Gerichte oder Verwaltungsbehörden sollten die Befugnis haben, die Einstellung einer irreführenden oder einer unzulässigen vergleichenden Werbung anzuordnen oder zu erwirken. In bestimmten Fällen kann es zweckmäßig sein, irreführende und unzulässige vergleichende Werbung zu untersagen, noch ehe sie veröffentlicht worden ist. Das bedeutet jedoch nicht, dass die Mitgliedstaaten verpflichtet sind, eine Regelung einzuführen, die eine systematische Vorabkontrolle der Werbung vorsieht.

(18) Freiwillige Kontrollen, die durch Einrichtungen der Selbstverwaltung zur Unterbindung irreführender und unzulässiger vergleichender Werbung durchgeführt werden, können die Einleitung eines Verwaltungs- oder Gerichtsverfahrens entbehrlich machen und sollten deshalb gefördert werden.

(19) Zwar wird die Beweislast vom nationalen Recht bestimmt, die Gerichte und Verwaltungsbehörden sollten aber in die Lage versetzt werden, von Gewerbetreibenden zu verlangen, den Beweis für die Richtigkeit der von ihnen behaupteten Tatsachen zu erbringen.

(20) Die Regelung der vergleichenden Werbung ist für das reibungslose Funktionieren des Binnenmarktes erforderlich, und eine Aktion auf Gemeinschaftsebene ist daher notwendig. Eine Richtlinie ist das geeignete Instrument, da sie einheitliche allgemeine Prinzipien festlegt, es aber den Mitgliedstaaten überlässt, die Form und die geeignete Methode zu wählen, um diese Ziele zu erreichen. Sie entspricht dem Subsidiaritätsprinzip.

(21) Die vorliegende Richtlinie sollte die Verpflichtungen der Mitgliedstaaten hinsichtlich der in Anhang I Teil B genannten Fristen für die Umsetzung der dort genannten Richtlinien in innerstaatliches Recht und für die Anwendung dieser Richtlinien unberührt lassen –

HABEN FOLGENDE RICHTLINIE ERLASSEN:

Art. 1 [Zweck] Zweck dieser Richtlinie ist der Schutz von Gewerbetreibenden vor irreführender Werbung und deren unlauteren Auswirkungen sowie die Festlegung der Bedingungen für zulässige vergleichende Werbung.

Art. 2 [Definitionen] Im Sinne dieser Richtlinie bedeutet

a) „Werbung" jede Äußerung bei der Ausübung eines Handels, Gewerbes, Handwerks oder freien Berufs mit dem Ziel, den Absatz von Waren oder die Erbringung von Dienstleistungen, einschließlich unbeweglicher Sachen, Rechte und Verpflichtungen, zu fördern;

---

6   ABl. L 93 vom 31.3.2006, S. 12.
7   ABl. L 40 vom 11.2.1989, S. 1. Geändert durch den Beschluss 92/10/EWG (ABl. L 6 vom 11.1.1992, S. 35).

b) „irreführende Werbung" jede Werbung, die in irgendeiner Weise – einschließlich ihrer Aufmachung – die Personen, an die sie sich richtet oder die von ihr erreicht werden, täuscht oder zu täuschen geeignet ist und die infolge der ihr innewohnenden Täuschung ihr wirtschaftliches Verhalten beeinflussen kann oder aus diesen Gründen einen Mitbewerber schädigt oder zu schädigen geeignet ist;

c) „vergleichende Werbung" jede Werbung, die unmittelbar oder mittelbar einen Mitbewerber oder die Erzeugnisse oder Dienstleistungen, die von einem Mitbewerber angeboten werden, erkennbar macht;

d) „Gewerbetreibender" jede natürliche oder juristische Person, die im Rahmen ihrer gewerblichen, handwerklichen oder beruflichen Tätigkeit handelt, und jede Person, die im Namen oder Auftrag des Gewerbetreibenden handelt;

e) „Urheber eines Kodex" jede Rechtspersönlichkeit, einschließlich einzelner Gewerbetreibender oder Gruppen von Gewerbetreibenden, die für die Formulierung und Überarbeitung eines Verhaltenskodex und/oder für die Überwachung der Einhaltung dieses Kodex durch alle diejenigen, die sich darauf verpflichtet haben, zuständig ist.

Art. 3 [Irreführende Werbung] Bei der Beurteilung der Frage, ob eine Werbung irreführend ist, sind alle ihre Bestandteile zu berücksichtigen, insbesondere in ihr enthaltene Angaben über:

a) die Merkmale der Waren oder Dienstleistungen wie Verfügbarkeit, Art, Ausführung, Zusammensetzung, Verfahren und Zeitpunkt der Herstellung oder Erbringung, die Zwecktauglichkeit, Verwendungsmöglichkeit, Menge, Beschaffenheit, die geographische oder kommerzielle Herkunft oder die von der Verwendung zu erwartenden Ergebnisse oder die Ergebnisse und wesentlichen Bestandteile von Tests der Waren oder Dienstleistungen;

b) den Preis oder die Art und Weise, in der er berechnet wird, und die Bedingungen unter denen die Waren geliefert oder die Dienstleistungen erbracht werden;

c) die Art, die Eigenschaften und die Rechte des Werbenden, wie seine Identität und sein Vermögen, seine Befähigungen und seine gewerblichen, kommerziellen oder geistigen Eigentumsrechte oder seine Auszeichnungen oder Ehrungen.

Art. 4 [Vergleichende Werbung] Vergleichende Werbung gilt, was den Vergleich anbelangt, als zulässig, sofern folgende Bedingungen erfüllt sind:

a) Sie ist nicht irreführend im Sinne der Artikel 2 Buchstabe b, Artikel 3 und Artikel 8 Absatz 1 der vorliegenden Richtlinie oder im Sinne der Artikel 6 und 7 der Richtlinie 2005/29/EG des Europäischen Parlaments und des Rates vom 11. Mai 2005 über unlautere Geschäftspraktiken im binnenmarktinternen Geschäftsverkehr zwischen Unternehmen und Verbrauchern (Richtlinie über unlautere Geschäftspraktiken)[8];

b) sie vergleicht Waren oder Dienstleistungen für den gleichen Bedarf oder dieselbe Zweckbestimmung;

c) sie vergleicht objektiv eine oder mehrere wesentliche, relevante, nachprüfbare und typische Eigenschaften dieser Waren und Dienstleistungen, zu denen auch der Preis gehören kann;

d) durch sie werden weder die Marken, die Handelsnamen oder andere Unterscheidungszeichen noch die Waren, die Dienstleistungen, die Tätigkeiten oder die Verhältnisse eines Mitbewerbers herabgesetzt oder verunglimpft;

---

8 ABl. L 149 vom 11.6.2005, S. 22 [Geschäftspraktiken-RL, in dieser Sammlung Nr. 2.5].

e) bei Waren mit Ursprungsbezeichnung bezieht sie sich in jedem Fall auf Waren mit der gleichen Bezeichnung;

f) sie nutzt den Ruf einer Marke, eines Handelsnamens oder anderer Unterscheidungszeichen eines Mitbewerbers oder der Ursprungsbezeichnung von Konkurrenzerzeugnissen nicht in unlauterer Weise aus;

g) sie stellt nicht eine Ware oder eine Dienstleistung als Imitation oder Nachahmung einer Ware oder Dienstleistung mit geschützter Marke oder geschütztem Handelsnamen dar;

h) sie begründet keine Verwechslungsgefahr bei den Gewerbetreibenden, zwischen dem Werbenden und einem Mitbewerber oder zwischen den Warenzeichen, Warennamen, sonstigen Kennzeichen, Waren oder Dienstleistungen des Werbenden und denen eines Mitbewerbers.

Art. 5 [Bekämpfung irreführender Werbung] (1) Die Mitgliedstaaten stellen im Interesse der Gewerbetreibenden und ihrer Mitbewerber sicher, dass geeignete und wirksame Mittel zur Bekämpfung der irreführenden Werbung vorhanden sind, und gewährleisten die Einhaltung der Bestimmungen über vergleichende Werbung.

Diese Mittel umfassen Rechtsvorschriften, die es den Personen oder Organisationen, die nach dem nationalen Recht ein berechtigtes Interesse am Verbot irreführender Werbung oder an der Regelung vergleichender Werbung haben, gestatten,

a) gerichtlich gegen eine solche Werbung vorzugehen oder

b) eine solche Werbung vor eine Verwaltungsbehörde zu bringen, die zuständig ist, über Beschwerden zu entscheiden oder geeignete gerichtliche Schritte einzuleiten.

(2) Es obliegt jedem Mitgliedstaat zu entscheiden, welches der in Absatz 1 Unterabsatz 2 genannten Mittel gegeben sein soll und ob das Gericht oder die Verwaltungsbehörden ermächtigt werden sollen, vorab die Durchführung eines Verfahrens vor anderen bestehenden Einrichtungen zur Regelung von Beschwerden, einschließlich der in Artikel 6 genannten Einrichtungen, zu verlangen.

Es obliegt jedem Mitgliedstaat zu entscheiden,

a) ob sich diese Rechtsbehelfe getrennt oder gemeinsam gegen mehrere Gewerbetreibende desselben Wirtschaftssektors richten können und

b) ob sich diese Rechtsbehelfe gegen den Urheber eines Verhaltenskodex richten können, wenn der betreffende Kodex der Nichteinhaltung rechtlicher Vorschriften Vorschub leistet.

(3) Im Rahmen der in den Absätzen 1 und 2 genannten Vorschriften übertragen die Mitgliedstaaten den Gerichten oder Verwaltungsbehörden Befugnisse, die sie ermächtigen, in Fällen, in denen sie diese Maßnahmen unter Berücksichtigung aller betroffenen Interessen und insbesondere des Allgemeininteresses für erforderlich halten,

a) die Einstellung einer irreführenden oder unzulässigen vergleichenden Werbung anzuordnen oder geeignete gerichtliche Schritte zur Veranlassung der Einstellung dieser Werbung einzuleiten, oder

b) sofern eine irreführende oder unzulässige vergleichende Werbung noch nicht veröffentlicht ist, die Veröffentlichung aber bevorsteht, die Veröffentlichung zu verbieten oder geeignete gerichtliche Schritte einzuleiten, um das Verbot dieser Veröffentlichung anzuordnen.

Unterabsatz 1 soll auch angewandt werden, wenn kein Beweis eines tatsächlichen Verlustes oder Schadens oder der Absicht oder Fahrlässigkeit seitens des Werbenden erbracht wird.

Die Mitgliedstaaten sehen vor, dass die in Unterabsatz 1 bezeichneten Maßnahmen nach ihrem Ermessen im Rahmen eines beschleunigten Verfahrens entweder mit vorläufiger oder mit endgültiger Wirkung getroffen werden.

(4) Die Mitgliedstaaten können den Gerichten oder Verwaltungsbehörden Befugnisse übertragen, die es diesen gestatten, zur Ausräumung der fortdauernden Wirkung einer irreführenden oder unzulässigen vergleichenden Werbung, deren Einstellung durch eine rechtskräftige Entscheidung angeordnet worden ist,

a)   die Veröffentlichung dieser Entscheidung ganz oder auszugsweise und in der von ihnen für angemessen erachteten Form zu verlangen;

b)   außerdem die Veröffentlichung einer berichtigenden Erklärung zu verlangen.

(5) Die in Absatz 1 Unterabsatz 2 Buchstabe b genannten Verwaltungsbehörden müssen

a)   so zusammengesetzt sein, dass ihre Unparteilichkeit nicht in Zweifel gezogen werden kann;

b)   ausreichende Befugnisse haben, die Einhaltung ihrer Entscheidungen wirksam zu überwachen und durchzusetzen, sofern sie über die Beschwerden entscheiden;

c)   in der Regel ihre Entscheidungen begründen.

(6) Werden die in den Absätzen 3 und 4 genannten Befugnisse ausschließlich von einer Verwaltungsbehörde ausgeübt, sind die Entscheidungen stets zu begründen. In diesem Fall sind Verfahren vorzusehen, in denen eine fehlerhafte oder unsachgemäße Ausübung der Befugnisse durch die Verwaltungsbehörde oder eine ungerechtfertigte oder unsachgemäße Unterlassung, diese Befugnisse auszuüben, von den Gerichten überprüft werden kann.

Art. 6 [Freiwillige Selbstkontrolle] Diese Richtlinie schließt die freiwillige Kontrolle irreführender oder vergleichender Werbung durch Einrichtungen der Selbstverwaltung oder die Inanspruchnahme dieser Einrichtungen durch die in Artikel 5 Absatz 1 Unterabsatz 2 genannten Personen oder Organisationen nicht aus, unter der Bedingung, dass entsprechende Verfahren vor solchen Einrichtungen zusätzlich zu den in Artikel 5 Absatz 1 Unterabsatz 2 genannten Gerichts- oder Verwaltungsverfahren zur Verfügung stehen. Die Mitgliedstaaten können diese freiwillige Kontrolle fördern.

Art. 7 [Beweislast] Die Mitgliedstaaten übertragen den Gerichten oder Verwaltungsbehörden Befugnisse, die sie ermächtigen, in den in Artikel 5 genannten Verfahren vor den Zivilgerichten oder Verwaltungsbehörden

a)   vom Werbenden Beweise für die Richtigkeit von in der Werbung enthaltenen Tatsachenbehauptungen zu verlangen, wenn ein solches Verlangen unter Berücksichtigung der berechtigten Interessen des Werbenden und anderer Verfahrensbeteiligter im Hinblick auf die Umstände des Einzelfalls angemessen erscheint, und bei vergleichender Werbung vom Werbenden zu verlangen, die entsprechenden Beweise kurzfristig vorzulegen, sowie

b)   Tatsachenbehauptungen als unrichtig anzusehen, wenn der gemäß Buchstabe a) verlangte Beweis nicht angetreten wird oder wenn er von dem Gericht oder der Verwaltungsbehörde für unzureichend erachtet wird.

Art. 8 [Mindeststandard] (1) Diese Richtlinie hindert die Mitgliedstaaten nicht daran, Bestimmungen aufrechtzuerhalten oder zu erlassen, die bei irreführender Werbung einen weiterreichenden Schutz der Gewerbetreibenden und Mitbewerber vorsehen.

Unterabsatz 1 gilt nicht für vergleichende Werbung, soweit es sich um den Vergleich handelt.

(2) Diese Richtlinie gilt unbeschadet der Rechtsvorschriften der Gemeinschaft, die auf die Werbung für bestimmte Waren und/oder Dienstleistungen anwendbar sind, sowie unbeschadet der Beschränkungen oder Verbote für die Werbung in bestimmten Medien.

(3) Aus den die vergleichende Werbung betreffenden Bestimmungen dieser Richtlinie ergibt sich keine Verpflichtung für diejenigen Mitgliedstaaten, die unter Einhaltung der Vorschriften des Vertrags ein Werbeverbot für bestimmte Waren oder Dienstleistungen aufrechterhalten oder einführen, vergleichende Werbung für diese Waren oder Dienstleistungen zuzulassen; dies gilt sowohl für unmittelbar ausgesprochene Verbote als auch für Verbote durch eine Einrichtung oder Organisation, die gemäß den Rechtsvorschriften des Mitgliedstaats für die Regelung eines Handels, Gewerbes, Handwerks oder freien Berufs zuständig ist. Sind diese Verbote auf bestimmte Medien beschränkt, so gilt diese Richtlinie für diejenigen Medien, die nicht unter diese Verbote fallen.

(4) Diese Richtlinie hindert die Mitgliedstaaten nicht daran, unter Einhaltung der Bestimmungen des Vertrags Verbote oder Beschränkungen für die Verwendung von Vergleichen in der Werbung für Dienstleistungen freier Berufe aufrechtzuerhalten oder einzuführen, und zwar unabhängig davon, ob diese Verbote oder Beschränkungen unmittelbar auferlegt oder von einer Einrichtung oder Organisation verfügt werden, die nach dem Recht der Mitgliedstaaten für die Regelung der Ausübung einer beruflichen Tätigkeit zuständig ist.

Art. 8-12 *Mitteilungspflicht der Mitgliedstaaten, Aufhebung der Richtlinie 84/450/EWG, Inkrafttreten, Adressaten – nicht abgedruckt.*

Anhang I Teil A – Aufgehobene Richtlinie mit ihren nachfolgenden Änderungen, Teil B – Fristen für die Umsetzung in innerstaatliches Recht und Anwendungsfristen; **Anhang II** Entsprechungstabelle – *nicht abgedruckt.*

2.5 Richtlinie 2005/29/EG des Europäischen Parlaments und des Rates vom 11. Mai 2005 über unlautere Geschäftspraktiken von Unternehmen gegenüber Verbrauchern im Binnenmarkt und zur Änderung der Richtlinie 84/450/EWG des Rates, der Richtlinien 97/7/EG, 98/27/EG und 2002/65/EG des Europäischen Parlaments und des Rates sowie der Verordnung (EG) Nr. 2006/2004 des Europäischen Parlaments und des Rates (Richtlinie über unlautere Geschäftspraktiken) [Geschäftspraktiken-RL]

ABl. 2005 L 149/22

DAS EUROPÄISCHE PARLAMENT UND DER RAT DER EUROPÄISCHEN UNION –
gestützt auf den Vertrag zur Gründung der Europäischen Gemeinschaft, insbesondere auf Artikel 95,
auf Vorschlag der Kommission[1],
nach Stellungnahme des Europäischen Wirtschafts- und Sozialausschusses[2],
gemäß dem Verfahren des Artikels 251 des Vertrags[3],
in Erwägung nachstehender Gründe:

(1) Nach Artikel 153 Absatz 1 und Absatz 3 Buchstabe a des Vertrags hat die Gemeinschaft durch Maßnahmen, die sie nach Artikel 95 erlässt, einen Beitrag zur Gewährleistung eines hohen Verbraucherschutzniveaus zu leisten.

(2) Gemäß Artikel 14 Absatz 2 des Vertrags umfasst der Binnenmarkt einen Raum ohne Binnengrenzen, in dem der freie Verkehr von Waren und Dienstleistungen sowie die Niederlassungsfreiheit gewährleistet sind. Die Entwicklung der Lauterkeit des Geschäftsverkehrs innerhalb dieses Raums ohne Binnengrenzen ist für die Förderung grenzüberschreitender Geschäftstätigkeiten wesentlich.

(3) Die Rechtsvorschriften der Mitgliedstaaten in Bezug auf unlautere Geschäftspraktiken unterscheiden sich deutlich voneinander, wodurch erhebliche Verzerrungen des Wettbewerbs und Hemmnisse für das ordnungsgemäße Funktionieren des Binnenmarktes entstehen können. Im Bereich der Werbung legt die Richtlinie 84/450/EWG des Rates vom 10. September 1984 über irreführende und vergleichende Werbung[4] Mindestkriterien für die Angleichung der Rechtsvorschriften im Bereich der irreführenden Werbung fest, hindert die Mitgliedstaaten jedoch nicht daran, Vorschriften aufrechtzuerhalten oder zu erlassen, die einen weiterreichenden Schutz der Verbraucher vorsehen. Deshalb unterscheiden sich die Rechtsvorschriften der Mitgliedstaaten im Bereich der irreführenden Werbung erheblich.

(4) Diese Unterschiede führen zu Unsicherheit darüber, welche nationalen Regeln für unlautere Geschäftspraktiken gelten, die die wirtschaftlichen Interessen der Verbraucher schädigen, und schaffen viele Hemmnisse für Unternehmen wie Verbraucher. Diese Hemmnisse verteuern für die Unternehmen die Ausübung der Freiheiten des Binnenmarkts, insbesondere, wenn Unternehmen grenzüberschreitend Marketing-, Werbe- oder Verkaufskampagnen betreiben wollen. Auch für Verbraucher schaffen solche Hemmnisse Unsicherheit hinsichtlich ihrer Rechte und untergraben ihr Vertrauen in den Binnenmarkt.

(5) In Ermangelung einheitlicher Regeln auf Gemeinschaftsebene könnten Hemmnisse für den grenzüberschreitenden Dienstleistungs- und Warenverkehr oder die Niederlassungsfreiheit im Lichte der Rechtsprechung des Gerichtshofs der Europäischen Gemeinschaften gerechtfertigt sein, sofern sie dem Schutz anerkannter Ziele des öffentlichen Interesses dienen und diesen Zielen angemessen sind. Ange-

---

1 [KOM(2003) 356 endg.]
2 ABl. C 108 vom 30.4.2004, S. 81.
3 Stellungnahme des Europäischen Parlaments vom 20.4.2004 (ABl. C 104 E vom 30.4.2004, S. 260), Gemeinsamer Standpunkt des Rates vom 15.11.2004 (ABl. C 38 E vom 15.2.2005, S. 1) und Standpunkt des Europäischen Parlaments vom 24.2.2005 ([ABl. C 304 E vom 1.12.2005, S. 351]). Beschluss des Rates vom 12.5.2005.
4 ABl. L 250 vom 19.9.1984, S. 17. Richtlinie geändert durch die Richtlinie 97/55/EG des Europäischen Parlaments und des Rates (ABl. L 290 vom 23.10.1997, S. 18). [Ersetzt durch neue Werbe-RL, in dieser Sammlung Nr. 2.4.]

sichts der Ziele der Gemeinschaft, wie sie in den Bestimmungen des Vertrags und im sekundären Gemeinschaftsrecht über die Freizügigkeit niedergelegt sind, und in Übereinstimmung mit der in der Mitteilung der Kommission „Folgedokument zum Grünbuch über kommerzielle Kommunikationen im Binnenmarkt" genannten Politik der Kommission auf dem Gebiet der kommerziellen Kommunikation sollten solche Hemmnisse beseitigt werden. Diese Hemmnisse können nur beseitigt werden, indem in dem Maße, wie es für das ordnungsgemäße Funktionieren des Binnenmarktes und im Hinblick auf das Erfordernis der Rechtssicherheit notwendig ist, auf Gemeinschaftsebene einheitliche Regeln, die ein hohes Verbraucherschutzniveau gewährleisten, festgelegt und bestimmte Rechtskonzepte geklärt werden.

(6) Die vorliegende Richtlinie gleicht deshalb die Rechtsvorschriften der Mitgliedstaaten über unlautere Geschäftspraktiken einschließlich der unlauteren Werbung an, die die wirtschaftlichen Interessen der Verbraucher unmittelbar und dadurch die wirtschaftlichen Interessen rechtmäßig handelnder Mitbewerber mittelbar schädigen. Im Einklang mit dem Verhältnismäßigkeitsprinzip schützt diese Richtlinie die Verbraucher vor den Auswirkungen solcher unlauteren Geschäftspraktiken, soweit sie als wesentlich anzusehen sind, berücksichtigt jedoch, dass die Auswirkungen für den Verbraucher in manchen Fällen unerheblich sein können. Sie erfasst und berührt nicht die nationalen Rechtsvorschriften in Bezug auf unlautere Geschäftspraktiken, die lediglich die wirtschaftlichen Interessen von Mitbewerbern schädigen oder sich auf ein Rechtsgeschäft zwischen Gewerbetreibenden beziehen; die Mitgliedstaaten können solche Praktiken, falls sie es wünschen, unter uneingeschränkter Wahrung des Subsidiaritätsprinzips im Einklang mit dem Gemeinschaftsrecht weiterhin regeln. Diese Richtlinie erfasst und berührt auch nicht die Bestimmungen der Richtlinie 84/450/EWG über Werbung, die für Unternehmen, nicht aber für Verbraucher irreführend ist, noch die Bestimmungen über vergleichende Werbung. Darüber hinaus berührt diese Richtlinie auch nicht die anerkannten Werbe- und Marketingmethoden wie rechtmäßige Produktplatzierung, Markendifferenzierung oder Anreize, die auf rechtmäßige Weise die Wahrnehmung von Produkten durch den Verbraucher und sein Verhalten beeinflussen können, die jedoch seine Fähigkeit, eine informierte Entscheidung zu treffen, nicht beeinträchtigen.

(7) Diese Richtlinie bezieht sich auf Geschäftspraktiken, die in unmittelbarem Zusammenhang mit der Beeinflussung der geschäftlichen Entscheidungen des Verbrauchers in Bezug auf Produkte stehen. Sie bezieht sich nicht auf Geschäftspraktiken, die vorrangig anderen Zielen dienen, wie etwa bei kommerziellen, für Investoren gedachten Mitteilungen, wie Jahresberichten und Unternehmensprospekten. Sie bezieht sich nicht auf die gesetzlichen Anforderungen in Fragen der guten Sitten und des Anstands, die in den Mitgliedstaaten sehr unterschiedlich sind. Geschäftspraktiken wie beispielsweise das Ansprechen von Personen auf der Straße zu Verkaufszwecken können in manchen Mitgliedstaaten aus kulturellen Gründen unerwünscht sein. Die Mitgliedstaaten sollten daher im Einklang mit dem Gemeinschaftsrecht in ihrem Hoheitsgebiet weiterhin Geschäftspraktiken aus Gründen der guten Sitten und des Anstands verbieten können, auch wenn diese Praktiken die Wahlfreiheit des Verbrauchers nicht beeinträchtigen. Bei der Anwendung dieser Richtlinie, insbesondere der Generalklauseln, sollten die Umstände des Einzelfalles umfassend gewürdigt werden.

(8) Diese Richtlinie schützt unmittelbar die wirtschaftlichen Interessen der Verbraucher vor unlauteren Geschäftspraktiken von Unternehmen gegenüber Verbrauchern. Sie schützt somit auch mittelbar rechtmäßig handelnde Unternehmen vor Mitbewerbern, die sich nicht an die Regeln dieser Richtlinie halten, und gewährleistet damit einen lauteren Wettbewerb in dem durch sie koordinierten Bereich. Selbstverständlich gibt es andere Geschäftspraktiken, die zwar nicht den Verbraucher schädigen, sich jedoch nachteilig für die Mitbewerber und gewerblichen Kunden auswirken können. Die Kommission sollte sorgfältig prüfen, ob auf dem Gebiet des unlauteren Wettbewerbs über den Regelungsbereich dieser Richtlinie hinausgehende gemeinschaftliche Maßnahmen erforderlich sind, und sollte gegebenenfalls einen Gesetzgebungsvorschlag zur Erfassung dieser anderen Aspekte des unlauteren Wettbewerbs vorlegen.

(9) Diese Richtlinie berührt nicht individuelle Klagen von Personen, die durch eine unlautere Geschäftspraxis geschädigt wurden. Sie berührt ferner nicht die gemeinschaftlichen und nationalen Vorschriften in den Bereichen Vertragsrecht, Schutz des geistigen Eigentums, Sicherheit und Gesundheitsschutz im Zusammenhang mit Produkten, Niederlassungsbedingungen und Genehmigungsregelungen, einschließlich solcher Vorschriften, die sich im Einklang mit dem Gemeinschaftsrecht auf Glücksspiele beziehen, sowie die Wettbewerbsregeln der Gemeinschaft und der nationalen Rechtsvorschriften zur Umsetzung derselben. Die Mitgliedstaaten können somit unabhängig davon, wo der Gewerbetreibende niedergelassen ist, unter Berufung auf den Schutz der Gesundheit und der Sicherheit der Verbraucher in ihrem Hoheitsgebiet für Geschäftspraktiken Beschränkungen aufrechterhalten oder einführen oder diese Praktiken verbieten, beispielsweise im Zusammenhang mit Spirituosen, Tabakwaren und Arzneimitteln. Für Finanzdienstleistungen und Immobilien sind aufgrund ihrer Komplexität und der ihnen inhärenten ernsten Risiken detaillierte Anforderungen erforderlich, einschließlich positiver Verpflichtungen für die betreffenden Gewerbetreibenden. Deshalb lässt diese Richtlinie im Bereich der Fi-

nanzdienstleistungen und Immobilien das Recht der Mitgliedstaaten unberührt, zum Schutz der wirtschaftlichen Interessen der Verbraucher über ihre Bestimmungen hinauszugehen. Es ist nicht angezeigt, in dieser Richtlinie die Zertifizierung und Angabe des Feingehalts von Artikel aus Edelmetall zu regeln.

(10) Es muss sichergestellt werden, dass diese Richtlinie insbesondere in Fällen, in denen Einzelvorschriften über unlautere Geschäftspraktiken in speziellen Sektoren anwendbar sind auf das geltende Gemeinschaftsrecht abgestimmt ist. Diese Richtlinie ändert daher die Richtlinie 84/450/EWG, die Richtlinie 97/7/EG des Europäischen Parlaments und des Rates vom 20. Mai 1997 über den Verbraucherschutz bei Vertragsabschlüssen im Fernabsatz[5], die Richtlinie 98/27/EG des Europäischen Parlaments und des Rates vom 19. Mai 1998 über Unterlassungsklagen zum Schutz der Verbraucherinteressen[6] und die Richtlinie 2002/65/EG des Europäischen Parlaments und des Rates vom 23. September 2002 über den Fernabsatz von Finanzdienstleistungen an Verbraucher[7]. Diese Richtlinie gilt dementsprechend nur insoweit, als keine spezifischen Vorschriften des Gemeinschaftsrechts vorliegen, die spezielle Aspekte unlauterer Geschäftspraktiken regeln, wie etwa Informationsanforderungen oder Regeln darüber, wie dem Verbraucher Informationen zu vermitteln sind. Sie bietet den Verbrauchern in den Fällen Schutz, in denen es keine spezifischen sektoralen Vorschriften auf Gemeinschaftsebene gibt, und untersagt es Gewerbetreibenden, eine Fehlvorstellung von der Art ihrer Produkte zu wecken. Dies ist besonders wichtig bei komplexen Produkten mit einem hohen Risikograd für die Verbraucher, wie etwa bestimmten Finanzdienstleistungen. Diese Richtlinie ergänzt somit den gemeinschaftlichen Besitzstand in Bezug auf Geschäftspraktiken, die den wirtschaftlichen Interessen der Verbraucher schaden.

(11) Das hohe Maß an Konvergenz, das die Angleichung der nationalen Rechtsvorschriften durch diese Richtlinie hervorbringt, schafft ein hohes allgemeines Verbraucherschutzniveau. Diese Richtlinie stellt ein einziges generelles Verbot jener unlauteren Geschäftspraktiken auf, die das wirtschaftliche Verhalten des Verbrauchers beeinträchtigen. Sie stellt außerdem Regeln über aggressive Geschäftspraktiken auf, die gegenwärtig auf Gemeinschaftsebene nicht geregelt sind.

(12) Durch die Angleichung wird die Rechtssicherheit sowohl für Verbraucher als auch für Unternehmen beträchtlich erhöht. Sowohl die Verbraucher als auch die Unternehmen werden in die Lage versetzt, sich an einem einzigen Rechtsrahmen zu orientieren, der auf einem klar definierten Rechtskonzept beruht, das alle Aspekte unlauterer Geschäftspraktiken in der EU regelt. Dies wird zur Folge haben, dass die durch die Fragmentierung der Vorschriften über unlautere, die wirtschaftlichen Interessen der Verbraucher schädigende Geschäftspraktiken verursachten Handelshemmnisse beseitigt werden und die Verwirklichung des Binnenmarktes in diesem Bereich ermöglicht wird.

(13) Zur Erreichung der Ziele der Gemeinschaft durch die Beseitigung von Hemmnissen für den Binnenmarkt ist es notwendig, die in den Mitgliedstaaten existierenden unterschiedlichen Generalklauseln und Rechtsgrundsätze zu ersetzen. Das durch diese Richtlinie eingeführte einzige, gemeinsame generelle Verbot umfasst daher unlautere Geschäftspraktiken, die das wirtschaftliche Verhalten der Verbraucher beeinträchtigen. Zur Förderung des Verbrauchervertrauens sollte das generelle Verbot für unlautere Geschäftspraktiken sowohl außerhalb einer vertraglichen Beziehung zwischen Gewerbetreibenden und Verbrauchern als auch nach Abschluss eines Vertrags und während dessen Ausführung gelten. Das generelle Verbot wird durch Regeln über die beiden bei weitem am meisten verbreiteten Arten von Geschäftspraktiken konkretisiert, nämlich die irreführenden und die aggressiven Geschäftspraktiken.

(14) Es ist wünschenswert, dass der Begriff der irreführenden Praktiken auch Praktiken, einschließlich irreführender Werbung, umfasst, die den Verbraucher durch Täuschung davon abhalten, eine informierte und deshalb effektive Wahl zu treffen. In Übereinstimmung mit dem Recht und den Praktiken der Mitgliedstaaten zur irreführenden Werbung unterteilt diese Richtlinie irreführende Praktiken in irreführende Handlungen und irreführende Unterlassungen. Im Hinblick auf Unterlassungen legt diese Richtlinie eine bestimmte Anzahl von Basisinformationen fest, die der Verbraucher benötigt, um eine informierte geschäftliche Entscheidung treffen zu können. Solche Informationen müssen nicht notwendigerweise in jeder Werbung enthalten sein, sondern nur dann, wenn der Gewerbetreibende zum Kauf auffordert; dieses Konzept wird in dieser Richtlinie klar definiert. Die in dieser Richtlinie vorgesehene vollständige Angleichung hindert die Mitgliedstaaten nicht daran, in ihren nationalen Rechtsvorschriften für bestimmte Produkte, zum Beispiel Sammlungsstücke oder elektrische Geräte, die wesentlichen Kennzeichen festzulegen, deren Weglassen bei einer Aufforderung zum Kauf rechtserheblich wäre. Mit dieser Richtlinie wird nicht beabsichtigt, die Wahl für die Verbraucher einzuschrän-

---

5   ABl. L 144 vom 4.6.1997, S. 19. Richtlinie geändert durch die Richtlinie 2002/65/EG (ABl. L 271 vom 9.10.2002, S. 16).

6   ABl. L 166 vom 11.6.1998, S. 51. Richtlinie zuletzt geändert durch die Richtlinie 2002/65/EG.

7   ABl. L 271 vom 9.10.2002, S. 16 [Finanzdienstleistung-Fernabsatz-RL, in dieser Sammlung Nr. 2.2].

ken, indem die Werbung für Produkte, die anderen Produkten ähneln, untersagt wird, es sei denn, dass diese Ähnlichkeit eine Verwechslungsgefahr für die Verbraucher hinsichtlich der kommerziellen Herkunft des Produkts begründet und daher irreführend ist. Diese Richtlinie sollte das bestehende Gemeinschaftsrecht unberührt lassen, das den Mitgliedstaaten ausdrücklich die Wahl zwischen mehreren Regelungsoptionen für den Verbraucherschutz auf dem Gebiet der Geschäftspraktiken lässt. Die vorliegende Richtlinie sollte insbesondere Artikel 13 Absatz 3 der Richtlinie 2002/58/EG des Europäischen Parlaments und des Rates vom 12. Juli 2002 über die Verarbeitung personenbezogener Daten und den Schutz der Privatsphäre in der elektronischen Kommunikation[8] unberührt lassen.

(15) Legt das Gemeinschaftsrecht Informationsanforderungen in Bezug auf Werbung, kommerzielle Kommunikation oder Marketing fest, so werden die betreffenden Informationen im Rahmen dieser Richtlinie als wesentlich angesehen. Die Mitgliedstaaten können die Informationsanforderungen in Bezug auf das Vertragsrecht oder vertragsrechtlichen Auswirkungen aufrechterhalten oder erweitern, wenn dies aufgrund der Mindestklauseln in den bestehenden gemeinschaftlichen Rechtsakten zulässig ist. Eine nicht erschöpfende Auflistung solcher im Besitzstand vorgesehenen Informationsanforderungen ist in Anhang II enthalten. Aufgrund der durch diese Richtlinie eingeführten vollständigen Angleichung werden nur die nach dem Gemeinschaftsrecht vorgeschriebenen Informationen als wesentlich für die Zwecke des Artikels 7 Absatz 5 dieser Richtlinie betrachtet. Haben die Mitgliedstaaten auf der Grundlage von Mindestklauseln Informationsanforderungen eingeführt, die über das hinausgehen, was im Gemeinschaftsrecht geregelt ist, so kommt das Vorenthalten dieser Informationen einem irreführenden Unterlassen nach dieser Richtlinie nicht gleich. Die Mitgliedstaaten können demgegenüber, sofern dies nach den gemeinschaftsrechtlichen Mindestklauseln zulässig ist, im Einklang mit dem Gemeinschaftsrecht strengere Bestimmungen aufrechterhalten oder einführen, um ein höheres Schutzniveau für die individuellen vertraglichen Rechte der Verbraucher zu gewährleisten.

(16) Die Bestimmungen über aggressive Handelspraktiken sollten solche Praktiken einschließen, die die Wahlfreiheit des Verbrauchers wesentlich beeinträchtigen. Dabei handelt es sich um Praktiken, die sich der Belästigung, der Nötigung, einschließlich der Anwendung von Gewalt, und der unzulässigen Beeinflussung bedienen.

(17) Es ist wünschenswert, dass diejenigen Geschäftspraktiken, die unter allen Umständen unlauter sind, identifiziert werden, um größere Rechtssicherheit zu schaffen. Anhang I enthält daher eine umfassende Liste solcher Praktiken. Hierbei handelt es sich um die einzigen Geschäftspraktiken, die ohne eine Beurteilung des Einzelfalls anhand der Bestimmungen der Artikel 5 bis 9 als unlauter gelten können. Die Liste kann nur durch eine Änderung dieser Richtlinie abgeändert werden.

(18) Es ist angezeigt, alle Verbraucher vor unlauteren Geschäftspraktiken zu schützen; der Gerichtshof hat es allerdings bei seiner Rechtsprechung im Zusammenhang mit Werbung seit dem Erlass der Richtlinie 84/450/EWG für erforderlich gehalten, die Auswirkungen auf einen fiktiven typischen Verbraucher zu prüfen. Dem Verhältnismäßigkeitsprinzip entsprechend und um die wirksame Anwendung der vorgesehenen Schutzmaßnahmen zu ermöglichen, nimmt diese Richtlinie den Durchschnittsverbraucher, der angemessen gut unterrichtet und angemessen aufmerksam und kritisch ist, unter Berücksichtigung sozialer, kultureller und sprachlicher Faktoren in der Auslegung des Gerichtshofs als Maßstab, enthält aber auch Bestimmungen zur Vermeidung der Ausnutzung von Verbrauchern, deren Eigenschaften sie für unlautere Geschäftspraktiken besonders anfällig machen. Richtet sich eine Geschäftspraxis speziell an eine besondere Verbrauchergruppe wie z. B. Kinder, so sollte die Auswirkung der Geschäftspraxis aus der Sicht eines Durchschnittsmitglieds dieser Gruppe beurteilt werden. Es ist deshalb angezeigt, in die Liste der Geschäftspraktiken, die unter allen Umständen unlauter sind, eine Bestimmung aufzunehmen, mit der an Kinder gerichtete Werbung zwar nicht völlig untersagt wird, mit der Kinder aber vor unmittelbaren Kaufaufforderungen geschützt werden. Der Begriff des Durchschnittsverbrauchers beruht dabei nicht auf einer statistischen Grundlage. Die nationalen Gerichte und Verwaltungsbehörden müssen sich bei der Beurteilung der Frage, wie der Durchschnittsverbraucher in einem gegebenen Fall typischerweise reagieren würde, auf ihre eigene Urteilsfähigkeit unter Berücksichtigung der Rechtsprechung des Gerichtshofs verlassen.

(19) Sind Verbraucher aufgrund bestimmter Eigenschaften wie Alter, geistige oder körperliche Gebrechen oder Leichtgläubigkeit besonders für eine Geschäftspraxis oder das ihr zugrunde liegende Produkt anfällig und wird durch diese Praxis voraussichtlich das wirtschaftliche Verhalten nur dieser Verbraucher in einer für den Gewerbetreibenden vernünftigerweise vorhersehbaren Art und Weise wesentlich beeinflusst, muss sichergestellt werden, dass diese entsprechend geschützt werden, indem die Praxis aus der Sicht eines Durchschnittsmitglieds dieser Gruppe beurteilt wird.

(20) Es ist zweckmäßig, die Möglichkeit von Verhaltenskodizes vorzusehen, die es Gewerbetreibenden ermöglichen, die Grundsätze dieser Richtlinie in spezifischen Wirtschaftsbranchen wirksam anzuwen-

---

8 ABl. L 201 vom 31.7.2002, S. 37.

den. In Branchen, in denen es spezifische zwingende Vorschriften gibt, die das Verhalten von Gewerbetreibenden regeln, ist es zweckmäßig, dass aus diesen auch die Anforderungen an die berufliche Sorgfalt in dieser Branche ersichtlich sind. Die von den Urhebern der Kodizes auf nationaler oder auf Gemeinschaftsebene ausgeübte Kontrolle hinsichtlich der Beseitigung unlauterer Geschäftspraktiken könnte die Inanspruchnahme der Verwaltungsbehörden oder Gerichte unnötig machen und sollte daher gefördert werden. Mit dem Ziel, ein hohes Verbraucherschutzniveau zu erreichen, könnten Verbraucherverbände informiert und an der Ausarbeitung von Verhaltenskodizes beteiligt werden.

(21) Personen oder Organisationen, die nach dem nationalen Recht ein berechtigtes Interesse geltend machen können, müssen über Rechtsbehelfe verfügen, die es ihnen erlauben, vor Gericht oder bei einer Verwaltungsbehörde, die über Beschwerden entscheiden oder geeignete gerichtliche Schritte einleiten kann, gegen unlautere Geschäftspraktiken vorzugehen. Zwar wird die Beweislast vom nationalen Recht bestimmt, die Gerichte und Verwaltungsbehörden sollten aber in die Lage versetzt werden, von Gewerbetreibenden zu verlangen, dass sie den Beweis für die Richtigkeit der von ihnen behaupteten Tatsachen erbringen.

(22) Es ist notwendig, dass die Mitgliedstaaten Sanktionen für Verstöße gegen diese Richtlinie festlegen und für deren Durchsetzung sorgen. Die Sanktionen müssen wirksam, verhältnismäßig und abschreckend sein.

(23) Da die Ziele dieser Richtlinie, nämlich durch Angleichung der Rechts- und Verwaltungsvorschriften der Mitgliedstaaten über unlautere Geschäftspraktiken die durch derartige Vorschriften verursachten Handelshemmnisse zu beseitigen und ein hohes gemeinsames Verbraucherschutzniveau zu gewährleisten, auf Ebene der Mitgliedstaaten nicht ausreichend erreicht werden können und daher besser auf Gemeinschaftsebene zu erreichen sind, kann die Gemeinschaft im Einklang mit dem in Artikel 5 des Vertrags niedergelegten Subsidiaritätsprinzip tätig werden. Entsprechend dem in demselben Artikel genannten Verhältnismäßigkeitsprinzip geht diese Richtlinie nicht über das für die Beseitigung der Handelshemmnisse und die Gewährleistung eines hohen gemeinsamen Verbraucherschutzniveaus erforderliche Maß hinaus.

(24) *Zur Prüfpflicht der Kommission – nicht abgedruckt.*

(25) Diese Richtlinie achtet die insbesondere in der Charta der Grundrechte der Europäischen Union anerkannten Grundrechte und Grundsätze –
HABEN FOLGENDE RICHTLINIE ERLASSEN:

Kapitel 1 – Allgemeine Bestimmungen

Art. 1 Zweck der Richtlinie Zweck dieser Richtlinie ist es, durch Angleichung der Rechts- und Verwaltungsvorschriften der Mitgliedstaaten über unlautere Geschäftspraktiken, die die wirtschaftlichen Interessen der Verbraucher beeinträchtigen, zu einem reibungslosen Funktionieren des Binnenmarkts und zum Erreichen eines hohen Verbraucherschutzniveaus beizutragen.

Art. 2 Definitionen Im Sinne dieser Richtlinie bezeichnet der Ausdruck

a) „Verbraucher" jede natürliche Person, die im Geschäftsverkehr im Sinne dieser Richtlinie zu Zwecken handelt, die nicht ihrer gewerblichen, handwerklichen oder beruflichen Tätigkeit zugerechnet werden können;

b) „Gewerbetreibender" jede natürliche oder juristische Person, die im Geschäftsverkehr im Sinne dieser Richtlinie im Rahmen ihrer gewerblichen, handwerklichen oder beruflichen Tätigkeit handelt, und jede Person, die im Namen oder Auftrag des Gewerbetreibenden handelt;

c) „Produkt" jede Ware oder Dienstleistung, einschließlich Immobilien, Rechte und Verpflichtungen;

d) „Geschäftspraktiken von Unternehmen gegenüber Verbrauchern" (nachstehend auch „Geschäftspraktiken" genannt) jede Handlung, Unterlassung, Verhaltensweise oder Erklärung, kommerzielle Mitteilung einschließlich Werbung und Marketing eines Gewerbetreibenden, die unmittelbar mit der Absatzförderung, dem Verkauf oder der Lieferung eines Produkts an Verbraucher zusammenhängt;

e) „wesentliche Beeinflussung des wirtschaftlichen Verhaltens des Verbrauchers" die Anwendung einer Geschäftspraxis, um die Fähigkeit des Verbrauchers, eine informierte Entscheidung zu treffen, spürbar zu beeinträchtigen und damit den Verbraucher zu einer geschäftlichen Entscheidung zu veranlassen, die er andernfalls nicht getroffen hätte;

f) „Verhaltenskodex" eine Vereinbarung oder ein Vorschriftenkatalog, die bzw. der nicht durch die Rechts- und Verwaltungsvorschriften eines Mitgliedstaates vorgeschrieben ist und das Verhalten der Gewerbetreibenden definiert, die sich in Bezug auf eine oder mehrere spezielle Geschäftspraktiken oder Wirtschaftszweige auf diesen Kodex verpflichten;

g) „Urheber eines Kodex" jede Rechtspersönlichkeit, einschließlich einzelner Gewerbetreibender oder Gruppen von Gewerbetreibenden, die für die Formulierung und Überarbeitung eines Verhaltenskodex und/oder für die Überwachung der Einhaltung dieses Kodex durch alle diejenigen, die sich darauf verpflichtet haben, zuständig ist;

h) „berufliche Sorgfalt" der Standard an Fachkenntnissen und Sorgfalt, bei denen billigerweise davon ausgegangen werden kann, dass der Gewerbetreibende sie gegenüber dem Verbraucher gemäß den anständigen Marktgepflogenheiten und/oder dem allgemeinen Grundsatz von Treu und Glauben in seinem Tätigkeitsbereich anwendet;

i) „Aufforderung zum Kauf" jede kommerzielle Kommunikation, die die Merkmale des Produkts und den Preis in einer Weise angibt, die den Mitteln der verwendeten kommerziellen Kommunikation angemessen ist und den Verbraucher dadurch in die Lage versetzt, einen Kauf zu tätigen;

j) „unzulässige Beeinflussung" die Ausnutzung einer Machtposition gegenüber dem Verbraucher zur Ausübung von Druck, auch ohne die Anwendung oder Androhung von körperlicher Gewalt, in einer Weise, die die Fähigkeit des Verbrauchers zu einer informierten Entscheidung wesentlich einschränkt;

k) „geschäftliche Entscheidung" jede Entscheidung eines Verbraucher darüber, ob, wie und unter welchen Bedingungen er einen Kauf tätigen, eine Zahlung insgesamt oder teilweise leisten, ein Produkt behalten oder abgeben oder ein vertragliches Recht im Zusammenhang mit dem Produkt ausüben will, unabhängig davon, ob der Verbraucher beschließt, tätig zu werden oder ein Tätigwerden zu unterlassen;

l) „reglementierter Beruf" eine berufliche Tätigkeit oder eine Reihe beruflicher Tätigkeiten, bei der die Aufnahme oder Ausübung oder eine der Arten der Ausübung direkt oder indirekt durch Rechts- oder Verwaltungsvorschriften an das Vorhandensein bestimmter Berufsqualifikationen gebunden ist.

Art. 3 Anwendungsbereich (1) Diese Richtlinie gilt für unlautere Geschäftspraktiken im Sinne des Artikels 5 von Unternehmen gegenüber Verbrauchern vor, während und nach Abschluss eines auf ein Produkt bezogenen Handelsgeschäfts.

(2) Diese Richtlinie lässt das Vertragsrecht und insbesondere die Bestimmungen über die Wirksamkeit, das Zustandekommen oder die Wirkungen eines Vertrags unberührt.

(3) Diese Richtlinie lässt die Rechtsvorschriften der Gemeinschaft oder der Mitgliedstaaten in Bezug auf die Gesundheits- und Sicherheitsaspekte von Produkten unberührt.

(4) Kollidieren die Bestimmungen dieser Richtlinie mit anderen Rechtsvorschriften der Gemeinschaft, die besondere Aspekte unlauterer Geschäftspraktiken regeln, so gehen die Letzteren vor und sind für diese besonderen Aspekte maßgebend.

(5) Die Mitgliedstaaten können für einen Zeitraum von sechs Jahren ab dem 12. Juni 2007 in dem durch diese Richtlinie angeglichenen Bereich nationale Vorschriften beibehalten, die restriktiver oder strenger sind als diese Richtlinie und zur Umsetzung von Richtlinien erlassen wurden und die Klauseln über eine Mindestangleichung enthalten. Diese Maßnahmen müssen unbedingt erforderlich sein, um sicherzustellen, dass die Verbraucher auf geeignete Weise vor unlauteren Geschäftspraktiken geschützt werden und müssen zur Erreichung dieses Ziels verhältnismäßig sein. Im Rahmen der nach Artikel 18 vorgesehenen Überprüfung kann gegebenenfalls vorgeschlagen werden, die Geltungsdauer dieser Ausnahmeregelung um einen weiteren begrenzten Zeitraum zu verlängern.

(6) Die Mitgliedstaaten teilen der Kommission unverzüglich die auf der Grundlage von Absatz 5 angewandten nationalen Vorschriften mit.

(7) Diese Richtlinie lässt die Bestimmungen über die Zuständigkeit der Gerichte unberührt.

(8) Diese Richtlinie lässt alle Niederlassungs- oder Genehmigungsbedingungen, berufsständischen Verhaltenskodizes oder andere spezifische Regeln für reglementierte Berufe unberührt, damit die strengen Integritätsstandards, die die Mitgliedstaaten den in dem Beruf tätigen Personen nach Maßgabe des Gemeinschaftsrechts auferlegen können, gewährleistet bleiben.

(9) Im Zusammenhang mit „Finanzdienstleistungen" im Sinne der Richtlinie 2002/65/EG und Immobilien können die Mitgliedstaaten Anforderungen stellen, die im Vergleich zu dem durch diese Richtlinie angeglichenen Bereich restriktiver und strenger sind.

(10) Diese Richtlinie gilt nicht für die Anwendung der Rechts- und Verwaltungsvorschriften der Mitgliedstaaten in Bezug auf die Zertifizierung und Angabe des Feingehalts von Artikel aus Edelmetall.

Art. 4 Binnenmarkt Die Mitgliedstaaten dürfen den freien Dienstleistungsverkehr und den freien Warenverkehr nicht aus Gründen, die mit dem durch diese Richtlinie angeglichenen Bereich zusammenhängen, einschränken.

Kapitel 2 – Unlautere Geschäftspraktiken

Art. 5 Verbot unlauterer Geschäftspraktiken (1) Unlautere Geschäftspraktiken sind verboten.

(2) Eine Geschäftspraxis ist unlauter, wenn

a) sie den Erfordernissen der beruflichen Sorgfaltspflicht widerspricht und

b) sie in Bezug auf das jeweilige Produkt das wirtschaftliche Verhalten des Durchschnittsverbrauchers, den sie erreicht oder an den sie sich richtet oder des durchschnittlichen Mitglieds einer Gruppe von Verbrauchern, wenn sich eine Geschäftspraxis an eine bestimmte Gruppe von Verbrauchern wendet, wesentlich beeinflusst oder dazu geeignet ist, es wesentlich zu beeinflussen.

(3) Geschäftspraktiken, die voraussichtlich in einer für den Gewerbetreibenden vernünftigerweise vorhersehbaren Art und Weise das wirtschaftliche Verhalten nur einer eindeutig identifizierbaren Gruppe von Verbrauchern wesentlich beeinflussen, die aufgrund von geistigen oder körperlichen Gebrechen, Alter oder Leichtgläubigkeit im Hinblick auf diese Praktiken oder die ihnen zugrunde liegenden Produkte besonders schutzbedürftig sind, werden aus der Perspektive eines durchschnittlichen Mitglieds dieser Gruppe beurteilt. Die

übliche und rechtmäßige Werbepraxis, übertriebene Behauptungen oder nicht wörtlich zu nehmende Behauptungen aufzustellen, bleibt davon unberührt.

(4) Unlautere Geschäftspraktiken sind insbesondere solche, die

a) irreführend im Sinne der Artikel 6 und 7 oder

b) aggressiv im Sinne der Artikel 8 und 9 sind.

(5) Anhang I enthält eine Liste jener Geschäftspraktiken, die unter allen Umständen als unlauter anzusehen sind. Diese Liste gilt einheitlich in allen Mitgliedstaaten und kann nur durch eine Änderung dieser Richtlinie abgeändert werden.

Abschnitt 1 – Irreführende Geschäftspraktiken

Art. 6 Irreführende Handlungen (1) Eine Geschäftspraxis gilt als irreführend, wenn sie falsche Angaben enthält und somit unwahr ist oder wenn sie in irgendeiner Weise, einschließlich sämtlicher Umstände ihrer Präsentation, selbst mit sachlich richtigen Angaben den Durchschnittsverbraucher in Bezug auf einen oder mehrere der nachstehend aufgeführten Punkte täuscht oder ihn zu täuschen geeignet ist und ihn in jedem Fall tatsächlich oder voraussichtlich zu einer geschäftlichen Entscheidung veranlasst, die er ansonsten nicht getroffen hätte:

a) das Vorhandensein oder die Art des Produkts;

b) die wesentlichen Merkmale des Produkts wie Verfügbarkeit, Vorteile, Risiken, Ausführung, Zusammensetzung, Zubehör, Kundendienst und Beschwerdeverfahren, Verfahren und Zeitpunkt der Herstellung oder Erbringung, Lieferung, Zwecktauglichkeit, Verwendung, Menge, Beschaffenheit, geografische oder kommerzielle Herkunft oder die von der Verwendung zu erwartenden Ergebnisse oder die Ergebnisse und wesentlichen Merkmale von Tests oder Untersuchungen, denen das Produkt unterzogen wurde;

c) den Umfang der Verpflichtungen des Gewerbetreibenden, die Beweggründe für die Geschäftspraxis und die Art des Vertriebsverfahrens, die Aussagen oder Symbole jeder Art, die im Zusammenhang mit direktem oder indirektem Sponsoring stehen oder sich auf eine Zulassung des Gewerbetreibenden oder des Produkts beziehen;

d) der Preis, die Art der Preisberechnung oder das Vorhandensein eines besonderer Preisvorteils;

e) die Notwendigkeit einer Leistung, eines Ersatzteils, eines Austauschs oder einer Reparatur;

f) die Person, die Eigenschaften oder die Rechte des Gewerbetreibenden oder seines Vertreters, wie Identität und Vermögen, seine Befähigungen, seinen Status, seine Zulassung, Mitgliedschaften oder Beziehungen sowie gewerbliche oder kommerzielle Eigentumsrechte oder Rechte an geistigem Eigentum oder seine Auszeichnungen und Ehrungen;

g) die Rechte des Verbrauchers einschließlich des Rechts auf Ersatzlieferung oder Erstattung gemäß der Richtlinie 1999/44/EG des Europäischen Parlaments und des Rates vom 25. Mai 1999 zu bestimmten Aspekten des Verbrauchsgüterkaufs und der Garantien für Verbrauchsgüter[9] oder die Risiken, denen er sich möglicherweise aussetzt.

(2) Eine Geschäftspraxis gilt ferner als irreführend, wenn sie im konkreten Fall unter Berücksichtigung aller tatsächlichen Umstände einen Durchschnittsverbraucher zu einer ge-

---

9   ABl. L 171 vom 7.7.1999, S. 12 [Kaufgewährleistungs-RL, in dieser Sammlung Nr. 2.9].

schäftlichen Entscheidung veranlasst oder zu veranlassen geeignet ist, die er ansonsten nicht getroffen hätte, und Folgendes beinhaltet:

a) jegliche Art der Vermarktung eines Produkts, einschließlich vergleichender Werbung, die eine Verwechslungsgefahr mit einem anderen Produkt, Warenzeichen, Warennamen oder anderen Kennzeichen eines Mitbewerbers begründet;

b) die Nichteinhaltung von Verpflichtungen, die der Gewerbetreibende im Rahmen von Verhaltenskodizes, auf die er sich verpflichtet hat, eingegangen ist, sofern

i) es sich nicht um eine Absichtserklärung, sondern um eine eindeutige Verpflichtung handelt, deren Einhaltung nachprüfbar ist, und

ii) der Gewerbetreibende im Rahmen einer Geschäftspraxis darauf hinweist, dass er durch den Kodex gebunden ist.

Art. 7 Irreführende Unterlassungen (1) Eine Geschäftspraxis gilt als irreführend, wenn sie im konkreten Fall unter Berücksichtigung aller tatsächlichen Umstände und der Beschränkungen des Kommunikationsmediums wesentliche Informationen vorenthält, die der durchschnittliche Verbraucher je nach den Umständen benötigt, um eine informierte geschäftliche Entscheidung zu treffen, und die somit einen Durchschnittsverbraucher zu einer geschäftlichen Entscheidung veranlasst oder zu veranlassen geeignet ist, die er sonst nicht getroffen hätte.

(2) Als irreführende Unterlassung gilt es auch, wenn ein Gewerbetreibender wesentliche Informationen gemäß Absatz 1 unter Berücksichtigung der darin beschriebenen Einzelheiten verheimlicht oder auf unklare, unverständliche, zweideutige Weise oder nicht rechtzeitig bereitstellt oder wenn er den kommerziellen Zweck der Geschäftspraxis nicht kenntlich macht, sofern er sich nicht unmittelbar aus den Umständen ergibt, und dies jeweils einen Durchschnittsverbraucher zu einer geschäftlichen Entscheidung veranlasst oder zu veranlassen geeignet ist, die er ansonsten nicht getroffen hätte.

(3) Werden durch das für die Geschäftspraxis verwendete Kommunikationsmedium räumliche oder zeitliche Beschränkungen auferlegt, so werden diese Beschränkungen und alle Maßnahmen, die der Gewerbetreibende getroffen hat, um den Verbrauchern die Informationen anderweitig zur Verfügung zu stellen, bei der Entscheidung darüber, ob Informationen vorenthalten wurden, berücksichtigt.

(4) Im Falle der Aufforderung zum Kauf gelten folgende Informationen als wesentlich, sofern sie sich nicht unmittelbar aus den Umständen ergeben:

a) die wesentlichen Merkmale des Produkts in dem für das Medium und das Produkt angemessenen Umfang;

b) Anschrift und Identität des Gewerbetreibenden, wie sein Handelsname und gegebenenfalls Anschrift und Identität des Gewerbetreibenden, für den er handelt;

c) der Preis einschließlich aller Steuern und Abgaben oder in den Fällen, in denen der Preis aufgrund der Beschaffenheit des Produkts vernünftigerweise nicht im Voraus berechnet werden kann, die Art der Preisberechnung sowie gegebenenfalls alle zusätzlichen Fracht-, Liefer- oder Zustellkosten oder in den Fällen, in denen diese Kosten vernünftigerweise nicht im Voraus berechnet werden können, die Tatsache, dass solche zusätzliche Kosten anfallen können;

d) die Zahlungs-, Liefer- und Leistungsbedingungen sowie das Verfahren zum Umgang mit Beschwerden, falls sie von den Erfordernissen der beruflichen Sorgfalt abweichen;

e) für Produkte und Rechtsgeschäfte, die ein Rücktritts- oder Widerrufsrecht beinhalten, das Bestehen eines solchen Rechts.

(5) Die im Gemeinschaftsrecht festgelegten Informationsanforderungen in Bezug auf kommerzielle Kommunikation einschließlich Werbung oder Marketing, auf die in der nicht erschöpfenden Liste des Anhangs II verwiesen wird, gelten als wesentlich.

Abschnitt 2 – Aggressive Geschäftspraktiken

Art. 8 Aggressive Geschäftspraktiken Eine Geschäftspraxis gilt als aggressiv, wenn sie im konkreten Fall unter Berücksichtigung aller tatsächlichen Umstände die Entscheidungs- oder Verhaltensfreiheit des Durchschnittsverbrauchers in Bezug auf das Produkt durch Belästigung, Nötigung, einschließlich der Anwendung körperlicher Gewalt, oder durch unzulässige Beeinflussung tatsächlich oder voraussichtlich erheblich beeinträchtigt und dieser dadurch tatsächlich oder voraussichtlich dazu veranlasst wird, eine geschäftliche Entscheidung zu treffen, die er andernfalls nicht getroffen hätte.

Art. 9 Belästigung, Nötigung und unzulässige Beeinflussung Bei der Feststellung, ob im Rahmen einer Geschäftspraxis die Mittel der Belästigung, der Nötigung, einschließlich der Anwendung körperlicher Gewalt, oder der unzulässigen Beeinflussung eingesetzt werden, ist abzustellen auf:
a) Zeitpunkt, Ort, Art oder Dauer des Einsatzes;
b) die Verwendung drohender oder beleidigender Formulierungen oder Verhaltensweisen;
c) die Ausnutzung durch den Gewerbetreibenden von konkreten Unglückssituationen oder Umständen von solcher Schwere, dass sie das Urteilsvermögen des Verbrauchers beeinträchtigen, worüber sich der Gewerbetreibende bewusst ist, um die Entscheidung des Verbrauchers in Bezug auf das Produkt zu beeinflussen;
d) belastende oder unverhältnismäßige Hindernisse nichtvertraglicher Art, mit denen der Gewerbetreibende den Verbraucher an der Ausübung seiner vertraglichen Rechte zu hindern versucht, wozu auch das Recht gehört, den Vertrag zu kündigen oder zu einem anderen Produkt oder einem anderen Gewerbetreibenden zu wechseln;
e) Drohungen mit rechtlich unzulässigen Handlungen.

Kapitel 3 – Verhaltenskodizes

Art. 10 Verhaltenskodizes Diese Richtlinie schließt die Kontrolle – die von den Mitgliedstaaten gefördert werden kann – unlauterer Geschäftspraktiken durch die Urheber von Kodizes und die Inanspruchnahme solcher Einrichtungen durch die in Artikel 11 genannten Personen oder Organisationen nicht aus, wenn entsprechende Verfahren vor solchen Einrichtungen zusätzlich zu den Gerichts- oder Verwaltungsverfahren gemäß dem genannten Artikel zur Verfügung stehen.
Die Inanspruchnahme derartiger Kontrolleinrichtungen bedeutet keineswegs einen Verzicht auf einen Rechtsbehelf vor einem Gericht oder einer Verwaltungsbehörde gemäß Artikel 11.

Kapitel 4 – Schlussbestimmungen

Art. 11 Durchsetzung (1) Die Mitgliedstaaten stellen im Interesse der Verbraucher sicher, dass geeignete und wirksame Mittel zur Bekämpfung unlauterer Geschäftspraktiken vorhanden sind, um die Einhaltung dieser Richtlinie durchzusetzen.

Diese Mittel umfassen Rechtsvorschriften, die es Personen oder Organisationen, die nach dem nationalen Recht ein berechtigtes Interesse an der Bekämpfung unlauterer Geschäftspraktiken haben, einschließlich Mitbewerbern, gestatten,

a) gerichtlich gegen solche unlauteren Geschäftspraktiken vorzugehen und/oder

b) gegen solche unlauteren Geschäftspraktiken ein Verfahren bei einer Verwaltungsbehörde einzuleiten, die für die Entscheidung über Beschwerden oder für die Einleitung eines geeigneten gerichtlichen Verfahrens zuständig ist.

Jedem Mitgliedstaat bleibt es vorbehalten zu entscheiden, welcher dieser Rechtsbehelfe zur Verfügung stehen wird und ob das Gericht oder die Verwaltungsbehörde ermächtigt werden soll, vorab die Durchführung eines Verfahrens vor anderen bestehenden Einrichtungen zur Regelung von Beschwerden, einschließlich der in Artikel 10 genannten Einrichtungen, zu verlangen. Diese Rechtsbehelfe stehen unabhängig davon zur Verfügung, ob die Verbraucher sich im Hoheitsgebiet des Mitgliedstaats, in dem der Gewerbetreibende niedergelassen ist, oder in einem anderen Mitgliedstaat befinden.

Jedem Mitgliedstaat bleibt vorbehalten zu entscheiden,

a) ob sich diese Rechtsbehelfe getrennt oder gemeinsam gegen mehrere Gewerbetreibende desselben Wirtschaftssektors richten können und

b) ob sich diese Rechtsbehelfe gegen den Urheber eines Verhaltenskodex richten können, wenn der betreffende Kodex der Nichteinhaltung rechtlicher Vorschriften Vorschub leistet.

(2) Im Rahmen der in Absatz 1 genannten Rechtsvorschriften übertragen die Mitgliedstaaten den Gerichten oder Verwaltungsbehörden Befugnisse, die sie ermächtigen, in Fällen, in denen sie diese Maßnahmen unter Berücksichtigung aller betroffenen Interessen und insbesondere des öffentlichen Interesses für erforderlich halten,

a) die Einstellung der unlauteren Geschäftspraktiken anzuordnen oder ein geeignetes gerichtliches Verfahren zur Anordnung der Einstellung der betreffenden unlauteren Geschäftspraxis einzuleiten, oder

b) falls die unlautere Geschäftspraxis noch nicht angewandt wurde, ihre Anwendung jedoch bevorsteht, diese Praxis zu verbieten oder ein geeignetes gerichtliches Verfahren zur Anordnung des Verbots dieser Praxis einzuleiten,

auch wenn kein tatsächlicher Verlust oder Schaden bzw. Vorsatz oder Fahrlässigkeit seitens des Gewerbetreibenden nachweisbar ist.

Die Mitgliedstaaten sehen ferner vor, dass die in Unterabsatz 1 genannten Maßnahmen im Rahmen eines beschleunigten Verfahrens mit

vorläufiger Wirkung oder

endgültiger Wirkung

getroffen werden können, wobei jedem Mitgliedstaat vorbehalten bleibt zu entscheiden, welche dieser beiden Möglichkeiten gewählt wird.

Außerdem können die Mitgliedstaaten den Gerichten oder Verwaltungsbehörden Befugnisse übertragen, die sie ermächtigen, zur Beseitigung der fortdauernden Wirkung unlauterer Geschäftspraktiken, deren Einstellung durch eine rechtskräftige Entscheidung angeordnet worden ist,

a) die Veröffentlichung dieser Entscheidung ganz oder auszugsweise und in der von ihnen für angemessen erachteten Form zu verlangen;

b) außerdem die Veröffentlichung einer berichtigenden Erklärung zu verlangen.

(3) Die in Absatz 1 genannten Verwaltungsbehörden müssen
a) so zusammengesetzt sein, dass ihre Unparteilichkeit nicht in Zweifel gezogen werden kann;
b) über ausreichende Befugnisse verfügen, um die Einhaltung ihrer Entscheidungen über Beschwerden wirksam überwachen und durchsetzen zu können;
c) in der Regel ihre Entscheidungen begründen.
Werden die in Absatz 2 genannten Befugnisse ausschließlich von einer Verwaltungsbehörde ausgeübt, so sind die Entscheidungen stets zu begründen. In diesem Fall sind ferner Verfahren vorzusehen, in denen eine fehlerhafte oder unsachgemäße Ausübung der Befugnisse durch die Verwaltungsbehörde oder eine fehlerhafte oder unsachgemäße Nichtausübung dieser Befugnisse von den Gerichten überprüft werden kann.

Art. 12 Gerichte und Verwaltungsbehörden: Begründung von Behauptungen Die Mitgliedstaaten übertragen den Gerichten oder Verwaltungsbehörden Befugnisse, die sie ermächtigen, in den in Artikel 11 vorgesehenen Verfahren vor den Zivilgerichten oder Verwaltungsbehörden
a) vom Gewerbetreibenden den Beweis der Richtigkeit von Tatsachenbehauptungen im Zusammenhang mit einer Geschäftspraxis zu verlangen, wenn ein solches Verlangen unter Berücksichtigung der berechtigten Interessen des Gewerbetreibenden und anderer Verfahrensbeteiligter im Hinblick auf die Umstände des Einzelfalls angemessen erscheint, und
b) Tatsachenbehauptungen als unrichtig anzusehen, wenn der gemäß Buchstabe a verlangte Beweis nicht angetreten wird oder wenn er von dem Gericht oder der Verwaltungsbehörde für unzureichend erachtet wird.

Art. 13 Sanktionen Die Mitgliedstaaten legen die Sanktionen fest, die bei Verstößen gegen die nationalen Vorschriften zur Umsetzung dieser Richtlinie anzuwenden sind, und treffen alle geeigneten Maßnahmen, um ihre Durchsetzung sicherzustellen. Diese Sanktionen müssen wirksam, verhältnismäßig und abschreckend sein.

Art. 14-16 *Änderungen anderer Rechtsakte (dort berücksichtigt) – nicht abgedruckt.*

Art. 17 Information Die Mitgliedstaaten treffen angemessene Maßnahmen, um die Verbraucher über die nationalen Bestimmungen zur Umsetzung dieser Richtlinie zu informieren, und regen gegebenenfalls Gewerbetreibende und Urheber von Kodizes dazu an, die Verbraucher über ihre Verhaltenskodizes zu informieren.

Art. 18-21 *Umsetzungsfrist, Adressaten, Berichtspflicht der Kommission – nicht abgedruckt.*

Anhang I – Geschäftspraktiken, die unter allen Umständen als unlauter gelten

Irreführende Geschäftspraktiken

1. Die Behauptung eines Gewerbetreibenden, zu den Unterzeichnern eines Verhaltenskodex zu gehören, obgleich dies nicht der Fall ist.
2. Die Verwendung von Gütezeichen, Qualitätskennzeichen oder Ähnlichem ohne die erforderliche Genehmigung.
3. Die Behauptung, ein Verhaltenskodex sei von einer öffentlichen oder anderen Stelle gebilligt, obgleich dies nicht der Fall ist.

4. Die Behauptung, dass ein Gewerbetreibender (einschließlich seiner Geschäftspraktiken) oder ein Produkt von einer öffentlichen oder privaten Stelle bestätigt, gebilligt oder genehmigt worden sei, obwohl dies nicht der Fall ist, oder die Aufstellung einer solchen Behauptung, ohne dass den Bedingungen für die Bestätigung, Billigung oder Genehmigung entsprochen wird.

5. Aufforderung zum Kauf von Produkten zu einem bestimmten Preis, ohne dass darüber aufgeklärt wird, dass der Gewerbetreibende hinreichende Gründe für die Annahme hat, dass er nicht in der Lage sein wird, dieses oder ein gleichwertiges Produkt zu dem genannten Preis für einen Zeitraum und in einer Menge zur Lieferung bereitzustellen oder durch einen anderen Gewerbetreibenden bereitstellen zu lassen, wie es in Bezug auf das Produkt, den Umfang der für das Produkt eingesetzten Werbung und den Angebotspreis angemessen wäre (Lockangebote).

6. Aufforderung zum Kauf von Produkten zu einem bestimmten Preis und dann

   a) Weigerung, dem Verbraucher den beworbenen Artikel zu zeigen, oder

   b) Weigerung, Bestellungen dafür anzunehmen oder innerhalb einer vertretbaren Zeit zu liefern, oder

   c) Vorführung eines fehlerhaften Exemplars

   in der Absicht, stattdessen ein anderes Produkt abzusetzen („bait-and-switch"-Technik).

7. Falsche Behauptung, dass das Produkt nur eine sehr begrenzte Zeit oder nur eine sehr begrenzte Zeit zu bestimmten Bedingungen verfügbar sein werde, um so den Verbraucher zu einer sofortigen Entscheidung zu verleiten, so dass er weder Zeit noch Gelegenheit hat, eine informierte Entscheidung zu treffen.

8. Verbrauchern, mit denen der Gewerbetreibende vor Abschluss des Geschäfts in einer Sprache kommuniziert hat, bei der es sich nicht um eine Amtssprache des Mitgliedstaats handelt, in dem der Gewerbetreibende niedergelassen ist, wird eine nach Abschluss des Geschäfts zu erbringende Leistung zugesichert, diese Leistung wird anschließend aber nur in einer anderen Sprache erbracht, ohne dass der Verbraucher eindeutig hierüber aufgeklärt wird, bevor er das Geschäft tätigt.

9. Behauptung oder anderweitige Herbeiführung des Eindrucks, ein Produkt könne rechtmäßig verkauft werden, obgleich dies nicht der Fall ist.

10. Den Verbrauchern gesetzlich zugestandene Rechte werden als Besonderheit des Angebots des Gewerbetreibenden präsentiert.

11. Es werden redaktionelle Inhalte in Medien zu Zwecken der Verkaufsförderung eingesetzt und der Gewerbetreibende hat diese Verkaufsförderung bezahlt, ohne dass dies aus dem Inhalt oder aus für den Verbraucher klar erkennbaren Bildern und Tönen eindeutig hervorgehen würde (als Information getarnte Werbung). Die Richtlinie 89/552/EWG[10] bleibt davon unberührt.

12. Aufstellen einer sachlich falschen Behauptung über die Art und das Ausmaß der Gefahr für die persönliche Sicherheit des Verbrauchers oder seiner Familie für den Fall, dass er das Produkt nicht kauft.

---

10 Richtlinie 89/552/EWG des Rates vom 3. Oktober 1989 zur Koordinierung bestimmter Rechts- und Verwaltungsvorschriften der Mitgliedstaaten über die Ausübung der Fernsehtätigkeit (ABl. L 298 vom 17.10.1989, S. 23). Geändert durch die Richtlinie 97/36/EG des Europäischen Parlaments und des Rates (ABl. L 202 vom 30.7.1997, S. 60).

13. Werbung für ein Produkt, das einem Produkt eines bestimmten Herstellers ähnlich ist, in einer Weise, die den Verbraucher absichtlich dazu verleitet, zu glauben, das Produkt sei von jenem Hersteller hergestellt worden, obwohl dies nicht der Fall ist.

14. Einführung, Betrieb oder Förderung eines Schneeballsystems zur Verkaufsförderung, bei dem der Verbraucher die Möglichkeit vor Augen hat, eine Vergütung zu erzielen, die hauptsächlich durch die Einführung neuer Verbraucher in ein solches System und weniger durch den Verkauf oder Verbrauch von Produkten zu erzielen ist.

15. Behauptung, der Gewerbetreibende werde demnächst sein Geschäft aufgeben oder seine Geschäftsräume verlegen, obwohl er dies keineswegs beabsichtigt.

16. Behauptung, Produkte könnten die Gewinnchancen bei Glücksspielen erhöhen.

17. Falsche Behauptung, ein Produkt könne Krankheiten, Funktionsstörungen oder Missbildungen heilen.

18. Erteilung sachlich falscher Informationen über die Marktbedingungen oder die Möglichkeit, das Produkt zu finden, mit dem Ziel, den Verbraucher dazu zu bewegen, das Produkt zu weniger günstigen Bedingungen als den normalen Marktbedingungen zu kaufen.

19. Es werden Wettbewerbe und Preisausschreiben angeboten, ohne dass die beschriebenen Preise oder ein angemessenes Äquivalent vergeben werden.

20. Ein Produkt wird als „gratis", „umsonst", „kostenfrei" oder Ähnliches beschrieben, obwohl der Verbraucher weitere Kosten als die Kosten zu tragen hat, die im Rahmen des Eingehens auf die Geschäftspraktik und für die Abholung oder Lieferung der Ware unvermeidbar sind.

21. Werbematerialien wird eine Rechnung oder ein ähnliches Dokument mit einer Zahlungsaufforderung beigefügt, die dem Verbraucher den Eindruck vermitteln, dass er das beworbene Produkt bereits bestellt hat, obwohl dies nicht der Fall ist.

22. Fälschliche Behauptung oder Erweckung des Eindrucks, dass der Händler nicht für die Zwecke seines Handels, Geschäfts, Gewerbes oder Berufs handelt, oder fälschliches Auftreten als Verbraucher.

23. Erwecken des fälschlichen Eindrucks, dass der Kundendienst im Zusammenhang mit einem Produkt in einem anderen Mitgliedstaat verfügbar sei als demjenigen, in dem das Produkt verkauft wird.

Aggressive Geschäftspraktiken

24. Erwecken des Eindrucks, der Verbraucher könne die Räumlichkeiten ohne Vertragsabschluss nicht verlassen.

25. Nichtbeachtung der Aufforderung des Verbrauchers bei persönlichen Besuchen in dessen Wohnung, diese zu verlassen bzw. nicht zurückzukehren, außer in Fällen und in den Grenzen, in denen dies nach dem nationalen Recht gerechtfertigt ist, um eine vertragliche Verpflichtung durchzusetzen.

26. Kunden werden durch hartnäckiges und unerwünschtes Ansprechen über Telefon, Fax, E-Mail oder sonstige für den Fernabsatz geeignete Medien geworben, außer in Fällen und in den Grenzen, in denen ein solches Verhalten nach den nationalen Rechtsvorschriften gerechtfertigt ist, um eine vertragliche Verpflichtung durchzusetzen. Dies gilt unbeschadet des Artikels 10 der Richtlinie 97/7/EG sowie der Richtlinien 95/46/EG[11] und 2002/58/EG.

---

11 Richtlinie 95/46/EG des Europäischen Parlaments und des Rates vom 24.10.1995 zum Schutz natürlicher Personen bei der Verarbeitung personenbezogener Daten und zum freien Daten-

27. Aufforderung eines Verbrauchers, der eine Versicherungspolice in Anspruch nehmen möchte, Dokumente vorzulegen, die vernünftigerweise nicht als relevant für die Gültigkeit des Anspruchs anzusehen sind, oder systematische Nichtbeantwortung einschlägiger Schreiben, um so den Verbraucher von der Ausübung seiner vertraglichen Rechte abzuhalten.

28. Einbeziehung einer direkten Aufforderung an Kinder in eine Werbung, die beworbenen Produkte zu kaufen oder ihre Eltern oder andere Erwachsene zu überreden, die beworbenen Produkte für sie zu kaufen. Diese Bestimmung gilt unbeschadet des Artikels 16 der Richtlinie 89/552/EWG über die Ausübung der Fernsehtätigkeit.

29. Aufforderung des Verbrauchers zur sofortigen oder späteren Bezahlung oder zur Rücksendung oder Verwahrung von Produkten, die der Gewebetreibende geliefert, der Verbraucher aber nicht bestellt hat (unbestellte Waren oder Dienstleistungen); ausgenommen hiervon sind Produkte, bei denen es sich um Ersatzlieferungen gemäß Artikel 7 Absatz 3 der Richtlinie 97/7/EG handelt.

30. Ausdrücklicher Hinweis gegenüber dem Verbraucher, dass Arbeitsplatz oder Lebensunterhalt des Gewerbetreibenden gefährdet sind, falls der Verbraucher das Produkt oder die Dienstleistung nicht erwirbt.

31. Erwecken des fälschlichen Eindrucks, der Verbraucher habe bereits einen Preis gewonnen, werde einen Preis gewinnen oder werde durch eine bestimmte Handlung einen Preis oder einen sonstigen Vorteil gewinnen, obwohl:
- es in Wirklichkeit keinen Preis oder sonstigen Vorteil gibt, oder
- die Möglichkeit des Verbrauchers, Handlungen in Bezug auf die Inanspruchnahme des Preises oder eines sonstigen Vorteils vorzunehmen, in Wirklichkeit von der Zahlung eines Betrags oder der Übernahme von Kosten durch den Verbraucher abhängig gemacht wird.

Anhang II – Bestimmungen des Gemeinschaftsrecht zur Regelung der Bereich Werbung und kommerzielle Kommunikation

- Artikel 4 und 5 der Richtlinie 97/7/EG
- Artikel 3 der Richtlinie 90/314/EWG des Rates vom 13. Juni 1990 über Pauschalreisen[12]
- Artikel 3 Absatz 3 der Richtlinie 94/47/EG des Europäischen Parlaments und des Rates vom 26. Oktober 1994 zum Schutz der Erwerber im Hinblick auf bestimmte Aspekte von Verträgen über den Erwerb von Teilzeitnutzungsrechten an Immobilien[13]
- Artikel 3 Absatz 4 der Richtlinie 98/6/EG des Europäischen Parlaments und des Rates vom 16. Februar 1998 über den Schutz der Verbraucher bei der Angabe der Preise der ihnen angebotenen Erzeugnisse[14]

---

verkehr (ABl. L 281 vom 23.11.1995, S. 31). Geändert durch die Verordnung (EG) Nr. 1882/2003 (ABl. L 284 vom 31.10.2003, S. 1).
12 ABl. L 158 vom 23.6.1990, S. 59 [Pauschalreise-RL, in dieser Sammlung Nr. 2.14].
13 ABl. L 280 vom 29.10.1994, S. 83. [Ersetzt durch neue Timesharing-RL, in dieser Sammlung, Nr. 2.15.]
14 ABl. L 80 vom 18.3.1998, S. 27.

- Artikel 86 bis 100 der Richtlinie 2001/83/EG des Europäischen Parlaments und des Rates vom 6. November 2001 zur Schaffung eines Gemeinschaftskodexes für Humanarzneimittel[15]
- Artikel 5 und 6 der Richtlinie 2000/31/EG des Europäischen Parlaments und des Rates vom 8. Juni 2000 über bestimmte rechtliche Aspekte der Dienste der Informationsgesellschaft, insbesondere des elektronischen Geschäftsverkehrs, im Binnenmarkt („Richtlinie über den elektronischen Geschäftsverkehr")[16]
- Artikel 1 Buchstabe d der Richtlinie 98/7/EG des Europäischen Parlaments und des Rates vom 16. Februar 1998 zur Änderung der Richtlinie 87/102/EWG des Rates zur Angleichung der Rechts- und Verwaltungsvorschriften der Mitgliedstaaten über den Verbraucherkredit[17]
- Artikel 3 und 4 der Richtlinie 2002/65/EG
- Artikel 1 Nummer 9 der Richtlinie 2001/107/EG des Europäischen Parlaments und des Rates vom 21. Januar 2002 zur Änderung der Richtlinie 85/611/EWG des Rates zur Koordinierung der Rechts- und Verwaltungsvorschriften betreffend bestimmte Organismen für gemeinsame Anlagen in Wertpapieren (OGAW) zwecks Festlegung von Bestimmungen für Verwaltungsgesellschaften und vereinfache Prospekte[18]
- Artikel 12 und 13 der Richtlinie 2002/92/EG des Europäischen Parlaments und des Rates vom 9. Dezember 2002 über Versicherungsvermittlung[19]
- Artikel 36 der Richtlinie 2002/83/EG des Europäischen Parlaments und des Rates vom 5. November 2002 über Lebensversicherungen[20]
- Artikel 19 der Richtlinie 2004/39/EG des Europäischen Parlaments und des Rates vom 21. April 2004 über Märkte für Finanzinstrumente[21]
- Artikel 31 und 43 der Richtlinie 92/49/EWG des Rates vom 18. Juni 1992 zur Koordinierung der Rechts- und Verwaltungsvorschriften für die Direktversicherung (mit Ausnahme der Lebensversicherung)[22] (Dritte Richtlinie Schadenversicherung)
- Artikel 5, 7 und 8 der Richtlinie 2003/71/EG des Europäischen Parlaments und des Rates vom 4. November 2003 betreffend den Prospekt, der beim öffentlichen Angebot von Wertpapieren oder bei deren Zulassung zum Handel zu veröffentlichen ist, und zur Änderung der Richtlinie 2001/34/EG[23]

---

15 ABl. L 311 vom 28.11.2001, S. 67. Richtlinie zuletzt geändert durch die Richtlinie 2004/27/EG (ABl. L 136 vom 30.4.2004, S. 34).
16 ABl. L 178 vom 17.7.2000, S. 1 [E-Commerce-RL, in dieser Sammlung Nr. 2.3].
17 ABl. L 101 vom 1.4.1998, S. 17. [Ersetzt durch neue Verbraucherkredit-RL, in dieser Sammlung Nr. 2.18.]
18 ABl. L 41 vom 13.2.2002, S. 20.
19 ABl. L 9 vom 15.1.2003, S. 3.
20 ABl. L 345 vom 19.12.2002, S. 1. Richtlinie geändert durch die Richtlinie 2004/66/EG des Rates (ABl. L 168 vom 1.5.2004, S. 35).
21 ABl. L 145 vom 30.4.2004, S. 1 [Finanzmarkt-RL, in dieser Sammlung Nr. 2.19].
22 ABl. L 228 vom 11.8.1992, S. 1. Richtlinie zuletzt geändert durch die Richtlinie 2002/87/EG des Europäischen Parlaments und des Rates (ABl. L 35 vom 11.2.2003, S. 1).
23 ABl. L 345 vom 31.12.2003, S. 64 [Prospekt-RL, in dieser Sammlung Nr. 4.10].

2.6 Richtlinie 2004/113/EG des Rates vom 13. Dezember 2004 zur Verwirklichung des Grundsatzes der Gleichbehandlung von Männern und Frauen beim Zugang zu und bei der Versorgung mit Gütern und Dienstleistungen [Geschlechtsdiskriminierungs-RL (Vertrag)]

ABl. 2004 L 373/37

DER RAT DER EUROPÄISCHEN UNION –
gestützt auf den Vertrag zur Gründung der Europäischen Gemeinschaft, insbesondere auf Artikel 13 Absatz 1,
auf Vorschlag der Kommission[1],
nach Stellungnahme des Europäischen Parlaments[2],
nach Stellungnahme des Ausschusses der Regionen[3],
nach Stellungnahme des Europäischen Wirtschafts- und Sozialausschusses[4],
in Erwägung nachstehender Gründe:

(1) Nach Artikel 6 des Vertrags über die Europäische Union beruht die Union auf den Grundsätzen der Freiheit, der Demokratie, der Achtung der Menschenrechte und Grundfreiheiten sowie der Rechtsstaatlichkeit; diese Grundsätze sind den Mitgliedstaaten gemeinsam; sie achtet ferner die Grundrechte, wie sie in der Europäischen Konvention zum Schutz der Menschenrechte und Grundfreiheiten gewährleistet sind und wie sie sich aus den gemeinsamen Verfassungsüberlieferungen der Mitgliedstaaten als allgemeine Grundsätze des Gemeinschaftsrechts ergeben.

(2) Die Gleichheit aller Menschen vor dem Gesetz und der Schutz vor Diskriminierung ist ein allgemeines Menschenrecht; dieses Recht wurde in der Allgemeinen Erklärung der Menschenrechte, im Übereinkommen der Vereinten Nationen über die Beseitigung aller Formen der Diskriminierung von Frauen, im Internationalen Übereinkommen zur Beseitigung jeder Form von Rassendiskriminierung, im Internationalen Pakt der Vereinten Nationen über bürgerliche und politische Rechte, im Internationalen Pakt der Vereinten Nationen über wirtschaftliche, soziale und kulturelle Rechte und in der Europäischen Konvention zum Schutz der Menschenrechte und Grundfreiheiten anerkannt, die von allen Mitgliedstaaten unterzeichnet wurden.

(3) Durch das Diskriminierungsverbot dürfen andere Grundrechte und Freiheiten nicht beeinträchtigt werden; hierzu gehören der Schutz des Privat- und Familienlebens und der in diesem Kontext stattfindenden Transaktionen sowie die Religionsfreiheit.

(4) Die Gleichstellung von Männern und Frauen ist ein grundlegendes Prinzip der Europäischen Union. Nach Artikel 21 und 23 der Charta der Grundrechte der Europäischen Union[5] ist jegliche Diskriminierung wegen des Geschlechts verboten und muss die Gleichheit von Männern und Frauen in allen Bereichen gewährleistet werden.

(5) Gemäß Artikel 2 des Vertrags zur Gründung der Europäischen Gemeinschaft ist die Förderung der Gleichstellung von Männern und Frauen eine der Hauptaufgaben der Gemeinschaft. Außerdem muss die Gemeinschaft gemäß Artikel 3 Absatz 2 des Vertrags bei all ihren Tätigkeiten darauf hinwirken, Ungleichheiten zu beseitigen und die Gleichstellung von Männern und Frauen zu fördern.

(6) In ihrer Mitteilung zur sozialpolitischen Agenda hat die Kommission ihre Absicht angekündigt, eine Richtlinie zur Diskriminierung aufgrund des Geschlechts vorzulegen, die über den Bereich des Arbeitsmarktes hinausgeht. Dieser Vorschlag steht in vollem Einklang mit der Entscheidung 2001/51/EG des Rates vom 20. Dezember 2000 über ein Aktionsprogramm der Gemeinschaft betreffend die Gemeinschaftsstrategie für die Gleichstellung von Frauen und Männern (2001–2005)[6], die sämtliche Gemeinschaftspolitiken umfasst und darauf abzielt, die Gleichstellung von Männern und Frauen durch eine Anpassung dieser Politiken und durch konkrete Maßnahmen zur Verbesserung der Stellung von Männern und Frauen in der Gesellschaft zu fördern.

---

1   [KOM(2003) 657 endg.]
2   [ABl. C 103E vom 29.4.2004, S. 36.]
3   ABl. C 121 vom 30.4.2004, S. 27.
4   ABl. C 241 vom 28.9.2004, S. 44.
5   [Grundrechte-Charta, in dieser Sammlung Nr. 1.3.]
6   ABl. L 17 vom 19.1.2001, S. 22.

2.6 GeschlDiskr-RL (Vertrag)

(7) Auf seiner Tagung in Nizza am 7. und 9. Dezember 2000 hat der Europäische Rat die Kommission aufgefordert, die Gleichstellungsrechte durch Verabschiedung einer Richtlinie zur Förderung der Gleichbehandlung von Männern und Frauen in anderen Bereichen als der Beschäftigung und dem Erwerbsleben zu stärken.

(8) Die Gemeinschaft hat eine Reihe von Rechtsinstrumenten zur Verhütung und Bekämpfung geschlechtsbedingter Diskriminierungen am Arbeitsmarkt verabschiedet. Diese Instrumente haben den Nutzen von Rechtsvorschriften im Kampf gegen Diskriminierung deutlich gemacht.

(9) Diskriminierungen aufgrund des Geschlechts, einschließlich Belästigungen und sexuellen Belästigungen, gibt es auch in Bereichen außerhalb des Arbeitsmarktes. Solche Diskriminierungen können dieselben negativen Auswirkungen haben und ein Hindernis für eine vollständige, erfolgreiche Eingliederung von Männern und Frauen in das wirtschaftliche und soziale Leben darstellen.

(10) Besonders augenfällig sind die Probleme im Bereich des Zugangs zu und der Versorgung mit Gütern und Dienstleistungen. Daher sollte dafür gesorgt werden, dass Diskriminierungen aufgrund des Geschlechts in diesem Bereich verhindert bzw. beseitigt werden. Wie dies bei der Richtlinie 2000/43/EG des Rates vom 29. Juni 2000 zur Anwendung des Gleichbehandlungsgrundsatzes ohne Unterschied der Rasse oder der ethnischen Herkunft[7] der Fall war, kann dieses Ziel im Wege gemeinschaftlicher Rechtsvorschriften besser erreicht werden.

(11) Diese Rechtsvorschriften sollten die Diskriminierung aus Gründen des Geschlechts beim Zugang zu und bei der Versorgung mit Gütern und Dienstleistungen verhindern. Unter Gütern sollten Güter im Sinne der den freien Warenverkehr betreffenden Bestimmungen des Vertrags zur Gründung der Europäischen Gemeinschaft verstanden werden. Unter Dienstleistungen sollten Dienstleistungen im Sinne des Artikels 50 dieses Vertrags verstanden werden.

(12) Um Diskriminierungen aus Gründen des Geschlechts zu verhindern, sollte diese Richtlinie sowohl für unmittelbare als auch für mittelbare Diskriminierungen gelten. Eine unmittelbare Diskriminierung liegt nur dann vor, wenn eine Person aufgrund ihres Geschlechts in einer vergleichbaren Situation eine weniger günstige Behandlung erfährt. Somit liegt beispielsweise bei auf körperliche Unterschiede bei Mann und Frau zurückzuführenden unterschiedlichen Gesundheitsdienstleistungen für Männer und Frauen keine Diskriminierung vor, weil es sich nicht um vergleichbare Situationen handelt.

(13) Das Diskriminierungsverbot sollte für Personen gelten, die Güter und Dienstleistungen liefern bzw. erbringen, die der Öffentlichkeit zur Verfügung stehen und die außerhalb des Bereichs des Privat- und Familienlebens und der in diesem Kontext stattfindenden Transaktionen angeboten werden. Nicht gelten sollte es dagegen für Medien- und Werbeinhalte sowie für das staatliche oder private Bildungswesen.

(14) Für jede Person gilt der Grundsatz der Vertragsfreiheit, der die freie Wahl des Vertragspartners für eine Transaktion einschließt. Eine Person, die Güter oder Dienstleistungen bereitstellt, kann eine Reihe von subjektiven Gründen für die Auswahl eines Vertragspartners haben. Diese Richtlinie sollte die freie Wahl des Vertragspartners durch eine Person solange nicht berühren, wie die Wahl des Vertragspartners nicht von dessen Geschlecht abhängig gemacht wird.

(15) Es bestehen bereits zahlreiche Rechtsinstrumente zur Verwirklichung des Grundsatzes der Gleichbehandlung von Männern und Frauen im Bereich Beschäftigung und Beruf. Diese Richtlinie sollte deshalb nicht für diesen Bereich gelten. Das Gleiche gilt für selbstständige Tätigkeiten, wenn sie von bestehenden Rechtsvorschriften erfasst werden. Diese Richtlinie sollte nur für private, freiwillige und von Beschäftigungsverhältnissen unabhängige Versicherungen und Rentensysteme gelten.

(16) Eine unterschiedliche Behandlung kann nur dann zulässig sein, wenn sie durch ein legitimes Ziel gerechtfertigt ist. Ein legitimes Ziel kann beispielsweise sein: der Schutz von Opfern sexueller Gewalt (wie die Einrichtung einer Zufluchtsstätte für Personen gleichen Geschlechts), der Schutz der Privatsphäre und der sittlichen Empfindens (wie etwa bei der Vermietung von Wohnraum durch den Eigentümer in der Wohnstätte, in der er selbst wohnt), die Förderung der Gleichstellung der Geschlechter oder der Interessen von Männern und Frauen (wie ehrenamtliche Einrichtungen, die nur den Angehörigen eines Geschlechts zugänglich sind), die Vereinsfreiheit (Mitgliedschaft in privaten Klubs die nur den Angehörigen eines Geschlechts zugänglich sind) und die Organisation sportlicher Tätigkeiten (z. B. Sportveranstaltungen, zu denen ausschließlich die Angehörigen eines Geschlechts zugelassen sind). Beschränkungen sollten jedoch im Einklang mit den in der Rechtsprechung des Gerichtshofs der Europäischen Gemeinschaften festgelegten Kriterien angemessen und erforderlich sein.

(17) Der Grundsatz der Gleichbehandlung beim Zugang zu Gütern und Dienstleistungen bedeutet nicht, dass Einrichtungen Männern und Frauen in jedem Fall zur gemeinsamen Nutzung bereitge-

---

7   ABl. L 180 vom 19.7.2000, S. 22 [Rassendiskriminierungs-RL, in dieser Sammlung Nr. 2.7].

stellt werden müssen, sofern dabei nicht Angehörige des einen Geschlechts besser gestellt sind als die des anderen.

(18) Die Anwendung geschlechtsspezifischer versicherungsmathematischer Faktoren ist im Bereich des Versicherungswesens und anderer verwandter Finanzdienstleistungen weit verbreitet. Zur Gewährleistung der Gleichbehandlung von Männern und Frauen sollte die Berücksichtigung geschlechtsspezifischer versicherungsmathematischer Faktoren nicht zu Unterschieden bei den Prämien und Leistungen führen. Damit es nicht zu einer abrupten Umstellung des Marktes kommen muss, sollte die Anwendung dieser Regel nur für neue Verträge gelten, die nach dem Zeitpunkt der Umsetzung dieser Richtlinie abgeschlossen werden.

(19) Bestimmte Risikokategorien können bei Männern und Frauen unterschiedlich sein. In einigen Fällen ist das Geschlecht ein bestimmender Faktor bei der Beurteilung der versicherten Risiken, wenn auch nicht unbedingt der Einzige. Bei Verträgen, mit denen diese Arten von Risiken versichert werden, können die Mitgliedstaaten entscheiden, Ausnahmen von der Regel geschlechtsneutraler Prämien und Leistungen zuzulassen, sofern sie sicherstellen können, dass die zugrunde liegenden versicherungsmathematischen und statistischen Daten, auf die sich die Berechnungen stützen, verlässlich sind, regelmäßig aktualisiert werden und der Öffentlichkeit zugänglich sind. Ausnahmen sind nur dann zulässig, wenn das betreffende nationale Recht die Regel der Geschlechtsneutralität bisher noch nicht vorsah. Fünf Jahre nach der Umsetzung dieser Richtlinie sollten die Mitgliedstaaten prüfen, inwieweit diese Ausnahmen noch gerechtfertigt sind, wobei die neuesten versicherungsmathematischen und statistischen Daten sowie ein Bericht, den die Kommission drei Jahre nach der Umsetzung dieser Richtlinie vorlegen wird, zu berücksichtigen sind.

(20) Eine Schlechterstellung von Frauen aufgrund von Schwangerschaft oder Mutterschaft sollte als eine Form der direkten Diskriminierung aufgrund des Geschlechts angesehen und daher im Bereich der Versicherungsdienstleistungen und der damit zusammenhängenden Finanzdienstleistungen unzulässig sein. Mit den Risiken der Schwangerschaft und der Mutterschaft verbundene Kosten sollten daher nicht den Angehörigen eines einzigen Geschlechts zugeordnet werden.

(21) Opfer von Diskriminierungen aufgrund des Geschlechts sollten über einen angemessenen Rechtsschutz verfügen. Um einen effektiveren Schutz zu gewährleisten, sollten Verbände, Organisationen oder andere juristische Personen bei einem entsprechenden Beschluss der Mitgliedstaaten auch die Möglichkeit haben, sich unbeschadet der nationalen Verfahrensregeln bezüglich der Vertretung und Verteidigung vor Gericht im Namen eines Opfers oder zu seiner Unterstützung an einem Verfahren zu beteiligen.

(22) Die Beweislastregeln sollten für die Fälle, in denen der Anschein einer Diskriminierung besteht und zur wirksamen Anwendung des Grundsatzes der Gleichbehandlung, angepasst werden; die Beweislast sollte wieder auf die beklagte Partei verlagert werden, wenn eine solche Diskriminierung nachgewiesen ist.

(23) Voraussetzung für eine effektive Anwendung des Grundsatzes der Gleichbehandlung ist ein angemessener gerichtlicher Schutz vor Viktimisierung.

(24) Die Mitgliedstaaten sollten zur Förderung des Grundsatzes der Gleichbehandlung den Dialog zwischen den einschlägigen Interessengruppen unterstützen, die im Einklang mit den nationalen Rechtsvorschriften und Gepflogenheiten ein rechtmäßiges Interesse daran haben, sich an der Bekämpfung von Diskriminierungen aufgrund des Geschlechts im Bereich des Zugangs zu und der Versorgung mit Gütern und Dienstleistungen zu beteiligen.

(25) Der Schutz vor Diskriminierung aufgrund des Geschlechts sollte verstärkt werden, indem in jedem Mitgliedstaat eine oder mehrere Stellen vorgesehen werden, die für die Analyse der mit Diskriminierungen verbundenen Probleme, die Prüfung möglicher Lösungen und die Bereitstellung konkreter Hilfsangebote für die Opfer zuständig wäre. Bei diesen Stellen kann es sich um dieselben Stellen handeln, die auf nationaler Ebene die Aufgabe haben, für den Schutz der Menschenrechte, für die Wahrung der Rechte des Einzelnen oder für die Verwirklichung des Grundsatzes der Gleichbehandlung einzutreten.

(26) In dieser Richtlinie werden Mindestanforderungen festgelegt; den Mitgliedstaaten steht es somit frei, günstigere Vorschriften einzuführen oder beizubehalten. Die Umsetzung dieser Richtlinie sollte nicht der Rechtfertigung einer Absenkung des in den Mitgliedstaaten bereits bestehenden Schutzniveaus dienen.

(27) Die Mitgliedstaaten sollten für die Verletzung der aus dieser Richtlinie erwachsenden Verpflichtungen wirksame, verhältnismäßige und abschreckende Sanktionen vorsehen.

(28) Da die Ziele dieser Richtlinie, nämlich die Gewährleistung eines einheitlichen, hohen Niveaus des Schutzes vor Diskriminierung in allen Mitgliedstaaten, auf Ebene der Mitgliedstaaten nicht ausreichend erreicht werden können und sich daher wegen des Umfangs und der Wirkung besser auf Gemeinschaftsebene zu erreichen sind, kann die Gemeinschaft im Einklang mit dem in Artikel 5 des Vertrags niedergelegten Subsidiaritätsprinzip tätig werden. Entsprechend dem in demselben

2.6 GeschlDiskr-RL (Vertrag)

Artikel genannten Verhältnismäßigkeitsprinzip geht diese Richtlinie nicht über das für die Erreichung dieser Ziele erforderliche Maß hinaus.
(29) *Zur Pflicht der Mitgliedstaaten zur tabellarischen Darstellung – nicht abgedruckt. –*
HAT FOLGENDE RICHTLINIE ERLASSEN:

Kapitel I – Allgemeine Bestimmungen

Art. 1 Zweck Zweck dieser Richtlinie ist die Schaffung eines Rahmens für die Bekämpfung geschlechtsspezifischer Diskriminierungen beim Zugang zu und der Versorgung mit Gütern und Dienstleistungen zur Umsetzung des Grundsatzes der Gleichbehandlung von Männern und Frauen in den Mitgliedstaaten.

Art. 2 Begriffsbestimmungen Im Sinne dieser Richtlinie bezeichnet der Ausdruck

a) unmittelbare Diskriminierung: wenn eine Person aufgrund ihres Geschlechts in einer vergleichbaren Situation eine weniger günstige Behandlung erfährt, als eine andere Person erfährt, erfahren hat oder erfahren würde;

b) mittelbare Diskriminierung: wenn dem Anschein nach neutrale Vorschriften, Kriterien oder Verfahren Personen, die einem Geschlecht angehören, in besonderer Weise gegenüber Personen des anderen Geschlechts benachteiligen können, es sei denn, die betreffenden Vorschriften, Kriterien oder Verfahren sind durch ein rechtmäßiges Ziel sachlich gerechtfertigt und die Mittel sind zur Erreichung dieses Ziels angemessen und erforderlich;

c) Belästigung: wenn unerwünschte geschlechtsbezogene Verhaltensweisen gegenüber einer Person erfolgen, die bezwecken oder bewirken, dass die Würde der betreffenden Person verletzt und ein von Einschüchterungen, Anfeindungen, Erniedrigungen, Entwürdigungen oder Beleidigungen gekennzeichnetes Umfeld geschaffen wird;

d) sexuelle Belästigung: jede Form von unerwünschtem Verhalten sexueller Natur, das sich in verbaler, nichtverbaler oder physischer Form äußert und das bezweckt oder bewirkt, dass die Würde der betreffenden Person verletzt wird, insbesondere wenn ein von Einschüchterungen, Anfeindungen, Erniedrigungen, Entwürdigungen oder Beleidigungen gekennzeichnetes Umfeld geschaffen wird.

Art. 3 Geltungsbereich (1) Im Rahmen der auf die Gemeinschaft übertragenen Zuständigkeiten gilt diese Richtlinie für alle Personen, die Güter und Dienstleistungen bereitstellen, die der Öffentlichkeit ohne Ansehen der Person zur Verfügung stehen, und zwar in öffentlichen und privaten Bereichen, einschließlich öffentlicher Stellen, und die außerhalb des Bereichs des Privat- und Familienlebens und der in diesem Kontext stattfindenden Transaktionen angeboten werden.
(2) Diese Richtlinie berührt nicht die freie Wahl des Vertragspartners durch eine Person, solange diese ihre Wahl nicht vom Geschlecht des Vertragspartners abhängig macht.
(3) Diese Richtlinie gilt weder für den Inhalt von Medien und Werbung noch im Bereich der Bildung.
(4) Diese Richtlinie gilt nicht im Bereich Beschäftigung und Beruf. Diese Richtlinie gilt nicht für selbstständige Tätigkeiten, soweit diese von anderen Rechtsvorschriften der Gemeinschaft erfasst werden.

Art. 4 Grundsatz der Gleichbehandlung (1) Im Sinne dieser Richtlinie bedeutet der Grundsatz der Gleichbehandlung von Männern und Frauen,

a) dass keine unmittelbare Diskriminierung aufgrund des Geschlechts, auch keine Schlechterstellung von Frauen aufgrund von Schwangerschaft oder Mutterschaft, erfolgen darf;

b) dass keine mittelbare Diskriminierung aufgrund des Geschlechts erfolgen darf.

(2) Diese Richtlinie gilt unbeschadet günstigerer Bestimmungen zum Schutz der Frauen in Bezug auf Schwangerschaft oder Mutterschaft.

(3) Belästigung und sexuelle Belästigung im Sinne dieser Richtlinie gelten als Diskriminierung aufgrund des Geschlechts und sind daher verboten. Die Zurückweisung oder Duldung solcher Verhaltensweisen durch die betreffende Person darf nicht als Grundlage für eine Entscheidung herangezogen werden, die diese Person berührt.

(4) Eine Anweisung zur unmittelbaren oder mittelbaren Diskriminierung aufgrund des Geschlechts gilt als Diskriminierung im Sinne dieser Richtlinie.

(5) Diese Richtlinie schließt eine unterschiedliche Behandlung nicht aus, wenn es durch ein legitimes Ziel gerechtfertigt ist, die Güter und Dienstleistungen ausschließlich oder vorwiegend für die Angehörigen eines Geschlechts bereitzustellen, und die Mittel zur Erreichung dieses Ziels angemessen und erforderlich sind.

Art. 5 Versicherungsmathematische Faktoren (1) Die Mitgliedstaaten tragen dafür Sorge, dass spätestens bei den nach dem 21. Dezember 2007 neu abgeschlossenen Verträgen die Berücksichtigung des Faktors Geschlecht bei der Berechnung von Prämien und Leistungen im Bereich des Versicherungswesens und verwandter Finanzdienstleistungen nicht zu unterschiedlichen Prämien und Leistungen führt.

(2) Unbeschadet des Absatzes 1 können die Mitgliedstaaten vor dem 21. Dezember 2007 beschließen, proportionale Unterschiede bei den Prämien und Leistungen dann zuzulassen, wenn die Berücksichtigung des Geschlechts bei einer auf relevanten und genauen versicherungsmathematischen und statistischen Daten beruhenden Risikobewertung ein bestimmender Faktor ist. Die betreffenden Mitgliedstaaten informieren die Kommission und stellen sicher, dass genaue Daten in Bezug auf die Berücksichtigung des Geschlechts als bestimmender versicherungsmathematischer Faktor erhoben, veröffentlicht und regelmäßig aktualisiert werden. Diese Mitgliedstaaten überprüfen ihre Entscheidung fünf Jahre nach dem 21. Dezember 2007, wobei sie dem in Artikel 16 genannten Bericht der Kommission Rechnung tragen, und übermitteln der Kommission die Ergebnisse dieser Überprüfung.

(3) Kosten im Zusammenhang mit Schwangerschaft und Mutterschaft dürfen auf keinen Fall zu unterschiedlichen Prämien und Leistungen führen.

Die Mitgliedstaaten können die Durchführung der aufgrund dieses Absatzes erforderlichen Maßnahmen bis spätestens zwei Jahre nach dem 21. Dezember 2007 aufschieben. In diesem Fall unterrichten die betreffenden Mitgliedstaaten unverzüglich die Kommission.

Art. 6 Positive Maßnahmen Der Gleichbehandlungsgrundsatz hindert die Mitgliedstaaten nicht daran, zur Gewährleistung der vollen Gleichstellung von Männern und Frauen in der Praxis spezifische Maßnahmen, mit denen geschlechtsspezifische Benachteiligungen verhindert oder ausgeglichen werden, beizubehalten oder zu beschließen.

Art. 7 Mindestanforderungen (1) Die Mitgliedstaaten können Vorschriften einführen oder beibehalten, die im Hinblick auf die Wahrung des Grundsatzes der Gleichbehandlung von Männern und Frauen günstiger sind, als die in dieser Richtlinie vorgesehenen Vorschriften.

2.6 GeschlDiskr-RL (Vertrag)

(2) Die Umsetzung dieser Richtlinie darf keinesfalls der Rechtfertigung einer Absenkung des von den Mitgliedstaaten bereits garantierten Schutzniveaus in Bezug auf Diskriminierungen in den von der Richtlinie erfassten Bereichen dienen.

Kapitel II – Rechtsbehelfe und Rechtsdurchsetzung

Art. 8 Rechtsschutz (1) Die Mitgliedstaaten stellen sicher, dass alle Personen, die sich durch die Nichtanwendung des Grundsatzes der Gleichbehandlung in ihren Rechten für verletzt halten, ihre Ansprüche aus dieser Richtlinie auf dem Gerichts- und/oder Verwaltungsweg sowie, wenn die Mitgliedstaaten es für angezeigt halten, in Schlichtungsverfahren geltend machen können, selbst wenn das Verhältnis, während dessen die Diskriminierung vorgekommen sein soll, bereits beendet ist.

(2) Die Mitgliedstaaten treffen im Rahmen ihrer nationalen Rechtsordnung die erforderlichen Maßnahmen, um sicherzustellen, dass der einer Person durch eine Diskriminierung im Sinne dieser Richtlinie entstandene Schaden gemäß den von den Mitgliedstaaten festzulegenden Modalitäten tatsächlich und wirksam ausgeglichen oder ersetzt wird, wobei dies auf eine abschreckende und dem erlittenen Schaden angemessene Art und Weise geschehen muss. Die vorherige Festlegung einer Höchstgrenze schränkt diese Ausgleichs- oder Ersatzpflicht nicht ein.

(3) Die Mitgliedstaaten stellen sicher, dass Verbände, Organisationen oder andere juristische Personen, die gemäß den in ihrem nationalen Recht festgelegten Kriterien ein rechtmäßiges Interesse daran haben, für die Einhaltung der Bestimmungen dieser Richtlinie zu sorgen, sich im Namen der beschwerten Person oder zu deren Unterstützung und mit deren Einwilligung an den zur Durchsetzung der Ansprüche aus dieser Richtlinie vorgesehenen Gerichts- und/oder Verwaltungsverfahren beteiligen können.

(4) Die Absätze 1 und 3 lassen nationale Regelungen über Fristen für die Rechtsverfolgung in Fällen, in denen es um den Grundsatz der Gleichbehandlung geht, unberührt.

Art. 9 Beweislast (1) Die Mitgliedstaaten ergreifen im Einklang mit ihrem nationalen Gerichtswesen die erforderlichen Maßnahmen, um zu gewährleisten, dass immer dann, wenn Personen, die sich durch die Nichtanwendung des Grundsatzes der Gleichbehandlung in ihren Rechten für verletzt halten und bei einem Gericht oder einer anderen zuständigen Behörde Tatsachen glaubhaft machen, die das Vorliegen einer unmittelbaren oder mittelbaren Diskriminierung vermuten lassen, es dem Beklagten obliegt zu beweisen, dass keine Verletzung des Grundsatzes der Gleichbehandlung vorgelegen hat.

(2) Absatz 1 lässt das Recht der Mitgliedstaaten, eine für die Kläger günstigere Beweislastregelung vorzusehen, unberührt.

(3) Absatz 1 gilt nicht für Strafverfahren.

(4) Die Absätze 1, 2 und 3 gelten auch für Verfahren gemäß Artikel 8 Absatz 3.

(5) Die Mitgliedstaaten können davon absehen, Absatz 1 auf Verfahren anzuwenden, in denen die Ermittlung des Sachverhalts dem Gericht oder anderen zuständigen Behörde obliegt.

Art. 10 Viktimisierung Die Mitgliedstaaten treffen im Rahmen ihrer nationalen Rechtsordnung die erforderlichen Maßnahmen, um den Einzelnen vor Benachteiligungen zu schützen, die als Reaktion auf eine Beschwerde oder auf die Einleitung eines Verfahrens zur Durchsetzung des Grundsatzes der Gleichbehandlung erfolgen.

Art. 11 Dialog mit einschlägigen Interessengruppen Zur Förderung des Grundsatzes der Gleichbehandlung unterstützen die Mitgliedstaaten den Dialog mit den einschlägigen Interessengruppen, die gemäß ihren nationalen Rechtsvorschriften und Gepflogenheiten ein rechtmäßiges Interesse daran haben, sich an der Bekämpfung von Diskriminierungen aufgrund des Geschlechts im Bereich des Zugangs zu und der Versorgung mit Gütern und Dienstleistungen zu beteiligen.

Kapitel III – Mit der Förderung der Gleichbehandlung befasste Stellen

Art. 12 Mit der Förderung der Gleichbehandlung befasste Stellen (1) Jeder Mitgliedstaat bezeichnet eine oder mehrere Stellen, deren Aufgabe darin besteht, die Verwirklichung der Gleichbehandlung aller Personen ohne Diskriminierung aufgrund des Geschlechts zu fördern, zu analysieren, zu beobachten und zu unterstützen und trifft die erforderlichen Vorkehrungen. Diese Stellen können Teil von Einrichtungen sein, die auf nationaler Ebene die Aufgabe haben, für den Schutz der Menschenrechte, für die Wahrung der Rechte des Einzelnen oder für die Verwirklichung des Grundsatzes der Gleichbehandlung einzutreten.

(2) Die Mitgliedstaaten stellen sicher, dass es zu den Zuständigkeiten der in Absatz 1 genannten Stellen gehört,

a) unbeschadet der Rechte der Opfer und der Verbände, der Organisationen oder anderer juristischer Personen nach Artikel 8 Absatz 3 die Opfer von Diskriminierungen auf unabhängige Weise dabei zu unterstützen, ihrer Beschwerde wegen Diskriminierung nachzugehen;

b) unabhängige Untersuchungen zum Thema Diskriminierung durchzuführen;

c) unabhängige Berichte zu veröffentlichen und Empfehlungen zu allen Aspekten vorzulegen, die mit diesen Diskriminierungen in Zusammenhang stehen.

Kapitel IV – Schlussbestimmungen

Art. 13 Einhaltung Die Mitgliedstaaten treffen die erforderlichen Maßnahmen, um sicherzustellen, dass der Grundsatz der Gleichbehandlung in Bezug auf den Zugang zu und die Versorgung mit Gütern und Dienstleistungen im Rahmen des Geltungsbereichs dieser Richtlinie beachtet wird; insbesondere ist sicherzustellen, dass

a) Rechts- und Verwaltungsvorschriften, die dem Grundsatz der Gleichbehandlung zuwiderlaufen, aufgehoben werden;

b) vertragliche Bestimmungen, Betriebsordnungen, Statuten von Vereinigungen mit oder ohne Erwerbszweck, die dem Grundsatz der Gleichbehandlung zuwiderlaufen, für nichtig erklärt werden oder erklärt werden können oder geändert werden.

Art. 14 Sanktionen Die Mitgliedstaaten legen die Sanktionen fest, die bei einem Verstoß gegen die nationalen Vorschriften zur Anwendung dieser Richtlinie zu verhängen sind, und treffen alle geeigneten Maßnahmen, um deren Durchsetzung zu gewährleisten. Die Sanktionen, die auch Schadenersatzleistungen an die Opfer umfassen können, müssen wirksam, verhältnismäßig und abschreckend sein. Die Mitgliedstaaten teilen der Kommission diese Bestimmungen bis spätestens zum 21. Dezember 2007 mit und melden alle sie betreffenden Änderungen unverzüglich.

2.6 GeschlDiskr-RL (Vertrag)

Art. 15 Unterrichtung Die Mitgliedstaaten tragen dafür Sorge, dass die gemäß dieser Richtlinie getroffenen Maßnahmen sowie die bereits geltenden einschlägigen Vorschriften allen Betroffenen in geeigneter Form in ihrem gesamten Hoheitsgebiet bekannt gemacht werden.

Art. 16-19 *Berichte, Umsetzung, Inkrafttreten und Adressaten – nicht abgedruckt.*

2.7 Richtlinie 2000/43/EG des Rates vom 29. Juni 2000 zur Anwendung des Gleichbehandlungsgrundsatzes ohne Unterschied der Rasse oder der ethnischen Herkunft [Rassendiskriminierungs-RL]

ABl. 2000 L 180/22

DER RAT DER EUROPÄISCHEN UNION –
gestützt auf den Vertrag zur Gründung der Europäischen Gemeinschaft, insbesondere auf Artikel 13, auf Vorschlag der Kommission[1],
nach Stellungnahme des Europäischen Parlaments[2],
nach Stellungnahme des Wirtschafts- und Sozialausschusses[3],
nach Stellungnahme des Ausschusses der Regionen[4],
in Erwägung nachstehender Gründe:
(1) Der Vertrag über die Europäische Union markiert den Beginn einer neuen Etappe im Prozeß des immer engeren Zusammenwachsens der Völker Europas.
(2) Nach Artikel 6 des Vertrags über die Europäische Union[5] beruht die Europäische Union auf den Grundsätzen der Freiheit, der Demokratie, der Achtung der Menschenrechte und Grundfreiheiten sowie der Rechtsstaatlichkeit; diese Grundsätze sind den Mitgliedstaaten gemeinsam. Nach Artikel 6 EU-Vertrag sollte die Union ferner die Grundrechte, wie sie in der Europäischen Konvention zum Schutze der Menschenrechte und Grundfreiheiten gewährleistet sind und wie sie sich aus den gemeinsamen Verfassungsüberlieferungen als allgemeine Grundsätze des Gemeinschaftsrechts ergeben, achten.
(3) Die Gleichheit vor dem Gesetz und der Schutz aller Menschen vor Diskriminierung ist ein allgemeines Menschenrecht. Dieses Recht wurde in der Allgemeinen Erklärung der Menschenrechte, im VN-Übereinkommen über die Beseitigung aller Formen der Diskriminierung von Frauen, im Internationalen Übereinkommen zur Beseitigung jeder Form von Rassendiskriminierung, im Internationalen Pakt der VN über bürgerliche und politische Rechte sowie im Internationalen Pakt der VN über wirtschaftliche, soziale und kulturelle Rechte und in der Europäischen Konvention zum Schutz der Menschenrechte und der Grundfreiheiten anerkannt, die von allen Mitgliedstaaten unterzeichnet wurden.
(4) Es ist wichtig, daß diese Grundrechte und Grundfreiheiten, einschließlich der Vereinigungsfreiheit, geachtet werden. Ferner ist es wichtig, daß im Zusammenhang mit dem Zugang zu und der Versorgung mit Gütern und Dienstleistungen der Schutz der Privatsphäre und des Familienlebens sowie der in diesem Kontext getätigten Geschäfte gewahrt bleibt.
(5) Das Europäische Parlament hat eine Reihe von Entschließungen zur Bekämpfung des Rassismus in der Europäischen Union angenommen.
(6) Die Europäische Union weist Theorien, mit denen versucht wird, die Existenz verschiedener menschlicher Rassen zu belegen, zurück. Die Verwendung des Begriffs „Rasse" in dieser Richtlinie impliziert nicht die Akzeptanz solcher Theorien.
(7) Auf seiner Tagung in Tampere vom 15. und 16. Oktober 1999 ersuchte der Europäische Rat die Kommission, so bald wie möglich Vorschläge zur Durchführung des Artikels 13 EG-Vertrag[6] im Hinblick auf die Bekämpfung von Rassismus und Fremdenfeindlichkeit vorzulegen.
(8) In den vom Europäischen Rat auf seiner Tagung vom 10. und 11. Dezember 1999 in Helsinki vereinbarten beschäftigungspolitischen Leitlinien für das Jahr 2000 wird die Notwendigkeit unterstrichen, günstigere Bedingungen für die Entstehung eines Arbeitsmarktes zu schaffen, der soziale Integration fördert; dies soll durch ein Bündel aufeinander abgestimmter Maßnahmen geschehen, die darauf abstellen, Diskriminierungen bestimmter gesellschaftlicher Gruppen, wie ethnischer Minderheiten, zu bekämpfen.

---

1 [ABl. C 116 E vom 26.4.2000, S. 56.]
2 [ABl. C 59 vom 23.2.2001, S. 276.]
3 [ABl. C 204 vom 18.7.2000, S. 82.]
4 Stellungnahme vom 31.5.2000.
5 [Ersetzt durch EU-Vertrag (aktuelle Fassung), in dieser Sammlung Nr. 1.1.]
6 [Ersetzt durch AEU-Vertrag, in dieser Sammlung Nr. 1.2.]

(9) Diskriminierungen aus Gründen der Rasse oder der ethnischen Herkunft können die Verwirklichung der im EG-Vertrag festgelegten Ziele unterminieren, insbesondere die Erreichung eines hohen Beschäftigungsniveaus und eines hohen Maßes an sozialem Schutz, die Hebung des Lebensstandards und der Lebensqualität, den wirtschaftlichen und sozialen Zusammenhalt sowie die Solidarität. Ferner kann das Ziel der Weiterentwicklung der Europäischen Union zu einem Raum der Freiheit, der Sicherheit und des Rechts beeinträchtigt werden.

(10) Die Kommission legte im Dezember 1995 eine Mitteilung über Rassismus, Fremdenfeindlichkeit und Antisemitismus[7] vor.

(11) Der Rat hat am 15. Juli 1996 die Gemeinsame Maßnahme 96/443/JI zur Bekämpfung von Rassismus und Fremdenfeindlichkeit[8] angenommen, mit der sich die Mitgliedstaaten verpflichten, eine wirksame justitielle Zusammenarbeit bei Vergehen, die auf rassistischen oder fremdenfeindlichen Verhaltensweisen beruhen, zu gewährleisten.

(12) Um die Entwicklung demokratischer und toleranter Gesellschaften zu gewährleisten, die allen Menschen – ohne Unterschied der Rasse oder der ethnischen Herkunft – eine Teilhabe ermöglichen, sollten spezifische Maßnahmen zur Bekämpfung von Diskriminierungen aus Gründen der Rasse oder der ethnischen Herkunft über die Gewährleistung des Zugangs zu unselbständiger und selbständiger Erwerbstätigkeit hinausgehen und auch Aspekte wie Bildung, Sozialschutz, einschließlich sozialer Sicherheit und der Gesundheitsdienste, soziale Vergünstigungen, Zugang zu und Versorgung mit Gütern und Dienstleistungen, mit abdecken.

(13) Daher sollte jede unmittelbare oder mittelbare Diskriminierung aus Gründen der Rasse oder der ethnischen Herkunft in den von der Richtlinie abgedeckten Bereichen gemeinschaftsweit untersagt werden. Dieses Diskriminierungsverbot sollte auch hinsichtlich Drittstaatsangehörigen angewandt werden, betrifft jedoch keine Ungleichbehandlungen aufgrund der Staatsangehörigkeit und läßt die Vorschriften über die Einreise und den Aufenthalt von Drittstaatsangehörigen und ihren Zugang zu Beschäftigung und Beruf unberührt.

(14) Bei der Anwendung des Grundsatzes der Gleichbehandlung ohne Ansehen der Rasse oder der ethnischen Herkunft sollte die Gemeinschaft im Einklang mit Artikel 3 Absatz 2 EG-Vertrag bemüht sein, Ungleichheiten zu beseitigen und die Gleichstellung von Männern und Frauen zu fördern, zumal Frauen häufig Opfer mehrfacher Diskriminierungen sind.

(15) Die Beurteilung von Tatbeständen, die auf eine unmittelbare oder mittelbare Diskriminierung schließen lassen, obliegt den einzelstaatlichen gerichtlichen Instanzen oder anderen zuständigen Stellen nach den nationalen Rechtsvorschriften oder Gepflogenheiten. In diesen einzelstaatlichen Vorschriften kann insbesondere vorgesehen sein, daß mittelbare Diskriminierung mit allen Mitteln, einschließlich statistischer Beweise, festzustellen ist.

(16) Es ist wichtig, alle natürlichen Personen gegen Diskriminierung aus Gründen der Rasse oder der ethnischen Herkunft zu schützen. Die Mitgliedstaaten sollten auch, soweit es angemessen ist und im Einklang mit ihren nationalen Gepflogenheiten und Verfahren steht, den Schutz juristischer Personen vorsehen, wenn diese aufgrund der Rasse oder der ethnischen Herkunft ihrer Mitglieder Diskriminierungen erleiden.

(17) Das Diskriminierungsverbot sollte nicht der Beibehaltung oder dem Erlaß von Maßnahmen entgegenstehen, mit denen bezweckt wird, Benachteiligungen von Angehörigen einer bestimmten Rasse oder ethnischen Gruppe zu verhindern oder auszugleichen, und diese Maßnahmen können Organisation von Personen einer bestimmten Rasse oder ethnischen Herkunft gestatten, wenn deren Zweck hauptsächlich darin besteht, für die besonderen Bedürfnisse dieser Personen einzutreten.

(18) Unter sehr begrenzten Bedingungen kann eine unterschiedliche Behandlung gerechtfertigt sein, wenn ein Merkmal, das mit der Rasse oder ethnischen Herkunft zusammenhängt, eine wesentliche und entscheidende berufliche Anforderung darstellt, sofern es sich um einen legitimen Zweck und eine angemessene Anforderung handelt. Diese Bedingungen sollten in die Informationen aufgenommen werden, die die Mitgliedstaaten der Kommission übermitteln.

(19) Opfer von Diskriminierungen aus Gründen der Rasse oder der ethnischen Herkunft sollten über einen angemessenen Rechtsschutz verfügen. Um einen effektiveren Schutz zu gewährleisten, sollte auch die Möglichkeit bestehen, daß sich Verbände oder andere juristische Personen unbeschadet der nationalen Verfahrensordnung bezüglich der Vertretung und Verteidigung vor Gericht bei einem entsprechenden Beschluß der Mitgliedstaaten im Namen eines Opfers oder zu seiner Unterstützung an einem Verfahren beteiligen.

(20) Voraussetzungen für eine effektive Anwendung des Gleichheitsgrundsatzes sind ein angemessener Schutz vor Viktimisierung.

---

7 [KOM(95) 653 endg.]
8 ABl. L 185 vom 24.7.1996, S. 5.

(21) Eine Änderung der Regeln für die Beweislastverteilung ist geboten, wenn ein glaubhafter Anschein einer Diskriminierung besteht. Zur wirksamen Anwendung des Gleichbehandlungsgrundsatzes ist eine Verlagerung der Beweislast auf die beklagte Partei erforderlich, wenn eine solche Diskriminierung nachgewiesen ist.

(22) Die Mitgliedstaaten können davon absehen, die Regeln für die Beweislastverteilung auf Verfahren anzuwenden, in denen die Ermittlung des Sachverhalts dem Gericht oder der zuständigen Stelle obliegt. Dies betrifft Verfahren, in denen die klagende Partei den Beweis des Sachverhalts, dessen Ermittlung dem Gericht oder der zuständigen Stelle obliegt, nicht anzutreten braucht.

(23) Die Mitgliedstaaten sollten den Dialog zwischen den Sozialpartnern und mit Nichtregierungsorganisationen fördern, mit dem Ziel, gegen die verschiedenen Formen von Diskriminierung anzugehen und diese zu bekämpfen.

(24) Der Schutz vor Diskriminierung aus Gründen der Rasse oder der ethnischen Herkunft würde verstärkt, wenn es in jedem Mitgliedstaat eine Stelle bzw. Stellen gäbe, die für die Analyse der mit Diskriminierungen verbundenen Probleme, die Prüfung möglicher Lösungen und die Bereitstellung konkreter Hilfsangebote an die Opfer zuständig wäre.

(25) In dieser Richtlinie werden Mindestanforderungen festgelegt; den Mitgliedstaaten steht es somit frei, günstigere Vorschriften beizubehalten oder einzuführen. Die Umsetzung der Richtlinie darf nicht als Rechtfertigung für eine Absenkung des in den Mitgliedstaaten bereits bestehenden Schutzniveaus benutzt werden.

(26) Die Mitgliedstaaten sollten wirksame, verhältnismäßige und abschreckende Sanktionen für den Fall vorsehen, daß gegen die aus der Richtlinie erwachsenden Verpflichtungen verstoßen wird.

(27) Die Mitgliedstaaten können den Sozialpartnern auf deren gemeinsamen Antrag die Durchführung der Bestimmungen dieser Richtlinie übertragen, die in den Anwendungsbereich von Tarifverträgen fallen, sofern sie alle erforderlichen Maßnahmen treffen, um jederzeit gewährleisten zu können, daß die durch diese Richtlinie vorgeschriebenen Ergebnisse erzielt werden.

(28) Entsprechend dem in Artikel 5 EG-Vertrag niedergelegten Subsidiaritäts- und Verhältnismäßigkeitsprinzip kann das Ziel dieser Richtlinie, nämlich ein einheitliches, hohes Niveau des Schutzes vor Diskriminierungen in allen Mitgliedstaaten zu gewährleisten, auf der Ebene der Mitgliedstaaten nicht ausreichend erreicht werden; es kann daher wegen des Umfangs und der Wirkung der vorgeschlagenen Maßnahme besser auf Gemeinschaftsebene verwirklicht werden. Diese Richtlinie geht nicht über das für die Erreichung dieser Ziele erforderliche Maß hinaus –
HAT FOLGENDE RICHTLINIE ERLASSEN:

Kapitel I – Allgemeine Bestimmungen

Art. 1 Zweck Zweck dieser Richtlinie ist die Schaffung eines Rahmens zur Bekämpfung der Diskriminierung aufgrund der Rasse oder der ethnischen Herkunft im Hinblick auf die Verwirklichung des Grundsatzes der Gleichbehandlung in den Mitgliedstaaten.

Art. 2 Der Begriff „Diskriminierung" (1) Im Sinne dieser Richtlinie bedeutet „Gleichbehandlungsgrundsatz", daß es keine unmittelbare oder mittelbare Diskriminierung aus Gründen der Rasse oder der ethnischen Herkunft geben darf.

(2) Im Sinne von Absatz 1

a) liegt eine unmittelbare Diskriminierung vor, wenn eine Person aufgrund ihrer Rasse oder ethnischen Herkunft in einer vergleichbaren Situation eine weniger günstige Behandlung als eine andere Person erfährt, erfahren hat oder erfahren würde;

b) liegt eine mittelbare Diskriminierung vor, wenn dem Anschein nach neutrale Vorschriften, Kriterien oder Verfahren Personen, die einer Rasse oder ethnischen Gruppe angehören, in besonderer Weise benachteiligen können, es sei denn, die betreffenden Vorschriften, Kriterien oder Verfahren sind durch ein rechtmäßiges Ziel sachlich gerechtfertigt, und die Mittel sind zur Erreichung dieses Ziels angemessen und erforderlich.

(3) Unerwünschte Verhaltensweisen, die im Zusammenhang mit der Rasse oder der ethnischen Herkunft einer Person stehen und bezwecken oder bewirken, daß die Würde der betreffenden Person verletzt und ein von Einschüchterungen, Anfeindungen, Erniedrigun-

gen, Entwürdigungen oder Beleidigungen gekennzeichnetes Umfeld geschaffen wird, sind Belästigungen, die als Diskriminierung im Sinne von Absatz 1 gelten. In diesem Zusammenhang können die Mitgliedstaaten den Begriff „Belästigung" im Einklang mit den einzelstaatlichen Rechtsvorschriften und Gepflogenheiten definieren.

(4) Die Anweisung zur Diskriminierung einer Person aus Gründen der Rasse oder der ethnischen Herkunft gilt als Diskriminierung im Sinne von Absatz 1.

Art. 3 Geltungsbereich (1) Im Rahmen der auf die Gemeinschaft übertragenen Zuständigkeiten gilt diese Richtlinie für alle Personen in öffentlichen und privaten Bereichen, einschließlich öffentlicher Stellen, in bezug auf:

a) die Bedingungen – einschließlich Auswahlkriterien und Einstellungsbedingungen – für den Zugang zu unselbständiger und selbständiger Erwerbstätigkeit, unabhängig von Tätigkeitsfeld und beruflicher Position, sowie für den beruflichen Aufstieg;

b) den Zugang zu allen Formen und allen Ebenen der Berufsberatung, der Berufsausbildung, der beruflichen Weiterbildung und der Umschulung einschließlich der praktischen Berufserfahrung;

c) die Beschäftigungs- und Arbeitsbedingungen, einschließlich Entlassungsbedingungen und Arbeitsentgelt;

d) die Mitgliedschaft und Mitwirkung in einer Arbeitnehmer- oder Arbeitgeberorganisation oder einer Organisation, deren Mitglieder einer bestimmten Berufsgruppe angehören, einschließlich der Innanspruchnahme der Leistungen solcher Organisationen;

e) den Sozialschutz, einschließlich der sozialen Sicherheit und der Gesundheitsdienste;

f) die sozialen Vergünstigungen;

g) die Bildung;

h) den Zugang zu und die Versorgung mit Gütern und Dienstleistungen, die der Öffentlichkeit zur Verfügung stehen, einschließlich von Wohnraum.

(2) Diese Richtlinie betrifft nicht unterschiedliche Behandlungen aus Gründen der Staatsangehörigkeit und berührt nicht die Vorschriften und Bedingungen für die Einreise von Staatsangehörigen dritter Staaten oder staatenlosen Personen in das Hoheitsgebiet der Mitgliedstaaten oder deren Aufenthalt in diesem Hoheitsgebiet sowie eine Behandlung, die sich aus der Rechtsstellung von Staatsangehörigen dritter Staaten oder staatenlosen Personen ergibt.

Art. 4 Wesentliche und entscheidende berufliche Anforderungen Ungeachtet des Artikels 2 Absätze 1 und 2 können die Mitgliedstaaten vorsehen, daß eine Ungleichbehandlung aufgrund eines mit der Rasse oder der ethnischen Herkunft zusammenhängenden Merkmals keine Diskriminierung darstellt, wenn das betreffende Merkmal aufgrund der Art einer bestimmten beruflichen Tätigkeit oder der Rahmenbedingungen ihrer Ausübung eine wesentliche und entscheidende berufliche Voraussetzung darstellt und sofern es sich um einen rechtmäßigen Zweck und eine angemessene Anforderung handelt.

Art. 5 Positive Maßnahmen Der Gleichbehandlungsgrundsatz hindert die Mitgliedstaaten nicht daran, zur Gewährleistung der vollen Gleichstellung in der Praxis spezifische Maßnahmen, mit denen Benachteiligungen aufgrund der Rasse oder ethnischen Herkunft verhindert oder ausgeglichen werden, beizubehalten oder zu beschließen.

Art. 6 Mindestanforderungen (1) Es bleibt den Mitgliedstaaten unbenommen, Vorschriften einzuführen oder beizubehalten, die im Hinblick auf die Wahrung des Gleichbehandlungsgrundsatzes günstiger als die in dieser Richtlinie vorgesehenen Vorschriften sind.

(2) Die Umsetzung dieser Richtlinie darf keinesfalls als Rechtfertigung für eine Absenkung des von den Mitgliedstaaten bereits garantierten Schutzniveaus in bezug auf Diskriminierungen in den von der Richtlinie abgedeckten Bereichen benutzt werden.

Kapitel II – Rechtsbehelfe und Rechtsdurchsetzung

Art. 7 Rechtsschutz (1) Die Mitgliedstaaten stellen sicher, daß alle Personen, die sich durch die Nichtanwendung des Gleichbehandlungsgrundsatzes in ihren Rechten für verletzt halten, ihre Ansprüche aus dieser Richtlinie auf dem Gerichts- und/oder Verwaltungsweg sowie, wenn die Mitgliedstaaten es für angezeigt halten, in Schlichtungsverfahren geltend machen können, selbst wenn das Verhältnis, während dessen die Diskriminierung vorgekommen sein soll, bereits beendet ist.

(2) Die Mitgliedstaaten stellen sicher, daß Verbände, Organisationen oder andere juristische Personen, die gemäß den in ihrem einzelstaatlichen Recht festgelegten Kriterien ein rechtmäßiges Interesse daran haben, für die Einhaltung der Bestimmungen dieser Richtlinie zu sorgen, sich entweder im Namen der beschwerten Person oder zu deren Unterstützung und mit deren Einwilligung an den in dieser Richtlinie zur Durchsetzung der Ansprüche vorgesehenen Gerichts- und/oder Verwaltungsverfahren beteiligen können.

(3) Die Absätze 1 und 2 lassen einzelstaatliche Regelungen über Fristen für die Rechtsverfolgung betreffend den Gleichbehandlungsgrundsatz unberührt.

Art. 8 Beweislast (1) Die Mitgliedstaaten ergreifen im Einklang mit ihrem nationalen Gerichtswesen die erforderlichen Maßnahmen, um zu gewährleisten, daß immer dann, wenn Personen, die sich durch die Nichtanwendung des Gleichbehandlungsgrundsatzes für verletzt halten und bei einem Gericht oder einer anderen zuständigen Stelle Tatsachen glaubhaft machen, die das Vorliegen einer unmittelbaren oder mittelbaren Diskriminierung vermuten lassen, es dem Beklagten obliegt zu beweisen, daß keine Verletzung des Gleichbehandlungsgrundsatzes vorgelegen hat.

(2) Absatz 1 läßt das Recht der Mitgliedstaaten, eine für den Kläger günstigere Beweislastregelung vorzusehen, unberührt.

(3) Absatz 1 gilt nicht für Strafverfahren.

(4) Die Absätze 1, 2 und 3 gelten auch für Verfahren gemäß Artikel 7 Absatz 2.

(5) Die Mitgliedstaaten können davon absehen, Absatz 1 auf Verfahren anzuwenden, in denen die Ermittlung des Sachverhalts dem Gericht oder der zuständigen Stelle obliegt.

Art. 9 Viktimisierung Die Mitgliedstaaten treffen im Rahmen ihrer nationalen Rechtsordnung die erforderlichen Maßnahmen, um den einzelnen vor Benachteiligungen zu schützen, die als Reaktion auf eine Beschwerde oder auf die Einleitung eines Verfahrens zur Durchsetzung des Gleichbehandlungsgrundsatzes erfolgen.

Art. 10 Unterrichtung Die Mitgliedstaaten tragen dafür Sorge, daß die gemäß dieser Richtlinie getroffenen Maßnahmen sowie die bereits geltenden einschlägigen Vorschriften allen Betroffenen in geeigneter Form in ihrem Hoheitsgebiet bekanntgemacht werden.

Art. 11 Sozialer Dialog (1) Die Mitgliedstaaten treffen im Einklang mit den nationalen Gepflogenheiten und Verfahren geeignete Maßnahmen zur Förderung des sozialen Dialogs zwischen Arbeitgebern und Arbeitnehmern, mit dem Ziel, die Verwirklichung des Gleich-behandlungsgrundsatzes durch Überwachung der betrieblichen Praxis, durch Tarifverträ-ge, Verhaltenskodizes, Forschungsarbeiten oder durch einen Austausch von Erfahrungen und bewährten Lösungen voranzubringen.

(2) Soweit vereinbar mit den nationalen Gepflogenheiten und Verfahren, fordern die Mit-gliedstaaten Arbeitgeber und Arbeitnehmer ohne Eingriff in deren Autonomie auf, auf ge-eigneter Ebene Antidiskriminierungsvereinbarungen zu schließen, die die in Artikel 3 ge-nannten Bereiche betreffen, soweit diese in den Verantwortungsbereich der Tarifparteien fallen. Die Vereinbarungen müssen den in dieser Richtlinie festgelegten Mindestanforde-rungen sowie den einschlägigen nationalen Durchführungsbestimmungen entsprechen.

Art. 12 Dialog mit Nichtregierungsorganisationen Die Mitgliedstaaten fördern den Dia-log mit geeigneten Nichtregierungsorganisationen, die gemäß ihren nationalen Rechtsvor-schriften und Gepflogenheiten ein rechtmäßiges Interesse daran haben, sich an der Be-kämpfung von Diskriminierung aus Gründen der Rasse oder der ethnischen Herkunft zu beteiligen, um den Grundsatz der Gleichbehandlung zu fördern.

Kapitel III – Mit der Förderung der Gleichbehandlung befasste Stellen

Art. 13 [Mitgliedstaatliche Stellen] (1) Jeder Mitgliedstaat bezeichnet eine oder mehrere Stellen, deren Aufgabe darin besteht, die Verwirklichung des Grundsatzes der Gleichbe-handlung aller Personen ohne Diskriminierung aufgrund der Rasse oder der ethnischen Herkunft zu fördern. Diese Stellen können Teil einer Einrichtung sein, die auf nationaler Ebene für den Schutz der Menschenrechte oder der Rechte des einzelnen zuständig ist.

(2) Die Mitgliedstaaten stellen sicher, daß es zu den Zuständigkeiten dieser Stellen gehört,
– unbeschadet der Rechte der Opfer und der Verbände, der Organisationen oder anderer juristischer Personen nach Artikel 7 Absatz 2 die Opfer von Diskriminierungen auf unabhängige Weise dabei zu unterstützen, ihrer Beschwerde wegen Diskriminierung nachzugehen;
– unabhängige Untersuchungen zum Thema der Diskriminierung durchzuführen;
– unabhängige Berichte zu veröffentlichen und Empfehlungen zu allen Aspekten vorzu-legen, die mit diesen Diskriminierungen in Zusammenhang stehen.

Kapitel IV – Schlussbestimmungen

Art. 14 Einhaltung Die Mitgliedstaaten treffen die erforderlichen Maßnahmen, um si-cherzustellen,
a) daß sämtliche Rechts- und Verwaltungsvorschriften, die dem Gleichbehandlungs-grundsatz zuwiderlaufen, aufgehoben werden;
b) daß sämtliche mit dem Gleichbehandlungsgrundsatz nicht zu vereinbarenden Bestim-mungen in Einzel- oder Kollektivverträgen oder -vereinbarungen, Betriebsordnungen, Statuten von Vereinigungen mit oder ohne Erwerbszweck sowie Statuten der freien Be-rufe und der Arbeitnehmer- und Arbeitgeberorganisationen für nichtig erklärt werden oder erklärt werden können oder geändert werden.

Art. 15 Sanktionen Die Mitgliedstaaten legen die Sanktionen fest, die bei einem Verstoß gegen die einzelstaatlichen Vorschriften zur Anwendung dieser Richtlinie zu verhängen sind, und treffen alle geeigneten Maßnahmen, um deren Durchsetzung zu gewährleisten.

Die Sanktionen, die auch Schadenersatzleistungen an die Opfer umfassen können, müssen wirksam, verhältnismäßig und abschreckend sein. Die Mitgliedstaaten teilen der Kommission diese Bestimmungen bis zum 19. Juli 2003 mit und melden alle sie betreffenden Änderungen unverzüglich.

Art. 16-19 *Umsetzung, Bericht, Inkrafttreten und Adressaten – nicht abgedruckt.*

2.8 Richtlinie 93/13/EWG des Rates vom 5. April 1993 über mißbräuchliche Klauseln in Verbraucherverträgen [Klausel-RL]

ABl. 1993 L 95/29

DER RAT DER EUROPÄISCHEN GEMEINSCHAFTEN –
gestützt auf den Vertrag zur Gründung der Europäischen Wirtschaftsgemeinschaft, insbesondere auf Artikel 100a,
auf Vorschlag der Kommission[1],
in Zusammenarbeit mit dem Europäischen Parlament[2],
nach Stellungnahme des Wirtschafts- und Sozialausschusses[3],
in Erwägung nachstehender Gründe:

[1]   Es müssen Maßnahmen zur schrittweisen Errichtung des Binnenmarktes bis zum 31. Dezember 1992 getroffen werden. Der Binnenmarkt umfasst einen Raum ohne Binnengrenzen, in dem der freie Verkehr von Waren, Personen, Dienstleistungen und Kapital gewährleistet ist.

[2]   Die Rechtsvorschriften der Mitgliedstaaten über Vertragsklauseln zwischen dem Verkäufer von Waren oder dem Dienstleistungserbringer einerseits und dem Verbraucher andererseits weisen viele Unterschiede auf, wodurch die einzelnen Märkte für den Verkauf von Waren und die Erbringung von Dienstleistungen an den Verbraucher uneinheitlich sind; dadurch wiederum können Wettbewerbsverzerrungen bei den Verkäufern und den Erbringern von Dienstleistungen, besonders bei der Vermarktung in anderen Mitgliedstaaten, eintreten.

[3]   Namentlich die Rechtsvorschriften der Mitgliedstaaten über mißbräuchliche Klauseln in Verträgen mit Verbrauchern weisen beträchtliche Unterschiede auf.

[4]   Die Mitgliedstaaten müssen dafür Sorge tragen, daß die mit den Verbrauchern abgeschlossenen Verträge keine mißbräuchlichen Klauseln enthalten.

[5]   Die Verbraucher kennen im allgemeinen nicht die Rechtsvorschriften, die in anderen Mitgliedstaaten für Verträge über den Kauf von Waren oder das Angebot von Dienstleistungen gelten. Diese Unkenntnis kann sie davon abhalten, Waren und Dienstleistungen direkt in anderen Mitgliedstaaten zu ordern.

[6]   Um die Errichtung des Binnenmarktes zu erleichtern und den Bürger in seiner Rolle als Verbraucher beim Kauf von Waren und Dienstleistungen mittels Verträgen zu schützen, für die die Rechtsvorschriften anderer Mitgliedstaaten gelten, ist es von Bedeutung, mißbräuchliche Klauseln aus diesen Verträgen zu entfernen.

[7]   Den Verkäufern von Waren und Dienstleistungsbringern wird dadurch ihre Verkauftätigkeit sowohl im eigenen Land als auch im gesamten Binnenmarkt erleichtert. Damit wird der Wettbewerb gefördert und den Bürgern der Gemeinschaft in ihrer Eigenschaft als Verbraucher eine größere Auswahl zur Verfügung gestellt.

[8]   In den beiden Programmen der Gemeinschaft für eine Politik zum Schutz und zur Unterrichtung der Verbraucher[4] wird die Bedeutung des Verbraucherschutzes auf dem Gebiet mißbräuchlicher Vertragsklauseln hervorgehoben. Dieser Schutz sollte durch Rechtsvorschriften gewährleistet werden, die gemeinschaftsweit harmonisiert sind oder unmittelbar auf dieser Ebene erlassen werden.

[9]   Gemäß dem unter dem Abschnitt „Schutz der wirtschaftlichen Interessen der Verbraucher" festgelegten Prinzip sind entsprechend diesen Programmen Käufer von Waren oder Dienstleistungen vor Machtmißbrauch des Verkäufers oder des Dienstleistungserbringers, insbesondere vor vom Verkäufer einseitig festgelegten Standardverträgen und vor dem mißbräuchlichen Ausschluß von Rechten in Verträgen zu schützen.

[10] Durch die Aufstellung einheitlicher Rechtsvorschriften auf dem Gebiet mißbräuchlicher Klauseln kann der Verbraucher besser geschützt werden. Diese Vorschriften sollten für alle Verträge zwischen Gewerbetreibenden und Verbrauchern gelten. Von dieser Richtlinie ausgenommen sind daher insbesondere Arbeitsverträge sowie Verträge auf dem Gebiet des Erb-, Familien- und Gesellschaftsrechts.

---

1   ABl. Nr. C 73 vom 24.3.1992, S. 7.
2   ABl. Nr. C 326 vom 16.12.1991, S. 108, und ABl. Nr. C 21 vom 25.1.1993.
3   ABl. Nr. C 159 vom 17.6.1991, S. 34.
4   ABl. Nr. C 92 vom 25.4.1975, S. 1, und ABl. Nr. C 133 vom 3.6.1981, S. 1.

[11] Der Verbraucher muß bei mündlichen und bei schriftlichen Verträgen – bei letzteren unabhängig davon, ob die Klauseln in einem oder in mehreren Dokumenten enthalten sind – den gleichen Schutz genießen.

[12] Beim derzeitigen Stand der einzelstaatlichen Rechtsvorschriften kommt allerdings nur eine teilweise Harmonisierung in Betracht. So gilt diese Richtlinie insbesondere nur für Vertragsklauseln, die nicht einzeln ausgehandelt wurden. Den Mitgliedstaaten muß es freigestellt sein, dem Verbraucher unter Beachtung des Vertrags einen besseren Schutz durch strengere einzelstaatliche Vorschriften als den in dieser Richtlinie enthaltenen Vorschriften zu gewähren.

[13] Bei Rechtsvorschriften der Mitgliedstaaten, in denen direkt oder indirekt die Klauseln für Verbraucherverträge festgelegt werden, wird davon ausgegangen, daß sie keine mißbräuchlichen Klauseln enthalten. Daher sind Klauseln, die auf bindenden Rechtsvorschriften oder auf Grundsätzen oder Bestimmungen internationaler Übereinkommen beruhen, bei denen die Mitgliedstaaten oder die Gemeinschaft Vertragsparteien sind, nicht dieser Richtlinie zu unterwerfen; der Begriff „bindende Rechtsvorschriften" in Artikel 1 Absatz 2 umfasst auch Regeln, die nach dem Gesetz zwischen den Vertragsparteien gelten, wenn nichts anderes vereinbart wurde.

[14] Die Mitgliedstaaten müssen jedoch dafür sorgen, daß darin keine mißbräuchlichen Klauseln enthalten sind, zumal diese Richtlinie auch für die gewerbliche Tätigkeit im öffentlich-rechtlichen Rahmen gilt.

[15] Die Kriterien für die Beurteilung der Mißbräuchlichkeit von Vertragsklauseln müssen generell festgelegt werden.

[16] Die nach den generell festgelegten Kriterien erfolgende Beurteilung der Mißbräuchlichkeit von Klauseln, insbesondere bei beruflichen Tätigkeiten des öffentlich-rechtlichen Bereichs, die ausgehend von einer Solidargemeinschaft der Dienstleistungsnehmer kollektive Dienste erbringen, muß durch die Möglichkeit einer globalen Bewertung der Interessenlagen der Parteien ergänzt werden. Diese stellt das Gebot von Treu und Glauben dar. Bei der Beurteilung von Treu und Glauben ist besonders zu berücksichtigen, welches Kräfteverhältnis zwischen den Verhandlungspositionen der Parteien bestand, ob auf den Verbraucher in irgendeiner Weise eingewirkt wurde, seine Zustimmung zu der Klausel zu geben, und ob die Güter oder Dienstleistungen auf eine Sonderbestellung des Verbrauchers hin verkauft bzw. erbracht wurden. Dem Gebot von Treu und Glauben kann durch den Gewerbetreibenden Genüge getan werden, indem er sich gegenüber der anderen Partei, deren berechtigten Interessen er Rechnung tragen muß, loyal und billig verhält.

[17] Die Liste der Klauseln im Anhang kann für die Zwecke dieser Richtlinie nur Beispiele geben; infolge dieses Minimalcharakters kann sie von den Mitgliedstaaten im Rahmen ihrer einzelstaatlichen Rechtsvorschriften, insbesondere hinsichtlich des Geltungsbereichs dieser Klauseln, ergänzt oder restriktiver formuliert werden.

[18] Bei der Beurteilung der Mißbräuchlichkeit von Vertragsklauseln ist der Art der Güter bzw. Dienstleistungen Rechnung zu tragen.

[19] Für die Zwecke dieser Richtlinie dürfen Klauseln, die den Hauptgegenstand eines Vertrages oder das Preis-/Leistungsverhältnis der Lieferung bzw. der Dienstleistung beschreiben, nicht als mißbräuchlich beurteilt werden. Jedoch können der Hauptgegenstand des Vertrages und das Preis-/Leistungsverhältnis bei der Beurteilung der Mißbräuchlichkeit anderer Klauseln berücksichtigt werden. Daraus folgt unter anderem, daß bei Versicherungsverträgen die Klauseln, in denen das versicherte Risiko und die Verpflichtung des Versicherers deutlich festgelegt oder abgegrenzt werden, nicht als mißbräuchlich beurteilt werden, sofern diese Einschränkungen bei der Berechnung der vom Verbraucher gezahlten Prämie Berücksichtigung finden.

[20] Die Verträge müssen in klarer und verständlicher Sprache abgefasst sein. Der Verbraucher muß tatsächlich die Möglichkeit haben, von allen Vertragsklauseln Kenntnis zu nehmen. Im Zweifelsfall ist die für den Verbraucher günstigste Auslegung anzuwenden.

[21] Die Mitgliedstaaten müssen sicherstellen, daß in von einem Gewerbetreibenden mit Verbrauchern abgeschlossenen Verträgen keine mißbräuchlichen Klauseln verwendet werden. Wenn derartige Klauseln trotzdem verwendet werden, müssen sie für den Verbraucher unverbindlich sein; die verbleibenden Klauseln müssen jedoch weiterhin gelten und der Vertrag im übrigen auf der Grundlage dieser Klauseln für beide Teile verbindlich sein, sofern ein solches Fortbestehen ohne die mißbräuchlichen Klauseln möglich ist.

[22] In bestimmten Fällen besteht die Gefahr, daß dem Verbraucher der in dieser Richtlinie aufgestellte Schutz entzogen wird, indem das Recht eines Drittlands zum anwendbaren Recht erklärt wird. Es sollten daher in dieser Richtlinie Bestimmungen vorgesehen werden, die dies ausschließen.

[23] Personen und Organisationen, die nach dem Recht eines Mitgliedstaats ein berechtigtes Interesse geltend machen können, den Verbraucher zu schützen, müssen Verfahren, die Vertragsklauseln im Hinblick auf eine allgemeine Verwendung in Verbraucherverträgen, insbesondere mißbräuchliche Klauseln, zum Gegenstand haben, bei Gerichten oder Verwaltungsbehörden, die für die Entschei-

dung über Klagen bzw. Beschwerden oder die Eröffnung von Gerichtsverfahren zuständig sind, einleiten können. Diese Möglichkeit bedeutet jedoch keine Vorabkontrolle der in einem beliebigen Wirtschaftssektor verwendeten allgemeinen Bedingungen.

[24] Die Gerichte oder Verwaltungsbehörden der Mitgliedstaaten müssen über angemessene und wirksame Mittel verfügen, damit der Verwendung mißbräuchlicher Klauseln in Verbraucherverträgen ein Ende gesetzt wird –

HAT FOLGENDE RICHTLINIE ERLASSEN:

Art. 1 [Zweck; ausgenommene Klauseln] (1) Zweck dieser Richtlinie ist die Angleichung der Rechts- und Verwaltungsvorschriften der Mitgliedstaaten über mißbräuchliche Klauseln in Verträgen zwischen Gewerbetreibenden und Verbrauchern.

(2) Vertragsklauseln, die auf bindenden Rechtsvorschriften oder auf Bestimmungen oder Grundsätzen internationaler Übereinkommen beruhen, bei denen die Mitgliedstaaten oder die Gemeinschaft – insbesondere im Verkehrsbereich – Vertragsparteien sind, unterliegen nicht den Bestimmungen dieser Richtlinie.

Art. 2 [Begriffsbestimmungen] Im Sinne dieser Richtlinie bedeuten:

a) mißbräuchliche Klauseln: Vertragsklauseln, wie sie in Artikel 3 definiert sind;

b) Verbraucher: eine natürliche Person, die bei Verträgen, die unter diese Richtlinie fallen, zu einem Zweck handelt, der nicht ihrer gewerblichen oder beruflichen Tätigkeit zugerechnet werden kann;

c) Gewerbetreibender: eine natürliche oder juristische Person, die bei Verträgen, die unter diese Richtlinie fallen, im Rahmen ihrer gewerblichen oder beruflichen Tätigkeit handelt, auch wenn diese dem öffentlich-rechtlichen Bereich zuzurechnen ist.

Art. 3 [Mißbräuchliche Klauseln; Ausnahme von ausgehandelten Klauseln] (1) Eine Vertragsklausel, die nicht im einzelnen ausgehandelt wurde, ist als mißbräuchlich anzusehen, wenn sie entgegen dem Gebot von Treu und Glauben zum Nachteil des Verbrauchers ein erhebliches und ungerechtfertigtes Mißverhältnis der vertraglichen Rechte und Pflichten der Vertragspartner verursacht.

(2) Eine Vertragsklausel ist immer dann als nicht im einzelnen ausgehandelt zu betrachten, wenn sie im voraus abgefasst wurde und der Verbraucher deshalb, insbesondere im Rahmen eines vorformulierten Standardvertrags, keinen Einfluß auf ihren Inhalt nehmen konnte.

Die Tatsache, daß bestimmte Elemente einer Vertragsklausel oder eine einzelne Klausel im einzelnen ausgehandelt worden sind, schließt die Anwendung dieses Artikels auf den übrigen Vertrag nicht aus, sofern es sich nach der Gesamtwertung dennoch um einen vorformulierten Standardvertrag handelt.

Behauptet ein Gewerbetreibender, daß eine Standardvertragsklausel im einzelnen ausgehandelt wurde, so obliegt ihm die Beweislast.

(3) Der Anhang enthält eine als Hinweis dienende und nicht erschöpfende Liste der Klauseln, die für mißbräuchlich erklärt werden können.

Art. 4 [Kriterien der Mißbräuchlichkeit; Herausnahme des Preis-Leistungs-Verhältnisses] (1) Die Mißbräuchlichkeit einer Vertragsklausel wird unbeschadet des Artikels 7 unter Berücksichtigung der Art der Güter oder Dienstleistungen, die Gegenstand des Vertrages sind, aller den Vertragsabschluß begleitenden Umstände sowie aller anderen Klauseln desselben Vertrages oder eines anderen Vertrages, von dem die Klausel abhängt, zum Zeitpunkt des Vertragsabschlusses beurteilt.

(2) Die Beurteilung der Mißbräuchlichkeit der Klauseln betrifft weder den Hauptgegenstand des Vertrages noch die Angemessenheit zwischen dem Preis bzw. dem Entgelt und den Dienstleistungen bzw. den Gütern, die die Gegenleistung darstellen, sofern diese Klauseln klar und verständlich abgefasst sind.

Art. 5 [Transparenzgebot; Zweifelsregel] Sind alle dem Verbraucher in Verträgen unterbreiteten Klauseln oder einige dieser Klauseln schriftlich niedergelegt, so müssen sie stets klar und verständlich abgefasst sein. Bei Zweifeln über die Bedeutung einer Klausel gilt die für den Verbraucher günstigste Auslegung. Diese Auslegungsregel gilt nicht im Rahmen der in Artikel 7 Absatz 2 vorgesehenen Verfahren.

Art. 6 [Rechtsfolgen bei Mißbräuchlichkeit; Kollisionsnorm] (1) Die Mitgliedstaaten sehen vor, daß mißbräuchliche Klauseln in Verträgen, die ein Gewerbetreibender mit einem Verbraucher geschlossen hat, für den Verbraucher unverbindlich sind, und legen die Bedingungen hierfür in ihren innerstaatlichen Rechtsvorschriften fest; sie sehen ferner vor, daß der Vertrag für beide Parteien auf derselben Grundlage bindend bleibt, wenn er ohne die mißbräuchlichen Klauseln bestehen kann.

(2) Die Mitgliedstaaten treffen die erforderlichen Maßnahmen, damit der Verbraucher den durch diese Richtlinie gewährten Schutz nicht verliert, wenn das Recht eines Drittlands als das auf den Vertrag anzuwendende Recht gewählt wurde und der Vertrag einen engen Zusammenhang mit dem Gebiet der Mitgliedstaaten aufweist.

Art. 7 [Durchsetzung; Verbandsklage] (1) Die Mitgliedstaaten sorgen dafür, daß im Interesse der Verbraucher und der gewerbetreibenden Wettbewerber angemessene und wirksame Mittel vorhanden sind, damit der Verwendung mißbräuchlicher Klauseln durch einen Gewerbetreibenden in den Verträgen, die er mit Verbrauchern schließt, ein Ende gesetzt wird.

(2) Die in Absatz 1 genannten Mittel müssen auch Rechtsvorschriften einschließen, wonach Personen oder Organisationen, die nach dem innerstaatlichen Recht ein berechtigtes Interesse am Schutz der Verbraucher haben, im Einklang mit den einzelstaatlichen Rechtsvorschriften die Gerichte oder die zuständigen Verwaltungsbehörden anrufen können, damit diese darüber entscheiden, ob Vertragsklauseln, die im Hinblick auf eine allgemeine Verwendung abgefasst wurden, mißbräuchlich sind, und angemessene und wirksame Mittel anwenden, um der Verwendung solcher Klauseln ein Ende zu setzen.

(3) Die in Absatz 2 genannten Rechtsmittel können sich unter Beachtung der einzelstaatlichen Rechtsvorschriften getrennt oder gemeinsam gegen mehrere Gewerbetreibende desselben Wirtschaftssektors oder ihre Verbände richten, die gleiche allgemeine Vertragsklauseln oder ähnliche Klauseln verwenden oder deren Verwendung empfehlen.

Art. 8 [Mindeststandard] Die Mitgliedstaaten können auf dem durch diese Richtlinie geregelten Gebiet mit dem Vertrag vereinbare strengere Bestimmungen erlassen, um ein höheres Schutzniveau für die Verbraucher zu gewährleisten.

Art. 8a [Benachrichtigungspflicht bei Erlass strengeren Rechts] (1) Erlässt ein Mitgliedstaat Vorschriften nach Artikel 8, so setzt er die Kommission hiervon sowie von allen nachfolgenden Änderungen in Kenntnis, insbesondere wenn diese Vorschriften:

— die Missbräuchlichkeitsprüfung auf individuell ausgehandelte Vertragsklauseln oder auf die Angemessenheit des Preises oder des Entgelts ausdehnen;

2.8 Klausel-RL

— Listen mit Vertragsklauseln, die als missbräuchlich gelten, enthalten.

(2) Die Kommission stellt sicher,dass die in Absatz 1genannten Informationen den Verbrauchern und den Unternehmern leicht zugänglich sind, u. a. auf einer speziellen Webseite.

(3) Die Kommission leitet die in Absatz 1 genannten Informationen an die anderen Mitgliedstaaten und das Europäische Parlament weiter. Die Kommission hört die Beteiligten zu diesen Informationen an.

Art. 9-11 *Bericht der Kommission, Umsetzungspflicht und Adressaten – nicht abgedruckt.*

Anhang – Klauseln gemäß Artikel 3 Absatz 3

1. Klauseln, die darauf abzielen oder zur Folge haben, daß
   a) die gesetzliche Haftung des Gewerbetreibenden ausgeschlossen oder eingeschränkt wird, wenn der Verbraucher aufgrund einer Handlung oder Unterlassung des Gewerbetreibenden sein Leben verliert oder einen Körperschaden erleidet;
   b) die Ansprüche des Verbrauchers gegenüber dem Gewerbetreibenden oder einer anderen Partei, einschließlich der Möglichkeit, eine Verbindlichkeit gegenüber dem Gewerbetreibenden durch eine etwaige Forderung gegen ihn auszugleichen, ausgeschlossen oder ungebührlich eingeschränkt werden, wenn der Gewerbetreibende eine der vertraglichen Verpflichtungen ganz oder teilweise nicht erfüllt oder mangelhaft erfüllt;
   c) der Verbraucher eine verbindliche Verpflichtung eingeht, während der Gewerbetreibende die Erbringung der Leistungen an eine Bedingung knüpft, deren Eintritt nur von ihm abhängt;
   d) es dem Gewerbetreibenden gestattet wird, vom Verbraucher gezahlte Beträge einzubehalten, wenn dieser darauf verzichtet, den Vertrag abzuschließen oder zu erfüllen, ohne daß für den Verbraucher ein Anspruch auf eine Entschädigung in entsprechender Höhe seitens des Gewerbetreibenden vorgesehen wird, wenn dieser selbst es unterlässt;
   e) dem Verbraucher, der seinen Verpflichtungen nicht nachkommt, ein unverhältnismäßig hoher Entschädigungsbetrag auferlegt wird;
   f) es dem Gewerbetreibenden gestattet wird, nach freiem Ermessen den Vertrag zu kündigen, wenn das gleiche Recht nicht auch dem Verbraucher eingeräumt wird, und es dem Gewerbetreibenden für den Fall, daß er selbst den Vertrag kündigt, gestattet wird, die Beträge einzubehalten, die für von ihm noch nicht erbrachte Leistungen gezahlt wurden;
   g) es dem Gewerbetreibenden – außer bei Vorliegen schwerwiegender Gründe – gestattet ist, einen unbefristeten Vertrag ohne angemessene Frist zu kündigen;
   h) ein befristeter Vertrag automatisch verlängert wird, wenn der Verbraucher sich nicht gegenteilig geäußert hat und als Termin für diese Äußerung des Willens des Verbrauchers, den Vertrag nicht zu verlängern, ein vom Ablaufzeitpunkt des Vertrages ungebührlich weit entferntes Datum festgelegt wurde;
   i) die Zustimmung des Verbrauchers zu Klauseln unwiderlegbar festgestellt wird, von denen er vor Vertragsabschluß nicht tatsächlich Kenntnis nehmen konnte;
   j) der Gewerbetreibende die Vertragsklauseln einseitig ohne triftigen und im Vertrag aufgeführten Grund ändern kann;

k) der Gewerbetreibende die Merkmale des zu liefernden Erzeugnisses oder der zu erbringenden Dienstleistung einseitig ohne triftigen Grund ändern kann;

l) der Verkäufer einer Ware oder der Erbringer einer Dienstleistung den Preis zum Zeitpunkt der Lieferung festsetzen oder erhöhen kann, ohne daß der Verbraucher in beiden Fällen ein entsprechendes Recht hat, vom Vertrag zurückzutreten, wenn der Endpreis im Verhältnis zu dem Preis, der bei Vertragsabschluß vereinbart wurde, zu hoch ist;

m) dem Gewerbetreibenden das Recht eingeräumt ist zu bestimmen, ob die gelieferte Ware oder erbrachte Dienstleistung den Vertragsbestimmungen entspricht, oder ihm das ausschließliche Recht zugestanden wird, die Auslegung einer Vertragsklausel vorzunehmen;

n) die Verpflichtung des Gewerbetreibenden zur Einhaltung der von seinen Vertretern eingegangenen Verpflichtungen eingeschränkt wird oder diese Verpflichtung von der Einhaltung einer besonderen Formvorschrift abhängig gemacht wird;

o) der Verbraucher allen seinen Verpflichtungen nachkommen muß, obwohl der Gewerbetreibende seine Verpflichtungen nicht erfüllt;

p) die Möglichkeit vorgesehen wird, daß der Vertrag ohne Zustimmung des Verbrauchers vom Gewerbetreibenden abgetreten wird, wenn dies möglicherweise eine Verringerung der Sicherheiten für den Verbraucher bewirkt;

q) dem Verbraucher die Möglichkeit, Rechtsbehelfe bei Gericht einzulegen oder sonstige Beschwerdemittel zu ergreifen, genommen oder erschwert wird, und zwar insbesondere dadurch, daß er ausschließlich auf ein nicht unter die rechtlichen Bestimmungen fallenden Schiedsgerichtsverfahren verwiesen wird, die ihm zur Verfügung stehenden Beweismittel ungebührlich eingeschränkt werden oder ihm die Beweislast auferlegt wird, die nach dem geltenden Recht einer anderen Vertragspartei obläge.

2. Tragweite der Buchstaben g), j) und l)

a) Buchstabe g) steht Klauseln nicht entgegen, durch die sich der Erbringer von Finanzdienstleistungen das Recht vorbehält, einen unbefristeten Vertrag einseitig und – bei Vorliegen eines triftigen Grundes – fristlos zu kündigen, sofern der Gewerbetreibende die Pflicht hat, die andere Vertragspartei oder die anderen Vertragsparteien alsbald davon zu unterrichten.

b) Buchstabe j) steht Klauseln nicht entgegen, durch die sich der Erbringer von Finanzdienstleistungen das Recht vorbehält, den von dem Verbraucher oder an den Verbraucher zu zahlenden Zinssatz oder die Höhe anderer Kosten für Finanzdienstleistungen in begründeten Fällen ohne Vorankündigung zu ändern, sofern der Gewerbetreibende die Pflicht hat, die andere Vertragspartei oder die anderen Vertragsparteien unverzüglich davon zu unterrichten, und es dieser oder diesen freisteht, den Vertrag alsbald zu kündigen.

Buchstabe j) steht ferner Klauseln nicht entgegen, durch die sich der Gewerbetreibende das Recht vorbehält, einseitig die Bedingungen eines unbefristeten Vertrages zu ändern, sofern es ihm obliegt, den Verbraucher hiervon rechtzeitig in Kenntnis zu setzen, und es diesem freisteht, den Vertrag zu kündigen.

c) Die Buchstaben g), j) und l) finden keine Anwendung auf

– Geschäfte mit Wertpapieren, Finanzpapieren und anderen Erzeugnissen oder Dienstleistungen, bei denen der Preis von den Veränderungen einer Notie-

rung oder eines Börsenindex oder von Kursschwankungen auf dem Kapitalmarkt abhängt, auf die der Gewerbetreibende keinen Einfluß hat;
- Verträge zum Kauf oder Verkauf von Fremdwährungen, Reiseschecks oder internationalen Postanweisungen in Fremdwährung.

d) Buchstabe l) steht Preisindexierungsklauseln nicht entgegen, wenn diese rechtmäßig sind und der Modus der Preisänderung darin ausdrücklich beschrieben wird.

2.9 Richtlinie 1999/44/EG des Europäischen Parlaments und des Rates vom 25. Mai 1999 zu bestimmten Aspekten des Verbrauchsgüterkaufs und der Garantien für Verbrauchsgüter [Kaufgewährleistungs-RL]

ABl. 1999 L 171/12

DAS EUROPÄISCHE PARLAMENT UND DER RAT DER EUROPÄISCHEN UNION –
gestützt auf den Vertrag zur Gründung der Europäischen Gemeinschaft, insbesondere auf Artikel 95,
auf Vorschlag der Kommission[1],
nach Stellungnahme des Wirtschafts- und Sozialausschusses[2],
gemäß dem Verfahren des Artikels 251 des Vertrags, aufgrund des vom Vermittlungsausschuß am 18. März 1999 gebilligten gemeinsamen Entwurfs[3],
in Erwägung nachstehender Gründe:

(1) Nach Artikel 153 Absätze 1 und 3 des Vertrags leistet die Gemeinschaft durch die Maßnahmen, die sie nach Artikel 95 des Vertrags erläßt, einen Beitrag zur Erreichung eines hohen Verbraucherschutzniveaus.

(2) Der Binnenmarkt umfaßt einen Raum ohne Binnengrenzen, in dem der freie Verkehr von Waren, Personen, Dienstleistungen und Kapital gewährleistet ist. Der freie Warenverkehr betrifft nicht nur den gewerblichen Handel, sondern auch Privatpersonen. Dies bedeutet, daß es den Verbrauchern aus einem Mitgliedstaat möglich sein muß, auf der Grundlage angemessener einheitlicher Mindestvorschriften über den Kauf von Verbrauchsgütern im Hoheitsgebiet eines anderen Mitgliedstaats frei einzukaufen.

(3) Die Rechtsvorschriften der Mitgliedstaaten über den Kauf von Verbrauchsgütern weisen Unterschiede auf; dies hat zur Folge, daß die einzelstaatlichen Absatzmärkte für Verbrauchsgüter uneinheitlich sind und bei den Verkäufern Wettbewerbsverzerrungen eintreten können.

(4) Dem Verbraucher, der die Vorzüge des Binnenmarkts dadurch nutzen möchte, daß er sich Waren in einem anderen Mitgliedstaat als in seinem Wohnsitzland beschafft, fällt eine fundamentale Aufgabe bei der Vollendung des Binnenmarkts zu; es muß verhindert werden, daß neue künstliche Grenzen entstehen und die Märkte abgeschottet werden. Die Möglichkeiten der Verbraucher haben durch die neuen Kommunikationstechnologien, die einen leichten Zugang zu den Vertriebssystemen in anderen Mitgliedstaaten oder in Drittländern bieten, deutlich zugenommen. Ohne eine Mindestharmonisierung der Bestimmungen über den Verbrauchsgüterkauf könnte die Weiterentwicklung des Warenkaufs mit Hilfe der neuen Fernkommunikationstechniken behindert werden.

(5) Die Schaffung eines gemeinsamen Mindestsockels von Verbraucherrechten, die unabhängig vom Ort des Kaufs der Waren in der Gemeinschaft gelten, stärkt das Vertrauen der Verbraucher und gestattet es ihnen, die durch die Schaffung des Binnenmarkts gebotenen Vorzüge besser zu nutzen.

(6) Schwierigkeiten der Verbraucher und Konflikte mit den Verkäufern haben ihre Ursache vor allem in der Vertragswidrigkeit von Waren. Infolgedessen erweist sich eine Angleichung der einzelstaatlichen Rechtsvorschriften über den Verbrauchsgüterkauf in dieser Hinsicht als geboten. Eine solche Angleichung darf jedoch nicht die Bestimmungen und Grundsätze des innerstaatlichen Rechts über die Regelung der vertraglichen und außervertraglichen Haftung beeinträchtigen.

(7) Waren müssen vor allem vertragsgemäß sein. Der Grundsatz der Vertragsmäßigkeit kann als gemeinsames Element der verschiedenen einzelstaatlichen Rechtstraditionen betrachtet werden. Im Rahmen bestimmter einzelstaatlicher Rechtstraditionen ist es möglicherweise nicht möglich, sich allein auf diesen Grundsatz zu stützen, um ein Mindestmaß an Verbraucherschutz zu gewährleisten. Insbesondere im Rahmen solcher Rechtstraditionen könnte es nützlich sein, zusätzliche innerstaatliche Bestimmungen vorzusehen, um den Verbraucherschutz für den Fall zu gewährleisten, daß die Parteien sich entweder nicht auf spezifische Vertragsklauseln geeinigt haben oder aber Vertragsklauseln vorgesehen oder Vereinbarungen getroffen haben, aufgrund deren die Rechte des

---

1   ABl. C 307 vom 16.10.1996, S. 8, und ABl. C 148 vom 14.5.1998, S. 12.
2   ABl. C 66 vom 3.3.1997, S. 5.
3   Stellungnahme des Europäischen Parlaments vom 10.3.1998 (ABl. C 104 vom 6.4.1998, S. 30), Gemeinsamer Standpunkt des Rates vom 24.9.1998 (ABl. C 333 vom 30.10.1998, S. 46) und Beschluß des Europäischen Parlaments vom 17.12.1998 (ABl. C 98 vom 9.4.1999, S. 226). Beschluß des Europäischen Parlaments vom 5.5.1999 und Beschluß des Rates vom 17.5.1999.

Verbrauchers unmittelbar oder mittelbar außer Kraft gesetzt oder eingeschränkt werden. Soweit sich diese Rechte aus dieser Richtlinie ergeben, sind solche Vertragsklauseln oder Vereinbarungen für den Verbraucher nicht bindend.

(8) Um die Anwendung des Grundsatzes der Vertragsmäßigkeit zu erleichtern, ist es sinnvoll, eine widerlegbare Vermutung der Vertragsmäßigkeit einzuführen, die die meisten normalen Situationen abdeckt. Diese Vermutung stellt keine Einschränkung des Grundsatzes der Vertragsfreiheit dar. In Ermangelung spezifischer Vertragsklauseln sowie im Fall der Anwendung der Mindestschutzklausel können die in dieser Vermutung genannten Elemente verwendet werden, um die Vertragswidrigkeit der Waren zu bestimmen. Die Qualität und die Leistung, die der Verbraucher vernünftigerweise erwarten kann, hängen unter anderem davon ab, ob die Güter neu oder gebraucht sind. Die in der Vermutung genannten Elemente gelten kumulativ. Ist ein bestimmtes Element aufgrund der Umstände des betreffenden Falls offenkundig unanwendbar, so behalten die übrigen Elemente der Vermutung dennoch ihre Gültigkeit.

(9) Der Verkäufer muß dem Verbraucher gegenüber unmittelbar für die Vertragsmäßigkeit der Güter haften. Dieser klassische Grundsatz ist in den Rechtsvorschriften der Mitgliedstaaten verankert. Der Verkäufer muß allerdings nach Maßgabe des innerstaatlichen Rechts den Hersteller, einen früheren Verkäufer innerhalb derselben Vertragskette oder eine andere Zwischenperson in Regreß nehmen können, es sei denn, daß er auf dieses Recht verzichtet hat. Diese Richtlinie berührt nicht den Grundsatz der Vertragsfreiheit in den Beziehungen zwischen dem Verkäufer, dem Hersteller, einem früheren Verkäufer oder einer anderen Zwischenperson. Die einzelstaatlichen Rechtsvorschriften bestimmen, gegen wen und wie der Verkäufer Regreß nehmen kann.

(10) Bei Vertragswidrigkeit eines Gutes muß der Verbraucher das Recht haben, die unentgeltliche Herstellung des vertragsgemäßen Zustands des Gutes zu verlangen, wobei er zwischen einer Nachbesserung und einer Ersatzlieferung wählen kann; andernfalls muß er Anspruch auf Minderung des Kaufpreises oder auf Vertragsauflösung haben.

(11) Zunächst kann der Verbraucher vom Verkäufer die Nachbesserung des Gutes oder eine Ersatzlieferung verlangen, es sei denn, daß diese Abhilfen unmöglich oder unverhältnismäßig wären. Ob eine Abhilfe unverhältnismäßig ist, müßte objektiv festgestellt werden. Unverhältnismäßig sind Abhilfen, die im Vergleich zu anderen unzumutbare Kosten verursachen; bei der Beantwortung der Frage, ob es sich um unzumutbare Kosten handelt, sollte entscheidend sein, ob die Kosten der Abhilfe deutlich höher sind als die Kosten einer anderen Abhilfe.

(12) In Fällen von Vertragswidrigkeit kann der Verkäufer dem Verbraucher zur Erzielung einer gütlichen Einigung stets jede zur Verfügung stehende Abhilfemöglichkeit anbieten. Die Entscheidung über die Annahme oder Ablehnung des betreffenden Vorschlags bleibt dem Verbraucher anheimgestellt.

(13) Um es dem Verbraucher zu ermöglichen, den Binnenmarkt zu nutzen und Verbrauchsgüter in einem anderen Mitgliedstaat zu erwerben, sollte empfohlen werden, daß der Hersteller von Verbrauchsgütern, die in mehreren Mitgliedstaaten verkauft werden, im Interesse des Verbrauchers dem Verbrauchsgut eine Liste mit mindestens einer Ansprechadresse in jedem Mitgliedstaat, in dem die Ware vertrieben wird, beifügt.

(14) Die Bezugnahmen auf den Zeitpunkt der Lieferung bedeuten nicht, daß die Mitgliedstaaten ihre Vorschriften über den Gefahrübergang ändern müssen.

(15) Die Mitgliedstaaten können vorsehen, daß eine dem Verbraucher zu leistende Erstattung gemindert werden kann, um der Benutzung der Ware Rechnung zu tragen, die durch den Verbraucher seit ihrer Lieferung erfolgt ist. Die Regelungen über die Modalitäten der Durchführung der Vertragsauflösung können im innerstaatlichen Recht festgelegt werden.

(16) Gebrauchte Güter können aufgrund ihrer Eigenart im allgemeinen nicht ersetzt werden. Bei diesen Gütern hat der Verbraucher deshalb in der Regel keinen Anspruch auf Ersatzlieferung. Die Mitgliedstaaten können den Parteien gestatten, für solche Güter eine kürzere Haftungsdauer zu vereinbaren.

(17) Es ist zweckmäßig, den Zeitraum, innerhalb dessen der Verkäufer für Vertragswidrigkeiten haftet, die zum Zeitpunkt der Lieferung des Gutes bestanden, zu begrenzen. Die Mitgliedstaaten können ferner eine Frist vorsehen, innerhalb deren die Verbraucher ihre Ansprüche geltend machen können, sofern diese Frist nicht vor Ablauf von zwei Jahren ab dem Zeitpunkt der Lieferung endet. Wird in innerstaatlichen Rechtsvorschriften für den Beginn einer Frist ein anderer Zeitpunkt als die Lieferung des Gutes festgelegt, so darf die Gesamtdauer der in den innerstaatlichen Rechtsvorschriften festgelegten Frist einen Zeitraum von zwei Jahren ab dem Zeitpunkt der Lieferung nicht unterschreiten.

(18) Für den Fall einer Nachbesserung oder einer Ersatzlieferung sowie für den Fall von Verhandlungen zwischen dem Verkäufer und dem Verbraucher über eine gütliche Regelung können die Mitgliedstaaten gemäß ihren innerstaatlichen Rechtsvorschriften gegebenenfalls die Hemmung oder Unter-

brechung des Zeitraums, während dessen Vertragswidrigkeiten offenbar werden müssen, und der Verjährungsfrist vorsehen.

(19) Den Mitgliedstaaten sollte die Möglichkeit eingeräumt werden, eine Frist festzusetzen, innerhalb deren die Verbraucher den Verkäufer über Vertragswidrigkeiten unterrichten müssen. Die Mitgliedstaaten können ein höheres Niveau des Verbraucherschutzes gewährleisten, indem sie keine derartige Verpflichtung einführen. In jedem Fall sollten die Verbraucher für die Unterrichtung des Verkäufers über das Vorliegen einer Vertragswidrigkeit überall in der Gemeinschaft über einen Zeitraum von mindestens zwei Monaten verfügen.

(20) Die Mitgliedstaaten sollten vorbeugende Maßnahmen ergreifen, damit eine solche Unterrichtungsfrist die Verbraucher bei grenzüberschreitenden Käufen nicht benachteiligt. Alle Mitgliedstaaten sollten die Kommission über ihre in bezug auf diese Bestimmung gewählte Lösung unterrichten. Die Kommission sollte die Auswirkungen der unterschiedlichen Anwendung dieser Bestimmung auf die Verbraucher und den Binnenmarkt beobachten. Informationen über die von einem Mitgliedstaat gewählte Lösung sollten den übrigen Mitgliedstaaten, den Verbrauchern und den Verbraucherorganisationen gemeinschaftsweit zugänglich gemacht werden. Daher sollte im Amtsblatt der Europäischen Gemeinschaften eine Übersicht über die Lage in allen Mitgliedstaaten veröffentlicht werden.

(21) Bei bestimmten Warengattungen ist es üblich, daß die Verkäufer oder die Hersteller auf ihre Erzeugnisse Garantien gewähren, die die Verbraucher gegen alle Mängel absichern, die innerhalb einer bestimmten Frist offenbar werden können. Diese Praxis kann zu mehr Wettbewerb am Markt führen. Solche Garantien stellen zwar rechtmäßige Marketinginstrumente dar, sollten jedoch den Verbraucher nicht irreführen. Um sicherzustellen, daß der Verbraucher nicht irregeführt wird, sollten die Garantien bestimmte Informationen enthalten, unter anderem eine Erklärung, daß die Garantie nicht die gesetzlichen Rechte des Verbrauchers berührt.

(22) Die Vertragsparteien dürfen die den Verbrauchern eingeräumten Rechte nicht durch Vereinbarung einschränken oder außer Kraft setzen, da dies den gesetzlichen Schutz aushöhlen würde. Dieser Grundsatz hat auch für Klauseln zu gelten, denen zufolge dem Verbraucher jede zum Zeitpunkt des Vertragsschlusses bestehende Vertragswidrigkeit des Verbrauchsguts bekannt war. Der dem Verbraucher aufgrund dieser Richtlinie gewährte Schutz darf nicht dadurch geschmälert werden, daß das Recht eines Nichtmitgliedstaats als das auf den betreffenden Vertrag anzuwendende Recht gewählt worden ist.

(23) Die diesbezüglichen Rechtsvorschriften und die Rechtsprechung der Mitgliedstaaten zeugen von dem zunehmenden Bemühen, den Verbrauchern ein hohes Schutzniveau zu gewährleisten. Angesichts dieser Entwicklung und der zu erwartenden Erfahrung mit der Durchführung dieser Richtlinie kann es sich als notwendig erweisen, eine stärkere Harmonisierung in Erwägung zu ziehen, die insbesondere eine unmittelbare Haftung des Herstellers für ihm zuzuschreibende Mängel vorsieht.

(24) Die Mitgliedstaaten sollten auf dem unter diese Richtlinie fallenden Gebiet strengere Bestimmungen zur Gewährleistung eines noch höheren Verbraucherschutzniveaus erlassen oder beibehalten können.

(25) Entsprechend der Empfehlung der Kommission vom 30. März 1998 betreffend die Grundsätze für Einrichtungen, die für die außergerichtliche Beilegung von Verbraucherrechtsstreitigkeiten zuständig sind[4], können die Mitgliedstaaten Einrichtungen schaffen, die eine unparteiische und effiziente Beschwerdebehandlung im nationalen und grenzüberschreitenden Rahmen gewährleisten und die von den Verbrauchern als Vermittler in Anspruch genommen werden können.

(26) Zum Schutz der Kollektivinteresse der Verbraucher ist es angebracht, diese Richtlinie in das im Anhang der Richtlinie 98/27/EG des Europäischen Parlaments und des Rates vom 19. Mai 1998 über Unterlassungsklagen zum Schutz der Verbraucherinteressen[5] enthaltene Richtlinienverzeichnis aufzunehmen –

HABEN FOLGENDE RICHTLINIE ERLASSEN:

Art. 1 Geltungsbereich und Begriffsbestimmungen (1) Zweck dieser Richtlinie ist die Angleichung der Rechts- und Verwaltungsvorschriften der Mitgliedstaaten zu bestimmten Aspekten des Verbrauchsgüterkaufs und der Garantien für Verbrauchsgüter zur Gewährleistung eines einheitlichen Verbraucherschutz-Mindestniveaus im Rahmen des Binnenmarkts.

(2) Im Sinne dieser Richtlinie bezeichnet der Ausdruck

---

4 ABl. L 115 vom 17.4.1998, S. 31.
5 ABl. L 166 vom 11.6.1998, S. 51.

2.9 KaufR-RL

a) „Verbraucher" jede natürliche Person, die im Rahmen der unter diese Richtlinie fallen-den Verträge zu einem Zweck handelt, der nicht ihrer beruflichen oder gewerblichen Tätigkeit zugerechnet werden kann;

b) „Verbrauchsgüter" bewegliche körperliche Gegenstände, mit Ausnahme von
- Gütern, die aufgrund von Zwangsvollstreckungsmaßnahmen oder anderen ge-richtlichen Maßnahmen verkauft werden,
- Wasser und Gas, wenn sie nicht in einem begrenzten Volumen oder in einer be-stimmten Menge abgefuellt sind,
- Strom;

c) „Verkäufer" jede natürliche oder juristische Person, die aufgrund eines Vertrags im Rahmen ihrer beruflichen oder gewerblichen Tätigkeit Verbrauchsgüter verkauft;

d) „Hersteller" den Hersteller von Verbrauchsgütern, deren Importeur für das Gebiet der Gemeinschaft oder jede andere Person, die sich dadurch, daß sie ihren Namen, ihre Marke oder ein anderes Kennzeichen an den Verbrauchsgütern anbringt, als Hersteller bezeichnet;

e) „Garantie" jede von einem Verkäufer oder Hersteller gegenüber dem Verbraucher ohne Aufpreis eingegangene Verpflichtung, den Kaufpreis zu erstatten, das Verbrauchsgut zu ersetzen oder nachzubessern oder in sonstiger Weise Abhilfe zu schaffen, wenn das Verbrauchsgut nicht den in der Garantieerklärung oder in der einschlägigen Werbung genannten Eigenschaften entspricht;

f) „Nachbesserung" bei Vertragswidrigkeit die Herstellung des vertragsgemäßen Zu-stands des Verbrauchsgutes.

(3) Die Mitgliedstaaten können festlegen, daß unter „Verbrauchsgütern" keine gebrauchten Güter zu verstehen sind, die in einer öffentlichen Versteigerung verkauft werden, bei der die Verbraucher die Möglichkeit haben, dem Verkauf persönlich beizuwohnen.

(4) Als Kaufverträge im Sinne dieser Richtlinie gelten auch Verträge über die Lieferung herzustellender oder zu erzeugender Verbrauchsgüter.

Art. 2 Vertragsmäßigkeit (1) Der Verkäufer ist verpflichtet, dem Verbraucher dem Kauf-vertrag gemäße Güter zu liefern.

(2) Es wird vermutet, daß Verbrauchsgüter vertragsgemäß sind, wenn sie

a) mit der vom Verkäufer gegebenen Beschreibung übereinstimmen und die Eigenschaf-ten des Gutes besitzen, das der Verkäufer dem Verbraucher als Probe oder Muster vor-gelegt hat;

b) sich für einen bestimmten vom Verbraucher angestrebten Zweck eignen, den der Ver-braucher dem Verkäufer bei Vertragsschluß zur Kenntnis gebracht hat und dem der Verkäufer zugestimmt hat;

c) sich für die Zwecke eignen, für die Güter der gleichen Art gewöhnlich gebraucht wer-den;

d) eine Qualität und Leistungen aufweisen, die bei Gütern der gleichen Art üblich sind und die der Verbraucher vernünftigerweise erwarten kann, wenn die Beschaffenheit des Gutes und gegebenenfalls die insbesondere in der Werbung oder bei der Etiket-tierung gemachten öffentlichen Äußerungen des Verkäufers, des Herstellers oder des-sen Vertreters über die konkreten Eigenschaften des Gutes in Betracht gezogen wer-den.

(3) Es liegt keine Vertragswidrigkeit im Sinne dieses Artikels vor, wenn der Verbraucher zum Zeitpunkt des Vertragsschlusses Kenntnis von der Vertragswidrigkeit hatte oder ver-

nünftigerweise nicht in Unkenntnis darüber sein konnte oder wenn die Vertragswidrigkeit auf den vom Verbraucher gelieferten Stoff zurückzuführen ist.

(4) Der Verkäufer ist durch die in Absatz 2 Buchstabe d) genannten öffentlichen Äußerungen nicht gebunden, wenn er

– nachweist, daß er die betreffende Äußerung nicht kannte und vernünftigerweise nicht davon Kenntnis haben konnte,

– nachweist, daß die betreffende Äußerung zum Zeitpunkt des Vertragsschlusses berichtigt war, oder

– nachweist, daß die Kaufentscheidung nicht durch die betreffende Äußerung beeinflußt sein konnte.

(5) Ein Mangel infolge unsachgemäßer Montage des Verbrauchsgutes wird der Vertragswidrigkeit gleichgestellt, wenn die Montage Bestandteil des Kaufvertrags über das Verbrauchsgut war und vom Verkäufer oder unter dessen Verantwortung vorgenommen wurde. Das gleiche gilt, wenn das zur Montage durch den Verbraucher bestimmte Erzeugnis vom Verbraucher montiert worden ist und die unsachgemäße Montage auf einen Mangel in der Montageanleitung zurückzuführen ist.

Art. 3 Rechte des Verbrauchers (1) Der Verkäufer haftet dem Verbraucher für jede Vertragswidrigkeit, die zum Zeitpunkt der Lieferung des Verbrauchsgutes besteht.

(2) Bei Vertragswidrigkeit hat der Verbraucher entweder Anspruch auf die unentgeltliche Herstellung des vertragsgemäßen Zustands des Verbrauchsgutes durch Nachbesserung oder Ersatzlieferung nach Maßgabe des Absatzes 3 oder auf angemessene Minderung des Kaufpreises oder auf Vertragsauflösung in bezug auf das betreffende Verbrauchsgut nach Maßgabe der Absätze 5 und 6.

(3) Zunächst kann der Verbraucher vom Verkäufer die unentgeltliche Nachbesserung des Verbrauchsgutes oder eine unentgeltliche Ersatzlieferung verlangen, sofern dies nicht unmöglich oder unverhältnismäßig ist.

Eine Abhilfe gilt als unverhältnismäßig, wenn sie dem Verkäufer Kosten verursachen würde, die

– angesichts des Werts, den das Verbrauchsgut ohne die Vertragswidrigkeit hätte,

– unter Berücksichtigung der Bedeutung der Vertragswidrigkeit und

– nach Erwägung der Frage, ob auf die alternative Abhilfemöglichkeit ohne erhebliche Unannehmlichkeiten für den Verbraucher zurückgegriffen werden könnte,

verglichen mit der alternativen Abhilfemöglichkeit unzumutbar wären.

Die Nachbesserung oder die Ersatzlieferung muß innerhalb einer angemessenen Frist und ohne erhebliche Unannehmlichkeiten für den Verbraucher erfolgen, wobei die Art des Verbrauchsgutes sowie der Zweck, für den der Verbraucher das Verbrauchsgut benötigte, zu berücksichtigen sind.

(4) Der Begriff „unentgeltlich" in den Absätzen 2 und 3 umfaßt die für die Herstellung des vertragsgemäßen Zustands des Verbrauchsgutes notwendigen Kosten, insbesondere Versand-, Arbeits- und Materialkosten.

(5) Der Verbraucher kann eine angemessene Minderung des Kaufpreises oder eine Vertragsauflösung verlangen,

– wenn der Verbraucher weder Anspruch auf Nachbesserung noch auf Ersatzlieferung hat oder

– wenn der Verkäufer nicht innerhalb einer angemessenen Frist Abhilfe geschaffen hat oder

– wenn der Verkäufer nicht ohne erhebliche Unannehmlichkeiten für den Verbraucher Abhilfe geschaffen hat.

(6) Bei einer geringfügigen Vertragswidrigkeit hat der Verbraucher keinen Anspruch auf Vertragsauflösung.

Art. 4 Rückgriffsrechte Haftet der Letztverkäufer dem Verbraucher aufgrund einer Vertragswidrigkeit infolge eines Handelns oder Unterlassens des Herstellers, eines früheren Verkäufers innerhalb derselben Vertragskette oder einer anderen Zwischenperson, so kann der Letztverkäufer den oder die Haftenden innerhalb der Vertragskette in Regreß nehmen. Das innerstaatliche Recht bestimmt den oder die Haftenden, den oder die der Letztverkäufer in Regreß nehmen kann, sowie das entsprechende Vorgehen und die Modalitäten.

Art. 5 Fristen (1) Der Verkäufer haftet nach Artikel 3, wenn die Vertragswidrigkeit binnen zwei Jahren nach der Lieferung des Verbrauchsgutes offenbar wird. Gilt nach dem innerstaatlichen Recht für die Ansprüche nach Artikel 3 Absatz 2 eine Verjährungsfrist, so endet sie nicht vor Ablauf eines Zeitraums von zwei Jahren ab dem Zeitpunkt der Lieferung.

(2) Die Mitgliedstaaten können vorsehen, daß der Verbraucher den Verkäufer zur Inanspruchnahme seiner Rechte über die Vertragswidrigkeit binnen zwei Monaten nach dem Zeitpunkt, zu dem er die Vertragswidrigkeit festgestellt hat, unterrichten muß.

Die Mitgliedstaaten unterrichten die Kommission über ihre bezüglich dieses Absatzes gewählte Lösung. Die Kommission überwacht die Auswirkungen dieser den Mitgliedstaaten eingeräumten Möglichkeit auf die Verbraucher und den Binnenmarkt.

Die Kommission erstellt bis zum 7. Januar 2003 einen Bericht über die von den Mitgliedstaaten bezüglich dieses Absatzes gewählte Lösung. Dieser Bericht wird im Amtsblatt der Europäischen Gemeinschaften veröffentlicht.

(3) Bis zum Beweis des Gegenteils wird vermutet, daß Vertragswidrigkeiten, die binnen sechs Monaten nach der Lieferung des Gutes offenbar werden, bereits zum Zeitpunkt der Lieferung bestanden, es sei denn, diese Vermutung ist mit der Art des Gutes oder der Art der Vertragswidrigkeit unvereinbar.

Art. 6 Garantien (1) Die Garantie muß denjenigen, der sie anbietet, zu den in der Garantieerklärung und der einschlägigen Werbung angegebenen Bedingungen binden.

(2) Die Garantie muß

– darlegen, daß der Verbraucher im Rahmen der geltenden innerstaatlichen Rechtsvorschriften über den Verbrauchsgüterkauf gesetzliche Rechte hat, und klarstellen, daß diese Rechte von der Garantie nicht berührt werden;

– in einfachen und verständlichen Formulierungen den Inhalt der Garantie und die wesentlichen Angaben enthalten, die für die Inanspruchnahme der Garantie notwendig sind, insbesondere die Dauer und den räumlichen Geltungsbereich des Garantieschutzes sowie Namen und Anschrift des Garantiegebers.

(3) Auf Wunsch des Verbrauchers muß diesem die Garantie schriftlich zur Verfügung gestellt werden oder auf einem anderen dauerhaften Datenträger enthalten sein, der dem Verbraucher zur Verfügung steht und ihm zugänglich ist.

(4) Die Mitgliedstaaten, in denen das Verbrauchsgut in Verkehr gebracht wird, können, soweit dies mit den Vorschriften des Vertrags vereinbar ist, für ihr Gebiet vorschreiben, daß die Garantie in einer oder in mehreren Sprachen abzufassen ist, die der jeweilige Mitgliedstaat unter den Amtssprachen der Gemeinschaft auswählt.

(5) Werden für eine Garantie die Anforderungen der Absätze 2, 3 oder 4 nicht erfuellt, so berührt dies in keinem Fall die Gültigkeit dieser Garantie; der Verbraucher kann sie weiterhin geltend machen und ihre Einhaltung verlangen.

Art. 7 Unabdingbarkeit (1) Vertragsklauseln oder mit dem Verkäufer vor dessen Unterrichtung über die Vertragswidrigkeit getroffene Vereinbarungen, durch welche die mit dieser Richtlinie gewährten Rechte unmittelbar oder mittelbar außer Kraft gesetzt oder eingeschränkt werden, sind für den Verbraucher gemäß dem innerstaatlichen Recht nicht bindend.

Im Fall gebrauchter Güter können die Mitgliedstaaten vorsehen, daß der Verkäufer und der Verbraucher sich auf Vertragsklauseln oder Vereinbarungen einigen können, denen zufolge der Verkäufer weniger lange haftet als in Artikel 5 Absatz 1 vorgesehen. Diese kürzere Haftungsdauer darf ein Jahr nicht unterschreiten.

(2) Die Mitgliedstaaten treffen die erforderlichen Maßnahmen, damit dem Verbraucher der durch diese Richtlinie gewährte Schutz nicht dadurch vorenthalten wird, daß das Recht eines Nichtmitgliedstaats als das auf den Vertrag anzuwendende Recht gewählt wird, sofern dieser Vertrag einen engen Zusammenhang mit dem Gebiet der Mitgliedstaaten aufweist.

Art. 8 Innerstaatliches Recht und Mindestschutz (1) Andere Ansprüche, die der Verbraucher aufgrund innerstaatlicher Rechtsvorschriften über die vertragliche oder außervertragliche Haftung geltend machen kann, werden durch die aufgrund dieser Richtlinie gewährten Rechte nicht berührt.

(2) Die Mitgliedstaaten können in dem unter diese Richtlinie fallenden Bereich mit dem Vertrag in Einklang stehende strengere Bestimmungen erlassen oder aufrechterhalten, um ein höheres Schutzniveau für die Verbraucher sicherzustellen.

Art. 8a Berichtspflichten (1) Erlässt ein Mitgliedstaat gemäß Artikel 8 Absatz 2 strengere Verbraucherschutzvorschriften als die in Artikel 5 Absätzen 1 bis 3 und Artikel 7 Absatz 1 vorgesehenen, so setzt er die Kommission hiervon sowie von allen nachfolgenden Änderungen in Kenntnis.

(2) Die Kommission stellt sicher, dass die in Absatz 1 genannten Informationen den Verbrauchern und den Unternehmern leicht zugänglich sind, u. a. auf einer speziellen Webseite.

(3) Die Kommission leitet die in Absatz 1 genannten Informationen an die anderen Mitgliedstaaten und das Europäische Parlament weiter. Die Kommission hört die Beteiligten zu diesen Informationen an.

Art. 9 [Unterrichtung der Verbraucher] Die Mitgliedstaaten ergreifen geeignete Maßnahmen zur Unterrichtung der Verbraucher über das innerstaatliche Recht, mit dem diese Richtlinie umgesetzt wird, und rufen, falls angebracht, Berufsorganisationen dazu auf, die Verbraucher über ihre Rechte zu unterrichten.

Art. 10-14 *Änderung der Unterlassungsklage-RL (dort berücksichtigt), Umsetzungspflichten, Überprüfung und Inkrafttreten – nicht abgedruckt.*

2.10 Richtlinie 85/374/EWG des Rates vom 25. Juli 1985 zur Angleichung der Rechts- und Verwaltungsvorschriften der Mitgliedstaaten über die Haftung für fehlerhafte Produkte [Produkthaftungs-RL]

ABl. 1985 L 210/29

DER RAT DER EUROPÄISCHEN GEMEINSCHAFTEN –
gestützt auf den Vertrag zur Gründung der Europäischen Wirtschaftsgemeinschaft, insbesondere auf Artikel 100,
auf Vorschlag der Kommission[1],
nach Stellungnahme des Europäischen Parlaments[2],
nach Stellungnahme des Wirtschafts- und Sozialausschusses[3],
in Erwägung nachstehender Gründe:

[1] Eine Angleichung der einzelstaatlichen Rechtsvorschriften über die Haftung des Herstellers für Schäden, die durch die Fehlerhaftigkeit seiner Produkte verursacht worden sind, ist erforderlich, weil deren Unterschiedlichkeit den Wettbewerb verfälschen, den freien Warenverkehr innerhalb des Gemeinsamen Marktes beeinträchtigen und zu einem unterschiedlichen Schutz des Verbrauchers vor Schädigungen seiner Gesundheit und seines Eigentums durch ein fehlerhaftes Produkt führen kann.

[2] Nur bei einer verschuldensunabhängigen Haftung des Herstellers kann das unserem Zeitalter fortschreitender Technisierung eigene Problem einer gerechten Zuweisung der mit der modernen technischen Produktion verbundenen Risiken in sachgerechter Weise gelöst werden.

[3] Die Haftung darf sich nur auf bewegliche Sachen erstrecken, die industriell hergestellt werden. Folglich sind landwirtschaftliche Produkte und Jagderzeugnisse von der Haftung auszuschließen, außer wenn sie einer industriellen Verarbeitung unterzogen worden sind, die Ursache eines Fehlers dieses Erzeugnisses sein kann. Die in dieser Richtlinie vorzusehende Haftung muß auch für bewegliche Sachen gelten, die bei der Errichtung von Bauwerken verwendet oder in Bauwerke eingebaut werden.

[4] Der Schutz des Verbrauchers erfordert es, daß alle am Produktionsprozeß Beteiligten haften, wenn das Endprodukt oder der von ihnen gelieferte Bestandteil oder Grundstoff fehlerhaft war. Aus demselben Grunde hat die Person, die Produkte in die Gemeinschaft einführt, sowie jede Person zu haften, die sich als Hersteller ausgibt, indem sie ihren Namen, ihr Warenzeichen oder ein anderes Erkennungszeichen anbringt, oder die ein Produkt liefert, dessen Hersteller nicht festgestellt werden kann.

[5] Haften mehrere Personen für denselben Schaden, so erfordert der Schutz des Verbrauchers, daß der Geschädigte eine jede für den vollen Ersatz des Schadens in Anspruch nehmen kann.

[6] Damit der Verbraucher in seiner körperlichen Unversehrtheit und seinem Eigentum geschützt wird, ist zur Bestimmung der Fehlerhaftigkeit eines Produkts nicht auf dessen mangelnde Gebrauchsfähigkeit, sondern auf einen Mangel an Sicherheit abzustellen, die von der Allgemeinheit berechtigterweise erwartet werden darf. Bei der Beurteilung dieser Sicherheit wird von jedem mißbräuchlichen Gebrauch des Produkts abgesehen, der unter den betreffenden Umständen als unvernünftig gelten muß.

[7] Eine gerechte Verteilung der Risiken zwischen dem Geschädigten und dem Hersteller bedingt, daß es dem Hersteller möglich sein muß, sich von der Haftung zu befreien, wenn er den Beweis für ihn entlastende Umstände erbringt.

[8] Der Schutz des Verbrauchers erfordert, daß die Haftung des Herstellers nicht durch Handlungen anderer Personen beeinträchtigt wird, die zur Verursachung des Schadens beigetragen haben. Ein Mitverschulden des Geschädigten kann jedoch berücksichtigt werden und die Haftung mindern oder ausschließen.

[9] Der Schutz des Verbrauchers erfordert die Wiedergutmachung von Schäden, die durch Tod und Körperverletzungen verursacht wurden, sowie die Wiedergutmachung von Sachschäden. Letztere ist jedoch auf Gegenstände des privaten Ge- bzw. Verbrauchs zu beschränken und zur Vermeidung einer allzu großen Zahl von Streitfällen um eine Selbstbeteiligung in fester Höhe zu vermindern. Die

---

1   ABl. C 241 vom 14.10.1976, S. 9, und ABl. C 271 vom 26.10.1979, S. 3.
2   ABl. C 127 vom 21.5.1979, S. 61.
3   ABl. C 114 vom 7.5.1979, S. 15.

Richtlinie berührt nicht die Gewährung von Schmerzensgeld und die Wiedergutmachung anderer seelischer Schäden, die gegebenenfalls nach dem im Einzelfall anwendbaren Recht vorgesehen sind.

[10] Eine einheitlich bemessene Verjährungsfrist für Schadenersatzansprüche liegt sowohl im Interesse des Geschädigten als auch des Herstellers.

[11] Produkte nutzen sich im Laufe der Zeit ab, es werden strengere Sicherheitsnormen entwickelt, und die Erkenntnisse von Wissenschaft und Technik schreiten fort. Es wäre daher unbillig, den Hersteller zeitlich unbegrenzt für Mängel seiner Produkte haftbar zu machen. Seine Haftung hat somit nach einem angemessenen Zeitraum zu erlöschen, wobei ein rechtshängiger Anspruch jedoch nicht berührt wird.

[12] Damit ein wirksamer Verbraucherschutz gewährleistet ist, darf es nicht möglich sein, die Haftung des Herstellers gegenüber dem Geschädigten durch eine Vertragsklausel abweichend zu regeln.

[13] Nach den Rechtssystemen der Mitgliedstaaten kann der Geschädigte aufgrund einer vertraglichen Haftung oder aufgrund einer anderen als der in dieser Richtlinie vorgesehenen außervertraglichen Haftung Anspruch auf Schadenersatz haben. Soweit derartige Bestimmungen ebenfalls auf die Verwirklichung des Ziels eines wirksamen Verbraucherschutzes ausgerichtet sind, dürfen sie von dieser Richtlinie nicht beeinträchtigt werden. Soweit in einem Mitgliedstaat ein wirksamer Verbraucherschutz im Arzneimittelbereich auch bereits durch eine besondere Haftungsregelung gewährleistet ist, müssen Klagen aufgrund dieser Regelung ebenfalls weiterhin möglich sein.

[14] Da die Haftung für nukleare Schäden in allen Mitgliedstaaten bereits ausreichenden Sonderregelungen unterliegt, können Schäden dieser Art aus dem Anwendungsbereich dieser Richtlinie ausgeschlossen werden.

[15] Der Ausschluß von landwirtschaftlichen Naturprodukten und Jagderzeugnissen aus dem Anwendungsbereich dieser Richtlinie kann in einigen Mitgliedstaaten in Anbetracht der Erfordernisse des Verbraucherschutzes als ungerechtfertigte Einschränkung dieses Schutzes empfunden werden; deshalb müssen die Mitgliedstaaten die Haftung auf diese Produkte ausdehnen können.

[16] Aus ähnlichen Gründen kann es in einigen Mitgliedstaaten als ungerechtfertigte Einschränkung des Verbraucherschutzes empfunden werden, daß ein Hersteller sich von der Haftung befreien kann, wenn er den Beweis erbringt, daß der Stand der Wissenschaft und Technik zu dem Zeitpunkt, zu dem er das betreffende Erzeugnis in der Verkehr gebracht hat, es nicht gestattete, die Existenz des Fehlers festzustellen. Die Mitgliedstaaten müssen daher die Möglichkeit haben, einschlägige Rechtsvorschriften, denen zufolge ein solcher Beweis nicht von der Haftung befreien kann, beizubehalten bzw. dahingehende Rechtsvorschriften zu erlassen. Werden entsprechende neue Rechtsvorschriften eingeführt, so muß jedoch die Inanspruchnahme einer derartigen Abweichung von einem gemeinschaftlichen Stillhalteverfahren abhängig gemacht werden, damit der Umfang des Schutzes in der Gemeinschaft möglichst in einheitlicher Weise erweitert wird.

[17] In Anbetracht der Rechtstraditionen in den meisten Mitgliedstaaten empfiehlt es sich nicht, für die verschuldensunabhängige Haftung des Herstellers eine finanzielle Obergrenze festzulegen. Da es jedoch auch andere Rechtstraditionen gibt, erscheint es möglich, den Mitgliedstaaten das Recht einzuräumen, vom Grundsatz der unbeschränkten Haftung abzuweichen und für Todesfälle und Körperverletzungen, die durch gleiche Artikel mit demselben Fehler verursacht wurden, die Gesamthaftung des Herstellers zu begrenzen, sofern diese Begrenzung hoch genug angesetzt wird, um einen angemessenen Schutz der Verbraucher und ein einwandfreies Funktionieren des Gemeinsamen Marktes sicherzustellen.

[18] Mit dieser Richtlinie läßt sich vorerst keine vollständige Harmonisierung erreichen, sie öffnet jedoch den Weg für eine umfassendere Harmonisierung. Der Rat sollte von der Kommission daher regelmäßig mit Berichten über die Durchführung dieser Richtlinie befaßt werden, denen gegebenenfalls entsprechende Vorschläge beizufügen wären.

[19] Im Hinblick darauf ist es besonders wichtig, daß die Bestimmungen der Richtlinie, die den Mitgliedstaaten Abweichungen ermöglichen, nach einem ausreichend langen Zeitraum überprüft werden, sobald genügend praktische Erfahrungen über die Auswirkungen dieser Abweichungen auf den Verbraucherschutz und auf das Funktionieren des Gemeinsamen Marktes gesammelt worden sind –

HAT FOLGENDE RICHTLINIE ERLASSEN:

Art. 1 [Haftung des Herstellers] Der Hersteller eines Produkts haftet für den Schaden, der durch einen Fehler dieses Produkts verursacht worden ist.

Art. 2 [Produkt] Bei der Anwendung dieser Richtlinie gilt als „Produkt" jede bewegliche Sache, auch wenn sie einen Teil einer anderen beweglichen Sache oder einer unbeweglichen Sache bildet. Unter „Produkt" ist auch Elektrizität zu verstehen.

Art. 3 [Hersteller] (1) „Hersteller" ist der Hersteller des Endprodukts, eines Grundstoffs oder eines Teilprodukts sowie jede Person, die sich als Hersteller ausgibt, indem sie ihren Namen, ihr Warenzeichen oder ein anderes Erkennungszeichen auf dem Produkt anbringt.

(2) Unbeschadet der Haftung des Herstellers gilt jede Person, die ein Produkt zum Zweck des Verkaufs, der Vermietung, des Mietkaufs oder einer anderen Form des Vertriebs im Rahmen ihrer geschäftlichen Tätigkeit in die Gemeinschaft einführt, im Sinne dieser Richtlinie als Hersteller dieses Produkts und haftet wie der Hersteller.

(3) Kann der Hersteller des Produkts nicht festgestellt werden, so wird jeder Lieferant als dessen Hersteller behandelt, es sei denn, daß er dem Geschädigten innerhalb angemessener Zeit den Hersteller oder diejenige Person benennt, die ihm das Produkt geliefert hat. Dies gilt auch für eingeführte Produkte, wenn sich bei diesen der Importeur im Sinne des Absatzes 2 nicht feststellen läßt, selbst wenn der Name des Herstellers angegeben ist.

Art. 4 [Beweislast] Der Geschädigte hat den Schaden, den Fehler und den ursächlichen Zusammenhang zwischen Fehler und Schaden zu beweisen.

Art. 5 [Gesamtschuldnerische Haftung] Haften aufgrund dieser Richtlinie mehrere Personen für denselben Schaden, so haften sie unbeschadet des einzelstaatlichen Rückgriffsrechts gesamtschuldnerisch.

Art. 6 [Fehler] (1) Ein Produkt ist fehlerhaft, wenn es nicht die Sicherheit bietet, die man unter Berücksichtigung aller Umstände, insbesondere

a) der Darbietung des Produkts,

b) des Gebrauchs des Produkts, mit dem billigerweise gerechnet werden kann,

c) des Zeitpunkts, zu dem das Produkt in den Verkehr gebracht wurde, zu erwarten berechtigt ist.

(2) Ein Produkt kann nicht allein deshalb als fehlerhaft angesehen werden, weil später ein verbessertes Produkt in den Verkehr gebracht wurde.

Art. 7 [Exkulpationsmöglichkeiten des Herstellers] Der Hersteller haftet aufgrund dieser Richtlinie nicht, wenn er beweist,

a) daß er das Produkt nicht in den Verkehr gebracht hat;

b) daß unter Berücksichtigung der Umstände davon auszugehen ist, daß der Fehler, der den Schaden verursacht hat, nicht vorlag, als das Produkt von ihm in den Verkehr gebracht wurde, oder daß dieser Fehler später entstanden ist;

c) daß er das Produkt weder für den Verkauf oder eine andere Form des Vertriebs mit wirtschaftlichem Zweck hergestellt noch im Rahmen seiner beruflichen Tätigkeit hergestellt oder vertrieben hat;

d) daß der Fehler darauf zurückzuführen ist, daß das Produkt verbindlichen hoheitlich erlassenen Normen entspricht;

e) daß der vorhandene Fehler nach dem Stand der Wissenschaft und Technik zudem Zeitpunkt, zudem er das betreffende Produkt in den Verkehr brachte, nicht erkannt werden konnte;

f) wenn es sich um den Hersteller eines Teilproduktes handelt, daß der Fehler durch die Konstruktion des Produkts in welches das Teilprodukt eingearbeitet wurde, oder durch die Anleitungen des Herstellers des Produktes verursacht worden ist.

Art. 8 [**Verhalten Dritter; Mitverschulden des Geschädigten**] (1) Unbeschadet des einzelstaatlichen Rückgriffsrechts wird die Haftung eines Herstellers nicht gemindert, wenn der Schaden durch einen Fehler des Produkts und zugleich durch die Handlung eines Dritten verursacht worden ist.

(2) Die Haftung des Herstellers kann unter Berücksichtigung aller Umstände gemindert werden oder entfallen, wenn der Schaden durch einen Fehler des Produkts und zugleich durch Verschulden des Geschädigten oder einer Person, für die der Geschädigte haftet, verursacht worden ist.

Art. 9 [**Schaden**] Der Begriff „Schaden" im Sinne des Artikels 1 umfaßt
a)   den durch Tod und Körperverletzungen verursachten Schaden;
b)   die Beschädigung oder Zerstörung einer anderen Sache als des fehlerhaften Produktes
     – bei einer Selbstbeteiligung von 500 ECU –, sofern diese Sache
     i)   von einer Art ist, wie sie gewöhnlich für den privaten Ge- oder Verbrauch bestimmt ist, und
     ii)   von dem Geschädigten hauptsächlich zum privaten Ge- oder Verbrauch verwendet worden ist. Dieser Artikel berührt nicht die Rechtsvorschriften der Mitgliedstaaten betreffend immaterielle Schäden.

Art. 10 [**Verjährung ab Kenntnis**] (1) Die Mitgliedstaaten sehen in ihren Rechtsvorschriften vor, daß der aufgrund dieser Richtlinie vorgesehene Ersatzanspruch nach Ablauf einer Frist von drei Jahren ab dem Tage verjährt, an dem der Kläger von dem Schaden, dem Fehler und der Identität des Herstellers Kenntnis erlangt hat oder hätte erlangen müssen.

(2) Die Rechtsvorschriften der Mitgliedstaaten über die Hemmung oder Unterbrechung der Verjährung werden durch diese Richtlinie nicht berührt.

Art. 11 [**Erlöschen der Ansprüche nach zehn Jahren**] Die Mitgliedstaaten sehen in ihren Rechtsvorschriften vor, daß die dem Geschädigten aus dieser Richtlinie erwachsenden Ansprüche nach Ablauf einer Frist von zehn Jahren ab dem Zeitpunkt erlöschen, zu dem der Hersteller das Produkt, welches den Schaden verursacht hat, in den Verkehr gebracht hat, es sei denn, der Geschädigte hat in der Zwischenzeit ein gerichtliches Verfahren gegen den Hersteller eingeleitet.

Art. 12 [**Ausschluss vertraglicher Haftungsbegrenzung**] Die Haftung des Herstellers aufgrund dieser Richtlinie kann gegenüber dem Geschädigten nicht durch eine die Haftung begrenzende oder von der Haftung befreiende Klausel begrenzt oder ausgeschlossen werden.

Art. 13 [**Konkurrierende mitgliedstaatliche Anspruchsgrundlagen**] Die Ansprüche, die ein Geschädigter aufgrund der Vorschriften über die vertragliche und außervertragliche Haftung oder aufgrund einer zum Zeitpunkt der Bekanntgabe dieser Richtlinie bestehenden besonderen Haftungsregelung geltend machen kann, werden durch diese Richtlinie nicht berührt.

Art. 14 [**Nukleare Schäden**] Diese Richtlinie ist nicht auf Schäden infolge eines nuklearen Zwischenfalls anwendbar, die in von den Mitgliedstaaten ratifizierten internationalen Übereinkommen erfaßt sind.

Art. 15 [**Mitgliedstaatliche Regelungsfreiräume; Prüfauftrag der EG-Kommission**]
(1) Jeder Mitgliedstaat kann
a) [*gestrichen*]
b) abweichend von Artikel 7 Buchstabe e) in seinen Rechtsvorschriften die Regelung beibehalten oder – vorbehaltlich des Verfahrens nach Absatz 2 des vorliegenden Artikels
– vorsehen, daß der Hersteller auch dann haftet, wenn er beweist, daß der vorhandene
Fehler nach dem Stand der Wissenschaft und Technik zu dem Zeitpunkt, zu dem er
das betreffende Produkt in den Verkehr brachte, nicht erkannt werden konnte.
(2) Will ein Mitgliedstaat eine Regelung nach Absatz 1 Buchstabe b) einführen, so teilt er
der Kommission den Wortlaut der geplanten Regelung mit; die Kommission unterrichtet
die übrigen Mitgliedstaaten hiervon. Der betreffende Mitgliedstaat führt die geplante Regelung erst neun Monate nach Unterrichtung der Kommission und nur dann ein, wenn diese
dem Rat in der Zwischenzeit keinen einschlägigen Änderungsvorschlag zu dieser Richtlinie
vorgelegt hat. Bringt die Kommission jedoch innerhalb von drei Monaten nach der Unterrichtung dem betreffenden Mitgliedstaat nicht ihre Absicht zur Kenntnis, dem Rat einen
derartigen Vorschlag zu unterbreiten, so kann der Mitgliedstaat die geplante Regelung unverzüglich einführen. Legt die Kommission dem Rat innerhalb der genannten Frist von
neun Monaten einen derartigen Änderungsvorschlag zu dieser Richtlinie vor, so stellt der
betreffende Mitgliedstaat die geplante Regelung für einen weiteren Zeitraum von achtzehn
Monaten nach der Unterbreitung dieses Vorschlags zurück.
(3) Zehn Jahre nach dem Zeitpunkt der Bekanntgabe dieser Richtlinie legt die Kommission
dem Rat einen Bericht darüber vor, wie sich die Anwendung des Artikels 7 Buchstabe e)
und des Absatzes 1 Buchstabe b) des vorliegenden Artikels durch die Gerichte auf den Verbraucherschutz und das Funktionieren des Gemeinsamen Marktes ausgewirkt hat. Der Rat
entscheidet unter Berücksichtigung dieses Berichts nach Maßgabe des Artikels 100 des Vertrages auf Vorschlag der Kommission über die Aufhebung des Artikels 7 Buchstabe e).

Art. 16 [**Haftungsbegrenzung der Höhe nach**] (1) Jeder Mitgliedstaat kann vorsehen, daß
die Gesamthaftung des Herstellers für die Schäden infolge von Tod oder Körperverletzungen, die durch gleiche Artikel mit demselben Fehler verursacht wurden, auf einen Betrag
von nicht weniger als 70 Millionen ECU begrenzt wird.
(2) Zehn Jahre nach dem Zeitpunkt der Bekanntgabe dieser Richtlinie unterbreitet die
Kommission dem Rat einen Bericht über die Frage, wie sich diese Haftungsbegrenzung
durch diejenigen Mitgliedstaaten, die von der in Absatz 1 vorgesehenen Möglichkeit Gebrauch gemacht haben, auf den Verbraucherschutz und das Funktionieren des Gemeinsamen Marktes ausgewirkt hat. Der Rat entscheidet unter Berücksichtigung dieses Berichts
nach Maßgabe des Artikels 100 des Vertrages auf Vorschlag der Kommission über die Aufhebung des Absatzes 1.

Art. 17 [**Zeitliche Geltung**] Diese Richtlinie ist nicht auf Produkte anwendbar, die in den
Verkehr gebracht wurden, bevor die in Artikel 19 genannten Vorschriften in Kraft getreten
sind.

Art. 18-22 *ECU und Anpassung der Beträge, Umsetzungspflichten, Berichte und Adressaten
– nicht abgedruckt.*

2.11 Richtlinie 2011/7/EU des Europäischen Parlaments und des Rates vom 16. Februar 2011 zur Bekämpfung von Zahlungsverzug im Geschäftsverkehr [Zahlungsverzugs-RL]

ABl. 2011 L 48/1

DAS EUROPÄISCHE PARLAMENT UND DER RAT DER EUROPÄISCHEN UNION –
gestützt auf den Vertrag über die Arbeitsweise der Europäischen Union, insbesondere auf Artikel 114,
auf Vorschlag der Europäischen Kommission[1],
nach Stellungnahme des Europäischen Wirtschafts- und Sozialausschusses[2],
gemäß dem ordentlichen Gesetzgebungsverfahren[3],
in Erwägung nachstehender Gründe:
(1) Die Richtlinie 2000/35/EG des Europäischen Parlaments und des Rates vom 29. Juni 2000 zur Bekämpfung von Zahlungsverzug im Geschäftsverkehr[4] muss in wesentlichen Punkten geändert werden. Aus Gründen der Klarheit und der Vereinfachung sollten die entsprechenden Bestimmungen neu gefasst werden.
(2) Für die meisten Waren und Dienstleistungen erfolgen die Zahlungen im Binnenmarkt zwischen Wirtschaftsteilnehmern einerseits und zwischen Wirtschaftsteilnehmern und öffentlichen Stellen andererseits im Wege des Zahlungsaufschubs, wobei gemäß den Vereinbarungen der Vertragsparteien, der Lieferantenrechnung oder den gesetzlichen Bestimmungen der Leistungserbringer seinem Kunden einen gewissen Zeitraum zur Begleichung der Rechnung einräumt.
(3) Viele Zahlungen im Geschäftsverkehr zwischen Wirtschaftsteilnehmern einerseits und zwischen Wirtschaftsteilnehmern und öffentlichen Stellen andererseits werden später als zum vertraglich vereinbarten oder in den allgemeinen Geschäftsbedingungen festgelegten Zeitpunkt getätigt. Trotz Lieferung der Waren oder Erbringung der Leistungen werden viele Rechnungen erst lange nach Ablauf der Zahlungsfrist beglichen. Ein derartiger Zahlungsverzug wirkt sich negativ auf die Liquidität aus und erschwert die Finanzbuchhaltung von Unternehmen. Es beeinträchtigt außerdem die Wettbewerbsfähigkeit und Wirtschaftlichkeit von Unternehmen, wenn der Gläubiger aufgrund eines Zahlungsverzugs Fremdfinanzierung in Anspruch nehmen muss. Das Risiko solcher Beeinträchtigungen nimmt in Zeiten eines Wirtschaftsabschwungs, wenn der Zugang zu Finanzmitteln besonders schwierig ist, erheblich zu.
(4) Die juristische Durchsetzung von Forderungen bei Zahlungsverzug wurde bereits erleichtert durch die Verordnung (EG) Nr. 44/2001 des Rates vom 22. Dezember 2000 über die gerichtliche Zuständigkeit und die Anerkennung und Vollstreckung von Entscheidungen in Zivil- und Handelssachen[5], die Verordnung (EG) Nr. 805/2004 des Europäischen Parlaments und des Rates vom 21. April 2004 zur Einführung eines europäischen Vollstreckungstitels für unbestrittene Forderungen[6], die Verordnung (EG) Nr. 1896/2006 des Europäischen Parlaments und des Rates vom 12. Dezember 2006 zur Einführung eines Europäischen Mahnverfahrens[7] und die Verordnung (EG) Nr. 861/2007 des Europäischen Parlaments und des Rates vom 11. Juli 2007 zur Einführung eines europäischen Verfahrens für geringfügige Forderungen[8]. Gleichwohl ist es erforderlich, ergänzende Bestimmungen festzulegen, um von Zahlungsverzug im Geschäftsverkehr abzuschrecken.
(5) Die Unternehmen sollten in der Lage sein, im gesamten Binnenmarkt unter Bedingungen Handel zu treiben, die gewährleisten, dass grenzüberschreitende Geschäfte nicht größere Risiken mit sich bringen als Inlandsverkäufe. Es käme zu Wettbewerbsverzerrungen, wenn es für den Binnen- und den grenzüberschreitenden Handel Regeln gäbe, die sich wesentlich voneinander unterscheiden.

---

1 [KOM(2009) 126 endg.]
2 ABl. C 255 vom 22.9.2010, S. 42.
3 Standpunkt des Europäischen Parlaments vom 20. Oktober 2010 ([ABl. C 70 E vom 8.3.2012, S. 176]) und Beschluss des Rates vom 24. Januar 2011.
4 ABl. L 200 vom 8.8.2000, S. 35.
5 ABl. L 12 vom 16.1.2001, S. 1 [EuGVVO, in dieser Sammlung Nr. 5.3].
6 ABl. L 143 vom 30.4.2004, S. 15.
7 ABl. L 399 vom 30.12.2006, S. 1.
8 ABl. L 199 vom 31.7.2007, S. 1.

2.11 Zahlungsverzugs-RL

(6) In ihrer Mitteilung vom 25. Juni 2008 mit dem Titel „Vorfahrt für KMU in Europa — Der ‚Small Business Act' für Europa" betonte die Kommission, dass für kleine und mittlere Unternehmen (KMU) der Zugang zu Finanzierungen erleichtert und ein rechtliches und wirtschaftliches Umfeld für mehr Zahlungsdisziplin im Geschäftsleben geschaffen werden sollte. Es ist zu beachten, dass öffentlichen Stellen diesbezüglich eine besondere Verantwortung zufällt. Die Kriterien für die Definition von KMU sind in der Empfehlung 2003/361/EG der Kommission vom 6. Mai 2003 betreffend die Definition der Kleinstunternehmen sowie der kleinen und mittleren Unternehmen[9] festgelegt.

(7) Eine der Schwerpunktmaßnahmen in der Mitteilung der Kommission vom 26. November 2008 mit dem Titel „Europäisches Konjunkturprogramm" besteht darin, die Verwaltungslast für Unternehmen zu verringern und die unternehmerische Initiative zu fördern, indem unter anderem sichergestellt wird, dass Rechnungen — auch von KMU — über Lieferungen und Dienstleistungen grundsätzlich innerhalb eines Monats bezahlt werden, um Liquiditätsengpässe zu vermeiden.

(8) Der Anwendungsbereich dieser Richtlinie sollte auf die als Entgelt für Handelsgeschäfte geleisteten Zahlungen beschränkt sein. Diese Richtlinie sollte weder Geschäfte mit Verbrauchern noch die Zahlung von Zinsen im Zusammenhang mit anderen Zahlungen, z. B. unter das Scheck- und Wechselrecht fallende Zahlungen oder Schadensersatzzahlungen einschließlich Zahlungen von Versicherungsgesellschaften, umfassen. Außerdem sollten die Mitgliedstaaten befugt sein, Schulden auszuschließen, die Gegenstand eines Insolvenzverfahrens, einschließlich eines Verfahrens zur Umschuldung, sind.

(9) Diese Richtlinie sollte den gesamten Geschäftsverkehr unabhängig davon regeln, ob er zwischen privaten oder öffentlichen Unternehmen oder zwischen Unternehmen und öffentlichen Stellen erfolgt, da öffentliche Stellen in großem Umfang Zahlungen an Unternehmen leisten. Sie sollte deshalb auch den gesamten Geschäftsverkehr zwischen Generalunternehmern und ihren Lieferanten und Subunternehmern regeln.

(10) Die Tatsache, dass diese Richtlinie die freien Berufe einbezieht, sollte die Mitgliedstaaten nicht dazu verpflichten, diese für nicht in den Anwendungsbereich dieser Richtlinie fallende Zwecke als Unternehmen oder Kaufleute zu behandeln.

(11) Die Lieferung von Waren und die Erbringung von Dienstleistungen gegen Entgelt, auf die diese Richtlinie Anwendung findet, sollte auch die Planung und Ausführung öffentlicher Bauarbeiten sowie Hoch- und Tiefbauarbeiten einschließen.

(12) Zahlungsverzug stellt einen Vertragsbruch dar, der für die Schuldner in den meisten Mitgliedstaaten durch niedrige oder nicht vorhandene Verzugszinsen und/oder langsame Beitreibungsverfahren finanzielle Vorteile bringt. Ein durchgreifender Wandel hin zu einer Kultur der unverzüglichen Zahlung, in der auch der Ausschluss des Rechts zur Verzinsung von verspäteten Zahlungen immer als grob nachteilige Vertragsklausel oder Praxis betrachtet wird, ist erforderlich, um diese Entwicklung umzukehren und von der Überschreitung der Zahlungsfristen abzuschrecken. Dieser Wandel sollte auch die Einführung besonderer Bestimmungen zu Zahlungsfristen und zur Entschädigung der Gläubiger für die ihnen entstandenen Kosten einschließen, sowie auch Bestimmungen, wonach vermutet wird, dass der Ausschluss des Rechts auf Entschädigung für Beitreibungskosten grob nachteilig ist.

(13) Daher sollte festgelegt werden, dass die vertraglich vereinbarten Zahlungsfristen zwischen Unternehmen grundsätzlich auf 60 Kalendertage beschränkt sind. Jedoch können Unternehmen unter Umständen längere Zahlungsfristen benötigen, beispielsweise wenn sie ihren Kunden Handelskredite gewähren möchten. Die Vertragsparteien sollten daher weiterhin Zahlungsfristen von mehr als 60 Kalendertagen ausdrücklich vereinbaren können, wenn dies für den Gläubiger nicht grob nachteilig ist.

(14) Im Interesse der Einheitlichkeit der Rechtsvorschriften der Union sollte für die Zwecke dieser Richtlinie die in der Richtlinie 2004/17/EG des Europäischen Parlaments und des Rates vom 31. März 2004 zur Koordinierung der Zuschlagserteilung durch Auftraggeber im Bereich der Wasser-, Energie- und Verkehrsversorgung sowie der Postdienste[10] und die in der Richtlinie 2004/18/EG des Europäischen Parlaments und des Rates vom 31. März 2004 über die Koordinierung der Verfahren zur Vergabe öffentlicher Bauaufträge, Lieferaufträge und Dienstleistungsaufträge[11] enthaltene Definition des Begriffs „öffentlicher Auftraggeber" gelten.

---

9 ABl. L 124 vom 20.5.2003, S. 36.
10 ABl. L 134 vom 30.4.2004, S. 1.
11 ABl. L 134 vom 30.4.2004, S. 114 [Bau-, Liefer- und Dienstleistungsaufträge-RL, in dieser Sammlung Nr. 2.21].

(15) Der gesetzliche Zins für Zahlungsverzug sollte gemäß der Verordnung (EWG, Euratom) Nr. 1182/71 des Rates vom 3. Juni 1971 zur Festlegung der Regeln für die Fristen, Daten und Termine[12] in Form eines einfachen Zinses auf Tagesbasis berechnet werden.

(16) Durch diese Richtlinie sollte kein Gläubiger verpflichtet werden, Verzugszinsen zu fordern. Diese Richtlinie sollte es einem Gläubiger ermöglichen, bei Zahlungsverzug ohne eine vorherige Mahnung oder eine andere vergleichbare Mitteilung, die den Schuldner an seine Zahlungsverpflichtung erinnert, Verzugszinsen zu verlangen.

(17) Die Zahlung eines Schuldners sollte als verspätet in dem Sinne betrachtet werden, dass ein Anspruch auf Verzugszinsen entsteht, wenn der Gläubiger zum Zeitpunkt der Fälligkeit nicht über den geschuldeten Betrag verfügt, vorausgesetzt, er hat seine gesetzlichen und vertraglichen Verpflichtungen erfüllt.

(18) Rechnungen erzeugen Zahlungsaufforderungen und sind wichtige Dokumente in der Kette der Geschäftsvorgänge für die Lieferung von Waren und die Erbringung von Dienstleistungen, unter anderem zur Festlegung der Zahlungsfrist. Für die Zwecke dieser Richtlinie sollten die Mitgliedstaaten Systeme fördern, die Rechtssicherheit hinsichtlich des genauen Datums des Eingangs von Rechnungen bei den Schuldnern schaffen, einschließlich im Bereich der elektronischen Rechnungsstellung, in dem der Eingang von Rechnungen elektronisch nachgewiesen werden könnte und der teilweise durch die Bestimmungen über die Rechnungsstellung, die in der Richtlinie 2006/112/EG des Rates vom 28. November 2006 über das gemeinsame Mehrwertsteuersystem[13] enthalten sind, geregelt wird.

(19) Eine gerechte Entschädigung der Gläubiger für die aufgrund eines Zahlungsverzugs des Schuldners entstandenen Beitreibungskosten ist erforderlich, um von der Überschreitung der Zahlungsfristen abzuschrecken. In den Beitreibungskosten sollten zudem die aufgrund des Zahlungsverzugs entstandenen Verwaltungskosten und die internen Kosten enthalten sein; für diese Kosten sollte durch diese Richtlinie ein pauschaler Mindestbetrag vorgesehen werden, der mit Verzugszinsen kumuliert werden kann. Die Entschädigung in Form eines Pauschalbetrags sollte dazu dienen, die mit der Beitreibung verbundenen Verwaltungskosten und internen Kosten zu beschränken. Eine Entschädigung für die Beitreibungskosten sollte unbeschadet nationaler Bestimmungen, nach denen ein nationales Gericht dem Gläubiger eine Entschädigung für einen durch den Zahlungsverzug eines Schuldners entstandenen zusätzlichen Schaden zusprechen kann, festgelegt werden.

(20) Neben einem Anspruch auf Zahlung eines Pauschalbetrages für interne Beitreibungskosten sollte der Gläubiger auch Anspruch auf Ersatz der übrigen, durch den Zahlungsverzug des Schuldners bedingten Beitreibungskosten haben. Zu diesen Kosten sollten insbesondere Kosten zählen, die dem Gläubiger durch die Beauftragung eines Rechtsanwalts oder eines Inkassounternehmens entstehen.

(21) Diese Richtlinie sollte das Recht der Mitgliedstaaten, höhere und daher für den Gläubiger günstigere Pauschalbeträge als Entschädigung für Beitreibungskosten festzulegen oder diese Beträge zu erhöhen — unter anderem mit der Inflation Schritt zu halten — nicht berühren.

(22) Diese Richtlinie sollte Raten- oder Abschlagszahlungen nicht ausschließen. Jedoch sollten sämtliche Raten oder Zahlungen nach den vereinbarten Bedingungen gezahlt werden und den in dieser Richtlinie festgelegten Bestimmungen für Zahlungsverzug unterliegen.

(23) Im Allgemeinen können öffentliche Stellen mit sichereren, berechenbareren und beständigeren Einkünften als Unternehmen rechnen. Ferner werden vielen öffentlichen Stellen Finanzmittel zu günstigeren Bedingungen angeboten als Unternehmen. Zugleich sind öffentliche Stellen in Bezug auf die Verwirklichung ihrer Ziele auch weniger von der Herstellung stabiler Geschäftsbeziehungen abhängig, als dies bei Unternehmen der Fall ist. Lange Zahlungsfristen und Zahlungsverzug öffentlicher Stellen für Waren und Dienstleistungen verursachen ungerechtfertigte Kosten für Unternehmen. Es ist daher angebracht, spezielle Vorschriften für Geschäftsvorgänge einzuführen, bei denen Unternehmen öffentlichen Stellen Waren liefern und Dienstleistungen für sie erbringen, die insbesondere Zahlungsfristen vorsehen sollten, die grundsätzlich 30 Kalendertage nicht überschreiten, es sei denn, im Vertrag wurde ausdrücklich etwas anderes vereinbart, und vorausgesetzt, dies ist aufgrund der besonderen Natur oder der besonderen Merkmale des Vertrags objektiv begründet, und die in keinem Fall 60 Kalendertage überschreiten.

(24) Es sollte jedoch die besondere Situation öffentlicher Stellen berücksichtigt werden, die wirtschaftliche Tätigkeiten industrieller oder kommerzieller Natur ausüben, indem sie als öffentliches Unternehmen Waren und Dienstleistungen auf dem Markt anbieten. Zu diesem Zweck sollten die Mit-

---

12 ABl. L 124 vom 8.6.1971, S. 1.
13 ABl. L 347 vom 11.12.2006, S. 1.

gliedstaaten unter bestimmten Bedingungen die gesetzlich vorgesehene Zahlungsfrist auf bis zu 60 Kalendertage ausdehnen können.

(25) Besonders problematisch im Hinblick auf den Zahlungsverzug ist in einem Großteil der Mitgliedstaaten die Situation im Gesundheitswesen. Die Gesundheitssysteme als grundlegender Bestandteil der sozialen Infrastruktur Europas müssen oft individuelle Bedürfnisse mit den verfügbaren Finanzen in Einklang bringen, da die Bevölkerung Europas altert, die Lebenserwartung steigt und die Medizin Fortschritte macht. Alle Systeme müssen die Herausforderung annehmen, bei der Gesundheitsversorgung in einer Weise Prioritäten zu setzen, dass ein Ausgleich zwischen den Bedürfnissen des einzelnen Patienten und den zur Verfügung stehenden finanziellen Ressourcen geschaffen wird. Die Mitgliedstaaten sollten daher öffentlichen Einrichtungen, die Gesundheitsdienste anbieten, bei der Erfüllung ihrer Zahlungsverpflichtungen ein gewisses Maß an Flexibilität einräumen können. Hierzu sollten die Mitgliedstaaten unter bestimmten Bedingungen die gesetzlich vorgesehene Zahlungsfrist auf bis zu 60 Kalendertage ausdehnen können. Die Mitgliedstaaten sollten dennoch alle erdenklichen Anstrengungen unternehmen, damit der Gesundheitssektor seinen Zahlungsverpflichtungen innerhalb der gesetzlich vorgesehenen Zahlungsfristen nachkommt.

(26) Damit die Erfüllung der Ziele dieser Richtlinie nicht gefährdet wird, sollten die Mitgliedstaaten sicherstellen, dass die Höchstdauer eines Abnahme- oder Überprüfungsverfahrens im Geschäftsverkehr grundsätzlich nicht mehr als 30 Kalendertage beträgt. Dennoch sollte ein Überprüfungsverfahren 30 Kalendertage überschreiten können, beispielsweise bei besonders komplexen Verträgen, wenn dies ausdrücklich im Vertrag und in den Vergabeunterlagen vereinbart ist und sofern dies für den Gläubiger nicht grob nachteilig ist.

(27) Was ihre Finanzierung und geschäftlichen Beziehungen betrifft, befinden sich die Organe der Europäischen Union und die öffentlichen Stellen der Mitgliedstaaten in einer vergleichbaren Situation. Nach der Verordnung (EG, Euratom) Nr. 1605/2002 des Rates vom 25. Juni 2002 über die Haushaltsordnung für den Gesamthaushaltsplan der Europäischen Gemeinschaften[14] muss die Bestätigung, Genehmigung und Zahlung von Ausgaben durch die Organe der Union innerhalb der in den Durchführungsbestimmungen festgelegten Fristen erfolgen. Diese Durchführungsbestimmungen sind gegenwärtig in der Verordnung (EG, Euratom) Nr. 2342/2002 der Kommission vom 23. Dezember 2002 mit Durchführungsbestimmungen zur Verordnung (EG, Euratom) Nr. 1605/2002 des Rates über die Haushaltsordnung für den Gesamthaushaltsplan der Europäischen Gemeinschaften[15] niedergelegt und bestimmen im Einzelnen die Umstände, unter denen Gläubiger, die Zahlungen zu spät erhalten, Anspruch auf Verzugszinsen haben. Im Rahmen der laufenden Überprüfung der genannten Verordnungen sollte sichergestellt werden, dass die Höchstfristen für Zahlungen der Organe der Union an die gesetzlich vorgesehenen Fristen für öffentliche Stellen gemäß dieser Richtlinie angepasst werden.

(28) Der Missbrauch der Vertragsfreiheit zum Nachteil des Gläubigers sollte nach dieser Richtlinie verboten sein. Wenn sich demzufolge eine Vertragsklausel oder eine Praxis im Hinblick auf den Zahlungstermin oder die Zahlungsfrist, auf den für Verzugszinsen geltenden Zinssatz oder auf die Entschädigung für Beitreibungskosten nicht auf der Grundlage der dem Schuldner gewährten Bedingungen rechtfertigen lässt oder in erster Linie dem Zweck dient, dem Schuldner zusätzliche Liquidität auf Kosten des Gläubigers zu verschaffen, kann dies als ein Faktor gelten, der einen solchen Missbrauch darstellt. In diesem Sinne und entsprechend dem akademischen „Entwurf eines Gemeinsamen Referenzrahmens" sollte eine Vertragsklausel oder Praxis, die eine grobe Abweichung von der guten Handelspraxis darstellt und gegen den Grundsatz des guten Glaubens und der Redlichkeit verstößt, als nachteilig für den Gläubiger angesehen werden. Insbesondere sollte der vollständige Ausschluss des Anspruchs auf Zinsen immer als grob nachteilig angesehen werden, während vermutet werden sollte, dass der Ausschluss des Rechts auf Entschädigung für Beitreibungskosten grob nachteilig ist. Nationale Vorschriften über den Vertragsabschluss oder die Gültigkeit von Vertragsbestimmungen, die für den Schuldner unbillig sind, sollten von dieser Richtlinie unberührt bleiben.

(29) Im Rahmen der verstärkten Anstrengungen zur Vermeidung des Missbrauchs der Vertragsfreiheit zum Nachteil der Gläubiger sollten die Organisationen, die offiziell als Vertreter von Unternehmen anerkannt sind, und Organisationen, die ein berechtigtes Interesse daran haben, Unternehmen zu vertreten, die nationalen Gerichte oder die Verwaltungsbehörden anrufen können, um die Verwendung von Vertragsklauseln oder Praktiken, die dem Gläubiger gegenüber als grob nachteilig zu betrachten sind, zu beenden.

---

14   ABl. L 248 vom 16.9.2002, S. 1.
15   ABl. L 357 vom 31.12.2002, S. 1.

(30) Um zur Erreichung des Ziels dieser Richtlinie beizutragen, sollten die Mitgliedstaaten die Verbreitung bewährter Praktiken, auch durch die Förderung der Veröffentlichung einer Liste derjenigen, die unverzüglich zahlen, unterstützen.

(31) Es ist wünschenswert, dass sichergestellt ist, dass Gläubiger eine Bestimmung zum Eigentumsvorbehalt auf nichtdiskriminierender Grundlage in der Union insgesamt geltend machen können, falls der Eigentumsvorbehalt gemäß den anwendbaren nationalen Vorschriften, wie sie durch das internationale Privatrecht bestimmt werden, rechtswirksam ist.

(32) Diese Richtlinie definiert den Begriff „vollstreckbarer Titel", sie sollte jedoch weder die verschiedenen Verfahren der Zwangsvollstreckung eines solchen Titels regeln, noch die Bedingungen, unter denen die Zwangsvollstreckung eines solchen Titels eingestellt oder ausgesetzt werden kann.

(33) Die Folgen des Zahlungsverzugs können jedoch nur abschreckend wirken, wenn sie mit Beitreibungsverfahren gekoppelt sind, die für den Gläubiger schnell und wirksam sind. Nach dem Grundsatz der Nichtdiskriminierung in Artikel 18 des Vertrags über die Arbeitsweise der Europäischen Union sollten diese Verfahren allen in der Union niedergelassenen Gläubigern zur Verfügung stehen.

(34) Um die Einhaltung der Bestimmungen dieser Richtlinie zu erleichtern, sollten die Mitgliedstaaten Anreize zur Inanspruchnahme der Mediation und anderer Formen alternativer Streitbeilegung setzen. Die Richtlinie 2008/52/EG des Europäischen Parlaments und des Rates vom 21. Mai 2008 über bestimmte Aspekte der Mediation in Zivil- und Handelssachen[16] schafft bereits einen Rahmen für Mediationssysteme auf Unionsebene, insbesondere für grenzüberschreitende Streitfälle, ohne dass dessen Anwendung auf interne Mediationssysteme ausgeschlossen wird. Die Mitgliedstaaten sollten überdies die beteiligten Parteien ermutigen, freiwillige Verhaltenskodizes zu erstellen, die insbesondere darauf abzielen, zur Umsetzung dieser Richtlinie beizutragen.

(35) Es muss gewährleistet werden, dass die Beitreibungsverfahren für unbestrittene Forderungen bei Zahlungsverzug im Geschäftsverkehr innerhalb eines kurzen Zeitraums abgeschlossen werden, auch im Rahmen eines beschleunigten Verfahrens und unabhängig von dem Betrag der Geldforderung.

(36) Da das Ziel dieser Richtlinie, nämlich die Bekämpfung des Zahlungsverzugs im Binnenmarkt, auf Ebene der Mitgliedstaaten nicht ausreichend verwirklicht werden kann und daher wegen ihres Umfangs und ihrer Wirkung besser auf Unionsebene zu verwirklichen ist, kann die Union im Einklang mit dem in Artikel 5 des Vertrags über die Europäische Union niedergelegten Subsidiaritätsprinzip tätig werden. Entsprechend dem in demselben Artikel genannten Grundsatz der Verhältnismäßigkeit geht diese Richtlinie nicht über das zur Erreichung dieses Ziels erforderliche Maß hinaus.

(37) Die Verpflichtung zur Umsetzung dieser Richtlinie in innerstaatliches Recht sollte nur jene Bestimmungen betreffen, die im Vergleich zu der Richtlinie 2000/35/EG inhaltlich geändert wurden. Die Pflicht zur Umsetzung der inhaltlich unveränderten Bestimmungen ergibt sich aus der genannten Richtlinie.

(38) Diese Richtlinie sollte die Verpflichtung der Mitgliedstaaten hinsichtlich der Fristen für die Umsetzung in innerstaatliches Recht und für die Anwendung der Richtlinie 2000/35/EG unberührt lassen.

(39) Nach Nummer 34 der Interinstitutionellen Vereinbarung über bessere Rechtsetzung[17] sind die Mitgliedstaaten aufgefordert, für ihre eigenen Zwecke und im Interesse der Union eigene Tabellen aufzustellen, aus denen im Rahmen des Möglichen die Entsprechungen zwischen dieser Richtlinie und den Umsetzungsmaßnahmen zu entnehmen sind, und diese zu veröffentlichen —
HABEN FOLGENDE RICHTLINIE ERLASSEN:

Art. 1 Gegenstand und Anwendungsbereich (1) Diese Richtlinie dient der Bekämpfung des Zahlungsverzugs im Geschäftsverkehr, um sicherzustellen, dass der Binnenmarkt reibungslos funktioniert, und dadurch die Wettbewerbsfähigkeit von Unternehmen und insbesondere von KMU zu fördern.

(2) Diese Richtlinie ist auf alle Zahlungen, die als Entgelt im Geschäftsverkehr zu leisten sind, anzuwenden.

(3) Die Mitgliedstaaten können Schulden ausnehmen, die Gegenstand eines gegen den Schuldner eingeleiteten Insolvenzverfahrens, einschließlich eines Verfahrens zur Umschuldung, sind.

---

16 ABl. L 136 vom 24.5.2008, S. 3.
17 ABl. C 321 vom 31.12.2003, S. 1

2.11 Zahlungsverzugs-RL

Art. 2 Begriffsbestimmungen Im Sinne dieser Richtlinie bezeichnet der Ausdruck

1. „Geschäftsverkehr" Geschäftsvorgänge zwischen Unternehmen oder zwischen Unternehmen und öffentlichen Stellen, die zu einer Lieferung von Waren oder Erbringung von Dienstleistungen gegen Entgelt führen;

2. „öffentliche Stelle" jeden öffentlichen Auftraggeber im Sinne von Artikel 2 Absatz 1 Buchstabe a der Richtlinie 2004/17/EG und von Artikel 1 Absatz 9 der Richtlinie 2004/18/EG, unabhängig vom Gegenstand oder Wert des Auftrags;

3. „Unternehmen" jede im Rahmen ihrer unabhängigen wirtschaftlichen oder beruflichen Tätigkeit handelnde Organisation, ausgenommen öffentliche Stellen, auch wenn die Tätigkeit von einer einzelnen Person ausgeübt wird;

4. „Zahlungsverzug" eine Zahlung, die nicht innerhalb der vertraglich oder gesetzlich vorgesehenen Zahlungsfrist erfolgt ist, sofern zugleich die Voraussetzungen des Artikels 3 Absatz 1 oder des Artikels 4 Absatz 1 erfüllt sind;

5. „Verzugszinsen" den gesetzlichen Zins bei Zahlungsverzug oder den zwischen Unternehmen vereinbarten Zins, vorbehaltlich des Artikels 7;

6. „gesetzlicher Zins bei Zahlungsverzug" den einfachen Zins bei Zahlungsverzug, dessen Höhe sich aus dem Bezugszinssatz zuzüglich mindestens acht Prozentpunkten ergibt;

7. „Bezugszinssatz"

   a) für Mitgliedstaaten, deren Währung der Euro ist, entweder

      i) den von der Europäischen Zentralbank auf ihre jüngsten Hauptrefinanzierungsoperationen angewendeten Zinssatz oder

      ii) den marginalen Zinssatz, der sich aus Tenderverfahren mit variablem Zinssatz für die jüngsten Hauptrefinanzierungsoperationen der Europäischen Zentralbank ergibt;

   b) für Mitgliedstaaten, deren Währung nicht der Euro ist, den entsprechenden von ihrer nationalen Zentralbank festgesetzten Zinssatz;

8. „fälliger Betrag" die Hauptforderung, die innerhalb der vertraglich oder gesetzlich vorgesehenen Zahlungsfrist hätte gezahlt werden müssen, einschließlich der anfallenden Steuern, Gebühren, Abgaben oder Kosten, die in der Rechnung oder einer gleichwertigen Zahlungsaufforderung aufgeführt werden;

9. „Eigentumsvorbehalt" die vertragliche Vereinbarung, nach der der Verkäufer bis zur vollständigen Bezahlung Eigentümer des Kaufgegenstands bleibt;

10. „vollstreckbarer Titel" Entscheidungen, Urteile oder Zahlungsbefehle — auch vorläufig vollstreckbare — eines Gerichts oder einer anderen zuständigen Behörde, nach denen eine Zahlung unverzüglich oder in Raten zu leisten ist und mit denen der Gläubiger seine Forderung gegen den Schuldner im Wege der Zwangsvollstreckung beitreiben kann.

Art. 3 Geschäftsverkehr zwischen Unternehmen (1) Die Mitgliedstaaten stellen sicher, dass im Geschäftsverkehr zwischen Unternehmen der Gläubiger Anspruch auf Verzugszinsen hat, ohne dass es einer Mahnung bedarf, wenn folgende Bedingungen erfüllt sind:

   a) Der Gläubiger hat seine vertraglichen und gesetzlichen Verpflichtungen erfüllt, und

   b) der Gläubiger hat den fälligen Betrag nicht rechtzeitig erhalten, es sei denn, dass der Schuldner für den Zahlungsverzug nicht verantwortlich ist.

(2) Die Mitgliedstaaten stellen sicher, dass folgender Bezugszinssatz angewendet wird:

   a) für das erste Halbjahr des betreffenden Jahres der am 1. Januar dieses Jahres geltende Zinssatz;

b) für das zweite Halbjahr des betreffenden Jahres der am 1. Juli dieses Jahres geltende Zinssatz.

(3) Für die Fälle, in denen die in Absatz 1 genannten Bedingungen erfüllt sind, stellen die Mitgliedstaaten Folgendes sicher:

a) Der Gläubiger hat Anspruch auf Verzugszinsen ab dem Tag, der auf den vertraglich festgelegten Zahlungstermin oder das vertraglich festgelegte Ende der Zahlungsfrist folgt.

b) Ist der Zahlungstermin oder die Zahlungsfrist nicht vertraglich festgelegt, so hat der Gläubiger Anspruch auf Verzugszinsen nach Ablauf einer der folgenden Fristen:

    i) 30 Kalendertage nach dem Zeitpunkt des Eingangs der Rechnung oder einer gleichwertigen Zahlungsaufforderung beim Schuldner;

    ii) wenn der Zeitpunkt des Eingangs der Rechnung oder einer gleichwertigen Zahlungsaufforderung unsicher ist, 30 Kalendertage nach dem Zeitpunkt des Empfangs der Waren oder Dienstleistungen;

    iii) wenn der Schuldner die Rechnung oder die gleichwertige Zahlungsaufforderung vor dem Empfang der Waren oder Dienstleistungen erhält, 30 Kalendertage nach dem Zeitpunkt des Empfangs der Waren oder Dienstleistungen;

    iv) wenn ein Abnahme- oder Überprüfungsverfahren, durch das die Übereinstimmung der Waren oder Dienstleistungen mit dem Vertrag festgestellt werden soll, gesetzlich oder vertraglich vorgesehen ist und wenn der Schuldner die Rechnung oder eine gleichwertige Zahlungsaufforderung vor oder zu dem Zeitpunkt, zu dem die Abnahme oder Überprüfung erfolgt, erhält, 30 Kalendertage nach letzterem Zeitpunkt.

(4) Ist ein Abnahme- oder Überprüfungsverfahren vorgesehen, durch das die Übereinstimmung der Waren oder Dienstleistungen mit dem Vertrag festgestellt werden soll, so stellen die Mitgliedstaaten sicher, dass die Höchstdauer dieses Verfahrens nicht mehr als 30 Kalendertage ab dem Zeitpunkt des Empfangs der Waren oder Dienstleistungen beträgt, es sei denn im Vertrag wurde ausdrücklich etwas anderes vereinbart und vorausgesetzt, dass dies für den Gläubiger nicht grob nachteilig im Sinne von Artikel 7 ist.

(5) Die Mitgliedstaaten stellen sicher, dass die vertraglich festgelegte Zahlungsfrist 60 Kalendertage nicht überschreitet, es sei denn im Vertrag wurde ausdrücklich etwas anderes vereinbart und vorausgesetzt, dass dies für den Gläubiger nicht grob nachteilig im Sinne von Artikel 7 ist.

Art. 4 Geschäftsverkehr zwischen Unternehmen und öffentlichen Stellen (1) Die Mitgliedstaaten stellen sicher, dass bei Geschäftsvorgängen mit einer öffentlichen Stelle als Schuldner der Gläubiger nach Ablauf der in den Absätzen 3, 4 oder 6 festgelegten Fristen Anspruch auf den gesetzlichen Zins bei Zahlungsverzug hat, ohne dass es einer Mahnung bedarf, wenn folgende Bedingungen erfüllt sind:

a) Der Gläubiger hat seine vertraglichen und gesetzlichen Verpflichtungen erfüllt, und

b) der Gläubiger hat den fälligen Betrag nicht rechtzeitig erhalten, es sei denn, der Schuldner ist für den Zahlungsverzug nicht verantwortlich.

(2) Die Mitgliedstaaten stellen sicher, dass folgender Bezugszinssatz angewendet wird:

a) für das erste Halbjahr des betreffenden Jahres der am 1. Januar dieses Jahres geltende Zinssatz;

b) für das zweite Halbjahr des betreffenden Jahres der am 1. Juli dieses Jahres geltende Zinssatz.

2.11 Zahlungsverzugs-RL

(3) Die Mitgliedstaaten stellen sicher, dass bei Geschäftsvorgängen, bei denen der Schuldner eine öffentliche Stelle ist,

a) die Zahlungsfrist keine der folgenden Fristen überschreitet:

i) 30 Kalendertage nach dem Zeitpunkt des Eingangs der Rechnung oder einer gleichwertigen Zahlungsaufforderung beim Schuldner;

ii) wenn der Zeitpunkt des Eingangs der Rechnung oder einer gleichwertigen Zahlungsaufforderung unsicher ist, 30 Kalendertage nach dem Zeitpunkt des Empfangs der Waren oder Dienstleistungen;

iii) wenn der Schuldner die Rechnung oder die gleichwertige Zahlungsaufforderung vor dem Empfang der Waren oder Dienstleistungen erhält, 30 Kalendertage nach dem Zeitpunkt des Empfangs der Waren oder Dienstleistungen;

iv) wenn ein Abnahme- oder Überprüfungsverfahren, durch das die Übereinstimmung der Waren oder Dienstleistungen mit dem Vertrag festgestellt werden soll, gesetzlich oder vertraglich vorgesehen ist und wenn der Schuldner die Rechnung oder eine gleichwertige Zahlungsaufforderung vor oder zu dem Zeitpunkt, zu dem die Abnahme oder Überprüfung erfolgt, erhält, 30 Kalendertage nach letzterem Zeitpunkt;

b) der Zeitpunkt des Eingangs der Rechnung nicht Gegenstand einer vertraglichen Vereinbarung zwischen dem Schuldner und dem Gläubiger ist.

(4) Die Mitgliedstaaten können die in Absatz 3 Buchstabe a genannten Fristen für folgende Einrichtungen auf bis zu höchstens 60 Kalendertagen verlängern:

a) sämtliche öffentliche Stellen, die wirtschaftliche Tätigkeiten industrieller oder kommerzieller Natur ausüben, indem sie Waren oder Dienstleistungen auf dem Markt anbieten, und als öffentliches Unternehmen den Transparenzanforderungen gemäß der Richtlinie 2006/111/EG der Kommission vom 16. November 2006 über die Transparenz der finanziellen Beziehungen zwischen den Mitgliedstaaten und den öffentlichen Unternehmen sowie über die finanzielle Transparenz innerhalb bestimmter Unternehmen[18] unterliegen;

b) öffentliche Einrichtungen, die Gesundheitsdienste anbieten und für diesen Zweck ordnungsgemäß anerkannt sind.

Beschließt ein Mitgliedstaat, die Fristen gemäß dem vorliegenden Absatz zu verlängern, so übermittelt er der Kommission bis 16. März 2018 einen Bericht über diese Verlängerung. Auf dieser Grundlage übermittelt die Kommission dem Europäischen Parlament und dem Rat einen Bericht, in dem angegeben wird, welche Mitgliedstaaten die Fristen gemäß dem vorliegenden Absatz verlängert haben, und in dem die Folgen für das Funktionieren des Binnenmarktes, insbesondere für die KMU, berücksichtigt werden. Diesem Bericht werden geeignete Vorschläge beigefügt.

(5) Die Mitgliedstaaten stellen sicher, dass die Höchstdauer eines der in Absatz 3 Buchstabe a Ziffer iv genannten Abnahme- oder Überprüfungsverfahrens nicht mehr als 30 Kalendertage ab dem Empfang der Waren oder Dienstleistungen beträgt, es sei denn im Vertrag und in etwaigen Vergabeunterlagen ist ausdrücklich etwas anderes vereinbart und vorausgesetzt, dass dies für den Gläubiger nicht grob nachteilig im Sinne von Artikel 7 ist.

(6) Die Mitgliedstaaten stellen sicher, dass die vertraglich festgelegte Zahlungsfrist nicht die in Absatz 3 genannten Fristen überschreitet, es sei denn im Vertrag ist ausdrücklich etwas

---

18 ABl. L 318 vom 17.11.2006, S. 17.

anderes vereinbart und dies ist aufgrund der besonderen Natur oder Merkmale des Vertrags sachlich gerechtfertigt, und dass die Zahlungsfrist in keinem Fall 60 Kalendertage überschreitet.

Art. 5 Ratenzahlungen Diese Richtlinie berührt nicht die Möglichkeit der Vertragsparteien, vorbehaltlich der maßgeblichen Bestimmungen des anwendbaren nationalen Rechts Ratenzahlungen zu vereinbaren. Wird in solchen Fällen eine Rate nicht zu dem vereinbarten Termin gezahlt, so werden die in dieser Richtlinie vorgesehenen Zinsen und Entschädigungen allein auf der Grundlage der rückständigen Beträge berechnet.

Art. 6 Entschädigung für Beitreibungskosten (1) Die Mitgliedstaaten stellen sicher, dass in Fällen, in denen gemäß Artikel 3 oder Artikel 4 im Geschäftsverkehr Verzugszinsen zu zahlen sind, der Gläubiger gegenüber dem Schuldner einen Anspruch auf Zahlung eines Pauschalbetrags von mindestens 40 EUR hat.

(2) Die Mitgliedstaaten stellen sicher, dass der in Absatz 1 genannte Pauschalbetrag ohne Mahnung und als Entschädigung für die Beitreibungskosten des Gläubigers zu zahlen ist.

(3) Der Gläubiger hat gegenüber dem Schuldner zusätzlich zu dem in Absatz 1 genannten Pauschalbetrag einen Anspruch auf angemessenen Ersatz aller durch den Zahlungsverzug des Schuldners bedingten Beitreibungskosten, die diesen Pauschalbetrag überschreiten. Zu diesen Kosten können auch Ausgaben zählen, die durch die Beauftragung eines Rechtsanwalts oder eines Inkassounternehmens entstehen.

Art. 7 Nachteilige Vertragsklauseln und Praktiken (1) Die Mitgliedstaaten bestimmen, dass eine Vertragsklausel oder eine Praxis im Hinblick auf den Zahlungstermin oder die Zahlungsfrist, auf den für Verzugszinsen geltenden Zinssatz oder auf die Entschädigung für Beitreibungskosten entweder nicht durchsetzbar ist oder einen Schadensersatzanspruch begründet, wenn sie für den Gläubiger grob nachteilig ist.

Bei der Entscheidung darüber, ob eine Vertragsklausel oder eine Praxis im Sinne von Unterabsatz 1 grob nachteilig für den Gläubiger ist, werden alle Umstände des Falles geprüft, einschließlich folgender Aspekte:

a)   jede grobe Abweichung von der guten Handelspraxis, die gegen den Grundsatz des guten Glaubens und der Redlichkeit verstößt;

b)   die Art der Ware oder der Dienstleistung und

c)   ob der Schuldner einen objektiven Grund für die Abweichung vom gesetzlichen Zinssatz bei Zahlungsverzug oder von der in Artikel 3 Absatz 5, Artikel 4 Absatz 3 Buchstabe a, Artikel 4 Absatz 4 und Artikel 4 Absatz 6 genannten Zahlungsfrist oder von dem Pauschalbetrag gemäß Artikel 6 Absatz 1 hat.

(2) Eine Vertragsklausel oder eine Praxis ist als grob nachteilig im Sinne von Absatz 1 anzusehen, wenn in ihr Verzugszinsen ausgeschlossen werden.

(3) Es wird vermutet, dass eine Vertragsklausel oder Praxis grob nachteilig im Sinne von Absatz 1 ist, wenn in ihr die in Artikel 6 genannte Entschädigung für Beitreibungskosten ausgeschlossen wird.

(4) Die Mitgliedstaaten stellen sicher, dass im Interesse der Gläubiger und der Wettbewerber angemessene und wirksame Mittel vorhanden sind, damit die Verwendung von Vertragsbestimmungen und von Praktiken, die grob nachteilig im Sinne von Absatz 1 sind, verhindert wird.

(5) Die in Absatz 4 erwähnten Mittel schließen auch Rechtsvorschriften ein, wonach Organisationen, die offiziell als Vertreter von Unternehmen anerkannt sind, oder Organisationen, die ein berechtigtes Interesse daran haben, Unternehmen zu vertreten, im Einklang mit dem anwendbaren nationalen Recht die Gerichte oder die zuständigen Verwaltungsbehörden mit der Begründung anrufen können, dass Vertragsklauseln oder Praktiken grob nachteilig im Sinne von Absatz 1 sind, so dass diese angemessene und wirksame Mittel anwenden können, um deren Verwendung zu beenden.

Art. 8 Transparenz und Aufklärung (1) Die Mitgliedstaaten stellen die Transparenz der aus dieser Richtlinie erwachsenden Rechte und Pflichten sicher; dazu gehört auch die Veröffentlichung des anwendbaren gesetzlichen Zinssatzes bei Zahlungsverzug.

(2) Die Kommission veröffentlicht im Internet Einzelheiten zu den derzeit in den einzelnen Mitgliedstaaten geltenden gesetzlichen Zinssätzen bei Zahlungsverzug im Geschäftsverkehr.

(3) Die Mitgliedstaaten greifen gegebenenfalls auf Fachpublikationen, Informationskampagnen oder sonstige geeignete Mittel zurück, um die Rechtsbehelfe gegen Zahlungsverzug zwischen Unternehmen besser bekannt zu machen.

(4) Die Mitgliedstaaten können die Erstellung von Verhaltenskodizes für unverzügliche Zahlungen fördern, in denen klar definierte Zahlungsfristen festgelegt werden und der richtige Umgang mit strittigen Zahlungen erläutert wird; ferner können sie jede Initiative fördern, mit der das drängende Problem des Zahlungsverzugs gelöst und ein Beitrag zur Schaffung einer Kultur der unverzüglichen Zahlung geleistet wird, die das Ziel dieser Richtlinie unterstützt.

Art. 9 Eigentumsvorbehalt (1) Die Mitgliedstaaten sehen in Einklang mit den anwendbaren nationalen Vorschriften, wie sie durch das internationale Privatrecht bestimmt werden, vor, dass der Verkäufer bis zur vollständigen Bezahlung das Eigentum an Waren behält, wenn zwischen Käufer und Verkäufer vor der Lieferung der Waren ausdrücklich eine Eigentumsvorbehaltsklausel vereinbart wurde.

(2) Die Mitgliedstaaten können Vorschriften verabschieden oder beibehalten, die vom Schuldner bereits geleistete Anzahlungen betreffen.

Art. 10 Beitreibungsverfahren für unbestrittene Forderungen (1) Die Mitgliedstaaten stellen sicher, dass ein vollstreckbarer Titel — auch durch ein beschleunigtes Verfahren und unabhängig von dem Betrag der Geldforderung — in der Regel binnen 90 Kalendertagen ab Einreichung der Klage oder des Antrags des Gläubigers bei Gericht oder einer anderen zuständigen Behörde erwirkt werden kann, sofern die Geldforderung oder verfahrensrechtliche Aspekte nicht bestritten werden. Die Mitgliedstaaten kommen dieser Verpflichtung im Einklang mit ihren jeweiligen nationalen Rechts- und Verwaltungsvorschriften nach.

(2) Die nationalen Rechts- und Verwaltungsvorschriften sehen für alle in der Union niedergelassenen Gläubiger die gleichen Bedingungen vor.

(3) Bei der Berechnung der in Absatz 1 genannten Frist ist Folgendes nicht zu berücksichtigen:

a)   die Fristen für Zustellungen,

b)   alle vom Gläubiger verursachten Verzögerungen, wie etwa der für die Korrektur von Anträgen benötigte Zeitraum.

(4) Dieser Artikel berührt nicht die Bestimmungen der Verordnung (EG) Nr. 1896/2006.

Art. 11 Bericht Bis 16. März 2016 übermittelt die Kommission dem Europäischen Parlament und dem Rat einen Bericht über die Durchführung dieser Richtlinie. Dem Bericht werden geeignete Vorschläge beigefügt.

Art. 12 Umsetzung (1) Die Mitgliedstaaten erlassen die Rechts- und Verwaltungsvorschriften, die erforderlich sind, um den Artikeln 1 bis 8 und 10 bis 16. März 2013 nachzukommen. Sie teilen der Kommission unverzüglich den Wortlaut dieser Vorschriften mit. Wenn die Mitgliedstaaten diese Vorschriften erlassen, nehmen sie in den Vorschriften selbst oder durch einen Hinweis bei der amtlichen Veröffentlichung auf diese Richtlinie Bezug. In diese Vorschriften fügen sie die Erklärung ein, dass Bezugnahmen in den geltenden Rechts- und Verwaltungsvorschriften auf die aufgehobene Richtlinie als Bezugnahmen auf die vorliegende Richtlinie gelten. Die Mitgliedstaaten regeln die Einzelheiten dieser Bezugnahme und die Formulierung dieser Erklärung.

(2) Die Mitgliedstaaten teilen der Kommission den Wortlaut der wichtigsten innerstaatlichen Rechtsvorschriften mit, die sie auf dem unter diese Richtlinie fallenden Gebiet erlassen.

(3) Die Mitgliedstaaten können Vorschriften beibehalten oder erlassen, die für den Gläubiger günstiger sind als die zur Erfüllung dieser Richtlinie notwendigen Maßnahmen.

(4) Bei der Umsetzung dieser Richtlinie entscheiden die Mitgliedstaaten, ob sie Verträge, die vor dem 16. März 2013 geschlossen worden sind, ausnehmen.

Art. 13 Aufhebung Die Richtlinie 2000/35/EG wird mit Wirkung vom 16. März 2013 unbeschadet der Verpflichtungen der Mitgliedstaaten hinsichtlich der Fristen für die Umsetzung in innerstaatliches Recht und die Anwendung aufgehoben. Sie bleibt jedoch auf Verträge anwendbar, die vor diesem Zeitpunkt geschlossen wurden und für die die vorliegende Richtlinie gemäß Artikel 12 Absatz 4 nicht gilt.

Verweise auf die aufgehobene Richtlinie gelten als Verweise auf die vorliegende Richtlinie und sind nach Maßgabe der Entsprechungstabelle im Anhang zu lesen.

Art. 14 Inkrafttreten Diese Richtlinie tritt am zwanzigsten Tag nach ihrer Veröffentlichung im *Amtsblatt der Europäischen Union* in Kraft.

Art. 15 Adressaten Diese Richtlinie ist an die Mitgliedstaaten gerichtet.

Anhang Entsprechungstabelle – *nicht abgedruckt.*

2.12 Vorschlag für eine Verordnung des Europäischen Parlaments und des Rates über ein Gemeinsames Europäisches Kaufrecht [GEK-VO (Entwurf)]

KOM(2011) 635 endg.

DAS EUROPÄISCHE PARLAMENT UND DER RAT DER EUROPÄISCHEN UNION –
gestützt auf den Vertrag über die Arbeitsweise der Europäischen Union, insbesondere auf Artikel 114,
auf Vorschlag der Europäischen Kommission,
nach Zuleitung des Entwurfs des Gesetzgebungsakts an die nationalen Parlamente,
nach Stellungnahme des Europäischen Wirtschafts- und Sozialausschusses[1],
nach Stellungnahme des Ausschusses der Regionen[2], gemäß dem ordentlichen Gesetzgebungsverfahren,
in Erwägung nachstehender Gründe:

(1) Für grenzübergreifende Wirtschaftstätigkeiten bestehen immer noch erhebliche Engpässe, die verhindern, dass der Binnenmarkt sein ganzes Potenzial für Wachstum und Schaffung von Arbeitsplätzen entfaltet. Gegenwärtig exportiert nur einer von zehn Unternehmern aus der Europäischen Union in andere EU-Länder und in den meisten Fällen beschränken sich diese Ausfuhren auf wenige Mitgliedstaaten. Unter allen Hindernissen für den grenzübergreifenden Handel, zu denen unter anderem Steuerregelungen, Verwaltungsvorschriften, Lieferprobleme, Sprache und Kultur gehören, sehen Unternehmer die Schwierigkeit, sich über ausländisches Vertragsrecht zu informieren, als eines der größten Hindernisse sowohl für Geschäfte zwischen Unternehmen und Verbrauchern als auch für Geschäfte zwischen Unternehmen an. Dies wirkt sich wegen des geringeren Produktangebots auch zum Nachteil der Verbraucher aus. Das unterschiedliche Vertragsrecht der Mitgliedstaaten schreckt somit davon ab, Grundfreiheiten wie den freien Waren- und Dienstleistungsverkehr zu nutzen, und stellt ein Hindernis für das Funktionieren und die kontinuierliche Weiterentwicklung des Binnenmarkts dar. Zudem bewirkt es eine Beschränkung des Wettbewerbs, vor allem auf den Märkten kleinerer Mitgliedstaaten.

(2) Verträge sind das unentbehrliche rechtliche Instrument für jedes wirtschaftliche Geschäft. Die Notwendigkeit für Unternehmer, das anwendbare Recht zu ermitteln oder auszuhandeln, sich über anwendbares ausländisches Recht zu informieren, das häufig auch übersetzt werden muss, rechtliche Beratung in Anspruch zu nehmen, um sich mit den einschlägigen Anforderungen vertraut zu machen, und ihre Verträge unter Umständen an das bei grenzübergreifenden Geschäften jeweils anwendbare einzelstaatliche Recht anpassen zu müssen, macht den Handel mit dem Ausland komplizierter und kostenträchtiger als den Handel im Inland. Die vertragsrechtsbedingten Hindernisse tragen somit maßgeblich dazu bei, eine erhebliche Zahl exportorientierter Unternehmer davon abzuhalten, in den grenzübergreifenden Handel einzusteigen oder ihre Geschäftstätigkeit auf weitere Mitgliedstaaten auszudehnen. Besonders stark ist ihre abschreckende Wirkung auf kleine und mittlere Unternehmen (KMU), für die die Kosten des Eintritts in mehrere ausländische Märkte im Verhältnis zum Umsatz oft besonders hoch sind. Infolgedessen entgehen den Unternehmen Kosteneinsparungen, die sie erzielen könnten, wenn es ihnen möglich wäre, Waren und Dienstleistungen auf der Grundlage eines für alle ihre grenzübergreifenden Geschäfte geltenden einheitlichen Vertragsrechts und im Internet auf der Grundlage einer einzigen Website zu vermarkten.

(3) Die vertragsrechtsbedingten Transaktionskosten, die, wie sich gezeigt hat, erheblich sind, und die rechtlichen Hindernisse, die durch die Unterschiede zwischen den zwingenden einzelstaatlichen Verbraucherschutzvorschriften bedingt sind, wirken sich bei Geschäften zwischen Unternehmen und Verbrauchern unmittelbar auf das Funktionieren des Binnenmarkts aus. Wenn ein Unternehmer seine Tätigkeiten auf Verbraucher in einem anderen Mitgliedstaat ausrichtet, gelten nach Artikel 6 der Verordnung (EG) Nr. 593/2008 des Europäischen Parlaments und des Rates vom 17. Juni 2008 über das auf vertragliche Schuldverhältnisse anzuwendende Recht (Verordnung (EG) Nr. 593/2008)[3] die Verbraucherschutzvorschriften des Mitgliedstaats des gewöhnlichen Aufenthalts des Verbrauchers, die ein höheres Schutzniveau bieten und von denen nach diesem Recht nicht durch

---

1   ABl. C [...] vom [...], S. [...].
2   ABl. C [...] vom [...], S. [...].
3   ABl. L 177 vom 4.7.2008, S. 6 [Rom I-VO, in dieser Sammlung Nr. 5.1].

Vereinbarung abgewichen werden kann, selbst wenn die Parteien ein anderes anwendbares Recht gewählt haben. Unternehmer müssen sich daher im Voraus informieren, ob das Recht des Verbrauchers ein höheres Schutzniveau bietet, und sicherstellen, dass ihr Vertrag dessen Anforderungen genügt. Im elektronischen Geschäftsverkehr bringt darüber hinaus die Anpassung von Websites, die den zwingenden Anforderungen des anwendbaren ausländischen Verbrauchervertragsrechts entsprechen müssen, weitere Kosten mit sich. Die bisherige Harmonisierung des Verbraucherschutzrechts auf Unionsebene hat zwar in einigen Bereichen zu einer gewissen Annäherung geführt, doch bestehen zwischen den Rechtsvorschriften der Mitgliedstaaten nach wie vor erhebliche Unterschiede, da die Mitgliedstaaten im Rahmen der bisherigen Harmonisierung in vielen Fällen die Möglichkeit hatten zu entscheiden, wie sie dem Unionsrecht nachkommen und wo sie das Verbraucherschutzniveau ansetzen wollen.

(4) Die vertragsrechtsbedingten Hindernisse, die es Unternehmern unmöglich machen, das Potenzial des Binnenmarkts voll auszuschöpfen, wirken sich auch zum Nachteil der Verbraucher aus. Weniger grenzübergreifender Handel führt zu weniger Importen und weniger Wettbewerb. Die Verbraucher werden möglicherweise durch eine geringere Produktauswahl zu höheren Preisen benachteiligt, zum einen, weil ihnen weniger ausländische Unternehmer ihre Waren und Dienstleistungen direkt anbieten, und zum anderen als indirekte Folge des beschränkten grenzübergreifenden Handels zwischen Unternehmen auf der Großhandelsstufe. Obwohl ein Einkauf im Ausland erhebliche wirtschaftliche Vorteile in Form eines größeren und besseren Angebots mit sich bringen könnte, kaufen viele Verbraucher auch deshalb nur ungern jenseits der Grenze ein, weil sie unsicher sind, welche Rechte sie dort haben. Einige der wichtigsten Sorgen der Verbraucher betreffen das Vertragsrecht, zum Beispiel die Frage, ob sie angemessenen Schutz genießen würden, wenn sich die gekauften Produkte als fehlerhaft erweisen. Infolgedessen kaufen viele Verbraucher lieber im Inland ein, auch wenn das für sie eine geringere Auswahl und höhere Preise bedeutet.

(5) Zudem können Verbraucher, die die Preisunterschiede zwischen den Mitgliedstaaten nutzen und bei einem Unternehmer aus einem anderen Mitgliedstaat kaufen wollen, dies häufig nicht tun, weil der Unternehmer nicht ins Ausland liefert. Der elektronische Geschäftsverkehr hat zwar die Suche nach Angeboten und den Vergleich von Preisen und anderen Bedingungen unabhängig vom Ort der Niederlassung des Unternehmers erheblich erleichtert, doch lehnen Unternehmer, die nicht in den grenzübergreifenden Handel einsteigen wollen, sehr häufig Bestellungen ausländischer Verbraucher ab.

(6) Unterschiede im Vertragsrecht der Mitgliedstaaten hindern Verbraucher und Unternehmer daran, die Vorteile des Binnenmarkts zu nutzen. Diese vertragsrechtsbedingten Hindernisse wären wesentlich geringer, wenn Verträge unabhängig vom Ort der Niederlassung der Parteien auf ein einziges, einheitliches Vertragsrecht gestützt werden könnten. Ein solches einheitliches Vertragsrecht sollte den ganzen Lebenszyklus eines Vertrags umfassen und somit die für den Vertragsschluss wichtigsten Fragestellungen regeln. Es sollte darüber hinaus vollständig harmonisierte Verbraucherschutzvorschriften enthalten.

(7) Die Unterschiede im Vertragsrecht der Mitgliedstaaten und ihre Folgen für den grenzübergreifenden Handel wirken sich auch dahingehend aus, dass der Wettbewerb begrenzt bleibt. Weniger grenzübergreifender Handel bedeutet weniger Wettbewerb und damit weniger Anreize für Unternehmer, innovationsfreudiger zu werden und die Qualität ihrer Produkte zu verbessern oder die Preise zu senken. Vor allem in kleineren Mitgliedstaaten mit einer begrenzten Zahl inländischer Wettbewerber kann die Entscheidung ausländischer Unternehmer, wegen Kosten und Komplexität nicht in den Markt einzutreten, den Wettbewerb begrenzen, was spürbare Auswirkungen auf Auswahl und Preis der verfügbaren Produkte hat. Zudem können die Hindernisse für den grenzübergreifenden Handel den Wettbewerb zwischen KMU und größeren Unternehmen gefährden. Angesichts des erheblichen Gewichts der Transaktionskosten im Verhältnis zum Umsatz ist zu erwarten, dass ein KMU eher auf den Eintritt in einen ausländischen Markt verzichtet als ein größerer Wettbewerber.

(8) Um diese vertragsrechtsbedingten Hindernisse zu überwinden, sollten die Parteien die Möglichkeit haben, ihren Vertrag auf der Grundlage eines einzigen, einheitlichen Vertragsrechts, eines Gemeinsamen Europäischen Kaufrechts, zu schließen, dessen Bestimmungen in allen Mitgliedstaaten dieselbe Bedeutung haben und einheitlich ausgelegt werden. Das Gemeinsame Europäische Kaufrecht sollte den Parteien eine zusätzliche Wahlmöglichkeit bieten, die sie nutzen können, wenn beide der Auffassung sind, dass es dazu beitragen kann, den grenzübergreifenden Handel zu erleichtern und Transaktions- und Opportunitätskosten sowie andere vertragsrechtsbedingte Hindernisse für den grenzübergreifenden Handel zu reduzieren. Es sollte nur dann Grundlage eines Vertragsverhältnisses werden, wenn die Parteien gemeinsam beschließen, darauf zurückzugreifen.

(9) Mit dieser Verordnung wird ein Gemeinsames Europäisches Kaufrecht eingeführt. Die Harmonisierung des Vertragsrechts der Mitgliedstaaten wird nicht durch eine Änderung des bestehenden

innerstaatlichen Vertragsrechts bewirkt, sondern durch Schaffung einer fakultativen zweiten Vertragsrechtsregelung in jedem Mitgliedstaat für in ihren Anwendungsbereich fallende Verträge. Diese zweite Vertragsrechtsregelung soll in der ganzen EU gleich sein und parallel zum bestehenden innerstaatlichen Vertragsrecht Anwendung finden. Das Gemeinsame Europäische Kaufrecht soll auf freiwilliger Basis auf grenzübergreifende Verträge angewendet werden, wenn die Vertragsparteien dies ausdrücklich beschließen.

(10) Die Vereinbarung über die Verwendung des Gemeinsamen Europäischen Kaufrechts sollte eine Wahl sein, die innerhalb des einzelstaatlichen Rechts getroffen wird, das nach der Verordnung (EG) Nr. 593/2008 beziehungsweise in Bezug auf vorvertragliche Informationspflichten nach der Verordnung (EG) Nr. 864/2007 des Europäischen Parlaments und des Rates vom 11. Juli 2007 über das auf außervertragliche Schuldverhältnisse anzuwendende Recht (Verordnung (EG) Nr. 864/2007)[4] oder nach jeder anderen einschlägigen Kollisionsnorm anwendbar ist. Die Vereinbarung über die Verwendung des Gemeinsamen Europäischen Kaufrechts sollte daher keine Rechtswahl im Sinne der Kollisionsnormen darstellen und nicht mit einer solchen verwechselt werden; sie sollte unbeschadet der Kollisionsnormen gelten. Diese Verordnung lässt bestehende Kollisionsnormen somit unberührt.

(11) Das Gemeinsame Europäische Kaufrecht sollte einen vollständigen Satz voll harmonisierter zwingender Verbraucherschutzvorschriften enthalten. Diese Vorschriften sollten gemäß Artikel 114 Absatz 3 des Vertrags über die Arbeitsweise der Europäischen Union (AEUV) im Bereich Verbraucherschutz ein hohes Schutzniveau garantieren, um das Vertrauen der Verbraucher in das Gemeinsame Europäische Kaufrecht zu stärken, und ihnen so einen Anreiz bieten, auf dieser Grundlage grenzübergreifende Verträge zu schließen. Das Schutzniveau, das Verbraucher auf der Grundlage des EU-Verbraucherrechts genießen, sollte beibehalten oder erhöht werden.

(12) Da das Gemeinsame Europäische Kaufrecht einen vollständigen Satz voll harmonisierter zwingender Verbraucherschutzvorschriften enthält, werden in diesem Bereich keine Disparitäten zwischen den Rechtsvorschriften der Mitgliedstaaten auftreten, wenn sich die Parteien für die Verwendung des Gemeinsamen Europäischen Kaufrechts entschieden haben. Im Falle eines Verbrauchervertrags, bei dem der Verbraucher seinen gewöhnlichen Aufenthalt in einem Mitgliedstaat hat und die Parteien eine gültige Vereinbarung dahingehend getroffen haben, dass das Recht des Mitgliedstaats des Verkäufers und das Gemeinsame Europäische Kaufrecht Anwendung finden sollen, entfaltet Artikel 6 Absatz 2 der Verordnung (EG) Nr. 593/2008, der von einem unterschiedlichen Verbraucherschutzniveau in den Mitgliedstaaten ausgeht, für Fragen, die das Gemeinsame Europäische Kaufrecht regelt, folglich keine praktische Bedeutung.

(13) Das Gemeinsame Europäische Kaufrecht sollte für grenzübergreifende Verträge zur Verfügung stehen, denn gerade hier entstehen aufgrund der Unterschiede zwischen den Rechtsordnungen der Mitgliedstaaten Komplikationen und zusätzliche Kosten, die Parteien vom Vertragsschluss abhalten. Die Feststellung, ob es sich um einen grenzübergreifenden Vertrag handelt, sollte bei Verträgen zwischen Unternehmen anhand des gewöhnlichen Aufenthalts der Parteien erfolgen. In einem Vertrag zwischen einem Unternehmen und einem Verbraucher sollte der grenzübergreifende Bezug dann gegeben sein, wenn entweder die vom Verbraucher angegebene allgemeine Anschrift, die Lieferanschrift oder die vom Verbraucher angegebene Rechnungsanschrift in einem Mitgliedstaat, aber außerhalb des Staates liegt, in dem der Unternehmer seinen gewöhnlichen Aufenthalt hat.

(14) Das Gemeinsame Europäische Kaufrecht sollte nicht auf grenzübergreifende Sachverhalte beschränkt sein, die nur Mitgliedstaaten betreffen, sondern auch zur Erleichterung des Handels zwischen Mitgliedstaaten und Drittstaaten zur Verfügung stehen. Bei Verbrauchern aus Drittstaaten sollte die Vereinbarung über die Verwendung des Gemeinsamen Europäischen Kaufrechts, die die Wahl eines für sie fremden Rechts implizieren würde, den geltenden Kollisionsnormen unterliegen.

(15) Auch Unternehmer, die sowohl im Inland als auch im Ausland Geschäftsbeziehungen unterhalten, sehen es unter Umständen als nützlich an, für alle Geschäfte einen einzigen, einheitlichen Vertrag zu verwenden. Es sollte den Mitgliedstaaten daher freistehen, das Gemeinsame Europäische Kaufrecht auch zur Anwendung in einem ausschließlich inländischen Kontext anzubieten.

(16) Das Gemeinsame Europäische Kaufrecht sollte insbesondere für den Kauf von Waren zur Verfügung stehen, einschließlich für Waren, die noch hergestellt oder erzeugt werden müssen, da dies der wirtschaftlich wichtigste Vertragstyp ist, der im grenzübergreifenden Handel und vor allem im elektronischen Geschäftsverkehr ein besonderes Wachstumspotenzial bietet.

(17) Um der zunehmenden Bedeutung der digitalen Wirtschaft Rechnung zu tragen, sollte das Gemeinsame Europäische Kaufrecht auch Verträge über die Bereitstellung digitaler Inhalte erfassen. Die Übertragung von zur Speicherung, Verarbeitung, Bereitstellung oder wiederholten Nutzung be-

---

4   ABl. L 199 vom 31.7.2007, S. 40 [Rom II-VO, in dieser Sammlung Nr. 5.2].

stimmten digitalen Inhalten – wie Download von Musikdateien – hat rasch zugenommen und birgt ein großes Potenzial für weiteres Wachstum, doch ist die Rechtslage in diesem Bereich nach wie vor sehr uneinheitlich und ungewiss. Das Gemeinsame Europäische Kaufrecht sollte daher auch für die Bereitstellung digitaler Inhalte gelten, unabhängig davon, ob die digitalen Inhalte auf einem materiellen Datenträger bereitgestellt werden.

(18) Digitale Inhalte werden häufig nicht gegen Zahlung eines Preises, sondern in Verbindung mit separat bezahlten Waren oder Dienstleistungen bereitgestellt, wobei die Bereitstellung eine nicht geldwerte Gegenleistung wie die Einräumung des Zugangs zu persönlichen Daten voraussetzen oder ohne jede Gegenleistung im Rahmen einer Marketingstrategie erfolgen kann, die auf der Erwartung basiert, dass der Verbraucher später zusätzliche oder anspruchsvollere digitale Inhalte erwerben wird. Angesichts dieser besonderen Marktstruktur und des Umstands, dass mangelhafte digitale Inhalte die wirtschaftlichen Interessen des Verbrauchers schädigen können ungeachtet der Bedingungen, unter denen die Inhalte geliefert worden sind, sollte die Verfügbarkeit des Gemeinsamen Europäischen Kaufrechts nicht davon abhängen, ob für die betreffenden digitalen Inhalte ein Preis gezahlt wird oder nicht.

(19) Um den Nutzen des Gemeinsamen Europäischen Kaufrechts zu maximieren, sollte sein materieller Anwendungsbereich auch vom Verkäufer erbrachte Dienstleistungen – hauptsächlich Reparatur, Wartung, Montage und Installierung – umfassen, die unmittelbar und eng mit den jeweiligen Waren oder digitalen Inhalten verbunden sind, die auf der Grundlage des Gemeinsamen Europäischen Kaufrechts geliefert werden, und häufig gleichzeitig im selben Vertrag oder in einem verbundenen Vertrag festgelegt sind.

(20) Das Gemeinsame Europäische Kaufrecht sollte nicht für verbundene Verträge gelten, auf deren Grundlage der Käufer Waren oder Dienstleistungen von einem Dritten bezieht. Dies wäre deshalb nicht angemessen, weil der Dritte nicht der Vereinbarung zwischen den Vertragsparteien über die Verwendung des Gemeinsamen Europäischen Kaufrechts angehört. Ein verbundener Vertrag mit einem Dritten sollte daher dem innerstaatlichen Recht unterliegen, das nach den Verordnungen (EG) Nr. 593/2008 und (EG) Nr. 864/2007 oder einer anderen einschlägigen Kollisionsnorm anwendbar ist.

(21) Um die bestehenden Probleme im Binnenmarkt und Wettbewerb auf gezielte und verhältnismäßige Weise angehen zu können, sollte der persönliche Geltungsbereich des Gemeinsamen Europäischen Kaufrechts auf die Parteien ausgerichtet werden, die derzeit durch die divergierenden einzelstaatlichen Vertragsrechtsregelungen davon abgehalten werden, im Ausland Geschäfte zu tätigen, was erhebliche negative Folgen für den grenzübergreifenden Handel hat. Erfasst werden sollten daher alle Verträge zwischen Unternehmen und Verbrauchern sowie Verträge zwischen Unternehmen, bei denen mindestens eine Partei ein KMU im Sinne der Empfehlung 2003/361/EG der Kommission vom 6. Mai 2003 betreffend die Definition der Kleinstunternehmen sowie der kleinen und mittleren Unternehmen[5] ist. Die Möglichkeit der Mitgliedstaaten, Vorschriften zu erlassen, die den Anwendungsbereich des Gemeinsamen Europäischen Kaufrechts auf Verträge zwischen Unternehmen erweitern, von denen keines ein KMU ist, sollte hiervon jedoch unberührt bleiben. Unternehmer genießen im Geschäftsverkehr untereinander in jedem Fall uneingeschränkte Vertragsfreiheit und sind aufgerufen, sich bei ihrer Vertragsgestaltung am Gemeinsamen Europäischen Kaufrecht zu orientieren.

(22) Für die Anwendung des Gemeinsamen Europäischen Kaufrechts bedarf es einer entsprechenden Vereinbarung der Vertragsparteien. In Verträgen zwischen Unternehmen und Verbrauchern sollten an diese Vereinbarung strenge Anforderungen gestellt werden. Da es in der Praxis in der Regel der Unternehmer sein wird, der die Verwendung des Gemeinsamen Europäischen Kaufrechts vorschlägt, muss sich der Verbraucher voll darüber im Klaren sein, dass er der Verwendung von Vorschriften zustimmt, die sich von seinem bestehenden innerstaatlichen Recht unterscheiden. Die Zustimmung des Verbrauchers zur Verwendung des Gemeinsamen Europäischen Kaufrechts sollte daher nur in Form einer ausdrücklichen Erklärung gültig sein, die gesondert von der Zustimmung zum Abschluss des Vertrags abzugeben ist. Es sollte deshalb nicht möglich sein, die Verwendung des Gemeinsamen Europäischen Kaufrechts in einer Bestimmung des zu schließenden Vertrags, insbesondere in den allgemeinen Geschäftsbedingungen des Unternehmers, anzubieten. Der Unternehmer sollte dem Verbraucher eine Bestätigung der Vereinbarung über die Verwendung des Gemeinsamen Europäischen Kaufrechts auf einem dauerhaften Datenträger zur Verfügung stellen.

(23) Der Verbraucher sollte der Verwendung des Gemeinsamen Europäischen Kaufrechts nicht nur bewusst, sondern auch in voller Sachkenntnis zustimmen. Der Unternehmer sollte den Verbraucher daher nicht nur auf die beabsichtigte Verwendung des Gemeinsamen Europäischen Kaufrechts

---

5 ABl. L 124 vom 20.5.2003, S. 36.

hinweisen, sondern ihn auch über dessen Besonderheiten und wichtigste Merkmale informieren. Um den Unternehmern diese Aufgabe zu erleichtern und ihnen unnötigen Verwaltungsaufwand zu ersparen, wird ihnen in dieser Verordnung ein Standard-Informationsblatt in allen Amtssprachen der Europäischen Union zur Verfügung gestellt, das in Bezug auf Umfang und Qualität der Informationen eine einheitliche Unterrichtung der Verbraucher gewährleistet und das sie den Verbrauchern zukommen lassen sollten. Ist es nicht möglich, dem Verbraucher das Informationsblatt zu übermitteln, beispielsweise bei einem Telefongespräch, oder hat es der Unternehmer versäumt, das Informationsblatt zu übermitteln, sollte die Vereinbarung über die Verwendung des Gemeinsamen Europäischen Kaufrechts für den Verbraucher erst dann verbindlich sein, wenn er das Informationsblatt zusammen mit der Bestätigung der Vereinbarung erhalten und anschließend seine Zustimmung erteilt hat.

(24) Um eine selektive Anwendung einzelner Bestimmungen des Gemeinsamen Europäischen Kaufrechts zu vermeiden, die das Gleichgewicht zwischen den Rechten und Verpflichtungen der Parteien beeinträchtigen und sich nachteilig auf das Verbraucherschutzniveau auswirken könnten, sollte die Wahl für das Gemeinsame Europäische Kaufrecht insgesamt gelten und nicht nur für bestimmte Teile.

(25) In den Fällen, in denen für den betreffenden Vertrag andernfalls das Übereinkommen der Vereinten Nationen über Verträge über den internationalen Warenkauf gelten würde, sollte die Wahl des Gemeinsamen Europäischen Kaufrechts eine Vereinbarung der Vertragsparteien dahingehend implizieren, dass die Anwendung dieses Übereinkommens ausgeschlossen wird.

(26) Das Gemeinsame Europäische Kaufrecht sollte vertragsrechtliche Sachverhalte regeln, die während des Lebenszyklus von Verträgen, die in seinen materiellen und persönlichen Geltungsbereich fallen, insbesondere von Online-Verträgen, von praktischer Bedeutung sind. Außer den Rechten und Verpflichtungen der Parteien und den Abhilfen bei Nichterfüllung sollte das Gemeinsame Europäische Kaufrecht deshalb Folgendes regeln: die vorvertraglichen Informationspflichten, den Abschluss des Vertrags einschließlich der Formerfordernisse, das Widerrufsrecht und seine Folgen, die Anfechtung des Vertrags wegen Irrtums, arglistiger Täuschung, Drohung oder unfairer Ausnutzung und ihre Folgen, Auslegung, Inhalt und Wirkungen des Vertrags, Beurteilung der Unfairness einer Vertragsbestimmung und ihre Folgen, Rückabwicklung nach Anfechtung und Beendigung des Vertrags sowie Verjährung und Ausschluss von Rechten. Es sollte zudem die verfügbaren Sanktionen im Fall einer Verletzung von Verpflichtungen und Pflichten in seinem Geltungsbereich regeln.

(27) Alle vertraglichen und außervertraglichen Sachverhalte, die nicht im Gemeinsamen Europäischen Kaufrecht geregelt sind, unterliegen dem außerhalb des Gemeinsamen Kaufrechts bestehenden innerstaatlichen Recht, das nach Maßgabe der Verordnungen (EG) Nr. 593/2008 und (EG) Nr. 864/2007 oder nach sonstigen einschlägigen Kollisionsnormen anwendbar ist. Hierzu zählen unter anderem die Frage der Rechtspersönlichkeit, die Ungültigkeit eines Vertrags wegen Geschäftsunfähigkeit, Rechts- oder Sittenwidrigkeit, die Bestimmung der Vertragssprache, das Diskriminierungsverbot, die Stellvertretung, die Schuldner- und Gläubigermehrheit, der Wechsel der Parteien einschließlich Abtretung, die Aufrechnung und Konfusion, das Sachenrecht einschließlich der Eigentumsübertragung, das Recht des geistigen Eigentums sowie das Deliktsrecht. Auch die Frage, ob konkurrierende Ansprüche aus vertraglicher und außervertraglicher Haftung zusammen verfolgt werden können, ist nicht Gegenstand des Gemeinsamen Europäischen Kaufrechts.

(28) Das Gemeinsame Europäische Kaufrecht sollte keine Sachverhalte außerhalb des Vertragsrechts regeln. Diese Verordnung sollte diesbezügliches Unionsrecht oder innerstaatliches Recht unberührt lassen. Beispielsweise sollten Informationspflichten, die zum Schutz der Gesundheit oder der Umwelt oder aus Gründen der Sicherheit auferlegt werden, nicht in das Gemeinsame Europäische Kaufrecht aufgenommen werden. Ferner sollte diese Verordnung nicht die Informationspflichten nach der Richtlinie 2006/123/EG des Europäischen Parlaments und des Rates vom 12. Dezember 2006 über Dienstleistungen im Binnenmarkt[6] berühren.

(29) Bei Bestehen einer gültigen Vereinbarung über die Verwendung des Gemeinsamen Europäischen Kaufrechts sollte nur das Gemeinsame Kaufrecht für die in seinen Anwendungsbereich fallenden Sachverhalte maßgebend sein. Das Gemeinsame Kaufrecht sollte autonom im Einklang mit den etablierten Auslegungsgrundsätzen des Unionsrechts ausgelegt werden. Fragen zu Sachverhalten, die in den Anwendungsbereich des Gemeinsamen Kaufrechts fallen, die aber dort nicht ausdrücklich geregelt sind, sollten im Wege der Auslegung ohne Rückgriff auf ein anderes Rechtssystem geklärt werden. Das Gemeinsame Kaufrecht sollte anhand der zugrunde liegenden Prinzipien, Zielsetzungen und all seiner Vorschriften ausgelegt werden.

---

6   ABl. L 376 vom 27.12.2006, S. 36 [Dienstleistungs-RL, in dieser Sammlung Nr. 2.22].

(30) Das Gemeinsame Europäische Kaufrecht sollte vom Grundsatz der Vertragsfreiheit geleitet sein. Die Parteiautonomie sollte nur eingeschränkt werden, soweit dies insbesondere aus Gründen des Verbraucherschutzes unerlässlich ist. In den Fällen, in denen diese Notwendigkeit gegeben ist, sollte deutlich auf den zwingenden Charakter der betreffenden Vorschriften hingewiesen werden.

(31) Die Parteien sollten sich bei ihrer Zusammenarbeit vom Gebot von Treu und Glauben und vom Grundsatz des redlichen Geschäftsverkehrs leiten lassen. Bestimmte Vorschriften stellen konkrete Ausprägungen dieser allgemeinen Grundsätze dar und sollten ihnen daher vorgehen. Die besonderen Rechte und Verpflichtungen der Parteien, wie sie in den spezifischen Bestimmungen festgelegt sind, sollten daher nicht unter Berufung auf die allgemeinen Grundsätze abgeändert werden können. Die konkreten Anforderungen, die aus dem Gebot von Treu und Glauben und dem Grundsatz des redlichen Geschäftsverkehrs erwachsen, sollten unter anderem von der Sachkunde der Parteien abhängen und sollten daher in Geschäften zwischen Unternehmen und Verbrauchern anders beschaffen sein als in Geschäften zwischen Unternehmen. In Geschäften zwischen Unternehmen sollte es dabei auch auf die gute Handelspraxis in der betreffenden Situation ankommen.

(32) Das Gemeinsame Europäische Kaufrecht sollte auf die Aufrechterhaltung eines gültigen Vertrags ausgerichtet sein, wo immer dies mit Blick auf die berechtigten Interessen der Parteien möglich und angemessen ist.

(33) Das Gemeinsame Europäische Kaufrecht sollte unter Berücksichtigung der berechtigten Interessen der Parteien ausgewogene Lösungen für die Gestaltung und Ausübung der im Falle der Nichterfüllung des Vertrags verfügbaren Abhilfen bereithalten. In Verträgen zwischen Unternehmen und Verbrauchern sollte dem Umstand Rechnung getragen werden, dass die Vertragswidrigkeit von Waren, digitalen Inhalten oder Dienstleistungen in den Verantwortungsbereich des Unternehmers fällt.

(34) Um die Rechtsprechung des Gerichtshofs der Europäischen Union und der einzelstaatlichen Gerichte zur Auslegung des Gemeinsamen Europäischen Kaufrechts oder einer anderen Bestimmung dieser Verordnung der Öffentlichkeit zugänglich zu machen und so die Rechtssicherheit zu erhöhen, sollte die Kommission eine Datenbank mit den einschlägigen rechtskräftigen Entscheidungen dieser Gerichte einrichten. Damit die Kommission diesem Auftrag nachkommen kann, sollten die Mitgliedstaaten dafür sorgen, dass der Kommission die einschlägigen Entscheidungen ihrer Gerichte rasch übermittelt werden.

(35) Es empfiehlt sich, die Funktionsweise des Gemeinsamen Europäischen Kaufrechts oder anderer Bestimmungen dieser Verordnung nach fünf Jahren Anwendung zu überprüfen. Bei dieser Überprüfung sollte unter anderem festgestellt werden, inwieweit der Anwendungsbereich der Verordnung in Bezug auf Verträge zwischen Unternehmen sowie hinsichtlich der Markt- und technologischen Entwicklungen bei digitalen Inhalten und der künftigen Entwicklungen des Unionsrechts ausgeweitet werden muss.

(36) Da das Ziel dieser Verordnung, nämlich einen Beitrag zum reibungslosen Funktionieren des Binnenmarkts in der Form zu leisten, dass ein einheitliches Vertragsrecht zur Verfügung gestellt wird, das für grenzübergreifende Geschäfte in der Europäischen Union verwendet werden kann, von den Mitgliedstaaten allein nicht in ausreichendem Maße erreicht werden kann, sondern sich besser auf Unionsebene verwirklichen lässt, kann die Union im Einklang mit dem Subsidiaritätsgrundsatz in Artikel 5 des Vertrags über die Europäische Union tätig werden. Entsprechend dem in demselben Artikel genannten Grundsatz der Verhältnismäßigkeit geht diese Verordnung nicht über das zur Erreichung dieses Ziels erforderliche Maß hinaus.

(37) Diese Verordnung wahrt die Grundrechte und Grundsätze, wie sie unter anderem in der Charta der Grundrechte der Europäischen Union verankert sind, insbesondere deren Artikel 16, 38 und 47 –

HABEN FOLGENDE VERORDNUNG ERLASSEN:

Art. 1 Ziel und Gegenstand (1) Zweck dieser Verordnung ist es, die Voraussetzungen für die Errichtung und das Funktionieren des Binnenmarkts zu verbessern, indem ein für die Europäische Union einheitliches Vertragsrecht (das „Gemeinsame Europäische Kaufrecht") zur Verfügung gestellt wird, das in Anhang I dargestellt ist. Dieses Vertragsrecht kann bei grenzübergreifenden Geschäften verwendet werden, die den Kauf von Waren, die Bereitstellung digitaler Inhalte und die Erbringung verbundener Dienstleistungen betreffen, wenn die Parteien eines Vertrags dies vereinbaren.

(2) Diese Verordnung ermöglicht es Unternehmern, sich bei allen ihren grenzübergreifenden Geschäften auf gemeinsame Vorschriften zu stützen und dieselben Vertragsbestim-

mungen zu verwenden, und hilft so, unnötige Kosten zu sparen und gleichzeitig ein hohes Maß an Rechtssicherheit herzustellen.

(3) Für Verträge zwischen Unternehmern und Verbrauchern enthält diese Verordnung umfassende Verbraucherschutzvorschriften, um ein hohes Verbraucherschutzniveau zu gewährleisten, das Vertrauen der Verbraucher in den Binnenmarkt zu stärken und die Verbraucher zu Einkäufen im Ausland zu ermutigen.

Art. 2 Begriffsbestimmungen Für die Zwecke dieser Verordnung bezeichnet der Ausdruck

a) „Vertrag" eine Vereinbarung, die darauf abzielt, Verpflichtungen oder andere rechtliche Wirkungen herbeizuführen;

b) „Treu und Glauben und redlicher Geschäftsverkehrs" ein Verhaltensmaßstab, der durch Redlichkeit, Offenheit und Rücksicht auf die Interessen der anderen Partei in Bezug auf das fragliche Geschäft oder Rechtsverhältnis gekennzeichnet ist;

c) „Verlust" den materiellen Verlust sowie den immateriellen Verlust in Form erlittener Schmerzen und erlittenen Leids, ausgenommen jedoch andere Formen des immateriellen Verlusts wie Beeinträchtigungen der Lebensqualität oder entgangene Freude;

d) „Standardvertragsbestimmungen" Vertragsbestimmungen, die vorab für mehrere Geschäfte und verschiedene Vertragsparteien verfasst und im Sinne von Artikel 7 des Gemeinsamen Europäischen Kaufrechts nicht individuell von den Vertragsparteien ausgehandelt wurden;

e) „Unternehmer" jede natürliche oder juristische Person, die für die Zwecke ihrer gewerblichen, geschäftlichen, handwerklichen oder beruflichen Tätigkeit handelt;

f) „Verbraucher" jede natürliche Person, die nicht für die Zwecke einer gewerblichen, geschäftlichen, handwerklichen oder beruflichen Tätigkeit handelt;

g) „Schadensersatz" einen Geldbetrag, zu dem eine Person als Entschädigung für einen erlittenen Verlust oder einen körperlichen oder sonstigen Schaden berechtigt sein kann;

h) „Waren" bewegliche körperliche Gegenstände, ausgenommen:
   i) Strom und Erdgas sowie
   ii) Wasser und andere Formen von Gas, es sei denn, sie werden in einem begrenzten Volumen oder in einer bestimmten Menge zum Verkauf angeboten;

i) „Preis" Geld, das im Austausch für eine gekaufte Ware, für bereitgestellte digitale Inhalte oder eine erbrachte verbundene Dienstleistung geschuldet ist;

j) „digitale Inhalte" Daten, die – gegebenenfalls auch nach Kundenspezifikationen – in digitaler Form hergestellt und bereitgestellt werden, darunter Video-, Audio-, Bild oder schriftliche Inhalte, digitale Spiele, Software und digitale Inhalte, die eine Personalisierung bestehender Hardware oder Software ermöglichen, jedoch ausgenommen:
   i) elektronische Finanzdienstleistungen, einschließlich Online-Banking,
   ii) Rechts- oder Finanzberatungsleistungen, die in elektronischer Form erbracht werden,
   iii) elektronische Gesundheitsdienstleistungen,
   iv) elektronische Kommunikationsdienste und -netze mit den dazugehörigen Einrichtungen und Diensten,
   v) Glücksspiele,
   vi) die Erstellung neuer digitaler Inhalte oder die Veränderung vorhandener digitaler Inhalte durch den Verbraucher oder jede sonstige Interaktion mit den Schöpfungen anderer Nutzer;

k) „Kaufvertrag" einen Vertrag, nach dem der Unternehmer (der „Verkäufer") das Eigentum an einer Ware auf eine andere Person (den „Käufer") überträgt oder sich zur Übertragung des Eigentums an einer Ware auf den Käufer verpflichtet und der Käufer den Preis zahlt oder sich zur Zahlung des Preises verpflichtet, einschließlich Verträgen über die Lieferung von Waren, die noch hergestellt oder erzeugt werden müssen, und ausgenommen Verträge, die den Kauf zwangsversteigerter Waren betreffen oder auf sonstige Weise mit der Ausübung öffentlicher Gewalt verbunden sind;

l) „Verbraucherkaufvertrag" einen Kaufvertrag, bei dem der Verkäufer ein Unternehmer und der Käufer ein Verbraucher ist;

m) „verbundene Dienstleistung" jede Dienstleistung im Zusammenhang mit Waren oder digitalen Inhalten wie Montage, Installierung, Instandhaltung, Reparatur oder sonstige Handreichungen, die vom Verkäufer der Waren oder vom Lieferanten der digitalen Inhalte auf der Grundlage des Kaufvertrags, des Vertrags über die Bereitstellung digitaler Inhalte oder auf der Grundlage eines gesonderten Vertrags über verbundene Dienstleistungen erbracht werden, der zeitgleich mit dem Kaufvertrag oder dem Vertrag über die Bereitstellung digitaler Inhalte geschlossen wurde, jedoch ausgenommen
   i) Transportleistungen,
   ii) Schulungen,
   iii) Unterstützungsleistungen im Telekommunikationsbereich und
   iv) Finanzdienstleistungen;

n) „Dienstleister" einen Verkäufer von Waren oder Lieferanten digitaler Inhalte, der sich verpflichtet, für einen Verbraucher eine mit diesen Waren oder digitalen Inhalten verbundene Dienstleistung zu erbringen;

o) „Kunde" jede Person, die eine verbundene Dienstleistung erwirbt;

p) „Fernabsatzvertrag" jeden Vertrag zwischen einem Unternehmer und einem Verbraucher im Rahmen eines organisierten Fernabsatzsystems, der ohne gleichzeitige körperliche Anwesenheit des Unternehmers beziehungsweise, falls der Unternehmer eine juristische Person ist, der ihn vertretenden natürlichen Person und des Verbrauchers geschlossen wird, wobei bis zum Zeitpunkt des Vertragsschlusses ausschließlich ein oder mehrere Fernkommunikationsmittel verwendet werden;

q) „außerhalb von Geschäftsräumen geschlossener Vertrag" jeden Vertrag zwischen einem Unternehmer und einem Verbraucher, der
   i) bei gleichzeitiger körperlicher Anwesenheit des Unternehmers beziehungsweise, falls der Unternehmer eine juristische Person ist, der ihn vertretenden natürlichen Person und des Verbrauchers an einem Ort geschlossen wird, der kein Geschäftsraum des Unternehmers ist, oder der aufgrund eines Angebots des Verbrauchers unter denselben Umständen geschlossen wird, oder
   ii) in den Geschäftsräumen des Unternehmers oder durch Fernkommunikationsmittel geschlossen wird, und zwar unmittelbar nachdem der Verbraucher an einem anderen Ort als den Geschäftsräumen des Unternehmers bei gleichzeitiger körperlicher Anwesenheit des Unternehmers beziehungsweise, falls der Unternehmer eine juristische Person ist, einer ihn vertretenden natürlichen Person und des Verbrauchers persönlich und individuell angesprochen wurde, oder
   iii) auf einem Ausflug geschlossen wird, der von dem Unternehmer beziehungsweise, falls der Unternehmer eine juristische Person ist, von einer ihn vertretenden natürlichen Person organisiert wurde, wenn damit die Werbung für und der Verkauf

von Waren, die Lieferung digitaler Inhalte beziehungsweise die Erbringung von Dienstleistungen an den Verbraucher bezweckt oder bewirkt wird;

r) „Geschäftsräume"

i) unbewegliche Verkaufsstätten, in denen der Unternehmer seine Tätigkeit dauerhaft ausübt, oder

ii) bewegliche Verkaufsstätten, in denen der Unternehmer seine Tätigkeit regelmäßig ausübt;

s) „gewerbliche Garantie" jedes vom Unternehmer oder Hersteller dem Verbraucher gegenüber zusätzlich zu seinen rechtlichen Verpflichtungen gemäß Artikel 106 im Falle von Vertragswidrigkeit eingegangene Versprechen, den Kaufpreis zu erstatten oder Waren beziehungsweise digitale Inhalte zu ersetzen, zu reparieren oder Kundendienstleistungen für sie zu erbringen, falls sie nicht die Eigenschaften aufweisen oder andere nicht mit der Vertragsmäßigkeit verbundene Anforderungen erfüllen sollten, die in der Garantieerklärung oder der einschlägigen Werbung, wie sie bei oder vor dem Abschluss des Vertrags verfügbar war, beschrieben sind;

t) „dauerhafter Datenträger" jeden Datenträger, der es einer Partei gestattet, an sie persönlich gerichtete Informationen so zu speichern, dass sie sie in der Folge für eine für die Zwecke der Information angemessene Dauer einsehen kann, und der die unveränderte Wiedergabe der gespeicherten Informationen ermöglicht;

u) „öffentliche Versteigerung" eine Verkaufsmethode, bei der der Unternehmer dem Verbraucher, der der Versteigerung persönlich beiwohnt oder dem diese Möglichkeit gewährt wird, Waren oder digitale Inhalte anbietet, und zwar in einem vom Versteigerer durchgeführten, auf konkurrierenden Geboten basierenden Verfahren, bei dem derjenige, der den Zuschlag erhalten hat, zum Erwerb der Waren oder digitalen Inhalte verpflichtet ist;

v) „zwingende Vorschrift" jede Vorschrift, deren Anwendung die Parteien nicht ausschließen, von der sie nicht abweichen und deren Wirkung sie nicht abändern dürfen;

w) „Gläubiger" eine Person, die ein Recht auf Erfüllung einer Verpflichtung finanzieller oder nicht finanzieller Natur gegen eine andere Person, den Schuldner, hat;

x) „Schuldner" eine Person, die eine Verpflichtung finanzieller oder nicht finanzieller Natur gegen eine andere Person, den Gläubiger, hat;

y) „Verpflichtung" eine Pflicht zu leisten, die eine Partei eines Rechtsverhältnisses einer anderen Partei schuldet.

Art. 3 Fakultativer Charakter des Gemeinsamen Europäischen Kaufrechts Die Parteien können vereinbaren, dass für ihre grenzübergreifenden Verträge über den Kauf von Waren oder die Bereitstellung digitaler Inhalte sowie die Erbringung verbundener Dienstleistungen innerhalb des in den Artikeln 4 bis 7 abgesteckten räumlichen, sachlichen und persönlichen Geltungsbereichs das Gemeinsame Europäische Kaufrecht gilt.

Art. 4 Grenzübergreifende Verträge (1) Das Gemeinsame Europäische Kaufrecht kann für grenzübergreifende Verträge verwendet werden.

(2) Für die Zwecke dieser Verordnung ist ein Vertrag zwischen Unternehmern ein grenzübergreifender Vertrag, wenn die Parteien ihren gewöhnlichen Aufenthalt in verschiedenen Staaten haben, von denen mindestens einer ein EU-Mitgliedstaat ist.

(3) Für die Zwecke dieser Verordnung ist ein Vertrag zwischen einem Unternehmer und einem Verbraucher ein grenzübergreifender Vertrag, wenn

a) sich die Anschrift des Verbrauchers, die Lieferanschrift oder die Rechnungsanschrift in einem anderen Staat als dem Staat befindet, in dem der Unternehmer seinen gewöhnlichen Aufenthalt hat, und

b) mindestens einer dieser Staaten ein EU-Mitgliedstaat ist.

(4) Für die Zwecke dieser Verordnung ist der Ort des gewöhnlichen Aufenthalts von Gesellschaften, Vereinen und juristischen Personen der Ort ihrer Hauptverwaltung. Der gewöhnliche Aufenthalt eines Unternehmers, bei dem es sich um eine natürliche Person handelt, ist der Hauptgeschäftssitz dieser Person.

(5) Wird der Vertrag im Rahmen der Geschäftstätigkeit einer Zweigniederlassung, Agentur oder sonstigen Niederlassung eines Unternehmers geschlossen, so gilt der Ort, an dem sich die Zweigniederlassung, Agentur oder sonstige Niederlassung befindet, als gewöhnlicher Aufenthalt des Unternehmers.

(6) Für die Einstufung eines Vertrags als grenzübergreifender Vertrag ist der Zeitpunkt maßgebend, zu dem die Verwendung des Gemeinsamen Europäischen Kaufrechts vereinbart wurde.

Art. 5 Verträge, für die das Gemeinsame Europäische Kaufrecht verwendet werden kann Das Gemeinsame Europäische Kaufrecht kann verwendet werden für:

a) Kaufverträge,

b) Verträge über die Bereitstellung digitaler Inhalte gleich, ob auf einem materiellen Datenträger oder nicht, die der Nutzer speichern, verarbeiten oder wiederverwenden kann oder zu denen er Zugang erhält, unabhängig davon, ob die Bereitstellung gegen Zahlung eines Preises erfolgt oder nicht,

c) Verträge über verbundene Dienstleistungen, gleich, ob hierfür ein gesonderter Preis vereinbart wurde oder nicht.

Art. 6 Ausschluss von Mischverträgen und Verträgen, die mit einem Verbraucherkredit verbunden sind (1) Das Gemeinsame Europäische Kaufrecht darf nicht für Mischverträge verwendet werden, die neben dem Kauf von Waren, der Bereitstellung digitaler Inhalte und der Erbringung verbundener Dienstleistungen im Sinne von Artikel 5 noch andere Elemente beinhalten.

(2) Das Gemeinsame Europäische Kaufrecht darf nicht für Verträge zwischen einem Unternehmer und einem Verbraucher verwendet werden, bei denen der Unternehmer dem Verbraucher einen Kredit in Form eines Zahlungsaufschubs, eines Darlehens oder einer vergleichbaren Finanzierungshilfe gewährt oder zu gewähren verspricht. Möglich ist die Verwendung des Gemeinsamen Europäischen Kaufrechts bei Verträgen zwischen einem Unternehmer und einem Verbraucher, bei denen Waren, digitale Inhalte oder verbundene Dienstleistungen gleicher Art regelmäßig geliefert, bereitgestellt oder erbracht und vom Verbraucher für die Dauer der Leistungen in Raten bezahlt werden.

Art. 7 Vertragsparteien (1) Das Gemeinsame Europäische Kaufrecht darf nur verwendet werden, wenn der Verkäufer der Waren oder der Lieferant der digitalen Inhalte Unternehmer ist. Sind alle Parteien Unternehmer, kann das Gemeinsame Europäische Kaufrecht verwendet werden, wenn mindestens eine dieser Parteien ein kleines oder mittleres Unternehmen („KMU") ist.

(2) Für die Zwecke dieser Verordnung ist ein KMU ein Unternehmer, der

a) weniger als 250 Personen beschäftigt und

b) einen Jahresumsatz von höchstens 50 Mio. EUR oder eine Jahresbilanzsumme von höchstens 43 Mio. EUR hat beziehungsweise im Falle von KMU, die ihren gewöhnlichen Aufenthalt in einem Drittstaat oder in einem Mitgliedstaat haben, dessen Währung nicht der Euro ist, einen Jahresumsatz oder eine Jahresbilanzsumme, die den genannten Beträgen in der Währung des betreffenden Mitglied- oder Drittstaats entspricht.

Art. 8 Vereinbarung über die Verwendung des Gemeinsamen Europäischen Kaufrechts (1) Die Verwendung des Gemeinsamen Europäischen Kaufrechts muss von den Parteien vereinbart werden. Das Bestehen einer solchen Vereinbarung und ihre Gültigkeit bestimmen sich nach den Absätzen 2 und 3 und nach Artikel 9 sowie nach den einschlägigen Bestimmungen des Gemeinsamen Europäischen Kaufrechts.

(2) Im Verhältnis zwischen einem Unternehmer und einem Verbraucher ist die Vereinbarung über die Verwendung des Gemeinsamen Europäischen Kaufrechts nur gültig, wenn der Verbraucher hierin ausdrücklich und gesondert von seiner Erklärung, mit der er dem Vertragsschluss zustimmt, einwilligt. Der Unternehmer übermittelt dem Verbraucher auf einem dauerhaften Datenträger eine Bestätigung dieser Vereinbarung.

(3) Im Verhältnis zwischen einem Unternehmer und einem Verbraucher darf das Gemeinsame Europäische Kaufrecht nicht in Teilen, sondern nur in seiner Gesamtheit verwendet werden.

Art. 9 Standard-Informationsblatt bei Verträgen zwischen einem Unternehmer und einem Verbraucher (1) Im Verhältnis zwischen einem Unternehmer und einem Verbraucher muss der Unternehmer zusätzlich zu den vorvertraglichen Informationspflichten gemäß dem Gemeinsamen Europäischen Kaufrecht den Verbraucher vor der Vereinbarung auf die beabsichtigte Verwendung des Gemeinsamen Europäischen Kaufrechts hinweisen, indem er ihm das Informationsblatt in Anhang II mit deutlichem Hinweis darauf übermittelt. Wird die Verwendung des Gemeinsamen Europäischen Kaufrechts telefonisch oder auf eine andere Weise vereinbart, die es nicht erlaubt, dem Verbraucher das Informationsblatt zu übermitteln, oder hat es der Unternehmer versäumt, das Informationsblatt zu übermitteln, so ist der Verbraucher erst dann an die Vereinbarung gebunden, wenn er die Bestätigung nach Artikel 8 Absatz 2 zusammen mit dem Informationsblatt erhalten und der Verwendung des Gemeinsamen Europäischen Kaufrechts daraufhin ausdrücklich zugestimmt hat.

(2) Das in Absatz 1 genannte Informationsblatt wird, wenn es in elektronischer Form geliefert wird, über einen Hyperlink zugänglich gemacht oder enthält ansonsten die Adresse einer Website, über die der Text des Gemeinsamen Europäischen Kaufrechts kostenlos abgerufen werden kann.

Art. 10 Sanktionen wegen Verletzung bestimmter Pflichten Die Mitgliedstaaten legen Sanktionen für Verstöße gegen die in Artikel 8 und 9 niedergelegten Pflichten fest, die Unternehmern im Verhältnis zu Verbrauchern obliegen, und ergreifen alle erforderlichen Maßnahmen, um sicherzustellen, dass diese Sanktionen angewandt werden. Die Sanktionen müssen wirksam, verhältnismäßig und abschreckend sein. Die Mitgliedstaaten teilen der Kommission die einschlägigen Vorschriften spätestens [*1 Jahr nach Beginn der Anwendung dieser Verordnung*] und alle späteren Änderungen so bald wie möglich mit.

Art. 11 Folgen der Verwendung des Gemeinsamen Europäischen Kaufrechts Haben die Parteien eine gültige Vereinbarung über die Verwendung des Gemeinsamen Europäischen Kaufrechts für einen Vertrag getroffen, so ist nur das Gemeinsame Europäische Kaufrecht für die darin geregelten Fragen maßgebend. Sofern der Vertrag tatsächlich zustande gekommen ist, gilt das Gemeinsame Europäische Kaufrecht auch für die Erfüllung der vorvertraglichen Informationspflichten und die Abhilfen bei deren Verletzung.

Art. 12 Informationspflichten aufgrund der Dienstleistungsrichtlinie Diese Verordnung lässt die Informationspflichten unberührt, die in einzelstaatlichen Gesetzen zur Umsetzung der Richtlinie 2006/123/EG des Europäischen Parlaments und des Rates vom 12. Dezember 2006 über Dienstleistungen im Binnenmarkt festgelegt sind und die Informationspflichten des Gemeinsamen Europäischen Kaufrechts ergänzen.

Art. 13 Optionen der Mitgliedstaaten Ein Mitgliedstaat kann beschließen, dass das Gemeinsame Europäische Kaufrecht für Verträge verwendet werden darf,

a)   wenn sich der gewöhnliche Aufenthalt der Unternehmer beziehungsweise im Falle eines Vertrags zwischen einem Unternehmer und einem Verbraucher der gewöhnliche Aufenthalt des Unternehmers, die Anschrift des Verbrauchers, die Lieferanschrift für die Waren oder die Rechnungsanschrift in diesem Mitgliedstaat befinden, und/oder

b)   wenn alle Vertragsparteien Unternehmer sind, aber keiner davon ein KMU nach Maßgabe von Artikel 7 Absatz 2 ist.

Art. 14 Übermittlung von Urteilen zur Anwendung dieser Verordnung (1) Die Mitgliedstaaten stellen sicher, dass rechtskräftige Urteile ihrer Gerichte zur Anwendung der Vorschriften dieser Verordnung unverzüglich der Kommission übermittelt werden.

(2) Die Kommission richtet ein System ein, mit dem Informationen über die Urteile gemäß Absatz 1 sowie einschlägige Urteile des Gerichtshofs der Europäischen Union abgerufen werden können. Dieses System ist der Öffentlichkeit zugänglich.

Art. 15 Überprüfung (1) Spätestens am … [*4 Jahre nach Beginn der Anwendung dieser Verordnung*] übermitteln die Mitgliedstaaten der Kommission Informationen über die Anwendung dieser Verordnung, insbesondere darüber, inwieweit das Gemeinsame Europäische Kaufrecht akzeptiert wird, seine Vorschriften Anlass zu Rechtsstreitigkeiten gaben und sich Unterschiede im Verbraucherschutzniveau auftun, je nachdem, ob das Gemeinsame Europäische Kaufrecht oder innerstaatliches Recht zur Anwendung kommt. Dazu gehört auch ein umfassender Überblick über die Rechtsprechung der mitgliedstaatlichen Gerichte zur Auslegung des Gemeinsamen Europäischen Kaufrechts.

(2) Spätestens am … [*5 Jahre nach Beginn der Anwendung dieser Verordnung*] legt die Kommission dem Europäischen Parlament, dem Rat und dem Europäischen Wirtschafts- und Sozialausschuss einen ausführlichen Bericht vor, in dem das Funktionieren dieser Verordnung unter anderem unter Berücksichtigung der Notwendigkeit überprüft wird, ihren Anwendungsbereich in Bezug auf Verträge zwischen Unternehmen sowie hinsichtlich der Markt- und technologischen Entwicklungen bei digitalen Inhalten und der künftigen Entwicklungen des Unionsrechts auszuweiten.

Art. 16 Inkrafttreten und Anwendung (1) Diese Verordnung tritt am zwanzigsten Tag nach ihrer Veröffentlichung im Amtsblatt der Europäischen Union in Kraft.

(2) Sie gilt ab dem … [*6 Monate nach ihrem Inkrafttreten*]. Diese Verordnung ist in allen ihren Teilen verbindlich und gilt unmittelbar in jedem Mitgliedstaat.

2.12 GEK-VO (Entwurf)

Anhang I – Gemeinsames Europäisches Kaufrecht

Inhaltsverzeichnis

Teil I – Einleitende Bestimmungen

Kapitel 1 – Allgemeine Grundsätze und Anwendung

Abschnitt 1 – Allgemeine Grundsätze

Art. 1 Vertragsfreiheit (1) Den Parteien steht es, vorbehaltlich einschlägiger zwingender Vorschriften, frei, einen Vertrag zu schließen und dessen Inhalt zu bestimmen.

(2) Die Parteien können die Anwendung von Bestimmungen des Gemeinsamen Europäischen Kaufrechts ausschließen, davon abweichen oder ihre Wirkungen abändern, sofern in diesen Bestimmungen nichts anderes bestimmt ist.

Art. 2 Treu und Glauben und redlicher Geschäftsverkehr (1) Jede Partei hat die Pflicht, im Einklang mit dem Gebot von Treu und Glauben und des redlichen Geschäftsverkehrs zu handeln.

(2) Verletzt eine Partei diese Pflicht, so kann sie das von der Ausübung oder Geltendmachung von Rechten, Abhilfen oder Einwänden, die ihr sonst zugestanden hätten, ausschließen, oder es kann sie für jeden Verlust, der der anderen Partei dadurch entsteht, haftbar machen.

(3) Die Parteien dürfen die Anwendung dieses Artikels nicht ausschließen, davon abweichen oder dessen Wirkungen abändern.

Art. 3 Zusammenarbeit Die Parteien sind zur Zusammenarbeit miteinander verpflichtet, soweit dies im Hinblick auf die Erfüllung ihrer vertraglichen Verpflichtungen von ihnen erwartet werden kann.

Abschnitt 2 – Anwendung

Art. 4 Auslegung (1) Das Gemeinsame Europäische Kaufrecht ist autonom und im Einklang mit den ihm zugrunde liegenden Zielen und Grundsätzen auszulegen.

(2) Fragen, die in den Anwendungsbereich des Gemeinsamen Europäischen Kaufrechts fallen, jedoch darin nicht ausdrücklich geregelt sind, sind im Einklang mit den ihm zugrunde liegenden Zielen und Grundsätzen und all seinen Bestimmungen und ohne Rückgriff auf das einzelstaatliche Recht, das in Ermangelung einer Vereinbarung über die Verwendung des Gemeinsamen Europäischen Kaufrechts anwendbar wäre, beziehungsweise auf jedes andere Recht zu regeln.

(3) Sind eine allgemeine Vorschrift und eine besondere Vorschrift auf eine bestimmte Situation im Anwendungsbereich der allgemeinen Vorschrift anwendbar, so geht die besondere Vorschrift im Konfliktfall vor.

Art. 5 Angemessenheit, Vernünftigkeit (1) Was „angemessen" oder „vernünftig" ist, ist objektiv unter Berücksichtigung der Art und des Zwecks des Vertrags, der Umstände des Einzelfalls und der Gebräuche und Gepflogenheiten der jeweiligen Gewerbe oder Berufe zu bestimmen.

(2) Was eine Person erwarten oder von ihr oder in einer bestimmten Situation erwartet werden darf, ist das, was vernünftigerweise erwartet werden darf.

Art. 6 Formfreiheit Soweit das Gemeinsame Europäische Kaufrecht nichts anderes vorschreibt, brauchen Verträge, Erklärungen oder sonstige Handlungen, die ihm unterliegen, nicht in einer bestimmten Form vorgenommen oder nachgewiesen zu werden.

Art. 7 Nicht individuell ausgehandelte Vertragsbestimmungen (1) Eine Vertragsbestimmung ist nicht individuell ausgehandelt, wenn sie von einer Partei gestellt wurde und die andere Partei nicht in der Lage war, ihren Inhalt zu beeinflussen.

(2) Stellt eine Partei der anderen Partei eine Auswahl an Vertragsbestimmungen zur Verfügung, so wird die Bestimmung nicht allein deshalb als individuell ausgehandelt angesehen, weil die andere Partei diese Bestimmung ausgewählt hat.

(3) Behauptet eine Partei, eine als Teil von Standardvertragsbestimmungen gestellte Vertragsbestimmung sei nach der erstmaligen Bereitstellung individuell ausgehandelt worden, so trägt diese Partei die Beweislast dafür.

(4) In einem Vertrag zwischen einem Unternehmer und einem Verbraucher trägt der Unternehmer die Beweislast dafür, dass eine vom Unternehmer gestellte Vertragsbestimmung individuell ausgehandelt wurde.

(5) In einem Vertrag zwischen einem Unternehmer und einem Verbraucher gelten von einem Dritten entworfene Vertragsbestimmungen als vom Unternehmer gestellt, es sei denn, sie wurden vom Verbraucher in den Vertrag eingebracht.

Art. 8 Beendigung des Vertrags (1) Eine „Beendigung des Vertrags" beendet die Rechte und Verpflichtungen der Parteien aus dem Vertrag bis auf diejenigen, die sich aus einer Vertragsbestimmung über die Streitbeilegung oder einer anderen Vertragsbestimmung, die auch nach einer Beendigung des Vertrags anzuwenden ist, ergeben.

(2) Bereits vor der Beendigung des Vertrags fällige Zahlungen und Schadensersatzleistungen wegen Nichterfüllung bleiben zu zahlen. Wird der Vertrag wegen Nichterfüllung oder zu erwartender Nichterfüllung beendet, so hat die den Vertrag beendende Partei anstelle der künftigen Erfüllung der anderen Partei auch Anspruch auf Schadensersatz.

(3) Die Wirkungen einer Beendigung des Vertrags auf die Rückzahlung des Preises und die Rückgabe der Waren oder digitalen Inhalte sowie sonstige Wirkungen der Rückabwicklung bestimmen sich nach den Vorschriften des Kapitels 17 über die Rückabwicklung.

Art. 9 Gemischte Verträge (1) Sieht ein Vertrag sowohl den Kauf von Waren oder die Bereitstellung digitaler Inhalte als auch die Erbringung einer verbundenen Dienstleistung vor, so gelten die Vorschriften von Teil IV für die Verpflichtungen und Abhilfen der Parteien als Verkäufer und Käufer von Waren oder digitalen Inhalten und die Vorschriften von Teil V für die Verpflichtungen und Abhilfen der Parteien als Dienstleister und Kunde.

(2) Sind bei einem unter Absatz 1 fallenden Vertrag die Verpflichtungen des Verkäufers und Dienstleisters aus dem Vertrag in selbständigen Teilleistungen zu erfüllen oder auf andere Weise teilbar, so kann der Käufer und Kunde, wenn für einen Teil der Leistung, dem ein Preis zugeordnet werden kann, ein Beendigungsgrund wegen Nichterfüllung besteht, den Vertrag nur in Bezug auf diesen Teil beenden.

(3) Absatz 2 gilt nicht, wenn vom Käufer und Kunden nicht erwartet werden kann, dass er die Leistung der anderen Teile annimmt, oder die Nichterfüllung die Beendigung des gesamten Vertrags rechtfertigt.

(4) Sind die vertraglichen Verpflichtungen des Verkäufers und Dienstleisters nicht teilbar oder kann einem Teil der Leistung kein Preis zugeordnet werden, so kann der Käufer und Kunde den Vertrag nur beenden, wenn die Nichterfüllung die Beendigung des gesamten Vertrags rechtfertigt.

Art. 10 Mitteilung (1) Dieser Artikel gilt für alle Mitteilungen für die Zwecke des Gemeinsamen Europäischen Kaufrechts und des Vertrags. Der Begriff „Mitteilung" umfasst die Übermittlung jeder Erklärung, die darauf abzielt, Rechtswirkungen zu haben oder einem rechtlichen Zweck dienende Informationen weiterzugeben.

(2) Eine Mitteilung kann auf jede nach den Umständen geeignete Weise abgegeben werden.

(3) Eine Mitteilung wird wirksam, wenn sie dem Empfänger zugeht, es sei denn, sie bestimmt einen späteren Eintritt der Wirkung.

(4) Eine Mitteilung geht dem Empfänger zu,

a) wenn sie dem Empfänger übermittelt wird,

b) wenn sie an seinen Geschäftssitz oder, falls er keinen Geschäftssitz hat oder die Mitteilung an einen Verbraucher gerichtet ist, an den Ort des gewöhnlichen Aufenthalts des Empfängers übermittelt wird,

c) wenn sie im Falle einer Mitteilung, die durch E-Mail oder eine sonstige individuelle elektronische Nachricht übermittelt wird, vom Empfänger abgerufen werden kann oder

d) wenn sie dem Empfänger anderweitig an einem Ort und in einer Weise zugänglich gemacht wird, dass ihr unverzüglicher Abruf durch den Empfänger erwartet werden kann. Die Mitteilung ist dem Empfänger zugegangen, wenn eine der unter den Buchstaben a, b, c und d genannten Voraussetzungen erfüllt ist, je nachdem, welcher Zeitpunkt der früheste ist.

(5) Eine Mitteilung ist unwirksam, wenn ihre Rücknahme dem Empfänger vor oder gleichzeitig mit der Mitteilung zugeht.

(6) Im Verhältnis zwischen einem Unternehmer und einem Verbraucher dürfen die Parteien die Anwendung der Absätze 3 und 4 nicht zum Nachteil des Verbrauchers ausschließen, davon abweichen oder dessen Wirkungen abändern.

Art. 11 Berechnung von Fristen (1) Die Bestimmungen dieses Artikels gelten für die Berechnung aller Fristen für die Zwecke des Gemeinsamen Europäischen Kaufrechts.

(2) Vorbehaltlich der Absätze 3 bis 7

a) beginnt eine in Tagen bemessene Frist am Anfang der ersten Stunde des ersten Tages und endet mit dem Ablauf der letzten Stunde des letzten Tages der Frist;

b) beginnt eine in Wochen, Monaten oder Jahren bemessene Frist am Anfang der ersten Stunde des ersten Tages der Frist und endet mit dem Ablauf der letzten Stunde desjenigen Tages der letzten Woche, des letzten Monates oder des letzten Jahres, der der gleiche Wochentag ist oder auf das gleiche Datum fällt wie der Tag, an dem die Frist beginnt, mit der Maßgabe, dass bei einer in Monaten oder Jahren bemessenen Frist, wenn der Tag, an dem die Frist enden würde, in dem letzten Monat fehlt, die Frist mit dem Ablauf der letzten Stunde des letzten Tages dieses Monats endet.

(3) Ist eine in Tagen, Wochen, Monaten oder Jahren bemessene Frist von einem bestimmten Ereignis, einer bestimmten Handlung oder einem bestimmten Zeitpunkt an zu berechnen, so wird der Tag, an dem das Ereignis stattfindet, die Handlung erfolgt oder der Zeitpunkt eintritt, nicht als in diese Frist fallender Tag mitgerechnet.

(4) Fristen umfassen Samstage, Sonntage und Feiertage, soweit sie nicht ausdrücklich ausgenommen oder die Fristen in Arbeitstagen bemessen sind.

(5) Fällt der letzte Tag einer Frist auf einen Samstag, einen Sonntag oder einen Feiertag an dem Ort, wo eine festgelegte Handlung vorzunehmen ist, so endet die Frist mit dem Ablauf der letzten Stunde des folgenden Arbeitstages. Diese Bestimmung gilt nicht für Fristen, die von einem bestimmten Datum oder einem bestimmten Ereignis an rückwirkend berechnet werden.

(6) Übersendet eine Person einer anderen ein Dokument, das eine Frist zur Antwort oder zur Vornahme einer anderen Handlung setzt, aber nicht angibt, wann die Frist beginnen soll, dann beginnt die Frist, wenn keine entgegenstehenden Anhaltspunkte vorliegen, zu dem Zeitpunkt zu laufen, zu dem das Dokument dem Empfänger zugeht.

(7) Für die Zwecke dieses Artikels bezeichnet der Ausdruck

a) „Feiertag" mit Bezug auf einen Mitgliedstaat oder den Teil eines Mitgliedstaats der Europäischen Union jeden Tag, der als solcher für den Mitgliedstaat oder Teil dieses Mitgliedstaats in einer im Amtsblatt der Europäischen Union veröffentlichten Liste genannt ist, und

b) „Arbeitstage" alle Tage außer Samstagen, Sonntagen und Feiertagen.

Art. 12 Einseitige Erklärungen oder einseitiges Verhalten (1) Eine einseitige Absichtserklärung wird so ausgelegt, wie erwartet werden kann, dass die Person, an die sie gerichtet ist, sie versteht.

(2) Wollte die Person, die die Erklärung abgegeben hat, einem darin verwendeten Ausdruck eine bestimmte Bedeutung geben und kannte die andere Partei diesen Willen oder hätte sie ihn kennen müssen, so wird der Ausdruck so ausgelegt, wie die Person, die die Erklärung abgegeben hat, ihn verstanden wissen wollte.

(3) Die Artikel 59 bis 65 sind auf die Auslegung einseitiger Absichtserklärungen entsprechend anwendbar.

(4) Die Vorschriften des Kapitels 5 über Einigungsmängel sind auf die Auslegung einseitiger Absichtserklärungen entsprechend anwendbar.

(5) Unter einer Erklärung im Sinne dieses Artikels ist auch ein Verhalten zu verstehen, das als einer Erklärung entsprechend betrachtet werden kann.

Teil II – Zustandekommen eines bindenden Vertrags

Kapitel 2 – Vorvertragliche Informationen

Abschnitt 1 – Vorvertragliche Informationspflichten des Unternehmers im Verhältnis zum Verbraucher

Art. 13 Informationspflicht beim Abschluss eines im Fernabsatz oder außerhalb von Geschäftsräumen geschlossenen Vertrags (1) Ein Unternehmer, der im Fernabsatz oder außerhalb von Geschäftsräumen einen Vertrag schließt, hat die Pflicht, den Verbraucher in klarer und verständlicher Form über Folgendes zu informieren, bevor der Vertrag geschlossen wird beziehungsweise bevor der Verbraucher an ein Angebot gebunden ist:

a) die wesentlichen Merkmale der Waren, digitalen Inhalte oder verbundenen Dienstleistungen, die geliefert, bereitgestellt beziehungsweise erbracht werden sollen, in einem für das Kommunikationsmedium und die Waren, digitalen Inhalte oder verbundenen Dienstleistungen angemessenen Umfang,

b) den Gesamtpreis und zusätzliche Kosten nach Artikel 14,

c) die Identität und Anschrift des Unternehmers nach Artikel 15,

d) die Vertragsbestimmungen nach Artikel 16,

e) die Widerrufsrechte nach Artikel 17,

f) gegebenenfalls, ob und unter welchen Bedingungen der Unternehmer Kundendienstleistungen, gewerbliche Garantien und Verfahren für den Umgang mit Beschwerden anbietet,

g) gegebenenfalls die Möglichkeit des Zugangs zu einem System alternativer Streitbeilegung, dem der Unternehmer unterworfen ist, und die Voraussetzungen für diesen Zugang,

h) gegebenenfalls die Funktionen digitaler Inhalte, einschließlich der anwendbaren technischen Schutzmaßnahmen, und

i) gegebenenfalls die Interoperabilität digitaler Inhalte mit Hard- und Software, soweit sie dem Unternehmer bekannt ist oder bekannt sein müsste.

(2) Die erteilten Informationen mit Ausnahme der nach Absatz 1 Buchstabe c vorgeschriebenen Anschriften sind Bestandteil des Vertrags und dürfen nicht geändert werden, es sei denn, die Vertragsparteien vereinbaren ausdrücklich etwas anderes.

(3) Bei einem Fernabsatzvertrag müssen die nach diesem Artikel vorgeschriebenen Informationen

a) dem Verbraucher in einer dem verwendeten Fernkommunikationsmittel angepassten Weise erteilt oder zur Verfügung gestellt werden,

b) in klarer und verständlicher Sprache abgefasst sein und

c) soweit sie auf einem dauerhaften Datenträger bereitgestellt werden, lesbar sein.

(4) Bei einem außerhalb von Geschäftsräumen geschlossenen Vertrag müssen die nach diesem Artikel vorgeschriebenen Informationen

a) auf Papier oder, sofern der Verbraucher zustimmt, auf einem anderen dauerhaften Datenträger zur Verfügung gestellt werden und

b) lesbar und in klarer und verständlicher Sprache abgefasst sein.

(5) Dieser Artikel gilt nicht, wenn der Vertrag

a) die Lieferung von Lebensmitteln, Getränken oder sonstigen Haushaltswaren des täglichen Bedarfs betrifft, die von einem Unternehmer im Rahmen häufiger und regelmäßiger Fahrten zur Wohnung, an den Aufenthaltsort oder an den Arbeitsplatz des Verbrauchers geliefert werden;

b) unter Verwendung von Warenautomaten oder automatisierten Geschäftsräumen geschlossen wird;

c) außerhalb von Geschäftsräumen geschlossen wird und der Preis – oder bei gleichzeitigem Abschluss mehrerer Verträge der Gesamtpreis der Verträge – 50 EUR oder den entsprechenden Betrag in der für den Vertragspreis vereinbarten Währung nicht übersteigt.

Art. 14 Information über den Preis und zusätzliche Kosten (1) Die Informationen, die nach Artikel 13 Absatz 1 Buchstabe b zu erteilen sind, müssen sich erstrecken auf

a) den Gesamtpreis der Waren, digitalen Inhalte oder verbundenen Dienstleistungen einschließlich aller Steuern und sonstigen Abgaben oder in Fällen, in denen der Preis aufgrund der Art der Waren, digitalen Inhalte oder verbundenen Dienstleistungen vernünftigerweise nicht im Voraus berechnet werden kann, die Art der Preisberechnung und

b) gegebenenfalls alle zusätzlichen Fracht-, Liefer- oder Zustellkosten und sonstigen Kosten oder in Fällen, in denen diese Kosten vernünftigerweise nicht im Voraus berechnet werden können, den Hinweis, dass solche zusätzlichen Kosten anfallen können.

(2) Bei unbefristeten Verträgen oder Verträgen, die ein Abonnement enthalten, muss der Gesamtpreis den Gesamtpreis pro Abrechnungszeitraum enthalten. Werden bei solchen Verträgen Festbeträge in Rechnung gestellt, so muss der Gesamtpreis den monatlichen Gesamtpreis enthalten. Kann der Gesamtpreis vernünftigerweise nicht im Voraus berechnet werden, so ist die Art der Preisberechnung anzugeben.

(3) Gegebenenfalls hat der Unternehmer den Verbraucher über die Kosten für den Einsatz des für den Vertragsschluss verwendeten Fernkommunikationsmittels zu informieren, sofern diese Kosten nicht nach dem Grundtarif berechnet werden.

Art. 15 Information über die Identität und Anschrift des Unternehmers Die Informationen, die nach Artikel 13 Absatz 1 Buchstabe c zu erteilen sind, müssen sich erstrecken auf

a) die Identität des Unternehmers, wie etwa seinen Handelsnamen,

b) die Anschrift des Ortes, an dem der Unternehmer niedergelassen ist,

c) gegebenenfalls die Telefonnummer, Faxnummer und E-Mail-Adresse des Unternehmers, damit der Verbraucher schnell Kontakt zu dem Unternehmer aufnehmen und effizient mit ihm kommunizieren kann,

d) gegebenenfalls die Identität und Anschrift eines anderen Unternehmers, in dessen Namen der Unternehmer handelt, und

e) falls diese Anschrift von der nach den Buchstaben b und d angegebenen abweicht, die Anschrift des Unternehmers und gegebenenfalls die Anschrift des Unternehmers, in dessen Namen er handelt, an die sich der Verbraucher mit Beschwerden wenden kann.

Art. 16 Information über die Vertragsbestimmungen Die Informationen, die nach Artikel 13 Absatz 1 Buchstabe d zu erteilen sind, müssen sich erstrecken auf

a) die Zahlungsbedingungen, die Lieferung der Waren, die Bereitstellung der digitalen Inhalte oder die Erbringung der verbundenen Dienstleistungen und den Termin, bis zu dem der Unternehmer die Waren liefern, die digitalen Inhalte bereitstellen beziehungsweise die verbundenen Dienstleistungen erbringen muss,

b) gegebenenfalls die Laufzeit des Vertrags, die Mindestdauer der Verpflichtungen des Verbrauchers oder im Falle unbefristeter Verträge oder automatisch verlängerter Verträge die Bedingungen für die Beendigung des Vertrags,

c) gegebenenfalls den Hinweis, dass der Unternehmer vom Verbraucher die Stellung einer Kaution oder die Leistung anderer finanzieller Sicherheiten verlangen kann, sowie deren Bedingungen,

d) gegebenenfalls das Bestehen einschlägiger Verhaltenskodizes und darauf, wo Kopien davon erhältlich sind.

Art. 17 Information über Widerrufsrechte beim Abschluss von Verträgen im Fernabsatz oder außerhalb von Geschäftsräumen (1) Steht dem Verbraucher nach Kapitel 4 ein Widerrufsrecht zu, so müssen sich die Informationen, die nach Artikel 13 Absatz 1 Buchstabe e zu erteilen sind, auf die Bedingungen, Fristen und Verfahren für die Ausübung dieses Rechts nach Anlage 1 sowie auf das Muster-Widerrufsformular nach Anlage 2 erstrecken.

(2) Gegebenenfalls müssen sich die Informationen, die nach Artikel 13 Absatz 1 Buchstabe e zu erteilen sind, auf den Hinweis erstrecken, dass der Verbraucher im Widerrufsfall die Kosten für die Rücksendung der Waren zu tragen hat, und bei Fernabsatzverträgen auf den Hinweis, dass der Verbraucher im Widerrufsfall die Kosten für die Rücksendung der Waren zu tragen hat, wenn die Waren ihrem Wesen nach nicht normal mit der Post zurückgesandt werden können.

(3) Kann der Verbraucher das Widerrufsrecht ausüben, nachdem er beantragt hat, dass noch während der Widerrufsfrist mit der Erbringung verbundener Dienstleistungen begonnen wird, so müssen sich die Informationen, die nach Artikel 13 Absatz 1 Buchstabe e

2.12 GEK-VO (Entwurf)

zu erteilen sind, auf den Hinweis erstrecken, dass der Verbraucher in diesem Fall dem Unternehmer den in Artikel 45 Absatz 5 genannten Betrag zu zahlen hat.

(4) Die Informationspflicht nach den Absätzen 1, 2 und 3 kann der Unternehmer dadurch erfüllen, dass er dem Verbraucher die Muster-Widerrufsbelehrung nach Anlage 1 zur Verfügung stellt. Die Informationspflicht des Unternehmers gilt als erfüllt, wenn er dem Verbraucher diese Belehrung ordnungsgemäß ausgefüllt zur Verfügung gestellt hat.

(5) Ist nach Artikel 40 Absatz 2 Buchstaben c bis i und Absatz 3 ein Widerrufsrecht nicht vorgesehen, so müssen die Informationen, die nach Artikel 13 Absatz 1 Buchstabe e zu erteilen sind, eine Erklärung des Inhalts umfassen, dass dem Verbraucher kein Widerrufsrecht zusteht, oder gegebenenfalls, unter welchen Umständen der Verbraucher das Widerrufsrecht verliert.

Art. 18 Außerhalb von Geschäftsräumen geschlossene Verträge – zusätzliche Informationserfordernisse und Bestätigung (1) Der Unternehmer hat dem Verbraucher eine Kopie des unterzeichneten Vertrags oder die Bestätigung des Vertrags, gegebenenfalls einschließlich der Bestätigung, dass der Verbraucher den Bestimmungen des Artikels 40 Absatz 3 Buchstabe d zugestimmt und sie zur Kenntnis genommen hat, auf Papier oder, sofern der Verbraucher zustimmt, auf einem anderen dauerhaften Datenträger zur Verfügung zu stellen.

(2) Wünscht der Verbraucher, dass noch während der Widerrufsfrist nach Artikel 42 Absatz 2 mit der Erbringung verbundener Dienstleistungen begonnen wird, so muss der Unternehmer verlangen, dass der Verbraucher ausdrücklich einen entsprechenden Antrag auf einem dauerhaften Datenträger stellt.

Art. 19 Fernabsatzverträge – zusätzliche Informations- und sonstige Erfordernisse (1) Ruft ein Unternehmer einen Verbraucher im Hinblick auf den Abschluss eines Fernabsatzvertrags an, so hat er zu Beginn des Gesprächs mit dem Verbraucher seine Identität und gegebenenfalls die Identität der Person, in deren Namen er anruft, sowie den kommerziellen Zweck des Anrufs offenzulegen.

(2) Wird der Fernabsatzvertrag durch ein Fernkommunikationsmittel geschlossen, bei dem für die Darstellung der Informationen nur begrenzter Raum beziehungsweise begrenzte Zeit zur Verfügung steht, so hat der Unternehmer über das jeweilige Fernkommunikationsmittel vor Abschluss des Vertrags zumindest die in Absatz 3 genannten Informationen zu erteilen. Die übrigen in Artikel 13 genannten Informationen hat der Unternehmer dem Verbraucher in geeigneter Weise im Einklang mit Artikel 13 Absatz 3 zu erteilen.

(3) Bei den nach Absatz 2 vorgeschriebenen Informationen handelt es sich um

a) die wesentlichen Merkmale der Waren, digitalen Inhalte oder verbundenen Dienstleistungen nach Artikel 13 Absatz 1 Buchstabe a,

b) die Identität des Unternehmers nach Artikel 15 Buchstabe a,

c) den Gesamtpreis einschließlich aller in Artikel 13 Absatz 1 Buchstabe b und Artikel 14 Absätze 1 und 2 genannten Kostenelemente,

d) das Widerrufsrecht und

e) gegebenenfalls die Laufzeit des Vertrags oder im Falle unbefristeter Verträge die in Artikel 16 Buchstabe b genannten Bedingungen für die Beendigung des Vertrags.

(4) Ein telefonisch geschlossener Fernabsatzvertrag ist nur gültig, wenn der Verbraucher das Angebot unterzeichnet oder seine schriftliche Zustimmung übermittelt hat, aus der sein Einverständnis mit dem Abschluss eines Vertrags hervorgeht. Der Unternehmer hat

dem Verbraucher eine Bestätigung dieser Einverständniserklärung auf einem dauerhaften Datenträger zur Verfügung zu stellen.

(5) Der Unternehmer hat dem Verbraucher eine Bestätigung des geschlossenen Vertrags, gegebenenfalls einschließlich der Bestätigung, dass der Verbraucher den Bestimmungen des Artikels 40 Absatz 3 Buchstabe d zugestimmt und sie zur Kenntnis genommen hat, sowie sämtliche in Artikel 13 genannten Informationen auf einem dauerhaften Datenträger zur Verfügung zu stellen. Der Unternehmer hat diese Informationen innerhalb einer angemessenen Frist nach Abschluss des Fernabsatzvertrags, spätestens aber bei Lieferung der Waren oder vor Beginn der Bereitstellung der digitalen Inhalte oder der Erbringung der verbundenen Dienstleistung zur Verfügung zu stellen, es sei denn, der Verbraucher hat die Informationen bereits vor Abschluss des Fernabsatzvertrags auf einem dauerhaften Datenträger erhalten.

(6) Wünscht der Verbraucher, dass noch während der Widerrufsfrist nach Artikel 42 Absatz 2 mit der Erbringung verbundener Dienstleistungen begonnen wird, so muss der Unternehmer verlangen, dass der Verbraucher ausdrücklich einen entsprechenden Antrag auf einem dauerhaften Datenträger stellt.

Art. 20 Informationspflicht beim Abschluss von anderen als im Fernabsatz und außerhalb von Geschäftsräumen geschlossenen Verträgen (1) Bei anderen als im Fernabsatz und außerhalb von Geschäftsräumen geschlossenen Verträgen hat ein Unternehmer die Pflicht, den Verbraucher in klarer und verständlicher Form über Folgendes zu informieren, bevor der Vertrag geschlossen beziehungsweise bevor der Verbraucher an ein Angebot gebunden ist, sofern sich diese Informationen nicht bereits aus den Umständen ergeben:

a) die wesentlichen Merkmale der Waren, digitalen Inhalte oder verbundenen Dienstleistungen, die geliefert, bereitgestellt beziehungsweise erbracht werden sollen, in einem für das Kommunikationsmedium und die Waren, digitalen Inhalte oder verbundenen Dienstleistungen angemessenen Umfang,

b) den Gesamtpreis und zusätzliche Kosten nach Artikel 14 Absatz 1,

c) die Identität des Unternehmers, wie etwa seinen Handelsnamen, die Anschrift des Ortes, an dem er niedergelassen ist, und seine Telefonnummer,

d) die Vertragsbestimmungen nach Artikel 16 Buchstaben a und b,

e) gegebenenfalls, ob und unter welchen Bedingungen der Unternehmer Kundendienstleistungen, gewerbliche Garantien und Verfahren für den Umgang mit Beschwerden anbietet,

f) gegebenenfalls die Funktionen digitaler Inhalte, einschließlich der anwendbaren technischen Schutzmaßnahmen und

g) gegebenenfalls die Interoperabilität digitaler Inhalte mit Hard- und Software, soweit sie dem Unternehmer bekannt ist oder bekannt sein müsste.

(2) Dieser Artikel gilt nicht, wenn der Vertrag ein Alltagsgeschäft betrifft und zum Zeitpunkt des Vertragsschlusses sofort erfüllt wird.

Art. 21 Beweislast Der Unternehmer trägt die Beweislast dafür, dass er die nach diesem Abschnitt vorgeschriebenen Informationen erteilt hat.

Art. 22 Zwingender Charakter Die Parteien dürfen die Anwendung dieses Abschnittes nicht zum Nachteil des Verbrauchers ausschließen, davon abweichen oder dessen Wirkungen abändern.

Abschnitt 2 – Vorvertragliche Informationspflichten im Verhältnis zwischen Unternehmern

Art. 23 Offenlegungspflicht in Bezug auf Waren und verbundene Dienstleistungen
(1) Vor Abschluss eines Vertrags zwischen Unternehmern über den Kauf von Waren, die Bereitstellung digitaler Inhalte oder die Erbringung verbundener Dienstleistungen ist der Verkäufer, Lieferant beziehungsweise Erbringer verpflichtet, dem anderen Unternehmer gegenüber auf jede nach den Umständen geeignete Weise alle Informationen in Bezug auf die wesentlichen Merkmale der zu liefernden Waren, der bereitzustellenden digitalen Inhalte beziehungsweise der zu erbringenden verbundenen Dienstleistungen offen zu legen, über die er verfügt oder verfügen müsste und deren Nichtoffenlegung gegenüber der anderen Partei gegen das Gebot von Treu und Glauben und den Grundsatz des redlichen Geschäftsverkehrs verstoßen würde.

(2) Bei der Prüfung, ob Absatz 1 verlangt, dass der Verkäufer, Lieferant beziehungsweise Erbringer bestimmte Informationen offen legt, sind sämtliche Umstände zu berücksichtigen, insbesondere,

a) ob der Verkäufer, Lieferant beziehungsweise Erbringer über besondere Sachkunde verfügte,

b) die Aufwendungen des Verkäufers, Lieferanten beziehungsweise Erbringers für die Erlangung der einschlägigen Informationen,

c) ob der andere Unternehmer die Informationen leicht auf andere Weise hätte erlangen können,

d) die Art der Informationen,

e) die wahrscheinliche Bedeutung der Informationen für den anderen Unternehmer und

f) die gute Handelspraxis in der betreffenden Situation.

Abschnitt 3 – Abschluss von Verträgen auf elektronischem Wege

Art. 24 Zusätzliche Informationspflichten beim Abschluss von Fernabsatzverträgen auf elektronischem Wege (1) Dieser Artikel gilt, wenn ein Unternehmer die Mittel für den Abschluss eines Vertrags zur Verfügung stellt und wenn diese Mittel elektronische Mittel sind und keinen exklusiven Austausch von E-Mails oder sonstigen individuellen elektronischen Nachrichten mit sich bringen.

(2) Der Unternehmer hat der anderen Partei geeignete, effektive und zugängliche technische Mittel zur Verfügung zu stellen, mit denen sie vor der Abgabe oder Annahme eines Angebots Eingabefehler erkennen und korrigieren kann.

(3) Der Unternehmer hat die andere Partei über Folgendes zu informieren, bevor sie ein Angebot abgibt oder annimmt:

a) welche technischen Schritte befolgt werden müssen, um den Vertrag zu schließen;

b) ob der geschlossene Vertrag vom Unternehmer gespeichert und ob er zugänglich sein wird;

c) die technischen Mittel zur Erkennung und Korrektur von Eingabefehlern, bevor die andere Partei ein Angebot abgibt oder annimmt;

d) die für den Vertragsschluss zur Verfügung stehenden Sprachen;

e) die Vertragsbestimmungen.

(4) Der Unternehmer hat sicherzustellen, dass die in Absatz 3 Buchstabe e genannten Vertragsbestimmungen in Buchstaben oder anderen verständlichen Zeichen auf einem dauerhaften Datenträger in einer Form zur Verfügung gestellt werden, die das Lesen und Aufnehmen der im Text enthaltenen Informationen sowie deren Wiedergabe in materieller Form ermöglicht.

(5) Der Unternehmer hat den Empfang eines Angebots der anderen Partei oder einer Annahme durch die andere Partei unverzüglich auf elektronischem Wege zu bestätigen.

Art. 25 Zusätzliche Erfordernisse beim Abschluss von Fernabsatzverträgen auf elektronischem Wege (1) Würde ein auf elektronischem Wege geschlossener Fernabsatzvertrag den Verbraucher zu einer Zahlung verpflichten, so hat der Unternehmer den Verbraucher, unmittelbar bevor dieser seine Bestellung tätigt, klar und deutlich auf die nach Artikel 13 Absatz 1 Buchstabe a, Artikel 14 Absätze 1 und 2 sowie Artikel 16 Buchstabe b vorgeschriebenen Informationen hinzuweisen.

(2) Der Unternehmer hat dafür zu sorgen, dass der Verbraucher bei der Bestellung ausdrücklich anerkennt, dass die Bestellung mit einer Zahlungspflicht verbunden ist. Umfasst der Bestellvorgang die Aktivierung einer Schaltfläche oder eine ähnliche Funktion, so ist diese Schaltfläche oder ähnliche Funktion gut leserlich ausschließlich mit den Worten „Bestellung mit Zahlungspflicht" oder einer ähnlichen eindeutigen Formulierung zu kennzeichnen, die den Verbraucher darauf hinweist, dass die Bestellung mit einer Zahlungspflicht gegenüber dem Unternehmer verbunden ist. Hält sich der Unternehmer nicht an diesen Absatz, so ist der Verbraucher nicht durch den Vertrag oder die Bestellung gebunden.

(3) Der Unternehmer hat auf seiner Website für den elektronischen Geschäftsverkehr spätestens bei Beginn des Bestellvorgangs klar und deutlich anzugeben, ob Lieferbeschränkungen bestehen und welche Zahlungsmittel akzeptiert werden.

Art. 26 Beweislast Im Verhältnis zwischen einem Unternehmer und einem Verbraucher trägt der Unternehmer die Beweislast dafür, dass er die nach diesem Abschnitt vorgeschriebenen Informationen erteilt hat.

Art. 27 Zwingender Charakter Im Verhältnis zwischen einem Unternehmer und einem Verbraucher dürfen die Parteien die Geltung dieses Abschnitts nicht zum Nachteil des Verbrauchers ausschließen, davon abweichen oder dessen Wirkungen abändern.

Abschnitt 4 – Pflicht zur Sicherstellung der Richtigkeit von Informationen

Art. 28 Pflicht zur Sicherstellung der Richtigkeit von Informationen (1) Eine Partei, die zur Erfüllung der sich aus diesem Kapitel ergebenden Pflichten oder aus anderen Gründen vor oder bei Vertragsschluss Informationen erteilt, hat in angemessener Weise dafür Sorge zu tragen, dass die erteilten Informationen richtig und nicht irreführend sind.

(2) Einer Partei, die infolge einer Verletzung der in Absatz 1 genannten Pflicht durch die andere Partei unrichtige oder irreführende Informationen erhalten hat und vernünftigerweise beim Vertragsschluss mit dieser Partei darauf vertraut, stehen die Abhilfen des Artikels 29 zu.

(3) Im Verhältnis zwischen einem Unternehmer und einem Verbraucher dürfen die Parteien die Anwendung dieses Artikels nicht zum Nachteil des Verbrauchers ausschließen, davon abweichen oder dessen Wirkungen abändern.

Abschnitt 5 – Abhilfen bei Verletzung von Informationspflichten

Art. 29 Abhilfen bei Verletzung von Informationspflichten (1) Eine Partei, die eine sich aus diesem Kapitel ergebende Pflicht nicht erfüllt, haftet für jeden Verlust, der der anderen Partei durch diese Pflichtverletzung entsteht.

(2) Hat der Unternehmer seine Pflicht zur Information über zusätzliche oder sonstige Kosten nach Artikel 14 oder die Kosten für die Rücksendung der Waren nach Artikel 17 Absatz 2 nicht erfüllt, so ist der Verbraucher nicht verpflichtet, die zusätzlichen oder sonstigen Kosten zu zahlen.

(3) Die Abhilfen nach diesem Artikel gelten unbeschadet der Abhilfen nach Artikel 42 Absatz 2, Artikel 48 oder Artikel 49.

(4) Im Verhältnis zwischen einem Unternehmer und einem Verbraucher dürfen die Parteien die Anwendung dieses Artikels nicht zum Nachteil des Verbrauchers ausschließen, davon abweichen oder dessen Wirkungen abändern.

Kapitel 3 – Vertragsschluss

Art. 30 Erfordernisse für den Abschluss eines Vertrags (1) Ein Vertrag ist geschlossen, wenn

a) die Parteien eine Einigung erzielen,

b) sie ihrer Einigung Rechtswirkung verleihen wollen und

c) diese Einigung, gegebenenfalls ergänzt durch die Vorschriften des Gemeinsamen Europäischen Kaufrechts, einen ausreichenden Inhalt hat und hinreichend bestimmt ist, so dass davon Rechtswirkungen ausgehen können.

(2) Eine Einigung wird durch Annahme eines Angebots erzielt. Die Annahme kann ausdrücklich oder durch andere Erklärungen oder Verhalten erfolgen.

(3) Ob die Parteien ihrer Einigung Rechtswirkung verleihen wollen, ist ihren Erklärungen und ihrem Verhalten zu entnehmen.

(4) Macht eine der Parteien den Abschluss eines Vertrags von einer Einigung über einen bestimmten Punkt abhängig, so kommt der Vertrag nur zustande, wenn eine Einigung über diesen Punkt erzielt wird.

Art. 31 Angebot (1) Ein Vorschlag stellt ein Angebot dar, wenn

a) er in der Absicht unterbreitet wird, im Falle seiner Annahme zu einem Vertrag zu führen, und

b) er einen ausreichenden Inhalt hat und hinreichend bestimmt ist, so dass ein Vertrag geschlossen werden kann.

(2) Ein Angebot kann gegenüber einer oder mehreren bestimmten Personen abgegeben werden.

(3) Ein an die Allgemeinheit gerichteter Vorschlag stellt kein Angebot dar, es sei denn, aus den Umständen ergibt sich etwas anderes.

Art. 32 Rücknahme des Angebots (1) Ein Angebot kann zurückgenommen werden, wenn die Rücknahmeerklärung dem Empfänger zugeht, bevor er seine Annahme erklärt hat oder, im Falle der Annahme durch Verhalten, bevor der Vertrag geschlossen worden ist.

(2) Stellt ein an die Allgemeinheit gerichteter Vorschlag ein Angebot dar, so kann dieses auf dieselbe Weise zurückgenommen werden, wie es abgegeben wurde.

(3) Die Rücknahme eines Angebots ist unwirksam, wenn

a) das Angebot zum Ausdruck bringt, dass es unwiderruflich ist,

b) das Angebot eine feste Frist für die Annahme bestimmt oder

c) der Empfänger aus sonstigen Gründen vernünftigerweise auf die Unwiderruflichkeit des Angebots vertrauen konnte und er im Vertrauen auf das Angebot gehandelt hat.

Art. 33 Ablehnung des Angebots Das Angebot erlischt, sobald die Ablehnung des Angebots dem Anbietenden zugeht.

Art. 34 Annahme (1) Jede Form von Erklärung oder Verhalten des Empfängers stellt eine Annahme dar, wenn damit eine Zustimmung zu dem Angebot ausgedrückt wird.
(2) Schweigen oder Untätigkeit stellen allein keine Annahme dar.

Art. 35 Zeitpunkt des Vertragsschlusses (1) Hat der Empfänger die Annahme des Angebots erklärt, so ist der Vertrag geschlossen, sobald die Annahmeerklärung dem Anbietenden zugeht.
(2) Wird das Angebot durch Verhalten angenommen, so ist der Vertrag geschlossen, sobald der Anbietende Kenntnis von dem Verhalten erlangt.
(3) Kann der Empfänger aufgrund des Angebots, von zwischen den Parteien entstandenen Gepflogenheiten oder von Gebräuchen das Angebot durch Verhalten ohne Mitteilung an den Anbietenden annehmen, so ist der Vertrag ungeachtet des Absatzes 2 geschlossen, sobald der Empfänger zu handeln beginnt.

Art. 36 Annahmefrist (1) Die Annahme des Angebots ist nur wirksam, wenn sie dem Anbietenden innerhalb der von ihm im Angebot gesetzten Frist zugeht.
(2) Hat der Anbietende keine Frist gesetzt, so ist die Annahme nur wirksam, wenn sie ihm innerhalb einer angemessenen Frist nach der Abgabe des Angebots zugeht.
(3) Kann das Angebot durch Vornahme einer Handlung ohne Mitteilung an den Anbietenden angenommen werden, so ist die Annahme nur wirksam, wenn die Handlung innerhalb der vom Anbietenden gesetzten Annahmefrist oder, wenn eine solche Frist nicht gesetzt worden ist, innerhalb einer angemessenen Frist vorgenommen wird.

Art. 37 Verspätete Annahme (1) Eine verspätete Annahme ist wirksam, wenn der Anbietende den Empfänger unverzüglich davon unterrichtet, dass er sie als wirksame Annahme behandelt.
(2) Ergibt sich aus einem Schreiben oder einer anderen eine verspätete Annahme enthaltenden Nachricht, dass sie nach den Umständen, unter denen sie abgesandt wurde, bei normaler Übermittlung dem Anbietenden rechtzeitig zugegangen wäre, so ist die verspätete Annahme wirksam, es sei denn, der Anbietende unterrichtet den Empfänger unverzüglich davon, dass er das Angebot als erloschen betrachtet.

Art. 38 Geänderte Annahme (1) Eine Antwort des Empfängers, die ausdrücklich oder stillschweigend zusätzliche oder abweichende Vertragsbestimmungen enthält, die die Bestimmungen des Angebots erheblich ändern würden, stellt eine Ablehnung und ein neues Angebot dar.
(2) Bei zusätzlichen oder abweichenden Vertragsbestimmungen, die sich unter anderem auf den Preis, die Zahlung, die Qualität und Quantität der Waren, den Ort und die Zeit der Lieferung, den Umfang der Haftung einer Partei gegenüber der anderen oder auf die Beilegung von Streitigkeiten beziehen, wird vermutet, dass sie die Bestimmungen des Angebots erheblich ändern.

(3) Eine Antwort, die eine klare Zustimmung zu dem Angebot enthält, stellt auch dann eine Annahme dar, wenn sie ausdrücklich oder stillschweigend zusätzliche oder abweichende Vertragsbestimmungen enthält, sofern diese die Bestimmungen des Angebots nicht erheblich ändern. Die zusätzlichen oder abweichenden Bestimmungen werden dann Teil des Vertrags.

(4) Eine Antwort, die ausdrücklich oder stillschweigend zusätzliche oder abweichende Vertragsbestimmungen enthält, stellt stets eine Ablehnung des Angebots dar, wenn

a) das Angebot die Annahme ausdrücklich auf die Bestimmungen des Angebots beschränkt,

b) der Anbietende den zusätzlichen oder abweichenden Bestimmungen unverzüglich widerspricht oder

c) der Empfänger des Angebots seine Annahme von der Zustimmung des Anbietenden zu den zusätzlichen oder abweichenden Bestimmungen abhängig macht und die Zustimmung des Anbietenden dem Angebotsempfänger nicht innerhalb einer angemessenen Frist zugeht.

Art. 39 Widersprechende Standardvertragsbestimmungen (1) Haben die Parteien abgesehen davon, dass sich Angebot und Annahme auf einander widersprechende Standardvertragsbestimmungen beziehen, eine Einigung erzielt, so ist der Vertrag dennoch geschlossen. Die Standardvertragsbestimmungen sind insoweit Teil des Vertrags, als sie sich inhaltlich decken.

(2) Unbeschadet des Absatzes 1 ist der Vertrag nicht geschlossen, wenn eine Partei

a) im Voraus ausdrücklich und nicht durch Standardvertragsbestimmungen zum Ausdruck gebracht hat, dass sie nicht auf der Grundlage von Absatz 1 durch einen Vertrag gebunden sein will, oder

b) die andere Partei unverzüglich davon in Kenntnis setzt, dass sie nicht durch einen solchen Vertrag gebunden sein will.

Kapitel 4 – Widerrufsrecht bei im Fernabsatz und außerhalb von Geschäftsräumen geschlossenen Verträgen zwischen Unternehmern und Verbrauchern

Art. 40 Widerrufsrecht (1) Während der Frist nach Artikel 42 kann der Verbraucher folgende Verträge ohne Angabe von Gründen und – sofern in Artikel 45 nichts anderes bestimmt ist – ohne Kosten für den Verbraucher widerrufen:

a) Fernabsatzverträge,

b) außerhalb von Geschäftsräumen geschlossene Verträge, sofern der Preis – oder bei gleichzeitigem Abschluss mehrerer Verträge der Gesamtpreis der Verträge – 50 EUR oder den entsprechenden Betrag in der für den Vertragspreis vereinbarten Währung zum Zeitpunkt des Vertragsschlusses übersteigt.

(2) Absatz 1 gilt nicht für

a) Verträge, die unter Verwendung von Warenautomaten oder automatisierten Geschäftsräumen geschlossen werden,

b) Verträge, die die Lieferung von Lebensmitteln, Getränken oder sonstigen Haushaltsgegenständen des täglichen Bedarfs betreffen, die von einem Unternehmer im Rahmen häufiger und regelmäßiger Fahrten zur Wohnung, an den Aufenthaltsort oder an den Arbeitsplatz des Verbrauchers geliefert werden,

c) Verträge, die die Lieferung von Waren oder die Erbringung verbundener Dienstleistungen betreffen, deren Preis von Schwankungen auf dem Finanzmarkt abhängt, auf die der Unternehmer keinen Einfluss hat und die innerhalb der Widerrufsfrist auftreten können,

d) Verträge, die die Lieferung von Waren oder die Bereitstellung digitaler Inhalte betreffen, die nach Spezifikationen des Verbrauchers angefertigt werden oder eindeutig auf die persönlichen Bedürfnisse zugeschnitten sind,

e) Verträge, die die Lieferung von Waren betreffen, die schnell verderben können oder deren Verfallsdatum schnell überschritten würde,

f) Verträge, die die Lieferung alkoholischer Getränke betreffen, deren Preis bei Abschluss des Kaufvertrags vereinbart wurde, deren Lieferung aber erst 30 Tage nach Vertragsschluss erfolgen kann und deren tatsächlicher Wert von Schwankungen auf dem Markt abhängt, auf die der Unternehmer keinen Einfluss hat,

g) Verträge, die den Kauf einer Zeitung, Zeitschrift oder Illustrierten betreffen, mit Ausnahme von Abonnement-Verträgen über die Lieferung solcher Veröffentlichungen,

h) Verträge, die auf einer öffentlichen Versteigerung geschlossen werden, und

i) Verträge, die im Zusammenhang mit Freizeitbetätigungen die Lieferung von Speisen und Getränken oder Dienstleistungen betreffen und für die Erfüllung einen spezifischen Termin oder Zeitraum vorsehen.

(3) Absatz 1 gilt nicht in folgenden Fällen:

a) wenn die gelieferten Waren versiegelt waren, die Versiegelung vom Verbraucher entfernt wurde und die Waren dann aus Gründen des Gesundheitsschutzes oder der Hygiene nicht mehr zur Rückgabe geeignet sind;

b) wenn die Waren nach der Lieferung ihrem Wesen nach untrennbar mit anderen Gütern vermischt wurden;

c) wenn es sich bei den gelieferten Waren um Ton- oder Videoaufnahmen oder Computersoftware in einer versiegelten Packung gehandelt hat, die nach der Lieferung entfernt wurde;

d) wenn die Bereitstellung digitaler Inhalte, die nicht auf einen materiellen Datenträger bereitgestellt werden, bereits begonnen und der Verbraucher dieser Bereitstellung zuvor ausdrücklich zugestimmt und zur Kenntnis genommen hat, dass er hierdurch das Widerrufsrecht verliert;

e) wenn der Verbraucher den Unternehmer ausdrücklich um einen Besuch gebeten hat, um dringende Reparatur- oder Instandhaltungsarbeiten vorzunehmen. Erbringt der Unternehmer bei einem solchen Besuch weitere verbundene Dienstleistungen, die der Verbraucher nicht ausdrücklich verlangt hat, oder liefert er Waren, die bei der Instandhaltung oder Reparatur nicht unbedingt als Ersatzteile benötigt werden, so steht dem Verbraucher in Bezug auf diese zusätzlichen verbundenen Dienstleistungen oder Waren ein Widerrufsrecht zu.

(4) Hat der Verbraucher ein Angebot abgegeben, das im Falle seiner Annahme zum Abschluss eines Vertrags führen würde, der nach diesem Kapitel widerrufen werden könnte, so kann der Verbraucher das Angebot auch dann widerrufen, wenn es ansonsten unwiderruflich wäre.

Art. 41 Ausübung des Widerrufsrechts (1) Der Verbraucher kann das Widerrufsrecht jederzeit vor Ablauf der in Artikel 42 vorgesehenen Widerrufsfrist ausüben.

(2) Der Verbraucher übt das Widerrufsrecht durch Mitteilung an den Unternehmer aus. Der Verbraucher kann zu diesem Zweck entweder das Muster-Widerrufsformular nach Anlage 2 verwenden oder seinen Entschluss, den Vertrag zu widerrufen, mit einer entsprechenden eindeutigen Erklärung in beliebiger anderer Form darlegen.

(3) Gibt der Unternehmer dem Verbraucher die Möglichkeit, den Vertrag auf seiner Website für den elektronischen Geschäftsverkehr elektronisch zu widerrufen, und macht der Verbraucher von dieser Möglichkeit Gebrauch, so hat der Unternehmer die Pflicht, dem Verbraucher unverzüglich eine Bestätigung über den Eingang seines Widerrufs auf einem dauerhaften Datenträger zu übermitteln. Der Unternehmer haftet für jeden Verlust, der der anderen Partei durch eine Verletzung dieser Pflicht entsteht.

(4) Der Widerruf ist rechtzeitig mitgeteilt, wenn die Mitteilung vor Ablauf der Widerrufsfrist abgeschickt wird.

(5) Der Verbraucher trägt die Beweislast dafür, dass er das Widerrufsrecht im Einklang mit diesem Artikel ausgeübt hat.

Art. 42 Widerrufsfrist (1) Die Widerrufsfrist endet vierzehn Tage nach

a) dem Tag, an dem der Verbraucher die Waren in Empfang genommen hat, im Falle von Kaufverträgen, einschließlich Kaufverträgen, in denen sich der Verkäufer auch zur Erbringung verbundener Dienstleistungen bereit erklärt;

b) dem Tag, an dem der Verbraucher die letzte Ware in Empfang genommen hat, im Falle von Verträgen über den Kauf mehrerer Waren, die der Verbraucher gleichzeitig bestellt hat und die getrennt geliefert werden, einschließlich Verträgen, in denen sich der Verkäufer auch zur Erbringung verbundener Dienstleistungen bereit erklärt;

c) dem Tag, an dem der Verbraucher die letzte Teilsendung oder das letzte Stück in Empfang genommen hat, im Falle von Verträgen, nach denen Waren in mehreren Teilsendungen oder Stücken geliefert werden, einschließlich Verträgen, in denen sich der Verkäufer auch zur Erbringung verbundener Dienstleistungen bereit erklärt;

d) dem Tag, an dem der Verbraucher die erste Ware in Empfang genommen hat, im Falle von Verträgen über die regelmäßige Lieferung von Waren über einen bestimmten Zeitraum hinweg, einschließlich Verträgen, in denen sich der Verkäufer auch zur Erbringung verbundener Dienstleistungen bereit erklärt;

e) dem Tag des Vertragsschlusses im Falle von Verträgen über verbundene Dienstleistungen, die nach Lieferung der Waren geschlossen werden;

f) dem Tag, an dem der Verbraucher den materiellen Datenträger nach Buchstabe a in Empfang genommen hat, im Falle von Verträgen, nach denen digitale Inhalte auf einem materiellen Datenträger bereitgestellt werden;

g) dem Tag des Vertragsschlusses im Falle von Verträgen, nach denen digitale Inhalte nicht auf einem materiellen Datenträger bereitgestellt werden.

(2) Hat der Unternehmer dem Verbraucher nicht die in Artikel 17 Absatz 1 genannten Informationen erteilt, so endet die Widerrufsfrist

a) ein Jahr nach Ablauf der ursprünglichen Widerrufsfrist nach Absatz 1 oder

b) wenn der Unternehmer dem Verbraucher die vorgeschriebenen Informationen innerhalb eines Jahres nach Ablauf der Widerrufsfrist nach Absatz 1 erteilt, vierzehn Tage nach dem Tag, an dem der Verbraucher die Informationen erhalten hat.

Art. 43 Wirkungen des Widerrufs Mit dem Widerruf endet die Verpflichtung beider Parteien,

a) den Vertrag zu erfüllen oder

b) in Fällen, in denen der Verbraucher ein Angebot abgegeben hat, den Vertrag zu schließen.

Art. 44 Verpflichtungen des Unternehmers im Widerrufsfall (1) Der Unternehmer hat alle Zahlungen, die er vom Verbraucher erhalten hat, gegebenenfalls einschließlich der Lieferkosten, unverzüglich, spätestens aber innerhalb von vierzehn Tagen nach dem Tag zu erstatten, an dem er nach Artikel 41 über den Entschluss des Verbrauchers, den Vertrag zu widerrufen, informiert worden ist. Der Unternehmer hat diese Rückzahlung unter Verwendung desselben Zahlungsmittels vorzunehmen, das vom Verbraucher bei der ursprünglichen Transaktion verwendet wurde, es sei denn, mit dem Verbraucher wurde ausdrücklich etwas anderes vereinbart, und vorausgesetzt, für den Verbraucher fallen infolge einer solchen Rückzahlung keine Gebühren an.

(2) Ungeachtet des Absatzes 1 ist der Unternehmer nicht verpflichtet, die zusätzlichen Kosten zu erstatten, wenn sich der Verbraucher ausdrücklich für eine andere Art der Lieferung als die vom Unternehmer angebotene günstigste Standardlieferung entschieden hat.

(3) Im Falle von Verträgen über den Kauf von Waren kann der Unternehmer die Rückzahlung verweigern, bis er die Waren wieder in Empfang genommen hat oder der Verbraucher den Nachweis ihrer Rücksendung erbracht hat, je nachdem, welches Ereignis früher eintritt, es sei denn, der Unternehmer hat angeboten, die Waren abzuholen.

(4) Im Falle von außerhalb von Geschäftsräumen geschlossenen Verträgen, bei denen die Waren zum Zeitpunkt des Vertragsschlusses zur Wohnung des Verbrauchers geliefert worden sind, hat der Unternehmer die Waren auf eigene Kosten abzuholen, wenn die Waren ihrem Wesen nach nicht normal mit der Post zurückgesandt werden können.

Art. 45 Verpflichtungen des Verbrauchers im Widerrufsfall (1) Der Verbraucher hat die Waren unverzüglich, spätestens aber innerhalb von vierzehn Tagen nach dem Tag, an dem er nach Artikel 41 seinen Entschluss, den Vertrag zu widerrufen, dem Unternehmer mitgeteilt hat, an den Unternehmer oder eine von diesem ermächtigte Person zurückzusenden oder zu übergeben, es sei denn, der Unternehmer hat angeboten, die Waren abzuholen. Die Frist ist eingehalten, wenn der Verbraucher die Waren vor Ablauf der Frist von vierzehn Tagen zurücksendet.

(2) Der Verbraucher hat die direkten Kosten der Rücksendung der Waren zu tragen, es sei denn, der Unternehmer hat sich bereit erklärt, diese Kosten zu tragen, oder der Unternehmer hat es versäumt, den Verbraucher darüber zu unterrichten, dass der Verbraucher diese Kosten zu tragen hat.

(3) Der Verbraucher haftet für einen etwaigen Wertverlust der Waren nur, wenn dieser Wertverlust auf einen zur Feststellung der Art, Beschaffenheit und Funktionstüchtigkeit der Waren nicht notwendigen Umgang mit ihnen zurückzuführen ist. Der Verbraucher haftet nicht für einen Wertverlust der Waren, wenn der Unternehmer ihm nicht nach Artikel 17 Absatz 1 alle Informationen über das Widerrufsrecht erteilt hat.

(4) Unbeschadet des Absatzes 3 ist der Verbraucher nicht zur Zahlung einer Entschädigung für die Nutzung der Waren während der Widerrufsfrist verpflichtet.

(5) Übt der Verbraucher das Widerrufsrecht aus, nachdem er ausdrücklich beantragt hat, dass noch während der Widerrufsfrist mit der Erbringung verbundener Dienstleistungen begonnen wird, so hat er dem Unternehmer den Betrag zu zahlen, der bezogen auf das Gesamtauftragsvolumen dem Anteil entspricht, der vor der Ausübung des Widerrufsrechts

durch den Verbraucher bereits geleistet wurde. Der Teilbetrag, den der Verbraucher dem Unternehmer zu zahlen hat, ist ausgehend vom vertraglich vereinbarten Gesamtpreis zu berechnen. Ist der Gesamtpreis überhöht, so ist der Teilbetrag ausgehend vom Marktwert der erbrachten Leistung zu berechnen.

(6) Der Verbraucher ist nicht verpflichtet, die Kosten zu tragen für

a) die Erbringung verbundener Dienstleistungen, die ganz oder teilweise während der Widerrufsfrist erbracht wurden, wenn

   i) der Unternehmer es versäumt hat, die Informationen nach Artikel 17 Absatz 1 und 3 zu erteilen, oder

   ii) der Verbraucher nicht ausdrücklich nach Artikel 18 Absatz 2 beziehungsweise Artikel 19 Absatz 6 beantragt hat, dass noch während der Widerrufsfrist mit der Erbringung begonnen wird;

b) die vollständige oder teilweise Bereitstellung digitaler Inhalte, die nicht auf einem materiellen Datenträger bereitgestellt werden, wenn

   i) der Verbraucher nicht zuvor ausdrücklich zugestimmt hat, dass noch vor Ablauf der Widerrufsfrist nach Artikel 42 Absatz 1 mit der Bereitstellung der digitalen Inhalte begonnen wird,

   ii) der Verbraucher nicht zur Kenntnis genommen hat, dass er mit der Zustimmung das Widerrufsrecht verliert, oder

   iii) der Unternehmer es versäumt hat, die Bestätigung nach Artikel 18 Absatz 1 beziehungsweise Artikel 19 Absatz 5 zur Verfügung zu stellen.

(7) Sofern in diesem Artikel nichts anderes bestimmt ist, kann der Verbraucher aufgrund der Ausübung des Widerrufsrechts nicht haftbar gemacht werden.

Art. 46 Akzessorische Verträge (1) Übt ein Verbraucher das Recht auf Widerruf eines im Fernabsatz oder außerhalb von Geschäftsräumen geschlossenen Vertrags nach den Artikeln 41 bis 45 aus, so werden auch alle akzessorischen Verträge ohne Kosten für den Verbraucher automatisch beendet, sofern in den Absätzen 2 und 3 nichts anderes bestimmt ist. Für die Zwecke dieses Artikels ist ein akzessorischer Vertrag ein Vertrag, mit dem ein Verbraucher Waren, digitale Inhalte oder verbundene Dienstleistungen erwirbt, die im Zusammenhang mit einem im Fernabsatz oder außerhalb von Geschäftsräumen geschlossenen Vertrag stehen, und nach dem diese Waren, digitalen Inhalte oder verbundenen Dienstleistungen von dem Unternehmer oder einem Dritten auf der Grundlage einer Vereinbarung zwischen diesem Dritten und dem Unternehmer geliefert, bereitgestellt beziehungsweise erbracht werden.

(2) Die Artikel 43, 44 und 45 gelten entsprechend für akzessorische Verträge, soweit diese Verträge dem Gemeinsamen Europäischen Kaufrecht unterliegen.

(3) Bei akzessorischen Verträgen, die nicht dem Gemeinsamen Europäischen Kaufrecht unterliegen, ist für die Verpflichtungen der Parteien im Widerrufsfall das anwendbare Recht maßgebend.

Art. 47 Zwingender Charakter Die Parteien dürfen die Anwendung dieses Kapitels nicht zum Nachteil des Verbrauchers ausschließen, davon abweichen oder dessen Wirkungen abändern.

Kapitel 5 – Einigungsmängel

Art. 48 Irrtum (1) Eine Partei kann einen Vertrag wegen eines bei Vertragsschluss vorhandenen Tatsachen- oder Rechtsirrtums anfechten, wenn

a) diese Partei, wäre sie dem Irrtum nicht unterlegen, den Vertrag nicht oder nur mit grundlegend anderen Vertragsbestimmungen geschlossen hätte und die andere Partei dies wusste oder wissen musste, und

b) die andere Partei

   i) den Irrtum verursacht hat,

   ii) den irrtumsbehafteten Vertragsschluss durch Verletzung vorvertraglicher Informationspflichten nach Kapitel 2 Abschnitte 1 bis 4 verursacht hat,

   iii) von dem Irrtum wusste oder wissen musste und den irrtumsbehafteten Vertragsschluss verursacht hat, indem sie nicht auf die einschlägigen Informationen hingewiesen hat, sofern sie nach dem Gebot von Treu und Glauben und des redlichen Geschäftsverkehrs dazu verpflichtet gewesen wäre, oder

   iv) demselben Irrtum unterlag.

(2) Eine Partei kann einen Vertrag nicht wegen Irrtums anfechten, wenn das Risiko des Irrtums von dieser Partei übernommen wurde oder nach den Umständen von ihr getragen werden sollte.

(3) Ein Fehler in der Verlautbarung oder Übermittlung einer Erklärung ist als Irrtum der Person anzusehen, die die Erklärung abgegeben oder übersandt hat.

Art. 49 Arglistige Täuschung (1) Eine Partei kann einen Vertrag anfechten, wenn sie von der anderen Partei durch arglistige Täuschung, sei es durch Worte oder durch Verhalten, zum Vertragsschluss bestimmt worden ist oder durch arglistiges Verschweigen von Informationen, die sie nach dem Gebot von Treu und Glauben und dem Grundsatz des redlichen Geschäftsverkehrs oder aufgrund vorvertraglicher Informationspflichten hätte offen legen müssen.

(2) Eine Täuschung ist arglistig, wenn sie in dem Wissen oder der Annahme, dass es sich um die Unwahrheit handelt, oder leichtfertig hinsichtlich Wahrheit oder Unwahrheit begangen wird und sie in der Absicht geschieht, den Empfänger dazu zu bestimmen, einen Irrtum zu begehen. Ein Verschweigen ist arglistig, wenn es in der Absicht geschieht, die Person, der die Informationen vorenthalten werden, dazu zu bestimmen, einen Irrtum zu begehen.

(3) Für die Feststellung, ob das Gebot von Treu und Glauben und des redlichen Geschäftsverkehrs verlangt, dass eine Partei bestimmte Informationen offenbart, sind sämtliche Umstände zu berücksichtigen, insbesondere,

a) ob die Partei über besondere Sachkunde verfügte,

b) die Aufwendungen der Partei für die Erlangung der einschlägigen Informationen,

c) ob die andere Partei die Informationen leicht auf andere Weise hätte erlangen können,

d) die Art der Informationen,

e) die offenkundige Bedeutung der Informationen für die andere Partei und

f) in Verträgen zwischen Unternehmern die gute Handelspraxis unter den gegebenen Umständen.

Art. 50 Drohung Eine Partei kann einen Vertrag anfechten, wenn sie von der anderen Partei durch Drohung mit einem rechtswidrigen, unmittelbar bevorstehenden ernsthaften Übel oder mit einer rechtswidrigen Handlung zum Vertragsschluss bestimmt wurde.

2.12 GEK-VO (Entwurf)

Art. 51 Unfaire Ausnutzung Eine Partei kann einen Vertrag anfechten, wenn bei Vertragsschluss

a)   diese Partei von der anderen Partei abhängig war, zu ihr in einem Vertrauensverhältnis stand, sich in einer wirtschaftlichen Notlage befand, dringende Bedürfnisse hatte oder unvorsichtig, unwissend, oder unerfahren war und

b)   die andere Partei davon wusste oder wissen musste und unter Berücksichtigung der Umstände und des Zwecks des Vertrags die Lage der ersten Partei ausgenutzt hat, um sich einen übermäßigen Nutzen oder unfairen Vorteil zu verschaffen.

Art. 52 Anfechtungsmitteilung (1) Die Anfechtung wird durch Mitteilung an die andere Partei ausgeübt.

(2) Eine Anfechtungsmitteilung ist nur wirksam, wenn sie innerhalb von

a)   sechs Monaten im Falle eines Irrtums und

b)   einem Jahr im Falle von arglistiger Täuschung, Drohung und unfairer Ausnutzung nach dem Zeitpunkt erklärt wird, zu dem die anfechtende Partei Kenntnis von den maßgebenden Umständen erlangt hat oder ab dem sie wieder frei handeln konnte.

Art. 53 Bestätigung Bestätigt die Partei, die nach diesem Kapitel das Recht hat, einen Vertrag anzufechten, den Vertrag ausdrücklich oder stillschweigend, nachdem sie Kenntnis von den maßgebenden Umständen erlangt hat oder wieder frei handeln konnte, so kann sie den Vertrag nicht mehr anfechten.

Art. 54 Wirkungen der Anfechtung (1) Ein anfechtbarer Vertrag ist bis zur Anfechtung gültig, wird aber mit der Anfechtung rückwirkend ungültig.

(2) Betrifft ein Anfechtungsgrund nur einzelne Vertragsbestimmungen, so beschränkt sich die Wirkung der Anfechtung auf diese Bestimmungen, es sei denn, es ist unangemessen, den Vertrag im Übrigen aufrechtzuerhalten.

(3) Ob eine der Parteien ein Recht hat, die Herausgabe dessen, was aufgrund des Vertrags übertragen oder geliefert wurde, oder die Zahlung eines gleichwertigen Geldbetrags zu verlangen, bestimmt sich nach den Vorschriften des Kapitels 17 über die Rückabwicklung.

Art. 55 Schadensersatz für Verluste Eine Partei, die nach diesem Kapitel das Recht hat, einen Vertrag anzufechten, oder die dieses Recht hatte, bevor sie es durch Fristablauf oder Bestätigung verlor, hat unabhängig davon, ob der Vertrag angefochten wird, gegenüber der anderen Partei einen Anspruch auf Schadensersatz für Verluste infolge Irrtums, arglistiger Täuschung, Drohung oder unfairer Ausnutzung, sofern die andere Partei die maßgebenden Umstände kannte oder kennen musste.

Art. 56 Ausschluss oder Einschränkung von Abhilfen (1) Abhilfen wegen arglistiger Täuschung, Drohung und unfairer Ausnutzung können weder unmittelbar noch mittelbar ausgeschlossen oder eingeschränkt werden.

(2) Im Verhältnis zwischen einem Unternehmer und einem Verbraucher dürfen die Parteien Abhilfen wegen Irrtums weder unmittelbar noch mittelbar zum Nachteil des Verbrauchers ausschließen oder einschränken.

Art. 57 Wahl der Abhilfe Eine Partei, der nach diesem Kapitel eine Abhilfe wegen Umständen zusteht, die dieser Partei auch eine Abhilfe wegen Nichterfüllung eröffnen, kann jede dieser Abhilfen geltend machen.

194

Teil III – Bestimmung des Vertragsinhalts

Kapitel 6 – Auslegung

Art. 58 Allgemeine Regeln zur Auslegung von Verträgen (1) Ein Vertrag wird nach dem gemeinsamen Willen der Parteien ausgelegt, auch wenn dieser nicht mit der normalen Bedeutung der im Vertrag verwendeten Ausdrücke übereinstimmt.

(2) Wenn eine Partei einen im Vertrag verwendeten Ausdruck in einem bestimmten Sinne verstanden wissen wollte und dies der anderen Partei bei Vertragsschluss bewusst war oder hätte bewusst sein müssen, wird der Vertrag so ausgelegt, wie die erste Partei ihn verstanden wissen wollte.

(3) Sofern die Absätze 1 und 2 nicht anders bestimmen, ist der Vertrag in dem Sinne auszulegen, den ihm eine vernünftige Person geben würde.

Art. 59 Erhebliche Umstände Bei der Auslegung des Vertrags können insbesondere berücksichtigt werden:

a) die Umstände, unter denen er geschlossen wurde, einschließlich der vorausgegangenen Verhandlungen,

b) das Verhalten der Parteien – auch nach Vertragsschluss,

c) die Auslegung, die von den Parteien bereits denselben oder ähnlichen Ausdrücken wie den im Vertrag verwendeten gegeben wurde,

d) Gebräuche, die von Parteien, die sich in der gleichen Situation befinden, als allgemein anwendbar angesehen würden,

e) Gepflogenheiten, die zwischen den Parteien entstanden sind,

f) die Bedeutung, die Ausdrücken in dem betreffenden Tätigkeitsbereich gewöhnlich gegeben wird,

g) die Natur und den Zweck des Vertrags und

h) das Gebot von Treu und Glauben und des redlichen Geschäftsverkehrs.

Art. 60 Auslegung im Lichte des gesamten Vertrags In einem Vertrag verwendete Ausdrücke sind im Lichte des gesamten Vertrags auszulegen.

Art. 61 Abweichende Sprachfassungen Wird ein Vertrag in zwei oder mehr Sprachfassungen abgefasst, von denen keine als maßgebend bezeichnet ist, so gilt bei einer Abweichung zwischen den Sprachfassungen die Sprachfassung als maßgebend, in der der Vertrag ursprünglich abgefasst worden ist.

Art. 62 Vorrang individuell ausgehandelter Vertragsbestimmungen Soweit ein Widerspruch besteht, haben individuell ausgehandelte Vertragsbestimmungen Vorrang vor solchen, die im Sinne von Artikel 7 nicht individuell ausgehandelt worden sind.

Art. 63 Vorrang wirksamkeitsorientierter Auslegung Eine Auslegung, nach der Vertragsbestimmungen wirksam sind, hat Vorrang vor einer Auslegung, nach der das nicht der Fall ist.

Art. 64 Auslegung zugunsten des Verbrauchers (1) Wenn Zweifel über die Bedeutung einer Vertragsbestimmung in einem Vertrag zwischen einem Unternehmer und einem Verbraucher besteht, gilt die für den Verbraucher günstigste Auslegung, es sei denn, die Bestimmung wurde vom Verbraucher gestellt.

(2) Die Parteien dürfen die Anwendung dieses Artikels nicht zum Nachteil des Verbrauchers ausschließen, davon abweichen oder dessen Wirkungen abändern.

Art. 65 Auslegungsregeln bei gestellten Vertragsbestimmungen Wenn in einem Vertrag, der nicht unter Artikel 64 fällt, Zweifel an der Bedeutung einer nicht individuell ausgehandelten Vertragsbestimmung im Sinne von Artikel 7 besteht, so hat eine Auslegung der Bestimmung zu Lasten der Partei, die die Bestimmung gestellt hat, Vorrang.

Kapitel 7 – Inhalt und Wirkungen

Art. 66 Vertragsbestimmungen Die Vertragsbestimmungen werden abgeleitet aus:

a) der Vereinbarung der Parteien vorbehaltlich zwingender Vorschriften des Gemeinsamen Europäischen Kaufrechts,

b) Gebräuchen oder Gepflogenheiten, an die die Parteien nach Artikel 67 gebunden sind,

c) Vorschriften des Gemeinsamen Europäischen Kaufrechts, die mangels einer anders lautenden Vereinbarung der Parteien Anwendung finden, und

d) Vertragsbestimmungen, die nach Artikel 68 herangezogen werden können.

Art. 67 Gebräuche und Gepflogenheiten in Verträgen zwischen Unternehmern (1) In einem Vertrag zwischen Unternehmern sind die Parteien an Gebräuche gebunden, die sie als anwendbar vereinbart haben, und an zwischen ihnen entstandenen Gepflogenheiten.

(2) Die Parteien sind an Gebräuche gebunden, die von Unternehmern, die sich in der gleichen Situation wie die Parteien befinden, als allgemein anwendbar angesehen würden.

(3) Die Parteien sind an Gebräuche und Gepflogenheiten nur so weit gebunden, wie sie nicht individuell ausgehandelten Vertragsbestimmungen oder zwingenden Vorschriften des Gemeinsamen Europäischen Kaufrechts entgegenstehen.

Art. 68 Vertragsbestimmungen, die herangezogen werden können (1) Wenn dies für Belange, die nicht ausdrücklich durch die Vereinbarung der Parteien, durch Gebräuche, Gepflogenheiten oder Vorschriften des Gemeinsamen Europäischen Kaufrechts geregelt sind, notwendig ist, kann eine zusätzliche Vertragsbestimmung herangezogen werden, insbesondere im Hinblick auf:

a) die Natur und den Zweck des Vertrags,

b) die Umstände, unter denen der Vertrag geschlossen wurde, und

c) das Gebot von Treu und Glauben und des redlichen Geschäftsverkehrs.

(2) Jede im Sinne von Absatz 1 herangezogene Vertragsbestimmung sollte, soweit möglich, so beschaffen sein, dass sie verwirklicht, was die Parteien wahrscheinlich vereinbart hätten, wenn sie die betreffenden Belange geregelt hätten.

(3) Absatz 1 findet keine Anwendung, wenn die Parteien willentlich keine Regelung zu einer bestimmten Frage getroffen und akzeptiert haben, dass die eine oder andere Partei das Risiko trägt.

Art. 69 Aus bestimmten vorvertraglichen Erklärungen abgeleitete Vertragsbestimmungen (1) Gibt der Unternehmer vor Vertragsschluss gegenüber der anderen Partei oder öffentlich eine Erklärung über die Eigenschaften dessen ab, was der Unternehmer nach dem Vertrag liefern soll, wird diese Erklärung Bestandteil des Vertrags, es sei denn,

a) die andere Partei wusste bei Vertragsschluss oder hätte wissen müssen, dass die Erklärung falsch war oder dass sie sich nicht auf eine derartige Bestimmung verlassen konnte, oder

b) die Entscheidung der anderen Partei zum Vertragsschluss konnte nicht durch die Erklärung beeinflusst werden.

(2) Für die Zwecke des Absatzes 1 gilt eine Erklärung, die von einer Person abgegeben wird, die im Auftrag des Unternehmers mit der Werbung oder Vermarktung befasst ist, als durch den Unternehmer abgegeben.

(3) Handelt es sich bei der anderen Partei um einen Verbraucher, wird für die Zwecke des Absatzes 1 eine öffentliche Erklärung, die im Vorfeld des Vertragsschlusses von oder im Auftrag eines Herstellers oder einer anderen Person abgegeben wurde, als vom Unternehmer abgegeben angesehen, es sei denn, der Unternehmer kannte diese Erklärung bei Vertragsschluss nicht und hätte sie auch nicht kennen müssen.

(4) Im Verhältnis zwischen einem Unternehmer und einem Verbraucher dürfen die Parteien die Anwendung dieses Artikels nicht zum Nachteil des Verbrauchers ausschließen, davon abweichen oder dessen Wirkungen abändern.

Art. 70 Pflicht zum Hinweis auf nicht individuell ausgehandelte Vertragsbestimmungen (1) Eine Partei kann sich nur dann auf die von ihr gestellten, nicht individuell ausgehandelten Vertragsbestimmungen im Sinne von Artikel 7 berufen, wenn die andere Partei diese Bestimmungen kannte oder wenn die Partei, die die Bestimmungen gestellt hat, vor oder bei Vertragsschluss angemessene Schritte unternommen hat, um die andere Partei darauf aufmerksam zu machen.

(2) Für die Zwecke dieses Artikels reicht es im Verhältnis zwischen einem Unternehmer und einem Verbraucher nicht aus, wenn der Verbraucher auf die Vertragsbestimmungen lediglich durch einen Verweis auf diese Bestimmungen in einem Vertragsdokument aufmerksam gemacht wird, selbst wenn die betreffende Partei das Dokument unterschreibt.

(3) Die Parteien dürfen die Anwendung dieses Artikels nicht ausschließen, davon abweichen oder dessen Wirkungen abändern.

Art. 71 Zusätzliche Zahlungen bei Verträgen zwischen einem Unternehmer und einem Verbraucher (1) Eine Vertragsbestimmung in einem Vertrag zwischen einem Unternehmer und einem Verbraucher, die den Verbraucher über die ausgewiesene Vergütung für die vertragliche Hauptverpflichtung des Unternehmers hinaus zu einer zusätzlichen Zahlung verpflichtet, ist für den Verbraucher, insbesondere, wenn sie durch die Verwendung von Standardoptionen eingefügt wurde, die der Verbraucher ausdrücklich ablehnen muss, um die zusätzliche Zahlung zu vermeiden, nicht bindend, es sei denn, der Verbraucher hat der zusätzlichen Zahlung, bevor er durch den Vertrag gebunden wurde, ausdrücklich zugestimmt. Hat der Verbraucher eine zusätzliche Zahlung geleistet, so kann er sie zurückverlangen.

(2) Die Parteien dürfen die Anwendung dieses Artikels nicht zum Nachteil des Verbrauchers ausschließen, davon abweichen oder dessen Wirkungen abändern.

Art. 72 Integrationsklauseln (1) Enthält ein schriftlicher Vertrag eine Klausel, die besagt, dass das Dokument alle Vertragsbestimmungen enthält (Integrationsklausel), sind frühere Erklärungen, Zusicherungen oder Vereinbarungen, die nicht in dem Dokument enthalten sind, nicht Bestandteil des Vertrags.

(2) Sofern der Vertrag nichts anderes bestimmt, hindert eine Integrationsklausel die Parteien nicht daran, frühere Erklärungen zur Auslegung des Vertrags heranzuziehen.
(3) Bei einem Vertrag zwischen einem Unternehmer und einem Verbraucher, ist der Verbraucher nicht durch eine Integrationsklausel gebunden. (4) Die Parteien dürfen die Anwendung dieses Artikels nicht zum Nachteil des Verbrauchers ausschließen, davon abweichen oder dessen Wirkungen abändern.

Art. 73 Bestimmung des Preises Kann der nach dem Vertrag zu zahlende Preis nicht auf andere Weise bestimmt werden, ist mangels anders lautender Angaben der Preis zu zahlen, der normalerweise unter vergleichbaren Umständen zum Zeitpunkt des Vertragsschlusses berechnet worden wäre, oder, wenn kein solcher Preis zu ermitteln ist, ein angemessener Preis.

Art. 74 Einseitige Festsetzung durch eine Partei (1) Ist der Preis oder eine andere Vertragsbestimmung von einer Partei festzusetzen und ist diese Festsetzung grob unangemessen, so ist der Preis zu zahlen, der normalerweise unter vergleichbaren Umständen zum Zeitpunkt des Vertragsschlusses berechnet worden wäre, oder wenn kein solcher Preis zu ermitteln ist, ein angemessener Preis, beziehungsweise es gilt diejenige Vertragsbestimmung, die unter vergleichbaren Umständen zum Zeitpunkt des Vertragsschlusses normalerweise verwendet worden wäre oder, wenn keine solche Vertragsbestimmung zu ermitteln ist, eine angemessene Vertragsbestimmung.
(2) Die Parteien dürfen die Anwendung dieses Artikels nicht ausschließen, davon abweichen oder dessen Wirkungen abändern.

Art. 75 Festsetzung durch einen Dritten (1) Sind der Preis oder eine andere Vertragsbestimmung durch einen Dritten festzusetzen und kann dieser die Festsetzung nicht treffen oder tut er es aus anderen Gründen nicht, so kann ein Gericht eine andere Person bestellen, um die Festsetzung vorzunehmen, es sei denn, dass dies in Widerspruch zu den Vertragsbestimmungen steht.
(2) Ist der von einem Dritten festgesetzte Preis oder eine andere von ihm festgesetzte Vertragsbestimmung grob unangemessen, so ist der Preis zu zahlen, der normalerweise unter vergleichbaren Umständen zum Zeitpunkt des Vertragsschlusses berechnet worden wäre, oder wenn kein solcher Preis zu ermitteln ist, ein angemessener Preis, beziehungsweise es gilt diejenige Vertragsbestimmung, die unter vergleichbaren Umständen zum Zeitpunkt des Vertragsschlusses normalerweise verwendet worden wäre oder, wenn keine solche Vertragsbestimmung zu ermitteln ist, eine angemessene Vertragsbestimmung.
(3) Als „Gericht" im Sinne von Absatz 1 gilt auch ein Schiedsgericht.
(4) Im Verhältnis zwischen einem Unternehmer und einem Verbraucher dürfen die Parteien die Anwendung des Absatzes 2 nicht zum Nachteil des Verbrauchers ausschließen, davon abweichen oder dessen Wirkungen abändern.

Art. 76 Sprache Lässt sich die Sprache, die für die Kommunikation in Bezug auf den Vertrag oder daraus entstehende Rechte und Verpflichtungen verwendet werden soll, nicht anders bestimmen, so ist die zu verwendende Sprache die Sprache, die für das Zustandekommen des Vertrages verwendet wurde.

Art. 77 Unbefristete Verträge (1) Verträge, die eine fortlaufende oder wiederkehrende Leistung zum Inhalt haben, können, wenn in den Vertragsbestimmungen nicht festgelegt ist, wann das Vertragsverhältnis endet, oder wenn festgelegt ist, dass das Vertragsverhältnis durch Kündigung endet, von jeder Partei innerhalb einer angemessenen Frist von höchstens zwei Monaten gekündigt werden.

(2) Im Verhältnis zwischen einem Unternehmer und einem Verbraucher dürfen die Parteien die Anwendung dieses Artikels nicht zum Nachteil des Verbrauchers ausschließen, davon abweichen oder dessen Wirkungen abändern.

Art. 78 Vertragsbestimmungen zugunsten Dritter (1) Die Vertragsparteien können zugunsten eines Dritten durch Vertrag ein Recht begründen. Der Dritte braucht zum Zeitpunkt des Vertragsschlusses nicht geboren oder bestimmt sein, muss aber bestimmt werden können.

(2) Natur und Inhalt des Rechts des Dritten werden durch den Vertrag bestimmt. Bei diesem Recht kann es sich auch um den Ausschluss oder die Begrenzung der Haftung des Dritten gegenüber eine der Vertragsparteien handeln.

(3) Schuldet eine der Vertragsparteien dem Dritten nach dem Vertrag die Erbringung einer Leistung,

a)   stehen dem Dritten dieselben Rechte auf Erfüllung und Abhilfen wegen Nichterfüllung zu, die bestehen würden, wenn die Vertragspartei aufgrund eines Vertrags mit dem Dritten zur Leistung verpflichtet wäre, und

b)   kann sich die verpflichtete Vertragspartei dem Dritten gegenüber auf alle Einwendungen berufen, auf die sie sich der anderen Vertragspartei gegenüber berufen könnte.

(4) Der Dritte kann ein ihm übertragenes Recht durch Mitteilung an eine der Vertragsparteien zurückweisen, wenn dies vor der ausdrücklichen oder stillschweigenden Annahme dieses Rechts geschieht. Weist der Dritte das Recht zurück, gilt das Recht als dem Dritten nicht entstanden.

(5) Die Vertragsparteien können die Vertragsbestimmung, die dem Dritten das Recht gewährt, aufheben oder abändern, solange dem Dritten nicht mitgeteilt wurde, dass ihm das Recht gewährt worden ist.

Kapitel 8 – Unfaire Vertragsbestimmungen

Abschnitt 1 – Allgemeine Bestimmungen

Art. 79 Wirkung unfairer Vertragsbestimmungen (1) Eine von einer Partei gestellte Vertragsbestimmung, die unfair im Sinne der Abschnitte 2 und 3 dieses Kapitels ist, ist für die andere Partei nicht bindend.

(2) Wenn der Vertrag ohne die unfaire Bestimmung Bestand haben kann, bleiben die übrigen Bestimmungen verbindlich.

Art. 80 Ausnahmen von der Prüfung der Unfairness (1) Die Abschnitte 2 und 3 gelten nicht für Vertragsbestimmungen, die Regeln des Gemeinsamen Europäischen Kaufrechts aufgreifen, die gelten würden, wenn der Sachverhalt nicht durch die Vertragsbestimmungen geregelt würde.

(2) Abschnitt 2 gilt nicht für den Hauptgegenstand des Vertrags oder für die Frage, ob die Höhe des zu zahlenden Preises angebracht ist, soweit der Unternehmer der Pflicht zur Transparenz gemäß Artikel 82 nachgekommen ist.

(3) Abschnitt 3 gilt weder für den Hauptgegenstand des Vertrages noch für die Frage, ob die Höhe des zu zahlenden Preises angebracht ist.

2.12 GEK-VO (Entwurf)

Art. 81 Zwingender Charakter der Vorschriften Die Parteien dürfen die Anwendung dieses Kapitels weder ausschließen noch davon abweichen, noch dessen Wirkungen abändern.

Abschnitt 2 – Unfaire Vertragsbestimmungen bei Verträgen zwischen einem Unternehmer und einem Verbraucher

Art. 82 Pflicht zur Transparenz bei nicht individuell ausgehandelten Vertragsbestimmungen Wurden die Vertragsbestimmungen zwischen einem Unternehmer und einem Verbraucher im Sinne von Artikel 7 nicht individuell ausgehandelt, muss der Unternehmer dafür Sorge tragen, dass sie in einfacher und verständlicher Sprache abgefasst und mitgeteilt werden.

Art. 83 Bedeutung von „unfair" in Verträgen zwischen einem Unternehmer und einem Verbraucher (1) In einem Vertrag zwischen einem Unternehmer und einem Verbraucher ist eine im Sinne von Artikel 7 nicht individuell ausgehandelte, vom Unternehmer gestellte Bestimmung im Sinne dieses Abschnitts unfair, wenn sie entgegen dem Gebot von Treu und Glauben und des redlichen Geschäftsverkehrs in Bezug auf die vertraglichen Rechte und Verpflichtungen der Vertragsparteien ein erhebliches Ungleichgewicht zu Lasten des Verbrauchers herstellt.

(2) Bei der Prüfung der Unfairness einer Vertragsbestimmung für die Zwecke dieses Abschnitts ist Folgendes zu berücksichtigen:

a)   die Erfüllung der dem Unternehmer obliegenden Pflicht zur Transparenz gemäß Artikel 82,

b)   das Wesen des Vertragsgegenstands,

c)   die Umstände des Vertragsschlusses,

d)   die übrigen Bestimmungen des Vertrags und

e)   die Bestimmungen sonstiger Verträge, von denen der Vertrag abhängt.

Art. 84 Per se unfaire Vertragsbestimmungen Für die Zwecke dieses Abschnitts gilt eine Vertragsbestimmung als per se unfair, wenn deren Zweck oder Wirkung darin besteht,

a)   die Haftung des Unternehmers infolge einer Handlung oder Unterlassung des Unternehmers oder einer in seinem Auftrag handelnden Person, durch die der Verbraucher Schaden an Leib oder Leben nimmt, auszuschließen oder einzuschränken;

b)   die Haftung des Unternehmers für einen vorsätzlich oder grob fahrlässig verursachten Verlust oder Schaden beim Verbraucher auszuschließen oder einzuschränken;

c)   die Verpflichtung des Unternehmers zur Einhaltung der von seinen Vertretern eingegangenen Zusagen einzuschränken oder seine Zusagen von der Erfüllung einer besonderen Bedingung abhängig zu machen, die ohne sein Zutun nicht zu erfüllen ist;

d)   dem Verbraucher die Möglichkeit zu nehmen oder ihn daran zu hindern, Rechtsbehelfe bei Gericht einzulegen oder sonstige Beschwerdemittel zu ergreifen, und zwar insbesondere dadurch, dass dem Verbraucher auferlegt wird, die Streitigkeit ausschließlich im Wege eines Schiedsverfahrens zu regeln, das in den auf Verträge zwischen Unternehmern und Verbrauchern anwendbaren Rechtsvorschriften im Allgemeinen nicht vorgesehen ist;

e) den ausschließlichen Gerichtsstand für alle Streitigkeiten aus dem Vertrag einem Gericht zuzuweisen, das für den Ort zuständig ist, an dem der Unternehmer seinen Sitz hat, es sei denn, dieses Gericht ist auch für den Ort zuständig, an dem der Verbraucher seinen gewöhnlichen Aufenthalt hat;

f) dem Unternehmer das ausschließliche Recht einzuräumen, die Vertragsmäßigkeit der gelieferten Waren, der bereitgestellten digitalen Inhalte oder der erbrachten verbundenen Dienstleistungen festzustellen, oder ihm das ausschließliche Recht zur Auslegung der Vertragsbestimmungen zuzugestehen;

g) den Verbraucher, nicht aber den Unternehmer zur Einhaltung des Vertrags zu verpflichten;

h) vom Verbraucher zu verlangen, dass er für die Beendigung des Vertrags im Sinne des Artikels 8 strengere Formerfordernisse erfüllt als diejenigen, die für den Vertragsschluss galten;

i) dem Unternehmer für die Beendigung des Vertrags eine kürzere Frist einzuräumen als dem Verbraucher;

j) vom Verbraucher die Bezahlung nicht gelieferter Waren, nicht bereitgestellter digitaler Inhalte oder nicht erbrachter verbundener Dienstleistungen zu verlangen;

k) den nicht individuell ausgehandelten Vertragsbestimmungen im Sinne von Artikel 7 Vorrang vor den individuell ausgehandelten Vertragsbestimmungen einzuräumen oder ihnen den Vorzug zu geben.

Art. 85 Vermutung der Unfairness Für die Zwecke dieses Abschnitts besteht die Vermutung, dass eine Vertragsbestimmung unfair ist, wenn deren Zweck oder Wirkung darin besteht,

a) die für den Verbraucher verfügbaren Beweismittel einzuschränken oder dem Verbraucher die Beweislast aufzuerlegen, die rechtlich dem Unternehmer obliegen sollte;

b) die Abhilfen, die dem Verbraucher gegen den Unternehmer oder einen Dritten wegen Nichterfüllung der vertraglichen Verpflichtungen durch den Unternehmer zustehen, in unangemessener Weise auszuschließen oder zu beschränken;

c) das Recht auf Aufrechnung etwaiger Forderungen des Verbrauchers gegen den Unternehmer gegen etwaige Verbindlichkeiten des Verbrauchers gegenüber dem Unternehmer, in unangemessener Weise auszuschließen oder zu beschränken;

d) dem Unternehmer zu gestatten, vom Verbraucher gezahlte Beträge einzubehalten, wenn sich dieser gegen einen Vertragsschluss oder gegen die Erfüllung vertraglicher Verpflichtungen entscheidet, ohne für den Verbraucher eine Entschädigung in entsprechender Höhe durch den Unternehmer für den umgekehrten Fall vorzusehen;

e) dem Verbraucher, der seinen vertraglichen Verpflichtungen nicht nachkommt, eine unverhältnismäßig hohe Entschädigung oder eine festgelegte Zahlung wegen Nichterfüllung abzuverlangen;

f) dem Unternehmer zu gestatten, nach freiem Ermessen den Vertrag zu widerrufen oder den Vertrag im Sinne von Artikel 8 zu beenden, ohne dem Verbraucher dasselbe Recht einzuräumen, oder dem Unternehmer zu gestatten, für noch nicht erbrachte Leistungen bereits gezahlte Beträge einzubehalten, wenn dieser den Vertrag widerruft oder den Vertrag beendet;

g) es dem Unternehmer, außer bei Vorliegen schwerwiegender Gründe, zu ermöglichen, einen unbefristeten Vertrag ohne angemessene Frist zu beenden;

h) einen befristeten Vertrag automatisch zu verlängern, wenn der Verbraucher sich nicht gegenteilig äußert, und im Vertrag einen unangemessen frühen Zeitpunkt dafür festzulegen;

i) es einem Unternehmer zu ermöglichen, Vertragsbestimmungen einseitig ohne triftigen Grund, der im Vertrag festgelegt ist, zu ändern; dies berührt nicht Vertragsbestimmungen, nach denen sich ein Unternehmer das Recht vorbehält, die Bestimmungen eines unbefristeten Vertrags einseitig zu ändern, vorausgesetzt, dass der Unternehmer verpflichtet ist, den Verbraucher rechtzeitig hiervon in Kenntnis zu setzen, und es diesem freisteht, den Vertrag zu beenden, ohne dass ihm hierdurch Kosten entstehen;

j) es dem Unternehmer zu ermöglichen, einseitig ohne triftigen Grund Merkmale der zu liefernden Waren, digitalen Inhalte oder der zu erbringenden verbundenen Dienstleistungen oder sonstige Leistungsmerkmale zu ändern;

k) festzulegen, dass der Preis für die Waren, digitalen Inhalte oder verbundenen Dienstleistungen zum Zeitpunkt der Lieferung, Bereitstellung oder Erbringung festgesetzt wird, oder es dem Unternehmer zu ermöglichen, den Preis zu erhöhen, ohne dem Verbraucher das Recht einzuräumen, den Vertrag zu widerrufen, wenn der erhöhte Betrag im Verhältnis zu dem bei Vertragsschluss vereinbarten Preis zu hoch ist; dies berührt nicht Preisindexklauseln, wenn diese erlaubt sind, vorausgesetzt, dass die Methode, nach der sich die Preise ändern, ausdrücklich beschrieben wird;

l) den Verbraucher zu verpflichten, seine sämtlichen vertraglichen Verpflichtungen zu erfüllen, auch wenn der Unternehmer seine eigenen Verpflichtungen nicht erfüllt;

m) dem Unternehmer zu gestatten, seine vertraglichen Rechte und Verpflichtungen ohne Zustimmung des Verbrauchers zu übertragen, es sei denn, er überträgt sie auf eine von ihm beherrschte Tochtergesellschaft, oder die Übertragung ist das Ergebnis eines Zusammenschlusses oder eines ähnlich rechtmäßigen gesellschaftsrechtlichen Vorgangs und es ist nicht zu erwarten, dass der Verbraucher durch die Übertragung in seinen Rechten beeinträchtigt wird;

n) dem Unternehmer zu gestatten, wenn das Bestellte nicht verfügbar ist, etwas Gleichwertiges zu liefern, ohne dass der Verbraucher ausdrücklich über diese Möglichkeit und darüber informiert worden ist, dass der Unternehmer, wenn der Verbraucher ein Recht auf Ablehnung der Leistung ausübt, die Kosten der Rücksendung des vom Verbraucher im Rahmen des Vertrags Empfangenen tragen muss;

o) es dem Unternehmer zu gestatten, sich eine unangemessen lange oder nicht hinreichend bestimmte Frist für die Annahme oder Ablehnung eines Angebots vorzubehalten;

p) es dem Unternehmer zu gestatten, sich eine unangemessen lange oder nicht hinreichend bestimmte Frist für die Erfüllung der vertraglichen Verpflichtungen vorzubehalten;

q) in unangemessener Weise die Abhilfen oder Einwände, die dem Verbraucher gegen den Unternehmer oder dessen Forderungen zustehen, auszuschließen oder zu beschränken;

r) die Erfüllung von vertraglichen Verpflichtungen durch den Unternehmer oder andere für den Verbraucher vorteilhafte Wirkungen des Vertrags besonderen Formerfordernissen zu unterwerfen, die unangemessen und gesetzlich nicht vorgeschrieben sind;

s) vom Verbraucher überhöhte Vorauszahlungen oder überhöhte Sicherheiten für die Erfüllung der Verpflichtungen zu verlangen;

t) den Verbraucher ohne Grund daran zu hindern, Lieferungen oder Reparaturleistungen von Dritten zu beziehen;

u) den Vertrag ohne Grund an einen anderen Vertrag mit dem Unternehmer, einem Tochterunternehmen oder einem Dritten in einer für den Verbraucher nicht zu erwartenden Weise zu koppeln;

v) dem Verbraucher die Beendigung eines unbefristeten Vertrags übermäßig zu erschweren;

w) die erstmalige Laufzeit eines Vertrages über die lang andauernde Lieferung von Waren, die Bereitstellung digitaler Inhalte oder die Erbringung verbundener Dienstleistungen und dessen etwaige Verlängerung auf mehr als ein Jahr festzusetzen, es sei denn, der Verbraucher kann unter Einhaltung einer Kündigungsfrist von höchstens 30 Tagen den Vertrag jederzeit beenden.

Abschnitt 3 – Unfaire Vertragsbestimmungen bei Verträgen zwischen Unternehmern

Art. 86 Bedeutung von „unfair" in Verträgen zwischen Unternehmern (1) In einem Vertrag zwischen Unternehmern gilt eine Vertragsbestimmung für die Zwecke dieses Abschnitts nur dann als unfair, wenn

a) sie Bestandteil von nicht individuell ausgehandelten Vertragsbestimmungen im Sinne von Artikel 7 ist und

b) so beschaffen ist, dass ihre Verwendung unter Verstoß gegen das Gebot von Treu und Glauben und des redlichen Geschäftsverkehrs gröblich von der guten Handelspraxis abweicht.

(2) Bei der Prüfung der Unfairness einer Vertragsbestimmung für die Zwecke dieses Abschnitts ist Folgendes zu berücksichtigen:

a) das Wesen des Vertragsgegenstands,

b) die Umstände des Vertragsschlusses,

c) die übrigen Vertragsbestimmungen und

d) die Bestimmungen sonstiger Verträge, von denen der Vertrag abhängt.

Teil IV – Verpflichtungen und Abhilfen der Parteien eines Kaufvertrags oder eines Vertrags über die Bereitstellung digitaler Inhalte

Kapitel 9 – Allgemeine Bestimmungen

Art. 87 Nichterfüllung und wesentliche Nichterfüllung (1) Die Nichterfüllung einer Verpflichtung ist jegliches Ausbleiben der Erfüllung der Verpflichtung, unabhängig davon, ob entschuldigt oder nicht, und schließt Folgendes ein:

a) die Nichtlieferung oder verspätete Lieferung der Waren,

b) die Nichtbereitstellung oder verspätete Bereitstellung digitaler Inhalte,

c) die Lieferung nicht vertragsgemäßer Waren,

d) die Bereitstellung nicht vertragsgemäßer digitaler Inhalte,

e) die Nichtzahlung oder verspätete Zahlung des Preises und

f) jede sonstige behauptete Erfüllung, die nicht vertragsgemäß ist.

(2) Die Nichterfüllung einer Verpflichtung durch eine Partei ist wesentlich, wenn

a)   sie der anderen Partei einen erheblichen Teil dessen vorenthält, was diese nach dem Vertrag erwarten durfte, es sei denn, dass die nichterfüllende Partei zum Zeitpunkt des Vertragsschlusses diese Folge nicht vorausgesehen hat und auch nicht voraussehen konnte, oder

b)   sie klar erkennen lässt, dass sich die andere Partei nicht auf die künftige Erfüllung durch die nichterfüllende Partei verlassen kann.

Art. 88 Entschuldigte Nichterfüllung (1) Die Nichterfüllung einer Verpflichtung durch eine Partei ist entschuldigt, wenn sie auf einem außerhalb des Einflussbereichs dieser Partei liegenden Hindernis beruht und wenn von dieser Partei nicht erwartet werden konnte, das Hindernis zum Zeitpunkt des Vertragsschlusses in Betracht zu ziehen oder das Hindernis oder dessen Folgen zu vermeiden oder zu überwinden.

(2) Besteht das Hindernis nur vorübergehend, so ist die Nichterfüllung für den Zeitraum entschuldigt, in dem das Hindernis besteht. Läuft die Verzögerung jedoch auf eine wesentliche Nichterfüllung hinaus, kann die andere Partei sie als solche behandeln.

(3) Die Partei, die nicht zur Erfüllung in der Lage ist, hat die Pflicht sicherzustellen, dass die andere Partei von dem Hindernis und dessen Auswirkungen auf die Fähigkeit der ersteren Partei zur Erfüllung unverzüglich Kenntnis erhält, nachdem die erstere Partei diese Umstände erkannt hat oder hätte erkennen müssen. Die andere Partei hat Anspruch auf Schadensersatz für alle Verluste, die sich aus einer Verletzung dieser Pflicht ergeben.

Art. 89 Änderung der Umstände (1) Eine Verpflichtung ist zu erfüllen, auch wenn die Erfüllung belastender geworden ist, sei es, weil sich die Kosten der Leistung erhöht haben oder weil sich der Wert der Gegenleistung vermindert hat. Wird die Erfüllung wegen einer außergewöhnlichen Änderung der Umstände zu einer übermäßigen Belastung, sind die Parteien verpflichtet, Verhandlungen aufzunehmen, um den Vertrag anzupassen oder zu beenden.

(2) Können die Parteien innerhalb einer angemessenen Frist keine Einigung erzielen, kann ein Gericht auf Antrag einer Partei

a)   den Vertrag in einer Weise anpassen, die dem entspricht, was die Parteien zum Zeitpunkt des Vertragsschlusses vereinbart hätten, wenn sie die Änderung der Umstände in Betracht gezogen hätten, oder

b)   den Vertrag im Sinne von Artikel 8 zu einem Zeitpunkt und unter Bedingungen, die das Gericht bestimmt, beenden.

(3) Absätze 1 und 2 gelten nur, wenn

a)   die Änderung der Umstände nach Abschluss des Vertrages eingetreten ist,

b)   die Partei, die sich auf die Änderung der Umstände beruft, die Möglichkeit oder das Ausmaß einer solchen Änderung zu jener Zeit nicht in Betracht gezogen hat und auch nicht in Betracht ziehen musste und

c)   die benachteiligte Partei das Risiko einer Änderung der Umstände nicht übernommen hat und auch nicht angenommen werden kann, dass sie es übernommen hätte.

(4) Als „Gericht" im Sinne der Absätze 2 und 3 gilt auch ein Schiedsgericht.

Art. 90 Erweiterte Anwendung der Vorschriften über Zahlungen sowie über die Nichtannahme von Waren oder digitalen Inhalten (1) Sofern nicht anders bestimmt, gelten die Vorschriften in Kapitel 12 über die Zahlung des Preises durch den Käufer mit entsprechenden Anpassungen auch für andere Zahlungen.

(2) Artikel 97 gilt mit entsprechenden Anpassungen für andere Fälle, in denen eine Person im Besitz von Waren oder digitalen Inhalten verbleibt, weil eine andere Person diese Gegenstände nicht annimmt, obwohl sie dazu verpflichtet ist.

Kapitel 10 – Verpflichtungen des Verkäufers

Abschnitt 1 – Allgemeine Bestimmungen

Art. 91 Hauptverpflichtungen des Verkäufers Der Verkäufer von Waren oder der Lieferant digitaler Inhalte (in diesem Teil „Verkäufer") muss
a) die Waren liefern oder die digitalen Inhalte bereitstellen,
b) das Eigentum an den Waren einschließlich an dem materiellen Datenträger, auf dem die digitalen Inhalte bereitgestellt werden, übertragen,
c) sicherstellen, dass die Waren oder digitalen Inhalte vertragsgemäß sind,
d) sicherstellen, dass der Käufer das Recht hat, die digitalen Inhalte entsprechend dem Vertrag zu nutzen, und
e) Dokumente, die die Waren oder digitalen Inhalte vertreten oder diese betreffen, übergeben, wenn dies vertraglich vorgesehen ist.

Art. 92 Erfüllung durch einen Dritten (1) Der Verkäufer kann eine andere Person mit der Erfüllung betrauen, sofern den Vertragsbestimmungen zufolge keine persönliche Leistung des Verkäufers geschuldet ist.
(2) Der Verkäufer, der eine andere Person mit der Erfüllung betraut, bleibt für die Erfüllung verantwortlich.
(3) Im Verhältnis zwischen einem Unternehmer und einem Verbraucher dürfen die Parteien die Anwendung des Absatzes 2 nicht zum Nachteil des Verbrauchers ausschließen, davon abweichen oder dessen Wirkungen ändern.

Abschnitt 2 – Lieferung

Art. 93 Ort der Lieferung (1) Kann der Ort der Lieferung nicht anderweitig bestimmt werden, so ist Ort der Lieferung
a) im Falle eines Verbraucherkaufvertrags oder eines Vertrags über die Bereitstellung digitaler Inhalte, bei dem es sich um einen Fernabsatzvertrag oder einen außerhalb von Geschäftsräumen geschlossenen Vertrag handelt oder in dem sich der Verkäufer verpflichtet hat, für die Beförderung bis zum Käufer zu sorgen, der Aufenthaltsort des Verbrauchers zum Zeitpunkt des Vertragsschlusses;
b) in allen anderen Fällen,
    i)   in denen der Kaufvertrag die Beförderung der Waren durch einen Beförderer oder eine Reihe von Beförderern einschließt, die am nächsten gelegene Abholstelle des ersten Beförderers;
    ii) in denen der Vertrag keine Beförderung einschließt, der Geschäftssitz des Verkäufers zum Zeitpunkt des Vertragsschlusses.
(2) Hat der Verkäufer mehr als einen Geschäftssitz, ist für die Zwecke von Absatz 1 Buchstabe b derjenige Geschäftssitz maßgebend, der die engste Beziehung zu der Lieferverpflichtung aufweist.

2.12 GEK-VO (Entwurf)

Art. 94 Art der Lieferung (1) Sofern nicht anders vereinbart, erfüllt der Verkäufer seine Lieferverpflichtung

a) im Falle eines Verbraucherkaufvertrags oder eines Vertrags über die Bereitstellung digitaler Inhalte, bei dem es sich um einen Fernabsatzvertrag oder einen außerhalb von Geschäftsräumen geschlossenen Vertrag handelt oder in dem sich der Verkäufer verpflichtet hat, für die Beförderung bis zum Käufer zu sorgen, durch die Übertragung des Besitzes an den Waren beziehungsweise durch die Übertragung der Kontrolle über die digitalen Inhalte auf den Verbraucher;

b) in anderen Fällen, in denen der Vertrag die Beförderung der Waren durch einen Beförderer einschließt, durch Übergabe der Waren an den ersten Beförderer zur Versendung an den Käufer und durch Übergabe aller notwendigen Dokumente an den Käufer, die es diesem ermöglichen, die Waren von dem Beförderer, der die Waren hat, zu übernehmen, oder

c) in Fällen, die nicht unter Buchstabe a oder b fallen, durch Bereitstellung der Waren oder der digitalen Inhalte an den Käufer oder, wenn vereinbart wurde, dass der Verkäufer nur die Waren vertretende Dokumente liefern muss, durch Übergabe dieser Dokumente.

(2) Die Vorschriften in Absatz 1 Buchstaben a und c über den Verbraucher oder den Käufer gelten auch für einen Dritten, der nicht der Beförderer ist und der vom Verbraucher oder vom Käufer vertragsgemäß bezeichnet worden ist.

Art. 95 Zeitpunkt der Lieferung (1) Lässt sich der Lieferzeitpunkt nicht anderweitig bestimmen, müssen die Waren oder digitalen Inhalte unverzüglich nach Vertragsschluss geliefert werden.

(2) Bei Verträgen zwischen einem Unternehmer und einem Verbraucher muss der Unternehmer die Waren oder digitalen Inhalte, sofern die Parteien nichts anderes vereinbart haben, innerhalb von 30 Tagen nach Vertragsschluss liefern.

Art. 96 Verpflichtungen des Verkäufers bezüglich der Beförderung der Waren (1) Ist der Verkäufer nach dem Vertrag verpflichtet, für die Beförderung der Waren zu sorgen, so hat er die Verträge zu schließen, die zur Beförderung an den festgesetzten Ort mit den nach den Umständen angemessenen Beförderungsmitteln und zu den für solche Beförderungen üblichen Bedingungen erforderlich sind.

(2) Übergibt der Verkäufer die Waren vertragsgemäß einem Beförderer und sind die Waren nicht deutlich durch daran angebrachte Kennzeichen, durch Beförderungsdokumente oder auf andere Weise als die vertragsgemäß zu liefernden Waren zu erkennen, so hat der Verkäufer dem Käufer die Versendung mitzuteilen und dabei die Waren im Einzelnen zu bezeichnen.

(3) Ist der Verkäufer vertraglich nicht zum Abschluss einer Transportversicherung verpflichtet, so hat er dem Käufer auf dessen Verlangen alle ihm verfügbaren Informationen mitzuteilen, die für den Abschluss einer solchen Versicherung durch den Käufer erforderlich sind.

Art. 97 Nichtannahme der Waren oder digitalen Inhalte durch den Käufer (1) Verbleibt der Verkäufer im Besitz der Waren oder digitalen Inhalte, weil der Käufer sie nicht angenommen hat, obwohl er dazu verpflichtet ist, hat der Verkäufer angemessene Vorkehrungen zu ihrem Schutz und ihrer Erhaltung zu treffen.

(2) Der Verkäufer kann seine Lieferverpflichtung erfüllen, indem er

a) die Waren oder digitalen Inhalte zu angemessenen Bedingungen bei einem Dritten zugunsten des Käufers hinterlegt und diesen davon benachrichtigt oder

b) die Waren oder digitalen Inhalte nach Benachrichtigung des Käufers zu angemessenen Bedingungen verkauft und dem Käufer den Nettoerlös auszahlt.

(3) Der Verkäufer ist berechtigt, die Erstattung aller sachlich gerechtfertigten Kosten zu verlangen oder diese aus dem Verkaufserlös einzubehalten.

Art. 98 Wirkung in Bezug auf den Gefahrübergang Die Wirkung der Lieferung in Bezug auf den Gefahrübergang ist in Kapitel 14 geregelt.

Abschnitt 3 – Vertragsmäßigkeit der Waren und digitalen Inhalte

Art. 99 Vertragsmäßigkeit (1) Die Waren oder digitalen Inhalte sind vertragsgemäß, wenn sie

a) in Menge, Qualität und Art den Anforderungen des Vertrags entsprechen,

b) hinsichtlich Behältnis oder Verpackung den Anforderungen des Vertrags entsprechen und

c) den Anforderungen des Vertrags entsprechend mit sämtlichem Zubehör, Montageanleitungen oder anderen Anleitungen geliefert werden.

(2) Um den Anforderungen des Vertrags zu entsprechen, müssen die Waren oder digitalen Inhalte überdies den Anforderungen der Artikel 100, 101 und 102 genügen, soweit die Parteien nichts anderes vereinbart haben.

(3) In einem Verbraucherkaufvertrag ist eine Vereinbarung, die von den Anforderungen der Artikel 100, 102 und 103 zum Nachteil des Verbrauchers abweicht, nur dann gültig, wenn dem Verbraucher der besondere Umstand der Waren oder digitalen Inhalte zum Zeitpunkt des Vertragsschlusses bekannt war und er die Waren oder digitalen Inhalte bei Vertragsschluss als vertragsgemäß akzeptiert hat.

(4) In einem Verbraucherkaufvertrag dürfen die Parteien die Anwendung des Absatzes 3 nicht zum Nachteil des Verbrauchers ausschließen, davon abweichen oder seine Wirkungen abändern.

Art. 100 Kriterien für die Vertragsmäßigkeit der Waren und digitalen Inhalte Die Waren oder digitalen Inhalte müssen:

a) für jeden bestimmten Zweck geeignet sein, der dem Verkäufer zum Zeitpunkt des Vertragsschlusses zur Kenntnis gebracht wurde, außer wenn sich aus den Umständen ergibt, dass der Käufer nicht auf die Sachkenntnis und das Urteilsvermögen des Verkäufers vertraute oder vernünftigerweise nicht hätte vertrauen dürfen;

b) sich für die Zwecke eignen, für die Waren oder digitale Inhalte der gleichen Art gewöhnlich gebraucht werden;

c) die Eigenschaften der Waren oder digitalen Inhalte besitzen, die der Verkäufer dem Käufer als Probe oder Muster vorgelegt hat;

d) in der für Waren dieser Art üblichen Weise oder, falls es eine solche Weise nicht gibt, in einer für die Erhaltung und den Schutz der Waren angemessenen Weise umschlossen und verpackt sein;

e) mit solchem Zubehör, Montageanleitungen und anderen Anleitungen geliefert werden, deren Erhalt der Käufer erwarten kann;

f) diejenigen Eigenschaften und diejenige Tauglichkeit besitzen, die in einer vorvertraglichen Erklärung angegeben sind, die gemäß Artikel 69 Teil der Vertragsbestimmungen ist, und

g) diejenigen Eigenschaften und diejenige Tauglichkeit besitzen, die der Käufer erwarten kann. Wenn zu bestimmen ist, was der Verbraucher von digitalen Inhalten erwarten kann, ist dem Umstand Rechnung zu tragen, ob die digitalen Inhalte gegen Zahlung eines Preises bereitgestellt wurden oder nicht.

Art. 101 Unsachgemäße Montage oder Installierung bei einem Verbraucherkaufvertrag (1) Werden Waren oder digitale Inhalte, die aufgrund eines Verbraucherkaufvertrags geliefert wurden, unsachgemäß montiert oder installiert, ist jede hierdurch verursachte Vertragswidrigkeit als Vertragswidrigkeit der Waren oder digitalen Inhalte anzusehen, wenn

a) die Waren oder digitalen Inhalte vom Verkäufer oder unter seiner Verantwortung montiert oder installiert wurden oder

b) die Waren oder digitalen Inhalte zur Montage oder Installierung durch den Verbraucher bestimmt waren und die unsachgemäße Montage oder Installierung auf einen Mangel in der Anleitung zurückzuführen ist.

(2) Die Parteien dürfen die Anwendung dieses Artikels nicht zum Nachteil des Verbrauchers ausschließen, davon abweichen oder dessen Wirkungen abändern.

Art. 102 Rechte oder Ansprüche Dritter (1) Die Waren oder digitalen Inhalte müssen frei von Rechten oder nicht offensichtlich unbegründeten Ansprüchen Dritter sein.

(2) In Bezug auf Rechte oder Ansprüche aus geistigem Eigentum gilt vorbehaltlich der Absätze 3 und 4, dass die Waren oder digitalen Inhalte frei sein müssen von Rechten oder nicht offensichtlich unbegründeten Ansprüchen Dritter, die

a) nach dem Recht des Staates bestehen, in dem die Waren oder digitalen Inhalte entsprechend dem Vertrag genutzt werden, oder in Ermangelung einer solchen Vereinbarung die nach dem Recht des Staates bestehen, in dem der Käufer seinen Geschäftssitz hat, oder bei Verträgen zwischen einem Unternehmer und einem Verbraucher nach dem Recht des Staates, in dem der Verbraucher entsprechend seiner Angabe zum Zeitpunkt des Vertragsschlusses seinen gewöhnlichen Aufenthalt hat, und

b) der Verkäufer zum Zeitpunkt des Vertragsschlusses kannte oder hätte kennen müssen.

(3) Bei Verträgen zwischen Unternehmen findet Absatz 2 keine Anwendung, wenn der Käufer die Rechte oder Ansprüche aus geistigem Eigentum zum Zeitpunkt des Vertragsschlusses kannte oder hätte kennen müssen.

(4) Bei Verträgen zwischen einem Unternehmer und einem Verbraucher findet Absatz 2 keine Anwendung, wenn der Verbraucher die Rechte oder Ansprüche aus geistigem Eigentum zum Zeitpunkt des Vertragsschlusses kannte oder hätte kennen müssen.

(5) Bei Verträgen zwischen einem Unternehmer und einem Verbraucher dürfen die Parteien die Anwendung dieses Artikels nicht zum Nachteil des Verbrauchers ausschließen, davon abweichen oder dessen Wirkungen abändern.

Art. 103 Beschränkung der Anforderung an die Vertragsmäßigkeit digitaler Inhalte
Digitale Inhalte gelten nicht allein deshalb als vertragswidrig, weil nach Vertragsschluss aktualisierte digitale Inhalte verfügbar waren.

Art. 104 Kenntnis des Käufers von der Vertragswidrigkeit bei einem Vertrag zwischen Unternehmern Bei einem Vertrag zwischen Unternehmern haftet der Verkäufer nicht für die Vertragswidrigkeit der Waren, wenn der Käufer zum Zeitpunkt des Vertragsschlusses die Vertragswidrigkeit kannte oder hätte kennen müssen.

Art. 105 Maßgeblicher Zeitpunkt für die Feststellung der Vertragsmäßigkeit (1) Der Verkäufer haftet für jede Vertragswidrigkeit, die zum Zeitpunkt des Übergangs der Gefahr auf den Käufer nach Kapitel 14 besteht.

(2) Bei einem Verbraucherkaufvertrag wird vermutet, dass eine Vertragswidrigkeit, die innerhalb von sechs Monaten nach dem Übergang der Gefahr auf den Käufer offenbar wird, zum Zeitpunkt des Gefahrübergangs bestanden hat, es sei denn, dies ist mit der Art der Waren oder digitalen Inhalte oder mit der Art der Vertragswidrigkeit unvereinbar.

(3) Im Falle des Artikels 101 Absatz 1 Buchstabe a gilt jede Bezugnahme in Absatz 1 oder Absatz 2 auf den Zeitpunkt des Übergangs der Gefahr auf den Käufer als Bezugnahme auf den Zeitpunkt, zu dem die Montage oder Installierung abgeschlossen ist. Im Falle des Artikels 101 Absatz 1 Buchstabe b ist für den Gefahrübergang der Zeitpunkt maßgebend, zu dem der Verbraucher die Montage oder Installierung innerhalb einer angemessenen Zeit abgeschlossen hat.

(4) Muss der Unternehmer die digitalen Inhalte zu einem späteren Zeitpunkt aktualisieren, hat er dafür zu sorgen, dass die Vertragsmäßigkeit der digitalen Inhalte während der Vertragslaufzeit gewahrt ist.

(5) Bei Verträgen zwischen einem Unternehmer und einem Verbraucher dürfen die Parteien die Anwendung dieses Artikels nicht zum Nachteil des Verbrauchers ausschließen, davon abweichen oder dessen Wirkungen abändern.

Kapitel 11 – Abhilfen des Käufers

Abschnitt 1 – Allgemeine Bestimmungen

Art. 106 Übersicht über die Abhilfen des Käufers (1) Hat der Verkäufer eine Verpflichtung nicht erfüllt, kann der Käufer

a) die Erfüllung gemäß Abschnitt 3 verlangen, die die Erfüllung der betreffenden Verpflichtung, die Reparatur oder den Ersatz der Waren oder digitalen Inhalte einschließt,

b) seine eigene Leistung gemäß Abschnitt 4 zurückhalten,

c) gemäß Abschnitt 5 den Vertrag beenden und gemäß Kapital 17 die Erstattung des bereits gezahlten Preises verlangen,

d) den Preis gemäß Abschnitt 6 mindern und

e) Schadensersatz gemäß Kapitel 16 verlangen.

(2) Handelt es sich bei dem Käufer um einen Unternehmer, gilt Folgendes:

a) Das Recht des Käufers auf Abhilfe mit Ausnahme der Zurückhaltung seiner Leistung besteht vorbehaltlich der Heilung der Nichterfüllung durch den Verkäufer gemäß Abschnitt 2, und

b) das Recht des Käufers, sich auf Vertragswidrigkeit zu berufen, besteht vorbehaltlich der Prüfungs- und Mitteilungspflichten gemäß Abschnitt 7.

(3) Handelt es sich bei dem Käufer um einen Verbraucher, gilt Folgendes:

a) Die Rechte des Käufers bestehen ungeachtet der Heilung der Nichterfüllung durch den Verkäufer, und

b)   die Prüfungs- und Mitteilungspflichten gemäß Abschnitt 7 finden keine Anwendung.

(4) Ist die Nichterfüllung des Verkäufers entschuldigt, kann der Käufer von den in Absatz 1 genannten Abhilfen Gebrauch machen mit Ausnahme der Forderung nach Erfüllung und Schadensersatz.

(5) Der Käufer kann von den in Absatz 1 genannten Abhilfen nicht Gebrauch machen, soweit er die Nichterfüllung des Verkäufers verursacht hat.

(6) Abhilfen, die miteinander vereinbar sind, können nebeneinander geltend gemacht werden.

Art. 107 Beschränkung der Abhilfen bei nicht gegen Zahlung eines Preises bereitgestellten digitalen Inhalten Der Käufer kann von den in Artikel 106 Absatz 1 Buchstaben a bis d genannten Abhilfen nicht Gebrauch machen, wenn die digitalen Inhalte nicht gegen Zahlung eines Preises bereitgestellt werden. Der Käufer kann für Verluste oder Schäden an seinem Eigentum einschließlich an der Hardware, Software und an den Daten, die durch die Vertragswidrigkeit der gelieferten digitalen Inhalte verursacht wurden, nur Schadensersatz gemäß Artikel 106 Absatz 1 Buchstabe e verlangen mit Ausnahme des Ersatzes des dem Käufer durch diesen Schaden entgangenen Gewinns.

Art. 108 Zwingender Charakter der Vorschriften Bei Verträgen zwischen einem Unternehmer und einem Verbraucher dürfen die Parteien die Anwendung dieses Kapitels nicht zum Nachteil des Verbrauchers ausschließen, davon abweichen oder dessen Wirkungen abändern, bevor der Verbraucher dem Unternehmer die Vertragswidrigkeit zur Kenntnis gebracht hat.

Abschnitt 2 – Heilung durch den Verkäufer

Art. 109 Heilung durch den Verkäufer (1) Ein Verkäufer, der die Leistung vorzeitig angeboten hat und dem mitgeteilt wurde, dass dies nicht vertragsgemäß ist, darf die Leistung erneut und vertragsgemäß anbieten, wenn dies innerhalb der Leistungszeit möglich ist.

(2) In nicht von Absatz 1 erfassten Fällen kann ein Verkäufer, der eine nicht vertragsgemäße Leistung angeboten hat, unverzüglich nach seiner Unterrichtung über die Vertragswidrigkeit die Heilung auf eigene Kosten anbieten.

(3) Ein Angebot zur Heilung wird durch eine Mitteilung über die Beendigung des Vertrags nicht ausgeschlossen.

(4) Der Käufer darf ein Angebot zur Heilung nur dann ablehnen, wenn

a)   die Heilung nicht umgehend und nicht ohne erhebliche Unannehmlichkeiten für den Käufer bewirkt werden kann,

b)   der Käufer Grund zu der Annahme hat, dass er sich nicht auf die künftige Leistung durch den Verkäufer verlassen kann, oder

c)   eine verspätete Erfüllung einer wesentlichen Nichterfüllung gleichkäme.

(5) Der Verkäufer verfügt über einen angemessenen Zeitraum für die Heilung.

(6) Der Käufer darf seine Leistung bis zur Heilung zurückhalten, aber seine sonstigen Rechte, die mit der Einräumung einer Frist für die Heilung durch den Verkäufer nicht vereinbar sind, sind bis zum Ablauf dieser Frist ausgesetzt.

(7) Ungeachtet einer Heilung behält der Käufer das Recht, Schadensersatz wegen Verspätung sowie für jeden Schaden zu verlangen, der durch die Heilung verursacht oder nicht abgewendet wird.

Abschnitt 3 – Forderung nach Erfüllung

Art. 110 Forderung nach Erfüllung der Verpflichtungen des Verkäufers (1) Der Käufer ist berechtigt, die Erfüllung der Verpflichtungen des Verkäufers zu verlangen.

(2) Die Erfüllung, die verlangt werden darf, umfasst die kostenlose Abhilfe im Falle einer nicht vertragsgemäßen Leistung.

(3) Erfüllung kann nicht verlangt werden, wenn

a) die Erfüllung unmöglich wäre oder rechtswidrig geworden ist, oder

b) die Erfüllung im Vergleich zu dem Vorteil, den der Käufer dadurch erlangen würde, unverhältnismäßig aufwändig oder kostspielig wäre.

Art. 111 Wahl des Verbrauchers zwischen Reparatur und Ersatzlieferung (1) Muss der Unternehmer bei einem Verbraucherkaufvertrag einer Vertragswidrigkeit gemäß Artikel 110 Absatz 2 abhelfen, kann der Verbraucher zwischen Reparatur und Ersatzlieferung wählen, es sei denn, die gewählte Möglichkeit wäre rechtswidrig oder unmöglich oder würde dem Unternehmer im Vergleich zur anderen Wahlmöglichkeit unverhältnismäßig hohe Kosten auferlegen unter Berücksichtigung

a) des Werts, den die Waren hätten, wenn sie vertragsgemäß wären,

b) der Erheblichkeit der Vertragswidrigkeit und

c) des Umstands, ob die alternative Abhilfe ohne erhebliche Unannehmlichkeiten für den Verbraucher geleistet werden kann.

(2) Hat der Verbraucher eine Abhilfe durch Reparatur oder Ersatzlieferung gemäß Absatz 1 verlangt, kann er nur dann von anderen Abhilfen Gebrauch machen, wenn der Unternehmer die Reparatur oder die Ersatzlieferung nicht innerhalb einer angemessenen Frist, die 30 Tage nicht überschreiten darf, durchgeführt hat. Während dieser Zeit darf der Verbraucher seine Leistung jedoch zurückhalten.

Art. 112 Rücknahme ersetzter Gegenstände (1) Hat der Verkäufer der Vertragswidrigkeit durch Ersatzlieferung abgeholfen, hat er das Recht und die Pflicht, den ersetzten Gegenstand auf seine Kosten zurückzunehmen.

(2) Der Käufer haftet nicht auf Wertersatz für die Nutzung des ersetzten Gegenstands in der Zeit vor der Ersatzlieferung.

Abschnitt 4 – Zurückhaltung der Leistung durch den Käufer

Art. 113 Recht auf Zurückhaltung der Leistung (1) Ein Käufer, der gleichzeitig mit oder nach der Leistung des Verkäufers erfüllen muss, hat das Recht, seine Leistung zurückzuhalten, bis der Verkäufer seine Leistung angeboten oder erbracht hat.

(2) Ein Käufer, der vor der Leistung des Verkäufers erfüllen muss und Grund zu der Annahme hat, dass der Verkäufer nicht fristgemäß erfüllen wird, kann seine Leistung so lange zurückhalten, wie diese Annahme fortbesteht.

(3) Die Leistung, die nach diesem Artikel zurückgehalten werden kann, umfasst die ganze oder einen Teil der Leistung, soweit dies durch die Nichterfüllung gerechtfertigt ist. Sind die Verpflichtungen des Verkäufers in selbstständigen Teilleistungen zu erfüllen oder auf andere Weise teilbar, kann der Käufer seine Leistung nur im Verhältnis zu der nichterfüllten Teilleistung des Verkäufers zurückhalten, es sei denn, die Nichterfüllung durch den Verkäufer rechtfertigt die Zurückhaltung der gesamten Leistung des Käufers.

Abschnitt 5 – Beendigung des Vertrags

Art. 114 Beendigung wegen Nichterfüllung (1) Der Käufer kann im Sinne von Artikel 8 den Vertrag beenden, wenn die Nichterfüllung des Verkäufers im Rahmen des Vertrags wesentlich im Sinne von Artikel 87 Absatz 2 ist.

(2) Bei einem Verbraucherkaufvertrag und einem Vertrag zwischen einem Unternehmer und einem Verbraucher über die Bereitstellung digitaler Inhalte kann der Verbraucher den Vertrag beenden, wenn Nichterfüllung vorliegt, weil die Waren nicht vertragsgemäß sind, es sei denn, die Vertragswidrigkeit der Waren ist unerheblich.

Art. 115 Beendigung wegen verspäteter Lieferung nach Setzen einer Nachfrist für die Erfüllung (1) Ein Käufer kann im Fall einer verspäteten Lieferung, die nicht als solche als wesentlich anzusehen ist, den Vertrag beenden, wenn er dem Verkäufer in einer Mitteilung eine angemessene Nachfrist zur Erfüllung setzt und der Verkäufer nicht innerhalb dieser Frist erfüllt.

(2) Die Nachfrist gemäß Absatz 1 gilt als angemessen, wenn der Verkäufer ihr nicht unverzüglich widerspricht.

(3) Bestimmt die Mitteilung, dass ohne Weiteres Beendigung eintreten soll, wenn der Verkäufer nicht innerhalb der in der Mitteilung gesetzten Frist erfüllt, wird die Beendigung nach Ablauf dieser Frist ohne weitere Mitteilung wirksam.

Art. 116 Beendigung wegen voraussichtlicher Nichterfüllung Der Käufer kann den Vertrag beenden, bevor die Erfüllung fällig wird, wenn der Verkäufererklärt hat oder anderweitig offensichtlich ist, dass Nichterfüllung eintreten wird, und wenn die Nichterfüllung die Beendigung des Vertrags rechtfertigen würde.

Art. 117 Umfang des Beendigungsrechts (1) Sind die vertraglichen Verpflichtungen des Verkäufers in selbstständigen Teilleistungen zu erfüllen oder auf andere Weise teilbar, so kann der Käufer, wenn für einen Teil, dem ein Preis zugeordnet werden kann, ein Beendigungsgrund nach diesem Abschnitt besteht, den Vertrag nur in Bezug auf diesen Teil beenden.

(2) Absatz 1 gilt nicht, wenn vom Käufer nicht erwartet werden kann, dass er die Leistung der anderen Teile annimmt, oder die Nichterfüllung die Beendigung des gesamten Vertrags rechtfertigt.

(3) Sind die vertraglichen Verpflichtungen des Verkäufers unteilbar oder kann für einen Teil der Leistung kein Preis zugeordnet werden, kann der Käufer den Vertrag nur dann beenden, wenn die Nichterfüllung die Beendigung des gesamten Vertrags rechtfertigt.

Art. 118 Mitteilung über die Beendigung des Vertrags Das Recht auf Vertragsbeendigung nach diesem Abschnitt wird durch Mitteilung an den Verkäufer ausgeübt.

Art. 119 Verlust des Rechts auf Vertragsbeendigung (1) Der Käufer verliert sein Recht auf Vertragsbeendigung nach diesem Abschnitt, wenn die Beendigung nicht innerhalb einer angemessenen Frist ab Entstehung des Rechts oder ab dem Zeitpunkt, zu dem der Käufer von der Nichterfüllung Kenntnis erlangt hat oder hätte erlangen müssen, je nachdem, welches Ereignis später eingetreten ist, mitgeteilt wird.

(2) Absatz 1 gilt nicht, wenn

a) es sich bei dem Käufer um einen Verbraucher handelt oder

b) überhaupt keine Leistung angeboten wurde.

Abschnitt 6 – Preisminderung

Art. 120 Recht auf Preisminderung (1) Der Käufer, der eine nicht vertragsgemäße Leistung annimmt, kann den Preis mindern. Die Minderung bemisst sich nach dem Verhältnis, in dem der verminderte Wert der Leistung zur Zeit des Leistungsangebots zu dem Wert steht, den eine vertragsgemäße Leistung gehabt hätte.

(2) Der Käufer, der nach Absatz 1 zur Minderung des Preises berechtigt ist und bereits einen höheren Betrag als den geminderten Preis gezahlt hat, kann die Differenz vom Verkäufer zurückverlangen.

(3) Der Käufer, der den Preis mindert, kann für den dadurch ausgeglichenen Verlust nicht auch noch Schadensersatz verlangen; er behält aber das Recht, für jeden weiteren Verlust Schadensersatz zu verlangen.

Abschnitt 7 – Prüfungs- und Mitteilungspflichten bei einem Vertrag zwischen Unternehmern

Art. 121 Prüfung der Waren bei einem Vertrag zwischen Unternehmern (1) Bei einem Vertrag zwischen Unternehmern wird vom Käufer erwartet, dass er die Waren innerhalb einer so kurzen Frist prüft oder prüfen lässt, wie es die Umstände erlauben, wobei diese Frist 14 Tage ab dem Zeitpunkt der Lieferung der Waren, der Bereitstellung der digitalen Inhalte oder der Erbringung verbundener Dienstleistungen nicht überschreiten darf.

(2) Schließt der Vertrag die Beförderung der Waren ein, kann die Prüfung bis nach dem Eintreffen der Waren am Bestimmungsort aufgeschoben werden.

(3) Werden die Waren vom Käufer umgeleitet oder weiterversandt, bevor der Käufer angemessene Gelegenheit zur Prüfung hatte, und war der Verkäufer bei Vertragsschluss die Möglichkeit einer solchen Umleitung oder Weiterversendung bekannt oder hätte sie ihm bekannt sein müssen, kann die Prüfung bis nach dem Eintreffen der Waren an ihrem neuen Bestimmungsort aufgeschoben werden.

Art. 122 Mitteilungspflicht bei nicht vertragsgemäß erbrachter Leistung im Falle von Kaufverträgen zwischen Unternehmern (1) Bei einem Vertrag zwischen Unternehmern kann sich der Käufer nur dann auf die Vertragswidrigkeit der Leistung berufen, wenn er dem Verkäufer innerhalb einer angemessenen Frist mitteilt, inwiefern die Leistung nicht vertragsgemäß erbracht wurde. Die Frist beginnt ab dem Zeitpunkt, zu dem die Waren geliefert worden sind oder der Käufer die Vertragswidrigkeit feststellt oder hätte feststellen müssen, je nachdem, welches Ereignis später eingetreten ist.

(2) Der Käufer verliert das Recht, sich auf eine Vertragswidrigkeit zu berufen, wenn er dem Verkäufer die Vertragswidrigkeit nicht innerhalb von zwei Jahren mitteilt, nachdem ihm die Waren tatsächlich entsprechend dem Vertrag übergeben worden sind.

(3) Haben die Parteien vereinbart, dass die Waren für einen bestimmten Zweck geeignet sein oder ihren gewöhnlichen Zweck über einen festgelegten Zeitraum erfüllen müssen, läuft die Frist für die Mitteilung nach Absatz 2 nicht vor Ablauf dieses vereinbarten Zeitraums ab.

(4) Absatz 2 ist nicht auf Rechte oder Ansprüche Dritter gemäß Artikel 102 anwendbar.

(5) Der Käufer muss dem Verkäufer nicht mitteilen, dass nicht alle Waren geliefert worden sind, wenn er Grund zu der Annahme hat, dass die ausstehenden Waren noch geliefert werden.

(6) Der Verkäufer ist nicht berechtigt, sich auf diesen Artikel zu berufen, wenn die Vertragswidrigkeit auf Tatsachen beruht, die er kannte oder hätte kennen müssen und die er dem Käufer nicht offen gelegt hat.

Kapitel 12 – Verpflichtungen des Käufers

Abschnitt 1 – Allgemeine Bestimmungen

Art. 123 Hauptverpflichtungen des Käufers (1) Der Käufer muss
a) den Preis zahlen,
b) die Waren oder die digitalen Inhalte annehmen und
c) Dokumente, die die Waren oder digitalen Inhalte vertreten oder diese betreffen, übernehmen, wenn dies vertraglich vorgesehen ist.
(2) Absatz 1 Buchstabe a gilt nicht für Verträge über die Bereitstellung digitaler Inhalte, wenn die digitalen Inhalte nicht gegen Zahlung eines Preises bereitgestellt werden.

Abschnitt 2 – Zahlung des Preises

Art. 124 Zahlungsweise (1) Die Zahlung erfolgt auf die in den Vertragsbestimmungen angegebene Weise oder, wenn nichts angegeben ist, auf jede Weise, die am Ort der Zahlung im allgemeinen Geschäftsverkehr für die Art des betreffenden Geschäfts üblich ist.
(2) Nimmt ein Verkäufer einen Scheck, eine andere Zahlungsanweisung oder ein Zahlungsversprechen an, so wird vermutet, dass dies nur unter der Bedingung der Einlösung geschieht. Der Verkäufer kann die ursprüngliche Zahlungsverpflichtung vollstrecken, wenn die Anweisung oder das Versprechen nicht eingelöst wird.
(3) Die ursprüngliche Zahlungsverpflichtung des Käufers erlischt, wenn der Verkäufer ein Zahlungsversprechen eines Dritten annimmt, mit dem der Verkäufer zuvor vereinbart hat, dass er das Versprechen des Dritten als Zahlungsweise annimmt.
(4) Bei einem Vertrag zwischen einem Unternehmer und einem Verbraucher hat der Verbraucher nicht die mit einer bestimmten Zahlungsweise verbundenen Gebühren zu tragen, die die Kosten des Unternehmers für die Benutzung dieser Zahlungsweise übersteigen.

Art. 125 Ort der Zahlung (1) Kann der Ort der Zahlung nicht anderweitig bestimmt werden, so ist Ort der Zahlung der Geschäftssitz des Verkäufers zum Zeitpunkt des Vertragsschlusses.
(2) Hat der Verkäufer mehr als einen Geschäftssitz, ist der Geschäftssitz maßgebend, die die engste Beziehung zu der Zahlungsverpflichtung aufweist.

Art. 126 Zeitpunkt der Zahlung (1) Die Zahlung des Preises ist bei Lieferung fällig.
(2) Der Verkäufer kann eine vor Fälligkeit der Zahlung angebotene Zahlung ablehnen, wenn er ein berechtigtes Interesse an der Ablehnung hat.

Art. 127 Zahlung durch einen Dritten (1) Der Käufer kann eine andere Person mit der Zahlung betrauen. Der Käufer, der eine andere Person mit der Zahlung betraut, bleibt für die Zahlung verantwortlich.
(2) Der Verkäufer kann die Zahlung durch einen Dritten nicht ablehnen, wenn
a) der Dritte mit Zustimmung des Käufers handelt oder
b) der Dritte ein berechtigtes Interesse an der Zahlung hat und der Käufer nicht gezahlt hat oder offensichtlich ist, dass der Käufer zum Zeitpunkt der Fälligkeit nicht zahlen wird.

(3) Die Zahlung durch einen Dritten gemäß Absatz 1 oder 2 befreit den Käufer von seiner Haftung gegenüber dem Verkäufer.

(4) Nimmt der Verkäufer die Zahlung durch einen Dritten in einem Fall an, der nicht unter Absatz 1 oder 2 fällt, wird der Käufer von seiner Haftung gegenüber dem Verkäufer befreit, wobei der Verkäufer dem Käufer für jeden durch die Annahme verursachten Verlust haftet.

Art. 128 Anrechnung der Zahlung (1) Hat der Käufer gegenüber dem Verkäufer mehrere Zahlungen zu leisten und reicht die geleistete Zahlung nicht für alle Zahlungen aus, so kann der Käufer dem Verkäufer zum Zeitpunkt der Zahlung mitteilen, welche Verpflichtung durch die Zahlung erfüllt werden soll.

(2) Unterlässt der Käufer die Mitteilung nach Absatz 1, kann der Verkäufer die Zahlung auf eine der Verpflichtungen anrechnen; er teilt dies dem Käufer innerhalb einer angemessenen Frist mit.

(3) Eine Anrechnung nach Absatz 2 ist unwirksam, wenn sie sich auf eine Verpflichtung bezieht, die noch nicht fällig oder bestritten ist.

(4) Hat keine der Parteien eine wirksame Anrechnung vorgenommen, wird die Zahlung auf die Verpflichtung angerechnet, die eines der folgenden Kriterien in nachstehender Reihenfolge erfüllt:

a)   die Verpflichtung, die fällig ist oder als erste fällig wird;

b)   die Verpflichtung, für die der Verkäufer keine oder die geringste Sicherheit hat;

c)   die Verpflichtung, die den Käufer am meisten belastet;

d)   die Verpflichtung, die als erste entstanden ist. Findet keines dieser Kriterien Anwendung, wird die Zahlung anteilmäßig auf alle Verpflichtungen angerechnet.

(5) Die Zahlung kann nach Absatz 2, 3 oder 4 nur dann auf eine verjährte und deshalb nicht vollstreckbare Verpflichtung angerechnet werden, wenn es keine andere Verpflichtung gibt, auf die die Zahlung nach diesen Absätzen angerechnet werden könnte.

(6) Bei jedweder Verpflichtung wird die Zahlung durch den Käufer zuerst auf die Kosten, dann auf die Zinsen und schließlich auf die Hauptforderung angerechnet, es sei denn, der Verkäufer nimmt eine andere Anrechnung vor.

Abschnitt 3 – Annahme der Lieferung

Art. 129 Annahme der Lieferung Der Käufer erfüllt seine Verpflichtung zur Annahme der Lieferung durch

a)   Vornahme aller Handlungen, die erwartet werden können, um dem Verkäufer die Erfüllung der Lieferverpflichtung zu ermöglichen, und

b)   Übernahme der Waren oder digitalen Inhalte oder der diese vertretenden Dokumente entsprechend den Anforderungen des Vertrages.

Art. 130 Vorzeitige Lieferung und Lieferung einer falschen Menge (1) Liefert der Verkäufer die Waren oder digitalen Inhalte vor dem festgesetzten Liefertermin, muss der Käufer die Lieferung annehmen, es sei denn, der Käufer hat ein berechtigtes Interesse, die Annahme zu verweigern.

(2) Liefert der Verkäufer eine geringere als die im Vertrag vereinbarte Menge, muss der Käufer die Lieferung annehmen, es sei denn, der Käufer hat ein berechtigtes Interesse, die Annahme zu verweigern.

(3) Liefert der Verkäufer eine größere als die im Vertrag vereinbarte Menge, kann der Käufer die zuviel gelieferte Menge behalten oder zurückweisen.

(4) Behält der Käufer die zuviel gelieferte Menge, so wird diese als vertragliche Lieferung behandelt und muss nach dem vertraglich vereinbarten Preis bezahlt werden.

(5) Absatz 4 ist nicht auf einen Verbraucherkaufvertrag anzuwenden, wenn der Käufer Grund zu der Annahme hat, dass der Verkäufer vorsätzlich und ohne Irrtum eine größere Menge in dem Wissen geliefert hat, dass diese Menge nicht bestellt worden ist.

(6) Dieser Artikel gilt nicht für Verträge über die Bereitstellung digitaler Inhalte, wenn die digitalen Inhalte nicht gegen Zahlung eines Preises bereitgestellt werden.

Kapitel 13 – Abhilfen des Verkäufers

Abschnitt 1 – Allgemeine Bestimmungen

Art. 131 Übersicht über die Abhilfen des Verkäufers (1) Hat der Käufer eine Verpflichtung nicht erfüllt, kann der Verkäufer
a) die Erfüllung gemäß Abschnitt 2 verlangen,
b) seine eigene Leistung gemäß Abschnitt 3 zurückhalten,
c) gemäß Abschnitt 4 den Vertrag beenden und
d) gemäß Kapitel 16 Zinsen auf den Preis oder Schadensersatz verlangen.

(2) Ist die Nichterfüllung des Käufers entschuldigt, kann der Verkäufer von den in Absatz 1 genannten Abhilfen Gebrauch machen mit Ausnahme der Forderung nach Erfüllung und Schadensersatz.

(3) Der Verkäufer kann von den in Absatz 1 genannten Abhilfen nicht Gebrauch machen, soweit er die Nichterfüllung des Käufers verursacht hat.

(4) Abhilfen, die miteinander vereinbar sind, können nebeneinander geltend gemacht werden.

Abschnitt 2 – Forderung nach Erfüllung

Art. 132 Forderung nach Erfüllung der Verpflichtungen des Käufers (1) Der Verkäufer ist berechtigt, die Zahlung des Preises, wenn diese fällig ist, sowie die Erfüllung aller sonstigen Verpflichtungen des Käufers zu verlangen.

(2) Hat der Käufer die Waren oder digitalen Inhalte noch nicht übernommen und ist er offensichtlich nicht bereit, die Leistung entgegenzunehmen, kann der Verkäufer vom Käufer gleichwohl verlangen, die Lieferung anzunehmen, und die Zahlung des Preises verlangen, es sei denn, der Verkäufer hätte ohne nennenswerten finanziellen oder sonstigen Aufwand ein angemessenes Deckungsgeschäft abschließen können.

Abschnitt 3 – Zurückhaltung der Leistung durch den Verkäufer

Art. 133 Recht auf Zurückhaltung der Leistung (1) Ein Verkäufer, der gleichzeitig mit oder nach der Leistung des Käufers erfüllen muss, hat das Recht, seine Leistung zurückzuhalten, bis der Käufer seine Leistung angeboten oder erbracht hat.

(2) Ein Verkäufer, der vor der Leistung des Käufers erfüllen muss und Grund zu der Annahme hat, dass der Käufer nicht erfüllen wird, wenn dessen Leistung fällig wird, kann die eigene Leistung so lange zurückhalten, wie diese Annahme fortbesteht. Das Recht auf Zu-

rückhaltung der Leistung erlischt aber, wenn der Käufer eine angemessene Gewähr für die ordnungsgemäße Leistung bietet oder eine angemessene Sicherheit leistet.

(3) Die Leistung, die nach diesem Artikel zurückgehalten werden kann, umfasst die ganze oder einen Teil der Leistung, soweit dies durch die Nichterfüllung gerechtfertigt ist. Sind die Verpflichtungen des Käufers in selbstständigen Teilleistungen zu erfüllen oder auf andere Weise teilbar, kann der Verkäufer seine Leistung nur hinsichtlich der nichterfüllten Teilleistung des Käufers zurückhalten, es sei denn, die Nichterfüllung durch den Käufer rechtfertigt die Zurückhaltung der gesamten Leistung des Verkäufers.

Abschnitt 4 – Beendigung des Vertrags

Art. 134 Beendigung wegen wesentlicher Nichterfüllung Der Verkäufer kann im Sinne von Artikel 8 den Vertrag beenden, wenn die Nichterfüllung durch den Käufer im Rahmen des Vertrags wesentlich im Sinne von Artikel 87 Absatz 2 ist.

Art. 135 Beendigung wegen Verspätung nach Setzen einer Nachfrist für die Erfüllung (1) Der Verkäufer kann im Fall einer verspäteten Erfüllung, die nicht als solche als wesentlich anzusehen ist, den Vertrag beenden, wenn er dem Käufer in einer Mitteilung eine angemessene Nachfrist zur Erfüllung setzt und der Käufer nicht innerhalb dieser Frist erfüllt.
(2) Die Frist gilt als angemessen, wenn der Käufer ihr nicht unverzüglich widerspricht. Im Verhältnis zwischen einem Unternehmer und einem Verbraucher darf die Nachfrist nicht vor Ablauf von 30 Tagen gemäß Artikel 167 Absatz 2 enden.
(3) Bestimmt die Mitteilung, dass ohne Weiteres Beendigung eintreten soll, wenn der Käufer nicht innerhalb der in der Mitteilung gesetzten Frist erfüllt, wird die Beendigung nach Ablauf dieser Frist ohne weitere Mitteilung wirksam.
(4) In einem Verbraucherkaufvertrag dürfen die Parteien die Anwendung dieses Artikels nicht zum Nachteil des Verbrauchers ausschließen, davon abweichen oder seine Wirkungen abändern.

Art. 136 Beendigung wegen voraussichtlicher Nichterfüllung Der Verkäufer kann den Vertrag beenden, bevor die Erfüllung fällig wird, wenn der Käufer erklärt hat oder anderweitig offensichtlich ist, dass Nichterfüllung eintreten wird, und wenn die Nichterfüllung wesentlich wäre.

Art. 137 Umfang des Beendigungsrechts (1) Sind die vertraglichen Verpflichtungen des Käufers in selbstständigen Teilleistungen zu erfüllen oder auf andere Weise teilbar, so kann der Verkäufer, wenn für einen Teil, dem ein Preis zugeordnet werden kann, ein Beendigungsgrund nach diesem Abschnitt besteht, den Vertrag nur in Bezug auf diesen Teil beenden.
(2) Absatz 1 findet keine Anwendung, wenn in Bezug auf den Vertrag insgesamt eine wesentliche Nichterfüllung vorliegt.
(3) Sind die vertraglichen Verpflichtungen des Käufers nicht in selbstständigen Teilleistungen zu erfüllen, kann der Verkäufer den Vertrag nur dann beenden, wenn in Bezug auf den Vertrag insgesamt eine wesentliche Nichterfüllung vorliegt.

Art. 138 Mitteilung über die Vertragsbeendigung Das Recht auf Vertragsbeendigung nach diesem Abschnitt wird durch Mitteilung an den Käufer ausgeübt.

Art. 139 Verlust des Rechts auf Vertragsbeendigung (1) Wurde die Leistung zu spät angeboten oder ist die angebotene Leistung aus anderem Grund nicht vertragsgemäß, verliert der Verkäufer sein Recht auf Vertragsbeendigung nach diesem Abschnitt, es sei denn, er teilt die Beendigung des Vertrags innerhalb einer angemessenen Frist mit, nachdem er von dem Angebot der Leistung oder ihrer Vertragswidrigkeit Kenntnis erlangt hat oder hätte erlangen müssen.

(2) Der Verkäufer verliert sein Recht auf Vertragsbeendigung durch Mitteilung nach Artikel 136, wenn er die Vertragsbeendigung nicht innerhalb einer angemessenen Frist ab Entstehung des Rechts mitteilt.

(3) Hat der Käufer den Preis nicht gezahlt oder liegt seinerseits eine sonstige wesentliche Nichterfüllung vor, behält der Verkäufer sein Recht auf Vertragsbeendigung.

Kapitel 14 – Gefahrübergang

Abschnitt 1 – Allgemeine Bestimmungen

Art. 140 Wirkung des Gefahrübergangs Untergang oder Beschädigung der Waren oder digitalen Inhalte nach Übergang der Gefahr auf den Käufer befreien den Käufer nicht von der Verpflichtung, den Preis zu zahlen, es sei denn, der Untergang oder die Beschädigung beruht auf einer Handlung oder Unterlassung des Verkäufers.

Art. 141 Zuordnung der Waren oder digitalen Inhalte zum Vertrag Die Gefahr geht erst dann auf den Käufer über, wenn die Waren oder digitalen Inhalte entweder durch die ursprüngliche Vereinbarung, durch Mitteilung an den Käufer oder auf andere Weise eindeutig als diejenigen identifiziert sind, die nach dem Vertrag geliefert werden müssen.

Abschnitt 2 – Gefahrübergang bei einem Verbraucherkaufvertrag

Art. 142 Gefahrübergang bei einem Verbraucherkaufvertrag (1) Bei einem Verbraucherkaufvertrag geht die Gefahr zu dem Zeitpunkt über, zu dem der Verbraucher oder ein von ihm bezeichneter Dritter mit Ausnahme des Beförderers Besitz an den Waren oder dem materiellen Datenträger, auf dem die digitalen Inhalte bereitgestellt werden, erlangt hat.

(2) Bei einem Vertrag über die Bereitstellung digitaler Inhalte ohne materiellen Datenträger geht die Gefahr zu dem Zeitpunkt über, zu dem der Verbraucher oder ein von ihm hierzu bezeichneter Dritter die Kontrolle über die digitalen Inhalte erlangt hat.

(3) Ausgenommen bei Fernabsatzverträgen und bei außerhalb von Geschäftsräumen geschlossenen Verträgen finden die Absätze 1 und 2 keine Anwendung, wenn der Verbraucher seine Verpflichtung zur Übernahme der Waren oder digitalen Inhalte nicht erfüllt und die Nichterfüllung nicht gemäß Artikel 88 entschuldigt ist. In diesem Fall geht die Gefahr zu dem Zeitpunkt über, zu dem der Verbraucher oder der von ihm bezeichnete Dritte Besitz an den Waren oder Kontrolle über die digitalen Inhalte erlangt hätte, wenn die Verpflichtung zur Übernahme der Waren oder digitalen Inhalte erfüllt worden wäre.

(4) Hat der Verbraucher die Beförderung der Waren oder der auf einem materiellen Datenträger bereitgestellten digitalen Inhalte selbst veranlasst, ohne dass der Unternehmer diese Möglichkeit angeboten hat, geht die Gefahr zu dem Zeitpunkt über, zu dem die Waren oder die auf einem materiellen Datenträger bereitgestellten digitalen Inhalte dem Beförderer übergeben werden; die Rechte des Verbrauchers gegen den Beförderer bleiben hiervon unberührt.

(5) Die Parteien dürfen die Anwendung dieses Artikels nicht zum Nachteil des Verbrauchers ausschließen, davon abweichen oder dessen Wirkungen abändern.

Abschnitt 3 – Gefahrübergang bei einem Vertrag zwischen Unternehmern

Art. 143 Zeitpunkt des Gefahrübergangs (1) Bei einem Vertrag zwischen Unternehmern geht die Gefahr zu dem Zeitpunkt über, zu dem der Käufer die Waren oder digitalen Inhalte oder die diese vertretenden Dokumente angenommen hat.

(2) Absatz 1 gilt vorbehaltlich der Artikel 144, 145 und 146.

Art. 144 Dem Käufer zu seiner Verfügung bereitgestellte Waren (1) Sind die Waren oder digitalen Inhalte dem Käufer zu seiner Verfügung bereitgestellt worden und ist dem Käufer dies bekannt, geht die Gefahr zu dem Zeitpunkt auf den Käufer über, zu dem die Waren oder digitalen Inhalte hätten übernommen werden müssen, es sei denn, der Käufer war berechtigt, die Annahme der Lieferung gemäß Artikel 113 zurückzuhalten.

(2) Sind die Waren oder digitalen Inhalte dem Käufer an einem anderen Ort als einem Geschäftssitz des Verkäufers zu seiner Verfügung bereitgestellt worden, geht die Gefahr zu dem Zeitpunkt über, zu dem die Lieferung fällig ist und der Käufer Kenntnis davon erhält, dass ihm die Waren oder digitalen Inhalte an diesem Ort zu einer Verfügung bereitgestellt worden sind.

Art. 145 Beförderung der Waren (1) Dieser Artikel gilt für Kaufverträge, die eine Beförderung der Waren einschließen.

(2) Ist der Verkäufer nicht verpflichtet, die Waren an einem bestimmten Ort zu übergeben, geht die Gefahr zu dem Zeitpunkt auf den Käufer über, zu dem die Waren vertragsgemäß dem ersten Beförderer zur Versendung an den Käufer übergeben worden sind.

(3) Hat der Verkäufer dem Beförderer die Waren an einem bestimmten Ort zu übergeben, geht die Gefahr erst zu dem Zeitpunkt auf den Käufer über, zu dem die Waren dem Beförderer an diesem Ort übergeben worden sind.

(4) Der Umstand, dass der Verkäufer befugt ist, Dokumente, die zur Verfügung über die Waren berechtigen, zurückzuhalten, hat keine Auswirkungen auf den Gefahrübergang.

Art. 146 Während der Beförderung verkaufte Waren (1) Dieser Artikel gilt für Kaufverträge, die während der Beförderung verkaufte Waren einschließen.

(2) Die Gefahr geht auf den Käufer über, sobald die Waren dem ersten Beförderer übergeben worden sind. Wenn es sich jedoch aus den Umständen so ergibt, geht die Gefahr zum Zeitpunkt des Vertragsschlusses auf den Käufer über.

(3) Wenn der Verkäufer bei Vertragsschluss wusste oder hätte wissen müssen, dass die Waren untergegangen oder beschädigt sind, und er dies dem Käufer nicht offen gelegt hat, geht der Untergang oder die Beschädigung zu Lasten des Verkäufers.

Teil V – Verpflichtungen und Abhilfen der Parteien bei einem Vertrag über verbundene Dienstleistungen

Kapitel 15 – Verpflichtungen und Abhilfen der Parteien

Abschnitt 1 – Anwendung bestimmter allgemeiner Vorschriften für Kaufverträge

Art. 147 Anwendung bestimmter allgemeiner Vorschriften für Kaufverträge (1) Auf diesen Teil finden die Vorschriften von Kapitel 9 Anwendung.

(2) Mit der Beendigung eines Kaufvertrags oder eines Vertrags über die Bereitstellung digitaler Inhalte endet auch der Vertrag über verbundene Dienstleistungen.

Abschnitt 2 – Verpflichtungen des Dienstleisters

Art. 148 Verpflichtung zur Herbeiführung eines Erfolgs sowie zu sorgfältigem und fachkundigem Vorgehen (1) Der Dienstleister ist verpflichtet, jedweden vertraglich geschuldeten Erfolg herbeizuführen.

(2) In Ermangelung einer ausdrücklichen oder stillschweigenden vertraglichen Verpflichtung zur Herbeiführung eines bestimmten Erfolgs hat der Dienstleister die verbundene Dienstleistung mit der Sorgfalt und Fachkunde zu erbringen, die ein vernünftig handelnder Dienstleister in Übereinstimmung mit etwaigen für die betreffende verbundene Dienstleistung geltenden gesetzlichen oder sonstigen verbindlichen Rechtsvorschriften anwenden würde.

(3) Bei der Bestimmung der vom Dienstleister vernünftigerweise zu erwartenden Sorgfalt und Fachkunde sind unter anderem zu berücksichtigen:

a)   Art, Ausmaß, Häufigkeit und Vorhersehbarkeit der mit der Erbringung der verbundenen Dienstleistung verbundenen Gefahren für den Verbraucher,

b)   im Schadensfall die Kosten für Vorkehrungen, mit denen sich der eingetretene oder ein ähnlicher Schaden hätte verhindern lassen, und

c)   die für die Erbringung der verbundenen Dienstleistung zur Verfügung stehende Zeit.

(4) Beinhaltet die in einem Vertrag zwischen einem Unternehmer und einem Verbraucher vereinbarte verbundene Dienstleistung die Montage der Ware, muss die Montage gemäß Artikel 101 dergestalt erfolgen, das die montierte Ware vertragsgemäß ist.

(5) Im Verhältnis zwischen einem Unternehmer und einem Verbraucher dürfen die Parteien die Anwendung des Absatzes 2 nicht zum Nachteil des Verbrauchers ausschließen, davon abweichen oder dessen Wirkungen abändern.

Art. 149 Verpflichtung zur Schadensverhütung Der Dienstleister muss angemessene Vorkehrungen treffen, damit die Waren oder digitalen Inhalte nicht beschädigt werden und damit bei der Erbringung der verbundenen Dienstleistung oder als Folge davon keine Körperverletzung und kein sonstiger Verlust oder Schaden entstehen.

Art. 150 Erfüllung durch einen Dritten (1) Der Dienstleister kann eine andere Person mit der Erfüllung betrauen, sofern keine persönliche Erfüllung durch den Dienstleister erforderlich ist.

(2) Der Dienstleister, der eine andere Person mit der Erfüllung betraut, bleibt für die Erfüllung verantwortlich.

(3) Im Verhältnis zwischen einem Unternehmer und einem Verbraucher dürfen die Parteien die Anwendung des Absatzes 2 nicht zum Nachteil des Verbrauchers ausschließen, davon abweichen oder dessen Wirkungen abändern.

Art. 151 Verpflichtung zur Rechnungsstellung Ist die verbundene Dienstleistung gesondert zu vergüten und besteht der Preis der verbundenen Dienstleistung nicht in einem bei Vertragsschluss vereinbarten Pauschalbetrag, muss der Dienstleister dem Kunden eine Rechnung stellen, aus der klar und nachvollziehbar hervorgeht, wie der Rechnungsbetrag zustande kam.

Art. 152 Verpflichtung zur Ankündigung unvorhergesehener oder unverhältnismäßig hoher Kosten (1) Der Dienstleister muss den Kunden benachrichtigen und dessen Zustimmung zur weiteren Leistungserbringung einholen, wenn

a) die Kosten der verbundenen Dienstleistung die vom ihm bis dahin dem Kunden genannten Kosten übersteigen oder

b) die verbundene Dienstleistung nach ihrer Erbringung den Wert der Waren oder digitalen Inhalte übersteigen würde, soweit der Dienstleister dies absehen kann.

(2) Versäumt es der Dienstleister, gemäß Absatz 1 die Zustimmung des Kunden einzuholen, darf er keinen Preis in Rechnung stellen, der die bis dahin angegebenen Kosten beziehungsweise den Wert der Waren oder digitalen Inhalte nach Erbringung der verbundenen Dienstleistung übersteigt.

Abschnitt 3 – Verpflichtungen des Kunden

Art. 153 Zahlung des Preises (1) Der Kunde hat den für die verbundene Dienstleistung nach dem Vertrag geschuldeten Preis zu entrichten.

(2) Die Zahlung wird fällig, nachdem die verbundene Dienstleistung vollständig erbracht ist und der Kunde über den Gegenstand der verbundenen Dienstleistung verfügen kann.

Art. 154 Zugangsverschaffung Muss der Dienstleister, um die verbundene Dienstleistung erbringen zu können, Zugang zu den Räumlichkeiten des Kunden erhalten, ist der Kunde verpflichtet, ihm diesen Zugang zu angemessenen Zeiten zu verschaffen.

Abschnitt 4 – Abhilfen

Art. 155 Abhilfen des Kunden (1) Bei Nichterfüllung einer dem Dienstleister obliegenden Verpflichtung verfügt der Kunde über dieselben Abhilfen mit den entsprechenden nachstehend dargelegten Anpassungen, die dem Käufer gemäß Kapitel 11 zustehen, das heißt, der Kunde kann

a) die Erfüllung der betreffenden Verpflichtung verlangen,

b) seine eigene Erfüllung zurückhalten,

c) den Vertrag beenden,

d) den Preis mindern und

e) Schadensersatz verlangen.

(2) Unbeschadet des Absatzes 3 gelten die dem Kunden zustehenden Abhilfen vorbehaltlich des Rechts des Dienstleisters auf Heilung, gleich, ob es sich bei dem Kunden um einen Verbraucher handelt oder nicht.

(3) Bei unsachgemäßer Montage oder Installierung im Sinne von Artikel 101 im Rahmen eines Verbraucherkaufvertrags unterliegen die Abhilfen des Verbrauchers nicht dem Vorbehalt der Heilung durch den Dienstleister.

(4) Ist der Kunde ein Verbraucher, kann er bei vertragswidriger Erbringung einer verbundenen Dienstleistung den Vertrag beenden, es sei denn, die Vertragswidrigkeit ist unerheblich.

(5) Kapitel 11 gilt mit folgenden Anpassungen:

a) Bei Verträgen zwischen einem Unternehmer und einem Verbraucher darf die angemessene Frist gemäß Artikel 109 Absatz 5, während der dem Dienstleister ein Recht auf Heilung zusteht, 30 Tage nicht überschreiten.

b) Wird einer nicht vertragsgemäßen Erfüllung abgeholfen, finden die Artikel 111 und 112 keine Anwendung.

c) Statt Artikel 122 gilt Artikel 156.

Art. 156 Mitteilungspflicht bei Vertragswidrigkeit im Falle von Verträgen über verbundene Dienstleistungen zwischen Unternehmern (1) Bei einem Vertrag über verbundene Dienstleistungen zwischen Unternehmern kann sich der Kunde nur dann auf die Vertragswidrigkeit berufen, wenn er dem Dienstleister innerhalb einer angemessenen Frist mitteilt, inwieweit Vertragswidrigkeit vorliegt. Die Frist beginnt ab dem Zeitpunkt, zu dem die verbundene Dienstleistung vollständig erbracht wurde oder der Kunde die Vertragswidrigkeit feststellt oder hätte feststellen müssen, je nachdem, welches Ereignis später eingetreten ist.

(2) Der Dienstleister ist nicht berechtigt, sich auf diesen Artikel zu berufen, wenn die Vertragswidrigkeit auf Tatsachen beruht, die er kannte oder hätte kennen müssen und die er dem Kunden nicht offen gelegt hat.

Art. 157 Abhilfen des Dienstleisters (1) Bei Nichterfüllung durch den Kunden verfügt der Dienstleister über dieselben Abhilfen mit den entsprechenden in Absatz 2 dargelegten Anpassungen, die dem Verkäufer gemäß Kapitel 13 zustehen, das heißt, der Dienstleister kann

a) Erfüllung verlangen,

b) seine eigene Erfüllung zurückhalten,

c) den Vertrag beenden und

d) Zinsen auf den Preis oder Schadensersatz verlangen.

(2) Kapitel 13 gilt mit den erforderlichen Anpassungen. Insbesondere gilt Artikel 158 statt Artikel 132 Absatz 2.

Art. 158 Recht des Kunden auf Ablehnung der Leistung (1) Der Kunde kann dem Dienstleister jederzeit mitteilen, dass die Erbringung oder die weitere Erbringung der verbundenen Dienstleistung nicht länger benötigt wird.

(2) Erfolgt eine Mitteilung gemäß Absatz 1,

a) hat der Dienstleister nicht länger das Recht noch die Verpflichtung, die verbundene Dienstleistung zu erbringen, und

b) ist der Kunde, sofern kein Grund für eine Beendigung des Vertrags aufgrund einer anderen Vorschrift vorliegt, zur Zahlung des Preises verpflichtet abzüglich der Einsparungen, die der Dienstleister infolge der Nichterfüllung beziehungsweise unvollständigen Erfüllung gemacht hat oder hätte machen können.

(3) Im Verhältnis zwischen einem Unternehmer und einem Verbraucher dürfen die Parteien die Anwendung dieses Artikels nicht zum Nachteil des Verbrauchers ausschließen, davon abweichen oder dessen Wirkungen abändern.

Teil VI – Schadensersatz und Zinsen

Kapitel 16 – Schadensersatz und Zinsen

Abschnitt 1 – Schadensersatz

Art. 159 Recht auf Schadensersatz (1) Der Gläubiger ist zum Schadensersatz für den ihm durch Nichterfüllung einer Verpflichtung des Schuldners entstandenen Verlust berechtigt, es sei denn, die Nichterfüllung ist entschuldigt.

(2) Der Verlust, für den Schadensersatz verlangt werden kann, schließt künftige Verluste mit ein, mit deren Eintritt der Schuldner rechnen konnte.

Art. 160 Bemessungsgrundlage Grundlage für die Bemessung des Schadensersatzes für den infolge Nichterfüllung einer Verpflichtung entstandenen Verlust bildet der Betrag, der den Gläubiger in die Lage versetzt, in der er sich befunden hätte, wenn die Verpflichtung ordnungsgemäß erfüllt worden wäre, oder wenn dies nicht möglich ist, der Betrag, der den Gläubiger so weit wie möglich in diese Lage versetzt. Der Schadensersatz umfasst sowohl den vom Gläubiger erlittenen Verlust als auch den ihm entgangenen Gewinn.

Art. 161 Voraussehbarkeit eines Verlusts Der Schuldner haftet nur für den Verlust, den er zu dem Zeitpunkt, als der Vertrag geschlossen wurde, als Folge der Nichterfüllung vorausgesehen hat oder hätte voraussehen können.

Art. 162 Dem Gläubiger zurechenbarer Verlust Der Schuldner haftet nicht für den vom Gläubiger erlittenen Verlust, soweit der Gläubiger zu der Nichterfüllung oder deren Folgen beigetragen hat.

Art. 163 Minderung des Verlustes (1) Der Schuldner haftet nicht für den vom Gläubiger erlittenen Verlust, soweit der Gläubiger den Verlust durch angemessene Maßnahmen hätte mindern können.

(2) Der Gläubiger hat Anspruch auf Ersatz aller angemessenen Aufwendungen, die ihm bei dem Versuch der Minderung des Verlusts entstanden sind.

Art. 164 Deckungsgeschäft Hat der Gläubiger einen Vertrag ganz oder teilweise beendet und hat er innerhalb einer angemessenen Frist und in angemessener Weise ein Deckungsgeschäft vorgenommen, so kann er, soweit er zum Schadensersatz berechtigt ist, die Differenz zwischen dem Betrag, der aufgrund des beendeten Vertrags zu zahlen gewesen wäre, und dem für das Deckungsgeschäft zu zahlenden Betrag sowie Ersatz jedes weiteren Verlusts verlangen.

Art. 165 Marktpreis Hat der Gläubiger einen Vertrag ganz oder teilweise beendet, ohne ein Deckungsgeschäft vorzunehmen, so kann er, soweit er zum Schadensersatz berechtigt ist und es einen Marktpreis für die Leistung gibt, die Differenz zwischen dem im Vertrag vereinbarten Preis und dem Marktpreis zum Zeitpunkt der Vertragsbeendigung sowie Ersatz jedes weiteren Verlusts verlangen.

2.12 GEK-VO (Entwurf)

Abschnitt 2 – Verzugszinsen: Allgemeine Bestimmungen

Art. 166 Verzugszinsen (1) Erfolgt die Zahlung einer Geldsumme verspätet, hat der Gläubiger vom Zeitpunkt der Fälligkeit bis zum Zeitpunkt der Zahlung, ohne dass es einer vorherigen Mitteilung bedarf, Anspruch auf Verzugszinsen für diesen Betrag in Höhe des in Absatz 2 angegebenen Zinssatzes.

(2) Für Verzugszinsen gilt folgender Zinssatz:

a) Hat der Gläubiger seinen gewöhnlichen Aufenthalt in einem Mitgliedstaat, dessen Währung der Euro ist, oder in einem Drittstaat, gilt der Zinssatz, den die Europäische Zentralbank auf ihr letztes vor dem ersten Kalendertag des betreffenden Halbjahrs durchgeführtes Hauptrefinanzierungsgeschäft angewandt hat, oder der marginale Zinssatz, der sich aus Tenderverfahren mit variablem Zinssatz für die jüngsten Hauptrefinanzierungsgeschäfte der Europäischen Zentralbank ergibt, zuzüglich zwei Prozentpunkten.

b) Hat der Gläubiger seinen gewöhnlichen Aufenthalt in einem Mitgliedstaat, dessen Währung nicht der Euro ist, gilt der entsprechende Zinssatz der Zentralbank dieses Mitgliedstaats, zuzüglich zwei Prozentpunkten.

(3) Der Gläubiger kann Schadensersatz für alle weiteren Verluste verlangen.

Art. 167 Zinsen im Falle eines im Verzug befindlichen Verbrauchers (1) Ist der Schuldner ein Verbraucher, werden Verzugszinsen zu dem in Artikel 166 genannten Satz nur dann fällig, wenn die Nichterfüllung nicht entschuldigt ist.

(2) Die Verzinsung beginnt erst nach Ablauf von 30 Tagen, nachdem der Gläubiger den Schuldner in einer Mitteilung auf die Pflicht zur Zahlung von Zinsen und deren Höhe hingewiesen hat. Die Mitteilung kann erfolgen, bevor die Zahlung fällig wird.

(3) Eine Vertragsklausel, die einen höheren Zinssatz vorsieht als in Artikel 166 angegeben oder eine frühere Entstehung als in Absatz 2 dieses Artikels genannt, ist nicht verbindlich, soweit eine solche Klausel unfair im Sinne von Artikel 83 wäre.

(4) Verzugszinsen dürfen nicht der Hauptforderung zugeschlagen werden, um Zinsen zu erzeugen.

(5) Die Parteien dürfen die Anwendung dieses Artikels nicht zum Nachteil des Verbrauchers ausschließen, davon abweichen oder dessen Wirkungen abändern.

Abschnitt 3 – Zahlungsverzug durch Unternehmer

Art. 168 Zinssatz und Entstehung (1) Verzögert ein Unternehmer die Zahlung eines vertraglich vereinbarten Preises für die Lieferung von Waren, die Bereitstellung digitaler Inhalte oder die Erbringung verbundener Dienstleistungen, ohne im Sinne von Artikel 88 entschuldigt zu sein, fallen Zinsen in Höhe des in Absatz 5 geregelten Zinssatzes an.

(2) Die Verzinsung zu dem in Absatz 5 genannten Zinssatz beginnt mit dem Tag, der auf den vertraglich festgelegten Zahlungstermin oder das vertraglich festgelegte Ende der Zahlungsfrist folgt. Ist ein solcher Termin oder eine solche Frist nicht bestimmt, beginnt die Verzinsung

a) 30 Tage nach Eingang der Rechnung oder einer gleichwertigen Zahlungsaufforderung beim Schuldner oder

b) 30 Tage nach Empfang der Waren, digitalen Inhalte oder verbundenen Dienstleistungen, wenn der unter Buchstabe a genannte Zeitpunkt zeitlich davor liegt oder nicht eindeutig ist oder wenn nicht sicher ist, ob der Schuldner eine Rechnung oder eine gleichwertige Zahlungsaufforderung erhalten hat.

(3) Ist ein Abnahme- oder Überprüfungsverfahren vorgesehen, durch das die Vertragsmäßigkeit der Waren, digitalen Inhalte oder verbundenen Dienstleistungen festgestellt werden soll, beginnt die in Absatz 2 Buchstabe b genannte Frist von 30 Tagen mit dem Tag der Abnahme oder dem Tag, an dem die Überprüfung abgeschlossen ist. Die Überprüfung darf sich über höchstens 30 Tage ab dem Zeitpunkt der Lieferung der Waren, der Bereitstellung der digitalen Inhalte oder der Erbringung der verbundenen Dienstleistungen erstrecken, es sei denn, die Parteien haben ausdrücklich etwas anderes vereinbart und diese Vereinbarung ist nicht unfair im Sinne von Artikel 170.

(4) Die Zahlungsfrist gemäß Absatz 2 darf 60 Tage nicht überschreiten, es sei denn, die Parteien haben ausdrücklich etwas anderes vereinbart und diese Vereinbarung ist nicht unfair im Sinne von Artikel 170.

(5) Für Verzugszinsen gilt folgender Zinssatz:

a) Hat der Gläubiger seinen gewöhnlichen Aufenthalt in einem Mitgliedstaat, dessen Währung der Euro ist, oder in einem Drittstaat, gilt der Zinssatz, den die Europäische Zentralbank auf ihr letztes vor dem ersten Kalendertag des betreffenden Halbjahrs durchgeführtes Hauptrefinanzierungsgeschäft angewandt hat, oder der marginale Zinssatz, der sich aus Tenderverfahren mit variablem Zinssatz für die jüngsten Hauptrefinanzierungsgeschäfte der Europäischen Zentralbank ergibt, zuzüglich acht Prozentpunkten.

b) Hat der Gläubiger seinen gewöhnlichen Aufenthalt in einem Mitgliedstaat, dessen Währung nicht der Euro ist, gilt der entsprechende Zinssatz der Zentralbank dieses Mitgliedstaats, zuzüglich acht Prozentpunkten.

(6) Der Gläubiger kann Schadensersatz für alle weiteren Verluste verlangen.

Art. 169 Entschädigung für Beitreibungskosten (1) Fallen gemäß Artikel 168 Verzugszinsen an, hat der Gläubiger als Entschädigung für die Beitreibungskosten gegenüber dem Schuldner einen Anspruch auf Zahlung eines Pauschalbetrags von mindestens 40 EUR oder des entsprechenden Betrags in der Währung, in der die Zahlung des Vertragspreises zu erfolgen hat.

(2) Der Gläubiger hat gegenüber dem Schuldner einen Anspruch auf angemessenen Ersatz etwaiger durch den Zahlungsverzug des Schuldners bedingter Beitreibungskosten, die den Pauschalbetrag gemäß Absatz 1 überschreiten.

Art. 170 Unfaire Vertragsbestimmungen im Zusammenhang mit Verzugszinsen (1) Eine den Zahlungstermin oder die Zahlungsfrist, den für Verzugszinsen geltenden Zinssatz oder die Entschädigung für Beitreibungskosten betreffende Vertragsbestimmung ist nicht bindend, soweit sie unfair ist. Eine Vertragsbestimmung ist unfair, wenn sie unter Berücksichtigung des gesamten Sachverhalts einschließlich der Art der Waren, digitalen Inhalte oder der verbundenen Dienstleistungen unter Verstoß gegen das Gebot von Treu und Glauben und des redlichen Geschäftsverkehrs gröblich von der guten Handelspraxis abweicht.

(2) Für die Zwecke von Absatz 1 gilt eine Vertragsbestimmung, die eine für den Gläubiger in Bezug auf den Zahlungstermin, die Zahlungsfrist oder den Zinssatz weniger günstige Regelung enthält als die in Artikel 167 oder 168, oder die eine niedrigere als in Artikel 169 genannte Entschädigung für Beitreibungskosten vorsieht, als unfair.

(3) Eine Vertragsbestimmung, mit der Verzugszinsen oder eine Entschädigung für Beitreibungskosten ausgeschlossen werden, ist per se unfair.

Art. 171 Zwingender Charakter der Vorschriften Die Parteien dürfen die Anwendung dieses Abschnitts weder ausschließen noch davon abweichen noch dessen Wirkungen abändern.

Teil VII – Rückabwicklung

Kapitel 17 – Rückabwicklung

Art. 172 Rückabwicklung bei Anfechtung oder Beendigung des Vertrags (1) Bei Anfechtung oder Beendigung des Vertrags durch eine Partei ist jede Partei verpflichtet, was sie („Empfänger") von der anderen Partei erlangt hat, zurückzugeben.

(2) Die Verpflichtung zur Rückgabe des Erlangten erstreckt sich auf alle daraus gezogenen Sach- und Rechtsfrüchte.

(3) Bei Beendigung eines Vertrags, der eine Leistung in Raten oder Teilen vorsieht, brauchen bereits empfangene Raten und Teilleistungen nicht zurückgegeben werden, wenn beide Seiten ihre Verpflichtungen erfüllt haben oder wenn der Preis für bereits erbrachte Leistungen gemäß Artikel 8 Absatz 2 weiterhin zahlbar bleibt, es sei denn, dass aufgrund der Art des Vertrags eine Teilleistung für eine der Parteien keinen Wert besäße.

Art. 173 Zahlung des Geldwerts (1) Kann das Erlangte einschließlich etwaiger Früchte nicht zurückgegeben werden oder handelt es sich um digitale Inhalte, gleich, ob sie auf einem materiellen Datenträger bereitgestellt wurden oder nicht, muss der Empfänger den Geldwert erstatten. Wäre die Rückgabe zwar möglich, aber mit unverhältnismäßig hohem finanziellem oder sonstigem Aufwand verbunden, so kann sich der Empfänger für die Zahlung des Geldwerts entscheiden, soweit dadurch nicht die Eigentumsrechte der anderen Partei verletzt werden.

(2) Der Geldwert einer Ware ist der Wert, den sie zum Zeitpunkt der Fälligkeit der Zahlung des Geldwerts gehabt hätte, wenn sie beim Empfänger verblieben wäre, ohne bis dahin untergegangen oder beschädigt worden zu sein.

(3) Wird ein Vertrag über eine verbundene Dienstleistung vom Kunden angefochten oder beendet, nachdem die verbundene Dienstleistung ganz oder teilweise erbracht wurde, ist der Geldwert dessen, was der Kunde erlangt hat, der Betrag, den der Kunde durch den Erhalt der verbundenen Dienstleistung gespart hat.

(4) Bei digitalen Inhalten ist der Geldwert des Erlangten der Betrag, den der Verbraucher durch die Nutzung der digitalen Inhalte gespart hat.

(5) Hat der Empfänger für die Waren oder digitalen Inhalte Geld- oder Naturalersatz erhalten und war ihm der Grund der Anfechtung oder der Beendigung des Vertrags bekannt oder hätte er ihm bekannt sein müssen, kann die andere Partei wählen, ob sie den Naturalersatz oder den Geldwert des Naturalersatzes zurückfordert. Hat der Empfänger für die Waren oder digitalen Inhalte Geld- oder Naturalersatz erhalten, ohne dass ihm der Grund der Anfechtung oder der Beendigung bekannt war oder hätte bekannt sein müssen, kann er wählen, ob er den Geldwert des Naturalersatzes oder den Naturalersatz zurückgibt.

(6) Bei digitalen Inhalten, die nicht gegen Zahlung eines Preises bereitgestellt wurden, erfolgt keine Rückabwicklung.

Art. 174 Vergütung der Nutzung und Verzinsung des erhaltenen Geldbetrags (1) Ein Empfänger, der eine Ware genutzt hat, muss der anderen Partei den Geldwert dieser Nutzung für den betreffenden Zeitraum zahlen, wenn

a) er selbst die Anfechtung oder die Beendigung des Vertrags zu vertreten hat,

b) ihm vor Beginn des Nutzungszeitraums der Anfechtungs- oder Beendigungsgrund bekannt war oder

c) es aufgrund der Beschaffenheit der Ware, der Art und des Umfangs ihrer Nutzung und der Verfügbarkeit anderer Abhilfen als der Beendigung des Vertrags unbillig wäre, dem Empfänger die unentgeltliche Nutzung der Ware für diesen Zeitraum zu gestatten.

(2) Ein Empfänger, der Geld zurückerstatten muss, muss zu dem in Artikel 166 genannten Satz Zinsen zahlen, wenn

a) die andere Partei verpflichtet ist, für die Nutzung zu zahlen, oder

b) der Empfänger die Anfechtung des Vertrags wegen arglistiger Täuschung, Drohung und unfairer Ausnutzung zu vertreten hat.

(3) Für die Zwecke dieses Kapitels ist ein Empfänger außer in den in den Absätzen 1 und 2 dargelegten Fällen nicht verpflichtet, für die Nutzung einer Ware zu zahlen oder den erhaltenen Geldbetrag zu verzinsen.

Art. 175 Aufwendungsersatz (1) Hat ein Empfänger im Zusammenhang mit Waren oder digitalen Inhalten Aufwendungen gemacht, hat er Anspruch auf Entschädigung in dem Maße, in dem der anderen Partei dadurch ein Vorteil entstanden ist, vorausgesetzt, die Aufwendungen sind zu einem Zeitpunkt angefallen, als der Empfänger den Grund der Anfechtung oder der Beendigung des Vertrags nicht kannte und auch nicht hätte kennen müssen.

(2) Ein Empfänger, der den Grund der Anfechtung oder der Beendigung des Vertrags kannte oder hätte kennen müssen, hat nur insoweit Anspruch auf Entschädigung, als die Aufwendungen im Zusammenhang mit dem Schutz der Waren oder digitalen Inhalte vor Untergang oder Wertverlust angefallen sind, vorausgesetzt, der Empfänger hatte keine Gelegenheit, sich mit der anderen Partei zu beraten.

Art. 176 Mögliche Abweichung nach Billigkeitsgesichtspunkten Eine nach diesem Kapitel bestehende Rückgabe- oder Rückzahlungsverpflichtung kann geändert werden, wenn deren Erfüllung dem Billigkeitsgrundsatz grob zuwiderlaufen würde, wobei insbesondere zu berücksichtigen ist, ob die Partei den Grund der Anfechtung oder der Beendigung des Vertrags zu vertreten hat oder ihn kannte.

Art. 177 Zwingender Charakter der Vorschriften Im Verhältnis zwischen einem Unternehmer und einem Verbraucher dürfen die Parteien die Anwendung dieses Kapitels nicht zum Nachteil des Verbrauchers ausschließen, davon abweichen oder dessen Wirkungen abändern.

Teil VIII – Verjährung

Kapitel 18 – Verjährung

Abschnitt 1 – Allgemeine Bestimmungen

Art. 178 Der Verjährung unterliegende Rechte Ein Recht, die Erfüllung einer Verpflichtung zu vollstrecken, sowie etwaige Nebenrechte unterliegen der Verjährung durch Ablauf einer Frist nach Maßgabe dieses Kapitels.

Abschnitt 2 – Verjährungsfristen und Fristbeginn

Art. 179 Verjährungsfristen (1) Die kurze Verjährungsfrist beträgt zwei Jahre.
(2) Die lange Verjährungsfrist beträgt zehn Jahre beziehungsweise bei Schadensersatzansprüchen wegen Personenschäden dreißig Jahre.

Art. 180 Beginn der Verjährungsfristen (1) Die kurze Verjährungsfrist beginnt mit dem Zeitpunkt, zu dem der Gläubiger von den das Recht begründenden Umständen Kenntnis erhielt oder hätte Kenntnis erhalten müssen.
(2) Die lange Verjährungsfrist beginnt mit dem Zeitpunkt, zu dem der Schuldner leisten muss, beziehungsweise bei einem Recht auf Schadensersatz mit dem Zeitpunkt, zu dem die das Recht begründende Handlung erfolgte.
(3) Hat der Schuldner eine fortdauernde Verpflichtung zu einem Tun oder Unterlassen, so erwächst dem Gläubiger aus jeder Nichterfüllung der Verpflichtung ein gesondertes Recht.

Abschnitt 3 – Verlängerung der Verjährungsfristen

Art. 181 Hemmung bei gerichtlichen und anderen Verfahren (1) Beide Verjährungsfristen sind von dem Zeitpunkt an gehemmt, zu dem ein gerichtliches Verfahren zur Durchsetzung des Rechts eingeleitet wird.
(2) Die Hemmung dauert an, bis rechtskräftig entschieden worden ist oder der Rechtsstreit anderweitig beigelegt wurde. Endet das Verfahren innerhalb der letzten sechs Monate der Verjährungsfrist ohne Entscheidung in der Sache, endet die Verjährungsfrist nicht vor Ablauf von sechs Monaten nach Beendigung des Verfahrens.
(3) Die Absätze 1 und 2 gelten entsprechend auch für Schiedsverfahren, für Mediationsverfahren, für Verfahren, in denen die abschließende Entscheidung über eine Streitfrage zweier Parteien einer dritten Partei überlassen wird, sowie für alle Verfahren, deren Ziel es ist, über das Recht zu befinden oder eine Insolvenz abzuwenden.
(4) Mediation bezeichnet unabhängig von ihrer Benennung ein geordnetes Verfahren, in dem zwei oder mehrere Streitparteien mit Hilfe eines Mediators auf freiwilliger Basis selbst versuchen, eine Vereinbarung über die Beilegung ihrer Streitigkeiten zu erzielen. Das Verfahren kann von den Parteien eingeleitet, von einem Gericht angeregt oder angeordnet werden oder nach innerstaatlichem Recht vorgeschrieben sein. Die Mediation endet mit der Einigung der Parteien oder mit einer Erklärung des Mediators oder einer der Parteien.

Art. 182 Ablaufhemmung bei Verhandlungen Verhandeln die Parteien über das Recht oder über Umstände, die einen Anspruch hinsichtlich des Rechts begründen könnten, so enden beide Verjährungsfristen nicht vor Ablauf eines Jahres, nachdem die letzte Mitteilung im Rahmen der Verhandlungen erfolgt ist oder nachdem eine der Parteien der anderen Partei mitgeteilt hat, dass sie die Verhandlungen nicht fortsetzen möchte.

Art. 183 Ablaufhemmung bei fehlender Geschäftsfähigkeit Ist eine geschäftsunfähige Person ohne gesetzlichen Vertreter, enden die beiden Verjährungsfristen nicht vor Ablauf eines Jahres, nachdem die Person entweder geschäftsfähig geworden ist oder ein Vertreter bestellt wurde.

Abschnitt 4 – Neubeginn der Verjährungsfristen

Art. 184 Neubeginn infolge Anerkenntnis Erkennt der Schuldner das Recht gegenüber dem Gläubiger durch Teilzahlung, Zahlung von Zinsen, Leistung einer Sicherheit, Aufrechnung oder in anderer Weise an, so beginnt eine neue kurze Verjährungsfrist.

Abschnitt 5 – Wirkung der Verjährung

Art. 185 Wirkung der Verjährung (1) Nach Ablauf der geltenden Verjährungsfrist ist der Schuldner berechtigt, die Erfüllung der betreffenden Verpflichtung zu verweigern, während der Gläubiger alle ihm wegen Nichterfüllung zustehenden Abhilfen verliert mit Ausnahme des Rechts, seine Leistung zurückzuhalten.

(2) Was immer der Schuldner in Erfüllung der betreffenden Verpflichtung gezahlt oder übertragen hat, kann nicht allein deshalb zurückgefordert werden, weil die Leistung zu einem Zeitpunkt erbracht wurde, zu dem die Verjährungsfrist abgelaufen war.

(3) Die Verjährung eines Rechts auf Zinsen und anderen Nebenrechten tritt spätestens mit der Verjährung des Hauptrechts ein.

Abschnitt 6 – Einvernehmliche Änderung

Art. 186 Vereinbarungen über die Verjährung (1) Die Vorschriften dieses Kapitels können von den Parteien einvernehmlich geändert werden, vor allem durch Verkürzung oder Verlängerung der Verjährungsfristen.

(2) Die kurze Verjährungsfrist darf auf höchstens ein Jahr verkürzt und auf höchstens zehn Jahre verlängert werden.

(3) Die lange Verjährungsfrist darf auf höchstens ein Jahr verkürzt und auf höchstens dreißig Jahre verlängert werden.

(4) Die Parteien dürfen die Anwendung dieses Artikels nicht ausschließen, davon abweichen oder dessen Wirkungen abändern.

(5) Bei einem Vertrag zwischen einem Unternehmer und einem Verbraucher darf dieser Artikel nicht zum Nachteil des Verbrauchers angewandt werden.

Anlage 1 – Muster-Widerrufsbelehrung

Widerrufsrecht

Sie haben das Recht, diesen Vertrag binnen vierzehn Tagen ohne Angabe von Gründen zu widerrufen.

Die Widerrufsfrist beträgt vierzehn Tage ab dem Tag ⃞1⃞.

Um Ihr Widerrufsrecht auszuüben, müssen Sie uns gegenüber ⃞2⃞ unmissverständlich erklären (z.B. per Postbrief, Fax oder E-Mail), dass Sie den Vertrag widerrufen möchten. Sie können dafür das beigefügte Standard-Widerrufsformular verwenden, dessen Gebrauch jedoch nicht zwingend ist.⟦3⟧

Zur Einhaltung der Widerrufsfrist genügt es, dass Sie Ihre Widerrufserklärung vor Ablauf der Widerrufsfrist absenden.

Wirkungen des Widerrufs

Wenn Sie diesen Vertrag widerrufen, erstatten wir Ihnen alle von Ihnen geleistete Zahlungen einschließlich der Lieferkosten (mit Ausnahme der zusätzlichen Kosten, die sich daraus ergeben, dass Sie eine andere Art der Lieferung als die von uns angebotene, günstigste Standardlieferung gewählt haben) unverzüglich, spätestens jedoch binnen 14 Tagen ab dem Tag, an dem wir Kenntnis von Ihrem Widerruf erhalten haben, zurück. Die Erstattung erfolgt unter Verwendung desselben Zahlungsmittels, das Sie für die ursprüngliche Transaktion verwendet haben, es sei denn, es wurde ausdrücklich etwas anderes vereinbart. Für Sie fallen dadurch jedoch keine Gebühren an.⟦4⟧

⟦5⟧

⟦6⟧

Hinweise zum Ausfüllen des Formulars:

⟦1⟧ Fügen Sie an dieser Stelle einen der folgenden in Anführungszeichen gesetzten Textbausteine ein:

a) im Falle eines Vertrags über verbundene Dienstleistungen oder eines Vertrags über die Lieferung von Wasser, Gas oder Strom, wenn sie nicht in einem begrenzten Volumen oder in einer bestimmten Menge zum Verkauf angeboten werden, von Fernwärme oder von digitalen Inhalten, die nicht auf einem materiellen Datenträger geliefert werden: „des Vertragsschlusses.";

b) bei Kaufverträgen: „ , an dem Sie oder ein von Ihnen benannter Dritter, der nicht der Beförderer ist, die Waren in Empfang genommen hat.";

c) Bei einem Vertrag über den Kauf mehrerer Waren, die der Verbraucher gleichzeitig bestellt hat und die getrennt geliefert werden: „ , an dem Sie oder ein von Ihnen benannter Dritter, der nicht der Beförderer ist, die letzte Ware in Empfang genommen hat.";

d) bei einem Vertrag über die Lieferung einer Ware in mehreren Teilsendungen oder Stücken: „ , an dem Sie oder ein von Ihnen benannter Dritter, der nicht der Beförderer ist, die letzte Teilsendung oder das letzte Stück in Empfang genommen hat.";

e) bei einem Vertrag über die regelmäßige Lieferung von Waren über einen bestimmten Zeitraum hinweg: „ , an dem Sie oder ein von Ihnen benannter Dritter, der nicht der Beförderer ist, die erste Lieferung in Empfang genommen hat."

⟦2⟧ Fügen Sie Ihren Namen, Ihre Anschrift sowie ggf. Ihre Telefon- und Faxnummer und Ihre E-Mail-Adresse ein.

⟦3⟧ Wenn der Widerruf auch elektronisch auf Ihrer Website eingegeben werden kann, ist Folgendes einzufügen: „Über unser Internetportal [Internet-Adresse einfügen] können Sie das Standard-Widerrufsformular auch elektronisch ausfüllen und übermitteln oder auf elektronischem Weg eine eindeutige Widerrufserklärung abgeben. Wenn Sie sich für diese Option entscheiden, erhalten Sie umgehend eine Empfangsbestätigung des Widerrufs auf einem dauerhaften Datenträger (z. B. per EMail)."

4 Wenn Sie bei einem Kaufvertrag im Falle des Widerrufs keine Abholung der Ware angeboten haben, ist folgender Satz einzufügen: „Wir behalten uns vor, den Kaufpreis so lange zurückzuhalten, bis wir die Ware wieder in Empfang genommen haben oder Sie den Nachweis ihrer Rücksendung erbracht haben, je nachdem, welches Ereignis früher eintritt.“

5 Wurden in Verbindung mit dem Vertrag Waren geliefert, ist je nach Fall Folgendes einzufügen:

a : –   „Die Ware wird von uns abgeholt.“ oder

–   „Sie haben die Ware unverzüglich, spätestens jedoch binnen 14 Tagen ab dem Tag, an dem Sie uns den Widerruf mitgeteilt haben, an uns oder an _____ [hier sind ggf. der Name und die Postanschrift der von Ihnen zur Entgegennahme der Ware autorisierten Person anzugeben] zurückzusenden oder zu übergeben. Die Frist gilt als eingehalten, wenn die Ware vor Ablauf der 14-tägigen Frist abgesandt wurde.“

b : –   „Die Kosten der Rücksendung gehen zu unseren Lasten.“ oder

„Die direkten Kosten der Rücksendung gehen zu Ihren Lasten.“ oder

–   bei einem Fernabsatzvertrag, in dem Sie keine Kostenübernahme für die Rücksendung der Ware anbieten und die Ware ihrem Wesen nach nicht normal per Post zurückgeschickt werden kann: „Die direkten Kosten der Rücksendung – ___EUR – [Betrag eingeben] gehen zu Ihren Lasten.“

Oder wenn eine genaue vorherige Berechnung der Kosten in vernünftigem Rahmen nicht möglich ist: „Die direkten Kosten der Rücksendung gehen zu Ihren Lasten. Die Kosten werden auf höchstens etwa ___ EUR [Betrag einfügen] geschätzt.“ oder

–   wenn bei einem außerhalb von Geschäftsräumen geschlossenen Vertrag die Ware ihrem Wesen nach nicht normal mit der Post zurückgesandt werden kann und dem Verbraucher bei Vertragsschluss ins Haus geliefert worden ist: „Die Ware wird auf unsere Kosten abgeholt.“

c :   „Sie haften für einen etwaigen Wertverlust der Ware nur dann, wenn dieser Wertverlust auf einen für die Feststellung der Art, Beschaffenheit und Funktionstüchtigkeit der Ware nicht notwendigen Umgang mit ihr zurückzuführen ist.“

6 Bei einem Vertrag über verbundene Dienstleistungen ist folgender Satz einzufügen: „Wurde auf Ihren Wunsch hin noch während der Widerrufsfrist mit der Erbringung der verbundenen Dienstleistungen begonnen, schulden Sie uns bezogen auf das Gesamtauftragsvolumen den Betrag, der dem Anteil entspricht, der bis zu Ihrem Widerruf bereits geleistet wurde.“

Anlage 2 – Standard-Widerrufsformular

(Nur auszufüllen und zurückzusenden, wenn Sie vom Ihrem Widerrufsrecht Gebrauch machen möchten)

–   An [Name, Anschrift sowie ggf. Faxnummer und E-Mail-Adresse des Unternehmers – vom Unternehmer einzutragen]

–   Hiermit widerrufe(n) ich/wir* den von mir/uns* abgeschlossenen Vertrag über den Kauf der folgenden Waren*/die Bereitstellung der folgenden digitalen Inhalte/die Erbringung der folgenden verbundenen Dienstleistung*:

–   Bestellt am*/erhalten am*

–   Name des/der Verbraucher(s)

2.12 GEK-VO (Entwurf)

- Anschrift des/der Verbraucher(s)
- Unterschrift des/der Verbraucher(s) (nur bei Übermittlung dieses Formulars auf Papier)
- Datum

* Unzutreffendes streichen.

Anhang II – Standard-Informationsblatt

Sie sind dabei, einen Vertrag auf der Grundlage des Gemeinsamen Europäischen Kaufrechts abzuschließen, das den Verbrauchern bei Verträgen mit länderübergreifendem Bezug als Alternative zum nationalen Vertragsrecht zur Verfügung steht. Das Gemeinsame Europäische Kaufrecht gilt in der ganzen Europäischen Union und gewährleistet ein hohes Maß an Verbraucherschutz.

Die Bestimmungen des Gemeinsamen Europäischen Kaufrechts finden auf den Vertrag nur mit Ihrer ausdrücklichen Einwilligung Anwendung.

Sollten Sie telefonisch oder auf andere Weise (z. B. per SMS) einem Vertrag zugestimmt haben und konnten deshalb von diesem Informationsblatt keine Kenntnis nehmen, wird der Vertrag erst gültig, nachdem Sie dieses Informationsblatt erhalten und Ihre Einwilligung bestätigt haben.

Ihre wichtigsten Rechte sind nachstehend beschrieben.

Das Gemeinsame Europäische Kaufrecht: Kurzdarstellung der wichtigsten Verbraucherrechte

Ihre Rechte vor Unterzeichnung des Vertrags

Der Verkäufer muss Sie über die wesentlichen **Vertragsdetails informieren**, zum Beispiel über die Ware und den Preis (inklusive aller Abgaben und sonstigen Kosten), und Ihnen seine Kontaktangaben mitteilen. Die Informationen müssen besonders ausführlich sein, wenn Sie etwas außerhalb der Geschäftsräume des Verkäufers kaufen oder den Verkäufer überhaupt nicht zu Gesicht bekommen, zum Beispiel bei einem Kauf im Internet oder per Telefon. Bei unvollständigen oder Falschangaben haben Sie Anspruch auf Schadensersatz.

Ihre Rechte nach Unterzeichnung des Vertrags

In den meisten Fällen haben Sie 14 Tage Zeit, um **den Kauf zu widerrufen**, wenn Sie die Waren außerhalb der Geschäftsräume des Verkäufers erworben oder diesen bis zum Zeitpunkt des Kaufs gar nicht getroffen haben (beispielsweise bei einem Kauf im Internet oder per Telefon). Der Verkäufer muss Sie darüber informieren und dafür sorgen, dass Sie das Standard-**Widerrufsformular** erhalten. Hat er dies versäumt, können Sie den Vertrag innerhalb eines Jahres widerrufen.

Was können Sie tun, wenn Produkte fehlerhaft sind oder nicht wie vereinbart geliefert wurden? Sie haben die Wahl zwischen 1) Lieferung 2) Ersatz oder 3) Reparatur der Ware 4) Minderung, d. h. sie verlangen einen Preisnachlass, 5) Rücktritt vom Vertrag, d. h. Sie geben das Produkt zurück und lassen sich das Geld erstatten, es sei denn, der Mangel ist sehr gering, 6) Schadensersatz. Den Preis müssen Sie erst zahlen, wenn Sie ein fehlerfreies Produkt erhalten haben.

Wurde eine verbundene *Dienstleistung* nicht so erbracht hat wie im Vertrag zugesagt, haben Sie ähnliche Rechte. Nachdem Sie sich beschwert haben, hat der Dienstleister jedoch normalerweise zunächst das Recht zu versuchen, seinen Auftrag ordnungsgemäß auszuführen.

Erst wenn ihm dies wieder nicht gelingt, können Sie wählen: 1) Sie fordern den Dienstleister noch einmal auf, die verbundene Dienstleistung zu erbringen. 2) Sie zahlen erst, wenn die Dienstleistung ordnungsgemäß erbracht worden ist. 3) Sie verlangen einen Preisnachlass. 4) Sie verlangen Schadensersatz. 5) Sie treten vom Vertrag zurück und lassen sich das Geld erstatten, es sei denn, das Versäumnis bei der Erbringung der Dienstleistung ist sehr gering.

Frist für die Geltendmachung Ihrer Rechte, wenn Produkte fehlerhaft sind oder nicht wie vereinbart geliefert wurden: Nachdem Sie festgestellt haben oder hätten feststellen müssen, dass der Verkäufer oder Dienstleister eine vertraglich vereinbarte Leistung nicht vertragsgemäß erbracht hat, haben Sie 2 Jahre Zeit, um Ihre Rechte geltend zu machen. Tritt das Versäumnis erst sehr spät zutage, ist der letztmögliche Zeitpunkt, zu dem Sie Ihre Ansprüche anmelden können, 10 Jahre nach dem Zeitpunkt, zu dem der Verkäufer oder Dienstleister die Waren liefern beziehungsweise die digitalen Inhalte bereitstellen oder die verbundene Dienstleistung erbringen musste.

Schutz vor unfairen Bestimmungen: Unfaire Standardvertragsbestimmungen sind für Sie rechtlich nicht verbindlich.

Ihre Rechte wurden hier nur kurz dargestellt; die Aufzählung ist daher weder erschöpfend noch geht sie sehr ins Detail. Den vollständigen Text des Gemeinsamen Europäischen Kaufrechts finden Sie hier. Lesen Sie Ihren Vertrag bitte sorgfältig durch.

Im Streitfall ist eine rechtliche Beratung zu empfehlen.

2.13 Richtlinie 86/653/EWG des Rates vom 18. Dezember 1986 zur Koordinierung der Rechtsvorschriften der Mitgliedstaaten betreffend die selbständigen Handelsvertreter [Handelsvertreter-RL]

ABl. 1986 L 382/17

DER RAT DER EUROPÄISCHEN GEMEINSCHAFTEN –
gestützt auf den Vertrag zur Gründung der Europäischen Wirtschaftsgemeinschaft, insbesondere auf Artikel 57 Absatz 2 und Artikel 100,
auf Vorschlag der Kommission[1],
nach Stellungnahme des Europäischen Parlaments[2],
nach Stellungnahme des Wirtschafts- und Sozialausschusses[3],
in Erwägung nachstehender Gründe:
[1] Die Beschränkungen der Niederlassungsfreiheit und des freien Dienstleistungsverkehrs für die Vermittlertätigkeiten in Handel, Industrie und Handwerk sind durch die Richtlinie 64/224/EWG[4] aufgehoben worden.
[2] Die Unterschiede zwischen den einzelstaatlichen Rechtsvorschriften auf dem Gebiet der Handelsvertretungen beeinflussen die Wettbewerbsbedingungen und die Berufsausübung innerhalb der Gemeinschaft spürbar und beeinträchtigen den Umfang des Schutzes der Handelsvertreter in ihren Beziehungen zu ihren Unternehmen sowie die Sicherheit im Handelsverkehr. Diese Unterschiede erschweren im übrigen auch erheblich den Abschluß und die Durchführung von Handelsvertreterverträgen zwischen einem Unternehmer und einem Handelsvertreter, die in verschiedenen Mitgliedstaaten niedergelassen sind.
[3] Der Warenaustausch zwischen den Mitgliedstaaten muß unter Bedingungen erfolgen, die denen eines Binnenmarktes entsprechen, weswegen die Rechtordnungen der Mitgliedstaaten in dem zum guten Funktionieren des Gemeinsamen Marktes erforderlichen Umfang angeglichen werden müssen. Selbst vereinheitlichte Kollisionsnormen auf dem Gebiet der Handelsvertretung können die erwähnten Nachteile nicht beseitigen und lassen daher einen Verzicht auf die vorgeschlagene Harmonisierung nicht zu.
[4] Die Rechtsbeziehungen zwischen Handelsvertreter und Unternehmer sind in diesem Zusammenhang mit Vorrang zu behandeln.
[5] Die in den Mitgliedstaaten für Handelsvertreter geltenden Vorschriften sind in Anlehnung an die Grundsätze von Artikel 117 des Vertrages auf dem Wege des Fortschritts zu harmonisieren.
[6] Einigen Mitgliedstaaten müssen zusätzliche Übergangsfristen eingeräumt werden, da sie besondere Anstrengungen zu unternehmen haben, um ihre Regelungen den Anforderungen dieser Richtlinie anzupassen; es handelt sich insbesondere um den Ausgleich nach Beendigung des Vertragsverhältnisses zwischen dem Unternehmer und dem Handelsvertreter –
HAT FOLGENDE RICHTLINIE ERLASSEN:

Kapitel I – Anwendungsbereich

Art. 1 [Anwendungsbereich; Begriff des Handelsvertreters] (1) Die durch diese Richtlinie vorgeschriebenen Harmonisierungsmaßnahmen gelten für die Rechts- und Verwaltungsvorschriften der Mitgliedstaaten, die die Rechtsbeziehungen zwischen Handelsvertretern und ihren Unternehmern regeln.

(2) Handelsvertreter im Sinne dieser Richtlinie ist, wer als selbständiger Gewerbetreibender ständig damit betraut ist, für eine andere Person (im folgenden Unternehmer genannt) den

---

1   ABl. C 13 vom 18.1.1977, S. 2 und ABl. C 56 vom 2.3.1979, S. 5.
2   ABl. C 239 vom 9.10.1978, S. 17.
3   ABl. C 59 vom 8.3.1978, S. 31.
4   ABl. Nr. 56 vom 4.4.1964, S. 869/64.

Verkauf oder den Ankauf von Waren zu vermitteln oder diese Geschäfte im Namen und für Rechnung des Unternehmers abzuschließen.

(3) Handelsvertreter im Sinne dieser Richtlinie ist insbesondere nicht

- eine Person, die als Organ befugt ist, für eine Gesellschaft oder Vereinigung verbindlich zu handeln;
- ein Gesellschafter, der rechtlich befugt ist, für die anderen Gesellschafter verbindlich zu handeln;
- ein Zwangsverwalter (receiver), ein gerichtlich bestellter Vermögensverwalter (receiver and manager), ein Liquidator (liquidator) oder ein Konkursverwalter (trustee in bankruptcy).

Art. 2 [Ausnahmen vom Anwendungsbereich] (1) Diese Richtlinie ist nicht anzuwenden

- auf Handelsvertreter, die für ihre Tätigkeit kein Entgelt erhalten;
- auf Handelsvertreter, soweit sie an Handelsbörsen oder auf Rohstoffmärkten tätig sind;
- auf die unter der Bezeichnung „Crown Agents for Overseas Governments and Administrations" bekannte Körperschaft, wie sie im Vereinigten Königreich nach dem Gesetz von 1979 über die „Crown Agents" eingeführt worden ist, oder deren Tochterunternehmen.

(2) Jeder Mitgliedstaat kann vorsehen, daß die Richtlinie nicht auf Personen anwendbar ist, die Handelsvertretertätigkeiten ausüben, welche nach dem Recht dieses Mitgliedstaates als nebenberufliche Tätigkeiten angesehen werden.

Kapitel II – Rechte und Pflichten

Art. 3 [Pflichten des Handelsvertreters; Treu und Glauben] (1) Bei der Ausübung seiner Tätigkeit hat der Handelsvertreter die Interessen des Unternehmers wahrzunehmen und sich nach den Geboten von Treu und Glauben zu verhalten

(2) Im besonderen muß der Handelsvertreter

a) sich in angemessener Weise für die Vermittlung und gegebenenfalls den Abschluß der ihm anvertrauten Geschäfte einsetzen;

b) dem Unternehmer die erforderlichen ihm zur Verfügung stehenden Informationen übermitteln;

c) den vom Unternehmer erteilten angemessenen Weisungen nachkommen.

Art. 4 [Pflichten des Unternehmers; Treu und Glauben] (1) Der Unternehmer hat sich gegenüber dem Handelsvertreter nach den Geboten von Treu und Glauben zu verhalten.

(2) Insbesondere hat der Unternehmer dem Handelsvertreter

a) die erforderlichen Unterlagen zur Verfügung zu stellen, die sich auf die betreffenden Waren beziehen;

b) die für die Ausführung des Handelsvertretervertrages erforderlichen Informationen zu geben und ihn insbesondere binnen angemessener Frist zu benachrichtigen, sobald er absieht, daß der Umfang der Geschäfte erheblich geringer sein wird, als der Handelsvertreter normalerweise hätte erwarten können.

(3) Im übrigen muß der Unternehmer dem Handelsvertreter binnen angemessener Frist von der Annahme oder Ablehnung und der Nichtausführung der vom Handelsvertreter vermittelten Geschäfte Kenntnis geben.

2.13 Handelsvertreter-RL

Art. 5 [**Umgehungsverbot**] Die Parteien dürfen keine Vereinbarungen treffen, die von den Artikeln 3 und 4 abweichen.

Kapitel III – Vergütung

Art. 6 [**Ortsübliche Vergütung**] (1) Bei Fehlen einer diesbezüglichen Vereinbarung zwischen den Parteien und unbeschadet der Anwendung der verbindlichen Vorschriften der Mitgliedstaaten über die Höhe der Vergütungen hat der Handelsvertreter Anspruch auf eine Vergütung, die an dem Ort, an dem er seine Tätigkeit ausübt, für die Vertretung von Waren, die den Gegenstand des Handelsvertretervertrags bilden, üblich ist. Mangels einer solchen Üblichkeit hat der Handelsvertreter Anspruch auf eine angemessene Vergütung, bei der alle mit dem Geschäft zusammenhängenden Faktoren berücksichtigt sind.
(2) Jeder Teil der Vergütung, der je nach Zahl oder Wert der Geschäfte schwankt, gilt als Provision im Sinne dieser Richtlinie.
(3) Die Artikel 7 bis 12 gelten nicht, soweit der Handelsvertreter nicht ganz oder teilweise in Form einer Provision vergütet wird.

Art. 7 [**Anspruch des Handelsvertreters auf Provision für während der Vertragslaufzeit abgeschlossenes Geschäft**] (1) Für ein während des Vertragsverhältnisses abgeschlossenes Geschäft hat der Handelsvertreter Anspruch auf die Provision,
a) wenn der Geschäftsabschluß auf seine Tätigkeit zurückzuführen ist oder
b) wenn das Geschäft mit einem Dritten abgeschlossen wurde, den er bereits vorher für Geschäfte gleicher Art als Kunden geworben hatte.
(2) Für ein während der Vertragsverhältnisse abgeschlossenes Geschäft hat der Handelsvertreter ebenfalls Anspruch auf die Provision,
– wenn ihm ein bestimmter Bezirk oder Kundenkreis zugewiesen ist oder
– wenn er die Alleinvertretung für einen bestimmten Bezirk oder Kundenkreis hat
und sofern das Geschäft mit einem Kunden abgeschlossen worden ist, der diesem Bezirk oder dieser Gruppe angehört.
Die Mitgliedstaaten müssen in ihr Recht die eine oder die andere der unter den beiden obigen Gedankenstrichen enthaltenen Alternativen aufnehmen.

Art. 8 [**Anspruch des Handelsvertreters auf Provision für nach Beendigung des Vertragsverhältnisses abgeschlossenes Geschäft**] Für ein erst nach Beendigung des Vertragsverhältnisses geschlossenes Geschäft hat der Handelsvertreter Anspruch auf Provision:
a) wenn der Geschäftsabschluß überwiegend auf die Tätigkeit zurückzuführen ist, die er während des Vertragsverhältnisses ausgeübt hat, und innerhalb einer angemessenen Frist nach dessen Beendigung erfolgt oder
b) wenn die Bestellung des Dritten gemäß Artikel 7 vor Beendigung des Handelsvertreterverhältnisses beim Unternehmer oder beim Handelsvertreter eingegangen ist.

Art. 9 [**Ausnahme bei Provisionsanspruch des Vorgängers**] Der Handelsvertreter hat keinen Anspruch auf die Provision nach Artikel 7, wenn diese gemäß Artikel 8 dem Vorgänger zusteht, es sei denn, daß die Umstände eine Teilung der Provision zwischen den Handelsvertretern rechtfertigen.

Art. 10 [**Entstehen des Provisionsanspruchs und Fälligkeit**] (1) Der Anspruch auf Provision besteht, sobald und soweit eines der folgenden Ereignisse eintritt:

a) der Unternehmer hat das Geschäft ausgeführt;

b) der Unternehmer hätte nach dem Vertrag mit dem Dritten das Geschäft ausführen sollen;

c) der Dritte hat das Geschäft ausgeführt.

(2) Der Anspruch auf Provision besteht spätestens, wenn der Dritte seinen Teil des Geschäfts ausgeführt hat oder ausgeführt haben müsste, falls der Unternehmer seinen Teil des Geschäfts ausgeführt hätte.

(3) Die Provision ist spätestens am letzten Tag des Monats zu zahlen, der auf das Quartal folgt, in welchem der Anspruch des Handelsvertreters auf Provision erworben worden ist.

(4) Von den Absätzen 2 und 3 darf nicht durch Vereinbarung zum Nachteil des Handelsvertreters abgewichen werden.

Art. 11 [Erlöschen des Provisionsanspruchs] (1) Der Anspruch auf Provision erlischt nur, wenn und soweit

– feststeht, daß der Vertrag zwischen dem Dritten und dem Unternehmer nicht ausgeführt wird, und

– die Nichtausführung nicht auf Umständen beruht, die vom Unternehmer zu vertreten sind.

(2) Vom Handelsvertreter bereits empfangene Provisionen sind zurückzuzahlen, falls der Anspruch darauf erloschen ist.

(3) Vom Absatz 1 darf nicht durch Vereinbarungen zum Nachteil des Handelsvertreters abgewichen werden.

Art. 12 [Abrechnung über die geschuldeten Provisionen] (1) Der Unternehmer hat dem Handelsvertreter eine Abrechnung über die geschuldeten Provisionen zu geben, und zwar spätestens am letzten Tag des Monats, der auf das Quartal folgt, in dem der Provisionsanspruch erworben worden ist. Diese Abrechnung muß alle für die Berechnung der Provision wesentlichen Angaben enthalten.

(2) Der Handelsvertreter kann verlangen, daß ihm alle Auskünfte, insbesondere ein Auszug aus den Büchern, gegeben werden, über die der Unternehmer verfügt und die der Handelsvertreter zur Nachprüfung des Betrags der ihm zustehenden Provisionen benötigt.

(3) Von den Absätzen 1 und 2 darf nicht durch Vereinbarungen zum Nachteil des Handelsvertreters abgewichen werden.

(4) Diese Richtlinie berührt nicht die einzelstaatlichen Bestimmungen, nach denen der Handelsvertreter ein Recht auf Einsicht in die Bücher des Unternehmers hat.

Kapitel IV – Abschluß und Beendigung des Handelsvertretervertrages

Art. 13 [Anspruch auf unterzeichnete Urkunde; Möglichkeit der Schriftform] (1) Jede Partei kann von der anderen Partei eine von dieser unterzeichnete Urkunde verlangen, die den Inhalt des Vertrages einschließlich der Änderungen oder Ergänzungen wiedergibt. Dieser Anspruch kann nicht ausgeschlossen werden.

(2) Absatz 1 hindert einen Mitgliedstaat nicht daran vorzuschreiben, daß ein Vertretungsvertrag nur in schriftlicher Form gültig ist.

Art. 14 [Befristete Verträge] Ein auf bestimmte Zeit geschlossener Vertrag, der nach Ende seiner Laufzeit von beiden Parteien fortgesetzt wird, gilt als in einen auf unbestimmte Zeit geschlossenen Vertrag umgewandelt.

2.13 Handelsvertreter-RL

Art. 15 [Unbefristete Verträge; Kündigungsfrist] (1) Ist der Vertrag auf unbestimmte Zeit geschlossen, so kann er von jeder Partei unter Einhaltung einer Frist gekündigt werden.

(2) Die Kündigungsfrist beträgt für das erste Vertragsjahr einen Monat, für das angefangene zweite Vertragsjahr zwei Monate, für das angefangene dritte und die folgenden Vertragsjahre drei Monate. Kürzere Fristen dürfen die Parteien nicht vereinbaren.

(3) Die Mitgliedstaaten können die Kündigungsfrist für das vierte Vertragsjahr auf vier Monate, für das fünfte Vertragsjahr auf fünf Monate und für das sechste und die folgenden Vertragsjahre auf sechs Monate festsetzen. Sie können bestimmen, daß die Parteien kürzere Fristen nicht vereinbaren dürfen.

(4) Vereinbaren die Parteien längere Fristen als die der Absätze 2 und 3, so darf die vom Unternehmer einzuhaltende Frist nicht kürzer sein als die vom Handelsvertreter einzuhaltende Frist.

(5) Sofern die Parteien nicht etwas anderes vereinbart haben, ist die Kündigung nur zum Ende eines Kalendermonats zulässig.

(6) Dieser Artikel gilt auch für einen auf bestimmte Zeit geschlossenen Vertrag, der nach Artikel 14 in einen auf unbestimmte Zeit geschlossenen Vertrag umgewandelt wird, mit der Maßgabe, daß bei der Berechnung der Dauer der Kündigungsfrist die vorher geltende feste Laufzeit zu berücksichtigen ist.

Art. 16 [Fristlose Beendigung des Vertragsverhältnisses] Diese Richtlinie berührt nicht die Anwendung der Rechtsvorschriften der Mitgliedstaaten, wenn diese Rechtsvorschriften die fristlose Beendigung des Vertragsverhältnisses für den Fall vorsehen, daß

a) eine der Parteien ihren Pflichten insgesamt oder teilweise nicht nachgekommen ist;

b) aussergewöhnliche Umstände eintreten.

Art. 17 [Ansprüche des Handelsvertreters auf Ausgleich oder Schadensersatz] (1) Die Mitgliedstaaten treffen die erforderlichen Maßnahmen dafür, daß der Handelsvertreter nach Beendigung des Vertragsverhältnisses Anspruch auf Ausgleich nach Absatz 2 oder Schadensersatz nach Absatz 3 hat.

(2) a) Der Handelsvertreter hat Anspruch auf einen Ausgleich, wenn und soweit

   – er für den Unternehmer neue Kunden geworben oder die Geschäftsverbindungen mit vorhandenen Kunden wesentlich erweitert hat und der Unternehmer aus den Geschäften mit diesen Kunden noch erhebliche Vorteile zieht und

   – die Zahlung eines solchen Ausgleichs unter Berücksichtigung aller Umstände, insbesondere der dem Handelsvertreter aus Geschäften mit diesen Kunden entgehenden Provisionen, der Billigkeit entspricht. Die Mitgliedstaaten können vorsehen, daß zu diesen Umständen auch die Anwendung oder Nichtanwendung einer Wettbewerbsabrede im Sinne des Artikels 20 gehört.

b) Der Ausgleich darf einen Betrag nicht überschreiten, der einem jährlichen Ausgleich entspricht, der aus dem Jahresdurchschnittsbetrag der Vergütungen, die der Handelsvertreter während der letzten fünf Jahre erhalten hat, errechnet wird; ist der Vertrag vor weniger als fünf Jahren geschlossen worden, wird der Ausgleich nach dem Durchschnittsbetrag des entsprechenden Zeitraums ermittelt.

c) Die Gewährung dieses Ausgleichs schließt nicht das Recht des Handelsvertreters aus, Schadensersatzansprüche geltend zu machen.

(3) Der Handelsvertreter hat Anspruch auf Ersatz des ihm durch die Beendigung des Vertragsverhältnisses mit dem Unternehmer entstandenen Schadens.

Dieser Schaden umfasst insbesondere
- den Verlust von Ansprüchen auf Provision, die dem Handelsvertreter bei normaler Fortsetzung des Vertrages zugestanden hätten und deren Nichtzahlung dem Unternehmer einen wesentlichen Vorteil aus der Tätigkeit des Handelsvertreters verschaffen würde, und/oder
- Nachteile, die sich aus der nicht erfolgten Amortisation von Kosten und Aufwendungen ergeben, die der Handelsvertreter in Ausführung des Vertrages auf Empfehlung des Unternehmers gemacht hatte.

(4) Der Anspruch auf Ausgleich nach Absatz 2 oder Schadensersatz nach Absatz 3 entsteht auch dann, wenn das Vertragsverhältnis durch Tod des Handelsvertreters endet.

(5) Der Handelsvertreter verliert den Anspruch auf Ausgleich nach Absatz 2 oder Schadensersatz nach Absatz 3, wenn er dem Unternehmer nicht innerhalb eines Jahres nach Beendigung des Vertragsverhältnisses mitgeteilt hat, daß er seine Rechte geltend macht.

(6) Die Kommission legt dem Rat innerhalb von acht Jahren nach Bekanntgabe dieser Richtlinie einen Bericht über die Durchführung dieses Artikels vor und unterbreitet ihm gegebenenfalls Änderungsvorschläge.

Art. 18 [Ausschluss der Ansprüche] Der Anspruch auf Ausgleich oder Schadensersatz nach Artikel 17 besteht nicht,
a) wenn der Unternehmer den Vertrag wegen eines schuldhaften Verhaltens des Handelsvertreters beendet hat, das aufgrund der einzelstaatlichen Rechtsvorschriften eine fristlose Beendigung des Vertrages rechtfertigt;
b) wenn der Handelsvertreter das Vertragsverhältnis beendet hat, es sei denn, diese Beendigung ist aus Umständen, die dem Unternehmer zuzurechnen sind, oder durch Alter, Gebrechen oder Krankheit des Handelsvertreters, derentwegen ihm eine Fortsetzung seiner Tätigkeit billigerweise nicht zugemutet werden kann, gerechtfertigt;
c) wenn der Handelsvertreter gemäß einer Vereinbarung mit dem Unternehmer die Rechte und Pflichten, die er nach dem Vertrag besitzt, an einen Dritten abtritt.

Art. 19 [Kein Verzicht während der Vertragslaufzeit] Die Parteien können vor Ablauf des Vertrages keine Vereinbarungen treffen, die von Artikel 17 und 18 zum Nachteil des Handelsvertreters abweichen.

Art. 20 [Wettbewerbsabrede] (1) Eine Vereinbarung, die den Handelsvertreter nach Beendigung des Vertrages in einer gewerblichen Tätigkeit einschränkt, wird in dieser Richtlinie als Wettbewerbsabrede bezeichnet.

(2) Eine Wettbewerbsabrede ist nur gültig, wenn und soweit sie
a) schriftlich getroffen worden ist und
b) sich auf den dem Handelsvertreter zugewiesenen Bezirk oder Kundenkreis sowie auf Warengattungen erstreckt, die gemäß dem Vertrag Gegenstand seiner Vertretung sind.

(3) Eine Wettbewerbsabrede ist längstens zwei Jahre nach Beendigung des Vertragsverhältnisses wirksam.

(4) Dieser Artikel berührt nicht die einzelstaatlichen Rechtsvorschriften, die weitere Beschränkungen der Wirksamkeit oder Anwendbarkeit der Wettbewerbsabreden vorsehen oder nach denen die Gerichte die Verpflichtungen der Parteien aus einer solchen Vereinbarung mindern können.

Kapitel V – Allgemeine und Schlußbestimmungen

Art. 21 [**Keine Offenlegungspflicht bei Verstoß gegen öffentliche Ordnung**] Diese Richtlinie verpflichtet keinen Mitgliedstaat die Offenlegung von Informationen vorzuschreiben, wenn eine solche Offenlegung mit einer öffentlichen Ordnung unvereinbar wäre.

Art. 22-23 *Umsetzungspflichten und Adressaten – nicht abgedruckt.*

2.14 Richtlinie 90/314/EWG des Rates vom 13. Juni 1990 über Pauschalreisen [Pauschalreise-RL]

ABl. 1990 L 158/59

DER RAT DER EUROPÄISCHEN GEMEINSCHAFTEN –
gestützt auf den Vertrag zur Gründung der Europäischen Wirtschaftsgemeinschaft, insbesondere auf Artikel 100a,
auf Vorschlag der Kommission[1],
in Zusammenarbeit mit dem Europäischen Parlament[2],
nach Stellungnahme des Wirtschafts- und Sozialausschusses[3],
in Erwägung nachstehender Gründe:

[1] Eines der Hauptziele der Gemeinschaft ist die Vollendung des Binnenmarktes, in dem der Fremdenverkehrssektor einen wichtigen Teil ausmacht.

[2] Die Rechtsvorschriften der einzelnen Mitgliedstaaten über Pauschalreisen weisen zahlreiche Unterschiede auf, und die einzelstaatlichen Praktiken auf diesem Gebiet sind sehr unterschiedlich. Dies führt zu Hindernissen für den freien Dienstleistungsverkehr auf dem Gebiet der Pauschalreisen und zu Verzerrungen des Wettbewerbs zwischen den in den verschiedenen Mitgliedstaaten ansässigen Unternehmen des Reisegewerbes.

[3] Gemeinsame Regeln für Pauschalreisen werden zur Beseitigung dieser Hindernisse und somit zur Verwirklichung eines gemeinsamen Dienstleistungsmarktes beitragen. Die in einem Mitgliedstaat ansässigen Unternehmen des Reisegewerbes werden ihre Dienstleistungen infolgedessen in anderen Mitgliedstaaten anbieten können, und die Verbraucher in der Gemeinschaft erhalten die Möglichkeit, in sämtlichen Mitgliedstaaten Pauschalreisen zu vergleichbaren Bedingungen zu buchen.

[4]-[6] *Verweis auf Entschließungen und Mitteilungen – nicht abgedruckt.*

[7] Dem Fremdenverkehr kommt eine ständig wachsende Bedeutung im Wirtschaftsleben der Mitgliedstaaten zu. Pauschalreisen bilden einen wichtigen Teil des Fremdenverkehrs. Dieser Zweig des Reisegewerbes in den Mitgliedstaaten würde zu stärkerem Wachstum und erhöhter Produktivität angeregt, wenn es ein Minimum an gemeinsamen Regeln gäbe, um diesen Wirtschaftszweig auf Gemeinschaftsebene zu strukturieren. Dies würde nicht nur den Bürgern der Gemeinschaft zugute kommen, die aufgrund dieser Regeln organisierte Pauschalreisen buchen, sondern würde auch Reisende aus Drittländern anziehen, denen die Vorteile aus garantierten Mindestleistungen bei Pauschalreisen ein Anreiz wären.

[8] Die Vorschriften über den Verbraucherschutz weisen in den Mitgliedstaaten Unterschiede auf, die die Verbraucher eines Mitgliedstaats davon abhalten, Pauschalreisen in einem anderen Mitgliedstaat zu buchen.

[9] Dies ist für die Verbraucher ein besonders starker Hinderungsgrund, Pauschalreisen außerhalb ihres eigenen Mitgliedstaates zu buchen, und beeinflusst seine Entscheidung in diesem Falle mehr als bei dem Erwerb anderer Dienstleistungen, da die besonderen Merkmale der bei einer Pauschalreise zu erbringenden Dienstleistungen im allgemeinen die vorherige Zahlung größerer Geldbeträge voraussetzen und die Dienstleistungen in einem anderen Staat als dem bewirkt werden, in dem der Verbraucher seinen Wohnsitz hat.

[10] Der in dieser Richtlinie vorgesehene Schutz gilt auch für den Verbraucher, der einen Pauschalreisevertrag durch Abtretung erworben hat oder Mitglied einer Gruppe ist, für die eine andere Person einen Pauschalreisevertrag abgeschlossen hat.

[11] Reiseveranstalter und/oder Reisevermittler müssen verpflichtet sein sicherzustellen, daß die Beschreibungen der von ihnen veranstalteten oder angebotenen Pauschalreisen keine irreführenden Angaben enthalten und daß dem Verbraucher in den ihm zur Verfügung gestellten Reiseprospekten klare und genaue Informationen erteilt werden.

[12] Der Verbraucher muß eine Abschrift der für die Pauschalreise geltenden Vertragsbedingungen erhalten. Zu diesem Zweck sollte vorgeschrieben werden, daß alle Vertragsbedingungen schriftlich oder in einer anderen dem Verbraucher verständlichen und zugänglichen Form festgehalten und ihm in Abschrift ausgehändigt werden.

---

1   ABl. C 96 vom 12.4.1988, S. 5.
2   ABl. C 69 vom 20.3.1989, S. 120 und ABl. C 149 vom 18.6.1990.
3   ABl. C 102 vom 24.4.1989, S. 27.

2.14 Pauschalreise-RL

[13] Dem Verbraucher ist unter bestimmten Umständen die Möglichkeit einzuräumen, eine von ihm gebuchte Pauschalreise auf einen Dritten zu übertragen.

[14] Die vertraglich festgelegten Preise dürfen grundsätzlich nicht geändert werden, es sei denn, die Möglichkeit einer Preiserhöhung oder -senkung ist im Vertrag ausdrücklich vorgesehen. Diese Möglichkeit ist jedoch an gewisse Bedingungen zu knüpfen.

[15] Der Verbraucher muß unter bestimmten Umständen die Möglichkeit haben, von einer gebuchten Pauschalreise vor ihrem Antritt zurückzutreten.

[16] Es ist klar festzulegen, welche Ansprüche der Verbraucher geltend machen kann, falls der Reiseveranstalter die Pauschalreise vor dem vereinbarten Abreisetermin storniert.

[17] Falls dem Verbraucher nach Antritt einer Pauschalreise ein erheblicher Teil der vertraglich vereinbarten Leistungen nicht erbracht wird oder falls der Reiseveranstalter feststellt, daß er einen bedeutenden Teil dieser Leistungen nicht erbringen kann, muß er dem Verbraucher gegenüber bestimmte Verpflichtungen haben.

[18] Der Veranstalter und/oder Vermittler, der Vertragspartei ist, hat gegenüber dem Verbraucher die Haftung für die ordnungsgemäße Erfüllung der sich aus dem Vertrag ergebenden Verpflichtungen zu übernehmen. Ferner haben die Veranstalter und/oder der Vermittler die Haftung für Schäden zu übernehmen, die dem Verbraucher aus der Nichterfüllung oder der mangelhaften Erfüllung des Vertrages entstehen, es sei denn, daß die bei der Ausführung des Vertrages festgestellten Mängel weder auf einem Verschulden ihrerseits noch auf einem Verschulden eines anderen Dienstleistungsträgers beruhen.

[19] Wenn der Veranstalter und/oder der Vermittler die Nichterfüllung oder die mangelhafte Erfüllung von Leistungen, die Bestandteil der Pauschalreise sind, zu vertreten hat, sollte die Haftung gemäß den internationalen Übereinkommen über diese Leistungen beschränkt werden können, insbesondere gemäß dem Warschauer Übereinkommen von 1929 über den internationalen Luftverkehr, dem Berner Übereinkommen von 1961 über den Eisenbahnfrachtverkehr, dem Athener Übereinkommen von 1974 über den Seeverkehr und dem Pariser Übereinkommen von 1962 über die Haftung der Gastwirte. Bei anderen Schäden als Körperschäden sollte es auch möglich sein, die Haftung im Pauschalreisevertrag zu beschränken, allerdings nicht in unangemessener Weise.

[20] Es sind Maßnahmen zur Unterrichtung des Verbrauchers und zur Regelung von Beanstandungen vorzusehen.

[21] Sowohl dem Verbraucher als auch der Pauschalreisebranche wäre damit gedient, wenn der Reiseveranstalter und/oder -vermittler verpflichtet wäre, Sicherheiten für den Fall der Zahlungsunfähigkeit oder des Konkurses nachzuweisen.

[22] Die Mitgliedstaaten sollten die Möglichkeit haben, für den Bereich der Pauschalreisen strengere Vorschriften zum Schutz der Verbraucher zu erlassen oder beizubehalten –
HAT FOLGENDE RICHTLINIE ERLASSEN:

Art. 1 [Zweck] Zweck dieser Richtlinie ist die Angleichung der Rechts- und Verwaltungsvorschriften der Mitgliedstaaten über Pauschalreisen (einschließlich Pauschalurlaubsreisen und Pauschalrundreisen), die in der Gemeinschaft verkauft oder zum Kauf angeboten werden.

Art. 2 [Begriffsbestimmungen] Im Sinne dieser Richtlinie bedeutet:

1. Pauschalreise: die im voraus festgelegte Verbindung von mindestens zwei der folgenden Dienstleistungen, die zu einem Gesamtpreis verkauft oder zum Verkauf angeboten wird, wenn diese Leistung länger als 24 Stunden dauert oder eine Übernachtung einschließt:

   a) Beförderung,

   b) Unterbringung,

   c) andere touristische Dienstleistungen, die nicht Nebenleistungen von Beförderung oder Unterbringung sind und einen beträchtlichen Teil der Gesamtleistung ausmachen.

   Auch bei getrennter Berechnung einzelner Leistungen, die im Rahmen ein und derselben Pauschalreise erbracht werden, bleibt der Veranstalter oder Vermittler den Verpflichtungen nach dieser Richtlinie unterworfen.

2. Veranstalter: die Person, die nicht nur gelegentlich Pauschalreisen organisiert und sie direkt oder über einen Vermittler verkauft oder zum Verkauf anbietet.

3. Vermittler: die Person, welche die vom Veranstalter zusammengestellte Pauschalreise verkauft oder zum Verkauf anbietet.

4. Verbraucher: die Person, welche die Pauschalreise bucht oder zu buchen sich verpflichtet („der Hauptkontrahent"), oder jede Person, in deren Namen der Hauptkontrahent sich zur Buchung der Pauschalreise verpflichtet („die übrigen Begünstigten"), oder jede Person, der der Hauptkontrahent oder einer der übrigen Begünstigten die Pauschalreise abtritt („der Erwerber").

5. Vertrag: die Vereinbarung, die den Verbraucher an den Veranstalter und/oder Vermittler bindet.

Art. 3 [Verbot der irreführenden Angaben; notwendiger Prospektinhalt] (1) Die dem Verbraucher vom Veranstalter oder Vermittler gegebenen Beschreibungen einer Pauschalreise, ihr Preis und die übrigen Vertragsbedingungen dürfen keine irreführenden Angaben enthalten.

(2) Wenn dem Verbraucher ein Prospekt zur Verfügung gestellt wird, muß dieser deutlich lesbare, klare und genaue Angaben zum Preis und – soweit von Bedeutung – zu folgendem enthalten:

a) Bestimmungsort; Transportmittel, ihre Merkmale und Klasse;

b) Art, Lage, Kategorie oder Komfort und Hauptmerkmale der Unterbringung sowie ihre Zulassung und touristische Einstufung gemäß den Vorschriften des Gastmitgliedstaates;

c) Mahlzeiten;

d) Reiseroute;

e) allgemeine Angaben über Paß- und Visumerfordernisse für Staatsangehörige des bzw. der betreffenden Mitgliedstaaten und gesundheitspolizeiliche Formalitäten, die für die Reise und den Aufenthalt erforderlich sind;

f) absoluter Betrag oder Prozentsatz des Preises, der als Anzahlung zu leisten ist, und Zeitplan für die Zahlung des Restbetrages;

g) Hinweis darauf, ob für das Zustandekommen der Pauschalreise eine Mindestteilnehmerzahl erforderlich ist, und – wenn ja – Angabe, bis wann dem Verbraucher spätestens mitgeteilt wird, ob die Reise storniert wird.

Die in dem Prospekt enthaltenen Angaben binden den Veranstalter bzw. den Vermittler, es sei denn, Änderungen sind

– dem Verbraucher vor Abschluß des Vertrages klar mitgeteilt worden; im Prospekt ist ausdrücklich darauf hinzuweisen;

– später zwischen den Vertragsparteien vereinbart worden.

Art. 4 [Informationspflichten des Veranstalters; Rechte des Verbrauchers]
(1) a) Der Veranstalter und/oder der Vermittler unterrichtet den Verbraucher vor Vertragsabschluß schriftlich oder in einer anderen geeigneten Form allgemein über die Paß- und Visumerfordernisse für Staatsangehörige des bzw. der betreffenden Mitgliedstaaten, insbesondere über die Fristen für die Erlangung dieser Dokumente sowie über gesundheitspolizeiliche Formalitäten, die für die Reise und den Aufenthalt erforderlich sind.

b) Der Veranstalter und/oder der Vermittler teilt dem Verbraucher schriftlich oder in einer anderen geeigneten Form rechtzeitig vor Beginn der Reise folgendes mit:

i) Uhrzeiten und Orte von Zwischenstationen und Anschlußverbindungen; Angabe des vom Reisenden einzunehmenden Platzes, z. B. Kabine oder Schlafkoje auf einem Schiff oder Schlafwagen- oder Liegewagenabteil im Zug;

ii) Name, Anschrift und Telefonnummer der örtlichen Vertretung des Veranstalters und/oder des Vermittlers oder – wenn nicht vorhanden – der örtlichen Stellen, die dem Verbraucher bei Schwierigkeiten Hilfe leisten können.
Falls solche Vertretungen oder Stellen nicht bestehen, sind dem Verbraucher auf jeden Fall eine Notrufnummer oder sonstige Angaben mitzuteilen, mit deren Hilfe er mit dem Veranstalter und/oder dem Vermittler Verbindung aufnehmen kann;

iii) bei Auslandsreisen und -aufenthalten Minderjähriger Angaben darüber, wie eine unmittelbare Verbindung zu dem Kind oder dem an seinem Aufenthaltsort Verantwortlichen hergestellt werden kann;

iv) Angaben über den möglichen Abschluß einer Reiserücktrittsversicherung oder einer Versicherung zur Deckung der Rückführungskosten bei Unfall oder Krankheit.

(2) Die Mitgliedstaaten stellen sicher, daß im Vertrag folgende Grundsätze beachtet werden:

a) Je nach der Natur der Pauschalreise umfaßt der Vertrag mindestens die im Anhang dieser Richtlinie aufgeführten Bedingungen.

b) Alle Bedingungen des Vertrages werden schriftlich oder in einer anderen dem Verbraucher verständlichen und zugänglichen Form festgelegt und sind ihm vor Vertragsabschluß zu übermitteln; er erhält eine Abschrift des Vertrages.

c) Die Bestimmung unter Buchstabe b) darf Buchungen und Vertragsabschlüssen, die zu einem späten Zeitpunkt oder »im letzten Augenblick« erfolgen, nicht entgegenstehen.

(3) Ist der Verbraucher daran gehindert, die Pauschalreise anzutreten, so kann er – nachdem er den Veranstalter oder Vermittler binnen einer vertretbaren Frist vor dem Abreisetermin hiervon unterrichtet hat – seine Buchung auf eine Person übertragen, die alle an die Teilnahme geknüpften Bedingungen erfüllt. Die Person, die ihre Pauschalreise überträgt, und der Erwerber sind gesamtschuldnerisch gegenüber dem Veranstalter oder Vermittler, der Vertragspartei ist, zur Zahlung des noch unbeglichenen Betrages sowie der gegebenenfalls durch diese Übertragung entstehenden Mehrkosten verpflichtet.

(4) a) Die vertraglich festgelegten Preise dürfen nicht geändert werden, es sei denn, daß der Vertrag die Möglichkeit einer Preiserhöhung oder -senkung ausdrücklich vorsieht und genaue Angaben zur Berechnung des neuen Preises enthält, bei der ausschließlich nachstehenden Änderungen Rechnung getragen werden darf: Änderungen

– der Beförderungskosten, darunter auch der Treibstoffkosten;

– der Abgaben für bestimmte Leistungen, wie Landegebühren, Ein- oder Ausschiffungsgebühren in Häfen und entsprechende Gebühren auf Flughäfen;

– der für die betreffende Pauschalreise geltenden Wechselkurse.

b) Der im Vertrag genannte Preis darf ab dem zwanzigsten Tag vor dem vereinbarten Abreisetermin nicht mehr erhöht werden.

(5) Sieht sich der Veranstalter vor der Abreise gezwungen, an einem der wesentlichen Bestandteile des Vertrages, zu denen auch der Preis gehört, eine erhebliche Änderung vorzunehmen, so muß er dies dem Verbraucher so bald wie möglich mitteilen, um ihm die Möglichkeit zu geben, entsprechende Entscheidungen zu treffen, insbesondere die Möglichkeit,

– vom Vertrag ohne Verpflichtung zur Zahlung einer Vertragsstrafe zurückzutreten oder
– eine Zusatzklausel zum Vertrag zu akzeptieren, die die vorgenommenen Änderungen und ihre Auswirkung auf den Preis angibt.

Der Verbraucher unterrichtet den Veranstalter oder den Vermittler so bald wie möglich über seine Entscheidung.

(6) Wenn der Verbraucher gemäß Absatz 5 vom Vertrag zurücktritt oder wenn der Veranstalter – gleich aus welchem Grund, ausgenommen Verschulden des Verbrauchers – die Reise vor dem vereinbarten Abreisetag storniert, hat der Verbraucher folgende Ansprüche:

a) Teilnahme an einer gleichwertigen oder höherwertigen anderen Pauschalreise, wenn der Veranstalter und/oder der Vermittler in der Lage ist, ihm eine solche anzubieten. Ist die angebotene Pauschalreise von geringerer Qualität, so erstattet der Veranstalter dem Verbraucher den Preisunterschied; oder

b) schnellstmögliche Erstattung aller von ihm aufgrund des Vertrages gezahlten Beträge.

In diesen Fällen hat der Verbraucher gegebenenfalls Anspruch auf Entschädigung wegen Nichterfüllung des Vertrages, die gemäß den Rechtsvorschriften des betreffenden Mitgliedstaates vom Veranstalter oder Vermittler geleistet wird, es sei denn,

i) die Stornierung erfolgt, weil die Anzahl der Personen, die die Pauschalreise gebucht haben, nicht die geforderte Mindestteilnehmerzahl erreicht, und dem Verbraucher die Stornierung innerhalb der in der Beschreibung der Pauschalreise angegebenen Frist schriftlich mitgeteilt wurde oder

ii) die Stornierung erfolgt aufgrund höherer Gewalt, d. h. aufgrund ungewöhnlicher und unvorhersehbarer Ereignisse, auf die derjenige, der sich auf höhere Gewalt beruft, keinen Einfluß hat und deren Folgen trotz Anwendung der gebotenen Sorgfalt nicht hätten vermieden werden können; hierzu zählt jedoch nicht die Überbuchung.

(7) Wird nach der Abreise ein erheblicher Teil der vertraglich vereinbarten Leistungen nicht erbracht oder stellt der Veranstalter fest, daß er nicht in der Lage sein wird, einen erheblichen Teil der vorgesehenen Leistungen zu erbringen, so trifft der Veranstalter – ohne Preisaufschlag für den Verbraucher – angemessene andere Vorkehrungen, damit die Pauschalreise weiter durchgeführt werden kann, und zahlt dem Verbraucher gegebenenfalls eine Entschädigung, deren Höhe dem Unterschied zwischen dem Preis der vorgesehenen und der erbrachten Dienstleistungen entspricht.

Falls solche Vorkehrungen nicht getroffen werden können oder vom Verbraucher aus triftigen Gründen nicht akzeptiert werden, sorgt der Veranstalter – ohne Preisaufschlag für den Verbraucher – gegebenenfalls für eine gleichwertige Beförderungsmöglichkeit, mit der der Verbraucher zum Ort der Abreise oder an einen anderen mit ihm vereinbarten Ort zurückkehren kann, und entschädigt gegebenenfalls den Verbraucher.

Art. 5 [Haftung des Veranstalters; Rügepflicht] (1) Die Mitgliedstaaten treffen die erforderlichen Maßnahmen, damit der Veranstalter und/oder Vermittler, der Vertragspartei ist, gegenüber dem Verbraucher die Haftung für die ordnungsgemäße Erfüllung der vertraglichen Verpflichtungen unabhängig davon übernimmt, ob er selbst oder andere Dienstleistungsträger diese Verpflichtungen zu erfüllen haben, wobei das Recht des Veranstalters und/oder Vermittlers, gegen andere Dienstleistungsträger Rückgriff zu nehmen, unberührt bleibt.

(2) Die Mitgliedstaaten treffen hinsichtlich der Schäden, die dem Verbraucher aus der Nichterfüllung oder einer mangelhaften Erfüllung des Vertrages entstehen, die erforderli-

chen Maßnahmen, damit der Veranstalter und/oder der Vermittler die Haftung übernimmt, es sei denn, daß die Nichterfüllung oder die mangelhafte Erfüllung weder auf ein Verschulden des Veranstalters und/oder Vermittlers noch auf ein Verschulden eines anderen Dienstleistungsträgers zurückzuführen ist, weil

- die festgestellten Versäumnisse bei der Erfüllung des Vertrages dem Verbraucher zuzurechnen sind;
- diese unvorhersehbaren oder nicht abwendbaren Versäumnisse einem Dritten zuzurechnen sind, der an der Bewirkung der vertraglich vereinbarten Leistungen nicht beteiligt ist;
- diese Versäumnisse auf höhere Gewalt entsprechend der Definition in Artikel 4 Absatz 6 Unterabsatz 2 Ziffer ii) oder auf ein Ereignis zurückzuführen sind, das der Veranstalter und/oder der Vermittler bzw. der Leistungsträger trotz aller gebotenen Sorgfalt nicht vorhersehen oder abwenden konnte.

In Fällen des zweiten und dritten Gedankenstrichs von Unterabsatz 1 muß sich der Veranstalter und/oder Vermittler, der Vertragspartei ist, darum bemühen, dem Verbraucher bei Schwierigkeiten Hilfe zu leisten.

Bei Schäden aufgrund der Nichterfüllung oder einer mangelhaften Erfüllung der nach dem Vertrag geschuldeten Leistungen können die Mitgliedstaaten zulassen, daß die Entschädigung gemäß den internationalen Übereinkommen über diese Leistungen beschränkt wird.

Bei Schäden, die nicht Körperschäden sind und auf der Nichterfüllung oder einer mangelhaften Erfüllung der nach dem Vertrag geschuldeten Leistungen beruhen, können die Mitgliedstaaten zulassen, daß die Entschädigung vertraglich eingeschränkt wird. Diese Einschränkung darf nicht unangemessen sein.

(3) Unbeschadet des Absatzes 2 Unterabsatz 4 darf von den Bestimmungen der Absätze 1 und 2 nicht durch eine Vertragsklausel abgewichen werden.

(4) Der Verbraucher muß jeden Mangel bei der Erfüllung des Vertrages, den er an Ort und Stelle feststellt, so bald wie möglich schriftlich oder in einer anderen geeigneten Form dem betreffenden Leistungsträger sowie dem Veranstalter und/oder dem Vermittler mitteilen. Auf diese Verpflichtung muß im Vertrag klar und deutlich hingewiesen werden.

Art. 6 [Reaktion auf Beanstandungen] Im Fall einer Beanstandung bemüht sich der Veranstalter und/oder der Vermittler oder – wenn vorhanden – sein örtlicher Vertreter nach Kräften um geeignete Lösungen.

Art. 7 [Sicherung der Rückreise trotz Zahlungsunfähigkeit des Veranstalters] Der Veranstalter und/oder Vermittler, der Vertragspartei ist, weist nach, daß im Fall der Zahlungsunfähigkeit oder des Konkurses die Erstattung gezahlter Beträge und die Rückreise des Verbrauchers sichergestellt sind.

Art. 8 [Mindeststandard] Die Mitgliedstaaten können in dem unter diese Richtlinie fallenden Bereich strengere Vorschriften zum Schutze des Verbrauchers erlassen oder aufrechterhalten.

Art. 9 f. *Umsetzungspflichten und Adressaten – nicht abgedruckt.*

Anhang

Erforderliche Angaben im Vertrag, sofern sie auf die jeweilige Pauschalreise zutreffen:

a) Bestimmungsort(e) und, soweit mehrere Aufenthalte vorgesehen sind, die einzelnen Zeiträume und deren Termine.

b) Transportmittel, ihre Merkmale und Klasse; Tag und Zeit sowie Ort der Abreise und Rückkehr.

c) Schließt die Pauschalreise eine Unterbringung ein, Angaben über Lage, Kategorie oder Komfort und Hauptmerkmale der Unterbringung, ihre Zulassung und touristische Einstufung gemäß den Vorschriften des Gastmitgliedstaates, Anzahl der inbegriffenen Mahlzeiten.

d) Hinweis darauf, ob für das Zustandekommen der Pauschalreise eine Mindestteilnehmerzahl erforderlich ist, und – wenn ja – Angabe, bis wann dem Verbraucher spätestens mitgeteilt wird, ob die Reise storniert wird.

e) Reiseroute.

f) Besuche, Ausflüge oder sonstige im vereinbarten Gesamtpreis der Pauschalreise inbegriffene Leistungen.

g) Name und Anschrift des Veranstalters, des Vermittlers und gegebenenfalls des Versicherers.

h) Preis der Pauschalreise sowie Hinweise auf eine etwaige Preisänderung gemäß Artikel 4 Absatz 4 und Hinweise auf etwaige Abgaben für bestimmte Leistungen (Landegebühren, Ein- oder Ausschiffungsgebühren in Häfen und entsprechende Gebühren auf Flughäfen, Aufenthaltsgebühren), sofern diese nicht im Preis der Pauschalreise inbegriffen sind.

i) Zeitplan für die Zahlung des Preises sowie Zahlungsmodalitäten.

j) Alle Sonderwünsche, die der Verbraucher dem Veranstalter oder dem Vermittler bei der Buchung mitgeteilt hat und die beide Parteien akzeptiert haben.

k) Die Fristen, innerhalb derer der Verbraucher etwaige Beanstandungen wegen Nichterfüllung oder mangelhafter Erfüllung des Vertrages erheben muß.

2.15 Richtlinie 2008/122/EG des Europäischen Parlaments und des Rates vom 14. Januar 2009 über den Schutz der Verbraucher im Hinblick auf bestimmte Aspekte von Teilzeitnutzungsverträgen, Verträgen über langfristige Urlaubsprodukte sowie Wiederverkaufs- und Tauschverträgen [Timesharing-RL]

ABl. 2009 L 33/10

DAS EUROPÄISCHE PARLAMENT UND DER RAT DER EUROPÄISCHEN UNION –
gestützt auf den Vertrag zur Gründung der Europäischen
Gemeinschaft, insbesondere auf Artikel 95,
auf Vorschlag der Kommission[1],
nach Stellungnahme des Europäischen Wirtschafts- und Sozialausschusses[2],
gemäß dem Verfahren des Artikels 251 des Vertrags[3],
in Erwägung nachstehender Gründe:

(1) Seit dem Erlass der Richtlinie 94/47/EG des Europäischen Parlaments und des Rates vom 26. Oktober 1994 zum Schutz der Erwerber im Hinblick auf bestimmte Aspekte von Verträgen über den Erwerb von Teilzeitnutzungsrechten an Immobilien[4] hat sich der Markt für Teilzeitnutzungsrechte weiterentwickelt und neue ähnliche Urlaubsprodukte sind auf den Markt gebracht worden. Diese neuen Urlaubsprodukte sowie bestimmte mit Teilzeitnutzungsrechten zusammenhängende Geschäfte, wie Wiederverkaufsverträge und Tauschverträge, werden von der Richtlinie 94/47/EG nicht erfasst. Ferner hat sich bei der Anwendung der Richtlinie 94/47/EG gezeigt, dass einige ihrer Bestimmungen aktualisiert oder klarer formuliert werden müssen, um zu verhindern, dass Produkte entwickelt werden, mit denen diese Richtlinie umgangen werden soll.

(2) Die bestehenden Regelungslücken verursachen beträchtliche Wettbewerbsverzerrungen und ernsthafte Probleme für die Verbraucher und verhindern so das reibungslose Funktionieren des Binnenmarkts. Die Richtlinie 94/47/EG sollte daher durch eine neue zeitgemäße Richtlinie ersetzt werden. Da der Fremdenverkehr in den Volkswirtschaften der Mitgliedstaaten eine immer größere Rolle spielt, sollten ein stärkeres Wachstum und eine größere Produktivität des Sektors der Teilzeitnutzungsrechte und der langfristigen Urlaubsprodukte gefördert werden, indem bestimmte gemeinsame Regeln angenommen werden.

(3) Um die Rechtssicherheit zu verbessern und die Vorteile des Binnenmarkts für Verbraucher und Unternehmen voll zum Tragen zu bringen, ist es erforderlich, die einschlägigen Rechtsvorschriften der Mitgliedstaaten weiter aneinander anzugleichen. Daher sollten bestimmte Aspekte der Vermarktung, des Verkaufs und des Wiederverkaufs von Teilzeitnutzungsrechten und langfristigen Urlaubsprodukten sowie der Tausch von Rechten, die sich aus Teilzeitnutzungsverträgen ergeben, in vollem Umfang harmonisiert werden. Die Mitgliedstaaten sollten keine von dieser Richtlinie abweichenden nationalen Bestimmungen beibehalten oder erlassen dürfen. In Bereichen, in denen keine harmonisierten Bestimmungen bestehen, sollte es den Mitgliedstaaten weiterhin freistehen, nationale Bestimmungen im Einklang mit dem Gemeinschaftsrecht beizubehalten oder einzuführen. Die Mitgliedstaaten sollten daher z. B. Bestimmungen beibehalten oder einführen dürfen, welche die Auswirkungen der Wahrnehmung des Widerrufsrechts in Rechtsbeziehungen betreffen, die nicht vom Anwendungsbereich der Richtlinie erfasst sind, oder nach denen zwischen dem Verbraucher und dem Gewerbetreibenden, der ein Teilzeitnutzungsrecht oder ein langfristiges Urlaubsprodukt anbietet, keine Verpflichtung eingegangen werden kann und keine Zahlung erfolgen kann, solange der Verbraucher keinen Kreditvertrag zur Finanzierung des Erwerbs dieser Leistungen unterzeichnet hat.

---

1 [KOM(2007) 303 endg.]
2 ABl. C 44 vom 16.2.2008, S. 27.
3 Stellungnahme des Europäischen Parlaments vom 22. Oktober 2008 ([ABl. C 15 E vom 21.1.2010, S. 141]) und Beschluss des Rates vom 18. Dezember 2008.
4 ABl. L 280 vom 29.10.1994, S. 83.

(4) Diese Richtlinie sollte die Mitgliedstaaten nicht daran hindern, nach Maßgabe des Gemeinschaftsrechts die Bestimmungen dieser Richtlinie auch auf Bereiche anzuwenden, die nicht in deren Geltungsbereich fallen. Die Mitgliedstaaten könnten daher nationale Bestimmungen entsprechend den Bestimmungen dieser Richtlinie oder einigen ihrer Bestimmungen für Geschäfte beibehalten oder einführen, die nicht vom Anwendungsbereich der Richtlinie erfasst sind.

(5) Die verschiedenen Verträge, die von dieser Richtlinie erfasst werden, sollten eindeutig und in einer Weise definiert werden, die eine Umgehung der Bestimmungen der Richtlinie ausschließt.

(6) Für die Zwecke dieser Richtlinie sollten Teilzeitnutzungsverträge nicht so verstanden werden, dass Mehrfachreservierungen von Unterkünften, einschließlich Hotelzimmern, umfasst sind, sofern Mehrfachreservierungen nicht zu Rechten und Pflichten führen, die über die Rechte und Pflichten hinausgehen, die sich aus Einzelreservierungen ergeben. Auch sollten Teilzeitnutzungsverträge nicht so verstanden werden, dass gewöhnliche Mietverträge umfasst sind, da letztere sich auf einen einzelnen ununterbrochenen Nutzungszeitraum beziehen und nicht auf mehrere Zeiträume.

(7) Für die Zwecke dieser Richtlinie sollten Verträge über langfristige Urlaubsprodukte nicht so verstanden werden, dass herkömmliche Treuesysteme, bei denen Nachlässe auf künftige Aufenthalte in den Häusern einer Hotelkette gewährt werden, erfasst werden, da die Mitgliedschaft in einem solchen System nicht gegen Entgelt erworben wird oder der Verbraucher mit der Entrichtung von Entgelt nicht in erster Linie das Recht auf Preisnachlässe oder sonstige Vergünstigungen in Bezug auf eine Unterkunft erwirbt.

(8) Diese Richtlinie sollte die Bestimmungen der Richtlinie 90/314/EWG des Rates vom 13. Juni 1990 über Pauschalreisen[5] unberührt lassen.

(9) Mit der Richtlinie 2005/29/EG des Europäischen Parlaments und des Rates vom 11. Mai 2005 über unlautere Geschäftspraktiken im binnenmarktinternen Geschäftsverkehr zwischen Unternehmen und Verbrauchern (Richtlinie über unlautere Geschäftspraktiken)[6] werden irreführende, aggressive oder sonstige unlautere Geschäftspraktiken im Geschäftsverkehr zwischen Unternehmen und Verbrauchern untersagt. Aufgrund der Art der Produkte und der Geschäftspraktiken im Zusammenhang mit Teilzeitnutzungsrechten, langfristigen Urlaubsprodukten, Wiederverkauf und Tausch empfiehlt es sich, detailliertere und spezifischere Bestimmungen über Informationsanforderungen und Verkaufsveranstaltungen anzunehmen. Der Geschäftszweck von Einladungen zu Verkaufsveranstaltungen sollte Verbrauchern deutlich gemacht werden. Die Bestimmungen betreffend die vorvertraglichen Informationen und den Vertrag sollten klarer formuliert und aktualisiert werden. Damit Verbraucher die Möglichkeit haben, sich vor Vertragsabschluss mit den Informationen vertraut zu machen, sollten die Informationen durch Mittel bereitgestellt werden, die ihnen zu diesem Zeitpunkt leicht zugänglich sind.

(10) Verbraucher sollten das Recht haben zu verlangen, dass ihnen vorvertragliche Informationen und der Vertrag in einer Sprache ihrer Wahl, die ihnen geläufig ist, zur Verfügung gestellt werden, wobei Gewerbetreibende dies nicht ablehnen sollten. Darüber hinaus sollten die Mitgliedstaaten vorschreiben können, dass Verbrauchern weitere Sprachfassungen des Vertrags auszuhändigen sind, damit die Erfüllung oder die Rechtsdurchsetzung des Vertrags erleichtert werden.

(11) Damit Verbraucher die Gelegenheit erhalten, ihre Rechte und Pflichten aus dem Vertrag in vollem Umfang zu verstehen, sollte ihnen eine Frist eingeräumt werden, innerhalb derer sie den Vertrag ohne Angabe von Gründen und ohne jegliche Kosten widerrufen können. Derzeit variiert diese Frist in den verschiedenen Mitgliedstaaten, und die Erfahrung hat gezeigt, dass die in der Richtlinie 94/47/EG vorgeschriebene Frist nicht ausreicht. Die Frist sollte daher verlängert werden, damit ein hohes Verbraucherschutzniveau und größere Klarheit für Verbraucher und Gewerbetreibende erreicht werden. Die Länge der Frist sowie die Modalitäten und Auswirkungen der Ausübung des Widerrufsrechts sollten harmonisiert werden.

(12) Verbraucher sollten über wirksame Rechtsbehelfe für den Fall verfügen, dass Gewerbetreibende die Bestimmungen über die vorvertraglichen Informationen oder den Vertrag nicht einhalten, insbesondere jene, denen zufolge der Vertrag alle erforderlichen Informationen enthalten muss und dem Verbraucher zum Zeitpunkt des Vertragsabschlusses eine Kopie des Vertrags auszuhändigen ist. Neben den Rechtsbehelfen nach nationalem Recht sollten Verbraucher eine erweiterte Widerrufsfrist in Anspruch nehmen können, wenn die Informationen von Gewerbetreibenden nicht zur Verfügung gestellt wurden. Die Wahrnehmung des Widerrufsrechts sollte während dieser erweiterten Frist unabhängig davon, welche Dienste Verbraucher möglicherweise in Anspruch genommen haben, nicht mit Kosten verbunden sein. Der Ablauf der Widerrufsfrist lässt die Möglichkeit der Ver-

---

5   ABl. L 158 vom 23.6.1990, S. 59 [Pauschalreise-RL, in dieser Sammlung Nr. 2.14].
6   ABl. L 149 vom 11.6.2005, S. 22 [Geschäftspraktiken-RL, in dieser Sammlung Nr. 2.5].

braucher unberührt, nach Maßgabe der nationalen Rechtsvorschriften Rechtsbehelfe wegen der Nichtbeachtung der Informationsvorschriften in Anspruch zu nehmen.

(13) Die Verordnung (EWG, Euratom) Nr. 1182/71 des Rates vom 3. Juni 1971 zur Festlegung der Regeln für die Fristen, Daten und Termine[7] sollte für die Berechnung der in der vorliegenden Richtlinie vorgesehenen Fristen gelten.

(14) Das Gewerbetreibende und sonstige Dritte treffende Verbot, vor Ablauf der Widerrufsfrist Anzahlungen zu fordern oder anzunehmen, sollte klarer formuliert werden, um den Verbraucherschutz zu verbessern. Bei Wiederverkaufsverträgen sollte das Anzahlungsverbot bis zu dem Zeitpunkt gelten, an dem der Verkauf tatsächlich stattgefunden hat oder der Wiederverkaufsvertrag beendet wird; den Mitgliedstaaten sollte es aber weiterhin freistehen, die Möglichkeit und die Modalitäten für endgültige Zahlungen an Vermittler in dem Fall, dass der Wiederverkaufsvertrag beendet wird, zu regeln.

(15) Bei Verträgen über langfristige Urlaubsprodukte könnte für den Preis, der im Rahmen eines Ratenzahlungsplans zu entrichten ist, die Möglichkeit berücksichtigt werden, dass nach dem ersten Jahr noch offene Beträge angepasst werden können, damit sichergestellt wird, dass der echte Wert solcher Ratenzahlungen beibehalten wird, beispielsweise um der Inflation Rechnung zu tragen.

(16) Wenn ein Verbraucher einen Vertrag widerruft, bei dem der Preis ganz oder teilweise durch einen Kredit finanziert wird, der ihm vom Gewerbetreibenden oder von einem Dritten auf der Grundlage einer Vereinbarung zwischen diesem Dritten und dem Gewerbetreibenden gewährt wird, sollte die Kreditvereinbarung für den Verbraucher kostenfrei beendet werden. Gleiches sollte für Verträge über sonstige damit verbundene Leistungen des Gewerbetreibenden oder eines Dritten aufgrund einer Vereinbarung zwischen diesem Dritten und dem Gewerbetreibenden gelten.

(17) Verbrauchern sollte der mit dieser Richtlinie gewährte Schutz nicht vorenthalten werden, wenn auf den Vertrag das Recht eines Mitgliedstaats anzuwenden ist. Das auf einen Vertrag anzuwendende Recht sollte gemäß den gemeinschaftlichen Regeln im Bereich des internationalen Privatrechts, insbesondere der Verordnung (EG) Nr. 593/2008 des Europäischen Parlaments und des Rates vom 17. Juni 2008 über das auf vertragliche Schuldverhältnisse anzuwendende Recht (Rom I)[8], bestimmt werden. Nach dieser Verordnung kann das Recht eines Drittlands insbesondere dann anwendbar sein, wenn Verbraucher während eines Urlaubs in einem anderen Land als ihrem Wohnsitzland gezielt von Gewerbetreibenden angesprochen werden. Da solche Geschäftspraktiken in dem von dieser Richtlinie erfassten Bereich üblich sind und die Verträge erhebliche Geldbeträge umfassen, sollte eine zusätzliche Garantie in bestimmten spezifischen Fällen geboten werden, insbesondere wenn die Gerichte eines Mitgliedstaats für den Vertrag zuständig sind, um sicherzustellen, dass dem Verbraucher der durch diese Richtlinie gewährte Schutz nicht vorenthalten wird. Dieses Konzept spiegelt die besonderen Bedürfnisse des Verbraucherschutzes wider, die sich aus der komplexen Art, der Langfristigkeit und der finanziellen Bedeutung der Verträge, die in den Anwendungsbereich dieser Richtlinie fallen, ergeben.

(18) Es sollte nach Maßgabe der Verordnung (EG) Nr. 44/2001 des Rates vom 22. Dezember 2000 über die gerichtliche Zuständigkeit und die Anerkennung und Vollstreckung von Entscheidungen in Zivil- und Handelssachen[9] bestimmt werden, welche Gerichte in Verfahren, die von dieser Richtlinie erfasste Angelegenheiten betreffen, zuständig sind.

(19) Um sicherzustellen, dass der Verbrauchern nach Maßgabe dieser Richtlinie gewährte Schutz vor allem in Bezug auf die Erfüllung der Informationsanforderungen durch Gewerbetreibende sowohl im vorvertraglichen Stadium als auch im Vertragsverhältnis umfassend wirksam ist, ist es notwendig, dass die Mitgliedstaaten wirksame, verhältnismäßige und abschreckende Sanktionen für Verstöße gegen diese Richtlinie vorsehen.

(20) Es ist notwendig, zu gewährleisten, dass Personen oder Einrichtungen, die nach nationalem Recht ein berechtigtes Interesse an der Sache geltend machen können, bei Verstößen gegen diese Richtlinie vor Gericht klagen können.

(21) Es ist notwendig, in den Mitgliedstaaten angemessene und wirksame Rechtsbehelfsverfahren zur Beilegung von Streitigkeiten zwischen Verbrauchern und Gewerbetreibenden zu entwickeln. Für diesen Zweck sollten die Mitgliedstaaten die Schaffung öffentlicher oder privater außergerichtlicher Schiedsstellen fördern.

(22) Die Mitgliedstaaten sollten sicherstellen, dass Verbraucher hinreichend über die nationalen Vorschriften zur Umsetzung dieser Richtlinie informiert werden; zudem sollten sie die Gewerbetreibenden und Urheber von Kodizes dazu anhalten, Verbraucher über ihre einschlägigen Verhaltens-

---

7   ABl. L 124 vom 8.6.1971, S. 1.
8   ABl. L 177 vom 4.7.2008, S. 6 [Rom I-VO, in dieser Sammlung Nr. 5.1].
9   ABl. L 12 vom 16.1.2001, S. 1 [EuGVVO, in dieser Sammlung Nr. 5.3].

kodizes zu informieren. Mit dem Ziel, ein hohes Verbraucherschutzniveau zu erreichen, könnten Verbraucherverbände informiert und an der Ausarbeitung von Verhaltenskodizes beteiligt werden.

(23) Da die Ziele dieser Richtlinie auf Ebene der Mitgliedstaaten nicht ausreichend verwirklicht werden können und daher besser auf Gemeinschaftsebene zu verwirklichen sind, kann die Gemeinschaft im Einklang mit dem in Artikel 5 des Vertrags niedergelegten Subsidiaritätsprinzip tätig werden. Entsprechend dem in demselben Artikel genannten Grundsatz der Verhältnismäßigkeit geht diese Richtlinie nicht über das für die Beseitigung der Handelshemmnisse und die Gewährleistung eines hohen gemeinsamen Verbraucherschutzniveaus erforderliche Maß hinaus.

(24) Die Richtlinie achtet die Grundrechte und Grundsätze, die insbesondere mit der Europäischen Konvention zum Schutz der Menschenrechte und Grundfreiheiten und der Charta der Grundrechte der Europäischen Union anerkannt wurden.

(25) Nach Nummer 34 der Interinstitutionellen Vereinbarung über bessere Rechtsetzung[10] sind die Mitgliedstaaten aufgefordert, für ihre eigenen Zwecke und im Interesse der Gemeinschaft eigene Tabellen aufzustellen, aus denen im Rahmen des Möglichen die Entsprechungen zwischen dieser Richtlinie und den Umsetzungsmaßnahmen zu entnehmen sind, und diese zu veröffentlichen –

HABEN FOLGENDE RICHTLINIE ERLASSEN:

Art. 1 Zweck und Anwendungsbereich (1) Zweck dieser Richtlinie ist es, durch eine Angleichung der Rechts- und Verwaltungsvorschriften der Mitgliedstaaten im Hinblick auf bestimmte Aspekte der Vermarktung, des Verkaufs und des Wiederverkaufs von Teilzeitnutzungsrechten und langfristigen Urlaubsprodukten sowie von Tauschverträgen zu einem reibungslosen Funktionieren des Binnenmarkts und zum Erreichen eines hohen Verbraucherschutzniveaus beizutragen.

(2) Diese Richtlinie findet Anwendung auf Geschäfte zwischen Gewerbetreibenden und Verbrauchern.

Sie lässt folgende nationale Rechtsvorschriften unberührt:

a) Rechtsvorschriften über allgemeine vertragsrechtliche Rechtsbehelfe;

b) Rechtsvorschriften über die Eintragung von unbeweglichem oder beweglichem Eigentum und die Übertragung von unbeweglichem Eigentum;

c) Rechtsvorschriften zu den Niederlassungsbedingungen oder Genehmigungsverfahren oder Lizenzanforderungen und

d) Rechtsvorschriften über die Festlegung der Rechtsnatur der Rechte, die Gegenstand der unter diese Richtlinie fallenden Verträge sind.

Art. 2 Begriffsbestimmungen (1) Im Sinne dieser Richtlinie bezeichnet der Ausdruck

a) „Teilzeitnutzungsvertrag" einen Vertrag mit einer Laufzeit von mehr als einem Jahr, mit dem der Verbraucher gegen Entgelt das Recht erwirbt, eine oder mehrere Übernachtungsunterkünfte für mehr als einen Nutzungszeitraum zu nutzen;

b) „Vertrag über ein langfristiges Urlaubsprodukt" einen Vertrag mit einer Laufzeit von mehr als einem Jahr, mit dem der Verbraucher gegen Entgelt in erster Linie das Recht auf Preisnachlässe oder sonstige Vergünstigungen in Bezug auf eine Unterkunft erwirbt, und zwar unabhängig davon, ob damit Reise- oder sonstige Leistungen verbunden sind;

c) „Wiederverkaufsvertrag" einen Vertrag, mit dem ein Gewerbetreibender gegen Entgelt einen Verbraucher dabei unterstützt, ein Teilzeitnutzungsrecht oder ein langfristiges Urlaubsprodukt zu veräußern oder zu erwerben;

d) „Tauschvertrag" einen Vertrag, mit dem ein Verbraucher gegen Entgelt einem Tauschsystem beitritt, das diesem Verbraucher Zugang zu einer Übernachtungsunterkunft oder anderen Leistungen im Tausch gegen die Gewährung vorübergehenden Zugangs

---

10   ABl. C 321 vom 31.12.2003, S. 1.

für andere Personen zu den Vergünstigungen aus den Rechten, die sich aus dem Teil-zeitnutzungsvertrag des Verbrauchers ergeben, ermöglicht;

e) „Gewerbetreibender" eine natürliche oder juristische Person, die für die Zwecke ihrer gewerblichen, geschäftlichen, handwerklichen oder beruflichen Tätigkeit handelt, so-wie jede Person, die im Namen oder im Auftrag eines Gewerbetreibenden handelt;

f) „Verbraucher" jede natürliche Person, die zu Zwecken handelt, die nicht ihrer gewerb-lichen, geschäftlichen, handwerklichen oder beruflichen Tätigkeit zugerechnet werden können;

g) „akzessorischer Vertrag" einen Vertrag, mit dem der Verbraucher Leistungen im Zu-sammenhang mit einem Teilzeitnutzungsvertrag oder einem Vertrag über ein langfris-tiges Urlaubsprodukt erwirbt, die von dem Gewerbetreibenden oder einem Dritten auf der Grundlage einer Vereinbarung zwischen diesem Dritten und dem Gewerbetrei-benden erbracht werden;

h) „dauerhafter Datenträger" jedes Medium, das dem Verbraucher oder dem Gewerbe-treibenden gestattet, an ihn persönlich gerichtete Informationen derart zu speichern, dass er sie in der Folge für eine für die Zwecke der Informationen angemessene Dauer abrufen kann, und das die unveränderte Wiedergabe der gespeicherten Informationen ermöglicht;

i) „Verhaltenskodex" eine Vereinbarung oder einen Vorschriftenkatalog, die bzw. der nicht durch die Rechts- und Verwaltungsvorschriften eines Mitgliedstaats vorgeschrieben ist und das Verhalten der Gewerbetreibenden definiert, die sich in Bezug auf eine oder meh-rere spezielle Geschäftspraktiken oder Wirtschaftszweige auf diesen Kodex verpflichten;

j) „Urheber eines Kodex" jede Rechtspersönlichkeit, einschließlich einzelner Gewerbe-treibender oder Gruppen von Gewerbetreibenden, die für die Formulierung und Über-arbeitung eines Verhaltenskodex und/oder für die Überwachung der Einhaltung dieses Kodex durch alle diejenigen, die sich darauf verpflichtet haben, zuständig ist.

(2) Bei der Berechnung der Laufzeit eines Teilzeitnutzungsvertrags oder eines Vertrags über ein langfristiges Urlaubsprodukt, wie in Absatz 1 Buchstaben a und b definiert, wer-den alle Bestimmungen des Vertrags über stillschweigende oder sonstige Verlängerungen berücksichtigt.

Art. 3 Werbung (1) Die Mitgliedstaaten stellen sicher, dass jegliche Werbung angibt, dass die in Artikel 4 Absatz 1 genannten Informationen erhältlich sind und wo sie angefordert werden können.

(2) Soll ein Teilzeitnutzungsvertrag, ein Vertrag über ein langfristiges Urlaubsprodukt, ein Wiederverkaufs- oder ein Tauschvertrag einem Verbraucher auf einer Werbe- oder Ver-kaufsveranstaltung persönlich angeboten werden, so gibt der Gewerbetreibende in der Ein-ladung in deutlicher Weise den Geschäftszweck und die Art der Veranstaltung an.

(3) Die Informationen nach Artikel 4 Absatz 1 stehen dem Verbraucher auf der Veranstal-tung jederzeit zur Verfügung.

(4) Ein Teilzeitnutzungsrecht oder ein langfristiges Urlaubsprodukt darf nicht als Investi-tion vermarktet oder verkauft werden.

Art. 4 Vorvertragliche Informationen (1) Der Gewerbetreibende stellt dem Verbraucher rechtzeitig, bevor der Verbraucher an einen Vertrag oder an ein Angebot gebunden ist, kor-rekte und ausreichende Informationen auf deutliche und verständliche Weise wie folgt zur Verfügung:

a) im Falle eines Teilzeitnutzungsvertrags: gemäß dem Formblatt in Anhang I, und Informationen, wie in Teil 3 dieses Formblatts aufgeführt;

b) im Falle eines Vertrags über ein langfristiges Urlaubsprodukt: gemäß dem Formblatt in Anhang II, und Informationen, wie in Teil 3 dieses Formblatts aufgeführt;

c) im Falle eines Wiederverkaufsvertrags: gemäß dem Formblatt in Anhang III, und Informationen, wie in Teil 3 dieses Formblatts aufgeführt;

d) im Falle eines Tauschvertrags: gemäß dem Formblatt in Anhang IV, und Informationen, wie in Teil 3 dieses Formblatts aufgeführt.

(2) Die Informationen nach Absatz 1 werden von dem Gewerbetreibenden kostenfrei in Papierform oder auf einem anderen dauerhaften Datenträger, der für den Verbraucher leicht zugänglich ist, zur Verfügung gestellt.

(3) Die Mitgliedstaaten stellen sicher, dass die Informationen nach Absatz 1 nach Wahl des Verbrauchers in der Sprache oder in einer der Sprachen des Mitgliedstaats, in dem der Verbraucher seinen Wohnsitz hat oder dessen Staatsangehöriger der Verbraucher ist, abgefasst sind, sofern es sich dabei um eine Amtssprache der Gemeinschaft handelt.

Art. 5 Teilzeitnutzungsvertrag, Vertrag über ein langfristiges Urlaubsprodukt, Wiederverkaufs- oder Tauschvertrag (1) Die Mitgliedstaaten stellen sicher, dass der Vertrag schriftlich in Papierform oder auf einem anderen dauerhaften Datenträger nach Wahl des Verbrauchers in der Sprache oder in einer der Sprachen des Mitgliedstaats, in dem der Verbraucher seinen Wohnsitz hat oder dessen Staatsangehöriger der Verbraucher ist, abgefasst ist, sofern es sich dabei um eine Amtssprache der Gemeinschaft handelt.

Der Mitgliedstaat, in dem der Verbraucher seinen Wohnsitz hat, kann jedoch zusätzlich Folgendes vorschreiben:

a) In jedem Fall wird der Vertrag dem Verbraucher in der Sprache oder in einer der Sprachen dieses Mitgliedstaats ausgehändigt, sofern es sich dabei um eine Amtssprache der Gemeinschaft handelt;

b) im Falle eines Teilzeitnutzungsvertrags über eine bestimmte Immobilie händigt der Gewerbetreibende dem Verbraucher eine beglaubigte Übersetzung des Vertrags in der Sprache oder in einer der Sprachen des Mitgliedstaats aus, in dem die Immobilie belegen ist, sofern es sich dabei um eine Amtssprache der Gemeinschaft handelt.

Der Mitgliedstaat, in dessen Hoheitsgebiet der Gewerbetreibende eine Verkaufstätigkeit ausübt, kann vorschreiben, dass der Vertrag dem Verbraucher in jedem Fall in der Sprache oder in einer der Sprachen dieses Mitgliedstaats ausgehändigt wird, sofern es sich dabei um eine Amtssprache der Gemeinschaft handelt.

(2) Die in Artikel 4 Absatz 1 genannten Informationen sind fester Vertragsbestandteil und dürfen nicht geändert werden, es sei denn, die Vertragsparteien vereinbaren ausdrücklich etwas anderes oder die Änderungen resultieren aus ungewöhnlichen und unvorhersehbaren Umständen, auf die der Gewerbetreibende keinen Einfluss hat und deren Folgen selbst bei aller gebotenen Sorgfalt nicht hätten vermieden werden können.

Diese Änderungen werden dem Verbraucher vor Abschluss des Vertrags in Papierform oder auf einem anderen dauerhaften Datenträger, der für den Verbraucher leicht zugänglich ist, mitgeteilt.

Der Vertrag weist ausdrücklich auf diese Änderungen hin.

(3) Zusätzlich zu den in Artikel 4 Absatz 1 genannten Informationen enthält der Vertrag Folgendes:

a) Identität, Wohnsitz und Unterschrift jeder Partei und
b) Datum und Ort des Vertragsschlusses.

(4) Vor Vertragsschluss macht der Gewerbetreibende den Verbraucher ausdrücklich auf das Widerrufsrecht, auf die in Artikel 6 genannte Widerrufsfrist sowie auf das während der Widerrufsfrist geltende Anzahlungsverbot nach Artikel 9 aufmerksam. Die entsprechenden Vertragsbestimmungen werden vom Verbraucher gesondert unterzeichnet.

Der Vertrag enthält ein gesondertes Formblatt für den Widerruf, das in Anhang V wiedergegeben ist, damit die Wahrnehmung des Widerrufsrechts nach Artikel 6 erleichtert wird.

(5) Der Verbraucher erhält bei Vertragsschluss eine Kopie oder Kopien des Vertrags.

Art. 6 Widerrufsrecht (1) Neben den Rechtsbehelfen, die dem Verbraucher nach nationalem Recht im Falle eines Verstoßes gegen die Bestimmungen dieser Richtlinie zur Verfügung stehen, stellen die Mitgliedstaaten sicher, dass der Verbraucher den Teilzeitnutzungsvertrag, den Vertrag über ein langfristiges Urlaubsprodukt, den Wiederverkaufs- oder den Tauschvertrag innerhalb von 14 Kalendertagen ohne Angabe von Gründen widerrufen kann.

(2) Die Widerrufsfrist wird wie folgt berechnet:
a) ab dem Tag des Abschlusses des Vertrags oder verbindlichen Vorvertrags oder
b) ab dem Tag, an dem der Verbraucher den Vertrag oder verbindlichen Vorvertrag erhält, sofern dieser nach dem unter Buchstabe a genannten Zeitpunkt liegt.

(3) Die Widerrufsfrist endet:
a) ein Jahr und 14 Kalendertage nach dem in Absatz 2 dieses Artikels genannten Tag, wenn der Gewerbetreibende kein gesondertes Formblatt für den Widerruf, wie in Artikel 5 Absatz 4 vorgeschrieben, ausgefüllt und dem Verbraucher schriftlich in Papierform oder auf einem anderen dauerhaften Datenträger ausgehändigt hat;
b) drei Monate und 14 Kalendertage nach dem in Absatz 2 dieses Artikels genannten Tag, wenn dem Verbraucher die in Artikel 4 Absatz 1 genannten Informationen, einschließlich des anwendbaren Formblatts gemäß den Anhängen I bis IV, nicht schriftlich in Papierform oder auf einem anderen dauerhaften Datenträger zur Verfügung gestellt wurden.

Darüber hinaus sehen die Mitgliedstaaten geeignete Sanktionen gemäß Artikel 15 insbesondere für den Fall vor, dass der Gewerbetreibende bei Ablauf der Widerrufsfrist die Informationsanforderungen nach dieser Richtlinie nicht erfüllt hat.

(4) Wenn der Gewerbetreibende ein gesondertes Formblatt für den Widerruf, wie in Artikel 5 Absatz 4 vorgeschrieben, ausgefüllt und dem Verbraucher schriftlich in Papierform oder auf einem anderen dauerhaften Datenträger innerhalb eines Jahres ab dem in Absatz 2 dieses Artikels genannten Tag ausgehändigt hat, so beginnt die Widerrufsfrist an dem Tag, an dem der Verbraucher das Formblatt erhält. Wenn dem Verbraucher die in Artikel 4 Absatz 1 genannten Informationen, einschließlich des anwendbaren Formblatts gemäß den Anhängen I bis IV, schriftlich in Papierform oder auf einem anderen dauerhaften Datenträger innerhalb von drei Monaten ab dem in Absatz 2 dieses Artikels genannten Tag zur Verfügung gestellt wurden, so beginnt die Widerrufsfrist auch in diesem Fall an dem Tag, an dem der Verbraucher diese Informationen erhält.

(5) Wird dem Verbraucher der Tauschvertrag zusammen mit dem Teilzeitnutzungsvertrag und zum gleichen Zeitpunkt wie dieser angeboten, so gilt für beide Verträge nur eine einheitliche Widerrufsfrist gemäß Absatz 1. Die Widerrufsfrist für beide Verträge wird gemäß

den Bestimmungen des Absatzes 2 berechnet, wie sie für den Teilzeitnutzungsvertrag gelten.

Art. 7 Modalitäten der Wahrnehmung des Widerrufsrechts Möchte der Verbraucher von dem Widerrufsrecht Gebrauch machen, so teilt der Verbraucher die Widerrufsentscheidung dem Gewerbetreibenden vor Ablauf der Widerrufsfrist in Papierform oder auf einem anderen dauerhaften Datenträger mit. Der Verbraucher kann dazu das Formblatt für den Widerruf gemäß Anhang V verwenden, das der Gewerbetreibende gemäß Artikel 5 Absatz 4 ausgehändigt hat. Die Frist ist gewahrt, wenn die Mitteilung vor Ablauf der Widerrufsfrist abgesandt wird.

Art. 8 Auswirkungen der Wahrnehmung des Widerrufsrechts (1) Die Wahrnehmung des Widerrufsrechts durch den Verbraucher beendet die Verpflichtung der Parteien, den Vertrag zu erfüllen.

(2) Macht der Verbraucher von seinem Widerrufsrecht Gebrauch, so hat der Verbraucher keine Kosten zu tragen und muss nicht für den Wert der Leistung aufkommen, die vor dem Widerruf möglicherweise erbracht worden ist.

Art. 9 Anzahlung (1) Die Mitgliedstaaten stellen sicher, dass bei Teilzeitnutzungsverträgen, Verträgen über langfristige Urlaubsprodukte und Tauschverträgen Anzahlungen, Sicherheitsleistungen, Sperrbeträge auf Konten, ausdrückliche Schuldanerkenntnisse oder sonstige Gegenleistungen des Verbrauchers an den Gewerbetreibenden oder einen Dritten vor Ende der Widerrufsfrist gemäß Artikel 6 untersagt sind.

(2) Die Mitgliedstaaten stellen sicher, dass jegliche Anzahlungen, Sicherheitsleistungen, Sperrbeträge auf Konten, ausdrückliche Schuldanerkenntnisse oder sonstigen Gegenleistungen des Verbrauchers an den Gewerbetreibenden oder einen Dritten im Zusammenhang mit dem Wiederverkauf untersagt sind, solange der Verkauf nicht tatsächlich stattgefunden hat oder der Wiederverkaufsvertrag nicht anderweitig beendet wird.

Art. 10 Besondere Bestimmungen für Verträge über langfristige Urlaubsprodukte (1) Bei Verträgen über langfristige Urlaubsprodukte erfolgt die Zahlung nach einem Ratenzahlungsplan. Jede Zahlung des im Vertrag aufgeführten Preises auf andere Weise als nach dem Ratenzahlungsplan ist untersagt. Die Zahlungen, einschließlich Mitgliedsbeiträgen, werden in jährliche Ratenzahlungen aufgeteilt, von denen jede den gleichen Wert hat. Der Gewerbetreibende übersendet mindestens 14 Kalendertage vor jedem Fälligkeitstermin in Papierform oder auf einem anderen dauerhaften Datenträger eine schriftliche Zahlungsaufforderung.

(2) Ab der zweiten Ratenzahlung kann der Verbraucher den Vertrag ohne Vertragsstrafen beenden, indem er den Gewerbetreibenden binnen 14 Kalendertagen ab Erhalt der Aufforderung zur nächsten Ratenzahlung davon in Kenntnis setzt. Dieses Recht berührt nicht die Rechte zur Vertragsbeendigung aufgrund der geltenden nationalen Rechtsvorschriften.

Art. 11 Beendigung akzessorischer Verträge (1) Die Mitgliedstaaten stellen sicher, dass im Falle der Wahrnehmung des Widerrufsrechts bezüglich eines Teilzeitnutzungsvertrags oder eines Vertrags über ein langfristiges Urlaubsprodukt durch den Verbraucher alle diesen Verträgen untergeordneten Tauschverträge oder sonstigen akzessorischen Verträge ohne Kosten für den Verbraucher automatisch beendet werden.

(2) Wird der Preis vollständig oder teilweise durch einen Kredit finanziert, der dem Verbraucher vom Gewerbetreibenden oder einem Dritten aufgrund einer Vereinbarung zwischen diesem Dritten und dem Gewerbetreibenden gewährt wird, so wird unbeschadet von Artikel 15 der Richtlinie 2008/48/EG des Europäischen Parlaments und des Rates vom 23. April 2008 über Verbraucherkreditverträge[11] die Kreditvereinbarung ohne Kosten für den Verbraucher beendet, wenn der Verbraucher das Recht auf Widerruf eines Teilzeitnutzungsvertrags, eines Vertrags über ein langfristiges Urlaubsprodukt, eines Wiederverkaufs- oder eines Tauschvertrags wahrnimmt.

(3) Die Mitgliedstaaten legen die Einzelheiten bezüglich der Beendigung dieser Verträge fest.

Art. 12 Unabdingbarkeit der Richtlinie und Anwendung in internationalen Fällen
(1) Ist auf den Vertrag das Recht eines Mitgliedstaats anzuwenden, so stellen die Mitgliedstaaten sicher, dass die Verbraucher auf die ihnen durch diese Richtlinie übertragenen Rechte nicht verzichten können.

(2) Ist das Recht eines Drittlands anzuwenden, so darf Verbrauchern der Schutz, der durch diese Richtlinie in der von dem Mitgliedstaat des angerufenen Gerichts umgesetzten Form gewährt wird, nicht vorenthalten werden, wenn
– eine der betroffenen Immobilien im Hoheitsgebiet eines Mitgliedstaats belegen ist oder
– im Falle eines Vertrags, der sich nicht unmittelbar auf eine Immobilie bezieht, der Gewerbetreibende eine gewerbliche oder berufliche Tätigkeit in einem Mitgliedstaat ausübt oder diese Tätigkeit auf irgendeine Weise auf einen Mitgliedstaat ausrichtet und der Vertrag in den Bereich dieser Tätigkeit fällt.

Art. 13 Rechtsbehelfe bei Gericht oder Verwaltungsbehörden (1) Die Mitgliedstaaten stellen im Interesse der Verbraucher sicher, dass geeignete und wirksame Mittel vorhanden sind, die die Einhaltung der Bestimmungen dieser Richtlinie durch Gewerbetreibende gewährleisten.

(2) Die in Absatz 1 genannten Mittel umfassen unter anderem Bestimmungen, nach denen eine oder mehrere der folgenden nach nationalem Recht bestimmten Einrichtungen gemäß den nationalen Rechtsvorschriften berechtigt sind, die Gerichte oder die zuständigen Verwaltungsbehörden anzurufen, um sicherzustellen, dass die nationalen Vorschriften zur Umsetzung dieser Richtlinie angewandt werden:
a) öffentliche Einrichtungen und Behörden oder ihre Vertreter;
b) Verbraucherverbände, die ein berechtigtes Interesse am Schutz der Verbraucher haben;
c) Berufsverbände, die ein berechtigtes Interesse an einer solchen Anrufung haben.

Art. 14 Verbraucherinformation und außergerichtliche Rechtsbehelfsverfahren
(1) Die Mitgliedstaaten ergreifen geeignete Maßnahmen, um Verbraucher über die nationalen Vorschriften zur Umsetzung dieser Richtlinie zu informieren und halten Gewerbetreibende und Urheber von Kodizes gegebenenfalls dazu an, den Verbrauchern ihre Verhaltenskodizes mitzuteilen.

Die Kommission unterstützt die Ausarbeitung von Verhaltenskodizes auf Gemeinschaftsebene insbesondere durch Standesorganisationen, Berufsverbände und -organisationen im Einklang mit dem Gemeinschaftsrecht, um die Anwendung dieser Richtlinie zu erleichtern.

---

11 Verbraucherkredit-RL, in dieser Sammlung Nr. 2.18.

Darüber hinaus hält sie Gewerbetreibende und deren Berufsorganisationen dazu an, die Verbraucher über diese Verhaltenskodizes zu informieren, gegebenenfalls auch durch geeignete Kennzeichnungen.

(2) Die Mitgliedstaaten unterstützen die Einrichtung beziehungsweise den Ausbau angemessener und wirksamer Beschwerde- und Rechtsbehelfsverfahren für die außergerichtliche Beilegung von Verbraucherstreitigkeiten im Rahmen dieser Richtlinie und halten gegebenenfalls Gewerbetreibende und deren Berufsorganisationen dazu an, die Verbraucher über solche Beschwerde- und Rechtsbehelfsverfahren für die außergerichtliche Beilegung von Verbraucherstreitigkeiten zu informieren.

Art. 15 Sanktionen (1) Die Mitgliedstaaten sehen angemessene Sanktionen für den Fall vor, dass ein Gewerbetreibender gegen die aufgrund dieser Richtlinie erlassenen nationalen Vorschriften verstößt.

(2) Diese Sanktionen müssen wirksam, verhältnismäßig und abschreckend sein.

Art. 16-20 *Umsetzung, Überprüfung, Aufhebung der Richtlinie 94/47/EG, Inkrafttreten und Adressaten – nicht abgedruckt.*

Anhang I Formblatt für Informationen zu Teilzeitnutzungsverträgen; **Anhang II** Formblatt für Informationen zu Verträgen über langfristige Urlaubsprodukte; **Anhang III** Formblatt für Informationen zu Wiederverkaufsverträgen; **Anhang IV** Formblatt für Informationen zu Tauschverträgen; **Anhang V** Gesondertes Formblatt zur Erleichterung der Wahrnehmung des Widerrufsrechts; **Anhang VI** Entsprechungstabelle – *nicht abgedruckt.*

2.16 Richtlinie 2007/64/EG des Europäischen Parlaments und des Rates vom 13. November 2007 über Zahlungsdienste im Binnenmarkt, zur Änderung der Richtlinien 97/7/EG, 2002/65/EG, 2005/60/EG und 2006/48/EG sowie zur Aufhebung der Richtlinie 97/5/EG [Zahlungsdienste-RL]

ABl. 2007 L 319/1

DAS EUROPÄISCHE PARLAMENT UND DER RAT DER EUROPÄISCHEN UNION –
gestützt auf den Vertrag zur Gründung der Europäischen Gemeinschaft, insbesondere auf Artikel 47 Absatz 2 Sätze 1 und 3 und Artikel 95,
auf Vorschlag der Kommission[1],
nach Anhörung des Europäischen Wirtschafts- und Sozialausschusses[2],
nach Stellungnahme der Europäischen Zentralbank[3],
gemäß dem Verfahren des Artikels 251 des Vertrags[4],
in Erwägung nachstehender Gründe:

(1) Für die Errichtung des Binnenmarkts ist die Abschaffung aller Binnengrenzen in der Gemeinschaft mit dem Ziel, den freien Verkehr von Waren, Personen, Dienstleistungen und Kapital zu ermöglichen, unerlässlich. Ein einwandfrei funktionierender Binnenmarkt für Zahlungsdienste ist vor diesem Hintergrund von zentraler Bedeutung. Zurzeit werden die Funktionsabläufe dieses Markts jedoch durch die fehlende Harmonisierung in diesem Bereich behindert.

(2) Derzeit sind die Zahlungsverkehrsmärkte der Mitgliedstaaten aufgrund ihrer nationalen Ausrichtung unterschiedlich organisiert und der rechtliche Rahmen für Zahlungsdienste besteht aus 27 verschiedenen nationalen Rechtssystemen.

(3) In diesem Bereich wurden bisher mehrere Rechtsakte erlassen, nämlich die Richtlinie 97/5/EG des Europäischen Parlaments und des Rates vom 27. Januar 1997 über grenzüberschreitende Überweisungen[5] und die Verordnung (EG) Nr. 2560/2001 des Europäischen Parlaments und des Rates vom 19. Dezember 2001 über grenzüberschreitende Zahlungen in Euro[6], die jedoch ebenso wenig hinreichende Abhilfe geschaffen haben wie die Empfehlung 87/598/EWG der Kommission vom 8. Dezember 1987 für einen Verhaltenskodex im Bereich des elektronischen Zahlungsverkehrs (Beziehungen zwischen Finanzinstituten, Händlern/Dienstleistungserbringern und Verbrauchern)[7], die Empfehlung 88/590/EWG der Kommission vom 17. November 1988 zu Zahlungssystemen, insbesondere zu den Beziehungen zwischen Karteninhabern und Kartenausstellern[8], oder die Empfehlung 97/489/EG der Kommission vom 30. Juli 1997 zu den Geschäften, die mit elektronischen Zahlungsinstrumenten getätigt werden (besonders zu den Beziehungen zwischen Emittenten und Inhabern solcher Instrumente)[9]. Diese Maßnahmen sind weiterhin unzureichend. Zudem führt das Nebeneinander von nationalen Bestimmungen und unvollständigen gemeinschaftlichen Rahmenbestimmungen zu Verwirrung und mangelnder Rechtssicherheit.

(4) Auf Gemeinschaftsebene sollte deshalb unbedingt ein moderner und kohärenter rechtlicher Rahmen für Zahlungsdienste – unabhängig davon, ob diese Dienste mit dem aufgrund der Initiative des Finanzsektors zur Einführung eines einheitlichen Euro-Zahlungsverkehrsraums entwickelten System vereinbar sind oder nicht – geschaffen werden, der neutral ist und gleiche Wettbewerbsbedingungen für alle Zahlungssysteme gewährleistet, damit der Verbraucher auch weiterhin freie

---

1 [KOM(2005) 603 endg.]
2 ABl. C 318 vom 23.12.2006, S. 51.
3 ABl. C 109 vom 9.5.2006, S. 10.
4 Stellungnahme des Europäischen Parlaments vom 24.4.2007 ([ABl. C 74E vom 20.3.2008, S. 272]) und Beschluss des Rates vom 15. 10.2007.
5 ABl. L 43 vom 14.2.1997, S. 25.
6 ABl. L 344 vom 28.12.2001, S. 13. [Ersetzt durch neue Zahlungsentgelte-VO, in dieser Sammlung Nr. 2.17.]
7 ABl. L 365 vom 24.12.1987, S. 72.
8 ABl. L 317 vom 24.11.1988, S. 55.
9 ABl. L 208 vom 2.8.1997, S. 52.

Wahl hat, was im Vergleich zu den derzeitigen nationalen Systemen einen erheblichen Fortschritt in Bezug auf die Verbraucherkosten, die Sicherheit und die Effizienz bedeuten dürfte.

(5) *Zum Aufsichtsrecht – nicht abgedruckt.*

(6) *zu Ausnahmebereichen, besonders bei papiergestützten Zahlungsverkehrsinstrumenten – nicht abgedruckt.*

(7) Ein Finanztransfer ist ein einfacher Zahlungsdienst, der in der Regel auf Bargeld beruht, das der Zahler einem Zahlungsdienstleister übergibt, der den entsprechenden Betrag beispielsweise über ein Kommunikationsnetz an einen Zahlungsempfänger oder an einen anderen, im Namen des Zahlungsempfängers handelnden Zahlungsdienstleister weiterleitet. In einigen Mitgliedstaaten bieten Supermärkte, Groß- und Einzelhändler ihren Kunden eine entsprechende Dienstleistung für die Bezahlung von Rechnungen von Versorgungsunternehmen und anderen regelmäßiger Haushaltsrechnungen. Derartige Bezahldienste sollten als Finanztransfer im Sinne dieser Richtlinie behandelt werden, sofern die zuständigen Behörden nicht der Auffassung sind, dass diese Tätigkeit von einem anderen in der Anlage angeführten Zahlungsdienst erfasst wird.

(8) Es sollte festgelegt werden, welche Kategorien von Zahlungsdienstleistern die Erlaubnis zur gemeinschaftsweiten Erbringung von Zahlungsdiensten erhalten können, nämlich Kreditinstitute, die mit den Guthaben von Nutzern Zahlungen ausführen können und weiterhin den aufsichtsrechtlichen Anforderungen der Richtlinie 2006/48/EG des Europäischen Parlaments und des Rates vom 14. Juni 2006 über die Aufnahme und Ausübung der Tätigkeit der Kreditinstitute[10] unterliegen sollten, E-Geld-Institute, die für Zahlungszwecke E-Geld ausgeben können und weiterhin den aufsichtsrechtlichen Anforderungen der Richtlinie 2000/46/EG des Europäischen Parlaments und des Rates vom 18. September 2000 über die Aufnahme, Ausübung und Beaufsichtigung der Tätigkeit von E-Geld-Instituten[11] genügen sollten, und Postscheckämter, die nach einzelstaatlichem Recht zur Erbringung dieser Dienste berechtigt sind.

(9) Diese Richtlinie sollte die Ausführung von Zahlungsvorgängen regeln, soweit es sich bei den Geldbeträgen um elektronisches Geld im Sinne von Artikel 1 Absatz 3 Buchstabe b der Richtlinie 2000/46/EG handelt. Sie sollte jedoch weder die Ausgabe von elektronischem Geld regeln noch die Regeln für die Beaufsichtigung der E-Geld-Institute nach der Richtlinie 2000/46/EG ändern. Die Zahlungsinstitute sollten daher nicht befugt sein, elektronisches Geld auszugeben.

(10) Zur Beseitigung rechtlicher Marktzutrittsschranken sollten jedoch für alle Zahlungsdienstleister, die keine Einlagen entgegennehmen oder kein E-Geld ausgeben, eine einheitliche Zulassung geschaffen werden. Aus diesem Grund sollte eine neue Kategorie von Zahlungsdienstleistern, nachstehend „Zahlungsinstitute", eingeführt werden und es sollten zu diesem Zweck die juristischen Personen, die aus den derzeitigen Kategorien herausfallen, unter strengen und umfassenden Auflagen die Erlaubnis zur gemeinschaftsweiten Erbringung von Zahlungsdiensten erhalten. Auf diese Weise würden die genannten Dienste gemeinschaftsweit den gleichen Bedingungen unterliegen.

(11)-(15) *Zum Aufsichtsrecht – nicht abgedruckt.*

(16) Jeder Zahlungsdienstleister muss unbedingt Zugang zu den technischen Diensten für die Infrastruktur der Zahlungssysteme haben. Der Zugang sollte jedoch bestimmten Anforderungen unterliegen, um die Integrität und Stabilität dieser Systeme zu gewährleisten. Jeder Zahlungsdienstleister, der sich um die Teilnahme an einem Zahlungssystem bewirbt, sollte den Teilnehmern des Zahlungssystems den Nachweis erbringen, dass seine internen Vorkehrungen hinreichend solide sind, um allen Arten von Risiken standhalten zu können. Typische Beispiele für solche Zahlungssysteme sind die Vier-Parteien-Kartensysteme sowie die wichtigsten Überweisungs- und Lastschriftsysteme. Um zwischen den einzelnen Kategorien von zugelassenen Zahlungsdienstleistern entsprechend ihrer aufsichtsbehördlichen Zulassung eine gemeinschaftsweite Gleichbehandlung zu gewährleisten, sollten die Zulassungsvoraussetzungen für Zahlungsdienstleister und die Regeln für den Zugang zu Zahlungssystemen präzisiert werden. Es sollte dafür gesorgt werden, dass es zwischen zugelassenen Zahlungsinstituten und Kreditinstituten zu keinerlei Diskriminierung kommt, so dass alle im Binnenmarkt konkurrierenden Zahlungsdienstleister die technischen Infrastrukturdienste dieser Zahlungsverkehrssysteme zu denselben Bedingungen nutzen können. Es sollte wegen des unterschiedlichen Aufsichtsrahmens eine unterschiedliche Behandlung von zugelassenen Zahlungsdienstleistern und von Instituten, die unter die Ausnahmeregelung nach Artikel 26 der vorliegenden Richtlinie oder nach Artikel 8 der Richtlinie 2000/46/EG fallen, vorgesehen werden. Unterschiedliche Preise sollten jedoch nur dann erlaubt sein, wenn die Zahlungsdienstleister unterschiedlich hohe Kosten verursachen. Dies gilt unbeschadet des Rechts der Mitgliedstaaten, den Zugang zu den

---

10 ABl. L 177 vom 30.6.2006, S. 1. Zuletzt geändert durch die Richtlinie 2007/44/EG (ABl. L 247 vom 21.9.2007, S. 1).

11 ABl. L 275 vom 27.10.2000, S. 39.

für das Gesamtsystem wichtigen Systemen im Einklang mit der Richtlinie 98/26/EG des Europäischen Parlaments und des Rates vom 19. Mai 1998 über die Wirksamkeit von Abrechnungen in Zahlungs- sowie Wertpapierliefer- und -abrechnungssystemen[12] einzuschränken, sowie unbeschadet der Zuständigkeiten der Europäischen Zentralbank und des Europäischen Systems der Zentralbanken (ESZB) nach Artikel 105 Absatz 2 des Vertrags und den Artikeln 3.1 und 22 der Satzung des ESZB hinsichtlich des Zugangs zu Zahlungssystemen.

(17) Die Bestimmungen über den Zugang zu den Zahlungssystemen sollten nicht für Systeme gelten, die von einem einzigen Zahlungsdienstleister eingerichtet und betrieben werden. Solche Zahlungssysteme können zwar auch in unmittelbarem Wettbewerb mit anderen Zahlungssystemen stehen, in der Regel aber besetzen sie eine Marktnische, die von diesen nicht ausreichend abgedeckt wird. Zu diesen Zahlungssystemen zählen in der Regel Dreiparteiensysteme wie Drei-Parteien-Kartensysteme, Zahlungsdienste von Telekommunikations- oder Finanztransferdiensten, bei denen der Betreiber des Zahlungsdienstleister sowohl des Zahlers als auch des Zahlungsempfängers ist, sowie interne Systeme von Bankengruppen. Um den Wettbewerb zwischen diesen Zahlungssystemen und den etablierten Hauptzahlungssystemen anzuregen, sollte Dritten grundsätzlich kein Zugang zu diesen Zahlungssystemen gewährt werden. Nichtsdestoweniger sollten auch solche Systeme den Wettbewerbsvorschriften der Gemeinschaft und der Mitgliedstaaten unterliegen, so dass es nötig sein könnte, Zugang zu diesen Zahlungssystemen zu gewähren, um einen wirksamen Wettbewerb in den Zahlungsmärkten aufrechtzuerhalten.

(18) Es sollten Regeln eingeführt werden, die transparente Vertragsbedingungen und Informationsanforderungen bei Zahlungsdiensten sicherstellen.

(19) Vom Anwendungsbereich dieser Richtlinie ausgenommen werden sollten Barzahlungen, da es bereits einen Binnenmarkt für Barzahlungen gibt; ausgenommen werden sollten auch Scheckzahlungen, die naturgemäß nicht so zügig bearbeitet werden können wie Zahlungen mit anderen Zahlungsmitteln. Allerdings sollte sich die gute Praxis in diesem Bereich an den Prinzipien dieser Richtlinie orientieren.

(20) Da die Situation von Verbrauchern und Unternehmen nicht dieselbe ist, brauchen sie nicht im selben Umfang geschützt zu werden. Zwar müssen die Verbraucherrechte durch Vorschriften geschützt werden, von denen vertraglich nicht abgewichen werden darf, doch sollte es Unternehmen und Organisationen freistehen, abweichende Vereinbarungen zu schließen. Gleichwohl sollten die Mitgliedstaaten vorschreiben können, dass Kleinstunternehmen im Sinne der Empfehlung 2003/361/EG der Kommission vom 6. Mai 2003 betreffend die Definition der Kleinstunternehmen sowie der kleinen und mittleren Unternehmen[13] genauso behandelt werden wie Verbraucher. In jedem Fall sollten bestimmte zentrale Bestimmungen dieser Richtlinie unabhängig vom Status des Nutzers immer gelten.

(21) In dieser Richtlinie sollten die Informationspflichten der Zahlungsdienstleister gegenüber den Zahlungsdienstnutzern festgelegt werden, damit Letztere ein gleich hohes Maß an verständlichen Informationen über Zahlungsdienste erhalten und so die Konditionen der verschiedenen Anbieter in der EU vergleichen und ihre Wahl in voller Kenntnis der Sachlage treffen können. Im Interesse der Transparenz sollte diese Richtlinie die harmonisierten Anforderungen festlegen, die erforderlich sind, um sicherzustellen, dass der Zahlungsdienstnutzer sowohl zu dem mit dem Zahlungsdienstleister geschlossenen Vertrag als auch zum Zahlungsvorgang in ausreichendem Umfang alle notwendigen Informationen erhält. Damit der Binnenmarkt für Zahlungsdienste reibungslos funktionieren kann, sollten die Mitgliedstaaten nur solche Informationsvorschriften erlassen können, die in dieser Richtlinie vorgesehen sind.

(22) Nach der Richtlinie 2005/29/EG des Europäischen Parlaments und des Rates vom 11. Mai 2005 über unlautere Geschäftspraktiken im binnenmarktinternen Geschäftsverkehr zwischen Unternehmen und Verbrauchern[14] sowie der Richtlinie 2000/31/EG des Europäischen Parlaments und des Rates vom 8. Juni 2000 über bestimmte rechtliche Aspekte der Dienste der Informationsgesellschaft, insbesondere des elektronischen Geschäftsverkehrs, im Binnenmarkt (Richtlinie über den elektronischen Geschäftsverkehr)[15] und der Richtlinie 2002/65/EG des Europäischen Parlaments und des Rates vom 23. September 2002 über den Fernabsatz von Finanzdienstleistungen an Verbraucher[16] sollten die Verbraucher vor unlauteren oder irreführenden Praktiken geschützt werden.

---

12 ABl. L 166 vom 11.6.1998, S. 45.
13 ABl. L 124 vom 20.5.2003, S. 36.
14 ABl. L 149 vom 11.6.2005, S. 22 [Geschäftspraktiken-RL, in dieser Sammlung Nr. 2.5].
15 ABl. L 178 vom 17.7.2000, S. 1 [E-Commerce-RL, in dieser Sammlung Nr. 2.3].
16 ABl. L 271 vom 9.10.2002, S. 16 [Finanzdienstleistung-Fernabsatz-RL, in dieser Sammlung Nr. 2.2]. Geändert durch die Richtlinie 2005/29/EG.

Die zusätzlichen Bestimmungen jener Richtlinien gelten weiterhin. Doch muss insbesondere verdeutlicht werden, in welchem Verhältnis die vorvertraglichen Informationspflichten dieser Richtlinie zu denen der Richtlinie 2002/65/EG stehen.

(23) Die Informationen sollten den Bedürfnissen der Nutzer angemessen sein und in standardisierter Form übermittelt werden. Allerdings sollten für Einzelzahlungen andere Informationspflichten gelten als für Rahmenverträge, die mehrere Zahlungsvorgänge betreffen.

(24) In der Praxis sind Rahmenverträge und darunter fallende Zahlungsvorgänge weitaus häufiger und fallen wirtschaftlich mehr ins Gewicht als Einzelzahlungen. Bei Zahlungskonten oder bestimmten Zahlungsinstrumenten ist ein Rahmenvertrag erforderlich. Daher sollten die Vorabinformationspflichten bei Rahmenverträgen recht umfassend sein und die Informationen sollten immer auf Papier oder einem anderen dauerhaften Datenträger mitgeteilt werden, wie beispielsweise Ausdrucke von Kontoauszugsdruckern, Disketten, CD-ROMs, DVDs und PC-Festplattenlaufwerken, auf denen elektronische Post gespeichert werden kann, sowie Websites, sofern sie für einen dem Zweck der Information angemessenen Zeitraum konsultiert und unverändert reproduziert werden können. Allerdings sollten Zahlungsdienstleister und Zahlungsdienstnutzer in einem Rahmenvertrag vereinbaren können, in welcher Weise nachträgliche Information über die ausgeführten Zahlungsvorgänge erfolgen soll, beispielsweise dass beim Internetbanking alle das Zahlungskonto betreffenden Informationen online zugänglich gemacht werden.

(25) Bei Einzelzahlungen sollte der Zahlungsdienstleister lediglich die wichtigsten Informationen stets von sich aus geben müssen. Da der Zahler in der Regel anwesend ist, wenn er den Zahlungsauftrag erteilt, braucht nicht vorgeschrieben zu werden, dass die Informationen in jedem Fall auf Papier oder einem anderen dauerhaften Datenträger gegeben werden müssen. Der Zahlungsdienstleister kann entweder mündlich am Schalter Auskunft erteilen oder dafür sorgen, dass die Informationen anderweitig leicht zugänglich sind, indem er beispielsweise eine Tafel mit den Vertragsbedingungen in seinen Geschäftsräumen anbringt. Zudem sollte er darauf hinweisen, wo weitere Informationen erhältlich sind (z. B. Angabe der Website-Adresse). Allerdings sollte der Verbraucher auf Verlangen die wichtigsten Informationen auf Papier oder einem anderen dauerhaften Datenträger erhalten können.

(26) Diese Richtlinie sollte das Recht des Zahlungsdienstnutzers festlegen, einschlägige Informationen kostenlos zu erhalten, bevor er an einen Zahlungsdienstvertrag gebunden ist. Ebenso sollte der Verbraucher während des Vertragsverhältnisses jederzeit verlangen können, dass ihm die vorvertraglichen Informationen und der Rahmenvertrag kostenlos in Papierform übermittelt werden, damit er die Dienste von Zahlungsdienstleistern mit ihren Vertragsbedingungen vergleichen und im Streitfall überprüfen kann, welche Rechte und Pflichten sich für ihn aus dem Vertrag ergeben. Diese Bestimmungen sollten mit der Richtlinie 2002/65/EG im Einklang stehen. Die Tatsache, dass diese Richtlinie ausdrücklich die Entgeltfreiheit der Information vorschreibt, sollte nicht zur Folge haben, dass den Verbrauchern für Informationen, die nach anderen geltenden Richtlinien vorgeschrieben sind, Entgelte in Rechnung gestellt werden dürfen.

(27) Die Art und Weise, in der der Zahlungsdienstleister den Zahlungsdienstnutzer informieren muss, sollte den Erfordernissen des Nutzers sowie - je nach den im jeweiligen Zahlungsdienstvertrag getroffenen Vereinbarungen - praktischen technischen Aspekten und der Kosteneffizienz Rechnung tragen. Daher sollte in dieser Richtlinie zwischen zwei Arten unterschieden werden, auf denen Informationen vom Zahlungsdienstleister gegeben werden müssen. Entweder sollte die Information mitgeteilt, d. h. vom Zahlungsdienstleister zu dem in dieser Richtlinie geforderten Zeitpunkt von sich aus übermittelt werden, ohne dass der Zahlungsdienstnutzer sie ausdrücklich anfordern muss, oder die Information sollte dem Zahlungsdienstnutzer unter Berücksichtigung seiner etwaigen Ersuchens um nähere Informationen zugänglich gemacht werden. In letzterem Fall sollte der Zahlungsdienstnutzer selbst aktiv werden, um sich die Informationen zu verschaffen, indem er sie beispielsweise ausdrücklich vom Zahlungsdienstleister anfordert, sich in die Mailbox des Bankkontos einloggt oder eine Bankkarte in den Drucker für Kontoauszüge einführt. Zu diesem Zweck sollte der Zahlungsdienstleister sicherstellen, dass die Informationen zugänglich sind und dem Zahlungsdienstnutzer zur Verfügung stehen.

(28) Zudem sollte der Verbraucher auch grundlegende Informationen über ausgeführte Zahlungsvorgänge ohne zusätzliche Entgelte erhalten. Bei Einzelzahlungen sollte der Zahlungsdienstleister diese Informationen nicht getrennt in Rechnung stellen. Ebenso sollte die monatliche Information über die Zahlungsvorgänge im Rahmen eines Rahmenvertrags kostenlos erfolgen. Da die Preisbildung jedoch transparent sein muss und die Kunden unterschiedliche Bedürfnisse haben, sollten die Parteien vereinbaren können, dass für die häufigere Übermittlung von Informationen oder die Übermittlung zusätzlicher Informationen Entgelte erhoben werden. Um den unterschiedlichen nationalen Gepflogenheiten Rechnung zu tragen, sollten die Mitgliedstaaten vorschreiben können, dass monatliche Kontoauszüge in Papierform stets kostenlos erhältlich sein müssen.

2.16 Zahlungsdienste-RL

(29) Um Kunden den Wechsel zu erleichtern, sollten Verbraucher einen Rahmenvertrag nach Ablauf eines Jahres kostenlos kündigen können. Die vertraglich festgelegte Kündigungsfrist sollte für den Verbraucher einen Monat nicht überschreiten und für den Zahlungsdienstleister mindestens zwei Monate betragen. Diese Richtlinie sollte nicht die aus anderen einschlägigen Rechtsvorschriften der Gemeinschaft oder der Mitgliedstaaten – wie etwa Rechtsvorschriften über Geldwäsche und Terrorismusfinanzierung, Maßnahmen im Hinblick auf das Einfrieren von Geldern oder mit der Prävention und Aufklärung von Straftaten zusammenhängende Sondermaßnahmen – erwachsende Verpflichtung des Zahlungsdienstleisters berühren, unter besonderen Umständen einen Zahlungsdienst-vertrag zu kündigen.

(30) Instrumente für Kleinbetragszahlungen sollten bei Waren und Dienstleistungen des Niedrigpreissegments eine kostengünstige und benutzerfreundliche Alternative darstellen und nicht durch übermäßig hohe Anforderungen überfrachtet werden. Aus diesem Grund sollten die betreffenden Informationspflichten und Ausführungsvorschriften auf die unbedingt notwendigen Informationen beschränkt werden, wobei auch die technischen Möglichkeiten, die von diesen Instrumenten berechtigterweise erwartet werden können, berücksichtigt werden sollten. Trotz einer weniger strengen Regelung sollten die Zahlungsdienstnutzer angemessen geschützt sein, weil diese Instrumente, speziell die Instrumente auf Guthabenbasis, nur mit einem begrenzten Risiko verbunden sind.

(31) Um die Risiken oder Folgen von nicht autorisierten oder fehlerhaft ausgeführten Zahlungsvorgängen gering zu halten, sollte der Zahlungsdienstnutzer den Zahlungsdienstleister so bald wie möglich über Einwendungen gegen angeblich nicht autorisierte oder fehlerhaft ausgeführte Zahlungsvorgänge informieren, vorausgesetzt, der Zahlungsdienstleister hat seine Informationspflichten gemäß dieser Richtlinie erfüllt. Hält der Zahlungsdienstnutzer die Anzeigefrist ein, so sollte er diese Ansprüche innerhalb der nach einzelstaatlichem Recht geltenden Verjährungszeiträume geltend machen können. Diese Richtlinie sollte andere Ansprüche zwischen Zahlungsdienstnutzern und Zahlungsdienstleistern nicht berühren.

(32) Um dem Zahlungsdienstnutzer einen Anreiz zu geben, seinem Dienstleister jeden Diebstahl oder Verlust eines Zahlungsinstruments unverzüglich anzuzeigen und so das Risiko nicht autorisierter Zahlungen zu verringern, sollte der Nutzer für einen begrenzten Betrag selbst haften, es sei denn, der Zahlungsdienstnutzer hat in betrügerischer Absicht oder grob fahrlässig gehandelt. Auch sollte ein Nutzer, sobald er seinem Zahlungsdienstleister angezeigt hat, dass sein Zahlungsinstrument missbraucht worden sein könnte, keine weiteren, durch die nicht autorisierte Nutzung dieses Instruments verursachten Schäden tragen müssen. Diese Richtlinie sollte die Verantwortung der Zahlungsdienstleister für die technische Sicherheit ihrer eigenen Produkte nicht berühren.

(33) Zur Feststellung einer möglichen Fahrlässigkeit des Zahlungsdienstnutzers sollten alle Umstände berücksichtigt werden. Ob und in welchem Maße fahrlässig gehandelt wurde, sollte nach einzelstaatlichem Recht beurteilt werden. Klauseln und Bedingungen in einem Vertrag über die Bereitstellung und Nutzung eines Zahlungsinstruments, die eine Erhöhung der Beweislast für den Verbraucher oder eine Verringerung der Beweislast für die kartenausgebende Stelle zur Folge hätten, sollten nichtig sein.

(34) Die Mitgliedstaaten sollten jedoch weniger strikte Vorschriften als die oben genannten erlassen können, um ihr bestehendes Verbraucherschutzniveau zu halten und das Vertrauen in die Sicherheit elektronischer Zahlungsinstrumente zu fördern. Entsprechend sollte die Tatsache berücksichtigt werden, dass unterschiedliche Zahlungsinstrumente mit unterschiedlichen Risiken verbunden sind; dies dürfte die Ausgabe sichererer Instrumente fördern. Die Mitgliedstaaten sollten die Haftung des Zahlers ganz oder teilweise aufheben können, außer in den Fällen, in denen er in betrügerischer Absicht gehandelt hat.

(35) Die Zuweisung von Schäden, die durch nicht autorisierte Zahlungen verursacht werden, sollte geregelt werden. Für andere Zahlungsdienstnutzer als Verbraucher können andere Bestimmungen gelten, da diese in der Regel besser in der Lage sein dürften, das Betrugsrisiko einzuschätzen und Gegenmaßnahmen zu treffen.

(36) Diese Richtlinie sollte eine Erstattungsregelung enthalten, nach der ein Verbraucher in den Fällen geschützt ist, in denen der ausgeführte Zahlungsvorgang den Betrag überschreitet, der vernünftigerweise zu erwarten gewesen wäre. Die Zahlungsdienstleister sollten ihren Kunden günstigere Bedingungen bieten können und beispielsweise alle streitigen Zahlungsvorgänge zurückerstatten. Beantragt ein Nutzer die Erstattung einer Zahlung, so sollte das Recht auf Erstattung den Zahler weder seiner Pflichten gegenüber dem Zahlungsempfänger aus dem zugrunde liegenden Vertragsverhältnis entheben, z. B. bestellte, verbrauchte oder ordnungsgemäß in Rechnung gestellte Waren oder Dienstleistungen zu bezahlen, noch das Recht des Nutzers auf Widerruf eines Zahlungsauftrags beeinträchtigen.

(37) Für ihre Finanzplanung und eine fristgerechte Erfüllung ihrer Zahlungsverpflichtungen müssen Verbraucher und Unternehmen genau wissen, wie lange es dauert, bis ein Zahlungsauftrag ausge-

führt ist. Daher sollte in dieser Richtlinie ein Zeitpunkt festgelegt werden, ab dem Rechte und Pflichten gelten, nämlich wenn der Zahlungsdienstleister den Zahlungsauftrag erhält oder er ihm über die im Zahlungsdienstvertrag vereinbarten Kommunikationsmittel abrufbereit zugegangen ist, ungeachtet einer etwaigen vorherigen Beteiligung an dem zur Erstellung und Übermittlung des Zahlungsauftrags führenden Prozess, z. B. im Rahmen von Sicherheits- oder Deckungsprüfungen, Information über die Nutzung der persönlichen Identifikationsnummer oder bei der Abgabe eines Zahlungsversprechens. Darüber hinaus sollte der Eingang eines Zahlungsauftrags stattfinden, wenn der Zahlungsdienstleister des Zahlers den Zahlungsauftrag erhält, mit dem das Konto des Zahlers belastet werden soll. Der Tag oder Zeitpunkt, an dem ein Zahlungsempfänger seinem Zahlungsdienstleister Zahlungsaufträge z. B. für das Inkasso von Kartenzahlungen oder Lastschriften übermittelt oder an dem er von seinem Zahlungsdienstleister eine Vorfinanzierung der entsprechenden Beträge (Gutschrift unter Vorbehalt) erhält, sollte hingegen unerheblich sein. Die Nutzer sollten sich darauf verlassen können, dass ihr vollständig ausgefüllter und gültiger Zahlungsauftrag ordnungsgemäß ausgeführt wird, wenn der Zahlungsdienstleister keinen vertraglichen oder gesetzlichen Grund hat, ihn abzulehnen. Weigert sich der Zahlungsdienstleister, einen Zahlungsauftrag auszuführen, so sollte er den Zahlungsdienstnutzer hiervon unter Angabe von Gründen und unter Beachtung der gemeinschaftlichen und nationalen Rechtsvorschriften so rasch wie möglich in Kenntnis setzen.

(38) Da moderne vollautomatisierte Zahlungssysteme Zahlungen mit hoher Geschwindigkeit abwickeln und Zahlungsaufträge ab einem bestimmten Zeitpunkt nicht ohne kostspieligen manuellen Eingriff widerrufen werden können, muss eine Widerrufsfrist festgelegt werden. Allerdings können die Parteien je nach Art des Zahlungsdienstes und des Zahlungsauftrags unterschiedliche Zeitpunkte vereinbaren. Der Widerruf gilt dabei nur für die Beziehung zwischen einem Zahlungsdienstnutzer und einem Zahlungsdienstleister und berührt somit nicht die Unwiderrufbarkeit und Endgültigkeit der Zahlungsvorgänge in Zahlungssystemen.

(39) Diese Unwiderrufbarkeit sollte nicht das Recht oder die Pflicht eines Zahlungdienstleisters nach dem Recht einiger Mitgliedstaaten – soweit sie sich aus dem Rahmenvertrag des Zahlers, innerstaatlichen Rechts- und Verwaltungsvorschriften oder Leitlinien ergeben – berühren, im Falle einer Streitigkeit zwischen dem Zahler und dem Zahlungsempfänger dem Zahler den Betrag, der Gegenstand des ausgeführten Zahlungsvorgangs war, zu erstatten. Eine solche Erstattung sollte als neuer Zahlungsauftrag gelten. In allen anderen Fällen sollten Rechtsstreitigkeiten, die sich aus der dem Zahlungsauftrag zugrunde liegenden Vertragsbeziehung ergeben, ausschließlich zwischen Zahler und Zahlungsempfänger geregelt werden.

(40) Im Interesse einer voll integrierten und vollautomatisierten Abwicklung von Zahlungen und im Interesse der Rechtssicherheit im Hinblick auf sämtliche Verpflichtungen der Zahlungsdienstnutzer untereinander sollte der vom Zahler transferierte Betrag dem Konto des Zahlungsempfängers in voller Höhe gutgeschrieben werden. Aus diesem Grund sollte keine der an der Ausführung eines Zahlungsauftrags beteiligten zwischengeschalteten Stellen Abzüge vom transferierten Betrag vornehmen dürfen. Der Zahlungsempfänger sollte jedoch mit seinem Zahlungsdienstleister eine ausdrückliche Vereinbarung treffen dürfen, die Letzteren zum Abzug seiner Entgelte berechtigt. Damit der Zahlungsempfänger jedoch überprüfen kann, ob der geschuldete Betrag ordnungsgemäß bezahlt wurde, sollten in den Informationen über die Ausführung des Zahlungsvorgangs nicht nur die transferierten Beträge in voller Höhe, sondern auch die Entgelte aufgeführt werden.

(41) Eine Aufteilung der Entgelte zwischen Zahler und Zahlungsempfänger ist erfahrungsgemäß der beste Weg, da sie die vollautomatisierte Abwicklung von Zahlungen erleichtert. Aus diesem Grund sollte dafür gesorgt werden, dass die jeweiligen Zahlungsdienstleister ihre Entgelte im Normalfall direkt beim Zahler und Zahlungsempfänger erheben. Dies sollte jedoch nur gelten, wenn der Vorgang keine Währungsumrechnung erfordert. Es können auch gar keine Entgelte erhoben werden, denn diese Richtlinie berührt nicht die Praxis, dass Zahlungsdienstleister Kontogutschriften für Verbraucher kostenlos ausführen. Ebenso kann ein Zahlungsdienstleister je nach Vertragsbedingungen lediglich beim Zahlungsempfänger (Händler) Entgelte für die Nutzung des Zahlungsdienstes erheben, so dass der Zahler keine Entgelte zu entrichten hat. Die Entgelte für die Zahlungssysteme können in Form eines Grundentgelts erhoben werden. Die Bestimmungen über die transferierten Beträge oder Entgelte haben keine unmittelbaren Auswirkungen auf die Preisbildung zwischen Zahlungsdienstleistern oder sonstigen zwischengeschalteten Stellen.

(42) Im Interesse der Transparenz und des Wettbewerbs sollte der Zahlungsdienstleister den Zahlungsempfänger nicht daran hindern, vom Zahler ein Entgelt für die Nutzung eines bestimmten Zahlungsinstruments zu verlangen. Zwar sollte es dem Zahlungsempfänger freistehen, Entgelte für die Nutzung eines bestimmten Zahlungsinstruments zu erheben, doch können die Mitgliedstaaten beschließen, eine derartige Praxis zu verbieten oder einzuschränken, wenn dies ihrer Auffassung nach angesichts missbräuchlicher Preisgestaltung oder möglicher nachteiliger Auswirkungen der Preis-

gestaltung auf die Nutzung eines bestimmten Zahlungsinstruments gerechtfertigt ist, wobei der Notwendigkeit Rechnung zu tragen ist, den Wettbewerb und die Nutzung effizienter Zahlungsinstrumente zu fördern.

(43) Im Interesse einer zügigeren gemeinschaftsweiten Abwicklung von Zahlungen sollte für alle Zahlungsaufträge, die vom Zahler in Euro oder einer Währung eines Mitgliedstaats außerhalb der Eurozone angewiesen werden, einschließlich Überweisungen und Finanztransfers, eine Ausführungsfrist von maximal einem Tag festgelegt werden. Für alle anderen Zahlungen, z. B. solche, die vom oder über den Zahlungsempfänger angewiesen werden (einschließlich Lastschriften oder Kartenzahlungen), sollte ebenfalls eine Eintagesfrist gelten, sofern Zahlungsdienstleister und Zahler nicht ausdrücklich eine längere Frist vereinbart haben. Diese Fristen könnten um einen zusätzlichen Geschäftstag verlängert werden, wenn ein Zahlungsauftrag in Papierform erteilt wird. Auf diese Weise können auch weiterhin Zahlungsdienste für die Verbraucher erbracht werden, die nur mit Dokumenten in Papierform vertraut sind. Wenn ein Lastschriftverfahren genutzt wird, sollte der Zahlungsdienstleister des Zahlungsempfängers den Inkassoauftrag so rechtzeitig innerhalb der zwischen ihm und dem Zahlungsempfänger vereinbarten Frist übermitteln, dass eine Verrechnung zu dem vereinbarten Fälligkeitstermin möglich ist. In Anbetracht der in vielen Fällen äußerst effizienten nationalen Zahlungsinfrastruktur sollten die Mitgliedstaaten jedoch gegebenenfalls Vorschriften über Ausführungsfristen von weniger als einem Geschäftstag beibehalten oder erlassen dürfen, um eine Verschlechterung des derzeitigen Leistungsniveaus zu vermeiden.

(44) Die Vorschriften über die Gutschrift des vollen Betrags und die Ausführungsfrist sollten eine gute Praxis darstellen, wenn einer der Zahlungsdienstleister seinen Sitz nicht in der Gemeinschaft hat.

(45) Damit der Zahlungsdienstnutzer seine Wahl treffen kann, ist es unbedingt notwendig, dass er die tatsächlichen Kosten und Entgeltforderungen der Zahlungsdienste kennt. Eine intransparente Preisgestaltung sollte deshalb untersagt werden, da diese es den Nutzern anerkanntermaßen extrem erschwert, den tatsächlichen Preis eines Zahlungsdienstes zu ermitteln. Insbesondere eine für den Nutzer ungünstige Wertstellungspraxis sollte unzulässig sein.

(46) Ein reibungslos und zügig funktionierendes Zahlungssystem setzt voraus, dass der Nutzer sich auf die ordnungsgemäße und fristgerechte Ausführung seiner Zahlung durch den Zahlungsdienstleister verlassen kann. In der Regel ist der Zahlungsdienstleister in der Lage, die mit einem Zahlungsvorgang verbundenen Risiken einzuschätzen. Er ist es, der das Zahlungssystem vorgibt, Vorkehrungen trifft, um fehlgeleitete oder falsch zugewiesene Geldbeträge zurückzurufen, und in den meisten Fällen darüber entscheidet, welche zwischengeschalteten Stellen an der Ausführung eines Zahlungsvorgangs beteiligt werden. Daher ist es außer im Falle ungewöhnlicher und unvorhersehbarer Ereignisse voll und ganz gerechtfertigt, dem Zahlungsdienstleister für die Ausführung eines vom Nutzer entgegengenommenen Zahlungsauftrags die Haftung zu übertragen, wobei die Handlungen und Unterlassungen des Zahlungsdienstleisters des Zahlungsempfängers, für deren Auswahl allein der Zahlungsempfänger verantwortlich ist, ausgenommen sind. Damit jedoch der Zahler in der unwahrschein-lichen Situation, in der nicht bewiesen werden kann (non liquet), ob der Zahlungsbetrag tatsächlich beim Zahlungsdienstleister des Zahlungsempfängers eingegangen ist oder nicht, nicht ungeschützt ist, sollte die Beweislast in diesem Fall beim Zahlungsdienstleister des Zahlers liegen. Im Regelfall kann davon ausgegangen werden, dass das zwischengeschaltete Institut (üblicherweise eine „neutrale" Stelle wie eine Zentralbank oder eine Clearingstelle), das den Zahlungsbetrag vom sendenden zum empfangenden Zahlungsdienstleister transferiert, die Kontendaten speichert und in der Lage ist, sie erforderlichenfalls zu übermitteln. Sobald der Zahlungsbetrag dem Konto des empfangenden Zahlungsdienstleisters gutgeschrieben worden ist, sollte der Zahlungsempfänger einen unmittelbaren Anspruch auf Gutschrift des Betrags auf seinem Konto gegen seinen Zahlungsdienstleister haben.

(47) Der Zahlungsdienstleister des Zahlers sollte für die ordnungsgemäße Ausführung des Zahlungsvorgangs haften, insbesondere dafür, dass die Zahlung in voller Höhe und fristgerecht ausgeführt wird, wozu auch gehören sollte, dass er für Fehler anderer Parteien in der Zahlungskette bis zum Zahlungskonto des Zahlungsempfängers in vollem Umfang verantwortlich ist. Im Zuge dieser Haftung sollte der Zahlungsdienstleister des Zahlers dann, wenn dem Zahlungsdienstleister des Zahlungsempfängers nicht der vollständige Betrag gutgeschrieben wird, den Zahlungsvorgang korrigieren oder dem Zahler den betreffenden Betrag des Zahlungsvorgangs unbeschadet etwaiger anderer nach einzelstaatlichem Recht angemeldeter Ansprüche unverzüglich zurückerstatten. Diese Richtlinie sollte nur die vertraglichen Verpflichtungen und Verantwortlichkeiten zwischen dem Zahlungsdienstnutzer und seinem Zahlungsdienstleister zum Gegenstand haben. Allerdings setzt das ordnungsgemäße Funktionieren von Überweisungen und anderen Zahlungsdiensten voraus, dass die Zahlungsdienstleister und ihre zwischengeschalteten Stellen, wie z. B. Verarbeiter, in Verträge eingebunden sind, die ihre wechselseitigen Rechte und Pflichten regeln. Haftungsfragen bilden einen wesentlichen Teil dieser einheitlichen Verträge. Um sicherzustellen, dass sich die an ei-

nem Zahlungsvorgang beteiligten Zahlungsdienstleister und zwischengeschalteten Stellen aufeinander verlassen können, muss Rechtssicherheit dahingehend geschaffen werden, dass ein Zahlungsdienstleister bei Nichtverschulden für Verluste oder für im Rahmen der Bestimmungen dieser Richtlinie über die Haftung gezahlte Beträge entschädigt wird. Weitere Ansprüche und Einzelheiten der Ausgestaltung des Rückgriffsrechts sowie die Frage der praktischen Handhabung von Ansprüchen gegenüber dem Zahlungsdienstleister oder der zwischengeschalteten Stellen, die auf einen fehlerhaft ausgeführten Zahlungsvorgang zurückzuführen sind, sollten einer vertraglichen Regelung überlassen bleiben.

(48) Der Zahlungsdienstleister sollte unmissverständlich angeben können, welche Angaben für die ordnungsgemäße Ausführung eines Zahlungsauftrags erforderlich sind. Andererseits sollte es den Mitgliedstaaten nicht gestattet sein, für Zahlungsvorgänge einen speziellen Identifikator vorzuschreiben, da dies zu einer Fragmentierung führen und die Schaffung integrierter Zahlungssysteme in der Gemeinschaft gefährden würde. Dies sollte dem jedoch nicht entgegenstehen, dass die Mitgliedstaaten vom Zahlungsdienstleister des Zahlers verlangen können, die im Verkehr erforderliche Sorgfalt zu beachten und – soweit technisch und ohne manuelles Eingreifen möglich – zu überprüfen, ob der Kundenidentifikator kohärent ist, und wenn dies nicht der Fall ist, den Zahlungsauftrag zurückzuweisen und den Zahler davon zu unterrichten. Die Haftung des Zahlungsdienstleisters sollte auf die ordnungsgemäße Ausführung eines Zahlungsvorgangs gemäß dem vom Zahlungsdienstnutzer erteilten Auftrag beschränkt werden.

(49) Zur wirksamen Betrugsprävention und gemeinschaftsweiten Bekämpfung des Betrugs im Zahlungsverkehr sollten Vorkehrungen für einen reibungslosen Datenaustausch zwischen Zahlungsdienstleistern getroffen werden; diese sollten das Recht haben, personenbezogene Daten der an einem Betrug beteiligten Personen zu sammeln, zu verarbeiten und auszutauschen. Dies sollte im Einklang mit der Richtlinie 95/46/EG des Europäischen Parlaments und des Rates vom 24. Oktober 1995 zum Schutz natürlicher Personen bei der Verarbeitung personenbezogener Daten und zum freien Datenverkehr[17] erfolgen.

(50) Es muss sichergestellt werden, dass die nach dieser Richtlinie erlassenen einzelstaatlichen Rechtsvorschriften auch tatsächlich durchgesetzt werden. Aus diesem Grund sollten geeignete Verfahren eingeführt werden, mit deren Hilfe gegen Zahlungsdienstleister, die diesen Vorschriften nicht nachkommen, Beschwerde erhoben werden kann, und die gewährleisten, dass gegebenenfalls verhältnismäßige, wirksame und abschreckende Sanktionen verhängt werden.

(51) Unbeschadet des Rechts der Kunden, vor Gericht zu klagen, sollten die Mitgliedstaaten gewährleisten, dass ein leicht zugängliches und kostengünstiges Verfahren zur Beilegung von Streitigkeiten zwischen Zahlungsdienstleistern und Verbrauchern über die in dieser Richtlinie festgelegten Rechte und Pflichten besteht. Das Übereinkommen von Rom über das auf vertragliche Schuldverhältnisse anzuwendende Recht[18] stellt sicher, dass der Schutz, der einem Verbraucher nach den zwingenden Rechtsvorschriften des Landes, in dem er seinen gewöhnlichen Aufenthalt hat, gewährt wird, nicht durch Vertragsbestimmungen über das anwendbare Recht ausgehöhlt werden kann.

(52) Die Mitgliedstaaten sollten entscheiden, ob die für die Zulassung von Zahlungsinstituten benannten zuständigen Behörden auch als zuständige Behörden für außergerichtliche Beschwerdeverfahren und Streitbeilegungsverfahren fungieren können.

(53) Von dieser Richtlinie unberührt bleiben sollten einzelstaatliche Rechtsvorschriften, die die Rechtsfolgen in Bezug auf die Haftung für ungenaue Formulierungen oder Fehler bei der Übermittlung von Angaben betreffen.

(54)-(63) *Zu Überprüfung, Änderung anderer Richtlinien und Umsetzung – nicht abgedruckt. –*
HABEN FOLGENDE RICHTLINIE ERLASSEN:

Titel I – Gegenstand, Anwendungsbereich und Begriffsbestimmungen

Art. 1 Gegenstand (1) In dieser Richtlinie werden die Regeln festgelegt, nach denen die Mitgliedstaaten die folgenden sechs Kategorien von Zahlungsdienstleistern unterscheiden:

a) Kreditinstitute im Sinne von Artikel 4 Nummer 1 Buchstabe a der Richtlinie 2006/48/EG einschließlich in der Gemeinschaft niedergelassener Zweigstellen im Sinne von Ar-

---

17 ABl. L 281 vom 23.11.1995, S. 31. Zuletzt geändert durch Verordnung (EG) Nr. 1882/2003 (ABl. L 284 vom 31.10.2003, S. 1).
18 ABl. C 27 vom 26.1.1998, S. 34. [Ersetzt durch Rom I-VO, in dieser Sammlung Nr. 5.1.]

tikel 4 Nummer 3 der genannten Richtlinie, die Kreditinstituten angehören, die ihren Sitz innerhalb oder gemäß Artikel 38 der genannten Richtlinie außerhalb der Gemeinschaft haben;

b) E-Geld-Institute im Sinne von Artikel 1 Absatz 3 Buchstabe a der Richtlinie 2000/46/EG;

c) Postscheckämter, die nach einzelstaatlichem Recht zur Erbringung von Zahlungsdiensten berechtigt sind;

d) Zahlungsinstitute im Sinne dieser Richtlinie;

e) die Europäische Zentralbank und die nationalen Zentralbanken, wenn sie nicht in ihrer Eigenschaft als Währungsbehörden oder andere Behörden handeln;

f) die Mitgliedstaaten oder ihre regionalen oder lokalen Gebietskörperschaften, wenn sie nicht in ihrer Eigenschaft als Behörden handeln.

(2) Darüber hinaus werden in dieser Richtlinie die Transparenz der Vertragsbedingungen und die Informationspflichten für Zahlungsdienste sowie die jeweiligen Rechte und Pflichten von Zahlungsdienstnutzern und Zahlungsdienstleistern bei der hauptberuflichen oder gewerblichen Erbringung von Zahlungsdiensten geregelt.

Art. 2 Anwendungsbereich (1) Diese Richtlinie gilt für Zahlungsdienste, die innerhalb der Gemeinschaft geleistet werden. Mit Ausnahme des Artikels 73 gelten die Titel III und IV jedoch nur, wenn sowohl der Zahlungsdienstleister des Zahlers als auch der des Zahlungsempfängers in der Gemeinschaft ansässig sind oder – falls nur ein einziger Zahlungsdienstleister an dem Zahlungsvorgang beteiligt ist – dieser in der Gemeinschaft ansässig ist.

(2) Die Titel III und IV gelten für Zahlungsdienste, die in Euro oder in der Währung eines Mitgliedstaats außerhalb der Eurozone erbracht werden.

(3) Die Mitgliedstaaten können vollständig oder teilweise davon absehen, die Bestimmungen dieser Richtlinie auf die in Artikel 2 der Richtlinie 2006/48/EG genannten Institute anzuwenden, mit Ausnahme der dort unter dem ersten und dem zweiten Gedankenstrich genannten Institute.

Art. 3 Vom Anwendungsbereich ausgenommene Tätigkeiten Vom Anwendungsbereich dieser Richtlinie ausgenommen sind

a) Zahlungsvorgänge, die ohne zwischengeschaltete Stellen ausschließlich als direkte Bargeldzahlung vom Zahler an den Zahlungsempfänger erfolgen;

b) Zahlungsvorgänge zwischen Zahler und Zahlungsempfänger über einen Handelsagenten, der befugt ist, den Verkauf oder Kauf von Waren oder Dienstleistungen im Namen des Zahlers oder des Zahlungsempfängers auszuhandeln oder abzuschließen;

c) der gewerbsmäßige Transport von Banknoten und Münzen einschließlich Entgegennahme, Bearbeitung und Übergabe;

d) die nicht gewerbsmäßige Entgegennahme und Übergabe von Bargeld im Rahmen einer gemeinnützigen Tätigkeit oder einer Tätigkeit ohne Erwerbszweck;

e) Dienste, bei denen der Zahlungsempfänger dem Zahler Bargeld im Rahmen eines Zahlungsvorgangs aushändigt, nachdem ihn der Zahlungsdienstnutzer kurz vor der Ausführung eines Zahlungsvorgangs zum Erwerb von Waren oder Dienstleistungen ausdrücklich hierum gebeten hat;

f) Geldwechselgeschäfte, d. h. Bargeschäfte, sofern die betreffenden Beträge nicht auf einem Zahlungskonto liegen;

g) Zahlungsvorgänge, denen eines der folgenden Dokumente zugrunde liegt, das auf den Zahlungsdienstleister gezogen ist und die Bereitstellung eines Geldbetrags an einen Zahlungsempfänger vorsieht:

i) ein Papierscheck im Sinne des Genfer Abkommens vom 19. März 1931 über das einheitliche Scheckgesetz;

ii) ein dem unter Ziffer i genannten Scheck vergleichbarer Papierscheck nach dem Recht der Mitgliedstaaten, die nicht Vertragspartei des Genfer Abkommens vom 19. März 1931 über das einheitliche Scheckgesetz sind;

iii) ein Wechsel in Papierform im Sinne des Genfer Abkommens vom 7. Juni 1930 über das einheitliche Wechselgesetz;

iv) Wechsel in Papierform, die den in Ziffer iii genannten ähnlich sind und dem Recht von Mitgliedstaaten unterliegen, die nicht Mitglied des Genfer Abkommens vom 7. Juni 1930 über das einheitliche Wechselgesetz sind;

v) ein Gutschein in Papierform;

vi) ein Reisescheck in Papierform; oder

vii) eine Postanweisung in Papierform im Sinne der Definition des Weltpostvereins;

h) Zahlungsvorgänge, die innerhalb eines Zahlungs- oder Wertpapierabwicklungssystems zwischen Zahlungsausgleichsagenten, zentralen Gegenparteien, Clearingstellen und/ oder Zentralbanken und anderen Teilnehmern des Systems und Zahlungsdienstleistern abgewickelt werden; Artikel 28 bleibt hiervon unberührt;

i) Zahlungsvorgänge im Zusammenhang mit der Bedienung von Wertpapieranlagen, wie z. B. Dividenden, Erträge oder sonstige Ausschüttungen oder deren Einlösung oder Veräußerung, die von den unter Buchstabe h genannten Personen oder von Wertpapierdienstleistungen erbringenden Wertpapierfirmen, Kreditinstituten, Organismen für gemeinsame Anlagen oder Vermögensverwaltungsgesellschaften und jeder anderen Einrichtung, die für die Verwahrung von Finanzinstrumenten zugelassen ist, durchgeführt werden;

j) Dienste, die von technischen Dienstleistern erbracht werden, die zwar zur Erbringung der Zahlungsdienste beitragen, jedoch zu keiner Zeit in den Besitz der zu transferierenden Geldbeträge gelangen, wie die Verarbeitung und Speicherung von Daten, vertrauensbildende Maßnahmen und Dienste zum Schutz der Privatsphäre, Nachrichten- und Instanzenauthentisierung, Bereitstellung von Informationstechnologie-(IT-) und Kommunikationsnetzen sowie Bereitstellung und Wartung der für Zahlungsdienste genutzten Endgeräte und Einrichtungen;

k) Dienste, die auf Instrumenten beruhen, die für den Erwerb von Waren oder Dienstleistungen nur in den Geschäftsräumen des Ausstellers oder im Rahmen einer Geschäftsvereinbarung mit dem Aussteller entweder für den Erwerb innerhalb eines begrenzten Netzes von Dienstleistern oder für den Erwerb einer begrenzten Auswahl von Waren oder Dienstleistungen verwendet werden können;

l) Zahlungsvorgänge, die über ein Telekommunikations-, ein Digital- oder IT-Gerät ausgeführt werden, wenn die Waren oder Dienstleistungen an ein Telekommunikations-, ein Digital- oder ein IT-Gerät geliefert werden und mittels eines solchen genutzt werden sollen, vorausgesetzt, dass der Betreiber des Telekommunikations-, Digital- oder IT-Systems oder -Netzes nicht ausschließlich als zwischengeschaltete Stelle zwischen dem Zahlungsdienstnutzer und dem Lieferanten der Waren und Dienstleistungen fungiert;

m) Zahlungsvorgänge, die von Zahlungsdienstleistern untereinander auf eigene Rechnung oder von ihren Agenten oder Zweigniederlassungen untereinander auf eigene Rechnung ausgeführt werden;

n) Zahlungsvorgänge zwischen einem Mutterunternehmen und seinem Tochterunternehmen oder zwischen Tochterunternehmen desselben Mutterunternehmens ohne Mitwirkung eines Zahlungsdienstleisters, sofern es sich bei diesem um ein Unternehmen der gleichen Gruppe handelt, oder

o) Dienste von Dienstleistern, der bzw. die keinen Rahmenvertrag mit dem Geld von einem Zahlungskonto abhebenden Kunden geschlossen hat bzw. haben, bei denen für einen oder mehrere Kartenemittenten an multifunktionalen Bankautomaten Bargeld abgehoben wird, vorausgesetzt, dass diese Dienstleister keine anderen der im Anhang genannten Zahlungsdienste erbringen.

Art. 4 Begriffsbestimmungen Für die Zwecke dieser Richtlinie bezeichnet der Begriff

1. „Herkunftsmitgliedstaat"
   i) den Mitgliedstaat, in dem sich der Sitz des Zahlungsdienstleisters befindet, oder
   ii) wenn der Zahlungsdienstleister nach dem für ihn geltenden einzelstaatlichen Recht keinen Sitz hat, den Mitgliedstaat, in dem sich seine Hauptverwaltung befindet;

2. „Aufnahmemitgliedstaat" den Mitgliedstaat, in dem ein Zahlungsdienstleister einen Agenten oder eine Zweigniederlassung hat oder Zahlungsdienste erbringt und der nicht der Herkunftsmitgliedstaat dieses Zahlungsdienstleisters ist;

3. „Zahlungsdienst" jede im Anhang aufgeführte gewerbliche Tätigkeit;

4. „Zahlungsinstitut" eine juristische Person, die nach Artikel 10 eine Zulassung für die gemeinschaftsweite Erbringung und Ausführung von Zahlungsdiensten erhalten hat;

5. „Zahlungsvorgang" die bzw. der vom Zahler oder Zahlungsempfänger ausgelöste Bereitstellung, Transfer oder Abhebung eines Geldbetrags, unabhängig von etwaigen zugrunde liegenden Verpflichtungen im Verhältnis zwischen Zahler und Zahlungsempfänger;

6. „Zahlungssystem" ein System zum Transfer von Geldbeträgen mit formalen und standardisierten Regeln und einheitlichen Vorschriften für die Verarbeitung, das Clearing und/oder die Verrechnung von Zahlungsvorgängen;

7. „Zahler" eine natürliche oder juristische Person, die Inhaber eines Zahlungskontos ist und die einen Zahlungsauftrag von diesem Zahlungskonto gestattet oder – falls kein Zahlungskonto vorhanden ist – eine natürliche oder juristische Person, die den Auftrag für einen Zahlungsvorgang erteilt;

8. „Zahlungsempfänger" eine natürliche oder juristische Person, die den bei einem Zahlungsvorgang transferierten Geldbetrag als Empfänger erhalten soll;

9. „Zahlungsdienstleister" Rechtssubjekte im Sinne von Artikel 1 Absatz 1 sowie natürliche und juristische Personen, für die gemäß Artikel 26 eine Ausnahmeregelung gilt;

10. „Zahlungsdienstnutzer" eine natürliche oder juristische Person, die einen Zahlungsdienst als Zahler oder Zahlungsempfänger oder in beiden Eigenschaften in Anspruch nimmt;

11. „Verbraucher" eine natürliche Person, die bei den von dieser Richtlinie erfassten Zahlungsdienstverträgen zu Zwecken handelt, die nicht ihrer gewerblichen oder beruflichen Tätigkeit zugerechnet werden können;

12. „Rahmenvertrag" einen Zahlungsdienstvertrag, der die zukünftige Ausführung einzelner und aufeinander folgender Zahlungsvorgänge regelt und die Verpflichtung zur Einrichtung eines Zahlungskontos und die entsprechenden Bedingungen enthalten kann;

13. „Finanztransfer" einen Zahlungsdienst, bei dem ohne Einrichtung eines Zahlungskontos auf den Namen des Zahlers oder des Zahlungsempfängers ein Geldbetrag eines Zahlers ausschließlich zum Transfer eines entsprechenden Betrags an einen Zahlungsempfänger oder an einen anderen, im Namen des Zahlungsempfängers handelnden Zahlungsdienstleister entgegengenommen wird und/oder bei dem der Geldbetrag im Namen des Zahlungsempfängers entgegengenommen und diesem verfügbar gemacht wird;

14. „Zahlungskonto" ein auf den Namen eines oder mehrerer Zahlungsdienstnutzer lautendes Konto, das für die Ausführung von Zahlungsvorgängen genutzt wird;

15. „Geldbetrag" Banknoten und Münzen, Giralgeld und elektronisches Geld im Sinne des Artikels 1 Absatz 3 Buchstabe b der Richtlinie 2000/46/EG;

16. „Zahlungsauftrag" jeden Auftrag, den ein Zahler oder Zahlungsempfänger seinem Zahlungsdienstleister zur Ausführung eines Zahlungsvorgangs erteilt;

17. „Wertstellungsdatum" den Zeitpunkt, den ein Zahlungsdienstleister für die Berechnung der Zinsen bei Gutschrift oder Belastung eines Betrags auf einem Zahlungskonto zugrunde legt;

18. „Referenzwechselkurs" den Wechselkurs, der bei jedem Währungsumtausch zugrunde gelegt und vom Zahlungsdienstleister zugänglich gemacht wird oder aus einer öffentlich zugänglichen Quelle stammt;

19. „Authentifizierung" ein Verfahren, mit dessen Hilfe der Zahlungsdienstleister die Nutzung eines bestimmten Zahlungsinstruments, einschließlich seiner personalisierten Sicherheitsmerkmale, überprüfen kann;

20. „Referenzzinssatz" den Zinssatz, der bei der Zinsberechnung zugrunde gelegt wird und aus einer öffentlich zugänglichen und für beide Parteien eines Zahlungsdienstvertrags überprüfbaren Quelle stammt;

21. „Kundenidentifikator" eine Kombination aus Buchstaben, Zahlen oder Symbolen, die dem Zahlungsdienstnutzer vom Zahlungsdienstleister mitgeteilt wird und die der Zahlungsdienstnutzer angeben muss, damit der andere am Zahlungsvorgang beteiligte Zahlungsdienstnutzer und/oder dessen Zahlungskonto zweifelsfrei ermittelt werden kann;

22. „Agent" eine natürliche oder juristische Person, die im Namen eines Zahlungsinstituts Zahlungsdienste ausführt;

23. „Zahlungsinstrument" jedes personalisierte Instrument und/oder jeden personalisierten Verfahrensablauf, das bzw. der zwischen dem Zahlungsdienstnutzer und dem Zahlungsdienstleister vereinbart wurde und das bzw. der vom Zahlungsdienstnutzer eingesetzt werden kann, um einen Zahlungsauftrag zu erteilen;

24. „Fernkommunikationsmittel" jedes Kommunikationsmittel, das ohne gleichzeitige körperliche Anwesenheit von Zahlungsdienstleister und Zahlungsdienstnutzer für den Abschluss eines Vertrags über die Erbringung von Zahlungsdiensten eingesetzt werden kann;

25. „dauerhafter Datenträger" jedes Medium, das es dem Zahlungsdienstnutzer gestattet, an ihn persönlich gerichtete Informationen derart zu speichern, dass er sie in der Folge

für eine für die Zwecke der Informationen angemessene Dauer einsehen kann und das die unveränderte Wiedergabe gespeicherter Informationen ermöglicht;

26. „Kleinstunternehmen" ein Unternehmen, das zum Zeitpunkt des Abschlusses des Zahlungsdienstvertrags ein Unternehmen im Sinne von Artikel 1 und Artikel 2 Absätze 1 und 3 des Anhangs der Empfehlung 2003/361/EG ist;

27. „Geschäftstag" jeden Tag, an dem der an der Ausführung eines Zahlungsvorgangs jeweils beteiligte Zahlungsdienstleister des Zahlers bzw. des Zahlungsempfängers den für die Ausführung von Zahlungsvorgängen erforderlichen Geschäftsbetrieb unterhält;

28. „Lastschrift" einen vom Zahlungsempfänger ausgelösten Zahlungsdienst zur Belastung des Zahlungskontos des Zahlers aufgrund einer Zustimmung des Zahlers zu einem Zahlungsvorgang, die der Zahler gegenüber dem Zahlungsempfänger, dessen Zahlungsdienstleister oder seinem eigenen Zahlungsdienstleister erteilt;

29. „Zweigniederlassung" eine Geschäftsstelle, die nicht die Hauptverwaltung ist und die einen Teil eines Zahlungsinstituts bildet, die keine Rechtspersönlichkeit hat und unmittelbar sämtliche oder einen Teil der Geschäfte betreibt, die mit der Tätigkeit eines Zahlungsinstituts verbunden sind; alle Geschäftsstellen eines Zahlungsinstituts mit einer Hauptverwaltung in einem anderen Mitgliedstaat, die sich in ein und demselben Mitgliedstaat befinden, gelten als eine einzige Zweigniederlassung;

30. „Gruppe" eine Gruppe von Unternehmen, die aus einem Mutterunternehmen, seinen Tochterunternehmen und den Unternehmen, an denen das Mutterunternehmen oder seine Tochterunternehmen eine Beteiligung halten, besteht, sowie Unternehmen, die untereinander durch eine Beziehung im Sinne von Artikel 12 Absatz 1 der Richtlinie 83/349/EWG verbunden sind.

Titel II – Zahlungsdienstleister

Kapitel 1 – Zahlungsinstitute

Abschnitt 1 – Allgemeine Vorschriften

Art. 5-14 *Aufsichtsrechtliche Regeln zu Zulassung und Betrieb (bes. Eigenkapital) – nicht abgedruckt.*

Art. 15-16 *Weitere Aufsichtsregeln zu Rechnungslegungsvorgaben, zugelassenen Tätigkeiten – nicht abgedruckt.*

Abschnitt 2 – Sonstige Anforderungen

Art. 17–19 *Verantwortlichkeit bei der Auslagerung von Diensten, Notwendigkeit einer Haftungsregelung und Aufbewahrungspflichten – nicht abgedruckt.*

Abschnitt 3 – Zuständige Behörden und Aufsicht

Art. 20-27 *Zuständige Behörden, gemeinschaftsweite Zulassung und Zusammenarbeit – nicht abgedruckt.*

Kapitel 2 – Gemeinsame Bestimmungen

Art. 28 Zugang zu Zahlungssystemen (1) Die Mitgliedstaaten stellen sicher, dass die Vorschriften für den Zugang zugelassener oder registrierter Zahlungsdienstleister, die juristische Personen sind, zu Zahlungssystemen objektiv, nicht diskriminierend und verhältnismäßig sind und dass diese Vorschriften den Zugang zu diesen Systemen nicht stärker einschränken, als es für die Absicherung bestimmter Risiken, wie beispielsweise Erfüllungsrisiko, operationelles Risiko und unternehmerisches Risiko, und den Schutz der finanziellen und operativen Stabilität des Zahlungssystems nötig ist.

Die Zahlungssysteme dürfen Zahlungsdienstleistern, Zahlungsdienstnutzern oder anderen Zahlungssystemen keine der folgenden Beschränkungen auferlegen:

a)   restriktive Regelungen in Bezug auf die effektive Teilnahme an anderen Zahlungssystemen;

b)   Regelungen, die zugelassene Zahlungsdienstleister oder registrierte Zahlungsdienstleister in Bezug auf ihre Rechte, Pflichten und Ansprüche als Teilnehmer des Zahlungssystems unterschiedlich behandeln;

c)   Beschränkungen, die auf den institutionellen Status des Instituts abstellen.

(2) Absatz 1 gilt nicht für

a)   die gemäß der Richtlinie 98/26/EG bezeichneten Zahlungssysteme,

b)   Zahlungssysteme, die ausschließlich aus einer einzigen Unternehmensgruppe angehörenden Zahlungsdienstleistern bestehen, zwischen deren Einzelunternehmen Kapitalverbindungen bestehen, wobei eines der verbundenen Unternehmen die tatsächliche Kontrolle über die anderen ausübt, und

c)   Zahlungssysteme, bei denen ein einziger Zahlungsdienstleister (als einzelne rechtliche Einheit oder als Gruppe)

    –   als Zahlungsdienstleister für den Zahler und den Zahlungsempfänger handelt oder als solcher handeln kann und ausschließlich allein für die Verwaltung des Systems zuständig ist und

    –   anderen Zahlungsdienstleistern das Recht einräumt, an dem System teilzunehmen, und die anderen Zahlungsdienstleister nicht berechtigt sind, Entgelte in Bezug auf das Zahlungssystem unter sich auszuhandeln, jedoch ihre eigene Preisgestaltung in Bezug auf Zahler und Zahlungsempfänger festlegen dürfen.

Art. 29 Verbot der Erbringung von Zahlungsdiensten durch andere Personen als Zahlungsdienstleister Die Mitgliedstaaten untersagen natürlichen oder juristischen Personen, die weder Zahlungsdienstleister noch ausdrücklich vom Anwendungsbereich der Richtlinie ausgenommen sind, die im Anhang aufgeführten Zahlungsdienste zu erbringen.

Titel III – Transparenz der Vertragsbedingungen und Informationspflichten für Zahlungsdienste

Kapitel 1 – Allgemeine Vorschriften

Art. 30 Anwendungsbereich (1) Dieser Titel gilt für Einzelzahlungen sowie für Rahmenverträge und die von ihnen erfassten Zahlungsvorgänge. Die Parteien können vereinbaren, dass dieser Titel insgesamt oder teilweise keine Anwendung findet, wenn es sich beim Zahlungsdienstnutzer nicht um einen Verbraucher handelt.

(2) Die Mitgliedstaaten können vorsehen, dass die Bestimmungen dieses Titels auf Kleinstunternehmen in gleicher Weise angewandt werden wie auf Verbraucher.

(3) Diese Richtlinie lässt einzelstaatliche Maßnahmen zur Umsetzung der Richtlinie 87/102/EWG unberührt. Sie berührt auch nicht andere einschlägige Rechtsvorschriften der Gemeinschaft oder der Mitgliedstaaten in Bezug auf durch diese Richtlinie nicht harmonisierte Bedingungen für die Gewährung von Krediten an Verbraucher gemäß dem Gemeinschaftsrecht.

Art. 31 Sonstige Bestimmungen des Gemeinschaftsrechts Dieser Titel lässt Bestimmungen des Gemeinschaftsrechts, die zusätzliche Anforderungen in Bezug auf die vorvertragliche Unterrichtung enthalten, unberührt.

In den Fällen jedoch, in denen auch die Richtlinie 2002/65/EG Anwendung findet, werden die Informationsbestimmungen des Artikels 3 Absatz 1 jener Richtlinie mit Ausnahme von Nummer 2 Buchstaben c bis g, Nummer 3 Buchstaben a, d und e sowie Nummer 4 Buchstabe b durch die Artikel 36, 37, 41 und 42 der vorliegenden Richtlinie ersetzt.

Art. 32 Entgelte für Informationen (1) Der Zahlungsdienstleister darf dem Zahlungsdienstnutzer die Bereitstellung von Informationen nach diesem Titel nicht in Rechnung stellen.

(2) Der Zahlungsdienstleister und der Zahlungsdienstnutzer können Entgelte für darüber hinausgehende Informationen oder für deren häufigere Bereitstellung oder für ihre Übermittlung über andere als die im Rahmenvertrag vorgesehenen Kommunikationsmittel vereinbaren, sofern die betreffenden Leistungen auf Verlangen des Zahlungsdienstnutzers erbracht werden.

(3) Darf ein Zahlungsdienstleister für die Bereitstellung von Informationen nach Absatz 2 ein Entgelt in Rechnung stellen, so muss es angemessen und an den tatsächlichen Kosten des Zahlungsdienstleisters ausgerichtet sein.

Art. 33 Beweislast bei den Anforderungen über die Bereitstellung von Informationen Die Mitgliedstaaten können vorschreiben, dass der Zahlungsdienstleister den Nachweis zu erbringen hat, dass er den Anforderungen dieses Titels über die Bereitstellung von Informationen nachgekommen ist.

Art. 34 Ausnahmen von den Informationsanforderungen für Kleinbetragszahlungsinstrumente und elektronisches Geld (1) Im Falle von Zahlungsinstrumenten, die gemäß dem Rahmenvertrag nur einzelne Zahlungsvorgänge bis höchstens 30 EUR betreffen oder die entweder eine Ausgabenobergrenze von 150 EUR haben oder Geldbeträge speichern, die zu keiner Zeit 150 EUR übersteigen,

a) teilt der Zahlungsdienstleister dem Zahler abweichend von den Artikeln 41, 42 und 46 nur die wesentlichen Merkmale des Zahlungsdienstes, einschließlich der Nutzungsmöglichkeiten des Zahlungsinstruments, Haftungshinweise sowie der anfallenden Entgelte und anderer wesentlicher Informationen mit, die notwendig sind, um in Kenntnis der Sachlage entscheiden zu können; ferner gibt er an, wo die weiteren nach Artikel 42 vorgeschriebenen Informationen und Vertragsbedingungen in leicht zugänglicher Form zugänglich gemacht werden;

b) kann vereinbart werden, dass der Zahlungsdienstleister abweichend von Artikel 44 Änderungen der Vertragsbedingungen nicht in der in Artikel 41 Absatz 1 vorgesehenen Weise vorschlagen muss,

c) kann abweichend von den Artikeln 47 und 48 vereinbart werden, dass der Zahlungsdienstleister nach Ausführung eines Zahlungsvorgangs

i) dem Zahlungsdienstnutzer nur eine Referenz mitteilt bzw. zugänglich macht, die diesem die Identifizierung des betreffenden Zahlungsvorgangs, des Betrags des Zahlungsvorgangs und der entsprechenden Entgelte ermöglicht und/oder im Falle mehrerer gleichartiger Zahlungsvorgänge an den gleichen Zahlungsempfänger nur Informationen über den Gesamtbetrag und die entsprechenden Entgelte für diese Zahlungsvorgänge;

ii) die unter Ziffer i genannten Informationen nicht mitteilt bzw. zugänglich macht, wenn das Zahlungsinstrument anonym genutzt wird oder wenn der Zahlungsdienstleister auf andere Weise technisch nicht in der Lage ist, diese Informationen mitzuteilen. Der Zahlungsdienstleister bietet dem Zahler jedoch die Möglichkeit zur Überprüfung der gespeicherten Beträge.

(2) Für innerstaatliche Zahlungsvorgänge können die Mitgliedstaaten oder ihre zuständigen Behörden die in Absatz 1 genannten Beträge verringern oder verdoppeln. Für Zahlungsinstrumente auf Guthabenbasis können die Mitgliedstaaten diese Beträge auf bis zu 500 EUR erhöhen.

Kapitel 2 – Einzelzahlungen

Art. 35 Anwendungsbereich (1) Dieses Kapitel gilt für Einzelzahlungen, die nicht Gegenstand eines Rahmenvertrags sind.

(2) Wird ein Zahlungsauftrag für eine Einzelzahlung über ein rahmenvertraglich geregeltes Zahlungsinstrument übermittelt, so ist der Zahlungsdienstleister nicht verpflichtet, Informationen, die der Zahlungsdienstnutzer bereits aufgrund eines Rahmenvertrags mit einem anderen Zahlungsdienstleister erhalten hat oder erhalten wird, mitzuteilen oder zugänglich zu machen.

Art. 36 Allgemeine vorvertragliche Unterrichtung (1) Die Mitgliedstaaten schreiben vor, dass der Zahlungsdienstleister dem Zahlungsdienstnutzer die Informationen und Vertragsbedingungen gemäß Artikel 37 in leicht zugänglicher Form zugänglich macht, bevor der Zahlungsdienstnutzer durch einen Vertrag oder ein Angebot über die Ausführung einer Einzelzahlung gebunden ist. Auf Verlangen des Zahlungsdienstnutzers stellt ihm der Zahlungsdienstleister die Informationen und Vertragsbedingungen in Papierform oder auf einem anderen dauerhaften Datenträger zur Verfügung. Die Informationen und Vertragsbedingungen sind in einer Amtssprache des Mitgliedstaats, in dem der Zahlungsdienst angeboten wird, oder in einer anderen zwischen den Parteien vereinbarten Sprache klar und verständlich abzufassen.

(2) Wurde der Vertrag über die Ausführung einer Einzelzahlung auf Verlangen des Zahlungsdienstnutzers mittels eines Fernkommunikationsmittels geschlossen, das es dem Zahlungsdienstleister nicht erlaubt, seinen Verpflichtungen nach Absatz 1 nachzukommen, so erfüllt der Zahlungsdienstleister diese Pflichten unverzüglich nach Ausführung des Zahlungsvorgangs.

(3) Die Pflichten gemäß Absatz 1 können auch erfüllt werden, indem eine Kopie des Entwurfs für einen Vertrag über die Ausführung einer Einzelzahlung bzw. des Entwurfs für einen Zahlungsauftrag, die bzw. der die nach Artikel 37 erforderlichen Informationen und Vertragsbedingungen enthält, bereitgestellt wird.

2.16 Zahlungsdienste-RL

Art. 37 Informationen und Vertragsbedingungen (1) Die Mitgliedstaaten stellen sicher, dass dem Zahlungsdienstnutzer folgende Informationen und Vertragsbedingungen mitgeteilt oder zugänglich gemacht werden:

a) die vom Zahlungsdienstnutzer mitzuteilenden Informationen oder Kundenidentifikatoren, die für die ordnungsgemäße Ausführung eines Zahlungsauftrags erforderlich sind;

b) die maximale Ausführungsfrist für den zu erbringenden Zahlungsdienst;

c) alle Entgelte, die der Zahlungsdienstnutzer an den Zahlungsdienstleister zu entrichten hat, und gegebenenfalls ihre Aufschlüsselung;

d) gegebenenfalls der dem Zahlungsvorgang zugrunde zu legende tatsächliche Wechselkurs oder Referenzwechselkurs.

(2) Die anderen in Artikel 42 genannten einschlägigen Informationen und Vertragsbedingungen sind dem Zahlungsdienstnutzer gegebenenfalls in einer leicht zugänglichen Form zugänglich zu machen.

Art. 38 Informationen an den Zahler nach Eingang des Zahlungsauftrags Unverzüglich nach Eingang des Zahlungsauftrags teilt der Zahlungsdienstleister des Zahlers diesem nach Maßgabe des Artikels 36 Absatz 1 die nachstehenden Informationen mit oder macht sie ihm zugänglich:

a) eine Referenz, die dem Zahler die Identifizierung des betreffenden Zahlungsvorgangs ermöglicht, sowie gegebenenfalls Angaben zum Zahlungsempfänger;

b) den Betrag, der Gegenstand des Zahlungsvorgangs ist, in der im Zahlungsauftrag verwendeten Währung;

c) die Höhe der vom Zahler für den Zahlungsvorgang zu entrichtenden Entgelte, und gegebenenfalls deren Aufschlüsselung;

d) gegebenenfalls den Wechselkurs, den der Zahlungsdienstleister des Zahlers dem Zahlungsvorgang zugrunde gelegt hat, oder einen Verweis darauf, sofern dieser Kurs von dem in Artikel 37 Absatz 1 Buchstabe d genannten Kurs abweicht, und den Betrag, der nach dieser Währungsumrechnung Gegenstand des Zahlungsvorgangs ist; und

e) das Datum des Eingangs des Zahlungsauftrags.

Art. 39 Informationen an den Zahlungsempfänger nach Ausführung des Zahlungsvorgangs Unverzüglich nach Ausführung des Zahlungsvorgangs teilt der Zahlungsdienstleister des Zahlungsempfängers diesem nach Maßgabe des Artikels 36 Absatz 1 die nachstehenden Informationen mit oder macht sie ihm zugänglich:

a) eine Referenz, die dem Zahlungsempfänger die Identifizierung des betreffenden Zahlungsvorgangs und gegebenenfalls des Zahlers ermöglicht, sowie weitere mit dem Zahlungsvorgang übermittelte Angaben;

b) den Betrag, der Gegenstand des Zahlungsvorgangs ist, in der Währung, in der er dem Zahlungsempfänger zur Verfügung steht;

c) die Höhe der vom Zahlungsempfänger für den Zahlungsvorgang zu entrichtenden Entgelte, und gegebenenfalls deren Aufschlüsselung;

d) gegebenenfalls den Wechselkurs, den der Zahlungsdienstleister des Zahlungsempfängers dem Zahlungsvorgang zugrunde gelegt hat, und den Betrag, der vor dieser Währungsumrechnung Gegenstand des Zahlungsvorgangs war; und

e) das Wertstellungsdatum der Gutschrift.

Kapitel 3 – Rahmenverträge

Art. 40 Anwendungsbereich Dieses Kapitel gilt für Zahlungsvorgänge, die Gegenstand eines Rahmenvertrags sind.

Art. 41 Allgemeine vorvertragliche Unterrichtung (1) Die Mitgliedstaaten schreiben vor, dass der Zahlungsdienstleister dem Zahlungsdienstnutzer rechtzeitig die Informationen und Vertragsbedingungen gemäß Artikel 42 in Papierform oder auf einem anderen dauerhaften Datenträger mitteilt, bevor der Zahlungsdienstnutzer durch einen Rahmenvertrag oder ein Vertragsangebot gebunden ist. Die Informationen und Vertragsbedingungen sind in einer Amtssprache des Mitgliedstaats, in dem der Zahlungsdienst angeboten wird, oder in einer anderen zwischen den Parteien vereinbarten Sprache klar und verständlich abzufassen.

(2) Wurde der Rahmenvertrag auf Verlangen des Zahlungsdienstnutzers mittels eines Fernkommunikationsmittels geschlossen, das es dem Zahlungsdienstleister nicht erlaubt, seinen Verpflichtungen aus Absatz 1 nachzukommen, so erfüllt der Zahlungsdienstleister diese Pflichten unverzüglich nach Abschluss des Rahmenvertrags.

(3) Die Pflichten gemäß Absatz 1 können auch erfüllt werden, indem eine Kopie des Rahmenvertragsentwurfs, der die nach Artikel 42 erforderlichen Informationen und Vertragsbedingungen enthält, bereitgestellt wird.

Art. 42 Informationen und Vertragsbedingungen Die Mitgliedstaaten stellen sicher, dass dem Zahlungsdienstnutzer folgende Informationen und Vertragsbedingungen mitgeteilt werden:

1. Über den Zahlungsdienstleister
   a) der Name des Zahlungsdienstleisters, die Anschrift seiner Hauptverwaltung und gegebenenfalls die Anschrift seines Agenten oder seiner Zweigniederlassung in dem Mitgliedstaat, in dem der Zahlungsdienst angeboten wird, sowie alle anderen Anschriften einschließlich der Anschrift für elektronische Post, die für die Kommunikation mit dem Zahlungsdienstleister von Belang sind; und
   b) die Angaben über die zuständigen Aufsichtsbehörden und das in Artikel 13 genannte Register oder jedes andere relevante öffentliche Register, in das der Zahlungsdienstleister als zugelassen eingetragen ist, sowie seine Registernummer oder eine gleichwertige in diesem Register verwendete Kennung;
2. Über die Nutzung des Zahlungsdienstes
   a) eine Beschreibung der wesentlichen Merkmale des zu erbringenden Zahlungsdienstes;
   b) die vom Zahlungsdienstnutzer mitzuteilenden Informationen oder Kundenidentifikatoren, die für die ordnungsgemäße Ausführung eines Zahlungsauftrags erforderlich sind;
   c) die Form und das Verfahren für die Zustimmung zur Ausführung eines Zahlungsvorgangs bzw. des Widerrufs dieser Zustimmung gemäß den Artikeln 54 und 66;
   d) der Zeitpunkt, ab dem ein Zahlungsauftrag gemäß Artikel 64 als eingegangen gilt, und gegebenenfalls der vom Zahlungsdienstleister festgelegte Zeitpunkt;
   e) die maximale Ausführungsfrist für die zu erbringenden Zahlungsdienste und
   f) die Angabe, ob die Möglichkeit besteht, Ausgabenobergrenzen für die Nutzung des Zahlungsinstruments nach Maßgabe des Artikels 55 Absatz 1 zu vereinbaren;

3. Über Entgelte, Zinsen und Wechselkurse
   a) alle Entgelte, die der Zahlungsdienstnutzer an den Zahlungsdienstleister zu entrichten hat, und gegebenenfalls deren Aufschlüsselung;
   b) gegebenenfalls die zugrunde gelegten Zinssätze und Wechselkurse oder – bei Anwendung von Referenzzinssätzen bzw. -wechselkursen – die Methode für die Berechnung der tatsächlichen Zinsen sowie den maßgeblichen Stichtag und der Index oder die Grundlage für die Bestimmung des Referenzzinssatzes bzw. -wechselkurses; und,
   c) soweit vereinbart, die unmittelbare Anwendung von Änderungen des Referenzzinssatzes bzw. -wechselkurses und die Informationspflichten in Bezug auf diese Änderungen gemäß Artikel 44 Absatz 2;
4. Über die Kommunikation
   a) gegebenenfalls Kommunikationsmittel, die zwischen den Parteien für die Informationsübermittlung und Anzeigepflichten nach Maßgabe dieser Richtlinie vereinbart werden, einschließlich ihrer Anforderungen an die technische Ausstattung des Zahlungsdienstnutzers;
   b) Angaben dazu, wie und wie oft die nach dieser Richtlinie geforderten Informationen mitzuteilen oder zugänglich zu machen sind;
   c) die Sprache oder Sprachen, in der bzw. denen der Rahmenvertrag zu schließen ist und in der bzw. denen die Kommunikation für die Dauer des Vertragsverhältnisses erfolgen soll; und
   d) ein Hinweis auf das Recht des Zahlungsdienstnutzers, Informationen und die Vertragsbedingungen des Rahmenvertrags nach Maßgabe des Artikels 43 zu erhalten;
5. Über die Schutz- und Abhilfemaßnahmen
   a) gegebenenfalls eine Beschreibung der Vorkehrungen, die der Zahlungsdienstnutzer für die sichere Verwahrung eines Zahlungsinstruments zu treffen hat, und wie der Zahlungsdienstnutzer seiner Anzeigepflicht gegenüber dem Zahlungsdienstleister nach Artikel 56 Absatz 1 Buchstabe b nachzukommen hat;
   b) soweit vereinbart, die Bedingungen, unter denen sich der Zahlungsdienstleister das Recht vorbehält, ein Zahlungsinstrument nach Maßgabe des Artikels 55 zu sperren;
   c) Informationen zur Haftung des Zahlers nach Artikel 61 einschließlich Angaben zum relevanten Betrag;
   d) Angaben dazu, wie und innerhalb welcher Frist der Zahlungsdienstnutzer dem Zahlungsdienstleister nicht autorisierte oder fehlerhaft ausgeführte Zahlungsvorgänge nach Maßgabe des Artikels 58 anzeigen muss, sowie Informationen über die Haftung des Zahlungsdienstleisters bei nicht autorisierten Zahlungsvorgängen nach Maßgabe des Artikels 60;
   e) Informationen über die Haftung des Zahlungsdienstleisters bei der Ausführung von Zahlungsvorgängen nach Maßgabe des Artikels 75; und
   f) die Bedingungen für Erstattungen nach den Artikeln 62 und 63;
6. Über Änderungen und Kündigung des Rahmenvertrags
   a) soweit vereinbart, die Angabe, dass die Zustimmung des Zahlungsdienstnutzers zu einer Änderung der Bedingungen nach Artikel 44 als erteilt gilt, wenn er dem Zahlungsdienstleister seine Ablehnung nicht vor dem vorgeschlagenen Zeitpunkt des Inkrafttretens der geänderten Bedingungen angezeigt hat;

b) die Vertragslaufzeit; und

c) ein Hinweis auf das Recht des Zahlungsdienstnutzers, den Rahmenvertrag zu kündigen, sowie auf sonstige kündigungsrelevante Vereinbarungen nach Artikel 44 Absatz 1 und Artikel 45;

7. Über den Rechtsbehelf

a) die Vertragsklauseln über das auf den Rahmenvertrag anwendbare Recht und/oder die zuständigen Gerichte; und

b) ein Hinweis auf die dem Zahlungsdienstnutzer gemäß den Artikeln 80 bis 83 zugänglichen Beschwerdeverfahren und Streitbeilegungsverfahren.

Art. 43 Zugänglichkeit der Informationen und der Vertragsbedingungen des Rahmenvertrags Der Zahlungsdienstnutzer kann jederzeit während der Vertragslaufzeit die Vorlage der Vertragsbedingungen des Rahmenvertrags sowie der in Artikel 42 genannten Informationen und Vertragsbedingungen in Papierform oder auf einem anderen dauerhaften Datenträger verlangen.

Art. 44 Änderungen der Vertragsbedingungen (1) Der Zahlungsdienstleister schlägt Änderungen des Rahmenvertrags sowie der in Artikel 42 genannten Informationen und Vertragsbedingungen in der in Artikel 41 Absatz 1 vorgesehenen Weise spätestens zwei Monate vor dem geplanten Zeitpunkt ihrer Anwendung vor.

Sofern dies gemäß Artikel 42 Nummer 6 Buchstabe a vereinbart wurde, muss der Zahlungsdienstleister den Zahlungsdienstnutzer davon in Kenntnis setzen, dass seine Zustimmung zu den Änderungen als erteilt gilt, wenn er dem Zahlungsdienstleister seine Ablehnung nicht vor dem vorgeschlagenen Zeitpunkt des Inkrafttretens der geänderten Bedingungen angezeigt hat. In diesem Fall weist der Zahlungsdienstleister auch darauf hin, dass der Zahlungsdienstnutzer das Recht hat, den Rahmenvertrag vor dem vorgeschlagenen Tag der Anwendung der Änderungen kostenlos fristlos zu kündigen.

(2) Änderungen der Zinssätze oder der Wechselkurse können unmittelbar und ohne vorherige Benachrichtigung angewandt werden, sofern dieses Recht im Rahmenvertrag vereinbart wurde und die Änderungen auf den nach Maßgabe des Artikels 42 Nummer 3 Buchstaben b und c vereinbarten Referenzzinssätzen oder Referenzwechselkursen beruhen. Der Zahlungsdienstnutzer ist so rasch wie möglich in der in Artikel 41 Absatz 1 vorgesehenen Weise von jeder Änderung des Zinssatzes zu unterrichten, es sei denn, die Parteien haben eine Vereinbarung darüber getroffen, wie oft und wie die Informationen mitgeteilt oder zugänglich gemacht werden sollen. Änderungen der Zinssätze oder Wechselkurse, die für den Zahlungsdienstnutzer günstiger sind, können jedoch ohne Benachrichtigung angewandt werden.

(3) Die den Zahlungsvorgängen zugrunde gelegten geänderten Zinssätze oder Wechselkurse sind neutral auszuführen und so zu berechnen, so dass Zahlungsdienstnutzer nicht benachteiligt werden.

Art. 45 Kündigung (1) Der Zahlungsdienstnutzer kann den Rahmenvertrag jederzeit kündigen, sofern die Parteien nicht eine Kündigungsfrist vereinbart haben. Die Kündigungsfrist darf einen Monat nicht überschreiten.

(2) Ein Rahmenvertrag, der für eine bestimmte Laufzeit von mehr als 12 Monaten oder auf unbestimmte Zeit geschlossen wurde, kann vom Zahlungsdienstnutzer nach Ablauf von 12 Monaten kostenlos gekündigt werden. In allen anderen Fällen können Entgelte erhoben werden, die angemessen und an den Kosten ausgerichtet sind.

(3) Sofern im Rahmenvertrag vereinbart, kann der Zahlungsdienstleister einen auf unbestimmte Zeit geschlossenen Rahmenvertrag unter Einhaltung einer Zweimonatsfrist nach Maßgabe des Artikels 41 Absatz 1 kündigen.

(4) Regelmäßig erhobene Zahlungsdienstentgelte sind nur anteilmäßig bis zur Kündigung des Vertrags durch den Zahlungsdienstnutzer zu entrichten. Im Voraus gezahlte Entgelte sind anteilmäßig zu erstatten.

(5) Dieser Artikel berührt nicht die Rechts- und Verwaltungsvorschriften der Mitgliedstaaten über das Recht der Parteien, den Rahmenvertrag als aufgehoben oder nichtig zu erklären.

(6) Die Mitgliedstaaten können Vorschriften erlassen, die für die Zahlungsdienstnutzer vorteilhafter sind.

Art. 46 Information vor Ausführung einzelner Zahlungsvorgänge Im Fall eines einzelnen Zahlungsvorgangs innerhalb eines Rahmenvertrags, der durch den Zahler ausgelöst wurde, teilt der Zahlungsdienstleister diesem auf Verlangen des Zahlers die maximale Ausführungsfrist für diesen Zahlungsvorgang sowie die ihm in Rechnung gestellten Entgelte und gegebenenfalls deren Aufschlüsselung mit.

Art. 47 Informationen an den Zahler bei einzelnen Zahlungsvorgängen (1) Nach Belastung des Kontos des Zahlers mit dem Betrag eines einzelnen Zahlungsvorgangs oder – falls der Zahler kein Zahlungskonto verwendet – nach Eingang des Zahlungsauftrags teilt der Zahlungsdienstleister des Zahlers diesem unverzüglich die nachstehenden Angaben in der in Artikel 41 Absatz 1 vorgesehenen Weise mit:

a) eine Referenz, die dem Zahler die Identifizierung des betreffenden Zahlungsvorgangs ermöglicht, sowie gegebenenfalls Angaben zum Zahlungsempfänger;

b) den Betrag, der Gegenstand des Zahlungsvorgangs ist, in der Währung, in der das Zahlungskonto des Zahlers belastet wird, oder in der Währung, die im Zahlungsauftrag verwendet wird;

c) gegebenenfalls den Betrag der für den Zahlungsvorgang zu entrichtenden Entgelte und deren Aufschlüsselung oder der vom Zahler zu entrichtenden Zinsen;

d) gegebenenfalls den Wechselkurs, den der Zahlungsdienstleister des Zahlers dem Zahlungsvorgang zugrunde gelegt hat, und den Betrag, der nach dieser Währungsumrechnung Gegenstand des Zahlungsvorgangs ist; und

e) das Wertstellungsdatum der Belastung oder das Datum des Eingangs des Zahlungsauftrags.

(2) Der Rahmenvertrag kann eine Klausel enthalten, wonach die Informationen nach Absatz 1 mindestens einmal monatlich und nach einem vereinbarten Verfahren so mitgeteilt oder zugänglich gemacht werden, dass der Zahler die Informationen unverändert aufbewahren und reproduzieren kann.

(3) Die Mitgliedstaaten können jedoch vom Zahlungsdienstleister verlangen, dass die Informationen dem Zahler einmal monatlich kostenlos in Papierform mitgeteilt werden.

Art. 48 Information an den Zahlungsempfänger bei einzelnen Zahlungsvorgängen (1) Nach Ausführung eines einzelnen Zahlungsvorgangs teilt der Zahlungsdienstleister des Zahlungsempfängers diesem unverzüglich die nachstehenden Angaben in der in Artikel 41 Absatz 1 vorgesehenen Weise mit:

a) eine Referenz, die dem Zahlungsempfänger die Identifizierung des betreffenden Zahlungsvorgangs und gegebenenfalls des Zahlers ermöglicht, sowie weitere mit dem Zahlungsvorgang übermittelte Angaben;

b) den Betrag, der Gegenstand des Zahlungsvorgangs ist, in der Währung, in der dieser Betrag auf dem Zahlungskonto des Zahlungsempfängers gutgeschrieben wird;

c) gegebenenfalls den Betrag der für den Zahlungsvorgang zu entrichtenden Entgelte und deren Aufschlüsselung oder der vom Zahlungsempfänger zu entrichtenden Zinsen;

d) gegebenenfalls den Wechselkurs, den der Zahlungsdienstleister des Zahlungsempfängers dem Zahlungsvorgang zugrunde gelegt hat, und den Betrag, der vor dieser Währungsumrechnung Gegenstand des Zahlungsvorgangs war; und

e) das Wertstellungsdatum der Gutschrift.

(2) Der Rahmenvertrag kann eine Klausel enthalten, wonach die Informationen nach Absatz 1 mindestens einmal monatlich und nach einem vereinbarten Verfahren so übermittelt oder zugänglich gemacht werden, dass der Zahlungsempfänger die Informationen unverändert aufbewahren und reproduzieren kann.

(3) Die Mitgliedstaaten können jedoch vom Zahlungsdienstleister verlangen, dass die Informationen dem Zahlungsempfänger einmal monatlich kostenlos in Papierform mitgeteilt werden.

Kapitel 4 – Gemeinsame Bestimmungen

Art. 49 Transaktionswährung und Währungsumrechnung (1) Die Zahlungen erfolgen in der zwischen den Parteien vereinbarten Währung.

(2) Wird vor der Auslösung eines Zahlungsvorgangs an der Verkaufsstelle oder vom Zahlungsempfänger eine Währungsumrechnung angeboten, muss der Anbieter dieser Währungsumrechnung dem Zahler alle damit verbundenen Entgelte sowie den der Währungsumrechnung zugrunde gelegten Wechselkurs offen legen.

Der Zahler muss der auf dieser Grundlage angebotenen Währungsumrechnung zustimmen.

Art. 50 Informationen über zusätzliche Entgelte oder Ermäßigungen (1) Verlangt der Zahlungsempfänger für die Nutzung eines bestimmten Zahlungsinstruments ein Entgelt oder bietet er eine Ermäßigung an, so teilt er dies dem Zahler vor Auslösung des Zahlungsvorgangs mit.

(2) Verlangt ein Zahlungsdienstleister oder ein Dritter für die Nutzung eines bestimmten Zahlungsinstruments ein Entgelt, so teilt er dies dem Zahlungsdienstnutzer vor der Auslösung des Zahlungsvorgangs mit.

Titel IV – Rechte und Pflichten bei der Erbringung und Nutzung von Zahlungsdiensten

Kapitel 1 – Gemeinsame Bestimmungen

Art. 51 Anwendungsbereich (1) Handelt es sich bei dem Zahlungsdienstnutzer nicht um einen Verbraucher, so können die Parteien vereinbaren, dass Artikel 52 Absatz 1, Artikel 54 Absatz 3 sowie die Artikel 59, 61, 62, 63, 66 und 75 ganz oder teilweise nicht angewandt werden. Die Parteien können auch eine andere als die in Artikel 58 vorgesehene Frist vereinbaren.

(2) Die Mitgliedstaaten können vorsehen, dass Artikel 83 keine Anwendung findet, wenn es sich bei dem Zahlungsdienstnutzer nicht um einen Verbraucher handelt.

(3) Die Mitgliedstaaten können vorsehen, dass die Bestimmungen dieses Titels auf Kleinstunternehmen in gleicher Weise angewandt werden wie auf Verbraucher.

(4) Diese Richtlinie lässt einzelstaatliche Maßnahmen zur Umsetzung der Richtlinie 87/102/EWG unberührt. Sie berührt auch nicht andere einschlägige Rechtsvorschriften der Gemeinschaft oder der Mitgliedstaaten in Bezug auf durch diese Richtlinie nicht harmonisierte Bedingungen für die Gewährung von Krediten an Verbraucher gemäß dem Gemeinschaftsrecht.

Art. 52 Entgelte (1) Der Zahlungsdienstleister darf dem Zahlungsdienstnutzer für die Erfüllung seiner Informationspflichten oder sonstiger Nebenpflichten nach diesem Titel nur dann Entgelte in Rechnung stellen, wenn dies in Artikel 65 Absatz 1, Artikel 66 Absatz 5 und Artikel 74 Absatz 2 ausdrücklich vorgesehen ist. Diese Entgelte müssen zwischen dem Zahlungsdienstnutzer und dem Zahlungsdienstleister vereinbart werden; sie müssen angemessen und an den tatsächlichen Kosten des Zahlungsdienstleisters ausgerichtet sein.

(2) Ist mit einem Zahlungsvorgang keine Währungsumrechnung verbunden, so schreiben die Mitgliedstaaten vor, dass Zahlungsempfänger und Zahler die von ihrem jeweiligen Zahlungsdienstleister erhobenen Entgelte tragen.

(3) Der Zahlungsdienstleister darf dem Zahlungsempfänger nicht verwehren, vom Zahler für die Nutzung eines bestimmten Zahlungsinstruments ein Entgelt zu verlangen oder ihm eine Ermäßigung anzubieten. Die Mitgliedstaaten können jedoch das Recht auf Erhebung von Entgelten untersagen oder begrenzen, um der Notwendigkeit Rechnung zu tragen, den Wettbewerb und die Nutzung effizienter Zahlungsinstrumente zu fördern.

Art. 53 Ausnahmeregelung für Kleinbetragszahlungsinstrumente und elektronisches Geld (1) Im Falle von Zahlungsinstrumenten, die gemäß dem Rahmenvertrag nur einzelne Zahlungsvorgänge bis höchstens 30 EUR betreffen oder die entweder eine Ausgabenobergrenze von 150 EUR haben oder Geldbeträge speichern, die zu keiner Zeit 150 EUR übersteigen, können die Zahlungsdienstleister mit ihren Zahlungsdienstnutzern vereinbaren, dass

a) Artikel 56 Absatz 1 Buchstabe b, Artikel 57 Absatz 1 Buchstaben c und d sowie Artikel 61 Absätze 4 und 5 keine Anwendung finden, wenn es das Zahlungsinstrument nicht ermöglicht, es zu sperren oder eine weitere Nutzung zu verhindern;

b) die Artikel 59 und 60 sowie Artikel 61 Absätze 1 und 2 keine Anwendung finden, wenn das Zahlungsinstrument anonym genutzt wird oder der Zahlungsdienstleister aus anderen Gründen, die dem Zahlungsinstrument immanent sind, nicht nachweisen kann, dass ein Zahlungsvorgang autorisiert war;

c) abweichend von Artikel 65 Absatz 1 der Zahlungsdienstleister nicht gehalten ist, den Zahlungsdienstnutzer von einer Ablehnung des Zahlungsauftrags zu unterrichten, wenn die Nichtausführung aus dem Zusammenhang hervorgeht;

d) abweichend von Artikel 66 der Zahler den Zahlungsauftrag nach dessen Übermittlung bzw. nachdem er dem Zahlungsempfänger seine Zustimmung zum Zahlungsauftrag erteilt hat, nicht widerrufen kann;

e) abweichend von den Artikeln 69 und 70 andere Ausführungsfristen gelten.

(2) Für innerstaatliche Zahlungsvorgänge können die Mitgliedstaaten oder ihre zuständigen Behörden die in Absatz 1 genannten Beträge verringern oder verdoppeln. Für Zah-

lungsinstrumente auf Guthabenbasis können diese Beträge auf bis zu 500 EUR erhöht werden.

(3) Die Artikel 60 und 61 gelten auch für elektronisches Geld im Sinne des Artikels 1 Absatz 3 Buchstabe b der Richtlinie 2000/46/EG, außer in dem Fall, in dem der Zahlungsdienstleister des Zahlers nicht die Möglichkeit hat, das Zahlungskonto oder das Zahlungsinstrument zu sperren. Die Mitgliedstaaten können diese Ausnahmeregelung auf Zahlungskonten oder Zahlungsinstrumente mit einem gewissen Wert beschränken.

Kapitel 2 – Autorisierung von Zahlungsvorgängen

Art. 54 Zustimmung und Widerruf der Zustimmung (1) Die Mitgliedstaaten stellen sicher, dass ein Zahlungsvorgang nur dann als autorisiert gilt, wenn der Zahler dem Zahlungsvorgang zugestimmt hat. Der Zahler kann einen Zahlungsvorgang entweder vor oder – sofern zwischen dem Zahler und seinem Zahlungsdienstleister so vereinbart – nach der Ausführung autorisieren.

(2) Die Zustimmung zur Ausführung eines oder mehrerer Zahlungsvorgänge wird in der zwischen dem Zahler und seinem Zahlungsdienstleister vereinbarten Form erteilt. Fehlt diese Zustimmung, gilt der Zahlungsvorgang als nicht autorisiert.

(3) Die Zustimmung kann vom Zahler jederzeit widerrufen werden, jedoch nur bis zu dem Zeitpunkt, an dem nach Artikel 66 die Unwiderruflichkeit eintritt. Auch die Zustimmung zur Ausführung mehrerer Zahlungsvorgänge kann widerrufen werden, so dass jeder nachfolgende Zahlungsvorgang als nicht autorisiert gilt.

(4) Das Verfahren für die Erteilung der Zustimmung wird zwischen dem Zahler und dem Zahlungsdienstleister vereinbart.

Art. 55 Begrenzung der Nutzung des Zahlungsinstruments (1) In Fällen, in denen die Zustimmung mittels eines bestimmten Zahlungsinstruments erteilt wird, können der Zahler und der Zahlungsdienstleister Ausgabenobergrenzen für Zahlungsdienste, die durch dieses Zahlungsinstrument ausgeführt werden, vereinbaren.

(2) Bei einer entsprechenden Vereinbarung im Rahmenvertrag kann der Zahlungsdienstleister sich das Recht vorbehalten, ein Zahlungsinstrument zu sperren, wenn objektive Gründe im Zusammenhang mit der Sicherheit des Zahlungsinstruments dies rechtfertigen, der Verdacht einer nicht autorisierten oder betrügerischen Verwendung des Zahlungsinstruments besteht oder im Fall eines Zahlungsinstruments mit einer Kreditlinie ein beträchtlich erhöhtes Risiko besteht, dass der Zahler seiner Zahlungspflicht nicht nachkommen kann.

(3) In diesen Fällen unterrichtet der Zahlungsdienstleister den Zahler möglichst vor, spätestens jedoch unverzüglich nach der Sperrung des Zahlungsinstruments in einer vereinbarten Form von der Sperrung und den Gründen hierfür, es sei denn, dies würde objektiven Sicherheitserwägungen zuwiderlaufen oder gegen einschlägiges Recht der Gemeinschaft oder der Mitgliedstaaten verstoßen.

(4) Der Zahlungsdienstleister hebt die Sperrung des Zahlungsinstruments auf oder ersetzt dieses durch ein neues Zahlungsinstrument, wenn die Gründe für die Sperrung nicht mehr gegeben sind.

Art. 56 Pflichten des Zahlungsdienstnutzers in Bezug auf Zahlungsinstrumente (1) Der zur Nutzung eines Zahlungsinstruments berechtigte Zahlungsdienstnutzer hat folgende Pflichten:

a) Er muss bei der Nutzung des Zahlungsinstruments die Bedingungen für dessen Ausgabe und Nutzung einhalten; und

b) er muss dem Zahlungsdienstleister oder der von diesem benannten Stelle den Verlust, den Diebstahl, die missbräuchliche Verwendung oder die sonstige nicht autorisierte Nutzung des Zahlungsinstruments unverzüglich anzeigen, sobald er davon Kenntnis erhält.

(2) Für die Zwecke von Absatz 1 Buchstabe a trifft der Zahlungsdienstnutzer unmittelbar nach Erhalt eines Zahlungsinstruments insbesondere alle zumutbaren Vorkehrungen, um die personalisierten Sicherheitsmerkmale vor unbefugtem Zugriff zu schützen.

Art. 57 Pflichten des Zahlungsdienstleisters in Bezug auf Zahlungsinstrumente
(1) Der Zahlungsdienstleister, der ein Zahlungsinstrument ausgibt, hat folgende Pflichten:

a) er muss unbeschadet der Pflichten des Zahlungsdienstnutzers nach Artikel 56 sicherstellen, dass die personalisierten Sicherheitsmerkmale des Zahlungsinstruments keiner anderen Person als dem zur Nutzung des Zahlungsinstruments berechtigten Zahlungsdienstnutzer zugänglich sind;

b) er darf dem Zahlungsdienstnutzer nicht unaufgefordert ein Zahlungsinstrument zusenden, es sei denn, ein bereits an den Zahlungsdienstnutzer ausgegebenes Zahlungsinstrument muss ersetzt werden;

c) er muss sicherstellen, dass der Zahlungsdienstnutzer durch geeignete Mittel jederzeit die Möglichkeit hat, eine Anzeige gemäß Artikel 56 Absatz 1 Buchstabe b vorzunehmen oder die Aufhebung der Sperrung gemäß Artikel 55 Absatz 4 zu beantragen; auf Anfrage stellt der Zahlungsdienstleister dem Zahlungsdienstnutzer die Mittel zur Verfügung, mit denen er bis zu 18 Monate nach der Anzeige beweisen kann, dass er seiner Anzeigepflicht nachgekommen ist; und

d) er muss jedwede Nutzung des Zahlungsinstruments verhindern, sobald eine Anzeige nach Artikel 56 Absatz 1 Buchstabe b erfolgt ist.

(2) Der Zahlungsdienstleister trägt das Risiko der Versendung eines Zahlungsinstruments an den Zahler oder der Versendung personalisierter Sicherheitsmerkmale des Zahlungsinstruments.

Art. 58 Anzeige nicht autorisierter oder fehlerhaft ausgeführter Zahlungsvorgänge
Der Zahlungsdienstnutzer kann nur dann eine Korrektur durch den Zahlungsdienstleister erwirken, wenn er unverzüglich nach Feststellung eines nicht autorisierten oder fehlerhaft ausgeführten Zahlungsvorgangs, der zur Entstehung eines Anspruchs – einschließlich eines solchen nach Artikel 75 – geführt hat, jedoch spätestens 13 Monate nach dem Tag der Belastung seinen Zahlungsdienstleister hiervon unterrichtet, es sei denn, der Zahlungsdienstleister hat, soweit anwendbar, die Angaben nach Maßgabe des Titels III zu dem betreffenden Zahlungsvorgang nicht mitgeteilt oder zugänglich gemacht.

Art. 59 Nachweis der Authentifizierung und Ausführung von Zahlungsvorgängen
(1) Die Mitgliedstaaten schreiben vor, dass ein Zahlungsdienstleister für den Fall, dass dessen Zahlungsdienstnutzer bestreitet, einen ausgeführten Zahlungsvorgang autorisiert zu haben, oder geltend macht, dass der Zahlungsvorgang nicht ordnungsgemäß ausgeführt wurde, nachweisen muss, dass der Zahlungsvorgang authentifiziert war, ordnungsgemäß aufgezeichnet und verbucht und nicht durch einen technischen Zusammenbruch oder eine andere Panne beeinträchtigt wurde.

(2) Bestreitet ein Zahlungsdienstnutzer, einen ausgeführten Zahlungsvorgang autorisiert zu haben, so reicht die vom Zahlungsdienstleister aufgezeichnete Nutzung eines Zahlungsinstruments für sich gesehen nicht notwendigerweise aus, um nachzuweisen, dass der Zahler entweder den Zahlungsvorgang autorisiert oder aber in betrügerischer Absicht gehandelt oder eine oder mehrere seiner Pflichten nach Artikel 56 vorsätzlich oder grob fahrlässig verletzt hat.

Art. 60 Haftung des Zahlungsdienstleisters für nicht autorisierte Zahlungsvorgänge
(1) Die Mitgliedstaaten stellen unbeschadet des Artikels 58 sicher, dass im Falle eines nicht autorisierten Zahlungsvorgangs der Zahlungsdienstleister des Zahlers diesem den Betrag des nicht autorisierten Zahlungsvorgangs unverzüglich erstattet und gegebenenfalls das belastete Zahlungskonto wieder auf den Stand bringt, auf dem es sich ohne den nicht autorisierten Zahlungsvorgang befunden hätte.
(2) Eine darüber hinausgehende finanzielle Entschädigung kann nach dem auf den Vertrag zwischen dem Zahler und seinem Zahlungsdienstleister anwendbaren Recht festgelegt werden.

Art. 61 Haftung des Zahlers bei nicht autorisierter Nutzung des Zahlungsinstruments
(1) Abweichend von Artikel 60 trägt der Zahler bis höchstens 150 EUR den Schaden, der infolge eines nicht autorisierten Zahlungsvorgangs, der durch Nutzung eines verlorenen oder gestohlenen Zahlungsinstruments oder – in dem Fall, dass der Zahler die personalisierten Sicherheitsmerkmale nicht sicher aufbewahrt hat – infolge der missbräuchlichen Verwendung eines Zahlungsinstruments entsteht.
(2) Der Zahler trägt alle Schäden, die in Verbindung mit nicht autorisierten Zahlungsvorgängen entstanden sind, wenn er sie herbeigeführt hat, indem er in betrügerischer Absicht gehandelt oder eine oder mehrere seiner Pflichten nach Artikel 56 vorsätzlich oder grob fahrlässig verletzt hat. In diesen Fällen findet Absatz 1 des vorliegenden Artikels keine Anwendung.
(3) In Fällen, in denen der Zahler weder in betrügerischer Absicht gehandelt hat noch seinen Pflichten nach Artikel 56 vorsätzlich nicht nachgekommen ist, können die Mitgliedstaaten die Haftung nach den Absätzen 1 und 2 des vorliegenden Artikels herabsetzen, wobei sie insbesondere der Art der personalisierten Sicherheitsmerkmale des Zahlungsinstruments sowie den Umständen Rechnung tragen, unter denen der Verlust, der Diebstahl oder die missbräuchliche Verwendung des Zahlungsinstruments stattgefunden hat.
(4) Nach der Anzeige gemäß Artikel 56 Absatz 1 Buchstabe b trägt der Zahler keine finanziellen Folgen aus der Nutzung des verlorenen, gestohlenen oder missbräuchlich verwendeten Zahlungsinstruments, es sei denn, er hat in betrügerischer Absicht gehandelt.(5) Kommt der Zahlungsdienstleister seiner Pflicht nach Artikel 57 Absatz 1 Buchstabe c nicht nach, dem Zahlungsdienstnutzer durch geeignete Mittel jederzeit die Möglichkeit zu geben, den Verlust, Diebstahl oder die missbräuchliche Verwendung eines Zahlungsinstruments anzuzeigen, so haftet der Zahler nicht für die finanziellen Folgen der Nutzung dieses Zahlungsinstruments, es sei denn, er hat in betrügerischer Absicht gehandelt.

Art. 62 Erstattung eines von einem oder über einen Zahlungsempfänger ausgelösten Zahlungsvorgangs (1) Die Mitgliedstaaten stellen sicher, dass ein Zahler gegen seinen Zahlungsdienstleister einen Anspruch auf Erstattung eines autorisierten, von einem oder über einen Zahlungsempfänger angewiesenen und bereits ausgeführten Zahlungsvorgangs hat, wenn die folgenden Voraussetzungen erfüllt sind:

a) Bei der Autorisierung wurde der genaue Betrag des Zahlungsvorgangs nicht angegeben; und

b) der Betrag des Zahlungsvorgangs übersteigt den Betrag, den der Zahler entsprechend seinem bisherigen Ausgabeverhalten, den Bedingungen seines Rahmenvertrags und den jeweiligen Umständen des Einzelfalls vernünftigerweise hätte erwarten können.

Auf Verlangen des Zahlungsdienstleisters hat der Zahler die Sachumstände in Bezug auf diese Voraussetzungen darzulegen.

Erstattet wird der vollständige Betrag des ausgeführten Zahlungsvorgangs.

Im Falle von Lastschriften können der Zahler und sein Zahlungsdienstleister im Rahmenvertrag vereinbaren, dass der Zahler auch dann einen Anspruch auf Erstattung gegen seinen Zahlungsdienstleister hat, wenn die Voraussetzungen für eine Rückerstattung nach Unterabsatz 1 nicht erfüllt sind.

(2) Allerdings darf der Zahler für die Zwecke von Absatz 1 Unterabsatz 1 Buchstabe b keine mit dem Währungsumtausch zusammenhängenden Gründe geltend machen, wenn der mit seinem Zahlungsdienstleister nach Maßgabe von Artikel 37 Absatz 1 Buchstabe d und Artikel 42 Absatz 3 Buchstabe b vereinbarte Referenzwechselkurs zugrunde gelegt wurde.

(3) Im Rahmenvertrag zwischen dem Zahler und dem Zahlungsdienstleister kann vereinbart werden, dass der Zahler keinen Anspruch auf Erstattung hat, wenn er seine Zustimmung zur Durchführung des Zahlungsvorgangs unmittelbar seinem Zahlungsdienstleister gegeben hat und ihm gegebenenfalls die Informationen über den anstehenden Zahlungsvorgang in einer vereinbarten Form mindestens vier Wochen vor dem Fälligkeitstermin vom Zahlungsdienstleister oder vom Zahlungsempfänger mitgeteilt oder zugänglich gemacht wurden.

Art. 63 Verlangen auf Erstattung eines von einem oder über einen Zahlungsempfänger ausgelösten Zahlungsvorgangs (1) Die Mitgliedstaaten stellen sicher, dass der Zahler die Erstattung eines autorisierten und von einem oder über einen Zahlungsempfänger ausgelösten Zahlungsvorgangs nach Artikel 62 innerhalb von acht Wochen ab dem Zeitpunkt der Belastung des betreffenden Geldbetrags verlangen kann.

(2) Der Zahlungsdienstleister erstattet innerhalb von zehn Geschäftstagen nach Erhalt eines Erstattungsverlangens entweder den vollständigen Betrag des Zahlungsvorgangs oder teilt dem Zahler die Gründe für die Ablehnung der Erstattung unter Angabe der Stelle oder der Stellen mit, an die sich der Zahler nach den Artikeln 80 bis 83 wenden kann, wenn er diese Begründung nicht akzeptiert.

Das Recht des Zahlungsdienstleisters nach Unterabsatz 1, eine Erstattung abzulehnen, erstreckt sich nicht auf den Fall nach Artikel 62 Absatz 1 Unterabsatz 4.

Kapitel 3 – Ausführung von Zahlungsvorgängen

Abschnitt 1 – Zahlungsaufträge und transferierte Beträge

Art. 64 Eingang von Zahlungsaufträgen (1) Die Mitgliedstaaten stellen sicher, dass als Zeitpunkt des Eingangs der Zeitpunkt gilt, zu dem der unmittelbar von dem Zahler oder mittelbar von einem oder über einen Zahlungsempfänger übermittelte Zahlungsauftrag beim Zahlungsdienstleister des Zahlers eingeht. Fällt der Zeitpunkt des Eingangs nicht auf einen Geschäftstag des Zahlungsdienstleisters des Zahlers, so wird der Zahlungsauftrag so behandelt, als sei er am darauf folgenden Geschäftstag eingegangen. Der Zahlungsdienstleister kann festlegen, dass Zahlungsaufträge, die nach einem bestimmten Zeitpunkt nahe am Ende eines Geschäftstags eingehen, so behandelt werden, als seien sie am darauf folgenden Geschäftstag eingegangen.

(2) Vereinbaren der Zahlungsdienstnutzer, der einen Zahlungsauftrag auslöst, und sein Zahlungsdienstleister, dass die Ausführung des Zahlungsauftrags zu einem bestimmten Tag oder am Ende eines bestimmten Zeitraums oder an dem Tag, an dem der Zahler dem Zahlungsdienstleister den Geldbetrag zur Verfügung gestellt hat, beginnen soll, so gilt der vereinbarte Termin für die Zwecke des Artikels 69 als Zeitpunkt des Eingangs. Fällt der vereinbarte Termin nicht auf einen Geschäftstag des Zahlungsdienstleisters, so wird der eingegangene Zahlungsauftrag so behandelt, als sei er am darauf folgenden Geschäftstag eingegangen.

Art. 65 Ablehnung von Zahlungsaufträgen (1) Lehnt der Zahlungsdienstleister ab, einen Zahlungsauftrag auszuführen, so unterrichtet er den Zahlungsdienstnutzer hiervon, sofern möglich unter Angabe der Gründe, und darüber, mit welchem Verfahren sachliche Fehler, die zur Ablehnung des Auftrags geführt haben, berichtigt werden können, sofern dies nicht gegen sonstige einschlägige Rechtsvorschriften der Gemeinschaft oder der Mitgliedstaaten verstößt.

Der Zahlungsdienstleister hat diese Unterrichtung so rasch wie möglich, auf jeden Fall aber innerhalb der Fristen gemäß Artikel 69, mitzuteilen oder in einer vereinbarten Form zugänglich zu machen.

Der Rahmenvertrag kann vorsehen, dass der Zahlungsdienstleister für diese Unterrichtung ein Entgelt in Rechnung stellen darf, sofern die Ablehnung sachlich gerechtfertigt ist.

(2) Sind alle im Rahmenvertrag des Zahlers festgelegten Bedingungen erfüllt, so darf der Zahlungsdienstleister des Zahlers die Ausführung eines autorisierten Zahlungsauftrages, unabhängig davon, ob er von einem Zahler oder aber von einem Zahlungsempfänger oder über diesen ausgelöst wurde, nicht ablehnen, sofern dies nicht gegen sonstige einschlägige Rechtsvorschriften der Gemeinschaft oder der Mitgliedstaaten verstößt.

(3) Für die Zwecke der Artikel 69 und 75 gilt ein Zahlungsauftrag, dessen Ausführung abgelehnt wurde, als nicht eingegangen.

Art. 66 Unwiderruflichkeit eines Zahlungsauftrags (1) Die Mitgliedstaaten stellen sicher, dass der Zahlungsdienstnutzer einen Zahlungsauftrag nach dem Eingang beim Zahlungsdienstleister des Zahlers nicht mehr widerrufen kann, sofern in diesem Artikel nichts anderes festgelegt ist.

(2) Wurde der Zahlungsvorgang von dem Zahlungsempfänger oder über diesen ausgelöst, so kann der Zahler den Zahlungsauftrag nicht mehr widerrufen, nachdem er den Zahlungsauftrag oder seine Zustimmung zu dessen Ausführung an den Zahlungsempfänger übermittelt hat.

(3) Im Fall einer Lastschrift kann der Zahler den Zahlungsauftrag jedoch unbeschadet etwaiger Erstattungsansprüche spätestens bis zum Ende des Geschäftstages vor dem vereinbarten Belastungstag widerrufen.

(4) In dem Fall von Artikel 64 Absatz 2 kann der Zahlungsdienstnutzer einen Zahlungsauftrag spätestens bis zum Ende des Geschäftstages vor dem vereinbarten Tag widerrufen.

(5) Nach Ablauf der in den Absätzen 1 bis 4 genannten Fristen kann der Zahlungsauftrag nur widerrufen werden, wenn der Zahlungsdienstnutzer und der Zahlungsdienstleister dies vereinbart haben. In den Fällen der Absätze 2 und 3 ist zudem die Zustimmung des Zahlungsempfängers erforderlich. Wenn dies im Rahmenvertrag vereinbart ist, kann der Zahlungsdienstleister den Widerruf in Rechnung stellen.

Art. 67 Transferierte und eingegangene Beträge (1) Die Mitgliedstaaten verpflichten den Zahlungsdienstleister des Zahlers, den Zahlungsdienstleister des Zahlungsempfängers und alle zwischengeschalteten Stellen, den Betrag in voller Höhe zu transferieren und keine Entgelte vom transferierten Betrag abzuziehen.

(2) Der Zahlungsempfänger und sein Zahlungsdienstleister können allerdings vereinbaren, dass der Zahlungsdienstleister seine Entgelte von dem transferierten Betrag abziehen darf, bevor er ihn dem Zahlungsempfänger gutschreibt. In diesem Fall werden der vollständige Betrag des Zahlungsvorgangs und die Entgelte in den Informationen für den Zahlungsempfänger getrennt ausgewiesen.

(3) Werden andere Entgelte als die in Absatz 2 genannten von dem transferierten Betrag abgezogen, so stellt der Zahlungsdienstleister des Zahlers sicher, dass der Zahlungsempfänger den Betrag des vom Zahler ausgelösten Zahlungsvorgangs in voller Höhe erhält. Wird der Zahlungsvorgang von dem Zahlungsempfänger oder über diesen ausgelöst, so stellt sein Zahlungsdienstleister sicher, dass der Zahlungsempfänger den Betrag des Zahlungsvorgangs in voller Höhe erhält.

Abschnitt 2 – Ausführungsfrist und Wertstellungsdatum

Art. 68 Anwendungsbereich (1) Dieser Abschnitt gilt für

a) Zahlungsvorgänge in Euro;
b) innerstaatliche Zahlungsvorgänge in der Währung des betreffenden Mitgliedstaats außerhalb der Eurozone; und
c) Zahlungsvorgänge, bei denen nur eine Währungsumrechnung zwischen dem Euro und der Währung eines nicht dem Euro-Währungsgebiet angehörenden Mitgliedstaats stattfindet, sofern die erforderliche Währungsumrechnung in dem nicht dem Euro-Währungsgebiet angehörenden Mitgliedstaat durchgeführt wird und – im Falle von grenzüberschreitenden Zahlungsvorgängen – der grenzüberschreitende Transfer in Euro stattfindet.

(2) Dieser Abschnitt findet auf andere Zahlungsvorgänge Anwendung, sofern nicht zwischen dem Zahlungsdienstnutzer und seinem Zahlungsdienstleister etwas anderes vereinbart wurde; hiervon ausgenommen ist Artikel 73, den die Parteien nicht vertraglich abbedingen können. Vereinbaren der Zahlungsdienstnutzer und sein Zahlungsdienstleister jedoch für innergemeinschaftliche Zahlungsvorgänge eine längere als die in Artikel 69 festgelegte Frist, so darf diese vier Geschäftstage nach dem Zeitpunkt des Eingangs gemäß Artikel 64 nicht überschreiten.

Art. 69 Zahlungsvorgänge mit Transfer auf ein Zahlungskonto (1) Die Mitgliedstaaten schreiben dem Zahlungsdienstleister des Zahlers vor, sicherzustellen, dass nach dem Eingangszeitpunkt gemäß Artikel 64 der Betrag, der Gegenstand des Zahlungsvorgangs ist, spätestens am Ende des folgenden Geschäftstags dem Konto des Zahlungsdienstleisters des Zahlungsempfängers gutgeschrieben wird. Bis zum 1. Januar 2012 können ein Zahler und sein Zahlungsdienstleister jedoch eine Frist von maximal drei Geschäftstagen vereinbaren. Für in Papierform ausgelöste Zahlungsvorgänge können diese Fristen um einen weiteren Geschäftstag verlängert werden.

(2) Die Mitgliedstaaten schreiben vor, dass der Zahlungsdienstleister des Zahlungsempfängers den Betrag des Zahlungsvorgangs dem Zahlungskonto des Zahlungsempfängers gemäß Artikel 73 wertstellt und verfügbar macht, nachdem er seinerseits den Geldbetrag erhalten hat.

(3) Die Mitgliedstaaten schreiben vor, dass der Zahlungsdienstleister des Zahlungsempfängers dem Zahlungsdienstleister des Zahlers einen vom Zahlungsempfänger oder über diesen ausgelösten Zahlungsauftrag innerhalb der zwischen dem Zahlungsempfänger und seinem Zahlungsdienstleister vereinbarten Fristen übermittelt, um im Falle von Lastschriften die Verrechnung am vereinbarten Fälligkeitstermin zu ermöglichen.

Art. 70 Fehlen eines Zahlungskontos des Zahlungsempfängers beim Zahlungsdienstleister Hat der Zahlungsempfänger beim Zahlungsdienstleister kein Zahlungskonto, macht der Zahlungsdienstleister, bei dem Geldbeträge zugunsten des Zahlungsempfängers eingegangen sind, diese für ihn innerhalb der in Artikel 69 genannten Frist verfügbar.

Art. 71 Auf ein Zahlungskonto eingezahltes Bargeld Zahlt ein Verbraucher Bargeld auf ein Zahlungskonto bei einem Zahlungsdienstleister in der Währung des betreffenden Zahlungskontos ein, so stellt dieser Zahlungsdienstleister sicher, dass der Betrag unverzüglich nach dem Zeitpunkt der Entgegennahme verfügbar gemacht und wertgestellt wird. Ist der Zahlungsdienstnutzer kein Verbraucher, so muss der Geldbetrag spätestens an dem auf die Entgegennahme folgenden Geschäftstag auf dem Konto des Zahlungsempfängers verfügbar gemacht und wertgestellt sein.

Art. 72 Zahlungsvorgänge im Inland Für inländische Zahlungsvorgänge können die Mitgliedstaaten kürzere Ausführungsfristen als nach diesem Abschnitt festlegen.

Art. 73 Wertstellungsdatum und Verfügbarkeit von Geldbeträgen (1) Die Mitgliedstaaten stellen sicher, dass das Datum der Wertstellung einer Gutschrift auf dem Zahlungskonto des Zahlungsempfängers spätestens der Geschäftstag ist, an dem der Betrag, der Gegenstand des Zahlungsvorgangs ist, dem Konto des Zahlungsdienstleisters des Zahlungsempfängers gutgeschrieben wird.
Der Zahlungsdienstleister des Zahlungsempfängers stellt sicher, dass der Betrag, der Gegenstand des Zahlungsvorgangs ist, dem Zahlungsempfänger unverzüglich zur Verfügung steht, nachdem er dem Konto seines Zahlungsdienstleisters gutgeschrieben wurde.
(2) Die Mitgliedstaaten stellen sicher, dass das Datum der Wertstellung einer Belastung auf dem Zahlungskonto des Zahlers frühestens der Zeitpunkt ist, an dem dieses Zahlungskonto mit dem Betrag belastet wird, der Gegenstand des Zahlungsvorgangs ist.

Abschnitt 3 – Haftung

Art. 74 Fehlerhafte Kundenidentifikatoren (1) Wird ein Zahlungsauftrag in Übereinstimmung mit dem Kundenidentifikator ausgeführt, so gilt der Zahlungsauftrag im Hinblick auf den durch den Kundenidentifikator bezeichneten Zahlungsempfänger als korrekt ausgeführt.

(2) Ist der vom Zahlungsdienstnutzer angegebene Kundenidentifikator fehlerhaft, so haftet der Zahlungsdienstleister nicht gemäß Artikel 75 für die fehlerhafte oder nicht erfolgte Ausführung des Zahlungsvorgangs.

Der Zahlungsdienstleister des Zahlers bemüht sich jedoch, soweit ihm dies vernünftigerweise zugemutet werden kann, den Geldbetrag, der Gegenstand des Zahlungsvorgangs war, wiederzuerlangen.

Der Zahlungsdienstleister kann dem Zahlungsdienstnutzer für die Wiederbeschaffung ein Entgelt in Rechnung stellen, wenn dies im Rahmenvertrag vereinbart wurde.

(3) Macht der Zahlungsdienstnutzer weiter gehende Angaben als in Artikel 37 Absatz 1 Buchstabe a oder Artikel 42 Absatz 2 Buchstabe b festgelegt, so haftet der Zahlungsdienstleister nur für die Ausführung von Zahlungsvorgängen in Übereinstimmung mit dem vom Zahlungsdienstnutzer angegebenen Kundenidentifikator.

Art. 75 Nicht erfolgte oder fehlerhafte Ausführung (1) Wird ein Zahlungsauftrag vom Zahler ausgelöst, so haftet sein Zahlungsdienstleister unbeschadet von Artikel 58, Artikel 74 Absätze 2 und 3 sowie Artikel 78 gegenüber dem Zahler für die ordnungsgemäße Ausführung des Zahlungsvorgangs, es sei denn, er kann gegenüber dem Zahler und gegebenenfalls dem Zahlungsdienstleister des Zahlungsempfängers nachweisen, dass der Betrag, der Gegenstand des Zahlungsvorgangs ist, gemäß Artikel 69 Absatz 1 beim Zahlungsdienstleister des Zahlungsempfängers eingegangen ist; in diesem Fall haftet der Zahlungsdienstleister des Zahlungsempfängers diesem gegenüber für die ordnungsgemäße Ausführung des Zahlungsvorgangs.

Haftet der Zahlungsdienstleister des Zahlers nach Unterabsatz 1, so erstattet er dem Zahler unverzüglich den Betrag des nicht oder fehlerhaft ausgeführten Zahlungsvorgangs und bringt das belastete Zahlungskonto gegebenenfalls wieder auf den Stand, auf dem es sich ohne den fehlerhaft ausgeführten Zahlungsvorgang befunden hätte.

Haftet der Zahlungsdienstleister des Zahlungsempfängers nach Unterabsatz 1, so stellt er dem Zahlungsempfänger den Betrag, der Gegenstand des Zahlungsvorgangs ist, unverzüglich zur Verfügung und schreibt gegebenenfalls dem Zahlungskonto des Zahlungsempfängers den entsprechenden Betrag gut.

Im Falle eines nicht oder fehlerhaft ausgeführten Zahlungsvorgangs, bei dem der Zahlungsauftrag durch den Zahler ausgelöst wurde, muss sich dessen Zahlungsdienstleister auf Verlangen – ungeachtet der Haftung nach diesem Absatz – unverzüglich darum bemühen, den Zahlungsvorgang zurückzuverfolgen und den Zahler über das Ergebnis zu unterrichten.

(2) Wird ein Zahlungsauftrag vom Zahlungsempfänger oder über diesen ausgelöst, so haftet dessen Zahlungsdienstleister unbeschadet von Artikel 58, Artikel 74 Absätze 2 und 3 sowie Artikel 78 gegenüber dem Zahlungsempfänger für die ordnungsgemäße Übermittlung des Zahlungsauftrags an den Zahlungsdienstleister des Zahlers gemäß Artikel 69 Absatz 3. Haftet der Zahlungsdienstleister des Zahlungsempfängers nach diesem Unterabsatz, so muss er den fraglichen Zahlungsauftrag unverzüglich zurück an den Zahlungsdienstleister des Zahlers übermitteln.

Darüber hinaus haftet der Zahlungsdienstleister des Zahlungsempfängers unbeschadet von Artikel 58, Artikel 74 Absätze 2 und 3 sowie Artikel 78 gegenüber dem Zahlungsempfänger für die Bearbeitung des Zahlungsvorgangs entsprechend seinen Pflichten nach Artikel 73. Haftet der Zahlungsdienstleister des Zahlungsempfängers nach diesem Unterabsatz, so stellt er sicher, dass der Betrag, der Gegenstand des Zahlungsvorgangs ist, dem Zahlungsempfänger unverzüglich zur Verfügung steht, nachdem die Gutschrift auf dem Zahlungskonto des Zahlungsdienstleisters des Zahlungsempfängers erfolgt ist.

Im Falle eines nicht oder fehlerhaft ausgeführten Zahlungsvorgangs, für den der Zahlungsdienstleister des Zahlungsempfängers nicht nach den Unterabsätzen 1 und 2 haftet, haftet der Zahlungsdienstleister des Zahlers gegenüber dem Zahler. Haftet der Zahlungsdienstleister des Zahlers wie vorgenannt, so erstattet er dem Zahler gegebenenfalls unverzüglich den Betrag, der Gegenstand des nicht oder fehlerhaft ausgeführten Zahlungsvorgangs ist, und bringt das belastete Zahlungskonto gegebenenfalls wieder auf den Stand, auf dem es sich ohne den fehlerhaft ausgeführten Zahlungsvorgang befunden hätte.

Im Falle eines nicht oder fehlerhaft ausgeführten Zahlungsvorgangs, bei dem der Zahlungsauftrag vom Zahlungsempfänger oder über diesen ausgelöst wurde, muss sich dessen Zahlungsdienstleister auf Verlangen des Zahlungsempfängers – ungeachtet der Haftung nach diesem Absatz – unverzüglich darum bemühen, den Zahlungsvorgang zurückzuverfolgen und den Zahlungsempfänger über das Ergebnis zu unterrichten.

(3) Die Zahlungsdienstleister haften darüber hinaus gegenüber ihren jeweiligen Zahlungsdienstnutzern für alle von ihnen zu verantwortenden Entgelte und Zinsen, die dem Zahlungsdienstnutzer infolge der nicht erfolgten oder fehlerhaften Ausführung des Zahlungsvorgangs in Rechnung gestellt werden.

Art. 76 Zusätzliche Entschädigung Jede über die Bestimmungen dieses Abschnitts hinausgehende finanzielle Entschädigung kann sich aus dem auf den Vertrag zwischen dem Zahlungsdienstnutzer und seinem Zahlungsdienstleister anwendbaren einzelstaatlichen Recht ergeben.

Art. 77 Regressanspruch (1) Kann in Bezug auf die Haftung eines Zahlungsdienstleisters nach Artikel 75 ein anderer Zahlungsdienstleister oder eine zwischengeschaltete Stelle in Regress genommen werden, so entschädigt dieser Zahlungsdienstleister oder diese Stelle den erstgenannten Zahlungsdienstleister für alle nach Artikel 75 erlittenen Verluste oder gezahlten Beträge.

(2) Weitere finanzielle Entschädigungen können sich aus den Vereinbarungen zwischen den Zahlungsdienstleistern und/oder zwischengeschalteten Stellen und aus dem auf diese Vereinbarungen anwendbaren Recht ergeben.

Art. 78 Haftungsausschluss Die Haftung nach den Kapiteln 2 und 3 erstreckt sich nicht auf ungewöhnliche und unvorhersehbare Ereignisse, auf die diejenige Partei, die sich auf diese Ereignisse beruft, keinen Einfluss hat und deren Folgen trotz Anwendung der gebotenen Sorgfalt nicht hätten vermieden werden können, oder auf Fälle, in denen ein Zahlungsdienstleister durch andere rechtliche Verpflichtungen des einzelstaatlichen oder des Gemeinschaftsrechts gebunden ist.

Kapitel 4 – Datenschutz

Art. 79 *Datenschutz – nicht abgedruckt.*

Kapitel 5 – Außergerichtliche Beschwerdeverfahren und Streitbeilegungsverfahren

Art. 80-83 *Beschwerdeverfahren, Notwendigkeit effektiver Sanktionen und außergerichtliche Streitbeilegung – nicht abgedruckt.*

Titel V – Durchführungsmaßnahmen und Zahlungsverkehrsausschuss

Art. 84 f. *Durchführungsbestimmungen und Zahlungsverkehrsausschus – nicht abgedruckt.*

Titel VI – Schlussbestimmungen

Art. 86 Vollständige Harmonisierung (1) Unbeschadet von Artikel 30 Absatz 2, Artikel 33, Artikel 34 Absatz 2, Artikel 45 Absatz 6, Artikel 47 Absatz 3, Artikel 48 Absatz 3, Artikel 51 Absatz 2, Artikel 52 Absatz 3, Artikel 53 Absatz 2, Artikel 61 Absatz 3 und der Artikel 72 und 88 dürfen die Mitgliedstaaten in den Bereichen, in denen diese Richtlinie harmonisierte Bestimmungen enthält, keine anderen als die in dieser Richtlinie festgelegten Bestimmungen beibehalten oder einführen.

(2) Macht ein Mitgliedstaat von einer der in Absatz 1 genannten Optionen Gebrauch, so teilt er dies der Kommission mit und setzt sie von allen nachfolgenden Änderungen in Kenntnis. Die Kommission veröffentlicht die Informationen auf einer Website oder auf eine sonstige leicht zugängliche Weise.

(3) Die Mitgliedstaaten stellen sicher, dass die Zahlungsdienstleister nicht zum Nachteil der Zahlungsdienstnutzer von den diese Richtlinie umsetzenden oder dieser Richtlinie entsprechenden einzelstaatlichen Vorschriften abweichen, es sei denn, dies ist darin ausdrücklich vorgesehen.

Zahlungsdienstleister können jedoch beschließen, Zahlungsdienstnutzern günstigere Konditionen einzuräumen.

Art. 87 *Überprüfung – nicht abgedruckt.*

Art. 88-96 *Übergangsbestimmung, Änderungen anderer Richtlinien (dort berücksichtigt), Aufhebung der Richtlinie 97/5/EG, Umsetzung, Inkrafttreten und Adressaten – nicht abgedruckt.*

Anhang – Zahlungsdienste (Artikel 4 Nummer 3)

1. Dienste, mit denen Bareinzahlungen auf ein Zahlungskonto ermöglicht werden, sowie alle für die Führung eines Zahlungskontos erforderlichen Vorgänge.

2. Dienste, mit denen Barabhebungen von einem Zahlungskonto ermöglicht werden, sowie alle für die Führung eines Zahlungskontos erforderlichen Vorgänge.

3. Ausführung von Zahlungsvorgängen einschließlich des Transfers von Geldbeträgen auf ein Zahlungskonto beim Zahlungsdienstleister des Nutzers oder bei einem anderen Zahlungsdienstleister:
   – Ausführung von Lastschriften einschließlich einmaliger Lastschriften;
   – Ausführung von Zahlungsvorgängen mittels einer Zahlungskarte oder eines ähnlichen Instruments;
   – Ausführung von Überweisungen einschließlich Daueraufträgen.

4. Ausführung von Zahlungsvorgängen, wenn die Beträge durch einen Kreditrahmen für einen Zahlungsdienstnutzer gedeckt sind:
   - Ausführung von Lastschriften einschließlich einmaliger Lastschriften;
   - Ausführung von Zahlungsvorgängen mittels einer Zahlungskarte oder eines ähnlichen Instruments;
   - Ausführung von Überweisungen einschließlich Daueraufträgen.

5. Ausgabe von Zahlungsinstrumenten und/oder Annahme und Abrechnung („acquiring") von Zahlungsinstrumenten.

6. Finanztransfer.

7. Ausführung von Zahlungsvorgängen, bei denen die Zustimmung des Zahlers zur Ausführung eines Zahlungsvorgangs über ein Telekommunikations-, Digital- oder IT-Gerät übermittelt wird und die Zahlung an den Betreiber des Telekommunikations- oder IT-Systems oder -Netzes erfolgt, der ausschließlich als zwischengeschaltete Stelle zwischen dem Zahlungsdienstnutzer und dem Lieferanten der Waren und Dienstleistungen fungiert.

2.17 Verordnung (EG) Nr. 924/2009 des Europäischen Parlaments und des Rates vom 16. September 2009 über grenzüberschreitende Zahlungen in der Gemeinschaft und zur Aufhebung der Verordnung (EG) Nr. 2560/2001 [Zahlungsentgelte-VO]

ABl. 2009 L 266/11

DAS EUROPÄISCHE PARLAMENT UND DER RAT DER EUROPÄISCHEN UNION –
gestützt auf den Vertrag zur Gründung der Europäischen Gemeinschaft, insbesondere auf Artikel 95 Absatz 1,
auf Vorschlag der Kommission[1],
nach Stellungnahme des Wirtschafts- und Sozialausschusses[2],
nach Stellungnahme der Europäischen Zentralbank[3],
gemäß dem Verfahren des Artikels 251 des Vertrags[4],
in Erwägung nachstehender Gründe:

(1) Um ein reibungsloses Funktionieren des Binnenmarktes zu ermöglichen und den grenzüberschreitenden Handel innerhalb der Gemeinschaft zu vereinfachen, muss sichergestellt werden, dass für grenzüberschreitende Zahlungen in Euro die gleichen Entgelte erhoben werden wie für entsprechende Euro-Zahlungen innerhalb eines Mitgliedstaats. Dieser Grundsatz der Gleichheit der Entgelte wurde in der Verordnung (EG) Nr. 2560/2001 des Europäischen Parlaments und des Rates vom 19. Dezember 2001 über grenzüberschreitende Zahlungen in Euro[5] festgelegt und gilt für grenzüberschreitende Zahlungen in Euro bis zu 50 000 EUR bzw. dem entsprechenden Betrag in schwedischen Kronen.

(2) Im Bericht der Kommission vom 11. Februar 2008 über die Anwendung der Verordnung (EG) Nr. 2560/2001 über grenzüberschreitende Zahlungen in Euro wurde bestätigt, dass dank der Anwendung der genannten Verordnung die Entgelte für grenzüberschreitende Zahlungsvorgänge in Euro auf den Stand der Entgelte für Inlandszahlungen abgesunken sind und die europäische Zahlungsverkehrsbranche dazu ermutigt wurde, die erforderlichen Anstrengungen zum Aufbau einer gemeinschaftsweiten Zahlungsinfrastruktur zu unternehmen.

(3) Im Bericht der Kommission wurden die praktischen Probleme untersucht, die bei der Anwendung der Verordnung (EG) Nr. 2560/2001 aufgetreten sind. Als Ergebnis wurde eine Reihe von Änderungen der genannten Verordnung vorgeschlagen, um die bei der Überprüfung festgestellten Probleme zu beheben. Diese Probleme betreffen die Beeinträchtigung des Zahlungsverkehrsbinnenmarktes durch uneinheitliche Meldepflichten für zahlungsbilanzstatistische Zwecke, die Durchsetzung der Verordnung (EG) Nr. 2560/2001 angesichts eines Mangels an benannten zuständigen nationalen Behörden, das Fehlen außergerichtlicher Schlichtungsstellen für Streitigkeiten im Zusammenhang mit der Verordnung und die Tatsache, dass Lastschriften nicht in den Geltungsbereich der Verordnung fallen.

(4) Die Richtlinie 2007/64/EG des Europäischen Parlaments und des Rates vom 13. November 2007 über Zahlungsdienste im Binnenmarkt[6] bietet eine zeitgemäße Rechtsgrundlage für die Schaffung eines gemeinschaftsweiten Zahlungsverkehrsbinnenmarktes. Aus Gründen der rechtlichen Kohärenz zwischen den beiden Rechtsakten sollten die einschlägigen Bestimmungen der Verordnung (EG) Nr. 2560/2001, insbesondere die Begriffsbestimmungen, entsprechend geändert werden.

(5) Die Verordnung (EG) Nr. 2560/2001 erfasst grenzüberschreitende Überweisungen und grenzüberschreitende elektronische Zahlungsvorgänge. Um in Übereinstimmung mit dem Ziel der Richtlinie 2007/64/EG auch grenzüberschreitende Lastschriften zu ermöglichen, sollte der Geltungsbereich der Verordnung (EG) Nr. 2560/2001 erweitert werden. Für Zahlungsinstrumente wie Schecks, die

---

1 [KOM(2008) 640 endg.]
2 ABl. C 228 vom 22.9.2009, S. 66.
3 ABl. C 21 vom 28.1.2009, S. 1. [Berichtigung in ABl. C 134 vom 13.6.2009, S. 44.]
4 Stellungnahme des Europäischen Parlaments vom 24. April 2009 ([ABl. C 184E vom 8.7.2010, S. 483]) und Beschluss des Rates vom 27. Juli 2009.
5 ABl. L 344 vom 28.12.2001, S. 13.
6 ABl. L 319 vom 5.12.2007, S. 1 [Zahlungsdienste-RL, in dieser Sammlung Nr. 2.16].

hauptsächlich oder ausschließlich in Papierform bestehen, empfiehlt es sich derzeit noch nicht, den Grundsatz der Gleichheit der Entgelte anzuwenden, da sie sich naturgemäß nicht so effizient bearbeiten lassen wie elektronische Zahlungen.

(6) Der Grundsatz der Gleichheit der Entgelte sollte für Zahlungen gelten, die in Papierform oder in bar ausgelöst oder abgeschlossen und im Zuge der Zahlungsausführungskette elektronisch verarbeitet werden, außer für Schecks; er sollte auch für alle Entgelte gelten, die direkt oder indirekt mit einem Zahlungsvorgang verbunden sind, einschließlich von Entgelten, die mit einem Vertrag in Zusammenhang stehen, mit Ausnahme von Entgelten für Währungsumrechnungen. Indirekte Entgelte sind unter anderem Entgelte für die Einrichtung eines Dauerauftrags oder Entgelte für die Benutzung von Zahlungskarten oder von Debit- oder Kreditkarten, die für innerstaatliche und grenzüberschreitende Zahlungsvorgänge innerhalb der Gemeinschaft identisch sein sollten.

(7) Um eine Fragmentierung der Zahlungsverkehrsmärkte zu verhindern, empfiehlt es sich, den Grundsatz der Gleichheit der Entgelte anzuwenden. Deshalb sollte für jede Kategorie grenzüberschreitender Zahlungsvorgänge eine Inlandszahlung bestimmt werden, die die gleichen oder sehr ähnliche Merkmale wie der grenzüberschreitende Zahlungsvorgang aufweist. Für die Bestimmung der Inlandszahlung, die einer grenzüberschreitenden Zahlung entspricht, sollten unter anderem folgende Kriterien herangezogen werden können: die Art und Weise der Auftragserteilung, der Ausführung und des Abschlusses der Zahlung, der Automatisierungsgrad, eine etwaige Zahlungsgarantie, der Status des Kunden und die Beziehung zum Zahlungsdienstleister oder das benutzte Zahlungsinstrument gemäß der Definition in Artikel 4 Nummer 23 der Richtlinie 2007/64/EG. Diese Kriterien sollten nicht als erschöpfend betrachtet werden.

(8) Die zuständigen Behörden sollten Leitlinien zur Bestimmung der entsprechenden Zahlungen erstellen, wenn sie dies für erforderlich halten. Die Kommission sollte — gegebenenfalls mit Unterstützung des Zahlungsverkehrsausschusses — angemessene Orientierungen geben und die zuständigen Behörden unterstützen.

(9) Die Ausführung grenzüberschreitender Zahlungsvorgänge durch die Zahlungsdienstleister sollte vereinfacht werden. Zu diesem Zweck sollte die Standardisierung vorangetrieben und insbesondere die Verwendung der internationalen Kontonummer (IBAN) und der Bankleitzahl (BIC) gefördert werden. Deshalb sollten den Zahlungsdienstnutzern von den Zahlungsdienstleistern hinreichende Informationen über die IBAN und die BIC des betreffenden Kontos bereitgestellt werden.

(10) Unterschiedliche Meldepflichten für zahlungsbilanzstatistische Zwecke, von denen ausschließlich grenzüberschreitende Zahlungsvorgänge betroffen sind, behindern die Vollendung eines Zahlungsverkehrsbinnenmarktes, insbesondere im Rahmen des einheitlichen Euro-Zahlungsverkehrsraums (SEPA). Vor dem Hintergrund des SEPA wäre es deshalb ratsam, bis zum 31. Oktober 2011 erneut zu bewerten, ob die Abschaffung dieser Pflicht zur Meldung der Zahlungsverkehrsdaten der Banken angemessen ist. Um eine kontinuierliche, zeitnahe und effiziente Bereitstellung der Zahlungsbilanzstatistiken zu gewährleisten, sollte sichergestellt werden, dass frei verfügbare Zahlungsdaten wie IBAN, BIC und die Beträge der Zahlungsvorgänge oder grundlegende, aggregierte Zahlungsdaten für verschiedene Zahlungsinstrumente noch erfasst werden können, sofern die Datenerfassung vollständig automatisiert werden kann und die automatisierte Zahlungsverarbeitung nicht behindert. Diese Verordnung berührt nicht die Meldepflichten für andere Regelungszwecke, wie beispielsweise zur Prävention von Geldwäsche oder von Terrorismusfinanzierung, oder für steuerliche Zwecke.

(11) Derzeit werden bei den bestehenden innerstaatlichen Lastschriftverfahren unterschiedliche Geschäftsmodelle zugrunde gelegt. Zur Erleichterung der Einführung des SEPA-Lastschriftverfahrens bedarf es eines gemeinsamen Geschäftsmodells und einer größeren Rechtsklarheit bei den multilateralen Interbankenentgelten. In Bezug auf grenzüberschreitende Lastschriften könnte dies ausnahmsweise dadurch erreicht werden, dass für das multilaterale Interbankenentgelt während eines Übergangszeitraums ein Höchstbetrag pro Zahlungsvorgang festgesetzt wird. Es sollte den Parteien einer multilateralen Vereinbarung jedoch freistehen, einen niedrigeren Betrag festzulegen oder sich auf ein multilaterales Interbankenentgelt von null zu einigen. Für innerstaatliche SEPA-Lastschriften kann das gleiche innerstaatliche Interbankenentgelt oder eine andere zwischen dem Zahlungsdienstleister des Zahlungsempfängers und dem Zahlungsdienstleister des Zahlers vereinbarte Vergütung der Banken untereinander, wie sie vor dem Zeitpunkt des Beginns der Anwendung dieser Verordnung bestanden haben, zugrunde gelegt werden. Sollte ein solches innerstaatliches multilaterales Interbankenentgelt oder eine anderweitig vereinbarte innerstaatliche Vergütung während der Übergangszeit gekürzt oder abgeschafft werden, z. B. aufgrund der Anwendung des Wettbewerbsrechts, so sollten die geänderten Modalitäten während der Übergangszeit auf die innerstaatlichen SEPA-Lastschriften angewandt werden. Unterliegt die Lastschrift einer bilateralen Vereinbarung, sollten deren Bestimmungen jedoch Vorrang vor sämtlichen Abkommen über multilaterale Interbankenentgelte oder andere Vergütungen haben. Die Branche kann die während der Über-

gangszeit gewährte Rechtssicherheit dazu nutzen, ein gemeinsames, langfristiges Geschäftsmodell für die Handhabung der SEPA-Lastschrift zu entwickeln und zu vereinbaren. Nach Ablauf der Übergangszeit sollte es eine langfristige Lösung für das Geschäftsmodell der SEPA-Lastschrift in Übereinstimmung mit dem EG-Wettbewerbsrecht und dem Rechtsrahmen der Gemeinschaft geben. Die Kommission beabsichtigt, im Rahmen eines nachhaltigen Dialogs mit dem Bankensektor und auf der Grundlage von Beiträgen der relevanten Marktteilnehmer so bald wie möglich Leitlinien für objektive und messbare Kriterien zur Beurteilung der Übereinstimmung einer solchen multilateralen Vergütung der Banken untereinander, die multilaterale Interbankenentgelte umfassen könnte, mit dem EG-Wettbewerbsrecht und dem Rechtsrahmen der Gemeinschaft herauszugeben.

(12) Damit eine Lastschrift ausgeführt werden kann, muss das Konto des Zahlers erreichbar sein. Zur Förderung der erfolgreichen Einführung der SEPA-Lastschriften ist es daher von entscheidender Bedeutung, dass alle Zahlerkonten, die bereits für bestehende Inlandslastschriften in Euro erreichbar sind, dies auch für SEPA-Lastschriften sind; andernfalls werden Zahler und Zahlungsempfänger die Vorteile des grenzüberschreitenden Lastschrifteinzugs nicht nutzen können. Falls das Konto des Zahlers im Rahmen des SEPA-Lastschriftverfahrens nicht zugänglich ist, können sich der Zahler (Schuldner) und der Zahlungsempfänger (Gläubiger) die Vorteile, die die neuen Möglichkeiten der Zahlung im Wege des Lastschrifteinzugs bieten, nicht zunutze machen. Dies ist besonders in Fällen wichtig, in denen der Zahlungsempfänger Lastschrifteinzüge gesammelt, beispielsweise auf monatlicher oder vierteljährlicher Basis für Stromrechnungen oder Rechnungen für andere Versorgungsleistungen, und nicht für jeden Kunden einzeln einleitet. Wenn die Gläubiger nicht alle ihre Schuldner in einem einzigen Vorgang erreichen können, ist ein zusätzliches manuelles Eingreifen erforderlich, was die Kosten in die Höhe treiben dürfte. Besteht für den Zahlungsdienstleister des Zahlers somit keine Verpflichtung zur Erreichbarkeit, so führt dies zu einer geringeren Effizienz des Lastschrifteinzugs und einer Beschränkung des Wettbewerbs auf gesamteuropäischer Ebene. Angesichts des besonderen Charakters von Lastschriften zwischen Unternehmen sollte dies jedoch nur für die Standardvariante des SEPA-Lastschriftverfahrens und nicht für das SEPA-Lastschriftverfahren für Geschäftskunden gelten. Die Verpflichtung zur Erreichbarkeit schließt das Recht eines Zahlungsdienstleisters ein, in Übereinstimmung mit den für das Lastschriftverfahren geltenden Vorschriften, etwa zur Ablehnung, Verweigerung oder Rückgabe eines Zahlungsvorgangs, eine Lastschriftzahlung nicht auszuführen. Außerdem sollte die Verpflichtung zur Erreichbarkeit nicht für diejenigen Zahlungsdienstleister gelten, die zwar die Erlaubnis besitzen, das Lastschriftgeschäft auszuüben und Lastschriften auszuführen, diese Tätigkeit aber nicht gewerbsmäßig betreiben.

(13) Angesichts der technischen Anforderungen, die im Hinblick auf die Erreichbarkeit zu erfüllen sind, muss ein Zahlungsdienstleister außerdem über genügend Zeit verfügen, um die nötigen Vorbereitungen für die Einhaltung der Verpflichtung zur Erreichbarkeit treffen zu können. Die Zahlungsdienstleister sollten daher ab dem Beginn der Anwendung dieser Verordnung über eine Übergangszeit von höchstens einem Jahr verfügen, um dieser Verpflichtung nachzukommen. Da Zahlungsdienstleister aus den nicht dem Euro-Währungsgebiet angehörenden Mitgliedstaaten umfangreichere Vorbereitungsarbeiten durchführen müssten, sollte für sie die Anwendung der Verpflichtung zur Erreichbarkeit um höchstens fünf Jahre ab dem Beginn der Anwendung dieser Verordnung verschoben werden dürfen. Zahlungsdienstleister, die in einem Mitgliedstaat ansässig sind, der den Euro innerhalb von vier Jahren nach dem Beginn der Anwendung dieser Verordnung als seine Währung einführt, sollten jedoch verpflichtet werden, der Verpflichtung zur Erreichbarkeit innerhalb eines Jahres nach dem Zeitpunkt des Beitritts des betreffenden Mitgliedstaats zum Euro-Währungsgebiet nachzukommen.

(14) Die zuständigen Behörden sollten die erforderlichen Befugnisse erhalten, um ihren Überwachungsaufgaben effizient nachkommen und alle notwendigen Maßnahmen treffen zu können, damit gewährleistet ist, dass die Zahlungsdienstleister diese Verordnung einhalten.

(15) Um im Falle einer nicht ordnungsgemäßen Anwendung dieser Verordnung den Beschwerdeweg zu ermöglichen, sollten die Mitgliedstaaten angemessene und wirksame Beschwerde- und Rechtsbehelfsverfahren sowie Verfahren zur Beilegung von Streitigkeiten zwischen dem Zahlungsdienstnutzer und seinem Zahlungsdienstleister schaffen. Zudem sollten zuständige Behörden und außergerichtliche Schlichtungsstellen benannt werden, indem entweder bestehende Einrichtungen benannt werden oder, soweit dies angebracht ist, oder neue Einrichtungen geschaffen werden.

(16) Zuständige Behörden und außergerichtliche Schlichtungsstellen müssen in der Gemeinschaft aktiv zusammenarbeiten, damit grenzübergreifende Streitigkeiten im Zusammenhang mit dieser Verordnung reibungslos und zügig beigelegt werden können. Diese Zusammenarbeit sollte in Form einer wechselseitigen Erteilung von Auskünften über das Recht oder die Rechtspraxis innerhalb ihres Zuständigkeitsbereichs oder gegebenenfalls in Form einer Abgabe oder Übernahme von Beschwerde- und Rechtsbehelfsverfahren erfolgen können.

(17) Die Mitgliedstaaten müssen in ihrem innerstaatlichen Recht wirksame, verhältnismäßige und abschreckende Sanktionen für Verstöße gegen diese Verordnung vorsehen.

(18) Die Ausweitung des Geltungsbereichs dieser Verordnung auf andere Währungen als den Euro würde insbesondere im Hinblick auf die Anzahl der erfassten Zahlungsvorgänge eindeutige Vorteile bieten. Deshalb sollte ein Anmeldeverfahren geschaffen werden, das es auch Mitgliedstaaten, die den Euro nicht als ihre Währung eingeführt haben, ermöglicht, diese Verordnung auf grenzüberschreitende Zahlungen in ihrer Landeswährung anzuwenden. Länder, die dieses Verfahren bereits anwenden, sollten jedoch keine neue Anmeldung vorlegen müssen.

(19) Die Kommission sollte einen Bericht über die Angemessenheit der Abschaffung der zahlungsbilanzstatistisch begründeten innerstaatlichen Meldepflichten erstellen. Die Kommission sollte ferner einen Bericht über die Anwendung dieser Verordnung vorlegen, in dem insbesondere die Verwendung von IBAN und BIC zur Vereinfachung von Zahlungen innerhalb der Gemeinschaft und Veränderungen des Marktes im Hinblick auf die Anwendung der Bestimmungen über Lastschriften bewertet werden. Im Rahmen des Ausbaus des SEPA sollte in einem solchen Bericht auch geprüft werden, ob die Obergrenze von 50 000 EUR, für die derzeit der Grundsatz der Gleichheit der Entgelte gilt, angemessen ist.

(20) Die Verordnung (EG) Nr. 2560/2001 sollte aus Gründen der Rechtssicherheit und Klarheit aufgehoben werden.

(21) Um insbesondere im Hinblick auf die Transparenz der Bedingungen und Informationsanforderungen für Zahlungsdienste und auf die Rechte und Pflichten bei der Bereitstellung und Nutzung von Zahlungsdiensten rechtliche Kohärenz zwischen dieser Verordnung und der Richtlinie 2007/64/EG zu gewährleisten, sollte diese Verordnung ab dem 1. November 2009 gelten. Den Mitgliedstaaten sollte für den Erlass von Maßnahmen zur Einführung von Sanktionen bei Verstößen gegen diese Verordnung eine Frist bis zum 1. Juni 2010 gewährt werden.

(22) Da die Ziele dieser Verordnung auf Ebene der Mitgliedstaaten nicht ausreichend verwirklicht werden können und daher wegen ihres Umfangs und ihrer Wirkungen besser auf Gemeinschaftsebene zu verwirklichen sind, kann die Gemeinschaft im Einklang mit dem in Artikel 5 des Vertrags niedergelegten Subsidiaritätsprinzip tätig werden. Entsprechend dem in demselben Artikel genannten Grundsatz der Verhältnismäßigkeit geht diese Verordnung nicht über das zur Erreichung dieser Ziele erforderliche Maß hinaus–
HABEN FOLGENDE VERORDNUNG ERLASSEN:

Art. 1 Gegenstand und Geltungsbereich (1) In dieser Verordnung werden Bestimmungen über grenzüberschreitende Zahlungen innerhalb der Gemeinschaft festgelegt, um sicherzustellen, dass für grenzüberschreitende Zahlungen innerhalb der Gemeinschaft die gleichen Entgelte erhoben werden wie für Zahlungen in der gleichen Währung innerhalb eines Mitgliedstaats.

(2) Diese Verordnung gilt im Einklang mit der Richtlinie 2007/64/EG[7] für grenzüberschreitende Zahlungen, die in Euro oder einer Landeswährung der Mitgliedstaaten getätigt werden, die gemäß Artikel 14 ihren Beschluss, die Anwendung dieser Verordnung auf ihre Landeswährung auszudehnen, mitgeteilt haben.

(3) Diese Verordnung gilt nicht für Zahlungen, die Zahlungsdienstleister auf eigene Rechnung oder für Rechnung anderer Zahlungsdienstleister vornehmen.

(4) Die Artikel 6, 7 und 8 enthalten Vorschriften für Lastschriften, die zwischen dem Zahlungsdienstleister des Zahlungsempfängers und dem Zahlungsdienstleister des Zahlers in Euro getätigt werden.

Art. 2 Begriffsbestimmungen Für die Zwecke dieser Verordnung bezeichnet der Ausdruck

1. „grenzüberschreitende Zahlung" einen elektronisch verarbeiteten Zahlungsvorgang, der von einem Zahler oder von einem oder über einen Zahlungsempfänger ausgelöst wird und bei dem der Zahlungsdienstleister des Zahlers und der Zahlungsdienstleister des Zahlungsempfängers in unterschiedlichen Mitgliedstaaten ansässig sind;

---

7 [Zahlungsdienste-RL, in dieser Sammlung Nr. 2.16.]

2. „Inlandszahlung" einen elektronisch verarbeiteten Zahlungsvorgang, der von einem Zahler oder von einem oder über einen Zahlungsempfänger ausgelöst wird und bei dem der Zahlungsdienstleister des Zahlers und der Zahlungsdienstleister des Zahlungsempfängers in ein und demselben Mitgliedstaat ansässig sind;

3. „Zahler" eine natürliche oder juristische Person, die Inhaber eines Zahlungskontos ist und die einen Zahlungsauftrag von diesem Zahlungskonto gestattet oder — falls kein Zahlungskonto vorhanden ist — eine natürliche oder juristische Person, die den Auftrag für einen Zahlungsvorgang erteilt;

4. „Zahlungsempfänger" eine natürliche oder juristische Person, die den bei einem Zahlungsvorgang transferierten Geldbetrag als Empfänger erhalten soll;

5. „Zahlungsdienstleister" eine der in Artikel 1 Absatz 1 der Richtlinie 2007/64/EG genannten Kategorien juristischer Personen oder eine in Artikel 26 dieser Richtlinie genannte natürliche oder juristische Person, jedoch mit Ausnahme der Institute, die in Artikel 2 der Richtlinie 2006/48/EG des Europäischen Parlaments und des Rates vom 14. Juni 2006 über die Aufnahme und Ausübung der Tätigkeit der Kreditinstitute[8] genannt sind und für die ein Mitgliedstaat die in Artikel 2 Absatz 3 der Richtlinie 2007/64/EG vorgesehene Ausnahme gewährt hat;

6. „Zahlungsdienstnutzer" eine natürliche oder juristische Person, die einen Zahlungsdienst als Zahler oder Zahlungsempfänger oder in beiden Eigenschaften in Anspruch nimmt;

7. „Zahlungsvorgang" die Bereitstellung, den Transfer oder die Abhebung eines Geldbetrags, ausgelöst von einem Zahler oder von einem oder über einen Zahlungsempfänger, unabhängig von etwaigen zugrunde liegenden Verpflichtungen im Verhältnis zwischen Zahler und Zahlungsempfänger;

8. „Zahlungsauftrag" einen Auftrag, den ein Zahler oder Zahlungsempfänger seinem Zahlungsdienstleister zur Ausführung eines Zahlungsvorgangs erteilt;

9. „Entgelt" ein Entgelt, das ein Zahlungsdienstleister vom Zahlungsdienstnutzer erhebt und das direkt oder indirekt mit einem Zahlungsvorgang verbunden ist;

10. „Geldbetrag" Banknoten und Münzen, Giralgeld und elektronisches Geld im Sinne des Artikels 2 Nummer 2 der Richtlinie 2009/110/EG des Europäischen Parlaments und des Rates vom 16. September 2009 über die Aufnahme, Ausübung und Beaufsichtigung der Tätigkeit von E-Geld-Instituten[9];

11. „Verbraucher" eine natürliche Person, die zu Zwecken handelt, die nicht ihrer gewerblichen oder beruflichen Tätigkeit zugerechnet werden können;

12. „Kleinstunternehmen" ein Unternehmen, das zum Zeitpunkt des Abschlusses des Zahlungsdienstvertrags ein Unternehmen im Sinne von Artikel 1 und Artikel 2 Absätze 1 und 3 des Anhangs der Empfehlung 2003/361/EG der Kommission vom 6. Mai 2003 betreffend die Definition der Kleinstunternehmen sowie der kleinen und mittleren Unternehmen[10] ist;

13. „Interbankenentgelt" ein zwischen dem Zahlungsdienstleister des Zahlers und dem Zahlungsdienstleister des Zahlungsempfängers für jede Lastschrift gezahltes Entgelt;

14. „Lastschrift" einen vom Zahlungsempfänger ausgelösten Zahlungsdienst zur Belastung des Zahlungskontos des Zahlers aufgrund einer Zustimmung des Zahlers zu einem

---

8 ABl. L 177 vom 30.6.2006, S. 1.
9 ABl. L 267 vom 10.10.2009, S. 7.
10 ABl. L 124 vom 20.5.2003, S. 36.

Zahlungsvorgang, die der Zahler gegenüber dem Zahlungsempfänger, dessen Zahlungsdienstleister oder seinem eigenen Zahlungsdienstleister erteilt;

15. „Lastschriftverfahren" gemeinsame Regeln, Verfahren und Normen, die zwischen den Zahlungsdienstleistern für die Ausführung von Lastschriften vereinbart wurden.

Art. 3 Entgelte für grenzüberschreitende Zahlungen und entsprechende Inlandszahlungen (1) Zahlungsdienstleister erheben von einem Zahlungsdienstnutzer für grenzüberschreitende Zahlungen die gleichen Entgelte, wie sie sie von Zahlungsdienstnutzern für entsprechende Inlandszahlungen in gleicher Höhe und in der gleichen Währung erheben.

(2) Bei der Berechnung der Entgelte für grenzüberschreitende Zahlungen für die Zwecke von Absatz 1 muss der Zahlungsdienstleister die entsprechende Inlandszahlung bestimmen.

Die zuständigen Behörden erstellen Leitlinien zur Bestimmung der entsprechenden Inlandszahlungen, wenn sie dies für erforderlich halten. Die zuständigen Behörden arbeiten im Rahmen des gemäß Artikel 85 Absatz 1 der Richtlinie 2007/64/EG eingesetzten Zahlungsverkehrsausschusses aktiv zusammen, um die Kohärenz der Leitlinien für entsprechende Inlandszahlungen sicherzustellen.

(3) Hat ein Mitgliedstaat seinen Beschluss, die Anwendung dieser Verordnung auf seine Landeswährung auszudehnen, gemäß Artikel 14 mitgeteilt, so kann eine Inlandszahlung in der Währung dieses Mitgliedstaats als eine einer grenzüberschreitenden Zahlung in Euro entsprechende Zahlung betrachtet werden.

(4) Diese Verordnung gilt nicht für Entgelte für Währungsumrechnungen.

Art. 4 Maßnahmen zur Erleichterung der automatischen Zahlungsabwicklung (1) Der Zahlungsdienstleister teilt dem Zahlungsdienstnutzer gegebenenfalls die IBAN des Zahlungsdienstnutzers und die BIC des Zahlungsdienstleisters mit.

Der Zahlungsdienstleister gibt zudem gegebenenfalls die IBAN des Zahlungsdienstnutzers und die BIC des Zahlungsdienstleisters auf den Kontoauszügen oder auf einer Anlage dazu an.

Der Zahlungsdienstleister stellt dem Zahlungsdienstnutzer für die Bereitstellung von Informationen nach diesem Absatz kein Entgelt in Rechnung.

(2) *gestrichen*

(3) Der Zahlungsdienstleister kann dem Zahlungsdienstnutzer über das gemäß Artikel 3 Absatz 1 erhobene Entgelt hinausgehende Entgelte in Rechnung stellen, wenn der Zahlungsdienstnutzer dem Zahlungsdienstleister den Auftrag zur Ausführung der grenzüberschreitenden Zahlung ohne Angabe von IBAN und, sofern gemäß der Verordnung (EU) Nr. 260/2012 des Europäischen Parlaments und des Rates vom 14. März 2012 zur Festlegung der technischen Vorschriften und der Geschäftsanforderungen für Überweisungen und Lastschriften in Euro und zur Änderung der Verordnung (EG) Nr. 924/2009[11] angebracht, entsprechender BIC für das Zahlungskonto in dem anderen Mitgliedstaat erteilt. Diese Entgelte müssen angemessen und an den anfallenden Kosten ausgerichtet sein. Sie werden zwischen dem Zahlungsdienstleister und dem Zahlungsdienstnutzer vereinbart. Der Zahlungsdienstleister muss dem Zahlungsdienstnutzer die Höhe der zusätzlichen Entgelte rechtzeitig, bevor der Zahlungsdienstnutzer durch eine solche Vereinbarung gebunden ist, mitteilen.

---

11 ABl. L 94 vom 30.3.2012, S. 22.

(4) Je nach Art des betreffenden Zahlungsvorgangs teilt ein Lieferant von Waren bzw. ein Dienstleister, der unter diese Verordnung fallende Zahlungen akzeptiert, bei der Rechnungsstellung für Waren und Dienstleistungen in der Gemeinschaft seinen Kunden seine IBAN und die BIC seines Zahlungsdienstleisters mit.

Art. 5 Zahlungsbilanzstatistisch begründete Meldepflichten (1) Die Mitgliedstaaten heben mit Wirkung vom 1. Februar 2016 zahlungsbilanzstatistisch begründete innerstaatliche Pflichten der Zahlungsdienstleister zur Meldung von Zahlungsverkehrsdaten im Zusammenhang mit Zahlungen ihrer Kunden auf.

(2) Unbeschadet von Absatz 1 können die Mitgliedstaaten weiterhin aggregierte Daten oder andere relevante, ohne weiteres verfügbare Informationen erfassen, sofern diese Erfassung keinen Einfluss auf die vollautomatische Zahlungsabwicklung hat und die Zahlungsdienstleister die Daten vollautomatisch erfassen können.

Art. 6 Interbankenentgelt für grenzüberschreitende Lastschriften Falls keine bilaterale Vereinbarung zwischen dem Zahlungsdienstleister des Zahlungsempfängers und dem Zahlungsdienstleister des Zahlers besteht, findet auf jede grenzüberschreitende Lastschrift, die vor dem 1. November 2012 ausgeführt wird, ein vom Zahlungsdienstleister des Zahlungsempfängers an den Zahlungsdienstleister des Zahlers zu entrichtendes multilaterales Interbankenentgelt von 0,088 EUR Anwendung, es sei denn, dass zwischen den betreffenden Zahlungsdienstleistern ein geringeres multilaterales Interbankenentgelt vereinbart worden ist.

Art. 7 Interbankenentgelt für Inlandslastschriften (1) Findet zwischen dem Zahlungsdienstleister des Zahlungsempfängers und dem Zahlungsdienstleister des Zahlers für Inlandslastschriften, die vor dem 1. Februar 2017 ausgeführt werden, ein multilaterales Interbankenentgelt oder eine anderweitig vereinbarte Vergütung Anwendung, so wird dieses multilaterale Interbankenentgelt oder diese anderweitig vereinbarte Vergütung unbeschadet der Absätze 2 und 3 auf alle vor dem 1. November 2012 ausgeführten Inlandslastschriften angewandt.

(2) Wird ein solches multilaterales Interbankenentgelt oder eine solche anderweitig vereinbarte Vergütung vor dem 1. Februar 2017 gekürzt oder abgeschafft, so gilt diese Kürzung oder Abschaffung für alle Inlandslastschriften, die vor diesem Datum ausgeführt werden.

(3) Besteht für Inlandslastschriften eine bilaterale Vereinbarung zwischen dem Zahlungsdienstleister des Zahlungsempfängers und dem Zahlungsdienstleister des Zahlers, so werden auf diese Inlandslastschriften, die vor dem 1. Februar 2017 ausgeführt werden, die Absätze 1 und 2 nicht angewandt.

Art. 8 *gestrichen*

Art. 9 Zuständige Behörden Die Mitgliedstaaten benennen die zuständigen Behörden, die für die Sicherstellung der Einhaltung dieser Verordnung verantwortlich sind.

Die Mitgliedstaaten notifizieren der Kommission diese zuständigen Behörden bis zum 29. April 2010. Sie teilen der Kommission unverzüglich jede spätere Änderung mit, die diese Behörden betrifft.

Die Mitgliedstaten können bestehende Einrichtungen als zuständige Behörden benennen.

Die Mitgliedstaaten schreiben vor, dass die zuständigen Behörden die Einhaltung dieser Verordnung wirksam zu überwachen und alle erforderlichen Maßnahmen zu treffen haben, um diese Einhaltung sicherzustellen.

Art. 10 Beschwerdeverfahren für Verstöße gegen diese Verordnung (1) Die Mitgliedstaaten schaffen Verfahren, die es den Zahlungsdienstnutzern und anderen interessierten Parteien ermöglichen, bei den zuständigen Behörden wegen mutmaßlicher Verstöße der Zahlungsdienstleister gegen diese Verordnung Beschwerde einzulegen. Die Mitgliedstaaten können hierzu bestehende Verfahren anwenden oder ausdehnen.

(2) Unbeschadet des Rechts, nach dem innerstaatlichen Prozessrecht vor Gericht zu klagen, weist die zuständige Behörde die Partei, die die Beschwerde eingereicht hat, gegebenenfalls auf die nach Artikel 11 eingerichteten außergerichtlichen Beschwerde- und Rechtsbehelfsverfahren hin.

Art. 11 Außergerichtliche Beschwerde- und Rechtsbehelfsverfahren (1) Die Mitgliedstaaten schaffen angemessene und wirksame außergerichtliche Beschwerde- und Rechtsbehelfsverfahren für die Beilegung von Streitigkeiten zwischen Zahlungsdienstnutzern und ihren Zahlungsdienstleistern über aus dieser Verordnung erwachsende Rechte und Pflichten. Für diese Zwecke werden von den Mitgliedstaaten bestehende Einrichtungen benannt, soweit dies angebracht ist, oder neue Einrichtungen geschaffen.

(2) Die Mitgliedstaaten notifizieren der Kommission diese Einrichtungen bis zum 29. April 2010. Sie teilen der Kommission unverzüglich jede spätere Änderung mit, die diese Einrichtungen betrifft.

(3) Die Mitgliedstaaten können vorsehen, dass dieser Artikel nur für Zahlungsdienstnutzer gilt, bei denen es sich um Verbraucher oder Kleinstunternehmen handelt. In diesem Fall unterrichten die Mitgliedstaaten die Kommission entsprechend.

Art. 12 Grenzüberschreitende Zusammenarbeit Die in den Artikeln 9 und 11 genannten zuständigen Behörden und außergerichtlichen Schlichtungsstellen der Mitgliedstaaten arbeiten bei der Lösung grenzübergreifender Streitigkeiten aktiv und zügig zusammen. Die Mitgliedstaaten stellen sicher, dass diese Zusammenarbeit tatsächlich erfolgt.

Art. 13 Sanktionen Unbeschadet des Artikels 17 legen die Mitgliedstaaten bis zum 1. Juni 2010 für Verstöße gegen diese Verordnung Sanktionen fest und treffen alle erforderlichen Maßnahmen, um sicherzustellen, dass diese Sanktionen angewandt werden. Die Sanktionen müssen wirksam, verhältnismäßig und abschreckend sein. Die Mitgliedstaaten teilen der Kommission die Bestimmungen bis zum 29. Oktober 2010 mit und melden ihr unverzüglich spätere Änderungen, die diese betreffen.

Art. 14-17 *Anwendung auf andere Währungen als den Euro, Überprüfung, Aufhebung der Verordnung (EG) Nr. 2560/2001 und Inkrafttreten – nicht abgedruckt.*

2.18 Richtlinie 2008/48/EG des Europäischen Parlaments und des Rates vom 23. April 2008 über Verbraucherkreditverträge und zur Aufhebung der Richtlinie 87/102/EWG des Rates [Verbraucherkredit-RL]

ABl. 2008 L 133/66

DAS EUROPÄISCHE PARLAMENT UND DER RAT DER EUROPÄISCHEN UNION –
gestützt auf den Vertrag zur Gründung der Europäischen Gemeinschaft, insbesondere auf Artikel 95,
auf Vorschlag der Kommission[1],
nach Stellungnahme des Europäischen Wirtschafts- und Sozialausschusses[2],
gemäß dem Verfahren des Artikels 251 des Vertrags[3],
in Erwägung nachstehender Gründe:

(1) Die Richtlinie 87/102/EWG des Rates vom 22. Dezember 1986 zur Angleichung der Rechts- und Verwaltungsvorschriften der Mitgliedstaaten über den Verbraucherkredit[4] enthält Rechtsvorschriften auf Gemeinschaftsebene für Verbraucherkreditverträge.

(2) 1995 legte die Kommission einen Bericht über die Anwendung der Richtlinie 87/102/EWG vor und führte eine breit angelegte Befragung der betroffenen Kreise durch. 1997 legte sie einen zusammenfassenden Bericht über die Reaktionen zu dem Bericht aus dem Jahr 1995 vor. 1996 wurde ein zweiter Bericht über die Anwendung der Richtlinie 87/102/EWG ausgearbeitet.

(3) Aus diesen Berichten und Befragungen geht hervor, dass sich die Rechtsvorschriften der Mitgliedstaaten auf dem Gebiet der Vergabe von Krediten an natürliche Personen im Allgemeinen und von Verbraucherkrediten im Besonderen stark unterscheiden. Eine Analyse der innerstaatlichen Rechtsvorschriften zur Umsetzung der Richtlinie 87/102/EWG zeigt in der Tat, dass die Mitgliedstaaten aufgrund unterschiedlicher innerstaatlicher Gegebenheiten rechtlicher oder wirtschaftlicher Natur über die Richtlinie 87/102/EWG hinaus eine Reihe von Verbraucherschutzmechanismen anwenden.

(4) In einigen Fällen, in denen Mitgliedstaaten verschiedene zwingende Rechtsvorschriften erlassen haben, die strenger sind als die Bestimmungen der Richtlinie 87/102/EWG, führt die sich aus diesen nationalen Unterschieden ergebende Sach- und Rechtslage zum einen zu Verzerrungen im Wettbewerb der Kreditgeber in der Gemeinschaft und behindert den Binnenmarkt. Sie schränkt zum anderen die Möglichkeiten der Verbraucher ein, das stetig zunehmende Angebot an grenzüberschreitenden Verbraucherkrediten unmittelbar zu nutzen. Diese Verzerrungen und Einschränkungen können wiederum Folgen für die Nachfrage nach Waren und Dienstleistungen haben.

(5) In den letzten Jahren hat sich bei den Kreditformen, die Verbrauchern angeboten und von ihnen in Anspruch genommen werden, vieles geändert. Es gibt heute neue Kreditinstrumente, die immer stärkere Verwendung finden. Deshalb ist es zweckmäßig, die geltenden Bestimmungen zu ändern und gegebenenfalls ihren Geltungsbereich auszudehnen.

(6) Gemäß dem Vertrag umfasst der Binnenmarkt einen Raum ohne Binnengrenzen, in dem der freie Verkehr von Waren und Dienstleistungen sowie die Niederlassungsfreiheit gewährleistet sind. Die Entwicklung eines transparenteren und effizienteren Kreditmarkts innerhalb dieses Raums ohne Binnengrenzen ist für die Förderung grenzüberschreitender Geschäftstätigkeiten von entscheidender Bedeutung.

(7) Um die Entwicklung eines reibungslos funktionierenden Binnenmarkts bei Verbraucherkrediten zu erleichtern, muss in einigen Schlüsselbereichen ein harmonisierter gemeinschaftsrechtlicher Rahmen geschaffen werden. Im Hinblick auf die permanente Weiterentwicklung des Marktes für Verbraucherkredite und die zunehmende Mobilität der europäischen Bürger kann ein zukunftsweisendes Gemeinschaftsrecht, das sich künftigen Kreditformen anpassen kann und das den Mitglied-

---

1 [KOM(2002) 443 endg.]
2 ABl. C 234 vom 30.9.2003, S. 1.
3 Stellungnahme des Europäischen Parlaments vom 20.4.2004 (ABl. C 104 E vom 30.4.2004, S. 33). Gemeinsamer Standpunkt des Rates vom 20.9.2007 (ABl. C 270 E vom 13.11.2007, S. 1) und Standpunkt des Europäischen Parlaments vom 16.1.2008 ([ABl. C 41 E vom 19.2.2009, S. 06]). Beschluss des Rates vom 7.4.2008.
4 ABl. L 42 vom 12.2.1987, S. 48. Zuletzt geändert durch die Richtlinie 98/7/EG des Europäischen Parlaments und des Rates (ABl. L 101 vom 1.4.1998, S. 17).

staaten einen angemessenen Gestaltungsspielraum bei der Umsetzung lässt, zu einem modernen Verbraucherkreditrecht beitragen.

(8) Zur Sicherung des Vertrauens der Verbraucher ist es wichtig, dass der Markt ein ausreichendes Verbraucherschutzniveau bietet. Auf diese Weise sollte der freie Verkehr von Kreditangeboten unter den bestmöglichen Bedingungen für Kreditanbieter wie auch für Kreditnehmer unter gebührender Berücksichtigung der Besonderheiten in den einzelnen Mitgliedstaaten stattfinden können.

(9) Eine vollständige Harmonisierung ist notwendig, um allen Verbrauchern in der Gemeinschaft ein hohes und vergleichbares Maß an Schutz ihrer Interessen zu gewährleisten und um einen echten Binnenmarkt zu schaffen. Den Mitgliedstaaten sollte es deshalb nicht erlaubt sein, von dieser Richtlinie abweichende innerstaatliche Bestimmungen beizubehalten oder einzuführen. Diese Einschränkung sollte jedoch nur in den Fällen gelten, in denen Vorschriften durch diese Richtlinie harmonisiert werden. Soweit es keine solchen harmonisierten Vorschriften gibt, sollte es den Mitgliedstaaten freigestellt bleiben, innerstaatliche Rechtsvorschriften beizubehalten oder einzuführen. Dementsprechend können die Mitgliedstaaten beispielsweise innerstaatliche Rechtsvorschriften über die gesamtschuldnerische Haftung des Verkäufers oder Dienstleistungserbringers und des Kreditgebers beibehalten oder einführen. Ein weiteres Beispiel für diese Möglichkeit könnte sein, dass die Mitgliedstaaten innerstaatliche Rechtsvorschriften über die Aufhebung eines Kauf- oder Dienstleistungsvertrags für den Fall beibehalten oder einführen, dass der Verbraucher sein Widerrufsrecht von dem Kreditvertrag ausübt. In dieser Hinsicht sollte es den Mitgliedstaaten im Falle von unbefristeten Kreditverträgen gestattet sein, einen Mindestzeitraum zwischen dem Zeitpunkt, zu dem der Kreditgeber die Rückzahlung verlangt, und dem Termin, zu dem der Kredit zurückgezahlt sein muss, festzulegen.

(10) Mit den Begriffsbestimmungen dieser Richtlinie wird der Bereich der Harmonisierung festgelegt. Die Verpflichtung der Mitgliedstaaten zur Umsetzung der Bestimmungen dieser Richtlinie sollte sich daher nur auf den durch diese Begriffsbestimmungen festgelegten Bereich erstrecken. Diese Richtlinie sollte die Mitgliedstaaten jedoch nicht daran hindern, nach Maßgabe des Gemeinschaftsrechts die Bestimmungen dieser Richtlinie auch auf Bereiche anzuwenden, die nicht in deren Geltungsbereich fallen. So könnte ein Mitgliedstaat für Kreditverträge, die nicht in den Geltungsbereich der Richtlinie fallen, innerstaatliche Vorschriften beibehalten oder einführen, die den Bestimmungen dieser Richtlinie oder manchen ihrer Bestimmungen außerhalb des Geltungsbereichs dieser Richtlinie ganz oder zum Teil entsprechen, beispielsweise für Kreditverträge über einen Betrag von weniger als 200 EUR oder von mehr als 75000 EUR. Ferner könnten die Mitgliedstaaten die Bestimmungen dieser Richtlinie auch auf verbundene Kredite anwenden, die nicht unter die Begriffsbestimmung dieser Richtlinie für verbundene Kreditverträge fallen. Somit könnten die Vorschriften für verbundene Kreditverträge auf Kreditverträge angewendet werden, die nur zum Teil der Finanzierung eines Kauf- oder Dienstleistungsvertrags dienen.

(11) Im Falle spezifischer Kreditverträge, die nur gewisse Bestimmungen dieser Richtlinie gelten, sollte es den Mitgliedstaaten nicht gestattet sein, innerstaatliche Vorschriften zu erlassen, mit denen andere Bestimmungen dieser Richtlinie umgesetzt werden. Es sollte den Mitgliedstaaten jedoch weiterhin freigestellt sein, solche Kreditverträge, soweit sie andere als die von dieser Richtlinie harmonisierten Aspekte betreffen, auch künftig durch innerstaatliche Vorschriften zu regeln.

(12) Verträge über die wiederkehrende Erbringung von Dienstleistungen oder über die Lieferung von Waren gleicher Art, bei denen der Verbraucher für die Dauer der Erbringung bzw. Lieferung Teilzahlungen leistet, können sich hinsichtlich der Interessenlage der Vertragspartner und hinsichtlich der Art und Weise und Durchführung der Geschäfte erheblich von den unter diese Richtlinie fallenden Kreditverträgen unterscheiden. Deshalb sollte klargestellt werden, dass derartige Verträge nicht als Kreditverträge im Sinne der Richtlinie gelten. Zu derartigen Verträgen würde zum Beispiel ein Versicherungsvertrag gehören, bei dem für die Versicherung monatliche Teilzahlungen erbracht werden.

(13) Diese Richtlinie sollte nicht gelten für bestimmte Arten von Kreditverträgen, z. B. einen Zahlungsaufschub gewährende Debit-Karten, nach deren Vertragsbedingungen der Kredit innerhalb von drei Monaten zu tilgen ist und lediglich geringfügige Kosten anfallen.

(14) Durch Grundpfandrechte gesicherte Kreditverträge sollten vom Geltungsbereich dieser Richtlinie ausgeschlossen sein. Es handelt sich hierbei um eine besondere Form des Kredits. Ferner sollten Kreditverträge, die für den Erwerb oder die Erhaltung von Eigentumsrechten an einem Grundstück oder einem bestehenden oder geplanten Gebäude bestimmt sind, vom Geltungsbereich dieser Richtlinie ausgeschlossen sein. Kreditverträge sollten jedoch nicht lediglich aus dem Grund vom Geltungsbereich dieser Richtlinie ausgeschlossen werden, dass sie der Renovierung oder der Wertsteigerung eines bestehenden Gebäudes dienen.

(15) Die Bestimmungen der Richtlinie gelten unabhängig davon, ob der Kreditgeber eine natürliche oder eine juristische Person ist. Die Richtlinie berührt jedoch nicht das Recht der Mitgliedstaaten,

im Einklang mit dem Gemeinschaftsrecht die Bereitstellung von Verbraucherkrediten ausschließlich auf juristische Personen oder bestimmte juristische Personen zu beschränken.

(16) Gewisse Bestimmungen der Richtlinie sollten für natürliche und für juristische Personen (Kreditvermittler) gelten, die in Ausübung ihrer gewerblichen oder beruflichen Tätigkeit gegen ein Entgelt Kreditverträge vorstellen oder Verbrauchern anbieten, Verbrauchern bei der Vorarbeiten zum Abschluss von Kreditverträgen behilflich sind oder für den Kreditgeber Kreditverträge mit Verbrauchern abschließen. Organisationen, die zulassen, dass mit ihrer Identität für Kreditprodukte, beispielsweise Kreditkarten, geworben wird, und die ihren Mitgliedern diese Produkte zudem empfehlen, sollten nicht als Kreditvermittler im Sinne dieser Richtlinie gelten.

(17) Diese Richtlinie regelt lediglich bestimmte Pflichten der Kreditvermittler gegenüber dem Verbraucher. Den Mitgliedstaaten sollte es daher freigestellt bleiben, zusätzliche Pflichten für Kreditvermittler beizubehalten oder einzuführen, darunter die Bedingungen, nach denen Kreditvermittler von Verbrauchern, die ihre Dienste in Anspruch nehmen, ein Entgelt erheben können.

(18) Entsprechend der Richtlinie 2005/29/EG des Europäischen Parlaments und des Rates vom 11. Mai 2005 über unlautere Geschäftspraktiken im binnenmarktinternen Geschäftsverkehr zwischen Unternehmen und Verbrauchern (Richtlinie über unlautere Geschäftspraktiken)[5] sollten die Verbraucher insbesondere bei der Veröffentlichung von Informationen durch den Kreditgeber vor unlauteren oder irreführenden Geschäftspraktiken geschützt sein. Dennoch ist es angebracht, in dieser Richtlinie besondere Bestimmungen für die Werbung für Kreditverträge und über bestimmte Standardinformationen vorzusehen, die die Verbraucher erhalten sollten, damit sie insbesondere verschiedene Angebote miteinander vergleichen können. Diese Informationen sollten in klarer, prägnant gefasster Form an optisch hervorgehobener Stelle durch ein repräsentatives Beispiel erteilt werden. Es sollte eine Obergrenze angegeben werden, sofern der Gesamtkreditbetrag nicht als Summe der zur Verfügung gestellten Beträge dargestellt werden kann, insbesondere sofern der Kreditvertrag dem Verbraucher die Inanspruchnahme freistellt und mit einer Begrenzung hinsichtlich des Betrages versieht. Die Obergrenze sollte den Kredithöchstbetrag bezeichnen, der dem Verbraucher zur Verfügung gestellt werden kann. Außerdem sollte es den Mitgliedstaaten freigestellt bleiben, in Bezug auf Werbung, die keine Informationen über die Kosten des Kredits enthält, Informationsanforderungen in ihrem innerstaatlichen Recht vorzusehen.

(19) Damit der Verbraucher in voller Sachkenntnis entscheiden kann, sollten ihm vor dem Abschluss des Kreditvertrags ausreichende Informationen über die Bedingungen und Kosten des Kredits sowie über die Verpflichtungen, die er mit dem Vertrag eingeht, gegeben werden, die er mitnehmen und prüfen kann. Im Interesse einer größtmöglichen Transparenz und Vergleichbarkeit der Angebote sollten diese Informationen sich insbesondere auf den effektiven Jahreszins beziehen, der innerhalb der gesamten Gemeinschaft auf die gleiche Art zu berechnen ist. Da der effektive Jahreszins in diesem Stadium nur anhand eines Beispiels angegeben werden kann, sollte dieses Beispiel repräsentativ sein. Deshalb sollte es beispielsweise der durchschnittlichen Laufzeit und dem Gesamtbetrag des gewährten Kredits bei der betreffenden Art von Kreditvertrag entsprechen und sich gegebenenfalls auf die gekauften Waren beziehen. Bei der Auswahl des repräsentativen Beispiels sollte auch die Häufigkeit des Abschlusses bestimmter Kreditverträge auf einem speziellen Markt berücksichtigt werden. Was den Sollzinssatz, die Periodizität der Teilzahlungen und die Anrechnung der Zinsen auf das Darlehen anbelangt, so sollten die Kreditgeber bei dem jeweiligen Verbraucherkredit ihre herkömmlichen Berechnungsmethoden anwenden.

(20) Die Gesamtkosten des Kredits für den Verbraucher sollten sämtliche Kosten umfassen, einschließlich der Zinsen, Provisionen, Steuern, Entgelte für Kreditvermittler und alle sonstigen Entgelte, die der Verbraucher im Zusammenhang mit dem Kreditvertrag zu zahlen hat, mit Ausnahme der Notargebühren. Die tatsächliche Kenntnis des Kreditgebers von diesen Kosten sollte objektiv beurteilt werden, wobei die Anforderungen an die berufliche Sorgfalt zu berücksichtigen sind.

(21) Kreditverträge, bei denen der Sollzinssatz entsprechend der Veränderung eines im Kreditvertrag genannten Referenzzinssatzes regelmäßig angepasst wird, sollten nicht als Kreditverträge mit festem Sollzinssatz gelten.

(22) Den Mitgliedstaaten sollte es freigestellt bleiben, innerstaatliche Vorschriften beizubehalten oder einzuführen, die dem Kreditgeber untersagen, den Verbraucher im Zusammenhang mit dem Kreditvertrag zu verpflichten, ein Bankkonto zu eröffnen oder eine Vereinbarung über eine andere Nebenleistung zu schließen oder für die Kosten oder Gebühren im Zusammenhang mit entsprechenden Bankkonten oder anderen Nebenleistungen aufzukommen. In denjenigen Mitgliedstaaten, in denen solche kombinierten Angebote zulässig sind, sollten die Verbraucher vor Abschluss des Kreditvertrags über Nebenleistungen informiert werden, die Voraussetzung für die Gewährung des

---

5   ABl. L 149 vom 11.6.2005, S. 22 [Geschäftspraktiken-RL, in dieser Sammlung Nr. 2.5].

Kredits überhaupt oder nach den vorgesehenen Vertragsbedingungen sind. Die Kosten für diese Nebenleistungen sollten in die Berechnung der Gesamtkosten des Kredits mit einbezogen werden; anderenfalls, also wenn der Betrag dieser Kosten nicht im Voraus bestimmt werden kann, sollten die Verbraucher in der Vorvertragsphase angemessen darüber unterrichtet werden, dass solche Kosten anfallen. Es ist davon auszugehen, dass der Kreditgeber von den Kosten für die Nebenleistungen, die er selbst oder für einen Dritten dem Verbraucher anbietet, Kenntnis hat, es sei denn, deren Preis hängt von spezifischen Merkmalen oder der besonderen Situation des Verbrauchers ab.

(23) Bei bestimmten Kreditverträgen ist es jedoch zweckmäßig, die Anforderungen dieser Richtlinie in Bezug auf die vorvertragliche Information unter Berücksichtigung des besonderen Charakters dieser Verträge so einzuschränken, dass die Verbraucher zwar angemessen geschützt, die Kreditgeber oder gegebenenfalls die Kreditvermittler aber nicht unverhältnismäßig belastet werden.

(24) Der Verbraucher muss vor dem Abschluss des Kreditvertrags umfassend informiert werden, und zwar unabhängig davon, ob ein Kreditvermittler am Absatz des Kredits beteiligt ist. Deshalb sollten die Anforderungen an die vorvertragliche Information generell auch für Kreditvermittler gelten. Wenn jedoch der Warenlieferant und der Dienstleistungserbringer nur in untergeordneter Funktion als Kreditvermittler tätig werden, ist es nicht gerechtfertigt, ihnen die rechtliche Verpflichtung aufzuerlegen, die vorvertraglichen Informationen gemäß dieser Richtlinie zu erteilen. Der Warenlieferant und der Dienstleistungserbringer können beispielsweise als Kreditvermittler in untergeordneter Funktion angesehen werden, wenn ihre Tätigkeit als Kreditvermittler nicht der Hauptzweck ihrer gewerblichen oder beruflichen Tätigkeit ist. In diesen Fällen ist dennoch ein ausreichend hohes Verbraucherschutzniveau erreicht, da der Kreditgeber dafür sorgen muss, dass der Verbraucher alle vorvertraglichen Informationen erhält, und zwar entweder von dem Kreditvermittler, wenn der Kreditgeber und der Kreditvermittler dies so vereinbaren, oder auf eine andere geeignete Weise.

(25) Die Frage, ob die Informationen, die dem Verbraucher vor Abschluss des Kreditvertrags zu geben sind, möglicherweise verbindlichen Charakter haben, und die Dauer des Zeitraums, während dessen der Kreditgeber an diese Informationen gebunden sein soll, können von den Mitgliedstaaten geregelt werden.

(26) Die Mitgliedstaaten sollten unter Berücksichtigung der besonderen Merkmale des Kreditmarkts in ihrem jeweiligen Land geeignete Maßnahmen zur Förderung verantwortungsvoller Verfahren in allen Phasen der Kreditvergabe ergreifen. Zu diesen Maßnahmen kann beispielsweise die Unterrichtung und Aufklärung der Verbraucher, einschließlich Warnungen vor dem Risiko des Zahlungsverzugs oder der Überschuldung, gehören. Insbesondere auf dem expandierenden Kreditmarkt ist es wichtig, dass Kreditgeber nicht verantwortungslos in der Kreditvergabe tätig werden oder Kredite ohne vorherige Beurteilung der Kreditwürdigkeit vergeben, und die Mitgliedstaaten sollten die erforderlichen Kontrollen durchführen, um derartige Verhaltensweisen zu unterbinden und sie sollten die erforderlichen Sanktionsmittel für jene Kreditgeber bestimmen, die sich so verhalten. Unbeschadet der Bestimmungen der Richtlinie 2006/48/EG des Europäischen Parlaments und des Rates vom 14. Juni 2006 über die Aufnahme und Ausübung der Tätigkeit der Kreditinstitute[6] über das Kreditrisiko sollten Kreditgeber dafür verantwortlich sein, in jedem Einzelfall die Bewertung der Kreditwürdigkeit des Verbrauchers zu prüfen. Zu diesem Zweck sollten sie nicht nur die vom Verbraucher im Rahmen der Vorbereitung des betreffenden Kreditvertrags, sondern auch die während einer schon länger bestehenden Geschäftsbeziehung erteilten Auskünfte heranziehen dürfen. Die Behörden der Mitgliedstaaten könnten den Kreditgebern geeignete Anweisungen erteilen und Leitlinien vorgeben. Auch die Verbraucher sollten mit Umsicht vorgehen und ihre vertraglichen Verpflichtungen erfüllen.

(27) Obgleich der Verbraucher Anspruch auf vorvertragliche Informationen hat, kann es sein, dass er darüber hinaus noch weitere Unterstützung braucht, um entscheiden zu können, welcher der ihm angebotenen Kreditverträge seinen Bedürfnissen und seiner finanziellen Situation am besten entspricht. Deshalb sollten die Mitgliedstaaten dafür sorgen, dass Kreditgeber diese Unterstützung in Bezug auf die Kreditprodukte, die sie dem Verbraucher anbieten, leisten. Gegebenenfalls sollten die entsprechenden vorvertraglichen Informationen sowie die Hauptmerkmale der angebotenen Produkte dem Verbraucher persönlich erläutert werden, so dass er ihre möglichen Auswirkungen auf seine wirtschaftliche Situation einschätzen kann. Diese Verpflichtung, dem Verbraucher Unterstützung zu leisten, sollte gegebenenfalls auch für Kreditvermittler gelten. Die Mitgliedstaaten sollten festlegen können, zu welchem Zeitpunkt und in welchem Umfang diese Erläuterungen dem Verbraucher zu geben sind, wobei den besonderen Umständen, unter denen der Kredit angeboten

---

6 ABl. L 177 vom 30.6.2006, S. 1. Zuletzt geändert durch die Richtlinie 2008/24/EG (ABl. L 81 vom 20.3.2008, S. 38).

wird, dem Bedarf des Verbrauchers an Unterstützung und der Art des jeweiligen Kreditprodukts Rechnung zu tragen ist.

(28) Zur Bewertung der Kreditsituation des Verbrauchers sollte der Kreditgeber auch die einschlägigen Datenbanken konsultieren; aufgrund der rechtlichen und sachlichen Umstände kann es erforderlich sein, dass sich derartige Konsultationen im Umfang unterscheiden. Damit der Wettbewerb zwischen Kreditgebern nicht verzerrt wird, sollte Kreditgebern aus anderen Mitgliedstaaten der Zugang zu privaten oder öffentlichen Datenbanken betreffend Verbraucher in einem Mitgliedstaat, in dem sie nicht niedergelassen sind, unter Bedingungen gewährt werden, die keine Diskriminierung gegenüber den Kreditgebern dieses Mitgliedstaats darstellen.

(29) Wird eine Entscheidung, mit der ein Kreditantrag abgelehnt wird, auf eine Datenbankabfrage gestützt, so sollte der Kreditgeber den Verbraucher darüber und über die Angaben der konsultierten Datenbank unterrichten. Der Kreditgeber sollte hierzu jedoch nicht verpflichtet sein, wenn eine solche Unterrichtung nach anderen Gemeinschaftsvorschriften, beispielsweise Rechtsvorschriften über Geldwäsche oder Terrorismusfinanzierung, nicht zulässig ist. Außerdem sollten solche Informationen nicht gegeben werden, wenn dies Zielen der öffentlichen Ordnung oder der öffentlichen Sicherheit, wie beispielsweise der Verhütung, Ermittlung, Feststellung und Verfolgung von Straftaten, zuwiderlaufen würde.

(30) Diese Richtlinie regelt nicht Aspekte des Vertragsrechts, die die Wirksamkeit von Kreditverträgen betreffen. Daher können die Mitgliedstaaten in diesem Bereich mit dem Gemeinschaftsrecht in Einklang stehende innerstaatliche Bestimmungen beibehalten oder einführen. Die Mitgliedstaaten können die Rechtsvorschriften für Angebote über den Abschluss eines Kreditvertrags festlegen, insbesondere den Zeitpunkt, an dem ein solches Angebot abgegeben wird und den Zeitraum, während dessen es für den Kreditgeber bindend sein soll. Wird ein Angebot zum selben Zeitpunkt abgegeben wie die vorvertragliche Information gemäß dieser Richtlinie, so sollte es wie alle weiteren Informationen, die der Kreditgeber dem Verkäufer erteilen möchte, in einem gesonderten Dokument überreicht werden, das dem Formular „Europäische Standardinformationen für Verbraucherkredite" beigefügt werden kann.

(31) Alle notwendigen Informationen über die Rechte und Pflichten, die sich für den Verbraucher aus dem Kreditvertrag ergeben, sollten in klarer, prägnanter Form im Kreditvertrag enthalten sein, damit der Verbraucher diese zur Kenntnis nehmen kann.

(32) Damit die Transparenz umfassend gewährleistet ist, sollte der Verbraucher sowohl im vorvertraglichen Stadium als auch beim Abschluss des Kreditvertrags Informationen über den Sollzinssatz erhalten. Während des Vertragsverhältnisses sollte der Verbraucher über Änderungen des variablen Sollzinssatzes und die sich daraus für die Zahlungen ergebenden Änderungen informiert werden. Dies gilt unbeschadet innerstaatlicher Rechtsvorschriften, die sich nicht auf die Information des Verbrauchers beziehen und die die Bedingungen für Änderungen der Sollzinssätze und anderer wirtschaftlicher Umstände des Kredits – sofern sie nicht Zahlungen betreffen – und die Folgen solcher Änderungen regeln, beispielsweise Regelungen, dass der Kreditgeber den Sollzinssatz nur dann ändern darf, wenn ein triftiger Grund dafür vorliegt, oder dass es dem Verbraucher freisteht, im Falle einer Änderung des Sollzinssatzes oder anderer wirtschaftlicher Umstände des Kredits den Kreditvertrag zu beenden.

(33) Die Vertragsparteien sollten das Recht haben, einen Kreditvertrag mit unbefristeter Laufzeit ordentlich zu kündigen. Enthält der Kreditvertrag eine entsprechende Vereinbarung, so sollte der Kreditgeber außerdem das Recht haben, aus sachlich gerechtfertigten Gründen das Recht des Verbrauchers auf Inanspruchnahme von Kreditbeträgen aufgrund eines unbefristeten Kreditvertrags auszusetzen. Zu diesen Gründen können beispielsweise der Verdacht auf eine nicht zulässige oder missbräuchliche Verwendung des Kredits oder ein beträchtlich erhöhtes Risiko, dass der Verbraucher seiner Verpflichtung zur Zurückzahlung des Kredits nicht nachkommen kann, gehören. Diese Richtlinie berührt nicht die innerstaatlichen Rechtsvorschriften des Vertragsrechts betreffend die Rechte der Vertragsparteien, den Kreditvertrag aufgrund eines Vertragsbruchs zu beenden.

(34) Zur Angleichung der Art und Weise der Ausübung des Widerrufsrechts auf verwandten Sachgebieten ist ein Recht auf Widerruf vom Vertrag vorzusehen, das entsprechend den in der Richtlinie 2002/65/EG des Europäischen Parlaments und des Rates vom 23. September 2002 über den Fernabsatz von Finanzdienstleistungen für Verbraucher[7] vorgesehenen Bedingungen ohne Angabe von Gründen in Anspruch genommen werden kann und keine Vertragsstrafe nach sich zieht.

(35) Tritt ein Verbraucher von einem Kreditvertrag, aufgrund dessen er Waren erhalten hat, zurück und handelt es sich dabei insbesondere um einen Ratenkauf oder einen Miet- oder Leasingvertrag, nach

---

7   ABl. L 271 vom 9.10.2002, S. 16 [Finanzdienstleistungs-Fernabsatz-RL, in dieser Sammlung Nr. 2.2]. Zuletzt geändert durch die Richtlinie 2007/64/EG. (ABl. L 319 vom 5.12.2007, S. 1).

dem eine Verpflichtung zum Erwerb besteht, so sollte diese Richtlinie unbeschadet anderer Vorschriften der Mitgliedstaaten gelten, die die Rückgabe der Waren oder damit zusammenhängende Fragen regeln.

(36) In einigen Fällen sehen innerstaatliche Vorschriften bereits vor, dass die Mittel dem Verbraucher erst nach Ablauf einer bestimmten Frist bereitgestellt werden. In derartigen Fällen möchte der Verbraucher unter Umständen sicherstellen, dass er die erworbenen Waren oder Dienstleistungen vorzeitig erhält. Für verbundene Kreditverträge können die Mitgliedstaaten daher ausnahmsweise vorsehen, dass dann, wenn der Verbraucher den vorzeitigen Empfang ausdrücklich in Anspruch nimmt, die Frist für die Ausübung des Widerrufrechts auf jene Frist verkürzt wird, die für die Bereitstellung der Mittel gilt.

(37) Bei verbundenen Kreditverträgen stehen der Erwerb einer Ware oder einer Dienstleistung mit dem zu diesem Zwecke abgeschlossenen Kreditvertrag in einem gegenseitigen Abhängigkeitsverhältnis. Übt der Verbraucher sein Recht auf Widerruf vom Kaufvertrag nach dem Gemeinschaftsrecht aus, so sollte er auch nicht mehr an den damit verbundenen Kreditvertrag gebunden sein. Dies sollte nicht die innerstaatlichen Rechtsvorschriften für verbundene Kreditverträge in den Fällen berühren, in denen ein Kaufvertrag hinfällig geworden ist oder in denen der Verbraucher sein Widerrufsrecht nach innerstaatlichem Recht ausgeübt hat. Ferner sollte dies auch nicht die dem Verbraucher im Rahmen der innerstaatlichen Vorschriften eingeräumten Rechte berühren, wonach zwischen dem Verbraucher und einem Warenlieferanten oder Dienstleistungserbringer weder eine Verpflichtung eingegangen noch eine Zahlung geleistet werden darf, solange der Verbraucher den Kreditvertrag, mit dem der Erwerb der betreffenden Waren oder Dienstleistungen finanziert werden soll, nicht unterzeichnet hat.

(38) Unter bestimmten Bedingungen sollte der Verbraucher die Möglichkeit haben, bei Problemen im Zusammenhang mit dem Kaufvertrag Rechte gegenüber dem Kreditgeber geltend zu machen. Die Mitgliedstaaten sollten jedoch festlegen, in welchem Umfang und unter welchen Bedingungen der Verbraucher seine Rechte gegenüber dem Lieferanten geltend machen muss, insbesondere indem er Klage gegen den Lieferanten erhebt, bevor er diese gegenüber dem Kreditgeber geltend machen kann. Diese Richtlinie sollte nicht dazu führen, dass Verbraucher der Rechte verlustig gehen, die ihnen die innerstaatlichen Rechtsvorschriften über die gesamtschuldnerische Haftung des Verkäufers oder Dienstleistungserbringers und des Kreditgebers einräumen.

(39) Dem Verbraucher sollte gestattet werden, seine Verbindlichkeiten vor Ablauf der im Kreditvertrag vereinbarten Frist zu erfüllen. Im Falle einer vorzeitigen Rückzahlung eines Teils oder der gesamten Kreditsumme sollte der Kreditgeber eine Entschädigung für die unmittelbar mit der vorzeitigen Rückzahlung des Kredits zusammenhängenden Kosten verlangen können, wobei auch mögliche Einsparungen des Kreditgebers zu berücksichtigen sind. Bei der Festlegung der Berechnungsmethode für die Entschädigung müssen allerdings mehrere Grundsätze eingehalten werden. Die Berechnung der dem Kreditnehmer geschuldeten Entschädigung sollte transparent sein und schon im vorvertraglichen Stadium und in jedem Fall während der Ausführung des Kreditvertrags für den Verbraucher verständlich sein. Darüber hinaus sollte die Berechnungsmethode für den Kreditgeber leicht anzuwenden sein und die Überprüfung der Entschädigung durch die zuständigen Aufsichtsbehörden erleichtert werden. Aus diesen Gründen und da Verbraucherkredite aufgrund ihrer Laufzeit und ihres Umfangs nicht über langfristige Finanzierungsmechanismen finanziert werden, sollte der Höchstbetrag der Entschädigung in Form eines Pauschalbetrags festgelegt werden. Dieser Ansatz spiegelt die Besonderheit von Verbraucherkrediten wider und greift möglichen anderen Ansätzen für andere, über langfristige Finanzierungsmechanismen finanzierte Kreditprodukte, wie beispielsweise festverzinsliche Hypothekendarlehen nicht vor.

(40) Die Mitgliedstaaten sollten das Recht haben, vorzusehen, dass ein Kreditgeber nur dann eine Entschädigung für vorzeitige Rückzahlung verlangen kann, wenn der Rückzahlungsbetrag innerhalb eines Zwölfmonatszeitraums einen von den Mitgliedstaaten festgelegten Schwellenwert überschreitet. Bei der Festlegung dieses Schwellenwerts, der nicht höher als 10000 EUR sein sollte, sollten die Mitgliedstaaten beispielsweise das Durchschnittsvolumen der Verbraucherkredite in ihrem jeweiligen Markt mitberücksichtigen.

(41) Bei Abtretung der Rechte des Kreditgebers aus einem Kreditvertrag sollte die Rechtsstellung des Verbrauchers nicht verschlechtert werden. Der Verbraucher sollte auch angemessen informiert werden, wenn die Rechte aus dem Kreditvertrag an einen Dritten abgetreten werden. Tritt der ursprüngliche Kreditgeber jedoch mit dem Einverständnis des Zessionars dem Verbraucher gegenüber nach wie vor als Kreditgeber auf, so hat der Verbraucher kein wesentliches Interesse daran, über die Abtretung informiert zu werden. Deshalb wäre es übertrieben, in solchen Fällen auf EU-Ebene eine Pflicht zur Unterrichtung des Verbrauchers über die Abtretung vorzusehen.

(42) Es sollte den Mitgliedstaaten weiterhin freistehen, innerstaatliche Vorschriften über kollektive Kommunikationswege einzuführen oder beizubehalten, wenn dies für Zwecke erforderlich ist, die

305

mit der Wirksamkeit komplexer Geschäfte, wie der Verbriefung von Krediten oder der Veräußerung von Aktiva im Falle der Zwangsliquidation von Banken im Verwaltungswege, in Zusammenhang stehen.

(43) Im Interesse der Förderung der Errichtung und des Funktionierens des Binnenmarkts und zwecks Gewährleistung eines hohen Verbraucherschutzniveaus in der gesamten Gemeinschaft ist die Vergleichbarkeit der Angaben zu den effektiven Jahreszinsen in der gesamten Gemeinschaft zu gewährleisten. Obgleich in der Richtlinie 87/102/EWG eine einheitliche mathematische Formel zur Berechnung des effektiven Jahreszinses vorgegeben wurde, ist dieser noch nicht in der gesamten Gemeinschaft in vollem Umfang vergleichbar. In den einzelnen Mitgliedstaaten werden unterschiedliche Kostenfaktoren bei der Berechnung berücksichtigt. In der vorliegenden Richtlinie sollten daher die Gesamtkosten des Kredits für den Verbraucher eindeutig und umfassend definiert werden.

(44) Zur Gewährleistung der Transparenz und der Stabilität des Marktes sollten die Mitgliedstaaten bis zu einer weiteren Harmonisierung sicherstellen, dass geeignete Maßnahmen im Hinblick auf die Kontrolle oder Überwachung der Tätigkeit von Kreditgebern getroffen werden.

(45) Diese Richtlinie steht im Einklang mit den Grundrechten sowie den Grundsätzen, die insbesondere mit der Charta der Grundrechte der Europäischen Union anerkannt wurden. Insbesondere soll mit dieser Richtlinie die Einhaltung der Bestimmungen über den Schutz personenbezogener Daten, das Eigentumsrecht, das Diskriminierungsverbot, den Schutz des Familien- und Berufslebens und den Schutz der Verbraucher gemäß der Charta der Grundrechte der Europäischen Union in vollem Umfang gewährleistet werden.

(46) Da das Ziel dieser Richtlinie, nämlich die Festlegung gemeinsamer Regeln für bestimmte Aspekte der Rechts- und Verwaltungsvorschriften der Mitgliedstaaten auf dem Gebiet des Verbraucherkredits, von den Mitgliedstaaten nicht ausreichend verwirklicht werden kann und daher besser auf Geeinschaftsebene zu verwirklichen ist, kann die Gemeinschaft im Einklang mit dem in Artikel 5 des Vertrags niedergelegten Subsidiaritätsprinzip tätig werden. Entsprechend dem in demselben Artikel genannten Grundsatz der Verhältnismäßigkeit geht diese Richtlinie nicht über das zur Erreichung dieses Ziels erforderliche Maß hinaus.

(47) Die Mitgliedstaaten sollten Regelungen über die Sanktionen festlegen, die bei Verstößen gegen die aufgrund dieser Richtlinie erlassenen innerstaatlichen Vorschriften zu verhängen sind, und für deren Anwendung sorgen. Die Wahl der Sanktionen bleibt zwar den Mitgliedstaaten überlassen, doch sollten die vorgesehenen Sanktionen wirksam, verhältnismäßig und abschreckend sein.

(48) Die zur Durchführung dieser Richtlinie erforderlichen Maßnahmen sollten gemäß dem Beschluss 1999/468/EG des Rates vom 28. Juni 1999 zur Festlegung der Modalitäten für die Ausübung der der Kommission übertragenen Durchführungsbefugnisse[8] erlassen werden.

(49) Insbesondere sollte die Kommission die Befugnis erhalten, zusätzliche Annahmen festzulegen, die bei der Berechnung des effektiven Jahreszinses zugrunde gelegt werden. Da es sich hierbei um Maßnahmen von allgemeiner Tragweite handelt, die eine Änderung nicht wesentlicher Bestimmunnen der vorliegenden Richtlinie bewirken, sind sie nach dem Regelungsverfahren mit Kontrolle des Artikels 5a des Beschlusses 1999/468/EG zu erlassen.

(50) Nach Nummer 34 der Interinstitutionellen Vereinbarung über bessere Rechtsetzung[9] sind die Mitgliedstaaten aufgefordert, für ihre eigenen Zwecke und im Interesse der Gemeinschaft eigene Tabellen aufzustellen, aus denen im Rahmen des Möglichen die Entsprechungen zwischen dieser Richtlinie und den Umsetzungsmaßnahmen zu entnehmen sind, und diese zu veröffentlichen.

(51) In Anbetracht der zahlreichen Änderungen, die infolge der Weiterentwicklung des Verbraucherkreditsektors an der Richtlinie 87/102/EWG vorzunehmen sind, sollte diese Richtlinie daher im Interesse der Klarheit des Gemeinschaftsrechts aufgehoben und durch die vorliegende Richtlinie ersetzt werden –

HABEN FOLGENDE RICHTLINIE ERLASSEN:

Kapitel I – Gegenstand, Geltungsbereich und Begriffsbestimmungen

Art. 1 Gegenstand Ziel dieser Richtlinie ist die Harmonisierung bestimmter Aspekte der Rechts- und Verwaltungsvorschriften der Mitgliedstaaten über Verbraucherkreditverträge.

---

8   ABl. L 184 vom 17.7.1999, S. 23. Geändert durch den Beschluss 2006/512/EG (ABl. L 200 vom 22.7.2006, S. 11).
9   ABl. C 321 vom 31.12.2003, S. 1.

Art. 2 Geltungsbereich (1) Diese Richtlinie gilt für Kreditverträge.

(2) Diese Richtlinie gilt nicht für:

a) Kreditverträge, die entweder durch eine Hypothek oder eine vergleichbare Sicherheit, die in einem Mitgliedstaat gewöhnlich für unbewegliches Vermögen genutzt wird, oder durch ein Recht an unbeweglichem Vermögen gesichert sind;

b) Kreditverträge, die für den Erwerb oder die Erhaltung von Eigentumsrechten an einem Grundstück oder einem bestehenden oder geplanten Gebäude bestimmt sind;

c) Kreditverträge, bei denen der Gesamtkreditbetrag weniger als 200 EUR oder mehr als 75000 EUR beträgt;

d) Miet- oder Leasingverträge, bei denen weder in dem Vertrag selbst noch in einem gesonderten Vertrag eine Verpflichtung zum Erwerb des Miet- bzw. Leasinggegenstands vorgesehen ist; von einer solchen Verpflichtung ist auszugehen, wenn der Kreditgeber darüber einseitig entscheidet;

e) Kreditverträge in Form von Überziehungsmöglichkeiten, bei denen der Kredit binnen eines Monats zurückzuzahlen ist;

f) zins- und gebührenfreie Kreditverträge und Kreditverträge, nach denen der Kredit binnen drei Monaten zurückzuzahlen ist und bei denen nur geringe Kosten anfallen;

g) Verträge über Kredite, die Arbeitnehmern vom Arbeitgeber als Nebenleistung zinsfrei oder zu einem niedrigeren effektiven Jahreszins als dem marktüblichen gewährt werden und die nicht der breiten Öffentlichkeit angeboten werden;

h) Kreditverträge, die mit einer Wertpapierfirma im Sinne des Artikels 4 Absatz 1 der Richtlinie 2004/39/EG des Europäischen Parlaments und des Rates vom 21. April 2004 über Märkte für Finanzinstrumente[10] oder mit Kreditinstituten im Sinne des Artikels 4 der Richtlinie 2006/48/EG geschlossen werden und die es einem Anleger erlauben sollen, ein Geschäft zu tätigen, das eines oder mehrere der in Anhang I Abschnitt C der Richtlinie 2004/39/EG genannten Instrumente betrifft, wenn die Wertpapierfirma oder das Kreditinstitut, die/das den Kredit gewährt, an diesem Geschäft beteiligt ist;

i) Kreditverträge, die Ergebnis eines Vergleichs vor einem Richter oder einer anderen gesetzlich befugten Stelle sind;

j) Kreditverträge, die die unentgeltliche Stundung einer bestehenden Forderung zum Gegenstand haben;

k) Kreditverträge, nach deren Abschluss der Verbraucher zur Hinterlegung eines Gegenstands als Sicherheit beim Kreditgeber verpflichtet ist und bei denen sich die Haftung des Verbrauchers ausschließlich auf diesen Pfandgegenstand beschränkt;

l) Kreditverträge, die Darlehen zum Gegenstand haben, die einem begrenzten Kundenkreis im Rahmen gesetzlicher Bestimmungen im Gemeinwohlinteresse gewährt werden, sei es zu einem niedrigeren als dem marktüblichen Zinssatz oder zinslos oder zu anderen, für den Verbraucher günstigeren als den marktüblichen Bedingungen und zu Zinssätzen, die nicht über den marktüblichen Zinssätzen liegen.

(3) Auf Kreditverträge in Form einer Überziehungsmöglichkeit, bei denen der Kredit nach Aufforderung oder binnen drei Monaten zurückzuzahlen ist, finden lediglich die Artikel 1 bis 3, Artikel 4 Absatz 1, Artikel 4 Absatz 2 Buchstaben a bis c, Artikel 4 Absatz 4, die Artikel 6 bis 9, Artikel 10 Absatz 1, Artikel 10 Absatz 4 und Absatz 5, Artikel 12, Artikel 15, Artikel 17 sowie die Artikel 19 bis 32 Anwendung.

---

10 ABl. L 145 vom 30.4.2004, S. 1 [Finanzmarkt-RL, in dieser Sammlung Nr. 2.19]. Zuletzt geändert durch die Richtlinie 2008/10/EG (ABl. L 76 vom 19.3.2008, S. 33).

(4) Auf Kreditverträge in Form von Überschreitung finden lediglich die Artikel 1 bis 3, 18, 20 sowie 22 bis 32 Anwendung.

(5) Die Mitgliedstaaten können festlegen, dass lediglich die Artikel 1 bis 4, 6, 7 und 9, Artikel 10 Absatz 1, Absatz 2 Buchstaben a bis h sowie Buchstabe l, Artikel 10 Absatz 4 sowie die Artikel 11, 13 und 16 bis 32 für Kreditverträge gelten, die von einer Organisation geschlossen werden, die

a) zum gegenseitigen Nutzen ihrer Mitglieder eingerichtet wurde,

b) Gewinne ausschließlich für ihre Mitglieder erzielt,

c) einen nach innerstaatlichen Rechtsvorschriften vorgeschriebenen sozialen Zweck erfüllt,

d) nur von ihren Mitgliedern Ersparnisse erhält und verwaltet und auch nur für ihre Mitglieder Finanzierungsquellen erschließt und

e) Kredite auf der Grundlage eines effektiven Jahreszinses gewährt, der unter den marktüblichen Zinssätzen liegt oder durch innerstaatliches Recht nach oben hin begrenzt ist,

und deren Mitgliedschaft auf Personen beschränkt ist, die in einem bestimmten Bezirk wohnen oder beschäftigt sind, als Arbeitnehmer oder Rentner bei einem bestimmten Arbeitgeber beschäftigt sind bzw. waren oder auf Personen, die andere Anforderungen erfüllen, die nach innerstaatlichem Recht die Voraussetzung für das Bestehen einer gemeinsamen Verbindung zwischen den Mitgliedern bilden.

Die Mitgliedstaaten können Kreditverträge, die von einer solchen Organisation geschlossen werden, vom Geltungsbereich dieser Richtlinie ausnehmen, wenn der Gesamtwert aller bestehenden Kreditverträge der Organisation im Verhältnis zum Gesamtwert aller bestehenden Kreditverträge in dem Mitgliedstaat, in dem die Organisation niedergelassen ist, unbedeutend ist und der Gesamtwert aller bestehenden Kreditverträge aller derartigen Organisationen in dem betreffenden Mitgliedstaat weniger als 1 % des Gesamtwerts aller bestehenden Kreditverträge in diesem Mitgliedstaat ausmacht.

Die Mitgliedstaaten überprüfen jährlich, ob die Voraussetzungen für die Anwendung derartiger Ausnahmen weiterhin erfüllt sind, und ergreifen Maßnahmen, um die Ausnahmen zu widerrufen, wenn sie zu der Auffassung gelangen, dass die Voraussetzungen nicht mehr erfüllt sind.

(6) Die Mitgliedstaaten können festlegen, dass für Kreditverträge, die vorsehen, dass Kreditgeber und Verbraucher Vereinbarungen über Stundungs- oder Rückzahlungsmodalitäten treffen, wenn der Verbraucher seinen Verpflichtungen aus dem ursprünglichen Kreditvertrag nicht nachgekommen ist, lediglich die Artikel 1 bis 4, 6, 7, 9, Artikel 10 Absatz 1, Artikel 10 Absatz 2 Buchstaben a bis i, l und r, Artikel 10 Absatz 4 sowie die Artikel 11, 13, 16 und 18 bis 32 gelten, sofern

a) durch solche Vereinbarungen voraussichtlich ein Gerichtsverfahren wegen Nichterfüllung der Zahlungsverpflichtungen vermieden werden kann und

b) der Verbraucher dadurch im Vergleich zum ursprünglichen Kreditvertrag nicht schlechter gestellt wird.

Fällt der Kreditvertrag jedoch unter Absatz 3, so gelten nur die Bestimmungen jenes Absatzes.

Art. 3 Begriffsbestimmungen Für die Zwecke dieser Richtlinie bezeichnet der Ausdruck

a) „Verbraucher" eine natürliche Person, die bei den von dieser Richtlinie erfassten Geschäften zu einem Zweck handelt, der nicht ihrer beruflichen oder gewerblichen Tätigkeit zugerechnet werden kann;

b) „Kreditgeber" eine natürliche oder juristische Person, die in Ausübung ihrer gewerblichen oder beruflichen Tätigkeit einen Kredit gewährt oder zu gewähren verspricht;

c) „Kreditvertrag" einen Vertrag, bei dem ein Kreditgeber einem Verbraucher einen Kredit in Form eines Zahlungsaufschubs, eines Darlehens oder einer sonstigen ähnlichen Finanzierungshilfe gewährt oder zu gewähren verspricht; ausgenommen sind Verträge über die wiederkehrende Erbringung von Dienstleistungen oder über die Lieferung von Waren gleicher Art, bei denen der Verbraucher für die Dauer der Erbringung oder Lieferung Teilzahlungen für diese Dienstleistungen oder Waren leistet;

d) „Überziehungsmöglichkeit" einen ausdrücklichen Kreditvertrag, bei dem der Kreditgeber dem Verbraucher Beträge zur Verfügung stellt, die das aktuelle Guthaben auf dem laufenden Konto des Verbrauchers überschreiten;

e) „Überschreitung" eine stillschweigend akzeptierte Überziehung, bei der der Kreditgeber dem Verbraucher Beträge zur Verfügung stellt, die das aktuelle Guthaben auf dem laufenden Konto des Verbrauchers oder die vereinbarte Überziehungsmöglichkeit überschreiten;

f) „Kreditvermittler" eine natürliche oder juristische Person, die nicht als Kreditgeber handelt und die in Ausübung ihrer gewerblichen oder beruflichen Tätigkeit gegen ein Entgelt, das aus einer Geldzahlung oder einem sonstigen vereinbarten wirtschaftlichen Vorteil bestehen kann,

   i) Verbrauchern Kreditverträge vorstellt oder anbietet,

   ii) Verbrauchern bei anderen als den in Ziffer i genannten Vorarbeiten zum Abschluss von Kreditverträgen behilflich ist oder

   iii) für den Kreditgeber Kreditverträge mit den Verbrauchern abschließt;

g) „Gesamtkosten des Kredits für den Verbraucher" sämtliche Kosten, einschließlich der Zinsen, Provisionen, Steuern und Kosten jeder Art – ausgenommen Notargebühren –, die der Verbraucher im Zusammenhang mit dem Kreditvertrag zu zahlen hat und die dem Kreditgeber bekannt sind; Kosten für Nebenleistungen im Zusammenhang mit dem Kreditvertrag, insbesondere Versicherungsprämien, sind ebenfalls enthalten, wenn der Abschluss des Vertrags über diese Nebenleistung eine zusätzliche zwingende Voraussetzung dafür ist, dass der Kredit überhaupt oder nach den vorgesehenen Vertragsbedingungen gewährt wird;

h) „vom Verbraucher zu zahlender Gesamtbetrag" die Summe des Gesamtkreditbetrags und der Gesamtkosten des Kredits für den Verbraucher;

i) „effektiver Jahreszins" die Gesamtkosten des Kredits für den Verbraucher, die als jährlicher Prozentsatz des Gesamtkreditbetrags ausgedrückt sind, soweit zutreffend einschließlich der Kosten gemäß Artikel 19 Absatz 2;

j) „Sollzinssatz" den als festen oder variablen periodischen Prozentsatz ausgedrückten Zinssatz, der auf jährlicher Basis auf die in Anspruch genommenen Kredit-Auszahlungsbeträge angewandt wird;

k) „fester Sollzinssatz" wenn der Kreditgeber und der Verbraucher im Kreditvertrag einen einzigen Sollzinssatz für die gesamte Laufzeit des Kreditvertrags oder mehrere Sollzinssätze für verschiedene Teilzeiträume der Gesamtlaufzeit vereinbaren, wobei ausschließlich ein bestimmter fester Prozentsatz zugrunde gelegt wird. Sind in dem Kreditvertrag nicht alle Sollzinssätze festgelegt, so gilt der Sollzinssatz nur für diejenigen Teilzeiträume der Gesamtlaufzeit als vereinbart, für die die Sollzinssätze ausschließlich durch einen bei Abschluss des Kreditvertrags vereinbarten bestimmten festen Prozentsatz festgelegt wurden;

l) „Gesamtkreditbetrag" die Obergrenze oder die Summe aller Beträge, die aufgrund eines Kreditvertrags zur Verfügung gestellt werden;

m) „dauerhafter Datenträger" jedes Medium, das es dem Verbraucher gestattet, an ihn persönlich gerichtete Informationen derart zu speichern, dass er sie in der Folge für eine den Zwecken der Informationen angemessene Dauer einsehen kann, und das die unveränderte Wiedergabe der gespeicherten Informationen ermöglicht;

n) „verbundener Kreditvertrag" einen Kreditvertrag, bei dem

i) der betreffende Kredit ausschließlich der Finanzierung eines Vertrags über Lieferung bestimmter Waren oder die Erbringung einer bestimmten Dienstleistung dient und

ii) diese beiden Verträge objektiv betrachtet eine wirtschaftliche Einheit bilden; von einer wirtschaftlichen Einheit ist auszugehen, wenn der Warenlieferant oder der Dienstleistungserbringer den Kredit zugunsten des Verbrauchers finanziert oder wenn sich der Kreditgeber im Falle der Finanzierung durch einen Dritten bei der Vorbereitung oder dem Abschluss des Kreditvertrags der Mitwirkung des Warenlieferanten oder des Dienstleistungserbringers bedient oder wenn im Kreditvertrag ausdrücklich die spezifischen Waren oder die Erbringung einer spezifischen Dienstleistung angegeben sind.

Kapitel II – Informationen und vorvertragliche Pflichten

Art. 4 Standardinformationen, die in die Werbung aufzunehmen sind (1) Werden in der Werbung für Kreditverträge Zinssätze oder sonstige, auf die Kosten eines Kredits für den Verbraucher bezogene Zahlen genannt, so muss die Werbung die in diesem Artikel angegebenen Standardinformationen enthalten.

Diese Verpflichtung gilt nicht, wenn innerstaatliche Vorschriften verlangen, dass bei der Werbung für Kreditverträge, die keine Angaben über den Zinssatz oder Zahlenangaben über dem Verbraucher entstehende Kosten des Kredits im Sinne von Unterabsatz 1 enthält, der effektive Jahreszins anzugeben ist.

(2) Die Standardinformationen nennen folgende Elemente in klarer, prägnanter und auffallender Art und Weise anhand eines repräsentativen Beispiels:

a) fester oder variabler Sollzinssatz oder fester und variabler Sollzinssatz, zusammen mit Einzelheiten aller für den Verbraucher anfallenden, in die Gesamtkreditkosten einbezogenen Kosten;

b) Gesamtkreditbetrag;

c) effektiver Jahreszins; die Mitgliedstaaten können vorsehen, dass bei Kreditverträgen im Sinne des Artikels 2 Absatz 3 kein effektiver Jahreszins angegeben werden muss;

d) falls zutreffend, Laufzeit des Kreditvertrags;

e) im Falle eines Kredits in Form eines Zahlungsaufschubs für eine bestimmte Ware oder Dienstleistung, Barzahlungspreis und Betrag etwaiger Anzahlungen und

f) gegebenenfalls vom Verbraucher zu zahlender Gesamtbetrag sowie der Betrag der Teilzahlungen.

(3) Ist der Abschluss eines Vertrags über die Inanspruchnahme einer Nebenleistung, insbesondere eines Versicherungsvertrags, im Zusammenhang mit dem Kreditvertrag zwingende Voraussetzung dafür, dass der Kredit überhaupt oder nach den vorgesehenen Vertrags-

bedingungen gewährt wird, und können die Kosten der Nebenleistung nicht im Voraus bestimmt werden, so ist auf die Verpflichtung zum Abschluss jenes Vertrags ebenfalls in klarer, prägnanter Form an optisch hervorgehobener Stelle zusammen mit dem effektiven Jahreszinssatz hinzuweisen.

(4) Dieser Artikel gilt unbeschadet der Richtlinie 2005/29/EG[11].

Art. 5 Vorvertragliche Informationen (1) Rechtzeitig bevor der Verbraucher durch einen Kreditvertrag oder ein Angebot gebunden ist, gibt der Kreditgeber und gegebenenfalls der Kreditvermittler dem Verbraucher auf der Grundlage der vom Kreditgeber angebotenen Kreditbedingungen und gegebenenfalls der vom Verbraucher geäußerten Präferenzen und vorgelegten Auskünfte die Information, die der Verbraucher benötigt, um verschiedene Angebote zu vergleichen und eine fundierte Entscheidung darüber zu treffen, ob er einen Kreditvertrag schließen will. Diese Informationen werden auf Papier oder einem anderen dauerhaften Datenträger mittels des Formulars „Europäische Standardinformationen für Verbraucherkredite" in Anhang II mitgeteilt. Die Informationspflichten des Kreditgebers nach diesem Absatz und nach Artikel 3 Absätze 1 und 2 der Richtlinie 2002/65/EG[12] gelten als erfüllt, wenn er das Formular „Europäische Standardinformationen für Verbraucherkredite" vorgelegt hat.

Diese Informationen müssen Folgendes erläutern:

a)   die Art des Kredits;

b)   die Identität und die Anschrift des Kreditgebers sowie gegebenenfalls die Identität und die Anschrift des beteiligten Kreditvermittlers;

c)   den Gesamtkreditbetrag und die Bedingungen für die Inanspruchnahme;

d)   die Laufzeit des Kreditvertrags;

e)   bei Krediten in Form eines Zahlungsaufschubs für eine bestimmte Ware oder Dienstleistung und bei verbundenen Kreditverträgen die Ware oder die Dienstleistung und den Barzahlungspreis;

f)   den Sollzinssatz, die Bedingungen für die Anwendung des Sollzinssatzes und, soweit vorhanden, Indizes oder Referenzzinssätze, die auf den anfänglichen Sollzinssatz Anwendung finden, ferner die Zeiträume, Bedingungen und die Art und Weise der Anpassung des Sollzinssatzes. Gelten unter bestimmten Umständen unterschiedliche Sollzinssätze, so sind die oben genannten Informationen für alle anzuwendenden Sollzinssätze zu erteilen;

g)   den effektiven Jahreszins und den vom Verbraucher zu zahlenden Gesamtbetrag, erläutert durch ein repräsentatives Beispiel unter Angabe sämtlicher in die Berechnung des Jahreszinses einfließenden Annahmen; hat der Verbraucher dem Kreditgeber seine Wünsche in Bezug auf eines oder mehrere Elemente seines Kredits mitgeteilt, beispielsweise in Bezug auf die Laufzeit des Kreditvertrags oder den Gesamtkreditbetrag, so muss der Kreditgeber diese Elemente berücksichtigen; sofern ein Kreditvertrag unterschiedliche Verfahren der Inanspruchnahme mit jeweils unterschiedlichen Entgelten oder Sollzinssätzen vorsieht, und der Kreditgeber die Vermutung nach Anhang I Teil II Buchstabe b trifft, so weist er darauf hin, dass andere Mechanismen der Inanspruchnahme bei der Art des Kreditvertrags zu einem höheren effektiven Jahreszins führen können;

---

11   [Geschäftspraktiken-RL, in dieser Sammlung Nr. 2.5.]
12   [Finanzdienstleistungs-Fernabsatz-RL, in dieser Sammlung Nr. 2.2.]

h) den Betrag, die Anzahl und die Periodizität der vom Verbraucher zu leistenden Zahlungen und gegebenenfalls die Reihenfolge, in der die Zahlungen auf verschiedene ausstehende Restbeträge, für die unterschiedliche Sollzinssätze gelten, zum Zwecke der Rückzahlung angerechnet werden;

i) gegebenenfalls die Entgelte für die Führung eines oder mehrerer Konten für die Buchung der Zahlungsvorgänge und der in Anspruch genommenen Kreditbeträge, es sei denn, die Eröffnung eines entsprechenden Kontos ist fakultativ, zusammen mit den Entgelten für die Verwendung eines Zahlungsmittels, mit dem sowohl Zahlungsvorgänge als auch Abhebungen getätigt werden können, sonstige Entgelte aufgrund des Kreditvertrags und die Bedingungen, unter denen diese Entgelte geändert werden können;

j) falls zutreffend, den Hinweis auf vom Verbraucher bei Abschluss des Kreditvertrags zu zahlende Notargebühren;

k) gegebenenfalls die Verpflichtung, einen mit dem Kreditvertrag zusammenhängenden Vertrag, insbesondere über eine Versicherung, abzuschließen, wenn der Abschluss eines solchen Vertrags Voraussetzung dafür ist, dass der Kredit überhaupt oder nach den vorgesehenen Vertragsbedingungen gewährt wird;

l) den anwendbaren Satz der Verzugszinsen und die Art und Weise seiner etwaigen Anpassung sowie gegebenenfalls anfallende Verzugskosten;

m) einen Warnhinweis zu den Folgen ausbleibender Zahlungen;

n) die gegebenenfalls verlangten Sicherheiten;

o) das Bestehen oder Nichtbestehen eines Widerrufsrechts;

p) das Recht auf vorzeitige Rückzahlung und gegebenenfalls die Informationen zum Anspruch des Kreditgebers auf Entschädigung sowie zur Art der Berechnung dieser Entschädigung gemäß Artikel 16;

q) das Recht des Verbrauchers auf unverzügliche und unentgeltliche Unterrichtung gemäß Artikel 9 Absatz 2 über das Ergebnis einer Datenbankabfrage zur Beurteilung der Kreditwürdigkeit;

r) das Recht des Verbrauchers, auf Verlangen unentgeltlich eine Kopie des Kreditvertragsentwurfs zu erhalten. Diese Bestimmung gilt nicht, wenn der Kreditgeber zum Zeitpunkt der Beantragung nicht zum Abschluss eines Kreditvertrags mit dem Verbraucher bereit ist und

s) gegebenenfalls den Zeitraum, während dessen der Kreditgeber an die vorvertraglichen Informationen gebunden ist.

Etwaige zusätzliche Informationen des Kreditgebers für den Verbraucher sind in einem gesonderten Dokument zu erteilen, das dem betreffenden Formular „Europäische Standardinformationen für Verbraucherkredite" beigefügt werden kann.

(2) Bei fernmündlicher Kommunikation im Sinne von Artikel 3 Absatz 3 der Richtlinie 2002/65/EG muss die nach Artikel 3 Absatz 3 Buchstabe b zweiter Gedankenstrich der genannten Richtlinie zu liefernde Beschreibung der Hauptmerkmale der Finanzdienstleistung jedoch zumindest die in Absatz 1 Buchstaben c, d, e, f und h des vorliegenden Artikels vorgesehenen Angaben und den anhand eines repräsentativen Beispiels erläuterten effektiven Jahreszins sowie den vom Verbraucher zu zahlenden Gesamtbetrag enthalten.

(3) Wurde der Vertrag auf Ersuchen des Verbrauchers mittels eines Fernkommunikationsmittels geschlossen, das die Erteilung der Informationen gemäß Absatz 1 nicht gestattet, insbesondere in dem in Absatz 2 genannten Fall, teilt der Kreditgeber dem Verbraucher

unverzüglich nach Abschluss des Kreditvertrags die vollständigen vorvertraglichen Informationen mittels des Formulars für Europäische Standardinformationen für Verbraucherkredite mit.

(4) Auf Verlangen erhält der Verbraucher zusätzlich zu dem Formular „Europäische Standardinformationen für Verbraucherkredite" unentgeltlich eine Kopie des Kreditvertragsentwurfs. Diese Bestimmung gilt nicht, wenn der Kreditgeber zum Zeitpunkt der Beantragung nicht zum Abschluss eines Kreditvertrags mit dem Verbraucher bereit ist.

(5) Dienen bei einem Kreditvertrag vom Verbraucher geleistete Zahlungen nicht der unmittelbaren Tilgung seiner Schuld im Verhältnis zum Gesamtkreditbetrag, sondern der Bildung von Kapital innerhalb der Zeiträume und zu den Bedingungen, die im Kreditvertrag oder in einem Zusatzvertrag zum Kreditvertrag vorgesehen sind, so muss aus den nach Absatz 1 bereitgestellten vorvertraglichen Informationen klar und prägnant hervorgehen, dass der Kreditvertrag oder der Zusatzvertrag keine Garantie für die Rückzahlung des aufgrund des Kreditvertrags in Anspruch genommenen Gesamtbetrags vorsieht, es sei denn, eine solche Garantie wird gegeben.

(6) Die Mitgliedstaaten stellen sicher, dass Kreditgeber und gegebenenfalls Kreditvermittler dem Verbraucher angemessene Erläuterungen geben, gegebenenfalls durch Erläuterung der vorvertraglichen Informationen gemäß Absatz 1, der Hauptmerkmale der angebotenen Produkte und der möglichen spezifischen Auswirkungen der Produkte auf den Verbraucher, einschließlich der Konsequenzen bei Zahlungsverzug des Verbrauchers, damit der Verbraucher in die Lage versetzt wird, zu beurteilen, ob der Vertrag seinen Bedürfnissen und seiner finanziellen Situation gerecht wird. Die Mitgliedstaaten können die Art und Weise dieser Unterstützung sowie deren Umfang und die Frage, durch wen sie zu geben ist, den besonderen Umständen der Situation, in der der Kreditvertrag angeboten wird, der Person, der er angeboten wird, und der Art des angebotenen Kredits anpassen.

Art. 6 Vorvertragliche Informationspflichten bei bestimmen Kreditverträgen in Form von Überziehungsmöglichkeiten und bei bestimmten, speziellen Kreditverträgen (1) Rechtzeitig bevor der Verbraucher durch einen Kreditvertrag oder ein Angebot für einen Kreditvertrag im Sinne von Artikel 2 Absätze 3, 5 oder 6 gebunden ist, erteilt der Kreditgeber und gegebenenfalls der Kreditvermittler dem Verbraucher auf der Grundlage der vom Kreditgeber angebotenen Kreditbedingungen und gegebenenfalls der vom Verbraucher geäußerten Präferenzen und vorgelegten Auskünfte die Informationen, die der Verbraucher benötigt, um verschiedene Angebote zu vergleichen und eine fundierte Entscheidung darüber zu treffen, ob er einen Kreditvertrag schließen will.

Diese Informationen müssen folgende Angaben enthalten:

a)   die Art des Kredits;

b)   die Identität und die Anschrift des Kreditgebers sowie gegebenenfalls die Identität und die Anschrift des beteiligten Kreditvermittlers;

c)   den Gesamtkreditbetrag;

d)   die Laufzeit des Kreditvertrags;

e)   den Sollzinssatz, die Bedingungen für die Anwendung des Sollzinssatzes sowie Indizes oder Referenzzinssätze, die auf den anfänglichen Sollzinssatz Anwendung finden; die vom Zeitpunkt des Vertragsabschlusses des Kreditvertrags an zu zahlenden Entgelte und gegebenenfalls die Bedingungen, unter denen diese Entgelte geändert werden können;

f)   den effektiven Jahreszins, erläutert anhand repräsentativer Beispiele unter Angabe sämtlicher in die Berechnung des Jahreszinses einfließenden Annahmen;

g)   die Bedingungen und das Verfahren zur Beendigung des Kreditvertrags;

h)   bei Kreditverträgen nach Artikel 2 Absatz 3 gegebenenfalls den Hinweis, dass der Verbraucher jederzeit zur Rückzahlung des gesamten Kreditbetrags aufgefordert werden kann;

i)   den Zinssatz, der im Verzugsfall Anwendung findet, und die Art und Weise seiner etwaigen Anpassung sowie gegebenenfalls anfallende Verzugskosten;

j)   das Recht des Verbrauchers auf unverzügliche und unentgeltliche Unterrichtung gemäß Artikel 9 Absatz 2 über das Ergebnis einer Datenbankabfrage zur Beurteilung der Kreditwürdigkeit;

k)   bei Kreditverträgen nach Artikel 2 Absatz 3 Angaben zu den ab Abschluss des Kreditvertrags einschlägigen Kosten und, sofern zutreffend die Bedingungen, nach denen diese Kosten geändert werden können;

l)   gegebenenfalls den Zeitraum, während dessen der Kreditgeber an die vorvertraglichen Informationen gebunden ist.

Diese Informationen werden auf Papier oder einem anderen dauerhaften Datenträger mitgeteilt und alle in gleicher Weise optisch hervorgehoben. Dies kann mittels des Formulars „Europäische Standardinformationen für Verbraucherkredite" in Anhang III geschehen. Die Informationspflichten des Kreditgebers nach dem vorliegenden Absatz und nach Artikel 3 Absätze 1 und 2 der Richtlinie 2002/65/EG gelten als erfüllt, wenn er das Formular „Europäische Standardinformationen für Verbraucherkredite" vorgelegt hat.

(2) Die Mitgliedstaaten können vorsehen, dass bei Kreditverträgen im Sinne des Artikels 2 Absatz 3 kein effektiver Jahreszins angegeben werden muss.

(3) Bei Kreditverträgen im Sinne des Artikels 2 Absätze 5 und 6 ist der Verbraucher gemäß Absatz 1 des vorliegenden Artikels auch über Folgendes zu informieren:

a)   den Betrag, die Anzahl und die Periodizität der vom Verbraucher zu leistenden Zahlungen und gegebenenfalls die Reihenfolge, in der die Zahlungen auf verschiedene ausstehende Restbeträge, für die unterschiedliche Sollzinssätze gelten, zum Zwecke der Rückzahlung angerechnet werden, und

b)   das Recht auf vorzeitige Rückzahlung und gegebenenfalls die Informationen zum Anspruch des Kreditgebers auf Entschädigung sowie zur Art der Festlegung dieser Entschädigung.

Fällt der Kreditvertrag jedoch unter Artikel 2 Absatz 3, so gelten nur die in Absatz 1 des vorliegenden Artikels genannten Bestimmungen.

(4) Bei fernmündlicher Kommunikation oder falls der Verbraucher verlangt, dass die Überziehungsmöglichkeit sofort zur Verfügung steht, muss die Beschreibung der Hauptmerkmale der Finanzdienstleistung zumindest die in Absatz 1 Buchstaben c, e, f und h vorgesehenen Angaben enthalten. Im Falle von Kreditverträgen im Sinne von Absatz 3 muss die Beschreibung der Hauptmerkmale außerdem eine Bestimmung der Laufzeit des Kreditvertrags enthalten.

(5) Ungeachtet der Ausnahmeregelung des Artikels 2 Absatz 2 Buchstabe e sehen die Mitgliedstaaten für Kreditverträge in Form einer Überziehungsmöglichkeit, bei denen der Kredit innerhalb eines Monats zurückzuzahlen ist, zumindest die Anforderungen des Absatzes 4 Satz 1 des vorliegenden Artikels vor.

(6) Auf Verlangen erhält der Verbraucher zusätzlich zu den in den Absätzen 1 bis 4 genannten Informationen unentgeltlich eine Kopie des Kreditvertragsentwurfs mit den vertraglichen Informationen gemäß Artikel 10, sofern dieser Anwendung findet. Diese Bestimmung

gilt nicht, wenn der Kreditgeber zum Zeitpunkt der Beantragung nicht zum Abschluss eines Kreditvertrags mit dem Verbraucher bereit ist.

(7) In dem Fall, dass der Vertrag auf Ersuchen des Verbrauchers mittels eines Fernkommunikationsmittels geschlossen wurde, das die Erteilung der Informationen gemäß den Absätzen 1 und 3, einschließlich der in Absatz 4 genannten Fälle, nicht gestattet, kommt der Kreditgeber unverzüglich nach Abschluss des Kreditvertrags seinen Verpflichtungen gemäß den Absätzen 1 und 3 nach, indem er dem Verbraucher die vertraglichen Informationen gemäß Artikel 10, sofern dieser Anwendung findet, vorlegt.

Art. 7 Ausnahmen von den vorvertraglichen Informationspflichten Die Artikel 5 und 6 gelten nicht für Warenlieferanten oder Dienstleistungserbringer, die nur in untergeordneter Funktion als Kreditvermittler beteiligt sind. Die Verpflichtung des Kreditgebers, dem Verbraucher die in diesen Artikeln genannten vorvertraglichen Informationen mitzuteilen, wird hiervon nicht berührt.

Art. 8 Verpflichtung zur Bewertung der Kreditwürdigkeit des Verbrauchers (1) Die Mitgliedstaaten stellen sicher, dass vor Abschluss des Kreditvertrages der Kreditgeber die Kreditwürdigkeit des Verbrauchers anhand ausreichender Informationen bewertet, die er gegebenenfalls beim Verbraucher einholt und erforderlichenfalls anhand von Auskünften aus der in Frage kommenden Datenbank. Diejenigen Mitgliedstaaten, die die Kreditgeber gesetzlich dazu verpflichten, die Kreditwürdigkeit aufgrund der Abfrage einer entsprechenden Datenbank zu beurteilen, können diese Anforderung beibehalten.

(2) Die Mitgliedstaaten stellen sicher, dass, sofern die Parteien übereinkommen, den Gesamtkreditbetrag nach Abschluss des Kreditvertrages zu ändern, der Kreditgeber die ihm zur Verfügung stehenden Finanzinformationen über den Verbraucher auf den neuen Stand bringt und die Kreditwürdigkeit des Verbrauchers vor jeder deutlichen Erhöhung des Gesamtkreditbetrags bewertet.

Kapitel III – Zugang zu Datenbanken

Art. 9 Zugang zu Datenbanken (1) Jeder Mitgliedstaat stellt bei grenzüberschreitenden Krediten sicher, dass Kreditgeber aus anderen Mitgliedstaaten Zugang zu den in seinem Hoheitsgebiet zur Bewertung der Kreditwürdigkeit des Verbrauchers verwendeten Datenbanken haben. Der Zugang ist ohne Diskriminierung zu gewähren.

(2) Wird ein Kreditantrag aufgrund einer Datenbankabfrage abgelehnt, so unterrichtet der Kreditgeber den Verbraucher unverzüglich und unentgeltlich über das Ergebnis dieser Abfrage und über die Angaben der betreffenden Datenbank.

(3) Die Unterrichtung erfolgt, es sei denn, sie ist nach anderen gemeinschaftsrechtlichen Vorschriften nicht zulässig oder läuft Zielen der öffentlichen Ordnung oder der öffentlichen Sicherheit zuwider.

(4) Dieser Artikel gilt unbeschadet der Richtlinie 95/46/EG des Europäischen Parlaments und des Rates vom 24. Oktober 1995 zum Schutz natürlicher Personen bei der Verarbeitung personenbezogener Daten und zum freien Datenverkehr[13].

---

13 ABl. L 281 vom 23.11.1995, S. 31. Geändert durch Verordnung (EG) Nr. 1882/2003 (ABl. L 284 vom 31.10.2003, S. 1).

Kapitel IV – Information und Rechte aus Kreditverträgen

Art. 10 Zwingende Angaben in Kreditverträgen (1) Kreditverträge werden auf Papier oder auf einem anderen dauerhaften Datenträger erstellt. Alle Vertragsparteien erhalten eine Ausfertigung des Kreditvertrags. Innerstaatliche Vorschriften über die Gültigkeit des Abschlusses von Kreditverträgen, die mit dem Gemeinschaftsrecht in Einklang stehen, bleiben unberührt.

(2) Im Kreditvertrag ist in klarer, prägnanter Form Folgendes anzugeben:

a) die Art des Kredits;

b) die Identität und Anschriften der Vertragsparteien sowie gegebenenfalls die Identität und die Anschrift des beteiligten Kreditvermittlers;

c) die Laufzeit des Kreditvertrags;

d) der Gesamtkreditbetrag und die Bedingungen für die Inanspruchnahme;

e) bei Krediten in Form eines Zahlungsaufschubs für eine bestimmte Ware oder Dienstleistung oder bei verbundenen Kreditverträgen die Ware oder die Dienstleistung und der Barzahlungspreis;

f) der Sollzinssatz, die Bedingungen für die Anwendung des Sollzinssatzes und, soweit vorhanden, Indizes oder Referenzzinssätze, die sich auf den anfänglichen Sollzinssatz beziehen, ferner die Zeiträume, Bedingungen und die Art und Weise der Anpassung des Sollzinssatzes; gelten unter verschiedenen Umständen unterschiedliche Sollzinssätze, so sind die genannten Informationen für alle anzuwendenden Sollzinssätze zu erteilen;

g) der effektive Jahreszins und der vom Verbraucher zu zahlende Gesamtbetrag, berechnet zum Zeitpunkt des Abschlusses des Kreditvertrages; anzugeben sind alle in die Berechnung dieses Zinses einfließenden Annahmen.

h) der Betrag, die Anzahl und die Periodizität der vom Verbraucher zu leistenden Zahlungen und gegebenenfalls die Reihenfolge, in der die Zahlungen auf verschiedene ausstehende Restbeträge, für die unterschiedliche Sollzinssätze gelten, zum Zwecke der Rückzahlung angerechnet werden;

i) im Falle der Darlehenstilgung bei einem Kreditvertrag mit fester Laufzeit das Recht des Verbrauchers auf Antrag kostenlos und zu jedem beliebigen Zeitpunkt während der Gesamtlaufzeit des Kreditvertrags eine Aufstellung in Form eines Tilgungsplans zu erhalten.

Aus dem Tilgungsplan geht hervor, welche Zahlungen in welchen Zeitabständen zu leisten sind und welche Bedingungen für diese Zahlungen gelten; in dem Plan sind die einzelnen periodischen Rückzahlungen nach der Darlehenstilgung, den nach dem Sollzinssatz berechneten Zinsen und gegebenenfalls allen zusätzlichen Kosten aufzuschlüsseln; im Falle eines Kreditvertrags, bei dem kein fester Zinssatz vereinbart wurde oder die zusätzlichen Kosten geändert werden können, ist in dem Tilgungsplan in klarer und prägnanter Form anzugeben, dass die Daten im Tilgungsplan nur bis zur nächsten Änderung des Sollzinssatzes oder der zusätzlichen Kosten gemäß dem Kreditvertrag Gültigkeit haben;

j) ist die Zahlung von Entgelten und Zinsen ohne Kapitaltilgung vorgesehen, so ist eine Aufstellung der Zeiträume und Bedingungen für die Zahlung der Sollzinsen und der damit verbundenen wiederkehrenden und nicht wiederkehrenden Entgelte zu erstellen;

k) gegebenenfalls die Entgelte für die Führung eines oder mehrerer Konten für die Buchung der Zahlungsvorgänge und der in Anspruch genommenen Kreditbeträge, es sei
denn, die Eröffnung eines Kontos ist fakultativ, zusammen mit den Entgelten für die
Verwendung eines Zahlungsmittels, mit dem sowohl Zahlungsvorgänge als auch Abhebungen getätigt werden können, sonstige Entgelte aufgrund des Kreditvertrags und
die Bedingungen, unter denen diese Entgelte geändert werden können;

l) der Satz der Verzugszinsen gemäß der zum Zeitpunkt des Abschlusses des Kreditvertrags geltenden Regelung und die Art und Weise seiner etwaigen Anpassung sowie gegebenenfalls anfallende Verzugskosten;

m) einen Warnhinweis zu den Folgen ausbleibender Zahlungen;

n) soweit zutreffend, ein Hinweis dass Notargebühren anfallen;

o) gegebenenfalls die verlangten Sicherheiten und Versicherungen;

p) das Bestehen oder Nichtbestehen eines Widerrufsrechts sowie die Frist und die anderen Modalitäten für die Ausübung des Widerrufsrechts, einschließlich der Angaben zu
der Verpflichtung des Verbrauchers, das in Anspruch genommene Kapital zurückzuzahlen, den Zinsen gemäß Artikel 14 Absatz 3 Buchstabe b und der Höhe der Zinsen
pro Tag;

q) Informationen über die aus Artikel 15 erwachsenden Rechte und über die Bedingungen für die Ausübung dieser Rechte;

r) das Recht auf vorzeitige Rückzahlung, das Verfahren bei vorzeitiger Rückzahlung und
gegebenenfalls Informationen zum Anspruch des Kreditgebers auf Entschädigung sowie zur Art der Berechnung dieser Entschädigung;

s) die einzuhaltenden Modalitäten bei der Ausübung des Rechts auf Kündigung des Kreditvertrags;

t) die Angabe, ob der Verbraucher Zugang zu einem außergerichtlichen Beschwerde- und
Rechtsbehelfsverfahren hat, und gegebenenfalls die Voraussetzungen für diesen Zugang;

u) gegebenenfalls weitere Vertragsbedingungen;

v) gegebenenfalls der Name und die Anschrift der zuständigen Aufsichtsbehörde.

(3) Sofern Absatz 2 Buchstabe i Anwendung findet, stellt der Kreditgeber dem Verbraucher
kostenlos und zu jedem beliebigen Zeitpunkt während der Gesamtlaufzeit des Kreditvertrages eine Aufstellung in Form eines Tilgungsplans zur Verfügung.

(4) Dienen bei einem Kreditvertrag vom Verbraucher geleistete Zahlungen nicht der unmittelbaren Tilgung seiner Schuld im Verhältnis zum Gesamtkreditbetrag, sondern der Bildung von Kapital innerhalb der Zeiträume und zu den Bedingungen, die im Kreditvertrag
oder in einem Zusatzvertrag zum Kreditvertrag vorgesehen sind, so muss aus den nach Absatz 2 bereitgestellten Informationen klar und prägnant hervorgehen, dass der Kreditvertrag oder der Zusatzvertrag keine Garantie für die Rückzahlung des aufgrund des Kreditvertrags in Anspruch genommenen Gesamtkreditbetrags vorsieht, es sei denn, eine solche
Garantie wird gegeben.

(5) Bei Kreditverträgen in Form von Überziehungsmöglichkeiten nach Artikel 2 Absatz 3
ist in klarer, prägnanter Form Folgendes anzugeben:

a) die Art des Kredits;

b) die Identität und Anschriften der Vertragsparteien sowie gegebenenfalls die Identität
und die Anschrift des beteiligten Kreditvermittlers;

c) die Laufzeit des Kreditvertrags;

d) der Gesamtbetrag des Kredits und die Bedingungen für die Inanspruchnahme;

e) der Sollzinssatz, die Bedingungen für die Anwendung des Sollzinssatzes und, soweit vorhanden, Indizes oder Referenzzinssätze, die sich auf den anfänglichen Sollzinssatz beziehen, ferner die Zeiträume, Bedingungen und die Art und Weise der Anpassung des Sollzinssatzes und sofern unter verschiedenen Umständen unterschiedliche Sollzinssätze gelten, so sind die genannten Informationen für alle anzuwendenden Sollzinssätze zu erteilen;

f) der effektive Jahreszins und die Gesamtkosten des Kredites für den Verbraucher, berechnet zum Zeitpunkt des Abschlusses des Kreditvertrags; anzugeben sind alle in die Berechnung dieses Zinses einfließenden Annahmen gemäß Artikel 19 Absatz 2 in Verbindung mit Artikel 3 Buchstaben g und i. Die Mitgliedstaaten können vorsehen, dass bei Kreditverträgen im Sinne des Artikels 2 Absatz 3 der effektive Jahreszins nicht angegeben werden muss;

g) der Hinweis, dass der Verbraucher jederzeit zur Rückzahlung des gesamten Kreditbetrags aufgefordert werden kann;

h) die einzuhaltenden Modalitäten bei der Ausübung des Rechts auf Kündigung des Kreditvertrags und

i) Angaben über die vom Zeitpunkt des Vertragsabschlusses des Kreditvertrags an einschlägigen Entgelte und soweit zutreffend die Bedingungen, unter denen diese Entgelte geändert werden können.

Art. 11 Angaben zum Sollzinssatz (1) Gegebenenfalls ist der Verbraucher über eine Änderung des Sollzinssatzes auf Papier oder einem anderen dauerhaften Datenträger zu informieren, bevor die Änderung wirksam wird. Dabei ist der Betrag der nach dem Wirksamwerden des neuen Sollzinssatzes zu leistenden Zahlungen anzugeben; ändern sich die Anzahl oder die Periodizität der zu leistenden Zahlungen, so sind auch hierzu Einzelheiten anzugeben.

(2) Die Vertragsparteien können jedoch in dem Kreditvertrag vereinbaren, dass die Information nach Absatz 1 dem Verbraucher in regelmäßigen Abständen erteilt wird, wenn die Änderung des Sollzinssatzes auf eine Änderung eines Referenzzinssatzes zurückgeht, der neue Referenzzinssatz auf geeigneten Wegen öffentlich zugänglich gemacht wird und die Information über den neuen Referenzzinssatz außerdem in den Geschäftsräumen des Kreditgebers eingesehen werden kann.

Art. 12 Verpflichtungen bei Kreditverträgen in Form einer Überziehungsmöglichkeit (1) Wird einem Verbraucher ein Kredit in Form einer Überziehungsmöglichkeit eingeräumt, so wird er regelmäßig mittels eines Kontoauszugs auf Papier oder einem anderen dauerhaften Datenträger informiert, der folgende Einzelheiten enthält:

a) den genauen Zeitraum, auf den sich der Kontoauszug bezieht;

b) die in Anspruch genommenen Beträge und das Datum der Inanspruchnahme;

c) den Saldo sowie das Datum des letzten Kontoauszugs;

d) den neuen Saldo;

e) das jeweilige Datum und den jeweiligen Betrag der Zahlungen des Verbrauchers;

f) den angewandten Sollzinssatz;

g) etwaige erhobene Entgelte;

h) den gegebenenfalls zu zahlenden Mindestbetrag.

(2) Darüber hinaus ist der Verbraucher auf Papier oder einem anderen dauerhaften Datenträger über Erhöhungen des Sollzinssatzes oder der erhobenen Entgelte zu unterrichten bevor die Änderung wirksam wird.

Die Vertragsparteien können jedoch in dem Kreditvertrag vereinbaren, dass die Information über die Änderung des Sollzinssatzes nach Maßgabe des Absatzes 1 zu erteilen ist, wenn diese Änderung auf eine Änderung eines Referenzzinssatzes zurückgeht, der neue Referenzzinssatz auf geeigneten Wegen öffentlich zugänglich gemacht wird und die Information über den neuen Referenzzinssatz außerdem in den Geschäftsräumen des Kreditgebers eingesehen werden kann.

Art. 13 Unbefristete Kreditverträge (1) Der Verbraucher kann einen unbefristeten Kreditvertrag jederzeit unentgeltlich ordentlich kündigen, es sei denn, die Parteien haben eine Kündigungsfrist vereinbart. Die Kündigungsfrist darf einen Monat nicht überschreiten. Enthält der Kreditvertrag eine entsprechende Vereinbarung, so kann der Kreditgeber einen unbefristeten Kreditvertrag unter Einhaltung einer mindestens zweimonatigen Kündigungsfrist ordentlich kündigen; die Kündigung ist dem Verbraucher auf Papier oder einem anderen dauerhaften Datenträger mitzuteilen.

(2) Enthält der Kreditvertrag eine entsprechende Vereinbarung, so kann der Kreditgeber aus sachlich gerechtfertigten Gründen dem Verbraucher das Recht auf Inanspruchnahme von Kreditbeträgen aufgrund eines unbefristeten Kreditvertrags entziehen. Der Kreditgeber hat den Verbraucher über die Entziehung und die Gründe hierfür möglichst vor, spätestens jedoch unverzüglich nach der Entziehung auf Papier oder einem anderen dauerhaften Datenträger zu informieren, es sei denn, eine solche Unterrichtung ist nach anderen Gemeinschaftsvorschriften nicht zulässig oder läuft Zielen der öffentlichen Ordnung oder der öffentlichen Sicherheit zuwider.

Artikel 14 Widerrufsrecht (1) Der Verbraucher kann innerhalb von vierzehn Kalendertagen ohne Angabe von Gründen den Kreditvertrag widerrufen.
Diese Widerrufsfrist beginnt
a) entweder am Tag des Abschlusses des Kreditvertrags oder
b) an dem Tag, an dem der Verbraucher die Vertragsbedingungen und die Informationen gemäß Artikel 10 erhält, sofern dieser nach dem in Buchstabe a des vorliegenden Unterabsatzes genannten Datum liegt.

(2) Sofern bei verbundenen Kreditverträgen nach der Begriffsbestimmung in Artikel 3 Buchstabe n das bei Inkrafttreten der Richtlinie geltende innerstaatliche Recht bereits vorsieht, dass die Mittel dem Verbraucher nicht vor Ablauf einer speziellen Frist bereitgestellt werden dürfen, können die Mitgliedstaaten ausnahmsweise vorsehen, dass die in Absatz 1 genannte Frist auf ausdrücklichen Wunsch des Verbrauchers auf diese spezielle Frist verkürzt werden kann.

(3) Übt der Verbraucher sein Widerrufsrecht aus, so
a) erklärt er den Widerruf, um diesen vor Ablauf der in Absatz 1 genannten Frist wirksam werden zu lassen, gegenüber dem Kreditgeber entsprechend den Informationen, die der Kreditgeber ihm gemäß Artikel 10 Absatz 2 Buchstabe p gegeben hat, in einer Weise, die einen Nachweis nach Maßgabe des innerstaatlichen Rechts ermöglicht. Die Widerrufsfrist gilt als gewahrt, wenn diese Mitteilung, sofern sie auf Papier oder einem anderen dauerhaften Datenträger erfolgt, der dem Kreditgeber zur Verfügung steht und zu dem er Zugang hat, vor Fristablauf abgesandt wird, und

b) zahlt er dem Kreditgeber unverzüglich, spätestens jedoch binnen 30 Kalendertagen nach Absendung der Widerrufserklärung an den Kreditgeber das Darlehen einschließlich der ab dem Zeitpunkt der Inanspruchnahme des Kredits bis zum Zeitpunkt der Rückzahlung des Darlehens aufgelaufenen Zinsen zurück. Die Zinsen sind auf der Grundlage des vereinbarten Sollzinssatzes zu berechnen. Der Kreditgeber hat im Falle des Widerrufs keinen Anspruch auf weitere vom Verbraucher zu leistende Entschädigungen, mit Ausnahme von Entschädigungen für Entgelte, die der Kreditgeber an Behörden entrichtet hat und nicht zurückverlangen kann.

(4) Wird eine Nebenleistung im Zusammenhang mit dem Kreditvertrag vom Kreditgeber oder von einem Dritten aufgrund einer Vereinbarung zwischen dem Dritten und dem Kreditgeber erbracht, so ist der Verbraucher nicht mehr an die Vereinbarung über die Nebenleistung gebunden, wenn er sein Recht auf Widerruf vom Kreditvertrag gemäß diesem Artikel ausübt.

(5) Verfügt der Verbraucher über ein Widerrufsrecht gemäß den Absätzen 1, 3 und 4, so finden Artikel 6 und 7 der Richtlinie 2002/65/EG und Artikel 5 der Richtlinie 85/577/EWG des Rates vom 20. Dezember 1985 betreffend den Verbraucherschutz im Falle von außerhalb von Geschäftsräumen geschlossenen Verträgen[14] keine Anwendung.

(6) Die Mitgliedstaaten können vorsehen, dass die Absätze 1 bis 4 nicht für Kreditverträge gelten, die nach geltenden Rechtsvorschriften unter Mitwirkung eines Notars geschlossen werden müssen, sofern der Notar bestätigt, dass die Rechte des Verbrauchers gemäß den Artikeln 5 und 10 gewahrt sind.

(7) Dieser Artikel berührt nicht innerstaatliche Rechtsvorschriften, die eine Frist vorsehen, innerhalb deren die Ausführung des Vertrags nicht beginnen kann.

Art. 15 Verbundene Kreditverträge (1) Hat der Verbraucher ein Recht auf Widerruf von einem Vertrag über die Lieferung von Waren oder die Erbringung von Dienstleistungen ausgeübt, das auf Gemeinschaftsrecht beruht, so ist er an einen damit verbundenen Kreditvertrag nicht mehr gebunden.

(2) Werden die unter einen verbundenen Kreditvertrag fallenden Waren oder Dienstleistungen nicht oder nur teilweise geliefert oder entsprechen sie nicht dem Warenlieferungs- oder Dienstleistungsvertrag, so kann der Verbraucher Rechte gegen den Kreditgeber geltend machen, wenn er nach den geltenden Rechtsvorschriften oder den Bestimmungen des Warenlieferungs- oder Dienstleistungsvertrags seine Rechte gegen den Lieferanten oder den Dienstleistungserbringer geltend gemacht hat, diese aber nicht durchsetzen konnte. Die Mitgliedstaaten bestimmen, in welchem Maße und unter welchen Bedingungen diese Rechtsmittel ausgeübt werden können.

(3) Dieser Artikel gilt unbeschadet innerstaatlicher Rechtsvorschriften, nach denen ein Kreditgeber gegenüber jeglichen Ansprüchen, die der Verbraucher gegen den Lieferanten bzw. Dienstleistungserbringer haben könnte, als Gesamtschuldner verpflichtet ist, wenn der Erwerb von Waren oder Dienstleistungen vom Lieferanten über einen Kreditvertrag finanziert wird.

Art. 16 Vorzeitige Rückzahlung (1) Der Verbraucher ist berechtigt, seine Verbindlichkeiten aus einem Kreditvertrag jederzeit ganz oder teilweise zu erfüllen. In solchen Fällen hat

---

14 ABl. L 372 vom 31.12.1985, S. 31. [Ersetzt durch Verbraucherrechte-RL, in dieser Sammlung Nr. 2.1.]

der Verbraucher das Recht auf Ermäßigung der Gesamtkosten des Kredits, die sich nach den Zinsen und den Kosten für die verbleibende Laufzeit des Vertrags richtet.

(2) Der Kreditgeber kann im Falle der vorzeitigen Rückzahlung des Kredits eine angemessene und objektiv gerechtfertigte Entschädigung für die möglicherweise entstandenen, unmittelbar mit der vorzeitigen Rückzahlung des Kredits zusammenhängenden Kosten verlangen, wenn die vorzeitige Rückzahlung in einen Zeitraum fällt, für den ein fester Sollzinssatz vereinbart wurde.

Die Entschädigung darf 1 % des vorzeitig zurückgezahlten Kreditbetrags nicht überschreiten, wenn der Zeitraum zwischen der vorzeitigen Rückzahlung und dem Zeitpunkt des vereinbarten Ablaufs des Kreditvertrags ein Jahr überschreitet. Überschreitet der Zeitraum nicht ein Jahr, darf die Entschädigung 0,5 % des vorzeitig zurückgezahlten Kreditbetrags nicht überschreiten.

(3) Eine Entschädigung für vorzeitige Rückzahlung darf nicht verlangt werden,

a) wenn die Rückzahlung aufgrund eines Versicherungsvertrags erfolgt, der vereinbarungsgemäß die Rückzahlung des Kredits gewährleisten soll,

b) im Falle von Überziehungsmöglichkeiten oder

c) wenn die Rückzahlung in einen Zeitraum fällt, für den kein fester Sollzinssatz vereinbart wurde.

(4) Die Mitgliedstaaten können vorsehen,

a) dass der Kreditgeber diese Entschädigung nur dann verlangen darf, wenn der Betrag der vorzeitigen Rückzahlung den im jeweiligen innerstaatlichen Recht vorgesehenen Schwellenwert überschreitet. Der Schwellenwert darf nicht höher sein als 10000 EUR innerhalb eines Zwölfmonatszeitraums;

b) dass der Kreditgeber ausnahmsweise eine höhere Entschädigung verlangen kann, wenn er nachweist, dass der aus der vorzeitigen Rückzahlung entstandene Verlust den nach Absatz 2 bestimmten Betrag übersteigt.

Übersteigt die vom Kreditgeber beanspruchte Entschädigung den tatsächlich erlittenen Verlust, so kann der Verbraucher eine entsprechende Verminderung fordern.

In diesem Fall besteht der Verlust in der Differenz zwischen dem ursprünglich vereinbarten Zinssatz und dem Zinssatz, zu dem der Kreditgeber den vorzeitig zurückgezahlten Betrag auf dem Markt zum Zeitpunkt der vorzeitigen Rückzahlung als Kredit ausreichen kann und zwar unter Berücksichtigung der Auswirkung der vorzeitigen Rückzahlung auf die Verwaltungskosten.

(5) Keinesfalls darf die Entschädigung den Zinsbetrag übersteigen, den der Verbraucher in der Zeit zwischen der vorzeitigen Rückzahlung und dem vereinbarten Ende der Laufzeit des Kreditvertrags bezahlt hätte.

Art. 17 Forderungsabtretung (1) Werden die Ansprüche des Kreditgebers aus einem Kreditvertrag oder der Kreditvertrag selbst an einen Dritten abgetreten, so kann der Verbraucher dem neuen Gläubiger gegenüber die Einreden geltend machen, die ihm gegen den ursprünglichen Kreditgeber zustanden, und zwar einschließlich der Aufrechnung von Gegenforderungen, soweit dies in dem betreffenden Mitgliedstaat zulässig ist.

(2) Der Verbraucher ist über die Abtretung gemäß Absatz 1 zu unterrichten, es sei denn, der ursprüngliche Kreditgeber tritt mit dem Einverständnis des Zessionars dem Verbraucher gegenüber nach wie vor als Kreditgeber auf.

Art. 18 Überschreitung (1) Ein Vertrag über die Eröffnung eines laufenden Kontos, der dem Verbraucher die Möglichkeit der Überschreitung einräumt, muss zusätzlich die Informationen gemäß Artikel 6 Absatz 1 Buchstabe e enthalten. Der Kreditgeber muss auf jeden Fall diese Informationen regelmäßig auf Papier oder einem anderen dauerhaften Datenträger mitteilen.

(2) Im Falle einer erheblichen Überschreitung für die Dauer von mehr als einem Monat teilt der Kreditgeber dem Verbraucher unverzüglich auf Papier oder einem anderen dauerhaften Datenträger Folgendes mit:

a)   das Vorliegen einer Überschreitung;

b)   den betreffenden Betrag;

c)   den Sollzinssatz;

d)   etwaige Vertragsstrafen, Entgelte oder Verzugszinsen.

(3) Dieser Artikel gilt unbeschadet innerstaatlicher Rechtsvorschriften, wonach der Kreditgeber ein anderes Kreditprodukt anbieten muss, wenn die Dauer der Überschreitung beträchtlich ist.

Kapitel V – Effektiver Jahreszins

Art. 19 Berechnung des effektiven Jahreszinses (1) Der effektive Jahreszins, der auf Jahresbasis die Gleichheit zwischen den Gegenwartswerten der gesamten gegenwärtigen oder künftigen Verpflichtungen (in Anspruch genommene Kreditbeträge, Tilgungszahlungen und Entgelte) des Kreditgebers und des Verbrauchers herstellt, wird anhand der mathematischen Formel in Teil I des Anhangs I berechnet.

(2) Für die Berechnung des effektiven Jahreszinses sind die Gesamtkosten des Kredits für den Verbraucher maßgebend, mit Ausnahme der Kosten, die er bei Nichterfüllung einer seiner Verpflichtungen aus dem Kreditvertrag zu tragen hat, sowie der Kosten mit Ausnahme des Kaufpreises, die er beim Erwerb von Waren oder Dienstleistungen unabhängig davon zu tragen hat, ob es sich um ein Bar- oder ein Kreditgeschäft handelt.

Die Kosten für die Führung eines Kontos, auf dem sowohl Zahlungen als auch in Anspruch genommene Kreditbeträge verbucht werden, die Kosten für die Verwendung eines Zahlungsmittels, mit dem sowohl Zahlungen getätigt als auch Kreditbeträge in Anspruch genommen werden können, sowie sonstige Kosten für Zahlungsgeschäfte werden als Gesamtkosten des Kredits für den Verbraucher berücksichtigt, es sei denn, die Eröffnung des Kontos ist fakultativ und die mit dem Konto verbundenen Kosten sind im Kreditvertrag oder in einem anderen mit dem Verbraucher geschlossenen Vertrag klar und getrennt ausgewiesen.

(3) Bei der Berechnung des effektiven Jahreszinses wird von der Annahme ausgegangen, dass der Kreditvertrag für den vereinbarten Zeitraum gilt und dass Kreditgeber und Verbraucher ihren Verpflichtungen unter den im Kreditvertrag niedergelegten Bedingungen und zu den dort niedergelegten Terminen nachkommen.

(4) In Kreditverträgen mit Klauseln, nach denen der Sollzinssatz und gegebenenfalls die Entgelte, die im effektiven Jahreszins enthalten sind, deren Quantifizierung zum Zeitpunkt seiner Berechnung aber nicht möglich ist, geändert werden können, wird bei der Berechnung des effektiven Jahreszinses von der Annahme ausgegangen, dass der Sollzinssatz und die sonstigen Kosten gemessen an der ursprünglichen Höhe fest bleiben und bis zum Ende des Kreditvertrags gelten.

(5) Erforderlichenfalls kann für die Berechnung des effektiven Jahreszinses von den in Anhang I genannten zusätzlichen Annahmen ausgegangen werden.

Reichen die in diesem Artikel und in Teil II des Anhangs I genannten Annahmen für eine einheitliche Berechnung des effektiven Jahreszinses nicht aus oder sind sie nicht auf die wirtschaftliche Marktlage abgestimmt, so kann die Kommission die zur Berechnung des effektiven Jahreszinses erforderlichen zusätzlichen Annahmen festlegen oder die bestehenden Annahmen ändern. Diese Maßnahmen zur Änderung nicht wesentlicher Bestimmungen dieser Richtlinie werden nach dem Regelungsverfahren mit Kontrolle gemäß Artikel 25 Absatz 2 erlassen.

Kapitel VI – Kreditgeber und Kreditvermittler

Art. 20 Regulierung von Kreditgebern Die Mitgliedstaaten stellen sicher, dass Kreditgeber von einer Einrichtung oder Behörde beaufsichtigt werden, die unabhängig von Finanzeinrichtungen ist, oder einer Regulierung unterliegen. Dies berührt nicht die Richtlinie 2006/48/EG.

Art. 21 Bestimmte Pflichten des Kreditvermittlers gegenüber den Verbrauchern Die Mitgliedstaaten stellen sicher, dass
a) ein Kreditvermittler sowohl in seiner Werbung als auch in den für die Verbraucher bestimmten Unterlagen auf den Umfang seiner Befugnisse hinweist und insbesondere deutlich macht, ob er ausschließlich mit einem oder mehreren Kreditgebern oder als unabhängiger Kreditmakler arbeitet;
b) das gegebenenfalls vom Verbraucher an den Kreditvermittler für dessen Dienste zu zahlende Entgelt dem Verbraucher bekannt gegeben und vor Abschluss des Kreditvertrages zwischen Verbraucher und Kreditvermittler auf Papier oder einem anderen dauerhaften Datenträger vereinbart wird;
c) das gegebenenfalls vom Verbraucher an den Kreditvermittler für dessen Dienste zu zahlende Entgelt dem Kreditgeber vom Kreditvermittler zur Berechnung des effektiven Jahreszinses mitgeteilt wird.

Kapitel VII – Durchführungsmaßnahmen

Art. 22 Harmonisierung und Unabdingbarkeit dieser Richtlinie (1) Soweit diese Richtlinie harmonisierte Vorschriften enthält, dürfen die Mitgliedstaaten keine Bestimmungen in ihrem innerstaatlichen Recht aufrechterhalten oder einführen, die von den Bestimmungen dieser Richtlinie abweichen.

(2) Die Mitgliedstaaten stellen sicher, dass Verbraucher auf die Rechte, die ihnen mit den innerstaatlichen Vorschriften eingeräumt werden, die zur Anwendung dieser Richtlinie erlassen wurden oder dieser Richtlinie entsprechen, nicht verzichten können.

(3) Die Mitgliedstaaten stellen ferner sicher, dass die Vorschriften, die sie gemäß dieser Richtlinie verabschieden, nicht durch eine besondere Gestaltung der Verträge umgangen werden können, insbesondere durch die Einbeziehung der Inanspruchnahme von Kreditbeträgen oder von Kreditverträgen, die in den Geltungsbereich dieser Richtlinie fallen, in Kreditverträge, deren Eigenart oder Zweck es erlauben würde, sie ihrer Anwendung zu entziehen.

(4) Die Mitgliedstaaten treffen die erforderlichen Maßnahmen, um sicherzustellen, dass Verbrauchern der durch diese Richtlinie gewährte Schutz nicht dadurch entzogen wird, dass das Recht eines Drittstaats als das auf den Kreditvertrag anzuwendende Recht gewählt wird, wenn dieser Vertrag einen engen Zusammenhang mit dem Gebiet eines oder mehrerer Mitgliedstaaten aufweist.

2.18 VerbKr-RL

Art. 23 Sanktionen Die Mitgliedstaaten legen für Verstöße gegen die aufgrund dieser Richtlinie erlassenen innerstaatlichen Vorschriften Sanktionen fest und treffen die zu ihrer Anwendung erforderlichen Maßnahmen. Die Sanktionen müssen wirksam, verhältnismäßig und abschreckend sein.

Art. 24 Außergerichtliche Streitbeilegung (1) Die Mitgliedstaaten tragen dafür Sorge, dass angemessene und wirksame außergerichtliche Verfahren zur Beilegung verbraucherrechtlicher Streitigkeiten, die Kreditverträge betreffen, vorhanden sind; dabei sind gegebenenfalls die bestehenden Einrichtungen zu nutzen.

(2) Die Mitgliedstaaten ermutigen diese Einrichtungen zur Zusammenarbeit, damit auch grenzüberschreitende Rechtsstreitigkeiten über Kreditverträge beigelegt werden können.

Art. 25 Ausschussverfahren (1) Die Kommission wird von einem Ausschuss unterstützt.

(2) Wird auf diesen Absatz Bezug genommen, so gelten Artikel 5a Absätze 1 bis 4 und Artikel 7 des Beschlusses 1999/468/EG unter Beachtung von dessen Artikel 8.

Art. 26-28 *Unterrichtung der EG-Kommission, Prüfauftrag an die Kommission, Umsetzungsfrist (11. Juni 2010), Umrechnung der Landeswährungen – nicht abgedruckt.*

Kapitel VIII – Übergangs- und Schlussbestimmungen

Art. 29-32 *Aufhebung der Richtlinie 87/102/EWG, Übergangsmaßnahmen, Inkrafttreten und Adressaten – nicht abgedruckt.*

Anhang I

I. Grundgleichung zur Darstellung der Gleichheit zwischen Kredit-Auszahlungsbeträgen einerseits und Rückzahlungen (Tilgung und Kreditkosten) andererseits
Die nachstehende Gleichung zur Ermittlung des effektiven Jahreszinses drückt auf jährlicher Basis die rechnerische Gleichheit zwischen der Summe der Gegenwartswerte der in Anspruch genommenen Kredit-Auszahlungsbeträge einerseits und der Summe der Gegenwartswerte der Rückzahlungen (Tilgung und Kosten) andererseits aus:

$$\sum_{k=1}^{m} C_k(1+X)^{-t_k} = \sum_{l=1}^{m'} D_l(1+X)^{-s_l}$$

Hierbei ist
- X der effektive Jahreszins;
- m die laufende Nummer des letzten Kredit-Auszahlungsbetrags;
- k die laufende Nummer eines Kredit-Auszahlungsbetrags, wobei $1 \le k \le m$;
- C_k die Höhe des Kredit-Auszahlungsbetrags mit der Nummer k;
- t_k der in Jahren oder Jahresbruchteilen ausgedrückte Zeitraum zwischen der ersten Darlehensgabe und dem Zeitpunkt der einzelnen nachfolgenden in Anspruch genommenen Kredit-Auszahlungsbeträge, wobei $t_1 = 0$;
- m' die laufende Nummer der letzten Tilgungs- oder Kostenzahlung;
- l die laufende Nummer einer Tilgungs- oder Kostenzahlung;
- D_l der Betrag einer Tilgungs- oder Kostenzahlung;
- s_l der in Jahren oder Jahresbruchteilen ausgedrückte Zeitraum zwischen dem Zeitpunkt der Inanspruchnahme des ersten Kredit-Auszahlungsbetrags und dem Zeitpunkt jeder einzelnen Tilgungs- oder Kostenzahlung.

324

Anmerkungen:

a) Die von beiden Seiten zu unterschiedlichen Zeitpunkten gezahlten Beträge sind nicht notwendigerweise gleich groß und werden nicht notwendigerweise in gleichen Zeitabständen entrichtet.

b) Anfangszeitpunkt ist der Tag der Auszahlung des ersten Kreditbetrags.

c) Der Zeitraum zwischen diesen Zeitpunkten wird in Jahren oder Jahresbruchteilen ausgedrückt. Zugrunde gelegt werden für 1 Jahr 365 Tage (bzw. für 1 Schaltjahr 366 Tage), 52 Wochen oder zwölf Standardmonate. Ein Standardmonat hat 30,41666 Tage (d. h. 365/12), unabhängig davon, ob es sich um ein Schaltjahr handelt oder nicht.

d) Das Rechenergebnis wird auf mindestens eine Dezimalstelle genau angegeben. Ist die Ziffer der darauf folgenden Dezimalstelle größer als oder gleich 5, so erhöht sich die Ziffer der ersten Dezimalstelle um den Wert 1.

e) Mathematisch darstellen lässt sich diese Gleichung durch eine einzige Summation unter Verwendung des Faktors „Ströme" (Ak), die entweder positiv oder negativ sind, je nachdem, ob sie für Auszahlungen oder für Rückzahlungen innerhalb der Perioden 1 bis k, ausgedrückt in Jahren, stehen:

$$S = \sum_{k=1}^{n} A_k (1 + X)^{-t_k}$$

dabei ist S der Saldo der Gegenwartswerte aller „Ströme", deren Wert gleich Null sein muss, damit die Gleichheit zwischen den „Strömen" gewahrt bleibt.

II. Es gelten die folgenden zusätzlichen Annahmen für die Berechnung des effektiven Jahreszinses:

a) Ist es dem Verbraucher nach dem Kreditvertrag freigestellt, wann er den Kredit in Anspruch nehmen will, so gilt der gesamte Kredit als sofort in voller Höhe in Anspruch genommen.

b) Ist dem Verbraucher nach dem Kreditvertrag generell freigestellt, wann er den Kredit in Anspruch nehmen will, sind jedoch je nach Art der Inanspruchnahme Beschränkungen in Bezug auf Kreditbetrag und Zeitraum vorgesehen, so gilt der gesamte Kredit als zu dem im Kreditvertrag vor- gesehenen frühestmöglichen Zeitpunkt mit den entsprechenden Beschränkungen in Anspruch genommen.

c) Sieht der Kreditvertrag verschiedene Arten der Inanspruchnahme mit unterschiedlichen Kosten oder Sollzinssätzen vor, so gilt der gesamte Kredit als zu den höchsten Kosten und zum höchsten Sollzinssatz in Anspruch genommen, wie sie für die Kategorie von Geschäften gelten, die bei dieser Kreditvertragsart am häufigsten vorkommt.

d) Bei einer Überziehungsmöglichkeit gilt der gesamte Kreditbetrag als in voller Höhe und für die gesamte Laufzeit des Kreditvertrags in Anspruch genommen. Ist die Dauer der Überziehungsmöglichkeit nicht bekannt, so wird bei der Berechnung des effektiven Jahreszinses von der Annahme ausgegangen, dass die Laufzeit des Kreditvertrags drei Monate beträgt.

e) Bei unbefristeten Kreditverträgen, die keine Überziehungsmöglichkeiten sind, wird angenommen, dass

i) der Kredit ab der ersten Inanspruchnahme für einen Zeitraum von einem Jahr gewährt wird und dass mit der letzten Zahlung des Verbrauchers der Saldo, die Zinsen und etwaige sonstige Kosten ausgeglichen sind;

ii) der Kreditbetrag in gleich hohen monatlichen Zahlungen, beginnend einen Monat nach dem Zeitpunkt der ersten Inanspruchnahme zurück- gezahlt wird. Muss der Kreditbetrag jedoch vollständig, in Form einer einmaligen Zahlung, innerhalb jedes Zahlungszeitraums zurückgezahlt werden, so wird angenommen, dass spätere Inanspruchnahmen und Rückzahlungen des gesamten Kreditbetrags durch den Verbraucher innerhalb eines Jahres stattfinden. Zinsen und sonstige Kosten werden entsprechend diesen Inanspruchnahmen und Tilgungszahlungen und nach den Bestimmungen des Kreditvertrags festgelegt.

Als unbefristete Kreditverträge gelten für die Zwecke dieses Punkts Kreditverträge ohne feste Laufzeit, einschließlich solcher Kredite, bei denen der Kreditbetrag innerhalb oder nach Ablauf eines Zeitraums vollständig zurückgezahlt werden muss, dann aber erneut in Anspruch genommen werden kann.

f) Bei anderen Kreditverträgen, die weder Überziehungsmöglichkeiten noch unbefristete Kredite sind (siehe die Annahmen unter d und e), gilt Folgendes:

    i) Lassen sich der Zeitpunkt oder die Höhe einer vom Verbraucher zu leistenden Tilgungszahlung nicht feststellen, so wird angenommen, dass die Rückzahlung zu dem im Kreditvertrag genannten frühestmöglichen Zeitpunkt und in der darin festgelegten geringsten Höhe erfolgt.

    ii) Ist der Zeitpunkt des Abschlusses des Kreditvertrags nicht bekannt, so wird angenommen, dass der Kredit erstmals zu dem Zeitpunkt in Anspruch genommen wurde, der sich aus dem kürzesten zeitlichen Ab- stand zwischen diesem Zeitpunkt und der Fälligkeit der ersten vom Verbraucher zu leistenden Zahlung ergibt.

g) Lassen sich der Zeitpunkt oder die Höhe einer vom Verbraucher zu leistenden Tilgungszahlung nicht anhand des Kreditvertrags oder der Annahmen nach den Buchstaben d, e oder f feststellen, so wird angenommen, dass die Zahlung in Übereinstimmung mit den vom Kreditgeber bestimmten Fristen und Bedingungen erfolgt, und dass, falls diese nicht bekannt sind,

    i) die Zinszahlungen zusammen mit den Tilgungszahlungen erfolgen,

    ii) Zahlungen für Kosten, die keine Zinsen sind und die als Einmalbetrag ausgedrückt sind, bei Abschluss des Kreditvertrags erfolgen,

    iii) Zahlungen für Kosten, die keine Zinsen sind und die als Mehrfachzahlungen ausgedrückt sind, beginnend mit der ersten Tilgungszahlung in regelmäßigen Abständen erfolgen, und es sich, falls die Höhe dieser Zahlungen nicht bekannt ist, um jeweils gleich hohe Beträge handelt,

    iv) mit der letzten Zahlung der Saldo, die Zinsen und etwaige sonstige Kosten ausgeglichen sind.

h) Wurde noch keine Kreditobergrenze vereinbart, so wird eine Obergrenze in Höhe von 1 500 EUR angenommen.

i) Werden für einen begrenzten Zeitraum oder Betrag verschiedene Sollzinssätze und Kosten angeboten, so werden als Sollzinssatz oder als Kosten während der gesamten Laufzeit des Kreditvertrags der höchste Zinssatz bzw. die höchsten Kosten angenommen.

j) Bei Verbraucherkreditverträgen, bei denen für den Anfangszeitraum ein fester Sollzinssatz vereinbart wurde, nach dessen Ablauf ein neuer Sollzinssatz festgelegt wird, der anschließend in regelmäßigen Abständen nach einem vereinbarten Indikator angepasst wird, wird bei der Berechnung des effektiven Jahreszinses von der Annahme ausgegangen, dass der Sollzinssatz ab dem Ende der Festzinsperiode dem Sollzinssatz entspricht, der sich aus dem Wert des vereinbarten Indikators im Zeitpunkt der Berechnung des effektiven Jahreszinses ergibt.

Anhang II Europäische Standardinformationen für Verbraucherkredite; **Anhang III** Europäische Verbraucherkreditinformationen bei speziellen Krediten – *nicht abgedruckt.*

2.19 Richtlinie 2004/39/EG des Europäischen Parlaments und des Rates vom 21. April 2004 über Märkte für Finanzinstrumente, zur Änderung der Richtlinien 85/611/EWG und 93/6/EWG des Rates und der Richtlinie 2000/12/EG des Europäischen Parlaments und des Rates und zur Aufhebung der Richtlinie 93/22/EWG des Rates [Finanzmarkt-RL]

ABl. 2004 L 145/1

DAS EUROPÄISCHE PARLAMENT UND DER RAT DER EUROPÄISCHEN UNION –
gestützt auf den Vertrag zur Gründung der Europäischen Gemeinschaft, insbesondere auf Artikel 47 Absatz 2,
auf Vorschlag der Kommission[1],
nach Stellungnahme des Europäischen Wirtschafts- und Sozialausschusses[2],
nach Stellungnahme der Europäischen Zentralbank[3],
gemäß dem Verfahren des Artikels 251 des Vertrags[4],
in Erwägung nachstehender Gründe:
(1) Die Richtlinie 93/22/EWG des Rates vom 10. Mai 1993 über Wertpapierdienstleistungen[5] zielte darauf ab, die Bedingungen festzulegen, unter denen zugelassene Wertpapierfirmen und Banken in anderen Mitgliedstaaten auf der Grundlage der Zulassung und der Aufsicht durch den Herkunftsstaat spezifische Dienstleistungen erbringen oder Zweigniederlassungen errichten können. Zu diesem Zweck wurden mit jener Richtlinie die Erstzulassung und die Tätigkeitsbedingungen von Wertpapierfirmen, einschließlich der Wohlverhaltensregeln, harmonisiert. Mit jener Richtlinie wurden auch einige Bedingungen für den Betrieb geregelter Märkte harmonisiert.
(2) In den letzten Jahren wurden immer mehr Anleger auf den Finanzmärkten aktiv; ihnen wird ein immer komplexeres und umfangreicheres Spektrum an Dienstleistungen und Finanzinstrumenten angeboten. Angesichts dieser Entwicklungen sollte der Rechtsrahmen der Gemeinschaft das volle Angebot der anlegerorientierten Tätigkeiten abdecken. Folglich ist es erforderlich, eine Harmonisierung in dem Umfang vorzunehmen, der notwendig ist, um Anlegern ein hohes Schutzniveau zu bieten und Wertpapierfirmen das Erbringen von Dienstleistungen in der gesamten Gemeinschaft im Rahmen des Binnenmarkts auf der Grundlage der Herkunftslandaufsicht zu gestatten. In Anbetracht dessen sollte die Richtlinie 93/22/EWG durch eine neue Richtlinie ersetzt werden.
(3) Angesichts der wachsenden Abhängigkeit der Anleger von persönlichen Empfehlungen ist es zweckmäßig, die Erbringung von Anlageberatungen als eine Wertpapierdienstleistung aufzunehmen, die einer Zulassung bedarf.
(4) Es ist zweckmäßig, in die Liste der Finanzinstrumente bestimmte Waren- und sonstige Derivate aufzunehmen, die so konzipiert sind und gehandelt werden, dass sie unter aufsichtsrechtlichen Aspekten traditionellen Finanzinstrumenten vergleichbar sind.
(5) Es ist erforderlich, die Ausführung von Geschäften mit Finanzinstrumenten – unabhängig von den für den Abschluss dieser Geschäfte verwendeten Handelsmethoden – umfassend zu regeln, damit bei der Ausführung der entsprechenden Anlegeraufträge eine hohe Qualität gewährleistet ist und die Integrität und Gesamteffizienz des Finanzsystems gewahrt werden. Es sollte ein kohärenter und risikosensibler Rahmen zur Regelung der wichtigsten Arten der derzeit auf dem europäischen Finanzmarkt vertretenen Auftragsausführungssysteme geschaffen werden. Es ist erforderlich, einer

---

1 ABl. C 71 E vom 25.3.2003, S. 62.
2 ABl. C 220 vom 16.9.2003, S. 1.
3 ABl. C 144 vom 20.6.2003, S. 6.
4 Stellungnahme des Europäischen Parlaments vom 25.9.2003 (ABl. C 77 E vom 26.3.2004, S. 329), Gemeinsamer Standpunkt des Rates vom 8.12.2003 (ABl. C 60 E vom 9.3.2004, S. 1) und Standpunkt des Europäischen Parlaments vom 30.3.2004 ([ABl. C 103 E vom 29.4.2004, S. 163]). Beschluss des Rates vom 7.4.2004.
5 ABl. L 141 vom 11.6. 1993, S. 27. Zuletzt geändert durch die Richtlinie 2002/87/EG des Europäischen Parlaments und des Rates (ABl. L 35 vom 11.2.2003, S. 1).

aufkommenden neuen Generation von Systemen des organisierten Handels neben den geregelten Märkten Rechnung zu tragen, die Pflichten unterworfen werden sollten, die auch weiterhin ein wirksames und ordnungsgemäßes Funktionieren der Finanzmärkte gewährleisten. Um einen angemessenen Rechtsrahmen zu schaffen, sollte eine neue Wertpapierdienstleistung, die sich auf den Betrieb von MTF bezieht, vorgesehen werden.

(6) Es sollten Begriffsbestimmungen für den geregelten Markt und das MTF eingeführt und eng aneinander angelehnt werden, um der Tatsache Rechnung zu tragen, dass beide die Funktion des organisierten Handels erfüllen. Die Begriffsbestimmungen sollten bilaterale Systeme ausschließen, bei denen eine Wertpapierfirma jedes Geschäft für eigene Rechnung tätigt und nicht als risikolose Gegenpartei zwischen Käufer und Verkäufer steht. Der Begriff „System" umfasst sowohl die Märkte, die aus einem Regelwerk und einer Handelsplattform bestehen, als auch solche, die ausschließlich auf der Grundlage eines Regelwerks funktionieren. Geregelte Märkte und MTF müssen keine „technischen" Systeme für das Zusammenführen von Aufträgen betreiben. Ein Markt, der nur aus einem Regelwerk besteht, das Fragen in Bezug auf die Mitgliedschaft, die Zulassung von Finanzinstrumenten zum Handel, den Handel zwischen Mitgliedern, die Meldung von Geschäften und gegebenenfalls die Transparenzpflichten regelt, ist ein geregelter Markt oder ein MTF im Sinne dieser Richtlinie; Geschäfte, die nach diesen Regeln abgeschlossen werden, gelten als an einem geregelten Markt oder über ein MTF geschlossene Geschäfte. Der Begriff „Interesse am Kauf und Verkauf" ist im weiten Sinne zu verstehen und schließt Aufträge, Kursofferten und Interessenbekundungen ein. Die Anforderung, wonach die Interessen innerhalb des Systems und nach den nichtdiskretionären, vom Betreiber des Systems festgelegten Regeln zusammengeführt werden müssen, bedeutet, dass die Zusammenführung nach den Regeln des Systems oder mit Hilfe der Protokolle oder internen Betriebsverfahren des Systems (einschließlich der in Computersoftware enthaltenen Verfahren) erfolgt. Der Begriff „nichtdiskretionär" bedeutet, dass diese Regeln der Wertpapierfirma, die ein MTF betreibt, keinerlei Ermessensspielraum im Hinblick auf die möglichen Wechselwirkungen zwischen Interessen einräumen. Den Begriffsbestimmungen zufolge müssen Interessen in einer Weise zusammengeführt werden, die zu einem Vertrag führt, d.h. die Ausführung erfolgt nach den Regeln des Systems oder über dessen Protokolle oder interne Betriebsverfahren.

(7) Ziel dieser Richtlinie ist, Wertpapierfirmen zu erfassen, die im Rahmen ihrer üblichen beruflichen oder gewerblichen Tätigkeit Wertpapierdienstleistungen erbringen und/oder Anlagetätigkeiten ausüben. Ihr Anwendungsbereich sollte deshalb keine Personen erfassen, die eine andere berufliche Tätigkeit ausüben.

(8) Personen, die ihr eigenes Vermögen verwalten, und Unternehmen, die keine Wertpapierdienstleistungen erbringen und/oder Anlagetätigkeiten nur im Handel für eigene Rechnung, es sei denn, sie sind Marketmaker oder sie treiben in organisierter und systematischer Weise häufig für eigene Rechnung außerhalb eines geregelten Marktes oder eine MTF Handel, indem sie ein für Dritte zugängliches System anbieten, um mit ihnen Geschäfte durchzuführen, sollten nicht in den Anwendungsbereich dieser Richtlinie fallen.

(9) Verweise auf „Personen" im Text sollten so verstanden werden, dass damit sowohl natürliche als auch juristische Personen gemeint sind.

(10) Versicherungsunternehmen, deren Tätigkeit von den zuständigen Aufsichtsbehörden in geeigneter Weise überwacht wird und die der Richtlinie 64/225/EWG des Rates vom 25. Februar 1964 zur Aufhebung der Beschränkungen der Niederlassungsfreiheit und des freien Dienstleistungsverkehrs auf dem Gebiet der Rückversicherung und Retrozession[6], der Ersten Richtlinie 73/239/EWG des Rates vom 24. Juli 1973 zur Koordinierung der Rechts- und Verwaltungsvorschriften betreffend die Aufnahme und Ausübung der Tätigkeit der Direktversicherung (mit Ausnahme der Lebensversicherung)[7] sowie der Richtlinie 2002/83/EG des Rates vom 5. November 2002 über Lebensversicherungen[8] unterliegen, sollten ausgeschlossen sein.

(11)-(15) *Zu weiteren Ausnahmen vom erfassten Personenkreis – nicht abgedruckt.*

(16) Die Ausnahmen gemäß dieser Richtlinie können nur die Personen in Anspruch nehmen, die die Voraussetzungen für diese Ausnahmen auf Dauer erfüllen. Insbesondere sollte für Personen, deren Wertpapierdienstleistungen oder Anlagetätigkeiten vom Geltungsbereich dieser Richtlinie ausgenommen sind, weil es sich dabei auf Ebene der Unternehmensgruppe um Nebentätigkeiten zu ihrer Haupttätigkeit handelt, die Ausnahmeregelung für Nebentätigkeiten nicht mehr gelten, wenn die betreffenden Dienstleistungen oder Tätigkeiten nicht mehr nur eine Nebentätigkeit zu ihrer Haupttätigkeit darstellen.

---

6   ABl. L 56 vom 4.4.1964, S. 878. Geändert durch die Beitrittsakte von 1972.
7   ABl. L 228 vom 16.8.1973, S. 3. Zuletzt geändert durch die Richtlinie 2002/87/EG.
8   ABl. L 345 vom 19.12.2002, S. 1.

2.19 Finanzmarkt-RL

(17) Aus Gründen des Anlegerschutzes und der Stabilität des Finanzsystems sollten Personen, die die unter diese Richtlinie fallenden Wertpapierdienstleistungen erbringen und/oder Anlagetätigkeiten ausüben, der Zulassung durch ihren Herkunftsmitgliedstaat unterliegen.

(18) Gemäß der Richtlinie 2000/12/EG des Europäischen Parlaments und des Rates vom 20. März 2000 über die Aufnahme und Ausübung der Tätigkeit der Kreditinstitute[9] zugelassene Kreditinstitute sollten keine weitere Zulassung gemäß dieser Richtlinie benötigen, um Wertpapierdienstleistungen erbringen oder Anlagetätigkeiten ausüben zu dürfen. Beschließt ein Kreditinstitut, Wertpapierdienstleistungen zu erbringen oder Anlagetätigkeiten auszuüben, so überprüfen die zuständigen Behörden vor der Erteilung der Zulassung, dass es die einschlägigen Bestimmungen der vorliegenden Richtlinie einhält.

(19) Eine Wertpapierfirma, die eine oder mehrere von ihrer Zulassung nicht abgedeckte Wertpapierdienstleistungen oder Anlagetätigkeiten erbringt, sollte keine zusätzliche Zulassung gemäß dieser Richtlinie benötigen, wenn sie diese nicht regelmäßig erbringt bzw. ausübt.

(20) Für die Zwecke dieser Richtlinie sollte die Tätigkeit der Annahme und Übermittlung von Aufträgen auch die Zusammenführung von zwei oder mehr Anlegern umfassen, durch die ein Geschäftsabschluss zwischen diesen Anlegern ermöglicht wird.

(21)-(25) *Zu aufsichtsrechtlichen Regeln zu Zulassung, Eigenkapital und Herkunftslandprinzip – nicht abgedruckt.*

(26) Um die Eigentumsrechte des Anlegers an Wertpapieren und andere eigentumsähnliche Rechte sowie seine Rechte an den der Wertpapierfirma anvertrauten Geldern zu schützen, sollten diese Rechte insbesondere von den Rechten der Wertpapierfirma abgegrenzt werden. Dieser Grundsatz sollte eine Wertpapierfirma jedoch nicht hindern, im eigenen Namen, aber im Interesse des Anlegers zu handeln, wenn dies aufgrund der besonderen Natur des Geschäfts erforderlich ist und der Anleger dazu seine Zustimmung erteilt hat, z.B. bei Wertpapierleihgeschäften.

(27) Überträgt ein Kunde im Einklang mit dem Gemeinschaftsrecht und insbesondere der Richtlinie 2002/47/EG des Europäischen Parlaments und des Rates vom 6. Juni 2002 über Finanzsicherheiten[10] zur Besicherung oder sonstigen Absicherung bestehender oder künftiger, tatsächlicher, möglicher oder voraussichtlicher Verpflichtungen das uneingeschränkte Eigentum an Finanzinstrumenten oder Geldern auf eine Wertpapierfirma, so sollten diese Finanzinstrumente oder Gelder ebenfalls als nicht länger dem Kunden gehörend betrachtet werden.

(28) *Zu Zweigniederlassungen von Drittstaatunternehmen – nicht abgedruckt.*

(29) Das immer größere Spektrum von Tätigkeiten, die viele Wertpapierfirmen gleichzeitig ausführen, hat das Potenzial für Interessenkonflikte zwischen diesen verschiedenen Tätigkeiten und den Interessen der Kunden erhöht. Daher ist es erforderlich, Bestimmungen vorzusehen, die sicherstellen, dass solche Konflikte die Interessen der Kunden nicht beeinträchtigen.

(30) Eine Wertpapierdienstleistung sollte als auf Veranlassung eines Kunden erbracht angesehen werden, es sei denn, der Kunde fordert diese Leistung als Reaktion auf eine an ihn persönlich gerichtete Mitteilung der Wertpapierfirma oder im Namen dieser Firma an, mit der er zum Kauf eines bestimmten Finanzinstruments oder zum Abschluss eines bestimmten Geschäfts aufgefordert wird oder bewogen werden soll. Eine Wertpapierdienstleistung kann auch dann als auf Veranlassung des Kunden erbracht betrachtet werden, wenn der Kunde auf der Grundlage einer beliebigen Mitteilung, die Werbung oder ein Kaufangebot gleich welcher Art für Finanzinstrumente enthält und sich an das Publikum generell oder eine größere Gruppe oder Gattung von Kunden oder potenziellen Kunden richtet, diese Dienstleistung anfordert.

(31) Ein Ziel dieser Richtlinie ist der Anlegerschutz. Die Vorkehrungen zum Schutz der Anleger sollten den Eigenheiten jeder Anlegerkategorie (Kleinanleger, professionelle Kunden, Gegenparteien) angepasst sein.

(32) Abweichend vom Grundsatz der Zulassung, Überwachung und Durchsetzung der Verpflichtungen, in Bezug auf den Betrieb von Zweigniederlassungen durch das Herkunftsland, ist es zweckmäßig, dass die zuständige Behörde des Aufnahmemitgliedstaats für die Einhaltung bestimmter Verpflichtungen dieser Richtlinie in Bezug auf Geschäfte, die über eine Zweigniederlassung in dem Hoheitsgebiet, in dem sich die Niederlassung befindet, getätigt werden, verantwortlich ist, da diese Behörde aufgrund der größeren Nähe zu der Zweigniederlassung besser in der Lage ist, Verstöße gegen die Vorschriften für den Geschäftsbetrieb der Zweigniederlassung aufzudecken und zu ahnden.

(33) Um zu gewährleisten, dass Kundenaufträge zu den für den Kunden günstigsten Konditionen ausgeführt werden, müssen die Wertpapierfirmen wirksam zur „bestmöglichen Ausführung" verpflichtet

---

9   ABl. L 126 vom 26.5.2000, S. 1. Zuletzt geändert durch die Richtlinie 2002/87/EG.
10   ABl. L 168 vom 27.6.2002, S. 43.

werden. Diese Verpflichtung sollte für Wertpapierfirmen gelten, die dem Kunden gegenüber vertraglich oder im Rahmen eines Vermittlungsgeschäfts verpflichtet sind.

(34) Nach dem Gebot des fairen Wettbewerbs müssen Marktteilnehmer und Anleger in der Lage sein, die Kurse zu vergleichen, die von Handelsplätzen (d.h. geregelten Märkten, MTF und Zwischenhändlern) zu veröffentlichen sind. Zu diesem Zweck wird empfohlen, dass die Mitgliedstaaten alle Hindernisse beseitigen, die auf europäischer Ebene einer Konsolidierung der einschlägigen Informationen und ihrer Veröffentlichung entgegenstehen.

(35) Bei Aufnahme der Geschäftsbeziehung mit dem Kunden könnte die Wertpapierfirma den Kunden oder potenziellen Kunden auffordern, zugleich den Grundsätzen der Auftragsausführung und der Möglichkeit zuzustimmen, dass seine Aufträge außerhalb eines geregelten Marktes oder MTF ausgeführt werden dürfen.

(36) Personen, die für mehr als eine Wertpapierfirma Wertpapierdienstleistungen erbringen, sollten nicht als vertraglich gebundener Vermittler, sondern als Wertpapierfirma gelten, wenn sie der Begriffsbestimmung dieser Richtlinie entsprechen; dies gilt nicht für bestimmte Personen, die ausgenommen werden können.

(37) Von dieser Richtlinie unberührt bleiben sollte das Recht von vertraglich gebundenen Vermittlern, unter andere Richtlinien fallende Tätigkeiten und verbundene Tätigkeiten in Bezug auf Finanzdienstleistungen oder -produkte, die nicht unter diese Richtlinie fallen, auszuüben, selbst wenn dies im Namen von Teilen derselben Finanzgruppe geschieht.

(38) Die Bedingungen für die Ausübung von Tätigkeiten außerhalb der Geschäftsräume der Wertpapierfirma (Haustürgeschäfte) sollten nicht von dieser Richtlinie erfasst werden.

(39) Die zuständigen Behörden der Mitgliedstaaten sollten von einer Registrierung absehen oder die Registrierung entziehen, wenn aus der tatsächlich ausgeübten Tätigkeit unzweifelhaft hervorgeht, dass ein vertraglich gebundener Vermittler die Rechtsordnung eines Mitgliedstaats in der Absicht gewählt hat, sich den strengeren Normen eines anderen Mitgliedstaats zu entziehen, in dem er den überwiegenden Teil seiner Tätigkeit auszuüben beabsichtigt oder ausübt.

(40) Für die Zwecke dieser Richtlinie sollten geeignete Gegenparteien wie Kunden eingestuft werden.

(41) Um zu gewährleisten, dass die Wohlverhaltensregeln (einschließlich der Vorschriften über die bestmögliche Ausführung und Bearbeitung von Kundenaufträgen) in Bezug auf Anleger, die diesen Schutz am dringendsten benötigen, angewandt werden und um einer gemeinschaftsweit fest etablierten Marktpraxis Rechnung zu tragen, sollte klargestellt werden, dass bei zwischen geeigneten Gegenparteien abgeschlossenen oder angebahnten Geschäften von einer Anwendung dieser Regeln abgesehen werden kann.

(42) Bei Geschäften mit geeigneten Gegenparteien sollte die Pflicht zur Veröffentlichung von Kunden-Limitaufträgen nur gelten, wenn die betreffende Gegenpartei einen Limitauftrag zur Ausführung ausdrücklich an eine Wertpapierfirma schickt.

(43) Die Mitgliedstaaten schützen das Recht natürlicher Personen auf Schutz der Privatsphäre bei der Verarbeitung personenbezogener Daten im Einklang mit der Richtlinie 95/46/EG des Europäischen Parlaments und des Rates vom 24. Oktober 1995 zum Schutz natürlicher Personen bei der Verarbeitung personenbezogener Daten und zum freien Datenverkehr.[11]

(44) In Anbetracht des zweifachen Ziels, die Anleger zu schützen und gleichzeitig ein reibungsloses Funktionieren der Wertpapiermärkte zu gewährleisten, muss für die Transparenz der Geschäfte gesorgt werden sowie dafür, dass die zu diesem Zweck festgelegten Regeln für Wertpapierfirmen gelten, wenn sie auf den Märkten tätig sind. Um Anleger und Marktteilnehmer in die Lage zu versetzen, jederzeit die Konditionen eines von ihnen ins Auge gefassten Aktiengeschäfts zu beurteilen und die Bedingungen, zu denen es ausgeführt wurde, im Nachhinein zu überprüfen, sollten allgemeine Regeln für die Veröffentlichung von Angaben zu abgeschlossenen Aktiengeschäften sowie für die Bekanntmachung von Einzelheiten zu aktuellen Möglichkeiten des Handels mit Aktien festgelegt werden. Solche Regeln sind erforderlich, um eine effektive Integration der Aktienmärkte der Mitgliedstaaten sicherzustellen, die Effizienz des globalen Kursbildungsprozesses bei Eigenkapitalinstrumenten zu steigern und die effektive Einhaltung der Pflicht zur „bestmöglichen Ausführung" zu fördern. Dies erfordert eine umfassende Transparenzregelung für alle Aktiengeschäfte, unabhängig davon, ob eine Wertpapierfirma diese auf bilateraler Basis oder über geregelte Märkte oder MTF ausführt. Die sich aus dieser Richtlinie ergebenden Verpflichtungen von Wertpapierfirmen zur Offenlegung eines Geld- und Briefkurses und zur Ausführung eines Auftrags zum gebotenen Kurs befreit eine Wertpapierfirma nicht von der Verpflichtung, einen Auftrag an einen anderen Handelsplatz weiterzuleiten, wenn eine solche Internalisierung die Firma daran hindern könnte, den Verpflichtungen zur „bestmöglichen Ausführung" nachzukommen.

---

11 ABl. L 281 vom 23.11.1995, S. 31.

(45) Die Mitgliedstaaten sollten die Meldeverpflichtungen dieser Richtlinie für Geschäfte auch auf Finanzinstrumente ausdehnen können, die nicht zum Handel an einem geregelten Markt zugelassen sind.

(46) Ein Mitgliedstaat kann beschließen, die in dieser Richtlinie festgelegten Transparenzvorschriften für den Vor- und Nachhandel auf andere Finanzinstrumente als Aktien auszudehnen. Diese Transparenzvorschriften sollten dann für alle Wertpapierfirmen, deren Herkunftsmitgliedstaat der betreffende Mitgliedstaat ist, gelten, und zwar sowohl für ihre Geschäftstätigkeit im Hoheitsgebiet dieses Mitgliedstaats als auch für ihre grenzüberschreitenden Geschäfte im Rahmen der Dienstleistungsfreiheit. Diese Transparenzvorschriften sollten auch für die Geschäfte gelten, die im Hoheitsgebiet des betreffenden Mitgliedstaats von dort ansässigen Zweigniederlassungen von in anderen Mitgliedstaaten zugelassenen Wertpapierfirmen getätigt werden.

(47) Alle Wertpapierfirmen sollten gemeinschaftsweit gleichermaßen die Möglichkeit haben, Mitglied eines geregelten Markts zu werden oder Zugang zu diesem Markt zu erhalten. Unabhängig von den in den Mitgliedstaaten bestehenden Formen der organisatorischen Abwicklung von Geschäften ist es wichtig, alle technischen und rechtlichen Beschränkungen für den Zugang zu geregelten Märkten aufzuheben.

(48) Um den Abschluss grenzüberschreitender Geschäfte zu erleichtern, sollte Wertpapierfirmen gemeinschaftsweit Zugang zu Clearing- und Abrechnungssystemen verschafft werden, unabhängig davon, ob die Geschäfte über geregelte Märkte in den betreffenden Mitgliedstaaten geschlossen wurden. Wertpapierfirmen, die unmittelbar an Abrechnungssystemen in anderen Mitgliedstaaten teilnehmen möchten, sollten die für eine Mitgliedschaft erforderlichen betrieblichen und gewerblichen Anforderungen sowie die zur Aufrechterhaltung eines reibungslosen und ordnungsgemäßen Funktionierens der Finanzmärkte erlassenen Aufsichtsmaßnahmen erfüllen.

(49) Die Zulassung zum Betrieb eines geregelten Markts sollte sich auf alle Tätigkeiten erstrecken, die direkt mit der Anzeige, der Abwicklung, der Ausführung, der Bestätigung und der Meldung von Aufträgen ab dem Auftragseingang beim geregelten Markt bis zur Weiterleitung zwecks anschließendem Abschluss zusammenhängen, sowie auf Tätigkeiten im Zusammenhang mit der Zulassung von Finanzinstrumenten zum Handel. Dies sollte auch Geschäfte einschließen, die über bestimmte, von dem geregelten Markt benannte Marketmaker innerhalb des Systems eines geregelten Markts nach den für dieses System geltenden Regeln geschlossen werden. Nicht alle von Mitgliedern oder Teilnehmern eines geregelten Marktes oder des MTF geschlossenen Geschäfte sind als innerhalb des Systems des geregelten Marktes oder des MTF geschlossen anzusehen. Geschäfte, die Mitglieder oder Teilnehmer auf bilateraler Basis abschließen und die nicht allen Anforderungen dieser Richtlinie an einen geregelten Markt oder ein MTF genügen, sollten im Sinne der Begriffsbestimmung des systematischen Internalisierers als außerhalb eines geregelten Marktes oder eines MTF geschlossen gelten. In diesem Fall sollte die Pflicht der Wertpapierfirmen zur Veröffentlichung verbindlicher Kursofferten Anwendung finden, sofern die Bedingungen dieser Richtlinie erfüllt sind.

(50) Systematische Internalisierer können entscheiden, ob sie nur Kleinanlegern, nur professionellen Kunden oder beiden Zugang zu ihren Kursofferten geben. Innerhalb dieser Kategorien von Kunden sollten sie keine Unterschiede machen dürfen.

(51) Artikel 27 verpflichtet systematische Internalisierer nicht, verbindliche Kurse in Bezug auf Geschäfte zu veröffentlichen, die über die Standardmarktgröße hinausgehen.

(52) Betreibt eine Wertpapierfirma sowohl in Bezug auf Aktien als auch hinsichtlich anderer Finanzinstrumente systematische Internalisierung, sollte die Verpflichtung zur Kursangabe unbeschadet Erwägung 46 nur in Bezug auf Aktien Anwendung finden.

(53) Mit dieser Richtlinie wird nicht beabsichtigt, die Anwendung von Vorhandelstransparenzanforderungen auf Geschäfte auf OTC-Basis vorzuschreiben, zu deren Merkmalen gehört, dass sie ad hoc und unregelmäßig erfolgen, zwischen Gegenparteien im Großhandel ausgeführt werden und Teil einer Geschäftsbeziehung sind, die selbst wiederum von Geschäften charakterisiert wird, die über die Standardmarktgröße hinausgehen, und dass die Geschäfte außerhalb der von der betreffenden Wertpapierfirma für ihr Geschäft als systematischer Internalisierer gewöhnlich verwendeten Systeme ausgeführt werden.

(54) Die Standardmarktgröße für eine Klasse von Aktien darf in keinem signifikanten Missverhältnis zu einer in dieser Klasse enthaltenen Aktie stehen.

(55) Bei der Überarbeitung der Richtlinie 93/6/EWG sollten Mindestanforderungen für die Eigenkapitalausstattung festgelegt werden, denen geregelte Märkte genügen müssen, um zugelassen zu werden; dabei sollte die besondere Beschaffenheit der mit solchen Märkten verbundenen Risiken berücksichtigt werden.

(56) Die Betreiber geregelter Märkte sollten im Einklang mit den einschlägigen Bestimmungen dieser Richtlinie auch ein MTF betreiben können.

(57) Die Bestimmungen dieser Richtlinie in Bezug auf die Zulassung von Finanzinstrumenten zum Handel nach den vom geregelten Markt erlassenen Regeln sollten die Anwendung der Richtlinie 2001/34/EG des Europäischen Parlaments und des Rates vom 28. Mai 2001 über die Zulassung von Wertpapieren zur amtlichen Börsennotierung und über die hinsichtlich dieser Wertpapiere zu veröffentlichenden Informationen[12] unberührt lassen. Es sollte einem geregelten Markt nicht verwehrt sein, die Emittenten von Wertpapieren oder Finanzinstrumenten, deren Zulassung zum Handel er in Betracht zieht, strengeren Anforderungen als denen dieser Richtlinie zu unterwerfen.

(58)-(63) *Zu Zuständigkeit, Befugnissen und Informationsaustausch von Behörden sowie Drittbeteiligung – nicht abgedruckt.*

(64)-(70) *Zu Mitwirkung des Ausschusses der Weisen, Durchführungsregeln und Berichts- und Überprüfungspflichten – nicht abgedruckt.*

(71) Das Ziel der Schaffung eines integrierten Finanzmarktes, in dem die Anleger wirksam geschützt und Effizienz und Integrität des gesamten Marktes gesichert sind, erfordert die Festlegung gemeinsamer rechtlicher Anforderungen für Wertpapierfirmen unabhängig von ihrem Zulassungsort in der Gemeinschaft und für die Funktionsweise geregelter Märkte und anderer Handelssysteme, um zu verhindern, dass mangelnde Transparenz oder Störungen auf einem Markt das reibungslose Funktionieren des europäischen Finanzsystems insgesamt beeinträchtigen. Da dieses Ziel besser auf Gemeinschaftsebene zu erreichen ist, kann die Gemeinschaft im Einklang mit dem in Artikel 5 des Vertrags festgelegten Subsidiaritätsprinzip tätig werden. Entsprechend dem in demselben Artikel genannten Verhältnismäßigkeitsprinzip geht diese Richtlinie nicht über das für die Erreichung dieses Ziels erforderliche Maß hinaus –
HABEN FOLGENDE RICHTLINIE ERLASSEN:

Titel I – Begriffsbestimmung und Anwendungsbereich

Art. 1 Anwendungsbereich (1) Diese Richtlinie gilt für Wertpapierfirmen und geregelte Märkte.

(2) Folgende Bestimmungen gelten auch für Kreditinstitute, die gemäß der Richtlinie 2000/12/EG zugelassen sind, wenn sie eine oder mehrere Wertpapierdienstleistungen erbringen und/oder Anlagetätigkeiten ausüben:

– Artikel 2 Absatz 2, die Artikel 11, 13 und 14

– Titel II Kapitel II, ausgenommen Artikel 23 Absatz 2 Unterabsatz 2

– Titel II Kapitel III, ausgenommen Artikel 31 Absätze 2 bis 4 und Artikel 32 Absätze 2 bis 6 und Absätze 8 und 9

– die Artikel 48 bis 53, die Artikel 57, 61 und 62 und

– Artikel 71 Absatz 1.

Art. 2 Ausnahmen (1) Diese Richtlinie gilt nicht für

a) Versicherungsunternehmen im Sinne von Artikel 1 der Richtlinie 73/239/EWG oder Versicherungsunternehmen im Sinne von Artikel 1 der Richtlinie 2002/83/EG sowie Unternehmen, die die in der Richtlinie 64/225/EWG genannten Rückversicherungs- und Retrozessionstätigkeiten ausüben;

b) Personen, die Wertpapierdienstleistungen ausschließlich für ihr Mutterunternehmen, ihre Tochterunternehmen oder andere Tochterunternehmen ihres Mutterunternehmens erbringen;

c) Personen, die nur gelegentlich Wertpapierdienstleistungen im Rahmen ihrer beruflichen Tätigkeit erbringen, wenn diese Tätigkeit durch Rechts- oder Verwaltungsvorschriften oder Standesregeln geregelt ist, die die Erbringung dieser Dienstleistung nicht ausschließen;

---

12 ABl. L 184 vom 6.7.2001, S. 1 [Börsen-RL, in dieser Sammlung Nr. 4.12.]. Zuletzt geändert durch die Richtlinie 2003/71/EG des Europäischen Parlaments und des Rates (ABl. L 345 vom 31.12.2003, S. 64).

d) Personen, deren Wertpapierdienstleistung oder Anlagetätigkeit nur im Handel für eigene Rechnung besteht, sofern sie keine Marketmaker sind oder in organisierter und systematischer Weise häufig für eigene Rechnung außerhalb eines geregelten Marktes oder eines MTF Handel treiben, indem sie ein für Dritte zugängliches System anbieten, um mit ihnen Geschäfte durchzuführen;

e) Personen, deren Wertpapierdienstleistungen ausschließlich in der Verwaltung von Systemen der Arbeitnehmerbeteiligung bestehen;

f) Personen, die als einzige Wertpapierdienstleistungen sowohl die Verwaltung von Systemen der Arbeitnehmerbeteiligung als auch Wertpapierdienstleistungen ausschließlich für ihre Mutterunternehmen, ihre Tochterunternehmen oder andere Tochterunternehmen ihrer Mutterunternehmen erbringen;

g) die Mitglieder des Europäischen Systems der Zentralbanken und andere nationale Stellen mit ähnlichen Aufgaben sowie andere staatliche Stellen, die für die staatliche Schuldenverwaltung zuständig oder daran beteiligt sind;

h) Organismen für gemeinsame Anlagen und Pensionsfonds, unabhängig davon, ob sie auf Gemeinschaftsebene koordiniert werden, sowie die Verwahrer und Verwalter solcher Organismen;

i) Personen, die für eigene Rechnung mit Finanzinstrumenten handeln oder Wertpapierdienstleistungen in Bezug auf Warenderivate oder die in Anhang I Abschnitt C Nummer 10 aufgeführten Derivatkontrakte für die Kunden ihrer Haupttätigkeit erbringen, sofern dies auf Ebene der Unternehmensgruppe eine Nebentätigkeit zu ihrer Haupttätigkeit darstellt und diese Haupttätigkeit weder in der Erbringung von Wertpapierdienstleistungen im Sinne der vorliegenden Richtlinie noch in der Erbringung von Bankdienstleistungen im Sinne der Richtlinie 2000/12/EG besteht;

j) Personen, die im Rahmen einer anderen, nicht unter diese Richtlinie fallenden beruflichen Tätigkeit Anlageberatung betreiben, sofern eine solche Beratung nicht besonders vergütet wird;

k) Personen, deren Haupttätigkeit im Handel für eigene Rechnung mit Waren und/oder Warenderivaten besteht. Diese Ausnahme gilt nicht, wenn die Personen, die Handel auf eigene Rechung mit Waren und/oder Warenderivaten betreiben, Teil einer Gruppe sind, deren Haupttätigkeit im Erbringen von Wertpapierdienstleistungen im Sinne der vorliegenden Richtlinie bzw. von Bankdienstleistungen im Sinne der Richtlinie 2000/12/EG besteht;

l) Firmen, deren Wertpapierdienstleistung und/oder Anlagetätigkeit ausschließlich darin besteht, für eigene Rechnung auf Finanztermin- oder Optionsmärkten oder sonstigen Derivatemärkten und auf Kassamärkten nur zur Absicherung von Positionen auf Derivatemärkten tätig zu werden oder für Rechnung anderer Mitglieder dieser Märkte tätig zu werden oder für diese einen Preis zu machen, und die durch eine Garantie von Clearingmitgliedern der gleichen Märkte abgedeckt sind; die Verantwortung für die Erfüllung der von solchen Firmen abgeschlossenen Geschäfte wird von Clearingmitgliedern der gleichen Märkte übernommen;

m) Vereinigungen, die von dänischen und finnischen Pensionsfonds mit dem ausschließlichen Ziel gegründet wurden, die Vermögenswerte von Pensionsfonds zu verwalten, die Mitglieder dieser Vereinigungen sind;

n) „agenti di cambio", deren Tätigkeiten und Aufgaben in Artikel 201 des italienischen Gesetzesdekrets Nr. 58 vom 24. Februar 1998 geregelt sind.

(2) Die durch diese Richtlinie verliehenen Rechte erfassen nicht die Erbringung von Dienstleistungen als Gegenpartei bei Geschäften, die von staatlichen Stellen der staatlichen Schuldenverwaltung oder von Mitgliedern des Europäischen Systems der Zentralbanken in Wahrnehmung ihrer Aufgaben gemäß dem Vertrag und dem Statut des Europäischen Systems der Zentralbanken und der Europäischen Zentralbank oder in Wahrnehmung vergleichbarer Aufgaben gemäß nationalen Vorschriften getätigt werden.

(3) Um den Entwicklungen auf den Finanzmärkten Rechnung zu tragen und die einheitliche Anwendung dieser Richtlinie sicherzustellen, kann die Kommission für die Ausnahmen gemäß Buchstaben c, i und k Kriterien festlegen, nach denen sich bestimmt, wann eine Tätigkeit auf Ebene der Unternehmensgruppe als Nebentätigkeit zur Haupttätigkeit gilt und wann eine Tätigkeit als nur gelegentlich erbracht gilt. Diese Maßnahmen zur Änderung nicht wesentlicher Bestimmungen dieser Richtlinie durch Ergänzung werden nach dem in Artikel 64 Absatz 2 genannten Regelungsverfahren mit Kontrolle erlassen.

Art. 3 Fakultative Ausnahmen (1) Die Mitgliedstaaten können beschließen, dass diese Richtlinie nicht für Personen gilt, für die sie Herkunftsmitgliedstaat sind, und die

– nicht berechtigt sind, Gelder oder Wertpapiere von Kunden zu halten und die sich aus diesem Grund zu keinem Zeitpunkt gegenüber ihren Kunden in einer Debet-Position befinden dürfen, und

– nicht zur Erbringung von Wertpapierdienstleistungen berechtigt sind, außer zur Annahme und Übermittlung von Aufträgen in Bezug auf übertragbare Wertpapiere und Anteilen von Organismen für gemeinsame Anlagen sowie zur Anlageberatung in Bezug auf solche Finanzinstrumente und

– bei der Erbringung dieser Dienstleistung Aufträge nur übermitteln dürfen an

i) gemäß dieser Richtlinie zugelassene Wertpapierfirmen,

ii) gemäß der Richtlinie 2000/12/EG zugelassene Kreditinstitute,

iii) in einem Drittland zugelassene Zweigniederlassungen von Wertpapierfirmen oder Kreditinstituten, die Aufsichtsbestimmungen unterliegen und einhalten, die nach Auffassung der zuständigen Behörden mindestens genauso streng sind wie diejenigen der vorliegenden Richtlinie, der Richtlinie 2000/12/EG oder der Richtlinie 93/6/EWG,

iv) Organismen für gemeinsame Anlagen, die nach dem Recht eines Mitgliedstaats ihre Anteile öffentlich vertreiben dürfen, sowie die Leiter solcher Organismen,

v) Investmentgesellschaften mit festem Kapital im Sinne des Artikels 15 Absatz 4 der Zweiten Richtlinie 77/91/EWG des Rates vom 13. Dezember 1976 zur Koordinierung der Schutzbestimmungen, die in den Mitgliedstaaten den Gesellschaften im Sinne des Artikels 58 Absatz 2 des Vertrags im Interesse der Gesellschafter sowie Dritter für die Gründung der Aktiengesellschaft sowie für die Erhaltung und Änderung ihres Kapitals vorgeschrieben sind, um diese Bestimmungen gleichwertig zu gestalten[13], deren Wertpapiere an einem geregelten Markt in einem Mitgliedstaat notiert oder gehandelt werden,

sofern die Tätigkeiten dieser Firmen auf nationaler Ebene geregelt sind.

(2) Personen, die gemäß Absatz 1 aus dem Anwendungsbereich dieser Richtlinie ausgeschlossen sind, können die Freiheit der Wertpapierdienstleistung und/oder Anlagetätigkeit

---

13 ABl. L 26 vom 31.1.1977, S. 1 [Kapital-RL, in dieser Sammlung Nr. 4.2]. Zuletzt geändert durch die Beitrittsakte von 1994.

oder die Freiheit der Errichtung von Zweigniederlassungen gemäß den Artikeln 31 und 32 nicht in Anspruch nehmen.

Art. 4 Begriffsbestimmungen (1) Für die Zwecke dieser Richtlinie bezeichnet der Ausdruck

1. Wertpapierfirma: jede juristische Person, die im Rahmen ihrer üblichen beruflichen oder gewerblichen Tätigkeit gewerbsmäßig eine oder mehrere Wertpapierdienstleistungen für Dritte erbringt und/oder eine oder mehrere Anlagetätigkeiten ausübt.

   Die Mitgliedstaaten können als Wertpapierfirma auch Unternehmen, die keine juristischen Personen sind, definieren, sofern

   a) ihre Rechtsform Dritten ein Schutzniveau bietet, das dem von juristischen Personen gebotenen Schutz gleichwertig ist, und

   b) sie einer gleichwertigen und ihrer Rechtsform angemessenen Aufsicht unterliegen.

   Erbringt eine natürliche Person jedoch Dienstleistungen, die das Halten von Geldern oder übertragbaren Wertpapieren Dritter umfassen, so kann sie nur dann als Wertpapierfirma im Sinne dieser Richtlinie gelten, wenn sie unbeschadet der sonstigen Anforderungen der vorliegenden Richtlinie und der Richtlinie 93/6/EWG folgende Bedingungen erfüllt:

   a) Die Eigentumsrechte Dritter an Wertpapieren und Geldern müssen insbesondere im Falle der Insolvenz der Firma oder ihrer Eigentümer, einer Pfändung, einer Aufrechnung oder anderer von den Gläubigern der Firma oder ihrer Eigentümer geltend gemachter Ansprüche gewahrt werden;

   b) die Firma muss Vorschriften zur Überwachung ihrer Solvenz einschließlich der ihrer Eigentümer unterworfen sein;

   c) der Jahresabschluss der Firma muss von einer oder mehreren nach nationalem Recht zur Rechnungsprüfung befugten Person(en) geprüft werden;

   d) hat eine Firma nur einen Eigentümer, so muss dieser entsprechende Vorkehrungen zum Schutz der Anleger für den Fall treffen, dass die Firma ihre Geschäftstätigkeit aufgrund seines Ablebens, seiner Geschäftsunfähigkeit oder einer vergleichbaren Gegebenheit einstellt.

2. Wertpapierdienstleistungen und Anlagetätigkeiten: jede in Anhang I Abschnitt A genannte Dienstleistung und Tätigkeit, die sich auf eines der Instrumente in Anhang I Abschnitt C bezieht.

   Die Kommission legt Folgendes fest:

   – in Anhang I Abschnitt C Nummer 7 genannten Derivatkontrakte, die Merkmale anderer derivativer Finanzinstrumente aufweisen, wobei unter anderem berücksichtigt wird, ob Clearing und Abwicklung über anerkannte Clearingstellen erfolgen oder ob eine Margin-Einschusspflicht besteht;

   – die in Anhang I Abschnitt C Nummer 10 genannten Derivatkontrakte, die Merkmale anderer derivativer Finanzinstrumente aufweisen, wobei unter anderem berücksichtigt wird, ob sie auf einem geregelten Markt oder einem MTF gehandelt werden, ob Clearing und Abwicklung über anerkannte Clearingstellen erfolgen oder ob eine Margin-Einschusspflicht besteht;

3. Nebendienstleistung: jede in Anhang I Abschnitt B genannte Dienstleistung.

4. Anlageberatung: die Abgabe persönlicher Empfehlungen an einen Kunden entweder auf dessen Aufforderung oder auf Initiative der Wertpapierfirma, die sich auf ein oder mehrere Geschäfte mit Finanzinstrumenten beziehen.

5. Ausführung von Aufträgen im Namen von Kunden: die Tätigkeit zum Abschluss von Vereinbarungen, ein oder mehrere Finanzinstrumente im Namen von Kunden zu kaufen oder zu verkaufen.

6. Handel für eigene Rechnung: den Handel unter Einsatz des eigenen Kapitals, der zum Abschluss von Geschäften mit einem oder mehreren Finanzinstrumenten führt.

7. Systematischer Internalisierer: eine Wertpapierfirma, die in organisierter und systematischer Weise häufig regelmäßig Handel für eigene Rechnung durch Ausführung von Kundenaufträgen außerhalb eines geregelten Marktes oder eines MTF treibt.

8. Marketmaker: eine Person, die an den Finanzmärkten auf kontinuierlicher Basis ihre Bereitschaft anzeigt, durch den An- und Verkauf von Finanzinstrumenten unter Einsatz des eigenen Kapitals Handel für eigene Rechnung zu von ihr gestellten Kursen zu betreiben.

9. Portfolioverwaltung: die Verwaltung von Portfolios auf Einzelkundenbasis mit einem Ermessensspielraum im Rahmen eines Mandats des Kunden, sofern diese Portfolios ein oder mehrere Finanzinstrumente enthalten.

10. Kunde: jede natürliche oder juristische Person, für die eine Wertpapierfirma Wertpapierdienstleistungen und/oder Nebendienstleistungen erbringt.

11. Professioneller Kunde: einen Kunden, der die in Anhang II genannten Kriterien erfüllt.

12. Kleinanleger: einen Kunden, der kein professioneller Kunde ist.

13. Marktbetreiber: eine Person oder Personen, die das Geschäft eines geregelten Marktes verwaltet/verwalten und/oder betreibt/betreiben. Marktbetreiber kann der geregelte Markt selbst sein.

14. Geregelter Markt: ein von einem Marktbetreiber betriebenes und/oder verwaltetes multilaterales System, das die Interessen einer Vielzahl Dritter am Kauf und Verkauf von Finanzinstrumenten innerhalb des Systems und nach seinen nichtdiskretionären Regeln in einer Weise zusammenführt oder das Zusammenführen fördert, die zu einem Vertrag in Bezug auf Finanzinstrumente führt, die gemäß den Regeln und/oder den Systemen des Marktes zum Handel zugelassen wurden, sowie eine Zulassung erhalten hat und ordnungsgemäß und gemäß den Bestimmungen des Titels III funktioniert.

15. Multilaterales Handelssystem (MTF): ein von einer Wertpapierfirma oder einem Marktbetreiber betriebenes multilaterales System, das die Interessen einer Vielzahl Dritter am Kauf und Verkauf von Finanzinstrumenten innerhalb des Systems und nach nichtdiskretionären Regeln in einer Weise zusammenführt, die zu einem Vertrag gemäß den Bestimmungen des Titels II führt.

16. Limitauftrag: einen Auftrag zum Kauf oder Verkauf eines Finanzinstruments innerhalb eines festgelegten Kurslimits oder besser und in einem festgelegten Umfang.

17. Finanzinstrument: die in Anhang I Abschnitt C genannten Instrumente.

18. Übertragbare Wertpapiere: die Gattungen von Wertpapieren, die auf dem Kapitalmarkt gehandelt werden können, mit Ausnahme von Zahlungsinstrumenten, wie

   a) Aktien und andere, Aktien oder Anteilen an Gesellschaften, Personengesellschaften oder anderen Rechtspersönlichkeiten gleichzustellende Wertpapiere sowie Aktienzertifikate;

   b) Schuldverschreibungen oder andere verbriefte Schuldtitel, einschließlich Zertifikaten (Hinterlegungsscheinen) für solche Wertpapiere;

   c) alle sonstigen Wertpapiere, die zum Kauf oder Verkauf solcher Wertpapiere berechtigen oder zu einer Barzahlung führen, die anhand von übertragbaren Wertpapieren, Währungen, Zinssätzen oder -erträgen, Waren oder anderen Indizes oder Messgrößen bestimmt wird.

19. Geldmarktinstrumente: die üblicherweise auf dem Geldmarkt gehandelten Gattungen von Instrumenten, wie Schatzanweisungen, Einlagenzertifikate und Commercial Papers, mit Ausnahme von Zahlungsinstrumenten.

20. Herkunftsmitgliedstaat:

a) Im Falle von Wertpapierfirmen:

   i) wenn die Wertpapierfirma eine natürliche Person ist, der Mitgliedstaat, in dem sich ihre Hauptverwaltung befindet;

   ii) wenn die Wertpapierfirma eine juristische Person ist, der Mitgliedstaat, in dem sie ihren Sitz hat;

   iii) wenn die Wertpapierfirma gemäß dem für sie maßgebenden nationalen Recht keinen Sitz hat, der Mitgliedstaat, in dem sich ihre Hauptverwaltung befindet.

b) Im Falle eines geregelten Marktes: der Mitgliedstaat, in dem der geregelte Markt registriert ist oder – sofern er gemäß dem Recht dieses Mitgliedstaats keinen Sitz hat – der Mitgliedstaat, in dem sich die Hauptverwaltung des geregelten Marktes befindet.

21. Aufnahmemitgliedstaat: einen Mitgliedstaat, der nicht der Herkunftsmitgliedstaat ist und in dem eine Wertpapierfirma eine Zweigniederlassung hat oder Dienstleistungen erbringt und/oder Tätigkeiten ausübt, oder ein Mitgliedstaat, in dem ein geregelter Markt geeignete Vorkehrungen bietet, um in diesem Mitgliedstaat niedergelassenen Fernmitgliedern oder -teilnehmern den Zugang zum Handel über sein System zu erleichtern.

22. Zuständige Behörde: die Behörde, die von jedem Mitgliedstaat gemäß Artikel 48 benannt wird, sofern diese Richtlinie nichts anderes bestimmt.

23. Kreditinstitute: Kreditinstitute im Sinne der Richtlinie 2000/12/EG.

24. OGAW-Verwaltungsgesellschaft: eine Verwaltungsgesellschaft im Sinne der Richtlinie 85/611/EWG des Rates vom 20. Dezember 1985 zur Koordinierung der Rechts- und Verwaltungsvorschriften betreffend bestimmte Organismen für gemeinsame Anlagen in Wertpapieren (OGAW)[14].

25. Vertraglich gebundener Vermittler: eine natürliche oder juristische Person, die unter unbeschränkter und vorbehaltsloser Haftung einer einzigen Wertpapierfirma, für die sie tätig ist, Wertpapier- und/oder Nebendienstleistungen für Kunden oder potenzielle Kunden erbringt, Weisungen oder Aufträge des Kunden in Bezug auf Wertpapierdienstleistungen oder Finanzinstrumente annimmt und weiterleitet, Finanzinstrumente platziert und/oder Kunden oder potenzielle Kunden bezüglich dieser Finanzinstrumente oder Dienstleistungen berät.

26. Zweigniederlassung: eine Betriebsstelle, die nicht die Hauptverwaltung ist, die einen rechtlich unselbstständigen Teil einer Wertpapierfirma bildet und Wertpapierdienstleistungen, gegebenenfalls auch Nebendienstleistungen, erbringt und/oder Anlagetätigkeiten ausübt, für die der Wertpapierfirma eine Zulassung erteilt wurde; alle Geschäftsstellen einer Wertpapierfirma mit Hauptverwaltung in einem anderen Mitgliedstaat, die sich in ein und demselben Mitgliedstaat befinden, gelten als eine einzige Zweigniederlassung.

---

14 ABl. L 375 vom 31.12.1985, S. 3. Zuletzt geändert durch die Richtlinie 2001/108/EG des Europäischen Parlaments und des Rates (ABl. L 41 vom 13.2.2002, S. 35).

27. Qualifizierte Beteiligung: das direkte oder indirekte Halten einer Beteiligung an einer Wertpapierfirma von mindestens 10 % des Kapitals oder der Stimmrechte gemäß den Artikeln 9 und 10 der Richtlinie 2004/109/EG[15] unter Berücksichtigung der Voraussetzungen für das Zusammenrechnen der Beteiligungen nach Artikel 12 Absätze 4 und 5 jener Richtlinie oder die Möglichkeit der Ausübung eines maßgeblichen Einflusses auf die Geschäftsführung einer Wertpapierfirma, an der eine direkte oder indirekte Beteiligung gehalten wird.

28. Mutterunternehmen: ein Mutterunternehmen im Sinne der Artikel 1 und 2 der Siebten Richtlinie 83/349/EWG des Rates vom 13. Juni 1983 über den konsolidierten Abschluss[16].

29. Tochterunternehmen: ein Tochterunternehmen im Sinne der Artikel 1 und 2 der Richtlinie 83/349/EWG, einschließlich aller Tochterunternehmen eines Tochterunternehmens des an der Spitze stehenden Mutterunternehmens.

30. Kontrolle: die Kontrolle im Sinne des Artikels 1 der Richtlinie 83/349/EWG.

31. Enge Verbindungen: eine Situation, in der zwei oder mehr natürliche oder juristische Personen verbunden sind durch

a) Beteiligung, d.h. das direkte Halten oder das Halten im Wege der Kontrolle von mindestens 20 % der Stimmrechte oder des Kapitals an einem Unternehmen,

b) Kontrolle, d.h. das Verhältnis zwischen einem Mutterunternehmen und einem Tochterunternehmen in allen Fällen des Artikels 1 Absätze 1 und 2 der Richtlinie 83/349/EWG oder ein ähnliches Verhältnis zwischen einer natürlichen oder juristischen Person und einem Unternehmen; jedes Tochterunternehmen eines Tochterunternehmens wird ebenfalls als Tochterunternehmen des Mutterunternehmens angesehen, das an der Spitze dieser Unternehmen steht.

Eine Situation, in der zwei oder mehr natürliche oder juristische Personen mit ein und derselben Person durch ein Kontrollverhältnis dauerhaft verbunden sind, gilt ebenfalls als enge Verbindung zwischen diesen Personen.

(2) Um den Entwicklungen auf den Finanzmärkten Rechnung zu tragen und die einheitliche Anwendung dieser Richtlinie sicherzustellen, kann die Kommission die Begriffsbestimmungen in Absatz 1 des vorliegenden Artikels präzisieren. Die Maßnahmen gemäß diesem Artikel zur Änderung nicht wesentlicher Bestimmungen dieser Richtlinie durch Ergänzung werden nach dem in Artikel 64 Absatz 2 genannten Regelungsverfahren mit Kontrolle erlassen.

---

15 Richtlinie 2004/109/EG des Europäischen Parlaments und des Rates vom 15. Dezember 2004 zur Harmonisierung der Transparenzanforderungen in Bezug auf Informationen über Emittenten, deren Wertpapiere zum Handel auf einem geregelten Markt zugelassen sind (ABl. L 390 vom 31.12.2004, S. 38).

16 ABl. L 193 vom 18.7.1983, S. 1 [Konzernbilanz-RL, in dieser Sammlung Nr. 4.7]. Zuletzt geändert durch die Richtlinie 2003/51/EG des Europäischen Parlaments und des Rates (ABl. L 178 vom 17.7.2003, S. 16).

Titel II – Zulassung von Wertpapierfirmen und Bedingungen für die Ausübung der Tätigkeit

Kapitel I – Zulassungsbedingungen und -verfahren

Art. 5-12 *Aufsichtsrechtliche Regeln zu Zulassungspflicht und Eigenkapitalanforderungen – nicht abgedruckt.*

Art. 13 Organisatorische Anforderungen (1) Der Herkunftsmitgliedstaat schreibt vor, dass Wertpapierfirmen die organisatorischen Anforderungen der Absätze 2 bis 8 erfüllen.

(2) Eine Wertpapierfirma sieht angemessene Strategien und Verfahren vor, die ausreichen, um sicherzustellen, dass die Firma, ihre Geschäftsleitung, Beschäftigten und vertraglich gebundenen Vermittler den Verpflichtungen gemäß dieser Richtlinie sowie den einschlägigen Vorschriften für persönliche Geschäfte dieser Personen nachkommen.

(3) Eine Wertpapierfirma muss auf Dauer wirksame organisatorische und verwaltungsmäßige Vorkehrungen für angemessene Maßnahmen treffen, um zu verhindern, dass Interessenkonflikte im Sinne des Artikels 18 den Kundeninteressen schaden.

(4) Eine Wertpapierfirma trifft angemessene Vorkehrungen, um die Kontinuität und Regelmäßigkeit der Wertpapierdienstleistungen und Anlagetätigkeiten zu gewährleisten. Zu diesem Zweck greift sie auf geeignete und verhältnismäßige Systeme, Ressourcen und Verfahren zurück.

(5) Eine Wertpapierfirma stellt sicher, dass beim Rückgriff auf Dritte zur Wahrnehmung betrieblicher Aufgaben, die für die kontinuierliche und zufrieden stellende Erbringung bzw. Ausübung von Dienstleistungen für Kunden und Anlagetätigkeiten ausschlaggebend sind, angemessene Vorkehrungen getroffen werden, um unnötige zusätzliche Geschäftsrisiken zu vermeiden. Die Auslagerung wichtiger betrieblicher Aufgaben darf nicht dergestalt erfolgen, dass die Qualität der internen Kontrolle und die Fähigkeit der beaufsichtigenden Stelle zu überprüfen, ob das Unternehmen sämtlichen Anforderungen genügt, wesentlich beeinträchtigt werden.
Eine Wertpapierfirma muss über eine ordnungsgemäße Verwaltung und Buchhaltung, interne Kontrollmechanismen, effiziente Verfahren zur Risikobewertung sowie wirksame Kontroll- und Sicherheitsmechanismen für Datenverarbeitungssysteme verfügen.

(6) Eine Wertpapierfirma sorgt dafür, dass Aufzeichnungen über alle ihre Dienstleistungen und Geschäfte geführt werden, die ausreichen, um der zuständigen Behörde zu ermöglichen, die Einhaltung der Anforderungen dieser Richtlinie zu überprüfen und sich vor allem zu vergewissern, dass die Wertpapierfirma sämtlichen Verpflichtungen gegenüber den Kunden oder potenziellen Kunden nachgekommen ist.

(7) Eine Wertpapierfirma, die Kunden gehörende Finanzinstrumente hält, trifft geeignete Vorkehrungen, um deren Eigentumsrechte – insbesondere für den Fall der Insolvenz der Wertpapierfirma – an diesen Instrumenten zu schützen und zu verhindern, dass die Finanzinstrumente eines Kunden ohne dessen ausdrückliche Zustimmung für eigene Rechnung verwendet werden.

(8) Eine Wertpapierfirma, die Kunden gehörende Gelder hält, trifft geeignete Vorkehrungen, um die Rechte der Kunden zu schützen und – außer im Falle von Kreditinstituten – zu verhindern, dass die Gelder der Kunden für eigene Rechnung verwendet werden.

(9) Im Falle von Zweigniederlassungen von Wertpapierfirmen ist die zuständige Behörde des Mitgliedstaats, in dem sich die Zweigniederlassung befindet, unbeschadet der direkten Zugriffsmöglichkeit der zuständigen Behörde des Herkunftsmitgliedstaats der Wertpapierfirma auf diese Aufzeichnungen, für die Kontrolle der Einhaltung von Absatz 6 in Bezug auf die von der Zweigniederlassung getätigten Geschäfte verantwortlich.

(10) Um den technischen Entwicklungen auf den Finanzmärkten Rechnung zu tragen und die einheitliche Anwendung der Absätze 2 bis 9 sicherzustellen, erlässt die Kommission Durchführungsmaßnahmen, die festlegen, welche konkreten organisatorischen Anforderungen Wertpapierfirmen vorzuschreiben sind, die verschiedene Wertpapierdienstleistungen, Anlagetätigkeiten und/oder Nebendienstleistungen oder entsprechende Kombinationen erbringen oder ausüben. Diese Maßnahmen zur Änderung nicht wesentlicher Bestimmungen dieser Richtlinie durch Ergänzung werden nach dem in Artikel 64 Absatz 2 genannten Regelungsverfahren mit Kontrolle erlassen.

Art. 14 Handel und Abschluss von Geschäften über MTF (1) Die Mitgliedstaaten schreiben vor, dass Wertpapierfirmen oder Marktbetreiber, die ein MTF betreiben, neben der Einhaltung der Anforderungen des Artikels 13 transparente und nichtdiskretionäre Regeln und Verfahren für einen fairen und ordnungsgemäßen Handel sowie objektive Kriterien für die wirksame Ausführung von Aufträgen festlegen.

(2) Die Mitgliedstaaten schreiben vor, dass Wertpapierfirmen oder Marktbetreiber, die ein MTF betreiben, transparente Regeln für die Kriterien aufstellen, nach denen sich bestimmt, welche Finanzinstrumente innerhalb ihrer Systeme gehandelt werden können.

Die Mitgliedstaaten schreiben vor, dass Wertpapierfirmen oder Marktbetreiber, die ein MTF betreiben, gegebenenfalls ausreichende öffentlich zugängliche Informationen bereitstellen oder den Zugang zu solchen Informationen ermöglichen, damit seine Nutzer sich ein Urteil über die Anlagemöglichkeiten bilden können, wobei sowohl die Art der Nutzer als auch die Art der gehandelten Instrumente zu berücksichtigen ist.

(3) Die Mitgliedstaaten stellen sicher, dass die Artikel 19, 21 und 22 nicht für Geschäfte gelten, die nach den für ein MTF geltenden Regeln zwischen dessen Mitgliedern oder Teilnehmern oder zwischen dem MTF und seinen Mitgliedern oder Teilnehmern in Bezug auf die Nutzung des MTF geschlossen werden. Die Mitglieder oder Teilnehmer des MTF müssen allerdings den Verpflichtungen der Artikel 19, 21 und 22 in Bezug auf ihre Kunden nachkommen, wenn sie im Namen ihrer Kunden deren Aufträge innerhalb des Systems eines MTF ausführen.

(4) Die Mitgliedstaaten schreiben vor, dass Wertpapierfirmen oder Marktbetreiber, die ein MTF betreiben, transparente, auf objektiven Kriterien beruhende Regeln festlegen und einhalten, die den Zugang zu dem System regeln. Diese Regeln müssen den Bedingungen des Artikels 42 Absatz 3 genügen.

(5) Die Mitgliedstaaten schreiben vor, dass Wertpapierfirmen oder Marktbetreiber, die ein MTF betreiben, seine Nutzer klar über ihre jeweilige Verantwortung für die Abrechnung der über das System abgewickelten Geschäfte informieren. Die Mitgliedstaaten schreiben vor, dass Wertpapierfirmen oder Marktbetreiber, die ein MTF betreiben, die erforderlichen Vorkehrungen getroffen haben müssen, um die wirksame Abrechnung der innerhalb der Systeme des MTF geschlossenen Geschäfte zu erleichtern.

(6) Wird ein übertragbares Wertpapier, das zum Handel an einem geregelten Markt zugelassen wurde, auch ohne Zustimmung des Emittenten über ein MTF gehandelt, so entste-

hen dem Emittenten dadurch keine Verpflichtungen in Bezug auf die erstmalige, laufende oder punktuelle Veröffentlichung von Finanzinformationen für das MTF.

(7) Die Mitgliedstaaten schreiben vor, dass Wertpapierfirmen oder Marktbetreiber, die ein MTF betreiben, unverzüglich jeder Anweisung ihrer zuständigen Behörde aufgrund von Artikel 50 Absatz 1 nachkommen, ein Finanzinstrument vom Handel auszuschließen oder den Handel damit auszusetzen.

Art. 15 *Aufsichtsrechtliche Regeln, Aufzeichnung von Schwierigkeiten, Verhältnis und Reziprozität zu Drittländern – nicht abgedruckt.*

Kapitel II – Bedingungen für die Ausübung der Tätigkeit von Wertpapierfirmen

Abschnitt 1 – Allgemeine Bestimmungen

Art. 16-17 *Allgemeine Verpflichtung auf dauerhafte Erfüllung der Erstzulassungsvoraussetzungen, laufende Überwachung und hinreichende Informationsbefugnisse – nicht abgedruckt.*

Art. 18 Interessenkonflikte (1) Die Mitgliedstaaten schreiben vor, dass Wertpapierfirmen alle angemessenen Vorkehrungen treffen, um Interessenkonflikte zwischen ihnen selbst, einschließlich ihrer Geschäftsleitung, ihren Beschäftigten und vertraglich gebundenen Vermittlern oder anderen Personen, die mit ihnen direkt oder indirekt durch Kontrolle verbunden sind, und ihren Kunden oder zwischen ihren Kunden untereinander zu erkennen, die bei der Erbringung von Wertpapierdienstleistungen oder Nebendienstleistungen oder einer Kombination davon entstehen.

(2) Reichen die von der Wertpapierfirma gemäß Artikel 13 Absatz 3 getroffenen organisatorischen oder verwaltungsmäßigen Vorkehrungen zur Regelung von Interessenkonflikten nicht aus, um nach vernünftigem Ermessen zu gewährleisten, dass das Risiko der Beeinträchtigung von Kundeninteressen vermieden wird, so legt die Wertpapierfirma dem Kunden die allgemeine Art und/oder die Quellen von Interessenkonflikten eindeutig dar, bevor sie Geschäfte in seinem Namen tätigt.

(3) Um den technischen Entwicklungen auf den Finanzmärkten Rechnung zu tragen und die einheitliche Anwendung der Absätze 1 und 2 sicherzustellen, erlässt die Kommission Durchführungsmaßnahmen, um

a) die Maßnahmen zu bestimmen, die von Wertpapierfirmen nach vernünftigem Ermessen erwartet werden können, um Interessenkonflikte zu erkennen, zu vermeiden, zu regeln und/oder offen zu legen, wenn sie verschiedene Arten von Wertpapierdienstleistungen und Nebendienstleistungen oder Kombinationen davon erbringen;

b) geeignete Kriterien festzulegen, anhand derer die Typen von Interessenkonflikten bestimmt werden können, die den Interessen der Kunden oder potenziellen Kunden der Wertpapierfirma schaden könnten.

Die Maßnahmen gemäß Unterabsatz 1 zur Änderung nicht wesentlicher Bestimmungen dieser Richtlinie durch Ergänzung werden nach dem in Artikel 64 Absatz 2 genannten Regelungsverfahren mit Kontrolle erlassen.

Abschnitt 2 – Bestimmungen zum Anlegerschutz

Art. 19 Wohlverhaltensregeln bei der Erbringung von Wertpapierdienstleistungen für Kunden (1) Die Mitgliedstaaten schreiben vor, dass eine Wertpapierfirma bei der Erbringung von Wertpapierdienstleistungen und/oder gegebenenfalls Nebendienstleistungen für ihre Kunden ehrlich, redlich und professionell im bestmöglichen Interesse ihrer Kunden handelt und insbesondere den Grundsätzen der Absätze 2 bis 8 genügt.

(2) Alle Informationen, einschließlich Marketing-Mitteilungen, die die Wertpapierfirma an Kunden oder potenzielle Kunden richtet, müssen redlich, eindeutig und nicht irreführend sein. Marketing-Mitteilungen müssen eindeutig als solche erkennbar sein.

(3) Kunden und potenziellen Kunden sind in verständlicher Form angemessene Informationen zur Verfügung zu stellen über

- die Wertpapierfirma und ihre Dienstleistungen,
- Finanzinstrumente und vorgeschlagene Anlagestrategien; dies sollte auch geeignete Leitlinien und Warnhinweise zu den mit einer Anlage in diese Finanzinstrumente oder mit diesen Anlagestrategien verbundenen Risiken umfassen,
- Ausführungsplätze und
- Kosten und Nebenkosten,

so dass sie nach vernünftigem Ermessen die genaue Art und die Risiken der Wertpapierdienstleistungen und des speziellen Typs von Finanzinstrument, der ihnen angeboten wird, verstehen können und somit auf informierter Grundlage Anlageentscheidungen treffen können. Diese Informationen können in standardisierter Form zur Verfügung gestellt werden.

(4) Erbringt die Wertpapierfirma Anlageberatung- oder Portfolio-Management, so holt sie die notwendigen Informationen über die Kenntnisse und Erfahrung des Kunden oder potenziellen Kunden im Anlagebereich in Bezug auf den speziellen Produkttyp oder den speziellen Typ der Dienstleistung, seine finanziellen Verhältnisse und seine Anlageziele ein, um ihr zu ermöglichen, dem Kunden oder potenziellen Kunden für ihn geeignete Wertpapierdienstleistungen und Finanzinstrumente zu empfehlen.

(5) Die Mitgliedstaaten stellen sicher, dass Wertpapierfirmen bei anderen als den in Absatz 4 genannten Finanzdienstleistungen Kunden oder potenzielle Kunden um Angaben zu ihren Kenntnissen und Erfahrungen im Anlagebereich in Bezug auf den speziellen Typ der angebotenen oder angeforderten Produkte oder Dienstleistungen bitten, um beurteilen zu können, ob die in Betracht gezogenen Wertpapierdienstleistungen oder Produkte für den Kunden angemessen sind.

Gelangt die Wertpapierfirma aufgrund der gemäß Unterabsatz 1 erhaltenen Informationen zu der Auffassung, dass das Produkt oder die Dienstleistung für den Kunden oder potenziellen Kunden nicht geeignet ist, so warnt sie den Kunden oder potenziellen Kunden. Diese Warnung kann in standardisierter Form erfolgen.

Lehnt der Kunde oder potenzielle Kunde es ab, die in Unterabsatz 1 genannten Angaben zu machen, oder macht er unzureichende Angaben zu seinen Kenntnissen und Erfahrungen, so warnt die Wertpapierfirma den Kunden oder potenziellen Kunden, dass eine solche Entscheidung es ihr nicht ermöglicht zu beurteilen, ob die in Betracht gezogene Wertpapierdienstleistung oder das in Betracht gezogene Produkt für ihn geeignet ist. Diese Warnung kann in standardisierter Form erfolgen.

(6) Die Mitgliedstaaten gestatten Wertpapierfirmen, deren Wertpapierdienstleistungen lediglich in der Ausführung von Kundenaufträgen und/oder der Annahme und Übermittlung von Kundenaufträgen mit oder ohne Nebendienstleistungen bestehen, solche Wertpapierdienstleistungen für ihre Kunden zu erbringen, ohne zuvor die Angaben gemäß Absatz 5 einholen oder bewerten zu müssen, wenn alle der nachstehenden Voraussetzungen erfüllt sind:

–   die in der Einleitung genannten Dienstleistungen beziehen sich auf Aktien, die zum Handel an einem geregelten Markt oder an einem gleichwertigen Markt eines Drittlandes zugelassen sind, Geldmarktinstrumente, Schuldverschreibungen oder sonstige verbriefte Schuldtitel (ausgenommen Schuldverschreibungen oder verbriefte Schuldtitel, in die ein Derivat eingebettet ist), OGAW und andere nicht komplexe Finanzinstrumente. Ein Markt eines Drittlandes gilt als einem geregelten Markt gleichwertig, wenn er Vorschriften entspricht, die den unter Titel III festgelegten Vorschriften gleichwertig sind. Die Kommission und die ESMA veröffentlichen auf ihren Websites eine Liste der Märkte, die als gleichwertig zu betrachten sind. Diese Liste wird in regelmäßigen Abständen aktualisiert. Die ESMA unterstützt die Kommission bei der Beurteilung von Drittlandsmärkten;

–   die Dienstleistung wird auf Veranlassung des Kunden oder potenziellen Kunden erbracht;

–   der Kunde oder potenzielle Kunde wurde eindeutig darüber informiert, dass die Wertpapierfirma bei der Erbringung dieser Dienstleistung die Eignung der Instrumente oder Dienstleistungen, die erbracht oder angeboten werden, nicht prüfen muss und der Kunde daher nicht in den Genuss des Schutzes der einschlägigen Wohlverhaltensregeln kommt; diese Warnung kann in standardisierter Form erfolgen;

–   die Wertpapierfirma kommt ihren Pflichten gemäß Artikel 18 nach.

(7) Die Wertpapierfirma erstellt eine Aufzeichnung, die das Dokument oder die Dokumente mit den Vereinbarungen zwischen der Firma und dem Kunden enthält, die die Rechte und Pflichten der Parteien sowie die sonstigen Bedingungen, zu denen die Wertpapierfirma Dienstleistungen für den Kunden erbringt, festlegt. Die Rechte und Pflichten der Vertragsparteien können durch Verweisung auf andere Dokumente oder Rechtstexte aufgenommen werden.

(8) Die Wertpapierfirma muss dem Kunden in geeigneter Form über die für ihre Kunden erbrachten Dienstleistungen Bericht erstatten. Diese Berichte enthalten gegebenenfalls die Kosten, die mit den im Namen des Kunden durchgeführten Geschäften und den erbrachten Dienstleistungen verbunden sind.

(9) Wird eine Wertpapierdienstleistung als Teil eines Finanzprodukts angeboten, das in Bezug auf die Bewertung des Risikos für den Kunden und/oder die Informationspflichten bereits anderen Bestimmungen des Gemeinschaftsrechts oder gemeinsamen europäischen Normen für Kreditinstitute und Verbraucherkredite unterliegt, so unterliegt diese Dienstleistung nicht zusätzlich den Anforderungen dieses Artikels.

(10) Um den erforderlichen Anlegerschutz und die einheitliche Anwendung der Absätze 1 bis 8 sicherzustellen, erlässt die Kommission Durchführungsmaßnahmen, um zu gewährleisten, dass Wertpapierfirmen bei der Erbringung von Wertpapierdienstleistungen oder Nebendienstleistungen für ihre Kunden den darin festgelegten Grundsätzen genügen. In diesen Durchführungsmaßnahmen sind folgende Aspekte zu berücksichtigen:

a) die Art der den Kunden oder potenziellen Kunden angebotenen oder für diese erbrachten Dienstleistung(en) unter Berücksichtigung von Typ, Gegenstand, Umfang
und Häufigkeit der Geschäfte;

b) die Art der angebotenen oder in Betracht gezogenen Finanzinstrumente;

c) die Tatsache, ob es sich bei den Kunden oder potenziellen Kunden um Kleinanleger
oder professionelle Anleger handelt.

Die Maßnahmen gemäß Unterabsatz 1 zur Änderung nicht wesentlicher Bestimmungen
dieser Richtlinie durch Ergänzung werden nach dem in Artikel 64 Absatz 2 genannten Regelungsverfahren mit Kontrolle erlassen.

Art. 20 Erbringung von Dienstleistungen über eine andere Wertpapierfirma Die Mitgliedstaaten gestatten einer Wertpapierfirma, die über eine andere Wertpapierfirma eine
Anweisung erhält, Wertpapierdienstleistungen oder Nebendienstleistungen im Namen eines Kunden zu erbringen, sich auf Kundeninformationen zu stützen, die von letzterer Firma weitergeleitet werden. Die Verantwortung für die Vollständigkeit und Richtigkeit der
weitergeleiteten Anweisungen verbleibt bei der Wertpapierfirma, die die Anweisungen
übermittelt.

Die Wertpapierfirma, die eine Anweisung erhält, auf diese Art Dienstleistungen im Namen
eines Kunden zu erbringen, darf sich auch auf Empfehlungen in Bezug auf die Dienstleistung oder das Geschäft verlassen, die dem Kunden von einer anderen Wertpapierfirma
gegeben wurden. Die Verantwortung für die Eignung der Empfehlungen oder der Beratung für den Kunden verbleibt bei der Wertpapierfirma, welche die Anweisungen übermittelt.

Die Verantwortung für die Erbringung der Dienstleistung oder den Abschluss des Geschäfts auf der Grundlage solcher Angaben oder Empfehlungen im Einklang mit den einschlägigen Bestimmungen dieses Titels verbleibt bei der Wertpapierfirma, die die Kunden-
anweisungen oder -aufträge über eine andere Wertpapierfirma erhält.

Art. 21 Verpflichtung zur kundengünstigsten Ausführung von Aufträgen (1) Die Mitgliedstaaten schreiben vor, dass Wertpapierfirmen bei der Ausführung von Aufträgen unter
Berücksichtigung des Kurses, der Kosten, der Schnelligkeit, der Wahrscheinlichkeit der
Ausführung und Abwicklung des Umfangs, der Art und aller sonstigen, für die Auftragsausführung relevanten Aspekte alle angemessenen Maßnahmen ergreifen, um das bestmögliche Ergebnis für ihre Kunden zu erreichen. Liegt jedoch eine ausdrückliche Weisung
des Kunden vor, so führt die Wertpapierfirma den Auftrag gemäß dieser ausdrücklichen
Weisung aus.

(2) Die Mitgliedstaaten schreiben vor, dass Wertpapierfirmen wirksame Vorkehrungen für
die Einhaltung von Absatz 1 treffen und anwenden. Die Mitgliedstaaten schreiben insbesondere vor, dass Wertpapierfirmen Grundsätze der Auftragsausführung festlegen und anwenden, die es ihnen erlaubt, für die Aufträge ihrer Kunden das bestmögliche Ergebnis in
Einklang mit Absatz 1 zu erzielen.

(3) Die Grundsätze der Auftragsausführung enthält für jede Gattung von Finanzinstrumenten Angaben zu den verschiedenen Handelsplätzen, an denen die Wertpapierfirma Aufträge
ihrer Kunden ausführt, und die Faktoren, die für die Wahl des Ausführungsplatzes ausschlaggebend sind. Es werden zumindest die Handelsplätze genannt, an denen die Wertpapierfirma gleich bleibend die bestmöglichen Ergebnisse bei der Ausführung von Kundenaufträgen erzielen kann.

Die Mitgliedstaaten schreiben vor, dass Wertpapierfirmen ihre Kunden über ihre Grundsätze der Auftragsausführung in geeigneter Form informieren. Die Mitgliedstaaten schreiben vor, dass Wertpapierfirmen die vorherige Zustimmung ihrer Kunden zu ihrer Ausführungspolitik einholen.

Für den Fall, dass die Grundsätze der Auftragsausführung vorsehen, dass Aufträge außerhalb eines geregelten Marktes oder eines MTF ausgeführt werden dürfen, schreiben die Mitgliedstaaten vor, dass die Wertpapierfirma ihre Kunden oder potenziellen Kunden insbesondere auf diese Möglichkeit hinweisen muss. Die Mitgliedstaaten schreiben vor, dass Wertpapierfirmen die vorherige ausdrückliche Zustimmung der Kunden einholen, bevor sie Kundenaufträge außerhalb eines geregelten Marktes oder eines MTF ausführen. Wertpapierfirmen können diese Zustimmung entweder in Form einer allgemeinen Vereinbarung oder zu jedem Geschäft einzeln einholen.

(4) Die Mitgliedstaaten schreiben vor, dass Wertpapierfirmen die Effizienz ihrer Vorkehrungen zur Auftragsausführung und ihre Ausführungspolitik überwachen, um Mängel festzustellen und gegebenenfalls zu beheben. Insbesondere prüfen sie regelmäßig, ob die in der Ausführungspolitik genannten Handelsplätze das bestmögliche Ergebnis für die Kunden erbringen oder ob die Vorkehrungen zur Auftragsausführung geändert werden müssen. Die Mitgliedstaaten schreiben vor, dass Wertpapierfirmen ihren Kunden wesentliche Änderungen ihrer Vorkehrungen zur Auftragsausführung oder ihrer Ausführungspolitik mitteilen.

(5) Die Mitgliedstaaten schreiben Wertpapierfirmen vor, ihren Kunden auf deren Anfragen nachzuweisen, dass sie deren Aufträge im Einklang mit den Ausführungsgrundsätzen der Firma ausgeführt haben.

(6) Um den für die Anleger erforderlichen Schutz und das ordnungsgemäße Funktionieren der Märkte zu gewährleisten und die einheitliche Anwendung der Absätze 1, 3 und 4 sicherzustellen, erlässt die Kommission Durchführungsmaßnahmen, die Folgendes betreffen:

a) die Kriterien, nach denen die relative Bedeutung der verschiedenen Faktoren bestimmt wird, die gemäß Absatz 1 herangezogen werden können, um das bestmögliche Ergebnis unter Berücksichtigung des Umfangs und der Art des Auftrags und des Kundentyps – Kleinanleger oder professioneller Kunde – zu ermitteln;

b) Faktoren, die eine Wertpapierfirma heranziehen kann, um ihre Ausführungsvorkehrungen zu überprüfen und um zu prüfen, unter welchen Umständen eine Änderung dieser Vorkehrungen angezeigt wäre. Insbesondere die Faktoren zur Bestimmung, welche Handelsplätze Wertpapierfirmen ermöglichen, bei der Ausführung von Kundenaufträgen auf Dauer die bestmöglichen Ergebnisse zu erzielen;

c) Art und Umfang der Informationen über die Ausführungspolitik, die den Kunden gemäß Absatz 3 zur Verfügung zu stellen sind.

Die Maßnahmen gemäß Unterabsatz 1 zur Änderung nicht wesentlicher Bestimmungen dieser Richtlinie durch Ergänzung werden nach dem in Artikel 64 Absatz 2 genannten Regelungsverfahren mit Kontrolle erlassen.

Art. 22 Vorschriften für die Bearbeitung von Kundenaufträgen (1) Die Mitgliedstaaten schreiben vor, dass Wertpapierfirmen, die zur Ausführung von Aufträgen im Namen von Kunden berechtigt sind, Verfahren und Systeme einrichten, die die unverzügliche, redliche und rasche Ausführung von Kundenaufträgen im Verhältnis zu anderen Kundenaufträgen oder den Handelsinteressen der Wertpapierfirma gewährleisten.

Diese Verfahren oder Systeme ermöglichen es, dass ansonsten vergleichbare Kundenaufträge gemäß dem Zeitpunkt ihres Eingangs bei der Wertpapierfirma ausgeführt werden.

(2) Die Mitgliedstaaten schreiben vor, dass Wertpapierfirmen bei Kundenlimitaufträgen in Bezug auf Aktien, die zum Handel an einem geregelten Markt zugelassen sind, die zu den vorherrschenden Marktbedingungen nicht unverzüglich ausgeführt werden, Maßnahmen ergreifen, um die schnellstmögliche Ausführung dieser Aufträge dadurch zu erleichtern, dass sie sie unverzüglich und auf eine Art und Weise bekannt machen, die für andere Marktteilnehmer leicht zugänglich ist, sofern der Kunde nicht ausdrücklich eine anders lautende Anweisung gibt. Die Mitgliedstaaten können beschließen, dass eine Wertpapierfirma dieser Pflicht genügt, wenn sie die Kundenlimitaufträge an einen geregelten Markt und/oder ein MTF weiterleitet. Die Mitgliedstaaten sehen vor, dass die zuständigen Behörden von dieser Verpflichtung zur Bekanntmachung eines Limitauftrags im Sinne von Artikel 44 Absatz 2 absehen können, wenn dieser im Vergleich zum marktüblichen Geschäftsumfang sehr groß ist.

(3) Um zu gewährleisten, dass die Maßnahmen für den Anlegerschutz und das faire und ordnungsgemäße Funktionieren der Märkte den technischen Entwicklungen auf den Finanzmärkten Rechnung tragen und um die einheitliche Anwendung der Absätze 1 und 2 sicherzustellen, erlässt die Kommission Durchführungsmaßnahmen, die Folgendes festlegen:

a) die Bedingungen und die Art der Verfahren und Systeme für die unverzügliche, redliche und rasche Ausführung von Kundenaufträgen, sowie die Situationen oder Geschäftsarten, in denen bzw. bei denen Wertpapierfirmen sinnvollerweise von der unverzüglichen Ausführung abweichen können, um günstigere Bedingungen für Kunden zu erwirken;

b) die verschiedenen Methoden, die eine Wertpapierfirma anwenden kann, um ihrer Verpflichtung nachzukommen, dem Markt Kundenlimitaufträge, die nicht unverzüglich ausgeführt werden können, bekannt zu machen.

Die Maßnahmen gemäß Unterabsatz 1 zur Änderung nicht wesentlicher Bestimmungen dieser Richtlinie durch Ergänzung werden nach dem in Artikel 64 Absatz 2 genannten Regelungsverfahren mit Kontrolle erlassen.

Art. 23 Verpflichtungen von Wertpapierfirmen bei der Heranziehung von vertraglich gebundenen Vermittlern (1) Die Mitgliedstaaten können beschließen, einer Wertpapierfirma zu gestatten, vertraglich gebundene Vermittler für die Förderung des Dienstleistungsgeschäfts der Wertpapierfirma, das Hereinholen neuer Geschäfte oder die Entgegennahme der Aufträge von Kunden oder potenziellen Kunden sowie die Übermittlung dieser Aufträge, das Platzieren von Finanzinstrumenten sowie für Beratungen in Bezug auf die von der Wertpapierfirma angebotenen Finanzinstrumente und Dienstleistungen heranzuziehen.

(2) Die Mitgliedstaaten schreiben vor, dass eine Wertpapierfirma, die beschließt, einen vertraglich gebundenen Vermittler heranzuziehen, für jedes Handeln oder Unterlassen des vertraglich gebundenen Vermittlers uneingeschränkt haftet, wenn er im Namen der Firma tätig ist. Die Mitgliedstaaten schreiben der Wertpapierfirma vor, sicherzustellen, dass ein vertraglich gebundener Vermittler mitteilt, in welcher Eigenschaft er handelt und welche Firma er vertritt, wenn er mit Kunden oder potenziellen Kunden Kontakt aufnimmt oder bevor er mit diesen Geschäfte abschließt.

2.19 Finanzmarkt-RL

Die Mitgliedstaaten können gemäß Artikel 13 Absätze 6, 7 und 8 vertraglich gebundenen Vermittlern, die in ihrem Hoheitsgebiet registriert sind, gestatten, für die Wertpapierfirma, für die sie tätig sind und unter deren uneingeschränkter Verantwortung in ihrem Hoheitsgebiet oder – bei grenzüberschreitenden Geschäften – im Hoheitsgebiet eines Mitgliedstaats, der vertraglich gebundenen Vermittlern die Verwaltung von Kundengeldern gestattet, Gelder und/oder Finanzinstrumente von Kunden zu verwalten.

Die Mitgliedstaaten schreiben vor, dass die Wertpapierfirmen die Tätigkeiten ihrer vertraglich gebundenen Vermittler überwachen, um zu gewährleisten, dass sie diese Richtlinie auf Dauer einhalten, wenn sie über vertraglich gebundene Vermittler tätig werden.

(3) Mitgliedstaaten, die Wertpapierfirmen gestatten, vertraglich gebundene Vermittler heranzuziehen, richten ein öffentliches Register ein. Vertraglich gebundene Vermittler werden in das öffentliche Register des Mitgliedstaats eingetragen, in dem sie niedergelassen sind.

Die ESMA veröffentlicht auf ihrer Website Verweise oder Hyperlinks zu den öffentlichen Registern, die nach diesem Artikel von den Mitgliedstaaten eingerichtet worden sind, die es Wertpapierfirmen gestatten, vertraglich gebundene Vermittler heranzuziehen.

Hat der Mitgliedstaat, in dem der vertraglich gebundene Vermittler niedergelassen ist, gemäß Absatz 1 festgelegt, dass von der zuständigen Behörde zugelassene Wertpapierfirmen nicht berechtigt sind, vertraglich gebundene Vermittler heranzuziehen, so werden diese vertraglich gebundenen Vermittler bei der zuständigen Behörde des Herkunftsmitgliedstaats der Wertpapierfirma, für die sie tätig sind, registriert.

Die Mitgliedstaaten stellen sicher, dass vertraglich gebundene Vermittler nur dann in das öffentliche Register eingetragen werden, wenn feststeht, dass sie ausreichend gut beleumdet sind und über angemessene allgemeine, kaufmännische und berufliche Kenntnisse verfügen, um alle einschlägigen Informationen über die angebotene Dienstleistung korrekt an den Kunden oder den potenziellen Kunden weiterleiten zu können.

Die Mitgliedstaaten können beschließen, dass Wertpapierfirmen überprüfen dürfen, ob die von ihnen herangezogenen vertraglich gebundenen Vermittler ausreichend gut beleumdet sind und über die Kenntnisse gemäß Unterabsatz 3 verfügen.

Das Register wird regelmäßig aktualisiert. Es steht der Öffentlichkeit zur Einsichtnahme offen.

(4) Die Mitgliedstaaten schreiben vor, dass Wertpapierfirmen, die vertraglich gebundene Vermittler heranziehen, durch geeignete Maßnahmen sicherstellen, dass die nicht in den Anwendungsbereich dieser Richtlinie fallenden Tätigkeiten des vertraglich gebundenen Vermittlers keine nachteiligen Auswirkungen auf die Tätigkeiten haben, die der vertraglich gebundene Vermittler im Namen der Wertpapierfirma ausübt.

Die Mitgliedstaaten können den zuständigen Behörden gestatten, mit Wertpapierfirmen und Kreditinstituten, deren Verbänden und sonstigen Rechtspersönlichkeiten bei der Registrierung von vertraglich gebundenen Vermittlern und der Überwachung der Einhaltung der Anforderungen nach Absatz 3 durch die vertraglich gebundenen Vermittler zusammenarbeiten. Insbesondere können vertraglich gebundene Vermittler durch Wertpapierfirmen, Kreditinstitute oder deren Verbände und sonstige Rechtspersönlichkeiten unter der Aufsicht der zuständigen Behörde registriert werden.

(5) Die Mitgliedstaaten schreiben vor, dass Wertpapierfirmen nur vertraglich gebundene Vermittler heranziehen dürfen, die in den öffentlichen Registern gemäß Absatz 3 geführt werden.

(6) Die Mitgliedstaaten können für in ihrem Hoheitsgebiet registrierte vertraglich gebundene Vermittler striktere Anforderungen als die dieses Artikels oder zusätzliche Anforderungen vorsehen.

348

Art. 24 Geschäfte mit geeigneten Gegenparteien (1) Die Mitgliedstaaten stellen sicher, dass Wertpapierfirmen, die zur Ausführung von Aufträgen im Namen von Kunden und/oder zum Handel für eigene Rechnung und/oder zur Entgegennahme und Weiterleitung von Aufträgen berechtigt sind, Geschäfte mit geeigneten Gegenparteien anbahnen oder abschließen können, ohne in Bezug auf diese Geschäfte oder auf Nebendienstleistungen in direktem Zusammenhang mit diesen Geschäften den Auflagen der Artikel 19 und 21 und des Artikels 22 Absatz 1 genügen zu müssen.

(2) Die Mitgliedstaaten erkennen für die Zwecke dieses Artikels Wertpapierfirmen, Kreditinstitute, Versicherungsgesellschaften, OGAW und ihre Verwaltungsgesellschaften, Pensionsfonds und ihre Verwaltungsgesellschaften, sonstige zugelassene oder nach dem Gemeinschaftsrecht oder den Rechtsvorschriften eines Mitgliedstaats einer Aufsicht unterliegende Finanzinstitute, Unternehmen, die gemäß Artikel 2 Absatz 1 Buchstaben k und l von der Anwendung dieser Richtlinie ausgenommen sind, nationale Regierungen und deren Einrichtungen, einschließlich öffentlicher Stellen der staatlichen Schuldenverwaltung, Zentralbanken und supranationale Organisationen als geeignete Gegenparteien an.

Die Einstufung als geeignete Gegenpartei gemäß Unterabsatz 1 berührt nicht das Recht solcher Rechtspersönlichkeiten, entweder generell oder für jedes einzelne Geschäft eine Behandlung als Kunde zu beantragen, für dessen Geschäfte mit der Wertpapierfirma die Artikel 19, 21 und 22 gelten.

(3) Die Mitgliedstaaten können auch andere Unternehmen als geeignete Gegenparteien anerkennen, die im Voraus festgelegte proportionale Anforderungen einschließlich quantitativer Schwellenwerte erfüllen. Im Falle eines Geschäfts mit potenziellen Gegenparteien, die verschiedenen Rechtsordnungen angehören, trägt die Wertpapierfirma dem Status des anderen Unternehmens Rechnung, der sich nach den Rechtsvorschriften oder Maßnahmen des Mitgliedstaats bestimmt, in dem das Unternehmen ansässig ist.

Die Mitgliedstaaten stellen sicher, dass die Wertpapierfirma, die Geschäfte gemäß Absatz 1 mit solchen Unternehmen abschließt, die ausdrückliche Zustimmung der potenziellen Gegenpartei einholt, als geeignete Gegenpartei behandelt zu werden. Die Mitgliedstaaten gestatten der Wertpapierfirma, diese Zustimmung entweder in Form einer allgemeinen Vereinbarung oder für jedes einzelne Geschäft einzuholen.

(4) Die Mitgliedstaaten können Rechtspersönlichkeiten von Drittländern, die den in Absatz 2 genannten Kategorien von Rechtspersönlichkeiten gleichwertig sind, als zulässige Gegenparteien anerkennen.

Die Mitgliedstaaten können auch Unternehmen von Drittländern, wie denen nach Absatz 3, unter denselben Voraussetzungen und bei Erfüllung derselben Anforderungen wie denen des Absatzes 3 als zulässige Gegenparteien anerkennen.

(5) Um die einheitliche Anwendung der Absätze 2, 3 und 4 angesichts der sich ändernden Marktpraktiken sicherzustellen und das effiziente Funktionieren des Binnenmarktes zu erleichtern, kann die Kommission Durchführungsmaßnahmen erlassen, die Folgendes festlegen:

a) die Verfahren zur Beantragung einer Behandlung als Kunde gemäß Absatz 2;

b) die Verfahren zur Einholung der ausdrücklichen Zustimmung potenzieller Gegenparteien gemäß Absatz 3;

c) die im Voraus festgelegten proportionalen Anforderungen einschließlich der quantitativen Schwellenwerte, nach denen ein Unternehmen als geeignete Gegenpartei gemäß Absatz 3 anerkannt werden kann.

Die Maßnahmen gemäß Unterabsatz 1 zur Änderung nicht wesentlicher Bestimmungen dieser Richtlinie durch Ergänzung werden nach dem in Artikel 64 Absatz 2 genannten Regelungsverfahren mit Kontrolle erlassen.

Abschnitt 3 – Markttransparenz und -integrität

Art. 25-30 *Anforderungen an Marktbetreiber außerhalb geregelter Märkte (Systematische Internalisierer, Multiple Trading Facilities etc.), insbesondere Vor- und Nachhandels-Transparenzvorschriften, in Annäherung an die Anforderungen, die für geregelte Märkte gelten (s.u. Art. 37 ff.) – nicht abgedruckt.*

Kapitel III – Rechte von Wertpapierfirmen

Art. 31 Freiheit der Wertpapierdienstleistung und der Anlagetätigkeit (1) Die Mitgliedstaaten stellen sicher, dass jede Wertpapierfirma, die von den zuständigen Behörden eines anderen Mitgliedstaats im Einklang mit dieser Richtlinie und bei Kreditinstituten im Einklang mit der Richtlinie 2000/12/EG zugelassen und beaufsichtigt wird, in ihrem Hoheitsgebiet ungehindert Wertpapierdienstleistungen und/oder Anlagetätigkeiten sowie Nebendienstleistungen erbringen bzw. ausüben kann, sofern diese Dienstleistungen und Tätigkeiten durch ihre Zulassung gedeckt sind. Nebendienstleistungen dürfen nur in Verbindung mit einer Wertpapierdienstleistung und/oder Anlagetätigkeit erbracht werden.

Die Mitgliedstaaten erlegen diesen Wertpapierfirmen oder Kreditinstituten in den von der vorliegenden Richtlinie erfassten Bereichen keine zusätzlichen Anforderungen auf.

(2)-(6) *Einzelheiten der Anmeldung – nicht abgedruckt.*

Art. 32 Errichtung einer Zweigniederlassung (1) Die Mitgliedstaaten stellen sicher, dass in ihrem Hoheitsgebiet Wertpapierdienstleistungen und/oder Anlagetätigkeiten sowie Nebendienstleistungen im Einklang mit dieser Richtlinie und der Richtlinie 2000/12/EG durch die Errichtung einer Zweigniederlassung erbracht bzw. ausgeübt werden können, sofern diese Dienstleistungen und Tätigkeiten von der der Wertpapierfirma oder dem Kreditinstitut im Herkunftsmitgliedstaat erteilten Zulassung abgedeckt sind. Nebendienstleistungen dürfen nur in Verbindung mit einer Wertpapierdienstleistung und/oder Anlagetätigkeit erbracht werden.

Mit Ausnahme der nach Absatz 7 zulässigen Auflagen sehen die Mitgliedstaaten keine zusätzlichen Anforderungen an die Errichtung und den Betrieb einer Zweigniederlassung in den von dieser Richtlinie erfassten Bereichen vor.

(2)-(10) *Einzelheiten der Anmeldung – nicht abgedruckt.*

Art. 33 Zugang zu geregelten Märkten (1) Die Mitgliedstaaten schreiben vor, dass Wertpapierfirmen aus anderen Mitgliedstaaten, die zur Ausführung von Kundenaufträgen oder zum Handel auf eigene Rechnung berechtigt sind, auf eine der nachstehend genannten Arten Mitglied der in ihrem Hoheitsgebiet ansässigen geregelten Märkte werden können oder zu diesen Märkten Zugang haben:

a) unmittelbar durch Errichtung von Zweigniederlassungen in den Aufnahmemitgliedstaaten;

b) in Fällen, in denen die Handelsabläufe und -systeme des betreffenden Marktes für Geschäftsabschlüsse keine physische Anwesenheit erfordern, durch Fernmitgliedschaft in dem geregelten Markt oder Fernzugang zu diesem ohne im Herkunftsmitgliedstaat des geregelten Marktes niedergelassen sein zu müssen.

(2) Die Mitgliedstaaten erlegen Wertpapierfirmen, die das Recht gemäß Absatz 1 in Anspruch nehmen, in den von dieser Richtlinie erfassten Bereichen keine zusätzlichen rechtlichen oder verwaltungstechnischen Auflagen auf.

Art. 34 Zugang zu zentralen Gegenparteien, Clearing- und Abrechnungssystemen sowie Recht auf Wahl eines Abrechnungssystems (1) Die Mitgliedstaaten schreiben vor, dass Wertpapierfirmen aus anderen Mitgliedstaaten in ihrem Hoheitsgebiet für den Abschluss von Geschäften mit Finanzinstrumenten oder die Vorkehrungen zum Abschluss von Geschäften mit Finanzinstrumenten das Recht auf Zugang zu zentralen Gegenparteien, Clearing- und Abrechnungssystemen haben.

Die Mitgliedstaaten schreiben vor, dass für den Zugang dieser Wertpapierfirmen zu diesen Einrichtungen dieselben nichtdiskriminierenden, transparenten und objektiven Kriterien gelten wie für inländische Teilnehmer. Die Mitgliedstaaten beschränken die Nutzung dieser Einrichtungen nicht auf Clearing und Abrechnung von Geschäften mit Finanzinstrumenten, die auf einem geregelten Markt oder über ein MTF in ihrem Hoheitsgebiet getätigt werden.

(2) Die Mitgliedstaaten schreiben vor, dass geregelte Märkte in ihrem Hoheitsgebiet allen ihren Mitgliedern oder Teilnehmern das Recht auf Wahl des Systems einräumen, über das die auf diesem geregelten Markt getätigten Geschäfte mit Finanzmarkinstrumenten abgerechnet werden, vorausgesetzt dass

a) die Verbindungen und Vereinbarungen zwischen dem gewählten Abrechnungssystem und jedem anderen System oder jeder anderen Einrichtung bestehen, die für eine effiziente und wirtschaftliche Abrechnung des betreffenden Geschäfts erforderlich sind, und

b) die für die Überwachung des geregelten Marktes zuständige Behörde der Auffassung ist, dass die technischen Voraussetzungen für die Abrechnung der auf dem geregelten Markt getätigten Geschäfte durch ein anderes Abrechnungssystem als das von dem geregelten Markt gewählte ein reibungsloses und ordnungsgemäßes Funktionieren der Finanzmärkte ermöglichen.

Diese Beurteilung der für den geregelten Markt zuständigen Behörde lässt die Zuständigkeit der nationalen Zentralbanken als Aufsichtsorgan von Abrechnungssystemen oder anderer Aufsichtsbehörden solcher Systeme unberührt. Die zuständige Behörde berücksichtigt die von diesen Stellen bereits ausgeübte Aufsicht, um unnötige Doppelkontrollen zu vermeiden.

(3) Die Rechte der Wertpapierfirmen gemäß den Absätzen 1 und 2 lassen das Recht der Betreiber zentraler Gegenpartei-, Clearing- oder Wertpapierabrechnungssysteme, aus berechtigten gewerblichen Gründen die Bereitstellung der angeforderten Dienstleistungen zu verweigern, unberührt.

Art. 35 Vereinbarungen mit einer zentralen Gegenpartei und über Clearing und Abrechnung in Bezug auf MTF (1) Die Mitgliedstaaten hindern Wertpapierfirmen und Marktbetreiber, die ein MTF betreiben, nicht daran, mit einer zentralen Gegenpartei oder Clearingstelle und einem Abwicklungssystem eines anderen Mitgliedstaats geeignete Vereinbarungen über Clearing und/oder Abwicklung einiger oder aller Geschäfte, die von Marktteilnehmern innerhalb ihrer Systeme getätigt werden, zu schließen.

(2) Die zuständigen Behörden von Wertpapierfirmen und Marktbetreibern, die ein MTF betreiben, dürfen die Nutzung einer zentralen Gegenpartei, einer Clearingstelle und/oder eines Abwicklungssystems in einem anderen Mitgliedstaat nicht untersagen, es sei denn, dies ist für die Aufrechterhaltung des ordnungsgemäßen Funktionierens dieses geregelten Markts unumgänglich; die Bedingungen des Artikels 34 Absatz 2 für den Rückgriff auf Abwicklungssysteme sind zu berücksichtigen.

Zur Vermeidung unnötiger Doppelkontrollen berücksichtigt die zuständige Behörde die von den nationalen Zentralbanken als Aufsichtsorgan von Clearing- und Abwicklungssystemen oder anderen für diese Systeme zuständigen Aufsichtsbehörden ausgeübte Aufsicht über das Clearing- und Abwicklungssystem.

Titel III – Geregelte Märkte

Art. 36 Zulassung und anwendbares Recht (1) Die Mitgliedstaaten lassen nur diejenigen Systeme als geregelten Markt zu, die den Bestimmungen dieses Titels genügen.

Die Zulassung als geregelter Markt wird nur erteilt, wenn die zuständige Behörde sich davon überzeugt hat, dass sowohl der Marktbetreiber als auch die Systeme des geregelten Marktes zumindest den Anforderungen dieses Titels genügen.

Handelt es sich bei einem geregelten Markt um eine juristische Person, die von einem anderen Marktbetreiber als dem geregelten Markt selbst verwaltet oder betrieben wird, legen die Mitgliedstaaten fest, welche der verschiedenen Verpflichtungen des Marktbetreibers nach dieser Richtlinie von dem geregelten Markt und welche vom Marktbetreiber zu erfüllen sind.

Der Betreiber des geregelten Marktes stellt alle Angaben, einschließlich eines Geschäftsplans, aus dem unter anderem die Arten der in Betracht gezogenen Geschäfte und die Organisationsstruktur hervorgehen, zur Verfügung, damit die zuständige Behörde prüfen kann, ob der geregelte Markt bei der Erstzulassung alle erforderlichen Vorkehrungen getroffen hat, um seinen Verpflichtungen gemäß diesem Titel nachzukommen.

(2), (3) *Aufsichtsrechtliche Regeln zu Zulassungspflicht und Zulassungsentzug – nicht abgedruckt.*

(4) Unbeschadet etwaiger einschlägiger Bestimmungen der Richtlinie 2003/6/EG[17] unterliegt der nach den Systemen des geregelten Marktes betriebene Handel dem öffentlichen Recht des Herkunftsmitgliedstaats des geregelten Marktes.

(5), (6) *Aufsichtsrechtliche Regeln zu Zulassungspflicht und Zulassungsentzug – nicht abgedruckt.*

Art. 37 Anforderungen an die Leitung des geregelten Marktes (1) Die Mitgliedstaaten schreiben vor, dass die Personen, die die Geschäfte und den Betrieb des geregelten Marktes tatsächlich leiten, gut beleumdet sein und über ausreichende Erfahrung verfügen müssen, um eine solide und umsichtige Verwaltung und Führung des geregelten Marktes zu gewährleisten. Die Mitgliedstaaten schreiben dem Betreiber des geregelten Marktes ferner vor, der zuständigen Behörde die Namen derjenigen, die die Geschäfte und den Betrieb des geregelten Marktes tatsächlich leiten, und nachfolgende personelle Veränderungen mitzuteilen.

---

17 [Marktmissbrauchs-RL, in dieser Sammlung, Nr. 4.13.]

Die zuständige Behörde verweigert die Genehmigung vorgeschlagener Änderungen, wenn objektive und nachweisbare Gründe für die Vermutung vorliegen, dass sie die solide und umsichtige Verwaltung und Führung des geregelten Marktes erheblich gefährden.

(2) Die Mitgliedstaaten stellen sicher, dass bei der Zulassung eines geregelten Marktes die Personen, die die Geschäfte und den Betrieb eines bereits gemäß dieser Richtlinie zugelassenen geregelten Marktes tatsächlich leiten, als mit den in Absatz 1 festgelegten Anforderungen in Einklang stehend betrachtet werden.

Art. 38 *Anforderungen an Personen mit wesentlichem Einfluss auf die Verwaltung des geregelten Marktes – nicht abgedruckt.*

Art. 39 Organisatorische Anforderungen Die Mitgliedstaaten schreiben vor, dass der geregelte Markt,

a) Vorkehrungen trifft, mit denen sich etwaige nachteilige Auswirkungen von Interessenkonflikten zwischen dem geregelten Markt, seinen Eigentümern oder seinem Betreiber und dem einwandfreien Funktionieren des geregelten Marktes auf den Betrieb des geregelten Marktes oder seine Teilnehmer klar erkennen und regeln lassen, und zwar insbesondere dann, wenn solche Interessenkonflikte die Erfüllung von Aufgaben, die dem geregelten Markt von der zuständigen Behörde übertragen wurden, behindern könnten;

b) angemessen für die Verwaltung seiner Risiken ausgestattet ist, angemessene Vorkehrungen und Systeme zur Ermittlung aller für seinen Betrieb wesentlichen Risiken schafft und wirksame Maßnahmen zur Begrenzung dieser Risiken trifft;

c) Vorkehrungen für eine solide Verwaltung der technischen Abläufe des Systems, einschließlich wirksamer Notmaßnahmen für den Fall eines Systemzusammenbruchs trifft;

d) transparente und nichtdiskretionäre Regeln und Verfahren für einen fairen und ordnungsgemäßen Handel sowie objektive Kriterien für eine effiziente Auftragsausführung festlegt;

e) wirksame Vorkehrungen trifft, die einen reibungslosen und rechtzeitigen Abschluss der innerhalb seiner Systeme ausgeführten Geschäfte erleichtern;

f) bei der Zulassung und fortlaufend über ausreichende Finanzmittel verfügt, um sein ordnungsgemäßes Funktionieren zu erleichtern, wobei der Art und dem Umfang der an dem geregelten Markt geschlossenen Geschäfte sowie dem Spektrum und der Höhe der Risiken, denen er ausgesetzt ist, Rechnung zu tragen ist.

Art. 40 Zulassung von Finanzinstrumenten zum Handel (1) Die Mitgliedstaaten schreiben vor, dass geregelte Märkte über klare und transparente Regeln für die Zulassung von Finanzinstrumenten zum Handel verfügen müssen.

Diese Regeln gewährleisten, dass alle zum Handel an einem geregelten Markt zugelassenen Finanzinstrumente fair, ordnungsgemäß und effizient gehandelt werden können und, im Falle übertragbarer Wertpapiere, frei handelbar sind.

(2) Bei Derivaten stellen diese Regeln insbesondere sicher, dass die Ausgestaltung des Derivatgeschäfts eine ordnungsgemäße Kursbildung sowie eine wirksame Abrechnung ermöglicht.

(3) Zusätzlich zu den Verpflichtungen der Absätze 1 und 2 schreiben die Mitgliedstaaten dem geregelten Markt vor, auf Dauer wirksame Vorkehrungen zur Prüfung zu treffen, ob

die Emittenten von übertragbaren Wertpapieren, die zum Handel an dem geregelten Markt zugelassen sind, ihren gemeinschaftsrechtlichen Verpflichtungen bezüglich erstmaliger, laufender oder punktueller Veröffentlichungsverpflichtungen nachkommen. Die Mitgliedstaaten stellen sicher, dass der geregelte Markt Vorkehrungen trifft, die seinen Mitgliedern oder Teilnehmern den Zugang zu den nach Gemeinschaftsrecht veröffentlichten Informationen erleichtern.

(4) Die Mitgliedstaaten stellen sicher, dass geregelte Märkte die notwendigen Vorkehrungen treffen, um die von ihnen zum Handel zugelassenen Finanzinstrumente regelmäßig auf Erfüllung der Zulassungsanforderungen hin zu überprüfen.

(5) Ein zum Handel an einem geregelten Markt zugelassenes übertragbares Wertpapier kann in der Folge auch ohne Zustimmung des Emittenten im Einklang mit den einschlägigen Bestimmungen der Richtlinie 2003/71/EG des Europäischen Parlaments und des Rates vom 4. November 2003 betreffend den Prospekt, der beim öffentlichen Angebot von Wertpapieren oder bei deren Zulassung zum Handel zu veröffentlichen ist[18] zum Handel an anderen geregelten Märkten zugelassen werden. Der geregelte Markt unterrichtet den Emittenten darüber, dass seine Wertpapiere an dem betreffenden geregelten Markt gehandelt werden. Der Emittent ist nicht verpflichtet, die Angaben gemäß Absatz 3 dem geregelten Markt, der seine Wertpapiere ohne seine Zustimmung zum Handel zugelassen hat, direkt zu übermitteln.

(6) *Ermächtigung zum Erlass von Durchführungsbestimmungen – nicht abgedruckt.*

Art. 41   Aussetzung des Handels und Ausschluss von Instrumenten vom Handel

(1) Unbeschadet des Rechts der zuständigen Behörde gemäß Artikel 50 Absatz 2 Buchstaben j und k, die Aussetzung des Handels mit einem Instrument oder dessen Ausschluss vom Handel zu verlangen, kann der Betreiber des geregelten Marktes den Handel mit einem Finanzinstrument, das den Regeln des geregelten Marktes nicht mehr entspricht, aussetzen oder dieses Instrument vom Handel ausschließen, sofern die Anlegerinteressen oder das ordnungsgemäße Funktionieren des Marktes durch eine solche Maßnahme nicht erheblich geschädigt werden.

Ungeachtet der Möglichkeit der Betreiber geregelter Märkte die Betreiber anderer geregelter Märkte direkt zu unterrichten, schreiben die Mitgliedstaaten vor, dass der Betreiber eines geregelten Marktes, der den Handel mit einem Finanzinstrument aussetzt oder vom Handel ausschließt, seine Entscheidung veröffentlicht und der zuständigen Behörde die einschlägigen Informationen übermittelt. Die zuständige Behörde unterrichtet die zuständigen Behörden anderer Mitgliedstaaten.

(2) Eine zuständige Behörde, die für ein Finanzinstrument an einem oder mehreren geregelten Märkten die Aussetzung des Handels oder den Ausschluss vom Handel fordert, veröffentlicht ihre Entscheidung unverzüglich und unterrichtet die ESMA und die zuständigen Behörden der anderen Mitgliedstaaten. Die zuständigen Behörden der anderen Mitgliedstaaten verlangen die Aussetzung des Handels mit dem betreffen- den Finanzinstrument oder dessen Ausschluss vom Handel an dem geregelten Markt und MTF, die ihrer Zuständigkeit unterliegen, außer wenn die Wahrscheinlichkeit besteht, dass Anlegerinteressen oder das ordnungsgemäße Funktionieren des Binnenmarktes dadurch erheblich geschädigt werden.

---

18   ABl. L 345 vom 31.12.2003, S. 64 [Prospekt-RL, in dieser Sammlung Nr. 4.10].

Art. 42 Zugang zum geregelten Markt (1) Die Mitgliedstaaten schreiben vor, dass der geregelte Markt auf Dauer transparente, nichtdiskriminierende und auf objektiven Kriterien beruhende Regeln für die Zugang zu dem geregelten Markt oder die Mitgliedschaft darin festlegt.

(2) In diesen Regeln wird festgelegt, welche Pflichten den Mitgliedern oder Teilnehmern erwachsen aus

a) der Einrichtung und Verwaltung des geregelten Marktes,

b) den Regeln für die am Markt getätigten Geschäfte,

c) den Standesregeln, zu deren Einhaltung die Mitarbeiter der am Markt tätigen Wertpapierfirmen oder Kreditinstitute verpflichtet sind,

d) den für andere Mitglieder oder Teilnehmer als Wertpapierfirmen und Kreditinstitute gemäß Absatz 3 festgelegten Bedingungen,

e) den Regeln und Verfahren für das Clearing und die Abrechnung der am geregelten Markt getätigten Geschäfte.

(3) Geregelte Märkte können als Mitglieder oder Teilnehmer Wertpapierfirmen, nach der Richtlinie 2000/12/EG zugelassene Kreditinstitute sowie andere Personen zulassen, die

a) die notwendige Eignung besitzen,

b) über ausreichende Fähigkeiten und Kompetenzen für den Handel verfügen,

c) über die gegebenenfalls erforderlichen organisatorischen Grundlagen verfügen,

d) über ausreichende Mittel verfügen, um ihre Funktion auszufüllen, wobei den etwaigen finanziellen Vorkehrungen Rechnung zu tragen ist, die der geregelte Markt gegebenenfalls getroffen hat, um die angemessene Abrechnung der Geschäfte zu gewährleisten.

(4) Die Mitgliedstaaten stellen sicher, dass Mitglieder und Teilnehmer in Bezug auf Geschäfte, die an einem geregelten Markt geschlossen werden, den Verpflichtungen der Artikel 19, 21 und 22 nicht nachkommen müssen. Allerdings müssen die Mitglieder und Teilnehmer des geregelten Marktes die Verpflichtungen gemäß den Artikeln 19, 21 und 22 in Bezug auf ihre Kunden einhalten, wenn sie für diese Aufträge an einem geregelten Markt ausführen.

(5) Die Mitgliedstaaten stellen sicher, dass die Regeln für den Zugang zu dem geregelten Markt oder die Mitgliedschaft darin die direkte oder die Fernteilnahme von Wertpapierfirmen und Kreditinstituten vorsehen.

(6) Die Mitgliedstaaten gestatten geregelten Märkten aus anderen Mitgliedstaaten ohne weitere rechtliche oder verwaltungstechnische Auflagen, in ihrem Hoheitsgebiet angemessene Systeme bereitzustellen, um Fernmitgliedern oder -teilnehmern in ihrem Hoheitsgebiet den Zugang zu diesen Märkten und den Handel an ihnen zu erleichtern. Der geregelte Markt teilt der zuständigen Behörde seines Herkunftsmitgliedstaats mit, in welchem Mitgliedstaat er derartige Systeme bereit- zustellen beabsichtigt. Die zuständige Behörde des Herkunftsmitgliedstaats übermittelt diese Angaben innerhalb eines Monats dem Mitgliedstaat, in dem der geregelte Markt derartige Systeme bereitstellen will. Die ESMA kann nach dem Verfahren und unter den in Artikel 35 der Verordnung (EU) Nr. 1095/2010 festgelegten Bedingungen den Zugang zu diesen Informationen beantragen.

(7) Die Mitgliedstaaten schreiben vor, dass der Betreiber des geregelten Marktes der zuständigen Behörde des geregelten Marktes regelmäßig das Verzeichnis der Mitglieder und Teilnehmer des geregelten Marktes übermittelt.

Art. 43 Überwachung der Einhaltung der Regeln des geregeltes Marktes und anderer rechtlicher Verpflichtungen (1) Die Mitgliedstaaten schreiben vor, dass geregelte Märkte auf Dauer wirksame Vorkehrungen und Verfahren zur regelmäßigen Überwachung der Einhaltung ihrer Regeln durch ihre Mitglieder und Teilnehmer festlegen. Geregelte Märkte überwachen die von ihren Mitgliedern oder Teilnehmern innerhalb ihrer Systeme geschlossenen Geschäfte, um Verstöße gegen diese Regeln, marktstörende Handelsbedingungen oder Verhaltensweisen, die auf Marktmissbrauch hindeuten könnten, zu erkennen.

(2) Die Mitgliedstaaten schreiben den Betreibern geregelter Märkte vor, der zuständigen Behörde des geregelten Marktes schwerwiegende Verstöße gegen ihre Regeln oder marktstörende Handelsbedingungen oder Verhaltensweisen, die auf Marktmissbrauch hindeuten könnten, zu melden. Die Mitgliedstaaten schreiben dem Betreiber eines geregelten Marktes ferner vor, der Behörde, die für die Ermittlung und Verfolgung von Marktmissbrauch zuständig ist, die einschlägigen Informationen unverzüglich zu übermitteln und sie bei Ermittlungen wegen Marktmissbrauchs innerhalb oder über die Systeme des geregelten Marktes und dessen Verfolgung in vollem Umfang zu unterstützen.

Art. 44 Vorhandels-Transparenzvorschriften für geregelte Märkte (1) Die Mitgliedstaaten schreiben mindestens vor, dass geregelte Märkte die aktuellen Geld- und Briefkurse und die Tiefe der Handelspositionen zu diesen Kursen veröffentlichen, die über ihre Systeme für zum Handel zugelassene Aktien mitgeteilt werden. Die Mitgliedstaaten schreiben vor, dass diese Informationen der Öffentlichkeit zu angemessenen kaufmännischen Bedingungen und kontinuierlich während der üblichen Geschäftszeiten zur Verfügung gestellt werden müssen.

Geregelte Märkte können Wertpapierfirmen, die ihre Aktienkurse gemäß Artikel 27 veröffentlichen müssen, zu angemessenen kaufmännischen Bedingungen und in nichtdiskriminierender Weise Zugang zu den Systemen geben, die sie für die Veröffentlichung der Informationen nach Unterabsatz 1 verwenden.

(2) Die Mitgliedstaaten sehen vor, dass die zuständigen Behörden in den gemäß Absatz 3 festgelegten Fällen je nach Marktmodell oder Art und Umfang der Aufträge geregelte Märkte von der Verpflichtung zur Veröffentlichung der Informationen gemäß Absatz 1 ausnehmen können. Die zuständigen Behörden können insbesondere bei Geschäften, die im Vergleich zum marktüblichen Geschäftsumfang bei der betreffenden Aktie oder dem betreffenden Aktientyp ein großes Volumen aufweisen, von dieser Verpflichtung absehen.

(3) Um die einheitliche Anwendung der Absätze 1 und 2 zu gewährleisten, erlässt die Kommission Durchführungsmaßnahmen in Bezug auf

a) die Bandbreite der Geld- und Briefkurse oder Kursofferten bestimmter Marketmaker sowie die Markttiefe zu diesen Kursen, die zu veröffentlichen sind;

b) Umfang oder Art der Aufträge, bei denen gemäß Absatz 2 von der Veröffentlichung vor dem Handel abgesehen werden kann;

c) das Marktmodell, für das gemäß Absatz 2 von der Veröffentlichung vor dem Handel abgesehen werden kann, und insbesondere die Anwendbarkeit dieser Verpflichtung auf die Handelsmethoden geregelter Märkte, die Geschäfte nach ihren Regeln unter Bezugnahme auf Kurse abschließen, die außerhalb des geregelten Marktes oder durch periodische Auktion gestellt werden.

Die Maßnahmen gemäß Unterabsatz 1 zur Änderung nicht wesentlicher Bestimmungen dieser Richtlinie durch Ergänzung werden nach dem in Artikel 64 Absatz 2 genannten Regelungsverfahren mit Kontrolle erlassen.

Art. 45 Nachhandels-Transparenzvorschriften für geregelte Märkte (1) Die Mitgliedstaaten schreiben mindestens vor, dass geregelte Märkte Kurs, Umfang und Zeitpunkt der Geschäfte veröffentlichen, die in Bezug auf zum Handel zugelassene Aktien abgeschlossen wurden. Die Mitgliedstaaten schreiben vor, dass die Einzelheiten dieser Geschäfte zu angemessenen kaufmännischen Bedingungen und soweit wie möglich auf Echtzeitbasis zu veröffentlichen sind.

Geregelte Märkte können Wertpapierfirmen, die gemäß Artikel 28 Einzelheiten ihrer Aktiengeschäfte veröffentlichen müssen, zu angemessenen kaufmännischen Bedingungen und in nichtdiskriminierender Weise Zugang zu den Systemen geben, die sie für die Veröffentlichung der Informationen nach Unterabsatz 1 verwenden.

(2) Die Mitgliedstaaten sehen vor, dass die zuständige Behörde geregelten Märkten gestatten kann, die Einzelheiten von Geschäften je nach deren Art und Umfang zu einem späteren Zeitpunkt zu veröffentlichen. Die zuständigen Behörden können eine verzögerte Veröffentlichung insbesondere bei Geschäften gestatten, die im Vergleich zum marktüblichen Geschäftsumfang bei der betreffenden Aktie oder Aktiengattung ein großes Volumen aufweisen. Die Mitgliedstaaten schreiben vor, dass ein geregelter Markt vorab die Genehmigung der zuständigen Behörde zu vorgeschlagenen Vorkehrungen für die verzögerte Veröffentlichung einholen muss und ferner, dass Marktteilnehmer und Anlegerpublikum auf diese Vorkehrungen deutlich hingewiesen werden.

(3) Um ein effizientes und ordnungsgemäßes Funktionieren der Finanzmärkte zu gewährleisten und die einheitliche Anwendung der Absätze 1 und 2 sicherzustellen, erlässt die Kommission Durchführungsmaßnahmen in Bezug auf:

a) Umfang und Inhalt der Angaben, die der Öffentlichkeit zur Verfügung gestellt werden müssen;

b) die Voraussetzungen, unter denen ein geregelter Markt Angaben zu Geschäften zu einem späteren Zeitpunkt veröffentlichen darf, und die Kriterien, anhand deren entschieden wird, bei welchen Geschäften aufgrund ihres Umfangs oder der betroffenen Aktiengattung eine verzögerte Veröffentlichung zulässig ist.

Die Maßnahmen gemäß Unterabsatz 1 zur Änderung nicht wesentlicher Bestimmungen dieser Richtlinie durch Ergänzung werden nach dem in Artikel 64 Absatz 2 genannten Regelungsverfahren mit Kontrolle erlassen.

Art. 46 Vereinbarungen mit einer zentralen Gegenpartei und über Clearing und Abrechnung (1) Die Mitgliedstaaten hindern geregelte Märkte nicht daran, mit einer zentralen Gegenpartei oder Clearingstelle und einem Abrechnungssystem eines anderen Mitgliedstaats zweckmäßige Vereinbarungen über Clearing und/oder Abrechnung einiger oder aller Geschäfte, die von Marktteilnehmern innerhalb ihrer Systeme getätigt werden, zu schließen.

(2) Die für einen geregelten Markt zuständige Behörde darf die Nutzung einer zentralen Gegenpartei, einer Clearingstelle und/oder eines Abwicklungssystems in einem anderen Mitgliedstaat nicht untersagen, es sei denn, dies ist für die Aufrechterhaltung des ordnungsgemäßen Funktionierens dieses geregelten Markts unumgänglich; die Bedingungen des Artikels 34 Absatz 2 für den Rückgriff auf Abwicklungssysteme sind zu berücksichtigen.

Zur Vermeidung unnötiger Doppelkontrollen berücksichtigt die zuständige Behörde die von den nationalen Zentralbanken als Aufsichtsorgane von Clearing- und Abwicklungssystemen oder anderen für diese Systeme zuständigen Aufsichtsbehörden ausgeübte Aufsicht über das Clearing- und Abwicklungssystem.

Art. 47 Verzeichnis geregelter Märkte Jeder Mitgliedstaat erstellt ein Verzeichnis der geregelten Märkte, für die er der Herkunftsmitgliedstaat ist, und übermittelt dieses Verzeichnis den übrigen Mitgliedstaaten und der ESMA. Die gleiche Mitteilung erfolgt bei jeder Änderung dieses Verzeichnisses. Die ESMA veröffentlicht ein Verzeichnis aller geregelten Märkte auf ihrer Website und aktualisiert es regelmäßig.

Titel IV – Zuständige Behörden

Kapitel I – Benennung, Befugnisse und Rechtsbehelfe

Art. 48-52 *Aufsichtsrechtliche Regeln zu zuständigen Behörden, ihren Befugnissen und Rechtsbehelfen – nicht abgedruckt.*

Art. 53 Außergerichtliches Verfahren für Anlegerbeschwerden (1) Die Mitgliedstaaten fördern die Einrichtung effizienter und wirksamer Beschwerde- und Schlichtungsverfahren für die außergerichtliche Beilegung von Streitfällen von Verbrauchern über die von Wertpapierfirmen erbrachten Wertpapier- und Nebendienstleistungen und greifen dabei gegebenenfalls auf bestehende Einrichtungen zurück.

(2) Die Mitgliedstaaten stellen sicher, dass diese Einrichtungen nicht durch Rechts- oder Verwaltungsvorschriften daran gehindert werden, bei der Beilegung grenzüberschreitender Streitfälle wirksam zusammenzuarbeiten.

(3) Die zuständigen Behörden teilen der ESMA die in Absatz 1 genannten Beschwerde- und Rechtsbehelfsverfahren mit, die in ihren Rechtsordnungen vorgesehen sind.

Die ESMA veröffentlicht ein Verzeichnis aller außergerichtlichen Verfahren auf ihrer Website und aktualisiert es regelmäßig.

Art. 54 Berufsgeheimnis (1) Die Mitgliedstaaten stellen sicher, dass die zuständigen Behörden, alle Personen, die für diese oder für Stellen, denen nach Artikel 48 Absatz 2 Aufgaben übertragen wurden, tätig sind oder waren, sowie die von den zuständigen Behörden beauftragten Wirtschaftsprüfer und Sachverständigen dem Berufsgeheimnis unterliegen. Diese dürfen vertrauliche Informationen, die sie in ihrer beruflichen Eigenschaft erhalten, an keine Person oder Behörde weitergeben, es sei denn in zusammengefasster oder allgemeiner Form, so dass die einzelnen Wertpapierfirmen, Marktbetreiber, geregelten Märkte oder anderen Personen nicht zu erkennen sind; davon unberührt bleiben Fälle, die unter das Strafrecht oder andere Bestimmungen dieser Richtlinie fallen.

(2) Wurde gegen eine Wertpapierfirma, einen Marktbetreiber oder einen geregelten Markt durch Gerichtsbeschluss das Konkursverfahren eröffnet oder ihre Zwangsabwicklung eingeleitet, so dürfen vertrauliche Informationen, die sich nicht auf Dritte beziehen, in zivil- oder handelsrechtlichen Verfahren weitergegeben werden, sofern dies für das betreffende Verfahren erforderlich ist.

(3) Unbeschadet der Fälle, die unter das Strafrecht fallen, dürfen die zuständigen Behörden, Stellen oder andere natürliche oder juristische Personen als die zuständigen Behörden vertrauliche Informationen, die sie gemäß dieser Richtlinie erhalten, nur zur Wahrnehmung ihrer Verantwortlichkeiten und Aufgaben – im Falle der zuständigen Behörden – innerhalb des Geltungsbereichs dieser Richtlinie oder – im Falle anderer Behörden, Stellen, natürlicher oder juristischer Personen – für die Zwecke, für die die Information übermittelt wurde, und/oder bei Verwaltungs- oder Gerichtsverfahren, die sich speziell auf die Wahrnehmung dieser Aufgaben beziehen, verwenden. Gibt die zuständige Behörde oder andere

Behörde, Stelle oder Person, die die Information übermittelt, jedoch ihre Zustimmung, so darf die Behörde, die die Information erhält, diese für andere Zwecke verwenden.

(4) Vertrauliche Informationen, die gemäß dieser Richtlinie empfangen, ausgetauscht oder übermittelt werden, unterliegen den Vorschriften dieses Artikels über das Berufsgeheimnis. Dieser Artikel steht dem allerdings nicht entgegen, dass die zuständigen Behörden im Einklang mit dieser Richtlinie und mit anderen, für Wertpapierfirmen, Kreditinstitute, Pensionsfonds, OGAW, Versicherungs- und Rückversicherungsvermittler, Versicherungsunternehmen, geregelte Märkte oder Marktbetreiber geltenden Richtlinien vertrauliche Informationen mit Zustimmung der die Informationen übermittelnden zuständigen Behörde oder anderen Behörden, Stellen und sonstigen juristischen oder natürlichen Personen austauschen oder solche übermitteln.

(5) Dieser Artikel steht dem Austausch oder der Übermittlung vertraulicher Informationen, die nicht von der zuständigen Behörde eines anderen Mitgliedstaats empfangen wurden, durch die zuständigen Behörden im Einklang mit den jeweils maßgebenden nationalem Recht nicht entgegen.

Art. 55 Beziehungen zu Wirtschaftsprüfern (1) Die Mitgliedstaaten sehen zumindest vor, dass jede im Rahmen der Achten Richtlinie 84/253/EWG des Rates vom 10. April 1984 über die Zulassung der mit der Pflichtprüfung der Rechnungslegungsunterlagen beauftragten Personen[19] zugelassene Person, die in einer Wertpapierfirma die Tätigkeit gemäß Artikel 51 der Vierten Richtlinie 78/660/EWG des Rates vom 25. Juli 1978 über den Jahresabschluss von Gesellschaften bestimmter Rechtsformen[20], Artikel 37 der Richtlinie 83/349/EWG oder Artikel 31 der Richtlinie 85/611/EWG oder eine andere gesetzlich vorgeschriebene Tätigkeit ausübt, verpflichtet ist, den zuständigen Behörden unverzüglich jeden dieses Unternehmen betreffenden Sachverhalt oder Beschluss zu melden, von dem sie in Ausübung ihrer Tätigkeit Kenntnis erlangt hat und der

a) einen erheblichen Verstoß gegen die Rechts- oder Verwaltungsvorschriften, die die Zulassungsvoraussetzungen enthalten oder die Ausübung der Tätigkeit von Wertpapierfirmen regeln, darstellen könnte;

b) den Fortbestand der Wertpapierfirma in Frage stellen könnte;

c) dazu führen könnte, dass der Prüfungsvermerk verweigert oder unter einen Vorbehalt gestellt wird.

Diese Person ist ferner zur Meldung jedes Sachverhalts oder Beschlusses verpflichtet, von dem sie in Ausübung einer der Tätigkeiten gemäß Unterabsatz 1 in einem Unternehmen Kenntnis erlangt, das in enger Verbindung zu der Wertpapierfirma steht, in der sie diese Tätigkeit ausübt.

(2) Meldet eine im Rahmen der Richtlinie 84/253/EWG zugelassene Person den zuständigen Behörden nach Treu und Glauben einen der in Absatz 1 genannten Sachverhalte oder Beschlüsse, so stellt dies keinen Verstoß gegen eine etwaige vertragliche oder rechtliche Beschränkung der Informationsweitergabe dar und zieht für diese Person keinerlei Haftung nach sich.

Kapitel II – Zusammenarbeit zwischen den zuständigen Behörden verschiedener Mitgliedstaaten und der ESMA – *nicht abgedruckt.*

Kapitel III – Zusammenarbeit mit Drittländern – *nicht abgedruckt.*

---

19 ABl. L 126 vom 12.5.1984, S. 20. [Ersetzt durch Abschlussprüfer-RL, in dieser Sammlung Nr. 4.8.]
20 ABl. L 222 vom 14.8.1978, S. 11. Zuletzt geändert durch die Richtlinie 2003/51/EG des Europäischen Parlaments und des Rates (ABl. L 178 vom 17.7.2003, S. 16).

Titel V – Schlussbestimmungen

Art. 64 Ausschussverfahren (1) Die Kommission wird von dem durch den Beschluss 2001/528/EG der Kommission[21] eingesetzten Europäischen Wertpapierausschuss (nachstehend „Ausschuss" genannt) unterstützt.

(2) Wird auf diesen Absatz Bezug genommen, so gelten Artikel 5a Absätze 1 bis 4 und Artikel 7 des Beschlusses 1999/468/EG unter Beachtung von dessen Artikel 8.

(2a) Die wesentlichen Bestimmungen dieser Richtlinie dürfen durch beschlossene Durchführungsmaßnahmen nicht geändert werden.

(3) Wird auf diesen Absatz Bezug genommen, so gelten die Artikel 5 und 7 des Beschlusses 1999/468/EG unter Beachtung von dessen Artikel 8. Die Frist nach Artikel 5 Absatz 6 des Beschlusses 1999/468/EG wird auf drei Monate festgesetzt.

(4) Bis 31. Dezember 2010 und danach mindestens alle drei Jahre überprüft die Kommission die Vorschriften für ihre Durchführungsbefugnisse und legt dem Europäischen Parlament und dem Rat einen Bericht über das Funktionieren dieser Befugnisse vor. In dem Bericht wird insbesondere geprüft, ob die Kommission Änderungen zu dieser Richtlinie vorschlagen muss, um den angemessenen Umfang der ihr übertragenen Durchführungsbefugnisse zu gewährleisten. Die Schlussfolgerung, ob eine Änderung erforderlich ist oder nicht, muss eine detaillierte Begründung enthalten. Erforderlichenfalls wird dem Bericht ein Legislativvorschlag zur Änderung der Vorschriften für die Übertragung der Durchführungsbefugnisse an die Kommission beigefügt.

Art. 64a Verfallsklausel Die Kommission überprüft bis spätestens zum 1. Dezember 2011 die Artikel 2, 4, 10b, 13, 15, 18, 19, 21, 22, 24 und 25, die Artikel 27 bis 30 sowie die Artikel 40, 44, 45, 56 und 58 und unterbreitet geeignete Gesetzgebungsvorschläge, damit die delegierten Rechtakte gemäß Artikel 290 AEUV und die Durchführungsrechtsakte gemäß Artikel 291 AEUV zu dieser Richtlinie uneingeschränkt zur Anwendung gelangen können. Unbeschadet der bereits erlassenen Durchführungsmaßnahmen endet die Geltungsdauer der der Kommission mit Artikel 64 übertragenen Befugnisse zum Erlass der nach dem Inkrafttreten des Vertrags von Lissabon am 1. Dezember 2009 noch verbleibenden Durchführungsmaß- nahmen am 1. Dezember 2012.

Art. 65-70 *Berichte und Überprüfungen, Änderungen anderer Richtlinien (dort berücksichtigt), Aufhebung der Richtlinie 93/22/EWG, Umsetzung – nicht abgedruckt.*

Art. 71 Übergangsbestimmungen (1) Wertpapierfirmen, die bereits vor dem 1. November 2007 in ihrem Herkunftsmitgliedstaat eine Zulassung für die Erbringung von Wertpapierdienstleistungen besaßen, gelten auch für die Zwecke dieser Richtlinie als zugelassen, wenn das Recht der betreffenden Mitgliedstaaten für die Aufnahme dieser Tätigkeiten die Erfüllung von Voraussetzungen vorsieht, die denen der Artikel 9 bis 14 vergleichbar sind.

(2) Ein geregelter Markt oder ein Marktbetreiber, der bereits vor dem 1. November 2007 in seinem Herkunftsmitgliedstaat eine Zulassung besaß, gilt auch für die Zwecke dieser Richtlinie als zugelassen, wenn das Recht des betreffenden Mitgliedstaates vorschreibt, dass der geregelte Markt bzw. der Marktbetreiber Bedingungen erfüllen muss, die denen des Titels III vergleichbar sind.

---

21 ABl. L 191 vom 13.7.2001, S. 45.

(3) Vertraglich gebundene Vermittler, die bereits vor dem 1. November 2007 in einem öffentlichen Register eingetragen waren, gelten auch für die Zwecke dieser Richtlinie als eingetragen, wenn vertraglich gebundene Vermittler nach dem Recht der betreffenden Mitgliedstaaten Voraussetzungen erfüllen müssen, die denen des Artikels 23 vergleichbar sind.

(4) Angaben, die vor dem 1. November 2007 für die Zwecke der Artikel 17, 18 oder 30 der Richtlinie 93/22/EWG übermittelt wurden, gelten als für die Zwecke der Artikel 31 und 32 der vorliegenden Richtlinie übermittelt.

(5) Jedes bestehende System, das unter die Begriffsbestimmung eines multilateralen Handelssystems fällt und von einem Marktbetreiber eines geregelten Marktes betrieben wird, wird auf Antrag des Marktbetreibers des geregelten Marktes als multilaterales Handelssystem zugelassen, sofern es Anforderungen erfüllt, die den Anforderungen dieser Richtlinie an die Zulassung und den Betrieb multilateraler Handelssysteme gleichwertig sind, und sofern der betreffende Antrag innerhalb von achtzehn Monaten nach dem 1. November 2007 gestellt wird.

(6) Wertpapierfirmen können bestehende professionelle Kunden auch weiterhin als solche behandeln, vorausgesetzt, dass diese Kategorisierung durch die Wertpapierfirma auf der Grundlage einer angemessenen Bewertung des Sachverstands, der Erfahrungen und der Kenntnisse des Kunden vorgenommen wurde, was in vernünftigem Rahmen die Sicherheit schafft, dass der Kunde angesichts des Wesens der geplanten Geschäfte oder Dienstleistungen in der Lage ist, seine eigenen Anlageentscheidungen zu treffen, und die damit einhergehenden Risiken versteht. Diese Wertpapierfirmen informieren ihre Kunden über die Voraussetzungen, die die Richtlinie für die Kategorisierung von Kunden aufstellt.

Art. 72 f. *Inkrafttreten und Adressaten – nicht abgedruckt.*

Anhang I – Liste der Dienstleistungen und Tätigkeiten und Finanzinstrumente

Abschnitt A – Wertpapierdienstleistungen und Anlagetätigkeiten

1. Annahme und Übermittlung von Aufträgen, die ein oder mehrere Finanzinstrument(e) zum Gegenstand haben
2. Ausführung von Aufträgen im Namen von Kunden
3. Handel für eigene Rechnung
4. Portfolio-Verwaltung
5. Anlageberatung
6. Übernahme der Emission von Finanzinstrumenten und/oder Platzierung von Finanzinstrumenten mit fester Übernahmeverpflichtung
7. Platzierung von Finanzinstrumenten ohne feste Übernahmeverpflichtung
8. Betrieb eines multilateralen Handelssystems (MTF)

Abschnitt B – Nebendienstleistungen

1. Verwahrung und Verwaltung von Finanzinstrumenten für Rechnung von Kunden, einschließlich der Depotverwahrung und verbundener Dienstleistungen wie Cash-Management oder Sicherheitenverwaltung
2. Gewährung von Krediten oder Darlehen an Anleger für die Durchführung von Geschäften mit einem oder mehreren Finanzinstrumenten, sofern das kredit- oder darlehensgewährende Unternehmen an diesen Geschäften beteiligt ist

3. Beratung von Unternehmen hinsichtlich der Kapitalstrukturierung, der branchenspezifischen Strategie und damit zusammenhängender Fragen sowie Beratung und Dienstleistungen bei Unternehmensfusionen und -aufkäufen

4. Devisengeschäfte, wenn diese im Zusammenhang mit der Erbringung von Wertpapierdienstleistungen stehen

5. Wertpapier- und Finanzanalyse oder sonstige Formen allgemeiner Empfehlungen, die Geschäfte mit Finanzinstrumenten betreffen

6. Dienstleistungen im Zusammenhang mit der Übernahme von Emissionen

7. Wertpapierdienstleistungen und Anlagetätigkeiten sowie Nebendienstleistungen des in Anhang I Abschnitt A oder B enthaltenen Typs betreffend den Basiswert der in Abschnitt C Nummern 5, 6, 7 und 10 enthaltenen Derivate, wenn diese mit der Erbringung der Wertpapier- oder der Nebendienstleistung in Zusammenhang stehen

Abschnitt C – Finanzinstrumente

1. Übertragbare Wertpapiere

2. Geldmarktinstrumente

3. Anteile an Organismen für gemeinsame Anlagen

4. Optionen, Terminkontrakte (Futures), Swaps, außerbörsliche Zinstermingeschäfte (Forward Rate Agreements) und alle anderen Derivatkontrakte in Bezug auf Wertpapiere, Währungen, Zinssätze oder -erträge, oder andere Derivat-Instrumente, finanzielle Indizes oder Messgrößen, die effektiv geliefert oder bar abgerechnet werden können

5. Optionen, Terminkontrakte (Futures), Swaps, außerbörsliche Zinstermingeschäfte (Forward Rate Agreements) und alle anderen Derivatkontrakte in Bezug auf Waren, die bar abgerechnet werden müssen oder auf Wunsch einer der Parteien (anders als wegen eines vertraglich festgelegten Beendigungsgrunds) bar abgerechnet werden können

6. Optionen, Terminkontrakte (Futures), Swaps und alle anderen Derivatkontrakte in Bezug auf Waren, die effektiv geliefert werden können, vorausgesetzt, sie werden an einem geregelten Markt und/oder über ein MTF gehandelt

7. Optionen, Terminkontrakte (Futures), Swaps, Termingeschäfte (Forwards) und alle anderen Derivatkontrakte in Bezug auf Waren, die effektiv geliefert werden können, die sonst nicht in Abschnitt C Nummer 6 genannt sind und nicht kommerziellen Zwecken dienen, die die Merkmale anderer derivativer Finanzinstrumente aufweisen, wobei unter anderem berücksichtigt wird, ob Clearing und Abwicklung über anerkannte Clearingstellen erfolgen oder ob eine regelmäßige Margin-Einschusspflicht besteht

8. derivative Instrumente für den Transfer von Kreditrisiken

9. Finanzielle Differenzgeschäfte

10. Optionen, Terminkontrakte (Futures), Swaps, außerbörsliche Zinstermingeschäfte (Forward Rate Agreements) und alle anderen Derivatkontrakte in Bezug auf Klimavariablen, Frachtsätze, Emissionsberechtigungen, Inflationsraten oder andere offizielle Wirtschaftsstatistiken, die bar abgerechnet werden müssen oder auf Wunsch einer der Parteien (anders als wegen eines vertraglich festgelegten Beendigungsgrunds) bar abgerechnet werden können, sowie alle anderen Derivatkontrakte in Bezug auf Vermögenswerte, Rechte, Obligationen, Indizes und Messwerte, die sonst nicht im vorliegen-

den Abschnitt C genannt sind und die die Merkmale anderer derivativer Finanzinstrumente aufweisen, wobei unter anderem berücksichtigt wird, ob sie auf einem geregelten Markt oder einem MTF gehandelt werden, ob Clearing und Abwicklung über anerkannte Clearingstellen erfolgen oder ob eine regelmäßige Margin-Einschusspflicht besteht.

Anhang II – Professionelle Kunden im Sinne dieser Richtlinie

Ein professioneller Kunde ist ein Kunde, der über ausreichende Erfahrungen, Kenntnisse und Sachverstand verfügt, um seine Anlageentscheidungen selbst treffen und die damit verbundenen Risiken angemessen beurteilen zu können. Um als professioneller Kunde angesehen zu werden, muss ein Kunde den folgenden Kriterien genügen:

I. Kategorien von Kunden, die als professionelle Kunden angesehen werden
    Folgende Rechtspersönlichkeiten sollten in Bezug auf alle Wertpapierdienstleistungen und Finanzinstrumente als professionelle Kunden im Sinne der Richtlinie angesehen werden:

1. Rechtspersönlichkeiten, die zugelassen sein oder unter Aufsicht stehen müssen, um auf den Finanzmärkten tätig werden zu können. Die nachstehende Liste ist so zu verstehen, dass sie alle zugelassenen Rechtspersönlichkeiten umfasst, die die Tätigkeiten erbringen, die für die genannten Rechtspersönlichkeiten kennzeichnend sind: Rechtspersönlichkeiten, die von einem Mitgliedstaat im Rahmen einer Richtlinie zugelassen werden, Rechtspersönlichkeiten, die von einem Mitgliedstaat ohne Bezugnahme auf eine Richtlinie zugelassen oder beaufsichtigt werden, Rechtspersönlichkeiten, die von einem Drittland zugelassen oder beaufsichtigt werden:
    a) Kreditinstitute
    b) Wertpapierfirmen
    c) sonstige zugelassene oder beaufsichtigte Finanzinstitute
    d) Versicherungsgesellschaften
    e) Organismen für gemeinsame Anlagen und ihre Verwaltungsgesellschaften
    f) Pensionsfonds und ihre Verwaltungsgesellschaften
    g) Warenhändler und Warenderivate-Händler
    h) örtliche Anleger
    i) sonstige institutionelle Anleger.
2. Große Unternehmen, die auf Unternehmensebene zwei der nachfolgenden Anforderungen erfüllen:
    –   Bilanzsumme: 20 000 000 EUR,
    –   Nettoumsatz: 40 000 000 EUR,
    –   Eigenmittel: 2 000 000 EUR.
3. Nationale und regionale Regierungen, Stellen der staatlichen Schuldenverwaltung, Zentralbanken, internationale und supranationale Einrichtungen wie die Weltbank, der IWF, die EZB, die EIB und andere vergleichbare internationale Organisationen.
4. Andere institutionelle Anleger, deren Haupttätigkeit in der Anlage in Finanzinstrumenten besteht, einschließlich Einrichtungen, die die wertpapiermäßige Verbriefung von Verbindlichkeiten und andere Finanzierungsgeschäfte betreiben.
    Die oben genannten Rechtspersönlichkeiten werden als professionelle Kunden angesehen. Es muss ihnen allerdings möglich sein, eine Behandlung als nichtprofessioneller

Kunde zu beantragen, bei der Wertpapierfirmen bereit sind, ein höheres Schutzniveau zu gewähren. Handelt es sich bei dem Kunden einer Wertpapierfirma um eines der oben genannten Unternehmen, muss die Wertpapierfirma ihn vor Erbringung jeglicher Dienstleistungen darauf hinweisen, dass er aufgrund der ihr vorliegenden Informationen als professioneller Kunde eingestuft und behandelt wird, es sei denn, die Wertpapierfirma und der Kunde vereinbaren etwas anderes. Die Firma muss den Kunden auch darüber informieren, dass er eine Änderung der vereinbarten Bedingungen beantragen kann, um sich ein höheres Schutzniveau zu verschaffen.

Es obliegt dem als professioneller Kunde eingestuften Kunden, das höhere Schutzniveau zu beantragen, wenn er glaubt, die mit der Anlage verbundenen Risiken nicht korrekt beurteilen oder steuern zu können.

Das höhere Schutzniveau wird dann gewährt, wenn ein als professioneller Kunde eingestufter Kunde eine schriftliche Übereinkunft mit der Wertpapierfirma dahingehend trifft, ihn im Sinne der geltenden Wohlverhaltensregeln nicht als professionellen Kunden zu behandeln. In dieser Übereinkunft sollte festgelegt werden, ob dies für eine oder mehrere Dienstleistung(en) oder Geschäfte oder für eine oder mehrere Art(en) von Produkten oder Geschäften gilt.

II. Kunden, die auf Antrag als professionelle Kunden behandelt werden können

II.1. Einstufungskriterien

Anderen Kunden als den in Abschnitt I genannten, einschließlich öffentlich-rechtlicher Körperschaften und individueller privater Anleger, kann es ebenfalls gestattet werden, auf das Schutzniveau zu verzichten, das von den Wohlverhaltensregeln geboten wird.

Wertpapierfirmen sollte folglich gestattet werden, diese Kunden als professionelle Kunden zu behandeln, sofern die nachstehend genannten einschlägigen Kriterien und Verfahren eingehalten werden. Bei diesen Kunden sollte allerdings nicht davon ausgegangen werden, dass sie über Marktkenntnisse und -erfahrungen verfügen, die denen der Kunden nach Abschnitt I vergleichbar sind.

Eine Senkung des normalerweise von den Wohlverhaltensregeln gebotenen Schutzniveaus ist nur dann zulässig, wenn die Wertpapierfirma sich durch eine angemessene Beurteilung des Sachverstands, der Erfahrungen und der Kenntnisse des Kunden davon vergewissert hat, dass dieser in Anbetracht der Art der geplanten Geschäfte oder Dienstleistungen nach vernünftigem Ermessen in der Lage ist, seine Anlageentscheidungen selbst zu treffen und die damit einhergehenden Risiken versteht.

Der Eignungstest, der auf Manager und Führungskräfte von Rechtspersönlichkeiten angewandt wird, die aufgrund von Finanzrichtlinien zugelassen sind, könnte als ein Beispiel für die Beurteilung des Sachverstands und der Kenntnisse angesehen werden. Im Falle kleiner Rechtspersönlichkeiten sollte die Person der oben genannten Beurteilung unterzogen werden, die befugt ist, Geschäfte im Namen der Rechtspersönlichkeit zu tätigen.

Die genannte Beurteilung sollte ergeben, dass mindestens zwei der folgenden Kriterien erfüllt werden:

- Der Kunde hat an dem relevanten Markt während der vier vorhergehenden Quartale durchschnittlich pro Quartal 10 Geschäfte von erheblichem Umfang getätigt.

- Das Finanzinstrument-Portfolio des Kunden, das definitionsgemäß Bardepots und Finanzinstrumente umfasst, übersteigt 500.000 EUR.
- Der Kunde ist oder war mindestens ein Jahr lang in einer beruflichen Position im Finanzsektor tätig, die Kenntnisse über die geplanten Geschäfte oder Dienstleistungen voraussetzt.

II.2. Verfahren

Die Kunden im oben genannten Sinn können nur dann auf den Schutz durch die Wohlverhaltensregeln verzichten, wenn folgendes Verfahren eingehalten wird:

- Sie müssen der Wertpapierfirma schriftlich mitteilen, dass sie generell oder in Bezug auf eine bestimmte Wertpapierdienstleistung oder ein bestimmtes Wertpapiergeschäft oder in Bezug auf eine bestimmte Art von Geschäft oder Produkt als professioneller Kunde behandelt werden möchten.
- Die Wertpapierfirma muss sie schriftlich klar darauf hinweisen, welches Schutzniveau und welche Anlegerentschädigungsrechte sie gegebenenfalls verlieren.
- Die Kunden müssen schriftlich in einem vom jeweiligen Vertrag getrennten Dokument bestätigen, dass sie sich der Folgen des Verlustes dieses Schutzniveaus bewusst sind.

Wertpapierfirmen müssen verpflichtet sein, durch angemessene Vorkehrungen sicherzustellen, dass ein Kunde, der als professioneller Kunde behandelt werden möchte, die einschlägigen Kriterien gemäß Abschnitt II.1 erfüllt, bevor sie einem Antrag auf Verzicht auf den Schutz stattgeben.

Wurden Kunden hingegen aufgrund von Parametern und Verfahren, die den oben genannten vergleichbar sind, bereits als professionelle Kunden eingestuft, sollte sich ihr Verhältnis zu den Wertpapierfirmen durch neue, aufgrund dieses Anhangs angenommene Regeln nicht ändern.

Die Firmen müssen zweckmäßige schriftliche interne Strategien und Verfahren einführen, anhand deren die Kunden eingestuft werden können. Die professionellen Kunden sind dafür verantwortlich, die Firma über alle Änderungen zu informieren, die ihre Einstufung beeinflussen könnten. Sollte die Wertpapierfirma zu der Erkenntnis gelangen, dass der Kunde die Bedingungen nicht mehr erfüllt, die ihn anfänglich für eine Behandlung als professioneller Kunde in Frage kommen ließen, so muss sie entsprechende Schritte in die Wege leiten.

2.20 Verordnung (EU) Nr. 330/2010 der Kommission vom 20. April 2010 über die Anwendung von Artikel 101 Absatz 3 des Vertrags über die Arbeitsweise der Europäischen Union auf Gruppen von vertikalen Vereinbarungen und abgestimmten Verhaltensweisen [Gruppenfreistellungs-VO Vertikalabreden]

ABl. L 102 vom 23.4.2010, S. 1

DIE EUROPÄISCHE KOMMISSION –
gestützt auf den Vertrag über die Arbeitsweise der Europäischen Union,
gestützt auf die Verordnung Nr. 19/65/EWG des Rates vom 2. März 1965 über die Anwendung von Artikel 85 Absatz 3 des Vertrages auf Gruppen von Vereinbarungen und aufeinander abgestimmten Verhaltensweisen[1], insbesondere auf Artikel 1,
nach Veröffentlichung des Entwurfs dieser Verordnung,
nach Anhörung des Beratenden Ausschusses für Kartell- und Monopolfragen,
in Erwägung nachstehender Gründe:

(1) Nach der Verordnung Nr. 19/65/EWG ist die Kommission ermächtigt, Artikel 101 Absatz 3 des Vertrages über die Arbeitsweise der Europäischen Union[2] durch Verordnung auf Gruppen von vertikalen Vereinbarungen und entsprechenden abgestimmten Verhaltensweisen anzuwenden, die unter Artikel 101 Absatz 1 AEUV fallen.

(2) Verordnung (EG) Nr. 2790/1999 der Kommission vom 22. Dezember 1999 über die Anwendung von Artikel 81 Absatz 3 des Vertrages auf Gruppen von vertikalen Vereinbarungen und aufeinander abgestimmten Verhaltensweisen[3] definiert eine Gruppe von vertikalen Vereinbarungen, die nach Auffassung der Kommission in der Regel die Voraussetzungen des Artikels 101 Absatz 3 AEUV erfüllen. Angesichts der insgesamt positiven Erfahrungen mit der Anwendung der genannten Verordnung, die am 31. Mai 2010 außer Kraft tritt und angesichts der seit ihrem Erlass gesammelten Erfahrungen sollte eine neue Gruppenfreistellungsverordnung erlassen werden.

(3) Die Gruppe von Vereinbarungen, die in der Regel die Voraussetzungen des Artikels 101 Absatz 3 AEUV erfüllen, umfasst vertikale Vereinbarungen über den Bezug oder Verkauf von Waren oder Dienstleistungen, die zwischen nicht miteinander im Wettbewerb stehenden Unternehmen, zwischen bestimmten Wettbewerbern sowie von bestimmten Vereinigungen des Wareneinzelhandels geschlossen werden; diese Gruppe umfasst ferner vertikale Vereinbarungen, die Nebenabreden über die Übertragung oder Nutzung von Rechten des geistigen Eigentums enthalten. Der Begriff „vertikale Vereinbarungen" sollte entsprechende abgestimmte Verhaltensweisen umfassen.

(4) Für die Anwendung von Artikel 101 Absatz 3 AEUV durch Verordnung ist es nicht erforderlich, die vertikalen Vereinbarungen zu definieren, die unter Artikel 101 Absatz 1 AEUV fallen können. Bei der Prüfung einzelner Vereinbarungen nach Artikel 101 Absatz 1 AEUV sind mehrere Faktoren, insbesondere die Marktstruktur auf der Angebots- und Nachfrageseite, zu berücksichtigen.

(5) Die durch diese Verordnung bewirkte Gruppenfreistellung sollte nur vertikalen Vereinbarungen zugute kommen, von denen mit hinreichender Sicherheit angenommen werden kann, dass sie die Voraussetzungen des Artikels 101 Absatz 3 AEUV erfüllen.

(6) Bestimmte Arten von vertikalen Vereinbarungen können die wirtschaftliche Effizienz innerhalb einer Produktions- oder Vertriebskette erhöhen, weil sie eine bessere Koordinierung zwischen den beteiligten Unternehmen ermöglichen. Insbesondere können sie dazu beitragen, die Transaktions- und Vertriebskosten der beteiligten Unternehmen zu verringern und deren Umsätze und Investitionen zu optimieren.

---

1   ABl. 36 vom 6.3.1965, S. 533.
2   Mit Wirkung vom 1. Dezember 2009 ist an die Stelle des Artikels 81 EG-Vertrag der Artikel 101 des Vertrags über die Arbeitsweise der Europäischen Union (AEUV) [in dieser Sammlung Nr. 1.2] getreten. Artikel 81 EG-Vertrag und Artikel 101 AEUV sind im Wesentlichen identisch. Im Rahmen dieser Verordnung sind Bezugnahmen auf Artikel 101 AEUV als Bezugnahmen auf Artikel 81 EG-Vertrag zu verstehen, wo dies angebracht ist.
3   ABl. L 336 vom 29.12.1999, S. 21.

(7) Die Wahrscheinlichkeit, dass derartige effizienzsteigernde Auswirkungen stärker ins Gewicht fallen als etwaige von Beschränkungen in vertikalen Vereinbarungen ausgehende wettbewerbswidrige Auswirkungen, hängt von der Marktmacht der an der Vereinbarung beteiligten Unternehmen ab und somit von dem Ausmaß, in dem diese Unternehmen dem Wettbewerb anderer Anbieter von Waren oder Dienstleistungen ausgesetzt sind, die von ihren Kunden aufgrund ihrer Produkteigenschaften, ihrer Preise und ihres Verwendungszwecks als austauschbar oder substituierbar angesehen werden.

(8) Solange der auf jedes an der Vereinbarung beteiligten Unternehmen entfallende Anteil am relevanten Markt jeweils 30 % nicht überschreitet, kann davon ausgegangen werden, dass vertikale Vereinbarungen, die nicht bestimmte Arten schwerwiegender Wettbewerbsbeschränkungen enthalten, im Allgemeinen zu einer Verbesserung der Produktion oder des Vertriebs und zu einer angemessenen Beteiligung der Verbraucher an dem daraus entstehenden Gewinn führen.

(9) Oberhalb dieser Marktanteilsschwelle von 30 % kann nicht davon ausgegangen werden, dass vertikale Vereinbarungen, die unter Artikel 101 Absatz 1 AEUV fallen, immer objektive Vorteile mit sich bringen, die in Art und Umfang ausreichen, um die Nachteile auszugleichen, die sie für den Wettbewerb mit sich bringen. Es kann allerdings auch nicht davon ausgegangen werden, dass diese vertikalen Vereinbarungen entweder unter Artikel 101 Absatz 1 AEUV fallen oder die Voraussetzungen des Artikels 101 Absatz 3 AEUV nicht erfüllen.

(10) Diese Verordnung sollte keine vertikalen Vereinbarungen freistellen, die Beschränkungen enthalten, die wahrscheinlich den Wettbewerb beschränken und den Verbrauchern schaden oder die für die Herbeiführung der effizienzsteigernden Auswirkungen nicht unerlässlich sind; insbesondere vertikale Vereinbarungen, die bestimmte Arten schwerwiegender Wettbewerbsbeschränkungen enthalten, wie die Festsetzung von Mindest- oder Festpreisen für den Weiterverkauf oder bestimmte Arten des Gebietsschutzes, sollten daher ohne Rücksicht auf den Marktanteil der beteiligten Unternehmen von dem mit dieser Verordnung gewährten Rechtsvorteil der Gruppenfreistellung ausgeschlossen werden.

(11) Die Gruppenfreistellung sollte an bestimmte Bedingungen geknüpft werden, die den Zugang zum relevanten Markt gewährleisten und Kollusion auf diesem Markt vorbeugen. Zu diesem Zweck sollte die Freistellung von Wettbewerbsverboten auf Verbote mit einer bestimmten Höchstdauer beschränkt werden. Aus demselben Grund sollten alle unmittelbaren oder mittelbaren Verpflichtungen, die die Mitglieder eines selektiven Vertriebssystems veranlassen, die Marken bestimmter konkurrierender Anbieter nicht zu führen, vom Rechtsvorteil dieser Verordnung ausgeschlossen werden.

(12) Durch die Begrenzung des Marktanteils, den Ausschluss bestimmter vertikaler Vereinbarungen von der Gruppenfreistellung und die nach dieser Verordnung zu erfüllenden Voraussetzungen ist in der Regel sichergestellt, dass Vereinbarungen, auf die die Gruppenfreistellung Anwendung findet, den beteiligten Unternehmen keine Möglichkeiten eröffnen, den Wettbewerb für einen wesentlichen Teil der betreffenden Produkte auszuschalten.

(13) Nach Artikel 29 Absatz 1 der Verordnung (EG) Nr. 1/2003 des Rates vom 16. Dezember 2002 zur Durchführung der in den Artikeln 81 und 82 des Vertrags niedergelegten Wettbewerbsregeln[4] kann die Kommission den Rechtsvorteil der Gruppenfreistellung entziehen, wenn sie in einem bestimmten Fall feststellt, dass eine Vereinbarung, für die die Gruppenfreistellung nach dieser Verordnung gilt, dennoch Wirkungen hat, die mit Artikel 101 Absatz 3 AEUV unvereinbar sind.

(14) Die mitgliedstaatlichen Wettbewerbsbehörden können, nach Artikel 29 Absatz 2 der Verordnung (EG) Nr. 1/2003 den aus dieser Verordnung erwachsenden Rechtsvorteil für das Hoheitsgebiet des betreffenden Mitgliedstaats oder einen Teil dieses Hoheitsgebiets entziehen, wenn in einem bestimmten Fall eine Vereinbarung, für die die Gruppenfreistellung nach dieser Verordnung gilt, dennoch im Hoheitsgebiet des betreffenden Mitgliedstaats oder in einem Teil dieses Hoheitsgebiets, das alle Merkmale eines gesonderten räumlichen Marktes aufweist, Wirkungen hat, die mit Artikel 101 Absatz 3 AEUV unvereinbar sind.

(15) Bei der Entscheidung, ob der aus dieser Verordnung erwachsende Rechtsvorteil nach Artikel 29 der Verordnung (EG) Nr. 1/2003 entzogen werden sollte, sind die wettbewerbsbeschränkenden Wirkungen, die sich daraus ergeben, dass der Zugang zu einem relevanten Markt oder der Wettbewerb auf diesem Markt durch gleichartige Auswirkungen paralleler Netze vertikaler Vereinbarungen erheblich eingeschränkt werden, von besonderer Bedeutung. Derartige kumulative Wirkungen können sich etwa aus selektiven Vertriebssystemen oder aus Wettbewerbsverboten ergeben.

---

4   ABl. L 1 vom 4.1.2003, S. 1.

2.20 GVO Vertikal

(16) Um die Überwachung paralleler Netze vertikaler Vereinbarungen zu verstärken, die gleichartige wettbewerbsbeschränkende Auswirkungen haben und mehr als 50 % eines Marktes abdecken, kann die Kommission durch Verordnung erklären, dass diese Verordnung auf vertikale Vereinbarungen, die bestimmte auf den betroffenen Markt bezogene Beschränkungen enthalten, keine Anwendung findet, und dadurch die volle Anwendbarkeit von Artikel 101 AEUV auf diese Vereinbarungen wiederherstellen –
HAT FOLGENDE VERORDNUNG ERLASSEN:

Art. 1 Begriffsbestimmungen (1) Für die Zwecke dieser Verordnung gelten folgende Begriffsbestimmungen:

a) „vertikale Vereinbarung" ist eine Vereinbarung oder abgestimmte Verhaltensweise, die zwischen zwei oder mehr Unternehmen, von denen jedes für die Zwecke der Vereinbarung oder der abgestimmten Verhaltensweise auf einer anderen Ebene der Produktions- oder Vertriebskette tätig ist, geschlossen wird und die die Bedingungen betrifft, zu denen die beteiligten Unternehmen Waren oder Dienstleistungen beziehen, verkaufen oder weiterverkaufen dürfen;

b) „vertikale Beschränkung" ist eine Wettbewerbsbeschränkung in einer vertikalen Vereinbarung, die unter Artikel 101 Absatz 1 AEUV fällt;

c) „Wettbewerber" ist ein tatsächlicher oder potenzieller Wettbewerber; ein „tatsächlicher Wettbewerber" ist ein Unternehmen, das auf demselben relevanten Markt tätig ist; ein „potenzieller Wettbewerber" ist ein Unternehmen, bei dem realistisch und nicht nur hypothetisch davon ausgegangen werden kann, dass es ohne die vertikale Vereinbarung als Reaktion auf einen geringen, aber anhaltenden Anstieg der relativen Preise wahrscheinlich innerhalb kurzer Zeit die zusätzlichen Investitionen tätigen oder sonstigen Umstellungskosten auf sich nehmen würde, die erforderlich wären, um in den relevanten Markt einzutreten;

d) „Wettbewerbsverbot" ist eine unmittelbare oder mittelbare Verpflichtung, die den Abnehmer veranlasst, keine Waren oder Dienstleistungen herzustellen, zu beziehen, zu verkaufen oder weiterzuverkaufen, die mit den Vertragswaren oder -dienstleistungen im Wettbewerb stehen, oder eine unmittelbare oder mittelbare Verpflichtung des Abnehmers, auf dem relevanten Markt mehr als 80 % seines Gesamtbezugs an Vertragswaren oder -dienstleistungen und ihren Substituten, der anhand des Werts des Bezugs oder, falls in der Branche üblich, anhand des bezogenen Volumens im vorangehenden Kalenderjahr berechnet wird, vom Anbieter oder von einem anderen vom Anbieter benannten Unternehmen zu beziehen;

e) „selektive Vertriebssysteme" sind Vertriebssysteme, in denen sich der Anbieter verpflichtet, die Vertragswaren oder -dienstleistungen unmittelbar oder mittelbar nur an Händler zu verkaufen, die anhand festgelegter Merkmale ausgewählt werden, und in denen sich diese Händler verpflichten, die betreffenden Waren oder Dienstleistungen nicht an Händler zu verkaufen, die innerhalb des vom Anbieter für den Betrieb dieses Systems festgelegten Gebiets nicht zum Vertrieb zugelassen sind;

f) „Rechte des geistigen Eigentums" umfassen unter anderem gewerbliche Schutzrechte, Know-how, Urheberrechte und verwandte Schutzrechte;

g) „Know-how" ist eine Gesamtheit nicht patentgeschützter praktischer Kenntnisse, die der Anbieter durch Erfahrung und Erprobung gewonnen hat und die geheim, wesentlich und identifiziert sind; in diesem Zusammenhang bedeutet „geheim", dass das Know-how nicht allgemein bekannt oder leicht zugänglich ist; „wesentlich" bedeutet, dass das Know-how für den Abnehmer bei der Verwendung, dem Verkauf oder dem

Weiterverkauf der Vertragswaren oder -dienstleistungen bedeutsam und nützlich ist; „identifiziert" bedeutet, dass das Know-how so umfassend beschrieben ist, dass überprüft werden kann, ob es die Merkmale „geheim" und „wesentlich" erfüllt;

h) „Abnehmer" ist auch ein Unternehmen, das auf der Grundlage einer unter Artikel 101 Absatz 1 AEUV fallenden Vereinbarung Waren oder Dienstleistungen für Rechnung eines anderen Unternehmens verkauft;

i) „Kunde des Abnehmers" ist ein nicht an der Vereinbarung beteiligtes Unternehmen, das die Vertragswaren oder -dienstleistungen von einem an der Vereinbarung beteiligten Abnehmer bezieht.

(2) Für die Zwecke dieser Verordnung schließen die Begriffe „Unternehmen", „Anbieter" und „Abnehmer" die jeweils mit diesen verbundenen Unternehmen ein. „Verbundene Unternehmen" sind:

a) Unternehmen, in denen ein an der Vereinbarung beteiligtes Unternehmen unmittelbar oder mittelbar

i) die Befugnis hat, mehr als die Hälfte der Stimmrechte auszuüben, oder

ii) die Befugnis hat, mehr als die Hälfte der Mitglieder des Leitungs- oder Aufsichtsorgans oder der zur gesetzlichen Vertretung berufenen Organe zu bestellen, oder

iii) das Recht hat, die Geschäfte des Unternehmens zu führen;

b) Unternehmen, die in einem an der Vereinbarung beteiligten Unternehmen unmittelbar oder mittelbar die unter Buchstabe a aufgeführten Rechte oder Befugnisse haben;

c) Unternehmen, in denen ein unter Buchstabe b genanntes Unternehmen unmittelbar oder mittelbar die unter Buchstabe a aufgeführten Rechte oder Befugnisse hat;

d) Unternehmen, in denen ein an der Vereinbarung beteiligtes Unternehmen gemeinsam mit einem oder mehreren der unter den Buchstaben a, b und c genannten Unternehmen oder in denen zwei oder mehr der zuletzt genannten Unternehmen gemeinsam die unter Buchstabe a aufgeführten Rechte oder Befugnisse haben;

e) Unternehmen, in denen die folgenden Unternehmen gemeinsam die unter Buchstabe a aufgeführten Rechte oder Befugnisse haben:

i) an der Vereinbarung beteiligte Unternehmen oder mit ihnen jeweils verbundene Unternehmen im Sinne der Buchstaben a bis d, oder

ii) eines oder mehrere der an der Vereinbarung beteiligten Unternehmen oder eines oder mehrere der mit ihnen verbundenen Unternehmen im Sinne der Buchstaben a bis d und ein oder mehrere dritte Unternehmen.

Art. 2 Freistellung (1) Nach Artikel 101 Absatz 3 AEUV und nach Maßgabe dieser Verordnung gilt Artikel 101 Absatz 1 AEUV nicht für vertikale Vereinbarungen. Diese Freistellung gilt, soweit solche Vereinbarungen vertikale Beschränkungen enthalten.

(2) Die Freistellung nach Absatz 1 gilt nur dann für vertikale Vereinbarungen zwischen einer Unternehmensvereinigung und ihren Mitgliedern oder zwischen einer solchen Vereinigung und ihren Anbietern, wenn alle Mitglieder der Vereinigung Wareneinzelhändler sind und wenn keines ihrer Mitglieder zusammen mit seinen verbundenen Unternehmen einen jährlichen Gesamtumsatz von mehr als 50 Mio. EUR erwirtschaftet. Vertikale Vereinbarungen solcher Vereinigungen werden von dieser Verordnung unbeschadet der Anwendbarkeit von Artikel 101 AEUV auf horizontale Vereinbarungen zwischen den Mitgliedern einer solchen Vereinigung sowie auf Beschlüsse der Vereinigung erfasst.

(3) Die Freistellung nach Absatz 1 gilt für vertikale Vereinbarungen, die Bestimmungen enthalten, die die Übertragung von Rechten des geistigen Eigentums auf den Abnehmer

oder die Nutzung solcher Rechte durch den Abnehmer betreffen, sofern diese Bestimmungen nicht Hauptgegenstand der Vereinbarung sind und sofern sie sich unmittelbar auf die Nutzung, den Verkauf oder den Weiterverkauf von Waren oder Dienstleistungen durch den Abnehmer oder seine Kunden beziehen. Die Freistellung gilt unter der Voraussetzung, dass diese Bestimmungen für die Vertragswaren oder -dienstleistungen keine Wettbewerbsbeschränkungen enthalten, die denselben Zweck verfolgen wie vertikale Beschränkungen, die durch diese Verordnung nicht freigestellt sind.

(4) Die Freistellung nach Absatz 1 gilt nicht für vertikale Vereinbarungen zwischen Wettbewerbern. Sie findet jedoch Anwendung, wenn Wettbewerber eine nicht gegenseitige vertikale Vereinbarung treffen und

a) der Anbieter zugleich Hersteller und Händler von Waren ist, der Abnehmer dagegen Händler, jedoch kein Wettbewerber auf der Herstellungsebene; oder

b) der Anbieter ein auf mehreren Handelsstufen tätiger Dienstleister ist, der Abnehmer dagegen Waren oder Dienstleistungen auf der Einzelhandelsstufe anbietet und auf der Handelsstufe, auf der er die Vertragsdienstleistungen bezieht, kein Wettbewerber ist.

(5) Diese Verordnung gilt nicht für vertikale Vereinbarungen, deren Gegenstand in den Geltungsbereich einer anderen Gruppenfreistellungsverordnung fällt, es sei denn, dies ist in einer solchen Verordnung vorgesehen.

Art. 3 Marktanteilsschwelle (1) Die Freistellung nach Artikel 2 gilt nur, wenn der Anteil des Anbieters an dem relevanten Markt, auf dem er die Vertragswaren oder -dienstleistungen anbietet, und der Anteil des Abnehmers an dem relevanten Markt, auf dem er die Vertragswaren oder -dienstleistungen bezieht, jeweils nicht mehr als 30 % beträgt.

(2) Bezieht ein Unternehmen im Rahmen einer Mehrparteienvereinbarung die Vertragswaren oder -dienstleistungen von einer Vertragspartei und verkauft es sie anschließend an eine andere Vertragspartei, so gilt die Freistellung nach Artikel 2 nur, wenn es die Voraussetzungen des Absatzes 1 als Abnehmer wie auch als Anbieter erfüllt.

Art. 4 Beschränkungen, die zum Ausschluss des Rechtsvorteils der Gruppenfreistellung führen – Kernbeschränkungen Die Freistellung nach Artikel 2 gilt nicht für vertikale Vereinbarungen, die unmittelbar oder mittelbar, für sich allein oder in Verbindung mit anderen Umständen unter der Kontrolle der Vertragsparteien Folgendes bezwecken:

a) Die Beschränkung der Möglichkeit des Abnehmers, seinen Verkaufspreis selbst festzusetzen; dies gilt unbeschadet der Möglichkeit des Anbieters, Höchstverkaufspreise festzusetzen oder Preisempfehlungen auszusprechen, sofern sich diese nicht infolge der Ausübung von Druck oder der Gewährung von Anreizen durch eines der beteiligten Unternehmen tatsächlich wie Fest- oder Mindestverkaufspreise auswirken;

b) die Beschränkung des Gebiets oder der Kundengruppe, in das oder an die ein an der Vereinbarung beteiligter Abnehmer, vorbehaltlich einer etwaigen Beschränkung in Bezug auf den Ort seiner Niederlassung, Vertragswaren oder -dienstleistungen verkaufen darf, mit Ausnahme

i) der Beschränkung des aktiven Verkaufs in Gebiete oder an Kundengruppen, die der Anbieter sich selbst vorbehalten oder ausschließlich einem anderen Abnehmer zugewiesen hat, sofern dadurch der Verkauf durch die Kunden des Abnehmers nicht beschränkt wird,

ii) der Beschränkung des Verkaufs an Endverbraucher durch Abnehmer, die auf der Großhandelsstufe tätig sind,

370

iii) der Beschränkung des Verkaufs an nicht zugelassene Händler durch die Mitglieder eines selektiven Vertriebssystems innerhalb des vom Anbieter für den Betrieb dieses Systems festgelegten Gebiets,

iv) der Beschränkung der Möglichkeit des Abnehmers, Teile, die zur Weiterverwendung geliefert werden, an Kunden zu verkaufen, die diese Teile für die Herstellung derselben Art von Waren verwenden würden, wie sie der Anbieter herstellt;

c) die Beschränkung des aktiven oder passiven Verkaufs an Endverbraucher durch auf der Einzelhandelsstufe tätige Mitglieder eines selektiven Vertriebssystems; dies gilt unbeschadet der Möglichkeit, Mitgliedern des Systems zu untersagen, Geschäfte von nicht zugelassenen Niederlassungen aus zu betreiben;

d) die Beschränkung von Querlieferungen zwischen Händlern innerhalb eines selektiven Vertriebssystems, auch wenn diese auf verschiedenen Handelsstufen tätig sind;

e) die zwischen einem Anbieter von Teilen und einem Abnehmer, der diese Teile weiterverwendet, vereinbarte Beschränkung der Möglichkeit des Anbieters, die Teile als Ersatzteile an Endverbraucher oder an Reparaturbetriebe oder andere Dienstleister zu verkaufen, die der Abnehmer nicht mit der Reparatur oder Wartung seiner Waren betraut hat.

Art. 5 Nicht freigestellte Beschränkungen (1) Die Freistellung nach Artikel 2 gilt nicht für die folgenden, in vertikalen Vereinbarungen enthaltenen Verpflichtungen:

a) unmittelbare oder mittelbare Wettbewerbsverbote, die für eine unbestimmte Dauer oder für eine Dauer von mehr als fünf Jahren vereinbart werden;

b) unmittelbare oder mittelbare Verpflichtungen, die den Abnehmer veranlassen, Waren oder Dienstleistungen nach Beendigung der Vereinbarung nicht herzustellen, zu beziehen, zu verkaufen oder weiterzuverkaufen;

c) unmittelbare oder mittelbare Verpflichtungen, die die Mitglieder eines selektiven Vertriebssystems veranlassen, Marken bestimmter konkurrierender Anbieter nicht zu verkaufen.

Für die Zwecke des Unterabsatz 1 Buchstabe a gelten Wettbewerbsverbote, deren Dauer sich über den Zeitraum von fünf Jahren hinaus stillschweigend verlängert, als für eine unbestimmte Dauer vereinbart.

(2) Abweichend von Absatz 1 Buchstabe a gilt die Begrenzung auf fünf Jahre nicht, wenn die Vertragswaren oder -dienstleistungen vom Abnehmer in Räumlichkeiten und auf Grundstücken verkauft werden, die im Eigentum des Anbieters stehen oder von diesem von nicht mit dem Abnehmer verbundenen Dritten gemietet oder gepachtet worden sind und das Wettbewerbsverbot nicht über den Zeitraum hinausreicht, in dem der Abnehmer diese Räumlichkeiten und Grundstücke nutzt.

(3) In Abweichung von Absatz 1 Buchstabe b gilt die Freistellung nach Artikel 2 für unmittelbare oder mittelbare Verpflichtungen, die den Abnehmer veranlassen, Waren oder Dienstleistungen nach Beendigung der Vereinbarung nicht herzustellen, zu beziehen, zu verkaufen oder weiterzuverkaufen, wenn die folgenden Bedingungen erfüllt sind:

a) die Verpflichtungen beziehen sich auf Waren oder Dienstleistungen, die mit den Vertragswaren oder -dienstleistungen im Wettbewerb stehen;

b) die Verpflichtungen beschränken sich auf Räumlichkeiten und Grundstücke, von denen aus der Abnehmer während der Vertragslaufzeit seine Geschäfte betrieben hat;

c) die Verpflichtungen sind unerlässlich, um dem Abnehmer vom Anbieter übertragenes Know-how zu schützen;

2.20 GVO Vertikal

d) die Dauer der Verpflichtungen ist auf höchstens ein Jahr nach Beendigung der Vereinbarung begrenzt.

Absatz 1 Buchstabe b gilt unbeschadet der Möglichkeit, Nutzung und Offenlegung von nicht allgemein zugänglichem Know-how unbefristeten Beschränkungen zu unterwerfen.

Art. 6 Nichtanwendung dieser Verordnung Nach Artikel 1a der Verordnung Nr. 19/65/ EWG kann die Kommission durch Verordnung erklären, dass in Fällen, in denen mehr als 50 % des relevanten Marktes von parallelen Netzen gleichartiger vertikaler Beschränkungen abgedeckt werden, die vorliegende Verordnung auf vertikale Vereinbarungen, die bestimmte Beschränkungen des Wettbewerbs auf diesem Markt enthalten, keine Anwendung findet.

Art. 7 Anwendung der Marktanteilsschwelle Für die Anwendung der Marktanteilsschwellen im Sinne des Artikels 3 gelten folgende Vorschriften:

a) Der Marktanteil des Anbieters wird anhand des Absatzwerts und der Marktanteil des Abnehmers anhand des Bezugswerts berechnet. Liegen keine Angaben über den Absatz- bzw. Bezugswert vor, so können zur Ermittlung des Marktanteils des betreffenden Unternehmens Schätzungen vorgenommen werden, die auf anderen verlässlichen Marktdaten unter Einschluss der Absatz- und Bezugsmengen beruhen;

b) Die Marktanteile werden anhand der Angaben für das vorangegangene Kalenderjahr ermittelt;

c) Der Marktanteil des Anbieters schließt Waren oder Dienstleistungen ein, die zum Zweck des Verkaufs an vertikal integrierte Händler geliefert werden;

d) Beträgt ein Marktanteil ursprünglich nicht mehr als 30 % und überschreitet er anschließend diese Schwelle, jedoch nicht 35 %, so gilt die Freistellung nach Artikel 2 im Anschluss an das Jahr, in dem die Schwelle von 30 % erstmals überschritten wurde, noch für zwei weitere Kalenderjahre;

e) Beträgt ein Marktanteil ursprünglich nicht mehr als 30 % und überschreitet er anschließend 35 %, so gilt die Freistellung nach Artikel 2 im Anschluss an das Jahr, in dem die Schwelle von 35 % erstmals überschritten wurde, noch für ein weiteres Kalenderjahr;

f) Die unter den Buchstaben d und e genannten Rechtsvorteile dürfen nicht in der Weise miteinander verbunden werden, dass ein Zeitraum von zwei Kalenderjahren überschritten wird;

g) Der Marktanteil der in Artikel 1 Absatz 2 Unterabsatz 2 Buchstabe e genannten Unternehmen wird zu gleichen Teilen jedem Unternehmen zugerechnet, das die in Artikel 1 Absatz 2 Unterabsatz 2 Buchstabe a aufgeführten Rechte oder Befugnisse hat.

Art. 8 Anwendung der Umsatzschwelle (1) Für die Berechnung des jährlichen Gesamtumsatzes im Sinne des Artikels 2 Absatz 2 sind die Umsätze zu addieren, die das jeweilige an der vertikalen Vereinbarung beteiligte Unternehmen und die mit ihm verbundenen Unternehmen im letzten Geschäftsjahr mit allen Waren und Dienstleistungen ohne Steuern und sonstige Abgaben erzielt haben. Dabei werden Umsätze zwischen dem an der vertikalen Vereinbarung beteiligten Unternehmen und den mit ihm verbundenen Unternehmen oder zwischen den mit ihm verbundenen Unternehmen nicht mitgerechnet.

(2) Die Freistellung nach Artikel 2 bleibt bestehen, wenn der jährliche Gesamtumsatz im Zeitraum von zwei aufeinanderfolgenden Geschäftsjahren die Schwelle um nicht mehr als 10 % überschreitet.

Art. 9 Übergangszeitraum Das Verbot nach Artikel 101 Absatz 1 AEUV gilt in der Zeit vom 1. Juni 2010 bis zum 31. Mai 2011 nicht für bereits am 31. Mai 2010 in Kraft befindliche Vereinbarungen, die zwar die Freistellungskriterien dieser Verordnung nicht erfüllen, aber am 31. Mai 2010 die Freistellungskriterien der Verordnung (EG) Nr. 2790/1999 erfüllt haben.

Art. 10 Geltungsdauer Diese Verordnung tritt am 1. Juni 2010 in Kraft. Sie gilt bis zum 31. Mai 2022.

2.21 Richtlinie 2004/18/EG des Europäischen Parlaments und des Rates vom 31. März 2004 über die Koordinierung der Verfahren zur Vergabe öffentlicher Bauaufträge, Lieferaufträge und Dienstleistungsaufträge [Bau-, Liefer- und Dienstleistungsaufträge-RL]

ABl. 2004 L 134/14

DAS EUROPÄISCHE PARLAMENT UND DER RAT DER EUROPÄISCHEN UNION –
gestützt auf den Vertrag zur Gründung der Europäischen Gemeinschaft,
insbesondere auf Artikel 47 Absatz 2, Artikel 55 und Artikel 95,
auf Vorschlag der Kommission[1],
nach Stellungnahme des Europäischen Wirtschafts- und Sozialausschusses[2],
nach Stellungnahme des Ausschusses der Regionen[3],
gemäß dem Verfahren des Artikels 251 des Vertrags[4], aufgrund des vom Vermittlungsausschuss am
9. Dezember 2003 gebilligten gemeinsamen Entwurfs,
in Erwägung nachstehender Gründe:
(1)-(51) - *nicht abgedruckt.*
HABEN FOLGENDE RICHTLINIE ERLASSEN:

Titel I – Definitionen und allgemeine Grundsätze

Art. 1 Definitionen (1) Für die Zwecke dieser Richtlinie gelten die Definitionen der Absätze 2 bis 15.

(2) a) „Öffentliche Aufträge" sind zwischen einem oder mehreren Wirtschaftsteilnehmern und einem oder mehreren öffentlichen Auftraggebern geschlossene schriftliche entgeltliche Verträge über die Ausführung von Bauleistungen, die Lieferung von Waren oder die Erbringung von Dienstleistungen im Sinne dieser Richtlinie.

b) „Öffentliche Bauaufträge" sind öffentliche Aufträge über entweder die Ausführung oder gleichzeitig die Planung und die Ausführung von Bauvorhaben im Zusammenhang mit einer der in Anhang I genannten Tätigkeiten oder eines Bauwerks oder die Erbringung einer Bauleistung durch Dritte, gleichgültig mit welchen Mitteln, gemäß den vom öffentlichen Auftraggeber genannten Erfordernissen. Ein „Bauwerk" ist das Ergebnis einer Gesamtheit von Tief- oder Hochbauarbeiten, das seinem Wesen nach eine wirtschaftliche oder technische Funktion erfüllen soll.

c) „Öffentliche Lieferaufträge" sind andere öffentliche Aufträge als die unter Buchstabe b genannten; sie betreffen den Kauf, das Leasing, die Miete, die Pacht oder den Ratenkauf, mit oder ohne Kaufoption, von Waren.

Ein öffentlicher Auftrag über die Lieferung von Waren, der das Verlegen und Anbringen lediglich als Nebenarbeiten umfasst, gilt als öffentlicher Lieferauftrag.

---

1   ABl. C 29 E vom 30.1.2001, S. 11 und ABl. C 203 E vom 27.8.2002, S. 210.
2   ABl. C 193 vom 10.7.2001, S. 7.
3   ABl. C 144 vom 16.5.2001, S. 23.
4   Stellungnahme des Europäischen Parlaments vom 17.1.2002 (ABl. C 271 E vom 7.11.2002, S. 176), Gemeinsamer Standpunkt des Rates vom 20.3.2003 (ABl. C 147 E vom 24.6.2003, S. 1), Standpunkt des Europäischen Parlaments vom 2.7.2003 ([ABl. C 74 E vom 24.3.2004, S. 445]). Legislative Entschließung des Parlaments vom 29.1.2004 ([ABl. C 96E vom 21.4. 2004, S. 104]) und Beschluss des Rates vom 2.2.2004.

d) „Öffentliche Dienstleistungsaufträge" sind öffentliche Aufträge über die Erbringung von Dienstleistungen im Sinne von Anhang II, die keine öffentlichen Bau- oder Lieferaufträge sind.

Ein öffentlicher Auftrag, der sowohl Waren als auch Dienstleistungen im Sinne von Anhang II umfasst, gilt als „öffentlicher Dienstleistungsauftrag", wenn der Wert der betreffenden Dienstleistungen den Wert der in den Auftrag einbezogenen Waren übersteigt. Ein öffentlicher Auftrag über die Erbringung von Dienstleistungen im Sinne von Anhang II, der Tätigkeiten im Sinne von Anhang I lediglich als Nebenarbeiten im Verhältnis zum Hauptauftragsgegenstand umfasst, gilt als öffentlicher Dienstleistungsauftrag.

(3) „Öffentliche Baukonzessionen" sind Verträge, die von öffentlichen Bauaufträgen nur insoweit abweichen, als die Gegenleistung für die Bauleistungen ausschließlich in dem Recht zur Nutzung des Bauwerks oder in diesem Recht zuzüglich der Zahlung eines Preises besteht.

(4) „Dienstleistungskonzessionen" sind Verträge, die von öffentlichen Dienstleistungsaufträgen nur insoweit abweichen, als die Gegenleistung für die Erbringung der Dienstleistungen ausschließlich in dem Recht zur Nutzung der Dienstleistung oder in diesem Recht zuzüglich der Zahlung eines Preises besteht.

(5) Eine „Rahmenvereinbarung" ist eine Vereinbarung zwischen einem oder mehreren öffentlichen Auftraggebern und einem oder mehreren Wirtschaftsteilnehmern, die zum Ziel hat, die Bedingungen für die Aufträge, die im Laufe eines bestimmten Zeitraums vergeben werden sollen, festzulegen, insbesondere in Bezug auf den Preis und gegebenenfalls die in Aussicht genommene Menge.

(6) Ein „dynamisches Beschaffungssystem" ist ein vollelektronisches Verfahren für Beschaffungen von marktüblichen Leistungen, bei denen die allgemein auf dem Markt verfügbaren Merkmale den Anforderungen des öffentlichen Auftraggebers genügen; dieses Verfahren ist zeitlich befristet und steht während der gesamten Verfahrensdauer jedem Wirtschaftsteilnehmer offen, der die Eignungskriterien erfüllt und ein erstes Angebot im Einklang mit den Verdingungsunterlagen unterbreitet hat.

(7) Eine „elektronische Auktion" ist ein iteratives Verfahren, bei dem mittels einer elektronischen Vorrichtung nach einer ersten vollständigen Bewertung der Angebote jeweils neue, nach unten korrigierte Preise und/oder neue, auf bestimmte Komponenten der Angebote abstellende Werte vorgelegt werden, und das eine automatische Klassifizierung dieser Angebote ermöglicht. Folglich dürfen bestimmte Bau- und Dienstleistungsaufträge, bei denen eine geistige Leistung zu erbringen ist – wie z.B. die Konzeption von Bauarbeiten –, nicht Gegenstand von elektronischen Auktionen sein.

(8) Die Begriffe „Unternehmer", „Lieferant" und „Dienstleistungserbringer" bezeichnen natürliche oder juristische Personen, öffentliche Einrichtungen oder Gruppen dieser Personen und/oder Einrichtungen, die auf dem Markt die Ausführung von Bauleistungen, die Errichtung von Bauwerken, die Lieferung von Waren bzw. die Erbringung von Dienstleistungen anbieten.

Der Begriff „Wirtschaftsteilnehmer" umfasst sowohl Unternehmer als auch Lieferanten und Dienstleistungserbringer. Er dient ausschließlich der Vereinfachung des Textes.

Ein Wirtschaftsteilnehmer, der ein Angebot vorgelegt hat, wird als „Bieter" bezeichnet. Derjenige, der sich um eine Aufforderung zur Teilnahme an einem nichtoffenen Verfahren, einem Verhandlungsverfahren oder einem wettbewerblichen Dialog beworben hat, wird als „Bewerber" bezeichnet.

2.21 RL öffentliche Aufträge

(9) „Öffentliche Auftraggeber" sind der Staat, die Gebietskörperschaften, die Einrichtungen des öffentlichen Rechts und die Verbände, die aus einer oder mehreren dieser Körperschaften oder Einrichtungen des öffentlichen Rechts bestehen. Als „Einrichtung des öffentlichen Rechts" gilt jede Einrichtung, die

a) zu dem besonderen Zweck gegründet wurde, im Allgemeininteresse liegende Aufgaben nicht gewerblicher Art zu erfüllen,

b) Rechtspersönlichkeit besitzt und

c) überwiegend vom Staat, von Gebietskörperschaften oder von anderen Einrichtungen des öffentlichen Rechts finanziert wird, hinsichtlich ihrer Leitung der Aufsicht durch Letztere unterliegt oder deren Verwaltungs-, Leitungs- oder Aufsichtsorgan mehrheitlich aus Mitgliedern besteht, die vom Staat, von den Gebietskörperschaften oder von anderen Einrichtungen des öffentlichen Rechts ernannt worden sind.

Die nicht erschöpfenden Verzeichnisse der Einrichtungen und Kategorien von Einrichtungen des öffentlichen Rechts, die die in Unterabsatz 2 Buchstaben a, b und c genannten Kriterien erfüllen, sind in Anhang III enthalten. Die Mitgliedstaaten geben der Kommission regelmäßig die Änderungen ihrer Verzeichnisse bekannt.

(10) Eine „zentrale Beschaffungsstelle" ist ein öffentlicher Auftraggeber, der

– für öffentliche Auftraggeber bestimmte Waren und/oder Dienstleistungen erwirbt oder

– öffentliche Aufträge vergibt oder Rahmenvereinbarungen über Bauleistungen, Waren oder Dienstleistungen für öffentliche Auftraggeber schließt.

(11) a) „Offene Verfahren" sind Verfahren, bei denen alle interessierten Wirtschaftsteilnehmer ein Angebot abgeben können.

b) „Nichtoffene Verfahren" sind Verfahren, bei denen sich alle Wirtschaftsteilnehmer um die Teilnahme bewerben können und bei denen nur die vom öffentlichen Auftraggeber aufgeforderten Wirtschaftsteilnehmer ein Angebot abgeben können.

c) Der „wettbewerbliche Dialog" ist ein Verfahren, bei dem sich alle Wirtschaftsteilnehmer um die Teilnahme bewerben können und bei dem der öffentliche Auftraggeber einen Dialog mit den zu diesem Verfahren zugelassenen Bewerbern führt, um eine oder mehrere seinen Bedürfnissen entsprechende Lösungen herauszuarbeiten, auf deren Grundlage bzw. Grundlagen die ausgewählten Bewerber zur Angebotsabgabe aufgefordert werden.

Für die Zwecke des Rückgriffs auf das in Unterabsatz 1 genannte Verfahren gilt ein öffentlicher Auftrag als „besonders komplex", wenn der öffentliche Auftraggeber

– objektiv nicht in der Lage ist, die technischen Mittel gemäß Artikel 23 Absatz 3 Buchstaben b, c oder d anzugeben, mit denen seine Bedürfnisse und seine Ziele erfüllt werden können und/oder

– objektiv nicht in der Lage ist, die rechtlichen und/oder finanziellen Konditionen eines Vorhabens anzugeben.

d) „Verhandlungsverfahren" sind Verfahren, bei denen der öffentliche Auftraggeber sich an Wirtschaftsteilnehmer seiner Wahl wendet und mit einem oder mehreren von ihnen über die Auftragsbedingungen verhandelt.

e) „Wettbewerbe" sind Auslobungsverfahren, die dazu dienen, dem öffentlichen Auftraggeber insbesondere auf den Gebieten der Raumplanung, der Stadtplanung, der Architektur und des Bauwesens oder der Datenverarbeitung einen Plan oder eine Planung zu verschaffen, deren Auswahl durch ein Preisgericht aufgrund vergleichender Beurteilung mit oder ohne Verteilung von Preisen erfolgt.

(12) Der Begriff „schriftlich" umfasst jede aus Wörtern oder Ziffern bestehende Darstellung, die gelesen, reproduziert und mitgeteilt werden kann. Darin können auch elektronisch übermittelte und gespeicherte Informationen enthalten sein.

(13) „Elektronisch" ist ein Verfahren, bei dem elektronische Geräte für die Verarbeitung (einschließlich digitaler Kompression) und Speicherung von Daten zum Einsatz kommen und bei dem Informationen über Kabel, über Funk, mit optischen Verfahren oder mit anderen elektromagnetischen Verfahren übertragen, weitergeleitet und empfangen werden.

(14) Das „Gemeinsame Vokabular für öffentliche Aufträge", nachstehend „CPV" (Common Procurement Vocabulary) genannt, bezeichnet die mit der Verordnung (EG) Nr. 2195/2002 angenommene, auf öffentliche Aufträge anwendbare Referenzklassifikation; es gewährleistet zugleich die Übereinstimmung mit den übrigen bestehenden Klassifikationen. Sollte es aufgrund etwaiger Abweichungen zwischen der CPV-Nomenklatur und der NACE-Nomenklatur nach Anhang I oder zwischen der CPV-Nomenklatur und der CPC-Nomenklatur (vorläufige Fassung) nach Anhang II zu unterschiedlichen Auslegungen bezüglich des Anwendungsbereichs der vorliegenden Richtlinie kommen, so hat jeweils die NACE-Nomenklatur bzw. die CPC-Nomenklatur Vorrang.

(15) Für die Zwecke von Artikel 13, von Artikel 57 Buchstabe a und von Artikel 68 Buchstabe b bezeichnet der Ausdruck

a) „öffentliches Telekommunikationsnetz" die öffentliche Telekommunikationsinfrastruktur, mit der Signale zwischen definierten Netzabschlusspunkten über Draht, über Richtfunk, auf optischem oder anderem elektromagnetischen Wege übertragen werden können;

b) „Netzabschlusspunkt" die Gesamtheit der physischen Verbindungen und technischen Zugangsspezifikationen, die Teil des öffentlichen Telekommunikationsnetzes sind und für den Zugang zu diesem Netz und zur effizienten Kommunikation mittels dieses Netzes erforderlich sind;

c) „öffentliche Telekommunikationsdienste" Telekommunikationsdienste, mit deren Erbringung die Mitgliedstaaten ausdrücklich insbesondere eine oder mehrere Fernmeldeorganisationen betraut haben;

d) „Telekommunikationsdienste" Dienste, die ganz oder teilweise in der Übertragung und Weiterleitung von Signalen auf dem Telekommunikationsnetz durch Telekommunikationsverfahren bestehen, mit Ausnahme von Rundfunk und Fernsehen.

Art. 2 Grundsätze für die Vergabe von Aufträgen Die öffentlichen Auftraggeber behandeln alle Wirtschaftsteilnehmer gleich und nichtdiskriminierend und gehen in transparenter Weise vor.

Art. 3 Zuerkennung besonderer oder ausschließlicher Rechte: Nichtdiskriminierungsklausel Wenn ein öffentlicher Auftraggeber einer Einrichtung, die kein öffentlicher Auftraggeber ist, besondere oder ausschließliche Rechte zur Ausführung einer Tätigkeit des öffentlichen Dienstleistungsbereichs zuerkennt, muss in dem Rechtsakt über die Zuerkennung dieses Rechts bestimmt sein, dass die betreffende Einrichtung bei der Vergabe von Lieferaufträgen an Dritte im Rahmen dieser Tätigkeit den Grundsatz der Nichtdiskriminierung aus Gründen der Staatsangehörigkeit beachten muss.

Titel II – Vorschriften für öffentliche Aufträge

Kapitel I – Allgemeine Bestimmungen

Art. 4 Wirtschaftsteilnehmer (1) Bewerber oder Bieter, die gemäß den Rechtsvorschriften des Mitgliedstaats, in dem sie ihre Niederlassung haben, zur Erbringung der betreffenden Leistung berechtigt sind, dürfen nicht allein deshalb zurückgewiesen werden, weil sie gemäß den Rechtsvorschriften des Mitgliedstaats, in dem der Auftrag vergeben wird, eine natürliche oder eine juristische Person sein müssten.

Bei öffentlichen Dienstleistungs- und Bauaufträgen sowie bei öffentlichen Lieferaufträgen, die zusätzliche Dienstleistungen und/oder Arbeiten wie Verlegen und Anbringen umfassen, können juristische Personen jedoch verpflichtet werden, in ihrem Angebot oder ihrem Antrag auf Teilnahme die Namen und die beruflichen Qualifikationen der Personen anzugeben, die für die Erbringung der betreffenden Leistung verantwortlich sein sollen.

(2) Angebote oder Anträge auf Teilnahme können auch von Gruppen von Wirtschaftsteilnehmern eingereicht werden. Die öffentlichen Auftraggeber können nicht verlangen, dass nur Gruppen von Wirtschaftsteilnehmern, die eine bestimmte Rechtsform haben, ein Angebot oder einen Antrag auf Teilnahme einreichen können; allerdings kann von der ausgewählten Gruppe von Wirtschaftsteilnehmern verlangt werden, dass sie eine bestimmte Rechtsform annimmt, wenn ihr der Zuschlag erteilt worden ist, sofern dies für die ordnungsgemäße Durchführung des Auftrags erforderlich ist.

Art. 5 Bedingungen aus den im Rahmen der Welthandelsorganisation geschlossenen Übereinkommen Bei der Vergabe öffentlicher Aufträge durch die öffentlichen Auftraggeber wenden die Mitgliedstaaten untereinander Bedingungen an, die ebenso günstig sind wie diejenigen, die sie gemäß dem Übereinkommen Wirtschaftsteilnehmern aus Drittländern einräumen. Zu diesem Zweck konsultieren die Mitgliedstaaten einander in dem in Artikel 77 genannten Beratenden Ausschuss für öffentliches Auftragswesen über die Maßnahmen, die aufgrund des Übereinkommens zu treffen sind.

Art. 6 Vertraulichkeit Unbeschadet der Bestimmungen dieser Richtlinie – insbesondere der Artikel 35 Absatz 4 und Artikel 41, die die Pflichten im Zusammenhang mit der Bekanntmachung vergebener Aufträge und der Unterrichtung der Bewerber und Bieter regeln – gibt ein öffentlicher Auftraggeber nach Maßgabe des innerstaatlichen Rechts, dem er unterliegt, keine ihm von den Wirtschaftsteilnehmern übermittelten und von diesen als vertraulich eingestuften Informationen weiter, wozu insbesondere technische und Betriebsgeheimnisse sowie die vertraulichen Aspekte der Angebote selbst gehören.

Kapitel II – Anwendungsbereich

Abschnitt 1 – Schwellenwerte

Art. 7 Schwellenwerte für öffentliche Aufträge Diese Richtlinie gilt für die Vergabe öffentlicher Aufträge, die nicht aufgrund der Ausnahmen nach den Artikeln 10 und 11 und nach den Artikeln 12 bis 18 ausgeschlossen sind und deren geschätzter Wert netto ohne Mehrwertsteuer (MwSt) die folgenden Schwellenwerte erreicht oder überschreitet:

a) 130 000 EUR bei öffentlichen Liefer- und Dienstleistungsaufträgen, die von den in Anhang IV genannten zentralen Regierungsbehörden als öffentlichen Auftraggebern vergeben werden und die nicht unter Buchstabe b dritter Gedankenstrich fallen; bei öffentlichen Lieferaufträgen, die von öffentlichen Auftraggebern im Verteidigungsbereich vergeben werden, gilt dies nur für Aufträge über Waren, die in Anhang V erfasst sind;

b) 200 000 EUR

– bei öffentlichen Liefer- und Dienstleistungsaufträgen, die von anderen als den in Anhang IV genannten öffentlichen Auftraggebern vergeben werden;

– bei öffentlichen Lieferaufträgen, die von den in Anhang IV genannten öffentlichen Auftraggebern im Verteidigungsbereich vergeben werden, sofern es sich um Aufträge über Waren handelt, die nicht in Anhang V aufgeführt sind;

– bei öffentlichen Dienstleistungsaufträgen, die von öffentlichen Auftraggebern für die in Anhang II Teil A Kategorie 8 genannten Dienstleistungen, für die in Anhang II Teil A Kategorie 5 genannten Dienstleistungen im Telekommunikationsbereich, deren CPV-Positionen den CPC-Referenznummern 7524, 7525 und 7526 entsprechen, und/oder für die in Anhang II Teil B genannten Dienstleistungen vergeben werden;

c) 5 000 000 EUR bei öffentlichen Bauaufträgen.

Art. 8 Aufträge, die zu mehr als 50 % von öffentlichen Auftraggebern subventioniert werden Die Bestimmungen dieser Richtlinie finden Anwendung auf die Vergabe von

a) Bauaufträgen, die zu mehr als 50 % von öffentlichen Auftraggebern direkt subventioniert werden und deren geschätzter Wert netto ohne MwSt mindestens 5 000 000 EUR beträgt,

– wenn diese Bauaufträge Tiefbauarbeiten im Sinne des Anhangs I betreffen;

– wenn diese Bauaufträge die Errichtung von Krankenhäusern, Sport-, Erholungs- und Freizeitanlagen, Schulen und Hochschulen sowie Verwaltungsgebäuden zum Gegenstand haben;

b) Dienstleistungsaufträgen, die zu mehr als 50 % von öffentlichen Auftraggebern direkt subventioniert werden und deren geschätzter Wert ohne MwSt mindestens 200 000 EUR beträgt, wenn diese Aufträge mit einem Bauauftrag im Sinne des Buchstabens a verbunden sind.

Die Mitgliedstaaten treffen die erforderlichen Maßnahmen, damit die die Subvention gewährenden öffentlichen Auftraggeber für die Einhaltung dieser Richtlinie Sorge tragen, wenn diese Aufträge nicht von ihnen selbst, sondern von einer oder mehreren anderen Einrichtungen vergeben werden, bzw. selbst diese Richtlinie einhalten, wenn sie selbst im Namen und für Rechnung dieser anderen Einrichtungen diese Aufträge vergeben.

Art. 9 Methoden zur Berechnung des geschätzten Wertes von öffentlichen Aufträgen, von Rahmenvereinbarungen und von dynamischen Beschaffungssystemen (1) Grundlage für die Berechnung des geschätzten Auftragswertes ist der Gesamtwert ohne MwSt, der vom öffentlichen Auftraggeber voraussichtlich zu zahlen ist. Bei dieser Berechnung ist der geschätzte Gesamtwert einschließlich aller Optionen und der etwaigen Verlängerungen des Vertrags zu berücksichtigen.

2.21 RL öffentliche Aufträge

Wenn der öffentliche Auftraggeber Prämien oder Zahlungen an Bewerber oder Bieter vorsieht, hat er diese bei der Berechnung des geschätzten Auftragswertes zu berücksichtigen. (2)-(9) *Einzelheiten – nicht abgedruckt.*

Abschnitt 2 – Besondere Sachverhalte

Art. 10 Aufträge in den Bereichen Verteidigung und Sicherheit Diese Richtlinie gilt — vorbehaltlich des Artikels 296 des Vertrags — für öffentliche Aufträge in den Bereichen Verteidigung und Sicherheit, mit Ausnahme der unter die Richtlinie 2009/81/EG des Europäischen Parlaments und des Rates vom 13. Juli 2009 über die Koordinierung der Verfahren zur Vergabe bestimmter Bau-, Liefer- und Dienstleistung- saufträge in den Bereichen Verteidigung und Sicherheit[5] fallenden Aufträge.

Diese Richtlinie gilt nicht für Aufträge, die nach den Artikeln 8, 12 und 13 der Richtlinie 2009/81/EG von deren Anwendungsbereich ausgenommen sind.

Art. 11 Vergabe von öffentlichen Aufträgen und Abschluss von Rahmenvereinbarungen durch zentrale Beschaffungsstellen (1) Die Mitgliedstaaten können festlegen, dass die öffentlichen Auftraggeber Bauleistungen, Waren und/oder Dienstleistungen durch zentrale Beschaffungsstellen erwerben dürfen.

(2) Bei öffentlichen Auftraggebern, die Bauleistungen, Waren und/oder Dienstleistungen durch eine zentrale Beschaffungsstelle gemäß Artikel 1 Absatz 10 erwerben, wird vermutet, dass sie diese Richtlinie eingehalten haben, sofern diese zentrale Beschaffungsstelle sie eingehalten hat.

Abschnitt 3 – Aufträge, die nicht unter die Richtlinie fallen

Art. 12 Aufträge im Bereich der Wasser-, Energie- und Verkehrsversorgung und der Postdienste Diese Richtlinie gilt weder für öffentliche Aufträge im Bereich der Richtlinie 2004/17/EG, die von öffentlichen Auftraggebern vergeben werden, die eine oder mehrere Tätigkeiten gemäß Artikel 3 bis 7 der genannten Richtlinie ausüben, und die der Durchführung dieser Tätigkeiten dienen, noch für öffentliche Aufträge, die gemäß Artikel 5 Absatz 2, Artikel 19, Artikel 26 und Artikel 30 der genannten Richtlinie nicht in ihren Geltungsbereich fallen.

Diese Richtlinie gilt jedoch weiterhin für öffentliche Aufträge, die von öffentlichen Auftraggebern vergeben werden, die eine oder mehrere Tätigkeiten gemäß Artikel 6 der Richtlinie 2004/17/EG ausüben, und die der Durchführung dieser Tätigkeiten dienen, solange der betreffende Mitgliedstaat von der in Artikel 71 Absatz 1 Unterabsatz 2 der genannten Richtlinie vorgesehenen Möglichkeit Gebrauch macht, um die Anwendung der Maßnahmen zu verschieben.

Art. 13 Besondere Ausnahmen im Telekommunikationsbereich Die vorliegende Richtlinie gilt nicht für öffentliche Aufträge, die hauptsächlich den Zweck haben, dem öffentlichen Auftraggeber die Bereitstellung oder den Betrieb öffentlicher Telekommunikationsnetze oder die Bereitstellung eines oder mehrerer Telekommunikationsdienste für die Öffentlichkeit zu ermöglichen.

---

5   ABl. L 217 vom 20.8.2009, S. 76.

Art. 14 Aufträge, die der Geheimhaltung unterliegen oder bestimmte Sicherheitsmaßnahmen erfordern Diese Richtlinie gilt nicht für öffentliche Aufträge, die für geheim erklärt werden oder deren Ausführung nach den in dem betreffenden Mitgliedstaat geltenden Rechts- und Verwaltungsvorschriften besondere Sicherheitsmaßnahmen erfordert, oder wenn der Schutz wesentlicher Sicherheitsinteressen dieses Mitgliedstaats es gebietet.

Art. 15 Aufträge, die auf der Grundlage internationaler Vorschriften vergeben werden Diese Richtlinie gilt nicht für öffentliche Aufträge, die anderen Verfahrensregeln unterliegen und aufgrund

a)   einer gemäß dem Vertrag geschlossenen internationalen Übereinkunft zwischen einem Mitgliedstaat und einem oder mehreren Drittländern über Lieferungen, Bauleistungen oder Dienstleistungen für ein von den Unterzeichnerstaaten gemeinsam zu verwirklichendes oder zu nutzendes Projekt; jede Übereinkunft wird der Kommission mitgeteilt, die hierzu den in Artikel 77 genannten Beratenden Ausschuss für öffentliches Auftragswesen anhören kann;

b)   einer internationalen Übereinkunft im Zusammenhang mit der Stationierung von Truppen, die Unternehmen eines Mitgliedstaats oder eines Drittstaats betrifft;

c)   des besonderen Verfahrens einer internationalen Organisation vergeben werden.

Art. 16 Besondere Ausnahmen Diese Richtlinie findet keine Anwendung auf öffentliche Dienstleistungsaufträge, die Folgendes zum Gegenstand haben:

a)   Erwerb oder Miete von Grundstücken oder vorhandenen Gebäuden oder anderem unbeweglichen Vermögen oder Rechte daran ungeachtet der Finanzmodalitäten dieser Aufträge; jedoch fallen Finanzdienstleistungsverträge jeder Form, die gleichzeitig, vor oder nach dem Kauf- oder Mietvertrag abgeschlossen werden, unter diese Richtlinie;

b)   Kauf, Entwicklung, Produktion oder Koproduktion von Programmen, die zur Ausstrahlung durch Rundfunk- oder Fernsehanstalten bestimmt sind, sowie die Ausstrahlung von Sendungen;

c)   Schiedsgerichts- und Schlichtungstätigkeiten;

d)   Finanzdienstleistungen im Zusammenhang mit der Ausgabe, dem Verkauf, dem Ankauf oder der Übertragung von Wertpapieren oder anderen Finanzinstrumenten, insbesondere Geschäfte, die der Geld- oder Kapitalbeschaffung der öffentlichen Auftraggeber dienen, sowie Dienstleistungen der Zentralbanken;

e)   Arbeitsverträge;

f)   Forschungs- und Entwicklungsdienstleistungen, deren Ergebnisse nicht ausschließlich Eigentum des öffentlichen Auftraggebers für seinen Gebrauch bei der Ausübung seiner eigenen Tätigkeit sind, sofern die Dienstleistung vollständig durch den öffentlichen Auftraggeber vergütet wird.

Art. 17 Dienstleistungskonzessionen Unbeschadet der Bestimmungen des Artikels 3 gilt diese Richtlinie nicht für Dienstleistungskonzessionen gemäß Artikel 1 Absatz 4.

Art. 18 Dienstleistungsaufträge, die aufgrund eines ausschließlichen Rechts vergeben werden Diese Richtlinie gilt nicht für öffentliche Dienstleistungsaufträge, die von einem öffentlichen Auftraggeber an einen anderen öffentlichen Auftraggeber oder an einen Verband von öffentlichen Auftraggebern aufgrund eines ausschließlichen Rechts vergeben werden, das dieser aufgrund veröffentlichter, mit dem Vertrag übereinstimmender Rechts- oder Verwaltungsvorschriften innehat.

Abschnitt 4 – Sonderregelung

Art. 19 Vorbehaltene Aufträge Die Mitgliedstaaten können im Rahmen von Programmen für geschützte Beschäftigungsverhältnisse vorsehen, dass nur geschützte Werkstätten an den Verfahren zur Vergabe öffentlicher Aufträge teilnehmen oder solche Aufträge ausführen dürfen, sofern die Mehrheit der Arbeitnehmer Behinderte sind, die aufgrund der Art oder der Schwere ihrer Behinderung keine Berufstätigkeit unter normalen Bedingungen ausüben können. Diese Bestimmung wird in der Bekanntmachung angegeben.

Kapitel III – Regelungen für öffentliche Dienstleistungsaufträge

Art. 20 Aufträge über Dienstleistungen gemäß Anhang II Teil A Aufträge über Dienstleistungen gemäß Anhang II Teil A werden nach den Artikeln 23 bis 55 vergeben.

Art. 21 Aufträge über Dienstleistungen gemäß Anhang II Teil B Aufträge über Dienstleistungen gemäß Anhang II Teil B unterliegen nur Artikel 23 und Artikel 35 Absatz 4.

Art. 22 Gemischte Aufträge über Dienstleistungen gemäß Anhang II Teil A und gemäß Anhang II Teil B Aufträge sowohl über Dienstleistungen gemäß Anhang II Teil A als auch über Dienstleistungen gemäß Anhang II Teil B werden nach den Artikeln 23 bis 55 vergeben, wenn der Wert der Dienstleistungen gemäß Anhang II Teil A höher ist als derjenige der Dienstleistungen gemäß Anhang II Teil B. In allen anderen Fällen wird der Auftrag nach Artikel 23 und Artikel 35 Absatz 4 vergeben.

Kapitel IV – Besondere Vorschriften über die Verdingungsunterlagen und die Auftragsunterlagen

Art. 23 Technische Spezifikationen (1) Die technischen Spezifikationen im Sinne von Anhang VI Nummer 1 sind in den Auftragsunterlagen, wie der Bekanntmachung, den Verdingungsunterlagen oder den zusätzlichen Dokumenten, enthalten. Wo immer dies möglich ist, sollten diese technischen Spezifikationen so festgelegt werden, dass den Zugangskriterien für Behinderte oder der Konzeption für alle Benutzer Rechnung getragen wird.

(2) Die technischen Spezifikationen müssen allen Bietern gleichermaßen zugänglich sein und dürfen die Öffnung der öffentlichen Beschaffungsmärkte für den Wettbewerb nicht in ungerechtfertigter Weise behindern.

(3) Unbeschadet zwingender einzelstaatlicher Vorschriften, soweit diese mit dem Gemeinschaftsrecht vereinbar sind, sind die technischen Spezifikationen wie folgt zu formulieren:

a) entweder unter Bezugnahme auf die in Anhang VI definierten technischen Spezifikationen in der Rangfolge nationale Normen, mit denen europäische Normen umgesetzt werden, europäische technische Zulassungen, gemeinsame technische Spezifikationen, internationale Normen und andere technische Bezugsysteme, die von den europäischen Normungsgremien erarbeitet wurden oder, falls solche Normen und Spezifikationen fehlen, mit Bezugnahme auf nationale Normen, nationale technische Zulassungen oder nationale technische Spezifikationen für die Planung, Berechnung und Ausführung von Bauwerken und den Einsatz von Produkten. Jede Bezugnahme ist mit dem Zusatz „oder gleichwertig" zu versehen;

b) oder in Form von Leistungs- oder Funktionsanforderungen; diese können Umwelteigenschaften umfassen. Die Anforderungen sind jedoch so genau zu fassen, dass sie den

Bietern ein klares Bild vom Auftragsgegenstand vermitteln und dem öffentlichen Auftraggeber die Erteilung des Zuschlags ermöglichen;

c) oder in Form von Leistungs- oder Funktionsanforderungen gemäß Buchstabe b unter Bezugnahme auf die Spezifikationen gemäß Buchstabe a als Mittel zur Vermutung der Konformität mit diesen Leistungs- oder Funktionsanforderungen;

d) oder mit Bezugnahme auf die Spezifikationen gemäß Buchstabe a hinsichtlich bestimmter Merkmale und mit Bezugnahme auf die Leistungs- oder Funktionsanforderungen gemäß Buchstabe b hinsichtlich anderer Merkmale.

(4) Macht der öffentliche Auftraggeber von der Möglichkeit Gebrauch, auf die in Absatz 3 Buchstabe a genannten Spezifikationen zu verweisen, so kann er ein Angebot nicht mit der Begründung ablehnen, die angebotenen Waren und Dienstleistungen entsprächen nicht den von ihm herangezogenen Spezifikationen, sofern der Bieter in seinem Angebot dem öffentlichen Auftraggeber mit geeigneten Mitteln nachweist, dass die von ihm vorgeschlagenen Lösungen den Anforderungen der technischen Spezifikation, auf die Bezug genommen wurde, gleichermaßen entsprechen.

Als geeignetes Mittel kann eine technische Beschreibung des Herstellers oder ein Prüfbericht einer anerkannten Stelle gelten.

(5) Macht der öffentliche Auftraggeber von der Möglichkeit nach Absatz 3 Gebrauch, die technischen Spezifikationen in Form von Leistungs- oder Funktionsanforderungen zu formulieren, so darf er ein Angebot über Bauleistungen, Waren oder Dienstleistungen, die einer nationalen Norm, mit der eine europäische Norm umgesetzt wird, oder einer europäischen technischen Zulassung, einer gemeinsamen technischen Spezifikation, einer internationalen Norm oder einem technischen Bezugssystem, das von den europäischen Normungsgremien erarbeitet wurde, entsprechen, nicht zurückweisen, wenn diese Spezifikationen die von ihm geforderten Leistungs- oder Funktionsanforderungen betreffen.

Der Bieter muss in seinem Angebot mit allen geeigneten Mitteln dem öffentlichen Auftraggeber nachweisen, dass die der Norm entsprechende jeweilige Bauleistung, Ware oder Dienstleistung den Leistungs- oder Funktionsanforderungen des öffentlichen Auftraggebers entspricht.

Als geeignetes Mittel kann eine technische Beschreibung des Herstellers oder ein Prüfbericht einer anerkannten Stelle gelten.

(6) Schreiben die öffentlichen Auftraggeber Umwelteigenschaften in Form von Leistungs- oder Funktionsanforderungen gemäß Absatz 3 Buchstabe b vor, so können sie die detaillierten Spezifikationen oder gegebenenfalls Teile davon verwenden, die in europäischen, (pluri-)nationalen Umweltgütezeichen oder anderen Umweltgütezeichen definiert sind, wenn

– sie sich zur Definition der Merkmale der Waren oder Dienstleistungen eignen, die Gegenstand des Auftrags sind,

– die Anforderungen an das Gütezeichen auf der Grundlage von wissenschaftlich abgesicherten Informationen ausgearbeitet werden;

– die Umweltgütezeichen im Rahmen eines Verfahrens erlassen werden, an dem interessierte Kreise – wie z.B. staatliche Stellen, Verbraucher, Hersteller, Händler und Umweltorganisationen – teilnehmen können,

– und wenn das Gütezeichen für alle Betroffenen zugänglich und verfügbar ist.

Die öffentlichen Auftraggeber können angeben, dass bei Waren oder Dienstleistungen, die mit einem Umweltgütezeichen ausgestattet sind, vermutet wird, dass sie den in den Verdingungsunterlagen festlegten technischen Spezifikationen genügen; sie müssen jedes andere geeignete Beweismittel, wie technische Unterlagen des Herstellers oder Prüfberichte anerkannter Stellen, akzeptieren.

(7) „Anerkannte Stellen" im Sinne dieses Artikels sind die Prüf- und Eichlaboratorien sowie die Inspektions- und Zertifizierungsstellen, die mit den anwendbaren europäischen Normen übereinstimmen.

Die öffentlichen Auftraggeber erkennen Bescheinigungen von in anderen Mitgliedstaaten ansässigen anerkannten Stellen an.

(8) Soweit es nicht durch den Auftragsgegenstand gerechtfertigt ist, darf in technischen Spezifikationen nicht auf eine bestimmte Produktion oder Herkunft oder ein besonderes Verfahren oder auf Marken, Patente, Typen, einen bestimmten Ursprung oder eine bestimmte Produktion verwiesen werden, wenn dadurch bestimmte Unternehmen oder bestimmte Produkte begünstigt oder ausgeschlossen werden. Solche Verweise sind jedoch ausnahmsweise zulässig, wenn der Auftragsgegenstand nach den Absätzen 3 und 4 nicht hinreichend genau und allgemein verständlich beschrieben werden kann; solche Verweise sind mit dem Zusatz „oder gleichwertig" zu versehen.

Art. 24 Varianten (1) Bei Aufträgen, die nach dem Kriterium des wirtschaftlich günstigsten Angebots vergeben werden, können die öffentlichen Auftraggeber es zulassen, dass die Bieter Varianten vorlegen.

(2) Die öffentlichen Auftraggeber geben in der Bekanntmachung an, ob Varianten zulässig sind; fehlt eine entsprechende Angabe, so sind keine Varianten zugelassen.

(3) Lassen die öffentlichen Auftraggeber Varianten zu, so nennen sie in den Verdingungsunterlagen die Mindestanforderungen, die Varianten erfüllen müssen, und geben an, in welcher Art und Weise sie einzureichen sind.

(4) Die öffentlichen Auftraggeber berücksichtigen nur Varianten, die die von ihnen verlangten Mindestanforderungen erfüllen.

Bei den Verfahren zur Vergabe öffentlicher Liefer- oder Dienstleistungsaufträge dürfen öffentliche Auftraggeber, die Varianten zugelassen haben, eine Variante nicht allein deshalb zurückweisen, weil sie, wenn sie den Zuschlag erhalten sollte, entweder zu einem Dienstleistungsauftrag anstatt zu einem öffentlichen Lieferauftrag bzw. zu einem Lieferauftrag anstatt zu einem öffentlichen Dienstleistungsauftrag führen würde.

Art. 25 Unteraufträge In den Verdingungsunterlagen kann der öffentliche Auftraggeber den Bieter auffordern oder er kann von einem Mitgliedstaat verpflichtet werden, den Bieter aufzufordern, ihm in seinem Angebot den Teil des Auftrags, den der Bieter gegebenenfalls im Wege von Unteraufträgen an Dritte zu vergeben gedenkt, sowie die bereits vorgeschlagenen Unterauftragnehmer bekannt zu geben.

Die Haftung des hauptverantwortlichen Wirtschaftsteilnehmers bleibt von dieser Bekanntgabe unberührt.

Art. 26 Bedingungen für die Auftragsausführung Die öffentlichen Auftraggeber können zusätzliche Bedingungen für die Ausführung des Auftrags vorschreiben, sofern diese mit dem Gemeinschaftsrecht vereinbar sind und in der Bekanntmachung oder in den Verdingungsunterlagen angegeben werden. Die Bedingungen für die Ausführung eines Auftrags können insbesondere soziale und umweltbezogene Aspekte betreffen.

Art. 27 Verpflichtungen im Zusammenhang mit Steuern, Umweltschutz, Arbeitsschutzvorschriften und Arbeitsbedingungen (1) Ein öffentlicher Auftraggeber kann in den Verdingungsunterlagen die Stelle(n) angeben, bei der (denen) die Bewerber oder Bieter die erforderlichen Auskünfte über ihre Verpflichtungen im Zusammenhang mit Steuern und dem Umweltschutz sowie über die Verpflichtungen erhalten, die sich aus den Vorschriften über Arbeitsschutz und Arbeitsbedingungen ergeben können, die in dem Mitgliedstaat, in der Region oder an dem Ort gelten, an dem die Leistungen zu erbringen sind, und die während der Ausführung des Auftrags auf die ausgeführten Bauaufträge oder die erbrachten Dienstleistungen anzuwenden sind; der öffentliche Auftraggeber kann auch durch einen Mitgliedstaat zu dieser Angabe verpflichtet werden.

(2) Ein öffentlicher Auftraggeber, der die Auskünfte nach Absatz 1 erteilt, verlangt von den Bietern oder Bewerbern eines Vergabeverfahrens die Angabe, dass sie bei der Ausarbeitung ihres Angebots den Verpflichtungen aus den am Ort der Leistungserbringung geltenden Vorschriften über Arbeitsschutz und Arbeitsbedingungen Rechnung getragen haben. Unterabsatz 1 steht der Anwendung des Artikels 54 über die Prüfung ungewöhnlich niedriger Angebote nicht entgegen.

Kapitel V – Verfahren

Art. 28 Anwendung des offenen und des nichtoffenen Verfahrens, des Verhandlungsverfahrens und des wettbewerblichen Dialogs Für die Vergabe ihrer öffentlichen Aufträge wenden die öffentlichen Auftraggeber die einzelstaatlichen Verfahren in einer für die Zwecke dieser Richtlinie angepassten Form an.
Sie vergeben diese Aufträge im Wege des offenen oder des nichtoffenen Verfahrens. Unter den besonderen in Artikel 29 ausdrücklich genannten Umständen können die öffentlichen Auftraggeber ihre öffentlichen Aufträge im Wege des wettbewerblichen Dialogs vergeben. In den Fällen und unter den Umständen, die in den Artikeln 30 und 31 ausdrücklich genannt sind, können sie auf ein Verhandlungsverfahren mit oder ohne Veröffentlichung einer Bekanntmachung zurückgreifen.

Art. 29 Wettbewerblicher Dialog (1) Bei besonders komplexen Aufträgen können die Mitgliedstaaten vorsehen, dass der öffentliche Auftraggeber, falls seines Erachtens die Vergabe eines öffentlichen Auftrags im Wege eines offenen oder nichtoffenen Verfahrens nicht möglich ist, den wettbewerblichen Dialog gemäß diesem Artikel anwenden kann.
Die Vergabe eines öffentlichen Auftrags darf ausschließlich nach dem Kriterium des wirtschaftlich günstigsten Angebots erfolgen.
(2)-(8) *Einzelheiten – nicht abgedruckt.*

Art. 30 Fälle, die das Verhandlungsverfahren mit Veröffentlichung einer Bekanntmachung rechtfertigen – *nicht abgedruckt.*

Art. 31 Fälle, die das Verhandlungsverfahren ohne Veröffentlichung einer Bekanntmachung rechtfertigen – *nicht abgedruckt.*

Art. 32 Rahmenvereinbarungen (1) Die Mitgliedstaaten können für die öffentlichen Auftraggeber die Möglichkeit des Abschlusses von Rahmenvereinbarungen vorsehen.
(2) Für den Abschluss einer Rahmenvereinbarung befolgen die öffentlichen Auftraggeber die Verfahrensvorschriften dieser Richtlinie in allen Phasen bis zur Zuschlagserteilung der

2.21 RL öffentliche Aufträge

Aufträge, die auf diese Rahmenvereinbarung gestützt sind. Für die Auswahl der Parteien einer Rahmenvereinbarung gelten die Zuschlagskriterien gemäß Artikel 53.

Aufträge, die auf einer Rahmenvereinbarung beruhen, werden nach den in den Absätzen 3 und 4 beschriebenen Verfahren vergeben. Diese Verfahren sind nur zwischen dem öffentlichen Auftraggeber und den Wirtschaftsteilnehmern anzuwenden, die von Anbeginn an an der Rahmenvereinbarung beteiligt sind.

Bei der Vergabe der auf einer Rahmenvereinbarung beruhenden Aufträge dürfen die Parteien keinesfalls substanzielle Änderungen an den Bedingungen dieser Rahmenvereinbarung vornehmen; dies ist insbesondere in dem in Absatz 3 genannten Fall zu beachten.

Mit Ausnahme von Sonderfällen, in denen dies insbesondere aufgrund des Gegenstands der Rahmenvereinbarung gerechtfertigt werden kann, darf die Laufzeit der Rahmenvereinbarung vier Jahre nicht überschreiten.

Der öffentliche Auftraggeber darf das Instrument der Rahmenvereinbarung nicht missbräuchlich oder in einer Weise anwenden, durch die der Wettbewerb behindert, eingeschränkt oder verfälscht wird.

(3) Wird eine Rahmenvereinbarung mit einem einzigen Wirtschaftsteilnehmer geschlossen, so werden die auf dieser Rahmenvereinbarung beruhenden Aufträge entsprechend den Bedingungen der Rahmenvereinbarung vergeben.

Für die Vergabe der Aufträge kann der öffentliche Auftraggeber den an der Rahmenvereinbarung beteiligten Wirtschaftsteilnehmer schriftlich konsultieren und ihn dabei auffordern, sein Angebot erforderlichenfalls zu vervollständigen.

(4) Wird eine Rahmenvereinbarung mit mehreren Wirtschaftsteilnehmern geschlossen, so müssen mindestens drei Parteien beteiligt sein, sofern eine ausreichend große Zahl von Wirtschaftsteilnehmern die Eignungskriterien und/oder eine ausreichend große Zahl von zulässigen Angeboten die Zuschlagskriterien erfüllt.

Die Vergabe von Aufträgen, die auf einer mit mehreren Wirtschaftsteilnehmern geschlossenen Rahmenvereinbarung beruhen, erfolgt

- entweder nach den Bedingungen der Rahmenvereinbarung ohne erneuten Aufruf zum Wettbewerb

- oder, sofern nicht alle Bedingungen in der Rahmenvereinbarung festgelegt sind, nach erneutem Aufruf der Parteien zum Wettbewerb zu denselben Bedingungen, die erforderlichenfalls zu präzisieren sind, oder gegebenenfalls nach anderen, in den Verdingungsunterlagen der Rahmenvereinbarung genannten Bedingungen, und zwar nach folgendem Verfahren:

   a) Vor Vergabe jedes Einzelauftrags konsultieren die öffentlichen Auftraggeber schriftlich die Wirtschaftsteilnehmer, die in der Lage sind, den Auftrag auszuführen.

   b) Die öffentlichen Auftraggeber setzen eine hinreichende Frist für die Abgabe der Angebote für jeden Einzelauftrag; dabei berücksichtigen sie unter anderem die Komplexität des Auftragsgegenstands und die für die Übermittlung der Angebote erforderliche Zeit.

   c) Die Angebote sind schriftlich einzureichen, ihr Inhalt ist bis zum Ablauf der Einreichungsfrist geheim zu halten.

   d) Die öffentlichen Auftraggeber vergeben die einzelnen Aufträge an den Bieter, der auf der Grundlage der in den Verdingungsunterlagen der Rahmenvereinbarung aufgestellten Zuschlagskriterien das jeweils beste Angebot vorgelegt hat.

Art. 33 Dynamische Beschaffungssysteme (1) Die Mitgliedstaaten können vorsehen, dass die öffentlichen Auftraggeber auf dynamische Beschaffungssysteme zurückgreifen können.

(2) Zur Einrichtung eines dynamischen Beschaffungssystems befolgen die öffentlichen Auftraggeber die Vorschriften des offenen Verfahrens in allen Phasen bis zur Erteilung des Zuschlags auf den im Rahmen dieses Systems zu vergebenden Auftrag. Alle Bieter, welche die Eignungskriterien erfüllen und ein unverbindliches Angebot im Einklang mit den Verdingungsunterlagen und den etwaigen zusätzlichen Dokumenten unterbreitet haben, werden zur Teilnahme am System zugelassen; die unverbindlichen Angebote können jederzeit nachgebessert werden, sofern sie dabei mit den Verdingungsunterlagen vereinbar bleiben. Die öffentlichen Auftraggeber verwenden bei der Einrichtung des Systems und bei der Vergabe der Aufträge in dessen Rahmen ausschließlich elektronische Mittel gemäß Artikel 42 Absätze 2 bis 5.

(3) Zur Einrichtung des dynamischen Beschaffungssystems verfahren die öffentlichen Auftraggeber wie folgt:

a) Sie veröffentlichen eine Bekanntmachung, in der sie präzisieren, dass es sich um ein dynamisches Beschaffungssystem handelt;

b) in den Verdingungsunterlagen präzisieren sie unter anderem die Art der in Betracht gezogenen Anschaffungen, die Gegenstand dieses Systems sind, sowie alle erforderlichen Informationen betreffend das Beschaffungssystem, die verwendete elektronische Ausrüstung und die technischen Vorkehrungen und Merkmale der Verbindung;

c) sie gewähren auf elektronischem Wege ab dem Zeitpunkt der Veröffentlichung der Bekanntmachung und bis zur Beendigung des Systems freien, unmittelbaren und uneingeschränkten Zugang zu den Verdingungsunterlagen und zu jedwedem zusätzlichen Dokument und geben in der Bekanntmachung die Internet-Adresse an, unter der diese Dokumente abgerufen werden können.

(4) Die öffentlichen Auftraggeber räumen während der gesamten Laufzeit des dynamischen Beschaffungssystems jedem Wirtschaftsteilnehmer die Möglichkeit ein, ein unverbindliches Angebot zu unterbreiten, um gemäß Absatz 2 zur Teilnahme am System zugelassen zu werden. Sie schließen die Evaluierung binnen einer Frist von höchstens 15 Tagen ab dem Zeitpunkt der Vorlage des unverbindlichen Angebots ab. Sie können die Evaluierung jedoch verlängern, sofern nicht zwischenzeitlich ein Aufruf zum Wettbewerb erfolgt.

Der öffentliche Auftraggeber unterrichtet den Bieter gemäß Unterabsatz 1 unverzüglich darüber, ob er zur Teilnahme am dynamischen Beschaffungssystem zugelassen oder sein unverbindliches Angebot abgelehnt wurde.

(5) Für jeden Einzelauftrag hat ein gesonderter Aufruf zum Wettbewerb zu erfolgen. Vor diesem Aufruf zum Wettbewerb veröffentlichen die öffentlichen Auftraggeber eine vereinfachte Bekanntmachung, in der alle interessierten Wirtschaftsteilnehmer aufgefordert werden, ein unverbindliches Angebot nach Absatz 4 abzugeben, und zwar binnen einer Frist, die nicht weniger als 15 Tage ab dem Versand der vereinfachten Bekanntmachung betragen darf. Die öffentlichen Auftraggeber nehmen den Aufruf zum Wettbewerb erst dann vor, wenn alle fristgerecht eingegangenen unverbindlichen Angebote ausgewertet wurden.

(6) Die öffentlichen Auftraggeber fordern alle zur Teilnahme am System zugelassenen Bieter zur Einreichung von Angeboten für alle im Rahmen des Systems zu vergebenden Aufträge auf. Für die Einreichung der Angebote legen sie eine hinreichend lange Frist fest.

Sie vergeben den Auftrag an den Bieter, der nach den in der Bekanntmachung für die Einrichtung des dynamischen Beschaffungssystems aufgestellten Zuschlagskriterien das beste

Angebot vorgelegt hat. Diese Kriterien können gegebenenfalls in der in Unterabsatz 1 genannten Aufforderung präzisiert werden.

(7) Mit Ausnahme von Sonderfällen, die in angemessener Weise zu rechtfertigen sind, darf die Laufzeit eines dynamischen Beschaffungssystems vier Jahre nicht überschreiten.

Die öffentlichen Auftraggeber dürfen dieses System nicht in einer Weise anwenden, durch die der Wettbewerb behindert, eingeschränkt oder verfälscht wird.

Den betreffenden Wirtschaftsteilnehmern oder den am System teilnehmenden Parteien dürfen keine Bearbeitungsgebühren in Rechnung gestellt werden.

Art. 34 Öffentliche Bauaufträge: besondere Regelungen für den sozialen Wohnungsbau Im Fall öffentlicher Bauaufträge, die sich auf die Gesamtplanung und den Bau von Wohneinheiten im Rahmen des sozialen Wohnungsbaus erstrecken und bei denen die Planung wegen des Umfangs, der Komplexität und der voraussichtlichen Dauer der Arbeiten von Anfang an in enger Zusammenarbeit in einer Arbeitsgemeinschaft aus Beauftragten der öffentlichen Auftraggeber, Sachverständigen und dem für die Ausführung des Vorhabens vorgesehenen Unternehmer durchgeführt werden muss, kann ein besonderes Vergabeverfahren angewandt werden, um sicherzustellen, dass der zur Aufnahme in die Arbeitsgemeinschaft am besten geeignete Unternehmer ausgewählt wird.

Die öffentlichen Auftraggeber geben in der Bekanntmachung insbesondere eine möglichst genaue Beschreibung der auszuführenden Arbeiten an, damit die daran interessierten Unternehmer das auszuführende Vorhaben richtig beurteilen können. Außerdem geben sie in dieser Bekanntmachung gemäß den in den Artikeln 46 bis 52 genannten Eignungskriterien an, welche persönlichen, technischen, wirtschaftlichen und finanziellen Anforderungen die Bewerber erfüllen müssen.

Wird ein solches Verfahren in Anspruch genommen, so wendet der öffentliche Auftraggeber die Artikel 2, 35, 36, 38, 39, 41, 42, 43 und 45 bis 52 an.

Kapitel VI – Vorschriften über die Veröffentlichung und die Transparenz

Abschnitt 1 – Veröffentlichung der Bekanntmachungen

Art. 35 Bekanntmachungen (1) Die öffentlichen Auftraggeber teilen im Rahmen einer Vorinformation, die von der Kommission oder von ihnen selbst in ihrem „Beschafferprofil" nach Anhang VIII Nummer 2 Buchstabe b veröffentlicht wird, Folgendes mit:

a) bei Lieferungen den geschätzten Gesamtwert der Aufträge oder der Rahmenvereinbarungen, aufgeschlüsselt nach Warengruppen, die sie in den kommenden 12 Monaten vergeben wollen, wenn der geschätzte Gesamtwert nach Maßgabe der Artikel 7 und 9 mindestens 750 000 EUR beträgt.

Die Warengruppen werden vom öffentlichen Auftraggeber unter Bezugnahme auf die Positionen des CPV festgelegt;

b) bei Dienstleistungen den geschätzten Gesamtwert der Aufträge oder der Rahmenvereinbarungen, die sie in den kommenden 12 Monaten vergeben bzw. abschließen wollen, aufgeschlüsselt nach den in Anhang II Teil A genannten Kategorien, wenn dieser geschätzte Gesamtwert nach Maßgabe der Artikel 7 und 9 mindestens 750 000 EUR beträgt;

c) bei Bauleistungen die wesentlichen Merkmale der Aufträge oder der Rahmenvereinbarungen, die sie vergeben bzw. abschließen wollen, wenn deren geschätzter Wert nach Maßgabe des Artikels 9 mindestens den in Artikel 7 genannten Schwellenwert erreicht.

Die unter den Buchstaben a und b genannten Bekanntmachungen werden so bald wie möglich nach Beginn des Haushaltsjahres an die Kommission gesandt oder im Beschafferprofil veröffentlicht.

Die unter Buchstabe c genannte Bekanntmachung wird so bald wie möglich nach der Entscheidung, mit der die den beabsichtigten Bauaufträgen oder Rahmenvereinbarungen zugrunde liegende Planung genehmigt wird, an die Kommission gesandt oder im Beschafferprofil veröffentlicht.

Veröffentlicht ein öffentlicher Auftraggeber eine Vorinformation in seinem Beschafferprofil, so meldet er der Kommission zuvor auf elektronischem Wege die Veröffentlichung einer Vorinformation in einem Beschafferprofil., unter Beachtung der Angaben in Anhang VIII Nummer 3 zu Format und Verfahren bei der Übermittlung von Bekanntmachungen.

Die Veröffentlichung der unter den Buchstaben a, b und c genannten Bekanntmachungen ist nur verpflichtend, wenn der öffentliche Auftraggeber von der Möglichkeit einer Verkürzung der Fristen für den Eingang der Angebote gemäß Artikel 38 Absatz 4 Gebrauch machen möchte.

Dieser Absatz gilt nicht für Verhandlungsverfahren ohne vorherige Veröffentlichung einer Bekanntmachung.

(2) Ein öffentlicher Auftraggeber, der einen öffentlichen Auftrag oder eine Rahmenvereinbarung im Wege eines offenen, eines nichtoffenen oder – in den in Artikel 30 genannten Fällen – eines Verhandlungsverfahrens mit Veröffentlichung einer Bekanntmachung oder – in den in Artikel 29 genannten Fällen – im Wege eines wettbewerblichen Dialogs vergeben will, teilt seine Absicht durch eine Bekanntmachung mit.

(3) Ein öffentlicher Auftraggeber, der ein dynamisches Beschaffungssystem einrichten will, teilt seine Absicht durch eine Bekanntmachung mit.

Ein öffentlicher Auftraggeber, der auf der Grundlage eines dynamischen Beschaffungssystems einen Auftrag vergeben will, teilt seine Absicht durch eine vereinfachte Bekanntmachung mit.

(4) Ein öffentlicher Auftraggeber, der einen öffentlichen Auftrag vergeben oder eine Rahmenvereinbarung geschlossen hat, sendet spätestens 48 Tage nach der Vergabe des Auftrags beziehungsweise nach Abschluss der Rahmenvereinbarung eine Bekanntmachung mit den Ergebnissen des Vergabeverfahrens ab.

Bei Rahmenvereinbarungen im Sinne von Artikel 32 brauchen die öffentlichen Auftraggeber nicht für jeden Einzelauftrag, der aufgrund dieser Vereinbarung vergeben wird, eine Bekanntmachung mit den Ergebnissen des jeweiligen Vergabeverfahrens abzusenden.

Der öffentliche Auftraggeber verschickt spätestens 48 Tage nach jeder Auftragsvergabe eine Bekanntmachung mit dem Ergebnis der Vergabe der Einzelaufträge, die im Rahmen eines dynamischen Beschaffungssystems vergeben werden. Er kann diese Bekanntmachungen jedoch auf Quartalsbasis zusammenfassen. In diesem Fall versendet er die Zusammenstellung spätestens 48 Tage nach Quartalsende.

Bei öffentlichen Dienstleistungsaufträgen des Anhangs II Teil B gibt der öffentliche Auftraggeber in seiner Bekanntmachung an, ob er mit der Veröffentlichung einverstanden ist. Für diese Dienstleistungsaufträge legt die Kommission nach dem in Artikel 77 Absatz 2 genannten Verfahren die Regeln fest, nach denen auf der Grundlage dieser Bekanntmachungen statistische Berichte zu erstellen und zu veröffentlichen sind.

Bestimmte Angaben über die Auftragsvergabe oder den Abschluss der Rahmenvereinbarungen müssen jedoch nicht veröffentlicht werden, wenn die Offenlegung dieser Angaben den Gesetzesvollzug behindern, dem öffentlichen Interesse zuwiderlaufen, die berechtigten geschäftlichen Interessen öffentlicher oder privater Wirtschaftsteilnehmer schädigen oder den lauteren Wettbewerb zwischen ihnen beeinträchtigen würde.

Art. 36 Abfassung und Modalitäten für die Veröffentlichung der Bekanntmachungen
(1) Die Bekanntmachungen enthalten die in Anhang VII Teil A aufgeführten Informationen und gegebenenfalls jede andere vom öffentlichen Auftraggeber für sinnvoll erachtete Angabe gemäß dem jeweiligen Muster der Standardformulare, die von der Kommission gemäß dem in Artikel 77 Absatz 2 genannten Verfahren angenommen werden.

(2) Die von den öffentlichen Auftraggebern an die Kommission gesendeten Bekanntmachungen werden entweder auf elektronischem Wege unter Beachtung der Angaben in Anhang VIII Nummer 3 zu Muster und Verfahren bei der Übermittlung oder auf anderem Wege übermittelt. Bei dem beschleunigten Verfahren nach Artikel 38 Absatz 8 sind die Bekanntmachungen unter Beachtung der Angaben in Anhang VIII Nummer 3 zu Muster und Verfahren bei der Übermittlung entweder per Fax oder auf elektronischem Wege zu übermitteln.
Die Bekanntmachungen werden gemäß den technischen Merkmalen für die Veröffentlichung in Anhang VIII Nummer 1 Buchstaben a und b veröffentlicht.

(3) Bekanntmachungen, die gemäß dem Muster und unter Beachtung der Verfahren bei der Übermittlung nach Anhang VIII Nummer 3 auf elektronischem Wege erstellt und übermittelt wurden, werden spätestens fünf Tage nach ihrer Absendung veröffentlicht.
Bekanntmachungen, die nicht gemäß dem Muster und unter Beachtung der Verfahren bei der Übermittlung nach Anhang VIII Nummer 3 auf elektronischem Wege übermittelt wurden, werden spätestens zwölf Tage nach ihrer Absendung oder bei dem beschleunigten Verfahren nach Artikel 38 Absatz 8 nicht später als fünf Tage nach ihrer Absendung veröffentlicht.

(4) Die Bekanntmachungen werden ungekürzt in einer vom öffentlichen Auftraggeber hierfür gewählten Amtssprache der Gemeinschaft veröffentlicht, wobei nur der in dieser Originalsprache veröffentlichte Text verbindlich ist. Eine Zusammenfassung der wichtigsten Bestandteile einer jeden Bekanntmachung wird in den anderen Amtssprachen veröffentlicht.
Die Kosten für die Veröffentlichung der Bekanntmachungen durch die Kommission gehen zulasten der Gemeinschaft.

(5) Die Bekanntmachungen und ihr Inhalt dürfen auf nationaler Ebene nicht vor dem Tag ihrer Absendung an die Kommission veröffentlicht werden.
Die auf nationaler Ebene veröffentlichten Bekanntmachungen dürfen nur die Angaben enthalten, die in den an die Kommission abgesendeten Bekanntmachungen enthalten sind oder in einem Beschafferprofil gemäß Artikel 35 Absatz 1 Unterabsatz 1 veröffentlicht wurden, und müssen zusätzlich auf das Datum der Absendung der Bekanntmachung an die Kommission bzw. der Veröffentlichung im Beschafferprofil hinweisen.
Die Vorinformationen dürfen nicht in einem Beschafferprofil veröffentlicht werden, bevor die Ankündigung dieser Veröffentlichung an die Kommission abgesendet wurde; das Datum der Absendung muss angegeben werden.

(6) Der Inhalt der Bekanntmachungen, die nicht auf elektronischem Wege gemäß dem Muster und unter Beachtung der Verfahren bei der Übermittlung nach Anhang VIII Nummer 3 abgesendet werden, ist auf ca. 650 Worte beschränkt.

(7) Die öffentlichen Auftraggeber müssen den Tag der Absendung der Bekanntmachungen nachweisen können.

(8) Die Kommission stellt dem öffentlichen Auftraggeber eine Bestätigung der Veröffentlichung der übermittelten Informationen aus, in der das Datum dieser Veröffentlichung angegeben ist. Diese Bestätigung dient als Nachweis der Veröffentlichung.

Art. 37 Freiwillige Veröffentlichung Die öffentlichen Auftraggeber können gemäß Artikel 36 Bekanntmachungen über öffentliche Aufträge veröffentlichen, die nicht der Veröffentlichungspflicht gemäß dieser Richtlinie unterliegen.

Abschnitt 2 – Fristen

Art. 38 Fristen für den Eingang der Anträge auf Teilnahme und der Angebote (1) Bei der Festsetzung der Fristen für den Eingang der Angebote und der Anträge auf Teilnahme berücksichtigt der öffentliche Auftraggeber unbeschadet der in diesem Artikel festgelegten Mindestfristen insbesondere die Komplexität des Auftrags und die Zeit, die für die Ausarbeitung der Angebote erforderlich ist.

(2) Bei offenen Verfahren beträgt die Frist für den Eingang der Angebote mindestens 52 Tage, gerechnet ab dem Tag der Absendung der Bekanntmachung.

(3) Bei nichtoffenen Verfahren, den in Artikel 30 genannten Verhandlungsverfahren mit Veröffentlichung einer Bekanntmachung und dem wettbewerblichen Dialog

a)   beträgt die Frist für den Eingang der Anträge auf Teilnahme mindestens 37 Tage, gerechnet ab dem Tag der Absendung der Bekanntmachung;

b)   beträgt die Frist für den Eingang der Angebote bei den nichtoffenen Verfahren mindestens 40 Tage, gerechnet ab dem Tag der Absendung der Aufforderung zur Angebotsabgabe.

(4) Hat der öffentliche Auftraggeber eine Vorinformation veröffentlicht, kann die Frist für den Eingang der Angebote nach Absatz 2 und Absatz 3 Buchstabe b im Allgemeinen auf 36 Tage, jedoch auf keinen Fall auf weniger als 22 Tage, verkürzt werden.

Diese Frist beginnt an dem Tag der Absendung der Bekanntmachung bei offenen Verfahren und gerechnet ab dem Tag der Absendung der Aufforderung zur Angebotsabgabe bei nichtoffenen Verfahren zu laufen.

Die in Unterabsatz 1 genannte verkürzte Frist ist zulässig, sofern die Vorinformation alle die für die Bekanntmachung nach Anhang VII Teil A geforderten Informationen – soweit diese zum Zeitpunkt der Veröffentlichung der Bekanntmachung vorlagen – enthielt und die Vorinformation spätestens 52 Tage und frühestens 12 Monate vor dem Tag der Absendung der Bekanntmachung zur Veröffentlichung übermittelt wurde.

(5) Bei Bekanntmachungen, die gemäß dem Muster und unter Beachtung der Verfahren bei der Übermittlung nach Anhang VIII Nummer 3 elektronisch erstellt und versandt werden, können in offenen Verfahren die in den Absätzen 2 und 4 genannten Fristen für den Eingang der Angebote und in den nichtoffenen und Verhandlungsverfahren sowie beim wettbewerblichen Dialog die in Absatz 3 Buchstabe a genannte Frist für den Eingang der Anträge auf Teilnahme um 7 Tage verkürzt werden.

(6) Die in Absatz 2 und Absatz 3 Buchstabe b genannten Fristen für den Eingang der Angebote können um 5 Tage verkürzt werden, wenn der öffentliche Auftraggeber ab der Veröffentlichung der Bekanntmachung die Verdingungsunterlagen und alle zusätzlichen Unterlagen entsprechend den Angaben in Anhang VIII auf elektronischem Wege frei, direkt und vollständig verfügbar macht; in der Bekanntmachung ist die Internet-Adresse anzugeben, unter der diese Unterlagen abrufbar sind.

Diese Verkürzung kann mit der in Absatz 5 genannten Verkürzung kumuliert werden.

(7) Wurden, aus welchem Grund auch immer, die Verdingungsunterlagen und die zusätzlichen Unterlagen oder Auskünfte, obwohl sie rechtzeitig angefordert wurden, nicht innerhalb der in den Artikeln 39 und 40 festgesetzten Fristen zugesandt bzw. erteilt oder können die Angebote nur nach einer Ortsbesichtigung oder Einsichtnahme in Anlagen zu den Verdingungsunterlagen vor Ort erstellt werden, so sind die Fristen entsprechend zu verlängern, und zwar so, dass alle betroffenen Wirtschaftsteilnehmer von allen Informationen, die für die Erstellung des Angebotes notwendig sind, Kenntnis nehmen können.

(8) Bei nichtoffenen Verfahren und den in Artikel 30 genannten Verhandlungsverfahren mit Veröffentlichung einer Bekanntmachung kann der öffentliche Auftraggeber, wenn die Dringlichkeit die Einhaltung der in dem vorliegenden Artikel vorgesehenen Mindestfristen unmöglich macht, folgende Fristen festlegen:

a) mindestens 15 Tage für den Eingang der Anträge auf Teilnahme, gerechnet ab dem Tag der Absendung der Bekanntmachung, beziehungsweise mindestens 10 Tage, wenn die Bekanntmachung gemäß dem Muster und unter Beachtung der Modalitäten nach Anhang VIII Nummer 3 elektronisch übermittelt wurde,

b) bei nichtoffenen Verfahren mindestens 10 Tage für den Eingang der Angebote, gerechnet ab dem Tag der Absendung der Aufforderung zur Angebotsabgabe.

Art. 39 Offene Verfahren: Verdingungsunterlagen, zusätzliche Unterlagen und Auskünfte (1) Wenn der öffentliche Auftraggeber bei offenen Verfahren nicht die Verdingungsunterlagen und alle zusätzlichen Unterlagen auf elektronischem Weg gemäß Artikel 38 Absatz 6 frei, direkt und vollständig verfügbar macht, werden die Verdingungsunterlagen und zusätzlichen Unterlagen den Wirtschaftsteilnehmern binnen sechs Tagen nach Eingang des Antrags zugesandt, sofern dieser Antrag rechtzeitig vor dem Schlusstermin für den Eingang der Angebote eingegangen ist.

(2) Zusätzliche Auskünfte zu den Verdingungsunterlagen und den zusätzlichen Unterlagen erteilen der öffentliche Auftraggeber oder die zuständigen Stellen, sofern sie rechtzeitig angefordert worden sind, spätestens sechs Tage vor dem Schlusstermin für den Eingang der Angebote.

Abschnitt 3 – Inhalt und Übermittlung von Informationen

Art. 40 Aufforderung zur Angebotsabgabe, zur Teilnahme am Dialog oder zur Verhandlung (1) Bei nichtoffenen Verfahren, beim wettbewerblichen Dialog und bei Verhandlungsverfahren mit Veröffentlichung einer Bekanntmachung gemäß Artikel 30 fordert der öffentliche Auftraggeber die ausgewählten Bewerber gleichzeitig schriftlich auf, ihre Angebote einzureichen oder zu verhandeln oder – im Falle des wettbewerblichen Dialogs – am Dialog teilzunehmen.

(2) Die Aufforderung an die Bewerber enthält Folgendes:

– entweder die Verdingungsunterlagen bzw. die Beschreibung und alle zusätzlichen Unterlagen

– oder die Angabe des Zugriffs auf die Verdingungsunterlagen und die anderen im ersten Gedankenstrich angegebenen Unterlagen, wenn sie nach Artikel 38 Absatz 6 auf elektronischem Wege unmittelbar zugänglich gemacht werden.

(3) Wenn eine andere Einrichtung als der für das Vergabeverfahren zuständige öffentliche Auftraggeber die Verdingungsunterlagen, die Beschreibung und/oder die zusätzlichen Unterlagen bereithält, ist in der Aufforderung die Anschrift der Stelle, bei der diese Unterlagen bzw. diese Beschreibung angefordert werden können, und gegebenenfalls der Termin anzugeben, bis zu dem sie angefordert werden können; ferner sind der Betrag und die Bedingungen für die Zahlung des Betrags anzugeben, der für den Erhalt der Unterlagen zu entrichten ist. Die zuständigen Stellen schicken diese Unterlagen den Wirtschaftsteilnehmern nach Erhalt der Anfrage unverzüglich zu.

(4) Die zusätzlichen Informationen über die Verdingungsunterlagen, die Beschreibung bzw. die zusätzlichen Unterlagen werden vom öffentlichen Auftraggeber bzw. von den zuständigen Stellen spätestens sechs Tage vor Ablauf der für die Einreichung von Angeboten festgelegten Frist übermittelt, sofern die Anfrage rechtzeitig eingegangen ist. Bei nichtoffenen Verfahren oder beschleunigten Verhandlungsverfahren beträgt diese Frist vier Tage.

(5) Die Aufforderung zur Angebotsabgabe, zur Verhandlung bzw. – im Falle des wettbewerblichen Dialogs – zur Teilnahme am Dialog enthält mindestens Folgendes:

a) einen Hinweis auf die veröffentlichte Bekanntmachung;

b) den Tag, bis zu dem die Angebote eingehen müssen, die Anschrift der Stelle, bei der sie einzureichen sind, sowie die Sprache(n), in der (denen) sie abzufassen sind;

c) beim wettbewerblichen Dialog den Termin und den Ort des Beginns der Konsultationsphase sowie die verwendete(n) Sprache(n);

d) die Bezeichnung der gegebenenfalls beizufügenden Unterlagen entweder zum Beleg der vom Bewerber gemäß Artikel 44 abgegebenen nachprüfbaren Erklärungen oder als Ergänzung der in demselben Artikel vorgesehenen Auskünfte, wobei keine anderen als die in den Artikeln 47 und 48 genannten Anforderungen gestellt werden dürfen;

e) die Gewichtung der Zuschlagskriterien oder gegebenenfalls die absteigende Reihenfolge der Bedeutung dieser Kriterien, wenn sie nicht in der Bekanntmachung, den Verdingungsunterlagen oder der Beschreibung enthalten sind.

Bei Aufträgen, die nach dem Verfahren des Artikels 29 vergeben werden, dürfen in der Aufforderung zur Teilnahme am Dialog die in Buchstabe b des vorliegenden Absatzes genannten Angaben jedoch nicht erscheinen, sondern sind in der Aufforderung zur Angebotsabgabe aufzuführen.

Art. 41 Unterrichtung der Bewerber und Bieter (1) Der öffentliche Auftraggeber teilt den Bewerbern und Bietern schnellstmöglich, auf Antrag auch schriftlich, seine Entscheidungen über den Abschluss einer Rahmenvereinbarung, die Zuschlagserteilung oder die Zulassung zur Teilnahme an einem dynamischen Beschaffungssystem mit, einschließlich der Gründe, aus denen beschlossen wurde, auf den Abschluss einer Rahmenvereinbarung oder die Vergabe eines Auftrags, für den eine Ausschreibung stattgefunden hat, zu verzichten und das Verfahren erneut einzuleiten bzw. kein dynamisches Beschaffungssystem einzurichten.

(2) Auf Verlangen der betroffenen Partei unterrichtet der öffentliche Auftraggeber unverzüglich

– jeden nicht erfolgreichen Bewerber über die Gründe für die Ablehnung seiner Bewerbung,

– jeden nicht berücksichtigten Bieter über die Gründe für die Ablehnung seines Angebots; dazu gehört in den Fällen des Artikels 23 Absätze 4 und 5 eine Unterrichtung über die Gründe für seine Entscheidung, dass keine Gleichwertigkeit vorliegt oder dass die Bauarbeiten, Lieferungen oder Dienstleistungen nicht den Leistungs- oder Funktionsanforderungen entsprechen,

– jeden Bieter, der ein ordnungsgemäßes Angebot eingereicht hat, über die Merkmale und Vorteile des ausgewählten Angebots sowie über den Namen des Zuschlagsempfängers oder der Parteien der Rahmenvereinbarung.

Der Beantwortungszeitraum darf eine Frist von 15 Tagen ab Eingang der schriftlichen Anfrage auf keinen Fall überschreiten.

(3) Die öffentlichen Auftraggeber können jedoch beschließen, bestimmte in Absatz 1 genannte Angaben über die Zuschlagserteilung, den Abschluss von Rahmenvereinbarungen oder die Zulassung zu einem dynamischen Beschaffungssystem nicht mitzuteilen, wenn die Offenlegung dieser Angaben den Gesetzesvollzug behindern, dem öffentlichen Interesse zuwiderlaufen, die berechtigten geschäftlichen Interessen öffentlicher oder privater Wirtschaftsteilnehmer schädigen oder den lauteren Wettbewerb zwischen ihnen beeinträchtigen würde.

Abschnitt 4 – Mitteilungen

Art. 42 Vorschriften über Mitteilungen (1) Jede Mitteilung sowie jede in diesem Titel genannte Übermittlung von Informationen kann nach Wahl des öffentlichen Auftraggebers per Post, per Fax, auf elektronischem Wege gemäß den Absätzen 4 und 5, auf telefonischem Wege in den in Absatz 6 genannten Fällen und unter den dort aufgeführten Bedingungen oder durch eine Kombination dieser Kommunikationsmittel erfolgen.

(2) Die gewählten Kommunikationsmittel müssen allgemein verfügbar sein; sie dürfen daher nicht dazu führen, dass der Zugang der Wirtschaftsteilnehmer zum Vergabeverfahren beschränkt wird.

(3) Bei der Mitteilung bzw. Übermittlung und Speicherung von Informationen sind die Integrität der Daten und die Vertraulichkeit der Angebote und der Anträge auf Teilnahme zu gewährleisten; der öffentliche Auftraggeber darf vom Inhalt der Angebote und der Anträge auf Teilnahme erst nach Ablauf der Frist für ihre Einreichung Kenntnis erhalten.

(4) Die für die elektronische Übermittlung zu verwendenden Mittel und ihre technischen Merkmale dürfen keinen diskriminierenden Charakter haben und müssen allgemein zugänglich sowie mit den allgemein verbreiteten Erzeugnissen der Informations- und Kommunikationstechnologie kompatibel sein.

(5) Für die Vorrichtungen zur Übermittlung und für den elektronischen Eingang von Angeboten sowie für die Vorrichtungen für den elektronischen Eingang der Anträge auf Teilnahme gelten die folgenden Bestimmungen:

a) Die Informationen über die Spezifikationen, die für die elektronische Übermittlung der Angebote und Anträge auf Teilnahme erforderlich sind, einschließlich der Verschlüsselung, müssen den interessierten Parteien zugänglich sein. Außerdem müssen die Vorrichtungen, die für den elektronischen Eingang der Angebote und Anträge auf Teilnahme verwendet werden, den Anforderungen des Anhangs X genügen.

b) Die Mitgliedstaaten können unter Beachtung des Artikels 5 der Richtlinie 1999/93/EG verlangen, dass elektronisch übermittelte Angebote mit einer fortgeschrittenen elektronischen Signatur gemäß Artikel 5 Absatz 1 der genannten Richtlinie zu versehen sind.

c) Die Mitgliedstaaten können Systeme der freiwilligen Akkreditierung einführen oder beibehalten, die zu einem verbesserten Angebot von Zertifizierungsdiensten für diese Vorrichtungen führen sollen.

d) Bieter und Bewerber sind verpflichtet, vor Ablauf der vorgeschriebenen Frist für die Vorlage der Angebote und Anträge auf Teilnahme die in den Artikeln 45 bis 50 und 52 genannten Unterlagen, Bescheinigungen und Erklärungen einzureichen, wenn diese nicht auf elektronischem Wege verfügbar sind.

(6) Die nachfolgenden Bestimmungen gelten für die Übermittlung der Anträge auf Teilnahme:

a) Anträge auf Teilnahme am Vergabeverfahren können schriftlich oder telefonisch gestellt werden.

b) Werden Anträge auf Teilnahme telefonisch gestellt, sind diese vor Ablauf der Frist für den Eingang der Anträge schriftlich zu bestätigen.

c) Die öffentlichen Auftraggeber können verlangen, dass per Fax gestellte Anträge auf Teilnahme per Post oder auf elektronischem Wege bestätigt werden, sofern dies für das Vorliegen eines gesetzlich gültigen Nachweises erforderlich ist. In diesem Fall geben die öffentlichen Auftraggeber in der Bekanntmachung diese Anforderung zusammen mit der Frist für die Übermittlung der Bestätigung an.

Abschnitt 5 – Vergabevermerke

Art. 43 Inhalt der Vergabevermerke Die öffentlichen Auftraggeber fertigen über jeden vergebenen Auftrag, jede Rahmenvereinbarung und jede Einrichtung eines dynamischen Beschaffungssystems einen Vergabevermerk an, der mindestens Folgendes umfasst:

a) den Namen und die Anschrift des öffentlichen Auftraggebers, Gegenstand und Wert des Auftrags, der Rahmenvereinbarung oder des dynamischen Beschaffungssystems;

b) die Namen der berücksichtigten Bewerber oder Bieter und die Gründe für ihre Auswahl;

c) die Namen der nicht berücksichtigten Bewerber oder Bieter und die Gründe für die Ablehnung;

d) die Gründe für die Ablehnung von ungewöhnlich niedrigen Angeboten;

e) den Namen des erfolgreichen Bieters und die Gründe für die Auswahl seines Angebots sowie – falls bekannt – den Anteil am Auftrag oder an der Rahmenvereinbarung, den der Zuschlagsempfänger an Dritte weiterzugeben beabsichtigt;

f) bei Verhandlungsverfahren die in den Artikeln 30 und 31 genannten Umstände, die die Anwendung dieses Verfahrens rechtfertigen;

g) bei dem wettbewerblichen Dialog die in Artikel 29 genannten Umstände, die die Anwendung dieses Verfahrens rechtfertigen;

h) gegebenenfalls die Gründe, aus denen der öffentliche Auftraggeber auf die Vergabe eines Auftrags, den Abschluss einer Rahmenvereinbarung oder die Einrichtung eines dynamischen Beschaffungssystems verzichtet hat.

Die öffentlichen Auftraggeber treffen geeignete Maßnahmen, um den Ablauf der mit elektronischen Mitteln durchgeführten Vergabeverfahren zu dokumentieren.

Der Vermerk bzw. sein wesentlicher Inhalt wird der Kommission auf deren Ersuchen mitgeteilt.

Kapitel VII – Ablauf des Verfahrens

Abschnitt 1 – Allgemeine Bestimmungen

Art. 44 Überprüfung der Eignung und Auswahl der Teilnehmer, Vergabe des Auftrags
(1) Die Auftragsvergabe erfolgt aufgrund der in den Artikeln 53 und 55 festgelegten Kriterien unter Berücksichtigung des Artikels 24, nachdem die öffentlichen Auftraggeber die Eignung der Wirtschaftsteilnehmer, die nicht aufgrund von Artikel 45 und 46 ausgeschlossen wurden, geprüft haben; diese Eignungsprüfung erfolgt nach den in den Artikeln 47 bis 52 genannten Kriterien der wirtschaftlichen und finanziellen Leistungsfähigkeit sowie der beruflichen und technischen Fachkunde und gegebenenfalls nach den in Absatz 3 genannten nichtdiskriminierenden Vorschriften und Kriterien.

(2) Die öffentlichen Auftraggeber können Mindestanforderungen an die Leistungsfähigkeit gemäß den Artikeln 47 und 48 stellen, denen die Bewerber und Bieter genügen müssen.
Der Umfang der Informationen gemäß den Artikeln 47 und 48 sowie die für einen bestimmten Auftrag gestellten Mindestanforderungen an die Leistungsfähigkeit müssen mit dem Auftragsgegenstand zusammenhängen und ihm angemessen sein.
Die Mindestanforderungen werden in der Bekanntmachung angegeben.

(3) Bei den nichtoffenen Verfahren, beim Verhandlungsverfahren mit Veröffentlichung einer Bekanntmachung und beim wettbewerblichen Dialog können die öffentlichen Auftraggeber die Zahl an Bewerbern, die sie zur Abgabe von Angeboten auffordern bzw. zu Verhandlungen oder zum wettbewerblichen Dialog einladen werden, begrenzen, sofern geeignete Bewerber in ausreichender Zahl zur Verfügung stehen. Die öffentlichen Auftraggeber geben in der Bekanntmachung die von ihnen vorgesehenen objektiven und nicht diskriminierenden Kriterien oder Vorschriften, die vorgesehene Mindestzahl und gegebenenfalls auch die Höchstzahl an einzuladenden Bewerbern an.
Bei nichtoffenen Verfahren beträgt die Anzahl mindestens fünf Bewerber. Beim Verhandlungsverfahren mit Veröffentlichung einer Bekanntmachung und beim wettbewerblichen Dialog beträgt die Anzahl mindestens drei Bewerber. In jedem Fall muss die Zahl der eingeladenen Bewerber ausreichend hoch sein, damit ein echter Wettbewerb gewährleistet ist.
Die öffentlichen Auftraggeber laden eine Anzahl von Bewerbern ein, die zumindest der im Voraus bestimmten Mindestzahl an Bewerbern entspricht. Sofern die Zahl von Bewerbern, die die Eignungskriterien und Mindestanforderungen erfüllen, unter der Mindestzahl liegt, kann der öffentliche Auftraggeber das Verfahren fortführen, indem er den oder die Bewerber einlädt, die über die geforderte Leistungsfähigkeit verfügen. Der öffentliche Auftraggeber kann andere Wirtschaftsteilnehmer, die sich nicht um die Teilnahme beworben haben, oder Bewerber, die nicht über die geforderte Leistungsfähigkeit verfügen, nicht zu demselben Verfahren zulassen.

(4) Machen die öffentlichen Auftraggeber von der in Artikel 29 Absatz 4 und in Artikel 30 Absatz 4 vorgesehenen Möglichkeit Gebrauch, die Zahl der zu erörternden Lösungen oder der Angebote, über die verhandelt wird, zu verringern, so tun sie dies aufgrund der Zuschlagskriterien, die sie in der Bekanntmachung, in den Verdingungsunterlagen oder in der Beschreibung angegeben haben. In der Schlussphase müssen noch so viele Angebote vorliegen, dass ein echter Wettbewerb gewährleistet ist, sofern eine ausreichende Anzahl von Lösungen oder geeigneten Bewerbern vorliegt.

Abschnitt 2 – Eignungskriterien

Art. 45 Persönliche Lage des Bewerbers bzw. Bieters (1) Ein Bewerber oder Bieter ist von der Teilnahme an einem Vergabeverfahren auszuschließen, wenn der öffentliche Auftraggeber Kenntnis davon hat, dass dieser Bewerber oder Bieter aus einem der nachfolgenden Gründe rechtskräftig verurteilt worden ist:

a) Beteiligung an einer kriminellen Organisation im Sinne von Artikel 2 Absatz 1 der gemeinsamen Maßnahme 98/773/JI des Rates[6],

b) Bestechung im Sinne von Artikel 3 des Rechtsakts des Rates vom 26. Mai 1997[7] und von Artikel 3 Absatz 1 der gemeinsamen Maßnahme 98/742/JI des Rates[8],

c) Betrug im Sinne von Artikel 1 des Übereinkommens über den Schutz der finanziellen Interessen der Europäischen Gemeinschaften[9],

d) Geldwäsche im Sinne von Artikel 1 der Richtlinie 91/308/EWG des Rates vom 10. Juni 1991 zur Verhinderung der Nutzung des Finanzsystems zum Zwecke der Geldwäsche[10].

Die Mitgliedstaaten legen im Einklang mit ihren nationalen Rechtsvorschriften und unter Beachtung des Gemeinschaftsrechts die Bedingungen für die Anwendung dieses Absatzes fest.

Sie können Ausnahmen von der in Unterabsatz 1 genannten Verpflichtung aus zwingenden Gründen des Allgemeininteresses zulassen.

Zum Zwecke der Anwendung dieses Absatzes verlangen die öffentlichen Auftraggeber gegebenenfalls von den Bewerbern oder Bietern die Vorlage der in Absatz 3 genannten Unterlagen, und sie können die nach ihrem Ermessen erforderlichen Informationen über die persönliche Lage dieser Bewerber oder Bieter bei den zuständigen Behörden einholen, wenn sie Bedenken in Bezug auf die persönliche Lage dieser Bewerber oder Bieter haben. Betreffen die Informationen einen Bewerber oder Bieter, der in einem anderen Staat als der öffentliche Auftraggeber ansässig ist, so kann dieser die zuständigen Behörden um Mitarbeit ersuchen. Nach Maßgabe des nationalen Rechts des Mitgliedstaats, in dem der Bewerber oder Bieter ansässig ist, betreffen diese Ersuchen juristische und/oder natürliche Personen, gegebenenfalls auch die jeweiligen Unternehmensleiter oder jede andere Person, die befugt ist, den Bewerber oder Bieter zu vertreten, in seinem Namen Entscheidungen zu treffen oder ihn zu kontrollieren.

(2) Von der Teilnahme am Vergabeverfahren kann jeder Wirtschaftsteilnehmer ausgeschlossen werden,

a) der sich im Insolvenz-/Konkursverfahren oder einem gerichtlichen Ausgleichsverfahren oder in Liquidation befindet oder seine gewerbliche Tätigkeit eingestellt hat oder sich in einem Vergleichsverfahren oder Zwangsvergleich oder aufgrund eines in den einzelstaatlichen Rechtsvorschriften vorgesehenen gleichartigen Verfahrens in einer entsprechenden Lage befindet;

b) gegen den ein Insolvenz-/Konkursverfahren oder ein gerichtliches Ausgleichsverfahren oder ein Vergleichsverfahren oder ein Zwangsvergleich eröffnet wurde oder gegen den

---

6   ABl. L 351 vom 29.1.1998, S. 1.
7   ABl. C 195 vom 25.6.1997, S. 1.
8   ABl. L 358 vom 31.12.1998, S. 2.
9   ABl. C 316 vom 27.11.1995, S. 48.
10 ABl. L 166 vom 28.6.1991, S. 77. Geändert durch die Richtlinie 2001/97/EG des Europäischen Parlaments und des Rates (ABl. L 344 vom 28.12.2001, S. 76).

andere in den einzelstaatlichen Rechtsvorschriften vorgesehene gleichartige Verfahren eingeleitet worden sind;

c) die aufgrund eines nach den Rechtsvorschriften des betreffenden Landes rechtskräftigen Urteils wegen eines Deliktes bestraft worden sind, das ihre berufliche Zuverlässigkeit in Frage stellt;

d) die im Rahmen ihrer beruflichen Tätigkeit eine schwere Verfehlung begangen haben, die vom öffentlichen Auftraggeber nachweislich festgestellt wurde;

e) die ihre Verpflichtung zur Zahlung der Sozialbeiträge nach den Rechtsvorschriften des Landes, in dem sie niedergelassen sind, oder des Landes des öffentlichen Auftraggebers nicht erfüllt haben;

f) die ihre Verpflichtung zur Zahlung der Steuern und Abgaben nach den Rechtsvorschriften des Landes, in dem sie niedergelassen sind, oder des Landes des öffentlichen Auftraggebers nicht erfüllt haben;

g) die sich bei der Erteilung von Auskünften, die gemäß diesem Abschnitt eingeholt werden können, in erheblichem Maße falscher Erklärungen schuldig gemacht oder diese Auskünfte nicht erteilt haben.

Die Mitgliedstaaten legen nach Maßgabe ihrer innerstaatlichen Rechtsvorschriften und unter Beachtung des Gemeinschaftsrechts die Bedingungen für die Anwendung dieses Absatzes fest.

(3) Als ausreichenden Nachweis dafür, dass die in Absatz 1 und Absatz 2 Buchstaben a, b, c, e oder f genannten Fälle auf den Wirtschaftsteilnehmer nicht zutreffen, akzeptiert der öffentliche Auftraggeber

a) im Fall von Absatz 1 und Absatz 2 Buchstaben a, b und c einen Auszug aus dem Strafregister oder – in Ermangelung eines solchen – eine gleichwertige Urkunde einer zuständigen Gerichts- oder Verwaltungsbehörde des Ursprungs- oder Herkunftslands, aus der hervorgeht, dass diese Anforderungen erfüllt sind;

b) im Fall von Absatz 2 Buchstaben e oder f eine von der zuständigen Behörde des betreffenden Mitgliedstaates ausgestellte Bescheinigung.

Wird eine Urkunde oder Bescheinigung von dem betreffenden Land nicht ausgestellt oder werden darin nicht alle in Absatz 1 und Absatz 2 Buchstaben a, b oder c vorgesehenen Fälle erwähnt, so kann sie durch eine eidesstattliche Erklärung oder in den Mitgliedstaaten, in denen es keine eidesstattliche Erklärung gibt, durch eine förmliche Erklärung ersetzt werden, die der betreffende Wirtschaftsteilnehmer vor einer zuständigen Gerichts- oder Verwaltungsbehörde, einem Notar oder einer dafür qualifizierten Berufsorganisation des Ursprungs- oder Herkunftslands abgibt.

(4) Die Mitgliedstaaten benennen die für die Ausgabe der Urkunden, Bescheinigungen oder Erklärungen nach Absatz 3 zuständigen Behörden und Stellen und unterrichten davon die Kommission. Die datenschutzrechtlichen Bestimmungen bleiben von dieser Mitteilung unberührt.

Art. 46 Befähigung zur Berufsausübung Jeder Wirtschaftsteilnehmer, der sich an einem Auftrag beteiligen möchte, kann aufgefordert werden, nachzuweisen, dass er im Berufs- oder Handelsregister seines Herkunftslandes vorschriftsmäßig eingetragen ist, bzw. eine Erklärung unter Eid oder eine Bescheinigung vorzulegen; für die Vergabe öffentlicher Bauaufträge gelten die Angaben in Anhang IX Teil A, für die Vergabe öffentlicher Lieferaufträge gelten die Angaben in Anhang IX Teil B und für die Vergabe öffentlicher Dienstleistungsaufträge gelten die Angaben in Anhang IX Teil C, und zwar nach Maßgabe der Bedingungen, die im Mitgliedstaat seiner Niederlassung gelten.

Müssen Bewerber oder Bieter eine bestimmte Berechtigung besitzen oder Mitglieder einer bestimmten Organisation sein, um die betreffende Dienstleistung in ihrem Ursprungsmitgliedstaat erbringen zu können, so kann der öffentliche Auftraggeber bei der Vergabe öffentlicher Dienstleistungsaufträge den Nachweis ihrer Berechtigung oder Mitgliedschaft verlangen.

Art. 47 Wirtschaftliche und finanzielle Leistungsfähigkeit (1) Die finanzielle und wirtschaftliche Leistungsfähigkeit des Wirtschaftsteilnehmers kann in der Regel durch einen oder mehrere der nachstehenden Nachweise belegt werden:

a) entsprechende Bankerklärungen oder gegebenenfalls Nachweis einer entsprechenden Berufshaftpflichtversicherung;

b) Vorlage von Bilanzen oder Bilanzauszügen, falls deren Veröffentlichung in dem Land, in dem der Wirtschaftsteilnehmer ansässig ist, gesetzlich vorgeschrieben ist;

c) eine Erklärung über den Gesamtumsatz und gegebenenfalls den Umsatz für den Tätigkeitsbereich, der Gegenstand der Ausschreibung ist, höchstens in den letzten drei Geschäftsjahren, entsprechend dem Gründungsdatum oder dem Datum der Tätigkeitsaufnahme des Wirtschaftsteilnehmers, sofern entsprechende Angaben verfügbar sind.

(2) Ein Wirtschaftsteilnehmer kann sich gegebenenfalls für einen bestimmten Auftrag auf die Kapazitäten anderer Unternehmen ungeachtet des rechtlichen Charakters der zwischen ihm und diesen Unternehmen bestehenden Verbindungen stützen. Er muss in diesem Falle dem öffentlichen Auftraggeber gegenüber nachweisen, dass ihm die erforderlichen Mittel zur Verfügung stehen, indem er beispielsweise die diesbezüglichen Zusagen dieser Unternehmen vorlegt.

(3) Unter denselben Voraussetzungen können sich Gemeinschaften von Wirtschaftsteilnehmern nach Artikel 4 auf die Kapazitäten der Mitglieder der Gemeinschaften oder anderer Unternehmen stützen.

(4) Die öffentlichen Auftraggeber geben in der Bekanntmachung oder in der Aufforderung zur Angebotsabgabe an, welche der in Absatz 1 genannten Nachweise sowie welche anderen Nachweise vorzulegen sind.

(5) Kann ein Wirtschaftsteilnehmer aus einem berechtigten Grund die vom öffentlichen Auftraggeber geforderten Nachweise nicht beibringen, so kann er den Nachweis seiner finanziellen und wirtschaftlichen Leistungsfähigkeit durch Vorlage jedes anderen vom öffentlichen Auftraggeber für geeignet erachteten Belegs erbringen.

Art. 48 Technische und/oder berufliche Leistungsfähigkeit (1) Die technische und/oder berufliche Leistungsfähigkeit des Wirtschaftsteilnehmers wird gemäß den Absätzen 2 und 3 bewertet und überprüft.

(2) Der Nachweis der technischen Leistungsfähigkeit des Wirtschaftsteilnehmers kann je nach Art, Menge oder Umfang und Verwendungszweck der Bauleistungen, der zu liefernden Erzeugnisse oder der Dienstleistungen wie folgt erbracht werden:

a) i) durch eine Liste der in den letzten fünf Jahren erbrachten Bauleistungen, wobei für die wichtigsten Bauleistungen Bescheinigungen über die ordnungsgemäße Ausführung beizufügen sind. Aus diesen Bescheinigungen muss Folgendes hervorgehen: der Wert der Bauleistung sowie Zeit und Ort der Bauausführung und die Angabe, ob die Arbeiten fachgerecht und ordnungsgemäß ausgeführt wurden;

gegebenenfalls leitet die zuständige Behörde diese Bescheinigungen direkt dem öffentlichen Auftraggeber zu;

ii) durch eine Liste der in den letzten drei Jahren erbrachten wesentlichen Lieferungen oder Dienstleistungen mit Angabe des Werts, des Liefer- bzw. Erbringungszeitpunkts sowie des öffentlichen oder privaten Empfängers. Die Lieferungen und Dienstleistungen werden wie folgt nachgewiesen:

- durch eine von der zuständigen Behörde ausgestellte oder beglaubigte Bescheinigung, wenn es sich bei dem Empfänger um einen öffentlichen Auftraggeber handelte;

- wenn es sich bei dem Empfänger um einen privaten Erwerber handelt, durch eine vom Erwerber ausgestellte Bescheinigung oder, falls eine derartige Bescheinigung nicht erhältlich ist, durch eine einfache Erklärung des Wirtschaftsteilnehmers;

b) durch Angabe der technischen Fachkräfte oder der technischen Stellen, unabhängig davon, ob sie dem Unternehmen des Wirtschaftsteilnehmers angehören oder nicht, und zwar insbesondere derjenigen, die mit der Qualitätskontrolle beauftragt sind, und bei öffentlichen Bauaufträgen derjenigen, über die der Unternehmer für die Ausführung des Bauwerks verfügt;

c) durch die Beschreibung der technischen Ausrüstung des Lieferanten oder Dienstleistungserbringers, seiner Maßnahmen zur Qualitätssicherung und seiner Untersuchungs- und Forschungsmöglichkeiten;

d) sind die zu liefernden Erzeugnisse oder die zu erbringenden Dienstleistungen komplexer Art oder sollen sie ausnahmsweise einem besonderen Zweck dienen, durch eine Kontrolle, die vom öffentlichen Auftraggeber oder in dessen Namen von einer zuständigen amtlichen Stelle durchgeführt wird, die sich dazu bereit erklärt und sich in dem Land befindet, in dem der Lieferant oder Dienstleistungserbringer ansässig ist; diese Kontrolle betrifft die Produktionskapazität des Lieferanten bzw. die technische Leistungsfähigkeit des Dienstleistungserbringers und erforderlichenfalls seine Untersuchungs- und Forschungsmöglichkeiten sowie die von ihm für die Qualitätskontrolle getroffenen Vorkehrungen;

e) durch Studiennachweise und Bescheinigungen über die berufliche Befähigung des Dienstleistungserbringers oder Unternehmers und/oder der Führungskräfte des Unternehmens, insbesondere der für die Erbringung der Dienstleistungen oder für die Ausführung der Bauleistungen verantwortlichen Personen;

f) bei öffentlichen Bau- und Dienstleistungsaufträgen, und zwar nur in den entsprechenden Fällen durch Angabe der Umweltmanagementmaßnahmen, die der Wirtschaftsteilnehmer bei der Ausführung des Auftrags gegebenenfalls anwenden will;

g) durch eine Erklärung, aus der die durchschnittliche jährliche Beschäftigtenzahl des Dienstleistungserbringers oder des Unternehmers und die Zahl seiner Führungskräfte in den letzten drei Jahren ersichtlich ist;

h) durch eine Erklärung, aus der hervorgeht, über welche Ausstattung, welche Geräte und welche technische Ausrüstung der Dienstleistungserbringer oder Unternehmer für die Ausführung des Auftrags verfügt;

i) durch die Angabe, welche Teile des Auftrags der Dienstleistungserbringer unter Umständen als Unteraufträge zu vergeben beabsichtigt;

j) hinsichtlich der zu liefernden Erzeugnisse:

i) durch Muster, Beschreibungen und/oder Fotografien, wobei die Echtheit auf Verlangen des öffentlichen Auftraggebers nachweisbar sein muss;

ii) durch Bescheinigungen, die von als zuständig anerkannten Instituten oder amtlichen Stellen für Qualitätskontrolle ausgestellt wurden und in denen bestätigt wird, dass die durch entsprechende Bezugnahmen genau bezeichneten Erzeugnisse bestimmten Spezifikationen oder Normen entsprechen;

(3) Ein Wirtschaftsteilnehmer kann sich gegebenenfalls für einen bestimmten Auftrag auf die Kapazitäten anderer Unternehmen ungeachtet des rechtlichen Charakters der zwischen ihm und diesen Unternehmen bestehenden Verbindungen stützen. Er muss in diesem Falle dem öffentlichen Auftraggeber gegenüber nachweisen, dass ihm für die Ausführung des Auftrags die erforderlichen Mittel zur Verfügung stehen, indem er beispielsweise die Zusage dieser Unternehmen vorlegt, dass sie dem Wirtschaftsteilnehmer die erforderlichen Mittel zur Verfügung stellen.

(4) Unter denselben Voraussetzungen können sich Gemeinschaften von Wirtschaftsteilnehmern nach Artikel 4 auf die Leistungsfähigkeit der Mitglieder der Gemeinschaften oder anderer Unternehmen stützen.

(5) Bei der Vergabe öffentlicher Aufträge, die die Lieferung von Waren, für die Verlege- oder Anbringarbeiten erforderlich sind, die Erbringung von Dienstleistungen und/oder Bauleistungen zum Gegenstand haben, kann die Eignung der Wirtschaftsteilnehmer zur Erbringung dieser Leistungen oder zur Ausführung der Verlege- und Anbringarbeiten insbesondere anhand ihrer Fachkunde, Leistungsfähigkeit, Erfahrung und Zuverlässigkeit beurteilt werden.

(6) Der öffentliche Auftraggeber gibt in der Bekanntmachung oder in der Aufforderung zur Angebotsabgabe an, welche der in Absatz 2 genannten Nachweise vorzulegen sind.

Art. 49 Qualitätssicherungsnormen Verlangen die öffentlichen Auftraggeber zum Nachweis dafür, dass der Wirtschaftsteilnehmer bestimmte Qualitätssicherungsnormen erfüllt, die Vorlage von Bescheinigungen unabhängiger Stellen, so nehmen sie auf Qualitätssicherungsverfahren Bezug, die den einschlägigen europäischen Normen genügen und von entsprechenden Stellen zertifiziert sind, die den europäischen Zertifizierungsnormen entsprechen. Gleichwertige Bescheinigungen von Stellen aus anderen Mitgliedstaaten sind anzuerkennen. Die öffentlichen Auftraggeber erkennen auch andere gleichwertige Nachweise für Qualitätssicherungsmaßnahmen an.

Art. 50 Normen für Umweltmanagement Verlangen die öffentlichen Auftraggeber in den in Artikel 48 Absatz 2 Buchstabe f genannten Fällen zum Nachweis dafür, dass der Wirtschaftsteilnehmer bestimmte Normen für das Umweltmanagement erfüllt, die Vorlage von Bescheinigungen unabhängiger Stellen, so nehmen sie auf das Gemeinschaftssystem für das Umweltmanagement und die Umweltbetriebsprüfung (EMAS) oder auf Normen für das Umweltmanagement Bezug, die auf den einschlägigen europäischen oder internationalen Normen beruhen und von entsprechenden Stellen zertifiziert sind, die dem Gemeinschaftsrecht oder gemäß einschlägigen europäischen oder internationalen Zertifizierungsnormen entsprechen. Gleichwertige Bescheinigungen von Stellen in anderen Mitgliedstaaten sind anzuerkennen. Die öffentlichen Auftraggeber erkennen auch andere Nachweise für gleichwertige Umweltmanagement-Maßnahmen an, die von den Wirtschaftsteilnehmern vorgelegt werden.

2.21 RL öffentliche Aufträge

Art. 51 Zusätzliche Unterlagen und Auskünfte Der öffentliche Auftraggeber kann Wirtschaftsteilnehmer auffordern, die in Anwendung der Artikel 45 bis 50 vorgelegten Bescheinigungen und Dokumente zu vervollständigen oder zu erläutern.

Art. 52 Amtliche Verzeichnisse zugelassener Wirtschaftsteilnehmer und Zertifizierung durch öffentlich-rechtliche oder privatrechtliche Stellen (1) Die Mitgliedstaaten können entweder amtliche Verzeichnisse zugelassener Bauunternehmer, Lieferanten oder Dienstleistungserbringer oder eine Zertifizierung durch öffentlich-rechtliche oder privatrechtliche Stellen einführen.

Die Mitgliedstaaten passen die Bedingungen für die Eintragung in diese Verzeichnisse sowie für die Ausstellung der Bescheinigungen durch die Zertifizierungsstellen an Artikel 45 Absatz 1 und Absatz 2 Buchstaben a bis d und g, Artikel 46, Artikel 47 Absätze 1, 4 und 5, Artikel 48 Absätze 1, 2, 5 und 6, Artikel 49 und gegebenenfalls Artikel 50 an.

Die Mitgliedstaaten passen die Bedingungen ferner an die Bestimmungen der Artikel 47 Absatz 2 und Artikel 48 Absatz 3 an, sofern Anträge auf Eintragung von Wirtschaftsteilnehmern gestellt werden, die zu einer Gruppe gehören und sich auf die von anderen Unternehmen der Gruppe bereitgestellten Kapazitäten stützen. Diese Wirtschaftsteilnehmer müssen in diesem Falle gegenüber der das amtliche Verzeichnis herausgebenden Behörde nachweisen, dass sie während der gesamten Geltungsdauer der Bescheinigung über ihre Eintragung in ein amtliches Verzeichnis über diese Kapazitäten verfügen und dass die Eignungskriterien, die nach den in Unterabsatz 2 genannten Artikel vorgeschrieben sind und auf die sie sich für ihre Eintragung berufen, von den betreffenden anderen Unternehmen in diesem Zeitraum fortlaufend erfüllt werden.

(2) Wirtschaftsteilnehmer, die in solchen amtlichen Verzeichnissen eingetragen sind oder über eine Bescheinigung verfügen, können dem öffentlichen Auftraggeber bei jeder Vergabe eine Bescheinigung der zuständigen Stelle über die Eintragung oder die von der zuständigen Zertifizierungsstelle ausgestellte Bescheinigung vorlegen. In diesen Bescheinigungen sind die Nachweise, aufgrund deren die Eintragung in das Verzeichnis/-die Zertifizierung erfolgt ist, sowie die sich aus dem Verzeichnis ergebende Klassifizierung anzugeben.

(3) Die von den zuständigen Stellen bescheinigte Eintragung in die amtlichen Verzeichnisse bzw. die von der Zertifizierungsstelle ausgestellte Bescheinigung stellt für die öffentlichen Auftraggeber der anderen Mitgliedstaaten nur eine Eignungsvermutung in Bezug auf Artikel 45 Absatz 1 und Absatz 2 Buchstaben a bis d und g, Artikel 46, Artikel 47 Absatz 1 Buchstaben b und c sowie Artikel 48 Absatz 2 Buchstabe a Ziffer i und Buchstaben b, e, g und h für Bauunternehmer, Absatz 2 Buchstabe a Ziffer ii und Buchstaben b, c, d und j für Lieferanten sowie Absatz 2 Buchstabe a Ziffer ii und Buchstaben c bis i für Dienstleistungserbringer dar.

(4) Die Angaben, die den amtlichen Verzeichnissen bzw. der Zertifizierung zu entnehmen sind, können nicht ohne Begründung in Zweifel gezogen werden. Hinsichtlich der Zahlung der Sozialbeiträge und der Zahlung von Steuern und Abgaben kann bei jeder Vergabe von jedem in das Verzeichnis eingetragenen Wirtschaftsteilnehmer eine zusätzliche Bescheinigung verlangt werden.

Öffentliche Auftraggeber aus anderen Mitgliedstaaten wenden die Bestimmungen von Absatz 3 und des Unterabsatzes 1 des vorliegenden Absatzes nur zugunsten von Wirtschaftsteilnehmern an, die in dem Mitgliedstaat ansässig sind, in dem das amtliche Verzeichnis geführt wird.

402

(5) Für die Eintragung von Wirtschaftsteilnehmern aus anderen Mitgliedstaaten in ein amtliches Verzeichnis bzw. für ihre Zertifizierung durch die in Absatz 1 genannten Stellen können nur die für inländische Wirtschaftsteilnehmer vorgesehenen Nachweise und Erklärungen gefordert werden, in jedem Fall jedoch nur diejenigen, die in den Artikeln 45 bis 49 und gegebenenfalls in Artikel 50 genannt sind.

Eine solche Eintragung oder Zertifizierung kann jedoch den Wirtschaftsteilnehmern aus anderen Mitgliedstaaten nicht zur Bedingung für ihre Teilnahme an einer öffentlichen Ausschreibung gemacht werden. Die öffentlichen Auftraggeber erkennen gleichwertige Bescheinigungen von Stellen in anderen Mitgliedstaaten an. Sie erkennen auch andere gleichwertige Nachweise an.

(6) Die Wirtschaftsteilnehmer können jederzeit die Eintragung in ein amtliches Verzeichnis oder die Ausstellung der Bescheinigung beantragen. Sie sind innerhalb einer angemessen kurzen Frist von der Entscheidung der zuständigen Zertifizierungsstelle bzw. der Stelle, die das amtliche Verzeichnis führt, zu unterrichten.

(7) Die in Absatz 1 genannten Zertifizierungsstellen sind Stellen, die die europäischen Normen für die Zertifizierung erfüllen.

(8) Mitgliedstaaten, die amtliche Verzeichnisse führen oder über Zertifizierungsstellen im Sinne von Absatz 1 verfügen, sind gehalten, der Kommission und den übrigen Mitgliedstaaten die Anschrift der Stelle mitzuteilen, bei der die Anträge eingereicht werden können.

Abschnitt 3 – Auftragsvergabe

Art. 53 Zuschlagskriterien (1) Der öffentliche Auftraggeber wendet unbeschadet der für die Vergütung von bestimmten Dienstleistungen geltenden einzelstaatlichen Rechts- und Verwaltungsvorschriften bei der Erteilung des Zuschlags folgende Kriterien an:

a) entweder – wenn der Zuschlag auf das aus Sicht des öffentlichen Auftraggebers wirtschaftlich günstigste Angebot erfolgt – verschiedene mit dem Auftragsgegenstand zusammenhängende Kriterien, z.B. Qualität, Preis, technischer Wert, Ästhetik, Zweckmäßigkeit, Umwelteigenschaften, Betriebskosten, Rentabilität, Kundendienst und technische Hilfe, Lieferzeitpunkt und Lieferungs- oder Ausführungsfrist

b) oder ausschließlich das Kriterium des niedrigsten Preises.

(2) Unbeschadet des Unterabsatzes 3 gibt der öffentliche Auftraggeber im Fall von Absatz 1 Buchstabe a in der Bekanntmachung oder den Verdingungsunterlagen oder – beim wettbewerblichen Dialog – in der Beschreibung an, wie er die einzelnen Kriterien gewichtet, um das wirtschaftlich günstigste Angebot zu ermitteln.

Diese Gewichtung kann mittels einer Marge angegeben werden, deren größte Bandbreite angemessen sein muss.

Kann nach Ansicht des öffentlichen Auftraggebers die Gewichtung aus nachvollziehbaren Gründen nicht angegeben werden, so gibt der öffentliche Auftraggeber in der Bekanntmachung oder in den Verdingungsunterlagen oder – beim wettbewerblichen Dialog – in der Beschreibung die Kriterien in der absteigenden Reihenfolge ihrer Bedeutung an.

Art. 54 Durchführung von elektronischen Auktionen (1) Die Mitgliedstaaten können festlegen, dass die öffentlichen Auftraggeber elektronischen Auktionen durchführen dürfen.

(2)-(7) *Einzelheiten – nicht abgedruckt.*

2.21 RL öffentliche Aufträge

Art. 55 Ungewöhnlich niedrige Angebote (1) Erwecken im Fall eines bestimmten Auftrags Angebote den Eindruck, im Verhältnis zur Leistung ungewöhnlich niedrig zu sein, so muss der öffentliche Auftraggeber vor Ablehnung dieser Angebote schriftlich Aufklärung über die Einzelposten des Angebots verlangen, wo er dies für angezeigt hält.

Die betreffenden Erläuterungen können insbesondere Folgendes betreffen:

a) die Wirtschaftlichkeit des Bauverfahrens, des Fertigungsverfahrens oder der Erbringung der Dienstleistung,

b) die gewählten technischen Lösungen und/oder alle außergewöhnlich günstigen Bedingungen, über die der Bieter bei der Durchführung der Bauleistungen, der Lieferung der Waren oder der Erbringung der Dienstleistung verfügt,

c) die Originalität der Bauleistungen, der Lieferungen oder der Dienstleistungen wie vom Bieter angeboten,

d) die Einhaltung der Vorschriften über Arbeitsschutz und Arbeitsbedingungen, die am Ort der Leistungserbringung gelten,

e) die etwaige Gewährung einer staatlichen Beihilfe an den Bieter.

(2) Der öffentliche Auftraggeber prüft – in Rücksprache mit dem Bieter – die betreffende Zusammensetzung und berücksichtigt dabei die gelieferten Nachweise.

(3) Stellt der öffentliche Auftraggeber fest, dass ein Angebot ungewöhnlich niedrig ist, weil der Bieter eine staatliche Beihilfe erhalten hat, so darf er das Angebot allein aus diesem Grund nur nach Rücksprache mit dem Bieter ablehnen, sofern dieser binnen einer von dem öffentlichen Auftraggeber festzulegenden ausreichenden Frist nicht nachweisen kann, dass die betreffende Beihilfe rechtmäßig gewährt wurde. Lehnt der öffentliche Auftraggeber ein Angebot unter diesen Umständen ab, so teilt er dies der Kommission mit.

Titel III – Vorschriften im Bereich öffentlicher Baukonzessionen
– nicht abgedruckt.

Titel IV – Vorschriften über Wettbewerbe im Dienstleistungsbereich
– nicht abgedruckt.

Titel V – Statistische Pflichten, Durchführungsbefugnisse und Schlussbestimmungen *– nicht abgedruckt.*

Anhang I Verzeichnis der Tätigkeiten nach Artikel 1 Absatz 2 Buchstabe b; **Anhang II** Dienstleistungen gemäß Artikel 1 Absatz 2 Buchstabe d; **Anhang III** Verzeichnis der Einrichtungen des öffentlichen Rechts und der Kategorien von Einrichtungen des öffentlichen Rechts nach Artikel 1 Absatz 9 Unterabsatz 2; **Anhang IV** Zentrale Regierungsbehörden; **Anhang V** Verzeichnis der in Artikel 7 genannten Waren betreffend Aufträge von öffentlichen Auftraggebern, die im Bereich der Verteidigung vergeben werden; **Anhang VI** Definition bestimmter technischer Spezifikationen; **Anhang VII** Angaben, die in den Bekanntmachungen enthalten sein müssen; **Anhang VIII** Merkmale für die Veröffentlichung; **Anhang IX** Register; **Anhang X** Anforderungen an Vorrichtungen für die elektronische Entgegennahme der Angebote, der Anträge auf Teilnahme oder der Pläne und Entwürfe für Wettbewerbe; **Anhang XI** Umsetzungsfristen (Artikel 80); **Anhang XII** Entsprechungstabelle *– nicht abgedruckt.*

2.22 Richtlinie 2006/123/EG des Europäischen Parlaments und des Rates vom 12. Dezember 2006 über Dienstleistungen im Binnenmarkt [Dienstleistungs-RL]

ABl. 2006 L 376/36

DAS EUROPÄISCHE PARLAMENT UND DER RAT DER EUROPÄISCHEN UNION –
gestützt auf den Vertrag zur Gründung der Europäischen Gemeinschaft, insbesondere auf Artikel 47 Absatz 2 Sätze 1 und 3 und Artikel 55,
auf Vorschlag der Kommission,
nach Stellungnahme des Europäischen Wirtschafts- und Sozialausschusses[1],
nach Stellungnahme des Ausschusses der Regionen[2],
gemäß dem Verfahren des Artikels 251 des Vertrags[3],
in Erwägung nachstehender Gründe:
(1) Ziel der Europäischen Gemeinschaft ist es, eine immer engere Zusammengehörigkeit der Staaten und Völker Europas zu erreichen und den wirtschaftlichen und sozialen Fortschritt zu sichern. Gemäß Artikel 14 Absatz 2 des Vertrags umfasst der Binnenmarkt einen Raum ohne Binnengrenzen, in dem der freie Verkehr von Dienstleistungen gewährleistet ist. Gemäß Artikel 43 des Vertrags wird die Niederlassungsfreiheit gewährleistet. Artikel 49 des Vertrags regelt den freien Dienstleistungsverkehr innerhalb der Gemeinschaft. Die Beseitigung der Beschränkungen für die Entwicklung von Dienstleistungstätigkeiten zwischen den Mitgliedstaaten ist ein wichtiges Mittel für ein stärkeres Zusammenwachsen der Völker Europas und für die Förderung eines ausgewogenen und nachhaltigen wirtschaftlichen und sozialen Fortschritts. Bei der Beseitigung solcher Beschränkungen muss unbedingt gewährleistet werden, dass die Entfaltung von Dienstleistungstätigkeiten zur Verwirklichung der in Artikel 2 des Vertrags verankerten Aufgaben beiträgt, in der gesamten Gemeinschaft eine harmonische, ausgewogene und nachhaltige Entwicklung des Wirtschaftslebens, ein hohes Beschäftigungsniveau und ein hohes Maß an sozialem Schutz, die Gleichstellung von Männern und Frauen, ein nachhaltiges, nichtinflationäres Wachstum, einen hohen Grad von Wettbewerbsfähigkeit und Konvergenz der Wirtschaftsleistungen, ein hohes Maß an Umweltschutz und Verbesserung der Umweltqualität, die Hebung der Lebenshaltung und der Lebensqualität, den wirtschaftlichen und sozialen Zusammenhalt und die Solidarität zwischen den Mitgliedstaaten zu fördern.
(2) Ein wettbewerbsfähiger Dienstleistungsmarkt ist für die Förderung des Wirtschaftswachstums und die Schaffung von Arbeitsplätzen in der Europäischen Union wesentlich. Gegenwärtig hindert eine große Anzahl von Beschränkungen im Binnenmarkt Dienstleistungserbringer, insbesondere kleine und mittlere Unternehmen (KMU), daran, über ihre nationalen Grenzen hinauszuwachsen und uneingeschränkt Nutzen aus dem Binnenmarkt zu ziehen. Dies schwächt die globale Wettbewerbsfähigkeit der Dienstleistungserbringer aus der Europäischen Union. Ein freier Markt, der die Mitgliedstaaten zwingt, Beschränkungen im grenzüberschreitenden Dienstleistungsverkehr abzubauen, bei gleichzeitiger größerer Transparenz und besserer Information der Verbraucher, würde für die Verbraucher größere Auswahl und bessere Dienstleistungen zu niedrigeren Preisen bedeuten.
(3) In ihrem Bericht über den „Stand des Binnenmarktes für Dienstleistungen" führt die Kommission eine Vielzahl von Hindernissen auf, die die Entwicklung grenzüberschreitender Dienstleistungstätigkeiten zwischen den Mitgliedstaaten behindern oder bremsen, insbesondere diejenigen von KMU, die im Dienstleistungsgewerbe vorherrschend sind. Der Bericht kommt zu dem Ergebnis, dass ein Jahrzehnt nach der beabsichtigten Vollendung des Binnenmarktes noch immer eine breite Kluft zwischen der Vision einer wirtschaftlich integrierten Europäischen Union und der Wirklichkeit besteht, die die europäischen Bürger und Dienstleistungserbringer erleben. Die Beschränkungen betreffen eine große Bandbreite von Dienstleistungstätigkeiten und sämtliche Phasen der Dienstleistungserbringung und weisen zahlreiche Gemeinsamkeiten auf; so sind sie häufig auf

---

1   ABl. C 221 vom 8.9.2005, S. 113.
2   ABl. C 43 vom 18.2.2005, S. 18.
3   Stellungnahme des Europäischen Parlaments vom 16.2.2006 (ABl. C 290E vom 29.11.2006, S. 343), Gemeinsamer Standpunkt des Rates vom 24.7.2006 (ABl. C 270 E vom 7.11.2006, S. 1) und Standpunkt des Europäischen Parlaments vom 15.11.2006. Beschluss des Rates vom 11.12.2006.

schwerfällige Verwaltungsverfahren, die Rechtsunsicherheit, mit denen grenzüberschreitende Tätigkeiten behaftet sind, oder auf das fehlende gegenseitige Vertrauen zwischen den Mitgliedstaaten zurückzuführen.

(4) Die Dienstleistungen sind zwar der Motor des Wirtschaftswachstums und tragen in den meisten Mitgliedstaaten 70 % zu BIP und Beschäftigung bei, aber die Fragmentierung des Binnenmarktes beeinträchtigt die europäische Wirtschaft insgesamt, insbesondere die Wettbewerbsfähigkeit von KMU und die Zu- und Abwanderung von Arbeitskräften, und behindert den Zugang der Verbraucher zu einer größeren Auswahl an Dienstleistungen zu konkurrenzfähigen Preisen. Es ist wichtig darauf hinzuweisen, dass die Dienstleistungsbranche ein Schlüsselsektor insbesondere für die Beschäftigung von Frauen ist und dass sie deshalb großen Nutzen von den neuen Möglichkeiten, die von der Vollendung des Binnenmarktes für Dienstleistungen geboten werden, zu erwarten haben. Das Europäische Parlament und der Rat haben betont, dass die Beseitigung rechtlicher Beschränkungen, die einen wirklichen Binnenmarkt verhindern, eine der vorrangigen Aufgaben zur Erreichung des vom Europäischen Rat in Lissabon vom 23. und 24. März 2000 vorgegebenen Ziels ist, die Beschäftigungslage und den sozialen Zusammenhalt zu verbessern und zu einem nachhaltigen Wirtschaftswachstum zu gelangen, um die Europäische Union bis zum Jahre 2010 zum wettbewerbsfähigsten und dynamischsten wissensbasierten Wirtschaftsraum der Welt mit mehr und besseren Arbeitsplätzen zu machen. Die Beseitigung dieser Beschränkungen bei gleichzeitiger Gewährleistung eines fortschrittlichen europäischen Gesellschaftsmodells ist somit eine Grundvoraussetzung für die Überwindung der Schwierigkeiten bei der Umsetzung der Lissabon-Strategie und für die wirtschaftliche Erholung in Europa, insbesondere für Investitionen und Beschäftigung. Es ist deshalb wichtig, bei der Schaffung eines Binnenmarktes für Dienstleistungen auf Ausgewogenheit zwischen Marktöffnung und dem Erhalt öffentlicher Dienstleistungen sowie der Wahrung sozialer Rechte und der Rechte der Verbraucher zu achten.

(5) Es ist deshalb erforderlich, die Beschränkungen der Niederlassungsfreiheit von Dienstleistungserbringern in den Mitgliedstaaten und des freien Dienstleistungsverkehrs zwischen Mitgliedstaaten zu beseitigen und den Dienstleistungsempfängern und -erbringern die Rechtssicherheit zu garantieren, die sie für die wirksame Wahrnehmung dieser beiden Grundfreiheiten des Vertrags benötigen. *S. 2 u. 3 – nicht abgedruckt.*

(6)-(93) *Vor allem zu Anwendungsbereich und verwaltungsmäßigen Hindernissen – nicht abgedruckt.*

(94) Gemäß den Vorschriften des Vertrags über den freien Dienstleistungsverkehr sind Diskriminierungen des Dienstleistungsempfängers aufgrund seiner Staatsangehörigkeit, seines Wohnsitzstaates oder seines Wohnortes verboten. Eine solche Diskriminierung kann in einer Verpflichtung bestehen, wonach lediglich Staatsangehörige eines anderen Mitgliedstaats Originaldokumente, beglaubigte Kopien, einen Staatsangehörigkeitsnachweis oder beglaubigte Übersetzungen von Unterlagen vorzulegen haben, um in den Genuss bestimmter Dienstleistungen, günstigerer Bedingungen oder Preisvorteile zu kommen. Gleichwohl sollte das Verbot diskriminierender Anforderungen nicht verhindern, dass bestimmte Vergünstigungen, namentlich Preisvorteile, bestimmten Dienstleistungsempfängern vorbehalten sind, wenn dies auf berechtigten und objektiven Kriterien beruht.

(95) Der Grundsatz der Nichtdiskriminierung im Binnenmarkt beinhaltet, dass einem Dienstleistungsempfänger, insbesondere einem Verbraucher, der Zugriff auf allgemein angebotene Dienstleistungen nicht aufgrund eines Kriteriums verwehrt oder erschwert werden darf, das in veröffentlichten allgemeinen Geschäftsbedingungen enthalten ist und an seine Staatsangehörigkeit oder seines Wohnsitzes anknüpft. Hieraus folgt nicht, dass es eine rechtswidrige Diskriminierung darstellt, wenn in solchen allgemeinen Geschäftsbedingungen für eine Dienstleistung unterschiedliche Preise oder Bedingungen festgelegt werden, die durch objektive Gründe gerechtfertigt sind, die von Land zu Land unterschiedlich sein können, wie beispielsweise entfernungsabhängige Zusatzkosten, technische Merkmale der Erbringung der Dienstleistung, unterschiedliche Marktbedingungen wie saisonbedingte stärkere oder geringere Nachfrage, unterschiedliche Ferienzeiten in den Mitgliedstaaten, unterschiedliche Preisgestaltung der Wettbewerber oder zusätzliche Risiken, die damit verbunden sind, dass sich die rechtlichen Rahmenbedingungen von denen des Niederlassungsmitgliedstaates unterscheiden. Hieraus folgt auch nicht, dass es eine rechtswidrige Diskriminierung darstellen würde, wenn einem Verbraucher eine Dienstleistung nicht erbracht wird, weil die erforderlichen Rechte des geistigen Eigentums in einem bestimmten Hoheitsgebiet nicht vorliegen.

(96) Bei den Möglichkeiten, die der Dienstleistungserbringer hat, um dem Dienstleistungsempfänger die von ihm bereitzustellenden Informationen leicht zugänglich zu machen, sollte die Angabe seiner elektronischen Adresse einschließlich seiner Website vorgesehen werden. Im Übrigen sollte die Verpflichtung des Dienstleistungserbringers, in den ausführlichen Informationsunterlagen über seine Tätigkeit bestimmte Angaben zu machen, nicht für die allgemeine kommerzielle Kommunikation wie etwa Werbung gelten, sondern vielmehr für Dokumente, die ausführliche Angaben über die angebotenen Dienstleistungen enthalten, einschließlich der Dokumente auf einer Website.

(97) Es ist erforderlich, in diese Richtlinie bestimmte Vorschriften zur Gewährleistung einer hohen Qualität der Dienstleistungen, insbesondere in Bezug auf Informations- und Transparenzerfordernisse, aufzunehmen. Diese Vorschriften sollten sowohl für die grenzüberschreitende Erbringung von Dienstleistungen zwischen Mitgliedstaaten als auch für Dienstleistungen, die in einem Mitgliedstaat von einem dort niedergelassenen Anbieter erbracht werden, gelten, ohne dass KMU vermeidbare Belastungen auferlegt werden. Diese Vorschriften sollten die Mitgliedstaaten in keiner Weise daran hindern, in Übereinstimmung mit dieser Richtlinie und anderem Gemeinschaftsrecht zusätzliche oder andere Qualitätsanforderungen zu stellen.

(98) Jeder Marktteilnehmer, dessen Dienstleistungen ein unmittelbares und besonderes Risiko für die Gesundheit, Sicherheit oder die finanzielle Lage des Dienstleistungsempfängers oder eines Dritten darstellen, sollte grundsätzlich über eine angemessene Berufshaftpflichtversicherung oder eine andere gleichwertige oder vergleichbare Sicherheit verfügen, was insbesondere bedeutet, dass ein solcher Marktteilnehmer in der Regel für die Erbringung der Dienstleistung in einem oder mehreren anderen Mitgliedstaaten als dem Niederlassungsmitgliedstaat angemessen versichert sein sollte.

(99) Die Versicherung oder Sicherheit sollte der Art und dem Ausmaß des Risikos angemessen sein. Deshalb sollte ein Dienstleistungserbringer nur dann über eine grenzüberschreitende Deckung verfügen müssen, wenn dieser Dienstleistungserbringer tatsächlich in anderen Mitgliedstaaten Dienstleistungen erbringt. Die Mitgliedstaaten sollten keine detaillierteren Vorschriften für die Versicherungsdeckung festlegen und z. B. Mindestwerte für die Versicherungssumme oder Begrenzungen für Ausnahmen von der Deckung vorsehen. Dienstleistungserbringer und Versicherer sollten weiterhin über die nötige Flexibilität verfügen, um genau auf die Art und das Ausmaß des Risikos abgestimmte Versicherungspolicen auszuhandeln. Darüber hinaus ist es nicht notwendig, dass die Verpflichtung zu einer angemessenen Versicherung gesetzlich festgelegt wird. Es sollte ausreichen, wenn die Versicherungspflicht Teil der von den Berufsverbänden festgelegten Standesregeln ist. Ferner sollten Versicherungsunternehmen nicht gezwungen werden, Versicherungsverträge abzuschließen.

(100) Es ist erforderlich absolute Verbote kommerzieller Kommunikation für reglementierte Berufe zu beseitigen, wobei nicht Verbote gemeint sind, die sich auf den Inhalt der kommerziellen Kommunikation beziehen, sondern solche, die diese allgemein und für ganze Berufsgruppen in einer oder mehreren Formen untersagen, beispielsweise ein Verbot von Werbung in einem bestimmten Medium oder in einer Reihe von Medien. Hinsichtlich des Inhalts und der Art und Weise der kommerziellen Kommunikation ist es erforderlich, die Angehörigen der reglementierten Berufe aufzufordern, im Einklang mit dem Gemeinschaftsrecht gemeinschaftsweite Verhaltenskodizes zu erarbeiten.

(101) Es ist erforderlich und im Interesse der Dienstleistungsempfänger, insbesondere der Verbraucher, sicherzustellen, dass die Dienstleistungserbringer die Möglichkeit haben, multidisziplinäre Dienstleistungen anzubieten, und dass die diesbezüglichen Beschränkungen auf das begrenzt werden, was erforderlich ist, um die Unparteilichkeit und Unabhängigkeit sowie die Integrität der reglementierten Berufe zu gewährleisten. Hiervon unberührt bleiben solche Beschränkungen oder Verbote, besondere Tätigkeiten auszuführen, mit denen die Unabhängigkeit in Fällen sichergestellt werden soll, in denen ein Mitgliedstaat einen Dienstleistungserbringer mit einer besonderen Aufgabe, insbesondere im Bereich der Stadtentwicklung, betraut; ferner sollte dies nicht die Anwendung von Wettbewerbsvorschriften berühren.

(102) Um die Transparenz zu erhöhen und sicherzustellen, dass Bewertungen der Qualität der angebotenen und erbrachten Dienstleistungen sich auf vergleichbare Kriterien stützen, ist es wichtig, dass die Informationen über die Bedeutung der Gütesiegel und sonstigen Kennzeichnungen der Dienstleistungen leicht zugänglich sind. Eine solche Transparenzpflicht ist in Bereichen wie dem Fremdenverkehr, namentlich im Hotelgewerbe mit seinen weit verbreiteten Klassifizierungssystemen, besonders wichtig. Im Übrigen ist es angebracht zu untersuchen, in welchem Maß europäische Normung von Nutzen sein kann, um die Vergleichbarkeit und die Qualität der Dienstleistungen zu erleichtern. Europäische Normen werden von den europäischen Normungsorganisationen, dem Europäischen Komitee für Normung (CEN), dem Europäischen Komitee für elektrotechnische Normung (CENELEC) und dem Europäischen Institut für Telekommunikationsnormen (ETSI) erarbeitet. Soweit erforderlich, kann die Kommission nach den in der Richtlinie 98/34/EG des Europäischen Parlaments und des Rates vom 22. Juni 1998 über ein Informationsverfahren auf dem Gebiet der Normen und technischen Vorschriften und der Vorschriften für die Dienste der Informationsgesellschaft[4] vorgesehenen Verfahren einen Auftrag zur Erarbeitung europäischer Normen erteilen.

---

4 ABl. L 204 vom 21.7.1998, S. 37. Zuletzt geändert durch die Beitrittsakte von 2003.

2.22 Dienstleistungs-RL

(103) Um eventuelle Probleme bei der Befolgung einer Gerichtsentscheidung zu lösen, ist es angezeigt, dass die Mitgliedstaaten gleichwertige Sicherheiten anerkennen, die bei in einem anderen Mitgliedstaat niedergelassenen Instituten oder Einrichtungen wie Banken, Versicherern oder anderen Finanzdienstleistungserbringern bestellt wurden.

(104)-(118) *Zu verwaltungsmäßiger Zusammenarbeit, Verhaltenskodices und Schlussbestimmungen – nicht abgedruckt.*

HABEN FOLGENDE RICHTLINIE ERLASSEN:

Kapitel I – Allgemeine Bestimmungen, Kapitel II – Verwaltungsvereinfachung und Kapitel III – Niederlassungsfreiheit der Dienstleistungserbringer
– nicht abgedruckt.

Kapitel IV – Freier Dienstleistungsverkehr

Abschnitt 1 – Dienstleistungsfreiheit und damit zusammenhängende Ausnahmen
– nicht abgedruckt.

Abschnitt 2 – Rechte der Dienstleistungsempfänger

Art. 19 Unzulässige Beschränkungen – *nicht abgedruckt.*

Art. 20 Nicht-Diskriminierung (1) Die Mitgliedstaaten stellen sicher, dass dem Dienstleistungsempfänger keine diskriminierenden Anforderungen auferlegt werden, die auf dessen Staatsangehörigkeit oder Wohnsitz beruhen.

(2) Die Mitgliedstaaten stellen sicher, dass die allgemeinen Bedingungen für den Zugang zu einer Dienstleistung, die der Dienstleistungserbringer bekannt gemacht hat, keine auf der Staatsangehörigkeit oder dem Wohnsitz des Dienstleistungsempfängers beruhenden diskriminierenden Bestimmungen enthalten; dies berührt jedoch nicht die Möglichkeit, Unterschiede bei den Zugangsbedingungen vorzusehen, die unmittelbar durch objektive Kriterien gerechtfertigt sind.

Art. 21 Unterstützung der Dienstleistungsempfänger (1) Die Mitgliedstaaten stellen sicher, dass die Dienstleistungsempfänger in ihrem Wohnsitzstaat folgende Informationen erhalten:

a) allgemeine Informationen über die in anderen Mitgliedstaaten geltenden Anforderungen bezüglich der Aufnahme und der Ausübung von Dienstleistungstätigkeiten, vor allem solche über den Verbraucherschutz;

b) allgemeine Informationen über die bei Streitfällen zwischen Dienstleistungserbringer und -empfänger zur Verfügung stehenden Rechtsbehelfe;

c) Angaben zur Erreichbarkeit der Verbände und Organisationen, die den Dienstleistungserbringer oder -empfänger beraten und unterstützen können, einschließlich der Zentren des Netzes der europäischen Verbraucherzentren.

Sofern angebracht umfasst die Beratung der zuständigen Behörden einen einfachen Schritt-für-Schritt-Leitfaden. Die Informationen und Unterstützung müssen in einer klaren und unzweideutigen Weise erteilt werden, aus der Ferne und elektronisch leicht zugänglich sein und dem neuesten Stand entsprechen.

(2) Die Mitgliedstaaten können die in Absatz 1 genannte Aufgabe den einheitlichen Ansprechpartnern oder jeder anderen Einrichtung, wie beispielsweise den Zentren des Netzes der europäischen Verbraucherzentren, den Verbraucherverbänden oder den Euro Info Zentren, übertragen.

Die Mitgliedstaaten teilen der Kommission die Angaben zur Erreichbarkeit der benannten Einrichtungen mit. Die Kommission leitet sie an die anderen Mitgliedstaaten weiter.

(3) Zur Erfüllung der in den Absätzen 1 und 2 genannten Anforderungen wendet sich die angerufene Einrichtung erforderlichenfalls an die zuständige Einrichtung des betreffenden Mitgliedstaates. Letztere übermittelt die angeforderten Informationen so schnell wie möglich der ersuchenden Einrichtung, die sie an den Dienstleistungsempfänger weiterleitet. Die Mitgliedstaaten stellen sicher, dass diese Einrichtungen einander unterstützen und effizient zusammenarbeiten. Sie treffen gemeinsam mit der Kommission die praktischen Vorkehrungen zur Durchführung des Absatzes 1.

(4) Die Kommission erlässt nach dem in Artikel 40 Absatz 2 genannten Verfahren Durchführungsbestimmungen für die Absätze 1, 2 und 3 des vorliegenden Artikel, die unter Berücksichtigung gemeinsamer Standards die technischen Modalitäten des Austauschs von Informationen zwischen den Einrichtungen der verschiedenen Mitgliedstaaten und insbesondere die Interoperabilität der Informationssysteme regeln.

Kapitel V – Qualität der Dienstleistungen

Art. 22 Informationen über die Dienstleistungserbringer und deren Dienstleistungen

(1) Die Mitgliedstaaten stellen sicher, dass die Dienstleistungserbringer den Dienstleistungsempfängern folgende Informationen zur Verfügung stellen:

a) den Namen des Dienstleistungserbringers, seinen Rechtsstatus und seine Rechtsform, die geografische Anschrift, unter der er niedergelassen ist, und Angaben, die, gegebenenfalls auf elektronischem Weg, eine schnelle Kontaktaufnahme und eine direkte Kommunikation mit ihm ermöglichen;

b) falls der Dienstleistungserbringer in ein Handelsregister oder ein vergleichbares öffentliches Register eingetragen ist, den Namen dieses Registers und die Nummer der Eintragung des Dienstleistungserbringers oder eine gleichwertige in diesem Register verwendete Kennung;

c) falls die Tätigkeit einer Genehmigungsregelung unterliegt, die Angaben zur zuständigen Behörde oder zum einheitlichen Ansprechpartner;

d) falls der Dienstleistungserbringer eine Tätigkeit ausübt, die der Mehrwertsteuer unterliegt, die Identifikationsnummer gemäß Artikel 22 Absatz 1 der Sechsten Richtlinie 77/388/EWG des Rates vom 17. Mai 1977 zur Harmonisierung der Rechtsvorschriften der Mitgliedstaaten über die Umsatzsteuern – Gemeinsames Mehrwertsteuersystem: einheitliche steuerpflichtige Bemessungsgrundlage[5];

e) bei den reglementierten Berufen den Berufsverband oder eine ähnliche Einrichtung, dem oder der der Dienstleistungserbringer angehört, sowie die Berufsbezeichnung und den Mitgliedstaat, in dem sie verliehen wurde;

f) gegebenenfalls die vom Dienstleistungserbringer verwendeten allgemeinen Geschäftsbedingungen und Klauseln;

g) gegebenenfalls das Vorliegen vom Dienstleistungserbringer verwendeter Vertragsklauseln über das auf den Vertrag anwendbare Recht und/oder den Gerichtsstand;

h) gegebenenfalls das Vorliegen einer gesetzlich nicht vorgeschriebenen nachvertraglichen Garantie;

---

5   ABl. L 145 vom 13.6.1977, S. 1. Zuletzt geändert durch die Richtlinie 2006/18/EG (ABl. L 51 vom 22.2.2006, S. 12).

i)   den Preis der Dienstleistung, falls der Preis für eine bestimmte Art von Dienstleistung im Vorhinein vom Dienstleistungserbringer festgelegt wurde;

j)   die Hauptmerkmale der Dienstleistung, wenn diese nicht bereits aus dem Zusammenhang hervorgehen;

k)   Angaben zur Versicherung oder zu den Sicherheiten gemäß Artikel 23 Absatz 1, insbesondere den Namen und die Kontaktdaten des Versicherers oder Sicherungsgebers und den räumlichen Geltungsbereich.

(2) Die Mitgliedstaaten stellen sicher, dass die in Absatz 1 genannten Informationen nach Wahl des Dienstleistungserbringers:

a)   vom Dienstleistungserbringer von sich aus mitgeteilt werden;

b)   für den Dienstleistungsempfänger am Ort der Leistungserbringung oder des Vertragsabschlusses leicht zugänglich sind;

c)   für den Dienstleistungsempfänger elektronisch über eine vom Dienstleistungserbringer angegebene Adresse leicht zugänglich sind;

d)   in allen von den Dienstleistungserbringern den Dienstleistungsempfängern zur Verfügung gestellten ausführlichen Informationsunterlagen über die angebotene Dienstleistung enthalten sind.

(3) Die Mitgliedstaaten stellen sicher, dass die Dienstleistungserbringer den Dienstleistungsempfängern auf Anfrage folgende Zusatzinformationen mitteilen:

a)   falls der Preis nicht im Vorhinein vom Dienstleistungserbringer festgelegt wurde, den Preis der Dienstleistung oder, wenn kein genauer Preis angegeben werden kann, die Vorgehensweise zur Berechnung des Preises, die es dem Dienstleistungsempfänger ermöglicht, den Preis zu überprüfen, oder einen hinreichend ausführlichen Kostenvoranschlag;

b)   bei reglementierten Berufen einen Verweis auf die im Niederlassungsmitgliedstaat geltenden berufsrechtlichen Regeln und wie diese zugänglich sind;

c)   Informationen über ihre multidisziplinären Tätigkeiten und Partnerschaften, die in direkter Verbindung zu der fraglichen Dienstleistung stehen, und über die Maßnahmen, die sie ergriffen haben, um Interessenkonflikte zu vermeiden. Diese Informationen müssen in allen ausführlichen Informationsunterlagen der Dienstleistungserbringer über ihre Tätigkeit enthalten sein;

d)   Verhaltenskodizes, die für den Dienstleistungserbringer gelten, und die Adresse, unter der diese elektronisch abgerufen werden können, sowie Angaben über die Sprachen, in denen sie vorliegen;

e)   falls ein Dienstleistungserbringer einem Verhaltenskodex unterliegt oder einer Handelsvereinigung oder einem Berufsverband angehört, die außergerichtliche Verfahren der Streitbeilegung vorsehen, einschlägige Informationen hierzu. Der Dienstleistungserbringer hat näher anzugeben, wie ausführliche Auskünfte über die Merkmale der außergerichtlichen Verfahren der Streitbeilegung und über die Bedingungen, unter denen die Verfahren angewandt werden, eingeholt werden können.

(4) Die Mitgliedstaaten stellen sicher, dass die Informationen, die der Dienstleistungserbringer gemäß diesem Kapitel zur Verfügung stellen oder mitteilen muss, klar und unzweideutig sind und rechtzeitig vor Abschluss des Vertrages oder, wenn kein schriftlicher Vertrag geschlossen wird, vor Erbringung der Dienstleistung bereitgestellt werden.

(5) Die Informationsanforderungen gemäß diesem Kapitel ergänzen die bereits im Gemeinschaftsrecht vorgesehenen Anforderungen und hindern die Mitgliedstaaten nicht da-

ran, zusätzliche Informationsanforderungen für Dienstleistungserbringer, die in ihrem Hoheitsgebiet niedergelassen sind, vorzuschreiben.

(6) Die Kommission kann nach dem in Artikel 40 Absatz 2 genannten Verfahren den Inhalt der in den Absätzen 1 und 3 des vorliegenden Artikels genannten Informationen entsprechend den Besonderheiten bestimmter Tätigkeiten präzisieren und die Modalitäten der praktischen Durchführung von Absatz 2 des vorliegenden Artikels präzisieren.

Art. 23 Berufshaftpflichtversicherungen und Sicherheiten (1) Die Mitgliedstaaten können sicherstellen, dass die Dienstleistungserbringer, deren Dienstleistungen ein unmittelbares und besonderes Risiko für die Gesundheit oder Sicherheit des Dienstleistungsempfängers oder eines Dritten oder für die finanzielle Sicherheit des Dienstleistungsempfängers darstellen, eine der Art und dem Umfang des Risikos angemessene Berufshaftpflichtversicherung abschließen oder eine aufgrund ihrer Zweckbestimmung im Wesentlichen vergleichbare Sicherheit oder gleichwertige Vorkehrung vorsehen.

(2) Wenn ein Dienstleistungserbringer sich in ihrem Hoheitsgebiet niederlässt, dürfen die Mitgliedstaaten keine Berufshaftpflichtversicherung oder Sicherheit vom Dienstleistungserbringer verlangen, sofern er bereits durch eine gleichwertige oder aufgrund ihrer Zweckbestimmung und der vorgesehenen Deckung bezüglich des versicherten Risikos, der Versicherungssumme oder einer Höchstgrenze der Sicherheit und möglicher Ausnahmen von der Deckung im Wesentlichen vergleichbare Sicherheit in einem anderen Mitgliedstaat, in dem er bereits niedergelassen ist, abgedeckt ist. Besteht nur eine teilweise Gleichwertigkeit, so können die Mitgliedstaaten eine zusätzliche Sicherheit verlangen, um die nicht gedeckten Risiken abzusichern.

Verlangt ein Mitgliedstaat von einem in seinem Hoheitsgebiet niedergelassenen Dienstleistungserbringer den Abschluss einer Berufshaftpflichtversicherung oder eine andere Sicherheit, so hat er die von in anderen Mitgliedstaaten niedergelassenen Kreditinstituten und Versicherern ausgestellten Bescheinigungen, dass ein solcher Versicherungsschutz besteht, als hinreichenden Nachweis anzuerkennen.

(3) Die Absätze 1 und 2 berühren nicht die in anderen Gemeinschaftsrechtsakten vorgesehenen Berufshaftpflichtversicherungen oder Sicherheiten.

(4) Im Rahmen der Durchführung des Absatzes 1 kann die Kommission nach dem in Artikel 40 Absatz 2 genannten Regelungsverfahren Dienstleistungen benennen, die die in Absatz 1 des vorliegenden Artikel genannten Eigenschaften aufweisen. Die Kommission kann ferner nach dem in Artikel 40 Absatz 3 genannten Verfahren Maßnahmen erlassen, die dazu bestimmt sind, nicht wesentliche Bestimmungen dieser Richtlinie zu ändern, indem sie durch Festlegung gemeinsamer Kriterien ergänzt wird, nach denen festgestellt wird, ob eine Versicherung oder Sicherheit im Sinne des Absatzes 1 des vorliegenden Artikel im Hinblick auf die Art und den Umfang des Risikos angemessen ist.

(5) Im Sinne dieses Artikels bedeutet:
- „unmittelbares und besonderes Risiko" ein Risiko, das sich unmittelbar aus der Erbringung der Dienstleistung ergibt;
- „Gesundheit oder Sicherheit" in Bezug auf einen Dienstleistungsempfänger oder einen Dritten die Verhinderung des Todes oder einer schweren Körperverletzung;
- „finanzielle Sicherheit" in Bezug auf einen Dienstleistungsempfänger die Vermeidung erheblicher Geldverluste oder Einbußen bei Vermögenswerten;
- „Berufshaftpflichtversicherung" eine Versicherung, die ein Dienstleistungserbringer bezüglich seiner potenziellen Haftung gegenüber Dienstleistungsempfängern und ge-

gebenenfalls Dritten, die sich aus der Erbringung der Dienstleistung ergibt, abgeschlossen hat.

Art. 24 Kommerzielle Kommunikation für reglementierte Berufe (1) Die Mitgliedstaaten heben sämtliche absoluten Verbote der kommerziellen Kommunikation für reglementierte Berufe auf.

(2) Die Mitgliedstaaten stellen sicher, dass die kommerzielle Kommunikation durch Angehörige reglementierter Berufe die Anforderungen der berufsrechtlichen Regeln erfüllt, die im Einklang mit dem Gemeinschaftsrecht je nach Beruf insbesondere die Unabhängigkeit, die Würde und die Integrität des Berufsstandes sowie die Wahrung des Berufsgeheimnisses gewährleisten sollen. Berufsrechtliche Regeln über die kommerzielle Kommunikation müssen nicht diskriminierend, durch einen zwingenden Grund des Allgemeininteresses gerechtfertigt und verhältnismäßig sein.

Art. 25 Multidisziplinäre Tätigkeiten (1) Die Mitgliedstaaten stellen sicher, dass die Dienstleistungserbringer keinen Anforderungen unterworfen werden, die sie verpflichten, ausschließlich eine bestimmte Tätigkeit auszuüben, oder die die gemeinschaftliche oder partnerschaftliche Ausübung unterschiedlicher Tätigkeiten beschränken.

Jedoch können folgende Dienstleistungserbringer solchen Anforderungen unterworfen werden:

a) Angehörige reglementierter Berufe, soweit dies gerechtfertigt ist, um die Einhaltung der verschiedenen Standesregeln im Hinblick auf die Besonderheiten der jeweiligen Berufe sicherzustellen und soweit dies nötig ist, um ihre Unabhängigkeit und Unparteilichkeit zu gewährleisten;

b) Dienstleistungserbringer, die Dienstleistungen auf dem Gebiet der Zertifizierung, der Akkreditierung, der technischen Überwachung oder des Versuchs- oder Prüfwesens erbringen, wenn dies zur Gewährleistung ihrer Unabhängigkeit und Unparteilichkeit erforderlich ist.

(2) Sofern multidisziplinäre Tätigkeiten zwischen den in Absatz 1 Buchstaben a und b genannten Dienstleistungserbringern erlaubt sind, stellen die Mitgliedstaaten sicher, dass

a) Interessenkonflikte und Unvereinbarkeiten zwischen bestimmten Tätigkeiten vermieden werden;

b) die Unabhängigkeit und Unparteilichkeit, die bestimmte Tätigkeiten erfordern, gewährleistet sind;

c) die Anforderungen der Standesregeln für die verschiedenen Tätigkeiten miteinander vereinbar sind, insbesondere im Hinblick auf das Berufsgeheimnis.

(3) Die Mitgliedstaaten nennen in dem in Artikel 39 Absatz 1 genannten Bericht die Dienstleistungserbringer, die den Anforderungen gemäß Absatz 1 des vorliegenden Artikel unterworfen sind, ferner den Inhalt dieser Anforderungen und die Gründe, aus denen sie diese für gerechtfertigt halten.

Art. 26 Maßnahmen zur Qualitätssicherung (1) Die Mitgliedstaaten ergreifen in Zusammenarbeit mit der Kommission begleitende Maßnahmen, um die Dienstleistungserbringer dazu anzuhalten, freiwillig die Qualität der Dienstleistungen zu sichern, insbesondere durch eine der folgenden Methoden:

a) Zertifizierung ihrer Tätigkeiten oder Bewertung durch unabhängige oder akkreditierte Einrichtungen,

b) Erarbeitung eigener Qualitätscharten oder Beteiligung an auf Gemeinschaftsebene erarbeiteten Qualitätscharten oder Gütesiegeln von Berufsverbänden.

(2) Die Mitgliedstaaten stellen sicher, dass den Dienstleistungserbringern und -empfängern die Informationen über die Bedeutung bestimmter Gütesiegel und die Voraussetzungen zur Verleihung der Gütesiegel und sonstiger Qualitätskennzeichnungen für Dienstleistungen leicht zugänglich sind.

(3) Die Mitgliedstaaten ergreifen in Zusammenarbeit mit der Kommission begleitende Maßnahmen, um die Berufsverbände sowie die Handels- und Handwerkskammern und die Verbraucherverbände in ihrem Hoheitsgebiet zu ermutigen, auf Gemeinschaftsebene zusammenzuarbeiten, um die Dienstleistungsqualität zu fördern, insbesondere indem sie die Einschätzung der Kompetenz eines Dienstleistungserbringers erleichtern.

(4) Die Mitgliedstaaten ergreifen in Zusammenarbeit mit der Kommission begleitende Maßnahmen, um, vor allem durch die Verbraucherverbände, eine unabhängige Bewertung der Qualität und Mängel von Dienstleistungen, insbesondere vergleichende Versuchs- oder Prüfverfahren auf Gemeinschaftsebene sowie die Veröffentlichung ihrer Ergebnisse, zu fördern.

(5) Die Mitgliedstaaten fördern in Zusammenarbeit mit der Kommission die Entwicklung von freiwilligen europäischen Standards, um die Vereinbarkeit der von Dienstleistungserbringern aus verschiedenen Mitgliedstaaten erbrachten Dienstleistungen, die Information der Dienstleistungsempfänger und die Qualität der Dienstleistungen zu verbessern.

Art. 27 Streitbeilegung (1) Die Mitgliedstaaten ergreifen die erforderlichen allgemeinen Maßnahmen um sicherzustellen, dass die Dienstleistungserbringer Kontaktdaten, insbesondere eine Postanschrift, eine Faxnummer oder eine E-Mail-Adresse und eine Telefonnummer angeben, an die alle Dienstleistungsempfänger, auch diejenigen, die in einem anderen Mitgliedstaat ansässig sind, direkt eine Beschwerde oder eine Bitte um Information über die erbrachte Dienstleistung richten können. Die Dienstleistungserbringer teilen ihre Firmenanschrift mit, falls diese nicht ihre übliche Korrespondenzanschrift ist.

Die Mitgliedstaaten ergreifen die erforderlichen allgemeinen Maßnahmen um sicherzustellen, dass die Dienstleistungserbringer die in Unterabsatz 1 genannten Beschwerden so schnell wie möglich beantworten und sich um zufrieden stellende Lösungen bemühen.

(2) Die Mitgliedstaaten ergreifen die erforderlichen allgemeinen Maßnahmen um sicherzustellen, dass Dienstleistungserbringer verpflichtet werden nachzuweisen, dass sie die in dieser Richtlinie vorgesehenen Informationspflichten erfüllen und ihre Informationen zutreffend sind.

(3) Ist es um eine Gerichtsentscheidung zu befolgen notwendig, eine finanzielle Sicherheit zu stellen, so erkennen die Mitgliedstaaten gleichwertige Sicherheiten an, die bei einem in einem anderen Mitgliedstaat niedergelassenen Kreditinstitut oder Versicherer bestellt werden. Solche Kreditinstitute müssen nach Maßgabe der Richtlinie 2006/48/EG zugelassen sein, und solche Versicherer müssen nach Maßgabe der Ersten Richtlinie 73/239/EWG des Rates vom 24. Juli 1973 zur Koordinierung der Rechts- und Verwaltungsvorschriften betreffend die Aufnahme und Ausübung der Tätigkeit der Direktversicherung (mit Ausnahme der Lebensversicherung)[6] bzw. der Richtlinie 2002/83/EG des Europäischen Parlaments und des Rates vom 5. November 2002 über Lebensversicherungen[7] zugelassen sein.

---

6   ABl. L 228 vom 16.8.1973, S. 3. Zuletzt geändert durch die Richtlinie 2005/68/EG des Europäischen Parlaments und des Rates (ABl. L 323 vom 9.12.2005, S. 1).

7   ABl. L 345 vom 19.12.2002, S. 1. Zuletzt geändert durch die Richtlinie 2005/68/EG.

(4) Die Mitgliedstaaten ergreifen die erforderlichen allgemeinen Maßnahmen um sicherzustellen, dass die Dienstleistungserbringer, die Verhaltenskodizes unterworfen sind oder Handelsvereinigungen oder Berufsverbänden angehören, die außergerichtliche Verfahren der Streitbeilegung vorsehen, die Dienstleistungsempfänger davon in Kenntnis setzen und in allen ausführlichen Informationsunterlagen über ihre Tätigkeit darauf hinweisen; dabei ist anzugeben, wie ausführliche Informationen über dieses Streitbeilegungsverfahren und die Bedingungen für seine Inanspruchnahme erlangt werden können.

Kapitel VI – Verwaltungszusammenarbeit – *nicht abgedruckt.*

Kapitel VII – Konvergenzprogramm – *nicht abgedruckt.*

Kapitel VIII – Umsetzung – *nicht abgedruckt.*

3.1 Richtlinie 96/71/EG des Europäischen Parlaments und des Rates vom 16. Dezember 1996 über die Entsendung von Arbeitnehmern im Rahmen der Erbringung von Dienstleistungen [Entsende-RL]

ABl. 1997 L 18/1

DAS EUROPÄISCHE PARLAMENT UND DER RAT DER EUROPÄISCHEN UNION –
gestützt auf den Vertrag zur Gründung der Europäischen Gemeinschaft, insbesondere auf Artikel 57 Absatz 2 und Artikel 66,
auf Vorschlag der Kommission[1],
nach Stellungnahme des Wirtschafts- und Sozialausschusses[2],
gemäß dem Verfahren des Artikels 189b des Vertrags[3],
in Erwägung nachstehender Gründe:

(1) Die Beseitigung der Hindernisse für den freien Personen- und Dienstleistungsverkehr zwischen den Mitgliedstaaten gehört gemäß Artikel 3 Buchstabe c) des Vertrages zu den Zielen der Gemeinschaft.

(2) Für die Erbringung von Dienstleistungen sind nach dem Vertrag seit Ende der Übergangszeit Einschränkungen aufgrund der Staatsangehörigkeit oder einer Wohnsitzvoraussetzung unzulässig.

(3) Die Verwirklichung des Binnenmarktes bietet einen dynamischen Rahmen für die länderübergreifende Erbringung von Dienstleistungen. Das veranlaßt eine wachsende Zahl von Unternehmen, Arbeitnehmer für eine zeitlich begrenzte Arbeitsleistung in das Hoheitsgebiet eines Mitgliedstaats zu entsenden, der nicht der Staat ist, in dem sie normalerweise beschäftigt werden.

(4) Die Erbringung von Dienstleistungen kann entweder als Ausführung eines Auftrags durch ein Unternehmen, in seinem Namen und unter seiner Leitung im Rahmen eines Vertrags zwischen diesem Unternehmen und dem Leistungsempfänger oder in Form des Zurverfügungstellens von Arbeitnehmern für ein Unternehmen im Rahmen eines öffentlichen oder privaten Auftrags erfolgen.

(5) Voraussetzung für eine solche Förderung des länderübergreifenden Dienstleistungsverkehrs sind ein fairer Wettbewerb sowie Maßnahmen, die die Wahrung der Rechte der Arbeitnehmer garantieren.

(6) Mit der Transnationalisierung der Arbeitsverhältnisse entstehen Probleme hinsichtlich des auf ein Arbeitsverhältnis anwendbaren Rechts. Es liegt im Interesse der betroffenen Parteien, die für das geplante Arbeitsverhältnis geltenden Arbeits- und Beschäftigungsbedingungen festzulegen.

(7) Das Übereinkommen von Rom vom 19. Juni 1980 über das auf vertragliche Schuldverhältnisse anzuwendende Recht[4], das von zwölf Mitgliedstaaten unterzeichnet wurde, ist am 1. April 1991 in der Mehrheit der Mitgliedstaaten in Kraft getreten.

(8) In Artikel 3 dieses Übereinkommens wird als allgemeine Regel die freie Rechtswahl der Parteien festgelegt. Mangels einer Rechtswahl ist nach Artikel 6 Absatz 2 auf den Arbeitsvertrag das Recht des Staates anzuwenden, in dem der Arbeitnehmer in Erfüllung des Vertrages gewöhnlich seine Arbeit verrichtet, selbst wenn er vorübergehend in einen anderen Staat entsandt ist, oder das Recht des Staates, in dem sich die Niederlassung befindet, die den Arbeitnehmer eingestellt hat, sofern dieser seine Arbeit gewöhnlich nicht in ein und demselben Staat verrichtet, es sei denn, daß sich aus der Gesamtheit der Umstände ergibt, daß der Arbeitsvertrag engere Verbindungen zu einem anderen Staat aufweist; in diesem Fall ist das Recht dieses anderen Staates anzuwenden.

(9) Nach Artikel 6 Absatz 1 dieses Übereinkommens darf die Rechtswahl der Parteien nicht dazu führen, daß dem Arbeitnehmer der Schutz entzogen wird, der ihm durch die zwingenden Bestimmungen des Rechts gewährt wird, das nach Absatz 2 mangels einer Rechtswahl anzuwenden wäre.

---

1 ABl. Nr. C 225 vom 30.8.1991, S. 6, und ABl. Nr. C 187 vom 9.7.1993, S. 5.
2 ABl. Nr. C 49 vom 24.2.1992, S. 41.
3 Stellungnahme des Europäischen Parlaments vom 10.2.1993 (ABl. Nr. C 72 vom 13.3.1993, S. 78), gemeinsamer Standpunkt des Rates vom 3.6.1996 (ABl. Nr. C 220 vom 29.7.1996, S. 1) und Beschluß des Europäischen Parlaments vom 18.9.1996 (ABl. Nr. C 320 vom 28.10.1996, S. 73). Beschluß des Rates vom 24.9.1996.
4 ABl. Nr. L 266 vom 9.10.1980, S. 1.

3.1 Entsende-RL

(10) Nach Artikel 7 dieses Übereinkommens kann - zusammen mit dem für anwendbar erklärten Recht - den zwingenden Bestimmungen des Rechts eines anderen Staates, insbesondere des Mitgliedstaats, in dessen Hoheitsgebiet der Arbeitnehmer vorübergehend entsandt wird, Wirkung verliehen werden.

(11) Nach dem in Artikel 20 dieses Übereinkommens anerkannten Grundsatz des Vorrangs des Gemeinschaftsrechts berührt das Übereinkommen nicht die Anwendung der Kollisionsnormen für vertragliche Schuldverhältnisse auf besonderen Gebieten, die in Rechtsakten der Organe der Europäischen Gemeinschaften oder in dem in Ausführung dieser Akte harmonisierten innerstaatlichen Recht enthalten sind oder enthalten sein werden.

(12) Das Gemeinschaftsrecht hindert die Mitgliedstaaten nicht daran, ihre Gesetze oder die von den Sozialpartnern abgeschlossenen Tarifverträge auf sämtliche Personen anzuwenden, die - auch nur vorübergehend - in ihrem Hoheitsgebiet beschäftigt werden, selbst wenn ihr Arbeitgeber in einem anderen Mitgliedstaat ansässig ist. Das Gemeinschaftsrecht verbietet es den Mitgliedstaaten nicht, die Einhaltung dieser Bestimmungen mit angemessenen Mitteln sicherzustellen.

(13) Die Gesetze der Mitgliedstaaten müssen koordiniert werden, um einen Kern zwingender Bestimmungen über ein Mindestmaß an Schutz festzulegen, das im Gastland von Arbeitgebern zu gewährleisten ist, die Arbeitnehmer für eine zeitlich begrenzte Arbeitsleistung in das Hoheitsgebiet eines Mitgliedstaats entsenden, in dem eine Dienstleistung zu erbringen ist. Eine solche Koordinierung kann nur durch Rechtsvorschriften der Gemeinschaft erfolgen.

(14) Ein „harter Kern" klar definierter Schutzbestimmungen ist vom Dienstleistungserbringer unabhängig von der Dauer der Entsendung des Arbeitnehmers einzuhalten.

(15) In bestimmten Einzelfällen sind bei Montage- und/oder Einbauarbeiten sind die Bestimmungen über die Mindestlohnsätze und den bezahlten Mindestjahresurlaub nicht anzuwenden.

(16) Die Anwendung der Bestimmungen über die Mindestlohnsätze und den bezahlten Mindestjahresurlaub bedarf außerdem einer gewissen Flexibilität. Beträgt die Dauer der Entsendung nicht mehr als einen Monat, so können die Mitgliedstaaten unter bestimmten Bedingungen von den Bestimmungen über die Mindestlohnsätze abweichen oder die Möglichkeit von Abweichungen im Rahmen von Tarifverträgen vorsehen. Ist der Umfang der zu verrichtenden Arbeiten gering, so können die Mitgliedstaaten von den Bestimmungen über die Mindestlohnsätze und den bezahlten Mindestjahresurlaub abweichen.

(17) Die im Gastland geltenden zwingenden Bestimmungen über ein Mindestmaß an Schutz dürfen jedoch nicht der Anwendung von Arbeitsbedingungen, die für die Arbeitnehmer günstiger sind, entgegenstehen.

(18) Es sollte der Grundsatz eingehalten werden, daß außerhalb der Gemeinschaft ansässige Unternehmen nicht besser gestellt werden dürfen als Unternehmen, die im Hoheitsgebiet eines Mitgliedstaats ansässig sind.

(19) Unbeschadet anderer Gemeinschaftsbestimmungen beinhaltet diese Richtlinie weder die Verpflichtung zur rechtlichen Anerkennung der Existenz von Leiharbeitsunternehmen, noch hindert sie die Mitgliedstaaten, ihre Rechtsvorschriften über das Zurverfügungstellen von Arbeitskräften und über Leiharbeitsunternehmen auf Unternehmen anzuwenden, die nicht in ihrem Hoheitsgebiet niedergelassen, dort aber im Rahmen der Erbringung von Dienstleistungen tätig sind.

(20) Diese Richtlinie berührt weder die von der Gemeinschaft mit Drittländern geschlossenen Übereinkünfte noch die Rechtsvorschriften der Mitgliedstaaten, die den Zugang von Dienstleistungserbringern aus Drittländern zu ihrem Hoheitsgebiet betreffen. Ebenso bleiben die einzelstaatlichen Rechtsvorschriften, die die Einreise und den Aufenthalt von Arbeitnehmern aus Drittländern sowie deren Zugang zur Beschäftigung regeln, von dieser Richtlinie unberührt.

(21) Welche Bestimmungen im Bereich der Sozialversicherungsleistungen und -beiträge anzuwenden sind, ist in der Verordnung (EWG) Nr. 1408/71 des Rates vom 14. Juni 1971 zur Anwendung der Systeme der sozialen Sicherheit auf Arbeitnehmer und deren Familien, die innerhalb der Gemeinschaft zu- und abwandern[5], geregelt.

(22) Diese Richtlinie berührt nicht das Recht der Mitgliedstaaten über kollektive Maßnahmen zur Verteidigung beruflicher Interessen.

(23) Die zuständigen Stellen in den Mitgliedstaaten müssen bei der Anwendung dieser Richtlinie zusammenarbeiten. Die Mitgliedstaaten haben geeignete Maßnahmen für den Fall der Nichteinhaltung dieser Richtlinie vorzusehen.

(24) Es muß sichergestellt werden, daß diese Richtlinie ordnungsgemäß angewandt wird. Hierzu ist eine enge Zusammenarbeit zwischen der Kommission und den Mitgliedstaaten vorzusehen.

---

5 ABl. Nr. L 149 vom 5.7.1971, S. 2. Verordnung zuletzt geändert durch die Verordnung (EG) Nr. 3096/95 (ABl. Nr. L 335 vom 30.12.1995, S. 10).

(25) Spätestens fünf Jahre nach Annahme dieser Richtlinie hat die Kommission die Anwendung dieser Richtlinie zu überprüfen und, falls erforderlich, Änderungsvorschläge zu unterbreiten –
HABEN FOLGENDE RICHTLINIE ERLASSEN:

Art. 1 Anwendungsbereich (1) Diese Richtlinie gilt für Unternehmen mit Sitz in einem Mitgliedstaat, die im Rahmen der länderübergreifenden Erbringung von Dienstleistungen Arbeitnehmer gemäß Absatz 3 in das Hoheitsgebiet eines Mitgliedstaats entsenden.

(2) Diese Richtlinie gilt nicht für Schiffsbesatzungen von Unternehmen der Handelsmarine.

(3) Diese Richtlinie findet Anwendung, soweit die in Absatz 1 genannten Unternehmen eine der folgenden länderübergreifenden Maßnahmen treffen:

a) einen Arbeitnehmer in ihrem Namen und unter ihrer Leitung in das Hoheitsgebiet eines Mitgliedstaats im Rahmen eines Vertrags entsenden, der zwischen dem entsendenden Unternehmen und dem in diesem Mitgliedstaat tätigen Dienstleistungsempfänger geschlossen wurde, sofern für die Dauer der Entsendung ein Arbeitsverhältnis zwischen dem entsendenden Unternehmen und dem Arbeitnehmer besteht, oder

b) einen Arbeitnehmer in eine Niederlassung oder ein der Unternehmensgruppe angehörendes Unternehmen im Hoheitsgebiet eines Mitgliedstaats entsenden, sofern für die Dauer der Entsendung ein Arbeitsverhältnis zwischen dem entsendenden Unternehmen und dem Arbeitnehmer besteht, oder

c) als Leiharbeitsunternehmen oder als einen Arbeitnehmer zur Verfügung stellendes Unternehmen einen Arbeitnehmer in ein verwendendes Unternehmen entsenden, das seinen Sitz im Hoheitsgebiet eines Mitgliedstaats hat oder dort seine Tätigkeit ausübt, sofern für die Dauer der Entsendung ein Arbeitsverhältnis zwischen dem Leiharbeitunternehmen oder dem einen Arbeitnehmer zur Verfügung stellenden Unternehmen und dem Arbeitnehmer besteht.

(4) Unternehmen mit Sitz in einem Nichtmitgliedstaat darf keine günstigere Behandlung zuteil werden als Unternehmen mit Sitz in einem Mitgliedstaat.

Art. 2 Begriffsbestimmung (1) Im Sinne dieser Richtlinie gilt als entsandter Arbeitnehmer jeder Arbeitnehmer, der während eines begrenzten Zeitraums seine Arbeitsleistung im Hoheitsgebiet eines anderen Mitgliedstaats als demjenigen erbringt, in dessen Hoheitsgebiet er normalerweise arbeitet.

(2) Für die Zwecke dieser Richtlinie wird der Begriff des Arbeitnehmers in dem Sinne verwendet, in dem er im Recht des Mitgliedstaats, in dessen Hoheitsgebiet der Arbeitnehmer entsandt wird, gebraucht wird.

Art. 3 Arbeits- und Beschäftigungsbedingungen (1) Die Mitgliedstaaten sorgen dafür, daß unabhängig von dem auf das jeweilige Arbeitsverhältnis anwendbaren Recht die in Artikel 1 Absatz 1 genannten Unternehmen den in ihr Hoheitsgebiet entsandten Arbeitnehmern bezüglich der nachstehenden Aspekte die Arbeits- und Beschäftigungsbedingungen garantieren, die in dem Mitgliedstaat, in dessen Hoheitsgebiet die Arbeitsleistung erbracht wird,

– durch Rechts- oder Verwaltungsvorschriften und/oder

– durch für allgemein verbindlich erklärte Tarifverträge oder Schiedssprüche im Sinne des Absatzes 8, sofern sie die im Anhang genannten Tätigkeiten betreffen,

festgelegt sind:

417

3.1 Entsende-RL

a) Höchstarbeitszeiten und Mindestruhezeiten;
b) bezahlter Mindestjahresurlaub;
c) Mindestlohnsätze einschließlich der Überstundensätze; dies gilt nicht für die zusätzlichen betrieblichen Altersversorgungssysteme;
d) Bedingungen für die Überlassung von Arbeitskräften, insbesondere durch Leiharbeitsunternehmen;
e) Sicherheit, Gesundheitsschutz und Hygiene am Arbeitsplatz;
f) Schutzmaßnahmen im Zusammenhang mit den Arbeits- und Beschäftigungsbedingungen von Schwangeren und Wöchnerinnen, Kindern und Jugendlichen;
g) Gleichbehandlung von Männern und Frauen sowie andere Nichtdiskriminierungsbestimmungen.

Zum Zweck dieser Richtlinie wird der in Unterabsatz 1 Buchstabe c) genannte Begriff der Mindestlohnsätze durch die Rechtsvorschriften und/oder Praktiken des Mitgliedstaats bestimmt, in dessen Hoheitsgebiet der Arbeitnehmer entsandt wird.

(2) Absatz 1 Unterabsatz 1 Buchstaben b) und c) gilt nicht für Erstmontage- und/oder Einbauarbeiten, die Bestandteil eines Liefervertrags sind, für die Inbetriebnahme der gelieferten Güter unerläßlich sind und von Facharbeitern und/oder angelernten Arbeitern des Lieferunternehmens ausgeführt werden, wenn die Dauer der Entsendung acht Tage nicht übersteigt. Dies gilt nicht für die im Anhang aufgeführten Bauarbeiten.

(3) Die Mitgliedstaaten können gemäß ihren üblichen Verfahren und Praktiken nach Konsultation der Sozialpartner beschließen, Absatz 1 Unterabsatz 1 Buchstabe c) in den in Artikel 1 Absatz 3 Buchstaben a) und b) genannten Fällen nicht anzuwenden, wenn die Dauer der Entsendung einen Monat nicht übersteigt.

(4) Die Mitgliedstaaten können gemäß ihren Rechtsvorschriften und/oder Praktiken vorsehen, daß durch Tarifverträge im Sinne des Absatzes 8 für einen oder mehrere Tätigkeitsbereiche in den in Artikel 1 Absatz 3 Buchstaben a) und b) genannten Fällen von Absatz 1 Unterabsatz 1 Buchstabe c) sowie von dem Beschluß eines Mitgliedstaats nach Absatz 3 abgewichen werden kann, wenn die Dauer der Entsendung einen Monat nicht übersteigt.

(5) Die Mitgliedstaaten können in den in Artikel 1 Absatz 3 Buchstaben a) und b) genannten Fällen eine Ausnahme von Absatz 1 Unterabsatz 1 Buchstaben b) und c) vorsehen, wenn der Umfang der zu verrichtenden Arbeiten gering ist.

Die Mitgliedstaaten, die von der in Unterabsatz 1 gebotenen Möglichkeit Gebrauch machen, legen die Modalitäten fest, denen die zu verrichtenden Arbeiten entsprechen müssen, um als Arbeiten von geringem Umfang zu gelten.

(6) Die Dauer der Entsendung berechnet sich unter Zugrundelegung eines Bezugszeitraums von einem Jahr ab Beginn der Entsendung.

Bei der Berechnung der Entsendungsdauer wird die Dauer einer gegebenenfalls im Rahmen einer Entsendung von einem zu ersetzenden Arbeitnehmer bereits zurückgelegten Entsendungsdauer berücksichtigt.

(7) Die Absätze 1 bis 6 stehen der Anwendung von für die Arbeitnehmer günstigeren Beschäftigungs- und Arbeitsbedingungen nicht entgegen.

Die Entsendungszulagen gelten als Bestandteil des Mindestlohns, soweit sie nicht als Erstattung für infolge der Entsendung tatsächlich entstandene Kosten wie z. B. Reise-, Unterbringungs- und Verpflegungskosten gezahlt werden.

(8) Unter „für allgemein verbindlich erklärten Tarifverträgen oder Schiedssprüchen" sind Tarifverträge oder Schiedssprüche zu verstehen, die von allen in den jeweiligen geographi-

schen Bereich fallenden und die betreffende Tätigkeit oder das betreffende Gewerbe ausübenden Unternehmen einzuhalten sind.

Gibt es kein System zur Allgemeinverbindlicherklärung von Tarifverträgen oder Schiedssprüchen im Sinne von Unterabsatz 1, so können die Mitgliedstaaten auch beschließen, folgendes zugrunde zu legen:

– die Tarifverträge oder Schiedssprüche, die für alle in den jeweiligen geographischen
  Bereich fallenden und die betreffende Tätigkeit oder das betreffende Gewerbe ausübenden gleichartigen Unternehmen allgemein wirksam sind, und/oder

– die Tarifverträge, die von den auf nationaler Ebene repräsentativsten Organisationen
  der Tarifvertragsparteien geschlossen werden und innerhalb des gesamten nationalen
  Hoheitsgebiets zur Anwendung kommen,

sofern deren Anwendung auf die in Artikel 1 Absatz 1 genannten Unternehmen eine
Gleichbehandlung dieser Unternehmen in bezug auf die in Absatz 1 Unterabsatz 1 genannten Aspekte gegenüber den im vorliegenden Unterabsatz genannten anderen Unternehmen,
die sich in einer vergleichbaren Lage befinden, gewährleistet.

Gleichbehandlung im Sinne dieses Artikels liegt vor, wenn für die inländischen Unternehmen, die sich in einer vergleichbaren Lage befinden,

– am betreffenden Ort oder in der betreffenden Sparte hinsichtlich der Aspekte des Absatzes 1 Unterabsatz 1 dieselben Anforderungen gelten wie für die Entsendeunterneh-
  men und

– diese Anforderungen ihnen gegenüber mit derselben Wirkung durchgesetzt werden
  können.

(9) Die Mitgliedstaaten können vorsehen, daß die in Artikel 1 Absatz 1 genannten Unternehmen Arbeitnehmern im Sinne von Artikel 1 Absatz 3 Buchstabe c) diejenigen Bedingungen garantieren, die in dem Mitgliedstaat, in dessen Hoheitsgebiet die Arbeitsleistung
erbracht wird, für Leiharbeitnehmer gelten.

(10) Diese Richtlinie berührt nicht das Recht der Mitgliedstaaten, unter Einhaltung des
Vertrags für inländische und ausländische Unternehmen in gleicher Weise

– Arbeits- und Beschäftigungsbedingungen für andere als die in Absatz 1 Unterabsatz 1
  aufgeführten Aspekte, soweit es sich um Vorschriften im Bereich der öffentlichen Ordnung handelt,

– Arbeits- und Beschäftigungsbedingungen, die in Tarifverträgen oder Schiedssprüchen
  nach Absatz 8 festgelegt sind und andere als im Anhang genannte Tätigkeit betreffen,
vorzuschreiben.

Art. 4 Zusammenarbeit im Informationsbereich (1) Zur Durchführung dieser Richtlinie
benennen die Mitgliedstaaten gemäß ihren Rechtsvorschriften und/oder Praktiken ein
oder mehrere Verbindungsbüros oder eine oder mehrere zuständige einzelstaatliche Stellen.

(2) Die Mitgliedstaaten sehen die Zusammenarbeit der Behörden vor, die entsprechend den
einzelstaatlichen Rechtsvorschriften für die Überwachung der in Artikel 3 aufgeführten
Arbeits- und Beschäftigungsbedingungen zuständig sind. Diese Zusammenarbeit besteht
insbesondere darin, begründete Anfragen dieser Behörden zu beantworten, die das länderübergreifende Zurverfügungstellen von Arbeitnehmern, einschließlich offenkundiger
Verstöße oder Fälle von Verdacht auf unzulässige länderübergreifende Tätigkeiten, betreffen.

Die Kommission und die in Unterabsatz 1 bezeichneten Behörden arbeiten eng zusammen, um etwaige Schwierigkeiten bei der Anwendung des Artikels 3 Absatz 10 zu prüfen. Die gegenseitige Amtshilfe erfolgt unentgeltlich.

(3) Jeder Mitgliedstaat ergreift die geeigneten Maßnahmen, damit die Informationen über die nach Artikel 3 maßgeblichen Arbeits- und Beschäftigungsbedingungen allgemein zugänglich sind.

(4) Jeder Mitgliedstaat nennt den anderen Mitgliedstaaten und der Kommission die in Absatz 1 bezeichneten Verbindungsbüros und/oder zuständigen Stellen.

Art. 5 Maßnahmen Die Mitgliedstaaten sehen geeignete Maßnahmen für den Fall der Nichteinhaltung dieser Richtlinie vor.

Sie stellen insbesondere sicher, daß den Arbeitnehmern und/oder ihren Vertretern für die Durchsetzung der sich aus dieser Richtlinie ergebenden Verpflichtungen geeignete Verfahren zur Verfügung stehen.

Art. 6 Gerichtliche Zuständigkeit Zur Durchsetzung des Rechts auf die in Artikel 3 gewährleisteten Arbeits- und Beschäftigungsbedingungen kann eine Klage in dem Mitgliedstaat erhoben werden, in dessen Hoheitsgebiet der Arbeitnehmer entsandt ist oder war; dies berührt nicht die Möglichkeit, gegebenenfalls gemäß den geltenden internationalen Übereinkommen über die gerichtliche Zuständigkeit in einem anderen Staat Klage zu erheben.

Art. 7-9 *Umsetzungsfristen, Überprüfungspflicht der Kommission, Adressaten - nicht abgedruckt.*

Anhang

Die in Artikel 3 Absatz 1 zweiter Gedankenstrich genannten Tätigkeiten umfassen alle Bauarbeiten, die der Errichtung, der Instandsetzung, der Instandhaltung, dem Umbau oder dem Abriß von Bauwerken dienen, insbesondere

1. Aushub;
2. Erdarbeiten;
3. Bauarbeiten im engeren Sinne;
4. Errichtung und Abbau von Fertigbauelementen;
5. Einrichtung oder Ausstattung;
6. Umbau;
7. Renovierung;
8. Reparatur;
9. Abbauarbeiten;
10. Abbrucharbeiten;
11. Wartung;
12. Instandhaltung (Maler- und Reinigungsarbeiten);
13. Sanierung.

3.2 Richtlinie 2006/54/EG des Europäischen Parlaments und des Rates vom 5. Juli 2006 zur Verwirklichung des Grundsatzes der Chancengleichheit und Gleichbehandlung von Männern und Frauen in Arbeits- und Beschäftigungsfragen (Neufassung) [Geschlechtsdiskriminierungs-RL (Arbeit)]

ABl. 2006 L 204/23

DAS EUROPÄISCHE PARLAMENT UND DER RAT DER EUROPÄISCHEN UNION –
gestützt auf den Vertrag zur Gründung der Europäischen Gemeinschaft, insbesondere auf Artikel 141 Absatz 3,
auf Vorschlag der Kommission,
nach Stellungnahme des Europäischen Wirtschafts- und Sozialausschusses[1],
gemäß dem Verfahren des Artikels 251 des Vertrags[2],
in Erwägung nachstehender Gründe:

(1) Die Richtlinie 76/207/EWG des Rates vom 9. Februar 1976 zur Verwirklichung des Grundsatzes der Gleichbehandlung von Männern und Frauen hinsichtlich des Zugangs zur Beschäftigung, zur Berufsbildung und zum beruflichen Aufstieg sowie in Bezug auf die Arbeitsbedingungen[3] und die Richtlinie 86/378/EWG des Rates vom 24. Juli 1986 zur Verwirklichung des Grundsatzes der Gleichbehandlung von Männern und Frauen bei den betrieblichen Systemen der sozialen Sicherheit[4] wurden erheblich geändert[5]. Die Richtlinie 75/117/EWG des Rates vom 10. Februar 1975 zur Angleichung der Rechtsvorschriften der Mitgliedstaaten über die Anwendung des Grundsatzes des gleichen Entgelts für Männer und Frauen[6] und die Richtlinie 97/80/EG des Rates vom 15. Dezember 1997 über die Beweislast bei Diskriminierung aufgrund des Geschlechts[7] enthalten ebenfalls Bestimmungen, deren Ziel die Verwirklichung des Grundsatzes der Gleichbehandlung von Männern und Frauen ist. Anlässlich neuerlicher Änderungen der genannten Richtlinien empfiehlt sich aus Gründen der Klarheit eine Neufassung sowie die Zusammenfassung der wichtigsten Bestimmungen auf diesem Gebiet mit verschiedenen Entwicklungen aufgrund der Rechtsprechung des Gerichtshofs der Europäischen Gemeinschaften (im Folgenden „Gerichtshof") in einem einzigen Text.

(2) Die Gleichstellung von Männern und Frauen stellt nach Artikel 2 und Artikel 3 Absatz 2 des Vertrags sowie nach der Rechtsprechung des Gerichtshofs ein grundlegendes Prinzip dar. In diesen Vertragsbestimmungen wird die Gleichstellung von Männern und Frauen als Aufgabe und Ziel der Gemeinschaft bezeichnet, und es wird eine positive Verpflichtung begründet, sie bei allen Tätigkeiten der Gemeinschaft zu fördern.

(3) Der Gerichtshof hat festgestellt, dass die Tragweite des Grundsatzes der Gleichbehandlung von Männern und Frauen nicht auf das Verbot der Diskriminierung aufgrund des natürlichen Geschlechts einer Person beschränkt werden kann. Angesichts seiner Zielsetzung und der Art der Rechte, die damit geschützt werden sollen, gilt er auch für Diskriminierungen aufgrund einer Geschlechtsumwandlung.

(4) Artikel 141 Absatz 3 des Vertrags bietet nunmehr eine spezifische Rechtsgrundlage für den Erlass von Gemeinschaftsmaßnahmen zur Sicherstellung des Grundsatzes der Chancengleichheit und der

---

1 ABl. C 157 vom 28.6.2005, S. 83.
2 Stellungnahme des Europäischen Parlaments vom 6.7.2005 (ABl. C 157 E vom 6.7.2006, S. 350), Gemeinsamer Standpunkt des Rates vom 10.3.2006 (ABl. C 126 E vom 30.5.2006, S. 33) und Standpunkt des Europäischen Parlaments vom 1.6.2006 ([ABl. C 298 E vom 8.12.2006, S. 203]).
3 ABl. L 39 vom 14.2.1976, S. 40. Geändert durch die Richtlinie 2002/73/EG des Europäischen Parlaments und des Rates (ABl. L 269 vom 5.10.2002, S. 15).
4 ABl. L 225 vom 12.8.1986, S. 40. Geändert durch die Richtlinie 96/97/EG (ABl. L 46 vom 17.2.1997, S. 20).
5 Siehe Anhang I Teil A [nicht abgedruckt].
6 ABl. L 45 vom 19.2.1975, S. 19.
7 ABl. L 14 vom 20.1.1998, S. 6. Geändert durch die Richtlinie 98/52/EG (ABl. L 205 vom 22.7.1998, S. 66).

3.2 GeschlDiskr-RL (Arbeit)

Gleichbehandlung in Arbeits- und Beschäftigungsfragen, einschließlich des gleichen Entgelts für gleiche oder gleichwertige Arbeit.

(5) Die Artikel 21 und 23 der Charta der Grundrechte der Europäischen Union verbieten ebenfalls jegliche Diskriminierung aufgrund des Geschlechts und verankern das Recht auf Gleichbehandlung von Männern und Frauen in allen Bereichen, einschließlich Beschäftigung, Arbeit und Entgelt.

(6) Die Belästigung einer Person und die sexuelle Belästigung stellen einen Verstoß gegen den Grundsatz der Gleichbehandlung von Männern und Frauen dar und sind somit als Diskriminierung aufgrund des Geschlechts im Sinne dieser Richtlinie anzusehen. Diese Formen der Diskriminierung kommen nicht nur am Arbeitsplatz vor, sondern auch im Zusammenhang mit dem Zugang zur Beschäftigung, zur Berufsbildung und zum beruflichen Aufstieg. Diese Formen der Diskriminierung sollten daher verboten werden, und es sollten wirksame, verhältnismäßige und abschreckende Sanktionen vorgesehen werden.

(7) In diesem Zusammenhang sollten die Arbeitgeber und die für Berufsbildung zuständigen Personen ersucht werden, Maßnahmen zu ergreifen, um im Einklang mit den innerstaatlichen Rechtsvorschriften und Gepflogenheiten gegen alle Formen der Diskriminierung aufgrund des Geschlechts vorzugehen und insbesondere präventive Maßnahmen zur Bekämpfung der Belästigung und der sexuellen Belästigung am Arbeitsplatz ebenso wie beim Zugang zur Beschäftigung, zur Berufsbildung und zum beruflichen Aufstieg zu treffen.

(8) Der Grundsatz des gleichen Entgelts für gleiche oder gleichwertige Arbeit, gemäß Artikel 141 des Vertrags, der vom Gerichtshof in ständiger Rechtsprechung bestätigt wurde, ist ein wichtiger Aspekt des Grundsatzes der Gleichbehandlung von Männern und Frauen und ein wesentlicher und unverzichtbarer Bestandteil sowohl des gemeinschaftlichen Besitzstands als auch der Rechtsprechung des Gerichtshofs im Bereich der Diskriminierung aufgrund des Geschlechts. Daher sollten weitere Bestimmungen zu seiner Verwirklichung festgelegt werden.

(9) Um festzustellen, ob Arbeitnehmer eine gleiche oder gleichwertige Arbeit verrichten, sollte gemäß der ständigen Rechtsprechung des Gerichtshofs geprüft werden, ob sich diese Arbeitnehmer in Bezug auf verschiedene Faktoren, zu denen unter anderem die Art der Arbeit und der Ausbildung und die Arbeitsbedingungen gehören, in einer vergleichbaren Lage befinden.

(10) Der Gerichtshof hat festgestellt, dass der Grundsatz des gleichen Entgelts unter bestimmten Umständen nicht nur für Situationen gilt, in denen Männer und Frauen für denselben Arbeitgeber arbeiten.

(11) Die Mitgliedstaaten sollten weiterhin gemeinsam mit den Sozialpartnern dem Problem des anhaltenden geschlechtsspezifischen Lohngefälles und der nach wie vor ausgeprägten Geschlechtertrennung auf dem Arbeitsmarkt beispielsweise durch flexible Arbeitszeitregelungen entgegenwirken, die es sowohl Männern als auch Frauen ermöglichen, Familie und Beruf besser miteinander in Einklang zu bringen. Dies könnte auch angemessene Regelungen für den Elternurlaub, die von beiden Elternteilen in Anspruch genommen werden könnten, sowie die Bereitstellung zugänglicher und erschwinglicher Einrichtungen für die Kinderbetreuung und die Betreuung pflegebedürftiger Personen einschließen.

(12) Es sollten spezifische Maßnahmen erlassen werden, um die Verwirklichung des Grundsatzes der Gleichbehandlung in den betrieblichen Systemen der sozialen Sicherheit zu gewährleisten und seinen Geltungsbereich klarer zu definieren.

(13) Mit seinem Urteil vom 17. Mai 1990 in der Rechtssache C-262/88[8] befand der Gerichtshof, dass alle Formen von Betriebsrenten Bestandteil des Entgelts im Sinne von Artikel 141 des Vertrags sind.

(14) Auch wenn sich der Begriff des Entgelts im Sinne des Artikels 141 des Vertrags nicht auf Sozialversicherungsleistungen erstreckt, steht nunmehr fest, dass ein Rentensystem für Beschäftigte im öffentlichen Dienst unter den Grundsatz des gleichen Entgelts fällt, wenn die aus einem solchen System zu zahlenden Leistungen dem Arbeitnehmer aufgrund seines Beschäftigungsverhältnisses mit dem öffentlichen Arbeitgeber gezahlt werden, ungeachtet der Tatsache, dass ein solches System Teil eines allgemeinen, durch Gesetz geregelten Systems ist. Nach den Urteilen des Gerichtshofs vom 28. August 1984 in der Rechtssache C-7/93[9] und vom 12. August in der Rechtssache C□351/00[10] ist diese Bedingung erfüllt, wenn das Rentensystem eine bestimmte Gruppe von Arbeitnehmern betrifft und die Leistungen unmittelbar von der abgeleisteten Dienstzeit abhängig sind und ihre Höhe

---

8 Rechtssache C-262/88: Barber gegen Guardian Royal Exchange Assurance Group, Slg. 1990, I-1889.

9 Rechtssache C-7/93: Bestuur van het Algemeen Burgerlijk Pensioensfonds gegen G. A. Beune, Slg. 1994, I-4471.

10 Rechtssache C-351/00: Pirkko Niemi, Slg. 2002, I-7007.

aufgrund der letzten Bezüge des Beamten berechnet wird. Um der Klarheit willen ist es daher angebracht, entsprechende spezifische Bestimmungen zu erlassen.

(15) Der Gerichtshof hat bestätigt, dass, auch wenn die Beiträge männlicher und weiblicher Arbeitnehmer zu einem Rentensystem mit Leistungszusage unter Artikel 141 des Vertrags fallen, Ungleichheiten bei den im Rahmen von durch Kapitalansammlung finanzierten Systemen mit Leistungszusage gezahlten Arbeitgeberbeiträgen, die sich aus der Verwendung je nach Geschlecht unterschiedlicher versicherungsmathematischer Faktoren ergeben, nicht im Lichte dieser Bestimmung beurteilt werden können.

(16) Beispielsweise ist bei durch Kapitalansammlung finanzierten Systemen mit Leistungszusage hinsichtlich einiger Punkte, wie der Umwandlung eines Teils der regelmäßigen Rentenzahlungen in Kapital, der Übertragung der Rentenansprüche, der Hinterbliebenenrente, die an einen Anspruchsberechtigten auszuzahlen ist, der im Gegenzug auf einen Teil der jährlichen Rentenbezüge verzichtet oder einer gekürzten Rente, wenn der Arbeitnehmer sich für den vorgezogenen Ruhestand entscheidet, eine Ungleichbehandlung gestattet, wenn die Ungleichheit der Beträge darauf zurückzuführen ist, dass bei der Durchführung der Finanzierung des Systems je nach Geschlecht unterschiedliche versicherungstechnische Berechnungsfaktoren angewendet worden sind.

(17) Es steht fest, dass Leistungen, die aufgrund eines betrieblichen Systems der sozialen Sicherheit zu zahlen sind, nicht als Entgelt gelten, insofern sie auf Beschäftigungszeiten vor dem 17. Mai 1990 zurückgeführt werden können, außer im Fall von Arbeitnehmern oder ihren anspruchsberechtigten Angehörigen, die vor diesem Zeitpunkt eine Klage bei Gericht oder ein gleichwertiges Verfahren nach geltendem einzelstaatlichen Recht angestrengt haben. Es ist daher notwendig, die Anwendung des Grundsatzes der Gleichbehandlung entsprechend einzuschränken.

(18) Nach der ständigen Rechtsprechung des Gerichtshofs hat das Barber-Protokoll[11] keine Auswirkung auf den Anspruch auf Anschluss an ein Betriebsrentensystem, und die zeitliche Beschränkung der Wirkungen des Urteils in der Rechtssache C-262/88 gilt nicht für den Anspruch auf Anschluss an ein Betriebsrentensystem. Der Gerichtshof hat auch für Recht erkannt, dass Arbeitnehmern, die ihren Anspruch auf Anschluss an ein Betriebsrentensystem geltend machen, die einzelstaatlichen Vorschriften über die Fristen für die Rechtsverfolgung entgegengehalten werden können, sofern sie für derartige Klagen nicht ungünstiger sind als für gleichartige Klagen, die das innerstaatliche Recht betreffen, und sofern sie die Ausübung der durch das Gemeinschaftsrecht gewährten Rechte nicht praktisch unmöglich machen. Der Gerichtshof hat zudem dargelegt, dass ein Arbeitnehmer, der Anspruch auf den rückwirkenden Anschluss an ein Betriebsrentensystem hat, sich der Zahlung der Beiträge für den betreffenden Anschlusszeitraum nicht entziehen kann.

(19) Die Sicherstellung des gleichen Zugangs zur Beschäftigung und zur entsprechenden Berufsbildung ist grundlegend für die Anwendung des Grundsatzes der Gleichbehandlung von Männern und Frauen in Arbeits- und Beschäftigungsfragen. Jede Einschränkung dieses Grundsatzes sollte daher auf diejenigen beruflichen Tätigkeiten beschränkt bleiben, die aufgrund ihrer Art oder der Bedingungen ihrer Ausübung die Beschäftigung einer Person eines bestimmten Geschlechts erfordern, sofern damit ein legitimes Ziel verfolgt wird und dem Grundsatz der Verhältnismäßigkeit entsprochen wird.

(20) Diese Richtlinie berührt nicht die Vereinigungsfreiheit, einschließlich des Rechts jeder Person, zum Schutz ihrer Interessen Gewerkschaften zu gründen und Gewerkschaften beizutreten. Maßnahmen im Sinne von Artikel 141 Absatz 4 des Vertrags können die Mitgliedschaft in oder die Fortsetzung der Tätigkeit von Organisationen oder Gewerkschaften einschließen, deren Hauptziel es ist, dem Grundsatz der Gleichbehandlung von Männern und Frauen in der Praxis Geltung zu verschaffen.

(21) Das Diskriminierungsverbot sollte nicht der Beibehaltung oder dem Erlass von Maßnahmen entgegenstehen, mit denen bezweckt wird, Benachteiligungen von Personen eines Geschlechts zu verhindern oder auszugleichen. Diese Maßnahmen lassen die Einrichtung und Beibehaltung von Organisationen von Personen desselben Geschlechts zu, wenn deren Hauptzweck darin besteht, die besonderen Bedürfnisse dieser Personen zu berücksichtigen und die Gleichstellung von Männern und Frauen zu fördern.

(22) In Übereinstimmung mit Artikel 141 Absatz 4 des Vertrags hindert der Grundsatz der Gleichbehandlung die Mitgliedstaaten im Hinblick auf die effektive Gewährleistung der vollen Gleichstellung von Männern und Frauen im Arbeitsleben nicht daran, zur Erleichterung der Berufstätigkeit des unterrepräsentierten Geschlechts oder zur Verhinderung bzw. zum Ausgleich von Benachteiligungen in der beruflichen Laufbahn spezifische Vergünstigungen beizubehalten oder zu beschließen. Angesichts der derzeitigen Lage und in Kenntnis der Erklärung Nr. 28 zum Vertrag von Ams-

---

11   Protokoll Nr. 17 zu Artikel 141 des Vertrags zur Gründung der Europäischen Gemeinschaft (1992).

terdam sollten die Mitgliedstaaten in erster Linie darauf hinwirken, die Lage der Frauen im Arbeitsleben zu verbessern.

(23) Aus der Rechtsprechung des Gerichtshofs ergibt sich klar, dass die Schlechterstellung einer Frau im Zusammenhang mit Schwangerschaft oder Mutterschaft eine unmittelbare Diskriminierung aufgrund des Geschlechts darstellt. Eine solche Behandlung sollte daher von der vorliegenden Richtlinie ausdrücklich erfasst werden.

(24) Der Gerichtshof hat in ständiger Rechtsprechung anerkannt, dass der Schutz der körperlichen Verfassung der Frau während und nach einer Schwangerschaft sowie Maßnahmen zum Mutterschutz legitime Mittel zur Erreichung einer nennenswerten Gleichstellung sind. Diese Richtlinie sollte somit die Richtlinie 92/85/EWG des Rates vom 19. Oktober 1992 über die Durchführung von Maßnahmen zur Verbesserung der Sicherheit und des Gesundheitsschutzes von schwangeren Arbeitnehmerinnen, Wöchnerinnen und stillenden Arbeitnehmerinnen am Arbeitsplatz[12] unberührt lassen. Sie sollte ferner die Richtlinie 96/34/EG des Rates vom 3. Juni 1996 zu der von UNICE, CEEP und EGB geschlossenen Rahmenvereinbarung über Elternurlaub[13] unberührt lassen.

(25) Aus Gründen der Klarheit ist es außerdem angebracht, ausdrücklich Bestimmungen zum Schutz der Rechte der Frauen im Bereich der Beschäftigung im Falle des Mutterschaftsurlaubs aufzunehmen, insbesondere den Anspruch auf Rückkehr an ihren früheren Arbeitsplatz oder einen gleichwertigen Arbeitsplatz ohne Verschlechterung der Arbeitsbedingungen aufgrund dieses Mutterschaftsurlaubs sowie darauf, dass ihnen auch alle Verbesserungen der Arbeitsbedingungen zugute kommen, auf die sie während ihrer Abwesenheit Anspruch gehabt hätten.

(26) In der Entschließung des Rates und der im Rat vereinigten Minister für Beschäftigung und Sozialpolitik vom 29. Juni 2000 über eine ausgewogene Teilhabe von Frauen und Männern am Berufs- und Familienleben[14] wurden die Mitgliedstaaten ermutigt, die Möglichkeit zu prüfen, in ihren jeweiligen Rechtsordnungen männlichen Arbeitnehmern unter Wahrung ihrer bestehenden arbeitsbezogenen Rechte ein individuelles, nicht übertragbares Recht auf Vaterschaftsurlaub zuzuerkennen.

(27) Ähnliche Bedingungen gelten für die Zuerkennung — durch die Mitgliedstaaten — eines individuellen, nicht übertragbaren Rechts auf Urlaub nach Adoption eines Kindes an Männer und Frauen. Es ist Sache der Mitgliedstaaten zu entscheiden, ob sie ein solches Recht auf Vaterschaftsurlaub und/oder Adoptionsurlaub zuerkennen oder nicht, sowie alle außerhalb des Geltungsbereichs dieser Richtlinie liegenden Bedingungen, mit Ausnahme derjenigen, die die Entlassung und die Rückkehr an den Arbeitsplatz betreffen, festzulegen.

(28) Die wirksame Anwendung des Grundsatzes der Gleichbehandlung erfordert die Schaffung angemessener Verfahren durch die Mitgliedstaaten.

(29) Die Schaffung angemessener rechtlicher und administrativer Verfahren zur Durchsetzung der Verpflichtungen aufgrund der vorliegenden Richtlinie ist wesentlich für die tatsächliche Verwirklichung des Grundsatzes der Gleichbehandlung.

(30) Der Erlass von Bestimmungen zur Beweislast ist wesentlich, um sicherzustellen, dass der Grundsatz der Gleichbehandlung wirksam durchgesetzt werden kann. Wie der Gerichtshof entschieden hat, sollten daher Bestimmungen vorgesehen werden, die sicherstellen, dass die Beweislast — außer im Zusammenhang mit Verfahren, in denen die Ermittlung des Sachverhalts dem Gericht oder der zuständigen nationalen Stelle obliegt — auf die beklagte Partei verlagert wird, wenn der Anschein einer Diskriminierung besteht. Es ist jedoch klarzustellen, dass die Bewertung der Tatsachen, die das Vorliegen einer unmittelbaren oder mittelbaren Diskriminierung vermuten lassen, weiterhin der einschlägigen einzelstaatlichen Stelle im Einklang mit den innerstaatlichen Rechtsvorschriften oder Gepflogenheiten obliegt. Außerdem bleibt es den Mitgliedstaaten überlassen, auf jeder Stufe des Verfahrens eine für die klagende Partei günstigere Beweislastregelung vorzusehen.

(31) Um den durch diese Richtlinie gewährleisteten Schutz weiter zu verbessern, sollte auch die Möglichkeit bestehen, dass sich Verbände, Organisationen und andere juristische Personen unbeschadet der nationalen Verfahrensregeln bezüglich der Vertretung und Verteidigung bei einem entsprechenden Beschluss der Mitgliedstaaten im Namen der beschwerten Person oder zu deren Unterstützung an einem Verfahren beteiligen.

(32) In Anbetracht des grundlegenden Charakters des Anspruchs auf einen effektiven Rechtsschutz ist es angebracht, dass Arbeitnehmer diesen Schutz selbst noch nach Beendigung des Verhältnisses genießen, aus dem sich der behauptete Verstoß gegen den Grundsatz der Gleichbehandlung ergibt.

---

12   ABl. L 348 vom 28.11.1992, S. 1 [Mutterschutz-RL, in dieser Sammlung Nr. 3.10].
13   ABl. L 145 vom 19.6.1996, S. 4. Geändert durch die Richtlinie 97/ 75/EG (ABl. L 10 vom 16.1.1998, S. 24).
14   ABl. C 218 vom 31.7.2000, S. 5.

Ein Arbeitnehmer, der eine Person, die nach dieser Richtlinie Schutz genießt, verteidigt oder für sie als Zeuge aussagt, sollte den gleichen Schutz genießen.

(33) Der Gerichtshof hat eindeutig festgestellt, dass der Gleichbehandlungsgrundsatz nur dann als tatsächlich verwirklicht angesehen werden kann, wenn bei allen Verstößen eine dem erlittenen Schaden angemessene Entschädigung zuerkannt wird. Es ist daher angebracht, die Vorabfestlegung irgendeiner Höchstgrenze für eine solche Entschädigung auszuschließen, außer in den Fällen, in denen der Arbeitgeber nachweisen kann, dass der einem Bewerber infolge einer Diskriminierung im Sinne dieser Richtlinie entstandene Schaden allein darin besteht, dass die Berücksichtigung seiner Bewerbung verweigert wurde.

(34) Um die wirksame Umsetzung des Grundsatzes der Gleichbehandlung zu verstärken, sollten die Mitgliedstaaten den Dialog zwischen den Sozialpartnern und — im Rahmen der einzelstaatlichen Praxis — mit den Nichtregierungsorganisationen fördern.

(35) Die Mitgliedstaaten sollten wirksame, verhältnismäßige und abschreckende Sanktionen festlegen, die bei einer Verletzung der aus dieser Richtlinie erwachsenden Verpflichtungen zu verhängen sind.

(36) Da die Ziele dieser Richtlinie auf Ebene der Mitgliedstaaten nicht ausreichend verwirklicht werden können und daher besser auf Gemeinschaftsebene zu erreichen sind, kann die Gemeinschaft im Einklang mit dem in Artikel 5 des Vertrags niedergelegten Subsidiaritätsprinzip tätig werden. Entsprechend dem in demselben Artikel genannten Grundsatz der Verhältnismäßigkeit geht diese Richtlinie nicht über das zur Erreichung dieser Ziele erforderliche Maß hinaus.

(37) Zum besseren Verständnis der Ursachen der unterschiedlichen Behandlung von Männern und Frauen in Arbeits- und Beschäftigungsfragen sollten vergleichbare, nach Geschlechtern aufgeschlüsselte Statistiken weiterhin erstellt, ausgewertet und auf den geeigneten Ebenen zur Verfügung gestellt werden.

(38) Die Gleichbehandlung von Männern und Frauen in Arbeits- und Beschäftigungsfragen kann sich nicht auf gesetzgeberische Maßnahmen beschränken. Die Europäische Union und die Mitgliedstaaten sind vielmehr aufgefordert, den Prozess der Bewusstseinsbildung für das Problem der Lohndiskriminierung und ein Umdenken verstärkt zu fördern und dabei alle betroffenen Kräfte auf öffentlicher wie privater Ebene so weit wie möglich einzubinden. Dabei kann der Dialog zwischen den Sozialpartnern einen wichtigen Beitrag leisten.

(39) Die Verpflichtung zur Umsetzung dieser Richtlinie in nationales Recht sollte auf diejenigen Bestimmungen beschränkt werden, die eine inhaltliche Veränderung gegenüber den früheren Richtlinien darstellen. Die Verpflichtung zur Umsetzung derjenigen Bestimmungen, die inhaltlich unverändert bleiben, ergibt sich aus den früheren Richtlinien.

(40) Diese Richtlinie sollte unbeschadet der Verpflichtungen der Mitgliedstaaten in Bezug auf die Fristen zur Umsetzung der in Anhang I Teil B aufgeführten Richtlinien in einzelstaatliches Recht und zu ihrer Anwendung gelten.

(41) Entsprechend Nummer 34 der Interinstitutionellen Vereinbarung über bessere Rechtsetzung[15] sollten die Mitgliedstaaten für ihre eigenen Zwecke und im Interesse der Gemeinschaft eigene Tabellen aufstellen, denen im Rahmen des Möglichen die Entsprechungen zwischen dieser Richtlinie und den Umsetzungsmaßnahmen zu entnehmen sind, und diese veröffentlichen –
HABEN FOLGENDE RICHTLINIE ERLASSEN:

Titel I – Allgemeine Bestimmungen

Art. 1 Gegenstand Ziel der vorliegenden Richtlinie ist es, die Verwirklichung des Grundsatzes der Chancengleichheit und Gleichbehandlung von Männern und Frauen in Arbeits- und Beschäftigungsfragen sicherzustellen.

Zu diesem Zweck enthält sie Bestimmungen zur Verwirklichung des Grundsatzes der Gleichbehandlung in Bezug auf

a) den Zugang zur Beschäftigung einschließlich des beruflichen Aufstiegs und zur Berufsbildung,

b) Arbeitsbedingungen einschließlich des Entgelts,

c) betriebliche Systeme der sozialen Sicherheit.

---

15 ABl. C 321 vom 31.12.2003, S. 1.

Weiter enthält sie Bestimmungen, mit denen sichergestellt werden soll, dass die Verwirklichung durch die Schaffung angemessener Verfahren wirksamer gestaltet wird.

Art. 2 Begriffsbestimmungen (1) Im Sinne dieser Richtlinie bezeichnet der Ausdruck

a) „unmittelbare Diskriminierung" eine Situation, in der eine Person aufgrund ihres Geschlechts eine weniger günstige Behandlung erfährt, als eine andere Person in einer vergleichbaren Situation erfährt, erfahren hat oder erfahren würde;

b) „mittelbare Diskriminierung" eine Situation, in der dem Anschein nach neutrale Vorschriften, Kriterien oder Verfahren Personen des einen Geschlechts in besonderer Weise gegenüber Personen des anderen Geschlechts benachteiligen können, es sei denn, die betreffenden Vorschriften, Kriterien oder Verfahren sind durch ein rechtmäßiges Ziel sachlich gerechtfertigt und die Mittel sind zur Erreichung dieses Ziels angemessen und erforderlich;

c) „Belästigung" unerwünschte auf das Geschlecht einer Person bezogene Verhaltensweisen, die bezwecken oder bewirken, dass die Würde der betreffenden Person verletzt und ein von Einschüchterungen, Anfeindungen, Erniedrigungen, Entwürdigungen oder Beleidigungen gekennzeichnetes Umfeld geschaffen wird;

d) „sexuelle Belästigung" jede Form von unerwünschtem Verhalten sexueller Natur, das sich in unerwünschter verbaler, nicht-verbaler oder physischer Form äußert und das bezweckt oder bewirkt, dass die Würde der betreffenden Person verletzt wird, insbesondere wenn ein von Einschüchterungen, Anfeindungen, Erniedrigungen, Entwürdigungen und Beleidigungen gekennzeichnetes Umfeld geschaffen wird;

e) „Entgelt" die üblichen Grund- oder Mindestlöhne und -gehälter sowie alle sonstigen Vergütungen, die der Arbeitgeber aufgrund des Dienstverhältnisses dem Arbeitnehmer mittelbar oder unmittelbar als Geld- oder Sachleistung zahlt;

f) „betriebliche Systeme der sozialen Sicherheit" Systeme, die nicht durch die Richtlinie 79/7/EWG des Rates vom 19. Dezember 1978 zur schrittweisen Verwirklichung des Grundsatzes der Gleichbehandlung von Männern und Frauen im Bereich der sozialen Sicherheit[16] geregelt werden und deren Zweck darin besteht, den abhängig Beschäftigten und den Selbständigen in einem Unternehmen oder einer Unternehmensgruppe, in einem Wirtschaftszweig oder den Angehörigen eines Berufes oder einer Berufsgruppe Leistungen zu gewähren, die als Zusatzleistungen oder Ersatzleistungen die gesetzlichen Systeme der sozialen Sicherheit ergänzen oder an ihre Stelle treten, unabhängig davon, ob der Beitritt zu diesen Systemen Pflicht ist oder nicht.

(2) Im Sinne dieser Richtlinie gelten als Diskriminierung

a) Belästigung und sexuelle Belästigung sowie jede nachteilige Behandlung aufgrund der Zurückweisung oder Duldung solcher Verhaltensweisen durch die betreffende Person;

b) die Anweisung zur Diskriminierung einer Person aufgrund des Geschlechts;

c) jegliche ungünstigere Behandlung einer Frau im Zusammenhang mit Schwangerschaft oder Mutterschaftsurlaub im Sinne der Richtlinie 92/85/EWG.

Art. 3 Positive Maßnahmen Die Mitgliedstaaten können im Hinblick auf die Gewährleistung der vollen Gleichstellung von Männern und Frauen im Arbeitsleben Maßnahmen im Sinne von Artikel 141 Absatz 4 des Vertrags beibehalten oder beschließen.

---

16 ABl. L 6 vom 10.1.1979, S. 24.

Titel II – Besondere Bestimmungen

Kapitel 1 – Gleiches Entgelt

Art. 4 Diskriminierungsverbot Bei gleicher Arbeit oder bei einer Arbeit, die als gleichwertig anerkannt wird, wird mittelbare und unmittelbare Diskriminierung aufgrund des Geschlechts in Bezug auf sämtliche Entgeltbestandteile und -bedingungen beseitigt. Insbesondere wenn zur Festlegung des Entgelts ein System beruflicher Einstufung verwendet wird, muss dieses System auf für männliche und weibliche Arbeitnehmer gemeinsamen Kriterien beruhen und so beschaffen sein, dass Diskriminierungen aufgrund des Geschlechts ausgeschlossen werden.

Kapitel 2 – Gleichbehandlung in betrieblichen Systemen der sozialen Sicherheit

Art. 5 Diskriminierungsverbot Unbeschadet des Artikels 4 darf es in betrieblichen Systemen der sozialen Sicherheit keine unmittelbare oder mittelbare Diskriminierung aufgrund des Geschlechts geben, insbesondere hinsichtlich

a) des Anwendungsbereichs solcher Systeme und die Bedingungen für den Zugang zu ihnen,

b) der Beitragspflicht und der Berechnung der Beiträge,

c) der Berechnung der Leistungen, einschließlich der Zuschläge für den Ehegatten und für unterhaltsberechtigte Personen, sowie der Bedingungen betreffend die Geltungsdauer und die Aufrechterhaltung des Leistungsanspruchs.

Art. 6 Persönlicher Anwendungsbereich Dieses Kapitel findet entsprechend den einzelstaatlichen Rechtsvorschriften und/oder Gepflogenheiten Anwendung auf die Erwerbsbevölkerung einschließlich der Selbständigen, der Arbeitnehmer, deren Erwerbstätigkeit durch Krankheit, Mutterschaft, Unfall oder unverschuldete Arbeitslosigkeit unterbrochen ist, und der Arbeitsuchenden sowie auf die sich im Ruhestand befindlichen oder arbeitsunfähigen Arbeitnehmer und auf ihre anspruchsberechtigten Angehörigen.

Art. 7 Sachlicher Anwendungsbereich (1) Dieses Kapitel findet Anwendung

a) auf betriebliche Systeme der sozialen Sicherheit, die Schutz gegen folgende Risiken bieten:

  i) Krankheit,

  ii) Invalidität,

  iii) Alter, einschließlich vorzeitige Versetzung in den Ruhestand,

  iv) Arbeitsunfall und Berufskrankheit,

  v) Arbeitslosigkeit;

b) auf betriebliche Systeme der sozialen Sicherheit, die sonstige Sozialleistungen in Form von Geld- oder Sachleistungen vorsehen, insbesondere Leistungen an Hinterbliebene und Familienleistungen, wenn diese Leistungen als vom Arbeitgeber aufgrund des Beschäftigungsverhältnisses an den Arbeitnehmer gezahlte Vergütungen gelten.

(2) Dieses Kapitel findet auch Anwendung auf Rentensysteme für eine besondere Gruppe von Arbeitnehmern wie beispielsweise Beamte, wenn die aus dem System zu zahlenden Leistungen aufgrund des Beschäftigungsverhältnisses mit dem öffentlichen Arbeitgeber ge-

zahlt werden. Die Tatsache, dass ein solches System Teil eines allgemeinen durch Gesetz geregelten Systems ist, steht dem nicht entgegen.

Art. 8 Ausnahmen vom sachlichen Anwendungsbereich (1) Dieses Kapitel gilt nicht
a) für Einzelverträge Selbständiger,
b) für Systeme Selbständiger mit nur einem Mitglied,
c) im Fall von abhängig Beschäftigten für Versicherungsverträge, bei denen der Arbeitgeber nicht Vertragspartei ist,
d) für fakultative Bestimmungen betrieblicher Systeme der sozialen Sicherheit, die einzelnen Mitgliedern eingeräumt werden, um ihnen
   i) entweder zusätzliche Leistungen
   ii) oder die Wahl des Zeitpunkts, zu dem die regulären Leistungen für Selbständige einsetzen, oder die Wahl zwischen mehreren Leistungen
   zu garantieren,
e) für betriebliche Systeme der sozialen Sicherheit, sofern die Leistungen durch freiwillige Beiträge der Arbeitnehmer finanziert werden.

(2) Diesem Kapitel steht nicht entgegen, dass ein Arbeitgeber Personen, welche die Altersgrenze für die Gewährung einer Rente aus einem betrieblichen System der sozialen Sicherheit, jedoch noch nicht die Altersgrenze für die Gewährung einer gesetzlichen Rente erreicht haben, eine Zusatzrente gewährt, damit der Betrag der gesamten Leistungen dem Betrag entspricht oder nahe kommt, der Personen des anderen Geschlechts in derselben Lage, die bereits das gesetzliche Rentenalter erreicht haben, gewährt wird, bis die Bezieher der Zusatzrente das gesetzliche Rentenalter erreicht haben.

Art. 9 Beispiele für Diskriminierung (1) Dem Grundsatz der Gleichbehandlung entgegenstehende Bestimmungen sind solche, die sich unmittelbar oder mittelbar auf das Geschlecht stützen und Folgendes bewirken:
a) Festlegung der Personen, die zur Mitgliedschaft in einem betrieblichen System der sozialen Sicherheit zugelassen sind;
b) Regelung der Zwangsmitgliedschaft oder der freiwilligen Mitgliedschaft in einem betrieblichen System der sozialen Sicherheit;
c) unterschiedliche Regeln für das Beitrittsalter zum System oder für die Mindestdauer der Beschäftigung oder Zugehörigkeit zum System, die einen Leistungsanspruch begründen;
d) Festlegung — außer in den unter den Buchstaben h und j genannten Fällen — unterschiedlicher Regeln für die Erstattung der Beiträge, wenn der Arbeitnehmer aus dem System ausscheidet, ohne die Bedingungen erfüllt zu haben, die ihm einen aufgeschobenen Anspruch auf die langfristigen Leistungen garantieren;
e) Festlegung unterschiedlicher Bedingungen für die Gewährung der Leistungen oder die Beschränkung dieser Leistungen auf eines der beiden Geschlechter;
f) Festsetzung unterschiedlicher Altersgrenzen für den Eintritt in den Ruhestand;
g) Unterbrechung der Aufrechterhaltung oder des Erwerbs von Ansprüchen während eines gesetzlich oder tarifvertraglich festgelegten Mutterschaftsurlaubs oder Urlaubs aus familiären Gründen, der vom Arbeitgeber bezahlt wird;
h) Gewährung unterschiedlicher Leistungsniveaus, es sei denn, dass dies notwendig ist, um versicherungstechnischen Berechnungsfaktoren Rechnung zu tragen, die im Fall von Festbeitragssystemen je nach Geschlecht unterschiedlich sind; bei durch Kapitalan-

sammlung finanzierten Festleistungssystemen ist hinsichtlich einiger Punkte eine Ungleichbehandlung gestattet, wenn die Ungleichheit der Beträge darauf zurückzuführen ist, dass bei der Durchführung der Finanzierung des Systems je nach Geschlecht unterschiedliche versicherungstechnische Berechnungsfaktoren angewendet worden sind;

i)   Festlegung unterschiedlicher Höhen für die Beiträge der Arbeitnehmer;

j)   Festlegung unterschiedlicher Höhen für die Beiträge der Arbeitgeber, außer

  i)   im Fall von Festbeitragssystemen, sofern beabsichtigt wird, die Höhe der auf diesen Beiträgen beruhenden Rentenleistungen für Männer und Frauen auszugleichen oder anzunähern;

  ii) im Fall von durch Kapitalansammlung finanzierten Festleistungssystemen, sofern die Arbeitgeberbeiträge dazu bestimmt sind, die zur Deckung der Aufwendungen für die zugesagten Leistungen unerlässliche Finanzierungsgrundlage zu ergänzen;

k)   Festlegung unterschiedlicher oder nur für Arbeitnehmer eines der Geschlechter geltender Regelungen — außer in den unter den Buchstaben h und j vorgesehenen Fällen — hinsichtlich der Garantie oder der Aufrechterhaltung des Anspruchs auf spätere Leistungen, wenn der Arbeitnehmer aus dem System ausscheidet.

(2) Steht die Gewährung von unter dieses Kapitel fallenden Leistungen im Ermessen der für das System zuständigen Verwaltungsstellen, so beachten diese den Grundsatz der Gleichbehandlung.

Art. 10 Durchführung in Bezug auf Selbständige (1) Die Mitgliedstaaten treffen die notwendigen Maßnahmen, um sicherzustellen, dass Bestimmungen betrieblicher Systeme der sozialen Sicherheit selbständig Erwerbstätiger, die dem Grundsatz der Gleichbehandlung entgegenstehen, spätestens mit Wirkung vom 1. Januar 1993 oder — für Mitgliedstaaten, die nach diesem Datum beigetreten sind — ab dem Datum, zu dem die Richtlinie 86/378/EG in ihrem Hoheitsgebiet anwendbar wurde, geändert werden.

(2) Dieses Kapitel steht dem nicht entgegen, dass für die Rechte und Pflichten, die sich aus einer vor dem Zeitpunkt der Änderung eines betrieblichen Systems der sozialen Sicherheit Selbständiger liegenden Zeit der Mitgliedschaft in dem betreffenden System ergeben, weiterhin die Bestimmungen des Systems gelten, die während dieses Versicherungszeitraums galten.

Art. 11 Möglichkeit des Aufschubs in Bezug auf Selbständige Was die betrieblichen Systeme der sozialen Sicherheit Selbständiger betrifft, können die Mitgliedstaaten die obligatorische Anwendung des Grundsatzes der Gleichbehandlung aufschieben

a)   für die Festsetzung des Rentenalters für die Gewährung von Altersrenten oder Ruhestandsrenten sowie die Folgen, die sich daraus für andere Leistungen ergeben können, und zwar

  i)   entweder bis zu dem Zeitpunkt, zu dem diese Gleichbehandlung in den gesetzlichen Systemen verwirklicht ist,

  ii) oder längstens bis zu dem Zeitpunkt, zu dem eine Richtlinie diese Gleichbehandlung vorschreibt;

b)   für Hinterbliebenenrenten bis zu dem Zeitpunkt, zu dem für diese der Grundsatz der Gleichbehandlung in den gesetzlichen Systemen der sozialen Sicherheit durch das Gemeinschaftsrecht vorgeschrieben ist;

c)   für die Anwendung des Artikels 9 Absatz 1 Buchstabe i in Bezug auf die Anwendung von versicherungstechnischen Berechnungsfaktoren bis zum 1. Januar 1999 oder – für

Mitgliedstaaten, die nach diesem Datum beigetreten sind – bis zu dem Datum, zu dem die Richtlinie 86/378/EG in ihrem Hoheitsgebiet anwendbar wurde.

Art. 12 Rückwirkung (1) Jede Maßnahme zur Umsetzung dieses Kapitels in Bezug auf die Arbeitnehmer deckt alle Leistungen der betrieblichen Systeme der sozialen Sicherheit ab, die für Beschäftigungszeiten nach dem 17. Mai 1990 gewährt werden, und gilt rückwirkend bis zu diesem Datum, außer im Fall von Arbeitnehmern oder ihren anspruchsberechtigten Angehörigen, die vor diesem Zeitpunkt Klage bei Gericht oder ein gleichwertiges Verfahren nach dem geltenden einzelstaatlichen Recht angestrengt haben. In diesem Fall werden die Umsetzungsmaßnahmen rückwirkend bis zum 8. April 1976 angewandt und decken alle Leistungen ab, die für Beschäftigungszeiten nach diesem Zeitpunkt gewährt werden. Für Mitgliedstaaten, die der Gemeinschaft nach dem 8. April 1976 und vor dem 17. Mai 1990 beigetreten sind, gilt anstelle dieses Datums das Datum, an dem Artikel 141 des Vertrags auf ihrem Hoheitsgebiet anwendbar wurde.

(2) Absatz 1 Satz 2 steht dem nicht entgegen, dass den Arbeitnehmern oder ihren Anspruchsberechtigten, die vor dem 17. Mai 1990 Klage erhoben haben, einzelstaatliche Vorschriften über die Fristen für die Rechtsverfolgung nach innerstaatlichem Recht entgegengehalten werden können, sofern sie für derartige Klagen nicht ungünstiger sind als für gleichartige Klagen, die das innerstaatliche Recht betreffen, und sofern sie die Ausübung der durch das Gemeinschaftsrecht gewährten Rechte nicht praktisch unmöglich machen.

(3) Für Mitgliedstaaten, die nach dem 17. Mai 1990 der Gemeinschaft beigetreten sind und zum 1. Januar 1994 Vertragsparteien des Abkommens über den Europäischen Wirtschaftsraum waren, wird das Datum „17. Mai 1990" in Absatz 1 Satz 1 durch „1. Januar 1994" ersetzt.

(4) Für andere Mitgliedstaaten, die nach dem 17. Mai 1990 beigetreten sind, wird das Datum „ 17. Mai 1990" in den Absätzen 1 und 2 durch das Datum ersetzt, zu dem Artikel 141 des Vertrags in ihrem Hoheitsgebiet anwendbar wurde.

Art. 13 Flexibles Rentenalter Haben Frauen und Männer zu gleichen Bedingungen Anspruch auf ein flexibles Rentenalter, so ist dies nicht als mit diesem Kapitel unvereinbar anzusehen.

Kapitel 3 – Gleichbehandlung hinsichtlich des Zugangs zur Beschäftigung zur Berufsbildung und zum beruflichen Aufstieg sowie in Bezug auf die Arbeitsbedingungen

Art. 14 Diskriminierungsverbot (1) Im öffentlichen und privaten Sektor einschließlich öffentlicher Stellen darf es in Bezug auf folgende Punkte keinerlei unmittelbare oder mittelbare Diskriminierung aufgrund des Geschlechts geben:

a) die Bedingungen – einschließlich Auswahlkriterien und Einstellungsbedingungen – für den Zugang zur Beschäftigung oder zu abhängiger oder selbständiger Erwerbstätigkeit, unabhängig von Tätigkeitsfeld und beruflicher Position einschließlich des beruflichen Aufstiegs;

b) den Zugang zu allen Formen und allen Ebenen der Berufsberatung, der Berufsausbildung, der beruflichen Weiterbildung und der Umschulung einschließlich der praktischen Berufserfahrung;

c) die Beschäftigungs- und Arbeitsbedingungen einschließlich der Entlassungsbedingungen sowie das Arbeitsentgelt nach Maßgabe von Artikel 141 des Vertrags;

d) die Mitgliedschaft und Mitwirkung in einer Arbeitnehmer- oder Arbeitgeberorganisation oder einer Organisation, deren Mitglieder einer bestimmten Berufsgruppe angehören, einschließlich der Inanspruchnahme der Leistungen solcher Organisationen.

(2) Die Mitgliedstaaten können im Hinblick auf den Zugang zur Beschäftigung einschließlich der zu diesem Zweck erfolgenden Berufsbildung vorsehen, dass eine Ungleichbehandlung wegen eines geschlechtsbezogenen Merkmals keine Diskriminierung darstellt, wenn das betreffende Merkmal aufgrund der Art einer bestimmten beruflichen Tätigkeit oder der Bedingungen ihrer Ausübung eine wesentliche und entscheidende berufliche Anforderung darstellt, sofern es sich um einen rechtmäßigen Zweck und eine angemessene Anforderung handelt.

Art. 15 Rückkehr aus dem Mutterschaftsurlaub Frauen im Mutterschaftsurlaub haben nach Ablauf des Mutterschaftsurlaubs Anspruch darauf, an ihren früheren Arbeitsplatz oder einen gleichwertigen Arbeitsplatz unter Bedingungen, die für sie nicht weniger günstig sind, zurückzukehren, und darauf, dass ihnen auch alle Verbesserungen der Arbeitsbedingungen, auf die sie während ihrer Abwesenheit Anspruch gehabt hätten, zugute kommen.

Art. 16 Vaterschaftsurlaub und Adoptionsurlaub Diese Richtlinie lässt das Recht der Mitgliedstaaten unberührt, eigene Rechte auf Vaterschaftsurlaub und/oder Adoptionsurlaub anzuerkennen. Die Mitgliedstaaten, die derartige Rechte anerkennen, treffen die erforderlichen Maßnahmen, um männliche und weibliche Arbeitnehmer vor Entlassung infolge der Inanspruchnahme dieser Rechte zu schützen, und gewährleisten, dass sie nach Ablauf des Urlaubs Anspruch darauf haben, an ihren früheren Arbeitsplatz oder einen gleichwertigen Arbeitsplatz unter Bedingungen, die für sie nicht weniger günstig sind, zurückzukehren, und darauf, dass ihnen auch alle Verbesserungen der Arbeitsbedingungen, auf die sie während ihrer Abwesenheit Anspruch gehabt hätten, zugute kommen.

Titel III – Horizontale Bestimmungen

Kapitel 1 – Rechtsmittel und Rechtsdurchsetzung

Abschnitt 1 – Rechtsmittel

Art. 17 Rechtsschutz (1) Die Mitgliedstaaten stellen sicher, dass alle Personen, die sich durch die Nichtanwendung des Gleichbehandlungsgrundsatzes in ihren Rechten für verletzt halten, ihre Ansprüche aus dieser Richtlinie gegebenenfalls nach Inanspruchnahme anderer zuständiger Behörden oder, wenn die Mitgliedstaaten es für angezeigt halten, nach einem Schlichtungsverfahren auf dem Gerichtsweg geltend machen können, selbst wenn das Verhältnis, während dessen die Diskriminierung vorgekommen sein soll, bereits beendet ist.

(2) Die Mitgliedstaaten stellen sicher, dass Verbände, Organisationen oder andere juristische Personen, die gemäß den in ihrem einzelstaatlichen Recht festgelegten Kriterien ein rechtmäßiges Interesse daran haben, für die Einhaltung der Bestimmungen dieser Richtlinie zu sorgen, sich entweder im Namen der beschwerten Person oder zu deren Unterstützung mit deren Einwilligung an den in dieser Richtlinie zur Durchsetzung der Ansprüche vorgesehenen Gerichts- und/oder Verwaltungsverfahren beteiligen können.

(3) Die Absätze 1 und 2 lassen einzelstaatliche Regelungen über Fristen für die Rechtsverfolgung betreffend den Grundsatz der Gleichbehandlung unberührt.

3.2 GeschlDiskr-RL (Arbeit)

Art. 18 Schadenersatz oder Entschädigung Die Mitgliedstaaten treffen im Rahmen ihrer nationalen Rechtsordnungen die erforderlichen Maßnahmen, um sicherzustellen, dass der einer Person durch eine Diskriminierung aufgrund des Geschlechts entstandene Schaden – je nach den Rechtsvorschriften der Mitgliedstaaten – tatsächlich und wirksam ausgeglichen oder ersetzt wird, wobei dies auf eine abschreckende und dem erlittenen Schaden angemessene Art und Weise geschehen muss. Dabei darf ein solcher Ausgleich oder eine solche Entschädigung nur in den Fällen durch eine im Voraus festgelegte Höchstgrenze begrenzt werden, in denen der Arbeitgeber nachweisen kann, dass der einem Bewerber durch die Diskriminierung im Sinne dieser Richtlinie entstandene Schaden allein darin besteht, dass die Berücksichtigung seiner Bewerbung verweigert wurde.

Abschnitt 2 – Beweislast

Art. 19 Beweislast (1) Die Mitgliedstaaten ergreifen im Einklang mit dem System ihrer nationalen Gerichtsbarkeit die erforderlichen Maßnahmen, nach denen dann, wenn Personen, die sich durch die Verletzung des Gleichbehandlungsgrundsatzes für beschwert halten und bei einem Gericht bzw. einer anderen zuständigen Stelle Tatsachen glaubhaft machen, die das Vorliegen einer unmittelbaren oder mittelbaren Diskriminierung vermuten lassen, es dem Beklagten obliegt zu beweisen, dass keine Verletzung des Gleichbehandlungsgrundsatzes vorgelegen hat.

(2) Absatz 1 lässt das Recht der Mitgliedstaaten, eine für die klagende Partei günstigere Beweislastregelung vorzusehen, unberührt.

(3) Die Mitgliedstaaten können davon absehen, Absatz 1 auf Verfahren anzuwenden, in denen die Ermittlung des Sachverhalts dem Gericht oder einer anderen zuständigen Stelle obliegt.

(4) Die Absätze 1, 2 und 3 finden ebenfalls Anwendung auf

a) die Situationen, die von Artikel 141 des Vertrags und – sofern die Frage einer Diskriminierung aufgrund des Geschlechts angesprochen ist – von den Richtlinien 92/85/EWG und 96/34/EG erfasst werden;

b) zivil- und verwaltungsrechtliche Verfahren sowohl im öffentlichen als auch im privaten Sektor, die Rechtsbehelfe nach innerstaatlichem Recht bei der Anwendung der Vorschriften gemäß Buchstabe a vorsehen, mit Ausnahme der freiwilligen oder in den innerstaatlichen Rechtsvorschriften vorgesehenen außergerichtlichen Verfahren.

(5) Soweit von den Mitgliedstaaten nicht anders geregelt, gilt dieser Artikel nicht für Strafverfahren.

Kapitel 2 – Förderung der Gleichbehandlung – Dialog

Art. 20 Stellen zur Förderung der Gleichbehandlung (1) Jeder Mitgliedstaat bezeichnet eine oder mehrere Stellen, deren Aufgabe darin besteht, die Verwirklichung der Gleichbehandlung aller Personen ohne Diskriminierung aufgrund des Geschlechts zu fördern, zu analysieren, zu beobachten und zu unterstützen. Diese Stellen können Teil von Einrichtungen sein, die auf nationaler Ebene für den Schutz der Menschenrechte oder der Rechte des Einzelnen verantwortlich sind.

(2) Die Mitgliedstaaten stellen sicher, dass es zu den Befugnissen dieser Stellen gehört,

a) unbeschadet der Rechte der Opfer und der Verbände, Organisationen oder anderer juristischer Personen nach Artikel 17 Absatz 2 die Opfer von Diskriminierungen auf unabhängige Weise dabei zu unterstützen, ihre Beschwerde wegen Diskriminierung zu verfolgen;

b) unabhängige Untersuchungen zum Thema der Diskriminierung durchzuführen;

c) unabhängige Berichte zu veröffentlichen und Empfehlungen zu allen Aspekten vorzulegen, die mit diesen Diskriminierungen in Zusammenhang stehen;

d) auf geeigneter Ebene mit entsprechenden europäischen Einrichtungen, wie beispielsweise einem künftigen Europäischen Institut für Gleichstellungsfragen verfügbare Informationen auszutauschen.

Art. 21 Sozialer Dialog (1) Die Mitgliedstaaten treffen im Einklang mit den nationalen Gepflogenheiten und Verfahren geeignete Maßnahmen zur Förderung des sozialen Dialogs zwischen den Sozialpartnern mit dem Ziel, die Verwirklichung der Gleichbehandlung voranzubringen, beispielsweise durch Beobachtung der Praktiken am Arbeitsplatz und beim Zugang zur Beschäftigung, zur Berufsbildung und zum beruflichen Aufstieg sowie durch Beobachtung der Tarifverträge und durch Verhaltenskodizes, Forschungsarbeiten oder den Austausch von Erfahrungen und bewährten Verfahren.

(2) Soweit mit den nationalen Gepflogenheiten und Verfahren vereinbar, ersuchen die Mitgliedstaaten die Sozialpartner ohne Eingriff in deren Autonomie, die Gleichstellung von Männern und Frauen durch flexible Arbeitsbedingungen zur besseren Vereinbarkeit von Privatleben und Beruf zu fördern und auf geeigneter Ebene Antidiskriminierungsvereinbarungen zu schließen, die die in Artikel 1 genannten Bereiche betreffen, soweit diese in den Verantwortungsbereich der Tarifparteien fallen. Die Vereinbarungen müssen den Bestimmungen dieser Richtlinie sowie den einschlägigen nationalen Durchführungsbestimmungen entsprechen.

(3) Die Mitgliedstaaten ersuchen in Übereinstimmung mit den nationalen Gesetzen, Tarifverträgen oder Gepflogenheiten die Arbeitgeber, die Gleichbehandlung von Männern und Frauen am Arbeitsplatz sowie beim Zugang zur Beschäftigung, zur Berufsbildung und zum beruflichen Aufstieg in geplanter und systematischer Weise zu fördern.

(4) Zu diesem Zweck werden die Arbeitgeber ersucht, den Arbeitnehmern und/oder den Arbeitnehmervertretern in regelmäßigen angemessenen Abständen Informationen über die Gleichbehandlung von Männern und Frauen in ihrem Betrieb zu geben.

Diese Informationen können Übersichten über den Anteil von Männern und Frauen auf den unterschiedlichen Ebenen des Betriebs, ihr Entgelt sowie Unterschiede beim Entgelt und mögliche Maßnahmen zur Verbesserung der Situation in Zusammenarbeit mit den Arbeitnehmervertretern enthalten.

Art. 22 Dialog mit Nichtregierungsorganisationen Die Mitgliedstaaten fördern den Dialog mit den jeweiligen Nichtregierungsorganisationen, die gemäß den einzelstaatlichen Rechtsvorschriften und Gepflogenheiten ein rechtmäßiges Interesse daran haben, sich an der Bekämpfung von Diskriminierung aufgrund des Geschlechts zu beteiligen, um die Einhaltung des Grundsatzes der Gleichbehandlung zu fördern.

Kapitel 3 – Allgemeine horizontale Bestimmungen

Art. 23 Einhaltung Die Mitgliedstaaten treffen alle erforderlichen Maßnahmen, um sicherzustellen, dass

a) die Rechts- und Verwaltungsvorschriften, die dem Gleichbehandlungsgrundsatz zuwiderlaufen, aufgehoben werden;
b) mit dem Gleichbehandlungsgrundsatz nicht zu vereinbarende Bestimmungen in Arbeits- und Tarifverträgen, Betriebsordnungen und Statuten der freien Berufe und der Arbeitgeber- und Arbeitnehmerorganisationen und allen sonstigen Vereinbarungen und Regelungen nichtig sind, für nichtig erklärt werden können oder geändert werden;
c) betriebliche Systeme der sozialen Sicherheit, die solche Bestimmungen enthalten, nicht durch Verwaltungsmaßnahmen genehmigt oder für allgemeinverbindlich erklärt werden können.

Art. 24 Viktimisierung Die Mitgliedstaaten treffen im Rahmen ihrer nationalen Rechtsordnungen die erforderlichen Maßnahmen, um die Arbeitnehmer sowie die aufgrund der innerstaatlichen Rechtsvorschriften und/oder Gepflogenheiten vorgesehenen Arbeitnehmervertreter vor Entlassung oder anderen Benachteiligungen durch den Arbeitgeber zu schützen, die als Reaktion auf eine Beschwerde innerhalb des betreffenden Unternehmens oder auf die Einleitung eines Verfahrens zur Durchsetzung des Gleichbehandlungsgrundsatzes erfolgen.

Art. 25 Sanktionen Die Mitgliedstaaten legen die Regeln für die Sanktionen fest, die bei einem Verstoß gegen die einzelstaatlichen Vorschriften zur Umsetzung dieser Richtlinie zu verhängen sind, und treffen alle erforderlichen Maßnahmen, um deren Anwendung zu gewährleisten. Die Sanktionen, die auch Schadenersatzleistungen an die Opfer umfassen können, müssen wirksam, verhältnismäßig und abschreckend sein. Die Mitgliedstaaten teilen diese Vorschriften der Kommission spätestens bis zum 5. Oktober 2005 mit und unterrichten sie unverzüglich über alle späteren Änderungen dieser Vorschriften.

Art. 26 Vorbeugung von Diskriminierung Die Mitgliedstaaten ersuchen in Einklang mit ihren nationalen Rechtsvorschriften, Tarifverträgen oder Gepflogenheiten die Arbeitgeber und die für Berufsbildung zuständigen Personen, wirksame Maßnahmen zu ergreifen, um allen Formen der Diskriminierung aufgrund des Geschlechts und insbesondere Belästigung und sexueller Belästigung am Arbeitsplatz sowie beim Zugang zur Beschäftigung, zur Berufsbildung und zum beruflichen Aufstieg vorzubeugen.

Art. 27 Mindestanforderungen (1) Die Mitgliedstaaten können Vorschriften erlassen oder beibehalten, die im Hinblick auf die Wahrung des Gleichbehandlungsgrundsatzes günstiger als die in dieser Richtlinie vorgesehenen Vorschriften sind.
(2) Die Durchführung dieser Richtlinie rechtfertigt in keinem Fall eine Beeinträchtigung des Schutzniveaus der Arbeitnehmer in dem von ihr abgedeckten Bereich; das Recht der Mitgliedstaaten, als Reaktion auf eine veränderte Situation Rechts- und Verwaltungsvorschriften zu erlassen, die sich von denen unterscheiden, die zum Zeitpunkt der Bekanntgabe dieser Richtlinie in Kraft waren, bleibt unberührt, solange die Bestimmungen dieser Richtlinie eingehalten werden.

Art. 28 Verhältnis zu gemeinschaftlichen und einzelstaatlichen Vorschriften (1) Diese Richtlinie steht Vorschriften zum Schutz der Frau, insbesondere bei Schwangerschaft und Mutterschaft, nicht entgegen.
(2) Diese Richtlinie berührt nicht die Bestimmungen der Richtlinien 96/34/EG und 92/85/EWG.

Art. 29 Durchgängige Berücksichtigung des Gleichstellungsaspekts Die Mitgliedstaaten berücksichtigen aktiv das Ziel der Gleichstellung von Männern und Frauen bei der Formulierung und Durchführung von Rechts- und Verwaltungsvorschriften, Politiken und Tätigkeiten in den in dieser Richtlinie genannten Bereichen.

Art. 30 Verbreitung von Informationen Die Mitgliedstaaten tragen dafür Sorge, dass die in Anwendung dieser Richtlinie ergehenden Maßnahmen sowie die bereits geltenden einschlägigen Vorschriften allen Betroffenen in geeigneter Form und gegebenenfalls in den Betrieben bekannt gemacht werden.

Art. 31-36 *Berichte, Überprüfung, Umsetzungspflichten, Aufhebung von Rechtsakten, Inkrafttreten und Adressaten - nicht abgedruckt.*

Anhang I Teil A – Aufgehobene Richtlinien und Änderungsrichtlinien, Teil B – Fristen für die Umsetzung in nationales Recht und Datum der Anwendung; **Anhang II** Entsprechungstabelle – *nicht abgedruckt.*

3.3 Richtlinie 2000/78/EG des Rates vom 27. November 2000 zur Festlegung eines allgemeinen Rahmens für die Verwirklichung der Gleichbehandlung in Beschäftigung und Beruf [Diskriminierungsrahmen-RL]

ABl. 2000 L 303/16

DER RAT DER EUROPÄISCHEN UNION –

gestützt auf den Vertrag zur Gründung der Europäischen Gemeinschaft, insbesondere auf Artikel 13, auf Vorschlag der Kommission[1],

nach Stellungnahme des Europäischen Parlaments[2],

nach Stellungnahme des Wirtschafts- und Sozialausschusses[3],

nach Stellungnahme des Ausschusses der Regionen[4],

in Erwägung nachstehender Gründe:

(1) Nach Artikel 6 Absatz 2 des Vertrags über die Europäische Union beruht die Europäische Union auf den Grundsätzen der Freiheit, der Demokratie, der Achtung der Menschenrechte und Grundfreiheiten sowie der Rechtsstaatlichkeit; diese Grundsätze sind allen Mitgliedstaaten gemeinsam. Die Union achtet die Grundrechte, wie sie in der Europäischen Konvention zum Schutze der Menschenrechte und Grundfreiheiten gewährleistet sind und wie sie sich aus den gemeinsamen Verfassungsüberlieferungen der Mitgliedstaaten als allgemeine Grundsätze des Gemeinschaftsrechts ergeben.

(2) Der Grundsatz der Gleichbehandlung von Männern und Frauen wurde in zahlreichen Rechtsakten der Gemeinschaft fest verankert, insbesondere in der Richtlinie 76/207/EWG des Rates vom 9. Februar 1976 zur Verwirklichung des Grundsatzes der Gleichbehandlung von Männern und Frauen hinsichtlich des Zugangs zur Beschäftigung, zur Berufsbildung und zum beruflichen Aufstieg sowie in Bezug auf die Arbeitsbedingungen[5].

(3) Bei der Anwendung des Grundsatzes der Gleichbehandlung ist die Gemeinschaft gemäß Artikel 3 Absatz 2 des EG-Vertrags bemüht, Ungleichheiten zu beseitigen und die Gleichstellung von Männern und Frauen zu fördern, zumal Frauen häufig Opfer mehrfacher Diskriminierung sind.

(4) Die Gleichheit aller Menschen vor dem Gesetz und der Schutz vor Diskriminierung ist ein allgemeines Menschenrecht; dieses Recht wurde in der Allgemeinen Erklärung der Menschenrechte, im VN-Übereinkommen zur Beseitigung aller Formen der Diskriminierung von Frauen, im Internationalen Pakt der VN über bürgerliche und politische Rechte, im Internationalen Pakt der VN über wirtschaftliche, soziale und kulturelle Rechte sowie in der Europäischen Konvention zum Schutze der Menschenrechte und Grundfreiheiten anerkannt, die von allen Mitgliedstaaten unterzeichnet wurden. Das Übereinkommen 111 der Internationalen Arbeitsorganisation untersagt Diskriminierungen in Beschäftigung und Beruf.

(5) Es ist wichtig, dass diese Grundrechte und Grundfreiheiten geachtet werden. Diese Richtlinie berührt nicht die Vereinigungsfreiheit, was das Recht jeder Person umfasst, zum Schutze ihrer Interessen Gewerkschaften zu gründen und Gewerkschaften beizutreten.

(6) In der Gemeinschaftscharta der sozialen Grundrechte der Arbeitnehmer wird anerkannt, wie wichtig die Bekämpfung jeder Art von Diskriminierung und geeignete Maßnahmen zur sozialen und wirtschaftlichen Eingliederung älterer Menschen und von Menschen mit Behinderung sind.

(7) Der EG-Vertrag nennt als eines der Ziele der Gemeinschaft die Förderung der Koordinierung der Beschäftigungspolitiken der Mitgliedstaaten. Zu diesem Zweck wurde in den EG-Vertrag ein neues Beschäftigungskapitel eingefügt, das die Grundlage bildet für die Entwicklung einer koordinierten Beschäftigungsstrategie und für die Förderung der Qualifizierung, Ausbildung und Anpassungsfähigkeit der Arbeitnehmer.

(8) In den vom Europäischen Rat auf seiner Tagung am 10. und 11. Dezember 1999 in Helsinki vereinbarten beschäftigungspolitischen Leitlinien für 2000 wird die Notwendigkeit unterstrichen, einen

---

1 ABl. C 177 E vom 27.6.2000, S. 42.
2 Stellungnahme vom 5. Oktober 2000 ([ABl. C 178 vom 22.6.2001, S. 270]).
3 ABl. C 204 vom 18.7.2000, S. 82.
4 ABl. C 226 vom 8.8.2000, S. 1.
5 ABl. L 39 vom 14.2.1976, S. 40.

Arbeitsmarkt zu schaffen, der die soziale Eingliederung fördert, indem ein ganzes Bündel aufeinander abgestimmter Maßnahmen getroffen wird, die darauf abstellen, die Diskriminierung von benachteiligten Gruppen, wie den Menschen mit Behinderung, zu bekämpfen. Ferner wird betont, dass der Unterstützung älterer Arbeitnehmer mit dem Ziel der Erhöhung ihres Anteils an der Erwerbsbevölkerung besondere Aufmerksamkeit gebührt.

(9) Beschäftigung und Beruf sind Bereiche, die für die Gewährleistung gleicher Chancen für alle und für eine volle Teilhabe der Bürger am wirtschaftlichen, kulturellen und sozialen Leben sowie für die individuelle Entfaltung von entscheidender Bedeutung sind.

(10) Der Rat hat am 29. Juni 2000 die Richtlinie 2000/43/EG[6] zur Anwendung des Gleichbehandlungsgrundsatzes ohne Unterschied der Rasse oder der ethnischen Herkunft angenommen, die bereits einen Schutz vor solchen Diskriminierungen in Beschäftigung und Beruf gewährleistet.

(11) Diskriminierungen wegen der Religion oder der Weltanschauung, einer Behinderung, des Alters oder der sexuellen Ausrichtung können die Verwirklichung der im EG-Vertrag festgelegten Ziele unterminieren, insbesondere die Erreichung eines hohen Beschäftigungsniveaus und eines hohen Maßes an sozialem Schutz, die Hebung des Lebensstandards und der Lebensqualität, den wirtschaftlichen und sozialen Zusammenhalt, die Solidarität sowie die Freizügigkeit.

(12) Daher sollte jede unmittelbare oder mittelbare Diskriminierung wegen der Religion oder der Weltanschauung, einer Behinderung, des Alters oder der sexuellen Ausrichtung in den von der Richtlinie abgedeckten Bereichen gemeinschaftsweit untersagt werden. Dieses Diskriminierungsverbot sollte auch für Staatsangehörige dritter Länder gelten, betrifft jedoch nicht die Ungleichbehandlungen aus Gründen der Staatsangehörigkeit und lässt die Vorschriften über die Einreise und den Aufenthalt von Staatsangehörigen dritter Länder und ihren Zugang zu Beschäftigung und Beruf unberührt.

(13) Diese Richtlinie findet weder Anwendung auf die Sozialversicherungs- und Sozialschutzsysteme, deren Leistungen nicht einem Arbeitsentgelt in dem Sinne gleichgestellt werden, der diesem Begriff für die Anwendung des Artikels 141 des EG-Vertrags gegeben wurde, noch auf Vergütungen jeder Art seitens des Staates, die den Zugang zu einer Beschäftigung oder die Aufrechterhaltung eines Beschäftigungsverhältnisses zum Ziel haben.

(14) Diese Richtlinie berührt nicht die einzelstaatlichen Bestimmungen über die Festsetzung der Altersgrenzen für den Eintritt in den Ruhestand.

(15) Die Beurteilung von Tatbeständen, die auf eine unmittelbare oder mittelbare Diskriminierung schließen lassen, obliegt den einzelstaatlichen gerichtlichen Instanzen oder anderen zuständigen Stellen nach den einzelstaatlichen Rechtsvorschriften oder Gepflogenheiten; in diesen einzelstaatlichen Vorschriften kann insbesondere vorgesehen sein, dass mittelbare Diskriminierung mit allen Mitteln, einschließlich statistischer Beweise, festzustellen ist.

(16) Maßnahmen, die darauf abstellen, den Bedürfnissen von Menschen mit Behinderung am Arbeitsplatz Rechnung zu tragen, spielen eine wichtige Rolle bei der Bekämpfung von Diskriminierungen wegen einer Behinderung.

(17) Mit dieser Richtlinie wird unbeschadet der Verpflichtung, für Menschen mit Behinderung angemessene Vorkehrungen zu treffen, nicht die Einstellung, der berufliche Aufstieg, die Weiterbeschäftigung oder die Teilnahme an Aus- und Weiterbildungsmaßnahmen einer Person vorgeschrieben, wenn diese Person für die Erfüllung der wesentlichen Funktionen des Arbeitsplatzes oder zur Absolvierung einer bestimmten Ausbildung nicht kompetent, fähig oder verfügbar ist.

(18) Insbesondere darf mit dieser Richtlinie den Streitkräften sowie der Polizei, den Haftanstalten oder den Notfalldiensten unter Berücksichtigung des rechtmäßigen Ziels, die Einsatzbereitschaft dieser Dienste zu wahren, nicht zur Auflage gemacht werden, Personen einzustellen oder weiter zu beschäftigen, die nicht den jeweiligen Anforderungen entsprechen, um sämtliche Aufgaben zu erfüllen, die ihnen übertragen werden können.

(19) Ferner können die Mitgliedstaaten zur Sicherung der Schlagkraft ihrer Streitkräfte sich dafür entscheiden, dass die eine Behinderung und das Alter betreffenden Bestimmungen dieser Richtlinie auf alle Streitkräfte oder einen Teil ihrer Streitkräfte keine Anwendung finden. Die Mitgliedstaaten, die eine derartige Entscheidung treffen, müssen den Anwendungsbereich dieser Ausnahmeregelung festlegen.

(20) Es sollten geeignete Maßnahmen vorgesehen werden, d. h. wirksame und praktikable Maßnahmen, um den Arbeitsplatz der Behinderung entsprechend einzurichten, z. B. durch eine entsprechende Gestaltung der Räumlichkeiten oder eine Anpassung des Arbeitsgeräts, des Arbeitsrhythmus, der Aufgabenverteilung oder des Angebots an Ausbildungs- und Einarbeitungsmaßnahmen.

(21) Bei der Prüfung der Frage, ob diese Maßnahmen zu übermäßigen Belastungen führen, sollten insbesondere der mit ihnen verbundene finanzielle und sonstige Aufwand sowie die Größe, die finan-

---

6   ABl. L 180 vom 19.7.2000, S. 22 [Rassendiskriminierungs-RL, in dieser Sammlung Nr. 2.7].

ziellen Ressourcen und der Gesamtumsatz der Organisation oder des Unternehmens und die Verfügbarkeit von öffentlichen Mitteln oder anderen Unterstützungsmöglichkeiten berücksichtigt werden.

(22) Diese Richtlinie lässt die einzelstaatlichen Rechtsvorschriften über den Familienstand und davon abhängige Leistungen unberührt.

(23) Unter sehr begrenzten Bedingungen kann eine unterschiedliche Behandlung gerechtfertigt sein, wenn ein Merkmal, das mit der Religion oder Weltanschauung, einer Behinderung, dem Alter oder der sexuellen Ausrichtung zusammenhängt, eine wesentliche und entscheidende berufliche Anforderung darstellt, sofern es sich um einen rechtmäßigen Zweck und eine angemessene Anforderung handelt. Diese Bedingungen sollten in die Informationen aufgenommen werden, die die Mitgliedstaaten der Kommission übermitteln.

(24) Die Europäische Union hat in ihrer der Schlussakte zum Vertrag von Amsterdam beigefügten Erklärung Nr. 11 zum Status der Kirchen und weltanschaulichen Gemeinschaften ausdrücklich anerkannt, dass sie den Status, den Kirchen und religiöse Vereinigungen oder Gemeinschaften in den Mitgliedstaaten nach deren Rechtsvorschriften genießen, achtet und ihn nicht beeinträchtigt und dass dies in gleicher Weise für den Status von weltanschaulichen Gemeinschaften gilt. Die Mitgliedstaaten können in dieser Hinsicht spezifische Bestimmungen über die wesentlichen, rechtmäßigen und gerechtfertigten beruflichen Anforderungen beibehalten oder vorsehen, die Voraussetzung für die Ausübung einer diesbezüglichen beruflichen Tätigkeit sein können.

(25) Das Verbot der Diskriminierung wegen des Alters stellt ein wesentliches Element zur Erreichung der Ziele der beschäftigungspolitischen Leitlinien und zur Förderung der Vielfalt im Bereich der Beschäftigung dar. Ungleichbehandlungen wegen des Alters können unter bestimmten Umständen jedoch gerechtfertigt sein und erfordern daher besondere Bestimmungen, die je nach der Situation der Mitgliedstaaten unterschiedlich sein können. Es ist daher unbedingt zu unterscheiden zwischen einer Ungleichbehandlung, die insbesondere durch rechtmäßige Ziele im Bereich der Beschäftigungspolitik, des Arbeitsmarktes und der beruflichen Bildung gerechtfertigt ist, und einer Diskriminierung, die zu verbieten ist.

(26) Das Diskriminierungsverbot sollte nicht der Beibehaltung oder dem Erlass von Maßnahmen entgegenstehen, mit denen bezweckt wird, Benachteiligungen von Personen mit einer bestimmten Religion oder Weltanschauung, einer bestimmten Behinderung, einem bestimmten Alter oder einer bestimmten sexuellen Ausrichtung zu verhindern oder auszugleichen, und diese Maßnahmen können die Einrichtung und Beibehaltung von Organisationen von Personen mit einer bestimmten Religion oder Weltanschauung, einer bestimmten Behinderung, einem bestimmten Alter oder einer bestimmten sexuellen Ausrichtung zulassen, wenn deren Zweck hauptsächlich darin besteht, die besonderen Bedürfnisse dieser Personen zu fördern.

(27) Der Rat hat in seiner Empfehlung 86/379/EWG vom 24. Juli 1986[7] zur Beschäftigung von Behinderten in der Gemeinschaft einen Orientierungsrahmen festgelegt, der Beispiele für positive Aktionen für die Beschäftigung und Berufsbildung von Menschen mit Behinderung anführt; in seiner Entschließung vom 17. Juni 1999 betreffend gleiche Beschäftigungschancen für behinderte Menschen[8] hat er bekräftigt, dass es wichtig ist, insbesondere der Einstellung, der Aufrechterhaltung des Beschäftigungsverhältnisses sowie der beruflichen Bildung und dem lebensbegleitenden Lernen von Menschen mit Behinderung besondere Aufmerksamkeit zu widmen.

(28) In dieser Richtlinie werden Mindestanforderungen festgelegt; es steht den Mitgliedstaaten somit frei, günstigere Vorschriften einzuführen oder beizubehalten. Die Umsetzung dieser Richtlinie darf nicht eine Absenkung des in den Mitgliedstaaten bereits bestehenden Schutzniveaus rechtfertigen.

(29) Opfer von Diskriminierungen wegen der Religion oder Weltanschauung, einer Behinderung, des Alters oder der sexuellen Ausrichtung sollten über einen angemessenen Rechtsschutz verfügen. Um einen effektiveren Schutz zu gewährleisten, sollte auch die Möglichkeit bestehen, dass sich Verbände oder andere juristische Personen unbeschadet der nationalen Verfahrensordnung bezüglich der Vertretung und Verteidigung vor Gericht bei einem entsprechenden Beschluss der Mitgliedstaaten im Namen eines Opfers oder zu seiner Unterstützung an einem Verfahren beteiligen.

(30) Die effektive Anwendung des Gleichheitsgrundsatzes erfordert einen angemessenen Schutz vor Viktimisierung.

(31) Eine Änderung der Regeln für die Beweislast ist geboten, wenn ein glaubhafter Anschein einer Diskriminierung besteht. Zur wirksamen Anwendung des Gleichbehandlungsgrundsatzes ist eine Verlagerung der Beweislast auf die beklagte Partei erforderlich, wenn eine solche Diskriminierung nachgewiesen ist. Allerdings obliegt es dem Beklagten nicht, nachzuweisen, dass der Kläger einer

---

7 ABl. L 225 vom 12.8.1986, S. 43.
8 ABl. C 186 vom 2.7.1999, S. 3.

bestimmten Religion angehört, eine bestimmte Weltanschauung hat, eine bestimmte Behinderung aufweist, ein bestimmtes Alter oder eine bestimmte sexuelle Ausrichtung hat.

(32) Die Mitgliedstaaten können davon absehen, die Regeln für die Beweislastverteilung auf Verfahren anzuwenden, in denen die Ermittlung des Sachverhalts dem Gericht oder der zuständigen Stelle obliegt. Dies betrifft Verfahren, in denen die klagende Partei den Beweis des Sachverhalts, dessen Ermittlung dem Gericht oder der zuständigen Stelle obliegt, nicht anzutreten braucht.

(33) Die Mitgliedstaaten sollten den Dialog zwischen den Sozialpartnern und im Rahmen der einzelstaatlichen Gepflogenheiten mit Nichtregierungsorganisationen mit dem Ziel fördern, gegen die verschiedenen Formen von Diskriminierung am Arbeitsplatz anzugehen und diese zu bekämpfen.

(34) In Anbetracht der Notwendigkeit, den Frieden und die Aussöhnung zwischen den wichtigsten Gemeinschaften in Nordirland zu fördern, sollten in diese Richtlinie besondere Bestimmungen aufgenommen werden.

(35) Die Mitgliedstaaten sollten wirksame, verhältnismäßige und abschreckende Sanktionen für den Fall vorsehen, dass gegen die aus dieser Richtlinie erwachsenden Verpflichtungen verstoßen wird.

(36) Die Mitgliedstaaten können den Sozialpartnern auf deren gemeinsamen Antrag die Durchführung der Bestimmungen dieser Richtlinie übertragen, die in den Anwendungsbereich von Tarifverträgen fallen, sofern sie alle erforderlichen Maßnahmen treffen, um jederzeit gewährleisten zu können, dass die durch diese Richtlinie vorgeschriebenen Ergebnisse erzielt werden.

(37) Im Einklang mit dem Subsidiaritätsprinzip nach Artikel 5 des EG-Vertrags kann das Ziel dieser Richtlinie, nämlich die Schaffung gleicher Ausgangsbedingungen in der Gemeinschaft bezüglich der Gleichbehandlung in Beschäftigung und Beruf, auf der Ebene der Mitgliedstaaten nicht ausreichend erreicht werden und kann daher wegen des Umfangs und der Wirkung der Maßnahme besser auf Gemeinschaftsebene verwirklicht werden. Im Einklang mit dem Verhältnismäßigkeitsprinzip nach jenem Artikel geht diese Richtlinie nicht über das für die Erreichung dieses Ziels erforderliche Maß hinaus –

HAT FOLGENDE RICHTLINIE ERLASSEN:

Kapitel I – Allgemeine Bestimmungen

Art. 1 Zweck Zweck dieser Richtlinie ist die Schaffung eines allgemeinen Rahmens zur Bekämpfung der Diskriminierung wegen der Religion oder der Weltanschauung, einer Behinderung, des Alters oder der sexuellen Ausrichtung in Beschäftigung und Beruf im Hinblick auf die Verwirklichung des Grundsatzes der Gleichbehandlung in den Mitgliedstaaten.

Art. 2 Der Begriff „Diskriminierung" (1) Im Sinne dieser Richtlinie bedeutet „Gleichbehandlungsgrundsatz", dass es keine unmittelbare oder mittelbare Diskriminierung wegen eines der in Artikel 1 genannten Gründe geben darf.

(2) Im Sinne des Absatzes 1

a) liegt eine unmittelbare Diskriminierung vor, wenn eine Person wegen eines der in Artikel 1 genannten Gründe in einer vergleichbaren Situation eine weniger günstige Behandlung erfährt, als eine andere Person erfährt, erfahren hat oder erfahren würde;

b) liegt eine mittelbare Diskriminierung vor, wenn dem Anschein nach neutrale Vorschriften, Kriterien oder Verfahren Personen mit einer bestimmten Religion oder Weltanschauung, einer bestimmten Behinderung, eines bestimmten Alters oder mit einer bestimmten sexuellen Ausrichtung gegenüber anderen Personen in besonderer Weise benachteiligen können, es sei denn:

i) diese Vorschriften, Kriterien oder Verfahren sind durch ein rechtmäßiges Ziel sachlich gerechtfertigt, und die Mittel sind zur Erreichung dieses Ziels angemessen und erforderlich, oder

ii) der Arbeitgeber oder jede Person oder Organisation, auf die diese Richtlinie Anwendung findet, ist im Falle von Personen mit einer bestimmten Behinderung aufgrund des einzelstaatlichen Rechts verpflichtet, geeignete Maßnahmen entsprechend den in Artikel 5 enthaltenen Grundsätzen vorzusehen, um die sich durch diese Vorschrift, dieses Kriterium oder dieses Verfahren ergebenden Nachteile zu beseitigen.

(3) Unerwünschte Verhaltensweisen, die mit einem der Gründe nach Artikel 1 in Zusammenhang stehen und bezwecken oder bewirken, dass die Würde der betreffenden Person verletzt und ein von Einschüchterungen, Anfeindungen, Erniedrigungen, Entwürdigungen oder Beleidigungen gekennzeichnetes Umfeld geschaffen wird, sind Belästigungen, die als Diskriminierung im Sinne von Absatz 1 gelten. In diesem Zusammenhang können die Mitgliedstaaten den Begriff „Belästigung" im Einklang mit den einzelstaatlichen Rechtsvorschriften und Gepflogenheiten definieren.

(4) Die Anweisung zur Diskriminierung einer Person wegen eines der Gründe nach Artikel 1 gilt als Diskriminierung im Sinne des Absatzes 1.

(5) Diese Richtlinie berührt nicht die im einzelstaatlichen Recht vorgesehenen Maßnahmen, die in einer demokratischen Gesellschaft für die Gewährleistung der öffentlichen Sicherheit, die Verteidigung der Ordnung und die Verhütung von Straftaten, zum Schutz der Gesundheit und zum Schutz der Rechte und Freiheiten anderer notwendig sind.

Art. 3 Geltungsbereich (1) Im Rahmen der auf die Gemeinschaft übertragenen Zuständigkeiten gilt diese Richtlinie für alle Personen in öffentlichen und privaten Bereichen, einschließlich öffentlicher Stellen, in Bezug auf

a) die Bedingungen - einschließlich Auswahlkriterien und Einstellungsbedingungen - für den Zugang zu unselbständiger und selbständiger Erwerbstätigkeit, unabhängig von Tätigkeitsfeld und beruflicher Position, einschließlich des beruflichen Aufstiegs;

b) den Zugang zu allen Formen und allen Ebenen der Berufsberatung, der Berufsausbildung, der beruflichen Weiterbildung und der Umschulung, einschließlich der praktischen Berufserfahrung;

c) die Beschäftigungs- und Arbeitsbedingungen, einschließlich der Entlassungsbedingungen und des Arbeitsentgelts;

d) die Mitgliedschaft und Mitwirkung in einer Arbeitnehmer- oder Arbeitgeberorganisation oder einer Organisation, deren Mitglieder einer bestimmten Berufsgruppe angehören, einschließlich der Inanspruchnahme der Leistungen solcher Organisationen.

(2) Diese Richtlinie betrifft nicht unterschiedliche Behandlungen aus Gründen der Staatsangehörigkeit und berührt nicht die Vorschriften und Bedingungen für die Einreise von Staatsangehörigen dritter Länder oder staatenlosen Personen in das Hoheitsgebiet der Mitgliedstaaten oder deren Aufenthalt in diesem Hoheitsgebiet sowie eine Behandlung, die sich aus der Rechtsstellung von Staatsangehörigen dritter Länder oder staatenlosen Personen ergibt.

(3) Diese Richtlinie gilt nicht für Leistungen jeder Art seitens der staatlichen Systeme oder der damit gleichgestellten Systeme einschließlich der staatlichen Systeme der sozialen Sicherheit oder des sozialen Schutzes.

(4) Die Mitgliedstaaten können vorsehen, dass diese Richtlinie hinsichtlich von Diskriminierungen wegen einer Behinderung und des Alters nicht für die Streitkräfte gilt.

Art. 4 Berufliche Anforderungen (1) Ungeachtet des Artikels 2 Absätze 1 und 2 können die Mitgliedstaaten vorsehen, dass eine Ungleichbehandlung wegen eines Merkmals, das im Zusammenhang mit einem der in Artikel 1 genannten Diskriminierungsgründe steht, keine Diskriminierung darstellt, wenn das betreffende Merkmal aufgrund der Art einer bestimmten beruflichen Tätigkeit oder der Bedingungen ihrer Ausübung eine wesentliche und entscheidende berufliche Anforderung darstellt, sofern es sich um einen rechtmäßigen Zweck und eine angemessene Anforderung handelt.

(2) Die Mitgliedstaaten können in Bezug auf berufliche Tätigkeiten innerhalb von Kirchen und anderen öffentlichen oder privaten Organisationen, deren Ethos auf religiösen Grundsätzen oder Weltanschauungen beruht, Bestimmungen in ihren zum Zeitpunkt der Annahme dieser Richtlinie geltenden Rechtsvorschriften beibehalten oder in künftigen Rechtsvorschriften Bestimmungen vorsehen, die zum Zeitpunkt der Annahme dieser Richtlinie bestehende einzelstaatliche Gepflogenheiten widerspiegeln und wonach eine Ungleichbehandlung wegen der Religion oder Weltanschauung einer Person keine Diskriminierung darstellt, wenn die Religion oder die Weltanschauung dieser Person nach der Art dieser Tätigkeiten oder der Umstände ihrer Ausübung eine wesentliche, rechtmäßige und gerechtfertigte berufliche Anforderung angesichts des Ethos der Organisation darstellt. Eine solche Ungleichbehandlung muss die verfassungsrechtlichen Bestimmungen und Grundsätze der Mitgliedstaaten sowie die allgemeinen Grundsätze des Gemeinschaftsrechts beachten und rechtfertigt keine Diskriminierung aus einem anderen Grund.

Sofern die Bestimmungen dieser Richtlinie im übrigen eingehalten werden, können die Kirchen und anderen öffentlichen oder privaten Organisationen, deren Ethos auf religiösen Grundsätzen oder Weltanschauungen beruht, im Einklang mit den einzelstaatlichen verfassungsrechtlichen Bestimmungen und Rechtsvorschriften von den für sie arbeitenden Personen verlangen, dass sie sich loyal und aufrichtig im Sinne des Ethos der Organisation verhalten.

Art. 5 Angemessene Vorkehrungen für Menschen mit Behinderung Um die Anwendung des Gleichbehandlungsgrundsatzes auf Menschen mit Behinderung zu gewährleisten, sind angemessene Vorkehrungen zu treffen. Das bedeutet, dass der Arbeitgeber die geeigneten und im konkreten Fall erforderlichen Maßnahmen ergreift, um den Menschen mit Behinderung den Zugang zur Beschäftigung, die Ausübung eines Berufes, den beruflichen Aufstieg und die Teilnahme an Aus- und Weiterbildungsmaßnahmen zu ermöglichen, es sei denn, diese Maßnahmen würden den Arbeitgeber unverhältnismäßig belasten. Diese Belastung ist nicht unverhältnismäßig, wenn sie durch geltende Maßnahmen im Rahmen der Behindertenpolitik des Mitgliedstaates ausreichend kompensiert wird.

Art. 6 Gerechtfertigte Ungleichbehandlung wegen des Alters (1) Ungeachtet des Artikels 2 Absatz 2 können die Mitgliedstaaten vorsehen, dass Ungleichbehandlungen wegen des Alters keine Diskriminierung darstellen, sofern sie objektiv und angemessen sind und im Rahmen des nationalen Rechts durch ein legitimes Ziel, worunter insbesondere rechtmäßige Ziele aus den Bereichen Beschäftigungspolitik, Arbeitsmarkt und berufliche Bildung zu verstehen sind, gerechtfertigt sind und die Mittel zur Erreichung dieses Ziels angemessen und erforderlich sind.

Derartige Ungleichbehandlungen können insbesondere Folgendes einschließen:

a) die Festlegung besonderer Bedingungen für den Zugang zur Beschäftigung und zur beruflichen Bildung sowie besonderer Beschäftigungs- und Arbeitsbedingungen, einschließlich der Bedingungen für Entlassung und Entlohnung, um die berufliche Eingliederung von Jugendlichen, älteren Arbeitnehmern und Personen mit Fürsorgepflichten zu fördern oder ihren Schutz sicherzustellen;

b) die Festlegung von Mindestanforderungen an das Alter, die Berufserfahrung oder das Dienstalter für den Zugang zur Beschäftigung oder für bestimmte mit der Beschäftigung verbundene Vorteile;

c) die Festsetzung eines Höchstalters für die Einstellung aufgrund der spezifischen Ausbildungsanforderungen eines bestimmten Arbeitsplatzes oder aufgrund der Notwendigkeit einer angemessenen Beschäftigungszeit vor dem Eintritt in den Ruhestand.

(2) Ungeachtet des Artikels 2 Absatz 2 können die Mitgliedstaaten vorsehen, dass bei den betrieblichen Systemen der sozialen Sicherheit die Festsetzung von Altersgrenzen als Voraussetzung für die Mitgliedschaft oder den Bezug von Altersrente oder von Leistungen bei Invalidität einschließlich der Festsetzung unterschiedlicher Altersgrenzen im Rahmen dieser Systeme für bestimmte Beschäftigte oder Gruppen bzw. Kategorien von Beschäftigten und die Verwendung im Rahmen dieser Systeme von Alterskriterien für versicherungsmathematische Berechnungen keine Diskriminierung wegen des Alters darstellt, solange dies nicht zu Diskriminierungen wegen des Geschlechts führt.

Art. 7 Positive und spezifische Maßnahmen (1) Der Gleichbehandlungsgrundsatz hindert die Mitgliedstaaten nicht daran, zur Gewährleistung der völligen Gleichstellung im Berufsleben spezifische Maßnahmen beizubehalten oder einzuführen, mit denen Benachteiligungen wegen eines in Artikel 1 genannten Diskriminierungsgrunds verhindert oder ausgeglichen werden.

(2) Im Falle von Menschen mit Behinderung steht der Gleichbehandlungsgrundsatz weder dem Recht der Mitgliedstaaten entgegen, Bestimmungen zum Schutz der Gesundheit und der Sicherheit am Arbeitsplatz beizubehalten oder zu erlassen, noch steht er Maßnahmen entgegen, mit denen Bestimmungen oder Vorkehrungen eingeführt oder beibehalten werden sollen, die einer Eingliederung von Menschen mit Behinderung in die Arbeitswelt dienen oder diese Eingliederung fördern.

Art. 8 Mindestanforderungen (1) Die Mitgliedstaaten können Vorschriften einführen oder beibehalten, die im Hinblick auf die Wahrung des Gleichbehandlungsgrundsatzes günstiger als die in dieser Richtlinie vorgesehenen Vorschriften sind.

(2) Die Umsetzung dieser Richtlinie darf keinesfalls als Rechtfertigung für eine Absenkung des von den Mitgliedstaaten bereits garantierten allgemeinen Schutzniveaus in Bezug auf Diskriminierungen in den von der Richtlinie abgedeckten Bereichen benutzt werden.

Kapitel II – Rechtsbehelfe und Rechtsdurchsetzung

Art. 9 Rechtsschutz (1) Die Mitgliedstaaten stellen sicher, dass alle Personen, die sich durch die Nichtanwendung des Gleichbehandlungsgrundsatzes in ihren Rechten für verletzt halten, ihre Ansprüche aus dieser Richtlinie auf dem Gerichts- und/oder Verwaltungsweg sowie, wenn die Mitgliedstaaten es für angezeigt halten, in Schlichtungsverfahren geltend machen können, selbst wenn das Verhältnis, während dessen die Diskriminierung vorgekommen sein soll, bereits beendet ist.

(2) Die Mitgliedstaaten stellen sicher, dass Verbände, Organisationen oder andere juristische Personen, die gemäß den in ihrem einzelstaatlichen Recht festgelegten Kriterien ein rechtmäßiges Interesse daran haben, für die Einhaltung der Bestimmungen dieser Richtlinie zu sorgen, sich entweder im Namen der beschwerten Person oder zu deren Unterstützung und mit deren Einwilligung an den in dieser Richtlinie zur Durchsetzung

der An-sprüche vorgesehenen Gerichts- und/oder Verwaltungsverfahren beteiligen können.

(3) Die Absätze 1 und 2 lassen einzelstaatliche Regelungen über Fristen für die Rechtsverfolgung betreffend den Gleichbehandlungsgrundsatz unberührt.

Art. 10 Beweislast (1) Die Mitgliedstaaten ergreifen im Einklang mit ihrem nationalen Gerichtswesen die erforderlichen Maßnahmen, um zu gewährleisten, dass immer dann, wenn Personen, die sich durch die Nichtanwendung des Gleichbehandlungsgrundsatzes für verletzt halten und bei einem Gericht oder einer anderen zuständigen Stelle Tatsachen glaubhaft machen, die das Vorliegen einer unmittelbaren oder mittelbaren Diskriminierung vermuten lassen, es dem Beklagten obliegt zu beweisen, dass keine Verletzung des Gleichbehandlungsgrundsatzes vorgelegen hat.

(2) Absatz 1 lässt das Recht der Mitgliedstaaten, eine für den Kläger günstigere Beweislastregelung vorzusehen, unberührt.

(3) Absatz 1 gilt nicht für Strafverfahren.

(4) Die Absätze 1, 2 und 3 gelten auch für Verfahren gemäß Artikel 9 Absatz 2.

(5) Die Mitgliedstaaten können davon absehen, Absatz 1 auf Verfahren anzuwenden, in denen die Ermittlung des Sachverhalts dem Gericht oder der zuständigen Stelle obliegt.

Art. 11 Viktimisierung Die Mitgliedstaaten treffen im Rahmen ihrer nationalen Rechtsordnung die erforderlichen Maßnahmen, um die Arbeitnehmer vor Entlassung oder anderen Benachteiligungen durch den Arbeitgeber zu schützen, die als Reaktion auf eine Beschwerde innerhalb des betreffenden Unternehmens oder auf die Einleitung eines Verfahrens zur Durchsetzung des Gleichbehandlungsgrundsatzes erfolgen.

Art. 12 Unterrichtung Die Mitgliedstaaten tragen dafür Sorge, dass die gemäß dieser Richtlinie getroffenen Maßnahmen sowie die bereits geltenden einschlägigen Vorschriften allen Betroffenen in geeigneter Form, zum Beispiel am Arbeitsplatz, in ihrem Hoheitsgebiet bekannt gemacht werden.

Art. 13 Sozialer Dialog (1) Die Mitgliedstaaten treffen im Einklang mit den einzelstaatlichen Gepflogenheiten und Verfahren geeignete Maßnahmen zur Förderung des sozialen Dialogs zwischen Arbeitgebern und Arbeitnehmern mit dem Ziel, die Verwirklichung des Gleichbehandlungsgrundsatzes durch Überwachung der betrieblichen Praxis, durch Tarifverträge, Verhaltenskodizes, Forschungsarbeiten oder durch einen Austausch von Erfahrungen und bewährten Verfahren, voranzubringen.

(2) Soweit vereinbar mit den einzelstaatlichen Gepflogenheiten und Verfahren, fordern die Mitgliedstaaten Arbeitgeber und Arbeitnehmer ohne Eingriff in deren Autonomie auf, auf geeigneter Ebene Antidiskriminierungsvereinbarungen zu schließen, die die in Artikel 3 genannten Bereiche betreffen, soweit diese in den Verantwortungsbereich der Tarifparteien fallen. Die Vereinbarungen müssen den in dieser Richtlinie sowie den in den einschlägigen nationalen Durchführungsbestimmungen festgelegten Mindestanforderungen entsprechen.

Art. 14 Dialog mit Nichtregierungsorganisationen Die Mitgliedstaaten fördern den Dialog mit den jeweiligen Nichtregierungsorganisationen, die gemäß den einzelstaatlichen Rechtsvorschriften und Gepflogenheiten ein rechtmäßiges Interesse daran haben, sich an der Bekämpfung von Diskriminierung wegen eines der in Artikel 1 genannten Gründe zu beteiligen, um die Einhaltung des Grundsatzes der Gleichbehandlung zu fördern.

Kapitel III – Besondere Bestimmungen

Art. 15 Nordirland (1) Angesichts des Problems, dass eine der wichtigsten Religionsgemeinschaften Nordirlands im dortigen Polizeidienst unterrepräsentiert ist, gilt die unterschiedliche Behandlung bei der Einstellung der Bediensteten dieses Dienstes - auch von Hilfspersonal - nicht als Diskriminierung, sofern diese unterschiedliche Behandlung gemäß den einzelstaatlichen Rechtsvorschriften ausdrücklich gestattet ist.

(2) Um eine Ausgewogenheit der Beschäftigungsmöglichkeiten für Lehrkräfte in Nordirland zu gewährleisten und zugleich einen Beitrag zur Überwindung der historischen Gegensätze zwischen den wichtigsten Religionsgemeinschaften Nordirlands zu leisten, finden die Bestimmungen dieser Richtlinie über Religion oder Weltanschauung keine Anwendung auf die Einstellung von Lehrkräften in Schulen Nordirlands, sofern dies gemäß den einzelstaatlichen Rechtsvorschriften ausdrücklich gestattet ist.

Kapitel IV – Schlussbestimmungen

Art. 16 Einhaltung Die Mitgliedstaaten treffen die erforderlichen Maßnahmen, um sicherzustellen, dass

a) die Rechts- und Verwaltungsvorschriften, die dem Gleichbehandlungsgrundsatz zuwiderlaufen, aufgehoben werden;

b) die mit dem Gleichbehandlungsgrundsatz nicht zu vereinbarenden Bestimmungen in Arbeits- und Tarifverträgen, Betriebsordnungen und Statuten der freien Berufe und der Arbeitgeber- und Arbeitnehmerorganisationen für nichtig erklärt werden oder erklärt werden können oder geändert werden.

Art. 17 Sanktionen Die Mitgliedstaaten legen die Sanktionen fest, die bei einem Verstoß gegen die einzelstaatlichen Vorschriften zur Anwendung dieser Richtlinie zu verhängen sind, und treffen alle erforderlichen Maßnahmen, um deren Durchführung zu gewährleisten. Die Sanktionen, die auch Schadenersatzleistungen an die Opfer umfassen können, müssen wirksam, verhältnismäßig und abschreckend sein. Die Mitgliedstaaten teilen diese Bestimmungen der Kommission spätestens am 2. Dezember 2003 mit und melden alle sie betreffenden späteren Änderungen unverzüglich.

Art. 18-21 *Umsetzungsfrist, Umsetzungspflichten, Berichtspflicht der Kommission, Inkrafttreten und Adressaten - nicht abgedruckt.*

3.4 Richtlinie 91/533/EWG des Rates vom 14. Oktober 1991 über die Pflicht des Arbeitgebers zur Unterrichtung des Arbeitnehmers über die für seinen Arbeitsvertrag oder sein Arbeitsverhältnis geltenden Bedingungen [Nachweis-RL]

ABl. 1991 L 288/32

DER RAT DER EUROPÄISCHEN GEMEINSCHAFTEN –
gestützt auf den Vertrag zur Gründung der Europäischen Wirtschaftsgemeinschaft, insbesondere auf Artikel 100,
auf Vorschlag der Kommission[1],
nach Stellungnahme des Europäischen Parlaments[2],
nach Stellungnahme des Wirtschafts- und Sozialausschusses[3],
in Erwägung nachstehender Gründe:
[1] Die Entwicklung neuer Arbeitsformen in den Mitgliedstaaten hat zu einer Vielfalt der Arten von Arbeitsverhältnissen geführt.
[2] Angesichts dieser Entwicklung haben sich einige Mitgliedstaaten veranlaßt gesehen, Maßnahmen vorzusehen, um die Arbeitsverhältnisse bestimmten Formerfordernissen zu unterziehen. Diese Maßnahmen zielen darauf ab, die Arbeitnehmer besser vor etwaiger Unkenntnis ihrer Rechte zu schützen und den Arbeitsmarkt transparenter zu gestalten.
[3] Die einschlägigen Rechtsvorschriften der Mitgliedstaaten weichen in wesentlichen Punkten wie etwa der Pflicht zur schriftlichen Unterrichtung des Arbeitnehmers über die wesentlichen Bedingungen seines Arbeitsvertrags oder Arbeitsverhältnisses erheblich voneinander ab.
[4] Die Unterschiede in den Rechtsvorschriften der Mitgliedstaaten können sich unmittelbar auf das Funktionieren des Gemeinsamen Marktes auswirken.
[5] Nach Artikel 117 des Vertrages sind sich die Mitgliedstaaten über die Notwendigkeit einig, auf eine Verbesserung der Lebens- und Arbeitsbedingungen der Arbeitskräfte hinzuwirken und dadurch auf dem Wege des Fortschritts deren Angleichung zu ermöglichen.
[6] Die auf der Tagung des Europäischen Rates in Straßburg am 9. Dezember 1989 von den Staats- und Regierungschefs von elf Mitgliedstaaten angenommene Gemeinschaftscharta der sozialen Grundrechte der Arbeitnehmer bestimmt unter Nummer 9 folgendes:
Die Arbeitsbedingungen eines jeden abhängig Beschäftigten der Europäischen Gemeinschaft müssen entsprechend den Gegebenheiten der einzelnen Länder durch das Gesetz, durch einen Tarifvertrag oder in einem Beschäftigungsvertrag geregelt sein."
[7] Auf Gemeinschaftsebene muß allgemein zur Pflicht gemacht werden, daß jeder Arbeitnehmer über ein Schriftstück mit Angaben über die wesentlichen Bedingungen seines Arbeitsvertrags oder Arbeitsverhältnisses verfügt.
[8] Da es zweckmäßig ist, für das Arbeitsverhältnis eine gewisse Flexibilität zu wahren, sollte vorgesehen werden, daß die Mitgliedstaaten bestimmte, begrenzte Fälle von Arbeitsverhältnissen von dieser Richtlinie ausnehmen können.
[9] Der Pflicht zur Unterrichtung kann durch Aushändigung eines schriftlichen Arbeitsvertrags, eines Anstellungsschreibens, eines oder mehrerer sonstiger Schriftstücke oder, falls dies unterbleibt, einer vom Arbeitgeber unterzeichneten schriftlichen Erklärung genügt werden.
[10] Bei Entsendung ins Ausland muß sichergestellt sein, daß der Arbeitnehmer über die wesentlichen Bedingungen seines Arbeitsvertrags oder Arbeitsverhältnisses hinaus zuvor zusätzliche Angaben über die Bedingungen seiner Entsendung erhält.
[11] Um das Interesse der Arbeitnehmer an der Aushändigung einer schriftlichen Unterrichtung zu schützen, muß ihnen jede Änderung der wesentlichen Bedingungen des Arbeitsvertrags oder Arbeitsverhältnisses schriftlich zur Kenntnis gebracht werden.
[12] Es ist erforderlich, daß die Mitgliedstaaten den Arbeitnehmern die Möglichkeit bieten, ihre Rechte aus dieser Richtlinie geltend zu machen.

---

1 ABl. Nr. C 24 vom 31.1.1991, S. 3.
2 ABl. Nr. C 240 vom 16.9.1991, S. 21.
3 ABl. Nr. C 159 vom 17.6.1991, S. 32.

3.4 Nachweis-RL

[13] Die Mitgliedstaaten haben die Rechts- und Verwaltungsvorschriften zu erlassen, die erforderlich sind, um dieser Richtlinie nachzukommen, oder sie haben sich zu vergewissern, daß die Sozialpartner im Vereinbarungswege die erforderlichen Maßnahmen einführen, wobei die Mitgliedstaaten alle erforderlichen Vorkehrungen treffen müssen, um jederzeit gewährleisten zu können, daß die in der Richtlinie vorgeschriebenen Ergebnisse erzielt werden –
HAT FOLGENDE RICHTLINIE ERLASSEN:

Art. 1 Geltungsbereich (1) Diese Richtlinie gilt für jeden Arbeitnehmer, der einen Arbeitsvertrag oder ein Arbeitsverhältnis hat, der/das in dem in einem Mitgliedstaat geltenden Recht definiert ist und/oder dem in einem Mitgliedstaat geltenden Recht unterliegt.

(2) Die Mitgliedstaaten können vorsehen, daß diese Richtlinie keine Anwendung findet für Arbeitnehmer mit einem Arbeitsvertrag oder Arbeitsverhältnis,

a) - dessen Gesamtdauer höchstens einen Monat beträgt und/oder
   - dessen Wochenarbeitszeit höchstens 8 Stunden beträgt
   oder

b) der/das eine Gelegenheitsarbeit und/oder eine Tätigkeit besonderer Art betrifft, sofern objektive Gründe in diesen Fällen die Nichtanwendung rechtfertigen.

Art. 2 Informationspflicht (1) Der Arbeitgeber ist verpflichtet, den unter diese Richtlinie fallenden Arbeitnehmer (im folgenden „Arbeitnehmer" genannt) über die wesentlichen Punkte des Arbeitsvertrags oder des Arbeitsverhältnisses in Kenntnis zu setzen.

(2) Die Unterrichtung nach Absatz 1 betrifft mindestens folgende Angaben:

a) Personalien der Parteien;

b) Arbeitsplatz oder, wenn es sich nicht um einen festen oder vorherrschenden Arbeitsplatz handelt, Hinweis darauf, daß der Arbeitnehmer grundsätzlich an verschiedenen Orten beschäftigt wird, sowie Sitz oder gegebenenfalls Wohnsitz des Arbeitgebers;

c) i) die dem Arbeitnehmer bei der Einstellung zugewiesene Amtsbezeichnung, sein
   ii) kurze Charakterisierung oder Beschreibung der Arbeit;

d) Zeitpunkt des Beginns des Arbeitsvertrags oder Arbeitsverhältnisses;

e) ist der Arbeitsvertrag oder das Arbeitsverhältnis befristet: vorhersehbare Dauer des Arbeitsvertrags oder des Arbeitsverhältnisses;

f) die Dauer des Jahresurlaubs, auf den der Arbeitnehmer Anspruch hat, oder, falls dies zum Zeitpunkt der Unterrichtung nicht angegeben werden kann, die Modalitäten der Gewährung und der Festlegung des Jahresurlaubs;

g) Länge der bei der Kündigung des Arbeitsvertrages oder des Arbeitsverhältnisses vom Arbeitgeber und vom Arbeitnehmer einzuhaltenden Kündigungsfristen oder, falls dies zum Zeitpunkt der Unterrichtung nicht angegeben werden kann, Modalitäten der Festsetzung der Kündigungsfristen;

h) anfänglicher Grundbetrag, die anderen Bestandteile sowie Periodizität der Auszahlung des Arbeitsentgelts, auf das der Arbeitnehmer Anspruch hat;

i) normale Tages- oder Wochenarbeitszeit des Arbeitnehmers;

j) gegebenenfalls:
   i) Angabe der Tarifverträge und/oder der kollektiven Vereinbarungen, in denen die Arbeitsbedingungen des Arbeitnehmers geregelt sind, oder
   ii) bei außerhalb des Unternehmens durch einzelne paritätische Organe oder Institutionen abgeschlossenen Tarifverträgen Angabe des zuständigen Organs oder der zuständigen paritätischen Institution, in dessen/deren Rahmen sie abgeschlossen wurden.

(3) Die Unterrichtung über die Angaben nach Absatz 2 Buchstaben f), g), h) und i) kann gegebenenfalls durch einen Hinweis auf die Rechts- und Verwaltungsvorschriften bzw. die Satzungs- oder Tarifvertragsbestimmungen erfolgen, die für die entsprechenden Bereiche gelten.

Art. 3 Informationsmöglichkeiten (1) Die Unterrichtung über die Angaben nach Artikel 2 Absatz 2 kann dadurch erfolgen, daß dem Arbeitnehmer spätestens zwei Monate nach Aufnahme der Arbeit folgende Schriftstücke ausgehändigt werden:
a) ein schriftlicher Arbeitsvertrag und/oder
b) ein Anstellungsschreiben und/oder
c) ein anderes oder mehrere andere Schriftstücke, wenn eines dieser Dokumente mindestens alle Angaben nach Artikel 2 Absatz 2 Buchstaben a), b), c), d), h) und i) enthält.

(2) Wird dem Arbeitnehmer keines der Dokumente nach Absatz 1 innerhalb der dort vorgesehenen Frist ausgehändigt, so ist der Arbeitgeber verpflichtet, ihm spätestens zwei Monate nach Aufnahme der Arbeit eine vom Arbeitgeber unterzeichnete schriftliche Erklärung auszuhändigen, die zumindest die Angaben nach Artikel 2 Absatz 2 enthält.

Enthalten die Dokumente nach Absatz 1 nur einen Teil der erforderlichen Angaben, so erstreckt sich die in Unterabsatz 1 dieses Absatzes vorgesehene schriftliche Erklärung auf den restlichen Teil der Angaben.

(3) Endet der Arbeitsvertrag oder das Arbeitsverhältnis vor Ablauf der Frist von zwei Monaten nach Aufnahme der Arbeit, so muß die Unterrichtung des Arbeitnehmers nach Artikel 2 und diesem Artikel spätestens bis zum Ablauf dieser Frist erfolgen.

Art. 4 Im Ausland tätiger Arbeitnehmer (1) Muß der Arbeitnehmer seine Arbeit in einem oder mehreren anderen Ländern als dem Mitgliedstaat ausüben, dessen Rechtsvorschriften und/oder Praxis der Arbeitsvertrag oder das Arbeitsverhältnis unterliegt, so müssen das oder die in Artikel 3 genannten Dokumente vor der Abreise des Arbeitnehmers in dessen Besitz sein und wenigstens folgende zusätzliche Angaben enthalten:
a) Dauer der im Ausland ausgeübten Arbeit,
b) Währung, in der das Arbeitsentgelt ausgezahlt wird,
c) gegebenenfalls die mit dem Auslandsaufenthalt verbundenen Vorteile in Geld und in Naturalien,
d) gegebenenfalls die Bedingungen für die Rückführung des Arbeitnehmers.

(2) Die Unterrichtung über die Angaben nach Absatz 1 Buchstaben b) und c) kann gegebenenfalls durch einen Hinweis auf die Rechts- und Verwaltungsvorschriften bzw. die Satzungs- oder Tarifvertragsbestimmungen erfolgen, die für die entsprechenden Bereiche gelten.

(3) Die Absätze 1 und 2 finden keine Anwendung, wenn die Dauer der Arbeit außerhalb des Landes, dessen Rechtsvorschriften und/oder Praxis der Arbeitsvertrag oder das Arbeitsverhältnis unterliegt, einen Monat oder weniger beträgt.

Art. 5 Änderung der Angaben über den Arbeitsvertrag oder das Arbeitsverhältnis
(1) Jede Änderung der Angaben nach Artikel 2 Absatz 2 und Artikel 4 Absatz 1 muß Gegenstand eines Schriftstücks sein, das der Arbeitgeber dem Arbeitnehmer umgehend, jedoch spätestens einen Monat nach dem Wirksamwerden der betreffenden Änderung aushändigen muß.

(2) Das Schriftstück nach Absatz 1 ist nicht erforderlich im Fall einer Änderung der Rechts- und Verwaltungsvorschriften bzw. der Satzungs- oder Tarifvertragsbestimmungen, auf die die Dokumente nach Artikel 3, die gegebenenfalls gemäß Artikel 4 Absatz 1 ergänzt worden sind, Bezug nehmen.

Art. 6 Bestimmungen über die Form des Arbeitsvertrags oder Arbeitsverhältnisses, über die Regelung für deren Nachweis und über Verfahrensregeln Diese Richtlinie berührt nicht die einzelstaatlichen Rechtsvorschriften und/oder einschlägigen einzelstaatlichen Praktiken für

– die Form des Arbeitsvertrags oder Arbeitsverhältnisses,

– die Regelung für den Nachweis über das Vorhandensein und den Inhalt des Arbeitsvertrags oder des Arbeitsverhältnisses,

– einschlägige Verfahrensregeln.

Art. 7 Günstigere Vorschriften Das Recht der Mitgliedstaaten, für die Arbeitnehmer günstigere Rechts- oder Verwaltungsvorschriften anzuwenden oder zu erlassen oder die Anwendung von für die Arbeitnehmer günstigeren tarifvertraglichen Bestimmungen zu fördern oder zu ermöglichen, bleibt von dieser Richtlinie unberührt.

Art. 8 Verteidigung der Rechte (1) Die Mitgliedstaaten erlassen die innerstaatlichen Vorschriften, die notwendig sind, damit jeder Arbeitnehmer, der sich durch die Nichterfüllung der Verpflichtungen aus dieser Richtlinie für beschwert hält, nach etwaiger Befassung anderer zuständiger Stellen seine Rechte gerichtlich geltend machen kann.

(2) Die Mitgliedstaaten können vorsehen, daß eine gerichtliche Geltendmachung nach Absatz 1 nur zulässig ist, wenn eine Mahnung des Arbeitnehmers an den Arbeitgeber vorliegt, die innerhalb von 15 Tagen ohne Antwort geblieben ist.

Die vorherige Mahnung darf nicht in den Fällen des Artikels 4 verlangt werden, und zwar weder für Arbeitnehmer mit einem befristeten Arbeitsvertrag oder Arbeitsverhältnis noch für Arbeitnehmer, deren Arbeitsverhältnis keiner tarifvertraglichen Regelung unterliegt.

Art. 9 f. *Umsetzungspflichten, Übergangsvorschriften und Adressaten - nicht abgedruckt.*

3.5 Richtlinie 89/391/EWG des Rates vom 12. Juni 1989 über die Durchführung von Maßnahmen zur Verbesserung der Sicherheit und des Gesundheitsschutzes der Arbeitnehmer bei der Arbeit [Arbeitsschutzrahmen-RL]

ABl. 1989 L 183/1

DER RAT DER EUROPÄISCHEN GEMEINSCHAFTEN –
gestützt auf den Vertrag zur Gründung der Europäischen Wirtschaftsgemeinschaft, insbesondere auf Artikel 118 a,
auf Vorschlag der Kommission[1], erstellt nach Anhörung des Beratenden Ausschusses für Sicherheit, Arbeitshygiene und Gesundheitsschutz am Arbeitsplatz,
in Zusammenarbeit mit dem Europäischen Parlament[2],
nach Stellungnahme des Wirtschafts- und Sozialausschusses[3],
in Erwägung nachstehender Gründe:

[1] Artikel 118 a des Vertrages sieht vor, daß der Rat durch Richtlinien Mindestvorschriften festlegt, die die Verbesserung insbesondere der Arbeitsumwelt fördern, um die Sicherheit und die Gesundheit der Arbeitnehmer verstärkt zu schützen.

[2] Durch diese Richtlinie kann keine mögliche Einschränkung des bereits in den einzelnen Mitgliedstaaten erzielten Schutzes gerechtfertigt werden; die Mitgliedstaaten haben sich gemäß dem Vertrag verpflichtet, die bestehenden Bedingungen in diesem Bereich zu verbessern und sich eine Harmonisierung bei gleichzeitigem Fortschritt zum Ziel gesetzt.

[3] Es ist erwiesen, daß Arbeitnehmer an ihrem Arbeitsplatz und während ihres gesamten Arbeitslebens gefährlichen Umgebungsfaktoren ausgesetzt sein können.

[4] Gemäß Artikel 118 a des Vertrages wird in den Richtlinien auf verwaltungsmäßige, finanzielle oder rechtliche Auflagen, die der Gründung und Entwicklung von Klein- und Mittelbetrieben entgegenstehen könnten, verzichtet.

[5] Die Mitteilung der Kommission über ihr Aktionsprogramm für Sicherheit, Arbeitshygiene und Gesundheitsschutz am Arbeitsplatz[4] sieht die Verabschiedung von Richtlinien vor, die die Sicherheit und den Gesundheitsschutz der Arbeitnehmer gewährleisten sollen.

[6] In seiner Entschließung vom 21. Dezember 1987 in bezug auf Sicherheit, Arbeitshygiene und Gesundheitsschutz am Arbeitsplatz[5] nimmt der Rat die Absicht der Kommission zur Kenntnis, ihm binnen kurzem eine Richtlinie über die Organisation der Sicherheit und des Gesundheitsschutzes der Arbeitnehmer am Arbeitsplatz vorzulegen.

[7] Im Februar 1988 hat das Europäische Parlament im Anschluß an die Aussprache über den Binnenmarkt und den Arbeitsschutz vier Entschließungen angenommen. In diesen Entschließungen fordert das Parlament die Kommission insbesondere auf, eine Rahmenrichtlinie auszuarbeiten, die als Grundlage für Einzelrichtlinien dienen kann, die alle Risiken betreffend den Bereich Sicherheit und Gesundheitsschutz am Arbeitsplatz abdecken.

[8] Es ist Aufgabe der Mitgliedstaaten, in ihrem Gebiet die Sicherheit und den Gesundheitsschutz von Arbeitnehmern zu verbessern. Maßnahmen betreffend Sicherheit und Gesundheitsschutz der Arbeitnehmer am Arbeitsplatz tragen in manchen Fällen auch zum Schutz der Gesundheit und gegebenenfalls zur Sicherheit der in ihrem Haushalt lebenden Personen bei.

[9] Die Rechtsvorschriften der Mitgliedstaaten auf dem Gebiet der Sicherheit und des Gesundheitsschutzes am Arbeitsplatz sind sehr unterschiedlich und sollten verbessert werden. Die einschlägigen einzelstaatlichen Bestimmungen, die weitgehend durch technische Vorschriften bzw. freiwillig eingeführte Normen ergänzt werden, können zu einem unterschiedlichen Grad der Sicherheit und des Gesundheitsschutzes führen und eine Konkurrenz entstehen lassen, die zu Lasten der Sicherheit und des Gesundheitsschutzes geht.

---

1 ABl. Nr. C 141 vom 30.5.1988, S. 1.
2 ABl. Nr. C 326 vom 19.12.1988, S. 102, und ABl. Nr. C 158 vom 26.6.1989.
3 ABl. Nr. C 175 vom 4.7.1988, S. 22.
4 ABl. Nr. C 28 vom 3.2.1988, S. 3.
5 ABl. Nr. C 28 vom 3.2.1988, S. 1.

[10] Es sind nach wie vor zu viele Arbeitsunfälle und berufsbedingte Erkrankungen zu beklagen. Für die Sicherheit und den Gesundheitsschutz der Arbeitnehmer müssen daher unverzüglich vorbeugende Maßnahmen ergriffen bzw. bestehende Maßnahmen verbessert werden, um einen wirksameren Schutz sicherzustellen.

[11] Um einen besseren Schutz zu gewährleisten, ist es erforderlich, daß die Arbeitnehmer bzw. ihre Vertreter über die Gefahren für ihre Sicherheit und Gesundheit und die erforderlichen Maßnahmen zur Verringerung oder Ausschaltung dieser Gefahren informiert werden. Es ist ferner unerläßlich, daß sie in die Lage versetzt werden, durch eine angemessene Mitwirkung entsprechend den nationalen Rechtsvorschriften bzw. Praktiken zu überprüfen und zu gewährleisten, daß die erforderlichen Schutzmaßnahmen getroffen werden.

[12] Es ist erforderlich, die Unterrichtung, den Dialog und die ausgewogene Zusammenarbeit im Bereich der Sicherheit und des Gesundheitsschutzes am Arbeitsplatz zwischen den Arbeitgebern und den Arbeitnehmern bzw. ihren Vertretern durch geeignete Verfahren und Instrumente entsprechend den nationalen Rechtsvorschriften bzw. Praktiken auszuweiten.

[13] Die Verbesserung von Sicherheit, Arbeitshygiene und Gesundheitsschutz der Arbeitnehmer am Arbeitsplatz stellen Zielsetzungen dar, die keinen rein wirtschaftlichen Überlegungen untergeordnet werden dürfen.

[14] Die Arbeitgeber sind verpflichtet, sich unter Berücksichtigung der in ihrem Unternehmen bestehenden Risiken über den neuesten Stand der Technik und der wissenschaftlichen Erkenntnisse auf dem Gebiet der Gestaltung von Arbeitsplätzen zu informieren und diese Kenntnisse an die Arbeitnehmervertreter, die im Rahmen dieser Richtlinie Mitbestimmungsrechte ausüben, weiterzugeben, um eine bessere Sicherheit und einen besseren Gesundheitsschutz der Arbeitnehmer gewährleisten zu können.

[15] Die Bestimmungen dieser Richtlinie gelten für alle Gefahren, unter anderem diejenigen, die sich aus der Verwendung der in der Richtlinie 80/1107/EWG[6] , zuletzt geändert durch die Richtlinie 88/642/EWG[7], genannten chemischen, physikalischen und biologischen Arbeitsstoffe bei der Arbeit ergeben, und zwar unbeschadet bereits geltender oder künftiger strengerer gemeinschaftlicher Bestimmungen.

[16] Der durch den Beschluß 74/325/EWG[8] eingesetzte Beratende Ausschuß für Sicherheit, Arbeitshygiene und Gesundheitsschutz am Arbeitsplatz wird im Hinblick auf die Ausarbeitung von Vorschlägen auf diesem Gebiet von der Kommission gehört.

[17] Es ist angebracht, einen Ausschuß einzusetzen, dessen Mitglieder von den Mitgliedstaaten benannt werden und dessen Aufgabe es ist, die Kommission bei den in der Richtlinie vorgesehenen technischen Anpassungen zu unterstützen –

HAT FOLGENDE RICHTLINIE ERLASSEN:

Abschnitt I – Allgemeine Bestimmungen

Art. 1 Ziel der Richtlinie (1) Ziel dieser Richtlinie ist die Durchführung von Maßnahmen zur Verbesserung der Sicherheit und des Gesundheitsschutzes der Arbeitnehmer am Arbeitsplatz.

(2) Sie enthält zu diesem Zweck allgemeine Grundsätze für die Verhütung berufsbedingter Gefahren, für die Sicherheit und den Gesundheitsschutz, die Ausschaltung von Risiko- und Unfallfaktoren, die Information, die Anhörung, die ausgewogene Beteiligung nach den nationalen Rechtsvorschriften bzw. Praktiken, die Unterweisung der Arbeitnehmer und ihrer Vertreter sowie allgemeine Regeln für die Durchführung dieser Grundsätze.

(3) Diese Richtlinie berührt nicht bereits geltende oder künftige nationale und gemeinschaftliche Bestimmungen, die für die Sicherheit und den Gesundheitsschutz der Arbeitnehmer am Arbeitsplatz günstiger sind.

Art. 2 Anwendungsbereich (1) Diese Richtlinie findet Anwendung auf alle privaten oder öffentlichen Tätigkeitsbereiche (gewerbliche, landwirtschaftliche, kaufmännische, verwal-

---

6   ABl. Nr. L 327 vom 3.12.1980, S. 8.
7   ABl. Nr. L 356 vom 24.12.1988, S. 74.
8   ABl. Nr. L 185 vom 9.7.1974, S. 15.

tungsmäßige sowie dienstleistungs- oder ausbildungsbezogene, kulturelle und Freizeittätigkeiten usw.).

(2) Diese Richtlinie findet keine Anwendung, soweit dem Besonderheiten bestimmter spezifischer Tätigkeiten im öffentlichen Dienst, z. B. bei den Streitkräften oder der Polizei, oder bestimmter spezifischer Tätigkeiten bei den Katastrophenschutzdiensten zwingend entgegenstehen.

In diesen Fällen ist dafür Sorge zu tragen, daß unter Berücksichtigung der Ziele dieser Richtlinie eine größtmögliche Sicherheit und ein größtmöglicher Gesundheitsschutz der Arbeitnehmer gewährleistet ist.

Art. 3 Definitionen Für die Zwecke dieser Richtlinie gilt als:

a)   Arbeitnehmer: jede Person, die von einem Arbeitgeber beschäftigt wird, einschließlich Praktikanten und Lehrlingen, jedoch mit Ausnahme von Hausangestellten;

b)   Arbeitgeber: jede natürliche oder juristische Person, die als Vertragspartei des Beschäftigungsverhältnisses mit dem Arbeitnehmer die Verantwortung für das Unternehmen bzw. den Betrieb trägt;

c)   Arbeitnehmervertreter mit einer besonderen Funktion bei der Sicherheit und beim Gesundheitsschutz der Arbeitnehmer: jede Person, die gemäß den nationalen Rechtsvorschriften bzw. Praktiken gewählt, ausgewählt oder benannt wurde, um die Arbeitnehmer in Fragen der Sicherheit und des Gesundheitsschutzes der Arbeitnehmer bei der Arbeit zu vertreten;

d)   Gefahrenverhütung: sämtliche Bestimmungen oder Maßnahmen, die in einem Unternehmen auf allen Tätigkeitsstufen zur Vermeidung oder Verringerung berufsbedingter Gefahren eingeleitet oder vorgesehen werden.

Art. 4 (1) Die Mitgliedstaaten treffen die erforderlichen Vorkehrungen, um zu gewährleisten, daß die Arbeitgeber, die Arbeitnehmer und die Arbeitnehmervertreter den für die Anwendung dieser Richtlinie erforderlichen Rechtsvorschriften unterliegen.

(2) Die Mitgliedstaten tragen insbesondere für eine angemessene Kontrolle und Überwachung Sorge.

Abschnitt II – Pflichten des Arbeitgebers

Art. 5 Allgemeine Vorschrift (1) Der Arbeitgeber ist verpflichtet, für die Sicherheit und den Gesundheitsschutz der Arbeitnehmer in bezug auf alle Aspekte, die die Arbeit betreffen, zu sorgen.

(2) Zieht ein Arbeitgeber in Anwendung von Artikel 7 Absatz 3 außerbetriebliche Fachleute (Personen oder Dienste) hinzu, so enthebt ihn dies nicht seiner diesbezüglichen Verantwortung.

(3) Die Pflichten der Arbeitnehmer in Fragen der Sicherheit und des Gesundheitsschutzes am Arbeitsplatz berühren nicht den Grundsatz der Verantwortung des Arbeitgebers.

(4) Diese Richtlinie steht nicht der Befugnis der Mitgliedstaaten entgegen, den Ausschluß oder die Einschränkung der Verantwortung des Arbeitgebers bei Vorkommnissen vorzusehen, die auf nicht von diesem zu vertretende anormale und unvorhersehbare Umstände oder auf außergewöhnliche Ereignisse zurückzuführen sind, deren Folgen trotz aller Sorgfalt nicht hätten vermieden werden können.

Die Mitgliedstaaten sind nicht verpflichtet, von der in Unterabsatz 1 genannten Möglichkeit Gebrauch zu machen.

3.5 Arbeitsschutz-RL

Art. 6 Allgemeine Pflichten des Arbeitgebers (1) Im Rahmen seiner Verpflichtungen trifft der Arbeitgeber die für die Sicherheit und den Gesundheitsschutz der Arbeitnehmer erforderlichen Maßnahmen, einschließlich der Maßnahmen zur Verhütung berufsbedingter Gefahren, zur Information und zur Unterweisung sowie der Bereitstellung einer geeigneten Organisation und der erforderlichen Mittel.

Der Arbeitgeber muß darauf achten, daß diese Maßnahmen entsprechend den sich ändernden Gegebenheiten angepaßt werden, und er muß eine Verbesserung der bestehenden Arbeitsbedingungen anstreben.

(2) Der Arbeitgeber setzt die Maßnahmen nach Absatz 1 Unterabsatz 1 ausgehend von folgenden allgemeinen Grundsätzen der Gefahrenverhütung um:

a)   Vermeidung von Risiken;

b)   Abschätzung nichtvermeidbarer Risiken;

c)   Gefahrenbekämpfung an der Quelle;

d)   Berücksichtigung des Faktors „Mensch" bei der Arbeit, insbesondere bei der Gestaltung von Arbeitsplätzen sowie bei der Auswahl von Arbeitsmitteln und Arbeits- und Fertigungsverfahren, vor allem im Hinblick auf eine Erleichterung bei eintöniger Arbeit und bei maschinenbestimmtem Arbeitsrhythmus sowie auf eine Abschwächung ihrer gesundheitsschädigenden Auswirkungen;

e)   Berücksichtigung des Stands der Technik;

f)   Ausschaltung oder Verringerung von Gefahrenmomenten;

g)   Planung der Gefahrenverhütung mit dem Ziel einer kohärenten Verknüpfung von Technik, Arbeitsorganisation, Arbeitsbedingungen, sozialen Beziehungen und Einfluß der Umwelt auf den Arbeitsplatz;

h)   Vorrang des kollektiven Gefahrenschutzes vor individuellem Gefahrenschutz;

i)   Erteilung geeigneter Anweisungen an die Arbeitnehmer.

(3) Unbeschadet der anderen Bestimmungen dieser Richtlinie hat der Arbeitgeber je nach Art der Tätigkeiten des Unternehmens bzw. Betriebs folgende Verpflichtungen:

a)   Beurteilung von Gefahren für Sicherheit und Gesundheit der Arbeitnehmer, unter anderem bei der Auswahl von Arbeitsmitteln, chemischen Stoffen oder Zubereitungen und bei der Gestaltung der Arbeitsplätze.

Die vom Arbeitgeber aufgrund dieser Beurteilung getroffenen Maßnahmen zur Gefahrenverhütung sowie die von ihm angewendeten Arbeits- und Produktionsverfahren müssen erforderlichenfalls

-   einen höheren Grad an Sicherheit und einen besseren Gesundheitsschutz der Arbeitnehmer gewährleisten;

-   in alle Tätigkeiten des Unternehmens bzw. des Betriebes und auf allen Führungsebenen einbezogen werden;

b)   bei Übertragung von Aufgaben an einen Arbeitnehmer Berücksichtigung der Eignung dieses Arbeitnehmers in bezug auf Sicherheit und Gesundheit;

c)   bei der Planung und Einführung neuer Technologien sind die Arbeitnehmer bzw. ihre Vertreter zu den Auswirkungen zu hören, die die Auswahl der Arbeitsmittel, die Gestaltung der Arbeitsbedingungen und die Einwirkung der Umwelt auf den Arbeitsplatz für die Sicherheit und Gesundheit der Arbeitnehmer haben;

d)   es ist durch geeignete Maßnahmen dafür zu sorgen, daß nur die Arbeitnehmer, die ausreichende Anweisungen erhalten haben, Zugang zu den Bereichen mit ernsten und spezifischen Gefahren haben.

(4) Unbeschadet der übrigen Bestimmungen dieser Richtlinie müssen die Arbeitgeber für den Fall, daß an einem Arbeitsplatz Arbeitnehmer mehrerer Unternehmen anwesend sind, bei der Durchführung der Sicherheits-, Hygiene- und Gesundheitsschutzbestimmungen zusammenarbeiten, je nach Art der Tätigkeiten beim Gefahrenschutz und bei der Verhütung berufsbedingter Gefahren ihre Tätigkeiten koordinieren und sich gegenseitig sowie ihre jeweiligen Arbeitnehmer bzw. deren Vertreter über diese Gefahren informieren.

(5) Die Kosten für die Sicherheits-, Hygiene- und Gesundheitsschutzmaßnahmen dürfen auf keinen Fall zu Lasten der Arbeitnehmer gehen.

Art. 7 Mit Schutzmaßnahmen und Maßnahmen zur Gefahrenverhütung beauftragte Dienste (1) Unbeschadet seiner Pflichten nach den Artikeln 5 und 6 benennt der Arbeitgeber einen oder mehrere Arbeitnehmer, die er mit Schutzmaßnahmen und Maßnahmen zur Verhütung berufsbedingter Gefahren im Unternehmen bzw. im Betrieb beauftragt.

(2) Den benannten Arbeitnehmern dürfen durch ihre Schutztätigkeiten und ihre Tätigkeiten zur Verhütung berufsbedingter Gefahren keine Nachteile entstehen.
Die benannten Arbeitnehmer müssen, um den sich aus dieser Richtlinie ergebenden Verpflichtungen nachkommen zu können, über die entsprechende Zeit verfügen.

(3) Reichen die Möglichkeiten im Unternehmen bzw. im Betrieb nicht aus, um die Organisation dieser Schutzmaßnahmen und Maßnahmen zur Gefahrenverhütung durchzuführen, so muß der Arbeitgeber außerbetriebliche Fachleute (Personen oder Dienste) hinzuziehen.

(4) Zieht der Arbeitgeber außerbetriebliche Fachleute hinzu, so hat er die betreffenden Personen oder Dienste über diejenigen Faktoren zu unterrichten, von denen bekannt ist oder vermutet wird, daß sie Auswirkungen auf die Sicherheit und die Gesundheit der Arbeitnehmer haben, und ihnen Zugang zu den in Artikel 10 Absatz 2 genannten Informationen zu verschaffen.

(5) In allen Fällen gilt:
– die benannten Arbeitnehmer müssen über die erforderlichen Fähigkeiten und Mittel verfügen,
– die hinzugezogenen außerbetrieblichen Personen oder Dienste müssen über die erforderliche Eignung sowie die erforderlichen personellen und berufsspezifischen Mittel verfügen und
– die benannten Arbeitnehmer und die hinzugezogenen außerbetrieblichen Personen oder Dienste müssen über eine ausreichende Personalausstattung verfügen, so daß sie die Schutzmaßnahmen und Maßnahmen zur Gefahrenverhütung übernehmen können, wobei die Größe des Unternehmens bzw. des Betriebs und/ oder der Grad der Gefahren, denen die Arbeitnehmer ausgesetzt sind, sowie deren Lokalisierung innerhalb des gesamten Unternehmens bzw. des Betriebs zu berücksichtigen sind.

(6) Der Schutz und die Verhütung von Gefahren für die Sicherheit und die Gesundheit, die Gegenstand dieses Artikels sind, werden von einem oder mehreren Arbeitnehmern bzw. von einem einzigen oder von verschiedenen Diensten gewährleistet, der/ die zu dem Unternehmen bzw. Betrieb gehört/ gehören oder von außen hinzugezogen wird/ werden.
Der oder die Arbeitnehmer bzw. der Dienst oder die Dienste müssen erforderlichenfalls zusammenarbeiten.

(7) Die Mitgliedstaaten können unter Berücksichtigung der Art der Tätigkeiten und der Größe der Unternehmen die Unternehmenssparten festlegen, in denen der Arbeitgeber die

in Absatz 1 genannten Aufgaben selbst übernehmen kann, sofern er die erforderlichen Fähigkeiten besitzt.

(8) Die Mitgliedstaaten legen fest, welche Fähigkeiten und Eignungen im Sinne von Absatz 5 erforderlich sind.

Sie können festlegen, welche Personalausstattung im Sinne von Absatz 5 ausreichend ist.

Art. 8 Erste Hilfe, Brandbekämpfung, Evakuierung der Arbeitnehmer, ernste und unmittelbare Gefahren (1) Der Arbeitgeber muß

- die der Art der Tätigkeiten und der Größe des Unternehmens bzw. Betriebs angepaßten Maßnahmen treffen, die zur Ersten Hilfe, Brandbekämpfung und Evakuierung der Arbeitnehmer erforderlich sind, wobei der Anwesenheit anderer Personen Rechnung zu tragen ist, und

- die erforderlichen Verbindungen zu außerbetrieblichen Stellen, insbesondere im Bereich der Ersten Hilfe, der medizinischen Notversorgung, der Bergung und der Brandbekämpfung organisieren.

(2) In Anwendung von Absatz 1 muß der Arbeitgeber insbesondere diejenigen Arbeitnehmer benennen, die für Erste Hilfe, Brandbekämpfung und Evakuierung der Arbeitnehmer zuständig sind.

Diese Arbeitnehmer müssen, unter Berücksichtigung der Größe bzw. der in diesem Unternehmen bzw. Betrieb bestehenden spezifischen Gefahren, entsprechend ausgebildet und zahlenmäßig stark genug sein sowie über die erforderliche Ausrüstung verfügen.

(3) Der Arbeitgeber

a) muß alle Arbeitnehmer, die einer ernsten und unmittelbaren Gefahr ausgesetzt sind oder sein können, möglichst frühzeitig über diese Gefahr und die getroffenen oder zu treffenden Schutzmaßnahmen unterrichten;

b) muß Maßnahmen treffen und Anweisungen erteilen, um den Arbeitnehmern bei ernster, unmittelbarer und nicht vermeidbarer Gefahr zu ermöglichen, ihre Tätigkeit einzustellen bzw. sich durch sofortiges Verlassen des Arbeitsplatzes in Sicherheit zu bringen;

c) darf außer in begründeten Ausnahmefällen die Arbeitnehmer nicht auffordern, ihre Tätigkeit in einer Arbeitssituation wieder aufzunehmen, in der eine ernste und unmittelbare Gefahr fortbesteht.

(4) Einem Arbeitnehmer, der bei ernster, unmittelbarer und nicht vermeidbarer Gefahr seinen Arbeitsplatz bzw. einen gefährlichen Bereich verläßt, dürfen dadurch keine Nachteile entstehen, und er muß gegen alle nachteiligen und ungerechtfertigten Folgen entsprechend den einzelstaatlichen Rechtsvorschriften bzw. Praktiken geschützt werden.

(5) Der Arbeitgeber trägt dafür Sorge, daß jeder Arbeitnehmer, wenn er den zuständigen Vorgesetzten nicht erreichen kann, in der Lage ist, bei ernster und unmittelbarer Gefahr für die eigene Sicherheit bzw. die Sicherheit anderer Personen unter Berücksichtigung seiner Kenntnisse und technischen Mittel die geeigneten Maßnahmen zu treffen, um die Folgen einer solchen Gefahr zu vermeiden. Aus seinem Handeln dürfen ihm keine Nachteile entstehen, es sei denn, er hat unüberlegt oder grob fahrlässig gehandelt.

Art. 9 Sonstige Pflichten des Arbeitgebers (1) Der Arbeitgeber muß

a) über eine Evaluierung der am Arbeitsplatz bestehenden Gefahren für die Sicherheit und die Gesundheit auch hinsichtlich der besonders gefährdeten Arbeitnehmergruppen verfügen;

b) die durchzuführenden Schutzmaßnahmen und, falls notwendig, die zu verwendenden Schutzmittel festlegen;

c) eine Liste der Arbeitsunfälle, die einen Arbeitsunfall von mehr als drei Arbeitstagen für den Arbeitnehmer zur Folge hatten, führen;

d) für die zuständige Behörde im Einklang mit den nationalen Rechtsvorschriften bzw. Praktiken Berichte über die Arbeitsunfälle ausarbeiten, die die bei ihm beschäftigten Arbeitnehmer erlitten haben.

(2) Die Mitgliedstaaten legen unter Berücksichtigung der Art der Tätigkeiten und der Größe der Unternehmen die Pflichten der verschiedenen Unternehmenskategorien betreffend die Erstellung der in Absatz 1 Buchstaben a) und b) vorgesehenen Dokumente und bei der Erstellung der in Absatz 1 Buchstaben c) und d) genannten Dokumente fest.

Art. 10 Unterrichtung der Arbeitnehmer (1) Der Arbeitgeber trifft die geeigneten Maßnahmen, damit die Arbeitnehmer bzw. deren Vertreter im Unternehmen bzw. Betrieb gemäß den nationalen Rechtsvorschriften bzw. Praktiken, die insbesondere der Unternehmens- bzw. der Betriebsgröße Rechnung tragen können, alle erforderlichen Informationen erhalten über:

a) die Gefahren für Sicherheit und Gesundheit sowie die Schutzmaßnahmen und Maßnahmen zur Gefahrenverhütung im Unternehmen bzw. im Betrieb im allgemeinen und für die einzelnen Arten von Arbeitsplätzen bzw. Aufgabenbereichen;

b) die in Anwendung von Artikel 8 Absatz 2 ergriffenen Maßnahmen.

(2) Der Arbeitgeber trifft die geeigneten Maßnahmen, damit die Arbeitgeber der Arbeitnehmer der in seinem Unternehmen oder Betrieb hinzugezogenen außerbetrieblichen Unternehmen bzw. Betriebe gemäß den nationalen Rechtsvorschriften bzw. Praktiken angemessene Informationen über die in Absatz 1 Buchstaben a) und b) genannten Punkte erhalten, die für die betreffenden Arbeitnehmer bestimmt sind.

(3) Der Arbeitgeber trifft die geeigneten Maßnahmen, damit die Arbeitnehmer mit einer besonderen Funktion bei der Sicherheit und beim Gesundheitsschutz der Arbeitnehmer oder die Arbeitnehmervertreter mit einer besonderen Funktion bei der Sicherheit und beim Gesundheitsschutz der Arbeitnehmer zur Ausübung ihrer jeweiligen Tätigkeiten gemäß den nationalen Rechtsvorschriften bzw. Praktiken Zugang haben

a) zu der in Artikel 9 Absatz 1 Buchstaben a) und b) vorgesehenen Evaluierung der Gefahren und zu der Aufstellung der zu ergreifenden Schutzmaßnahmen;

b) zu der Liste und den Berichten gemäß Artikel 9 Absatz 1 Buchstaben c) und d);

c) zu den Informationen, die sich aus den Schutzmaßnahmen und Maßnahmen zur Gefahrenverhütung ergeben, sowie zu Informationen der für Sicherheit und Gesundheitsschutz zuständigen Behörden und Organe.

Art. 11 Anhörung und Beteiligung der Arbeitnehmer (1) Die Arbeitgeber hören die Arbeitnehmer bzw. deren Vertreter an und ermöglichen deren Beteiligung bei allen Fragen betreffend die Sicherheit und die Gesundheit am Arbeitsplatz.
Dies beinhaltet:

– die Anhörung der Arbeitnehmer;

– das Recht der Arbeitnehmer bzw. ihrer Vertreter, Vorschläge zu unterbreiten;

– die ausgewogene Beteiligung nach den nationalen Rechtsvorschriften bzw. Praktiken.

(2) Die Arbeitnehmer bzw. die Arbeitnehmervertreter mit einer besonderen Funktion bei der Sicherheit und beim Gesundheitsschutz der Arbeitnehmer werden in ausgewogener Weise nach den nationalen Rechtsvorschriften bzw. Praktiken beteiligt oder werden im voraus vom Arbeitgeber gehört:

a) zu jeder Aktion, die wesentliche Auswirkungen auf Sicherheit und Gesundheit haben kann;

b) zu der Benennung der Arbeitnehmer gemäß Artikel 7 Absatz 1 und Artikel 8 Absatz 2 sowie zu den Maßnahmen gemäß Artikel 7 Absatz 1;

c) zu den Informationen gemäß Artikel 9 Absatz 1 und Artikel 10;

d) zur etwaigen Hinzuziehung außerbetrieblicher Fachleute (Personen oder Dienste) gemäß Artikel 7 Absatz 3;

e) zur Planung und Organisation der in Artikel 12 vorgesehenen Unterweisung.

(3) Die Arbeitnehmervertreter mit einer besonderen Funktion bei der Sicherheit und beim Gesundheitsschutz der Arbeitnehmer haben das Recht, den Arbeitgeber um geeignete Maßnahmen zu ersuchen und ihm diesbezüglich Vorschläge zu unterbreiten, um so jeder Gefahr für die Arbeitnehmer vorzubeugen und/ oder die Gefahrenquellen auszuschalten.

(4) Den in Absatz 2 genannten Arbeitnehmern und den in den Absätzen 2 und 3 genannten Arbeitnehmervertretern dürfen aufgrund ihrer in den Absätzen 2 und 3 genannten jeweiligen Tätigkeit keinerlei Nachteile entstehen.

(5) Der Arbeitgeber ist verpflichtet, den Arbeitnehmervertretern mit einer besonderen Funktion bei der Sicherheit und beim Gesundheitsschutz der Arbeitnehmer eine ausreichende Arbeitsbefreiung ohne Lohnausfall zu gewähren und ihnen die erforderlichen Mittel zur Verfügung zu stellen, um ihnen die Wahrnehmung der sich aus dieser Richtlinie ergebenden Rechte und Aufgaben zu ermöglichen.

(6) Die Arbeitnehmer bzw. ihre Vertreter haben das Recht, sich gemäß den nationalen Rechtsvorschriften bzw. Praktiken an die für die Sicherheit und den Gesundheitsschutz am Arbeitsplatz zuständige Behörde zu wenden, wenn sie der Auffassung sind, daß die vom Arbeitgeber getroffenen Maßnahmen und bereitgestellten Mittel nicht ausreichen, um die Sicherheit und den Gesundheitsschutz am Arbeitsplatz sicherzustellen.

Die Vertreter der Arbeitnehmer müssen die Möglichkeit haben, bei Besuchen und Kontrollen der zuständigen Behörde ihre Bemerkungen vorzubringen.

Art. 12 Unterweisung der Arbeitnehmer (1) Der Arbeitgeber muß dafür sorgen, daß jeder Arbeitnehmer zum Zeitpunkt

- seiner Einstellung,
- einer Versetzung oder einer Veränderung seines Aufgabenbereichs,
- der Einführung oder Änderung von Arbeitsmitteln,
- der Einführung einer neuen Technologie,

eine ausreichende und angemessene Unterweisung über Sicherheit und Gesundheitsschutz, insbesondere in Form von Informationen und Anweisungen, erhält, die eigens auf seinen Arbeitsplatz oder seinen Aufgabenbereich ausgerichtet ist.

Diese Unterweisung muß

- an die Entwicklung der Gefahrensmomente und an die Entstehung neuer Gefahren angepaßt sein und
- erforderlichenfalls regelmäßig wiederholt werden.

(2) Der Arbeitgeber muß sich vergewissern, daß Arbeitnehmer außerbetrieblicher Firmen, die in seinem Unternehmen bzw. Betrieb zum Einsatz kommen, angemessene Anweisun-

gen hinsichtlich der Sicherheits- und Gesundheitsrisiken während ihrer Tätigkeit in seinem Unternehmen oder Betrieb erhalten haben.

(3) Die Arbeitnehmervertreter mit einer besonderen Funktion bei der Sicherheit und beim Gesundheitsschutz der Arbeitnehmer haben Anspruch auf eine angemessene Unterweisung.

(4) Die in den Absätzen 1 und 3 vorgesehene Unterweisung darf nicht zu Lasten der Arbeitnehmer oder ihrer Vertreter gehen.

Die in Absatz 1 vorgesehene Unterweisung muß während der Arbeitszeiterfolgen.

Die in Absatz 3 vorgesehene Unterweisung muß während der Arbeitszeit oder entsprechend den nationalen Praktiken entweder innerhalb oder außerhalb des Unternehmens bzw. Betriebs erfolgen.

Abschnitt III – Pflichten des Arbeitnehmers

Art. 13 (1) Jeder Arbeitnehmer ist verpflichtet, nach seinen Möglichkeiten für seine eigene Sicherheit und Gesundheit sowie für die Sicherheit und die Gesundheit derjenigen Personen Sorge zu tragen, die von seinen Handlungen oder Unterlassungen bei der Arbeit betroffen sind, und zwar gemäß seiner Unterweisung und den Anweisungen des Arbeitgebers.

(2) Zur Verwirklichung dieser Ziele ist jeder Arbeitnehmer insbesondere verpflichtet, gemäß seiner Unterweisung und den Anweisungen des Arbeitgebers

a) Maschinen, Geräte, Werkzeuge, gefährliche Stoffe, Transportmittel und sonstige Mittel ordnungsgemäß zu benutzen;

b) die ihm zur Verfügung gestellte persönliche Schutzausrüstung ordnungsgemäß zu benutzen und sie nach Benutzung an dem dafür vorgesehenen Platz zu lagern;

c) Schutzvorrichtungen insbesondere an Maschinen, Geräten, Werkzeugen, Anlagen und Gebäuden nicht außer Betrieb zu setzen, willkürlich zu verändern oder umzustellen und diese Schutzvorrichtungen ordnungsgemäß zu benutzen;

d) dem Arbeitgeber bzw. den Arbeitnehmern mit einer besonderen Funktion bei der Sicherheit und beim Gesundheitsschutz der Arbeitnehmer jede von ihm festgestellte ernste und unmittelbare Gefahr für die Sicherheit und Gesundheit sowie jeden an den Schutzsystemen festgestellten Defekt unverzüglich zu melden;

e) gemeinsam mit dem Arbeitgeber bzw. den Arbeitnehmern mit einer besonderen Funktion bei der Sicherheit und beim Gesundheitsschutz der Arbeitnehmer gemäß den nationalen Praktiken so lange wie nötig darauf hinzuwirken, daß die Ausführung aller Aufgaben und die Einhaltung aller Auflagen, die von der zuständigen Behörde für die Sicherheit und den Gesundheitsschutz der Arbeitnehmer am Arbeitsplatz vorgeschrieben sind, ermöglicht werden;

f) gemeinsam mit dem Arbeitgeber bzw. den Arbeitnehmern mit einer besonderen Funktion bei der Sicherheit und beim Gesundheitsschutz der Arbeitnehmer gemäß den nationalen Praktiken so lange wie nötig darauf hinzuwirken, daß der Arbeitgeber gewährleisten kann, daß das Arbeitsumfeld und die Arbeitsbedingungen sicher sind und keine Gefahren für die Sicherheit und die Gesundheit innerhalb des Tätigkeitsbereichs der Arbeitnehmer aufweisen.

Abschnitt IV – Sonstige Bestimmungen

Artikel 14 Präventivmedizinische Überwachung (1) Zur Gewährleistung einer geeigneten Überwachung der Gesundheit der Arbeitnehmer je nach den Gefahren für ihre Sicherheit und Gesundheit am Arbeitsplatz werden Maßnahmen im Einklang mit den nationalen Rechtsvorschriften bzw. Praktiken getroffen.

(2) Die in Absatz 1 genannten Maßnahmen sind so konzipiert, daß jeder Arbeitnehmer sich auf Wunsch einer regelmäßigen präventivmedizinischen Überwachung unterziehen kann.

(3) Die präventivmedizinische Überwachung kann Bestandteil eines nationalen Gesundheitsfürsorgesystems sein.

Artikel 15 Risikogruppen Besonders gefährdete Risikogruppen müssen gegen die speziell sie bedrohenden Gefahren geschützt werden.

Artikel 16 Einzelrichtlinien — Änderungen — Allgemeiner Geltungsbereich dieser Richtlinie (1) Der Rat erläßt auf der Grundlage eines auf Artikel 118 a des Vertrages beruhenden Vorschlags der Kommission Einzelrichtlinien, unter anderem für die im Anhang aufgeführten Bereiche.[9]

(2) Diese Richtlinie und — unbeschadet des Verfahrens nach Artikel 17 für technische Anpassungen — die Einzelrichtlinien können nach dem Verfahren des Artikels 118 a des Vertrages geändert werden.

(3) Die Bestimmungen dieser Richtlinie gelten uneingeschränkt für alle Bereiche, die unter die Einzelrichtlinien fallen; gegebenenfalls bestehende strengere bzw. spezifische Bestimmungen in diesen Einzelrichtlinien bleiben unberührt.

Artikel 17 Ausschussverfahren (1) Bei rein technischen Anpassungen in den in Artikel 16 Absatz 1 genannten Einzelrichtlinien zur Berücksichtigung

a) der im Hinblick auf die technische Harmonisierung und Normung angenommenen Richtlinien,

b) des technischen Fortschritts, der Entwicklung der internationalen Vorschriften oder Spezifikationen und des Wissensstands

wird die Kommission von einem Ausschuss unterstützt.

Diese Maßnahmen zur Änderung nicht wesentlicher Bestimmungen der Einzelrichtlinien werden nach dem in Absatz 2 genannten Regelungsverfahren mit Kontrolle erlassen. Aus Gründen äußerster Dringlichkeit kann die Kommission auf das in Absatz 3 genannte Dringlichkeitsverfahren zurückgreifen.

(2) Wird auf diesen Absatz Bezug genommen, so gelten Artikel 5a Absätze 1 bis 4 und Artikel 7 des Beschlusses 1999/468/EG unter Beachtung von dessen Artikel 8.

(3) Wird auf diesen Absatz Bezug genommen, so gelten Artikel 5a Absätze 1, 2, 4 und 6 sowie Artikel 7 des Beschlusses 1999/468/EG unter Beachtung von dessen Artikel 8.

Art. 17a-19 *Durchführungsberichte, Umsetzungspflichten und Adressaten - nicht abgedruckt.*

---

9   [Siehe zum Beispiel die Mutterschutz-RL, in dieser Sammlung Nr. 3.10].

Anhang – Liste der von Artikel 16 Absatz 1 erfaßten Bereiche

Arbeitsstätten, Arbeitsmittel, Persönliche Schutzausrüstungen, Arbeiten mit Bildschirmgeräten, Handhabung schwerer Lasten, die Gefährdungen der Lendenwirbelsäule mit sich bringen, Baustellen und Wanderbaustellen, Fischerei und Landwirtschaft

3.6 Richtlinie 2003/88/EG des Europäischen Parlaments und des Rates vom 4. November 2003 über bestimmte Aspekte der Arbeitszeitgestaltung [Arbeitszeit-RL]

ABl. 2003 L 299/9

DAS EUROPÄISCHE PARLAMENT UND DER RAT DER EUROPÄISCHEN UNION –
gestützt auf den Vertrag zur Gründung der Europäischen Gemeinschaft, insbesondere auf Artikel 137 Absatz 2,
auf Vorschlag der Kommission,
nach Stellungnahme des Europäischen Wirtschafts- und Sozialausschusses[1],
nach Anhörung des Ausschusses der Regionen,
gemäß dem Verfahren des Artikels 251 des Vertrags[2],
in Erwägung nachstehender Gründe:

(1) Die Richtlinie 93/104/EG des Rates vom 23. November 1993 über bestimmte Aspekte der Arbeitszeitgestaltung[3], die Mindestvorschriften für Sicherheit und Gesundheitsschutz bei der Arbeitszeitgestaltung im Hinblick auf tägliche Ruhezeiten, Ruhepausen, wöchentliche Ruhezeiten, wöchentliche Höchstarbeitszeit, Jahresurlaub sowie Aspekte der Nacht- und der Schichtarbeit und des Arbeitsrhythmus enthält, ist in wesentlichen Punkten geändert worden. Aus Gründen der Übersichtlichkeit und Klarheit empfiehlt es sich deshalb, die genannten Bestimmungen zu kodifizieren.

(2) Nach Artikel 137 des Vertrags unterstützt und ergänzt die Gemeinschaft die Tätigkeit der Mitgliedstaaten, um die Arbeitswelt zum Schutz der Sicherheit und der Gesundheit der Arbeitnehmer zu verbessern. Richtlinien, die auf der Grundlage dieses Artikels angenommen werden, sollten keine verwaltungsmäßigen, finanziellen oder rechtlichen Auflagen vorschreiben, die der Gründung und Entwicklung von kleinen und mittleren Unternehmen entgegenstehen.

(3) Die Bestimmungen der Richtlinie 89/391/EWG des Rates vom 12. Juni 1989 über die Durchführung von Maßnahmen zur Verbesserung der Sicherheit und des Gesundheitsschutzes der Arbeitnehmer bei der Arbeit[4] bleiben auf die durch die vorliegende Richtlinie geregelte Materie - unbeschadet der darin enthaltenen strengeren und/oder spezifischen Vorschriften - in vollem Umfang anwendbar.

(4) Die Verbesserung von Sicherheit, Arbeitshygiene und Gesundheitsschutz der Arbeitnehmer bei der Arbeit stellen Zielsetzungen dar, die keinen rein wirtschaftlichen Überlegungen untergeordnet werden dürfen.

(5) Alle Arbeitnehmer sollten angemessene Ruhezeiten erhalten. Der Begriff „Ruhezeit" muss in Zeiteinheiten ausgedrückt werden, d. h. in Tagen, Stunden und/oder Teilen davon. Arbeitnehmern in der Gemeinschaft müssen Mindestruhezeiten - je Tag, Woche und Jahr - sowie angemessene Ruhepausen zugestanden werden. In diesem Zusammenhang muss auch eine wöchentliche Höchstarbeitszeit festgelegt werden.

(6) Hinsichtlich der Arbeitszeitgestaltung ist den Grundsätzen der Internationalen Arbeitsorganisation Rechnung zu tragen; dies betrifft auch die für Nachtarbeit geltenden Grundsätze.

(7) Untersuchungen zeigen, dass der menschliche Organismus während der Nacht besonders empfindlich auf Umweltstörungen und auf bestimmte belastende Formen der Arbeitsorganisation reagiert und dass lange Nachtarbeitszeiträume für die Gesundheit der Arbeitnehmer nachteilig sind und ihre Sicherheit bei der Arbeit beeinträchtigen können.

(8) Infolgedessen ist die Dauer der Nachtarbeit, auch in Bezug auf die Mehrarbeit, einzuschränken und vorzusehen, dass der Arbeitgeber im Fall regelmäßiger Inanspruchnahme von Nachtarbeitern die zuständigen Behörden auf Ersuchen davon in Kenntnis setzt.

(9) Nachtarbeiter haben vor Aufnahme der Arbeit - und danach regelmäßig - Anspruch auf eine unentgeltliche Untersuchung ihres Gesundheitszustands und müssen, wenn sie gesundheitliche

---

1 ABl. C 61 vom 14.3.2003, S. 123.
2 Stellungnahme des Europäischen Parlaments vom 17.12. 2002 ([ABl. C 31 vom 5.2.2004, S. 79]) und Beschluss des Rates vom 22.9.2003.
3 ABl. L 307 vom 13.12.1993, S. 18. Geändert durch die Richtlinie 2000/34/EG des Europäischen Parlaments und des Rates (ABl. L 195 vom 1.8.2000, S. 41).
4 ABl. L 183 vom 29.6.1989, S. 1 [Arbeitsschutzrahmen-RL, in dieser Sammlung Nr. 3.5].

Schwierigkeiten haben, soweit jeweils möglich auf eine für sie geeignete Arbeitsstelle mit Tagarbeit versetzt werden.

(10) In Anbetracht der besonderen Lage von Nacht- und Schichtarbeitern müssen deren Sicherheit und Gesundheit in einem Maß geschützt werden, das der Art ihrer Arbeit entspricht, und die Schutz- und Vorsorgeleistungen oder -mittel müssen effizient organisiert und eingesetzt werden.

(11) Die Arbeitsbedingungen können die Sicherheit und Gesundheit der Arbeitnehmer beeinträchtigen. Die Gestaltung der Arbeit nach einem bestimmten Rhythmus muss dem allgemeinen Grundsatz Rechnung tragen, dass die Arbeitsgestaltung dem Menschen angepasst sein muss.

(12) Eine europäische Vereinbarung über die Regelung der Arbeitszeit von Seeleuten ist gemäß Artikel 139 Absatz 2 des Vertrags durch die Richtlinie 1999/63/EG des Rates vom 21. Juni 1999 zu der vom Verband der Reeder in der Europäischen Gemeinschaft (European Community Shipowners' Association ECSA) und dem Verband der Verkehrsgewerkschaften in der Europäischen Union (Federation of Transport Workers' Unions in the European Union FST) getroffenen Vereinbarung über die Regelung der Arbeitszeit von Seeleuten[5] durchgeführt worden. Daher sollten die Bestimmungen dieser Richtlinie nicht für Seeleute gelten.

(13) Im Fall jener „am Ertrag beteiligten Fischer", die in einem Arbeitsverhältnis stehen, ist es Aufgabe der Mitgliedstaaten, gemäß dieser Richtlinie die Bedingungen für das Recht auf und die Gewährung von Jahresurlaub einschließlich der Regelungen für die Bezahlung festzulegen.

(14) Die spezifischen Vorschriften anderer gemeinschaftlicher Rechtsakte über zum Beispiel Ruhezeiten, Arbeitszeit, Jahresurlaub und Nachtarbeit bestimmter Gruppen von Arbeitnehmern sollten Vorrang vor den Bestimmungen dieser Richtlinie haben.

(15) In Anbetracht der Fragen, die sich aufgrund der Arbeitszeitgestaltung im Unternehmen stellen können, ist eine gewisse Flexibilität bei der Anwendung einzelner Bestimmungen dieser Richtlinie vorzusehen, wobei jedoch die Grundsätze des Schutzes der Sicherheit und der Gesundheit der Arbeitnehmer zu beachten sind.

(16) Je nach Lage des Falles sollten die Mitgliedstaaten oder die Sozialpartner die Möglichkeit haben, von einzelnen Bestimmungen dieser Richtlinie abzuweichen. Im Fall einer Abweichung müssen jedoch den betroffenen Arbeitnehmern in der Regel gleichwertige Ausgleichsruhezeiten gewährt werden.

(17) Diese Richtlinie sollte die Pflichten der Mitgliedstaaten hinsichtlich der in Anhang I Teil B aufgeführten Richtlinien und deren Umsetzungsfristen unberührt lassen –
HABEN FOLGENDE RICHTLINIE ERLASSEN:

Kapitel 1 - Anwendungsbereich und Begriffsbestimmungen

Art. 1 Gegenstand und Anwendungsbereich (1) Diese Richtlinie enthält Mindestvorschriften für Sicherheit und Gesundheitsschutz bei der Arbeitszeitgestaltung.

(2) Gegenstand dieser Richtlinie sind

a)   die täglichen und wöchentlichen Mindestruhezeiten, der Mindestjahresurlaub, die Ruhepausen und die wöchentliche Höchstarbeitszeit sowie

b)   bestimmte Aspekte der Nacht- und der Schichtarbeit sowie des Arbeitsrhythmus.

(3) Diese Richtlinie gilt unbeschadet ihrer Artikel 14, 17, 18 und 19 für alle privaten oder öffentlichen Tätigkeitsbereiche im Sinne des Artikels 2 der Richtlinie 89/391/EWG.

Diese Richtlinie gilt unbeschadet des Artikels 2 Nummer 8 nicht für Seeleute gemäß der Definition in der Richtlinie 1999/63/EG.

(4) Die Bestimmungen der Richtlinie 89/391/EWG finden unbeschadet strengerer und/oder spezifischer Vorschriften in der vorliegenden Richtlinie auf die in Absatz 2 genannten Bereiche voll Anwendung.

Art. 2 Begriffsbestimmungen Im Sinne dieser Richtlinie sind:

1.   Arbeitszeit: jede Zeitspanne, während der ein Arbeitnehmer gemäß den einzelstaatlichen Rechtsvorschriften und/oder Gepflogenheiten arbeitet, dem Arbeitgeber zur Verfügung steht und seine Tätigkeit ausübt oder Aufgaben wahrnimmt;

---

5   ABl. L 167 vom 2.7.1999, S. 33.

2. Ruhezeit: jede Zeitspanne außerhalb der Arbeitszeit;

3. Nachtzeit: jede, in den einzelstaatlichen Rechtsvorschriften festgelegte Zeitspanne von mindestens sieben Stunden, welche auf jeden Fall die Zeitspanne zwischen 24 Uhr und 5 Uhr umfasst;

4. Nachtarbeiter:

   a) einerseits: jeder Arbeitnehmer, der während der Nachtzeit normalerweise mindestens drei Stunden seiner täglichen Arbeitszeit verrichtet;

   b) andererseits: jeder Arbeitnehmer, der während der Nachtzeit gegebenenfalls einen bestimmten Teil seiner jährlichen Arbeitszeit verrichtet, der nach Wahl des jeweiligen Mitgliedstaats festgelegt wird:

      i) nach Anhörung der Sozialpartner in den einzelstaatlichen Rechtsvorschriften oder

      ii) in Tarifverträgen oder Vereinbarungen zwischen den Sozialpartnern auf nationaler oder regionaler Ebene;

5. Schichtarbeit: jede Form der Arbeitsgestaltung kontinuierlicher oder nicht kontinuierlicher Art mit Belegschaften, bei der Arbeitnehmer nach einem bestimmten Zeitplan, auch im Rotationsturnus, sukzessive an den gleichen Arbeitsstellen eingesetzt werden, so dass sie ihre Arbeit innerhalb eines Tages oder Wochen umfassenden Zeitraums zu unterschiedlichen Zeiten verrichten müssen;

6. Schichtarbeiter: jeder in einem Schichtarbeitsplan eingesetzte Arbeitnehmer;

7. mobiler Arbeitnehmer: jeder Arbeitnehmer, der als Mitglied des fahrenden oder fliegenden Personals im Dienst eines Unternehmens beschäftigt ist, das Personen oder Güter im Straßen- oder Luftverkehr oder in der Binnenschifffahrt befördert;

8. Tätigkeiten auf Offshore-Anlagen: Tätigkeiten, die größtenteils auf oder von einer Offshore-Plattform (einschließlich Bohrplattformen) aus direkt oder indirekt im Zusammenhang mit der Exploration, Erschließung oder wirtschaftlichen Nutzung mineralischer Ressourcen einschließlich Kohlenwasserstoffe durchgeführt werden, sowie Tauchen im Zusammenhang mit derartigen Tätigkeiten, entweder von einer Offshore-Anlage oder von einem Schiff aus;

9. ausreichende Ruhezeiten: die Arbeitnehmer müssen über regelmäßige und ausreichend lange und kontinuierliche Ruhezeiten verfügen, deren Dauer in Zeiteinheiten angegeben wird, damit sichergestellt ist, dass sie nicht wegen Übermüdung oder wegen eines unregelmäßigen Arbeitsrhythmus sich selbst, ihre Kollegen oder sonstige Personen verletzen und weder kurzfristig noch langfristig ihre Gesundheit schädigen.

Kapitel 2 – Mindestruhezeiten – Sonstige Aspekte der Arbeitszeitgestaltung

Art. 3 Tägliche Ruhezeit Die Mitgliedstaaten treffen die erforderlichen Maßnahmen, damit jedem Arbeitnehmer pro 24-Stunden-Zeitraum eine Mindestruhezeit von elf zusammenhängenden Stunden gewährt wird.

Art. 4 Ruhepause Die Mitgliedstaaten treffen die erforderlichen Maßnahmen, damit jedem Arbeitnehmer bei einer täglichen Arbeitszeit von mehr als sechs Stunden eine Ruhepause gewährt wird; die Einzelheiten, insbesondere Dauer und Voraussetzung für die Gewährung dieser Ruhepause, werden in Tarifverträgen oder Vereinbarungen zwischen den Sozialpartnern oder in Ermangelung solcher Übereinkünfte in den innerstaatlichen Rechtsvorschriften festgelegt.

Art. 5 Wöchentliche Ruhezeit Die Mitgliedstaaten treffen die erforderlichen Maßnahmen, damit jedem Arbeitnehmer pro Siebentageszeitraum eine kontinuierliche Mindestruhezeit von 24 Stunden zuzüglich der täglichen Ruhezeit von elf Stunden gemäß Artikel 3 gewährt wird.

Wenn objektive, technische oder arbeitsorganisatorische Umstände dies rechtfertigen, kann eine Mindestruhezeit von 24 Stunden gewählt werden.

Art. 6 Wöchentliche Höchstarbeitszeit Die Mitgliedstaaten treffen die erforderlichen Maßnahmen, damit nach Maßgabe der Erfordernisse der Sicherheit und des Gesundheitsschutzes der Arbeitnehmer:

a) die wöchentliche Arbeitszeit durch innerstaatliche Rechts- und Verwaltungsvorschriften oder in Tarifverträgen oder Vereinbarungen zwischen den Sozialpartnern festgelegt wird;

b) die durchschnittliche Arbeitszeit pro Siebentageszeitraum 48 Stunden einschließlich der Überstunden nicht überschreitet.

Art. 7 Jahresurlaub (1) Die Mitgliedstaaten treffen die erforderlichen Maßnahmen, damit jeder Arbeitnehmer einen bezahlten Mindestjahresurlaub von vier Wochen nach Maßgabe der Bedingungen für die Inanspruchnahme und die Gewährung erhält, die in den einzelstaatlichen Rechtsvorschriften und/oder nach den einzelstaatlichen Gepflogenheiten vorgesehen sind.

(2) Der bezahlte Mindestjahresurlaub darf außer bei Beendigung des Arbeitsverhältnisses nicht durch eine finanzielle Vergütung ersetzt werden.

Kapitel 3 – Nachtarbeit – Schichtarbeit – Arbeitsrhythmus

Art. 8 Dauer der Nachtarbeit Die Mitgliedstaaten treffen die erforderlichen Maßnahmen, damit:

a) die normale Arbeitszeit für Nachtarbeiter im Durchschnitt acht Stunden pro 24-Stunden-Zeitraum nicht überschreitet;

b) Nachtarbeiter, deren Arbeit mit besonderen Gefahren oder einer erheblichen körperlichen oder geistigen Anspannung verbunden ist, in einem 24-Stunden-Zeitraum, während dessen sie Nachtarbeit verrichten, nicht mehr als acht Stunden arbeiten.

Zum Zweck von Buchstabe b) wird im Rahmen von einzelstaatlichen Rechtsvorschriften und/oder Gepflogenheiten oder von Tarifverträgen oder Vereinbarungen zwischen den Sozialpartnern festgelegt, welche Arbeit unter Berücksichtigung der Auswirkungen der Nachtarbeit und der ihr eigenen Risiken mit besonderen Gefahren oder einer erheblichen körperlichen und geistigen Anspannung verbunden ist.

Art. 9 Untersuchung des Gesundheitszustands von Nachtarbeitern und Versetzung auf Arbeitsstellen mit Tagarbeit (1) Die Mitgliedstaaten treffen die erforderlichen Maßnahmen, damit:

a) der Gesundheitszustand der Nachtarbeiter vor Aufnahme der Arbeit und danach regelmäßig unentgeltlich untersucht wird;

b) Nachtarbeiter mit gesundheitlichen Schwierigkeiten, die nachweislich damit verbunden sind, dass sie Nachtarbeit leisten, soweit jeweils möglich auf eine Arbeitsstelle mit Tagarbeit versetzt werden, für die sie geeignet sind.

(2) Die unentgeltliche Untersuchung des Gesundheitszustands gemäß Absatz 1 Buchstabe a) unterliegt der ärztlichen Schweigepflicht.

(3) Die unentgeltliche Untersuchung des Gesundheitszustands gemäß Absatz 1 Buchstabe a) kann im Rahmen des öffentlichen Gesundheitswesens durchgeführt werden.

Art. 10 Garantien für Arbeit während der Nachtzeit Die Mitgliedstaaten können die Arbeit bestimmter Gruppen von Nachtarbeitern, die im Zusammenhang mit der Arbeit während der Nachtzeit einem Sicherheits- oder Gesundheitsrisiko ausgesetzt sind, nach Maßgabe der einzelstaatlichen Rechtsvorschriften und/oder Gepflogenheiten von bestimmten Garantien abhängig machen.

Art. 11 Unterrichtung bei regelmäßiger Inanspruchnahme von Nachtarbeitern Die Mitgliedstaaten treffen die erforderlichen Maßnahmen, damit der Arbeitgeber bei regelmäßiger Inanspruchnahme von Nachtarbeitern die zuständigen Behörden auf Ersuchen davon in Kenntnis setzt.

Art. 12 Sicherheits- und Gesundheitsschutz Die Mitgliedstaaten treffen die erforderlichen Maßnahmen, damit:

a) Nacht- und Schichtarbeitern hinsichtlich Sicherheit und Gesundheit in einem Maß Schutz zuteil wird, das der Art ihrer Arbeit Rechnung trägt;

b) die zur Sicherheit und zum Schutz der Gesundheit von Nacht- und Schichtarbeitern gebotenen Schutz- und Vorsorgeleistungen oder -mittel denen für die übrigen Arbeitnehmer entsprechen und jederzeit vorhanden sind.

Art. 13 Arbeitsrhythmus Die Mitgliedstaaten treffen die erforderlichen Maßnahmen, damit ein Arbeitgeber, der beabsichtigt, die Arbeit nach einem bestimmten Rhythmus zu gestalten, dem allgemeinen Grundsatz Rechnung trägt, dass die Arbeitsgestaltung dem Menschen angepasst sein muss, insbesondere im Hinblick auf die Verringerung der eintönigen Arbeit und des maschinenbestimmten Arbeitsrhythmus, nach Maßgabe der Art der Tätigkeit und der Erfordernisse der Sicherheit und des Gesundheitsschutzes, insbesondere was die Pausen während der Arbeitszeit betrifft.

Kapitel 4 – Sonstige Bestimmungen

Art. 14 Spezifischere Gemeinschaftsvorschriften Die Bestimmungen dieser Richtlinie gelten nicht, soweit andere Gemeinschaftsinstrumente spezifischere Vorschriften über die Arbeitszeitgestaltung für bestimmte Beschäftigungen oder berufliche Tätigkeiten enthalten.

Art. 15 Günstigere Vorschriften Das Recht der Mitgliedstaaten, für die Sicherheit und den Gesundheitsschutz der Arbeitnehmer günstigere Rechts- und Verwaltungsvorschriften anzuwenden oder zu erlassen oder die Anwendung von für die Sicherheit und den Gesundheitsschutz der Arbeitnehmer günstigeren Tarifverträgen oder Vereinbarungen zwischen den Sozialpartnern zu fördern oder zu gestatten, bleibt unberührt.

Art. 16 Bezugszeiträume Die Mitgliedstaaten können für die Anwendung der folgenden Artikel einen Bezugszeitraum vorsehen, und zwar

a) für Artikel 5 (wöchentliche Ruhezeit) einen Bezugszeitraum bis zu 14 Tagen;

b) für Artikel 6 (wöchentliche Höchstarbeitszeit) einen Bezugszeitraum bis zu vier Monaten.

Die nach Artikel 7 gewährten Zeiten des bezahlten Jahresurlaubs sowie die Krankheitszeiten bleiben bei der Berechnung des Durchschnitts unberücksichtigt oder sind neutral;

c) für Artikel 8 (Dauer der Nachtarbeit) einen Bezugszeitraum, der nach Anhörung der Sozialpartner oder in Tarifverträgen oder Vereinbarungen zwischen den Sozialpartnern auf nationaler oder regionaler Ebene festgelegt wird.

Fällt die aufgrund von Artikel 5 verlangte wöchentliche Mindestruhezeit von 24 Stunden in den Bezugszeitraum, so bleibt sie bei der Berechnung des Durchschnitts unberücksichtigt.

Kapitel 5 – Abweichungen und Ausnahmen

Art. 17 Abweichungen (1) Unter Beachtung der allgemeinen Grundsätze des Schutzes der Sicherheit und der Gesundheit der Arbeitnehmer können die Mitgliedstaaten von den Artikeln 3 bis 6, 8 und 16 abweichen, wenn die Arbeitszeit wegen der besonderen Merkmale der ausgeübten Tätigkeit nicht gemessen und/oder nicht im Voraus festgelegt wird oder von den Arbeitnehmern selbst festgelegt werden kann, und zwar insbesondere in Bezug auf nachstehende Arbeitnehmer:

a) leitende Angestellte oder sonstige Personen mit selbstständiger Entscheidungsbefugnis;

b) Arbeitskräfte, die Familienangehörige sind;

c) Arbeitnehmer, die im liturgischen Bereich von Kirchen oder Religionsgemeinschaften beschäftigt sind.

(2) Sofern die betroffenen Arbeitnehmer gleichwertige Ausgleichsruhezeiten oder in Ausnahmefällen, in denen die Gewährung solcher gleichwertigen Ausgleichsruhezeiten aus objektiven Gründen nicht möglich ist, einen angemessenen Schutz erhalten, kann im Wege von Rechts- und Verwaltungsvorschriften oder im Wege von Tarifverträgen oder Vereinbarungen zwischen den Sozialpartnern gemäß den Absätzen 3, 4 und 5 abgewichen werden.

(3) Gemäß Absatz 2 dieses Artikels sind Abweichungen von den Artikeln 3, 4, 5, 8 und 16 zulässig:

a) bei Tätigkeiten, die durch eine Entfernung zwischen dem Arbeitsplatz und dem Wohnsitz des Arbeitnehmers - einschließlich Tätigkeiten auf Offshore-Anlagen - oder durch eine Entfernung zwischen verschiedenen Arbeitsplätzen des Arbeitnehmers gekennzeichnet sind;

b) für den Wach- und Schließdienst sowie die Dienstbereitschaft, die durch die Notwendigkeit gekennzeichnet sind, den Schutz von Sachen und Personen zu gewährleisten, und zwar insbesondere in Bezug auf Wachpersonal oder Hausmeister oder Wach- und Schließunternehmen;

c) bei Tätigkeiten, die dadurch gekennzeichnet sind, dass die Kontinuität des Dienstes oder der Produktion gewährleistet sein muss, und zwar insbesondere bei

i) Aufnahme-, Behandlungs- und/oder Pflegediensten von Krankenhäusern oder ähnlichen Einrichtungen, einschließlich der Tätigkeiten von Ärzten in der Ausbildung, Heimen sowie Gefängnissen,

ii) Hafen- und Flughafenpersonal,

iii) Presse-, Rundfunk-, Fernsehdiensten oder kinematografischer Produktion, Post oder Telekommunikation, Ambulanz-, Feuerwehr- oder Katastrophenschutzdiensten,

iv) Gas-, Wasser- oder Stromversorgungsbetrieben, Hausmüllabfuhr oder Verbrennungsanlagen,

v) Industriezweigen, in denen der Arbeitsprozess aus technischen Gründen nicht unterbrochen werden kann,

vi) Forschungs- und Entwicklungstätigkeiten,

vii) landwirtschaftlichen Tätigkeiten,

viii) Arbeitnehmern, die im regelmäßigen innerstädtischen Personenverkehr beschäftigt sind;

d) im Fall eines vorhersehbaren übermäßigen Arbeitsanfalls, insbesondere

i) in der Landwirtschaft,

ii) im Fremdenverkehr,

iii) im Postdienst;

e) im Fall von Eisenbahnpersonal

i) bei nichtständigen Tätigkeiten,

ii) bei Beschäftigten, die ihre Arbeitszeit in Zügen verbringen, oder

iii) bei Tätigkeiten, die an Fahrpläne gebunden sind und die die Kontinuität und Zuverlässigkeit des Verkehrsablaufs sicherstellen;

f) unter den in Artikel 5 Absatz 4 der Richtlinie 89/391/EWG aufgeführten Bedingungen;

g) im Fall eines Unfalls oder der Gefahr eines unmittelbar bevorstehenden Unfalls.

(4) Gemäß Absatz 2 dieses Artikels sind Abweichungen von den Artikeln 3 und 5 zulässig:

a) wenn bei Schichtarbeit der Arbeitnehmer die Gruppe wechselt und zwischen dem Ende der Arbeit in einer Schichtgruppe und dem Beginn der Arbeit in der nächsten nicht in den Genuss der täglichen und/oder wöchentlichen Ruhezeit kommen kann;

b) bei Tätigkeiten, bei denen die Arbeitszeiten über den Tag verteilt sind, insbesondere im Fall von Reinigungspersonal.

(5) Gemäß Absatz 2 dieses Artikels sind Abweichungen von Artikel 6 und von Artikel 16 Buchstabe b) bei Ärzten in der Ausbildung nach Maßgabe der Unterabsätze 2 bis 7 dieses Absatzes zulässig.

In Unterabsatz 1 genannte Abweichungen von Artikel 6 sind für eine Übergangszeit von fünf Jahren ab dem 1. August 2004 zulässig.

Die Mitgliedstaaten verfügen erforderlichenfalls über einen zusätzlichen Zeitraum von höchstens zwei Jahren, um den Schwierigkeiten bei der Einhaltung der Arbeitszeitvorschriften im Zusammenhang mit ihren Zuständigkeiten für die Organisation und Bereitstellung von Gesundheitsdiensten und medizinischer Versorgung Rechnung zu tragen. Spätestens sechs Monate vor dem Ende der Übergangszeit unterrichtet der betreffende Mitgliedstaat die Kommission hierüber unter Angabe der Gründe, so dass die Kommission nach entsprechenden Konsultationen innerhalb von drei Monaten nach dieser Unterrichtung eine Stellungnahme abgeben kann. Falls der Mitgliedstaat der Stellungnahme der Kommission nicht folgt, rechtfertigt er seine Entscheidung. Die Unterrichtung und die Rechtfertigung des Mitgliedstaats sowie die Stellungnahme der Kommission werden im Amtsblatt der Europäischen Union veröffentlicht und dem Europäischen Parlament übermittelt.

Die Mitgliedstaaten verfügen erforderlichenfalls über einen zusätzlichen Zeitraum von höchstens einem Jahr, um den besonderen Schwierigkeiten bei der Wahrnehmung der in Unterabsatz 3 genannten Zuständigkeiten Rechnung zu tragen. Sie haben das Verfahren des Unterabsatzes 3 einzuhalten.

Die Mitgliedstaaten stellen sicher, dass die Zahl der Wochenarbeitsstunden keinesfalls einen Durchschnitt von 58 während der ersten drei Jahre der Übergangszeit, von 56 während der folgenden zwei Jahre und von 52 während des gegebenenfalls verbleibenden Zeitraums übersteigt.

Der Arbeitgeber konsultiert rechtzeitig die Arbeitnehmervertreter, um - soweit möglich - eine Vereinbarung über die Regelungen zu erreichen, die während der Übergangszeit anzuwenden sind. Innerhalb der in Unterabsatz 5 festgelegten Grenzen kann eine derartige Vereinbarung sich auf Folgendes erstrecken:

a) die durchschnittliche Zahl der Wochenarbeitsstunden während der Übergangszeit und

b) Maßnahmen, die zur Verringerung der Wochenarbeitszeit auf einen Durchschnitt von 48 Stunden bis zum Ende der Übergangszeit zu treffen sind.

In Unterabsatz 1 genannte Abweichungen von Artikel 16 Buchstabe b) sind zulässig, vorausgesetzt, dass der Bezugszeitraum während des in Unterabsatz 5 festgelegten ersten Teils der Übergangszeit zwölf Monate und danach sechs Monate nicht übersteigt.

Art. 18 Abweichungen im Wege von Tarifverträgen Von den Artikeln 3, 4, 5, 8 und 16 kann abgewichen werden im Wege von Tarifverträgen oder Vereinbarungen zwischen den Sozialpartnern auf nationaler oder regionaler Ebene oder, bei zwischen den Sozialpartnern getroffenen Abmachungen, im Wege von Tarifverträgen oder Vereinbarungen zwischen Sozialpartnern auf niedrigerer Ebene.

Mitgliedstaaten, in denen es keine rechtliche Regelung gibt, wonach über die in dieser Richtlinie geregelten Fragen zwischen den Sozialpartnern auf nationaler oder regionaler Ebene Tarifverträge oder Vereinbarungen geschlossen werden können, oder Mitgliedstaaten, in denen es einen entsprechenden rechtlichen Rahmen gibt und innerhalb dessen Grenzen, können im Einklang mit den einzelstaatlichen Rechtsvorschriften und/oder Gepflogenheiten Abweichungen von den Artikeln 3, 4, 5, 8 und 16 durch Tarifverträge oder Vereinbarungen zwischen den Sozialpartnern auf geeigneter kollektiver Ebene zulassen.

Die Abweichungen gemäß den Unterabsätzen 1 und 2 sind nur unter der Voraussetzung zulässig, dass die betroffenen Arbeitnehmer gleichwertige Ausgleichsruhezeiten oder in Ausnahmefällen, in denen die Gewährung solcher Ausgleichsruhezeiten aus objektiven Gründen nicht möglich ist, einen angemessenen Schutz erhalten.

Die Mitgliedstaaten können Vorschriften vorsehen

a) für die Anwendung dieses Artikels durch die Sozialpartner und

b) für die Erstreckung der Bestimmungen von gemäß diesem Artikel geschlossenen Tarifverträgen oder Vereinbarungen auf andere Arbeitnehmer gemäß den einzelstaatlichen Rechtsvorschriften und/oder Gepflogenheiten.

Art. 19 Grenzen der Abweichungen von Bezugszeiträumen Die in Artikel 17 Absatz 3 und in Artikel 18 vorgesehene Möglichkeit der Abweichung von Artikel 16 Buchstabe b) darf nicht die Festlegung eines Bezugszeitraums zur Folge haben, der länger ist als sechs Monate.

Den Mitgliedstaaten ist es jedoch mit der Maßgabe, dass sie dabei die allgemeinen Grundsätze der Sicherheit und des Gesundheitsschutzes der Arbeitnehmer wahren, freigestellt zuzulassen, dass in den Tarifverträgen oder Vereinbarungen zwischen Sozialpartnern aus objektiven, technischen oder arbeitsorganisatorischen Gründen längere Bezugszeiträume festgelegt werden, die auf keinen Fall zwölf Monate überschreiten dürfen.

3.6 Arbeitszeit-RL

Der Rat überprüft vor dem 23. November 2003 anhand eines Vorschlags der Kommission, dem ein Evaluierungsbericht beigefügt ist, die Bestimmungen dieses Absatzes und befindet über das weitere Vorgehen.

Art. 20 Mobile Arbeitnehmer und Tätigkeiten auf Offshore-Anlagen (1) Die Artikel 3, 4, 5 und 8 gelten nicht für mobile Arbeitnehmer.

Die Mitgliedstaaten treffen jedoch die erforderlichen Maßnahmen, um zu gewährleisten, dass die mobilen Arbeitnehmer - außer unter den in Artikel 17 Absatz 3 Buchstaben f) und g) vorgesehenen Bedingungen - Anspruch auf ausreichende Ruhezeiten haben.

(2) Vorbehaltlich der Einhaltung der allgemeinen Grundsätze der Sicherheit und des Gesundheitsschutzes der Arbeitnehmer und sofern die betreffenden Sozialpartner konsultiert wurden und Anstrengungen zur Förderung aller einschlägigen Formen des sozialen Dialogs - einschließlich der Konzertierung, falls die Parteien dies wünschen - unternommen wurden, können die Mitgliedstaaten aus objektiven, technischen oder arbeitsorganisatorischen Gründen den in Artikel 16 Buchstabe b) genannten Bezugszeitraum für Arbeitnehmer, die hauptsächlich Tätigkeiten auf Offshore-Anlagen ausüben, auf zwölf Monate ausdehnen.

(3) Die Kommission überprüft bis zum 1. August 2005 nach Konsultation der Mitgliedstaaten sowie der Arbeitgeber und Arbeitnehmer auf europäischer Ebene die Durchführung der Bestimmungen für Arbeitnehmer auf Offshore-Anlagen unter dem Gesichtspunkt der Gesundheit und Sicherheit, um, falls erforderlich, geeignete Änderungen vorzuschlagen.

Art. 21 Arbeitnehmer an Bord von seegehenden Fischereifahrzeugen (1) Die Artikel 3 bis 6 und 8 gelten nicht für Arbeitnehmer an Bord von seegehenden Fischereifahrzeugen, die unter der Flagge eines Mitgliedstaats fahren.

Die Mitgliedstaaten treffen jedoch die erforderlichen Maßnahmen, um zu gewährleisten, dass jeder Arbeitnehmer an Bord von seegehenden Fischereifahrzeugen, die unter der Flagge eines Mitgliedstaats fahren, Anspruch auf eine ausreichende Ruhezeit hat, und um die Wochenarbeitszeit auf 48 Stunden im Durchschnitt während eines Bezugszeitraums von höchstens zwölf Monaten zu begrenzen.

(2) Innerhalb der in Absatz 1 Unterabsatz 2 sowie den Absätzen 3 und 4 angegebenen Grenzen treffen die Mitgliedstaaten die erforderlichen Maßnahmen, um zu gewährleisten, dass unter Berücksichtigung der Notwendigkeit der Sicherheit und des Gesundheitsschutzes der betroffenen Arbeitnehmer

a)   die Arbeitsstunden auf eine Höchstarbeitszeit beschränkt werden, die in einem gegebenen Zeitraum nicht überschritten werden darf, oder

b)   eine Mindestruhezeit in einem gegebenen Zeitraum gewährleistet ist.

Die Höchstarbeits- oder Mindestruhezeit wird durch Rechts- und Verwaltungsvorschriften, durch Tarifverträge oder durch Vereinbarungen zwischen den Sozialpartnern festgelegt.

(3) Für die Arbeits- oder Ruhezeiten gelten folgende Beschränkungen:

a)   die Höchstarbeitszeit darf nicht überschreiten:

   i)   14 Stunden in jedem Zeitraum von 24 Stunden und

   ii)   72 Stunden in jedem Zeitraum von sieben Tagen,

oder

b)   die Mindestruhezeit darf nicht unterschreiten:

   i)   zehn Stunden in jedem Zeitraum von 24 Stunden und

   ii)   77 Stunden in jedem Zeitraum von sieben Tagen.

(4) Die Ruhezeit kann in höchstens zwei Zeiträume aufgeteilt werden, von denen einer eine Mindestdauer von sechs Stunden haben muss; der Zeitraum zwischen zwei aufeinander folgenden Ruhezeiten darf 14 Stunden nicht überschreiten.

(5) In Übereinstimmung mit den allgemeinen Grundsätzen für die Sicherheit und den Gesundheitsschutz der Arbeitnehmer und aus objektiven, technischen oder arbeitsorganisatorischen Gründen können die Mitgliedstaaten, auch bei der Festlegung von Bezugszeiträumen, Ausnahmen von den in Absatz 1 Unterabsatz 2 sowie den Absätzen 3 und 4 festgelegten Beschränkungen gestatten. Diese Ausnahmen haben so weit wie möglich den festgelegten Normen zu folgen, können aber häufigeren oder längeren Urlaubszeiten oder der Gewährung von Ausgleichsurlaub für die Arbeitnehmer Rechnung tragen. Diese Ausnahmen können festgelegt werden

a) durch Rechts- oder Verwaltungsvorschriften, vorausgesetzt, dass – soweit dies möglich ist – die Vertreter der betroffenen Arbeitgeber und Arbeitnehmer konsultiert und Anstrengungen zur Förderung aller einschlägigen Formen des sozialen Dialogs unternommen werden, oder

b) durch Tarifverträge oder Vereinbarungen zwischen den Sozialpartnern.

(6) Der Kapitän eines seegehenden Fischereifahrzeugs hat das Recht, von Arbeitnehmern an Bord die Ableistung jeglicher Anzahl von Arbeitsstunden zu verlangen, wenn diese Arbeit für die unmittelbare Sicherheit des Schiffes, von Personen an Bord oder der Ladung oder zum Zweck der Hilfeleistung für andere Schiffe oder Personen in Seenot erforderlich ist.

(7) Die Mitgliedstaaten können vorsehen, dass Arbeitnehmer an Bord von seegehenden Fischereifahrzeugen, bei denen einzelstaatliches Recht oder einzelstaatliche Praxis während eines bestimmten, einen Monat überschreitenden Zeitraums des Kalenderjahres den Betrieb nicht erlauben, ihren Jahresurlaub gemäß Artikel 7 während dieses Zeitraums nehmen.

Art. 22 Sonstige Bestimmungen (1) Es ist einem Mitgliedstaat freigestellt, Artikel 6 nicht anzuwenden, wenn er die allgemeinen Grundsätze der Sicherheit und des Gesundheitsschutzes der Arbeitnehmer einhält und mit den erforderlichen Maßnahmen dafür sorgt, dass

a) kein Arbeitgeber von einem Arbeitnehmer verlangt, im Durchschnitt des in Artikel 16 Buchstabe b) genannten Bezugszeitraums mehr als 48 Stunden innerhalb eines Siebentagezeitraums zu arbeiten, es sei denn der Arbeitnehmer hat sich hierzu bereit erklärt;

b) keinem Arbeitnehmer Nachteile daraus entstehen, dass er nicht bereit ist, eine solche Arbeit zu leisten;

c) der Arbeitgeber aktuelle Listen über alle Arbeitnehmer führt, die eine solche Arbeit leisten;

d) die Listen den zuständigen Behörden zur Verfügung gestellt werden, die aus Gründen der Sicherheit und/oder des Schutzes der Gesundheit der Arbeitnehmer die Möglichkeit zur Überschreitung der wöchentlichen Höchstarbeitszeit unterbinden oder einschränken können;

e) der Arbeitgeber die zuständigen Behörden auf Ersuchen darüber unterrichtet, welche Arbeitnehmer sich dazu bereit erklärt haben, im Durchschnitt des in Artikel 16 Buchstabe b) genannten Bezugszeitraums mehr als 48 Stunden innerhalb eines Siebentagezeitraums zu arbeiten.

3.6 Arbeitszeit-RL

Vor dem 23. November 2003 überprüft der Rat anhand eines Vorschlags der Kommission, dem ein Evaluierungsbericht beigefügt ist, die Bestimmungen dieses Absatzes und befindet über das weitere Vorgehen.

(2) Für die Anwendung des Artikels 7 ist es den Mitgliedstaaten freigestellt, eine Übergangszeit von höchstens drei Jahren ab dem 23. November 1996 in Anspruch zu nehmen, unter der Bedingung, dass während dieser Übergangszeit

a) jeder Arbeitnehmer einen bezahlten Mindestjahresurlaub von drei Wochen nach Maßgabe der in den einzelstaatlichen Rechtsvorschriften und/oder nach den einzelstaatlichen Gepflogenheiten vorgesehenen Bedingungen für dessen Inanspruchnahme und Gewährung erhält und

b) der bezahlte Jahresurlaub von drei Wochen außer im Fall der Beendigung des Arbeitsverhältnisses nicht durch eine finanzielle Vergütung ersetzt wird.

(3) Sofern die Mitgliedstaaten von den in diesem Artikel genannten Möglichkeiten Gebrauch machen, setzen sie die Kommission unverzüglich davon in Kenntnis.

Kapitel 6 – Schlussbestimmungen

Art. 23 Niveau des Arbeitnehmerschutzes Unbeschadet des Rechts der Mitgliedstaaten, je nach der Entwicklung der Lage im Bereich der Arbeitszeit unterschiedliche Rechts- und Verwaltungsvorschriften sowie Vertragsvorschriften zu entwickeln, sofern die Mindestvorschriften dieser Richtlinie eingehalten werden, stellt die Durchführung dieser Richtlinie keine wirksame Rechtfertigung für eine Zurücknahme des allgemeinen Arbeitnehmerschutzes dar.

Art. 24-29 *Prüf- und Berichtspflicht der Kommission, Aufhebung der Richtlinie 93/104/EG, Inkrafttreten und Adressaten - nicht abgedruckt.*

Anhang I Teil A – Aufgehobene Richtlinien und ihre nachfolgenden Änderungen, Teil B – Fristen für die Umsetzung und Anwendung; **Anhang II** Entsprechungstabelle *– nicht abgedruckt.*

3.7 Richtlinie 97/81/EG des Rates vom 15. Dezember 1997 zu der von UNICE, CEEP und EGB geschlossenen Rahmenvereinbarung über Teilzeitarbeit [Teilzeit-RL]

ABl. 1998 L 14/9

DER RAT DER EUROPÄISCHEN UNION –

gestützt auf das Abkommen über die Sozialpolitik, das dem Protokoll (Nr. 14) über die Sozialpolitik im Anhang zum Vertrag zur Gründung der Europäischen Gemeinschaft beigefügt ist, insbesondere auf Artikel 4 Absatz 2,

auf Vorschlag der Kommission[1],

in Erwägung nachstehender Gründe:

(1) Auf der Grundlage des Protokolls (Nr. 14) über die Sozialpolitik haben die Mitgliedstaaten mit Ausnahme des Vereinigten Königreichs Großbritannien und Nordirland (im folgenden als „Mitgliedstaaten" bezeichnet) in dem Wunsch, auf dem von der Sozialcharta von 1989 vorgezeichneten Weg weiterzugehen, ein Abkommen über die Sozialpolitik geschlossen.

(2) Die Sozialpartner können entsprechend Artikel 4 Absatz 2 des Abkommens über die Sozialpolitik gemeinsam beantragen, daß die auf Gemeinschaftsebene geschlossenen Vereinbarungen durch einen Beschluß des Rates auf Vorschlag der Kommission durchgeführt werden.

(3) Nummer 7 der Gemeinschaftscharta der sozialen Grundrechte der Arbeitnehmer sieht unter anderem folgendes vor: „Die Verwirklichung des Binnenmarktes muß zu einer Verbesserung der Lebens- und Arbeitsbedingungen der Arbeitnehmer in der Europäischen Gemeinschaft führen. Dieser Prozeß erfolgt durch eine Angleichung dieser Bedingungen auf dem Wege des Fortschritts und betrifft namentlich andere Arbeitsformen als das unbefristete Arbeitsverhältnis, wie das befristete Arbeitsverhältnis, Teilzeitarbeit, Leiharbeit und Saisonarbeit".

(4) Der Rat hat weder zu dem Vorschlag für eine Richtlinie über bestimmte Arbeitsverhältnisse im Hinblick auf Wettbewerbsverzerrungen[2] in der geänderten Fassung[3] noch zu dem Vorschlag für eine Richtlinie über bestimmte Arbeitsverhältnisse hinsichtlich der Arbeitsbedingungen[4] einen Beschluß gefaßt.

(5) Entsprechend den Schlußfolgerungen des Europäischen Rates von Essen sind Maßnahmen zur Förderung der Beschäftigung und Chancengleichheit zwischen Frauen und Männern sowie Maßnahmen zur Steigerung der Beschäftigungsintensität des Wachstums, insbesondere durch eine flexiblere Organisation der Arbeit, die sowohl den Wünschen der Arbeitnehmer als auch den Erfordernissen des Wettbewerbs gerecht wird, erforderlich.

(6) Die Kommission hat nach Artikel 3 Absatz 2 des Abkommens über die Sozialpolitik die Sozialpartner zu der Frage gehört, wie eine Gemeinschaftsaktion zur Flexibilisierung der Arbeitszeit und zur Absicherung der Arbeitnehmer gegebenenfalls ausgerichtet werden sollte.

(7) Die Kommission, die nach dieser Anhörung eine Gemeinschaftsaktion für zweckmäßig hielt, hat die Sozialpartner nach Artikel 3 Absatz 3 des Abkommens erneut zum Inhalt des in Aussicht genommenen Vorschlags gehört.

(8) Die europäischen Sozialpartner (Union der Industrie- und Arbeitgeberverbände Europas (UNICE), Europäischer Zentralverband der öffentlichen Wirtschaft (CEEP) und Europäischer Gewerkschaftsbund (EGB)) haben der Kommission in einem gemeinsamen Schreiben vom 19. Juni 1996 mitgeteilt, daß sie das Verfahren nach Artikel 4 des Abkommens über die Sozialpolitik in Gang setzen wollen. Sie haben die Kommission in einem gemeinsamen Schreiben vom 12. März 1997 um eine zusätzliche Frist von drei Monaten gebeten. Die Kommission hat ihnen diese Frist eingeräumt.

(9) Die genannten Sozialpartner haben am 6. Juni 1997 eine Rahmenvereinbarung über Teilzeitarbeit geschlossen und der Kommission nach Artikel 4 Absatz 2 des Abkommens ihren gemeinsamen Antrag auf Durchführung dieser Rahmenvereinbarung übermittelt.

(10) Der Rat hat in seiner Entschließung vom 6. Dezember 1994 zu bestimmten Perspektiven einer Sozialpolitik der Europäischen Union: ein Beitrag zur wirtschaftlichen und sozialen Konvergenz in

---

1 [KOM(97) 392 endg.]
2 ABl. C 224 vom 8.9.1990, S. 6.
3 ABl. C 305 vom 5.12.1990, S. 8.
4 ABl. C 224 vom 8.9.1990, S. 4.

der Union[5] die Sozialpartner ersucht, die Möglichkeiten zum Abschluß von Vereinbarungen wahrzunehmen, weil sie in der Regel näher an den sozialen Problemen und der sozialen Wirklichkeit sind.

(11) Die Unterzeichnerparteien wollten eine Rahmenvereinbarung über Teilzeitarbeit schließen, in der die allgemeinen Grundsätze und Mindestvorschriften für die Teilzeitarbeit niedergelegt sind. Sie haben ihren Willen bekundet, einen allgemeinen Rahmen für die Beseitigung der Diskriminierungen von Teilzeitbeschäftigten zu schaffen und einen Beitrag zur Entwicklung der Teilzeitarbeitsmöglichkeiten auf einer für Arbeitgeber und Arbeitnehmer akzeptablen Grundlage zu leisten.

(12) Die Sozialpartner wollten der Teilzeitarbeit besondere Beachtung schenken, haben aber auch erklärt, daß sie in Erwägung ziehen wollten, ob ähnliche Vereinbarungen für andere Arbeitsformen erforderlich sind.

(13) In den Schlußfolgerungen des Rates von Amsterdam haben die Staats- und Regierungschefs der Mitgliedstaaten der Europäischen Union die Vereinbarung der Sozialpartner über Teilzeitarbeit nachdrücklich begrüßt.

(14) Der geeignete Rechtsakt zur Durchführung der Rahmenvereinbarung ist eine Richtlinie im Sinne von Artikel 189 des Vertrags. Diese ist für die Mitgliedstaaten hinsichtlich des zu erreichenden Ziels verbindlich, überläßt jedoch den einzelstaatlichen Stellen die Wahl der Form und der Mittel.

(15) Entsprechend den in Artikel 3b des Vertrags genannten Grundsätzen der Subsidiarität und der Verhältnismäßigkeit können die Ziele dieser Richtlinie auf Ebene der Mitgliedstaaten nicht ausreichend erreicht werden, so daß sie besser auf Gemeinschaftsebene verwirklicht werden können. Die Richtlinie geht nicht über das für die Erreichung dieser Ziele Erforderliche hinaus.

(16) Bezüglich der in der Rahmenvereinbarung verwendeten, jedoch nicht genauer definierten Begriffe überläßt es die Richtlinie - wie andere im Sozialbereich erlassene Richtlinien, in denen ähnliche Begriffe vorkommen - den Mitgliedstaaten, diese Begriffe entsprechend ihrem nationalen Recht und/oder ihrer nationalen Praxis zu definieren, vorausgesetzt, diese Definitionen entsprechen inhaltlich dem Rahmenabkommen.

(17) Die Kommission hat ihren Richtlinienvorschlag entsprechend ihrer Mitteilung vom 14. Dezember 1993 über die Anwendung des Protokolls (Nr. 14) über die Sozialpolitik und ihrer Mitteilung vom 18. September 1996 zur Entwicklung des sozialen Dialogs auf Gemeinschaftsebene unter Berücksichtigung des Vertretungsanspruchs der Vertragsparteien, ihres Mandats und der Rechtmäßigkeit der Bestimmungen der Rahmenvereinbarung ausgearbeitet.

(18) Die Kommission hat ihren Richtlinienvorschlag unter Berücksichtigung des Artikels 2 Absatz 2 des Abkommens über die Sozialpolitik ausgearbeitet, wonach die Richtlinien im Bereich der Sozialpolitik „keine verwaltungsmäßigen, finanziellen oder rechtlichen Auflagen vorschreiben (sollen), die der Gründung oder Entwicklung von kleinen und mittleren Unternehmen entgegenstehen".

(19) Im Einklang mit ihrer Mitteilung vom 14. Dezember 1993 über die Anwendung des Protokolls (Nr. 14) über die Sozialpolitik hat die Kommission das Europäische Parlament unterrichtet und ihm ihren Richtlinienvorschlag mit der Rahmenvereinbarung übermittelt.

(20) Die Kommission hat außerdem den Wirtschafts- und Sozialausschuß unterrichtet.

(21) Nach Paragraph 6 Absatz 1 der Rahmenvereinbarung dürfen die Mitgliedstaaten und/oder die Sozialpartner günstigere Bestimmungen beibehalten oder einführen.

(22) Nach Paragraph 6 Absatz 2 des Rahmenabkommens darf die Durchführung dieser Richtlinie nicht als Rechtfertigung für eine Verschlechterung der derzeit in den einzelnen Mitgliedstaaten bestehenden Situation dienen.

(23) Die Gemeinschaftscharta der sozialen Grundrechte der Arbeitnehmer betont die Notwendigkeit, gegen Diskriminierungen jeglicher Art, insbesondere aufgrund von Geschlecht, Hautfarbe, Rasse, Meinung oder Glauben vorzugehen.

(24) Nach Artikel F Absatz 2 des Vertrags über die Europäische Union achtet die Union die Grundrechte, wie sie in der Europäischen Konvention zum Schutze der Menschenrechte und Grundfreiheiten gewährleistet sind und wie sie sich aus den gemeinsamen Verfassungsüberlieferungen der Mitgliedstaaten als allgemeine Grundsätze des Gemeinschaftsrechts ergeben.

(25) Die Mitgliedstaaten können den Sozialpartnern auf deren gemeinsamen Antrag die Durchführung dieser Richtlinie übertragen, sofern sie alle erforderlichen Maßnahmen treffen, um jederzeit gewährleisten zu können, daß die durch die Richtlinie vorgeschriebenen Ergebnisse erzielt werden.

(26) Die Durchführung der Rahmenvereinbarung trägt zur Verwirklichung der in Artikel 1 des Abkommens über die Sozialpolitik genannten Ziele bei –

HAT FOLGENDE RICHTLINIE ERLASSEN:

---

5   ABl. C 368 vom 23.12.1994, S. 6.

Art. 1 [Ziel] Mit dieser Richtlinie soll die am 6. Juni 1997 zwischen den europäischen Sozialpartnern (UNICE, CEEP, EGB) geschlossene Rahmenvereinbarung über Teilzeitarbeit, die im Anhang enthalten ist, durchgeführt werden.

Art. 2-4 *Umsetzungspflichten, Inkrafttreten und Adressaten - nicht abgedruckt.*

Anhang

Union der Europäischen Industrie- und Arbeitgeberverbände, Europäischer Gewerkschaftsbund, Europäischer Zentralverband der öffentlichen Wirtschaft: Rahmenvereinbarung über Teilzeitarbeit

Präambel

Die vorliegende Rahmenvereinbarung ist ein Beitrag zur allgemeinen europäischen Beschäftigungsstrategie. Die Teilzeitarbeit hat in den letzten Jahren einen erheblichen Einfluß auf die Beschäftigungslage gehabt. Aus diesem Grunde haben die Unterzeichner dieser Vereinbarung dieser Form der Arbeit vorrangige Beachtung eingeräumt. Die Parteien beabsichtigen, die Notwendigkeit ähnlicher Abkommen für andere flexible Arbeitsformen in Erwägung zu ziehen.

Diese Vereinbarung legt in Anerkennung der Vielfalt der Verhältnisse in den Mitgliedstaaten und in der Erkenntnis, daß die Teilzeitarbeit ein Merkmal der Beschäftigung in bestimmten Branchen und Tätigkeiten ist, die allgemeinen Grundsätze und Mindestvorschriften für die Teilzeitarbeit nieder. Sie macht den Willen der Sozialpartner deutlich, einen allgemeinen Rahmen für die Beseitigung von Diskriminierungen von Teilzeitbeschäftigten zu schaffen und einen Beitrag zur Entwicklung der Teilzeitarbeitsmöglichkeiten auf einer für Arbeitgeber und Arbeitnehmer akzeptablen Grundlage zu leisten.

Die Vereinbarung erstreckt sich auf die Beschäftigungsbedingungen von Teilzeitbeschäftigten und erkennt an, daß Fragen der gesetzlichen Regelung des sozialen Sicherheit der Entscheidung der Mitgliedstaaten unterliegen. Die Unterzeichnerparteien haben im Sinne des Grundsatzes der Nichtdiskriminierung von der Erklärung zur Beschäftigung des Europäischen Rates von Dublin im Dezember 1996 Kenntnis genommen, in welcher der Rat unter anderem betont, daß die Systeme der sozialen Sicherheit beschäftigungsfreundlicher gestaltet werden sollten, indem „Systeme der sozialen Sicherheit entwickelt werden, die sich an neue Arbeitsstrukturen anpassen lassen und die jedem, der im Rahmen solcher Strukturen arbeitet, auch einen angemessenen sozialen Schutz bieten." Die Unterzeichnerparteien sind der Ansicht, daß diese Erklärung in die Praxis umgesetzt werden sollte.

EGB, UNICE und CEEP ersuchen die Kommission, diese Rahmenvereinbarung dem Rat vorzulegen, damit deren Vorschriften in den Mitgliedstaaten, die das Abkommen über die Sozialpolitik, das dem Protokoll (Nr. 14) über die Sozialpolitik im Anhang zum Vertrag zur Gründung der Europäischen Gemeinschaft beigefügt ist, unterzeichnet haben, durch Ratsbeschluß verbindlich gemacht werden.

Die Unterzeichnerparteien ersuchen die Kommission, die Mitgliedstaaten in ihrem Vorschlag zur Umsetzung dieser Vereinbarung aufzufordern, die erforderlichen Rechts- und Verwaltungsvorschriften zu erlassen, um dem Ratsbeschluß innerhalb einer Frist von zwei Jahren nach seiner Verabschiedung nachzukommen, oder sich zu vergewissern6, daß die Sozialpartner im Wege einer Vereinbarung die erforderlichen Maßnahmen vor Ablauf dieser Frist ergreifen. Den Mitgliedstaaten kann bei besonderen Schwierigkeiten oder im Fall einer Durchführung im Wege eines Tarifvertrags höchstens ein zusätzliches Jahr gewährt werden, um dieser Bestimmung nachzukommen.

Unbeschadet der jeweiligen Rolle der einzelstaatlichen Gerichte und des Gerichtshofs bitten die Unterzeichnerparteien darum, daß jede Frage im Hinblick auf die Auslegung dieser Vereinbarung auf europäischer Ebene über die Kommission zunächst an sie weitergeleitet wird, damit sie eine Stellungnahme abgeben können.

Allgemeine Erwägungen

1. Gestützt auf das Abkommen über die Sozialpolitik im Anhang zum Protokoll (Nr. 14) über die Sozialpolitik, das dem Vertrag zur Gründung der Europäischen Gemeinschaft beigefügt ist, insbesondere auf Artikel 3 Absatz 4 und Artikel 4 Absatz 2,

---

6 Im Sinne von Artikel 2 Absatz 4 des Abkommens über die Sozialpolitik im Anhang zum Vertrag zur Gründung der Europäischen Gemeinschaft.

3.7 Teilzeit-RL

in Erwägung nachstehender Gründe:

2. Gemäß Artikel 4 Absatz 2 des Abkommens über die Sozialpolitik erfolgt die Durchführung der auf Gemeinschaftsebene geschlossenen Vereinbarungen auf gemeinsamen Antrag der Unterzeichnerparteien durch einen Beschluß des Rates auf Vorschlag der Kommission.
3. Die Kommission kündigte in ihrem zweiten Konsultationspapier über die Flexibilität der Arbeitszeit und die Absicherung der Arbeitnehmer an, eine gesetzlich bindende Gemeinschaftsmaßnahme vorschlagen zu wollen.
4. Die Schlußfolgerungen des Europäischen Rates von Essen betonen nachdrücklich die Notwendigkeit von Maßnahmen zur Förderung der Beschäftigung und Chancengleichheit zwischen Frauen und Männern und fordern Maßnahmen zur „Steigerung der Beschäftigungsintensität des Wachstums, insbesondere durch eine flexiblere Organisation der Arbeit, die sowohl den Wünschen der Arbeitnehmer als auch den Erfordernissen des Wettbewerbs gerecht wird".
5. Die Unterzeichnerparteien messen denjenigen Maßnahmen Bedeutung zu, die den Zugang zur Teilzeitarbeit für Frauen und Männer erleichtern, und zwar im Hinblick auf die Vorbereitung des Ruhestands, die Vereinbarkeit von Beruf und Familienleben sowie die Nutzung von allgemeinen und beruflichen Bildungsmöglichkeiten zur Verbesserung ihrer Fertigkeiten und ihres beruflichen Fortkommens, im beiderseitigen Interesse der Arbeitgeber und der Arbeitnehmer und auf eine Weise, die die Entwicklung der Unternehmen begünstigt.
6. Diese Vereinbarung überläßt es den Mitgliedstaaten und den Sozialpartnern, die Anwendungsmodalitäten dieser allgemeinen Grundsätze, Mindestvorschriften und Bestimmungen zu definieren, um so der jeweiligen Situation der einzelnen Mitgliedstaaten Rechnung zu tragen.
7. Diese Vereinbarung berücksichtigt die Notwendigkeit, die sozialpolitischen Anforderungen zu verbessern, die Wettbewerbsfähigkeit der Wirtschaft der Gemeinschaft zu stärken, und zu vermeiden, daß verwaltungstechnische, finanzielle und rechtliche Zwänge auferlegt werden, die die Gründung und Entwicklung von kleinen und mittleren Unternehmen hemmen könnten.
8. Die Sozialpartner sind am besten in der Lage, Lösungen zu finden, die den Bedürfnissen der Arbeitgeber und der Arbeitnehmer gerecht werden; daher ist ihnen eine besondere Rolle bei der Umsetzung und Anwendung dieser Vereinbarung einzuräumen -

DIE UNTERZEICHNERPARTEIEN HABEN FOLGENDE VEREINBARUNG GESCHLOSSEN:

§ 1 Ziel Diese Rahmenvereinbarung soll

a) die Beseitigung von Diskriminierungen von Teilzeitbeschäftigten sicherstellen und die Qualität der Teilzeitarbeit verbessern;

b) die Entwicklung der Teilzeitarbeit auf freiwilliger Basis fördern und zu einer flexiblen Organisation der Arbeitszeit beitragen, die den Bedürfnissen der Arbeitgeber und der Arbeitnehmer Rechnung trägt.

§ 2 Anwendungsbereich 1. Die vorliegende Vereinbarung gilt für Teilzeitbeschäftigte, die nach den Rechtsvorschriften, Tarifverträgen oder Gepflogenheiten in dem jeweiligen Mitgliedstaat einen Arbeitsvertrag haben oder in einem Arbeitsverhältnis stehen.

2. Nach Anhörung der Sozialpartner gemäß den einzelstaatlichen Rechtsvorschriften, den Tarifverträgen oder Gepflogenheiten können die Mitgliedstaaten und/oder die Sozialpartner auf der entsprechenden Ebene in Übereinstimmung mit den einzelstaatlichen Praktiken im Bereich der Arbeitsbeziehungen aus sachlichen Gründen Teilzeitbeschäftigte, die nur gelegentlich arbeiten, ganz oder teilweise ausschließen. Dieser Ausschluß sollte regelmäßig daraufhin überprüft werden, ob die sachlichen Gründe, auf denen er beruht, weiter vorliegen.

§ 3 Begriffsbestimmungen Im Sinne dieser Vereinbarung ist

1. „Teilzeitbeschäftigter" ein Arbeitnehmer, dessen normale, auf Wochenbasis oder als Durchschnitt eines bis zu einem Jahr reichenden Beschäftigungszeitraumes berechnete Arbeitszeit unter der eines vergleichbaren Vollzeitbeschäftigten liegt;

2. „vergleichbarer Vollzeitbeschäftigter" ein Vollzeitbeschäftigter desselben Betriebs mit derselben Art von Arbeitsvertrag oder Beschäftigungsverhältnis, der in der gleichen oder

einer ähnlichen Arbeit/Beschäftigung tätig ist, wobei auch die Betriebszugehörigkeitsdauer und die Qualifikationen/Fertigkeiten sowie andere Erwägungen heranzuziehen sind. Ist in demselben Betrieb kein vergleichbarer Vollzeitbeschäftigter vorhanden, so erfolgt der Vergleich anhand des anwendbaren Tarifvertrages oder, in Ermangelung eines solchen, gemäß den gesetzlichen oder tarifvertraglichen Bestimmungen oder den nationalen Gepflogenheiten.

§ 4 Grundsatz der Nichtdiskriminierung 1. Teilzeitbeschäftigte dürfen in ihren Beschäftigungsbedingungen nur deswegen, weil sie teilzeitbeschäftigt sind, gegenüber vergleichbaren Vollzeitbeschäftigten nicht schlechter behandelt werden, es sei denn, die unterschiedliche Behandlung ist aus objektiven Gründen gerechtfertigt.

2. Es gilt, wo dies angemessen ist, der Pro-rata-temporis-Grundsatz.

3. Die Anwendungsmodalitäten dieser Vorschrift werden von den Mitgliedstaaten und/oder den Sozialpartnern unter Berücksichtigung der Rechtsvorschriften der Gemeinschaft und der einzelstaatlichen gesetzlichen und tarifvertraglichen Bestimmungen und Gepflogenheiten festgelegt.

4. Wenn dies aus sachlichen Gründen gerechtfertigt ist, können die Mitgliedstaaten nach Anhörung der Sozialpartner gemäß den einzelstaatlichen Rechtsvorschriften, Tarifverträgen oder Gepflogenheiten und/oder die Sozialpartner gegebenenfalls den Zugang zu besonderen Beschäftigungsbedingungen von einer bestimmten Betriebszugehörigkeitsdauer, der Arbeitszeit oder Lohn- und Gehaltsbedingungen abhängig machen. Die Zugangskriterien von Teilzeitbeschäftigten zu besonderen Beschäftigungsbedingungen sollten regelmäßig unter Berücksichtigung des in Paragraph 4 Nummer 1 genannten Grundsatzes der Nichtdiskriminierung überprüft werden.

§ 5 Teilzeitarbeitsmöglichkeiten 1. Im Rahmen des Paragraphen 1 dieser Vereinbarung und im Einklang mit dem Grundsatz der Nichtdiskriminierung von Teilzeit- und Vollzeitbeschäftigten,

a) sollten die Mitgliedstaaten nach Anhörung der Sozialpartner gemäß den einzelstaatlichen Rechtsvorschriften oder Gepflogenheiten Hindernisse rechtlicher oder verwaltungstechnischer Natur, die die Teilzeitarbeitsmöglichkeiten beschränken können, identifizieren und prüfen und sie gegebenenfalls beseitigen;

b) sollten die Sozialpartner innerhalb ihres Zuständigkeitsbereiches durch tarifvertraglich vorgesehene Verfahren Hindernisse, die die Teilzeitarbeitsmöglichkeiten beschränken können, identifizieren und prüfen und sie gegebenenfalls beseitigen.

2. Die Weigerung eines Arbeitnehmers, von einem Vollzeitarbeitsverhältnis in ein Teilzeitarbeitsverhältnis oder umgekehrt überzuwechseln, sollte, unbeschadet der Möglichkeit, gemäß den gesetzlichen und tarifvertraglichen Bestimmungen und den nationalen Gepflogenheiten aus anderen Gründen, wie etwa wegen betrieblicher Notwendigkeit, Kündigungen auszusprechen, als solche keinen gültigen Kündigungsgrund darstellen.

3. Die Arbeitgeber sollten, soweit dies möglich ist,

a) Anträge von Vollzeitbeschäftigten auf Wechsel in ein im Betrieb zur Verfügung stehendes Teilzeitarbeitsverhältnis berücksichtigen;

b) Anträge von Teilzeitbeschäftigung auf Wechsel in ein Vollzeitarbeitsverhältnis oder auf Erhöhung ihrer Arbeitszeit, wenn sich diese Möglichkeit ergibt, berücksichtigen;

c) bemüht sein, zur Erleichterung des Wechsels von einem Vollzeit- in ein Teilzeitarbeitsverhältnis und umgekehrt rechtzeitig Informationen über Teilzeit- oder Vollzeitarbeitsplätze, die im Betrieb zur Verfügung stehen, bereitzustellen;

d) Maßnahmen, die den Zugang zur Teilzeitarbeit auf allen Ebenen des Unternehmens einschließlich qualifizierten und leitenden Stellungen erleichtern, und in geeigneten Fällen auch Maßnahmen, die den Zugang von Teilzeitbeschäftigten zur beruflichen Bildung erleichtern, zur Förderung des beruflichen Fortkommens und der beruflichen Mobilität in Erwägung ziehen;

e) bemüht sein, den bestehenden Arbeitnehmervertretungsgremien geeignete Informationen über die Teilzeitarbeit in dem Unternehmen zur Verfügung zu stellen.

§ 6 *Mindeststandardklausel, Rückschrittsverbot, Vorbehalt spezifischen Gemeinschaftsrechts sowie spezifischer oder ergänzender Vereinbarungen der Sozialpartner - nicht abgedruckt.*

3.8 Richtlinie 1999/70/EG des Rates vom 28. Juni 1999 zu der EGB-UNICE-CEEP-Rahmenvereinbarung über befristete Arbeitsverträge [Befristungs-RL]

ABl. 1999 L 175/43

DER RAT DER EUROPÄISCHEN UNION –
gestützt auf den Vertrag zur Gründung der Europäischen Gemeinschaft, insbesondere auf Artikel 139 Absatz 2,
auf Vorschlag der Kommission,
in Erwägung nachstehender Gründe:
(1) Durch das Inkrafttreten des Vertrags von Amsterdam wurden die Vorschriften des Abkommens über die Sozialpolitik, das dem Protokoll über die Sozialpolitik beigefügt war, welches dem Vertrag zur Gründung der Europäischen Gemeinschaft beigefügt war, in die Artikel 136 bis 139 des Vertrages zur Gründung der Europäischen Gemeinschaft übernommen.
(2) Die Sozialpartner können nach Artikel 139 Absatz 2 des Vertrags gemeinsam beantragen, daß die auf Gemeinschaftsebene geschlossenen Vereinbarungen durch einen Beschluß des Rates auf Vorschlag der Kommission durchgeführt werden.
(3) Nummer 7 der Gemeinschaftscharta der sozialen Grundrechte der Arbeitnehmer sieht unter anderem folgendes vor: „Die Verwirklichung des Binnenmarktes muß zu einer Verbesserung der Lebens- und Arbeitsbedingungen der Arbeitnehmer in der Europäischen Gemeinschaft führen. Dieser Prozeß erfolgt durch eine Angleichung dieser Bedingungen auf dem Wege des Fortschritts und betrifft namentlich andere Arbeitsformen als das unbefristete Arbeitsverhältnis, wie das befristete Arbeitsverhältnis, Teilzeitarbeit, Leiharbeit und Saisonarbeit".
(4) Der Rat hat weder zu dem Vorschlag für eine Richtlinie über bestimmte Arbeitsverhältnisse im Hinblick auf Wettbewerbsverzerrungen[1] noch zu dem Vorschlag für eine Richtlinie über bestimmte Arbeitsverhältnisse hinsichtlich der Arbeitsbedingungen[2] einen Beschluß gefaßt.
(5) Entsprechend den Schlußfolgerungen des Europäischen Rates von Essen sind Maßnahmen „zur Steigerung der Beschäftigungsintensität des Wachstums, insbesondere durch eine flexiblere Organisation der Arbeit, die sowohl den Wünschen der Arbeitnehmer als auch den Erfordernissen des Wettbewerbs gerecht wird" erforderlich.
(6) In der Entschließung des Rates vom 9. Februar 1999 zu den beschäftigungspolitischen Leitlinien für 1999 werden die Sozialpartner aufgefordert, auf allen geeigneten Ebenen Vereinbarungen zur Modernisierung der Arbeitsorganisation, darunter auch anpassungsfähige Arbeitsregelungen, auszuhandeln, um die Unternehmen produktiv und wettbewerbsfähig zu machen und ein ausgewogenes Verhältnis zwischen Anpassungsfähigkeit und Sicherheit zu erreichen.
(7) Die Kommission hat nach Artikel 3 Absatz 2 des Abkommens über die Sozialpolitik die Sozialpartner zu der Frage gehört, wie eine Gemeinschaftsaktion zur Flexibilisierung der Arbeitszeit und Absicherung der Arbeitnehmer gegebenenfalls ausgerichtet werden sollte.
(8) Die Kommission, die nach dieser Anhörung eine Gemeinschaftsaktion für zweckmäßig hielt, hat die Sozialpartner nach Artikel 3 Absatz 3 des genannten Abkommens erneut zum Inhalt des in Aussicht genommenen Vorschlags gehört.
(9) Die allgemeinen branchenübergreifenden Organisationen, d. h. die Union der Industrie- und Arbeitgeberverbände Europas (UNICE), der Europäische Zentralverband der öffentlichen Wirtschaft (CEEP) und der Europäische Gewerkschaftsbund (EGB) haben der Kommission in einem gemeinsamen Schreiben vom 23. März 1998 mitgeteilt, daß sie das Verfahren nach Artikel 4 des genannten Abkommens in Gang setzen wollen. Sie haben die Kommission in einem gemeinsamen Schreiben um eine zusätzliche Frist von drei Monaten gebeten. Die Kommission kam dieser Bitte nach und verlängerte den Verhandlungszeitraum bis zum 30. März 1999.
(10) Die genannten branchenübergreifenden Organisationen schlossen am 18. März 1999 eine Rahmenvereinbarung über befristete Arbeitsverträge und übermittelten der Kommission nach Artikel 4 Absatz 2 des Abkommens über die Sozialpolitik ihren gemeinsamen Antrag auf Durchführung dieser Rahmenvereinbarung durch einen Beschluß des Rates auf Vorschlag der Kommission.

---

1 ABl. C 224 vom 8.9.1990, S. 6 und ABl. C 305 vom 5.12.1990, S. 8.
2 ABl. C 224 vom 8.9.1990, S. 4.

3.8 Befristungs-RL

(11) Der Rat hat in seiner Entschließung vom 6. Dezember 1994 „Bestimmte Perspektiven einer Sozial-politik der Europäischen Union: ein Beitrag zur wirtschaftlichen und sozialen Konvergenz in der Union"[3] die Sozialpartner ersucht, die Möglichkeiten zum Abschluß von Vereinbarungen wahrzu-nehmen, weil sie in der Regel näher an den sozialen Problemen und der sozialen Wirklichkeit sind.

(12) In der Präambel zu der am 6. Juni 1997 geschlossenen Rahmenvereinbarung über Teilzeitarbeit kündigten die Unterzeichnerparteien ihre Absicht an, zu prüfen, ob ähnliche Vereinbarungen für andere flexible Arbeitsformen erforderlich sind.

(13) Die Sozialpartner wollten den befristeten Arbeitsverträgen besondere Beachtung schenken, erklär-ten jedoch auch, daß sie in Erwägung ziehen wollten, ob eine ähnliche Vereinbarung über Leihar-beit erforderlich ist.

(14) Die Unterzeichnerparteien wollten eine Rahmenvereinbarung über befristete Arbeitsverträge schließen, welche die allgemeinen Grundsätze und Mindestvorschriften für befristete Arbeitsver-träge und Beschäftigungsverhältnisse niederlegt. Sie haben ihren Willen bekundet, durch Anwen-dung des Grundsatzes der Nichtdiskriminierung die Qualität befristeter Arbeitsverhältnisse zu ver-bessern und einen Rahmen zu schaffen, der den Mißbrauch durch aufeinanderfolgende befristete Arbeitsverträge oder Beschäftigungsverhältnisse verhindert.

(15) Der geeignete Rechtsakt zur Durchführung der Rahmenvereinbarung ist eine Richtlinie im Sinne von Artikel 249 des Vertrags. Sie ist für die Mitgliedstaaten hinsichtlich des zu erreichenden Zieles verbindlich, überläßt diesen jedoch die Wahl der Form und der Mittel.

(16) Entsprechend den in Artikel 5 des Vertrags genannten Grundsätzen der Subsidiarität und der Ver-hältnismäßigkeit können die Ziele dieser Richtlinie auf Ebene der Mitgliedstaaten nicht ausrei-chend erreicht werden, so daß sie besser auf Gemeinschaftsebene verwirklicht werden können. Die Richtlinie geht nicht über das für die Erreichung dieser Ziele Erforderliche hinaus.

(17) Bezüglich der in der Rahmenvereinbarung verwendeten, jedoch nicht genau definierten Begriffe überläßt es diese Richtlinie - wie andere im Sozialbereich erlassene Richtlinien, in denen ähnliche Begriffe vorkommen - den Mitgliedstaaten, diese Begriffe entsprechend ihrem nationalen Recht und/oder ihrer nationalen Praxis zu definieren, vorausgesetzt, diese Definitionen entsprechen in-haltlich der Rahmenvereinbarung.

(18) Die Kommission hat ihren Richtlinienvorschlag entsprechend ihrer Mitteilung vom 14. Dezember 1993 über die Anwendung des Protokolls über die Sozialpolitik und ihrer Mitteilung vom 20. Mai 1998 zur Entwicklung des sozialen Dialogs auf Gemeinschaftsebene unter Berücksichtigung des Vertretungsanspruchs der Unterzeichnerparteien, ihres Mandats und der Rechtmäßigkeit der Be-stimmungen der Rahmenvereinbarung ausgearbeitet. Die Unterzeichnerparteien verfügen über ei-nen ausreichenden kumulativen Vertretungsanspruch.

(19) Entsprechend ihrer Mitteilung über die Anwendung des Protokolls über die Sozialpolitik hat die Kommission das Europäische Parlament und den Wirtschafts- und Sozialausschuß unterrichtet und ihnen den Wortlaut der Rahmenvereinbarung sowie ihren mit einer Begründung versehenen Vorschlag für eine Richtlinie übermittelt.

(20) Das Europäische Parlament hat am 6. Mai 1999 eine Entschließung zu der Rahmenvereinbarung der Sozialpartner angenommen.

(21) Die Durchführung der Rahmenvereinbarung trägt zur Verwirklichung der in Artikel 136 des Ver-trags genannten Ziele bei –

HAT FOLGENDE RICHTLINIE ERLASSEN:

Art. 1 [Ziel] Mit dieser Richtlinie soll die zwischen den allgemeinen branchenübergreifen-den Organisationen (EGB, UNICE und CEEP) geschlossene Rahmenvereinbarung vom 18. März 1999 über befristete Arbeitsverträge, die im Anhang enthalten ist, durchgeführt werden.

Art. 2-4 *Umsetzungspflichten und –fristen, Adressaten - nicht abgedruckt.*

---

3   ABl. C 368 vom 23.12.1994, S. 6.

Anhang

EGB-UNICE-CEEP Rahmenvereinbarung über befristete Arbeitsverträge

Präambel

Die vorliegende Rahmenvereinbarung ist ein Beispiel für die Rolle, die Sozialpartner im Rahmen der 1997 auf der Sondertagung in Luxemburg vereinbarten europäischen Beschäftigungsstrategie spielen können, und nach der Rahmenvereinbarung über Teilzeitarbeit ein weiterer Beitrag auf dem Weg zu einem besseren Gleichgewicht zwischen „Flexibilität der Arbeitszeit und Sicherheit der Arbeitnehmer".

Die Unterzeichnerparteien dieser Vereinbarung erkennen an, daß unbefristete Verträge die übliche Form des Beschäftigungsverhältnisses zwischen Arbeitgebern und Arbeitnehmern darstellen und weiter darstellen werden. Sie erkennen auch an, daß befristete Beschäftigungsverträge unter bestimmten Umständen den Bedürfnissen von Arbeitgebern und Arbeitnehmern entsprechen.

Die Vereinbarung legt die allgemeinen Grundsätze und Mindestvorschriften für befristete Arbeitsverträge in der Erkenntnis nieder, daß bei ihrer genauen Anwendung die besonderen Gegebenheiten der jeweiligen nationalen, sektoralen und saisonalen Situation berücksichtigt werden müssen. Sie macht den Willen der Sozialpartner deutlich, einen allgemeinen Rahmen zu schaffen, der durch den Schutz vor Diskriminierung die Gleichbehandlung von Arbeitnehmern in befristeten Arbeitsverhältnissen sichert und die Inanspruchnahme befristeter Arbeitsverträge auf einer für Arbeitgeber und Arbeitnehmer akzeptablen Grundlage ermöglicht.

Die Vereinbarung gilt für Arbeitnehmer in befristeten Arbeitsverhältnissen mit Ausnahme derer, die einem Unternehmen von einer Leiharbeitsagentur zur Verfügung gestellt werden. Es ist die Absicht der Parteien, den Abschluß einer ähnlichen Vereinbarung über Leiharbeit in Erwägung zu ziehen.

Die Vereinbarung erstreckt sich auf die Beschäftigungsbedingungen von Arbeitnehmern in befristeten Arbeitsverhältnissen und erkennt an, daß Fragen der gesetzlichen Regelung der sozialen Sicherheit der Entscheidung der Mitgliedstaaten unterliegen. Die Sozialpartner nehmen in diesem Sinne von der Erklärung zur Beschäftigung des Europäischen Rates von Dublin aus dem Jahre 1996 Kenntnis, in der unter anderem betont wird, daß die Systeme der sozialen Sicherheit beschäftigungsfreundlicher gestaltet werden sollten, indem Systeme der sozialen Sicherheit entwickelt werden, die sich an neue Arbeitsstrukturen anpassen lassen und die jedem, der im Rahmen solcher Strukturen arbeitet, auch einen angemessenen sozialen Schutz bieten. Die Unterzeichnerparteien wiederholen ihre bereits 1997 in der Rahmenvereinbarung über Teilzeitarbeit geäußerte Ansicht, daß die Mitgliedstaaten die Erklärung unverzüglich umsetzen sollten.

Außerdem wird anerkannt, daß Innovationen in den betrieblichen Sozialschutzsystemen erforderlich sind, um sie an die Bedingungen von heute anzupassen und insbesondere die Übertragbarkeit von Ansprüchen zu ermöglichen.

EGB, UNICE und CEEP ersuchen die Kommission, diese Rahmenvereinbarung dem Rat vorzulegen, damit deren Vorschriften in den Mitgliedstaaten, die das Abkommen über die Sozialpolitik, das dem Protokoll (Nr. 14) über die Sozialpolitik im Anhang zum Vertrag zur Gründung der Europäischen Union beigefügt ist, unterzeichnet haben, durch Ratsbeschluß verbindlich werden.

Die Unterzeichnerparteien ersuchen die Kommission, die Mitgliedstaaten in ihrem Vorschlag zur Umsetzung dieser Vereinbarung aufzufordern, die erforderlichen Rechts- und Verwaltungsvorschriften zu erlassen, um dem Ratsbeschluß innerhalb einer Frist von zwei Jahren nach seiner Verabschiedung nachzukommen, oder sich zu vergewissern[4], daß die Sozialpartner die notwendigen Maßnahmen vor Ablauf dieser Frist im Wege einer Vereinbarung ergreifen. Bei besonderen Schwierigkeiten oder einer Umsetzung mittels eines Tarifvertrags haben die Mitgliedstaaten nach Konsultation der Sozialpartner gegebenenfalls zusätzlich bis zu einem Jahr Zeit, dieser Bestimmung nachzukommen.

Die Unterzeichnerparteien bitten darum, daß die Sozialpartner vor jeder Maßnahme, die Rechts- und Verwaltungsvorschriften der Mitgliedstaaten zur Erfüllung dieser Vereinbarung betrifft, konsultiert werden.

Unbeschadet der jeweiligen Rolle der einzelstaatlichen Gerichte und des Gerichtshofs bitten die Unterzeichnerparteien darum, daß jede Frage im Hinblick auf die Auslegung dieser Vereinbarung auf europäischer Ebene über die Kommission zunächst an sie weitergeleitet wird, damit sie eine Stellungnahme abgeben können.

---

4   Im Sinne von Artikel 2 Absatz 4 des Abkommens über die Sozialpolitik, das dem Protokoll (Nr. 14) über die Sozialpolitik im Anhang zum Vertrag zur Gründung der Europäischen Gemeinschaft beigefügt ist.

3.8 Befristungs-RL

Allgemeine Erwägungen

1. Gestützt auf das Abkommen über die Sozialpolitik, das dem Protokoll (Nr. 14) über die Sozialpolitik im Anhang zum Vertrag zur Gründung der Europäischen Gemeinschaft beigefügt ist, insbesondere auf Artikel 3 Absatz 4 und Artikel 4 Absatz 2,

in Erwägung nachstehender Gründe:

2. Gemäß Artikel 4 Absatz 2 des Abkommens über die Sozialpolitik erfolgt die Durchführung der auf Gemeinschaftsebene geschlossenen Vereinbarungen auf gemeinsamen Antrag der Unterzeichnerparteien durch einen Beschluß des Rates auf Vorschlag der Kommission.

3. Die Kommission kündigte in ihrem zweiten Konsultationspapier über die Flexibilität der Arbeitszeit und Arbeitnehmersicherheit an, eine gesetzlich bindende Gemeinschaftsmaßnahme vorschlagen zu wollen.

4. Das Europäische Parlament forderte die Kommission in seiner Stellungnahme zum Vorschlag für eine Richtlinie über Teilzeitarbeit auf, unverzüglich Vorschläge für Richtlinien über andere Formen der flexiblen Arbeit wie befristete Arbeitsverträge und Leiharbeit zu unterbreiten.

5. In den Schlußfolgerungen des außerordentlichen Gipfeltreffens über Beschäftigungsfragen in Luxemburg ersuchte der Europäische Rat die Sozialpartner, „Vereinbarungen zur Modernisierung der Arbeitsorganisation, darunter flexible Arbeitsregelungen, auszuhandeln, um die Unternehmen produktiv und wettbewerbsfähig zu machen und ein ausgewogenes Verhältnis zwischen Flexibilität und Sicherheit zu erreichen".

6. Unbefristete Arbeitsverträge sind die übliche Form des Beschäftigungsverhältnisses. Sie tragen zur Lebensqualität der betreffenden Arbeitnehmer und zur Verbesserung ihrer Leistungsfähigkeit bei.

7. Die aus objektiven Gründen erfolgende Inanspruchnahme befristeter Arbeitsverträge hilft Mißbrauch zu vermeiden.

8. Befristete Arbeitsverträge sind für die Beschäftigung in bestimmten Branchen, Berufen und Tätigkeiten charakteristisch und können den Bedürfnissen der Arbeitgeber und der Arbeitnehmer entsprechen.

9. Da mehr als die Hälfte der Arbeitnehmer in befristeten Arbeitsverhältnissen in der Europäischen Union Frauen sind, kann diese Vereinbarung zur Verbesserung der Chancengleichheit zwischen Frauen und Männern beitragen.

10. Diese Vereinbarung überläßt es den Mitgliedstaaten und den Sozialpartnern, die Anwendungsmodalitäten ihrer allgemeinen Grundsätze, Mindestvorschriften und Bestimmungen zu definieren, um so der jeweiligen Situation der einzelnen Mitgliedstaaten und den Umständen bestimmter Branchen und Berufe einschließlich saisonaler Tätigkeiten Rechnung zu tragen.

11. Diese Vereinbarung berücksichtigt die Notwendigkeit, die sozialpolitischen Rahmenbedingungen zu verbessern, die Wettbewerbsfähigkeit der Wirtschaft der Gemeinschaft zu fördern und verwaltungstechnische, finanzielle oder rechtliche Zwänge zu vermeiden, die die Gründung und Entwicklung von kleinen und mittleren Unternehmen behindern könnten.

12. Die Sozialpartner sind am besten in der Lage, Lösungen zu finden, die den Bedürfnissen der Arbeitgeber und der Arbeitnehmer gerecht werden. Daher ist ihnen eine besondere Rolle bei der Umsetzung und Anwendung dieser Vereinbarung einzuräumen -

HABEN DIE UNTERZEICHNERPARTEIEN FOLGENDES VEREINBART:

§ 1 Gegenstand Diese Rahmenvereinbarung soll:

a) durch Anwendung des Grundsatzes der Nichtdiskriminierung die Qualität befristeter Arbeitsverhältnisse verbessern;

b) einen Rahmen schaffen, der den Mißbrauch durch aufeinanderfolgende befristete Arbeitsverträge oder -verhältnisse verhindert.

§ 2 Anwendungsbereich 1. Diese Vereinbarung gilt für befristet beschäftigte Arbeitnehmer mit einem Arbeitsvertrag oder -verhältnis gemäß der gesetzlich, tarifvertraglich oder nach den Gepflogenheiten in jedem Mitgliedstaat geltenden Definition.

2. Die Mitgliedstaaten, nach Anhörung der Sozialpartner, und/oder die Sozialpartner können vorsehen, daß diese Vereinbarung nicht gilt für:

a) Berufsausbildungsverhältnisse und Auszubildendensysteme/Lehrlingsausbildungssysteme;

b) Arbeitsverträge und -verhältnisse, die im Rahmen eines besonderen öffentlichen oder von der öffentlichen Hand unterstützten beruflichen Ausbildungs-, Eingliederungs- oder Umschulungsprogramms abgeschlossen wurden.

§ 3 Definitionen Im Sinne dieser Vereinbarung ist:

1. „befristet beschäftigter Arbeitnehmer" eine Person mit einem direkt zwischen dem Arbeitgeber und dem Arbeitnehmer geschlossenen Arbeitsvertrag oder -verhältnis, dessen Ende durch objektive Bedingungen wie das Erreichen eines bestimmten Datums, die Erfüllung einer bestimmten Aufgabe oder das Eintreten eines bestimmten Ereignisses bestimmt wird.

2. „vergleichbarer Dauerbeschäftigter" ein Arbeitnehmer desselben Betriebs mit einem unbefristeten Arbeitsvertrag oder -verhältnis, der in der gleichen oder einer ähnlichen Arbeit/Beschäftigung tätig ist, wobei auch die Qualifikationen/Fertigkeiten angemessen zu berücksichtigen sind.

Ist in demselben Betrieb kein vergleichbarer Dauerbeschäftigter vorhanden, erfolgt der Vergleich anhand des anwendbaren Tarifvertrags oder in Ermangelung eines solchen gemäß den einzelstaatlichen gesetzlichen oder tarifvertraglichen Bestimmungen oder Gepflogenheiten.

§ 4 Grundsatz der Nichtdiskriminierung 1. Befristet beschäftige Arbeitnehmer dürfen in ihren Beschäftigungsbedingungen nur deswegen, weil für sie ein befristeter Arbeitsvertrag oder ein befristetes Arbeitsverhältnis gilt, gegenüber vergleichbaren Dauerbeschäftigten nicht schlechter behandelt werden, es sei denn, die unterschiedliche Behandlung ist aus sachlichen Gründen gerechtfertigt.

2. Es gilt, wo dies angemessen ist, der Pro-rata-temporis-Grundsatz.

3. Die Anwendungsmodalitäten dieser Bestimmung werden von den Mitgliedstaaten nach Anhörung der Sozialpartner und/oder von den Sozialpartnern unter Berücksichtigung der Rechtsvorschriften der Gemeinschaft und der einzelstaatlichen und tarifvertraglichen Bestimmungen und Gepflogenheiten festgelegt.

4. In Bezug auf bestimmte Beschäftigungsbedingungen gelten für befristet beschäftige Arbeitnehmer dieselben Betriebszugehörigkeitszeiten wie für Dauerbeschäftigte, es sei denn, unterschiedliche Betriebszugehörigkeitszeiten sind aus sachlichen Gründen gerechtfertigt.

§ 5 Maßnahmen zur Vermeidung von Mißbrauch 1. Um Mißbrauch durch aufeinanderfolgende befristete Arbeitsverträge oder -verhältnisse zu vermeiden, ergreifen die Mitgliedstaaten nach der gesetzlich oder tarifvertraglich vorgeschriebenen oder in dem Mitgliedstaat üblichen Anhörung der Sozialpartner und/oder die Sozialpartner, wenn keine gleichwertigen gesetzlichen Maßnahmen zur Mißbrauchsverhinderung bestehen, unter Berücksichtigung der Anforderungen bestimmter Branchen und/oder Arbeitnehmerkategorien eine oder mehrere der folgenden Maßnahmen:

a) sachliche Gründe, die die Verlängerung solcher Verträge oder Verhältnisse rechtfertigen;

b) die insgesamt maximal zulässige Dauer aufeinanderfolgender Arbeitsverträge oder -verhältnisse;

c) die zulässige Zahl der Verlängerungen solcher Verträge oder Verhältnisse.

2. Die Mitgliedstaaten, nach Anhörung der Sozialpartner, und/oder die Sozialpartner legen gegebenenfalls fest, unter welchen Bedingungen befristete Arbeitsverträge oder Beschäftigungsverhältnisse:

a) als „aufeinanderfolgend" zu betrachten sind;

b) als unbefristete Verträge oder Verhältnisse zu gelten haben.

§ 6 Information und Beschäftigungsmöglichkeiten 1. Die Arbeitgeber informieren die befristet beschäftigten Arbeitnehmer über Stellen, die im Unternehmen oder Betrieb frei werden, damit diese die gleichen Chancen auf einen sicheren unbefristeten. Arbeitsplatz haben wie andere Arbeitnehmer. Diese Information kann durch allgemeine Bekanntgabe an geeigneter Stelle im Unternehmen oder Betrieb erfolgen.
2. Die Arbeitgeber erleichtern den befristet beschäftigten Arbeitnehmern, soweit dies möglich ist, den Zugang zu angemessenen Aus- und Weiterbildungsmöglichkeiten, die die Verbesserung ihrer Fertigkeiten, ihr berufliches Fortkommen und ihre berufliche Mobilität fördern.

§ 7 Information und Konsultation 1. Befristet beschäftigte Arbeitnehmer werden entsprechend den nationalen Rechtvorschriften bei der Berechnung der Schwellenwerte für die Einrichtung von Arbeitnehmervertretungen in den Unternehmen berücksichtigt, die nach den Rechtsvorschriften der Gemeinschaft und der Mitgliedstaaten vorgesehen sind.
2. Die Anwendungsmodalitäten des Paragraphs 7 Nummer 1 werden von den Mitgliedstaaten nach Anhörung der Sozialpartner und/oder von den Sozialpartnern unter Berücksichtigung der einzelstaatlichen gesetzlichen und tarifvertraglichen Bestimmungen und Gepflogenheiten und im Einklang mit Paragraph 4 Nummer 1 festgelegt.
3. Die Arbeitgeber ziehen, soweit dies möglich ist, eine angemessene Information der vorhandenen Arbeitnehmervertretungsgremien über befristete Arbeitsverhältnisse im Unternehmen in Erwägung.

§ 8 *Mindeststandardklausel, Rückschrittsverbot, Vorbehalt spezifischen Gemeinschaftsrechts sowie spezifischer oder ergänzender Vereinbarungen der Sozialpartner - nicht abgedruckt.*

3.9 Richtlinie 2008/104/EG des Europäischen Parlaments und des Rates vom 19. November 2008 über Leiharbeit [Leiharbeits-RL]

ABl. 2008 L 327/9

DAS EUROPÄISCHE PARLAMENT UND DER RAT DER EUROPÄISCHEN UNION –
gestützt auf den Vertrag zur Gründung der Europäischen Gemeinschaft, insbesondere auf Artikel 137 Absatz 2,
auf Vorschlag der Kommission[1],
nach Stellungnahme des Europäischen Wirtschafts- und Sozialausschusses[2],
nach Anhörung des Ausschusses der Regionen,
gemäß dem Verfahren des Artikels 251 des Vertrags[3],
in Erwägung nachstehender Gründe:

(1) Diese Richtlinie steht im Einklang mit den Grundrechten und befolgt die in der Charta der Grundrechte der Europäischen Union anerkannten Prinzipien[4]. Sie soll insbesondere die uneingeschränkte Einhaltung von Artikel 31 der Charta gewährleisten, wonach jede Arbeitnehmerin und jeder Arbeitnehmer das Recht auf gesunde, sichere und würdige Arbeitsbedingungen sowie auf eine Begrenzung der Höchstarbeitszeit, auf tägliche und wöchentliche Ruhezeiten sowie auf bezahlten Jahresurlaub hat.

(2) Nummer 7 der Gemeinschaftscharta der sozialen Grundrechte der Arbeitnehmer sieht unter anderem vor, dass die Verwirklichung des Binnenmarktes zu einer Verbesserung der Lebens- und Arbeitsbedingungen der Arbeitnehmer in der Europäischen Gemeinschaft führen muss; dieser Prozess erfolgt durch eine Angleichung dieser Bedingungen auf dem Wege des Fortschritts und betrifft namentlich Arbeitsformen wie das befristete Arbeitsverhältnis, Teilzeitarbeit, Leiharbeit und Saisonarbeit.

(3) Die Kommission hat die Sozialpartner auf Gemeinschaftsebene am 27. September 1995 gemäß Artikel 138 Absatz 2 des Vertrags zu einem Tätigwerden auf Gemeinschaftsebene hinsichtlich der Flexibilität der Arbeitszeit und der Arbeitsplatzsicherheit gehört.

(4) Da die Kommission nach dieser Anhörung eine Gemeinschaftsaktion für zweckmäßig hielt, hat sie die Sozialpartner am 9. April 1996 erneut gemäß Artikel 138 Absatz 3 des Vertrags zum Inhalt des in Aussicht genommenen Vorschlags gehört.

(5) In der Präambel zu der am 18. März 1999 geschlossenen Rahmenvereinbarung über befristete Arbeitsverträge bekundeten die Unterzeichneten ihre Absicht, die Notwendigkeit einer ähnlichen Vereinbarung zum Thema Leiharbeit zu prüfen und entschieden, Leiharbeitnehmer nicht in der Richtlinie über befristete Arbeitsverträge zu behandeln.

(6) Die allgemeinen branchenübergreifenden Wirtschaftsverbände, nämlich die Union der Industrie- und Arbeitgeberverbände Europas (UNICE)[5], der Europäische Zentralverband der öffentlichen Wirtschaft (CEEP) und der Europäische Gewerkschaftsbund (EGB), haben der Kommission in einem gemeinsamen Schreiben vom 29. Mai 2000 mitgeteilt, dass sie den Prozess nach Artikel 139 des Vertrags in Gang setzen wollen. Sie haben die Kommission in einem weiteren gemeinsamen Schreiben vom 28. Februar 2001 um eine Verlängerung der in Artikel 138 Absatz 4 genannten Frist um einen Monat ersucht. Die Kommission hat dieser Bitte entsprochen und die Verhandlungsfrist bis zum 15. März 2001 verlängert.

(7) Am 21. Mai 2001 erkannten die Sozialpartner an, dass ihre Verhandlungen über Leiharbeit zu keinem Ergebnis geführt hatten.

(8) Der Europäische Rat hat es im März 2005 für unabdingbar gehalten, der Lissabon-Strategie neue Impulse zu geben und ihre Prioritäten erneut auf Wachstum und Beschäftigung auszurichten. Der

---

1 [KOM(2002) 149 endg. Geänderter Vorschlag KOM(2002) 701 endg.]
2 ABl. C 61 vom 14.3.2003, S. 124.
3 Stellungnahme des Europäischen Parlaments vom 21.11.2002 (ABl. C 25 E vom 29.1.2004, S. 368), Gemeinsamer Standpunkt des Rates vom 15.9.2008 [(ABl. C 254 E vom 7.10.2008, S. 36)] und Standpunkt des Europäischen Parlaments vom 22.10.2008 ([ABl. C 15 E vom 21.1.2010, S. 137]).
4 ABl. C 303 vom 14.12.2007, S. 1.
5 Die UNICE hat ihren Namen im Januar 2007 in BUSINESSEUROPE geändert.

483

Rat hat die Integrierten Leitlinien für Wachstum und Beschäftigung (2005-2008) angenommen, die unter gebührender Berücksichtigung der Rolle der Sozialpartner unter anderem der Förderung von Flexibilität in Verbindung mit Beschäftigungssicherheit und der Verringerung der Segmentierung des Arbeitsmarktes dienen sollen.

(9) Im Einklang mit der Mitteilung der Kommission zur sozialpolitischen Agenda für den Zeitraum bis 2010, die vom Europäischen Rat im März 2005 als Beitrag zur Verwirklichung der Ziele der Lissabon-Strategie durch Stärkung des europäischen Sozialmodells begrüßt wurde, hat der Europäische Rat die Ansicht vertreten, dass auf Seiten der Arbeitnehmer und der Unternehmen neue Formen der Arbeitsorganisation und eine größere Vielfalt der Arbeitsverträge mit besserer Kombination von Flexibilität und Sicherheit zur Anpassungsfähigkeit beitragen würden. Im Dezember 2007 hat der Europäische Rat darüber hinaus die vereinbarten gemeinsamen Flexicurity-Grundsätze gebilligt, die auf ein ausgewogenes Verhältnis zwischen Flexibilität und Sicherheit auf dem Arbeitsmarkt abstellen und sowohl Arbeitnehmern als auch Arbeitgebern helfen sollen, die durch die Globalisierung gebotenen Chancen zu nutzen.

(10) In Bezug auf die Inanspruchnahme der Leiharbeit sowie die rechtliche Stellung, den Status und die Arbeitsbedingungen der Leiharbeitnehmer lassen sich innerhalb der Union große Unterschiede feststellen.

(11) Die Leiharbeit entspricht nicht nur dem Flexibilitätsbedarf der Unternehmen, sondern auch dem Bedürfnis der Arbeitnehmer, Beruf und Privatleben zu vereinbaren. Sie trägt somit zur Schaffung von Arbeitsplätzen und zur Teilnahme am und zur Eingliederung in den Arbeitsmarkt bei.

(12) Die vorliegende Richtlinie legt einen diskriminierungsfreien, transparenten und verhältnismäßigen Rahmen zum Schutz der Leiharbeitnehmer fest und wahrt gleichzeitig die Vielfalt der Arbeitsmärkte und der Arbeitsbeziehungen.

(13) Die Richtlinie 91/383/EWG des Rates vom 25. Juni 1991 zur Ergänzung der Maßnahmen zur Verbesserung der Sicherheit und des Gesundheitsschutzes von Arbeitnehmern mit befristetem Arbeitsverhältnis oder Leiharbeitsverhältnis[6] enthält die für Leiharbeitnehmer geltenden Bestimmungen im Bereich von Sicherheit und Gesundheitsschutz am Arbeitsplatz.

(14) Die wesentlichen Arbeits- und Beschäftigungsbedingungen für Leiharbeitnehmer sollten mindestens denjenigen entsprechen, die für diese Arbeitnehmer gelten würden, wenn sie von dem entleihenden Unternehmen für den gleichen Arbeitsplatz eingestellt würden.

(15) Unbefristete Arbeitsverträge sind die übliche Form des Beschäftigungsverhältnisses. Im Falle von Arbeitnehmern, die einen unbefristeten Vertrag mit dem Leiharbeitsunternehmen geschlossen haben, sollte angesichts des hierdurch gegebenen besonderen Schutzes die Möglichkeit vorgesehen werden, von den im entleihenden Unternehmen geltenden Regeln abzuweichen.

(16) Um der Vielfalt der Arbeitsmärkte und der Arbeitsbeziehungen auf flexible Weise gerecht zu werden, können die Mitgliedstaaten den Sozialpartnern gestatten, Arbeits- und Beschäftigungsbedingungen festzulegen, sofern das Gesamtschutzniveau für Leiharbeitnehmer gewahrt bleibt.

(17) Außerdem sollten die Mitgliedstaaten unter bestimmten, genau festgelegten Umständen auf der Grundlage einer zwischen den Sozialpartnern auf nationaler Ebene geschlossenen Vereinbarung vom Grundsatz der Gleichbehandlung in beschränktem Maße abweichen dürfen, sofern ein angemessenes Schutzniveau gewährleistet ist.

(18) Die Verbesserung des Mindestschutzes der Leiharbeitnehmer sollte mit einer Überprüfung der Einschränkungen oder Verbote einhergehen, die möglicherweise in Bezug auf Leiharbeit gelten. Diese können nur aus Gründen des Allgemeininteresses, vor allem des Arbeitnehmerschutzes, der Erfordernisse von Gesundheitsschutz und Sicherheit am Arbeitsplatz und der Notwendigkeit, das reibungslose Funktionieren des Arbeitsmarktes zu gewährleisten und eventuellen Missbrauch zu verhüten, gerechtfertigt sein.

(19) Die vorliegende Richtlinie beeinträchtigt weder die Autonomie der Sozialpartner, noch sollte sie die Beziehungen zwischen den Sozialpartnern beeinträchtigen, einschließlich des Rechts, Tarifverträge gemäß nationalem Recht und nationalen Gepflogenheiten bei gleichzeitiger Einhaltung des geltenden Gemeinschaftsrechts auszuhandeln und zu schließen.

(20) Die in dieser Richtlinie enthaltenen Bestimmungen über Einschränkungen oder Verbote der Beschäftigung von Leiharbeitnehmern lassen die nationalen Rechtsvorschriften und Gepflogenheiten unberührt, die es verbieten, streikende Arbeitnehmer durch Leiharbeitnehmer zu ersetzen.

(21) Die Mitgliedstaaten sollten für Verstöße gegen die Verpflichtungen aus dieser Richtlinie Verwaltungs- oder Gerichtsverfahren zur Wahrung der Rechte der Leiharbeitnehmer sowie wirksame, abschreckende und verhältnismäßige Sanktionen vorsehen.

---

6 ABl. L 206 vom 29.7.1991, S. 19.

(22) Die vorliegende Richtlinie sollte im Einklang mit den Vorschriften des Vertrags über die Dienstleistungs- und Niederlassungsfreiheit, und unbeschadet der Richtlinie 96/71/EG des Europäischen Parlaments und des Rates vom 16. Dezember 1996 über die Entsendung von Arbeitnehmern im Rahmen der Erbringung von Dienstleistungen[7] umgesetzt werden.

(23) Da das Ziel dieser Richtlinie, nämlich die Schaffung eines auf Gemeinschaftsebene harmonisierten Rahmens zum Schutz der Leiharbeitnehmer, auf Ebene der Mitgliedstaaten nicht ausreichend verwirklicht werden kann und daher wegen des Umfangs und der Wirkungen der Maßnahme besser auf Gemeinschaftsebene zu verwirklichen ist, und zwar durch Einführung von Mindestvorschriften, die in der gesamten Europäischen Gemeinschaft Geltung besitzen, kann die Gemeinschaft im Einklang mit dem in Artikel 5 des Vertrags niedergelegten Subsidiaritätsprinzip tätig werden. Entsprechend dem in demselben Artikel genannten Grundsatz der Verhältnismäßigkeit geht diese Richtlinie nicht über das zur Erreichung dieses Ziels erforderliche Maß hinaus –
HABEN FOLGENDE RICHTLINIE ERLASSEN:

Kapitel I – Allgemeine Bestimmungen

Art. 1 Anwendungsbereich (1) Diese Richtlinie gilt für Arbeitnehmer, die mit einem Leiharbeitsunternehmen einen Arbeitsvertrag geschlossen haben oder ein Beschäftigungsverhältnis eingegangen sind und die entleihenden Unternehmen zur Verfügung gestellt werden, um vorübergehend unter deren Aufsicht und Leitung zu arbeiten.

(2) Diese Richtlinie gilt für öffentliche und private Unternehmen, bei denen es sich um Leiharbeitsunternehmen oder entleihende Unternehmen handelt, die eine wirtschaftliche Tätigkeit ausüben, unabhängig davon, ob sie Erwerbszwecke verfolgen oder nicht.

(3) Die Mitgliedstaaten können nach Anhörung der Sozialpartner vorsehen, dass diese Richtlinie nicht für Arbeitsverträge oder Beschäftigungsverhältnisse gilt, die im Rahmen eines spezifischen öffentlichen oder von öffentlichen Stellen geförderten beruflichen Ausbildungs-, Eingliederungs- und Umschulungsprogramms geschlossen wurden.

Art. 2 Ziel Ziel dieser Richtlinie ist es, für den Schutz der Leiharbeitnehmer zu sorgen und die Qualität der Leiharbeit zu verbessern, indem die Einhaltung des Grundsatzes der Gleichbehandlung von Leiharbeitnehmern gemäß Artikel 5 gesichert wird und die Leiharbeitsunternehmen als Arbeitgeber anerkannt werden, wobei zu berücksichtigen ist, dass ein angemessener Rahmen für den Einsatz von Leiharbeit festgelegt werden muss, um wirksam zur Schaffung von Arbeitsplätzen und zur Entwicklung flexibler Arbeitsformen beizutragen.

Art. 3 Begriffsbestimmungen (1) Im Sinne dieser Richtlinie bezeichnet der Ausdruck
a) Arbeitnehmer" eine Person, die in dem betreffenden Mitgliedstaat nach dem nationalen Arbeitsrecht als Arbeitnehmer geschützt ist;
b) Leiharbeitsunternehmen" eine natürliche oder juristische Person, die nach einzelstaatlichem Recht mit Leiharbeitnehmern Arbeitsverträge schließt oder Beschäftigungsverhältnisse eingeht, um sie entleihenden Unternehmen zu überlassen, damit sie dort unter deren Aufsicht und Leitung vorübergehend arbeiten;
c) Leiharbeitnehmer" einen Arbeitnehmer, der mit einem Leiharbeitsunternehmen einen Arbeitsvertrag geschlossen hat oder ein Beschäftigungsverhältnis eingegangen ist, um einem entleihenden Unternehmen überlassen zu werden und dort unter dessen Aufsicht und Leitung vorübergehend zu arbeiten;
d) entleihendes Unternehmen" eine natürliche oder juristische Person, in deren Auftrag und unter deren Aufsicht und Leitung ein Leiharbeitnehmer vorübergehend arbeitet;

---

7   ABl. L 18 vom 21.1.1997, S. 1 [Entsende-RL, in dieser Sammlung Nr. 3.1].

e) „Überlassung" den Zeitraum, während dessen der Leiharbeitnehmer dem entleihenden Unternehmen zur Verfügung gestellt wird, um dort unter dessen Aufsicht und Leitung vorübergehend zu arbeiten;

f) „wesentliche Arbeits- und Beschäftigungsbedingungen" die Arbeits- und Beschäftigungsbedingungen, die durch Gesetz, Verordnung, Verwaltungsvorschrift, Tarifvertrag und/oder sonstige verbindliche Bestimmungen allgemeiner Art, die im entleihenden Unternehmen gelten, festgelegt sind und sich auf folgende Punkte beziehen:

    i)   Dauer der Arbeitszeit, Überstunden, Pausen, Ruhezeiten, Nachtarbeit, Urlaub, arbeitsfreie Tage,

    ii) Arbeitsentgelt.

(2) Diese Richtlinie lässt das nationale Recht in Bezug auf die Begriffsbestimmungen von „Arbeitsentgelt", „Arbeitsvertrag", „Beschäftigungsverhältnis" oder „Arbeitnehmer" unberührt.

Die Mitgliedstaaten dürfen Arbeitnehmer, Arbeitsverträge oder Beschäftigungsverhältnisse nicht lediglich deshalb aus dem Anwendungsbereich dieser Richtlinie ausschließen, weil sie Teilzeitbeschäftigte, befristet beschäftigte Arbeitnehmer oder Personen sind bzw. betreffen, die mit einem Leiharbeitsunternehmen einen Arbeitsvertrag geschlossen haben oder ein Beschäftigungsverhältnis eingegangen sind.

Art. 4 Überprüfung der Einschränkungen und Verbote (1) Verbote oder Einschränkungen des Einsatzes von Leiharbeit sind nur aus Gründen des Allgemeininteresses gerechtfertigt; hierzu zählen vor allem der Schutz der Leiharbeitnehmer, die Erfordernisse von Gesundheitsschutz und Sicherheit am Arbeitsplatz oder die Notwendigkeit, das reibungslose Funktionieren des Arbeitsmarktes zu gewährleisten und eventuellen Missbrauch zu verhüten.

(2) Nach Anhörung der Sozialpartner gemäß den nationalen Rechtsvorschriften, Tarifverträgen und Gepflogenheiten überprüfen die Mitgliedstaaten bis zum 5. Dezember 2011 die Einschränkungen oder Verbote des Einsatzes von Leiharbeit, um festzustellen, ob sie aus den in Absatz 1 genannten Gründen gerechtfertigt sind.

(3) Sind solche Einschränkungen oder Verbote durch Tarifverträge festgelegt, so kann die Überprüfung gemäß Absatz 2 von denjenigen Sozialpartnern durchgeführt werden, die die einschlägige Vereinbarung ausgehandelt haben.

(4) Die Absätze 1, 2 und 3 gelten unbeschadet der nationalen Anforderungen hinsichtlich der Eintragung, Zulassung, Zertifizierung, finanziellen Garantie und Überwachung der Leiharbeitsunternehmen.

(5) Die Mitgliedstaaten informieren die Kommission über die Ergebnisse der Überprüfung gemäß den Absätzen 2 und 3 bis zum 5. Dezember 2011.

Kapitel II – Arbeits- und Beschäftigungsbedingungen

Art. 5 Grundsatz der Gleichbehandlung (1) Die wesentlichen Arbeits- und Beschäftigungsbedingungen der Leiharbeitnehmer entsprechen während der Dauer ihrer Überlassung an ein entleihendes Unternehmen mindestens denjenigen, die für sie gelten würden, wenn sie von jenem genannten Unternehmen unmittelbar für den gleichen Arbeitsplatz eingestellt worden wären.

Bei der Anwendung von Unterabsatz 1 müssen die im entleihenden Unternehmen geltenden Regeln in Bezug auf

a) den Schutz schwangerer und stillender Frauen und den Kinder- und Jugendschutz sowie

b) die Gleichbehandlung von Männern und Frauen und sämtliche Maßnahmen zur Bekämpfung von Diskriminierungen aufgrund des Geschlechts, der Rasse oder der ethnischen Herkunft, der Religion oder Weltanschauung, einer Behinderung, des Alters oder der sexuellen Orientierung

so eingehalten werden, wie sie durch Gesetze, Verordnungen, Verwaltungsvorschriften, Tarifverträge und/oder sonstige Bestimmungen allgemeiner Art festgelegt sind.

(2) In Bezug auf das Arbeitsentgelt können die Mitgliedstaaten nach Anhörung der Sozialpartner die Möglichkeit vorsehen, dass vom Grundsatz des Absatzes 1 abgewichen wird, wenn Leiharbeitnehmer, die einen unbefristeten Vertrag mit dem Leiharbeitsunternehmen abgeschlossen haben, auch in der Zeit zwischen den Überlassungen bezahlt werden.

(3) Die Mitgliedstaaten können nach Anhörung der Sozialpartner diesen die Möglichkeit einräumen, auf der geeigneten Ebene und nach Maßgabe der von den Mitgliedstaaten festgelegten Bedingungen Tarifverträge aufrechtzuerhalten oder zu schließen, die unter Achtung des Gesamtschutzes von Leiharbeitnehmern Regelungen in Bezug auf die Arbeits- und Beschäftigungsbedingungen von Leiharbeitnehmern, welche von den in Absatz 1 aufgeführten Regelungen abweichen können, enthalten können.

(4) Sofern Leiharbeitnehmern ein angemessenes Schutzniveau gewährt wird, können Mitgliedstaaten, in denen es entweder kein gesetzliches System, durch das Tarifverträge allgemeine Gültigkeit erlangen, oder kein gesetzliches System bzw. keine Gepflogenheiten zur Ausweitung von deren Bestimmungen auf alle vergleichbaren Unternehmen in einem bestimmten Sektor oder bestimmten geografischen Gebiet gibt, – nach Anhörung der Sozialpartner auf nationaler Ebene und auf der Grundlage einer von ihnen geschlossenen Vereinbarung – Regelungen in Bezug auf die wesentlichen Arbeits- und Beschäftigungsbedingungen von Leiharbeitnehmern festlegen, die vom Grundsatz des Absatzes 1 abweichen. Zu diesen Regelungen kann auch eine Wartezeit für Gleichbehandlung zählen.

Die in diesem Absatz genannten Regelungen müssen mit den gemeinschaftlichen Bestimmungen in Einklang stehen und hinreichend präzise und leicht zugänglich sein, damit die betreffenden Sektoren und Firmen ihre Verpflichtungen bestimmen und einhalten können. Insbesondere müssen die Mitgliedstaaten in Anwendung des Artikels 3 Absatz 2 angeben, ob betriebliche Systeme der sozialen Sicherheit, einschließlich Rentensysteme, Systeme zur Lohnfortzahlung im Krankheitsfall oder Systeme der finanziellen Beteiligung, zu den in Absatz 1 genannten wesentlichen Arbeits- und Beschäftigungsbedingungen zählen. Solche Vereinbarungen lassen Vereinbarungen auf nationaler, regionaler, lokaler oder sektoraler Ebene, die für Arbeitnehmer nicht weniger günstig sind, unberührt.

(5) Die Mitgliedstaaten ergreifen die erforderlichen Maßnahmen gemäß ihren nationalen Rechtsvorschriften und/oder Gepflogenheiten, um eine missbräuchliche Anwendung dieses Artikels zu verhindern und um insbesondere aufeinander folgende Überlassungen, mit denen die Bestimmungen der Richtlinie umgangen werden sollen, zu verhindern. Sie unterrichten die Kommission über solche Maßnahmen.

Art. 6 Zugang zu Beschäftigung, Gemeinschaftseinrichtungen und beruflicher Bildung (1) Die Leiharbeitnehmer werden über die im entleihenden Unternehmen offenen Stellen unterrichtet, damit sie die gleichen Chancen auf einen unbefristeten Arbeitsplatz haben wie die übrigen Arbeitnehmer dieses Unternehmens. Diese Unterrichtung kann durch allgemeine Bekanntmachung an einer geeigneten Stelle in dem Unternehmen erfolgen, in dessen Auftrag und unter dessen Aufsicht die Leiharbeitnehmer arbeiten.

(2) Die Mitgliedstaaten ergreifen die erforderlichen Maßnahmen, damit Klauseln, die den Abschluss eines Arbeitsvertrags oder die Begründung eines Beschäftigungsverhältnisses zwischen dem entleihenden Unternehmen und dem Leiharbeitnehmer nach Beendigung seines Einsatzes verbieten oder darauf hinauslaufen, diese zu verhindern, nichtig sind oder für nichtig erklärt werden können.

Dieser Absatz lässt die Bestimmungen unberührt, aufgrund deren Leiharbeitsunternehmen für die dem entleihenden Unternehmen erbrachten Dienstleistungen in Bezug auf Überlassung, Einstellung und Ausbildung von Leiharbeitnehmern einen Ausgleich in angemessener Höhe erhalten.

(3) Leiharbeitsunternehmen dürfen im Gegenzug zur Überlassung an ein entleihendes Unternehmen oder in dem Fall, dass Arbeitnehmer nach beendigter Überlassung mit dem betreffenden entleihenden Unternehmen einen Arbeitsvertrag abschließen oder ein Beschäftigungsverhältnis eingehen, kein Entgelt von den Arbeitnehmern verlangen.

(4) Unbeschadet des Artikels 5 Absatz 1 haben Leiharbeitnehmer in dem entleihenden Unternehmen zu den gleichen Bedingungen wie die unmittelbar von dem Unternehmen beschäftigten Arbeitnehmer Zugang zu den Gemeinschaftseinrichtungen oder -diensten, ins-besondere zur Gemeinschaftsverpflegung, zu Kinderbetreuungseinrichtungen und zu Beförderungsmitteln, es sei denn, eine unterschiedliche Behandlung ist aus objektiven Gründen gerechtfertigt.

(5) Die Mitgliedstaaten treffen die geeigneten Maßnahmen oder fördern den Dialog zwischen den Sozialpartnern nach ihren nationalen Traditionen und Gepflogenheiten mit dem Ziel,

a) den Zugang der Leiharbeitnehmer zu Fort- und Weiterbildungsangeboten und Kinderbetreuungseinrichtungen in den Leiharbeitsunternehmen — auch in der Zeit zwischen den Überlassungen — zu verbessern, um deren berufliche Entwicklung und Beschäftigungsfähigkeit zu fördern;

b) den Zugang der Leiharbeitnehmer zu den Fort- und Weiterbildungsangeboten für die Arbeitnehmer der entleihenden Unternehmen zu verbessern.

Art. 7 Vertretung der Leiharbeitnehmer (1) Leiharbeitnehmer werden unter Bedingungen, die die Mitgliedstaaten festlegen, im Leiharbeitsunternehmen bei der Berechnung des Schwellenwertes für die Einrichtung der Arbeitnehmervertretungen berücksichtigt, die nach Gemeinschaftsrecht und nationalem Recht oder in den Tarifverträgen vorgesehen sind.

(2) Die Mitgliedstaaten können unter den von ihnen festgelegten Bedingungen vorsehen, dass Leiharbeitnehmer im entleihenden Unternehmen bei der Berechnung des Schwellenwertes für die Einrichtung der nach Gemeinschaftsrecht und nationalem Recht oder in den Tarifverträgen vorgesehenen Arbeitnehmervertretungen im gleichen Maße berücksichtigt werden wie Arbeitnehmer, die das entleihende Unternehmen für die gleiche Dauer unmittelbar beschäftigen würde.

(3) Die Mitgliedstaaten, die die Option nach Absatz 2 in Anspruch nehmen, sind nicht verpflichtet, Absatz 1 umzusetzen.

Art. 8 Unterrichtung der Arbeitnehmervertreter Unbeschadet strengerer und/oder spezifischerer einzelstaatlicher oder gemeinschaftlicher Vorschriften über Unterrichtung und

Anhörung und insbesondere der Richtlinie 2002/14/EG des Europäischen Parlaments und des Rates vom 11. März 2002 zur Festlegung eines allgemeinen Rahmens für die Unterrichtung und Anhörung der Arbeitnehmer in der Europäischen Gemeinschaft[8] hat das entleihende Unternehmen den gemäß einzelstaatlichem und gemeinschaftlichem Recht eingesetzten Arbeitnehmervertretungen im Zuge der Unterrichtung über die Beschäftigungslage in dem Unternehmen angemessene Informationen über den Einsatz von Leiharbeitnehmern in dem Unternehmen vorzulegen.

Kapitel III – Schlussbestimmungen

Art. 9 Mindestvorschriften (1) Diese Richtlinie lässt das Recht der Mitgliedstaaten unberührt, für Arbeitnehmer günstigere Rechts- und Verwaltungsvorschriften anzuwenden oder zu erlassen oder den Abschluss von Tarifverträgen oder Vereinbarungen zwischen den Sozialpartnern zu fördern oder zuzulassen, die für die Arbeitnehmer günstiger sind.

(2) Die Durchführung dieser Richtlinie ist unter keinen Umständen ein hinreichender Grund zur Rechtfertigung einer Senkung des allgemeinen Schutzniveaus für Arbeitnehmer in den von dieser Richtlinie abgedeckten Bereichen. Dies gilt unbeschadet der Rechte der Mitgliedstaaten und/oder der Sozialpartner, angesichts sich wandelnder Bedingungen andere Rechts- und Verwaltungsvorschriften oder vertragliche Regelungen festzulegen als diejenigen, die zum Zeitpunkt des Erlasses dieser Richtlinie gelten, sofern die Mindestvorschriften dieser Richtlinie eingehalten werden.

Art. 10 Sanktionen (1) Für den Fall der Nichteinhaltung dieser Richtlinie durch Leiharbeitsunternehmen oder durch entleihende Unternehmen sehen die Mitgliedstaaten geeignete Maßnahmen vor. Sie sorgen insbesondere dafür, dass es geeignete Verwaltungs- oder Gerichtsverfahren gibt, um die Erfüllung der sich aus der Richtlinie ergebenden Verpflichtungen durchsetzen zu können.

(2) Die Mitgliedstaaten legen die Sanktionen fest, die im Falle eines Verstoßes gegen die einzelstaatlichen Vorschriften zur Umsetzung dieser Richtlinie Anwendung finden, und treffen alle erforderlichen Maßnahmen, um deren Durchführung zu gewährleisten. Die Sanktionen müssen wirksam, angemessen und abschreckend sein. Die Mitgliedstaaten teilen der Kommission diese Bestimmungen bis zum 5. Dezember 2011 mit. Die Mitgliedstaaten melden der Kommission rechtzeitig alle nachfolgenden Änderungen dieser Bestimmungen. Sie stellen insbesondere sicher, dass die Arbeitnehmer und/oder ihre Vertreter über angemessene Mittel zur Erfüllung der in dieser Richtlinie vorgesehenen Verpflichtungen verfügen.

Art. 11-13 *Umsetzungspflichten, Inkrafttreten, Adressaten - nicht abgedruckt.*

---

8   ABl. L 80 vom 23.3.2002, S. 29 [Unterrichtungsrahmen-RL, in dieser Sammlung Nr. 3.13].

3.10 Richtlinie 92/85/EWG des Rates vom 19. Oktober 1992 über die Durchführung von Maßnahmen zur Verbesserung der Sicherheit und des Gesundheitsschutzes von schwangeren Arbeitnehmerinnen, Wöchnerinnen und stillenden Arbeitnehmerinnen am Arbeitsplatz (zehnte Einzelrichtlinie im Sinne des Artikels 16 Absatz 1 der Richtlinie 89/391/EWG) [Mutterschutz-RL]

ABl. 1992 L 348/1

DER RAT DER EUROPÄISCHEN GEMEINSCHAFTEN –
gestützt auf den Vertrag zur Gründung der Europäischen Wirtschaftsgemeinschaft, insbesondere auf Artikel 118a,
auf Vorschlag der Kommission, erstellt nach Anhörung des Beratenden Ausschusses für Sicherheit, Arbeitshygiene und Gesundheitsschutz am Arbeitsplatz[1],
in Zusammenarbeit mit dem Europäischen Parlament[2],
nach Stellungnahme des Wirtschafts- und Sozialausschusses[3],
in Erwägung nachstehender Gründe:
[1]   Artikel 118a des Vertrages sieht vor, daß der Rat durch Richtlinien Mindestvorschriften erläßt, um die Verbesserung insbesondere der Arbeitsumwelt zu fördern und so die Sicherheit und die Gesundheit der Arbeitnehmer zu schützen
[2]   Diese Richtlinie ermöglicht keine Einschränkung des bereits in den einzelnen Mitgliedstaaten erzielten Schutzes; die Mitgliedstaaten haben sich gemäß dem Vertrag verpflichtet, die bestehenden Bedingungen in diesem Bereich zu verbessern, und sich eine Harmonisierung bei gleichzeitigem Fortschritt zum Ziel gesetzt.
[3]   Gemäß dem Artikel 118a des Vertrages wird in diesen Richtlinien auf verwaltungsmäßige, finanzielle oder rechtliche Auflagen verzichtet, die der Gründung und Entwicklung von Klein- und Mittelbetrieben entgegenstehen.
[4]   Gemäß dem Beschluß 74/325/EWG[4], zuletzt geändert durch die Beitrittsakte von 1985, wird der Beratende Ausschuß für Sicherheit, Arbeitshygiene und Gesundheitsschutz am Arbeitsplatz im Hinblick auf die Ausarbeitung von Vorschlägen auf diesem Gebiet von der Kommission gehört.
[5]   In der vom Europäischen Rat am 9. Dezember 1989 in Straßburg verabschiedeten Gemeinschaftscharta der sozialen Grundrechte der Arbeitnehmer heißt es insbesondere in Absatz 19:
[6]   „Jeder Arbeitnehmer muß in seiner Arbeitsumwelt zufriedenstellende Bedingungen für Gesundheitsschutz und Sicherheit vorfinden. Es sind geeignete Maßnahmen zu ergreifen, um die Harmonisierung der auf diesem Gebiet bestehenden Bedingungen auf dem Weg des Fortschritts weiterzuführen."
[6]   Die Kommission hat sich im Rahmen ihres Aktionsprogramms zur Anwendung der Gemeinschaftscharta der sozialen Grundrechte der Arbeitnehmer unter anderem den Erlaß einer Richtlinie über den Schutz von Schwangeren am Arbeitsplatz durch den Rat zum Ziel gesetzt.
[7]   Gemäß Artikel 15 der Richtlinie 89/391/EWG des Rates vom 12. Juni 1989 über die Durchführung von Maßnahmen zur Verbesserung der Sicherheit und des Gesundheitsschutzes der Arbeitnehmer bei der Arbeit[5] müssen besonders gefährdete Risikogruppen gegen die speziell sie bedrohenden Gefahren geschützt werden.
[8]   Da schwangere Arbeitnehmerinnen, Wöchnerinnen und stillende Arbeitnehmerinnen in vielerlei Hinsicht als eine Gruppe mit besonderen Risiken betrachtet werden müssen, sind Maßnahmen für ihre Sicherheit und ihren Gesundheitsschutz zu treffen.

---

1   ABl. Nr. C 281 vom 9.11.1990, S. 3, und ABl. Nr. C 25 vom 1.2.1991, S. 9.
2   ABl. Nr. C 19 vom 28.1.1991, S. 177, und ABl. Nr. C 150 vom 15.6.1992, S. 99.
3   ABl. Nr. C 41 vom 18.2.1991, S. 29.
4   ABl. Nr. L 185 vom 9.7.1974, S. 15.
5   ABl. Nr. L 183 vom 29.6.1989, S. 1 [Arbeitsschutzrahmen-RL, in dieser Sammlung Nr. 3.5].

[9] Der Schutz der Sicherheit und der Gesundheit von schwangeren Arbeitnehmerinnen, Wöchnerinnen und stillenden Arbeitnehmerinnen darf Frauen auf dem Arbeitsmarkt nicht benachteiligen; er darf ferner nicht die Richtlinien zur Gleichbehandlung von Männern und Frauen beeinträchtigen.

[10] Bei bestimmten Tätigkeiten kann ein besonderes Risiko einer Exposition der schwangeren Arbeitnehmerin, der Wöchnerin oder der stillenden Arbeitnehmerin gegenüber gefährlichen Agenzien, Verfahren oder Arbeitsbedingungen bestehen; diese Risiken müssen beurteilt und die Ergebnisse dieser Beurteilung den Arbeitnehmerinnen und/oder ihren Vertretern mitgeteilt werden.

[11] Für den Fall, daß das Ergebnis dieser Beurteilung ein Risiko für die Sicherheit und die Gesundheit der Arbeitnehmerin ergibt, ist eine Regelung zum Schutz der Arbeitnehmerin vorzusehen.

[12] Schwangere Arbeitnehmerinnen und stillende Arbeitnehmerinnen dürfen keine Tätigkeiten ausüben, bei denen die Beurteilung ergeben hat, daß das Risiko einer die Sicherheit oder Gesundheit gefährdenden Exposition gegenüber bestimmten besonders gefährlichen Agenzien oder Arbeitsbedingungen besteht.

[13] Es sind Bestimmungen vorzusehen, nach denen schwangere Arbeitnehmerinnen, Wöchnerinnen oder stillende Arbeitnehmerinnen nicht verpflichtet werden, Nachtarbeit zu verrichten, wenn dies aus Gründen ihrer Sicherheit und Gesundheit erforderlich ist.

[14] Die Empfindlichkeit der schwangeren Arbeitnehmerin, der Wöchnerin oder der stillenden Arbeitnehmerin machen einen Anspruch auf Mutterschaftsurlaub von mindestens 14 Wochen ohne Unterbrechung erforderlich, die sich auf die Zeit vor und/oder nach der Entbindung aufteilen; ferner muß ein Mutterschaftsurlaub von mindestens zwei Wochen obligatorisch gemacht werden, der auf die Zeit vor und/oder nach der Entbindung aufzuteilen ist.

[15] Die Gefahr, aus Gründen entlassen zu werden, die mit ihrem Zustand in Verbindung stehen, kann sich schädlich auf die physische und psychische Verfassung von schwangeren Arbeitnehmerinnen, Wöchnerinnen oder stillenden Arbeitnehmerinnen auswirken; daher ist es erforderlich, ihre Kündigung zu verbieten.

[16] Die arbeitsorganisatorischen Maßnahmen zum Schutz der Gesundheit der schwangeren Arbeitnehmerinnen, der Wöchnerinnen oder der stillenden Arbeitnehmerinnen hätten keine praktische Wirksamkeit, wenn nicht gleichzeitig die mit dem Arbeitsvertrag verbundenen Rechte, einschließlich der Fortzahlung eines Arbeitsentgelts und/oder des Anspruchs auf eine angemessene Sozialleistung, gewährleistet wären.

[17] Desgleichen hätten die Bestimmungen über den Mutterschaftsurlaub keine praktische Wirksamkeit, wenn nicht gleichzeitig die mit dem Arbeitsvertrag verbundenen Rechte und die Fortzahlung eines Arbeitsentgelts und/oder der Anspruch auf eine angemessene Sozialleistung gewährleistet waren.

[18] Der Begriff der angemessenen Sozialleistung beim Mutterschaftsurlaub ist als ein technischer Bezugspunkt zur Festlegung des Mindestschutzstandards anzusehen; er darf keinesfalls als eine Gleichstellung von Schwangerschaft und Krankheit ausgelegt werden —

HAT FOLGENDE RICHTLINIE ERLASSEN:

Abschnitt I – Ziel und Definitionen

Art. 1 Ziel (1) Ziel dieser Richtlinie, die die zehnte Einzelrichtlinie im Sinne von Artikel 16 Absatz 1 der Richtlinie 89/391/EWG darstellt, ist die Durchführung von Maßnahmen zur Verbesserung der Sicherheit und des Gesundheitsschutzes von schwangeren Arbeitnehmerinnen, Wöchnerinnen und stillenden Arbeitnehmerinnen am Arbeitsplatz.

(2) Die Bestimmungen der Richtlinie 89/391/EWG mit Ausnahme von Artikel 2 Absatz 2 gelten unbeschadet strengerer und/oder spezifischer Bestimmungen dieser Richtlinie uneingeschränkt für den gesamten Bereich im Sinne von Absatz 1.

(3) Aus dieser Richtlinie läßt sich bei ihrer Umsetzung keine Rechtfertigung für einen Abbau des der schwangeren Arbeitnehmerin, der Wöchnerin oder der stillenden Arbeitnehmerin gewährten Schutzes im Vergleich mit der Lage ableiten, die in den einzelnen Mitgliedstaaten zum Zeitpunkt des Erlasses dieser Richtlinie besteht.

Art. 2 Definitionen Im Sinne dieser Richtlinie gilt als

a) „schwangere Arbeitnehmerin" jede schwangere Arbeitnehmerin, die den Arbeitgeber gemäß den einzelstaatlichen Rechtsvorschriften und/ oder Gepflogenheiten von ihrer Schwangerschaft unterrichtet;

b) „Wöchnerin" jede Arbeitnehmerin kurz nach einer Entbindung im Sinne der einzelstaatlichen Rechtsvorschriften und/oder Gepflogenheiten, die den Arbeitgeber gemäß
diesen Rechtsvorschriften und/ oder Gepflogenheiten von ihrer Entbindung unterrichtet;

c) „stillende Arbeitnehmerin" jede stillende Arbeitnehmerin/im Sinne der einzelstaatlichen Rechtsvorschriften und/oder Gepflogenheiten, die den Arbeitgeber gemäß diesen
Rechtsvorschriften und/oder Gepflogenheiten darüber unterrichtet, daß sie stillt.

Abschnitt II – Allgemeine Bestimmungen

Art. 3 Leitlinien (1) Die Kommission erstellt im Benehmen mit den Mitgliedstaaten und
mit Unterstützung des Beratenden Ausschusses für Sicherheit, Arbeitshygiene und Gesundheitsschutz am Arbeitsplatz Leitlinien für die Beurteilung der chemischen, physikalischen
und biologischen Agenzien sowie der industriellen Verfahren, die als Gefahrenquelle für
Gesundheit und Sicherheit der Arbeitnehmerinnen im Sinne des Artikels 2 gelten. Die in
Unterabsatz 1 genannten Leitlinien erstrecken sich auch auf die Bewegungen und Körper-
haltungen, die geistige und körperliche Ermüdung und die sonstigen, mit der Tätigkeit der
Arbeitnehmerinnen im Sinne des Artikels 2 verbundenen körperlichen und geistigen Be-
lastungen.
(2) Die in Absatz 1 genannten Leitlinien sollen als Leitfaden für die in Artikel 4 Absatz 1
vorgesehene Beurteilung dienen.
Zu diesem Zweck bringen die Mitgliedstaaten diese Leitlinien den Arbeitgebern und den
Arbeitnehmerinnen und/oder ihren Vertretern in dem betreffenden Mitgliedstaat zur
Kenntnis.

Art. 4 Beurteilung und Unterrichtung (1) Für jede Tätigkeit, bei der ein besonderes Risiko einer Exposition gegenüber den in der nicht erschöpfenden Liste in Anhang I genannten Agenzien, Verfahren und Arbeitsbedingungen besteht, sind in dem betreffenden Unternehmen und/oder Betrieb vom Arbeitgeber selbst oder durch die in Artikel 7 der
Richtlinie 89/391/EWG genannten Dienste für die Gefahrenverhütung Art, Ausmaß und
Dauer der Exposition der Arbeitnehmerinnen im Sinne des Artikels 2 zu beurteilen, damit
– alle Risiken für Sicherheit und Gesundheit sowie alle Auswirkungen auf Schwangerschaft oder Stillzeit der Arbeitnehmerinnen im Sinne des Artikels 2 abgeschätzt und
– die zu ergreifenden Maßnahmen bestimmt werden können.
(2) Unbeschadet des Artikels 10 der Richtlinie 89/391/EWG werden in dem betreffenden
Unternehmen und/oder Betrieb die Arbeitnehmerinnen im Sinne des Artikels 2 sowie diejenigen Arbeitnehmerinnen, die sich in einer der in Artikel 2 genannten Situationen befinden könnten, und/oder ihre Vertreter über die Ergebnisse der Beurteilung nach Absatz 1
und über die in bezug auf Sicherheit und Gesundheitsschutz am Arbeitsplatz zu ergreifenden Maßnahmen unterrichtet.

Art. 5 Konsequenzen aus der Beurteilung (1) Ergibt die Beurteilung nach Artikel 4 Absatz 1 das Vorhandensein einer Gefährdung für Sicherheit oder Gesundheit sowie eine
mögliche Auswirkung auf Schwangerschaft oder Stillzeit einer Arbeitnehmerin im Sinne
des Artikels 2, so trifft der Arbeitgeber unbeschadet des Artikels 6 der Richtlinie 89/391/
EWG die erforderlichen Maß nahmen, um durch eine einstweilige Umgestaltung der Arbeitsbedingungen und/oder der Arbeitszeiten der betreffenden Arbeitnehmerin auszuschließen, daß die Arbeitnehmerin dieser Gefährdung ausgesetzt ist.

(2) Ist die Umgestaltung der Arbeitsbedingungen und/oder der Arbeitszeiten technisch und/oder sachlich nicht möglich oder aus gebührend nachgewiesenen Gründen nicht zumutbar, so trifft der Arbeitgeber die erforderlichen Maßnahmen für einen Arbeitsplatzwechsel der betreffenden Arbeitnehmerin.

(3) Ist der Arbeitsplatzwechsel technisch und/oder sachlich nicht möglich oder aus gebührend nachgewiesenen Gründen nicht zumutbar, so wird die betreffende Arbeitnehmerin während des gesamten zum Schutz ihrer Sicherheit und Gesundheit erforderlichen Zeitraums entsprechend den einzelstaatlichen Rechtsvorschriften und/oder Gepflogenheiten beurlaubt.

(4) Die Bestimmungen dieses Artikels gelten sinngemäß für den Fall, daß eine Arbeitnehmerin, die eine nach Artikel 6 verbotene Tätigkeit ausübt, schwanger wird oder stillt und ihren Arbeitgeber davon unterrichtet.

Art. 6 Verbot der Exposition Neben den allgemeinen Vorschriften zum Schutz der Arbeitnehmer und insbesondere den Vorschriften über die Grenzwerte berufsbedingter Expositionen gilt folgendes:
1. Schwangere Arbeitnehmerinnen im Sinne des Artikels 2 Buchstabe a) dürfen in keinem Fall zu Tätigkeiten verpflichtet werden, bei denen die Beurteilung ergeben hat, daß das Risiko einer die Sicherheit oder Gesundheit gefährdenden Exposition gegenüber den in Anhang II Abschnitt A aufgeführten Agenzien und Arbeitsbedingungen besteht.
2. Stillende Arbeitnehmerinnen im Sinne des Artikels 2 Buchstabe c) dürfen in keinem Fall zu Tätigkeiten verpflichtet werden, bei denen die Beurteilung ergeben hat, daß das Risiko einer die Sicherheit oder Gesundheit gefährdenden Exposition gegenüber den in Anhang II Abschnitt B aufgeführten Agenzien und Arbeitsbedingungen besteht.

Art. 7 Nachtarbeit (1) Die Mitgliedstaaten treffen die erforderlichen Maßnahmen, damit Arbeitnehmerinnen im Sinne des Artikels 2 während ihrer Schwangerschaft und während eines von der für die Sicherheit und den Gesundheitsschutz zuständigen einzelstaatlichen Behörde festzulegenden Zeitraums nach der Entbindung nicht zu Nachtarbeit verpflichtet werden, vorbehaltlich eines nach den von den Mitgliedstaaten zu bestimmenden Einzelheiten vorzulegenden ärztlichen Attestes, in dem die entsprechende Notwendigkeit im Hinblick auf die Sicherheit und den Gesundheitsschutz der Arbeitnehmerin bestätigt wird.

(2) Die in Absatz 1 genannten Maßnahmen müssen entsprechend den einzelstaatlichen Rechtsvorschriften und/oder Gepflogenheiten folgendes ermöglichen:
a) die Umsetzung an einen Arbeitsplatz mit Tagarbeit oder
b) die Beurlaubung oder die Verlängerung des Mutterschaftsurlaubs, sofern eine solche Umsetzung technisch oder sachlich nicht möglich oder aus gebührend nachgewiesenen Gründen nicht zumutbar ist.

Art. 8 Mutterschaftsurlaub (1) Die Mitgliedstaaten treffen die erforderlichen Maßnahmen, um sicherzustellen, daß den Arbeitnehmerinnen im Sinne des Artikels 2 ein Mutterschaftsurlaub von mindestens 14 Wochen ohne Unterbrechung gewährt wird, die sich entsprechend den einzelstaatlichen Rechtsvorschriften und/oder Gepflogenheiten auf die Zeit vor und/oder nach der Entbindung aufteilen.

(2) Der Mutterschaftsurlaub gemäß Absatz 1 muß einen obligatorischen Mutterschaftsurlaub von mindestens zwei Wochen umfassen, die sich entsprechend den einzelstaatlichen

Rechtsvorschriften und/oder Gepflogenheiten auf die Zeit vor und/oder nach der Entbindung aufteilen.

Art. 9 Freistellung von der Arbeit für Vorsorgeuntersuchungen Die Mitgliedstaaten treffen die erforderlichen Maßnahmen, damit schwangeren Arbeitnehmerinnen im Sinne des Artikels 2 Buchstabe a) entsprechend den einzelstaatlichen Rechtsvorschriften und/oder Gepflogenheiten eine Freistellung von der Arbeit gewährt wird, die es ihnen erlaubt, die Vorsorgeuntersuchungen während der Schwangerschaft ohne Lohn- bzw. Gehaltseinbußen wahrzunehmen, wenn diese Untersuchungen während der Arbeitszeit stattfinden müssen.

Art. 10 Verbot der Kündigung Um den Arbeitnehmerinnen im Sinne des Artikels 2 die Ausübung der in diesem Artikel anerkannten Rechte in Bezug auf ihre Sicherheit und ihren Gesundheitsschutz zu gewährleisten, wird folgendes vorgesehen:

1. Die Mitgliedstaaten treffen die erforderlichen Maßnahmen, um die Kündigung der Arbeitnehmerinnen im Sinne des Artikels 2 während der Zeit vom Beginn der Schwangerschaft bis zum Ende des Mutterschaftsurlaubs nach Artikel 8 Absatz 1 zu verbieten; davon ausgenommen sind die nicht mit ihrem Zustand in Zusammenhang stehenden Ausnahmefälle, die entsprechend den einzelstaatlichen Rechtsvorschriften und/oder Gepflogenheiten zulässig sind, wobei gegebenenfalls die zuständige Behörde ihre Zustimmung erteilen muß.

2. Wird einer Arbeitnehmerin im Sinne des Artikels 2 während der in Nummer 1 genannten Zeit gekündigt, so muß der Arbeitgeber schriftlich berechtigte Kündigungsgründe anführen.

3. Die Mitgliedstaaten treffen die erforderlichen Maßnahmen, um Arbeitnehmerinnen im Sinne des Artikels 2 vor den Folgen einer nach Nummer 1 widerrechtlichen Kündigung zu schützen.

Art. 11 Mit dem Arbeitsvertrag verbundene Rechte Um den Arbeitnehmerinnen im Sinne des Artikels 2 die Ausübung der in diesem Artikel anerkannten Rechte in Bezug auf ihre Sicherheit und ihren Gesundheitsschutz zu gewährleisten, wird folgendes vorgesehen:

1. In den in den Artikeln 5, 6 und 7 genannten Fällen müssen die mit dem Arbeitsvertrag verbundenen Rechte der Arbeitnehmerinnen im Sinne des Artikels 2, einschließlich der Fortzahlung eines Arbeitsentgelts und/oder des Anspruchs auf eine angemessene Sozialleistung, entsprechend den einzelstaatlichen Rechtsvorschriften und/oder Gepflogenheiten gewährleistet sein.

2. In dem in Artikel 8 genannten Fall müssen gewährleistet sein:
   a) die mit dem Arbeitsvertrag der Arbeitnehmerinnen im Sinne des Artikels 2 verbundenen anderen Rechte als die unter dem nachstehenden Buchstaben b) genannten;
   b) die Fortzahlung eines Arbeitsentgelts und/oder der Anspruch auf eine angemessene Sozialleistung für die Arbeitnehmerinnen im Sinne des Artikels 2.

3. Die Sozialleistung nach Nummer 2 Buchstabe b) gilt als angemessen, wenn sie mindestens den Bezügen entspricht, die die betreffende Arbeitnehmerin im Falle einer Unterbrechung ihrer Erwerbstätigkeit aus gesundheitlichen Gründen erhalten würde, wobei es gegebenenfalls eine von den einzelstaatlichen Gesetzgebern festgelegte Obergrenze gibt.

4. Es steht den Mitgliedstaaten frei, den Anspruch auf die Fortzahlung des Arbeitsentgelts oder die in Nummer 1 und Nummer 2 Buchstabe b) genannte Sozialleistung davon abhängig zu machen, daß die betreffende Arbeitnehmerin die in den einzelstaatlichen Rechtsvorschriften vorgesehenen Bedingungen für das Entstehen eines Anspruchs auf diese Leistungen erfüllt.

Nach diesen Bedingungen darf keinesfalls vorgesehen sein, daß dem voraussichtlichen Zeitpunkt der Entbindung eine Erwerbstätigkeit von mehr als zwölf Monaten unmittelbar vorangegangen sein muß.

Art. 12 Rechtsschutz Die Mitgliedstaaten erlassen die innerstaatlichen Vorschriften, die notwendig sind, damit jede Arbeitnehmerin, die sich durch die Nichterfüllung der Verpflichtungen aus dieser Richtlinie für beschwert hält, ihre Rechte gerichtlich und/oder entsprechend den innerstaatlichen Rechtsvorschriften und/oder Gebräuchen durch Befassung anderer zuständiger Stellen geltend machen kann.

Art. 13 Anpassung der Anhänge (1) Rein technische Anpassungen des Anhangs I zur Berücksichtigung des technischen Fortschritts, der Entwicklung der internationalen Vorschriften oder Spezifikationen und des Wissensstandes auf dem Gebiet, auf das diese Richtlinie Anwendung findet, werden nach dem Verfahren des Artikels 17 der Richtlinie 89/391/EWG vorgenommen.

(2) Anhang II kann nur nach dem Verfahren des Artikels 118a des Vertrages geändert werden.

Art. 14 f. *Umsetzungspflichten und Adressaten - nicht abgedruckt*

Anhang I Nicht erschöpfende Liste der Agenzien, Verfahren und Arbeitsbedingungen nach Artikel 4 Absatz 1; **Anhang II** Nicht erschöpfende Liste der Agenzien und Arbeitsbedingungen nach Artikel 6 – *nicht abgedruckt.*

3.11 Richtlinie 98/59/EG des Rates vom 20. Juli 1998 zur Angleichung der Rechtsvorschriften der Mitgliedstaaten über Massenentlassungen [Massenentlassungs-RL]

ABl. 1998 L 225/16

DER RAT DER EUROPÄISCHEN UNION –
gestützt auf den Vertrag zur Gründung der Europäischen Gemeinschaft, insbesondere auf Artikel 100,
auf Vorschlag der Kommission[1],
nach Stellungnahme des Europäischen Parlaments[2],
nach Stellungnahme des Wirtschafts- und Sozialausschusses[3],
in Erwägung nachstehender Gründe:
(1)   Aus Gründen der Übersichtlichkeit und der Klarheit empfiehlt es sich, die Richtlinie 75/129/EWG des Rates vom 17. Februar 1975 zur Angleichung der Rechtsvorschriften der Mitgliedstaaten über Massenentlassungen[4] zu kodifizieren.
(2)   Unter Berücksichtigung der Notwendigkeit einer ausgewogenen wirtschaftlichen und sozialen Entwicklung in der Gemeinschaft ist es wichtig, den Schutz der Arbeitnehmer bei Massenentlassungen zu verstärken.
(3)   Trotz einer konvergierenden Entwicklung bestehen weiterhin Unterschiede zwischen den in den Mitgliedstaaten geltenden Bestimmungen hinsichtlich der Voraussetzungen und des Verfahrens für Massenentlassungen sowie hinsichtlich der Maßnahmen, die die Folgen dieser Entlassungen für die Arbeitnehmer mildern könnten.
(4)   Diese Unterschiede können sich auf das Funktionieren des Binnenmarktes unmittelbar auswirken.
(5)   Die Entschließung des Rates vom 21. Januar 1974 über ein sozialpolitisches Aktionsprogramm[5] hat eine Richtlinie über die Angleichung der Rechtsvorschriftender Mitgliedstaaten über Massenentlassungen vorgesehen.
(6)   Die auf der Tagung des Europäischen Rates in Straßburg am 9. Dezember 1989 von den Staats und Regierungschefs von elf Mitgliedstaaten angenommene Gemeinschaftscharta der sozialen Grundrechte der Arbeitnehmer sieht unter Nummer 7 Unterabsatz 1 erster Satz und Unterabsatz 2, unter Nummer 17 Unterabsatz 1 und unter Nummer 18 dritter Gedankenstrich folgendes vor:
„7. Die Verwirklichung des Binnenmarktes muß zu einer Verbesserung der Lebens- und Arbeitsbedingungen der Arbeitnehmer in der Europäischen Gemeinschaft führen [. . .].
Diese Verbesserung muß, soweit nötig, dazu führen, daß bestimmte Bereiche des Arbeitsrechts, wie die Verfahren bei Massenentlassungen oder bei Konkursen, ausgestaltet werden. [. . .]
17. Unterrichtung, Anhörung und Mitwirkung der Arbeitnehmer müssen in geeigneter Weise, unter Berücksichtigung der in den verschiedenen Mitgliedstaaten herrschenden Gepflogenheiten, weiterentwickelt werden. [. . .]
18. Unterrichtung, Anhörung und Mitwirkung sind rechtzeitig vor allem in folgenden Fällen vorzusehen: [- . . .]
- bei Massenentlassungen; [- . . .];".
(7)   Daher muß auf diese Angleichung auf dem Wege des Fortschritts im Sinne des Artikels 117 EG-Vertrag hingewirkt werden.
(8)   Es empfiehlt sich, im Hinblick auf die Berechnung der Zahl der Entlassungen gemäß der Definition der Massenentlassungen im Sinne dieser Richtlinie den Entlassungen andere Arten einer Beendigung des Arbeitsverhältnisses, die auf Veranlassung des Arbeitgebers erfolgt, gleichzustellen, sofern die der Entlassungen mindestens fünf beträgt.
(9)   Es sollte vorgesehen werden, daß diese Richtlinie grundsätzlich auch für Massenentlassungen gilt, die aufgrund einer auf einer gerichtlichen Entscheidung beruhenden Einstellung der Tätigkeit eines Betriebs erfolgen.

---

1   [KOM(96) 620 endg]
2   ABl. C 210 vom 6.7.1998.
3   ABl. C 158 vom 26.5.1997, S. 11.
4   ABl. L 48 vom 22.2.1975, S. 29. Richtlinie zuletzt geändert durch die Richtlinie 92/56/EWG (ABl. L 245 vom 26.81992, S. 3).
5   ABl. C 13 vom 12.2.1974, S. 1.

(10) Die Mitgliedstaaten sollten vorsehen können, daß die Arbeitnehmervertreter angesichts der fachlichen Komplexität der Themen, die gegebenenfalls 12. 8. 98 DE Amtsblatt der Europäischen Gemeinschaften L 225/17 Gegenstand der Information und Konsultation sind, Sachverständige hinzuziehen können.

(11) Es sollte sichergestellt werden, daß die Informations-, Konsultations- und Meldepflichten des Arbeitgebers unabhängig davon gelten, ob die Entscheidung über die Massenentlassungen von dem Arbeitgeber oder von einem den Arbeitgeber beherrschenden Unternehmen getroffen wird.

(12) Die Mitgliedstaaten sollten dafür Sorge tragen, daß den Arbeitnehmervertretern und/oder den Arbeitnehmern administrative und/oder gerichtliche Verfahren zur Durchsetzung der Verpflichtungen gemäß dieser Richtlinie zur Verfügung stehen.

(13) Diese Richtlinie soll die Verpflichtungen der Mitgliedstaaten in bezug auf die in Anhang I Teil B angeführten Richtlinien und deren Umsetzungsfristen unberührt lassen –
HAT FOLGENDE RICHTLINIE ERLASSEN:

Teil I – Begriffsbestimmungen und Anwendungsbereich

Art. 1 [Anwendungsbereich, Begriffsbestimmungen] (1) Für die Durchführung dieser Richtlinie gelten folgende Begriffsbestimmungen:

a) „Massenentlassungen" sind Entlassungen, die ein Arbeitgeber aus einem oder mehreren Gründen, die nicht in der Person der Arbeitnehmer liegen, vornimmt und bei denen – nach Wahl der Mitgliedstaaten – die Zahl der Entlassungen

   i) entweder innerhalb eines Zeitraums von 30 Tagen
   - mindestens 10 in Betrieben mit in der Regel mehr als 20 und weniger als 100 Arbeitnehmern,
   - mindestens 10 v. H. der Arbeitnehmer in Betrieben mit in der Regel mindestens 100 und weniger als 300 Arbeitnehmern,
   - mindestens 30 in Betrieben mit in der Regel mindestens 300 Arbeitnehmern,

   ii) oder innerhalb eines Zeitraums von 90 Tagen mindestens 20, und zwar unabhängig davon, wie viele Arbeitnehmer in der Regel in dem betreffenden Betrieb beschäftigt sind, beträgt;

b) „Arbeitnehmervertreter" sind die Arbeitnehmervertreter nach den Rechtsvorschriften oder der Praxis der Mitgliedstaaten.

Für die Berechnung der Zahl der Entlassungen gemäß Absatz 1 Buchstabe a) werden diesen Entlassungen Beendigungen des Arbeitsvertrags gleichgestellt, die auf Veranlassung des Arbeitgebers und aus einem oder mehreren Gründen, die nicht in der Person der Arbeitnehmer liegen, erfolgen, sofern die Zahl der Entlassungen mindestens fünf beträgt.

(2) Diese Richtlinie findet keine Anwendung auf

a) Massenentlassungen im Rahmen von Arbeitsverträgen, die für eine bestimmte Zeit oder Tätigkeit geschlossen werden, es sei denn, daß diese Entlassungen vor Ablauf oder Erfüllung dieser Verträge erfolgen;

b) Arbeitnehmer öffentlicher Verwaltungen oder von Einrichtungen des öffentlichen Rechts (oder in Mitgliedstaaten, die diesen Begriff nicht kennen, von gleichwertigen Stellen);

c) Besatzungen von Seeschiffen.

Teil II – Information und Konsultation

Art. 2 [Information und Konsultation] (1) Beabsichtigt ein Arbeitgeber, Massenentlassungen vorzunehmen, so hat er die Arbeitnehmervertreter rechtzeitig zu konsultieren, um zu einer Einigung zu gelangen.

497

(2) Diese Konsultationen erstrecken sich zumindest auf die Möglichkeit, Massenentlassungen zu vermeiden oder zu beschränken, sowie auf die Möglichkeit, ihre Folgen durch soziale Begleitmaßnahmen, die insbesondere Hilfen für eine anderweitige Verwendung oder Umschulung der entlassenen Arbeitnehmer zum Ziel haben, zu mildern.

Die Mitgliedstaaten können vorsehen, daß die Arbeitnehmervertreter gemäß den innerstaatlichen Rechtsvorschriften und/oder Praktiken Sachverständige hinzuziehen können.

(3) Damit die Arbeitnehmervertreter konstruktive Vorschläge unterbreiten können, hat der Arbeitgeber ihnen rechtzeitig im Verlauf der Konsultationen

a) die zweckdienlichen Auskünfte zu erteilen und

b) in jedem Fall schriftlich folgendes mitzuteilen:

  i) die Gründe der geplanten Entlassung;

  ii) die Zahl und die Kategorien der zu entlassenden Arbeitnehmer;

  iii) die Zahl und die Kategorien der in der Regel beschäftigten Arbeitnehmer;

  iv) den Zeitraum, in dem die Entlassungen vorgenommen werden sollen;

  v) die vorgesehenen Kriterien für die Auswahl der zu entlassenden Arbeitnehmer, soweit die innerstaatlichen Rechtsvorschriften und/oder Praktiken dem Arbeitgeber die Zuständigkeit dafür zuerkennen;

  vi) die vorgesehene Methode für die Berechnung etwaiger Abfindungen, soweit sie sich nicht aus den innerstaatlichen Rechtsvorschriften und/oder Praktiken ergeben.

Der Arbeitgeber hat der zuständigen Behörde eine Abschrift zumindest der in Unterabsatz 1 Buchstabe b) Ziffern i) bis v) genannten Bestandteile der schriftlichen Mitteilung zu übermitteln.

(4) Die Verpflichtungen gemäß den Absätzen 1, 2 und 3 gelten unabhängig davon, ob die Entscheidung über die Massenentlassungen von dem Arbeitgeber oder von einem den Arbeitgeber beherrschenden Unternehmen getroffen wurde.

Hinsichtlich angeblicher Verstöße gegen die in dieser Richtlinie enthaltenen Informations-, Konsultations- und Meldepflichten findet der Einwand des Arbeitgebers, das für die Massenentlassungen verantwortliche Unternehmen habe ihm die notwendigen Informationen nicht übermittelt, keine Berücksichtigung.

Teil III – Massenentlassungsverfahren

Art. 3 [Anzeigepflicht] (1) Der Arbeitgeber hat der zuständigen Behörde alle beabsichtigten Massenentlassungen schriftlich anzuzeigen. Die Mitgliedstaaten können jedoch vorsehen, daß im Fall einer geplanten Massenentlassung, die aufgrund einer gerichtlichen Entscheidung über die Einstellung der Tätigkeit des Betriebs erfolgt, der Arbeitgeber diese der zuständigen Behörde nur auf deren Verlangen schriftlich anzuzeigen hat.

Die Anzeige muß alle zweckdienlichen Angaben über die beabsichtigte Massenentlassung und die Konsultationen der Arbeitnehmervertreter gemäß Artikel 2 enthalten, insbesondere die Gründe der Entlassung, die Zahl der zu entlassenden Arbeitnehmer, die Zahl der in der Regel beschäftigten Arbeitnehmer und den Zeitraum, in dem die Entlassungen vorgenommen werden sollen.

(2) Der Arbeitgeber hat den Arbeitnehmervertretern eine Abschrift der in Absatz 1 genannten Anzeige zu übermitteln.

Die Arbeitnehmervertreter können etwaige Bemerkungen an die zuständige Behörde richten.

Art. 4 [Wirksamwerden von Kündigungen] (1) Die der zuständigen Behörde angezeigten beabsichtigten Massenentlassungen werden frühestens 30 Tage nach Eingang der in Artikel 3 Absatz 1 genannten Anzeige wirksam; die im Fall der Einzelkündigung für die Kündigungsfrist geltenden Bestimmungen bleiben unberührt. Die Mitgliedstaaten können der zuständigen Behörde jedoch die Möglichkeit einräumen, die Frist des Unterabsatzes 1 zu verkürzen.

(2) Die Frist des Absatzes 1 muß von der zuständigen Behörde dazu benutzt werden, nach Lösungen für die durch die beabsichtigten Massenentlassungen aufgeworfenen Probleme zu suchen.

(3) Soweit die ursprüngliche Frist des Absatzes 1 weniger als 60 Tage beträgt, können die Mitgliedstaaten der zuständigen Behörde die Möglichkeit einräumen, die ursprüngliche Frist auf 60 Tage, vom Zugang der Anzeige an gerechnet, zu verlängern, wenn die Gefahr besteht, daß die durch die beabsichtigten Massenentlassungen aufgeworfenen Probleme innerhalb der ursprünglichen Frist
nicht gelöst werden können.
Die Mitgliedstaaten können der zuständigen Behörde weitergehende Verlängerungsmöglichkeiten einräumen.
Die Verlängerung ist dem Arbeitgeber vor Ablauf der ursprünglichen Frist des Absatzes 1 mitzuteilen und zu begründen.

(4) Die Mitgliedstaaten können davon absehen, diesen Artikel im Fall von Massenentlassungen infolge einer Einstellung der Tätigkeit des Betriebs anzuwenden, wenn diese Einstellung aufgrund einer gerichtlichen Entscheidung erfolgt.

Art. 5-10 *Mindeststandardklausel, Mitteilungspflicht der Mitgliedstaaten, Aufhebung von im Anhang I genannten Richtlinien, Inkrafttreten und Adressaten – nicht abgedruckt.*

Anhang I Teil A – Aufgehobene Richtlinien, Teil B – Fristen für die Umsetzung in innerstaatliches Recht; **Anhang II** Entsprechungstabelle – *nicht abgedruckt.*

3.12 Richtlinie 2001/23/EG des Rates vom 12. März 2001 zur Angleichung der Rechtsvorschriften der Mitgliedstaaten über die Wahrung von Ansprüchen der Arbeitnehmer beim Übergang von Unternehmen, Betrieben oder Unternehmens- oder Betriebsteilen [Betriebsübergangs-RL]

ABl. 2001 L 82/16

DER RAT DER EUROPÄISCHEN UNION –
gestützt auf den Vertrag zur Gründung der Europäischen Gemeinschaft, insbesondere auf Artikel 94,
auf Vorschlag der Kommission[1],
nach Stellungnahme des Europäischen Parlaments[2],
nach Anhörung des Wirtschafts- und Sozialausschusses[3],
in Erwägung nachstehender Gründe:

(1) Die Richtlinie 77/187/EWG des Rates vom 14. Februar 1977 zur Angleichung der Rechtsvorschriften der Mitgliedstaaten über die Wahrung von Ansprüchen der Arbeitnehmer beim Übergang von Unternehmen, Betrieben oder Unternehmens- oder Betriebsteilen[4] wurde erheblich geändert[5]. Aus Gründen der Klarheit und Wirtschaftlichkeit empfiehlt es sich daher, die genannte Richtlinie zu kodifizieren.

(2) Die wirtschaftliche Entwicklung führt auf einzelstaatlicher und gemeinschaftlicher Ebene zu Änderungen in den Unternehmensstrukturen, die sich unter anderem aus dem Übergang von Unternehmen, Betrieben oder Unternehmens- oder Betriebsteilen auf einen anderen Inhaber durch vertragliche Übertragung oder durch Verschmelzung ergeben.

(3) Es sind Bestimmungen notwendig, die die Arbeitnehmer bei einem Inhaberwechsel schützen und insbesondere die Wahrung ihrer Ansprüche gewährleisten.

(4) Zwischen den Mitgliedstaaten bestehen in Bezug auf den Umfang des Arbeitnehmerschutzes auf diesem Gebiet weiterhin Unterschiede, die verringert werden sollten.

(5) In der am 9. Dezember 1989 verabschiedeten Gemeinschaftscharta der sozialen Grundrechte der Arbeitnehmer (Sozialcharta) wird unter Nummer 7, Nummer 17 und Nummer 18 insbesondere folgendes festgestellt: „Die Verwirklichung des Binnenmarktes muss zu einer Verbesserung der Lebens- und Arbeitsbedingungen der Arbeitnehmer in der Europäischen Gemeinschaft führen. Diese Verbesserung muss, soweit nötig, dazu führen, dass bestimmte Bereiche des Arbeitsrechts, wie die Verfahren bei Massenentlassungen oder bei Konkursen, ausgestaltet werden. Unterrichtung, Anhörung und Mitwirkung der Arbeitnehmer müssen in geeigneter Weise, unter Berücksichtigung der in den verschiedenen Mitgliedstaaten herrschenden Gepflogenheiten, weiterentwickelt werden. Unterrichtung, Anhörung und Mitwirkung sind rechtzeitig vorzusehen, vor allem bei der Umstrukturierung oder Verschmelzung von Unternehmen, wenn dadurch die Beschäftigung der Arbeitnehmer berührt wird."

(6) Im Jahre 1977 hat der Rat die Richtlinie 77/187/EWG erlassen, um auf eine Harmonisierung der einschlägigen nationalen Rechtsvorschriften hinsichtlich der Wahrung der Ansprüche und Rechte der Arbeitnehmer hinzuwirken; Veräußerer und Erwerber werden aufgefordert, die Vertreter der Arbeitnehmer rechtzeitig zu unterrichten und anzuhören.

(7) Die Richtlinie 77/187/EWG wurde nachfolgend geändert unter Berücksichtigung der Auswirkungen des Binnenmarktes, der Tendenzen in der Gesetzgebung der Mitgliedstaaten hinsichtlich der Sanierung von Unternehmen in wirtschaftlichen Schwierigkeiten, der Rechtsprechung des Gerichtshofs der Europäischen Gemeinschaften, der Richtlinie 75/129/EWG des Rates vom 17. Februar 1975 zur Angleichung der Rechtsvorschriften der Mitgliedstaaten über Massenentlassungen[6] sowie der bereits in den meisten Mitgliedstaaten geltenden gesetzlichen Normen.

---

1   [KOM(2000) 259 endg.]
2   Stellungnahme vom 25.10.2000 ([ABl. C 197 vom 12.7.2001, S. 171]).
3   ABl. C 367 vom 20.12.2000, S. 21.
4   ABl. L 61 vom 5.3.1977, S. 26.
5   Siehe Anhang I Teil A [nicht abgedruckt].
6   ABl. L 48 vom 22.2.1975, S. 29. Richtlinie ersetzt durch die Richtlinie 98/59/EG [Massenentlassungs-RL, in dieser Sammlung Nr. 3.11] (ABl. L 225 vom 12.8.1998, S. 16).

(8) Aus Gründen der Rechtssicherheit und Transparenz war es erforderlich, den juristischen Begriff des Übergangs unter Berücksichtigung der Rechtsprechung des Gerichtshofs zu klären. Durch diese Klärung wurde der Anwendungsbereich der Richtlinie 77/187/EWG gemäß der Auslegung durch den Gerichtshof nicht geändert.

(9) In der Sozialcharta wird die Bedeutung des Kampfes gegen alle Formen der Diskriminierung, insbesondere aufgrund von Geschlecht, Hautfarbe, Rasse, Meinung oder Glauben, gewürdigt.

(10) Diese Richtlinie sollte die Pflichten der Mitgliedstaaten hinsichtlich der Umsetzungsfristen der in Anhang I Teil B angegebenen Richtlinien unberührt lassen –

HAT FOLGENDE RICHTLINIE ERLASSEN:

Kapitel I – Anwendungsbereich und Definitionen

Art. 1 [Anwendungsbereich] (1) a) Diese Richtlinie ist auf den Übergang von Unternehmen, Betrieben oder Unternehmens- bzw. Betriebsteilen auf einen anderen Inhaber durch vertragliche Übertragung oder durch Verschmelzung anwendbar.

b) Vorbehaltlich Buchstabe a) und der nachstehenden Bestimmungen dieses Artikels gilt als Übergang im Sinne dieser Richtlinie der Übergang einer ihre Identität bewahrenden wirtschaftlichen Einheit im Sinne einer organisierten Zusammenfassung von Ressourcen zur Verfolgung einer wirtschaftlichen Haupt- oder Nebentätigkeit.

c) Diese Richtlinie gilt für öffentliche und private Unternehmen, die eine wirtschaftliche Tätigkeit ausüben, unabhängig davon, ob sie Erwerbszwecke verfolgen oder nicht. Bei der Übertragung von Aufgaben im Zuge einer Umstrukturierung von Verwaltungsbehörden oder bei der Übertragung von Verwaltungsaufgaben von einer Behörde auf eine andere handelt es sich nicht um einen Übergang im Sinne dieser Richtlinie.

(2) Diese Richtlinie ist anwendbar, wenn und soweit sich das Unternehmen, der Betrieb oder der Unternehmens- bzw. Betriebsteil, das bzw. der übergeht, innerhalb des räumlichen Geltungsbereichs des Vertrages befindet.

(3) Diese Richtlinie gilt nicht für Seeschiffe.

Art. 2 [Begriffsbestimmungen] (1) Im Sinne dieser Richtlinie gelten folgende Begriffsbestimmungen:

a) „Veräußerer" ist jede natürliche oder juristische Person, die aufgrund eines Übergangs im Sinne von Artikel 1 Absatz 1 als Inhaber aus dem Unternehmen, dem Betrieb oder dem Unternehmens- bzw. Betriebsteil ausscheidet:

b) „Erwerber" ist jede natürliche oder juristische Person, die aufgrund eines Übergangs im Sinne von Artikel 1 Absatz 1 als Inhaber in das Unternehmen, den Betrieb oder den Unternehmens- bzw. Betriebsteil eintritt.

c) „Vertreter der Arbeitnehmer" oder ein entsprechender Ausdruck bezeichnet die Vertreter der Arbeitnehmer nach den Rechtsvorschriften oder der Praxis der Mitgliedstaaten.

d) „Arbeitnehmer" ist jede Person, die in dem betreffenden Mitgliedstaat aufgrund des einzelstaatlichen Arbeitsrechts geschützt ist.

(2) Diese Richtlinie lässt das einzelstaatliche Recht in Bezug auf die Begriffsbestimmung des Arbeitsvertrags oder des Arbeitsverhältnisses unberührt.

Die Mitgliedstaaten können jedoch vom Anwendungsbereich der Richtlinie Arbeitsverträge und Arbeitsverhältnisse nicht allein deshalb ausschließen, weil

a) nur eine bestimmte Anzahl von Arbeitsstunden geleistet wird oder zu leisten ist,

b) es sich um Arbeitsverhältnisse aufgrund eines befristeten Arbeitsvertrags im Sinne von Artikel 1 Nummer 1 der Richtlinie 91/383/EWG des Rates vom 25. Juni 1991 zur Ergänzung der Maßnahmen zur Verbesserung der Sicherheit und des Gesundheitsschutzes von Arbeitnehmern mit befristetem Arbeitsverhältnis oder Leiharbeitsverhältnis[7] handelt,

c) es sich um Leiharbeitsverhältnisse im Sinne von Artikel 1 Nummer 2 der Richtlinie 91/383/EWG und bei dem übertragenen Unternehmen oder dem übertragenen Betrieb oder Unternehmens- bzw. Betriebsteil als Verleihunternehmen oder Teil eines Verleihunternehmens um den Arbeitgeber handelt.

Kapitel II – Wahrung der Ansprüche und Rechte der Arbeitnehmer

Art. 3 [Übergang der Rechte und Pflichten des Veräußerers] (1) Die Rechte und Pflichten des Veräußerers aus einem zum Zeitpunkt des Übergangs bestehenden Arbeitsvertrag oder Arbeitsverhältnis gehen aufgrund des Übergangs auf den Erwerber über.

Die Mitgliedstaaten können vorsehen, dass der Veräußerer und der Erwerber nach dem Zeitpunkt des Übergangs gesamtschuldnerisch für die Verpflichtungen haften, die vor dem Zeitpunkt des Übergangs durch einen Arbeitsvertrag oder ein Arbeitsverhältnis entstanden sind, der bzw. das zum Zeitpunkt des Übergangs bestand.

(2) Die Mitgliedstaaten können geeignete Maßnahmen ergreifen, um zu gewährleisten, dass der Veräußerer den Erwerber über alle Rechte und Pflichten unterrichtet, die nach diesem Artikel auf den Erwerber übergehen, soweit diese dem Veräußerer zum Zeitpunkt des Übergangs bekannt waren oder bekannt sein mussten. Unterlässt der Veräußerer diese Unterrichtung des Erwerbers, so berührt diese Unterlassung weder den Übergang solcher Rechte und Pflichten noch die Ansprüche von Arbeitnehmern gegenüber dem Erwerber und/oder Veräußerer in Bezug auf diese Rechte und Pflichten.

(3) Nach dem Übergang erhält der Erwerber die in einem Kollektivvertrag vereinbarten Arbeitsbedingungen bis zur Kündigung oder zum Ablauf des Kollektivvertrags bzw: bis zum Inkrafttreten oder bis zur Anwendung eines anderen Kollektivvertrags in dem gleichen Maße aufrecht, wie sie in dem Kollektivvertrag für den Veräußerer vorgesehen waren. Die Mitgliedstaaten können den Zeitraum der Aufrechterhaltung der Arbeitsbedingungen begrenzen, allerdings darf dieser nicht weniger als ein Jahr betragen.

(4) a) Sofern die Mitgliedstaaten nicht anderes vorsehen, gelten die Absätze 1 und 3 nicht für die Rechte der Arbeitnehmer auf Leistungen bei Alter, Invalidität oder für Hinterbliebene aus betrieblichen oder überbetrieblichen Zusatzversorgungseinrichtungen außerhalb der gesetzlichen Systeme der sozialen Sicherheit der Mitgliedstaaten.

b) Die Mitgliedstaaten treffen auch dann, wenn sie gemäß Buchstabe a) nicht vorsehen, dass die Absätze 1 und 3 für die unter Buchstabe a) genannten Rechte gelten, die notwendigen Maßnahmen zum Schutz der Interessen der Arbeitnehmer sowie der Personen, die zum Zeitpunkt des Übergangs bereits aus dem Betrieb des Veräußerers ausgeschieden sind, hinsichtlich ihrer Rechte oder Anwartschaftsrechte auf Leistungen bei Alter, einschließlich Leistungen für Hinterbliebene, aus den unter Buchstabe a) genannten Zusatzversorgungseinrichtungen.

Art. 4 [Kündigungsverbot] (1) Der Übergang eines Unternehmens, Betriebs oder Unternehmens- bzw. Betriebsteils stellt als solcher für den Veräußerer oder den Erwerber keinen Grund zur Kündigung dar. Diese Bestimmung steht etwaigen Kündigungen aus wirtschaft-

---

7   ABl. L 206 vom 29.7.1991, S. 19.

lichen, technischen oder organisatorischen Gründen, die Änderungen im Bereich der Beschäftigung mit sich bringen, nicht entgegen.

Die Mitgliedstaaten können vorsehen, dass Unterabsatz 1 auf einige abgegrenzte Gruppen von Arbeitnehmern, auf die sich die Rechtsvorschriften oder die Praxis der Mitgliedstaaten auf dem Gebiet des Kündigungsschutzes nicht erstrecken, keine Anwendung findet.

(2) Kommt es zu einer Beendigung des Arbeitsvertrags oder Arbeitsverhältnisses, weil der Übergang eine wesentliche Änderung der Arbeitsbedingungen zum Nachteil des Arbeitnehmers zur Folge hat, so ist davon auszugehen, dass die Beendigung des Arbeitsvertrags oder Arbeitsverhältnisses durch den Arbeitgeber erfolgt ist.

Art. 5 [Ausnahmeoption für Insolvenzfälle] (1) Sofern die Mitgliedstaaten nichts anderes vorsehen, gelten die Artikel 3 und 4 nicht für Übergänge von Unternehmen, Betrieben oder Unternehmens- bzw. Betriebsteilen, bei denen gegen den Veräußerer unter der Aufsicht einer zuständigen öffentlichen Stelle (worunter auch ein von einer zuständigen Behörde ermächtigter Insolvenzverwalter verstanden werden kann) ein Konkursverfahren oder ein entsprechendes Verfahren mit dem Ziel der Auflösung des Vermögens des Veräußerers eröffnet wurde.

(2) Wenn die Artikel 3 und 4 für einen Übergang während eines Insolvenzverfahrens gegen den Veräußerer (unabhängig davon, ob dieses Verfahren zur Auflösung seines Vermögens eingeleitet wurde) gelten und dieses Verfahren unter der Aufsicht einer zuständigen öffentlichen Stelle (worunter auch ein nach dem innerstaatlichen Recht bestimmter Insolvenzverwalter verstanden werden kann) steht, kann ein Mitgliedstaat vorsehen, dass

a) ungeachtet des Artikels 3 Absatz 1 die vor dem Übergang bzw. vor der Eröffnung des Insolvenzverfahrens fälligen Verbindlichkeiten des Veräußerers aufgrund von Arbeitsverträgen oder Arbeitsverhältnissen nicht auf den Erwerber übergehen, sofern dieses Verfahren nach dem Recht des betreffenden Mitgliedstaats einen Schutz gewährt, der dem von der Richtlinie 80/987/EWG des Rates vom 20. Oktober 1980 zur Angleichung der Rechtsvorschriften der Mitgliedstaaten über den Schutz der Arbeitnehmer bei Zahlungsunfähigkeit des Arbeitgebers[8] vorgesehenen Schutz zumindest gleichwertig ist, und/oder

b) der Erwerber, der Veräußerer oder die seine Befugnisse ausübenden Personen auf der einen Seite und die Vertreter der Arbeitnehmer auf der anderen Seite Änderungen der Arbeitsbedingungen der Arbeitnehmer, insoweit das geltende Recht oder die geltende Praxis dies zulassen, vereinbaren können, die den Fortbestand des Unternehmens, Betriebs oder Unternehmens- bzw. Betriebsteils sichern und dadurch der Erhaltung von Arbeitsplätzen dienen.

(3) Die Mitgliedstaaten können Absatz 2 Buchstabe b) auf Übergänge anwenden, bei denen sich der Veräußerer nach dem einzelstaatlichen Recht in einer schwierigen wirtschaftlichen Lage befindet, sofern das Bestehen einer solchen Notlage von einer zuständigen öffentlichen Stelle bescheinigt wird und die Möglichkeit einer gerichtlichen Aufsicht gegeben ist, falls das innerstaatliche Recht solche Bestimmungen am 17. Juli 1998 bereits enthielt. Die Kommission legt vor dem 17. Juli 2003 einen Bericht über die Auswirkungen dieser Bestimmung vor und unterbreitet dem Rat erforderlichenfalls entsprechende Vorschläge.

---

8 ABl. L 283 vom 20.10.1980, S. 23. Richtlinie zuletzt geändert durch die Beitrittsakte von 1994.

(4) Die Mitgliedstaaten treffen die erforderlichen Maßnahmen, damit Insolvenzverfahren nicht in missbräuchlicher Weise in Anspruch genommen werden, um den Arbeitnehmern die in dieser Richtlinie vorgesehenen Rechte vorzuenthalten.

Art. 6 [Rechtsstellung der Arbeitnehmervertreter] (1) Sofern das Unternehmen, der Betrieb oder der Unternehmens- bzw. Betriebsteil seine Selbständigkeit behält, bleiben die Rechtsstellung und die Funktion der Vertreter oder der Vertretung der vom Übergang betroffenen Arbeitnehmer unter den gleichen Bedingungen erhalten, wie sie vor dem Zeitpunkt des Übergangs aufgrund von Rechts- und Verwaltungsvorschriften oder aufgrund einer Vereinbarung bestanden haben, sofern die Bedingungen für die Bildung der Arbeitnehmervertretung erfüllt sind.

Unterabsatz 1 findet keine Anwendung, wenn gemäß den Rechts- und Verwaltungsvorschriften oder der Praxis der Mitgliedstaaten oder durch Vereinbarung mit den Vertretern der betroffenen Arbeitnehmer die Bedingungen für die Neubestellung der Vertreter der Arbeitnehmer oder die Neubildung der Vertretung der Arbeitnehmer erfüllt sind.

Wurde gegen den Veräußerer unter der Aufsicht einer zuständigen öffentlichen Stelle (worunter auch ein von einer zuständigen Behörde ermächtigter Insolvenzverwalter verstanden werden kann) ein Konkursverfahren oder ein entsprechendes Insolvenzverfahren mit dem Ziel der Auflösung des Vermögens des Veräußerers eröffnet, können die Mitgliedstaaten die erforderlichen Maßnahmen ergreifen, um sicherzustellen, dass die vom Übergang betroffenen Arbeitnehmer bis zur Neuwahl oder Benennung von Arbeitnehmervertretern angemessen vertreten sind.

Behält das Unternehmen, der Betrieb oder der Unternehmens- bzw. Betriebsteil seine Selbständigkeit nicht, so treffen die Mitgliedstaaten die erforderlichen Maßnahmen, damit die vom Übergang betroffenen Arbeitnehmer, die vor dem Übergang vertreten wurden, während des Zeitraums, der für die Neubildung oder Neubenennung der Arbeitnehmervertretung erforderlich ist, im Einklang mit dem Recht oder der Praxis der Mitgliedstaaten weiterhin angemessen vertreten werden.

(2) Erlischt das Mandat der Vertreter der vom Übergang betroffenen Arbeitnehmer aufgrund des Übergangs, so gelten für diese Vertreter weiterhin die nach den Rechts- und Verwaltungsvorschriften oder der Praxis der Mitgliedstaaten vorgesehenen Schutzmaßnahmen.

Kapitel III – Information und Konsultation

Art. 7 [Information und Konsultation] (1) Der Veräußerer und der Erwerber sind verpflichtet, die Vertreter ihrer jeweiligen von einem Übergang betroffenen Arbeitnehmer über Folgendes zu informieren:
- den Zeitpunkt bzw. den geplanten Zeitpunkt des Übergangs,
- den Grund für den Übergang,
- die rechtlichen, wirtschaftlichen und sozialen Folgen des Übergangs für die Arbeitnehmer,
- die hinsichtlich der Arbeitnehmer in Aussicht genommenen Maßnahmen.

Der Veräußerer ist verpflichtet, den Vertretern seiner Arbeitnehmer diese Informationen rechtzeitig vor dem Vollzug des Übergangs zu übermitteln.

Der Erwerber ist verpflichtet, den Vertretern seiner Arbeitnehmer diese Informationen rechtzeitig zu übermitteln, auf jeden Fall aber bevor diese Arbeitnehmer von dem Übergang hinsichtlich ihrer Beschäftigungs- und Arbeitsbedingungen unmittelbar betroffen werden.

(2) Zieht der Veräußerer bzw. der Erwerber Maßnahmen hinsichtlich seiner Arbeitnehmer in Betracht, so ist er verpflichtet, die Vertreter seiner Arbeitnehmer rechtzeitig zu diesen Maßnahmen zu konsultieren, um eine Übereinkunft anzustreben.

(3) Die Mitgliedstaaten, deren Rechts- und Verwaltungsvorschriften vorsehen, dass die Vertreter der Arbeitnehmer eine Schiedsstelle anrufen können, um eine Entscheidung über hinsichtlich der Arbeitnehmer zu treffende Maßnahmen zu erhalten, können die Verpflichtungen gemäß den Absätzen 1 und 2 auf den Fall beschränken, in dem der vollzogene Übergang eine Betriebsänderung hervorruft, die wesentliche Nachteile für einen erheblichen Teil der Arbeitnehmer zur Folge haben kann.

Die Information und die Konsultation müssen sich zumindest auf die hinsichtlich der Arbeitnehmer in Aussicht genommenen Maßnahmen erstrecken.

Die Information und die Konsultation müssen rechtzeitig vor dem Vollzug der in Unterabsatz 1 genannten Betriebsänderung erfolgen.

(4) Die in diesem Artikel vorgesehenen Verpflichtungen gelten unabhängig davon, ob die zum Übergang führende Entscheidung vom Arbeitgeber oder von einem den Arbeitgeber beherrschendes Unternehmen getroffen wird.

Hinsichtlich angeblicher Verstöße gegen die in dieser Richtlinie vorgesehenen Informations- und Konsultationspflichten findet der Einwand, der Verstoß gehe darauf zurück, dass die Information von einem den Arbeitgeber beherrschenden Unternehmen nicht übermittelt worden sei, keine Berücksichtigung.

(5) Die Mitgliedstaaten können die in den Absätzen 1, 2 und 3 vorgesehenen Verpflichtungen auf Unternehmen oder Betriebe beschränken, die hinsichtlich der Zahl der beschäftigten Arbeitnehmer die Voraussetzungen für die Wahl oder Bestellung eines Kollegiums als Arbeitnehmervertretung erfüllen.

(6) Die Mitgliedstaaten sehen vor, dass die betreffenden Arbeitnehmer für den Fall, dass es unabhängig von ihrem Willen in einem Unternehmen oder in einem Betrieb keine Vertreter der Arbeitnehmer gibt, vorher zu informieren sind über

- den Zeitpunkt bzw. den geplanten Zeitpunkt des Übergangs,
- den Grund für den Übergang,
- die rechtlichen, wirtschaftlichen und sozialen Folgen des Übergangs für die Arbeitnehmer,
- die hinsichtlich der Arbeitnehmer in Aussicht genommenen Maßnahmen.

Kapitel IV – Schlussbestimmungen

Art. 8 [Mindeststandardklausel] Diese Richtlinie schränkt die Möglichkeit der Mitgliedstaaten nicht ein, für die Arbeitnehmer günstigere Rechts- oder Verwaltungsvorschriften anzuwenden oder zu erlassen oder für die Arbeitnehmer günstigere Kollektivverträge und andere zwischen den Sozialpartnern abgeschlossene Vereinbarungen, die für die Arbeitnehmer günstiger sind, zu fördern oder zuzulassen.

Art. 9-14 *Unterrichtungspflicht der Mitgliedstaaten, Berichtspflicht der Kommission, Mitteilungspflicht der Mitgliedstaaten, Inkrafttreten und Adressaten - nicht abgedruckt.*

Anhang I Teil A – Aufgehobene Richtlinie und ihre Änderung, Teil B – Umsetzungsfristen; **Anhang II** Übereinstimmungstabelle – *nicht abgedruckt.*

3.13 Richtlinie 2002/14/EG des Europäischen Parlaments und des Rates vom 11. März 2002 zur Festlegung eines allgemeinen Rahmens für die Unterrichtung und Anhörung der Arbeitnehmer in der Europäischen Gemeinschaft [Unterrichtungsrahmen-RL]

Abl. 2002 L 80/29

DAS EUROPÄISCHE PARLAMENT UND DER RAT DER EUROPÄISCHEN UNION –
gestützt auf den Vertrag zur Gründung der Europäischen Gemeinschaft, insbesondere auf Artikel 137 Absatz 2,
auf Vorschlag der Kommission[1],
nach Stellungnahme des Wirtschafts- und Sozialausschusses[2],
nach Stellungnahme des Ausschusses der Regionen[3],
gemäß dem Verfahren des Artikels 251 des Vertrags[4], aufgrund des vom Vermittlungsausschuss am 23. Januar 2002 gebilligten gemeinsamen Entwurfs,
in Erwägung nachstehender Gründe:

(1) Gemäß Artikel 136 des Vertrags ist es ein besonderes Ziel der Gemeinschaft und der Mitgliedstaaten, den sozialen Dialog zwischen den Sozialpartnern zu fördern.

(2) Nach Nummer 17 der Gemeinschaftscharta der sozialen Grundrechte der Arbeitnehmer müssen unter anderem „Unterrichtung, Anhörung und Mitwirkung der Arbeitnehmer... in geeigneter Weise, unter Berücksichtigung der in den verschiedenen Mitgliedstaaten herrschenden Gepflogenheiten, weiterentwickelt werden".

(3) Die Kommission hat die Sozialpartner auf Gemeinschaftsebene zu der Frage gehört, wie eine Gemeinschaftsaktion in den Bereichen Unterrichtung und Anhörung der Arbeitnehmer in den Unternehmen der Gemeinschaft gegebenenfalls ausgerichtet werden sollte.

(4) Die Kommission hielt nach dieser Anhörung eine Gemeinschaftsmaßnahme für zweckmäßig und hat die Sozialpartner erneut gehört, diesmal zum Inhalt des in Aussicht genommenen Vorschlags. Die Sozialpartner haben der Kommission ihre Stellungnahmen übermittelt.

(5) Nach Abschluss der zweiten Anhörungsphase haben die Sozialpartner der Kommission nicht mitgeteilt, dass sie den Prozess in Gang setzen wollen, der zum Abschluss einer Vereinbarung führen kann.

(6) Der auf Gemeinschaftsebene wie auch auf nationaler Ebene bestehende rechtliche Rahmen, durch den eine Einbeziehung der Arbeitnehmer in die Unternehmensabläufe und in Entscheidungen, die die Beschäftigten betreffen, sichergestellt werden soll, konnte nicht immer verhindern, dass Arbeitnehmer betreffende schwerwiegende Entscheidungen getroffen und bekannt gemacht wurden, ohne dass zuvor angemessene Informations- und Anhörungsverfahren durchgeführt worden wären.

(7) Die Stärkung des Dialogs und die Schaffung eines Klimas des Vertrauens im Unternehmen sind notwendig, um Risiken frühzeitig zu erkennen, bei gleichzeitiger Absicherung der Arbeitnehmer die Arbeitsorganisation flexibler zu gestalten und den Zugang der Arbeitnehmer zur Fortbildung im Unternehmen zu fördern, die Arbeitnehmer für die Notwendigkeit von Anpassungen zu sensibilisieren, die Bereitschaft der Arbeitnehmer zur Teilnahme an Maßnahmen und Aktionen zur Verbesserung ihrer Beschäftigungsfähigkeit zu erhöhen, die Arbeitnehmer stärker in die Unternehmensabläufe und in die Gestaltung der Zukunft des Unternehmens einzubeziehen und dessen Wettbewerbsfähigkeit zu steigern.

(8) Es ist insbesondere notwendig, die Unterrichtung und Anhörung zu Beschäftigungssituation und wahrscheinlicher Beschäftigungsentwicklung im Unternehmen und – für den Fall, dass die vom

---

1   ABl. C 2 vom 5.1.1999, S. 3.
2   ABl. C 258 vom 10.9.1999, S. 24.
3   ABl. C 144 vom 16.5.2001, S. 58.
4   Stellungnahme des Europäischen Parlaments vom 14.4.1999 (ABl. C 219 vom 30.7.1999, S. 223), bestätigt am 16.9.1999 (ABl. C 54 vom 25.2.2000, S. 55), Gemeinsamer Standpunkt des Rates vom 27.7.2001 (ABl. C 307 vom 31.10.2001, S. 16) und Beschluss des Europäischen Parlaments vom 23.10.2001 ([ABl. C 112 E vom 9.5.2002, S. 24]). Beschluss des Europäischen Parlaments vom 5.2.2002 und Beschluss des Rates vom 18.2.2002.

Arbeitgeber vorgenommene Bewertung auf eine potentielle Bedrohung der Beschäftigung im Unternehmen schließen lässt – zu etwaigen geplanten antizipativen Maßnahmen, insbesondere in den Bereichen Ausbildung und Qualifizierung der Arbeitnehmer, zu fördern und zu intensivieren, um so mögliche negative Auswirkungen zu vermeiden oder ihre Konsequenzen abzumildern und die Beschäftigungsfähigkeit und Anpassungsfähigkeit der möglicherweise betroffenen Arbeitnehmer zu verbessern.

(9) Eine rechtzeitige Unterrichtung und Anhörung der Arbeitnehmer ist eine Vorbedingung für die erfolgreiche Bewältigung der Umstrukturierungsprozesse und für eine erfolgreiche Anpassung der Unternehmen an die im Zuge der Globalisierung der Wirtschaft – insbesondere durch die Entstehung neuer Formen der Arbeitsorganisation – geschaffenen neuen Bedingungen.

(10) Die Gemeinschaft hat eine Beschäftigungsstrategie entwickelt, die sie nun umsetzt und in deren Mittelpunkt die Begriffe „Antizipation", „Prävention" und „Beschäftigungsfähigkeit" stehen, wobei diese zentralen Konzepte in sämtliche staatlichen Maßnahmen integriert werden sollen, mit denen positive Beschäftigungseffekte erzielt werden können, einschließlich der Maßnahmen einzelner Unternehmen; dies soll durch einen Ausbau des sozialen Dialogs geschehen, damit bei der Förderung des Wandels das übergeordnete Ziel der Beschäftigungssicherung im Auge behalten wird.

(11) Die weitere Entwicklung des Binnenmarktes muss sich harmonisch vollziehen, unter Wahrung der grundlegenden Werte, auf denen unsere Gesellschaften basieren, und in einer Art und Weise, die sicherstellt, dass die wirtschaftliche Entwicklung allen Bürgern gleichermaßen zugute kommt.

(12) Der Eintritt in die dritte Phase der Wirtschafts- und Währungsunion hat europaweit eine Verstärkung und Beschleunigung des Wettbewerbsdrucks bewirkt. Dies macht weitergehende begleitende Maßnahmen auf einzelstaatlicher Ebene erforderlich.

(13) Der auf Gemeinschaftsebene und auf nationaler Ebene bestehende Rechtsrahmen für Unterrichtung und Anhörung der Arbeitnehmer ist häufig allzu sehr darauf ausgerichtet, Wandlungsprozesse im Nachhinein zu verarbeiten, vernachlässigt dabei die wirtschaftlichen Implikationen von Entscheidungen und stellt nicht wirklich auf eine „Antizipation" der Beschäftigungsentwicklung im Unternehmen oder auf eine „Prävention" von Risiken ab.

(14) Die Gesamtheit der politischen, wirtschaftlichen, sozialen und rechtlichen Entwicklungen macht eine Anpassung des bestehenden Rechtsrahmens erforderlich, der das rechtliche und praktische Instrumentarium zur Wahrnehmung des Rechtes auf Unterrichtung und Anhörung vorsieht.

(15) Von dieser Richtlinie unberührt bleiben nationale Regelungen, wonach die konkrete Wahrnehmung dieses Rechts eine kollektive Willensbekundung vonseiten der Rechtsinhaber erfordert.

(16) Von dieser Richtlinie unberührt bleiben Regelungen, die Bestimmungen über die direkte Mitwirkung der Arbeitnehmer enthalten, solange diese sich in jedem Fall dafür entscheiden können, das Recht auf Unterrichtung und Anhörung über ihre Vertreter wahrzunehmen.

(17) Da die oben dargelegten Ziele der in Betracht gezogenen Maßnahmen auf der Ebene der Mitgliedstaaten nicht ausreichend erreicht werden können, weil es das Ziel ist, einen Rahmen für die Unterrichtung und Anhörung der Arbeitnehmer zu schaffen, der den oben beschriebenen neuen europäischen Kontext gerecht wird, und da die Ziele daher wegen des Umfangs und der Wirkungen der geplanten Maßnahmen besser auf Gemeinschaftsebene verwirklicht werden können, kann die Gemeinschaft im Einklang mit dem in Artikel 5 des Vertrags niedergelegten Subsidiaritätsprinzip Maßnahmen ergreifen. Im Einklang mit dem in demselben Artikel genannten Verhältnismäßigkeitsprinzip geht diese Richtlinie nicht über das für die Erreichung dieser Ziele erforderliche Maß hinaus.

(18) Dieser allgemeine Rahmen zielt auf die Festlegung von Mindestvorschriften ab, die überall in der Gemeinschaft Anwendung finden, und er darf die Mitgliedstaaten nicht daran hindern, für die Arbeitnehmer günstigere Vorschriften vorzusehen.

(19) Dieser allgemeine Rahmen muss ferner auf administrative, finanzielle und rechtliche Auflagen verzichten, die die Gründung und Entwicklung kleiner und mittlerer Unternehmen behindern könnten. Daher erscheint es sinnvoll, den Anwendungsbereich dieser Richtlinie je nach Wahl der Mitgliedstaaten auf Unternehmen mit mindestens 50 Beschäftigten oder auf Betriebe mit mindestens 20 Beschäftigten zu beschränken.

(20) Dies gilt unter Berücksichtigung und unbeschadet anderer nationaler Maßnahmen und Praktiken zur Förderung des sozialen Dialogs in Unternehmen, die nicht unter diese Richtlinie fallen, und in öffentlichen Verwaltungen.

(21) Übergangsweise sollten jedoch Mitgliedstaaten, in denen keine gesetzliche Regelung über die Unterrichtung und Anhörung von Arbeitnehmern oder Arbeitnehmervertretungen besteht, die Möglichkeit haben, den Anwendungsbereich dieser Richtlinie im Hinblick auf die Anzahl der Arbeitnehmer weitergehend zu beschränken.

(22) Der gemeinschaftliche Rahmen für die Unterrichtung und Anhörung der Arbeitnehmer sollte die Belastung der Unternehmen oder Betriebe auf ein Mindestmaß begrenzen, zugleich aber auch die wirksame Ausübung der eingeräumten Rechte gewährleisten.

(23) Das mit der Richtlinie verfolgte Ziel soll durch Festlegung eines allgemeinen Rahmens erreicht werden, der die Grundsätze, Begriffe und Modalitäten der Unterrichtung und Anhörung definiert. Es obliegt den Mitgliedstaaten, diesen Rahmen auszufüllen, an die jeweiligen einzelstaatlichen Gegebenheiten anzupassen und dabei gegebenenfalls den Sozialpartnern eine maßgebliche Rolle zuzuweisen, die es diesen ermöglicht, ohne jeden Zwang auf dem Wege einer Vereinbarung Modalitäten für die Unterrichtung und Anhörung festzulegen, die ihren Bedürfnissen und ihren Wünschen am besten gerecht werden.

(24) Es empfiehlt sich, gewisse Besonderheiten, die in den Rechtsvorschriften einiger Mitgliedstaaten im Bereich der Unterrichtung und Anhörung der Arbeitnehmer bestehen, unberührt zu lassen; gedacht ist hier an spezielle Regelungen für Unternehmen oder Betriebe, die politischen, koalitionspolitischen, konfessionellen, karitativen, erzieherischen, wissenschaftlichen oder künstlerischen Bestimmungen oder Zwecken der Berichterstattung oder Meinungsäußerung dienen.

(25) Die Unternehmen oder Betriebe sollten vor der Verbreitung bestimmter besonders sensibler Informationen geschützt werden.

(26) Unternehmer sollten das Recht haben, auf eine Unterrichtung und Anhörung zu verzichten, wenn dies dem Unternehmen oder Betrieb schwerwiegenden Schaden zufügen würde oder wenn sie unverzüglich einer Anordnung nachkommen müssen, die von einer Kontroll- oder Aufsichtsbehörde an sie gerichtet wurde.

(27) Unterrichtung und Anhörung bringen Rechte und Pflichten für die Sozialpartner auf Unternehmens- oder Betriebsebene mit sich.

(28) Im Falle eines Verstoßes gegen die aus dieser Richtlinie folgenden Verpflichtungen müssen administrative oder rechtliche Verfahren sowie Sanktionen, die im Verhältnis zur Schwere des Vergehens wirksam, angemessen und abschreckend sind, angewandt werden.

(29) Von dieser Richtlinie unberührt bleiben sollten die spezifischeren Bestimmungen der Richtlinie 98/59/EG des Rates vom 20. Juli 1998 zur Angleichung der Rechtsvorschriften der Mitgliedstaaten über Massenentlassungen[5] und der Richtlinie 2001/23/EG des Rates vom 12. März 2001 zur Angleichung der Rechtsvorschriften der Mitgliedstaaten über die Wahrung von Ansprüchen der Arbeitnehmer beim Übergang von Unternehmen, Betrieben oder Unternehmens- oder Betriebsteilen[6].

(30) Sonstige Unterrichtungs- und Anhörungsrechte einschließlich derjenigen, die sich aus der Richtlinie 94/45/EG des Rates vom 22. September 1994 über die Einsetzung eines Europäischen Betriebsrats oder die Schaffung eines Verfahrens zur Unterrichtung und Anhörung der Arbeitnehmer in gemeinschaftsweit operierenden Unternehmen und Unternehmensgruppen[7] ergeben, sollten von der vorliegenden Richtlinie unberührt bleiben.

(31) Die Durchführung dieser Richtlinie sollte nicht als Rechtfertigung für eine Beeinträchtigung des allgemeinen Niveaus des Arbeitnehmerschutzes in dem von ihr abgedeckten Bereich benutzt werden –

HABEN FOLGENDE RICHTLINIE ERLASSEN:

Art. 1 Gegenstand und Grundsätze (1) Ziel dieser Richtlinie ist die Festlegung eines allgemeinen Rahmens mit Mindestvorschriften für das Recht auf Unterrichtung und Anhörung der Arbeitnehmer von in der Gemeinschaft ansässigen Unternehmen oder Betrieben.

(2) Die Modalitäten der Unterrichtung und Anhörung werden gemäß den einzelstaatlichen Rechtsvorschriften und den in den einzelnen Mitgliedstaaten geltenden Praktiken im Bereich der Arbeitsbeziehungen so gestaltet und angewandt, dass ihre Wirksamkeit gewährleistet ist.

(3) Die Modalitäten der Unterrichtung und Anhörung werden vom Arbeitgeber und von den Arbeitnehmervertretern im Geiste der Zusammenarbeit und unter gebührender Beachtung ihrer jeweiligen Rechte und gegenseitigen Verpflichtungen festgelegt bzw. durchgeführt, wobei sowohl den Interessen des Unternehmens oder Betriebs als auch den Interessen der Arbeitnehmer Rechnung zu tragen ist.

---

5   ABl. L 225 vom 12.8.1998, S. 16 [Massenentlassungs-RL, in dieser Sammlung Nr. 3.11].
6   ABl. L 82 vom 22.3.2001, S. 16 [Betriebsübergangs-RL, in dieser Sammlung Nr. 3.12].
7   ABl. L 254 vom 30.9.1994, S. 64. Richtlinie geändert durch die Richtlinie 97/74/EG (ABl. L 10 vom 16.1.1998, S. 22).

Art. 2 Begriffsbestimmungen Im Sinne dieser Richtlinie bezeichnet der Ausdruck

a) „Unternehmen" ein öffentliches oder privates Unternehmen, das eine wirtschaftliche Tätigkeit ausübt, unabhängig davon, ob es einen Erwerbszweck verfolgt oder nicht, und das im Hoheitsgebiet der Mitgliedstaaten ansässig ist;

b) „Betrieb" eine gemäß den einzelstaatlichen Rechtsvorschriften und Gepflogenheiten definierte Unternehmenseinheit, die im Hoheitsgebiet eines Mitgliedstaats ansässig ist und in der kontinuierlich unter Einsatz personeller und materieller Ressourcen eine wirtschaftliche Tätigkeit ausgeübt wird;

c) „Arbeitgeber" die natürliche oder juristische Person, die entsprechend den einzelstaatlichen Rechtsvorschriften und Gepflogenheiten Partei der Arbeitsverträge oder Arbeitsverhältnisse mit den Arbeitnehmern ist;

d) „Arbeitnehmer" eine Person, die in dem betreffenden Mitgliedstaat als Arbeitnehmer aufgrund des einzelstaatlichen Arbeitsrechts und entsprechend den einzelstaatlichen Gepflogenheiten geschützt ist;

e) „Arbeitnehmervertreter" die nach den einzelstaatlichen Rechtsvorschriften und/oder Gepflogenheiten vorgesehenen Vertreter der Arbeitnehmer;

f) „Unterrichtung" die Übermittlung von Informationen durch den Arbeitgeber an die Arbeitnehmervertreter, um ihnen Gelegenheit zur Kenntnisnahme und Prüfung der behandelten Frage zu geben;

g) „Anhörung" die Durchführung eines Meinungsaustauschs und eines Dialogs zwischen Arbeitnehmervertretern und Arbeitgeber.

Art. 3 Anwendungsbereich (1) Diese Richtlinie gilt je nach Entscheidung der Mitgliedstaaten:

a) für Unternehmen mit mindestens 50 Arbeitnehmern in einem Mitgliedstaat oder

b) für Betriebe mit mindestens 20 Arbeitnehmern in einem Mitgliedstaat.

Die Mitgliedstaaten bestimmen, nach welcher Methode die Schwellenwerte für die Beschäftigtenzahl errechnet werden.

(2) Die Mitgliedstaaten können – unter Einhaltung der in dieser Richtlinie festgelegten Grundsätze und Ziele – spezifische Bestimmungen für Unternehmen oder Betriebe vorsehen, die unmittelbar und überwiegend politischen, koalitionspolitischen, konfessionellen, karitativen, erzieherischen, wissenschaftlichen oder künstlerischen Bestimmungen oder Zwecken der Berichterstattung oder Meinungsäußerung dienen, falls das innerstaatliche Recht Bestimmungen dieser Art zum Zeitpunkt des Inkrafttretens dieser Richtlinie bereits enthält.

(3) Die Mitgliedstaaten können durch Erlass besonderer Bestimmungen für die Besatzung von Hochseeschiffen von dieser Richtlinie abweichen.

Art. 4 Modalitäten der Unterrichtung und Anhörung (1) Im Einklang mit den in Artikel 1 dargelegten Grundsätzen und unbeschadet etwaiger geltender einzelstaatlicher Bestimmungen und/oder Gepflogenheiten, die für die Arbeitnehmer günstiger sind, bestimmen die Mitgliedstaaten entsprechend diesem Artikel im Einzelnen, wie das Recht auf Unterrichtung und Anhörung auf der geeigneten Ebene wahrgenommen wird.

(2) Unterrichtung und Anhörung umfassen

a) die Unterrichtung über die jüngste Entwicklung und die wahrscheinliche Weiterentwicklung der Tätigkeit und der wirtschaftlichen Situation des Unternehmens oder des Betriebs;

509

b) die Unterrichtung und Anhörung zu Beschäftigungssituation, Beschäftigungsstruktur und wahrscheinlicher Beschäftigungsentwicklung im Unternehmen oder Betrieb sowie zu gegebenenfalls geplanten antizipativen Maßnahmen, insbesondere bei einer Bedrohung für die Beschäftigung;

c) die Unterrichtung und Anhörung zu Entscheidungen, die wesentliche Veränderungen der Arbeitsorganisation oder der Arbeitsverträge mit sich bringen können, einschließlich solcher, die Gegenstand der in Artikel 9 Absatz 1 genannten Gemeinschaftsbestimmungen sind.

(3) Die Unterrichtung erfolgt zu einem Zeitpunkt, in einer Weise und in einer inhaltlichen Ausgestaltung, die dem Zweck angemessen sind und es insbesondere den Arbeitnehmervertretern ermöglichen, die Informationen angemessen zu prüfen und gegebenenfalls die Anhörung vorzubereiten.

(4) Die Anhörung erfolgt

a) zu einem Zeitpunkt, in einer Weise und in einer inhaltlichen Ausgestaltung, die dem Zweck angemessen sind;

b) auf der je nach behandeltem Thema relevanten Leitungs- und Vertretungsebene;

c) auf der Grundlage der vom Arbeitgeber gemäß Artikel 2 Buchstabe f) zu liefernden Informationen und der Stellungnahme, zu der die Arbeitnehmervertreter berechtigt sind;

d) in einer Weise, die es den Arbeitnehmervertretern gestattet, mit dem Arbeitgeber zusammenzukommen und eine mit Gründen versehene Antwort auf ihre etwaige Stellungnahme zu erhalten;

e) mit dem Ziel, eine Vereinbarung über die in Absatz 2 Buchstabe c) genannten Entscheidungen, die unter die Leitungsbefugnis des Arbeitgebers fallen, zu erreichen.

Art. 5 Unterrichtung und Anhörung auf der Grundlage einer Vereinbarung Die Mitgliedstaaten können es den Sozialpartnern auf geeigneter Ebene, einschließlich Unternehmens- oder Betriebsebene, überlassen, nach freiem Ermessen und zu jedem beliebigen Zeitpunkt im Wege einer ausgehandelten Vereinbarung die Modalitäten für die Unterrichtung und Anhörung der Arbeitnehmer festzulegen. Diese Vereinbarungen und zu dem in Artikel 11 festgelegten Zeitpunkt bestehende Vereinbarungen sowie nachfolgende Verlängerungen derartiger Vereinbarungen können unter Wahrung der in Artikel 1 genannten Grundsätze und unter von den Mitgliedstaaten festzulegenden Bedingungen und Beschränkungen Bestimmungen vorsehen, die von den in Artikel 4 vorgesehenen Bestimmungen abweichen.

Art. 6 Vertrauliche Informationen (1) Die Mitgliedstaaten sehen vor, dass es gemäß den in den einzelstaatlichen Rechtsvorschriften festgelegten Bedingungen und Beschränkungen den Arbeitnehmervertretern und den etwaigen sie unterstützenden Sachverständigen nicht gestattet ist, ihnen im berechtigten Interesse der Unternehmen oder Betriebe ausdrücklich als vertraulich mitgeteilte Informationen an Arbeitnehmer oder Dritte weiterzugeben. Diese Verpflichtung besteht unabhängig von ihrem Aufenthaltsort und auch noch nach Ablauf ihres Mandats. Ein Mitgliedstaat kann es Arbeitnehmervertretern oder sie unterstützenden Personen jedoch gestatten, vertrauliche Informationen an Arbeitnehmer und Dritte weiterzugeben, die zur Vertraulichkeit verpflichtet sind.

(2) Die Mitgliedstaaten sehen vor, dass der Arbeitgeber in besonderen Fällen und unter Beachtung der in den einzelstaatlichen Rechtsvorschriften festgelegten Bedingungen und Be-

schränkungen nicht verpflichtet ist, eine Unterrichtung vorzunehmen oder eine Anhörung durchzuführen, wenn diese Unterrichtung oder Anhörung nach objektiven Kriterien die Tätigkeit des Unternehmens oder Betriebs erheblich beeinträchtigen oder dem Unternehmen oder Betrieb schaden könnte.

(3) Unbeschadet bestehender einzelstaatlicher Verfahren sehen die Mitgliedstaaten Rechtsbehelfsverfahren auf dem Verwaltungsweg oder vor Gericht vor, falls gemäß den Absätzen 1 und 2 der Arbeitgeber Vertraulichkeit verlangt oder die Informationen verweigert. Sie können ferner Verfahren vorsehen, die dazu bestimmt sind, die Vertraulichkeit der betreffenden Informationen zu wahren.

Art. 7 Schutz der Arbeitnehmervertreter Die Mitgliedstaaten tragen dafür Sorge, dass die Arbeitnehmervertreter bei der Ausübung ihrer Funktion einen ausreichenden Schutz und ausreichende Sicherheiten genießen, die es ihnen ermöglichen, die ihnen übertragenen Aufgaben in angemessener Weise wahrzunehmen.

Art. 8 Durchsetzung der Rechte (1) Für den Fall der Nichteinhaltung dieser Richtlinie durch den Arbeitgeber oder durch die Arbeitnehmervertreter sehen die Mitgliedstaaten geeignete Maßnahmen vor. Sie sorgen insbesondere dafür, dass es geeignete Verwaltungs- und Gerichtsverfahren gibt, mit deren Hilfe die Erfüllung der sich aus dieser Richtlinie ergebenden Verpflichtungen durchgesetzt werden kann.

(2) Die Mitgliedstaaten sehen angemessene Sanktionen vor, die im Falle eines Verstoßes gegen diese Richtlinie durch den Arbeitgeber oder durch die Arbeitnehmervertreter Anwendung finden; die Sanktionen müssen wirksam, angemessen und abschreckend sein.

Art. 9 Zusammenhang zwischen dieser Richtlinie und anderen gemeinschaftlichen und einzelstaatlichen Bestimmungen (1) Diese Richtlinie lässt die in Artikel 2 der Richtlinie 98/59/EG und in Artikel 7 der Richtlinie 2001/23/EG vorgesehenen spezifischen Informations- und Konsultationsverfahren unberührt.

(2) Diese Richtlinie lässt die gemäß den Richtlinien 94/45/EG und 97/74/EG erlassenen Vorschriften unberührt.

(3) Diese Richtlinie lässt andere im einzelstaatlichen Recht vorgesehene Unterrichtungs-, Anhörungs- und Mitbestimmungsrechte unberührt.

(4) Die Durchführung dieser Richtlinie darf nicht als Rechtfertigung für Rückschritte hinter den bereits in den einzelnen Mitgliedstaaten erreichten Stand des allgemeinen Niveaus des Arbeitnehmerschutzes in den von ihr abgedeckten Bereichen benutzt werden.

Art. 10-14 *Übergangsvorschriften, Umsetzungsfristen, Inkrafttreten und Adressaten - nicht abgedruckt.*

3.14 Richtlinie 2009/38/EG des Europäischen Parlaments und des Rates vom 6. Mai 2009 über die Einsetzung eines Europäischen Betriebsrats oder die Schaffung eines Verfahrens zur Unterrichtung und Anhörung der Arbeitnehmer in gemeinschaftsweit operierenden Unternehmen und Unternehmensgruppen (Neufassung) [Europäischer Betriebsrat-RL]

ABl. 2009 L 122/28

DAS EUROPÄISCHE PARLAMENT UND DER RAT DER EUROPÄISCHEN UNION –
gestützt auf den Vertrag zur Gründung der Europäischen Gemeinschaft, insbesondere auf Artikel 137,
auf Vorschlag der Kommission[1],
nach Stellungnahme des Europäischen Wirtschafts- und Sozialausschusses[2],
nach Anhörung des Ausschusses der Regionen,
gemäß dem Verfahren des Artikels 251 des Vertrags[3],
in Erwägung nachstehender Gründe:

(1) Die Richtlinie 94/45/EG des Rates vom 22. September 1994 über die Einsetzung eines Europäischen Betriebsrats oder die Schaffung eines Verfahrens zur Unterrichtung und Anhörung der Arbeitnehmer in gemeinschaftsweit operierenden Unternehmen und Unternehmensgruppen[4] muss inhaltlich geändert werden. Aus Gründen der Klarheit empfiehlt es sich, eine Neufassung dieser Richtlinie vorzunehmen.

(2) Gemäß Artikel 15 der Richtlinie 94/45/EG hat die Kommission im Benehmen mit den Mitgliedstaaten und den Sozialpartnern auf europäischer Ebene die Anwendung der genannten Richtlinie und insbesondere die Zweckmäßigkeit der Schwellenwerte für die Beschäftigtenzahl überprüft, um erforderlichenfalls entsprechende Änderungen vorzuschlagen.

(3) Nach Anhörungen der Mitgliedstaaten und der Sozialpartner auf europäischer Ebene hat die Kommission dem Europäischen Parlament und dem Rat am 4. April 2000 einen Bericht über den Stand der Anwendung der Richtlinie 94/45/EG vorgelegt.

(4) Gemäß Artikel 138 Absatz 2 des Vertrags hat die Kommission die Sozialpartner auf Gemeinschaftsebene zu der Frage angehört, wie eine Gemeinschaftsaktion in diesem Bereich gegebenenfalls ausgerichtet werden sollte.

(5) Die Kommission war nach dieser Anhörung der Auffassung, dass eine Gemeinschaftsaktion wünschenswert ist, und hat gemäß Artikel 138 Absatz 3 des Vertrags die Sozialpartner auf Gemeinschaftsebene erneut zum Inhalt des in Aussicht genommenen Vorschlags angehört.

(6) Nach dieser zweiten Anhörung haben die Sozialpartner die Kommission nicht von ihrer gemeinsamen Absicht in Kenntnis gesetzt, das in Artikel 138 Absatz 4 des Vertrags vorgesehene Verfahren einzuleiten, das zum Abschluss einer Vereinbarung führen könnte.

(7) Es bedarf einer Modernisierung der gemeinschaftlichen Rechtsvorschriften im Bereich der länderübergreifenden Unterrichtung und Anhörung der Arbeitnehmer mit dem Ziel, die Wirksamkeit der Rechte auf eine länderübergreifende Unterrichtung und Anhörung der Arbeitnehmer sicherzustellen, die Zahl der Europäischen Betriebsräte zu erhöhen und gleichzeitig die Fortdauer geltender Vereinbarungen zu ermöglichen, die bei der praktischen Anwendung der Richtlinie 94/45/EG festgestellten Probleme zu lösen und die sich aus bestimmten Bestimmungen oder dem Fehlen von Bestimmungen ergebende Rechtsunsicherheit zu beseitigen sowie eine bessere Abstimmung der gemeinschaftlichen Rechtsinstrumente im Bereich der Unterrichtung und Anhörung der Arbeitnehmer zu gewährleisten.

---

1 [KOM(2008) 419 endg.]
2 Stellungnahme vom 4.12.2008 ([ABl. C 175 vom 28.7.2009, S. 109]).
3 Stellungnahme des Europäischen Parlaments vom 16.12.2008 ([ABl. C 45 E vom 23.2.2010, S. 112]) und Beschluss des Rates vom 17.12.2008.
4 ABl. L 254 vom 30.9.1994, S. 64.

(8) Gemäß Artikel 136 des Vertrags haben die Gemeinschaft und die Mitgliedstaaten das Ziel, den sozialen Dialog zu fördern.

(9) Diese Richtlinie ist Teil des gemeinschaftlichen Rahmens, der darauf abzielt, die Maßnahmen der Mitgliedstaaten im Bereich der Unterrichtung und Anhörung der Arbeitnehmer zu unterstützen und zu ergänzen. Dieser Rahmen sollte die Belastung der Unternehmen oder Betriebe auf ein Mindestmaß begrenzen, zugleich aber auch die wirksame Ausübung der eingeräumten Rechte gewährleisten.

(10) Im Rahmen des Funktionierens des Binnenmarkts findet ein Prozess der Unternehmenszusammenschlüsse, grenzübergreifenden Fusionen, Übernahmen und Joint Ventures und damit einhergehend eine länderübergreifende Strukturierung von Unternehmen und Unternehmensgruppen statt. Wenn die wirtschaftlichen Aktivitäten sich in harmonischer Weise entwickeln sollen, so müssen Unternehmen und Unternehmensgruppen, die in mehreren Mitgliedstaaten tätig sind, die Vertreter ihrer von den Unternehmensentscheidungen betroffenen Arbeitnehmer unterrichten und anhören.

(11) Die Verfahren zur Unterrichtung und Anhörung der Arbeitnehmer nach den Rechtsvorschriften und Gepflogenheiten der Mitgliedstaaten werden häufig nicht an die länderübergreifende Struktur der Unternehmen angepasst, welche die Arbeitnehmer berührende Entscheidungen treffen. Dies kann zu einer Ungleichbehandlung der Arbeitnehmer führen, die von Entscheidungen ein und desselben Unternehmens bzw. ein und derselben Unternehmensgruppe betroffen sind.

(12) Es sind geeignete Vorkehrungen zu treffen, damit die Arbeitnehmer gemeinschaftsweit operierender Unternehmen oder Unternehmensgruppen angemessen informiert und angehört werden, wenn Entscheidungen, die sich auf sie auswirken, außerhalb des Mitgliedstaats getroffen werden, in dem sie beschäftigt sind.

(13) Um zu gewährleisten, dass die Arbeitnehmer von Unternehmen und Unternehmensgruppen, die in mehreren Mitgliedstaaten tätig sind, in angemessener Weise unterrichtet und angehört werden, muss ein Europäischer Betriebsrat eingerichtet oder müssen andere geeignete Verfahren zur länderübergreifenden Unterrichtung und Anhörung der Arbeitnehmer geschaffen werden.

(14) Die Modalitäten der Unterrichtung und Anhörung der Arbeitnehmer müssen so festgelegt und angewendet werden, dass die Wirksamkeit der Bestimmungen dieser Richtlinie gewährleistet wird. Hierzu sollte der Europäische Betriebsrat durch seine Unterrichtung und Anhörung die Möglichkeit haben, dem Unternehmen rechtzeitig eine Stellungnahme vorzulegen, wobei dessen Anpassungsfähigkeit nicht beeinträchtigt werden darf. Nur ein Dialog auf der Ebene der Festlegung der Leitlinien und eine wirksame Beteiligung der Arbeitnehmervertreter können es ermöglichen, den Wandel zu antizipieren und zu bewältigen.

(15) Für die Arbeitnehmer und ihre Vertreter muss die Unterrichtung und Anhörung auf der je nach behandeltem Thema relevanten Leitungs- und Vertretungsebene gewährleistet sein. Hierzu müssen Zuständigkeiten und Aktionsbereiche des Europäischen Betriebsrats von denen einzelstaatlicher Vertretungsgremien abgegrenzt werden und sich auf länderübergreifende Angelegenheiten beschränken.

(16) Zur Feststellung des länderübergreifenden Charakters einer Angelegenheit sollten sowohl der Umfang ihrer möglichen Auswirkungen als auch die betroffene Leitungs- und Vertretungsebene berücksichtigt werden. Als länderübergreifend werden Angelegenheiten erachtet, die das Unternehmen oder die Unternehmensgruppe insgesamt oder aber mindestens zwei Mitgliedstaaten betreffen. Dazu gehören Angelegenheiten, die ungeachtet der Zahl der betroffenen Mitgliedstaaten für die europäischen Arbeitnehmer hinsichtlich der Reichweite ihrer möglichen Auswirkungen von Belang sind oder die Verlagerung von Tätigkeiten zwischen Mitgliedstaaten betreffen.

(17) Es ist eine Definition des Begriffs „herrschendes Unternehmen" erforderlich, die sich, unbeschadet der Definitionen der Begriffe „Unternehmensgruppe" und „beherrschender Einfluss" in anderen Rechtsakten, ausschließlich auf diese Richtlinie bezieht.

(18) Die Verfahren zur Unterrichtung und Anhörung der Arbeitnehmer in Unternehmen oder Unternehmensgruppen, die in mindestens zwei verschiedenen Mitgliedstaaten tätig sind, müssen unabhängig davon, ob sich die zentrale Leitung des Unternehmens oder, im Fall einer Unternehmensgruppe, des herrschenden Unternehmens außerhalb der Gemeinschaft befindet, für alle in der Gemeinschaft angesiedelten Betriebe oder gegebenenfalls Unternehmen von Unternehmensgruppen gelten.

(19) Getreu dem Grundsatz der Autonomie der Sozialpartner legen die Arbeitnehmervertreter und die Leitung des Unternehmens oder des herrschenden Unternehmens einer Unternehmensgruppe die Art, Zusammensetzung, Befugnisse, Arbeitsweise, Verfahren und finanzielle Ressourcen des Europäischen Betriebsrats oder anderer Verfahren zur Unterrichtung und Anhörung der Arbeitnehmer einvernehmlich dergestalt fest, dass diese den jeweiligen besonderen Umständen entsprechen.

(20) Nach dem Grundsatz der Subsidiarität obliegt es den Mitgliedstaaten, die Arbeitnehmervertreter zu bestimmen und insbesondere – falls sie dies für angemessen halten – eine ausgewogene Vertretung der verschiedenen Arbeitnehmerkategorien vorzusehen.

(21) Es bedarf einer Klärung der Begriffe „Unterrichtung" und „Anhörung" der Arbeitnehmer im Einklang mit den Definitionen in den jüngsten einschlägigen Richtlinien und den im einzelstaatlichen Rahmen geltenden Definitionen mit der Zielsetzung, die Wirksamkeit des Dialogs auf länderübergreifender Ebene zu verbessern, eine geeignete Abstimmung zwischen der einzelstaatlichen und der länderübergreifenden Ebene des Dialogs zu ermöglichen und die erforderliche Rechtssicherheit bei der Anwendung dieser Richtlinie zu gewährleisten.

(22) Bei der Definition des Begriffs „Unterrichtung" ist dem Ziel Rechnung zu tragen, dass eine angemessene Prüfung durch die Arbeitnehmervertreter möglich sein muss, was voraussetzt, dass die Unterrichtung zu einem Zeitpunkt, in einer Weise und in einer inhaltlichen Ausgestaltung erfolgt, die dem Zweck angemessen sind, ohne den Entscheidungsprozess in den Unternehmen zu verlangsamen.

(23) Bei der Definition des Begriffs „Anhörung" muss dem Ziel Rechnung getragen werden, dass die Abgabe einer der Entscheidungsfindung dienlichen Stellungnahme möglich sein muss, was voraussetzt, dass die Anhörung zu einem Zeitpunkt, in einer Weise und in einer inhaltlichen Ausgestaltung erfolgt, die dem Zweck angemessen sind.

(24) In Unternehmen oder herrschenden Unternehmen im Fall einer Unternehmensgruppe, deren zentrale Leitung sich außerhalb der Gemeinschaft befindet, sind die in dieser Richtlinie festgelegten Bestimmungen über die Unterrichtung und Anhörung der Arbeitnehmer von dem gegebenenfalls benannten Vertreter des Unternehmens in der Gemeinschaft oder, in Ermangelung eines solchen Vertreters, von dem Betrieb oder dem kontrollierten Unternehmen mit der größten Anzahl von Arbeitnehmern in der Gemeinschaft durchzuführen.

(25) Die Verantwortung eines Unternehmens oder einer Unternehmensgruppe bei der Übermittlung der zur Aufnahme von Verhandlungen erforderlichen Informationen ist derart festzulegen, dass die Arbeitnehmer in die Lage versetzt werden, festzustellen, ob das Unternehmen oder die Unternehmensgruppe, in dem bzw. in der sie beschäftigt sind, gemeinschaftsweit operiert, und die zur Abfassung eines Antrags auf Aufnahme von Verhandlungen nötigen Kontakte zu knüpfen.

(26) Das besondere Verhandlungsgremium muss die Arbeitnehmer der verschiedenen Mitgliedstaaten in ausgewogener Weise repräsentieren. Die Arbeitnehmervertreter müssen die Möglichkeit haben, sich abzustimmen, um ihre Positionen im Hinblick auf die Verhandlung mit der zentralen Leitung festzulegen.

(27) Die Rolle, die anerkannte Gewerkschaftsorganisationen bei der Aus- oder Neuverhandlung der konstitutiven Vereinbarungen Europäischer Betriebsräte wahrnehmen können, ist anzuerkennen, damit Arbeitnehmervertreter, die einen entsprechenden Wunsch äußern, Unterstützung erhalten. Um es ihnen zu ermöglichen, die Einrichtung neuer Europäischer Betriebsräte zu verfolgen, und um bewährte Verfahren zu fördern, sind kompetente Gewerkschaftsorganisationen und Arbeitgeberverbände, die als europäische Sozialpartner anerkannt sind, über die Aufnahme von Verhandlungen zu unterrichten. Anerkannte kompetente europäische Gewerkschaftsorganisationen und Arbeitgeberverbände sind die Organisationen der Sozialpartner, die von der Kommission gemäß Artikel 138 des Vertrags konsultiert werden. Die Liste dieser Organisationen wird von der Kommission aktualisiert und veröffentlicht.

(28) Die Vereinbarungen über die Einrichtung und Arbeitsweise der Europäischen Betriebsräte müssen die Modalitäten für ihre Änderung, Kündigung oder gegebenenfalls Neuverhandlung enthalten, insbesondere für den Fall einer Änderung des Umfangs oder der Struktur des Unternehmens oder der Unternehmensgruppe.

(29) In diesen Vereinbarungen müssen die Modalitäten für die Abstimmung der einzelstaatlichen und der länderübergreifenden Ebene der Unterrichtung und Anhörung der Arbeitnehmer festgelegt werden, angepasst an die besonderen Gegebenheiten des Unternehmens oder der Unternehmensgruppe. Bei der Festlegung dieser Modalitäten müssen die jeweiligen Zuständigkeiten und Aktionsbereiche der Vertretungsgremien der Arbeitnehmer beachtet werden, vor allem was die Antizipierung und Bewältigung des Wandels anbelangt.

(30) Diese Vereinbarungen müssen gegebenenfalls die Einsetzung und die Arbeit eines engeren Ausschusses vorsehen, damit eine Koordinierung und eine höhere Effizienz der regelmäßigen Arbeit des Europäischen Betriebsrats sowie eine schnellstmögliche Unterrichtung und Anhörung im Falle außergewöhnlicher Umstände ermöglicht wird.

(31) Die Arbeitnehmervertreter können entweder vereinbaren, auf die Einrichtung eines Europäischen Betriebsrats zu verzichten, oder die Sozialpartner können andere Verfahren zur länderübergreifenden Unterrichtung und Anhörung der Arbeitnehmer beschließen.

(32) Es sollten subsidiäre Vorschriften vorgesehen werden, die auf Beschluss der Parteien oder in dem Fall, dass die zentrale Leitung die Aufnahme von Verhandlungen ablehnt oder bei den Verhandlungen kein Einvernehmen erzielt wird, Anwendung finden.

(33) Um ihrer Rolle in vollem Umfang gerecht zu werden und den Nutzen des Europäischen Betriebsrats sicherzustellen, müssen die Arbeitnehmervertreter den Arbeitnehmern, die sie vertreten, Rechenschaft ablegen und die Möglichkeit haben, die von ihnen benötigten Schulungen zu erhalten.

(34) Es sollte vorgesehen werden, dass die Arbeitnehmervertreter, die im Rahmen dieser Richtlinie handeln, bei der Wahrnehmung ihrer Aufgaben den gleichen Schutz und gleichartige Sicherheiten genießen wie die Arbeitnehmervertreter nach den Rechtsvorschriften und/oder Gepflogenheiten des Landes, in dem sie beschäftigt sind. Sie dürfen nicht aufgrund der gesetzlichen Ausübung ihrer Tätigkeit diskriminiert werden und müssen angemessen gegen Entlassungen und andere Sanktionen geschützt werden.

(35) Werden die sich aus dieser Richtlinie ergebenden Verpflichtungen nicht eingehalten, so müssen die Mitgliedstaaten geeignete Maßnahmen treffen.

(36) Gemäß den allgemeinen Grundsätzen des Gemeinschaftsrechts sollten im Falle eines Verstoßes gegen die sich aus dieser Richtlinie ergebenden Verpflichtungen administrative oder rechtliche Verfahren sowie Sanktionen, die wirksam, abschreckend und im Verhältnis zur Schwere der Zuwiderhandlung angemessen sind, angewandt werden.

(37) Aus Gründen der Effizienz, der Kohärenz und der Rechtssicherheit bedarf es einer Abstimmung zwischen den Richtlinien und den im Gemeinschaftsrecht und im einzelstaatlichen Recht und/oder den einzelstaatlichen Gepflogenheiten festgelegten Ebenen der Unterrichtung und Anhörung der Arbeitnehmer. Hierbei muss der Aushandlung dieser Abstimmungsmodalitäten innerhalb jedes Unternehmens oder jeder Unternehmensgruppe Priorität eingeräumt werden. Fehlt eine entsprechende Vereinbarung und sind Entscheidungen geplant, die wesentliche Veränderungen der Arbeitsorganisation oder der Arbeitsverträge mit sich bringen können, so muss der Prozess gleichzeitig auf einzelstaatlicher und europäischer Ebene so durchgeführt werden, dass die jeweiligen Zuständigkeiten und Aktionsbereiche der Vertretungsgremien der Arbeitnehmer beachtet werden. Die Abgabe einer Stellungnahme des Europäischen Betriebsrats sollte die Befugnis der zentralen Leitung, die erforderlichen Anhörungen innerhalb der im einzelstaatlichen Recht und/oder den einzelstaatlichen Gepflogenheiten vorgesehenen Fristen vorzunehmen, unberührt lassen. Die einzelstaatlichen Rechtsvorschriften und/oder einzelstaatlichen Gepflogenheiten müssen gegebenenfalls angepasst werden, um sicherzustellen, dass der Europäische Betriebsrat gegebenenfalls vor oder gleichzeitig mit den einzelstaatlichen Vertretungsgremien der Arbeitnehmer unterrichtet wird; dies darf jedoch keine Absenkung des allgemeinen Niveaus des Arbeitnehmerschutzes bewirken.

(38) Unberührt lassen sollte diese Richtlinie die Unterrichtungs- und Anhörungsverfahren gemäß der Richtlinie 2002/14/EG des Europäischen Parlaments und des Rates vom 11. März 2002 zur Festlegung eines allgemeinen Rahmens für die Unterrichtung und Anhörung der Arbeitnehmer in der Europäischen Gemeinschaft[5], die spezifischen Verfahren nach Artikel 2 der Richtlinie 98/59/EG des Rates vom 20. Juli 1998 zur Angleichung der Rechtsvorschriften der Mitgliedstaaten über Massenentlassungen[6] sowie Artikel 7 der Richtlinie 2001/23/EG des Rates vom 12. März 2001 zur Angleichung der Rechtsvorschriften der Mitgliedstaaten über die Wahrung von Ansprüchen der Arbeitnehmer beim Übergang von Unternehmen, Betrieben oder Unternehmens- oder Betriebsteilen[7].

(39) Es sollten besondere Bestimmungen für die gemeinschaftsweit operierenden Unternehmen und Unternehmensgruppen vorgesehen werden, in denen am 22. September 1996 eine für alle Arbeitnehmer geltende Vereinbarung über eine länderübergreifende Unterrichtung und Anhörung der Arbeitnehmer bestand.

(40) Ändert sich die Struktur des Unternehmens oder der Unternehmensgruppe wesentlich, beispielsweise durch eine Fusion, eine Übernahme oder eine Spaltung, so bedarf es einer Anpassung des bestehenden Europäischen Betriebsrats bzw. der bestehenden Europäischen Betriebsräte. Diese Anpassung muss vorrangig nach den Bestimmungen der geltenden Vereinbarung erfolgen, falls diese Bestimmungen die erforderliche Anpassung gestatten. Ist dies nicht der Fall und wird ein entsprechender Antrag gestellt, so werden Verhandlungen über eine neue Vereinbarung aufgenommen, an denen die Mitglieder des bestehenden Europäischen Betriebsrats bzw. der bestehenden Europäischen Betriebsräte zu beteiligen sind. Um die Unterrichtung und Anhörung der Arbeitnehmer in

---

5   ABl. L 80 vom 23.3.2002, S. 29 [Unterrichtungsrahmen-RL, in dieser Sammlung Nr. 3.13].
6   ABl. L 225 vom 12.8.1998, S. 16 [Massenentlassungs-RL, in dieser Sammlung Nr. 3.11].
7   ABl. L 82 vom 22.3.2001, S. 16 [Betriebsübergangs-RL, in dieser Sammlung Nr. 3.12].

der häufig entscheidenden Phase der Strukturänderung zu ermöglichen, müssen der bestehende Europäische Betriebsrat bzw. die bestehenden Europäischen Betriebsräte in die Lage versetzt werden, ihre Tätigkeit, unter Umständen in entsprechend angepasster Art und Weise, bis zum Abschluss einer neuen Vereinbarung fortzusetzen. Mit Unterzeichnung einer neuen Vereinbarung müssen die zuvor eingerichteten Betriebsräte aufgelöst und die Vereinbarungen über ihre Einrichtung, unabhängig von den darin enthaltenen Bestimmungen über ihre Geltungsdauer oder Kündigung, beendet werden.

(41) Findet diese Anpassungsklausel keine Anwendung, so sollten die geltenden Vereinbarungen weiter in Kraft bleiben können, um deren obligatorische Neuverhandlung zu vermeiden, wenn sie unnötig wäre. Es sollte vorgesehen werden, dass auf vor dem 22. September 1996 gemäß Artikel 13 Absatz 1 der Richtlinie 94/45/EG oder gemäß Artikel 3 Absatz 1 der Richtlinie 97/74/EG[8] geschlossene Vereinbarungen während ihrer Geltungsdauer Verpflichtungen, die sich aus der vorliegenden Richtlinie ergeben, weiterhin keine Anwendung finden. Ferner begründet die vorliegende Richtlinie keine allgemeine Verpflichtung zur Neuverhandlung von Vereinbarungen, die gemäß Artikel 6 der Richtlinie 94/45/EG zwischen dem 22. September 1996 und dem 5. Juni 2011 geschlossen wurden.

(42) Unbeschadet des Rechts der Parteien, anders lautende Vereinbarungen zu treffen, ist ein Europäischer Betriebsrat, der in Ermangelung einer Vereinbarung zwischen den Parteien zur Erreichung des Ziels dieser Richtlinie eingesetzt wird, in Bezug auf die Tätigkeiten des Unternehmens oder der Unternehmensgruppe zu unterrichten und anzuhören, damit er mögliche Auswirkungen auf die Interessen der Arbeitnehmer in mindestens zwei Mitgliedstaaten abschätzen kann. Hierzu sollte das Unternehmen oder das herrschende Unternehmen verpflichtet sein, den Arbeitnehmervertretern allgemeine Informationen, die die Interessen der Arbeitnehmer berühren, sowie Informationen, die sich konkret auf diejenigen Aspekte der Tätigkeiten des Unternehmens oder der Unternehmensgruppe beziehen, welche die Interessen der Arbeitnehmer berühren, mitzuteilen. Der Europäische Betriebsrat muss am Ende der Sitzung eine Stellungnahme abgeben können.

(43) Bevor bestimmte Beschlüsse mit erheblichen Auswirkungen auf die Interessen der Arbeitnehmer ausgeführt werden, sind die Arbeitnehmervertreter unverzüglich zu unterrichten und anzuhören.

(44) Der Inhalt der subsidiären Rechtsvorschriften, die in Ermangelung einer Vereinbarung anzuwenden sind und in den Verhandlungen als Auffangregelungen dienen, muss geklärt und an die Entwicklung der Anforderungen und Verfahren im Bereich der länderübergreifenden Unterrichtung und Anhörung angepasst werden. Eine Unterscheidung sollte vorgenommen werden zwischen den Bereichen, in denen eine Unterrichtung obligatorisch ist, und den Bereichen, in denen der Europäische Betriebsrat auch angehört werden muss, was das Recht einschließt, eine Antwort mit Begründung auf eine abgegebene Stellungnahme zu erhalten. Damit der engere Ausschuss die erforderliche Koordinierungsrolle wahrnehmen und im Falle außergewöhnlicher Umstände effizient handeln kann, muss dieser Ausschuss bis zu fünf Mitglieder umfassen und regelmäßig beraten können.

(45) Da das Ziel dieser Richtlinie, nämlich die Verbesserung der Rechte auf Unterrichtung und Anhörung der Arbeitnehmer in gemeinschaftsweit operierenden Unternehmen und Unternehmensgruppen, auf Ebene der Mitgliedstaaten nicht ausreichend verwirklicht werden kann und daher besser auf Gemeinschaftsebene zu verwirklichen ist, kann die Gemeinschaft im Einklang mit dem in Artikel 5 des Vertrags niedergelegten Subsidiaritätsprinzip tätig werden. Entsprechend dem in demselben Artikel genannten Grundsatz der Verhältnismäßigkeit geht diese Richtlinie nicht über das zur Erreichung dieses Ziels erforderliche Maß hinaus.

(46) Diese Richtlinie achtet die Grundrechte und wahrt insbesondere die Grundsätze, die mit der Charta der Grundrechte der Europäischen Union anerkannt wurden. Vor allem soll diese Richtlinie gewährleisten, dass das Recht der Arbeitnehmer oder ihrer Vertreter auf rechtzeitige Unterrichtung und Anhörung auf den angemessenen Ebenen in vollem Umfang Beachtung findet, und zwar in den Fällen und unter den Gegebenheiten, die im Gemeinschaftsrecht sowie in den einzelstaatlichen Rechtsvorschriften und Verfahren vorgesehen sind (Artikel 27 der Charta der Grundrechte der Europäischen Union).

(47) Die Verpflichtung zur Umsetzung dieser Richtlinie in innerstaatliches Recht sollte nur jene Bestimmungen betreffen, die im Vergleich zu den bisherigen Richtlinien inhaltlich geändert wurden. Die Verpflichtung zur Umsetzung der inhaltlich unveränderten Bestimmungen ergibt sich aus den bisherigen Richtlinien.

---

8 Richtlinie 97/74/EG des Rates vom 15.12.1997 zur Ausdehnung der Richtlinie 94/45/EG über die Einsetzung eines Europäischen Betriebsrats oder der Schaffung eines Verfahrens zur Unterrichtung und Anhörung der Arbeitnehmer in gemeinschaftsweit operierenden Unternehmen und Unternehmensgruppen auf das Vereinigte Königreich (ABl. L 10 vom 16.1.1998, S. 22).

(48) Gemäß Nummer 34 der Interinstitutionellen Vereinbarung über bessere Rechtsetzung[9] sind die Mitgliedstaaten aufgefordert, für ihre eigenen Zwecke und im Interesse der Gemeinschaft eigene Tabellen aufzustellen, aus denen im Rahmen des Möglichen die Entsprechungen zwischen dieser Richtlinie und den Umsetzungsmaßnahmen zu entnehmen sind, und diese zu veröffentlichen.

(49) Diese Richtlinie sollte die Verpflichtungen der Mitgliedstaaten hinsichtlich der in Anhang II Teil B genannten Fristen für die Umsetzung der dort genannten Richtlinien in innerstaatliches Recht und für die Anwendung dieser Richtlinien unberührt lassen –
HABEN FOLGENDE RICHTLINIE ERLASSEN:

Teil I – Allgemeine Bestimmungen

Art. 1 Zielsetzung (1) Das Ziel dieser Richtlinie ist die Stärkung des Rechts auf Unterrichtung und Anhörung der Arbeitnehmer in gemeinschaftsweit operierenden Unternehmen und Unternehmensgruppen.

(2) Hierzu wird in allen gemeinschaftsweit operierenden Unternehmen und Unternehmensgruppen auf Antrag gemäß dem Verfahren nach Artikel 5 Absatz 1 zum Zweck der Unterrichtung und Anhörung der Arbeitnehmer ein Europäischer Betriebsrat eingesetzt oder ein Verfahren zur Unterrichtung und Anhörung der Arbeitnehmer geschaffen. Die Modalitäten der Unterrichtung und Anhörung der Arbeitnehmer werden so festgelegt und angewandt, dass ihre Wirksamkeit gewährleistet ist und eine effiziente Beschlussfassung des Unternehmens oder der Unternehmensgruppe ermöglicht wird.

(3) Die Unterrichtung und Anhörung der Arbeitnehmer erfolgt auf der je nach behandeltem Thema relevanten Leitungs- und Vertretungsebene. Zu diesem Zweck beschränken sich die Zuständigkeiten des Europäischen Betriebsrats und der Geltungsbereich des Verfahrens zur Unterrichtung und Anhörung der Arbeitnehmer gemäß dieser Richtlinie auf länderübergreifende Angelegenheiten.

(4) Als länderübergreifend werden Angelegenheiten erachtet, die das gemeinschaftsweit operierende Unternehmen oder die gemeinschaftsweit operierende Unternehmensgruppe insgesamt oder mindestens zwei der Betriebe oder der zur Unternehmensgruppe gehörenden Unternehmen in zwei verschiedenen Mitgliedstaaten betreffen.

(5) Ungeachtet des Absatzes 2 wird der Europäische Betriebsrat in den Fällen, in denen eine gemeinschaftsweit operierende Unternehmensgruppe im Sinne von Artikel 2 Absatz 1 Buchstabe c ein oder mehrere Unternehmen oder Unternehmensgruppen umfasst, die gemeinschaftsweit operierende Unternehmen oder Unternehmensgruppen im Sinne von Artikel 2 Absatz 1 Buchstabe a oder c sind, auf der Ebene der Unternehmensgruppe eingesetzt, es sei denn, dass in der Vereinbarung gemäß Artikel 6 etwas anderes vorgesehen wird.

(6) Ist in der Vereinbarung gemäß Artikel 6 kein größerer Geltungsbereich vorgesehen, so erstrecken sich die Befugnisse und Zuständigkeiten der Europäischen Betriebsräte und die Verfahren zur Unterrichtung und Anhörung der Arbeitnehmer, die zur Erreichung des in Absatz 1 festgelegten Ziels vorgesehen sind, im Fall eines gemeinschaftsweit operierenden Unternehmens auf alle in den Mitgliedstaaten ansässigen Betriebe und im Fall einer gemeinschaftsweit operierenden Unternehmensgruppe auf alle in den Mitgliedstaaten ansässigen Unternehmen dieser Gruppe.

(7) Die Mitgliedstaaten können vorsehen, dass diese Richtlinie nicht für das seefahrende Personal der Handelsmarine gilt.

---

9   ABl. C 321 vom 31.12.2003, S. 1.

3.14 EBR-RL

Art. 2 Definitionen (1) Im Sinne dieser Richtlinie bezeichnet der Ausdruck

a) „gemeinschaftsweit operierendes Unternehmen" ein Unternehmen mit mindestens 1000 Arbeitnehmern in den Mitgliedstaaten und mit jeweils mindestens 150 Arbeitnehmern in mindestens zwei Mitgliedstaaten;

b) „Unternehmensgruppe" eine Gruppe, die aus einem herrschenden Unternehmen und den von diesem abhängigen Unternehmen besteht;

c) „gemeinschaftsweit operierende Unternehmensgruppe" eine Unternehmensgruppe, die folgende Voraussetzungen erfüllt:
- sie hat mindestens 1000 Arbeitnehmer in den Mitgliedstaaten,
- sie umfasst mindestens zwei der Unternehmensgruppe angehörende Unternehmen in verschiedenen Mitgliedstaaten,
und
- mindestens ein der Unternehmensgruppe angehörendes Unternehmen hat mindestens 150 Arbeitnehmer in einem Mitgliedstaat, und ein weiteres der Unternehmensgruppe angehörendes Unternehmen hat mindestens 150 Arbeitnehmer in einem anderen Mitgliedstaat;

d) „Arbeitnehmervertreter" die nach den Rechtsvorschriften und/oder den Gepflogenheiten der Mitgliedstaaten vorgesehenen Vertreter der Arbeitnehmer;

e) „zentrale Leitung" die zentrale Unternehmensleitung eines gemeinschaftsweit operierenden Unternehmens oder bei gemeinschaftsweit operierenden Unternehmensgruppen die zentrale Unternehmensleitung des herrschenden Unternehmens;

f) „Unterrichtung" die Übermittlung von Informationen durch den Arbeitgeber an die Arbeitnehmervertreter, um ihnen Gelegenheit zur Kenntnisnahme und Prüfung der behandelten Frage zu geben; die Unterrichtung erfolgt zu einem Zeitpunkt, in einer Weise und in einer inhaltlichen Ausgestaltung, die dem Zweck angemessen sind und es den Arbeitnehmervertretern ermöglichen, die möglichen Auswirkungen eingehend zu bewerten und gegebenenfalls Anhörungen mit dem zuständigen Organ des gemeinschaftsweit operierenden Unternehmens oder der gemeinschaftsweit operierenden Unternehmensgruppe vorzubereiten;

g) „Anhörung" die Einrichtung eines Dialogs und den Meinungsaustausch zwischen den Arbeitnehmervertretern und der zentralen Leitung oder einer anderen, angemesseneren Leitungsebene zu einem Zeitpunkt, in einer Weise und in einer inhaltlichen Ausgestaltung, die es den Arbeitnehmervertretern auf der Grundlage der erhaltenen Informationen ermöglichen, unbeschadet der Zuständigkeiten der Unternehmensleitung innerhalb einer angemessenen Frist zu den vorgeschlagenen Maßnahmen, die Gegenstand der Anhörung sind, eine Stellungnahme abzugeben, die innerhalb des gemeinschaftsweit operierenden Unternehmens oder der gemeinschaftsweit operierenden Unternehmensgruppe berücksichtigt werden kann;

h) „Europäischer Betriebsrat" einen Betriebsrat, der gemäß Artikel 1 Absatz 2 oder den Bestimmungen des Anhangs I zur Unterrichtung und Anhörung der Arbeitnehmer eingesetzt werden kann;

i) „besonderes Verhandlungsgremium" das gemäß Artikel 5 Absatz 2 eingesetzte Gremium, das die Aufgabe hat, mit der zentralen Leitung die Einsetzung eines Europäischen Betriebsrats oder die Schaffung eines Verfahrens zur Unterrichtung und Anhörung der Arbeitnehmer nach Artikel 1 Absatz 2 auszuhandeln.

(2) Für die Zwecke dieser Richtlinie werden die Beschäftigtenschwellen nach der entsprechend den einzelstaatlichen Rechtsvorschriften und/oder Gepflogenheiten berechneten Zahl der im Durchschnitt während der letzten zwei Jahre beschäftigten Arbeitnehmer, einschließlich der Teilzeitbeschäftigten, festgelegt.

Art. 3 Definition des Begriffs „herrschendes Unternehmen" (1) Im Sinne dieser Richtlinie gilt als „herrschendes Unternehmen" ein Unternehmen, das zum Beispiel aufgrund von Eigentum, finanzieller Beteiligung oder sonstiger Bestimmungen, die die Tätigkeit des Unternehmens regeln, einen beherrschenden Einfluss auf ein anderes Unternehmen („abhängiges Unternehmen") ausüben kann.

(2) Die Fähigkeit, einen beherrschenden Einfluss auszuüben, gilt bis zum Beweis des Gegenteils als gegeben, wenn ein Unternehmen in Bezug auf ein anderes Unternehmen direkt oder indirekt

a) die Mehrheit des gezeichneten Kapitals dieses Unternehmens besitzt

oder

b) über die Mehrheit der mit den Anteilen am anderen Unternehmen verbundenen Stimmrechte verfügt

oder

c) mehr als die Hälfte der Mitglieder des Verwaltungs-, Leitungs- oder Aufsichtsorgans des anderen Unternehmens bestellen kann.

(3) Für die Anwendung von Absatz 2 müssen den Stimm- und Ernennungsrechten des herrschenden Unternehmens die Rechte aller abhängigen Unternehmen sowie aller natürlichen oder juristischen Personen, die zwar im eigenen Namen, aber für Rechnung des herrschenden Unternehmens oder eines anderen abhängigen Unternehmens handeln, hinzugerechnet werden.

(4) Ungeachtet der Absätze 1 und 2 ist ein Unternehmen kein „herrschendes Unternehmen" in Bezug auf ein anderes Unternehmen, an dem es Anteile hält, wenn es sich um eine Gesellschaft im Sinne von Artikel 3 Absatz 5 Buchstabe a oder c der Verordnung (EG) Nr. 139/2004 des Rates vom 20. Januar 2004 über die Kontrolle von Unternehmenszusammenschlüssen handelt.

(5) Ein beherrschender Einfluss gilt nicht allein schon aufgrund der Tatsache als gegeben, dass eine beauftragte Person ihre Funktionen gemäß den in einem Mitgliedstaat für die Liquidation, den Konkurs, die Zahlungsunfähigkeit, die Zahlungseinstellung, den Vergleich oder ein ähnliches Verfahren geltenden Rechtsvorschriften ausübt.

(6) Maßgebend für die Feststellung, ob ein Unternehmen ein herrschendes Unternehmen ist, ist das Recht des Mitgliedstaats, dem das Unternehmen unterliegt. Unterliegt das Unternehmen nicht dem Recht eines Mitgliedstaats, so ist das Recht des Mitgliedstaats maßgebend, in dem der Vertreter des Unternehmens oder, in Ermangelung eines solchen, die zentrale Leitung desjenigen Unternehmens innerhalb einer Unternehmensgruppe ansässig ist, das die höchste Anzahl von Arbeitnehmern aufweist.

(7) Ergibt sich im Fall einer Normenkollision bei der Anwendung von Absatz 2, dass zwei oder mehr Unternehmen ein und derselben Unternehmensgruppe eines oder mehrere der in Absatz 2 festgelegten Kriterien erfüllen, so gilt das Unternehmen, welches das unter Absatz 2 Buchstabe c genannte Kriterium erfüllt, als herrschendes Unternehmen, solange nicht der Beweis erbracht ist, dass ein anderes Unternehmen einen beherrschenden Einfluss ausüben kann.

Teil II – Einrichtungen des Europäischen Betriebsrats oder Schaffung eines Verfahrens zur Unterrichtung und Anhörung der Arbeitnehmer

Art. 4 Verantwortung für die Einrichtung eines Europäischen Betriebsrats oder die Schaffung eines Verfahrens zur Unterrichtung und Anhörung der Arbeitnehmer
(1) Die zentrale Leitung ist dafür verantwortlich, dass die Voraussetzungen geschaffen und die Mittel bereitgestellt werden, damit jeweils nach Maßgabe des Artikels 1 Absatz 2 für gemeinschaftsweit operierende Unternehmen und gemeinschaftsweit operierende Unternehmensgruppen der Europäische Betriebsrat eingesetzt oder ein Verfahren zur Unterrichtung und Anhörung geschaffen werden kann.

(2) Ist die zentrale Leitung nicht in einem Mitgliedstaat ansässig, so ist ihr gegebenenfalls zu benennender Vertreter in der Gemeinschaft für die Maßnahmen nach Absatz 1 verantwortlich.

In Ermangelung eines solchen Vertreters ist die Leitung des Betriebs oder des zur Unternehmensgruppe gehörenden Unternehmens mit der höchsten Anzahl von Beschäftigten in einem Mitgliedstaat für die Maßnahmen nach Absatz 1 verantwortlich.

(3) Für die Zwecke dieser Richtlinie gelten der oder die Vertreter oder, in Ermangelung dieser Vertreter, die Leitung nach Absatz 2 Unterabsatz 2 als zentrale Leitung.

(4) Jede Leitung eines zu einer gemeinschaftsweit operierenden Unternehmensgruppe gehörenden Unternehmens sowie die zentrale Leitung oder die fingierte zentrale Leitung im Sinne des Absatzes 2 Unterabsatz 2 des gemeinschaftsweit operierenden Unternehmens oder der gemeinschaftsweit operierenden Unternehmensgruppe ist dafür verantwortlich, die für die Aufnahme von Verhandlungen gemäß Artikel 5 erforderlichen Informationen zu erheben und an die Parteien, auf die die Richtlinie Anwendung findet, weiterzuleiten, insbesondere die Informationen in Bezug auf die Struktur des Unternehmens oder der Gruppe und die Belegschaft. Diese Verpflichtung betrifft insbesondere die Angaben zu der in Artikel 2 Absatz 1 Buchstaben a und c erwähnten Beschäftigtenzahl.

Art. 5 Besonderes Verhandlungsgremium (1) Um das in Artikel 1 Absatz 1 festgelegte Ziel zu erreichen, nimmt die zentrale Leitung von sich aus oder auf schriftlichen Antrag von mindestens 100 Arbeitnehmern oder ihrer Vertreter aus mindestens zwei Betrieben oder Unternehmen in mindestens zwei verschiedenen Mitgliedstaaten Verhandlungen zur Einrichtung eines Europäischen Betriebsrats oder zur Schaffung eines Unterrichtungs- und Anhörungsverfahrens auf.

(2) Zu diesem Zwecke wird ein besonderes Verhandlungsgremium nach folgenden Leitlinien eingesetzt:

a)   Die Mitgliedstaaten legen das Verfahren für die Wahl oder die Benennung der Mitglieder des besonderen Verhandlungsgremiums fest, die in ihrem Hoheitsgebiet zu wählen oder zu benennen sind.
     Die Mitgliedstaaten sehen vor, dass die Arbeitnehmer der Unternehmen und/oder Betriebe, in denen unabhängig vom Willen der Arbeitnehmer keine Arbeitnehmervertreter vorhanden sind, selbst Mitglieder für das besondere Verhandlungsgremium wählen oder benennen dürfen.

Durch Unterabsatz 2 werden die einzelstaatlichen Rechtsvorschriften und/oder Gepflogenheiten, die Schwellen für die Einrichtung eines Gremiums zur Vertretung der Arbeitnehmer vorsehen, nicht berührt.

b) Die Mitglieder des besonderen Verhandlungsgremiums werden entsprechend der Zahl der in jedem Mitgliedstaat beschäftigen Arbeitnehmer des gemeinschaftsweit operierenden Unternehmens oder der gemeinschaftsweit operierenden Unternehmensgruppe gewählt oder bestellt, so dass pro Mitgliedstaat für jeden Anteil der in diesem Mitgliedstaat beschäftigten Arbeitnehmer, der 10 % der Gesamtzahl der in allen Mitgliedstaaten beschäftigten Arbeitnehmer entspricht, oder für einen Bruchteil dieser Tranche Anspruch auf einen Sitz besteht.

c) Die Zusammensetzung des besonderen Verhandlungsgremiums und der Beginn der Verhandlungen werden der zentralen Leitung und den örtlichen Unternehmensleitungen sowie den zuständigen europäischen Arbeitnehmer- und Arbeitgeberverbänden mitgeteilt.

(3) Aufgabe des besonderen Verhandlungsgremiums ist es, mit der zentralen Leitung in einer schriftlichen Vereinbarung den Tätigkeitsbereich, die Zusammensetzung, die Befugnisse und die Mandatsdauer des Europäischen Betriebsrats oder der Europäischen Betriebsräte oder die Durchführungsmodalitäten eines Verfahrens zur Unterrichtung und Anhörung der Arbeitnehmer festzulegen.

(4) Die zentrale Leitung beruft eine Sitzung mit dem besonderen Verhandlungsgremium ein, um eine Vereinbarung gemäß Artikel 6 zu schließen. Sie setzt die örtlichen Unternehmensleitungen hiervon in Kenntnis.

Vor und nach jeder Sitzung mit der zentralen Leitung ist das besondere Verhandlungsgremium berechtigt, zu tagen, ohne dass Vertreter der zentralen Leitung dabei zugegen sind, und dabei die erforderlichen Kommunikationsmittel zu nutzen.

Das besondere Verhandlungsgremium kann bei den Verhandlungen Sachverständige seiner Wahl hinzuziehen, zu denen Vertreter der kompetenten anerkannten Gewerkschaftsorganisationen auf Gemeinschaftsebene gehören können, um sich von ihnen bei seiner Arbeit unterstützen zu lassen. Diese Sachverständigen und Gewerkschaftsvertreter können auf Wunsch des besonderen Verhandlungsgremiums den Verhandlungen in beratender Funktion beiwohnen.

(5) Das besondere Verhandlungsgremium kann mit mindestens zwei Dritteln der Stimmen beschließen, keine Verhandlungen gemäß Absatz 4 zu eröffnen oder die bereits eröffneten Verhandlungen zu beenden.

Durch einen solchen Beschluss wird das Verfahren zum Abschluss der in Artikel 6 genannten Vereinbarung beendet. Ist ein solcher Beschluss gefasst worden, finden die Bestimmungen des Anhangs I keine Anwendung.

Ein neuer Antrag auf Einberufung des besonderen Verhandlungsgremiums kann frühestens zwei Jahre nach dem vorgenannten Beschluss gestellt werden, es sei denn, die betroffenen Parteien setzen eine kürzere Frist fest.

(6) Die Kosten im Zusammenhang mit den Verhandlungen nach den Absätzen 3 und 4 werden von der zentralen Leitung getragen, damit das besondere Verhandlungsgremium seine Aufgaben in angemessener Weise erfüllen kann.

Die Mitgliedstaaten können unter Wahrung dieses Grundsatzes Regeln für die Finanzierung der Arbeit des besonderen Verhandlungsgremiums festlegen. Sie können insbesondere die Übernahme der Kosten auf die Kosten für einen Sachverständigen begrenzen.

Art. 6 Inhalt der Vereinbarung (1) Die zentrale Leitung und das besondere Verhandlungsgremium müssen im Geiste der Zusammenarbeit verhandeln, um zu einer Vereinbarung über die Modalitäten der Durchführung der in Artikel 1 Absatz 1 vorgesehenen Unterrichtung und Anhörung der Arbeitnehmer zu gelangen.

(2) Unbeschadet der Autonomie der Parteien wird in der schriftlichen Vereinbarung nach Absatz 1 zwischen der zentralen Leitung und dem besonderen Verhandlungsgremium Folgendes festgelegt:

a) die von der Vereinbarung betroffenen Unternehmen der gemeinschaftsweit operierenden Unternehmensgruppe oder Betriebe des gemeinschaftsweit operierenden Unternehmens;

b) die Zusammensetzung des Europäischen Betriebsrats, die Anzahl der Mitglieder, die Sitzverteilung, wobei so weit als möglich eine ausgewogene Vertretung der Arbeitnehmer nach Tätigkeit, Arbeitnehmerkategorien und Geschlecht zu berücksichtigen ist, und die Mandatsdauer;

c) die Befugnisse und das Unterrichtungs- und Anhörungsverfahren des Europäischen Betriebsrats sowie die Modalitäten für die Abstimmung zwischen der Unterrichtung und Anhörung des Europäischen Betriebsrats und der einzelstaatlichen Arbeitnehmervertretungen gemäß den Grundsätzen des Artikels 1 Absatz 3;

d) der Ort, die Häufigkeit und die Dauer der Sitzungen des Europäischen Betriebsrats;

e) gegebenenfalls die Zusammensetzung, die Modalitäten für die Bestellung, die Befugnisse und die Sitzungsmodalitäten des innerhalb des Europäischen Betriebsrates eingesetzten engeren Ausschusses;

f) die für den Europäischen Betriebsrat bereitzustellenden finanziellen und materiellen Mittel;

g) das Datum des Inkrafttretens der Vereinbarung und ihre Laufzeit, die Modalitäten für die Änderung oder Kündigung der Vereinbarung und gegebenenfalls die Fälle, in denen eine Neuaushandlung erfolgt, und das bei ihrer Neuaushandlung anzuwendende Verfahren gegebenenfalls auch bei Änderungen der Struktur des gemeinschaftsweit operierenden Unternehmens oder der gemeinschaftsweit operierenden Unternehmensgruppe.

(3) Die zentrale Leitung und das besondere Verhandlungsgremium können in schriftlicher Form den Beschluss fassen, dass anstelle eines Europäischen Betriebsrats ein oder mehrere Unterrichtungs- und Anhörungsverfahren geschaffen werden.

In der Vereinbarung ist festzulegen, unter welchen Voraussetzungen die Arbeitnehmervertreter das Recht haben, zu einem Meinungsaustausch über die ihnen übermittelten Informationen zusammenzutreten.

Diese Informationen erstrecken sich insbesondere auf länderübergreifende Angelegenheiten, welche erhebliche Auswirkungen auf die Interessen der Arbeitnehmer haben.

(4) Sofern in den Vereinbarungen im Sinne der Absätze 2 und 3 nichts anderes bestimmt ist, gelten die subsidiären Vorschriften des Anhangs I nicht für diese Vereinbarungen.

(5) Für den Abschluss der Vereinbarungen im Sinne der Absätze 2 und 3 ist die Mehrheit der Stimmen der Mitglieder des besonderen Verhandlungsgremiums erforderlich.

Art. 7 Subsidiäre Vorschriften (1) Um das in Artikel 1 Absatz 1 festgelegte Ziel zu erreichen, werden die subsidiären Rechtsvorschriften des Mitgliedstaats, in dem die zentrale Leitung ihren Sitz hat, angewandt,

– wenn die zentrale Leitung und das besondere Verhandlungsgremium einen entsprechenden Beschluss fassen

oder

– wenn die zentrale Leitung die Aufnahme von Verhandlungen binnen sechs Monaten nach dem ersten Antrag nach Artikel 5 Absatz 1 verweigert

oder

– wenn binnen drei Jahren nach dem entsprechenden Antrag keine Vereinbarung gemäß Artikel 6 zustande kommt und das besondere Verhandlungsgremium keinen Beschluss nach Artikel 5 Absatz 5 gefasst hat.

(2) Die subsidiären Vorschriften nach Absatz 1 in der durch die Rechtsvorschriften der Mitgliedstaaten festgelegten Fassung müssen den in Anhang I niedergelegten Bestimmungen genügen.

Teil III – Sonstige Bestimmungen

Art. 8 Vertrauliche Informationen (1) Die Mitgliedstaaten sehen vor, dass den Mitgliedern des besonderen Verhandlungsgremiums und des Europäischen Betriebsrats sowie den sie gegebenenfalls unterstützenden Sachverständigen nicht gestattet wird, ihnen ausdrücklich als vertraulich mitgeteilte Informationen an Dritte weiterzugeben.Das Gleiche gilt für die Arbeitnehmervertreter im Rahmen eines Unterrichtungs- und Anhörungsverfahrens.

Diese Verpflichtung besteht unabhängig vom Aufenthaltsort der in den Unterabsätzen 1 und 2 genannten Personen und selbst nach Ablauf ihres Mandats weiter.

(2) Jeder Mitgliedstaat sieht vor, dass die in seinem Hoheitsgebiet ansässige zentrale Leitung in besonderen Fällen und unter den in den einzelstaatlichen Rechtsvorschriften festgelegten Bedingungen und Beschränkungen Informationen nicht weiterleiten muss, wenn diese die Arbeitsweise der betroffenen Unternehmen nach objektiven Kriterien erheblich beeinträchtigen oder ihnen schaden könnten.

Der betreffende Mitgliedstaat kann diese Befreiung von einer vorherigen behördlichen oder gerichtlichen Genehmigung abhängig machen.

(3) Jeder Mitgliedstaat kann besondere Bestimmungen für die zentrale Leitung der in seinem Hoheitsgebiet ansässigen Unternehmen vorsehen, die in Bezug auf Berichterstattung und Meinungsäußerung unmittelbar und überwiegend eine bestimmte weltanschauliche Tendenz verfolgen, falls die innerstaatlichen Rechtsvorschriften solche besonderen Bestimmungen zum Zeitpunkt der Annahme dieser Richtlinie bereits enthalten.

Art. 9 Arbeitsweise des Europäischen Betriebsrats und Funktionsweise des Verfahrens zur Unterrichtung und Anhörung der Arbeitnehmer Die zentrale Leitung und der Europäische Betriebsrat arbeiten mit dem Willen zur Verständigung unter Beachtung ihrer jeweiligen Rechte und gegenseitigen Verpflichtungen zusammen. Gleiches gilt für die Zusammenarbeit zwischen der zentralen Leitung und den Arbeitnehmervertretern im Rahmen eines Verfahrens zur Unterrichtung und Anhörung der Arbeitnehmer.

Art. 10 Rolle und Schutz der Arbeitnehmervertreter (1) Unbeschadet der Zuständigkeiten der anderen Gremien oder Organisationen in diesem Bereich verfügen die Mitglieder des Europäischen Betriebsrats über die Mittel, die erforderlich sind, um die Rechte auszuüben, die sich aus dieser Richtlinie ergeben, um kollektiv die Interessen der Arbeitnehmer

des gemeinschaftsweit operierenden Unternehmens oder der gemeinschaftsweit operierenden Unternehmensgruppe zu vertreten.

(2) Unbeschadet des Artikels 8 informieren die Mitglieder des Europäischen Betriebsrats
die Arbeitnehmervertreter der Betriebe oder der zur gemeinschaftsweit operierenden Unternehmensgruppe gehörenden Unternehmen oder, in Ermangelung solcher Vertreter, die
Belegschaft insgesamt über Inhalt und Ergebnisse der gemäß dieser Richtlinie durchgeführten Unterrichtung und Anhörung.

(3) Die Mitglieder des besonderen Verhandlungsgremiums, die Mitglieder des Europäischen Betriebsrats und die Arbeitnehmervertreter, die bei dem Unterrichtungs- und Anhörungsverfahren nach Artikel 6 Absatz 3 mitwirken, genießen bei der Wahrnehmung ihrer
Aufgaben den gleichen Schutz und gleichartige Sicherheiten wie die Arbeitnehmervertreter
nach den innerstaatlichen Rechtsvorschriften und/oder Gepflogenheiten des Landes, in
dem sie beschäftigt sind.

Dies gilt insbesondere für die Teilnahme an den Sitzungen des besonderen Verhandlungs-
gremiums, des Europäischen Betriebsrats und an allen anderen Sitzungen im Rahmen der
Vereinbarungen nach Artikel 6 Absatz 3 sowie für die Lohn- und Gehaltsfortzahlung an die
Mitglieder, die Beschäftigte des gemeinschaftsweit operierenden Unternehmens oder der
gemeinschaftsweit operierenden Unternehmensgruppe sind, für die Dauer ihrer durch die
Wahrnehmung ihrer Aufgaben notwendigen Abwesenheit.

(4) In dem Maße, wie dies zur Wahrnehmung ihrer Vertretungsaufgaben in einem internationalen Umfeld erforderlich ist, müssen die Mitglieder des besonderen Verhandlungsgremiums und des Europäischen Betriebsrats Schulungen erhalten, ohne dabei Lohn- bzw.
Gehaltseinbußen zu erleiden.

Art. 11 Einhaltung der Richtlinie (1) Jeder Mitgliedstaat gewährleistet, dass die Leitung
der in seinem Hoheitsgebiet befindlichen Betriebe eines gemeinschaftsweit operierenden
Unternehmens und die Leitung eines Unternehmens, das Mitglied einer gemeinschaftsweit
operierenden Unternehmensgruppe ist, und ihre Arbeitnehmervertreter oder, je nach dem
betreffenden Einzelfall, deren Arbeitnehmer den in dieser Richtlinie festgelegten Verpflichtungen nachkommen, unabhängig davon, ob die zentrale Leitung sich in seinem Hoheitsgebiet befindet.

(2) Für den Fall der Nichteinhaltung dieser Richtlinie sehen die Mitgliedstaaten geeignete
Maßnahmen vor; sie gewährleisten insbesondere, dass Verwaltungs- oder Gerichtsverfah-
ren vorhanden sind, mit deren Hilfe die Erfüllung der sich aus dieser Richtlinie ergebenden
Verpflichtungen durchgesetzt werden kann.

(3) Bei der Anwendung des Artikels 8 sehen die Mitgliedstaaten Verfahren vor, nach denen
die Arbeitnehmervertreter auf dem Verwaltungs- oder Gerichtsweg Rechtsbehelfe einlegen
können, wenn die zentrale Leitung sich auf die Vertraulichkeit der Informationen beruft
oder diese – ebenfalls nach Artikel 8 – nicht weiterleitet.

Zu diesen Verfahren können auch Verfahren gehören, die dazu bestimmt sind, die Vertraulichkeit der betreffenden Informationen zu wahren.

**Art. 12 Zusammenhang mit anderen gemeinschaftlichen und einzelstaatlichen Be-
stimmungen** (1) Die Unterrichtung und Anhörung des Europäischen Betriebsrats wird
mit der Unterrichtung und Anhörung der einzelstaatlichen Vertretungsgremien der Arbeitnehmer abgestimmt, wobei die jeweiligen Zuständigkeiten und Aktionsbereiche sowie
die Grundsätze des Artikels 1 Absatz 3 beachtet werden.

(2) Die Modalitäten für die Abstimmung zwischen der Unterrichtung und Anhörung des Europäischen Betriebsrats und der einzelstaatlichen Arbeitnehmervertretungen werden in der Vereinbarung gemäß Artikel 6 festgelegt. Diese Vereinbarung steht den einzelstaatlichen Rechtsvorschriften und/oder den einzelstaatlichen Gepflogenheiten zur Unterrichtung und Anhörung der Arbeitnehmer nicht entgegen.

(3) Sind solche Modalitäten nicht durch Vereinbarung festgelegt, sehen die Mitgliedstaaten vor, dass der Prozess der Unterrichtung und Anhörung sowohl im Europäischen Betriebsrat als auch in den einzelstaatlichen Vertretungsgremien der Arbeitnehmer stattfindet, wenn Entscheidungen geplant sind, die wesentliche Veränderungen der Arbeitsorganisation oder der Arbeitsverträge mit sich bringen können.

(4) Diese Richtlinie lässt die in der Richtlinie 2002/14/EG vorgesehenen Unterrichtungs- und Anhörungsverfahren sowie die in Artikel 2 der Richtlinie 98/59/EG und in Artikel 7 der Richtlinie 2001/23/EG vorgesehenen spezifischen Verfahren unberührt.

(5) Die Durchführung dieser Richtlinie darf nicht als Rechtfertigung für Rückschritte hinter den bereits in den einzelnen Mitgliedstaaten erreichten Stand des allgemeinen Niveaus des Arbeitnehmerschutzes in den von ihr abgedeckten Bereichen benutzt werden.

Art. 13 Anpassung Ändert sich die Struktur des gemeinschaftsweit operierenden Unternehmens oder der gemeinschaftsweit operierenden Unternehmensgruppe wesentlich und fehlen entsprechende Bestimmungen in den geltenden Vereinbarungen oder bestehen Konflikte zwischen den Bestimmungen von zwei oder mehr geltenden Vereinbarungen, so nimmt die zentrale Leitung von sich aus oder auf schriftlichen Antrag von mindestens 100 Arbeitnehmern oder ihrer Vertreter in mindestens zwei Unternehmen oder Betrieben in mindestens zwei verschiedenen Mitgliedstaaten die Verhandlungen gemäß Artikel 5 auf. Mindestens drei Mitglieder des bestehenden Europäischen Betriebsrats oder jedes bestehenden Europäischen Betriebsrats gehören — neben den gemäß Artikel 5 Absatz 2 gewählten oder bestellten Mitgliedern — dem besonderen Verhandlungsgremium an. Während der Verhandlungen erfolgt die Aufgabenwahrnehmung durch den bestehenden Europäischen Betriebsrat oder die bestehenden Europäischen Betriebsräte entsprechend den in einer Vereinbarung zwischen diesem/diesen und der zentralen Leitung festgelegten etwaigen Absprachen.

Art. 14 Geltende Vereinbarungen (1) Unbeschadet des Artikels 13 gelten die sich aus dieser Richtlinie ergebenden Verpflichtungen nicht für gemeinschaftsweit operierende Unternehmen und gemeinschaftsweit operierende Unternehmensgruppen, in denen entweder

a) eine für alle Arbeitnehmer geltende Vereinbarung oder Vereinbarungen, in der bzw. in denen eine länderübergreifende Unterrichtung und Anhörung der Arbeitnehmer vorgesehen ist, gemäß Artikel 13 Absatz 1 der Richtlinie 94/45/EG oder Artikel 3 Absatz 1 der Richtlinie 97/74/EG abgeschlossen wurde bzw. wurden oder solche Vereinbarungen wegen Veränderungen in der Struktur der Unternehmen oder Unternehmensgruppen angepasst wurden;
oder

b) eine gemäß Artikel 6 der Richtlinie 94/45/EG abgeschlossene Vereinbarung zwischen dem 5. Juni 2009 und dem 5. Juni 2011 unterzeichnet oder überarbeitet wird.

Das einzelstaatliche Recht, das zum Zeitpunkt der Unterzeichnung oder der Überarbeitung der Vereinbarung gilt, gilt weiterhin für die in Unterabsatz 1 Buchstabe b genannten Unternehmen oder Unternehmensgruppen.

(2) Laufen die in Absatz 1 genannten Vereinbarungen aus, so können die betreffenden Parteien gemeinsam beschließen, sie weiter anzuwenden oder zu überarbeiten. Ist dies nicht der Fall, so findet diese Richtlinie Anwendung.

Art. 15-19 *Berichtspflicht der Kommission, Umsetzungspflichten, Aufhebung der Richtlinie 94/45/EG, Inkrafttreten, Adressaten - nicht abgedruckt.*

Anhang I – Subsidiäre Vorschriften (nach Artikel 7)

(1) Um das in Artikel 1 Absatz 1 festgelegte Ziel zu erreichen, wird in den in Artikel 7 Absatz 1 vorgesehenen Fällen ein Europäischer Betriebsrat eingesetzt, für dessen Zuständigkeiten und Zusammensetzung folgende Regeln gelten:

a) Die Zuständigkeiten des Europäischen Betriebsrats werden gemäß Artikel 1 Absatz 3 festgelegt.

Die Unterrichtung des Europäischen Betriebsrats bezieht sich insbesondere auf die Struktur, die wirtschaftliche und finanzielle Situation sowie die voraussichtliche Entwicklung der Geschäfts-, Produktions- und Absatzlage des gemeinschaftsweit operierenden Unternehmens oder der gemeinschaftsweit operierenden Unternehmensgruppe. Die Unterrichtung und Anhörung des Europäischen Betriebsrats bezieht sich insbesondere auf die Beschäftigungslage und ihre voraussichtliche Entwicklung, auf die Investitionen, auf grundlegende Änderungen der Organisation, auf die Einführung neuer Arbeits- und Fertigungsverfahren, auf Verlagerungen der Produktion, auf Fusionen, Verkleinerungen oder Schließungen von Unternehmen, Betrieben oder wichtigen Teilen dieser Einheiten und auf Massenentlassungen.

Die Anhörung erfolgt in einer Weise, die es den Arbeitnehmervertretern gestattet, mit der zentralen Leitung zusammenzukommen und eine mit Gründen versehene Antwort auf ihre etwaige Stellungnahme zu erhalten.

b) Der Europäische Betriebsrat setzt sich aus Arbeitnehmern des gemeinschaftsweit operierenden Unternehmens oder der gemeinschaftsweit operierenden Unternehmensgruppe zusammen, die von den Arbeitnehmervertretern aus ihrer Mitte oder, in Ermangelung solcher Vertreter, von der Gesamtheit der Arbeitnehmer gewählt oder benannt werden.

Die Mitglieder des Europäischen Betriebsrats werden entsprechend den einzelstaatlichen Rechtsvorschriften und/oder Gepflogenheiten gewählt oder benannt.

c) Die Mitglieder des Europäischen Betriebsrats werden entsprechend der Zahl der in jedem Mitgliedstaat beschäftigten Arbeitnehmer des gemeinschaftsweit operierenden Unternehmens oder der gemeinschaftsweit operierenden Unternehmensgruppe gewählt oder bestellt, so dass pro Mitgliedstaat für jeden Anteil der in diesem Mitgliedstaat beschäftigten Arbeitnehmer, der 10 % der Gesamtzahl der in allen Mitgliedstaaten beschäftigten Arbeitnehmer entspricht, oder für einen Bruchteil dieser Tranche Anspruch auf einen Sitz besteht.

d) Um die Koordination seiner Aktivitäten sicherzustellen, wählt der Europäische Betriebsrat aus seiner Mitte einen engeren Ausschuss mit höchstens fünf Mitgliedern, für den Bedingungen gelten müssen, die ihm die regelmäßige Wahrnehmung seiner Aufgaben ermöglichen.

Er gibt sich eine Geschäftsordnung.

e) Die Zusammensetzung des Europäischen Betriebsrats wird der zentralen Leitung oder einer anderen geeigneteren Leitungsebene mitgeteilt.

f) Vier Jahre nach der Einrichtung des Europäischen Betriebsrats prüft dieser, ob die in Artikel 6 genannte Vereinbarung ausgehandelt werden soll oder ob die entsprechend diesem Anhang erlassenen subsidiären Vorschriften weiterhin angewendet werden sollen.

Wird der Beschluss gefasst, eine Vereinbarung gemäß Artikel 6 auszuhandeln, so gelten die Artikel 6 und 7 entsprechend, wobei der Begriff „besonderes Verhandlungsgremium" durch den Begriff „Europäischer Betriebsrat" ersetzt wird.

(2) Der Europäische Betriebsrat ist befugt, einmal jährlich mit der zentralen Leitung zum Zwecke der Unterrichtung und Anhörung, auf der Grundlage eines von der zentralen Leitung vorgelegten Berichts, über die Entwicklung der Geschäftslage und die Perspektiven des gemeinschaftsweit operierenden Unternehmens oder der gemeinschaftsweit operierenden Unternehmensgruppe zusammenzutreten. Die örtlichen Unternehmensleitungen werden hiervon in Kenntnis gesetzt.

(3) Treten außergewöhnliche Umstände ein oder werden Entscheidungen getroffen, die erhebliche Auswirkungen auf die Interessen der Arbeitnehmer haben, insbesondere bei Verlegung oder Schließung von Unternehmen oder Betrieben oder bei Massenentlassungen, so hat der engere Ausschuss oder, falls nicht vorhanden, der Europäische Betriebsrat das Recht, darüber unterrichtet zu werden. Er hat das Recht, auf Antrag mit der zentralen Leitung oder anderen, geeigneteren, mit Entscheidungsbefugnissen ausgestatteten Leitungsebenen innerhalb des gemeinschaftsweit operierenden Unternehmens oder der gemeinschaftsweit operierenden Unternehmensgruppe zusammenzutreten, um unterrichtet und angehört zu werden.

Im Falle einer Sitzung mit dem engeren Ausschuss dürfen auch die Mitglieder des Europäischen Betriebsrats teilnehmen, die von den Betrieben und/oder Unternehmen gewählt worden sind, welche unmittelbar von den in Frage stehenden Umständen oder Entscheidungen betroffen sind.

Diese Sitzung zur Unterrichtung und Anhörung erfolgt unverzüglich auf der Grundlage eines Berichts der zentralen Leitung oder einer anderen geeigneten Leitungsebene innerhalb der gemeinschaftsweit operierenden Unternehmensgruppe, zu dem der Europäische Betriebsrat binnen einer angemessenen Frist seine Stellungnahme abgeben kann.

Diese Sitzung lässt die Rechte der zentralen Leitung unberührt.

Die unter den genannten Umständen vorgesehene Unterrichtung und Anhörung erfolgt unbeschadet der Bestimmungen des Artikels 1 Absatz 2 und des Artikels 8.

(4) Die Mitgliedstaaten können Regeln bezüglich des Vorsitzes der Sitzungen zur Unterrichtung und Anhörung festlegen.

Vor Sitzungen mit der zentralen Leitung ist der Europäische Betriebsrat oder der engere Ausschuss, der gegebenenfalls gemäß Nummer 3 Absatz 2 erweitert ist, berechtigt, in Abwesenheit der betreffenden Unternehmensleitung zu tagen.

(5) Der Europäische Betriebsrat und der engere Ausschuss können sich durch Sachverständige ihrer Wahl unterstützen lassen, sofern dies zur Erfüllung ihrer Aufgaben erforderlich ist.

(6) Die Verwaltungsausgaben des Europäischen Betriebsrats gehen zu Lasten der zentralen Leitung.

Die betreffende zentrale Leitung stattet die Mitglieder des Europäischen Betriebsrats mit den erforderlichen finanziellen und materiellen Mitteln aus, damit diese ihre Aufgaben in angemessener Weise wahrnehmen können.

Insbesondere trägt die zentrale Leitung die für die Veranstaltung der Sitzungen anfallenden Kosten einschließlich der Dolmetschkosten sowie die Aufenthalts- und Reisekosten für die Mitglieder des Europäischen Betriebsrats und des engeren Ausschusses, soweit nichts anderes vereinbart wurde.

Die Mitgliedstaaten können unter Wahrung dieses Grundsatzes Regeln für die Finanzierung der Arbeit des Europäischen Betriebsrats festlegen. Sie können insbesondere die Übernahme der Kosten auf die Kosten für einen Sachverständigen begrenzen.

Anhang II Teil A – Aufgehobene Richtlinie mit ihren nachfolgenden Änderungen, Teil B – Fristen für die Umsetzung in innerstaatliches Recht; **Anhang III** Entsprechungstabelle – *nicht abgedruckt.*

4.1 Richtlinie des Rates vom 16. September 2009 zur Koordinierung der Schutzbestimmungen, die in den Mitgliedstaaten den Gesellschaften im Sinne des Artikels 48 Absatz 2 des Vertrages im Interesse der Gesellschafter sowie Dritter vorgeschrieben sind, um diese Bestimmungen gleichwertig zu gestalten (2009/101/EG) [Publizitäts-RL]

ABl. 2009 L 258/11

DAS EUROPÄISCHE PARLAMENT UND DER RAT DER EUROPÄISCHEN UNION –
gestützt auf den Vertrag zur Gründung der Europäischen Gemeinschaft, insbesondere auf Artikel 44 Absatz 2 Buchstabe g),
gestützt auf das Allgemeine Programm zur Aufhebung der Beschränkungen der Niederlassungsfreiheit[1], insbesondere auf Titel VI,
auf Vorschlag der Kommission,
nach Stellungnahme des Europäischen Wirtschafts- und Sozialausschusses[2],
gemäß dem Verfahren des Artikels 251 des Vertrags[3]
in Erwägung nachstehender Gründe:

[1]   Die Erste Richtlinie 68/151/EWG des Rates vom 9. März 1968 zur Koordinierung der Schutzbestimmungen, die in den Mitgliedstaaten den Gesellschaften im Sinne des Artikels 58 Absatz 2 des Vertrages im Interesse der Gesellschafter sowie Dritter vorgeschrieben sind, um diese Bestimmungen gleichwertig zu gestalten[4], wurde mehrfach erheblich geändert[5]. Aus Gründen der Klarheit und der Übersichtlichkeit empfiehlt es sich, die genannte Richtlinie zu kodifizieren.

[2]   Der Koordinierung der einzelstaatlichen Vorschriften über die Offenlegung, die Wirksamkeit eingegangener Verpflichtungen von Aktiengesellschaften, Kommanditgesellschaften auf Aktien oder Gesellschaften mit beschränkter Haftung sowie die Nichtigkeit dieser Gesellschaften kommt insbesondere zum Schutz der Interessen Dritter eine besondere Bedeutung zu.

[3]   Die Offenlegung sollte es Dritten erlauben, sich über die wesentlichen Urkunden der Gesellschaft sowie einige sie betreffende Angaben, insbesondere die Personalien derjenigen, welche die Gesellschaft verpflichten können, zu unterrichten.

[4]   Gesellschaften sollten unbeschadet der grundlegenden Anforderungen und vorgeschriebenen Formalitäten des einzelstaatlichen Rechts der Mitgliedstaaten die Möglichkeit haben, die erforderlichen Urkunden und Angaben auf Papier oder in elektronischer Form einzureichen.

[5]   Die betroffenen Parteien sollten in der Lage sein, von dem Register Kopien dieser Urkunden und Angaben sowohl in Papierform als auch in elektronischer Form zu erhalten.

[6]   Die Mitgliedstaaten sollten das Amtsblatt, in dem die offen zu legenden Urkunden und Angaben bekannt zu machen sind, in Papierform oder in elektronischer Form führen oder Bekanntmachungen durch andere ebenso wirksame Formen vorschreiben können.

[7]   Der grenzüberschreitende Zugang zu Unternehmensinformationen sollte erleichtert werden, indem zusätzlich zur obligatorischen Offenlegung in einer der im Mitgliedstaat des Unternehmens zugelassenen Sprachen die freiwillige Eintragung der erforderlichen Urkunden und Angaben in weiteren Sprachen gestattet wird. Gutgläubig handelnde Dritte sollten sich auf diese Übersetzungen berufen können.

[8]   Es sollte klargestellt werden, dass die in der vorliegenden Richtlinie vorgeschriebenen Angaben in allen Briefen und Bestellscheinen der Gesellschaft unabhängig davon zu machen sind, ob sie Papierform oder eine andere Form aufweisen. Im Zuge der technischen Entwicklungen sollte auch vorgesehen werden, dass diese Angaben auf den Webseiten der Gesellschaft zu machen sind.

---

1   ABl. Nr. 2 vom 15. 1. 1962, S. 36/62.
2   ABl. C 204 vom 9.8.2008, S. 25.
3   Stellungnahme des Europäischen Parlaments vom 17. Juni 2008 (noch nicht im Amtsblatt veröffentlicht) und Beschluss des Rates vom 13. Juli 2009.
4   ABl. L 65 vom 14.3.1968, S. 8.
5   s. Anhang I Teil A.

4.1 Publizitäts-RL

[9] Der Schutz Dritter sollte durch Bestimmungen gewährleistet werden, welche die Gründe, aus denen im Namen der Gesellschaft eingegangene Verpflichtungen unwirksam sein können, so weit wie möglich beschränken.

[10] Um die Rechtssicherheit in den Beziehungen zwischen der Gesellschaft und Dritten sowie im Verhältnis der Gesellschafter untereinander zu gewährleisten, ist es erforderlich, die Fälle der Nichtigkeit sowie die Rückwirkung der Nichtigerklärung zu beschränken und für den Einspruch Dritter gegen diese Erklärung eine kurze Frist vorzuschreiben.

[11] Diese Richtlinie sollte die Verpflichtungen der Mitgliedstaaten
hinsichtlich der in Anhang I Teil B genannten
Fristen für die Umsetzung der dort genannten Richtlinien
in innerstaatliches Recht unberührt lassen –
HAT FOLGENDE RICHTLINIE ERLASSEN:

Kapitel 1 – Anwendungsbereich

Art. 1 [Anwendungsbereich; Rechtsformen] Die durch diese Richtlinie vorgeschriebenen Koordinierungsmaßnahmen gelten für die Rechts- und Verwaltungsvorschriften der Mitgliedstaaten für Gesellschaften folgender Rechtsformen:

- in Belgien:
  naamloze vennootschap, société anonyme, commanditaire vennootschap op aandelen, société en commandite par actions, personenvennootschap met beperkte aansprakelijkheid; société de personnes à responsabilité limitée;

- in Bulgarien: акционерно дружество, дружество с ограничена отговорност, командитно дружество с акции;

- in der Tschechischen Republik: společnost s ručením omezeným, akciová společnost;

- in Dänemark: aktieselskab, kommanditaktieselskab, anpartsselskab;

- in Deutschland: die Aktiengesellschaft, die Kommanditgesellschaft auf Aktien, die Gesellschaft mit beschränkter Haftung;

- in Estland: aktsiaselts, osaühing;

- in Irland: Companies incorporated with limited liability;

- in Griechenland: ανώνυμη εταιρία, εταιρία περιωρισμένης ευθύνης, ετερόρρυθμη κατά μετοχές εταιρία;

- in Spanien: la sociedad anónima, la sociedad comanditaria por acciones, la sociedad de responsabilidad limitada;

- in Frankreich: la société anonyme, la société en commandite par actions, la société à responsabilité limitée, la société par actions simplifiée;

- in Italien: società per azioni, società in accomandita per azioni, società a responsabilità limitata;

- in Zypern: Δημόσιες εταιρείες περιορισμένης ευθύνης με μετοχές ή με εγγύηση, ιδιωτικές εταιρείες περιορισμένης ευθύνης με μετοχές ή με εγγύηση;

- in Lettland: akciju sabiedrība, sabiedrība ar ierobežotu atbildību, komanditsabiedrība;

- in Litauen: akcinė bendrovė, uždaroji akcinė bendrovė;

- in Luxemburg: la société anonyme, la société en commandite par actions, la société à responsabilité limitée;

- in Ungarn: részvénytársaság, korlátolt felelősségű társaság;

- in Malta: kumpanija pubblika/public limited liability company, kumpanija privata/ private limited liability company;

- in den Niederlanden: de naamloze vennootschap, de besloten vennootschap met beperkte aansprakelijkheid;

- in Österreich: die Aktiengesellschaft, die Gesellschaft mit beschränkter Haftung;
- in Polen: spółka z ograniczoną odpowiedzialnością, spółka komandytowoakcyjna, spółka akcyjna;
- in Portugal: a sociedade anónima de responsabilidade limitada, a sociedade em comandita por acçoes, a sociedade por quotas de responsabilidade limitada;
- in Rumänien: societate pe acţiuni, societate cu răspundere limitată, societate în comandită pe acţiuni.
- in Slowenien: delniška družba, družba z omejeno odgovornostjo, komaditna delniška družba;
- in der Slowakei: akciová spoločnosť, spoločnosť s ručením obmedzeným;
- in Finnland: yksityinen osakeyhtiöprivat aktiebolag, julkinen osakeyhtiöpublikt aktiebolag;
- in Schweden: aktiebolag;
- im Vereinigten Königreich: companies incorporated with limited liability.

Kapitel 2 – Offenlegung

Art. 2 [Offenlegungspflicht] (1) Die Mitgliedstaaten treffen die erforderlichen Maßnahmen, damit sich die Pflicht zur Offenlegung hinsichtlich der Gesellschaften mindestens auf folgende Urkunden und Angaben erstreckt:

a) den Errichtungsakt und, falls sie Gegenstand eines gesonderten Aktes ist, die Satzung;

b) Änderungen der unter Buchstabe a) genannten Akte, einschließlich der Verlängerung der Dauer der Gesellschaft;

c) nach jeder Änderung des Errichtungsaktes oder der Satzung, den vollständigen Wortlaut des geänderten Aktes in der geltenden Fassung;

d) die Bestellung, das Ausscheiden sowie die Personalien derjenigen, die als gesetzlich vorgesehenes Gesellschaftsorgan oder als Mitglieder eines solchen Organs

   i) befugt sind, die Gesellschaft gerichtlich und außergerichtlich zu vertreten; bei der Offenlegung muss angegeben werden, ob die zur Vertretung der Gesellschaft befugten Personen die Gesellschaft allein oder nur gemeinschaftlich vertreten können;

   ii) an der Verwaltung, Beaufsichtigung oder Kontrolle der Gesellschaft teilnehmen;

e) zumindest jährlich den Betrag des gezeichneten Kapitals, falls der Errichtungsakt oder die Satzung ein genehmigtes Kapital erwähnt und falls die Erhöhung des gezeichneten Kapitals keiner Satzungsänderung bedarf;

f) die nach Maßgabe der Richtlinien 78/660/EWG[6], 83/349/EWG[7], 86/635/EWG[8] und 91/674/EWG[9] für jedes Geschäftsjahr offen zu legenden Unterlagen der Rechnungslegung;

6 Vierte Richtlinie 78/660/EWG des Rates vom 25. Juli 1978 aufgrund von Artikel 54 Absatz 3 Buchstabe g des Vertrags über den Jahresabschluss von Gesellschaften bestimmter Rechtsformen (ABl. L 222 vom 14.8.1978, S. 11).
7 Siebente Richtlinie 83/349/EWG des Rates vom 13. Juni 1983 aufgrund von Artikel 54 Absatz 3 Buchstabe g des Vertrags über den konsolidierten Abschluss (ABl. L 193 vom 18.7.1983, S. 1).
8 Richtlinie 86/635/EWG des Rates vom 8. Dezember 1986 über den Jahresabschluss und den konsolidierten Abschluss von Banken und anderen Finanzinstituten (ABl. L 372 vom 31.12.1986, S. 1).
9 Richtlinie 91/674/EWG des Rates vom 19. Dezember 1991 über den Jahresabschluss und den konsolidierten Abschluss von Versicherungsunternehmen (ABl. L 374 vom 31.12.1991, S. 7).

g) jede Verlegung des Sitzes der Gesellschaft;
h) die Auflösung der Gesellschaft;
i) die gerichtliche Entscheidung, in der die Nichtigkeit der Gesellschaft ausgesprochen wird;
j) die Bestellung und die Personalien der Liquidatoren sowie ihre Befugnisse, sofern diese nicht ausdrücklich und ausschließlich aus dem Gesetz oder der Satzung hervorgehen;
k) den Abschluss der Liquidation sowie in solchen Mitgliedstaaten, in denen die Löschung Rechtswirkungen auslöst, die Löschung der Gesellschaft im Register.

Art. 2a [Unverzügliche Eintragung der Änderungen] (1) Die Mitgliedstaaten treffen die erforderlichen Maßnahmen, um sicherzustellen, dass jede Änderung an den in Artikel 2 genannten Urkunden und Angaben im Einklang mit Artikel 3 Absätze 3 und 5 in das zuständige Register gemäß Artikel 3 Absatz 1 Unterabsatz 1 eingetragen und offengelegt wird, in der Regel innerhalb von 21 Tagen, nachdem die vollständigen Unterlagen über diese Änderung, gegebenenfalls einschließlich der nach einzelstaatlichem Recht für die Eintragung in die Akte erforderlichen Prüfung der Rechtmäßigkeit, eingegangen sind.
(2) Absatz 1 gilt nicht für die Unterlagen der Rechnungslegung gemäß Artikel 2 Buchstabe f.

Art. 3 [Registerpflicht] (1) In jedem Mitgliedstaat wird entweder bei einem zentralen Register oder bei einem Handels- oder Gesellschaftsregister für jede der dort eingetragenen Gesellschaften eine Akte angelegt.
Die Mitgliedstaaten sorgen dafür, dass Gesellschaften eine einheitliche Kennung haben, durch die sie eindeutig bei der Kommunikation zwischen Registern über das System der Vernetzung von Zentral-, Handels- und Gesellschaftsregistern, das gemäß Artikel 4a Absatz 2 eingerichtet wurde (im Folgenden „System der Registervernetzung"), ermittelt werden können. Diese einheitliche Kennung besteht zumindest aus Elementen, die es ermöglichen, den Mitgliedstaat des Registers, das inländische Herkunftsregister und die Nummer der Gesellschaft in diesem Register zu ermitteln sowie gegebenenfalls aus Kennzeichen, um Fehler bei der Identifizierung zu vermeiden.
(2) Im Sinne dieses Artikels bedeutet der Ausdruck „in elektronischer Form", dass die Information mittels Geräten für die elektronische Verarbeitung (einschließlich digitaler Kompression) und Speicherung von Daten am Ausgangspunkt gesendet und am Endpunkt empfangen wird und sie vollständig über Draht, über Funk, auf optischem oder anderem elektromagnetischen Wege in der von den Mitgliedstaaten bestimmten Art und Weise gesendet, weitergeleitet und empfangen wird.
(3) Alle Urkunden und Angaben, die nach Artikel 2 der Offenlegung unterliegen, sind in dieser Akte zu hinterlegen oder in das Register einzutragen; der Gegenstand der Eintragungen in das Register muss in jedem Fall aus der Akte ersichtlich sein.
Die Mitgliedstaaten sorgen dafür, dass die Gesellschaften und sonstige anmelde- oder mitwirkungspflichtige Personen und Stellen alle Urkunden und Angaben, die nach Artikel 2 der Offenlegung unterliegen, in elektronischer Form einreichen können. Die Mitgliedstaaten können außerdem den Gesellschaften aller oder bestimmter Rechtsformen die Einreichung aller oder eines Teils der betreffenden Urkunden und Angaben in elektronischer Form vorschreiben.
Alle in Artikel 2 bezeichneten Urkunden und Angaben, die auf Papier oder in elektronischer Form eingereicht werden, werden in elektronischer Form in der Akte hinterlegt oder in das Register eingetragen. Zu diesem Zweck sorgen die Mitgliedstaaten dafür, dass alle

betreffenden Urkunden und Angaben, die auf Papier eingereicht werden, durch das Register in elektronische Form gebracht werden.

Die in Artikel 2 bezeichneten Urkunden und Angaben, die bis spätestens zum 31. Dezember 2006 auf Papier eingereicht wurden, müssen nicht automatisch durch das Register in elektronische Form gebracht werden. Die Mitgliedstaaten sorgen jedoch dafür, dass sie nach Eingang eines Antrags auf Offenlegung in elektronischer Form nach den zur Umsetzung von Absatz 4 verabschiedeten Maßnahmen durch das Register in elektronische Form gebracht werden.

(4) Eine vollständige oder auszugsweise Kopie der in Artikel 2 bezeichneten Urkunden oder Angaben muss auf Antrag erhältlich sein. Die Anträge bei dem Register können wahlweise auf Papier oder in elektronischer Form gestellt werden.

Die Kopien gemäß Unterabsatz 1 müssen von dem Register wahlweise auf Papier oder in elektronischer Form erhältlich sein. Dies gilt für alle schon eingereichten Urkunden und Angaben. Die Mitgliedstaaten können jedoch beschließen, dass alle oder bestimmte Kategorien der spätestens bis zum 31. Dezember 2006 auf Papier eingereichten Urkunden und Angaben von dem Register nicht in elektronischer Form erhältlich sind, wenn sie vor einem bestimmten, dem Datum der Antragstellung vorausgehenden Zeitraum bei dem Register eingereicht wurden. Dieser Zeitraum darf zehn Jahre nicht unterschreiten.

Die Gebühren für die Ausstellung einer vollständigen oder auszugsweisen Kopie der in Artikel 2 bezeichneten Urkunden oder Angaben auf Papier oder in elektronischer Form dürfen die Verwaltungskosten nicht übersteigen.

Die Richtigkeit der auf Papier ausgestellten Kopien wird beglaubigt, sofern der Antragsteller auf diese Beglaubigung nicht verzichtet. Die Richtigkeit der Kopien in elektronischer Form wird nicht beglaubigt, es sei denn, die Beglaubigung wird vom Antragsteller ausdrücklich verlangt.

Die Mitgliedstaaten treffen die erforderlichen Maßnahmen, damit bei der Beglaubigung von Kopien in elektronischer Form sowohl die Echtheit ihrer Herkunft als auch die Unversehrtheit ihres Inhalts durch die Heranziehung mindestens einer fortgeschrittenen elektronischen Signatur im Sinne des Artikels 2 Nummer 2 der Richtlinie 1999/93/EG[10] sichergestellt wird.

(5) Die in Absatz 3 bezeichneten Urkunden und Angaben sind in einem von dem Mitgliedstaat zu bestimmenden Amtsblatt entweder in Form einer vollständigen oder auszugsweisen Wiedergabe oder in Form eines Hinweises auf die Hinterlegung des Dokuments in der Akte oder auf seine Eintragung in das Register bekannt zu machen. Das von dem Mitgliedstaat zu diesem Zweck bestimmte Amtsblatt kann in elektronischer Form geführt werden.

Die Mitgliedstaaten können beschließen, die Bekanntmachung im Amtsblatt durch eine andere ebenso wirksame Form der Veröffentlichung zu ersetzen, die zumindest die Verwendung eines Systems voraussetzt, mit dem die offen gelegten Informationen chronologisch geordnet über eine zentrale elektronische Plattform zugänglich gemacht werden.

(6) Die Urkunden und Angaben können Dritten von der Gesellschaft erst nach der Offenlegung gemäß Absatz 5 entgegengehalten werden, es sei denn, die Gesellschaft weist nach, dass die Urkunden oder Angaben den Dritten bekannt waren.

Bei Vorgängen, die sich vor dem sechzehnten Tag nach der Offenlegung ereignen, können die Urkunden und Angaben Dritten jedoch nicht entgegengehalten werden, die nachweisen, dass es ihnen unmöglich war, die Urkunden oder Angaben zu kennen.

---

10 Richtlinie 1999/93/EG des Europäischen Parlaments und des Rates vom 13. Dezember 1999 über gemeinschaftliche Rahmenbedingungen für elektronische Signaturen (ABl. L 13 vom 19.1.2000, S. 12).

(7) Die Mitgliedstaaten treffen die erforderlichen Maßnahmen, um zu verhindern, dass der Inhalt der nach Absatz 5 offen gelegten Informationen und der Inhalt des Registers oder der Akte voneinander abweichen.

Im Fall einer Abweichung kann der nach Absatz 5 offen gelegte Text Dritten jedoch nicht entgegengehalten werden; diese können sich jedoch auf den offen gelegten Text berufen, es sei denn, die Gesellschaft weist nach, dass der in der Akte hinterlegte oder im Register eingetragene Text den Dritten bekannt war.

Dritte können sich darüber hinaus stets auf Urkunden und Angaben berufen, für die die Formalitäten der Offenlegung noch nicht erfüllt worden sind, es sei denn, die Urkunden oder Angaben sind mangels Offenlegung nicht wirksam.

Art. 3a [Informationsübermittlung durch Mitgliedstaaten] (1) Die Mitgliedstaaten sorgen dafür, das mittels aktueller Informationen dargelegt wird, aufgrund welcher einzelstaatlichen, rechtlichen Bestimmungen Dritte sich gemäß Artikel 3 Absätze 5, 6 und 7 auf die in Artikel 2 genannten Angaben und alle dort genannten Arten von Urkunden berufen können.

(2) Die Mitgliedstaaten übermitteln die Informationen, die für die Veröffentlichung im europäischen E-Justiz-Portal (im Folgenden ‚das Portal') erforderlich sind, gemäß den Regelungen und technischen Anforderungen des Portals.

(3) Die Kommission veröffentlicht diese Informationen im Portal in allen Amtssprachen der Union.

Art. 3b [Veröffentlichung im Netz] (1) Es werden auch elektronische Kopien der in Artikel 2 genannten Urkunden und Angaben über das System der Registervernetzung öffentlich zugänglich gemacht.

(2) Die Mitgliedstaaten sorgen dafür, dass die in Artikel 2 genannten Urkunden und Angaben über das System der Registervernetzung in einem standardisierten Nachrichtenformat verfügbar und auf elektronischem Wege zugänglich sind. Die Mitgliedstaaten stellen ferner sicher, dass Mindeststandards für die Sicherheit der Datenübermittlung eingehalten werden.

(3) Die Kommission bietet einen Suchdienst in allen Amtssprachen der Union zu in den Mitgliedstaaten eingetragenen Gesellschaften an und sorgt so über das Portal für den Zugang zu

a) den in Artikel 2 bezeichneten Urkunden und Angaben;

b) den erläuternden Hinweisen, die in sämtlichen Amtssprachen der Union verfügbar sind und die diese Angaben und die Arten dieser Urkunden auflisten.

Art. 3c [Gebühren und Kostenfreiheit] (1) Die für den Zugang zu den in Artikel 2 genannten Urkunden und Angaben über das System der Registervernetzung erhobenen Gebühren dürfen nicht über die dadurch verursachten Verwaltungskosten hinausgehen.

(2) Die Mitgliedstaate sorgen dafür, dass folgende Angaben über das System der Registervernetzung kostenlos zugänglich sind:

a) Name und Rechtsform der Gesellschaft,

b) Sitz der Gesellschaft und der Mitgliedstaat, in dem sie eingetragen, ist, sowie

c) Eintragungsnummer der Gesellschaft.

Zusätzlich zu diesen Angaben können die Mitgliedstaaten entscheiden, weitere Urkunden und Angaben kostenlos zugänglich zu machen.

Art. 3d [Informationen über Abwicklung im Netz] (1) Das Register der Gesellschaft stellt über das System der Registervernetzung unverzüglich Informationen über die Eröffnung und Beendigung von Verfahren zur Abwicklung oder Insolvenz der Gesellschaft und über die Löschung der Gesellschaft aus dem Register, falls dies Rechtsfolgen im Mitgliedstaat des Registers der Gesellschaft auslöst, zur Verfügung.

(2) Das Register der Zweigniederlassung gewährleistet über das System der Registervernetzung unverzüglich den Eingang der in Absatz 1 genannten Informationen.

(3) Der Austausch der in den Absätzen 1 und 2 genannten Informationen ist für die Register kostenlos.

Art. 4 [Sprachregelung] (1) Urkunden und Angaben, die nach Artikel 2 der Offenlegung unterliegen, sind in einer der Sprachen zu erstellen und zu hinterlegen, die nach der Sprachregelung, die in dem Mitgliedstaat gilt, in dem die Akte gemäß Artikel 3 Absatz 1 angelegt wird, zulässig sind.

(2) Zusätzlich zu der obligatorischen Offenlegung nach Artikel 3 lassen die Mitgliedstaaten die freiwillige Offenlegung der in Artikel 2 bezeichneten Urkunden und Angaben in Übereinstimmung mit Artikel 3 in jeder anderen Amtssprache der Gemeinschaft zu.

Die Mitgliedstaaten können vorschreiben, dass die Übersetzung dieser Urkunden und Angaben zu beglaubigen ist.

Die Mitgliedstaaten treffen die erforderlichen Maßnahmen, um den Zugang Dritter zu den freiwillig offen gelegten Übersetzungen zu erleichtern.

(3) Zusätzlich zu der obligatorischen Offenlegung nach Artikel 3 und der freiwilligen Offenlegung nach Absatz 2 des vorliegenden Artikel können die Mitgliedstaaten die Offenlegung der betreffenden Urkunden und Angaben in Übereinstimmung mit Artikel 3 in jeder anderen Sprache zulassen.

Die Mitgliedstaaten können vorschreiben, dass die Übersetzung dieser Urkunden und Angaben zu beglaubigen ist.

(4) Im Fall einer Abweichung zwischen den in den Amtssprachen des Registers offen gelegten Urkunden und Angaben und deren freiwillig offen gelegten Übersetzungen können letztere Dritten nicht entgegengehalten werden; diese können sich jedoch auf die freiwillig offen gelegten Übersetzungen berufen, es sei denn, die Gesellschaft weist nach, dass ihnen die Fassung, für die die Offenlegungspflicht gilt, bekannt war.

Art. 4a [Plattform] (1) Es wird eine zentrale Europäische Plattform (im Folgenden ‚die Plattform‘) errichtet.

(2) Das System der Registervernetzung besteht aus

– den Registern der Mitgliedstaaten,

– der Plattform,

– dem Portal, das als europäischer Zugangspunkt für den elektronischen Zugang dient.

(3) Die Mitgliedstaaten sorgen für die Interoperabilität ihrer Register innerhalb des Systems der Registervernetzung über die Plattform.

(4) Die Mitgliedstaaten können optionale Zugangspunkte zum System der Registervernetzung einrichten. Sie unterrichten die Kommission ohne unangemessene Verzögerung über die Einrichtung solcher Zugangspunkte und über alle wesentlichen Änderungen ihres Betriebs.

(5) Der Zugang zu den Informationen aus dem System der Registervernetzung wird über das Portal und über die von den Mitgliedstaaten eingerichteten optionalen Zugangspunkte gewährt.

(6) Die Errichtung des Systems der Registervernetzung lässt bestehende bilaterale Vereinbarungen zwischen den Mitgliedstaaten über den Austausch von Informationen über Gesellschaften unberührt.

Art. 4b [Konzeption, Plattform] (1) Die Kommission entscheidet, ob sie die Plattform selbst entwickelt und/oder betreibt oder durch einen Dritten entwickeln und/oder betreiben lässt.

Sollte die Kommission entscheiden, die Plattform durch einen Dritten entwickeln und/oder betreiben zu lassen, so erfolgt die Auswahl des Dritten und die Durchsetzung der durch die Kommission mit diesem Dritten geschlossenen Vereinbarung im Einklang mit der Verordnung (EG, Euratom) Nr. 1605/2002 des Rates vom 25. Juni 2002 über die Haushaltsordnung für den Gesamthaushaltsplan der Europäischen Gemeinschaften.

(2) Entscheidet die Kommission, die Plattform durch einen Dritten entwickeln zu lassen, so legt sie im Wege von Durchführungsrechtsakten die technischen Anforderungen für die Zwecke des Verfahrens zur Vergabe öffentlicher Aufträge und die Dauer der mit diesem Dritten zu schließenden Vereinbarung fest.

(3) Entscheidet die Kommission, die Plattform durch einen Dritten betreiben zu lassen, so erlässt sie im Wege von Durchführungsrechtsakten genaue Vorschriften für das Betriebsmanagement der Plattform.

Das Betriebsmanagement der Plattform umfasst insbesondere Folgendes:
- die Überwachung des Betriebs der Plattform;
- die Sicherheit und den Schutz der Daten, die über die Plattform übermittelt und ausgetauscht werden;
- die Koordinierung der Beziehungen zwischen den Registern der Mitgliedstaaten und dem Dritten.

Der Betrieb der Plattform wird von der Kommission überwacht.

(4) Die Durchführungsrechtsakte nach den Absätzen 2 und 3 werden im Einklang mit dem Prüfverfahren gemäß Artikel 4e Absatz 2 erlassen.

Art. 4c/4d/4e *Durchführungsregeln Plattform, Finanzierung und Entscheidung zur Gebührenerhebung, unterstützender Ausschuss – nicht abgedruckt.*

Art. 5 [Briefkopf] Die Mitgliedstaaten schreiben vor, dass auf Briefen und Bestellscheinen, die auf Papier oder in sonstiger Weise erstellt werden, Folgendes anzugeben ist:
a) die notwendigen Angaben zur Identifizierung des Registers, bei dem die in Artikel 3 bezeichnete Akte angelegt worden ist, sowie die Nummer der Eintragung der Gesellschaft in dieses Register;
b) die Rechtsform und der satzungsmäßige Sitz der Gesellschaft sowie gegebenenfalls, dass sich die Gesellschaft in Liquidation befindet.

Wird auf diesen Dokumenten das Gesellschaftskapital angegeben, so ist das gezeichnete und eingezahlte Kapital anzugeben.

Die Mitgliedstaaten schreiben vor, dass die Webseiten der Gesellschaft zumindest die in Absatz 1 genannten Angaben enthalten sowie gegebenenfalls die Angabe des gezeichneten und eingezahlten Kapitals.

Art. 6 [Zur Offenlegung verpflichtete Personen] Jeder Mitgliedstaat bestimmt, welche Personen verpflichtet sind, die Formalitäten der Offenlegung zu erfüllen.

Art. 7 [**Kontrollmaßnahmen der Mitgliedstaaten**] Die Mitgliedstaaten drohen geeignete Maßregeln zumindest für den Fall an,

a) dass die in Artikel 2 Buchstabe f) vorgeschriebene Offenlegung der Rechnungslegungsunterlagen unterbleibt;

b) dass die in Artikel 5 vorgesehenen obligatorischen Angaben auf den Geschäftspapieren oder auf der Webseite der Gesellschaft fehlen.

Art. 7a *Verbürgung Datenschutz – nicht abgedruckt.*

Kapitel 3 – Gültigkeit der von der Gesellschaft eingegangenen Verpflichtungen

Art. 8 [**Vorgesellschaft; Haftung**] Ist im Namen einer in Gründung befindlichen Gesellschaft gehandelt worden, ehe diese die Rechtsfähigkeit erlangt hat, und übernimmt die Gesellschaft die sich aus diesen Handlungen ergebenden Verpflichtungen nicht, so haften die Personen, die gehandelt haben, aus diesen Handlungen unbeschränkt als Gesamtschuldner, sofern nichts anderes vereinbart worden ist.

Art. 9 [**Publizitätswirkung der Offenlegung**] Sind die Formalitäten der Offenlegung hinsichtlich der Personen, die als Organ zur Vertretung der Gesellschaft befugt sind, erfüllt worden, so kann ein Mangel ihrer Bestellung Dritten nur entgegengesetzt werden, wenn die Gesellschaft beweist, dass die Dritten den Mangel kannten.

Art. 10 [**Verfügungsbefugnis der Organe**] (1) Die Gesellschaft wird Dritten gegenüber durch Handlungen ihrer Organe verpflichtet, selbst wenn die Handlungen nicht zum Gegenstand des Unternehmens gehören, es sei denn, dass diese Handlungen die Befugnisse überschreiten, die nach dem Gesetz diesen Organen zugewiesen sind oder zugewiesen werden können.

Für Handlungen, die den Rahmen des Gegenstands des Unternehmens überschreiten, können die Mitgliedstaaten jedoch vorsehen, dass die Gesellschaft nicht verpflichtet wird, wenn sie beweist, dass dem Dritten bekannt war, dass die Handlung den Unternehmensgegenstand überschritt, oder dass er darüber nach den Umständen nicht in Unkenntnis sein konnte, allein die Bekanntmachung der Satzung reicht zu diesem Beweis nicht aus.

(2) Satzungsmäßige oder auf einem Beschluss der zuständigen Organe beruhende Beschränkungen der Befugnisse der Organe der Gesellschaft können Dritten nie entgegengesetzt werden, auch dann nicht, wenn sie bekanntgemacht worden sind.

(3) Kann nach einzelstaatlichen Rechtsvorschriften die Befugnis zur Vertretung der Gesellschaft abweichend von der gesetzlichen Regel auf diesem Gebiet durch die Satzung einer Person allein oder mehreren Personen gemeinschaftlich übertragen werden, so können diese Rechtsvorschriften vorsehen, dass die Satzungsbestimmung, sofern sie die Vertretungsbefugnis generell betrifft, Dritten entgegengesetzt werden kann; nach Artikel 3 bestimmt sich, ob eine solche Satzungsbestimmung Dritten entgegengesetzt werden kann.

Kapitel 4 – Nichtigkeit der Gesellschaft

Art. 11 [**Öffentliche Kontrolle der Gründung**] In allen Mitgliedstaaten, nach deren Rechtsvorschriften die Gesellschaftsgründung keiner vorbeugenden Verwaltungs- oder gerichtlichen Kontrolle unterworfen ist, müssen der Errichtungsakt und die Satzung der Gesellschaft sowie Änderungen dieser Akte öffentlich beurkundet werden.

Art. 12 [Nichtigkeit der Gesellschaft] Die Rechtsvorschriften der Mitgliedstaaten können die Nichtigkeit der Gesellschaften nur nach Maßgabe folgender Bedingungen regeln:

a) Die Nichtigkeit muss durch gerichtliche Entscheidung ausgesprochen werden;

b) die Nichtigkeit kann nur in den unter den Ziffern i bis vi vorgesehenen Fällen ausgesprochen werden:

i) wenn der Errichtungsakt fehlt oder wenn entweder die Formalitäten der vorbeugenden Kontrolle oder die Form der öffentlichen Beurkundung nicht beachtet wurden;

ii) wenn der tatsächliche Gegenstand des Unternehmens rechtswidrig ist oder gegen die öffentliche Ordnung verstößt;

iii) wenn der Errichtungsakt oder die Satzung die Firma der Gesellschaft, die Einlagen, den Betrag des gezeichneten Kapitals oder den Gegenstand des Unternehmens nicht aufführt;

iv) wenn die einzelstaatlichen Rechtsvorschriften über die Mindesteinzahlung auf das Gesellschaftskapital nicht beachtet wurden;

v) wenn alle an der Gründung beteiligten Gesellschafter geschäftsunfähig waren;

vi) wenn entgegen den für die Gesellschaft geltenden einzelstaatlichen Rechtsvorschriften die Zahl der an der Gründung beteiligten Gesellschafter weniger als zwei betrug.

Abgesehen von diesen Nichtigkeitsfällen können die Gesellschaften aus keinem Grund inexistent, absolut oder relativ nichtig sein oder für nichtig erklärt werden.

Art. 13 [Publizitätswirkung der gerichtlichen Nichtigerklärung] (1) Nach Artikel 3 bestimmt sich, ob eine gerichtliche Entscheidung, in der die Nichtigkeit ausgesprochen wird, Dritten entgegengesetzt werden kann. Sehen die einzelstaatlichen Rechtsvorschriften einen Einspruch Dritter vor, so ist dieser nur innerhalb einer Frist von sechs Monaten nach der Bekanntmachung der gerichtlichen Entscheidung zulässig.

(2) Die Nichtigkeit bewirkt, dass die Gesellschaft in Liquidation tritt, wie dies bei der Auflösung der Fall sein kann.

(3) Unbeschadet der Wirkungen, die sich daraus ergeben, dass sich die Gesellschaft in Liquidation befindet, beeinträchtigt die Nichtigkeit als solche die Gültigkeit von Verpflichtungen nicht, die die Gesellschaft eingegangen ist oder die ihr gegenüber eingegangen wurden.

(4) Die Regelung der Wirkungen der Nichtigkeit im Verhältnis der Gesellschafter untereinander bleibt den Rechtsvorschriften jedes Mitgliedstaats überlassen.

(5) Die Inhaber von Anteilen oder Aktien bleiben zur Einzahlung des gezeichneten, aber noch nicht eingezahlten Kapitals insoweit verpflichtet, als die den Gläubigern gegenüber eingegangenen Verpflichtungen dies erfordern.

Kapitel 4A/5 – Delegation und Allgemeine Bestimmungen

Art. 13a-18 *Deligierte Rechtsakte, Mitteilungs- und Überprüfungspflichten, Ersetzung der Richtlinie 68/151/EWG, Inkrafttreten – nicht abgedruckt.*

4.2 Zweite Richtlinie des Rates vom 13. Dezember 1976 zur Koordinierung der Schutzbestimmungen, die in den Mitgliedstaaten den Gesellschaften im Sinne des Artikels 58 Absatz 2 des Vertrages im Interesse der Gesellschafter sowie Dritter für die Gründung der Aktiengesellschaft sowie für die Erhaltung und Änderung ihres Kapitals vorgeschrieben sind, um diese Bestimmungen gleichwertig zu gestalten (77/91/EWG) [Kapital-RL]

ABl. 1977 L 26/1

DER RAT DER EUROPÄISCHEN GEMEINSCHAFTEN –
gestützt auf den Vertrag zur Gründung der Europäischen Wirtschaftsgemeinschaft, insbesondere auf Artikel 54 Absatz 3 Buchstabe g),
auf Vorschlag der Kommission,
nach Stellungnahme des Europäischen Parlaments[1],
nach Stellungnahme des Wirtschafts- und Sozialausschusses[2],
in Erwägung nachstehender Gründe:

[1] Die Fortführung der Koordinierung, die Artikel 54 Absatz 3 Buchstabe g) sowie das Allgemeine Programm zur Aufhebung der Beschränkungen der Niederlassungsfreiheit vorsehen und die mit der Richtlinie 68/151/EWG[3] begonnen wurde, ist bei den Aktiengesellschaften besonders wichtig, weil in der Wirtschaft der Mitgliedstaaten die Tätigkeit dieser Gesellschaften vorherrscht und häufig die Grenzen des nationalen Hoheitsgebiets überschreitet.

[2] Die Koordinierung der einzelstaatlichen Vorschriften über die Gründung der Aktiengesellschaft sowie die Aufrechterhaltung, die Erhöhung und die Herabsetzung ihres Kapitals ist vor allem bedeutsam, um beim Schutz der Aktionäre einerseits und der Gläubiger der Gesellschaft andererseits ein Mindestmaß an Gleichwertigkeit sicherzustellen.

[3] Die Satzung oder der Errichtungsakt einer Aktiengesellschaft muß im Gebiet der Gemeinschaft jedem Interessierten die Möglichkeit bieten, die wesentlichen Merkmale der Gesellschaft und insbesondere die genaue Zusammensetzung des Gesellschaftskapitals zu kennen.

[4] Die Gemeinschaft muß deshalb Vorschriften erlassen, um das Kapital als Sicherheit für die Gläubiger zu erhalten, indem insbesondere untersagt wird, daß das Kapital durch nicht geschuldete Ausschüttungen an die Aktionäre verringert wird, und indem die Möglichkeit einer Gesellschaft, eigene Aktien zu erwerben, begrenzt wird.

[5] Im Hinblick auf die in Artikel 54 Absatz 3 Buchstabe g) verfolgten Ziele ist es erforderlich, daß die Rechtsvorschriften der Mitgliedstaaten bei Kapitalerhöhungen und Kapitalherabsetzungen die Beachtung der Grundsätze über die Gleichbehandlung der Aktionäre, die sich in denselben Verhältnissen befinden, und den Schutz der Gläubiger von Forderungen, die bereits vor der Entscheidung über die Herabsetzung bestanden, sicherstellen und für die harmonisierte Durchführung dieser Grundsätze Sorge tragen.
HAT FOLGENDE RICHTLINIE ERLASSEN:

Art. 1 [**Anwendungsbereich**] (1) Die durch diese Richtlinie vorgeschriebenen Maßnahmen der Koordinierung gelten für die Rechts- und Verwaltungsvorschriften der Mitgliedstaaten für Gesellschaften folgender Rechtsformen:

– in Deutschland: die Aktiengesellschaft

– in Belgien: de naamloze vennootschapla société anonyme

---

1   ABl. Nr. C 114 vom 11.11.1971, S. 18.
2   ABl. Nr. C 88 vom 6.9.1971, S. 1.
3   Publizitäts-RL, in dieser Sammlung Nr. 4.1.

4.2 Kapital-RL

- in Dänemark: aktieselskabet
- in Frankreich: la société anonyme
- in Irland: the public company limited by shares und the public company limited by guarantee and having a share capital
- in Italien: la società per azioni
- in Luxemburg: la société anonyme
- in den Niederlanden: de naamloze vennotschap
- im Vereinigten Königreich: the public company limited by shares und the public company limited by guarantee and having a share capital.
- in Griechenland: η ανώνυμη εταιρία
- in Spanien: la sociedad anónima
- in Portugal: a sociedade anónima de responsabilidade limitada
- in Österreich: die Aktiengesellschaft
- in Finnland: julkinen osakeyhtiö/publikt aktiebolag
- in Schweden: aktiebolag
- in der Tschechischen Republik: akciová společnost
- in Estland: aktsiaselts
- in Zypern: Δημόσιες εταιρείες περιορισμένης ευθύνης με μετοχές, δημόσιες εταιρείες περιορισμένης ευθύνης με εγγύηση που διαθέτουν μετοχικό κεφάλαιο
- in Lettland: akciju sabiedriba
- in Litauen: akcine bendrove
- in Ungarn: nyilvánosan muködo részvénytársaság
- in Malta: kumpanija pubblika/public limited liability company
- in Polen: spółka akcyjna
- in Slowenien: delniska druzba
- in der Slowakei: akciová spolocnost
- in Bulgarien: акционерно дружество
- in Rumänien: societate pe actiuni.

Die Firma jeder Gesellschaft der vorgenannten Rechtsformen muß eine Bezeichnung enthalten, die sich von den für andere Gesellschaftsformen vorgeschriebenen Bezeichnungen unterscheidet, oder muß mit einer solchen Bezeichnung verbunden sein.

(2) Die Mitgliedstaaten brauchen diese Richtlinie auf Investmentgesellschaften mit veränderlichem Kapital und auf Genossenschaften, die in einer der in Absatz 1 genannten Rechtsformen gegründet worden sind, nicht anzuwenden. Soweit die Rechtsvorschriften der Mitgliedstaaten von dieser Möglichkeit Gebrauch machen, verpflichten sie diese Gesellschaften die Bezeichnung „Investmentgesellschaft mit veränderlichem Kapital" oder „Genossenschaft" auf allen in Artikel 4 der Richtlinie 68/151/EWG genannten Schriftstücken anzugeben. Unter Investmentgesellschaften mit veränderlichem Kapital im Sinne dieser Richtlinie sind nur Gesellschaften zu verstehen,

- deren Gegenstand es ausschließlich ist, ihre Mittel in verschiedenen Wertpapieren, in verschiedenen Grundstücken oder in anderen Werten anzulegen mit dem einzigen Ziel, das Risiko der Investitionen zu verteilen und ihre Aktionäre an dem Gewinn aus der Verwaltung ihres Vermögens zu beteiligen,
- die sich an die Öffentlichkeit wenden, um ihre eigenen Aktien unterzubringen, und

– deren Satzung bestimmt, daß ihre Aktien in den Grenzen eines Mindest- und eines Höchstkapitals jederzeit von der Gesellschaft ausgegeben, zurückgekauft oder weiterveräußert werden können.

Art. 2 [Mindestinhalt der Satzung bei Gründung] Die Satzung oder der Errichtungsakt der Gesellschaft enthält mindestens folgende Angaben:

a) die Rechtsform der Gesellschaft und ihre Firma;

b) den Gegenstand des Unternehmens;

c) – sofern die Gesellschaft kein genehmigtes Kapital hat, die Höhe des gezeichneten Kapitals;

   – sofern die Gesellschaft ein genehmigtes Kapital hat, die Höhe des genehmigten Kapitals und die Höhe des gekennzeichneten Kapitals im Zeitpunkt der Gründung der Gesellschaft oder der Erteilung der Genehmigung zur Aufnahme ihrer Geschäftstätigkeit sowie bei jeder Änderung des genehmigten Kapitals; Artikel 2 Absatz 1 Buchstabe e) der Richtlinie 68/151/EWG bleibt unberührt;

d) die Bestimmungen, welche die Zahl und die Art und Weise der Bestellung der Mitglieder derjenigen Organe, die mit der Vertretung gegenüber Dritten, mit der Verwaltung, der Leitung, der Aufsicht oder der Kontrolle der Gesellschaft betraut sind, sowie die Verteilung der Zuständigkeiten zwischen diesen Organen festlegen, soweit sich dies nicht aus dem Gesetz ergibt;

e) die Dauer der Gesellschaft, sofern sie nicht unbestimmt ist.

Art. 3 [Weiterer Mindestinhalt der Satzung bei Gründung] Die Satzung, der Errichtungsakt oder ein gesondertes Schriftstück, das nach den in den Rechtsvorschriften der einzelnen Mitgliedstaaten gemäß Artikel 3 der Richtlinie 68/151/EWG vorgesehenen Verfahren offenzulegen ist, müssen mindestens folgende Angaben enthalten:

a) den Sitz der Gesellschaft;

b) den Nennbetrag der gezeichneten Aktien und zumindest jährlich deren Zahl;

c) die Zahl der gezeichneten Aktien ohne Angabe des Nennbetrags, soweit die einzelstaatlichen Rechtsvorschriften die Ausgabe solcher Aktien erlauben;

d) gegebenenfalls die besonderen Bedingungen, welche die Übertragung der Aktien beschränken;

e) sofern es mehrere Gattungen von Aktien gibt; die Angaben unter den Buchstaben b), c) und d) für jede von ihnen und die Angabe der Rechte, die mit den Aktien jeder der Gattungen verbunden sind;

f) die Form der Aktien, Namens- oder Inhaberaktien, sofern die einzelstaatlichen Rechtsvorschriften diese beiden Formen vorsehen, sowie alle Vorschriften über deren Umwandlung, es sei denn, daß das Gesetz die Einzelheiten festlegt;

g) den eingezahlten Betrag des gezeichneten Kapitals im Zeitpunkt der Gründung der Gesellschaft oder der Erteilung der Genehmigung zur Aufnahme ihrer Geschäftstätigkeit;

h) den Nennbetrag der Aktien oder, wenn ein Nennbetrag nicht vorhanden ist, die Zahl der Aktien, die als Gegenleistung für eine Einlage ausgegeben werden, die nicht in bar bewirkt wird, sowie den Gegenstand dieser Einlage und den Namen des Einlegers;

i) die Personalien der natürlichen Personen oder die Bezeichnung der juristischen Personen oder Gesellschaften, durch die oder in deren Namen die Satzung oder der Errichtungsakt oder, sofern die Gründung der Gesellschaft nicht in einem Vorgang einheitlich erfolgt, die Entwürfe der Satzung oder des Errichtungsaktes unterzeichnet worden sind;

j) mindestens annähernd den Gesamtbetrag aller Kosten, die aus Anlaß der Gründung der Gesellschaft von dieser zu tragen sind oder ihr in Rechnung gestellt werden, und zwar gegebenenfalls auch, wenn sie vor dem Zeitpunkt entstehen, in dem die Gesellschaft die Genehmigung zur Aufnahme ihrer Geschäftstätigkeit erhält;

k) jeder besondere Vorteil, der bei der Gründung der Gesellschaft oder bis zu dem Zeitpunkt, zu dem diese die Genehmigung zur Aufnahme ihrer Geschäftstätigkeit erhält, jemandem gewährt wird, der an der Gründung der Gesellschaft oder an Vorgängen beteiligt ist, welche die Genehmigung herbeiführen.

Art. 4 [Vorgesellschaft; Haftung] (1) Schreiben die Rechtsvorschriften eines Mitgliedstaats vor, daß eine Gesellschaft ihre Geschäftstätigkeit nicht ohne eine entsprechende Genehmigung aufnehmen darf, so müssen sie auch Vorschriften über die Haftung für die Verbindlichkeiten enthalten, die von der Gesellschaft oder für ihre Rechnung vor der Erteilung oder der Ablehnung einer solchen Genehmigung eingegangen werden.

(2) Absatz 1 gilt nicht für Verbindlichkeiten aus Verträgen, welche die Gesellschaft unter der Bedingung geschlossen hat, daß ihr die Genehmigung zur Aufnahme der Geschäftstätigkeit erteilt wird.

Art. 5 [Mindestgesellschafterzahl] (1) Verlangen die Rechtsvorschriften eines Mitgliedstaats für die Gründung einer Gesellschaft das Zusammenwirken mehrerer Gesellschafter, so hat die Vereinigung aller Aktien in einer Hand oder das Absinken der Zahl der Gesellschafter unter die gesetzliche Mindestzahl nach der Gründung der Gesellschaft nicht ohne weiteres deren Auflösung zur Folge.

(2) Kann in den Fällen des Absatzes 1 die gerichtliche Auflösung der Gesellschaft nach den Rechtsvorschriften eines Mitgliedstaats ausgesprochen werden, so muß das zuständige Gericht dieser Gesellschaft eine ausreichende Frist einräumen können, um den Mangel zu beheben.

(3) Wenn die Auflösung der Gesellschaft durch das Gericht ausgesprochen worden ist, tritt die Gesellschaft in Liquidation.

Art. 6 [Mindestkapital] (1) Die Rechtsvorschriften der Mitgliedstaaten fordern für die Gründung der Gesellschaft oder für die Erteilung der Genehmigung zur Aufnahme ihrer Geschäftstätigkeit die Zeichnung eines Mindestkapitals, dessen Betrag nicht auf weniger als 25 000 ECU festgesetzt werden darf. Als ECU gilt die Rechnungseinheit, die durch die Entscheidung Nr. 3289/75/EGKS der Kommission[4] festgelegt worden ist. Der Gegenwert in nationaler Währung ist bei der ersten Festsetzung derjenige, welcher am Tag der Annahme dieser Richtlinie gilt.

(2) Verändert sich der Gegenwert der ECU in einer nationalen Währung derart, daß der Betrag des in nationaler Währung ausgedrückten Mindestkapitals während eines Jahres unter dem Wert von 22 500 ECU bleibt, so teilt die Kommission dem betreffenden Mitgliedstaat mit, daß er seine Rechtsvorschriften innerhalb von zwölf Monaten nach Ablauf des genannten Zeitraums den Vorschriften des Absatzes 1 anpassen muß. Der Mitgliedstaat kann jedoch vorsehen, daß die Anpassung seiner Rechtsvorschriften auf bereits bestehende

---

4   ABl. Nr. L 327 vom 19.12.1975, S. 4.

Gesellschaften erst achtzehn Monate nach Inkrafttreten dieser Anpassung anzuwenden ist.

(3) Auf Vorschlag der Kommission prüft der Rat alle fünf Jahre die in ECU ausgedrückten Beträge dieses Artikels unter Berücksichtigung der wirtschaftlichen und monetären Entwicklung in der Gemeinschaft sowie der Tendenzen, die Wahl der in Artikel 1 Absatz 1 bezeichneten Gesellschaftsformen großen und mittleren Unternehmen vorzubehalten, und ändert diese Beträge gegebenenfalls.

Art. 7 [Taugliche Einlagen] Das gezeichnete Kapital darf nur aus Vermögensgegenständen bestehen, deren wirtschaftlicher Wert feststellbar ist. Jedoch können diese Vermögensgegenstände nicht aus Verpflichtungen zu Arbeits- oder Dienstleistungen bestehen.

Art. 8 [Ausgabe zum Nennbetrag] (1) Die Aktien dürfen nicht unter dem Nennbetrag oder, wenn ein Nennbetrag nicht vorhanden ist, nicht unter dem rechnerischen Wert ausgegeben werden.

(2) Die Mitgliedstaaten können jedoch zulassen, daß diejenigen, die sich berufsmäßig mit der Unterbringung von Aktien befassen, weniger als den Gesamtbetrag der Aktien zahlen, die sie bei diesem Vorgang zeichnen.

Art. 9 [Mindesteinzahlung] (1) Die Einlagen auf ausgegebene Aktien müssen im Zeitpunkt der Gründung der Gesellschaft oder der Erteilung der Genehmigung zur Aufnahme ihrer Geschäftstätigkeit in Höhe von mindestens 25 v. H. des Nennbetrags der Aktien oder, wenn ein Nennbetrag nicht vorhanden ist, ihres rechnerischen Wertes geleistet werden.

(2) Jedoch müssen Einlagen, die nicht Bareinlagen sind, für Aktien, die im Zeitpunkt der Gründung der Gesellschaft oder im Zeitpunkt der Erteilung der Genehmigung zur Aufnahme ihrer Geschäftstätigkeit ausgegeben werden, innerhalb von fünf Jahren nach diesem Zeitpunkt vollständig geleistet werden.

Art. 10 [Sacheinlagen] (1) Die Einlagen, die nicht Bareinlagen sind, sind Gegenstand eines besonderen Berichts, der vor der Gründung der Gesellschaft oder vor dem Zeitpunkt, zu dem sie die Genehmigung zur Aufnahme ihrer Geschäftstätigkeit erhält, durch einen oder mehrere von ihr unabhängige Sachverständige, die durch eine Verwaltungsbehörde oder ein Gericht bestellt oder zugelassen sind, erstellt wird. Sachverständige können nach den Rechtsvorschriften jedes Mitgliedstaats natürliche Personen, juristische Personen oder Gesellschaften sein.

(2) Der Sachverständigenbericht muß mindestens jede Einlage beschreiben, die angewandten Bewertungsverfahren nennen und angeben, ob die Werte, zu denen diese Verfahren führen, wenigstens der Zahl und dem Nennbetrag oder, wenn ein Nennbetrag nicht vorhanden ist, dem rechnerischen Wert und gegebenenfalls dem Mehrbetrag der dafür auszugeben den Aktien entsprechen.

(3) Der Sachverständigenbericht ist nach den in den Rechtsvorschriften der einzelnen Mitgliedstaaten gemäß Artikel 3 der Richtlinie 68/151/EWG vorgesehenen Verfahren offenzulegen.

(4) Die Mitgliedstaaten brauchen diesen Artikel nicht anzuwenden, wenn 90 v. H. des Nennbetrags oder, wenn ein Nennbetrag nicht vorhanden ist, des rechnerischen Wertes aller Aktien an eine oder mehrere Gesellschaften gegen Sacheinlagen, die nicht Bareinlagen sind, ausgegeben werden und wenn folgende Voraussetzungen erfüllt sind:

4.2 Kapital-RL

a) bei der Gesellschaft, an welche die Einlagen geleistet werden, haben die in Artikel 3 Buchstabe i) genannten Personen oder Gesellschaften auf die Erstellung des Sachverständigenberichts verzichtet;

b) dieser Verzicht ist nach Absatz 3 offengelegt worden;

c) die Gesellschaften, welche die Einlagen leisten, verfügen über Rücklagen, die nach Gesetz oder Satzung nicht ausgeschüttet werden dürfen und deren Höhe mindestens dem Nennbetrag oder, wenn ein Nennbetrag nicht vorhanden ist, dem rechnerischen Wert der gegen solche Einlagen ausgegebenen Aktien entspricht, die nicht Bareinlagen sind;

d) die Gesellschaften, welche die Einlagen leisten, verpflichten sich bis zu dem unter Buchstabe c) genannten Betrag, für diejenigen Schulden der empfangenden Gesellschaft einzustehen, die zwischen dem Zeitpunkt der Ausgabe der Aktien gegen Einlagen, die nicht Bareinlagen sind, und einem Jahr nach der Bekanntmachung des Jahresabschlusses dieser Gesellschaft entstehen, der sich auf das Geschäftsjahr bezieht, in dem die Einlagen geleistet worden sind. Jede Übertragung dieser Aktien innerhalb dieser Frist ist unzulässig;

e) die unter Buchstabe d) genannte Verpflichtung ist nach Absatz 3 offengelegt worden;

f) die Gesellschaften, welche die Einlagen leisten, stellen einen Betrag in Höhe des unter Buchstabe c) genannten Betrags in eine Rücklage ein, die erst ausgeschüttet werden darf nach Ablauf einer Frist von drei Jahren nach Bekanntmachung des Jahresabschlusses der empfangenden Gesellschaft, der sich auf das Geschäftsjahr bezieht, in dem die Einlagen geleistet worden sind, oder gegebenenfalls nach einem späteren Zeitpunkt, zu dem alle innerhalb der Frist geltend gemachten Ansprüche aus der unter Buchstabe d) genannten Verpflichtung erfüllt sind.

(5) Mitgliedstaaten können beschließen, diesen Artikel bei der Bildung einer neuen Gesellschaft im Wege der Verschmelzung oder Spaltung nicht anzuwenden, wenn ein Bericht eines unabhängigen Sachverständigen über die Verschmelzungs- oder Spaltungspläne erstellt wird.

Beschließen Mitgliedstaaten, diesen Artikel in den in Unterabsatz 1 beschriebenen Fällen anzuwenden, so können sie gestatten, dass der gemäß diesem Artikel erstellte Bericht und der Bericht des unabhängigen Sachverständigen über die Verschmelzungs- oder Spaltungspläne von demselben bzw. denselben Sachverständigen erstellt werden.

Art. 10a [Abweichungsmöglichkeit] (1) Die Mitgliedstaaten können beschließen, Artikel 10 Absätze 1, 2 und 3 nicht anzuwenden, wenn auf Beschluss des Verwaltungs- oder Leitungsorgans übertragbare Wertpapiere im Sinne von Artikel 4 Absatz 1 Nummer 18 der Richtlinie 2004/39/EG des Europäischen Parlaments und des Rates vom 21. April 2004 über Märkte für Finanzinstrumente[5], oder Geldmarktinstrumente im Sinne des Artikels 4 Absatz 1 Nummer 19 derselben Richtlinie als Sacheinlage eingebracht werden und diese Wertpapiere oder Geldmarktinstrumente zu dem gewichteten Durchschnittspreis bewertet werden, zu dem sie während einer durch die nationalen Rechtsvorschriften zu bestimmenden ausreichenden Zeitspanne vor dem Tag ihrer tatsächlichen Einbringung als Sacheinlage auf einem oder mehreren geregelten Märkten im Sinne von Artikel 4 Absatz 1 Nummer 14 der genannten Richtlinie gehandelt wurden.

---

5   ABl. L 145 vom 30.4.2004, S. 1. Zuletzt geändert durch die Richtlinie 2006/31/EG (ABl. L 114 vom 27.4.2006, S. 60).

Wurde dieser Preis jedoch durch außergewöhnliche Umstände beeinflusst, die eine erhebliche Änderung des Wertes des Vermögensgegenstandes zum Zeitpunkt seiner tatsächlichen Einbringung bewirken würden, und zwar auch in Fällen, in denen der Markt für diese Wertpapiere oder Geldmarktinstrumente illiquide geworden ist, so veranlasst das Verwaltungs- oder Leitungsorgan eine Neubewertung. Für diese Neubewertung gilt Artikel 10 Absätze 1, 2 und 3.

(2) Die Mitgliedstaaten können beschließen, Artikel 10 Absätze 1, 2 und 3 nicht anzuwenden, wenn auf Beschluss des Verwaltungs- oder Leitungsorgans andere Vermögensgegenstände als die in Absatz 1 genannten Wertpapiere und Geldmarktinstrumente als Sacheinlagen eingebracht werden, die bereits von einem anerkannten unabhängigen Sachverständigen zum beizulegenden Zeitwert („fair value") bewertet wurden, und die folgenden Bedingungen erfüllt sind:

a) der beizulegende Zeitwert wird für einen Stichtag ermittelt, der nicht mehr als sechs Monate vor dem Tag der tatsächlichen Einbringung des Vermögensgegenstands liegt;

b) die Bewertung wurde nach den in dem Mitgliedstaat für die Art der einzubringenden Vermögensgegenstände allgemein anerkannten Bewertungsnormen und -grundsätzen vorgenommen.

Sind neue erhebliche Umstände eingetreten, die eine wesentliche Änderung des beizulegenden Zeitwerts des Vermögensgegenstands zum Zeitpunkt seiner tatsächlichen Einbringung bewirken würden, so veranlasst das Verwaltungs- oder Leitungsorgan eine Neubewertung. Für diese Neubewertung gilt Artikel 10 Absätze 1, 2 und 3.

Wurde eine solche Neubewertung nicht vorgenommen, können ein oder mehrere Aktionäre, die am Tag des Beschlusses über eine Kapitalerhöhung zusammengenommen mindestens 5 % des gezeichneten Kapitals der Gesellschaft halten, eine Bewertung durch einen unabhängigen Sachverständigen verlangen; in diesem Fall gilt Artikel 10 Absätze 1, 2 und 3. Dieser oder diese Aktionäre können einen entsprechenden Antrag bis zum Tag der tatsächlichen Einbringung der Vermögensgegenstände stellen, sofern er oder sie am Antragstag immer noch, wie zuvor am Tag des Kapitalerhöhungsbeschlusses, zusammengenommen mindestens 5 % des gezeichneten Kapitals der Gesellschaft hält bzw. halten.

(3) Die Mitgliedstaaten können beschließen, Artikel 10 Absätze 1, 2 und 3 nicht anzuwenden, wenn auf Beschluss des Verwaltungs- oder Leitungsorgans andere Vermögensgegenstände als die in Absatz 1 genannten Wertpapiere und Geldmarktinstrumente als Sacheinlagen eingebracht werden, deren beizulegender Zeitwert aus der Vermögensaufstellung des gesetzlichen Abschlusses des vorausgegangenen Geschäftsjahrs hervorgeht, sofern dieser Abschluss nach Maßgabe der Richtlinie 2006/43/EG des Europäischen Parlaments und des Rates vom 17. Mai 2006 über Abschlussprüfungen von Jahresabschlüssen und konsolidierten Abschlüssen[6] geprüft wurde.

Absatz 2 Unterabsätze 2 und 3 gilt entsprechend.

Art. 10b [Sacheinlagen ohne Sachverständigenbericht] (1) Werden Sacheinlagen nach Artikel 10a ohne einen Sachverständigenbericht im Sinne von Artikel 10 Absätze 1, 2 und 3 eingebracht, so wird zusätzlich zu den nach Artikel 3 Buchstabe h geforderten Angaben und innerhalb eines Monats nach dem Tag der tatsächlichen Einbringung der Vermögensgegenstände in einer Erklärung Folgendes offen gelegt:

---

6   ABl. L 157 vom 9.6.2006, S. 87.

a) eine Beschreibung der betreffenden Sacheinlage;
b) ihr Wert, die Quelle dieser Bewertung sowie gegebenenfalls die Bewertungsmethode;
c) Angaben darüber, ob der ermittelte Wert wenigstens der Zahl und dem Nennbetrag oder – falls ein Nennbetrag nicht vorhanden ist – dem rechnerischen Wert und gegebenenfalls dem Mehrbetrag der für eine solche Sacheinlage auszugebenden Aktien entspricht;
d) eine Erklärung, dass in Bezug auf die ursprüngliche Bewertung keine neuen erheblichen Umstände eingetreten sind.

Diese Offenlegung erfolgt nach Artikel 3 der Richtlinie 68/151/EWG nach Maßgabe der Vorschriften jedes Mitgliedstaats.

(2) Wird die Einbringung von Sacheinlagen im Zusammenhang mit einer vorgeschlagenen Kapitalerhöhung gemäß Artikel 25 Absatz 2 ohne einen Sachverständigenbericht im Sinne von Artikel 10 Absätze 1, 2 und 3 vorgeschlagen, so werden das Datum des Beschlusses über die Kapitalerhöhung und die Angaben nach Absatz 1 in einer Bekanntmachung gemäß Artikel 3 der Richtlinie 68/151/EWG nach Maßgabe der Vorschriften jedes Mitgliedstaats offen gelegt, bevor die Einbringung des Vermögensgegenstands als Sacheinlage wirksam wird. In diesem Falle beschränkt sich die in Absatz 1 genannte Erklärung darauf, dass seit der Offenlegung in der genannten Bekanntmachung keine neuen Umstände eingetreten sind.

(3) Jeder Mitgliedstaat stellt durch geeignete Maßnahmen sicher, dass das in Artikel 10a und in dem vorliegenden Artikel beschriebene Verfahren eingehalten wird, wenn Sacheinlagen ohne einen Sachverständigenbericht nach Artikel 10 Absätze 1, 2 und 3 eingebracht werden.

Art. 11 [Einlagen der Gründungsgesellschafter] (1) Der Erwerb jedes Vermögensgegenstands, der einer unter Artikel 3 Buchstabe i) fallenden Person oder Gesellschaft gehört, durch die Gesellschaft für einen Gegenwert von mindestens 1/10 des gezeichneten Kapitals muß Gegenstand einer Prüfung und Offenlegung entsprechend der in Artikel 10 Absätze 1, 2 und 3 vorgesehenen sein; er unterliegt der Zustimmung der Hauptversammlung, falls er vor Ablauf einer Frist erfolgt, die in den einzelstaatlichen Rechtsvorschriften auf mindestens zwei Jahre nach der Gründung der Gesellschaft oder nach dem Zeitpunkt festzusetzen ist, in dem die Gesellschaft die Genehmigung zur Aufnahme ihrer Geschäftstätigkeit erhält. Die Artikel 10a und 10b gelten entsprechend. Die Mitgliedstaaten können die Anwendung dieser Vorschriften auch vorsehen, wenn der Vermögensgegenstand einem Aktionär oder einer anderen Person gehört.

(2) Absatz 1 ist weder auf den Erwerb im Rahmen der laufenden Geschäfte der Gesellschaft noch auf den Erwerb, der auf Anordnung oder unter Aufsicht einer Verwaltungsbehörde oder eines Gerichts erfolgt, noch auf den Erwerb an der Börse anzuwenden.

Art. 12 [Verpflichtung zur Leistung der Einlage] Unbeschadet der Vorschriften über die Herabsetzung des gezeichneten Kapitals dürfen die Aktionäre nicht von der Verpflichtung befreit werden, ihre Einlage zu leisten.

Art. 13 [Umwandlungsvorgänge] Bis zur späteren Koordinierung der einzelstaatlichen Rechtsvorschriften treffen die Mitgliedstaaten die notwendigen Maßnahmen, damit zumindest gleiche Garantien, wie sie in den Artikeln 2 bis 12 vorgesehen sind, bei der Umwandlung einer Gesellschaft einer anderen Rechtsform in eine Aktiengesellschaft gegeben sind.

Art. 14 [Mitgliedstaatliche Regelungsspielräume für Zuständigkeit und Verfahren bei Satzungsänderung] Die Artikel 2 bis 13 lassen die Vorschriften der Mitgliedstaaten über die Zuständigkeit und das Verfahren bei Änderungen der Satzung oder des Errichtungsaktes unberührt.

Art. 15 [Kapitalerhaltung] (1) a) Ausgenommen in den Fällen einer Kapitalherabsetzung darf keine Ausschüttung an die Aktionäre erfolgen, wenn bei Abschluß des letzten Geschäftsjahres das Nettoaktivvermögen, wie es der Jahresabschluß ausweist, den Betrag des gezeichneten Kapitals zuzüglich der Rücklagen, deren Ausschüttung das Gesetz oder die Satzung nicht gestattet, durch eine solche Ausschüttung unterschreitet oder unterschreiten würde.

b) Der Betrag des unter Buchstabe a) genannten gezeichneten Kapitals wird um den Betrag des gezeichneten Kapitals, der noch nicht eingefordert ist, vermindert, sofern der letztere nicht auf der Aktivseite der Bilanz ausgewiesen wird.

c) Der Betrag einer Ausschüttung an die Aktionäre darf den Betrag des Ergebnisses des letzten abgeschlossenen Geschäftsjahres, zuzüglich des Gewinnvortrags und der Entnahmen aus hierfür verfügbaren Rücklagen, jedoch vermindert um die Verluste aus früheren Geschäftsjahren sowie um die Beträge, die nach Gesetz oder Satzung in Rücklagen eingestellt worden sind, nicht überschreiten.

d) Der Begriff „Ausschüttung" unter den Buchstaben a) und c) umfaßt insbesondere die Zahlung von Dividenden und von Zinsen für Aktien.

(2) Gestatten die Rechtsvorschriften eines Mitgliedstaats Abschlagszahlungen auf Dividenden, so unterwerfen sie diese mindestens folgenden Bedingungen:

a) Eine Zwischenbilanz wird erstellt, aus der hervorgeht, daß für die Ausschüttungen genügend Mittel zur Verfügung stehen;

b) der auszuschüttende Betrag darf den Betrag des Ergebnisses, das seit dem Ende des letzten Geschäftsjahres, für das der Jahresabschluß aufgestellt worden ist, erzielt worden ist, zuzüglich des Gewinnvortrags und der Entnahmen aus hierfür verfügbaren Rücklagen, jedoch vermindert um die Verluste aus früheren Geschäftsjahren sowie um die nach Gesetz oder Satzung in eine Rücklage einzustellenden Beträge, nicht überschreiten.

(3) Die Absätze 1 und 2 berühren nicht die Vorschriften der Mitgliedstaaten über die Erhöhung des gezeichneten Kapitals aus Gesellschaftsmitteln.

(4) Die Rechtsvorschriften eines Mitgliedstaats können von Absatz 1 Buchstabe a) für Investmentgesellschaften mit festem Kapital abweichen.

Unter Investmentgesellschaften mit festem Kapital im Sinne dieses Absatzes sind nur Gesellschaften zu verstehen,

– deren Gegenstand es ausschließlich ist, ihre Mittel in verschiedenen Wertpapieren, in verschiedenen Grundstücken oder in anderen Werten anzulegen mit dem einzigen Ziel, das Risiko der Investitionen zu verteilen und ihre Aktionäre an dem Gewinn aus der Verwaltung ihres Vermögens zu beteiligen, und

– die sich an die Öffentlichkeit wenden, um ihre eigenen Aktien unterzubringen.

Soweit die Rechtsvorschriften der Mitgliedstaaten von dieser Möglichkeit Gebrauch machen,

a) verpflichten sie diese Gesellschaften, die Bezeichnung „Investmentgesellschaft" auf allen in Artikel 4 der Richtlinie 68/151/EWG genannten Schriftstücken anzugeben;

b) gestatten sie es einer solchen Gesellschaft, deren Nettoaktivvermögen den in Absatz 1 Buchstabe a) beschriebenen Betrag unterschreitet, nicht, eine Ausschüttung an die Aktionäre vorzunehmen, wenn bei Abschluß des letzten Geschäftsjahres das gesamte Aktivvermögen, wie es der Jahresabschluß ausweist, den eineinhalbfachen Betrag der gesamten Verbindlichkeiten der Gesellschaft, wie sie der Jahresabschluß ausweist, durch eine solche Ausschüttung unterschreitet oder unterschreiten würde;

c) verpflichten sie diese Gesellschaften, die eine Ausschüttung vornehmen, wenn ihr Nettoaktivvermögen den in Absatz 1 Buchstabe a) beschriebenen Betrag unterschreitet, einen entsprechenden Vermerk in den Jahresabschluß aufzunehmen.

Art. 16 [Erstattungsansprüche bei verbotener Ausschüttung] Jede Ausschüttung, die entgegen Artikel 15 erfolgt, ist von den Aktionären, die sie empfangen haben, zurückzugewähren, wenn die Gesellschaft beweist, daß diesen Aktionären die Unzulässigkeit der an sie erfolgten Ausschüttung bekannt war oder sie darüber nach den Umständen nicht in Unkenntnis sein konnten.

Art. 17 [Schwerer Verlust des gezeichneten Kapitals] (1) Bei schweren Verlusten des gezeichneten Kapitals muß die Hauptversammlung innerhalb einer durch die Rechtsvorschriften der Mitgliedstaaten zu bestimmenden Frist einberufen werden, um zu prüfen, ob die Gesellschaft aufzulösen ist oder andere Maßnahmen zu ergreifen sind.
(2) Die Rechtsvorschriften eines Mitgliedstaats können die Höhe des als schwer zu erachtenden Verlustes im Sinne des Absatzes 1 nicht auf mehr als die Hälfte des gezeichneten Kapitals festsetzen.

Art. 18 [Verbot des Erwerbs eigener Anteile] (1) Die Gesellschaft darf keine eigenen Aktien zeichnen.
(2) Sind die Aktien der Gesellschaft durch eine Person gezeichnet worden, die im eigenen Namen, aber für Rechnung der Gesellschaft handelt, so gilt die Zeichnung als für eigene Rechnung des Zeichners vorgenommen.
(3) Die in Artikel 3 Buchstabe i) genannten Personen oder Gesellschaften oder, im Falle der Erhöhung des gezeichneten Kapitals, die Mitglieder des Verwaltungs- oder Leitungsorgans sind verpflichtet, die Einlagen auf Aktien zu leisten, die unter Verstoß gegen den vorliegenden Artikel gezeichnet worden sind.
Die Rechtsvorschriften der Mitgliedstaaten können jedoch vorsehen, daß jeder Betroffene sich von dieser Verpflichtung befreien kann, indem er beweist, daß ihn persönlich kein Verschulden trifft.

Art. 19 [Ausnahmen vom Verbot des Erwerbs eigener Anteile] (1) Unbeschadet des Grundsatzes der Gleichbehandlung aller Aktionäre, die sich in denselben Verhältnissen befinden und unbeschadet der Richtlinie 2003/6/EG des Europäischen Parlaments und des Rates vom 28. Januar 2003 über Insider-Geschäfte und Marktmanipulation (Marktmissbrauch)[7] kann ein Mitgliedstaat einer Gesellschaft gestatten, ihre eigenen Aktien entweder selbst oder durch eine im eigenen Namen, aber für Rechnung der Gesellschaft handelnde Person zu erwerben. Insoweit ein solcher Erwerb gestattet ist, knüpfen die Mitgliedstaaten diesen Erwerb an folgende Bedingungen:

a) Die Genehmigung für den Erwerb wird von der Hauptversammlung erteilt, welche die Einzelheiten des vorgesehenen Erwerbs und insbesondere die Höchstzahl der zu erwerbenden Aktien, die Geltungsdauer der Genehmigung, die sich nach den nationalen

---

7   ABl. L 96 vom 12.4.2003, S. 16.

Rechtsvorschriften richtet, dabei aber fünf Jahre nicht überschreiten darf, und bei entgeltlichem Erwerb den niedrigsten und höchsten Gegenwert festlegt. Die Mitglieder des Verwaltungs- oder Leitungsorgans müssen sich davon überzeugen, dass im Zeitpunkt jedes genehmigten Erwerbs die unter den Buchstaben b und c genannten Bedingungen beachtet werden;

b) der Erwerb von Aktien einschließlich der Aktien, welche die Gesellschaft früher erworben hat und noch hält, sowie der Aktien, die eine Person im eigenen Namen, jedoch für Rechnung der Gesellschaft erworben hat, darf nicht dazu führen, dass das Nettoaktivvermögen den in Artikel 15 Absatz 1 Buchstaben a und b genannten Betrag unterschreitet;

c) der Vorgang darf nur voll eingezahlte Aktien betreffen.

Die Mitgliedstaaten können ferner den Erwerb von Aktien im Sinne von Unterabsatz 1 jeder beliebigen der folgenden Bedingungen unterwerfen:

i) Der Nennbetrag oder, wenn ein Nennbetrag nicht vorhanden ist, der rechnerische Wert der erworbenen Aktien einschließlich der Aktien, welche die Gesellschaft früher erworben hat und noch hält, sowie der Aktien, die eine Person im eigenen Namen, jedoch für Rechnung der Gesellschaft erworben hat, darf nicht einen von den Mitgliedstaaten zu bestimmenden Höchstwert überschreiten. Dieser Höchstwert darf nicht niedriger als 10 % des gezeichneten Kapitals sein;

ii) die Befugnis der Gesellschaft zum Erwerb eigener Aktien im Sinne des Unterabsatzes 1, die Höchstzahl der zu erwerbenden Aktien, die Geltungsdauer der Befugnis und der höchste bzw. der niedrigste Gegenwert werden in der Satzung oder in der Gründungsurkunde festgelegt;

iii) die Gesellschaft erfüllt bestimmte Berichts- und Notifizierungsanforderungen;

iv) von bestimmten von den Mitgliedstaaten bezeichneten Gesellschaften kann verlangt werden, dass sie erworbene Aktien für nichtig erklären, vorausgesetzt, ein Betrag in Höhe des Nennbetrags der für nichtig erklärten Aktien wird in eine Rücklage eingestellt, die außer im Falle der Herabsetzung des gezeichneten Kapitals nicht an die Aktionäre ausgeschüttet werden darf. Diese Rücklage darf nur zum Zwecke einer Erhöhung des gezeichneten Kapitals durch Umwandlung von Rücklagen verwendet werden;

v) die Befriedigung von Gläubigerforderungen wird durch den Erwerb nicht beeinträchtigt.

(2) Die Rechtsvorschriften eines Mitgliedstaats können von Absatz 1 Buchstabe a) Satz 1 abweichen, sofern der Erwerb eigener Aktien notwendig ist, um einen schweren unmittelbar bevorstehenden Schaden von der Gesellschaft abzuwenden. In diesem Fall muß die nächste Hauptversammlung durch das Verwaltungs- oder Leitungsorgan über die Gründe und den Zweck der getätigten Ankäufe, über die Zahl und den Nennbetrag oder, wenn ein Nennbetrag nicht vorhanden ist, den rechnerischen Wert der erworbenen Aktien, über deren Anteil am gezeichneten Kapital sowie über den Gegenwert der Aktien unterrichtet werden.

(3) Die Mitgliedstaaten brauchen Absatz 1 Buchstabe a) Satz 1 nicht auf Aktien anzuwenden, die von der Gesellschaft selbst oder von einer Person, die im eigenen Namen, aber für Rechnung der Gesellschaft handelt, im Hinblick auf eine Ausgabe an die Arbeitnehmer der Gesellschaft oder an die Arbeitnehmer einer mit dieser verbundenen Gesellschaft erworben werden. Die Ausgabe derartiger Aktien muß innerhalb von zwölf Monaten, vom Erwerb dieser Aktien an gerechnet, erfolgen.

Art. 20 [Anteile, die zulässigerweise von der Gesellschaft erworben werden können]
(1) Die Mitgliedstaaten brauchen Artikel 19 nicht anzuwenden
a) auf Aktien, die in Durchführung einer Entscheidung über eine Kapitalherabsetzung oder im Falle des Artikels 39 erworben werden;
b) auf Aktien, die durch eine Vermögensübertragung im Wege der Gesamtrechtsnachfolge erworben werden;
c) auf voll eingezahlte Aktien, die unentgeltlich oder die von Banken und anderen Finanzinstituten auf Grund einer Einkaufskommission erworben werden;
d) auf Aktien, die auf Grund einer gesetzlichen Verpflichtung oder einer gerichtlichen Entscheidung zum Schutz der Minderheitsaktionäre, insbesondere im Falle der Verschmelzung, der Änderung des Gegenstands oder der Rechtsform der Gesellschaft, der Verlegung des Sitzes der Gesellschaft ins Ausland oder der Einführung von Beschränkungen der Übertragbarkeit von Aktien erworben werden;
e) auf Aktien, die aus der Hand eines Aktionärs erworben werden, weil er seine Einlage nicht leistet;
f) auf Aktien, die erworben werden, um Minderheitsaktionäre verbundener Gesellschaften zu entschädigen;
g) auf voll eingezahlte Aktien, die bei einer gerichtlichen Versteigerung zum Zwecke der Erfüllung einer Forderung der Gesellschaft gegen den Eigentümer dieser Aktien erworben werden;
h) auf voll eingezahlte Aktien, die von einer Investmentgesellschaft mit festem Kapital im Sinne von Artikel 15 Absatz 4 Unterabsatz 2 ausgegeben worden sind und von dieser oder einer mit ihr verbundenen Gesellschaft auf Wunsch der Anleger erworben werden. Artikel 15 Absatz 4 Unterabsatz 3 Buchstabe a) ist anzuwenden. Dieser Erwerb darf nicht dazu führen, daß das Nettoaktivvermögen den Betrag des gezeichneten Kapitals zuzüglich der Rücklagen, deren Ausschüttung das Gesetz nicht gestattet, unterschreitet.
(2) Die in den Fällen des Absatzes 1 Buchstaben b) bis g) erworbenen Aktien müssen jedoch innerhalb einer Frist von höchstens drei Jahren nach ihrem Erwerb veräußert werden, es sei denn, daß der Nennbetrag oder, wenn ein Nennbetrag nicht vorhanden ist, der rechnerische Wert der erworbenen Aktien einschließlich der Aktien, die von einer Person im eigenen Namen, aber für Rechnung der Gesellschaft erworben worden sind, 10 v.H. des gezeichneten Kapitals nicht übersteigt.
(3) Werden die Aktien innerhalb der in Absatz 2 festgesetzten Frist nicht veräußert, so müssen sie für nichtig erklärt werden. Die Rechtsvorschriften eines Mitgliedstaats können diese Nichtigerklärung von einer Herabsetzung des gezeichneten Kapitals um einen entsprechenden Betrag abhängig machen. Eine derartige Herabsetzung muß vorgeschrieben werden, soweit der Erwerb von für nichtig zu erklärenden Aktien dazu geführt hat, daß das Nettoaktivvermögen den in Artikel 15 Absatz 1 Buchstaben a und b genannten Betrag unterschreitet.

Art. 21 [Pflicht zur Veräußerung unzulässigerweise erworbener eigener Anteile] Die unter Verletzung der Artikel 19 und 20 erworbenen Aktien müssen innerhalb einer Frist von einem Jahr, vom Zeitpunkt ihres Erwerbs an gerechnet, veräußert werden. Geschieht dies nicht, ist Artikel 20 Absatz 3 anzuwenden.

Art. 22 [Kautelen bei Ausnahmen vom Verbot] (1) Gestatten die Rechtsvorschriften eines Mitgliedstaats einer Gesellschaft den Erwerb eigener Aktien, sei es selbst, sei es durch eine im eigenen Namen, aber für Rechnung der Gesellschaft handelnde Person, so unterwerfen sie das Halten dieser Aktien jederzeit mindestens folgenden Bedingungen:

a) Von den mit Aktien verbundenen Rechten ist in jedem Fall das an eigene Aktien gebundene Stimmrecht aufgehoben;

b) werden diese Aktien auf der Aktivseite der Bilanz ausgewiesen, so muß auf der Passivseite ein gleich hoher Betrag in eine nicht verfügbare Rücklage eingestellt werden.

(2) Gestatten die Rechtsvorschriften eines Mitgliedstaats einer Gesellschaft den Erwerb eigener Aktien, sei es selbst, sei es durch eine im eigenen Namen, aber für Rechnung der Gesellschaft handelnde Person, so verlangen sie, daß der Lagebericht der Gesellschaft mindestens folgende Angaben enthält:

a) die Gründe für die während des Geschäftsjahres getätigten Ankäufe;

b) die Zahl und den Nennbetrag oder, wenn ein Nennbetrag nicht vorhanden ist, den rechnerischen Wert der während des Geschäftsjahres erworbenen und veräußerten Aktien sowie deren Anteil am gezeichneten Kapital;

c) bei entgeltlichem Erwerb oder entgeltlicher Veräußerung den Gegenwert der Aktien;

d) die Zahl und den Nennbetrag oder, wenn ein Nennbetrag nicht vorhanden ist, den rechnerischen Wert aller erworbenen und gehaltenen Aktien sowie deren Anteil am gezeichneten Kapital.

Art. 23 [Umgehungsverbot] (1) Wenn ein Mitgliedstaat es einer Gesellschaft gestattet, im Hinblick auf einen Erwerb eigener Aktien durch einen Dritten unmittelbar oder mittelbar Vorschüsse zu zahlen, Darlehen zu gewähren oder Sicherheiten zu leisten, so macht er solche Geschäfte von der Erfüllung der in den Unterabsätzen 2, 3, 4 und 5 genannten Bedingungen abhängig.

Die Geschäfte sind unter der Verantwortung des Verwaltungs- oder Leitungsorgans vorzunehmen und müssen zu fairen, marktüblichen Konditionen abgewickelt werden, insbesondere in Bezug auf die der Gesellschaft gezahlten Zinsen und die Sicherheiten, die ihr für die in Unterabsatz 1 genannten Darlehen oder Vorschüsse geleistet werden. Die Kreditwürdigkeit des Dritten oder – im Falle von Geschäften mit einer Vielzahl von Parteien – jeder dieser Parteien muss in angemessener Weise überprüft worden sein.

Das Verwaltungs- oder Leitungsorgan legt das Geschäftsvorhaben der Hauptversammlung vorab zur Genehmigung vor; diese wird nach den Vorschriften des Artikels 40 über die Beschlussfähigkeit und die Mehrheit tätig. Das Verwaltungs- oder Leitungsorgan legt der Hauptversammlung einen schriftlichen Bericht vor, aus dem die Gründe für das Geschäft, das Interesse der Gesellschaft an dem Geschäft, die Konditionen des Geschäfts, die mit dem Geschäft verbundenen Risiken für Liquidität und Solvenz der Gesellschaft und der Preis hervorgehen, zu dem der Dritte die Aktien erwerben soll. Dieser Bericht wird gemäß Artikel 3 der Richtlinie 68/151/EWG beim Register zur Offenlegung eingereicht.

Die Dritten insgesamt gewährte finanzielle Unterstützung darf zu keinem Zeitpunkt dazu führen, dass das Nettoaktivvermögen unter den in Artikel 15 Absatz 1 Buchstaben a und b genannten Betrag absinkt; dabei wird auch jede Verringerung des Nettoaktivvermögens berücksichtigt, die infolge des Erwerbs ihrer eigenen Aktien durch die Gesellschaft oder auf Rechnung der Gesellschaft nach Artikel 19 Absatz 1 möglicherweise eingetreten ist. Die Gesellschaft stellt auf der Passivseite der Bilanz eine nicht ausschüttbare Rücklage in Höhe des Betrags der insgesamt gewährten finanziellen Unterstützung ein.

Erwirbt ein Dritter mit finanzieller Unterstützung der Gesellschaft eigene Aktien der Gesellschaft im Sinne von Artikel 19 Absatz 1 oder zeichnet er Aktien, die anlässlich einer Erhöhung des gezeichneten Kapitals emittiert wurden, so muss dieser Erwerb zu einem angemessenen Preis stattfinden.

(2) Absatz 1 gilt nicht für Rechtsgeschäfte, die im Rahmen der laufenden Geschäfte der Banken und anderer Finanzinstitute getätigt werden, und auch nicht für Geschäfte, die im Hinblick auf den Erwerb von Aktien durch oder für Arbeitnehmer der Gesellschaft oder einer mit ihr verbundenen Gesellschaft getätigt werden. Diese Geschäfte dürfen jedoch nicht dazu führen, daß das Nettoaktivvermögen der Gesellschaft den in Artikel 15 Absatz 1 Buchstabe a) genannten Betrag unterschreitet.

(3) Absatz 1 gilt nicht für Geschäfte, die im Hinblick auf den Erwerb von Aktien nach Artikel 20 Absatz 1 Buchstabe h) getätigt werden.

Art. 23a [Schutz des Wohls der Gesellschaft] Für die Fälle, in denen einzelne Mitglieder des Verwaltungs- oder Leitungsorgans der Gesellschaft, die Vertragspartner eines Geschäfts im Sinne des Artikels 23 Absatz 1 ist, oder Mitglieder des Verwaltungs- oder Leitungsorgans eines Mutterunternehmens im Sinne von Artikel 1 der Richtlinie 83/349/EWG des Rates vom 13. Juni 1983 über den konsolidierten Abschluss[8] oder ein solches Mutterunternehmen selbst oder eine Person, die im eigenen Namen, aber für Rechnung dieser Mitglieder oder dieses Unternehmens handelt, zugleich Gegenpartei eines solchen Geschäfts sind, stellen die Mitgliedstaaten durch geeignete Schutzvorkehrungen sicher, dass ein solches Geschäft dem Wohl der Gesellschaft nicht zuwiderläuft.

Art. 24 [Inpfandnahme eigener Aktien] (1) Die Inpfandnahme eigener Aktien durch die Gesellschaft selbst oder durch eine im eigenen Namen, aber für Rechnung der Gesellschaft handelnde Person ist den in Artikel 19, Artikel 20 Absatz 1 und den Artikeln 22 und 23 genannten Arten des Erwerbs gleichgestellt.

(2) Die Mitgliedstaaten brauchen Absatz 1 nicht auf die laufenden Geschäfte von Banken und anderen Finanzinstituten anzuwenden.

Art. 24a [Erwerb von Aktien der beherrschenden Gesellschaft] (1) a) Zeichnet, erwirbt oder besitzt eine andere Gesellschaft im Sinne von Artikel 1 der Richtlinie 68/151/EWG Aktien einer Aktiengesellschaft und verfügt die Aktiengesellschaft unmittelbar oder mittelbar über die Mehrheit der Stimmrechte der erstgenannten Gesellschaft oder kann sie auf diese unmittelbar oder mittelbar einen beherrschenden Einfluß ausüben, so wird dieser Sachverhalt so behandelt, als wenn die Aktiengesellschaft selbst die betreffenden Aktien zeichnet, erwirbt oder besitzt.

b) Buchstabe a) findet auch Anwendung, wenn die andere Gesellschaft dem Recht eines Drittlands unterliegt und eine Rechtsform besitzt, die den in Artikel 1 der Richtlinie 68/151/EWG genannten Rechtsformen vergleichbar ist.

(2) Verfügt die Aktiengesellschaft mittelbar über die Mehrheit der Stimmrechte oder kann sie den beherrschenden Einfluß mittelbar ausüben, so können die Mitgliedstaaten von der Anwendung des Absatzes 1 jedoch absehen, sofern sie vorsehen, daß die mit den Aktien der Aktiengesellschaft, über die die andere Gesellschaft verfügt, verbundenen Stimmrechte ausgesetzt werden.

(3) In Ermangelung einer Koordinierung der einzelstaatlichen Vorschriften über das Konzernrecht können die Mitgliedstaaten

---

8 ABl. L 193 vom 18.7.1983, S. 1. Zuletzt geändert durch die Richtlinie 2006/43/EG.

a) die Fälle definieren, in denen davon ausgegangen wird, daß eine Aktiengesellschaft einen beherrschenden Einfluß auf eine andere Gesellschaft ausüben kann; macht ein Mitgliedstaat von dieser Möglichkeit Gebrauch, so muß sein Recht auf jeden Fall vorsehen, daß die Möglichkeit, beherrschenden Einfluß auszuüben, dann besteht, wenn die Aktiengesellschaft

- das Recht hat, die Mehrheit der Mitglieder des Verwaltungs-, Leitungs- oder Aufsichtsorgans zu bestellen oder abzuberufen und wenn sie gleichzeitig Aktionär oder Gesellschafter der anderen Gesellschaft ist oder

- Aktionär oder Gesellschafter der anderen Gesellschaft ist und aufgrund einer mit anderen Aktionären oder Gesellschaftern dieser Gesellschaft getroffenen Vereinbarung allein die Mehrheit der Stimmrechte der Aktionäre oder Gesellschafter dieser Gesellschaft kontrolliert.

Die Mitgliedstaaten sind nicht dazu verpflichtet, andere als die in den vorstehenden Gedankenstrichen genannten Fälle vorzusehen;

b) die Fälle definieren, in denen davon ausgegangen wird, daß eine Aktiengesellschaft mittelbar über die Stimmrechte verfügt oder einen beherrschenden Einfluß mittelbar ausüben kann;

c) die Umstände präzisieren, bei denen davon ausgegangen wird, daß eine Aktiengesellschaft über die Stimmrechte verfügt.

(4) a) Die Mitgliedstaaten können von der Anwendung des Absatzes 1 absehen, wenn die Zeichnung, der Erwerb oder der Besitz auf Rechnung einer anderen Person als des Zeichners, Erwerbers oder Besitzers gehen und die betreffende Person weder die Aktiengesellschaft gemäß Absatz 1 noch eine andere Gesellschaft ist, an der die Aktiengesellschaft unmittelbar oder mittelbar über die Mehrheit der Stimmrechte verfügt oder auf die sie unmittelbar oder mittelbar einen beherrschenden Einfluß ausüben kann.

b) Ferner können die Mitgliedstaaten von der Anwendung des Absatzes 1 absehen, wenn die andere Gesellschaft in ihrer Eigenschaft oder im Rahmen ihrer Tätigkeit als berufsmäßiger Wertpapierhändler Aktien zeichnet, erwirbt oder besitzt, sofern sie Mitglied einer in einem Mitgliedstaat ansässigen oder tätigen Wertpapierbörse ist oder von einer für die Beaufsichtigung von berufsmäßigen Wertpapierhändlern – zu denen im Sinne dieser Richtlinie auch Kreditinstitute gehören können – zuständigen Stelle eines Mitgliedstaats zugelassen ist oder beaufsichtigt wird.

(5) Die Mitgliedstaaten sind zur Anwendung des Absatzes 1 nicht verpflichtet, wenn die andere Gesellschaft Aktien der Aktiengesellschaft aufgrund eines Erwerbs besitzt, der erfolgte, bevor das Verhältnis zwischen den beiden Gesellschaften den Kriterien des Absatzes 1 entsprach.

Die mit den betreffenden Aktien verbundenen Stimmrechte werden jedoch ausgesetzt und die Aktien werden bei der Entscheidung, ob die Bedingung gemäß Artikel 19 Absatz 1 Buchstabe b) erfüllt ist, in Betracht gezogen.

(6) Erwirbt die andere Gesellschaft Aktien einer Aktiengesellschaft, so können die Mitgliedstaaten von der Anwendung des Artikels 20 Absätze 2 und 3 sowie des Artikels 21 absehen, sofern sie folgendes vorsehen:

a) die Aussetzung der Stimmrechte, die mit den im Besitz der anderen Gesellschaft befindlichen Aktien der Aktiengesellschaft verbunden sind, sowie

b) die Verpflichtung für die Mitglieder des Verwaltungsrats der Aktiengesellschaft, von der anderen Gesellschaft die in Artikel 20 Absätze 2 und 3 sowie Artikel 21 genannten

Aktien zu dem Preis zurückzuerwerben, zu dem diese andere Gesellschaft sie erworben hatte; diese Sanktion ist lediglich in dem Falle nicht anwendbar, in dem die Verwaltungsratsmitglieder nachweisen, daß die Aktiengesellschaft an der Zeichnung oder dem Erwerb der betreffenden Aktien gänzlich unbeteiligt ist.

Art. 25 [Kapitalerhöhung; Hauptversammlungskompetenz] (1) Jede Kapitalerhöhung muß von der Hauptversammlung beschlossen werden. Dieser Beschluß sowie die Durchführung der Erhöhung des gezeichneten Kapitals sind nach den in den Rechtsvorschriften der Mitgliedstaaten gemäß Artikel 3 der Richtlinie 68/151/EWG vorgesehenen Verfahren offenzulegen.

(2) Die Satzung, der Errichtungsakt oder die Hauptversammlung, deren Entscheidung gemäß Absatz 1 offenzulegen ist, kann jedoch zu einer Erhöhung des gezeichneten Kapitals bis zu einem Höchstbetrag ermächtigen, den sie unter Beachtung des gegebenenfalls gesetzlich vorgeschriebenen Höchstbetrags festlegt. In den Grenzen des festgelegten Betrags beschließt das hierzu berufene Organ der Gesellschaft gegebenenfalls eine Erhöhung des gezeichneten Kapitals. Diese Ermächtigung des Organs gilt für eine Höchstdauer von fünf Jahren; sie kann von der Hauptversammlung ein oder mehrmals für einen Zeitraum, der jeweils fünf Jahre nicht überschreiten darf, verlängert werden.

(3) Sind mehrere Gattungen von Aktien vorhanden, so ist der Beschluß der Hauptversammlung über die Kapitalerhöhung nach Absatz 1 oder die Ermächtigung zu einer Kapitalerhöhung nach Absatz 2 von einer gesonderten Abstimmung zumindest jeder Gattung derjenigen Aktionäre abhängig, deren Rechte durch die Maßnahme berührt werden.

(4) Dieser Artikel gilt für die Ausgabe aller Wertpapiere, die in Aktien umgewandelt werden können oder mit einem Bezugsrecht auf Aktien verbunden sind, nicht aber für die Umwandlung dieser Wertpapiere und die Ausübung des Bezugsrechts.

Art. 26 [Mindestleistung bei Kapitalerhöhungen] Die Einlagen auf Aktien, die bei einer Erhöhung des gezeichneten Kapitals ausgegeben werden, müssen in Höhe von mindestens 25 v. H. des Nennbetrags der Aktien, oder, wenn ein Nennbetrag nicht vorhanden ist, ihres rechnerischen Wertes geleistet werden. Ist ein Mehrbetrag vorgesehen, muß dieser in voller Höhe gezahlt werden.

Art. 27 [Sacheinlagen] (1) Einlagen, die nicht Bareinlagen sind, auf Aktien, die bei einer Erhöhung des gezeichneten Kapitals ausgegeben werden, müssen innerhalb einer Frist von fünf Jahren nach dem Beschluß über die Erhöhung des gezeichneten Kapitals vollständig geleistet werden.

(2) Die Einlagen nach Absatz 1 sind Gegenstand eines besonderen Berichts, der durch einen oder mehrere von der Gesellschaft unabhängige Sachverständige, die durch eine Verwaltungsbehörde oder ein Gericht bestellt oder zugelassen sind, vor der Durchführung der Erhöhung des gezeichneten Kapitals erstellt wird. Sachverständige können nach den Vorschriften jedes Mitgliedstaats natürliche Personen, juristische Personen oder Gesellschaften sein. Es gelten Artikel 10 Absätze 2 und 3 und die Artikel 10a und 10b.

(3) Die Mitgliedstaaten können beschließen Absatz 2 nicht anzuwenden, wenn die Erhöhung des gezeichneten Kapitals zur Durchführung einer Verschmelzung, einer Spaltung oder eines öffentlichen Übernahme- oder Umtauschangebots zu dem Zweck erfolgt, das Entgelt an die Aktionäre der übertragenden Gesellschaft, der gespalteten Gesellschaft oder

der Gesellschaft zu leisten, die Gegenstand des öffentlichen Übernahme- oder Umtauschangebots ist.

Im Falle einer Verschmelzung oder Spaltung wenden die Mitgliedstaaten Unterabsatz 1 jedoch nur an, wenn ein Bericht eines unabhängigen Sachverständigen über die Verschmelzungs- oder Spaltungspläne erstellt wird.

Beschließen die Mitgliedstaaten, Absatz 2 im Falle einer Verschmelzung oder Spaltung anzuwenden, so können sie gestatten, dass der gemäß diesem Artikel erstellte Bericht und der Bericht des unabhängigen Sachverständigen über die Verschmelzungs- oder Spaltungspläne von demselben bzw. denselben Sachverständigen erstellt werden.

(4) Die Mitgliedstaaten brauchen Absatz 2 nicht anzuwenden, wenn bei einer Erhöhung des gezeichneten Kapitals alle Aktien gegen Sacheinlage durch eine oder mehrere Gesellschaften ausgegeben werden, sofern alle Aktionäre der empfangenden Gesellschaft auf die Erstellung des Sachverständigenberichts verzichtet haben und die Bedingungen in Artikel 10 Absatz 4 Buchstaben b) bis f) erfüllt sind.

Art. 28 [Nicht vollständige Zeichnung einer Kapitalerhöhung] Wird eine Kapitalerhöhung nicht voll gezeichnet, so wird das Kapital nur dann um den Betrag der eingegangenen Zeichnungen erhöht, wenn die Ausgabebedingungen diese Möglichkeit ausdrücklich vorgesehen haben.

Art. 29 [Bezugsrecht; Bezugsrechtsausschluss] (1) Bei jeder Erhöhung des gezeichneten Kapitals durch Bareinlagen müssen die Aktien vorzugsweise den Aktionären im Verhältnis zu dem durch ihre Aktien vertretenen Teil des Kapitals angeboten werden.

(2) Die Rechtsvorschriften eines Mitgliedstaats

a) brauchen Absatz 1 nicht auf Aktien anzuwenden, bei denen das Recht eingeschränkt ist, an den Ausschüttungen im Sinne des Artikels 15 und/oder an der Verteilung des Gesellschaftsvermögens im Falle der Liquidation teilzunehmen oder

b) können gestatten, daß, wenn das gezeichnete Kapital einer Gesellschaft, die mehrere Aktiengattungen hat, bei denen das Stimmrecht oder die Rechte hinsichtlich der Ausschüttung im Sinne des Artikels 15 oder der Verteilung des Gesellschaftsvermögens im Falle der Liquidation unterschiedlich sind, durch Ausgabe neuer Aktien nur in einer dieser Gattungen erhöht wird, die Ausübung des Bezugsrechts durch die Aktionäre der anderen Gattungen erst nach Ausübung dieses Rechts durch die Aktionäre der Gattung erfolgt, in der die neuen Aktien ausgegeben werden.

(3) Das Angebot zur vorzugsweisen Zeichnung sowie die Frist, innerhalb deren dieses Recht ausgeübt werden muß, sind Gegenstand einer Bekanntmachung in dem gemäß der Richtlinie 68/151/EWG bestimmten einzelstaatlichen Amtsblatt. Die Rechtsvorschriften eines Mitgliedstaats brauchen jedoch diese Bekanntmachung nicht vorzuschreiben, wenn sämtliche Aktien der Gesellschaft Namensaktien sind. In diesem Fall sind alle Aktionäre schriftlich zu unterrichten. Das Bezugsrecht muß innerhalb einer Frist ausgeübt werden, die nicht kürzer sein darf als vierzehn Tage nach Bekanntmachung des Angebots oder nach Absendung der Schreiben an die Aktionäre.

(4) Dieses Bezugsrecht darf durch die Satzung oder den Errichtungsakt weder beschränkt noch ausgeschlossen werden. Dies kann jedoch durch Beschluß der Hauptversammlung geschehen. Das Verwaltungs- oder Leitungsorgan hat der Hauptversammlung einen schriftlichen Bericht über die Gründe für eine Beschränkung oder einen Ausschluß des Bezugsrechts zu erstatten und den vorgeschlagenen Ausgabekurs zu begründen. Die Haupt-

versammlung entscheidet nach den Vorschriften, die in Artikel 40 über Beschlußfähigkeit und Mehrheitserfordernisse festgelegt sind. Der Beschluß ist nach den in den Rechtsvorschriften der einzelnen Mitgliedstaaten gemäß Artikel 3 der Richtlinie 68/151/EWG vorgesehenen Verfahren offenzulegen.

(5) Die Rechtsvorschriften eines Mitgliedstaats können vorsehen, daß die Satzung, der Errichtungsakt oder die Hauptversammlung, die nach den in Absatz 4 genannten, die Beschlußfähigkeit, Mehrheitserfordernisse und Offenlegung betreffenden Vorschriften entscheidet, dem Organ der Gesellschaft, das zur Entscheidung über die Erhöhung des gezeichneten Kapitals innerhalb der Grenzen des genehmigten Kapitals berufen ist, die Befugnis einräumen kann, das Bezugsrecht zu beschränken oder auszuschließen. Diese Befugnis darf für keinen längeren Zeitraum gelten als die Befugnis nach Artikel 25 Absatz 2.

(6) Die Absätze 1 bis 5 gelten für die Ausgabe aller Wertpapiere, die in Aktien umgewandelt werden können oder mit einem Bezugsrecht auf Aktien verbunden sind, nicht aber für die Umwandlung dieser Wertpapiere und die Ausübung des Bezugsrechts.

(7) Ein Ausschluß des Bezugsrechts im Sinne der Absätze 4 und 5 liegt nicht vor, wenn die Aktien nach dem Beschluß über die Erhöhung des gezeichneten Kapitals an Banken oder andere Finanzinstitute ausgegeben werden, damit diese sie den Aktionären der Gesellschaft nach Maßgabe der Absätze 1 und 3 anbieten.

Art. 30 [Kapitalherabsetzung; Hauptversammlungskompetenz] Jede Herabsetzung des gezeichneten Kapitals mit Ausnahme der durch eine gerichtliche Entscheidung angeordneten muß zumindest von der Hauptversammlung beschlossen werden, die vorbehaltlich der Artikel 36 und 37 nach den Vorschriften entscheidet, die in Artikel 40 über die Beschlußfähigkeit und die Mehrheitserfordernisse festgelegt sind. Dieser Beschluß ist nach den in den Rechtsvorschriften der einzelnen Mitgliedstaaten gemäß Artikel 3 der Richtlinie 68/151/EWG vorgesehenen Verfahren offenzulegen.

In der Mitteilung über die Einberufung der Hauptversammlung müssen zumindest der Zweck der Herabsetzung und das Verfahren für ihre Durchführung angegeben werden.

Art. 31 [Abstimmung nach Aktiengattung] Sind mehrere Gattungen von Aktien vorhanden, so ist der Beschluß der Hauptversammlung über die Herabsetzung des gezeichneten Kapitals von einer gesonderten Abstimmung zumindest jeder Gattung derjenigen Aktionäre abhängig, deren Rechte durch die Maßnahme berührt werden.

Art. 32 [Anspruch der Gläubiger auf Sicherheitsbestellung] (1) Im Falle einer Herabsetzung des gezeichneten Kapitals haben zumindest die Gläubiger, deren Forderungen vor der Bekanntmachung der Entscheidung über die Herabsetzung entstanden sind, mindestens das Recht, eine Sicherheit für die im Zeitpunkt dieser Bekanntmachung noch nicht fälligen Forderungen zu erhalten. Die Mitgliedstaaten können dieses Recht nur dann ausschließen, wenn der Gläubiger bereits angemessene Sicherheiten hat oder wenn diese Sicherheiten in Anbetracht des Gesellschaftsvermögens nicht notwendig sind.

Die Mitgliedstaaten legen fest, unter welchen Bedingungen das in Unterabsatz 1 genannte Recht ausgeübt werden kann. Die Mitgliedstaaten sorgen in jedem Fall dafür, dass die Gläubiger das Recht haben, bei der zuständigen Verwaltungsbehörde oder dem zuständigen Gericht angemessene Sicherheiten zu beantragen, wenn sie glaubhaft machen können, dass die Befriedigung ihrer Forderungen durch die Herabsetzung des gezeichneten Kapitals gefährdet ist und sie von der Gesellschaft keine angemessenen Sicherheiten erhalten haben.

(2) Die Rechtsvorschriften der Mitgliedstaaten schreiben mindestens weiter vor, daß die Herabsetzung unwirksam ist oder daß keine Zahlungen zugunsten der Aktionäre geleistet werden dürfen, solange den Gläubigern nicht Genüge getan worden ist oder solange ein Gericht nicht entschieden hat, daß ihrem Antrag nicht entsprochen zu werden braucht.

(3) Dieser Artikel gilt auch, wenn die Herabsetzung des gezeichneten Kapitals durch einen vollständigen oder teilweisen Verzicht auf die Leistung von Einlagen der Aktionäre vorgenommen wird.

Art. 33 [Ausnahmen] (1) Die Mitgliedstaaten brauchen Artikel 32 nicht bei einer Herabsetzung des gezeichneten Kapitals anzuwenden, die zum Zweck hat, Verluste auszugleichen oder Beträge einer Rücklage zuzuführen, unter der Voraussetzung, daß infolge dieses Vorgangs der Betrag dieser Rücklage nicht 10 v. H. des herabgesetzten gezeichneten Kapitals übersteigt. Diese Rücklage darf außer im Falle der Herabsetzung des gezeichneten Kapitals nicht an die Aktionäre ausgeschüttet werden; sie darf ferner nur dazu verwendet werden, Verluste auszugleichen oder durch Umwandlung von Rücklagen das gezeichnete Kapital zu erhöhen, soweit die Mitgliedstaaten einen solchen Vorgang zulassen.

(2) Die Rechtsvorschriften der Mitgliedstaaten müssen in den Fällen des Absatzes 1 mindestens geeignete Maßnahmen vorschreiben, damit die aus der Herabsetzung des gezeichneten Kapitals gewonnenen Beträge nicht zu Zahlungen oder Ausschüttungen an die Aktionäre oder zur Befreiung der Aktionäre von der Verpflichtung zur Leistung ihrer Einlagen verwendet werden.

Art. 34 [Erhaltung des Mindestkapitals] Das gezeichnete Kapital darf nicht unter das nach Artikel 6 festgelegte Mindestkapital herabgesetzt werden. Jedoch können die Mitgliedstaaten eine derartige Herabsetzung zulassen, wenn sie zugleich vorschreiben, daß der Beschluß über die Herabsetzung nur dann wirksam wird, wenn das gezeichnete Kapital auf einen Betrag erhöht wird, der zumindest dem vorgeschriebenen Mindestbetrag entspricht.

Art. 35 [Tilgung des Kapitals] Lassen die Rechtsvorschriften eines Mitgliedstaats die vollständige oder teilweise Tilgung des gezeichneten Kapitals ohne dessen Herabsetzung zu, so verlangen sie mindestens die Beachtung folgender Voraussetzungen:

a) Sofern die Satzung oder der Errichtungsakt die Tilgung vorsieht, wird diese durch die Hauptversammlung beschlossen, die mindestens die allgemeinen Voraussetzungen über Anwesenheit und Mehrheit zu beachten hat. Sofern die Satzung oder der Errichtungsakt die Tilgung nicht vorsieht, wird diese durch die Hauptversammlung beschlossen, die mindestens die in Artikel 40 festgelegten Voraussetzungen über Anwesenheit und Mehrheit zu beachten hat. Der Beschluß ist nach den in den Rechtsvorschriften der einzelnen Mitgliedstaaten gemäß Artikel 3 der Richtlinie 68/151/EWG vorgesehenen Verfahren offenzulegen;

b) die Tilgung kann nur mit Mitteln erfolgen, die nach Artikel 15 Absatz 1 ausgeschüttet werden dürfen;

c) die Aktionäre, deren Aktien getilgt wurden, behalten ihre Rechte gegenüber der Gesellschaft mit Ausnahme der Rechte auf Rückgewähr der Einlagen und auf Teilnahme an der Ausschüttung einer ersten Dividende für nicht getilgte Aktien.

Art. 36 [Zwangseinziehung] (1) Gestatten die Rechtsvorschriften eines Mitgliedstaats, daß Gesellschaften ihr gezeichnetes Kapital durch Zwangseinziehung von Aktien herabsetzen, so verlangen sie mindestens die Beachtung folgender Voraussetzungen:

4.2 Kapital-RL

a) Die Zwangseinziehung ist vor der Zeichnung der einzuziehenden Aktien durch die Satzung oder den Errichtungsakt vorgeschrieben oder zugelassen;

b) sofern die Zwangseinziehung durch die Satzung oder den Errichtungsakt lediglich zugelassen ist, wird sie von der Hauptversammlung beschlossen, es sei denn, daß die betroffenen Aktionäre sie einstimmig genehmigt haben;

c) das Gesellschaftsorgan, das über die Zwangseinziehung beschließt, legt Bedingungen und Durchführung dieser Maßnahme fest, soweit dies nicht bereits in der Satzung oder im Errichtungsakt geschehen ist;

d) Artikel 32 ist anzuwenden, es sei denn, es handelt sich um voll eingezahlte Aktien, die der Gesellschaft unentgeltlich zur Verfügung gestellt oder die mit Hilfe von Mitteln, die nach Artikel 15 Absatz 1 ausgeschüttet werden dürfen, eingezogen werden; in diesen Fällen ist ein Betrag in Höhe des Nennbetrags oder, wenn ein Nennbetrag nicht vorhanden ist, des rechnerischen Wertes aller eingezogenen Aktien in eine Rücklage einzustellen. Diese Rücklage darf, außer im Falle der Herabsetzung des gezeichneten Kapitals, nicht an die Aktionäre ausgeschüttet werden; sie darf nur dazu verwendet werden, Verluste auszugleichen oder durch Umwandlung von Rücklagen das gezeichnete Kapital zu erhöhen, soweit die Mitgliedstaaten einen solchen Vorgang zulassen;

e) der Beschluß über die Zwangseinziehung wird nach den in den Rechtsvorschriften der einzelnen Mitgliedstaaten gemäß Artikel 3 der Richtlinie 68/151/EWG vorgesehenen Verfahren offengelegt.

(2) Artikel 30 Absatz 1 sowie die Artikel 31, 33 und 40 sind in den Fällen des Absatzes 1 nicht anzuwenden.

Art. 37 [Einziehung eigener Aktien] (1) Im Fall der Herabsetzung des gezeichneten Kapitals durch Einziehung von Aktien, die von einer Gesellschaft oder einer im eigenen Namen, aber für Rechnung der Gesellschaft handelnden Person erworben worden sind, muß die Einziehung stets durch die Hauptversammlung beschlossen werden.

(2) Artikel 32 ist anzuwenden, es sei denn, es handelt sich um voll eingezahlte Aktien, die unentgeltlich oder mit Mitteln erworben werden, die nach Artikel 15 Absatz 1 ausgeschüttet werden dürfen; in diesen Fällen ist ein Betrag in Höhe des Nennbetrags oder, wenn ein Nennbetrag nicht vorhanden ist, des rechnerischen Wertes aller eingezogenen Aktien in eine Rücklage einzustellen. Diese Rücklage darf, außer im Falle der Herabsetzung des gezeichneten Kapitals, nicht an die Aktionäre ausgeschüttet werden; sie darf nur dazu verwendet werden, Verluste auszugleichen oder durch Umwandlung von Rücklagen das gezeichnete Kapital zu erhöhen, soweit die Rechtsvorschriften der Mitgliedstaaten einen solchen Vorgang zulassen.

(3) Die Artikel 31, 33 und 40 sind in den Fällen des Absatzes 1 nicht anzuwenden.

Art. 38 [Abstimmung nach Aktiengattung] In den Fällen des Artikels 35, des Artikels 36 Absatz 1 Buchstabe b) und des Artikels 37 Absatz 1 ist, sofern mehrere Gattungen von Aktien vorhanden sind, der Beschluß der Hauptversammlung über die Bedingungen des gezeichneten Kapitals oder über dessen Herabsetzung durch Einziehung von Aktien von einer gesonderten Abstimmung zumindest jeder Gattung derjenigen Aktionäre abhängig, deren Rechte durch die Maßnahmen berührt werden.

Art. 39 [Rückerwerbbare Aktien] Gestatten die Rechtsvorschriften eines Mitgliedstaats, daß Gesellschaften rückerwerbbare Aktien ausgeben, so verlangen sie für den Rückerwerb dieser Aktien mindestens die Beachtung folgender Voraussetzungen:

a) Der Rückerwerb muß vor der Zeichnung der rückerwerbbaren Aktien in der Satzung oder dem Errichtungsakt zugelassen sein;

b) diese Aktien müssen vollständig eingezahlt worden sein;

c) die Bedingungen und die Durchführung des Rückerwerbs sind in der Satzung oder dem Errichtungsakt festgelegt;

d) der Rückerwerb darf nur mit Hilfe von Mitteln erfolgen, die nach Artikel 15 Absatz 1 ausgeschüttet werden dürfen, oder mit Erträgen aus einer Ausgabe neuer Aktien, die zum Zwecke dieses Rückerwerbs ausgegeben werden;

e) ein Betrag in Höhe des Nennbetrags oder, wenn ein Nennbetrag nicht vorhanden ist, des rechnerischen Wertes aller zurückerworbenen Aktien ist in eine Rücklage einzustellen, die, außer im Falle der Herabsetzung des gezeichneten Kapitals, nicht an die Aktionäre ausgeschüttet werden darf; sie darf nur dazu verwendet werden, durch Umwandlung von Rücklagen das gezeichnete Kapital zu erhöhen;

f) Buchstabe e) ist nicht anzuwenden, sofern die Aktien mit Hilfe von Erträgen aus einer Ausgabe neuer Aktien zurückerworben werden, die zum Zweck dieses Rückerwerbs ausgegeben werden;

g) sofern als Folge des Rückerwerbs die Zahlung eines Mehrbetrags zugunsten der Aktionäre vorgesehen ist, darf dieser nur aus Mitteln entnommen werden, die entweder nach Artikel 15 Absatz 1 ausgeschüttet werden dürfen oder einer anderen als der unter Buchstabe e) genannten Rücklage entnommen werden, die, außer im Falle der Herabsetzung des gezeichneten Kapitals, nicht an die Aktionäre ausgeschüttet werden darf; diese Rücklage darf nur zum Zwecke einer Erhöhung des gezeichneten Kapitals durch Umwandlung von Rücklagen oder zur Deckung der in Artikel 3 Buchstabe j) genannten Kosten oder der Kosten für die Ausgabe von Aktien oder von Schuldverschreibungen oder für die Zahlung eines Mehrbetrags zugunsten der Inhaber von zurückzuerwerbenden Aktien oder Schuldverschreibungen verwendet werden;

h) der Rückerwerb ist nach dem in den Rechtsvorschriften der einzelnen Mitgliedstaaten gemäß Artikel 3 der Richtlinie 68/151/EWG vorgesehenen Verfahren offenzulegen.

Art. 40 [Qualifizierte Mehrheit] (1) Die Rechtsvorschriften der Mitgliedstaaten schreiben vor, daß die in Artikel 29 Absätze 4 und 5 sowie den Artikeln 30, 31, 35 und 38 vorgesehenen Beschlüsse zumindest eine Mehrheit von nicht weniger als zwei Dritteln der Stimmen der vertretenen Wertpapiere oder des vertretenen gezeichneten Kapitals erfordern.

(2) Die Rechtsvorschriften der Mitgliedstaaten können jedoch vorschreiben, daß die einfache Mehrheit der in Absatz 1 bezeichneten Stimmen ausreicht, sofern mindestens die Hälfte des gezeichneten Kapitals vertreten ist.

Art. 41 [Abweichungsmöglichkeit der Mitgliedstaaten] (1) Die Mitgliedstaaten können von Artikel 9 Absatz 1, Artikel 19 Absatz 1 Buchstabe a Satz 1 sowie von den Artikeln 25, 26 und 29 abweichen, soweit dies für den Erlass oder die Anwendung von Vorschriften erforderlich ist, welche die Beteiligung der Arbeitnehmer oder anderer durch einzelstaatliches Recht festgelegter Gruppen von Personen am Kapital der Unternehmen fördern sollen.

(2) Die Mitgliedstaaten brauchen Artikel 19 Absatz 1 Buchstabe a) Satz 1 sowie die Artikel 30, 31, 36, 37, 38 und 39 nicht auf Gesellschaften anzuwenden, die auf Grund einer besonderen Regelung neben Kapitalaktien Arbeitsaktien ausgeben, und zwar die letzteren zugunsten der Gesamtheit der Arbeitnehmer, die auf der Hauptversammlung der Aktionäre durch Bevollmächtigte mit Stimmrecht vertreten wird.

Art. 42 [**Gleichbehandlung der Aktionäre**] Für die Anwendung dieser Richtlinie müssen die Rechtsvorschriften der Mitgliedstaaten die Gleichbehandlung der Aktionäre sicherstellen, die sich in denselben Verhältnissen befinden.

Art. 43 f. *Umsetzungsfrist, Umsetzungspflichten – nicht abgedruckt.*

4.3 Richtlinie 2007/36/EG des Europäischen Parlaments und des Rates vom 11. Juli 2007 über die Ausübung bestimmter Rechte von Aktionären in börsennotierten Gesellschaften [Aktionärsrechte-RL]

ABl. 2007 L 184/17

DAS EUROPÄISCHE PARLAMENT UND DER RAT DER EUROPÄISCHEN UNION,

gestützt auf den Vertrag zur Gründung der Europäischen Gemeinschaft, insbesondere auf Artikel 44 und Artikel 95,

auf Vorschlag der Kommission,

nach Stellungnahme des Europäischen Wirtschafts- und Sozialausschusses[1],

gemäß dem Verfahren des Artikels 251 des Vertrags[2],

in Erwägung nachstehender Gründe:

(1) Die Kommission hat in ihrer Mitteilung an den Rat und das Europäische Parlament vom 21. Mai 2003 mit dem Titel „Modernisierung des Gesellschaftsrechts und Verbesserung der Corporate Governance in der Europäischen Union – Aktionsplan", die Auffassung vertreten, dass neue gezielte Initiativen eingeleitet werden sollten, um die Rechte der Aktionäre in börsennotierten Gesellschaften zu stärken, und dass die Probleme im Zusammenhang mit der Stimmrechtsausübung im Ausland dringend gelöst werden sollten.

(2) In seiner Entschließung vom 21. April 2004[3] unterstützte das Europäische Parlament die Kommission in ihrer Absicht, die Rechte der Aktionäre insbesondere durch erweiterte Transparenzregeln, Vertretungsrechte bei der Ausübung des Stimmrechts, die Möglichkeit der Teilnahme an Hauptversammlungen auf elektronischem Wege sowie die Gewährleistung der grenzüberschreitenden Stimmrechtsausübung zu stärken.

(3) Die Inhaber von Aktien, die mit Stimmrechten verbunden sind, sollten diese Rechte ausüben können, da sie sich in dem Preis niederschlagen, der für den Erwerb der Aktien zu zahlen ist. Darüber hinaus ist eine wirksame Kontrolle durch die Aktionäre eine Grundvoraussetzung für eine solide Unternehmensführung und sollte daher erleichtert und gefördert werden. Es ist deshalb notwendig, Maßnahmen zu erlassen, mit denen die Rechtsvorschriften der Mitgliedstaaten zu diesem Zweck angeglichen werden können. Hindernisse, die die Aktionäre von der Stimmabgabe abhalten, wie etwa Bestimmungen, die als Voraussetzung für die Ausübung der Stimmrechte die Sperrung der Aktien während eines bestimmten Zeitraums vor der Hauptversammlung verlangen, sollten beseitigt werden. Diese Richtlinie berührt indes nicht die Gemeinschaftsvorschriften über Anteile, die von Organismen für gemeinsame Anlagen ausgegeben, erworben oder veräußert werden.

(4) Die geltenden gemeinschaftlichen Rechtsvorschriften reichen zur Verwirklichung dieses Ziels nicht aus. Die Richtlinie 2001/34/EG des Europäischen Parlaments und des Rates vom 28. Mai 2001 über die Zulassung von Wertpapieren zur amtlichen Börsennotierung und über die hinsichtlich dieser Wertpapiere zu veröffentlichenden Informationen[4] behandelt die Informationen, die die Emittenten dem Markt offen zu legen haben, und geht folglich nicht auf den Abstimmungsprozess der Aktionäre als solchen ein. Darüber hinaus schreibt die Richtlinie 2004/109/EG des Europäischen Parlaments und des Rates vom 15. Dezember 2004 zur Harmonisierung der Transparenzanforderungen in Bezug auf Informationen über Emittenten, deren Wertpapiere zum Handel auf einem geregelten Markt zugelassen sind[5], den Emittenten verbindlich vor, bestimmte Informationen und Dokumente, die für Hauptversammlungen von Bedeutung sind, zur Verfügung zu stellen; allerdings müssen solche Informationen und Dokumente im Herkunftsmitgliedstaat des Emittenten zur Verfügung gestellt werden. Daher sollten gewisse Mindestnormen zum Schutz der Anleger und zur Förderung einer reibungslosen und wirksamen Ausübung der mit Stimmrechtsaktien verbundenen

---

1   ABl. C 318 vom 23.12.2006, S. 42.
2   Stellungnahme des Europäischen Parlaments vom 15.2.2007 (ABl. C 287 E vom 29.11.2007, S. 486) und Beschluss des Rates vom 12.6.2007.
3   ABl. C 104 E vom 30.4.2004, S. 714.
4   ABl. L 184 vom 6.7.2001, S. 1. Richtlinie zuletzt geändert durch die Richtlinie 2005/1/EG (ABl. L 79 vom 24.3.2005, S. 9).
5   ABl. L 390 vom 31.12.2004, S. 38.

4.3 Aktionärsrechte-RL

Rechte der Aktionäre eingeführt werden. Bei anderen Rechten als dem Stimmrecht steht es den Mitgliedstaaten frei, die Anwendung dieser Mindestnormen auch auf stimmrechtslose Aktien auszudehnen, soweit dies nicht bereits der Fall ist.

(5) Große Pakete von Aktien börsennotierter Gesellschaften werden von Aktionären gehalten, die nicht in dem Mitgliedstaat ansässig sind, in dem die Gesellschaft ihren Sitz hat. Gebietsfremde Aktionäre sollten ihre Rechte in der Hauptversammlung ebenso leicht ausüben können wie Aktionäre, die in dem Mitgliedstaat wohnen, in dem die Gesellschaft ihren Sitz hat. Dies macht es erforderlich, die bestehenden Hindernisse beim Zugang gebietsfremder Aktionäre zu den für die Hauptversammlung relevanten Informationen und bei der Ausübung der Stimmrechte ohne persönliche Anwesenheit auf der Hauptversammlung zu beseitigen. Die Beseitigung dieser Hindernisse sollte auch den gebietsansässigen Aktionären zugute kommen, die bei der Hauptversammlung nicht anwesend sind oder sein können.

(6) Die Aktionäre sollten in der Lage sein, unabhängig vom Ort ihres Wohnsitzes in der Hauptversammlung selbst oder davor in Kenntnis der Sachlage ihr Stimmrecht wahrzunehmen. Alle Aktionäre sollten genügend Zeit haben, um die der Hauptversammlung vorzulegenden Unterlagen zu prüfen und ihr Abstimmungsverhalten festzulegen. Deshalb sollte die Hauptversammlung rechtzeitig vorher anberaumt werden, und die Aktionäre sollten die vollständigen Informationen erhalten, die der Hauptversammlung vorgelegt werden sollen. Dazu sollten die Möglichkeiten genutzt werden, die die modernen Technologien für einen unmittelbaren Zugang zu Informationen bieten. Mit dieser Richtlinie wird vorausgesetzt, dass alle börsennotierten Gesellschaften bereits über eine Internetseite verfügen.

(7) Grundsätzlich sollte es den Aktionären möglich sein, neue Punkte auf die Tagesordnung der Hauptversammlung setzen zu lassen und Beschlussvorlagen zu Tagesordnungspunkten einzubringen. Unbeschadet der unterschiedlichen Zeitrahmen und Modalitäten, die derzeit in der Gemeinschaft verwendet werden, sollte die Ausübung dieser Rechte zwei grundlegenden Regeln unterliegen: Die für die Ausübung dieser Rechte erforderliche Mindestbeteiligung am Aktienkapital der Gesellschaft sollte nicht höher als 5 % sein, und alle Aktionäre sollten in jedem Fall so rechtzeitig die endgültige Fassung der Tagesordnung erhalten, dass sie ihre Beiträge und die Stimmabgabe zu allen Tagesordnungspunkten vorbereiten können.

(8) Jeder Aktionär sollte grundsätzlich die Möglichkeit haben, Fragen zu Punkten auf der Tagesordnung der Hauptversammlung zu stellen und Antworten auf diese Fragen zu erhalten; die Vorschriften darüber, wie und wann Fragen zu stellen und Antworten zu geben sind, sollten jedoch die Mitgliedstaaten festlegen können.

(9) Es sollte keine rechtlichen Hindernisse für Gesellschaften geben, ihren Aktionären die Teilnahme an der Hauptversammlung auf elektronischem Wege zu ermöglichen. Die Ausübung des Stimmrechts ohne persönliche Anwesenheit auf der Hauptversammlung – ob per Brief oder auf elektronischem Wege – sollte an keine weiteren Bedingungen als die Überprüfung der Identität und die Gewährleistung der Sicherheit der Kommunikation geknüpft sein. Allerdings sollte es den Mitgliedstaaten unbenommen bleiben, Vorschriften zu erlassen um sicherzustellen, dass die Ergebnisse der Abstimmung die Absichten der Aktionäre unter allen Umständen widerspiegeln, und zwar auch Vorschriften für den Fall, dass neue Umstände auftreten oder bekannt werden, nachdem ein Aktionär sein Stimmrecht per Brief oder auf elektronischem Wege ausgeübt hat.

(10) Eine gute Unternehmensführung erfordert reibungslose und wirksame Verfahren für die Stimmrechtsvertretung. Bestehende Beschränkungen und Zwänge, die eine Stimmrechtsvertretung schwerfällig und kostspielig machen, sollten daher beseitigt werden. Eine gute Unternehmensführung erfordert aber auch angemessene Schutzvorkehrungen gegen einen möglichen Missbrauch der Stimmrechtsvertretung. Der Vertreter sollte daher verpflichtet sein, Anweisungen, die der Aktionär ihm erteilt hat, zu befolgen, und die Mitgliedstaaten sollten geeignete Maßnahmen ergreifen können um zu gewährleisten, dass der Vertreter keine anderen Interessen verfolgt als die des Aktionärs, unabhängig davon, aus welchen Gründen der Interessenkonflikt zustande kam. Maßnahmen gegen einen möglichen Missbrauch können insbesondere in Regelungen bestehen, die die Mitgliedstaaten annehmen, um die Tätigkeit von Personen zu regeln, die sich aktiv um die Sammlung von Vertretungen bemühen oder die mehr als eine bestimmte wesentliche Anzahl von Vertretungen gesammelt haben; solche Regelungen sollten insbesondere ein angemessenes Maß an Zuverlässigkeit und Transparenz gewährleisten. Nach dieser Richtlinie haben Aktionäre ein uneingeschränktes Recht, solche Personen für die Teilnahme an der Hauptversammlung und die Stimmabgabe in ihrem Namen zu bestellen. Allerdings berührt diese Richtlinie nicht Vorschriften oder Sanktionen, die die Mitgliedstaaten auf solche Personen anwenden, wenn Abstimmungen unter betrügerischer Verwendung gesammelter Stimmrechte erfolgen. Ferner verpflichtet diese Richtlinie die Gesellschaften nicht zu überprüfen, ob Vertreter entsprechend den Anweisungen der Aktionäre, von denen sie bestellt wurden, abstimmen.

(11) Sind Finanzintermediäre zwischengeschaltet, so hängt die Wirksamkeit der weisungsgebundenen Abstimmung weitgehend davon ab, ob die Kette der Intermediäre funktioniert, da die Investoren meist die mit ihren Aktien verbundenen Stimmrechte nur dann ausüben können, wenn alle Intermediäre dieser Kette, auch wenn sie selbst möglicherweise kein wirtschaftliches Interesse an den Aktien haben, zusammenarbeiten. Damit die Investoren ihre Stimmrechte grenzüberschreitend ausüben können, ist es daher wichtig, dass die Ausübung dieser Rechte erleichtern. Diesem Aspekt sollte die Kommission zusätzlich Rechnung tragen, indem sie eine Empfehlung abgibt um sicherzustellen, dass die Investoren Zugang zu wirksamen Abstimmungsdiensten erhalten und dass die Stimmrechte ihren Weisungen entsprechend ausgeübt werden.

(12) Obwohl der Zeitpunkt der Offenlegung von vor der Hauptversammlung per Brief oder auf elektronischem Wege abgegebenen Stimmen gegenüber dem Verwaltungs-, Leitungs- oder Aufsichtsorgan oder der Öffentlichkeit eine wichtige Angelegenheit der Unternehmensführung ist, kann er vom Mitgliedstaat festgelegt werden.

(13) Die Abstimmungsergebnisse sollten mit Methoden festgestellt werden, die die von den Aktionären geäußerten Abstimmungsabsichten widerspiegeln, und sie sollten nach der Hauptversammlung zumindest auf der Internetseite der Gesellschaft veröffentlicht werden.

(14) Da das Ziel dieser Richtlinie, nämlich es den Aktionären zu gestatten, ihre Stimmrechte in der Gemeinschaft tatsächlich geltend zu machen, auf Ebene der Mitgliedstaaten nicht ausreichend verwirklicht werden kann und daher wegen des Umfangs und der Wirkungen der Maßnahmen besser auf Gemeinschaftsebene zu verwirklichen ist, kann die Gemeinschaft im Einklang mit dem in Artikel 5 des Vertrags niedergelegten Subsidiaritätsprinzip tätig werden. Entsprechend dem in demselben Artikel genannten Grundsatz der Verhältnismäßigkeit geht diese Richtlinie nicht über das zur Erreichung dieses Ziels erforderliche Maß hinaus.

(15) Nach Nummer 34 der Interinstitutionellen Vereinbarung über bessere Rechtsetzung[6] sind die Mitgliedstaaten aufgefordert, für ihre eigenen Zwecke und im Interesse der Gemeinschaft eigene Tabellen aufzustellen, aus denen im Rahmen des Möglichen die Entsprechungen zwischen dieser Richtlinie und den Umsetzungsmaßnahmen zu entnehmen sind, und diese zu veröffentlichen –
HABEN FOLGENDE RICHTLINIE ERLASSEN:

Kapitel I – Allgemeine Bestimmungen

Art. 1 Gegenstand und Anwendungsbereich (1) Diese Richtlinie legt die Anforderungen an die Ausübung bestimmter, mit Stimmrechtsaktien verbundener Rechte von Aktionären im Zusammenhang mit Hauptversammlungen von Gesellschaften fest, die ihren Sitz in einem Mitgliedstaat haben und deren Aktien zum Handel an einem in einem Mitgliedstaat gelegenen oder dort betriebenen geregelten Markt zugelassen sind.

(2) Für die Regelung der in dieser Richtlinie erfassten Bereiche ist derjenige Mitgliedstaat zuständig, in dem die Gesellschaft ihren Sitz hat; Bezugnahmen auf „das anwendbare Recht" sind Bezugnahmen auf die Rechtsvorschriften dieses Mitgliedstaats.

(3) Die Mitgliedstaaten können folgende Arten von Gesellschaften von dieser Richtlinie ausnehmen:

a) Organismen für gemeinsame Anlagen im Sinne von Artikel 1 Absatz 2 der Richtlinie 85/611/EWG des Rates vom 20. Dezember 1985 zur Koordinierung der Rechts- und Verwaltungsvorschriften betreffend bestimmte Organismen für gemeinsame Anlagen in Wertpapieren (OGAW)[7];

b) Organismen, deren ausschließlicher Zweck es ist, beim Publikum beschafftes Kapital für gemeinsame Rechnung anzulegen, die nach dem Grundsatz der Risikostreuung arbeiten und die keine rechtliche oder wirtschaftliche Beherrschung eines der Emittenten der zugrunde liegenden Veranlagungen anstreben, sofern diese Organismen für gemeinsame Anlagen von den zuständigen Behörden zugelassen sind und deren Auf-

---

6   ABl. C 321 vom 31.12.2003, S. 1.
7   ABl. L 375 vom 31.12.1985, S. 3.

sicht unterliegen und sie eine Verwahrstelle haben, die die Aufgaben im Sinne der Richtlinie 85/611/EWG wahrnimmt;

c) Genossenschaften.

Art. 2 Begriffsbestimmungen Für die Zwecke dieser Richtlinie gelten folgende Begriffsbestimmungen:

a) „Geregelter Markt" bezeichnet einen Markt im Sinne von Artikel 4 Absatz 1 Nummer 14 der Richtlinie 2004/39/EG des Europäischen Parlaments und des Rates vom 21. April 2004 über Märkte für Finanzinstrumente[8];

b) „Aktionär" bezeichnet die natürliche oder juristische Person, die nach dem anwendbaren Recht als Aktionär anerkannt ist;

c) „Vertretung" bezeichnet die durch einen Aktionär einer natürlichen oder juristischen Person erteilte Befugnis, in der Hauptversammlung in seinem Namen einen Teil oder sämtliche seiner Rechte als Aktionär wahrzunehmen.

Art. 3 Weitere Maßnahmen auf nationaler Ebene Diese Richtlinie hindert die Mitgliedstaaten nicht daran, weitere Verpflichtungen für Gesellschaften einzuführen oder sonst weitere Maßnahmen zu ergreifen, um die Ausübung der in dieser Richtlinie genannten Rechte durch die Aktionäre zu erleichtern.

Kapitel II – Hauptversammlungen

Art. 4 Gleichbehandlung der Aktionäre Die Gesellschaft muss für alle Aktionäre, die sich bei der Teilnahme an der Hauptversammlung und der Ausübung der Stimmrechte in der Hauptversammlung in der gleichen Lage befinden, die gleiche Behandlung sicherstellen.

Art. 5 Informationen vor der Hauptversammlung (1) Unbeschadet des Artikels 9 Absatz 4 und des Artikels 11 Absatz 4 der Richtlinie 2004/25/EG des Europäischen Parlaments und des Rates vom 21. April 2004 betreffend Übernahmeangebote[9] stellen die Mitgliedstaaten sicher, dass die Gesellschaft die Einberufung der Hauptversammlung in einer der in Absatz 2 des vorliegenden Artikel genannten Formen spätestens am 21. Tag vor dem Tag der Versammlung vornimmt.

Sofern die Gesellschaft allen Aktionären gleichermaßen die Möglichkeit einer Stimmabgabe auf elektronischem Wege eröffnet, können die Mitgliedstaaten vorsehen, dass die Hauptversammlung der Aktionäre beschließen kann, dass die Gesellschaft die Einberufung einer Hauptversammlung, bei der es sich nicht um die Jahreshauptversammlung handelt, in einer der in Absatz 2 des vorliegenden Artikel genannten Formen spätestens am 14. Tag vor dem Tag der Versammlung vornimmt. Dieser Beschluss bedarf einer Mehrheit von nicht weniger als zwei Dritteln der Stimmen der vertretenen Aktien oder des vertretenen gezeichneten Kapitals und gilt nur für den Zeitraum bis zur nächsten Jahreshauptversammlung.

Wird eine zweite oder eine weitere Hauptversammlung einberufen, weil auf die erste Einberufung hin das erforderliche Quorum nicht erreicht worden ist, brauchen die Mitgliedstaaten für diese Einberufung die in Unterabsatz 1 und 2 genannten Fristen nicht einzuhalten, vorausgesetzt, die Bestimmung dieses Artikels wurde bei der ersten Einberufung

---

8   Finanzmarkt-RL, in dieser Sammlung Nr. 2.19.
9   Übernahme-RL, in dieser Sammlung Nr. 4.17.

eingehalten, kein neuer Punkt wird auf die Tagesordnung gesetzt und zwischen der endgültigen Einberufung und dem Datum der Hauptversammlung liegen mindestens zehn Tage.

(2) Unbeschadet weiterer, von dem zuständigen Mitgliedstaat im Sinne von Artikel 1 Absatz 2 aufgestellter Anforderungen an die Mitteilung oder Veröffentlichung muss die Gesellschaft die in Absatz 1 des vorliegenden Artikel genannte Einberufung in einer Form vornehmen, die in nicht diskriminierender Weise einen schnellen Zugang zu ihr gewährleistet. Der Mitgliedstaat schreibt vor, dass die Gesellschaft auf Medien zurückgreifen muss, bei denen vernünftigerweise davon ausgegangen werden kann, dass sie die Informationen tatsächlich an die Öffentlichkeit in der gesamten Gemeinschaft weiterleiten. Der Mitgliedstaat darf jedoch nicht vorschreiben, dass lediglich Medien eingesetzt werden, deren Betreiber ihren Sitz in seinem Hoheitsgebiet haben.

Der Mitgliedstaat braucht Unterabsatz 1 nicht auf Gesellschaften anzuwenden, die in der Lage sind, die Namen und Anschriften ihrer Aktionäre aus einem aktuellen Aktionärsregister zu ermitteln, vorausgesetzt, die Gesellschaft ist dazu verpflichtet, jedem eingetragenen Aktionär die Einberufung zu übersenden.

In keinem dieser Fälle darf die Gesellschaft besondere Gebühren für die Vornahme der Einberufung in der vorgeschriebenen Weise verlangen.

(3) Die in Absatz 1 genannte Einberufung enthält zumindest die folgenden Informationen:

a) die genaue Angabe von Ort und Zeitpunkt der Hauptversammlung sowie die vorgeschlagene Tagesordnung;

b) eine klare und genaue Beschreibung der Verfahren, die die Aktionäre einhalten müssen, um an der Hauptversammlung teilnehmen und ihr Stimmrecht ausüben zu können. Dazu gehören Angaben über

   i)   die Rechte der Aktionäre gemäß Artikel 6 – soweit diese Rechte nach der Einberufung ausgeübt werden können – und gemäß Artikel 9 sowie die Fristen, bis zu denen diese Rechte ausgeübt werden können; die Einberufung kann sich auf die Angabe der Fristen, bis zu denen diese Rechte ausgeübt werden können, beschränken, sofern sie einen Hinweis darauf enthält, dass ausführliche Informationen über diese Rechte auf der Internetseite der Gesellschaft abrufbar sind;

   ii) das Verfahren für die Stimmabgabe durch Vertretung, insbesondere die dafür zu verwendenden Formulare, und die Methoden, wie der Gesellschaft Benachrichtigungen über die Bestellung von Vertretern auf elektronischem Wege übermittelt werden können, und

   iii) gegebenenfalls die Verfahren für die Stimmabgabe per Brief oder auf elektronischem Wege;

c) gegebenenfalls den Nachweisstichtag im Sinne des Artikels 7 Absatz 2 und die Erläuterung, dass nur die Personen berechtigt sind, an der Hauptversammlung teilzunehmen und ihr Stimmrecht auszuüben, die an diesem Stichtag Aktionäre sind;

d) eine Angabe darüber, wo und wie der vollständige und ungekürzte Text der Unterlagen und Beschlussvorlagen nach Absatz 4 Buchstaben c und d erhältlich ist;

e) die Internetseite, auf der die in Absatz 4 genannten Informationen abrufbar sind.

(4) Die Mitgliedstaaten stellen sicher, dass die Gesellschaft ihren Aktionären während eines ununterbrochenen Zeitraums, der spätestens am 21. Tag vor der Hauptversammlung beginnt und mit dem Tag der Versammlung selbst endet, mindestens folgende Informationen auf ihrer Internetseite zur Verfügung stellt:

a) die Einberufung nach Absatz 1;

b) die Gesamtzahl der Aktien und der Stimmrechte zum Zeitpunkt der Einberufung (einschließlich getrennter Angaben zur Gesamtzahl für jede Aktiengattung, falls das Kapital der Gesellschaft in zwei oder mehr Aktiengattungen eingeteilt ist);

c) die der Hauptversammlung vorzulegenden Unterlagen;

d) eine Beschlussvorlage oder, wenn kein Beschluss gefasst werden soll, eine Erläuterung eines nach dem anwendbaren Recht zu benennenden zuständigen Organs der Gesellschaft zu jedem Punkt der vorgeschlagenen Tagesordnung der Hauptversammlung; ferner sind von Aktionären eingebrachte Beschlussvorlagen auf der Internetseite so bald wie möglich nach ihrem Eingang bei der Gesellschaft hinzuzufügen;

e) gegebenenfalls die Formulare, die bei Stimmabgabe durch Vertretung und bei Stimmabgabe per Brief zu verwenden sind, sofern diese Formulare nicht direkt an alle Aktionäre gesandt werden.

Können die in Buchstabe e genannten Formulare aus technischen Gründen nicht im Internet zur Verfügung gestellt werden, so gibt die Gesellschaft auf ihrer Internetseite an, wie die Formulare in Papierform erhältlich sind. In diesem Fall muss die Gesellschaft die Formulare durch Postdienste und gebührenfrei an alle Aktionäre versenden, die es beantragen.

Ergeht die Einberufung zur Hauptversammlung gemäß Artikel 9 Absatz 4 oder Artikel 11 Absatz 4 der Richtlinie 2004/25/EG oder gemäß Absatz 1 Unterabsatz 2 des vorliegenden Artikel erst nach dem 21. Tag vor der Versammlung, so verkürzt sich der im vorliegenden Absatz genannte Zeitraum entsprechend.

Art. 6 Recht auf Ergänzung der Tagesordnung und auf Einbringung von Beschlussvorlagen (1) Die Mitgliedstaaten stellen sicher, dass Aktionäre einzeln oder gemeinsam

a) das Recht haben, Punkte auf die Tagesordnung der Hauptversammlung zu setzen, vorausgesetzt jedem Punkt liegt eine Begründung oder eine Vorlage für einen in der Hauptversammlung zu fassenden Beschluss bei, und

b) das Recht haben, Beschlussvorlagen zu Punkten einzubringen, die bereits auf der Tagesordnung der Hauptversammlung stehen oder ergänzend in sie aufgenommen werden.

Die Mitgliedstaaten können vorsehen, dass das Recht nach Buchstabe a nur im Zusammenhang mit der Jahreshauptversammlung ausgeübt werden kann, vorausgesetzt, dass Aktionäre einzeln oder gemeinsam das Recht haben, eine Hauptversammlung einzuberufen oder durch die Gesellschaft einberufen zu lassen, bei der es sich nicht um eine Jahreshauptversammlung handelt und deren Tagesordnung mindestens alle von diesen Aktionären beantragten Punkte enthält.

Die Mitgliedstaaten können vorsehen, dass diese Rechte schriftlich ausgeübt werden müssen (Übermittlung durch Postdienste oder auf elektronischem Wege).

(2) Sind die Rechte gemäß Absatz 1 an die Bedingung geknüpft, dass der jeweilige Aktionär oder die jeweiligen Aktionäre eine Mindestbeteiligung an der Gesellschaft halten, so darf diese Mindestbeteiligung 5 % des Aktienkapitals nicht übersteigen.

(3) Jeder Mitgliedstaat setzt einen einheitlichen Stichtag fest, bis zu dem die Aktionäre ihr Recht nach Absatz 1 Buchstabe a wahrnehmen können; dieser Stichtag liegt eine bestimmte Zahl von Tagen vor der Hauptversammlung oder der Einberufung. In gleicher Weise kann jeder Mitgliedstaat einen Stichtag für die Ausübung des Rechts gemäß Absatz 1 Buchstabe b festsetzen.

(4) Führt die Ausübung des Rechts nach Absatz 1 Buchstabe a zu einer Änderung der Tagesordnung der Hauptversammlung und wurde diese Tagesordnung den Aktionären be-

reits vor der Änderung übermittelt, so stellen die Mitgliedstaaten sicher, dass die Gesellschaft eine geänderte Tagesordnung in derselben Weise verfügbar macht wie die vorherige Tagesordnung und dass dies vor dem geltenden Nachweisstichtag im Sinne des Artikels 7 Absatz 2 erfolgt; gilt kein solcher Stichtag, so muss dies so rechtzeitig vor der Hauptversammlung erfolgen, dass andere Aktionäre einen Vertreter benennen oder gegebenenfalls per Brief abstimmen können.

Art. 7 Voraussetzungen für die Teilnahme an der Hauptversammlung und die Ausübung des Stimmrechts (1) Die Mitgliedstaaten stellen sicher,

a) dass die Rechte eines Aktionärs auf Teilnahme an der Hauptversammlung und auf Ausübung des Stimmrechts aus seinen Aktien in keiner Weise daran geknüpft sind, dass diese Aktien vor der Hauptversammlung bei einer anderen natürlichen oder juristischen Person hinterlegt, auf diese übertragen oder auf deren Namen eingetragen werden, und

b) dass das Recht eines Aktionärs, seine Aktien zu veräußern oder anderweitig zu übertragen, in dem Zeitraum zwischen dem Nachweisstichtag im Sinne von Absatz 2 und der Hauptversammlung, auf die sich der Stichtag bezieht, keiner Beschränkung unterliegt, der es zu anderen Zeitpunkten nicht unterliegt.

(2) Die Mitgliedstaaten schreiben vor, dass die Rechte eines Aktionärs auf Teilnahme an der Hauptversammlung und auf Ausübung des Stimmrechts aus seinen Aktien sich nach den Aktien bestimmen, die er zu einem bestimmten Zeitpunkt vor der Hauptversammlung (nachstehend „Nachweisstichtag" genannt) hält.

Die Mitgliedstaaten brauchen Unterabsatz 1 nicht auf Gesellschaften anzuwenden, die in der Lage sind, die Namen und Anschriften ihrer Aktionäre am Tag der Hauptversammlung aus einem aktuellen Aktionärsregister zu ermitteln.

(3) Jeder Mitgliedstaat stellt sicher, dass für alle Gesellschaften eine einheitliche Nachweisstichtagsregelung gilt. Ein Mitgliedstaat kann jedoch einen Nachweisstichtag für Gesellschaften festlegen, die Inhaberaktien ausgegeben haben, und einen anderen Nachweisstichtag für Gesellschaften, die Namensaktien ausgegeben haben, vorausgesetzt es gilt ein einziger Nachweisstichtag für alle Gesellschaften, die beide Aktienarten ausgegeben haben. Der Nachweisstichtag darf nicht mehr als 30 Tage vor dem Tag der Hauptversammlung liegen, auf die er sich bezieht. Bei der Anwendung dieser Bestimmung sowie von Artikel 5 Absatz 1 stellen die Mitgliedstaaten sicher, dass mindestens acht Tage zwischen dem letzten zulässigen Tag für die Einberufung der Hauptversammlung und dem Nachweisstichtag liegen. Diese beiden Tage werden bei der Berechnung dieser Zahl von Tagen nicht mitgezählt. Unter den in Artikel 5 Absatz 1 Unterabsatz 3 beschriebenen Umständen kann ein Mitgliedstaat jedoch vorschreiben, dass mindestens sechs Tage zwischen dem letzten zulässigen Tag für die Einberufung der zweiten oder der weiteren Hauptversammlung und dem Nachweisstichtag liegen. Diese beiden Tage werden bei der Berechnung dieser Zahl von Tagen nicht mitgezählt.

(4) Der Nachweis der Aktionärseigenschaft darf lediglich solchen Anforderungen unterworfen werden, die zur Feststellung der Identität der Aktionäre erforderlich sind, und dies nur in dem Maße, wie sie diesem Zweck angemessen sind.

Art. 8 Teilnahme an der Hauptversammlung auf elektronischem Wege (1) Die Mitgliedstaaten gestatten den Gesellschaften, ihren Aktionären jede Form der Teilnahme an der Hauptversammlung auf elektronischem Wege anzubieten, insbesondere eine oder alle der nachstehend aufgeführten Formen der Teilnahme:

4.3 Aktionärsrechte-RL

a) eine Direktübertragung der Hauptversammlung;
b) eine Zweiweg-Direktverbindung, die dem Aktionär die Möglichkeit gibt, sich von einem entfernten Ort aus an die Hauptversammlung zu wenden;
c) ein Verfahren, das die Ausübung des Stimmrechts vor oder während der Hauptversammlung ermöglicht, ohne dass ein Vertreter ernannt werden muss, der bei der Hauptversammlung persönlich anwesend ist.

(2) Werden elektronische Mittel eingesetzt, um Aktionären die Teilnahme an der Hauptversammlung zu ermöglichen, so darf ihr Einsatz nur solchen Anforderungen oder Beschränkungen unterworfen werden, die zur Feststellung der Identität der Aktionäre und zur Gewährleistung der Sicherheit der elektronischen Kommunikation erforderlich sind, und dies nur in dem Maße, wie sie diesen Zwecken angemessen sind.

Rechtsvorschriften über den Entscheidungsprozess in der Gesellschaft zur Einführung oder Anwendung einer Form der Teilnahme auf elektronischem Wege, die die Mitgliedstaaten bereits erlassen haben oder möglicherweise noch erlassen, bleiben hiervon unberührt.

Art. 9 Fragerecht (1) Jeder Aktionär hat das Recht, Fragen zu Punkten auf der Tagesordnung der Hauptversammlung zu stellen. Die Gesellschaft beantwortet die an sie gestellten Fragen der Aktionäre.

(2) Fragerecht und Antwortpflicht bestehen vorbehaltlich etwaiger Maßnahmen, die die Mitgliedstaaten ergreifen oder den Gesellschaften zu ergreifen gestatten, um die Feststellung der Identität der Aktionäre, den ordnungsgemäßen Ablauf von Hauptversammlungen und ihre ordnungsgemäße Vorbereitung sowie den Schutz der Vertraulichkeit und der Geschäftsinteressen der Gesellschaften zu gewährleisten. Die Mitgliedstaaten können den Gesellschaften gestatten, auf Fragen gleichen Inhalts eine Gesamtantwort zu geben.

Die Mitgliedstaaten können festlegen, dass eine Frage als beantwortet gilt, wenn die entsprechende Information bereits in Form von Frage und Antwort auf der Internetseite der Gesellschaft verfügbar ist.

Art. 10 Stimmrechtsvertretung (1) Jeder Aktionär hat das Recht, eine andere natürliche oder juristische Person zum Vertreter zu bestellen, damit diese Person in seinem Namen an der Hauptversammlung teilnimmt und sein Stimmrecht ausübt. Der Vertreter hat in der Hauptversammlung dieselben Rechte auf Wortmeldung und Fragestellung wie der Aktionär, den er vertritt.

Mit Ausnahme der Anforderung, dass der Vertreter geschäftsfähig sein muss, heben die Mitgliedstaaten alle Rechtsvorschriften auf, die Einschränkungen in Bezug auf die Personen vorsehen, die als Vertreter bestellt werden können, oder es Gesellschaften ermöglichen, solche Einschränkungen vorzusehen.

(2) Die Mitgliedstaaten können die Bestellung eines Vertreters auf eine einzige Versammlung oder auf innerhalb eines bestimmten Zeitraums stattfindende Versammlungen beschränken.

Unbeschadet des Artikels 13 Absatz 5 können die Mitgliedstaaten die Zahl der Personen begrenzen, die ein Aktionär je Hauptversammlung als Vertreter bestellen darf. Hält ein Aktionär Aktien einer Gesellschaft in mehr als einem Wertpapierdepot, so hindert eine solche Begrenzung den Aktionär jedoch nicht daran, für die in jedem einzelnen Wertpapierdepot gehaltenen Aktien jeweils einen eigenen Vertreter für jede Hauptversammlung zu bestellen. Diese Bestimmung lässt Regelungen nach dem anwendbaren Recht unberührt, wonach für Aktien im Besitz desselben Aktionärs nicht unterschiedliche Stimmen abgegeben werden dürfen.

(3) Mit Ausnahme der in den Absätzen 1 und 2 ausdrücklich zugelassenen Beschränkungen dürfen die Mitgliedstaaten die Ausübung der Rechte der Aktionäre durch Vertreter zu keinem anderen Zweck beschränken oder den Gesellschaften gestatten, diese zu beschränken, als zur Regelung möglicher Interessenkonflikte zwischen dem Vertreter und dem Aktionär, in dessen Interesse der Vertreter zu handeln hat; dabei dürfen die Mitgliedstaaten ausschließlich die folgenden Anforderungen stellen:

a) die Mitgliedstaaten können vorschreiben, dass der Vertreter bestimmte Tatsachen offen legt, die für den Aktionär für die Beurteilung der Gefahr, dass der Vertreter andere Interessen als die des Aktionärs verfolgen könnte, von Bedeutung sein können;

b) die Mitgliedstaaten können die Ausübung der Rechte der Aktionäre durch Vertreter beschränken oder ausschließen, wenn der Vertreter nicht für jeden Beschluss, zu dem er für den Aktionär abstimmen soll, konkrete Abstimmungsanweisungen hat;

c) die Mitgliedstaaten können die Übertragung der Vertretung auf eine andere Person beschränken oder ausschließen; handelt es sich bei dem Vertreter um eine juristische Person, so darf diese jedoch nicht daran gehindert werden, die ihr übertragenen Befugnisse durch ein Mitglied ihres Verwaltungs- oder Leitungsorgans oder durch einen ihrer Beschäftigten auszuüben.

Ein Interessenkonflikt im Sinne dieses Absatzes kann insbesondere auftreten, wenn der Vertreter

i) kontrollierender Aktionär der Gesellschaft oder ein anderer Rechtsträger ist, der von einem kontrollierenden Aktionär kontrolliert wird;

ii) Mitglied des Verwaltungs-, Leitungs- oder Aufsichtsorgans der Gesellschaft oder eines kontrollierenden Aktionärs oder eines kontrollierten Rechtsträgers im Sinne von Ziffer i ist;

iii) Arbeitnehmer oder Abschlussprüfer der Gesellschaft oder eines kontrollierenden Aktionärs oder eines kontrollierten Rechtsträgers im Sinne von Ziffer i ist;

iv) in einer familiären Beziehung zu einer in den Ziffern i bis iii genannten natürlichen Personen steht.

(4) Der Vertreter ist verpflichtet, entsprechend den Anweisungen des Aktionärs, der ihn bestellt hat, abzustimmen.

Die Mitgliedstaaten können vorschreiben, dass Vertreter die Unterlagen über die Abstimmungsanweisungen für eine bestimmte Mindestdauer aufbewahren und auf Verlangen bestätigen müssen, dass diese Anweisungen ausgeführt wurden.

(5) Eine als Vertreter handelnde Person kann eine Vertretung für mehr als einen Aktionär wahrnehmen, ohne dass es eine Beschränkung der Zahl der derart vertretenen Aktionäre gibt. Nimmt ein Vertreter die Vertretung mehrerer Aktionäre wahr, so muss das anwendbare Recht es ihm ermöglichen, für die von ihm vertretenen Aktionäre jeweils unterschiedlich abzustimmen.

Art. 11 Förmlichkeiten der Bestellung des Vertreters und der Benachrichtigung über die Bestellung (1) Die Mitgliedstaaten gestatten den Aktionären, einen Vertreter auf elektronischem Wege zu bestellen. Ferner gestatten die Mitgliedstaaten den Gesellschaften, die Benachrichtigung über die Bestellung auf elektronischem Wege entgegenzunehmen, und stellen sicher, dass jede Gesellschaft ihren Aktionären mindestens eine wirksame Methode für die Benachrichtigung auf elektronischem Wege anbietet.

(2) Die Mitgliedstaaten stellen sicher, dass die Bestellung der Vertreter und die Benachrichtigung über die Bestellung an die Gesellschaft in jedem Fall schriftlich erfolgen müssen.

4.3 Aktionärsrechte-RL

Neben dieser grundlegenden formalen Anforderung dürfen die Bestellung eines Vertreters, die Benachrichtigung über die Bestellung an die Gesellschaft und die Erteilung von etwaigen Abstimmungsanweisungen an den Vertreter lediglich den formalen Anforderungen unterworfen werden, die für die Feststellung der Identität von Aktionär und Vertreter beziehungsweise für die Möglichkeit einer Überprüfung des Inhalts der Abstimmungsanweisungen erforderlich sind, und dies nur in dem Maße, wie die Anforderungen diesen Zwecken angemessen sind.

(3) Diese Bestimmungen gelten sinngemäß für den Widerruf der Bestellung eines Vertreters.

Art. 12 Abstimmung per Brief Die Mitgliedstaaten gestatten den Gesellschaften, ihren Aktionären die Möglichkeit einzuräumen, per Brief vor der Hauptversammlung abzustimmen. Die Abstimmung per Brief darf lediglich solchen Anforderungen oder Beschränkungen unterworfen werden, die zur Feststellung der Identität der Aktionäre erforderlich sind, und dies nur in dem Maße, wie sie diesem Zweck angemessen sind.

Art. 13 Beseitigung bestimmter Hemmnisse, die einer tatsächlichen Ausübung des Stimmrechts im Wege stehen (1) Dieser Artikel findet Anwendung, wenn eine natürliche oder juristische Person, die nach dem anwendbaren Recht als Aktionär anerkannt ist, im Rahmen einer beruflichen Tätigkeit für eine andere natürliche oder juristische Person (nachstehend „Klient" genannt) tätig wird.

(2) Sieht das anwendbare Recht Publizitätsanforderungen als Vorbedingung für die Ausübung des Stimmrechts durch einen Aktionär im Sinne des Absatzes 1 vor, so dürfen diese Anforderungen nicht über eine Liste hinausgehen, die die Identität eines jeden Klienten und die jeweilige Zahl von Aktien, aus denen für ihn das Stimmrecht ausgeübt wird, gegenüber der Gesellschaft offen legt.

(3) Stellt das anwendbare Recht formale Anforderungen an die Ermächtigung eines Aktionärs im Sinne des Absatzes 1 zur Ausübung des Stimmrechts oder an Abstimmungsanweisungen auf, so dürfen diese Anforderungen nicht über das hinausgehen, was zur Feststellung der Identität des Klienten beziehungsweise für die Möglichkeit einer Überprüfung des Inhalts der Abstimmungsanweisungen erforderlich und diesen Zwecken angemessen ist.

(4) Einem Aktionär im Sinne des Absatzes 1 ist es zu gestatten, für verschiedene Aktien unterschiedlich abzustimmen.

(5) Ist die Zahl der Personen, die ein Aktionär gemäß Artikel 10 Absatz 2 als Vertreter bestellen kann, nach dem anwendbaren Recht begrenzt, so darf diese Begrenzung einen Aktionär im Sinne des Absatzes 1 des vorliegenden Artikel nicht daran hindern, jedem seiner Klienten oder einem Dritten, der von einem Klienten benannt wird, Vertretung zu gewähren.

Art. 14 Abstimmungsergebnisse (1) Die Gesellschaft stellt für jeden Beschluss mindestens Folgendes fest: die Zahl der Aktien, für die gültige Stimmen abgegeben wurden, den Anteil des durch diese Stimmen vertretenen Aktienkapitals, die Gesamtzahl der abgegebenen gültigen Stimmen und die Zahl der für einen Beschluss abgegebenen Stimmen und der Gegenstimmen sowie gegebenenfalls die Zahl der Enthaltungen.

Die Mitgliedstaaten können jedoch vorsehen oder Gesellschaften erlauben vorzusehen, dass es – falls kein Aktionär eine umfassende Darstellung des Abstimmungsergebnisses verlangt – ausreicht, für jeden Beschluss festzustellen, dass die erforderliche Mehrheit erreicht wurde.

(2) Innerhalb einer bestimmten in dem anwendbaren Recht festzulegenden Frist, die 15 Tage nach der Hauptversammlung nicht überschreiten darf, veröffentlicht die Gesellschaft die gemäß Absatz 1 festgestellten Abstimmungsergebnisse auf ihrer Internetseite.

(3) Dieser Artikel berührt nicht die Rechtsvorschriften, die die Mitgliedstaaten zu den erforderlichen Formalitäten für das Wirksamwerden eines Beschlusses oder zu der Möglichkeit einer späteren rechtlichen Anfechtung des Abstimmungsergebnisses erlassen haben oder möglicherweise noch erlassen.

Kapitel III – Schlussbestimmungen

Art. 15-17 *Adressaten, Inkrafttreten und Umsetzungsfrist – nicht abgedruckt.*

4.4 Elfte Richtlinie des Rates vom 21. Dezember 1989 über die Offenlegung von Zweigniederlassungen, die in einem Mitgliedstaat von Gesellschaften bestimmter Rechtsformen errichtet wurden, die dem Recht eines anderen Staates unterliegen (89/666/EWG) [Zweigniederlassungs-RL]

ABl. 1989 L 395/36

DER RAT DER EUROPÄISCHEN GEMEINSCHAFTEN
gestützt auf den Vertrag zur Gründung der Europäischen Wirtschaftsgemeinschaft, insbesondere auf Artikel 54,
auf Vorschlag der Kommission[1],
in Zusammenarbeit mit dem Europäischen Parlament[2],
nach Stellungnahme des Wirtschafts- und Sozialausschusses[3],
in Erwägung nachstehender Gründe:

[1] Um die Ausübung der Niederlassungsfreiheit durch Gesellschaften im Sinne des Artikels 58 des Vertrages zu erleichtern, sehen Artikel 54 Absatz 3 Buchstabe g) des Vertrages und das allgemeine Programm zur Aufhebung der Beschränkungen der Niederlassungsfreiheit die Koordinierung der Schutzbestimmungen vor, die in den Mitgliedstaaten den Gesellschaften im Interesse der Gesellschafter sowie Dritter vorgeschrieben sind.

[2] Die Koordinierung wurde hinsichtlich der Offenlegung bislang durch die Erste Richtlinie 68/151/EWG[4], zuletzt geändert durch die Beitrittsakte von 1985, für die Kapitalgesellschaften verwirklicht; sie wurde für den Bereich der Rechnungslegung durch die Vierte Richtlinie 78/660/EWG über den Jahresabschluss von Gesellschaften bestimmter Rechtsformen[5], zuletzt geändert durch die Beitrittsakte von 1985, die Siebte Richtlinie 83/349/EWG über den konsolidierten Abschluss[6], geändert durch die Beitrittsakte von 1985, und die Achte Richtlinie 84/253/EWG über die Zulassung der mit der Pflichtprüfung der Rechnungsunterlagen beauftragten Personen[7] fortgesetzt.

[3] Diese Richtlinien sind anwendbar auf die Gesellschaften als solche, jedoch nicht auf ihre Zweigniederlassungen. Die Errichtung einer Zweigniederlassung ist jedoch neben der Gründung einer Tochtergesellschaft eine der Möglichkeiten, die derzeit einer Gesellschaft zur Ausübung des Niederlassungsrechts in einem anderen Mitgliedstaat zur Verfügung stehen.

[4] Das Fehlen einer Koordinierung für die Zweigniederlassungen, insbesondere im Bereich der Offenlegung, hat im Hinblick auf den Schutz von Gesellschaftern und Dritten zu Unterschieden geführt zwischen den Gesellschaften, welche sich in anderen Mitgliedstaaten durch die Errichtung von Zweigniederlassungen betätigen, und den Gesellschaften, die dies durch die Gründung von Tochtergesellschaften tun.

[5] Solche Unterschiede in den Rechtsvorschriften der Mitgliedstaaten können die Ausübung des Niederlassungsrechts stören und sind deshalb unter anderem zur Sicherung der Ausübung dieses Rechts zu beseitigen.

[6] Zum Schutz der Personen, die über eine Zweigniederlassung mit einer Gesellschaft in Beziehung treten, müssen in dem Mitgliedstaat, in dem sich die Zweigniederlassung befindet, Maßnahmen der Offenlegung getroffen werden. Der wirtschaftliche und soziale Einfluss einer Zweigniederlassung kann in gewisser Hinsicht demjenigen einer Tochtergesellschaft vergleichbar sein, so dass ein öffentliches Interesse an einer Offenlegung der Gesellschaft bei der Zweigniederlassung besteht. Zu deren Regelung bietet es sich an, von dem Verfahren Gebrauch zu machen, das bereits für Kapitalgesellschaften in der Gemeinschaft eingeführt worden ist.

[7] Die Offenlegung erstreckt sich auf eine Reihe von Urkunden und wichtigen Angaben sowie diesbezügliche Änderungen.

---

1 ABl. Nr. C 105 vom 21.4.1988, S. 6.
2 ABl. Nr. C 345 vom 21.12.1987, S. 76, und ABl. Nr. C 256 vom 9.10.1989, S. 72.
3 ABl. Nr. C 319 vom 30.11.1987, S. 61.
4 Publizitäts-RL, in dieser Sammlung Nr. 4.1.
5 Bilanz-RL, in dieser Sammlung Nr. 4.6.
6 Konzernbilanz-RL, in dieser Sammlung Nr. 4.7.
7 ABl. Nr. L 126 vom 12.5.1984, S. 20.

[8] Die Offenlegung kann – von der Vertretungsmacht, der Firma und der Rechtsform sowie der Auflösung der Gesellschaft und dem Verfahren bei Insolvenz abgesehen – auf Angaben beschränkt werden, welche die Zweigniederlassung selbst betreffen, sowie auf Hinweise auf das Register der Gesellschaft, zu der die Zweigniederlassung gehört, da aufgrund der bestehenden Gemeinschaftsvorschriften bei diesem Register die Angaben über die Gesellschaft insgesamt zur Verfügung stehen.

[9] Einzelstaatliche Vorschriften, welche die Offenlegung von Unterlagen der Rechnungslegung verlangen, die sich auf die Zweigniederlassung beziehen, haben ihre Berechtigung verloren, nachdem die einzelstaatlichen Vorschriften über die Erstellung, Prüfung und Offenlegung von Unterlagen der Rechnungslegung der Gesellschaft angeglichen worden sind. Deshalb genügt es, die von der Gesellschaft geprüften und offengelegten Rechnungslegungsunterlagen beim Register der Zweigniederlassung offenzulegen.

[10] Geschäftsbriefe und Bestellscheine, die von der Zweigniederlassung benutzt werden, müssen mindestens die gleichen Angaben wie die Geschäftsbriefe und Bestellscheine der Gesellschaft sowie die Angabe des Registers, in das die Zweigniederlassung eingetragen ist, enthalten.

[11] Damit die Ziele dieser Richtlinie erreicht werden können und damit jede diskriminierende Behandlung nach dem Herkunftsland der Gesellschaft vermieden wird, muss diese Richtlinie auch die Zweigniederlassungen von Gesellschaften erfassen, die dem Recht eines Drittlands unterliegen und eine Rechtsform haben, die derjenigen der unter die Richtlinie 68/151/EWG fallenden Gesellschaften vergleichbar ist. Allerdings sind für solche Zweigniederlassungen aufgrund der Tatsache, dass Gesellschaften aus Drittländern nicht in den Anwendungsbereich der oben erwähnten Richtlinien fallen, in gewissem Umfang unterschiedliche Vorschriften gegenüber denen erforderlich, die für Gesellschaften gelten, die dem Recht eines anderen Mitgliedstaats unterliegen.

[12] Die vorliegende Richtlinie berührt nicht die Informationspflichten, denen die Zweigniederlassungen aufgrund anderer Vorschriften unterliegen, wie z. B. im Sozialrecht in Bezug auf das Informationsrecht der Arbeitnehmer, im Steuerrecht oder im Hinblick auf statistische Angaben –

HAT FOLGENDE RICHTLINIE ERLASSEN:

Abschnitt I – Zweigniederlassungen von Gesellschaften aus anderen Mitgliedstaaten

Art. 1 [Offenlegung der Urkunden und Angaben zur Zweigniederlassung] (1) Die Urkunden und Angaben über eine Zweigniederlassung, die in einem Mitgliedstaat von einer Gesellschaft errichtet worden ist, welche dem Recht eines anderen Mitgliedsstaats unterliegt und auf welche die Richtlinie 68/151/EWG Anwendung findet, sind nach dem Recht des Mitgliedstaats der Zweigniederlassung im Einklang mit Artikel 3 der genannten Richtlinie offenzulegen.

(2) Weicht die Offenlegung bei der Zweigniederlassung von der Offenlegung bei der Gesellschaft ab, so ist für den Geschäftsverkehr mit der Zweigniederlassung die Offenlegung bei der Zweigniederlassung maßgebend.

(3) Die Urkunden und Angaben gemäß Artikel 2 Absatz 1 müssen über das System der Vernetzung von Zentral-, Handels- und Gesellschaftsregistern öffentlich zugänglich gemacht werden, das gemäß Artikel 4a Absatz 2 der Richtlinie 2009/101/EG des Europäischen Parlaments und des Rates vom 16. September 2009 zur Koordinierung der Schutzbestimmungen, die in den Mitgliedstaaten den Gesellschaften im Sinne des Artikels 54 Absatz 2 des Vertrags im Interesse der Gesellschafter sowie Dritter vorgeschrieben sind, um diese Bestimmungen gleichwertig, zu gestalten[8] eingerichtet wurde (im Folgenden „System der Registervernetzung"). Artikel 3b und Artikel 3c Absatz 1 der genannten Richtlinie gelten sinngemäß.

(4) Die Mitgliedstaaten sorgen dafür, dass Zweigniederlassungen eine einheitliche Kennung haben, durch die sie eindeutig bei der Kommunikation zwischen Registern über das System der Registervernetzung ermittelt werden können. Diese einheitliche Kennung besteht zu-

---

[8] Publizitäts-RL in dieser Sammlung Nr. 4.1.

mindest aus Elementen, die es ermöglichen, den Mitgliedstaat des Registers, das inländische Herkunftsregister und die Nummer der Zweigniederlassung in diesem Register zu ermitteln, sowie gegebenenfalls aus Kennzeichen, um Fehler bei der Identifizierung zu vermeiden.

Art. 2 [Umfang der Offenlegungspflicht] (1) Die Pflicht zur Offenlegung nach Artikel 1 erstreckt sich lediglich auf folgende Urkunden und Angaben:
a) die Anschrift der Zweigniederlassung;
b) die Tätigkeit der Zweigniederlassung;
c) das Register, bei dem die in Artikel 3 der Richtlinie 68/151/EWG bezeichnete Akte für die Gesellschaft angelegt worden ist, und die Nummer der Eintragung in dieses Register;
d) die Firma und die Rechtsform der Gesellschaft sowie die Firma der Zweigniederlassung, sofern diese nicht mit der Firma der Gesellschaft übereinstimmt;
e) die Bestellung, das Ausscheiden und die Personalien derjenigen, die befugt sind, die Gesellschaft gerichtlich und außergerichtlich zu vertreten, und zwar
   – als gesetzlich vorgeschriebenes Organ der Gesellschaft oder als Mitglied eines solchen Organs gemäß der Offenlegung, die nach Artikel 2 Absatz 1 Buchstabe d) der Richtlinie 68/151/EWG bei der Gesellschaft erfolgt,
   – als ständige Vertreter der Gesellschaft für die Tätigkeit der Zweigniederlassung, unter Angabe ihrer Befugnisse;
f) – die Auflösung der Gesellschaft, die Bestellung, die Personalien und die Befugnisse der Liquidatoren sowie den Abschluss der Liquidation gemäß der Offenlegung, die nach Artikel 2 Absatz 1 Buchstaben h), j) und k) der Richtlinie 68/151/EWG bei der Gesellschaft erfolgt,
   – ein die Gesellschaft betreffendes Konkursverfahren, Vergleichsverfahren oder ähnliches Verfahren;
g) die Unterlagen der Rechnungslegung gemäß Artikel 3;
h) die Aufhebung der Zweigniederlassung.
(2) Der Mitgliedstaat der Zweigniederlassung kann vorschreiben, dass folgendes gemäß Artikel 1 offenzulegen ist:
a) eine Unterschrift der in Absatz 1 Buchstaben e) und f) des vorliegenden Artikel bezeichneten Personen;
b) der Errichtungsakt und, sofern diese Gegenstand eines gesonderten Aktes gemäß Artikel 2 Absatz 1 Buchstaben a), b) und c) der Richtlinie 68/151/EWG ist, die Satzung sowie Änderungen dieser Unterlagen;
c) eine Bescheinigung aus dem in Absatz 1 Buchstabe c) des vorliegenden Artikel genannten Register in Bezug auf das Bestehen der Gesellschaft;
d) Angaben über die Sicherheiten, bei denen Vermögenswerte der Gesellschaft belastet werden, die sich in diesem Mitgliedstaat befinden, sofern diese Offenlegung sich auf die Gültigkeit solcher Sicherheiten bezieht.

Art. 3 [Einschränkung der Offenlegungspflicht] Die Pflicht zur Offenlegung nach Artikel 2 Absatz 1 Buchstabe g) erstreckt sich lediglich auf die Unterlagen der Rechnungslegung der Gesellschaft, die nach dem Recht des Mitgliedstaats, dem die Gesellschaft unterliegt, im Einklang mit den Richtlinien 78/660/EWG, 83/349/EWG und 84/253/EWG erstellt, geprüft und offengelegt worden sind.

Art. 4 [Sprache] Der Mitgliedstaat der Zweigniederlassung kann vorschreiben, dass die in Artikel 2 Absatz 2 Buchstabe b) und Artikel 3 bezeichneten Unterlagen in einer anderen Amtssprache der Gemeinschaft offengelegt werden und die Übersetzung dieser Unterlagen beglaubigt wird.

Art. 5 [Mehrere Zweigniederlassungen derselben Gesellschaft] Wenn in einem Mitgliedstaat mehrere Zweigniederlassungen ein und derselben Gesellschaft bestehen, kann die in Artikel 2 Absatz 2 Buchstabe b) und Artikel 3 genannte Offenlegung von dieser Gesellschaft nach ihrer Wahl bei dem Register einer dieser Zweigniederlassungen vorgenommen werden.

In diesem Fall erstreckt sich die Offenlegungspflicht der übrigen Zweigniederlassungen auf die Angabe des Registers der Zweigniederlassung, bei dem die Offenlegung erfolgt ist, sowie auf die Nummer der Eintragung dieser Zweigniederlassung in dieses Register.

Art. 5a [Informationen zur Abwicklung] (1) Das Register der Gesellschaft stellt über das System er Registervernetzung unverzüglich Informationen über die Eröffnung und Beendigung von Verfahren zur Abwicklung oder Insolvenz der Gesellschaft sowie über die Löschung der Gesellschaft aus dem Register, falls dies Rechtsfolgen im Mitgliedstaat des Registers der Gesellschaft auslöst, zur Verfügung.

(2) Das Register der Zweigniederlassung gewährleistet über das System der Registervernetzung unverzüglich den Eingang der in Absatz 1 genannten Informationen.

(3) Der Austausch der in den Absätzen 1 und 2 genannten Informationen ist für die Register kostenlos.

(4) Die Mitgliedstaaten legen das Verfahren fest, das bei Eingang der in den Absätzen 1 und 2 genannten Informationen einzuhalten ist. Dieses Verfahren stellt sicher, dass sofern eine Gesellschaft aufgelöst oder aus anderen Gründen aus dem Register gelöscht worden ist, ihre Zweigniederlassungen ebenfalls ohne unangemessene Verzögerung aus dem Register gelöscht werden.

(5) Absatz 4 Satz 2 gilt nicht für Zweigniederlassungen von Gesellschaften, die infolge einer Änderung ihrer Rechtsform, einer Verschmelzung oder Spaltung oder einer grenzüberschreitenden Verlegung ihres Sitzes aus dem Register gelöscht worden sind.

Art. 6 [Briefkopf] Die Mitgliedstaaten schreiben vor, dass auf Geschäftsbriefen und Bestellscheinen, die von der Zweigniederlassung benutzt werden, außer den in Artikel 4 der Richtlinie 68/151/EWG verlangten Angaben das Register, bei dem die Akte für die Zweigniederlassung angelegt worden ist, und die Nummer der Eintragung in dieses Register anzugeben sind.

Abschnitt II – Zweigniederlassungen von Gesellschaften aus Drittländern

Art. 7 [Offenlegung bei Zweigniederlassungen von Gesellschaften aus Drittländern] (1) Die Urkunden und Angaben über eine Zweigniederlassung, die in einem Mitgliedstaat von einer Gesellschaft errichtet worden ist, welche nicht dem Recht eines Mitgliedstaat unterliegt, jedoch eine Rechtsform hat, die mit den Rechtsformen vergleichbar ist, auf welche die Richtlinie 68/151/EWG Anwendung findet, sind nach dem Recht des Mitgliedstaats der Zweigniederlassung im Einklang mit Artikel 3 der genannten Richtlinie offenzulegen.

(2) Artikel 1 Absatz 2 findet Anwendung.

4.4 Zweigniederlassungs-RL

Art. 8 [Umfang der Offenlegungspflicht] Die Pflicht zur Offenlegung nach Artikel 7 erstreckt sich mindestens auf folgende Urkunden und Angaben:

a) die Anschrift der Zweigniederlassung;

b) die Tätigkeit der Zweigniederlassung;

c) das Recht des Staates, dem die Gesellschaft unterliegt;

d) sofern dieses Recht es vorsieht, das Register, in das die Gesellschaft eingetragen ist, und die Nummer der Eintragung in dieses Register;

e) den Errichtungsakt und, falls sie Gegenstand eines gesonderten Aktes ist, die Satzung sowie jede Änderung dieser Unterlagen;

f) die Rechtsform, den Sitz und den Gegenstand der Gesellschaft sowie mindestens jährlich den Betrag des gezeichneten Kapitals, sofern diese Angaben nicht in den unter Buchstabe e) genannten Urkunden gemacht werden;

g) die Firma der Gesellschaft sowie die Firma der Zweigniederlassung, sofern diese nicht mit der Firma der Gesellschaft übereinstimmt;

h) die Bestellung, das Ausscheiden und die Personalien derjenigen, die befugt sind, die Gesellschaft gerichtlich und außergerichtlich zu vertreten, und zwar
   - als gesetzlich vorgeschriebenes Organ der Gesellschaft oder als Mitglied eines solchen Organs,
   - als ständige Vertreter der Gesellschaft für die Tätigkeit der Zweigniederlassung.

   Dabei ist anzugeben, welchen Umfang die Vertretungsmacht hat und ob die betreffenden Personen diese allein oder nur gemeinschaftlich ausüben können;

i) - die Auflösung der Gesellschaft, die Bestellung, die Personalien und die Befugnisse der Liquidatoren sowie den Abschluss der Liquidation;
   - ein die Gesellschaft betreffendes Konkursverfahren, Vergleichsverfahren oder ähnliches Verfahren;

j) die Unterlagen der Rechnungslegung gemäß Artikel 9;

k) die Aufhebung der Zweigniederlassung.

Art. 9 [Umfang der Offenlegungspflicht zur Rechnungslegung] (1) Die Pflicht zur Offenlegung nach Artikel 8 Buchstabe j) erstreckt sich auf die Unterlagen der Rechnungslegung der Gesellschaft, die nach dem Recht des Staates, dem die Gesellschaft unterliegt, erstellt, geprüft und offengelegt worden sind. Werden diese Unterlagen nicht gemäß den Richtlinien 78/660/EWG bzw. 83/349/EWG oder in gleichwertiger Form erstellt, so können die Mitgliedstaaten die Erstellung und Offenlegung der Unterlagen der Rechnungslegung, die sich auf die Tätigkeiten der Zweigniederlassung beziehen, verlangen.

(2) Die Artikel 4 und 5 finden Anwendung.

Art. 10 [Briefkopf] Die Mitgliedstaaten schreiben vor, dass auf Geschäftsbriefen und Bestellscheinen, die von der Zweigniederlassung benutzt werden, das Register, bei dem die Akte für die Zweigniederlassung angelegt worden ist, und die Nummer der Eintragung in dieses Register anzugeben sind. Sofern das Recht des Staates, dem die Gesellschaft unterliegt, eine Eintragung in ein Register vorsieht, sind das Register, in das die Gesellschaft eingetragen ist, und die Nummer der Eintragung in dieses Register ebenfalls anzugeben.

Abschnitt III/IIIa – Angabe der Zweigniederlassungen im Geschäftsbericht der Gesellschaft – Datenschutz

Art. 11 *Änderung der Richtlinie 78/660/EWG (dort berücksichtigt) – nicht abgedruckt.*

Art. 11a *Verbürgung von Datenschutz – nicht abgedruckt.*

Abschnitt IV – Übergangs- und Schlussbestimmungen

Art. 12 **[Durchsetzung]** Die Mitgliedstaaten drohen geeignete Maßregeln für den Fall an, dass die in den Artikeln 1, 2, 3, 7, 8, und 9 vorgeschriebene Offenlegung unterbleibt oder die nach den Artikeln 6 und 10 vorgeschriebenen Angaben auf den Geschäftsbriefen und Bestellscheinen fehlen.

Art. 13 **[Adressaten der Offenlegungspflicht]** Jeder Mitgliedstaat bestimmt, welche Personen verpflichtet sind, die durch diese Richtlinie vorgeschriebenen Formalitäten der Offenlegung zu erfüllen.

Art. 14 **[Keine Anwendung der Artikel 3 und 9 auf Zweigniederlassungen von Kredit- und Finanzinstituten nach der Richtlinie 89/117/EWG]** (1) Die Artikel 3 und 9 finden keine Anwendung auf die Zweigniederlassungen von Kredit- und Finanzinstituten, die unter die Richtlinie 89/117/EWG[9] fallen.

(2) Bis zu einer späteren Koordinierung können die Mitgliedstaaten von der Anwendung der Artikel 3 und 9 auf Zweigniederlassungen absehen, die von Versicherungsgesellschaften errichtet werden.

Art. 15 f. *Änderungen anderer Richtlinien (dort berücksichtigt) und Umsetzungsfrist – nicht abgedruckt.*

Art. 17 **[Kontaktausschuss]** Der mit Artikel 52 der Richtlinie 78/660/EWG geschaffene Kontaktausschuss hat außerdem die Aufgabe,

a)   unbeschadet der Artikel 169 und 170 des Vertrages eine gleichmäßige Anwendung der vorliegenden Richtlinie durch eine regelmäßige Abstimmung, insbesondere in konkreten Anwendungsfragen, zu erleichtern;

b)   die Kommission erforderlichenfalls bezüglich Ergänzungen und Änderungen der vorliegenden Richtlinie zu beraten.

Art. 18 **[Adressaten]** – *nicht abgedruckt.*

---

9   ABl. Nr. L 44 vom 16.2.1989, S. 40.

4.5 Richtlinie des Europäischen Parlaments und des Rates vom 16. September 2009 auf dem Gebiet des Gesellschaftsrechts betreffend Gesellschaften mit beschränkter Haftung mit einem einzigen Gesellschafter (2009/102/EG) [Ein-Mann-GmbH-RL]

ABl. 2009 L 258/20

DAS EUROPÄISCHE PARLAMENT UND DER RAT DER EUROPÄISCHEN UNION –
gestützt auf den Vertrag zur Gründung der Europäischen Wirtschaftsgemeinschaft, insbesondere auf Artikel 44,
auf Vorschlag der Kommission,
nach Stellungnahme des Europäischen Wirtschafts- und Sozialausschusses[1],
gemäß dem Verfahren des Artikels 251 des Vertrags[2]
in Erwägung nachstehender Gründe:

[1]   Die zwölfte Richtlinie 89/667/EWG des Rates vom 21. Dezember 1989 auf dem Gebiet des Gesellschaftsrechts betreffend Gesellschaften mit beschränkter Haftung mit einem einzigen Gesellschafter[3] wurde mehrfach und erheblich geändert[4]. Aus Gründen der Klarheit und der Übersichtlichkeit empfiehlt es sich, die genannte Richtlinie zu kodifizieren.

[2]   Es erweist sich als notwendig, einige der Garantien, die in den Mitgliedstaaten den Gesellschaften im Sinne von Artikel 48 Absatz 2 des Vertrages im Interesse der Gesellschafter sowie Dritter vorgeschrieben sind, zu koordinieren, um eine Äquivalenz herzustellen.

[3]   Auf diesem Gebiet gelten die Erste Richtlinie 68/151/EWG des Rates vom 9. März 1968 zur Koordinierung der Schutzbestimmungen, die in den Mitgliedstaaten den Gesellschaften im Sinne des Artikels 58 Absatz 2 des Vertrags im Interesse der Gesellschafter sowie Dritter vorgeschrieben sind, um diese Bestimmungen gleichwertig zu gestalten[5], die Vierte Richtlinie 78/660/EWG des Rates vom 25. Juli 1978 aufgrund von Artikel 54 Absatz 3 Buchstabe g des Vertrags über den Jahresabschluss von Gesellschaften bestimmter Rechtsformen[6] sowie die Siebente Richtlinie 83/349/EWG des Rates vom 13. Juni 1983 aufgrund von Artikel 54 Absatz 3 Buchstabe g des Vertrags über den konsolidierten Abschluss[7] in Bezug auf die Offenlegung, die Gültigkeit von Verbindlichkeiten bzw. die Nichtigkeit der Gesellschaft sowie den Jahresabschluss und den konsolidierten Abschluss für sämtliche Kapitalgesellschaften. Die Zweite Richtlinie 77/91/EWG des Rates vom 13. Dezember 1976 zur Koordinierung der Schutzbestimmungen, die in den Mitgliedstaaten den Gesellschaften im Sinne des Artikels 58 Absatz 2 des Vertrags im Interesse der Gesellschafter sowie Dritter für die Gründung der Aktiengesellschaft sowie für die Erhaltung und Änderung ihres Kapitals vorgeschrieben sind, um diese Bestimmungen gleichwertig zu gestalten[8], die Dritte Richtlinie 78/855/EWG des Rates vom 9. Oktober 1978 gemäß Artikel 54 Absatz 3 Buchstabe g des Vertrags betreffend die Verschmelzung von Aktiengesellschaften[9] sowie die Sechste Richtlinie 82/891/EWG des Rates vom 17. Dezember 1982 gemäß Artikel 54 Absatz 3 Buchstabe g des Vertrags betreffend die Spaltung von Aktiengesellschaften[10] in Bezug auf die Errichtung bzw. das Kapital sowie Fusionen und Spaltungen haben dagegen nur für Aktiengesellschaften Gültigkeit.

[4]   Es ist notwendig, den Einzelunternehmern in der gesamten Gemeinschaft das rechtliche Instrument einer Gesellschaft mit Haftungsbeschränkung zu bieten, unbeschadet der Rechtsvorschriften der Mitgliedstaaten, die diesem Einzelunternehmer in Ausnahmefällen eine Haftung für die Verpflichtungen des Unternehmens auferlegen.

---

1   ABl. Nr. C 77 vom 31.3.2009, S.42.
2   Stellungnahme des Europäischen Parlaments vom 18. November 2008 (noch nicht im Amtsblatt veröffentlicht) und Beschluss des Rates vom 13. Juli 2009.
3   ABl. Nr. L 395 vom 30.12.1989, S. 40.
4   Siehe Anhang II Teil A.
5   ABl. Nr. L 65 vom 14.3.1968, S. 8.
6   ABl. Nr. L 222 vom 14.8.1978, S.11.
7   ABl. Nr. L 193 vom 18.7.1983, S. 1.
8   ABl. Nr. L 26 vom 31.1.1977, S. 1.
9   ABl. Nr. L 295 vom 20.10.1978, S. 36.
10   ABl. Nr. L 378 vom 31.12,1982, S. 47.

[5] Eine Gesellschaft mit beschränkter Haftung kann bei ihrer Gründung mit einem einzigen Gesellschafter errichtet werden oder entstehen, wenn alle Geschäftsanteile in einer einzigen Hand vereinigt werden. Bis zu einer Koordinierung der einzelstaatlichen Vorschriften für das Konzernrecht können die Mitgliedstaaten besondere Bestimmungen oder Sanktionen vorsehen, sofern eine natürliche Person einziger Gesellschafter mehrerer Gesellschaften oder eine Einpersonengesellschaft oder eine andere juristische Person einziger Gesellschafter einer Gesellschaft ist. Das einzige Ziel dieser Möglichkeit ist die Berücksichtigung von Besonderheiten, die in bestimmten nationalen Rechtsvorschriften bestehen. Zu diesem Zweck können die Mitgliedstaaten in spezifischen Fällen Einschränkungen beim Zugang zur Einpersonengesellschaft oder eine unbeschränkte Haftung des einzigen Gesellschafters vorsehen. Es steht den Mitgliedstaaten frei, Regeln aufzustellen, um den möglichen Gefahren aus der Tatsache, dass es bei Einpersonengesellschaften lediglich einen einzigen Gesellschafter gibt, zu begegnen, und insbesondere um die Einzahlung des gezeichneten Kapitals sicherzustellen.

[6] Die Vereinigung aller Anteile in einer Hand sowie die Identität des Gesellschafters müssen Gegenstand der Offenlegung in einem für jedermann zugänglichen Register sein.

[7] Es ist notwendig, die Beschlüsse des einzigen Gesellschafters in seiner Eigenschaft als Gesellschafterversammlung schriftlich niederzulegen.

[8] Die schriftliche Festlegung sollte ebenfalls für vertragliche Vereinbarungen zwischen dem einzigen Gesellschafter und der von ihm vertretenen Gesellschaft vorgeschrieben werden, sofern diese vertraglichen Vereinbarungen nicht die unter normalen Bedingungen abgeschlossenen laufenden Geschäfte betreffen.

[9] Diese Richtlinie sollte die Verpflichtungen der Mitgliedstaaten hinsichtlich der in Anhang II Teil B genannten Fristen für die Umsetzung der dort genannten Richtlinien in innerstaatliches Recht und für die Anwendung dieser Richtlinien unberührt lassen –

HAT FOLGENDE RICHTLINIE ERLASSEN:

Art. 1 [Anwendungsbereich] Die durch diese Richtlinie vorgeschriebenen Koordinierungsmaßnahmen gelten für die Rechts- und Verwaltungsvorschriften der Mitgliedstaaten für die in Anhang I genannten Rechtsformen von Gesellschaften.

Art. 2 [Einpersonengesellschaft; Einpersonengesellschaft im Konzern] (1) Die Gesellschaft kann bei ihrer Errichtung sowie infolge der Vereinigung aller Gesellschaftsanteile in einer einzigen Hand einen einzigen Gesellschafter haben (Einpersonengesellschaft).

(2) Bis zur Koordinierung der einzelstaatlichen Vorschriften für das Konzernrecht können die Gesetze der Mitgliedstaaten besondere Bestimmungen oder Sanktionen vorsehen, sofern

a) eine natürliche Person einziger Gesellschafter von mehreren Gesellschaften ist oder

b) eine Einpersonengesellschaft oder eine andere juristische Person einziger Gesellschafter einer Gesellschaft ist.

Art. 3 [Eintragungspflicht bei Vereinigung aller Anteile in einer Hand] Wird die Gesellschaft durch die Vereinigung aller Anteile in einer Hand zur Einpersonengesellschaft, so muß diese Tatsache sowie die Identität des einzigen Gesellschafters entweder in der Akte hinterlegt beziehungsweise in das Register im Sinne des Artikels 3 Absätze 1 und 2 der Richtlinie 68/151/EWG eingetragen oder in einem Register vermerkt werden, das bei der Gesellschaft geführt wird und der Öffentlichkeit zugänglich ist.

Art. 4 [Beschlussfassung in der Gesellschafterversammlung] (1) Der einzige Gesellschafter übt die Befugnisse der Gesellschafterversammlung aus.

(2) Die Beschlüsse, die von dem einzigen Gesellschafter im Rahmen von Absatz 1 gefaßt werden, sind in eine Niederschrift aufzunehmen oder schriftlich abzufassen.

Art. 5 [In-sich-Geschäfte] (1) Verträge, die zwischen dem einzigen Gesellschafter und der von ihm vertretenen Gesellschaft abgeschlossen werden, sind in eine Niederschrift aufzunehmen oder schriftlich abzufassen.

(2) Die Mitgliedstaaten brauchen Absatz 1 auf die unter normalen Bedingungen abgeschlossenen laufenden Geschäfte nicht anzuwenden.

Art. 6 [Einpersonenaktiengesellschaften] Läßt ein Mitgliedstaat die Einpersonengesellschaft im Sinne von Artikel 2 Absatz 1 auch für Aktiengesellschaften zu, so gilt diese Richtlinie.

Art. 7 [Einzelunternehmer mit Haftungsbeschränkung als Alternative] Ein Mitgliedstaat braucht die Einpersonengesellschaft nicht zu gestatten, wenn sein innerstaatliches Recht dem Einzelunternehmer die Errichtung eines Unternehmens ermöglicht, dessen Haftung auf ein Vermögen beschränkt ist, das für eine bestimmte Tätigkeit eingesetzt wird, sofern in bezug auf diese Unternehmen Schutzbestimmungen vorgesehen sind, die denjenigen der vorliegenden Richtlinie sowie den übrigen auf die in Artikel 1 bezeichneten Gesellschaften anwendbaren Gemeinschaftsvorschriften gleichwertig sind.

Art. 8 f. *Umsetzungsfrist und Umsetzungspflichten – nicht abgedruckt.*

4.6 Vierte Richtlinie des Rates vom 25. Juli 1978 aufgrund von Artikel 54 Absatz 3 Buchstabe g) des Vertrages über den Jahresabschluss von Gesellschaften bestimmter Rechtsformen (78/660/EWG) [Bilanz-RL]

ABl. 1978 L 222/11

DER RAT DER EUROPÄISCHEN GEMEINSCHAFTEN –
gestützt auf den Vertrag zur Gründung der Europäischen Wirtschaftsgemeinschaft, insbesondere auf Artikel 54 Absatz 3 Buchstabe g),
auf Vorschlag der Kommission,
nach Stellungnahme des Europäischen Parlaments[1],
nach Stellungnahme des Wirtschafts- und Sozialausschusses[2],
in Erwägung nachstehender Gründe:

[1] Der Koordinierung der einzelstaatlichen Vorschriften über die Gliederung und den Inhalt des Jahresabschlusses und des Lageberichts sowie über die Bewertungsmethoden und die Offenlegung dieser Unterlagen, insbesondere bei der Aktiengesellschaft und der Gesellschaft mit beschränkter Haftung, kommt im Hinblick auf den Schutz der Gesellschafter sowie Dritter besondere Bedeutung zu.

[2] Eine gleichzeitige Koordinierung auf diesen Gebieten ist bei den vorgenannten Gesellschaftsformen deswegen erforderlich, weil die Tätigkeit der betreffenden Gesellschaften einerseits häufig über das nationale Hoheitsgebiet hinausreicht und die Gesellschaften andererseits Dritten eine Sicherheit nur durch ihr Gesellschaftsvermögen bieten. Die Notwendigkeit und die Dringlichkeit einer solchen Koordinierung wurden im Übrigen durch Artikel 2 Absatz 1 Buchstabe f) der Richtlinie 68/151/EWG[3] anerkannt und bestätigt.

[3] Außerdem ist es erforderlich, daß hinsichtlich des Umfangs der zu veröffentlichenden finanziellen Angaben in der Gemeinschaft gleichwertige rechtliche Mindestbedingungen für miteinander im Wettbewerb stehende Gesellschaften hergestellt werden.

[4] Der Jahresabschluß muß ein den tatsächlichen Verhältnissen entsprechendes Bild der Vermögens-, Finanz- und Ertragslage der Gesellschaft vermitteln.
Zu diesem Zweck müssen für die Aufstellung der Bilanz sowie der Gewinn- und Verlustrechnung zwingend vorgeschriebene Gliederungsschemata vorgesehen und muß der Mindestinhalt des Anhangs sowie des Lageberichts festgelegt werden. Jedoch können für bestimmte Gesellschaften wegen ihrer geringeren wirtschaftlichen und sozialen Bedeutung Ausnahmen zugelassen werden.

[5] Die verschiedenen Bewertungsmethoden müssen, soweit erforderlich, vereinheitlicht werden, um die Vergleichbarkeit und die Gleichwertigkeit der in den Jahresabschlüssen gemachten Angaben zu gewährleisten.

[6] Der Jahresabschluß aller Gesellschaften, für die diese Richtlinie gilt, muß gemäß der Richtlinie 68/151/EWG offengelegt werden. Jedoch können auch in dieser Hinsicht Ausnahmen zugunsten kleiner und mittlerer Gesellschaften gemacht werden.

[7] Der Jahresabschluß muß von dazu befugten Personen geprüft werden; hinsichtlich dieser Personen werden die für ihre Befähigung zu verlangenden Mindestanforderungen zu einem späteren Zeitpunkt koordiniert werden; lediglich bei kleinen Gesellschaften soll eine Befreiung von dieser Prüfungspflicht möglich sein.

[8] Gehört eine Gesellschaft zu einem Konzern, so ist es wünschenswert, daß der Konzernabschluß, der ein den tatsächlichen Verhältnissen entsprechendes Bild von der Tätigkeit des Konzerns insgesamt vermittelt, offengelegt wird. Jedoch sind bis zum Inkrafttreten der Richtlinie des Rates über die Konzernabschlüsse Ausnahmen von einzelnen Bestimmungen der vorliegenden Richtlinien notwendig.

[9] Um den Schwierigkeiten zu begegnen, die sich aus den gegenwärtigen Rechtsvorschriften einiger Mitgliedstaaten ergeben, muß die Frist, die für die Anwendung einzelner Bestimmungen dieser Richtlinie eingeräumt wird, länger sein als die in solchen Fällen sonst vorgesehene Frist –

---

1   ABl. Nr. C 129 vom 11.12.1972, S. 38.
2   ABl. Nr. C 39 vom 7.6.1973, S. 31.
3   Publizitäts-RL, in dieser Sammlung Nr. 4.1.

4.6 Bilanz-RL

Art. 1 [Anwendungsbereich] (1) Die durch diese Richtlinie vorgeschriebenen Maßnahmen der Koordinierung gelten für die Rechts- und Verwaltungsvorschriften der Mitgliedstaaten für Gesellschaften folgender Rechtsformen:

- in der Bundesrepublik Deutschland: die Aktiengesellschaft, die Kommanditgesellschaft auf Aktien, die Gesellschaft mit beschränkter Haftung;
- in Belgien: la société anonyme/de naamloze vennootschap, la société en commandite par actions/de commanditaire vennootschap op aandelen, la société de personnes à responsabilité limitée / de personenvennootschap met beperkte aansprakelijkheid;
- in Dänemark: aktieselskaber, kommanditaktieselskaber, anpartsselskaber;
- in Frankreich: la société anonyme, la société en commandite par actions, la société à responsabilité limitée;
- in Irland: public companies limited by shares or by guarantee, private companies limited by shares or by guarantee;
- in Italien: la società per azioni, la società in accomandita per azioni, la società a responsabilità limitata;
- in Luxemburg: la société anonyme, la société en commandite par actions, la société à responsabilité limitée;
- in den Niederlanden: de naamloze vennootschap, de besloten vennootschap met beperkte aansprakelijkheid;
- im Vereinigten Königreich: public companies limited by shares or by guarantee, private companies limited by shares or by guarantee.
- in Griechenland: η ανώνυμη εταιρία, η εταιρία περιωρισμένης ευθύνης, η ετερόρρυθμη κατά μετοχές εταιρία;
- in Spanien: la sociedad anónima, la sociedad comanditaria por acciones, la sociedad de responsabilidad limitada;
- in Portugal: a sociedade anónima de responsabilidade limitada, a sociedade em comandita por acções, a sociedade por quotas de responsabilidade limitada;
- in Österreich: die Aktiengesellschaft, die Gesellschaft mit beschränkter Haftung;

Parallelrechtsformen – d.h. alle Kapitalgesellschaften – in den übrigen Mitgliedstaaten – nicht abgedruckt.

Die durch diese Richtlinie vorgeschriebenen Maßnahmen der Koordinierung gelten auch für die Rechts- und Verwaltungsvorschriften der Mitgliedstaaten für Gesellschaften folgender Rechtsformen:

a) in Deutschland: die offene Handelsgesellschaft, die Kommanditgesellschaft;
b) in Belgien: la société en nom collectif/de vennootschap onder firma, la société en commandite simple/de gewone commanditaire vennootschap;
c) in Dänemark: interessentskaber, kommanditselskaber;
d) in Frankreich: la société en nom collectif, la société en commandite simple;
e) in Griechenland: η ομόρρυθμος εταιρία, η ετερόρρυθμος εταιρία;
f) in Spanien: sociedad colectiva, sociedad en comandita simple;
g) in Irland: the partnership, the limited partnership, the unlimited company;
h) in Italien: la società in nome collettivo, la società in accomandita semplice;
i) in Luxemburg: la société en nom collectif, la société en commandite simple;
j) in den Niederlanden: de vennootschap onder firma, de commanditaire vennootschap;
k) in Portugal: sociedade em nome colectivo, sociedade em comandita simples;

l) im Vereinigten Königreich: the partnership, the limited partnership, the unlimited company;

m) in Österreich: die offene Handelsgesellschaft, die Kommanditgesellschaft; *Parallelrechtsformen – d.h. Personengesellschaften ohne natürliche Personen als unbeschränkt haftende Mitglieder – in den übrigen Mitgliedstaaten – nicht abgedruckt.*

sofern alle ihre unbeschränkt haftenden Gesellschafter Gesellschaften im Sinne von Unterabsatz 1 oder Gesellschaften sind, welche nicht dem Recht eines Mitgliedstaates unterliegen, deren Rechtsform jedoch den Rechtsformen im Sinne der Richtlinie 68/151/EWG vergleichbar ist.

Die Richtlinie findet auch auf die Gesellschaftsformen im Sinne von Unterabsatz 2 Anwendung, sofern alle deren unbeschränkt haftenden Gesellschafter eine Rechtsform im Sinne von Unterabsatz 2 oder 1 haben.

(2) Bis zu einer späteren Koordinierung können die Mitgliedstaaten von einer Anwendung dieser Richtlinie auf Banken und andere Finanzinstitute sowie auf Versicherungsgesellschaften absehen.

Art. 1a [Erleichterungen für Kleinstbetriebe] (1) Die Mitgliedstaaten können gemäß den Absätzen 2 und 3 Ausnahmen von bestimmten Verpflichtungen dieser Richtlinie für Gesellschaften vorsehen, die am Bilanzstichtag zwei der drei folgenden Schwellenwerte nicht überschreiten (Kleinstbetriebe):

a) Bilanzsumme: 350 000 EUR;

b) Nettoumsatzerlöse: 700 000 EUR;

c) durchschnittliche Anzahl der während des Geschäftsjahres Beschäftigten: 10.

(2) Die Mitgliedstaaten können in Absatz 1 genannte Gesellschaften von einer oder allen der nachstehend aufgeführten Pflichten ausnehmen:

a) Verpflichtung, die ‚Rechnungsabgrenzungsposten auf der Aktivseite‘ und die ‚Rechnungsabgrenzungsposten auf der Passivseite‘ gemäß den Artikeln 18 und 21 auszuweisen;

b) macht ein Mitgliedstaat von der Möglichkeit nach Buchstabe a des vorliegenden Absatzes Gebrauch, so darf er den betreffenden Gesellschaften gestatten, lediglich im Hinblick auf sonstige Aufwendungen gemäß Absatz 3 Buchstabe b Ziffer vi von Artikel 31 Absatz 1 Buchstabe d hinsichtlich der Berücksichtigung von ‚Rechnungsabgrenzungsposten auf der Aktivseite‘ und ‚Rechnungsabgrenzungsposten auf der Passivseite‘ abzuweichen, sofern dies im Anhang oder gemäß Buchstabe c des vorliegenden Absatzes unter der Bilanz ausgewiesen wird;

c) Verpflichtung, einen Anhang gemäß den Artikeln 43 bis 45 zu erstellen, sofern die nach Artikel 14 und Artikel 43 Absatz 1 Nummer 13 der vorliegenden Richtlinie und Artikel 22 Absatz 2 der Richtlinie 77/91/EWG[4] geforderten Angaben unter der Bilanz ausgewiesen werden;

---

4 Zweite Richtlinie 77/91/EWG des Rates vom 13. Dezember 1976 zur Koordinierung der Schutzbestimmungen, die in den Mitgliedstaaten den Gesellschaften im Sinne von Artikel 54 Absatz 2 des Vertrages im Interesse der Gesellschafter sowie Dritter für die Gründung der Aktiengesellschaft sowie für die Erhaltung und Änderung ihres Kapitals vorgeschrieben sind, um diese Bestimmungen gleichwertig zu gestalten (ABl. L 26 vom 31.1.1977, S. 1). Anmerkung: Der Titel der Richtlinie 77/91/EG wurde angepasst, um der Umnummerierung der Artikel des Vertrags zur Gründung der Europäischen Gemeinschaft gemäß Artikel 12 des Vertrags von Amsterdam und Artikel 5 des Vertrags von Lissabon Rechnung zu tragen; die ursprüngliche Bezugnahme betraf Artikel 58 Absatz 2 des Vertrags.

d) Verpflichtung, einen Lagebericht gemäß Artikel 46 der vorliegenden Richtlinie vorzubereiten, sofern die nach Artikel 22 Absatz 2 der Richtlinie 77/91/EWG geforderten Angaben im Anhang oder gemäß Buchstabe c des vorliegenden Absatzes unter der Bilanz ausgewiesen werden;

e) Verpflichtung, Jahresabschlüsse gemäß den Artikeln 47 bis 50a offenzulegen, sofern die in der Bilanz enthaltenen Informationen im Einklang mit den nationalen Vorschriften bei mindestens einer von dem betreffenden Mitgliedstaat benannten zuständigen Behörde ordnungsgemäß hinterlegt werden. Handelt es sich bei der zuständigen Behörde nicht um das zentrale Register oder das Handels- oder Gesellschaftsregister nach Artikel 3 Absatz 1 der Richtlinie 2009/101/EG[5], so hat die zuständige Behörde die bei ihr hinterlegten Informationen dem Register zu übermitteln.

(3) Die Mitgliedstaaten können den in Absatz 1 genannten Gesellschaften gestatten,

a) gegebenenfalls nur eine verkürzte Bilanz aufzustellen, in der zumindest die in den Artikeln 9 und 10 vorgesehenen, mit Buchstaben bezeichneten Posten gesondert ausgewiesen werden. Bei Anwendung von Absatz 2 Buchstabe a werden die Posten E der ‚Aktiva‘ und D der ‚Passiva‘ in Artikel 9 bzw. die Posten E und K in Artikel 10 aus der Bilanz ausgeklammert;

b) gegebenenfalls nur eine verkürzte Gewinn- und Verlustrechnung zu erstellen, in der zumindest folgende Posten gesondert ausgewiesen werden:

   i) Nettoumsatzerlöse;

   ii) sonstige Erträge;

   iii) Materialaufwand;

   iv) Personalaufwand;

   v) Wertberichtigungen;

   vi) sonstige Aufwendungen;

   vii) Steuern;

   viii) Ergebnis.

(4) Die Mitgliedstaaten dürfen die Anwendung von Abschnitt 7a auf Kleinstbetriebe, die Gebrauch von einer Befreiung nach den Absätzen 2 und 3 machen, weder gestatten noch verlangen.

(5) Bei den in Absatz 1 genannten Gesellschaften wird davon ausgegangen, dass der gemäß den Absätzen 2, 3 und 4 erstellte Jahresabschluss ein den tatsächlichen Verhältnissen entsprechendes Bild gemäß Artikel 2 Absatz 3 vermittelt; infolgedessen findet Artikel 2 Absätze 4 und 5 auf derartige Jahresabschlüsse keine Anwendung.

(6) Wenn eine Gesellschaft zum Bilanzstichtag die Grenzen von zwei der drei in Absatz 1 bestimmten Schwellenwerte überschreitet bzw. nicht mehr überschreitet, wirkt sich dieser Umstand auf die Anwendung der in den Absätzen 2, 3 und 4 vorgesehenen Ausnahmen nur dann aus, wenn er sowohl während des laufenden als auch während des vorangegangenen Geschäftsjahrs aufgetreten ist.

---

5   Richtlinie 2009/101/EG des Europäischen Parlaments und des Rates vom 16. September 2009 zur Koordinierung der Schutzbestimmungen, die in den Mitgliedstaaten den Gesellschaften im Sinne von Artikel 54 Absatz 2 des Vertrags im Interesse der Gesellschafter sowie Dritter vorgeschrieben sind, um diese Bestimmungen gleichwertig zu gestalten (ABl. L 258 vom 1.10.2009, S. 11).
Anmerkung: Der Titel der Richtlinie 2009/101/EG wurde angepasst, um der Umnummerierung der Artikel des Vertrags zur Gründung der Europäischen Gemeinschaft gemäß Artikel 5 des Vertrags von Lissabon Rechnung zu tragen; die ursprüngliche Bezugnahme betraf Artikel 48 Absatz 2 des Vertrags.

(7) Für jene Mitgliedstaaten, die den Euro nicht eingeführt haben, wird der Betrag in nationaler Währung, der zu den in Absatz 1 genannten Beträgen gleichwertig ist, durch die Anwendung des Umrechnungskurses ermittelt, der gemäß der Veröffentlichung im *Amtsblatt der Europäischen Union* am Tag des Inkrafttretens einer Richtlinie gilt, die diese Beträge festsetzt.

(8) Die in Absatz 1 Buchstabe a genannte Bilanzsumme setzt sich entweder aus den unter den Posten A bis E der ‚Aktiva‘ in Artikel 9 oder den unter den Posten A bis E in Artikel 10 genannten Vermögenswerten zusammen. Bei Anwendung von Absatz 2 Buchstabe a setzt sich die in Absatz 1 Buchstabe a genannte Bilanzsumme entweder aus den unter den Posten A bis D der ‚Aktiva‘ in Artikel 9 oder den unter den Posten A bis D in Artikel 10 genannten Vermögenswerten zusammen.

Abschnitt 1 – Allgemeine Vorschriften

Art. 2 [Jahresabschluß; Aufbau und Leitprinzipien] (1) Der Jahresabschluß besteht aus der Bilanz, der Gewinn- und Verlustrechnung und dem Anhang zum Jahresabschluß. Diese Unterlagen bilden eine Einheit.

Die Mitgliedstaaten können gestatten oder vorschreiben, dass der Jahresabschluss zusätzlich zu den in Unterabsatz 1 genannten Unterlagen weitere Bestandteile umfasst.

(2) Der Jahresabschluß ist klar und übersichtlich aufzustellen; er muß dieser Richtlinie entsprechen.

(3) Der Jahresabschluß hat ein den tatsächlichen Verhältnissen entsprechendes Bild der Vermögens-, Finanz- und Ertragslage der Gesellschaft zu vermitteln.

(4) Reicht die Anwendung dieser Richtlinie nicht aus, um ein den tatsächlichen Verhältnissen entsprechendes Bild im Sinne des Absatzes 3 zu vermitteln, so sind zusätzliche Angaben zu machen.

(5) Ist in Ausnahmefällen die Anwendung einer Vorschrift dieser Richtlinie mit der in Absatz 3 vorgesehenen Verpflichtung unvereinbar, so muß von der betreffenden Vorschrift abgewichen werden, um sicherzustellen, daß ein den tatsächlichen Verhältnissen entsprechendes Bild im Sinne des Absatzes 3 vermittelt wird. Die Abweichung ist im Anhang anzugeben und hinreichend zu begründen; ihr Einfluß auf die Vermögens-, Finanz- und Ertragslage ist darzulegen. Die Mitgliedstaaten können die Ausnahmefälle bezeichnen und die entsprechende Ausnahmeregelung festlegen.

(6) Die Mitgliedstaaten können gestatten oder vorschreiben, daß in dem Jahresabschluß neben den Angaben, die aufgrund dieser Richtlinie erforderlich sind, weitere Angaben gemacht werden.

Abschnitt 2 – Allgemeine Vorschriften über die Bilanz und die Gewinn- und Verlustrechnung

Art. 3 [Stetigkeit] Hinsichtlich der Gliederung der aufeinanderfolgenden Bilanzen und Gewinn- und Verlustrechnungen, insbesondere in der Wahl der Darstellungsform, muß Stetigkeit gewahrt werden. Abweichungen von diesem Grundsatz sind in Ausnahmefällen zulässig. Finden derartige Abweichungen statt, so sind sie im Anhang anzugeben und hinreichend zu begründen.

Art. 4 [Einzelgrundsätze zur Gliederung] (1) In der Bilanz sowie in der Gewinn- und Verlustrechnung sind die Posten, die in den Artikeln 9, 10 und 23 bis 26 vorgesehen sind, gesondert und in der angegebenen Reihenfolge auszuweisen. Eine weitere Untergliederung der Posten ist gestattet; dabei ist jedoch die Gliederung der Schemata zu beachten. Neue Posten dürfen hinzugefügt werden, soweit ihr Inhalt nicht von einem der in den Schemata vorgesehenen Posten gedeckt wird. Die Mitgliedstaaten können eine solche weitere Untergliederung oder die Hinzufügung eines neuen Postens vorschreiben.

(2) Eine Anpassung der Gliederung, Nomenklatur und Terminologie bei mit arabischen Zahlen versehenen Posten der Bilanz und der Gewinn- und Verlustrechung muß erfolgen, wenn dies aufgrund der Besonderheit des Unternehmens erforderlich ist. Eine solche Anpassung kann von den Mitgliedstaaten für die Unternehmen eines bestimmten Wirtschaftszweigs vorgeschrieben werden.

(3) Die mit arabischen Zahlen versehenen Posten der Bilanz und der Gewinn- und Verlustrechnung können zusammengefasst ausgewiesen werden,

a)   wenn sie in bezug auf die Zielsetzung des Artikels 2 Absatz 3 einen nicht nennenswerten Betrag darstellen oder

b)   wenn dadurch die Klarheit vergrößert wird; die zusammengefassten Posten müssen jedoch gesondert im Anhang ausgewiesen werden. Eine solche Zusammenfassung kann durch die Mitgliedstaaten vorgeschrieben werden.

(4) In der Bilanz sowie in der Gewinn- und Verlustrechnung ist zu jedem Posten die entsprechende Zahl des vorhergehenden Geschäftsjahres anzugeben. Die Mitgliedstaaten können vorsehen, daß die Zahl des vorhergehenden Geschäftsjahres angepasst werden muß, wenn diese Zahlen nicht vergleichbar sind. Besteht diese Vergleichbarkeit nicht und werden die Zahlen gegebenenfalls angepasst, so ist dies im Anhang anzugeben und hinreichend zu erläutern.

(5) Ein Posten der Bilanz oder der Gewinn- und Verlustrechnung, der keine Zahl aufweist, wird nicht aufgeführt, es sei denn, daß im vorhergehenden Geschäftsjahr eine entsprechende Zahl gemäß Absatz 4 ausgewiesen wurde.

(6) Die Mitgliedstaaten können gestatten oder vorschreiben, dass der Ausweis von Beträgen in Posten der Gewinn- und Verlustrechnung sowie der Bilanz den wirtschaftlichen Gehalt des zugrunde liegenden Geschäftsvorfalls oder der zugrunde liegenden Vereinbarung berücksichtigt. Eine derartige Erlaubnis oder Verpflichtung kann auf bestimmte Gruppen von Gesellschaften und/oder auf den konsolidierten Abschluss im Sinne der Siebenten Richtlinie 83/349/EWG des Rates vom 13. Juni 1983 über den konsolidierten Abschluss[6] beschränkt werden.

Art. 5 [Sondergliederung für Investment- oder Beteiligungsgesellschaften] (1) Die Mitgliedstaaten können abweichend von Artikel 4 Absätze 1 und 2 Sondergliederungen für den Jahresabschluss von Investmentgesellschaften sowie von Beteiligungsgesellschaften vorsehen, sofern diese Sondergliederungen ein dem Artikel 2 Absatz 3 entsprechendes Bild von diesen Gesellschaften vermitteln. Die Mitgliedstaaten gewähren die in Artikel 1a vorgesehenen Ausnahmen weder Investmentgesellschaften noch Beteiligungsgesellschaften.

(2) Als Investmentgesellschaften im Sinne dieser Richtlinie gelten ausschließlich

a)   Gesellschaften, deren einziger Zweck darin besteht, ihre Mittel in Wertpapieren oder Immobilien verschiedener Art oder in anderen Werten anzulegen mit dem einzigen Ziel, das Risiko der Investitionen zu verteilen und ihre Aktionäre oder Gesellschafter an dem Gewinn aus der Verwaltung ihres Vermögens zu beteiligen;

---

6   Konzernbilanz-RL, in dieser Sammlung Nr. 4.7.

b) Gesellschaften, die mit Investmentgesellschaften verbunden sind, die ein festes Kapital haben, sofern der einzige Zweck dieser verbundenen Gesellschaften darin besteht, voll eingezahlte Aktien, die von diesen Investmentgesellschaften ausgegeben worden sind, zu erwerben, unbeschadet des Artikels 20 Absatz 1 Buchstabe h) der Richtlinie 77/91/EWG.[7]

(3) Als Beteiligungsgesellschaften im Sinne dieser Richtlinie gelten ausschließlich Gesellschaften, deren einziger Zweck darin besteht, Beteiligungen an anderen Unternehmen zu erwerben sowie die Verwaltung und Verwertung dieser Beteiligungen wahrzunehmen, ohne daß diese Gesellschaften unmittelbar oder mittelbar in die Verwaltung dieser Unternehmen eingreifen, unbeschadet der Rechte, die den Beteiligungsgesellschaften in ihrer Eigenschaft als Aktionärin oder Gesellschafterin zustehen. Die Einhaltung der für die Tätigkeit dieser Gesellschaften bestehenden Beschränkungen muss durch ein Gericht oder eine Verwaltungsbehörde überwacht werden können.

Art. 6 [Anpassung der Gliederung für den Ausweis der Verwendung der Ergebnisse] Die Mitgliedstaaten können gestatten oder vorschreiben, dass die Gliederung der Bilanz und der Gewinn- und Verlustrechnung für den Ausweis der Verwendung der Ergebnisse angepasst werden kann.

Art. 7 [Verrechnungsverbot] Eine Verrechnung zwischen Aktiv- und Passivposten sowie zwischen Aufwands- und Ertragsposten ist unzulässig.

Abschnitt 3 – Gliederung der Bilanz

Art. 8 [Mögliche Gliederungen der Bilanz] Für die Aufstellung der Bilanz sehen die Mitgliedstaaten eine oder beide der in den Artikeln 9 und 10 vorgesehenen Gliederungen vor. Sieht ein Mitgliedstaat beide Gliederungen vor, so kann er den Gesellschaften die Wahl zwischen diesen Gliederungen überlassen.

Die Mitgliedstaaten können den Gesellschaften gestatten oder vorschreiben, die Bilanz statt nach den an anderer Stelle vorgeschriebenen oder gestatteten Gliederungen nach Artikel 10a aufzustellen.

Art. 9 [Gliederung I]

Aktiva

A. Ausstehende Einlagen auf das gezeichnete Kapital
   davon eingefordert
   (sofern nicht die einzelstaatlichen Rechtsvorschriften den Ausweis des eingeforderten Kapitals auf der Passivseite vorsehen. In diesem Fall muss derjenige Teil des Kapitals, der eingefordert aber noch nicht eingezahlt ist, entweder unter dem Posten A oder unter dem Posten D. II. 5 auf der Aktivseite ausgewiesen werden).

B. Aufwendungen für die Errichtung und Erweiterung des Unternehmens
   wie in den entsprechenden einzelstaatlichen Rechtsvorschriften festgelegt und soweit diese eine Aktivierung gestatten. Die einzelstaatlichen Rechtsvorschriften können ebenfalls vorsehen, dass die Aufwendungen für die Errichtung und Erweiterung des Unternehmens als erster Posten unter „Immaterielle Anlagewerte" ausgewiesen werden.

---

7   ABl. Nr. L 26 vom 31.1.1977, S. 1.

C. Anlagevermögen
   I. Immaterielle Anlagewerte
     1. Forschungs- und Entwicklungskosten, soweit die einzelstaatlichen Rechtsvorschriften eine Aktivierung gestatten;
     2. Konzessionen, Patente, Lizenzen, Warenzeichen und ähnliche Rechte und Werte, soweit sie
       a) entgeltlich erworben wurden und nicht unter dem Posten C. I. 3 auszuweisen sind oder
       b) von dem Unternehmen selbst erstellt wurden, soweit die einzelstaatlichen Rechtsvorschriften eine Aktivierung gestatten;
     3. Geschäfts- oder Firmenwert, sofern er entgeltlich erworben wurde;
     4. Geleistete Anzahlungen.
   II. Sachanlagen
     1. Grundstücke und Bauten.
     2. Technische Anlagen und Maschinen.
     3. Andere Anlagen, Betriebs- und Geschäftsausstattung.
     4. Geleistete Anzahlungen und Anlagen im Bau.
   III. Finanzanlagen
     1. Anteile an verbundenen Unternehmen.
     2. Forderungen gegen verbundene Unternehmen.
     3. Beteiligungen.
     4. Forderungen gegen Unternehmen, mit denen ein Beteiligungsverhältnis besteht.
     5. Wertpapiere des Anlagevermögens.
     6. Sonstige Ausleihungen.
     7. Eigene Aktien oder Anteile (unter Angabe ihres Nennbetrages oder, wenn ein Nennbetrag nicht vorhanden ist, ihres rechnerischen Wertes), soweit die einzelstaatlichen Rechtsvorschriften eine Bilanzierung gestatten.
D. Umlaufvermögen
   I. Vorräte
     1. Roh-, Hilfs- und Betriebsstoffe.
     2. Unfertige Erzeugnisse.
     3. Fertige Erzeugnisse und Waren.
     4. Geleistete Anzahlungen.
   II. Forderungen
   (Bei den folgenden Posten ist jeweils gesondert anzugeben, in welcher Höhe Forderungen mit einer Restlaufzeit von mehr als einem Jahr enthalten sind)
     1. Forderungen aus Lieferungen und Leistungen.
     2. Forderungen gegen verbundene Unternehmen.
     3. Forderungen gegen Unternehmen, mit denen ein Beteiligungsverhältnis besteht.
     4. Sonstige Forderungen.
     5. Gezeichnetes Kapital, das eingefordert, aber noch nicht eingezahlt ist (sofern nicht die einzelstaatlichen Rechtsvorschriften den Ausweis des eingeforderten Kapitals unter dem Posten A. auf der Aktivseite vorsehen).

6. Rechnungsabgrenzungsposten (sofern nicht die einzelstaatlichen Rechtsvorschriften den Ausweis der Rechnungsabgrenzungsposten unter dem Posten E. auf der Aktivseite vorsehen).

III. Wertpapiere

   1. Anteile an verbundenen Unternehmen.

   2. Eigene Aktien oder Anteile (unter Angabe ihres Nennbetrages oder, wenn ein Nennbetrag nicht vorhanden ist, ihres rechnerischen Wertes), soweit die einzelstaatlichen Rechtsvorschriften eine Bilanzierung gestatten.

   3. Sonstige Wertpapiere.

IV. Guthaben bei Kreditinstituten, Postscheckguthaben, Schecks und Kassenbestand.

E. Rechnungsabgrenzungsposten

(sofern nicht die einzelstaatlichen Rechtsvorschriften den Ausweis der Rechnungsabgrenzungsposten unter den Posten D. II. 6 auf der Aktivseite vorsehen).

F. Verlust des Geschäftsjahres

(sofern nicht die einzelstaatlichen Rechtsvorschriften den Ausweis unter dem Posten A. VI auf der Passivseite vorsehen).

Passiva

A. Eigenkapital

   I. Gezeichnetes Kapital

   (sofern nicht die einzelstaatlichen Rechtsvorschriften den Ausweis des eingeforderten Kapitals unter diesem Posten vorsehen. In diesem Fall müssen das gezeichnete und das eingezahlte Kapital gesondert ausgewiesen werden).

   II. Agio

   III. Neubewertungsrücklage

   IV. Rücklagen

      1. Gesetzliche Rücklage, soweit einzelstaatliche Rechtsvorschriften die Bildung einer derartigen Rücklage vorschreiben.

      2. Rücklage für eigene Aktien oder Anteile, soweit einzelstaatliche Rechtsvorschriften die Bildung einer derartigen Rücklage vorschreiben, unbeschadet des Artikels 22 Absatz 1 Buchstabe b) der Richtlinie 77/91/EWG.

      3. Satzungsmäßige Rücklagen.

      4. Sonstige Rücklagen.

   V. Ergebnisvortrag

   VI. Ergebnis des Geschäftsjahres

   (sofern nicht die einzelstaatlichen Rechtsvorschriften den Ausweis dieses Postens unter dem Posten F auf der Aktivseite oder unter dem Posten E auf der Passivseite vorschreiben).

B. Rückstellungen

   1. Rückstellungen für Pensionen und ähnliche Verpflichtungen.

   2. Steuerrückstellungen.

   3. Sonstige Rückstellungen.

C. Verbindlichkeiten

(Bei den folgenden Posten ist jeweils gesondert und für diese Posten insgesamt anzugeben, in welcher Höhe Verbindlichkeiten mit einer Restlaufzeit von bis zu einem Jahr und Verbindlichkeiten mit einer Restlaufzeit von mehr als einem Jahr enthalten sind):

1. Anleihen, davon konvertibel.
2. Verbindlichkeiten gegenüber Kreditinstituten.
3. Erhaltene Anzahlungen auf Bestellungen, soweit diese nicht von dem Posten Vorräte offen abgesetzt werden.
4. Verbindlichkeiten aus Lieferungen und Leistungen.
5. Verbindlichkeiten aus Wechseln.
6. Verbindlichkeiten gegenüber verbundenen Unternehmen.
7. Verbindlichkeiten gegenüber Unternehmen, mit denen ein Beteiligungsverhältnis besteht.
8. Sonstige Verbindlichkeiten, davon Verbindlichkeiten aus Steuern und Verbindlichkeiten im Rahmen der sozialen Sicherheit.
9. Rechnungsabgrenzungsposten (sofern nicht die einzelstaatlichen Rechtsvorschriften den Ausweis der Rechnungsabgrenzungsposten unter dem Posten D. auf der Passivseite vorsehen).

D. Rechnungsabgrenzungsposten
(sofern nicht die einzelstaatlichen Rechtsvorschriften den Ausweis der Rechnungsabgrenzungsposten unter dem Posten C. 9 auf der Passivseite vorsehen).

E. Gewinn des Geschäftsjahres
(sofern nicht die einzelstaatlichen Rechtsvorschriften den Ausweis unter dem Posten A. VI auf der Passivseite vorsehen).

Art. 10 [Gliederung II]

A. Ausstehende Einlagen auf das gezeichnete Kapital
davon eingefordert
(sofern nicht die einzelstaatlichen Rechtsvorschriften den Ausweis des eingeforderten Kapitals unter dem Posten L. vorsehen. In diesem Fall muss derjenige Teil des Kapitals, der eingefordert, aber noch nicht eingezahlt ist, entweder unter dem Posten A. oder unter dem Posten D. II. 5 ausgewiesen werden).

B. Aufwendungen für die Errichtung und Erweiterung des Unternehmens
wie in den entsprechenden einzelstaatlichen Rechtsvorschriften festgelegt und soweit diese eine Aktivierung gestatten. Die einzelstaatlichen Rechtsvorschriften können ebenfalls vorsehen, dass die Aufwendungen für die Errichtung und Erweiterung des Unternehmens als erster Posten unter „Immaterielle Anlagewerte" ausgewiesen werden.

C. Anlagevermögen
  I. Immaterielle Anlagewerte
    1. Forschungs- und Entwicklungskosten, soweit die einzelstaatlichen Rechtsvorschriften eine Aktivierung gestatten.
    2. Konzessionen, Patente, Lizenzen, Warenzeichen und ähnliche Rechte und Werte, soweit sie
      a) entgeltlich erworben wurden und nicht unter dem Posten C. I. 3 auszuweisen sind oder
      b) von dem Unternehmen selbst erstellt wurden, soweit die einzelstaatlichen Rechtsvorschriften eine Aktivierung gestatten.
    3. Geschäfts- oder Firmenwert, sofern er entgeltlich erworben wurde.
    4. Geleistete Anzahlungen.
  II. Sachanlagen
    1. Grundstücke und Bauten.

2. Technische Anlagen und Maschinen.

3. Andere Anlagen, Betriebs- und Geschäftsausstattung.

4. Geleistete Anzahlungen und Anlagen im Bau.

III. Finanzanlagen

    1. Anteile an verbundenen Unternehmen.

    2. Forderungen gegen verbundene Unternehmen.

    3. Beteiligungen.

    4. Forderungen gegen Unternehmen, mit denen ein Beteiligungsverhältnis besteht.

    5. Wertpapiere des Anlagevermögens.

    6. Sonstige Ausleihungen.

    7. Eigene Aktien oder Anteile (unter Angabe ihres Nennbetrages oder, wenn ein Nennbetrag nicht vorhanden ist, ihres rechnerischen Wertes), soweit die einzelstaatlichen Rechtsvorschriften eine Bilanzierung gestatten.

D. Umlaufvermögen

I. Vorräte

    1. Roh-, Hilfs- und Betriebsstoffe.

    2. Unfertige Erzeugnisse.

    3. Fertige Erzeugnisse und Waren.

    4. Geleistete Anzahlungen.

II. Forderungen

(Bei den folgenden Posten ist jeweils gesondert anzugeben, in welcher Höhe Forderungen mit einer Restlaufzeit von mehr als einem Jahr enthalten sind)

    1. Forderungen aus Lieferungen und Leistungen.

    2. Forderungen gegen verbundene Unternehmen.

    3. Forderungen gegen Unternehmen, mit denen ein Beteiligungsverhältnis besteht.

    4. Sonstige Forderungen.

    5. Gezeichnetes Kapital, das eingefordert, aber noch nicht eingezahlt ist (sofern nicht die einzelstaatlichen Rechtsvorschriften den Ausweis des eingeforderten Kapitals unter dem Posten A. vorsehen).

    6. Rechnungsabgrenzungsposten (sofern nicht die einzelstaatlichen Rechtsvorschriften den Ausweis der Rechnungsabgrenzungsposten unter dem Posten E. vorsehen).

III. Wertpapiere

    1. Anteile an verbundenen Unternehmen.

    2. Eigene Aktien oder Anteile (unter Angabe ihres Nennbetrages oder, wenn ein Nennbetrag nicht vorhanden ist, ihres rechnerischen Wertes), soweit die einzelstaatlichen Rechtsvorschriften eine Bilanzierung gestatten.

    3. Sonstige Wertpapiere.

IV. Guthaben bei Kreditinstituten, Postscheckguthaben, Schecks und Kassenbestand.

E. Rechnungsabgrenzungsposten

(sofern nicht die einzelstaatlichen Rechtsvorschriften den Ausweis der Rechnungsabgrenzungsposten unter dem Posten D. II. 6 vorsehen)

F. Verbindlichkeiten mit einer Restlaufzeit bis zu einem Jahr

    1. Anleihen, davon konvertibel.

2. Verbindlichkeiten gegenüber Kreditinstituten.
3. Erhaltene Anzahlungen auf Bestellungen, soweit diese nicht von dem Posten Vorräte offen abgesetzt werden.
4. Verbindlichkeiten aus Lieferungen und Leistungen.
5. Verbindlichkeiten aus Wechseln.
6. Verbindlichkeiten gegenüber verbundenen Unternehmen.
7. Verbindlichkeiten gegenüber Unternehmen, mit denen ein Beteiligungsverhältnis besteht.
8. Sonstige Verbindlichkeiten, davon Verbindlichkeiten aus Steuern und Verbindlichkeiten im Rahmen der sozialen Sicherheit.
9. Rechnungsabgrenzungsposten (sofern nicht die einzelstaatlichen Rechtsvorschriften den Ausweis der Rechnungsabgrenzungsposten unter dem Posten K. vorsehen).

G. Umlaufvermögen (einschließlich der Rechnungsabgrenzungsposten, sofern unter Posten E angegeben), das die Verbindlichkeiten mit einer Restlaufzeit von bis zu einem Jahr (einschließlich der Rechnungsabgrenzungsposten, sofern unter Posten K angegeben) übersteigt.

H. Gesamtbetrag des Vermögens nach Abzug der Verbindlichkeiten mit einer Restlaufzeit von bis zu einem Jahr.

I. Verbindlichkeiten mit einer Restlaufzeit von über einem Jahr.
1. Anleihen, davon konvertibel.
2. Verbindlichkeiten gegenüber Kreditinstituten.
3. Erhaltene Anzahlungen auf Bestellungen, soweit sie nicht von den Vorräten gesondert abgezogen werden.
4. Verbindlichkeiten aus Lieferungen und Leistungen.
5. Verbindlichkeiten aus Wechseln.
6. Verbindlichkeiten gegenüber verbundenen Unternehmen.
7. Verbindlichkeiten gegenüber Unternehmen, mit denen ein Beteiligungsverhältnis besteht.
8. Sonstige Verbindlichkeiten, davon Verbindlichkeiten aus Steuern und Verbindlichkeiten im Rahmen der sozialen Sicherheit.
9. Rechnungsabgrenzungsposten (sofern nicht die einzelstaatlichen Rechtsvorschriften den Ausweis der Rechnungsabgrenzungsposten unter dem Posten K. vorsehen).

J. Rückstellungen
1. Rückstellungen für Pensionen und ähnliche Verpflichtungen.
2. Steuerrückstellungen.
3. Sonstige Rückstellungen.

K. Rechnungsabgrenzungsposten
(sofern nicht die einzelstaatlichen Rechtsvorschriften den Ausweis der Rechnungsabgrenzungsposten unter dem Posten F. 9 oder I. 9 vorsehen)

L. Eigenkapital
I. Gezeichnetes Kapital
(sofern nicht einzelstaatlichen Rechtsvorschriften den Ausweis des eingeforderten Kapitals unter diesem Posten vorsehen. In diesem Fall müssen das gezeichnete und das eingezahlte Kapital gesondert ausgewiesen werden).

II. Agio

III. Neubewertungsrücklage

IV. Rücklagen

1. Gesetzliche Rücklage, soweit einzelstaatliche Rechtsvorschriften die Bildung einer derartigen Rücklage vorschreiben.

2. Rücklage für eigene Aktien oder Anteile, soweit einzelstaatliche Rechtsvorschriften die Bildung einer derartigen Rücklage vorschreiben, unbeschadet des Artikels 22 Absatz 1 Buchstabe b) der Richtlinie 77/91/EWG.

3. Satzungsmäßige Rücklagen.

4. Sonstige Rücklagen.

V. Ergebnisvortrag

VI. Ergebnis des Geschäftsjahres

Art. 10a [Gliederung nach kurz- und langfristigen Posten] Anstelle der Gliederung der Bilanzposten nach den Artikeln 9 und 10 können die Mitgliedstaaten den Gesellschaften oder bestimmten Gruppen von Gesellschaften gestatten oder vorschreiben, bei der Gliederung zwischen kurz- und langfristigen Posten zu unterscheiden, sofern der vermittelte Informationsgehalt dem nach den Artikeln 9 und 10 geforderten mindestens gleichwertig ist.

Art. 11 [Verkürzte Bilanz] Die Mitgliedstaaten können zulassen, daß Gesellschaften, bei denen am Bilanzstichtag die Grenzen von zwei der drei folgenden Größenmerkmale, nämlich

– Bilanzsumme: 4 400 000 EUR;

– Nettoumsatzerlöse: 8 800 000 EUR;

– durchschnittliche Anzahl der während des Geschäftsjahrs Beschäftigten: 50,

nicht überschritten werden, eine verkürzte Bilanz aufstellen, in die nur die in den Artikeln 9 und 10 vorgesehenen mit Buchstaben und römischen Zahlen bezeichneten Posten aufgenommen werden, wobei die bei dem Posten D. II der Aktiva und dem Posten C. der Passiva des Artikels 9 sowie bei dem Posten D. II des Artikels 10 in Klammern verlangten Angaben gesondert, jedoch zusammengefasst für jeden betroffenen Posten, zu machen sind.

Die Mitgliedstaaten können zulassen, daß Artikel 15 Absatz 3 Buchstabe a) und Absatz 4 nicht für die verkürzte Bilanz gilt.

Für jene Mitgliedstaaten, die den Euro nicht eingeführt haben, wird der Betrag in nationaler Währung, der zu dem in Absatz 1 genannten Betrag gleichwertig ist, durch die Anwendung des Umrechnungskurses ermittelt, der gemäß der Veröffentlichung im *Amtsblatt der Europäischen Union* am Tag des Inkrafttretens jeder Richtlinie gilt, die diese Beträge festsetzt.

Art. 12 [Über- oder Unterschreiten der Schwellenwerte des Artikels 11 in zwei aufeinanderfolgenden Jahren] (1) Überschreitet eine Gesellschaft zum Bilanzstichtag die Grenzen von zwei der drei in Artikel 11 genannten Größenmerkmale oder überschreitet sie diese nicht mehr, so wirken sich diese Umstände auf die Anwendung der in dem genannten Artikel vorgesehenen Ausnahmen nur dann aus, wenn sie während zwei aufeinanderfolgenden Geschäftsjahren fortbestanden haben.

(2) Bei der Umrechnung in nationale Währungen darf von den in Artikel 11 genannten und in Europäischen Rechnungseinheiten ausgedrückten Beträgen nur um höchstens 10 % nach oben abgewichen werden.

(3) Die in Artikel 11 bezeichnete Bilanzsumme setzt sich bei der Gliederung nach Artikel 9 aus den Posten A. bis E. der Aktiva und bei der Gliederung nach Artikel 10 aus den Posten A. bis E. zusammen.

Art. 13 [Ein Vermögensgegenstand unter mehreren Posten; Posten für eigene Anteile]
(1) Fällt ein Vermögensgegenstand auf der Aktiv- oder Passivseite unter mehrere Posten des Gliederungsschemas, so ist die Mitzugehörigkeit zu den anderen Posten bei dem Posten, unter dem er ausgewiesen wird, oder im Anhang zu vermerken, wenn eine solche Angabe zur Aufstellung eines klaren und übersichtlichen Jahresabschlusses nötig ist.
(2) Eigene Aktien und Anteile sowie Anteile an verbundenen Unternehmen dürfen nur unter den dafür vorgesehenen Posten ausgewiesen werden.

Art. 14 [Ausweis der Garantieverpflichtungen] Unter der Bilanz oder im Anhang sind, sofern sie nicht auf der Passivseite auszuweisen sind, alle Garantieverpflichtungen, gegliedert nach den Garantiearten, die die einzelstaatlichen Rechtsvorschriften vorsehen, und unter Angabe der gewährten dinglichen Sicherheiten anzugeben. Bestehen die Garantieverpflichtungen gegenüber verbundenen Unternehmen, so ist dies gesondert anzugeben.

Abschnitt 4 – Vorschriften zu einzelnen Posten der Bilanz

Art. 15 [Anlage- und Umlaufvermögen] (1) Für die Zuordnung der Vermögenswerte zum Anlage- oder Umlaufvermögen ist ihre Zweckbestimmung maßgebend.
(2) Das Anlagevermögen umfasst die Vermögensgegenstände, die dazu bestimmt sind, dauernd dem Geschäftsbetrieb zu dienen.
(3) a) Die Entwicklung der einzelnen Posten des Anlagevermögens ist in der Bilanz oder im Anhang darzustellen. Dabei müssen, ausgehend von den. Anschaffungs- oder Herstellungskosten, die Zu- und Abgänge sowie die Umbuchungen in dem Geschäftsjahr, die bis zum Bilanzstichtag vorgenommenen Wertberichtigungen sowie die Zuschreibungen von Wertberichtigungen früherer Geschäftsjahre für jeden Posten des Anlagevermögens gesondert aufgeführt werden. Die Wertberichtigungen sind entweder in der Bilanz von dem betreffenden Posten offen abgesetzt oder im Anhang auszuweisen.
b) Wenn zum Zeitpunkt der erstmals nach dieser Richtlinie vorgenommenen Aufstellung des Jahresabschlusses die Anschaffungs- oder Herstellungskosten eines Gegenstandes des Anlagevermögens nicht ohne ungerechtfertigte Kosten oder Verzögerungen festgestellt werden können, kann der Restbuchwert am Anfang des Geschäftsjahres als Anschaffungs- oder Herstellungskosten betrachtet werden. Die Anwendung dieses Buchstabens b) ist im Anhang zu erwähnen.
c) Bei Anwendung von Artikel 33 ist der durch Buchstabe a) dieses Absatzes vorgeschriebene Ausweis der Entwicklung der einzelnen Posten des Anlagevermögens aufgrund der neu bewerteten Anschaffungs- oder Herstellungskosten vorzunehmen.
(4) Die Vorschriften des Absatzes 3 Buchstaben a) und b) gelten entsprechend für die Darstellung des Postens „Aufwendungen für die Errichtung und Erweiterung des Unternehmens".

Art. 16 [Posten „Grundstücke und Bauten"] Unter dem Posten „Grundstücke und Bauten" sind Rechte an Grundstücken sowie grundstücksgleiche Rechte auszuweisen, wie sie das nationale Recht festlegt.

Art. 17 [Beteiligungen an anderen Unternehmen] Beteiligungen im Sinne dieser Richtlinie sind Anteile an anderen Unternehmen, die dazu bestimmt sind, dem eigenen Geschäftsbetrieb durch Herstellung einer dauernden Verbindung zu jenen Unternehmen zu dienen; dabei ist es gleichgültig, ob die Anteile in Wertpapieren verbrieft sind oder nicht. Es wird eine Beteiligung an einer anderen Gesellschaft vermutet, wenn der Anteil an ihrem Kapital über einem Vomhundertsatz liegt, der von den Mitgliedstaaten auf höchstens 20 % festgesetzt werden darf.

Art. 18 [Rechnungsabgrenzungsposten auf der Aktivseite] Als Rechnungsabgrenzungsposten auf der Aktivseite sind Ausgaben vor dem Abschlußstichtag auszuweisen, soweit sie Aufwendungen für eine bestimmte Zeit nach diesem Tag darstellen, sowie Erträge, die erst nach dem Abschlußstichtag fällig werden. Die Mitgliedstaaten können jedoch vorsehen, daß diese Erträge unter den Forderungen ausgewiesen werden; erreichen sie einen größeren Umfang, so müssen sie im Anhang näher erläutert werden.

Art. 19 [Wertberichtigungen] Wertberichtigungen beinhalten alle Wertänderungen von Vermögensgegenständen; sie dienen der Berücksichtigung endgültiger oder nicht endgültiger Wertminderungen, welche am Bilanzstichtag festgestellt werden.

Art. 20 [Rückstellungen] (1) Als Rückstellungen sind ihrer Eigenart nach genau umschriebene Verbindlichkeiten auszuweisen, die am Bilanzstichtag wahrscheinlich oder sicher, aber hinsichtlich ihrer Höhe oder des Zeitpunkts ihres Eintritts unbestimmt sind.
(2) Die Mitgliedstaaten können außerdem die Bildung von Rückstellungen für ihrer Eigenart nach genau umschriebene, dem Geschäftsjahr oder einem früheren Geschäftsjahr zuzuordnende Aufwendungen zulassen, die am Bilanzstichtag als wahrscheinlich oder sicher, aber hinsichtlich ihrer Höhe oder dem Zeitpunkt ihres Eintritts unbestimmt sind.
(3) Rückstellungen dürfen keine Wertberichtigungen zu Aktivposten darstellen.

Art. 21 [Rechnungsabgrenzungsposten auf der Passivseite] Als Rechnungsabgrenzungsposten auf der Passivseite sind Einnahmen vor dem Abschlußstichtag auszuweisen, soweit sie Erträge für eine bestimmte Zeit nach diesem Tag darstellen, sowie Aufwendungen vor dem Abschlußstichtag, welche erst nach diesem Tag zu Ausgaben führen. Die Mitgliedstaaten können jedoch vorsehen, daß diese Aufwendungen unter den Verbindlichkeiten ausgewiesen werden; erreichen sie einen größeren Umfang, so müssen sie im Anhang näher erläutert werden.

Abschnitt 5 – Gliederung der Gewinn- und Verlustrechnung

Art. 22 [Mögliche Gliederungen der Gewinn- und Verlustrechnung] Für die Aufstellung der Gewinn- und Verlustrechnung sehen die Mitgliedstaaten eine oder mehrere der in den Artikeln 23 bis 26 aufgeführten Gliederungen vor. Sieht ein Mitgliedstaat mehrere Gliederungen vor, so kann er den Gesellschaften die Wahl zwischen diesen Gliederungen überlassen.
Abweichend von Artikel 2 Absatz 1 können die Mitgliedstaaten allen Gesellschaften oder einzelnen Gruppen von Gesellschaften gestatten oder vorschreiben, anstelle der Gliederung der Posten der Gewinn- und Verlustrechnung nach den Artikeln 23 bis 26 eine Ergebnisrechnung („statement of performance") aufzustellen, sofern der vermittelte Informationsgehalt dem nach jenen Artikeln geforderten mindestens gleichwertig ist.

Art. 23 [Gliederung I]

1. Nettoumsatzerlöse,
2. Veränderung des Bestandes an fertigen und unfertigen Erzeugnissen.
3. Andere aktivierte Eigenleistungen.
4. Sonstige betriebliche Erträge.
5. a) Materialaufwand.
   b) Sonstige externe Aufwendungen.
6. Personalaufwand:
   a) Löhne und Gehälter.
   b) Soziale Aufwendungen, davon für Altersversorgung.
7. a) Wertberichtigungen zu Aufwendungen für die Errichtung und Erweiterung des Unternehmens und zu Sachanlagen und immateriellen Anlagewerten.
   b) Wertberichtigungen zu Gegenständen des Umlaufvermögens, soweit diese die in dem Unternehmen üblichen Wertberichtigungen überschreiten.
8. Sonstige betriebliche Aufwendungen.
9. Erträge aus Beteiligungen, davon aus verbundenen Unternehmen.
10. Erträge aus sonstigen Wertpapieren und Forderungen des Anlagevermögens, davon aus verbundenen Unternehmen.
11. Sonstige Zinsen und ähnliche Erträge, davon aus verbundenen Unternehmen.
12. Wertberichtigungen zu Finanzanlagen und zu Wertpapieren des Umlaufvermögens.
13. Zinsen und ähnliche Aufwendungen, davon betreffend verbundene Unternehmen.
14. Steuern auf das Ergebnis der normalen Geschäftstätigkeit.
15. Ergebnis der normalen Geschäftstätigkeit nach Abzug der Steuern.
16. Außerordentliche Erträge.
17. Außerordentliche Aufwendungen.
18. Außerordentliches Ergebnis.
19. Steuern auf das außerordentliche Ergebnis.
20. Sonstige Steuern, soweit nicht unter obigen Posten enthalten.
21. Ergebnis des Geschäftsjahres.

Art. 24 [Gliederung II]

A. Aufwendungen
   1. Verringerung des Bestandes an fertigen und unfertigen Erzeugnissen.
   2. a) Materialaufwand.
      b) Sonstige externe Aufwendungen.
   3. Personalaufwand:
      a) Löhne und Gehälter.
      b) Soziale Aufwendungen, davon für Altersversorgung.
   4. a) Wertberichtigungen zu Aufwendungen für die Errichtung und Erweiterung des Unternehmens und zu Sachanlagen und immateriellen Anlagewerten.
      b) Wertberichtigungen zu Gegenständen des Umlaufvermögens, soweit diese die in den Unternehmen üblichen Wertberichtigungen überschreiten.
   5. Sonstige betriebliche Aufwendungen.
   6. Wertberichtigungen zu Finanzanlagen und zu Wertpapieren des Umlaufvermögens.
   7. Zinsen und ähnliche Aufwendungen, davon an verbundene Unternehmen.
   8. Steuern auf das Ergebnis der normalen Geschäftstätigkeit.

9. Ergebnis der normalen Geschäftstätigkeit nach Abzug der Steuern.

10. Außerordentliche Aufwendungen.

11. Steuern auf das außerordentliche Ergebnis.

12. Sonstige Steuern, soweit nicht unter obigen Posten enthalten.

13. Ergebnis des Geschäftsjahres.

B. Erträge

1. Nettoumsatzerlöse.

2. Erhöhung des Bestandes an fertigen und unfertigen Erzeugnissen.

3. Andere aktivierte Eigenleistungen.

4. Sonstige betriebliche Erträge.

5. Erträge aus Beteiligungen, davon aus verbundenen Unternehmen.

6. Erträge aus sonstigen Wertpapieren und Forderungen des Anlagevermögens, davon aus verbundenen Unternehmen.

7. Sonstige Zinsen und ähnliche Erträge, davon aus verbundenen Unternehmen.

8. Ergebnis der normalen Geschäftstätigkeit nach Abzug der Steuern.

9. Außerordentliche Erträge.

10. Ergebnis des Geschäftsjahres.

Art. 25 [Gliederung III]

1. Nettoumsatzerlöse.

2. Herstellungskosten der zur Erzielung der Umsatzerlöse erbrachten Leistungen (einschließlich der Wertberichtigungen).

3. Bruttoergebnis vom Umsatz.

4. Vertriebskosten (einschließlich der Wertberichtigungen).

5. Allgemeine Verwaltungskosten (einschließlich der Wertberichtigungen).

6. Sonstige betriebliche Erträge.

7. Erträge aus Beteiligungen, davon aus verbundenen Unternehmen.

8. Erträge aus sonstigen Wertpapieren und Forderungen des Anlagevermögens, davon aus verbundenen Unternehmen.

9. Sonstige Zinsen und ähnliche Erträge, davon aus verbundenen Unternehmen.

10. Wertberichtigungen zu Finanzanlagen und zu Wertpapieren des Umlaufvermögens.

11. Zinsen und ähnliche Aufwendungen, davon an verbundene Unternehmen.

12. Steuern auf das Ergebnis der normalen Geschäftstätigkeit.

13. Ergebnis der normalen Geschäftstätigkeit nach Abzug der Steuern.

14. Außerordentliche Erträge.

15. Außerordentliche Aufwendungen.

16. Außerordentliches Ergebnis.

17. Steuern auf das außerordentliche Ergebnis.

18. Sonstige Steuern, soweit nicht unter obigen Posten enthalten.

19. Ergebnis des Geschäftsjahres.

Art. 26 [Gliederung IV]

A. Aufwendungen

1. Herstellungskosten der zur Erzielung der Umsatzerlöse erbrachten Leistungen (einschließlich der Wertberichtigungen).

2. Vertriebskosten (einschließlich der Wertberichtigungen).

3. Allgemeine Verwaltungskosten (einschließlich der Wertberichtigungen).

4. Wertberichtigungen zu Finanzanlagen und zu Wertpapieren des Umlaufvermögens.

5. Zinsen und ähnliche Aufwendungen, davon an verbundene Unternehmen.

6. Steuern auf das Ergebnis der normalen Geschäftstätigkeit.

7. Ergebnis der normalen Geschäftstätigkeit nach Abzug der Steuern.

8. Außerordentliche Aufwendungen.

9. Steuern auf das außerordentliche Ergebnis.

10. Sonstige Steuern, soweit nicht unter obigen Posten enthalten.

11. Ergebnis des Geschäftsjahres.

B. Erträge:

1. Nettoumsatzerlöse.

2. Sonstige betriebliche Erträge.

3. Erträge aus Beteiligungen, davon aus verbundenen Unternehmen.

4. Erträge aus sonstigen Wertpapieren und Forderungen des Anlagevermögens, davon aus verbundenen Unternehmen.

5. Sonstige Zinsen und ähnliche Erträge, davon aus verbundenen Unternehmen.

6. Ergebnis der normalen Geschäftstätigkeit nach Abzug der Steuern.

7. Außerordentliche Erträge.

8. Ergebnis des Geschäftsjahres.

Art. 27 [Zulässigkeit von Abweichungen von Artikel 23–26 nach Größe] Die Mitgliedstaaten können für Gesellschaften, bei denen am Bilanzstichtag die Grenzen von zwei der drei folgenden Größenmerkmale, nämlich

– Bilanzsumme: 17 500 000 EUR,

– Nettoumsatzerlöse: 35 000 000 EUR,

– durchschnittliche Anzahl der während des Geschäftsjahres Beschäftigten: 250,

nicht überschritten werden, folgende Abweichungen von den in den Artikeln 23 bis 26 aufgeführten Gliederungen gestatten:

a) in Artikel 23: Zusammenfassung der Posten 1 bis 5 zu einem Posten unter der Bezeichnung „Rohergebnis";

b) in Artikel 24: Zusammenfassung der Posten A.1, A.2 und B.1 bis B.4 zu einem Posten unter der Bezeichnung „Rohertrag" oder gegebenenfalls „Rohaufwand";

c) in Artikel 25: Zusammenfassung der Posten 1, 2, 3 und 6 zu einem Posten unter der Bezeichnung „Rohergebnis";

d) in Artikel 26: Zusammenfassung der Posten A.1, B.1 und B.2 zu einem Posten unter der Bezeichnung „Rohertrag" oder gegebenenfalls „Rohaufwand".

Artikel 12 findet Anwendung.

Für jene Mitgliedstaaten, die den Euro nicht eingeführt haben, wird der Betrag in nationaler Währung, der zu dem in Absatz 1 genannten Betrag gleichwertig ist, durch die Anwendung des Umrechnungskurses ermittelt, der gemäß der Veröffentlichung im Amtsblatt der Europäischen Union am Tag des Inkrafttretens der jeder Richtlinie gilt, die diese Beträge festsetzt.

Abschnitt 6 – Vorschriften zu einzelnen Posten der Gewinn- und Verlustrechnung

Art. 28 [Nettoumsatzerlöse] Zu den Nettoumsatzerlösen zählen die Erlöse aus dem Verkauf von für die normale Geschäftstätigkeit der Gesellschaft typischen Erzeugnissen und der Erbringung von für die Tätigkeit der Gesellschaft typischen Dienstleistungen nach Abzug von Erlösschmälerungen, der Mehrwertsteuer und anderer unmittelbar auf den Umsatz bezogener Steuern.

Art. 29 [Außerordentliche Erträge oder Aufwendungen] (1) Unter den Posten „Außerordentliche Erträge" und „Außerordentliche Aufwendungen" sind Erträge und Aufwendungen zu erfassen, die außerhalb der normalen Geschäftätigkeit der Gesellschaft anfallen.

(2) Sind die in Absatz 1 genannten Erträge und Aufwendungen für die Beurteilung der Ertragslage nicht von untergeordneter Bedeutung, so sind sie hinsichtlich ihres Betrags und ihrer Art im Anhang zu erläutern. Dies gilt auch für die Erträge und Aufwendungen, die einem anderen Geschäftsjahr zuzurechnen sind.

Art. 30 [Zusammenfassung der Steuern auf das Ergebnis] Die Mitgliedstaaten können zulassen, daß die Steuern auf das Ergebnis der normalen Geschäftätigkeit und die Steuern auf das außerordentliche Ergebnis zusammengefasst und in der Gewinn- und Verlustrechnung unter einem Posten ausgewiesen werden, der vor dem Posten „Sonstige Steuern, soweit nicht unter obigem Posten enthalten" steht. In diesem Fall wird der Posten „Ergebnis der normalen Geschäftätigkeit nach Abzug der Steuern" in den Gliederungen der Artikel 23 bis 26 gestrichen.

Wird diese Ausnahmeregelung angewandt, so müssen die Gesellschaften im Anhang angeben, in welchem Umfang die Steuern auf das Ergebnis das Ergebnis der normalen Geschäftätigkeit und das außerordentliche Ergebnis belasten.

Abschnitt 7 – Bewertungsregeln

Art. 31 [Grundsätze der Bewertungsregeln] (1) Die Mitgliedstaaten stellen sicher, daß für die Bewertung der Posten im Jahresabschluß folgende allgemeine Grundsätze gelten:

a) Eine Fortsetzung der Unternehmenstätigkeit wird unterstellt.

b) In der Anwendung der Bewertungsmethoden soll Stetigkeit bestehen.

c) Der Grundsatz der Vorsicht muß in jedem Fall beachtet werden. Das bedeutet insbesondere:

    aa) Nur die am Bilanzstichtag realisierten Gewinne werden ausgewiesen.

    bb) Es müssen alle Risiken berücksichtigt werden, die in dem betreffenden Geschäftsjahr oder einem früheren Geschäftsjahr entstanden sind, selbst wenn diese Risiken erst zwischen dem Bilanzstichtag und dem Tag der Aufstellung der Bilanz bekannt geworden sind.

    cc) Wertminderungen sind unabhängig davon zu berücksichtigen, ob das Geschäftsjahr mit einem Gewinn oder einem Verlust abschließt.

d) Aufwendungen und Erträge für das Geschäftsjahr, auf das sich der Jahresabschluß bezieht, müssen berücksichtigt werden, ohne Rücksicht auf den Zeitpunkt der Ausgabe oder Einnahme dieser Aufwendung oder Erträge.

e) Die in den Aktiv- und Passivposten enthaltenen Vermögensgegenstände sind einzeln zu bewerten.

f) Die Eröffnungsbilanz eines Geschäftsjahres muß mit der Schlußbilanz des vorhergehenden Geschäftsjahres übereinstimmen.

(1a) Zusätzlich zu den nach Absatz 1 Buchstabe c) Unterbuchstabe bb) erfassten Beträgen können die Mitgliedstaaten gestatten oder vorschreiben, dass alle voraussehbaren Risiken und zu vermutenden Verluste berücksichtigt werden, die in dem betreffenden Geschäftsjahr oder einem früheren Geschäftsjahr entstanden sind, selbst wenn diese Risiken oder Verluste erst zwischen dem Bilanzstichtag und dem Tag der Aufstellung der Bilanz bekannt geworden sind.

(2) Abweichungen von diesen allgemeinen Grundsätzen sind in Ausnahmefällen zulässig. Die Abweichungen sind im Anhang anzugeben und hinreichend zu begründen; ihr Einfluß auf die Vermögens-, Finanz- und Ertragslage ist gesondert anzugeben.

Art. 32 [Verweis auf die Artikel 34–42] Für die Bewertung der Posten im Jahresabschluß gelten die Artikel 34 bis 42, die die Anschaffungs- und Herstellungskosten zur Grundlage haben.

Art. 33 [Regelungsfreiräume der Mitgliedstaaten] (1) Die Mitgliedstaaten können gegenüber der Kommission erklären, daß sie sich bis zu einer späteren Koordinierung die Möglichkeit vorbehalten, in Abweichung von Artikel 32 allen Gesellschaften oder einzelnen Gruppen von Gesellschaften zu gestatten oder vorzuschreiben:

a) die Bewertung auf der Grundlage des Wiederbeschaffungswertes für Sachanlagen, deren Nutzung zeitlich begrenzt ist, und für Vorräte;

b) die Bewertung der Posten im Jahresabschluß, einschließlich des Eigenkapitals, auf der Grundlage anderer Methoden als der unter Buchstabe a) bezeichneten Methode, die der Inflation Rechnung tragen sollen;

c) die Neubewertung der Gegenstände des Anlagevermögens.

Sehen die einzelstaatlichen Rechtsvorschriften Bewertungsmethoden nach Buchstabe a), b) oder c) vor, so sind der Inhalt, der Anwendungsbereich und das Verfahren dieser Methoden festzulegen.

Wird eine solche Methode angewandt, so ist dies unter Angabe der betreffenden Posten der Bilanz und der Gewinn- und Verlustrechnung sowie der für die Berechnung der ausgewiesenen Werte angewandten Methode im Anhang zu erwähnen.

(2) a) Bei Anwendung des Absatzes 1 ist der Unterschiedsbetrag, welcher sich aus der Bewertung auf der Grundlage der angewandten Methode und der Bewertung nach dem Grundsatz des Artikels 32 ergibt, auf der Passivseite unter dem Posten „Neubewertungsrücklage" auszuweisen. Die steuerliche Behandlung dieses Postens ist in der Bilanz oder im Anhang zu erläutern.

Zur Anwendung des letzten Unterabsatzes von Absatz 1 veröffentlichen die Gesellschaften im Anhang insbesondere eine Übersicht, aus der bei jeder Änderung der Rücklage während des Geschäftsjahres folgendes ersichtlich ist:

– der Betrag der Neubewertungsrücklage zu Beginn des Geschäftsjahres;

– die Unterschiedsbeträge aus der Neubewertung, die während des Geschäftsjahres auf die Neubewertungsrücklage übertragen worden sind;

– die Beträge, die während des Geschäftsjahres in Kapital umgewandelt oder auf andere Weise von der Neubewertungsrücklage übertragen worden sind, sowie die Angabe der Art einer solchen Übertragung;

– der Betrag der Neubewertungsrücklage am Ende des Geschäftsjahres.

b) Die Neubewertungsrücklage kann jederzeit ganz oder teilweise in Kapital umgewandelt werden.

c) Die Neubewertungsrücklage ist aufzulösen, soweit die darin enthaltenen Beträge nicht mehr für die Anwendung der benutzten Bewertungsmethode und die Erfüllung ihres Zwecks erforderlich sind. Die Mitgliedstaaten können Vorschriften über die Verwendung der Neubewertungsrücklage vorsehen, sofern Übertragungen aus der Neubewertungsrücklage auf die Gewinn- und Verlustrechnung nur insoweit vorgenommen werden dürfen, als die übertragenen Beträge zu Lasten der Gewinn- und Verlustrechnung verbucht worden sind oder einen tatsächlich realisierten Gewinn darstellen. Diese Beträge sind gesondert in der Gewinn- und Verlustrechnung auszuweisen. Die Neubewertungsrücklage darf, außer wenn sie einen realisierten Gewinn darstellt, weder unmittelbar noch mittelbar auch nicht zum Teil ausgeschüttet werden.

d) Außer in den unter den Buchstaben b) und c) erwähnten Fällen darf die Neubewertungsrücklage nicht aufgelöst werden.

(3) Die Wertberichtigungen sind jährlich anhand des für das betreffende Geschäftsjahr zugrunde gelegten Wertes zu berechnen. Die Mitgliedstaaten können jedoch in Abweichung von den Artikeln 4 und 22 gestatten oder vorschreiben, daß nur der sich aus der Anwendung des Grundsatzes des Artikels 32 ergebende Betrag der Wertberichtigungen unter den betreffenden Posten in den Gliederungen der Artikel 23 bis 26 ausgewiesen wird und daß die Differenz, die sich aus der nach diesem Artikel vorgenommenen Bewertungsmethode ergibt, in den Gliederungen gesondert ausgewiesen wird. Im Übrigen sind die Artikel 34 bis 42 entsprechend anzuwenden.

(4) Bei Anwendung von Absatz 1 ist in der Bilanz oder im Anhang für jeden Posten der Bilanz, mit Ausnahme der Vorräte, nach den in den Artikeln 9 und 10 aufgeführten Gliederungen folgendes getrennt auszuweisen:

a) entweder der Betrag der Bewertungen nach dem Grundsatz des Artikels 32 und der Betrag der bis zum Bilanzstichtag vorgenommenen Wertberichtigungen

b) oder der sich am Bilanzstichtag ergebende Betrag aus der Differenz zwischen der Bewertung nach diesem Artikel und der Bewertung, die sich bei Anwendung des Artikels 32 ergeben würde, sowie gegebenenfalls der Betrag aus zusätzlichen Wertberichtigungen.

(5) Unbeschadet von Artikel 52 nimmt der Rat auf Vorschlag der Kommission innerhalb von 7 Jahren nach der Bekanntgabe dieser Richtlinie eine Prüfung und gegebenenfalls eine Änderung dieses Artikels unter Berücksichtigung der Wirtschafts- und Währungsentwicklung in der Gemeinschaft vor.

Art. 34 [Aufwendungen für die Errichtung und Erweiterung des Unternehmens]
(1) a) Soweit die einzelstaatlichen Rechtsvorschriften eine Aktivierung der Aufwendungen für die Errichtung und Erweiterung des Unternehmens gestatten, müssen sie spätestens nach fünf Jahren abgeschrieben sein.

b) Solange diese Aufwendungen nicht vollständig abgeschrieben worden sind, ist die Ausschüttung von Gewinnen verboten, es sei denn, daß die dafür verfügbaren Rücklagen und der Gewinnvortrag wenigstens so hoch wie der nicht abgeschriebene Teil dieser Aufwendungen sind.

(2) Der Inhalt des Postens „Aufwendungen für die Errichtung und Erweiterung des Unternehmens" ist im Anhang zu erläutern.

Art. 35 [Gegenstände des Anlagevermögens – Anschaffungs- und Herstellungskosten]
(1) a) Die Gegenstände des Anlagevermögens sind unbeschadet der Buchstaben b) und c) zu den Anschaffungs- oder Herstellungskosten zu bewerten.

b) Bei den Gegenständen des Anlagevermögens, deren wirtschaftliche Nutzung zeitlich begrenzt ist, sind die Anschaffungs- und Herstellungskosten um Wertberichtigungen zu vermindern, die so berechnet sind, daß der Wert des Vermögensgegenstandes während dieser Nutzungszeit planmäßig zur Abschreibung gelangt.

c) aa) Bei Finanzanlagen können Wertberichtigungen vorgenommen werden, um sie mit dem niedrigeren Wert anzusetzen, der ihnen am Bilanzstichtag beizulegen ist.

bb) Bei einem Gegenstand des Anlagevermögens sind ohne Rücksicht darauf, ob seine Nutzung zeitlich begrenzt ist, Wertberichtigungen vorzunehmen, um ihn mit dem niedrigeren Wert anzusetzen, der ihm am Bilanzstichtag beizulegen ist, wenn es sich voraussichtlich um eine dauernde Wertminderung handelt.

cc) Die unter den Unterabsätzen aa) und bb) genannten Wertberichtigungen sind in der Gewinn- und Verlustrechnung aufzuführen und gesondert im Anhang anzugeben, wenn sie nicht gesondert in der Gewinn- und Verlustrechnung ausgewiesen sind.

dd) Der niedrigere Wertansatz nach den Unterabsätzen aa) und bb) darf nicht beibehalten werden, wenn die Gründe der Wertberichtigungen nicht mehr bestehen.

d) Wenn bei einem Gegenstand des Anlagevermögens allein für die Anwendung von Steuervorschriften außerordentliche Wertberichtigungen vorgenommen werden, ist der Betrag dieser Wertberichtigungen im Anhang zu erwähnen und hinreichend zu begründen.

(2) Zu den Anschaffungskosten gehören neben dem Einkaufspreis auch die Nebenkosten.

(3) a) Zu den Herstellungskosten gehören neben den Anschaffungskosten der Roh-, Hilfs- und Betriebsstoffe die dem einzelnen Erzeugnis unmittelbar zurechenbaren Kosten.

b) Den Herstellungskosten dürfen angemessene Teile der dem einzelnen Erzeugnis nur mittelbar zurechenbaren Kosten, welche auf den Zeitraum der Herstellung entfallen, hinzugerechnet werden.

(4) Zinsen für Fremdkapital, das zur Finanzierung der Herstellung von Gegenständen des Anlagevermögens gebraucht wird, dürfen in die Herstellungskosten einbezogen werden, sofern sie auf den Zeitraum der Herstellung entfallen. Ihre Aktivierung ist im Anhang zu erwähnen.

Art. 36 [Zulässige Wertberichtigungen bei Investmentgesellschaften] Die Mitgliedstaaten können abweichend von Artikel 35 Absatz 1 Buchstabe c) Unterabsatz cc) den Investmentgesellschaften im Sinne des Artikels 5 Absatz 2 gestatten, Wertberichtigungen bei Wertpapieren unmittelbar aus dem Eigenkapital vorzunehmen. Die betreffenden Beträge müssen auf der Passivseite der Bilanz gesondert ausgewiesen werden.

Art. 37 [Forschungs- und Entwicklungskosten – Geschäfts- oder Firmenwert] (1) Artikel 34 gilt entsprechend für den Posten „Forschungs- und Entwicklungskosten". Die Mitgliedstaaten können jedoch für Ausnahmefälle Abweichungen von Artikel 34 Absatz 1 Buchstabe a) gestatten. In diesem Fall können sie auch Abweichungen von Artikel 34 Absatz 1 Buchstabe b) zulassen. Diese Abweichungen sind im Anhang zu erwähnen und hinreichend zu begründen.

(2) Artikel 34 Absatz 1 Buchstabe a) gilt entsprechend für den Posten „Geschäfts- oder Firmenwert". Die Mitgliedstaaten können jedoch Gesellschaften gestatten, ihren Geschäfts- oder Firmenwert im Verlauf eines befristeten Zeitraums von mehr als fünf Jahren planmäßig abzuschreiben, sofern dieser Zeitraum die Nutzungsdauer dieses Gegenstands des Anlagevermögens nicht überschreitet und im Anhang erwähnt und begründet wird.

Art. 38 [Gegenstände des Sachanlagevermögens] Gegenstände des Sachanlagevermögens sowie Roh-, Hilfs- und Betriebsstoffe, die ständig ersetzt werden und deren Gesamtwert für das Unternehmen von nachrangiger Bedeutung ist, können mit einer gleichbleibenden Menge und einem gleichbleibenden Wert angesetzt werden, wenn ihr Bestand in seiner Größe, seinem Wert und seiner Zusammensetzung nur geringfügigen Veränderungen unterliegt.

Art. 39 [Gegenstände des Umlaufvermögens] (1) a) Gegenstände des Umlaufvermögens sind unbeschadet der Buchstaben b) und c) zu den Anschaffungs- oder Herstellungskosten zu bewerten.

b) Bei Gegenständen des Umlaufvermögens sind Wertberichtigungen vorzunehmen, um diese Gegenstände mit dem niedrigeren Marktpreis oder in Sonderfällen mit einem anderen niedrigeren Wert anzusetzen, der ihnen am Bilanzstichtag beizulegen ist.

c) Die Mitgliedstaaten können außerordentliche Wertberichtigungen gestatten, soweit diese bei vernünftiger kaufmännischer Beurteilung notwendig sind, um zu verhindern, daß in der nächsten Zukunft der Wertansatz dieser Gegenstände infolge von Wertschwankungen geändert werden muß. Der Betrag dieser Wertberichtigungen ist gesondert in der Gewinn- und Verlustrechnung oder im Anhang auszuweisen.

d) Der niedrigere Wertansatz nach den Buchstaben b) und c) darf nicht beibehalten werden, wenn die Gründe der Wertberichtigungen nicht mehr bestehen.

e) Werden bei einem Gegenstand des Umlaufvermögens außerordentliche Wertberichtigungen allein für die Anwendung von Steuervorschriften vorgenommen, so ist ihre Höhe im Anhang zu erwähnen und hinreichend zu begründen.

(2) Für die Feststellung der Anschaffungs- oder Herstellungskosten gilt Artikel 35 Absätze 2 und 3. Die Mitgliedstaaten können auch Artikel 35 Absatz 4 anwenden. Die Vertriebskosten dürfen nicht in die Herstellungskosten einbezogen werden.

Art. 40 [Berechnungsmethoden] (1) Die Mitgliedstaaten können zulassen, daß die Anschaffungs- oder Herstellungskosten gleichartiger Gegenstände des Vorratsvermögens sowie alle beweglichen Vermögensgegenstände einschließlich der Wertpapiere nach den gewogenen Durchschnittswerten oder aufgrund des „First in – First out (Fifo)"- oder „Last in – First out (Lifo)"-Verfahrens oder eines vergleichbaren Verfahrens berechnet werden.

(2) Weist am Bilanzstichtag die Bewertung in der Bilanz wegen der Anwendung der Berechnungsmethoden nach Absatz 1 im Vergleich zu einer Bewertung auf der Grundlage des letzten vor dem Bilanzstichtag bekannten Marktpreises einen beträchtlichen Unterschied auf, so ist dieser Unterschiedsbetrag im Anhang pauschal für die jeweilige Gruppe auszuweisen.

Art. 41 [Rückzahlungsbetrag von Verbindlichkeiten] (1) Ist der Rückzahlungsbetrag von Verbindlichkeiten höher als der erhaltene Betrag, so kann der Unterschiedsbetrag aktiviert werden. Er ist gesondert in der Bilanz oder im Anhang auszuweisen.

(2) Dieser Betrag ist jährlich mit einem angemessenen Betrag und spätestens bis zum Zeitpunkt der Rückzahlung der Verbindlichkeiten abzuschreiben.

4.6 Bilanz-RL

Art. 42 [Rückstellungen] Rückstellungen sind nur in Höhe des notwendigen Betrages anzusetzen.

Rückstellungen, die in der Bilanz unter dem Posten „Sonstige Rückstellungen" ausgewiesen werden, sind im Anhang zu erläutern, sofern sie einen gewissen Umfang haben.

Abschnitt 7a – Bewertung mit dem beizulegenden Zeitwert

Art. 42a [Ansatz zum beizulegenden Zeitwert; Ausnahmen] (1) Abweichend von Artikel 32 und vorbehaltlich der Bedingungen der Absätze 2 bis 4 des vorliegenden Artikels gestatten die Mitgliedstaaten allen Gesellschaften oder einzelnen Gruppen von Gesellschaften, Finanzinstrumente einschließlich derivativer Finanzinstrumente mit dem beizulegenden Zeitwert zu bewerten, oder schreiben dies vor.

Eine derartige Erlaubnis oder Verpflichtung kann auf konsolidierte Abschlüsse im Sinne der Richtlinie 83/349/EWG beschränkt werden.

(2) Für die Zwecke dieser Richtlinie gelten Warenkontrakte, bei denen jede der Vertragsparteien zur Abgeltung in bar oder durch ein anderes Finanzinstrument berechtigt ist, als derivative Finanzinstrumente, es sei denn, sie

a) wurden geschlossen, um den für den Kauf, Verkauf oder die eigene Verwendung erwarteten Bedarf der Gesellschaft abzusichern, und dienen weiterhin dazu,

b) waren von Anfang an für diesen Zweck bestimmt und

c) gelten mit der Lieferung der Ware als abgegolten.

(3) Absatz 1 gilt nur für Verbindlichkeiten, die

a) als Teil eines Handelsbestands gehalten werden oder

b) derivative Finanzinstrumente sind.

(4) Der Wertansatz gemäß Absatz 1 wird nicht angewandt auf

a) bis zur Fälligkeit gehaltene nicht derivative Finanzinstrumente,

b) von der Gesellschaft vergebene Darlehen und von ihr begründete Forderungen, die nicht für Handelszwecke gehalten werden und

c) Anteile an Tochtergesellschaften, assoziierten Unternehmen und Jointventures, von der Gesellschaft ausgegebene Eigenkapitalinstrumente, Verträge über eventuelle Gegenleistungen bei einem Unternehmenszusammenschluss sowie andere Finanzinstrumente, die solch spezifische Merkmale aufweisen, dass sie nach gängiger Auffassung bilanzmäßig in anderer Form als andere Finanzinstrumente erfasst werden sollten.

(5) Abweichend von Artikel 32 können die Mitgliedstaaten gestatten, dass Aktiv- oder Passivposten, die im Rahmen der Zeitwertbilanzierung von Sicherungsgeschäften als gesichertes Grundgeschäft gelten, oder ein bestimmter Anteil an solchen Aktiv- oder Passivposten mit dem nach diesem System vorgeschriebenen spezifischen Wert angesetzt werden.

(5a) Abweichend von den Bestimmungen der Absätze 3 und 4 können die Mitgliedstaaten im Einklang mit den internationalen Rechnungslegungsstandards, die durch die Verordnung (EG) Nr. 1725/2003 vom 29. September 2003 betreffend die Übernahme bestimmter internationaler Rechnungslegungsstandards in Übereinstimmung mit der Verordnung (EG) Nr. 1606/2002 des Europäischen Parlaments und des Rates[8] in der geänderten Fassung zum 5. September 2006 angenommen wurden, eine Bewertung der Finanzinstrumente zusammen mit den damit in Zusammenhang stehenden Offenlegungspflichten gemäß

---

8   ABl. L 261 vom 13.10.2003, S. 1. Zuletzt geändert durch die Verordnung (EG) Nr. 108/2006 (ABl. L 24 vom 27.1.2006, S. 1).

den internationalen Rechnungslegungsgrundsätzen, die im Einklang mit der Verordnung (EG) Nr. 1606/2002 des Europäischen Parlaments und des Rates vom 19. Juli 2002 betreffend die Anwendung internationaler Rechnungslegungsstandards[9] angenommen wurden, zulassen oder vorschreiben.

Art. 42b [Anwendbare Methoden] (1) Der beizulegende Zeitwert gemäß Artikel 42a wird nach einer der folgenden Methoden bestimmt:

a) Bei Finanzinstrumenten, für die sich ein verlässlicher Markt ohne weiteres ermitteln lässt, entspricht er dem Marktwert. Lässt sich der Marktwert für das Finanzinstrument als Ganzes nicht ohne weiteres bestimmen, wohl aber für seine einzelnen Bestandteile oder für ein gleichartiges Finanzinstrument, so kann der Marktwert des Instruments aus den jeweiligen Marktwerten seiner Bestandteile oder dem Marktwert des gleichartigen Finanzinstruments abgeleitet werden.

b) Bei Finanzinstrumenten, für die sich ein verlässlicher Markt nicht ohne weiteres ermitteln lässt, wird dieser Wert mit Hilfe allgemein anerkannter Bewertungsmodelle und -methoden bestimmt. Diese Bewertungsmodelle und -methoden müssen eine angemessene Annäherung an den Marktwert gewährleisten.

(2) Finanzinstrumente, die sich nach keiner der in Absatz 1 beschriebenen Methoden verlässlich bewerten lassen, werden gemäß den Artikeln 34 bis 42 bewertet.

Art. 42c [Ausweis der Wertänderung] (1) Wird ein Finanzinstrument gemäß Artikel 42b bewertet, so ist ungeachtet des Artikels 31 Absatz 1 Buchstabe c) eine Wertänderung in der Gewinn- und Verlustrechnung auszuweisen. Die Wertänderung ist allerdings direkt im Eigenkapital in einer Zeitwert-Rücklage zu erfassen, wenn

a) das Finanzinstrument ein Sicherungsinstrument darstellt und im Rahmen einer Bilanzierung von Sicherungsgeschäften erfasst wird, bei der eine Wertänderung nicht oder nur teilweise in der Gewinn- und Verlustrechnung ausgewiesen werden muss, oder

b) sie auf eine Wechselkursdifferenz zurückzuführen ist, von der ein monetärer Posten betroffen ist, der Teil der Nettobeteiligung einer Gesellschaft an einer wirtschaftlich selbstständigen ausländischen Teileinheit ist.

(2) Die Mitgliedstaaten können zulassen oder vorschreiben, dass eine Wertänderung einer zur Veräußerung verfügbaren Finanzanlage, die kein derivatives Finanzinstrument ist, in der Zeitwert-Rücklage direkt im Eigenkapital erfasst wird.

(3) Die Zeitwert-Rücklage ist anzupassen, wenn die darin ausgewiesenen Beträge nicht mehr für die Anwendung der Absätze 1 und 2 erforderlich sind.

Art. 42d [Angaben im Anhang] Wurden Finanzinstrumente mit dem beizulegenden Zeitwert bewertet, so sind im Anhang folgende Angaben zu machen:

a) die zentralen Annahmen, die den Bewertungsmodellen und -methoden bei einer Bestimmung des beizulegenden Zeitwertes nach Artikel 42b Absatz 1 Buchstabe b) zugrunde gelegt wurden,

b) für jede Gruppe von Finanzinstrumenten: der beizulegende Zeitwert selbst, die direkt in der Gewinn- und Verlustrechnung ausgewiesenen Wertänderungen sowie die in der Zeitwert-Rücklage erfassten Änderungen,

---

9   IFRS-VO, in dieser Sammlung Nr. 4.9.

c) für jede Kategorie derivativer Finanzinstrumente: Umfang und Art der Instrumente einschließlich der wesentlichen Bedingungen, die Höhe, Zeitpunkt und Sicherheit künftiger Zahlungsströme beeinflussen können und

d) eine Übersicht über die Bewegungen innerhalb der Zeitwert- Rücklage im Verlauf des Geschäftsjahres.

Art. 42e [**Generalwahlrecht der Mitgliedstaaten**] Abweichend von Artikel 32 können die Mitgliedstaaten gestatten oder vorschreiben, dass alle Gesellschaften oder einzelne Gruppen von Gesellschaften bestimmte Arten von Vermögensgegenständen mit Ausnahme von Finanzinstrumenten auf der Grundlage des beizulegenden Zeitwerts („fair value") bewerten.

Eine derartige Erlaubnis oder Verpflichtung kann auf den konsolidierten Abschluss im Sinne der Richtlinie 83/349/EWG beschränkt werden.

Art. 42f [**Möglichkeit des Wertänderungsausweises in der Gewinn- und Verlustrechnung**] Unbeschadet des Artikels 31 Absatz 1 Buchstabe c) können die Mitgliedstaaten gestatten oder vorschreiben, dass alle Gesellschaften oder einzelne Gruppen von Gesellschaften im Fall der Bewertung eines Vermögensgegenstands nach Artikel 42e Wertänderungen in der Gewinn- und Verlustrechnung ausweisen.

Abschnitt 8 – Inhalt des Anhangs

Art. 43 [**Mindestinhalt des Anhangs**] (1) Im Anhang sind außer den in anderen Bestimmungen dieser Richtlinie vorgeschriebenen Angaben zumindest Angaben zu machen über:

1. die auf die verschiedenen Posten des Jahresabschlusses angewandten Bewertungsmethoden sowie die Methoden zur Berechnung der Wertberichtigungen. Für die in dem Jahresabschluß enthaltenen Werte, welche in fremder Währung lauten oder ursprünglich in fremder Währung lauteten, ist anzugeben, auf welcher Grundlage sie in Landeswährung umgerechnet worden sind;

2. Name und Sitz der Unternehmen, bei denen die Gesellschaft entweder selbst oder durch eine im eigenen Namen, aber für Rechnung der Gesellschaft handelnde Person mit mindestens einem Prozentsatz am Kapital beteiligt ist, den die Mitgliedstaaten auf höchstens 20 % festsetzen dürfen, unter Angabe des Anteils am Kapital sowie der Höhe des Eigenkapitals und des Ergebnisses des letzten Geschäftsjahres, für das das betreffende Unternehmen einen Jahresabschluß festgestellt hat. Diese Angaben können unterbleiben, wenn sie in bezug auf die Zielsetzung des Artikels 2 Absatz 3 von untergeordneter Bedeutung sind. Die Angabe des Eigenkapitals und des Ergebnisses kann ebenfalls unterbleiben, wenn das betreffende Unternehmen seine Bilanz nicht veröffentlicht und es sich mittelbar oder unmittelbar zu weniger als 50 % im Besitz der Gesellschaft befindet;

   Name, Sitz und Rechtsform der Unternehmen, deren unbeschränkt haftender Gesellschafter die Gesellschaft ist. Diese Angabe kann unterbleiben, wenn sie in bezug auf die Zielsetzung des Artikels 2 Absatz 3 von untergeordneter Bedeutung ist.

3. die Zahl und den Nennbetrag oder, wenn ein Nennbetrag nicht vorhanden ist, den rechnerischen Wert der während des Geschäftsjahres im Rahmen eines genehmigten Kapitals gezeichneten Aktien, unbeschadet der Bestimmungen des Artikels 2 Absatz 1

Buchstabe e) der Richtlinie 68/151/EWG und des Artikels 2 Buchstabe c) der Richtlinie 77/91/EWG über den Betrag dieses Kapitals;

4. sofern es mehrere Gattungen von Aktien gibt, die Zahl und den Nennbetrag oder, falls ein Nennbetrag nicht vorhanden ist, den rechnerischen Wert für jede von ihnen;

5. das Bestehen von Genußscheinen, Wandelschuldverschreibungen und vergleichbaren Wertpapieren oder Rechten, unter Angabe der Zahl und der Rechte, die sie verbriefen;

6. die Höhe der Verbindlichkeiten der Gesellschaft mit einer Restlaufzeit von mehr als fünf Jahren sowie die Höhe aller Verbindlichkeiten der Gesellschaft, die dinglich gesichert sind, unter Angabe ihrer Art und Form. Diese Angaben sind jeweils gesondert für jeden Posten der Verbindlichkeiten gemäß den in den Artikeln 9, 10 und 10a aufgeführten Gliederungen zu machen;

7. den Gesamtbetrag der finanziellen Verpflichtungen, die nicht in der Bilanz erschienen, sofern diese Angabe für die Beurteilung der Finanzlage von Bedeutung ist. Davon sind Pensionsverpflichtungen und Verpflichtungen gegenüber verbundenen Unternehmen gesondert zu vermerken;

7a. Art und Zweck der Geschäfte der Gesellschaft, die nicht in der Bilanz enthalten sind und ihre finanziellen Auswirkungen auf die Gesellschaft, vorausgesetzt, dass die Risiken und Vorteile, die aus solchen Geschäften entstehen, wesentlich sind, und sofern die Offenlegung derartiger Risiken und Vorteile für die Beurteilung der Finanzlage der Gesellschaft notwendig ist. Die Mitgliedstaaten können es den in Artikel 27 genannten Gesellschaften gestatten, die nach dieser Nummer offen zu legenden Informationen auf die Art und den Zweck der Geschäfte zu beschränken;

7b. Geschäfte der Gesellschaft mit nahe stehenden Unternehmen und Personen, einschließlich Angaben zu deren Wertumfang, zur Art der Beziehung zu den nahe stehenden Unternehmen und Personen sowie weitere Angaben zu den Geschäften, die für die Beurteilung der Finanzlage der Gesellschaft notwendig sind, sofern diese Geschäfte wesentlich sind und unter marktunüblichen Bedingungen zustande gekommen sind. Angaben über Einzelgeschäfte können nach Geschäftsarten zusammengefasst werden, sofern keine getrennten Angaben für die Beurteilung der Auswirkungen von Geschäften mit nahe stehenden Unternehmen und Personen auf die Finanzlage der Gesellschaft benötigt werden.

Die Mitgliedstaaten können den in Artikel 27 genannten Gesellschaften gestatten, die nach dieser Nummer verlangten Angaben nicht zu machen, es sei denn, es handelt sich um Unternehmen im Sinne von Artikel 1 Absatz 1 der Richtlinie 77/91/ EWG, in diesem Fall können die Mitgliedstaaten die Offenlegung als Mindestangabe auf diejenigen Geschäfte beschränken, die direkt oder indirekt geschlossen werden zwischen

i) der Gesellschaft und ihren Hauptgesellschaftern,

und

ii) der Gesellschaft und den Mitgliedern der Verwaltungs-, Leitungs- und Aufsichtsorgane.

Die Mitgliedstaaten können Geschäfte zwischen zwei oder mehr Mitgliedern derselben Unternehmensgruppe ausnehmen, sofern die an dem Geschäft beteiligten Tochtergesellschaften hundertprozentige Tochtergesellschaften sind. Der Begriff „nahe stehende Unternehmen und Personen" ist im Sinne der gemäß Verordnung (EG) Nr. 1606/2002 übernommenen internationalen Rechnungslegungsstandards zu verstehen;

8. die Aufgliederung der Nettoumsatzerlöse im Sinne des Artikels 28 nach Tätigkeitsbereichen sowie nach geographisch bestimmten Märkten soweit sich, unter Berücksichtigung
der Organisation des Verkaufs von für die normale Geschäftstätigkeit der Gesellschaft
typischen Erzeugnissen und der Erbringung von für die normale Geschäftstätigkeit der
Gesellschaft typischen Dienstleistungen, die Tätigkeitsbereiche und geographisch bestimmten Märkte untereinander erheblich unterscheiden;

9. den durchschnittlichen Personalbestand während des Geschäftsjahres getrennt nach
Gruppen, sowie, falls sie nicht gesondert in der Gewinn- und Verlustrechnung erschei-
nen, die gesamten in dem Geschäftsjahr verursachten Personalaufwendungen gemäß
Artikel 23 Nummer 6;

10. das Ausmaß, in dem die Berechnung des Jahresergebnisses von einer Bewertung der
Posten beeinflusst wurde, die in Abweichung von den Grundsätzen der Artikel 31 und
34 bis 42c während des Geschäftsjahres oder eines früheren Geschäftsjahres im Hinblick auf Steuererleichterungen durchgeführt wurde. Wenn eine solche Bewertung die
künftige steuerliche Belastung erheblich beeinflusst, muß dies angegeben werden;

11. den Unterschied zwischen dem Steueraufwand, der dem Geschäftsjahr und den früheren Geschäftsjahren zugerechnet wird, und den für diese Geschäftsjahre gezahlten oder
zu zahlenden Steuern, sofern dieser Unterschied für den künftigen Steueraufwand von
Bedeutung ist. Dieser Betrag kann auch als Gesamtbetrag in der Bilanz unter einem gesonderten Posten mit entsprechender Bezeichnung ausgewiesen werden;

12. die für ihre Tätigkeit im Geschäftsjahr gewährten Bezüge der Mitglieder der Verwal-
tungs-, Geschäftsführungs- oder Aufsichtsorgane sowie die entstandenen oder eingegangenen Pensionsverpflichtungen gegenüber früheren Mitgliedern der genannten
Organe. Diese Angaben sind zusammengefasst für jede dieser Personengruppen zu machen;

13. die Beträge der den Mitgliedern der Verwaltungs-, und Geschäftsführungs- oder Aufsichtsorgane gewährten Vorschüsse und Kredite unter Angabe der Zinsen, der wesentlichen Bedingungen und der gegebenenfalls zurückgezahlten Beträge sowie die Garantieverpflichtungen zugunsten dieser Personen. Diese Angaben sind zusammengefasst für
jede dieser Personengruppen zu machen;

14. sofern Finanzinstrumente nicht gemäß Abschnitt 7a mit dem beizulegenden Zeitwert
bewertet wurden,

    a) für jede Kategorie derivativer Finanzinstrumente:

        i) den beizulegenden Zeitwert der betreffenden Finanzinstrumente, soweit sich
dieser nach einer der Methoden gemäß Artikel 42b Absatz 1 ermitteln lässt,

        ii) Angaben über Umfang und Art der Instrumente und

    b) für unter Artikel 42a fallende Finanzanlagen, die mit einem Betrag über ihrem bei-
zulegenden Zeitwert ausgewiesen werden, ohne dass von der Möglichkeit Gebrauch
gemacht wurde, nach Artikel 35 Absatz 1 Buchstabe c) Unterbuchstabe aa) eine
Wertberichtigung vorzunehmen:

        i) Buchwert und beizulegenden Zeitwert der einzelnen Vermögensgegenstände
oder angemessener Gruppierungen dieser einzelnen Vermögensgegenstände
und

        ii) die Gründe für die Nichtherabsetzung des Buchwerts einschließlich der An-
haltspunkte, die die Gesellschaft zu der Überzeugung veranlassen, dass der
Buchwert wieder erreicht wird;

15. die Gesamthonorare, die von dem Abschlussprüfer oder der Prüfungsgesellschaft für das Geschäftsjahr berechnet wurden, aufgeschlüsselt nach der Gesamthonorarsumme für die Abschlussprüfung des Jahresabschlusses, der Gesamthonorarsumme für andere Bestätigungsleistungen, der Gesamthonorarsumme für Steuerberatungsleistungen und der Gesamthonorarsumme für sonstige Leistungen.

Die Mitgliedstaaten können festlegen, dass diese Bestimmung nicht angewandt wird, wenn das Unternehmen in den konsolidierten Abschluss einbezogen wird, der gemäß Artikel 1 der Richtlinie 83/349/EWG zu erstellen ist, vorausgesetzt, eine derartige Information ist in dem konsolidierten Abschluss enthalten.

(2) Bis zu einer späteren Koordinierung brauchen die Mitgliedstaaten Absatz 1 Nummer 2 auf Beteiligungsgesellschaften im Sinne von Artikel 5 Absatz 3 nicht anzuwenden.

(3) Die Mitgliedstaaten können zulassen, daß die in Absatz 1 Nummer 12 vorgesehenen Angaben nicht gemacht werden, wenn sich anhand dieser Angaben der Status eines bestimmten Mitglieds dieser Organe feststellen läßt.

Art. 44 [Verkürzter Anhang] (1) Die Mitgliedstaaten können gestatten, dass die in Artikel 11 bezeichneten Gesellschaften einen verkürzten Anhang aufstellen, der die in Artikel 43 Absatz 1 Nummern 5 bis 12, Nummern 14 Buchstabe a und Nummer 15 verlangten Angaben nicht enthält. Jedoch sind im Anhang zusammengefasst für alle betreffenden Posten die in Artikel 43 Absatz 1 Nummer 6 verlangten Angaben zu machen.

(2) Die Mitgliedstaaten können die in Absatz 1 bezeichneten Gesellschaften darüber hinaus von der Verpflichtung befreien, die in Artikel 15 Absatz 3 Buchstabe a) und Absatz 4, den Artikeln 18 und 21 und Artikel 29 Absatz 2, Artikel 30 Absatz 2, Artikel 34 Absatz 2, Artikel 40 Absatz 2 und Artikel 42 Absatz 2 verlangten Angaben zu machen.

(3) Artikel 12 ist anzuwenden.

Art. 45 [Ausnahmen] (1) Die Mitgliedstaaten können gestatten, daß die in Artikel 43 Absatz 1 Nummer 2 geforderten Angaben

a)   in einer Aufstellung gemacht werden, die gemäß Artikel 3 Absätze 1 und 2 der Richtlinie 68/151/EWG hinterlegt wird; im Anhang ist auf diese Aufstellung zu verweisen;

b)   nicht gemacht zu werden brauchen, soweit sie geeignet sind, einem in Artikel 43 Absatz 1 Nummer 2 bezeichneten Unternehmen einen erheblichen Nachteil zuzufügen. Die Mitgliedstaaten können dazu die vorherige Zustimmung einer Verwaltungsbehörde oder eines Gerichts verlangen. Das Unterlassen dieser Angaben ist im Anhang zu erwähnen.

(2) Absatz 1 Buchstabe b gilt auch für die in Artikel 43 Absatz 1 Nummer 8 genannte Information.

Die Mitgliedstaaten können den in Artikel 27 bezeichneten Gesellschaften gestatten, die Offenlegung der in Artikel 34 Absatz 2 und Artikel 43 Absatz 1 Nummer 8 genannten Angaben zu unterlassen. Die Mitgliedstaaten können ferner den in Artikel 27 bezeichneten Gesellschaften gestatten, die Offenlegung der in Artikel 43 Absatz 1 Nummer 15 genannten Informationen zu unterlassen, vorausgesetzt, dass eine solche Information dem in Artikel 32 der Richtlinie 2006/43/EG des Europäischen Parlaments und des Rates vom 17. Mai 2006 über Abschlussprüfungen von Jahresabschlüssen und konsolidierten Abschlüssen[10] genannten System der öffentlichen Aufsichtsgremien auf dessen Aufforderung übermittelt wird.

---

10   Abschlussprüfer-RL, in dieser Sammlung Nr. 4.8.

Abschnitt 9 – Inhalt des Lageberichts

Art. 46 [Lagebericht] (1) a) Der Lagebericht stellt zumindest den Geschäftsverlauf, das Geschäftsergebnis und die Lage der Gesellschaft so dar, dass ein den tatsächlichen Verhältnissen entsprechendes Bild entsteht, und beschreibt die wesentlichen Risiken und Ungewissheiten, denen sie ausgesetzt ist.

Der Lagebericht besteht in einer ausgewogenen und umfassenden Analyse des Geschäftsverlaufs, des Geschäftsergebnisses und der Lage der Gesellschaft, die dem Umfang und der Komplexität der Geschäftstätigkeit angemessen ist.

b) Soweit dies für das Verständnis des Geschäftsverlaufs, des Geschäftsergebnisses oder der Lage der Gesellschaft erforderlich ist, umfasst die Analyse die wichtigsten finanziellen und – soweit angebracht – nichtfinanziellen Leistungsindikatoren, die für die betreffende Geschäftstätigkeit von Bedeutung sind, einschließlich Informationen in Bezug auf Umwelt- und Arbeitnehmerbelange.

c) Im Rahmen der Analyse enthält der Lagebericht – soweit angebracht – auch Hinweise auf im Jahresabschluss ausgewiesene Beträge und zusätzliche Erläuterungen dazu.

(2) Der Lagebericht soll auch eingehen auf

a) Vorgänge von besonderer Bedeutung, die nach Schluß des Geschäftsjahres eingetreten sind;

b) die voraussichtliche Entwicklung der Gesellschaft;

c) den Bereich Forschung und Entwicklung;

d) die in Artikel 22 Absatz 2 der Richtlinie 77/91/EWG bezeichneten Angaben über den Erwerb eigener Aktien;

e) bestehende Zweigniederlassungen der Gesellschaft;

f) in Bezug auf die Verwendung von Finanzinstrumenten durch die Gesellschaft, sofern dies für die Beurteilung der Vermögens-, Finanz- und Ertragslage von Belang ist,

– die Risikomanagementziele und -methoden der Gesellschaft, einschließlich ihrer Methoden zur Absicherung aller wichtigen Arten geplanter Transaktionen, die im Rahmen der Bilanzierung von Sicherungsgeschäften verbucht werden, sowie

– die Preisänderungs-, Ausfall-, Liquiditäts- und Cashflowrisiken, denen die Gesellschaft ausgesetzt ist.

(3) Die Mitgliedstaaten können gestatten, daß die in Artikel 11 bezeichneten Gesellschaften nicht zur Aufstellung eines Lageberichtes verpflichtet sind, sofern sie die in Artikel 22 Absatz 2 der Richtlinie 77/91/EWG verlangten Angaben betreffend den Erwerb eigener Aktien im Anhang machen.

(4) Es wird den Mitgliedstaaten freigestellt, Gesellschaften, die unter Artikel 27 fallen, von der Verpflichtung gemäß Absatz 1 Buchstabe b) auszunehmen, soweit sie nichtfinanzielle Informationen betrifft.

Art. 46a [Erklärung zur Unternehmensführung] (1) Eine Gesellschaft, deren Wertpapiere zum Handel an einem geregelten Markt im Sinne des Artikels 4 Absatz 1 Nummer 14 der Richtlinie 2004/39/EG des Europäischen Parlaments und des Rates vom 21. April 2004 über Märkte für Finanzinstrumente[11] zugelassen sind, nimmt eine Erklärung zur Unternehmensführung in ihren Lagebericht auf. Diese Erklärung bildet einen gesonderten Abschnitt im Lagebericht und enthält zumindest die folgenden Angaben:

---

11 Finanzmarkt-RL, in dieser Sammlung Nr. 2.19.

a) einen Verweis auf

  i) den Unternehmensführungskodex, dem die Gesellschaft unterliegt, und/oder

  ii) den Unternehmensführungskodex, den sie gegebenenfalls freiwillig anzuwenden beschlossen hat, und/oder

  iii) alle relevanten Angaben zu Unternehmensführungspraktiken, die sie über die Anforderungen des nationalen Rechts hinaus anwendet.

  In den Fällen der Ziffern i und ii gibt die Gesellschaft ferner an, wo die entsprechenden Dokumente öffentlich zugänglich sind; in den Fällen der Ziffer iii macht die Gesellschaft ihre Unternehmensführungspraktiken öffentlich zugänglich;

b) soweit eine Gesellschaft im Einklang mit nationalem Recht von einem Unternehmensführungskodex im Sinne von Buchstabe a Ziffer i oder ii abweicht, eine Erklärung, in welchen Punkten und aus welchen Gründen sie von dem Kodex abweicht. Hat die Gesellschaft beschlossen, keine Bestimmungen eines Unternehmensführungskodex im Sinne von Buchstabe a Ziffer i oder ii anzuwenden, so legt sie die Gründe hierfür dar;

c) eine Beschreibung der wichtigsten Merkmale des internen Kontroll- und des Risikomanagementsystems der Gesellschaft im Hinblick auf den Rechnungslegungsprozess;

d) die gemäß Artikel 10 Absatz 1 Buchstaben c, d, f, h und i der Richtlinie 2004/25/EG des Europäischen Parlaments und des Rates vom 21. April 2004 betreffend Übernahmeangebote[12] geforderten Angaben, sofern das Unternehmen unter diese Richtlinie fällt;

e) die Art und Weise der Durchführung der Hauptversammlung und deren wesentliche Befugnisse sowie eine Beschreibung der Aktionärsrechte und der Möglichkeiten ihrer Ausübung, sofern diese Angaben nicht bereits vollständig im nationalen Recht enthalten sind;

f) die Zusammensetzung und Arbeitsweise der Verwaltungs-, Leitungs- und Aufsichtsorgane und ihrer Ausschüsse.

(2) Die Mitgliedstaaten können gestatten, dass die nach diesem Artikel vorzulegenden Angaben in einem gesonderten Bericht enthalten sind, der zusammen mit dem Lagebericht nach Maßgabe des Artikels 47 offen gelegt wird, oder durch eine Bezugnahme im Lagebericht, falls dieses Dokument auf der Internetseite der Gesellschaft öffentlich zugänglich ist. Im Fall eines gesonderten Berichts kann die Erklärung zur Unternehmensführung einen Verweis auf den Lagebericht enthalten, in dem die nach Absatz 1 Buchstabe d vorzulegenden Angaben zu finden sind. Artikel 51 Absatz 1 Unterabsatz 2 findet Anwendung auf Absatz 1 Buchstaben c und d. Im Hinblick auf die übrigen Informationen muss der Abschlussprüfer nachprüfen, ob die Erklärung zur Unternehmensführung erstellt worden ist.

(3) Die Mitgliedstaaten können Gesellschaften, die ausschließlich andere Wertpapiere als zum Handel an einem geregelten Markt im Sinne des Artikels 4 Absatz 1 Nummer 14 der Richtlinie 2004/39/EG zugelassene Aktien emittiert haben, von der Anwendung des Absatzes 1 Buchstaben a, b, e und f ausnehmen, es sei denn, dass diese Gesellschaften Aktien emittiert haben, die über ein multilaterales Handelssystem im Sinne des Artikels 4 Absatz 1 Nummer 15 der Richtlinie 2004/39/EG gehandelt werden.

---

12 Übernahme-RL, in dieser Sammlung Nr. 4.17.

Abschnitt 10 – Offenlegung

Art. 47 [Offenlegungspflicht und Ausnahmen] (1) Der ordnungsgemäß gebilligte Jahresabschluß und der Lagebericht sowie der Bericht der mit der Abschlußprüfung beauftragten Person sind nach den in den Rechtsvorschriften der einzelnen Mitgliedstaaten gemäß Artikel 3 der Richtlinie 68/151/EWG vorgesehenen Verfahren offenzulegen.
Die Rechtsvorschriften eines Mitgliedstaates können jedoch den Lagebericht von der genannten Offenlegung freistellen. In diesem Fall ist der Lagebericht am Sitz der Gesellschaft in dem betreffenden Mitgliedstaat zur Einsichtnahme für jedermann bereitzuhalten. Eine vollständige oder teilweise Ausfertigung dieses Berichts muß auf bloßen Antrag erhältlich sein. Das dafür berechnete Entgelt darf die Verwaltungskosten nicht übersteigen.
(1a) Der Mitgliedstaat der in Artikel 1 Absatz 1 Unterabsätze 2 und 3 bezeichneten Gesellschaft (betroffene Gesellschaft) kann diese Gesellschaft von der Pflicht, ihren Abschluß gemäß Artikel 3 der Richtlinie 68/151/EWG zu veröffentlichen, mit der Maßgabe befreien, dass ihr Abschluß am Sitz der Gesellschaft zur Einsicht für jedermann bereitgehalten wird, sofern:
a) alle ihre unbeschränkt haftenden Gesellschafter Gesellschaften nach Artikel 1 Absatz 1 Unterabsatz 1 sind, die dem Recht eines anderen Mitgliedstaates als dem Mitgliedstaat der betroffenen Gesellschaft unterliegen, und keine dieser Gesellschaften den Abschluß der betroffenen Gesellschaft mit ihrem eigenen Abschluß veröffentlicht oder
b) alle unbeschränkt haftenden Gesellschafter Gesellschaften sind, welche nicht dem Recht eines Mitgliedstaates unterliegen, deren Rechtsform jedoch den Rechtsformen im Sinne der Richtlinie 68/151/EWG vergleichbar ist.
Ausfertigungen des Abschlusses müssen auf Antrag erhältlich sein. Das dafür berechnete Entgelt darf die Verwaltungskosten nicht übersteigen. Geeignete Sanktionen sind für den Fall vorzusehen, daß die in diesem Absatz vorgesehene Offenlegung nicht erfolgt.
(2) Abweichend von Absatz 1 können die Mitgliedstaaten zulassen, daß die in Artikel 11 bezeichneten Gesellschaften folgendes offenlegen:
a) eine verkürzte Bilanz, in die nur die in den Artikeln 9 und 10 vorgesehenen mit Buchstaben und römischen Zahlen bezeichneten Posten aufgenommen werden, wobei die bei dem Posten D. II der Aktiva und dem Posten C. der Passiva des Artikels 9 sowie bei dem Posten D. II des Artikels 10 in Klammern verlangten Angaben gesondert, jedoch zusammengefasst für alle betreffenden Posten, zu machen sind;
b) einen gemäß Artikel 44 gekürzten Anhang.
Artikel 12 ist anzuwenden.
Die Mitgliedstaaten können diesen Gesellschaften ferner gestatten, die Gewinn- und Verlustrechnung, den Lagebericht sowie den Bericht der mit der Abschlussprüfung beauftragten Person nicht offenzulegen.
(3) Die Mitgliedstaaten können zulassen, daß die in Artikel 27 bezeichneten Gesellschaften folgendes offenlegen:
a) eine verkürzte Bilanz, welche nur die in den Artikeln 9 und 10 vorgesehenen mit Buchstaben und römischen Zahlen bezeichneten Posten enthält, wobei entweder in der Bilanz oder im Anhang gesondert anzugeben sind:
  – die Posten C. I. 3, C. II. 1, 2, 3 und 4, C. III. 1, 2, 3, 4 und 7, D. II. 2, 3 und 6 und D. III. 1 und 2 der Aktiva sowie C. 1, 2, 6, 7 und 9 der Passiva des Artikels 9;
  – die Posten C. I. 3, C. II. 1, 2, 3 und 4, C. III. 1, 2, 3, 4 und 7, D. II. 2, 3 und 6, D. III. 1 und 2, F. 1, 2, 6, 7 und 9 sowie I. 1, 2, 6, 7 und 9 des Artikels 10;

- die bei den Posten D. II der Aktiva und C. der Passiva des Artikels 9 in Klammern verlangten Angaben, jedoch zusammengefasst für alle betreffenden Posten und gesondert für die Posten D. II. 2 und 3 der Aktiva sowie C. 1, 2, 6, 7 und 9 der Passiva;
- die bei dem Posten D. II des Artikels 10 in Klammern verlangten Angaben, jedoch zusammengefasst für die betreffenden Posten, und gesondert für die Posten D. II. 2 und 3;

b) einen verkürzten Anhang, der die in Artikel 43 Absatz 1 Nummern 5, 6, 8, 10 und 11 verlangten Angaben nicht enthält. Jedoch sind im Anhang die in Artikel 43 Absatz 1 Nummer 6 vorgesehenen Angaben zusammengefasst für alle betreffenden Posten zu machen.

Dieser Absatz berührt nicht die Bestimmungen des Absatzes 1 hinsichtlich der Gewinn- und Verlustrechnung, des Lageberichts sowie des Berichts der mit der Abschlussprüfung beauftragten Person.

Artikel 12 ist anzuwenden.

Art. 48 [Form und Wortlaut der Veröffentlichung] Jede vollständige Veröffentlichung des Jahresabschlusses und des Lageberichts ist in der Form und mit dem Wortlaut wiederzugeben, auf deren Grundlage die mit der Abschlussprüfung beauftragte Person ihren Bericht erstellt hat. Der Bestätigungsvermerk muß im vollen Wortlaut beigefügt sein.

Art. 49 [Unvollständige Veröffentlichung] Bei einer unvollständigen Veröffentlichung des Jahresabschlusses ist zu erwähnen, daß es sich um eine gekürzte Wiedergabe handelt; es ist auf das Register hinzuweisen, bei welchem der Jahresabschluß nach Artikel 47 Absatz 1 hinterlegt worden ist. Ist diese Hinterlegung noch nicht erfolgt, so ist dies zu erwähnen. Der Bestätigungsvermerk der mit der Abschlussprüfung beauftragten Person oder Personen (nachfolgend: „die gesetzlichen Abschlussprüfer" genannt) darf der Veröffentlichung nicht beigefügt werden; doch ist anzugeben, ob ein uneingeschränkter oder ein eingeschränkter Bestätigungsvermerk erteilt oder aber ein negatives Prüfungsurteil abgegeben wurde oder ob die gesetzlichen Abschlussprüfer nicht in der Lage waren, ein Prüfungsurteil abzugeben. Anzugeben ist ferner, ob der Bestätigungsvermerk auf Umstände verweist, auf die die gesetzlichen Abschlussprüfer in besonderer Weise aufmerksam gemacht haben, ohne den Bestätigungsvermerk einzuschränken.

Art. 50 [Offenlegungen zur Verwendung des Ergebnisses oder Vorschlag] Gleichzeitig mit dem Jahresabschluß und in derselben Weise sind offenzulegen
- der Vorschlag zur Verwendung des Ergebnisses,
- die Verwendung des Ergebnisses,
falls diese Angaben nicht im Jahresabschluß enthalten sind.

Art. 50a [Währung] Die Jahresabschlüsse können neben der Währung, in der sie aufgestellt wurden, auch in Ecu offengelegt werden. Dabei ist der am Bilanzstichtag gültige Umrechnungskurs zugrunde zu legen. Dieser Kurs ist im Anhang anzugeben.

Abschnitt 10a – Pflicht und Haftung hinsichtlich der Aufstellung und der Veröffentlichung der Jahresabschlüsse und des Lageberichts

Art. 50b [Einhaltung der Anforderungen der Richtlinie] Die Mitgliedstaaten stellen sicher, dass die Mitglieder der Verwaltungs-, Leitungs- und Aufsichtsorgane der Gesellschaft kollektiv die Pflicht haben, sicherzustellen, dass der Jahresabschluss, der Lagebericht und, soweit sie gesondert vorgelegt wird, die Erklärung zur Unternehmensführung nach Artikel 46a entsprechend den Anforderungen dieser Richtlinie und gegebenenfalls entsprechend den internationalen Rechnungslegungsstandards, die gemäß der Verordnung (EG) Nr. 1606/2002 angenommen wurden, erstellt und veröffentlicht werden. Diese Organe handeln im Rahmen der ihnen durch nationales Recht übertragenen Zuständigkeiten.

Art. 50c [Haftung] Die Mitgliedstaaten stellen sicher, dass die Haftungsbestimmungen ihrer Rechts- und Verwaltungsvorschriften auf die Mitglieder der in Artikel 50b dieser Richtlinie genannten Verwaltungs-, Leitungs- und Aufsichtsorgane Anwendung finden, zumindest was deren Haftung gegenüber der Gesellschaft wegen Verletzung der in Artikel 50b genannten Pflicht betrifft.

Abschnitt 11 – Prüfung

Art. 51 [Prüfung] (1) Die Jahresabschlüsse der Gesellschaften werden von einer oder mehreren Personen geprüft, die von den Mitgliedstaaten aufgrund der Achten Richtlinie 84/253/EWG des Rates vom 10. April 1984 über die Zulassung der mit der Pflichtprüfung der Rechnungslegungsunterlagen beauftragten Personen[13] zur Durchführung von gesetzlichen Abschlussprüfungen zugelassen worden sind.

Die gesetzlichen Abschlussprüfer geben auch ein Urteil darüber ab, ob der Lagebericht mit dem Jahresabschluß des betreffenden Geschäftsjahres in Einklang steht oder nicht.

(2) Die Mitgliedstaaten können die in Artikel 11 bezeichneten Gesellschaften von der in Absatz 1 genannten Verpflichtung befreien.

Artikel 12 ist anzuwenden.

(3) Im Falle des Absatzes 2 nehmen die Mitgliedstaaten in ihre Rechtsvorschriften geeignete Sanktionen für den Fall auf, daß der Jahresabschluß oder der Lagebericht dieser Gesellschaften nicht nach dieser Richtlinie erstellt sind.

Art. 51a [Bestätigungsvermerk] (1) Der Bestätigungsvermerk der gesetzlichen Abschlussprüfer umfasst:

a)   eine Einleitung, die zumindest angibt, welcher Jahresabschluss Gegenstand der gesetzlichen Abschlussprüfung ist und nach welchen Rechnungslegungsgrundsätzen er aufgestellt wurde;

b)   eine Beschreibung der Art und des Umfanges der gesetzlichen Abschlussprüfung, die zumindest Angaben über die Prüfungsgrundsätze enthält, nach denen die Prüfung durchgeführt wurde;

c)   ein Prüfungsurteil, das zweifelsfrei Auskunft darüber gibt, ob der Jahresabschluss nach Auffassung der gesetzlichen Abschlussprüfer im Einklang mit den jeweils maßgebenden Rechnungslegungsgrundsätzen ein den tatsächlichen Verhältnissen entsprechendes Bild vermittelt und, gegebenenfalls, ob er den gesetzlichen Vorschriften entspricht; das Prüfungsurteil wird entweder als uneingeschränkter oder als eingeschränkter Bestätigungsvermerk oder als negatives Prüfungsurteil erteilt, oder es wird verweigert, falls die gesetzlichen Abschlussprüfer nicht in der Lage sind, ein Prüfungsurteil abzugeben;

---

13   Ersetzt durch Abschlussprüfer-RL, in dieser Sammlung Nr. 4.8.

d) einen Hinweis auf alle Umstände, auf die die gesetzlichen Abschlussprüfer in besonderer Weise aufmerksam machen, ohne den Bestätigungsvermerk einzuschränken;

e) ein Urteil darüber, ob der Lagebericht mit dem Jahresabschluss des betreffenden Geschäftsjahres in Einklang steht oder nicht.

(2) Der Bestätigungsvermerk ist von den gesetzlichen Abschlussprüfern unter Angabe des Datums zu unterzeichnen.

Abschnitt 12 – Schlußbestimmungen

Art. 52 [Kontaktausschuß] (1) Bei der Kommission wird ein Kontaktausschuß eingesetzt, der zur Aufgabe hat,

a) unbeschadet der Bestimmungen der Artikel 169 und 170 des Vertrags eine gleichmäßige Anwendung dieser Richtlinie durch eine regelmäßige Abstimmung, insbesondere in konkreten Anwendungsfragen, zu erleichtern;

b) die Kommission, falls dies erforderlich sein sollte, bezüglich Ergänzungen oder Änderungen dieser Richtlinie zu beraten.

(2) Der Kontaktausschuß setzt sich aus Vertretern der Mitgliedstaaten sowie Vertretern der Kommission zusammen. Der Vorsitz ist von einem Vertreter der Kommission wahrzunehmen. Die Sekretariatsgeschäfte werden von den Dienststellen der Kommission wahrgenommen.

(3) Der Vorsitzende beruft den Ausschuß von sich aus oder auf Antrag eines der Mitglieder des Ausschusses ein.

Art. 53 [Europäische Rechnungseinheit] (2) Der Rat prüft auf Vorschlag der Kommission alle fünf Jahre die in Europäischen Rechnungseinheiten ausgedrückten Beträge dieser Richtlinie unter Berücksichtigung der wirtschaftlichen und monetären Entwicklung in der Gemeinschaft und ändert diese Beträge gegebenenfalls.

Art. 53a [Unanwendbarkeit von Ausnahmen] Die Mitgliedstaaten gewähren die in den Artikeln 1a, 11, 27, 43 Absatz 1 Nummern 7a und b, 46, 47 und 51 vorgesehenen abweichenden Regelungen nicht den Gesellschaften, deren Wertpapiere zum Handel an einem geregelten Markt im Sinne des Artikels 4 Absatz 1 Nummer 14 der Richtlinie 2004/39/EG zugelassen sind.

Art. 54 [aufgehoben]

Art. 55 *Umsetzungsfrist mit Verlängerungsmöglichkeit – nicht abgedruckt.*

Art. 56 [Inkrafttreten der Vorschriften zur Ausweisung von Posten bezüglich verbundener Unternehmen] (1) Die Verpflichtung zur Angabe der in den Artikeln 9, 10, 10a und 23 bis 26 vorgesehenen Posten bezüglich verbundener Unternehmen im Sinne des Artikels 41 der Richtlinie 83/349/EWG im Jahresabschluß sowie die Verpflichtung, die in Artikel 13 Absatz 2, Artikel 14 und Artikel 43 Absatz 1 Nr. 7 hinsichtlich verbundener Unternehmen vorgesehenen Angaben zu machen, treten zu dem in Artikel 49 Absatz 2 der bezeichneten Richtlinie genannten Zeitpunkt in Kraft.

(2) Im Anhang sind auch Angaben zu machen über:

a) Name und Sitz des Unternehmens, das den konsolidierten Abschluß für den größten Kreis von Unternehmen aufstellt, dem die Gesellschaft als Tochterunternehmen angehört.

b) Name und Sitz des Unternehmens, das den konsolidierten Abschluß für den kleinsten Kreis von Unternehmen aufstellt, der in den unter Buchstabe a) bezeichneten Kreis von Unternehmen einbezogen ist und dem die Gesellschaft als Tochterunternehmen angehört.

c) den Ort, wo der konsolidierte Abschluß erhältlich ist, es sei denn, daß ein solcher nicht zur Verfügung steht.

Art. 57 [Ausnahmen bei intensiv integrierten Tochtergesellschaften] Unbeschadet der Richtlinien 68/151/EWG und 77/91/EWG brauchen die Mitgliedstaaten die Bestimmungen der vorliegenden Richtlinie über den Inhalt, die Prüfung und die Offenlegung des Jahresabschlusses nicht auf Gesellschaften anzuwenden, die ihrem Recht unterliegen und Tochterunternehmen im Sinne der Richtlinie 83/349/EWG sind, sofern folgende Voraussetzungen erfüllt sind:

a) das Mutterunternehmen unterliegt dem Recht eines Mitgliedstaats;

b) alle Aktionäre oder Gesellschafter des Tochterunternehmens haben sich mit der bezeichneten Befreiung einverstanden erklärt; diese Erklärung muß für jedes Geschäftsjahr abgegeben werden;

c) das Mutterunternehmen hat sich bereit erklärt, für die von dem Tochterunternehmen eingegangenen Verpflichtungen einzustehen;

d) die Erklärungen nach Buchstaben b) und c) sind nach den in den Rechtsvorschriften der einzelnen Mitgliedstaaten vorgesehenen Verfahren gemäß Artikel 3 der Richtlinie 68/151/EWG offenzulegen;

e) das Tochterunternehmen ist in den von dem Mutterunternehmen nach der Richtlinie 83/349/ EWG aufgestellten konsolidierten Jahresabschluß einbezogen;

f) die bezeichnete Befreiung wird im Anhang des von dem Mutterunternehmen aufgestellten konsolidierten Abschlusses angegeben;

g) der unter Buchstabe e) bezeichnete konsolidierte Abschluss, der konsolidierte Lagebericht sowie der Bericht der mit der Prüfung beauftragten Person werden für das Tochterunternehmen nach den in den Rechtsvorschriften der einzelnen Mitgliedstaaten vorgesehenen Verfahren gemäß Artikel 3 der Richtlinie 68/151/EWG offengelegt.

Art. 57a [Wahlweise Modifikation im Kapitalgesellschafts- & Co. Handelsgesellschaftsverbund] (1) Die Mitgliedstaaten können von den ihrem Recht unterliegenden Gesellschaften nach Artikel 1 Absatz 1 Unterabsatz 1, die unbeschränkt haftende Gesellschafter einer der in Artikel 1 Absatz 1 Unterabsätze 2 und 3 genannten Gesellschaften (betroffene Gesellschaften) sind, verlangen, dass der Abschluss der betroffenen Gesellschaft gemeinsam mit ihrem eigenen Abschluss gemäß dieser Richtlinie aufgestellt, geprüft und offengelegt wird.

In diesem Fall gelten die Anforderungen dieser Richtlinie nicht für die betroffene Gesellschaft.

(2) Die Mitgliedstaaten brauchen die Bestimmungen dieser Richtlinie nicht auf die betroffene Gesellschaft anzuwenden, sofern

a) der Abschluss dieser Gesellschaft im Einklang mit dieser Richtlinie von einer Gesellschaft nach Artikel 1 Absatz 1 Unterabsatz 1, die unbeschränkt haftender Gesellschafter der betroffenen Gesellschaft ist und dem Recht eines anderen Mitgliedstaates unterliegt, aufgestellt, geprüft und offengelegt wird;

b) die betroffene Gesellschaft in einen konsolidierten Abschluss einbezogen ist, der im Einklang mit der Richtlinie 83/349/EWG von einem unbeschränkt haftenden Gesellschafter aufgestellt, geprüft und offengelegt wird oder, sofern die betroffene Gesellschaft in den konsolidierten Abschluss einer größeren Gesamtheit von Unternehmen einbezogen ist, der im Einklang mit der Richtlinie 83/349/EWG von einem Mutterunternehmen, das dem Recht eines Mitgliedstaates unterliegt, aufgestellt, geprüft und offengelegt wird. Diese Befreiung ist im Anhang zum konsolidierten Abschluss anzugeben.

(3) In diesen Fällen ist die betroffene Gesellschaft gehalten, jedermann auf Anfrage den Namen der Gesellschaft zu nennen, die den Abschluss offenlegt.

Art. 58 [Ausnahmen vom Anwendungsbereich für bestimmte Mutterunternehmen]
Die Mitgliedstaaten brauchen die Bestimmungen der vorliegenden Richtlinie über die Prüfung und Offenlegung der Gewinn- und Verlustrechnung nicht auf Gesellschaften anzuwenden, die ihrem Recht unterliegen und Mutterunternehmen im Sinne der Richtlinie 83/349/EWG sind, sofern folgende Voraussetzungen erfüllt sind:
a) das Mutterunternehmen stellt einen konsolidierten Abschluss nach der Richtlinie 83/349/EWG auf und ist in diesen Abschluss einbezogen;
b) die bezeichnete Befreiung wird im Anhang des Jahresabschlusses des Mutterunternehmens angegeben;
c) die bezeichnete Befreiung wird im Anhang des vom Mutterunternehmen aufgestellten konsolidierten Abschlusses angegeben;
d) das nach der vorliegenden Richtlinie errechnete Ergebnis des Geschäftsjahres des Mutterunternehmens wird in der Bilanz des Mutterunternehmens ausgewiesen.

Art. 59 [Wahlrechte beim Ausweis von Beteiligungen] (1) Die Mitgliedstaaten können gestatten oder vorschreiben, daß eine Beteiligung im Sinne des Artikels 17 am Kapital eines Unternehmens, auf dessen Geschäfts- und Finanzpolitik ein maßgeblicher Einfluss ausgeübt wird, in der Bilanz nach den folgenden Absätzen 2 bis 9 je nach Lage des Falles entweder als Unterposten des Postens „Anteile an verbundenen Unternehmen" oder als Unterposten des Postens „Beteiligungen" ausgewiesen wird. Es wird vermutet, daß ein Unternehmen einen maßgeblichen Einfluß auf ein anderes Unternehmen ausübt, sofern jenes Unternehmen 20 % oder mehr der Stimmrechte der Aktionäre oder Gesellschafter dieses Unternehmens besitzt. Artikel 2 der Richtlinie 83/349/EWG findet Anwendung.

(2) Bei der erstmaligen Anwendung des vorliegenden Artikels auf eine Beteiligung im Sinne von Absatz 1 wird diese in der Bilanz wie folgt ausgewiesen:
a) entweder mit dem Buchwert nach Abschnitt 7 oder Abschnitt 7a; dabei wird der Unterschiedsbetrag zwischen diesem Wert und dem Betrag, der dem auf die Beteiligung entfallenden Teil des Eigenkapitals entspricht, in der Bilanz oder im Anhang gesondert ausgewiesen. Bei der Berechnung dieses Unterschiedsbetrags wird der Zeitpunkt der erstmaligen Anwendung dieser Methode zugrunde gelegt;
b) oder mit dem Betrag, der dem auf die Beteiligung entfallenden Teil des Eigenkapitals entspricht; dabei, wird der Unterschiedsbetrag zwischen diesem Wert und dem nach den Bewertungsvorschriften des Abschnitts 7 oder des Abschnitts 7a ermittelte Buchwert in der Bilanz oder im Anhang gesondert ausgewiesen. Bei der Berechnung dieses Unterschiedsbetrags wird der Zeitpunkt der erstmaligen Anwendung dieser Methode zugrunde gelegt.

c) Die Mitgliedstaaten können die Anwendung nur eines der Buchstaben a) und b) vorschreiben. In der Bilanz oder im Anhang ist anzugeben, ob von Buchstabe a) oder b) Gebrauch gemacht worden ist.

d) Die Mitgliedstaaten können ferner im Hinblick auf die Anwendung der Buchstaben a) und b) gestatten oder vorschreiben, daß die Berechnung des Unterschiedsbetrags zum Zeitpunkt des Erwerbs der Beteiligung im Sinne von Absatz 1 erfolgt oder beim Erwerb zu verschiedenen Zeitpunkten zu dem Zeitpunkt, zu dem die Anteile oder Aktien Beteiligungen im Sinne des Absatzes 1 geworden sind.

(3) Sind Gegenstände des Aktiv- oder Passivvermögens des Unternehmens, an dem eine Beteiligung nach Absatz 1 besteht, nach anderen Methoden bewertet worden, als sie die Gesellschaft anwendet, die den Jahresabschluß aufstellt, so können diese Vermögenswerte für die Berechnung des Unterschiedsbetrags nach Absatz 2 Buchstabe a) oder Absatz 2 Buchstabe b) nach den Methoden neu bewertet werden, welche die Gesellschaft anwendet, die den Jahresabschluß aufstellt. Wird eine solche Neubewertung nicht vorgenommen, so ist dies im Anhang zu erwähnen. Die Mitgliedstaaten können eine solche Neubewertung vorschreiben.

(4) Der Buchwert nach Absatz 2 Buchstabe a) oder der Betrag, der dem auf die Beteiligung entfallenden Teil des Eigenkapitals nach Absatz 2 Buchstabe b) entspricht, wird um die während des Geschäftsjahres eingetretenen Änderungen des auf die Beteiligung entfallenden Eigenkapitals erhöht oder vermindert; er vermindert sich außerdem um den Betrag der auf die Beteiligung entfallenden Dividenden.

(5) Sofern ein positiver Unterschiedsbetrag nach Absatz 2 Buchstabe a) oder Absatz 2 Buchstabe b) nicht einer bestimmten Kategorie von Gegenständen des Aktiv- oder Passivvermögens zugerechnet werden kann, wird dieser nach den Vorschriften für den Posten, Firmen- oder Geschäftswert behandelt.

(6) a) Der auf die Beteiligung im Sinne von Absatz 1 entfallende Teil des Ergebnisses wird unter einen gesonderten Posten mit entsprechender Bezeichnung in der Gewinn- und Verlustrechnung ausgewiesen.

b) Sofern dieser Betrag denjenigen übersteigt, der als Dividende bereits eingegangen ist oder auf deren Zahlung ein Anspruch besteht, ist der Unterschiedsbetrag in eine Rücklage einzustellen, die nicht an die Aktionäre ausgeschüttet werden darf.

c) Die Mitgliedstaaten können gestatten oder vorschreiben, dass der auf die Beteiligung im Sinne von Absatz 1 entfallende Teil des Ergebnisses in der Gewinn- und Verlustrechnung nur ausgewiesen wird, soweit er Dividenden entspricht, die bereits eingegangen sind oder auf deren Zahlung ein Anspruch besteht.

(7) Die Weglassungen nach Artikel 26 Absatz 1 Buchstabe c) der Richtlinie 83/349/EWG werden nur insoweit vorgenommen, als die betreffenden Tatbestände bekannt oder zugänglich sind. Artikel 26 Absätze 2 und 3 der genannten Richtlinie sind anwendbar.

(8) Sofern das Unternehmen, an dem eine Beteiligung im Sinne von Absatz 1 besteht, einen konsolidierten Abschluß aufstellt, sind die vorstehenden Absätze auf das in diesem konsolidierten Abschluß ausgewiesene Eigenkapital anzuwenden.

(9) Auf die Anwendung des vorliegenden Artikels kann verzichtet werden, wenn die Beteiligung im Sinne von Absatz 1 im Hinblick auf die Zielsetzung des Artikels 2 Absatz 3 nur von untergeordneter Bedeutung ist.

Art. 60 [Vorübergehende mitgliedstaatliche Regelungsfreiräume für die Bewertung Investmentgesellschaften] Bis zu einer späteren Koordinierung können die Mitgliedstaaten vorsehen, daß die Werte, in denen die Investmentgesellschaften im Sinne des Artikels 5 Absatz 2 ihre Mittel angelegt haben, auf der Grundlage des beizulegenden Zeitwerts („fair value") bewertet werden.

In diesem Falle können die Mitgliedstaaten auch die Investmentgesellschaften mit veränderlichem Kapital davon freistellen, die in Artikel 36 erwähnten Beträge der Wertberichtigungen gesondert auszuweisen.

Art. 60a [Durchsetzung] Die Mitgliedstaaten legen Sanktionen für Verstöße gegen die aufgrund dieser Richtlinie erlassenen nationalen Vorschriften fest und treffen alle zu ihrer Anwendung erforderlichen Maßnahmen. Die vorgesehenen Sanktionen müssen wirksam, verhältnismäßig und abschreckend sein.

Art. 61 [Vorübergehende mitgliedstaatliche Regelungsfreiräume bei bestimmten Mutterunternehmen] Die Mitgliedstaaten brauchen die Vorschriften des Artikels 43 Absatz 1 Nummer 2 hinsichtlich der Höhe des Eigenkapitals sowie des Ergebnisses der betroffenen Unternehmen nicht anzuwenden auf Unternehmen, die ihrem Recht unterliegen und Mutterunternehmen im Sinne der Richtlinie 83/349/EWG sind, sofern

a) diese Unternehmen in den von dem Mutterunternehmen erstellten konsolidierten Abschluß oder in den konsolidierten Abschluß eines größeren Kreises von Unternehmen nach Artikel 7 Absatz 2 der Richtlinie 83/349/EWG einbezogen worden sind, oder

b) die Beteiligungen am Kapital der betroffenen Unternehmen entweder im Jahresabschluß des Mutterunternehmens gemäß Artikel 59 oder in dem konsolidierten Abschluß des Mutterunternehmens nach Artikel 33 der Richtlinie 83/349/EWG behandelt werden.

Art. 61a-62 *Prüfpflicht der Kommission, Adressaten – nicht abgedruckt.*

4.7 Siebente Richtlinie des Rates vom 13. Juni 1983 aufgrund von Artikel 54 Absatz 3 Buchstabe g) des Vertrages über den konsolidierten Abschluß (83/349/EWG) [Konzernbilanz-RL]

ABl. 1983 L 193/1

DER RAT DER EUROPÄISCHEN GEMEINSCHAFTEN –
gestützt auf den Vertrag zur Gründung der Europäischen Wirtschaftsgemeinschaft und insbesondere auf Artikel 54 Absatz 3 Buchstabe g),
auf Vorschlag der Kommission[1],
nach Stellungnahme des Europäischen Parlaments[2],
nach Stellungnahme des Wirtschafts- und Sozialausschusses[3],
in Erwägung nachstehender Gründe:

[1] Der Rat hat am 25. Juli 1978 die Richtlinie 78/660/EWG[4] zur Koordinierung der einzelstaatlichen Vorschriften über den Jahresabschluß von Gesellschaften bestimmter Rechtsformen erlassen. Eine bedeutende Anzahl von Gesellschaften gehört Unternehmenszusammenschlüssen an. Damit die Informationen über die finanziellen Verhältnisse dieser Unternehmenszusammenschlüsse zur Kenntnis der Gesellschafter und Dritter gebracht wird, muß ein konsolidierter Abschluß erstellt werden. Eine Koordinierung der nationalen Vorschriften über den konsolidierten Abschluß ist daher geboten, um die Vergleichbarkeit und Gleichwertigkeit der Informationen zu verwirklichen.

[2] Um die Bedingungen der Konsolidierung zu bestimmen, müssen sowohl die Fälle berücksichtigt werden, in denen die Beherrschungsbefugnis auf einer Mehrheit der Stimmrechte beruht, als auch jene, in denen dies aufgrund von Vereinbarungen, sofern sie zulässig sind, geschieht. Den Mitgliedstaaten ist weiterhin zu gestatten, daß sie gegebenenfalls den Fall regeln, daß unter bestimmten Umständen aufgrund einer Minderheitsbeteiligung eine tatsächliche Beherrschung ausgeübt wird. Es ist den Mitgliedstaaten weiterhin die Möglichkeit einzuräumen, den Fall von auf gleichberechtigter Ebene zustandegekommenen Unternehmenszusammenschlüssen zu regeln.

[3] Die Koordinierung im Bereich des konsolidierten Abschlusses ist abgestellt auf den Schutz der Interessen, die gegenüber Kapitalgesellschaften bestehen. Dieser Schutz beinhaltet den Grundsatz der Aufstellung eines konsolidierten Abschlusses, wenn eine solche Gesellschaft zu einem Unternehmenszusammenschluß gehört; dieser konsolidierte Abschluß ist zumindest dann zwingend zu erstellen, wenn eine solche Gesellschaft ein Mutterunternehmen ist. In Fällen, in denen ein Tochterunternehmen selbst Mutterunternehmen ist, ist es im Interesse einer vollständigen Information weiterhin erforderlich, einen konsolidierten Abschluß aufzustellen. Indessen kann – beziehungsweise in bestimmten Fällen muß – ein Mutterunternehmen von der Pflicht, einen konsolidierten Teilabschluß aufzustellen, befreit werden, sofern seine Gesellschafter und Dritte hinreichend geschützt sind.

[4] Bei Unternehmenszusammenschlüssen, die eine bestimmte Größe nicht überschreiten, ist eine Ausnahme von der Verpflichtung zur Erstellung eines konsolidierten Abschlusses gerechtfertigt. Es ist daher erforderlich, Höchstgrenzen für eine solche Freistellung festzulegen. Daraus ergibt sich, daß die Mitgliedstaaten schon das Überschreiten eines der drei Größenmerkmale für die Nichtanwendung der Ausnahme als ausreichend ansehen oder aber niedrigere Größenmerkmale als die in der Richtlinie vorgesehenen festlegen können.

[5] Der konsolidierte Abschluß muß ein den tatsächlichen Verhältnissen entsprechendes Bild der Vermögens-, Finanz- und Ertragslage der insgesamt in die Konsolidierung einbezogenen Unternehmen geben. Zu diesem Zweck muß die Konsolidierung grundsätzlich alle Unternehmen des Zusammenschlusses einbeziehen. Im Rahmen dieser Konsolidierung müssen die betreffenden Gegenstände des Aktiv- und Passivvermögens, die Erträge und Aufwendungen dieser Unternehmen voll in den konsolidierten Abschluß übernommen werden; dabei sind die Anteile der außerhalb dieses Zusammenschlusses stehenden Personen gesondert anzugeben. Es sind jedoch die erforderlichen Berichtigungen vorzunehmen, um die Auswirkungen finanzieller Beziehungen zwischen den konsolidierten Unternehmen wegzulassen.

---

1 ABl. Nr. C 121 vom 2.6.1976, S. 2.
2 ABl. Nr. C 163 vom 10.7.1978, S. 60.
3 ABl. Nr. C 75 vom 26.3.1977, S. 5.
4 Bilanz-RL, in dieser Sammlung Nr. 4.6.

[6] Eine bestimmte Anzahl von Grundsätzen für die Erstellung der konsolidierten Abschlüsse und die Bewertung im Rahmen dieser Abschlüsse müssen festgelegt werden, um sicherzustellen, daß diese übereinstimmende und vergleichbare Vermögenswerte umfassen, sowohl was die hierauf angewandten Bewertungsmethoden als auch die berücksichtigten Geschäftsjahre angeht.

[7] Die Beteiligung am Kapital von Unternehmen, bei denen von der Konsolidierung betroffene Unternehmen einen maßgeblichen Einfluß ausüben, müssen in die konsolidierten Abschlüsse auf der Grundlage der Equity-Methode einbezogen werden.

[8] Es ist unentbehrlich, daß der Anhang des konsolidierten Abschlusses genaue Angaben über die zu konsolidierenden Unternehmen enthält.

[9] Bestimmte in der Richtlinie 78/660/EWG ursprünglich übergangsweise vorgesehene Ausnahmen können vorbehaltlich einer späteren Überprüfung aufrechterhalten bleiben –

HAT FOLGENDE RICHTLINIE ERLASSEN:

1. Abschnitt – Voraussetzungen für die Aufstellung des konsolidierten Abschlusses

Art. 1 [Voraussetzungen für einen konsolidierten Abschluss] (1) Die Mitgliedstaaten schreiben jedem ihrem Recht unterliegenden Unternehmen vor, einen konsolidierten Abschluß und einen konsolidierten Lagebericht zu erstellen, wenn dieses Unternehmen (Mutterunternehmen)

a) die Mehrheit der Stimmrechte der Aktionäre oder Gesellschafter eines Unternehmens (Tochterunternehmens) hat

oder

b) das Recht hat, die Mehrheit der Mitglieder des Verwaltungs-, Leitungs- oder Aufsichtsorgans eines Unternehmens (Tochterunternehmens) zu bestellen oder abzuberufen und gleichzeitig Aktionär oder Gesellschafter dieses Unternehmens ist oder

c) das Recht hat, auf ein Unternehmen (Tochterunternehmen), dessen Aktionär oder Gesellschafter es ist, einen beherrschenden Einfluß aufgrund eines mit diesem Unternehmen geschlossenen Vertrags oder aufgrund einer Satzungsbestimmung dieses Unternehmens auszuüben, sofern das Recht, dem dieses Tochterunternehmen unterliegt, es zuläßt, daß dieses solchen Verträgen oder Satzungsbestimmungen unterworfen wird. Die Mitgliedstaaten brauchen nicht vorzuschreiben, daß das Mutterunternehmen Aktionär oder Gesellschafter des Tochterunternehmens sein muß. Mitgliedstaaten, deren Recht derartige Verträge oder Satzungsbestimmungen nicht vorsieht, sind nicht gehalten, diese Bestimmungen anzuwenden

oder

d) Aktionär oder Gesellschafter eines Unternehmens ist und

aa) allein durch die Ausübung seiner Stimmrechte die Mehrheit der Mitglieder des Verwaltungs-, Leitungs- oder Aufsichtsorgans dieses Unternehmens (Tochterunternehmens), die während des Geschäftsjahres sowie des vorhergehenden Geschäftsjahres bis zur Erstellung des konsolidierten Abschlusses im Amt sind, bestellt worden sind,

oder

bb) aufgrund einer Vereinbarung mit anderen Aktionären oder Gesellschaftern dieses Unternehmens allein über die Mehrheit der Stimmrechte der Aktionäre oder Gesellschafter dieses Unternehmens (Tochterunternehmens) verfügt. Die Mitgliedstaaten können nähere Bestimmungen über Form und Inhalt einer solchen Vereinbarung treffen.

Die Mitgliedstaaten schreiben mindestens die unter Unterbuchstabe bb) angeführte Regelung vor.

Sie können die Anwendung von Unterbuchstabe aa) davon abhängig machen, daß auf die Beteiligung 20 % oder mehr der Stimmrechte der Aktionäre oder Gesellschafter entfallen.

Unterbuchstabe aa) findet jedoch keine Anwendung, wenn ein anderes Unternehmen gegenüber diesem Tochterunternehmen die Rechte im Sinne der Buchstaben a), b) oder c) hat.

(2) Außer in den in Absatz 1 bezeichneten Fällen können die Mitgliedstaaten jedem ihrem Recht unterliegenden Unternehmen die Aufstellung eines konsolidierten Abschlusses und eines konsolidierten Lageberichts vorschreiben, wenn:

a) dieses Unternehmen (Mutterunternehmen) einen beherrschenden Einfluss auf oder die Kontrolle über ein anderes Unternehmen (Tochterunternehmen) ausüben kann oder tatsächlich ausübt oder

b) dieses Unternehmen (Mutterunternehmen) und ein anderes Unternehmen (Tochterunternehmen) unter einheitlicher Leitung des Mutterunternehmens stehen.

Art. 2 [Zurechnung und Abzug von Rechten an das Mutterunternehmen] (1) Bei der Anwendung von Artikel 1 Absatz 1 Buchstaben a), b) und d) sind den Stimm-, Bestellungs- oder Abberufungsrechten des Mutterunternehmens die Rechte eines anderen Tochterunternehmens oder einer Person, die in eigenem Namen, aber für Rechnung des Mutterunternehmens oder eines anderen Tochterunternehmens handelt, hinzuzurechnen.

(2) Bei der Anwendung von Artikel 1 Absatz 1 Buchstaben a), b) und d) sind von den in Absatz 1 des vorliegenden Artikel bezeichneten Rechten die Rechte abzuziehen,

a) die mit Aktien oder Anteilen verbunden sind, die für Rechnung einer anderen Person als das Mutterunternehmen oder ein Tochterunternehmen gehalten werden, oder

b) die mit Aktien oder Anteilen verbunden sind, die als Sicherheit gehalten werden, sofern diese Rechte nach erhaltenen Weisungen ausgeübt werden, oder der Besitz dieser Anteile oder Aktien für das haltende Unternehmen ein laufendes Geschäft im Zusammenhang mit der Gewährung von Darlehen darstellt, sofern die Stimmrechte im Interesse des Sicherungsgebers ausgeübt werden.

(3) Für die Anwendung von Artikel 1 Absatz 1 Buchstaben a) und d) sind von der Gesamtheit der Stimmrechte der Aktionäre oder Gesellschafter eines Tochterunternehmens die Stimmrechte abzuziehen, die mit Aktien oder Anteilen verbunden sind, die von diesem Unternehmen selbst, von einem seiner Tochterunternehmen oder von einer im eigenen Namen, aber für Rechnung dieser Unternehmen handelnden Person gehalten werden.

Art. 3 [Konsolidierung unabhängig vom Sitz] (1) Das Mutterunternehmen sowie alle seine Tochterunternehmen sind ohne Rücksicht auf deren Sitz zu konsolidieren; Artikel 13 und 15 bleiben unberührt.

(2) Für die Anwendung von Absatz 1 gilt jedes Tochterunternehmen eines Tochterunternehmens als das des Mutterunternehmens, das an der Spitze der zu konsolidierenden Unternehmen steht.

Art. 4 [Rechtsformen, die der Konsolidierungspflicht unterliegen] (1) Das Mutterunternehmen sowie alle seine Tochterunternehmen sind zu konsolidierende Unternehmen im

Sinne dieser Richtlinie, wenn entweder das Mutterunternehmen oder eines oder mehrere seiner Tochterunternehmen eine der folgenden Rechtsformen haben:

a) in Deutschland: Aktiengesellschaft, Kommanditgesellschaft auf Aktien, Gesellschaft mit beschränkter Haftung;

b) in Belgien: Société anonyme/Naamloze vennootschap, Société en commandite par actions/Commanditaire vennootschap op aandelen, Société de personnes à responsabilité limitée/Personenvennootschap met beperkte aansprakelijkheid;

c) in Dänemark: aktieselskaber, kommanditaktieselskaber, anpartsselskaber;

d) in Frankreich: Société anonyme, Société en commandite par actions, Société à responsabilité limitée;

e) in Griechenland: η ανώνυμη εταιρία, η εταιρία περιορισμένης ευθύνης, η εταιρόρρυθμη κατά μετοχές εταιρία;

f) in Irland: Public companies limited by shares or by guarantee, Private companies limited by shares or by guarantee;

g) in Italien: Società per azioni, Società in accomandita per azioni, Società a responsabilità limitata;

h) in Luxemburg: Société anonyme, Société en commandite par actions, Société à responsabilité limitée;

i) in den Niederlanden: Naamloze vennootschap, Besloten vennootschap met beperkte aansprakelijkheid;

j) im Vereinigten Königreich: Public companies limited by shares or by guarantee, Private companies limited by shares or by guarantee;

k) in Spanien: la sociedad anónima, la sociedad comanditaria por acciones, la sociedad de responsabilidad limitada;

l) in Portugal: a sociedade anónima de responsabilidade limitada, a sociedade em comandita por acções, a sociedade por quotas de responsabilidade limitada;

m) in Österreich: die Aktiengesellschaft, die Gesellschaft mit beschränkter Haftung;

Parallelrechtsformen – d.h. alle Kapitalgesellschaften – in den übrigen Mitgliedstaaten – nicht abgedruckt.

Unterabsatz 1 findet auch Anwendung, wenn entweder das Mutterunternehmen oder eines oder mehrere seiner Tochterunternehmen eine der in Artikel 1 Absatz 1 Unterabsätze 2 oder 3 der Richtlinie 78/660/EWG bezeichneten Rechtsformen haben.

(2) Die Mitgliedstaaten können jedoch eine Befreiung von der in Artikel 1 Absatz 1 genannten Verpflichtung vorsehen, wenn das Mutterunternehmen nicht eine der in Absatz 1 des vorliegenden Artikel oder in Artikel 1 Absatz 1 Unterabsätze 2 oder 3 der Richtlinie 78/660/EWG bezeichneten Rechtsformen hat.

Art. 5 [Ausnahmen für Beteiligungsgesellschaften] (1) Die Mitgliedstaaten können eine Befreiung von der in Artikel 1 Absatz 1 bezeichneten Verpflichtung vorsehen, wenn das Mutterunternehmen eine Beteiligungsgesellschaft im Sinne des Artikels 5 Absatz 3 der Richtlinie 78/660/EWG ist und

a) während des Geschäftsjahres weder mittelbar noch unmittelbar in die Verwaltung des Tochterunternehmens eingegriffen hat, und

b) das mit der Beteiligung verbundene Stimmrecht bei der Bestellung eines Mitglieds des Verwaltungs-, Leitungs- oder Aufsichtsorgans eines Tochterunternehmens während des Geschäftsjahres sowie der fünf vorhergehenden Geschäftsjahre nicht ausgeübt hat oder, falls die Ausübung des Stimmrechts für die Tätigkeit des Verwaltungs-, Leitungs-

oder Aufsichtsorgans des Tochterunternehmens notwendig war, sofern kein mit der Mehrheit der Stimmrechte beteiligter Aktionär oder Gesellschafter des Mutterunternehmens und kein Mitglied des Verwaltungs-, Leitungs- oder Aufsichtsorgans dieses Unternehmens oder seines mit der Mehrheit der Stimmrechte beteiligten Aktionärs oder Gesellschafters den Verwaltungs-, Leitungs- oder Aufsichtsorganen des Tochterunternehmens angehört und die so bestellten Mitglieder dieser Organe ihr Amt ohne Einmischung oder Einflußnahme des Mutterunternehmens oder eines seiner Tochterunternehmen ausgeübt haben und

c) Darlehen nur solchen Unternehmen gewährt hat, an denen es eine Beteiligung besitzt. Sind Darlehen an andere Empfänger gegeben worden, so müssen diese bis zum Stichtag des Jahresabschlusses für das vorhergehende Geschäftsjahr zurückgezahlt worden sein, und

d) die Befreiung von einer Behörde nach Prüfung der vorstehend aufgeführten Voraussetzungen erteilt worden ist.

(2) a) Wird eine Beteiligungsgesellschaft befreit, so findet Artikel 43 Absatz 2 der Richtlinie 78/660/EWG von dem in Artikel 49 Absatz 2 bezeichneten Zeitpunkt an keine Anwendung auf den Jahresabschluß dieser Gesellschaft im Hinblick auf Mehrheitsbeteiligungen an ihren Tochterunternehmen.

b) Die für Mehrheitsbeteiligungen nach Artikel 43 Absatz 1 Ziffer 2 der Richtlinie 78/660/EWG vorgeschriebenen Angaben brauchen nicht gemacht zu werden, soweit sie geeignet sind, der Gesellschaft, ihren Aktionären oder Gesellschaftern oder einem ihrer Tochterunternehmen einen erheblichen Nachteil zuzufügen. Die Mitgliedstaaten können dazu die vorherige Zustimmung einer Verwaltungsbehörde oder eines Gerichts verlangen. Das Unterlassen dieser Angaben ist im Anhang zu erwähnen.

Art. 6 [Ausnahmen für kleine und mittlere Unternehmensverbünde] (1) Die Mitgliedstaaten können ferner von der in Artikel 1 Absatz 1 bezeichneten Verpflichtung unbeschadet von Artikel 4 Absatz 2 und Artikel 5 befreien, wenn zum Bilanzstichtag des Mutterunternehmens die zu konsolidierenden Unternehmen insgesamt aufgrund ihrer letzten Jahresabschlüsse zwei der drei in Artikel 27 der Richtlinie 78/660/EWG bezeichneten Größenmerkmale nicht überschreiten.

(2) Die Mitgliedstaaten können gestatten oder vorschreiben, daß bei der Berechnung der vorgenannten Größenmerkmale weder die Verrechnung nach Artikel 19 Absatz 1 noch die Weglassung nach Artikel 26 Absatz 1 Buchstaben a) und b) vorgenommen wird. In diesem Fall werden die Größenmerkmale in bezug auf die Bilanzsumme und die Nettoumsatzerlöse um 20 % erhöht.

(3) Auf die genannten Größenmerkmale ist Artikel 12 der Richtlinie 78/660/EWG anwendbar.

(4) Dieser Artikel findet keine Anwendung, wenn eines der zu konsolidierenden Unternehmen eine Gesellschaft ist, deren Wertpapiere in einem Mitgliedstaat zum Handel an einem geregelten Markt im Sinne des Artikels 1 Nummer 13 der Richtlinie 93/22/EWG des Rates vom 10. Mai 1993 über Wertpapierdienstleistungen[5] zugelassen sind.

---

5 Publizitäts-RL, in dieser Sammlung Nr. 4.1.

Art. 7 [Befreiung von Mutterunternehmen, die gleichzeitig Tochterunternehmen sind] (1) Die Mitgliedstaaten befreien, unbeschadet von Artikel 4 Absatz 2 und der Artikel 5 und 6, jedes ihrem Recht unterliegende Mutterunternehmen, das gleichzeitig Tochterunternehmen ist, von der in Artikel 1 Absatz 1 genannten Verpflichtung, sofern dessen Mutterunternehmen dem Recht eines Mitgliedstaats unterliegt, in den folgenden zwei Fällen:

a) das Mutterunternehmen besitzt sämtliche Aktien oder Anteile des befreiten Unternehmens. Die Aktien oder Anteile dieses Unternehmens, die aufgrund einer gesetzlichen oder satzungsmäßigen Verpflichtung von Mitgliedern des Verwaltungs-, Leitungs- oder Aufsichtsorgans gehalten werden, werden nicht berücksichtigt,

b) das Mutterunternehmen besitzt 90% oder mehr der Aktien oder Anteile des befreiten Unternehmens und die anderen Aktionäre dieses Unternehmens haben der Befreiung zugestimmt.

(2) Die Befreiung hängt von folgenden Voraussetzungen ab:

a) Das befreite Unternehmen sowie alle seine Tochterunternehmen sind unbeschadet der Artikel 13 und 15 in den konsolidierten Abschluß eines größeren Kreises von Unternehmen einbezogen worden, dessen Mutterunternehmen dem Recht eines Mitgliedstaats unterliegt;

b) aa) Der unter Buchstabe a) bezeichnete konsolidierte Abschluß und der konsolidierte Lagebericht des größeren Kreises von Unternehmen sind von dem Mutterunternehmen dieses Kreises von Unternehmen im Einklang mit dieser Richtlinie nach dem Recht des Mitgliedstaats erstellt und geprüft worden, dem das Mutterunternehmen unterliegt;

bb) der unter Buchstabe a) bezeichnete konsolidierte Abschluß, der konsolidierte Lagebericht nach Unterbuchstabe aa) sowie der Bericht, der mit der Prüfung dieses Abschlusses beauftragten Person und gegebenenfalls die in Artikel 9 bezeichneten Unterlagen sind von dem befreiten Unternehmen nach dem Recht des Mitgliedstaats, dem dieses Unternehmen unterliegt, nach Artikel 38 offengelegt worden. Der betreffende Mitgliedstaat kann vorschreiben, daß die genannten Unterlagen in seiner Amtssprache offengelegt werden und die Übersetzung dieser Unterlagen beglaubigt wird.

c) Der Anhang des Jahresabschlusses des befreiten Unternehmens enthält:

aa) Name und Sitz des Mutterunternehmens, das den unter Buchstabe a) bezeichneten konsolidierten Abschluß aufstellt, und

bb) einen Hinweis auf die Befreiung von der Verpflichtung, einen konsolidierten Abschluß und einen konsolidierten Lagebericht aufzustellen.

(3) Dieser Artikel findet keine Anwendung auf Unternehmen, deren Wertpapiere in einem Mitgliedstaat zum Handel an einem geregelten Markt im Sinne des Artikels 1 Nummer 13 der Richtlinie 93/22/EWG zugelassen sind.

Art. 8 [Keine Befreiung bei Verlangen der Gesellschafter] (1) Die Mitgliedstaaten können in den von Artikel 7 Absatz 1 nicht erfaßten Fällen unbeschadet von Artikel 4 Absatz 2 und der Artikel 5 und 6 jedes ihrem Recht unterliegende Mutterunternehmen, das gleichzeitig Tochterunternehmen ist, dessen eigenes Mutterunternehmen dem Recht eines Mitgliedstaats unterliegt, von der in Artikel 1 Absatz 1 genannten Verpflichtung befreien, wenn alle in Artikel 7 Absatz 2 bezeichneten Voraussetzungen erfüllt sind und Aktionäre oder Gesellschafter des befreiten Unternehmens, die einen Mindestprozentsatz des gezeichneten Kapitals dieses Unternehmens besitzen, nicht spätestens sechs Monate vor dem Ablauf des

Geschäftsjahres die Aufstellung eines konsolidierten Abschlusses verlangt haben. Die Mitgliedstaaten dürfen diesen Prozentsatz für Aktiengesellschaften und Kommanditgesellschaften auf Aktien auf nicht höher als 10% und für Unternehmen in anderer Rechtsform auf nicht höher als 20% festlegen.

(2) Ein Mitgliedstaat kann die Befreiung nicht davon abhängig machen, daß das Mutterunternehmen, das den in Artikel 7 Absatz 2 Buchstabe a) bezeichneten konsolidierten Abschluß aufstellt, ebenfalls seinem Recht unterliegt.

(3) Ein Mitgliedstaat kann die Befreiung nicht von Bedingungen bezüglich der Aufstellung und Prüfung des in Artikel 7 Absatz 2 Buchstabe a) bezeichneten konsolidierten Abschlusses abhängig machen.

Art. 9 [Zusätzliche Angaben] (1) Die Mitgliedstaaten können die in den Artikeln 7 und 8 vorgesehene Befreiung davon abhängig machen, daß zusätzliche Angaben in Übereinstimmung mit dieser Richtlinie in dem in Artikel 7 Absatz 2 Buchstabe a) genannten konsolidierten Abschluß oder in einer als Anhang beigefügten Unterlage erfolgen, sofern diese Angaben auch von den dem Recht dieses Mitgliedstaats unterliegenden Unternehmen, die zur Aufstellung eines konsolidierten Abschlusses verpflichtet sind und sich in derselben Lage befinden, verlangt werden.

(2) Darüber hinaus können die Mitgliedstaaten die Befreiung davon abhängig machen, daß im Anhang zu dem in Artikel 7 Absatz 2 Buchstabe a) bezeichneten konsolidierten Abschluß oder im Jahresabschluß des befreiten Unternehmens für den Kreis von Unternehmen, deren Mutterunternehmen sie von der Aufstellung eines konsolidierten Abschlusses befreien, alle oder einige der folgenden Angaben gemacht werden:
– Höhe des Anlagevermögens,
– Nettoumsatzerlöse,
– Jahresergebnis und Eigenkapital,
– Zahl der im Geschäftsjahr durchschnittlich beschäftigten Arbeitnehmer.

Art. 10 [Keine Befreiung bei Verlangen von Arbeitnehmerseite oder durch Behörden] Die Artikel 7 bis 9 berühren nicht die Rechtsvorschriften der Mitgliedstaaten über die Aufstellung eines konsolidierten Abschlusses oder eines konsolidierten Lageberichts
– sofern diese Unterlagen zur Unterrichtung der Arbeitnehmer oder ihrer Vertreter verlangt werden
    oder
– auf Verlangen einer Verwaltungsbehörde oder eines Gerichts für deren Zwecke.

Art. 11 [Tochtergesellschaft eines Drittstaatunternehmens] (1) Die Mitgliedstaaten können unbeschadet von Artikel 4 Absatz 2 und der Artikel 5 und 6 jedes ihrem Recht unterliegende Mutterunternehmen, das gleichzeitig Tochterunternehmen eines nicht dem Recht eines Mitgliedstaats unterliegenden Mutterunternehmens ist, von der in Artikel 1 Absatz 1 genannten Verpflichtung befreien, wenn alle folgenden Voraussetzungen erfüllt sind:
a) das befreite Unternehmen sowie alle seine Tochterunternehmen werden unbeschadet der Artikel 13 und 15 in den konsolidierten Abschluß eines größeren Kreises von Unternehmen einbezogen;
b) der unter Buchstabe a) bezeichnete konsolidierte Abschluß und gegebenenfalls der konsolidierte Lagebericht sind entweder nach dieser Richtlinie oder derart erstellt

worden, daß sie einem nach dieser Richtlinie erstellten konsolidierten Abschluß und konsolidierten Lagebericht gleichwertig sind;

c) der unter Buchstabe a) bezeichnete konsolidierte Abschluß ist von einer oder mehreren Personen geprüft worden, die aufgrund des Rechts, dem das Unternehmen unterliegt, das diesen Abschluß aufgestellt hat, zur Prüfung von Jahresabschlüssen zugelassen sind.

(2) Artikel 7 Absatz 2 Buchstabe b) Unterbuchstabe bb), Buchstabe c) sowie die Artikel 8 bis 10 finden Anwendung.

(3) Ein Mitgliedstaat darf Befreiungen nach dem vorliegenden Artikel nur insoweit vorsehen, als er die gleichen Befreiungen auch nach den Artikeln 7 bis 10 vorsieht.

Art. 12 [Weitere Konsolidierungstatbestände] (1) Unbeschadet der Artikel 1 bis 10 können die Mitgliedstaaten jedem ihrem Recht unterliegenden Unternehmen vorschreiben, einen konsolidierten Abschluß und einen konsolidierten Lagebericht aufzustellen, wenn

a) dieses Unternehmen sowie ein oder mehrere andere Unternehmen, die untereinander nicht in der in Artikel 1 Absatz 1 oder 2 bezeichneten Beziehung stehen, aufgrund eines mit diesem Unternehmen geschlossenen Vertrages oder einer Satzungsbestimmung dieser Unternehmen einer einheitlichen Leitung unterstehen oder

b) das Verwaltungs-, Leitungs- oder Aufsichtsorgan dieses Unternehmens sowie dasjenige eines oder mehrerer Unternehmen, die miteinander nicht in der in Artikel 1 Absatz 1 oder 2 bezeichneten Beziehung stehen, sich mehrheitlich aus denselben Personen zusammensetzen, die während des Geschäftsjahres und bis zur Aufstellung des konsolidierten Abschlusses im Amt sind.

(2) Bei Anwendung des Absatzes 1 sind die Unternehmen, die untereinander in der in Absatz 1 bezeichneten Beziehung stehen, sowie jedes ihrer Tochterunternehmen zu konsolidierende Unternehmen im Sinne dieser Richtlinie, sofern eines oder mehrere dieser Unternehmen eine der in Artikel 4 genannten Rechtsformen haben.

(3) Artikel 3, Artikel 4 Absatz 2, die Artikel 5 und 6, die Artikel 13 bis 28, Artikel 29 Absätze 1, 3, 4 und 5, die Artikel 30 bis 38 sowie Artikel 39 Absatz 2 finden Anwendung auf den konsolidierten Abschluß und konsolidierten Lagebericht nach dem vorliegenden Artikel; die Hinweise auf das Mutterunternehmen sind als Bezugnahme auf die in Absatz 1 bezeichneten Unternehmen anzusehen. Jedoch sind unbeschadet von Artikel 19 Absatz 2 die in den konsolidierten Abschluß einzubeziehenden Posten: „Kapital", „Agio", „Neubewertungsrücklage", „Rücklagen", „Ergebnisvortrag" und „Jahresergebnis" die addierten Beträge der jeweiligen Posten sämtlicher in Absatz 1 bezeichneter Unternehmen.

Art. 13 [Unternehmen von untergeordneter Bedeutung; unverhältnismäßiger Aufwand] (1) Ein Unternehmen braucht nicht in die Konsolidierung einbezogen zu werden, wenn es im Hinblick auf die Zielsetzung des Artikels 16 Absatz 3 nur von untergeordneter Bedeutung ist.

(2) Entsprechen mehrere Unternehmen den Voraussetzungen des Absatzes 1, so sind diese Unternehmen dennoch in die Konsolidierung einzubeziehen, sofern sie insgesamt im Hinblick auf die Zielsetzung von Artikel 16 Absatz 3 nicht von untergeordneter Bedeutung sind.

(2a) Unbeschadet des Artikels 4 Absatz 2 und der Artikel 5 und 6 wird jedes dem Recht eines Mitgliedstaats unterliegende Mutterunternehmen, das nur Tochterunternehmen hat, die für sich und zusammengenommen im Hinblick auf die Zielsetzung des Artikels 16 Absatz 3 von untergeordneter Bedeutung sind, von der in Artikel 1 Absatz 1 festgelegten Pflicht befreit.

627

(3) Außerdem braucht ein Unternehmen auch dann nicht in die Konsolidierung einbezogen zu werden, wenn

a) erhebliche und andauernde Beschränkungen

   aa) die Ausübung der Rechte des Mutterunternehmens in bezug auf Vermögen oder Geschäftsführung dieses Unternehmens oder

   bb) die Ausübung der einheitlichen Leitung dieses Unternehmens, das in der in Artikel 12. Absatz 1 bezeichneten Beziehung steht,

   nachhaltig beeinträchtigen,

b) die für die Aufstellung eines konsolidierten Beschlusses nach dieser Richtlinie erforderlichen Angaben nicht ohne unverhältnismäßig hohe Kosten oder Verzögerungen zu erhalten sind,

c) die Anteile oder Aktien dieses Unternehmens ausschließlich zum Zwecke ihrer Weiterveräußerung gehalten werden.

Art. 15 [Mutterunternehmen ohne gewerbliche Tätigkeit] (1) Sofern ein Mutterunternehmen, das keine gewerbliche Tätigkeit ausübt und keinen Handel treibt, aufgrund einer Vereinbarung mit einem oder mehreren nicht in die Konsolidierung einbezogenen Unternehmen Aktien oder Anteile eines Tochterunternehmens hält, können die Mitgliedstaaten gestatten, daß dieses Mutterunternehmen in Anwendung des Artikels 16 Absatz 3 nicht in die Konsolidierung einbezogen wird.

(2) Der Jahresabschluß des Mutterunternehmens ist dem konsolidierten Abschluß beizufügen.

(3) Wird von dieser Ausnahme Gebrauch gemacht, ist entweder Artikel 59 der Richtlinie 78/660/EWG auf den Jahresabschluß des Mutterunternehmens anzuwenden oder sind die Angaben, die sich aus einer Anwendung der genannten Vorschrift ergeben würden, im Anhang zu machen.

2. Abschnitt – Art und Weise der Aufstellung des konsolidierten Abschlusses

Artikel 16 [Inhalt und Prinzipien des konsolidierten Abschlusses] (1) Der konsolidierte Abschluß besteht aus der konsolidierten Bilanz, der konsolidierten Gewinn- und Verlustrechnung sowie dem Anhang. Diese Unterlagen bilden eine Einheit.

Die Mitgliedstaaten können gestatten oder vorschreiben, dass der konsolidierte Abschluss zusätzlich zu den in Unterabsatz 1 genannten Unterlagen weitere Bestandteile umfasst.

(2) Der konsolidierte Abschluß ist klar und übersichtlich aufzustellen und hat dieser Richtlinie zu entsprechen.

(3) Der konsolidierte Abschluß hat ein den tatsächlichen Verhältnissen entsprechendes Bild der Vermögens-, Finanz- und Ertragslage der Gesamtheit der in die Konsolidierung einbezogenen Unternehmen zu vermitteln.

(4) Reicht die Anwendung dieser Richtlinie nicht aus, um ein den tatsächlichen Verhältnissen entsprechendes Bild im Sinne des Absatzes 3 zu vermitteln, so sind zusätzliche Angaben zu machen.

(5) Ist in Ausnahmefällen die Anwendung einer Vorschrift der Artikel 17 bis 35 und des Artikels 39 mit der in Absatz 3 vorgesehenen Verpflichtung unvereinbar, so muß von der betreffenden Vorschrift abgewichen werden, damit ein den tatsächlichen Verhältnissen entsprechendes Bild im Sinne des Absatzes 3 vermittelt wird. Eine solche Abweichung ist im Anhang zu erwähnen und hinreichend zu begründen; ihr Einfluß auf die Vermögens-, Fi-

nanz- und Ertragslage ist darzulegen. Die Mitgliedstaaten können die Ausnahmefälle bezeichnen und die entsprechende Ausnahmeregelung festlegen.

(6) Die Mitgliedstaaten können gestatten oder vorschreiben, daß in dem konsolidierten Abschluß neben den Angaben, die aufgrund der vorliegenden Richtlinie erforderlich sind, weitere Angaben gemacht werden.

Art. 17 [Gliederung des konsolidierten Abschlusses] (1) Für die Gliederung des konsolidierten Abschlusses gelten die Artikel 3 bis 10a, 13 bis 26 und 28 bis 30 der Richtlinie 78/660/EWG unbeschadet der Bestimmungen der vorliegenden Richtlinie und unter Berücksichtigung der Anpassungen, die sich aus den besonderen Merkmalen eines konsolidierten Abschlusses im Vergleich zum Jahresabschluß zwangsläufig ergeben.

(2) Die Mitgliedstaaten können bei Vorliegen besonderer Umstände, die einen unverhältnismäßigen Aufwand erfordern, gestatten, daß die Vorräte in dem konsolidierten Abschluß zusammengefaßt werden.

Art. 18 [Gegenstände des Aktiv- und Passivvermögens] Die Gegenstände des Aktiv- und Passivvermögens der in die Konsolidierung einbezogenen Unternehmen werden vollständig in die konsolidierte Bilanz übernommen.

Art. 19 [Verrechnung der Buchwerte der Anteile] (1) Die Buchwerte der Anteile oder Aktien am Kapital der in die Konsolidierung einbezogenen Unternehmen werden mit dem auf sie entfallenden Teil des Eigenkapitals der in die Konsolidierung einbezogenen Unternehmen verrechnet.

a) Die Verrechnung erfolgt auf der Grundlage der Buchwerte zu dem Zeitpunkt, zu dem diese Unternehmen erstmalig in die Konsolidierung einbezogen werden. Die sich bei der Verrechnung ergebenden Unterschiedsbeträge werden, soweit möglich, unmittelbar unter Posten der konsolidierten Bilanz verbucht, deren Wert höher oder niedriger ist als ihr Buchwert.

b) Die Mitgliedstaaten können gestatten oder vorschreiben, daß die Verrechnung auf der Grundlage der Werte der feststellbaren Aktiva und Passiva des zu konsolidierenden Unternehmens zum Zeitpunkt des Erwerbs der Anteile oder Aktien erfolgt oder, beim Erwerb zu verschiedenen Zeitpunkten, zu dem Zeitpunkt, zu dem das Unternehmen Tochterunternehmen geworden ist.

c) Ein nach Buchstabe a) verbleibender oder nach Buchstabe b) entstehender Unterschiedsbetrag ist in der konsolidierten Bilanz unter einem gesonderten Posten mit entsprechender Bezeichnung auszuweisen. Der Posten, die angewendeten Methoden und wesentliche Änderungen gegenüber dem Vorjahr sind im Anhang zur Bilanz zu erläutern. Läßt ein Mitgliedstaat eine Verrechnung von positiven mit negativen Unterschiedsbeträgen zu, so sind diese ebenfalls im Anhang aufzugliedern.

(2) Absatz 1 gilt jedoch nicht für Anteile oder Aktien am Kapital des Mutterunternehmens, die sich im Besitz des Mutterunternehmens selbst oder eines anderen in die Konsolidierung einbezogenen Unternehmens befinden. Diese Anteile oder Aktien werden im konsolidierten Abschluß als eigene Aktien oder Anteile nach der Richtlinie 78/660/EWG betrachtet.

Art. 20 [Einschränkungen bei der Verrechnung der Buchwerte] (1) Die Mitgliedstaaten können gestatten oder vorschreiben, daß der Buchwert der Anteile oder Aktien am Kapital eines in die Konsolidierung einbezogenen Unternehmens nur mit dem auf ihn entfallenden Anteil des Kapitals verrechnet wird, sofern

a) die Anteile oder Aktien mindestens 90 v. H. des Nennbetrags oder, falls kein Nennbetrag vorhanden ist, des rechnerischen Wertes der Anteile oder Aktien dieses Unternehmens ausmachen, die keine Anteile im Sinne des Artikels 29 Absatz 2 Buchstabe a) der Richtlinie 77/91/EWG[6] sind,

b) der Hundertsatz, auf den in Buchstabe a) Bezug genommen wird, im Wege einer Vereinbarung erreicht wird, die die Ausgabe von Anteilen oder Aktien durch ein in die Konsolidierung einbezogenes Unternehmen vorsieht,

c) die in Buchstabe b) bezeichnete Vereinbarung keine Barzahlung vorsieht, die über 10 v. H. des Nennbetrags oder, falls kein Nennbetrag vorhanden ist, des rechnerischen Wertes der ausgegebenen Anteile oder Aktien hinausgeht.

(2) Der Unterschiedsbetrag nach Absatz 1 wird je nach Lage des Falles den konsolidierten Rücklagen zugerechnet oder von ihnen abgezogen.

(3) Die Anwendung der Methode nach Absatz 1, die sich daraus ergebenden Veränderungen der Rücklagen sowie der Name und Sitz der betreffenden Unternehmen sind im Anhang anzugeben.

Art. 21 [Anteile anderer Personen am Tochterunternehmen] Die Beträge, die den Anteilen oder Aktien entsprechen, welche sich bei konsolidierten Tochterunternehmen im Besitz von anderen Personen als den in die Konsolidierung einbezogenen Unternehmen befinden, werden in der konsolidierten Bilanz unter einem gesonderten Posten mit entsprechender Bezeichnung ausgewiesen.

Art. 22 [Aufwendungen und Erträge] Die Aufwendungen und Erträge der in die Konsolidierung einbezogenen Unternehmen werden vollständig in die konsolidierte Gewinn- und Verlustrechnung übernommen.

Art. 23 [Beträge aus dem Ergebnis von konsolidierten Tochterunternehmen] Die Beträge aus dem Ergebnis von konsolidierten Tochterunternehmen, die den Aktien oder Anteilen entsprechen, welche sich im Besitz anderer Personen als den in die Konsolidierung einbezogenen Unternehmen befinden, werden in der konsolidierten Gewinn- und Verlustrechnung unter einem gesonderten Posten mit entsprechender Bezeichnung ausgewiesen.

Art. 24 [Grundsätze des konsolidierten Abschlusses] Der konsolidierte Abschluß ist nach den Grundsätzen der Artikel 25 bis 28 aufzustellen.

Art. 25 [Stetigkeit] (1) In der Anwendung der Konsolidierungsmethoden soll Stetigkeit bestehen.

(2) Abweichungen von Absatz 1 sind in Ausnahmefällen zulässig. Wird von diesen Abweichungen Gebrauch gemacht, so sind sie im Anhang anzugeben und hinreichend zu begründen; ihr Einfluß auf die Vermögens-, Finanz- und Ertragslage aller in die Konsolidierung einbezogenen Unternehmen ist anzugeben.

Art. 26 [Summe der Einzelabschlüsse] (1) Im konsolidierten Abschluß sind Vermögens-, Finanz- und Ertragslage der in die Konsolidierung einbezogenen Unternehmen so auszuweisen, als ob sie ein einziges Unternehmen wären. Insbesondere werden in dem konsolidierten Abschluß

---

6   Kapital-RL, in dieser Sammlung Nr. 4.2.

a) Forderungen und Verbindlichkeiten zwischen in die Konsolidierung einbezogenen Unternehmen weggelassen;

b) Aufwendungen und Erträge aus Geschäften zwischen in die Konsolidierung einbezogenen Unternehmen weggelassen;

c) Gewinne und Verluste aus Geschäften zwischen in die Konsolidierung einbezogenen Unternehmen, die in den Buchwert der Aktiva eingehen, weggelassen. Bis zu einer späteren Koordinierung können die Mitgliedstaaten jedoch zulassen, daß diese Weglassungen nach dem auf das Mutterunternehmen entfallenden Anteil am Kapital der einzelnen in die Konsolidierung einbezogenen Tochterunternehmen erfolgen.

(2) Die Mitgliedstaaten können Abweichungen von Absatz 1 Buchstabe c) zulassen, wenn das Geschäft zu normalen Marktbedingungen geschlossen wird und die Weglassung des Gewinns oder Verlustes einen unverhältnismäßig hohen Aufwand erfordern würde. Abweichungen von dem Grundsatz sind im Anhang anzugeben und, wenn ihr Einfluß auf die Vermögens-, Finanz- und Ertragslage aller in die Konsolidierung einbezogenen Unternehmen bedeutend ist, zu erläutern.

(3) Abweichungen von Absatz 1 Buchstaben a), b) und c) sind zulässig, wenn die betreffenden Beträge in bezug auf das Ziel des Artikels 16 Absatz 3 nur von untergeordneter Bedeutung sind.

Art. 27 [Stichtag] (1) Der konsolidierte Abschluß wird zum selben Stichtag wie der Jahresabschluß des Mutterunternehmens aufgestellt.

(2) Jedoch können die Mitgliedstaaten mit Rücksicht auf den Bilanzstichtag der Mehrzahl oder der bedeutendsten der konsolidierten Unternehmen gestatten oder vorschreiben, daß der konsolidierte Abschluß zu einem anderen Zeitpunkt aufgestellt wird. Wird von dieser Abweichung Gebrauch gemacht, so ist dies im Anhang zum konsolidierten Abschluß anzugeben und hinreichend zu begründen. Außerdem sind Vorgänge von besonderer Bedeutung für die Vermögens-, Finanz- und Ertragslage eines konsolidierten Unternehmens, die zwischen dem Bilanzstichtag dieses Unternehmens und dem Stichtag des konsolidierten Abschlusses eingetreten sind, zu berücksichtigen oder anzugeben.

(3) Liegt der Bilanzstichtag eines Unternehmens um mehr als drei Monate vor dem Stichtag des konsolidierten Abschlusses, so wird dieses Unternehmen aufgrund eines auf den Stichtag des konsolidierten Abschlusses aufgestellten Zwischenabschlusses konsolidiert.

Art. 28 [Änderung der Zusammensetzung der Unternehmen] Hat sich die Zusammensetzung aller in die Konsolidierung einbezogenen Unternehmen im Laufe des Geschäftsjahres erheblich geändert, so sind in den konsolidierten Abschluß Angaben aufzunehmen, die es ermöglichen, die aufeinanderfolgenden konsolidierten Abschlüsse sinnvoll zu vergleichen. Bei einer bedeutenden Änderung können die Mitgliedstaaten im übrigen vorschreiben oder zulassen, dieser Verpflichtung dadurch nachzukommen, daß eine geänderte Eröffnungsbilanz und eine geänderte Gewinn- und Verlustrechnung aufgestellt werden.

Art. 29 [Bewertungsgrundsätze der Muttergesellschaft] (1) Die in die Konsolidierung einzubeziehenden Gegenstände des Aktiv- und Passivvermögens werden nach einheitlichen Methoden und in Übereinstimmung mit den Abschnitten 7 und 7a und Artikel 60 der Richtlinie 78/660/EWG bewertet.

(2) a) Das Unternehmen, das den konsolidierten Abschluß aufstellt, hat dieselben Bewertungsmethoden anzuwenden wie diejenigen, welche es auf seinen eigenen Jahres-

abschluß anwendet. Jedoch können die Mitgliedstaaten die Anwendung anderer Bewertungsmethoden gestatten oder vorschreiben, soweit diese mit dem vorstehend bezeichneten Artikel der Richtlinie 78/660/EWG übereinstimmen.

b) Wird von diesen Abweichungen Gebrauch gemacht, so sind sie im Anhang des konsolidierten Abschlusses anzugeben und hinreichend zu begründen.

(3) Sofern in die Konsolidierung einbezogene Gegenstände des Aktiv- und Passivvermögens in den Jahresabschlüssen von in die Konsolidierung einbezogenen Unternehmen nach Methoden bewertet worden sind, die sich von den auf die Konsolidierung angewendeten Methoden unterscheiden, sind diese Vermögensgegenstände nach den letzteren Methoden neuzubewerten, es sei denn, daß das Ergebnis dieser Neubewertung in bezug auf die Zielsetzung des Artikels 16 Absatz 3 nur von untergeordneter Bedeutung ist. Abweichungen von diesem Grundsatz sind in Ausnahmefällen zulässig. Sie sind im Anhang zum konsolidierten Abschluß anzugeben und hinreichend zu begründen.

(4) In der konsolidierten Bilanz und in der konsolidierten Gewinn- und Verlustrechnung ist der Konsolidierungsunterschied zwischen dem Steueraufwand, der dem Geschäftsjahr und den früheren Geschäftsjahren zugerechnet wird und den für diese Geschäftsjahre bereits gezahlten oder zu zahlenden Steuern zu berücksichtigen, soweit sich daraus wahrscheinlich für eines der konsolidierten Unternehmen in absehbarer Zukunft ein tatsächlicher Aufwand ergibt.

(5) Sofern bei einem in die Konsolidierung einbezogenen Gegenstand des Aktivvermögens eine außerordentliche Wertberichtigung allein für die Anwendung steuerlicher Vorschriften vorgenommen worden ist, darf dieser Vermögensgegenstand erst nach Wegfall dieser Berichtigung in den konsolidierten Abschluß übernommen werden. Jedoch können die Mitgliedstaaten gestatten oder vorschreiben, daß ein solcher Vermögensgegenstand auch ohne Wegfall der Wertberichtigungen in den konsolidierten Abschluß übernommen wird, sofern der Betrag der Wertberichtigungen im Anhang zum konsolidierten Abschluß angegeben und hinreichend begründet wird.

Art. 30 [„Geschäfts- oder Firmenwert"] (1) Der in Artikel 19 Absatz 1 Buchstabe c) bezeichnete gesonderte Posten, der einem positiven Konsolidierungsunterschied entspricht, wird nach den Vorschriften für den Posten „Geschäfts- oder Firmenwert" der Richtlinie 78/660/EWG behandelt.

(2) Die Mitgliedstaaten können zulassen, daß der positive Konsolidierungsunterschied unmittelbar und offen von Rücklagen abgezogen wird.

Art. 31 [Negativer Konsolidierungsunterschied] Der Betrag unter dem in Artikel 19 Absatz 1 Buchstabe c) bezeichneten Posten, der einem negativen Konsolidierungsunterschied entspricht, darf in die konsolidierte Gewinn- und Verlustrechnung nur übernommen werden,

a) wenn dieser Unterschiedsbetrag einer zum Zeitpunkt des Erwerbs erwarteten ungünstigen Entwicklung der künftigen Ergebnisse des betreffenden Unternehmens oder erwarteten Aufwendungen entspricht, soweit sich diese Erwartungen erfüllen,

oder

b) soweit dieser Unterschiedsbetrag einem realisierten Gewinn entspricht.

Art. 32 [Quotenkonsolidierung] (1) Die Mitgliedstaaten können gestatten oder vorschreiben, daß, sofern ein in die Konsolidierung einbezogenes Unternehmen gemeinsam mit einem oder mehreren nicht in die Konsolidierung einbezogenen Unternehmen ein anderes Unternehmen leitet, dieses entsprechend dem Anteil der Rechte, die darin von dem in die Konsolidierung einbezogenen Unternehmen gehalten werden, in den konsolidierten Abschluß einbezogen wird.

(2) Die Artikel 13 bis 31 finden sinngemäß auf die in Absatz 1 bezeichnete Quotenkonsolidierung Anwendung.

(3) Im Falle der Anwendung des vorliegenden Artikels ist Artikel 33 nicht anzuwenden, wenn das Unternehmen, das einer Quotenkonsolidierung unterliegt, ein assoziiertes Unternehmen im Sinne von Artikel 33 ist.

Art. 33 [Ausweis von maßgeblichem Einfluss; assoziiertes Unternehmen] (1) Wird von einem in die Konsolidierung einbezogenen Unternehmen ein maßgeblicher Einfluß auf die Geschäfts- und Finanzpolitik eines nicht in die Konsolidierung einbezogenen Unternehmens (assoziiertes Unternehmen ausgeübt, an dem eine Beteiligung im Sinne des Artikels 17 der Richtlinie 78/660/EWG besteht, so ist diese Beteiligung in der konsolidierten Bilanz unter einem gesonderten Posten mit entsprechender Bezeichnung auszuweisen. Es wird vermutet, daß ein Unternehmen einen maßgeblichen Einfluß auf ein anderes Unternehmen ausübt, wenn es 20 % oder mehr der Stimmrechte der Aktionäre oder Gesellschafter dieses Unternehmens hat. Artikel 2 findet Anwendung.

(2) Bei der erstmaligen Anwendung des vorliegenden Artikels auf eine Beteiligung im Sinne von Absatz 1 wird diese in der konsolidierten Bilanz wie folgt ausgewiesen:

a) entweder mit dem Buchwert im Einklang mit den Bewertungsregeln der Richtlinie 78/660/EWG; dabei wird der Unterschiedsbetrag zwischen diesem Wert und dem Betrag, der dem auf diese Beteiligung entfallenden Teil des Eigenkapitals entspricht, in der konsolidierten Bilanz oder im Anhang gesondert ausgewiesen; dieser Unterschiedsbetrag wird zu dem Zeitpunkt berechnet, zu dem die Methode erstmalig angewendet wird,

b) oder mit dem Betrag, der dem auf die Beteiligung entfallenden Teil des Eigenkapitals des assoziierten Unternehmens entspricht; dabei wird der Unterschiedsbetrag zwischen diesem Betrag und dem Buchwert im Einklang mit den Bewertungsregeln der Richtlinie 78/660/EWG in der konsolidierten Bilanz oder im Anhang gesondert ausgewiesen; dieser Unterschiedsbetrag wird zu dem Zeitpunkt berechnet, an dem die Methode erstmalig angewendet wird.

c) Die Mitgliedstaaten können die Anwendung nur eines dieser Buchstaben vorschreiben. In der konsolidierten Bilanz oder im Anhang ist anzugeben, ob von Buchstabe a) oder Buchstabe b) Gebrauch gemacht worden ist.

d) Ferner können die Mitgliedstaaten für die Anwendung des Buchstabens a) oder b) gestatten oder vorschreiben, daß die Berechnung des Unterschiedsbetrags zum Zeitpunkt des Erwerbs der Anteile oder Aktien erfolgt oder, beim Erwerb zu verschiedenen Zeitpunkten, zu dem Zeitpunkt, zu dem das Unternehmen ein assoziiertes Unternehmen geworden ist.

(3) Sind Gegenstände des Aktiv- oder Passivvermögens des assoziierten Unternehmens nach Methoden bewertet worden, die sich von den auf die Konsolidierung nach Artikel 29 Absatz 2 angewendeten Methoden unterscheiden, so können diese Vermögenswerte für die Berechnung des Unterschiedsbetrags nach Absatz 2 Buchstabe a) oder Buchstabe b) des vorliegenden Artikels nach den für die Konsolidierung angewendeten Methoden neu bewertet werden. Wird eine solche Neubewertung nicht vorgenommen, so ist dies im Anhang zu erwähnen. Die Mitgliedstaaten können eine solche Neubewertung vorschreiben.

(4) Der Buchwert nach Absatz 2 Buchstabe a) oder der Betrag, der dem auf die Beteiligung entfallenden Teil des Eigenkapitals des assoziierten Unternehmens nach Absatz 2 Buchstabe b) entspricht, wird um die während des Geschäftsjahres eingetretene Änderung des auf die Beteiligung entfallenden Teils des Eigenkapitals des assoziierten Unternehmens erhöht oder vermindert; er vermindert sich um den Betrag der auf die Beteiligung entfallenden Dividenden.

(5) Kann ein positiver Unterschiedsbetrag nach Absatz 2 Buchstabe a) oder Buchstabe b) nicht einer bestimmten Kategorie von Gegenständen des Aktiv- oder Passivvermögens zugerechnet werden, so wird dieser Betrag nach Artikel 30 und Artikel 39 Absatz 3 behandelt.

(6) Der auf die Beteiligung entfallende Teil des Ergebnisses des assoziierten Unternehmens wird unter einen gesonderten Posten mit entsprechender Bezeichnung in der konsolidierten Gewinn- und Verlustrechnung ausgewiesen.

(7) Die Weglassungen nach Artikel 26 Absatz 1 Buchstabe c) werden nur insoweit vorgenommen, als die betreffenden Tatbestände bekannt oder zugänglich sind. Artikel 26 Absätze 2 und 3 sind anwendbar.

(8) Stellt das assoziierte Unternehmen einen konsolidierten Abschluß auf, so sind die vorstehenden Absätze auf das in diesem konsolidierten Abschluß ausgewiesene Eigenkapital anzuwenden.

(9) Auf die Anwendung dieses Artikels kann verzichtet werden, wenn die Beteiligung am Kapital des assoziierten Unternehmens im Hinblick auf die Zielsetzung des Artikels 16 Absatz 3 nur von untergeordneter Bedeutung ist.

Art. 34 [Anhang] Im Anhang sind außer den in anderen Bestimmungen dieser Richtlinie vorgeschriebenen Angaben zumindest Angaben zu machen über

1. die auf die verschiedenen Posten des konsolidierten Abschlusses angewandten Bewertungsmethoden sowie die Methoden zur Berechnung der Wertberichtigungen. Für die in dem konsolidierten Abschluß angegebenen Beträge, welche auf fremde Währung lauten oder ursprünglich auf fremde Währung lauteten, ist anzugeben, auf welcher Grundlage sie in die Währung, in welcher der konsolidierte Abschluß aufgestellt wird, umgerechnet worden sind;

2. a) Name und Sitz der in die Konsolidierung einbezogenen Unternehmen, den Anteil des Kapitals, der in den in die Konsolidierung einbezogenen Unternehmen außer dem Mutterunternehmen von jedem in die Konsolidierung einbezogenen Unternehmen oder durch eine im eigenen Namen, aber für Rechnung dieser Unternehmen handelnde Person gehalten wird, sowie die in Artikel 1 und Artikel 12 Absatz 1 bezeichneten Voraussetzungen, aufgrund deren die Konsolidierung nach Anwendung von Artikel 2 erfolgt ist. Die zuletzt genannte Angabe braucht jedoch nicht gemacht zu werden, wenn die Konsolidierung aufgrund von Artikel 1 Absatz 1 Buchstabe a) erfolgt ist und außerdem Kapitalanteil und Anteil an den Stimmrechten übereinstimmen;

    b) die gleichen Angaben sind für die Unternehmen zu machen, die nach Artikel 13 nicht in die Konsolidierung einbezogen worden sind; der Ausschluss der in Artikel 13 bezeichneten Unternehmen ist zu begründen;

3. a) Name und Sitz der Unternehmen, die mit einem in die Konsolidierung einbezogenen Unternehmen im Sinne von Artikel 33 Absatz 1 assoziiert sind, den Anteil ihres Kapitals, der von in die Konsolidierung einbezogenen Unternehmen selbst

oder durch eine im eigenen Namen, aber für Rechnung dieser Unternehmen handelnde Person gehalten wird;

b) die gleichen Angaben sind für die in Artikel 33 Absatz 9 bezeichneten assoziierten Unternehmen zu machen; außerdem ist die Anwendung dieser Vorschrift zu begründen;

4. Name und Sitz der Unternehmen, die Gegenstand einer Quotenkonsolidierung nach Artikel 32 sind, die Tatbestände, aus denen sich die gemeinsame Leitung ergibt, sowie den Anteil des Kapitals dieser Unternehmen, der von in die Konsolidierung einbezogenen Unternehmen selbst oder durch eine im eigenen Namen, aber für Rechnung dieser Unternehmen handelnde Person gehalten wird;

5. Name und Sitz anderer als der unter den Nummern 2, 3 und 4 bezeichneten Unternehmen, bei denen in die Konsolidierung einbezogene Unternehmen entweder selbst oder durch eine im eigenen Namen, aber für Rechnung dieser Unternehmen handelnde Person mit mindestens einem Prozentsatz am Kapital beteiligt ist, den die Mitgliedstaaten auf höchstens 20 % festsetzen dürfen, unter Angabe des Anteils am Kapital sowie der Höhe des Eigenkapitals und des Ergebnisses des letzten Geschäftsjahres, für das ein Abschluß aufgestellt worden ist. Diese Angaben können unterbleiben, wenn sie in bezug auf die Zielsetzung des Artikels 16 Absatz 3 von untergeordneter Bedeutung sind. Die Angabe des Eigenkapitals und des Ergebnisses kann ebenfalls unterbleiben, wenn das betreffende Unternehmen seine Bilanz nicht offenlegt und es sich indirekt oder direkt zu weniger als 50 % im Besitz der erwähnten Unternehmen befindet;

6. den Gesamtbetrag der in der konsolidierten Bilanz ausgewiesenen Verbindlichkeiten mit einer Restlaufzeit von mehr als fünf Jahren sowie den Gesamtbetrag der in der konsolidierten Bilanz ausgewiesenen Verbindlichkeiten, die von in die Konsolidierung einbezogenen Unternehmen dinglich gesichert sind, unter Angabe ihrer Art und Form;

7. den Gesamtbetrag der finanziellen Verpflichtungen, die nicht in der konsolidierten Bilanz erscheinen, sofern diese Angabe für die Beurteilung der Finanzlage der Gesamt-heit der in die Konsolidierung einbezogenen Unternehmen von Bedeutung ist. Davon sind Pensionsverpflichtungen und Verpflichtungen gegenüber verbundenen Unternehmen, die nicht in die Konsolidierung einbezogen sind, gesondert auszuweisen;

7a. Art und Zweck der nicht in der konsolidierten Bilanz ausgewiesenen Geschäfte und finanzielle Auswirkungen dieser Geschäfte, vorausgesetzt, dass die Risiken und Vorteile, die aus solchen Geschäften entstehen, wesentlich sind, und sofern die Offenlegung derartiger Risiken und Vorteile für die Beurteilung der Finanzlage der in den Konsolidierungskreis einbezogenen Unternehmen als Ganzes erforderlich ist;

7b. Geschäfte – außer gruppeninterne Transaktionen – des Mutterunternehmens oder anderer in den Konsolidierungskreis einbezogenen Unternehmen mit nahe stehenden Unternehmen und Personen, einschließlich Angaben zu deren Wertumfang, zur Art der Beziehung zu den nahe stehenden Unternehmen und Personen sowie weitere Angaben zu den Geschäften, die für die Beurteilung der Finanzlage der in die Konsolidierung einbezogenen Unternehmen als Ganzes notwendig sind, sofern diese Geschäfte wesentlich sind und unter marktunüblichen Bedingungen zustande gekommen sind. Angaben über Einzelgeschäfte können nach Geschäftsarten zusammengefasst werden, sofern keine getrennten Angaben für die Beurteilung der Auswirkungen von Geschäften mit nahe stehenden Unternehmen und Personen auf die Finanzlage der in die Konsolidierung einbezogenen Unternehmen als Ganzes benötigt werden;

8. die Aufgliederung der konsolidierten Nettoumsatzerlöse im Sinne von Artikel 28 der Richtlinie 78/660/EWG nach Tätigkeitsbereichen sowie nach geographisch bestimmten Märkten, soweit sich hinsichtlich der Organisation des Verkaufs von Erzeugnissen und der Erbringung von Dienstleistungen, die der normalen Geschäftstätigkeit sämtlicher in die Konsolidierung einbezogener Unternehmen entsprechen, die Tätigkeitsbereiche und geographisch bestimmten Märkte untereinander erheblich unterscheiden;

9. a) den durchschnittlichen Personalbestand der in die Konsolidierung einbezogenen Unternehmen während des Geschäftsjahres, getrennt nach Gruppen, sowie, falls sie nicht gesondert in der konsolidierten Gewinn- und Verlustrechnung erscheinen, die in dem Geschäftsjahr verursachten Personalaufwendungen.

   b) Der durchschnittliche Personalbestand der Unternehmen, auf die Artikel 32 Anwendung findet, während des Geschäftsjahres wird gesondert ausgewiesen;

10. das Ausmaß, in dem die Berechnung des konsolidierten Jahresergebnisses von einer Bewertung der Posten beeinflußt wurde, die in Abweichung von den Grundsätzen der Artikel 31 und 34 bis 42c der Richtlinie 78/660/EWG sowie des Artikels 29 Absatz 5 der vorliegenden Richtlinie während des Geschäftsjahres oder eines früheren Geschäftsjahres im Hinblick auf Steuererleichterungen durchgeführt wurde. Wenn eine solche Bewertung die künftige steuerliche Belastung der Gesamtheit der in die Konsolidierung einbezogenen Unternehmen erheblich beeinflußt, muß dies angegeben werden;

11. den Unterschied zwischen dem Steueraufwand, der in den konsolidierten Gewinn- und Verlustrechnungen des Geschäftsjahres und der vorangegangenen Geschäftsjahre eingesetzt worden ist, und den für diese Geschäftsjahre gezahlten oder zu zahlenden Steuern, sofern dieser Unterschied von Bedeutung für den künftigen Steueraufwand ist. Dieser Betrag kann auch als Gesamtbetrag in der konsolidierten Bilanz unter einem gesonderten Posten mit entsprechender Bezeichnung ausgewiesen werden;

12. die Höhe der Vergütungen, die für das Geschäftsjahr den Mitgliedern des Verwaltungs-, Leitungs- oder Aufsichtsorgans des Mutterunternehmens für die Wahrnehmung ihrer Aufgaben im Mutterunternehmen und seinen Tochterunternehmen gewährt worden sind, sowie die Höhe der unter denselben Voraussetzungen entstandenen oder eingegangenen Pensionsverpflichtungen gegenüber früheren Mitgliedern der genannten Organe. Diese Angaben sind zusammengefaßt für jede dieser Personengruppen zu machen. Die Mitgliedstaaten können verlangen, daß in die Angaben nach Satz 1 auch Vergütungen für die Wahrnehmung von Aufgaben in Unternehmen einbezogen werden, zu denen Beziehungen im Sinne von Artikel 32 oder von Artikel 33 bestehen;

13. Die Höhe der Vorschüsse und Kredite, die den Mitgliedern des Verwaltungs-, Leitungs- oder Aufsichtsorgans des Mutterunternehmens von diesem Unternehmen oder einem seiner Tochterunternehmen gewährt worden sind, mit Angabe des Zinssatzes, der wesentlichen Bedingungen und der gegebenenfalls zurückgezahlten Beträge, sowie die Garantieverpflichtungen zugunsten dieser Personen. Diese Angaben sind zusammengefaßt für jede dieser Personengruppe zu machen. Die Mitgliedstaaten können verlangen, daß die Angaben nach Satz 1 auch für Vorschüsse und Kredite zu machen sind, die von Unternehmen gewährt werden, zu denen Beziehungen im Sinne von Artikel 32 oder von Artikel 33 bestehen.

14. sofern Finanzinstrumente gemäß Abschnitt 7a der Richtlinie 78/660/ EWG mit dem beizulegenden Zeitwert bewertet wurden:
    a) die zentralen Annahmen, die den Bewertungsmodellen und -methoden bei einer Bestimmung des beizulegenden Zeitwertes nach Artikel 42b Absatz 1 Buchstabe b) jener Richtlinie zugrunde gelegt wurden,
    b) für jede Gruppe von Finanzinstrumenten: den beizulegenden Zeitwert selbst, die direkt in der Gewinn- und Verlustrechnung ausgewiesenen Wertänderungen sowie die gemäß Artikel 42c jener Richtlinie in der Zeitwert-Rücklage erfassten Änderungen,
    c) für jede Kategorie derivativer Finanzinstrumente: Umfang und Art der Instrumente einschließlich der wesentlichen Bedingungen, die Höhe, Zeitpunkt und Sicherheit künftiger Zahlungsströme beeinflussen können, und
    d) eine Übersicht über die Bewegungen innerhalb der Zeitwert-Rücklage im Verlauf des Geschäftsjahres.

15. sofern Finanzinstrumente nicht gemäß Abschnitt 7a der Richtlinie 78/660/EWG mit dem beizulegenden Zeitwert bewertet wurden:
    a) für jede Kategorie derivativer Finanzinstrumente:
       i) den beizulegenden Zeitwert der betreffenden Finanzinstrumente, soweit sich dieser nach einer der Methoden gemäß Artikel 42b Absatz 1 jener Richtlinie ermitteln lässt,
       ii) Angaben über Umfang und Art der Instrumente und
    b) für unter Artikel 42a jener Richtlinie fallende Finanzanlagen, die mit einem Betrag über ihrem beizulegenden Zeitwert ausgewiesen werden, ohne dass von der Möglichkeit Gebrauch gemacht wurde, nach Artikel 35 Absatz 1 Buchstabe c) Unterbuchstabe aa) jener Richtlinie eine Wertberichtigung vorzunehmen:
       i) Buchwert und beizulegenden Zeitwert der einzelnen Vermögensgegenstände oder angemessener Gruppierungen dieser einzelnen Vermögensgegenstände und
       ii) die Gründe für die Nichtherabsetzung des Buchwerts einschließlich der Anhaltspunkte, die die Gesellschaft zu der Überzeugung veranlassen, dass der Buchwert wieder erreicht wird.

16. die Gesamthonorare, die von dem Abschussprüfer oder der Prüfungsgesellschaft für das Geschäftsjahr berechnet wurden, aufgeschlüsselt nach der Gesamthonorarsumme für die Abschlussprüfung des konsolidierten Abschlusses, der Gesamthonorarsumme für andere Bestätigungsleistungen, der Gesamthonorarsumme für Steuerberatungsleistungen und der Gesamthonorarsumme für sonstige Leistungen.

Art. 35 [Abweichungen] (1) Die Mitgliedstaaten könnten gestatten, daß die in Artikel 34 Nummern 2, 3, 4 und 5 geforderten Angaben
a) in einer Aufstellung gemacht werden, die nach Artikel 3 Absätze 1 und 2 der Richtlinie 68/151/EWG hinterlegt wird; im Anhang ist auf diese Aufstellung zu verweisen;
b) unterlassen werden, soweit sie geeignet sind, einem in diesen Vorschriften bezeichneten Unternehmen einen erheblichen Nachteil zuzufügen. Die Mitgliedstaaten können dazu die vorherige Zustimmung einer Verwaltungsbehörde oder eines Gerichts verlangen. Das Unterlassen dieser Angaben ist im Anhang zu erwähnen.

(2) Absatz 1 Buchstabe b) findet ebenfalls Anwendung auf die in Artikel 34 Nummer 8 geforderten Angaben.

3. Abschnitt – Konsolidierter Lagebericht

Art. 36 [Geschäftsverlauf; Lage der Gesamtheit; wichtige Einzelaspekte] (1) Der konsolidierte Lagebericht stellt zumindest den Geschäftsverlauf, das Geschäftsergebnis und die Lage der Gesamtheit der in die Konsolidierung einbezogenen Unternehmen so dar, dass ein den tatsächlichen Verhältnissen entsprechendes Bild entsteht, und beschreibt die wesentlichen Risiken und Ungewissheiten, denen sie ausgesetzt sind.

Der Lagebericht besteht in einer ausgewogenen und umfassenden Analyse des Geschäftsverlaufs, des Geschäftsergebnisses und der Lage der Gesamtheit der in die Konsolidierung einbezogenen Unternehmen, die dem Umfang und der Komplexität der Geschäftstätigkeit angemessen ist. Soweit dies für das Verständnis des Geschäftsverlaufs, des Geschäftsergebnisses oder der Lage der Unternehmen erforderlich ist, umfasst die Analyse die wichtigsten finanziellen und – soweit angebracht – nichtfinanziellen Leistungsindikatoren, die für die betreffende Geschäftstätigkeit von Bedeutung sind, einschließlich Informationen in Bezug auf Umwelt- und Arbeitnehmerbelange.

Im Rahmen der Analyse enthält der konsolidierte Lagebericht – soweit angebracht – auch Hinweise auf im konsolidierten Abschluss ausgewiesene Beträge und zusätzliche Erläuterungen dazu.

(2) Der konsolidierte Lagebericht soll auch eingehen auf

a) Ereignisse von besonderer Bedeutung, die nach Abschluß des Geschäftsjahres eingetreten sind;

b) die voraussichtliche Entwicklung der Gesamtheit dieser Unternehmen;

c) den Bereich Forschung und Entwicklung der Gesamtheit dieser Unternehmen;

d) die Zahl und den Nennbetrag oder, wenn ein Nennbetrag nicht vorhanden ist, den rechnerischen Wert aller Anteile oder Aktien des Mutterunternehmens, die entweder von diesem Unternehmen selbst, von Tochterunternehmen oder von einer im eigenen Namen, aber für Rechnung dieser Unternehmen handelnden Person gehalten werden. Die Mitgliedstaaten können gestatten oder vorschreiben, daß diese Angaben im Anhang gemacht werden;

e) in Bezug auf die Verwendung von Finanzinstrumenten durch die Unternehmen, sofern dies für die Beurteilung der Vermögens-, Finanz- und Ertragslage von Belang ist,

– die Risikomanagementziele und -methoden der Unternehmen, einschließlich ihrer Methoden zur Absicherung aller wichtigen Arten geplanter Transaktionen, die im Rahmen der Bilanzierung von Sicherungsgeschäften verbucht werden, sowie

– bestehende Preisänderungs-, Ausfall-, Liquiditäts- und Cashflowrisiken;

f) die wesentlichen Merkmale des internen Kontroll- und des Risikomanagementsystems der Gruppe im Zusammenhang mit der Aufstellung des konsolidierten Abschlusses, sofern die Wertpapiere eines Unternehmens zum Handel an einem geregelten Markt im Sinne von Artikel 4 Absatz 1 Nummer 14 der Richtlinie 2004/39/ EG des Europäischen Parlaments und des Rates vom 21. April 2004 über Märkte für Finanzinstrumente[7] zugelassen sind. Werden der konsolidierte Lagebericht und der Lagebericht in einem einzigen Bericht vorgelegt, so sind diese Angaben in den Abschnitt aufzunehmen, der die Erklärung zur Unternehmensführung gemäß Artikel 46a der Richtlinie 78/660/ EWG enthält.

---

7 ABl. L 145 vom 30.4.2004, S. 1.

Gestattet ein Mitgliedstaat, dass die nach Artikel 46a Absatz 1 der Richtlinie 78/660/EWG vorzulegenden Angaben in einem gesonderten Bericht aufgeführt werden, der zusammen mit dem Jahresabschluss nach Maßgabe des Artikels 47 jener Richtlinie offen gelegt wird, sind auch die Angaben gemäß Unterabsatz 1 Gegenstand des gesonderten Berichts. Artikel 37 Absatz 1 Unterabsatz 2 der vorliegenden Richtlinie findet Anwendung.

(3) Ist zusätzlich zu einem Lagebericht ein konsolidierter Lagebericht vorgeschrieben, so können diese beiden Berichte in Form eines einheitlichen Berichts vorgelegt werden. Bei der Erstellung dieses einheitlichen Berichts ist auf Umstände, die für die Gesamtheit der in die Konsolidierung einbezogenen Unternehmen von Bedeutung sind, gegebenenfalls in besonderer Weise aufmerksam zu machen.

Abschnitt 3a – Pflicht und Haftung hinsichtlich der Aufstellung und Veröffentlichung der konsolidierten Abschlüsse und des konsolidierten Lageberichts

Art. 36a-36b *Pflicht zur Aufstellung und Veröffentlichung der konsolidierten Abschlüsse und des konsolidierten Lageberichts und deren Sanktionierung – nicht abgedruckt.*

4. Abschnitt – Prüfung des konsolidierten Abschlusses

Art. 37 *Prüfung des konsolidierten Abschluss – nicht abgedruckt.*

5. Abschnitt – Offenlegung des konsolidierten Abschlusses

Art. 38, 38a *Offenlegung, Angabe in Ecu – nicht abgedruckt.*

6. Abschnitt – Übergangsbestimmungen und Schlußbestimmungen

Art. 39-48 *Sonderregeln für Finanzunternehmen, Definition verbundene Unternehmen, Registrierungspflicht bei Drittstaatsbeteiligung – nicht abgedruckt.*

Art. 49-51 *Umsetzungsfrist, Prüfauftrag an die Kommission, Umsetzungspflichten – nicht abgedruckt.*

4.8 Richtlinie 2006/43/EG des Europäischen Parlaments und des Rates vom 17. Mai 2006 über Abschlussprüfungen von Jahresabschlüssen und konsolidierten Abschlüssen, zur Änderung der Richtlinien 78/660/EWG und 83/349/EWG des Rates und zur Aufhebung der Richtlinie 84/253/EWG des Rates [Abschlussprüfer-RL]

ABl. 2006 L 157/87

DAS EUROPÄISCHE PARLAMENT UND DER RAT DER EUROPÄISCHEN UNION –
gestützt auf den Vertrag zur Gründung der Europäischen Gemeinschaft, insbesondere auf Artikel 44 Absatz 2 Buchstabe g,
auf Vorschlag der Kommission,
nach Stellungnahme des Europäischen Wirtschafts- und Sozialausschusses[1],
nach dem Verfahren des Artikels 251 des Vertrags[2],
in Erwägung nachstehender Gründe:
(1) Nach der Vierten Richtlinie 78/660/EWG des Rates vom 25. Juli 1978 über den Jahresabschluss von Gesellschaften bestimmter Rechtsformen[3], der Siebenten Richtlinie 83/349/EWG des Rates vom 13. Juni 1983 über den konsolidierten Abschluss[4], der Richtlinie 86/635/EWG des Rates vom 8. Dezember 1986 über den Jahresabschluss und den konsolidierten Abschluss von Banken und anderen Finanzinstituten[5] und der Richtlinie 91/674/EWG des Rates vom 19. Dezember 1991 über den Jahresabschluss und den konsolidierten Abschluss von Versicherungsunternehmen[6] müssen der Jahresabschluss und der konsolidierte Abschluss von Personen geprüft werden, die zur Durchführung derartiger Prüfungen berechtigt sind.
(2) In der Achten Richtlinie 84/253/EWG des Rates vom 10. April 1984 über die Zulassung der mit der Pflichtprüfung der Rechnungslegungsunterlagen beauftragten Personen[7] wurden die Bedingungen für die Zulassung dieser Personen festgelegt.
(3) Die fehlende Harmonisierung im Bereich der Abschlussprüfung war der Grund dafür, dass die Kommission 1998 in ihrer Mitteilung „Abschlussprüfung in der Europäischen Union: künftiges Vorgehen"[8] die Einsetzung eines Ausschusses für Fragen der Abschlussprüfung vorschlug, der durch enge Zusammenarbeit mit dem Berufsstand der Abschlussprüfer und den Mitgliedstaaten weitere Maßnahmen ausarbeiten sollte.
(4) Auf der Grundlage der Arbeiten jenes Ausschusses veröffentlichte die Kommission am 15. November 2000 die Empfehlung „Mindestanforderungen an Qualitätssicherungssysteme für die Abschlussprüfung in der EU"[9] und am 16. Mai 2002 die Empfehlung „Unabhängigkeit des Abschlussprüfers in der EU: Grundprinzipien"[10].
(5) Zweck der vorliegenden Richtlinie ist eine Harmonisierung der Anforderungen an die Abschlussprüfung auf hohem Niveau, wenn auch eine vollständige Harmonisierung nicht angestrebt wird. Der Mitgliedstaat, der eine Abschlussprüfung vorschreibt, kann strengere Anforderungen aufstellen, sofern in dieser Richtlinie nichts anderes vorgesehen ist.
(6) Alle Befähigungsnachweise, die auf der Grundlage dieser Richtlinie von Abschlussprüfern erworben werden und zur Durchführung von Abschlussprüfungen berechtigen, sollten als gleichwertig betrachtet werden. Die Mitgliedstaaten sollten folglich nicht länger verlangen können, dass die

---

1 ABl. C 157 vom 28.6.2005, S. 115.
2 Stellungnahme des Europäischen Parlaments vom 28.9.2005 (ABl. C 227 E vom 21.9.2006, S. 432) und Beschluss des Rates vom 25.04.2006.
3 Bilanz-RL, in dieser Sammlung Nr. 4.6.
4 Konzernbilanz-RL, in dieser Sammlung Nr. 4.7.
5 ABl. L 372 vom 31.12.1986, S. 1. Zuletzt geändert durch die Richtlinie 2003/51/EG.
6 ABl. L 374 vom 31.12.1991, S. 7. Geändert durch die Richtlinie 2003/51/EG.
7 ABl. L 126 vom 12.5.1984, S. 20.
8 ABl. C 143 vom 8.5.1998, S. 12.
9 ABl. L 91 vom 31.3.2001, S. 91.
10 ABl. L 191 vom 19.7.2002, S. 22.

Mehrheit der Stimmrechte an einer Prüfungsgesellschaft von Abschlussprüfern mit Zulassung in diesem Mitgliedstaat gehalten werden oder die Mehrheit der Mitglieder des Verwaltungs- oder Leitungsorgans einer Prüfungsgesellschaft in diesem Mitgliedstaat zugelassen sein muss.

(7) Die Abschlussprüfung erfordert angemessene Kenntnisse in Bereichen wie dem Gesellschaftsrecht, dem Steuerrecht und dem Sozialrecht. Diese Kenntnisse sollten vor Zulassung eines Abschlussprüfers aus einem anderen Mitgliedstaat geprüft werden.

(8) Alle zugelassenen Abschlussprüfer und Prüfungsgesellschaften sollten zum Schutz Dritter in ein Register eingetragen werden, das öffentlich zugänglich ist und grundlegende Informationen über Abschlussprüfer und Prüfungsgesellschaften enthält.

(9) Abschlussprüfer sollten höchsten ethischen Normen verpflichtet sein. Aus diesem Grund sollten sie Berufsgrundsätzen unterliegen, die sich zumindest auf die Funktion der Abschlussprüfer für das öffentliche Interesse, ihre Integrität und Unparteilichkeit sowie ihre fachliche Eignung und die gebotene Sorgfalt beziehen sollten. Die Funktion eines Abschlussprüfers für das öffentliche Interesse erwächst aus der Tatsache, dass ein breiter Kreis von Personen und Einrichtungen sich auf die Qualität seiner Arbeit verlässt. Eine gute Prüfungsqualität trägt zum ordnungsgemäßen Funktionieren der Märkte bei, indem die Integrität und Effizienz der Abschlüsse erhöht wird. Die Kommission kann Durchführungsmaßnahmen zu Berufsgrundsätzen als Mindeststandard beschließen. Dabei könnten die Grundsätze des Ethik-Kodexes der International Federation of Accountants (IFAC) berücksichtigt werden.

(10) Abschlussprüfer und Prüfungsgesellschaften müssen über die Angelegenheiten ihrer Mandanten Stillschweigen bewahren. Sie sollten deshalb an strenge Regeln über die Verschwiegenheit und das Berufsgeheimnis gebunden sein, ohne dass dies der ordnungsgemäßen Durchsetzung dieser Richtlinie im Wege steht. Diese Regeln über die Verschwiegenheit gelten auch für Abschlussprüfer oder Prüfungsgesellschaften, die an einem bestimmten Prüfungsauftrag nicht mehr beteiligt sind.

(11) Abschlussprüfer und Prüfungsgesellschaften sollten bei der Durchführung von Abschlussprüfungen unabhängig sein. Sie können das geprüfte Unternehmen über bei der Abschlussprüfung gewonnene Erkenntnisse informieren, sollten jedoch an den internen Entscheidungsprozessen des geprüften Unternehmens nicht mitwirken. Sollten sie in eine Situation kommen, in der die Gefahr für ihre Unabhängigkeit trotz der Schutzmaßnahmen, die zur Eindämmung dieser Gefahr ergriffen wurden, zu groß ist, sollten sie zurücktreten oder das Mandat ablehnen. Die Beurteilung, ob eine Beziehung besteht, die die Unabhängigkeit des Prüfers in Frage stellt, kann anders ausfallen für die Beziehung zwischen dem Prüfer und dem geprüften Unternehmen als für diejenige hinsichtlich dem Netzwerk und dem geprüften Unternehmen. Wenn eine Genossenschaft gemäß Artikel 2 Nummer 14 oder eine ähnliche Einrichtung im Sinne von Artikel 45 der Richtlinie 86/635/EWG nach nationalen Regelungen ein Mitglied einer Prüfungsorganisation ohne Gewinnerzielungsabsicht sein muss oder kann, kann ein objektiver, sachverständiger und informierter Dritter nicht zu dem Schluss gelangen, dass die Unabhängigkeit des Abschlussprüfers oder der Prüfungsgesellschaft durch die Mitgliedschaft bei der Durchführung einer Abschlussprüfung bei einem der Mitglieder gefährdet sein kann, vorausgesetzt, dass die Grundsätze der Unabhängigkeit auf die Abschlussprüfer, die die Abschlussprüfung durchführen, sowie auf die Personen, die gegebenenfalls in der Lage sind, Einfluss auf die Abschlussprüfung zu nehmen, angewandt werden. Beispiele für die Gefahr für die Unabhängigkeit eines Abschlussprüfers oder einer Prüfungsgesellschaft sind eine mittelbare oder unmittelbare finanzielle Beteiligung an dem geprüften Unternehmen und die Erbringung von zusätzlichen prüfungsfremden Leistungen. Ferner kann auch die Höhe des von einem geprüften Unternehmen gezahlten Prüfungshonorars und/oder die Zusammensetzung der Honorare die Unabhängigkeit eines Abschlussprüfers oder einer Prüfungsgesellschaft gefährden. Schutzmaßnahmen zur Eindämmung oder Beseitigung derartiger Risiken umfassen Verbote, Einschränkungen, sonstige Maßnahmen und Verfahren sowie Offenlegungspflichten. Abschlussprüfer und Prüfungsgesellschaften sollten die Erbringung zusätzlicher prüfungsfremder Leistungen, die ihre Unabhängigkeit in Frage stellen, ablehnen. Die Kommission kann als Mindeststandard Durchführungsmaßnahmen zur Unabhängigkeit beschließen. Hierbei könnte die Kommission die Grundsätze berücksichtigen, die sich in der genannten Empfehlung vom 16. Mai 2002 finden. Um die Unabhängigkeit von Abschlussprüfern zu bestimmen, muss der Begriff „Netzwerk", innerhalb dessen die Abschlussprüfer tätig sind, klargestellt werden. Hierbei sind verschiedene Umstände in Betracht zu ziehen; beispielsweise kann eine Struktur als Netzwerk bezeichnet werden, wenn sie auf Gewinn- oder Kostenteilung ausgerichtet ist. Die Kriterien, die belegen, dass es sich um ein Netzwerk handelt, beispielsweise ob es gewöhnlich gemeinsame Prüfungsmandanten gibt, sollten auf der Grundlage aller zur Verfügung stehenden tatsächlichen Umstände beurteilt und bewertet werden.

(12) In Fällen der Selbstprüfung oder des Eigeninteresses sollte die Entscheidung, ob ein Abschlussprüfer oder eine Prüfungsgesellschaft zurücktreten oder einen Prüfungsauftrag in Bezug auf ihre bzw. seine Prüfungsmandanten ablehnen sollte, wenn dies zum Schutz der Unabhängigkeit des Abschluss-

prüfers oder der Prüfungsgesellschaft zweckmäßig ist, von dem Mitgliedstaat, und nicht von dem Abschlussprüfer oder der Prüfungsgesellschaft, getroffen werden. Allerdings sollte dies nicht zu der Situation führen, dass die Mitgliedstaaten eine allgemeine Pflicht trifft, Abschlussprüfer oder Prüfungsgesellschaften daran zu hindern, für ihre Mandanten prüfungsfremde Leistungen zu erbringen. Für die Entscheidung, ob es in Fällen von Eigeninteresse oder der Selbstprüfung zweckmäßig ist, dass ein Abschlussprüfer oder eine Prüfungsgesellschaft keine Abschlussprüfungen durchführen sollte, um die Unabhängigkeit des Abschlussprüfers oder der Prüfungsgesellschaft zu schützen, sollte die Frage mitberücksichtigt werden, ob das geprüfte Unternehmen von öffentlichem Interesse Wertpapiere ausgegeben hat, die zum Handel auf einem geregelten Markt im Sinne von Artikel 4 Absatz 1 Nummer 14 der Richtlinie 2004/39/EG des Europäischen Parlaments und des Rates vom 21. April 2004 über Märkte für Finanzinstrumente[11] zugelassen sind.

(13) Für alle nach Gemeinschaftsrecht vorgeschriebenen Abschlussprüfungen sollte eine gleich bleibend hohe Qualität gewährleistet werden. Alle Abschlussprüfungen sollten deshalb nach internationalen Prüfungsstandards durchgeführt werden. Die Maßnahmen zur Umsetzung dieser Grundsätze in der Gemeinschaft sollten gemäß dem Beschluss 1999/468/EG des Rates vom 28. Juni 1999 zur Festlegung der Modalitäten für die Ausübung der der Kommission übertragenen Durchführungsbefugnisse[12] erlassen werden. Ein Fachausschuss oder eine technische Fachgruppe für Abschlussprüfungen sollte die Kommission bei der Bewertung der fachlichen Fundierung aller internationalen Prüfungsstandards unterstützen, wobei auch das System öffentlicher Aufsichtsgremien der Mitgliedstaaten eingebunden werden sollte. Um ein Höchstmaß an Harmonisierung zu verwirklichen, sollten die Mitgliedstaaten zusätzliche nationale Prüfverfahren vorschreiben oder Anforderungen nur aufstellen dürfen, wenn diese sich aus speziellen, durch den Umfang der Abschlussprüfung von Jahresabschlüssen oder konsolidierten Abschlüssen bedingten nationalen rechtlichen Anforderungen ergeben, d. h., wenn diese Anforderungen durch die bisher angenommenen internationalen Prüfungsstandards nicht abgedeckt werden. Die Mitgliedstaaten sollten diese zusätzlichen Prüfverfahren beibehalten können, bis die Prüfverfahren oder Anforderungen durch nachfolgend angenommene internationale Prüfungsstandards erfasst werden. Schließen die angenommenen internationalen Prüfungsstandards jedoch Prüfverfahren ein, deren Ausführung mit dem nationalen Recht auf Grund spezieller, durch den Umfang der Abschlussprüfung bedingter nationaler Anforderungen in Widerspruch stehen würde, so brauchen die Mitgliedstaaten den in Widerspruch stehenden Teil des internationalen Prüfungsstandards nicht anzuwenden, solange diese Widersprüche bestehen, vorausgesetzt die in Artikel 26 Absatz 3 genannten Maßnahmen werden angewandt. Jeder Zusatz oder jede Nichtanwendung durch einen Mitgliedstaat sollte einen Beitrag zu einem hohen Niveau der Glaubwürdigkeit der Jahresabschlüsse von Unternehmen leisten und dem Gemeinwohl dienen. Dies bedeutet, dass die Mitgliedstaaten beispielsweise einen zusätzlichen Prüfbericht für den Aufsichtsrat oder andere Berichts- und Prüfungsanforderungen vorschreiben können, die auf nationalen Regeln für die Unternehmensleitung beruhen.

(14) Die Einführung eines internationalen Prüfungsstandards in der Gemeinschaft durch die Kommission setzt voraus, dass er international allgemein anerkannt ist und unter vollständiger Einbeziehung aller interessierten Kreise in einem offenen und transparenten Verfahren erstellt wurde, dass er die Glaubwürdigkeit des Jahresabschlusses und des konsolidierten Abschlusses erhöht und dass er dem europäischen Gemeinwohl dient. Die Notwendigkeit der Annahme einer Stellungnahme (International Auditing Practice Statement) als Teil eines Standards sollte von Fall zu Fall gemäß dem Beschluss 1999/468/EG geprüft werden. Die Kommission sollte sicherstellen, dass vor Beginn des Verfahrens zur Annahme eine Prüfung durchgeführt wird, um festzustellen, ob diesen Anforderungen genügt wurde, und erstattet den Mitgliedern des mit dieser Richtlinie eingesetzten Ausschusses über das Ergebnis dieser Prüfung Bericht.

(15) Bei einem konsolidierten Abschluss ist es wichtig, die Verantwortlichkeiten der Abschlussprüfer der einzelnen Konzernteile klar voneinander abzugrenzen. Dazu sollte der Konzernabschlussprüfer die volle Verantwortung für den Bestätigungsvermerk tragen.

(16) Um die Vergleichbarkeit von Unternehmen, die die gleichen Rechnungslegungsstandards anwenden, zu erhöhen und das Vertrauen der Öffentlichkeit in die Abschlussprüfung zu stärken, kann die Kommission für die Prüfung eines nach angenommenen internationalen Rechnungslegungsstandards erstellten Jahresabschlusses oder konsolidierten Abschlusses einen einheitlichen Bestätigungsvermerk festlegen, außer wenn ein angemessener Standard für einen solchen Vermerk auf Gemeinschaftsebene festgelegt wurde.

(17) Ein gutes Mittel zur Erreichung einer gleich bleibend hohen Prüfungsqualität sind regelmäßige Kontrollen. Abschlussprüfer und Prüfungsgesellschaften sollten deshalb einem von den überprüf-

---

11 Finanzmarkt-RL, in dieser Sammlung Nr. 2.19.
12 ABl. L 184 vom 17.7.1999, S. 23.

ten Abschlussprüfern und Prüfungsgesellschaften unabhängigen Qualitätssicherungssystem unterliegen. Für die Anwendung des Artikels 29 über die Qualitätssicherungssysteme können die Mitgliedstaaten fordern, dass lediglich die Anforderungen an Prüfungsgesellschaften berücksichtigt werden müssen, wenn einzelne Prüfer eine gemeinsame Qualitätssicherungsmethode verfolgen. Die Mitgliedstaaten können das Qualitätssicherungssystem dergestalt organisieren, dass jeder einzelne Prüfer alle sechs Jahre einer Qualitätssicherungskontrolle unterzogen wird. In dieser Hinsicht sollte die Finanzierung des Qualitätssicherungssystems frei von ungebührlicher Einflussnahme sein. Die Kommission sollte ermächtigt werden, in Fällen, in denen das Vertrauen der Öffentlichkeit in das Qualitätssicherungssystem schwer erschüttert ist, Durchführungsmaßnahmen in Bereichen, die für die Organisation von Qualitätssicherungssystemen und hinsichtlich ihrer Finanzierung bedeutsam sind, zu erlassen. Die öffentlichen Aufsichtssysteme der Mitgliedstaaten sollten ermutigt werden, einen koordinierten Ansatz für die Überprüfung von Qualitätssicherungssystemen zu finden, um den beteiligten Parteien unnötige Belastungen zu ersparen.

(18) Untersuchungen und angemessene Sanktionen tragen dazu bei, die unzulängliche Durchführung einer Abschlussprüfung zu verhindern und zu berichtigen.

(19) Abschlussprüfer und Prüfungsgesellschaften sind dafür verantwortlich, dass sie ihre Arbeit mit Sorgfalt durchführen, und sollten daher für die finanziellen Schäden, die darauf zurückzuführen sind, dass sie nicht die erforderliche Sorgfalt aufgewendet haben, zur Verantwortung gezogen werden. Die Fähigkeit der Abschlussprüfer und der Prüfungsgesellschaften, eine Berufshaftpflichtversicherung zu erwerben, kann davon abhängig sein, ob sie einer unbeschränkten finanziellen Haftung unterliegen. Diese Fragen beabsichtigt die Kommission unter Berücksichtigung der Tatsache, dass sich die Haftungssysteme der Mitgliedstaaten erheblich unterscheiden können, zu prüfen.

(20)-(21) *Zum Aufsichtsrecht – nicht abgedruckt.*

(22) Der Abschlussprüfer bzw. die Prüfungsgesellschaft sollte von der Gesellschafter- oder Mitgliederversammlung des geprüften Unternehmens bestellt werden. Um die Unabhängigkeit des Prüfers zu schützen, darf eine Abberufung nur möglich sein, wenn triftige Gründe vorliegen und diese der oder den für die öffentliche Aufsicht zuständigen Stelle(n) mitgeteilt werden.

(23) Da Unternehmen von öffentlichem Interesse stärker im Blickpunkt der Öffentlichkeit stehen und wirtschaftlich von großer Bedeutung sind, sollten für die Abschlussprüfung ihres Jahresabschlusses oder konsolidierten Abschlusses strengere Anforderungen gelten.

(24) Prüfungsausschüsse und ein wirksames internes Kontrollsystem tragen dazu bei, finanzielle und betriebliche Risiken sowie das Risiko von Vorschriftenverstößen auf ein Mindestmaß zu begrenzen und die Qualität der Rechnungslegung zu verbessern. Die Mitgliedstaten können sich auf die Empfehlung der Kommission vom 15. Februar 2005 zu den Aufgaben von nicht geschäftsführenden Direktoren oder Aufsichtsratsmitgliedern börsennotierter Gesellschaften sowie zu den Ausschüssen des Verwaltungs- oder Aufsichtsrats[13] berufen, die regelt, wie Prüfungsausschüsse gebildet werden und arbeiten sollten. Die Mitgliedstaaten können festlegen, dass die dem Prüfungsausschuss zugewiesenen Funktionen durch den Verwaltungs- oder Aufsichtsrat als Ganzes ausgeübt werden können. Bezüglich der Pflichten des Prüfungsausschusses nach Artikel 41 sollten der Abschlussprüfer oder die Prüfungsgesellschaften in keiner Weise dem Ausschuss untergeordnet sein.

(25) Die Mitgliedstaaten können ferner beschließen, auch Unternehmen von öffentlichem Interesse, die Organismen für gemeinsame Anlagen sind, deren Wertpapiere zum Handel auf einem geregelten Markt zugelassen sind, von der Anforderung eines Prüfungsausschusses zu befreien. Diese Möglichkeit berücksichtigt, dass in den Fällen, in denen die Funktionen von Organismen für gemeinsame Anlagen ausschließlich darin bestehen, die Vermögenswerte zusammenzulegen, die Einsetzung eines Prüfungsausschusses nicht immer angebracht ist. Die Abschlüsse und verbundenen Risiken sind nicht mit denen anderer Unternehmen von öffentlichem Interesse vergleichbar. Organismen für gemeinsame Anlagen in Wertpapieren (OGAW) und ihre Verwaltungsunternehmen operieren außerdem in einem fest definierten Regulierungsumfeld und unterliegen besonderen Führungsmechanismen, wie den durch ihre Verwahrstelle durchgeführten Kontrollen. Für die Organismen für gemeinsame Anlagen, die nicht gemäß der Richtlinie 85/611/EWG[14] harmonisiert sind, jedoch entsprechenden Schutzmaßnahmen gemäß jener Richtlinie unterliegen, sollte es den Mitgliedstaaten in diesem besonderen Fall gestattet sein, diese gleich zu behandeln wie gemeinschaftsweit harmonisierte Organismen für gemeinsame Anlagen.

---

13 ABl. L 52 vom 25.2.2005, S. 51.
14 Richtlinie 85/611/EWG des Rates vom 20.12.1985 zur Koordinierung der Rechts- und Verwaltungsvorschriften betreffend bestimmte Organismen für gemeinsame Anlagen in Wertpapieren (OGAW) (ABl. L 375 vom 31.12.1985, S. 3). Zuletzt geändert durch die Richtlinie 2005/1/EG des Europäischen Parlaments und des Rates (ABl. L 79 vom 24.3.2005, S. 9).

4.8 Abschlussprüfer-RL

(26) Zur Stärkung der Unabhängigkeit von Prüfern von Unternehmen von öffentlichem Interesse sollten der oder die für die Prüfung dieser Unternehmen verantwortlichen Prüfungspartner rotieren. Um eine solche Rotation zu organisieren, sollten die Mitgliedstaaten einen Wechsel des oder der für das geprüfte Unternehmen verantwortlichen Prüfungspartner verlangen, während es der Prüfungsgesellschaft, der der oder die verantwortlichen Prüfungspartner angehören, weiterhin gestattet wird, als Abschlussprüfer eines solchen Unternehmens tätig zu sein. Falls es aus Sicht eines Mitgliedstaates zur Erreichung der festgelegten Ziele angebracht ist, kann dieser Mitgliedstaat alternativ unabhängig von Artikel 42 Absatz 2 einen Wechsel der Prüfungsgesellschaft fordern.
(27)-(34) *Zum Verhältnis zu Drittstaaten und zu den Schlussvorschriften – nicht abgedruckt. –*
HABEN FOLGENDE RICHTLINIE ERLASSEN:

Kapitel I – Gegenstand und Begriffsbestimmungen

Art. 1 Gegenstand Diese Richtlinie regelt die Abschlussprüfung des Jahresabschlusses und des konsolidierten Abschlusses.

Art. 2 Begriffsbestimmungen Für die Zwecke dieser Richtlinie gelten folgende Begriffsbestimmungen:

1. „Abschlussprüfung" ist eine Prüfung des Jahresabschlusses oder des konsolidierten Abschlusses, die nach Gemeinschaftsrecht vorgeschrieben ist.

2. „Abschlussprüfer" ist eine natürliche Person, die von den zuständigen Stellen eines Mitgliedstaates nach dieser Richtlinie für die Durchführung von Abschlussprüfungen zugelassen wurde.

3. „Prüfungsgesellschaft" ist eine juristische Person oder eine sonstige Einrichtung gleich welcher Rechtsform, die von den zuständigen Stellen eines Mitgliedstaats nach dieser Richtlinie für die Durchführung von Abschlussprüfungen zugelassen wurde.

4. „Prüfungsunternehmen aus einem Drittland" ist ein Unternehmen gleich welcher Rechtsform, das Prüfungen des Jahresabschlusses oder des konsolidierten Abschlusses von in einem Drittland eingetragenen Gesellschaften durchführt.

5. „Prüfer aus einem Drittland" ist eine natürliche Person, die Prüfungen des Jahresabschlusses oder des konsolidierten Abschlusses von in einem Drittland eingetragenen Gesellschaften durchführt.

6. „Konzernabschlussprüfer" ist/sind der/die Abschlussprüfer oder die Prüfungsgesellschaft(en), der bzw. die die Abschlussprüfung konsolidierter Abschlüsse durchführt/durchführen.

7. „Netzwerk" ist die breitere Struktur,
   – die auf Kooperation ausgerichtet ist und der ein Abschlussprüfer oder eine Prüfungsgesellschaft angehört und
   – die eindeutig auf Gewinn- oder Kostenteilung abzielt oder durch gemeinsames Eigentum, gemeinsame Kontrolle oder gemeinsame Geschäftsführung, gemeinsame Qualitätssicherungsmaßnahmen und -verfahren, eine gemeinsame Geschäftsstrategie, die Verwendung einer gemeinsamen Marke oder durch einen wesentlichen Teil gemeinsamer fachlicher Ressourcen miteinander verbunden ist.

8. „Verbundenes Unternehmen einer Prüfungsgesellschaft" ist ein Unternehmen gleich welcher Rechtsform, das mit einer Prüfungsgesellschaft durch gemeinsames Eigentum, gemeinsame Kontrolle oder gemeinsame Geschäftsführung verbunden ist.

9. „Bestätigungsvermerk" ist der in Artikel 51a der Richtlinie 78/660/EWG und Artikel 37 der Richtlinie 83/349/EWG genannte Vermerk des Abschlussprüfers oder der Prüfungsgesellschaft.

10. „Zuständige Stelle" ist eine durch Gesetz bestimmte Stelle oder Einrichtung, die für die Regulierung und/oder Aufsicht von Abschlussprüfern und Prüfungsgesellschaften oder spezifischen Aspekten davon verantwortlich ist. Wird auf die „zuständige Stelle" in einem bestimmten Artikel Bezug genommen, bedeutet dies die Bezugnahme auf die Stelle oder die Einrichtung(en), die für die in diesem Artikel erwähnten Aufgaben zuständig ist/sind.

11. „Internationale Prüfungsstandards" sind die International Standards on Auditing (ISA) und damit zusammenhängende Stellungnahmen und Standards, soweit sie für die Abschlussprüfung relevant sind.

12. „Internationale Rechnungslegungsstandards" sind die International Accounting Standards (IAS), die International Financial Reporting Standards (IFRS) und die dazugehörigen Interpretationen (SIC/IFRIC), die nachfolgenden Änderungen dieser Standards und der dazugehörigen Interpretationen sowie die vom International Accounting Standards Board (IASB) in Zukunft veröffentlichten oder verabschiedeten Standards und dazugehörigen Interpretationen.

13. „Unternehmen von öffentlichem Interesse" sind Unternehmen, die unter das Recht eines Mitgliedstaats fallen und deren übertragbare Wertpapiere zum Handel auf einem geregelten Markt eines Mitgliedstaats im Sinne von Artikel 4 Absatz 1 Nummer 14 der Richtlinie 2004/39/EG zugelassen sind, Kreditinstitute im Sinne von Artikel 1 Nummer 1 der Richtlinie 2000/12/EG des Europäischen Parlaments und des Rates vom 20. März 2000 über die Aufnahme und Ausübung der Tätigkeit der Kreditinstitute[15] und Versicherungsunternehmen im Sinne von Artikel 2 Absatz 1 der Richtlinie 91/674/EWG. Die Mitgliedstaaten können auch andere Unternehmen zu Unternehmen von öffentlichem Interesse bestimmen, beispielsweise Unternehmen, die aufgrund der Art ihrer Tätigkeit, ihrer Größe oder der Zahl ihrer Beschäftigten von erheblicher öffentlicher Bedeutung sind.

14. „Genossenschaft" ist die Europäische Genossenschaft im Sinne von Artikel 1 der Verordnung (EG) Nr. 1435/2003 des Rates vom 22. Juli 2003 über das Statut der Europäischen Genossenschaft (SCE)[16] oder jede andere Genossenschaft, für die nach Gemeinschaftsrecht eine Abschlussprüfung vorgeschrieben ist, wie etwa Kreditinstitute im Sinne von Artikel 1 Nummer 1 der Richtlinie 2000/12/EG sowie Versicherungsunternehmen im Sinne von Artikel 2 Absatz 1 der Richtlinie 91/674/EWG.

15. „Nichtberufsausübender" ist eine natürliche Person, die mindestens drei Jahre vor ihrer Beauftragung mit der öffentlichen Aufsicht keine Abschlussprüfungen durchgeführt hat, keine Stimmrechte in einer Prüfungsgesellschaft gehalten hat, weder Mitglied eines Verwaltungs- oder Leitungsorgans einer Prüfungsgesellschaft noch bei einer Prüfungsgesellschaft angestellt war noch in sonstiger Weise mit einer Prüfungsgesellschaft verbunden war.

16. „Verantwortlicher Prüfungspartner" ist/sind
    a) der/die Abschlussprüfer, der/die von einer Prüfungsgesellschaft für ein bestimmtes Prüfungsmandat als für die Durchführung der Abschlussprüfung im Auftrag der Prüfungsgesellschaft vorrangig verantwortlich bestimmt ist/sind; oder

---

15 ABl. L 126 vom 26.5.2000, S. 1. Zuletzt geändert durch die Richtlinie 2006/29/EG der Kommission (ABl. L 70 vom 9.3.2006, S. 50).
16 ABl. L 207 vom 18.8.2003, S. 1.

b) im Fall einer Konzernabschlussprüfung mindestens der/die Abschlussprüfer, der/
    die von einer Prüfungsgesellschaft als für die Durchführung der Abschlussprüfung
    auf Konzernebene vorrangig verantwortlich bestimmt ist/sind, und der/die Ab-
    schlussprüfer, der/die als auf der Ebene bedeutender Tochtergesellschaften vor-
    rangig verantwortlich bestimmt ist/sind, oder

c) der/die Abschlussprüfer, der/die den Bestätigungsvermerk unterzeichnet/unte-
    rzeichnen.

Kapitel II – Zulassung, kontinuierliche Fortbildung und gegenseitige Anerkennung

Art. 3 Zulassung von Abschlussprüfern und Prüfungsgesellschaften (1) Eine Abschlussprüfung wird ausschließlich von Abschlussprüfern oder Prüfungsgesellschaften
durchgeführt, die von dem Mitgliedstaat, der die Abschlussprüfung vorschreibt, zugelassen
wurden.

(2) Jeder Mitgliedstaat benennt die Stellen, die für die Zulassung von Abschlussprüfern und
Prüfungsgesellschaften zuständig sind.

Bei diesen Stellen kann es sich auch um Berufsverbände handeln, sofern sie der in Kapitel VIII vorgesehenen öffentlichen Aufsicht unterliegen.

(3) Unbeschadet des Artikels 11 lassen die zuständigen Stellen der Mitgliedstaaten nur natürliche Personen zu, die mindestens die in den Artikeln 4 und 6 bis 10 genannten Voraussetzungen erfüllen.

(4) Die zuständigen Stellen der Mitgliedstaaten lassen als Prüfungsgesellschaften nur Einrichtungen zu, die die folgenden Voraussetzungen erfüllen:

a) Die natürlichen Personen, die für eine Prüfungsgesellschaft Abschlussprüfungen
    durchführen, müssen zumindest die Voraussetzungen der Artikel 4 und 6 bis 12 erfül-
    len und in dem betroffenen Mitgliedstaat als Abschlussprüfer zugelassen sein.

b) Eine Mehrheit der Stimmrechte in einer Einrichtung muss von Prüfungsgesellschaften,
    die in einem Mitgliedstaat zugelassen sind, oder von natürlichen Personen, die zumin-
    dest die Voraussetzungen der Artikel 4 und 6 bis 12 erfüllen, gehalten werden. Die
    Mitgliedstaaten können bestimmen, dass solche natürliche Personen auch in einem
    anderen Mitgliedstaat zugelassen sein müssen. Für die Zwecke der Abschlussprüfung
    von Genossenschaften und ähnlichen Einrichtungen, die in Artikel 45 der Richtlinie
    86/635/EWG erwähnt sind, können die Mitgliedstaaten weitere spezifische Bestim-
    mungen im Zusammenhang mit Stimmrechten erlassen.

c) Das Verwaltungs- oder Leitungsorgan der Einrichtung muss sich mit einer Mehrheit
    von bis zu 75 % aus Prüfungsgesellschaften mit Zulassung in einem Mitgliedstaat oder
    natürlichen Personen zusammensetzen, die zumindest die Voraussetzungen der Arti-
    kel 4 und 6 bis 12 erfüllen. Die Mitgliedstaaten können bestimmen, dass solche natür-
    lichen Personen auch in einem anderen Mitgliedstaat zugelassen sein müssen. Zählt
    ein solches Organ nur zwei Mitglieder, so muss eines von ihnen zumindest die Voraus-
    setzungen dieses Buchstabens erfüllen.

d) Die Gesellschaft erfüllt die Voraussetzungen des Artikels 4.

Die Mitgliedstaaten dürfen nur im Zusammenhang mit Buchstabe c zusätzliche Bedingungen aufstellen. Diese Bedingungen müssen zu den verfolgten Zielen verhältnismäßig sein
und dürfen nicht über das hinausgehen, was unbedingt erforderlich ist.

Art. 4 Guter Leumund Die zuständigen Stellen eines Mitgliedstaats dürfen die Zulassung nur natürlichen oder juristischen Personen mit gutem Leumund erteilen.

Art. 5 Entzug der Zulassung (1) Die Zulassung wird entzogen, wenn der Ruf eines Abschlussprüfers oder einer Prüfungsgesellschaft ernsthaft beschädigt ist. Allerdings können die Mitgliedstaaten einen angemessenen Zeitraum einräumen, innerhalb dessen die Gesellschaft die Anforderungen an einen guten Leumund erfüllen kann.

(2) Einer Prüfungsgesellschaft wird die Zulassung entzogen, sobald eine der in Artikel 3 Absatz 4 Buchstaben b und c genannten Anforderungen nicht mehr erfüllt ist. Allerdings können die Mitgliedstaaten einen angemessenen Zeitraum einräumen, innerhalb dessen die Gesellschaft diese Anforderungen erfüllen kann.

(3) Wird einem Abschlussprüfer oder einer Prüfungsgesellschaft aus irgendeinem Grund die Zulassung entzogen, teilt die zuständige Behörde des Mitgliedstaats, in dem die Zulassung entzogen wird, diesen Umstand und die Gründe für den Entzug den entsprechenden zuständigen Stellen der Mitgliedstaaten mit, in denen der Abschlussprüfer oder die Prüfungsgesellschaft auch zugelassen ist und die im Register des erstgenannten Mitgliedstaats gemäß Artikel 16 Absatz 1 Buchstabe c registriert sind.

Art. 6 Ausbildung Unbeschadet des Artikels 11 kann eine natürliche Person nur zur Durchführung von Abschlussprüfungen zugelassen werden, wenn sie nach Erlangung der Hochschulreife oder einer entsprechenden Ausbildungsstufe eine theoretische und eine praktische Ausbildung absolviert und sich mit Erfolg einer staatlichen oder staatlich anerkannten beruflichen Eignungsprüfung auf dem Niveau eines Hochschulabschlusses oder eines entsprechenden Niveaus in dem betreffenden Mitgliedstaat unterzogen hat.

Art. 7 Prüfung der beruflichen Eignung Die in Artikel 6 genannte Eignungsprüfung garantiert die erforderlichen theoretischen Kenntnisse auf den für die Abschlussprüfung maßgebenden Sachgebieten sowie die Fähigkeit, diese Kenntnisse praktisch anzuwenden. Diese Prüfung muss zumindest teilweise schriftlich erfolgen.

Art. 8 Theoretische Prüfung (1) Die im Rahmen der Eignungsprüfung durchgeführte theoretische Prüfung umfasst insbesondere die folgenden Sachgebiete:
a) Theorie und Grundsätze des allgemeinen Rechnungswesens,
b) gesetzliche Vorschriften und Grundsätze für die Aufstellung des Jahresabschlusses und des konsolidierten Abschlusses,
c) internationale Rechnungslegungsstandards,
d) Finanzanalyse,
e) Kostenrechnung und betriebliches Rechnungswesen,
f) Risikomanagement und interne Kontrolle,
g) Prüfungswesen und berufsspezifische Fertigkeiten,
h) gesetzliche und standesrechtliche Vorschriften für Abschlussprüfung und Abschlussprüfer,
i) internationale Prüfungsstandards,
j) Berufsgrundsätze und Unabhängigkeit.

(2) Diese Prüfung umfasst zumindest auch die folgenden Sachgebiete, soweit sie für die Abschlussprüfung relevant sind:
a) Gesellschaftsrecht und Corporate Governance,
b) Rechtsvorschriften über Insolvenz und ähnliche Verfahren,

c)   Steuerrecht,

d)   bürgerliches Recht und Handelsrecht,

e)   Sozialversicherungs- und Arbeitsrecht,

f)   IT- und Computersysteme,

g)   Betriebswirtschaft, Volkswirtschaft und Finanzwissenschaft,

h)   Mathematik und Statistik,

i)   Grundzüge des betrieblichen Finanzwesens.

(3) Die Kommission kann die Liste der Sachgebiete, die in der in Absatz 1 genannten theoretischen Prüfung enthalten sein müssen, ändern. Die Kommission wird bei der Annahme dieser Durchführungsmaßnahmen die Entwicklungen im Prüfungswesen und im Berufsstand der Abschlussprüfer berücksichtigen. Diese Maßnahmen zur Änderung nicht wesentlicher Bestimmungen dieser Richtlinie werden nach dem in Artikel 48 Absatz 2a genannten Regelungsverfahren mit Kontrolle erlassen.

Art. 9 Ausnahmen (1) Abweichend von den Artikeln 7 und 8 können die Mitgliedstaaten vorsehen, dass Personen, die auf einem oder mehreren der in Artikel 8 genannten Sachgebiete eine Hochschul- oder gleichwertige Prüfung bestanden oder einen Hochschul- oder gleichwertigen Abschluss erworben haben, von der theoretischen Prüfung in diesen Sachgebieten befreit werden.

(2) Abweichend von Artikel 7 können die Mitgliedstaaten vorsehen, dass Personen, die auf einem oder mehreren der in Artikel 8 genannten Sachgebiete einen Hochschul- oder gleichwertigen Abschluss besitzen, von der Prüfung ihrer Fähigkeit, die theoretischen Kenntnisse auf diesen Sachgebieten praktisch anzuwenden, befreit werden, wenn sie auf den betreffenden Gebieten eine praktische Ausbildung absolviert haben, die mit einer staatlich anerkannten Prüfung oder einem staatlich anerkannten Zeugnis abgeschlossen wurde.

Art. 10 Praktische Ausbildung (1) Um die Fähigkeit zur praktischen Anwendung der in der Eignungsprüfung getesteten theoretischen Kenntnisse zu gewährleisten, wird eine mindestens dreijährige praktische Ausbildung durchgeführt, die unter anderem die Prüfung des Jahresabschlusses, des konsolidierten Abschlusses oder ähnlicher Finanzabschlüsse zum Gegenstand hat. Diese praktische Ausbildung wird zu mindestens zwei Dritteln bei einem in einem Mitgliedstaat zugelassenen Abschlussprüfer oder einer in einem Mitgliedstaat zugelassenen Prüfungsgesellschaft absolviert.

(2) Die Mitgliedstaaten stellen sicher, dass die gesamte praktische Ausbildung bei Personen stattfindet, die ausreichende Garantien für ihre Fähigkeit, eine praktische Ausbildung zu gewähren, bieten.

Art. 11 Zulassung aufgrund langjähriger praktischer Erfahrung Ein Mitgliedstaat kann Personen, die die in Artikel 6 festgelegten Voraussetzungen nicht erfüllen, als Abschlussprüfer zulassen, wenn diese nachweisen können, dass sie

a)   entweder 15 Jahre lang einer beruflichen Tätigkeit nachgegangen sind, die es ihnen ermöglicht hat, auf den Gebieten des Finanzwesens, des Rechts und der Rechnungslegung ausreichende Erfahrungen zu sammeln, und die in Artikel 7 genannte berufliche Eignungsprüfung bestanden haben,

b)   oder sieben Jahre lang einer beruflichen Tätigkeit auf den genannten Gebieten nachgegangen sind sowie die in Artikel 10 genannte praktische Ausbildung absolviert und die in Artikel 7 genannte berufliche Eignungsprüfung bestanden haben.

Art. 12 Kombination von praktischer und theoretischer Ausbildung (1) Die Mitgliedstaaten können vorsehen, dass Zeiten, in denen eine theoretische Ausbildung auf den in Artikel 8 genannten Sachgebieten absolviert wurde, auf die in Artikel 11 genannten Berufsjahre angerechnet werden, wenn diese Ausbildung mit einer staatlich anerkannten Prüfung abgeschlossen wurde. Diese Ausbildung muss mindestens ein Jahr dauern und darf höchstens mit vier Jahren auf die berufliche Tätigkeit angerechnet werden.

(2) Berufstätigkeit und praktische Ausbildung dürfen nicht kürzer sein als die theoretische Ausbildung zusammen mit der in Artikel 10 vorgeschriebenen praktischen Ausbildung.

Art. 13 Kontinuierliche Fortbildung Die Mitgliedstaaten stellen sicher, dass Abschlussprüfer sich im Rahmen angemessener Programme kontinuierlich fortbilden müssen, um ihre theoretischen Kenntnisse und ihre beruflichen Fertigkeiten und Wertmaßstäbe auf einem ausreichend hohen Stand zu halten, und dass ein Missachten dieser Anforderung angemessene Sanktionen im Sinne von Artikel 30 nach sich zieht.

Art. 14 Zulassung von Abschlussprüfern aus anderen Mitgliedstaaten Die zuständigen Stellen der Mitgliedstaaten legen Verfahren für die Zulassung von Abschlussprüfern, die in anderen Mitgliedstaaten zugelassen sind, fest. Im Rahmen dieser Verfahren darf dem Abschlussprüfer höchstens ein Eignungstest nach Artikel 4 der Richtlinie 89/48/EWG des Rates vom 21. Dezember 1988 über eine allgemeine Regelung zur Anerkennung der Hochschuldiplome, die eine mindestens dreijährige Berufsausbildung abschließen[17], auferlegt werden. Bei diesem Eignungstest, der in einer der nach der in dem betreffenden Mitgliedstaat geltenden Sprachenregelung zugelassenen Sprache durchgeführt wird, wird lediglich überprüft, ob der Abschlussprüfer über eine ausreichende Kenntnis der für die Abschlussprüfung relevanten Rechts- und Verwaltungsvorschriften des betreffenden Mitgliedstaats verfügt.

Kapitel III – Registrierung

Art. 15-20 *Pflicht von Abschlussprüfern zur Registrierung in öffentlichen Registern, mit Sprachenregelung – nicht abgedruckt.*

Kapitel IV – Berufsgrundsätze, Unabhängigkeit, Unparteilichkeit, Verschwiegenheit und Berufsgeheimnis

Art. 21 Berufsgrundsätze (1) Die Mitgliedstaaten stellen sicher, dass alle Abschlussprüfer und Prüfungsgesellschaften an Berufsgrundsätze gebunden sind. Diese Berufsgrundsätze haben zumindest ihre Funktion für das öffentliche Interesse, ihre Integrität und Unparteilichkeit sowie ihre Fachkompetenz und Sorgfalt zum Gegenstand.

(2) Um Vertrauen in Abschlussprüfungen und die einheitliche Anwendung des Absatzes 1 des vorliegenden Artikels zu gewährleisten, kann die Kommission grundsatzorientierte Durchführungsmaßnahmen zu Berufsgrundsätzen erlassen. Diese Maßnahmen zur Änderung nicht wesentlicher Bestimmungen dieser Richtlinie durch Ergänzung werden nach dem in Artikel 48 Absatz 2a genannten Regelungsverfahren mit Kontrolle erlassen.

---

17   ABl. L 19 vom 24.1.1989, S. 16. Geändert durch die Richtlinie 2001/19/EG des Europäischen Parlaments und des Rates (ABl. L 206 vom 31.7.2001, S. 1).

4.8 Abschlussprüfer-RL

Art. 22 Unabhängigkeit und Unparteilichkeit (1) Die Mitgliedstaaten stellen sicher, dass Abschlussprüfer und Prüfungsgesellschaften bei der Durchführung einer Abschlussprüfung von dem geprüften Unternehmen unabhängig und nicht in das Treffen von dessen Entscheidungen eingebunden sind.

(2) Die Mitgliedstaaten stellen sicher, dass Abschlussprüfer oder Prüfungsgesellschaften von der Durchführung einer Abschlussprüfung absehen, wenn zwischen ihnen oder ihrem Netzwerk und dem geprüften Unternehmen unmittelbar oder mittelbar eine finanzielle oder geschäftliche Beziehung, ein Beschäftigungsverhältnis oder eine sonstige Verbindung – wozu auch die Erbringung zusätzlicher Leistungen, die keine Prüfungsleistungen sind, zählt – besteht, aus der ein objektiver, verständiger und informierter Dritter den Schluss ziehen würde, dass ihre Unabhängigkeit gefährdet ist. Ist die Unabhängigkeit von Abschlussprüfern oder Prüfungsgesellschaften gefährdet, beispielsweise durch Selbstprüfung, Eigeninteresse, Interessenvertretung, Vertrautheit oder Vertrauensbeziehung oder Einschüchterung, müssen sie diese Risiken durch Schutzmaßnahmen mindern. Sind diese Risiken im Vergleich zu den ergriffenen Schutzmaßnahmen so bedeutsam, dass ihre Unabhängigkeit gefährdet wird, dürfen der Abschlussprüfer oder die Prüfungsgesellschaft bei Selbstprüfung oder Eigeninteresse die Abschlussprüfung nicht durchführen.

Die Mitgliedstaaten stellen darüber hinaus sicher, dass ein Abschlussprüfer oder eine Prüfungsgesellschaft bei Unternehmen von öffentlichem Interesse in den Fällen von Selbstprüfung oder Eigeninteresse die Abschlussprüfung nicht durchführt, wenn dies zur Wahrung der Unabhängigkeit des Abschlussprüfers oder der Prüfungsgesellschaft angemessen ist.

(3) Die Mitgliedstaaten stellen sicher, dass Abschlussprüfer oder Prüfungsgesellschaften in ihren Arbeitspapieren alle bedeutsamen Risiken für ihre Unabhängigkeit und die Schutzmaßnahmen, die zur Minderung dieser Risiken ergriffen wurden, dokumentieren.

(4) Um das Vertrauen in Abschlussprüfungen und die einheitliche Anwendung der Absätze 1 und 2 des vorliegenden Artikels zu gewährleisten, kann die Kommission zu folgenden Bereichen grundsatzorientierte Durchführungsmaßnahmen annehmen:

a) den in Absatz 2 genannten Risiken und Schutzmaßnahmen;

b) Situationen, in denen die Risiken gemäß Absatz 2 so groß sind, dass die Unabhängigkeit des Abschlussprüfers oder der Prüfungsgesellschaften gefährdet ist;

c) die Frage, ob in Fällen von Selbstprüfung und Eigeninteresse gemäß Absatz 2 Unterabsatz 2 Abschlussprüfungen durchgeführt werden dürfen oder nicht.

Die Maßnahmen gemäß Unterabsatz 1 zur Änderung nicht wesentlicher Bestimmungen dieser Richtlinie durch Ergänzung werden nach dem in Artikel 48 Absatz 2a genannten Regelungsverfahren mit Kontrolle erlassen.

Art. 23 Verschwiegenheitspflicht und Berufsgeheimnis (1) Die Mitgliedstaaten stellen sicher, dass Abschlussprüfer und Prüfungsgesellschaften in Bezug auf alle Informationen und Unterlagen, zu denen sie bei der Durchführung einer Abschlussprüfung Zugang erhalten, entsprechenden Vorschriften zur Verschwiegenheitspflicht und zum Berufsgeheimnis unterliegen.

(2) Die Vorschriften zur Verschwiegenheitspflicht und zum Berufsgeheimnis von Abschlussprüfern und Prüfungsgesellschaften dürfen die Durchsetzung der Bestimmungen dieser Richtlinie nicht erschweren.

(3) Wird ein Abschlussprüfer oder eine Prüfungsgesellschaft durch einen anderen Abschlussprüfer oder eine andere Prüfungsgesellschaft ersetzt, gewährt dieser Abschlussprü-

fer bzw. diese Prüfungsgesellschaft dem neuen Abschlussprüfer bzw. der neuen Prüfungsgesellschaft Zugang zu allen relevanten Informationen über das geprüfte Unternehmen.

(4) Abschlussprüfer oder Prüfungsgesellschaften, die in einem bestimmten Prüfungsmandat nicht mehr tätig sind, und Abschlussprüfer oder Prüfungsgesellschaften eines früheren Abschlusses unterliegen hinsichtlich dieses Prüfungsmandats weiterhin den Bestimmungen der Absätze 1 und 2.

Art. 24 Unabhängigkeit und Unparteilichkeit von Abschlussprüfern, die für eine Prüfungsgesellschaft eine Abschlussprüfung durchführen Die Mitgliedstaaten stellen sicher, dass weder die Eigentümer noch die Anteilseigner einer Prüfungsgesellschaft noch die Mitglieder der Verwaltungs-, Leitungs- und Aufsichtsorgane dieser oder einer verbundenen Gesellschaft in einer Weise in eine Abschlussprüfung eingreifen, die die Unabhängigkeit und Unparteilichkeit des Abschlussprüfers, der die Abschlussprüfung für die Prüfungsgesellschaft durchführt, gefährdet.

Art. 25 Prüfungshonorare Die Mitgliedstaaten sorgen für eine angemessene Regelung, die gewährleistet, dass die Honorare für Abschlussprüfungen

a) nicht von der Erbringung zusätzlicher Leistungen für das geprüfte Unternehmen beeinflusst oder bestimmt werden;

b) an keinerlei Bedingungen geknüpft werden dürfen.

Kapitel V – Prüfungsstandards und Bestätigungsvermerk

Art. 26 Prüfungsstandards (1) Die Mitgliedstaaten verpflichten die Abschlussprüfer und Prüfungsgesellschaften, Abschlussprüfungen unter Beachtung der von der Kommission nach dem in Artikel 48 Absatz 2a genannten Regelungsverfahren mit Kontrolle angenommenen internationalen Prüfungsstandards durchzuführen. Die Mitgliedstaaten können einen nationalen Prüfungsstandard so lange anwenden, wie die Kommission keinen internationalen Prüfungsstandard, der für denselben Bereich gilt, angenommen hat. Angenommene internationale Prüfungsstandards werden vollständig in jeder der Amtssprachen der Gemeinschaft im *Amtsblatt der Europäischen Union* veröffentlicht.

(2) Die Kommission kann über die Anwendbarkeit internationaler Prüfungsstandards innerhalb der Gemeinschaft entscheiden. Die Kommission nimmt internationale Prüfungsstandards zur Anwendung in der Gemeinschaft nur an, wenn sie

a) in einem einwandfreien Verfahren mit angemessener öffentlicher Aufsicht und Transparenz erstellt wurden und international allgemein anerkannt sind,

b) beim Jahresabschluss und beim konsolidierten Abschluss entsprechend den in Artikel 2 Absatz 3 der Richtlinie 78/660/EWG und in Artikel 16 Absatz 3 der Richtlinie 83/349/EWG festgelegten Grundsätzen zu einem hohen Maß an Glaubwürdigkeit und Qualität beitragen und

c) dem europäischen Gemeinwohl dienen.

Die Maßnahmen gemäß Unterabsatz 1 zur Änderung nicht wesentlicher Bestimmungen dieser Richtlinie durch Ergänzung werden nach dem in Artikel 48 Absatz 2a genannten Regelungsverfahren mit Kontrolle erlassen.

(3) Die Mitgliedstaaten dürfen zusätzlich zu den – oder in Ausnahmefällen durch Nichtanwendung von Teilen von – internationalen Prüfungsstandards Prüfverfahren oder Prüfungsanforderungen nur vorschreiben, wenn diese sich aus speziellen, durch den Umfang

der Abschlussprüfungen bedingten Anforderungen des nationalen Rechts ergeben. Die Mitgliedstaaten stellen sicher, dass diese zusätzlichen Prüfverfahren oder Prüfungsanforderungen mit den Bestimmungen des Absatzes 2 Buchstaben b und c in Einklang stehen, und setzen die Kommission und die Mitgliedstaaten vor ihrer Annahme über diese in Kenntnis. Die Mitgliedstaaten teilen in den Ausnahmefällen, in denen Teile eines internationalen Prüfungsstandards nicht angewandt werden, ihre besonderen nationalen gesetzlichen Regelungen und die Gründe für deren Beibehaltung mindestens sechs Monate vor deren nationaler Annahme oder, wenn diese Regelungen zum Zeitpunkt der Annahme eines internationalen Prüfungsstandards bereits bestehen, spätestens drei Monate nach Annahme des entsprechenden internationalen Prüfungsstandards der Kommission und den anderen Mitgliedstaaten mit.

(4) Die Mitgliedstaaten können zusätzliche Anforderungen im Zusammenhang mit den Abschlussprüfungen von Jahresabschlüssen und konsolidierten Abschlüssen für einen Zeitraum bis zum 29. Juni 2010 vorschreiben.

Art. 27 Abschlussprüfungen konsolidierter Abschlüsse Die Mitgliedstaaten stellen sicher, dass bei der Abschlussprüfung der konsolidierten Abschlüsse eines Konzerns

a) der Konzernabschlussprüfer die volle Verantwortung für den Bestätigungsvermerk zu den konsolidierten Abschlüssen trägt;

b) der Konzernabschlussprüfer eine Prüfung durchführt und die Unterlagen aufbewahrt, die seine Überprüfung der Arbeit eines oder mehrerer Prüfer, Abschlussprüfer, Prüfungsunternehmen aus einem Drittland oder einer oder mehrerer Prüfungsgesellschaften zum Zweck der Konzernabschlussprüfung dokumentieren. Die von dem Konzernabschlussprüfer aufbewahrten Unterlagen müssen so beschaffen sein, dass die entsprechende zuständige Stelle die Arbeit des Konzernabschlussprüfers ordnungsgemäß überprüfen kann;

c) der Konzernabschlussprüfer für den Fall, dass ein Teil des Konzerns von Prüfern oder Prüfungsunternehmen aus einem Drittland, das keine Vereinbarung zur Zusammenarbeit gemäß Artikel 47 hat, geprüft wird, dafür verantwortlich ist sicherzustellen, dass den öffentlichen Aufsichtsstellen die Unterlagen über die Arbeit ordnungsgemäß übergeben werden, die von den Prüfern oder Prüfungsunternehmen aus einem Drittland geleistet wurde, einschließlich der Arbeitsdokumente im Zusammenhang mit der Konzernabschlussprüfung. Zur Sicherstellung dieser Aushändigung bewahrt der Konzernabschlussprüfer eine Kopie dieser Unterlagen auf oder vereinbart andernfalls mit den Prüfern oder den Prüfungsunternehmen aus dem Drittland seinen ungehinderten und unbeschränkten Zugang auf Antrag oder trifft sonstige geeignete Maßnahmen. Verhindern rechtliche oder andere Hindernisse, dass die die Prüfung betreffenden Arbeitsunterlagen aus einem Drittland an den Konzernabschlussprüfer weitergegeben werden können, müssen die vom Konzernprüfer aufbewahrten Unterlagen Nachweise dafür enthalten, dass er die geeigneten Verfahren durchgeführt hat, um Zugang zu den Prüfungsunterlagen zu erhalten, und, im Fall anderer als durch die nationale Rechtsetzung entstandener rechtlicher Hindernisse, Nachweise für das Vorhandensein eines Hindernisses.

Art. 28 Bestätigungsvermerk (1) Wird eine Abschlussprüfung von einer Prüfungsgesellschaft durchgeführt, so wird der Bestätigungsvermerk zumindest von dem oder den Abschlussprüfern, welche die Abschlussprüfung für die Prüfungsgesellschaft durchgeführt haben, unterzeichnet. Unter besonderen Umständen können die Mitgliedstaaten vorsehen, dass diese Unterschrift nicht öffentlich bekannt gemacht werden muss, weil eine solche Offenlegung zu einer absehbaren und ernst zu nehmenden und beträchtlichen Gefahr für die persönliche Sicherheit einer Person führen würde. In jedem Fall müssen die jeweiligen zuständigen Stellen die Namen der beteiligten Personen kennen.

(2) Unbeschadet des Artikels 51a Absatz 1 der Richtlinie 78/660/EWG und falls die Kommission keinen einheitlichen Standard für Bestätigungsvermerke gemäß Artikel 26 Absatz 1 der vorliegenden Richtlinie festgelegt hat, kann die Kommission einen einheitlichen Standard für Bestätigungsvermerke für Jahres- oder konsolidierte Abschlüsse, die nach anerkannten internationalen Rechnungslegungsstandards erstellt wurden, festlegen, um das Vertrauen der Öffentlichkeit in Abschlussprüfungen zu stärken.

Diese Maßnahmen zur Änderung nicht wesentlicher Bestimmungen dieser Richtlinie durch Ergänzung werden nach dem in Artikel 48 Absatz 2a genannten Regelungsverfahren mit Kontrolle erlassen.

Kapitel VI – Qualitätssicherung

Art. 29 Qualitätssicherungssysteme (1) Jeder Mitgliedstaat stellt sicher, dass alle Abschlussprüfer und Prüfungsgesellschaften einem Qualitätssicherungssystem unterliegen, das mindestens die folgenden Kriterien erfüllt:

a) Das Qualitätssicherungssystem muss so organisiert sein, dass es von den überprüften Abschlussprüfern und Prüfungsgesellschaften unabhängig ist und der öffentlichen Aufsicht gemäß Kapitel VIII unterliegt;

b) die Finanzierung des Qualitätssicherungssystems muss gesichert sein und darf Abschlussprüfern oder Prüfungsgesellschaften keine Möglichkeit zur ungebührlichen Einflussnahme geben;

c) das Qualitätssicherungssystem muss über angemessene Ressourcen verfügen;

d) die Personen, die die Qualitätssicherungsprüfungen durchführen, müssen über eine angemessene fachliche Ausbildung und einschlägige Erfahrungen auf den Gebieten der Abschlussprüfung und Rechnungslegung verfügen und darüber hinaus eine spezielle Ausbildung für Qualitätssicherungsprüfungen absolviert haben;

e) die Personen, die mit Qualitätssicherungsprüfungen betraut werden, sind nach einem objektiven Verfahren auszuwählen, das darauf ausgelegt ist, Interessenkonflikte zwischen den Qualitätssicherungsprüfern und dem überprüften Abschlussprüfer oder der überprüften Prüfungsgesellschaft auszuschließen;

f) die Qualitätssicherungsprüfung muss auf der Grundlage angemessener Überprüfungen von ausgewählten Prüfungsunterlagen eine Beurteilung der Einhaltung einschlägiger Prüfungsstandards und Unabhängigkeitsanforderungen, der Quantität und der Qualität von eingesetzten Ressourcen sowie der berechneten Prüfungshonorare und des internen Qualitätssicherungssystems der Prüfungsgesellschaft umfassen;

g) über die Qualitätssicherungsprüfung ist ein Bericht zu erstellen, der die wichtigsten Schlussfolgerungen dieser Prüfung wiedergibt;

h) Qualitätssicherungsprüfungen müssen mindestens alle sechs Jahre stattfinden;

i) die Gesamtergebnisse des Qualitätssicherungssystems sind jährlich zu veröffentlichen;

j) die im Rahmen von Qualitätsprüfungen ausgesprochenen Empfehlungen müssen von dem Abschlussprüfer oder der Prüfungsgesellschaft innerhalb einer angemessenen Frist umgesetzt werden.

Wenn die unter Buchstabe j genannten Empfehlungen nicht umgesetzt werden, so werden gegebenenfalls gegen den Abschlussprüfer oder die Prüfungsgesellschaft die in Artikel 30 genannten Disziplinarmaßnahmen oder Sanktionen verhängt.

(2) Die Kommission kann Durchführungsmaßnahmen erlassen, um das Vertrauen der Öffentlichkeit in Abschlussprüfungen zu stärken und die einheitliche Anwendung von Absatz 1 Buchstaben a, b und e bis j zu gewährleisten. Diese Maßnahmen zur Änderung nicht wesentlicher Bestimmungen dieser Richtlinie durch Ergänzung werden nach dem in Artikel 48 Absatz 2a genannten Regelungsverfahren mit Kontrolle erlassen.

Kapitel VII – Untersuchungen und Sanktionen

Art. 30 Untersuchungen und Sanktionen (1) Die Mitgliedstaaten sorgen für wirksame Untersuchungen und Sanktionen, um eine unzureichende Durchführung von Abschlussprüfungen aufzudecken, zu berichtigen und zu verhindern.

(2) Unbeschadet der zivilrechtlichen Haftungsvorschriften der Mitgliedstaaten sehen die Mitgliedstaaten wirksame, verhältnismäßige und abschreckende Sanktionen für Abschlussprüfer und Prüfungsgesellschaften vor, die sich bei der Durchführung von Abschlussprüfungen nicht an die Vorschriften halten, die zur Umsetzung dieser Richtlinie angenommen wurden.

(3) Die Mitgliedstaaten sehen vor, dass Maßnahmen und Sanktionen gegen Abschlussprüfer oder Prüfungsgesellschaften in angemessener Weise öffentlich bekannt gemacht werden. Zu den Sanktionen sollte auch die Möglichkeit des Entzugs der Zulassung zählen.

Art. 31 Haftung des Prüfers Die Kommission legt vor dem 1. Januar 2007 einen Bericht über die Auswirkungen der derzeitigen nationalen Haftungsregelungen für Abschlussprüfungen auf die Europäischen Kapitalmärkte und auf die Versicherungsbedingungen für Abschlussprüfer und Prüfungsgesellschaften, einschließlich einer objektiven Analyse der Begrenzungen für finanzielle Haftungen, vor. Die Kommission stützt sich gegebenenfalls auf öffentliche Konsultationen. Die Kommission übermittelt, wenn sie es für angemessen hält, im Ergebnis des Berichts Empfehlungen an die Mitgliedstaaten.

Kapitel VIII – Öffentliche Aufsicht und gegenseitige Anerkennung der mitgliedstaatlichen Regelungen

Art. 32-36 *Aufsicht und gegenseitige Anerkennung der Aufsicht, mit Berufsgeheimnisregeln – nicht abgedruckt.*

Kapitel IX – Bestellung und Abberufung

Art. 37 Bestellung von Abschlussprüfern oder Prüfungsgesellschaften (1) Der Abschlussprüfer oder die Prüfungsgesellschaft wird von der Mitglieder- oder Gesellschafterversammlung des geprüften Unternehmens bestellt.

(2) Die Mitgliedstaaten können alternative Systeme oder Modalitäten für die Bestellung des Abschlussprüfers oder der Prüfungsgesellschaft unter der Voraussetzung zulassen, dass diese Systeme oder Modalitäten darauf ausgerichtet sind, die Unabhängigkeit des Abschlussprüfers oder der Prüfungsgesellschaft von den an der Geschäftsführung beteiligten Mitgliedern des Verwaltungsorgans oder vom Leitungsorgan des geprüften Unternehmens zu gewährleisten.

Art. 38 Abberufung und Rücktritt von Abschlussprüfern oder Prüfungsgesellschaften
(1) Die Mitgliedstaaten stellen sicher, dass Abschlussprüfer oder Prüfungsgesellschaften nur bei Vorliegen triftiger Gründe abberufen werden können. Meinungsverschiedenheiten über Bilanzierungsmethoden oder Prüfverfahren sind kein triftiger Grund für eine Abberufung.

(2) Die Mitgliedstaaten stellen sicher, dass das geprüfte Unternehmen und der Abschlussprüfer bzw. die Prüfungsgesellschaft die für die öffentliche Aufsicht zuständige oder zuständigen Stellen über die Abberufung oder den Rücktritt des Abschlussprüfers bzw. der Prüfungsgesellschaft während der Laufzeit des Auftrags in Kenntnis setzen und eine ausreichende Begründung liefern.

Kapitel X – Besondere Bestimmungen für die Abschlussprüfung bei Unternehmen von öffentlichem Interesse

Art. 39 Anwendung auf nicht börsennotierte Unternehmen von öffentlichem Interesse Die Mitgliedstaaten können Unternehmen von öffentlichem Interesse, die keine übertragbaren Wertpapiere ausgegeben haben, die zum Handel auf einem geregelten Markt im Sinne von Artikel 4 Absatz 1 Nummer 14 der Richtlinie 2004/39/EG zugelassen sind, und ihre(n) Abschlussprüfer(n) bzw. Prüfungsgesellschaft(en) von einer oder mehreren Anforderungen dieses Kapitels ausnehmen.

Art. 40 Transparenzbericht (1) Die Mitgliedstaaten stellen sicher, dass Abschlussprüfer und Prüfungsgesellschaften, die bei Unternehmen von öffentlichem Interesse eine oder mehrere Abschlussprüfungen durchführen, auf ihren Websites binnen drei Monaten nach Ende jedes Geschäftsjahres jährliche Transparenzberichte veröffentlichen, die zumindest Folgendes enthalten:

a) eine Beschreibung ihrer Rechtsform und Eigentumsverhältnisse;

b) für den Fall, dass die Prüfungsgesellschaft einem Netzwerk angehört, eine Beschreibung dieses Netzwerks einschließlich seiner rechtlichen und organisatorischen Struktur;

c) eine Beschreibung der Leitungsstruktur der Prüfungsgesellschaft;

d) eine Beschreibung ihres internen Qualitätssicherungssystems und eine Erklärung des Verwaltungs- oder Leitungsorgans zu dessen Wirksamkeit;

e) das Datum der letzten Qualitätssicherungsprüfung gemäß Artikel 29;

f) eine Liste der Unternehmen von öffentlichem Interesse, für die die Prüfungsgesellschaft im vorangegangenen Geschäftsjahr Abschlussprüfungen durchgeführt hat;

g) eine Erklärung darüber, mit welchen Maßnahmen die Prüfungsgesellschaft ihre Unabhängigkeit zu wahren sucht, in der auch bestätigt wird, dass eine interne Überprüfung der Einhaltung von Unabhängigkeitsanforderungen stattgefunden hat;

h) eine Erklärung dazu, wie die Prüfungsgesellschaft in Bezug auf die in Artikel 13 genannte kontinuierliche Fortbildung von Abschlussprüfern verfährt;

i) Finanzinformationen, die über die Bedeutung der Prüfungsgesellschaft Aufschluss geben, wie etwa der Gesamtumsatz aufgeschlüsselt nach Honoraren, die für die Abschlussprüfung von Jahres- und konsolidierten Abschlüssen gezahlt wurden, und Honoraren, die die Gesellschaft für andere Bestätigungsleistungen, Steuerberatungsleistungen und sonstige Leistungen erhalten hat;

j) Angaben darüber, wonach sich die Vergütung der Partner bemisst.

4.8 Abschlussprüfer-RL

Die Mitgliedstaaten können unter besonderen Umständen von den Anforderungen des Buchstabens f absehen, sofern dies notwendig ist, um eine absehbare und ernst zu nehmende Gefahr für die persönliche Sicherheit einer Person zu vermindern.

(2) Der Transparenzbericht wird von dem Abschlussprüfer oder der Prüfungsgesellschaft unterzeichnet. Dies kann beispielsweise durch eine elektronische Signatur im Sinne von Artikel 2 Nummer 1 der Richtlinie 1999/93/EG geschehen.

Art. 41 Prüfungsausschuss (1) Jedes Unternehmen von öffentlichem Interesse hat einen Prüfungsausschuss. Der Mitgliedstaat legt fest, ob Prüfungsausschüsse sich aus nicht an der Geschäftsführung beteiligten unabhängigen Mitgliedern des Verwaltungsorgans und/oder des Aufsichtsorgans des geprüften Unternehmens und/oder Mitgliedern zusammensetzen sollen, die durch Mehrheitsentscheidung von der Gesellschafterversammlung des geprüften Unternehmens bestellt werden. Mindestens ein Mitglied des Prüfungsausschusses muss unabhängig sein und über Sachverstand in Rechnungslegung und/oder Abschlussprüfung verfügen.

Die Mitgliedstaaten können gestatten, dass in Unternehmen von öffentlichem Interesse, die unter die Bestimmungen von Artikel 2 Absatz 1 Buchstabe f der Richtlinie 2003/71/EG[18] fallen, die Aufgaben, die dem Prüfungsausschuss übertragen sind, vom Verwaltungs- oder Aufsichtsorgan als Ganzes wahrgenommen werden, vorausgesetzt, dass zumindest der Vorsitzende eines solchen Organs, der geschäftsführendes Mitglied ist, nicht gleichzeitig Vorsitzender des Prüfungsausschusses ist.

(2) Unabhängig von der Verantwortung der Mitglieder des Verwaltungs-, Leitungs- oder Aufsichtsorgans des geprüften Unternehmens oder anderer Mitglieder, die durch Mehrheitsentscheidung von der Gesellschafterversammlung oder Aktionärshauptversammlung des geprüften Unternehmens bestellt werden, besteht die Aufgabe des Prüfungsausschusses unter anderem darin,

a) den Rechnungslegungsprozess zu überwachen;

b) die Wirksamkeit des internen Kontrollsystems, gegebenenfalls des internen Revisionssystems, und des Risikomanagementsystems des Unternehmens zu überwachen;

c) die Abschlussprüfung des Jahres- und des konsolidierten Abschlusses zu überwachen;

d) die Unabhängigkeit des Abschlussprüfers oder der Prüfungsgesellschaft, insbesondere die von diesen für das geprüfte Unternehmen erbrachten zusätzlichen Leistungen, zu überprüfen und zu überwachen.

(3) Bei einem Unternehmen von öffentlichem Interesse stützt sich der Vorschlag des Verwaltungs- oder Aufsichtsorgans für die Bestellung eines Abschlussprüfers oder einer Prüfungsgesellschaft auf eine Empfehlung des Prüfungsausschusses.

(4) Der Abschlussprüfer oder die Prüfungsgesellschaft berichten dem Prüfungsausschuss über die wichtigsten bei der Abschlussprüfung gewonnenen Erkenntnisse, insbesondere über wesentliche Schwächen bei der internen Kontrolle des Rechnungslegungsprozesses.

(5) Die Mitgliedstaaten können zulassen oder beschließen, dass die in den Absätzen 1 bis 4 enthaltenen Bestimmungen nicht auf Unternehmen von öffentlichem Interesse, mit einem Gremium, das einem Prüfungsausschuss obliegenden Aufgaben erfüllt, angewandt werden, das gemäß den in dem Mitgliedstaat geltenden Bestimmungen gebildet wurde und tätig ist, in dem das zu prüfende Unternehmen eingetragen ist. In einem solchen Fall erklärt das Unternehmen, welches Gremium diese Funktionen erfüllt und wie es zusammengesetzt ist.

---

18 Prospekt-RL, in dieser Sammlung Nr. 4.10.

(6) Die Mitgliedstaaten können von der Verpflichtung, einen Prüfungsausschuss zu haben, befreien:

a) Unternehmen von öffentlichem Interesse, die Tochterunternehmen im Sinne von Artikel 1 der Richtlinie 83/349/EWG sind, wenn sie auf Konzernebene die Anforderungen der Absätze 1 bis 4 des vorliegenden Artikels erfüllen;

b) Unternehmen von öffentlichem Interesse, die im Sinne von Artikel 1 Absatz 2 der Richtlinie 85/611/EWG Organismen für gemeinsame Anlagen sind; die Mitgliedstaaten können ferner Unternehmen von öffentlichem Interesse befreien, deren einziges Ziel in der gemeinsamen Investition von durch die Öffentlichkeit bereitgestelltem Kapital besteht, die nach dem Prinzip der Risikoteilung tätig sind und nicht danach streben, rechtliche oder administrative Kontrolle über einen ihrer Investoren zu erlangen, vorausgesetzt dass diese Organismen für gemeinsame Anlagen genehmigt sind und einer Kontrolle durch zuständige Behörden unterliegen und dass sie über eine Verwahrstelle verfügen, die Aufgaben gemäß der Richtlinie 85/611/EWG ausübt;

c) Unternehmen von öffentlichem Interesse, deren ausschließliche Tätigkeit darin besteht, gemäß Artikel 2 Absatz 5 der Verordnung (EG) Nr. 809/2004 der Kommission[19] als Emittent von Wertpapieren, die durch Vermögenswerte besichert sind, aufzutreten. In solchen Fällen verlangen die Mitgliedstaaten von dem Unternehmen, öffentlich die Gründe darzulegen, weshalb das Unternehmen es nicht für angebracht hält, entweder einen Prüfungsausschuss zu haben oder ein Verwaltungs- oder Aufsichtsorgan mit den Aufgaben eines Prüfungsausschusses zu betrauen;

d) Kreditinstitute im Sinne von Artikel 1 Absatz 1 der Richtlinie 2000/12/EG, deren Anteile nicht zum Handel auf einem geregelten Markt eines Mitgliedstaats im Sinne von Artikel 4 Absatz 1 Nummer 14 der Richtlinie 2004/39/EG zugelassen sind und die dauernd oder wiederholt ausschließlich Schuldtitel ausgegeben haben, vorausgesetzt der Gesamtnominalwert aller derartigen Schuldtitel liegt unter 100 000 000 EUR und sie haben keinen Prospekt gemäß der Richtlinie 2003/71/EG veröffentlicht.

Art. 42 Unabhängigkeit (1) Zusätzlich zu den in den Artikeln 22 und 24 festgelegten Bestimmungen stellen die Mitgliedstaaten sicher, dass die Abschlussprüfer oder die Prüfungsgesellschaften, die die Abschlussprüfung eines Unternehmens von öffentlichem Interesse durchführen,

a) gegenüber dem Prüfungsausschuss jährlich schriftlich ihre Unabhängigkeit von dem geprüften Unternehmen von öffentlichem Interesse erklären,

b) den Prüfungsausschuss jährlich über die von ihnen gegenüber dem geprüften Unternehmen erbrachten zusätzlichen Leistungen informieren und

c) mit dem Prüfungsausschuss die Risiken für ihre Unabhängigkeit sowie die von ihnen gemäß Artikel 22 Absatz 3 dokumentierten Schutzmaßnahmen zur Minderung dieser Risiken erörtern.

(2) Die Mitgliedstaaten stellen sicher, dass der oder die für die Durchführung der Abschlussprüfung im Auftrag der Prüfungsgesellschaft verantwortlichen Prüfungspartner spätestens sieben Jahre nach ihrer Bestellung von diesem Prüfungsmandat abgezogen werden und zur Mitwirkung an der Prüfung des geprüften Unternehmens frühestens nach Ablauf von zwei Jahren wieder berechtigt sind.

---

19 ABl. L 149 vom 30.4.2004, S. 1.

(3) Der Abschlussprüfer oder der verantwortliche Prüfungspartner, der eine Abschlussprüfung im Auftrag einer Prüfungsgesellschaft durchführt, darf mindestens zwei Jahre, nachdem er als Abschlussprüfer oder verantwortlicher Prüfungspartner von dem Prüfungsmandat zurückgetreten ist, keine wichtige Führungsposition in dem geprüften Unternehmen übernehmen.

Art. 43 Qualitätssicherung Bei Abschlussprüfern oder Prüfungsgesellschaften, die Abschlussprüfungen bei Unternehmen von öffentlichem Interesse durchführen, hat die in Artikel 29 genannte Qualitätssicherungsprüfung mindestens alle drei Jahre zu erfolgen.

Kapitel XI – Internationale Aspekte

Art. 44-47 *Prüfer aus Drittstaaten und Zusammenarbeit mit Aufsicht in Drittstaaten – nicht abgedruckt.*

Kapitel XII – Übergangs- und Schlussbestimmungen

Art. 48 f. *Unterstützender Ausschuss, Änderung anderer Richtlinien (dort berücksichtigt) – nicht abgedruckt.*

Art. 50 Aufhebung der Richtlinie 84/253/EWG Die Richtlinie 84/253/EWG wird mit Wirkung vom 29. Juni 2006 aufgehoben. Bezugnahmen auf die aufgehobene Richtlinie gelten als Bezugnahmen auf diese Richtlinie.

Art. 51 Übergangsbestimmung Abschlussprüfer oder Prüfungsgesellschaften, denen die zuständigen Stellen der Mitgliedstaaten gemäß der Richtlinie 84/253/EWG vor Inkrafttreten der in Artikel 53 Absatz 1 genannten Bestimmungen die Zulassung erteilt haben, gelten als gemäß dieser Richtlinie zugelassen.

Art. 52 Mindestharmonisierung Die Mitgliedstaaten, die eine Abschlussprüfung vorschreiben, können, wenn in dieser Richtlinie nicht anders vorgeschrieben, strengere Anforderungen aufstellen.

Art. 53-55 *Umsetzungsfrist (abgelaufen) und Adressaten – nicht abgedruckt.*

4.9 Verordnung (EG) Nr. 1606/2002 des Europäischen Parlaments und des Rates vom 19. Juli 2002 betreffend die Anwendung internationaler Rechnungslegungsstandards [IFRS-VO]

ABl. 2002 L 243/1

DAS EUROPÄISCHE PARLAMENT UND DER RAT DER EUROPÄISCHEN UNION –
gestützt auf den Vertrag zur Gründung der Europäischen Gemeinschaft, insbesondere auf Artikel 95 Absatz 1,
auf Vorschlag der Kommission[1],
nach Stellungnahme des Wirtschafts- und Sozialausschusses[2],
gemäß dem Verfahren des Artikels 251 des Vertrags[3],
in Erwägung nachstehender Gründe:
(1) Auf der Tagung des Europäischen Rates vom 23./24. März 2000 in Lissabon wurde die Notwendigkeit einer schnelleren Vollendung des Binnenmarktes für Finanzdienstleistungen hervorgehoben, das Jahr 2005 als Frist für die Umsetzung des Aktionsplans der Kommission für Finanzdienstleistungen gesetzt und darauf gedrängt, dass Schritte unternommen werden, um die Vergleichbarkeit der Abschlüsse kapitalmarktorientierter Unternehmen zu verbessern.
(2) Um zu einer Verbesserung der Funktionsweise des Binnenmarkts beizutragen, müssen kapitalmarktorientierte Unternehmen dazu verpflichtet werden, bei der Aufstellung ihrer konsolidierten Abschlüsse ein einheitliches Regelwerk internationaler Rechnungslegungsstandards von hoher Qualität anzuwenden. Überdies ist es von großer Bedeutung, dass an den Finanzmärkten teilnehmende Unternehmen der Gemeinschaft Rechnungslegungsstandards anwenden, die international anerkannt sind und wirkliche Weltstandards darstellen. Dazu bedarf es einer zunehmenden Konvergenz der derzeitig international angewandten Rechnungslegungsstandards, mit dem Ziel, letztlich zu einem einheitlichen Regelwerk weltweiter Rechnungslegungsstandards zu gelangen.
(3) Die Richtlinie 78/660/EWG des Rates vom 25. Juli 1978 über den Jahresabschluss von Gesellschaften bestimmter Rechtsformen[4], die Richtlinie 83/349/EWG des Rates vom 13. Juni 1983 über den konsolidierten Abschluss[5], die Richtlinie 86/635/EWG des Rates vom 8. Dezember 1986 über den Jahresabschluss und den konsolidierten Abschluss von Banken und anderen Finanzinstituten[6] und die Richtlinie 91/674/EWG des Rates vom 19. Dezember 1991 über den Jahresabschluss und den konsolidierten Abschluss von Versicherungsunternehmen[7] richten sich auch an kapitalmarktorientierte Gesellschaften in der Gemeinschaft. Die in diesen Richtlinien niedergelegten Rechnungslegungsvorschriften können den hohen Grad an Transparenz und Vergleichbarkeit der Rechnungslegung aller kapitalmarktorientierten Gesellschaften in der Gemeinschaft als unabdingbare Voraussetzung für den Aufbau eines integrierten Kapitalmarkts, der wirksam, reibungslos und effizient funktioniert, nicht gewährleisten. Daher ist es erforderlich, den für kapitalmarktorientierte Gesellschaften geltenden Rechtsrahmen zu ergänzen.
(4) Diese Verordnung zielt darauf ab, einen Beitrag zur effizienten und kostengünstigen Funktionsweise des Kapitalmarkts zu leisten. Der Schutz der Anleger und der Erhalt des Vertrauens in die Finanzmärkte sind auch ein wichtiger Aspekt der Vollendung des Binnenmarkts in diesem Bereich. Mit dieser Verordnung wird der freie Kapitalverkehr im Binnenmarkt gestärkt und ein Beitrag dazu geleistet, dass die Unternehmen in der Gemeinschaft in die Lage versetzt werden, auf den gemeinschaftlichen Kapitalmärkten und auf den Weltkapitalmärkten unter gleichen Wettbewerbsbedingungen um Finanzmittel zu konkurrieren.
(5) Für die Wettbewerbsfähigkeit der gemeinschaftlichen Kapitalmärkte ist es von großer Bedeutung, dass eine Konvergenz der in Europa auf die Aufstellung von Abschlüssen angewendeten Normen

---

1 ABl. C 154 E vom 29.5.2001, S. 285.
2 ABl. C 260 vom 17.9.2001, S. 86.
3 Stellungnahme des Europäischen Parlaments vom 12.3.2002 (ABl. C 47 E vom 27.2.2003, S. 62) und Beschluss des Rates vom 7. Juni 2002.
4 Bilanz-RL, in dieser Sammlung Nr. 4.6.
5 Konzernbilanz-RL, in dieser Sammlung Nr. 4.7.
6 ABl. L 372 vom 31.12.1986, S. 1. Richtlinie zuletzt geändert durch Richtlinie 2001/65/EG des Europäischen Parlaments und des Rates.
7 ABl. L 374 vom 31.12.1991, S. 7.

659

mit internationalen Rechnungslegungsstandards erreicht wird, die weltweit für grenzübergreifende Geschäfte oder für die Zulassung an allen Börsen der Welt genutzt werden können.

(6) Am 13. Juni 2000 hat die Kommission ihre Mitteilung mit dem Titel „Rechnungslegungsstrategie der EU: Künftiges Vorgehen" veröffentlicht, in der vorgeschlagen wird, dass alle kapitalmarktorientierten Gesellschaften in der Gemeinschaft ihre konsolidierten Abschlüsse spätestens ab dem Jahr 2005 nach einheitlichen Rechnungslegungsstandards, den „International Accounting Standards" (IAS), aufstellen.

(7) Die „International Accounting Standards" (IAS) werden vom „International Accounting Standards Committee" (IASC) entwickelt, dessen Zweck darin besteht, ein einheitliches Regelwerk weltweiter Rechnungslegungsstandards aufzubauen. Im Anschluss an die Umstrukturierung des IASC hat der neue Board als eine seiner ersten Entscheidungen am 1. April 2001 das IASC in „International Accounting Standards Board" (IASB) und die IAS mit Blick auf künftige internationale Rechnungslegungsstandards in „International Financial Reporting Standards" (IFRS) umbenannt. Die Anwendung dieser Standards sollte, so weit wie irgend möglich und sofern sie einen hohen Grad an Transparenz und Vergleichbarkeit der Rechnungslegung in der Gemeinschaft gewährleisten, für alle kapitalmarktorientierten Gesellschaften in der Gemeinschaft zur Pflicht gemacht werden.

(8) Die zur Durchführung dieser Verordnung erforderlichen Maßnahmen sollten gemäß dem Beschluss 1999/468/EG des Rates vom 28. Juni 1999 zur Festlegung der Modalitäten für die Ausübung der der Kommission übertragenen Durchführungsbefugnisse[8] erlassen werden; beim Erlass dieser Maßnahmen sollte die Erklärung zur Umsetzung der Rechtsvorschriften im Bereich der Finanzdienstleistungen, die die Kommission am 5. Februar 2002 vor dem Europäischen Parlament abgegeben hat, gebührend berücksichtigt werden.

(9) Die Übernahme eines internationalen Rechnungslegungsstandards zur Anwendung in der Gemeinschaft setzt voraus, dass er erstens die Grundanforderung der genannten Richtlinien des Rates erfüllt, d. h. dass seine Anwendung ein den tatsächlichen Verhältnissen entsprechendes Bild der Vermögens-, Finanz- und Ertragslage eines Unternehmens vermittelt – ein Prinzip, das im Lichte der genannten Richtlinien des Rates zu verstehen ist, ohne dass damit eine strenge Einhaltung jeder einzelnen Bestimmung dieser Richtlinien erforderlich wäre; zweitens, dass er gemäß den Schlussfolgerungen des Rates vom 17. Juli 2000 dem europäischen öffentlichen Interesse entspricht und drittens, dass er grundlegende Kriterien hinsichtlich der Informationsqualität erfüllt, die gegeben sein muss, damit die Abschlüsse für die Adressaten von Nutzen sind.

(10) Ein Technischer Ausschuss für Rechnungslegung wird die Kommission bei der Bewertung internationaler Rechnungslegungsstandards unterstützen und beraten.

(11) Der Anerkennungsmechanismus sollte sich der vorgeschlagenen internationalen Rechnungslegungsstandards unverzüglich annehmen und auch die Möglichkeit bieten, über internationale Rechnungslegungsstandards im Kreise der Hauptbetroffenen, insbesondere der nationalen standardsetzenden Gremien für Rechnungslegung, der Aufsichtsbehörden in den Bereichen Wertpapiere, Banken und Versicherungen, der Zentralbanken einschließlich der EZB, der mit der Rechnungslegung befassten Berufsstände sowie der Adressaten und der Aufsteller von Abschlüssen, zu beraten, nachzudenken und Informationen dazu auszutauschen. Der Mechanismus sollte ein Mittel sein, das gemeinsame Verständnis übernommener internationaler Rechnungslegungsstandards in der Gemeinschaft zu fördern.

(12) Entsprechend dem Verhältnismäßigkeitsprinzip sind die in dieser Verordnung getroffenen Maßnahmen, welche die Anwendung eines einheitlichen Regelwerks von internationalen Rechnungslegungsgrundsätzen für alle kapitalmarktorientierten Gesellschaften vorsehen, notwendig, um das Ziel einer wirksamen und kostengünstigen Funktionsweise der Kapitalmärkte der Gemeinschaft und damit die Vollendung des Binnenmarktes zu erreichen.

(13) Nach demselben Grundsatz ist es erforderlich, dass den Mitgliedstaaten im Hinblick auf Jahresabschlüsse die Wahl gelassen wird, kapitalmarktorientierten Gesellschaften die Aufstellung nach den internationalen Rechnungslegungsstandards, die nach dem Verfahren dieser Verordnung angenommen wurden, zu gestatten oder vorzuschreiben. Die Mitgliedstaaten können diese Möglichkeit bzw. diese Vorschrift auch auf die konsolidierten Abschlüsse und/oder Jahresabschlüsse anderer Gesellschaften ausdehnen.

(14) Damit ein Gedankenaustausch erleichtert wird und die Mitgliedstaaten ihre Standpunkte koordinieren können, sollte die Kommission den Regelungsausschuss für Rechnungslegung regelmäßig über laufende Vorhaben, Thesenpapiere, spezielle Recherchen und Exposure Drafts, die vom IASB veröffentlicht werden, sowie über die anschließenden fachlichen Arbeiten des Technischen Ausschusses unterrichten. Ferner ist es wichtig, dass der Regelungsausschuss für Rechnungslegung

---

8   ABl. L 184 vom 17.7.1999, S. 23.

frühzeitig unterrichtet wird, wenn die Kommission die Übernahme eines internationalen Rechnungslegungsstandards nicht vorschlagen will.

(15) Bei der Erörterung der vom IASB im Rahmen der Entwicklung von internationalen Rechnungslegungsstandards (IFRS und SIC/ IFRIC) veröffentlichten Dokumente und Papiere und bei der Ausarbeitung diesbezüglicher Standpunkte sollte die Kommission der Notwendigkeit Rechnung tragen, Wettbewerbsnachteile für die auf dem Weltmarkt tätigen europäischen Unternehmen zu vermeiden; ferner sollte sie, so weit wie irgend möglich die von den Delegationen im Regelungsausschuss für Rechnungslegung zum Ausdruck gebrachten Ansichten berücksichtigen. Die Kommission wird in den Organen des IASB vertreten sein.

(16) Angemessene und strenge Durchsetzungsregelungen sind von zentraler Bedeutung, um das Vertrauen der Anleger in die Finanzmärkte zu stärken. Die Mitgliedstaaten müssen aufgrund von Artikel 10 des Vertrags alle geeigneten Maßnahmen zur Gewährleistung der Einhaltung internationaler Rechnungslegungsstandards treffen. Die Kommission beabsichtigt, sich mit den Mitgliedstaaten insbesondere über den Ausschuss der europäischen Wertpapierregulierungsbehörden (CESR) ins Benehmen zu setzen, um ein gemeinsames Konzept für die Durchsetzung zu entwickeln.

(17) Ferner muss den Mitgliedstaaten gestattet werden, die Anwendung bestimmter Vorschriften bis 2007 zu verschieben, und zwar für alle Gemeinschaftsunternehmen, deren Wertpapiere sowohl in der Gemeinschaft als auch in einem Drittland zum Handel in einem geregelten Markt zugelassen sind und die ihren konsolidierten Abschlüssen bereits primär andere international anerkannte Rechnungslegungsgrundsätze zugrunde legen, sowie für Gesellschaften, von denen ausschließlich Schuldtitel zum Handel in einem geregelten Markt zugelassen sind. Es ist jedoch unverzichtbar, dass bis spätestens 2007 die IAS als einheitliches Regelwerk globaler internationaler Rechnungslegungsstandards für alle Gemeinschaftsunternehmen gelten, deren Wertpapiere zum Handel in einem geregelten Gemeinschaftsmarkt zugelassen sind.

(18) Um den Mitgliedstaaten und Gesellschaften die zur Anwendung internationaler Rechnungslegungsstandards erforderlichen Anpassungen zu ermöglichen, ist es erforderlich, dass bestimmte Vorschriften erst im Jahr 2005 Anwendung finden. Für die erstmalige Anwendung der IAS durch die Gesellschaften infolge des Inkrafttretens dieser Verordnung sollten geeignete Vorschriften erlassen werden. Diese Vorschriften sollten auf internationaler Ebene ausgearbeitet werden, damit die internationale Anerkennung der festgelegten Lösungen sichergestellt ist –
HABEN FOLGENDE VERORDNUNG ERLASSEN:

Art. 1 Ziel Gegenstand dieser Verordnung ist die Übernahme und Anwendung internationaler Rechnungslegungsstandards in der Gemeinschaft, mit dem Ziel, die von Gesellschaften im Sinne des Artikels 4 vorgelegten Finanzinformationen zu harmonisieren, um einen hohen Grad an Transparenz und Vergleichbarkeit der Abschlüsse und damit eine effiziente Funktionsweise des Kapitalmarkts in der Gemeinschaft und im Binnenmarkt sicherzustellen.

Art. 2 Begriffsbestimmungen Im Sinne dieser Verordnung bezeichnen „internationale Rechnungslegungsstandards" die „International Accounting Standards" (IAS), die „International Financial Reporting Standards" (IFRS) und damit verbundene Auslegungen (SIC/ IFRIC-Interpretationen), spätere Änderungen dieser Standards und damit verbundene Auslegungen sowie künftige Standards und damit verbundene Auslegungen, die vom International Accounting Standards Board (IASB) herausgegeben oder angenommen wurden.

Art. 3 Übernahme und Anwendung internationaler Rechnungslegungsstandards
(1) Die Kommission beschließt über die Anwendbarkeit von internationalen Rechnungslegungsstandards in der Gemeinschaft. Diese Maßnahmen zur Änderung nicht wesentlicher Bestimmungen dieser Verordnung durch Ergänzung werden nach dem in Artikel 6 Absatz 2 genannten Regelungsverfahren mit Kontrolle erlassen.

(2) Die internationalen Rechnungslegungsstandards können nur übernommen werden, wenn sie

– dem Prinzip des Artikels 2 Absatz 3 der Richtlinie 78/660/EWG und des Artikels 16 Absatz 3 der Richtlinie 83/349/EWG nicht zuwiderlaufen sowie dem europäischen öffentlichen Interesse entsprechen und

– den Kriterien der Verständlichkeit, Erheblichkeit, Verlässlichkeit und Vergleichbarkeit genügen, die Finanzinformationen erfüllen müssen, um wirtschaftliche Entscheidungen und die Bewertung der Leistung einer Unternehmensleitung zu ermöglichen.

(3) Bis zum 31. Dezember 2002 entscheidet die Kommission nach dem Verfahren des Artikels 6 Absatz 2 über die Anwendbarkeit der bei Inkrafttreten dieser Verordnung vorliegenden internationalen Rechnungslegungsstandards in der Gemeinschaft.

(4) Übernommene internationale Rechnungslegungsstandards werden als Kommissionsverordnung vollständig in allen Amtssprachen der Gemeinschaft im Amtsblatt der Europäischen Gemeinschaften veröffentlicht.

Art. 4 Konsolidierte Abschlüsse von kapitalmarktorientierten Gesellschaften Für Geschäftsjahre, die am oder nach dem 1. Januar 2005 beginnen, stellen Gesellschaften, die dem Recht eines Mitgliedstaates unterliegen, ihre konsolidierten Abschlüsse nach den internationalen Rechnungslegungsstandards auf, die nach dem Verfahren des Artikels 6 Absatz 2 übernommen wurden, wenn am jeweiligen Bilanzstichtag ihre Wertpapiere in einem beliebigen Mitgliedstaat zum Handel in einem geregelten Markt im Sinne des Artikels 1 Absatz 13 der Richtlinie 93/22/EWG des Rates vom 10. Mai 1993 über Wertpapierdienstleistungen[9] zugelassen sind.

Art. 5 Wahlrecht in Bezug auf Jahresabschlüsse und hinsichtlich nicht kapitalmarktorientierter Gesellschaften Die Mitgliedstaaten können gestatten oder vorschreiben, dass
a) Gesellschaften im Sinne des Artikels 4 ihre Jahresabschlüsse,
b) Gesellschaften, die nicht solche im Sinne des Artikels 4 sind, ihre konsolidierten Abschlüsse und/oder ihre Jahresabschlüsse nach den internationalen Rechnungslegungsstandards aufstellen, die nach dem Verfahren des Artikels 6 Absatz 2 angenommen wurden.

Art. 6 Ausschussverfahren (1) Die Kommission wird durch einen Regelungsausschuss für Rechnungslegung (im Folgenden „Ausschuss" genannt) unterstützt.

(2) Wird auf diesen Absatz Bezug genommen, so gelten Artikel 5a Absätze 1 bis und Artikel 7 des Beschlusses 1999/468/EG unter Beachtung von dessen Artikel 8.

Art. 7 Berichterstattung und Koordinierung (1) Die Kommission setzt sich mit dem Ausschuss regelmäßig über den Stand laufender Vorhaben des IASB und über die vom IASB veröffentlichten Dokumente ins Benehmen, um die Standpunkte zu koordinieren und um Erörterungen über die Übernahme von gegebenenfalls aus diesen Vorhaben und Dokumenten hervorgehenden Standards zu erleichtern.

(2) Die Kommission erstattet dem Ausschuss gebührend und frühzeitig Bericht, wenn sie die Übernahme eines Standards nicht vorschlagen will.

Art. 8 Mitteilungspflicht Ergreifen die Mitgliedstaaten Maßnahmen nach Artikel 5, so teilen sie diese der Kommission und den anderen Mitgliedstaaten unverzüglich mit.

Art. 9 f. *Übergangsregeln und Prüfpflicht der Kommission – nicht abgedruckt.*

Art. 11 Inkrafttreten Diese Verordnung tritt am dritten Tag nach ihrer Veröffentlichung im Amtsblatt der Europäischen Gemeinschaften in Kraft.

---

9   Ersetzt durch Finanzmarkt-RL, in dieser Sammlung Nr. 2.19.

Diese Verordnung ist in allen ihren Teilen verbindlich und gilt unmittelbar in jedem Mitgliedstaat.

4.10 Richtlinie 2003/71/EG des Europäischen Parlaments und des Rates vom 4. November 2003 betreffend den Prospekt, der beim öffentlichen Angebot von Wertpapieren oder bei deren Zulassung zum Handel zu veröffentlichen ist, und zur Änderung der Richtlinie 2001/34/EG [Prospekt-RL]

L 345/64 Amtsblatt der Europäischen Union

DAS EUROPÄISCHE PARLAMENT UND DER RAT DER EUROPÄISCHEN UNION –
gestützt auf den Vertrag zur Gründung der Europäischen Gemeinschaft, insbesondere auf die Artikel 44 und 95,
gestützt auf den Vorschlag der Kommission[1],
nach Stellungnahme des Europäischen Wirtschafts- und Sozialausschusses[2],
nach Stellungnahme der Europäischen Zentralbank[3],
gemäß dem Verfahren des Artikels 251 des Vertrags[4],
in Erwägung nachstehender Gründe:

(1) Die Richtlinie 80/390/EWG des Rates vom 17. März 1980 zur Koordinierung der Bedingungen für die Erstellung, die Kontrolle und die Verbreitung des Prospekts, der für die Zulassung von Wertpapieren zur amtlichen Notierung an einer Wertpapierbörse zu veröffentlichen ist[5], und die Richtlinie 89/298/EWG des Rates vom 17. April 1989 zur Koordinierung der Bedingungen für die Erstellung, Kontrolle und Verbreitung des Prospekts, der im Falle öffentlicher Angebote von Wertpapieren zu veröffentlichen ist[6], wurden bereits vor mehreren Jahren erlassen und haben einen lückenhaften und komplizierten Mechanismus der gegenseitigen Anerkennung eingeführt, mit dem das Ziel der Einmalzulassung nach vorliegender Richtlinie nicht erreicht werden kann. Diese Richtlinien sollten verbessert, aktualisiert und in einem einzigen Text zusammengefasst werden.

(2) Inzwischen wurde die Richtlinie 80/390/EWG in die Richtlinie 2001/34/EG des Europäischen Parlaments und des Rates vom 28. Mai 2001 über die Zulassung von Wertpapieren zur amtlichen Börsennotierung und über die hinsichtlich dieser Wertpapiere zu veröffentlichenden Informationen[7] übernommen, die mehrere Richtlinien auf dem Gebiet der Wertpapiernotierung kodifiziert.

(3) Aus Gründen der Kohärenz auf diesem Gebiet ist es jedoch zweckmäßig, die Bestimmungen der Richtlinie 2001/34/EG, die aus der Richtlinie 80/390/EWG herrühren, mit den Bestimmungen der Richtlinie 89/298/EWG zusammenzufassen und die Richtlinie 2001/34/EG entsprechend zu ändern.

(4) Diese Richtlinie stellt ein wichtiges Instrument zur Vollendung des Binnenmarktes dar, entsprechend dem Zeitplan, den die Kommission in ihren Mitteilungen „Risikokapital-Aktionsplan" und „Umsetzung des Finanzmarktrahmens: Aktionsplan" dargelegt hat; dadurch soll der weitestmögliche Zugang zu Anlagekapital auf Gemeinschaftsbasis durch Gewährung einer Einmalzulassung von Emittenten erleichtert werden, wobei auch kleine und mittlere Unternehmen (KMU) und Jungunternehmen mit einzubeziehen sind.

(5) Am 17. Juli 2000 hat der Rat den Ausschuss der Weisen über die Regulierung der europäischen Wertpapiermärkte eingesetzt. In dessen erstem Bericht vom 9. November 2000 wird festgestellt, dass es keine gemeinsame Definition des öffentlichen Angebots von Wertpapieren gibt, wodurch ein und dasselbe Geschäft in einigen Mitgliedstaaten als Privatplatzierung angesehen wird, in anderen hingegen nicht; die derzeitigen Regelungen halten die Unternehmen davon ab, Kapital auf ge-

---

1 ABl. C 240 E vom 28.8.2001, S. 272, und ABl. C 20 E vom 28.1.2003, S. 122.
2 ABl. C 80 vom 3.4.2002, S. 52.
3 ABl. C 344 vom 6.12.2001, S. 4.
4 Stellungnahme des Europäischen Parlaments vom 14.3.2002 (ABl. C 47 E vom 27.2.2003, S. 417), Gemeinsamer Standpunkt des Rates vom 24.3.2003 (ABl. C 125 E vom 27.5.2003, S. 21) und Standpunkt des Europäischen Parlaments vom 2.7.2003 (ABl. C 74 E vom 24.3. 2004, S. 445). Beschluss des Rates vom 15.7.2003.
5 ABl. L 100 vom 17.4.1980, S. 1. Zuletzt geändert durch die Richtlinie 94/18/EG des Europäischen Parlaments und des Rates (ABl. L 135 vom 31.5.1994, S. 1).
6 ABl. L 124 vom 5.5.1989, S. 8.
7 Börsen-RL, in dieser Sammlung Nr. 4.12.

meinschaftsweiter Basis aufzunehmen, und gewähren folglich keinen echten Zugang zu einem großen, liquiden und integrierten Finanzmarkt.

(6) In seinem Schlussbericht vom 15. Februar 2001 hat der Ausschuss der Weisen die Einführung neuer Rechtsetzungstechniken vorgeschlagen, die sich auf ein Vier-Stufen-Konzept stützen, nämlich Grundsätze, Durchführungsmaßnahmen, Zusammenarbeit und rechtliche Durchsetzung. Stufe 1, die Richtlinie, sollte lediglich breite, allgemeine Grundprinzipien festschreiben, wogegen Stufe 2 die von der Kommission mit Unterstützung eines Ausschusses zu erlassenden technischen Durchführungsmaßnahmen enthalten sollte.

(7) Der Europäische Rat von Stockholm vom 23./24. März 2001 hat den Schlussbericht des Ausschusses der Weisen und das darin vorgeschlagene Vier-Stufen-Konzept, das die gemeinschaftliche Rechtsetzung im Wertpapierbereich effizienter und transparenter machen soll, gebilligt.

(8) Das Europäische Parlament hat in seiner Entschließung vom 5. Februar 2002 zur Umsetzung der Rechtsvorschriften im Bereich der Finanzdienstleistungen den Schlussbericht des Ausschusses der Weisen ebenfalls gebilligt; Grundlage dafür war die feierliche Erklärung der Kommission vor dem Parlament vom selben Tag und das Schreiben des für den Binnenmarkt zuständigen Kommissionsmitglieds an den Vorsitzenden des Wirtschafts- und Währungsausschusses des Parlaments vom 2. Oktober 2001, in denen dem Europäischen Parlament die Gewährleistung seiner Rolle in diesem Prozess zugesichert wurde.

(9) Nach Auffassung des Europäischen Rates von Stockholm sollte häufiger auf die Durchführungsmaßnahmen der Stufe 2 zurückgegriffen werden, um sicherzustellen, dass die technischen Bestimmungen der Richtlinie mit Marktentwicklung und Aufsichtspraktiken Schritt halten; ferner sollten für alle Arbeitsschritte der Stufe 2 Fristen gesetzt werden.

(10) Ziel dieser Richtlinie und der in ihr vorgesehenen Durchführungsmaßnahmen ist es, in Übereinstimmung mit den strengen Aufsichtsbestimmungen, die in den einschlägigen internationalen Foren festgelegt wurden, den Anlegerschutz und die Markteffizienz sicherzustellen.

(11) Nichtdividendenwerte, die von einem Mitgliedstaat oder einer Gebietskörperschaft eines Mitgliedstaats, von internationalen Organismen öffentlich-rechtlicher Art, denen ein oder mehrere Mitgliedstaat(en) angehört/angehören, von der Europäischen Zentralbank oder von den Zentralbanken der Mitgliedstaaten ausgegeben werden, werden nicht von dieser Richtlinie erfasst und bleiben daher von ihr unberührt; den genannten Emittenten solcher Wertpapiere steht es allerdings frei, einen Prospekt gemäß dieser Richtlinie zu erstellen.

(12) Für die Zwecke des Anlegerschutzes müssen alle öffentlich angebotenen oder zum Handel an geregelten Märkten im Sinne der Richtlinie 93/22/EWG des Rates vom 10. Mai 1993 über Wertpapierdienstleistungen[8] zugelassenen Dividendenwerte und Nichtdividendenwerte, d. h. nicht nur Wertpapiere, die zur amtlichen Notierung an der Börse zugelassen sind, erfasst werden. Die breitgefasste Definition der Wertpapiere in dieser Richtlinie, die auch Optionsscheine und Covered Warrants sowie Zertifikate erfasst, gilt nur für diese Richtlinie und berührt daher in keiner Weise die verschiedenen Definitionen von Finanzinstrumenten, die in den nationalen Rechtsvorschriften für andere Zwecke (z. B. Steuerzwecke) verwendet werden. Einige der in der Richtlinie definierten Wertpapiere berechtigen den Inhaber zum Erwerb von übertragbaren Wertpapieren oder zum Empfang eines Barbetrags im Rahmen eines Barausgleichs, der durch Bezugnahme auf andere Instrumente, namentlich übertragbare Wertpapiere, Währungen, Zinssätze oder Renditen, Rohstoffe oder andere Indizes oder Messzahlen festgesetzt wird. Aktienzertifikate sowie Optionsanleihen, z. B. Wertpapiere, die nach Wahl des Anlegers umgewandelt werden können, gelten im Sinne dieser Richtlinie als Nichtdividendenwerte.

(13) Die Emission von Wertpapieren, die im Falle der Ausgabe von Nichtdividendenwerten auf der Grundlage eines Angebotsprogramms einen ähnlichen Typ und/oder eine ähnliche Klasse aufweisen, einschließlich Optionsscheine und Zertifikate jeder Form, sowie die Emission von Wertpapieren, die dauernd oder wiederholt ausgegeben werden, sollten so verstanden werden, dass nicht nur identische Wertpapiere abgedeckt werden, sondern auch Wertpapiere, die nach allgemeinen Gesichtspunkten in eine Kategorie gehören. Diese Wertpapiere können unterschiedliche Produkte, wie zum Beispiel Schuldverschreibungen, Zertifikate und Optionsscheine, oder gleiche Produkte in ein und demselben Programm zusammenfassen und unterschiedliche Merkmale, insbesondere hinsichtlich der Bedingungen für die Vorrangigkeit, der Typen der Basiswerte oder der Grundlage, auf der der Rückzahlungsbetrag oder die Kuponzahlung zu berechnen ist, aufweisen.

(14) Die in der gesamten Gemeinschaft gültige Einmalzulassung von Emittenten und die Anwendung des Herkunftslandprinzips erfordern die eindeutige Bestimmung des Herkunftsmitgliedstaats als der Staat, der am besten in der Lage ist, den Emittenten im Sinne dieser Richtlinie zu regulieren.

---

8   Ersetzt durch Finanzmarkt-RL, in dieser Sammlung Nr. 2.19.

4.10 Prospekt-RL

(15) Die Offenlegungsstandards dieser Richtlinie berühren nicht das Recht eines Mitgliedstaats, einer zuständigen Behörde oder einer Börse, mittels ihrer Börsenordnung weitere besondere Anforderungen im Zusammenhang mit der Zulassung von Wertpapieren zum Handel an einem geregelten Markt (insbesondere in Bezug auf die Entscheidungsstrukturen im Unternehmen) festzulegen. Diese Anforderungen dürfen die Erstellung, den Inhalt und die Verbreitung des von einer zuständigen Behörde gebilligten Prospekts weder direkt noch indirekt einschränken.

(16) Ein Ziel dieser Richtlinie ist der Anlegerschutz. Deshalb ist es angebracht, den unterschiedlichen Schutzanforderungen für die verschiedenen Anlegerkategorien und ihrem jeweiligen Sachverstand Rechnung zu tragen. Die Angaben gemäß dem Prospekt werden für Angebote, die sich ausschließlich an qualifizierte Anleger richten, nicht gefordert. Dagegen ist bei Weiterveräußerung an das Publikum oder öffentlichem Handel mittels der Zulassung zum Handel an einem geregelten Markt die Veröffentlichung eines Prospekts erforderlich.

(17) Emittenten, Anbieter oder Personen, die die Zulassung zum Handel an einem geregelten Markt beantragen, genießen, soweit sie von der Verpflichtung zur Veröffentlichung eines Prospekts befreit sind, den Rechtsvorteil der Einmalzulassung, wenn sie diese Richtlinie einhalten.

(18) Vollständige Informationen über Wertpapiere und deren Emittenten kommen – zusammen mit den Wohlverhaltensregeln – dem Anlegerschutz zugute. Darüber hinaus stellen diese Informationen ein wirksames Mittel dar, um das Vertrauen in die Wertpapiere zu erhöhen und so zur reibungslosen Funktionsweise und zur Entwicklung der Wertpapiermärkte beizutragen. Die geeignete Form zur Bereitstellung dieser Informationen ist die Veröffentlichung eines Prospekts.

(19) Anlagen in Wertpapieren sind – wie alle anderen Anlageformen – mit Risiken behaftet. Deshalb sind in allen Mitgliedstaaten Schutzmaßnahmen zur Absicherung der Interessen der derzeitigen und potenziellen Anleger erforderlich, um sie in die Lage zu versetzen, eine fundierte Bewertung der Anlagerisiken vornehmen und somit Anlageentscheidungen in voller Kenntnis der Sachlage treffen zu können.

(20) Diese Informationen, die in Bezug auf die finanziellen Gegebenheiten des Emittenten und die mit den Wertpapieren verbundenen Rechte ausreichend und so objektiv wie möglich sein sollten, sollten in leicht zu analysierender und verständlicher Form vorgelegt werden. Die Harmonisierung der im Prospekt enthaltenen Informationen sollte einen gleichwertigen Anlegerschutz auf Gemeinschaftsebene sicherstellen.

(21) Information ist ein zentrales Element des Anlegerschutzes; der Prospekt sollte daher eine Zusammenfassung enthalten, die die wesentlichen Merkmale und Risiken, die auf den Emittenten, jeden Garantiegeber und die Wertpapiere zutreffen, nennt. Damit diese Information leicht zugänglich ist, sollte die Zusammenfassung in allgemein verständlicher Sprache abgefasst werden und in der Regel nicht mehr als 2 500 Wörter in der Sprache umfassen, in der der ursprüngliche Prospekt abgefasst wurde.

(22) Auf internationaler Ebene sind Wohlverhaltensregeln angenommen worden, um grenzüberschreitende Aktienangebote unter Verwendung eines einzigen „Pakets" von Offenlegungsnormen der Internationalen Organisation der Wertpapieraufsichtsbehörden (IOSCO) zu ermöglichen; die IOSCO-Offenlegungsnormen[9] werden die den Märkten und den Anlegern zur Verfügung gestellten Informationen verbessern und gleichzeitig das Verfahren für Gemeinschaftsemittenten vereinfachen, die Kapital in Drittländern aufnehmen möchten. In der Richtlinie wird auch die Annahme von Offenlegungsnormen gefordert, die auf andere Typen von Wertpapieren und Emittenten zugeschnitten sind.

(23) Schnellverfahren für Emittenten, die zum Handel an einem geregelten Markt zugelassen sind und häufig auf diesen Märkten Kapital aufnehmen, machen auf Gemeinschaftsebene die Einführung einer neuen Aufmachung für Prospekte erforderlich, mit denen Emissionsprogramme oder Hypothekenschuldverschreibungen angeboten werden, sowie die Einführung eines neuen Systems für das Registrierungsformular. Es steht den Emittenten frei, nicht auf diese Aufmachung zurückzugreifen, sondern stattdessen den Prospekt als ein einziges Dokument zu erstellen.

(24) Der Inhalt des Basisprospekts sollte insbesondere der Flexibilität Rechnung tragen, die in Bezug auf die Angaben zu den Wertpapieren erforderlich ist.

(25) Die Nichtaufnahme sensibler Informationen in einen Prospekt sollte von der zuständigen Behörde unter bestimmten Umständen durch Gewährung einer Ausnahme gestattet werden können, um nachteilige Situationen für einen Emittenten zu vermeiden.

(26) Die Gültigkeitsdauer eines Prospekts sollte eindeutig festgelegt werden, um veraltete Informationen zu vermeiden.

---

9   „International Disclosure Standards for cross-border offering and initial listings by foreign issuers" (Teil I), International Organisation of Securities Commissions, September 1998.

(27) Anleger sollten durch die Veröffentlichung verlässlicher Informationen geschützt werden. Emittenten, deren Wertpapiere zum Handel an einem geregelten Markt zugelassen werden, unterliegen einer laufenden Offenlegungspflicht, nicht aber der Pflicht zur regelmäßigen Veröffentlichung aktualisierter Informationen. Neben dieser Verpflichtung sollten die Emittenten zumindest einmal jährlich alle wichtigen Informationen, die sie in den vorausgegangenen zwölf Monaten veröffentlicht oder dem Publikum zur Verfügung gestellt haben, auflisten, einschließlich der Informationen, die gemäß den verschiedenen Rechnungslegungspflichten anderer Gemeinschaftsvorschriften gefordert werden. Auf diese Weise sollte gewährleistet werden, dass kohärente und leicht verständliche Informationen regelmäßig veröffentlicht werden. Um bestimmte Emittenten nicht übermäßig zu belasten, sollten Emittenten von Nichtdividendenwerten mit hoher Mindeststückelung von dieser Verpflichtung ausgenommen sein.

(28) Die Informationen, die von Emittenten, deren Wertpapiere zum Handel an einem geregelten Markt zugelassen werden, einmal jährlich vorzulegen sind, müssen von den Mitgliedstaaten gemäß ihren Verpflichtungen nach dem gemeinschaftlichen und dem innerstaatlichen Recht zur Regulierung von Wertpapieren, Wertpapieremittenten und Wertpapiermärkten angemessen überwacht werden.

(29) Die Möglichkeit, dass Emittenten Angaben in Form eines Verweises auf Dokumente aufnehmen können, die die im Prospekt geforderten Angaben enthalten, sofern die betreffenden Dokumente zuvor bei der zuständigen Behörde hinterlegt oder von ihr gebilligt wurden, sollte die Erstellung eines Prospekts erleichtern und die Kosten für die Emittenten senken, ohne dass dadurch der Anlegerschutz beeinträchtigt wird.

(30) Unterschiede hinsichtlich der Wirksamkeit, der Methoden und des Zeitpunkts der Prüfung der im Prospekt enthaltenen Informationen erschweren es nicht nur Unternehmen, in mehr als einem Mitgliedstaat Kapital aufzunehmen oder die Zulassung zum Handel an einem geregelten Markt zu erhalten, sondern hindern auch in einem Mitgliedstaat niedergelassene Anleger daran, Wertpapiere eines in einem anderen Mitgliedstaat niedergelassenen oder dort zum Handel zugelassenen Emittenten zu erwerben. Diese Unterschiede sollten durch die Harmonisierung der Vorschriften beseitigt werden, um ein angemessenes Maß an Gleichwertigkeit der in jedem Mitgliedstaat geforderten Schutzmaßnahmen sicherzustellen; damit soll eine Information der vorhandenen und der potenziellen Wertpapierinhaber gewährleistet werden, die ausreichend und so objektiv wie möglich ist.

(31) Um die Verbreitung der verschiedenen den Prospekt ausmachenden Dokumente zu erleichtern, sollte der Rückgriff auf elektronische Kommunikationsmittel wie das Internet gefördert werden. Der Prospekt sollte Anlegern auf Anfrage stets kostenlos in Papierform zur Verfügung gestellt werden.

(32) Der Prospekt sollte bei der jeweils zuständigen Behörde hinterlegt werden und dem Publikum durch den Emittenten, den Anbieter oder die die Zulassung zum Handel an einem geregelten Markt beantragende Person unter Einhaltung der Gemeinschaftsvorschriften über den Datenschutz zur Verfügung gestellt werden.

(33) Um Lücken in den gemeinschaftlichen Rechtsvorschriften zu vermeiden, die das Vertrauen des Anlegerpublikums unterminieren und folglich dem reibungslosen Funktionieren der Finanzmärkte abträglich wären, muss die Werbung harmonisiert werden.

(34) Jeder neue Umstand, der die Anlageentscheidung beeinflussen könnte und nach der Veröffentlichung des Prospekts, aber vor dem Schluss des öffentlichen Angebots oder der Aufnahme des Handels an einem geregelten Markt eintritt, sollte von den Anlegern angemessen bewertet werden können und erfordert deshalb die Billigung und Verbreitung eines Nachtrags zum Prospekt.

(35) Die Pflicht eines Emittenten, den gesamten Prospekt in alle relevanten Amtssprachen zu übersetzen, ist grenzüberschreitenden Angeboten oder dem Vielfach-Handel abträglich. Um grenzüberschreitende Angebote zu erleichtern, sollte der Aufnahme- oder Herkunftsmitgliedstaat lediglich eine Übersetzung der Zusammenfassung in seine Amtssprache(n) verlangen können, sofern der Prospekt in einer in internationalen Finanzkreisen gebräuchlichen Sprache erstellt wurde.

(36) Die zuständige Behörde des Aufnahmemitgliedstaats sollte das Recht haben, von der zuständigen Behörde des Herkunftsmitgliedstaats eine Bescheinigung zu erhalten, aus der hervorgeht, dass der Prospekt gemäß dieser Richtlinie erstellt wurde. Um sicherzustellen, dass die Ziele dieser Richtlinie vollständig verwirklicht werden, ist es erforderlich, auch Wertpapiere in den Anwendungsbereich dieser Richtlinie aufzunehmen, die von Emittenten begeben wurden, die dem Recht eines Drittstaats unterliegen.

(37) Eine Vielzahl zuständiger Behörden mit unterschiedlichen Kompetenzen in den Mitgliedstaaten kann unnötige Kosten verursachen und zu einem Überschneiden der Zuständigkeiten führen, ohne dass dadurch ein zusätzlicher Nutzen entsteht. In jedem Mitgliedstaat sollte eine einzige zuständige Behörde benannt werden, die die Prospekte billigt und für die Überwachung der Einhaltung dieser Richtlinie zuständig ist. Unter strengen Voraussetzungen sollte ein Mitgliedstaat auch mehr als eine zuständige Behörde benennen können, aber nur eine Behörde wird die Aufgaben auf dem Gebiet

der internationalen Zusammenarbeit wahrnehmen. Die betreffende(n) Behörde(n) sollte(n) Verwaltungsbehörde(n) sein, die so beschaffen sind, dass ihre Unabhängigkeit von den Wirtschaftsteilnehmern sichergestellt ist und Interessenkonflikte vermieden werden. Die Benennung einer zuständigen Behörde für die Billigung der Prospekte sollte die Zusammenarbeit zwischen dieser Behörde und anderen Stellen nicht ausschließen, um die Effizienz der Prüfung und Billigung von Prospekten im Interesse der Emittenten, Anleger, Marktteilnehmer und der Märkte gleichermaßen zu gewährleisten. Mit Ausnahme der Delegierung der Internet-Veröffentlichung von gebilligten Prospekten und der Vorlage von Prospekten nach Artikel 14 sollte jede Delegierung von Aufgaben im Zusammenhang mit den Verpflichtungen nach dieser Richtlinie und ihren Durchführungsbestimmungen gemäß Artikel 31 fünf Jahre nach Inkrafttreten dieser Richtlinie überprüft werden und acht Jahre nach Inkrafttreten dieser Richtlinie enden.

(38) Ein allen zuständigen Behörden gemeinsames Maß an Mindestbefugnissen gewährleistet die Effizienz ihrer Aufsicht. Die regelmäßige Information der Märkte gemäß der Richtlinie 2001/34/EG sollte sichergestellt werden, und die zuständigen Behörden sollten Maßnahmen gegen entsprechende Verstöße ergreifen.

(39) Die zuständigen Behörden der Mitgliedstaaten müssen bei der Wahrnehmung ihrer Aufgaben zusammenarbeiten.

(40) Es kann von Zeit zu Zeit erforderlich sein, technische Orientierungshilfe zu geben und Durchführungsmaßnahmen zu dieser Richtlinie festzulegen, um Entwicklungen auf den Finanzmärkten gerecht zu werden. Die Kommission sollte folglich befugt sein, Durchführungsmaßnahmen zu erlassen, sofern diese die wesentlichen Bestandteile dieser Richtlinie nicht verändern und die Kommission gemäß den in dieser Richtlinie festgeschriebenen Grundsätzen nach Anhörung des Europäischen Wertpapierausschusses, der durch den Beschluss 2001/528/EG der Kommission vom 6. Juni 2001 zur Einsetzung des Europäischen Wertpapierausschusses[10] eingesetzt wurde, handelt.

(41) Bei der Wahrnehmung ihrer Durchführungsbefugnisse im Sinne dieser Richtlinie sollte die Kommission Folgendes beachten:
- das Vertrauen der Kleinanleger und der kleinen und mittleren Unternehmen (KMU) in die Finanzmärkte muss dadurch gewahrt werden, dass die Finanzmärkte strenge Transparenznormen einzuhalten haben;
- die Anleger müssen zwischen einem breiten Spektrum konkurrierender Anlagemöglichkeiten wählen können, und das Ausmaß der Information und des Schutzes muss den jeweiligen Verhältnissen angepasst sein;
- die unabhängigen Regulierungsbehörden müssen eine kohärente rechtliche Durchsetzung der Vorschriften gewährleisten, insbesondere was den Kampf gegen die Wirtschaftskriminalität angeht;
- es muss ein hoher Grad an Transparenz und die Konsultation sämtlicher Marktteilnehmer sowie des Europäischen Parlaments und des Rates gewährleistet werden;
- die Innovationen auf den Finanzmärkten müssen gefördert werden, wenn diese dynamisch und effizient sein sollen;
- die systemimmanente Stabilität des Finanzsystems ist durch eine strikte Überwachung der Finanzinnovationen und angemessene Reaktion zu gewährleisten;
- die Senkung der Kapitalkosten und die Verbesserung des Zugangs zum Kapital sind von großer Bedeutung;
- die Kosten und der Nutzen einer Durchführungsmaßnahme für die Marktteilnehmer (einschließlich der KMU und der Kleinanleger) auf lange Sicht sind abzuwägen;
- die internationale Wettbewerbsfähigkeit der europäischen Finanzmärkte ist unbeschadet der dringend erforderlichen Ausweitung der internationalen Zusammenarbeit zu fördern;
- durch Gemeinschaftsvorschriften sind erforderlichenfalls gleiche Wettbewerbsbedingungen für sämtliche Marktteilnehmer sicherzustellen;
- den Unterschieden der nationalen Finanzmärkte ist Rechnung zu tragen, sofern dadurch die Kohärenz des Binnenmarktes nicht übermäßig beeinträchtigt wird;
- die Kohärenz mit anderen einschlägigen Gemeinschaftsvorschriften ist sicherzustellen, da unausgewogene Information und mangelnde Transparenz die Funktionsweise der Märkte gefährden und vor allem den Verbrauchern und den Kleinanlegern abträglich sein kann.

(42) Das Europäische Parlament sollte ab der ersten Übermittlung des Entwurfs der Durchführungsmaßnahmen drei Monate Zeit haben, um diese zu prüfen und seine Stellungnahme abzugeben. In dringenden und gebührend gerechtfertigten Fällen kann diese Frist jedoch verkürzt werden. Nimmt

---

10 ABl. L 191 vom 13.7.2001, S. 45.

das Europäische Parlament innerhalb dieses Zeitraums eine Entschließung an, sollte die Kommission den Entwurf der Maßnahmen überprüfen.

(43) Die Mitgliedstaaten sollten für Verstöße gegen die gemäß dieser Richtlinie erlassenen innerstaatlichen Rechtsvorschriften Sanktionen festlegen und alle notwendigen Maßnahmen ergreifen, um die Anwendung dieser Sanktionen zu gewährleisten. Die Sanktionen sollten wirksam, verhältnismäßig und abschreckend sein.

(44) Es sollten Rechtsmittel gegen die Entscheidungen der zuständigen Behörden der Mitgliedstaaten in Bezug auf die Anwendung dieser Richtlinie eingelegt werden können.

(45) Um das grundlegende Ziel der Vollendung des Binnenmarktes für Wertpapiere zu erreichen, ist es erforderlich und zweckmäßig, unter Wahrung des Verhältnismäßigkeitsprinzips Vorschriften für die Einmalzulassung von Emittenten festzulegen. Diese Richtlinie geht im Einklang mit Artikel 5 Absatz 3 des Vertrags nicht über das zur Erreichung dieses Ziels erforderliche Maß hinaus.

(46) Bei ihrer Überprüfung der Anwendung dieser Richtlinie sollte die Kommission besonderes Augenmerk auf die Verfahren der zuständigen Behörden der Mitgliedstaaten zur Billigung von Prospekten und generell auf die Anwendung des Herkunftslandsprinzips richten sowie auf die Frage, ob sich aus dieser Anwendung möglicherweise Probleme beim Anlegerschutz oder für die Markteffizienz ergeben; die Kommission sollte ferner das Funktionieren von Artikel 10 überprüfen.

(47) Bei künftigen Weiterentwicklungen dieser Richtlinie sollte geprüft werden, welcher Billigungsmechanismus – einschließlich der möglichen Errichtung einer Europäischen Wertpapierstelle – angenommen werden sollte, um die einheitliche Anwendung der Gemeinschaftsvorschriften über Wertpapierprospekte zu verstärken.

(48) Diese Richtlinie steht im Einklang mit den Grundrechten und insbesondere den in der Charta der Grundrechte der Europäischen Union festgelegten Grundsätzen.

(49) Die zur Durchführung dieser Richtlinie erforderlichen Maßnahmen sollten gemäß dem Beschluss 1999/468/EG des Rates vom 28. Juni 1999 zur Festlegung der Modalitäten für die Ausübung der der Kommission übertragenen Durchführungsbefugnisse[11] erlassen werden –
HABEN FOLGENDE RICHTLINIE ERLASSEN:

Kapitel I – Allgemeine Bestimmungen

Art. 1 Ziel und Anwendungsbereich (1) Ziel dieser Richtlinie ist die Harmonisierung der Bedingungen für die Erstellung, die Billigung und die Verbreitung des Prospekts, der beim öffentlichen Angebot von Wertpapieren bzw. bei der Zulassung von Wertpapieren zum Handel an einem geregelten Markt, der in einem Mitgliedstaat gelegen ist oder dort funktioniert, zu veröffentlichen ist.

(2) Diese Richtlinie findet keine Anwendung auf

a) Anteilscheine, die von Organismen für gemeinsame Anlagen eines anderen als des geschlossenen Typs ausgegeben werden;

b) Nichtdividendenwerte, die von einem Mitgliedstaat oder einer Gebietskörperschaft eines Mitgliedstaats, von internationalen Organismen öffentlich-rechtlicher Art, denen ein oder mehrere Mitgliedstaat(en) angehört/angehören, von der Europäischen Zentralbank oder von den Zentralbanken der Mitgliedstaaten ausgegeben werden;

c) Anteile am Kapital der Zentralbanken der Mitgliedstaaten;

d) Wertpapiere, die uneingeschränkt und unwiderruflich von einem Mitgliedstaat oder einer Gebietskörperschaft eines Mitgliedstaats garantiert werden;

e) Wertpapiere, die von Vereinigungen mit Rechtspersönlichkeit oder von einem Mitgliedstaat anerkannten Einrichtungen ohne Erwerbscharakter zum Zweck der Mittelbeschaffung für ihre nicht erwerbsorientierten Ziele ausgegeben werden;

f) Nichtdividendenwerte, die von Kreditinstituten dauernd oder wiederholt begeben werden, sofern diese Wertpapiere

    i) nicht nachrangig, konvertibel oder austauschbar sind;

---

11 ABl. L 184 vom 17.7.1999, S. 23.

ii) nicht zur Zeichnung oder zum Erwerb anderer Wertpapiere berechtigen und nicht an ein Derivat gebunden sind;

iii) den Empfang rückzahlbarer Einlagen vergegenständlichen;

iv) von einem Einlagensicherungssystem im Sinne der Richtlinie 94/19/EG des Europäischen Parlaments und des Rates vom 30. Mai 1994 über Einlagensicherungssysteme[12] gedeckt sind;

g) nichtfungible Kapitalanteile, deren Hauptzweck darin besteht, dem Inhaber das Recht auf die Nutzung einer Wohnung oder anderen Art von Immobilie oder eines Teils hiervon zu verleihen, wenn diese Anteile ohne Aufgabe des genannten Rechts nicht weiterveräußert werden können;

h) Wertpapiere eines Angebots mit einem Gesamtgegenwert in der Union von weniger als 5 000 000 EUR, wobei diese Obergrenze über einen Zeitraum von zwölf Monaten zu berechnen ist;

i) „Bostadsobligationer", die in Schweden als revolvierende Emissionen von Kreditinstituten hauptsächlich zum Zweck der Vergabe von Hypothekendarlehen begeben werden, sofern

i) die begebenen „Bostadsobligationer" zu ein und derselben Serie gehören,

ii) die „Bostadsobligationer" als Daueremission für einen bestimmten Emissionszeitraum ausgegeben werden,

iii) sich Ausstattung und Konditionen der „Bostadsobligationer" während des Emissionszeitraums nicht ändern und

iv) die Erträge aus der Emission der besagten „Bostadsobligationer" gemäß der Satzung des Emittenten in Vermögensgegenständen angelegt werden, die eine ausreichende Deckung der aus den betreffenden Wertpapieren erwachsenden Verbindlichkeiten bieten;

j) Nichtdividendenwerte mit einem Gesamtgegenwert in der Union von weniger als 75 000 000 EUR, die von Kreditinstituten dauernd oder wiederholt begeben werden, wobei diese Obergrenze über einen Zeitraum von zwölf Monaten zu berechnen ist, sofern diese Wertpapiere

i) nicht nachrangig, konvertibel oder austauschbar sind;

ii) nicht zur Zeichnung oder zum Erwerb anderer Wertpapiere berechtigen und nicht an ein Derivat gebunden sind.

(3) Unbeschadet Absatz 2 Buchstaben b), d), h), i) und j) sind Emittenten, Anbieter oder Personen, die die Zulassung zum Handel an einem geregelten Markt beantragen, berechtigt, einen Prospekt im Sinne dieser Richtlinie zu erstellen, wenn Wertpapiere öffentlich angeboten oder zum Handel zugelassen werden.

(4) Um den technischen Entwicklungen auf den Finanzmärkten einschließlich der Inflation Rechnung zu tragen, erlässt die Kommission durch delegierte Rechtsakte gemäß Artikel 24a und unter den in den Artikeln 24b und 24c genannten Bedingungen Maßnahmen zur Anpassung der in Absatz 2 Buchstaben h und j des vorliegenden Artikels genannten Obergrenzen.

Art. 2 Begriffsbestimmungen (1) Im Sinne dieser Richtlinie bezeichnet der Ausdruck:

a) „Wertpapiere" übertragbare Wertpapiere im Sinne von Artikel 1 Absatz 4 der Richtlinie 93/22/EWG mit Ausnahme von Geldmarktinstrumenten im Sinne von Artikel 1 Ab-

---

12 ABl. L 135 vom 31.5.1994, S. 5.

satz 5 der Richtlinie 93/22/ EWG mit einer Laufzeit von weniger als zwölf Monaten. Für diese Instrumente können einzelstaatliche Rechtsvorschriften gelten;

b) „Dividendenwerte" Aktien und andere, Aktien gleichzustellende Wertpapiere sowie jede andere Art übertragbarer Wertpapiere, die das Recht verbriefen, bei Umwandlung des Wertpapiers oder Ausübung des verbrieften Rechts die erstgenannten Wertpapiere zu erwerben; Voraussetzung hierfür ist, dass die letztgenannten Wertpapiere vom Emittenten der zugrunde liegenden Aktien oder von einer zur Unternehmensgruppe dieses Emittenten gehörenden Stelle begeben wurden;

c) „Nichtdividendenwerte" alle Wertpapiere, die keine Dividendenwerte sind;

d) „öffentliches Angebot von Wertpapieren" eine Mitteilung an das Publikum in jedweder Form und auf jedwede Art und Weise, die ausreichende Informationen über die Angebotsbedingungen und die anzubietenden Wertpapiere enthält, um einen Anleger in die Lage zu versetzen, sich für den Kauf oder die Zeichnung dieser Wertpapiere zu entscheiden. Diese Definition gilt auch für die Platzierung von Wertpapieren durch Finanzintermediäre;

e) qualifizierte Anleger' die in Anhang II Abschnitt I Nummern 1 bis 4 der Richtlinie 2004/39/EG des Europäischen Parlaments und des Rates vom 21. April 2004 über Märkte für Finanzinstrumente[13] beschriebenen Personen oder Einrichtungen sowie Personen oder Einrichtungen, die gemäß Anhang II der Richtlinie 2004/39/EG auf Antrag als professionelle Kunden behandelt werden oder gemäß Artikel 24 der Richtlinie 2004/39/EG als geeignete Gegenparteien anerkannt sind, sofern sie nicht eine Behandlung als nichtprofessionelle Kunden beantragt haben. Die Wertpapierfirmen und Kreditinstitute teilen ihre Einstufung unbeschadet der einschlägigen Vorschriften über den Datenschutz auf Antrag dem Emittenten mit. Wertpapierfirmen, die bestehende professionelle Kunden gemäß Artikel 71 Absatz 6 der Richtlinie 2004/39/EG auch weiterhin als solche behandeln können, können diese Kunden als qualifizierte Anleger im Sinne dieser Richtlinie behandeln;

f) „kleine und mittlere Unternehmen" Gesellschaften, die laut ihrem letzten Jahresabschluss bzw. konsolidierten Abschluss zumindest zwei der nachfolgenden drei Kriterien erfüllen: eine durchschnittliche Beschäftigtenzahl im letzten Geschäftsjahr von weniger als 250, eine Gesamtbilanzsumme von höchstens 43 000 000 EUR und ein Jahresnettoumsatz von höchstens 50 000 000 EUR;

g) „Kreditinstitute" Unternehmen im Sinne von Artikel 1 Absatz 1 Buchstabe a) der Richtlinie 2000/12/EG des Europäischen Parlaments und des Rates vom 20. März 2000 über die Aufnahme und Ausübung der Tätigkeit der Kreditinstitute[14];

h) „Emittent" eine Rechtspersönlichkeit, die Wertpapiere begibt oder zu begeben beabsichtigt;

i) „Person, die ein Angebot unterbreitet" („Anbieter") eine juristische oder natürliche Person, die Wertpapiere öffentlich anbietet;

j) „geregelter Markt" einen Markt im Sinne von Artikel 1 Absatz 13 der Richtlinie 93/22/EWG;

---

13 ABl. L 145 vom 30.4.2004, S. 1.
14 ABl. L 126 vom 26.5.2000, S. 1. Zuletzt geändert durch die Richtlinie 2000/28/EG (ABl. L 275 vom 27.10.2000, S. 37).

k) „Angebotsprogramm" einen Plan, der es erlauben würde, Nichtdividendenwerte ähnlicher Art und/oder Gattung, wozu auch Optionsscheine jeder Art gehören, dauernd oder wiederholt während eines bestimmten Emissionszeitraums zu begeben;

l) „dauernd oder wiederholt begebene Wertpapiere" Daueremissionen oder zumindest zwei gesonderte Emissionen von Wertpapieren ähnlicher Art und/oder Gattung während eines Zeitraums von zwölf Monaten;

m) „Herkunftsmitgliedstaat"

    i) für alle Gemeinschaftsemittenten von Wertpapieren, die nicht in Ziffer ii) genannt sind, den Mitgliedstaat, in dem der Emittent seinen Sitz hat;

    ii) für jede Emission von Nichtdividendenwerten mit einer Mindeststückelung von 1 000 EUR sowie für jede Emission von Nichtdividendenwerten, die das Recht verbriefen, bei Umwandlung des Wertpapiers oder Ausübung des verbrieften Rechts übertragbare Wertpapiere zu erwerben oder einen Barbetrag in Empfang zu nehmen, sofern der Emittent der Nichtdividendenwerte nicht der Emittent der zugrunde liegenden Wertpapiere oder eine zur Unternehmensgruppe des letztgenannten Emittenten gehörende Stelle ist, je nach Wahl des Emittenten, des Anbieters bzw. der die Zulassung beantragenden Person den Mitgliedstaat, in dem der Emittent seinen Sitz hat, oder den Mitgliedstaat, in dem die Wertpapiere zum Handel an einem geregelten Markt zugelassen sind oder zugelassen werden sollen, oder den Mitgliedstaat, in dem die Wertpapiere öffentlich angeboten werden. Dieselbe Regelung gilt für Nichtdividendenwerte, die auf andere Währungen als auf Euro lauten, vorausgesetzt, dass der Wert solcher Mindeststückelungen annähernd 1 000 EUR entspricht;

    iii) für alle Drittstaatsemittenten von Wertpapieren, die nicht in Ziffer ii) genannt sind, je nach Wahl des Emittenten, des Anbieters bzw. der die Zulassung beantragenden Person entweder den Mitgliedstaat, in dem die Wertpapiere erstmals nach dem Inkrafttreten dieser Richtlinie öffentlich angeboten werden sollen, oder den Mitgliedstaat, in dem der erste Antrag auf Zulassung zum Handel an einem geregelten Markt gestellt wird, vorbehaltlich einer späteren Wahl durch den Drittstaatsemittenten, wenn der Herkunftsmitgliedstaat nicht gemäß seiner Wahl bestimmt wurde;

n) „Aufnahmemitgliedstaat" den Staat, in dem ein öffentliches Angebot unterbreitet oder die Zulassung zum Handel angestrebt wird, sofern dieser Staat nicht der Herkunftsmitgliedstaat ist;

o) „Organismen für gemeinsame Anlagen eines anderen als des geschlossenen Typs" Investmentfonds und Investmentgesellschaften,

    i) deren Zweck es ist, die vom Publikum bei ihnen eingelegten Gelder nach dem Grundsatz der Risikomischung gemeinsam anzulegen, und

    ii) deren Anteile auf Verlangen des Anteilinhabers unmittelbar oder mittelbar zulasten des Vermögens dieser Organismen zurückgekauft oder abgelöst werden;

p) „Anteile an Organismen für gemeinsame Anlagen" Wertpapiere, die von einem Organismus für gemeinsame Anlagen begeben werden und die Rechte der Anteilinhaber am Vermögen dieses Organismus verbriefen;

q) „Billigung" die positive Handlung bei Abschluss der Vollständigkeitsprüfung des Prospekts durch die zuständige Behörde des Herkunftsmitgliedstaats – einschließlich der Kohärenz und Verständlichkeit der vorgelegten Informationen;

r) „Basisprospekt" einen Prospekt, der alle in den Artikeln 5, 7 und – im Falle eines Nachtrags – 16 bezeichneten notwendigen Angaben zum Emittenten und zu den öffentlich anzubietenden oder zum Handel zuzulassenden Wertpapieren sowie, nach Wahl des Emittenten, die endgültigen Bedingungen des Angebots enthält;

s) ‚Schlüsselinformationen' grundlegende und angemessen strukturierte Informationen, die den Anlegern zur Verfügung zu stellen sind, um es ihnen zu ermöglichen, Art und Risiken des Emittenten, des Garantiegebers und der Wertpapiere, die ihnen angeboten werden oder zum Handel an einem geregelten Markt zugelassen werden sollen, zu verstehen und unbeschadet von Artikel 5 Absatz 2 Buchstabe b zu entscheiden, welchen Wertpapierangeboten sie weiter nachgehen sollten. Unter Berücksichtigung des jeweiligen Angebots und der jeweiligen Wertpapiere schließen die Schlüsselinformationen folgende Aspekte ein:

i) eine kurze Beschreibung der Risiken und wesentlichen Merkmale, die auf den Emittenten und einen etwaigen Garantiegeber zutreffen, einschließlich der Vermögenswerte, Verbindlichkeiten und der Finanzlage;

ii) eine kurze Beschreibung der mit der Anlage in das betreffende Wertpapier verbundenen Risiken und der wesentlichen Merkmale dieser Anlage einschließlich der mit den Wertapieren verbundenen Rechte;

iii) die allgemeinen Bedingungen des Angebots einschließlich einer Schätzung der Kosten, die dem Anleger vom Emittenten oder Anbieter in Rechnung gestellt werden;

iv) Einzelheiten der Zulassung zum Handel;

v) Gründe für das Angebot und Verwendung der Erlöse;

t) ‚Unternehmen mit geringer Marktkapitalisierung' ein auf einem geregelten Markt notiertes Unternehmen, dessen durchschnittliche Marktkapitalisierung auf der Grundlage der Notierungen zum Jahresende für die vorangegangenen drei Kalenderjahre weniger als 100 000 000 EUR betrug.

(2) *aufgehoben*

(3) *aufgehoben*

(4) Um den technischen Entwicklungen auf den Finanzmärkten Rechnung zu tragen und die Anforderungen dieses Artikels zu präzisieren, erlässt die Kommission durch delegierte Rechtsakte gemäß Artikel 24a und unter den in den Artikeln 24b und 24c genannten Bedingungen unter Berücksichtigung der Situation auf den verschiedenen nationalen Märkten, einschließlich der von den Betreibern geregelter Märkte verwendeten Einstufung, der Rechtsvorschriften und Empfehlungen der Union sowie der wirtschaftlichen Entwicklungen die Begriffsbestimmungen in Absatz 1, wozu auch die Anpassung der Beträge, die für die Definition von KMU verwendet werden, und die Schwellenwerte für geringe Marktkapitalisierung zählen.

Art. 3 Pflicht zur Veröffentlichung eines Prospekts (1) Die Mitgliedstaaten gestatten in ihrem Hoheitsgebiet kein öffentliches Angebot von Wertpapieren ohne vorherige Veröffentlichung eines Prospekts.

(2) Die Verpflichtung zur Veröffentlichung eines Prospekts gilt nicht für die folgenden Angebotsformen:

a) ein Wertpapierangebot, das sich ausschließlich an qualifizierte Anleger richtet;

b) ein Wertpapierangebot, das sich an weniger als 150 natürliche oder juristische Personen pro Mitgliedstaat richtet, bei denen es sich nicht um qualifizierte Anleger handelt;

c) ein Wertpapierangebot, das sich an Anleger richtet, die bei jedem gesonderten Angebot Wertpapiere ab einem Mindestbetrag von 100 000 EUR pro Anleger erwerben;

d) Angebote von Wertpapieren mit einer Mindeststückelung von 100 000 EUR;

e) ein Wertpapierangebot über einen Gesamtgegenwert von weniger als 100 000 EUR, wobei diese Obergrenze über einen Zeitraum von zwölf Monaten zu berechnen ist.

Jede spätere Weiterveräußerung von Wertpapieren, die zuvor Gegenstand einer oder mehrerer der in diesem Absatz genannten Angebotsformen waren, ist als ein gesondertes Angebot anzusehen, wobei anhand der Begriffsbestimmung nach Artikel 2 Absatz 1 Buchstabe d) zu entscheiden ist, ob es sich bei dieser Weiterveräußerung um ein öffentliches Angebot handelt. Bei der Platzierung von Wertpapieren durch Finanzintermediäre ist ein Prospekt zu veröffentlichen, wenn die endgültige Platzierung keine der unter den Buchstaben a) bis e) genannten Bedingungen erfüllt. Bei jeder späteren Weiterveräußerung von Wertpapieren und jeder endgültigen Platzierung von Wertpapieren durch Finanzintermediäre schreiben die Mitgliedstaaten keinen weiteren Prospekt mehr vor, wenn ein gültiger Prospekt im Sinne von Artikel 9 vorliegt und der Emittent oder die für die Erstellung des Prospekts verantwortliche Person dessen Verwendung in einer schriftlichen Vereinbarung zugestimmt haben.

(3) Die Mitgliedstaaten stellen sicher, dass jede Zulassung von Wertpapieren zum Handel an einem geregelten Markt, der in ihrem Hoheitsgebiet gelegen ist oder dort funktioniert, an die Veröffentlichung eines Prospekts gebunden ist.

(4) Um den technischen Entwicklungen auf den Finanzmärkten einschließlich der Inflation Rechnung zu tragen, legt die Kommission durch delegierte Rechtsakte gemäß Artikel 24a und unter den in den Artikeln 24b und 24c genannten Bedingungen Maßnahmen betreffend die in Absatz 2 Buchstaben c bis e des vorliegenden Artikels genannten Schwellenwerte fest.

Art. 4 Ausnahmen von der Pflicht zur Veröffentlichung eines Prospekts (1) Die Pflicht zur Veröffentlichung eines Prospekts gilt nicht für öffentliche Angebote folgender Arten von Wertpapieren:

a) Aktien, die im Austausch für bereits ausgegebene Aktien derselben Gattung ausgegeben werden, sofern mit der Emission dieser neuen Aktien keine Kapitalerhöhung des Emittenten verbunden ist;

b) Wertpapiere, die anlässlich einer Übernahme im Wege eines Tauschangebots angeboten werden, sofern ein Dokument verfügbar ist, dessen Angaben nach Ansicht der zuständigen Behörde denen des Prospekts gleichwertig sind; hierbei sind die Vorschriften des Gemeinschaftsrechts zu beachten;

c) Wertpapiere, die anlässlich einer Verschmelzung oder Spaltung angeboten oder zugeteilt werden bzw. zugeteilt werden sollen, sofern ein Dokument verfügbar ist, dessen Angaben nach Ansicht der zuständigen Behörde denen des Prospekts gleichwertig sind; hierbei sind die Anforderungen der Rechtsvorschriften der Union zu beachten;

d) an die vorhandenen Aktieninhaber ausgeschüttete Dividenden in Form von Aktien derselben Gattung wie die Aktien, für die solche Dividenden ausgeschüttet werden, sofern ein Dokument zur Verfügung gestellt wird, das Informationen über die Anzahl und die Art der Aktien enthält und in dem die Gründe und Einzelheiten zu dem Angebot dargelegt werden;

e) Wertpapiere, die derzeitigen oder ehemaligen Führungskräften oder Beschäftigten von ihrem Arbeitgeber oder von einem verbundenen Unternehmen angeboten oder zugeteilt werden bzw. zugeteilt werden sollen, sofern das Unternehmen seine Hauptverwaltung oder seinen Sitz in der Union hat und sofern ein Dokument zur Verfügung gestellt wird, das Informationen über die Anzahl und den Typ der Wertpapiere enthält und in dem die Gründe und die Einzelheiten zu dem Angebot dargelegt werden.

Buchstabe e gilt auch für ein außerhalb der Union niedergelassenes Unternehmen, dessen Wertpapiere zum Handel an einem geregelten Markt oder dem Markt eines Drittlands zugelassen sind. Im letztgenannten Fall gilt die Befreiung, sofern ausreichende Informationen einschließlich des in Buchstabe e genannten Dokuments zumindest in einer in der internationalen Finanzwelt üblichen Sprache vorliegen und die Kommission für den Markt des betreffenden Drittlands einen Beschluss über die Gleichwertigkeit erlassen hat.

Auf Antrag der zuständigen Behörde eines Mitgliedstaats erlässt die Kommission nach dem in Artikel 24 Absatz 2 genannten Verfahren Beschlüsse über die Gleichwertigkeit, in denen festgestellt wird, dass der Rechts- und Aufsichtsrahmen eines Drittlands sicherstellt, dass ein in diesem Drittland genehmigter geregelter Markt rechtsverbindliche Anforderungen erfüllt, die zum Zweck der Anwendung der Befreiung nach Buchstabe e den Anforderungen entsprechen, die sich aus der Richtlinie 2003/6/EG des Europäischen Parlaments und des Rates vom 28. Januar 2003 über Insider-Geschäfte und Marktmanipulation (Marktmissbrauch)[15], Titel III der Richtlinie 2004/39/EG und der Richtlinie 2004/109/EG des Europäischen Parlaments und des Rates vom 15. Dezember 2004 zur Harmonisierung der Transparenzanforderungen in Bezug auf Informationen über Emittenten, deren Wertpapiere zum Handel auf einem geregelten Markt zugelassen sind[16], ergeben und die in diesem Drittland wirksam überwacht und durchgesetzt werden. Diese zuständige Behörde legt dar, weshalb sie der Ansicht ist, dass der Rechts- und Aufsichtsrahmen des betreffenden Drittlands als gleichwertig anzusehen ist, und legt hierfür relevante Informationen vor. Dieser Rechts- und Aufsichtsrahmen eines Drittlands kann als gleichwertig betrachtet werden, wenn dieser Rahmen mindestens die folgenden Bedingungen erfüllt:

i) Die Märkte unterliegen einer Genehmigung und laufender wirksamer Aufsicht und Durchsetzung;

ii) die Märkte verfügen über klare und transparente Vorschriften für die Zulassung von Wertpapieren zum Handel, so dass diese Wertpapiere fair, ordnungsgemäß und effizient gehandelt werden können und frei handelbar sind;

iii) die Wertpapieremittenten unterliegen einer ständigen Informationspflicht, der sie in regelmäßigen Abständen nachzukommen haben, so dass ein hohes Maß an Anlegerschutz sichergestellt ist; und

iv) Markttransparenz und -integrität sind gewährleistet, indem Marktmissbrauch in Form von Insider- Geschäften und Marktmanipulation verhindert werden.

Um im Hinblick auf Buchstabe e den Entwicklungen auf den Finanzmärkten Rechnung zu tragen, kann die Kommission durch delegierte Rechtsakte gemäß Artikel 24a und unter den in den Artikeln 24b und 24c genannten Bedingungen Maßnahmen zur Präzisierung der vorstehenden Kriterien oder zur Hinzufügung weiterer, bei der Beurteilung der Gleichwertigkeit zugrunde zu legender Kriterien erlassen.

(2) Die Pflicht zur Veröffentlichung eines Prospekts gilt nicht für die Zulassung folgender Arten von Wertpapieren zum Handel an einem geregelten Markt:

---

15   ABl. L 96 vom 12.4.2003, S. 16.
16   ABl. L 390 vom 31.12.2004, S. 38.

a) Aktien, die über einen Zeitraum von zwölf Monaten weniger als 10 % der Zahl der Aktien derselben Gattung ausmachen, die bereits zum Handel an demselben geregelten Markt zugelassen sind;

b) Aktien, die im Austausch für bereits an demselben geregelten Markt zum Handel zugelassene Aktien derselben Gattung ausgegeben werden, sofern mit der Emission dieser Aktien keine Kapitalerhöhung des Emittenten verbunden ist;

c) Wertpapiere, die anlässlich einer Übernahme im Wege eines Tauschangebots angeboten werden, sofern ein Dokument verfügbar ist, dessen Angaben nach Ansicht der zuständigen Behörde denen des Prospekts gleichwertig sind; hierbei sind die Vorschriften des Gemeinschaftsrechts zu beachten;

d) Wertpapiere, die anlässlich einer Verschmelzung oder Spaltung angeboten oder zugeteilt werden bzw. zugeteilt werden sollen, sofern ein Dokument verfügbar ist, dessen Angaben nach Ansicht der zuständigen Behörde denen des Prospekts gleichwertig sind; hierbei sind die Anforderungen der Rechtsvorschriften der Union zu beachten;

e) Aktien, die den vorhandenen Aktieninhabern unentgeltlich angeboten oder zugeteilt werden bzw. zugeteilt werden sollen, sowie Dividenden in Form von Aktien derselben Gattung wie die Aktien, für die solche Dividenden ausgeschüttet werden, sofern es sich dabei um Aktien derselben Gattung handelt wie die Aktien, die bereits zum Handel an demselben geregelten Markt zugelassen sind, und sofern ein Dokument zur Verfügung gestellt wird, das Informationen über die Anzahl und die Art der Aktien enthält und in dem die Gründe und Einzelheiten zu dem Angebot dargelegt werden;

f) Wertpapiere, die derzeitigen oder ehemaligen Führungskräften oder Beschäftigten von ihrem Arbeitgeber oder von einem verbundenen Unternehmen angeboten oder zugeteilt werden bzw. zugeteilt werden sollen, sofern es sich dabei um Wertpapiere derselben Gattung handelt wie die Wertpapiere, die bereits zum Handel an demselben geregelten Markt zugelassen sind, und ein Dokument zur Verfügung gestellt wird, das Informationen über die Anzahl und den Typ der Wertpapiere enthält und in dem die Gründe und Einzelheiten zu dem Angebot dargelegt werden;

g) Aktien, die bei der Umwandlung oder beim Tausch von anderen Wertpapieren oder infolge der Ausübung von mit anderen Wertpapieren verbundenen Rechten ausgegeben werden, sofern es sich dabei um Aktien derselben Gattung handelt wie die Aktien, die bereits zum Handel an demselben geregelten Markt zugelassen sind;

h) Wertpapiere, die bereits zum Handel an einem anderen geregelten Markt zugelassen sind, sofern sie folgende Bedingungen erfüllen:

   i) Diese Wertpapiere oder Wertpapiere derselben Gattung sind bereits länger als 18 Monate zum Handel an dem anderen geregelten Markt zugelassen;

   ii) für Wertpapiere, die nach dem Zeitpunkt des Inkrafttretens dieser Richtlinie erstmalig zum Handel an einem geregelten Markt zugelassen wurden, ging die Zulassung zum Handel an dem anderen geregelten Markt mit der Billigung eines Prospekts einher, der dem Publikum gemäß den Bestimmungen des Artikels 14 zur Verfügung gestellt wurde;

   iii) mit Ausnahme der unter Ziffer ii) geregelten Fälle: für Wertpapiere, die nach dem 30. Juni 1983 erstmalig zur Börsennotierung zugelassen wurden, wurden Prospekte entsprechend den Vorschriften der Richtlinie 80/390/EWG oder der Richtlinie 2001/34/EG gebilligt;

iv) die laufenden Pflichten betreffend den Handel an dem anderen geregelten Markt sind eingehalten worden;

v) die Person, die die Zulassung eines Wertpapiers zum Handel an einem geregelten Markt nach dieser Ausnahmeregelung beantragt, erstellt ein zusammenfassendes Dokument, das dem Publikum in einer Sprache zur Verfügung gestellt wird, die von der zuständigen Behörde des Mitgliedstaats anerkannt wird, in dem sich der geregelte Markt befindet, für den die Zulassung angestrebt wird;

vi) das zusammenfassende Dokument gemäß Ziffer v) wird dem Publikum in dem Mitgliedstaat, in dem sich der geregelte Markt befindet, für den die Zulassung zum Handel angestrebt wird, nach der in Artikel 14 Absatz 2 vorgesehenen Weise zur Verfügung gestellt und

vii) der Inhalt des zusammenfassenden Dokuments entspricht den Bestimmungen des Artikels 5 Absatz 2. Ferner ist in diesem Dokument anzugeben, wo der neueste Prospekt sowie Finanzinformationen, die vom Emittenten entsprechend den für ihn geltenden Publizitätsvorschriften offen gelegt werden, erhältlich sind.

(3) Um eine kohärente Harmonisierung dieser Richtlinie sicherzustellen, kann die durch die Verordnung (EU) Nr.1095/2010 des Europäischen Parlaments und des Rates[17] eingerichtete Europäische Aufsichtsbehörde (Europäische Wertpapier- und Marktaufsichtsbehörde) (im Folgenden ‚ESMA') Entwürfe technischer Regulierungsstandards entwickeln, um die Ausnahmen bezüglich Absatz 1 Buchstaben a bis e und Absatz 2 Buchstaben a bis h zu präzisieren.

Der Kommission wird die Befugnis übertragen, die in Unterabsatz 1 genannten technischen Regulierungsstandards nach Artikel 10 bis Artikel 14 der Verordnung (EU) Nr. 1095/ 2010 zu erlassen.

Kapitel II – Erstellung des Prospekts

Art. 5 Der Prospekt (1) Der Prospekt enthält unbeschadet der Bestimmungen des Artikels 8 Absatz 2 sämtliche Angaben, die entsprechend den Merkmalen des Emittenten und der öffentlich angebotenen bzw. zum Handel an dem geregelten Markt zugelassenen Wertpapiere erforderlich sind, damit die Anleger sich ein fundiertes Urteil über die Vermögenswerte und Verbindlichkeiten, die Finanzlage, die Gewinne und Verluste, die Zukunftsaussichten des Emittenten und jedes Garantiegebers sowie über die mit diesen Wertpapieren verbundenen Rechte bilden können. Diese Informationen sind in leicht zu analysierender und verständlicher Form darzulegen.

(2) Der Prospekt enthält Angaben zum Emittenten und zu den Wertpapieren, die öffentlich angeboten oder zum Handel an einem geregelten Markt zugelassen werden sollen. Er beinhaltet ferner eine Zusammenfassung, die in knapper Form und in allgemein verständlicher Sprache alle Schlüsselinformationen in der Sprache enthält, in der der Prospekt ursprünglich erstellt wurde. Form und Inhalt der Prospektzusammenfassung liefern in Verbindung mit dem Prospekt zweckdienliche Auskünfte über die wesentlichen Aspekte der betreffenden Wertpapiere, um den Anlegern bei der Prüfung der Frage, ob sie in diese Wertpapiere investieren sollten, behilflich zu sein. Die Zusammenfassung wird nach einem einheitlichen Format erstellt, um die Vergleichbarkeit der Zusammenfassungen ähnlicher Wertpapiere zu erleichtern, und sollte alle Schlüsselinformationen zu den betreffenden Wertpapieren ent-

---

17 ABl. L 331 vom 15.12.2010, S. 84.

halten, um den Anlegern bei der Prüfung der Frage, ob sie in diese Wertpapiere investieren sollten, behilflich zu sein. Die Zusammenfassung muss zudem Warnhinweise enthalten, dass

a) sie als Einleitung zum Prospekt verstanden werden sollte und

b) der Anleger jede Entscheidung zur Anlage in die betreffenden Wertpapiere auf die Prüfung des gesamten Prospekts stützen sollte und

c) für den Fall, dass vor einem Gericht Ansprüche aufgrund der in einem Prospekt enthaltenen Informationen geltend gemacht werden, der als Kläger auftretende Anleger in Anwendung der einzelstaatlichen Rechtsvorschriften der Mitgliedstaaten die Kosten für die Übersetzung des Prospekts vor Prozessbeginn zu tragen haben könnte und

d) diejenigen Personen, die die Zusammenfassung einschließlich einer Übersetzung davon vorgelegt und deren Meldung beantragt haben, haftbar gemacht werden können, jedoch nur für den Fall, dass die Zusammenfassung irreführend, unrichtig oder widersprüchlich ist, wenn sie zusammen mit den anderen Teilen des Prospekts gelesen wird.

Betrifft der Prospekt die Zulassung von Nichtdividendenwerten mit einer Mindeststückelung von 100 000 EUR zum Handel an einem geregelten Markt, muss keine Zusammenfassung erstellt werden, es sei denn, ein Mitgliedstaat schreibt dies gemäß Artikel 19 Absatz 4 vor.

Die ESMA entwickelt Entwürfe technischer Durchführungsstandards, um einheitliche Bedingungen für die Anwendung dieser Richtlinie und der von der Kommission nach Absatz 5 erlassenen delegierten Rechtsakte und eine einheitliche Anwendung der delegierten Rechtsakte sicherzustellen, die von der Kommission nach Absatz 5 hinsichtlich eines einheitlichen Musters für die Aufmachung der Zusammenfassung erlassen worden sind, und um Anlegern den Vergleich des entsprechenden Wertpapiers mit anderen einschlägigen Produkten zu ermöglichen.

Der Kommission wird die Befugnis übertragen, die in Unterabsatz 1 genannten technischen Durchführungsstandards nach Artikel 15 der Verordnung (EU) Nr. 1095/2010 zu erlassen.

(3) Der Emittent, der Anbieter oder die Person, die die Zulassung zum Handel an einem geregelten Markt beantragt, kann den Prospekt als ein einziges Dokument oder in mehreren Einzeldokumenten erstellen. Besteht ein Prospekt aus mehreren Einzeldokumenten, so werden die geforderten Angaben auf ein Registrierungsformular, eine Wertpapierbeschreibung und eine Zusammenfassung aufgeteilt. Das Registrierungsformular enthält die Angaben zum Emittenten. Die Wertpapierbeschreibung enthält die Angaben zu den Wertpapieren, die öffentlich angeboten werden oder die zum Handel an einem geregelten Markt zugelassen werden sollen.

(4) Für die folgenden Wertpapierarten kann der Prospekt nach Wahl des Emittenten, des Anbieters oder der Person, die die Zulassung zum Handel an einem geregelten Markt beantragt, aus einem Basisprospekt bestehen, der alle notwendigen Angaben zum Emittenten und den öffentlich angebotenen oder zum Handel an einem geregelten Markt zuzulassenden Wertpapieren enthält:

a) Nichtdividendenwerte, wozu auch Optionsscheine jeglicher Art gehören, die im Rahmen eines Angebotsprogramms begeben werden;

b) Nichtdividendenwerte, die dauernd oder wiederholt von Kreditinstituten begeben werden,

   i) sofern die Erlöse aus der Emission dieser Wertpapiere gemäß den einzelstaatlichen Rechtsvorschriften in Vermögensgegenständen angelegt werden, die eine ausreichende Deckung der aus den betreffenden Wertpapieren erwachsenden Verbindlichkeiten bis zum Fälligkeitstermin bieten, und

ii) sofern diese Erlöse im Falle der Insolvenz des betreffenden Kreditinstituts unbeschadet der Bestimmungen der Richtlinie 2001/24/EG des Europäischen Parlaments und des Rates vom 4. April 2001 über die Sanierung und Liquidation von Kreditinstituten[18] vorrangig zur Rückzahlung des Kapitals und der aufgelaufenen Zinsen bestimmt sind.

Die Angaben des Basisprospekts sind erforderlichenfalls durch aktualisierte Angaben zum Emittenten und zu den Wertpapieren, die öffentlich angeboten bzw. zum Handel an einem geregelten Markt zugelassen werden sollen, gemäß Artikel 16 zu ergänzen.

Werden die endgültigen Bedingungen des Angebots weder in den Basisprospekt noch in einen Nachtrag aufgenommen, so sind sie den Anlegern zu übermitteln, bei der zuständigen Behörde des Herkunftsmitgliedstaats zu hinterlegen und von dem Emittenten der zuständigen Behörde des oder der Aufnahmemitgliedstaaten mitzuteilen, sobald ein öffentliches Angebot unterbreitet wird und die Übermittlung, Hinterlegung oder Mitteilung praktisch durchführbar ist, und dies sofern möglich vor Beginn des Angebots oder der Zulassung zum Handel. Die endgültigen Bedingungen enthalten nur Angaben, die die Wertpapierbeschreibung betreffen, und dienen nicht der Ergänzung des Basisprospekts. Artikel 8 Absatz 1 Buchstabe a findet in diesen Fällen Anwendung.

(5) Um den technischen Entwicklungen auf den Finanzmärkten Rechnung zu tragen und die Anforderungen dieses Artikels zu präzisieren, erlässt die Kommission durch delegierte Rechtsakte gemäß Artikel 24a und unter den in den Artikeln 24b und 24c genannten Bedingungen Maßnahmen zu folgenden Aspekten:

a) das Format des Prospekts oder Basisprospekts, der Zusammenfassung, der endgültigen Bedingungen und der Nachträge und

b) den detaillierten Inhalt und die konkrete Form der in die Zusammenfassung aufzunehmenden Schlüsselinformationen.

Diese delegierten Rechtsakte werden bis zum 1. Juli 2012 erlassen.

Art. 6 Prospekthaftung (1) Die Mitgliedstaaten stellen sicher, dass je nach Fall zumindest der Emittent oder dessen Verwaltungs-, Management- bzw. Aufsichtsstellen, der Anbieter, die Person, die die Zulassung zum Handel an einem geregelten Markt beantragt, oder der Garantiegeber für die in einem Prospekt enthaltenen Angaben haftet. Die verantwortlichen Personen sind im Prospekt eindeutig unter Angabe ihres Namens und ihrer Stellung – bei juristischen Personen ihres Namens und ihres Sitzes – zu nennen; der Prospekt muss zudem eine Erklärung dieser Personen enthalten, dass ihres Wissens die Angaben in dem Prospekt richtig sind und darin keine Tatsachen verschwiegen werden, die die Aussage des Prospekts verändern können.

(2) Die Mitgliedstaaten stellen sicher, dass ihre Rechts- und Verwaltungsvorschriften im Bereich der Haftung für die Personen gelten, die für die in einem Prospekt enthaltenen Angaben verantwortlich sind.

Die Mitgliedstaaten stellen jedoch sicher, dass niemand lediglich aufgrund der Zusammenfassung einschließlich einer Übersetzung davon haftet, es sei denn, die Zusammenfassung ist irreführend, unrichtig oder widersprüchlich, wenn sie zusammen mit den anderen Teilen des Prospekts gelesen wird, oder sie vermittelt, wenn sie zusammen mit den anderen

---

18 ABl. L 125 vom 5.5.2001, S. 15.

Teilen des Prospekts gelesen wird, nicht alle Schlüsselinformationen, um den Anlegern bei der Prüfung der Frage, ob sie ob sie in diese Wertpapiere investieren sollten, behilflich zu sein. Die Zusammenfassung muss diesbezüglich einen eindeutigen Warnhinweis enthalten.

Art. 7 Mindestangaben (1) Die Kommission erlässt gemäß Artikel 24a und unter den in den Artikeln 24b und 24c genannten Bedingungen detaillierte delegierte Rechtsakte zu den spezifischen Angaben, die in einen Prospekt aufzunehmen sind, wobei im Falle eines Prospekts, der aus mehreren Einzeldokumenten besteht, Wiederholungen zu vermeiden sind.

(2) Bei der Ausarbeitung der verschiedenen Muster für die Prospekte ist insbesondere Folgendem Rechnung zu tragen:

a)   den unterschiedlichen Angaben, die Anleger in Bezug auf Dividendenwerte und in Bezug auf Nichtdividendenwerte benötigen; die geforderten Angaben eines Prospekts in Bezug auf Wertpapiere mit einer ähnlichen wirtschaftlichen Grundlage, insbesondere Derivate, sind hierbei gemäß einem kohärenten Ansatz zu behandeln;

b)   den unterschiedlichen Arten und Eigenschaften des Angebots von Nichtdividendenwerten und deren Zulassungen zum Handel an einem geregelten Markt. Bei Nichtdividendenwerten mit einer Mindeststückelung von 100 000 EUR müssen die geforderten Angaben eines Prospekts aus der Sicht des jeweiligen Anlegers angemessen sein;

c)   der Aufmachung und den geforderten Angaben der Prospekte in Bezug auf alle Arten von Nichtdividendenwerten, wozu auch Optionsscheine jeglicher Art gehören, die im Rahmen eines Angebotsprogramms begeben werden;

d)   der Aufmachung und den geforderten Angaben der Prospekte in Bezug auf Nichtdividendenwerte, sofern diese nicht nachrangig, umwandelbar, umtauschbar, an eine Zeichnung oder den Erwerb von Rechten oder an Derivate gebunden sind, die dauernd oder wiederholt von Stellen begeben werden, die zur Ausübung ihrer Tätigkeit auf den Finanzmärkten im Europäischen Wirtschaftsraum zugelassen sind oder beaufsichtigt werden;

e)   den unterschiedlichen Tätigkeiten und der Größe der Emittenten, insbesondere von Kreditinstituten, die die in Artikel 1 Absatz 2 Buchstabe j genannten Nichtdividendenwerte begeben, Unternehmen mit geringer Marktkapitalisierung und KMU. Die Angaben sind entsprechend der Größe und gegebenenfalls der kürzeren Existenzdauer dieser Unternehmen anzupassen;

f)   gegebenenfalls dem öffentlich-rechtlichen Charakter des Emittenten;

g)   bei Aktienangeboten von Gesellschaften, deren Aktien derselben Gattung zum Handel an einem geregelten Markt oder in einem multilateralen Handelssystem im Sinne von Artikel 4 Absatz 1 Nummer 15 der Richtlinie 2004/39/EG zugelassen sind und die einer angemessenen ständigen Offenlegungspflicht und Marktmissbrauchsvorschriften unterliegen, ist eine angemessene Offenlegungsregelung anzuwenden, sofern der Emittent das satzungsmäßige Bezugsrecht nicht außer Kraft gesetzt hat.

(3) Die delegierten Rechtsakte gemäß Absatz 1 beruhen auf den Standards im Bereich der Finanz- und der Nichtfinanzinformationen, die von den internationalen Organisationen der Wertpapieraufsichtsbehörden, insbesondere der IOSCO, ausgearbeitet wurden, sowie auf den indikativen Anhängen dieser Richtlinie.

(4) Die ESMA kann Entwürfe technischer Durchführungsstandards entwickeln, um eine einheitliche Anwendung der delegierten Rechtsakte, die von der Kommission gemäß Absatz 1 erlassen worden sind, sicherzustellen.

Der Kommission wird die Befugnis übertragen, die in Unterabsatz 1 genannten technischen Durchführungsstandards nach Artikel 15 der Verordnung (EU) Nr. 1095/2010 zu erlassen.

Art. 8 Nichtaufnahme von Angaben (1) Die Mitgliedstaaten stellen sicher, dass für den Fall, dass der endgültige Emissionskurs und das Emissionsvolumen, die Gegenstand des öffentlichen Angebots sind, im Prospekt nicht genannt werden können,

a) die Kriterien und/oder die Bedingungen, anhand deren die genannten Werte ermittelt werden, bzw. im Falle des Emissionskurses ein Höchstkurs im Prospekt genannt werden oder

b) die Zusage zum Erwerb bzw. zur Zeichnung der Wertpapiere innerhalb von mindestens zwei Arbeitstagen nach Hinterlegung des endgültigen Emissionskurses und der Gesamtzahl der öffentlich angebotenen Wertpapiere zurückgezogen werden kann.

Der endgültige Emissionskurs und das Emissionsvolumen werden bei der zuständigen Behörde des Herkunftsmitgliedstaates hinterlegt und gemäß Artikel 14 Absatz 2 veröffentlicht.

(2) Die zuständige Behörde des Herkunftsmitgliedstaates kann gestatten, dass bestimmte Angaben, die gemäß dieser Richtlinie oder den delegierten Rechtsakten nach Artikel 7 Absatz 1 vorgeschrieben sind, nicht aufgenommen werden müssen, wenn sie der Auffassung ist, dass

a) die Bekanntmachung der betreffenden Angaben dem öffentlichen Interesse zuwiderläuft oder

b) die Bekanntmachung der betreffenden Angaben dem Emittenten ernsthaft schadet, vorausgesetzt, dass das Publikum durch die Nichtaufnahme nicht in Bezug auf Tatsachen und Umstände, die für eine fundierte Beurteilung des Emittenten, Anbieters oder Garantiegebers und der mit den Wertpapieren, auf die sich der Prospekt bezieht, wesentlich verbundenen Rechte sind, irregeführt wird, oder

c) die entsprechende Information für ein spezielles Angebot oder eine spezielle Zulassung zum Handel an einem geregelten Markt von untergeordneter Bedeutung ist und die Beurteilung der Finanzlage und der Zukunftsaussichten des Emittenten, Anbieters oder Garantiegebers nicht beeinflusst.

(3) Für den Fall, dass ausnahmsweise bestimmte Angaben, die gemäß den delegierten Rechtsakten nach Artikel 7 Absatz 1 in den Prospekt aufzunehmen sind, dem Tätigkeitsbereich oder der Rechtsform des Emittenten oder aber den Wertpapieren, auf die sich der Prospekt bezieht, nicht angemessen sind, enthält der Prospekt unbeschadet einer angemessenen Information der Anleger Angaben, die den geforderten Angaben gleichwertig sind. Gibt es keine entsprechenden Angaben, so besteht diese Verpflichtung nicht.

(3a) Wenn Wertpapiere von einem Mitgliedstaat garantiert werden, ist der Emittent, der Anbieter oder die Person, die die Zulassung zum Handel an einem geregelten Markt beantragt, bei der Erstellung eines Prospekts gemäß Artikel 1 Absatz 3 dieser Richtlinie nicht verpflichtet, Angaben über den Garantiegeber zu liefern.

(4) Um den technischen Entwicklungen auf den Finanzmärkten Rechnung zu tragen und die Anforderungen dieses Artikels zu präzisieren, erlässt die Kommission durch delegierte Rechtsakte gemäß Artikel 24a und unter den in den Artikeln 24b und 24c genannten Bedingungen Maßnahmen zu Absatz 2.

(5)Die ESMA kann Entwürfe technischer Durchführungsstandards entwickeln, um einheitliche Bedingungen für die Anwendung der von der Kommission nach Absatz 4 erlassenen delegierten Rechtsakte sicherzustellen.

4.10 Prospekt-RL

Der Kommission wird die Befugnis übertragen, die in Unterabsatz 1 genannten technischen Durchführungsstandards nach Artikel 15 der Verordnung (EU) Nr. 1095/2010 zu erlassen.

Art. 9 Gültigkeit des Prospekts, des Basisprospekts und des Registrierungsformulars
(1) Ein Prospekt ist nach seiner Genehmigung 12 Monate lang für öffentliche Angebote oder Zulassungen zum Handel an einem geregelten Markt gültig, sofern er um etwaige gemäß Artikel 16 erforderliche Nachträge ergänzt wird.
(2) Im Falle eines Angebotsprogramms ist der zuvor hinterlegte Basisprospekt bis zu zwölf Monate gültig.
(3) Bei Nichtdividendenwerten gemäß Artikel 5 Absatz 4 Buchstabe b) ist der Prospekt gültig, bis keines der betroffenen Wertpapiere mehr dauernd oder wiederholt ausgegeben wird.
(4) Ein zuvor hinterlegtes und gebilligtes Registrierungsformular im Sinne von Artikel 5 Absatz 3 ist bis zu 12 Monate gültig. Das Registrierungsformular, das gemäß Artikel 12 Absatz 2 oder Artikel 16 aktualisiert wurde, ist zusammen mit der Wertpapierbeschreibung und der Zusammenfassung als gültiger Prospekt anzusehen.

Art. 10 *aufgehoben*

Art. 11 Angaben in Form eines Verweises (1) Die Mitgliedstaaten gestatten, dass der Prospekt Angaben in Form eines Verweises auf ein oder mehrere zuvor oder gleichzeitig veröffentlichte Dokumente enthält, die gemäß dieser Richtlinie oder der Richtlinie 2004/109/EG von der zuständigen Behörde des Herkunftsmitgliedstaats gebilligt oder bei ihr hinterlegt wurden. Dabei muss es sich um die dem Emittenten zuletzt zur Verfügung stehenden Angaben handeln. Die Zusammenfassung darf keine Angaben in Form eines Verweises enthalten.
(2) Werden Angaben in Form eines Verweises aufgenommen, so ist eine Liste mit Querverweisen vorzulegen, damit die Anleger bestimmte Einzelangaben leicht auffinden können.
(3) Um den technischen Entwicklungen auf den Finanzmärkten Rechnung zu tragen und die Anforderungen dieses Artikels zu präzisieren, erlässt die Kommission durch delegierte Rechtsakte gemäß Artikel 24a und unter den in den Artikeln 24b und 24c genannten Bedingungen Maßnahmen zur Aufnahme von Angaben in Form eines Verweises.

Art. 12 Aus mehreren Einzeldokumenten bestehende Prospekte (1) Ein Emittent, dessen Registrierungsformular bereits von der zuständigen Behörde gebilligt wurde, ist zur Erstellung der Wertpapierbeschreibung und der Zusammenfassung nur verpflichtet, wenn die Wertpapiere öffentlich angeboten bzw. zum Handel an einem geregelten Markt zugelassen werden.
(2) In einem solchen Fall muss die Wertpapierbeschreibung die Angaben enthalten, die üblicherweise im Registrierungsformular angegeben wären, wenn es seit der Billigung des letzten aktualisierten Registrierungsformulars zu erheblichen Veränderungen oder neuen Entwicklungen gekommen ist, die sich auf die Beurteilung durch die Anleger auswirken könnten, sofern diese Angaben nicht in einem Nachtrag gemäß Artikel 16 enthalten sind. Die Wertpapierbeschreibung und die Zusammenfassung werden gesondert gebilligt.
(3) Hat ein Emittent nur ein nicht gebilligtes Registrierungsformular hinterlegt, so sind alle Dokumente einschließlich aktualisierter Informationen zu billigen.

Kapitel III – Regeln für die Billigung und die Veröffentlichung des Prospekts

Art. 13 Billigung des Prospekts (1) Ein Prospekt darf vor der Billigung durch die zuständige Behörde des Herkunftsmitgliedstaats nicht veröffentlicht werden.

(2) Diese zuständige Behörde teilt dem Emittenten, dem Anbieter bzw. der die Zulassung zum Handel an einem geregelten Markt beantragenden Person innerhalb von zehn Arbeitstagen nach Vorlage des Prospektentwurfs ihre Entscheidung hinsichtlich der Billigung des Prospekts mit.

Ergeht innerhalb der in diesem Absatz und in Absatz 3 genannten Fristen keine Entscheidung der zuständigen Behörde über den Prospekt, so gilt dies nicht als Billigung. Die zuständige Behörde unterrichtet die ESMA zur gleichen Zeit über die Billigung des Prospekts und aller Prospektnachträge, wie sie auch den Emittenten, den Anbieter beziehungsweise die die Zulassung zum Handel an einem geregelten Markt beantragende Person unterrichtet. Die zuständigen Behörden übermitteln der ESMA gleichzeitig eine Kopie des Prospekts und aller Prospektnachträge.

(3) Die Frist gemäß Absatz 2 wird auf 20 Arbeitstage verlängert, wenn das öffentliche Angebot Wertpapiere eines Emittenten betrifft, dessen Wertpapiere noch nicht zum Handel an einem geregelten Markt zugelassen sind und der zuvor keine Wertpapiere öffentlich angeboten hat.

(4) Gelangt die zuständige Behörde zu der hinreichend begründeten Auffassung, dass die ihr übermittelten Unterlagen unvollständig sind oder es ergänzender Informationen bedarf, so gelten die in den Absätzen 2 und 3 genannten Fristen erst ab dem Zeitpunkt, an dem der Emittent, der Anbieter bzw. die die Zulassung zum Handel an einem geregelten Markt beantragende Person diese Informationen vorlegt.

In dem in Absatz 2 genannten Fall sollte die zuständige Behörde dem Emittenten innerhalb von zehn Arbeitstagen ab dem Zeitpunkt der Einreichung des Antrags Mitteilung machen, falls die Unterlagen unvollständig sind.

(5)Die zuständige Behörde des Herkunftsmitgliedstaats kann die Billigung eines Prospekts der zuständigen Behörde eines anderen Mitgliedstaats übertragen, sofern die ESMA vorab darüber informiert wurde und die zuständige Behörde damit einverstanden ist. Eine solche Übertragung ist dem Emittenten, dem Anbieter beziehungsweise der die Zulassung zum Handel an einem geregelten Markt beantragenden Person innerhalb von drei Arbeitstagen ab dem Datum mitzuteilen, an dem die zuständige Behörde des Herkunftsmitgliedstaats ihre Entscheidung getroffen hat. Die in Absatz 2 genannte Frist gilt ab dem gleichen Datum. Artikel 28 Absatz 4 der Verordnung (EU) Nr. 1095/2010 findet auf die Übertragung der Billigung des Prospekts gemäß diesem Absatz nicht Anwendung.

Um einheitliche Bedingungen für die Anwendung dieser Richtlinie sicherzustellen und die Kommunikation zwischen den zuständigen Behörden und der zuständigen Behörden mit der ESMA zu erleichtern, kann die ESMA Entwürfe technischer Durchführungsstandards entwickeln, um Standardformulare, Mustertexte und Verfahren für die in diesem Absatz vorgesehenen Mitteilungen festzulegen.

Der Kommission wird die Befugnis übertragen, die in Unterabsatz 2 genannten technischen Durchführungsstandards nach Artikel 15 der Verordnung (EU) Nr. 1095/2010 zu erlassen.

(6) Diese Richtlinie berührt nicht die Haftung der zuständigen Behörde, die weiterhin ausschließlich durch das innerstaatliche Recht geregelt wird.

4.10 Prospekt-RL

Die Mitgliedstaaten stellen sicher, dass ihre einzelstaatlichen Vorschriften in Bezug auf die Haftung der zuständigen Behörde lediglich für die Billigung von Prospekten gelten, die von ihren zuständigen Behörden erteilt wird.

(7) Um den technischen Entwicklungen auf den Finanzmärkten Rechnung zu tragen und die Anforderungen dieses Artikels zu präzisieren, erlässt die Kommission durch delegierte Rechtsakte gemäß Artikel 24a und unter den in den Artikeln 24b und 24c genannten Bedingungen Maßnahmen zu den Bedingungen, unter denen die Fristen angepasst werden können.

Art. 14 Veröffentlichung des Prospekts (1) Nach seiner Billigung ist der Prospekt bei der zuständigen Behörde des Herkunftsmitgliedstaats zu hinterlegen, der ESMA über die zuständige Behörde zugänglich zu machen und der Öffentlichkeit durch den Emittenten, den Anbieter oder die die Zulassung zum Handel an einem geregelten Markt beantragende Person so bald wie praktisch möglich zur Verfügung zu stellen, auf jeden Fall aber rechtzeitig vor und spätestens mit Beginn des öffentlichen Angebots beziehungsweise der Zulassung der betreffenden Wertpapiere zum Handel. Zudem muss im Falle eines öffentlichen Erstangebots einer Gattung von Aktien, die noch nicht zum Handel an einem geregelten Markt zugelassen ist, sondern zum ersten Mal zum Handel zugelassen werden soll, der Prospekt mindestens sechs Arbeitstage vor dem Ende des Angebots zur Verfügung stehen.

(2) Der Prospekt gilt als dem Publikum zur Verfügung gestellt, wenn er

a) in einer oder mehreren Zeitungen veröffentlicht wird, die in den Mitgliedstaaten, in denen das öffentliche Angebot unterbreitet oder die Zulassung zum Handel angestrebt wird, gängig sind oder in großer Auflage verlegt werden, oder

b) dem Publikum in gedruckter Form kostenlos bei den zuständigen Stellen des Marktes, an dem die Wertpapiere zum Handel zugelassen werden sollen, oder beim Sitz des Emittenten oder bei den Finanzintermediären einschließlich der Zahlstellen, die die Wertpapiere platzieren oder verkaufen, zur Verfügung gestellt wird oder

c) in elektronischer Form auf der Website des Emittenten oder gegebenenfalls auf der Website der die Wertpapiere platzierenden oder verkaufenden Finanzintermediäre einschließlich der Zahlstellen veröffentlicht wird; oder

d) in elektronischer Form auf der Website des geregelten Marktes, für den die Zulassung zum Handel beantragt wurde, veröffentlicht wird oder

e) in elektronischer Form auf der Website der zuständigen Behörde des Herkunftsmitgliedstaats veröffentlicht wird, wenn diese Behörde beschlossen hat, diese Dienstleistung anzubieten.

Die Mitgliedstaaten können verlangen, dass Emittenten oder die für die Erstellung eines Prospekts verantwortlichen Personen, die ihren Prospekt nach Buchstaben a oder b veröffentlichen, ihn auch in einer elektronischen Form nach Buchstabe c veröffentlichen.

(3) Ein Herkunftsmitgliedstaat kann zudem die Veröffentlichung einer Mitteilung verlangen, aus der hervorgeht, wie der Prospekt dem Publikum zur Verfügung gestellt worden ist und wo er erhältlich ist.

(4) Die zuständige Behörde des Herkunftsmitgliedstaats veröffentlicht auf ihrer Website während eines Zeitraums von zwölf Monaten wahlweise entweder alle gebilligten Prospekte oder zumindest die Liste der Prospekte, die gemäß Artikel 13 gebilligt wurden, gegebenenfalls einschließlich einer elektronischen Verknüpfung (Hyperlink) zu dem auf der Website des Emittenten oder des geregelten Marktes veröffentlichten Prospekt.

(4a) Die ESMA veröffentlicht auf ihrer Website eine Liste der nach Artikel 13 gebilligten Prospekte, gegebenenfalls einschließlich einer elektronischen Verknüpfung (Hyperlink) zu dem auf der Website der zuständigen Behörde des Herkunftsmitgliedstaats, des Emittenten oder des geregelten Markts veröffentlichten Prospekt. Die veröffentlichte Liste wird stets auf aktuellem Stand gehalten und jeder einzelne Eintrag ist mindestens 12 Monate lang auf der Website erhältlich.

(5) Für den Fall, dass der Prospekt in mehreren Einzeldokumenten erstellt wird und/oder Angaben in Form eines Verweises enthält, können die den Prospekt bildenden Dokumente und Angaben getrennt veröffentlicht und in Umlauf gebracht werden, wenn sie dem Publikum gemäß den Bestimmungen des Absatzes 2 kostenlos zur Verfügung gestellt werden. In jedem Einzeldokument ist anzugeben, wo die anderen Einzeldokumente erhältlich sind, die zusammen mit diesem den vollständigen Prospekt bilden.

(6) Der Wortlaut und die Aufmachung des Prospekts und/oder der Nachträge zum Prospekt, die veröffentlicht oder dem Publikum zur Verfügung gestellt werden, müssen jederzeit mit der ursprünglichen Fassung identisch sein, die von der zuständigen Behörde des Herkunftsmitgliedstaats gebilligt wurde.

(7) Wird der Prospekt in elektronischer Form veröffentlicht, so muss dem Anleger jedoch vom Emittenten, vom Anbieter, von der die Zulassung zum Handel beantragenden Person oder von den Finanzintermediären, die die Wertpapiere platzieren oder verkaufen, auf Verlangen eine Papierversion kostenlos zur Verfügung gestellt werden.

(8) Um den technischen Entwicklungen auf den Finanzmärkten Rechnung zu tragen und die Anforderungen des vorliegenden Artikels zu präzisieren, erlässt die Kommission durch delegierte Rechtsakte gemäß Artikel 24a und unter den in den Artikeln 24b und 24c genannten Bedingungen Maßnahmen zu den Absätzen 1 bis 4 des vorliegenden Artikels.

Art. 15 Werbung (1) Jede Art von Werbung, die sich auf ein öffentliches Angebot von Wertpapieren oder auf eine Zulassung zum Handel an einem geregelten Markt bezieht, muss die Grundsätze der Absätze 2 bis 5 beachten. Die Absätze 2 bis 4 gelten nur für die Fälle, in denen der Emittent, der Anbieter oder die die Zulassung zum Handel beantragende Person der Prospektpflicht unterliegt.

(2) In allen Werbeanzeigen ist darauf hinzuweisen, dass ein Prospekt veröffentlicht wurde bzw. zur Veröffentlichung ansteht und wo die Anleger ihn erhalten können.

(3) Werbeanzeigen müssen als solche klar erkennbar sein. Die darin enthaltenen Angaben dürfen nicht unrichtig oder irreführend sein. Diese Angaben dürfen darüber hinaus nicht im Widerspruch zu den Angaben stehen, die der Prospekt enthält, falls dieser bereits veröffentlicht ist, oder zu den Angaben, die im Prospekt enthalten sein müssen, falls dieser erst zu einem späteren Zeitpunkt veröffentlicht wird.

(4) Auf jeden Fall müssen alle mündlich oder schriftlich verbreiteten Informationen über das öffentliche Angebot oder die Zulassung zum Handel an einem geregelten Markt, selbst wenn sie nicht zu Werbezwecken dienen, mit den im Prospekt enthaltenen Angaben übereinstimmen.

(5) Besteht keine Prospektpflicht gemäß dieser Richtlinie, so sind wesentliche Informationen des Emittenten oder des Anbieters, die sich an qualifizierte Anleger oder besondere Anlegergruppen richten, einschließlich Informationen, die im Verlauf von Veranstaltungen betreffend Angebote von Wertpapieren mitgeteilt werden, allen qualifizierten Anlegern bzw. allen besonderen Anlegergruppen, an die sich das Angebot ausschließlich richtet, mit-

zuteilen. Muss ein Prospekt veröffentlicht werden, so sind solche Informationen in den Prospekt oder in einen Nachtrag zum Prospekt gemäß Artikel 16 Absatz 1 aufzunehmen.

(6) Die zuständige Behörde des Herkunftsmitgliedstaats ist befugt zu kontrollieren, ob bei der Werbung für ein öffentliches Angebot von Wertpapieren oder eine Zulassung zum Handel an einem geregelten Markt die Grundsätze der Absätze 2 bis 5 beachtet werden.

(7) Um den technischen Entwicklungen auf den Finanzmärkten Rechnung zu tragen und die Anforderungen dieses Artikels zu präzisieren, erlässt die Kommission durch delegierte Rechtsakte gemäß Artikel 24a und unter den in den Artikeln 24b und 24c genannten Bedingungen Maßnahmen zur Verbreitung von Werbeanzeigen, in denen die Absicht des öffentlichen Angebots von Wertpapieren bzw. der Zulassung zum Handel an einem geregelten Markt angekündigt wird, insbesondere bevor der Prospekt dem Publikum zur Verfügung gestellt oder bevor die Zeichnung eröffnet wird, sowie Maßnahmen zu Absatz 4 des vorliegenden Artikels.

Art. 16 Nachtrag zum Prospekt (1) Jeder wichtige neue Umstand oder jede wesentliche Unrichtigkeit oder Ungenauigkeit in Bezug auf die im Prospekt enthaltenen Angaben, die die Bewertung der Wertpapiere beeinflussen könnten und die zwischen der Billigung des Prospekts und dem endgültigen Schluss des öffentlichen Angebots oder — falls später — der Eröffnung des Handels an einem geregelten Markt auftreten bzw. festgestellt werden, müssen in einem Nachtrag zum Prospekt genannt werden. Dieser Nachtrag ist innerhalb von höchstens sieben Arbeitstagen auf die gleiche Art und Weise zu billigen und zumindest gemäß denselben Vorkehrungen zu veröffentlichen, wie sie für die Verbreitung des ursprünglichen Prospekts galten. Auch die Zusammenfassung und etwaige Übersetzungen davon sind erforderlichenfalls durch die im Nachtrag enthaltenen Informationen zu ergänzen.

(2) Betrifft der Prospekt ein öffentliches Angebot von Wertpapieren, haben Anleger, die bereits einen Erwerb oder eine Zeichnung der Wertpapiere zugesagt haben, bevor der Nachtrag veröffentlicht wird, das Recht, ihre Zusagen innerhalb von zwei Arbeitstagen nach Veröffentlichung des Nachtrags zurückzuziehen, vorausgesetzt, dass der neue Umstand oder die Unrichtigkeit oder Ungenauigkeit gemäß Absatz 1 vor dem endgültigen Schluss des öffentlichen Angebots und der Lieferung der Wertpapiere eingetreten ist. Diese Frist kann vom Emittenten oder vom Anbieter verlängert werden. Die Frist für das Widerrufsrecht wird im Nachtrag angegeben.

(3) Um eine kohärente Harmonisierung zu gewährleisten, die Anforderungen dieses Artikels zu präzisieren und den technischen Entwicklungen auf den Finanzmärkten Rechnung zu tragen, entwickelt die ESMA Entwürfe technischer Regulierungsstandards, um die Situationen zu benennen, in denen ein wichtiger neuer Umstand oder eine wesentliche Unrichtigkeit oder Ungenauigkeit in Bezug auf die im Prospekt enthaltenen Angaben die Veröffentlichung eines Prospektnachtrags erfordert. Die ESMA legt der Kommission ihre Entwürfe für technische Regulierungsstandards bis zum 1. Januar 2014 vor.

Der Kommission wird die Befugnis übertragen, die in Unterabsatz 1 genannten technischen Regulierungsstandards gemäß dem in Artikel 10 bis 14 der Verordnung (EU) Nr. 1095/2010 vorgesehenem Verfahren zu erlassen.

Kapitel IV – Grenzüberschreitende Angebote und Zulassung zum Handel

Art. 17 Gemeinschaftsweite Geltung gebilligter Prospekte (1) Soll ein Wertpapier in einem oder mehreren Mitgliedstaaten oder in einem anderen Mitgliedstaat als dem Herkunftsmitgliedstaat öffentlich angeboten oder zum Handel an einem geregelten Markt zugelassen werden, so ist unbeschadet des Artikels 23 der vom Herkunftsmitgliedstaat gebilligte Prospekt einschließlich etwaiger Nachträge in beliebig vielen Aufnahmemitgliedstaaten für ein öffentliches Angebot oder für die Zulassung zum Handel gültig, sofern die ESMA und die zuständige Behörde jedes Aufnahmemitgliedstaats gemäß Artikel 18 unterrichtet werden. Die zuständigen Behörden der Aufnahmemitgliedstaaten führen für diesen Prospekt keine Billigungs- oder Verwaltungsverfahren durch.

(2) Sind nach der Billigung des Prospekts wichtige neue Umstände, wesentliche Unrichtigkeiten oder Ungenauigkeiten im Sinne von Artikel 16 aufgetreten, verlangt die zuständige Behörde des Herkunftsmitgliedstaats die Veröffentlichung eines Nachtrags, der gemäß Artikel 13 Absatz 1 zu billigen ist. Die ESMA und die zuständige Behörde des Aufnahmemitgliedstaats können die zuständige Behörde des Herkunftsmitgliedstaats über den Bedarf an neuen Angaben unterrichten.

Art. 18 Notifizierung (1) Die zuständige Behörde des Herkunftsmitgliedstaats übermittelt den zuständigen Behörden der Aufnahmemitgliedstaaten innerhalb von drei Arbeitstagen nach Eingang des entsprechenden Ersuchens des Emittenten oder der für die Erstellung des Prospekts verantwortlichen Person oder, falls das Ersuchen zusammen mit dem Prospektentwurf vorgelegt wurde, innerhalb eines Arbeitstages nach Billigung des Prospekts eine Bescheinigung über die Billigung, aus der hervorgeht, dass der Prospekt gemäß dieser Richtlinie erstellt wurde, sowie eine Kopie dieses Prospekts. Dieser Notifizierung ist gegebenenfalls eine vom Emittenten oder der für die Erstellung des Prospekts verantwortlichen Person in Auftrag gegebene Übersetzung der Zusammenfassung beizufügen. Dasselbe Verfahren findet auf etwaige Nachträge zum Prospekt Anwendung. Dem Emittenten oder der für die Prospekterstellung zuständigen Person wird die Bescheinigung über die Billigung zur gleichen Zeit übermittelt wie der zuständigen Behörde des Aufnahmemitgliedstaats.

(2) Die etwaige Anwendung der Bestimmungen des Artikels 8 Absätze 2 und 3 wird in der Bescheinigung erwähnt und begründet.

(3) Die zuständige Behörde des Herkunftsmitgliedstaats übermittelt der ESMA die Bescheinigung über die Billigung des Prospekts zur gleichen Zeit, wie sie sie auch der zuständigen Behörde des Aufnahmemitgliedstaats übermittelt.

Die ESMA und die zuständige Behörde des Aufnahmemitgliedstaats veröffentlichen auf ihren Websites eine Liste der gemäß diesem Artikel übermittelten Bescheinigungen über die Billigung von Prospekten und allen Prospektnachträgen, gegebenenfalls einschließlich einer elektronischen Verknüpfung (Hyperlink) zu diesen auf der Website der zuständigen Behörde des Herkunftsmitgliedstaats, des Emittenten oder des geregelten Markts veröffentlichten Dokumenten. Die veröffentlichte Liste wird stets auf aktuellem Stand gehalten und jeder Eintrag ist mindestens 12 Monate lang auf den Websites erhältlich.

(4) Um einheitliche Bedingungen für die Anwendung dieser Richtlinie zu gewährleisten und den technischen Entwicklungen auf den Finanzmärkten Rechnung zu tragen, kann die ESMA Entwürfe technischer Durchführungsstandards entwickeln, um Standardformulare, Mustertexte und Verfahren für die Übermittlung der Bescheinigung über die Billigung, für die Kopie des Prospekts, den Prospektnachtrag und die Übersetzung der Zusammenfassung festzulegen.

Der Kommission wird die Befugnis übertragen, die in Unterabsatz 1 genannten technischen Durchführungsstandards nach Artikel 15 der Verordnung (EU) Nr. 1095/2010 zu erlassen.

Kapitel V – Sprachenregelung und Emittenten mit Sitz in Drittstaaten

Art. 19 Sprachenregelung (1) Wird ein Wertpapier nur im Herkunftsmitgliedstaat öffentlich angeboten oder nur dort die Zulassung zum Handel an einem geregelten Markt beantragt, so wird der Prospekt in einer von der zuständigen Behörde des Herkunftsmitgliedstaats anerkannten Sprache erstellt.

(2) Wird ein Wertpapier in einem oder mehreren anderen Mitgliedstaaten als dem Herkunftsmitgliedstaat öffentlich angeboten oder dort die Zulassung zum Handel an einem geregelten Markt beantragt, so wird der Prospekt je nach Wahl des Emittenten, des Anbieters oder der die Zulassung beantragenden Person entweder in einer von den zuständigen Behörden dieser Mitgliedstaaten anerkannten oder in einer in internationalen Finanzkreisen gebräuchlichen Sprache erstellt. Die zuständigen Behörden der einzelnen Aufnahmemitgliedstaaten können lediglich eine Übersetzung der Zusammenfassung in ihre Amtssprache(n) verlangen.

Zur Prüfung durch die zuständige Behörde des Herkunftsmitgliedstaats wird der Prospekt je nach Wahl des Emittenten, des Anbieters oder der die Zulassung zum Handel beantragenden Person entweder in einer von dieser Behörde anerkannten oder in einer in internationalen Finanzkreisen gebräuchlichen Sprache erstellt.

(3) Wird ein Wertpapier in mehr als einem Mitgliedstaat einschließlich des Herkunftsmitgliedstaats öffentlich angeboten oder dort die Zulassung zum Handel an einem geregelten Markt beantragt, so wird der Prospekt in einer von der zuständigen Behörde des Herkunftsmitgliedstaats anerkannten Sprache erstellt und darüber hinaus je nach Wahl des Emittenten, des Anbieters oder der die Zulassung zum Handel beantragenden Person entweder in einer von den zuständigen Behörden der einzelnen Aufnahmemitgliedstaaten anerkannten Sprache oder in einer in internationalen Finanzkreisen gebräuchlichen Sprache zur Verfügung gestellt. Die zuständigen Behörden der einzelnen Aufnahmemitgliedstaaten können lediglich eine Übersetzung der Zusammenfassung gemäß Artikel 5 Absatz 2 in ihre Amtssprache(n) verlangen.

(4) Wird die Zulassung von Nichtdividendenwerten mit einer Mindeststückelung von 100 000 EUR zum Handel an einem geregelten Markt in einem oder mehreren Mitgliedstaaten beantragt, so wird der Prospekt je nach Wahl des Emittenten, des Anbieters oder der die Zulassung zum Handel beantragenden Person entweder in einer von den zuständigen Behörden des Herkunftsmitgliedstaats und der Aufnahmemitgliedstaaten anerkannten Sprache oder in einer in internationalen Finanzkreisen gebräuchlichen Sprache erstellt. Es steht den Mitgliedstaaten jedoch frei, in ihren einzelstaatlichen Rechtsvorschriften vorzuschreiben, dass eine Zusammenfassung in ihrer/ihren Amtssprache(n) erstellt wird.

Art. 20 Emittenten mit Sitz in Drittstaaten (1) Die zuständige Behörde des Herkunftsmitgliedstaats von Emittenten mit Sitz in einem Drittstaat kann einen nach den Rechtsvorschriften eines Drittstaats erstellten Prospekt für ein öffentliches Angebot oder die Zulassung zum Handel an einem geregelten Markt billigen, wenn

a) dieser Prospekt nach von internationalen Organisationen von Wertpapieraufsichtsbehörden festgelegten internationalen Standards einschließlich der Offenlegungsstandards der IOSCO erstellt wurde und

b) die Informationspflichten, auch in Bezug auf Finanzinformationen, mit den Anforderungen dieser Richtlinie gleichwertig sind.

(2) Werden Wertpapiere eines Emittenten mit Sitz in einem Drittstaat in einem anderen Mitgliedstaat als dem Herkunftsmitgliedstaat öffentlich angeboten oder zum Handel an einem geregelten Markt zugelassen, so gelten die Anforderungen der Artikel 17, 18 und 19.

(3) Die Kommission erlässt durch delegierte Rechtsakte gemäß Artikel 24a und unter den in den Artikeln 24b und 24c genannten Bedingungen auf der Grundlage der Anforderungen der Artikel 5 und 7 Maßnahmen zur Festlegung allgemeiner Kriterien für die Gleichwertigkeit.

Auf der Grundlage der oben genannten Kriterien kann die Kommission nach dem in Artikel 24 Absatz 2 genannten Regelungsverfahren Durchführungsmaßnahmen erlassen, die feststellen, ob ein Drittstaat aufgrund seines innerstaatlichen Rechts oder aufgrund von Vorgehensweisen oder Verfahren, die auf von internationalen Organisationen festgelegten internationalen Standards basieren, einschließlich der Offenlegungsstandards der IOSCO, gewährleistet, dass die in diesem Staat erstellten Prospekte den Anforderungen dieser Richtlinie entsprechen.

Kapitel VI – Zuständige Behörden

Art. 21 Befugnisse (1) Jeder Mitgliedstaat benennt eine zentrale zuständige Verwaltungsbehörde, die für die Erfüllung der in dieser Richtlinie festgelegten Pflichten und für die Anwendung der nach dieser Richtlinie erlassenen Bestimmungen zuständig ist.

Für die Anwendung von Kapitel III kann ein Mitgliedstaat jedoch auch andere Verwaltungsbehörden benennen, wenn dies nach einzelstaatlichem Recht erforderlich ist.

Diese zuständigen Behörden sind von den Marktteilnehmern völlig unabhängig.

Wird ein Wertpapier in einem anderen Mitgliedstaat als dem Herkunftsmitgliedstaat öffentlich angeboten oder dort die Zulassung zum Handel an einem geregelten Markt angestrebt, so ist nur die von jedem Mitgliedstaat benannte zentrale zuständige Verwaltungsbehörde zur Billigung des Prospekts berechtigt.

(1a) Die zuständigen Behörden arbeiten gemäß der Verordnung (EU) Nr. 1095/2010 für die Zwecke dieser Richtlinie mit der ESMA zusammen.

(1b) Die zuständigen Behörden stellen der ESMA gemäß Artikel 35 der Verordnung (EU) Nr. 1095/2010 unverzüglich alle für die Ausführung ihrer Aufgaben erforderlichen Informationen zur Verfügung.

(2) Die Mitgliedstaaten können ihrer/ihren zuständigen Behörde(n) gestatten, Aufgaben zu delegieren. Mit Ausnahme der Delegierung der Internet-Veröffentlichung von gebilligten Prospekten und der Vorlage von Prospekten nach Artikel 14 wird jede Delegierung von Aufgaben im Zusammenhang mit den Verpflichtungen nach dieser Richtlinie und ihren Durchführungsbestimmungen gemäß Artikel 31 bis zum 31. Dezember 2008 überprüft und endet am 31. Dezember 2011. Bei einer Delegierung von Aufgaben an andere Stellen als die in Absatz 1 genannten Behörden ist genau anzugeben, welche Aufgaben übertragen werden und unter welchen Bedingungen diese auszuführen sind.

Die Bedingungen müssen eine Klausel enthalten, die die betreffende Stelle dazu verpflichtet, so zu handeln und durch ihre Organisationsstruktur zu gewährleisten, dass Interessenkonflikte vermieden werden und die Informationen, die die Stelle bei Ausführung der ihr delegierten Aufgaben erhält, nicht missbräuchlich oder wettbewerbswidrig verwendet werden. In jedem Fall ist/sind die nach Absatz 1 benannte(n) zuständige(n) Behörde(n) in letzter Instanz für die Überwachung der Einhaltung dieser Richtlinie und ihrer Durchführungsbestimmungen sowie für die Billigung der Prospekte verantwortlich.

4.10 Prospekt-RL

Die Mitgliedstaaten unterrichten die Kommission, die ESMA und die zuständigen Behörden der anderen Mitgliedstaaten über jede Regelung, die im Hinblick auf eine Delegierung von Aufgaben getroffen wurde, sowie über die genauen Bedingungen dieser Delegierung.

(3) Jede zuständige Behörde ist mit den zur Erfüllung ihrer Funktionen notwendigen Befugnissen auszustatten. Eine zuständige Behörde, die einen Antrag auf Billigung eines Prospekts erhalten hat, muss zumindest befugt sein,

a) von Emittenten, Anbietern oder Personen, die eine Zulassung zum Handel an einem geregelten Markt beantragen, die Aufnahme zusätzlicher Angaben in den Prospekt zu verlangen, wenn der Anlegerschutz dies gebietet;

b) von Emittenten, Anbietern oder Personen, die eine Zulassung zum Handel an einem geregelten Markt beantragen, sowie von Personen, die diese kontrollieren oder von diesen kontrolliert werden die Vorlage von Informationen und Unterlagen zu verlangen;

c) von den Abschlussprüfern und Führungskräften des Emittenten, des Anbieters oder der Person, die die Zulassung zum Handel an einem geregelten Markt beantragt, sowie von den mit der Platzierung des öffentlichen Angebots oder der Zulassung zum Handel beauftragten Finanzintermediären die Vorlage von Informationen zu verlangen;

d) ein öffentliches Angebot oder eine Zulassung zum Handel für jeweils höchstens zehn aufeinander folgende Arbeitstage auszusetzen, wenn ein hinreichend begründeter Verdacht besteht, dass gegen die Bestimmungen dieser Richtlinie verstoßen wurde;

e) die Werbung für jeweils höchstens zehn aufeinander folgende Arbeitstage zu untersagen oder auszusetzen, wenn hinreichende Gründe für die Annahme bestehen, dass gegen die Bestimmungen dieser Richtlinie verstoßen wurde;

f) ein öffentliches Angebot zu untersagen, wenn sie feststellt, dass gegen die Bestimmungen dieser Richtlinie verstoßen wurde, oder ein hinreichend begründeter Verdacht besteht, dass gegen sie verstoßen würde;

g) den Handel an einem geregelten Markt für jeweils höchstens zehn aufeinander folgende Arbeitstage auszusetzen oder von den betreffenden geregelten Märkten die Aussetzung des Handels zu verlangen, wenn hinreichende Gründe für die Annahme bestehen, dass gegen die Bestimmungen dieser Richtlinie verstoßen wurde;

h) den Handel an einem geregelten Markt zu untersagen, wenn sie feststellt, dass gegen die Bestimmungen dieser Richtlinie verstoßen wurde;

i) den Umstand bekannt zu machen, dass ein Emittent seinen Verpflichtungen nicht nachkommt.

Sofern einzelstaatliches Recht dies erfordert, kann die zuständige Behörde das zuständige Gericht ersuchen, über die Ausübung der in den Buchstaben d) bis h) genannten Befugnisse zu entscheiden.

(4) Jede zuständige Behörde muss nach der Zulassung der Wertpapiere zum Handel an einem geregelten Markt auch befugt sein,

a) zur Gewährleistung des Anlegerschutzes oder des reibungslosen Funktionierens des Marktes vom Emittenten die Bekanntgabe aller wesentlichen Informationen zu verlangen, die die Bewertung der zum Handel an geregelten Märkten zugelassenen Wertpapiere beeinflussen können;

b) den Handel der Wertpapiere auszusetzen oder von dem betreffenden geregelten Markt die Aussetzung des Handels zu verlangen, wenn sie der Auffassung ist, dass der Handel angesichts der Lage des Emittenten den Anlegerinteressen abträglich wäre;

c) sicherzustellen, dass die Emittenten, deren Wertpapiere an geregelten Märkten gehandelt werden, die Verpflichtungen nach den Artikeln 102 und 103 der Richtlinie 2001/34/EG einhalten und dass in allen Mitgliedstaaten, in denen das öffentliche Angebot unterbreitet oder die Wertpapiere zum Handel zugelassen werden, alle Anleger die gleichen Informationen erhalten und alle Wertpapierinhaber, die sich in der gleichen Lage befinden, vom Emittenten gleich behandelt werden;

d) in ihrem Hoheitsgebiet Inspektionen vor Ort gemäß einzelstaatlichem Recht durchzuführen, um die Einhaltung der Bestimmungen dieser Richtlinie und der darin genannten delegierten Rechtsakte zu überprüfen. Sofern einzelstaatliches Recht dies erfordert, kann(können) die zuständige(n) Behörde(n) diese Befugnis durch Befassung des gegebenenfalls zuständigen Gerichts und/oder in Zusammenarbeit mit anderen Behörden ausüben.

Nach Artikel 21 der Verordnung (EU) Nr. 1095/2010 ist die ESMA berechtigt sich an Prüfungen vor Ort gemäß Buchstabe d zu beteiligen. wenn diese gemeinsam von zwei oder mehr zuständigen Behörden durchgeführt werden.

(5) Die Absätze 1 bis 4 lassen die Möglichkeit eines Mitgliedstaats unberührt, für überseeische europäische Gebiete, für deren Außenbeziehungen dieser Mitgliedstaat zuständig ist, gesonderte Rechts- und Verwaltungsvorschriften zu erlassen.

Art. 22 Berufsgeheimnis und Zusammenarbeit der Behörden (1) Alle Personen, die für die zuständige Behörde sowie für Stellen, denen zuständige Behörden gegebenenfalls bestimmte Aufgaben übertragen haben, tätig sind oder waren, sind an das Berufsgeheimnis gebunden. Die unter das Berufsgeheimnis fallenden Informationen dürfen nicht an andere Personen oder Behörden weitergegeben werden, es sei denn aufgrund gesetzlicher Bestimmungen.

(2) Die zuständigen Behörden der Mitgliedstaaten arbeiten zusammen, wann immer dies zur Wahrnehmung ihrer Aufgaben und zur Ausübung ihrer Befugnisse erforderlich ist. Die zuständigen Behörden eines Mitgliedstaats leisten den zuständigen Behörden anderer Mitgliedstaaten Amtshilfe. Informationsübermittlung und Zusammenarbeit finden insbesondere dann statt, wenn für einen Emittenten mehr als eine Behörde des Herkunftsmitgliedstaats zuständig ist, weil er verschiedene Gattungen von Wertpapieren ausgibt, oder wenn die Billigung eines Prospekts gemäß Artikel 13 Absatz 5 an die zuständige Behörde eines anderen Mitgliedstaats übertragen wurde. Sie arbeiten auch eng zusammen, wenn die Aussetzung oder das Verbot des Handels von Wertpapieren verlangt wird, die in mehreren Mitgliedstaaten gehandelt werden, um einheitliche Wettbewerbsbedingungen zwischen den verschiedenen Handelsplätzen sicherzustellen und den Anlegerschutz zu gewährleisten. Die zuständige Behörde des Aufnahmemitgliedstaats kann gegebenenfalls die zuständige Behörde des Herkunftsmitgliedstaats ab dem Stadium, in dem der Fall untersucht wird, um Amtshilfe ersuchen, insbesondere wenn es sich um neue oder seltene Gattungen von Wertpapieren handelt. Die zuständige Behörde des Herkunftsmitgliedstaates kann die zuständige Behörde des Aufnahmemitgliedstaates um Informationen zu allen Aspekten des betreffenden Marktes bitten.

Unbeschadet des Artikels 21 können die zuständigen Behörden der Mitgliedstaaten die Betreiber von geregelten Märkten je nach Notwendigkeit konsultieren, insbesondere wenn sie über die Aussetzung des Handels entscheiden oder einen geregelten Markt auffordern, den Handel auszusetzen oder zu verbieten.

4.10 Prospekt-RL

Die zuständigen Behörden können die ESMA mit Fällen befassen, in denen ein Ersuchen um Zusammenarbeit, insbesondere um Informationsaustausch, zurückgewiesen wurde oder innerhalb einer angemessenen Frist zu keiner Reaktion geführt hat. Unbeschadet des Artikels 258 des Vertrags über die Funktionsweise der Europäischen Union (AEUV) kann die ESMA in den in Satz 1 genannten Fällen gemäß den ihr gemäß Artikel 19 der Verordnung (EU) Nr. 1095/2010 übertragenen Befugnissen tätig werden.

(3) Absatz 1 hindert die zuständigen Behörden nicht daran, vertrauliche Informationen auszutauschen oder vertrauliche Informationen an die ESMA oder den Europäischen Ausschuss für Systemrisiken (im Folgenden ,ESRB') weiterzuleiten, vorbehaltlich der in der Verordnung (EU) Nr. 1095/2010 beziehungsweise der Verordnung (EU) Nr. 1092/2010 des Europäischen Parlaments und des Rates vom 24. November 2010 über die Finanzaufsicht der Europäischen Union auf Makroebene und zur Errichtung eines Europäischen Ausschusses für Systemrisiken[19] vorgesehenen Einschränkungen in Bezug auf unternehmensbezogene Informationen und Auswirkungen auf Drittländer. Die zwischen den zuständigen Behörden und der ESMA oder dem ESRB ausgetauschten Informationen fallen unter das Berufsgeheimnis, an das die Personen gebunden sind, die bei den zuständigen Behörden, die diese Informationen erhalten, tätig sind oder waren.

(4) Um eine kohärente Harmonisierung dieses Artikels zu gewährleisten und den technischen Entwicklungen auf den Finanzmärkten Rechnung zu tragen, entwickelt die ESMA Entwürfe technischer Regulierungsstandards, um die nach Absatz 2 erforderlichen Informationen zu präzisieren.

Der Kommission wird die Befugnis übertragen, die in Unterabsatz 1 genannten technischen Regulierungsstandards nach den Artikeln 10 bis 14 der Verordnung (EU) Nr. 1095/2010 zu erlassen.

Um einheitliche Bedingungen für die Anwendung des Absatzes 2 zu gewährleisten und zur Berücksichtigung der technischen Entwicklungen auf den Finanzmärkten kann die ESMA Entwürfe technischer Durchführungsstandards entwickeln, um Standardformulare, Mustertexte und Verfahren für die Zusammenarbeit und den Informationsaustausch zwischen den zuständigen Behörden festzulegen.

Der Kommission wird die Befugnis übertragen, die in Unterabsatz 3 genannten technischen Durchführungsstandards nach Artikel 15 der Verordnung (EU) Nr. 1095/2010 zu erlassen.

Art. 23 Vorsichtsmaßnahmen (1) Stellt die zuständige Behörde des Aufnahmemitgliedstaats fest, dass vom Emittenten oder von den mit der Platzierung des öffentlichen Angebots beauftragten Finanzinstituten Unregelmäßigkeiten begangen worden sind oder dass der Emittent den Pflichten, die ihm aus der Zulassung der Wertpapiere zum Handel an einem geregelten Markt erwachsen, nicht nachgekommen ist, so befasst sich die zuständige Behörde des Herkunftsmitgliedstaats und die ESMA mit diesen Feststellungen.

(2) Verstößt der Emittent oder das mit der Platzierung des öffentlichen Angebots beauftragte Finanzinstitut trotz der von der zuständigen Behörde des Herkunftsmitgliedstaats ergriffenen Maßnahmen oder weil sich diese als unzweckmäßig erweisen, weiterhin gegen die einschlägigen Rechts- oder Verwaltungsbestimmungen, so ergreift die zuständige Behörde des Aufnahmemitgliedstaats nach vorheriger Unterrichtung der zuständigen Behörde des Herkunftsmitgliedstaats und der ESMA alle für den Schutz der Anleger erforderli-

---

19 ABl. L 331 vom 15.12.2010, S.1.

chen Maßnahmen und unterrichtet die Kommission und die ESMA so bald wie möglich davon.

Kapitel VII – Durchführungsmaßnahmen

Art. 24 Ausschuss (1) Die Kommission wird von dem durch den Beschluss 2001/528/ EG eingesetzten Europäischen Wertpapierausschuss unterstützt (im Folgenden „Ausschuss" genannt).

(2) Wird auf diesen Absatz Bezug genommen, so gelten die Artikel 5 und 7 des Beschlusses 1999/468/EG unter Beachtung von dessen Artikel 8, sofern die nach diesem Verfahren erlassenen Durchführungsmaßnahmen die wesentlichen Bestimmungen dieser Richtlinie nicht ändern.

Der Zeitraum nach Artikel 5 Absatz 6 des Beschlusses 1999/468/EG wird auf drei Monate festgesetzt.

(2a) Wird auf diesen Absatz Bezug genommen, so gelten Artikel 5a Absätze 1 bis 4 und Artikel 7 des Beschlusses 1999/468/EG unter Beachtung von dessen Artikel 8.

(3) Bis 31. Dezember 2010 und danach mindestens alle drei Jahre überprüft die Kommission die Vorschriften für ihre Durchführungsbefugnisse und legt dem Europäischen Parlament und dem Rat einen Bericht über das Funktionieren dieser Befugnisse vor. In dem Bericht wird insbesondere geprüft, ob die Kommission Änderungen zu dieser Richtlinie vorschlagen muss, um den angemessenen Umfang der ihr übertragenen Durchführungsbefugnisse zu gewährleisten. Die Schlussfolgerung, ob eine Änderung erforderlich ist oder nicht, muss eine detaillierte Begründung enthalten. Erforderlichenfalls wird dem Bericht ein Legislativvorschlag zur Änderung der Vorschriften für die Übertragung der Durchführungsbefugnisse an die Kommission beigefügt.

Art 24a Ausübung der Befugnisübertragung (1) Die Befugnis zum Erlass der in Artikel 1 Absatz 4, Artikel 2 Absatz 4, Artikel 3 Absatz 4, Artikel 4 Absatz 1 Unterabsatz 5, Artikel 5 Absatz 5, Artikel 7 Absatz 1, Artikel 8 Absatz 4, Artikel 11 Absatz 3, Artikel 13 Absatz 7, Artikel 14 Absatz 8, Artikel 15 Absatz 7 und Artikel 20 Absatz 3 Unterabsatz 1 genannten delegierten Rechtsakte wird der Kommission für einen Zeitraum von vier Jahren ab dem 31. Dezember 2010 übertragen. Die Kommission legt spätestens sechs Monate vor Ablauf des Zeitraums von vier Jahren einen Bericht über die übertragenen Befugnisse vor. Die Befugnisübertragung verlängert sich automatisch um Zeiträume gleicher Länge, es sei denn das Europäische Parlament oder der Rat widerrufen sie gemäß Artikel 24b.

(2) Sobald die Kommission einen delegierten Rechtsakt erlässt, übermittelt sie ihn gleichzeitig dem Europäischen Parlament und dem Rat.

(3) Die der Kommission übertragene Befugnis zum Erlass delegierter Rechtsakte unterliegt den in den Artikeln 24b und 24c genannten Bedingungen.

Artikel 24b Widerruf der Befugnisübertragung (1) Die in Artikel 1 Absatz 4, Artikel 2 Absatz 4, Artikel 3 Absatz 4, Artikel 4 Absatz 1 Unterabsatz 5, Artikel 5 Absatz 5, Artikel 7 Absatz 1, Artikel 8 Absatz 4, Artikel 11 Absatz 3, Artikel 13 Absatz 7, Artikel 14 Absatz 8, Artikel 15 Absatz 7 oder Artikel 20 Absatz 3 Unterabsatz 1 genannte Befugnisübertragung kann vom Europäischen Parlament oder vom Rat jederzeit widerrufen werden.

(2) Das Organ, das ein internes Verfahren eingeleitet hat, um zu beschließen, ob eine Befugnisübertragung widerrufen werden soll, bemüht sich, das andere Organ und die Kom-

mission innerhalb einer angemessenen Frist vor der endgültigen Beschlussfassung zu unterrichten, unter Nennung der übertragenen Befugnisse, die widerrufen werden könnten.

(3) Der Beschluss über den Widerruf beendet die Übertragung der in diesem Beschluss angegebenen Befugnisse. Er wird sofort oder zu einem darin angegebenen späteren Zeitpunkt wirksam. Die Gültigkeit von delegierten Rechtsakten, die bereits in Kraft sind, wird davon nicht berührt. Der Beschluss wird im *Amtsblatt der Europäischen Union* veröffentlicht.

Artikel 24c Einwände gegen delegierte Rechtsakte (1) Das Europäische Parlament oder der Rat können gegen einen delegierten Rechtsakt innerhalb einer Frist von drei Monaten ab dem Datum der Übermittlung Einwände erheben.

Auf Initiative des Europäischen Parlaments oder des Rates wird diese Frist um drei Monate verlängert.

(2) Haben bei Ablauf der in Absatz 1 genannten Frist weder das Europäische Parlament noch der Rat Einwände gegen den delegierten Rechtsakt erhoben, so wird der delegierte Rechtsakte im *Amtsblatt der Europäischen Union* veröffentlicht und tritt zu dem darin genannten Zeitpunkt in Kraft.

Der delegierte Rechtsakt kann vor Ablauf dieser Frist im *Amtsblatt der Europäischen Union* veröffentlicht werden und in Kraft treten, wenn das Europäische Parlament und der Rat beide der Kommission mitgeteilt haben, dass sie nicht die Absicht haben, Einwände zu erheben.

(3) Erheben das Europäische Parlament oder der Rat innerhalb der in Absatz 1 genannten Frist Einwände gegen einen delegierten Rechtsakt, so tritt dieser nicht in Kraft. Gemäß Artikel 296 des Vertrags über die Arbeitsweise der Europäischen Union gibt das Organ, das Einwände erhebt, die Gründe für seine Einwände gegen den delegierten Rechtsakt an.

Art. 25 Sanktionen (1) Unbeschadet des Rechts der Mitgliedstaaten, strafrechtliche Sanktionen zu verhängen, und unbeschadet ihrer zivilrechtlichen Haftungsvorschriften stellen die Mitgliedstaaten im Einklang mit ihrem innerstaatlichen Recht sicher, dass gegen Personen, die eine Missachtung der zur Durchführung dieser Richtlinie erlassenen Bestimmungen zu verantworten haben, angemessene Verwaltungsmaßnahmen getroffen oder Verwaltungssanktionen verhängt werden können. Die Mitgliedstaaten stellen sicher, dass diese Maßnahmen wirksam, verhältnismäßig und abschreckend sind.

(2) Die Mitgliedstaaten sehen vor, dass die zuständige Behörde alle Maßnahmen und Sanktionen, die wegen eines Verstoßes gegen die nach dieser Richtlinie erlassenen Bestimmungen verhängt wurden, öffentlich bekannt machen kann, sofern dies die Stabilität der Finanzmärkte nicht ernsthaft gefährdet oder den Beteiligten keinen unverhältnismäßigen Schaden zufügt.

Art. 26 Rechtsmittel Die Mitgliedstaaten stellen sicher, dass gegen Entscheidungen, die in Anwendung der gemäß dieser Richtlinie erlassenen Rechts- und Verwaltungsvorschriften getroffen werden, Rechtsmittel eingelegt werden können.

Kapitel VIII – Übergangs- und Schlussbestimmungen

Art. 27-33 *Umsetzungsfrist, Übergangsregeln, Änderungen anderer Richtlinien (dort berücksichtigt) und Adressaten – nicht abgedruckt.*

Anhang I – Prospekt

I Zusammenfassung

In der Zusammenfassung sind auf wenigen Seiten die wichtigsten Informationen des Prospekts zusammenzufassen, wobei zumindest folgende Punkte enthalten sein müssen:

A. Identität der Geschäftsführer, der Mitglieder des Vorstands, des Aufsichts- bzw. Verwaltungsrats, der Mitglieder der Unternehmensleitung, der Berater und der Abschlussprüfer

B. Angebotsstatistiken und voraussichtlicher Zeitplan

C. Grundlegende Informationen zu ausgewählten Finanzdaten; Kapitalausstattung und Verschuldung; Gründe für das Angebot und Verwendung der Erlöse; Risikofaktoren

D. Informationen über den Emittenten
 – Geschichte und Entwicklung des Unternehmens
 – Überblick über die Geschäftstätigkeit

E. Betriebsergebnis, Finanzlage und Aussichten des Unternehmens
 – Forschung und Entwicklung, Patente und Lizenzen usw.
 – Tendenzen

F. Aufsichts- bzw. Verwaltungsrat, Unternehmensleitung und Arbeitnehmer

G. Hauptaktionäre und Geschäfte mit verbundenen Parteien

H. Finanzinformationen:
 – Konsolidierter Abschluss und sonstige Finanzinformationen
 – Wesentliche Veränderungen

I. Einzelheiten zum Wertpapierangebot und zur Zulassung zum Handel
 – Angebot und Zulassung zum Handel
 – Plan für den Vertrieb der Wertpapiere
 – Märkte
 – Wertpapierinhaber, die ihre Papiere veräußern
 – Verwässerung (lediglich für Dividendenwerte)
 – Emissionskosten

J. Zusätzliche Angaben
 – Aktienkapital
 – Gründungsurkunde und Satzung
 – Einsehbare Dokumente

II. Identität der Geschäftsführer, der Mitglieder des Vorstands, des Aufsichts- bzw. Verwaltungsrats, der Mitglieder der Unternehmensleitung, der Berater und der Abschlussprüfer

Hier sind die Vertreter des Unternehmens und andere Personen zu nennen, die an dem Wertpapierangebot des Unternehmens bzw. der Zulassung dieser Wertpapiere zum Handel mitwirken; dabei handelt es sich um die Personen, die für die Erstellung des Prospekts gemäß Artikel 5 der Richtlinie verantwortlich sind, sowie diejenigen, die für die Prüfung des Jahresabschlusses zuständig sind.

III Angebotsstatistiken und voraussichtlicher Zeitplan

Hier sind die grundlegende Angaben zur Abwicklung des Angebots und zur Vorlage wichtiger Daten zu diesem Angebot zu machen.

A. Angebotsstatistiken

B. Methode und voraussichtlicher Zeitplan

IV. Grundlegende Informationen

Hier ist ein kurzer Überblick über die Finanzlage, die Kapitalausstattung des Unternehmens und über Risikofaktoren zu geben. Wird der in diesem Dokument enthaltene Jahresabschluss in neuer Form dargestellt, um wesentlichen Änderungen in der Gruppenstruktur des Unternehmens bzw. in den Rechnungslegungsstrategien Rechnung zu tragen, so müssen die ausgewählten Finanzdaten ebenfalls geändert werden.

A. Ausgewählte Finanzdaten

B. Kapitalausstattung und Verschuldung

C. Gründe für das Angebot und Verwendung der Erlöse

D. Risikofaktoren

V. Informationen über das Unternehmen

Hier sind Angaben zur Geschäftstätigkeit des Unternehmens, zu seinen Erzeugnissen oder Dienstleistungen und zu den Faktoren, die seine Geschäftstätigkeit beeinflussen, zu machen. Ferner sind hier Angaben zur Angemessenheit und Zweckmäßigkeit der Sachanlagen des Unternehmens sowie zu seinen Plänen für künftige Kapazitätssteigerungen oder -senkungen zu machen.

A. Geschichte und Entwicklung des Unternehmens

B. Überblick über die Geschäftstätigkeit

C. Organisationsstruktur

D. Sachanlagen

VI. Betriebsergebnis, Finanzlage und Aussichten des Unternehmens

Hier soll die Unternehmensleitung erläutern, welche Faktoren die Finanzlage des Unternehmens und das Betriebsergebnis im Bilanzzeitraum beeinflusst haben. Darüber hinaus soll die Unternehmensleitung die Faktoren und Entwicklungen bewerten, die voraussichtlich die Finanzlage des Unternehmens und das Betriebsergebnis in künftigen Geschäftsjahren wesentlich beeinflussen werden.

A. Betriebsergebnis

B. Liquidität und Kapitalausstattung

C. Forschung und Entwicklung, Patente und Lizenzen usw.

D. Tendenzen

VII. Aufsichts- bzw. Verwaltungsrat, Unternehmensleitung und Arbeitnehmer

Hier sind Angaben zum Aufsichts- bzw. Verwaltungsrat und zur Unternehmensleitung zu machen, anhand deren die Anleger die Erfahrungen und Qualifikationen dieser Personen und ihre Vergütung sowie ihr Verhältnis zum Unternehmen beurteilen können.

A. Aufsichts- bzw. Verwaltungsrat und Unternehmensleitung

B. Vergütung

C. Arbeitsweise des Aufsichts- bzw. Verwaltungsrats

D. Arbeitnehmer

E. Aktienbesitz

VIII. Hauptaktionäre und Geschäfte mit verbundenen Parteien

Hier sind Angaben zu den Hauptaktionären und sonstigen Personen, die das Unternehmen kontrollieren oder kontrollieren können, zu machen. Ferner sind Informationen über Geschäfte des Unternehmens mit verbundenen Personen zu geben, aus denen auch hervorgehen muss, ob die Bedingungen dieser Geschäfte für das Unternehmen angemessen sind.

A. Hauptaktionäre

B. Geschäfte mit verbundenen Parteien

C. Interessen von Sachverständigen und Beratern

IX. Finanzinformationen

Hier ist anzugeben, welche Finanzausweise in das Dokument aufgenommen werden müssen; ferner muss die Rubrik den Bilanzzeitraum, das Datum der Erstellung des Jahresabschlusses und sonstige Informationen finanzieller Art enthalten. Die auf die Erstellung und Prüfung des Jahresabschlusses anzuwendenden Rechnungslegungs- und Abschlussprüfungsgrundsätze richten sich nach den internationalen Rechnungslegungs- und Abschlussprüfungsstandards.

A. Konsolidierter Abschluss und sonstige Finanzinformationen

B. Wesentliche Veränderungen

X. Einzelheiten zum Wertpapierangebot und zur Zulassung zum Handel

Hier sind Angaben zum Wertpapierangebot und zur Zulassung der Wertpapiere zum Handel sowie zum Plan für den Vertrieb der Wertpapiere und damit verbundenen Fragen zu machen.

A. Angebot und Zulassung zum Handel

B. Plan für den Vertrieb der Wertpapiere

C. Märkte

D. Wertpapierinhaber, die ihre Papiere veräußern

E. Verwässerung (lediglich für Dividendenwerte)

F. Emissionskosten

XI. Zusätzliche Angaben

Hier sind die – größtenteils gesetzlich vorgeschriebenen – Angaben zu machen, die unter keine andere Rubrik des Prospekts fallen.

A. Aktienkapital

B. Gründungsurkunde und Satzung

C. Wichtige Verträge

D. Devisenkontrollen

E. Besteuerung

F. Dividenden und Zahlstellen

G. Sachverständigenerklärung

H. Einsehbare Dokumente

I. Informationen über Tochtergesellschaften

Anhang II – Registrierungsformular

I. Identität der Geschäftsführer, der Mitglieder des Vorstands, des Aufsichts- bzw. Verwaltungsrats, der Mitglieder der Unternehmensleitung, der Berater und der Abschlussprüfer

Hier sind die Vertreter des Unternehmens und andere Personen zu nennen, die an dem Wertpapierangebot des Unternehmens bzw. der Zulassung dieser Wertpapiere zum Handel mitwirken; dabei handelt es sich um die Personen, die für die Erstellung des Prospekts gemäß Artikel 5 der Richtlinie verantwortlich sind, sowie diejenigen, die für die Prüfung des Jahresabschlusses zuständig sind.

II. Grundlegende Informationen zum Emittenten

Hier ist ein kurzer Überblick über die Finanzlage, die Kapitalausstattung des Unternehmens und über Risikofaktoren zu geben. Wird der in diesem Dokument enthaltene

Jahresabschluss in neuer Form dargestellt, um wesentlichen Änderungen in der Gruppenstruktur des Unternehmens bzw. in den Rechnungslegungsstrategien Rechnung zu tragen, so müssen die ausgewählten Finanzdaten ebenfalls geändert werden.

    A. Ausgewählte Finanzdaten

    B. Kapitalausstattung und Verschuldung

    C. Risikofaktoren

III. Informationen über das Unternehmen

Hier sind Angaben zur Geschäftstätigkeit des Unternehmens, zu seinen Erzeugnissen oder Dienstleistungen und zu den Faktoren, die seine Geschäftstätigkeit beeinflussen, zu machen. Ferner sind hier Angaben zur Angemessenheit und Zweckmäßigkeit der Sachanlagen des Unternehmens sowie zu seinen Plänen für künftige Kapazitätssteigerungen oder -senkungen zu machen.

    A. Geschichte und Entwicklung des Unternehmens

    B. Überblick über die Geschäftstätigkeit

    C. Organisationsstruktur

    D. Sachanlagen

IV. Betriebsergebnis, Finanzlage und Aussichten des Unternehmens

Hier soll die Unternehmensleitung erläutern, welche Faktoren die Finanzlage des Unternehmens und das Betriebsergebnis im Bilanzzeitraum beeinflusst haben. Darüber hinaus soll die Unternehmensleitung die Faktoren und Entwicklungen bewerten, die voraussichtlich die Finanzlage des Unternehmens und das Betriebsergebnis in künftigen Geschäftsjahren wesentlich beeinflussen werden.

    A. Betriebsergebnis

    B. Liquidität und Kapitalausstattung

    C. Forschung und Entwicklung, Patente und Lizenzen usw.

    D. Tendenzen

V. Aufsichts- bzw. Verwaltungsrat, Unternehmensleitung und Arbeitnehmer

Hier sind Angaben zum Aufsichts- bzw. Verwaltungsrat und zur Unternehmensleitung zu machen, anhand deren die Anleger die Erfahrungen und Qualifikationen dieser Personen und ihre Vergütung sowie ihr Verhältnis zum Unternehmen beurteilen.

    A. Aufsichts- bzw. Verwaltungsrat und Unternehmensleitung

    B. Vergütung

    C. Arbeitsweise des Aufsichts- bzw. Verwaltungsrats

    D. Arbeitnehmer

    E. Aktienbesitz

VI. Hauptaktionäre und Geschäfte mit verbundenen Parteien

Hier sind Angaben zu den Hauptaktionären und sonstigen Personen, die das Unternehmen kontrollieren oder kontrollieren können, zu machen. Ferner sind Informationen über Geschäfte des Unternehmens mit verbundenen Personen vorzulegen, aus denen auch hervorgehen muss, ob die Bedingungen dieser Geschäfte für das Unternehmen angemessen sind.

    A. Hauptaktionäre

    B. Geschäfte mit verbundenen Parteien

    C. Interessen von Sachverständigen und Beratern

VII. Finanzinformationen

Hier ist anzugeben, welche Finanzausweise in das Dokument aufgenommen werden müssen; ferner muss die Rubrik den Bilanzzeitraum, das Datum der Erstellung des Jahresabschlusses und sonstige Informationen finanzieller Art enthalten. Die auf die Erstellung und Prüfung des Jahresabschlusses anzuwendenden Rechnungslegungs- und Abschlussprüfungsgrundsätze richten sich nach den internationalen Rechnungslegungs- und Abschlussprüfungsstandards.

A. Konsolidierter Abschluss und sonstige Finanzinformationen

B. Wesentliche Veränderungen

VIII. Zusätzliche Angaben

Hier sind die – größtenteils gesetzlich vorgeschriebenen – Angaben zu machen, die unter keine andere Rubrik des Prospekts fallen.

A. Aktienkapital

B. Gründungsurkunde und Satzung

C. Wichtige Verträge

D. Sachverständigenerklärung

E. Einsehbare Dokumente

F. Informationen über Tochtergesellschaften

Anhang III – Wertpapierbeschreibung

I. Identität der Geschäftsführer, der Mitglieder des Vorstands, des Aufsichts- bzw. Verwaltungsrats, der Mitglieder der Unternehmensleitung, der Berater und der Abschlussprüfer

Hier sind die Vertreter des Unternehmens und andere Personen zu nennen, die an dem Wertpapierangebot des Unternehmens bzw. der Zulassung dieser Wertpapiere zum Handel mitwirken. Dabei handelt es sich um die Personen, die für die Erstellung des Prospekts verantwortlich sind, sowie um diejenigen, die für die Prüfung des Jahresabschlusses zuständig sind.

II. Angebotsstatistiken und voraussichtlicher Zeitplan

Hier sind die grundlegenden Angaben zur Abwicklung des Angebots und zur Vorlage wichtiger Daten zu diesem Angebot zu machen.

A. Angebotsstatistiken

B. Methode und voraussichtlicher Zeitplan

III. Grundlegende Informationen zum Emittenten

Hier ist ein kurzer Überblick über die Finanzlage, die Kapitalausstattung des Unternehmens und über Risikofaktoren zu geben. Wird der in diesem Dokument enthaltene Jahresabschluss in neuer Form dargestellt, um wesentlichen Änderungen in der Gruppenstruktur des Unternehmens bzw. in den Rechnungslegungsstrategien Rechnung zu tragen, so müssen die ausgewählten Finanzdaten ebenfalls geändert werden.

A. Kapitalausstattung und Verschuldung

B. Gründe für das Angebot und Verwendung der Erlöse

C. Risikofaktoren

IV. Interessen von Sachverständigen

Hier sind Angaben zu Geschäften zu machen, die das Unternehmen mit Sachverständigen oder Beratern getätigt hat, die auf Basis von Erfolgshonoraren beschäftigt werden.

V. Einzelheiten zum Wertpapierangebot und zur Zulassung zum Handel

Hier sind Angaben zum Wertpapierangebot und zur Zulassung der Wertpapiere zum Handel sowie zum Plan für den Vertrieb der Wertpapiere und damit verbundenen Fragen zu machen.

   A. Angebot und Zulassung zum Handel

   B. Plan für den Vertrieb der Wertpapiere

   C. Märkte

   D. Wertpapierinhaber, die ihre Papiere veräußern

   E. Verwässerung (lediglich für Dividendenwerte)

   F. Emissionskosten

VI. Zusätzliche Angaben

Hier sind die – größtenteils gesetzlich vorgeschriebenen – Angaben zu machen, die unter keine andere Rubrik des Prospekts fallen.

   A. Devisenkontrollen

   B. Besteuerung

   C. Dividenden und Zahlstellen

   D. Sachverständigenerklärung

   E. Einsehbare Dokumente

Anhang IV – Zusammenfassung

In der Zusammenfassung sind auf wenigen Seiten die wichtigsten Informationen des Prospekts zusammenzufassen, wobei zumindest folgende Punkte enthalten sein müssen:

– Identität der Geschäftsführer, der Mitglieder des Vorstands, des Aufsichts- bzw. Verwaltungsrats, der Mitglieder der Unternehmensleitung, der Berater und der Abschlussprüfer

– Angebotsstatistiken und voraussichtlicher Zeitplan

– Grundlegende Informationen zu ausgewählten Finanzdaten; Kapitalausstattung und Verschuldung; Gründe für das Angebot und Verwendung der Erlöse; Risikofaktoren

– Informationen über den Emittenten

   – Geschichte und Entwicklung des Unternehmens

   – Überblick über die Geschäftstätigkeit

   – Betriebsergebnis, Finanzlage und Aussichten des Unternehmens

   – Forschung und Entwicklung, Patente und Lizenzen usw.

   – Tendenzen

– Aufsichts- bzw. Verwaltungsrat, Unternehmensleitung und Arbeitnehmer

– Hauptaktionäre und Geschäfte mit verbundenen Parteien

– Finanzinformationen

   – Konsolidierter Abschluss und sonstige Finanzinformationen

   – Wesentliche Veränderungen

– Einzelheiten zum Wertpapierangebot und zur Zulassung zum Handel

   – Angebot und Zulassung zum Handel

   – Plan für den Vertrieb der Wertpapiere

   – Märkte

   – Wertpapierinhaber, die ihre Papiere veräußern

   – Verwässerung (lediglich für Dividendenwerte)

   – Emissionskosten

- Zusätzliche Angaben
    - Aktienkapital
    - Gründungsurkunde und Satzung
    - Einsehbare Dokumente

4.11 Richtlinie 2004/109/EG des Europäischen Parlaments und des Rates vom 15. Dezember 2004 zur Harmonisierung der Transparenzanforderungen in Bezug auf Informationen über Emittenten, deren Wertpapiere zum Handel auf einem geregelten Markt zugelassen sind, und zur Änderung der Richtlinie 2001/34/EG [Transparenz-RL]

ABl. 2004 L 390/38

DAS EUROPÄISCHE PARLAMENT UND DER RAT DER EUROPÄISCHEN UNION –
gestützt auf den Vertrag zur Gründung der Europäischen Gemeinschaft, insbesondere auf die Artikel 44 und 95,
auf Vorschlag der Kommission,
nach Stellungnahme des Europäischen Wirtschafts- und Sozialausschusses[1],
nach Stellungnahme der Europäischen Zentralbank[2],
gemäß dem Verfahren des Artikels 251 des Vertrags[3],
in Erwägung nachstehender Gründe:

(1) Effiziente, transparente und integrierte Wertpapiermärkte tragen zu einem echten Binnenmarkt in der Gemeinschaft bei, ermöglichen eine bessere Kapitalallokation und eine Senkung der Kosten und begünstigen so das Wachstum und die Schaffung von Arbeitsplätzen. Die rechtzeitige Bekanntgabe zuverlässiger und umfassender Informationen über Wertpapieremittenten stärkt das Vertrauen der Anleger nachhaltig und ermöglicht eine fundierte Beurteilung ihres Geschäftsergebnisses und ihrer Vermögenslage. Dies erhöht sowohl den Anlegerschutz als auch die Markteffizienz.

(2) Aus diesem Grund sollten Wertpapieremittenten durch regelmäßige Informationen ein angemessenes Maß an Transparenz für die Anleger gewährleisten. Aus dem gleichen Grund sollten auch Aktionäre sowie natürliche oder juristische Personen, die Stimmrechte oder Finanzinstrumente halten, die ihrem Inhaber das Recht verleihen, bestehende mit Stimmrechten ausgestattete Aktien zu erwerben, die Emittenten über den Erwerb von oder andere Veränderungen in bedeutenden Beteiligungen informieren, damit diese die Öffentlichkeit laufend informieren können.

(3) In der Kommissionsmitteilung „Umsetzung des Finanzmarktrahmens: Aktionsplan" vom 11. Mai 1999 werden eine Reihe von Maßnahmen genannt, die zur Vollendung des Binnenmarkts für Finanzdienstleistungen erforderlich sind. Der Europäische Rat vom März 2000 in Lissabon rief dazu auf, diesen Aktionsplan bis 2005 umzusetzen. In dem Aktionsplan wird nachdrücklich auf die Notwendigkeit einer Richtlinie zur Aktualisierung der Transparenzanforderungen hingewiesen. Diese Notwendigkeit wurde vom Europäischen Rat im März 2002 in Barcelona bekräftigt.

(4) Diese Richtlinie sollte mit den Aufgaben und Pflichten vereinbar sein, die dem Europäischen System der Zentralbanken (ESZB) und den Zentralbanken der Mitgliedstaaten durch den Vertrag und die Satzung des Europäischen Systems der Zentralbanken und der Europäischen Zentralbank übertragen wurden; dabei ist besonderes Augenmerk auf die Zentralbanken der Mitgliedstaaten zu richten, deren Aktien derzeit zum Handel an einem geregelten Markt zugelassen sind, um die Verfolgung der vorrangigen Ziele des Gemeinschaftsrechts zu gewährleisten.

(5) Eine größere Harmonisierung der nationalen Rechtsvorschriften über die Pflichten der Wertpapieremittenten in Bezug auf die regelmäßige und die laufende Information würde gemeinschaftsweit zu einem hohen Niveau beim Anlegerschutz führen. Die bestehenden Gemeinschaftsvorschriften für Anteile, die von Organismen für gemeinsame Anlagen eines anderen als des geschlossenen Typs ausgegeben werden, oder Anteile, die im Rahmen derartiger Organismen erworben oder veräußert werden, bleiben jedoch von dieser Richtlinie unberührt.

(6) Für die Zwecke dieser Richtlinie sollte die Beaufsichtigung eines Emittenten von Aktien oder von Schuldtiteln mit einer Stückelung von weniger als 1 000 EUR am besten durch den Mitgliedstaat erfolgen, in dem der Emittent seinen Sitz hat. In diesem Punkt ist auf jeden Fall für Kohärenz mit der

---

1 ABl. C 80 vom 30.3.2004, S. 128.
2 ABl. C 242 vom 9.10.2003, S. 6.
3 Stellungnahme des Europäischen Parlaments vom 30.3.2004 (ABl. C 103 E vom 29.4.2004, S. 376) und Beschluss des Rates vom 2.12.2004.

Richtlinie 2003/71/EG des Europäischen Parlaments und des Rates vom 4. November 2003 betreffend den Prospekt, der beim öffentlichen Angebot von Wertpapieren oder bei deren Zulassung zum Handel zu veröffentlichen ist[4], zu sorgen. Auch sollte ein gewisses Maß an Flexibilität eingeräumt und Emittenten aus einem Drittland sowie Unternehmen aus der Gemeinschaft, die nur andere als die oben genannten Wertpapiere begeben, die Wahl des Herkunftsmitgliedstaats überlassen werden.

(7) Ein gemeinschaftsweit hoher Anlegerschutz würde es ermöglichen, Hindernisse für die Zulassung von Wertpapieren zu geregelten Märkten, die in einem Mitgliedstaat gelegen sind oder dort betrieben werden, zu beseitigen. Andere Mitgliedstaaten als der Herkunftsmitgliedstaat sollten die Zulassung von Wertpapieren zu ihren geregelten Märkten nicht länger dadurch beschränken dürfen, dass sie Emittenten, deren Wertpapiere zum Handel an einem geregelten Markt zugelassen sind, strengeren Anforderungen in Bezug auf die regelmäßige und die laufende Information unterwerfen.

(8) Die Beseitigung von Hindernissen durch die Anwendung des Herkunftsstaatsprinzips gemäß dieser Richtlinie sollte von diesem nicht erfasste Bereiche, wie das Recht der Aktionäre, in die Geschäftsführung eines Emittenten einzugreifen, nicht berühren. Sie sollte darüber hinaus auch keine Auswirkungen auf das Recht des Herkunftsmitgliedstaats haben, den Emittenten zusätzlich die Veröffentlichung der gesamten vorgeschriebenen Informationen oder von Teilen hiervon in Zeitungen vorzuschreiben.

(9) Die Verordnung (EG) Nr. 1606/2002 des Europäischen Parlaments und des Rates vom 19. Juli 2002 betreffend die Anwendung internationaler Rechnungslegungsstandards[5] hat bereits den Weg für eine gemeinschaftsweite Annäherung der Bilanzierungsgrundsätze für Emittenten geebnet, deren Wertpapiere zum Handel an einem geregelten Markt zugelassen sind und die eine konsolidierten Abschluss erstellen müssen. Damit ist neben dem in den Gesellschaftsrechtsrichtlinien für alle Unternehmen festgelegten allgemeinen System bereits eine spezielle Regelung für Wertpapieremittenten geschaffen. Diese Richtlinie baut – was die Vorlage von Jahres- und Zwischenberichten angeht – auf diesem Konzept auf sowie auf dem Grundsatz, dass diese Berichte ein den tatsächlichen Verhältnissen entsprechendes Bild der Vermögens-, Finanz- und Ertragslage des Emittenten vermitteln müssen. Ein verkürzter Abschluss als Teil eines Halbjahresfinanzberichts ist ebenfalls ausreichend, um ein den tatsächlichen Verhältnissen entsprechendes Bild der ersten sechs Monate des Geschäftsjahres eines Emittenten zu vermitteln.

(10) Ein Jahresfinanzbericht sollte sicherstellen, dass jedes Jahr Informationen veröffentlicht werden, sobald die Wertpapiere eines Emittenten an einem geregelten Markt zugelassen sind. Die Schaffung einer besseren Vergleichbarkeit von Jahresfinanzberichten ist für die Anleger an Wertpapiermärkten nur dann von Nutzen, wenn sie sicher sein können, dass diese innerhalb eines festgesetzten Zeitraums nach Ablauf des Geschäftsjahres veröffentlicht werden. In Bezug auf Schuldtitel, die vor dem 1. Januar 2005 zum Handel an einem geregelten Markt zugelassen waren und die von einem Emittenten mit Sitz in einem Drittland begeben wurden, kann der Herkunftsmitgliedstaat es dem Emittenten unter bestimmten Bedingungen gestatten, keine Jahresfinanzberichte gemäß den Anforderungen dieser Richtlinie aufzustellen.

(11) Diese Richtlinie schreibt den Emittenten von zum Handel an einem geregelten Markt zugelassenen Aktien umfassendere Halbjahresfinanzberichte vor. Dadurch sollen die Anleger in die Lage versetzt werden, eine besser fundierte Beurteilung der Lage des Emittenten vorzunehmen.

(12) Ein Herkunftsmitgliedstaat kann die Emittenten von Schuldtiteln von der Verpflichtung zur Vorlage von Halbjahresberichten befreien,
– wenn es sich dabei um Kreditinstitute handelt, die Schuldtitel in geringem Umfang begeben, oder
– wenn es sich dabei um Emittenten handelt, die zum Zeitpunkt des Inkrafttretens der Richtlinie bereits existieren und die ausschließlich Schuldtitel begeben, die vom Herkunftsmitgliedstaat oder einer seiner Gebietskörperschaften unbedingt und unwiderruflich garantiert werden, oder
– während eines Übergangszeitraums von zehn Jahren, jedoch nur in Bezug auf Schuldtitel, die vor dem 1. Januar 2005 zum Handel an einem geregelten Markt zugelassen waren und nur von professionellen Anlegern erworben werden können. Erteilt der Herkunftsmitgliedstaat eine solche Befreiung, so kann diese nicht auf Schuldtitel ausgeweitet werden, die zu einem späteren Zeitpunkt zum Handel an einem geregelten Markt zugelassen werden.

(13) Das Europäische Parlament und der Rat begrüßen es, dass sich die Kommission verpflichtet hat, die Verbesserung der Transparenz im Bereich der Vergütungen, der Gesamthöhe der gezahlten Ver-

---

4   Prospekt-RL, in dieser Sammlung Nr. 4.10.
5   IFRS-VO, in dieser Sammlung Nr. 4.9.

gütungen, einschließlich jeder bedingten oder aufgeschobenen Vergütung, und der Sachleistungen an jedes Mitglied der Verwaltungs-, Geschäftsführungs- und Aufsichtsorgane im Rahmen ihres Aktionsplans „Modernisierung des Gesellschaftsrechts und Verbesserung der Corporate Governance in der Europäischen Union" vom 21. Mai 2003 rasch zu prüfen, sowie ihre Absicht, in naher Zukunft eine Empfehlung zu diesem Thema vorzulegen.

(14) Der Herkunftsmitgliedstaat sollte Emittenten, deren Aktien zum Handel an einem geregelten Markt zugelassen sind und deren Hauptgeschäftsfeld im Bereich der Gewinnung von Bodenschätzen liegt, ermutigen, in ihren Jahresfinanzberichten Zahlungen an Regierungen offen zu legen. Der Herkunftsmitgliedstaat sollte darüber hinaus innerhalb des Rahmens, der auf verschiedenen internationalen Finanzforen aufgestellt wurde, zu mehr Transparenz bei solchen Zahlungen ermutigen.

(15) Diese Richtlinie schreibt auch Emittenten, die nur Schuldtitel für geregelte Märkte begeben, die Erstellung von Halbjahresberichten verbindlich vor. Ausnahmen sollten analog zur Richtlinie 2003/71/EG nur für den Großhandel mit Einzelstückelungen von mindestens 50 000 EUR vorgesehen werden. Für Schuldtitel, die in einer anderen Währung begeben werden, sollten Ausnahmen nur möglich sein, wenn die Einzelstückelung in der betreffenden Währung am Ausgabetag mindestens 50 000 EUR beträgt.

(16) Um pünktlichere und verlässlichere Informationen über das vom Aktienemittenten im Laufe des Geschäftsjahres erzielte Ergebnis zu erhalten, ist auch eine häufigere Zwischenberichterstattung erforderlich. Daher sollte die Verpflichtung eingeführt werden, innerhalb der ersten sechs Monate des Geschäftsjahres eine erste Zwischenmitteilung der Geschäftsführung und innerhalb der zweiten Hälfte des Geschäftsjahres eine zweite Zwischenmitteilung der Geschäftsführung zu veröffentlichen. Aktienemittenten, die bereits Quartalsfinanzberichte veröffentlichen, sollten von der Verpflichtung zur Veröffentlichung von Zwischenmitteilungen der Geschäftsführung ausgenommen werden.

(17) Für den Emittenten, seine Verwaltungs-, Leitungs- oder Aufsichtsorgane oder beim Emittenten verantwortliche Personen sollten angemessene Haftungsregeln gelten, die von jedem Mitgliedstaat in seinen Rechts- und Verwaltungsvorschriften festgelegt werden. Die Mitgliedstaaten sollten das Ausmaß der Haftung frei bestimmen können.

(18) Die Öffentlichkeit sollte über Änderungen bedeutender Beteiligungen an Emittenten unterrichtet werden, deren Aktien an einem in der Gemeinschaft gelegenen oder dort betriebenen geregelten Markt gehandelt werden. Diese Informationen sollten die Anleger in die Lage versetzen, Aktienkäufe oder -verkäufe in voller Kenntnis der geänderten Stimmrechte zu tätigen; dies dürfte auch eine wirksamere Kontrolle der Emittenten von Aktien ermöglichen und insgesamt die Markttransparenz großer Kapitalbewegungen erhöhen. Unter bestimmten Umständen sollten Informationen über Aktien oder Finanzinstrumente im Sinne des Artikels 13, die als Sicherheit hinterlegt sind, erteilt werden.

(19) Artikel 9 und Artikel 10 Buchstabe c) sollten keine Anwendung auf Aktien finden, die den Mitgliedern des ESZB bei der Wahrnehmung ihrer Aufgaben als Währungsbehörden zur Verfügung gestellt oder von diesen bereitgestellt werden, sofern die Stimmrechte aus den betreffenden Aktien nicht ausgeübt werden; der Begriff „kurzfristig" in Artikel 11 bezieht sich in diesem Zusammenhang auf Kreditgeschäfte, die im Einklang mit dem Vertrag und den Rechtsakten der Europäischen Zentralbank (EZB), insbesondere den EZB-Leitlinien über geldpolitische Instrumente und Verfahren und dem System TARGET, und auf Kreditgeschäfte, die im Einklang mit nationalen Vorschriften zur Durchführung vergleichbarer Aufgaben vorgenommen werden.

(20) Damit bestimmte Marktteilnehmer nicht unnötig belastet werden und geklärt wird, wer tatsächlich einen Einfluss auf einen Emittenten ausübt, besteht für Market Maker und Verwahrstellen keine Notwendigkeit einer Mitteilungspflicht für bedeutende Beteiligungen in Form von Aktien oder anderen Finanzinstrumenten im Sinne des Artikels 13, die ihrem Inhaber das Recht verleihen, Aktien zu erwerben, oder für Beteiligungen in Form von Aktien oder Finanzinstrumenten, die ausschließlich zu Abrechnungs- und Abwicklungszwecken im Rahmen von gemeinschaftsweit anzuwendenden Beschränkungen und Garantien erworben wurden. Der Herkunftsmitgliedstaat sollte die Möglichkeit haben, beschränkte Ausnahmen für Aktien, die Kreditinstitute oder Wertpapierfirmen aufgrund ihres Wertpapierhandels halten, zuzulassen.

(21) Damit deutlich gemacht wird, wer innerhalb der Gemeinschaft tatsächlich eine bedeutende Beteiligung in Form von Aktien oder anderen Finanzinstrumenten an einem bestimmten Emittenten hält, sollte von Mutterunternehmen nicht verlangt werden, ihre eigenen Beteiligungen mit den Beteiligungen zusammenzurechnen, die von Organismen für gemeinsame Anlage in Wertpapieren (OGAW) oder Wertpapierfirmen verwaltet werden, sofern diese Organismen oder Firmen ihre Stimmrechte unabhängig von ihren Mutterunternehmen ausüben und bestimmte andere Bedingungen erfüllen.

(22) Bei der laufenden Unterrichtung der Inhaber von zum Handel an einem geregelten Markt zugelassenen Wertpapieren sollte auch weiterhin nach dem Grundsatz der Gleichbehandlung verfahren wer-

den. Dieser gilt nur für gleichrangige Aktionäre und greift deshalb nicht der Frage vor, wie viele Stimmrechte an eine bestimmte Aktie geknüpft sein können. Ebenso sollten die Inhaber gleichrangiger Schuldtitel weiterhin in den Genuss der Gleichbehandlung kommen, und zwar auch im Fall von Schuldtiteln staatlicher Emittenten. Die Unterrichtung der Inhaber von Aktien und/oder Schuldtiteln auf Haupt- oder Gläubigerversammlungen sollte erleichtert werden. Insbesondere im Ausland ansässige Inhaber von Aktien und/oder Schuldtiteln sollten aktiver einbezogen werden und zu diesem Zweck die Möglichkeit erhalten, Stimmrechtsbevollmächtigte zu entsenden. Aus den gleichen Gründen sollte auf einer Haupt- oder Gläubigerversammlung der Inhaber von Aktien und/oder Schuldtiteln über den Einsatz moderner Informations- und Kommunikationstechnologien entschieden werden. In diesem Fall sollten Emittenten Vorkehrungen treffen, um die Inhaber ihrer Aktien und/oder Schuldtitel – soweit es möglich ist, diese zu identifizieren – entsprechend zu informieren.

(23) Zur Beseitigung von Hindernissen und zur wirksamen Durchsetzung der neuen gemeinschaftsweiten Informationspflichten bedarf es auch einer angemessenen Kontrolle durch die zuständige Behörde des Herkunftsmitgliedstaats. Mit dieser Richtlinie sollte wenigstens eine Mindestgarantie für die rechtzeitige Verfügbarkeit dieser Informationen gegeben werden. Aus diesem Grund sollte es in jedem Mitgliedstaat wenigstens ein Hinterlegungs- und Speichersystem geben.

(24) Jede Verpflichtung eines Emittenten, alle laufenden und regelmäßigen Informationen in alle relevanten Sprachen der Mitgliedstaaten zu übersetzen, in denen seine Wertpapiere zum Handel zugelassen sind, fördert nicht die Integration der Wertpapiermärkte, sondern behindert die grenzüberschreitende Zulassung von Wertpapieren zum Handel an geregelten Märkten. Deshalb sollte es dem Emittenten in bestimmten Fällen gestattet sein, die Informationen in einer in internationalen Finanzkreisen gebräuchlichen Sprache vorzulegen. Da besondere Anstrengungen erforderlich sind, um Anleger aus anderen Mitgliedstaaten und Drittländern anzuziehen, sollten die Mitgliedstaaten es Aktionären, Personen, die Stimmrechte ausüben, oder Inhabern von Finanzinstrumenten nicht länger verwehren, die erforderlichen Mitteilungen an den Emittenten in einer in internationalen Finanzkreisen gebräuchlichen Sprache zu übermitteln.

(25) Der Zugang der Anleger zu Informationen über die Emittenten sollte auf Gemeinschaftsebene besser organisiert werden, um die Integration der europäischen Kapitalmärkte stärker zu fördern. Anleger aus anderen Staaten als dem Herkunftsmitgliedstaat des Emittenten sollten Anlegern aus dem Herkunftsmitgliedstaat des Emittenten in Bezug auf den Zugang zu solchen Informationen gleichgestellt werden. Dies könnte erreicht werden, wenn der Herkunftsmitgliedstaat die Einhaltung von Mindestqualitätsanforderungen für die Verbreitung von Informationen innerhalb der gesamten Gemeinschaft auf schnelle und nicht diskriminierende Weise und je nach der Art der vorgeschriebenen Information sicherstellt. Darüber hinaus sollten verbreitete Informationen im Herkunftsmitgliedstaat zentral zur Verfügung gestellt werden, so dass ein europäisches Informationsnetz aufgebaut werden kann, das zu angemessenen Preisen für Kleinanleger zugänglich ist, ohne dass gleichzeitig die Hinterlegungspflichten der Emittenten unnötig verdoppelt werden. Emittenten sollten bei der Wahl der Medien oder der Medienbetreiber für die Verbreitung von Informationen gemäß dieser Richtlinie den freien Wettbewerb nutzen können.

(26) Um für die Anleger den Zugang zu Unternehmensinformationen in allen Mitgliedstaaten weiter zu vereinfachen, sollte es den nationalen Aufsichtsbehörden überlassen bleiben, in enger Abstimmung mit den anderen Beteiligten, insbesondere Wertpapieremittenten, Anlegern, Marktteilnehmern, Betreibern geregelter Märkte und Anbietern von Finanzinformationen, Leitlinien für die Einrichtung elektronischer Verbundnetze zu formulieren.

(27) Um einen wirksamen Anlegerschutz und einen ordnungsgemäßen Betrieb der geregelten Märkte zu gewährleisten, sollten die Regeln, nach denen Emittenten, deren Wertpapiere zum Handel an einem geregelten Markt zugelassen sind, der Veröffentlichung von Informationen verfahren müssen, auch für Emittenten gelten, die keinen Sitz in einem Mitgliedstaat haben und nicht in den Anwendungsbereich von Artikel 48 des Vertrags fallen. Auch sollte sichergestellt werden, dass alle zusätzlichen zweckdienlichen Angaben über Emittenten aus der Gemeinschaft oder einem Drittland, deren Veröffentlichung in einem Drittland, nicht aber in einem Mitgliedstaat vorgeschrieben ist, der Öffentlichkeit in der Gemeinschaft zur Verfügung gestellt werden.

(28) In jedem Mitgliedstaat sollte eine einzige zuständige Behörde benannt werden, die in letzter Instanz für die Überwachung der Einhaltung der auf dieser Richtlinie erlassenen Bestimmungen sowie für die internationale Zusammenarbeit verantwortlich ist. Um Interessenkonflikte zu vermeiden, sollte es sich dabei um eine Verwaltungsbehörde handeln, deren Unabhängigkeit von Wirtschaftsakteuren sichergestellt ist. Die Mitgliedstaaten können jedoch eine weitere zuständige Behörde benennen, die dafür verantwortlich ist, zu prüfen, ob die Informationen im Sinne dieser Richtlinie den einschlägigen Anforderungen an die Berichterstattung entsprechen, und im Falle aufgedeckter Verstöße die entsprechenden Maßnahmen zu ergreifen; dabei muss es sich nicht um eine Verwaltungsbehörde handeln.

(29) Zunehmende grenzüberschreitende Tätigkeiten machen eine Verbesserung der Zusammenarbeit zwischen den nationalen zuständigen Behörden sowie umfassende Bestimmungen über den Informationsaustausch und über Vorsichtsmaßnahmen erforderlich. Die Organisation der Regelungs- und Aufsichtsfunktionen in den einzelnen Mitgliedstaaten sollte einer wirksamen Zusammenarbeit zwischen den zuständigen nationalen Behörden nicht entgegenstehen.

(30) Am 17. Juli 2000 hat der Rat den Ausschuss der Weisen über die Regulierung der europäischen Wertpapiermärkte eingesetzt. In seinem Schlussbericht regte der Ausschuss die Einführung eines neuen Rechtsetzungsverfahrens an und schlug zu diesem Zweck ein Vierstufenkonzept vor, bestehend aus Rahmenprinzipien, technischen Durchführungsmaßnahmen, Zusammenarbeit zwischen den nationalen Wertpapierregulierungsbehörden und Durchsetzung des Gemeinschaftsrechts. Während in dieser Richtlinie lediglich allgemeine Rahmenprinzipien festgeschrieben werden sollten, sollten von der Kommission unter Mithilfe des durch den Beschluss 2001/528/EG der Kommission[6] eingesetzten Europäischen Wertpapierausschusses zu beschließende Durchführungsmaßnahmen die technischen Details festlegen.

(31) In der vom Europäischen Rat von Stockholm im März 2001 angenommenen Entschließung wurde der Schlussbericht des Ausschusses der Weisen und das darin vorgeschlagene Vierstufenkonzept, das die gemeinschaftliche Rechtsetzung im Wertpapierbereich effizienter und transparenter machen soll, gebilligt.

(32) Gemäß dieser Entschließung sollte häufiger auf Durchführungsmaßnahmen zurückgegriffen werden, um sicherzustellen, dass die technischen Bestimmungen der Richtlinie mit Marktentwicklung und Aufsichtspraktiken Schritt halten; ferner sollten für alle Etappen der Durchführungsvorschriften Fristen gesetzt werden.

(33) Das Europäische Parlament hat in seiner Entschließung vom 5. Februar 2002 zur Umsetzung der Rechtsvorschriften für Finanzdienstleistungen den Bericht des Ausschusses der Weisen auf der Grundlage der vom Präsidenten der Kommission am gleichen Tag vor dem Parlament abgegebenen feierlichen Erklärung und des Schreibens des für den Binnenmarkt zuständigen Mitglieds der Kommission vom 2. Oktober 2001 an die Vorsitzende des Ausschusses des Parlaments für Wirtschaft und Währung bezüglich der Sicherung der Rolle des Europäischen Parlaments in diesem Prozess gebilligt.

(34) Das Europäische Parlament sollte vom Zeitpunkt der ersten Übermittlung des Entwurfs von Durchführungsmaßnahmen an drei Monate Zeit haben, um diese zu überprüfen und sich dazu zu äußern. In dringenden und angemessen begründeten Fällen kann diese Frist jedoch verkürzt werden. Nimmt das Parlament innerhalb dieser Frist eine Entschließung an, sollte die Kommission die Entwürfe von Maßnahmen einer erneuten Überprüfung unterziehen.

(35) Um neuen Entwicklungen auf den Wertpapiermärkten Rechnung zu tragen, kann es notwendig sein, technische Durchführungsmaßnahmen für die Vorschriften dieser Richtlinie zu erlassen. Die Kommission sollte deshalb ermächtigt werden, nach Anhörung des Europäischen Wertpapierausschusses Durchführungsmaßnahmen zu erlassen, soweit durch diese Maßnahmen die wesentlichen Bestandteile dieser Richtlinie nicht geändert werden und die Kommission gemäß den Grundsätzen dieser Richtlinie handelt.

(36) Bei Ausübung ihrer Durchführungsbefugnisse im Rahmen dieser Richtlinie sollte sich die Kommission an folgende Grundsätze halten:
- die Notwendigkeit, das Vertrauen der Anleger in die Finanzmärkte durch Förderung eines hohen Maßes an Transparenz auf den Finanzmärkten sicherzustellen;
- die Notwendigkeit, den Anlegern ein breites Spektrum an miteinander konkurrierenden Anlagemöglichkeiten und ein Maß an Offenlegung und Schutz anzubieten, das auf ihre Gegebenheiten zugeschnitten ist;
- die Notwendigkeit, dafür zu sorgen, dass unabhängige Regulierungsbehörden die Vorschriften konsequent durchsetzen, insbesondere bei der Bekämpfung von Wirtschaftskriminalität;
- die Notwendigkeit eines hohen Maßes an Transparenz und einer umfassenden Konsultation aller Marktteilnehmer sowie des Europäischen Parlaments und des Rates;
- die Notwendigkeit, Innovationen auf den Finanzmärkten im Interesse ihrer Dynamik und Effizienz zu fördern;
- die Notwendigkeit, die Marktintegrität durch eine enge und reaktive Überwachung von Innovationen auf den Finanzmärkten sicherzustellen;
- die Bedeutung einer Senkung der Kapitalkosten und eines erleichterten Zugangs zum Kapital;

---

6   Börsen-RL, in dieser Sammlung Nr. 4.12.

- die Notwendigkeit, bei Durchführungsmaßnahmen das Gleichgewicht zwischen Kosten und Nutzen für die Marktteilnehmer einschließlich kleiner und mittlerer Unternehmen und Kleinanlegern langfristig zu wahren;
- die Notwendigkeit, die internationale Wettbewerbsfähigkeit der Finanzmärkte der Gemeinschaft ohne Beeinträchtigung der so notwendigen Ausweitung der internationalen Zusammenarbeit zu fördern;
- die Notwendigkeit, gleiche Bedingungen für alle Marktteilnehmer zu erreichen, indem immer dann, wenn es angemessen ist, gemeinschaftsweite Regelungen getroffen werden;
- die Notwendigkeit, Unterschiede zwischen den nationalen Märkten zu respektieren, sofern sie sich nicht in unzulässiger Weise auf die Kohärenz des Binnenmarkts auswirken;
- die Notwendigkeit, die Kohärenz in Bezug auf andere Rechtsvorschriften der Gemeinschaft in diesem Bereich zu wahren, weil Informationsasymmetrien und mangelnde Transparenz die Funktionsfähigkeit von Märkten gefährden und vor allem Verbrauchern und Kleinanlegern zu Schaden gereichen können.

(37) Um die Einhaltung der nach dieser Richtlinie festgelegten Anforderungen oder der zu ihrer Umsetzung getroffenen Maßnahmen zu gewährleisten, sollten Verstöße gegen diese Anforderungen oder Maßnahmen unverzüglich aufgedeckt und falls notwendig durch Sanktionen geahndet werden. Zu diesem Zweck sollten die Maßnahmen und Sanktionen ausreichend abschreckend und verhältnismäßig sein und konsequent vollstreckt werden. Die Mitgliedstaaten sollten dafür sorgen, dass gegen die Entscheidungen der zuständigen nationalen Behörden vor Gericht Rechtsbehelfe eingelegt werden können.

(38) Mit dieser Richtlinie sollen die derzeitigen Transparenzanforderungen für Wertpapieremittenten und für Anleger, die bedeutende Beteiligungen an Emittenten, deren Aktien zum Handel an einem geregelten Markt zugelassen sind, erwerben oder veräußern, aktualisiert werden. Sie ersetzt einige Anforderungen der Richtlinie 2001/34/EG des Europäischen Parlaments und des Rates vom 28. Mai 2001 über die Zulassung von Wert-papieren zur amtlichen Börsennotierung und über die hinsichtlich dieser Wertpapiere zu veröffentlichenden Informationen[7]. Um die Transparenzanforderungen in einem einzigen Rechtsakt zusammenfassen zu können, muss die letztere entsprechend geändert werden. Diese Änderung sollte jedoch die weiterhin gültige Bestimmung, nach der die Mitgliedstaaten gemäß den Artikeln 42 bis 63 der Richtlinie 2001/34/EG zusätzliche Anforderungen vorschreiben können, nicht berühren.

(39) Diese Richtlinie steht im Einklang mit der Richtlinie 95/46/EG des Europäischen Parlaments und des Rates vom 24. Oktober 1995 zum Schutz natürlicher Personen bei der Verarbeitung personenbezogener Daten und zum freien Datenverkehr[8].

(40) Diese Richtlinie steht im Einklang mit den Grundrechten und Grundsätzen, die insbesondere mit der Charta der Grundrechte der Europäischen Union anerkannt wurden.

(41) Da die Ziele dieser Richtlinie, nämlich durch gemeinschaftsweit gleich hohe Transparenz das Vertrauen der Anleger zu sichern und den Binnenmarkt zu vollenden, nach dem geltenden Gemeinschaftsrecht von den Mitgliedstaaten nicht ausreichend erreicht werden können und daher besser auf Gemeinschaftsebene zu erreichen sind, kann die Gemeinschaft im Einklang mit dem in Artikel 5 des Vertrags niedergelegten Subsidiaritätsprinzip tätig werden. Entsprechend dem in demselben Artikel genannten Verhältnismäßigkeitsprinzip geht diese Richtlinie nicht über das für die Erreichung dieser Ziele erforderliche Maß hinaus.

(42) Die zur Durchführung dieser Richtlinie erforderlichen Maßnahmen sollten gemäß dem Beschluss 1999/468/EG des Rates vom 28. Juni 1999 zur Festlegung der Modalitäten für die Ausübung der der Kommission übertragenen Durchführungsbefugnisse[9] erlassen werden –
HABEN FOLGENDE RICHTLINIE ERLASSEN:

Kapitel I – Allgemeine Bestimmungen

Art. 1 Gegenstand und Anwendungsbereich (1) Diese Richtlinie legt Anforderungen für die Veröffentlichung regelmäßiger und laufender Informationen über Emittenten fest, deren Wertpapiere bereits zum Handel an einem in einem Mitgliedstaat gelegenen oder dort betriebenen geregelten Markt zugelassen sind.

---

7 ABl. L 184 vom 6.7.2001, S. 1. Zuletzt geändert durch die Richtlinie 2003/71/EG.
8 ABl. L 281 vom 23.11.1995, S. 31. Geändert durch die Verordnung (EG) Nr. 1882/2003 (ABl. L 284 vom 31.10.2003, S. 1).
9 ABl. L 184 vom 17.7.1999, S. 23.

(2) Diese Richtlinie gilt weder für Anteile, die von Organismen für gemeinsame Anlagen eines anderen als des geschlossenen Typs ausgegeben werden, noch für Anteile, die im Rahmen derartiger Organismen erworben oder veräußert werden.

(3) Jeder Mitgliedstaat kann von ihm oder von seinen Gebietskörperschaften begebene Wertpapiere, die zum Handel an einem geregelten Markt zugelassen sind, von der Anwendung des Artikels 16 Absatz 3 und des Artikels 18 Absätze 2 bis 4 ausnehmen.

(4) Jeder Mitgliedstaat kann seine nationale Zentralbank in ihrer Eigenschaft als Emittentin von Aktien, die zum Handel an einem geregelten Markt zugelassen sind, von der Anwendung des Artikels 17 ausnehmen, wenn die Aktien vor dem 20. Januar 2005 zum Handel zugelassen wurden.

Art. 2 Begriffsbestimmungen (1) Für die Zwecke dieser Richtlinie gelten folgende Begriffsbestimmungen:

a) „Wertpapiere" sind übertragbare Wertpapiere im Sinne von Artikel 4 Absatz 1 Nummer 18 der Richtlinie 2004/39/EG des Europäischen Parlaments und des Rates vom 21. April 2004 über Märkte für Finanzinstrumente[10] mit Ausnahme von Geldmarktinstrumenten im Sinne von Artikel 4 Absatz 1 Nummer 19 jener Richtlinie mit einer Laufzeit von weniger als 12 Monaten, für die nationale Vorschriften gelten können;

b) „Schuldtitel" sind Schuldverschreibungen oder andere übertragbare Forderungen in verbriefter Form, mit Ausnahme von Wertpapieren, die Aktien gleichzustellen sind oder die bei Umwandlung oder Ausübung der durch sie verbrieften Rechte zum Erwerb von Aktien oder Aktien gleichzustellenden Wertpapieren berechtigen;

c) „geregelter Markt" ist ein Markt im Sinne von Artikel 4 Absatz 1 Nummer 14 der Richtlinie 2004/39/EG;

d) „Emittent" ist eine juristische Person des privaten oder öffentlichen Rechts, einschließlich eines Staates, deren Wertpapiere zum Handel an einem geregelten Markt zugelassen sind, wobei im Falle von Zertifikaten, die Wertpapiere vertreten, als Emittent der Emittent der vertretenen Wertpapiere gilt;

e) „Aktionär" ist jede natürliche oder juristische Person des privaten oder öffentlichen Rechts, die direkt oder indirekt Folgendes hält:

i) Aktien des Emittenten in eigenem Namen und für eigene Rechnung;

ii) Aktien des Emittenten in eigenem Namen, aber im Auftrag einer anderen natürlichen oder juristischen Person;

iii) Zertifikate, wobei der Inhaber des Zertifikats als Aktionär der zugrunde liegenden, durch das Zertifikat vertretenen Aktien gilt;

f) „kontrolliertes Unternehmen" ist jedes Unternehmen,

i) an dem eine natürliche oder juristische Person über die Mehrheit der Stimmrechte verfügt, oder

ii) bei dem eine natürliche oder juristische Person das Recht hat, die Mehrheit der Mitglieder des Verwaltungs-, Leitungs- oder Aufsichtsorgans zu bestellen oder abzuberufen und gleichzeitig Aktionär oder Gesellschafter des betreffenden Unternehmens ist, oder

iii) bei dem eine natürliche oder juristische Person Aktionär oder Gesellschafter ist und aufgrund einer Vereinbarung mit anderen Aktionären oder Gesellschaftern

---

10   ABl. L 145 vom 30.4.2004, S. 1.

des betreffenden Unternehmens allein über die Mehrheit der Stimmrechte der Aktionäre bzw. Gesellschafter verfügt, oder

iv) auf das bzw. über das eine natürliche oder juristische Person beherrschenden Einfluss oder die Kontrolle ausüben kann oder tatsächlich ausübt;

g) „Organismen für gemeinsame Anlagen eines anderen als des geschlossenen Typs" sind Investmentfonds und Investmentgesellschaften,

   i) deren Zweck es ist, die vom Publikum bei ihnen eingelegten Gelder nach dem Grundsatz der Risikomischung gemeinsam anzulegen und

   ii) deren Anteile auf Verlangen des Anteilsinhabers unmittelbar oder mittelbar zu Lasten des Vermögens dieser Organismen zurückgekauft oder abgelöst werden;

h) „Anteilscheine eines Organismus für gemeinsame Anlagen" sind die von einem Organismus für gemeinsame Anlagen ausgegebenen Wertpapiere, die die Rechte der Anteilsinhaber am Vermögen eines solchen Organismus verbriefen;

i) „Herkunftsmitgliedstaat" ist

   i) im Falle eines Emittenten von Schuldtiteln mit einer Stückelung von weniger als 1 000 EUR oder eines Emittenten von Aktien,

   – für Emittenten mit Sitz in der Union der Mitgliedstaat, in dem sich der Sitz befindet;

   – für Emittenten mit Sitz in einem Drittland der in Artikel 2 Absatz 1 Buchstabe m Ziffer iii der Richtlinie 2003/71/EG genannte Mitgliedstaat.

   Die Begriffsbestimmung ‚Herkunftsmitgliedstaat' gilt für Schuldtitel, die auf eine andere Währung als Euro lauten, wenn der Stückelungswert am Ausgabetag weniger als 1 000 EUR entspricht, sofern er nicht annähernd 1 000 EUR entspricht;

   ii) für jeden nicht unter i) fallenden Emittenten der Mitgliedstaat, den der Emittent unter seinem Sitzstaat und den Mitgliedstaaten, die seine Wertpapiere zum Handel an einem geregelten Markt in ihrem Hoheitsgebiet zugelassen haben, auswählt. Ein Emittent darf nicht mehr als einen Mitgliedstaat als Herkunftsmitgliedstaat auswählen. Die Wahl ist mindestens drei Jahre gültig, außer wenn die Wertpapiere des Emittenten an keinem geregelten Markt in der Europäischen Union mehr zum Handel zugelassen sind.

j) „Aufnahmemitgliedstaat" ist ein Mitgliedstaat, in dem Wertpapiere zum Handel an einem geregelten Markt zugelassen sind, sofern es sich dabei nicht um den Herkunftsmitgliedstaat handelt;

k) „vorgeschriebene Informationen" sind alle Angaben, die ein Emittent oder jede andere Person, die ohne Zustimmung des Emittenten die Zulassung von Wertpapieren zum Handel an einem geregelten Markt beantragt hat, nach dieser Richtlinie, nach Artikel 6 der Richtlinie 2003/6/EG des Europäischen Parlaments und des Rates vom 28. Januar 2003 über Insider-Geschäfte und Marktmanipulation (Marktmissbrauch)[11] oder nach den gemäß Artikel 3 Absatz 1 dieser Richtlinie erlassenen Rechts- und Verwaltungsvorschriften eines Mitgliedstaats offen legen muss;

l) „elektronische Hilfsmittel" sind elektronische Geräte für die Verarbeitung (einschließlich der digitalen Komprimierung), Speicherung und Übertragung von Daten über Kabel, Funk, optische Technologien oder andere elektromagnetische Verfahren;

---

11 Marktmissbrauchs-RL, in dieser Sammlung Nr. 4.13.

m) „Verwaltungsgesellschaft" ist eine Gesellschaft im Sinne des Artikels 1a Nummer 2 der Richtlinie 85/611/EWG des Rates vom 20. Dezember 1985 zur Koordinierung der Rechts- und Verwaltungsvorschriften betreffend bestimmte Organismen für gemeinsame Anlagen in Wertpapieren (OGAW)[12];

n) „Market Maker" ist eine Person, die an den Finanzmärkten dauerhaft ihre Bereitschaft anzeigt, durch den An- und Verkauf von Finanzinstrumenten unter Einsatz des eigenen Kapitals zu von ihr festgestellten Kursen Handel für eigene Rechnung zu betreiben.

o) „Kreditinstitut" ist ein Unternehmen im Sinne des Artikels 1 Nummer 1 Buchstabe a) der Richtlinie 2000/12/EG des Europäischen Parlaments und des Rates vom 20. März 2000 über die Aufnahme und Ausübung der Tätigkeit der Kreditinstitute[13];

p) „dauernd oder wiederholt begebene Wertpapiere" sind als Daueremission begebene Schuldtitel ein und desselben Emittenten oder mindestens zwei getrennte Emissionen von Wertpapieren ähnlicher Art und/oder Gattung.

(2) Für die Zwecke der Definition des „kontrollierten Unternehmens" in Absatz 1 Buchstabe f) Ziffer ii) umfassen die Rechte des Inhabers in Bezug auf Abstimmung, Bestellung und Abberufung auch die Rechte jedes anderen vom Aktionär kontrollierten Unternehmens sowie die Rechte jeder natürlichen oder juristischen Person, die zwar in eigenem Namen, aber im Auftrag des Aktionärs oder jedes anderen vom Aktionär kontrollierten Unternehmens handelt.

(3) Um den technischen Entwicklungen auf den Finanzmärkten Rechnung zu tragen, die Anforderungen des Absatzes 1 zu präzisieren und eine einheitliche Anwendung sicherzustellen, erlässt die Kommission gemäß Artikel 27 Absätze 2a, 2b und 2c Maßnahmen zu den in Absatz 1 festgelegten Begriffsbestimmungen.

Die Kommission wird insbesondere

a) für die Zwecke des Absatzes 1 Buchstabe i Ziffer ii festlegen, nach welchen Verfahren ein Emittent die Wahl des Herkunftsmitgliedstaats zu treffen hat;

b) den Dreijahreszeitraum in Verbindung mit der Geschäftätigkeit des Emittenten an etwaige neue gemeinschaftsrechtliche Bestimmungen über die Zulassung zum Handel an einem geregelten Markt anpassen, wenn dies für die in Absatz 1 Buchstabe i Ziffer ii genannte Wahl des Herkunftsmitgliedstaats angezeigt sein sollte;

c) nach dem Regelungsverfahren des Artikels 27 Absatz 2 für die Zwecke des Absatzes 1 Buchstabe l eine indikative Liste der Hilfsmittel erstellen, die nicht als elektronische Hilfsmittel anzusehen sind, und dabei Anhang V der Richtlinie 98/34/EG des Europäischen Parlaments und des Rates vom 22. Juni 1998 über ein Informationsverfahren auf dem Gebiet der Normen und technischen Vorschriften und der Vorschriften für die Dienste der Informationsgesellschaft[14] Rechnung tragen.

Die Maßnahmen gemäß Unterabsatz 2 Buchstaben a und b werden mittels delegierter Rechtsakte nach Artikel 27 Absätze 2a, 2b und 2c und unter den Voraussetzungen der Artikel 27a und 27b festgelegt.

Art. 3 Integration der Wertpapiermärkte (1) Der Herkunftsmitgliedstaat kann für Emittenten strengere Anforderungen als die in dieser Richtlinie festgelegten vorsehen.

---

12 ABl. L 375 vom 31.12.1985, S. 3. Zuletzt geändert durch die Richtlinie 2004/39/EG.
13 ABl. L 126 vom 26.5.2000, S. 1. Zuletzt geändert durch die Richtlinie 2004/69/EG der Kommission (ABl. L 125 vom 28.4.2004, S. 44).
14 ABl. L 204 vom 21.7.1998, S. 37. Zuletzt geändert durch die Richtlinie 2006/96/EG des Rates (ABl. L 363 vom 20.12.2006, S. 81).

Der Herkunftsmitgliedstaat kann auch für Aktionäre bzw. natürliche oder juristische Personen im Sinne der Artikel 10 oder 13 strengere Anforderungen als die in dieser Richtlinie festgelegten vorsehen.

(2) Ein Aufnahmemitgliedstaat darf nicht

a) für die Zulassung von Wertpapieren zu einem geregelten Markt in seinem Hoheitsgebiet strengere Veröffentlichungspflichten als die in dieser Richtlinie oder in Artikel 6 der Richtlinie 2003/6/EG festgelegten vorsehen;

b) für einen Aktionär bzw. eine natürliche oder juristische Person im Sinne der Artikel 10 oder 13 hinsichtlich der Mitteilung von Informationen strengeren Anforderungen als die in dieser Richtlinie festgelegten vorsehen.

Kapitel II – Regelmässige Information

Art. 4 Jahresfinanzberichte (1) Ein Emittent veröffentlicht seinen Jahresfinanzbericht spätestens vier Monate nach Ablauf jedes Geschäftsjahres und stellt sicher, dass er mindestens fünf Jahre lang öffentlich zugänglich bleibt.

(2) Der Jahresfinanzbericht umfasst:

a) den geprüften Abschluss,

b) den Lagebericht sowie

c) Erklärungen, in denen die beim Emittenten verantwortlichen Personen unter Angabe ihres Namens und ihrer Stellung versichern, dass der im Einklang mit den maßgebenden Rechnungslegungsstandards aufgestellte Abschluss ihres Wissens ein den tatsächlichen Verhältnissen entsprechendes Bild der Vermögenswerte und Verbindlichkeiten sowie der Finanz- und der Ertragslage des Emittenten und der Gesamtheit der in die Konsolidierung einbezogenen Unternehmen vermittelt und dass der Lagebericht den Geschäftsverlauf, das Geschäftsergebnis und die Lage der Gesamtheit der in die Konsolidierung einbezogenen Unternehmen so darstellt, dass ein den tatsächlichen Verhältnissen entsprechendes Bild entsteht, und dass er die wesentlichen Risiken und Ungewissheiten, denen sie ausgesetzt sind, beschreibt.

(3) Ist der Emittent verpflichtet, einen konsolidierten Abschluss nach der Siebenten Richtlinie 83/349/EWG des Rates vom 13. Juni 1983 über den konsolidierten Abschluss[15] aufzustellen, so besteht der geprüfte Abschluss aus dem im Einklang mit der Verordnung (EG) Nr. 1606/2002 aufgestellten konsolidierten Abschluss und dem nach dem innerstaatlichen Recht des Sitzstaates der Muttergesellschaft aufgestellten Jahresabschluss der Muttergesellschaft. Ist der Emittent nicht verpflichtet, einen konsolidierten Abschluss aufzustellen, besteht der geprüfte Abschluss aus dem gemäß dem nationalen Recht des Sitzstaates der Gesellschaft aufgestellten Jahresabschluss.

(4) Die Abschlüsse werden gemäß den Artikeln 51 und 51a der Vierten Richtlinie 78/660/EWG des Rates vom 25. Juli 1978 über den Jahresabschluss von Gesellschaften bestimmter Rechtsformen[16] sowie – wenn der Emittent einen konsolidierten Abschluss aufstellen muss – gemäß Artikel 37 der Richtlinie 83/349/EWG geprüft.

Der von der oder den für die Prüfung des Abschlusses zuständigen Person/Personen erteilte Bestätigungsvermerk wird in vollem Umfang zusammen mit dem Jahresfinanzbericht veröffentlicht.

---

15   Konzernbilanz-RL, in dieser Sammlung Nr. 4.7.
16   Bilanz-RL, in dieser Sammlung Nr. 4.6.

(5) Der Lagebericht wird gemäß Artikel 46 der Richtlinie 78/660/ EWG sowie – wenn der Emittent verpflichtet ist, einen konsolidierten Abschluss aufzustellen – gemäß Artikel 36 der Richtlinie 83/349/EWG erstellt.

(6) Die Kommission erlässt nach dem in Artikel 27 Absatz 2 genannten Verfahren Durchführungsmaßnahmen, um den technischen Entwicklungen auf den Finanzmärkten Rechnung zu tragen und eine einheitliche Anwendung des Absatzes 1 sicherzustellen. Die Kommission legt insbesondere fest, unter welchen technischen Voraussetzungen ein veröffentlichter Jahresfinanzbericht einschließlich des Bestätigungsvermerks öffentlich zugänglich bleiben muss. Sie kann gegebenenfalls auch den Fünfjahreszeitraum gemäß Absatz 1 anpassen.

Art. 5 Halbjahresfinanzberichte (1) Ein Emittent von Aktien oder Schuldtiteln veröffentlicht einen Halbjahresfinanzbericht über die ersten sechs Monate des Geschäftsjahres; die Veröffentlichung erfolgt so schnell wie möglich nach Ablauf des jeweiligen Berichtszeitraums, spätestens aber nach zwei Monaten. Der Emittent stellt sicher, dass der Halbjahresfinanzbericht mindestens fünf Jahre lang öffentlich zugänglich bleibt.

(2) Der Halbjahresfinanzbericht umfasst:

a) einen verkürzten Abschluss,

b) einen Zwischenlagebericht sowie

c) Erklärungen, in denen die beim Emittenten verantwortlichen Personen unter Angabe ihres Namens und ihrer Stellung versichern, dass der in Einklang mit den maßgebenden Rechnungslegungsstandards aufgestellte verkürzte Abschluss nach bestem Wissen ein den tatsächlichen Verhältnissen entsprechendes Bild der Vermögenswerte und Verbindlichkeiten sowie der Finanz- und der Ertragslage des Emittenten oder der Gesamtheit der in die Konsolidierung einbezogenen Unternehmen gemäß Absatz 3 vermittelt und dass der Zwischenlagebericht die nach Absatz 4 geforderten Informationen in einer den tatsächlichen Verhältnissen entsprechenden Weise darstellt.

(3) Ist der Emittent verpflichtet, einen konsolidierten Abschluss aufzustellen, so wird der verkürzte Abschluss nach Maßgabe der nach dem Verfahren gemäß Artikel 6 der Verordnung (EG) Nr. 1606/2002 übernommenen internationalen Rechnungslegungsstandards für die Zwischenberichterstattung aufgestellt.

Ist der Emittent nicht verpflichtet, einen konsolidierten Abschluss aufstellen, enthält der verkürzte Abschluss zumindest eine verkürzte Bilanz, eine verkürzte Gewinn- und Verlustrechnung sowie einen erläuternden Anhang. Bei der Aufstellung der verkürzten Bilanz und der verkürzten Gewinn- und Verlustrechnung legt der Emittent dieselben Ansatz- und Bewertungsgrundsätze wie bei der Aufstellung des Jahresfinanzberichts zugrunde.

(4) Der Zwischenlagebericht gibt zumindest wichtige Ereignisse während der ersten sechs Monate des Geschäftsjahres und ihre Auswirkungen auf den verkürzten Abschluss an; beschreibt ferner die wesentlichen Risiken und Ungewissheiten in den restlichen sechs Monaten des Geschäftsjahres. Im Falle von Emittenten, die Aktien begeben, nennt der Zwischenlagebericht auch Großgeschäfte mit nahe stehenden Personen und Unternehmen.

(5) Wurde der Halbjahresfinanzbericht geprüft, so ist der Bestätigungsvermerk in vollem Umfang wiederzugeben. Gleiches gilt für die prüferische Durchsicht durch einen Abschlussprüfer. Wurde der Halbjahresfinanzbericht weder einer vollständigen Prüfung noch einer prüferischen Durchsicht durch einen Abschlussprüfer unterzogen, so gibt der Emittent dies in seinem Bericht an.

(6) Die Kommission erlässt gemäß Artikel 27 Absatz 2 oder Artikel 27 Absätze 2a, 2b und 2c Maßnahmen, um den technischen Entwicklungen auf den Finanzmärkten Rechnung zu

tragen, die Anforderungen der Absätze 1 bis 5 dieses Artikels zu präzisieren und für ihre einheitliche Anwendung zu sorgen.

Die Kommission wird insbesondere

a) festlegen, unter welchen technischen Voraussetzungen ein veröffentlichter Halbjahres-finanzbericht einschließlich einer Bestätigung über die prüferische Durchsicht durch einen Abschlussprüfer öffentlich zugänglich bleiben muss,

b) präzisieren, welcher Art die prüferische Durchsicht durch einen Abschlussprüfer ist, und

c) festlegen, welche Angaben die verkürzte Bilanz, die verkürzte Gewinn- und Verlust-rechnung sowie der erläuternde Anhang dazu mindestens enthalten müssen, wenn sie nicht nach Maßgabe der nach dem Verfahren gemäß Artikel 6 der Verordnung (EG) Nr. 1606/2002 übernommenen internationalen Rechnungslegungsstandards aufgestellt werden.

Die Maßnahmen gemäß Buchstabe a werden nach dem in Artikel 27 Absatz 2 genannten Regelungsverfahren erlassen. Die Maßnahmen gemäß Buchstaben b und c werden mittels delegierter Rechtsakte nach Artikel 27 Absätze 2a, 2b und 2c und unter den Voraussetzun-gen der Artikel 27a und 27b festgelegt.

Die Kommission kann gegebenenfalls auch den Fünfjahreszeitraum gemäß Absatz 1 mittels eines delegierten Rechtsakts nach Artikel 27 Absätze 2a, 2b und 2c und unter den Voraus-setzungen der Artikel 27a und 27 b anpassen.

Art. 6 Zwischenmitteilung der Geschäftsführung (1) Unbeschadet des Artikels 6 der Richtlinie 2003/6/EG veröffentlicht ein Emittent, dessen Aktien zum Handel an einem ge-regelten Markt zugelassen sind, in der ersten und in der zweiten Hälfte des Geschäftsjahres jeweils eine Zwischenmitteilung der Geschäftsführung. Diese Mitteilungen sind in einem Zeitraum zwischen zehn Wochen nach Beginn und sechs Wochen vor Ende des betreffen-den Sechsmonatszeitraums zu erstellen. Sie müssen Informationen über den Zeitraum zwi-schen dem Beginn des betreffenden Sechsmonatszeitraums und dem Datum der Veröffent-lichung der Mitteilung enthalten. Eine Mitteilung muss Folgendes enthalten:

– eine Erläuterung der wesentlichen Ereignisse und Transaktionen, die in dem betreffen-den Zeitraum stattgefunden haben, und ihrer Auswirkungen auf die Finanzlage des Emittenten und der von ihm kontrollierten Unternehmen sowie

– eine allgemeine Beschreibung der Finanzlage und des Geschäftsergebnisses des Emitten-ten sowie der von ihm kontrollierten Unternehmen im betreffenden Zeitraum.

(2) Emittenten, die entweder nach den Vorschriften des nationalen Rechts oder den Regeln des geregelten Marktes oder von sich aus Quartalsfinanzberichte gemäß den genannten Vorschriften oder Regeln veröffentlichen, sind von der Pflicht zur Veröffentlichung von Zwischenmitteilungen der Geschäftsführung gemäß Absatz 1 entbunden.

(3) Die Kommission legt dem Europäischen Parlament und dem Rat bis zum 20. Januar 2010 einen Bericht über die Transparenz der Quartalsfinanzberichte und Zwischenmitteilungen der Geschäftsführung von Emittenten vor, um zu prüfen, ob die darin enthaltenen Informa-tionen den Zweck erfüllen, Anlegern eine fundierte Beurteilung der Finanzlage des Emitten-ten zu ermöglichen. Ein solcher Bericht beinhaltet eine Folgenabschätzung für die Bereiche, in denen die Kommission die Vorlage von Änderungen zu diesem Artikel in Betracht zieht.

Art. 7 Verantwortung und Haftung Die Mitgliedstaaten stellen sicher, dass die Verant-wortung für die in den Artikeln 4, 5, 6 und 16 vorgeschriebene Zusammenstellung und

Veröffentlichung der Informationen zumindest beim Emittenten oder dessen Verwaltungs-, Leitungs- oder Aufsichtsorgan liegt und dass ihre Rechtsund Verwaltungsvorschriften über die Haftung auf die Emittenten, die in diesem Artikel genannten Organe oder die beim Emittenten verantwortlichen Personen anwendbar sind.

Art. 8 Ausnahmen (1) Die Artikel 4, 5 und 6 gelten nicht für die folgenden Emittenten:

a) Staaten, Gebietskörperschaften eines Staates, internationale öffentlich-rechtliche Stellen, denen mindestens ein Mitgliedstaat angehört, die EZB und die nationalen Zentralbanken der Mitgliedstaaten unabhängig davon, ob sie Aktien oder andere Wertpapiere begeben und

b) Emittenten, die ausschließlich zum Handel an einem geregelten Markt zugelassene Schuldtitel mit einer Mindeststückelung von 100 000 EUR oder – bei Schuldtiteln, die auf eine andere Währung als Euro lauten – mit einer Mindeststückelung, die am Ausgabetag mindestens 100 000 EUR entspricht, begeben.

(2) Der Herkunftsmitgliedstaat kann beschließen, dass Artikel 5 auf Kreditinstitute, deren Aktien nicht zum Handel an einem geregelten Markt zugelassen sind und die dauernd oder wiederholt ausschließlich Schuldtitel begeben haben, keine Anwendung findet, vorausgesetzt, dass der Gesamtnennbetrag der begebenen Schuldtitel 100 000 000 EUR nicht erreicht und kein Prospekt gemäß der Richtlinie 2003/71/EG veröffentlicht wurde.

(3) Der Herkunftsmitgliedstaat kann beschließen, dass Artikel 5 auf Emittenten, die zum Zeitpunkt des Inkrafttretens der Richtlinie 2003/71/ EG bereits existieren und die ausschließlich Schuldtitel auf einem geregelten Markt begeben, die vom Herkunftsmitgliedstaat oder einer seiner Gebietskörperschaften unbedingt und unwiderruflich garantiert werden, keine Anwendung findet.

(4) Abweichend von Absatz 1 Buchstabe b gelten die Artikel 4, 5 und 6 nicht für Emittenten, die ausschließlich Schuldtitel mit einer Mindeststückelung von 50 000 EUR oder — bei Schuldtiteln, die auf eine andere Währung als Euro lauten — mit einer Mindeststückelung, die am Ausgabetag mindestens 50 000 EUR entspricht, begeben, die bereits vor dem 31. Dezember 2010 zum Handel an einem geregelten Markt in der Union zugelassen wurden, solange derartige Schuldtitel ausstehen.

Kapitel III – Laufende Informationen

Abschnitt I – Informationen über bedeutende Beteiligungen

Art. 9 Mitteilung des Erwerbs oder der Veräußerung bedeutender Beteiligungen

(1) Der Herkunftsmitgliedstaat stellt sicher, dass ein Aktionär einem Emittenten mitteilt, welchen Anteil an den Stimmrechten des Emittenten er hält, wenn er durch Erwerb oder Veräußerung von Aktien des Emittenten, die zum Handel an einem geregelten Markt zugelassen sind und an die Stimmrechte geknüpft sind, die Schwelle von 5 %, 10 %, 15 %, 20 %, 25 %, 30 %, 50 % oder 75 % erreicht, über- oder unterschreitet.

Der Anteil der Stimmrechte wird ausgehend von der Gesamtzahl der mit Stimmrechten versehenen Aktien berechnet, auch wenn die Ausübung dieser Stimmrechte ausgesetzt ist. Dieser Anteil ist darüber hinaus auch in Bezug auf alle mit Stimmrechten versehenen Aktien ein und derselben Gattung anzugeben.

(2) Der Herkunftsmitgliedstaat stellt sicher, dass die Aktionäre dem Emittenten mitteilen, welchen Stimmrechtsanteil sie halten, wenn dieser Anteil infolge von Ereignissen, die die

Aufteilung der Stimmrechte verändern, bei Zugrundelegung der nach Maßgabe des Artikels 15 veröffentlichten Angaben eine der in Absatz 1 genannten Schwellen erreicht, über- oder unterschreitet. Hat der Emittent seinen Sitz in einem Drittstaat, so erfolgt eine Mitteilung bei vergleichbaren Ereignissen.

(3) Der Herkunftsmitgliedstaat kann davon absehen,

a) die 30 %-Schwelle anzuwenden, wenn er eine Schwelle von einem Drittel vorsieht;

b) die 75 %-Schwelle anzuwenden, wenn er eine Schwelle von zwei Dritteln vorsieht.

(4) Artikel 9 findet keine Anwendung auf Aktien, die ausschließlich für den Zweck der Abrechnung und Abwicklung von Geschäften innerhalb des üblichen kurzen Abrechnungszyklus erworben werden, noch auf Verwahrstellen, die Aktien nur als Verwahrer halten, vorausgesetzt, die Verwahrstelle kann die Stimmrechte aus diesen Aktien nur aufgrund von Weisungen ausüben, die schriftlich oder über elektronische Hilfsmittel erteilt wurden.

(5) Artikel 9 findet ferner keine Anwendung auf den Erwerb oder die Veräußerung einer bedeutenden Beteiligung, sofern hierdurch die Schwelle von 5 % oder mehr durch einen Market Maker, der in dieser Eigenschaft handelt, erreicht, überschritten oder unterschritten wird, vorausgesetzt

a) er ist in seinem Herkunftsmitgliedstaat nach Maßgabe der Richtlinie 2004/39/EG zugelassen und

b) er greift nicht in die Geschäftsführung des betreffenden Emittenten ein und übt keinen Einfluss auf diesen dahin aus, die betreffenden Aktien zu kaufen oder den Aktienkurs zu stützen.

(6) Herkunftsmitgliedstaaten im Sinne des Artikels 2 Absatz 1 Buchstabe i) können vorsehen, dass Stimmrechte, die ein Kreditinstitut oder eine Wertpapierfirma aufgrund ihres Wertpapierhandels im Sinne des Artikels 2 Nummer 6 der Richtlinie 93/6/EWG des Rates vom 15. März 1993 über die angemessene Eigenkapitalausstattung von Wertpapierfirmen und Kreditinstituten[17] hält, für die Zwecke dieses Artikels nicht mitgezählt werden, vorausgesetzt

a) der Anteil der aufgrund des Wertpapierhandels gehaltenen Stimmrechte ist nicht höher als 5 % und

b) das Kreditinstitut bzw. die Wertpapierfirma stellt sicher, dass die Stimmrechte aus Aktien, die aufgrund des Wertpapierhandels gehalten werden, nicht ausgeübt werden und nicht anderweitig benutzt werden, um in die Geschäftsführung des Emittenten einzugreifen.

(7) Die Kommission erlässt mittels delegierter Rechtsakte nach Artikel 27 Absätze 2a, 2b und 2c und unter den Voraussetzungen der Artikel 27a und 27b Maßnahmen, um den technischen Entwicklungen auf den Finanzmärkten Rechnung zu tragen und die einheitliche Anforderungen der Absätze 2, 4 und 5 zu präzisieren.

Die Kommission legt mittels delegierter Rechtsakte nach Artikel 27 Absätze 2a, 2b und 2c und unter den Voraussetzungen der Artikel 27a und 27b die Höchstdauer des „kurzen Abrechnungszyklus" gemäß Absatz 4 dieses Artikels sowie angemessene Kontrollmechanismen für die zuständigen Behörden des Herkunftsmitgliedstaats fest.

Die Kommission kann ferner nach dem in Artikel 27 Absatz 2 genannten Regelungsverfahren eine Liste der Ereignisse im Sinne des Absatzes 2 aufstellen.

---

17   ABl. L 141 vom 11.6.1993, S. 1. Zuletzt geändert durch die Richtlinie 2004/39/EG.

Art. 10 Erwerb oder Veräußerung bedeutender Anteile an Stimmrechten Die Mitteilungspflicht nach Artikel 9 Absätze 1 und 2 gilt auch für eine natürliche oder juristische Person, sofern sie in einem oder mehreren der folgenden Fälle zum Erwerb, zur Veräußerung oder zur Ausübung von Stimmrechten berechtigt ist:

a) Stimmrechte, die von einem Dritten gehalten werden, mit dem diese natürliche oder juristische Person eine Vereinbarung getroffen hat, die beide verpflichtet, langfristig eine gemeinsame Politik bezüglich der Geschäftsführung des betreffenden Emittenten zu verfolgen, indem sie die von ihnen gehaltenen Stimmrechte einvernehmlich ausüben;

b) Stimmrechte, die von einem Dritten aufgrund einer Vereinbarung mit dieser natürlichen oder juristischen Person gehalten werden, die eine zeitweilige Übertragung dieser Stimmrechte gegen Gegenleistung vorsieht;

c) Stimmrechte aus Aktien, die bei dieser natürlichen oder juristischen Person als Sicherheit verwahrt werden, sofern Letztere die Stimmrechte hält und ihre Absicht bekundet, sie auszuüben;

d) Stimmrechte aus Aktien, an denen zugunsten dieser natürlichen oder juristischen Person ein Nießbrauch bestellt ist;

e) Stimmrechte, die von einem von dieser natürlichen oder juristischen Person kontrollierten Unternehmen gehalten oder gemäß den Buchstaben a) bis d) ausgeübt werden können;

f) Stimmrechte aus Aktien, die bei dieser natürlichen oder juristischen Person verwahrt sind und die Letztere nach eigenem Ermessen ausüben kann, wenn keine besonderen Weisungen der Aktionäre vorliegen;

g) Stimmrechte, die von einem Dritten in eigenem Namen für Rechnung dieser natürlichen oder juristischen Person gehalten werden;

h) Stimmrechte, die diese natürliche oder juristische Person als Bevollmächtigte ausüben kann und die die Letztere nach eigenem Ermessen ausüben kann, wenn keine besonderen Weisungen der Aktionäre vorliegen.

Art. 11 [Keine Anwendung auf Aktien des ESZB] (1) Artikel 9 und Artikel 10 Buchstabe c) finden keine Anwendung auf Aktien, die den Mitgliedern des Europäischen Systems der Zentralbanken (ESZB) bei der Wahrnehmung ihrer Aufgaben als Währungsbehörden zur Verfügung gestellt oder von diesen bereit gestellt werden; hierzu gehören auch Aktien, die den Mitgliedern des ESZB als Pfand oder im Rahmen eines Pensionsgeschäfts oder einer ähnlichen Vereinbarung gegen Liquidität für geldpolitische Zwecke oder innerhalb eines Zahlungssystems zur Verfügung gestellt oder von diesen bereit gestellt werden.

(2) Die Ausnahmeregelung findet Anwendung, wenn es sich bei den genannten Transaktionen um kurzfristige Geschäfte handelt und wenn die Stimmrechte aus den betreffenden Aktien nicht ausgeübt werden.

Art. 12 Verfahren für die Mitteilung und Veröffentlichung bedeutender Beteiligungen
(1) Die Anzeige gemäß den Artikeln 9 und 10 muss folgende Angaben enthalten:

a) die Anzahl der Stimmrechte nach dem Erwerb bzw. der Veräußerung,

b) gegebenenfalls die Kette der kontrollierten Unternehmen, über die die Stimmrechte tatsächlich gehalten werden,

c) das Datum, zu dem die Schwelle erreicht oder überschritten wurde und

d) den Namen des Aktionärs, selbst wenn dieser nicht berechtigt ist, Stimmrechte unter den Voraussetzungen des Artikels 10 auszuüben, sowie denjenigen der natürlichen oder juristischen Person, die berechtigt ist, Stimmrechte im Namen dieses Aktionärs auszuüben.

(2) Die Mitteilung an den Emittenten erfolgt so rasch wie möglich, spätestens jedoch nach vier Handelstagen, gerechnet ab dem Tag, der auf den Tag folgt, an dem der Aktionär bzw. die natürliche oder juristische Person im Sinne des Artikels 10

a) von dem Erwerb oder der Veräußerung oder der Möglichkeit der Ausübung der Stimmrechte Kenntnis erhält oder an dem er bzw. sie unter den gegebenen Umständen davon hätte Kenntnis erhalten müssen, ungeachtet des Tages, an dem der Erwerb, die Veräußerung oder die Möglichkeit der Ausübung der Stimmrechte wirksam wird, oder

b) über das in Artikel 9 Absatz 2 genannte Ereignis informiert wird.

(3) Ein Unternehmen ist von der Mitteilungspflicht gemäß Absatz 1 entbunden, wenn die Mitteilung von seinem Mutterunternehmen oder – wenn diese selbst ein kontrolliertes Unternehmen ist – von dessen Mutterunternehmen übermittelt wird.

(4) Das Mutterunternehmen einer Verwaltungsgesellschaft muss ihre Beteiligungen nicht gemäß den Artikeln 9 und 10 nicht mit den Beteiligungen zusammenrechnen, die von der Verwaltungsgesellschaft nach Maßgabe der Richtlinie 85/611/EWG verwaltet werden, sofern die Verwaltungsgesellschaft ihre Stimmrechte unabhängig vom Mutterunternehmen ausübt.

Die Artikel 9 und 10 finden jedoch Anwendung, wenn das Mutterunternehmen oder ein anderes vom Mutterunternehmen kontrolliertes Unternehmen seinerseits Anteile an der von der betreffenden Verwaltungsgesellschaft verwalteten Beteiligung hält und die Verwaltungsgesellschaft die Stimmrechte, die mit diesen Beteiligungen verbunden sind, nicht nach freiem Ermessen, sondern nur aufgrund direkter oder indirekter Weisungen ausüben kann, die ihr vom Mutterunternehmen oder einem anderen kontrollierten Unternehmen des Mutterunternehmens erteilt werden.

(5) Das Mutterunternehmen einer nach der Richtlinie 2004/39/EG zugelassenen Wertpapierfirma muss ihre Beteiligungen nicht gemäß den Artikeln 9 und 10 mit den Beteiligungen zusammenrechnen, die die betreffende Wertpapierfirma auf Einzelkundenbasis im Sinne des Artikels 4 Absatz 1 Nummer 9 der Richtlinie 2004/39/EG verwaltet, sofern

– die Wertpapierfirma eine Zulassung für die Portfolioverwaltung gemäß Anhang I Abschnitt A Nummer 4 der Richtlinie 2004/39/EG erhalten hat;

– sie die Stimmrechte, die mit den betreffenden Aktien verbunden sind, nur aufgrund von in schriftlicher Form oder über elektronische Hilfsmittel erteilten Weisungen ausüben darf oder durch geeignete Vorkehrungen sicherstellt, dass die individuelle Portfolioverwaltung unabhängig von anderen Dienstleistungen und unter Bedingungen, die denen der Richtlinie 85/611/EWG gleichwertig sind, erfolgt, und

– die Wertpapierfirma ihre Stimmrechte unabhängig vom Mutterunternehmen ausübt.

Die Artikel 9 und 10 finden jedoch Anwendung, wenn das Mutterunternehmen oder ein anderes kontrolliertes Unternehmen des Mutterunternehmens seinerseits Anteile an der von dieser Wertpapierfirma verwalteten Beteiligung hält und die Wertpapierfirma die Stimmrechte, die mit diesen Beteiligungen verbunden sind, nicht nach freiem Ermessen, sondern nur aufgrund direkter oder indirekter Weisungen ausüben kann, die ihr vom Mutterunternehmen oder einem anderen kontrollierten Unternehmen des Mutterunternehmens erteilt werden.

(6) Sobald er die Mitteilung gemäß Absatz 1 erhält, spätestens jedoch drei Handelstage nach deren Erhalt veröffentlicht der Emittent alle darin enthaltenen Informationen.

(7) Ein Herkunftsmitgliedstaat kann Emittenten von der Pflicht gemäß Absatz 6 entbinden, wenn die in der Mitteilung enthaltenen Informationen von seiner zuständigen Behörde nach Maßgabe des Artikels 21 nach Erhalt der Mitteilung, spätestens jedoch drei Handelstage nach Erhalt veröffentlicht werden.

(8) Um den technischen Entwicklungen auf den Finanzmärkten Rechnung zu tragen und die Anforderungen der Absätze 1, 2, 4, 5 und 6 zu präzisieren, erlässt die Kommission nach Artikel 27 Absätze 2a, 2b und 2c unter den Voraussetzungen der Artikel 27a und 27b Maßnahmen, in denen sie

a) *aufgehoben*

b) einen Kalender der „Handelstage" für alle Mitgliedstaaten festlegt;

c) festlegt, in welchen Fällen der Aktionär bzw. die natürliche oder juristische Person im Sinne des Artikels 10 oder beide die erforderliche Mitteilung an den Emittenten vorzunehmen hat bzw. haben;

d) präzisiert, unter welchen Umständen der Aktionär bzw. die natürliche oder juristische Person im Sinne des Artikels 10 von dem Erwerb bzw. der Veräußerung hätte Kenntnis erhalten müssen;

e) festlegt, unter welchen Umständen die Unabhängigkeit einer Verwaltungsgesellschaft von seinem Mutterunternehmen und einer Wertpapierfirma von seinem Mutterunternehmen gegeben ist, damit die Ausnahmeregelung der Absätze 4 und 5 in Anspruch genommen werden kann.

(9) Um einheitliche Bedingungen für die Anwendung dieses Artikels zu gewährleisten und den technischen Entwicklungen auf den Finanzmärkten Rechnung zu tragen, kann die durch die Verordnung (EU) Nr. 1095/2010 des Europäischen Parlaments und des Rates eingerichtete Europäische Aufsichtsbehörde (Europäische Wertpapier- und Marktaufsichtsbehörde) (im Folgenden ‚ESMA') Entwürfe technischer Durchführungsstandards entwickeln, um Standardformulare, Dokumentvorlagen und Verfahren festzulegen, die bei der Mitteilung der vorgeschriebenen Informationen an den Emittenten gemäß Absatz 1 dieses Artikels oder der Hinterlegung von Informationen gemäß Artikel 19 Absatz 3 zu verwenden sind.[18]

Der Kommission wird die Befugnis übertragen, die in Unterabsatz 1 genannten technischen Durchführungsstandards gemäß Artikel 15 der Verordnung (EU) Nr. 1095/2010 zu erlassen.

Art. 13 [Erstreckung der Mitteilungspflichten nach Artikel 9] (1) Die Mitteilungspflicht gemäß Artikel 9 gilt auch für natürliche oder juristische Personen, die direkt oder indirekt Finanzinstrumente halten, die ihrem Inhaber das Recht verleihen, von sich aus im Rahmen einer förmlichen Vereinbarung mit Stimmrechten verbundene und bereits ausgegebene Aktien eines Emittenten, dessen Aktien zum Handel an einem geregelten Markt zugelassen sind, zu erwerben.

(2) Die Kommission legt mittels delegierter Rechtsakte nach Artikel 27 Absätze 2a, 2b und 2c und unter den Voraussetzungen der Artikel 27a und 27b Maßnahmen fest, um den technischen Entwicklungen auf den Finanzmärkten Rechnung zu tragen und die Anforderungen des Absatzes 1 zu präzisieren. Sie legt insbesondere Folgendes fest:

---

18 ABl. L 331 vom 15.12.2010, S. 84.

a) die Arten von Finanzinstrumenten im Sinne des Absatzes 1 und ihre Kumulierung,

b) die Art der förmlichen Vereinbarung im Sinne des Absatzes 1,

c) den Inhalt der Mitteilung ,

d) den Mitteilungszeitraum,

e) den Adressaten der Mitteilung.

(3) Um einheitliche Bedingungen für die Anwendung von Absatz 1 dieses Artikels zu gewährleisten und den technischen Entwicklungen auf den Finanzmärkten Rechnung zu tragen, kann die ESMA Entwürfe technischer Durchführungsstandards entwickeln, um Standardformulare, Dokumentvorlagen und Verfahren festzulegen, die bei der Mitteilung der vorgeschriebenen Informationen an den Emittenten gemäß Absatz 1 dieses Artikels oder der Hinterlegung von Informationen gemäß Artikel 19 Absatz 3 zu verwenden sind.

Der Kommission wird die Befugnis übertragen, die in Unterabsatz 1 genannten technischen Durchführungsstandards gemäß Artikel 15 der Verordnung (EU) Nr. 1095/2010 zu erlassen.

Art. 14 [Mitteilung des Erwerbs oder der Veräußerung eigener Anteile] (1) Erwirbt oder veräußert ein Emittent von Aktien, die zum Handel an einem geregelten Markt zugelassen sind, eigene Aktien entweder selbst oder über eine in eigenem Namen aber für Rechnung des Emittenten handelnden Person, stellt der Herkunftsmitgliedstaat sicher, dass der Emittent den Anteil an eigenen Aktien unverzüglich, spätestens jedoch vier Handelstage nach dem Erwerb bzw. der Veräußerung veröffentlicht, wenn dieser Anteil die Schwelle von 5 % oder 10 % der Stimmrechte erreicht, über- oder unterschreitet. Der Anteil errechnet sich ausgehend von der Gesamtzahl der Aktien, die mit Stimmrechten versehen sind.

(2) Die Kommission erlässt mittels delegierter Rechtsakte nach Artikel 27 Absätze 2a, 2b und 2c und unter den Voraussetzungen der Artikel 27a und 27b Maßnahmen, um den technischen Entwicklungen auf den Finanzmärkten Rechnung zu tragen und die Anforderungen des Absatzes 1 zu präzisieren.

Art. 15 [Berechnung der Schwellen nach Artikel 9] Für die Zwecke der Berechnung der Schwellen gemäß Artikel 9 schreibt der Herkunftsmitgliedstaat zumindest vor, dass der Emittent die Gesamtzahl der Stimmrechte und das Kapital am Ende jeden Kalendermonats, an dem es zu einer Zu- oder Abnahme von Stimmrechten oder Kapital gekommen ist, veröffentlicht.

Art. 16 Zusätzliche Angaben (1) Ein Emittent von Aktien, die zum Handel an einem geregelten Markt zugelassen sind, veröffentlicht unverzüglich jede Änderung bei den an die verschiedenen Aktiengattungen geknüpften Rechte, einschließlich der Rechte, die an derivative vom Emittenten selbst begebene Wertpapiere geknüpft sind, die Zugang zu den Aktien des betreffenden Emittenten verschaffen.

(2) Ein Emittent von anderen Wertpapieren als Aktien, die zum Handel an einem geregelten Markt zugelassen sind, veröffentlicht unverzüglich jede Änderung bei den Rechten der Inhaber dieser Wertpapiere, die keine Aktien sind, wozu auch Änderungen der Ausstattung oder der Konditionen dieser Wertpapiere gehören, die die betreffenden Rechte indirekt, insbesondere aufgrund einer Änderung der Anleihekonditionen oder der Zinssätze, berühren könnten.

(3) Ein Emittent von Wertpapieren, die zum Handel an einem geregelten Markt zugelassen sind, veröffentlicht unverzüglich Anleiheneuemissionen und insbesondere alle damit zu-

sammenhängenden Garantien und Sicherheiten. Unbeschadet der Richtlinie 2003/6/EG findet dieser Absatz keine Anwendung auf internationale öffentlich-rechtliche Einrichtungen, denen mindestens ein Mitgliedstaat angehört.

Abschnitt II – Information der Inhaber von zum Handel an einem geregelten Markt zugelassenen Wertpapieren

Art. 17 Informationspflichten der Emittenten von zum Handel an einem geregelten Markt zugelassenen Aktien (1) Ein Emittent von Aktien, die zum Handel an einem geregelten Markt zugelassen sind, muss allen Aktionären, die sich in der gleichen Lage befinden, die gleiche Behandlung sicherstellen.

(2) Der Emittent stellt sicher, dass alle Einrichtungen und Informationen, die die Aktionäre zur Ausübung ihrer Rechte benötigen, im Herkunftsmitgliedstaat zur Verfügung stehen und dass die Integrität der Daten gewahrt wird. Den Aktionären steht es frei, ihre Rechte durch einen Bevollmächtigten wahrnehmen zu lassen, sofern den Rechtsvorschriften des Sitzstaats des Emittenten Genüge getan wird. Insbesondere muss der Emittent

a) über Ort, Zeitpunkt und Tagesordnung der Hauptversammlung wie auch über die Gesamtzahl der Aktien und Stimmrechte und die Rechte der Aktionäre bezüglich der Teilnahme an den Hauptversammlungen informieren;

b) jeder Person, die berechtigt ist, an der Hauptversammlung stimmberechtigt teilzunehmen zusammen mit der Benachrichtigung zur Hauptversammlung oder auf Verlangen nach ihrer Anberaumung ein Vollmachtsformular entweder in Papierform oder gegebenenfalls durch elektronische Hilfsmittel übermitteln;

c) ein Finanzinstitut als bevollmächtigte Stelle benennen, über die die Aktionäre ihre finanziellen Rechte ausüben können, und

d) Benachrichtigungen veröffentlichen bzw. Rundschreiben versenden, in denen die Zuteilung und Zahlung von Dividenden und die Emission neuer Aktien angekündigt sowie über etwaige Vereinbarungen in Bezug auf die Zuteilung, Zeichnung, Einziehung bzw. den Umtausch informiert wird.

(3) Zum Zwecke der Übermittlung von Informationen an die Aktionäre gestattet der Herkunftsmitgliedstaat Emittenten, elektronische Hilfsmittel zu benutzen, sofern eine entsprechende Entscheidung von einer Hauptversammlung getroffen wird und die folgenden Bedingungen erfüllt sind:

a) Die Verwendung elektronischer Hilfsmittel hängt in keiner Weise vom Sitz oder vom Wohnort des Aktionärs bzw. – in den Fällen nach Artikel 10 Buchstaben a) bis h) – der natürlichen oder juristischen Personen ab.

b) Es sind Vorkehrungen zur Identifizierung zu treffen, damit die Aktionäre oder die natürlichen oder juristischen Personen, die Stimmrechte ausüben oder Weisungen zur Ausübung der Stimmrechte geben dürfen, tatsächlich informiert werden.

c) Die Aktionäre bzw. – in den Fällen nach Artikel 10 Buchstaben a) bis e) – die natürlichen oder juristischen Personen, die Stimmrechte erwerben, veräußern oder ausüben dürfen, werden schriftlich um ihre Zustimmung zur Verwendung elektronischer Hilfsmittel für die Übermittlung von Informationen gebeten; ihre Zustimmung gilt als erteilt, wenn sie nicht innerhalb eines angemessenen Zeitraums widersprechen. Sie können zu jedem späteren Zeitpunkt beantragen, dass ihnen die Informationen wieder schriftlich übermittelt werden.

d) Jegliche Aufteilung der Kosten, die mit der Übermittlung derartiger Informationen durch elektronische Hilfsmittel einhergehen, ist vom Emittenten im Sinne des Grundsatzes der Gleichbehandlung gemäß Absatz 1 festzulegen.

(4) Die Kommission erlässt mittels delegierter Rechtsakte nach Artikel 27 Absätze 2a, 2b und 2c und unter den Voraussetzungen der Artikel 27a und 27b Maßnahmen, um den technischen Entwicklungen auf den Finanzmärkten sowie den Entwicklungen in der Informations- und Kommunikationstechnologie Rechnung zu tragen und um die Anforderungen der Absätze 1, 2 und 3 zu präzisieren. Die Kommission stellt insbesondere klar, über welche Arten von Finanzinstituten ein Aktionär die in Absatz 2 Buchstabe c genannten Finanzrechte ausüben kann.

Art. 18 Informationspflichten der Emittenten von zum Handel an einem geregelten Markt zugelassenen Schuldtiteln (1) Ein Emittent von Schuldtiteln, die zum Handel an einem geregelten Markt zugelassen sind, muss allen Inhabern gleichrangiger Schuldtitel in Bezug auf alle mit diesen Schuldtiteln verbundenen Rechte die gleiche Behandlung sicherstellen.

(2) Der Emittent stellt sicher, dass alle Einrichtungen und Informationen, die die Inhaber von Schuldtiteln zur Ausübung ihrer Rechte benötigen, im Herkunftsmitgliedstaat öffentlich zur Verfügung stehen und dass die Integrität der Daten gewahrt wird. Den Schuldtitelinhabern steht es frei, ihre Rechte durch einen Bevollmächtigten wahrnehmen zu lassen, sofern den Rechtsvorschriften des Sitzstaats des Emittenten Genüge getan wird. Insbesondere muss der Emittent

a) Benachrichtigungen veröffentlichen bzw. Rundschreiben versenden, in denen über Ort, Zeitpunkt und Tagesordnung der Gläubigerversammlung der Schuldtitelinhaber sowie über die Zahlung von Zinsen, die Ausübung der Rechte auf Umtausch, Austausch, Zeichnung oder Annullierung und Rückzahlung sowie das Teilnahmerecht dieser Inhaber von Schuldtiteln informiert wird,

b) jeder Person, die berechtigt ist, an der Gläubigerversammlung der Schuldtitelinhaber stimmberechtigt teilzunehmen zusammen mit der Benachrichtigung zur Versammlung oder auf Verlangen nach ihrer Anberaumung ein Vollmachtsformular entweder in Papierform oder gegebenenfalls durch elektronische Hilfsmittel übermitteln, und

c) ein Finanzinstitut als bevollmächtigte Stelle benennen, über die die Inhaber von Schuldtiteln ihre finanziellen Rechte ausüben können.

(3) Wenn lediglich Inhaber von Schuldtiteln mit einer Mindeststückelung von 100 000 EUR bzw. – im Falle von Schuldtiteln, die auf andere Währungen als Euro lauten – mit einer Mindeststückelung, die am Ausgabetag mindestens 100 000 EUR entspricht, zu einer Gläubigerversammlung eingeladen werden, kann der Emittent jeden Mitgliedstaat als Versammlungsort wählen, sofern dort sämtliche Einrichtungen und Informationen gegeben sind, die die Inhaber von Schuldtiteln zur Ausübung ihrer Rechte benötigen.

Die in Unterabsatz 1 vorgesehene Möglichkeit gilt auch für Inhaber von Schuldtiteln mit einer Mindeststückelung von 50 000 EUR bzw. — im Falle von Schuldtiteln, die auf andere Währungen als Euro lauten — mit einer Mindeststückelung, die am Ausgabetag mindestens 50 000 EUR entspricht, die bereits vor dem 31. Dezember 2010 zum Handel an einem geregelten Markt in der Union zugelassen wurden, solange derartige Schuldtitel ausstehen und sofern in dem von dem Emittenten gewählten Mitgliedstaat sämtliche Einrichtungen und Informationen gegeben sind, die die Inhaber von Schuldtiteln zur Ausübung ihrer Rechte benötigen.

(4) Zum Zwecke der Übermittlung von Informationen an die Inhaber von Schuldtiteln gestattet der Herkunftsmitgliedstaat beziehungsweise der vom Emittenten gemäß Absatz 3 gewählte Mitgliedstaat Emittenten, elektronische Hilfsmittel zu benutzen, sofern eine entsprechende Entscheidung von einer Gläubigerversammlung getroffen wird und die folgenden Bedingungen erfüllt sind:

a) Die Verwendung elektronischer Hilfsmittel hängt in keiner Weise vom Sitz oder vom Wohnort des Schuldtitelinhabers bzw. des diese Person vertretenden Bevollmächtigten ab.

b) Es sind Vorkehrungen zur Identifizierung zu treffen, damit die Inhaber von Schuldtiteln tatsächlich informiert werden.

c) Die Inhaber von Schuldtiteln werden schriftlich um ihre Zustimmung zur Verwendung elektronischer Hilfsmittel für die Übermittlung von Informationen gebeten; ihre Zustimmung gilt als erteilt, wenn sie nicht innerhalb eines angemessenen Zeitraums widersprechen. Sie können zu jedem späteren Zeitpunkt beantragen, dass ihnen die Informationen wieder schriftlich übermittelt werden.

d) Jegliche Aufteilung der Kosten, die mit der Übermittlung derartiger Informationen durch elektronische Hilfsmittel einhergehen, ist vom Emittenten im Sinne des Grundsatzes der Gleichbehandlung gemäß Absatz 1 festzulegen.

(5) Die Kommission erlässt mittels delegierter Rechtsakte nach Artikel 27 Absätze 2a, 2b und 2c und unter den Voraussetzungen der Artikel 27a und 27b Maßnahmen, um den technischen Entwicklungen auf den Finanzmärkten sowie den Entwicklungen in der Informations- und Kommunikationstechnologie Rechnung zu tragen und um die Anwendung der Absätze 1 bis 4 zu präzisieren. Die Kommission legt insbesondere fest, über welche Arten von Finanzinstituten der Inhaber eines Schuldtitels die in Absatz 2 Buchstabe c genannten finanziellen Rechte ausüben kann.

Kapitel IV – Allgemeine Verpflichtungen

Art. 19 Kontrolle durch den Herkunftsmitgliedstaat (1) Veröffentlicht ein Emittent oder eine Person, die ohne Einverständnis des Emittenten die Zulassung ihrer Wertpapiere zum Handel an einem geregelten Markt beantragt hat, vorgeschriebene Informationen, so hinterlegt er bzw. sie diese Informationen gleichzeitig bei der zuständigen Behörde seines bzw. ihres Herkunftsmitgliedstaats. Diese Behörde kann darüber befinden, ob sie diese Informationen auf ihrer Website veröffentlicht.

Beabsichtigt der Emittent eine Änderung seiner Satzung oder seiner Statuten, so übermittelt er den Änderungsentwurf der zuständigen Behörde des Herkunftsmitgliedstaats und dem geregelten Markt, an dem seine Wertpapiere zum Handel zugelassen wurden. Eine derartige Übermittlung hat unverzüglich zu erfolgen, spätestens aber zum Termin der Einberufung der Haupt- bzw. Gläubigerversammlung, auf der über diesen Änderungsentwurf abgestimmt bzw. informiert wird.

(2) Der Herkunftsmitgliedstaat kann einen Emittenten von der Pflicht gemäß Absatz 1 entbinden, soweit dies die Veröffentlichung von Informationen gemäß Artikel 6 der Richtlinie 2003/6/EG oder gemäß Artikel 12 Absatz 6 der vorliegenden Richtlinie betrifft.

(3) Die dem Emittenten gemäß den Artikeln 9, 10, 12 und 13 mitzuteilenden Informationen sind gleichzeitig bei der zuständigen Behörde des Herkunftsmitgliedstaats zu hinterlegen.

(4) Die Kommission erlässt mittels delegierter Rechtsakte nach Artikel 27 Absätze 2a, 2b und 2c und unter den Voraussetzungen der Artikel 27a und 27b Maßnahmen, um die Anforderungen der Absätze 1, 2 und 3 zu präzisieren.

Die Kommission legt insbesondere das Verfahren fest, nach dem ein Emittent, ein Inhaber von Aktien oder anderen Finanzinstrumenten oder eine natürliche oder juristische Person im Sinne des Artikels 10 Informationen bei der zuständigen Behörde des Herkunftsmitgliedstaats gemäß Absatz 1 oder Absatz 3 zu hinterlegen hat, um im Herkunftsmitgliedstaat eine Hinterlegung durch elektronische Hilfsmittel zu ermöglichen.

Art. 20 Sprachregelung (1) Sind Wertpapiere lediglich zum Handel an einem geregelten Markt im Herkunftsmitgliedstaat zugelassen, so sind die vorgeschriebenen Informationen in einer von der zuständigen Behörde des Herkunftsmitgliedstaates akzeptierten Sprache zu veröffentlichen.

(2) Sind Wertpapiere sowohl an einem geregelten Markt im Herkunftsmitgliedstaat als auch an einem geregelten Markt in einem oder mehreren Aufnahmemitgliedstaat(en) zum Handel zugelassen, so sind die vorgeschriebenen Informationen

a) in einer von der zuständigen Behörde des Herkunftsmitgliedstaates akzeptierten Sprache und

b) je nach der Wahl des Emittenten entweder in einer Sprache, die von den zuständigen Behörden der betreffenden Aufnahmemitgliedstaaten akzeptiert wird oder in einer Sprache, die in internationalen Finanzkreisen gebräuchlich ist, bekannt zu geben.

(3) Sind Wertpapiere zum Handel an einem geregelten Markt in einem oder mehreren Aufnahmemitgliedstaat(en), aber nicht im Herkunftsmitgliedstaat zugelassen, so sind die vorgeschriebenen Informationen je nach Wahl des Emittenten in einer von den zuständigen Behörden der betreffenden Aufnahmemitgliedstaaten akzeptierten Sprache oder aber in einer in internationalen Finanzkreisen gebräuchlichen Sprache bekannt zu geben.

Der Herkunftsmitgliedstaat kann darüber hinaus in seinen Rechts- oder Verwaltungsvorschriften festlegen, dass die vorgeschriebenen Informationen je nach Wahl des Emittenten in einer von seiner zuständigen Behörde akzeptierten Sprache oder in einer in internationalen Finanzkreisen gebräuchlichen Sprache zu veröffentlichen ist.

(4) Werden Wertpapiere ohne Zustimmung des Emittenten zum Handel an einem geregelten Markt zugelassen, so gelten die Verpflichtungen nach den Absätzen 1, 2 und 3 nicht für den Emittenten, sondern für die Person, die die Zulassung ohne Zustimmung des Emittenten beantragt hat.

(5) Die Mitgliedstaaten gestatten Aktionären bzw. den natürlichen oder juristischen Personen im Sinne der Artikel 9, 10 und 13, einem Emittenten im Rahmen dieser Richtlinie Informationen lediglich in einer in internationalen Finanzkreisen gebräuchlichen Sprache mitzuteilen. Erhält der Emittent eine Mitteilung in dieser Form, dürfen die Mitgliedstaaten ihm nicht auferlegen, eine Übersetzung in eine von den zuständigen Behören akzeptierte Sprache zur Verfügung zu stellen.

(6) Abweichend von den Absätzen 1 bis 4 sind die vorgeschriebenen Informationen nach Wahl des Emittenten bzw. der Person, die die Zulassung ohne Einverständnis des Emittenten beantragt hat, entweder in einer von den zuständigen Behörden des Herkunftsmitgliedstaats und der Aufnahmemitgliedstaaten akzeptierten Sprache oder in einer in internationalen Finanzkreisen gebräuchlichen Sprache bekannt zu geben, wenn Wertpapiere mit einer Mindeststückelung von 100 000 EUR bzw. – im Falle von auf andere Währungen als Euro lautenden Schuldtiteln – mit einer Mindeststückelung, die am Ausgabetag mindestens

100 000 EUR entspricht, zum Handel an einem geregelten Markt in einem oder mehreren Mitgliedstaaten zugelassen sind.

Die Abweichung gemäß Unterabsatz 1 gilt auch für Schuldtitel mit einer Mindeststückelung von 50 000 EUR oder — im Falle von auf andere Währungen als Euro lautenden Schuldtiteln — mit einer Mindeststückelung, die am Ausgabetag mindestens 50 000 EUR entspricht, die bereits vor dem 31. Dezember 2010 zum Handel an einem geregelten Markt in einem oder mehreren Mitgliedstaaten zugelassen wurden, solange derartige Schuldtitel ausstehen.

(7) Wird in einem Mitgliedstaat bezüglich des Inhalts einer vorgeschriebenen Information Klage vor Gericht erhoben, so wird nach Maßgabe der Rechtsvorschriften dieses Mitgliedstaats darüber entschieden, wer die Kosten für die Übersetzung dieser Informationen zum Zwecke der Gerichtsverhandlung zu tragen hat.

Art. 21 Zugang zu vorgeschriebenen Informationen (1) Der Herkunftsmitgliedstaat stellt sicher, dass ein Emittent oder eine Person, die die Zulassung zum Handel an einem geregelten Markt ohne Einverständnis des Emittenten beantragt hat, die vorgeschriebenen Informationen in einer Form bekannt gibt, die in nicht diskriminierender Weise einen schnellen Zugang zu ihnen gewährleistet und sie dem amtlich bestellten System im Sinne des Absatzes 2 zur Verfügung stellt. Der Emittent oder die Person, die ohne sein Einverständnis die Zulassung zum Handel an einem geregelten Markt beantragt hat, darf von Anlegern keine Gebühr für den Zugang zu den Informationen verlangen. Der Herkunftsmitgliedstaat schreibt vor, dass der Emittent auf Medien zurück greifen muss, bei denen vernünftigerweise davon ausgegangen werden kann, dass sie die Informationen tatsächlich an die Öffentlichkeit in der gesamten Gemeinschaft weiterleiten. Der Herkunftsmitgliedstaat darf jedoch nicht vorschreiben, dass lediglich Medien eingesetzt werden, deren Betreiber in seinem Hoheitsgebiet ansässig sind.

(2) Der Herkunftsmitgliedstaat stellt sicher, dass es zumindest ein amtlich bestelltes System für die zentrale Speicherung vorgeschriebener Informationen gibt. Solche Systeme sollten den Mindestqualitätsnormen in Bezug auf Datensicherheit, Gewissheit über die Herkunft der Informationen, Zeitaufzeichnung und leichten Zugang der Endnutzer genügen und auf das Hinterlegungsverfahren gemäß Artikel 19 Absatz 1 abgestimmt werden.

(3) Sind Wertpapiere zum Handel an einem geregelten Markt in lediglich einem Aufnahmemitgliedstaat, nicht aber im Herkunftsmitgliedstaat zugelassen, so stellt dieser Aufnahmemitgliedstaat die Veröffentlichung der vorgeschriebenen Informationen gemäß den Anforderungen des Absatzes 1 sicher.

(4) Die Kommission erlässt mittels delegierter Rechtsakte nach Artikel 27 Absätze 2a, 2b und 2c und unter den Voraussetzungen der Artikel 27a und 27b Maßnahmen, um den technischen Entwicklungen auf den Finanzmärkten sowie den Entwicklungen in der Informations- und Kommunikationstechnologie Rechnung zu tragen und um die Anforderungen der Absätze 1, 2 und 3 zu präzisieren.

Die Kommission legt insbesondere Folgendes fest:

a) Mindestnormen für die Verbreitung vorgeschriebener Informationen gemäß Absatz 1;

b) Mindestnormen für das zentrale Speicherungssystem gemäß Absatz 2.

Die Kommission kann auch eine Liste der Medien zusammenstellen und ständig aktualisieren, über die diese Informationen der Öffentlichkeit bekannt zu geben sind.

Art. 22 Leitlinien (1) Die ESMA arbeitet Leitlinien gemäß Artikel 16 der Verordnung (EU) Nr. 1095/2010 aus, um den Zugang der Öffentlichkeit zu den Informationen, die gemäß der Richtlinie 2003/6/EG, der Richtlinie 2003/71/EG und dieser Richtlinie zu veröffentlichen sind, zusätzlich zu erleichtern.

Mit diesen Leitlinien soll Folgendes geschaffen werden:

a) ein elektronisches Netz, das auf nationaler Ebene zwischen den Wertpapieraufsichtsbehörden, den Betreibern geregelter Märkte und den nationalen Handelsregistern im Sinne der Ersten Richtlinie 68/151/EWG des Rates vom 9. März 1968 zur Koordinierung der Schutzbestimmungen, die in den Mitgliedstaaten den Gesellschaften im Sinne des Artikels 48 Absatz 2 des Vertrags im Interesse der Gesellschafter sowie Dritter vorgeschrieben sind, um diese Bestimmungen gleichwertig zu gestalten[19,20], aufzubauen ist; und

b) ein einheitliches elektronisches Netz oder eine Plattform elektronischer Netze zwischen den Mitgliedstaaten.

(2) Die Kommission überprüft die gemäß Absatz 1 zu erzielenden Ergebnisse bis zum 31. Dezember 2006 und kann nach dem in Artikel 27 Absatz 2 genannten Verfahren Durchführungsmaßnahmen erlassen, um die Einhaltung der Artikel 19 und 21 zu erleichtern.

Art. 23 Drittländer (1) Befindet sich der Sitz eines Emittenten in einem Drittland, kann die zuständige Behörde des Herkunftsmitgliedstaats diesen Emittenten von den Anforderungen der Artikel 4 bis 7, des Artikels 12 Absatz 6 und der Artikel 14 bis 18 ausnehmen, sofern das Recht des betreffenden Drittlandes mindestens gleichwertige Anforderungen vorsieht oder der Emittent die Anforderungen der Rechtsvorschriften eines Drittlandes erfüllt, die die zuständige Behörde des Herkunftsmitgliedstaats als gleichwertig betrachtet. Die zuständige Behörde unterrichtet anschließend die ESMA über die erteilte Freistellung.

(2) Abweichend von Absatz 1 werden Emittenten mit Sitz in einem Drittland von der Erstellung ihrer Jahresabschlüsse gemäß Artikel 4 oder Artikel 5 vor dem Geschäftsjahr, das am oder nach dem 1. Januar 2007 beginnt, ausgenommen, vorausgesetzt, die Emittenten stellen ihre Jahresabschlüsse gemäß den in Artikel 9 der Verordnung (EG) Nr. 1606/2002 genannten international anerkannten Standards auf.

(3) Die zuständige Behörde des Herkunftsmitgliedstaats stellt sicher, dass in einem Drittland veröffentlichte Informationen, die für die Öffentlichkeit in der Gemeinschaft von Bedeutung sein können, gemäß den Artikeln 20 und 21 veröffentlicht werden. Dies gilt auch dann, wenn es sich bei den betreffenden Informationen nicht um vorgeschriebene Informationen im Sinne von Artikel 2 Absatz 1 Buchstabe k) handelt.

(4) Um die einheitliche Anwendung des Absatzes 1 sicherzustellen, erlässt die Kommission nach dem in Artikel 27 Absatz 2 genannten Verfahren Durchführungsmaßnahmen, um

i) einen Mechanismus einzurichten, der die Feststellung der Gleichwertigkeit von gemäß dieser Richtlinie geforderten Informationen, einschließlich der Abschlüsse, mit Informationen gewährleistet, die gemäß den Rechts- und Verwaltungsvorschriften eines Drittlandes vorgeschrieben sind;

ii) festzustellen, dass das Drittland, in dem der Emittent seinen Sitz hat, aufgrund seiner Rechts- und Verwaltungsvorschriften bzw. der Praxis oder der Verfahren, die sich auf

---

19 Anmerkung der Herausgeber: Der Titel der Richtlinie ist angepasst worden, um der Umnummerierung der Artikel des Vertrags gemäß Artikel 12 des Vertrags von Amsterdam Rechnung zu tragen; die ursprüngliche Bezugnahme galt Artikel 58 des Vertrags.
20 Publizitäts-RL, in dieser Sammlung Nr. 4.1.

die von internationalen Organisationen festgelegten internationalen Standards stützen, die Gleichwertigkeit der Informationsanforderungen dieser Richtlinie gewährleistet. Im Zusammenhang mit Unterabsatz 1 Ziffer ii erlässt die Kommission außerdem mittels delegierter Rechtsakte nach Artikel 27 Absätze 2a, 2b und 2c und unter den Voraussetzungen der Artikel 27a und 27b Maßnahmen für die Bewertung von für Emittenten aus mehr als einem Land relevanten Standards.

Die Kommission fasst nach dem in Artikel 27 Absatz 2 genannten Verfahren die notwendigen Beschlüsse unter den in Artikel 30 Absatz 3 festgelegten Bedingungen über die Gleichwertigkeit der Rechnungslegungsstandards, die von Emittenten mit Sitz in Drittländern angewandt werden. Kommt die Kommission zu dem Schluss, dass die Rechnungslegungsstandards eines Drittlandes nicht gleichwertig sind, so kann sie den betroffenen Emittenten die weitere Anwendung dieser Rechnungslegungsstandards während einer angemessenen Übergangsperiode gestatten.

Im Zusammenhang mit Unterabsatz 3 erlässt die Kommission mittels delegierter Rechtsakte nach Artikel 27 Absätze 2a, 2b und 2c und unter den Voraussetzungen der Artikel 27a und 27b auch Maßnahmen zur Aufstellung allgemeiner Äquivalenzkriterien für Rechnungslegungsstandards, die für Emittenten aus mehr als einem Land relevant sind.

(5) Um die Anforderungen des Absatzes 2 zu präzisieren, kann die Kommission mittels delegierter Rechtsakte nach Artikel 27 Absätze 2a, 2b und 2c und unter den Voraussetzungen der Artikel 27a und 27b Maßnahmen erlassen, in denen sie bestimmt, welche Art von in einem Drittland veröffentlichten Informationen für die Öffentlichkeit in der Union von Bedeutung ist.

(6) Unternehmen mit Sitz in einem Drittland, die eine Zulassung gemäß Artikel 5 Absatz 1 der Richtlinie 85/611/EWG oder eine Zulassung im Hinblick auf die Verwaltung von Portfolios gemäß Abschnitt A Nummer 4 des Anhangs I der Richtlinie 2004/39/EG benötigen würden, wenn sie ihren Sitz oder (nur im Falle von Wertpapierfirmen) ihre Hauptverwaltung innerhalb der Gemeinschaft hätten, sind ebenfalls davon befreit, ihre Beteiligungen mit den Beteiligungen ihrer Mutterunternehmen wie in Artikel 12 Absätze 4 und 5 vorgeschrieben zusammenzurechnen, vorausgesetzt, sie erfüllen gleichwertige Voraussetzungen hinsichtlich ihrer Unabhängigkeit als Verwaltungsgesellschaften bzw. Wertpapierfirmen.

(7) Um den technischen Entwicklungen auf den Finanzmärkten Rechnung zu tragen und die einheitliche Anwendung des Absatzes 6 sicherzustellen, erlässt die Kommission nach dem in Artikel 27 Absatz 2 genannten Verfahren Durchführungsmaßnahmen, in denen sie feststellt, dass ein Drittland aufgrund seiner Rechts- und Verwaltungsvorschriften die Gleichwertigkeit der Anforderungen an die Unabhängigkeit gemäß dieser Richtlinie sowie der einschlägigen Durchführungsmaßnahmen gewährleistet.

Die Kommission erlässt mittels delegierter Rechtsakte nach Artikel 27 Absätze 2a, 2b und 2c und unter den Voraussetzungen der Artikel 27a und 27b auch Maßnahmen zur Aufstellung allgemeiner Äquivalenzkriterien für die Zwecke des Unterabsatzes 1.

(8) Die ESMA unterstützt die Kommission bei der Wahrnehmung ihrer Aufgaben aufgrund dieses Artikels gemäß Artikel 33 der Verordnung (EU) Nr. 1095/2010.

Kapitel V – Zuständige Behörden

Art. 24 Zuständige Behörden und ihre Befugnisse (1) Jeder Mitgliedstaat benennt die zentrale Behörde im Sinne des Artikels 21 Absatz 1 der Richtlinie 2003/71/EG als zentrale zuständige Verwaltungsbehörde, die für die Wahrnehmung der Verpflichtungen aufgrund dieser Richtlinie zuständig ist und sicherstellt, dass die aufgrund dieser Richtlinie erlassenen Bestimmungen angewandt werden. Die Mitgliedstaaten unterrichten entsprechend die Kommission und die ESMA.

Ein Mitgliedstaat kann allerdings für die Zwecke des Absatzes 4 Buchstabe h) eine andere als die zentrale zuständige Behörde gemäß Unterabsatz 1 benennen.

(2) Die Mitgliedstaaten können ihrer zentralen zuständigen Behörde gestatten, Aufgaben zu übertragen. Jede Übertragung von Aufgaben – ausgenommen die Aufgaben nach Absatz 4 Buchstabe h) – im Zusammenhang mit den Verpflichtungen gemäß dieser Richtlinie und ihren Durchführungsbestimmungen wird fünf Jahre nach dem Inkrafttreten dieser Richtlinie überprüft und endet acht Jahre nach dem Inkrafttreten dieser Richtlinie. Bei jeder Übertragung von Aufgaben ist im Einzelnen anzugeben, welche Aufgaben übertragen werden und unter welchen Bedingungen sie wahrzunehmen sind.

Diese Bedingungen müssen eine Klausel enthalten, die die betreffende Stelle dazu verpflichtet, durch ihre Organisationsstruktur zu gewährleisten, dass Interessenkonflikte vermieden werden und die Informationen, die die Stelle bei Ausführung der ihr übertragenen Aufgaben erhält, nicht unbillig oder wettbewerbswidrig verwendet werden. In jedem Fall ist die nach Absatz 1 benannte zuständige Behörde in letzter Instanz für die Überwachung der Einhaltung dieser Richtlinie und der in ihrem Rahmen erlassenen Durchführungsbestimmungen verantwortlich.

(3) Die Mitgliedstaaten unterrichten die Kommission, die ESMA gemäß Artikel 28 Absatz 4 der Verordnung (EU) Nr. 1095/2010 und die zuständigen Behörden der anderen Mitgliedstaaten über etwaige Vorkehrungen, die sie im Hinblick auf die Übertragung von Aufgaben getroffen haben, einschließlich der genauen Bedingungen für die Festlegung dieser Aufgabenübertragung.

(4) Jede zuständige Behörde ist mit den zur Erfüllung ihrer Aufgaben notwendigen Befugnissen auszustatten. Sie muss zumindest befugt sein,

a) von Abschlussprüfern, Emittenten, Inhabern von Aktien und anderen Finanzinstrumenten oder Personen im Sinne der Artikel 10 oder 13 und von Personen, die diese kontrollieren oder von diesen kontrolliert werden, die Vorlage von Informationen und Dokumenten zu verlangen;

b) von Emittenten zu verlangen, Informationen nach Buchstabe a mit den Mitteln und innerhalb der Fristen zu veröffentlichen, die sie für notwendig erachtet. Sie kann diese Informationen von sich aus, nach Anhörung des Emittenten, veröffentlichen, wenn der Emittent oder die Personen, die ihn kontrollieren oder von ihm kontrolliert werden, der Aufforderung nicht nachkommen;

c) von der Geschäftsführung des Emittenten und der Inhaber von Aktien oder anderen Finanzinstrumenten oder der Personen im Sinne der Artikel 10 oder 13 zu verlangen, die Informationen zu übermitteln, die gemäß dieser Richtlinie oder den zur Umsetzung dieser Richtlinie erlassenen nationalen Rechtsvorschriften gefordert werden, und bei Bedarf weitere Informationen und Dokumente vorzulegen;

d) den Handel mit Wertpapieren für höchstens zehn aufeinander folgende Tage auszusetzen oder eine Aussetzung des Handels von dem jeweiligen geregelten Markt zu verlangen, wenn sie berechtigte Gründe für die Annahme hat, dass die Bestimmungen dieser Richtlinie bzw. der zur Umsetzung dieser Richtlinie erlassenen nationalen Rechtsvorschriften vom Emittenten nicht eingehalten wurden;

e) den Handel an einem geregelten Markt zu verbieten, wenn sie entdeckt, dass gegen die Bestimmungen dieser Richtlinie bzw. der zur Umsetzung dieser Richtlinie erlassenen nationalen Rechtsvorschriften verstoßen wurde bzw. berechtigte Gründe für die Annahme bestehen, dass gegen sie verstoßen wurde;

f) zu überwachen, dass der Emittent Informationen rechtzeitig bekannt gibt, um auf diese Weise sicherzustellen, dass die Öffentlichkeit in allen Mitgliedstaaten, in denen die Wertpapiere gehandelt werden, tatsächlichen und gleichwertigen Zugang dazu hat, und andernfalls geeignete Maßnahmen zu ergreifen;

g) die Tatsache öffentlich bekannt zu machen, dass ein Emittent oder ein Inhaber von Aktien oder anderen Finanzinstrumenten oder eine Person im Sinne der Artikel 10 oder 13 seinen bzw. ihren Verpflichtungen nicht nachkommt;

h) zu prüfen, ob die Informationen im Sinne dieser Richtlinie den einschlägigen Anforderungen an die Berichterstattung entsprechen und im Falle aufgedeckter Verstöße die geeigneten Maßnahmen zu ergreifen und

i) in ihrem Hoheitsgebiet nach Maßgabe des nationalen Rechts Nachprüfungen vor Ort vorzunehmen, um die Einhaltung dieser Richtlinie und ihrer Durchführungsmaßnahmen zu überprüfen. Falls nach einzelstaatlichem Recht erforderlich, kann bzw. können die zuständige(n) Behörde bzw. Behörden diese Befugnis unter Einschaltung der zuständigen Justizbehörde und/oder in Zusammenarbeit mit anderen Behörden wahrnehmen.

(5) Die Absätze 1 bis 4 stehen dem nicht entgegen, dass ein Mitgliedstaat für überseeische europäische Gebiete, deren Außenbeziehungen er wahrnimmt, gesonderte Rechts- und Verwaltungsvorschriften erlässt.

(6) Werden Informationen über Tatsachen oder Beschlüsse im Zusammenhang mit einem Auskunftsverlangen der zuständigen Behörde nach Absatz 4 Buchstabe a) von den Abschlussprüfern an die zuständigen Behörden weitergegeben, so stellt dies keinen Verstoß gegen vertraglich oder durch Rechts- oder Verwaltungsvorschriften auferlegte Einschränkungen der Weitergabe von Informationen dar, und die Abschlussprüfer können dafür in keiner Weise haftbar gemacht werden.

Art. 25 Berufsgeheimnis und Zusammenarbeit zwischen den Mitgliedstaaten (1) An das Berufsgeheimnis gebunden sind alle Personen, die für die zuständige Behörde sowie für Stellen, denen zuständige Behörden gegebenenfalls bestimmte Aufgaben übertragen haben, tätig sind oder waren. Die unter das Berufsgeheimnis fallenden Informationen dürfen keiner anderen Person oder Behörde bekannt gemacht werden, es sei denn, dies ist in den Rechts- und Verwaltungsvorschriften eines Mitgliedstaats vorgesehen.

(2) Die zuständigen Behörden der Mitgliedstaaten arbeiten zusammen, wenn dies zur Erfüllung ihrer Aufgaben erforderlich ist, und greifen hierzu auf ihre Befugnisse zurück, unabhängig davon, ob diese in dieser Richtlinie oder in aufgrund dieser Richtlinie erlassenen nationalen Rechtsvorschriften festgelegt wurden. Die zuständigen Behörden leisten den zuständigen Behörden anderer Mitgliedstaaten Amtshilfe.

(2a) Die zuständigen Behörden können die ESMA mit Fällen befassen, in denen ein Ersuchen um Zusammenarbeit zurückgewiesen wurde oder innerhalb einer angemessenen Frist zu keiner Reaktion geführt hat. Unbeschadet des Artikels 258 des Vertrags über die Arbeitsweise der Europäischen Union (AEUV) kann die ESMA in den in Satz 1 genannten Fällen gemäß den ihr durch Artikel 19 der Verordnung (EU) Nr. 1095/2010 übertragenen Befugnissen tätig werden.

(2b) Die zuständigen Behörden arbeiten gemäß der Verordnung (EU) Nr. 1095/2010 für die Zwecke dieser Richtlinie mit der ESMA zusammen.

(2c) Die zuständigen Behörden stellen der ESMA gemäß Artikel 35 der Verordnung (EU) Nr. 1095/2010 unverzüglich alle für die Ausführung ihrer Aufgaben aufgrund dieser Richtlinie und der genannten Verordnung erforderlichen Informationen zur Verfügung.

(3) Absatz 1 hindert die zuständigen Behörden nicht daran, vertrauliche Informationen auszutauschen oder Informationen an die anderen zuständigen Behörden, die ESMA oder den durch die Verordnung (EU) Nr. 1092/2010 des Europäischen Parlaments und des Rates vom 24. November 2010 über die Finanzaufsicht der Europäischen Union auf Makroebene und zur Errichtung eines Europäischen Ausschusses für Systemrisiken[21] eingerichteten Europäischen Ausschuss für Systemrisiken weiterzuleiten. Die auf diesem Wege ausgetauschten Informationen unterliegen der Geheimhaltungspflicht, die für Personen gilt, die bei den zuständigen Behörden, die Informationen erhalten, arbeiten oder gearbeitet haben.

(4) Die Mitgliedstaaten und die ESMA können gemäß Artikel 33 der Verordnung (EU) Nr. 1095/2010 mit den zuständigen Behörden oder Stellen von Drittländern, die nach dem dort geltenden Recht mit Aufgaben betraut sind, die diese Richtlinie gemäß Artikel 24 zuweist, Kooperationsvereinbarungen Austausch von Informationen schließen. Die Mitgliedstaaten unterrichten die ESMA über den Abschluss von Kooperationsvereinbarungen. Ein solcher Informationsaustausch unterliegt zumindest in dem in diesem Artikel vorgeschriebenen Umfang dem Berufsgeheimnis. Der Informationsaustausch hat der Wahrnehmung der Aufsichtsaufgaben der betreffenden Behörden oder Stellen zu dienen. Kommen die Informationen aus einem anderen Mitgliedstaat, so dürfen sie nur mit ausdrücklicher Zustimmung der zuständigen Behörden, die sie übermittelt haben, und gegebenenfalls nur für die Zwecke, für die diese Behörden ihre Zustimmung gegeben haben, weitergegeben werden.

Art. 26 Vorsichtsmaßnahmen (1) Stellt die zuständige Behörde eines Aufnahmemitgliedstaates fest, dass ein Emittent oder ein Inhaber von Aktien oder anderen Finanzinstrumenten oder eine natürliche oder juristische Person nach Artikel 10 Unregelmäßigkeiten begangen oder gegen seine/ihre Verpflichtungen verstoßen hat, so befasst sie die zuständigen Behörde des Herkunftsmitgliedstaates und die ESMA mit diesen Feststellungen.

(2) Verstößt der Emittent oder der Wertpapierinhaber trotz der von der zuständigen Behörde des Herkunftsmitgliedstaats ergriffenen Maßnahmen — oder weil sich diese als unzureichend erweisen — weiterhin gegen die einschlägigen Rechts- oder Verwaltungsvorschriften, ergreift die zuständige Behörde des Aufnahmemitgliedstaats nach Unterrichtung der zuständigen Behörde des Herkunftsmitgliedstaats gemäß Artikel 3 Absatz 2 alle für den Schutz der Anleger erforderlichen Maßnahmen und unterrichtet davon die Kommission und die ESMA zum frühestmöglichen Zeitpunkt.

Kapitel VI – Delegierte Rechtsakte und Durchführungsmaßnahmen

Art. 27 Ausschussverfahren (1) Die Kommission wird von dem durch Artikel 1 des Beschlusses 2001/528/EG eingesetzten Europäischen Wertpapierausschuss unterstützt.

(2) Wird auf diesen Absatz Bezug genommen, so gelten die Artikel 5 und 7 des Beschlusses 1999/468/EG unter Beachtung von dessen Artikel 8, sofern die nach jenem Verfahren erlas-

---

[21] ABl. L 331 vom 15.12.2010, S. 1.

senen Durchführungsmaßnahmen die wesentlichen Bestimmungen dieser Richtlinie nicht ändern.

Der Zeitraum nach Artikel 5 Absatz 6 des Beschlusses 1999/468/EG wird auf drei Monate festgesetzt.

(2a) Die Befugnis zum Erlass delegierter Rechtsakte nach Artikel 2 Absatz 3, Artikel 5 Absatz 6, Artikel 9 Absatz 7, Artikel 12 Absatz 8, Artikel 13 Absatz 2, Artikel 14 Absatz 2, Artikel 17 Absatz 4, Artikel 18 Absatz 5, Artikel 19 Absatz 4, Artikel 21 Absatz 4 und Artikel 23 Absätze 4, 5 und 7 wird der Kommission für einen Zeitraum von vier Jahren ab dem 4. Januar 2011 übertragen. Die Kommission legt spätestens sechs Monate vor Ablauf des Zeitraums von vier Jahren einen Bericht über die übertragene Befugnis vor. Die Befugnisübertragung verlängert sich automatisch um Zeiträume gleicher Länge, es sei denn, das Europäische Parlament oder der Rat widerrufen sie nach Artikel 27a.

(2b) Sobald die Kommission einen delegierten Rechtsakt erlässt, übermittelt sie ihn gleichzeitig dem Europäischen Parlament und dem Rat.

(2c) Die der Kommission übertragene Befugnis zum Erlass delegierter Rechtsakte unterliegt den in den Artikeln 27a und 27b genannten Bedingungen.

(3) Bis 31. Dezember 2010 und danach mindestens alle drei Jahre überprüft die Kommission die Vorschriften für ihre Durchführungsbefugnisse und legt dem Europäischen Parlament und dem Rat einen Bericht über das Funktionieren dieser Befugnisse vor. In dem Bericht wird insbesondere geprüft, ob die Kommission Änderungen zu dieser Richtlinie vorschlagen muss, um den angemessenen Umfang der ihr übertragenen Durchführungsbefugnisse zu gewährleisten. Die Schlussfolgerung, ob eine Änderung erforderlich ist oder nicht, muss eine detaillierte Begründung enthalten. Erforderlichenfalls wird dem Bericht ein Legislativvorschlag zur Änderung der Vorschriften für die Übertragung der Durchführungsbefugnisse an die Kommission beigefügt.

Art 27a Widerruf der Befugnisübertragung (1) Artikel 5 Absatz 6, Artikel 9 Absatz 7, Artikel 12 Absatz 8, Artikel 13 Absatz 2, Artikel 14 Absatz 2, Artikel 17 Absatz 4, Artikel 18 Absatz 5, Artikel 19 Absatz 4, Artikel 21 Absatz 4 und Artikel 23 Absätze 4, 5 und 7 kann vom Europäischen Parlament oder vom Rat jederzeit widerrufen werden.

(2) Das Organ, das ein internes Verfahren eingeleitet hat, um zu beschließen, ob eine Befugnisübertragung widerrufen werden soll, bemüht sich, das andere Organ und die Kommission innerhalb einer angemessenen Frist vor der endgültigen Beschlussfassung zu unterrichten, unter Nennung der übertragenen Befugnis, die widerrufen werden könnte.

(3) Der Beschluss über den Widerruf beendet die Übertragung der in diesem Beschluss angegebenen Befugnis. Er wird sofort oder zu einem darin angegebenen späteren Zeitpunkt wirksam. Die Gültigkeit von delegierten Rechtsakten, die bereits in Kraft sind, wird davon nicht berührt. Der Beschluss wird im *Amtsblatt der Europäischen Union* veröffentlicht.

Art 27b Einwände gegen delegierte Rechtsakte (1) Das Europäische Parlament oder der Rat können gegen einen delegierten Rechtsakt innerhalb einer Frist von drei Monaten ab dem Datum der Übermittlung Einwände erheben. Auf Initiative des Europäischen Parlaments oder des Rates wird diese Frist um drei Monate verlängert.

(2) Haben bis zum Ablauf der Frist nach Absatz 1 weder das Europäische Parlament noch der Rat Einwände gegen den delegierten Rechtsakt erhoben, so wird der delegierte Rechtsakt im *Amtsblatt der Europäischen Union* veröffentlicht und tritt zu dem darin genannten Zeitpunkt in Kraft.

Der delegierte Rechtsakt kann vor Ablauf dieser Frist im *Amtsblatt der Europäischen Union* veröffentlicht werden und in Kraft treten, wenn sowohl das Europäische Parlament als auch der Rat der Kommission mitgeteilt haben, dass sie nicht die Absicht haben, Einwände zu erheben.

(3) Erheben das Europäische Parlament oder der Rat innerhalb der Frist nach Absatz 1 Einwände gegen den delegierten Rechtsakt, tritt dieser nicht in Kraft. Gemäß Artikel 296 AEUV versieht das Organ, das Einwände vorbringt, seine Einwände gegen den delegierten Rechtsakt mit einer Begründung.

Art. 28 Sanktionen (1) Unbeschadet des Rechts der Mitgliedstaaten, strafrechtliche Sanktionen zu verhängen, stellen die Mitgliedstaaten entsprechend ihrem jeweiligen nationalen Recht sicher, dass bei Verstößen gegen die gemäß dieser Richtlinie erlassenen Vorschriften gegen die verantwortlichen Personen zumindest geeignete Verwaltungsmaßnahmen ergriffen oder zivil- und/oder verwaltungsrechtliche Sanktionen verhängt werden können. Die Mitgliedstaaten sorgen dafür, dass diese Maßnahmen wirksam, verhältnismäßig und abschreckend sind.

(2) Die Mitgliedstaaten sehen vor, dass die zuständige Behörde alle Maßnahmen und Sanktionen, die wegen Verstößen gegen gemäß dieser Richtlinie erlassene Vorschriften ergriffen bzw. verhängt werden, öffentlich bekannt geben kann, sofern diese Bekanntgabe die Stabilität der Finanzmärkte nicht erheblich gefährdet oder den Betroffenen keinen unverhältnismäßig großen Schaden zufügt.

Art. 29 Rechtsbehelfe Die Mitgliedstaaten stellen sicher, dass gegen Entscheidungen, die in Anwendung der gemäß dieser Richtlinie erlassenen Rechts- und Verwaltungsvorschriften getroffen werden, vor Gericht Rechtsbehelfe eingelegt werden können.

Kapitel VII – Übergangs- und Schlussbestimmungen

Art. 30-35 *Übergangsbestimmungen, Umsetzungsfrist, Adressaten, Prüfpflicht der Kommission – nicht abgedruckt.*

4.12 Richtlinie 2001/34/EG des Europäischen Parlaments und des Rates vom 28. Mai 2001 über die Zulassung von Wertpapieren zur amtlichen Börsennotierung und über die hinsichtlich dieser Wertpapiere zu veröffentlichenden Informationen [Börsen-RL]

ABl. 2001 L 184/1

DAS EUROPÄISCHE PARLAMENT UND DER RAT DER EUROPÄISCHEN UNION –
gestützt auf den Vertrag zur Gründung der Europäischen Gemeinschaft, insbesondere auf die Artikel 44 und 95,
auf Vorschlag der Kommission,
nach Stellungnahme des Wirtschafts- und Sozialausschusses[1],
gemäß dem Verfahren des Artikels 251 des Vertrags[2],
in Erwägung nachstehender Gründe:
(1)   Die Richtlinie 79/279/EWG des Rates vom 5. März 1979 zur Koordinierung der Bedingungen für die Zulassung von Wertpapieren zur amtlichen Notierung an einer Wertpapierbörse[3], die Richtlinie 80/390/EWG des Rates vom 17. März 1980 zur Koordinierung der Bedingungen für die Erstellung, die Kontrolle und die Verbreitung des Prospekts, der für die Zulassung von Wertpapieren zur amtlichen Notierung an einer Wertpapierbörse zu veröffentlichen ist[4], die Richtlinie 82/121/EWG des Rates vom 15. Februar 1982 über regelmäßige Informationen, die von Gesellschaften zu veröffentlichen sind, deren Aktien zur amtlichen Notierung an einer Wertpapierbörse zugelassen sind[5], und die Richtlinie 88/627/EWG des Rates vom 12. Dezember 1988 über die bei Erwerb und Veräußerung einer bedeutenden Beteiligung an einer börsennotierten Gesellschaft zu veröffentlichenden Informationen[6] wurden mehrfach erheblich geändert. Aus Gründen der Klarheit und Wirtschaftlichkeit empfiehlt es sich daher, sie zu kodifizieren und zu einem einzigen Text zusammenzufassen.
(2)   Die Koordinierung der Bedingungen für die Zulassung von Wertpapieren zur amtlichen Notierung an den in den Mitgliedstaaten ansässigen oder tätigen Wertpapierbörsen ist geeignet, den Anlegerschutz auf Gemeinschaftsebene aufgrund der einheitlicheren Garantien in den einzelnen Mitgliedstaaten gleichwertig zu gestalten; sie wird in jedem dieser Staaten die Zulassung von Wertpapieren aus anderen Mitgliedstaaten zur amtlichen Notierung sowie die Notierung ein- und desselben Wertpapiers an mehreren Börsen der Gemeinschaft erleichtern, dadurch eine weitergehende gegenseitige Durchdringung der einzelstaatlichen Wertpapiermärkte ermöglichen, indem sie Hindernisse, soweit aufsichtsrechtlich vertretbar, beseitigt, und wird sich somit in den Rahmen der Bestrebungen zur Schaffung eines europäischen Kapitalmarktes einfügen.
(3)   Diese Koordinierung muss für die Wertpapiere unabhängig von der Rechtsform der Emittenten dieser Wertpapiere durchgeführt werden und muss daher auch auf von Drittstaaten, ihren Gebietskörperschaften oder von internationalen Stellen mit öffentlichem Charakter begebene Wertpapiere angewendet werden; diese Richtlinie erstreckt sich daher auf in Artikel 48 Absatz 2 des Vertrages nicht genannte Einrichtungen.
(4)   Gegen Entscheidungen der für die Anwendung dieser Richtlinie zuständigen einzelstaatlichen Stellen sollte ein Rechtsmittel gegeben sein, was die Zulassung von Wertpapieren zur amtlichen Notierung anbelangt, ohne dass hierdurch die Ermessensbefugnis dieser Stellen beeinträchtigt wird.
(5)   Die Koordinierung der Bedingungen der Zulassung von Wertpapieren zur amtlichen Notierung muss anfangs hinreichend elastisch sein, um die derzeitigen strukturellen Unterschiede zwischen den Wertpapiermärkten der Mitgliedstaaten berücksichtigen zu können, und auch, um den Mit-

---

1   ABl. C 116 vom 20.4.2001, S. 69.
2   Stellungnahme des Europäischen Parlaments vom 24.3.2001 und Beschluss des Rates vom 7.5.2001.
3   ABl. L 66 vom 16.3.1979, S. 21. Zuletzt geändert durch die Richtlinie 88/627/EWG (ABl. L 348 vom 17.12.1988, S. 62).
4   ABl. L 100 vom 17.4.1980, S. 1. Zuletzt geändert durch die Richtlinie 94/18/EG des Europäischen Parlaments und des Rates (ABl. L 135 vom 31.5.1994, S. 1).
5   ABl. L 48 vom 20.2.1982, S. 26.
6   ABl. L 348 vom 17.2.1988, S. 62.

gliedstaaten die Möglichkeit zu geben, etwa auftretenden besonderen Situationen Rechnung zu tragen.

(6) Aus diesem Grund ist es erforderlich, die Koordinierung zunächst auf die Festsetzung von Mindestbedingungen für die Zulassung von Wertpapieren zur amtlichen Notierung an den in den Mitgliedstaaten ansässigen oder tätigen Wertpapierbörsen zu begrenzen, ohne hierbei den Emittenten einen Anspruch auf die Börsennotierung einzuräumen.

(7) Diese teilweise Koordinierung der Bedingungen für die Zulassung zur amtlichen Notierung stellt einen ersten Schritt auf dem Weg zu einer späteren weitergehenden Angleichung der Rechtsvorschriften der Mitgliedstaaten auf diesem Gebiet dar.

(8) Die Erweiterung des Wirtschaftsraums, in dem die Unternehmen ihrer Tätigkeit nachgehen, auf die Dimensionen der Gemeinschaft führt zu einer parallelen Erweiterung ihres Finanzierungsbedarfs und der Kapitalmärkte, die sie zur Deckung dieses Finanzierungsbedarfs in Anspruch nehmen müssen. Die Zulassung der von Unternehmen ausgegebenen Wertpapiere zur amtlichen Notierung an den Börsen der Mitgliedstaaten ist ein wichtiger Aspekt des Zugangs zu diesen Kapitalmärkten. Überdies sind im Zuge der Liberalisierung des Kapitalverkehrs die devisenrechtlichen Beschränkungen für den Erwerb von Wertpapieren aufgehoben worden, die an der Börse eines anderen Mitgliedstaats gehandelt werden.

(9) Im Interesse der gegenwärtigen und potentiellen Anleger sind den öffentlich zur Zeichnung auffordernden Unternehmen in den meisten Mitgliedstaaten Schutzbestimmungen vorgeschrieben, mitunter schon bei der Ausgabe der Wertpapiere, zumindest jedoch bei ihrer Zulassung zur amtlichen Notierung an einer Börse. Diese Schutzbestimmungen setzen eine angemessene und möglichst objektive Information voraus, insbesondere über die Finanzlage des Emittenten und die Merkmale der Wertpapiere, deren Zulassung zur amtlichen Notierung beantragt wird. Als Form der Information wird gewöhnlich die Veröffentlichung eines Prospekts gefordert.

(10) Die vorgeschriebenen Schutzbestimmungen unterscheiden sich indessen in den einzelnen Mitgliedstaaten sowohl nach Inhalt und Form des Prospekts als auch nach Wirksamkeit, Einzelheiten und Zeitpunkt der Kontrolle der gegebenen Information. Diese Unterschiede erschweren nicht nur die Zulassung von Wertpapieren zur amtlichen Notierung an Börsen mehrerer Mitgliedstaaten für die Unternehmen, sondern behindern auch für die Anleger eines Mitgliedstaats den Erwerb von Wertpapieren, die an Börsen anderer Mitgliedstaaten notiert werden, und somit die Unternehmensfinanzierung und Kapitalanlage in der ganzen Gemeinschaft.

(11) Diese Unterschiede sind durch Koordinierung, jedoch nicht unbedingt vollständige Vereinheitlichung der Rechtsvorschriften zu beseitigen, um auf ausreichendem Niveau eine Gleichwertigkeit der vorgeschriebenen Schutzbestimmungen zu erreichen, die in den einzelnen Mitgliedstaaten eine angemessene und möglichst objektive Information der gegenwärtigen und potentiellen Inhaber von Wertpapieren gewährleisten.

(12) Diese Koordinierung ist auf Wertpapiere unabhängig von der Rechtsnatur des emittierenden Unternehmens anzuwenden. Daher erstreckt sich diese Richtlinie auf nicht in Artikel 48 Absatz 2 des Vertrages genannte Einrichtungen.

(13) Die gegenseitige Anerkennung des Prospektes, der für die Zulassung von Wertpapieren zur amtlichen Notierung zu veröffentlichen ist, ist ein wichtiger Schritt in Richtung auf die Schaffung des Binnenmarktes der Gemeinschaft.

(14) Es empfiehlt sich, die Stellen zu benennen, die für die Kontrolle und Billigung des Prospektes, der für die Zulassung von Wertpapieren zur amtlichen Notierung zu veröffentlichen ist, im Fall einer gleichzeitigen Antragstellung auf Zulassung zur amtlichen Notierung in mehreren Mitgliedstaaten zuständig sind.

(15) Nach Artikel 21 der Richtlinie 89/298/EWG des Rates vom 17. April 1989 zur Koordinierung der Bedingungen für die Erstellung, Kontrolle und Verbreitung des Prospekts, der im Falle öffentlicher Angebote von Wertpapieren zu veröffentlichen ist[7], muss, wenn öffentliche Angebote in zwei oder mehreren Mitgliedstaaten gleichzeitig oder annähernd gleichzeitig unterbreitet werden, ein gemäß den Artikeln 7, 8 oder 12 dieser Richtlinie erstellter und gebilligter Prospekt für ein öffentliches Angebot nach dem Grundsatz der gegenseitigen Anerkennung auch in den anderen betroffenen Mitgliedstaaten als Angebotsprospekt anerkannt werden.

(16) Es sollte ferner vorgesehen werden, dass ein Prospekt für ein öffentliches Angebot als Zulassungsprospekt anzuerkennen ist, wenn innerhalb kurzer Zeit nach Unterbreitung des öffentlichen Angebots die Zulassung zur amtlichen Notierung an einer Wertpapierbörse beantragt wird.

(17) Durch die gegenseitige Anerkennung des Prospekts für ein öffentliches Angebot und für die Zulassung zur amtlichen Notierung als solche entsteht kein Recht auf Zulassung.

---

7   Ersetzt durch Prospekt-RL, in dieser Sammlung Nr. 4.10.

4.12 Börsen-RL

(18) Es ist zweckmäßig vorzusehen, dass die Anerkennung der Prospekte für die Zulassung zur amtlichen Notierung, die aus Drittländern stammen, durch von der Gemeinschaft mit diesen Drittländern zu schließende Abkommen auf Grundlage der Gegenseitigkeit ausgedehnt wird.

(19) Es erscheint zweckmäßig, dass die Mitgliedstaaten, in denen eine Zulassung zur amtlichen Notierung beantragt wird, die Möglichkeit erhalten, diejenigen Emittenten, deren Wertpapiere bereits an einer Börse in einem anderen Mitgliedstaat zur amtlichen Notierung zugelassen wurden, in bestimmten Fällen teilweise oder vollständig von der Pflicht zur Veröffentlichung eines Prospekts für die Zulassung zur amtlichen Notierung zu befreien.

(20) Die in der Gemeinschaft bereits seit einiger Zeit notierten führenden Unternehmen mit internationalem Ansehen dürften in erster Linie an einer grenzüberschreitenden Börsenzulassung interessiert sein. Diese Unternehmen sind in den meisten Mitgliedstaaten weithin bekannt. Informationen über sie sind weit verbreitet und erhältlich.

(21) Mit dieser Richtlinie soll gewährleistet werden, dass die Anleger ausreichende Informationen erhalten. Wenn eines dieser Unternehmen die Zulassung seiner Wertpapiere zur amtlichen Notierung in einem anderen Mitgliedstaat beantragt, können die auf dem Markt dieses Landes tätigen Anleger hinreichend geschützt werden, indem ihnen vereinfachte Informationen anstelle eines vollständigen Zulassungsprospekts zur Verfügung gestellt werden.

(22) Die Mitgliedstaaten können gegebenenfalls nichtdiskriminierende quantitative Mindestkriterien – wie etwa die laufende Börsenkapitalisierung – festsetzen, die Emittenten erfüllen müssen, damit die zulässigen Ausnahmen, die diese Richtlinie vorsieht, auf sie angewandt werden können. Angesichts der fortschreitenden Integration der Wertpapiermärkte sollte den zuständigen Stellen die Möglichkeit gegeben werden, eine vergleichbare Regelung auch kleineren Unternehmen zugänglich zu machen.

(23) Des Weiteren gibt es an vielen Börsen nachgeordnete Märkte, an denen die Aktien von Unternehmen gehandelt werden, die nicht zur amtlichen Notierung zugelassen sind. In einigen Fällen werden die nachgeordneten Märkte durch Stellen geregelt und beaufsichtigt, die von amtlichen Organen anerkannt sind, welche den Unternehmen hinsichtlich der Rechnungslegung Pflichten auferlegen, die im Wesentlichen den Auflagen entsprechen, die die amtlich notierten Unternehmen zu erfüllen haben. Aus diesem Grunde könnte das dem Artikel 23 dieser Richtlinie zugrunde liegende Prinzip auch dann angewendet werden, wenn diese Unternehmen die Zulassung zur amtlichen Notierung ihrer Wertpapiere beantragen.

(24) Zum Schutz der Anleger sind Unterlagen, die der Öffentlichkeit zugänglich gemacht werden sollen, zuvor den zuständigen Stellen des Mitgliedstaates vorzulegen, in dem die Zulassung zur amtlichen Notierung beantragt wird. Dieser Mitgliedstaat hat darüber zu entscheiden, ob die betreffenden Unterlagen von seinen zuständigen Stellen geprüft werden sollen, und erforderlichenfalls die Art und Weise dieser Prüfung festzulegen.

(25) Für die an einer Wertpapierbörse amtlich notierten Wertpapiere müssen zum Schutz der Anleger diesen auch während der gesamten Notierungszeit dieser Wertpapiere angemessene Informationen regelmäßig erteilt werden. Durch eine Koordinierung bei dieser laufenden Information werden die gleichen Ziele wie mit dem Prospekt selbst verfolgt, und zwar den Schutz der Anleger zu verbessern und gleichwertiger zu gestalten, die Notierung dieser Wertpapiere an mehreren Börsen der Gemeinschaft zu erleichtern und so durch die Möglichkeit einer stärkeren Durchdringung der Wertpapiermärkte zur Entstehung eines echten gemeinschaftlichen Kapitalmarktes beizutragen.

(26) Nach dieser Richtlinie müssen die zugelassenen Gesellschaften ihren Jahresabschluss und Lagebericht, die Informationen bezüglich des gesamten Geschäftsjahres der Gesellschaft enthalten, den Anlegern unverzüglich zur Verfügung stellen. Mit der Richtlinie 78/660/EWG des Rates[8] sind die Rechts- und Verwaltungsvorschriften der Mitgliedstaaten betreffend den Jahresabschluss von Gesellschaften bestimmter Rechtsformen koordiniert worden.

(27) Es empfiehlt sich, dass die Gesellschaften den Anlegern im Laufe des Geschäftsjahres mindestens einmal auch einen Bericht über die Tätigkeit der Gesellschaft vorlegen. Diese Richtlinie kann sich somit darauf beschränken, Inhalt und Verbreitung eines einzigen Berichts zu koordinieren, der die ersten sechs Monate des Geschäftsjahres umfasst.

(28) Im Falle der einfachen Schuldverschreibungen ist wegen der den Inhabern gewährten Rechte ein Schutz der Anleger durch Veröffentlichung eines Halbjahresberichts nicht erforderlich. Aufgrund dieser Richtlinie können Wandelschuldverschreibungen, „austauschbare" Schuldverschreibungen (obligations échangeables) und Optionsanleihen nur dann zur amtlichen Notierung zugelassen werden, wenn die Aktien, auf die sie sich beziehen, bereits früher zur Notierung an dieser Börse oder an einem anderen geregelten, regelmäßig tätigen, anerkannten und offenen Markt zugelassen

---

8   Bilanz-RL, in dieser Sammlung Nr. 4.6.

worden sind oder gleichzeitig zugelassen werden.' Die Mitgliedstaaten können von diesem Grundsatz nur abweichen, wenn ihre zuständigen Stellen die Gewißheit haben, dass die Inhaber der Schuldverschreibungen über alle notwendigen Informationen verfügen, um sich ein Urteil über den Wert der Aktien bilden zu können, auf die sich diese Schuldverschreibungen beziehen. Eine Koordinierung der regelmäßigen Informationen ist daher nur bei Gesellschaften erforderlich, deren Aktien zur amtlichen Notierung an einer Wertpapierbörse zugelassen sind.

(29) Der Halbjahresbericht muss es den Anlegern ermöglichen, sich in voller Sachkenntnis ein Urteil über die allgemeine Entwicklung der Tätigkeit der Gesellschaft im Berichtszeitraum zu verschaffen. Der Bericht muss jedoch nur die wichtigsten Informationen über die Finanzlage und den allgemeinen Geschäftsgang der Gesellschaft enthalten.

(30) Im Hinblick auf die Gewährleistung eines wirksamen Schutzes der Anleger sowie eines reibungslosen Funktionierens der Börsen müssen die Vorschriften über die von den Gesellschaften, deren Aktien zur amtlichen Notierung an einer Wertpapierbörse der Gemeinschaft zugelassen sind, regelmäßig zu veröffentlichenden Informationen nicht nur auf die Gesellschaften aus den Mitgliedstaaten, sondern ebenso auf die Gesellschaften aus Drittstaaten angewendet werden.

(31) Eine Politik der angemessenen Unterrichtung der Anleger im Wertpapierbereich verbessert deren Schutz, stärkt das Vertrauen der Anleger in die Wertpapiermärkte und trägt auf diese Weise zu deren reibungslosem Funktionieren bei.

(32) Eine Koordinierung dieser Politik auf Gemeinschaftsebene würde den Anlegerschutz gleichwertiger gestalten; sie würde damit die Verflechtung der Wertpapiermärkte der Mitgliedstaaten begünstigen und auf diese Weise zum Entstehen eines echten europäischen Kapitalmarktes beitragen.

(33) Deshalb ist es angebracht, die Anleger über bedeutende Beteiligungen und über Änderungen dieser Beteiligungen an Gesellschaften in der Gemeinschaft zu unterrichten, deren Aktien zur amtlichen Notierung an einer in der Gemeinschaft ansässigen oder tätigen Wertpapierbörse zugelassen sind.

(34) Es empfiehlt sich, Inhalt und Modalitäten dieser Unterrichtung in koordinierter Weise festzulegen.

(35) Die Gesellschaften, deren Aktien zur amtlichen Notierung an einer Wertpapierbörse der Gemeinschaft zugelassen sind, sind nur dann in der Lage, die Öffentlichkeit über Änderungen bedeutender Beteiligungen zu unterrichten, wenn sie über diese Änderungen durch die Inhaber dieser Beteiligungen unterrichtet worden sind.

(36) Die meisten Mitgliedstaaten schreiben den Inhabern solcher Beteiligungen eine derartige Verpflichtung nicht vor, und soweit sie besteht, gibt es beträchtliche Unterschiede in den Modalitäten der Anwendung. Es ist daher angezeigt, in diesem Bereich eine koordinierte Regelung auf Gemeinschaftsebene einzuführen.

(37) Die Pflichten der Mitgliedstaaten hinsichtlich der Umsetzungsfristen der in Anhang II Teil B aufgeführten Richtlinien dürfen durch diese Richtlinie nicht berührt werden –
HABEN FOLGENDE RICHTLINIE ERLASSEN:

Titel I – Begriffsbestimmungen und Anwendungsbereich

Kapitel I – Begriffsbestimmungen

Art. 1 [Begriffsbestimmungen] Im Sinne dieser Richtlinie bedeutet

a) Emittenten bzw. Aussteller: Gesellschaften, sonstige juristische Personen und alle Unternehmen, für deren Wertpapiere ein Antrag auf Zulassung zur amtlichen Notierung an einer Wertpapierbörse gestellt wird;

b) Organismen für gemeinsame Anlagen eines anderen als des geschlossenen Typs: die Investmentfonds und Investmentgesellschaften,

i) deren Zweck es ist, die vom Publikum bei ihnen eingelegten Gelder nach dem Grundsatz der Risikomischung gemeinsam anzulegen, und

ii) deren Anteilscheine auf Verlangen der Anteilinhaber unmittelbar oder mittelbar zu Lasten des Vermögens dieser Organismen zurückgenommen oder ausgezahlt werden. Diesen Rücknahmen oder Auszahlungen gleichgestellt sind Handlungen, mit denen ein Organismus für gemeinsame Anlage sicherstellen will, dass der Kurs seiner Anteilscheine nicht erheblich von deren Nettoinventarwert abweicht;

c) Investmentgesellschaften eines anderen als des geschlossenen Typs:

i) deren Zweck es ist, die vom Publikum bei ihnen eingelegten Gelder nach dem Grundsatz der Risikomischung gemeinsam anzulegen, und

ii) deren Anteilscheine auf Verlangen der Anteilinhaber unmittelbar oder mittelbar zu Lasten des Vermögens dieser Organismen zurückgenommen oder ausgezahlt werden. Diesen Rücknahmen oder Auszahlungen gleichgestellt sind Handlungen, durch die eine Investmentgesellschaft sicherstellen will, dass der Kurs ihrer Anteilscheine nicht erheblich von deren Nettoinventarwert abweicht;

d) Kreditinstitute: Unternehmen, deren Tätigkeit darin besteht, Einlagen oder andere rückzahlbare Gelder des Publikums entgegenzunehmen und Kredite für eigene Rechnung zu gewähren;

e) Anteilscheine eines Organismus für gemeinsame Anlagen: die von einem Organismus für gemeinsame Anlagen ausgegebenen Wertpapiere, die Rechte der Teilhaber am Vermögen dieses Organismus verbriefen;

f) Beteiligungen: Anteile an anderen Unternehmen, die dazu bestimmt sind, dem eigenen Geschäftsbetrieb durch Herstellung einer dauernden Verbindung zu jenen Unternehmen zu dienen; dabei ist es gleichgültig, ob die Anteile in Wertpapieren verbrieft sind oder nicht.

Kapitel II – Anwendungsbereich

Art. 2 [Anwendungsbereich und Ausnahmen] (1) Die Artikel 5 bis 19, 42 bis 69 und 78 bis 84 gelten für Wertpapiere, die an einer in einem Mitgliedstaat ansässigen oder tätigen Wertpapierbörse zur amtlichen Notierung zugelassen sind oder für die ein Antrag auf Zulassung zur amtlichen Notierung gestellt worden ist.

(2) Die Mitgliedstaaten brauchen die in Absatz 1 genannten Bestimmungen nicht anzuwenden auf

a) Anteilscheine, die von Organismen für gemeinsame Anlagen eines anderen als des „closed-end"-Typs ausgegeben werden,

b) von einem Mitgliedstaat oder seinen öffentlichen Gebietskörperschaften begebene Wertpapiere.

Titel II – Allgemeine Vorschriften über die amtliche Börsennotierung von Wertpapieren

Kapitel I – Allgemeine Zulassungsbedingungen

Art. 5 [Zulassungspflicht und Anforderungen der Richtlinie] Die Mitgliedstaaten stellen sicher,

a) dass Wertpapiere nur dann zur amtlichen Notierung an einer in ihrem Gebiet ansässigen oder tätigen Wertpapierbörse zugelassen werden, wenn die Bedingungen dieser Richtlinie erfüllt sind, und

b) dass die Emittenten von zu einer solchen amtlichen Notierung zugelassenen Wertpapieren, zu welchem Zeitpunkt auch immer die Zulassung erfolgt sein mag, den in dieser Richtlinie niedergelegten Pflichten unterliegen.

Art. 6 [Zulassung nach Vorschriften der Richtlinie] (1) Die Zulassung von Wertpapieren zur amtlichen Notierung unterliegt, je nachdem, ob es sich um Aktien oder um Schuldverschreibungen handelt, den in den Artikeln 42 bis 51 oder 52 bis 63 niedergelegten Bedingungen.

(2) *aufgehoben*

(3) Zertifikate, die Aktien vertreten, können nur dann zur amtlichen Notierung zugelassen werden, wenn der Emittent der vertretenen Aktien die in den Artikeln 42 bis 44 niedergelegten Bedingungen erfüllt und die in den Artikeln 64 bis 69 aufgeführten Pflichten einhält und wenn die genannten Zertifikate den in Artikel 45 bis 50 niedergelegten Bedingungen entsprechen.

Art. 7 [Zulassungsanspruch auch ohne vorherige Zulassung] Die Mitgliedstaaten können die Zulassung zur amtlichen Notierung von Wertpapieren, die von Gesellschaften oder anderen juristischen Personen mit Sitz in einem anderen Mitgliedstaat begeben werden, nicht davon abhängig machen, dass diese Wertpapiere bereits zur amtlichen Notierung an einer in einem Mitgliedstaat ansässigen oder tätigen Wertpapierbörse zugelassen sind.

Kapitel II – Strengere oder zusätzliche Bedingungen und Pflichten

Art. 8 [Strengere oder zusätzliche Bedingungen und Pflichten] (1) Vorbehaltlich der in Artikel 7 und in den Artikeln 42 bis 63 vorgesehenen Verbote können die Mitgliedstaaten die Zulassung von Wertpapieren zur amtlichen Notierung strengeren als den in den Artikeln 42 bis 63 niedergelegten Bedingungen oder zusätzlichen Bedingungen unterwerfen, sofern diese strengeren oder zusätzlichen Bedingungen für sämtliche Emittenten oder einzelne Kategorien von Emittenten gleichermaßen gelten und vor den Anträgen auf Zulassung der genannten Wertpapiere veröffentlicht worden sind.

(2) Die Mitgliedstaaten können Emittenten von zur amtlichen Notierung zugelassenen Wertpapieren zusätzliche Verpflichtungen auferlegen, sofern diese zusätzlichen Verpflichtungen generell für alle Emittenten oder für einzelne Kategorien von Emittenten gelten.

(3) Die Mitgliedstaaten können unter den gleichen wie den in Artikel 9 festgelegten Voraussetzungen Ausnahmen von den in den Absätzen 1 und 2 genannten strengeren oder zusätzlichen Bedingungen und Pflichten zulassen.

(4) Die Mitgliedstaaten können nach den einschlägigen einzelstaatlichen Rechtsvorschriften von den Emittenten zur amtlichen Notierung zugelassener Wertpapiere verlangen, dass sie dem Publikum regelmäßig Informationen über ihre finanzielle Lage und über den allgemeinen Gang ihrer Geschäfte zur Verfügung stellen.

Kapitel III – Ausnahmen

Art. 9 [Gleichbehandlung] Die gegebenenfalls gemäß den Artikeln 42 bis 63 zugelassenen Ausnahmen von den Bedingungen für die Zulassung von Wertpapieren zur amtlichen Notierung müssen für alle Emittenten gleichermaßen gelten, sofern die Umstände, die sie rechtfertigen, gleichartig sind.

Art. 10 [Erleichterungen bei staatlich verbürgten Schuldverschreibungen] Die Mitgliedstaaten können bei der Zulassung zur amtlichen Notierung von Schuldverschreibungen, die von Gesellschaften oder anderen juristischen Personen mit Sitz in einem Mitgliedstaat begeben werden, die durch ein besonderes Gesetz oder aufgrund eines besonderen Gesetzes geschaffen worden sind oder geregelt werden, von der Anwendung der in den Artikeln 52 bis 63 niedergelegten Bedingungen und den im Artikel 81 Absätze 1 und 3 aufgeführten Pflichten absehen, sofern bei diesen Schuldverschreibungen ein Mitgliedstaat oder eines seiner Bundesländer für die Tilgung und den Zinsendienst bürgt.

Kapitel IV – Befugnisse der zuständigen innerstaatlichen Stellen

Abschnitt 1 – Entscheidung über die Zulassung

Art. 11 [Entscheidung über die Zulassung] (1) Die in Artikel 105 vorgesehenen zuständigen Stellen entscheiden über eine Zulassung von Wertpapieren zur amtlichen Notierung an einer in ihrem Gebiet ansässigen oder tätigen Wertpapierbörse.

(2) Unbeschadet der ihnen übertragenen sonstigen Befugnisse können die zuständigen Stellen einen Antrag auf Zulassung eines Wertpapiers zur amtlichen Notierung ablehnen, wenn nach ihrer Auffassung die Zulassung aufgrund der Lage des Emittenten dem Interesse der Anleger entgegenstünde.

Art. 12 [Zulässigkeit von Auflagen] In Abweichung von Artikel 8 können die Mitgliedstaaten im alleinigen Interesse der Anleger die zuständigen Stellen ermächtigen, den Antrag auf Zulassung eines Wertpapiers zur amtlichen Notierung an besondere von ihnen für zweckdienlich erachtete Auflagen zu knüpfen, die sie zuvor dem Antragsteller ausdrücklich mitzuteilen haben.

Art. 13 [Anträge in mehreren Mitgliedstaaten] (1) Werden für dasselbe Wertpapier Anträge auf Zulassung zur amtlichen Notierung an in mehreren Mitgliedstaaten ansässigen oder tätigen Wertpapierbörsen gleichzeitig oder annähernd gleichzeitig gestellt oder wird für ein bereits an einer Wertpapierbörse eines anderen Mitgliedstaats notiertes Wertpapier ein Zulassungsantrag gestellt, so unterrichten die zuständigen Stellen einander und ergreifen die erforderlichen Maßnahmen, um das Verfahren zu beschleunigen und die für die Zulassung des betreffenden Wertpapiers erforderlichen Formalitäten und etwaigen zusätzlichen Bedingungen soweit wie möglich zu vereinfachen.

(2) Um die Arbeit der zuständigen Stellen zu erleichtern, muss aus dem Antrag auf Zulassung eines Wertpapiers zur amtlichen Notierung an einer in einem Mitgliedstaat ansässigen oder tätigen Wertpapierbörse ersichtlich sein, ob ein derartiger Antrag gleichzeitig oder zuvor in einem anderen Mitgliedstaat gestellt worden ist oder in naher Zukunft gestellt werden soll.

Art. 14 [Verweigerung der Zulassung bei Vorverstößen] Die zuständigen Stellen können die Zulassung zur amtlichen Notierung eines bereits in einem anderen Mitgliedstaat zur amtlichen Notierung zugelassenen Wertpapiers verweigern, wenn der Emittent den ihm aus der Zulassung in diesem Staat erwachsenden Pflichten nicht nachkommt.

Art. 15 [Zertifikate, die Aktien vertreten] Erstreckt sich der Antrag auf Zulassung zur amtlichen Notierung auf Zertifikate, die Aktien vertreten, so kann ihm nur stattgegeben werden, wenn die zuständigen Stellen der Ansicht sind, dass der Emittent derartiger Zertifikate ausreichende Garantien für den Anlegerschutz bietet.

Abschnitt 2 – Auskünfte, die den zuständigen Stellen zu erteilen sind

Art. 16 [Auskunfts- und Veröffentlichungspflicht] (1) Der Emittent, dessen Wertpapiere zur amtlichen Notierung zugelassen sind, muss den zuständigen Stellen sämtliche Auskünfte erteilen, die diese im Hinblick auf den Anlegerschutz und einen ordnungsgemäßen Ablauf des Marktes für zweckdienlich erachten.

(2) Wenn der Anlegerschutz oder der ordnungsgemäße Ablauf des Marktes dies erfordern, können die zuständigen Stellen den Emittenten auffordern, in der von ihnen für angemessen gehaltenen Form und Frist bestimmte Auskünfte zu veröffentlichen. Kommt der Emittent dieser Aufforderung nicht nach, so können die zuständigen Stellen nach Anhörung des Emittenten selbst die Veröffentlichung dieser Auskünfte vornehmen.

Abschnitt 3 – Maßnahmen für den Fall, dass der Emittent den ihm aus der Zulassung erwachsenden Pflichten nicht nachkommt

Art. 17 [Zulässigkeit einer Veröffentlichung von Verstößen] Unbeschadet der sonstigen Maßnahmen oder Sanktionen, die sie für den Fall vorsehen, dass der Emittent den ihm aus der Zulassung zur amtlichen Notierung erwachsenden Pflichten nicht nachkommt, können die zuständigen Stellen die Tatsache veröffentlichen, dass der Emittent diesen Pflichten nicht nachkommt.

Abschnitt 4 – Aussetzung und Einstellung

Art. 18 [Aussetzung und Einstellung] (1) Die zuständigen Stellen können die Aussetzung der Kursnotiz eines Wertpapiers aussprechen, wenn der ordnungsgemäße Ablauf des Marktes zeitweilig nicht gewährleistet ist oder nicht gewährleistet zu sein droht oder wenn der Anlegerschutz dies erfordert.

(2) Die zuständigen Stellen können die Einstellung der amtlichen Notierung eines Wertpapiers beschließen, wenn sie überzeugt sind, dass der normale und geregelte Markt für dieses Wertpapier aufgrund besonderer Umstände nicht mehr aufrechterhalten werden kann.

Abschnitt 5 – Rechtsbehelf im Fall einer Ablehnung der Zulassung oder Einstellung

Art. 19 [Rechtsbehelf bei Ablehnung der Zulassung oder Einstellung; Frist für Zulassungsentscheidung] (1) Die Mitgliedstaaten sorgen dafür, dass gegen Entscheidungen der zuständigen Stellen, mit denen die Zulassung eines Wertpapiers zur amtlichen Notierung abgelehnt oder die amtliche Notierung eines Wertpapiers eingestellt wird, ein Rechtsbehelf eingelegt werden kann.

(2) Jede einen Antrag auf Zulassung zur amtlichen Notierung betreffende Entscheidung wird dem Antragsteller innerhalb von sechs Monaten nach Eingang des Antrags oder, wenn die zuständigen Stellen innerhalb dieser Frist weitere Auskünfte verlangen, innerhalb von sechs Monaten nach Übermittlung dieser Auskünfte durch den Antragsteller bekannt gegeben.

(3) Ist innerhalb der in Absatz 2 genannten Frist keine Entscheidung ergangen, so gilt dies als ablehnende Entscheidung über den Antrag. Gegen diese Entscheidung kann ein Rechtsbehelf gemäß Absatz 1 eingelegt werden.

Titel III – Besondere Bedingungen hinsichtlich der amtlichen Börsennotierung von Wertpapieren

Kapitel I – Veröffentlichung des Prospekts für die Zulassung
Vorschriften des Kapitels I aufgehoben.

Kapitel II – Besondere Bedingungen für die Zulassung von Aktien

Abschnitt 1 – Bedingungen für die Gesellschaft als solche, deren Aktien Gegenstand eines Antrags auf Zulassung sind

Art. 42 [**Gesetzesmäßigkeit**] Die Gesellschaft muss sowohl hinsichtlich ihrer Gründung als auch ihres satzungsmäßigen Funktionierens den Gesetzen und Verordnungen entsprechen, denen sie unterliegt.

Art. 43 [**Mindestbörsenkurswert einer Aktie**] (1) Der voraussichtliche Börsenkurswert der Aktien, für die eine Zulassung zur amtlichen Notierung beantragt wird, oder, falls eine Schätzung nicht möglich ist, das Eigenkapital der Gesellschaft muss mindestens 1 Mio. EUR betragen.

(2) Die Mitgliedstaaten können vorsehen, dass die Nichtbeachtung dieser Bedingung der Zulassung zur amtlichen Notierung nicht entgegensteht, sofern die zuständigen Stellen die Gewissheit haben, dass sich für die betreffenden Aktien ein ausreichender Markt bildet.

(3) Ein Mitgliedstaat kann für die Zulassung zur amtlichen Notierung einen höheren Betrag des voraussichtlichen Börsenkurswertes oder des Eigenkapitals nur dann fordern, wenn es in diesem Staat einen anderen geregelten Markt mit gleichen oder geringeren als den in Absatz 1 genannten Anforderungen gibt, der anerkannt und offen und dessen Funktionsweise ordnungsgemäß ist.

(4) Die in Absatz 1 genannte Bedingung gilt nicht für die Zulassung zur amtlichen Notierung einer zusätzlichen Tranche von Aktien der gleichen Gattung wie die der bereits zugelassenen.

(5) Der in Landeswährung ausgedrückte Gegenwert von 1 Mio. EUR ist zunächst derjenige, der als Gegenwert in der Landeswährung von 1 Mio. Europäischen Rechnungseinheiten am 5. März 1979 anwendbar war.

(6) Bleibt aufgrund von Änderungen des Gegenwerts der Euro der in der Landeswährung ausgedrückte Börsenkurswert ein Jahr lang mindestens 10 % unter oder über dem Wert von 1 Mio. EUR, so muss der Mitgliedstaat innerhalb von zwölf Monaten nach Ablauf dieses Zeitraums seine Rechts- und Verwaltungsvorschriften dem Absatz 1 anpassen.

Art. 44 [**Offenlegung, Hinterlegung der Jahresabschlüsse**] Die Gesellschaft muss ihre Jahresabschlüsse für die drei dem Antrag auf Zulassung zur amtlichen Notierung vorausgegangenen Geschäftsjahre nach den einzelstaatlichen Rechtsvorschriften veröffentlicht oder hinterlegt haben. Die zuständigen Stellen können ausnahmsweise von dieser Bedingung abweichen, wenn eine solche Abweichung im Interesse der Gesellschaft oder der Anleger wünschenswert ist und die zuständigen Stellen die Gewähr haben, dass die Anleger über die erforderlichen Informationen verfügen, um sich ein begründetes Urteil über die Gesellschaft und über die Aktien, deren Zulassung zur amtlichen Notierung beantragt wird, zu bilden.

Abschnitt 2 – Bedingungen für die Aktien, die Gegenstand eines Antrags auf Zulassung sind

Art. 45 [Gesetzesmäßigkeit] Die rechtliche Situation der Aktien muss den Gesetzen und Verordnungen, denen sie unterliegen, entsprechen.

Art. 46 [Handelbarkeit] (1) Die Aktien müssen uneingeschränkt handelbar sein.

(2) Die zuständigen Stellen können nicht voll eingezahlte Aktien den uneingeschränkt handelbaren Aktien gleichstellen, wenn Verordnungen getroffen worden sind, um die Handelbarkeit der Aktien nicht zu behindern, und wenn die Transparenz der Transaktionen durch eine angemessene Unterrichtung des Publikums sichergestellt ist.

(3) Für die Zulassung zur amtlichen Notierung von Aktien, deren Erwerb einer Genehmigung unterliegt, können die zuständigen Stellen nur dann von Absatz 1 abweichen, wenn die Anwendung der Zulassungsklausel nicht zu Marktstörungen führen kann.

Art. 47 [Spätestmöglicher Zeitpunkt für Zeichnungsanträge] Bei einer öffentlichen Emission, die der Zulassung zur amtlichen Notierung vorausgeht, muss der Zeitpunkt, bis zu dem Zeichnungsanträge gestellt werden können, der ersten Notierung vorausgehen.

Art. 48 [Streuung] (1) Spätestens zum Zeitpunkt der Zulassung muss eine ausreichende Streuung der Aktien im Publikum eines oder mehrerer Mitgliedstaaten erreicht sein.

(2) Die in Absatz 1 genannte Bedingung findet keine Anwendung, wenn die Streuung der Aktien im Publikum über die Börse erfolgen soll. In diesem Fall kann die Zulassung zur amtlichen Notierung nur ausgesprochen werden, wenn die zuständigen Stellen davon überzeugt sind, dass eine ausreichende Streuung über die Börse in Kürze erfolgt.

(3) Wird die Zulassung zur amtlichen Notierung für eine zusätzliche Tranche von Aktien der gleichen Gattung beantragt, so können die zuständigen Stellen beurteilen, ob die Streuung der Aktien im Publikum im Verhältnis zur Gesamtheit der begebenen Aktien und nicht nur im Verhältnis zu dieser zusätzlichen Tranche ausreichend ist.

(4) Sind die Aktien bereits zur amtlichen Notierung in einem oder mehreren Drittstaaten zugelassen, so können die zuständigen Stellen in Abweichung von Absatz 1 ihre Zulassung zur amtlichen Notierung vorsehen, sofern eine ausreichende Streuung im Publikum des Drittstaats oder der Drittstaaten, in denen diese Aktien notiert werden, erreicht ist.

(5) Eine ausreichende Streuung gilt als erreicht, wenn entweder die Aktien, die Gegenstand des Zulassungsantrags sind, im Publikum zu mindestens 25 % des gezeichneten Kapitals, das von dieser Aktiengattung vertreten wird, untergebracht sind oder wenn aufgrund der Vielzahl von Aktien der gleichen Gattung und ihrer weitreichenden Streuung im Publikum ein geregelter Markt auch mit einem niedrigeren Prozentsatz gewährleistet ist.

Art. 49 [Erfassung aller Aktien gleicher Gattung] (1) Der Zulassungsantrag zur amtlichen Notierung muss sich auf alle bereits begebenen Aktien der gleichen Gattung beziehen.

(2) Die Mitgliedstaaten können vorsehen, dass diese Bedingung keine Anwendung auf Zulassungsanträge findet, die sich nicht auf alle bereits begebenen Aktien derselben Gattung beziehen, wenn die Aktien dieser Gattung, deren Zulassung nicht beantragt wird, zu Aktienpaketen gehören, die zur Aufrechterhaltung der Kontrolle über eine Gesellschaft gehalten werden, oder wenn sie aufgrund von Vereinbarungen eine gewisse Zeit lang nicht gehandelt werden dürfen, sofern das Publikum davon in Kenntnis gesetzt wird und keine

Nachteile für die Inhaber der Aktien, deren Zulassung zur amtlichen Notierung beantragt wird, zu befürchten sind.

Art. 50 [Druckausstattung von Aktien von Gesellschaften aus dem EU-Ausland]
(1) Für die Zulassung zur amtlichen Notierung von Aktien, die von Gesellschaften mit Sitz in einem anderen Mitgliedstaat begeben werden und die durch Urkunden verkörpert sind, ist es notwendig und ausreichend, dass die Druckausstattung den in diesem Staat geltenden Normen entspricht. Entspricht die Druckausstattung nicht den Bestimmungen des Mitgliedstaats, in dem die Zulassung zur amtlichen Notierung beantragt wird, so ist dies dem Publikum durch die zuständigen Stellen dieses Staates bekannt zu geben.
(2) Die Druckausstattung von Aktien, die von Gesellschaften mit Sitz in einem Drittstaat begeben werden, muss ausreichende Gewähr für den Anlegerschutz bieten.

Art. 51 [Zulassung von Effekten aus Drittstaaten bei fehlender Vorzulassung] Werden von einer Gesellschaft mit Sitz in einem Drittstaat begebene Aktien im Herkunftsland oder im Lande der hauptsächlichen Verbreitung nicht notiert, so können sie zur amtlichen Notierung nur dann zugelassen werden, wenn die zuständigen Stellen die Gewissheit haben, dass dem Umstand, dass diese Aktien im Herkunftsland oder im Lande der hauptsächlichen Verbreitung nicht notiert werden, nicht das Erfordernis des Anlegerschutzes zugrunde liegt.

Kapitel III – Besondere Bedingungen für die Zulassung von Schuldverschreibungen, die von einem Unternehmen begeben werden

Abschnitt 1 – Bedingungen für das Unternehmen als solches, dessen Schuldverschreibungen Gegenstand eines Antrags auf Zulassung sind

Artikel 52 [Gesetzesmäßigkeit der Unternehmen] Das Unternehmen muss sowohl hinsichtlich seiner Gründung als auch seines satzungsmäßigen Funktionierens den Gesetzen und Verordnungen entsprechen, denen es unterliegt.

Abschnitt 2 – Bedingungen für Schuldverschreibungen, die Gegenstand eines Antrags auf Zulassung sind

Art. 53 [Gesetzesmäßigkeit der Schuldverschreibungen] Die rechtliche Situation der Schuldverschreibungen muss den Gesetzen und Verordnungen entsprechen, denen sie unterliegen.

Art. 54 [Handelbarkeit] (1) Die Schuldverschreibungen müssen uneingeschränkt handelbar sein.
(2) Die zuständigen Stellen können nicht voll eingezahlte Schuldverschreibungen den uneingeschränkt handelbaren Schuldverschreibungen gleichstellen, wenn Vorkehrungen getroffen worden sind, um die Handelbarkeit dieser Schuldverschreibungen nicht zu behindern, und wenn die Transparenz der Transaktionen durch eine angemessene Unterrichtung des Publikums sichergestellt ist.

Art. 55 [Spätestmöglicher Zeitpunkt für Zeichnungsanträge] Bei einer öffentlichen Emission, die der Zulassung zur amtlichen Notierung vorausgeht, muss der Zeitpunkt, bis zu dem Zeichnungsanträge gestellt werden können, der ersten Notierung vorausgehen. Diese Bestimmung findet keine Anwendung im Fall von ständig begebenen Schuldverschreibungen, wenn der Zeitpunkt des Zeichnungsschlusses nicht festgelegt ist.

Art. 56 [Erfassung aller Schuldverschreibungen derselben Emission] Der Antrag auf Zulassung zur amtlichen Notierung muss sich auf alle Schuldverschreibungen ein- und derselben Emission beziehen.

Art. 57 [Druckausstattung von Schuldverschreibungen von Gesellschaften aus dem EU-Ausland] (1) Für die Zulassung zur amtlichen Notierung von Schuldverschreibungen, die von Unternehmen mit Sitz in einem anderen Mitgliedstaat begeben werden und die durch Urkunden verkörpert sind, ist es notwendig und ausreichend, dass die Druckausstattung den in diesem anderen Mitgliedstaat geltenden Normen entspricht. Entspricht die Druckausstattung nicht den Bestimmungen des Mitgliedstaats, in dem die Zulassung zur amtlichen Notierung beantragt wird, so ist dies dem Publikum durch die zuständigen Stellen dieses Staates bekannt zu geben.

(2) Die Druckausstattung von Schuldverschreibungen, die nur in einem Mitgliedstaat begeben werden, muss den in diesem Mitgliedstaat geltenden Normen entsprechen.

(3) Die Druckausstattung von Schuldverschreibungen, die von Unternehmen mit Sitz in einem Drittstaat begeben werden, muss ausreichende Gewähr für den Anlegerschutz bieten.

Abschnitt 3 – Weitere Bedingungen

Art. 58 [Mindestbetrag von Anleihen] (1) Eine Anleihe muss mindestens 200 000 EUR betragen. Diese Bestimmung findet keine Anwendung auf ständige Emissionen von Schuldverschreibungen, wenn der Anleihebetrag nicht festgelegt ist.

(2) Die Mitgliedstaaten können jedoch vorsehen, dass die Nichtbeachtung dieser Bedingung der Zulassung zur amtlichen Notierung nicht entgegensteht, sofern die zuständigen Stellen die Gewißheit haben, dass sich für die betreffenden Schuldverschreibungen ein ausreichender Markt bildet.

(3) Der in Landeswährung ausgedrückte Gegenwert von 200 000 EUR ist zunächst derjenige, der als Gegenwert in der Landeswährung von 200 000 EUR Europäischen Rechnungseinheiten am 5. März 1979 anwendbar war.

(4) Bleibt aufgrund von Änderungen des Gegenwerts des Euro der in der Landeswährung ausgedrückte Mindestbetrag der Anleihe ein Jahr lang mindestens 10 % unter dem Wert von 200 000 EUR, so muss der Mitgliedstaat innerhalb von zwölf Monaten nach Ablauf dieses Zeitraums seine Rechts- und Verwaltungsvorschriften Absatz 1 anpassen.

Art. 59 [Wandelschuldverschreibungen, „austauschbare" Schuldverschreibungen; Optionsanleihen] (1) Wandelschuldverschreibungen, „austauschbare" Schuldverschreibungen (obligations échangeables) und Optionsanleihen können nur dann zur amtlichen Notierung zugelassen werden, wenn die Aktien, auf die sie sich beziehen, zur Notierung an dieser Börse oder zur Notierung an einem anderen geregelten, regelmäßig tätigen, anerkannten und offenen Markt bereits früher zugelassen worden sind oder gleichzeitig zugelassen werden.

(2) Die Mitgliedstaaten können jedoch in Abweichung von Absatz 1 die Börsennotierung von Wandelschuldverschreibungen, austauschbaren Schuldverschreibungen (obligations

échangeables) oder Optionsanleihen vorsehen, wenn ihre zuständigen Stellen die Gewissheit haben, dass die Inhaber der Schuldverschreibungen über alle notwendigen Informationen verfügen, um sich ein Urteil über den Wert der Aktien bilden zu können, auf die sich diese Schuldverschreibungen beziehen.

Kapitel IV – Besondere Bedingungen für die Zulassung von Schuldverschreibungen, die von einem Staat oder seinen öffentlichen Gebietskörperschaften oder von einem internationalen Organismus öffentlich-rechtlichen Charakters begeben werden

Art. 60 [**Handelbarkeit**] Die Schuldverschreibungen müssen uneingeschränkt handelbar sein.

Art. 61 [**Spätestmöglicher Zeitpunkt für Zeichnungsanträge**] Bei einer öffentlichen Emission, die der Zulassung zur amtlichen Notierung vorausgeht, muss der Zeitpunkt, bis zu dem Zeichnungsanträge gestellt werden können, der ersten Notierung vorausgehen. Diese Bestimmung findet keine Anwendung, wenn der Zeitpunkt des Zeichnungsschlusses nicht festgelegt ist.

Art. 62 [**Erfassung aller Schuldverschreibungen derselben Emission**] Der Antrag auf Zulassung zur amtlichen Notierung muss sich auf alle Schuldverschreibungen ein- und derselben Emission erstrecken.

Art. 63 [**Druckausstattung von Schuldverschreibungen von Mitgliedstaaten oder öffentlicher Gebietskörperschaften**] (1) Für die Zulassung zur amtlichen Notierung von Schuldverschreibungen, die von einem Mitgliedstaat oder seinen öffentlichen Gebietskörperschaften begeben werden und die durch Urkunden verkörpert sind, ist es notwendig und ausreichend, dass die Druckausstattung den in diesem Staat geltenden Normen entspricht. Entspricht die Druckausstattung nicht den Bestimmungen des Mitgliedstaats, in dem die Zulassung zur amtlichen Notierung beantragt wird, so ist dies dem Publikum durch die zuständigen Stellen dieses Staates bekannt zu geben.
(2) Die Druckausstattung von Schuldverschreibungen, die von Drittstaaten, ihren öffentlichen Gebietskörperschaften und den internationalen Organismen öffentlich-rechtlichen Charakters begeben werden, muss ausreichende Gewähr für den Anlegerschutz bieten.

Titel IV – Fortdauernde Pflichten betreffend Wertpapiere, die zur amtlichen Notierung zugelassen sind

Kapitel I – Pflichten der Gesellschaft, deren Aktien zur amtlichen Notierung zugelassen sind

Abschnitt 1 – Börsennotierung von neu begebenen Aktien der gleichen Gattung

Art. 64 [**Börsennotierung von neu begebenen Aktien der gleichen Gattung**] Unbeschadet der Bestimmung des Artikels 49 Absatz 2 ist eine Gesellschaft bei einer öffentlichen Neuemission von Aktien derselben wie der zur amtlichen Notierung bereits zugelassenen Gattung, sofern keine automatische Zulassung dieser neuen Aktien erfolgt, verpflichtet, deren Zulassung entweder spätestens ein Jahr nach ihrer Begebung oder zu dem Zeitpunkt zu beantragen, in dem diese Aktien uneingeschränkt handelbar werden.

Abschnitte 2-8 *[aufgehoben]*

Kapitel II *[aufgehoben]*

Kapitel III – Informationspflicht bei Erwerb und Veräußerung einer bedeutenden Beteiligung an einer börsennotierten Gesellschaft *[aufgehoben]*

Titel V – Veröffentlichung und Bekanntmachung der Informationen

Kapitel I – Veröffentlichung und Bekanntmachung des Prospekts für die Zulassung von Wertpapieren zur amtlichen Notierung an einer Wertpapierbörse *[aufgehoben]*

Kapitel II – Veröffentlichung und Bekanntgabe von Informationen nach der Börsennotierung *[aufgehoben]*

Kapitel III – Amtssprachen *[aufgehoben]*

Titel VI – Zuständige Stellen und Zusammenarbeit zwischen Mitgliedstaaten

Art. 105 [Zuständige Stelle, Aufgaben und Befugnisse] (1) Die Mitgliedstaaten wachen über die Anwendung dieser Richtlinie und benennen die zuständige Stelle oder die zuständigen Stellen zum Zwecke dieser Anwendung. Sie unterrichten die Kommission hiervon, wobei sie gegebenenfalls die Aufteilung der Zuständigkeiten dieser Stellen angeben.
(2) Die Mitgliedstaaten sorgen dafür, dass die zuständigen Stellen die zur Wahrnehmung ihrer Aufgabe erforderlichen Zuständigkeiten und Befugnisse besitzen.
(3) Diese Richtlinie berührt in keiner Weise die Verantwortlichkeit der zuständigen Stellen, die weiterhin ausschließlich durch das innerstaatliche Recht geregelt wird.

Art. 106 [Koordination] Die zuständigen Stellen sorgen untereinander für jede Art der für die Erfüllung ihrer Aufgabe notwendigen Zusammenarbeit und tauschen zu diesem Zweck alle geeigneten Informationen aus.

Art. 107 [Berufsgeheimnis] (1) Die Mitgliedstaaten schreiben vor, dass alle Personen, die bei den zuständigen Stellen tätig sind oder waren, dem Berufsgeheimnis unterliegen. Dies beinhaltet, dass vertrauliche Auskünfte, die sie in ihrer beruflichen Eigenschaft erhalten, nur aufgrund von Rechtsvorschriften an andere Personen oder Stellen weitergegeben werden dürfen.
(2) Absatz 1 steht jedoch der in dieser Richtlinie vorgesehenen Mitteilung von Informationen zwischen den zuständigen Stellen der verschiedenen Mitgliedstaaten nicht entgegen. Diese ausgetauschten Informationen fallen unter das Berufsgeheimnis der Personen, die bei den zuständigen Stellen tätig sind oder tätig waren, die diese Informationen erhalten.
(3) *aufgehoben*

Titel VII – Kontaktausschuss

Kapitel I – Zusammensetzung, Tätigkeit und Aufgabe des Ausschusses
[aufgehoben]

Kapitel II – Anpassung des Betrages für den Börsenkurswert

Art. 109 [Anpassung des Betrages für den Börsenkurswert] (1) Im Hinblick auf eine infolge der Erfordernisse der Wirtschaftslage vorzunehmende Anpassung des in Artikel 43 Absatz 1 für den voraussichtlichen Börsenkurswert festgesetzten Mindestbetrags unterbreitet die Kommission dem durch den Beschluss 2001/528/EG der Kommission[9] eingesetzten Europäischen Wertpapierausschuss einen Entwurf der zu treffenden Maßnahmen.

(2) Wird auf diesen Absatz verwiesen, gelten die Artikel 5 und 7 des Beschlusses 1999/468/EG des Rates vom 28. Juni 1999 zur Festlegung der Modalitäten für die Ausübung der der Kommission übertragenen Durchführungsbefugnisse[10] unter Beachtung von dessen Artikel 8.

Der Zeitraum nach Artikel 5 Absatz 6 des Beschlusses 1999/468/EG wird auf drei Monate festgesetzt.

(3) Der Ausschuss gibt sich eine Geschäftsordnung.

Titel VIII – Schlussbestimmungen

Art. 110 [Mitteilungspflicht der Mitgliedstaaten] *nicht abgedruckt.*

Art. 111 [Aufhebung der Richtlinien 79/279/EWG, 80/390/EWG, 82/121/EWG und 88/627/EWG] (1) Die Richtlinien 79/279/EWG, 80/390/EWG, 82/121/EWG und 88/627/EWG, wie geändert durch die im Anhang II Teil A aufgeführten Rechtsakte, werden unbeschadet der Pflichten der Mitgliedstaaten hinsichtlich der in Anhang II Teil B genannten Umsetzungsfristen aufgehoben.

(2) Bezugnahmen auf die aufgehobenen Richtlinien gelten als Bezugnahmen auf die vorliegende Richtlinie und sind nach Maßgabe der Entsprechungstabelle im Anhang III zu lesen.

Art. 112 f. *Inkrafttreten, Adressaten – nicht abgedruckt.*

---

9   ABl. L 191 vom 13.7.2001, S. 45. Geändert durch den Beschluss 2004/8/EG (ABl. L 3 vom 7.1.2004, S. 33).

10   ABl. L 184 vom 17.7.1999, S. 23.

4.13 Richtlinie 2003/6/EG des Europäischen Parlaments und des Rates vom 28. Januar 2003 über Insider-Geschäfte und Marktmanipulation (Marktmissbrauch) [Marktmissbrauchs-RL]

ABl. 2003 L 96/16

DAS EUROPÄISCHE PARLAMENT UND DER RAT DER EUROPÄISCHEN UNION –
gestützt auf den Vertrag zur Gründung der Europäischen Gemeinschaft, insbesondere auf Artikel 95,
auf Vorschlag der Kommission[1],
nach Stellungnahme des Europäischen Wirtschafts- und Sozialausschusses[2],
nach Stellungnahme der Europäischen Zentralbank[3],
gemäß dem Verfahren des Artikels 251 des Vertrags[4],
in Erwägung nachstehender Gründe:

(1) Ein echter Binnenmarkt für Finanzdienstleistungen ist für das Wirtschaftswachstum und die Schaffung von Arbeitsplätzen in der Gemeinschaft von entscheidender Bedeutung.

(2) Ein integrierter und effizienter Finanzmarkt setzt Marktintegrität voraus. Das reibungslose Funktionieren der Wertpapiermärkte und das Vertrauen der Öffentlichkeit in die Märkte sind Voraussetzungen für Wirtschaftswachstum und Wohlstand. Marktmissbrauch verletzt die Integrität der Finanzmärkte und untergräbt das Vertrauen der Öffentlichkeit in Wertpapiere und Derivate.

(3) In der Mitteilung der Kommission vom 11. Mai 1999 mit dem Titel „Umsetzung des Finanzmarktrahmens: Aktionsplan" werden verschiedene Ziele genannt, die zur Vollendung des Binnenmarktes für Finanzdienstleistungen verwirklicht werden müssen. Der Europäische Rat (Lissabon) vom April 2000 hat das Ziel vorgegeben, den Aktionsplan bis 2005 umzusetzen. In dem Aktionsplan wird hervorgehoben, dass eine Richtlinie zur Bekämpfung von Marktmanipulation erforderlich ist.

(4) Am 17. Juli 2000 hat der Rat den Ausschuss der Weisen über die Regulierung der europäischen Wertpapiermärkte eingesetzt. In seinem Schlussbericht regte der Ausschuss der Weisen die Einführung eines neuen Rechtsetzungsverfahrens an und schlug zu diesem Zweck ein Vier-Stufen-Konzept vor, bestehend aus Rahmenbedingungen, Durchführungsmaßnahmen, Zusammenarbeit und Durchsetzung. Während in Stufe 1, d. h. in der Richtlinie lediglich allgemeine Rahmenbedingungen festgeschrieben werden sollten, sollten die technischen Durchführungsmaßnahmen in Stufe 2 von der Kommission unter Mithilfe eines Ausschusses festgelegt werden.

(5), (6) *Entsprechen Erwägungsgründen (7)-(9) der Prospekt-RL (in dieser Sammlung 4.10) – nicht abgedruckt.*

(7) Die zur Durchführung dieser Richtlinie erforderlichen Maßnahmen sollten gemäß dem Beschluss 1999/468/EG des Rates vom 28. Juni 1999 zur Festlegung der Modalitäten für die Ausübung der der Kommission übertragenen Durchführungsbefugnisse[5] erlassen werden.

(8) *Entsprechen Erwägungsgründen (7)-(9) der Prospekt-RL (in dieser Sammlung 4.10) – nicht abgedruckt.*

(9) Das Europäische Parlament sollte vom Zeitpunkt der ersten Übermittlung des Entwurfs von Durchführungsmaßnahmen an drei Monate Zeit haben, um diese zu überprüfen und sich dazu zu äußern. In dringenden und angemessen begründeten Fällen kann diese Frist jedoch verkürzt werden. Nimmt das Parlament innerhalb dieser Frist eine Entschließung an, sollte die Kommission die Entwürfe von Maßnahmen einer erneuten Überprüfung unterziehen.

(10) Neue finanzielle und technische Entwicklungen – neue Produkte, neue Technologien, eine zunehmende grenzüberschreitende Geschäftstätigkeit und das Internet – lassen mehr Anreize, Mittel und Gelegenheiten zum Marktmissbrauch entstehen.

---

1 ABl. C 240 E vom 28.8.2001, S. 265.
2 ABl. C 80 vom 3.4.2002, S. 61.
3 ABl. C 24 vom 26.1.2002, S. 8.
4 Stellungnahme des Europäischen Parlaments vom 14.3.2002 (ABl. C 47 E vom 27.2.2003, S. 511), Gemeinsamer Standpunkt des Rates vom 19.7.2002 (ABl. C 228 E vom 25.9.2002, S. 19) und Beschluss des Europäischen Parlaments vom 24.10.2002 (ABl. C 300 E vom 11.12. 2003, S. 542).
5 ABl. L 184 vom 17.7.1999, S. 23.

(11) Der vorhandene gemeinschaftliche Rechtsrahmen zum Schutz der Marktintegrität ist unvollständig. Die Rechtsvorschriften sind je nach Mitgliedstaat unterschiedlich, so dass die Wirtschaftsakteure oftmals über Begriffe, Begriffsbestimmungen und Durchsetzung im Unklaren sind. In einigen Mitgliedstaaten gibt es keine Rechtsvorschriften zur Ahndung von Kursmanipulationen oder der Verbreitung irreführender Informationen.

(12) Marktmissbrauch beinhaltet Insider-Geschäfte und Marktmanipulation. Vorschriften zur Bekämpfung von Insider-Geschäften haben dasselbe Ziel wie Vorschriften zur Bekämpfung von Marktmanipulation, nämlich die Integrität der Finanzmärkte der Gemeinschaft sicherzustellen und das Vertrauen der Anleger in diese Märkte zu stärken. Es ist daher sinnvoll, entsprechende Vorschriften zusammenzufassen, um sowohl Insider-Geschäfte als auch Marktmanipulation zu bekämpfen. Eine einzige Richtlinie stellt sicher, dass überall in der Gemeinschaft für Kompetenzverteilung, Durchsetzung und Zusammenarbeit ein und derselbe Rechtsrahmen gilt.

(13) Angesichts der Änderungen, die seit dem Erlass der Richtlinie 89/592/EWG des Rates vom 13. November 1989 zur Koordinierung der Vorschriften betreffend Insider-Geschäfte[6] auf den Finanzmärkten und im Gemeinschaftsrecht eingetreten sind, sollte jene Richtlinie nunmehr ersetzt werden, damit Übereinstimmung mit den Vorschriften zur Bekämpfung von Marktmanipulation sichergestellt ist. Eine neue Richtlinie ist auch erforderlich, um Lücken im Gemeinschaftsrecht zu schließen, die zu rechtswidrigem Handeln ausgenutzt werden können und dadurch das Vertrauen der Öffentlichkeit untergraben und das reibungslose Funktionieren der Märkte beeinträchtigen.

(14) Mit dieser Richtlinie wird auch dem von den Mitgliedstaaten nach den Anschlägen vom 11. September 2001 geäußerten Wunsch entsprochen, gegen die Finanzierung von terroristischen Aktivitäten vorzugehen.

(15) Insider-Geschäfte und Marktmanipulation verhindern, dass der Markt vollständig und wirklich transparent ist; dies ist jedoch eine Voraussetzung dafür, dass alle Wirtschaftsakteure an integrierten Finanzmärkten teilnehmen können.

(16) Insider-Informationen sind nicht öffentlich bekannte präzise Informationen, die einen oder mehrere Emittenten von Finanzinstrumenten oder ein oder mehrere Finanzinstrumente direkt oder indirekt betreffen. Informationen, die geeignet wären, die Kursentwicklung und Kursbildung auf einem geregelten Markt als solche erheblich zu beeinflussen, können als Informationen betrachtet werden, die einen oder mehrere Emittenten von Finanzinstrumenten oder ein oder mehrere sich darauf beziehende derivative Finanzinstrumente indirekt betreffen.

(17) Bei Insider-Geschäften sollte der Fall berücksichtigt werden, dass die Insider-Informationen nicht aufgrund des Berufs oder der Funktion erlangt werden, sondern im Zuge von Straftaten, deren Vorbereitung oder Ausführung geeignet ist, den Kurs eines oder mehrerer Finanzinstrumente oder die Kursbildung auf dem geregelten Markt als solche erheblich zu beeinflussen.

(18) Ausnutzung von Insider-Informationen kann vorliegen, wenn Finanzinstrumente erworben oder veräußert werden und der Betreffende dabei weiß oder hätte wissen müssen, dass es sich bei der ihm vorliegenden Information um eine Insider-Information handelt. Hier sollten die zuständigen Behörden von dem ausgehen, was eine normale, vernünftige Person unter den gegebenen Umständen wusste oder hätte wissen müssen. Der Umstand, dass Market Maker oder Stellen, die befugt sind, als Gegenpartei aufzutreten, oder Personen, die an der Börse Kundengeschäfte ausführen, zwar über Insider-Informationen verfügen, jedoch in den ersten zwei Fällen lediglich ihr legitimes Geschäft des Ankaufs oder Verkaufs von Finanzinstrumenten ausüben oder im letztgenannten Fall pflichtgemäß Aufträge ausführen, sollte als solcher nicht als Ausnutzung von Insider-Informationen gewertet werden.

(19) Die Mitgliedstaaten sollten gegen Eigengeschäfte in Kenntnis von Kundenaufträgen („Frontrunning"), auch bei Warenderivaten, vorgehen, sofern es sich dabei um Marktmissbrauch gemäß den Definitionen dieser Richtlinie handelt.

(20) Eine Person, die Geschäfte abschließt oder Kauf- bzw. Verkaufsaufträge ausführt, die den Tatbestand einer Marktmanipulation erfüllen, könnte geltend machen, dass sie legitime Gründe hatte, diese Geschäfte abzuschließen oder Aufträge auszuführen, und dass diese nicht gegen die zulässige Praxis auf dem betreffenden geregelten Markt verstoßen. Eine Sanktion könnte dennoch verhängt werden, wenn die zuständige Behörde feststellt, dass sich hinter diesen Geschäften oder Aufträgen ein anderer rechtswidriger Grund verbirgt.

(21) Die zuständige Stelle kann Orientierungshilfen zu den in dieser Richtlinie geregelten Fragen herausgeben, z. B. eine Definition von Insider-Information in Bezug auf Warenderivate oder Hinweise zur Anwendung der Definition der zulässigen Marktpraxis in Bezug auf die Definition von Markt-

---

6   ABl. L 334 vom 18.11.1989, S. 30.

manipulation. Diese Orientierungshilfen sollten mit der Richtlinie und den nach dem Ausschussverfahren erlassenen Durchführungsmaßnahmen in Einklang stehen.

(22) Die Mitgliedstaaten sollten selbst entscheiden können, welche Regelungen, einschließlich Mechanismen der Selbstregulierung, am zweckmäßigsten sind für Personen, die Analysen von Finanzinstrumenten oder von Emittenten von Finanzinstrumenten oder sonstige Informationen mit Empfehlungen oder Anregungen zu Anlagestrategien erstellen oder verbreiten; diese Regelungen sind der Kommission mitzuteilen.

(23) Werden Insider-Informationen von Emittenten auf ihrer Internet-Seite angezeigt, so sind die in der Richtlinie 95/46/EG des Europäischen Parlaments und des Rates vom 24. Oktober 1995 zum Schutz natürlicher Personen bei der Verarbeitung personenbezogener Daten und zum freien Datenverkehr[7] festgelegten Vorschriften über die Übermittlung personenbezogener Daten in Drittländer einzuhalten.

(24) Durch unverzügliche und angemessene öffentliche Bekanntgabe von Informationen wird die Integrität des Marktes gefördert. Selektive Weitergabe von Informationen durch Emittenten kann dazu führen, dass das Vertrauen der Anleger in die Integrität der Finanzmärkte schwindet. Die professionellen Marktteilnehmer sollten durch verschiedene Maßnahmen zur Gewährleistung von Marktintegrität beitragen. Dazu gehören z. B. „grey lists", die Begrenzung des Aktienhandels sensibler Personenkategorien auf genau definierte Zeiträume („window trading"), interne Verhaltenskodizes und die Schaffung von Vertraulichkeitsbereichen („Chinese walls"). Derartige vorbeugende Maßnahmen können nur dann zur Bekämpfung des Marktmissbrauchs beitragen, wenn sie entschieden durchgeführt und pflichtgemäß kontrolliert werden. Eine angemessene Durchführungskontrolle würde z. B. bedeuten, dass innerhalb der betreffenden Einrichtungen Mitarbeiter benannt werden, die für die Einhaltung der Vorschriften zuständig sind („Compliance officer"), und dass unabhängige Prüfer regelmäßige Kontrollen durchführen.

(25) Die modernen Kommunikationsmittel ermöglichen einen zunehmend gleichberechtigten Zugang zu den Finanzinformationen für professionelle Finanzmarktteilnehmer und für private Anleger; sie erhöhen jedoch gleichzeitig die Gefahr der Verbreitung falscher oder irreführender Informationen.

(26) Eine größere Transparenz der Geschäfte von Personen, die bei einem Emittenten Führungsaufgaben wahrnehmen, und gegebenenfalls der in enger Beziehung zu ihnen stehenden Personen stellt eine Maßnahme zur Verhütung von Marktmissbrauch dar. Die Bekanntgabe zumindest einzelner dieser Geschäfte kann eine wertvolle Information für Anleger darstellen.

(27) Die Betreiber von Märkten sollten an der Vorbeugung gegen Marktmissbrauch mitwirken und strukturelle Vorkehrungen zur Vorbeugung gegen Marktmanipulationspraktiken und zu deren Aufdeckung treffen. Zu diesen Vorkehrungen können die Transparenz der getätigten Geschäfte, die uneingeschränkte öffentliche Bekanntgabe von Kursregulierungsvereinbarungen, ein gerechtes System für die Verrechnung gleicher Kauf- und Verkaufsaufträge, die Einführung eines wirksamen Systems zur Ermittlung atypischer Geschäftsaufträge, hinreichend solide Systeme für die Festsetzung der Referenznotierungen von Finanzinstrumenten und klare Regeln für die Aussetzung des Handels zählen.

(28) Die Auslegung und Umsetzung dieser Richtlinie durch die Mitgliedstaaten muss den Anforderungen für eine wirksame Regulierung entsprechen, die die Interessen der Inhaber übertragbarer Wertpapiere, die Stimmrechte in einer Gesellschaft verleihen (oder solche Rechte durch Ausübung von Rechten oder Umwandlung verleihen können), schützt, wenn die Gesellschaft Gegenstand eines öffentlichen Übernahmeangebots oder eines anderen Vorschlags für einen Kontrollwechsel ist. Insbesondere werden die Mitgliedstaaten durch diese Richtlinie in keiner Weise daran gehindert, die Maßnahmen zu erlassen oder anzuwenden, die sie für diese Zwecke für angemessen halten.

(29) Der Zugang zu Insider-Informationen über eine andere Gesellschaft und die Verwendung dieser Informationen bei einem öffentlichen Übernahmeangebot mit dem Ziel, die Kontrolle über dieses Unternehmen zu erwerben oder einen Zusammenschluss mit ihm vorzuschlagen, sollten als solche nicht als Insider-Geschäft gelten.

(30) Da dem Erwerb oder der Veräußerung von Finanzinstrumenten notwendigerweise eine entsprechende Entscheidung der Person vorausgehen muss, die erwirbt bzw. veräußert, sollte die Tatsache dieses Erwerbs oder dieser Veräußerung als solche nicht als Verwendung von Insider-Informationen gelten.

(31) Analysen und Bewertungen, die aufgrund öffentlicher Angaben erstellt wurden, sollten nicht als Insider-Informationen angesehen werden; somit sollten auch Geschäfte, die auf der Grundlage dieser Analysen und Bewertungen getätigt werden, als solche nicht als Insider-Geschäfte im Sinne dieser Richtlinie gelten.

---

7 ABl. L 281 vom 23.11.1995, S. 31.

4.13 Marktmissbrauchs-RL

(32) Die Mitgliedstaaten, das Europäische System der Zentralbanken, die nationalen Zentralbanken und alle anderen amtlich beauftragten Stellen oder die in ihrem Namen handelnden Personen dürfen in ihrer Geld- und Wechselkurspolitik und bei der Verwaltung der öffentlichen Schulden keinen Beschränkungen unterliegen.

(33) Kursstabilisierungsmaßnahmen für Finanzinstrumente oder der Handel mit eigenen Aktien im Rahmen von Rückkaufprogrammen können unter bestimmten Umständen aus wirtschaftlichen Gründen gerechtfertigt sein und sind daher nicht bereits als solche als Marktmissbrauch zu betrachten. Es gilt, gemeinsame Standards für praktische Orientierungshilfe zu entwickeln.

(34) Angesichts der immer größeren Bedeutung der Finanzmärkte, ihrer raschen Weiterentwicklung, der Bandbreite neuer Produkte und sonstiger Entwicklungen ist ein weitgefasster Anwendungsbereich dieser Richtlinie auf Finanzinstrumente und die eingesetzten Techniken erforderlich, damit die Integrität der gemeinschaftlichen Finanzmärkte sichergestellt wird.

(35) Um gleiche Wettbewerbsbedingungen auf den Finanzmärkten überall in der Gemeinschaft zu schaffen, ist in geografischer Hinsicht ein weitgefasster Anwendungsbereich dieser Richtlinie erforderlich. Bei derivativen Finanzinstrumenten, die nicht zum Handel zugelassen sind, aber in den Geltungsbereich dieser Richtlinie fallen, sollte jeder Mitgliedstaat befugt sein, Handlungen zu ahnden, die in seinem Hoheitsgebiet oder im Ausland ausgeführt werden und Basiswerte betreffen, die zum Handel auf einem in seinem Hoheitsgebiet belegenen oder dort betriebenen geregelten Markt zugelassen sind oder für die ein entsprechender Antrag auf Zulassung zum Handel gestellt wurde. Jeder Mitgliedstaat sollte zudem befugt sein, in seinem Hoheitsgebiet getätigte Geschäfte zu ahnden, die Basiswerte betreffen, die zum Handel auf einem geregelten Markt in einem Mitgliedstaat zugelassen sind oder für die ein entsprechender Antrag auf Zulassung zum Handel gestellt wurde.

(36) Eine Vielzahl zuständiger Stellen mit unterschiedlichen Kompetenzen in den Mitgliedstaaten könnte zur Verunsicherung der Wirtschaftsakteure führen. Jeder Mitgliedstaat sollte eine einzige zuständige Stelle benennen, die zumindest die oberste Verantwortung für die Überwachung der Einhaltung der gemäß dieser Richtlinie erlassenen Vorschriften sowie die internationale Zusammenarbeit trägt. Diese Stelle sollte eine Behörde sein, so dass sie von den Wirtschaftsakteuren unabhängig ist und keine Interessenkonflikte entstehen können. Im Einklang mit dem einzelstaatlichen Recht sollten die Mitgliedstaaten für eine angemessene Mittelausstattung der zuständigen Stelle sorgen. Sie sollte über geeignete Konsultationsmechanismen hinsichtlich möglicher Änderungen der innerstaatlichen Rechtsvorschriften verfügen, wie beispielsweise einen beratenden Ausschuss, der sich aus Vertretern der Emittenten, der Finanzdienstleistungserbringer und der Verbraucher zusammensetzt, damit sie über deren Standpunkte und Anliegen umfassend informiert ist.

(37) Ein gemeinsames Mindestmaß an wirksamen Mitteln und Befugnissen der zuständigen Behörden der Mitgliedstaaten ist notwendig, um eine wirksame Aufsicht sicherzustellen. Auch die Marktteilnehmer und alle Wirtschaftsakteure sollten in ihrem Bereich einen Beitrag zur Marktintegrität leisten. In dieser Hinsicht schließt die Benennung einer einzigen zuständigen Behörde für Marktmissbrauch eine Zusammenarbeit mit Marktteilnehmern oder die Delegation von Aufgaben unter der Verantwortlichkeit der zuständigen Behörde an die Marktteilnehmer zu dem Zweck, die wirksame Überwachung der Einhaltung der gemäß dieser Richtlinie erlassenen Vorschriften zu gewährleisten, nicht aus.

(38) Damit der gemeinschaftliche Rechtsrahmen zur Bekämpfung von Marktmissbrauch hinreichende Wirkung entfaltet, müssen alle Verstöße gegen die gemäß dieser Richtlinie erlassenen Verbote und Gebote unverzüglich aufgedeckt und geahndet werden. Deshalb sollten die Sanktionen abschreckend genug sein, im Verhältnis zur Schwere des Verstoßes und zu den erzielten Gewinnen stehen und sollten konsequent vollstreckt werden.

(39) Die Mitgliedstaaten sollten bei der Festlegung der Verwaltungsmaßnahmen und der im Verwaltungsverfahren zu erlassenden Sanktionen die Notwendigkeit einer gewissen Einheitlichkeit der Regelungen der einzelnen Mitgliedstaaten im Auge behalten.

(40) Die zunehmende grenzüberschreitende Geschäftstätigkeit macht es notwendig, die Zusammenarbeit zwischen den nationalen zuständigen Behörden zu verstärken und den Informationsaustausch zwischen ihnen umfassend zu regeln. Die Organisation der Aufsicht und der Ermittlungsbefugnisse in den einzelnen Mitgliedstaaten sollte die Zusammenarbeit zwischen den zuständigen nationalen Behörden nicht behindern.

(41) Da das Ziel der vorgeschlagenen Maßnahmen, nämlich die Verhütung von Marktmissbrauch in Form von Insider-Geschäften und Marktmanipulationen, auf Ebene der Mitgliedstaaten nicht ausreichend erreicht werden kann und daher wegen des Umfangs und der Wirkung der Maßnahmen besser auf Gemeinschaftsebene zu erreichen ist, kann die Gemeinschaft im Einklang mit dem in Artikel 5 des Vertrags niedergelegten Subsidiaritätsprinzip tätig werden. Entsprechend dem in demselben Artikel genannten Verhältnismäßigkeitsprinzip geht diese Richtlinie nicht über das für die Erreichung dieses Ziels erforderliche Maß hinaus.

(42) Um neuen Entwicklungen auf den Finanzmärkten gerecht zu werden, kann es von Zeit zu Zeit erforderlich sein, technische Orientierungshilfe zu geben oder Durchführungsmaßnahmen für diese Richtlinie zu erlassen. Die Kommission sollte daher ermächtigt werden, nach Anhörung des durch den Beschluss 2001/528/EG der Kommission[8] eingesetzten Europäischen Wertpapierausschusses Durchführungsmaßnahmen zu erlassen, soweit durch diese Maßnahmen die wesentlichen Bestandteile dieser Richtlinie nicht geändert werden und die Kommission gemäß den Grundsätzen dieser Richtlinie handelt.

(43) Bei Ausübung ihrer Durchführungsbefugnisse gemäß dieser Richtlinie sollte die Kommission folgende Grundsätze beachten:
- die Notwendigkeit, das Vertrauen der Investoren in die Finanzmärkte durch Förderung eines hohen Maßes an Transparenz auf den Finanzmärkten sicherzustellen;
- die Notwendigkeit, den Anlegern ein breites Spektrum an miteinander konkurrierenden Anlagemöglichkeiten und ein Maß an Information und Schutz anzubieten, das auf ihre Gegebenheiten zugeschnitten ist;
- die Notwendigkeit, dafür zu sorgen, dass unabhängige Aufsichtsbehörden die Vorschriften, insbesondere bei der Bekämpfung von Wirtschaftskriminalität, konsequent anwenden;
- die Notwendigkeit eines hohen Maßes an Transparenz und einer umfassenden Konsultation aller Marktteilnehmer sowie des Europäischen Parlaments und des Rates;
- die Notwendigkeit, Innovationen auf den Finanzmärkten im Interesse ihrer Dynamik und Effizienz zu fördern;
- die Notwendigkeit, die Marktintegrität durch eine sach- und zeitnahe Überwachung und Finanzinnovationen sicherzustellen;
- die Bedeutung einer Senkung der Kapitalkosten und eines erleichterten Zugangs zum Kapital;
- die Notwendigkeit, bei Durchführungsmaßnahmen langfristig ein ausgewogenes Verhältnis zwischen den Kosten und dem Nutzen für die Marktteilnehmer (einschließlich kleiner und mittlerer Unternehmen und Kleinanlegern) zu wahren;
- die Notwendigkeit, die internationale Wettbewerbsfähigkeit der Finanzmärkte der Europäischen Union ohne Beeinträchtigung der dringend erforderlichen Ausweitung der internationalen Zusammenarbeit zu fördern;
- die Notwendigkeit, gleiche Wettbewerbsbedingungen für alle Marktteilnehmer durch Einführung gemeinschaftsweiter Regelungen zu erreichen, wann immer dies angezeigt ist;
- die Notwendigkeit, Unterschiede zwischen den nationalen Märkten zu respektieren, sofern sie sich nicht in unzulässiger Weise auf die Kohärenz des Binnenmarktes auswirken;
- die Notwendigkeit, die Kohärenz in Bezug auf andere gemeinschaftliche Rechtsvorschriften in diesem Bereich zu wahren, weil Informationsasymmetrien und ein Mangel an Transparenz das Funktionieren der Märkte gefährden und vor allem Verbrauchern und Kleinanlegern zum Schaden gereichen können.

(44) Diese Richtlinie steht im Einklang mit den Grundrechten und Grundsätzen, die insbesondere mit der Charta der Grundrechte der Europäischen Union, insbesondere Artikel 11, sowie mit Artikel 10 der Europäischen Konvention zum Schutz der Menschenrechte und Grundfreiheiten anerkannt wurden. Daher hindert sie die Mitgliedstaaten in keiner Weise daran, ihre verfassungsmäßigen Vorschriften über Pressefreiheit und Freiheit der Meinungsäußerung in den Medien anzuwenden –
HABEN FOLGENDE RICHTLINIE ERLASSEN:

Art. 1 [Begriffsbestimmungen] Für die Zwecke dieser Richtlinie gelten folgende Definitionen:

1. „Insider-Information" ist eine nicht öffentlich bekannte präzise Information, die direkt oder indirekt einen oder mehrere Emittenten von Finanzinstrumenten oder ein oder mehrere Finanzinstrumente betrifft und die, wenn sie öffentlich bekannt würde, geeignet wäre, den Kurs dieser Finanzinstrumente oder den Kurs sich darauf beziehender derivativer Finanzinstrumente erheblich zu beeinflussen.

   In Bezug auf Warenderivate ist „Insider-Information" eine nicht öffentlich bekannte präzise Information, die direkt oder indirekt ein oder mehrere solcher Derivate betrifft und von der Teilnehmer an Märkten, auf denen solche Derivate gehandelt werden, er-

---

8 ABl. L 191 vom 13.7.2001, S. 45.

warten würden, dass sie diese Informationen in Übereinstimmung mit der zulässigen Praxis an den betreffenden Märkten erhalten würden.

Für Personen, die mit der Ausführung von Aufträgen betreffend Finanzinstrumente beauftragt sind, bedeutet „Insider-Information" auch eine Information, die von einem Kunden mitgeteilt wurde und sich auf die noch nicht erledigten Aufträge des Kunden bezieht, die präzise ist, die direkt oder indirekt einen oder mehrere Emittenten von Finanzinstrumenten oder ein oder mehrere Finanzinstrumente betrifft und die, wenn sie öffentlich bekannt würde, geeignet wäre, den Kurs dieser Finanzinstrumente oder den Kurs sich darauf beziehender derivativer Finanzinstrumente erheblich zu beeinflussen.

2.   „Marktmanipulation" sind

a)   Geschäfte oder Kauf- bzw. Verkaufsaufträge, die

- falsche oder irreführende Signale für das Angebot von Finanzinstrumenten, die Nachfrage danach oder ihren Kurs geben oder geben könnten, oder

- den Kurs eines oder mehrerer Finanzinstrumente durch eine Person oder mehrere, in Absprache handelnde Personen in der Weise beeinflussen, dass ein anormales oder künstliches Kursniveau erzielt wird,

es sei denn, die Person, welche die Geschäfte abgeschlossen oder die Aufträge erteilt hat, weist nach, dass sie legitime Gründe dafür hatte und dass diese Geschäfte oder Aufträge nicht gegen die zulässige Marktpraxis auf dem betreffenden geregelten Markt verstoßen;

b)   Geschäfte oder Kauf- bzw. Verkaufsaufträge unter Vorspiegelung falscher Tatsachen oder unter Verwendung sonstiger Kunstgriffe oder Formen der Täuschung;

c)   Verbreitung von Informationen über die Medien einschließlich Internet oder auf anderem Wege, die falsche oder irreführende Signale in Bezug auf Finanzinstrumente geben oder geben könnten, u. a. durch Verbreitung von Gerüchten sowie falscher oder irreführender Nachrichten, wenn die Person, die diese Informationen verbreitet hat, wusste oder hätte wissen müssen, dass sie falsch oder irreführend waren. Bei Journalisten, die in Ausübung ihres Berufs handeln, ist eine solche Verbreitung von Informationen unbeschadet des Artikels 11 unter Berücksichtigung der für ihren Berufsstand geltenden Regeln zu beurteilen, es sei denn, dass diese Personen aus der Verbreitung der betreffenden Informationen direkt oder indirekt einen Nutzen ziehen oder Gewinne schöpfen.

Von der Basisdefinition der Buchstaben a), b) und c) leiten sich insbesondere folgende Beispiele ab:

- Sicherung einer marktbeherrschenden Stellung in Bezug auf das Angebot eines Finanzinstruments oder die Nachfrage danach durch eine Person oder mehrere in Absprache handelnde Personen mit der Folge einer direkten oder indirekten Festsetzung des Ankaufs- oder Verkaufspreises oder anderer unlauterer Handelsbedingungen;

- Kauf oder Verkauf von Finanzinstrumenten bei Börsenschluss mit der Folge, dass Anleger, die aufgrund des Schlusskurses tätig werden, irregeführt werden;

- Ausnutzung eines gelegentlichen oder regelmäßigen Zugangs zu den traditionellen oder elektronischen Medien durch Abgabe einer Stellungnahme zu einem Finanzinstrument (oder indirekt zu dem Emittenten dieses Finanzinstruments), wobei zuvor Positionen bei diesem Finanzinstrument eingegangen wurden und anschließend Nutzen aus den Auswirkungen der Stellungnahme auf den Kurs dieses Finanzinstruments gezogen wird, ohne dass der Öffentlichkeit gleichzeitig dieser Interessenkonflikt auf ordnungsgemäße und effiziente Weise mitgeteilt wird;

Die Definitionen der „Marktmanipulation" werden so angepasst, dass auch neue Handlungsmuster, die den Tatbestand der Marktmanipulation in der Praxis erfüllen, einbezogen werden können.

3. „Finanzinstrumente" sind
   - Wertpapiere im Sinne der Richtlinie 93/22/EWG des Rates vom 10. Mai 1993 über Wertpapierdienstleistungen[9],
   - Anteile an Organismen für gemeinsame Anlagen in Wertpapieren,
   - Geldmarktinstrumente,
   - Finanzterminkontrakte (Futures) einschließlich gleichwertiger bar abgerechneter Instrumente,
   - Zinsausgleichsvereinbarungen (Forward Rate Agreement),
   - Zins- und Devisenswaps sowie Swaps auf Aktien oder Aktienindexbasis (Equityswaps),
   - Kauf- und Verkaufsoptionen auf alle unter diese Kategorien fallenden Instrumente einschließlich gleichwertiger bar abgerechneter Instrumente; dazu gehören insbesondere Devisen- und Zinsoptionen,
   - Warenderivate,
   - alle sonstigen Instrumente, die zum Handel auf einem geregelten Markt in einem Mitgliedstaat zugelassen sind oder für die ein Antrag auf Zulassung zum Handel auf einem solchen Markt gestellt wurde.

4. „Geregelter Markt" ist ein Markt im Sinne des Artikels 1 Absatz 13 der Richtlinie 93/22/EWG.

5. „Zulässige Marktpraxis" sind Gepflogenheiten, die auf einem oder mehreren Finanzmärkten nach vernünftigem Ermessen erwartet und von der zuständigen Behörde gemäß den Leitlinien, die von der Kommission nach dem in Artikel 17 Absatz 2a genannten Regelungsverfahren mit Kontrolle erlassen werden, anerkannt werden.

Die durch die Verordnung (EU) Nr. 1095/2010 des Europäischen Parlaments und des Rates[10] eingerichtete Europäische Aufsichtsbehörde (Europäische Wertpapier- und Marktaufsichtsbehörde) (im Folgenden ‚ESMA') kann Entwürfe technischer Durchführungsstandards entwickeln, um einheitliche Bedingungen für die Anwendung von Rechtsakten sicherzustellen, die von der Kommission in Übereinstimmung mit diesem Artikel erlassen worden sind und die die zulässige Marktpraxis betreffen.

Der Kommission wird die Befugnis übertragen, die in Unterabsatz 2 genannten Entwürfe technischer Durchführungsstandards nach Artikel 15 der Verordnung (EU) Nr. 1095/2010 zu erlassen.

6. „Person" ist eine natürliche oder eine juristische Person.

7. „Zuständige Behörde" ist die gemäß Artikel 11 benannte zuständige Stelle.

Um den Entwicklungen auf den Finanzmärkten Rechnung zu tragen und eine einheitliche Anwendung dieser Richtlinie in der Gemeinschaft zu gewährleisten, erlässt die Kom-

---

9   Ersetzt durch Finanzmarkt-RL, in dieser Sammlung Nr. 2.19.
10 ABl. L 331 vom 15.12.2010, S. 84.

mission [gemäß der Richtlinie 2008/26/EG des Europäischen Parlaments und des Rates vom 11. März 2008, ABl. L 81 vom 20.3.2008] Durchführungsmaßnahmen für die Definitionen der Nummern 1, 2 und 3 dieses Artikels. Diese Maßnahmen zur Änderung nicht wesentlicher Bestimmungen dieser Richtlinie durch Ergänzung werden nach dem in Artikel 17 Absatz 2a genannten Regelungsverfahren mit Kontrolle erlassen.

Art. 2 [Insiderhandels-Verbot] (1) Die Mitgliedstaaten untersagen Personen im Sinne von Unterabsatz 2, die über eine Insider-Information verfügen, unter Nutzung derselben für eigene oder fremde Rechnung direkt oder indirekt Finanzinstrumente, auf die sich die Information bezieht, zu erwerben oder zu veräußern oder dies zu versuchen.
Unterabsatz 1 gilt für Personen, die
a) als Mitglied eines Verwaltungs-, Leitungs- oder Aufsichtsorgans des Emittenten,
b) durch ihre Beteiligung am Kapital des Emittenten oder
c) dadurch, dass sie aufgrund ihrer Arbeit, ihres Berufs oder ihrer Aufgaben Zugang zu der betreffenden Information haben, oder
d) aufgrund ihrer kriminellen Aktivitäten über diese Information verfügen.
(2) Handelt es sich bei der in Absatz 1 genannten Person um eine juristische Person, so gilt das dort niedergelegte Verbot auch für die natürlichen Personen, die an dem Beschluss beteiligt sind, das Geschäft für Rechnung der betreffenden juristischen Person zu tätigen.
(3) Dieser Artikel findet keine Anwendung auf Geschäfte, die getätigt werden, um einer fällig gewordenen Verpflichtung zum Erwerb oder zur Veräußerung von Finanzinstrumenten nachzukommen, wenn diese Verpflichtung auf einer Vereinbarung beruht, die geschlossen wurde, bevor die betreffende Person die Insider-Information erhalten hat.

Art. 3 [Insiderweitergabe- und Tipverbot] Die Mitgliedstaaten untersagen den Personen, die dem Verbot nach Artikel 2 unterliegen,
a) Insider-Informationen an Dritte weiterzugeben, soweit dies nicht im normalen Rahmen der Ausübung ihrer Arbeit oder ihres Berufes oder der Erfüllung ihrer Aufgaben geschieht;
b) auf der Grundlage von Insider-Informationen zu empfehlen oder andere Personen zu verleiten, Finanzinstrumente, auf die sich die Information bezieht, zu erwerben oder zu veräußern oder sie von einem Dritten erwerben oder veräußern zu lassen.

Art. 4 [Sekundär-Insider] Die Mitgliedstaaten stellen sicher, dass die Artikel 2 und 3 auch für nicht in diesen Artikeln genannte Personen gelten, die über Insider- Informationen verfügen, sofern diese Personen wussten oder hätten wissen müssen, dass es sich um Insider-Informationen handelt.

Art. 5 [Verbot der Marktmanipulation] Die Mitgliedstaaten untersagen jedermann, Marktmanipulation zu betreiben.

Art. 6 [Ad-hoc-Publizität für Insiderinformationen] (1) Die Mitgliedstaaten sorgen dafür, dass alle Emittenten von Finanzinstrumenten Insider-Informationen, die sie unmittelbar betreffen, so bald als möglich der Öffentlichkeit bekannt geben.
Unbeschadet der Maßnahmen, die getroffen werden können, um den Bestimmungen des Unterabsatzes 1 Folge zu leisten, sorgen die Mitgliedstaaten dafür, dass Emittenten alle Insider-Informationen, die sie der Öffentlichkeit mitteilen müssen, während eines angemessenen Zeitraums auf ihrer Internet-Seite anzeigen.

(2) Ein Emittent darf die Bekanntgabe von Insider-Informationen gemäß Absatz 1 auf eigene Verantwortung aufschieben, wenn diese Bekanntgabe seinen berechtigten Interessen schaden könnte, sofern diese Unterlassung nicht geeignet ist, die Öffentlichkeit irrezuführen, und der Emittent in der Lage ist, die Vertraulichkeit der Information zu gewährleisten. Die Mitgliedstaaten können vorsehen, dass der Emittent die zuständige Behörde unverzüglich von der Entscheidung, die Bekanntgabe der Insider-Informationen aufzuschieben, zu unterrichten hat.

(3) Die Mitgliedstaaten sehen vor, dass Emittenten oder in ihrem Auftrag oder für ihre Rechnung handelnde Personen, die Insider-Informationen im normalen Rahmen der Ausübung ihrer Arbeit oder ihres Berufes oder der Erfüllung ihrer Aufgaben im Sinne von Artikel 3 Buchstabe a) an einen Dritten weitergeben, diese Informationen der Öffentlichkeit vollständig und tatsächlich bekannt zu geben haben, und zwar zeitgleich bei absichtlicher Weitergabe der Informationen und unverzüglich im Fall einer nicht absichtlichen Weitergabe.

Unterabsatz 1 gilt nicht, wenn die Person, an die die Information weitergegeben wird, zur Vertraulichkeit verpflichtet ist, unabhängig davon, ob sich diese Verpflichtung aus Rechts- oder Verwaltungsvorschriften, einer Satzung oder einem Vertrag ergibt.

Die Mitgliedstaaten sehen vor, dass Emittenten oder in ihrem Auftrag oder für ihre Rechnung handelnde Personen ein Verzeichnis der Personen führen, die für sie auf Grundlage eines Arbeitsvertrags oder anderweitig tätig sind und Zugang zu Insider-Informationen haben. Die Emittenten bzw. die in ihrem Auftrag oder die für ihre Rechnung handelnden Personen müssen dieses Verzeichnis regelmäßig aktualisieren und der zuständigen Behörde auf Anfrage übermitteln.

(4) Personen, die bei einem Emittenten von Finanzinstrumenten Führungsaufgaben wahrnehmen, sowie gegebenenfalls in enger Beziehung zu ihnen stehende Personen unterrichten zumindest die zuständige Behörde über alle Eigengeschäfte mit Aktien des genannten Emittenten oder mit sich darauf beziehenden Derivaten oder anderen Finanzinstrumenten. Die Mitgliedstaaten sorgen dafür, dass diese Informationen zumindest einzeln der Öffentlichkeit so bald wie möglich auf einfache Weise zugänglich gemacht werden.

(5) Die Mitgliedstaaten stellen sicher, dass geeignete Regelungen getroffen werden, wonach Personen, die Analysen von Finanzinstrumenten oder von Emittenten von Finanzinstrumenten oder sonstige für Informationsverbreitungskanäle oder die Öffentlichkeit bestimmte Informationen mit Empfehlungen oder Anregungen zu Anlagestrategien erstellen oder weitergeben, in angemessener Weise dafür Sorge tragen, dass die Information sachgerecht dargeboten wird, und etwaige Interessen oder Interessenkonflikte im Zusammenhang mit den Finanzinstrumenten, auf die sich die Information bezieht, offen gelegt werden. Diese Regelungen werden der Kommission mitgeteilt.

(6) Die Mitgliedstaaten sorgen dafür, dass die Betreiber von Märkten strukturelle Vorkehrungen zur Vorbeugung gegen und zur Aufdeckung von Marktmanipulationspraktiken treffen.

(7) Um die Einhaltung der Absätze 1 bis 5 zu gewährleisten, kann die zuständige Behörde alle erforderlichen Maßnahmen ergreifen, um sicherzustellen, dass die Öffentlichkeit ordnungsgemäß informiert wird.

(8) Öffentliche Stellen, die Statistiken verbreiten, welche die Finanzmärkte erheblich beeinflussen könnten, haben dies auf sachgerechte und transparente Weise zu tun.

(9) Die Mitgliedstaaten sehen vor, dass Personen, die beruflich Geschäfte mit Finanzinstrumenten tätigen, unverzüglich die zuständige Behörde informieren, wenn sie den begründe-

ten Verdacht haben, dass eine Transaktion ein Insider-Geschäft oder eine Marktmanipulation darstellen könnte.

(10) Um den technischen Entwicklungen auf den Finanzmärkten Rechnung zu tragen und die einheitliche Anwendung dieser Richtlinie sicherzustellen, erlässt die Kommission gemäß [Richtlinie 2008/26/EG des Europäischen Parlaments und des Rates vom 11. März 2008, ABl. L 81 vom 20.3.2008] Durchführungsmaßnahmen zu

- den technischen Modalitäten einer angemessenen Bekanntgabe von Insider-Informationen im Sinne der Absätze 1 und 3,
- den technischen Modalitäten für die Aufschiebung der Bekanntgabe von Insider-Informationen im Sinne von Absatz 2,
- den technischen Modalitäten, um einen gemeinsamen Ansatz bei der Durchführung von Absatz 2 Satz 2 zu fördern,
- den Modalitäten, nach denen Emittenten oder in ihrem Auftrag handelnde Personen das Verzeichnis gemäß Absatz 3 der für sie tätigen Personen mit Zugang zu Insider-Informationen zu erstellen und zu aktualisieren haben,
- den Kategorien von Personen, die unter die Informationspflicht gemäß Absatz 4 fallen, und den Merkmalen einer Transaktion, einschließlich ihres Umfangs, welche diese Informationspflicht auslösen, sowie zu den technischen Modalitäten, nach denen die Unterrichtung der zuständigen Behörde zu erfolgen hat,
- den technischen Modalitäten einer sachgerechten Darbietung von Analysen und sonstigen Informationen mit Empfehlungen zu Anlagestrategien sowie der Offenlegung bestimmter Interessen oder Interessenkonflikte im Sinne von Absatz 5 im Hinblick auf die in Absatz 5 genannten verschiedenen Personengruppen. Bei solchen Modalitäten werden die Regeln – einschließlich der Selbstkontrolle – für den Berufsstand der Journalisten berücksichtigt,
- den technischen Modalitäten, nach denen die in Absatz 9 genannten Personen der zuständigen Behörde Meldung erstatten müssen.

Diese Maßnahmen zur Änderung nicht wesentlicher Bestimmungen dieser Richtlinie durch Ergänzung werden nach dem in Artikel 17 Absatz 2a genannten Regelungsverfahren mit Kontrolle erlassen.

(11) Die ESMA kann Entwürfe technischer Durchführungsstandards entwickeln, um eine kohärente Harmonisierung und einheitliche Bedingungen für die Anwendung der Rechtsakte der Union, die von der Kommission in Übereinstimmung mit dem sechsten Gedankenstrich von Absatz 10 Unterabsatz 1 erlassen worden sind, sicherzustellen.

Der Kommission wird die Befugnis übertragen, die in Unterabsatz 1 genannten technischen Durchführungsstandards nach Artikel 15 der Verordnung (EU) Nr. 1095/2010 zu erlassen.

Art. 7 [Ausnahmen im öffentlichen Interesse] Diese Richtlinie gilt nicht für Geschäfte, die aus geld- oder wechselkurspolitischen Gründen oder im Rahmen der Verwaltung der öffentlichen Schulden von einem Mitgliedstaat, dem Europäischen System der Zentralbanken, einer nationalen Zentralbank oder einer anderen amtlich beauftragten Stelle oder einer für deren Rechnung handelnden Einrichtung getätigt werden. Die Mitgliedstaaten können hinsichtlich der Verwaltung ihrer öffentlichen Schulden diese Ausnahmeregelung auf ihre Gliedstaaten oder vergleichbare Gebietskörperschaften ausdehnen.

Art. 8 [Ausnahmen für den Handel mit eigenen Aktien] (1) Die in dieser Richtlinie ausgesprochenen Verbote gelten nicht für den Handel mit eigenen Aktien im Rahmen von Rückkaufprogrammen und die Kursstabilisierungsmaßnahmen für ein Finanzinstrument, wenn derartige Transaktionen im Einklang mit den [nach der Richtlinie 2008/26/EG des Europäischen Parlaments und des Rates vom 11. März 2008, ABl. L 81 vom 20.3.2008,] erlassenen Durchführungsmaßnahmen erfolgen. Diese Maßnahmen zur Änderung nicht wesentlicher Bestimmungen dieser Richtlinie durch Ergänzung werden nach dem in Artikel 17 Absatz 2a genannten Regelungsverfahren mit Kontrolle erlassen.

(2) Die ESMA kann Entwürfe technischer Durchführungsstandards entwickeln, um einheitliche Bedingungen für die Anwendung der von der Kommission nach Absatz 1 erlassenen Rechtsakte sicherzustellen.

Der Kommission wird die Befugnis übertragen, die in Unterabsatz 1 genannten Entwürfe technischer Durchführungsstandards nach Artikel 15 der Verordnung (EU) Nr. 1095/2010 zu erlassen.

Art. 9 [Erfasste Märkte] Diese Richtlinie gilt für jedes Finanzinstrument, das zum Handel auf einem geregelten Markt in mindestens einem Mitgliedstaat zugelassen ist oder für das ein entsprechender Antrag auf Zulassung zum Handel auf einem solchen Markt gestellt wurde, unabhängig davon, ob das Geschäft selbst tatsächlich auf diesem Markt getätigt wird oder nicht.

Die Artikel 2, 3 und 4 gelten auch für jedes Finanzinstrument, das nicht zum Handel auf einem geregelten Markt in einem Mitgliedstaat zugelassen ist, dessen Wert jedoch von einem Finanzinstrument im Sinne von Absatz 1 abhängt.

Artikel 6 Absätze 1 bis 3 gelten nicht für Emittenten, die für ihre Finanzinstrumente keine Zulassung zum Handel auf einem geregelten Markt in einem Mitgliedstaat beantragt oder erhalten haben.

Art. 10 [Räumlicher Anwendungsbereich] Die Mitgliedstaaten wenden die Verbote und Gebote dieser Richtlinie auf Handlungen an, die

a) in ihrem Hoheitsgebiet oder im Ausland vorgenommen werden und Finanzinstrumente betreffen, die zum Handel auf einem in ihrem Hoheitsgebiet belegenen oder betriebenen geregelten Markt zugelassen sind oder für die ein entsprechender Antrag auf Zulassung zum Handel auf einem solchen Markt gestellt wurde;

b) in ihrem Hoheitsgebiet begangen werden und Finanzinstrumente betreffen, die zum Handel auf einem geregelten Markt in einem Mitgliedstaat zugelassen sind oder für die ein entsprechender Antrag auf Zulassung zum Handel auf einem solchen Markt gestellt wurde.

Art. 11 [Mitgliedstaatliche Behörde zur Überwachung] Unbeschadet der Zuständigkeiten der Justizbehörden benennen die Mitgliedstaaten eine einzige Behörde, die für die Überwachung der Anwendung der nach dieser Richtlinie erlassenen Vorschriften zuständig ist.

Die Mitgliedstaaten legen wirksame Vorkehrungen und Verfahren im Hinblick auf die Konsultation der Marktteilnehmer bei etwaigen Änderungen der nationalen Rechtsvorschriften fest. Zu diesen Vorkehrungen können beratende Ausschüsse innerhalb jeder zuständigen Behörde zählen, die in ihrer Zusammensetzung so weit wie möglich die Vielfalt der Marktteilnehmer, seien es Emittenten, Finanzdienstleistungserbringer oder Verbraucher, widerspiegeln sollten.

4.13 Marktmissbrauchs-RL

Art. 12 [Befugnisse der Behörde] (1) Die zuständige Behörde ist mit allen Aufsichts- und Ermittlungsbefugnissen auszustatten, die zur Ausübung ihrer Tätigkeit erforderlich sind. Sie macht von diesen Befugnissen folgendermaßen Gebrauch:

a) direkt,

b) in Zusammenarbeit mit anderen Behörden oder den Marktteilnehmern,

c) indem sie als verantwortliche Behörde Aufgaben an diese anderen Behörden oder Marktteilnehmer überträgt oder

d) durch Antrag bei den zuständigen Justizbehörden.

(2) Unbeschadet des Artikels 6 Absatz 7 werden die in Absatz 1 des vorliegenden Artikels genannten Befugnisse im Einklang mit dem innerstaatlichen Recht ausgeübt und beinhalten zumindest das Recht,

a) Unterlagen aller Art einzusehen und Kopien von ihnen zu erhalten,

b) von jedermann Auskünfte anzufordern, auch von Personen, die an der Übermittlung von Aufträgen oder·an der Ausführung der betreffenden Handlungen nacheinander beteiligt sind, sowie von deren Auftraggebern, und, falls notwendig, eine Person vorzuladen und zu vernehmen,

c) Ermittlungen vor Ort durchzuführen,

d) bereits existierende Aufzeichnungen von Telefongesprächen und Datenübermittlungen anzufordern,

e) vorzuschreiben, dass Praktiken, die gegen die gemäß dieser Richtlinie erlassenen Vorschriften verstoßen, unterbunden werden,

f) den Handel mit den betreffenden Finanzinstrumenten auszusetzen,

g) das Einfrieren und/oder die Beschlagnahme von Vermögenswerten zu beantragen und

h) ein vorübergehendes Verbot der Ausübung der Berufstätigkeit zu beantragen.

(3) Innerstaatliche Rechtsvorschriften über das Berufsgeheimnis bleiben von diesem Artikel unberührt.

Art. 13 [Berufsgeheimnis] Alle Personen, die eine Tätigkeit bei der zuständigen Behörde oder bei einer Behörde oder einem Marktteilnehmer, an die/den die zuständige Behörde ihre Befugnisse delegiert hat, ausüben oder ausgeübt haben, einschließlich der unter Anweisung der zuständigen Behörde tätigen Prüfer und Sachverständigen, sind zur Wahrung des Berufsgeheimnisses verpflichtet. Die unter das Berufsgeheimnis fallenden Informationen dürfen keiner anderen Person oder Behörde bekannt gegeben werden, es sei denn, dies geschieht aufgrund einer Rechtsvorschrift.

Art. 14 [Durchsetzung] (1) Unbeschadet des Rechts der Mitgliedstaaten, strafrechtliche Sanktionen zu verhängen, sorgen die Mitgliedstaaten entsprechend ihrem jeweiligen innerstaatlichen Recht dafür, dass bei Verstößen gegen die gemäß dieser Richtlinie erlassenen Vorschriften gegen die verantwortlichen Personen geeignete Verwaltungsmaßnahmen ergriffen oder im Verwaltungsverfahren zu erlassende Sanktionen verhängt werden können. Die Mitgliedstaaten sorgen dafür, dass diese Maßnahmen wirksam, verhältnismäßig und abschreckend sind.

(2) Die Kommission erstellt nach dem Verfahren des Artikels 17 Absatz 2 eine der Unterrichtung dienende Aufstellung der Verwaltungsmaßnahmen und im Verwaltungsverfahren zu erlassenden Sanktionen nach Absatz 1.

(3) Die Mitgliedstaaten legen im Einzelnen fest, wie die Verweigerung der Zusammenarbeit im Rahmen von Ermittlungen im Sinne von Artikel 12 zu ahnden ist.

(4) Die Mitgliedstaaten sehen vor, dass die zuständige Behörde Maßnahmen oder Sanktionen, die wegen Verstößen gegen aufgrund dieser Richtlinie erlassene Vorschriften ergriffen bzw. verhängt werden, öffentlich bekannt geben kann, es sei denn, diese Bekanntgabe würde Finanzmärkte erheblich gefährden oder zu einem unverhältnismäßigen Schaden bei den Beteiligten führen.

(5) Die Mitgliedstaaten übermitteln der ESMA jährlich eine Zusammenfassung von Informationen zu allen gemäß den Absätzen 1 und 2 ergriffenen Verwaltungsmaßnahmen und verhängten Sanktionen.

Hat die zuständige Behörde eine Verwaltungsmaßnahme oder eine Sanktion der Öffentlichkeit bekannt gemacht, so unterrichtet sie die ESMA gleichzeitig darüber.

Wenn eine veröffentliche Sanktion eine Wertpapierfirma betrifft, die gemäß der Richtlinie 2004/39/EG zugelassen ist, macht ESMA einen Vermerk über die veröffentlichte Sanktion im Register der Wertpapierfirmen, das gemäß Artikel 5 Absatz 3 der Richtlinie 2004/39/EG erstellt worden ist.

Art. 15 [Rechtsmittel] Die Mitgliedstaaten stellen sicher, dass gegen Entscheidungen der zuständigen Behörde vor Gericht Rechtsmittel eingelegt werden können.

Art. 15a [Zusammenarbeit der Aufsichtsbehörden mit ESMA] (1) Die zuständigen Behörden arbeiten gemäß der Verordnung (EU) Nr. 1095/2010 für die Zwecke dieser Richtlinie mit der ESMA zusammen.

(2) Die zuständigen Behörden stellen der ESMA gemäß Artikel 35 der Verordnung (EU) Nr. 1095/2010 unverzüglich alle für die Ausführung ihrer Aufgaben erforderlichen Informationen zur Verfügung.

Art. 16 [Kooperationsgebot] (1) Die zuständigen Behörden arbeiten zusammen, wenn dies zur Erfüllung ihrer Aufgaben erforderlich ist, und setzen hierzu die Befugnisse ein, die ihnen aufgrund dieser Richtlinie oder durch innerstaatliche Rechtsvorschriften übertragen wurden. Die zuständigen Behörden leisten den zuständigen Behörden anderer Mitgliedstaaten Amtshilfe. Insbesondere tauschen sie Informationen aus und arbeiten bei Ermittlungen zusammen.

(2) Die zuständigen Behörden übermitteln auf Ersuchen unverzüglich alle Informationen, die zu dem in Absatz 1 genannten Zweck notwendig sind. Sofern erforderlich, ergreifen die zuständigen Behörden, an die sich das Auskunftsbegehren richtet, die erforderlichen Maßnahmen, um die angeforderten Informationen zu erlangen. Ist die betreffende zuständige Behörde nicht in der Lage, die angeforderte Information unverzüglich zu liefern, so teilt sie der ersuchenden zuständigen Behörde die Gründe hierfür mit. Auf diese Weise übermittelte Informationen unterliegen dem Berufsgeheimnis, zu dessen Wahrung die Personen verpflichtet sind, welche bei den zuständigen Behörden, die diese Informationen erhalten, eine Tätigkeit ausüben oder ausgeübt haben.

Die zuständigen Behörden können die Übermittlung angeforderter Informationen ablehnen,
- wenn die Weitergabe der Informationen die Souveränität, die Sicherheit oder die öffentliche Ordnung des ersuchten Mitgliedstaats beeinträchtigen könnte,
- wenn aufgrund derselben Tat und gegen dieselben Personen bereits ein Verfahren vor einem Gericht des ersuchten Mitgliedstaats anhängig ist oder
- wenn gegen die genannten Personen aufgrund derselben Tat bereits ein rechtskräftiges Urteil in dem ersuchten Mitgliedstaat ergangen ist.

In diesem Fall teilen sie dies der ersuchenden zuständigen Behörde mit und übermitteln ihr möglichst genaue Informationen über diese Verfahren bzw. das betreffende Urteil.

Unbeschadet des Artikels 258 des Vertrags über die Arbeitsweise der Europäischen Union (AEUV) kann eine zuständige Behörde, deren Informationsersuchen nicht innerhalb angemessener Frist Folge geleistet wird oder deren Informationsersuchen abgelehnt wurde, die ESMA mit dieser Ablehnung oder Nichtfolgeleistung innerhalb einer angemessenen Frist befassen. Sind die Sachverhalte gegeben, auf die in Satz 1 Bezug genommen wird, so kann die ESMA gemäß Artikel 19 der Verordnung (EU) Nr. 1095/2010 unbeschadet der in Unterabsatz 2 des vorliegenden Absatzes genannten Möglichkeiten zur Ablehnung der Übermittlung angeforderter Informationen und unbeschadet eines möglichen Handelns der ESMA gemäß Artikel 17 der Verordnung (EU) Nr.1095/2010 tätig werden.

Unbeschadet ihrer Verpflichtungen im Rahmen von Strafverfahren dürfen die zuständigen Behörden die nach Absatz 1 erhaltenen Informationen ausschließlich in Erfüllung ihrer Aufgabe im Rahmen dieser Richtlinie sowie in mit der Erfüllung dieser Aufgabe verbundenen Verwaltungs- und Gerichtsverfahren im Rahmen dieser Aufgabe verwenden. Gibt jedoch die zuständige Behörde, die eine Information übermittelt hat, ihre Zustimmung, so darf die Behörde, die sie erhalten hat, sie zu anderen Zwecken verwenden oder den zuständigen Behörden anderer Staaten übermitteln.

(3) Ist eine zuständige Behörde überzeugt, dass Verstöße gegen diese Richtlinie im Hoheitsgebiet eines anderen Mitgliedstaats erfolgen oder erfolgt sind oder dass Finanzinstrumente, die auf einem geregelten Markt in einem anderen Mitgliedstaat gehandelt werden, durch Handlungen betroffen sind, so teilt sie dies der zuständigen Behörde des anderen Mitgliedstaats so konkret wie möglich mit. Die zuständige Behörde des anderen Mitgliedstaats wird hierauf in geeigneter Weise tätig. Sie unterrichtet die mitteilende zuständige Behörde über die Ergebnisse und soweit möglich über wichtige Zwischenergebnisse. Die Befugnisse der zuständigen Behörde, von der die Information stammt, bleiben von diesem Absatz unberührt. Die gemäß Artikel 10 zuständigen Behörden der Mitgliedstaaten konsultieren einander zu den beabsichtigen Folgemaßnahmen.

(4) Die zuständige Behörde eines Mitgliedstaats kann die zuständige Behörde eines anderen Mitgliedstaats ersuchen, in dessen Hoheitsgebiet Ermittlungen durchzuführen.

Ferner kann sie darum ersuchen, dass es ihrem eigenen Personal gestattet wird, das Personal der zuständigen Behörde des anderen Mitgliedstaats bei den Ermittlungen zu begleiten. Die Ermittlungen unterliegen dabei voll und ganz der Kontrolle des Mitgliedstaats, in dessen Hoheitsgebiet sie stattfinden.

Eine zuständige Behörde kann es ablehnen, einem Ermittlungsersuchen gemäß Unterabsatz 1 nachzukommen oder einem Ersuchen der zuständigen Behörde eines anderen Mitgliedstaats gemäß Unterabsatz 2 stattzugeben, das eigene Personal durch Personal jener Behörde begleiten zu lassen, wenn derartige Ermittlungen die Souveränität, die Sicherheit oder die öffentliche Ordnung des ersuchten Staates beeinträchtigen könnten oder wenn aufgrund derselben Tat und gegen dieselben Personen bereits ein Verfahren vor einem Gericht des ersuchten Staates anhängig ist oder wenn gegen die betreffenden Personen aufgrund derselben Tat bereits ein rechtskräftiges Urteil in dem ersuchten Staat ergangen ist. In diesem Fall unterrichtet sie die ersuchende zuständige Behörde entsprechend und übermittelt ihr möglichst genaue Informationen über das betreffende Verfahren oder Urteil.

Unbeschadet des Artikels 258 des Vertrags über die Arbeitsweise der Europäischen Union (AEUV) kann eine zuständige Behörde, deren Ersuchen um Einleitung von Ermittlungen oder Erteilung der Erlaubnis, dass ihre Bediensteten die Bediensteten der zuständigen Behörde des anderen Mitgliedstaats begleiten dürfen, nicht innerhalb einer angemessenen Frist Folge geleistet wird oder abgelehnt wurde, die ESMA mit dieser Ablehnung oder Nichtfolgeleistung innerhalb einer angemessenen Frist befassen. Sind die Sachverhalte gegeben, auf die in Satz 1 Bezug genommen wird, so kann die ESMA gemäß Artikel 19 der Verordnung (EU) Nr. 1095/2010 unbeschadet der in Unterabsatz 4 des vorliegenden Absatzes genannten Möglichkeiten zur Ablehnung der Übermittlung angeforderter Informationen und unbeschadet eines möglichen Handelns der ESMA gemäß Artikel 17 der Verordnung (EU) Nr. 1095/2010 tätig werden.

(5) Um einheitliche Bedingungen für die Anwendung der Absätze 2 und 4 zu gewährleisten, kann die ESMA Entwürfe technischer Durchführungsstandards im Sinne dieses Artikels entwickeln, in denen die Verfahren und Formen des Informationsaustauschs und von grenzüberschreitenden Ermittlungen festgelegt werden.

Der Kommission wird die Befugnis übertragen, die in Unterabsatz 1 genannten technischen Durchführungsstandards nach Artikel 15 der Verordnung (EU) Nr. 1095/2010 zu erlassen.

Art. 17 [**Ausschuss**] (1) Die Kommission wird von dem durch den Beschluss 2001/528/EG eingesetzten Europäischen Wertpapierausschuss (nachstehend „Ausschuss" genannt) unterstützt.

(2) Wird auf diesen Absatz Bezug genommen, so gelten die Artikel 5 und 7 des Beschlusses 1999/468/EG unter Beachtung von dessen Artikel 8, sofern durch die nach diesem Verfahren erlassenen Durchführungsmaßnahmen die wesentlichen Bestimmungen dieser Richtlinie nicht geändert werden.

Der Zeitraum nach Artikel 5 Absatz 6 des Beschlusses 1999/468/EG wird auf drei Monate festgesetzt.

(2a) Wird auf diesen Absatz Bezug genommen, so gelten Artikel 5a Absätze 1 bis 4 und Artikel 7 des Beschlusses 1999/468/EG unter Beachtung von dessen Artikel 8.

(3) Bis 31. Dezember 2010 und danach mindestens alle drei Jahre überprüft die Kommission die Vorschriften für ihre Durchführungsbefugnisse und legt dem Europäischen Parlament und dem Rat einen Bericht über das Funktionieren dieser Befugnisse vor. In dem Bericht wird insbesondere geprüft, ob die Kommission Änderungen zu dieser Richtlinie vorschlagen muss, um den angemessenen Umfang der ihr übertragenen Durchführungsbefugnisse zu gewährleisten. Die Schlussfolgerung, ob eine Änderung erforderlich ist oder nicht, muss eine detaillierte Begründung enthalten. Erforderlichenfalls wird dem Bericht ein Legislativvorschlag zur Änderung der Vorschriften für die Übertragung der Durchführungsbefugnisse an die Kommission beigefügt.

Art. 17a-22 *Überprüfungspflicht, Beibehaltung bestehender Durchführungsmaßnahmen, Umsetzungsfrist, Änderungen anderer Richtlinien (dort berücksichtigt), Sonderregime für Überseegebiete und Adressaten – nicht abgedruckt.*

4.14 Richtlinie 2011/35/EU des Europäischen Parlaments und des Rates vom 5. April 2011 über die Verschmelzung von Aktiengesellschaften [Fusions-RL]

ABl. 2011 L 110/1

DAS EUROPÄISCHE PARLAMENT UND DER RAT DER EUROPÄISCHEN UNION —
gestützt auf den Vertrag über die Arbeitsweise der Europäischen Union, insbesondere auf Artikel 50 Absatz 2 Buchstabe g,
auf Vorschlag der Europäischen Kommission,
nach Zuleitung des Entwurfs des Gesetzgebungsakts an die nationalen Parlamente,
nach Stellungnahme des Europäischen Wirtschafts- und Sozialausschusses[1],
gemäß dem ordentlichen Gesetzgebungsverfahren[2],
in Erwägung nachstehender Gründe:

(1) Die Dritte Richtlinie 78/855/EWG des Rates vom 9. Oktober 1978 gemäß Artikel 54 Absatz 3 Buchstabe g des Vertrags betreffend die Verschmelzung von Aktiengesellschaften[3] wurde mehrfach und erheblich geändert[4]. Aus Gründen der Klarheit und der Übersichtlichkeit empfiehlt es sich, die genannte Richtlinie zu kodifizieren.

(2) Die Koordinierung, die Artikel 50 Absatz 2 Buchstabe g des Vertrags und das Allgemeine Programm zur Aufhebung der Beschränkungen der Niederlassungsfreiheit[5] vorsehen, wurde mit der Ersten Richtlinie 68/151/EWG des Rates vom 9. März 1968 zur Koordinierung der Schutzbestimmungen, die in den Mitgliedstaaten den Gesellschaften im Sinne des Artikels 58 Absatz 2 des Vertrags im Interesse der Gesellschafter sowie Dritter vorgeschrieben sind, um diese Bestimmungen gleichwertig zu gestalten[6], begonnen.

(3) Diese Koordinierung wurde für die Gründung der Aktiengesellschaft sowie die Erhaltung und Änderung ihres Kapitals durch die Zweite Richtlinie 77/91/EWG des Rates vom 13. Dezember 1976 zur Koordinierung der Schutzbestimmungen, die in den Mitgliedstaaten den Gesellschaften im Sinne des Artikels 58 Absatz 2 des Vertrags im Interesse der Gesellschafter sowie Dritter für die Gründung der Aktiengesellschaft sowie für die Erhaltung und Änderung ihres Kapitals vorgeschrieben sind, um diese Bestimmungen gleichwertig zu gestalten[7], und für die Jahresabschlüsse von Gesellschaften bestimmter Rechtsformen durch die Vierte Richtlinie 78/660/EWG des Rates vom 25. Juli 1978 aufgrund von Artikel 54 Absatz 3 Buchstabe g des Vertrags über den Jahresabschluss von Gesellschaften bestimmter Rechtsformen[8] fortgesetzt.

(4) Der Schutz der Interessen von Gesellschaftern und Dritten erfordert es, die Rechtsvorschriften der Mitgliedstaaten über die Verschmelzung von Aktiengesellschaften zu koordinieren; gleichzeitig erscheint es zweckmäßig, in die nationalen Rechte der Mitgliedstaaten die Institution der Verschmelzung einzuführen.

(5) Im Rahmen der Koordinierung ist es besonders wichtig, die Aktionäre der sich verschmelzenden Gesellschaften angemessen und so objektiv wie möglich zu unterrichten und ihre Rechte in geeigneter Weise zu schützen. Jedoch ist keine Prüfung des Verschmelzungsplans durch unabhängige Sachverständige für die Aktionäre der an der Verschmelzung beteiligten Gesellschaften erforderlich, wenn alle Aktionäre darauf verzichtet haben.

(6) Die Wahrung von Ansprüchen der Arbeitnehmer beim Übergang von Unternehmen, Betrieben oder Unternehmens- oder Betriebsteilen ist zurzeit durch die Richtlinie 2001/23/EG des Rates vom 12. März 2001 zur Angleichung der Rechtsvorschriften der Mitgliedstaaten über die Wahrung von

---

[1] ABl. C 51 vom 17.2.2011, S. 36.
[2] Standpunkt des Europäischen Parlaments vom 18. Januar 2011 (noch nicht im Amtsblatt veröffentlicht) und Beschluss des Rates vom 21. März 2011.
[3] ABl. L 295 vom 20.10.1978, S. 36.
[4] Siehe Anhang I, Teil A.
[5] ABl. 2 vom 15.1.1962, S. 36/62.
[6] ABl. L 65 vom 14.3.1968, S. 8, vgl. Publizitäts-RL, in dieser Sammlung Nr. 4.1.
[7] ABl. L 26 vom 31.1.1977, S. 1, vgl. Kapital-RL, in dieser Sammlung Nr. 4.2.
[8] ABl. L 222 vom 14.8.1978, S. 11, vgl. Bilanz-RL, in dieser Sammlung Nr. 4.6.

Ansprüchen der Arbeitnehmer beim Übergang von Unternehmen, Betrieben oder Unternehmens-
oder Betriebsteilen[9] geregelt.

(7) Die Gläubiger einschließlich der Inhaber von Schuldverschreibungen sowie die Inhaber anderer
Rechte der sich verschmelzenden Gesellschaften sollten dagegen geschützt werden, dass sie durch
die Verschmelzung Schaden erleiden.

(8) Die Offenlegung, wie sie die Richtlinie 2009/101/EG des Europäischen Parlaments und des Rates
vom 16. September 2009 zur Koordinierung der Schutzbestimmungen, die in den Mitgliedstaaten
den Gesellschaften im Sinne des Artikels 48 Absatz 2 des Vertrags im Interesse der Gesellschafter
sowie Dritter vorgeschrieben sind, um diese Bestimmungen gleichwertig zu gestalten[10] sicherstellt,
sollte auf die Maßnahmen zur Durchführung der Verschmelzung ausgedehnt werden, damit hierüber auch Dritte ausreichend unterrichtet werden.

(9) Ferner ist es notwendig, dass die Garantien, die Gesellschaftern und Dritten bei der Durchführung
der Verschmelzung gewährt werden, auch für bestimmte andere rechtliche Vorgänge gelten, die in
wesentlichen Punkten ähnliche Merkmale wie die Verschmelzung aufweisen, um Umgehungen des
Schutzes zu vermeiden.

(10) Schließlich ist es notwendig, die Fälle der Nichtigkeit der Verschmelzung zu beschränken, um die
Rechtssicherheit in den Beziehungen zwischen den beteiligten Gesellschaften, zwischen diesen und
Dritten sowie unter den Aktionären zu gewährleisten; außerdem muss einerseits der Grundsatz,
dass dem Mangel der Verschmelzung so weit wie möglich abgeholfen werden soll, und andererseits
eine kurze Frist zur Geltendmachung der Nichtigkeit festgelegt werden.

(11) Diese Richtlinie sollte die Verpflichtung der Mitgliedstaaten hinsichtlich der Fristen für die Umsetzung der in Anhang I Teil B aufgeführten Richtlinien in innerstaatliches Recht unberührt lassen —
HABEN FOLGENDE RICHTLINIE ERLASSEN:

Kapitel I – Anwendungsbereich

Art. 1 Anwendungsbereich (1) Die durch diese Richtlinie vorgeschriebenen Maßnahmen
der Koordinierung gelten für die Rechts- und Verwaltungsvorschriften der Mitgliedstaaten
für Gesellschaften folgender Rechtsformen:

- in Belgien: la société anonyme/de naamloze vennootschap;
- in Bulgarien: акционерно дружество;
- in der Tschechischen Republik: akciová společnost;
- in Dänemark: aktieselskaber;
- in Deutschland: die Aktiengesellschaft;
- in Estland: aktsiaselts;
- in Irland: public companies limited by shares und public companies limited by guarantee having a share capital;
- in Griechenland: ανώνυμη εταιρία;
- in Spanien: la sociedad anónima;
- in Frankreich: la société anonyme;
- in Italien: la società per azioni;
- in Zypern: Δημόσιες εταιρείες περιορισμένης ευθύνης με μετοχές, δημόσιες εταιρείες
περιορισμένης ευθύνης με εγγύηση που διαθέτουν μετοχικό κεφάλαιο;
- in Lettland: akciju sabiedrība;
- in Litauen: akcinė bendrovė;
- in Luxemburg: la société anonyme;
- in Ungarn: részvénytársaság;
- in Malta: kumpannija pubblika/public limited liability company, kumpannija privata/
private limited liability company;

---

[9]   ABl. L 82 vom 22.3.2001, S. 16, vgl. Betriebsübergangs-RL, in dieser Sammlung Nr. 3.12.
[10] Publizitäts-RL, in dieser Sammlung Nr. 4.1.

- in den Niederlanden: de naamloze vennootschap;
- in Österreich: die Aktiengesellschaft;
- in Polen: spółka akcyjna;
- in Portugal: a sociedade anónima;
- in Rumänien: societate pe acţiuni;
- in Slowenien: delniška družba;
- in der Slowakei: akciová spoločnosť;
- in Finnland: julkinen osakeyhtiö/publikt aktiebolag;
- in Schweden: aktiebolag;
- im Vereinigten Königreich: public companies limited by shares und public companies limited by guarantee having a share capital.

(2) Die Mitgliedstaaten brauchen diese Richtlinie auf Genossenschaften, die in einer der in Absatz 1 genannten Rechtsformen gegründet worden sind, nicht anzuwenden. Soweit die Rechtsvorschriften der Mitgliedstaaten von dieser Möglichkeit Gebrauch machen, verpflichten sie diese Gesellschaften, die Bezeichnung „Genossenschaft" auf allen in Artikel 5 der Richtlinie 2009/101/EG genannten Schriftstücken anzugeben.

(3) Die Mitgliedstaaten brauchen diese Richtlinie nicht anzuwenden, wenn eine oder mehrere der übertragenden oder untergehenden Gesellschaften Gegenstand eines Konkurs-, Vergleichs- oder ähnlichen Verfahrens ist bzw. sind.

Kapitel II – Regelung der Verschmelzung durch Aufnahme einer oder mehrerer Gesellschaften durch eine andere und der Verschmelzung durch Gründung einer neuen Gesellschaft

Art. 2 [Mitgliedstaatliche Regelungspflicht] Die Mitgliedstaaten regeln für die Gesellschaften, die ihrem Recht unterliegen, die Verschmelzung durch Aufnahme einer oder mehrerer Gesellschaften durch eine andere und die Verschmelzung durch Gründung einer neuen Gesellschaft.

Art. 3 [Verschmelzung durch Aufnahme] (1) Im Sinne dieser Richtlinie ist die „Verschmelzung durch Aufnahme" der Vorgang, durch den eine oder mehrere Gesellschaften ihr gesamtes Aktiv- und Passivvermögen im Wege der Auflösung ohne Abwicklung auf eine andere Gesellschaft übertragen, und zwar gegen Gewährung von Aktien der übernehmenden Gesellschaft an die Aktionäre der übertragenden Gesellschaft oder Gesellschaften und gegebenenfalls einer baren Zuzahlung, die den zehnten Teil des Nennbetrags oder, wenn ein Nennbetrag nicht vorhanden ist, des rechnerischen Wertes der gewährten Aktien nicht übersteigt.

(2) Die Rechtsvorschriften eines Mitgliedstaats können vorsehen, dass die Verschmelzung durch Aufnahme auch dann erfolgen kann, wenn sich eine oder mehrere der übertragenden Gesellschaften in Abwicklung befinden, sofern diese Möglichkeit auf Gesellschaften beschränkt wird, die noch nicht mit der Verteilung ihres Vermögens an ihre Aktionäre begonnen haben.

Art. 4 [Verschmelzung durch Neugründung] (1) Im Sinne dieser Richtlinie ist die „Verschmelzung durch Gründung einer neuen Gesellschaft" der Vorgang, durch den mehrere Gesellschaften ihr gesamtes Aktiv- und Passivvermögen im Wege der Auflösung ohne Abwicklung auf eine Gesellschaft, die sie gründen, übertragen, und zwar gegen Gewährung von Aktien der neuen Gesellschaft an ihre Aktionäre und gegebenenfalls einer baren Zuzahlung, die den zehnten Teil des Nennbetrags oder, wenn der Nennbetrag nicht vorhanden ist, des rechnerischen Wertes der gewährten Aktien nicht übersteigt.

(2) Die Rechtsvorschriften eines Mitgliedstaats können vorsehen, dass die Verschmelzung durch Gründung einer neuen Gesellschaft auch dann erfolgen kann, wenn sich eine oder mehrere der untergehenden Gesellschaften in Abwicklung befinden, sofern diese Möglichkeit auf Gesellschaften beschränkt wird, die noch nicht mit der Verteilung ihres Vermögens an ihre Aktionäre begonnen haben.

Kapitel III – Verschmelzung durch Aufnahme

Art. 5 [**Verschmelzungsplan**] (1) Die Verwaltungs- oder Leitungsorgane der sich verschmelzenden Gesellschaften erstellen einen schriftlichen Verschmelzungsplan.

(2) Der Verschmelzungsplan muss mindestens folgende Angaben enthalten:

a)   die Rechtsform, die Firma und den Sitz der sich verschmelzenden Gesellschaften;

b)   das Umtauschverhältnis der Aktien und gegebenenfalls die Höhe der baren Zuzahlung;

c)   die Einzelheiten hinsichtlich der Übertragung der Aktien der übernehmenden Gesellschaft;

d)   den Zeitpunkt, von dem an diese Aktien das Recht auf Teilnahme am Gewinn gewähren, sowie alle Besonderheiten in bezug auf dieses Recht;

e)   den Zeitpunkt, von dem an die Handlungen der übertragenden Gesellschaft unter dem Gesichtspunkt der Rechnungslegung als für Rechnung der übernehmenden Gesellschaft vorgenommen gelten;

f)   die Rechte, welche die übernehmende Gesellschaft den Aktionären mit Sonderrechten und den Inhabern anderer Wertpapiere als Aktien gewährt, oder die für diese Personen vorgeschlagenen Maßnahmen;

g)   jeden besonderen Vorteil, der den Sachverständigen im Sinne des Artikels 10 Absatz 1 sowie den Mitgliedern der Verwaltungs-, Leitungs-, Aufsichts- oder Kontrollorgane der sich verschmelzenden Gesellschaften gewährt wird.

Art. 6 [**Offenlegungspflicht**] Der Verschmelzungsplan ist mindestens einen Monat vor dem Tage der Hauptversammlung, die über den Verschmelzungsplan zu beschließen hat, für jede der sich verschmelzenden Gesellschaften nach den in den Rechtsvorschriften der einzelnen Mitgliedstaaten gemäß Artikel 3 der Richtlinie 2009/101/EG vorgesehenen Verfahren offenzulegen.

Jede verschmelzende Gesellschaft ist von der Offenlegungspflicht nach Artikel 3 der Richtlinie 2009/101/EG befreit, wenn sie die Verschmelzungspläne während eines fortlaufenden Zeitraums, der mindestens einen Monat vor dem Tag der Hauptversammlung, die über die Verschmelzungspläne zu beschließen hat, beginnt und nicht vor dem Abschluss dieser Versammlung endet, für die Öffentlichkeit kostenlos auf ihren Internetseiten der Öffentlichkeit zugänglich macht. Die Mitgliedstaaten knüpfen diese Befreiung an keine anderen Erfordernisse und Auflagen als die, die für die Sicherheit der Internetseiten und die Echtheit der Dokumente erforderlich sind, und dürfen solche Erfordernisse und Auflagen nur einführen, soweit sie zur Erreichung dieses Zwecks angemessen sind.

Abweichend von Absatz 2 können die Mitgliedstaaten verlangen, dass die Veröffentlichung über die zentrale elektronische Plattform gemäß Artikel 3 Absatz 5 der Richtlinie 2009/101/EG erfolgt. Die Mitgliedstaaten können alternativ verlangen, dass die Veröffentlichung auf anderen, von ihnen zu diesem Zweck benannten Internetseiten erfolgt. Machen die Mitgliedstaaten von einer dieser Möglichkeiten Gebrauch, so gewährleisten sie, dass den Gesellschaften für diese Veröffentlichung keine spezifischen Kosten entstehen.

Werden andere Internetseiten als die zentrale elektronische Plattform genutzt, wird mindestens einen Monat vor dem Tag der Hauptversammlung auf der zentralen elektronischen Plattform ein Verweis, der zu diesen Internetseiten führt, veröffentlicht. Dieser Verweis enthält auch das Datum der Veröffentlichung der Verschmelzungspläne im Internet und ist der Öffentlichkeit kostenlos zugänglich. Den Gesellschaften entstehen für diese Veröffentlichung keine spezifischen Kosten.

Das Verbot gemäß den Absätzen 3 und 4, von Gesellschaften eine spezifische Gebühr für die Veröffentlichung zu verlangen, lässt die Möglichkeit der Mitgliedstaaten unberührt, die Kosten für die zentrale elektronische Plattform an Gesellschaften weiterzugeben.

Die Mitgliedstaaten können von Gesellschaften verlangen, Informationen für einen bestimmten Zeitraum nach der Hauptversammlung auf ihren Internetseiten oder gegebenenfalls auf der zentralen elektronischen Plattform oder den anderen von dem betreffenden Mitgliedstaat benannten Internetseiten verfügbar zu halten. Die Mitgliedstaaten können die Folgen einer vorübergehenden Unterbrechung des Zugriffs auf die Internetseiten und die zentrale elektronische Plattform aufgrund technischer oder sonstiger Ursachen bestimmen.

Art. 7 [Hauptversammlungskompetenz] (1) Die Verschmelzung bedarf zumindest der Zustimmung der Hauptversammlung jeder der sich verschmelzenden Gesellschaften. Die Rechtsvorschriften der Mitgliedstaaten schreiben vor, dass dieser Beschluss mindestens eine Mehrheit von nicht weniger als zwei Dritteln der Stimmen der vertretenen Wertpapiere oder des vertretenen gezeichneten Kapitals erfordert.

Die Rechtsvorschriften der Mitgliedstaaten können jedoch vorschreiben, dass die einfache Mehrheit der in Unterabsatz 1 bezeichneten Stimmen ausreicht, sofern mindestens die Hälfte des gezeichneten Kapitals vertreten ist. Ferner sind gegebenenfalls die Vorschriften über die Satzungsänderung anzuwenden.

(2) Sind mehrere Gattungen von Aktien vorhanden, so ist der Beschluss über die Verschmelzung von einer gesonderten Abstimmung zumindest jeder Gattung derjenigen Aktionäre abhängig, deren Rechte durch die Maßnahme beeinträchtigt werden.

(3) Der zu fassende Beschluss erstreckt sich auf die Genehmigung des Verschmelzungsplans und gegebenenfalls auf die zu seiner Durchführung erforderlichen Satzungsänderungen.

Art. 8 [Ausnahmen von der Hauptversammlungskompetenz] (1) Die Rechtsvorschriften eines Mitgliedstaats brauchen die Zustimmung der Hauptversammlung der übernehmenden Gesellschaft nicht vorzuschreiben, wenn folgende Bedingungen erfüllt sind:

a) Die in Artikel 6 vorgeschriebene Offenlegung ist für die übernehmende Gesellschaft mindestens einen Monat vor dem Tage derjenigen Hauptversammlung der übertragenden Gesellschaft oder Gesellschaften, die über den Verschmelzungsplan zu beschließen hat, zu bewirken;

b) jeder Aktionär der übernehmenden Gesellschaft hat mindestens einen Monat vor dem unter Buchstabe a) genannten Zeitpunkt das Recht, am Sitz der übernehmenden Gesellschaft von den in Artikel 11 Absatz 1 genannten Unterlagen Kenntnis zu nehmen;

c) ein oder mehrere Aktionäre der übernehmenden Gesellschaft, die über Aktien in einem Mindestprozentsatz des gezeichneten Kapitals verfügen, müssen das Recht haben, die Einberufung einer Hauptversammlung der übernehmenden Gesellschaft, in der über die Zustimmung zu der Verschmelzung beschlossen wird, zu verlangen. Dieser Mindestprozentsatz darf nicht auf mehr als 5 % festgesetzt werden. Die Mitgliedstaaten können jedoch vorsehen, dass die Aktien ohne Stimmrecht von der Berechnung dieses Prozentsatzes ausgenommen sind.

(2) Für die Zwecke von Absatz 1 Buchstabe b gilt Artikel 11 Absätze 2, 3 und 4.

Art. 9 [Bericht zum Verschmelzungsplan] (1) Die Verwaltungs- oder Leitungsorgane jeder der sich verschmelzenden Gesellschaften erstellen einen ausführlichen schriftlichen Bericht, in dem der Verschmelzungsplan und insbesondere das Umtauschverhältnis der Aktien rechtlich und wirtschaftlich erläutert und begründet werden.

In dem Bericht ist außerdem auf besondere Schwierigkeiten hinzuweisen, die bei der Bewertung aufgetreten sind.

(2) Die Verwaltungs- oder Leitungsorgane jeder beteiligten Gesellschaft unterrichten die Hauptversammlung ihrer Gesellschaft, und die Verwaltungs- oder Leitungsorgane der anderen beteiligten Gesellschaften damit diese die Hauptversammlung ihrer Gesellschaft unterrichten können, über jede zwischen der Aufstellung des Verschmelzungsplans und dem Tag der Hauptversammlung, die über den Verschmelzungsplan zu beschließen hat, eingetretene wesentliche Veränderung des Aktiv- oder Passivvermögens.

(3) Die Mitgliedstaaten können vorsehen, dass der in Absatz 1 genannte Bericht und/oder die in Absatz 2 genannten Informationen nicht verlangt werden, wenn alle Aktionäre und Inhaber anderer mit einem Stimmrecht verbundener Wertpapiere aller an der Verschmelzung beteiligten Gesellschaften darauf verzichtet haben.

Art. 10 [Prüfung durch Sachverständige] (1) Für jede der sich verschmelzenden Gesellschaften prüfen ein oder mehrere von diesen unabhängige Sachverständige, welche durch ein Gericht oder eine Verwaltungsbehörde bestellt oder zugelassen sind, den Verschmelzungsplan und erstellen einen schriftlichen Bericht für die Aktionäre. Die Rechtsvorschriften eines Mitgliedstaats können jedoch die Bestellung eines oder mehrerer unabhängiger Sachverständiger für alle sich verschmelzenden Gesellschaften vorsehen, wenn die Bestellung auf gemeinsamen Antrag dieser Gesellschaften durch ein Gericht oder eine Verwaltungsbehörde erfolgt. Diese Sachverständigen können entsprechend den Rechtsvorschriften jedes Mitgliedstaats sowohl natürliche oder juristische Personen als auch Gesellschaften sein.

(2) In dem Bericht nach Absatz 1 müssen die Sachverständigen in jedem Fall erklären, ob das Umtauschverhältnis ihrer Ansicht nach angemessen ist. In dieser Erklärung ist zumindest anzugeben,

a) nach welcher oder welchen Methoden das vorgeschlagene Umtauschverhältnis bestimmt worden ist;

b) ob diese Methode oder Methoden im vorliegenden Fall angemessen sind und welche Werte sich bei jeder dieser Methoden ergeben; zugleich ist dazu Stellung zu nehmen, welche relative Bedeutung diesen Methoden bei der Bestimmung des zugrunde gelegten Wertes beigemessen wurde.

In dem Bericht ist außerdem auf besondere Schwierigkeiten bei der Bewertung, soweit solche aufgetreten sind, hinzuweisen.

(3) Jeder Sachverständige hat das Recht, bei den sich verschmelzenden Gesellschaften alle zweckdienlichen Auskünfte und Unterlagen zu erhalten und alle erforderlichen Nachprüfungen vorzunehmen.

767

(4) Weder die Prüfung des Verschmelzungsplans noch die Erstellung eines Sachverständigenberichts sind erforderlich, wenn alle Aktionäre und Inhaber anderer mit einem Stimmrecht verbundener Wertpapiere aller an der Verschmelzung beteiligten Gesellschaften darauf verzichtet haben.

Art. 11 [Information der Aktionäre] (1) Mindestens einen Monat vor dem Tag der Hauptversammlung, die über den Verschmelzungsplan zu beschließen hat, hat jeder Aktionär das Recht, am Sitz der Gesellschaft zumindest von folgenden Unterlagen Kenntnis zu nehmen:

a) dem Verschmelzungsplan;

b) den Jahresabschlüssen und den Geschäftsberichten der sich verschmelzenden Gesellschaften für die letzten drei Geschäftsjahre;

c) gegebenenfalls einer Zwischenbilanz, die für einen Zeitpunkt erstellt ist, der nicht vor dem ersten Tag des dritten der Aufstellung des Verschmelzungsplans vorausgehenden Monats liegen darf, sofern der letzte Jahresabschluss sich auf ein mehr als sechs Monate vor der Aufstellung des Verschmelzungsplans abgelaufenes Geschäftsjahr bezieht;

d) gegebenenfalls den in Artikel 9 vorgesehenen Berichten der Verwaltungs- oder Leitungsorgane der sich verschmelzenden Gesellschaften;

e) gegebenenfalls den in Artikel 10 Absatz 1 genannten Berichten.

Für die Zwecke von Unterabsatz 1 Buchstabe c braucht keine Zwischenbilanz erstellt zu werden, wenn die Gesellschaft gemäß Artikel 5 der Richtlinie 2004/109/EG des Europäischen Parlaments und des Rates vom 15. Dezember 2004 zur Harmonisierung der Transparenzanforderungen in Bezug auf Informationen über Emittenten, deren Wertpapiere zum Handel auf einem geregelten Markt zugelasen sind[11] einen Halbjahresfinanzbericht veröffentlicht und den Aktionären gemäß diesem Absatz zur Verfügung stellt. Ferner können die Mitgliedstaaten vorsehen, dass keine Zwischenbilanz erstellt wird, wenn alle Aktionäre und Inhaber anderer mit einem Stimmrecht verbundener Wertpapiere aller an der Verschmelzung beteiligten Gesellschaften dies beschlossen haben.

(2) Die Zwischenbilanz nach Absatz 1 Buchstabe c) ist nach denselben Methoden und in derselben Gliederung zu erstellen wie die letzte Jahresbilanz.

Die Rechtsvorschriften eines Mitgliedstaats können jedoch vorsehen, dass

a) es nicht erforderlich ist, eine neue körperliche Bestandsaufnahme durchzuführen;

b) die Bewertungen der letzten Bilanz nur nach Maßgabe der Bewegungen in den Büchern verändert zu werden brauchen, wobei jedoch zu berücksichtigen sind:

 – Abschreibungen, Wertberichtigungen und Rückstellungen für die Zwischenzeit,

 – wesentliche, aus den Büchern nicht ersichtliche Veränderungen der wirklichen Werte.

(3) Vollständige oder, falls gewünscht, auszugsweise Abschriften der in Absatz 1 genannten Unterlagen sind jedem Aktionär auf formlosen Antrag kostenlos zu erteilen.

Hat der Aktionär diesem Weg der Informationsübermittlung zugestimmt, so können Informationen auf elektronischem Wege bereitgestellt werden.

(4) Eine Gesellschaft ist von der Pflicht, die in Absatz 1 genannten Dokumente an ihrem Sitz zur Verfügung zu stellen befreit, wenn sie die betreffenden Dokumente während eines fortlaufenden Zeitraums, der mindestens einen Monat vor dem Tag der Hauptversammlung, die über die Verschmelzungspläne zu beschließen hat, beginnt und nicht vor dem Ab-

---

[11] Transparenz-RL, in dieser Sammlung Nr. 4.11.

schluss der Versammlung endet, auf ihren Internetseiten veröffentlicht. Die Mitgliedstaaten knüpfen diese Befreiung an keine anderen Erfordernisse und Auflagen als die, die für die Sicherheit der Internetseiten und die Echtheit der Dokumente erforderlich sind, und dürfen solche Erfordernisse und Auflagen nur einführen, soweit sie zur Erreichung dieses Zwecks angemessen sind.

Absatz 3 kommt nicht zur Anwendung, wenn die Aktionäre während des gesamten in Unterabsatz 1 genannten Zeitraums auf den Internetseiten die Möglichkeit haben, die in Absatz 1 genannten Dokumente herunterzuladen und auszudrucken. In diesem Fall können die Mitgliedstaaten jedoch vorsehen, dass die Gesellschaft diese Dokumente an ihrem Sitz zur Einsichtnahme durch die Aktionäre zur Verfügung stellt.

Die Mitgliedstaaten können von Gesellschaften verlangen, Informationen für einen bestimmten Zeitraum nach der Hauptversammlung auf ihren Internetseiten verfügbar zu halten. Die Mitgliedstaaten können die Folgen einer vorübergehenden Unterbrechung des Zugriffs auf die Internetseiten aufgrund technischer oder sonstiger Ursachen bestimmen.

Art. 12 [Wahrung von Ansprüchen der Arbeitnehmer] Die Wahrung von Ansprüchen der Arbeitnehmer der sich verschmelzenden Gesellschaften wird gemäß der Richtlinie 2001/23/EG geregelt.

Art. 13 [Schutz der Gläubiger; Garantiestellung] (1) Die Rechtsvorschriften der Mitgliedstaaten müssen ein angemessenes Schutzsystem für die Interessen der Gläubiger der sich verschmelzenden Gesellschaften vorsehen, deren Forderungen vor der Bekanntmachung des Verschmelzungsplans entstanden und zum Zeitpunkt dieser Bekanntmachung noch nicht erloschen sind.

(2) Zu diesem Zweck sehen die Rechtsvorschriften der Mitgliedstaaten zumindest vor, dass diese Gläubiger Anspruch auf angemessene Garantien haben, wenn die finanzielle Lage der sich verschmelzenden Gesellschaften einen solchen Schutz erforderlich macht und die Gläubiger nicht schon derartige Garantien haben.

Die Mitgliedstaaten legen die Modalitäten für den in Absatz 1 und Unterabsatz 1 des vorliegenden Absatzes vorgesehenen Schutz fest. Die Mitgliedstaaten gewährleisten in jedem Fall, dass die Gläubiger das Recht haben, bei der zuständigen Verwaltungsbehörde oder dem zuständigen Gericht angemessene Sicherheiten zu beantragen, wenn sie nachweisen können, dass die Befriedigung ihrer Forderungen durch die Verschmelzung gefährdet ist und sie von der Gesellschaft keine angemessenen Sicherheiten erhalten haben.

(3) Der Schutz kann für die Gläubiger der übernehmenden Gesellschaft und für die Gläubiger der übertragenden Gesellschaft unterschiedlich sein.

Art. 14 [Anleihegläubiger] Unbeschadet der Vorschriften über die gemeinsame Ausübung der Rechte der Anleihegläubiger der sich verschmelzenden Gesellschaften ist Artikel 13 auf diese Gläubiger anzuwenden, es sei denn, eine Versammlung der Anleihegläubiger – sofern die einzelstaatlichen Rechtsvorschriften eine solche Versammlung vorsehen – oder jeder einzelne Anleihegläubiger hat der Verschmelzung zugestimmt.

Art. 15 [Schutz anderer Wertpapiere mit Sonderrechten] Die Inhaber anderer Wertpapiere, die mit Sonderrechten verbunden, jedoch keine Aktien sind, müssen in der übernehmenden Gesellschaft Rechte erhalten, die mindestens denen gleichwertig sind, die sie in der übertragenden Gesellschaft hatten, es sei denn, dass eine Versammlung der Inhaber – sofern die einzelstaatlichen Rechtsvorschriften eine solche Versammlung vorsehen – der

Änderung dieser Rechte oder dass jeder einzelne Inhaber der Änderung seines Rechts zugestimmt hat oder dass diese Inhaber einen Anspruch auf Rückkauf ihrer Wertpapiere durch die übernehmende Gesellschaft haben.

Art. 16 [Öffentliche Beurkundung des Verschmelzungsvertrags] (1) Falls die Rechtsvorschriften eines Mitgliedstaats für Verschmelzungen eine vorbeugende gerichtliche oder Verwaltungskontrolle der Rechtmäßigkeit nicht vorsehen oder sich diese Kontrolle nicht auf alle für die Verschmelzung erforderlichen Rechtshandlungen erstreckt, sind die Niederschriften der Hauptversammlungen, die über die Verschmelzung beschließen, und gegebenenfalls der nach diesen Hauptversammlungen geschlossene Verschmelzungsvertrag öffentlich zu beurkunden. Falls die Verschmelzung nicht von den Hauptversammlungen aller sich verschmelzenden Gesellschaften gebilligt werden muss, ist der Verschmelzungsplan öffentlich zu beurkunden.

(2) Der Notar oder die für die öffentliche Beurkundung zuständige Stelle hat das Vorliegen und die Rechtmäßigkeit der Rechtshandlungen und Förmlichkeiten, die der Gesellschaft obliegen, bei der er tätig wird, sowie das Vorliegen und die Rechtmäßigkeit des Verschmelzungsplans zu prüfen und zu bestätigen.

Art. 17 [Wirksamwerden der Verschmelzung] Die Rechtsvorschriften der Mitgliedstaaten bestimmen den Zeitpunkt, zu dem die Verschmelzung wirksam wird.

Art. 18 [Offenlegung] (1) Für jede der sich verschmelzenden Gesellschaften muss die Verschmelzung nach den in den Rechtsvorschriften eines jeden Mitgliedstaats vorgesehenen Verfahren in Übereinstimmung mit Artikel 3 der Richtlinie 2009/101/EG offengelegt werden.

(2) Die übernehmende Gesellschaft kann die für die übertragende Gesellschaft oder die übertragenden Gesellschaften vorzunehmenden Förmlichkeiten der Offenlegung selbst veranlassen.

Art. 19 [Wirkungen der Verschmelzung] (1) Die Verschmelzung bewirkt *ipso jure* gleichzeitig folgendes:

a) Sowohl zwischen der übertragenden Gesellschaft und der übernehmenden Gesellschaft als auch gegenüber Dritten geht das gesamte Aktiv- und Passivvermögen der übertragenden Gesellschaft auf die übernehmende Gesellschaft über;

b) die Aktionäre der übertragenden Gesellschaft werden Aktionäre der übernehmenden Gesellschaft;

c) die übertragende Gesellschaft erlischt.

(2) Es werden keine Aktien der übernehmenden Gesellschaft im Austausch für Aktien der übertragenden Gesellschaft begeben, die sich

a) im Besitz der übernehmenden Gesellschaft selbst oder einer Person befinden, die im eigenen Namen, aber für Rechnung der Gesellschaft handelt;

b) im Besitz der übertragenden Gesellschaft selbst oder einer Person befinden, die im eigenen Namen, aber für Rechnung der Gesellschaft handelt.

(3) Unberührt bleiben die Rechtsvorschriften der Mitgliedstaaten, die für die Wirksamkeit der Übertragung bestimmter, von der übertragenden Gesellschaft eingebrachter Vermögensgegenstände, Rechte und Pflichten gegenüber Dritten besondere Förmlichkeiten erfordern. Die übernehmende Gesellschaft kann diese Förmlichkeiten selbst veranlassen; die Rechtsvorschriften der Mitgliedstaaten können jedoch der übertragenden Gesellschaft gestatten, während eines begrenzten Zeitraums diese Förmlichkeiten weiter zu vollziehen; die-

ser Zeitraum kann nur in Ausnahmefällen auf mehr als sechs Monate nach dem Zeitpunkt, in dem die Verschmelzung wirksam wird, festgesetzt werden.

Art. 20 [Vorstandshaftung der übertragenden Gesellschaft] Die Rechtsvorschriften der Mitgliedstaaten regeln zumindest die zivilrechtliche Haftung der Mitglieder des Verwaltungs- oder Leitungsorgans der übertragenden Gesellschaft gegenüber den Aktionären dieser Gesellschaft für schuldhaftes Verhalten von Mitgliedern dieses Organs bei der Vorbereitung und dem Vollzug der Verschmelzung.

Art. 21 [Haftung der Sachverständigen] Die Rechtsvorschriften der Mitgliedstaaten regeln zumindest die zivilrechtliche Haftung der Sachverständigen, die den in Artikel 10 Absatz 1 vorgesehenen Bericht für die übertragende Gesellschaft erstellen, gegenüber den Aktionären dieser Gesellschaft für schuldhaftes Verhalten dieser Sachverständigen bei der Erfüllung ihrer Aufgaben.

Art. 22 [Nichtigkeit der Verschmelzung] (1) Die Rechtsvorschriften der Mitgliedstaaten können die Nichtigkeit der Verschmelzung von Gesellschaften nur nach Maßgabe folgender Bestimmungen regeln:

a) Die Nichtigkeit muss durch gerichtliche Entscheidung ausgesprochen werden;

b) für nichtig erklärt werden kann eine im Sinne von Artikel 17 wirksam gewordene Verschmelzung nur wegen Fehlens einer vorbeugenden gerichtlichen oder verwaltungsmäßigen Kontrolle der Rechtmäßigkeit oder einer öffentlichen Beurkundung oder wenn festgestellt wird, dass der Beschluss der Hauptversammlung nach innerstaatlichem Recht nichtig oder anfechtbar ist;

c) die Nichtigkeitsklage kann nicht mehr erhoben werden, wenn eine Frist von sechs Monaten verstrichen ist, nachdem die Verschmelzung demjenigen gegenüber wirksam geworden ist, der sich auf die Nichtigkeit beruft, oder wenn der Mangel behoben worden ist;

d) kann der Mangel, dessentwegen die Verschmelzung für nichtig erklärt werden kann, behoben werden, so räumt das zuständige Gericht den beteiligten Gesellschaften dazu eine Frist ein;

e) die gerichtliche Entscheidung, durch welche die Nichtigkeit der Verschmelzung ausgesprochen wird, wird in Übereinstimmung mit Artikel 3 der Richtlinie 2009/101/EG nach den in den Rechtsvorschriften jedes Mitgliedstaats vorgesehenen Verfahren offengelegt;

f) falls die Rechtsvorschriften der Mitgliedstaaten gegen die gerichtliche Entscheidung einen Einspruch Dritter vorsehen, so kann dieser nach Ablauf einer Frist von sechs Monaten seit Offenlegung der gerichtlichen Entscheidung gemäß der Richtlinie 2009/101/EG nicht mehr erhoben werden;

g) die gerichtliche Entscheidung, durch welche die Nichtigkeit der Verschmelzung ausgesprochen wird, berührt für sich allein nicht die Wirksamkeit der Verpflichtungen, die vor der Offenlegung der gerichtlichen Entscheidung, jedoch nach dem Zeitpunkt, in dem die Verschmelzung wirksam wird, zu Lasten oder zugunsten der übernehmenden Gesellschaft entstanden sind;

h) die an der Verschmelzung beteiligten Gesellschaften haften als Gesamtschuldner für die in Buchstabe g) genannten Verpflichtungen der übernehmenden Gesellschaft.

(2) Abweichend von Absatz 1 Buchstabe a) können die Rechtsvorschriften eines Mitgliedstaats auch gestatten, dass die Nichtigkeit der Verschmelzung durch eine Verwaltungsbehörde ausgesprochen wird, wenn gegen eine solche Entscheidung ein Rechtsbehelf bei einem Gericht eingelegt werden kann. Absatz 1 Buchstabe b und Buchstaben d bis h gelten für die Verwaltungsbehörde entsprechend. Dieses Nichtigkeitsverfahren kann nach Ablauf einer Frist von 6 Monaten nach dem Zeitpunkt, in dem die Verschmelzung wirksam wird, nicht mehr eingeleitet werden.

(3) Unberührt bleiben die Rechtsvorschriften der Mitgliedstaaten über die Nichtigkeit einer Verschmelzung, die im Wege einer anderen Kontrolle der Verschmelzung als der vorbeugenden gerichtlichen oder verwaltungsmäßigen Kontrolle der Rechtmäßigkeit ausgesprochen wird.

Kapitel IV – Verschmelzung durch Gründung einer neuen Gesellschaft

Art. 23 [Anwendbarkeit einzelner Vorschriften zur Verschmelzung] (1) Die Artikel 5, 6 und 7 sowie die Artikel 9 bis 22 sind unbeschadet der Artikel 12 und 13 der Richtlinie 2009/101/EG auf die Verschmelzung durch Gründung einer neuen Gesellschaft anwendbar. Hierbei sind unter „sich verschmelzenden Gesellschaften" oder „übertragender Gesellschaft" die untergehenden Gesellschaften und unter „übernehmender Gesellschaft" die neue Gesellschaft zu verstehen.

Artikel 5 Absatz 2 Buchstabe a) ist auch auf die neue Gesellschaft anzuwenden.

(2) Der Verschmelzungsplan und, falls sie Gegenstand eines getrennten Aktes sind, der Errichtungsakt oder der Entwurf des Errichtungsaktes und die Satzung oder der Entwurf der Satzung der neuen Gesellschaft bedürfen der Zustimmung der Hauptversammlung jeder der untergehenden Gesellschaften.

Kapitel V – Verschmelzung einer Gesellschaft mit einer anderen, der mindestens 90 % der Aktien der ersteren gehören

Art. 24 [Auflösung ohne Abwicklung] Die Mitgliedstaaten regeln für die Gesellschaften, die ihrem Recht unterliegen, den Vorgang, durch den eine oder mehrere Gesellschaften ihr gesamtes Aktiv- und Passivvermögen im Wege der Auflösung ohne Abwicklung auf eine andere Gesellschaft übertragen, der alle Aktien sowie alle sonstigen Anteile der übertragenden Gesellschaft oder Gesellschaften gehören, die in der Hauptversammlung ein Stimmrecht gewähren. Auf diesen Vorgang sind die Bestimmungen des Kapitels III anzuwenden. Allerdings dürfen die Mitgliedstaaten keine der in Artikel 5 Absatz 2 Buchstaben b, c und d, Artikel 9 und 10, Artikel 11 Absatz 1 Buchstaben d und e, Artikel 19 Absatz 1 Buchstabe b, Artikel 20 sowie Artikel 21 beschriebenen Anforderungen auferlegen.

Art. 25 [Ausnahmen von Hauptversammlungskompetenz] Die Mitgliedstaaten dürfen Artikel 7 nicht auf die in Artikel 24 genannten Vorgänge anwenden, wenn folgende Bedingungen erfüllt sind:

a) Die in Artikel 6 vorgeschriebene Offenlegung ist für die an dem Vorgang beteiligten Gesellschaften mindestens einen Monat vor dem Zeitpunkt, zu dem der Vorgang wirksam wird, zu bewirken;

b) alle Aktionäre der übernehmenden Gesellschaft haben das Recht, mindestens einen Monat vor dem Zeitpunkt, zu dem der Vorgang wirksam wird, am Sitz dieser Gesellschaft von den in Artikel 11 Absatz 1 Buchstaben a), b) und c) bezeichneten Unterlagen Kenntnis zu nehmen;

c) Artikel 8 Absatz 1 Buchstabe c) ist anzuwenden.

Für die Zwecke von Absatz 1 Buchstabe b gilt Artikel 11 Absätze 2, 3 und 4.

Art. 26 [Auflösung ohne Abwicklung von 100%igen Tochtergesellschaften] Die Mitgliedstaaten können die Artikel 24 und 25 auf Vorgänge anwenden, durch die eine oder mehrere Gesellschaften ihr gesamtes Aktiv- und Passivvermögen im Wege der Auflösung ohne Abwicklung auf eine andere Gesellschaft übertragen, wenn alle in Artikel 24 genannten Aktien und sonstigen Anteile der übertragenden Gesellschaft oder Gesellschaften der übernehmenden Gesellschaft und/oder Personen gehören, welche diese Aktien und Anteile im eigenen Namen, aber für Rechnung der übernehmenden Gesellschaft besitzen.

Art. 27 [Ausnahmen von der Hauptversammlungskompetenz für Übernahmen durch Gesellschaften, die 90 % oder mehr der Anteile der Zielgesellschaft halten] (1) Vollzieht eine Gesellschaft, die mindestes 90 %, aber nicht alle Aktien und sonstigen in der Gesellschafterversammlung Stimmrecht gewährenden Anteile der übertragenden Gesellschaft bzw. Gesellschaften hält, eine Verschmelzung im Wege der Aufnahme, so dürfen die Mitgliedstaaten die Genehmigung der Verschmelzung durch die Hauptversammlung der übernehmenden Gesellschaft nicht vorschreiben, wenn die folgenden Bedingungen erfüllt sind:

a) Die in Artikel 6 vorgeschriebene Offenlegung ist für die übernehmende Gesellschaft mindestens einen Monat vor dem Tage derjenigen Hauptversammlung der übertragenden Gesellschaft oder Gesellschaften, die über den Verschmelzungsplan zu beschließen hat bzw. haben, zu bewirken;

b) alle Aktionäre der übernehmenden Gesellschaft haben das Recht, mindestens einen Monat vor dem unter Buchstabe a angegebenen Zeitpunkt am Sitz dieser Gesellschaft von den in Artikel 11 Absatz 1 Buchstaben a, b und gegebenenfalls Artikel 11 Absatz 1 Buchstaben c, d und e bezeichneten Unterlagen Kenntnis zu nehmen;

c) Artikel 8 Absatz 1 Buchstabe c) ist anzuwenden.

(2) Für die Zwecke von Absatz 1 Buchstabe b gilt Artikel 11 Absätze 2, 3 und 4.

Art. 28 [Ausnahme von der Anwendbarkeit der Kontrollvorschriften] (1) Die Mitgliedstaaten dürfen die Anforderungen der Artikel 9, 10 und 11 bei Verschmelzungen im Sinne von Artikel 27 nicht auferlegen, wenn folgende Bedingungen erfüllt sind:

a) Die Minderheitsaktionäre der übertragenden Gesellschaft können ihre Aktien von der übernehmenden Gesellschaft aufkaufen lassen;

b) in diesem Fall haben sie Anspruch auf ein dem Wert ihrer Aktien entsprechendes Entgelt;

c) sofern hierüber keine Einigung erzielt wird, muss das Entgelt durch das Gericht festgesetzt werden können oder von einer von dem Mitgliedstaat zu diesem Zweck benannten Verwaltungsbehörde.

(2) Die Mitgliedstaaten brauchen den ersten Absatz nicht anzuwenden, wenn die Rechtsvorschriften der Mitgliedstaaten die übernehmende Gesellschaft dazu berechtigen, von allen Inhabern der verbleibenden Anteile der zu übernehmenden Gesellschaft oder Gesellschaften ohne ein vorheriges öffentliches Übernahmeangebot zu verlangen, ihr diese Anteile vor der Verschmelzung zu einem angemessenen Preis zu verkaufen.

Art. 29 [**Anwendbarkeit der Artikel 27, 28**] Die Mitgliedstaaten können die Artikel 27 und 28 auf Vorgänge anwenden, durch die eine oder mehrere Gesellschaften ihr gesamtes Aktiv- und Passivvermögen im Wege der Auflösung ohne Abwicklung auf eine andere Gesellschaft übertragen, wenn 90 % oder mehr, jedoch nicht alle der in Artikel 27 genannten Aktien und sonstigen Anteile der übertragenden Gesellschaft oder Gesellschaften der übernehmenden Gesellschaft und/oder Personen gehören, welche diese Aktien und Anteile im eigenen Namen, aber für Rechnung der übernehmenden Gesellschaft besitzen.

Kapitel V – Andere der Verschmelzung gleichgestellte Vorgänge

Art. 30 [**Barzuzahlung von mehr als 10 %**] Gestatten die Rechtsvorschriften eines Mitgliedstaats für einen der in Artikel 2 vorgesehenen Vorgänge, dass die bare Zuzahlung den Satz von 10 % übersteigt, so sind die Kapitel III und IV sowie die Artikel 27, 28 und 29 anzuwenden.

Art. 31 [**Schutzregeln bei Fortbestand trotz Verschmelzung**] Gestatten die Rechtsvorschriften eines Mitgliedstaats einen der in den Artikeln 2, 24 oder 30 vorgesehenen Vorgänge, ohne dass alle übertragenden Gesellschaften aufhören zu bestehen, so sind das Kapitel III mit Ausnahme des Artikels 19 Absatz 1 Buchstabe c) und die Kapitel IV und V anzuwenden.

Art. 32 f. *Ersetzung der Ausgangs-Richtlinie 78/855/EWG – nicht abgedruckt.*

Anh. I und II *Listen und Entsprechenstabelle – nicht abgedruckt.*

4.15 Sechste Richtlinie des Rates vom 17. Dezember 1982 gemäß Artikel 54 Absatz 3 Buchstabe g) des Vertrages betreffend die Spaltung von Aktiengesellschaften (82/891/EWG) [Spaltungs-RL]

ABl. 1982 L 378/47

DER RAT DER EUROPÄISCHEN GEMEINSCHAFTEN –
gestützt auf den Vertrag zur Gründung der Europäischen Wirtschaftsgemeinschaft, insbesondere auf Artikel 54 Absatz 3 Buchstabe g),
auf Vorschlag der Kommission[1],
nach Stellungnahme des Europäischen Parlaments[2],
nach Stellungnahme des Wirtschafts- und Sozialausschusses[3],
in Erwägung nachstehender Gründe:

[1] Die Koordinierung, die Artikel 54 Absatz 3 Buchstabe g) und das Allgemeine Programm zur Aufhebung der Beschränkungen der Niederlassungsfreiheit[4] vorsehen, wurde mit der Richtlinie 68/151/EWG[5] begonnen.

[2] Diese Koordinierung wurde für die Gründung der Aktiengesellschaft sowie die Erhaltung und Änderung ihres Kapitals durch die Richtlinie 77/91/EWG[6], für die Jahresabschlüsse von Gesellschaften bestimmter Rechtsformen durch die Richtlinie 78/660/EWG[7] und für die Verschmelzung von Aktiengesellschaften durch die Richtlinie 78/855/EWG[8] fortgesetzt.

[3] Die Richtlinie 78/855/EWG hat nur die Verschmelzung von Aktiengesellschaften und einige gleichgestellte Vorgänge geregelt. Der Vorschlag der Kommission zielte aber auch auf die Spaltung ab. Das Europäische Parlament und der Wirtschafts- und Sozialausschuß befürworten auch eine Regelung dieses Vorgangs.

[4] Angesichts der Verwandtschaft zwischen Verschmelzung und Spaltung kann eine etwaige Umgehung der durch die Richtlinie 78/855/EWG bezüglich der Verschmelzung eingeräumten Garantien nur dadurch verhindert werden, daß für den Fall der Spaltung ein gleichwertiger Schutz vorgesehen wird.

[5] Der Schutz der Interessen von Gesellschaftern und Dritten erfordert es, die Rechtsvorschriften der Mitgliedstaaten über die Spaltung von Aktiengesellschaften zu koordinieren, sofern die Mitgliedstaaten die Spaltung zulassen.

[6] Im Rahmen der Koordinierung ist es besonders wichtig, die Aktionäre der an der Spaltung beteiligten Gesellschaften angemessen und so objektiv wie möglich zu unterrichten und ihre Rechte in geeigneter Weise zu schützen.

[7] Die Wahrung von Ansprüchen der Arbeitnehmer beim Übergang von Unternehmen, Betrieben oder Betriebsteilen ist zur Zeit durch die Richtlinie 77/187/EWG[9] geregelt.

[8] Die Gläubiger einschließlich der Inhaber von Schuldverschreibungen sowie die Inhaber anderer Rechte der an der Spaltung beteiligten Gesellschaften müssen dagegen geschützt werden, daß sie durch die Spaltung Schaden erleiden.

[9] Die Offenlegung, wie sie die Richtlinie 68/151/EWG vorsieht, muß auf die Maßnahmen zur Durchführung der Spaltung ausgedehnt werden, damit hierüber auch Dritte ausreichend unterrichtet werden.

[10] Ferner ist es notwendig, daß die Garantien, die Gesellschaftern und Dritten bei der Durchführung der Spaltung gewährt werden, auch für bestimmte andere rechtliche Vorgänge gelten, die in we-

---

1 ABl. Nr. C 89 vom 14.7.1970, S. 20.
2 ABl. Nr. C 129 vom 11.12.1972, S. 50, und ABl. Nr. C 95 vom 28.4.1975, S. 12.
3 ABl. Nr. C 88 vom 6.9.1971, S. 18.
4 ABl. Nr. 2 vom 15.1.1962, S. 36/62.
5 Publizitäts-RL, in dieser Sammlung Nr. 4.1.
6 Kapital-RL, in dieser Sammlung Nr. 4.2.
7 Bilanz-RL, in dieser Sammlung Nr. 4.6.
8 Fusions-RL, in dieser Sammlung Nr. 4.14.
9 Betriebsübergangs-RL, in dieser Sammlung Nr. 3.12.

sentlichen Punkten ähnliche Merkmale wie die Spaltung aufweisen, um Umgehungen des Schutzes zu vermeiden.

[11] Schließlich müssen, um die Rechtssicherheit in den Beziehungen zwischen den an der Spaltung beteiligten Gesellschaften, zwischen diesen und Dritten sowie unter den Aktionären zu gewährleisten, die Fälle der Nichtigkeit der Spaltung beschränkt werden; außerdem müssen der Grundsatz, daß Mängeln der Spaltung soweit wie möglich abgeholfen werden soll, und eine kurze Frist zur Geltendmachung der Nichtigkeit festgelegt werden –

HAT FOLGENDE RICHTLINIE ERLASSEN:

Art. 1 [Anwendungsbereich] (1) Gestatten die Mitgliedstaaten für die in Artikel 1 Absatz 1 der Richtlinie 78/855/EWG genannten, ihrem Recht unterliegenden Gesellschaften die in Artikel 2 der vorliegenden Richtlinie beschriebene Spaltung durch Übernahme, so unterwerfen sie diesen Vorgang den Vorschriften des Kapitels I der vorliegenden Richtlinie.

(2) Gestatten die Mitgliedstaaten für die in Absatz 1 bezeichneten Gesellschaften die in Artikel 21 definierte Spaltung durch Gründung neuer Gesellschaften, so unterwerfen sie diesen Vorgang den Vorschriften des Kapitels II.

(3) Gestatten die Mitgliedstaaten für die in Absatz 1 bezeichneten Gesellschaften den Vorgang, durch den eine Spaltung durch Übernahme im Sinne von Artikel 2 Absatz 1 mit einer Spaltung durch Gründung einer oder mehrerer neuer Gesellschaften im Sinne von Artikel 21 Absatz 1 verbunden wird, so unterwerfen sie diesen Vorgang den Vorschriften des Kapitels I und des Artikels 22.

(4) Artikel 1 Absätze 2 und 3 der Richtlinie 78/855/EWG ist anzuwenden.

Kapitel I – Spaltung durch Übernahme

Art. 2 [Begriffsbestimmungen] (1) Im Sinne dieser Richtlinie ist die Spaltung durch Übernahme der Vorgang, durch den eine Gesellschaft ihr gesamtes Aktiv- und Passivvermögen im Wege der Auflösung ohne Abwicklung auf mehrere Gesellschaften überträgt, und zwar gegen Gewährung von Aktien der Gesellschaften, denen die sich aus der Spaltung ergebenden Einlagen zugute kommen, – im folgenden „begünstigte Gesellschaften" genannt – an die Aktionäre der gespaltenen Gesellschaft und gegebenenfalls Gewährung einer baren Zuzahlung, die den zehnten Teil des Nennbetrags oder, wenn ein Nennbetrag nicht vorhanden ist, des rechnerischen Wertes der gewährten Aktien nicht übersteigt.

(2) Artikel 3 Absatz 2 der Richtlinie 78/855/EWG ist anzuwenden.

(3) Soweit in dieser Richtlinie auf die Richtlinie 78/855/EWG verwiesen wird, bezeichnen der Ausdruck „sich verschmelzende Gesellschaften" die an der Spaltung beteiligten Gesellschaften, der Ausdruck „übertragende Gesellschaft" die gespaltene Gesellschaft, der Ausdruck „übernehmende Gesellschaft" jede begünstigte Gesellschaft und der Ausdruck „Verschmelzungsplan" den Spaltungsplan.

Art. 3 [Spaltungsplan] (1) Die Verwaltungs- oder Leistungsorgane der an der Spaltung beteiligten Gesellschaften erstellen einen schriftlichen Spaltungsplan.

(2) Der Spaltungsplan muß mindestens folgende Angaben enthalten:

a) die Rechtsform, die Firma und den Sitz der an der Spaltung beteiligten Gesellschaften,

b) das Umtauschverhältnis der Aktien und gegebenenfalls die Höhe der baren Zuzahlung,

c) die Einzelheiten hinsichtlich der Übertragung der Aktien der begünstigten Gesellschaften,

d) den Zeitpunkt, von dem an diese Aktien das Recht auf Teilnahme am Gewinn gewähren, sowie alle Besonderheiten in bezug auf dieses Recht,

e) den Zeitpunkt, von dem an die Handlungen der gespaltenen Gesellschaft unter dem Gesichtspunkt der Rechnungslegung als für Rechnung der einen oder anderen begünstigten Gesellschaft vorgenommen gelten,

f) die Rechte, welche die begünstigten Gesellschaften den Aktionären mit Sonderrechten und den Inhabern anderer Wertpapiere als Aktien gewähren, oder die für diese Personen vorgeschlagenen Maßnahmen,

g) jeden besonderen Vorteil, der den Sachverständigen im Sinne des Artikels 8 Absatz 1 sowie den Mitgliedern der Verwaltungs-, Leistungs-, Aufsichts- oder Kontrollorgane der an der Spaltung beteiligten Gesellschaften gewährt wird,

h) die genaue Beschreibung und Aufteilung der Gegenstände des Aktiv- und Passivvermögens, das an jede der begünstigten Gesellschaften zu übertragen ist,

i) die Aufteilung der begünstigten Gesellschaften auf die Aktionäre der gespaltenen Gesellschaft sowie den Aufteilungsmaßstab.

(3) a) Wird ein Gegenstand des Aktivvermögens im Spaltungsplan nicht zugeteilt und läßt auch dessen Auslegung eine Entscheidung über die Zuteilung nicht zu, so wird der Gegenstand oder sein Gegenwert auf alle begünstigten Gesellschaften anteilig im Verhältnis zu dem nach dem Spaltungsplan auf sie entfallenden Nettoaktivvermögen übertragen.

b) Wird ein Gegenstand des Passivvermögens im Spaltungsplan nicht zugeteilt und läßt auch dessen Auslegung eine Entscheidung über die Zuteilung nicht zu, so haftet jede der begünstigten Gesellschaften als Gesamtschuldner. Die Mitgliedstaaten können vorsehen, daß die gesamtschuldnerische Haftung auf das Nettoaktivvermögen beschränkt wird, das jeder begünstigten Gesellschaft zugeteilt wird.

Art. 4 [Offenlegungspflicht] (1) Der Spaltungsplan ist mindestens einen Monat vor dem Tag der Hauptversammlung, die über den Spaltungsplan zu beschließen hat, für jede der an der Spaltung beteiligten Gesellschaften nach den in den Rechtsvorschriften der einzelnen Mitgliedstaaten gemäß Artikel 3 der Richtlinie 68/151/EWG[10] vorgesehenen Verfahren offenzulegen.

(2) Jede der verschmelzenden Gesellschaften ist von der Offenlegungspflicht nach Artikel 3 der Richtlinie 68/151/EWG befreit, wenn sie die Spaltungspläne während eines fortlaufenden Zeitraums, der mindestens einen Monat vor dem Tag der Hauptversammlung, die über die Spaltungspläne zu beschließen hat, beginnt und nicht vor dem Abschluss dieser Versammlung endet, für die Öffentlichkeit kostenlos auf ihren Internetseiten veröffentlicht. Die Mitgliedstaaten knüpfen diese Befreiung an keine anderen Erfordernisse und Auflagen als die, die für die Sicherheit der Internetseiten und die Echtheit der Dokumente erforderlich sind, und dürfen solche Erfordernisse und Auflagen nur einführen, soweit sie zur Erreichung dieser Zwecke angemessen sind.

(3) Abweichend von Absatz 2 können die Mitgliedstaaten verlangen, dass die Veröffentlichung über die zentrale elektronische Plattform gemäß Artikel 3 Absatz 4 der Richtlinie 68/151/EWG erfolgt. Die Mitgliedstaaten können alternativ verlangen, dass die Veröffentlichung auf anderen, von ihnen zu diesem Zweck benannten Internetseiten erfolgt. Machen die Mitgliedstaaten von einer dieser Möglichkeiten Gebrauch, so gewährleisten sie, dass den Gesellschaften für diese Veröffentlichung keine spezifischen Kosten entstehen.

---

10 Publizitäts-RL, in dieser Sammlung Nr. 4.1.

(4) Werden andere Internetseiten als die zentrale elektronische Plattform genutzt, wird mindestens einen Monat vor dem Tag der Hauptversammlung auf der zentralen elektronischen Plattform ein Verweis, der zu diesen Internetseiten führt, veröffentlicht. Dieser Verweis enthält auch das Datum der Veröffentlichung der Spaltungspläne im Internet und ist der Öffentlichkeit kostenlos zugänglich. Den Gesellschaften entstehen für diese Veröffentlichung keine spezifischen Kosten.

(5) Das in den Absätzen 3 und 4 genannte Verbot, von Gesellschaften eine spezifische Gebühr für die Veröffentlichung zu verlangen, lässt die Möglichkeit der Mitgliedstaaten unberührt, die Kosten für die zentrale elektronische Plattform an Gesellschaften weiterzugeben.

(6) Die Mitgliedstaaten können von Gesellschaften verlangen, Informationen für einen bestimmten Zeitraum nach der Hauptversammlung auf ihren Internetseiten oder gegebenenfalls auf der zentralen elektronischen Plattform oder den anderen von dem betreffenden Mitgliedstaat benannten Internetseiten verfügbar zu halten. Die Mitgliedstaaten können die Folgen einer vorübergehenden Unterbrechung des Zugriffs auf die Internetseiten und die zentrale elektronische Plattform aufgrund technischer oder sonstiger Ursachen bestimmen.

Art. 5 [Hauptversammlungskompetenz] (1) Die Spaltung bedarf zumindest der Zustimmung der Hauptversammlung jeder an der Spaltung beteiligten Gesellschaften. Artikel 7 der Richtlinie 78/855/EWG ist bezüglich der für diesen Beschluß erforderlichen Mehrheit, dessen Tragweite sowie des Erfordernisses einer gesonderten Abstimmung anzuwenden.

(2) Werden die Aktien der begünstigten Gesellschaften den Aktionären der gespaltenen Gesellschaft nicht im Verhältnis zu ihren Rechten an deren Kapital gewährt, so können die Mitgliedstaaten vorsehen, daß die Minderheitsaktionäre der gespaltenen Gesellschaft ihre Aktien aufkaufen lassen können. In diesem Fall haben sie Anspruch auf ein dem Wert ihrer Aktien entsprechendes Entgelt. Sofern hierüber keine Einigung erzielt wird, muß das Entgelt durch ein Gericht festgesetzt werden können.

Art. 6 [Ausnahmen von der Hauptversammlungskompetenz] (1) Die Rechtsvorschriften eines Mitgliedstaats brauchen die Zustimmung der Hauptversammlung einer begünstigten Gesellschaft nicht vorzuschreiben, wenn folgende Bedingungen erfüllt sind:

a) Die in Artikel 4 vorgeschriebene Offenlegung ist für die begünstigte Gesellschaft mindestens einen Monat vor dem Tag derjenigen Hauptversammlung der gespaltenen Gesellschaft, die über den Spaltungsplan zu beschließen hat, zu bewirken;

b) jeder Aktionär der begünstigten Gesellschaft hat mindestens einen Monat vor dem unter Buchstabe a) genannten Zeitpunkt das Recht, am Sitz dieser Gesellschaft von den in Artikel 9 Absatz 1 genannten Unterlagen Kenntnis zu nehmen;

c) ein oder mehrere Aktionäre der begünstigten Gesellschaft, die über Aktien in einem Mindestprozentsatz des gezeichneten Kapitals verfügen, müssen das Recht haben, die Einberufung einer Hauptversammlung der begünstigten Gesellschaft, in der über die Zustimmung zu der Spaltung beschlossen wird, zu verlangen. Dieser Mindestprozentsatz darf nicht auf mehr als 5 % festgesetzt werden. Die Mitgliedstaaten können jedoch vorsehen, daß die Aktien ohne Stimmrecht von der Berechnung dieses Prozentsatzes ausgenommen sind.

(2) Für die Zwecke von Absatz 1 Buchstabe b gilt Artikel 9 Absätze 2, 3 und 4.

Art. 7 [Bericht zum Spaltungsplan] (1) Die Verwaltungs- oder Leistungsorgane jeder der an der Spaltung beteiligten Gesellschaften erstellen einen ausführlichen schriftlichen Bericht, in dem der Spaltungsplan, insbesondere das Umtauschverhältnis der Aktien und der Maßstab für ihre Aufteilung, rechtlich und wirtschaftlich erläutert und begründet wird.
(2) In dem Bericht ist außerdem auf besondere Schwierigkeiten bei der Bewertung, soweit solche aufgetreten sind, hinzuweisen.
Zu erwähnen sind gegebenenfalls auch die Erstellung des Berichts über die Prüfung der Einlagen, die nicht Bareinlagen sind, nach Artikel 27 Absatz 2 der Richtlinie 77/91/EWG für die begünstigten Gesellschaften sowie das Register, bei dem dieser Bericht zu hinterlegen ist.
(3) Die Verwaltungs- oder Leitungsorgane der gespaltenen Gesellschaft sind verpflichtet, über jede zwischen der Aufstellung des Spaltungsplans und dem Tag der Hauptversammlung der gespaltenen Gesellschaft, die über den Spaltungsplan zu beschließen hat, eingetretene wesentliche Veränderung des Aktiv- oder Passivvermögens die Hauptversammlung der gespaltenen Gesellschaft sowie die Verwaltungs- oder Leitungsorgane der begünstigten Gesellschaften zu unterrichten, damit diese die Hauptversammlung ihrer Gesellschaft unterrichten.

Art. 8 [Prüfung durch Sachverständige] (1) Für jede der an der Spaltung beteiligten Gesellschaften prüfen ein oder mehrere von diesen unabhängige Sachverständige, welche durch ein Gericht oder eine Verwaltungsbehörde bestellt oder zugelassen sind, den Spaltungsplan und erstellen einen schriftlichen Bericht für die Aktionäre. Die Rechtsvorschriften eines Mitgliedstaats können jedoch die Bestellung eines oder mehrerer unabhängiger Sachverständiger für alle an der Spaltung beteiligten Gesellschaften vorsehen, wenn die Bestellung auf gemeinsamen Antrag dieser Gesellschaften durch ein Gericht oder eine Verwaltungsbehörde erfolgt. Diese Sachverständigen können entsprechend den Rechtsvorschriften jedes Mitgliedstaats sowohl natürliche oder juristische Personen als auch Gesellschaften sein.
(2) Artikel 10 Absätze 2 und 3 der Richtlinie 78/855/EWG ist anzuwenden.
(3) *gestrichen.*

Art. 9 [Information der Aktionäre] (1) Mindestens einen Monat vor dem Tag der Hauptversammlung, die über den Spaltungsplan zu beschließen hat, hat jeder Aktionär das Recht, am Sitz der Gesellschaft zumindest von folgenden Unterlagen Kenntnis zu nehmen:
a) dem Spaltungsplan,
b) den Jahresabschlüssen und den Geschäftsberichten der an der Spaltung beteiligten Gesellschaften für die letzten drei Geschäftsjahre,
c) gegebenenfalls einer Zwischenbilanz, die für einen Zeitpunkt erstellt ist, der nicht vor dem ersten Tag des dritten der Aufstellung des Spaltungsplans vorausgehenden Monats liegen darf, sofern der letzte Jahresabschluss sich auf ein mehr als sechs Monate vor der Aufstellung des Spaltungsplans abgelaufenes Geschäftsjahr bezieht,
d) gegebenenfalls den in Artikel 7 Absatz 1 genannten Berichten der Verwaltungs- oder Leitungsorgane der an der Spaltung beteiligten Gesellschaften,
e) gegebenenfalls den in Artikel 8 genannten Berichten.
Die Erstellung einer Zwischenbilanz für die Zwecke von Unterabsatz 1 Buchstabe c ist nicht erforderlich, wenn die Gesellschaft gemäß Artikel 5 der Richtlinie 2004/109/EG einen Halbjahresfinanzbericht veröffentlicht und den Aktionären gemäß diesem Absatz zur Verfügung stellt.

4.15 Spaltungs-RL

(2) Die Zwischenbilanz nach Absatz 1 Buchstabe c) ist nach denselben Methoden und in derselben Gliederung zu erstellen wie die letzte Jahresbilanz. Die Rechtsvorschriften eines Mitgliedstaats können jedoch vorsehen, daß

a) es nicht erforderlich ist, eine neue körperliche Bestandsaufnahme durchzuführen,

b) die Bewertungen der letzten Bilanz nur nach Maßgabe der Bewegungen in den Büchern verändert zu werden brauchen, wobei jedoch zu berücksichtigen sind:
  - Abschreibungen, Wertberichtigungen und Rückstellungen für die Zwischenzeit,
  - wesentliche, aus den Büchern nicht ersichtliche Veränderungen der wirklichen Werte.

(3) Vollständige oder, falls gewünscht, auszugsweise Abschriften der in Absatz 1 genannten Unterlagen sind jedem Aktionär auf formlosen Antrag kostenlos zu erteilen. Hat der Aktionär diesem Weg der Informationsübermittlung zugestimmt, so können Informationen auf elektronischem Wege bereitgestellt werden.

(4) Eine Gesellschaft ist von der Pflicht die in Absatz 1 genannten Dokumente an ihrem Sitz zur Verfügung zu stellen befreit, wenn sie die betreffenden Dokumente während eines fortlaufenden Zeitraums, der mindestens einen Monat vor dem Tag der Hauptversammlung, die über die Spaltungspläne zu beschließen hat, beginnt und nicht vor dem Abschluss dieser Versammlung endet, auf ihren Internetseiten veröffentlicht. Die Mitgliedstaaten knüpfen diese Befreiung an keine anderen Erfordernisse und Auflagen als die, die für die Sicherheit der Internetseiten und die Echtheit der Dokumente erforderlich sind, und nur dann, wenn sie zur Erreichung dieses Zwecks angemessen sind.

Absatz 3 kommt nicht zur Anwendung, wenn die Aktionäre während des gesamten in Unterabsatz 1 des vorliegenden Absatzes genannten Zeitraums auf den Internetseiten die Möglichkeit haben, die in Absatz 1 genannten Dokumente herunterzuladen und auszudrucken. In diesem Fall können die Mitgliedstaaten jedoch vorsehen, dass die Gesellschaft diese Dokumente an ihrem Sitz zur Einsichtnahme durch die Aktionäre zur Verfügung stellt.

Die Mitgliedstaaten können von Gesellschaften verlangen, Informationen für einen bestimmten Zeitraum nach der Hauptversammlung auf ihren Internetseiten verfügbar zu halten. Die Mitgliedstaaten können die Folgen einer vorübergehenden Unterbrechung des Zugriffs auf die Internetseiten aufgrund technischer oder sonstiger Ursachen bestimmen.

Art. 10 [Verzicht der Aktionäre auf Schutzvorschriften] (1) Weder die in Artikel 8 Absatz 1 vorgesehene Prüfung des Spaltungsplans noch die dort vorgesehene Erstellung eines Sachverständigenberichts sind erforderlich, wenn alle Aktionäre und Inhaber anderer mit einem Stimmrecht verbundener Wertpapiere aller an der Spaltung beteiligten Gesellschaften darauf verzichtet haben.

(2) Die Mitgliedstaaten können gestatten, dass Artikel 7 und Artikel 9 Absatz 1 Buchstaben c und d keine Anwendung finden, wenn alle Aktionäre und Inhaber anderer mit einem Stimmrecht verbundener Wertpapiere aller an der Spaltung beteiligten Gesellschaften darauf verzichtet haben.

Art. 11 [Wahrung von Ansprüchen der Arbeitnehmer] Die Wahrung von Ansprüchen der Arbeitnehmer der an der Spaltung beteiligten Gesellschaften wird gemäß der Richtlinie 77/187/EWG[11] geregelt.

---

11 Betriebsübergangs-RL, in dieser Sammlung Nr. 3.12.

Art. 12 [Schutz der Gläubiger; Garantiestellung] (1) Die Rechtsvorschriften der Mitgliedstaaten müssen ein angemessenes Schutzsystem für die Interessen der Gläubiger der an der Spaltung beteiligten Gesellschaften vorsehen, deren Forderungen vor der Bekanntmachung des Spaltungsplans entstanden und zum Zeitpunkt dieser Bekanntmachung noch nicht fällig sind.

(2) Zu diesem Zweck sehen die Rechtsvorschriften der Mitgliedstaaten zumindest vor, dass diese Gläubiger Anspruch auf angemessene Garantien haben, wenn die finanzielle Lage der gespaltenen Gesellschaft sowie der Gesellschaft, auf die die Verpflichtung nach dem Spaltungsplan übertragen wird, einen solchen Schutz erforderlich machen und die Gläubiger nicht schon derartige Garantien haben.

Die Mitgliedstaaten legen die Modalitäten für den in Absatz 1 und in Unterabsatz 1 des vorliegenden Absatzes vorgesehenen Schutz fest. Die Mitgliedstaaten gewährleisten in jedem Fall, dass die Gläubiger das Recht haben, bei der zuständigen Verwaltungsbehörde oder dem zuständigen Gericht angemessene Sicherheiten zu beantragen, wenn sie nachweisen können, dass die Befriedigung ihrer Forderungen durch die Spaltung gefährdet ist und sie von der Gesellschaft keine angemessenen Sicherheiten erhalten haben.

(3) Soweit ein Gläubiger von der Gesellschaft, auf welche die Verpflichtung nach dem Spaltungsplan übertragen wurde, keine Befriedigung erlangt hat, haften die begünstigten Gesellschaften für diese Verpflichtung als Gesamtschuldner. Die Mitgliedstaaten können diese Haftung auf das jeder dieser Gesellschaften mit Ausnahme der Gesellschaft, auf die die Verpflichtung übertragen wurde, zugeteilte Nettoaktivvermögen beschränken. Sie brauchen diesen Absatz nicht anzuwenden, wenn der Vorgang der Spaltung der Aufsicht eines Gerichtes nach Artikel 23 unterliegt und in einer Versammlung nach Artikel 23 Absatz 1 Buchstabe c) die Mehrzahl der Gläubiger, auf die Dreiviertel des Betrages der Forderungen entfallen, oder die Mehrzahl einer Kategorie von Gläubigern der gespaltenen Gesellschaft, auf die Dreiviertel des Betrages der Forderungen dieser Kategorie entfallen, darauf verzichtet haben, die gesamtschuldnerische Haftung geltend zu machen.

(4) Artikel 13 Absatz 3 der Richtlinie 78/855/EWG ist anzuwenden.

(5) Unbeschadet der Vorschriften über die gemeinsame Ausübung der Rechte der Anleihegläubiger der an der Spaltung beteiligten Gesellschaften sind die Absätze 1 bis 4 auf diese Gläubiger anzuwenden, es sei denn, eine Versammlung der Anleihegläubiger – sofern die einzelstaatlichen Rechtsvorschriften eine solche Versammlung vorsehen – oder jeder einzelne Anleihegläubiger hat der Spaltung zugestimmt.

(6) Die Mitgliedstaaten können vorsehen, daß die begünstigten Gesellschaften für die Verpflichtungen der gespaltenen Gesellschaft als Gesamtschuldner haften. In diesem Fall brauchen sie die vorstehenden Absätze nicht anzuwenden.

(7) Verbindet ein Mitgliedstaat das System des Gläubigerschutzes nach den Absätzen 1 bis 5 mit der gesamtschuldnerischen Haftung der begünstigten Gesellschaften nach Absatz 6, so kann er diese Haftung auf das jeder dieser Gesellschaften zugeteilte Nettoaktivvermögen beschränken.

Art. 13 [Schutz anderer Wertpapiere mit Sonderrechten] Die Inhaber anderer Wertpapiere, die mit Sonderrechten verbunden, jedoch keine Aktien sind, müssen in den begünstigten Gesellschaften, denen gegenüber ihre Rechte nach dem Spaltungsplan geltend gemacht werden können, Rechte erhalten, die mindestens denen gleichwertig sind, die sie in der gespaltenen Gesellschaft hatten, es sei denn, daß eine Versammlung der Inhaber – sofern die einzelstaatlichen Rechtsvorschriften eine solche Versammlung vorsehen – der Änderung dieser Rechte oder daß jeder einzelne Inhaber der Änderung seines Rechts zugestimmt hat oder dass diese Inhaber einen Anspruch auf Rückkauf ihrer Wertpapiere haben.

Art. 14 [Gerichtliche oder verwaltungsrechtliche Kontrolle] Falls die Rechtsvorschriften eines Mitgliedstaats für Spaltungen eine vorbeugende gerichtliche oder verwaltungsmäßige Kontrolle der Rechtmäßigkeit nicht vorsehen oder sich diese Kontrolle nicht auf alle für die Spaltung erforderlichen Rechtshandlungen erstreckt, ist Artikel 16 der Richtlinie 78/855/EWG anzuwenden.

Art. 15 [Wirksamwerden der Spaltung] Die Rechtsvorschriften der Mitgliedstaaten bestimmen den Zeitpunkt, zu dem die Spaltung wirksam wird.

Art. 16 [Offenlegung] (1) Für jede der an der Spaltung beteiligten Gesellschaften muß die Spaltung nach den in den Rechtsvorschriften eines jeden Mitgliedstaates in Übereinstimmung mit Artikel 3 der Richtlinie 68/151/EWG vorgesehenen Verfahren offengelegt werden.

(2) Jede begünstigte Gesellschaft kann die für die gespaltene Gesellschaft vorzunehmenden Förmlichkeiten der Offenlegung selbst veranlassen.

Art. 17 [Wirkungen der Spaltung] (1) Die Spaltung bewirkt ipso jure gleichzeitig folgendes:

a) Sowohl zwischen der gespaltenen Gesellschaft und den begünstigten Gesellschaften als auch gegenüber Dritten geht das gesamte Aktiv- und Passivvermögen der gespaltenen Gesellschaft auf die begünstigten Gesellschaften über, und zwar entsprechend der im Spaltungsplan oder in Artikel 3 Absatz 3 vorgesehenen Aufteilung;

b) Die Aktionäre der gespaltenen Gesellschaft werden entsprechend der im Spaltungsplan vorgesehenen Aufteilung Aktionäre einer oder mehrerer begünstigter Gesellschaften;

c) die gespaltene Gesellschaft erlischt.

(2) Es werden keine Aktien einer begünstigten Gesellschaft im Austausch für Aktien der gespaltenen Gesellschaft gegeben, die sich

a) im Besitz dieser begünstigten Gesellschaft selbst oder einer Person befinden, die im eigenen Namen, aber für Rechnung der Gesellschaft handelt;

b) im Besitz der gespaltenen Gesellschaft selbst oder einer Person befinden, die im eigenen Namen, aber für Rechnung der Gesellschaft handelt.

(3) Unberührt bleiben die Rechtsvorschriften der Mitgliedstaaten, die für die Wirksamkeit der Übertragung bestimmter, von der gespaltenen Gesellschaft eingebrachter Vermögensgegenstände, Rechte und Pflichten gegenüber Dritten besondere Förmlichkeiten erfordern. Die begünstigte(n) Gesellschaft(en), der (denen) diese Vermögensgegenstände, Rechte und Pflichten nach dem Spaltungsplan oder nach Artikel 3 Absatz 3 übertragen werden, kann (können) diese Förmlichkeiten selbst veranlassen; die Rechtsvorschriften der Mitgliedstaaten können jedoch der gespaltenen Gesellschaft gestatten, während eines begrenzten Zeitraums diese Förmlichkeiten weiter zu vollziehen; dieser Zeitraum kann nur in Ausnahmefällen auf mehr als sechs Monate nach dem Zeitpunkt, in dem die Spaltung wirksam wird, festgesetzt werden.

Art. 18 [Vorstandshaftung der gespaltenen Gesellschaft] Die Rechtsvorschriften der Mitgliedstaaten regeln zumindest die zivilrechtliche Haftung der Mitglieder des Verwaltungs- oder Leitungsorgans der gespaltenen Gesellschaft gegenüber den Aktionären dieser

Gesellschaft für schuldhaftes Verhalten von Mitgliedern dieses Organs bei der Vorbereitung und dem Vollzug der Spaltung sowie die zivilrechtliche Haftung der Sachverständigen, die beauftragt sind, für diese Gesellschaft den in Artikel 8 vorgesehenen Bericht zu erstellen, für schuldhaftes Verhalten bei der Erfüllung ihrer Aufgaben.

Art. 19 [Nichtigkeit der Spaltung] (1) Die Rechtsvorschriften der Mitgliedstaaten können die Nichtigkeit der Spaltung von Gesellschaften nur nach Maßgabe folgender Bestimmungen regeln:

a) Die Nichtigkeit muß durch gerichtliche Entscheidung ausgesprochen werden;

b) für nichtig erklärt werden kann eine im Sinne von Artikel 15 wirksam gewordene Spaltung nur wegen Fehlens einer vorbeugenden gerichtlichen oder verwaltungsmäßigen Kontrolle der Rechtmäßigkeit oder einer öffentlichen Beurkundung oder wenn festgestellt wird, dass der Beschluss der Hauptversammlung nach innerstaatlichem Recht nichtig oder anfechtbar ist;

c) die Nichtigkeitsklage kann nicht mehr erhoben werden, wenn eine Frist von sechs Monaten verstrichen ist, nachdem die Spaltung demjenigen gegenüber wirksam geworden ist, der sich auf die Nichtigkeit beruft, oder wenn der Mangel behoben worden ist;

d) kann der Mangel, dessentwegen die Spaltung für nichtig erklärt werden kann, behoben werden, so räumt das zuständige Gericht den beteiligten Gesellschaften dazu eine Frist ein;

e) die gerichtliche Entscheidung, durch welche die Nichtigkeit der Spaltung ausgesprochen wird, wird in Übereinstimmung mit Artikel 3 der Richtlinie 68/151/EWG nach den in den Rechtsvorschriften jedes Mitgliedstaats vorgesehenen Verfahren offengelegt;

f) falls die Rechtsvorschriften der Mitgliedstaaten gegen die gerichtliche Entscheidung einen Einspruch Dritter vorsehen, so kann dieser nach Ablauf einer Frist von sechs Monaten seit Offenlegung der gerichtlichen Entscheidung gemäß der Richtlinie 68/151/EWG nicht mehr erhoben werden;

g) die gerichtliche Entscheidung, durch welche die Nichtigkeit der Spaltung ausgesprochen wird, berührt für sich allein nicht die Wirksamkeit der Verpflichtungen, die vor der Offenlegung der gerichtlichen Entscheidung, jedoch nach dem in Artikel 15 bezeichneten Zeitpunkt, zu Lasten oder zugunsten der begünstigten Gesellschaften entstanden sind;

h) jede begünstigte Gesellschaft haftet für die Verpflichtungen zu ihren Lasten, die nach dem Zeitpunkt des Wirksamwerdens der Spaltung und vor dem Zeitpunkt, zu dem der Beschluß über die Nichtigkeit der Spaltung offengelegt worden ist, entstanden sind. Die gespaltene Gesellschaft haftet ebenfalls für diese Verpflichtungen; die Mitgliedstaaten können vorsehen, daß diese Haftung auf den Teil des Nettoaktivvermögens beschränkt ist, welcher auf die begünstigte Gesellschaft entfällt, zu deren Lasten diese Verpflichtungen entstanden sind.

(2) Abweichend von Absatz 1 Buchstabe a) können die Rechtsvorschriften eines Mitgliedstaats auch gestatten, daß die Nichtigkeit der Spaltung durch eine Verwaltungsbehörde ausgesprochen wird, wenn gegen eine solche Entscheidung ein Rechtsbehelf bei einem Gericht eingelegt werden kann. Die Buchstaben b), d), e), f), g) und h) gelten entsprechend für die Verwaltungsbehörde. Dieses Nichtigkeitsverfahren kann nach Ablauf einer Frist von 6 Monaten nach dem in Artikel 15 genannten Zeitpunkt nicht mehr eingeleitet werden.

(3) Unberührt bleiben die Rechtsvorschriften der Mitgliedstaaten über die Nichtigkeit einer Spaltung, die im Wege einer anderen Kontrolle der Spaltung als der vorbeugenden gerichtlichen oder verwaltungsmäßigen Kontrolle der Rechtmäßigkeit ausgesprochen wird.

Art. 20 [Ausnahmen von der Hauptversammlungskompetenz] (1) Gehören den begünstigten Gesellschaften insgesamt alle Aktien der gespaltenen Gesellschaft sowie alle sonstigen Anteile der gespaltenen Gesellschaft, die in der Hauptversammlung ein Stimmrecht gewähren, so dürfen die Mitgliedstaaten unbeschadet des Artikels 6 keine Zustimmung der Hauptversammlung der gespaltenen Gesellschaft zur Spaltung vorschreiben, wenn folgende Bedingungen erfüllt sind:

a) Die in Artikel 4 vorgeschriebene Offenlegung ist für die an dem Vorgang beteiligten Gesellschaften mindestens einen Monat vor dem Zeitpunkt, zu dem der Vorgang wirksam wird, zu bewirken;

b) alle Aktionäre der an dem Vorgang beteiligten Gesellschaften haben das Recht, mindestens einen Monat vor dem Zeitpunkt, zu dem der Vorgang wirksam wird, am Sitz ihrer Gesellschaft von den in Artikel 9 Absatz 1 bezeichneten Unterlagen Kenntnis zu nehmen;

c) *gestrichen*;

d) wird eine Hauptversammlung der gespaltenen Gesellschaft, in der über die Zustimmung zur Spaltung beschlossen wird, nicht einberufen, so erstreckt sich die in Artikel 7 Absatz 3 vorgesehene Unterrichtung auf jede nach der Aufstellung des Spaltungsplans eingetretene wesentliche Veränderung des Aktiv- und Passivvermögens.

(2) Für die Zwecke von Absatz 1 Buchstabe b gelten Artikel 9 Absätze 2, 3 und 4 sowie Artikel 10.

Kapitel II – Spaltung durch Gründung neuer Gesellschaften

Art. 21 [Begriffsbestimmung] (1) Im Sinne dieser Richtlinie ist die Spaltung durch Gründung neuer Gesellschaften der Vorgang, durch den eine Gesellschaft ihr gesamtes Aktiv- und Passivvermögen im Wege der Auflösung ohne Abwicklung auf mehrere neugegründete Gesellschaften überträgt, und zwar gegen Gewährung von Aktien der begünstigten Gesellschaften an die Aktionäre der gespaltenen Gesellschaft und gegebenenfalls Gewährung einer baren Zuzahlung, die den zehnten Teil des Nennbetrags oder, wenn ein Nennbetrag nicht vorhanden ist, des rechnerischen Wertes der gewährten Aktien nicht übersteigt.

(2) Artikel 4 Absatz 2 der Richtlinie 78/855/EWG ist anzuwenden.

Art. 22 [Anwendbarkeit einzelner Vorschriften zur Spaltung durch Übernahme] (1) Die Artikel 3, 4, 5 und 7, Artikel 8 Absätze 1 und 2 und die Artikel 9 bis 19 sind unbeschadet der Artikel 11 und 12 der Richtlinie 68/151/EWG auf die Spaltung durch Gründung neuer Gesellschaften anzuwenden. Für diese Anwendung bedeuten der Ausdruck „an der Spaltung beteiligte Gesellschaften" die gespaltene Gesellschaft, der Ausdruck „begünstigte Gesellschaft" jede der neuen Gesellschaften.

(2) Der Spaltungsplan erwähnt außer den Angaben nach Artikel 3 Absatz 2 die Rechtsform, die Firma und den Sitz jeder der neuen Gesellschaften.

(3) Der Spaltungsplan und, falls sie Gegenstand eines getrennten Aktes sind, der Errichtungsakt oder der Entwurf des Errichtungsaktes und die Satzung oder der Entwurf der Sat-

zung jeder der neuen Gesellschaften bedürfen der Zustimmung der Hauptversammlung der gespaltenen Gesellschaft.

(4) *gestrichen.*

(5) Die Mitgliedstaaten dürfen nicht vorschreiben, dass die Anforderungen von Artikel 7, Artikel 8 und Artikel 9 Absatz 1 Buchstaben c, d und e Anwendung finden, wenn die Aktien jeder der neuen Gesellschaften den Aktionären der gespaltenen Gesellschaft im Verhältnis zu ihren Rechten am Kapital dieser Gesellschaft gewährt werden.

Kapitel III – Spaltung unter Aufsicht eines Gerichtes

Art. 23 **[Spaltung unter Aufsicht eines Gerichtes]** (1) Die Mitgliedstaaten können Absatz 2 anwenden, wenn die Spaltung unter der Aufsicht eines Gerichtes erfolgt, das befugt ist,

a) die Hauptversammlung der Aktionäre der gespaltenen Gesellschaft einzuberufen, damit sie über die Spaltung beschließt;

b) sich zu vergewissern, daß die Aktionäre jeder der an der Spaltung beteiligten Gesellschaften zumindest die in Artikel 9 bezeichneten Unterlagen binnen einer Frist erhalten haben oder sich beschaffen können, die es ihnen ermöglicht, sie rechtzeitig vor dem Tag der Hauptversammlung ihrer Gesellschaft, die über die Spaltung zu beschließen hat, zu prüfen; macht ein Mitgliedstaat von der in Artikel 6 vorgesehenen Möglichkeit Gebrauch, so muß die Frist ausreichen, um es den Aktionären der begünstigten Gesellschaften zu ermöglichen, die ihnen durch Artikel 6 zuerkannten Rechte auszuüben;

c) eine Versammlung der Gläubiger jeder der an der Spaltung beteiligten Gesellschaften einzuberufen, damit sie über die Spaltung beschließt;

d) sich zu vergewissern, daß die Gläubiger jeder der an der Spaltung beteiligten Gesellschaften zumindest den Spaltungsplan binnen einer Frist erhalten haben oder sich beschaffen können, die es ihnen ermöglicht, ihn rechtzeitig vor dem unter Buchstabe b) genannten Zeitpunkt zu prüfen;

e) den Spaltungsplan zu genehmigen.

(2) Stellt das Gericht fest, daß die in Absatz 1 Buchstaben b) und d) bezeichneten Bedingungen erfüllt sind und den Aktionären und den Gläubigern kein Schaden entstehen kann, so kann es die an der Spaltung beteiligten Gesellschaften befreien von der Anwendung

a) des Artikels 4 unter der Bedingung, daß das in Artikel 12 Absatz 1 bezeichnete angemessene Schutzsystem für die Interessen der Gläubiger sich auf alle Forderungen erstreckt, unabhängig von dem Zeitpunkt, zu dem sie entstanden sind;

b) der in Artikel 6 Buchstaben a) und b) bezeichneten Bedingungen, wenn ein Mitgliedstaat von der in Artikel 6 vorgesehenen Möglichkeit Gebrauch macht;

c) des Artikels 9 hinsichtlich der Frist und der Einzelheiten, die darin für die Möglichkeit festgelegt sind, daß die Aktionäre von den bezeichneten Unterlagen Kenntnis nehmen.

Kapitel IV – Andere der Spaltung gleichgestellte Vorgänge

Art. 24 **[Barzuzahlung von mehr als 10 %]** Gestatten die Rechtsvorschriften eines Mitgliedstaats für einen der in Artikel 1 vorgesehenen Vorgänge, daß die bare Zuzahlung den Satz von 10 % übersteigt, so sind die Kapitel I, II und III anzuwenden.

Art. 25 [**Schutzregeln bei Fortbestand trotz Spaltung**] Gestatten die Rechtsvorschriften eines Mitgliedstaats einen der in Artikel 1 vorgesehenen Vorgänge, ohne daß die gespaltene Gesellschaft aufhört zu bestehen, so sind die Kapitel I, II und III mit Ausnahme des Artikels 17 Absatz 1 Buchstabe c) anzuwenden.

Art. 26 f. *Umsetzungsfrist und Umsetzungspflichten – nicht abgedruckt.*

4.16 Richtlinie 2005/56/EG des Europäischen Parlaments und des Rates vom 26. Oktober 2005 über die Verschmelzung von Kapitalgesellschaften aus verschiedenen Mitgliedstaaten [Internationale Fusions-RL]

ABl. 2005 L 310/1

DAS EUROPÄISCHE PARLAMENT UND DER RAT DER EUROPÄISCHEN UNION
gestützt auf den Vertrag zur Gründung der Europäischen Gemeinschaft, insbesondere auf Artikel 44,
auf Vorschlag der Kommission,
nach Stellungnahme des Europäischen Wirtschafts- und Sozialausschusses[1], gemäß dem Verfahren des Artikels 251 des Vertrags[2],
in Erwägung nachstehender Gründe:

(1) Bei den europäischen Kapitalgesellschaften besteht ein Bedarf an Kooperation und Reorganisation. Im Hinblick auf Verschmelzungen von Kapitalgesellschaften aus verschiedenen Mitgliedstaaten stoßen sie jedoch innerhalb der Gemeinschaft auf zahlreiche rechtliche und administrative Schwierigkeiten. Daher ist eine gemeinschaftsrechtliche Regelung erforderlich, die eine Verschmelzung von Kapitalgesellschaften unterschiedlicher Rechtsform, die dem Recht verschiedener Mitgliedstaaten unterliegen, erleichtert, um auf diese Weise zur Vollendung und zum reibungslosen Funktionieren des Binnenmarkts beizutragen.

(2) Mit dieser Richtlinie wird die grenzüberschreitende Verschmelzung von Kapitalgesellschaften im Sinne dieser Richtlinie erleichtert. Die Rechtsvorschriften der Mitgliedstaaten müssen die grenzüberschreitende Verschmelzung einer Kapitalgesellschaft aus einem Mitgliedstaat mit einer Kapitalgesellschaft aus einem anderen Mitgliedstaat gestatten, wenn das innerstaatliche Recht der betreffenden Mitgliedstaaten Verschmelzungen zwischen Unternehmen solcher Rechtsformen erlaubt.

(3) Um grenzüberschreitende Verschmelzungen zu erleichtern, sollte vorgesehen werden, dass für jede an einer grenzüberschreitenden Verschmelzung beteiligte Gesellschaft und jeden beteiligten Dritten weiterhin die Vorschriften und Formalitäten des innerstaatlichen Rechts gelten, das im Falle einer innerstaatlichen Verschmelzung anwendbar wäre, sofern diese Richtlinie nichts anderes bestimmt. Die Vorschriften und Formalitäten des innerstaatlichen Rechts, auf die in dieser Richtlinie Bezug genommen wird, sollten keine Beschränkungen der Niederlassungsfreiheit oder des freien Kapitalverkehrs einführen, es sei denn, derartige Beschränkungen sind im Einklang mit der Rechtsprechung des Gerichtshofs und insbesondere durch die Erfordernisse des Gemeinwohls rechtfertigt und sind zur Erfüllung solcher vorrangigen Erfordernisse erforderlich und angemessen.

(4) Der gemeinsame Plan für die grenzüberschreitende Verschmelzung muss für alle an der grenzüberschreitenden Verschmelzung beteiligten Gesellschaften, die verschiedenen Mitgliedstaaten angehören, gleich lauten. Es sollte daher festgelegt werden, welche Angaben der gemeinsame Verschmelzungsplan mindestens enthalten muss, wobei den Gesellschaften gleichzeitig die Möglichkeit zu geben ist, weitere Angaben zu vereinbaren.

(5) Zum Schutz der Interessen der Gesellschafter und Dritter sollte für jede der sich verschmelzenden Gesellschaften sowohl der gemeinsame Plan für die grenzüberschreitende Verschmelzung als auch der Abschluss der grenzüberschreitenden Verschmelzung im entsprechenden öffentlichen Register offen gelegt werden.

(6) Die Rechtsvorschriften aller Mitgliedstaaten sollten vorsehen, dass auf einzelstaatlicher Ebene für jede der sich verschmelzenden Gesellschaften von einem oder mehreren Sachverständigen ein Bericht über den gemeinsamen Plan für die grenzüberschreitende Verschmelzung erstellt wird. Um die im Zusammenhang mit einer grenzüberschreitenden Verschmelzung anfallenden Sachverständigenkosten zu begrenzen, sollte die Möglichkeit vorgesehen werden, einen gemeinsamen Bericht für alle Gesellschafter der an einer grenzüberschreitenden Verschmelzung beteiligten Gesellschaften zu erstellen. Die Gesellschafterversammlung jeder Gesellschaft muss dem gemeinsamen Verschmelzungsplan zustimmen.

---

1 ABl. C 117 vom 30.4.2004, S. 43.
2 Stellungnahme des Europäischen Parlaments vom 10.5.2005 (ABl. C 92 E vom 20.4.2006, S. 80) und Beschluss des Rates vom 19.9.2005.

(7) Um grenzüberschreitende Verschmelzungen zu erleichtern, sollte die Kontrolle des Abschlusses und der Rechtmäßigkeit des Beschlussfassungsverfahrens jeder der sich verschmelzenden Gesellschaften von der für die einzelne Gesellschaft jeweils zuständigen einzelstaatlichen Behörde vorgenommen werden, während die Kontrolle des Abschlusses und der Rechtmäßigkeit der grenzüberschreitenden Verschmelzung von der einzelstaatlichen Behörde vorgenommen werden sollte, die für die aus der grenzüberschreitenden Verschmelzung hervorgehende Gesellschaft zuständig ist. Bei dieser einzelstaatlichen Behörde kann es sich um ein Gericht, einen Notar oder jede andere von dem betreffenden Mitgliedstaat benannte Behörde handeln. Es sollte auch festgelegt werden, nach welchem einzelstaatlichen Recht sich der Zeitpunkt bestimmt, zu dem die grenzüberschreitende Verschmelzung wirksam wird, nämlich das Recht, das für die aus der Verschmelzung hervorgehende Gesellschaft maßgebend ist.

(8) Zum Schutz der Interessen der Gesellschafter und Dritter sollten die Rechtsfolgen einer grenzüberschreitenden Verschmelzung angegeben werden, wobei danach zu unterscheiden ist, ob es sich bei der aus der Verschmelzung hervorgehenden Gesellschaft um eine übernehmende oder um eine neue Gesellschaft handelt. Im Interesse der Rechtssicherheit sollte vorgeschrieben werden, dass eine grenzüberschreitende Verschmelzung nach ihrem Wirksamwerden nicht mehr für nichtig erklärt werden kann.

(9) Diese Richtlinie lässt die Anwendung des Fusionskontrollrechts sowohl auf Ebene der Gemeinschaft durch die Verordnung (EG) Nr. 139/2004[3] als auch auf Ebene der Mitgliedstaaten unberührt.

(10) Die für Kreditvermittlungsgesellschaften und andere Finanzgesellschaften geltenden Rechtsvorschriften der Gemeinschaft und die gemäß diesen Rechtsvorschriften erlassenen einzelstaatlichen Vorschriften bleiben von dieser Richtlinie unberührt.

(11) Diese Richtlinie lässt die Rechtsvorschriften der Mitgliedstaaten unberührt, nach denen anzugeben ist, welches der Ort der Hauptverwaltung oder der Hauptniederlassung der aus der grenzüberschreitenden Verschmelzung hervorgehenden Gesellschaft sein soll.

(12) Die Rechte der Arbeitnehmer mit Ausnahme der Mitbestimmungsrechte sollten weiterhin den Vorschriften der Mitgliedstaaten unterliegen, die in der Richtlinie 98/59/EG des Rates vom 20. Juli 1998 über Massenentlassungen[4], der Richtlinie 2001/23/EG des Rates vom 12. März 2001 über die Wahrung von Ansprüchen der Arbeitnehmer beim Übergang von Unternehmen, Betrieben oder Unternehmens- oder Betriebsteilen[5], der Richtlinie 2002/14/EG des Europäischen Parlaments und des Rates vom 11. März 2002 zur Festlegung eines allgemeinen Rahmens für die Unterrichtung und Anhörung der Arbeitnehmer in der Europäischen Gemeinschaft[6] sowie der Richtlinie 94/45/EG des Rates vom 22. September 1994 über die Einsetzung eines Europäischen Betriebsrats oder die Schaffung eines Verfahrens zur Unterrichtung und Anhörung der Arbeitnehmer in gemeinschaftsweit operierenden Unternehmen und Unternehmensgruppen[7] genannt sind.

(13) Haben die Arbeitnehmer Mitbestimmungsrechte in einer an der Verschmelzung beteiligten Gesellschaft nach Maßgabe dieser Richtlinie und sieht das innerstaatliche Recht des Mitgliedstaats, in dem die aus der grenzüberschreitenden Verschmelzung hervorgehende Gesellschaft ihren Sitz hat, nicht den gleichen Umfang an Mitbestimmung vor wie in den jeweiligen an der Verschmelzung beteiligten Gesellschaften – einschließlich in mit Beschlussfassungsbefugnissen ausgestatteten Ausschüssen des Aufsichtsorgans – oder sieht dieses Recht nicht den gleichen Anspruch auf Ausübung von Mitbestimmungsrechten durch die Arbeitnehmer der aus der grenzüberschreitenden Verschmelzung hervorgehenden Betriebe vor, so muss die Mitbestimmung der Arbeitnehmer in der aus der grenzüberschreitenden Verschmelzung hervorgehenden Gesellschaft neu geregelt werden. Hierbei sind die Grundsätze und Verfahren der Verordnung (EG) Nr. 2157/2001 des Rates vom 8. Oktober 2001 über das Statut der Europäischen Gesellschaft (SE)[8] und der Richtlinie 2001/86/EG des Rates vom 8. Oktober 2001 zur Ergänzung des Statuts der Europäischen Gesellschaft hinsichtlich der Beteiligung der Arbeitnehmer[9] anzuwenden, jedoch mit den Änderungen, die für notwendig erachtet werden, weil die aus der Verschmelzung hervorgehende Gesellschaft dem einzelstaatlichen Recht des Sitzmitgliedstaats unterliegen wird. Die Mitgliedstaaten können gemäß Artikel 3

---

3 Verordnung (EG) Nr. 139/2004 des Rates vom 20.1.2004 über die Kontrolle von Unternehmenszusammenschlüssen („EG-Fusionskontrollverordnung") (ABl. L 24 vom 29.1.2004, S. 1).
4 Massenentlassungs-RL, in dieser Sammlung Nr. 3.11.
5 Betriebsübergangs-RL, in dieser Sammlung Nr. 3.12.
6 Unterrichtungsrahmen-RL, in dieser Sammlung Nr. 3.13.
7 ABl. L 254 vom 30.9.1994, S. 64. Geändert durch die Richtlinie 97/74/EG (ABl. L 10 vom 16.1.1998, S. 22).
8 SE-VO, in dieser Sammlung Nr. 4.18.
9 SE-Mitbestimmungs-RL, in dieser Sammlung Nr. 4.19.

Absatz 2 Buchstabe b der Richtlinie 2001/86/EG für eine rasche Aufnahme der in Artikel 16 der vorliegenden Richtlinie vorgesehenen Verhandlungen sorgen, damit Verschmelzungen nicht unnötig verzögert werden.

(14) Bei der Ermittlung des Umfangs der Mitbestimmung der Arbeitnehmer in den an der Verschmelzung beteiligten Gesellschaften sollte auch der Anteil der die Arbeitnehmer vertretenden Mitglieder des Leitungsgremiums berücksichtigt werden, das für die Ergebniseinheiten der Gesellschaften zuständig ist, wenn eine Mitbestimmung der Arbeitnehmer besteht.

(15) Da das Ziel der beabsichtigten Maßnahme, nämlich die Einführung einer Regelung mit auf innergemeinschaftlicher Ebene anwendbaren einheitlichen Bestimmungen, auf Ebene der Mitgliedstaaten nicht ausreichend verwirklicht werden kann und daher wegen des Umfangs und der Auswirkungen der Maßnahme besser auf Gemeinschaftsebene zu erreichen ist, kann die Gemeinschaft im Einklang mit dem in Artikel 5 des Vertrags niedergelegten Subsidiaritätsprinzip tätig werden. Entsprechend dem in demselben Artikel genannten Verhältnismäßigkeitsgrundsatz geht diese Richtlinie nicht über das zur Erreichung dieser Ziele notwendige Maß hinaus.

(16) Entsprechend Nummer 34 der Interinstitutionellen Vereinbarung über bessere Rechtsetzung[10] sollte darauf hingewirkt werden, dass die Mitgliedstaaten für ihre eigenen Zwecke und im Interesse der Gemeinschaft eigene Tabellen erstellen, aus denen im Rahmen des Möglichen die Entsprechungen dieser Richtlinie und der Umsetzungsmaßnahmen zu entnehmen sind, und diese veröffentlichen –

HABEN FOLGENDE RICHTLINIE ERLASSEN:

Art. 1 Anwendungsbereich Diese Richtlinie gilt für Verschmelzungen von Kapitalgesellschaften, die nach dem Recht eines Mitgliedstaats gegründet worden sind und ihren satzungsmäßigen Sitz, ihre Hauptverwaltung oder ihre Hauptniederlassung in der Gemeinschaft haben, sofern mindestens zwei der Gesellschaften dem Recht verschiedener Mitgliedstaaten unterliegen (nachstehend „grenzüberschreitende Verschmelzungen" genannt).

Art. 2 Begriffsbestimmungen Im Sinne dieser Richtlinie ist

1. „Kapitalgesellschaft"

   a) eine Gesellschaft im Sinne des Artikels 1 der Richtlinie 68/151/EWG[11], oder

   b) eine Gesellschaft, die Rechtspersönlichkeit besitzt und über gesondertes Gesellschaftskapital verfügt, das allein für die Verbindlichkeiten der Gesellschaft haftet, und die nach dem für sie maßgebenden innerstaatlichen Recht Schutzbestimmungen im Sinne der Richtlinie 68/151/EWG im Interesse der Gesellschafter sowie Dritter einhalten muss.

2. „Verschmelzung" der Vorgang, durch den

   a) eine oder mehrere Gesellschaften zum Zeitpunkt ihrer Auflösung ohne Abwicklung ihr gesamtes Aktiv- und Passivvermögen auf eine bereits bestehende Gesellschaft – „übernehmende Gesellschaft" – gegen Gewährung von Aktien oder sonstigen Anteilen am Gesellschaftskapital der anderen Gesellschaft an ihre eigenen Gesellschafter und gegebenenfalls einer baren Zuzahlung übertragen; die Zuzahlung darf 10 % des Nennwerts oder – bei Fehlen eines solchen – des rechnerischen Werts dieser Aktien oder sonstigen Anteile nicht überschreiten;

   b) zwei oder mehrere Gesellschaften zum Zeitpunkt ihrer Auflösung ohne Abwicklung ihr gesamtes Aktiv- und Passivvermögen auf eine von ihnen gegründete Gesellschaft – „neue Gesellschaft" – gegen Gewährung von Aktien oder sonstigen Anteilen am Gesellschaftskapital der neuen Gesellschaft an ihre eigenen Gesellschafter und gegebenenfalls einer baren Zuzahlung übertragen; die Zuzahlung darf 10 % des Nennwerts oder – bei Fehlen eines solchen – des rechnerischen Werts dieser Aktien oder sonstigen Anteile nicht überschreiten;

---

10 ABl. C 321 vom 31.12.2003, S. 1.
11 Publizitäts-RL, in dieser Sammlung Nr. 4.1.

c) eine Gesellschaft zum Zeitpunkt ihrer Auflösung ohne Abwicklung ihr gesamtes Aktiv- und Passivvermögen auf die Gesellschaft überträgt, die sämtliche Aktien oder sonstigen Anteile an ihrem Gesellschaftskapital besitzt.

Art. 3 Sonderregeln zum Anwendungsbereich (1) Ungeachtet des Artikels 2 Nummer 2 findet diese Richtlinie auch dann Anwendung auf grenzüberschreitende Verschmelzungen, wenn die bare Zuzahlung gemäß Artikel 2 Nummer 2 Buchstaben a und b nach dem Recht mindestens eines der beteiligten Mitgliedstaaten 10 % des Nennwerts oder – bei Fehlen eines solchen – des rechnerischen Werts der Aktien oder sonstigen Anteile am Kapital der Gesellschaft, die aus der grenzüberschreitenden Verschmelzung hervorgeht, überschreiten darf.

(2) Die Mitgliedstaaten können beschließen, diese Richtlinie nicht auf grenzüberschreitende Verschmelzungen anzuwenden, an denen eine Genossenschaft beteiligt ist; dies gilt auch dann, wenn diese Genossenschaft unter die Definition des Begriffs „Kapitalgesellschaft" gemäß Artikel 2 Nummer 1 fällt.

(3) Diese Richtlinie gilt nicht für grenzüberschreitende Verschmelzungen, an denen eine Gesellschaft beteiligt ist, deren Zweck es ist, die vom Publikum bei ihr eingelegten Gelder nach dem Grundsatz der Risikostreuung gemeinsam anzulegen und deren Anteile auf Verlangen der Anteilsinhaber unmittelbar oder mittelbar zulasten des Vermögens dieser Gesellschaft zurückgenommen oder ausgezahlt werden. Diesen Rücknahmen oder Auszahlungen gleichgestellt sind Handlungen, mit denen eine solche Gesellschaft sicherstellen will, dass der Börsenwert ihrer Anteile nicht erheblich von deren Nettoinventarwert abweicht.

Art. 4 Voraussetzungen für grenzüberschreitende Verschmelzungen (1) Sofern diese Richtlinie nicht etwas anderes bestimmt,

a) sind grenzüberschreitende Verschmelzungen nur zwischen Gesellschaften solcher Rechtsformen möglich, die sich nach dem innerstaatlichen Recht der jeweiligen Mitgliedstaaten verschmelzen dürfen,

b) muss eine Gesellschaft, die sich an einer grenzüberschreitenden Verschmelzung beteiligt, die Vorschriften und Formalitäten des für sie geltenden innerstaatlichen Rechts einhalten bzw. erledigen. Wenn das Recht eines Mitgliedstaats es den Behörden dieses Mitgliedstaats gestattet, eine innerstaatliche Verschmelzung aus Gründen des öffentlichen Interesses zu verbieten, so gilt dies auch für eine grenzüberschreitende Verschmelzung, bei der mindestens eine der an der Verschmelzung beteiligten Gesellschaften dem Recht dieses Mitgliedstaats unterliegt. Diese Bestimmung gilt nicht, soweit Artikel 21 der Verordnung (EG) Nr. 139/2004 anwendbar ist.

(2) Zu den in Absatz 1 Buchstabe b genannten Vorschriften und Formalitäten zählen insbesondere Bestimmungen über das die Verschmelzung betreffende Beschlussfassungsverfahren und – angesichts des grenzüberschreitenden Charakters der Verschmelzung – über den Schutz der Gläubiger der sich verschmelzenden Gesellschaften, der Anleihegläubiger und der Inhaber von Aktien oder sonstigen Anteilen sowie über den Schutz der Arbeitnehmer, soweit andere als die in Artikel 16 geregelten Rechte betroffen sind. Ein Mitgliedstaat, dessen Recht die an einer grenzüberschreitenden Verschmelzung beteiligten Gesellschaften unterliegen, kann Vorschriften erlassen, um einen angemessenen Schutz der Minderheitsgesellschafter, die die grenzüberschreitende Verschmelzung abgelehnt haben, zu gewährleisten.

Art. 5 Gemeinsamer Plan für grenzüberschreitende Verschmelzungen Die Leitungs- oder Verwaltungsorgane der sich verschmelzenden Gesellschaften stellen einen gemeinsamen Plan für die grenzüberschreitende Verschmelzung (nachstehend „gemeinsamer Verschmelzungsplan" genannt) auf. Dieser Plan muss mindestens folgende Angaben enthalten:

a) Rechtsform, Firma und Sitz der sich verschmelzenden Gesellschaften sowie Rechtsform, Firma und Sitz, die für die aus der grenzüberschreitenden Verschmelzung hervorgehende Gesellschaft vorgesehen sind,

b) das Umtauschverhältnis der Aktien oder sonstigen Gesellschaftsanteile und gegebenenfalls die Höhe der baren Zuzahlungen,

c) die Einzelheiten der Übertragung der Aktien oder sonstigen Gesellschaftsanteile der aus der grenzüberschreitenden Verschmelzung hervorgehenden Gesellschaft,

d) die voraussichtlichen Auswirkungen der grenzüberschreitenden Verschmelzung auf die Beschäftigung,

e) den Zeitpunkt, von dem an diese Aktien oder sonstigen Gesellschaftsanteile deren Inhabern das Recht auf Beteiligung am Gewinn gewähren, sowie alle Besonderheiten, die eine Auswirkung auf dieses Recht haben,

f) den Zeitpunkt, von dem an die Handlungen der sich verschmelzenden Gesellschaften unter dem Gesichtspunkt der Rechnungslegung als für Rechnung der aus der grenzüberschreitenden Verschmelzung hervorgehenden Gesellschaft vorgenommen gelten,

g) die Rechte, welche die aus der grenzüberschreitenden Verschmelzung hervorgehende Gesellschaft den mit Sonderrechten ausgestatteten Gesellschaftern und den Inhabern von anderen Wertpapieren als Gesellschaftsanteilen gewährt, oder die für diese Personen vorgeschlagenen Maßnahmen,

h) etwaige besondere Vorteile, die den Sachverständigen, die den Verschmelzungsplan prüfen, oder den Mitgliedern der Verwaltungs-, Leitungs-, Aufsichts- oder Kontrollorgane der sich verschmelzenden Gesellschaften gewährt werden,

i) die Satzung der aus der grenzüberschreitenden Verschmelzung hervorgehenden Gesellschaft,

j) gegebenenfalls Angaben zu dem Verfahren, nach dem gemäß Artikel 16 die Einzelheiten über die Beteiligung von Arbeitnehmern an der Festlegung ihrer Mitbestimmungsrechte in der aus der grenzüberschreitenden Verschmelzung hervorgehenden Gesellschaft geregelt werden,

k) Angaben zur Bewertung des Aktiv- und Passivvermögens, das auf die aus der grenzüberschreitenden Verschmelzung hervorgehende Gesellschaft übertragen wird,

l) den Stichtag der Jahresabschlüsse der an der Verschmelzung beteiligten Gesellschaften, die zur Festlegung der Bedingungen der grenzüberschreitenden Verschmelzung verwendet werden.

Art. 6 Bekanntmachung (1) Der gemeinsame Verschmelzungsplan muss auf die im innerstaatlichen Recht jedes Mitgliedstaats vorgesehene Weise im Einklang mit Artikel 3 der Richtlinie 68/151/EWG für jede der sich verschmelzenden Gesellschaften spätestens einen Monat vor der Gesellschafterversammlung, auf der darüber zu beschließen ist, bekannt gemacht werden.

Jede der verschmelzenden Gesellschaften ist von der Offenlegungspflicht nach Artikel 3 der Richtlinie 68/151/EWG befreit, wenn sie die gemeinsamen Verschmelzungspläne während eines fortlaufenden Zeitraums, der mindestens einen Monat vor dem Tag der Hauptversammlung, die über die gemeinsamen Verschmelzungspläne für die grenzüberschreitende

Verschmelzung zu beschließen hat, beginnt, und nicht vor dem Abschluss dieser Versammlung endet, für die Öffentlichkeit kostenlos auf ihren Internetseiten der Öffentlichkeit zugänglich macht. Die Mitgliedstaaten knüpfen diese Befreiung an keine anderen Erfordernisse und Auflagen als die, die für die Sicherheit der Internetseiten und die Echtheit der Dokumente erforderlich sind, und dürfen solche Erfordernisse und Auflagen nur einführen, soweit sie zur Erreichung dieser Zwecke angemessen sind.

Abweichend von Unterabsatz 2 können die Mitgliedstaaten verlangen, dass die Veröffentlichung über die zentrale elektronische Plattform gemäß Artikel 3 Absatz 4 der Richtlinie 68/151/EWG erfolgt. Die Mitgliedstaaten können alternativ verlangen, dass die Veröffentlichung auf anderen, von ihnen zu diesem Zweck benannten Internetseiten erfolgt. Machen die Mitgliedstaaten von einer dieser Möglichkeiten Gebrauch, so gewährleisten sie, dass den Gesellschaften für diese Veröffentlichung keine spezifischen Kosten entstehen.

Werden andere Internetseiten als die zentrale elektronische Plattform genutzt, wird mindestens einen Monat vor dem Tag der Hauptversammlung auf der zentralen elektronischen Plattform ein Verweis, der zu diesen Internetseiten führt, veröffentlicht. Dieser Verweis enthält auch das Datum der Veröffentlichung der Verschmelzungspläne im Internet und ist der Öffentlichkeit kostenlos zugänglich. Den Gesellschaften entstehen für diese Veröffentlichung keine spezifischen Kosten.

Das in den Absätzen 3 und 4 genannte Verbot, von Gesellschaften eine spezifische Gebühr für die Veröffentlichung zu verlangen, lässt die Möglichkeit der Mitgliedstaaten unberührt, die Kosten für die zentrale elektronische Plattform an Gesellschaften weiterzugeben.

Die Mitgliedstaaten können von Gesellschaften verlangen, Informationen für einen bestimmten Zeitraum nach der Hauptversammlung auf ihren Internetseiten oder gegebenenfalls auf der zentralen elektronischen Plattform oder den anderen von dem betreffenden Mitgliedstaat benannten Internetseiten verfügbar zu halten. Die Mitgliedstaaten können die Folgen einer vorübergehenden Unterbrechung des Zugriffs auf die Internetseiten und die zentrale elektronische Plattform aufgrund technischer oder sonstiger Ursachen bestimmen.

(2) Vorbehaltlich der zusätzlichen Anforderungen des Mitgliedstaats, dessen Recht die betreffende Gesellschaft unterliegt, müssen für jede der sich verschmelzenden Gesellschaften die folgenden Angaben im amtlichen Mitteilungsblatt dieses Mitgliedstaats bekannt gemacht werden:

a) Rechtsform, Firma und Sitz jeder der sich verschmelzenden Gesellschaften,

b) das Register, bei dem die in Artikel 3 Absatz 2 der Richtlinie 68/151/EWG genannten Urkunden für jede der sich verschmelzenden Gesellschaften hinterlegt worden sind, sowie die Nummer der Eintragung in das Register,

c) für jede der sich verschmelzenden Gesellschaften ein Hinweis auf die Modalitäten für die Ausübung der Rechte der Gläubiger und gegebenenfalls der Minderheitsgesellschafter der sich verschmelzenden Gesellschaften sowie die Anschrift, unter der vollständige Auskünfte über diese Modalitäten kostenlos eingeholt werden können.

Art. 7 Bericht des Leitungs- oder Verwaltungsorgans Das Leitungs- oder Verwaltungsorgan jeder der sich verschmelzenden Gesellschaften erstellt einen für die Gesellschafter bestimmten Bericht, in dem die rechtlichen und wirtschaftlichen Aspekte der grenzüberschreitenden Verschmelzung erläutert und begründet und die Auswirkungen der grenzüberschreitenden Verschmelzung auf die Gesellschafter, die Gläubiger und die Arbeitnehmer erläutert werden.

Der Bericht ist den Gesellschaftern und den Vertretern der Arbeitnehmer oder – wenn es solche Vertreter nicht gibt – den Arbeitnehmern direkt spätestens einen Monat vor der in Artikel 9 genannten Gesellschafterversammlung zugänglich zu machen. Erhält das Leitungs- oder Verwaltungsorgan einer der sich verschmelzenden Gesellschaften nach Maßgabe der nationalen Rechtsvorschriften rechtzeitig eine Stellungnahme der Vertreter ihrer Arbeitnehmer, so ist diese Stellungnahme dem Bericht anzufügen.

Art. 8 Bericht unabhängiger Sachverständiger (1) Für jede der sich verschmelzenden Gesellschaften wird ein für die Gesellschafter bestimmter Bericht unabhängiger Sachverständiger erstellt, der spätestens einen Monat vor der in Artikel 9 genannten Gesellschafterversammlung vorliegen muss. Als Sachverständige können je nach dem Recht der Mitgliedstaaten natürliche Personen oder juristische Personen bestellt werden.

(2) Als Alternative zur Heranziehung von Sachverständigen, die für Rechnung jeder der sich verschmelzenden Gesellschaften tätig sind, können ein oder mehrere unabhängige Sachverständige, die auf gemeinsamen Antrag dieser Gesellschaften von einem Gericht oder einer Verwaltungsbehörde des Mitgliedstaats, dessen Recht eine der sich verschmelzenden Gesellschaften oder die aus der grenzüberschreitenden Verschmelzung hervorgehende Gesellschaft unterliegt, dazu bestellt bzw. von einer solchen Behörde zugelassen wurden, den gemeinsamen Verschmelzungsplan prüfen und einen einzigen für alle Gesellschafter bestimmten schriftlichen Bericht erstellen.

(3) Der Bericht der Sachverständigen enthält zumindest die Angaben nach Artikel 10 Absatz 2 der Richtlinie 78/855/EWG des Rates vom 9. Oktober 1978 betreffend die Verschmelzung von Aktiengesellschaften[12]. Die Sachverständigen haben das Recht, von jeder der sich verschmelzenden Gesellschaften alle Auskünfte zu erlangen, die sie zur Erfüllung ihrer Aufgabe für erforderlich halten.

(4) Weder die Prüfung des gemeinsamen Verschmelzungsplans durch unabhängige Sachverständige noch die Erstellung eines Sachverständigenberichts sind erforderlich, wenn alle Gesellschafter aller sich verschmelzenden Gesellschaften darauf verzichten.

Art. 9 Zustimmung der Gesellschafterversammlung (1) Nach Kenntnisnahme der in Artikel 7 und Artikel 8 genannten Berichte beschließt die Gesellschafterversammlung jeder der sich verschmelzenden Gesellschaften über die Zustimmung zu dem gemeinsamen Verschmelzungsplan.

(2) Die Gesellschafterversammlung jeder der sich verschmelzenden Gesellschaften kann die Verschmelzung davon abhängig machen, dass die Modalitäten für die Mitbestimmung der Arbeitnehmer in der aus der grenzüberschreitenden Verschmelzung hervorgehenden Gesellschaft ausdrücklich von ihr bestätigt werden.

(3) In den Rechtsvorschriften eines Mitgliedstaats muss nicht die Zustimmung der Gesellschafterversammlung der übernehmenden Gesellschaft vorgeschrieben werden, wenn die Bedingungen des Artikels 8 der Richtlinie 78/855/EWG erfüllt sind.

Art. 10 Vorabbescheinigung (1) Jeder Mitgliedstaat benennt das Gericht, den Notar oder die sonstige zuständige Behörde, die die Rechtmäßigkeit der grenzüberschreitenden Verschmelzung für die Verfahrensabschnitte kontrolliert, welche die sich verschmelzenden Gesellschaften betreffen, die seinem innerstaatlichen Recht unterliegen.

---

12 Fusions-RL, in dieser Sammlung Nr. 4.14.

(2) In jedem dieser Mitgliedstaaten stellt die nach Absatz 1 benannte Stelle jeder der sich verschmelzenden Gesellschaften, die dem Recht dieses Staates unterliegt, unverzüglich eine Bescheinigung aus, aus der zweifelsfrei hervorgeht, dass die der Verschmelzung vorangehenden Rechtshandlungen und Formalitäten ordnungsgemäß vollzogen wurden.

(3) Ist nach dem Recht eines Mitgliedstaats, dem eine sich verschmelzende Gesellschaft unterliegt, ein Verfahren zur Kontrolle und Änderung des Umtauschverhältnisses der Aktien oder sonstigen Anteile oder zur Abfindung von Minderheitsgesellschaftern vorgesehen, das jedoch der Eintragung der grenzüberschreitenden Verschmelzung nicht entgegensteht, so kommt dieses Verfahren nur zur Anwendung, wenn die anderen sich verschmelzenden Gesellschaften in Mitgliedstaaten, die ein solches Verfahren nicht vorsehen, bei der Zustimmung zum Verschmelzungsplan gemäß Artikel 9 Absatz 1 ausdrücklich akzeptieren, dass die Gesellschafter der erstgenannten sich verschmelzenden Gesellschaft ein solches Verfahren bei dem Gericht, das für diese Gesellschaft zuständig ist, beantragen können. In diesem Fall kann die in Absatz 1 genannte Stelle die Bescheinigung nach Absatz 2 auch dann ausstellen, wenn ein solches Verfahren eingeleitet wurde. In der Bescheinigung muss jedoch angegeben werden, dass ein solches Verfahren anhängig ist. Die in dem Verfahren ergehende Entscheidung ist für die aus der grenzüberschreitenden Verschmelzung hervorgehende Gesellschaft und alle ihre Gesellschafter bindend.

Art. 11 Überprüfung der Rechtmäßigkeit der grenzüberschreitenden Verschmelzung
(1) Jeder Mitgliedstaat benennt das Gericht, den Notar oder die sonstige zuständige Behörde, die die Rechtmäßigkeit der grenzüberschreitenden Verschmelzung für die Verfahrensabschnitte kontrolliert, welche die Durchführung der grenzüberschreitenden Verschmelzung und gegebenenfalls die Gründung einer neuen, aus der grenzüberschreitenden Verschmelzung hervorgehenden Gesellschaft betreffen, wenn diese durch die grenzüberschreitende Verschmelzung geschaffene Gesellschaft seinem innerstaatlichen Recht unterliegt. Die betreffende Stelle stellt insbesondere sicher, dass die sich verschmelzenden Gesellschaften einem gemeinsamen gleich lautenden Verschmelzungsplan zugestimmt haben, und gegebenenfalls, dass eine Vereinbarung über die Mitbestimmung der Arbeitnehmer gemäß Artikel 16 geschlossen wurde.
(2) Hierzu legt jede der sich verschmelzenden Gesellschaften der in Absatz 1 genannten Stelle die Bescheinigung nach Artikel 10 Absatz 2 innerhalb von sechs Monaten nach ihrer Erteilung sowie den von der Gesellschafterversammlung gemäß Artikel 9 genehmigten gemeinsamen Verschmelzungsplan vor.

Art. 12 Wirksamwerden der grenzüberschreitenden Verschmelzung Der Zeitpunkt, an dem die grenzüberschreitende Verschmelzung wirksam wird, bestimmt sich nach dem Recht des Mitgliedstaats, dem die aus der grenzüberschreitenden Verschmelzung hervorgehende Gesellschaft unterliegt. Die Verschmelzung kann jedoch erst dann wirksam werden, wenn die Kontrolle nach Artikel 11 abgeschlossen ist.

Art. 13 Eintragung Das Recht jedes Mitgliedstaats, dem die sich verschmelzenden Gesellschaften unterlagen, bestimmt für das Hoheitsgebiet des betreffenden Staates, in welcher Form der Abschluss der grenzüberschreitenden Verschmelzung gemäß Artikel 3 der Richtlinie 2009/101/EG des Europäischen Parlaments und des Rates vom 16. September 2009 zur Koordinierung der Schutzbestimmungen, die in den Mitgliedstaaten den Gesellschaften im Sinne des Artikels 54 Absatz 2 des Vertrags im Interesse der Gesellschafter sowie

Dritter vorgeschrieben sind, um diese Bestimmungen gleichwertig zu gestalten[13] bei dem öffentlichen Register, bei dem jede der an der Verschmelzung beteiligten Gesellschaften ihre Urkunden zu hinterlegen hat, offenzulegen ist.

Das Register, in dem die aus der grenzüberschreitenden Verschmelzung hervorgehende Gesellschaft eingetragen wird, meldet unverzüglich dem Register, bei dem jede der Gesellschaften ihre Unterlagen zu hinterlegen hatte, über das gemäß Artikel 4a Absatz 2 der Richtlinie 2009/101/EG eingerichtete System der Vernetzung von Zentral-, Handels- und Gesellschaftsregistern, dass die grenzüberschreitende Verschmelzung wirksam geworden ist. Die Löschung der früheren Eintragung erfolgt gegebenenfalls bei Eingang dieser Meldung, jedoch nicht vorher.

Art. 14 Wirkungen der grenzüberschreitenden Verschmelzung (1) Die gemäß Artikel 2 Nummer 2 Buchstaben a und c vollzogene grenzüberschreitende Verschmelzung bewirkt ab dem in Artikel 12 genannten Zeitpunkt Folgendes:

a) Das gesamte Aktiv- und Passivvermögen der übertragenden Gesellschaft geht auf die übernehmende Gesellschaft über.

b) Die Gesellschafter der übertragenden Gesellschaft werden Gesellschafter der übernehmenden Gesellschaft.

c) Die übertragende Gesellschaft erlischt.

(2) Die nach Artikel 2 Nummer 2 Buchstabe b vollzogene grenzüberschreitende Verschmelzung bewirkt ab dem in Artikel 12 genannten Zeitpunkt Folgendes:

a) Das gesamte Aktiv- und Passivvermögen der sich verschmelzenden Gesellschaften geht auf die neue Gesellschaft über.

b) Die Gesellschafter der sich verschmelzenden Gesellschaften werden Gesellschafter der neuen Gesellschaft.

c) Die sich verschmelzenden Gesellschaften erlöschen.

(3) Schreibt das Recht der Mitgliedstaaten im Falle einer grenzüberschreitenden Verschmelzung von Gesellschaften im Sinne dieser Richtlinie die Erfüllung besonderer Formalitäten vor, bevor die Übertragung bestimmter von den sich verschmelzenden Gesellschaften eingebrachter Vermögensgegenstände, Rechte und Verbindlichkeiten gegenüber Dritten wirksam wird, so sind diese Formalitäten von der aus der grenzüberschreitenden Verschmelzung hervorgehenden Gesellschaft zu erfüllen.

(4) Die zum Zeitpunkt des Wirksamwerdens der grenzüberschreitenden Verschmelzung bestehenden Rechte und Pflichten der sich verschmelzenden Gesellschaften aus Arbeitsverträgen oder Beschäftigungsverhältnissen gehen infolge des Wirksamwerdens dieser grenzüberschreitenden Verschmelzung auf die aus der grenzüberschreitenden Verschmelzung hervorgehende Gesellschaft zu dem Zeitpunkt über, zu dem die grenzüberschreitende Verschmelzung wirksam wird.

(5) Anteile an der übernehmenden Gesellschaft werden nicht gegen Anteile an der übertragenden Gesellschaft getauscht, wenn diese Anteile

a) entweder von der übernehmenden Gesellschaft selbst oder von einer zwar im eigenen Namen, jedoch für Rechnung der übernehmenden Gesellschaft handelnden Person

b) oder von der übertragenden Gesellschaft selbst oder von einer zwar im eigenen Namen, jedoch für Rechnung der übertragenden Gesellschaft handelnden Person gehalten werden.

---

[13] Publizitäts-RL, in dieser Sammlung Nr. 4.1.

4.16 Internationale Fusions-RL

Art. 15 Vereinfachte Formalitäten (1) Vollzieht eine Gesellschaft, die sämtliche in der Gesellschafterversammlung Stimmrecht gewährenden Aktien und sonstigen Anteile der übertragenden Gesellschaft(en) hält, eine grenzüberschreitende Verschmelzung im Wege der Aufnahme, so

- finden Artikel 5 Buchstaben b, c und e, Artikel 8 und Artikel 14 Absatz 1 Buchstabe b keine Anwendung;
- findet Artikel 9 Absatz 1 keine Anwendung auf die übertragende(n) Gesellschaft(en).

(2) Vollzieht eine Gesellschaft, die mindestens 90 %, aber nicht alle Aktien und sonstigen in der Gesellschafterversammlung Stimmrecht gewährenden Anteile der übertragenden Gesellschaft(en) hält, eine grenzüberschreitende Verschmelzung im Wege der Aufnahme, so sind die Berichte des oder der unabhängigen Sachverständigen sowie die zur Kontrolle notwendigen Unterlagen gemäß der Richtlinie 78/855/EWG nur insoweit erforderlich, als dies nach den entweder für die übernehmende oder die übertragende Gesellschaft geltenden einzelstaatlichen Rechtsvorschriften vorgesehen ist.

Art. 16 Mitbestimmung der Arbeitnehmer (1) Unbeschadet des Absatzes 2 findet auf die aus der grenzüberschreitenden Verschmelzung hervorgehende Gesellschaft die Regelung für die Arbeitnehmermitbestimmung Anwendung, die gegebenenfalls in dem Mitgliedstaat gilt, in dem diese Gesellschaft ihren Sitz hat.

(2) Die Regelung für die Arbeitnehmermitbestimmung, die gegebenenfalls in dem Mitgliedstaat gilt, in dem die aus der grenzüberschreitenden Verschmelzung hervorgehende Gesellschaft ihren Sitz hat, findet jedoch keine Anwendung, wenn in den sechs Monaten vor der Veröffentlichung des in Artikel 6 genannten Verschmelzungsplans mindestens eine der an der Verschmelzung beteiligten Gesellschaften durchschnittlich mehr als 500 Arbeitnehmer beschäftigt und in dieser Gesellschaft ein System der Arbeitnehmermitbestimmung im Sinne des Artikels 2 Buchstabe k der Richtlinie 2001/86/EG besteht, oder wenn das für die aus der grenzüberschreitenden Verschmelzung hervorgehende Gesellschaft maßgebende innerstaatliche Recht

a) nicht mindestens den gleichen Umfang an Mitbestimmung der Arbeitnehmer vorsieht, wie er in den jeweiligen an der Verschmelzung beteiligten Gesellschaften bestand, wobei dieser Umfang als der Anteil der die Arbeitnehmer vertretenden Mitglieder des Verwaltungs- oder des Aufsichtsorgans oder ihrer Ausschüsse oder des Leitungsgremiums ausgedrückt wird, das für die Ergebniseinheiten der Gesellschaft zuständig ist, wenn eine Arbeitnehmermitbestimmung besteht, oder

b) für Arbeitnehmer in Betrieben der aus der grenzüberschreitenden Verschmelzung hervorgehenden Gesellschaft, die sich in anderen Mitgliedstaaten befinden, nicht den gleichen Anspruch auf Ausübung von Mitbestimmungsrechten vorsieht, wie sie den Arbeitnehmern in demjenigen Mitgliedstaat gewährt werden, in dem die aus der grenzüberschreitenden Verschmelzung hervorgehende Gesellschaft ihren Sitz hat.

(3) In den in Absatz 2 genannten Fällen regeln die Mitgliedstaaten die Mitbestimmung der Arbeitnehmer in der aus der grenzüberschreitenden Verschmelzung hervorgehenden Gesellschaft sowie ihre Mitwirkung an der Festlegung dieser Rechte vorbehaltlich der Absätze 4 bis 7 entsprechend den Grundsätzen und Modalitäten des Artikels 12 Absätze 2, 3 und 4 der Verordnung (EG) Nr. 2157/2001 und den nachstehenden Bestimmungen der Richtlinie 2001/86/EG:

a) Artikel 3 Absätze 1, 2 und 3, Absatz 4 Unterabsatz 1 erster Gedankenstrich und Unterabsatz 2 sowie Absätze 5 und 7;

b)   Artikel 4 Absatz 1, Absatz 2 Buchstaben a, g und h sowie Absatz 3;

c)   Artikel 5;

d)   Artikel 6;

e)   Artikel 7 Absatz 1, Absatz 2 Unterabsatz 1 Buchstabe b und Unterabsatz 2 sowie Absatz 3. Für die Zwecke dieser Richtlinie wird jedoch der prozentuale Anteil, der nach Artikel 7 Absatz 2 Unterabsatz 1 Buchstabe b der Richtlinie 2001/86/EG für die Anwendung der Auffangregelung des Anhangs Teil 3 jener Richtlinie erforderlich ist, von 25 % auf 33 1/3 % angehoben;

f)   die Artikel 8, 10 und 12;

g)   Artikel 13 Absatz 4;

h)   Anhang, Teil 3 Buchstabe b.

(4) Bei der Festlegung der in Absatz 3 genannten Grundsätze und Modalitäten verfahren die Mitgliedstaaten wie folgt:

a)   Sie gestatten den betreffenden Organen der an der Verschmelzung beteiligten Gesellschaften sich dafür zu entscheiden, die Auffangregelung nach Absatz 3 Buchstabe h, die durch das Recht des Mitgliedstaats, in dem die aus der grenzüberschreitenden Verschmelzung hervorgehende Gesellschaft ihren Sitz haben soll, festgelegt ist, ohne jede vorhergehende Verhandlung unmittelbar anzuwenden und diese Regelung ab dem Zeitpunkt der Eintragung einzuhalten.

b)   Sie gestatten dem besonderen Verhandlungsgremium, mit der Mehrheit von zwei Dritteln seiner mindestens zwei Drittel der Arbeitnehmer vertretenden Mitglieder, mit der Maßgabe, dass diese Mitglieder Arbeitnehmer in mindestens zwei verschiedenen Mitgliedstaaten vertreten müssen, zu beschließen, dass keine Verhandlungen eröffnet oder bereits eröffnete Verhandlungen beendet werden und die Mitbestimmungsregelung angewandt wird, die in dem Mitgliedstaat gilt, in dem die aus der grenzüberschreitenden Verschmelzung hervorgehende Gesellschaft ihren Sitz haben wird.

c)   Sie können in dem Fall, dass nach vorherigen Verhandlungen die Auffangregelung gilt, und ungeachtet dieser Regelung beschließen, den Anteil der Arbeitnehmervertreter im Verwaltungsorgan der aus der grenzüberschreitenden Verschmelzung hervorgehenden Gesellschaft zu begrenzen. Bestand jedoch das Verwaltungs- oder Aufsichtsorgan einer der an der Verschmelzung beteiligten Gesellschaften zu mindestens einem Drittel aus Arbeitnehmervertretern, so darf die Begrenzung in keinem Fall dazu führen, dass die Arbeitnehmervertretung im Verwaltungsorgan weniger als ein Drittel beträgt.

(5) Die Ausweitung von Mitbestimmungsrechten auf in anderen Mitgliedstaaten beschäftigte Arbeitnehmer der aus der grenzüberschreitenden Verschmelzung hervorgehenden Gesellschaft gemäß Absatz 2 Buchstabe b verpflichtet die Mitgliedstaaten, die eine solche Ausweitung beschließen, nicht dazu, diese Arbeitnehmer bei der Berechnung der Schwellenwerte für die Beschäftigtenzahl zu berücksichtigen, bei deren Überschreitung Mitbestimmungsrechte nach innerstaatlichem Recht entstehen.

(6) Besteht in mindestens einer der an der grenzüberschreitenden Verschmelzung beteiligten Gesellschaften ein System der Arbeitnehmermitbestimmung und soll diese Regelung des Absatzes 2 auf die aus der Verschmelzung hervorgehende Gesellschaft angewandt werden, so ist diese Gesellschaft verpflichtet, eine Rechtsform anzunehmen, die die Ausübung von Mitbestimmungsrechten ermöglicht.

(7) Gilt für die aus der grenzüberschreitenden Verschmelzung hervorgehende Gesellschaft ein System der Arbeitnehmermitbestimmung, so ist diese Gesellschaft verpflichtet, Maß-

nahmen zu ergreifen, um sicherzustellen, dass die Mitbestimmungsrechte der Arbeitnehmer im Falle nachfolgender innerstaatlicher Verschmelzungen während drei Jahren nach Wirksamwerden der grenzüberschreitenden Verschmelzung durch entsprechende Anwendung der Vorschriften dieses Artikels geschützt werden.

Art. 17 Gültigkeit Eine grenzüberschreitende Verschmelzung, die nach Artikel 12 wirksam geworden ist, kann nicht mehr für nichtig erklärt werden.

Art. 17a-21 *Verbürgung von Datenschutz, Umsetzungsfrist, Adressaten, Prüfpflicht der Kommission – nicht abgedruckt.*

4.17 Richtlinie 2004/25/EG des Europäischen Parlaments und des Rates vom 21. April 2004 betreffend Übernahmeangebote [Übernahme-RL]

ABl. 2004 L 142/12

DAS EUROPÄISCHE PARLAMENT UND DER RAT DER EUROPÄISCHEN UNION
gestützt auf den Vertrag zur Gründung der Europäischen Gemeinschaft, insbesondere auf Artikel 44 Absatz 1,
auf Vorschlag der Kommission[1],
nach Stellungnahme des Europäischen Wirtschafts- und Sozialausschusses[2],
gemäß dem Verfahren des Artikels 251 des Vertrags[3],
in Erwägung nachstehender Gründe:

(1) Gewisse Schutzbestimmungen, die in den Mitgliedstaaten den Gesellschaften, die dem Recht eines Mitgliedstaats unterliegen und deren Wertpapiere zum Handel auf einem geregelten Markt eines Mitgliedstaats zugelassen sind, im Interesse der Gesellschafter und Dritter vorgeschrieben sind, bedürfen gemäß Artikel 44 Absatz 2 Buchstabe g) des Vertrags der Koordinierung, um sie gemeinschaftsweit gleichwertig zu gestalten.

(2) Wenn Gesellschaften, die dem Recht eines Mitgliedstaats unterliegen, Gegenstand eines Übernahmeangebots oder eines Kontrollwechsels sind und zumindest ein Teil der Wertpapiere dieser Gesellschaften zum Handel auf einem geregelten Markt eines Mitgliedstaats zugelassen ist, ist es notwendig, die Interessen der Inhaber dieser Wertpapiere zu schützen.

(3) Es ist erforderlich, gemeinschaftsweit Klarheit und Transparenz in Bezug auf die Rechtsfragen zu schaffen, die bei Übernahmeangeboten zu regeln sind, und zu vermeiden, dass die Formen der Umstrukturierung von Unternehmen in der Gemeinschaft durch willkürliche Unterschiede in der Führungs- und Managementkultur verzerrt werden.

(4) Angesichts der Zwecke des öffentlichen Interesses, die die Zentralbanken der Mitgliedstaaten erfuellen, erscheint es nicht vorstellbar, dass sie Ziel von Übernahmeangeboten sein können. Da die Wertpapiere einiger dieser Zentralbanken aus historischen Gründen an geregelten Märkten der Mitgliedstaaten notiert werden, ist es erforderlich, diese ausdrücklich vom Anwendungsbereich dieser Richtlinie auszuschließen.

(5) Jeder Mitgliedstaat sollte eine oder mehrere Stellen bestimmen, die die in dieser Richtlinie geregelten Aspekte von Übernahmeangeboten überwachen und sicherstellen, dass die Parteien des Angebots den gemäß dieser Richtlinie erlassenen Vorschriften nachkommen. Alle diese Stellen sollten zusammenarbeiten.

(6) Um effektiv zu sein, sollte die Übernahmeregelung flexibel sein und neu auftretende Umstände erfassen können und damit Ausnahmen und abweichende Regelungen erlauben. Bei der Anwendung von Regeln oder Ausnahmen bzw. beim Erlass von abweichenden Regelungen sollten die Aufsichtsstellen jedoch bestimmte allgemeine Grundsätze beachten.

(7) Stellen der freiwilligen Selbstkontrolle sollten die Aufsicht führen können.

(8) Im Einklang mit den allgemeinen Grundsätzen des Gemeinschaftsrechts und insbesondere dem Anspruch auf rechtliches Gehör sollten die Entscheidungen einer Aufsichtsstelle gegebenenfalls von einem unabhängigen Gericht überprüft werden können. Die Entscheidung darüber, ob Rechte vorzusehen sind, die in Verwaltungs- oder Gerichtsverfahren gegen eine Aufsichtsstelle oder zwischen Parteien des Angebots geltend gemacht werden können, sollte jedoch den Mitgliedstaaten überlassen werden.

(9) Die Mitgliedstaaten sollten die notwendigen Schritte unternehmen, um Wertpapierinhaber, insbesondere Wertpapierinhaber mit Minderheitsbeteiligungen, nach einem Kontrollwechsel in ihren Gesellschaften zu schützen. Diesen Schutz sollten die Mitgliedstaaten dadurch gewährleisten, dass die Person, die die Kontrolle über die Gesellschaft erlangt hat, verpflichtet wird, allen Wertpapierinhabern dieser Gesellschaft zu einem angemessenen Preis, der einheitlich definiert ist, ein Angebot zur Übernahme aller ihrer Wertpapiere zu machen. Die Mitgliedstaaten müssen weitere Vor-

---

1   ABl. C 45 E vom 25.2.2003, S. 1.
2   ABl. C 208 vom 3.9.2003, S. 55.
3   Stellungnahme des Europäischen Parlaments vom 16.12.2003 (ABl. C 91 E vom 15.4.2004, S. 109) und Beschluss des Rates vom 30.3.2004.

kehrungen zum Schutz der Interessen der Wertpapierinhaber vorsehen können, wie etwa die Verpflichtung, ein Teilangebot zu unterbreiten, wenn der Bieter nicht die Kontrolle über die Gesellschaft erwirbt, oder die Verpflichtung, zugleich mit dem Erwerb der Kontrolle über die Gesellschaft ein Angebot zu unterbreiten.

(10) Die Verpflichtung, allen Wertpapierinhabern ein Angebot zu unterbreiten, sollte nicht für diejenigen Kontrollbeteiligungen gelten, die zum Zeitpunkt des Inkrafttretens der nationalen Vorschriften zur Umsetzung dieser Richtlinie bereits bestehen.

(11) Die Verpflichtung zur Abgabe eines Angebots sollte nicht für den Erwerb von Wertpapieren gelten, die kein Stimmrecht in der ordentlichen Hauptversammlung verleihen. Die Mitgliedstaaten sollten allerdings vorsehen können, dass die Verpflichtung, allen Wertpapierinhabern ein Angebot zu machen, nicht nur für Wertpapiere gilt, die Stimmrechte verleihen, sondern auch für Wertpapiere, die nur unter bestimmten Umständen Stimmrechte verleihen oder überhaupt nicht mit Stimmrechten ausgestattet sind.

(12) Um die Möglichkeiten für Insidergeschäfte zu verringern, sollte der Bieter verpflichtet werden, seinen Beschluss, ein Angebot zu unterbreiten, so früh wie möglich bekannt zu geben und die Aufsichtsstelle von dem Angebot zu unterrichten.

(13) Die Wertpapierinhaber sollten durch eine Angebotsunterlage angemessen über die Angebotskonditionen unterrichtet werden. Auch sollten die Arbeitnehmervertreter der Gesellschaft oder – in Ermangelung solcher Vertreter – die Arbeitnehmer selbst ebenfalls in angemessener Weise unterrichtet werden.

(14) Die Frist für die Annahme des Übernahmeangebots sollte geregelt werden.

(15) Zur ordnungsgemäßen Wahrnehmung ihrer Aufgaben sollten die Aufsichtsstellen die Parteien des Angebots jederzeit zur Erteilung von Auskünften, die diese selbst betreffen, auffordern können und mit anderen Aufsichtsstellen, die die Kapitalmärkte beaufsichtigen, effizient zusammenarbeiten und ihnen unverzüglich Auskünfte erteilen.

(16) Um Handlungen vorzubeugen, durch die das Angebot vereitelt werden könnte, sollten die Befugnisse des Leitungs- bzw. des Verwaltungsorgans einer Zielgesellschaft zur Vornahme außergewöhnlicher Handlungen beschränkt werden, ohne dabei die Zielgesellschaft in ihrer normalen Geschäftstätigkeit unangemessen zu behindern.

(17) Das Leitungs- bzw. Verwaltungsorgan einer Zielgesellschaft sollte verpflichtet sein, zu dem Angebot eine schriftliche, mit Gründen versehene Stellungnahme zu veröffentlichen, in der unter anderem auf die Auswirkungen auf sämtliche Interessen der Gesellschaft, insbesondere auf die Beschäftigung, eingegangen wird.

(18) Um die geltenden Vorschriften über den freien Handel mit Wertpapieren der von dieser Richtlinie erfassten Gesellschaften und die freie Stimmrechtsausübung in ihrer Wirkung zu stärken, müssen die Abwehrstrukturen und -mechanismen dieser Gesellschaften offen gelegt und regelmäßig der Hauptversammlung in einem Bericht mitgeteilt werden.

(19) Die Mitgliedstaaten sollten die notwendigen Vorkehrungen treffen, damit jeder Bieter die Möglichkeit hat, Mehrheitsbeteiligungen an anderen Gesellschaften zu erwerben und die vollständige Kontrolle über diese auszuüben. Zu diesem Zweck sollten Beschränkungen der Übertragbarkeit von Wertpapieren, Stimmrechtsbeschränkungen, besondere Ernennungs- und Mehrfachstimmrechte während der Angebotsfrist, oder wenn die Hauptversammlung der Aktionäre eine Abwehrmaßnahme oder eine Änderung der Satzung oder die Abberufung oder Ernennung von Mitgliedern des Leitungs- bzw. Verwaltungsorgans in der ersten Hauptversammlung der Aktionäre nach Angebotsschluss beschließt, aufgehoben oder ausgesetzt werden. Für Verluste, die Wertpapierinhabern als Folge der Entziehung von Rechten entstehen, sollte eine angemessene Entschädigung gemäß den von den Mitgliedstaaten festgelegten technischen Modalitäten vorgesehen werden.

(20) Alle von den Mitgliedstaaten an Gesellschaften gehaltenen Sonderrechte sollten im Rahmen des freien Kapitalverkehrs und der einschlägigen Bestimmungen des Vertrags betrachtet werden. Von den Mitgliedstaaten an Gesellschaften gehaltene Sonderrechte, die im einzelstaatlichen Privatrecht oder öffentlichen Recht vorgesehen sind, sollten von der Durchgriffsklausel ausgenommen werden, wenn sie mit dem Vertrag vereinbar sind.

(21) Angesichts der unterschiedlichen Mechanismen und Strukturen des Gesellschaftsrechts der Mitgliedstaaten sollten diese den Gesellschaften mit Sitz in ihrem Staatsgebiet nicht vorschreiben müssen, diejenigen Bestimmungen dieser Richtlinie, die die Befugnisse des Leitungs- bzw. Verwaltungsorgans einer Zielgesellschaft während der Angebotsfrist beschränken und diejenigen, die die in der Satzung oder in besonderen Vereinbarungen vorgesehenen Schranken unanwendbar machen, anzuwenden. In diesem Fall sollten die Mitgliedstaaten den Gesellschaften mit Sitz in ihrem Staatsgebiet zumindest die widerrufliche Wahlmöglichkeit einräumen, diese Bestimmungen anzuwenden. Unbeschadet internationaler Übereinkünfte, bei denen die Europäische Gemeinschaft Vertragspartei ist, sollten die Mitgliedstaaten den Gesellschaften, die diese Bestimmungen entspre-

chend den freiwilligen Regelungen anwenden, nicht vorschreiben müssen, diese auch anzuwenden, wenn sie Ziel eines Angebots von Gesellschaften werden, die ihrerseits die gleichen Bestimmungen als Folge des Einsatzes dieser freiwilligen Regelungen nicht anwenden.

(22) Die Mitgliedstaaten sollten regeln, wann ein Angebot hinfällig wird, unter welchen Voraussetzungen der Bieter sein Angebot ändern kann, wie mit konkurrierenden Angeboten zu verfahren ist und wie das Ergebnis des Angebots bekannt zu machen ist, und die Unwiderruflichkeit des Angebots sowie die zulässigen Bedingungen festschreiben.

(23) Information und Konsultation der Arbeitnehmervertreter der Bieter- sowie der Zielgesellschaft sollten durch einschlägige einzelstaatliche Bestimmungen geregelt werden, insbesondere durch die Vorschriften zur Umsetzung der Richtlinie 94/45/EG des Rates vom 22. September 1994 über die Einsetzung eines Europäischen Betriebsrats oder die Schaffung eines Verfahrens zur Unterrichtung und Anhörung der Arbeitnehmer in gemeinschaftsweit operierenden Unternehmen und Unternehmensgruppen[4], der Richtlinie 98/59/EG des Rates vom 20. Juli 1998 zur Angleichung der Rechtsvorschriften der Mitgliedstaaten über Massenentlassungen[5] der Richtlinie 2001/86/EG des Rates vom 8. Oktober 2001 zur Ergänzung des Statuts der Europäischen Gesellschaft hinsichtlich der Beteiligung der Arbeitnehmer[6] und der Richtlinie 2002/14/EG des Europäischen Parlaments und des Rates vom 11. März 2002 zur Festlegung eines allgemeinen Rahmens für die Unterrichtung und Anhörung der Arbeitnehmer in der Europäischen Gemeinschaft – Gemeinsame Erklärung des Europäischen Parlaments, des Rates und der Kommission zur Vertretung der Arbeitnehmer[7]. Die Arbeitnehmer der betroffenen Gesellschaften oder ihre Vertreter sollten überdies die Möglichkeit erhalten, sich zu den voraussichtlichen Auswirkungen des Angebots auf die Beschäftigung zu äußern. Unbeschadet der Vorschriften der Richtlinie 2003/6/EG des Europäischen Parlaments und des Rates vom 28. Januar 2003 über Insider-Geschäfte und Marktmanipulation (Marktmissbrauch)[8] können die Mitgliedstaaten jederzeit nationale Bestimmungen über die Unterrichtung und Anhörung der Arbeitnehmervertreter des Bieters vor Abgabe eines Übernahmeangebots anwenden oder einführen.

(24) Die Mitgliedstaaten sollten die erforderlichen Vorkehrungen treffen, um einem Bieter, der im Zuge eines Übernahmeangebots einen bestimmten Prozentsatz des stimmberechtigten Kapitals einer Gesellschaft erworben hat, die Möglichkeit zu geben, die Inhaber der übrigen Wertpapiere zum Verkauf ihrer Wertpapiere zu verpflichten. Dementsprechend sollte Inhaber der übrigen Wertpapiere die Möglichkeit haben, den Bieter, der im Zuge eines Übernahmeangebots einen bestimmten Prozentsatz des stimmberechtigten Kapitals einer Gesellschaft erworben hat, zum Erwerb ihrer Wertpapiere zu verpflichten. Diese Ausschluss- und Andienungsverfahren sollten nur unter bestimmten Bedingungen im Zusammenhang mit Übernahmeangeboten gelten. Die Mitgliedstaaten können unter anderen Umständen auf Ausschluss- und Andienungsverfahren weiterhin ihre nationalen Vorschriften anwenden.

(25) Da die Ziele der beabsichtigten Maßnahmen, nämlich die Festlegung von Mindestvorgaben für die Abwicklung von Übernahmeangeboten und die Gewährleistung eines ausreichenden Schutzes für Wertpapierinhaber in der gesamten Gemeinschaft wegen der Notwendigkeit der Transparenz und Rechtssicherheit bei grenzüberschreitenden Übernahmen oder bei dem grenzüberschreitenden Erwerb einer die Kontrolle begründenden Beteiligung auf Ebene der Mitgliedstaaten nicht ausreichend erreicht werden können und sich daher wegen des Umfangs und der Wirkungen der Maßnahme besser auf Gemeinschaftsebene erreichen lassen, kann die Gemeinschaft im Einklang mit dem in Artikel 5 des Vertrags niedergelegten Subsidiaritätsprinzip tätig werden. Entsprechend dem in demselben Artikel genannten Verhältnismäßigkeitsprinzip geht diese Richtlinie nicht über das zur Erreichung dieser Ziele erforderliche Maß hinaus.

(26) Eine Richtlinie ist hier das geeignete Instrument, um eine Rahmenregelung zu schaffen, die bestimmte allgemeine Grundsätze und eine begrenzte Zahl allgemeiner Vorschriften enthält, die von den Mitgliedstaaten in Form detaillierterer Bestimmungen im Einklang mit ihrer jeweiligen Rechtsordnung und ihrem kulturellen Umfeld umzusetzen sind.

(27) Die Mitgliedstaaten sollten jedoch Sanktionen vorsehen, die bei einem Verstoß gegen die einzelstaatlichen Vorschriften zur Umsetzung dieser Richtlinie zu verhängen sind.

(28) Um neuen Entwicklungen auf den Finanzmärkten Rechnung zu tragen, kann es von Zeit zu Zeit erforderlich sein, technische Anleitung zu geben und Durchführungsmaßnahmen für die in dieser

---

4   ABl. L 254 vom 30.9.1994, S. 64. Geändert durch die Richtlinie 97/74/CE (ABl. L 10 vom 16.1.1998, S. 22).

5   Massenentlassungs-RL, in dieser Sammlung Nr. 3.11.

6   SE-Mitbestimmungs-RL, in dieser Sammlung Nr. 4.19.

7   Unterrichtungsrahmen-RL, in dieser Sammlung Nr. 3.13.

8   Marktmissbrauchs-RL, in dieser Sammlung Nr. 4.13.

Richtlinie enthaltenen Vorschriften zu erlassen. Für einige Bestimmungen sollte die Kommission entsprechend ermächtigt werden, nach Konsultation des durch den Beschluss 2001/528/EG der Kommission[9] eingesetzten Europäischen Wertpapierausschusses Durchführungsmaßnahmen zu erlassen, soweit diese Maßnahmen nicht die wesentlichen Elemente dieser Richtlinie verändern und die Kommission gemäß den in dieser Richtlinie festgelegten Grundsätzen handelt. Die zur Durchführung dieser Richtlinie erforderlichen Maßnahmen sollten gemäß dem Beschluss 1999/468/EG des Rates vom 28. Juni 1999 zur Festlegung der Modalitäten für die Ausübung der der Kommission übertragenen Durchführungsbefugnisse[10] unter gebührender Berücksichtigung der Erklärung der Kommission vom 5. Februar 2002 vor dem Europäischen Parlament zur Durchführung der Rechtsvorschriften über Finanzdienstleistungen erlassen werden. Für die übrigen Bestimmungen sollte ein Kontaktausschuss mit der Aufgabe betraut werden, die Mitgliedstaaten und die Aufsichtsstellen bei der Anwendung dieser Richtlinie zu unterstützen und die Kommission, falls erforderlich, bei Ergänzungen oder Änderungen dieser Richtlinie zu beraten. Dabei kann der Kontaktausschuss die Informationen heranziehen, die die Mitgliedstaaten auf der Grundlage dieser Richtlinie zu den Übernahmeangeboten zur Verfügung stellen, die in ihren geregelten Märkten stattgefunden haben.

(29) Die Kommission sollte den Prozess hin zu einer fairen und ausgewogenen Harmonisierung der Bestimmungen für Übernahmeangebote in der Europäischen Union erleichtern. Zu diesem Zweck sollte der Kommission die Möglichkeit eingeräumt werden, zu gegebener Zeit Vorschläge für eine Überarbeitung der vorliegenden Richtlinie vorzulegen –

HABEN FOLGENDE RICHTLINIE ERLASSEN:

Art. 1 Anwendungsbereich (1) Diese Richtlinie enthält Maßnahmen zur Koordinierung der Rechts- und Verwaltungsvorschriften, Verhaltenskodizes und sonstigen Regelungen der Mitgliedstaaten einschließlich der von den amtlich befugten Marktregulierungsstellen erlassenen Regelungen (nachstehend „Vorschriften" genannt) für Übernahmeangebote für die Wertpapiere einer dem Recht eines Mitgliedstaats unterliegenden Gesellschaft, sofern alle oder ein Teil dieser Wertpapiere zum Handel auf einem geregelten Markt im Sinne der Richtlinie 93/22/EWG[11] (nachstehend „geregelter Markt" genannt) in einem oder mehreren Mitgliedstaaten zugelassen sind.

(2) Die Richtlinie findet keine Anwendung auf Übernahmeangebote für Wertpapiere, die von Gesellschaften ausgegeben werden, deren Zweck es ist, die vom Publikum bei ihnen eingelegten Gelder nach dem Grundsatz der Risikostreuung gemeinsam anzulegen, und deren Anteilscheine auf Verlangen der Anteilsinhaber unmittelbar oder mittelbar zulasten des Vermögens dieser Gesellschaften zurückgenommen oder ausgezahlt werden. Diesen Rücknahmen oder Auszahlungen gleichgestellt sind Handlungen, mit denen eine Gesellschaft sicherstellen will, dass der Kurs ihrer Anteilscheine nicht erheblich von deren Nettoinventarwert abweicht.

(3) Diese Richtlinie findet keine Anwendung auf Übernahmeangebote für Wertpapiere, die von den Zentralbanken der Mitgliedstaaten ausgegeben werden.

Art. 2 Begriffsbestimmungen (1) Im Sinne dieser Richtlinie gelten folgende Begriffsbestimmungen:

a) „Übernahmeangebot" oder „Angebot" ist ein an die Inhaber der Wertpapiere einer Gesellschaft gerichtetes (und nicht von der Zielgesellschaft selbst abgegebenes) öffentliches Pflicht- oder freiwilliges Angebot zum Erwerb eines Teils oder aller dieser Wertpapiere, das sich an den Erwerb der Kontrolle der Zielgesellschaft im Sinne des einzelstaatlichen Rechts anschließt oder diesen Erwerb zum Ziel hat.

---

9   ABl. L 191 vom 19.7.2002, S. 45. Geändert durch den Beschluss 2004/8/EG (ABl. L 3 vom 7.1.2004, S. 33).
10 ABl. L 184 vom 17.7.1999, S. 23.
11 Ersetzt durch Finanzmarkt-RL, in dieser Sammlung Nr. 2.19.

b) „Zielgesellschaft" ist eine Gesellschaft, deren Wertpapiere Gegenstand eines Angebots sind.

c) „Bieter" ist jede natürliche oder juristische Person des öffentlichen Rechts oder des Privatrechts, die ein Angebot abgibt.

d) „Gemeinsam handelnde Personen" sind natürliche oder juristische Personen, die mit dem Bieter oder der Zielgesellschaft auf der Grundlage einer ausdrücklichen oder stillschweigenden, mündlich oder schriftlich getroffenen Vereinbarung zusammenarbeiten, um die Kontrolle über die Zielgesellschaft zu erhalten bzw. den Erfolg des Übernahmeangebots zu vereiteln.

e) „Wertpapiere" sind übertragbare Wertpapiere, die Stimmrechte in einer Gesellschaft verleihen.

f) „Parteien des Angebots" sind der Bieter, die Mitglieder des Leitungs- bzw. des Verwaltungsorgans des Bieters, wenn es sich bei dem Bieter um eine Gesellschaft handelt, die Zielgesellschaft, die Inhaber von Wertpapieren der Zielgesellschaft und die Mitglieder des Leitungs- bzw. Verwaltungsorgans der Zielgesellschaft und gemeinsam mit einer dieser Parteien handelnde Personen.

g) „Wertpapiere mit Mehrfachstimmrecht" sind Wertpapiere, die einer gesonderten und eigenen Gattung angehören und das Recht auf mehr als eine Stimme verleihen.

(2) Für die Zwecke des Absatzes 1 Buchstabe d) gelten die von einer anderen Person kontrollierten Personen im Sinne von Artikel 87 der Richtlinie 2001/34/EG[12] als Personen, die gemeinsam miteinander und mit der sie kontrollierenden Person handeln.

Art. 3 Allgemeine Grundsätze (1) Die Mitgliedstaaten stellen zur Umsetzung dieser Richtlinie sicher, dass die folgenden Grundsätze beachtet werden:

a) Alle Inhaber von Wertpapieren einer Zielgesellschaft, die der gleichen Gattung angehören, sind gleich zu behandeln; darüber hinaus müssen die anderen Inhaber von Wertpapieren geschützt werden, wenn eine Person die Kontrolle über eine Gesellschaft erwirbt.

b) Die Inhaber von Wertpapieren einer Zielgesellschaft müssen über genügend Zeit und ausreichende Informationen verfügen, um in ausreichender Kenntnis der Sachlage über das Angebot entscheiden zu können; das Leitungs- bzw. Verwaltungsorgan einer Zielgesellschaft muss bei der Beratung der Inhaber von Wertpapieren auf die Auswirkungen der Durchführung des Angebots auf die Beschäftigung, die Beschäftigungsbedingungen und die Standorte der Gesellschaft eingehen.

c) Das Leitungs- bzw. Verwaltungsorgan einer Zielgesellschaft muss im Interesse der gesamten Gesellschaft handeln und darf den Inhabern von Wertpapieren nicht die Möglichkeit vorenthalten, das Angebot selbst zu beurteilen.

d) Beim Handel mit den Wertpapieren der Zielgesellschaft, der Bietergesellschaft oder anderer durch das Angebot betroffener Gesellschaften dürfen keine Marktverzerrungen durch künstliche Beeinflussung der Wertpapierkurse und durch Verfälschung des normalen Funktionierens der Märkte herbeigeführt werden.

e) Ein Bieter hat vor der Ankündigung eines Angebots sicherzustellen, dass er die gegebenenfalls als Gegenleistung gebotenen Geldleistungen in vollem Umfang leisten kann, und alle gebotenen Maßnahmen zu treffen, um die Erbringung aller sonstigen Arten von Gegenleistungen zu garantieren.

---

12 Börsen-RL, in dieser Sammlung Nr. 4.12.

f) Eine Zielgesellschaft darf in ihrer Geschäftstätigkeit nicht über einen angemessenen Zeitraum hinaus durch ein Angebot für ihre Wertpapiere behindert werden.

(2) Um die Beachtung der in Absatz 1 aufgeführten Grundsätze sicherzustellen,

a) sorgen die Mitgliedstaaten dafür, dass die in dieser Richtlinie vorgeschriebenen Mindestanforderungen eingehalten werden,

b) können die Mitgliedstaaten für Angebote zusätzliche Bedingungen und strengere Bestimmungen als in dieser Richtlinie festlegen.

Art. 4 Aufsichtsstelle und anwendbares Recht (1) Die Mitgliedstaaten benennen eine Stelle oder mehrere Stellen, die für die Beaufsichtigung des Angebotsvorgangs zuständig sind, soweit er durch gemäß dieser Richtlinie erlassene oder eingeführte Vorschriften geregelt wird. Als Aufsichtsstelle muss entweder eine Behörde benannt werden oder aber eine Vereinigung oder eine private Einrichtung, die nach den nationalen Rechtsvorschriften oder von den Behörden, die dazu nach den nationalen Rechtsvorschriften ausdrücklich befugt sind, anerkannt ist. Die Mitgliedstaaten teilen der Kommission die von ihnen benannten Aufsichtsstellen und gegebenenfalls jede besondere Aufgabenverteilung mit. Die Mitgliedstaaten stellen sicher, dass die Aufsichtsstellen ihre Aufgaben unparteiisch und unabhängig von allen Parteien des Angebots erfüllen.

(2) a) Für die Beaufsichtigung des Angebotsvorgangs ist die Aufsichtsstelle des Mitgliedstaats zuständig, in dem die Zielgesellschaft ihren Sitz hat, wenn die Wertpapiere dieser Gesellschaft auf einem geregelten Markt dieses Mitgliedstaats zum Handel zugelassen sind.

b) Sind die Wertpapiere der Zielgesellschaft nicht auf einem geregelten Markt ihres Sitzmitgliedstaats zum Handel zugelassen, so ist für die Beaufsichtigung des Angebotsvorgangs die Aufsichtsstelle des Mitgliedstaats zuständig, auf dessen geregeltem Markt die Wertpapiere der Gesellschaft zum Handel zugelassen sind.

Sind die Wertpapiere der Zielgesellschaft auf geregelten Märkten in mehr als einem Mitgliedstaat zum Handel zugelassen, so ist für die Beaufsichtigung des Angebotsvorgangs die Aufsichtsstelle des Mitgliedstaats zuständig, auf dessen geregeltem Markt die Wertpapiere zuerst zum Handel zugelassen wurden.

c) Werden die Wertpapiere der Zielgesellschaft auf geregelten Märkten in mehr als einem Mitgliedstaat gleichzeitig erstmals zum Handel zugelassen, so entscheidet die Zielgesellschaft, welche der Aufsichtsstellen der Mitgliedstaaten für die Beaufsichtigung des Angebotsvorgangs zuständig sein soll, und teilt diese Entscheidung den geregelten Märkten und deren Aufsichtsstellen am ersten Handelstag mit.

Sind die Wertpapiere der Zielgesellschaft zu dem in Artikel 21 Absatz 1 genannten Zeitpunkt bereits an geregelten Märkten in mehr als einem Mitgliedstaat zum Handel zugelassen und erfolgte diese Zulassung gleichzeitig, so legen die Aufsichtsstellen der betroffenen Mitgliedstaaten innerhalb von vier Wochen nach dem in Artikel 21 Absatz 1 genannten Zeitpunkt gemeinsam fest, welche von ihnen für die Beaufsichtigung des Angebotsvorgangs zuständig ist. Wurde keine Aufsichtsstelle benannt, bestimmt die Zielgesellschaft am ersten Handelstag nach Ablauf dieses Zeitraums von vier Wochen, welche der Aufsichtsstellen für die Beaufsichtigung zuständig sein soll.

d) Die Mitgliedstaaten stellen sicher, dass die Entscheidungen gemäß Buchstabe c) veröffentlicht werden.

e) In den unter den Buchstaben b) und c) genannten Fällen werden Fragen, die die im Fall eines Angebots angebotene Gegenleistung, insbesondere den Preis, betreffen, und

Fragen des Angebotsverfahrens, insbesondere die Unterrichtung über die Entscheidung des Bieters zur Unterbreitung eines Angebots, der Inhalt der Angebotsunterlage und die Bekanntmachung des Angebots, gemäß den Vorschriften des Mitgliedstaats der zuständigen Aufsichtsstelle geregelt. Für Fragen, die die Unterrichtung der Arbeitnehmer der Zielgesellschaft betreffen, und für gesellschaftsrechtliche Fragen, insbesondere betreffend den Anteil an Stimmrechten, der die Kontrolle begründet, und von der Verpflichtung zur Abgabe eines Angebots abweichende Regelungen sowie für die Bedingungen, unter denen das Leitungs- bzw. Verwaltungsorgan der Zielgesellschaft Maßnahmen ergreifen kann, die das Angebot vereiteln könnten, ist das Recht des Sitzmitgliedstaats der Zielgesellschaft maßgebend; zuständig ist dessen Aufsichtsstelle.

(3) Die Mitgliedstaaten stellen sicher, dass alle Personen, die bei ihren Aufsichtsstellen tätig sind oder waren, zur Wahrung des Berufsgeheimnisses verpflichtet sind. Unter das Berufsgeheimnis fallende Informationen dürfen nicht an andere Personen oder Behörden weitergegeben werden, es sei denn, dies geschieht aufgrund einer gesetzlichen Bestimmung.

(4) Die gemäß dieser Richtlinie benannten Aufsichtsstellen der Mitgliedstaaten und andere Stellen zur Beaufsichtigung der Kapitalmärkte, insbesondere die zuständigen Stellen gemäß der Richtlinie 93/22/EWG, der Richtlinie 2001/34/EG, der Richtlinie 2003/6/EG und der Richtlinie 2003/71/EG des Europäischen Parlaments und des Rates vom 4. November 2003 betreffend den Prospekt, der beim öffentlichen Angebot von Wertpapieren oder bei deren Zulassung zum Handel zu veröffentlichen ist, arbeiten zusammen und erteilen einander Auskünfte, wann immer dies zur Anwendung der gemäß dieser Richtlinie erlassenen Vorschriften, insbesondere in den unter Absatz 2 Buchstaben b), c) und e) genannten Fällen, erforderlich ist. Die erteilten Auskünfte fallen unter das Berufsgeheimnis, zu dessen Wahrung die Personen verpflichtet sind, die bei den die Informationen empfangenden Aufsichtsstellen tätig sind oder waren. Zur Zusammenarbeit gehört, dass die erforderlichen Schriftstücke zur Durchsetzung der von den zuständigen Stellen im Zusammenhang mit den Angeboten getroffenen Maßnahmen zugestellt werden können, wie auch Unterstützung in anderer Form, die von den für die Untersuchung tatsächlicher oder angeblicher Verstöße gegen die Vorschriften, die zur Umsetzung dieser Richtlinie erlassen oder eingeführt wurden, zuständigen Aufsichtsstellen angemessenerweise angefordert werden kann.

(5) Die Aufsichtsstellen verfügen über alle zur Erfuellung ihrer Aufgaben notwendigen Befugnisse; im Rahmen ihrer Aufgaben haben sie auch dafür Sorge zu tragen, dass die Parteien des Angebots die gemäß dieser Richtlinie erlassenen oder eingeführten Vorschriften einhalten.

Sofern die in Artikel 3 Absatz 1 festgelegten allgemeinen Grundsätze eingehalten werden, können die Mitgliedstaaten in den gemäß dieser Richtlinie erlassenen oder eingeführten Vorschriften abweichende Regelungen von diesen Vorschriften erlassen:

i)   durch Aufnahme solcher Ausnahmen in ihre nationalen Regelungen, um den auf nationaler Ebene festgelegten Fällen Rechnung zu tragen;
     und/oder

ii) durch die Ermächtigung ihrer Aufsichtsstellen, in ihrem Zuständigkeitsbereich Ausnahmen von solchen nationalen Regelungen zuzulassen, um die in Ziffer i) genannten Fälle oder andere besondere Fälle zu berücksichtigen; im letztgenannten Fall ist eine mit Gründen versehene Entscheidung erforderlich.

(6) Diese Richtlinie berührt weder die Befugnis der Mitgliedstaaten, die Gerichte oder Behörden zu benennen, die für die Streitbeilegung und für Entscheidungen im Fall von Unre-

gelmäßigkeiten im Verlauf des Angebotsverfahrens zuständig sind, noch die Befugnis der Mitgliedstaaten festzulegen, ob und unter welchen Voraussetzungen die Parteien des Angebots Rechte im Verwaltungs- oder Gerichtsverfahren geltend machen können. Die Richtlinie berührt insbesondere nicht die etwaige Befugnis der Gerichte eines Mitgliedstaats, die Eröffnung eines Gerichtsverfahrens abzulehnen sowie darüber zu entscheiden, ob durch ein solches Verfahren der Ausgang des Angebots beeinflusst wird. Diese Richtlinie berührt nicht die Befugnis der Mitgliedstaaten, die Rechtslage in Bezug auf die Haftung von Aufsichtsstellen oder im Hinblick auf Rechtsstreitigkeiten zwischen den Parteien des Angebots zu bestimmen.

Art. 5 Schutz der Minderheitsaktionäre, Pflichtangebot und angemessener Preis
(1) Hält eine natürliche oder juristische Person infolge ihres alleinigen Erwerbs oder des Erwerbs durch gemeinsam mit ihr handelnde Personen Wertpapiere einer Gesellschaft im Sinne des Artikels 1 Absatz 1, die ihr bei Hinzuzählung zu etwaigen von ihr bereits mittels solcher Wertpapiere gehaltenen Beteiligungen und den Beteiligungen der gemeinsam mit ihr handelnden Personen unmittelbar oder mittelbar einen bestimmten, die Kontrolle begründenden Anteil an den Stimmrechten dieser Gesellschaft verschaffen, so stellen die Mitgliedstaaten sicher, dass diese Person zum Schutz der Minderheitsaktionäre dieser Gesellschaft zur Abgabe eines Angebots verpflichtet ist. Dieses Angebot wird unverzüglich allen Wertpapierinhabern für alle ihre Wertpapiere zu einem im Sinne des Absatzes 4 angemessenen Preis unterbreitet.

(2) Die Verpflichtung zur Abgabe eines Angebots gemäß Absatz 1 besteht nicht mehr, wenn die Kontrolle aufgrund eines freiwilligen Angebots erlangt worden ist, das im Einklang mit dieser Richtlinie allen Wertpapierinhabern für alle ihre Wertpapiere unterbreitet worden ist.

(3) Der prozentuale Anteil der Stimmrechte, der eine Kontrolle im Sinne des Absatzes 1 begründet, und die Art der Berechnung dieses Anteils bestimmen sich nach den Vorschriften des Mitgliedstaats, in dem die Gesellschaft ihren Sitz hat.

(4) Als angemessener Preis gilt der höchste Preis, der vom Bieter oder einer mit ihm gemeinsam handelnden Person in einem von den Mitgliedstaaten festzulegenden Zeitraum von mindestens sechs und höchstens zwölf Monaten vor dem Angebot gemäß Absatz 1 für die gleichen Wertpapiere gezahlt worden ist. Erwirbt der Bieter oder eine mit ihm gemeinsam handelnde Person nach Bekanntmachung des Angebots und vor Ablauf der Annahmefrist Wertpapiere zu einem höheren als dem Angebotspreis, so muss der Bieter sein Angebot mindestens auf den höchsten Preis erhöhen, der für die dergestalt erworbenen Wertpapiere gezahlt wurde.

Sofern die allgemeinen Grundsätze nach Artikel 3 Absatz 1 eingehalten werden, können die Mitgliedstaaten ihre Aufsichtsstellen ermächtigen, den in Unterabsatz 1 genannten Preis unter ganz bestimmten Voraussetzungen und nach eindeutig festgelegten Kriterien abzuändern. Hierzu können sie in einer Liste festlegen, unter welchen Voraussetzungen der Höchstpreis nach oben oder nach unten korrigiert werden darf: wenn beispielsweise der Höchstpreis in einer Vereinbarung zwischen Käufer und Verkäufer gemeinsam festgelegt worden ist, wenn die Marktpreise der betreffenden Wertpapiere manipuliert worden sind, wenn die Marktpreise allgemein oder im Besonderen durch außergewöhnliche Umstände beeinflusst worden sind, oder um die Rettung eines Unternehmens in Schwierigkeiten zu ermöglichen. Sie können auch die in diesen Fällen heranzuziehenden Kriterien bestimmen: beispielsweise den durchschnittlichen Marktwert während eines bestimmten Zeitraums, den Liquidationswert der Gesellschaft oder andere objektive Bewertungskriterien, die allgemein in der Finanzanalyse verwendet werden.

Jede Entscheidung der Aufsichtsstellen zur Änderung des angemessenen Preises muss begründet und bekannt gemacht werden.

(5) Der Bieter kann als Gegenleistung Wertpapiere, eine Geldleistung oder eine Kombination aus Beiden anbieten.

Besteht die vom Bieter angebotene Gegenleistung jedoch nicht aus liquiden Wertpapieren, die zum Handel auf einem geregelten Markt zugelassen sind, so muss sie wahlweise eine Geldleistung umfassen.

In jedem Fall muss der Bieter eine Geldleistung zumindest wahlweise anbieten, wenn er oder eine mit ihm gemeinsam handelnde Person innerhalb eines Zeitraums, der zu demselben Zeitpunkt beginnt wie der nach Absatz 4 von den Mitgliedstaaten festgelegte Zeitraum und mit dem Ablauf der Annahmefrist endet, Wertpapiere gegen Geldleistung erworben hat, die mindestens 5 % der Stimmrechte an der Zielgesellschaft verleihen.

Die Mitgliedstaaten können vorsehen, dass in allen Fällen zumindest wahlweise eine Geldleistung angeboten werden muss.

(6) Zusätzlich zu dem Schutz gemäß Absatz 1 können die Mitgliedstaaten weitere Instrumente zum Schutz der Interessen der Wertpapierinhaber vorsehen, sofern diese Instrumente den normalen Gang eines Angebots nicht behindern.

Art. 6 Information über Angebote (1) Die Mitgliedstaaten stellen sicher, dass die Entscheidung zur Abgabe eines Angebots unverzüglich bekannt gemacht und die Aufsichtsstelle über das Angebot unterrichtet wird. Die Mitgliedstaaten können vorschreiben, dass die Aufsichtsstelle vor der Bekanntmachung zu unterrichten ist. Sobald das Angebot bekannt gemacht ist, unterrichten die jeweiligen Leitungs- bzw. Verwaltungsorgane der Zielgesellschaft und der Bietergesellschaft ihre Arbeitnehmervertreter oder – in Ermangelung solcher Vertreter – die Arbeitnehmer selbst.

(2) Die Mitgliedstaaten sorgen dafür, dass ein Bieter eine Angebotsunterlage mit den notwendigen Informationen zu erstellen und rechtzeitig bekannt zu machen hat, damit die Inhaber von Wertpapieren der Zielgesellschaft in ausreichender Kenntnis der Sachlage entscheiden können. Der Bieter übermittelt die Angebotsunterlage vor ihrer Bekanntmachung der Aufsichtsstelle. Wenn sie bekannt gemacht ist, wird sie von den jeweiligen Leitungs- oder Verwaltungsorganen der Zielgesellschaft und der Bietergesellschaft ihren Arbeitnehmervertretern oder – in Ermangelung solcher Vertreter – den Arbeitnehmern selbst übermittelt.

Bedarf die Angebotsunterlage gemäß Unterabsatz 1 der vorherigen Billigung durch die Aufsichtsstelle und ist diese Billigung erteilt worden, so ist die Unterlage, vorbehaltlich einer gegebenenfalls erforderlichen Übersetzung, in allen anderen Mitgliedstaaten, an deren Märkten die Wertpapiere der Zielgesellschaft zum Handel zugelassen sind, anzuerkennen, ohne dass eine Billigung durch die Aufsichtsstellen der betreffenden Mitgliedstaaten erforderlich wäre. Die Aufsichtsstellen können die Aufnahme zusätzlicher Angaben in die Angebotsunterlage nur verlangen, wenn diese Angaben für den Markt des Mitgliedstaats oder der Mitgliedstaaten, auf dem die Wertpapiere der Zielgesellschaft zum Handel zugelassen sind, spezifisch sind und wenn sie sich auf Förmlichkeiten beziehen, die bei der Annahme des Angebots und dem Erhalt der bei Schließung des Angebots fälligen Gegenleistung zu beachten sind, sowie auf die steuerliche Behandlung der den Wertpapierinhabern angebotenen Gegenleistung.

(3) Die Angebotsunterlage gemäß Absatz 2 muss nach diesen Vorschriften mindestens folgende Angaben enthalten:

a) die Konditionen des Angebots,

b) die Personalien des Bieters sowie, wenn es sich um eine Gesellschaft handelt, Rechtsform, Firma und Sitz der Gesellschaft,

c) die Wertpapiere oder die Gattung oder Gattungen von Wertpapieren, die Gegenstand des Angebots sind,

d) die für jedes Wertpapier oder jede Gattung von Wertpapieren angebotene Gegenleistung sowie bei obligatorischen Angeboten die zur Bestimmung der Gegenleistung angewandte Bewertungsmethode und Angaben dazu, in welcher Weise die Gegenleistung erbracht wird,

e) die Entschädigung, die geboten wird, wenn gegebenenfalls Rechte aufgrund der Durchgriffsklausel gemäß Artikel 11 Absatz 4 entzogen werden, sowie Einzelheiten über die Art, in der die Entschädigung zu zahlen ist, und die Methode, nach der sie bestimmt wird,

f) den Mindest- und Hoechstanteil oder die Mindest- und Hoechstzahl der Wertpapiere, zu deren Erwerb sich der Bieter verpflichtet,

g) Angaben zu den vom Bieter und von gemeinsam mit dem Bieter handelnden Personen gegebenenfalls bereits gehaltenen Anteilen an der Zielgesellschaft,

h) alle Bedingungen, an die das Angebot geknüpft ist,

i) die Absichten des Bieters in Bezug auf die künftige Geschäftätigkeit der Zielgesellschaft und, soweit von dem Angebot betroffen, der Bietergesellschaft und in Bezug auf die Weiterbeschäftigung ihrer Beschäftigten und ihrer Geschäftsleitung, einschließlich etwaiger wesentlicher Änderungen der Beschäftigungsbedingungen; dies betrifft insbesondere die strategische Planung des Bieters für diese Gesellschaften und deren voraussichtliche Auswirkungen auf Arbeitsplätze und Standorte,

j) die Frist für die Annahme des Angebots,

k) für den Fall, dass die Gegenleistung Wertpapiere – welcher Art auch immer – umfasst, Angaben zu diesen Wertpapieren,

l) Angaben zur Finanzierung des Angebots,

m) die Personalien der Personen, die gemeinsam mit dem Bieter oder der Zielgesellschaft handeln; im Fall von Gesellschaften auch deren Rechtsform, Firma und Sitz sowie deren Verhältnis zu dem Bieter und, soweit möglich, zu der Zielgesellschaft,

n) Angabe des nationalen Rechts, dem die sich aus dem Angebot ergebenden Verträge zwischen dem Bieter und den Inhabern der Wertpapiere der Zielgesellschaft unterliegen, sowie des Gerichtsstands.

(4) Die Kommission kann Bestimmungen zur Änderung der Liste in Absatz 3 erlassen. Diese Maßnahmen zur Änderung nicht wesentlicher Bestimmungen dieser Richtlinie werden nach dem in Artikel 18 Absatz 2 genannten Regelungsverfahren mit Kontrolle erlassen.

(5) Die Mitgliedstaaten stellen sicher, dass die Parteien des Angebots den Aufsichtsstellen ihres jeweiligen Mitgliedstaats auf Anfrage jederzeit alle ihnen zur Verfügung stehenden Informationen über das Angebot übermitteln, die für die Wahrnehmung der Aufgaben der Aufsichtsstelle notwendig sind.

Art. 7 Annahmefrist (1) Die Mitgliedstaaten schreiben vor, dass die Frist für die Annahme des Angebots nicht weniger als zwei Wochen und nicht mehr als zehn Wochen ab der Bekanntmachung der Angebotsunterlage betragen darf. Sofern der allgemeine Grundsatz nach Artikel 3 Absatz 1 Buchstabe f) eingehalten wird, können die Mitgliedstaaten vorsehen, dass die Frist von zehn Wochen unter der Bedingung verlängert werden kann, dass der Bieter seine Absicht zur Schließung des Angebots mindestens zwei Wochen zuvor bekannt gibt.

(2) Die Mitgliedstaaten können in bestimmten Fällen Vorschriften zur Änderung der in Absatz 1 genannten Frist vorsehen. Ein Mitgliedstaat kann eine Aufsichtsstelle ermächtigen, eine Abweichung von der in Absatz 1 genannten Frist zu gestatten, damit die Zielgesellschaft zur Prüfung des Angebots eine Hauptversammlung der Aktionäre einberufen kann.

Art. 8 Bekanntmachung (1) Die Mitgliedstaaten stellen sicher, dass das Angebot in der Weise bekannt gemacht wird, dass für die Wertpapiere der Zielgesellschaft, der Bietergesellschaft oder jeglicher anderen von dem Angebot betroffenen Gesellschaft die Markttransparenz und -integrität gewahrt bleibt und insbesondere die Veröffentlichung oder Verbreitung falscher oder irreführender Angaben ausgeschlossen wird.

(2) Die Mitgliedstaaten stellen sicher, dass alle erforderlichen Informationen und Unterlagen gemäß Artikel 6 in der Weise bekannt gemacht werden, dass sie den Wertpapierinhabern zumindest in den Mitgliedstaaten, in denen die Wertpapiere der Zielgesellschaft auf einem geregelten Markt zum Handel zugelassen sind, sowie den Arbeitnehmervertretern der Zielgesellschaft oder des Bieters oder – in Ermangelung solcher Vertreter – den Arbeitnehmern selbst ohne Weiteres und umgehend zur Verfügung stehen.

Art. 9 Pflichten des Leitungs- bzw. Verwaltungsorgans der Zielgesellschaft (1) Die Mitgliedstaaten sorgen für die Einhaltung der Bestimmungen in den Absätzen 2 bis 5.

(2) Innerhalb der in Unterabsatz 2 genannten Frist holt das Leitungs- bzw. Verwaltungsorgan der Zielgesellschaft die für diesen Zweck erteilte Ermächtigung der Hauptversammlung der Aktionäre ein, bevor es mit Ausnahme der Suche nach konkurrierenden Angeboten Maßnahmen ergreift, durch die das Angebot vereitelt werden könnte; dies gilt insbesondere für die Ausgabe von Wertpapieren, durch die der Bieter auf Dauer an der Erlangung der Kontrolle über die Zielgesellschaft gehindert werden könnte.

Diese Ermächtigung ist zumindest ab dem Zeitpunkt erforderlich, zu dem das Leitungs- bzw. Verwaltungsorgan der Zielgesellschaft die in Artikel 6 Absatz 1 Satz 1 genannten Informationen über das Angebot erhalten hat, und so lange, bis das Ergebnis des Angebots bekannt gemacht oder das Angebot hinfällig wird. Die Mitgliedstaaten können verlangen, dass diese Ermächtigung zu einem früheren Zeitpunkt erforderlich ist, beispielsweise wenn das Leitungs- bzw. Verwaltungsorgan der Zielgesellschaft feststellt, dass die Abgabe des Angebots unmittelbar bevorsteht.

(3) Vor dem in Absatz 2 Unterabsatz 2 genannten Zeitpunkt gefasste Entscheidungen, die weder teilweise noch vollständig umgesetzt worden sind, bedürfen der Zustimmung oder Bestätigung der Hauptversammlung der Aktionäre, wenn diese Entscheidungen außerhalb des normalen Geschäftsverlaufs gefasst wurden und ihre Umsetzung dazu führen könnte, dass das Angebot vereitelt wird.

(4) Damit die vorherige Ermächtigung, Zustimmung oder Bestätigung der Wertpapierinhaber im Sinne der Absätze 2 und 3 eingeholt werden kann, können die Mitgliedstaaten Vorschriften vorsehen, wonach eine Hauptversammlung der Aktionäre kurzfristig einberufen werden kann vorausgesetzt, dass sie frühestens zwei Wochen nach ihrer Einberufung abgehalten wird.

(5) Das Leitungs- bzw. Verwaltungsorgan der Zielgesellschaft erstellt und veröffentlicht zu dem Angebot eine mit Gründen versehene Stellungnahme, die unter anderem auf die Auswirkungen des Angebots auf die Interessen der Gesellschaft, insbesondere der Beschäftigung, und auf die strategische Planung des Bieters für die Zielgesellschaft sowie die voraussichtlichen Auswirkungen auf Arbeitsplätze und Standorte, wie in der Angebotsunterlage nach Artikel 6 Absatz 3 Buchstabe I) dargelegt, eingeht. Das Leitungs- bzw. Verwaltungsorgan der Zielgesellschaft übermittelt diese Stellungnahme gleichzeitig den Arbeitnehmervertretern der Gesellschaft oder – in Ermangelung solcher Vertreter – den Arbeitnehmern selbst. Soweit eine eigene Stellungnahme der Arbeitnehmervertreter zu den Auswirkungen auf die Beschäftigung rechtzeitig beim Leitungs- bzw. Verwaltungsorgan der Zielgesellschaft eingeht, ist diese beizufügen.

(6) Für die Zwecke von Absatz 2 bezeichnet der Begriff Leitungs- bzw. Verwaltungsorgan sowohl den Vorstand der Gesellschaft als auch deren Aufsichtsrat, sofern die Organisation der Gesellschaft eine dualistische Leitungsstruktur aufweist.

Art. 10 Information über die Gesellschaften im Sinne von Artikel 1 Absatz 1 (1) Die Mitgliedstaaten stellen sicher, dass die Gesellschaften im Sinne von Artikel 1 Absatz 1 im Einzelnen folgende Angaben offen legen:

a) die Zusammensetzung des Kapitals einschließlich der Wertpapiere, die nicht auf einem geregelten Markt eines Mitgliedstaats gehandelt werden, sowie gegebenenfalls Angabe der verschiedenen Aktiengattungen und zu jeder Aktiengattung Angabe der mit dieser Gattung verbundenen Rechte und Pflichten sowie Anteil dieser Gattung am Gesellschaftskapital;

b) jede Beschränkung in Bezug auf die Übertragung der Wertpapiere wie Beschränkungen des Wertpapierbesitzes oder Erfordernis einer Genehmigung der Gesellschaft oder anderer Wertpapierinhaber unbeschadet des Artikels 46 der Richtlinie 2001/34/EG;

c) bedeutende direkte oder indirekte Beteiligungen am Kapital (beispielsweise durch Pyramidenstrukturen oder wechselseitige Beteiligungen) im Sinne von Artikel 85 der Richtlinie 2001/34/EG;

d) die Inhaber von Wertpapieren mit besonderen Kontrollrechten und eine Beschreibung dieser Rechte;

e) die Art der Stimmrechtskontrolle bei einer Kapitalbeteiligung der Arbeitnehmer, wenn die Kontrollrechte von ihnen nicht unmittelbar ausgeübt werden;

f) alle Beschränkungen von Stimmrechten wie Begrenzungen der Stimmrechte auf einen bestimmten Anteil oder eine bestimmte Stimmenzahl, zeitliche Beschränkungen für die Ausübung des Stimmrechts oder Systeme, bei denen in Zusammenarbeit mit der Gesellschaft die mit den Wertpapieren verbundenen finanziellen Rechte von der Wertpapierinhaberschaft getrennt sind;

g) alle der Gesellschaft bekannten Vereinbarungen zwischen Gesellschaftern, die die Übertragung von Wertpapieren und/oder Stimmrechten im Sinne der Richtlinie 2001/34/EG einschränken können;

h) die Vorschriften über die Ernennung und Ersetzung der Mitglieder des Leitungs- bzw. Verwaltungsorgans und über die Änderung der Satzung der Gesellschaft;

i) die Befugnisse der Mitglieder des Leitungs- bzw. Verwaltungsorgans, insbesondere hinsichtlich der Möglichkeit, Wertpapiere auszugeben oder zurückzukaufen;

j) alle bedeutenden Vereinbarungen, an denen die Gesellschaft beteiligt ist und die bei einem Kontrollwechsel in der Gesellschaft infolge eines Übernahmeangebots wirksam werden, sich ändern oder enden, sowie die hieraus folgenden Wirkungen; ausgenommen hiervon sind Vereinbarungen, deren Bekanntmachung der Gesellschaft erheblich schaden würde; diese Ausnahme gilt nicht, wenn die Gesellschaft zur Bekanntgabe derartiger Informationen aufgrund anderer Rechtsvorschriften ausdrücklich verpflichtet ist;

k) die Vereinbarungen zwischen der Gesellschaft und den Mitgliedern des Leitungs- bzw. Verwaltungsorgans oder Arbeitnehmern, die eine Entschädigung für den Fall vorsehen, dass diese wegen eines öffentlichen Übernahmeangebots kündigen oder ohne triftigen Grund entlassen werden oder ihr Arbeitsverhältnis endet.

(2) Die Angaben gemäß Absatz 1 müssen im Lagebericht der Gesellschaft im Sinne von Artikel 46 der Richtlinie 78/660/EWG[13] und Artikel 36 der Richtlinie 83/349/EWG[14] offen gelegt werden.

(3) Die Mitgliedstaaten sorgen dafür, dass in Gesellschaften, deren Wertpapiere auf einem geregelten Markt eines Mitgliedstaats zum Handel zugelassen sind, das Leitungs- bzw. Verwaltungsorgan der Jahreshauptversammlung der Aktionäre einen erläuternden Bericht zu den in Absatz 1 genannten Punkten vorlegt.

Art. 11 Durchgriff (1) Unbeschadet anderer gemeinschaftsrechtlicher Rechte und Pflichten für die in Artikel 1 Absatz 1 genannten Gesellschaften stellen die Mitgliedstaaten sicher, dass nach Bekanntmachung eines Angebots die Bestimmungen der Absätze 2 bis 7 beachtet werden.

(2) Beschränkungen in Bezug auf die Übertragung von Wertpapieren, die in der Satzung der Zielgesellschaft vorgesehen sind, gelten dem Bieter gegenüber während der in Artikel 7 Absatz 1 festgelegten Frist für die Annahme des Angebots nicht.

Beschränkungen in Bezug auf die Übertragung von Wertpapieren, die in nach Annahme dieser Richtlinie geschlossenen vertraglichen Vereinbarungen zwischen der Zielgesellschaft und den Wertpapierinhabern dieser Gesellschaft oder in solchen vertraglichen Vereinbarungen zwischen Wertpapierinhabern der Zielgesellschaft vorgesehen sind, gelten dem Bieter gegenüber während der in Artikel 7 Absatz 1 festgelegten Frist für die Annahme des Angebots nicht.

(3) Stimmrechtsbeschränkungen, die in der Satzung der Zielgesellschaft vorgesehen sind, entfalten in der Hauptversammlung der Aktionäre, die gemäß Artikel 9 über etwaige Abwehrmaßnahmen beschließt, keine Wirkung.

Stimmrechtsbeschränkungen, die in nach der Annahme dieser Richtlinie geschlossenen vertraglichen Vereinbarungen zwischen der Zielgesellschaft und den Wertpapierinhabern dieser Gesellschaft oder in solchen vertraglichen Vereinbarungen zwischen Wertpapierinhabern der Zielgesellschaft vorgesehen sind, entfalten in der Hauptversammlung der Aktionäre, die gemäß Artikel 9 über etwaige Abwehrmaßnahmen beschließt, keine Wirkung.

Wertpapiere mit Mehrfachstimmrecht berechtigen zu lediglich einer Stimme in der Hauptversammlung der Aktionäre, die gemäß Artikel 9 über etwaige Abwehrmaßnahmen beschließt.

(4) Wenn der Bieter nach einem Angebot über 75 % oder mehr des stimmberechtigten Kapitals verfügt, gelten in der ersten Hauptversammlung der Aktionäre nach Angebotsschluss, die vom Bieter einberufen wird, um die Satzung zu ändern oder Mitglieder des Lei-

---

13 Bilanz-RL, in dieser Sammlung Nr. 4.6.
14 Konzernbilanz-RL, in dieser Sammlung Nr. 4.7.

tungs- bzw. Verwaltungsorgans zu ernennen oder abzuberufen, die Beschränkungen in Bezug auf die Übertragung von Wertpapieren und die Stimmrechtsbeschränkungen gemäß den Absätzen 2 und 3 sowie die Sonderrechte der Gesellschafter zur Ernennung oder Abberufung der Mitglieder des Leitungs- bzw. Verwaltungsorgans, die in der Satzung der Zielgesellschaft vorgesehen sind, nicht, und Wertpapiere mit Mehrfachstimmrecht berechtigen zu lediglich einer Stimme.

Zu diesem Zweck muss der Bieter das Recht haben, eine Hauptversammlung der Aktionäre kurzfristig einzuberufen vorausgesetzt, dass sie frühestens zwei Wochen nach ihrer Einberufung abgehalten wird.

(5) Werden Rechte auf der Grundlage der Absätze 2, 3 oder 4 und/oder des Artikels 12 entzogen, so werden die Inhaber dieser Rechte, denen ein Verlust entsteht, hierfür angemessen entschädigt. Die Mitgliedstaaten legen fest, nach welchen Kriterien die Entschädigung bestimmt wird und in welcher Form sie zu zahlen ist.

(6) Die Absätze 3 und 4 gelten nicht für Wertpapiere, bei denen die Stimmrechtsbeschränkungen durch besondere finanzielle Vorteile ausgeglichen werden.

(7) Dieser Artikel gilt nicht für den Fall, dass ein Mitgliedstaat Wertpapiere der Zielgesellschaft hält, die ihm mit dem Vertrag zu vereinbarende Sonderrechte einräumen; er gilt außerdem nicht für mit dem Vertrag zu vereinbarende Sonderrechte, die nach nationalem Recht gewährt werden, und nicht für Genossenschaften.

Art. 12 Freiwillige Regelungen (1) Die Mitgliedstaaten können sich das Recht vorbehalten, Gesellschaften im Sinne von Artikel 1 Absatz 1, die ihren Sitz in ihrem Staatsgebiet haben, nicht vorzuschreiben, Artikel 9 Absätze 2 und 3 und/oder Artikel 11 anzuwenden.

(2) Machen die Mitgliedstaaten von der in Absatz 1 genannten Möglichkeit Gebrauch, so räumen sie jedoch Gesellschaften mit Sitz in ihrem Staatsgebiet die widerrufliche Wahlmöglichkeit ein, Artikel 9 Absätze 2 und 3 und/oder Artikel 11 unbeschadet von Artikel 11 Absatz 7 anzuwenden.

Die Entscheidung der Gesellschaft wird von der Hauptversammlung der Aktionäre nach Maßgabe des Rechts des Mitgliedstaats, in dem die Gesellschaft ihren Sitz hat, und im Einklang mit den Vorschriften über die Änderung der Satzung getroffen. Die Entscheidung wird der Aufsichtsstelle des Mitgliedstaats, in dem die Gesellschaft ihren Sitz hat, sowie den Aufsichtsstellen derjenigen Mitgliedstaaten, in denen ihre Wertpapiere zum Handel auf einem geregelten Markt zugelassen sind, oder in denen eine solche Zulassung beantragt wurde, mitgeteilt.

(3) Die Mitgliedstaaten können unter den nach nationalem Recht festgelegten Bedingungen Gesellschaften, die Artikel 9 Absätze 2 und 3 und/oder Artikel 11 anwenden, von der Anwendung dieser Artikel befreien, wenn die betreffende Gesellschaft Ziel eines Übernahmeangebots seitens einer Gesellschaft wird, die ihrerseits dieselben Artikel nicht anwendet, oder einer Gesellschaft, die direkt oder indirekt von letzterer im Sinne des Artikels 1 der Richtlinie 83/349/EWG kontrolliert wird.

(4) Die Mitgliedstaaten stellen sicher, dass die Bestimmungen, die auf die verschiedenen Gesellschaften Anwendung finden, unverzüglich bekannt gemacht werden.

(5) Maßnahmen, die in Anwendung des Absatzes 3 durchgeführt werden sollen, bedürfen der Ermächtigung durch die Hauptversammlung der Aktionäre der Zielgesellschaft, die frühestens 18 Monate vor der Bekanntmachung des Angebots gemäß Artikel 6 Absatz 1 ergehen darf.

Art. 13 Weitere Verfahrensregeln für die Angebote Die Mitgliedstaaten sehen außerdem Vorschriften vor, die zumindest folgende Fragen regeln:
a) Hinfälligkeit der Angebote,
b) Änderung der Angebote,
c) konkurrierende Angebote,
d) Bekanntmachung der Ergebnisse der Angebote,
e) Unwiderruflichkeit der Angebote und zulässige Bedingungen.

Art. 14 Unterrichtung und Anhörung der Arbeitnehmervertreter Diese Richtlinie berührt nicht die Vorschriften über die Unterrichtung und Anhörung der Arbeitnehmervertreter und, falls von den Mitgliedstaaten vorgesehen, die Mitbestimmung der Arbeitnehmer der Bieter – sowie der Zielgesellschaft nach den einschlägigen nationalen Bestimmungen, insbesondere den Vorschriften zur Umsetzung der Richtlinien 94/45/EG, 98/59/EG, 2001/86/EG und 2002/14/EG.

Art. 15 Ausschluss von Minderheitsaktionären (1) Die Mitgliedstaaten stellen sicher, dass im Anschluss an ein an alle Wertpapierinhaber der Zielgesellschaft gerichtetes Angebot für sämtliche Wertpapiere die Absätze 2 bis 5 gelten.

(2) Die Mitgliedstaaten stellen sicher, dass ein Bieter von allen verbleibenden Wertpapierinhabern verlangen kann, dass sie ihm ihre Wertpapiere zu einem angemessenen Preis verkaufen. Die Mitgliedstaaten führen dieses Recht ein, wenn einer der folgenden Fälle vorliegt:
a) Der Bieter hält entweder Wertpapiere, die mindestens 90 % des stimmberechtigten Kapitals der Zielgesellschaft und 90 % der Stimmrechte der Zielgesellschaft entsprechen, oder
b) er hat durch Annahme des Angebots Wertpapiere erworben oder sich fest vertraglich verpflichtet, solche Wertpapiere zu erwerben, die mindestens 90 % des stimmberechtigten Kapitals der Zielgesellschaft und 90 % der vom Angebot betroffenen Stimmrechte entsprechen.
Die Mitgliedstaaten können im Fall des Buchstabens a) einen höheren Schwellenwert festlegen, der jedoch 95 % des stimmberechtigten Kapitals und 95 % der Stimmrechte nicht überschreiten darf.

(3) Die Mitgliedstaaten stellen sicher, dass Vorschriften in Kraft sind, nach denen sich berechnen lässt, wann der Schwellenwert erreicht ist.

Hat die Zielgesellschaft mehrere Wertpapiergattungen begeben, können die Mitgliedstaaten vorsehen, dass das Ausschlussrecht nur in der Gattung ausgeübt werden kann, in der der in Absatz 2 festgelegte Schwellenwert erreicht ist.

(4) Beabsichtigt der Bieter das Ausschlussrecht auszuüben, so hat er dies innerhalb von drei Monaten nach Ablauf der in Artikel 7 genannten Frist für die Annahme des Angebots zu tun.

(5) Die Mitgliedstaaten stellen sicher, dass eine angemessene Abfindung garantiert wird. Diese Abfindung muss dieselbe Form aufweisen wie die Gegenleistung des Angebots oder in Form einer Geldleistung erfolgen. Die Mitgliedstaaten können vorsehen, dass zumindest wahlweise eine Geldleistung angeboten werden muss.

Bei einem freiwilligen Angebot in den in Absatz 2 Buchstaben a) und b) vorgesehenen Fällen gilt die im Angebot angebotene Abfindung dann als angemessen, wenn der Bieter durch die Annahme des Angebots Wertpapiere erworben hat, die mindestens 90 % des vom Angebot betroffenen stimmberechtigten Kapitals entsprechen.

Bei einem Pflichtangebot gilt die Gegenleistung des Angebots als angemessen.

Art. 16 Andienungsrecht (1) Die Mitgliedstaaten stellen sicher, dass im Anschluss an ein an alle Wertpapierinhaber der Zielgesellschaft gerichtetes Angebot für sämtliche Wertpapiere die Absätze 2 und 3 Anwendung finden.

(2) Die Mitgliedstaaten stellen sicher, dass ein Inhaber verbleibender Wertpapiere von dem Bieter verlangen kann, dass er seine Wertpapiere gemäß den Bedingungen des Artikels 15 Absatz 2 zu einem angemessenen Preis erwirbt.

(3) Die Bestimmungen des Artikels 15 Absätze 3 bis 5 gelten entsprechend.

Art. 17 Sanktionen Die Mitgliedstaaten legen die Sanktionen fest, die bei einem Verstoß gegen die einzelstaatlichen Vorschriften zur Umsetzung dieser Richtlinie zu verhängen sind, und treffen alle geeigneten Maßnahmen, um deren Durchsetzung zu gewährleisten. Die Sanktionen müssen wirksam, verhältnismäßig und abschreckend sein. Die Mitgliedstaaten teilen der Kommission diese Vorschriften spätestens zu dem in Artikel 21 Absatz 1 vorgesehenen Zeitpunkt und eventuelle spätere Änderungen so schnell wie möglich mit.

Art. 18 Ausschussverfahren (1) Die Kommission wird von dem mit dem Beschluss 2001/528/EG eingesetzten Europäischen Wertpapierausschuss (nachstehend „Ausschuss" genannt) unterstützt.

(2) Wird auf diesen Absatz Bezug genommen, so gelten Artikel 5a Absätze 1 bis 4 und Artikel 7 des Beschlusses 1999/468/EG unter Beachtung von dessen Artikel 8.

(3) *gestrichen.*

Art. 19 Kontaktausschuss (1) Es wird ein Kontaktausschuss eingesetzt, der folgende Aufgaben hat:

a) Erleichterung einer einheitlichen Anwendung dieser Richtlinie durch regelmäßige Sitzungen, in denen insbesondere auf praktische Probleme eingegangen wird, die sich im Zusammenhang mit der Anwendung dieser Richtlinie ergeben; die Artikel 226 und 227 des Vertrags bleiben unberührt;

b) Beratung der Kommission, falls erforderlich, im Hinblick auf Ergänzungen oder Änderungen dieser Richtlinie.

(2) Die Beurteilung der von den Aufsichtsstellen in Einzelfällen getroffenen Entscheidungen gehört nicht zu den Aufgaben des Kontaktausschusses.

Art. 20-23 *Umsetzungsfrist, Adressaten, Prüfpflichten der Kommission – nicht abgedruckt.*

4.18 Verordnung (EG) Nr. 2157/2001 des Rates vom 8. Oktober 2001 über das Statut der Europäischen Gesellschaft (SE) [SE-VO]

ABl. 2001 L 294 / 1

DER RAT DER EUROPÄISCHEN UNION
gestützt auf den Vertrag zur Gründung der Europäischen Gemeinschaft, insbesondere auf Artikel 308,
auf Vorschlag der Kommission[1],
nach Stellungnahme des Europäischen Parlaments[2],
nach Stellungnahme des Wirtschafts- und Sozialausschusses[3],
in Erwägung nachstehender Gründe:

(1) Voraussetzung für die Verwirklichung des Binnenmarkts und für die damit angestrebte Verbesserung der wirtschaftlichen und sozialen Lage in der gesamten Gemeinschaft ist außer der Beseitigung der Handelshemmnisse eine gemeinschaftsweite Reorganisation der Produktionsfaktoren. Dazu ist es unerlässlich, dass die Unternehmen, deren Tätigkeit sich nicht auf die Befriedigung rein örtlicher Bedürfnisse beschränkt, die Neuordnung ihrer Tätigkeiten auf Gemeinschaftsebene planen und betreiben können.

(2) Eine solche Umgestaltung setzt die Möglichkeit voraus, das Wirtschaftspotential bereits bestehender Unternehmen mehrerer Mitgliedstaaten durch Konzentrations- und Fusionsmaßnahmen zusammenzufassen. Dies darf jedoch nur unter Beachtung der Wettbewerbsregeln des Vertrags geschehen.

(3) Die Verwirklichung der Umstrukturierungs- und Kooperationsmaßnahmen, an denen Unternehmen verschiedener Mitgliedstaaten beteiligt sind, stößt auf rechtliche, steuerliche und psychologische Schwierigkeiten. Einige davon konnten mit der Angleichung des Gesellschaftsrechts der Mitgliedstaaten durch aufgrund von Artikel 44 des Vertrags erlassene Richtlinien ausgeräumt werden. Dies erspart Unternehmen, die verschiedenen Rechtsordnungen unterliegen, jedoch nicht die Wahl einer Gesellschaftsform, für die ein bestimmtes nationales Recht gilt.

(4) Somit entspricht der rechtliche Rahmen, in dem sich die Unternehmen in der Gemeinschaft noch immer bewegen müssen und der hauptsächlich von innerstaatlichem Recht bestimmt wird, nicht mehr dem wirtschaftlichen Rahmen, in dem sie sich entfalten sollen, um die Erreichung der in Artikel 18 des Vertrags genannten Ziele zu ermöglichen. Dieser Zustand ist geeignet, Zusammenschlüsse zwischen Gesellschaften verschiedener Mitgliedstaaten erheblich zu behindern.

(5) Die Mitgliedstaaten sind verpflichtet, dafür zu sorgen, dass die Bestimmungen, die auf Europäische Gesellschaften aufgrund dieser Verordnung anwendbar sind, weder zu einer Diskriminierung dadurch führen, dass die Europäischen Gesellschaften ungerechtfertigterweise anders behandelt werden als die Aktiengesellschaften, noch unverhältnismäßig strenge Auflagen für die Errichtung einer Europäischen Gesellschaft oder die Verlegung ihres Sitzes mit sich bringen.

(6) Die juristische Einheitlichkeit der europäischen Unternehmen muss ihrer wirtschaftlichen weitestgehend entsprechen. Neben den bisherigen Gesellschaftsformen nationalen Rechts ist daher die Schaffung von Gesellschaften vorzusehen, deren Struktur und Funktionsweise durch eine in allen Mitgliedstaaten unmittelbar geltende gemeinschaftsrechtliche Verordnung geregelt werden.

(7) Dadurch werden sowohl die Gründung als auch die Leitung von Gesellschaften europäischen Zuschnitts ermöglicht, ohne dass die bestehenden Unterschiede zwischen den für die Handelsgesellschaften geltenden einzelstaatlichen Rechtsvorschriften und ihr räumlich begrenzter Geltungsbereich dafür ein Hindernis darstellten.

(8) Das Statut der Europäischen Aktiengesellschaft (nachfolgend „SE" genannt) zählt zu jenen Rechtsakten, die der Rat gemäß dem Weißbuch der Kommission über die Vollendung des Binnenmarkts, das der Europäische Rat von Mailand im Juni 1985 angenommen hat, vor dem Jahre 1992 erlassen musste. 1987 äußerte der Europäische Rat auf seiner Tagung in Brüssel den Wunsch, dass ein solches Statut rasch geschaffen wird.

---

1 ABl. C 263 vom 16.10.1989, S. 41, und ABl. C 176 vom 8.7.1991, S. 1.
2 Stellungnahme vom 4.9.2001.
3 ABl. C 124 vom 21.5.1990, S. 34.

(9) Seit der Vorlage des Kommissionsvorschlags für eine Verordnung über das Statut der Europäischen Aktiengesellschaften im Jahre 1970 und der Vorlage des 1975 geänderten Vorschlags sind bei der Angleichung des nationalen Gesellschaftsrechts beachtliche Fortschritte erzielt worden, so dass in Bereichen, in denen es für das Funktionieren der SE keiner einheitlichen Gemeinschaftsregelung bedarf, auf das Aktienrecht des Sitzmitgliedstaats verwiesen werden kann.

(10) Das wichtigste mit der Rechtsform einer SE verfolgte Ziel erfordert jedenfalls – unbeschadet wirtschaftlicher Erfordernisse, die sich in der Zukunft ergeben können –, dass eine SE gegründet werden kann, um es Gesellschaften verschiedener Mitgliedstaaten zu ermöglichen, zu fusionieren oder eine Holdinggesellschaft zu errichten, und damit Gesellschaften und andere juristische Personen aus verschiedenen Mitgliedstaaten, die eine Wirtschaftstätigkeit betreiben, gemeinsame Tochtergesellschaften gründen können.

(11) Im gleichen Sinne sollte es Aktiengesellschaften, die ihren satzungsmäßigen Sitz und ihre Hauptverwaltung in der Gemeinschaft haben, ermöglicht werden, eine SE durch Umwandlung ohne vorherige Auflösung zu gründen, wenn sie eine Tochtergesellschaft in einem anderen Mitgliedstaat als dem ihres Sitzes haben.

(12) Die für öffentlich zur Zeichnung auffordernde Aktiengesellschaften und für Wertpapiergeschäfte geltenden einzelstaatlichen Bestimmungen müssen auch dann, wenn die Gründung der SE durch eine öffentliche Aufforderung zur Zeichnung erfolgt, gelten sowie für SE, die diese Finanzierungsinstrumente in Anspruch nehmen möchten.

(13) Die SE selbst muss eine Kapitalgesellschaft in Form einer Aktiengesellschaft sein, die sowohl von der Finanzierung als auch von der Geschäftsführung her am besten den Bedürfnissen der gemeinschaftsweit tätigen Unternehmen entspricht. Um eine sinnvolle Unternehmensgröße dieser Gesellschaften zu gewährleisten, empfiehlt es sich, ein Mindestkapital festzusetzen, das die Gewähr dafür bietet, dass diese Gesellschaften über eine ausreichende Vermögensgrundlage verfügen, ohne dass dadurch kleinen und mittleren Unternehmen die Gründung von SE erschwert wird.

(14) Es ist erforderlich, der SE alle Möglichkeiten einer leistungsfähigen Geschäftsführung an die Hand zu geben und gleichzeitig deren wirksame Überwachung sicherzustellen. Dabei ist dem Umstand Rechnung zu tragen, dass in der Gemeinschaft hinsichtlich der Verwaltung der Aktiengesellschaften derzeit zwei verschiedene Systeme bestehen. Die Wahl des Systems bleibt der SE überlassen, jedoch ist eine klare Abgrenzung der Verantwortungsbereiche jener Personen, denen die Geschäftsführung obliegt, und der Personen, die mit der Aufsicht betraut sind, wünschenswert.

(15) Die Rechte und Pflichten hinsichtlich des Schutzes von Minderheitsaktionären und von Dritten, die sich für ein Unternehmen aus der Kontrolle durch ein anderes Unternehmen, das einer anderen Rechtsordnung unterliegt, ergeben, bestimmen sich gemäß den Vorschriften und allgemeinen Grundsätzen des internationalen Privatrechts nach dem für das kontrollierte Unternehmen geltenden Recht, unbeschadet der sich für das herrschende Unternehmen aus den geltenden Rechtsvorschriften ergebenden Pflichten, beispielsweise bei der Aufstellung des konsolidierten Abschlusses.

(16) Unbeschadet des sich möglicherweise aus einer späteren Koordinierung des Rechts der Mitgliedstaaten ergebenden Handlungsbedarfs ist eine Sonderregelung für die SE hier gegenwärtig nicht erforderlich. Es empfiehlt sich daher, sowohl für den Fall, dass die SE die Kontrolle ausübt, als auch für den Fall, dass die SE das kontrollierte Unternehmen ist, auf die allgemeinen Vorschriften und Grundsätze zurückzugreifen.

(17) Wird die SE von einem anderen Unternehmen beherrscht, so ist anzugeben, welches Recht anwendbar ist; hierzu ist auf die Rechtsvorschriften zu verweisen, die für Aktiengesellschaften gelten, die dem Recht des Sitzstaates der SE unterliegen.

(18) Es muss sichergestellt werden, dass jeder Mitgliedstaat bei Verstößen gegen Bestimmungen dieser Verordnung die für die seiner Rechtsordnung unterliegenden Aktiengesellschaften geltenden Sanktionen anwendet.

(19) Die Stellung der Arbeitnehmer in der SE wird durch die Richtlinie 2001/86/EG des Rates vom 8. Oktober 2001 zur Ergänzung des Statuts der Europäischen Gesellschaft hinsichtlich der Beteiligung der Arbeitnehmer[4] auf der Grundlage von Artikel 308 des Vertrags geregelt. Diese Bestimmungen stellen somit eine untrennbare Ergänzung der vorliegenden Verordnung dar und müssen zum gleichen Zeitpunkt anwendbar sein.

(20) Andere Rechtsbereiche wie das Steuerrecht, das Wettbewerbsrecht, der gewerbliche Rechtsschutz und das Konkursrecht werden nicht von dieser Verordnung erfasst. Die Rechtsvorschriften der Mitgliedstaaten und das Gemeinschaftsrecht gelten in den oben genannten sowie in anderen nicht von dieser Verordnung erfassten Bereichen.

---

4   SE-Mitbestimmungs-RL, in dieser Sammlung Nr. 4.19.

(21) Mit der Richtlinie 2001/86/EG soll ein Recht der Arbeitnehmer auf Beteiligung bei den den Geschäftsverlauf der SE betreffenden Fragen und Entscheidungen gewährleistet werden. Die übrigen arbeits- und sozialrechtlichen Fragen, insbesondere das in den Mitgliedstaaten geltende Recht auf Information und Anhörung der Arbeitnehmer, unterliegen hingegen den einzelstaatlichen Vorschriften, die unter denselben Bedingungen für die Aktiengesellschaften gelten.

(22) Das Inkrafttreten dieser Verordnung muss zeitlich aufgeschoben erfolgen, um alle Mitgliedstaaten in die Lage zu versetzen, die Richtlinie 2001/86/EG in innerstaatliches Recht umzusetzen und die für die Gründung und den Geschäftsbetrieb von SE mit Sitz in ihrem Hoheitsgebiet notwendigen Verfahren rechtzeitig einzuführen, dergestalt, dass die Verordnung und die Richtlinie gleichzeitig zur Anwendung gebracht werden können.

(23) Eine Gesellschaft, deren Hauptverwaltung sich außerhalb der Gemeinschaft befindet, kann sich an der Gründung einer SE beteiligen, sofern die betreffende Gesellschaft nach dem Recht eines Mitgliedstaats gegründet wurde, ihren Sitz in diesem Mitgliedstaat hat und in tatsächlicher und dauerhafter Verbindung mit der Wirtschaft eines Mitgliedstaats im Sinne der Grundsätze des allgemeinen Programms zur Aufhebung der Beschränkungen der Niederlassungsfreiheit von 1962 steht. Eine solche Verbindung besteht, wenn die Gesellschaft in dem Mitgliedstaat eine Niederlassung hat, von dem aus sie ihre Geschäfte betreibt.

(24) Die SE sollte ihren Sitz in einen anderen Mitgliedstaat verlegen können. Ein angemessener Schutz der Interessen der Minderheitsaktionäre, die sich gegen die Verlegung ausgesprochen haben, sowie der Interessen der Gläubiger und der sonstigen Forderungsberechtigten sollte in einem ausgewogenen Verhältnis stehen. Vor der Verlegung entstandene Ansprüche dürfen durch eine solche Verlegung nicht berührt werden.

(25) Bestimmungen, die die zuständige Gerichtsbarkeit im Falle der Sitzverlegung einer Aktiengesellschaft von einem Mitgliedstaat in einen anderen betreffen und die in das Brüsseler Übereinkommen von 1968 oder in einen Rechtsakt der Mitgliedstaaten oder des Rates zur Ersetzung dieses Übereinkommens aufgenommen werden, werden von dieser Verordnung nicht berührt.

(26) Für die Tätigkeiten von Finanzinstituten gelten Einzelrichtlinien, und das einzelstaatliche Recht zur Umsetzung dieser Richtlinien sowie ergänzende einzelstaatliche Vorschriften zur Regelung der betreffenden Tätigkeiten finden auf eine SE uneingeschränkt Anwendung.

(27) In Anbetracht des spezifischen und gemeinschaftlichen Charakters der SE lässt die in dieser Verordnung für die SE gewählte Regelung des tatsächlichen Sitzes die Rechtsvorschriften der Mitgliedstaaten unberührt und greift der Entscheidung bei anderen Gemeinschaftstexten im Bereich des Gesellschaftsrechts nicht vor.

(28) Der Vertrag enthält Befugnisse für die Annahme dieser Verordnung nur in Artikel 308.

(29) Da die Ziele der beabsichtigten Maßnahme – wie oben ausgeführt – nicht hinreichend von den Mitgliedstaaten erreicht werden können, weil es darum geht, die SE auf europäischer Ebene zu errichten, und da die Ziele daher wegen des Umfangs und der Wirkungen der Maßnahme besser auf Gemeinschaftsebene erreicht werden können, kann die Gemeinschaft im Einklang mit dem Subsidiaritätsprinzip nach Artikel 5 des Vertrags Maßnahmen ergreifen. Im Einklang mit dem Verhältnismäßigkeitsprinzip nach jenem Artikel geht diese Verordnung nicht über das für die Erreichung dieser Ziele erforderliche Maß hinaus –

HAT FOLGENDE VERORDNUNG ERLASSEN:

Titel I – Allgemeine Vorschriften

Art. 1 [Begriff und Eigenart der Societas Europaea] (1) Handelsgesellschaften können im Gebiet der Gemeinschaft in der Form europäischer Aktiengesellschaften (Societas Europaea, nachfolgend „SE" genannt) unter den Voraussetzungen und in der Weise gegründet werden, die in dieser Verordnung vorgesehen sind.

(2) Die SE ist eine Gesellschaft, deren Kapital in Aktien zerlegt ist. Jeder Aktionär haftet nur bis zur Höhe des von ihm gezeichneten Kapitals.

(3) Die SE besitzt Rechtspersönlichkeit.

(4) Die Beteiligung der Arbeitnehmer in der SE wird durch die Richtlinie 2001/86/EG geregelt.

Art. 2 [Gründungs- und Beteiligungsformen] (1) Aktiengesellschaften im Sinne des Anhangs I, die nach dem Recht eines Mitgliedstaats gegründet worden sind und ihren Sitz sowie ihre Hauptverwaltung in der Gemeinschaft haben, können eine SE durch Verschmelzung gründen, sofern mindestens zwei von ihnen dem Recht verschiedener Mitgliedstaaten unterliegen.

(2) Aktiengesellschaften und Gesellschaften mit beschränkter Haftung im Sinne des Anhangs II, die nach dem Recht eines Mitgliedstaats gegründet worden sind und ihren Sitz sowie ihre Hauptverwaltung in der Gemeinschaft haben, können die Gründung einer Holding-SE anstreben, sofern mindestens zwei von ihnen

a) dem Recht verschiedener Mitgliedstaaten unterliegen oder

b) seit mindestens zwei Jahren eine dem Recht eines anderen Mitgliedstaats unterliegende Tochtergesellschaft oder eine Zweigniederlassung in einem anderen Mitgliedstaat haben.

(3) Gesellschaften im Sinne des Artikels 48 Absatz 2 des Vertrags sowie juristische Personen des öffentlichen oder privaten Rechts, die nach dem Recht eines Mitgliedstaats gegründet worden sind und ihren Sitz sowie ihre Hauptverwaltung in der Gemeinschaft haben, können eine Tochter-SE durch Zeichnung ihrer Aktien gründen, sofern mindestens zwei von ihnen

a) dem Recht verschiedener Mitgliedstaaten unterliegen oder

b) seit mindestens zwei Jahren eine dem Recht eines anderen Mitgliedstaats unterliegende Tochtergesellschaft oder eine Zweigniederlassung in einem anderen Mitgliedstaat haben.

(4) Eine Aktiengesellschaft, die nach dem Recht eines Mitgliedstaats gegründet worden ist und ihren Sitz sowie ihre Hauptverwaltung in der Gemeinschaft hat, kann in eine SE umgewandelt werden, wenn sie seit mindestens zwei Jahren eine dem Recht eines anderen Mitgliedstaats unterliegende Tochtergesellschaft hat.

(5) Ein Mitgliedstaat kann vorsehen, dass sich eine Gesellschaft, die ihre Hauptverwaltung nicht in der Gemeinschaft hat, an der Gründung einer SE beteiligen kann, sofern sie nach dem Recht eines Mitgliedstaats gegründet wurde, ihren Sitz in diesem Mitgliedstaat hat und mit der Wirtschaft eines Mitgliedstaats in tatsächlicher und dauerhafter Verbindung steht.

Art. 3 [Geltung des mitgliedstaatlichen Rechts über die Aktiengesellschaft; SE als Tochtergesellschaft] (1) Die SE gilt als Aktiengesellschaft, die zum Zwecke der Anwendung des Artikels 2 Absätze 1, 2 und 3 dem Recht des Sitzmitgliedstaats unterliegt.

(2) Eine SE kann selbst eine oder mehrere Tochtergesellschaften in Form einer SE gründen. Bestimmungen des Sitzmitgliedstaats der Tochter-SE, gemäß denen eine Aktiengesellschaft mehr als einen Aktionär haben muss, gelten nicht für die Tochter-SE. Die einzelstaatlichen Bestimmungen, die aufgrund der Zwölften Richtlinie 89/667/EWG des Rates vom 21. Dezember 1989 auf dem Gebiet des Gesellschaftsrechts betreffend Gesellschaften mit beschränkter Haftung mit einem einzigen Gesellschafter[5] angenommen wurden, gelten sinngemäß für die SE.

Art. 4 [Kapital] (1) Das Kapital der SE lautet auf Euro.

(2) Das gezeichnete Kapital muss mindestens 120 000 EUR betragen.

(3) Die Rechtsvorschriften eines Mitgliedstaats, die ein höheres gezeichnetes Kapital für Gesellschaften vorsehen, die bestimmte Arten von Tätigkeiten ausüben, gelten auch für SE mit Sitz in dem betreffenden Mitgliedstaat.

---

5   Ein-Mann-GmbH-RL, in dieser Sammlung Nr. 4.5.   •

Art. 5 [**Geltung mitgliedstaatlichen Rechts für Kapital und Kapitalerhaltung**] Vorbehaltlich des Artikels 4 Absätze 1 und 2 gelten für das Kapital der SE, dessen Erhaltung und dessen Änderungen sowie die Aktien, die Schuldverschreibungen und sonstige vergleichbare Wertpapiere der SE die Vorschriften, die für eine Aktiengesellschaft mit Sitz in dem Mitgliedstaat, in dem die SE eingetragen ist, gelten würden.

Art. 6 [„**Satzung der SE**"] Für die Zwecke dieser Verordnung bezeichnet der Ausdruck „Satzung der SE" zugleich die Gründungsurkunde und, falls sie Gegenstand einer getrennten Urkunde ist, die Satzung der SE im eigentlichen Sinne.

Art. 7 [**Sitz**] Der Sitz der SE muss in der Gemeinschaft liegen, und zwar in dem Mitgliedstaat, in dem sich die Hauptverwaltung der SE befindet. Jeder Mitgliedstaat kann darüber hinaus den in seinem Hoheitsgebiet eingetragenen SE vorschreiben, dass sie ihren Sitz und ihre Hauptverwaltung am selben Ort haben müssen.

Art. 8 [**Sitzverlegung**] (1) Der Sitz der SE kann gemäß den Absätzen 2 bis 13 in einen anderen Mitgliedstaat verlegt werden. Diese Verlegung führt weder zur Auflösung der SE noch zur Gründung einer neuen juristischen Person.

(2) Ein Verlegungsplan ist von dem Leitungs- oder dem Verwaltungsorgan zu erstellen und unbeschadet etwaiger vom Sitzmitgliedstaat vorgesehener zusätzlicher Offenlegungsformen gemäß Artikel 13 offen zu legen. Dieser Plan enthält die bisherige Firma, den bisherigen Sitz und die bisherige Registriernummer der SE sowie folgende Angaben:

a) den vorgesehenen neuen Sitz der SE,

b) die für die SE vorgesehene Satzung sowie gegebenenfalls die neue Firma,

c) die etwaigen Folgen der Verlegung für die Beteiligung der Arbeitnehmer,

d) den vorgesehenen Zeitplan für die Verlegung,

e) etwaige zum Schutz der Aktionäre und/oder Gläubiger vorgesehene Rechte.

(3) Das Leitungs- oder das Verwaltungsorgan erstellt einen Bericht, in dem die rechtlichen und wirtschaftlichen Aspekte der Verlegung erläutert und begründet und die Auswirkungen der Verlegung für die Aktionäre, die Gläubiger sowie die Arbeitnehmer im Einzelnen dargelegt werden.

(4) Die Aktionäre und die Gläubiger der SE haben vor der Hauptversammlung, die über die Verlegung befinden soll, mindestens einen Monat lang das Recht, am Sitz der SE den Verlegungsplan und den Bericht nach Absatz 3 einzusehen und die unentgeltliche Aushändigung von Abschriften dieser Unterlagen zu verlangen.

(5) Die Mitgliedstaaten können in Bezug auf die in ihrem Hoheitsgebiet eingetragenen SE Vorschriften erlassen, um einen angemessenen Schutz der Minderheitsaktionäre, die sich gegen die Verlegung ausgesprochen haben, zu gewährleisten.

(6) Der Verlegungsbeschluss kann erst zwei Monate nach der Offenlegung des Verlegungsplans gefasst werden. Er muss unter den in Artikel 59 vorgesehenen Bedingungen gefasst werden.

(7) Bevor die zuständige Behörde die Bescheinigung gemäß Absatz 8 ausstellt, hat die SE gegenüber der Behörde den Nachweis zu erbringen, dass die Interessen ihrer Gläubiger und sonstigen Forderungsberechtigten (einschließlich der öffentlich-rechtlichen Körperschaften) in Bezug auf alle vor der Offenlegung des Verlegungsplans entstandenen Verbindlichkeiten im Einklang mit den Anforderungen des Mitgliedstaats, in dem die SE vor der Verlegung ihren Sitz hat, angemessen geschützt sind.

Die einzelnen Mitgliedstaaten können die Anwendung von Unterabsatz 1 auf Verbindlichkeiten ausdehnen, die bis zum Zeitpunkt der Verlegung entstehen (oder entstehen können). Die Anwendung der einzelstaatlichen Rechtsvorschriften über das Leisten oder Absichern von Zahlungen an öffentlich-rechtliche Körperschaften auf die SE wird von den Unterabsätzen 1 und 2 nicht berührt.

(8) Im Sitzstaat der SE stellt das zuständige Gericht, der Notar oder eine andere zuständige Behörde eine Bescheinigung aus, aus der zweifelsfrei hervorgeht, dass die der Verlegung vorangehenden Rechtshandlungen und Formalitäten durchgeführt wurden.

(9) Die neue Eintragung kann erst vorgenommen werden, wenn die Bescheinigung nach Absatz 8 vorgelegt und die Erfüllung der für die Eintragung in dem neuen Sitzstaat erforderlichen Formalitäten nachgewiesen wurde.

(10) Die Sitzverlegung der SE sowie die sich daraus ergebenden Satzungsänderungen werden zu dem Zeitpunkt wirksam, zu dem die SE gemäß Artikel 12 im Register des neuen Sitzes eingetragen wird.

(11) Das Register des neuen Sitzes meldet dem Register des früheren Sitzes die neue Eintragung der SE, sobald diese vorgenommen worden ist. Die Löschung der früheren Eintragung der SE erfolgt erst nach Eingang dieser Meldung.

(12) Die neue Eintragung und die Löschung der früheren Eintragung werden gemäß Artikel 13 in den betreffenden Mitgliedstaaten offen gelegt.

(13) Mit der Offenlegung der neuen Eintragung der SE ist der neue Sitz Dritten gegenüber wirksam. Jedoch können sich Dritte, solange die Löschung der Eintragung im Register des früheren Sitzes nicht offen gelegt worden ist, weiterhin auf den alten Sitz berufen, es sei denn, die SE beweist, dass den Dritten der neue Sitz bekannt war.

(14) Die Rechtsvorschriften eines Mitgliedstaats können bestimmen, dass eine Sitzverlegung, die einen Wechsel des maßgeblichen Rechts zur Folge hätte, im Falle der in dem betreffenden Mitgliedstaat eingetragenen SE nicht wirksam wird, wenn eine zuständige Behörde dieses Staates innerhalb der in Absatz 6 genannten Frist von zwei Monaten dagegen Einspruch erhebt. Dieser Einspruch ist nur aus Gründen des öffentlichen Interesses zulässig.

Untersteht eine SE nach Maßgabe von Gemeinschaftsrichtlinien der Aufsicht einer einzelstaatlichen Finanzaufsichtsbehörde, so gilt das Recht auf Erhebung von Einspruch gegen die Sitzverlegung auch für die genannte Behörde.

Gegen den Einspruch muss ein Rechtsmittel vor einem Gericht eingelegt werden können.

(15) Eine SE kann ihren Sitz nicht verlegen, wenn gegen sie ein Verfahren wegen Auflösung, Liquidation, Zahlungsunfähigkeit oder vorläufiger Zahlungseinstellung oder ein ähnliches Verfahren eröffnet worden ist.

(16) Eine SE, die ihren Sitz in einen anderen Mitgliedstaat verlegt hat, gilt in Bezug auf alle Forderungen, die vor dem Zeitpunkt der Verlegung gemäß Absatz 10 entstanden sind, als SE mit Sitz in dem Mitgliedstaat, in dem sie vor der Verlegung eingetragen war, auch wenn sie erst nach der Verlegung verklagt wird.

Art. 9 [Anwendbares Recht] (1) Die SE unterliegt

a)   den Bestimmungen dieser Verordnung,

b)   sofern die vorliegende Verordnung dies ausdrücklich zulässt, den Bestimmungen der Satzung der SE,

c)   in Bezug auf die nicht durch diese Verordnung geregelten Bereiche oder, sofern ein Bereich nur teilweise geregelt ist, in Bezug auf die nicht von dieser Verordnung erfassten Aspekte

i) den Rechtsvorschriften, die die Mitgliedstaaten in Anwendung der speziell die SE betreffenden Gemeinschaftsmaßnahmen erlassen,

ii) den Rechtsvorschriften der Mitgliedstaaten, die auf eine nach dem Recht des Sitzstaats der SE gegründete Aktiengesellschaft Anwendung finden würden,

iii) den Bestimmungen ihrer Satzung unter den gleichen Voraussetzungen wie im Falle einer nach dem Recht des Sitzstaats der SE gegründeten Aktiengesellschaft.

(2) Von den Mitgliedstaaten eigens für die SE erlassene Rechtsvorschriften müssen mit den für Aktiengesellschaften im Sinne des Anhangs I maßgeblichen Richtlinien im Einklang stehen.

(3) Gelten für die von der SE ausgeübte Geschäftstätigkeit besondere Vorschriften des einzelstaatlichen Rechts, so finden diese Vorschriften auf die SE uneingeschränkt Anwendung.

Art. 10 [Gleichstellung mit der Aktiengesellschaft] Vorbehaltlich der Bestimmungen dieser Verordnung wird eine SE in jedem Mitgliedstaat wie eine Aktiengesellschaft behandelt, die nach dem Recht des Sitzstaats der SE gegründet wurde.

Art. 11 [Firma] (1) Die SE muss ihrer Firma den Zusatz „SE" voran- oder nachstellen. (2) Nur eine SE darf ihrer Firma den Zusatz „SE" hinzufügen.

(3) Die in einem Mitgliedstaat vor dem Zeitpunkt des Inkrafttretens dieser Verordnung eingetragenen Gesellschaften oder sonstigen juristischen Personen, deren Firma den Zusatz „SE" enthält, brauchen ihre Namen jedoch nicht zu ändern.

Art. 12 [Registerpflicht und Registrierungsvoraussetzungen] (1) Jede SE wird gemäß Artikel 3 der Ersten Richtlinie 68/151/EWG des Rates vom 9. März 1968 zur Koordinierung der Schutzbestimmungen, die in den Mitgliedstaaten den Gesellschaften im Sinne des Artikels 58 Absatz 2 des Vertrages im Interesse der Gesellschafter sowie Dritter vorgeschrieben sind, um diese Bestimmungen gleichwertig zu gestalten[6], im Sitzstaat in ein nach dem Recht dieses Staates bestimmtes Register eingetragen.

(2) Eine SE kann erst eingetragen werden, wenn eine Vereinbarung über die Beteiligung der Arbeitnehmer gemäß Artikel 4 der Richtlinie 2001/86/EG geschlossen worden ist, ein Beschluss nach Artikel 3 Absatz 6 der genannten Richtlinie gefasst worden ist oder die Verhandlungsfrist nach Artikel 5 der genannten Richtlinie abgelaufen ist, ohne dass eine Vereinbarung zustande gekommen ist.

(3) Voraussetzung dafür, dass eine SE in einem Mitgliedstaat, der von der in Artikel 7 Absatz 3 der Richtlinie 2001/86/EG vorgesehenen Möglichkeit Gebrauch gemacht hat, registriert werden kann, ist, dass eine Vereinbarung im Sinne von Artikel 4 der genannten Richtlinie über die Modalitäten der Beteiligung der Arbeitnehmer – einschließlich der Mitbestimmung – geschlossen wurde oder dass für keine der teilnehmenden Gesellschaften vor der Registrierung der SE Mitbestimmungsvorschriften galten.

(4) Die Satzung der SE darf zu keinem Zeitpunkt im Widerspruch zu der ausgehandelten Vereinbarung stehen. Steht eine neue gemäß der Richtlinie 2001/86/EG geschlossene Vereinbarung im Widerspruch zur geltenden Satzung, ist diese – soweit erforderlich – zu ändern. In diesem Fall kann ein Mitgliedstaat vorsehen, dass das Leitungs- oder das Verwaltungsorgan der SE befugt ist, die Satzungsänderung ohne weiteren Beschluss der Hauptversammlung vorzunehmen.

---

6 Publizitäts-RL, in dieser Sammlung Nr. 4.1.

Art. 13 [**Offenlegung von Urkunden**] Die die SE betreffenden Urkunden und Angaben, die nach dieser Verordnung der Offenlegungspflicht unterliegen, werden gemäß der Richtlinie 68/151/EWG nach Maßgabe der Rechtsvorschriften des Sitzstaats der SE offen gelegt.

Art. 14 [**Veröffentlichung von Eintragung, Löschung und Sitzverlegung**] (1) Die Eintragung und die Löschung der Eintragung einer SE werden mittels einer Bekanntmachung zu Informationszwecken im Amtsblatt der Europäischen Gemeinschaften veröffentlicht, nachdem die Offenlegung gemäß Artikel 13 erfolgt ist. Diese Bekanntmachung enthält die Firma der SE, Nummer, Datum und Ort der Eintragung der SE, Datum, Ort und Titel der Veröffentlichung sowie den Sitz und den Geschäftszweig der SE.

(2) Bei der Verlegung des Sitzes der SE gemäß Artikel 8 erfolgt eine Bekanntmachung mit den Angaben gemäß Absatz 1 sowie mit denjenigen im Falle einer Neueintragung.

(3) Die Angaben gemäß Absatz 1 werden dem Amt für amtliche Veröffentlichungen der Europäischen Gemeinschaften innerhalb eines Monats nach der Offenlegung gemäß Artikel 13 übermittelt.

Titel II – Gründung

Abschnitt 1 – Allgemeines

Art. 15 [**Gründungsrecht**] (1) Vorbehaltlich der Bestimmungen dieser Verordnung findet auf die Gründung einer SE das für Aktiengesellschaften geltende Recht des Staates Anwendung, in dem die SE ihren Sitz begründet.

(2) Die Eintragung einer SE wird gemäß Artikel 13 offen gelegt.

Art. 16 [**Erwerb der Rechtspersönlichkeit; Vorgesellschaftshaftung**] (1) Die SE erwirbt die Rechtspersönlichkeit am Tag ihrer Eintragung in das in Artikel 12 genannte Register.

(2) Wurden im Namen der SE vor ihrer Eintragung gemäß Artikel 12 Rechtshandlungen vorgenommen und übernimmt die SE nach der Eintragung die sich aus diesen Rechtshandlungen ergebenden Verpflichtungen nicht, so haften die natürlichen Personen, die Gesellschaften oder anderen juristischen Personen, die diese Rechtshandlungen vorgenommen haben, vorbehaltlich anders lautender Vereinbarungen unbegrenzt und gesamtschuldnerisch.

Abschnitt 2 – Gründung einer SE durch Verschmelzung

Art. 17 [**Verschmelzung**] (1) Eine SE kann gemäß Artikel 2 Absatz 1 durch Verschmelzung gegründet werden.

(2) Die Verschmelzung erfolgt

a) entweder nach dem Verfahren der Verschmelzung durch Aufnahme gemäß Artikel 3 Absatz 1 der Richtlinie 78/855/EWG[7]

b) oder nach dem Verfahren der Verschmelzung durch Gründung einer neuen Gesellschaft gemäß Artikel 4 Absatz 1 der genannten Richtlinie.

Im Falle einer Verschmelzung durch Aufnahme nimmt die aufnehmende Gesellschaft bei der Verschmelzung die Form einer SE an. Im Falle einer Verschmelzung durch Gründung einer neuen Gesellschaft ist die neue Gesellschaft eine SE.

---

7   Fusions-RL, in dieser Sammlung Nr. 4.14.

Art. 18 [**Anwendbares Recht**] In den von diesem Abschnitt nicht erfassten Bereichen sowie in den nicht erfassten Teilbereichen eines von diesem Abschnitt nur teilweise abgedeckten Bereichs sind bei der Gründung einer SE durch Verschmelzung auf jede Gründungsgesellschaft die mit der Richtlinie 78/855/EWG in Einklang stehenden, für die Verschmelzung von Aktiengesellschaften geltenden Rechtsvorschriften des Mitgliedstaats anzuwenden, dessen Recht sie unterliegt.

Art. 19 [**Behördlicher Einspruch**] Die Rechtsvorschriften eines Mitgliedstaates können vorsehen, dass die Beteiligung einer Gesellschaft, die dem Recht dieses Mitgliedstaates unterliegt, an der Gründung einer SE durch Verschmelzung nur möglich ist, wenn keine zuständige Behörde dieses Mitgliedstaats vor der Erteilung der Bescheinigung gemäß Artikel 25 Absatz 2 dagegen Einspruch erhebt.

Dieser Einspruch ist nur aus Gründen des öffentlichen Interesses zulässig. Gegen ihn muss ein Rechtsmittel eingelegt werden können.

Art. 20 [**Verschmelzungsplan**] (1) Die Leitungs- oder die Verwaltungsorgane der sich verschmelzenden Gesellschaften stellen einen Verschmelzungsplan auf. Dieser Verschmelzungsplan enthält

a)   die Firma und den Sitz der sich verschmelzenden Gesellschaften sowie die für die SE vorgesehene Firma und ihren geplanten Sitz,

b)   das Umtauschverhältnis der Aktien und gegebenenfalls die Höhe der Ausgleichsleistung,

c)   die Einzelheiten hinsichtlich der Übertragung der Aktien der SE,

d)   den Zeitpunkt, von dem an diese Aktien das Recht auf Beteiligung am Gewinn gewähren, sowie alle Besonderheiten in Bezug auf dieses Recht,

e)   den Zeitpunkt, von dem an die Handlungen der sich verschmelzenden Gesellschaften unter dem Gesichtspunkt der Rechnungslegung als für Rechnung der SE vorgenommen gelten,

f)   die Rechte, welche die SE den mit Sonderrechten ausgestatteten Aktionären der Gründungsgesellschaften und den Inhabern anderer Wertpapiere als Aktien gewährt, oder die für diese Personen vorgeschlagenen Maßnahmen,

g)   jeder besondere Vorteil, der den Sachverständigen, die den Verschmelzungsplan prüfen, oder den Mitgliedern der Verwaltungs-, Leitungs-, Aufsichts- oder Kontrollorgane der sich verschmelzenden Gesellschaften gewährt wird,

h)   die Satzung der SE,

i)   Angaben zu dem Verfahren, nach dem die Vereinbarung über die Beteiligung der Arbeitnehmer gemäß der Richtlinie 2001/86/EG geschlossen wird.

(2) Die sich verschmelzenden Gesellschaften können dem Verschmelzungsplan weitere Punkte hinzufügen.

Art. 21 [**Angaben in mitgliedstaatlichem Amtsblatt**] Für jede der sich verschmelzenden Gesellschaften und vorbehaltlich weiterer Auflagen seitens des Mitgliedstaates, dessen Recht die betreffende Gesellschaft unterliegt, sind im Amtsblatt dieses Mitgliedstaats nachstehende Angaben bekannt zu machen:

a)   Rechtsform, Firma und Sitz der sich verschmelzenden Gesellschaften,

b)   das Register, bei dem die in Artikel 3 Absatz 2 der Richtlinie 68/151/EWG genannten Urkunden für jede der sich verschmelzenden Gesellschaften hinterlegt worden sind, sowie die Nummer der Eintragung in das Register,

c)   einen Hinweis auf die Modalitäten für die Ausübung der Rechte der Gläubiger der betreffenden Gesellschaft gemäß Artikel 24 sowie die Anschrift, unter der erschöpfende Auskünfte über diese Modalitäten kostenlos eingeholt werden können,

d)   einen Hinweis auf die Modalitäten für die Ausübung der Rechte der Minderheitsaktionäre der betreffenden Gesellschaft gemäß Artikel 24 sowie die Anschrift, unter der erschöpfende Auskünfte über diese Modalitäten kostenlos eingeholt werden können,

e)   die für die SE vorgesehene Firma und ihr künftiger Sitz.

Art. 22 [Unabhängige Sachverständige] Als Alternative zur Heranziehung von Sachverständigen, die für Rechnung jeder der sich verschmelzenden Gesellschaften tätig sind, können ein oder mehrere unabhängige Sachverständige im Sinne des Artikels 10 der Richtlinie 78/855/EWG, die auf gemeinsamen Antrag dieser Gesellschaften von einem Gericht oder einer Verwaltungsbehörde des Mitgliedstaats, dessen Recht eine der sich verschmelzenden Gesellschaften oder die künftige SE unterliegt, dazu bestellt wurden, den Verschmelzungsplan prüfen und einen für alle Aktionäre bestimmten einheitlichen Bericht erstellen.

Die Sachverständigen haben das Recht, von jeder der sich verschmelzenden Gesellschaften alle Auskünfte zu verlangen, die sie zur Erfüllung ihrer Aufgabe für erforderlich halten.

Art. 23 [Zustimmung der Hauptversammlung; Mitbestimmungslösung] (1) Die Hauptversammlung jeder der sich verschmelzenden Gesellschaften stimmt dem Verschmelzungsplan zu.

(2) Die Beteiligung der Arbeitnehmer in der SE wird gemäß der Richtlinie 2001/86/EG festgelegt. Die Hauptversammlung jeder der sich verschmelzenden Gesellschaften kann sich das Recht vorbehalten, die Eintragung der SE davon abhängig zu machen, dass die geschlossene Vereinbarung von ihr ausdrücklich genehmigt wird.

Art. 24 [Anwendung mitgliedstaatlichen Rechts] (1) Das Recht des Mitgliedstaats, das jeweils für die sich verschmelzenden Gesellschaften gilt, findet wie bei einer Verschmelzung von Aktiengesellschaften unter Berücksichtigung des grenzüberschreitenden Charakters der Verschmelzung Anwendung zum Schutz der Interessen

a)   der Gläubiger der sich verschmelzenden Gesellschaften,

b)   der Anleihegläubiger der sich verschmelzenden Gesellschaften,

c)   der Inhaber von mit Sonderrechten gegenüber den sich verschmelzenden Gesellschaften ausgestatteten Wertpapieren mit Ausnahme von Aktien.

(2) Jeder Mitgliedstaat kann in Bezug auf die sich verschmelzenden Gesellschaften, die seinem Recht unterliegen, Vorschriften erlassen, um einen angemessenen Schutz der Minderheitsaktionäre, die sich gegen die Verschmelzung ausgesprochen haben, zu gewährleisten.

Art. 25 [Kontrolle der Rechtmäßigkeit der Verschmelzung – einzelne Gesellschaften]
(1) Die Rechtmäßigkeit der Verschmelzung wird, was die die einzelnen sich verschmelzenden Gesellschaften betreffenden Verfahrensabschnitte anbelangt, nach den für die Verschmelzung von Aktiengesellschaften geltenden Rechtsvorschriften des Mitgliedstaats kontrolliert, dessen Recht die jeweilige verschmelzende Gesellschaft unterliegt.

(2) In jedem der betreffenden Mitgliedstaaten stellt das zuständige Gericht, der Notar oder eine andere zuständige Behörde eine Bescheinigung aus, aus der zweifelsfrei hervorgeht, dass die der Verschmelzung vorangehenden Rechtshandlungen und Formalitäten durchgeführt wurden.

(3) Ist nach dem Recht eines Mitgliedstaats, dem eine sich verschmelzende Gesellschaft unterliegt, ein Verfahren zur Kontrolle und Änderung des Umtauschverhältnisses der Aktien oder zur Abfindung von Minderheitsaktionären vorgesehen, das jedoch der Eintragung der Verschmelzung nicht entgegensteht, so findet ein solches Verfahren nur dann Anwendung, wenn die anderen sich verschmelzenden Gesellschaften in Mitgliedstaaten, in denen ein derartiges Verfahren nicht besteht, bei der Zustimmung zu dem Verschmelzungsplan gemäß Artikel 23 Absatz 1 ausdrücklich akzeptieren, dass die Aktionäre der betreffenden sich verschmelzenden Gesellschaft auf ein solches Verfahren zurückgreifen können. In diesem Fall kann das zuständige Gericht, der Notar oder eine andere zuständige Behörde die Bescheinigung gemäß Absatz 2 ausstellen, auch wenn ein derartiges Verfahren eingeleitet wurde. Die Bescheinigung muss allerdings einen Hinweis auf das anhängige Verfahren enthalten. Die Entscheidung in dem Verfahren ist für die übernehmende Gesellschaft und ihre Aktionäre bindend.

Art. 26 [Kontrolle der Rechtmäßigkeit der Verschmelzung – Durchführung der Verschmelzung] (1) Die Rechtmäßigkeit der Verschmelzung wird, was den Verfahrensabschnitt der Durchführung der Verschmelzung und der Gründung der SE anbelangt, von dem/der im künftigen Sitzstaat der SE für die Kontrolle dieses Aspekts der Rechtmäßigkeit der Verschmelzung von Aktiengesellschaften zuständigen Gericht, Notar oder sonstigen Behörde kontrolliert.

(2) Hierzu legt jede der sich verschmelzenden Gesellschaften dieser zuständigen Behörde die in Artikel 25 Absatz 2 genannte Bescheinigung binnen sechs Monaten nach ihrer Ausstellung sowie eine Ausfertigung des Verschmelzungsplans, dem sie zugestimmt hat, vor.

(3) Die gemäß Absatz 1 zuständige Behörde kontrolliert insbesondere, ob die sich verschmelzenden Gesellschaften einem gleich lautenden Verschmelzungsplan zugestimmt haben und ob eine Vereinbarung über die Beteiligung der Arbeitnehmer gemäß der Richtlinie 2001/86/EG geschlossen wurde.

(4) Diese Behörde kontrolliert ferner, ob gemäß Artikel 15 die Gründung der SE den gesetzlichen Anforderungen des Sitzstaates genügt.

Art. 27 [Wirksamwerden von Verschmelzung und Gründung] (1) Die Verschmelzung und die gleichzeitige Gründung der SE werden mit der Eintragung der SE gemäß Artikel 12 wirksam.

(2) Die SE kann erst nach Erfüllung sämtlicher in den Artikeln 25 und 26 vorgesehener Formalitäten eingetragen werden.

Art. 28 [Offenlegung der Verschmelzung] Für jede sich verschmelzende Gesellschaft wird die Durchführung der Verschmelzung nach den in den Rechtsvorschriften des jeweiligen Mitgliedstaats vorgesehenen Verfahren in Übereinstimmung mit Artikel 3 der Richtlinie 68/151/EWG offen gelegt.

Art. 29 [Wirkungen der Verschmelzung] (1) Die nach Artikel 17 Absatz 2 Buchstabe a vollzogene Verschmelzung bewirkt ipso jure gleichzeitig Folgendes:
a) Das gesamte Aktiv- und Passivvermögen jeder übertragenden Gesellschaft geht auf die übernehmende Gesellschaft über;
b) die Aktionäre der übertragenden Gesellschaft werden Aktionäre der übernehmenden Gesellschaft;

c) die übertragende Gesellschaft erlischt;

d) die übernehmende Gesellschaft nimmt die Rechtsform einer SE an.

(2) Die nach Artikel 17 Absatz 2 Buchstabe b vollzogene Verschmelzung bewirkt ipso jure gleichzeitig Folgendes:

a) Das gesamte Aktiv- und Passivvermögen der sich verschmelzenden Gesellschaften geht auf die SE über;

b) die Aktionäre der sich verschmelzenden Gesellschaften werden Aktionäre der SE;

c) die sich verschmelzenden Gesellschaften erlöschen.

(3) Schreibt ein Mitgliedstaat im Falle einer Verschmelzung von Aktiengesellschaften besondere Formalitäten für die Rechtswirksamkeit der Übertragung bestimmter von den sich verschmelzenden Gesellschaften eingebrachter Vermögensgegenstände, Rechte und Verbindlichkeiten gegenüber Dritten vor, so gelten diese fort und sind entweder von den sich verschmelzenden Gesellschaften oder von der SE nach deren Eintragung zu erfüllen.

(4) Die zum Zeitpunkt der Eintragung aufgrund der einzelstaatlichen Rechtsvorschriften und Gepflogenheiten sowie aufgrund individueller Arbeitsverträge oder Arbeitsverhältnisse bestehenden Rechte und Pflichten der beteiligten Gesellschaften hinsichtlich der Beschäftigungsbedingungen gehen mit der Eintragung der SE auf diese über.

Art. 30 [Keine Nichtigkeit nach Eintragung] Eine Verschmelzung im Sinne des Artikels 2 Absatz 1 kann nach der Eintragung der SE nicht mehr für nichtig erklärt werden.

Das Fehlen einer Kontrolle der Rechtmäßigkeit der Verschmelzung gemäß Artikel 25 und 26 kann einen Grund für die Auflösung der SE darstellen.

Art. 31 [Verschmelzungen im Konzern] (1) Wird eine Verschmelzung nach Artikel 17 Absatz 2 Buchstabe a durch eine Gesellschaft vollzogen, die Inhaberin sämtlicher Aktien und sonstiger Wertpapiere ist, die Stimmrechte in der Hauptversammlung einer anderen Gesellschaft gewähren, so finden Artikel 20 Absatz 1 Buchstaben b, c und d, Artikel 22 und Artikel 29 Absatz 1 Buchstabe b keine Anwendung. Die jeweiligen einzelstaatlichen Vorschriften, denen die einzelnen sich verschmelzenden Gesellschaften unterliegen und die für die Verschmelzungen von Aktiengesellschaften nach Artikel 24 der Richtlinie 78/855/EWG maßgeblich sind, sind jedoch anzuwenden.

(2) Vollzieht eine Gesellschaft, die Inhaberin von mindestens 90 %, nicht aber aller der in der Hauptversammlung einer anderen Gesellschaft Stimmrecht verleihenden Aktien und sonstigen Wertpapiere ist, eine Verschmelzung durch Aufnahme, so sind die Berichte des Leitungs- oder des Verwaltungsorgans, die Berichte eines oder mehrerer unabhängiger Sachverständiger sowie die zur Kontrolle notwendigen Unterlagen nur insoweit erforderlich, als dies entweder in den einzelstaatlichen Rechtsvorschriften, denen die übernehmende Gesellschaft unterliegt, oder in den für die übertragende Gesellschaft maßgeblichen einzelstaatlichen Rechtsvorschriften vorgesehen ist.

Die Mitgliedstaaten können jedoch vorsehen, dass dieser Absatz Anwendung auf eine Gesellschaft findet, die Inhaberin von Aktien ist, welche mindestens 90 % der Stimmrechte, nicht aber alle verleihen.

Abschnitt 3 – Gründung einer Holding-SE

Art. 32 [Fortbestand der die Holding anstrebenden Gesellschaften; Gründungsplan; Bericht und Zustimmung hierzu; GmbH] (1) Eine SE kann gemäß Artikel 2 Absatz 2 gegründet werden.

Die die Gründung einer SE im Sinne des Artikels 2 Absatz 2 anstrebenden Gesellschaften bestehen fort.

(2) Die Leitungs- oder die Verwaltungsorgane der die Gründung anstrebenden Gesellschaften erstellen einen gleich lautenden Gründungsplan für die SE. Dieser Plan enthält einen Bericht, der die Gründung aus rechtlicher und wirtschaftlicher Sicht erläutert und begründet sowie darlegt, welche Auswirkungen der Übergang zur Rechtsform einer SE für die Aktionäre und für die Arbeitnehmer hat. Er enthält ferner die in Artikel 20 Absatz 1 Buchstaben a, b, c, f, g, h und i vorgesehenen Angaben und setzt von jeder die Gründung anstrebenden Gesellschaft den Mindestprozentsatz der Aktien oder sonstigen Anteile fest, der von den Aktionären eingebracht werden muss, damit die SE gegründet werden kann. Dieser Prozentsatz muss mehr als 50 % der durch Aktien verliehenen ständigen Stimmrechte betragen.

(3) Der Gründungsplan ist mindestens einen Monat vor der Hauptversammlung, die über die Gründung zu beschließen hat, für jede der die Gründung anstrebenden Gesellschaften nach den in den Rechtsvorschriften der einzelnen Mitgliedstaaten gemäß Artikel 3 der Richtlinie 68/151/EWG vorgesehenen Verfahren offen zu legen.

(4) Ein oder mehrere von den die Gründung anstrebenden Gesellschaften unabhängige Sachverständige, die von einem Gericht oder einer Verwaltungsbehörde des Mitgliedstaats, dessen Recht die einzelnen Gesellschaften gemäß den nach Maßgabe der Richtlinie 78/855/EWG erlassenen einzelstaatlichen Vorschriften unterliegen, bestellt oder zugelassen sind, prüfen den gemäß Absatz 2 erstellten Gründungsplan und erstellen einen schriftlichen Bericht für die Aktionäre der einzelnen Gesellschaften. Im Einvernehmen zwischen den die Gründung anstrebenden Gesellschaften kann durch einen oder mehrere unabhängige Sachverständige, der/die von einem Gericht oder einer Verwaltungsbehörde des Mitgliedstaats, dessen Recht eine der die Gründung anstrebenden Gesellschaften oder die künftige SE gemäß den nach Maßgabe der Richtlinie 78/855/EWG erlassenen einzelstaatlichen Rechtsvorschriften unterliegt, bestellt oder zugelassen ist/sind, ein schriftlicher Bericht für die Aktionäre aller Gesellschaften erstellt werden.

(5) Der Bericht muss auf besondere Bewertungsschwierigkeiten hinweisen und erklären, ob das Umtauschverhältnis der Aktien oder Anteile angemessen ist, sowie angeben, nach welchen Methoden es bestimmt worden ist und ob diese Methoden im vorliegenden Fall angemessen sind.

(6) Die Hauptversammlung jeder der die Gründung anstrebenden Gesellschaften stimmt dem Gründungsplan für die SE zu.

Die Beteiligung der Arbeitnehmer in der SE wird gemäß der Richtlinie 2001/86/EG festgelegt. Die Hauptversammlung jeder der die Gründung anstrebenden Gesellschaften kann sich das Recht vorbehalten, die Eintragung der SE davon abhängig zu machen, dass die geschlossene Vereinbarung von ihr ausdrücklich genehmigt wird.

(7) Dieser Artikel gilt sinngemäß auch für Gesellschaften mit beschränkter Haftung.

Art. 33 [Einbringung von Gesellschaftsanteilen und ihre Wirkung; Eintragung] (1) Die Gesellschafter der die Gründung anstrebenden Gesellschaften verfügen über eine Frist von drei Monaten, um diesen Gesellschaften mitzuteilen, ob sie beabsichtigen, ihre Gesellschaftsanteile bei der Gründung der SE einzubringen. Diese Frist beginnt mit dem Zeitpunkt, zu dem der Gründungsplan für die SE gemäß Artikel 32 endgültig festgelegt worden ist.

(2) Die SE ist nur dann gegründet, wenn die Gesellschafter der die Gründung anstrebenden Gesellschaften innerhalb der in Absatz 1 genannten Frist den nach dem Gründungsplan für jede Gesellschaft festgelegten Mindestprozentsatz der Gesellschaftsanteile eingebracht haben und alle übrigen Bedingungen erfüllt sind.

(3) Sind alle Bedingungen für die Gründung der SE gemäß Absatz 2 erfüllt, so hat jede der die Gründung anstrebenden Gesellschaften diese Tatsache gemäß den nach Artikel 3 der Richtlinie 68/151/EWG erlassenen Vorschriften des einzelstaatlichen Rechts, dem sie unterliegt, offen zu legen.

Die Gesellschafter der die Gründung anstrebenden Gesellschaften, die nicht innerhalb der Frist nach Absatz 1 mitgeteilt haben, ob sie die Absicht haben, ihre Gesellschaftsanteile diesen Gesellschaften im Hinblick auf die Gründung der künftigen SE zur Verfügung zu stellen, verfügen über eine weitere Frist von einem Monat, um dies zu tun.

(4) Die Gesellschafter, die ihre Wertpapiere im Hinblick auf die Gründung der SE einbringen, erhalten Aktien der SE.

(5) Die SE kann erst dann eingetragen werden, wenn die Formalitäten gemäß Artikel 32 und die in Absatz 2 genannten Voraussetzungen nachweislich erfüllt sind.

Art. 34 [Opponentenschutz] Ein Mitgliedstaat kann für die eine Gründung anstrebenden Gesellschaften Vorschriften zum Schutz der die Gründung ablehnenden Minderheitsgesellschafter, der Gläubiger und der Arbeitnehmer erlassen.

Abschnitt 4 – Gründung einer Tochter-SE

Art. 35 [Gründung einer Tochter-SE] Eine SE kann gemäß Artikel 2 Absatz 3 gegründet werden.

Art. 36 [Anwendbares Recht] Auf die an der Gründung beteiligten Gesellschaften oder sonstigen juristischen Personen finden die Vorschriften über deren Beteiligung an der Gründung einer Tochtergesellschaft in Form einer Aktiengesellschaft nationalen Rechts Anwendung.

Abschnitt 5 – Umwandlung einer bestehenden Aktiengesellschaft in eine SE

Art. 37 [Fortbestand bei Umwandlung; keine Sitzverlegung; Umwandlungsplan und Verfahren] (1) Eine SE kann gemäß Artikel 2 Absatz 4 gegründet werden.

(2) Unbeschadet des Artikels 12 hat die Umwandlung einer Aktiengesellschaft in eine SE weder die Auflösung der Gesellschaft noch die Gründung einer neuen juristischen Person zur Folge.

(3) Der Sitz der Gesellschaft darf anlässlich der Umwandlung nicht gemäß Artikel 8 in einen anderen Mitgliedstaat verlegt werden.

(4) Das Leitungs- oder das Verwaltungsorgan der betreffenden Gesellschaft erstellt einen Umwandlungsplan und einen Bericht, in dem die rechtlichen und wirtschaftlichen Aspekte der Umwandlung erläutert und begründet sowie die Auswirkungen, die der Übergang zur Rechtsform einer SE für die Aktionäre und für die Arbeitnehmer hat, dargelegt werden.

(5) Der Umwandlungsplan ist mindestens einen Monat vor dem Tag der Hauptversammlung, die über die Umwandlung zu beschließen hat, nach den in den Rechtsvorschriften der einzelnen Mitgliedstaaten gemäß Artikel 3 der Richtlinie 68/151/EWG vorgesehenen Verfahren offen zu legen.

(6) Vor der Hauptversammlung nach Absatz 7 ist von einem oder mehreren unabhängigen Sachverständigen, die nach den einzelstaatlichen Durchführungsbestimmungen zu Artikel 10 der Richtlinie 78/855/EWG durch ein Gericht oder eine Verwaltungsbehörde des Mitgliedstaates, dessen Recht die sich in eine SE umwandelnde Aktiengesellschaft unterliegt, bestellt oder zugelassen sind, gemäß der Richtlinie 77/91/EWG[8] sinngemäß zu bescheinigen, dass die Gesellschaft über Nettovermögenswerte mindestens in Höhe ihres Kapitals zuzüglich der kraft Gesetzes oder Statut nicht ausschüttungsfähigen Rücklagen verfügt.

(7) Die Hauptversammlung der betreffenden Gesellschaft stimmt dem Umwandlungsplan zu und genehmigt die Satzung der SE. Die Beschlussfassung der Hauptversammlung erfolgt nach Maßgabe der einzelstaatlichen Durchführungsbestimmungen zu Artikel 7 der Richtlinie 78/855/EWG.

(8) Ein Mitgliedstaat kann die Umwandlung davon abhängig machen, dass das Organ der umzuwandelnden Gesellschaft, in dem die Mitbestimmung der Arbeitnehmer vorgesehen ist, der Umwandlung mit qualifizierter Mehrheit oder einstimmig zustimmt.

(9) Die zum Zeitpunkt der Eintragung aufgrund der einzelstaatlichen Rechtsvorschriften und Gepflogenheiten sowie aufgrund individueller Arbeitsverträge oder Arbeitsverhältnisse bestehenden Rechte und Pflichten der umzuwandelnden Gesellschaft hinsichtlich der Beschäftigungsbedingungen gehen mit der Eintragung der SE auf diese über.

Titel III – Aufbau der SE

Art. 38 [Organe der SE; Wahlrecht; Organstruktur] Die SE verfügt nach Maßgabe dieser Verordnung über

a) eine Hauptversammlung der Aktionäre und

b) entweder ein Aufsichtsorgan und ein Leitungsorgan (dualistisches System) oder ein Verwaltungsorgan (monistisches System), entsprechend der in der Satzung gewählten Form.

Abschnitt 1 – Dualistisches System

Art. 39 [Leitungsorgan; Geschäftsführung] (1) Das Leitungsorgan führt die Geschäfte der SE in eigener Verantwortung. Ein Mitgliedstaat kann vorsehen, dass ein oder mehrere Geschäftsführer die laufenden Geschäfte in eigener Verantwortung unter denselben Voraussetzungen, wie sie für Aktiengesellschaften mit Sitz im Hoheitsgebiet des betreffenden Mitgliedstaates gelten, führt bzw. führen.

(2) Das Mitglied/die Mitglieder des Leitungsorgans wird/werden vom Aufsichtsorgan bestellt und abberufen.

Die Mitgliedstaaten können jedoch vorschreiben oder vorsehen, dass in der Satzung festgelegt werden kann, dass das Mitglied/die Mitglieder des Leitungsorgans von der Hauptversammlung unter den Bedingungen, die für Aktiengesellschaften mit Sitz in ihrem Hoheitsgebiet gelten, bestellt und abberufen wird/werden.

---

8   Kapital-RL, in dieser Sammlung Nr. 4.2.

(3) Niemand darf zugleich Mitglied des Leitungsorgans und Mitglied des Aufsichtsorgans der SE sein. Das Aufsichtsorgan kann jedoch eines seiner Mitglieder zur Wahrnehmung der Aufgaben eines Mitglieds des Leitungsorgans abstellen, wenn der betreffende Posten nicht besetzt ist. Während dieser Zeit ruht das Amt der betreffenden Person als Mitglied des Aufsichtsorgans. Die Mitgliedstaaten können eine zeitliche Begrenzung hierfür vorsehen.

(4) Die Zahl der Mitglieder des Leitungsorgans oder die Regeln für ihre Festlegung werden durch die Satzung der SE bestimmt. Die Mitgliedstaaten können jedoch eine Mindest- und/oder Höchstzahl festsetzen.

(5) Enthält das Recht eines Mitgliedstaats in Bezug auf Aktiengesellschaften mit Sitz in seinem Hoheitsgebiet keine Vorschriften über ein dualistisches System, kann dieser Mitgliedstaat entsprechende Vorschriften in Bezug auf SE erlassen.

Art. 40 [Aufsichtsorgan] (1) Das Aufsichtsorgan überwacht die Führung der Geschäfte durch das Leitungsorgan. Es ist nicht berechtigt, die Geschäfte der SE selbst zu führen.

(2) Die Mitglieder des Aufsichtsorgans werden von der Hauptversammlung bestellt. Die Mitglieder des ersten Aufsichtsorgans können jedoch durch die Satzung bestellt werden. Artikel 47 Absatz 4 oder eine etwaige nach Maßgabe der Richtlinie 2001/86/EG geschlossene Vereinbarung über die Mitbestimmung der Arbeitnehmer bleibt hiervon unberührt.

(3) Die Zahl der Mitglieder des Aufsichtsorgans oder die Regeln für ihre Festlegung werden durch die Satzung bestimmt. Die Mitgliedstaaten können jedoch für die in ihrem Hoheitsgebiet eingetragenen SE die Zahl der Mitglieder des Aufsichtsorgans oder deren Höchst- und/oder Mindestzahl festlegen.

Art. 41 [Verhältnis zwischen Leitungs- und Aufsichtsorgan] (1) Das Leitungsorgan unterrichtet das Aufsichtsorgan mindestens alle drei Monate über den Gang der Geschäfte der SE und deren voraussichtliche Entwicklung.

(2) Neben der regelmäßigen Unterrichtung gemäß Absatz 1 teilt das Leitungsorgan dem Aufsichtsorgan rechtzeitig alle Informationen über Ereignisse mit, die sich auf die Lage der SE spürbar auswirken können.

(3) Das Aufsichtsorgan kann vom Leitungsorgan jegliche Information verlangen, die für die Ausübung der Kontrolle gemäß Artikel 40 Absatz 1 erforderlich ist. Die Mitgliedstaaten können vorsehen, dass jedes Mitglied des Aufsichtsorgans von dieser Möglichkeit Gebrauch machen kann.

(4) Das Aufsichtsorgan kann alle zur Erfüllung seiner Aufgaben erforderlichen Überprüfungen vornehmen oder vornehmen lassen.

(5) Jedes Mitglied des Aufsichtsorgans kann von allen Informationen, die diesem Organ übermittelt werden, Kenntnis nehmen.

Art. 42 [Besetzung des Aufsichtsorgans; Vorsitz] Das Aufsichtsorgan wählt aus seiner Mitte einen Vorsitzenden. Wird die Hälfte der Mitglieder des Aufsichtsorgans von den Arbeitnehmern bestellt, so darf nur ein von der Hauptversammlung der Aktionäre bestelltes Mitglied zum Vorsitzenden gewählt werden.

Abschnitt 2 – Monistisches System

Art. 43 [Geschäftsführung durch Verwaltungsorgan; Mitglieder] (1) Das Verwaltungsorgan führt die Geschäfte der SE. Ein Mitgliedstaat kann vorsehen, dass ein oder mehrere Geschäftsführer die laufenden Geschäfte in eigener Verantwortung unter denselben Voraussetzungen, wie sie für Aktiengesellschaften mit Sitz im Hoheitsgebiet des betreffenden Mitgliedstaates gelten, führt bzw. führen.

(2) Die Zahl der Mitglieder des Verwaltungsorgans oder die Regeln für ihre Festlegung sind in der Satzung der SE festgelegt. Die Mitgliedstaaten können jedoch eine Mindestzahl und erforderlichenfalls eine Hoechstzahl festsetzen.

Ist jedoch die Mitbestimmung der Arbeitnehmer in der SE gemäß der Richtlinie geregelt, so muss das Verwaltungsorgan aus mindestens drei Mitgliedern bestehen.

(3) Das Mitglied/die Mitglieder des Verwaltungsorgans wird/werden von der Hauptversammlung bestellt. Die Mitglieder des ersten Verwaltungsorgans können jedoch durch die Satzung bestellt werden. Artikel 47 Absatz 4 oder eine etwaige nach Maßgabe der Richtlinie 2001/86/EG geschlossene Vereinbarung über die Mitbestimmung der Arbeitnehmer bleibt hiervon unberührt.

(4) Enthält das Recht eines Mitgliedstaats in Bezug auf Aktiengesellschaften mit Sitz in seinem Hoheitsgebiet keine Vorschriften über ein monistisches System, kann dieser Mitgliedstaat entsprechende Vorschriften in Bezug auf SE erlassen.

Art. 44 [Zusammentreten des Verwaltungsorgans] (1) Das Verwaltungsorgan tritt in den durch die Satzung bestimmten Abständen, mindestens jedoch alle drei Monate, zusammen, um über den Gang der Geschäfte der SE und deren voraussichtliche Entwicklung zu beraten.

(2) Jedes Mitglied des Verwaltungsorgans kann von allen Informationen, die diesem Organ übermittelt werden, Kenntnis nehmen.

Art. 45 [Besetzung des Verwaltungsorgans; Vorsitz] Das Verwaltungsorgan wählt aus seiner Mitte einen Vorsitzenden. Wird die Hälfte der Mitglieder des Verwaltungsorgans von den Arbeitnehmern bestellt, so darf nur ein von der Hauptversammlung der Aktionäre bestelltes Mitglied zum Vorsitzenden gewählt werden.

Abschnitt 3 – Gemeinsame Vorschriften für das monistische und das dualistische System

Art. 46 [Dauer der Bestellung; Wiederbestellung] (1) Die Mitglieder der Organe der Gesellschaft werden für einen in der Satzung festgelegten Zeitraum, der sechs Jahre nicht überschreiten darf, bestellt.

(2) Vorbehaltlich in der Satzung festgelegter Einschränkungen können die Mitglieder einmal oder mehrmals für den gemäß Absatz 1 festgelegten Zeitraum wiederbestellt werden.

Art. 47 [Juristische Personen als Organe; Ausschluss von der Organzugehörigkeit; Organbesetzung] (1) Die Satzung der SE kann vorsehen, dass eine Gesellschaft oder eine andere juristische Person Mitglied eines Organs sein kann, sofern das für Aktiengesellschaften maßgebliche Recht des Sitzstaats der SE nichts anderes bestimmt.
Die betreffende Gesellschaft oder sonstige juristische Person hat zur Wahrnehmung ihrer Befugnisse in dem betreffenden Organ eine natürliche Person als Vertreter zu bestellen.

(2) Personen, die

a) nach dem Recht des Sitzstaats der SE dem Leitungs-, Aufsichts- oder Verwaltungsorgan einer dem Recht dieses Mitgliedstaats unterliegenden Aktiengesellschaft nicht angehören dürfen oder

b) infolge einer Gerichts- oder Verwaltungsentscheidung, die in einem Mitgliedstaat ergangen ist, dem Leitungs-, Aufsichts- oder Verwaltungsorgan einer dem Recht eines Mitgliedstaats unterliegenden Aktiengesellschaft nicht angehören dürfen,

können weder Mitglied eines Organs der SE noch Vertreter eines Mitglieds im Sinne von Absatz 1 sein.

(3) Die Satzung der SE kann für Mitglieder, die die Aktionäre vertreten, in Anlehnung an die für Aktiengesellschaften geltenden Rechtsvorschriften des Sitzstaats der SE besondere Voraussetzungen für die Mitgliedschaft festlegen.

(4) Einzelstaatliche Rechtsvorschriften, die auch einer Minderheit von Aktionären oder anderen Personen oder Stellen die Bestellung eines Teils der Organmitglieder erlauben, bleiben von dieser Verordnung unberührt.

Art. 48 [Zustimmungs- oder beschlussbedürftige Geschäfte] (1) In der Satzung der SE werden die Arten von Geschäften aufgeführt, für die im dualistischen System das Aufsichtsorgan dem Leitungsorgan seine Zustimmung erteilen muss und im monistischen System ein ausdrücklicher Beschluss des Verwaltungsorgans erforderlich ist.

Die Mitgliedstaaten können jedoch vorsehen, dass im dualistischen System das Aufsichtsorgan selbst bestimmte Arten von Geschäften von seiner Zustimmung abhängig machen kann.

(2) Die Mitgliedstaaten können für die in ihrem Hoheitsgebiet eingetragenen SE festlegen, welche Arten von Geschäften auf jeden Fall in die Satzung aufzunehmen sind.

Art. 49 [Betriebsgeheimnis] Die Mitglieder der Organe der SE dürfen Informationen über die SE, die im Falle ihrer Verbreitung den Interessen der Gesellschaft schaden könnten, auch nach Ausscheiden aus ihrem Amt nicht weitergeben; dies gilt nicht in Fällen, in denen eine solche Informationsweitergabe nach den Bestimmungen des für Aktiengesellschaften geltenden einzelstaatlichen Rechts vorgeschrieben oder zulässig ist oder im öffentlichen Interesse liegt.

Art. 50 [Beschlussfähigkeit; Beschlussfassung] (1) Sofern in dieser Verordnung oder der Satzung nichts anderes bestimmt ist, gelten für die Beschlussfähigkeit und die Beschlussfassung der Organe der SE die folgenden internen Regeln:

a) Beschlussfähigkeit: mindestens die Hälfte der Mitglieder muss anwesend oder vertreten sein;

b) Beschlussfassung: mit der Mehrheit der anwesenden oder vertretenen Mitglieder.

(2) Sofern die Satzung keine einschlägige Bestimmung enthält, gibt die Stimme des Vorsitzenden des jeweiligen Organs bei Stimmengleichheit den Ausschlag. Eine anders lautende Satzungsbestimmung ist jedoch nicht möglich, wenn sich das Aufsichtsorgan zur Hälfte aus Arbeitnehmervertretern zusammensetzt.

(3) Ist die Mitbestimmung der Arbeitnehmer gemäß der Richtlinie 2001/86/EG vorgesehen, so kann ein Mitgliedstaat vorsehen, dass sich abweichend von den Absätzen 1 und 2 Beschlussfähigkeit und Beschlussfassung des Aufsichtsorgans nach den Vorschriften richten, die unter denselben Bedingungen für die Aktiengesellschaften gelten, die dem Recht des betreffenden Mitgliedstaats unterliegen.

Art. 51 [Haftung für Schäden] Die Mitglieder des Leitungs-, Aufsichts- oder Verwaltungsorgans haften gemäß den im Sitzstaat der SE für Aktiengesellschaften maßgeblichen Rechtsvorschriften für den Schaden, welcher der SE durch eine Verletzung der ihnen bei der Ausübung ihres Amtes obliegenden gesetzlichen, satzungsmäßigen oder sonstigen Pflichten entsteht.

Abschnitt 4 – Hauptversammlung

Art. 52 [Aufgaben] Die Hauptversammlung beschließt über die Angelegenheiten, für die ihr

a) durch diese Verordnung oder

b) durch in Anwendung der Richtlinie 2001/86/EG erlassene Rechtsvorschriften des Sitzstaats der SE

die alleinige Zuständigkeit übertragen wird.

Außerdem beschließt die Hauptversammlung in Angelegenheiten, für die der Hauptversammlung einer dem Recht des Sitzstaats der SE unterliegenden Aktiengesellschaft die Zuständigkeit entweder aufgrund der Rechtsvorschriften dieses Mitgliedstaats oder aufgrund der mit diesen Rechtsvorschriften in Einklang stehenden Satzung übertragen worden ist.

Art. 53 [Organisation und Ablauf] Für die Organisation und den Ablauf der Hauptversammlung sowie für die Abstimmungsverfahren gelten unbeschadet der Bestimmungen dieses Abschnitts die im Sitzstaat der SE für Aktiengesellschaften maßgeblichen Rechtsvorschriften.

Art. 54 [Zusammentreten] (1) Die Hauptversammlung tritt mindestens einmal im Kalenderjahr binnen sechs Monaten nach Abschluss des Geschäftsjahres zusammen, sofern die im Sitzstaat der SE für Aktiengesellschaften, die dieselbe Art von Aktivitäten wie die SE betreiben, maßgeblichen Rechtsvorschriften nicht häufigere Versammlungen vorsehen. Die Mitgliedstaaten können jedoch vorsehen, dass die erste Hauptversammlung bis zu 18 Monate nach Gründung der SE abgehalten werden kann.

(2) Die Hauptversammlung kann jederzeit vom Leitungs-, Aufsichts- oder Verwaltungsorgan oder von jedem anderen Organ oder jeder zuständigen Behörde nach den für Aktiengesellschaften im Sitzstaat der SE maßgeblichen einzelstaatlichen Rechtsvorschriften einberufen werden.

Art. 55 [Einberufung; durch Minderheit] (1) Die Einberufung der Hauptversammlung und die Aufstellung ihrer Tagesordnung können von einem oder mehreren Aktionären beantragt werden, sofern sein/ihr Anteil am gezeichneten Kapital mindestens 10 % beträgt; die Satzung oder einzelstaatliche Rechtsvorschriften können unter denselben Voraussetzungen, wie sie für Aktiengesellschaften gelten, einen niedrigeren Prozentsatz vorsehen.

(2) Der Antrag auf Einberufung muss die Punkte für die Tagesordnung enthalten.

(3) Wird die Hauptversammlung nicht rechtzeitig bzw. nicht spätestens zwei Monate nach dem Zeitpunkt, zu dem der in Absatz 1 genannte Antrag gestellt worden ist, abgehalten, so kann das am Sitz der SE zuständige Gericht oder die am Sitz der SE zuständige Verwaltungsbehörde anordnen, dass sie innerhalb einer bestimmten Frist einzuberufen ist, oder die Aktionäre, die den Antrag gestellt haben, oder deren Vertreter dazu ermächtigen. Hiervon unberührt bleiben einzelstaatliche Bestimmungen, aufgrund deren die Aktionäre gegebenenfalls die Möglichkeit haben, selbst die Hauptversammlung einzuberufen.

Art. 56 [Ergänzung der Tagesordnung] Die Ergänzung der Tagesordnung für eine Hauptversammlung durch einen oder mehrere Punkte kann von einem oder mehreren Aktionären beantragt werden, sofern sein/ihr Anteil am gezeichneten Kapital mindestens 10 % beträgt. Die Verfahren und Fristen für diesen Antrag werden nach dem einzelstaatlichen Recht des Sitzstaats der SE oder, sofern solche Vorschriften nicht vorhanden sind, nach der Satzung der SE festgelegt. Die Satzung oder das Recht des Sitzstaats können unter denselben Voraussetzungen, wie sie für Aktiengesellschaften gelten, einen niedrigeren Prozentsatz vorsehen.

Art. 57 [Beschlussmehrheit] Die Beschlüsse der Hauptversammlung werden mit der Mehrheit der abgegebenen gültigen Stimmen gefasst, sofern diese Verordnung oder gegebenenfalls das im Sitzstaat der SE für Aktiengesellschaften maßgebliche Recht nicht eine größere Mehrheit vorschreibt.

Art. 58 [Unberücksichtigte Stimmen] Zu den abgegebenen Stimmen zählen nicht die Stimmen, die mit Aktien verbunden sind, deren Inhaber nicht an der Abstimmung teilgenommen oder sich der Stimme enthalten oder einen leeren oder ungültigen Stimmzettel abgegeben haben.

Art. 59 [Änderung der Satzung] (1) Die Änderung der Satzung bedarf eines Beschlusses der Hauptversammlung, der mit der Mehrheit von nicht weniger als zwei Dritteln der abgegebenen Stimmen gefasst worden ist, sofern die Rechtsvorschriften für Aktiengesellschaften im Sitzstaat der SE keine größere Mehrheit vorsehen oder zulassen.
(2) Jeder Mitgliedstaat kann jedoch bestimmen, dass die einfache Mehrheit der Stimmen im Sinne von Absatz 1 ausreicht, sofern mindestens die Hälfte des gezeichneten Kapitals vertreten ist.
(3) Jede Änderung der Satzung wird gemäß Artikel 13 offen gelegt.

Art. 60 [Abstimmung nach Aktiengattungen] (1) Sind mehrere Gattungen von Aktien vorhanden, so erfordert jeder Beschluss der Hauptversammlung noch eine gesonderte Abstimmung durch jede Gruppe von Aktionären, deren spezifische Rechte durch den Beschluss berührt werden.
(2) Bedarf der Beschluss der Hauptversammlung der Mehrheit der Stimmen gemäß Artikel 59 Absätze 1 oder 2, so ist diese Mehrheit auch für die gesonderte Abstimmung jeder Gruppe von Aktionären erforderlich, deren spezifische Rechte durch den Beschluss berührt werden.

Titel IV – Jahresabschluss und konsolidierter Abschluss

Art. 61 [Anwendbares Recht] Vorbehaltlich des Artikels 62 unterliegt die SE hinsichtlich der Aufstellung ihres Jahresabschlusses und gegebenenfalls ihres konsolidierten Abschlusses einschließlich des dazugehörigen Lageberichts sowie der Prüfung und der Offenlegung dieser Abschlüsse den Vorschriften, die für dem Recht des Sitzstaates der SE unterliegende Aktiengesellschaften gelten.

Art. 62 [Kredit- und Finanzinstitute; Versicherungsunternehmen] (1) Handelt es sich bei der SE um ein Kreditinstitut oder ein Finanzinstitut, so unterliegt sie hinsichtlich der Aufstellung ihres Jahresabschlusses und gegebenenfalls ihres konsolidierten Abschlusses einschließlich des dazugehörigen Lageberichts sowie der Prüfung und der Offenlegung dieser Abschlüsse den gemäß der Richtlinie 2000/12/EG des Europäischen Parlaments und des

Rates vom 20. März 2000 über die Aufnahme und Ausübung der Tätigkeit der Kreditinstitute[9] erlassenen einzelstaatlichen Rechtsvorschriften des Sitzstaats.

(2) Handelt es sich bei der SE um ein Versicherungsunternehmen, so unterliegt sie hinsichtlich der Aufstellung ihres Jahresabschlusses und gegebenenfalls ihres konsolidierten Abschlusses einschließlich des dazugehörigen Lageberichts sowie der Prüfung und der Offenlegung dieser Abschlüsse den gemäß der Richtlinie 91/674/EWG des Rates vom 19. Dezember 1991 über den Jahresabschluss und den konsolidierten Abschluss von Versicherungsunternehmen[10] erlassenen einzelstaatlichen Rechtsvorschriften des Sitzstaats.

Titel V – Auflösung, Liquidation, Zahlungsunfähigkeit und Zahlungseinstellung

Art. 63 [Anwendbares Recht] Hinsichtlich der Auflösung, Liquidation, Zahlungsunfähigkeit, Zahlungseinstellung und ähnlicher Verfahren unterliegt die SE den Rechtsvorschriften, die für eine Aktiengesellschaft maßgeblich wären, die nach dem Recht des Sitzstaats der SE gegründet worden ist; dies gilt auch für die Vorschriften hinsichtlich der Beschlussfassung durch die Hauptversammlung.

Art. 64 [Verbürgung rechtmäßiger Sitznahme] (1) Erfüllt eine SE nicht mehr die Verpflichtung nach Artikel 7, so trifft der Mitgliedstaat, in dem die SE ihren Sitz hat, geeignete Maßnahmen, um die SE zu verpflichten, innerhalb einer bestimmten Frist den vorschriftswidrigen Zustand zu beenden, indem sie

a) entweder ihre Hauptverwaltung wieder im Sitzstaat errichtet

b) oder ihren Sitz nach dem Verfahren des Artikels 8 verlegt.

(2) Der Sitzstaat trifft die erforderlichen Maßnahmen, um zu gewährleisten, dass eine SE, die den vorschriftswidrigen Zustand nicht gemäß Absatz 1 beendet, liquidiert wird.

(3) Der Sitzstaat sieht vor, dass ein Rechtsmittel gegen die Feststellung des Verstoßes gegen Artikel 7 eingelegt werden kann. Durch dieses Rechtsmittel werden die in den Absätzen 1 und 2 vorgesehenen Verfahren ausgesetzt.

(4) Wird auf Veranlassung der Behörden oder einer betroffenen Partei festgestellt, dass sich die Hauptverwaltung einer SE unter Verstoß gegen Artikel 7 im Hoheitsgebiet eines Mitgliedstaats befindet, so teilen die Behörden dieses Mitgliedstaats dies unverzüglich dem Mitgliedstaat mit, in dem die SE ihren Sitz hat.

Art. 65 [Offenlegung von Verfahrenseröffnung und -abschluss] Die Eröffnung eines Auflösungs-, Liquidations-, Zahlungsunfähigkeits- und Zahlungseinstellungsverfahrens und sein Abschluss sowie die Entscheidung über die Weiterführung der Geschäftstätigkeit werden unbeschadet einzelstaatlicher Bestimmungen, die zusätzliche Anforderungen in Bezug auf die Offenlegung enthalten, gemäß Artikel 13 offen gelegt.

Art. 66 [Umwandlung in Aktiengesellschaft und Verfahren] (1) Eine SE kann in eine dem Recht ihres Sitzstaats unterliegende Aktiengesellschaft umgewandelt werden. Ein Umwandlungsbeschluss darf erst zwei Jahre nach Eintragung der SE oder nach Genehmigung der ersten beiden Jahresabschlüsse gefasst werden.

---

9   ABl. L 126 vom 26.5.2000, S. 1.
10   ABl. L 374 vom 31.12.1991, S. 7.

(2) Die Umwandlung einer SE in eine Aktiengesellschaft führt weder zur Auflösung der Gesellschaft noch zur Gründung einer neuen juristischen Person.

(3) Das Leitungs- oder das Verwaltungsorgan der SE erstellt einen Umwandlungsplan sowie einen Bericht, in dem die rechtlichen und wirtschaftlichen Aspekte der Umwandlung erläutert und begründet sowie die Auswirkungen, die der Übergang zur Rechtsform der Aktiengesellschaft für die Aktionäre und die Arbeitnehmer hat, dargelegt werden.

(4) Der Umwandlungsplan ist mindestens einen Monat vor dem Tag der Hauptversammlung, die über die Umwandlung zu beschließen hat, nach den in den Rechtsvorschriften der einzelnen Mitgliedstaaten gemäß Artikel 3 der Richtlinie 68/151/EWG vorgesehenen Verfahren offen zu legen.

(5) Vor der Hauptversammlung nach Absatz 6 ist von einem oder mehreren unabhängigen Sachverständigen, der/die nach den einzelstaatlichen Durchführungsbestimmungen zu Artikel 10 der Richtlinie 78/855/EWG durch ein Gericht oder eine Verwaltungsbehörde des Mitgliedstaates, dem die sich in eine Aktiengesellschaft umwandelnde SE unterliegt, bestellt oder zugelassen ist/sind, zu bescheinigen, dass die Gesellschaft über Vermögenswerte mindestens in Höhe ihres Kapitals verfügt.

(6) Die Hauptversammlung der SE stimmt dem Umwandlungsplan zu und genehmigt die Satzung der Aktiengesellschaft. Die Beschlussfassung der Hauptversammlung erfolgt nach Maßgabe der einzelstaatlichen Bestimmungen im Einklang mit Artikel 7 der Richtlinie 78/855/EWG.

Titel VI – Ergänzungs- und Übergangsbestimmungen

Art. 67 [Mitgliedstaaten, in denen die dritte Stufe der Wirtschafts- und Währungsunion nicht gilt] (1) Jeder Mitgliedstaat kann, sofern und solange für ihn die dritte Stufe der Wirtschafts- und Währungsunion (WWU) nicht gilt, auf die SE mit Sitz in seinem Hoheitsgebiet in der Frage, auf welche Währung ihr Kapital zu lauten hat, dieselben Bestimmungen anwenden wie auf die Aktiengesellschaften, für die seine Rechtsvorschriften gelten. Die SE kann ihr Kapital auf jeden Fall auch in Euro ausdrücken. In diesem Fall wird für die Umrechnung zwischen Landeswährung und Euro der Satz zugrunde gelegt, der am letzten Tag des Monats vor der Gründung der SE galt.

(2) Sofern und solange für den Sitzstaat der SE die dritte Stufe der WWU nicht gilt, kann die SE jedoch die Jahresabschlüsse und gegebenenfalls die konsolidierten Abschlüsse in Euro erstellen und offen legen. Der Mitgliedstaat kann verlangen, dass die Jahresabschlüsse und gegebenenfalls die konsolidierten Abschlüsse nach denselben Bedingungen, wie sie für die dem Recht dieses Mitgliedstaats unterliegenden Aktiengesellschaften vorgesehen sind, in der Landeswährung erstellt und offen gelegt werden. Dies gilt unbeschadet der der SE zusätzlich eingeräumten Möglichkeit, ihre Jahresabschlüsse und gegebenenfalls ihre konsolidierten Abschlüsse entsprechend der Richtlinie 90/604/EWG[11] in Euro offen zu legen.

---

11 Richtlinie 90/604/EWG des Rates vom 8.11.1990 zur Änderung der Richtlinie 78/660/EWG über den Jahresabschluss und der Richtlinie 83/349/EWG über den konsolidierten Abschluss hinsichtlich der Ausnahme für kleine und mittlere Gesellschaften sowie der Offenlegung von Abschlüssen in Ecu (ABl. L 317 vom 16.11.1990, S. 57).

Titel VII – Schlussbestimmungen

Art. 68 [**Durchsetzung**] (1) Die Mitgliedstaaten treffen alle geeigneten Vorkehrungen, um das Wirksamwerden dieser Verordnung zu gewährleisten.

(2) Jeder Mitgliedstaat benennt die zuständigen Behörden im Sinne der Artikel 8, 25, 26, 54, 55 und 64. Er setzt die Kommission und die anderen Mitgliedstaaten davon in Kenntnis.

Art. 69 [**Berichtspflicht der Kommission**] – *nicht abgedruckt.*

Art. 70 [**Inkrafttreten**] Diese Verordnung tritt am 8. Oktober 2004 in Kraft.

Diese Verordnung ist in allen ihren Teilen verbindlich und gilt unmittelbar in jedem Mitgliedstaat.

Anhang I Auflistung der Äquivalente zur AG; **Anhang II** Auflistung der Äquivalente zu AG und GmbH – *nicht abgedruckt.*

4.19 Richtlinie 2001/86/EG des Rates vom 8. Oktober 2001 zur Ergänzung des Statuts der Europäischen Gesellschaft hinsichtlich der Beteiligung der Arbeitnehmer [SE-Mitbestimmungs-RL]

ABl. 2001 L 294/22

DER RAT DER EUROPÄISCHEN UNION –

gestützt auf den Vertrag zur Gründung der Europäischen Gemeinschaft, insbesondere auf Artikel 308,

auf der Grundlage des geänderten Vorschlags der Kommission[1],

nach Stellungnahme des Europäischen Parlaments[2],

nach Stellungnahme des Wirtschafts- und Sozialausschusses[3],

in Erwägung nachstehender Gründe:

(1) Zur Erreichung der Ziele des Vertrags wird mit der Verordnung (EG) Nr. 2157/2001 des Rates[4] das Statut der Europäischen Gesellschaft (SE) festgelegt.

(2) Mit jener Verordnung soll ein einheitlicher rechtlicher Rahmen geschaffen werden, innerhalb dessen Gesellschaften aus verschiedenen Mitgliedstaaten in der Lage sein sollten, die Neuorganisation ihres Geschäftsbetriebs gemeinschaftsweit zu planen und durchzuführen.

(3) Um die Ziele der Gemeinschaft im sozialen Bereich zu fördern, müssen besondere Bestimmungen – insbesondere auf dem Gebiet der Beteiligung der Arbeitnehmer – festgelegt werden, mit denen gewährleistet werden soll, dass die Gründung einer SE nicht zur Beseitigung oder zur Einschränkung der Gepflogenheiten der Arbeitnehmerbeteiligung führt, die in den an der Gründung einer SE beteiligten Gesellschaften herrschen. Dieses Ziel sollte durch die Einführung von Regeln in diesen Bereich verfolgt werden, mit denen die Bestimmungen der Verordnung ergänzt werden.

(4) Da die Ziele der vorgeschlagenen Maßnahme – wie oben ausgeführt – nicht hinreichend von den Mitgliedstaaten erreicht werden können, weil es darum geht, eine Reihe von für die SE geltenden Regeln für die Beteiligung der Arbeitnehmer zu erlassen, und da die Ziele daher wegen des Umfangs und der Wirkungen der vorgeschlagenen Maßnahme besser auf Gemeinschaftsebene erreicht werden können, kann die Gemeinschaft im Einklang mit dem Subsidiaritätsprinzip nach Artikel 5 des Vertrags Maßnahmen ergreifen. Im Einklang mit dem Verhältnismäßigkeitsprinzip nach jenem Artikel geht diese Richtlinie nicht über das für die Erreichung dieser Ziele erforderliche Maß hinaus.

(5) Angesichts der in den Mitgliedstaaten bestehenden Vielfalt an Regelungen und Gepflogenheiten für die Beteiligung der Arbeitnehmervertreter an der Beschlussfassung in Gesellschaften ist es nicht ratsam, ein auf die SE anwendbares einheitliches europäisches Modell der Arbeitnehmerbeteiligung vorzusehen.

(6) In allen Fällen der Gründung einer SE sollten jedoch Unterrichtungs- und Anhörungsverfahren auf grenzüberschreitender Ebene gewährleistet sein.

(7) Sofern und soweit es in einer oder in mehreren der an der Gründung einer SE beteiligten Gesellschaften Mitbestimmungsrechte gibt, sollten sie durch Übertragung an die SE nach deren Gründung erhalten bleiben, es sei denn, dass die Parteien etwas anderes beschließen.

(8) Die konkreten Verfahren der grenzüberschreitenden Unterrichtung und Anhörung der Arbeitnehmer sowie gegebenenfalls der Mitbestimmung, die für die einzelnen SE gelten, sollten vorrangig durch eine Vereinbarung zwischen den betroffenen Parteien oder – in Ermangelung einer derartigen Vereinbarung – durch die Anwendung einer Reihe von subsidiären Regeln festgelegt werden.

(9) Angesicht der unterschiedlichen Gegebenheiten bei den nationalen Systemen der Mitbestimmung sollte den Mitgliedstaaten die Anwendung der Auffangregelungen für die Mitbestimmung im Falle einer Fusion freigestellt werden. In diesem Fall ist die Beibehaltung der bestehenden Mitbestimmungssysteme und -praktiken, die gegebenenfalls auf der Ebene der teilnehmenden Gesellschaften bestehen, durch eine Anpassung der Vorschriften für die Registrierung zu gewährleisten.

---

1 ABl. C 138 vom 29.5.1991, S. 8.
2 ABl. C 342 vom 20.12.1993, S. 15.
3 ABl. C 124 vom 21.5.1990, S. 34.
4 SE-VO, in dieser Sammlung Nr. 4.18.

(10) Die Abstimmungsregeln in dem besonderen Gremium, das die Arbeitnehmer zu Verhandlungs-
zwecken vertritt, sollten – insbesondere wenn Vereinbarungen getroffen werden, die ein geringeres
Maß an Mitbestimmung vorsehen, als es in einer oder mehreren der sich beteiligenden Gesellschaften gegeben ist – in einem angemessenen Verhältnis zur Gefahr der Beseitigung oder der Einschränkung der bestehenden Mitbestimmungssysteme und -praktiken stehen. Wenn eine SE im
Wege der Umwandlung oder Verschmelzung gegründet wird, ist diese Gefahr größer, als wenn die
Gründung im Wege der Errichtung einer Holdinggesellschaft oder einer gemeinsamen Tochtergesellschaft erfolgt.

(11) Führen die Verhandlungen zwischen den Vertretern der Arbeitnehmer und dem jeweils zuständigen Organ der beteiligten Gesellschaften nicht zu einer Vereinbarung, so sollten für die SE von ihrer Gründung an bestimmte Standardanforderungen gelten. Diese Standardanforderungen sollten
eine effiziente Praxis der grenzüberschreitenden Unterrichtung und Anhörung der Arbeitnehmer
sowie deren Mitbestimmung in dem einschlägigen Organ der SE gewährleisten, sofern und soweit
es eine derartige Mitbestimmung vor der Errichtung der SE in einer der beteiligten Gesellschaften
gegeben hat.

(12) Es sollte vorgesehen werden, dass die Vertreter der Arbeitnehmer, die im Rahmen der Richtlinie
handeln, bei der Wahrnehmung ihrer Aufgaben einen ähnlichen Schutz und ähnliche Garantien
genießen, wie sie die Vertreter der Arbeitnehmer nach den Rechtsvorschriften und/oder den Gepflogenheiten des Landes ihrer Beschäftigung haben. Sie sollten keiner Diskriminierung infolge der
rechtmäßigen Ausübung ihrer Tätigkeit unterliegen und einen angemessenen Schutz vor Kündigung und anderen Sanktionen genießen.

(13) Die Vertraulichkeit sensibler Informationen sollte auch nach Ablauf der Amtszeit der Arbeitnehmervertreter gewährleistet sein; dem zuständigen Organ der SE sollte es gestattet werden, Informationen zurückzuhalten, die im Falle einer Bekanntgabe an die Öffentlichkeit den Betrieb der SE
ernsthaft stören würden.

(14) Unterliegen eine SE sowie ihre Tochtergesellschaften und Niederlassungen der Richtlinie 94/45/EG
des Rates vom 22. September 1994 über die Einsetzung eines Europäischen Betriebsrats oder die
Schaffung eines Verfahrens zur Unterrichtung und Anhörung der Arbeitnehmer in gemeinschaftsweit operierenden Unternehmen und Unternehmensgruppen[5], so sollten die Bestimmungen jener
Richtlinie und die Bestimmungen zu ihrer Umsetzung in einzelstaatliches Recht weder auf die SE
noch auf ihre Tochtergesellschaften und Niederlassungen anwendbar sein, es sei denn, das besondere Verhandlungsgremium beschließt, keine Verhandlungen aufzunehmen oder bereits eröffnete
Verhandlungen zu beenden.

(15) Die Regeln dieser Richtlinie sollten andere bestehende Beteiligungsrechte nicht berühren und haben nicht notwendigerweise Auswirkungen auf andere bestehende Vertretungsstrukturen aufgrund
gemeinschaftlicher oder einzelstaatlicher Rechtsvorschriften oder Gepflogenheiten.

(16) Die Mitgliedstaaten sollten geeignete Maßnahmen für den Fall vorsehen, dass die in dieser Richtlinie festgelegten Pflichten nicht eingehalten werden.

(17) Der Vertrag enthält Befugnisse für die Annahme dieser Richtlinie nur in Artikel 308.

(18) Die Sicherung erworbener Rechte der Arbeitnehmer über ihre Beteiligung an Unternehmensentscheidungen ist fundamentaler Grundsatz und erklärtes Ziel dieser Richtlinie. Die vor der Gründung von SE bestehenden Rechte der Arbeitnehmer sollten deshalb Ausgangspunkt auch für die
Gestaltung ihrer Beteiligungsrechte in der SE (Vorher-Nachher-Prinzip) sein. Dieser Ansatz sollte
folgerichtig nicht nur für die Neugründung einer SE, sondern auch für strukturelle Veränderungen
einer bereits gegründeten SE und für die von den strukturellen Änderungsprozessen betroffenen
Gesellschaften gelten.

(19) Die Mitgliedstaaten sollten vorsehen können, dass Vertreter von Gewerkschaften Mitglied eines besonderen Verhandlungsgremiums sein können, unabhängig davon, ob sie Arbeitnehmer einer an
der Gründung einer SE beteiligten Gesellschaft sind oder nicht. In diesem Zusammenhang sollten
die Mitgliedstaaten dieses Recht insbesondere in den Fällen vorsehen können, in denen Gewerkschaftsvertreter nach ihrem einzelstaatlichen Recht stimmberechtigte Mitglieder des Aufsichts- o-
der des Leitungsorgans sein dürfen.

(20) In mehreren Mitgliedstaaten werden die Beteiligung der Arbeitnehmer sowie andere Bereiche der
Arbeitgeber/Arbeitnehmer-Beziehungen sowohl durch einzelstaatliche Rechtsvorschriften als auch
durch Gepflogenheiten geregelt, wobei die Gepflogenheiten im vorliegenden Zusammenhang in
der Weise zu verstehen sind, dass sie auch Tarifverträge auf verschiedenen Ebenen – national, sekt-
oral oder unternehmensbezogen – umfassen –

HAT FOLGENDE RICHTLINIE ERLASSEN:

---

5   Europäischer Betriebsrat-RL, in dieser Sammlung Nr. 3.14.

Teil I – Allgemeine Bestimmungen

Art. 1 Gegenstand (1) Diese Richtlinie regelt die Beteiligung der Arbeitnehmer in der Europäischen Aktiengesellschaft (Societas Europaea, nachfolgend „SE" genannt), die Gegenstand der Verordnung (EG) Nr. 2157/2001 ist.

(2) Zu diesem Zweck wird in jeder SE gemäß dem Verhandlungsverfahren nach den Artikeln 3 bis 6 oder unter den in Artikel 7 genannten Umständen gemäß dem Anhang eine Vereinbarung über die Beteiligung der Arbeitnehmer getroffen.

Art. 2 Begriffsbestimmungen Für die Zwecke dieser Richtlinie bezeichnet der Ausdruck

a) „SE" eine nach der Verordnung (EG) Nr. 2157/2001 gegründete Gesellschaft,

b) „beteiligte Gesellschaften" die Gesellschaften, die unmittelbar an der Gründung einer SE beteiligt sind,

c) „Tochtergesellschaft" einer Gesellschaft ein Unternehmen, auf das die betreffende Gesellschaft einen beherrschenden Einfluss im Sinne des Artikels 3 Absätze 2 bis 7 der Richtlinie 94/45/EG ausübt,

d) „betroffene Tochtergesellschaft oder betroffener Betrieb" eine Tochtergesellschaft oder einen Betrieb einer beteiligten Gesellschaft, die/der bei der Gründung der SE zu einer Tochtergesellschaft oder einem Betrieb der SE werden soll,

e) „Arbeitnehmervertreter" die nach den Rechtsvorschriften und/oder den Gepflogenheiten der einzelnen Mitgliedstaaten vorgesehenen Vertreter der Arbeitnehmer,

f) „Vertretungsorgan" das Organ zur Vertretung der Arbeitnehmer, das durch die Vereinbarung nach Artikel 4 oder entsprechend dem Anhang eingesetzt wird, um die Unterrichtung und Anhörung der Arbeitnehmer der SE und ihrer Tochtergesellschaften und Betriebe in der Gemeinschaft vorzunehmen und gegebenenfalls Mitbestimmungsrechte in Bezug auf die SE wahrzunehmen,

g) „besonderes Verhandlungsgremium" das gemäß Artikel 3 eingesetzte Gremium, das die Aufgabe hat, mit dem jeweils zuständigen Organ der beteiligten Gesellschaften die Vereinbarung über die Beteiligung der Arbeitnehmer in der SE auszuhandeln,

h) „Beteiligung der Arbeitnehmer" jedes Verfahren – einschließlich der Unterrichtung, der Anhörung und der Mitbestimmung –, durch das die Vertreter der Arbeitnehmer auf die Beschlussfassung innerhalb der Gesellschaft Einfluss nehmen können,

i) „Unterrichtung" die Unterrichtung des Organs zur Vertretung der Arbeitnehmer und/oder der Arbeitnehmervertreter durch das zuständige Organ der SE über Angelegenheiten, die die SE selbst oder eine ihrer Tochtergesellschaften oder einen ihrer Betriebe in einem anderen Mitgliedstaat betreffen oder die über die Befugnisse der Entscheidungsorgane auf der Ebene des einzelnen Mitgliedstaats hinausgehen, wobei Zeitpunkt, Form und Inhalt der Unterrichtung den Arbeitnehmervertretern eine eingehende Prüfung der möglichen Auswirkungen und gegebenenfalls die Vorbereitung von Anhörungen mit dem zuständigen Organ der SE ermöglichen müssen,

j) „Anhörung" die Einrichtung eines Dialogs und eines Meinungsaustauschs zwischen dem Organ zur Vertretung der Arbeitnehmer und/oder den Arbeitnehmervertretern und dem zuständigen Organ der SE, wobei Zeitpunkt, Form und Inhalt der Anhörung den Arbeitnehmervertretern auf der Grundlage der erfolgten Unterrichtung eine Stellungnahme zu den geplanten Maßnahmen des zuständigen Organs ermöglichen müssen, die im Rahmen des Entscheidungsprozesses innerhalb der SE berücksichtigt werden kann,

k) „Mitbestimmung" die Einflussnahme des Organs zur Vertretung der Arbeitnehmer und/oder der Arbeitnehmervertreter auf die Angelegenheiten einer Gesellschaft durch
– die Wahrnehmung des Rechts, einen Teil der Mitglieder des Aufsichts- oder des Verwaltungsorgans der Gesellschaft zu wählen oder zu bestellen, oder
– die Wahrnehmung des Rechts, die Bestellung eines Teils der oder aller Mitglieder des Aufsichts- oder des Verwaltungsorgans der Gesellschaft zu empfehlen und/oder abzulehnen.

Teil II – Verhandlungsverfahren

Art. 3 Einsetzung eines besonderen Verhandlungsgremiums (1) Wenn die Leitungs- oder die Verwaltungsorgane der beteiligten Gesellschaften die Gründung einer SE planen, leiten sie nach der Offenlegung des Verschmelzungsplans oder des Gründungsplans für eine Holdinggesellschaft oder nach der Vereinbarung eines Plans zur Gründung einer Tochtergesellschaft oder zur Umwandlung in eine SE so rasch wie möglich die erforderlichen Schritte – zu denen auch die Unterrichtung über die Identität der beteiligten Gesellschaften und der betroffenen Tochtergesellschaften oder betroffenen Betriebe sowie die Zahl ihrer Beschäftigten gehört – für die Aufnahme von Verhandlungen mit den Arbeitnehmervertretern der Gesellschaften über die Vereinbarung über die Beteiligung der Arbeitnehmer in der SE ein.

(2) Zu diesem Zweck wird ein besonderes Verhandlungsgremium als Vertretung der Arbeitnehmer der beteiligten Gesellschaften sowie der betroffenen Tochtergesellschaften oder betroffenen Betriebe gemäß folgenden Vorschriften eingesetzt:
a) Bei der Wahl oder der Bestellung der Mitglieder des besonderen Verhandlungsgremiums ist Folgendes sicherzustellen:
  i) die Vertretung durch gewählte oder bestellte Mitglieder entsprechend der Zahl der in jedem Mitgliedstaat beschäftigten Arbeitnehmer der beteiligten Gesellschaften und der betroffenen Tochtergesellschaften oder betroffenen Betriebe in der Form, dass pro Mitgliedstaat für jeden Anteil der in diesem Mitgliedstaat beschäftigten Arbeitnehmer, der 10 % der Gesamtzahl der in allen Mitgliedstaaten beschäftigten Arbeitnehmer der beteiligten Gesellschaften und der betroffenen Tochtergesellschaften oder betroffenen Betriebe entspricht, oder für einen Bruchteil dieser Tranche Anspruch auf einen Sitz besteht;
  ii) im Falle einer durch Verschmelzung gegründeten SE die Vertretung jedes Mitgliedstaats durch so viele weitere Mitglieder, wie erforderlich sind, um zu gewährleisten, dass jede beteiligte Gesellschaft, die eingetragen ist und Arbeitnehmer in dem betreffenden Mitgliedstaat beschäftigt und die als Folge der geplanten Eintragung der SE als eigene Rechtspersönlichkeit erlöschen wird, in dem besonderen Verhandlungsgremium durch mindestens ein Mitglied vertreten ist, sofern
    – die Zahl dieser zusätzlichen Mitglieder 20 % der sich aus der Anwendung von Ziffer i ergebenden Mitgliederzahl nicht überschreitet und
    – die Zusammensetzung des besonderen Verhandlungsgremiums nicht zu einer Doppelvertretung der betroffenen Arbeitnehmer führt.
    Übersteigt die Zahl dieser Gesellschaften die Zahl der gemäß Unterabsatz 1 verfügbaren zusätzlichen Mitglieder, so werden diese zusätzlichen Mitglieder Gesellschaften in verschiedenen Mitgliedstaaten in absteigender Reihenfolge der Zahl der bei ihnen beschäftigten Arbeitnehmer zugeteilt.

b)   Die Mitgliedstaaten legen das Verfahren für die Wahl oder die Bestellung der Mitglieder des besonderen Verhandlungsgremiums fest, die in ihrem Hoheitsgebiet zu wählen oder zu bestellen sind. Sie ergreifen die erforderlichen Maßnahmen, um sicherzustellen, dass nach Möglichkeit jede beteiligte Gesellschaft, die in dem jeweiligen Mitgliedstaat Arbeitnehmer beschäftigt, durch mindestens ein Mitglied in dem Gremium vertreten ist. Die Gesamtzahl der Mitglieder darf durch diese Maßnahmen nicht erhöht werden.

Die Mitgliedstaaten können vorsehen, dass diesem Gremium Gewerkschaftsvertreter auch dann angehören können, wenn sie nicht Arbeitnehmer einer beteiligten Gesellschaft oder einer betroffenen Tochtergesellschaft oder eines betroffenen Betriebs sind.

Unbeschadet der einzelstaatlichen Rechtsvorschriften und/oder Gepflogenheiten betreffend Schwellen für die Einrichtung eines Vertretungsorgans sehen die Mitgliedstaaten vor, dass die Arbeitnehmer der Unternehmen oder Betriebe, in denen unabhängig vom Willen der Arbeitnehmer keine Arbeitnehmervertreter vorhanden sind, selbst Mitglieder für das besondere Verhandlungsgremium wählen oder bestellen dürfen.

(3) Das besondere Verhandlungsgremium und das jeweils zuständige Organ der beteiligten Gesellschaften legen in einer schriftlichen Vereinbarung die Beteiligung der Arbeitnehmer in der SE fest.

Zu diesem Zweck unterrichtet das jeweils zuständige Organ der beteiligten Gesellschaften das besondere Verhandlungsgremium über das Vorhaben der Gründung einer SE und den Verlauf des Verfahrens bis zu deren Eintragung.

(4) Das besondere Verhandlungsgremium beschließt vorbehaltlich des Absatzes 6 mit der absoluten Mehrheit seiner Mitglieder, sofern diese Mehrheit auch die absolute Mehrheit der Arbeitnehmer vertritt. Jedes Mitglied hat eine Stimme. Hätten jedoch die Verhandlungen eine Minderung der Mitbestimmungsrechte zur Folge, so ist für einen Beschluss zur Billigung einer solchen Vereinbarung eine Mehrheit von zwei Dritteln der Stimmen der Mitglieder des besonderen Verhandlungsgremiums, die mindestens zwei Drittel der Arbeitnehmer vertreten, erforderlich, mit der Maßgabe, dass diese Mitglieder Arbeitnehmer in mindestens zwei Mitgliedstaaten vertreten müssen, und zwar

–   im Falle einer SE, die durch Verschmelzung gegründet werden soll, sofern sich die Mitbestimmung auf mindestens 25 % der Gesamtzahl der Arbeitnehmer der beteiligten Gesellschaften erstreckt, oder

–   im Falle einer SE, die als Holdinggesellschaft oder als Tochtergesellschaft gegründet werden soll, sofern sich die Mitbestimmung auf mindestens 50 % der Gesamtzahl der Arbeitnehmer der beteiligten Gesellschaften erstreckt.

Minderung der Mitbestimmungsrechte bedeutet, dass der Anteil der Mitglieder der Organe der SE im Sinne des Artikels 2 Buchstabe k geringer ist als der höchste in den beteiligten Gesellschaften geltende Anteil.

(5) Das besondere Verhandlungsgremium kann bei den Verhandlungen Sachverständige seiner Wahl, zu denen auch Vertreter der einschlägigen Gewerkschaftsorganisationen auf Gemeinschaftsebene zählen können, hinzuziehen, um sich von ihnen bei seiner Arbeit unterstützen zu lassen. Diese Sachverständigen können, wenn das besondere Verhandlungsgremium dies wünscht, den Verhandlungen in beratender Funktion beiwohnen, um gegebenenfalls die Kohärenz und Stimmigkeit auf Gemeinschaftsebene zu fördern. Das besondere Verhandlungsgremium kann beschließen, die Vertreter geeigneter außenstehender Organisationen, zu denen auch Gewerkschaftsvertreter zählen können, vom Beginn der Verhandlungen zu unterrichten.

(6) Das besondere Verhandlungsgremium kann mit der nachstehend festgelegten Mehrheit beschließen, keine Verhandlungen aufzunehmen oder bereits aufgenommene Verhandlungen abzubrechen und die Vorschriften für die Unterrichtung und Anhörung der Arbeitnehmer zur Anwendung gelangen zu lassen, die in den Mitgliedstaaten gelten, in denen die SE Arbeitnehmer beschäftigt. Ein solcher Beschluss beendet das Verfahren zum Abschluss der Vereinbarung gemäß Artikel 4. Ist ein solcher Beschluss gefasst worden, findet keine der Bestimmungen des Anhangs Anwendung.

Für den Beschluss, die Verhandlungen nicht aufzunehmen oder sie abzubrechen, ist eine Mehrheit von zwei Dritteln der Stimmen der Mitglieder, die mindestens zwei Drittel der Arbeitnehmer vertreten, erforderlich, mit der Maßgabe, dass diese Mitglieder Arbeitnehmer in mindestens zwei Mitgliedstaaten vertreten müssen.

Im Fall einer durch Umwandlung gegründeten SE findet dieser Absatz keine Anwendung, wenn in der umzuwandelnden Gesellschaft Mitbestimmung besteht.

Das besondere Verhandlungsgremium wird auf schriftlichen Antrag von mindestens 10 % der Arbeitnehmer der SE, ihrer Tochtergesellschaften und ihrer Betriebe oder von deren Vertretern frühestens zwei Jahre nach dem vorgenannten Beschluss wieder einberufen, sofern die Parteien nicht eine frühere Wiederaufnahme der Verhandlungen vereinbaren. Wenn das besondere Verhandlungsgremium die Wiederaufnahme der Verhandlungen mit der Geschäftsleitung beschließt, in diesen Verhandlungen jedoch keine Einigung erzielt wird, findet keine der Bestimmungen des Anhangs Anwendung.

(7) Die Kosten, die im Zusammenhang mit der Tätigkeit des besonderen Verhandlungsgremiums und generell mit den Verhandlungen entstehen, werden von den beteiligten Gesellschaften getragen, damit das besondere Verhandlungsgremium seine Aufgaben in angemessener Weise erfüllen kann.

Im Einklang mit diesem Grundsatz können die Mitgliedstaaten Regeln für die Finanzierung der Arbeit des besonderen Verhandlungsgremiums festlegen. Sie können insbesondere die Übernahme der Kosten auf die Kosten für einen Sachverständigen begrenzen.

Art. 4 Inhalt der Vereinbarung (1) Das jeweils zuständige Organ der beteiligten Gesellschaften und das besondere Verhandlungsgremium verhandeln mit dem Willen zur Verständigung, um zu einer Vereinbarung über die Beteiligung der Arbeitnehmer innerhalb der SE zu gelangen.

(2) Unbeschadet der Autonomie der Parteien und vorbehaltlich des Absatzes 4 wird in der schriftlichen Vereinbarung nach Absatz 1 zwischen dem jeweils zuständigen Organ der beteiligten Gesellschaften und dem besonderen Verhandlungsgremium Folgendes festgelegt:

a) der Geltungsbereich der Vereinbarung,

b) die Zusammensetzung des Vertretungsorgans als Verhandlungspartner des zuständigen Organs der SE im Rahmen der Vereinbarung über die Unterrichtung und Anhörung der Arbeitnehmer der SE und ihrer Tochtergesellschaften und Betriebe sowie die Anzahl seiner Mitglieder und die Sitzverteilung,

c) die Befugnisse und das Verfahren zur Unterrichtung und Anhörung des Vertretungsorgans,

d) die Häufigkeit der Sitzungen des Vertretungsorgans,

e) die für das Vertretungsorgan bereitzustellenden finanziellen und materiellen Mittel,

f) die Durchführungsmodalitäten des Verfahrens oder der Verfahren zur Unterrichtung und Anhörung für den Fall, dass die Parteien im Laufe der Verhandlungen beschließen, eines oder mehrere solcher Verfahren zu schaffen, anstatt ein Vertretungsorgan einzusetzen,

g) der Inhalt einer Vereinbarung über die Mitbestimmung für den Fall, dass die Parteien im Laufe der Verhandlungen beschließen, eine solche Vereinbarung einzuführen, einschließlich (gegebenenfalls) der Zahl der Mitglieder des Verwaltungs- oder des Aufsichtsorgans der SE, welche die Arbeitnehmer wählen oder bestellen können oder deren Bestellung sie empfehlen oder ablehnen können, der Verfahren, nach denen die Arbeitnehmer diese Mitglieder wählen oder bestellen oder deren Bestellung empfehlen oder ablehnen können, und der Rechte dieser Mitglieder,

h) der Zeitpunkt des Inkrafttretens der Vereinbarung und ihre Laufzeit, die Fälle, in denen die Vereinbarung neu ausgehandelt werden sollte, und das bei ihrer Neuaushandlung anzuwendende Verfahren.

(3) Sofern in der Vereinbarung nichts anderes bestimmt ist, gilt die Auffangregelung des Anhangs nicht für diese Vereinbarung.

(4) Unbeschadet des Artikels 13 Absatz 3 Buchstabe a muss in der Vereinbarung im Falle einer durch Umwandlung gegründeten SE in Bezug auf alle Komponenten der Arbeitnehmerbeteiligung zumindest das gleiche Ausmaß gewährleistet werden, das in der Gesellschaft besteht, die in eine SE umgewandelt werden soll.

Art. 5 Dauer der Verhandlungen (1) Die Verhandlungen beginnen mit der Einsetzung des besonderen Verhandlungsgremiums und können bis zu sechs Monate andauern.

(2) Die Parteien können einvernehmlich beschließen, die Verhandlungen über den in Absatz 1 genannten Zeitraum hinaus bis zu insgesamt einem Jahr ab der Einsetzung des besonderen Verhandlungsgremiums fortzusetzen.

Art. 6 Für das Verhandlungsverfahren maßgebliches Recht Sofern in dieser Richtlinie nichts anderes vorgesehen ist, ist für das Verhandlungsverfahren gemäß den Artikeln 3 bis 5 das Recht des Mitgliedstaates maßgeblich, in dem die SE ihren Sitz haben wird.

Art. 7 Auffangregelung (1) Zur Verwirklichung des in Artikel 1 festgelegten Ziels führen die Mitgliedstaaten unbeschadet des nachstehenden Absatzes 3 eine Auffangregelung zur Beteiligung der Arbeitnehmer ein, die den im Anhang niedergelegten Bestimmungen genügen muss.

Die Auffangregelung, die in den Rechtsvorschriften des Mitgliedstaats festgelegt ist, in dem die SE ihren Sitz haben soll, findet ab dem Zeitpunkt der Eintragung der SE Anwendung, wenn

a) die Parteien dies vereinbaren oder

b) bis zum Ende des in Artikel 5 genannten Zeitraums keine Vereinbarung zustande gekommen ist und

 – das zuständige Organ jeder der beteiligten Gesellschaften der Anwendung der Auffangregelung auf die SE und damit der Fortsetzung des Verfahrens zur Eintragung der SE zugestimmt hat und

 – das besondere Verhandlungsgremium keinen Beschluss gemäß Artikel 3 Absatz 6 gefasst hat.

(2) Ferner findet die Auffangregelung, die in den Rechtsvorschriften des Mitgliedstaats festgelegt ist, in dem die SE eingetragen wird, gemäß Teil 3 des Anhangs nur Anwendung, wenn

a) im Falle einer durch Umwandlung gegründeten SE die Bestimmungen eines Mitgliedstaats über die Mitbestimmung der Arbeitnehmer im Verwaltungs- oder Aufsichtsorgan für eine in eine SE umgewandelte Aktiengesellschaft galten;

b) im Falle einer durch Verschmelzung gegründeten SE

 – vor der Eintragung der SE in einer oder mehreren der beteiligten Gesellschaften eine oder mehrere Formen der Mitbestimmung bestanden und sich auf mindestens 25 % der Gesamtzahl der Arbeitnehmer aller beteiligten Gesellschaften erstreckten oder

 – vor der Eintragung der SE in einer oder mehreren der beteiligten Gesellschaften eine oder mehrere Formen der Mitbestimmung bestanden und sich auf weniger als 25 % der Gesamtzahl der Arbeitnehmer aller beteiligten Gesellschaften erstreckten und das besondere Verhandlungsgremium einen entsprechenden Beschluss fasst;

c) im Falle einer durch Errichtung einer Holdinggesellschaft oder einer Tochtergesellschaft gegründeten SE

 – vor der Eintragung der SE in einer oder mehreren der beteiligten Gesellschaften eine oder mehrere Formen der Mitbestimmung bestanden und sich auf mindestens 50 % der Gesamtzahl der Arbeitnehmer aller beteiligten Gesellschaften erstreckten oder

 – vor der Eintragung der SE in einer oder mehreren der beteiligten Gesellschaften eine oder mehrere Formen der Mitbestimmung bestanden und sich auf weniger als 50 % der Gesamtzahl der Arbeitnehmer aller beteiligten Gesellschaften erstreckten und das besondere Verhandlungsgremium einen entsprechenden Beschluss fasst.

Bestanden mehr als eine Mitbestimmungsform in den verschiedenen beteiligten Gesellschaften, so entscheidet das besondere Verhandlungsgremium, welche von ihnen in der SE eingeführt wird. Die Mitgliedstaaten können Regeln festlegen, die anzuwenden sind, wenn kein einschlägiger Beschluss für eine in ihrem Hoheitsgebiet eingetragene SE gefasst worden ist. Das besondere Verhandlungsgremium unterrichtet das jeweils zuständige Organ der beteiligten Gesellschaften über die Beschlüsse, die es gemäß diesem Absatz gefasst hat.

(3) Die Mitgliedstaaten können vorsehen, dass die Auffangregelung in Teil 3 des Anhangs in dem in Absatz 2 Buchstabe b vorgesehenen Fall nicht Anwendung findet.

Teil III – Sonstige Bestimmungen

Art. 8 Verschwiegenheit und Geheimhaltung (1) Die Mitgliedstaaten sehen vor, dass den Mitgliedern des besonderen Verhandlungsgremiums und des Vertretungsorgans sowie den sie unterstützenden Sachverständigen nicht gestattet wird, ihnen als vertraulich mitgeteilte Informationen an Dritte weiterzugeben.

Das Gleiche gilt für die Arbeitnehmervertreter im Rahmen eines Verfahrens zur Unterrichtung und Anhörung.

Diese Verpflichtung besteht unabhängig von dem Aufenthaltsort der betreffenden Personen und auch nach Ablauf ihres Mandats weiter.

(2) Jeder Mitgliedstaat sieht vor, dass das Aufsichts- oder das Verwaltungsorgan einer SE oder einer beteiligten Gesellschaft mit Sitz in seinem Hoheitsgebiet in besonderen Fällen und unter den Bedingungen und Beschränkungen des einzelstaatlichen Rechts Informatio-

nen nicht weiterleiten muss, wenn deren Bekanntwerden bei Zugrundelegung objektiver Kriterien den Geschäftsbetrieb der SE (oder gegebenenfalls der beteiligten Gesellschaft) oder ihrer Tochtergesellschaften und Betriebe erheblich beeinträchtigen oder ihnen schaden würde.

Jeder Mitgliedstaat kann eine solche Freistellung von einer vorherigen behördlichen oder gerichtlichen Genehmigung abhängig machen.

(3) Jeder Mitgliedstaat kann für eine SE mit Sitz in seinem Hoheitsgebiet, die in Bezug auf Berichterstattung und Meinungsäußerung unmittelbar und überwiegend eine bestimmte weltanschauliche Tendenz verfolgt, besondere Bestimmungen vorsehen, falls das innerstaatliche Recht solche Bestimmungen zum Zeitpunkt der Annahme dieser Richtlinie bereits enthält.

(4) Bei der Anwendung der Absätze 1, 2 und 3 sehen die Mitgliedstaaten Verfahren vor, nach denen die Arbeitnehmervertreter auf dem Verwaltungsweg oder vor Gericht Rechtsbehelfe einlegen können, wenn das Aufsichts- oder das Verwaltungsorgan der SE oder der beteiligten Gesellschaft Vertraulichkeit verlangt oder die Informationen verweigert.

Diese Verfahren können Regelungen zur Wahrung der Vertraulichkeit der betreffenden Informationen einschließen.

Art. 9 Arbeitsweise des Vertretungsorgans und Funktionsweise des Verfahrens zur Unterrichtung und Anhörung der Arbeitnehmer Das zuständige Organ der SE und das Vertretungsorgan arbeiten mit dem Willen zur Verständigung unter Beachtung ihrer jeweiligen Rechte und Pflichten zusammen.

Das Gleiche gilt für die Zusammenarbeit zwischen dem Aufsichts- oder dem Verwaltungsorgan der SE und den Arbeitnehmervertretern im Rahmen eines Verfahrens zur Unterrichtung und Anhörung der Arbeitnehmer.

Art. 10 Schutz der Arbeitnehmervertreter Die Mitglieder des besonderen Verhandlungsgremiums, die Mitglieder des Vertretungsorgans, Arbeitnehmervertreter, die bei einem Verfahren zur Unterrichtung und Anhörung mitwirken, und Arbeitnehmervertreter im Aufsichts- oder im Verwaltungsorgan der SE, die Beschäftigte der SE, ihrer Tochtergesellschaften oder Betriebe oder einer der beteiligten Gesellschaften sind, genießen bei der Wahrnehmung ihrer Aufgaben den gleichen Schutz und gleichartige Sicherheiten wie die Arbeitnehmervertreter nach den innerstaatlichen Rechtsvorschriften und/oder Gepflogenheiten des Landes, in dem sie beschäftigt sind.

Dies gilt insbesondere für die Teilnahme an den Sitzungen des besonderen Verhandlungsgremiums oder des Vertretungsorgans an allen sonstigen Sitzungen, die im Rahmen der Vereinbarung nach Artikel 4 Absatz 2 Buchstabe f stattfinden, und an den Sitzungen des Verwaltungs- oder des Aufsichtsorgans sowie für die Lohn- und Gehaltsfortzahlung an die Mitglieder, die Beschäftigte einer der beteiligten Gesellschaften oder der SE oder ihrer Tochtergesellschaften oder Betriebe sind, für die Dauer ihrer zur Wahrnehmung ihrer Aufgaben erforderlichen Abwesenheit.

Art. 11 Verfahrensmissbrauch Die Mitgliedstaaten treffen im Einklang mit den gemeinschaftlichen Rechtsvorschriften geeignete Maßnahmen, um zu verhindern, dass eine SE dazu missbraucht wird, Arbeitnehmern Beteiligungsrechte zu entziehen oder vorzuenthalten.

Art. 12 Einhaltung der Richtlinie (1) Jeder Mitgliedstaat trägt dafür Sorge, dass die Leitung der Betriebe einer SE und die Aufsichts- oder die Verwaltungsorgane der Tochtergesellschaften und der beteiligten Gesellschaften, die sich in seinem Hoheitsgebiet befinden, und ihre Arbeitnehmervertreter oder gegebenenfalls ihre Arbeitnehmer den Verpflichtungen dieser Richtlinie nachkommen, unabhängig davon, ob die SE ihren Sitz in seinem Hoheitsgebiet hat oder nicht.

(2) Die Mitgliedstaaten sehen geeignete Maßnahmen für den Fall der Nichteinhaltung dieser Richtlinie vor; sie sorgen insbesondere dafür, dass Verwaltungs- oder Gerichtsverfahren bestehen, mit denen die Erfuellung der sich aus dieser Richtlinie ergebenden Verpflichtungen durchgesetzt werden kann.

Art. 13 Verhältnis dieser Richtlinie zu anderen Bestimmungen (1) SE und Tochtergesellschaften einer SE, die gemeinschaftsweit operierende Unternehmen oder herrschende Unternehmen in einer gemeinschaftsweit operierenden Unternehmensgruppe im Sinne der Richtlinie 94/45/EG oder im Sinne der Richtlinie 97/74/EG[6] zur Ausdehnung der genannten Richtlinie auf das Vereinigte Königreich sind, unterliegen nicht den genannten Richtlinien und den Bestimmungen zu deren Umsetzung in einzelstaatliches Recht.

Beschließt das besondere Verhandlungsgremium jedoch gemäß Artikel 3 Absatz 6, keine Verhandlungen aufzunehmen oder bereits aufgenommene Verhandlungen abzubrechen, so gelangen die Richtlinie 94/45/EG oder die Richtlinie 97/74/EG und die Bestimmungen zu ihrer Umsetzung in einzelstaatliches Recht zur Anwendung.

(2) Einzelstaatliche Rechtsvorschriften und/oder Gepflogenheiten in Bezug auf die Mitbestimmung der Arbeitnehmer in den Gesellschaftsorganen, die nicht zur Umsetzung dieser Richtlinie dienen, finden keine Anwendung auf gemäß der Verordnung (EG) Nr. 2157/2001 gegründete und von dieser Richtlinie erfasste Gesellschaften.

(3) Diese Richtlinie berührt nicht

a) die den Arbeitnehmern nach einzelstaatlichen Rechtsvorschriften und/oder Gepflogenheiten zustehenden Beteiligungsrechte, die für die Arbeitnehmer der SE und ihrer Tochtergesellschaften und Betriebe gelten, mit Ausnahme der Mitbestimmung in den Organen der SE,

b) die nach einzelstaatlichen Rechtsvorschriften und/oder Gepflogenheiten geltenden Bestimmungen über die Mitbestimmung in den Gesellschaftsorganen, die auf die Tochtergesellschaften der SE Anwendung finden.

(4) Zur Wahrung der in Absatz 3 genannten Rechte können die Mitgliedstaaten durch geeignete Maßnahmen sicherstellen, dass die Strukturen der Arbeitnehmervertretung in den beteiligten Gesellschaften, die als eigenständige juristische Personen erlöschen, nach der Eintragung der SE fortbestehen.

Art. 14-17 *Umsetzungsfrist, Adressaten und Prüfpflicht der Kommission – nicht abgedruckt.*

Anhang – Auffangregelung (nach Artikel 7)

Teil 1: Zusammensetzung des Organs zur Vertretung der Arbeitnehmer

Zur Verwirklichung des Ziels nach Artikel 1 wird in den in Artikel 7 genannten Fällen ein Vertretungsorgan gemäß folgenden Regeln eingesetzt:

a) Das Vertretungsorgan setzt sich aus Arbeitnehmern der SE und ihrer Tochtergesellschaften und Betriebe zusammen, die von den Arbeitnehmervertretern aus ihrer Mitte

---

6   Europäischer Betriebsrat-RL, in dieser Sammlung Nr. 3.14.

oder, in Ermangelung solcher Vertreter, von der Gesamtheit der Arbeitnehmer gewählt oder bestellt werden.

b) Die Mitglieder des Vertretungsorgans werden gemäß den einzelstaatlichen Rechtsvorschriften und/oder Gepflogenheiten gewählt oder bestellt.

Die Mitgliedstaaten sorgen durch entsprechende Vorschriften dafür, dass Änderungen innerhalb der SE und ihrer Tochtergesellschaften und Betriebe durch Anpassung der Zahl der Mitglieder des Vertretungsorgans und der Zuteilung der Sitze in diesem Organ Rechnung getragen wird.

c) Sofern die Zahl der Mitglieder des Vertretungsorgans es rechtfertigt, wählt das Vertretungsorgan aus seiner Mitte einen engeren Ausschuss mit höchstens drei Mitgliedern.

d) Das Vertretungsorgan gibt sich eine Geschäftsordnung.

e) Die Mitglieder des Vertretungsorgans werden entsprechend der Zahl der in jedem Mitgliedstaat beschäftigten Arbeitnehmer der beteiligten Gesellschaften und der betroffenen Tochtergesellschaften oder betroffenen Betriebe gewählt oder bestellt, so dass pro Mitgliedstaat für jeden Anteil der in diesem Mitgliedstaat beschäftigten Arbeitnehmer, der 10 % der Gesamtzahl der in allen Mitgliedstaaten beschäftigten Arbeitnehmer der beteiligten Gesellschaften und der betroffenen Tochtergesellschaften oder betroffenen Betriebe entspricht, oder für einen Bruchteil dieser Tranche Anspruch auf einen Sitz besteht.

f) Die Zusammensetzung des Vertretungsorgans wird dem zuständigen Organ der SE mitgeteilt.

g) Vier Jahre nach seiner Einsetzung prüft das Vertretungsorgan, ob die Vereinbarung nach den Artikeln 4 und 7 ausgehandelt werden oder die in Übereinstimmung mit diesem Anhang angenommene Auffangregelung weiterhin gelten soll.

Wird der Beschluss gefasst, eine Vereinbarung gemäß Artikel 4 auszuhandeln, so gelten Artikel 3 Absätze 4 bis 7 und Artikel 4 bis 6 sinngemäß, wobei der Ausdruck „besonderes Verhandlungsgremium" durch das Wort „Vertretungsorgan" ersetzt wird. Wenn am Ende des für die Verhandlungen vorgesehenen Zeitraums keine Vereinbarung zustande gekommen ist, findet die Regelung, die ursprünglich gemäß der Auffangregelung angenommen worden war, weiterhin Anwendung.

Teil 2: Auffangregelung für die Unterrichtung und Anhörung

Für die Zuständigkeiten und Befugnisse des Vertretungsorgans in einer SE gelten folgende Regeln:

a) Die Zuständigkeiten des Vertretungsorgans beschränken sich auf die Angelegenheiten, die die SE selbst oder eine ihrer Tochtergesellschaften oder einen ihrer Betriebe in einem anderen Mitgliedstaat betreffen oder über die Befugnisse der Entscheidungsorgane auf der Ebene des einzelnen Mitgliedstaats hinausgehen.

b) Unbeschadet etwaiger Zusammenkünfte gemäß Buchstabe c hat das Vertretungsorgan das Recht, auf der Grundlage regelmäßig von dem zuständigen Organ erstellter Berichte über die Entwicklung der Geschäftslage und die Perspektiven der SE unterrichtet und dazu gehört zu werden und zu diesem Zweck mindestens einmal jährlich mit dem zuständigen Organ der SE zusammenzutreten. Die örtlichen Geschäftsleitungen werden hiervon in Kenntnis gesetzt.

Das zuständige Organ der SE übermittelt dem Vertretungsorgan die Tagesordnung aller Sitzungen des Verwaltungsorgans oder gegebenenfalls des Leitungs- und des Aufsichtsorgans sowie Kopien aller Unterlagen, die der Hauptversammlung der Aktionäre unterbreitet werden.

Diese Unterrichtung und Anhörung bezieht sich insbesondere auf die Struktur der SE, ihre wirtschaftliche und finanzielle Situation, die voraussichtliche Entwicklung der Geschäfts-, Produktions- und Absatzlage, auf die Beschäftigungslage und deren voraussichtliche Entwicklung, auf die Investitionen, auf grundlegende Änderungen der Organisation, auf die Einführung neuer Arbeits- oder Fertigungsverfahren, auf Verlagerungen der Produktion, auf Fusionen, Verkleinerungen oder Schließungen von Unternehmen, Betrieben oder wichtigen Teilen derselben und auf Massenentlassungen.

c) Treten außergewöhnliche Umstände ein, die erhebliche Auswirkungen auf die Interessen der Arbeitnehmer haben, insbesondere bei Verlegungen, Verlagerungen, Betriebs- oder Unternehmensschließungen oder Massenentlassungen, so hat das Vertretungsorgan das Recht, darüber unterrichtet zu werden. Das Vertretungsorgan oder – wenn das Vertretungsorgan dies, insbesondere bei Dringlichkeit, beschließt – der engere Ausschuss hat das Recht, auf Antrag mit dem zuständigen Organ der SE oder den Vertretern einer geeigneteren mit eigenen Entscheidungsbefugnissen ausgestatteten Leitungsebene innerhalb der SE zusammenzutreffen, um über Maßnahmen, die erhebliche Auswirkungen auf die Interessen der Arbeitnehmer haben, unterrichtet und dazu gehört werden.

Wenn das zuständige Organ beschließt, nicht im Einklang mit der von dem Vertretungsorgan abgegebenen Stellungnahme zu handeln, hat das Vertretungsorgan das Recht, ein weiteres Mal mit dem zuständigen Organ der SE zusammenzutreffen, um eine Einigung herbeizuführen.

Findet eine Sitzung mit dem engeren Ausschuss statt, so haben auch die Mitglieder des Vertretungsorgans, die von diesen Maßnahmen unmittelbar betroffene Arbeitnehmer vertreten, das Recht, daran teilzunehmen.

Die Sitzungen nach Absatz 1 lassen die Vorrechte des zuständigen Organs unberührt.

d) Die Mitgliedstaaten können Regeln für den Vorsitz in den Sitzungen zur Unterrichtung und Anhörung festlegen.

Vor Sitzungen mit dem zuständigen Organ der SE ist das Vertretungsorgan oder der engere Ausschuss – gegebenenfalls in der gemäß Buchstabe c Absatz 3 erweiterten Zusammensetzung – berechtigt, in Abwesenheit der Vertreter des zuständigen Organs zu tagen.

e) Unbeschadet des Artikels 8 unterrichten die Mitglieder des Vertretungsorgans die Arbeitnehmervertreter der SE und ihrer Tochtergesellschaften und Betriebe über den Inhalt und die Ergebnisse der Unterrichtungs- und Anhörungsverfahren.

f) Das Vertretungsorgan oder der engere Ausschuss können sich durch Sachverständige ihrer Wahl unterstützen lassen.

g) Sofern dies zur Erfuellung ihrer Aufgaben erforderlich ist, haben die Mitglieder des Vertretungsorgans Anspruch auf bezahlte Freistellung für Fortbildungsmaßnahmen.

h) Die Ausgaben des Vertretungsorgans gehen zulasten der SE, die die Mitglieder dieses Organs mit den erforderlichen finanziellen und materiellen Mitteln ausstattet, damit diese ihre Aufgaben in angemessener Weise wahrnehmen können.

Insbesondere trägt die SE die Kosten der Veranstaltung der Sitzungen einschließlich der Dolmetschkosten sowie die Aufenthalts- und Reisekosten für die Mitglieder des

Vertretungsorgans und des engeren Ausschusses, soweit nichts anderes vereinbart wurde.

Die Mitgliedstaaten können im Einklang mit diesen Grundsätzen Regeln für die Finanzierung der Arbeit des Vertretungsorgans festlegen. Sie können insbesondere die Übernahme der Kosten auf die Kosten für einen Sachverständigen begrenzen.

Teil 3: Auffangregelung für die Mitbestimmung

Für die Mitbestimmung der Arbeitnehmer in der SE gelten folgende Bestimmungen:

a) Fanden im Falle einer durch Umwandlung gegründeten SE Vorschriften eines Mitgliedstaats über die Mitbestimmung der Arbeitnehmer im Verwaltungs- oder im Aufsichtsorgan vor der Eintragung Anwendung, so finden alle Komponenten der Mitbestimmung der Arbeitnehmer weiterhin Anwendung. Buchstabe b gilt diesbezüglich sinngemäß.

b) In den Fällen der Gründung einer SE haben die Arbeitnehmer der SE, ihrer Tochtergesellschaften und Betriebe und/oder ihr Vertretungsorgan das Recht, einen Teil der Mitglieder des Verwaltungs- oder des Aufsichtsorgans der SE zu wählen oder zu bestellen oder deren Bestellung zu empfehlen oder abzulehnen, wobei die Zahl dieser Mitglieder sich nach dem höchsten maßgeblichen Anteil in den beteiligten Gesellschaften vor der Eintragung der SE bemisst.

Bestanden in keiner der beteiligten Gesellschaften vor der Eintragung der SE Vorschriften über die Mitbestimmung, so ist die SE nicht verpflichtet, eine Vereinbarung über die Mitbestimmung der Arbeitnehmer einzuführen.

Das Vertretungsorgan entscheidet über die Verteilung der Sitze im Verwaltungs- oder im Aufsichtsorgan auf die Mitglieder, die Arbeitnehmer aus verschiedenen Mitgliedstaaten vertreten, oder über die Art und Weise, in der die Arbeitnehmer der SE Mitglieder dieser Organe empfehlen oder ablehnen können, entsprechend den jeweiligen Anteilen der in den einzelnen Mitgliedstaaten beschäftigten Arbeitnehmer der SE. Bleiben Arbeitnehmer aus einem oder mehreren Mitgliedstaaten bei der anteilmäßigen Verteilung unberücksichtigt, so bestellt das Vertretungsorgan eines der Mitglieder aus einem dieser Mitgliedstaaten, und zwar vorzugsweise – sofern angemessen – aus dem Mitgliedstaat, in dem die SE ihren Sitz haben wird. Jeder Mitgliedstaat hat das Recht, die Verteilung der ihm im Verwaltungs- oder im Aufsichtsorgan zugewiesenen Sitze festzulegen.

Alle von dem Vertretungsorgan oder gegebenenfalls den Arbeitnehmern gewählten, bestellten oder empfohlenen Mitglieder des Verwaltungsorgans oder gegebenenfalls des Aufsichtsorgans der SE sind vollberechtigte Mitglieder des jeweiligen Organs mit denselben Rechten (einschließlich des Stimmrechts) und denselben Pflichten wie die Mitglieder, die die Anteilseigner vertreten.

4.20 Vorschlag für eine Verordnung des Rates über das Statut der Europäischen Privatgesellschaft [SPE-VO (Entwurf)]

KOM (2008) 396 endg

DER RAT DER EUROPÄISCHEN UNION –
gestützt auf den Vertrag zur Gründung der Europäischen Gemeinschaft, insbesondere auf Artikel 308,
auf Vorschlag der Kommission[1],
nach Stellungnahme des Europäischen Parlaments[2],
nach Stellungnahme des Europäischen Wirtschafts- und Sozialausschusses[3],
in Erwägung nachstehender Gründe:

(1) Die rechtlichen Rahmenbedingungen für Unternehmen in der Gemeinschaft sind nach wie vor weitgehend innerstaatlich bestimmt. Die Unternehmen sehen sich dadurch einer Vielzahl nationaler Rechtsvorschriften, Gesellschaftsformen und Unternehmensverfassungen gegenüber. Einige dieser Schwierigkeiten lassen sich durch eine Angleichung der nationalen Rechtsvorschriften durch Richtlinien nach Artikel 44 EG-Vertrag beseitigen. Eine solche Angleichung enthebt die Unternehmensgründer allerdings nicht der Pflicht, bei jeder Gründung eine Gesellschaftsform nach dem Recht des betreffenden Mitgliedstaats zu wählen.

(2) Die derzeitigen Gesellschaftsformen nach europäischem Recht, insbesondere die Europäische Gesellschaft (SE), die durch die Verordnung (EG) Nr. 2157/2001 des Rates vom 8. Oktober 2001 über das Statut der Europäischen Gesellschaft[4] geschaffen wurde, sind auf große Unternehmen zugeschnitten. Aufgrund der Mindestkapitalanforderungen für eine Europäische Gesellschaft und der Einschränkungen für ihre Gründung ist diese Form von Gesellschaft für viele Unternehmen, insbesondere für Kleinunternehmen, nicht geeignet. Angesichts der Probleme, die diesen Unternehmen aus der Vielzahl unterschiedlicher gesellschaftsrechtlicher Regelungen und der mangelnden Eignung der SE für kleine Unternehmen erwachsen, sollte eine speziell auf Kleinunternehmen zugeschnittene europäische Gesellschaft geschaffen werden, die gemeinschaftsweit gegründet werden kann.

(3) Da eine solche gemeinschaftsweit gründbare Privatgesellschaft (nachstehend „SPE") für Kleinunternehmen bestimmt ist, sollte die Rechtsform gemeinschaftsweit so einheitlich wie möglich sein und sollten möglichst viele Punkte der Vertragsfreiheit der Anteilseigner überlassen bleiben, während gleichzeitig für Anteilseigner, Gläubiger, Beschäftigte und Dritte ein hohes Maß an Rechtssicherheit gewährleistet wird. Da den Anteilseignern für die interne Organisation der SPE ein hohes Maß an Flexibilität und Freiheit einzuräumen ist, sollte der private Charakter der Gesellschaft auch dadurch zum Ausdruck gebracht werden, dass ihre Anteile weder öffentlich angeboten noch am Kapitalmarkt gehandelt werden dürfen, worunter auch die Zulassung zum Handel oder die Notierung an einem geregelten Markt fällt.

(4) Damit die Unternehmen von sämtlichen Vorteilen des Binnenmarkts profitieren können, sollte eine SPE ihren Sitz und ihre Hauptniederlassung in unterschiedlichen Mitgliedstaaten haben und ihren Sitz von einem Mitgliedstaat in einen anderen verlagern können, ohne unbedingt auch die Hauptverwaltung oder die Hauptniederlassung verlegen zu müssen.

(5) Um den Unternehmen Effizienzgewinne und Kosteneinsparungen zu ermöglichen, sollte eine SPE in jedem Mitgliedstaat gegründet werden können, wobei es bei der Gesellschaftsform so wenig Abweichungen wie möglich geben sollte.

(6) Um für die SPE ein hohes Maß an Einheitlichkeit zu gewährleisten, sollten möglichst viele mit der Gesellschaftsform zusammenhängende Punkte unter diese Verordnung fallen und entweder durch materiellrechtliche Vorschriften geregelt oder an die Satzung der SPE verwiesen werden. Im Anhang zu dieser Verordnung sollte deshalb eine Liste aller der Punkte zusammengestellt werden, für die die Anteilseigner der SPE in der Satzung Regelungen treffen müssen. Für diese Punkte sollte nur das Gemeinschaftsrecht gelten, damit die Anteilseigner hier andere Regelungen treffen können als das Recht des Mitgliedstaats, in der die SPE ihren Sitz hat, für Privatgesellschaften mit beschränkter Haftung vorsieht. Das innerstaatliche Recht sollte für all die Punkte gelten, für die die

---

1   ABl. C [...] vom [...], S. [...].
2   ABl. C [...] vom [...], S. [...].
3   ABl. C [...] vom [...], S. [...].
4   SE-VO, in dieser Sammlung Nr. 4.18.

Verordnung dies vorsieht, sowie alle Bereiche, die nicht von dieser Verordnung abgedeckt werden, wie Insolvenz, Beschäftigung und Steuern, oder nicht durch sie an die Satzung verwiesen wurden.

(7) Um die SPE als Gesellschaftsform für natürliche Personen und Kleinunternehmen zugänglich zu machen, sollte sie ex nihilo gegründet werden oder aus einer Umwandlung, Verschmelzung oder Spaltung bestehender nationaler Gesellschaften hervorgehen können. Die Gründung einer SPE durch Umwandlung, Verschmelzung oder Spaltung von Gesellschaften sollte dem anwendbaren innerstaatlichen Recht unterliegen.

(8) Um die mit der Eintragung einer Gesellschaft verbundenen Kosten und den damit zusammenhängenden Verwaltungsaufwand zu verringern, sollten die Eintragungsformalitäten auf das zur Gewährleistung von Rechtssicherheit erforderliche Maß beschränkt werden und sollte die Gültigkeit der bei Gründung einer SPE vorzulegenden Dokumente einer einzigen Prüfung unterzogen werden, die vor oder nach der Eintragung stattfinden kann. Die Eintragung sollte in einem der Register erfolgen, die im Rahmen der Ersten Richtlinie des Rates vom 9. März 1968 zur Koordinierung der Schutzbestimmungen, die in den Mitgliedstaaten den Gesellschaften im Sinne des Artikels 58 Absatz 2 des Vertrages im Interesse der Gesellschafter sowie Dritter vorgeschrieben sind, um diese Bestimmungen gleichwertig zu gestalten (68/151/EWG)[5], bestimmt wurden.

(9) Da Kleinunternehmen häufig ein langfristiges finanzielles und persönliches Engagement erfordern, sollten sie die Struktur ihres Gesellschaftskapitals und die mit den Anteilen verbundenen Rechte an ihre speziellen Bedürfnisse anpassen können. Die Anteilseigner einer SPE sollten deshalb selbst darüber bestimmen können, welche Rechte mit ihren Anteilen verbunden sind, wie bei einer Änderung dieser Rechte und bei einer Anteilsübertragung zu verfahren ist und ob eine solche Übertragung beschränkt werden soll.

(10) Um die Fortführung der Geschäftätigkeit einer SPE nicht zu gefährden bzw. die Freiheit der Anteilseigner zu gewährleisten, sollte eine SPE die Möglichkeit haben, Anteilseigner, die ihre Interessen schwer schädigen unter Beschreitung des Rechtsweges auszuschließen und sollten Anteilseigner, deren Interessen infolge bestimmter Ereignisse schwer geschädigt wurden, das Recht haben, aus der SPE auszuscheiden.

(11) Eine SPE sollte keinen hohen Mindestkapitalanforderungen unterworfen werden, da dies die Gründung solcher Gesellschaften behindern würde. Allerdings sollten die Gläubiger vor unverhältnismäßig hohen Ausschüttungen an die Anteilseigner geschützt werden, die die Fähigkeit der SPE zur Rückzahlung ihrer Schulden beeinträchtigen könnten. Aus diesem Grund sollten Ausschüttungen untersagt werden, in deren Folge die Schulden der SPE den Wert ihrer Vermögenswerte übersteigen. Den Anteilseignern sollte es allerdings auch freistehen, vom Leitungsorgan der SPE eine unterzeichnete Solvenzbescheinigung zu verlangen.

(12) Da die Gläubiger im Falle einer Herabsetzung des Kapitals der SPE geschützt sein sollten, sollte in gewissem Umfang festgelegt werden, wann eine solche Herabsetzung wirksam wird.

(13) Da Kleinunternehmen eine rechtliche Struktur benötigen, die ihren Bedürfnissen und ihrer Größe angepasst werden kann und die sich bei expandierender Geschäftätigkeit mitentwickelt, sollten die Anteilseigner einer SPE in ihrer Satzung selbst bestimmen können, welche interne Organisation ihren Bedürfnissen am besten gerecht wird. So kann eine SPE sich für ein oder mehrere geschäftsführende Mitglieder der Unternehmensleitung oder für eine monistische oder dualistische Unternehmensverfassung entscheiden. Doch sollte die Satzung verbindliche Vorschriften zum Schutz der Inhaber von Minderheitsbeteiligungen enthalten, um eine unfaire Behandlung dieser Anteilseigner zu vermeiden; so sollten insbesondere bestimmte grundlegende Beschlüsse mit einer Mehrheit von mindestens zwei Dritteln der stimmberechtigten Anteile der SPE gefasst werden. Auch wenn in Bezug auf das Recht auf Beantragung eines Beschlusses oder auf Bestellung eines unabhängigen Sachverständigen zur Untersuchung von Missbräuchen eine Schwelle eingeführt werden kann, darf dieses Recht nicht an den Besitz von mehr als 5 % der Stimmrechte der SPE geknüpft werden, wenngleich die Satzung der SPE eine niedrigere Schwelle vorsehen kann.

(14) Bei Verlegung des Sitzes einer SPE in einen anderen Mitgliedstaat sollten die zuständigen nationalen Behörden die vollständige Durchführung und Rechtmäßigkeit dieser Sitzverlegung kontrollieren. Es sollte sichergestellt sein, dass Anteilseigner, Gläubiger und Arbeitnehmer rechtzeitig Kenntnis von der vorgeschlagenen Verlegung und dem Bericht des Leitungsorgans erhalten.

(15) Für die Arbeitnehmermitbestimmung sollte das Recht des Mitgliedstaats gelten, in dem die SPE ihren Sitz hat („Herkunftsmitgliedstaat"). Eine SPE sollte nicht zur Umgehung solcher Rechte missbraucht werden. Sehen die innerstaatlichen Rechtsvorschriften des Mitgliedstaats, in den die SPE ihren Sitz verlegt, nicht mindestens das gleiche Maß an Arbeitnehmermitbestimmung vor wie der Herkunftsmitgliedstaat, sollte darüber nach der Sitzverlegung unter bestimmten Umständen ver-

---

5 Publizitäts-RL, in dieser Sammlung Nr. 4.1.

handelt werden. Bei Scheitern dieser Verhandlungen sollten die vor der Sitzverlegung im Unternehmen geltenden Bestimmungen auch nach der Verlegung weiter gelten.

(16) Andere Arbeitnehmerrechte als das Mitbestimmungsrecht sollten auch weiterhin unter die Richtlinie 94/45/EG des Rates vom 22. September 1994 über die Einsetzung eines Europäischen Betriebsrats oder die Schaffung eines Verfahrens zur Unterrichtung und Anhörung der Arbeitnehmer in gemeinschaftsweit operierenden Unternehmen und Unternehmensgruppen[6], die Richtlinie 98/59/EG des Rates vom 20. Juli 1998 zur Angleichung der Rechtsvorschriften der Mitgliedstaaten über Massenentlassungen[7], die Richtlinie 2001/23/EG des Rates vom 12. März 2001 zur Angleichung der Rechtsvorschriften der Mitgliedstaaten über die Wahrung von Ansprüchen der Arbeitnehmer beim Übergang von Unternehmen, Betrieben oder Unternehmens- oder Betriebsteilen[8] und die Richtlinie 2002/14/EG des Europäischen Parlaments und des Rates vom 11. März 2002 zur Festlegung eines allgemeinen Rahmens für die Unterrichtung und Anhörung der Arbeitnehmer in der Europäischen Gemeinschaft[9] fallen.

(17) Die Mitgliedstaaten sollten festlegen, welche Sanktionen bei Verstößen gegen diese Verordnung verhängt werden können und deren Anwendung gewährleisten, was auch Verstöße gegen die Verpflichtung einschließt, in der Satzung der SPE die in dieser Verordnung vorgeschriebenen Punkte zu regeln. Diese Sanktionen müssen wirksam, verhältnismäßig und abschreckend sein.

(18) Der EG-Vertrag sieht für den Erlass dieser Verordnung nur die in Artikel 308 genannten Befugnisse vor.

(19) Da sich die Ziele der beabsichtigten Maßnahme von den Mitgliedstaaten nicht ausreichend verwirklichen lassen, weil es um die Schaffung einer Gesellschaftsform mit gemeinschaftsweit einheitlichen Merkmalen geht, und wegen des Umfangs und der Wirkungen der Maßnahme daher besser auf Gemeinschaftsebene zu erreichen sind, kann die Gemeinschaft im Einklang mit dem in Artikel 5 EG-Vertrag niedergelegten Subsidiaritätsprinzip tätig werden. Entsprechend dem in demselben Artikel genannten Verhältnismäßigkeitsprinzip geht diese Verordnung nicht über das für die Erreichung dieser Ziele erforderliche Maß hinaus.

HAT FOLGENDE VERORDNUNG ERLASSEN:

Kapitel I – Allgemeine Bestimmungen

Art. 1 Gegenstand In dieser Verordnung werden die Bedingungen für Gründung und Betrieb von Gesellschaften in Form der Europäischen Privatgesellschaft mit beschränkter Haftung (Societas Privata Europaea, nachstehend „SPE") in der Gemeinschaft festgelegt.

Art. 2 Begriffsbestimmungen (1) Für die Zwecke dieser Verordnung gelten folgende Begriffsbestimmungen:

(a) „Anteilseigner" ist der Gründungsgesellschafter sowie jede andere Person, deren Name gemäß den Artikeln 15 und 16 in das Verzeichnis der Anteilseigner aufgenommen wird.

(b) „Ausschüttung" ist jeder finanzielle Vorteil, den ein Anteilseigner aufgrund der von ihm gehaltenen Anteile direkt oder indirekt aus der SPE zieht, einschließlich einer etwaigen Übertragung von Geld oder Immobilien sowie das Eingehen einer Schuld.

(c) „Mitglied der Unternehmensleitung" ist jedes geschäftsführende Mitglied der Unternehmensleitung und jedes Mitglied des Leitungs-, Verwaltungs- oder Aufsichtsorgans einer SPE.

(d) „Leitungsorgan" ist ein aus einem oder mehreren geschäftsführenden Mitgliedern der Unternehmensleitung bestehendes Leitungsgremium (dualistisches System) oder Verwaltungsgremium (monistisches System), das laut Satzung der SPE für die Leitung der SPE zuständig ist.

---

6   Europäischer Betriebsrat-RL, in dieser Sammlung Nr. 3.14.
7   Massenentlassungs-RL, in dieser Sammlung Nr. 3.11.
8   Betriebsübergangs-RL, in dieser Sammlung Nr. 3.12.
9   Unterrichtungsrahmen-RL, in dieser Sammlung Nr. 3.13.

4.20 SPE-VO (Entwurf)

(e) „Aufsichtsorgan" ist das Aufsichtsgremium (dualistisches System), das laut Satzung der SPE für die Beaufsichtigung des Leitungsorgans zuständig ist.

(f) „Herkunftsmitgliedstaat" ist der Mitgliedstaat, in dem die SPE unmittelbar vor Verlegung ihres eingetragenen Sitzes in einen anderen Mitgliedstaat ihren Sitz hat.

(g) „Aufnahmemitgliedstaat" ist der Mitgliedstaat, in den der eingetragene Sitz der SPE verlegt wird.

(2) Ausschüttungen im Sinne von Absatz 1 Buchstabe b können durch Immobilienerwerb, durch Rücknahme von Anteilen oder durch eine andere Art des Anteilserwerbs sowie auf jedem anderen beliebigen Wege erfolgen.

Art. 3 Voraussetzungen für die Gründung einer SPE (1) Eine SPE erfüllt folgende Voraussetzungen:

(a) ihr Kapital ist in Anteile zerlegt,

(b) ihre Anteilseigner haften nur bis zur Höhe des Kapitals, das sie gezeichnet haben oder zu dessen Zeichnung sie sich bereiterklärt haben,

(c) sie besitzt Rechtspersönlichkeit,

(d) ihre Anteile werden weder öffentlich angeboten noch öffentlich gehandelt,

(e) sie kann von einer oder mehreren natürlichen und/oder juristischen Personen, nachstehend „Gründungsgesellschafter", errichtet werden.

(2) Für die Zwecke des Absatzes 1 Buchstabe d gelten Anteile als „öffentlich angeboten", wenn in beliebiger Form und auf beliebigem Wege eine Mitteilung an Personen gerichtet wird, die so viele Informationen über die Bedingungen des Angebots und die anzudienenden Anteile enthält, dass ein Anleger in der Lage ist, über Erwerb oder Zeichnung dieser Anteile zu entscheiden, was auch dann gilt, wenn Anteile durch Finanzintermediäre platziert werden.

(3) Für die Zwecke des Absatzes 1 Buchstabe e sind „juristische Personen" alle Gesellschaften im Sinne von Artikel 48 Absatz 2 EG-Vertrag, Europäische Aktiengesellschaften im Sinne der Verordnung (EG) Nr. 2001/2157 des Rates, nachstehend „Europäische Gesellschaft", Europäische Genossenschaften im Sinne der Verordnung (EG) Nr. 1435/2003 des Rates, Europäische wirtschaftliche Interessenvereinigungen im Sinne der Verordnung (EWG) des Rates Nr. 2137/85 und SPEs.

Art. 4 Auf eine SPE anwendbare Bestimmungen (1) Für eine SPE gelten die Bestimmungen dieser Verordnung und für die in Anhang I genannten Punkte die Bestimmungen ihrer Satzung.

Ist ein Punkt nicht durch die Artikel oder durch Anhang I dieser Verordnung abgedeckt, so gelten die Rechtsvorschriften, die der Mitgliedstaat, in dem die SPE ihren Sitz hat, für Privatgesellschaften mit beschränkter Haftung erlassen hat, einschließlich der Vorschriften zur Umsetzung des Gemeinschaftsrechts, nachstehend „anwendbares Recht" genannt.

Kapitel II – Gründung

Art. 5 Gründungsmöglichkeiten (1) Die Mitgliedstaaten lassen für die Gründung einer SPE die folgenden Möglichkeiten zu:

(a) die Gründung einer SPE gemäß dieser Verordnung,

(b) die Umwandlung einer bestehenden Gesellschaft,

(c) die Verschmelzung bestehender Gesellschaften,

(d) die Spaltung einer bestehenden Gesellschaft.

(2) Wird eine SPE durch Umwandlung, Verschmelzung oder Spaltung bestehender Gesellschaften gegründet, so gilt das innerstaatliche Recht, das auf die umwandelnde Gesellschaft, auf jede der verschmelzenden Gesellschaften oder auf die sich spaltende Gesellschaft anwendbar ist. Eine Gründung durch Umwandlung hat weder die Auflösung der Gesellschaft noch den Verlust oder eine Unterbrechung ihrer Rechtspersönlichkeit zur Folge.

(3) Für die Zwecke der Absätze 1 und 2 ist eine „Gesellschaft" jede Form von Gesellschaft, die nach innerstaatlichem Recht der Mitgliedstaaten gegründet werden kann, eine Europäische Gesellschaft oder gegebenenfalls eine SPE.

Art. 6 Name der Gesellschaft Auf den Namen der SPE folgt der Zusatz „SPE".
Der Namenszusatz „SPE" ist ausschließlich SPEs vorbehalten.

Art. 7 Gesellschaftssitz Eine SPE hat ihren Sitz und ihre Hauptverwaltung oder Hauptniederlassung in der Gemeinschaft.
Die Hauptverwaltung oder Hauptniederlassung einer SPE muss sich nicht im gleichen Mitgliedstaat befinden wie ihr eingetragener Sitz.

Art. 8 Satzung (1) Eine SPE verfügt über eine Satzung, die zumindest die in Anhang I dieser Verordnung genannten Punkte regelt.

(2) Die Satzung einer SPE liegt in schriftlicher Form vor und ist von allen Gründungsgesellschaftern unterzeichnet.

(3) Satzung und sämtliche Änderungen können wie folgt geltend gemacht werden:

(a) gegenüber den Anteilseignern, dem Leitungsorgan sowie gegebenenfalls dem Aufsichtsorgan der SPE ab dem Tag ihrer Unterzeichnung bzw. Annahme, wenn es sich um eine Änderung handelt;

(b) gegenüber Dritten gemäß der Bestimmungen der anwendbaren innerstaatlichen Rechtsvorschriften zur Umsetzung von Artikel 3 Absätze 5, 6 und 7 der Richtlinie 68/151/ EWG.

Art. 9 Eintragung (1) Jede SPE wird in dem Mitgliedstaat, in dem sie ihren Sitz hat, in das gemäß Artikel 3 der Richtlinie 68/151/EWG[10] durch innerstaatliche Rechtsvorschriften bestimmte Register eingetragen.

(2) Die SPE erlangt ihre Rechtspersönlichkeit am Tag ihrer Eintragung in das Register.

(3) Bei einer Verschmelzung durch Aufnahme nimmt die aufnehmende Gesellschaft an dem Tag, an dem die Verschmelzung eingetragen wird, die Form einer SPE an.
Bei einer Spaltung durch Übernahme nimmt die übernehmende Gesellschaft an dem Tag, an dem die Spaltung eingetragen wird, die Form einer SPE an.

Art. 10 Formalitäten für die Eintragung (1) Der Antrag auf Eintragung wird von den Gründungsgesellschaftern oder einer von ihnen bevollmächtigten Person gestellt. Die Antragstellung kann elektronisch erfolgen.

(2) Die Mitgliedstaaten können für einen Antrag auf Eintragung einer SPE nur folgende Angaben und Dokumente verlangen:

(a) den Namen der SPE und die Anschrift ihres Sitzes,

(b) die Namen, Anschriften und alle weiteren Informationen, die zur Feststellung der Personen erforderlich sind, die befugt sind, die SPE gegenüber Dritten und vor Gericht zu

---

10 Publizitäts-RL, in dieser Sammlung Nr. 4.1.

vertreten, oder die an der Führung, Beaufsichtigung oder Kontrolle der SPE beteiligt sind,

(c) das Gesellschaftskapital der SPE,

(d) die Anteilskategorien und die Zahl der Anteile in den einzelnen Klassen,

(e) die Gesamtzahl der Anteile,

(f) den Nennwert oder den rechnerischen Pariwert der Anteile,

(g) die Satzung der SPE,

(h) in Fällen, in denen die SPE aus einer Umwandlung, Verschmelzung oder Spaltung von Gesellschaften hervorgegangen ist, den Umwandlungs-, Verschmelzungs- oder Spaltungsbeschluss, der zur Gründung der SPE geführt hat.

(3) Die in Absatz 2 genannten Dokumente und Angaben werden in der durch das anwendbare innerstaatliche Recht vorgeschriebenen Sprache geliefert.

(4) Die Eintragung einer SPE kann nur an eine der folgenden Bedingungen geknüpft werden:

(a) die Kontrolle der Rechtmäßigkeit der Dokumente und Angaben der SPE durch eine Justiz- oder Verwaltungsbehörde,

(b) die Beglaubigung der Dokumente und Angaben der SPE.

(5) Die SPE teilt dem Register jede Änderung der in Absatz 2 Buchstaben a bis g genannten Angaben oder Dokumente innerhalb von 14 Kalendertagen nach der betreffenden Änderung mit. Nach jeder Satzungsänderung übermittelt die SPE dem Register den ungekürzten Wortlaut der letzten Fassung.

(6) Die Eintragung der SPE ist bekanntzugeben.

Art. 11 Publikationspflichten (1) Die Veröffentlichung der nach dieser Verordnung offenzulegenden Dokumente und Angaben erfolgt gemäß der anwendbaren innerstaatlichen Vorschriften zur Umsetzung von Artikel 3 der Richtlinie 68/151/EWG.

(2) Briefbögen und Bestellformulare einer SPE – ob in Papier- oder elektronischer Form – sowie gegebenenfalls die Website der Gesellschaft enthalten folgende Angaben:

(a) die Informationen, die zur Feststellung des in Artikel 9 genannten Registers sowie der Registernummer der SPE erforderlich sind,

(b) den Namen der SPE, die Anschrift ihres eingetragenen Sitzes sowie gegebenenfalls den Hinweis darauf, dass sich die Gesellschaft in Auflösung befindet.

Art. 12 Haftung für Handlungen vor Eintragung einer SPE Wurden vor der Eintragung einer SPE in ihrem Namen Handlungen ausgeführt, so kann sie nach ihrer Eintragung die aus diesen Handlungen resultierenden Verpflichtungen übernehmen. Tut die SPE dies nicht, haften die Personen, die die Handlungen ausgeführt haben, gesamtschuldnerisch in unbegrenzter Höhe.

Art. 13 Zweigniederlassungen Zweigniederlassungen einer SPE unterliegen den Rechtsvorschriften des Mitgliedstaats, in dem sich die jeweilige Zweigniederlassung befindet, einschließlich der einschlägigen Bestimmungen zur Umsetzung der Richtlinie 89/666/EWG des Rates[11].

---

11 Zweigniederlassungs-RL, in dieser Sammlung Nr. 4.4.

Kapitel III – Anteile

Art. 14 Anteile (1) Die Anteile der SPE werden in das Verzeichnis der Anteilseigner aufgenommen.

(2) Anteile, die mit den gleichen Rechten und Pflichten verbunden sind, bilden eine Kategorie.

(3) Um eine Satzungsänderung zu beschließen, mit der die mit einer Anteilsklasse verbundenen Rechte geändert werden (einschließlich aller Änderungen, mit denen das Verfahren zur Änderung der mit einer Anteilsklasse verbundenen Rechte abgeändert wird) muss vorbehaltlich des Artikels 27 eine Mehrheit von mindestens zwei Dritteln der gesamten Stimmrechte, die an die in dieser Kategorie ausgegebenen Anteile gebunden sind, dem Beschluss zustimmen.

(4) Befindet sich ein Anteil im Besitz mehrerer Personen, so werden diese als ein Anteilseigner der SPE betrachtet. Sie nehmen ihre Rechte über einen gemeinsamen Vertreter wahr, der in Ermangelung einer Mitteilung an die SPE derjenige ist, dessen Name im Verzeichnis der Anteilseigner für diesen Anteil als Erster genannt wird. Für die mit diesem Anteil verbundenen Verpflichtungen haften sie gesamtschuldnerisch.

Art. 15 Verzeichnis der Anteilseigner (1) Das Leitungsorgan erstellt ein Verzeichnis der Anteilseigner. Dieses Verzeichnis umfasst mindestens die folgenden Angaben:

(a) Name und Anschrift der einzelnen Anteilseigner,

(b) die Zahl der von dem jeweiligen Eigner gehaltenen Anteile einschließlich ihres Nennwerts und rechnerischen Pariwerts,

(c) für den Fall, dass ein Anteil sich im Besitz mehrerer Personen befindet, Name und Anschrift der einzelnen Eigner und ihres gemeinsamen Vertreters,

(d) den Zeitpunkt des Anteilserwerbs,

(e) die Höhe jeder Bareinlage, die der betreffende Anteilseigner gegebenenfalls geleistet oder noch zu leisten hat,

(f) Wert und Art jeder Sacheinlage, die der betreffende Anteilseigner gegebenenfalls geleistet oder noch zu leisten hat,

(g) das Datum, ab dem ein Anteilseigner kein Eigner der SPE mehr ist.

(2) Das Verzeichnis der Anteilseigner stellt den Nachweis der Echtheit der in Absatz 1 Buchstaben a bis g genannten Angaben dar, sofern diese nicht anderweitig nachgewiesen ist.

(3) Das Verzeichnis der Anteilseigner samt aller Änderungen wird vom Leitungsorgan aufbewahrt und kann von den Anteilseignern oder Dritten auf Verlangen überprüft werden.

Art. 16 Übertragung von Anteilen (1) Vorbehaltlich des Artikels 27 kann ein Beschluss zur Einführung oder Änderung einer Beschränkung oder eines Verbots der Übertragung von Anteilen nur mit Zustimmung aller von dieser Einschränkung oder diesem Verbot betroffenen Anteilseigner gefasst werden.

(2) Alle Vereinbarungen über die Übertragung von Anteilen bedürfen der Schriftform.

(3) Wird dem Leitungsorgan eine Übertragung mitgeteilt, nimmt es den Anteilseigner umgehend in das in Artikel 15 genannte Verzeichnis auf, sofern diese Übertragung nach Maßgabe dieser Verordnung und der Satzung erfolgt ist und der Anteilseigner angemessen nachweist, dass er der rechtmäßige Eigentümer des Anteils ist.

4.20 SPE-VO (Entwurf)

(4) Vorbehaltlich des Absatzes 3 wird jede Übertragung wie folgt wirksam:

(a) in Bezug auf die SPE an dem Tag, an dem der Anteilseigner der SPE die Übertragung mitteilt,

(b) in Bezug auf Dritte an dem Tag, an dem der Anteilseigner in das in Artikel 15 genannte Verzeichnis aufgenommen wird.

(5) Eine Anteilsübertragung ist nur gültig, wenn sie mit dieser Verordnung und der Satzung in Einklang steht. Es gelten die Bestimmungen der anwendbaren innerstaatlichen Rechtsvorschriften zum Schutz von Personen, die Anteile in gutem Glauben erwerben.

Art. 17 Ausschluss eines Anteilseigners (1) Aufgrund eines Beschlusses der Anteilseigner kann das zuständige Gericht auf Antrag der SPE den Ausschluss eines Anteilseigners anordnen, wenn dieser den Interessen der SPE schwer geschadet hat oder sein Verbleib als Anteilseigner der Geschäftstätigkeit der SPE abträglich ist. Ein entsprechender Antrag bei Gericht wird innerhalb von 60 Kalendertagen nach dem Beschluss der Anteilseigner gestellt.

(2) Das Gericht entscheidet, ob als vorläufige Maßnahme die Stimm- und andere nicht geldliche Rechte dieses Anteilseigners bis zu einer endgültigen Entscheidung ausgesetzt werden sollten.

(3) Ordnet das Gericht den Ausschluss eines Anteilseigners an, so entscheidet es, ob dessen Anteile von den anderen Anteilseignern und/oder der SPE selbst zu übernehmen sind sowie über den Preis der Anteile.

Art. 18 Ausscheiden eines Anteilseigners (1) Ein Anteilseigner hat das Recht, aus der SPE auszuscheiden, wenn deren Geschäfte in einer Weise geführt werden oder wurden, die seinen Interessen aufgrund eines der nachstehenden Sachverhalte schwer schadet:

(a) der SPE wurde ein erheblicher Teil ihrer Vermögenswerte entzogen,

(b) der eingetragene Sitz der SPE wurde in einen anderen Mitgliedstaat verlagert,

(c) die Geschäftsbereiche der SPE haben sich erheblich verändert,

(d) es wurden mindestens drei Jahre lang keine Dividenden ausgeschüttet, obwohl die Finanzlage der SPE eine solche Ausschüttung erlaubt hätte.

(2) Der Anteilseigner teilt der SPE sein Ausscheiden unter Angabe von Gründen schriftlich mit.

(3) Nach Erhalt der in Absatz 2 genannten Mitteilung beantragt das Leitungsorgan der SPE umgehend einen Beschluss der Anteilseigner über die Übernahme der Anteile dieses Anteilseigners durch die anderen Anteilseigner oder die SPE selbst.

(4) Wenn die Anteilseigner der SPE innerhalb von 30 Kalendertagen nach Übermittlung der in Absatz 2 genannten Mitteilung keinen Beschluss gemäß Absatz 3 fassen oder die vom Anteilseigner für sein Ausscheiden genannten Gründe nicht akzeptieren, teilt das Leitungsorgan dies dem Anteilseigner umgehend mit.

(5) Sollte über den Preis der Anteile keine Einigung erzielt werden können, wird ihr Wert von einem von den Parteien bestellten unabhängigen Sachverständigen bestimmt oder – sollte auch über den Sachverständigen keine Einigung erzielt werden können – vom zuständigen Gericht oder der zuständigen Verwaltungsbehörde festgesetzt.

(6) Auf Antrag eines Anteilseigners kann das zuständige Gericht, wenn es sich davon überzeugt hat, dass die Interessen des Anteilseigners schwer geschädigt wurden, die Übernahme seiner Anteile durch die anderen Anteilseigner oder die SPE selbst anordnen und die Zahlung des Anteilspreises verfügen.

Ein entsprechender Antrag bei Gericht wird entweder innerhalb von 60 Kalendertagen nach dem in Absatz 3 genannten Beschluss der Anteilseigner oder – sollte innerhalb von 30 Kalendertagen, nachdem der Anteilseigner sein Ausscheiden aus der SPE mitgeteilt hat, kein Beschluss gefasst worden sein – innerhalb von 60 Kalendertagen nach Ablauf dieser Frist gestellt.

Kapitel IV – Kapital

Art. 19 Gesellschaftskapital (1) Unbeschadet des Artikels 42 lautet das Kapital der SPE auf Euro.

(2) Das Kapital der SPE wird in vollem Umfang gezeichnet.

(3) Die Anteile der SPE müssen bei Ausgabe nicht in voller Höhe bezahlt werden.

(4) Das Kapital der SPE beträgt mindestens 1 Euro.

Art. 20 Für die Anteile zu entrichtendes Entgelt (1) Die Anteilseigner müssen im Einklang mit der Satzung der SPE das vereinbarte Entgelt entweder bar entrichten oder die vereinbarte Sacheinlage leisten.

(2) Außer bei einer Herabsetzung des Gesellschaftskapitals können die Anteilseigner nicht ihrer Pflicht zur Entrichtung des vereinbarten Entgelts bzw. zur Leistung der vereinbarten Sacheinlage enthoben werden.

(3) Unbeschadet der Absätze 1 und 2 fällt die Verpflichtung der Anteilseigner für das gezahlte Entgelt bzw. die geleistete Sacheinlage unter das anwendbare innerstaatliche Recht.

Art. 21 Ausschüttungen (1) Unbeschadet des Artikels 24 kann die SPE auf Vorschlag des Leitungsorgans eine Ausschüttung an die Anteilseigner vornehmen, sofern die Vermögenswerte der SPE nach dieser Ausschüttung ihre Schulden in vollem Umfang abdecken. Die SPE darf keine Rücklagen ausschütten, die ihrer Satzung zufolge nicht ausschüttungsfähig sind.

(2) Falls die Satzung dies vorschreibt, unterzeichnet das Leitungsorgan der SPE zusätzlich zur Einhaltung des Absatzes 1 vor einer Ausschüttung eine Erklärung, nachstehend „Solvenzbescheinigung" genannt, in der bescheinigt wird, dass die SPE in dem auf die Ausschüttung folgenden Jahr in der Lage sein wird, ihre Schulden bei deren Fälligkeit im Rahmen ihrer normalen Geschäftstätigkeit zu begleichen. Den Anteilseignern wird diese Solvenzbescheinigung vor einem in Artikel 27 genannten Beschluss über die Ausschüttung vorgelegt. Die Solvenzbescheinigung wird veröffentlicht.

Art. 22 Rückforderung von Ausschüttungen Jeder Anteilseigner, der Ausschüttungen erhalten hat, die nicht mit Artikel 21 in Einklang stehen, muss diese Ausschüttungen der SPE zurückerstatten, wenn diese nachweist, dass er über die Unregelmäßigkeit im Bilde war oder angesichts der Umstände darüber im Bilde hätte sein müssen.

Art. 23 Eigene Anteile (1) Die SPE zeichnet eigene Anteile weder direkt noch indirekt.

(2) Erwirbt die SPE eigene Anteile, so gelten die Artikel 21 und 22 entsprechend. Die SPE kann nur Anteile erwerben, die zur Gänze bezahlt sind. Die SPE verfügt stets über mindestens einen begebenen Anteil.

(3) Das Stimmrecht und andere nicht geldliche Rechte, die mit den eigenen Anteilen der SPE verbunden sind, werden ausgesetzt, solange die SPE die eingetragene Eigentümerin dieser Anteile ist.

(4) Löscht die SPE ihre eigenen Anteile, wird das Gesellschaftskapital entsprechend herabgesetzt.

4.20 SPE-VO (Entwurf)

(5) Anteile, die von der SPE unter Verletzung dieser Verordnung oder der Satzung erworben wurden, werden innerhalb eines Jahres nach ihrem Erwerb veräußert oder gelöscht.

(6) Vorbehaltlich des Absatzes 5 und der Satzung der SPE unterliegt die Löschung der Anteile dem geltenden innerstaatlichen Recht.

(7) Für Anteile, die von einer Person zwar im eigenen Namen, aber für die SPE erworben wurden, gilt dieser Artikel entsprechend.

Art. 24 Kapitalherabsetzung (1) Bei einer Herabsetzung des Gesellschaftskapitals der SPE gelten die Artikel 21 und 22 entsprechend.

(2) Nach Bekanntgabe eines Beschlusses der Anteilseigner, das Kapital der SPE herabzusetzen, können Gläubiger, deren Forderungen schon vor Bekanntgabe dieses Beschlusses bestanden, beim zuständigen Gericht die Anordnung beantragen, dass die SPE ihnen angemessene Sicherheiten liefert.

Ein solcher Antrag wird innerhalb von 30 Kalendertagen nach Bekanntgabe des Beschlusses gestellt.

(3) Das Gericht kann die SPE nur zur Lieferung von Sicherheiten anweisen, wenn der Gläubiger glaubhaft nachweist, dass die Befriedigung seiner Forderungen durch die Kapitalherabsetzung in Gefahr ist und er von der SPE keine angemessenen Sicherheiten erhalten hat.

(4) Eine Kapitalherabsetzung wird wie folgt wirksam:

(a) wenn die SPE zum Zeitpunkt der Beschlussfassung keine Gläubiger hat, zum Zeitpunkt des Beschlusses;

(b) wenn die SPE zum Zeitpunkt der Beschlussfassung Gläubiger hat, von denen keiner innerhalb von dreißig Kalendertagen nach Bekanntgabe des Beschlusses der Anteilseigner einen Antrag gestellt hat, am einunddreißigsten Kalendertag nach der Bekanntgabe;

(c) wenn die SPE zum Zeitpunkt der Beschlussfassung Gläubiger hat, von denen einer innerhalb von dreißig Kalendertagen nach Bekanntgabe des Beschlusses der Anteilseigner einen Antrag gestellt hat, am ersten Tag, an dem die SPE die Anweisung des zuständigen Gerichts zur Lieferung von Sicherheiten zur Gänze erfüllt hat, oder – sollte dies früher der Fall sein – am ersten Tag, an dem das Gericht in Bezug auf sämtliche Anträge entschieden hat, dass die SPE keine Sicherheiten zur Verfügung stellen muss.

(5) Dient eine Kapitalherabsetzung dem Ausgleich von Verlusten der SPE, darf der herabgesetzte Betrag ausschließlich zu diesem Zweck verwendet und kann nicht an die Anteilseigner ausgeschüttet werden.

(6) Eine Kapitalherabsetzung wird bekanntgemacht.

(7) Bei einer Kapitalherabsetzung ist die Gleichbehandlung aller Anteilseigner mit gleichhoher Beteiligung zu gewährleisten.

Art. 25 Abschlüsse (1) Für die Erstellung, Vorlage, Prüfung und Veröffentlichung von Abschlüssen gelten für die SPE die Vorschriften des anwendbaren innerstaatlichen Rechts.

(2) Die Bücher der SPE werden vom Leitungsorgan geführt. Für die Buchführung der SPE gilt das anwendbare innerstaatliche Recht.

Kapitel V – Organisation der SPE

Art. 26 Allgemeine Bestimmungen (1) Die SPE verfügt über ein Leitungsorgan, das für die Leitung der SPE verantwortlich ist. Das Leitungsorgan kann alle Befugnisse der SPE ausüben, sofern diese Verordnung oder die Satzung nicht vorschreiben, dass sie von den Anteilseignern auszuüben sind.

(2) Die Anteilseigner legen die Organisation der SPE vorbehaltlich dieser Verordnung fest.

Art. 27 Beschlüsse der Anteilseigner (1) Unbeschadet Absatz 2 werden zumindest die folgenden Fragen durch einen Mehrheitsbeschluss der Anteilseigner – so wie in der Satzung der SPE festgelegt – geregelt:

(a) Änderung der an die Anteile gebundenen Rechte;
(b) Ausschluss eines Anteilseigners;
(c) Ausscheiden eines Anteilseigners;
(d) Genehmigung des Jahresabschlusses;
(e) Ausschüttung an die Anteilseigner;
(f) Erwerb eigener Anteile;
(g) Rückkauf von Anteilen;
(h) Erhöhung des Gesellschaftskapitals;
(i) Herabsetzung des Gesellschaftskapitals;
(j) Ernennung und Entlassung von Mitgliedern der Unternehmensleitung und ihre Mandatszeit;
(k) sofern die SPE einen Abschlussprüfer hat, Bestellung und Entlassung des Abschlussprüfers;
(l) Verlegung des eingetragenen Sitzes der SPE in einen anderen Mitgliedstaat;
(m) Umwandlung der SPE;
(n) Verschmelzungen und Spaltungen;
(o) Auflösung;
(p) Änderungen der Satzung, die nicht die unter Buchstabe a bis o genannten Punkte betreffen.

(2) Beschlüsse zu den in Absatz 1 Buchstabe a, b, c, i, l, m, n, o und p genannten Punkten werden mit qualifizierter Mehrheit gefasst.

Für die Zwecke von Unterabsatz 1 darf die qualifizierte Mehrheit nicht weniger als zwei Drittel der gesamten Stimmrechte betragen, die an die von der SPE ausgegebenen Anteile gebunden sind.

(3) Die Annahme von Beschlüssen ist nicht an die Einberufung einer Hauptversammlung gebunden. Das Leitungsorgan übermittelt allen Anteilseignern die Beschlussvorlagen zusammen mit ausreichenden Informationen, so dass sie eine Entscheidung in voller Kenntnis der Sachlage treffen können. Die Beschlüsse sind schriftlich aufzuzeichnen. Jeder Anteilseigner erhält Kopien der gefassten Beschlüsse.

(4) Die Beschlüsse der Anteilseigner stehen mit dieser Verordnung und der Satzung der SPE im Einklang.

Die Rechte der Anteilseigner auf Anfechtung der Beschlüsse unterliegen dem anwendbaren nationalen Recht.

(5) Hat die SPE lediglich einen Anteilseigner, nimmt er die in dieser Verordnung und in der Satzung der SPE festgelegten Rechte der Anteilseigner der SPE wahr und erfüllt ihre Verpflichtungen.

4.20 SPE-VO (Entwurf)

(6) Beschlüsse zu den in Absatz 1 genannten Punkten sind bekannt zu machen.

(7) Die Beschlüsse können wie folgt als Grundlage herangezogen werden:
(a) in Bezug auf die Anteilseigner, das Leitungsorgan der SPE und ihr Aufsichtsorgan, falls vorhanden, ab dem Tag ihrer Annahme,
(b) in Bezug auf Dritte im Rahmen der Bestimmungen des anwendbaren nationalen Rechts, mit dem Artikel 3 Absatz 5, 6 und 7 der Richtlinie 68/151/EWG umgesetzt wurde.

Art. 28 Informationsrechte der Anteilseigner (1) Die Anteilseigner haben das Recht, in Bezug auf Beschlüsse, den Jahresabschluss und sonstige Angelegenheiten im Zusammenhang mit den Tätigkeiten der SPE ordnungsgemäß unterrichtet zu werden und einschlägige Fragen an das Leitungsorgan der SPE zu stellen.

(2) Das Leitungsorgan kann den Zugang zu Informationen nur dann verweigern, wenn dieser den Geschäftsinteressen der SPE ernsthaft abträglich sein könnte.

Art. 29 Recht auf Beantragung eines Beschluss und auf Bestellung eines unabhängigen Sachverständigen (1) Anteilseigner, die 5 % der an die Anteile der SPE gebundenen Stimmrechte besitzen, sind berechtigt, das Leitungsorgan um die Ausarbeitung einer Beschlussvorlage für die Anteilseigner zu bitten.

In dem Antrag müssen die Gründe für einen derartigen Beschluss und die darin zu behandelnden Fragen dargelegt werden.

Wird der Antrag abgelehnt oder legt das Leitungsorgan innerhalb von 14 Kalendertagen nach Erhalt des Antrags keine Beschlussvorlage vor, können die betreffenden Anteilseigner den anderen Anteilseignern eine Beschlussvorlage für die besagten Themen übermitteln.

(2) Im Falle des Verdachts auf einen schwerwiegenden Verstoß gegen die Rechtsvorschriften oder die Satzung der SPE sind Anteilseigner, die 5 % der an die Anteile der SPE gebundenen Stimmrechte besitzen, berechtigt, das zuständige Gericht bzw. die zuständige Verwaltungsbehörde um die Bestellung eines unabhängigen Sachverständigen zu bitten, der Nachforschungen anstellt und den Anteilseignern über deren Ergebnisse berichtet.

Der Sachverständige hat Zugang zu den Unterlagen und Aufzeichnungen der SPE und kann vom Leitungsorgan Informationen anfordern.

(3) Die Satzung kann die in Absatz 1 und 2 genannten Rechte auch einzelnen Anteilseignern oder Anteilseignern gewähren, die weniger als 5 % der an die Anteile der SPE gebundenen Stimmrechte besitzen.

Art. 30 Mitglieder der Unternehmensleitung (1) Nur eine natürliche Person kann Mitglied der Unternehmensleitung einer SPE sein.

(2) Eine Person, die als Mitglied der Unternehmensleitung agiert, ohne offiziell dazu bestellt zu sein, wird als ein Mitglied der Unternehmensleitung angesehen, das allen Pflichten und der Verantwortung eines solchen Mitglieds nachzukommen hat.

(3) Eine Person, die den nationalen Rechtsvorschriften zufolge aufgrund eines Gerichts- oder Verwaltungsurteils eines Mitgliedstaats für die Ausübung der Aufgabe eines Mitglieds der Unternehmensleitung als ungeeignet erklärt wurde, kann nicht als Mitglied der Unternehmensleitung einer SPE tätig werden.

(4) Die Erklärung der mangelnden Eignung einer Person als Mitglied der Unternehmensleitung einer SPE fällt unter das anwendbare nationale Recht.

Art. 31 Allgemeine Pflichten und allgemeine Verantwortung von Mitgliedern der Unternehmensleitung (1) Ein Mitglied der Unternehmensleitung ist verpflichtet, im bestmöglichen Interesse der SPE zu handeln. Es handelt mit der Sorgfalt und der Eignung, die vernünftigerweise für die Ausübung der Tätigkeit gefordert werden können.

(2) Die Mitglieder der Unternehmensleitung stehen der SPE gegenüber in der Pflicht.

(3) Vorbehaltlich der Satzung der SPE vermeidet ein Mitglied der Unternehmensleitung jede Situation, von der vernünftigerweise davon ausgegangen werden kann, dass sie zu einem aktuellen oder potenziellen Interessenkonflikt zwischen seinen persönlichen Interessen und den Interessen der SPE bzw. zwischen seinen Verpflichtungen gegenüber SPE und seiner Pflicht gegenüber anderen juristischen oder natürlichen Personen führt.

(4) Ein Mitglied der Unternehmensleitung einer SPE ist dem Unternehmen gegenüber für jede Handlung oder unterlassene Handlung verantwortlich, die gegen seine Pflichten infolge dieser Verordnung, der Satzung der SPE oder infolge eines Beschlusses der Anteilseigner verstößt und der SPE einen Verlust oder einen Schaden verursacht. Wurde ein derartiger Verstoß von mehr als einem Mitglied der Unternehmensleitung begangen, haften alle betreffenden Mitglieder der Unternehmensleitung gesamtschuldnerisch.

(5) Unbeschadet dieser Verordnung fällt die Haftung der Mitglieder der Unternehmensleitung unter das anwendbare nationale Recht.

Art. 32 Geschäfte mit nahe stehenden Unternehmen und Personen Geschäfte mit nahe stehenden Unternehmen und Personen fallen unter die Vorschriften des anwendbaren nationalen Rechts zur Umsetzung der Richtlinien 78/660/EWG[12] und 83/349/EWG[13] des Rates.

Art. 33 Vertretung der SPE gegenüber Dritten (1) Die SPE wird gegenüber Dritten durch ein oder mehrere Mitglied(er) der Unternehmensleitung vertreten. Handlungen der Mitglieder der Unternehmensleitung sind für die SPE verbindlich, auch wenn sie nicht zu den Gegenständen der SPE gehören.

(2) In der Satzung der SPE kann vorgeschrieben werden, dass Mitglieder der Unternehmensleitung ihre allgemeine Vertretungsbefugnis gemeinsam wahrzunehmen haben. Jede weitere Beschränkung der Befugnisse der Mitglieder der Unternehmensleitung infolge der Satzung, eines Beschlusses der Anteilseigner oder einer Entscheidung des Leitungs- oder, falls vorhanden, des Aufsichtsorgans kann gegenüber Dritten nicht geltend gemacht werden, selbst wenn sie bekannt gemacht wurde.

(3) Die Mitglieder der Unternehmensleitung können das Recht auf Vertretung der SPE im Sinne der Satzung entsprechend delegieren.

Kapitel VI – Arbeitnehmermitbestimmung

Art. 34 Allgemeine Bestimmungen (1) Vorbehaltlich der Bestimmungen dieses Artikels unterliegt die SPE den Regeln für Arbeitnehmermitbestimmung, die, falls vorhanden, in dem Mitgliedstaat anwendbar sind, in dem die SPE ihren eingetragenen Sitz hat.

(2) Im Falle der Verlegung des eingetragenen Sitzes einer SPE findet Artikel 38 Anwendung.

---

12 Bilanz-RL, in dieser Sammlung Nr. 4.6.
13 Konzernbilanz-RL, in dieser Sammlung Nr. 4.7.

(3) Im Falle einer grenzübergreifenden Verschmelzung einer SPE mit einer in einem anderen Mitgliedstaat eingetragenen SPE oder sonstigen Gesellschaft finden die Vorschriften der Mitgliedstaaten zur Umsetzung der Richtlinie 2005/56/EG des Europäischen Parlaments und des Rates[14] Anwendung.

Kapitel VII Verlegung des eingetragenen Sitzes der SPE

Art. 35 Allgemeine Bestimmungen (1) Der eingetragene Sitz einer SPE kann im Einklang mit diesem Kapitel in einen anderen Mitgliedstaat verlegt werden.

Die Verlegung des eingetragenen Sitzes einer SPE führt nicht zur Liquidation der SPE oder einer Unterbrechung bzw. einem Verlust ihrer Rechtspersönlichkeit. Auch beeinträchtigt sie nicht die aus einem vor der Verlegung mit der SPE abgeschlossenen Vertrag herrührenden Rechte oder Verpflichtungen.

(2) Absatz 1 findet nicht auf SPEs Anwendung, gegen die ein Verfahren wegen Auflösung, Liquidation, Insolvenz oder Zahlungseinstellung läuft oder gegen die von Seiten der zuständigen Behörden Präventivmaßnahmen zur Vermeidung der Einleitung derartiger Verfahren ergriffen wurden.

(3) Eine Verlegung wird zum Zeitpunkt der Registrierung der SPE in dem Aufnahmemitgliedstaat gültig. Ab diesem Zeitpunkt wird die SPE in Bezug auf die unter Artikel 4 Absatz 2 genannten Punkte vom Recht des Aufnahmemitgliedstaats reguliert.

(4) Für die Zwecke von Gerichts- oder Verwaltungsverfahren, die vor der Verlegung des eingetragenen Sitzes eingeleitet wurden, wird die SPE nach der Registrierung gemäß Absatz 3 als ihren eingetragenen Sitz im Herkunftsmitgliedstaat habend angesehen.

Art. 36 Verlegungsverfahren (1) Das Leitungsorgan einer SPE, das eine Verlegung plant, erstellt einen Vorschlag für eine Verlegung, der zumindest die folgenden Angaben enthält:

(a) Name der SPE und Anschrift des eingetragenen Sitzes im Herkunftsmitgliedstaat;

(b) Name der SPE und Anschrift des vorgeschlagenen eingetragenen Sitzes im Aufnahmemitgliedstaat;

(c) vorgeschlagene Satzung für die SPE im Aufnahmemitgliedstaat;

(d) vorgeschlagener Zeitplan für die Verlegung;

(e) vorgeschlagener Termin, ab dem die Geschäfte der SPE unter Rechnungslegungsaspekten als im Aufnahmemitgliedstaat getätigt angesehen werden;

(f) Folgen der Verlegung für die Arbeitnehmer und für diese vorgeschlagene Maßnahmen;

(g) gegebenenfalls detaillierte Informationen über die Verlegung der Hauptverwaltung oder der Hauptniederlassung der SPE.

(2) Mindestens einen Monat vor der Fassung des in Absatz 4 genannten Beschlusses der Anteilseigner wird das Leitungsorgan der SPE

(a) den Anteilseignern und den Arbeitnehmervertretern bzw. für den Fall, dass derlei Vertreter nicht vorhanden sind, den Arbeitnehmern und den Gläubigern der SPE den Vorschlag für die Verlegung zur Prüfung vorlegen;

(b) den Vorschlag für die Verlegung bekannt machen.

(3) Das Leitungsorgan der SPE erstellt einen Bericht für die Anteilseigner, in dem die rechtlichen und wirtschaftlichen Aspekte der vorgeschlagenen Verlegung erläutert und begrün-

---

14   Internationale Fusions-RL, in dieser Sammlung Nr. 4.16.

det und die Auswirkungen der Verlegung für die Anteilseigner, die Gläubiger sowie die Arbeitnehmer im Einzelnen dargelegt werden. Der Bericht ist den Anteilseignern und den Arbeitnehmervertretern bzw. für den Fall, dass derlei Vertreter nicht vorhanden sind, den Arbeitnehmern selbst zusammen mit dem Vorschlag für die Verlegung vorzulegen. Wird das Leitungsorgan rechtzeitig über die Haltung der Arbeitnehmervertreter zur Verlegung unterrichtet, informiert es die Anteilseigner darüber.

(4) Der Vorschlag für die Verlegung wird den Anteilseignern gemäß den Bestimmungen der Satzung der SPE betreffend die Änderung der Satzung zur Genehmigung vorgelegt.

(5) Wird in der SPE eine Form der Arbeitnehmermitbestimmung praktiziert, können sich die Anteilseigner das Recht vorbehalten, die Durchführung der Verlegung an ihre ausdrückliche Verabschiedung der Vereinbarungen über die Mitbestimmung der Arbeitnehmer im Aufnahmemitgliedstaat zu knüpfen.

(6) Der Schutz von Minderheitsanteilseignern, die sich der Verlegung widersetzen, und von Gläubigern der SPE fällt unter die Rechtsvorschriften des Herkunftsmitgliedstaats.

Art. 37 Überprüfung der Rechtsgültigkeit der Verlegung (1) Jeder Mitgliedstaat benennt eine zuständige Behörde, die die Rechtsgültigkeit der Verlegung durch Überprüfung der Einhaltung des in Artikel 36 genannten Verlegungsverfahrens zu kontrollieren hat.

(2) Die zuständige Behörde des Herkunftsmitgliedstaats prüft unverzüglich, ob die Bestimmungen von Artikel 36 eingehalten wurden. Wenn dies der Fall ist, stellt sie eine Bescheinigung aus, in der bestätigt wird, dass alle Formalitäten des Verlegungsverfahrens im Herkunftsmitgliedstaat eingehalten wurden.

(3) Binnen eines Monats nach Erhalt der in Absatz 2 genannten Bescheinigung legt die SPE der zuständigen Behörde des Aufnahmemitgliedstaats die folgenden Unterlagen vor:

(a) die in Absatz 2 genannte Bescheinigung;

(b) die vorgeschlagene Satzung für die SPE im Aufnahmemitgliedstaat, so wie sie von den Anteilseignern genehmigt wurde;

(c) den Vorschlag für die Verlegung in der von den Anteilseignern genehmigten Form.

Diese Unterlagen dürften zur Eintragung der SPE im Aufnahmemitgliedstaat ausreichend sein.

(4) Die zuständige Behörde des Aufnahmemitgliedstaats überprüft binnen 14 Kalendertagen nach Erhalt der in Absatz 3 genannten Unterlagen, ob die inhaltlichen und formalen Bedingungen für die Verlegung des eingetragenen Sitzes erfüllt sind. Wenn dies der Fall ist, ergreift sie die zur Eintragung der SPE erforderlichen Maßnahmen.

(5) Die zuständige Behörde des Aufnahmemitgliedstaats kann die Eintragung einer SPE nur dann verweigern, wenn die SPE nicht alle inhaltlichen oder formalen Bedingungen im Sinne dieses Kapitels erfüllt. Die SPE wird eingetragen, wenn sie alle in diesem Kapitel genannten Bedingungen erfüllt hat.

(6) Unter Verwendung des Meldeformulars in Anhang II meldet die zuständige Behörde des Aufnahmemitgliedstaats der für die Streichung der SPE aus dem Herkunftslandregister zuständigen Behörde die Eintragung der SPE im Aufnahmemitgliedstaat.

Die Streichung aus dem Register hat unmittelbar nach Erhalt der Meldung zu erfolgen, die allerdings abzuwarten ist.

(7) Eintragungen im Aufnahmemitgliedstaat und Streichungen aus dem Register des Herkunftsmitgliedstaats sind bekannt zu machen.

Art. 38 Vereinbarungen über die Mitbestimmung von Arbeitnehmern (1) In Bezug auf Vereinbarungen über die Mitbestimmung von Arbeitnehmern unterliegt die SPE ab dem Zeitpunkt ihrer Eintragung den geltenden Bestimmungen im Aufnahmemitgliedstaat.

(2) Absatz 1 findet keine Anwendung, wenn die Arbeitnehmer der SPE im Herkunftsmitgliedstaat mindestens ein Drittel der Gesamtarbeitnehmer der SPE einschließlich Tochtergesellschaften oder Zweigniederlassungen der SPE in einem anderen Mitgliedstaat ausmachen und eine der nachfolgend genannten Bedingungen erfüllt ist:

(a) die Rechtsvorschriften des Aufnahmemitgliedstaats schreiben nicht mindestens dasselbe Maß an Mitbestimmung wie bei der SPE im Herkunftsmitgliedstaat vor ihrer Eintragung im Aufnahmemitgliedstaat vor. Das Maß der Arbeitnehmermitbestimmung ist durch Bezugnahme auf den Anteil von Arbeitnehmervertretern unter den Mitgliedern des Verwaltungs- oder des Aufsichtsorgans oder ihrer Ausschüsse bzw. der Gruppe zu messen, die die Gewinn erwirtschaftenden Einheiten der SPE leitet, sofern eine Vertretung der Arbeitnehmer vorhanden ist;

(b) die Rechtsvorschriften des Aufnahmemitgliedstaats gewähren den Arbeitnehmern von Einrichtungen der SPE, die in anderen Mitgliedstaaten belegen sind, nicht den gleichen Anspruch auf Ausübung von Mitbestimmungsrechten wie diese ihn vor der Verlegung besaßen.

(3) Ist eine der in Absatz 2 Buchstabe a oder b genannten Bedingungen erfüllt, ergreift das Leitungsorgan der SPE baldmöglichst nach Bekanntgabe des Vorschlags für die Verlegung die erforderlichen Maßnahmen, um Verhandlungen mit den Vertretern der Arbeitnehmer der SPE aufzunehmen und eine Vereinbarung über die Modalitäten der Mitbestimmung der Arbeitnehmer zu erzielen.

(4) In der Vereinbarung zwischen dem Leitungsorgan der SPE und den Arbeitnehmervertretern wird Folgendes angegeben:

(a) Geltungsbereich der Vereinbarung;

(b) der Inhalt einer Vereinbarung über die Mitbestimmung für den Fall, dass die Parteien im Laufe der Verhandlungen beschließen, eine solche Vereinbarung in der SPE nach der Verlegung einzuführen, einschließlich (gegebenenfalls) der Zahl der Mitglieder des Verwaltungs- oder des Aufsichtsorgans der SPE, welche die Arbeitnehmer wählen oder bestellen können oder deren Bestellung sie empfehlen oder ablehnen können, der Verfahren, nach denen die Arbeitnehmer diese Mitglieder wählen oder bestellen oder deren Bestellung empfehlen oder ablehnen können, und der Rechte dieser Mitglieder;

(c) der Zeitpunkt des Inkrafttretens der Vereinbarung und ihre Laufzeit sowie die Fälle, in denen die Vereinbarung neu ausgehandelt werden sollte, und das bei ihrer Neuaushandlung anzuwendende Verfahren.

(5) Die Verhandlungen sind auf einen Zeitraum von sechs Monaten zu begrenzen. Die Parteien können sich darauf einigen, die Verhandlungen über diesen Zeitraum hinaus um weitere sechs Monate zu verlängern. Ansonsten fallen die Verhandlungen unter das Recht des Herkunftsmitgliedstaats.

(6) Sollte keine Einigung erzielt werden, werden die Vereinbarungen über die Mitbestimmung im Herkunftsmitgliedstaat beibehalten.

Kapitel VIII – Umstrukturierung, Auflösung und Ungültigkeit

Art. 39 Umstrukturierung Die Umwandlung, Verschmelzung und Spaltung der SPE unterliegt dem anwendbaren nationalen Recht.

Art. 40 Auflösung (1) Die SPE kann bei Eintreten der folgenden Umstände aufgelöst werden:

(a) Ablauf des Zeitraums, für den sie gegründet wurde;

(b) Beschluss der Anteilseigner;

(c) Fälle, die im anwendbaren nationalen Recht festgeschrieben sind.

(2) Die Auflösung unterliegt dem anwendbaren nationalen Recht.

(3) Liquidation, Insolvenz, Zahlungseinstellung oder vergleichbare Verfahren unterliegen dem anwendbaren nationalen Recht sowie der Verordnung (EG) Nr. 1346/2000 des Rates[15].

(4) Die Auflösung der SPE ist bekannt zu geben.

Art. 41 Ungültigkeit Die Ungültigkeit der SPE unterliegt dem anwendbaren nationalen Recht, mit dem Artikel 11 Absatz 1 Buchstabe a, b, c und e der Richtlinie 68/151/EWG umgesetzt wurde mit Ausnahme des Verweises in Buchstabe c von Artikel 11 Absatz 2 und Artikel 12 dieser Richtlinie auf den Gegenstand des Unternehmens.

Kapitel IX – Zusätzliche Bestimmungen und Übergangsbestimmungen

Art. 42 Verwendung der Landeswährung (1) Mitgliedstaaten, in denen die dritte Phase der Wirtschafts- und Währungsunion (WWU) keine Anwendung findet, können SPEs mit eingetragenem Sitz in ihrem Hoheitsgebiet bitten, ihr Kapital in nationaler Währung anzugeben. Eine SPE kann ihr Kapital auch in Euro angeben. Als Umrechnungskurs nationale Währung/ Euro wird der Kurs zugrunde gelegt, der am letzten Tag des Monats vor der Eintragung der SPE galt.

(2) Eine SPE kann ihren Jahresabschluss und gegebenenfalls ihren konsolidierten Abschluss in den Mitgliedstaaten, in denen in die dritte Phase der Wirtschafts- und Währungsunion (WWU) keine Anwendung findet, in Euro erstellen. Diese Mitgliedstaaten können der SPE allerdings auch vorschreiben, ihren Jahresabschluss und gegebenenfalls ihren konsolidierten Abschluss gemäß dem anwendbaren nationalen Recht in der nationalen Währung zu erstellen.

Kapitel X – Schlussbestimmungen

Art. 43 Wirksame Anwendung Die Mitgliedstaaten treffen alle geeigneten Vorkehrungen, um das Wirksamwerden dieser Verordnung zu gewährleisten.

Art. 44 Sanktionen Die Mitgliedstaaten legen die Regeln für Sanktionen bei Verstößen gegen die Bestimmungen dieser Verordnung fest und treffen die erforderlichen Maßnahmen für deren Anwendung. Diese Sanktionen müssen wirksam, verhältnismäßig und abschreckend sein. Die Mitgliedstaaten teilen der Kommission diese Vorschriften bis spätestens 1. Juli 2010 mit und unterrichten sie unverzüglich über alle späteren Änderungen dieser Vorschriften.

Art. 45 Meldung von Gesellschaften mit beschränkter Haftung Die Mitgliedstaaten teilen der Kommission bis spätestens 1. Juli 2010 die Form von in Artikel 4 Absatz 2 genannten Gesellschaften mit beschränkter Haftung mit.

Die Kommission veröffentlicht die Angaben im *Amtsblatt der Europäischen Union*.

---

15   ABl. L 160 vom 30. 6. 2000, S. 1.

4.20 SPE-VO (Entwurf)

Art. 46 Verpflichtungen der für die Register zuständigen Behörden (1) Die für die Führung der in Artikel 9 Absatz 1 genannten Register zuständigen Behörden teilen der Kommission vor dem 31. März jeden Jahres den Namen, den eingetragenen Sitz und die Registernummer der SPEs mit, die im Vorjahr im Register eingetragen bzw. aus diesem gestrichen wurden, sowie die Gesamtzahl der eingetragenen SPEs.

(2) Die in Absatz 1 genannten Behörden arbeiten zusammen, um sicherzustellen, dass die in Artikel 10 Absatz 2 aufgelisteten Urkunden und Angaben der SPEs auch über die Register aller anderen Mitgliedstaaten zugänglich sind.

Art. 47 Überprüfung Die Kommission überprüft die Anwendung dieser Verordnung spätestens bis zum 30. Juni 2015.

Art. 48 Inkrafttreten Diese Verordnung tritt am zwanzigsten Tag nach ihrer Veröffentlichung im Amtsblatt der Europäischen Union in Kraft.

Sie gilt ab dem 1. Juli 2010.

Diese Verordnung ist in allen ihren Teilen verbindlich und gilt unmittelbar in jedem Mitgliedstaat.

Anhang I

Die Satzung einer SPE muss zumindest Folgendes regeln:

Kapitel II – Gründung

- Name der SPE;
- Name und Anschrift der Gründungsgesellschafter der SPE und Nennwert bzw. rechnerische Pariwert der von den Anteilseignern gehaltenen Anteile;
- Gründungskapital der SPE.

Kapitel III – Anteile

- Angabe, ob eine Unterteilung, Konsolidierung oder Neudenominierung der Anteile statthaft ist und etwaige anwendbare Bestimmungen;
- geldliche und nicht geldliche an die Anteile (Anteilskategorien) gebundene Rechte und Verpflichtungen, insbesondere
  - a) Beteiligung am Vermögen und an den Gewinnen des Unternehmens, falls vorhanden;
  - b) an die Anteile der SPE gebundene Stimmrechte, falls vorhanden;
- Verfahren zur Genehmigung etwaiger Änderungen der an die Anteile (Anteilskategorien) gebundenen Rechte und Verpflichtungen und vorbehaltlich Artikel 14 Absatz 3 erforderliche Mehrheit der Stimmrechte;
- etwaige Bezugsrechte entweder bei Emission oder bei Übertragung der Anteile, falls vorhanden, und etwaige anwendbare Bestimmungen;
- Angabe, ob die Übertragung der Anteile eingeschränkt oder verboten ist, Einzelheiten der Einschränkung oder des Verbots, insbesondere die Form, die Frist, das anwendbare Verfahren und die im Falle des Todes oder der Auflösung eines Anteilseigners anwendbaren Regeln;
- Angabe, ob die Zustimmung zur Übertragung der Anteile seitens der SPE oder der Anteilseigner erforderlich ist oder ob die SPE oder die Anteilseigner bei der Übertragung der Anteile sonstige Rechte erhalten (z.B. Recht auf eine erste Ablehnung) und

Angabe der Frist, binnen derer der Übertragende über den Beschluss zu informieren ist;

- Angabe, ob die Anteilseigner über Artikel 17 hinaus das Recht haben, von anderen Anteilseignern die Veräußerung ihrer Anteile zu verlangen und etwaige anwendbare Bestimmungen;
- Angabe, ob die Anteilseigner über Artikel 18 hinaus das Recht haben, ihre Anteile an andere Anteilseigner oder die SPE zu veräußern und etwaige anwendbare Bestimmungen.

Kapitel IV – Kapital

- Angabe des Geschäftsjahres der SPE und der Art und Weise möglicher Änderungen;
- Angabe, ob die SPE gehalten ist, Rücklagen zu bilden, und wenn ja, Angabe der Art der Rücklage, der Umstände, unter denen sie zu bilden ist und ob sie ausschüttungsfähig ist;
- Angabe, ob Sacheinlagen durch einen unabhängigen Sachverständigen zu bewerten sind und Angabe etwaiger Formalitäten, die diesbezüglich eingehalten werden müssen;
- Angabe des Zeitpunkts, zu dem die Zahlung oder die Bereitstellung des Entgelts zu erfolgen hat und Angabe der Bedingungen, die an eine derartige Zahlung oder Bereitstellung gebunden sind;
- Angabe der Tatsache, ob die SPE in der Lage ist oder nicht, finanzielle Unterstützung zu leisten, indem sie insbesondere Mittel vorstreckt, Darlehen vergibt oder Garantien schafft, wenn es um den Erwerb von Anteilen seitens eines Dritten geht;
- Angabe, ob Zwischendividenden gezahlt werden können und etwaige anwendbare Bestimmungen;
- Angabe, ob das Leitungsorgan gehalten ist, vor einer Ausschüttung eine Solvenzbescheinigung zu unterzeichnen und etwaige anwendbare Bestimmungen;
- Angabe des Verfahrens, das die SPE befolgen muss, um eine rechtswidrige Ausschüttung rückgängig zu machen;
- Angabe der Tatsache, ob der Erwerb eigener Anteile zulässig ist, und wenn ja, Angabe des zu befolgenden Verfahrens, einschließlich der Bedingungen, unter denen die Anteile gehalten, übertragen oder annulliert werden können;
- Angabe des Verfahrens für die Erhöhung, Herabsetzung oder sonstige Änderung des Gesellschaftskapitals und der etwaigen anwendbaren Bestimmungen.

Kapitel V – Organisation der SPE

- Angabe der Methode zur Annahme von Beschlüssen der Anteilseigner;
- vorbehaltlich der Bestimmungen dieser Verordnung Angabe der zur Verabschiedung von Beschlüssen der Anteilseigner erforderlichen Mehrheit;
- Angabe der von den Anteilseignern zu verabschiedenden Beschlüsse (zusätzlich zu den in Artikel 27 Absatz 1 genannten), der Beschlussfähigkeit und der erforderlichen Stimmrechtsmehrheit;
- vorbehaltlich der Artikel 21, 27 und 29, Angabe der Regeln für die Vorlage von Beschlüssen;
- Angabe der Zeitspanne und der Art und Weise, binnen derer bzw. auf die die Anteilseigner über Vorschläge für Beschlüsse der Anteilseigner zu informieren sind und An-

gabe von Hauptversammlungen, sofern in der Satzung Hauptversammlungen vorgesehen sind;

- Angabe der Art und Weise, auf die sich Anteilseigner den Text eines vorgeschlagenen Beschlusses der Anteilseigner und im Zusammenhang mit der Verabschiedung des Beschlusses stehende Vorbereitungsunterlagen beschaffen können;
- Angabe der Art und Weise, auf die Kopien verabschiedeter Beschlüsse den Anteilseignern zur Verfügung gestellt werden;
- sofern in der Satzung die Annahme einiger oder aller Beschlüsse auf einer Hauptversammlung vorgesehen ist, Angabe der Art und Weise der Einberufung der Hauptversammlung, der Arbeitsmethoden und der Regeln für die Abstimmung per Stimmrechtsvertretung;
- Angabe des Verfahrens und der Fristen für die SPE, auf Anfragen der Anteilseigner nach Informationen, die Gewährung des Zugangs zu Unterlagen der SPE und nach Bekanntgabe von Beschlüssen, die von den Anteilseignern verabschiedet wurden;
- Angabe, ob sich das Leitungsorgan der SPE aus einem oder mehreren Mitgliedern der Unternehmensleitung, einem Leitungsgremium (dualistisches System) oder Verwaltungsgremium (monistisches System) zusammensetzt;
- im Falle eines Verwaltungsgremiums (monistisches System) Angabe seiner Zusammensetzung und seiner Organisation;
- im Falle eines Leitungsgremiums (dualistisches System) Angabe seiner Zusammensetzung und seiner Organisation;
- im Falle eines Leitungsgremiums (dualistisches System) oder eines oder mehrerer Mitglieder der Unternehmensleitung Angabe, ob die SPE ein Aufsichtsorgan hat und wenn ja, Angabe seiner Zusammensetzung und seiner Beziehung zum Leitungsorgan;
- Angabe etwaiger Auswahlkriterien für Mitglieder der Unternehmensleitung;
- Angabe des Verfahrens für die Bestellung und die Abberufung von Mitgliedern der Unternehmensleitung;
- Angabe der Tatsache, ob die SPE einen Abschlussprüfer hat und ob die Satzung vorsieht, dass die SPE einen solchen Abschlussprüfer haben sollte, das Verfahren für seine Bestellung, seine Abberufung und seinen Rücktritt;
- Angabe etwaiger sonstiger spezifischer Aufgaben von Mitgliedern der Unternehmensleitung, die nicht in dieser Verordnung genannt werden;
- Angabe, ob Situationen, die einen durch einen Mitglied der Unternehmensleitung verursachten aktuellen oder potenziellen Interessenkonflikt beinhalten, zugelassen werden können und wenn ja, Angabe der Person, die einen solchen Konflikt zulassen kann und Angabe der anwendbaren Bestimmungen und Verfahren für die Zulassung eines solchen Konflikts;
- Angabe, ob die in Artikel 32 genannten Geschäfte mit nahe stehenden Unternehmen und Personen genehmigt werden müssen und Angabe der anwendbaren Bestimmungen;
- Angabe der Regeln für die Vertretung der SPE durch das Leitungsorgan, insbesondere der Tatsache, ob die Mitglieder der Unternehmensleitung berechtigt sind, die SPE gemeinsam oder allein zu vertreten und ob dieses Recht delegiert werden kann;
- Angabe der Regeln für die Delegierung der Befugnisse des Leitungsorgans an eine andere Person.

Anhang II – Meldeformular für die Registrierung der Verlegung des eingetragenen Sitzes einer SPE

MITTEILUNG der Registrierung der Verlegung des eingetragenen Sitzes einer Europäischen Privatgesellschaft (SPE) – nicht abgedruckt.

5.1 Verordnung (EG) Nr. 593/2008 des Europäischen Parlaments und des Rates vom 17. Juni 2008 über das auf vertragliche Schuldverhältnisse anzuwendende Recht (Rom I) [Rom I-VO]

ABl. 2008 L 177/6

DAS EUROPÄISCHE PARLAMENT UND DER RAT DER EUROPÄISCHEN UNION –
gestützt auf den Vertrag zur Gründung der Europäischen Gemeinschaft, insbesondere auf Artikel 61 Buchstabe c und Artikel 67 Absatz 5, zweiter Gedankenstrich,
auf Vorschlag der Kommission,
nach Stellungnahme des Europäischen Wirtschafts- und Sozialausschusses[1],
gemäß dem Verfahren des Artikels 251 des Vertrags[2],
in Erwägung nachstehender Gründe:

(1) Die Gemeinschaft hat sich zum Ziel gesetzt, einen Raum der Freiheit, der Sicherheit und des Rechts zu erhalten und weiterzuentwickeln. Zur schrittweisen Schaffung dieses Raums muss die Gemeinschaft im Bereich der justiziellen Zusammenarbeit in Zivilsachen, die einen grenzüberschreitenden Bezug aufweisen, Maßnahmen erlassen, soweit sie für das reibungslose Funktionieren des Binnenmarkts erforderlich sind.

(2) Nach Artikel 65 Buchstabe b des Vertrags schließen diese Maßnahmen solche ein, die die Vereinbarkeit der in den Mitgliedstaaten geltenden Kollisionsnormen und Vorschriften zur Vermeidung von Kompetenzkonflikten fördern.

(3) Auf seiner Tagung vom 15. und 16. Oktober 1999 in Tampere hat der Europäische Rat den Grundsatz der gegenseitigen Anerkennung von Urteilen und anderen Entscheidungen von Justizbehörden als Eckstein der justiziellen Zusammenarbeit in Zivilsachen unterstützt und den Rat und die Kommission ersucht, ein Maßnahmenprogramm zur Umsetzung dieses Grundsatzes anzunehmen.

(4) Der Rat hat am 30. November 2000 ein gemeinsames Maßnahmenprogramm der Kommission und des Rates zur Umsetzung des Grundsatzes der gegenseitigen Anerkennung gerichtlicher Entscheidungen in Zivil- und Handelssachen verabschiedet[3]. Nach dem Programm können Maßnahmen zur Harmonisierung der Kollisionsnormen dazu beitragen, die gegenseitige Anerkennung gerichtlicher Entscheidungen zu vereinfachen.

(5) In dem vom Europäischen Rat am 5. November 2004 angenommenen Haager Programm[4] wurde dazu aufgerufen, die Beratungen über die Regelung der Kollisionsnormen für vertragliche Schuldverhältnisse ("Rom I") energisch voranzutreiben.

(6) Um den Ausgang von Rechtsstreitigkeiten vorhersehbarer zu machen und die Sicherheit in Bezug auf das anzuwendende Recht sowie den freien Verkehr gerichtlicher Entscheidungen zu fördern, müssen die in den Mitgliedstaaten geltenden Kollisionsnormen im Interesse eines reibungslos funktionierenden Binnenmarkts unabhängig von dem Staat, in dem sich das Gericht befindet, bei dem der Anspruch geltend gemacht wird, dasselbe Recht bestimmen.

(7) Der materielle Anwendungsbereich und die Bestimmungen dieser Verordnung sollten mit der Verordnung (EG) Nr. 44/2001 des Rates vom 22. Dezember 2000 über die gerichtliche Zuständigkeit und die Anerkennung und Vollstreckung von Entscheidungen in Zivil- und Handelssachen ("Brüssel I")[5] und der Verordnung (EG) Nr. 864/2007 des Europäischen Parlaments und des Rates vom 11. Juli 2007 über das auf außervertragliche Schuldverhältnisse anzuwendende Recht ("Rom II")[6] im Einklang stehen.

(8) Familienverhältnisse sollten die Verwandtschaft in gerader Linie, die Ehe, die Schwägerschaft und die Verwandtschaft in der Seitenlinie umfassen. Die Bezugnahme in Artikel 1 Absatz 2 auf Verhältnisse, die mit der Ehe oder anderen Familienverhältnissen vergleichbare Wirkungen entfalten, soll-

---

1   ABl. C 318 vom 23.12.2006, S. 56.
2   Stellungnahme des Europäischen Parlaments vom 29.11.2007 (ABl. C 297 vom 20.11.2008, S. 149) und Beschluss des Rates vom 5.6.2008.
3   ABl. C 12 vom 15.1.2001, S. 1.
4   ABl. C 53 vom 3.3.2005, S. 1.
5   EuGVVO, in dieser Sammlung Nr. 5.3.
6   Rom II-VO, in dieser Sammlung Nr. 5.2.

te nach dem Recht des Mitgliedstaats, in dem sich das angerufene Gericht befindet, ausgelegt werden.

(9) Unter Schuldverhältnisse aus Wechseln, Schecks, Eigenwechseln und anderen handelbaren Wertpapieren sollten auch Konnossemente fallen, soweit die Schuldverhältnisse aus dem Konnossement aus dessen Handelbarkeit entstehen.

(10) Schuldverhältnisse, die aus Verhandlungen vor Abschluss eines Vertrags entstehen, fallen unter Artikel 12 der Verordnung (EG) Nr. 864/2007. Sie sollten daher vom Anwendungsbereich dieser Verordnung ausgenommen werden.

(11) Die freie Rechtswahl der Parteien sollte einer der Ecksteine des Systems der Kollisionsnormen im Bereich der vertraglichen Schuldverhältnisse sein.

(12) Eine Vereinbarung zwischen den Parteien, dass ausschließlich ein Gericht oder mehrere Gerichte eines Mitgliedstaats für Streitigkeiten aus einem Vertrag zuständig sein sollen, sollte bei der Feststellung, ob eine Rechtswahl eindeutig getroffen wurde, einer der zu berücksichtigenden Faktoren sein.

(13) Diese Verordnung hindert die Parteien nicht daran, in ihrem Vertrag auf ein nichtstaatliches Regelwerk oder ein internationales Übereinkommen Bezug zu nehmen.

(14) Sollte die Gemeinschaft in einem geeigneten Rechtsakt Regeln des materiellen Vertragsrechts, einschließlich vertragsrechtlicher Standardbestimmungen, festlegen, so kann in einem solchen Rechtsakt vorgesehen werden, dass die Parteien entscheiden können, diese Regeln anzuwenden.

(15) Wurde eine Rechtswahl getroffen und sind alle anderen Elemente des Sachverhalts in einem anderen als demjenigen Staat belegen, dessen Recht gewählt wurde, so sollte die Rechtswahl nicht die Anwendung derjenigen Bestimmungen des Rechts dieses anderen Staates berühren, von denen nicht durch Vereinbarung abgewichen werden kann. Diese Regel sollte unabhängig davon angewandt werden, ob die Rechtswahl zusammen mit einer Gerichtsstandsvereinbarung getroffen wurde oder nicht. Obwohl keine inhaltliche Änderung gegenüber Artikel 3 Absatz 3 des Übereinkommens von 1980 über das auf vertragliche Schuldverhältnisse anzuwendende Recht[7] („Übereinkommen von Rom") beabsichtigt ist, ist der Wortlaut der vorliegenden Verordnung so weit wie möglich an Artikel 14 der Verordnung (EG) Nr. 864/2007 angeglichen.

(16) Die Kollisionsnormen sollten ein hohes Maß an Berechenbarkeit aufweisen, um zum allgemeinen Ziel dieser Verordnung, nämlich zur Rechtssicherheit im europäischen Rechtsraum, beizutragen. Dennoch sollten die Gerichte über ein gewisses Ermessen verfügen, um das Recht bestimmen zu können, das zu dem Sachverhalt die engste Verbindung aufweist.

(17) Soweit es das mangels einer Rechtswahl anzuwendende Recht betrifft, sollten die Begriffe „Erbringung von Dienstleistungen" und „Verkauf beweglicher Sachen" so ausgelegt werden wie bei der Anwendung von Artikel 5 der Verordnung (EG) Nr. 44/2001, soweit der Verkauf beweglicher Sachen und die Erbringung von Dienstleistungen unter jene Verordnung fallen. Franchiseverträge und Vertriebsverträge sind zwar Dienstleistungsverträge, unterliegen jedoch besonderen Regeln.

(18) Hinsichtlich des mangels einer Rechtswahl anzuwendenden Rechts sollten unter multilateralen Systemen solche Systeme verstanden werden, in denen Handel betrieben wird, wie die geregelten Märkte und multilateralen Handelssysteme im Sinne des Artikels 4 der Richtlinie 2004/39/EG des Europäischen Parlaments und des Rates vom 21. April 2004 über Märkte für Finanzinstrumente[8], und zwar ungeachtet dessen, ob sie sich auf eine zentrale Gegenpartei stützen oder nicht.

(19) Wurde keine Rechtswahl getroffen, so sollte das anzuwendende Recht nach der für die Vertragsart spezifizierten Regel bestimmt werden. Kann der Vertrag nicht einer der spezifizierten Vertragsarten zugeordnet werden oder sind die Bestandteile des Vertrags durch mehr als eine der spezifizierten Vertragsarten abgedeckt, so sollte der Vertrag dem Recht des Staates unterliegen, in dem die Partei, welche die für den Vertrag charakteristische Leistung zu erbringen hat, ihren gewöhnlichen Aufenthalt hat. Besteht ein Vertrag aus einem Bündel von Rechten und Verpflichtungen, die mehr als einer der spezifizierten Vertragsarten zugeordnet werden können, so sollte die charakteristische Leistung des Vertrags nach ihrem Schwerpunkt bestimmt werden.

(20) Weist ein Vertrag eine offensichtlich engere Verbindung zu einem anderen als dem in Artikel 4 Absätze 1 und 2 genannten Staat auf, so sollte eine Ausweichklausel vorsehen, dass das Recht dieses anderen Staats anzuwenden ist. Zur Bestimmung dieses Staates sollte unter anderem berücksichtigt werden, ob der betreffende Vertrag in sehr enger Verbindung zu einem oder mehreren anderen Verträgen steht.

(21) Kann das bei Fehlen einer Rechtswahl anzuwendende Recht weder aufgrund der Zuordnung des Vertrags zu einer der spezifizierten Vertragsarten noch als das Recht des Staates bestimmt werden,

---

7 ABl. C 334 vom 30.12.2005, S. 1.
8 Finanzmarkt-RL, in dieser Sammlung Nr. 2.19.

in dem die Partei, die die für den Vertrag charakteristische Leistung zu erbringen hat, ihren gewöhnlichen Aufenthalt hat, so sollte der Vertrag dem Recht des Staates unterliegen, zu dem er die engste Verbindung aufweist. Bei der Bestimmung dieses Staates sollte unter anderem berücksichtigt werden, ob der betreffende Vertrag in einer sehr engen Verbindung zu einem oder mehreren anderen Verträgen steht.

(22) In Bezug auf die Auslegung von „Güterbeförderungsverträgen" ist keine inhaltliche Abweichung von Artikel 4 Absatz 4 Satz 3 des Übereinkommens von Rom beabsichtigt. Folglich sollten als Güterbeförderungsverträge auch Charterverträge für eine einzige Reise und andere Verträge gelten, die in der Hauptsache der Güterbeförderung dienen. Für die Zwecke dieser Verordnung sollten der Begriff „Absender" eine Person bezeichnen, die mit dem Beförderer einen Beförderungsvertrag abschließt, und der Begriff „Beförderer" die Vertragspartei, die sich zur Beförderung der Güter verpflichtet, unabhängig davon, ob sie die Beförderung selbst durchführt.

(23) Bei Verträgen, bei denen die eine Partei als schwächer angesehen wird, sollte die schwächere Partei durch Kollisionsnormen geschützt werden, die für sie günstiger sind als die allgemeinen Regeln.

(24) Insbesondere bei Verbraucherverträgen sollte die Kollisionsnorm es ermöglichen, die Kosten für die Beilegung von Rechtsstreitigkeiten zu senken, die häufig einen geringen Streitwert haben, und der Entwicklung des Fernabsatzes Rechnung zu tragen. Um die Übereinstimmung mit der Verordnung (EG) Nr. 44/2001 zu wahren, ist zum einen als Voraussetzung für die Anwendung der Verbraucherschutznorm auf das Kriterium der ausgerichteten Tätigkeit zu verweisen und zum anderen auf die Notwendigkeit, dass dieses Kriterium in der Verordnung (EG) Nr. 44/2001 und der vorliegenden Verordnung einheitlich ausgelegt wird, wobei zu beachten ist, dass eine gemeinsame Erklärung des Rates und der Kommission zu Artikel 15 der Verordnung (EG) Nr. 44/2001 ausführt, „dass es für die Anwendung von Artikel 15 Absatz 1 Buchstabe c nicht ausreicht, dass ein Unternehmen seine Tätigkeiten auf den Mitgliedstaat, in dem der Verbraucher seinen Wohnsitz hat, oder auf mehrere Staaten – einschließlich des betreffenden Mitgliedstaats –, ausrichtet, sondern dass im Rahmen dieser Tätigkeiten auch ein Vertrag geschlossen worden sein muss." Des Weiteren heißt es in dieser Erklärung, „dass die Zugänglichkeit einer Website allein nicht ausreicht, um die Anwendbarkeit von Artikel 15 zu begründen; vielmehr ist erforderlich, dass diese Website auch den Vertragsabschluss im Fernabsatz anbietet und dass tatsächlich ein Vertragsabschluss im Fernabsatz erfolgt ist, mit welchem Mittel auch immer. Dabei sind auf einer Website die benutzte Sprache oder die Währung nicht von Bedeutung."

(25) Die Verbraucher sollten dann durch Regelungen des Staates ihres gewöhnlichen Aufenthalts geschützt werden, von denen nicht durch Vereinbarung abgewichen werden kann, wenn der Vertragsschluss darauf zurückzuführen ist, dass der Unternehmer in diesem bestimmten Staat eine berufliche oder gewerbliche Tätigkeit ausübt. Der gleiche Schutz sollte gewährleistet sein, wenn ein Unternehmer zwar keine beruflichen oder gewerblichen Tätigkeiten in dem Staat, in dem der Verbraucher seinen gewöhnlichen Aufenthalt hat, ausübt, seine Tätigkeiten aber – unabhängig von der Art und Weise, in der dies geschieht – auf diesen Staat oder auf mehrere Staaten, einschließlich dieses Staates, ausrichtet und der Vertragsschluss auf solche Tätigkeiten zurückzuführen ist.

(26) Für die Zwecke dieser Verordnung sollten Finanzdienstleistungen wie Wertpapierdienstleistungen und Anlagetätigkeiten und Nebendienstleistungen nach Anhang I Abschnitt A und Abschnitt B der Richtlinie 2004/39/EG, die ein Unternehmer für einen Verbraucher erbringt, sowie Verträge über den Verkauf von Anteilen an Organismen für gemeinsame Anlagen in Wertpapieren, selbst wenn sie nicht unter die Richtlinie 85/611/EWG des Rates vom 20. Dezember 1985 zur Koordinierung der Rechts- und Verwaltungsvorschriften betreffend bestimmte Organismen für gemeinsame Anlagen in Wertpapieren (OGAW)[9] fallen, Artikel 6 der vorliegenden Verordnung unterliegen. Daher sollten, wenn die Bedingungen für die Ausgabe oder das öffentliche Angebot bezüglich übertragbarer Wertpapiere oder die Zeichnung oder der Rückkauf von Anteilen an Organismen für gemeinsame Anlagen erwähnt werden, darunter alle Aspekte fallen, durch die sich der Emittent bzw. Anbieter gegenüber dem Verbraucher verpflichtet, nicht aber diejenigen Aspekte, die mit der Erbringung von Finanzdienstleistungen im Zusammenhang stehen.

(27) Es sollten verschiedene Ausnahmen von der allgemeinen Kollisionsnorm für Verbraucherverträge vorgesehen werden. Eine solche Ausnahme, bei der die allgemeinen Regeln nicht gelten, sollten Verträge sein, die ein dingliches Recht an unbeweglichen Sachen oder die Miete oder Pacht unbeweglicher Sachen zum Gegenstand haben, mit Ausnahme von Verträgen über Teilzeitnutzungsrechte an Immobilien im Sinne der Richtlinie 94/47/EG des Europäischen Parlaments und des Ra-

---

9   ABl. L 375 vom 31.12.1985, S. 3. Zuletzt geändert durch die Richtlinie 2008/18/EG des Europäischen Parlaments und des Rates (ABl. L 76 vom 19.3.2008, S. 42).

tes vom 26. Oktober 1994 zum Schutz der Erwerber im Hinblick auf bestimmte Aspekte von Verträgen über den Erwerb von Teilzeitnutzungsrechten an Immobilien[10].

(28) Es muss sichergestellt werden, dass Rechte und Verpflichtungen, die ein Finanzinstrument begründen, nicht der allgemeinen Regel für Verbraucherverträge unterliegen, da dies dazu führen könnte, dass für jedes der ausgegebenen Instrumente ein anderes Recht anzuwenden wäre, wodurch ihr Wesen verändert würde und ihr fungibler Handel und ihr fungibles Angebot verhindert würden. Entsprechend sollte auf das Vertragsverhältnis zwischen dem Emittenten bzw. dem Anbieter und dem Verbraucher bei Ausgabe oder Angebot solcher Instrumente nicht notwendigerweise die Anwendung des Rechts des Staates des gewöhnlichen Aufenthalts des Verbrauchers zwingend vorgeschrieben sein, da die Einheitlichkeit der Bedingungen einer Ausgabe oder eines Angebots sichergestellt werden muss. Gleiches sollte bei den multilateralen Systemen, die von Artikel 4 Absatz 1 Buchstabe h erfasst werden, gelten, in Bezug auf die gewährleistet sein sollte, dass das Recht des Staates des gewöhnlichen Aufenthalts des Verbrauchers nicht die Regeln berührt, die auf innerhalb solcher Systeme oder mit dem Betreiber solcher Systeme geschlossene Verträge anzuwenden sind.

(29) Werden für die Zwecke dieser Verordnung Rechte und Verpflichtungen, durch die die Bedingungen für die Ausgabe, das öffentliche Angebot oder das öffentliche Übernahmeangebot bezüglich übertragbarer Wertpapiere festgelegt werden, oder die Zeichnung oder der Rückkauf von Anteilen an Organismen für gemeinsame Anlagen in Wertpapieren genannt, so sollten darunter auch die Bedingungen für die Zuteilung von Wertpapieren oder Anteilen, für die Rechte im Falle einer Überzeichnung, für Ziehungsrechte und ähnliche Fälle im Zusammenhang mit dem Angebot sowie die in den Artikeln 10, 11, 12 und 13 geregelten Fälle fallen, so dass sichergestellt ist, dass alle relevanten Vertragsaspekte eines Angebots, durch das sich der Emittent bzw. Anbieter gegenüber dem Verbraucher verpflichtet, einem einzigen Recht unterliegen.

(30) Für die Zwecke dieser Verordnung bezeichnen die Begriffe „Finanzinstrumente" und „übertragbare Wertpapiere" diejenigen Instrumente, die in Artikel 4 der Richtlinie 2004/39/EG genannt sind.

(31) Die Abwicklung einer förmlichen Vereinbarung, die als ein System im Sinne von Artikel 2 Buchstabe a der Richtlinie 98/26/EG des Europäischen Parlaments und des Rates vom 19. Mai 1998 über die Wirksamkeit von Abrechnungen in Zahlungs- sowie Wertpapierliefer- und -abrechnungssystemen[11] ausgestaltet ist, sollte von dieser Verordnung unberührt bleiben.

(32) Wegen der Besonderheit von Beförderungsverträgen und Versicherungsverträgen sollten besondere Vorschriften ein angemessenes Schutzniveau für zu befördernde Personen und Versicherungsnehmer gewährleisten. Deshalb sollte Artikel 6 nicht im Zusammenhang mit diesen besonderen Verträgen gelten.

(33) Deckt ein Versicherungsvertrag, der kein Großrisiko deckt, mehr als ein Risiko, von denen mindestens eines in einem Mitgliedstaat und mindestens eines in einem dritten Staat belegen ist, so sollten die besonderen Regelungen für Versicherungsverträge in dieser Verordnung nur für die Risiken gelten, die in dem betreffenden Mitgliedstaat bzw. den betreffenden Mitgliedstaaten belegen sind.

(34) Die Kollisionsnorm für Individualarbeitsverträge sollte die Anwendung von Eingriffsnormen des Staates, in den der Arbeitnehmer im Einklang mit der Richtlinie 96/71/EG des Europäischen Parlaments und des Rates vom 16. Dezember 1996 über die Entsendung von Arbeitnehmern im Rahmen der Erbringung von Dienstleistungen[12] entsandt wird, unberührt lassen.

(35) Den Arbeitnehmern sollte nicht der Schutz entzogen werden, der ihnen durch Bestimmungen gewährt wird, von denen nicht oder nur zu ihrem Vorteil durch Vereinbarung abgewichen werden darf.

(36) Bezogen auf Individualarbeitsverträge sollte die Erbringung der Arbeitsleistung in einem anderen Staat als vorübergehend gelten, wenn von dem Arbeitnehmer erwartet wird, dass er nach seinem Arbeitseinsatz im Ausland seine Arbeit im Herkunftsstaat wieder aufnimmt. Der Abschluss eines neuen Arbeitsvertrags mit dem ursprünglichen Arbeitgeber oder einem Arbeitgeber, der zur selben Unternehmensgruppe gehört wie der ursprüngliche Arbeitgeber, sollte nicht ausschließen, dass der Arbeitnehmer als seine Arbeit vorübergehend in einem anderen Staat verrichtend gilt.

(37) Gründe des öffentlichen Interesses rechtfertigen es, dass die Gerichte der Mitgliedstaaten unter außergewöhnlichen Umständen der Vorbehaltsklausel („ordre public") und Eingriffsnormen anwenden können. Der Begriff „Eingriffsnormen" sollte von dem Begriff „Bestimmungen, von denen nicht durch Vereinbarung abgewichen werden kann", unterschieden und enger ausgelegt werden.

(38) Im Zusammenhang mit der Übertragung der Forderung sollte mit dem Begriff „Verhältnis" klargestellt werden, dass Artikel 14 Absatz 1 auch auf die dinglichen Aspekte des Vertrags zwischen Ze-

---

10 Timesharing-RL, in dieser Sammlung Nr. 2.15.

11 ABl. L 166 vom 11.6.1998, S. 45.

12 Entsende-RL, in dieser Sammlung Nr. 3.1.

dent und Zessionar anwendbar ist, wenn eine Rechtsordnung dingliche und schuldrechtliche Aspekte trennt. Allerdings sollte mit dem Begriff „Verhältnis" nicht jedes beliebige möglicherweise zwischen dem Zedenten und dem Zessionar bestehende Verhältnis gemeint sein. Insbesondere sollte sich der Begriff nicht auf die der Übertragung einer Forderung vorgelagerten Fragen erstrecken. Vielmehr sollte er sich ausschließlich auf die Aspekte beschränken, die für die betreffende Übertragung einer Forderung unmittelbar von Bedeutung sind.

(39) Aus Gründen der Rechtssicherheit sollte der Begriff „gewöhnlicher Aufenthalt", insbesondere im Hin-blick auf Gesellschaften, Vereine und juristische Personen, eindeutig definiert werden. Im Unterschied zu Artikel 60 Absatz 1 der Verordnung (EG) Nr. 44/2001, der drei Kriterien zur Wahl stellt, sollte sich die Kollisionsnorm auf ein einziges Kriterium beschränken, da es für die Parteien andernfalls nicht möglich wäre, vorherzusehen, welches Recht auf ihren Fall anwendbar ist.

(40) Die Aufteilung der Kollisionsnormen auf zahlreiche Rechtsakte sowie Unterschiede zwischen diesen Normen sollten vermieden werden. Diese Verordnung sollte jedoch die Möglichkeit der Aufnahme von Kollisionsnormen für vertragliche Schuldverhältnisse in Vorschriften des Gemeinschaftsrechts über besondere Gegenstände nicht ausschließen.

Diese Verordnung sollte die Anwendung anderer Rechtsakte nicht ausschließen, die Bestimmungen enthalten, die zum reibungslosen Funktionieren des Binnenmarkts beitragen sollen, soweit sie nicht in Verbindung mit dem Recht angewendet werden können, auf das die Regeln dieser Verordnung verweisen. Die Anwendung der Vorschriften im anzuwendenden Recht, die durch die Bestimmungen dieser Verordnung berufen wurden, sollte nicht die Freiheit des Waren- und Dienstleistungsverkehrs, wie sie in den Rechtsinstrumenten der Gemeinschaft wie der Richtlinie 2000/31/EG des Europäischen Parlaments und des Rates vom 8. Juni 2000 über bestimmte rechtliche Aspekte der Dienste der Informationsgesellschaft, insbesondere des elektronischen Geschäftsverkehrs, im Binnenmarkt („Richtlinie über den elektronischen Geschäftsverkehr")[13] ausgestaltet ist, beschränken.

(41) Um die internationalen Verpflichtungen, die die Mitgliedstaaten eingegangen sind, zu wahren, darf sich die Verordnung nicht auf internationale Übereinkommen auswirken, denen ein oder mehrere Mitgliedstaaten zum Zeitpunkt der Annahme dieser Verordnung angehören. Um den Zugang zu den Rechtsakten zu erleichtern, sollte die Kommission anhand der Angaben der Mitgliedstaaten ein Verzeichnis der betreffenden Übereinkommen im *Amtsblatt der Europäischen Union* veröffentlichen.

(42) Die Kommission wird dem Europäischen Parlament und dem Rat einen Vorschlag unterbreiten, nach welchen Verfahren und unter welchen Bedingungen die Mitgliedstaaten in Einzel- und Ausnahmefällen in eigenem Namen Übereinkünfte mit Drittländern über sektorspezifische Fragen aushandeln und abschließen dürfen, die Bestimmungen über das auf vertragliche Schuldverhältnisse anzuwendende Recht enthalten.

(43) Da das Ziel dieser Verordnung auf Ebene der Mitgliedstaaten nicht ausreichend verwirklicht werden kann und daher wegen des Umfangs und der Wirkungen der Verordnung besser auf Gemeinschaftsebene zu verwirklichen ist, kann die Gemeinschaft im Einklang mit dem in Artikel 5 des Vertrags niedergelegten Subsidiaritätsprinzip tätig werden. Entsprechend dem ebenfalls in diesem Artikel festgelegten Grundsatz der Verhältnismäßigkeit geht diese Verordnung nicht über das zur Erreichung ihres Ziels erforderliche Maß hinaus.

(44)-(46) *Zur Bindungswirkung für Irland (besteht) sowie das Vereinigte Königreich und Dänemark (besteht nicht) – nicht abgedruckt. –*

HABEN FOLGENDE VERORDNUNG ERLASSEN:

Kapitel I – Anwendungsbereich

Art. 1 Anwendungsbereich (1) Diese Verordnung gilt für vertragliche Schuldverhältnisse in Zivil- und Handelssachen, die eine Verbindung zum Recht verschiedener Staaten aufweisen.

Sie gilt insbesondere nicht für Steuer- und Zollsachen sowie verwaltungsrechtliche Angelegenheiten.

(2) Vom Anwendungsbereich dieser Verordnung ausgenommen sind:

a)   der Personenstand sowie die Rechts-, Geschäfts- und Handlungsfähigkeit von natürlichen Personen, unbeschadet des Artikels 13;

---

13   E-Commerce-RL, in dieser Sammlung Nr. 2.3.

b) Schuldverhältnisse aus einem Familienverhältnis oder aus Verhältnissen, die nach dem auf diese Verhältnisse anzuwendenden Recht vergleichbare Wirkungen entfalten, einschließlich der Unterhaltspflichten;

c) Schuldverhältnisse aus ehelichen Güterständen, aus Güterständen aufgrund von Verhältnissen, die nach dem auf diese Verhältnisse anzuwendenden Recht mit der Ehe vergleichbare Wirkungen entfalten, und aus Testamenten und Erbrecht;

d) Verpflichtungen aus Wechseln, Schecks, Eigenwechseln und anderen handelbaren Wertpapieren, soweit die Verpflichtungen aus diesen anderen Wertpapieren aus deren Handelbarkeit entstehen;

e) Schieds- und Gerichtsstandsvereinbarungen;

f) Fragen betreffend das Gesellschaftsrecht, das Vereinsrecht und das Recht der juristischen Personen, wie die Errichtung durch Eintragung oder auf andere Weise, die Rechts- und Handlungsfähigkeit, die innere Verfassung und die Auflösung von Gesellschaften, Vereinen und juristischen Personen sowie die persönliche Haftung der Gesellschafter und der Organe für die Verbindlichkeiten einer Gesellschaft, eines Vereins oder einer juristischen Person;

g) die Frage, ob ein Vertreter die Person, für deren Rechnung er zu handeln vorgibt, Dritten gegenüber verpflichten kann, oder ob ein Organ einer Gesellschaft, eines Vereins oder einer anderen juristischen Person diese Gesellschaft, diesen Verein oder diese juristische Person gegenüber Dritten verpflichten kann;

h) die Gründung von „Trusts" sowie die dadurch geschaffenen Rechtsbeziehungen zwischen den Verfügenden, den Treuhändern und den Begünstigten;

i) Schuldverhältnisse aus Verhandlungen vor Abschluss eines Vertrags;

j) Versicherungsverträge aus von anderen Einrichtungen als den in Artikel 2 der Richtlinie 2002/83/EG des Europäischen Parlaments und des Rates vom 5. November 2002 über Lebensversicherungen[14] genannten Unternehmen durchgeführten Geschäften, deren Zweck darin besteht, den unselbstständig oder selbstständig tätigen Arbeitskräften eines Unternehmens oder einer Unternehmensgruppe oder den Angehörigen eines Berufes oder einer Berufsgruppe im Todes- oder Erlebensfall oder bei Arbeitseinstellung oder bei Minderung der Erwerbstätigkeit oder bei arbeitsbedingter Krankheit oder Arbeitsunfällen Leistungen zu gewähren.

(3) Diese Verordnung gilt unbeschadet des Artikels 18 nicht für den Beweis und das Verfahren.

(4) Im Sinne dieser Verordnung bezeichnet der Begriff „Mitgliedstaat" die Mitgliedstaaten, auf die diese Verordnung anwendbar ist. In Artikel 3 Absatz 4 und Artikel 7 bezeichnet der Begriff jedoch alle Mitgliedstaaten.

Art. 2 Universelle Anwendung Das nach dieser Verordnung bezeichnete Recht ist auch dann anzuwenden, wenn es nicht das Recht eines Mitgliedstaats ist.

Kapitel II – Einheitliche Kollisionsnormen

Art. 3 Freie Rechtswahl (1) Der Vertrag unterliegt dem von den Parteien gewählten Recht. Die Rechtswahl muss ausdrücklich erfolgen oder sich eindeutig aus den Bestimmungen des

---

14 ABl. L 345 vom 19. 12. 2002, S. 1. Zuletzt geändert durch die Richtlinie 2008/19/EG (ABl. L 76 vom 19. 3. 2008, S. 44).

Vertrags oder aus den Umständen des Falles ergeben. Die Parteien können die Rechtswahl für ihren ganzen Vertrag oder nur für einen Teil desselben treffen.

(2) Die Parteien können jederzeit vereinbaren, dass der Vertrag nach einem anderen Recht zu beurteilen ist als dem, das zuvor entweder aufgrund einer früheren Rechtswahl nach diesem Artikel oder aufgrund anderer Vorschriften dieser Verordnung für ihn maßgebend war. Die Formgültigkeit des Vertrags im Sinne des Artikels 11 und Rechte Dritter werden durch eine nach Vertragsschluss erfolgende Änderung der Bestimmung des anzuwendenden Rechts nicht berührt.

(3) Sind alle anderen Elemente des Sachverhalts zum Zeitpunkt der Rechtswahl in einem anderen als demjenigen Staat belegen, dessen Recht gewählt wurde, so berührt die Rechtswahl der Parteien nicht die Anwendung derjenigen Bestimmungen des Rechts dieses anderen Staates, von denen nicht durch Vereinbarung abgewichen werden kann.

(4) Sind alle anderen Elemente des Sachverhalts zum Zeitpunkt der Rechtswahl in einem oder mehreren Mitgliedstaaten belegen, so berührt die Wahl des Rechts eines Drittstaats durch die Parteien nicht die Anwendung der Bestimmungen des Gemeinschaftsrechts – gegebenenfalls in der von dem Mitgliedstaat des angerufenen Gerichts umgesetzten Form –, von denen nicht durch Vereinbarung abgewichen werden kann.

(5) Auf das Zustandekommen und die Wirksamkeit der Einigung der Parteien über das anzuwendende Recht finden die Artikel 10, 11 und 13 Anwendung.

Art. 4 Mangels Rechtswahl anzuwendendes Recht (1) Soweit die Parteien keine Rechtswahl gemäß Artikel 3 getroffen haben, bestimmt sich das auf den Vertrag anzuwendende Recht unbeschadet der Artikel 5 bis 8 wie folgt:

a) Kaufverträge über bewegliche Sachen unterliegen dem Recht des Staates, in dem der Verkäufer seinen gewöhnlichen Aufenthalt hat.

b) Dienstleistungsverträge unterliegen dem Recht des Staates, in dem der Dienstleister seinen gewöhnlichen Aufenthalt hat.

c) Verträge, die ein dingliches Recht an unbeweglichen Sachen sowie die Miete oder Pacht unbeweglicher Sachen zum Gegenstand haben, unterliegen dem Recht des Staates, in dem die unbewegliche Sache belegen ist.

d) Ungeachtet des Buchstabens c unterliegt die Miete oder Pacht unbeweglicher Sachen für höchstens sechs aufeinander folgende Monate zum vorübergehenden privaten Gebrauch dem Recht des Staates, in dem der Vermieter oder Verpächter seinen gewöhnlichen Aufenthalt hat, sofern der Mieter oder Pächter eine natürliche Person ist und seinen gewöhnlichen Aufenthalt in demselben Staat hat.

e) Franchiseverträge unterliegen dem Recht des Staates, in dem der Franchisenehmer seinen gewöhnlichen Aufenthalt hat.

f) Vertriebsverträge unterliegen dem Recht des Staates, in dem der Vertriebshändler seinen gewöhnlichen Aufenthalt hat.

g) Verträge über den Kauf beweglicher Sachen durch Versteigerung unterliegen dem Recht des Staates, in dem die Versteigerung abgehalten wird, sofern der Ort der Versteigerung bestimmt werden kann.

h) Verträge, die innerhalb eines multilateralen Systems geschlossen werden, das die Interessen einer Vielzahl Dritter am Kauf und Verkauf von Finanzinstrumenten im Sinne von Artikel 4 Absatz 1 Nummer 17 der Richtlinie 2004/39/EG nach nicht diskretionären Regeln und nach Maßgabe eines einzigen Rechts zusammenführt oder das Zusammenführen fördert, unterliegen diesem Recht.

(2) Fällt der Vertrag nicht unter Absatz 1 oder sind die Bestandteile des Vertrags durch mehr als einen der Buchstaben a bis h des Absatzes 1 abgedeckt, so unterliegt der Vertrag dem Recht des Staates, in dem die Partei, welche die für den Vertrag charakteristische Leistung zu erbringen hat, ihren gewöhnlichen Aufenthalt hat.

(3) Ergibt sich aus der Gesamtheit der Umstände, dass der Vertrag eine offensichtlich engere Verbindung zu einem anderen als dem nach Absatz 1 oder 2 bestimmten Staat aufweist, so ist das Recht dieses anderen Staates anzuwenden.

(4) Kann das anzuwendende Recht nicht nach Absatz 1 oder 2 bestimmt werden, so unterliegt der Vertrag dem Recht des Staates, zu dem er die engste Verbindung aufweist.

Art. 5 Beförderungsverträge (1) Soweit die Parteien in Bezug auf einen Vertrag über die Beförderung von Gütern keine Rechtswahl nach Artikel 3 getroffen haben, ist das Recht des Staates anzuwenden, in dem der Beförderer seinen gewöhnlichen Aufenthalt hat, sofern sich in diesem Staat auch der Übernahmeort oder der Ablieferungsort oder der gewöhnliche Aufenthalt des Absenders befindet. Sind diese Voraussetzungen nicht erfüllt, so ist das Recht des Staates des von den Parteien vereinbarten Ablieferungsorts anzuwenden.

(2) Soweit die Parteien in Bezug auf einen Vertrag über die Beförderung von Personen keine Rechtswahl nach Unterabsatz 2 getroffen haben, ist das anzuwendende Recht das Recht des Staates, in dem die zu befördernde Person ihren gewöhnlichen Aufenthalt hat, sofern sich in diesem Staat auch der Abgangsort oder der Bestimmungsort befindet. Sind diese Voraussetzungen nicht erfüllt, so ist das Recht des Staates anzuwenden, in dem der Beförderer seinen gewöhnlichen Aufenthalt hat.

Als auf einen Vertrag über die Beförderung von Personen anzuwendendes Recht können die Parteien im Einklang mit Artikel 3 nur das Recht des Staates wählen,

a) in dem die zu befördernde Person ihren gewöhnlichen Aufenthalt hat oder
b) in dem der Beförderer seinen gewöhnlichen Aufenthalt hat oder
c) in dem der Beförderer seine Hauptverwaltung hat oder
d) in dem sich der Abgangsort befindet oder
e) in dem sich der Bestimmungsort befindet.

(3) Ergibt sich aus der Gesamtheit der Umstände, dass der Vertrag im Falle fehlender Rechtswahl eine offensichtlich engere Verbindung zu einem anderen als dem nach Absatz 1 oder 2 bestimmten Staat aufweist, so ist das Recht dieses anderen Staates anzuwenden.

Art. 6 Verbraucherverträge (1) Unbeschadet der Artikel 5 und 7 unterliegt ein Vertrag, den eine natürliche Person zu einem Zweck, der nicht ihrer beruflichen oder gewerblichen Tätigkeit zugerechnet werden kann („Verbraucher"), mit einer anderen Person geschlossen hat, die in Ausübung ihrer beruflichen oder gewerblichen Tätigkeit handelt („Unternehmer"), dem Recht des Staates, in dem der Verbraucher seinen gewöhnlichen Aufenthalt hat, sofern der Unternehmer

a) seine berufliche oder gewerbliche Tätigkeit in dem Staat ausübt, in dem der Verbraucher seinen gewöhnlichen Aufenthalt hat, oder
b) eine solche Tätigkeit auf irgend einer Weise auf diesen Staat oder auf mehrere Staaten, einschließlich dieses Staates, ausrichtet
und der Vertrag in den Bereich dieser Tätigkeit fällt.

(2) Ungeachtet des Absatzes 1 können die Parteien das auf einen Vertrag, der die Anforderungen des Absatzes 1 erfüllt, anzuwendende Recht nach Artikel 3 wählen. Die Rechtswahl darf jedoch nicht dazu führen, dass dem Verbraucher der Schutz entzogen wird, der ihm

durch diejenigen Bestimmungen gewährt wird, von denen nach dem Recht, das nach Absatz 1 mangels einer Rechtswahl anzuwenden wäre, nicht durch Vereinbarung abgewichen werden darf.

(3) Sind die Anforderungen des Absatzes 1 Buchstabe a oder b nicht erfüllt, so gelten für die Bestimmung des auf einen Vertrag zwischen einem Verbraucher und einem Unternehmer anzuwendenden Rechts die Artikel 3 und 4.

(4) Die Absätze 1 und 2 gelten nicht für:

a) Verträge über die Erbringung von Dienstleistungen, wenn die dem Verbraucher geschuldeten Dienstleistungen ausschließlich in einem anderen als dem Staat erbracht werden müssen, in dem der Verbraucher seinen gewöhnlichen Aufenthalt hat;

b) Beförderungsverträge mit Ausnahme von Pauschalreiseverträgen im Sinne der Richtlinie 90/314/EWG des Rates vom 13. Juni 1990 über Pauschalreisen[15];

c) Verträge, die ein dingliches Recht an unbeweglichen Sachen oder die Miete oder Pacht unbeweglicher Sachen zum Gegenstand haben, mit Ausnahme der Verträge über Teilzeitnutzungsrechte an Immobilien im Sinne der Richtlinie 94/47/EG;

d) Rechte und Pflichten im Zusammenhang mit einem Finanzinstrument sowie Rechte und Pflichten, durch die die Bedingungen für die Ausgabe oder das öffentliche Angebot und öffentliche Übernahmeangebote bezüglich übertragbarer Wertpapiere und die Zeichnung oder den Rückkauf von Anteilen an Organismen für gemeinsame Anlagen in Wertpapieren festgelegt werden, sofern es sich dabei nicht um die Erbringung von Finanzdienstleistungen handelt;

e) Verträge, die innerhalb der Art von Systemen geschlossen werden, auf die Artikel 4 Absatz 1 Buchstabe h Anwendung findet.

Art. 7 Versicherungsverträge (1) Dieser Artikel gilt für Verträge nach Absatz 2, unabhängig davon, ob das gedeckte Risiko in einem Mitgliedstaat belegen ist, und für alle anderen Versicherungsverträge, durch die Risiken gedeckt werden, die im Gebiet der Mitgliedstaaten belegen sind. Er gilt nicht für Rückversicherungsverträge.

(2) Versicherungsverträge, die Großrisiken im Sinne von Artikel 5 Buchstabe d der Ersten Richtlinie 73/239/EWG des Rates vom 24. Juli 1973 zur Koordinierung der Rechts- und Verwaltungsvorschriften betreffend die Aufnahme und Ausübung der Tätigkeit der Direktversicherung (mit Ausnahme der Lebensversicherung)[16] decken, unterliegen dem von den Parteien nach Artikel 3 der vorliegenden Verordnung gewählten Recht.

Soweit die Parteien keine Rechtswahl getroffen haben, unterliegt der Versicherungsvertrag dem Recht des Staats, in dem der Versicherer seinen gewöhnlichen Aufenthalt hat. Ergibt sich aus der Gesamtheit der Umstände, dass der Vertrag eine offensichtlich engere Verbindung zu einem anderen Staat aufweist, ist das Recht dieses anderen Staates anzuwenden.

(3) Für Versicherungsverträge, die nicht unter Absatz 2 fallen, dürfen die Parteien nur die folgenden Rechte im Einklang mit Artikel 3 wählen:

a) das Recht eines jeden Mitgliedstaats, in dem zum Zeitpunkt des Vertragsschlusses das Risiko belegen ist;

b) das Recht des Staates, in dem der Versicherungsnehmer seinen gewöhnlichen Aufenthalt hat;

---

15 Pauschalreise-RL, in dieser Sammlung Nr. 2.14.
16 ABl. L 228 vom 16.8.1973, S. 3. Zuletzt geändert durch die Richtlinie 2005/68/EG des Europäischen Parlaments und des Rates (ABl. L 323 vom 9.12.2006, S. 1).

c) bei Lebensversicherungen das Recht des Mitgliedstaats, dessen Staatsangehörigkeit der Versicherungsnehmer besitzt;

d) für Versicherungsverträge, bei denen sich die gedeckten Risiken auf Schadensfälle beschränken, die in einem anderen Mitgliedstaat als dem Mitgliedstaat, in dem das Risiko belegen ist, eintreten können, das Recht jenes Mitgliedstaats;

e) wenn der Versicherungsnehmer eines Vertrags im Sinne dieses Absatzes eine gewerbliche oder industrielle Tätigkeit ausübt oder freiberuflich tätig ist und der Versicherungsvertrag zwei oder mehr Risiken abdeckt, die mit dieser Tätigkeit in Zusammenhang stehen und in unterschiedlichen Mitgliedstaaten belegen sind, das Recht eines betroffenen Mitgliedstaats oder das Recht des Staates des gewöhnlichen Aufenthalts des Versicherungsnehmers.

Räumen in den Fällen nach den Buchstaben a, b oder e die betreffenden Mitgliedstaaten eine größere Wahlfreiheit bezüglich des auf den Versicherungsvertrag anwendbaren Rechts ein, so können die Parteien hiervon Gebrauch machen.

Soweit die Parteien keine Rechtswahl gemäß diesem Absatz getroffen haben unterliegt der Vertrag dem Recht des Mitgliedstaats, in dem zum Zeitpunkt des Vertragsschlusses das Risiko belegen ist.

(4) Die folgenden zusätzlichen Regelungen gelten für Versicherungsverträge über Risiken, für die ein Mitgliedstaat eine Versicherungspflicht vorschreibt:

a) Der Versicherungsvertrag genügt der Versicherungspflicht nur, wenn er den von dem die Versicherungspflicht auferlegenden Mitgliedstaat vorgeschriebenen besonderen Bestimmungen für diese Versicherung entspricht. Widerspricht sich das Recht des Mitgliedstaats, in dem das Risiko belegen ist, und dasjenige des Mitgliedstaats, der die Versicherungspflicht vorschreibt, so hat das letztere Vorrang.

b) Ein Mitgliedstaat kann abweichend von den Absätzen 2 und 3 vorschreiben, dass auf den Versicherungsvertrag das Recht des Mitgliedstaats anzuwenden ist, der die Versicherungspflicht vorschreibt.

(5) Deckt der Vertrag in mehr als einem Mitgliedstaat belegene Risiken, so ist für die Zwecke von Absatz 3 Unterabsatz 3 und Absatz 4 der Vertrag als aus mehreren Verträgen bestehend anzusehen, von denen sich jeder auf jeweils nur einen Mitgliedstaat bezieht.

(6) Für die Zwecke dieses Artikels bestimmt sich der Staat, in dem das Risiko belegen ist, nach Artikel 2 Buchstabe d der Zweiten Richtlinie 88/357/EWG des Rates vom 22. Juni 1988 zur Koordinierung der Rechts- und Verwaltungsvorschriften für die Direktversicherung (mit Ausnahme der Lebensversicherung) und zur Erleichterung der tatsächlichen Ausübung des freien Dienstleistungsverkehrs[17], und bei Lebensversicherungen ist der Staat, in dem das Risiko belegen ist, der Staat der Verpflichtung im Sinne von Artikel 1 Absatz 1 Buchstabe g der Richtlinie 2002/83/EG.

Art. 8 Individualarbeitsverträge (1) Individualarbeitsverträge unterliegen dem von den Parteien nach Artikel 3 gewählten Recht. Die Rechtswahl der Parteien darf jedoch nicht dazu führen, dass dem Arbeitnehmer der Schutz entzogen wird, der ihm durch Bestimmungen gewährt wird, von denen nach dem Recht, das nach den Absätzen 2, 3 und 4 des vorliegenden Artikels mangels einer Rechtswahl anzuwenden wäre, nicht durch Vereinbarung abgewichen werden darf.

---

17 ABl. L 172 vom 4.7.1988, S. 1. Zuletzt geändert durch die Richtlinie 2005/14/EG des Europäischen Parlaments und des Rates (ABl. L 149 vom 11.6.2005, S. 14).

(2) Soweit das auf den Arbeitsvertrag anzuwendende Recht nicht durch Rechtswahl bestimmt ist, unterliegt der Arbeitsvertrag dem Recht des Staates, in dem oder andernfalls von dem aus der Arbeitnehmer in Erfüllung des Vertrags gewöhnlich seine Arbeit verrichtet. Der Staat, in dem die Arbeit gewöhnlich verrichtet wird, wechselt nicht, wenn der Arbeitnehmer seine Arbeit vorübergehend in einem anderen Staat verrichtet.

(3) Kann das anzuwendende Recht nicht nach Absatz 2 bestimmt werden, so unterliegt der Vertrag dem Recht des Staates, in dem sich die Niederlassung befindet, die den Arbeitnehmer eingestellt hat.

(4) Ergibt sich aus der Gesamtheit der Umstände, dass der Vertrag eine engere Verbindung zu einem anderen als dem in Absatz 2 oder 3 bezeichneten Staat aufweist, ist das Recht dieses anderen Staates anzuwenden.

Art. 9 Eingriffsnormen (1) Eine Eingriffsnorm ist eine zwingende Vorschrift, deren Einhaltung von einem Staat als so entscheidend für die Wahrung seines öffentlichen Interesses, insbesondere seiner politischen, sozialen oder wirtschaftlichen Organisation, angesehen wird, dass sie ungeachtet des nach Maßgabe dieser Verordnung auf den Vertrag anzuwendenden Rechts auf alle Sachverhalte anzuwenden ist, die in ihren Anwendungsbereich fallen.

(2) Diese Verordnung berührt nicht die Anwendung der Eingriffsnormen des Rechts des angerufenen Gerichts.

(3) Den Eingriffsnormen des Staates, in dem die durch den Vertrag begründeten Verpflichtungen erfüllt werden sollen oder erfüllt worden sind, kann Wirkung verliehen werden, soweit diese Eingriffsnormen die Erfüllung des Vertrags unrechtmäßig werden lassen. Bei der Entscheidung, ob diesen Eingriffsnormen Wirkung zu verleihen ist, werden Art und Zweck dieser Normen sowie die Folgen berücksichtigt, die sich aus ihrer Anwendung oder Nichtanwendung ergeben würden.

Art. 10 Einigung und materielle Wirksamkeit (1) Das Zustandekommen und die Wirksamkeit des Vertrags oder einer seiner Bestimmungen beurteilen sich nach dem Recht, das nach dieser Verordnung anzuwenden wäre, wenn der Vertrag oder die Bestimmung wirksam wäre.

(2) Ergibt sich jedoch aus den Umständen, dass es nicht gerechtfertigt wäre, die Wirkung des Verhaltens einer Partei nach dem in Absatz 1 bezeichneten Recht zu bestimmen, so kann sich diese Partei für die Behauptung, sie habe dem Vertrag nicht zugestimmt, auf das Recht des Staates ihres gewöhnlichen Aufenthalts berufen.

Art. 11 Form (1) Ein Vertrag, der zwischen Personen geschlossen wird, die oder deren Vertreter sich zum Zeitpunkt des Vertragsschlusses in demselben Staat befinden, ist formgültig, wenn er die Formerfordernisse des auf ihn nach dieser Verordnung anzuwendenden materiellen Rechts oder die Formerfordernisse des Rechts des Staates, in dem er geschlossen wird, erfüllt.

(2) Ein Vertrag, der zwischen Personen geschlossen wird, die oder deren Vertreter sich zum Zeitpunkt des Vertragsschlusses in verschiedenen Staaten befinden, ist formgültig, wenn er die Formerfordernisse des auf ihn nach dieser Verordnung anzuwendenden materiellen Rechts oder die Formerfordernisse des Rechts eines der Staaten, in denen sich eine der Vertragsparteien oder ihr Vertreter zum Zeitpunkt des Vertragsschlusses befindet, oder die Formerfordernisse des Rechts des Staates, in dem eine der Vertragsparteien zu diesem Zeitpunkt ihren gewöhnlichen Aufenthalt hatte, erfüllt.

(3) Ein einseitiges Rechtsgeschäft, das sich auf einen geschlossenen oder zu schließenden Vertrag bezieht, ist formgültig, wenn es die Formerfordernisse des materiellen Rechts, das nach dieser Verordnung auf den Vertrag anzuwenden ist oder anzuwenden wäre, oder die Formerfordernisse des Rechts des Staates erfüllt, in dem dieses Rechtsgeschäft vorgenommen worden ist oder in dem die Person, die das Rechtsgeschäft vorgenommen hat, zu diesem Zeitpunkt ihren gewöhnlichen Aufenthalt hatte.

(4) Die Absätze 1, 2 und 3 des vorliegenden Artikels gelten nicht für Verträge, die in den Anwendungsbereich von Artikel 6 fallen. Für die Form dieser Verträge ist das Recht des Staates maßgebend, in dem der Verbraucher seinen gewöhnlichen Aufenthalt hat.

(5) Abweichend von den Absätzen 1 bis 4 unterliegen Verträge, die ein dingliches Recht an einer unbeweglichen Sache oder die Miete oder Pacht einer unbeweglichen Sache zum Gegenstand haben, den Formvorschriften des Staates, in dem die unbewegliche Sache belegen ist, sofern diese Vorschriften nach dem Recht dieses Staates

a) unabhängig davon gelten, in welchem Staat der Vertrag geschlossen wird oder welchem Recht dieser Vertrag unterliegt, und

b) von ihnen nicht durch Vereinbarung abgewichen werden darf.

Art. 12 Geltungsbereich des anzuwendenden Rechts (1) Das nach dieser Verordnung auf einen Vertrag anzuwendende Recht ist insbesondere maßgebend für

a) seine Auslegung,

b) die Erfüllung der durch ihn begründeten Verpflichtungen,

c) die Folgen der vollständigen oder teilweisen Nichterfüllung dieser Verpflichtungen, in den Grenzen der dem angerufenen Gericht durch sein Prozessrecht eingeräumten Befugnisse, einschließlich der Schadensbemessung, soweit diese nach Rechtsnormen erfolgt,

d) die verschiedenen Arten des Erlöschens der Verpflichtungen sowie die Verjährung und die Rechtsverluste, die sich aus dem Ablauf einer Frist ergeben,

e) die Folgen der Nichtigkeit des Vertrags.

(2) In Bezug auf die Art und Weise der Erfüllung und die vom Gläubiger im Falle mangelhafter Erfüllung zu treffenden Maßnahmen ist das Recht des Staates, in dem die Erfüllung erfolgt, zu berücksichtigen.

Art. 13 Rechts-, Geschäfts- und Handlungsunfähigkeit Bei einem zwischen Personen, die sich in demselben Staat befinden, geschlossenen Vertrag kann sich eine natürliche Person, die nach dem Recht dieses Staates rechts-, geschäfts- und handlungsfähig wäre, nur dann auf ihre sich nach dem Recht eines anderen Staates ergebende Rechts-, Geschäfts- und Handlungsunfähigkeit berufen, wenn die andere Vertragspartei bei Vertragsschluss diese Rechts-, Geschäfts- und Handlungsunfähigkeit kannte oder infolge von Fahrlässigkeit nicht kannte.

Art. 14 Übertragung der Forderung (1) Das Verhältnis zwischen Zedent und Zessionar aus der Übertragung einer Forderung gegen eine andere Person („Schuldner") unterliegt dem Recht, das nach dieser Verordnung auf den Vertrag zwischen Zedent und Zessionar anzuwenden ist.

(2) Das Recht, dem die übertragene Forderung unterliegt, bestimmt ihre Übertragbarkeit, das Verhältnis zwischen Zessionar und Schuldner, die Voraussetzungen, unter denen die Übertragung dem Schuldner entgegengehalten werden kann, und die befreiende Wirkung einer Leistung durch den Schuldner.

(3) Der Begriff „Übertragung" in diesem Artikel umfasst die vollkommene Übertragung von Forderungen, die Übertragung von Forderungen zu Sicherungszwecken sowie von Pfandrechten oder anderen Sicherungsrechten an Forderungen.

Art. 15 Gesetzlicher Forderungsübergang Hat eine Person („Gläubiger") eine vertragliche Forderung gegen eine andere Person („Schuldner") und ist ein Dritter verpflichtet, den Gläubiger zu befriedigen, oder hat er den Gläubiger aufgrund dieser Verpflichtung befriedigt, so bestimmt das für die Verpflichtung des Dritten gegenüber dem Gläubiger maßgebende Recht, ob und in welchem Umfang der Dritte die Forderung des Gläubigers gegen den Schuldner nach dem für deren Beziehung maßgebenden Recht geltend zu machen berechtigt ist.

Art. 16 Mehrfache Haftung Hat ein Gläubiger eine Forderung gegen mehrere für dieselbe Forderung haftende Schuldner und ist er von einem der Schuldner ganz oder teilweise befriedigt worden, so ist für das Recht dieses Schuldners, von den übrigen Schuldnern Ausgleich zu verlangen, das Recht maßgebend, das auf die Verpflichtung dieses Schuldners gegenüber dem Gläubiger anzuwenden ist. Die übrigen Schuldner sind berechtigt, diesem Schuldner diejenigen Verteidigungsmittel entgegenzuhalten, die ihnen gegenüber dem Gläubiger zugestanden haben, soweit dies gemäß dem auf ihre Verpflichtung gegenüber dem Gläubiger anzuwendenden Recht zulässig wäre.

Art. 17 Aufrechnung Ist das Recht zur Aufrechnung nicht vertraglich vereinbart, so gilt für die Aufrechnung das Recht, dem die Forderung unterliegt, gegen die aufgerechnet wird.

Art. 18 Beweis (1) Das nach dieser Verordnung für das vertragliche Schuldverhältnis maßgebende Recht ist insoweit anzuwenden, als es für vertragliche Schuldverhältnisse gesetzliche Vermutungen aufstellt oder die Beweislast verteilt.
(2) Zum Beweis eines Rechtsgeschäfts sind alle Beweisarten des Rechts des angerufenen Gerichts oder eines der in Artikel 11 bezeichneten Rechte, nach denen das Rechtsgeschäft formgültig ist, zulässig, sofern der Beweis in dieser Art vor dem angerufenen Gericht erbracht werden kann.

Kapitel III – Sonstige Vorschriften

Art. 19 Gewöhnlicher Aufenthalt (1) Für die Zwecke dieser Verordnung ist der Ort des gewöhnlichen Aufenthalts von Gesellschaften, Vereinen und juristischen Personen der Ort ihrer Hauptverwaltung.
Der gewöhnliche Aufenthalt einer natürlichen Person, die im Rahmen der Ausübung ihrer beruflichen Tätigkeit handelt, ist der Ort ihrer Hauptniederlassung.
(2) Wird der Vertrag im Rahmen des Betriebs einer Zweigniederlassung, Agentur oder sonstigen Niederlassung geschlossen oder ist für die Erfüllung gemäß dem Vertrag eine solche Zweigniederlassung, Agentur oder sonstigen Niederlassung verantwortlich, so steht der Ort des gewöhnlichen Aufenthalts dem Ort gleich, an dem sich die Zweigniederlassung, Agentur oder sonstige Niederlassung befindet.
(3) Für die Bestimmung des gewöhnlichen Aufenthalts ist der Zeitpunkt des Vertragsschlusses maßgebend.

Art. 20 Ausschluss der Rück- und Weiterverweisung Unter dem nach dieser Verordnung anzuwendenden Recht eines Staates sind die in diesem Staat geltenden Rechtsnormen unter Ausschluss derjenigen des Internationalen Privatrechts zu verstehen, soweit in dieser Verordnung nichts anderes bestimmt ist.

Art. 21 Öffentliche Ordnung im Staat des angerufenen Gerichts Die Anwendung einer Vorschrift des nach dieser Verordnung bezeichneten Rechts kann nur versagt werden, wenn ihre Anwendung mit der öffentlichen Ordnung („ordre public") des Staates des angerufenen Gerichts offensichtlich unvereinbar ist.

Art. 22 Staaten ohne einheitliche Rechtsordnung (1) Umfasst ein Staat mehrere Gebietseinheiten, von denen jede eigene Rechtsnormen für vertragliche Schuldverhältnisse hat, so gilt für die Bestimmung des nach dieser Verordnung anzuwendenden Rechts jede Gebietseinheit als Staat.

(2) Ein Mitgliedstaat, in dem verschiedene Gebietseinheiten ihre eigenen Rechtsnormen für vertragliche Schuldverhältnisse haben, ist nicht verpflichtet, diese Verordnung auf Kollisionen zwischen den Rechtsordnungen dieser Gebietseinheiten anzuwenden.

Art. 23 Verhältnis zu anderen Gemeinschaftsrechtsakten Mit Ausnahme von Artikel 7 berührt diese Verordnung nicht die Anwendung von Vorschriften des Gemeinschaftsrechts, die in besonderen Bereichen Kollisionsnormen für vertragliche Schuldverhältnisse enthalten.

Art. 24 Beziehung zum Übereinkommen von Rom (1) Diese Verordnung tritt in den Mitgliedstaaten an die Stelle des Übereinkommens von Rom, außer hinsichtlich der Hoheitsgebiete der Mitgliedstaaten, die in den territorialen Anwendungsbereich dieses Übereinkommens fallen und für die aufgrund der Anwendung von Artikel 299 des Vertrags diese Verordnung nicht gilt.

(2) Soweit diese Verordnung die Bestimmungen des Übereinkommens von Rom ersetzt, gelten Bezugnahmen auf dieses Übereinkommen als Bezugnahmen auf diese Verordnung.

Art. 25 Verhältnis zu bestehenden internationalen Übereinkommen (1) Diese Verordnung berührt nicht die Anwendung der internationalen Übereinkommen, denen ein oder mehrere Mitgliedstaaten zum Zeitpunkt der Annahme dieser Verordnung angehören und die Kollisionsnormen für vertragliche Schuldverhältnisse enthalten.

(2) Diese Verordnung hat jedoch in den Beziehungen zwischen den Mitgliedstaaten Vorrang vor den ausschließlich zwischen zwei oder mehreren Mitgliedstaaten geschlossenen Übereinkommen, soweit diese Bereiche betreffen, die in dieser Verordnung geregelt sind.

Art. 26-27 *Mitteilung von Übereinkommenskündigungen und Prüfauftrag an die Kommission – nicht abgedruckt.*

Art. 28 Zeitliche Anwendbarkeit Diese Verordnung wird auf Verträge angewandt, die nach dem 17. Dezember 2009 geschlossen werden.

Kapitel IV – Schlussbestimmungen

Art. 29 Inkrafttreten und Anwendbarkeit - *nicht abgedruckt.*

5.2 Verordnung (EG) Nr. 864/2007 des Europäischen Parlaments und des Rates vom 11. Juli 2007 über das auf außervertragliche Schuldverhältnisse anzuwendende Recht („Rom II") [Rom II-VO]

ABl. 2007 L 199/40

DAS EUROPÄISCHE PARLAMENT UND DER RAT DER EUROPÄISCHEN UNION –
gestützt auf den Vertrag zur Gründung der Europäischen Gemeinschaft, insbesondere auf Artikel 61 Buchstabe c und Artikel 67,
auf Vorschlag der Kommission,
nach Stellungnahme des Europäischen Wirtschafts- und Sozialausschusses[1],
gemäß dem Verfahren des Artikel 251 des Vertrags, aufgrund des vom Vermittlungsausschuss am 25. Juni 2007 gebilligten gemeinsamen Entwurfs[2],
in Erwägung nachstehender Gründe:
(1) Die Gemeinschaft hat sich zum Ziel gesetzt, einen Raum der Freiheit, der Sicherheit und des Rechts zu erhalten und weiterzuentwickeln. Zur schrittweisen Schaffung eines solchen Raums muss die Gemeinschaft im Bereich der justiziellen Zusammenarbeit in Zivilsachen, die einen grenzüberschreitenden Bezug aufweisen, Maßnahmen erlassen, soweit sie für das reibungslose Funktionieren des Binnenmarkts erforderlich sind.
(2)-(7) *Entsprechen Erwägungsgründen (2)-(7) der Rom-I-VO (in dieser Sammlung 5.1) – nicht abgedruckt.*
(8) Diese Verordnung ist unabhängig von der Art des angerufenen Gerichts anwendbar.
(9) Forderungen aufgrund von „acta iure imperii" sollten sich auch auf Forderungen gegen im Namen des Staates handelnde Bedienstete und auf die Haftung für Handlungen öffentlicher Stellen erstrecken, einschließlich der Haftung amtlich ernannter öffentlicher Bediensteter. Sie sollten daher vom Anwendungsbereich dieser Verordnung ausgenommen werden.
(10) Familienverhältnisse sollten die Verwandtschaft in gerader Linie, die Ehe, die Schwägerschaft und die Verwandtschaft in der Seitenlinie umfassen. Die Bezugnahme in Artikel 1 Absatz 2 auf Verhältnisse, die mit der Ehe oder anderen Familienverhältnissen vergleichbare Wirkungen entfalten, sollte nach dem Recht des Mitgliedstaats, in dem sich das angerufene Gericht befindet, ausgelegt werden.
(11) Der Begriff des außervertraglichen Schuldverhältnisses ist von Mitgliedstaat zu Mitgliedstaat verschieden definiert. Im Sinne dieser Verordnung sollte der Begriff des außervertraglichen Schuldverhältnisses daher als autonomer Begriff verstanden werden. Die in dieser Verordnung enthaltenen Regeln des Kollisionsrechts sollten auch für außervertragliche Schuldverhältnisse aus Gefährdungshaftung gelten.
(12) Das anzuwendende Recht sollte auch für die Frage gelten, wer für eine unerlaubte Handlung haftbar gemacht werden kann.
(13) Wettbewerbsverzerrungen im Verhältnis zwischen Wettbewerbern aus der Gemeinschaft sind vermeidbar, wenn einheitliche Bestimmungen unabhängig von dem durch sie bezeichneten Recht angewandt werden.
(14) Das Erfordernis der Rechtssicherheit und die Notwendigkeit, in jedem Einzelfall Recht zu sprechen, sind wesentliche Anforderungen an einen Rechtsraum. Diese Verordnung bestimmt die Anknüpfungskriterien, die zur Erreichung dieser Ziele am besten geeignet sind. Deshalb sieht diese Verordnung neben einer allgemeinen Regel Sonderregeln und, in bestimmten Fällen, eine „Ausweichklausel" vor, die ein Abweichen von diesen Regeln erlaubt, wenn sich aus der Gesamtheit der Umstände ergibt, dass die unerlaubte Handlung eine offensichtlich engere Verbindung mit einem anderen Staat aufweist. Diese Gesamtregelung schafft einen flexiblen Rahmen kollisionsrechtlicher

---

1   ABl. C 241 vom 28.9.2004, S. 1.
2   Stellungnahme des Europäischen Parlaments vom 6.7.2005 (ABl. C 157 E vom 6.7.2006, S. 371), Gemeinsamer Standpunkt des Rates vom 25.9.2006 (ABl. C 289 E vom 28.11.2006, S. 68) und Standpunkt des Europäischen Parlaments vom 18.1.2007 (ABl. C 244 E vom 18.10. 2007, S. 194). Legislative Entschließung des Europäischen Parlaments vom 10.7.2007 und Beschluss des Rates vom 28.6.2007.

Regelungen. Sie ermöglicht es dem angerufenen Gericht gleichfalls, Einzelfälle in einer angemessenen Weise zu behandeln.

(15) Zwar wird in nahezu allen Mitgliedstaaten bei außervertraglichen Schuldverhältnissen grundsätzlich von der lex loci delicti commissi ausgegangen, doch wird dieser Grundsatz in der Praxis unterschiedlich angewandt, wenn sich Sachverhaltselemente des Falles über mehrere Staaten erstrecken. Dies führt zu Unsicherheit in Bezug auf das anzuwendende Recht.

(16) Einheitliche Bestimmungen sollten die Vorhersehbarkeit gerichtlicher Entscheidungen verbessern und einen angemessenen Interessenausgleich zwischen Personen, deren Haftung geltend gemacht wird, und Geschädigten gewährleisten. Die Anknüpfung an den Staat, in dem der Schaden selbst eingetreten ist (lex loci damni), schafft einen gerechten Ausgleich zwischen den Interessen der Person, deren Haftung geltend gemacht wird, und der Person, die geschädigt wurde, und entspricht der modernen Konzeption der zivilrechtlichen Haftung und der Entwicklung der Gefährdungshaftung.

(17) Das anzuwendende Recht sollte das Recht des Staates sein, in dem der Schaden eintritt, und zwar unabhängig von dem Staat oder den Staaten, in dem bzw. denen die indirekten Folgen auftreten könnten. Daher sollte auch bei Personen- oder Sachschäden als Staat, in dem der Schaden eintritt, der Staat gelten, in dem der Personen- oder Sachschaden tatsächlich eingetreten ist.

(18) Als allgemeine Regel in dieser Verordnung sollte die „lex loci damni" nach Artikel 4 Absatz 1 gelten. Artikel 4 Absatz 2 sollte als Ausnahme von dieser allgemeinen Regel verstanden werden; durch diese Ausnahme wird eine besondere Anknüpfung für Fälle geschaffen, in denen die Parteien ihren gewöhnlichen Aufenthalt in demselben Staat haben. Artikel 4 Absatz 3 sollte als „Ausweichklausel" zu Artikel 4 Absätze 1 und 2 betrachtet werden, wenn sich aus der Gesamtheit der Umstände ergibt, dass die unerlaubte Handlung eine offensichtlich engere Verbindung mit einem anderen Staat aufweist.

(19) Für besondere unerlaubte Handlungen, bei denen die allgemeine Kollisionsnorm nicht zu einem angemessenen Interessenausgleich führt, sollten besondere Bestimmungen vorgesehen werden.

(20) Die Kollisionsnorm für die Produkthaftung sollte für eine gerechte Verteilung der Risiken einer modernen, hochtechnisierten Gesellschaft sorgen, die Gesundheit der Verbraucher schützen, Innovationsanreize geben, einen unverfälschten Wettbewerb gewährleisten und den Handel erleichtern. Die Schaffung einer Anknüpfungsleiter stellt, zusammen mit einer Vorhersehbarkeitsklausel, im Hinblick auf diese Ziele eine ausgewogene Lösung dar. Als erstes Element ist das Recht des Staates zu berücksichtigen, in dem die geschädigte Person beim Eintritt des Schadens ihren gewöhnlichen Aufenthalt hatte, sofern das Produkt in diesem Staat in den Verkehr gebracht wurde. Die weiteren Elemente der Anknüpfungsleiter kommen zur Anwendung, wenn das Produkt nicht in diesem Staat in Verkehr gebracht wurde, unbeschadet von Artikel 4 Absatz 2 und der Möglichkeit einer offensichtlich engeren Verbindung mit einem anderen Staat.

(21) Die Sonderregel nach Artikel 6 stellt keine Ausnahme von der allgemeinen Regel nach Artikel 4 Absatz 1 dar, sondern vielmehr eine Präzisierung derselben. Im Bereich des unlauteren Wettbewerbs sollte die Kollisionsnorm die Wettbewerber, die Verbraucher und die Öffentlichkeit schützen und das reibungslose Funktionieren der Marktwirtschaft sicherstellen. Durch eine Anknüpfung an das Recht des Staates, in dessen Gebiet die Wettbewerbsbeziehungen oder die kollektiven Interessen der Verbraucher beeinträchtigt worden sind oder beeinträchtigt zu werden drohen, können diese Ziele im Allgemeinen erreicht werden.

(22) Außervertragliche Schuldverhältnisse, die aus einem den Wettbewerb einschränkenden Verhalten nach Artikel 6 Absatz 3 entstanden sind, sollten sich auf Verstöße sowohl gegen nationale als auch gegen gemeinschaftliche Wettbewerbsvorschriften erstrecken. Auf solche außervertraglichen Schuldverhältnisse sollte das Recht des Staates anzuwenden sein, in dessen Gebiet sich die Einschränkung auswirkt oder auszuwirken droht. Wird der Markt in mehr als einem Staat beeinträchtigt oder wahrscheinlich beeinträchtigt, so sollte der Geschädigte seinen Anspruch unter bestimmten Umständen auf das Recht des Mitgliedstaats des angerufenen Gerichts stützen können.

(23) Für die Zwecke dieser Verordnung sollte der Begriff der Einschränkung des Wettbewerbs Verbote von Vereinbarungen zwischen Unternehmen, Beschlüssen von Unternehmensvereinigungen und abgestimmten Verhaltensweisen, die eine Verhinderung, Einschränkung oder Verfälschung des Wettbewerbs in einem Mitgliedstaat oder innerhalb des Binnenmarktes bezwecken oder bewirken, sowie das Verbot der missbräuchlichen Ausnutzung einer beherrschenden Stellung in einem Mitgliedstaat oder innerhalb des Binnenmarktes erfassen, sofern solche Vereinbarungen, Beschlüsse, abgestimmte Verhaltensweisen oder Missbräuche nach den Artikeln 81 und 82 des Vertrags oder dem Recht eines Mitgliedstaats verboten sind.

(24) „Umweltschaden" sollte eine nachteilige Veränderung einer natürlichen Ressource, wie Wasser, Boden oder Luft, eine Beeinträchtigung einer Funktion, die eine natürliche Ressource zum Nutzen einer anderen natürlichen Ressource oder der Öffentlichkeit erfüllt, oder eine Beeinträchtigung der Variabilität unter lebenden Organismen umfassen.

5.2 Rom II-VO

(25) Im Falle von Umweltschäden rechtfertigt Artikel 174 des Vertrags, wonach ein hohes Schutzniveau erreicht werden sollte, und der auf den Grundsätzen der Vorsorge und Vorbeugung, auf dem Grundsatz, Umweltbeeinträchtigungen vorrangig an ihrem Ursprung zu bekämpfen, sowie auf dem Verursacherprinzip beruht, in vollem Umfang die Anwendung des Grundsatzes der Begünstigung des Geschädigten. Die Frage, wann der Geschädigte die Wahl des anzuwendenden Rechts zu treffen hat, sollte nach dem Recht des Mitgliedstaats des angerufenen Gerichts entschieden werden.

(26) Bei einer Verletzung von Rechten des geistigen Eigentums gilt es, den allgemein anerkannten Grundsatz der lex loci protectionis zu wahren. Im Sinne dieser Verordnung sollte der Ausdruck „Rechte des geistigen Eigentums" dahin interpretiert werden, dass er beispielsweise Urheberrechte, verwandte Schutzrechte, das Schutzrecht sui generis für Datenbanken und gewerbliche Schutzrechte umfasst.

(27) Die exakte Definition des Begriffs „Arbeitskampfmaßnahmen", beispielsweise Streikaktionen oder Aussperrung, ist von Mitgliedstaat zu Mitgliedstaat verschieden und unterliegt den innerstaatlichen Vorschriften der einzelnen Mitgliedstaaten. Daher wird in dieser Verordnung grundsätzlich davon ausgegangen, dass das Recht des Staates anzuwenden ist, in dem die Arbeitskampfmaßnahmen ergriffen wurden, mit dem Ziel, die Rechte und Pflichten der Arbeitnehmer und der Arbeitgeber zu schützen.

(28) Die Sonderbestimmung für Arbeitskampfmaßnahmen nach Artikel 9 lässt die Bedingungen für die Durchführung solcher Maßnahmen nach nationalem Recht und die im Recht der Mitgliedstaaten vorgesehene Rechtsstellung der Gewerkschaften oder der repräsentativen Arbeitnehmerorganisationen unberührt.

(29) Für Schäden, die aufgrund einer anderen Handlung als aus unerlaubter Handlung, wie ungerechtfertigter Bereicherung, Geschäftsführung ohne Auftrag oder Verschulden bei Vertragsverhandlungen, entstanden sind, sollten Sonderbestimmungen vorgesehen werden.

(30) Der Begriff des Verschuldens bei Vertragsverhandlungen ist für die Zwecke dieser Verordnung als autonomer Begriff zu verstehen und sollte daher nicht zwangsläufig im Sinne des nationalen Rechts ausgelegt werden. Er sollte die Verletzung der Offenlegungspflicht und den Abbruch von Vertragsverhandlungen einschließen. Artikel 12 gilt nur für außervertragliche Schuldverhältnisse, die in unmittelbarem Zusammenhang mit den Verhandlungen vor Abschluss eines Vertrags stehen. So sollten in den Fällen, in denen einer Person während der Vertragsverhandlungen ein Personenschaden zugefügt wird, Artikel 4 oder andere einschlägige Bestimmungen dieser Verordnung zur Anwendung gelangen.

(31) Um den Grundsatz der Parteiautonomie zu achten und die Rechtssicherheit zu verbessern, sollten die Parteien das auf ein außervertragliches Schuldverhältnis anzuwendende Recht wählen können. Die Rechtswahl sollte ausdrücklich erfolgen oder sich mit hinreichender Sicherheit aus den Umständen des Falles ergeben. Bei der Prüfung, ob eine solche Rechtswahl vorliegt, hat das Gericht den Willen der Parteien zu achten. Die Möglichkeit der Rechtswahl sollte zum Schutz der schwächeren Partei mit bestimmten Bedingungen versehen werden.

(32) Gründe des öffentlichen Interesses rechtfertigen es, dass die Gerichte der Mitgliedstaaten unter außergewöhnlichen Umständen die Vorbehaltsklausel (ordre public) und Eingriffsnormen anwenden können. Insbesondere kann die Anwendung einer Norm des nach dieser Verordnung bezeichneten Rechts, die zur Folge haben würde, dass ein unangemessener, über den Ausgleich des entstandenen Schadens hinausgehender Schadensersatz mit abschreckender Wirkung oder Strafschadensersatz zugesprochen werden könnte, je nach der Rechtsordnung des Mitgliedstaats des angerufenen Gerichts als mit der öffentlichen Ordnung („ordre public") dieses Staates unvereinbar angesehen werden.

(33) Gemäß den geltenden nationalen Bestimmungen über den Schadensersatz für Opfer von Straßenverkehrsunfällen sollte das befasste Gericht bei der Schadensberechnung für Personenschäden in Fällen, in denen sich der Unfall in einem anderem Staat als dem des gewöhnlichen Aufenthalts des Opfers ereignet, alle relevanten tatsächlichen Umstände des jeweiligen Opfers berücksichtigen, insbesondere einschließlich tatsächlicher Verluste und Kosten für Nachsorge und medizinische Versorgung.

(34) Zur Wahrung eines angemessenen Interessenausgleichs zwischen den Parteien müssen, soweit dies angemessen ist, die Sicherheits- und Verhaltensregeln des Staates, in dem die schädigende Handlung begangen wurde, selbst dann beachtet werden, wenn auf das außervertragliche Schuldverhältnis das Recht eines anderen Staates anzuwenden ist. Der Begriff „Sicherheits- und Verhaltensregeln" ist in dem Sinne auszulegen, dass er sich auf alle Vorschriften bezieht, die in Zusammenhang mit Sicherheit und Verhalten stehen, einschließlich beispielsweise der Straßenverkehrssicherheit im Falle eines Unfalls.

(35) Die Aufteilung der Kollisionsnormen auf zahlreiche Rechtsakte sowie Unterschiede zwischen diesen Normen sollten vermieden werden. Diese Verordnung schließt jedoch die Möglichkeit der

Aufnahme von Kollisionsnormen für außervertragliche Schuldverhältnisse in Vorschriften des Gemeinschaftsrechts in Bezug auf besondere Gegenstände nicht aus. Diese Verordnung sollte die Anwendung anderer Rechtsakte nicht ausschließen, die Bestimmungen enthalten, die zum reibungslosen Funktionieren des Binnenmarkts beitragen sollen, soweit sie nicht in Verbindung mit dem Recht angewendet werden können, auf das die Regeln dieser Verordnung verweisen. Die Anwendung der Vorschriften im anzuwendenden Recht, die durch die Bestimmungen dieser Verordnung berufen wurden, sollte nicht die Freiheit des Waren- und Dienstleistungsverkehrs, wie sie in den Rechtsinstrumenten der Gemeinschaft wie der Richtlinie 2000/31/EG des Europäischen Parlaments und des Rates vom 8. Juni 2000 über bestimmte rechtliche Aspekte der Dienste der Informationsgesellschaft, insbesondere des elektronischen Geschäftsverkehrs, im Binnenmarkt („Richtlinie über den elektronischen Geschäftsverkehr")[3] ausgestaltet ist, beschränken.

(36) Um die internationalen Verpflichtungen, die die Mitgliedstaaten eingegangen sind, zu wahren, darf sich die Verordnung nicht auf internationale Übereinkommen auswirken, denen ein oder mehrere Mitgliedstaaten zum Zeitpunkt der Annahme dieser Verordnung angehören. Um den Zugang zu den Rechtsakten zu erleichtern, sollte die Kommission anhand der Angaben der Mitgliedstaaten ein Verzeichnis der betreffenden Übereinkommen im *Amtsblatt der Europäischen Union* veröffentlichen.

(37) Die Kommission wird dem Europäischen Parlament und dem Rat einen Vorschlag unterbreiten, nach welchen Verfahren und unter welchen Bedingungen die Mitgliedstaaten in Einzel- und Ausnahmefällen in eigenem Namen Übereinkünfte mit Drittländern über sektorspezifische Fragen aushandeln und abschließen dürfen, die Bestimmungen über das auf außervertragliche Schuldverhältnisse anzuwendende Recht enthalten.

(38) Da das Ziel dieser Verordnung auf Ebene der Mitgliedstaaten nicht ausreichend verwirklicht werden kann und daher wegen des Umfangs und der Wirkungen der Verordnung besser auf Gemeinschaftsebene zu verwirklichen ist, kann die Gemeinschaft im Einklang mit dem in Artikel 5 des Vertrags niedergelegten Subsidiaritätsprinzip tätig werden. Entsprechend dem ebenfalls in diesem Artikel festgelegten Grundsatz der Verhältnismäßigkeit geht diese Verordnung nicht über das für die Erreichung dieses Ziels erforderliche Maß hinaus.

(39) Gemäß Artikel 3 des Protokolls über die Position des Vereinigten Königreichs und Irlands im Anhang zum Vertrag über die Europäische Union und im Anhang zum Vertrag zur Gründung der Europäischen Gemeinschaft beteiligen sich das Vereinigte Königreich und Irland an der Annahme und Anwendung dieser Verordnung.

(40) Gemäß den Artikel 1 und 2 des dem Vertrag über die Europäische Union und dem Vertrag zur Gründung der Europäischen Gemeinschaft beigefügten Protokolls über die Position Dänemarks beteiligt sich Dänemark nicht an der Annahme dieser Verordnung, die für Dänemark nicht bindend oder anwendbar ist –

HABEN FOLGENDE VERORDNUNG ERLASSEN:

Kapitel I – Anwendungsbereich

Art. 1 Anwendungsbereich (1) Diese Verordnung gilt für außervertragliche Schuldverhältnisse in Zivil- und Handelssachen, die eine Verbindung zum Recht verschiedener Staaten aufweisen. Sie gilt insbesondere nicht für Steuer- und Zollsachen, verwaltungsrechtliche Angelegenheiten oder die Haftung des Staates für Handlungen oder Unterlassungen im Rahmen der Ausübung hoheitlicher Rechte („acta iure imperii").

(2) Vom Anwendungsbereich dieser Verordnung ausgenommen sind

a) außervertragliche Schuldverhältnisse aus einem Familienverhältnis oder aus Verhältnissen, die nach dem auf diese Verhältnisse anzuwendenden Recht vergleichbare Wirkungen entfalten, einschließlich der Unterhaltspflichten;

b) außervertragliche Schuldverhältnisse aus ehelichen Güterständen, aus Güterständen aufgrund von Verhältnissen, die nach dem auf diese Verhältnisse anzuwendenden Recht mit der Ehe vergleichbare Wirkungen entfalten, und aus Testamenten und Erbrecht;

---

3   E-Commerce-RL, in dieser Sammlung Nr. 2.3.

c) außervertragliche Schuldverhältnisse aus Wechseln, Schecks, Eigenwechseln und anderen handelbaren Wertpapieren, sofern die Verpflichtungen aus diesen anderen Wertpapieren aus deren Handelbarkeit entstehen;

d) außervertragliche Schuldverhältnisse, die sich aus dem Gesellschaftsrecht, dem Vereinsrecht und dem Recht der juristischen Personen ergeben, wie die Errichtung durch Eintragung oder auf andere Weise, die Rechts- und Handlungsfähigkeit, die innere Verfassung und die Auflösung von Gesellschaften, Vereinen und juristischen Personen, die persönliche Haftung der Gesellschafter und der Organe für die Verbindlichkeiten einer Gesellschaft, eines Vereins oder einer juristischen Person sowie die persönliche Haftung der Rechnungsprüfer gegenüber einer Gesellschaft oder ihren Gesellschaftern bei der Pflichtprüfung der Rechnungslegungsunterlagen;

e) außervertragliche Schuldverhältnisse aus den Beziehungen zwischen den Verfügenden, den Treuhändern und den Begünstigten eines durch Rechtsgeschäft errichteten „Trusts";

f) außervertragliche Schuldverhältnisse, die sich aus Schäden durch Kernenergie ergeben;

g) außervertragliche Schuldverhältnisse aus der Verletzung der Privatsphäre oder der Persönlichkeitsrechte, einschließlich der Verleumdung.

(3) Diese Verordnung gilt unbeschadet der Artikel 21 und 22 nicht für den Beweis und das Verfahren.

(4) Im Sinne dieser Verordnung bezeichnet der Begriff „Mitgliedstaat" jeden Mitgliedstaat mit Ausnahme Dänemarks.

Art. 2 Außervertragliche Schuldverhältnisse (1) Im Sinne dieser Verordnung umfasst der Begriff des Schadens sämtliche Folgen einer unerlaubten Handlung, einer ungerechtfertigten Bereicherung, einer Geschäftsführung ohne Auftrag („Negotiorum gestio") oder eines Verschuldens bei Vertragsverhandlungen („Culpa in contrahendo").

(2) Diese Verordnung gilt auch für außervertragliche Schuldverhältnisse, deren Entstehen wahrscheinlich ist.

(3) Sämtliche Bezugnahmen in dieser Verordnung auf

a) ein schadensbegründendes Ereignis gelten auch für schadensbegründende Ereignisse, deren Eintritt wahrscheinlich ist, und

b) einen Schaden gelten auch für Schäden, deren Eintritt wahrscheinlich ist.

Art. 3 Universelle Anwendung Das nach dieser Verordnung bezeichnete Recht ist auch dann anzuwenden, wenn es nicht das Recht eines Mitgliedstaats ist.

Kapitel II – Unerlaubte Handlungen

Art. 4 Allgemeine Kollisionsnorm (1) Soweit in dieser Verordnung nichts anderes vorgesehen ist, ist auf ein außervertragliches Schuldverhältnis aus unerlaubter Handlung das Recht des Staates anzuwenden, in dem der Schaden eintritt, unabhängig davon, in welchem Staat das schadensbegründende Ereignis oder indirekte Schadensfolgen eingetreten sind.

(2) Haben jedoch die Person, deren Haftung geltend gemacht wird, und die Person, die geschädigt wurde, zum Zeitpunkt des Schadenseintritts ihren gewöhnlichen Aufenthalt in demselben Staat, so unterliegt die unerlaubte Handlung dem Recht dieses Staates.

(3) Ergibt sich aus der Gesamtheit der Umstände, dass die unerlaubte Handlung eine offensichtlich engere Verbindung mit einem anderen als dem in den Absätzen 1 oder 2 bezeich-

neten Staat aufweist, so ist das Recht dieses anderen Staates anzuwenden. Eine offensichtlich engere Verbindung mit einem anderen Staat könnte sich insbesondere aus einem bereits bestehenden Rechtsverhältnis zwischen den Parteien – wie einem Vertrag – ergeben, das mit der betreffenden unerlaubten Handlung in enger Verbindung steht.

Art. 5 Produkthaftung (1) Unbeschadet des Artikel 4 Absatz 2 ist auf ein außervertragliches Schuldverhältnis im Falle eines Schadens durch ein Produkt folgendes Recht anzuwenden:

a) das Recht des Staates, in dem die geschädigte Person beim Eintritt des Schadens ihren gewöhnlichen Aufenthalt hatte, sofern das Produkt in diesem Staat in Verkehr gebracht wurde, oder anderenfalls

b) das Recht des Staates, in dem das Produkt erworben wurde, falls das Produkt in diesem Staat in Verkehr gebracht wurde, oder anderenfalls

c) das Recht des Staates, in dem der Schaden eingetreten ist, falls das Produkt in diesem Staat in Verkehr gebracht wurde.

Jedoch ist das Recht des Staates anzuwenden, in dem die Person, deren Haftung geltend gemacht wird, ihren gewöhnlichen Aufenthalt hat, wenn sie das Inverkehrbringen des Produkts oder eines gleichartigen Produkts in dem Staat, dessen Recht nach den Buchstaben a, b oder c anzuwenden ist, vernünftigerweise nicht voraussehen konnte.

(2) Ergibt sich aus der Gesamtheit der Umstände, dass die unerlaubte Handlung eine offensichtlich engere Verbindung mit einem anderen als dem in Absatz 1 bezeichneten Staat aufweist, so ist das Recht dieses anderen Staates anzuwenden. Eine offensichtlich engere Verbindung mit einem anderen Staat könnte sich insbesondere aus einem bereits bestehenden Rechtsverhältnis zwischen den Parteien – wie einem Vertrag – ergeben, das mit der betreffenden unerlaubten Handlung in enger Verbindung steht.

Art. 6 Unlauterer Wettbewerb und den freien Wettbewerb einschränkendes Verhalten

(1) Auf außervertragliche Schuldverhältnisse aus unlauterem Wettbewerbsverhalten ist das Recht des Staates anzuwenden, in dessen Gebiet die Wettbewerbsbeziehungen oder die kollektiven Interessen der Verbraucher beeinträchtigt worden sind oder wahrscheinlich beeinträchtigt werden.

(2) Beeinträchtigt ein unlauteres Wettbewerbsverhalten ausschließlich die Interessen eines bestimmten Wettbewerbers, ist Artikel 4 anwendbar.

(3) a) Auf außervertragliche Schuldverhältnisse aus einem den Wettbewerb einschränkenden Verhalten ist das Recht des Staates anzuwenden, dessen Markt beeinträchtigt ist oder wahrscheinlich beeinträchtigt wird.

b) Wird der Markt in mehr als einem Staat beeinträchtigt oder wahrscheinlich beeinträchtigt, so kann ein Geschädigter, der vor einem Gericht im Mitgliedstaat des Wohnsitzes des Beklagten klagt, seinen Anspruch auf das Recht des Mitgliedstaats des angerufenen Gerichts stützen, sofern der Markt in diesem Mitgliedstaat zu den Märkten gehört, die unmittelbar und wesentlich durch das den Wettbewerb einschränkende Verhalten beeinträchtigt sind, das das außervertragliche Schuldverhältnis begründet, auf welches sich der Anspruch stützt; klagt der Kläger gemäß den geltenden Regeln über die gerichtliche Zuständigkeit vor diesem Gericht gegen mehr als einen Beklagten, so kann er seinen Anspruch nur dann auf das Recht dieses Gerichts stützen, wenn das den Wettbewerb einschränkende Verhalten, auf das sich der Anspruch gegen jeden dieser Beklagten stützt, auch den Markt im Mitgliedstaat dieses Gerichts unmittelbar und wesentlich beeinträchtigt.

(4) Von dem nach diesem Artikel anzuwendenden Recht kann nicht durch eine Vereinbarung gemäß Artikel 14 abgewichen werden.

Art. 7 Umweltschädigung Auf außervertragliche Schuldverhältnisse aus einer Umweltschädigung oder einem aus einer solchen Schädigung herrührenden Personen- oder Sachschaden ist das nach Artikel 4 Absatz 1 geltende Recht anzuwenden, es sei denn, der Geschädigte hat sich dazu entschieden, seinen Anspruch auf das Recht des Staates zu stützen, in dem das schadensbegründende Ereignis eingetreten ist.

Art. 8 Verletzung von Rechten des geistigen Eigentums (1) Auf außervertragliche Schuldverhältnisse aus einer Verletzung von Rechten des geistigen Eigentums ist das Recht des Staates anzuwenden, für den der Schutz beansprucht wird.

(2) Bei außervertraglichen Schuldverhältnissen aus einer Verletzung von gemeinschaftsweit einheitlichen Rechten des geistigen Eigentums ist auf Fragen, die nicht unter den einschlägigen Rechtsakt der Gemeinschaft fallen, das Recht des Staates anzuwenden, in dem die Verletzung begangen wurde.

(3) Von dem nach diesem Artikel anzuwendenden Recht kann nicht durch eine Vereinbarung nach Artikel 14 abgewichen werden.

Art. 9 Arbeitskampfmaßnahmen Unbeschadet des Artikel 4 Absatz 2 ist auf außervertragliche Schuldverhältnisse in Bezug auf die Haftung einer Person in ihrer Eigenschaft als Arbeitnehmer oder Arbeitgeber oder der Organisationen, die deren berufliche Interessen vertreten, für Schäden, die aus bevorstehenden oder durchgeführten Arbeitskampfmaßnahmen entstanden sind, das Recht des Staates anzuwenden, in dem die Arbeitskampfmaßnahme erfolgen soll oder erfolgt ist.

Kapitel III – Ungerechtfertigte Bereicherung, Geschäftsführung ohne Auftrag und Verschulden bei Vertragsverhandlungen

Art. 10 Ungerechtfertigte Bereicherung (1) Knüpft ein außervertragliches Schuldverhältnis aus ungerechtfertigter Bereicherung, einschließlich von Zahlungen auf eine nicht bestehende Schuld, an ein zwischen den Parteien bestehendes Rechtsverhältnis – wie einen Vertrag oder eine unerlaubte Handlung – an, das eine enge Verbindung mit dieser ungerechtfertigten Bereicherung aufweist, so ist das Recht anzuwenden, dem dieses Rechtsverhältnis unterliegt.

(2) Kann das anzuwendende Recht nicht nach Absatz 1 bestimmt werden und haben die Parteien zum Zeitpunkt des Eintritts des Ereignisses, das die ungerechtfertigte Bereicherung zur Folge hat, ihren gewöhnlichen Aufenthalt in demselben Staat, so ist das Recht dieses Staates anzuwenden.

(3) Kann das anzuwendende Recht nicht nach den Absätzen 1 oder 2 bestimmt werden, so ist das Recht des Staates anzuwenden, in dem die ungerechtfertigte Bereicherung eingetreten ist.

(4) Ergibt sich aus der Gesamtheit der Umstände, dass das außervertragliche Schuldverhältnis aus ungerechtfertigter Bereicherung eine offensichtlich engere Verbindung mit einem anderen als dem in den Absätzen 1, 2 und 3 bezeichneten Staat aufweist, so ist das Recht dieses anderen Staates anzuwenden.

Art. 11 Geschäftsführung ohne Auftrag (1) Knüpft ein außervertragliches Schuldverhältnis aus Geschäftsführung ohne Auftrag an ein zwischen den Parteien bestehendes Rechtsverhältnis – wie einen Vertrag oder eine unerlaubte Handlung – an, das eine enge Verbindung mit dieser Geschäftsführung ohne Auftrag aufweist, so ist das Recht anzuwenden, dem dieses Rechtsverhältnis unterliegt.

(2) Kann das anzuwendende Recht nicht nach Absatz 1 bestimmt werden und haben die Parteien zum Zeitpunkt des Eintritts des schadensbegründenden Ereignisses ihren gewöhnlichen Aufenthalt in demselben Staat, so ist das Recht dieses Staates anzuwenden.

(3) Kann das anzuwendende Recht nicht nach den Absätzen 1 oder 2 bestimmt werden, so ist das Recht des Staates anzuwenden, in dem die Geschäftsführung erfolgt ist.

(4) Ergibt sich aus der Gesamtheit der Umstände, dass das außervertragliche Schuldverhältnis aus Geschäftsführung ohne Auftrag eine offensichtlich engere Verbindung mit einem anderen als dem in den Absätzen 1, 2 und 3 bezeichneten Staat aufweist, so ist das Recht dieses anderen Staates anzuwenden.

Art. 12 Verschulden bei Vertragsverhandlungen (1) Auf außervertragliche Schuldverhältnisse aus Verhandlungen vor Abschluss eines Vertrags, unabhängig davon, ob der Vertrag tatsächlich geschlossen wurde oder nicht, ist das Recht anzuwenden, das auf den Vertrag anzuwenden ist oder anzuwenden gewesen wäre, wenn er geschlossen worden wäre.

(2) Kann das anzuwendende Recht nicht nach Absatz 1 bestimmt werden, so ist das anzuwendende Recht

a)   das Recht des Staates, in dem der Schaden eingetreten ist, unabhängig davon, in welchem Staat das schadensbegründende Ereignis oder indirekte Schadensfolgen eingetreten sind, oder,

b)   wenn die Parteien zum Zeitpunkt des Eintritts des schadensbegründenden Ereignisses ihren gewöhnlichen Aufenthalt in demselben Staat haben, das Recht dieses Staates, oder,

c)   wenn sich aus der Gesamtheit der Umstände ergibt, dass das außervertragliche Schuldverhältnis aus Verhandlungen vor Abschluss eines Vertrags eine offensichtlich engere Verbindung mit einem anderen als dem in den Buchstaben a oder b bezeichneten Staat aufweist, das Recht dieses anderen Staates.

Art. 13 Anwendbarkeit des Art. 8 Auf außervertragliche Schuldverhältnisse aus einer Verletzung von Rechten des geistigen Eigentums ist für die Zwecke dieses Kapitels Artikel 8 anzuwenden.

Kapitel IV – Freie Rechtswahl

Art. 14 Freie Rechtswahl (1) Die Parteien können das Recht wählen, dem das außervertragliche Schuldverhältnis unterliegen soll:

a)   durch eine Vereinbarung nach Eintritt des schadensbegründenden Ereignisses; oder

b)   wenn alle Parteien einer kommerziellen Tätigkeit nachgehen, auch durch eine vor Eintritt des schadensbegründenden Ereignisses frei ausgehandelte Vereinbarung.

Die Rechtswahl muss ausdrücklich erfolgen oder sich mit hinreichender Sicherheit aus den Umständen des Falles ergeben und lässt Rechte Dritter unberührt.

(2) Sind alle Elemente des Sachverhalts zum Zeitpunkt des Eintritts des schadensbegründenden Ereignisses in einem anderen als demjenigen Staat belegen, dessen Recht gewählt wurde, so berührt die Rechtswahl der Parteien nicht die Anwendung derjenigen Bestimmungen des Rechts dieses anderen Staates, von denen nicht durch Vereinbarung abgewichen werden kann.

(3) Sind alle Elemente des Sachverhalts zum Zeitpunkt des Eintritts des schadensbegründenden Ereignisses in einem oder mehreren Mitgliedstaaten belegen, so berührt die Wahl des Rechts eines Drittstaats durch die Parteien nicht die Anwendung – gegebenenfalls in der von dem Mitgliedstaat des angerufenen Gerichts umgesetzten Form – der Bestimmungen des Gemeinschaftsrechts, von denen nicht durch Vereinbarung abgewichen werden kann.

Kapitel V – Gemeinsame Vorschriften

Art. 15 Geltungsbereich des anzuwendenden Rechts Das nach dieser Verordnung auf außervertragliche Schuldverhältnisse anzuwendende Recht ist insbesondere maßgebend für

a) den Grund und den Umfang der Haftung einschließlich der Bestimmung der Personen, die für ihre Handlungen haftbar gemacht werden können;

b) die Haftungsausschlussgründe sowie jede Beschränkung oder Teilung der Haftung;

c) das Vorliegen, die Art und die Bemessung des Schadens oder der geforderten Wiedergutmachung;

d) die Maßnahmen, die ein Gericht innerhalb der Grenzen seiner verfahrensrechtlichen Befugnisse zur Vorbeugung, zur Beendigung oder zum Ersatz des Schadens anordnen kann;

e) die Übertragbarkeit, einschließlich der Vererbbarkeit, des Anspruchs auf Schadenersatz oder Wiedergutmachung;

f) die Personen, die Anspruch auf Ersatz eines persönlich erlittenen Schadens haben;

g) die Haftung für die von einem anderen begangenen Handlungen;

h) die Bedingungen für das Erlöschen von Verpflichtungen und die Vorschriften über die Verjährung und die Rechtsverluste, einschließlich der Vorschriften über den Beginn, die Unterbrechung und die Hemmung der Verjährungsfristen und der Fristen für den Rechtsverlust.

Art. 16 Eingriffsnormen Diese Verordnung berührt nicht die Anwendung der nach dem Recht des Staates des angerufenen Gerichts geltenden Vorschriften, die ohne Rücksicht auf das für das außervertragliche Schuldverhältnis maßgebende Recht den Sachverhalt zwingend regeln.

Art. 17 Sicherheits- und Verhaltensregeln Bei der Beurteilung des Verhaltens der Person, deren Haftung geltend gemacht wird, sind faktisch und soweit angemessen die Sicherheits- und Verhaltensregeln zu berücksichtigen, die an dem Ort und zu dem Zeitpunkt des haftungsbegründenden Ereignisses in Kraft sind.

Art. 18 Direktklage gegen den Versicherer des Haftenden Der Geschädigte kann seinen Anspruch direkt gegen den Versicherer des Haftenden geltend machen, wenn dies nach dem auf das außervertragliche Schuldverhältnis oder nach dem auf den Versicherungsvertrag anzuwendenden Recht vorgesehen ist.

Art. 19 Gesetzlicher Forderungsübergang Hat eine Person („der Gläubiger") aufgrund eines außervertraglichen Schuldverhältnisses eine Forderung gegen eine andere Person („den Schuldner") und hat ein Dritter die Verpflichtung, den Gläubiger zu befriedigen, oder befriedigt er den Gläubiger aufgrund dieser Verpflichtung, so bestimmt das für die Verpflichtung des Dritten gegenüber dem Gläubiger maßgebende Recht, ob und in welchem Umfang der Dritte die Forderung des Gläubigers gegen den Schuldner nach dem für deren Beziehungen maßgebenden Recht geltend zu machen berechtigt ist.

Art. 20 Mehrfache Haftung Hat ein Gläubiger eine Forderung gegen mehrere für dieselbe Forderung haftende Schuldner und ist er von einem der Schuldner vollständig oder teilweise befriedigt worden, so bestimmt sich der Anspruch dieses Schuldners auf Ausgleich durch die anderen Schuldner nach dem Recht, das auf die Verpflichtung dieses Schuldners gegenüber dem Gläubiger aus dem außervertraglichen Schuldverhältnis anzuwenden ist.

Art. 21 Form Eine einseitige Rechtshandlung, die ein außervertragliches Schuldverhältnis betrifft, ist formgültig, wenn sie die Formerfordernisse des für das betreffende außervertragliche Schuldverhältnis maßgebenden Rechts oder des Rechts des Staates, in dem sie vorgenommen wurde, erfüllt.

Art. 22 Beweis (1) Das nach dieser Verordnung für das außervertragliche Schuldverhältnis maßgebende Recht ist insoweit anzuwenden, als es für außervertragliche Schuldverhältnisse gesetzliche Vermutungen aufstellt oder die Beweislast verteilt.

(2) Zum Beweis einer Rechtshandlung sind alle Beweisarten des Rechts des angerufenen Gerichts oder eines der in Artikel 21 bezeichneten Rechte, nach denen die Rechtshandlung formgültig ist, zulässig, sofern der Beweis in dieser Art vor dem angerufenen Gericht erbracht werden kann.

Kapitel VI – Sonstige Vorschriften

Art. 23 Gewöhnlicher Aufenthalt (1) Für die Zwecke dieser Verordnung ist der Ort des gewöhnlichen Aufenthalts von Gesellschaften, Vereinen und juristischen Personen der Ort ihrer Hauptverwaltung.

Wenn jedoch das schadensbegründende Ereignis oder der Schaden aus dem Betrieb einer Zweigniederlassung, einer Agentur oder einer sonstigen Niederlassung herrührt, steht dem Ort des gewöhnlichen Aufenthalts der Ort gleich, an dem sich diese Zweigniederlassung, Agentur oder sonstige Niederlassung befindet.

(2) Im Sinne dieser Verordnung ist der gewöhnliche Aufenthalt einer natürlichen Person, die im Rahmen der Ausübung ihrer beruflichen Tätigkeit handelt, der Ort ihrer Hauptniederlassung.

Art. 24 Ausschluss der Rück- und Weiterverweisung Unter dem nach dieser Verordnung anzuwendenden Recht eines Staates sind die in diesem Staat geltenden Rechtsnormen unter Ausschluss derjenigen des Internationalen Privatrechts zu verstehen.

Art. 25 Staaten ohne einheitliche Rechtsordnung (1) Umfasst ein Staat mehrere Gebietseinheiten, von denen jede für außervertragliche Schuldverhältnisse ihre eigenen Rechtsnormen hat, so gilt für die Bestimmung des nach dieser Verordnung anzuwendenden Rechts jede Gebietseinheit als Staat.

(2) Ein Mitgliedstaat, in dem verschiedene Gebietseinheiten ihre eigenen Rechtsnormen für außervertragliche Schuldverhältnisse haben, ist nicht verpflichtet, diese Verordnung auf Kollisionen zwischen den Rechtsordnungen dieser Gebietseinheiten anzuwenden.

Art. 26 Öffentliche Ordnung im Staat des angerufenen Gerichts Die Anwendung einer Vorschrift des nach dieser Verordnung bezeichneten Rechts kann nur versagt werden, wenn ihre Anwendung mit der öffentlichen Ordnung („ordre public") des Staates des angerufenen Gerichts offensichtlich unvereinbar ist.

Art. 27 Verhältnis zu anderen Gemeinschaftsrechtsakten Diese Verordnung berührt nicht die Anwendung von Vorschriften des Gemeinschaftsrechts, die für besondere Gegenstände Kollisionsnormen für außervertragliche Schuldverhältnisse enthalten.

Art. 28 Verhältnis zu bestehenden internationalen Übereinkommen (1) Diese Verordnung berührt nicht die Anwendung der internationalen Übereinkommen, denen ein oder mehrere Mitgliedstaaten zum Zeitpunkt der Annahme dieser Verordnung angehören und die Kollisionsnormen für außervertragliche Schuldverhältnisse enthalten.
(2) Diese Verordnung hat jedoch in den Beziehungen zwischen den Mitgliedstaaten Vorrang vor den ausschließlich zwischen zwei oder mehreren Mitgliedstaaten geschlossenen Übereinkommen, soweit diese Bereiche betreffen, die in dieser Verordnung geregelt sind.

Kapitel VII – Schlussbestimmungen

Art. 29-30 *Pflicht der Mitgliedstaaten zur Benennung der Übereinkommen nach Artikel 28 und Prüfpflicht der Kommission – nicht abgedruckt.*

Art. 31 Zeitliche Anwendbarkeit Diese Verordnung wird auf schadensbegründende Ereignisse angewandt, die nach ihrem Inkrafttreten eintreten.

Art. 32 Zeitpunkt des Beginns der Anwendung Diese Verordnung gilt ab dem 11. Januar 2009, mit Ausnahme des Artikel 29, der ab dem 11. Juli 2008 gilt.
Diese Verordnung ist in allen ihren Teilen verbindlich und gilt gemäß dem Vertrag zur Gründung der Europäischen Gemeinschaft unmittelbar in den Mitgliedstaaten.
Geschehen zu Straßburg am 11. Juli 2007.

Erklärung der Kommission zur Überprüfungsklausel (Art. 30)
Die Kommission wird auf entsprechende Aufforderung durch das Europäische Parlament und den Rat im Rahmen von Artikel 30 der Verordnung Rom II hin, bis spätestens Dezember 2008 eine Untersuchung zu dem auf außervertragliche Schuldverhältnisse aus der Verletzung der Privatsphäre oder der Persönlichkeitsrechte anwendbaren Recht vorlegen. Die Kommission wird allen Aspekten Rechnung tragen und erforderlichenfalls geeignete Maßnahmen ergreifen.

Erklärung der Kommission zu Straßenverkehrsunfällen
In Anbetracht der unterschiedlichen Höhe des Schadenersatzes, der den Opfern von Straßenverkehrsunfällen in den Mitgliedstaaten zugesprochen wird, ist die Kommission bereit, die spezifischen Probleme zu untersuchen, mit denen EU-Ansässige bei Straßenverkehrsunfällen in einem anderen Mitgliedstaat als dem ihres gewöhnlichen Aufenthalts konfrontiert sind. Die Kommission wird dem Europäischen Parlament und dem Rat bis Ende 2008

hierzu eine Untersuchung zu allen Optionen einschließlich Versicherungsaspekten vorlegen, wie die Position gebietsfremder Unfallopfer verbessert werden kann. Diese Untersuchung würde den Weg zur Ausarbeitung eines Grünbuches bahnen.

Erklärung der Kommission zur Behandlung ausländischen Rechts
In Anbetracht der unterschiedlichen Behandlung ausländischen Rechts in den Mitgliedstaaten wird die Kommission, sobald die Untersuchung vorliegt, spätestens aber vier Jahre nach Inkrafttreten der Verordnung Rom II eine Untersuchung zur Anwendung ausländischen Rechts in Zivil- und Handelssachen durch die Gerichte der Mitgliedstaaten unter Berücksichtigung der Ziele des Haager Programms veröffentlichen. Die Kommission ist bereit, erforderlichenfalls geeignete Maßnahmen zu ergreifen.

5.3 Verordnung (EG) Nr. 44/2001 des Rates vom 22. Dezember 2000 über die gerichtliche Zuständigkeit und die Anerkennung und Vollstreckung von Entscheidungen in Zivil- und Handelssachen [EuGVVO]

ABl. 2001 L 12/1

DER RAT DER EUROPÄISCHEN UNION –
gestützt auf den Vertrag zur Gründung der Europäischen Gemeinschaft,
insbesondere auf Artikel 61 Buchstabe c und Artikel 67 Absatz 1,
auf Vorschlag der Kommission[1],
nach Stellungnahme des Europäischen Parlaments[2],
nach Stellungnahme des Wirtschafts- und Sozialausschusses[3],
in Erwägung nachstehender Gründe:

(1) Die Gemeinschaft hat sich zum Ziel gesetzt, einen Raum der Freiheit, der Sicherheit und des Rechts, in dem der freie Personenverkehr gewährleistet ist, zu erhalten und weiterzuentwickeln. Zum schrittweisen Aufbau dieses Raums hat die Gemeinschaft unter anderem im Bereich der justiziellen Zusammenarbeit in Zivilsachen die für das reibungslose Funktionieren des Binnenmarkts erforderlichen Maßnahmen zu erlassen.

(2) Die Unterschiede zwischen bestimmten einzelstaatlichen Vorschriften über die gerichtliche Zuständigkeit und die Anerkennung von Entscheidungen erschweren das reibungslose Funktionieren des Binnenmarkts. Es ist daher unerlässlich, Bestimmungen zu erlassen, um die Vorschriften über die internationale Zuständigkeit in Zivil- und Handelssachen zu vereinheitlichen und die Formalitäten im Hinblick auf eine rasche und unkomplizierte Anerkennung und Vollstreckung von Entscheidungen aus den durch diese Verordnung gebundenen Mitgliedstaaten zu vereinfachen.

(3) Dieser Bereich fällt unter die justizielle Zusammenarbeit in Zivilsachen im Sinne von Artikel 65 des Vertrags.

(4) Nach dem in Artikel 5 des Vertrags niedergelegten Subsidiaritätsund Verhältnismäßigkeitsprinzip können die Ziele dieser Verordnung auf der Ebene der Mitgliedstaaten nicht ausreichend erreicht werden; sie können daher besser auf Gemeinschaftsebene erreicht werden. Diese Verordnung beschränkt sich auf das zur Erreichung dieser Ziele notwendige Mindestmaß und geht nicht über das dazu Erforderliche hinaus.

(5) Am 27. September 1968 schlossen die Mitgliedstaaten auf der Grundlage von Artikel 293 vierter Gedankenstrich des Vertrags das Übereinkommen von Brüssel über die gerichtliche Zuständigkeit und die Vollstreckung gerichtlicher Entscheidungen in Zivil- und Handelssachen, dessen Fassung durch die Übereinkommen über den Beitritt der neuen Mitgliedstaaten zu diesem Übereinkommen[4] geändert wurde (nachstehend „Brüsseler Übereinkommen" genannt). Am 16. September 1988 schlossen die Mitgliedstaaten und die EFTA-Staaten das Übereinkommen von Lugano über die gerichtliche Zuständigkeit und die Vollstreckung gerichtlicher Entscheidungen in Zivil- und Handelssachen, das ein Parallelübereinkommen zu dem Brüsseler Übereinkommen von 1968 darstellt. Diese Übereinkommen waren inzwischen Gegenstand einer Revision; der Rat hat dem Inhalt des überarbeiteten Textes zugestimmt. Die bei dieser Revision erzielten Ergebnisse sollten gewahrt werden.

(6) Um den freien Verkehr der Entscheidungen in Zivil- und Handelssachen zu gewährleisten, ist es erforderlich und angemessen, dass die Vorschriften über die gerichtliche Zuständigkeit und die Anerkennung und Vollstreckung von Entscheidungen im Wege eines Gemeinschaftsrechtsakts festgelegt werden, der verbindlich und unmittelbar anwendbar ist.

(7) Der sachliche Anwendungsbereich dieser Verordnung sollte sich, von einigen genau festgelegten Rechtsgebieten abgesehen, auf den wesentlichen Teil des Zivil- und Handelsrechts erstrecken.

---

1   ABl. C 376 vom 28.12.1999, S. 1.
2   ABl. C 146 vom 17.5.2001, S. 101.
3   ABl. C 117 vom 26.4.2000, S. 6.
4   ABl. L 299 vom 31.12.1972, S. 32; ABl. L 304 vom 30.10.1978, S. 1; ABl. L 388 vom 31.12.1982, S. 1; ABl. L 285 vom 3.10.1989, S. 1; ABl. L 15 vom 15.1.1997, S. 1. Siehe konsolidierte Fassung in ABl. C 27 vom 26.1.1998, S. 1.

(8) Rechtsstreitigkeiten, die unter diese Verordnung fallen, müssen einen Anknüpfungspunkt an das Hoheitsgebiet eines der Mitgliedstaaten aufweisen, die durch diese Verordnung gebunden sind. Gemeinsame Zuständigkeitsvorschriften sollten demnach grundsätzlich dann Anwendung finden, wenn der Beklagte seinen Wohnsitz in einem dieser Mitgliedstaaten hat.

(9) Beklagte ohne Wohnsitz in einem Mitgliedstaat unterliegen im Allgemeinen den nationalen Zuständigkeitvorschriften, die im Hoheitsgebiet des Mitgliedstaats gelten, in dem sich das angerufene Gericht befindet, während Beklagte mit Wohnsitz in einem Mitgliedstaat, der durch diese Verordnung nicht gebunden ist, weiterhin dem Brüsseler Übereinkommen unterliegen.

(10) Um den freien Verkehr gerichtlicher Entscheidungen zu gewährleisten, sollten die in einem durch diese Verordnung gebundenen Mitgliedstaat ergangenen Entscheidungen in einem anderen durch diese Verordnung gebundenen Mitgliedstaat anerkannt und vollstreckt werden, und zwar auch dann, wenn der Vollstreckungsschuldner seinen Wohnsitz in einem Drittstaat hat.

(11) Die Zuständigkeitsvorschriften müssen in hohem Maße vorhersehbar sein und sich grundsätzlich nach dem Wohnsitz des Beklagten richten, und diese Zuständigkeit muss stets gegeben sein außer in einigen genau festgelegten Fällen, in denen aufgrund des Streitgegenstands oder der Vertragsfreiheit der Parteien ein anderes Anknüpfungskriterium gerechtfertigt ist. Der Sitz juristischer Personen muss in der Verordnung selbst definiert sein, um die Transparenz der gemeinsamen Vorschriften zu stärken und Kompetenzkonflikte zu vermeiden.

(12) Der Gerichtsstand des Wohnsitzes des Beklagten muss durch alternative Gerichtsstände ergänzt werden, die entweder aufgrund der engen Verbindung zwischen Gericht und Rechtsstreit oder im Interesse einer geordneten Rechtspflege zuzulassen sind.

(13) Bei Versicherungs-, Verbraucher- und Arbeitssachen sollte die schwächere Partei durch Zuständigkeitsvorschriften geschützt werden, die für sie günstiger sind als die allgemeine Regelung.

(14) Vorbehaltlich der in dieser Verordnung festgelegten ausschließlichen Zuständigkeiten muss die Vertragsfreiheit der Parteien hinsichtlich der Wahl des Gerichtsstands, außer bei Versicherungs-, Verbraucher- und Arbeitssachen, wo nur eine begrenztere Vertragsfreiheit zulässig ist, gewahrt werden.

(15) Im Interesse einer abgestimmten Rechtspflege müssen Parallelverfahren so weit wie möglich vermieden werden, damit nicht in zwei Mitgliedstaaten miteinander unvereinbare Entscheidungen ergehen. Es sollte eine klare und wirksame Regelung zur Klärung von Fragen der Rechtshängigkeit und der im Zusammenhang stehenden Verfahren sowie zur Verhinderung von Problemen vorgesehen werden, die sich aus der einzelstaatlich unterschiedlichen Festlegung des Zeitpunkts ergeben, von dem an ein Verfahren als rechtshängig gilt. Für die Zwecke dieser Verordnung sollte dieser Zeitpunkt autonom festgelegt werden.

(16) Das gegenseitige Vertrauen in die Justiz im Rahmen der Gemeinschaft rechtfertigt, dass die in einem Mitgliedstaat ergangenen Entscheidungen, außer im Falle der Anfechtung, von Rechts wegen, ohne ein besonderes Verfahren, anerkannt werden.

(17) Aufgrund dieses gegenseitigen Vertrauens ist es auch gerechtfertigt, dass das Verfahren, mit dem eine in einem anderen Mitgliedstaat ergangene Entscheidung für vollstreckbar erklärt wird, rasch und effizient vonstatten geht. Die Vollstreckbarerklärung einer Entscheidung muss daher fast automatisch nach einer einfachen formalen Prüfung der vorgelegten Schriftstücke erfolgen, ohne dass das Gericht die Möglichkeit hat, von Amts wegen eines der in dieser Verordnung vorgesehenen Vollstreckungshindernisse aufzugreifen.

(18) Zur Wahrung seiner Verteidigungsrechte muss der Schuldner jedoch gegen die Vollstreckbarerklärung einen Rechtsbehelf im Wege eines Verfahrens mit beiderseitigem rechtlichen Gehör einlegen können, wenn er der Ansicht ist, dass einer der Gründe für die Versagung der Vollstreckung vorliegt. Die Möglichkeit eines Rechtsbehelfs muss auch für den Antragsteller gegeben sein, falls sein Antrag auf Vollstreckbarerklärung abgelehnt worden ist.

(19) Um die Kontinuität zwischen dem Brüsseler Übereinkommen und dieser Verordnung zu wahren, sollten Übergangsvorschriften vorgesehen werden. Dies gilt auch für die Auslegung der Bestimmungen des Brüsseler Übereinkommens durch den Gerichtshof der Europäischen Gemeinschaften. Ebenso sollte das Protokoll von 1971[5] auf Verfahren, die zum Zeitpunkt des Inkrafttretens dieser Verordnung bereits anhängig sind, anwendbar bleiben.

(20) Das Vereinigte Königreich und Irland haben gemäß Artikel 3 des dem Vertrag über die Europäische Union und dem Vertrag zur Gründung der Europäischen Gemeinschaft beigefügten Proto-

---

5 ABl. L 204 vom 2.8.1975, S. 28; ABl. L 304 vom 30.10.1978, S. 1; ABl. L 388 vom 31.12.1982, S. 1; ABl. L 285 vom 3.10.1989, S. 1; ABl. C 15 vom 15.1.1997, S. 1. Siehe konsolidierte Fassung in ABl. C 27 vom 26.1.1998, S. 28.

kolls über die Position des Vereinigten Königreichs und Irlands schriftlich mitgeteilt, dass sie sich an der Annahme und Anwendung dieser Verordnung beteiligen möchten.

(21) Dänemark beteiligt sich gemäß den Artikeln 1 und 2 des dem Vertrag über die Europäische Union und dem Vertrag zur Gründung der Europäischen Gemeinschaft beigefügten Protokolls über die Position Dänemarks nicht an der Annahme dieser Verordnung, die daher für Dänemark nicht bindend und ihm gegenüber nicht anwendbar ist.

(22) Da in den Beziehungen zwischen Dänemark und den durch diese Verordnung gebundenen Mitgliedstaaten das Brüsseler Übereinkommen in Geltung ist, ist dieses sowie das Protokoll von 1971 im Verhältnis zwischen Dänemark und den durch diese Verordnung gebundenen Mitgliedstaaten weiterhin anzuwenden.

(23) Das Brüsseler Übereinkommen gilt auch weiter hinsichtlich der Hoheitsgebiete der Mitgliedstaaten, die in seinen territorialen Anwendungsbereich fallen und die aufgrund der Anwendung von Artikel 299 des Vertrags von der vorliegenden Verordnung ausgeschlossen sind.

(24) Im Interesse der Kohärenz ist ferner vorzusehen, dass die in spezifischen Gemeinschaftsrechtsakten enthaltenen Vorschriften über die Zuständigkeit und die Anerkennung von Entscheidungen durch diese Verordnung nicht berührt werden.

(25) Um die internationalen Verpflichtungen, die die Mitgliedstaaten eingegangen sind, zu wahren, darf sich diese Verordnung nicht auf von den Mitgliedstaaten geschlossene Übereinkommen in besonderen Rechtsgebieten auswirken.

(26) Um den verfahrensrechtlichen Besonderheiten einiger Mitgliedstaaten Rechnung zu tragen, sollten die in dieser Verordnung vorgesehenen Grundregeln, soweit erforderlich, gelockert werden. Hierzu sollten bestimmte Vorschriften aus dem Protokoll zum Brüsseler Übereinkommen in die Verordnung übernommen werden.

(27) Um in einigen Bereichen, für die in dem Protokoll zum Brüsseler Übereinkommen Sonderbestimmungen enthalten waren, einen reibungslosen Übergang zu ermöglichen, sind in dieser Verordnung für einen Übergangszeitraum Bestimmungen vorgesehen, die der besonderen Situation in einigen Mitgliedstaaten Rechnung tragen.

(28) Spätestens fünf Jahre nach dem Inkrafttreten dieser Verordnung unterbreitet die Kommission einen Bericht über deren Anwendung. Dabei kann sie erforderlichenfalls auch Anpassungsvorschläge vorlegen.

(29) Die Anhänge I bis IV betreffend die innerstaatlichen Zuständigkeitsvorschriften, die Gerichte oder sonst befugten Stellen und die Rechtsbehelfe sind von der Kommission anhand der von dem betreffenden Mitgliedstaat mitgeteilten Änderungen zu ändern. Änderungen der Anhänge V und VI sind gemäß dem Beschluss 1999/468/EG des Rates vom 28. Juni 1999 zur Festlegung der Modalitäten für die Ausübung der der Kommission übertragenen Durchführungsbefugnisse[6] zu beschließen –

HAT FOLGENDE VERORDNUNG ERLASSEN:

Kapitel I – Anwendungsbereich

Art. 1 [Anwendungsbereich und Ausnahmen] (1) Diese Verordnung ist in Zivil- und Handelssachen anzuwenden, ohne dass es auf die Art der Gerichtsbarkeit ankommt. Sie erfasst insbesondere nicht Steuer- und Zollsachen sowie verwaltungsrechtliche Angelegenheiten.

(2) Sie ist nicht anzuwenden auf:

a) den Personenstand, die Rechts- und Handlungsfähigkeit sowie die gesetzliche Vertretung von natürlichen Personen, die ehelichen Güterstände, das Gebiet des Erbrechts einschließlich des Testamentsrechts;

b) Konkurse, Vergleiche und ähnliche Verfahren;

c) die soziale Sicherheit;

d) die Schiedsgerichtsbarkeit.

(3) In dieser Verordnung bedeutet der Begriff „Mitgliedstaat" jeden Mitgliedstaat mit Ausnahme des Königreichs Dänemark.

---

6   ABl. L 184 vom 17.7.1999, S. 23.

Kapitel II – Zuständigkeit

Abschnitt 1 – Allgemeine Vorschriften

Art. 2 [**Allgemeiner Gerichtsstand**] (1) Vorbehaltlich der Vorschriften dieser Verordnung sind Personen, die ihren Wohnsitz im Hoheitsgebiet eines Mitgliedstaats haben, ohne Rücksicht auf ihre Staatsangehörigkeit vor den Gerichten dieses Mitgliedstaats zu verklagen.

(2) Auf Personen, die nicht dem Mitgliedstaat, in dem sie ihren Wohnsitz haben, angehören, sind die für Inländer maßgebenden Zuständigkeitsvorschriften anzuwenden.

Art. 3 [**Numerus Clausus der Besonderen Gerichtsstände**] (1) Personen, die ihren Wohnsitz im Hoheitsgebiet eines Mitgliedstaats haben, können vor den Gerichten eines anderen Mitgliedstaats nur gemäß den Vorschriften der Abschnitte 2 bis 7 dieses Kapitels verklagt werden.

(2) Gegen diese Personen können insbesondere nicht die in Anhang I aufgeführten innerstaatlichen Zuständigkeitsvorschriften geltend gemacht werden.

Art. 4 [**Gerichtsstand für Beklagte ohne EU-Wohnsitz**] (1) Hat der Beklagte keinen Wohnsitz im Hoheitsgebiet eines Mitgliedstaats, so bestimmt sich vorbehaltlich der Artikel 22 und 23 die Zuständigkeit der Gerichte eines jeden Mitgliedstaats nach dessen eigenen Gesetzen.

(2) Gegenüber einem Beklagten, der keinen Wohnsitz im Hoheitsgebiet eines Mitgliedstaats hat, kann sich jede Person, die ihren Wohnsitz im Hoheitsgebiet eines Mitgliedstaats hat, in diesem Staat auf die dort geltenden Zuständigkeitsvorschriften, insbesondere auf die in Anhang I aufgeführten Vorschriften, wie ein Inländer berufen, ohne dass es auf ihre Staatsangehörigkeit ankommt.

Abschnitt 2 – Besondere Zuständigkeiten

Art. 5 [**Besondere Gerichtsstände außerhalb des Wohnsitz-Mitgliedstaats**] Eine Person, die ihren Wohnsitz im Hoheitsgebiet eines Mitgliedstaats hat, kann in einem anderen Mitgliedstaat verklagt werden.

1. a) wenn ein Vertrag oder Ansprüche aus einem Vertrag den Gegenstand des Verfahrens bilden, vor dem Gericht des Ortes, an dem die Verpflichtung erfüllt worden ist oder zu erfüllen wäre;

   b) im Sinne dieser Vorschrift – und sofern nichts anderes vereinbart worden ist – ist der Erfüllungsort der Verpflichtung
   - für den Verkauf beweglicher Sachen der Ort in einem Mitgliedstaat, an dem sie nach dem Vertrag geliefert worden sind oder hätten geliefert werden müssen;
   - für die Erbringung von Dienstleistungen der Ort in einem Mitgliedstaat, an dem sie nach dem Vertrag erbracht worden sind oder hätten erbracht werden müssen;

   c) ist Buchstabe b) nicht anwendbar, so gilt Buchstabe a);

2. wenn es sich um eine Unterhaltssache handelt, vor dem Gericht des Ortes, an dem der Unterhaltsberechtigte seinen Wohnsitz oder seinen gewöhnlichen Aufenthalt hat, oder im Falle einer Unterhaltssache, über die im Zusammenhang mit einem Verfahren in

Bezug auf den Personenstand zu entscheiden ist, vor dem nach seinem Recht für dieses Verfahren zuständigen Gericht, es sei denn, diese Zuständigkeit beruht lediglich auf der Staatsangehörigkeit einer der Parteien;

3. wenn eine unerlaubte Handlung oder eine Handlung, die einer unerlaubten Handlung gleichgestellt ist, oder wenn Ansprüche aus einer solchen Handlung den Gegenstand des Verfahrens bilden, vor dem Gericht des Ortes, an dem das schädigende Ereignis eingetreten ist oder einzutreten droht;

4. wenn es sich um eine Klage auf Schadensersatz oder auf Wiederherstellung des früheren Zustands handelt, die auf eine mit Strafe bedrohte Handlung gestützt wird, vor dem Strafgericht, bei dem die öffentliche Klage erhoben ist, soweit dieses Gericht nach seinem Recht über zivilrechtliche Ansprüche erkennen kann;

5. wenn es sich um Streitigkeiten aus dem Betrieb einer Zweigniederlassung, einer Agentur oder einer sonstigen Niederlassung handelt, vor dem Gericht des Ortes, an dem sich diese befindet;

6. wenn sie in ihrer Eigenschaft als Begründer, *trustee* oder Begünstigter eines *trust* in Anspruch genommen wird, der aufgrund eines Gesetzes oder durch schriftlich vorgenommenes oder schriftlich bestätigtes Rechtsgeschäft errichtet worden ist, vor den Gerichten des Mitgliedstaats, in dessen Hoheitsgebiet der *trust* seinen Sitz hat;

7. wenn es sich um eine Streitigkeit wegen der Zahlung von Berge- und Hilfslohn handelt, der für Bergungs- oder Hilfeleistungsarbeiten gefordert wird, die zugunsten einer Ladung oder einer Frachtforderung erbracht worden sind, vor dem Gericht, in dessen Zuständigkeitsbereich diese Ladung oder die entsprechende Frachtforderung

a) mit Arrest belegt worden ist, um die Zahlung zu gewährleisten, oder

b) mit Arrest hätte belegt werden können, jedoch dafür eine Bürgschaft oder eine andere Sicherheit geleistet worden ist;

diese Vorschrift ist nur anzuwenden, wenn behauptet wird, dass der Beklagte Rechte an der Ladung oder an der Frachtforderung hat oder zur Zeit der Bergungs- oder Hilfeleistungsarbeiten hatte.

Art. 6 [Mehrere Beklagte; Klage auf Gewährleistung; Widerklage; unbewegliche Sachen] Eine Person, die ihren Wohnsitz im Hoheitsgebiet eines Mitgliedstaats hat, kann auch verklagt werden:

1. wenn mehrere Personen zusammen verklagt werden, vor dem Gericht des Ortes, an dem einer der Beklagten seinen Wohnsitz hat, sofern zwischen den Klagen eine so enge Beziehung gegeben ist, dass eine gemeinsame Verhandlung und Entscheidung geboten erscheint, um zu vermeiden, dass in getrennten Verfahren widersprechende Entscheidungen ergehen könnten;

2. wenn es sich um eine Klage auf Gewährleistung oder um eine Interventionsklage handelt, vor dem Gericht des Hauptprozesses, es sei denn, dass die Klage nur erhoben worden ist, um diese Person dem für sie zuständigen Gericht zu entziehen;

3. wenn es sich um eine Widerklage handelt, die auf denselben Vertrag oder Sachverhalt wie die Klage selbst gestützt wird, vor dem Gericht, bei dem die Klage selbst anhängig ist;

4. wenn ein Vertrag oder Ansprüche aus einem Vertrag den Gegenstand des Verfahrens bilden und die Klage mit einer Klage wegen dinglicher Rechte an unbeweglichen Sachen gegen denselben Beklagten verbunden werden kann, vor dem Gericht des Mitgliedstaats, in dessen Hoheitsgebiet die unbewegliche Sache belegen ist.

Art. 7 [Haftpflicht wegen Verwendung oder Betrieb von Schiffen] Ist ein Gericht eines Mitgliedstaats nach dieser Verordnung zur Entscheidung in Verfahren wegen einer Haftpflicht aufgrund der Verwendung oder des Betriebs eines Schiffes zuständig, so entscheidet dieses oder ein anderes an seiner Stelle durch das Recht dieses Mitgliedstaats bestimmtes Gericht auch über Klagen auf Beschränkung dieser Haftung.

Abschnitt 3 – Zuständigkeit für Versicherungssachen

Art. 8 [Zuständigkeit für Versicherungssachen] Für Klagen in Versicherungssachen bestimmt sich die Zuständigkeit unbeschadet des Artikels 4 und des Artikels 5 Nummer 5 nach diesem Abschnitt.

Art. 9 [Gerichtsstand von Versicherern mit EU-Wohnsitz] (1) Ein Versicherer, der seinen Wohnsitz im Hoheitsgebiet eines Mitgliedstaats hat, kann verklagt werden:

a)   vor den Gerichten des Mitgliedstaats, in dem er seinen Wohnsitz hat,

b)   in einem anderen Mitgliedstaat bei Klagen des Versicherungsnehmers, des Versicherten oder des Begünstigten vor dem Gericht des Ortes, an dem der Kläger seinen Wohnsitz hat, oder

c)   falls es sich um einen Mitversicherer handelt, vor dem Gericht eines Mitgliedstaats, bei dem der federführende Versicherer verklagt wird.

(2) Hat der Versicherer im Hoheitsgebiet eines Mitgliedstaats keinen Wohnsitz, besitzt er aber in einem Mitgliedstaat eine Zweigniederlassung, Agentur oder sonstige Niederlassung, so wird er für Streitigkeiten aus ihrem Betrieb so behandelt, wie wenn er seinen Wohnsitz im Hoheitsgebiet dieses Mitgliedstaats hätte.

Art. 10 [Haftpflichtversicherung; Versicherung von unbeweglichen Sachen] Bei der Haftpflichtversicherung oder bei der Versicherung von unbeweglichen Sachen kann der Versicherer außerdem vor dem Gericht des Ortes, an dem das schädigende Ereignis eingetreten ist, verklagt werden. Das Gleiche gilt, wenn sowohl bewegliche als auch unbewegliche Sachen in ein und demselben Versicherungsvertrag versichert und von demselben Schadensfall betroffen sind.

Art. 11 [Haftpflichtversicherung] (1) Bei der Haftpflichtversicherung kann der Versicherer auch vor das Gericht, bei dem die Klage des Geschädigten gegen den Versicherten anhängig ist, geladen werden, sofern dies nach dem Recht des angerufenen Gerichts zulässig ist.

(2) Auf eine Klage, die der Geschädigte unmittelbar gegen den Versicherer erhebt, sind die Artikel 8, 9 und 10 anzuwenden, sofern eine solche unmittelbare Klage zulässig ist.

(3) Sieht das für die unmittelbare Klage maßgebliche Recht die Streitverkündung gegen den Versicherungsnehmer oder den Versicherten vor, so ist dasselbe Gericht auch für diese Personen zuständig.

Art. 12 [Klage des Versicherers] (1) Vorbehaltlich der Bestimmungen des Artikels 11 Absatz 3 kann der Versicherer nur vor den Gerichten des Mitgliedstaats klagen, in dessen Hoheitsgebiet der Beklagte seinen Wohnsitz hat, ohne Rücksicht darauf, ob dieser Versicherungsnehmer, Versicherter oder Begünstigter ist.

(2) Die Vorschriften dieses Abschnitts lassen das Recht unberührt, eine Widerklage vor dem Gericht zu erheben, bei dem die Klage selbst gemäß den Bestimmungen dieses Abschnitts anhängig ist.

5.3 EuGVVO

Art. 13 [**Vertragliche Abweichung**] Von den Vorschriften dieses Abschnitts kann im Wege der Vereinbarung nur abgewichen werden:

1. wenn die Vereinbarung nach der Entstehung der Streitigkeit getroffen wird,
2. wenn sie dem Versicherungsnehmer, Versicherten oder Begünstigten die Befugnis einräumt, andere als die in diesem Abschnitt angeführten Gerichte anzurufen,
3. wenn sie zwischen einem Versicherungsnehmer und einem Versicherer, die zum Zeitpunkt des Vertragsabschlusses ihren Wohnsitz oder gewöhnlichen Aufenthalt in demselben Mitgliedstaat haben, getroffen ist, um die Zuständigkeit der Gerichte dieses Staates auch für den Fall zu begründen, dass das schädigende Ereignis im Ausland eintritt, es sei denn, dass eine solche Vereinbarung nach dem Recht dieses Staates nicht zulässig ist,
4. wenn sie von einem Versicherungsnehmer geschlossen ist, der seinen Wohnsitz nicht in einem Mitgliedstaat hat, ausgenommen soweit sie eine Versicherung, zu deren Abschluss eine gesetzliche Verpflichtung besteht, oder die Versicherung von unbeweglichen Sachen in einem Mitgliedstaat betrifft, oder
5. wenn sie einen Versicherungsvertrag betrifft, soweit dieser eines oder mehrere der in Artikel 14 aufgeführten Risiken deckt.

Art. 14 [**Risiken nach Art. 13 Nr. 5**] Die in Artikel 13 Nummer 5 erwähnten Risiken sind die folgenden:

1. sämtliche Schäden
   a) an Seeschiffen, Anlagen vor der Küste und auf hoher See oder Luftfahrzeugen aus Gefahren, die mit ihrer Verwendung zu gewerblichen Zwecken verbunden sind,
   b) an Transportgütern, ausgenommen Reisegepäck der Passagiere, wenn diese Güter ausschließlich oder zum Teil mit diesen Schiffen oder Luftfahrzeugen befördert werden;
2. Haftpflicht aller Art, mit Ausnahme der Haftung für Personenschäden an Passagieren oder Schäden an deren Reisegepäck,
   a) aus der Verwendung oder dem Betrieb von Seeschiffen, Anlagen oder Luftfahrzeugen gemäß Nummer 1 Buchstabe a), es sei denn, dass – was die letztgenannten betrifft – nach den Rechtsvorschriften des Mitgliedstaats, in dem das Luftfahrzeug eingetragen ist, Gerichtsstandsvereinbarungen für die Versicherung solcher Risiken untersagt sind,
   b) für Schäden, die durch Transportgüter während einer Beförderung im Sinne von Nummer 1 Buchstabe b) verursacht werden;
3. finanzielle Verluste im Zusammenhang mit der Verwendung oder dem Betrieb von Seeschiffen, Anlagen oder Luftfahrzeugen gemäß Nummer 1 Buchstabe a), insbesondere Fracht- oder Charterverlust;
4. irgendein zusätzliches Risiko, das mit einem der unter den Nummern 1 bis 3 genannten Risiken in Zusammenhang steht;
5. unbeschadet der Nummern 1 bis 4 alle „Großrisiken" entsprechend der Begriffsbestimmung in der Richtlinie 73/239/EWG des Rates[7], geändert durch die Richtlinie 88/357/EWG[8] und die Richtlinie 90/618/EWG[9], in der jeweils geltenden Fassung.

---

7   ABl. L 228 vom 16.8.1973, S. 3. Richtlinie zuletzt geändert durch die Richtlinie 2000/26/EG des Europäischen Parlaments und des Rates (ABl. L 181 vom 20.7.2000, S. 65).
8   ABl. L 172 vom 4.7.1988, S. 1. Richtlinie zuletzt geändert durch die Richtlinie 2000/26/EG.
9   ABl. L 330 vom 29.11.1990, S. 44.

Abschnitt 4 – Zuständigkeit bei Verbrauchersachen

Art. 15 [**Erfasste Verbrauchersachen; Zweigniederlassungen**] (1) Bilden ein Vertrag oder Ansprüche aus einem Vertrag, den eine Person, der Verbraucher, zu einem Zweck geschlossen hat, der nicht der beruflichen oder gewerblichen Tätigkeit dieser Person zugerechnet werden kann, den Gegenstand des Verfahrens, so bestimmt sich die Zuständigkeit unbeschadet des Artikels 4 und des Artikels 5 Nummer 5 nach diesem Abschnitt,

a) wenn es sich um den Kauf beweglicher Sachen auf Teilzahlung handelt,

b) wenn es sich um ein in Raten zurückzuzahlendes Darlehen oder ein anderes Kreditgeschäft handelt, das zur Finanzierung eines Kaufs derartiger Sachen bestimmt ist, oder

c) in allen anderen Fällen, wenn der andere Vertragspartner in dem Mitgliedstaat, in dessen Hoheitsgebiet der Verbraucher seinen Wohnsitz hat, eine berufliche oder gewerbliche Tätigkeit ausübt oder eine solche auf irgend einem Wege auf diesen Mitgliedstaat oder auf mehrere Staaten, einschließlich dieses Mitgliedstaats, ausrichtet und der Vertrag in den Bereich dieser Tätigkeit fällt.

(2) Hat der Vertragspartner des Verbrauchers im Hoheitsgebiet eines Mitgliedstaats keinen Wohnsitz, besitzt er aber in einem Mitgliedstaat eine Zweigniederlassung, Agentur oder sonstige Niederlassung, so wird er für Streitigkeiten aus ihrem Betrieb so behandelt, wie wenn er seinen Wohnsitz im Hoheitsgebiet dieses Staates hätte.

(3) Dieser Abschnitt ist nicht auf Beförderungsverträge mit Ausnahme von Reiseverträgen, die für einen Pauschalpreis kombinierte Beförderungs- und Unterbringungsleistungen vorsehen, anzuwenden.

Art. 16 [**Zuständigkeit bei Klagen von und gegen Verbraucher**] (1) Die Klage eines Verbrauchers gegen den anderen Vertragspartner kann entweder vor den Gerichten des Mitgliedstaats erhoben werden, in dessen Hoheitsgebiet dieser Vertragspartner seinen Wohnsitz hat, oder vor dem Gericht des Ortes, an dem der Verbraucher seinen Wohnsitz hat.

(2) Die Klage des anderen Vertragspartners gegen den Verbraucher kann nur vor den Gerichten des Mitgliedstaats erhoben werden, in dessen Hoheitsgebiet der Verbraucher seinen Wohnsitz hat.

(3) Die Vorschriften dieses Artikels lassen das Recht unberührt, eine Widerklage vor dem Gericht zu erheben, bei dem die Klage selbst gemäß den Bestimmungen dieses Abschnitts anhängig ist.

Art. 17 [**Vertragliche Abweichung**] Von den Vorschriften dieses Abschnitts kann im Wege der Vereinbarung nur abgewichen werden:

1. wenn die Vereinbarung nach der Entstehung der Streitigkeit getroffen wird,

2. wenn sie dem Verbraucher die Befugnis einräumt, andere als die in diesem Abschnitt angeführten Gerichte anzurufen, oder

3. wenn sie zwischen einem Verbraucher und seinem Vertragspartner, die zum Zeitpunkt des Vertragsabschlusses ihren Wohnsitz oder gewöhnlichen Aufenthalt in demselben Mitgliedstaat haben, getroffen ist und die Zuständigkeit der Gerichte dieses Mitgliedstaats begründet, es sei denn, dass eine solche Vereinbarung nach dem Recht dieses Mitgliedstaats nicht zulässig ist.

Abschnitt 5 – Zuständigkeit für individuelle Arbeitsverträge

Art. 18 [Zuständigkeit für individuelle Arbeitsverträge] (1) Bilden ein individueller Arbeitsvertrag oder Ansprüche aus einem individuellen Arbeitsvertrag den Gegenstand des Verfahrens, so bestimmt sich die Zuständigkeit unbeschadet des Artikels 4 und des Artikels 5 Nummer 5 nach diesem Abschnitt.

(2) Hat der Arbeitgeber, mit dem der Arbeitnehmer einen individuellen Arbeitsvertrag geschlossen hat, im Hoheitsgebiet eines Mitgliedstaats keinen Wohnsitz, besitzt er aber in einem Mitgliedstaat eine Zweigniederlassung, Agentur oder sonstige Niederlassung, so wird er für Streitigkeiten aus ihrem Betrieb so behandelt, wie wenn er seinen Wohnsitz im Hoheitsgebiet dieses Mitgliedstaats hätte.

Art. 19 [Klage gegen den Arbeitgeber] Ein Arbeitgeber, der seinen Wohnsitz im Hoheitsgebiet eines Mitgliedstaats hat, kann verklagt werden:
1. vor den Gerichten des Mitgliedstaats, in dem er seinen Wohnsitz hat, oder
2. in einem anderen Mitgliedstaat
   a) vor dem Gericht des Ortes, an dem der Arbeitnehmer gewöhnlich seine Arbeit verrichtet oder zuletzt gewöhnlich verrichtet hat, oder
   b) wenn der Arbeitnehmer seine Arbeit gewöhnlich nicht in ein und demselben Staat verrichtet oder verrichtet hat, vor dem Gericht des Ortes, an dem sich die Niederlassung, die den Arbeitnehmer eingestellt hat, befindet bzw. befand.

Art. 20 [Klage des Arbeitgebers] (1) Die Klage des Arbeitgebers kann nur vor den Gerichten des Mitgliedstaats erhoben werden, in dessen Hoheitsgebiet der Arbeitnehmer seinen Wohnsitz hat.

(2) Die Vorschriften dieses Abschnitts lassen das Recht unberührt, eine Widerklage vor dem Gericht zu erheben, bei dem die Klage selbst gemäß den Bestimmungen dieses Abschnitts anhängig ist.

Art. 21 [Vertragliche Abweichung] Von den Vorschriften dieses Abschnitts kann im Wege der Vereinbarung nur abgewichen werden,
1. wenn die Vereinbarung nach der Entstehung der Streitigkeit getroffen wird oder
2. wenn sie dem Arbeitnehmer die Befugnis einräumt, andere als die in diesem Abschnitt angeführten Gerichte anzurufen.

Abschnitt 6 – Ausschließliche Zuständigkeiten

Art. 22 [Ausschließliche Zuständigkeiten] Ohne Rücksicht auf den Wohnsitz sind ausschließlich zuständig:
1. für Klagen, welche dingliche Rechte an unbeweglichen Sachen sowie die Miete oder Pacht von unbeweglichen Sachen zum Gegenstand haben, die Gerichte des Mitgliedstaats, in dem die unbewegliche Sache belegen ist.
   Jedoch sind für Klagen betreffend die Miete oder Pacht unbeweglicher Sachen zum vorübergehenden privaten Gebrauch für höchstens sechs aufeinander folgende Monate auch die Gerichte des Mitgliedstaats zuständig, in dem der Beklagte seinen Wohnsitz hat, sofern es sich bei dem Mieter oder Pächter um eine natürliche Person handelt und

der Eigentümer sowie der Mieter oder Pächter ihren Wohnsitz in demselben Mitgliedstaat haben;

2. für Klagen, welche die Gültigkeit, die Nichtigkeit oder die Auflösung einer Gesellschaft oder juristischen Person oder die Gültigkeit der Beschlüsse ihrer Organe zum Gegen-stand haben, die Gerichte des Mitgliedstaats, in dessen Hoheitsgebiet die Gesellschaft oder juristische Person ihren Sitz hat. Bei der Entscheidung darüber, wo der Sitz sich befindet, wendet das Gericht die Vorschriften seines Internationalen Privatrechts an;

3. für Klagen, welche die Gültigkeit von Eintragungen in öffentliche Register zum Gegenstand haben, die Gerichte des Mitgliedstaats, in dessen Hoheitsgebiet die Register geführt werden;

4. für Klagen, welche die Eintragung oder die Gültigkeit von Patenten, Marken, Mustern und Modellen sowie ähnlicher Rechte, die einer Hinterlegung oder Registrierung bedürfen, zum Gegenstand haben, die Gerichte des Mitgliedstaats, in dessen Hoheitsgebiet die Hinterlegung oder Registrierung beantragt oder vorgenommen worden ist oder aufgrund eines Gemeinschaftsrechtsakts oder eines zwischenstaatlichen Übereinkommens als vorgenommen gilt.

Unbeschadet der Zuständigkeit des Europäischen Patentamts nach dem am 5. Oktober 1973 in München unterzeichneten Übereinkommen über die Erteilung europäischer atente sind die Gerichte eines jeden Mitgliedstaats ohne Rücksicht auf den Wohnsitz der Parteien für alle Verfahren ausschließlich zuständig, welche die Erteilung oder die Gültigkeit eines europäischen Patents zum Gegenstand haben, das für diesen Staat erteilt wurde;

5. für Verfahren, welche die Zwangsvollstreckung aus Entscheidungen zum Gegenstand haben, die Gerichte des Mitgliedstaats, in dessen Hoheitsgebiet die Zwangsvollstreckung durchgeführt werden soll oder durchgeführt worden ist.

Abschnitt 7 – Vereinbarung über die Zuständigkeit

Art. 23 [Nachträgliche Vereinbarung des Gerichtsstands; Vereinbarungen bei trust]

(1) Haben die Parteien, von denen mindestens eine ihren Wohnsitz im Hoheitsgebiet eines Mitgliedstaats hat, vereinbart, dass ein Gericht oder die Gerichte eines Mitgliedstaats über eine bereits entstandene Rechtsstreitigkeit oder über eine künftige aus einem bestimmten Rechtsverhältnis entspringende Rechtsstreitigkeit entscheiden sollen, so sind dieses Gericht oder die Gerichte dieses Mitgliedstaats zuständig. Dieses Gericht oder die Gerichte dieses Mitgliedstaats sind ausschließlich zuständig, sofern die Parteien nichts anderes vereinbart haben. Eine solche Gerichtsstandsvereinbarung muss geschlossen werden

a) schriftlich oder mündlich mit schriftlicher Bestätigung,

b) in einer Form, welche den Gepflogenheiten entspricht, die zwischen den Parteien entstanden sind, oder

c) im internationalen Handel in einer Form, die einem Handelsbrauch entspricht, den die Parteien kannten oder kennen mussten und den Parteien von Verträgen dieser Art in dem betreffenden Geschäftszweig allgemein kennen und regelmäßig beachten.

(2) Elektronische Übermittlungen, die eine dauerhafte Aufzeichnung der Vereinbarung ermöglichen, sind der Schriftform gleichgestellt.

(3) Wenn eine solche Vereinbarung von Parteien geschlossen wurde, die beide ihren Wohnsitz nicht im Hoheitsgebiet eines Mitgliedstaats haben, so können die Gerichte der anderen

Mitgliedstaaten nicht entscheiden, es sei denn, das vereinbarte Gericht oder die vereinbarten Gerichte haben sich rechtskräftig für unzuständig erklärt.

(4) Ist in schriftlich niedergelegten *trust*-Bedingungen bestimmt, dass über Klagen gegen einen Begründer, *trustee* oder Begünstigten eines *trust* ein Gericht oder die Gerichte eines Mitgliedstaats entscheiden sollen, so ist dieses Gericht oder sind diese Gerichte ausschließlich zuständig, wenn es sich um Beziehungen zwischen diesen Personen oder ihre Rechte oder Pflichten im Rahmen des *trust* handelt.

(5) Gerichtsstandsvereinbarungen und entsprechende Bestimmungen in *trust*-Bedingungen haben keine rechtliche Wirkung, wenn sie den Vorschriften der Artikel 13, 17 und 21 zuwiderlaufen oder wenn die Gerichte, deren Zuständigkeit abbedungen wird, aufgrund des Artikels 22 ausschließlich zuständig sind.

Art. 24 [Rügelose Einlassung] Sofern das Gericht eines Mitgliedstaats nicht bereits nach anderen Vorschriften dieser Verordnung zuständig ist, wird es zuständig, wenn sich der Beklagte vor ihm auf das Verfahren einlässt. Dies gilt nicht, wenn der Beklagte sich einlässt, um den Mangel der Zuständigkeit geltend zu machen oder wenn ein anderes Gericht aufgrund des Artikels 22 ausschließlich zuständig ist.

Abschnitt 8 – Prüfung der Zuständigkeit und der Zulässigkeit des Verfahrens

Art. 25 [Erklärung der Unzuständigkeit von Amts wegen] Das Gericht eines Mitgliedstaats hat sich von Amts wegen für unzuständig zu erklären, wenn es wegen einer Streitigkeit angerufen wird, für die das Gericht eines anderen Mitgliedstaats aufgrund des Artikels 22 ausschließlich zuständig ist.

Art. 26 [Unzuständigkeit bei fehlender rügeloser Einlassung] (1) Lässt sich der Beklagte, der seinen Wohnsitz im Hoheitsgebiet eines Mitgliedstaats hat und der vor den Gerichten eines anderen Mitgliedstaats verklagt wird, auf das Verfahren nicht ein, so hat sich das Gericht von Amts wegen für unzuständig zu erklären, wenn seine Zuständigkeit nicht nach dieser Verordnung begründet ist.

(2) Das Gericht hat das Verfahren so lange auszusetzen, bis festgestellt ist, dass es dem Beklagten möglich war, das verfahrenseinleitende Schriftstück oder ein gleichwertiges Schriftstück so rechtzeitig zu empfangen, dass er sich verteidigen konnte oder dass alle hierzu erforderlichen Maßnahmen getroffen worden sind.

(3) An die Stelle von Absatz 2 tritt Artikel 19 der Verordnung (EG) Nr. 1348/2000 des Rates vom 29. Mai 2000 über die Zustellung gerichtlicher und außergerichtlicher Schriftstücke in Zivil- oder Handelssachen in den Mitgliedstaaten[10], wenn das verfahrenseinleitende Schriftstück oder ein gleichwertiges Schriftstück nach der genannten Verordnung von einem Mitgliedstaat in einen anderen zu übermitteln war.

(4) Sind die Bestimmungen der Verordnung (EG) Nr. 1348/2000 nicht anwendbar, so gilt Artikel 15 des Haager Übereinkommens vom 15. November 1965 über die Zustellung gerichtlicher und außergerichtlicher Schriftstücke im Ausland in Zivil- und Handelssachen, wenn das verfahrenseinleitende Schriftstück oder ein gleichwertiges Schriftstück nach dem genannten Übereinkommen zu übermitteln war.

---

10 ABl. L 160 vom 30.6.2000, S. 37.

Abschnitt 9 – Rechtshängigkeit und im Zusammenhang stehende Verfahren

Art. 27 [**Aussetzung bei Klagen wegen desselben Anspruchs**] (1) Werden bei Gerichten verschiedener Mitgliedstaaten Klagen wegen desselben Anspruchs zwischen denselben Parteien anhängig gemacht, so setzt das später angerufene Gericht das Verfahren von Amts wegen aus, bis die Zuständigkeit des zuerst angerufenen Gerichts feststeht.

(2) Sobald die Zuständigkeit des zuerst angerufenen Gerichts feststeht, erklärt sich das später angerufene Gericht zugunsten dieses Gerichts für unzuständig.

Art. 28 [**Aussetzung bei Klagen, die im Zusammenhang stehen**] (1) Sind bei Gerichten verschiedener Mitgliedstaaten Klagen, die im Zusammenhang stehen, anhängig, so kann jedes später angerufene Gericht das Verfahren aussetzen.

(2) Sind diese Klagen in erster Instanz anhängig, so kann sich jedes später angerufene Gericht auf Antrag einer Partei auch für unzuständig erklären, wenn das zuerst angerufene Gericht für die betreffenden Klagen zuständig ist und die Verbindung der Klagen nach seinem Recht zulässig ist.

(3) Klagen stehen im Sinne dieses Artikels im Zusammenhang, wenn zwischen ihnen eine so enge Beziehung gegeben ist, dass eine gemeinsame Verhandlung und Entscheidung geboten erscheint, um zu vermeiden, dass in getrennten Verfahren widersprechende Entscheidungen ergehen könnten.

Art. 29 [**Mehrere ausschließliche Zuständigkeiten**] Ist für die Klagen die ausschließliche Zuständigkeit mehrerer Gerichte gegeben, so hat sich das zuletzt angerufene Gericht zugunsten des zuerst angerufenen Gerichts für unzuständig zu erklären.

Art. 30 [**Zeitpunkt der Anrufung des Gerichts**] Für die Zwecke dieses Abschnitts gilt ein Gericht als angerufen:

1. zu dem Zeitpunkt, zu dem das verfahrenseinleitende Schriftstück oder ein gleichwertiges Schriftstück bei Gericht eingereicht worden ist, vorausgesetzt, dass der Kläger es in der Folge nicht versäumt hat, die ihm obliegenden Maßnahmen zu treffen, um die Zustellung des Schriftstücks an den Beklagten zu bewirken, oder

2. falls die Zustellung an den Beklagten vor Einreichung des Schriftstücks bei Gericht zu bewirken ist, zu dem Zeitpunkt, zu dem die für die Zustellung verantwortliche Stelle das Schriftstück erhalten hat, vorausgesetzt, dass der Kläger es in der Folge nicht versäumt hat, die ihm obliegenden Maßnahmen zu treffen, um das Schriftstück bei Gericht einzureichen.

Abschnitt 10 – Einstweilige Maßnahmen einschließlich solcher, die auf eine Sicherung gerichtet sind

Art. 31 [**Einstweilige Maßnahmen; Sicherungsmaßnahmen**] Die im Recht eines Mitgliedstaats vorgesehenen einstweiligen Maßnahmen einschließlich solcher, die auf eine Sicherung gerichtet sind, können bei den Gerichten dieses Staates auch dann beantragt werden, wenn für die Entscheidung in der Hauptsache das Gericht eines anderen Mitgliedstaats aufgrund dieser Verordnung zuständig ist.

Kapitel III – Anerkennung und Vollstreckung

Art. 32 [**Begriff der Entscheidung**] Unter „Entscheidung" im Sinne dieser Verordnung ist jede von einem Gericht eines Mitgliedstaats erlassene Entscheidung zu verstehen, ohne Rücksicht auf ihre Bezeichnung wie Urteil, Beschluss, Zahlungsbefehl oder Vollstreckungsbescheid, einschließlich des Kostenfestsetzungsbeschlusses eines Gerichtsbediensteten.

Abschnitt 1 – Anerkennung

Art. 33 [**Anerkennung ohne Exequatur**] (1) Die in einem Mitgliedstaat ergangenen Entscheidungen werden in den anderen Mitgliedstaaten anerkannt, ohne dass es hierfür eines besonderen Verfahrens bedarf.

(2) Bildet die Frage, ob eine Entscheidung anzuerkennen ist, als solche den Gegenstand eines Streites, so kann jede Partei, welche die Anerkennung geltend macht, in dem Verfahren nach den Abschnitten 2 und 3 dieses Kapitels die Feststellung beantragen, dass die Entscheidung anzuerkennen ist.

(3) Wird die Anerkennung in einem Rechtsstreit vor dem Gericht eines Mitgliedstaats, dessen Entscheidung von der Anerkennung abhängt, verlangt, so kann dieses Gericht über die Anerkennung entscheiden.

Art. 34 [**Versagen der Anerkennung**] Eine Entscheidung wird nicht anerkannt, wenn

1. die Anerkennung der öffentlichen Ordnung (ordre public) des Mitgliedstaats, in dem sie geltend gemacht wird, offensichtlich widersprechen würde;
2. dem Beklagten, der sich auf das Verfahren nicht eingelassen hat, das verfahrenseinleitende Schriftstück oder ein gleichwertiges Schriftstück nicht so rechtzeitig und in einer Weise zugestellt worden ist, dass er sich verteidigen konnte, es sei denn, der Beklagte hat gegen die Entscheidung keinen Rechtsbehelf eingelegt, obwohl er die Möglichkeit dazu hatte;
3. sie mit einer Entscheidung unvereinbar ist, die zwischen denselben Parteien in dem Mitgliedstaat, in dem die Anerkennung geltend gemacht wird, ergangen ist;
4. sie mit einer früheren Entscheidung unvereinbar ist, die in einem anderen Mitgliedstaat oder in einem Drittstaat zwischen denselben Parteien in einem Rechtsstreit wegen desselben Anspruchs ergangen ist, sofern die frühere Entscheidung die notwendigen Voraussetzungen für ihre Anerkennung in dem Mitgliedstaat erfüllt, in dem die Anerkennung geltend gemacht wird.

Art. 35 [**Weitere Versagungsgründe**] (1) Eine Entscheidung wird ferner nicht anerkannt, wenn die Vorschriften der Abschnitte 3, 4 und 6 des Kapitels II verletzt worden sind oder wenn ein Fall des Artikels 72 vorliegt.

(2) Das Gericht oder die sonst befugte Stelle des Mitgliedstaats, in dem die Anerkennung geltend gemacht wird, ist bei der Prüfung, ob eine der in Absatz 1 angeführten Zuständigkeiten gegeben ist, an die tatsächlichen Feststellungen gebunden, aufgrund deren das Gericht des Ursprungsmitgliedstaats seine Zuständigkeit angenommen hat.

(3) Die Zuständigkeit der Gerichte des Ursprungsmitgliedstaats darf, unbeschadet der Bestimmungen des Absatzes 1, nicht nachgeprüft werden. Die Vorschriften über die Zuständigkeit gehören nicht zur öffentlichen Ordnung (ordre public) im Sinne des Artikels 34 Nummer 1.

Art. 36 [Keine Prüfung in der Sache selbst] Die ausländische Entscheidung darf keinesfalls in der Sache selbst nachgeprüft werden.

Art. 37 [Aussetzung bei Einlegung eines Rechtsbehelfs] (1) Das Gericht eines Mitgliedstaats, vor dem die Anerkennung einer in einem anderen Mitgliedstaat ergangenen Entscheidung geltend gemacht wird, kann das Verfahren aussetzen, wenn gegen die Entscheidung ein ordentlicher Rechtsbehelf eingelegt worden ist.

(2) Das Gericht eines Mitgliedstaats, vor dem die Anerkennung einer in Irland oder im Vereinigten Königreich ergangenen Entscheidung geltend gemacht wird, kann das Verfahren aussetzen, wenn die Vollstreckung der Entscheidung im Ursprungsmitgliedstaat wegen der Einlegung eines Rechtsbehelfs einstweilen eingestellt ist.

Abschnitt 2 – Vollstreckung

Art. 38 [Vollstreckung von Entscheidungen in anderem Mitgliedstaat] (1) Die in einem Mitgliedstaat ergangenen Entscheidungen, die in diesem Staat vollstreckbar sind, werden in einem anderen Mitgliedstaat vollstreckt, wenn sie dort auf Antrag eines Berechtigten für vollstreckbar erklärt worden sind.

(2) Im Vereinigten Königreich jedoch wird eine derartige Entscheidung in England und Wales, in Schottland oder in Nordirland vollstreckt, wenn sie auf Antrag eines Berechtigten zur Vollstreckung in dem betreffenden Teil des Vereinigten Königreichs registriert worden ist.

Art. 39 [Antrag; örtliche Zuständigkeit] (1) Der Antrag ist an das Gericht oder die sonst befugte Stelle zu richten, die in Anhang II aufgeführt ist.

(2) Die örtliche Zuständigkeit wird durch den Wohnsitz des Schuldners oder durch den Ort, an dem die Zwangsvollstreckung durchgeführt werden soll, bestimmt.

Art. 40 [Recht des Vollstreckungsmitgliedstaats; Wahldomizil] (1) Für die Stellung des Antrags ist das Recht des Vollstreckungsmitgliedstaats maßgebend.

(2) Der Antragsteller hat im Bezirk des angerufenen Gerichts ein Wahldomizil zu begründen. Ist das Wahldomizil im Recht des Vollstreckungsmitgliedstaats nicht vorgesehen, so hat der Antragsteller einen Zustellungsbevollmächtigten zu benennen.

(3) Dem Antrag sind die in Artikel 53 angeführten Urkunden beizufügen.

Art. 41 [Vollstreckbarkeitserklärung] Sobald die in Artikel 53 vorgesehenen Förmlichkeiten erfüllt sind, wird die Entscheidung unverzüglich für vollstreckbar erklärt, ohne dass eine Prüfung nach den Artikeln 34 und 35 erfolgt. Der Schuldner erhält in diesem Abschnitt des Verfahrens keine Gelegenheit, eine Erklärung abzugeben.

Art. 42 [Entscheidung über den Antrag und Zustellung] (1) Die Entscheidung über den Antrag auf Vollstreckbarerklärung wird dem Antragsteller unverzüglich in der Form mitgeteilt, die das Recht des Vollstreckungsmitgliedstaats vorsieht.

(2) Die Vollstreckbarerklärung und, soweit dies noch nicht geschehen ist, die Entscheidung werden dem Schuldner zugestellt.

Art. 43 [Rechtsbehelf] (1) Gegen die Entscheidung über den Antrag auf Vollstreckbarerklärung kann jede Partei einen Rechtsbehelf einlegen.

(2) Der Rechtsbehelf wird bei dem in Anhang III aufgeführten Gericht eingelegt.

(3) Über den Rechtsbehelf wird nach den Vorschriften entschieden, die für Verfahren mit beiderseitigem rechtlichen Gehör maßgebend sind.

(4) Lässt sich der Schuldner auf das Verfahren vor dem mit dem Rechtsbehelf des Antragstellers befassten Gericht nicht ein, so ist Artikel 26 Absätze 2 bis 4 auch dann anzuwenden, wenn der Schuldner seinen Wohnsitz nicht im Hoheitsgebiet eines Mitgliedstaats hat.

(5) Der Rechtsbehelf gegen die Vollstreckbarerklärung ist innerhalb eines Monats nach ihrer Zustellung einzulegen. Hat der Schuldner seinen Wohnsitz im Hoheitsgebiet eines anderen Mitgliedstaats als dem, in dem die Vollstreckbarerklärung ergangen ist, so beträgt die Frist für den Rechtsbehelf zwei Monate und beginnt von dem Tage an zu laufen, an dem die Vollstreckbarerklärung ihm entweder in Person oder in seiner Wohnung zugestellt worden ist. Eine Verlängerung dieser Frist wegen weiter Entfernung ist ausgeschlossen.

Art. 44 [Rechtsbehelf gegen Entscheidung über Rechtsbehelf] Gegen die Entscheidung, die über den Rechtsbehelf ergangen ist, kann nur ein Rechtsbehelf nach Anhang IV eingelegt werden.

Art. 45 [Versagung der Vollstreckbarkeitserklärung] (1) Die Vollstreckbarerklärung darf von dem mit einem Rechtsbehelf nach Artikel 43 oder Artikel 44 befassten Gericht nur aus einem der in den Artikeln 34 und 35 aufgeführten Gründe versagt oder aufgehoben werden. Das Gericht erlässt seine Entscheidung unverzüglich.

(2) Die ausländische Entscheidung darf keinesfalls in der Sache selbst nachgeprüft werden.

Art. 46 [Aussetzung; Sicherheitsleistung] (1) Das nach Artikel 43 oder Artikel 44 mit dem Rechtsbehelf befasste Gericht kann auf Antrag des Schuldners das Verfahren aussetzen, wenn gegen die Entscheidung im Ursprungsmitgliedstaat ein ordentlicher Rechtsbehelf eingelegt oder die Frist für einen solchen Rechtsbehelf noch nicht verstrichen ist; in letzterem Fall kann das Gericht eine Frist bestimmen, innerhalb deren der Rechtsbehelf einzulegen ist.

(2) Ist die Entscheidung in Irland oder im Vereinigten Königreich ergangen, so gilt jeder im Ursprungsmitgliedstaat statthafte Rechtsbehelf als ordentlicher Rechtsbehelf im Sinne von Absatz 1.

(3) Das Gericht kann auch die Zwangsvollstreckung von der Leistung einer Sicherheit, die es bestimmt, abhängig machen.

Art. 47 [Einstweilige Maßnahmen; bloße Sicherungsmaßnahmen] (1) Ist eine Entscheidung nach dieser Verordnung anzuerkennen, so ist der Antragsteller nicht daran gehindert, einstweilige Maßnahmen einschließlich solcher, die auf eine Sicherung gerichtet sind, nach dem Recht des Vollstreckungsmitgliedstaats in Anspruch zu nehmen, ohne dass es einer Vollstreckbarerklärung nach Artikel 41 bedarf.

(2) Die Vollstreckbarerklärung gibt die Befugnis, solche Maßnahmen zu veranlassen.

(3) Solange die in Artikel 43 Absatz 5 vorgesehene Frist für den Rechtsbehelf gegen die Vollstreckbarerklärung läuft und solange über den Rechtsbehelf nicht entschieden ist, darf die Zwangsvollstreckung in das Vermögen des Schuldners nicht über Maßnahmen zur Sicherung hinausgehen.

Art. 48 [Mehrere Ansprüche; Teilvollstreckbarkeitserklärung] (1) Ist durch die ausländische Entscheidung über mehrere mit der Klage geltend gemachte Ansprüche erkannt und kann die Vollstreckbarerklärung nicht für alle Ansprüche erteilt werden, so erteilt das Gericht oder die sonst befugte Stelle sie für einen oder mehrere dieser Ansprüche.

(2) Der Antragsteller kann beantragen, dass die Vollstreckbarerklärung nur für einen Teil des Gegenstands der Verurteilung erteilt wird.

Art. 49 [Zwangsgeld] Ausländische Entscheidungen, die auf Zahlung eines Zwangsgelds lauten, sind im Vollstreckungsmitgliedstaat nur vollstreckbar, wenn die Höhe des Zwangsgelds durch die Gerichte des Ursprungsmitgliedstaats endgültig festgesetzt ist.

Art. 50 [Prozesskostenhilfe] Ist dem Antragsteller im Ursprungsmitgliedstaat ganz oder teilweise Prozesskostenhilfe oder Kosten- und Gebührenbefreiung gewährt worden, so genießt er in dem Verfahren nach diesem Abschnitt hinsichtlich der Prozesskostenhilfe oder der Kosten- und Gebührenbefreiung die günstigste Behandlung, die das Recht des Vollstreckungsmitgliedstaats vorsieht.

Art. 51 [Verbot diskriminierender Regeln zur Sicherheitsleistung] Der Partei, die in einem Mitgliedstaat eine in einem anderen Mitgliedstaat ergangene Entscheidung vollstrecken will, darf wegen ihrer Eigenschaft als Ausländer oder wegen Fehlens eines inländischen Wohnsitzes oder Aufenthalts eine Sicherheitsleistung oder Hinterlegung, unter welcher Bezeichnung es auch sei, nicht auferlegt werden.

Art. 52 [Stempelabgaben; Gebühren] Im Vollstreckungsmitgliedstaat dürfen im Vollstreckbarerklärungsverfahren keine nach dem Streitwert abgestuften Stempelabgaben oder Gebühren erhoben werden.

Abschnitt 3 – Gemeinsame Vorschriften

Art. 53 [Ausfertigung der Entscheidung] (1) Die Partei, die die Anerkennung einer Entscheidung geltend macht oder eine Vollstreckbarerklärung beantragt, hat eine Ausfertigung der Entscheidung vorzulegen, die die für ihre Beweiskraft erforderlichen Voraussetzungen erfüllt.

(2) Unbeschadet des Artikels 55 hat die Partei, die eine Vollstreckbarerklärung beantragt, ferner die Bescheinigung nach Artikel 54 vorzulegen.

Art. 54 [Bescheinigung] Das Gericht oder die sonst befugte Stelle des Mitgliedstaats, in dem die Entscheidung ergangen ist, stellt auf Antrag die Bescheinigung unter Verwendung des Formblatts in Anhang V dieser Verordnung aus.

Art. 55 [Frist zur Vorlage der Bescheinigung; Übersetzung] (1) Wird die Bescheinigung nach Artikel 54 nicht vorgelegt, so kann das Gericht oder die sonst befugte Stelle eine Frist bestimmen, innerhalb deren die Bescheinigung vorzulegen ist, oder sich mit einer gleichwertigen Urkunde begnügen oder von der Vorlage der Bescheinigung befreien, wenn es oder sie eine weitere Klärung nicht für erforderlich hält.

(2) Auf Verlangen des Gerichts oder der sonst befugten Stelle ist eine Übersetzung der Urkunden vorzulegen. Die Übersetzung ist von einer hierzu in einem der Mitgliedstaaten befugten Person zu beglaubigen.

Art. 56 [Freiheit von Förmlichkeit] Die in Artikel 53 und in Artikel 55 Absatz 2 angeführten Urkunden sowie die Urkunde über die Prozessvollmacht, falls eine solche erteilt wird, bedürfen weder der Legalisation noch einer ähnlichen Förmlichkeit.

Kapitel IV – Öffentliche Urkunden und Prozessvergleiche

Art. 57 [Öffentliche Urkunden] (1) Öffentliche Urkunden, die in einem Mitgliedstaat aufgenommen und vollstreckbar sind, werden in einem anderen Mitgliedstaat auf Antrag in dem Verfahren nach den Artikeln 38 ff. für vollstreckbar erklärt. Die Vollstreckbarerklärung ist von dem mit einem Rechtsbehelf nach Artikel 43 oder Artikel 44 befassten Gericht nur zu versagen oder aufzuheben, wenn die Zwangsvollstreckung aus der Urkunde der öffentlichen Ordnung (*ordre public*) des Vollstreckungsmitgliedstaats offensichtlich widersprechen würde.

(2) Als öffentliche Urkunden im Sinne von Absatz 1 werden auch vor Verwaltungsbehörden geschlossene oder von ihnen beurkundete Unterhaltsvereinbarungen oder -verpflichtungen angesehen.

(3) Die vorgelegte Urkunde muss die Voraussetzungen für ihre Beweiskraft erfüllen, die in dem Mitgliedstaat, in dem sie aufgenommen wurde, erforderlich sind.

(4) Die Vorschriften des Abschnitts 3 des Kapitels III sind sinngemäß anzuwenden. Die befugte Stelle des Mitgliedstaats, in dem eine öffentliche Urkunde aufgenommen worden ist, stellt auf Antrag die Bescheinigung unter Verwendung des Formblatts in Anhang VI dieser Verordnung aus.

Art. 58 [Prozessvergleiche] Vergleiche, die vor einem Gericht im Laufe eines Verfahrens geschlossen und in dem Mitgliedstaat, in dem sie errichtet wurden, vollstreckbar sind, werden in dem Vollstreckungsmitgliedstaat unter denselben Bedingungen wie öffentliche Urkunden vollstreckt. Das Gericht oder die sonst befugte Stelle des Mitgliedstaats, in dem ein Prozessvergleich geschlossen worden ist, stellt auf Antrag die Bescheinigung unter Verwendung des Formblatts in Anhang V dieser Verordnung aus.

Kapitel V – Allgemeine Vorschriften

Art. 59 [Entscheidung über den Wohnsitz] (1) Ist zu entscheiden, ob eine Partei im Hoheitsgebiet des Mitgliedstaats, dessen Gerichte angerufen sind, einen Wohnsitz hat, so wendet das Gericht sein Recht an.

(2) Hat eine Partei keinen Wohnsitz in dem Mitgliedstaat, dessen Gerichte angerufen sind, so wendet das Gericht, wenn es zu entscheiden hat, ob die Partei einen Wohnsitz in einem anderen Mitgliedstaat hat, das Recht dieses Mitgliedstaats an.

Art. 60 [Gesellschaften und juristische Personen] (1) Gesellschaften und juristische Personen haben für die Anwendung dieser Verordnung ihren Wohnsitz an dem Ort, an dem sich

a)   ihr satzungsmäßiger Sitz,
b)   ihre Hauptverwaltung oder
c)   ihre Hauptniederlassung

befindet.

(2) Im Falle des Vereinigten Königreichs und Irlands ist unter dem Ausdruck „satzungsmäßiger Sitz" das *registered office* oder, wenn ein solches nirgendwo besteht, der *place of incorporation* (Ort der Erlangung der Rechtsfähigkeit) oder, wenn ein solcher nirgendwo besteht, der Ort, nach dessen Recht die *formation* (Gründung) erfolgt ist, zu verstehen.

(3) Um zu bestimmen, ob ein trust seinen Sitz in dem Vertragsstaat hat, bei dessen Gerichten die Klage anhängig ist, wendet das Gericht sein Internationales Privatrecht an.

Art. 61 [**Persönliches Erscheinen bei Fahrlässigkeitsstraftaten**] Unbeschadet günstigerer innerstaatlicher Vorschriften können Personen, die ihren Wohnsitz im Hoheitsgebiet eines Mitgliedstaats haben und die vor den Strafgerichten eines anderen Mitgliedstaats, dessen Staatsangehörigkeit sie nicht besitzen, wegen einer fahrlässig begangenen Straftat verfolgt werden, sich von hierzu befugten Personen vertreten lassen, selbst wenn sie persönlich nicht erscheinen. Das Gericht kann jedoch das persönliche Erscheinen anordnen; wird diese Anordnung nicht befolgt, so braucht die Entscheidung, die über den Anspruch aus einem Rechtsverhältnis des Zivilrechts ergangen ist, ohne dass sich der Angeklagte verteidigen konnte, in den anderen Mitgliedstaaten weder anerkannt noch vollstreckt zu werden.

Art. 62 [**Summarische Verfahren in Schweden**] Bei den summarischen Verfahren *betalningsföreläggande* (Mahnverfahren) und *handräckning* (Beistandsverfahren) in Schweden umfasst der Begriff „Gericht" auch die schwedische *kronofogdemyndighet* (Amt für Beitreibung).

Art. 63 [**Bestimmungsort für Lieferung in Luxemburg**] (1) Eine Person, die ihren Wohnsitz im Hoheitsgebiet Luxemburgs hat und vor dem Gericht eines anderen Mitgliedstaats aufgrund des Artikels 5 Nummer 1 verklagt wird, hat die Möglichkeit, die Unzuständigkeit dieses Gerichts geltend zu machen, wenn sich der Bestimmungsort für die Lieferung beweglicher Sachen oder die Erbringung von Dienstleistungen in Luxemburg befindet.

(2) Befindet sich der Bestimmungsort für die Lieferung beweglicher Sachen oder die Erbringung von Dienstleistungen nach Absatz 1 in Luxemburg, so ist eine Gerichtsstandsvereinbarung nur rechtswirksam, wenn sie schriftlich oder mündlich mit schriftlicher Bestätigung im Sinne von Artikel 23 Absatz 1 Buchstabe a) angenommen wurde.

(3) Der vorliegende Artikel ist nicht anwendbar auf Verträge über Finanzdienstleistungen.

(4) Dieser Artikel gilt für die Dauer von sechs Jahren ab Inkrafttreten dieser Verordnung.

Art. 64 [**In Griechenland oder Portugal eingetragene Seeschiffe**] (1) Bei Streitigkeiten zwischen dem Kapitän und einem Mitglied der Mannschaft eines in Griechenland oder in Portugal eingetragenen Seeschiffs über die Heuer oder sonstige Bedingungen des Dienstverhältnisses haben die Gerichte eines Mitgliedstaats zu überprüfen, ob der für das Schiff zuständige diplomatische oder konsularische Vertreter von der Streitigkeit unterrichtet worden ist. Sie können entscheiden, sobald dieser Vertreter unterrichtet ist.

(2) Dieser Artikel gilt für die Dauer von sechs Jahren ab Inkrafttreten dieser Verordnung.

Art. 65 [**Gewährleistungs- und Interventionsklage in Deutschland oder Österreich**] (1) Die in Artikel 6 Nummer 2 und Artikel 11 für eine Gewährleistungs- oder Interventionsklage vorgesehene Zuständigkeit kann in Deutschland, Österreich und Ungarn nicht geltend gemacht werden. Jede Person, die ihren Wohnsitz in einem anderen Mitgliedstaat hat, kann vor Gericht geladen werden

a) in Deutschland nach den §§ 68 und 72 bis 74 der Zivilprozessordnung, die für die Streitverkündung gelten,

b) in Österreich nach § 21 der Zivilprozessordnung, der für die Streitverkündung gilt,

c) in Ungarn nach den §§ 58 bis 60 der Zivilprozessordnung (Polgári perrendtartás), die für die Streitverkündung gelten.

915

(2) Entscheidungen, die in den anderen Mitgliedstaaten aufgrund des Artikels 6 Nummer 2 und des Artikels 11 ergangen sind, werden in Deutschland, Österreich und Ungarn nach Kapitel III anerkannt und vollstreckt. Die Wirkungen, welche die in diesen Staaten ergangenen Entscheidungen nach Absatz 1 gegenüber Dritten haben, werden auch in den anderen Mitgliedstaaten anerkannt.

Kapitel VI – Übergangsvorschriften

Art. 66 [Zeitliche Anwendbarkeit] (1) Die Vorschriften dieser Verordnung sind nur auf solche Klagen und öffentliche Urkunden anzuwenden, die erhoben bzw. aufgenommen worden sind, nachdem diese Verordnung in Kraft getreten ist.

(2) Ist die Klage im Ursprungsmitgliedstaat vor dem Inkrafttreten dieser Verordnung erhoben worden, so werden nach diesem Zeitpunkt erlassene Entscheidungen nach Maßgabe des Kapitels III anerkannt und zur Vollstreckung zugelassen,

a) wenn die Klage im Ursprungsmitgliedstaat erhoben wurde, nachdem das Brüsseler Übereinkommen oder das Übereinkommen von Lugano sowohl im Ursprungsmitgliedstaat als auch in dem Mitgliedstaat, in dem die Entscheidung geltend gemacht wird, in Kraft getreten war;

b) in allen anderen Fällen, wenn das Gericht aufgrund von Vorschriften zuständig war, die mit den Zuständigkeitsvorschriften des Kapitels II oder eines Abkommens übereinstimmen, das im Zeitpunkt der Klageerhebung zwischen dem Ursprungsmitgliedstaat und dem Mitgliedstaat, in dem die Entscheidung geltend gemacht wird, in Kraft war.

Kapitel VII – Verhältnis zu anderen Rechtsinstrumenten

Art. 67 [Verhältnis zu anderen Richtlinien] Diese Verordnung berührt nicht die Anwendung der Bestimmungen, die für besondere Rechtsgebiete die gerichtliche Zuständigkeit oder die Anerkennung und Vollstreckung von Entscheidungen regeln und in gemeinschaftlichen Rechtsakten oder in dem in Ausführung dieser Akte harmonisierten einzelstaatlichen Recht enthalten sind.

Art. 68 [Ersatz des Brüsseler Übereinkommens] (1) Diese Verordnung tritt im Verhältnis zwischen den Mitgliedstaaten an die Stelle des Brüsseler Übereinkommens, außer hinsichtlich der Hoheitsgebiete der Mitgliedstaaten, die in den territorialen Anwendungsbereich dieses Übereinkommens fallen und aufgrund der Anwendung von Artikel 299 des Vertrags zur Gründung der Europäischen Gemeinschaft von der vorliegenden Verordnung ausgeschlossen sind.

(2) Soweit diese Verordnung die Bestimmungen des Brüsseler Übereinkommens zwischen den Mitgliedstaaten ersetzt, gelten Verweise auf dieses Übereinkommen als Verweise auf die vorliegende Verordnung.

Art. 69 [Ersatz weiterer Abkommen] Diese Verordnung ersetzt unbeschadet des Artikels 66 Absatz 2 und des Artikels 70 im Verhältnis zwischen den Mitgliedstaaten die nachstehenden Abkommen und Verträge.

Liste ersetzter bilateraler Abkommen zu den von der EuGVVO geregelten Materien – nicht abgedruckt.

Art. 70 [Bedingter Fortbestand der Abkommen des Art. 69] (1) Die in Artikel 69 angeführten Abkommen und Verträge behalten ihre Wirksamkeit für die Rechtsgebiete, auf die diese Verordnung nicht anzuwenden ist.

(2) Sie bleiben auch weiterhin für die Entscheidungen und die öffentlichen Urkunden wirksam, die vor Inkrafttreten dieser Verordnung ergangen oder aufgenommen sind.

Art. 71 [Übereinkommen für besondere Rechtsgebiete] (1) Diese Verordnung lässt Übereinkommen unberührt, denen die Mitgliedstaaten angehören und die für besondere Rechtsgebiete die gerichtliche Zuständigkeit, die Anerkennung oder die Vollstreckung von Entscheidungen regeln.

(2) Um eine einheitliche Auslegung des Absatzes 1 zu sichern, wird dieser Absatz in folgender Weise angewandt:

a) Diese Verordnung schließt nicht aus, dass ein Gericht eines Mitgliedstaats, der Vertragspartei eines Übereinkommens über ein besonderes Rechtsgebiet ist, seine Zuständigkeit auf ein solches Übereinkommen stützt, und zwar auch dann, wenn der Beklagte seinen Wohnsitz im Hoheitsgebiet eines Mitgliedstaats hat, der nicht Vertragspartei eines solchen Übereinkommens ist. In jedem Fall wendet dieses Gericht Artikel 26 dieser Verordnung an.

b) Entscheidungen, die in einem Mitgliedstaat von einem Gericht erlassen worden sind, das seine Zuständigkeit auf ein Übereinkommen über ein besonderes Rechtsgebiet gestützt hat, werden in den anderen Mitgliedstaaten nach dieser Verordnung anerkannt und vollstreckt.

Sind der Ursprungsmitgliedstaat und der ersuchte Mitgliedstaat Vertragsparteien eines Übereinkommens über ein besonderes Rechtsgebiet, welches die Voraussetzungen für die Anerkennung und Vollstreckung von Entscheidungen regelt, so gelten diese Voraussetzungen. In jedem Fall können die Bestimmungen dieser Verordnung über das Verfahren zur Anerkennung und Vollstreckung von Entscheidungen angewandt werden.

Art. 72 [Schutzregeln für Drittstaaten] Diese Verordnung lässt Vereinbarungen unberührt, durch die sich die Mitgliedstaaten vor Inkrafttreten dieser Verordnung nach Artikel 59 des Brüsseler Übereinkommens verpflichtet haben, Entscheidungen der Gerichte eines anderen Vertragsstaats des genannten Übereinkommens gegen Beklagte, die ihren Wohnsitz oder gewöhnlichen Aufenthalt im Hoheitsgebiet eines dritten Staates haben, nicht anzuerkennen, wenn die Entscheidungen in den Fällen des Artikels 4 des genannten Übereinkommens nur in einem der in Artikel 3 Absatz 2 des genannten Übereinkommens angeführten Gerichtsstände ergehen können.

Kapitel VIII – Schlussvorschriften

Art. 73 f. *Berichtspflicht der Kommission und Notifikationspflicht der Mitgliedstaaten - nicht abgedruckt.*

Art. 75 [Ausschuss] (1) Die Kommission wird von einem Ausschuss unterstützt.
(2) Wird auf diesen Absatz Bezug genommen, so gelten Artikel 5a Absätze 1 bis 4 und Artikel 7 des Beschlusses 1999/468/EG unter Beachtung von dessen Artikel 8.

Art. 76 [Inkrafttreten] - *nicht abgedruckt.*

Anhang I – Innerstaatliche Zuständigkeitsvorschriften im Sinne von Art. 3 Absatz 2 und Art. 4 Absatz 2

Die innerstaatlichen Zuständigkeitsvorschriften im Sinne von Artikel 3 Absatz 2 und Artikel 4 Absatz 2 sind die folgenden:
–   in Deutschland: § 23 der Zivilprozessordnung.

Andere Mitgliedstaaten – nicht abgedruckt.

Anhang II

Anträge nach Artikel 39 sind bei folgenden Gerichten oder sonst befugten Stellen einzubringen:
–   in Deutschland:
    a)   beim Vorsitzenden einer Kammer des Landgerichts;
    b)   bei einem Notar für die Vollstreckbarerklärung einer öffentlichen Urkunde.

Andere Mitgliedstaaten – nicht abgedruckt.

Anhang III

Die Rechtsbehelfe nach Artikel 43 Absatz 2 sind bei folgenden Gerichten der Mitgliedstaaten einzulegen:
–   in Deutschland beim Oberlandesgericht.

Andere Mitgliedstaaten – nicht abgedruckt.

Anhang IV

Nach Artikel 44 können folgende Rechtsbehelfe eingelegt werden:
–   in Deutschland: die Rechtsbeschwerde.

Andere Mitgliedstaaten – nicht abgedruckt.

Anhang V Bescheinigung nach Art. 54 und 58 betreffend gerichtliche Entscheidungen und Prozessvergleiche; **Anhang VI** Bescheinigung nach Art. 57 Abs. 4 betreffend öffentliche Urkunden – *nicht abgedruckt.*

Schnellübersicht II*

Ordnung nach Art und Nummer des Rechtsaktes

---

*   Siehe auch die Schnellübersicht I zu Beginn dieser Sammlung (S. II) mit einer alphabetischen
     Ordnung der Rechtsakte.

Schnellübersicht II